山东大学纪事

（1901～2020）

中册

王琪珑　赵爱国　主编

山东大学出版社
SHANDONG UNIVERSITY PRESS
·济南·

目录

一、山东大学工学学科(1949～2000)

(一)山东省立工业专科学校(1949～1951)

(二)山东工学院(1951～1983)

(三)山东工业大学(1983～2000)

二、山东大学医学学科(1861～2000)

(一)齐鲁大学(1861～1952)

(五)山东医学院(1952~1990)

(六)山东医科大学(1991~2000)

三、山东大学威海校区(1984～2020)

一、山东大学工学学科(1949～2000)

（一）山东省立工业专科学校（1949～1951）

1949 年

9 月

本月　山东省人民政府专科学校管理委员会决定调整各类专科学校，将华东财办工矿部济南工业学校（有学生 155 名）、山东生产部济南工业学校（有学生 287 名）、华东交通专科学校（有学生 180 名）、华东交专徐州分校（有学生 219 名）、潍坊华东第二高级工业学校（有学生 300 名）、青岛市生产部青岛高级工业学校（有学生 250 名）6 个工业专科学校合并，在济南成立山东省立工业专科学校，并委任华东财办工矿部副部长兼华东第二高级工业校长张协和负责筹建。随后决定在济南、徐州、青岛、潍坊 4 地同时举行甄别考试，后录取 877 人并入山东省立工业专科学校。

本月　在张协和的领导下，组成筹建山东省立工业专科学校的临时工作班子。参加筹建班子的有：张韩挺、陈哲平、刘连城、姜立人等。办公地点先后设在山医附属医院化验大楼和山东省交际处旧址等。10 月，组建工作结束。这期间主要进行各校的合并、甄别考试、选定校部旧址（第一方案曾定在现在的南郊宾馆，因当时地处荒郊，无水无电道路不通改为现址）、修建校舍、筹集经费物资、购置仪器、图书、设备、家具、聘请教师、抽调干部等工作。

本月　山东工专青岛分校校务委员会成立。工作范围是秉承校部指示及学校章则，处理本校一切行政事宜。11 月，成立相关工作结束。

10 月

本月　生产部青岛高工 3 个班 69 名学生毕业。65 人在济南参加了生产部组织的 4 个月的政治学习，由生产部统一分配工作。这部分学生（机械科 25 名，化工科 16 名，纺织科 24 名）后来补发了山东工学院的毕业证书。

11 月

1 日　张协和受命宣布：山东省立工业专科学校正式成立，校长张协和。校部设办公室，内有人事秘书、教务秘书、行政秘书、财务秘书、文书等。校部领导济南总校，潍坊、青岛分校。

山东省立工业专科学校济南校舍一角

山东工专潍坊分校

1949 年

11 月

张协和(1920～1996),原名蒋孝传,江苏铜山人,著名机械专家。1937 年,毕业于山东高等工业学校。1939 年,到延安。1945 年,加入中国共产党。1947 年,调至中共华东局工作,曾任财办工矿部副部长。1948 年,任华东高级工业校长。1949 年 11 月,任山东工业专科校长。1951 年 6 月,任山东工学院党组书记兼副院长。1956 年,调任一机部设计总局副局长、机械科学研究院副院长。1964 年,机械院成立张协和直属研究室,专门进行国防尖端项目的试验研究。张协和先后主持的 100 多项科学研究中,有 8 项获国家级奖励。

张协和校长

同日　济南总校设教务处、总务处、会计室、编译室、机械实习厂及各系、科。

同日　青校负责人张佩甫,潍校负责人陈翼文。

同日　济南总校,潍坊分校、青岛分校各设党支部一个。张协和任党的负责人。济南总校党支部书记为陈哲平,青岛分校党支部书记为王祥义,潍坊分校党支部书记为卞立群。

同日　济校设电机、自动车两系和自动车科;潍校设机械系与化工系及应用化学、机械两科;青岛分校设土木、纺织两系和土木、纺织两科。

本月　青校土木系系务会成立,并与教学研究会一起根据土木系各班学生情况,排定青岛分校各项课程、研究教授范围和课程进度、教学方法以及各项课程的联系。

本月　山东工专济校教务处成立,主要领导教研室、电机工程系、自动车工程系、机械实习厂。

本月　济校机械实习工厂建立,内分土木、铸工、锻工、钳工、机工等车间。

本月　济校总务处建立,主任张韩挺、副主任崔天盛。

本月　学校派人到上海接收了重约 20 吨的各种新型机械,充实了三校机械实习厂;到青岛物资供应局接收了 20 辆大卡车的电机、电讯及化工器材原料,为济校电机实验室的建立打下了基础;到青岛中纺、齐鲁化工公司接收批来的

1949 年

11 月

电解及橡胶全套设备和其他器材，为潍校化工厂的建立打下了基础。

本月　工专图书馆建立。成立之初由下列单位和个人捐赠或提供了部分图书：张协和个人所有图书一部分（捐赠），工矿部济南工业学校青年室移交 141 册，交专移交 634 册，潍校拨来 137 册，以及东北等地捐赠的部分图书，共计 4470 册。到 1950 年底增加到 9102 册。

12 月

19 日　校部与济校举行联席会议，张协和校长主要讲了四个问题：一是工作问题；二是组织问题；三是职工待遇问题；四是学生助学金、编制、救灾等问题。

本月　青校纺织教学研究会成立。

本月　总校、潍校开始民主评议教职员工薪金。

本月　青校纺织染科务会成立，主要研究课程进度、教学实施方法、实习程序及项目、建立实习厂所及机械添置计划等工作。

本年　济校共有学生 131 人，其中电机系 90 人，动车系 41 人。教员共有 24 人，其中电机系 8 人，自动车系 6 人，数理组 10 人。青校共有学生 332 人，其中土木系 87 人，土染科 11 人。潍校 348 人，其中应化科 65 人，机械科 237 人，机械系 46 人，教员 69 人。

1950 年

1 月

本月　济、潍、青三校同时开展评定学生人民助学金活动。

1950 年元旦，山东工专青岛分校师生合影

2 月

20 日　济校召开第一次实习会议。会议强调理论与实际相结合的新的教育原则，反对为实习而实习。要采取实习与生产相结合的原则，注重平时训练与培养，不偏重学期考试，实习成绩与理论成绩各占 1/2，实习成绩不及格者留级。

1950 年

3 月

17 日　工专召开校部和校务扩大联席会议，讨论补考、编班、开课等问题，同时决定批准田培克调往青岛分校任土木科主任，后因故改调魏恃群去青校任土木科主任。

18 日　济校召开第一次处务会议，通过工厂与校部上下班信号之区别，决定将学生第一、二班合并，编为电机系一级甲班，将学生第三班编为自动车系一级，简称“电一甲”“车一”。

同日　青校学生会执委会选举大会召开，有多人参加竞选。

20 日　青校团总支委会正式成立，书记李时钊，副书记赵勇。下设三个团支部：土木系为第一支部，土木科为第二支部，纺织科为第三支部。

22 日　校部召开招生委员会议，推选张协和为主任委员，魏恃群为副主任委员，陈哲平、李毅夫、张韩挺、陈秉聪、韦洪、张文奎、赵铸九、靳佩芬为委员。会议决定口试内容着重家庭情况、社会因素、政治程度及有无代考情况。考试科目有数学、政治、国文、理化等。试题由各校油印，于考试时印出。

陈秉聪（1921～2008），山东黄县人，著名农业工程学家、拖拉机专家、教育家、中国工程院院士。1949～1955 年，任山东工学院副教授兼自动车系副主任。我国地面车辆学术领域和汽车、拖拉机专业教育的开拓者。1995 年，当选中国工程院院士。曾任第六、七届全国人大代表。

29 日　校部召开校务会议，各系及机械厂分别汇报了工作情况，张协和校长听取了汇报。会议强调工作时间应遵守行政院规定，不得少于 8 小时，并宣布上级批准本校全年经费为 200 万公斤小米。遵照上级指示，本校布置整编。

31 日　工专召开校部扩大会议，张协和校长提议要尽快编出一套适合我国国情的教科书。

本月　工专潍坊分校化工系正式建立（在此之前已开始招生），系主任为王启承。

本月　济校开始整编工作，从东北、京、津、宁、沪等地招聘部分教师，又从潍坊调来几位教师，使济校教学力量得到充实和加强。12 月底，工作基本结束。

本月　文教工会工专支会成立。

4 月

1 日　工专校部强调正规化，正式建立公文制度。公文分行政、人事、财经、教务 4 类。

6 日　工专校部召开三校教务主任联席会议，张协和校长作了报告。报告共分 6 个问题：(1)改进教学方法问题：依靠群众，创造教学方法，提高教学效率，理论与实际结合起来，不使有所偏差。(2)行政领导作风问题：坚决改掉拖拉作风，以后实行分层负责制，督促检查，奉公守法，集体办公，按时工作。(3)加强教职工学习，提高师资问题：①积极提高教职员工政治觉悟。②优等生毕业后送到工厂，经过实际锻炼，调回本校服务。③选拔优秀工人，加强学习，培养工人干部。(4)对学生深入进行政治思想教育：依照共同纲领第四十二条，培养新道德。(5)正确的课外活动和学生健康问题：一切活动应围绕学习这个

1950 年

4 月

中心，保证学习任务的完成。(6)校部领导机构：设秘书室、编译室、会计室。秘书室设秘书 4 人，分别掌管行政、财经、人事、教务等工作。强调工作正规化，树立严肃作风，大的计划由校部掌握，物资设备统一分配调拨。坚决反对本位主义和山头主义。

12 日　校部召开第五次修建会议，张韩挺汇报了修建情况：东厂房 14 间已完工，校园围墙大部完工。会议决定将机械厂各车间厂房进行调整。

23 日　青校数理化教学研究会成立。工作范围研究数理化课程教材教学、教学方法，提高教学效率。

24 日　青校学生会第一次执委会召开。会议讨论了学生会成立一个月来的工作情况及制定新的工作计划。

同日　工专根据山东编制委员会通知精神，在济、潍、青三校开始整编，整编工作于 4 月底结束。

5 月

15 日　青校土木系科务会开会，讨论了土木系甲、乙两班材料软科学及土木科应用力学教材既深且难，决定予以精简。

6 月

本月　济、潍、青三校开展评定学生人民助学金活动。济校评出甲等助学金 10 名、乙等 85 名、丙等 8 名、自费 26 名，共计 129 名；潍校甲等 6 名、乙等 85 名、丙等 130 名、自费 76 名，共计 358 名；青校甲等 9 名、乙等 215 名、丙等 80 名、自费 54 名，共计 358 名。

7 月

22 日　工专高工部第一届毕业生共 54 人毕业，其中机械科 14 人，应化科 16 人，纺织科 24 人，全部分到东北工作。

25 日　山东工专第一次教学会议在济南总校召开。出席会议的有校本部 12 人，青校 26 人，潍校 37 人，济校 31 人。会议根据全国高教会议精神，就工专的建设方针、任务、实施步骤与方案、领导关系、课程改革、师资培养、教学工作、教材编审、留级、人民助学金等问题进行了深入讨论。会议明确了工专办学方针是“为工农兵服务，为生产建设服务”；明确了工专的任务是“以理论与实际一致的教学方法，培养具有高度文化水平并掌握现代科学和技术成就的、全心全意为人民服务的高级建设人才”。会议强调要“克服教条主义和狭隘的实用主义或经验主义的偏向”；“学校要向工农开门”。会议期间，省政府、财政厅、中共山东分局、文教厅等领导出席会议并讲话。省政府副主席郭子化到会作重要报告。8 月 9 日，张协和校长全面总结报告了工专成立 10 个月的工作、教学情况，并对学校的性质、作风等问题进行了具体论述。8 月 14 日，会议结束。

8 月

15 日　工专第一次教职工代表会议在校部召开。会议主要讨论了以下几个问题：组织教师招聘委员会，发动三校教职员工物色专家，以便招聘；本校组织机构，拟定章则制度、简章守则，以便遵守；薪资调整一般不动，特殊的个别调整；潍校化工系因地址不合适下学期迁移济南。

同日　青校纺织系成立，同月招收纺织系学生一班。

1950 年

9 月

1 日　学校根据培养目标和学校性质，向华东军政委员会教育部提出书面报告，要求将山东工专改名为山东工学院。

20 日　张协和校长到上海向华东教育部面陈改名理由。

24 日　张协和校长在上海向华东军政委员会重提改名的正式书面报告。

26 日　工专接华东军政委员会指示，拟调工专土木系一级甲、乙两班学生参加治淮工作。主要任务是复堤、筑堤、疏浚支流、挖大沟、测量等工作。10 月 14 日，土木系两班师生共计 79 人携带测量仪器乘火车抵达南京，参加集中学习后，分赴受灾最重的宿县专区（今宿州市）、阜阳专区（今阜阳市）。冬季治淮，主要工作是复堤、清淤、疏浚及干渠、湖沼堤坝的培修。在工地上，学校学生既当施工员、技术员，又当教员、宣传员，大部分同学兼任工务股长，领导近 10000 名民工。一般一个同学要负责 10 余公里的堤坝，每天往返几十公里，收工时要为民工收方，按方发粮，工余时间还要办班培训骨干，进行技术革新。在恶劣的条件下，在繁重的工作中，学校学生表现出特别能吃苦，特别能战斗的特殊品质。1951 年 7 月，治淮工作胜利结束。8 个月来，山东工专学生向党中央、全国人民交出了一份满意的答卷，受到社会各界的肯定和赞扬，学校被当地治淮领导机关授予“治淮先锋”锦旗一面，许多同学荣立一等功、二等功，政务院鉴于他们在治淮中的突出表现，专门指示这批同学毕业时，全部分配到淮河沿线工作。

土木工程系师生参加治淮工程，前排右三为土木系学生

10 月

4 日　工专召开校部与济校行政联席会议。会议主要讨论解决人事、经费、增加设备等问题。

1950 年

10 月

6 日　华东军政委员会高教行字第 006633 号文，向中央教育部呈文，认为学校“现有学生教职员工、实习实验等项条件尚属完善，适合国家建设之需要，如改为专门学院，可望在质量上获得提高与发展”，请予照准。

本月　工专土木科一年级奉山东交通局之命，参加修整山东境内公路，工作两个月完成任务返校。

11 月

14 日　中央教育部批复华东军政委员会教育部，同意山东工专改为山东工学院。

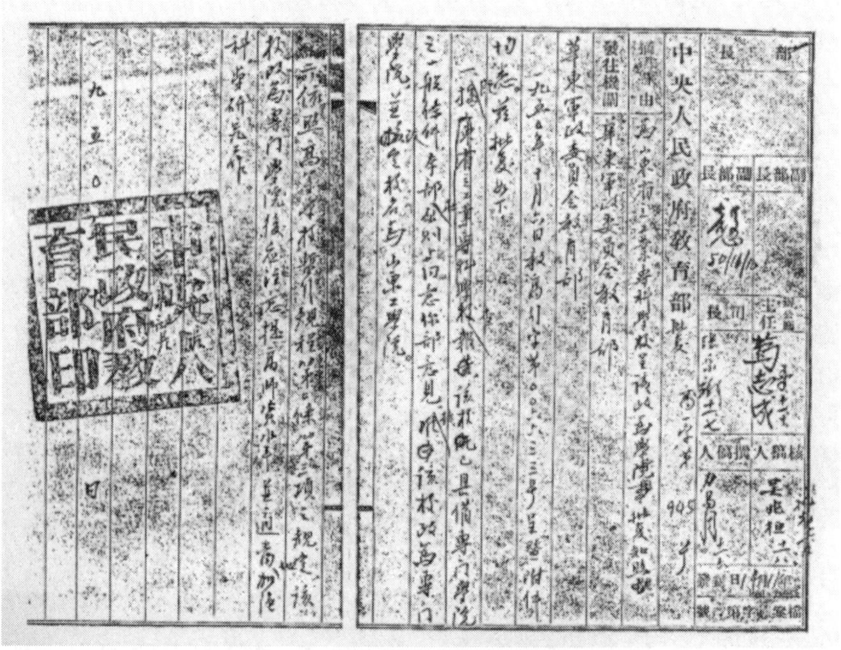

1950 年 11 月 14 日，中央教育部批复华东军政委员会教育部，
同意山东工专改名为山东工学院文件

本月　工专青校与华大对调校舍，青校迁济到华大校舍（即现在省党校校址），华大迁到青岛黄台路我青校校舍，12 月中旬搬迁完毕。

12 月

11 日　华东军政委员会教育部高教行字第 8457 号文批复山东文教厅转知，山东工专准予改称山东工学院。山东文教厅因故未及时通知山东工专正式改名。

31 日　工专济校与分校在济校大礼堂举行欢送参加军干校同学大会，此次全校参加军干校的共 30 人。

本年　山东工专共有学生 1002 人，计一年级 11 个班 443 人，二年级 8 个班 363 人，三年级 6 个班 196 人，教员 91 人。

本年　潍校中苏友协筹委会成立，卞立群任主任委员。

1951年

1月

20日　接华东军政委员会教育部指示，学校开始调整工资。

本月　济南、青岛、潍坊三地分别建立工会组织，截至5月份结束。总校工会主席陈秉聪，青岛分校工会主席冯绍年，潍坊分校工会主席高潮。

3月

28日　土木科三年级学生29人参加治沭导工作。

31日　中央纺织工业部经中央教育部年初委托学校代培纺织技术人员500名。学校于本日函报纺织部表示接受这一任务，随即拟定纺织专修科计划草案上报纺织部。

4月

本月　工专进行镇压反革命教育，提高了学生的政治觉悟，初步分清了敌我，并积极参加护校运动。

5月

7日　张协和校长在大礼堂向全体师生员工传达参加华东军政委员会教育部座谈会的有关精神。

同日　青岛分校由现省党校校址迁入校部，两校工会合并，成立工专工会第一届委员会，主席为冯绍年。

8日　学校召开教务主任联席会议，讨论实习、毕业生分配、招生升学指导等问题。

20日　学校发出统一班级名称的通知。通知指出，经第三次教务主任联席会议通过，一律按各班毕业年份统一称呼。

本月　工专开展反对美帝重新武装日本和保卫世界和平的签名运动，所有师生都签了名。

（二）山东工学院（1951～1983）

1951 年

6 月

13 日　山东省立工业专科学校更名为山东工学院。本日，山东省人民政府鲁[51]字第 326 号令："接华东军政委员会指示，决定将山东省立工业专科学校改为山东工学院，并经本府委员会第六次会议通过，由本府工业厅冯平厅长任工学院院长，张协和为副院长。"

本月　全校开展抗美援朝爱国武器捐献运动以及爱国公约的修订和优属工作。全校师生员工厉行节约，增加生产，共捐献 3300 余万元。

山东工学院

7 月

9 日　在本校大礼堂补行"山东工学院"命名典礼。此时，原青岛分校已迁入本院，原潍坊分校改为山东工学院潍坊分校。

同日　学校改名为山东工学院时，党组书记为冯平，副书记为张协和。学校改名后成立了山东工学院第一届工会委员会。工会主席为冯绍年，副主席为王祥义、陈秉聪。

同日　学校隆重举行"山东工学院"校牌揭幕仪式。上午 9 时整，随着司仪一声号令，立即鼓乐齐奏，鞭炮齐鸣，院长冯平、副院长张协和徐徐揭彩，"山东工学院"金字校牌面世。随即在校大礼堂补行命名典礼暨庆祝大会，省政府领导及驻济单位代表发表讲话并致辞祝贺。9 月 11 日，接华东教育部文，原山东工专潍坊分校改名为山东工学院潍坊分院。1952 年 3 月，潍坊分院迁入济南总院部，山东工学院实现了三校合一。山东工学院下设院长办公室、教务处、总务处、会计室、工程队。全院共有 6 个工程系，5 个高工科，即电机工程系、自动车系（内含高工科 1 个班）、机械工程系（科）、化学工程系（含应用化学科）、土木工程系（科）、纺织工程系（科）。全院在校学生共 1213 人，教师、干部 204 人，工人 138 人，图书馆藏书达 45000 册。

8 月

本月　学校派教务处副主任刘仲璜等人赴上海招考纺织专修科学生。经刊登广告并进行考试，最后录取享受供给制待遇学生 364 名。

1951 年

11 月

本月 全院在校学生1198人，有6个系：电机工程系、机械工程系、自动车工程系、化学工程系、土木工程系、纺织工程系，623人；5个高工部（相当于专修科）：土木、机械、纺织、自动车、应用化学，332人；一个纺织专修科：内设棉织、棉纺、机械、电机、建筑5科，243人。全院教职工349人，其中教师111人，职员90人，工人148人。

12 月

本月 新民主主义青年团山东工学院总支委员会成立，书记为盘明秀。

1952 年

1 月

本月 学校在省节约检查委员会直接领导下，开展了“三反运动”，即反贪污、反浪费、反官僚主义。学校党组织和节约分会根据上级指示，计划到本月底为学习文件、思想发动阶段。2月初是反贪污、反浪费行动阶段。最后再进行批判官僚主义。运动刚开始即发生了学潮事件，前后达两月之久。直到5月底，“三反运动”方告一段落。其后便进入思想改造运动。（因学潮事件被错误处理的，在“文革”后都平了反）

2 月

11日 山东工学院潍坊分院函请总院，决定停课，进行“三反运动”。

本月 副院长（党组书记）王夷藜到职。

3 月

8日 副院长张协和调走。

19日 讨论成立院务委员会筹备委员会。

27日 华东军政委员会教育部高教（一）字第二〇一二九三号文指示：山东工学院潍坊分院暂行停止“三反运动”，先行复课。

本月 山东工学院潍坊分院迁并济南，迁入学生265人，教师26人，职员8人，工勤17人。31日，成立潍坊分院留守处，殷续丰为留守处主任。

4 月

7日 中共中央山东分局宣传部函告学校，潍坊分院校舍确定给昌潍地委党校。

本月 山东工学院团总支改为团工委。

5 月

31日 第三次院筹备委员会上决定成立山东工学院政治辅导处。政治辅导处负责师生员工的思想教育，统一领导学校社团活动；负责治安保卫、毕业分配等工作。

同日 召开全院大会，思想改造运动开始。全院思想改造运动是在“三反”运动基础上进行的。运动从本日动员大会开始，到8月14日结束，共分思想发动、思想改造、交代问题、总结四个阶段。全院教职工及学生均参加，重点在教师。运动由党政工团组织的学生会领导。

6 月

23日 副教务长（党组副书记）向旭来院工作。

1952 年

8 月

本月　首届本科生(机械工程系 36 人,土木工程系 73 人)共 109 人毕业,绝大部分分配到东北工作。

9 月

本月　山东工学院速成中学成立,刘仲璜任校长。

10 月

8 日　山东工学院最早建成的一号教学楼竣工。山东工学院一号教学楼于 1951 年 9 月 21 日开工至 1952 年 10 月 8 日胜利竣工。这是学校最早建成的第一座教学楼。

1952 年 10 月 8 日建成的山东工学院一号教学楼

18 日　在院筹委会上宣布丁履德为山东工学院院长(待政务院审批)。

本月　山东工学院教学二号楼胜利竣工。山东工学院二号教学楼于 1951 年 9 月 21 日开工至 1952 年 10 月竣工。

本月　中共山东工学院总支部委员会成立,向旭任总支书记。

本月　山东工学院召开第二届工会会员大会,选举产生了学校第二届工会委员会。主席为冯绍年,副主席为庄正邦、王祥义、王济诚。

11 月

3 日　第二次院办公会议上研究接受山东大学机械实习工厂事宜。学校派张佩甫、陈哲平前去联系。

12 月

12 日　院务委员会成立。院务委员会是在院长领导下,由党政工团各方面主要负责人所组成的全院最高机构。一般每学期举行三次,研究学校重大事项。院务委员会所作决定,经院长批准即发生实效。

本月　学校行政机构计有院长办公室、教务处、政治辅导处、总务处。制定了山东工学院各项章程制度,并公布执行。计有《山东工学院院委会暂行条例》《山东工学院政治辅导处工作条例》《山东工学院教务处工作条例》《山东工学院总务处工作条例》《山东工学院档案管理暂行办法》《山东工学院文书工作暂行办法》《山东工学院防保密条例》等。

1952年

12月

本年　暑期院系调整，将本校纺织、土木两系调至青岛工学院；山东大学工学院的电机、机械两系调入本校。经过院系调整后，全校共设4个系11个专业，即机械系：机械制造本科、金相热处理本科、金工专修科、金相热处理专修科；电机系：发电厂配电网及配电系统本科、无线电通信广播本科、发电厂电机专修科、有线电工程专修科；化工系：无机物工学本科；自动车系：拖拉机专业本科、汽车维护专修科。

当时教改方针任务：积极准备，坚决贯彻，边教边改，稳步前进，继续加强学习苏联，提高教学质量。第一，在教学组织上，本年秋天全校成立了19个教学小组，并确立了小组工作制度。第二，在教学计划中，各专业的教学计划原则上将苏联5年制教学计划压缩为4年完成(苏联本科学制是5年)，适当精减了一部分课程。第三，教材使用，凡已出版有苏联教材的尽量用苏联教材，另外由教师自行编写一部分讲义。第四，在教学方法、学生学习方法上，学校提出了统一要求，开始采用直观教学，大量采用直观教具，完善了辅导、答疑、作业批改等多项制度，加强了实验实习环节；在学生中提倡开展集体互助互学、计划学习并订立“爱国学习公约”，提高学生学习积极性。

本年　学校在本科生中开设俄文课，课时定在350～400学时之间，分3年完成，并有计划地选派中青年教师到有苏联专家的院校进修。同时，为了在教育上全面向苏联看齐，尽快培养工农知识分子。1952年9月，学校成立工农速成中学(简称“速中”)。速成中学与普通中学不同，入学条件是具有高小以上文化水平的工农商学兵并具有3年以上工龄的男女青年，4年间要学完6年的中学课程，考试及格，准许毕业后升入本院及其他高校继续深造。1955年暑期，速成中学停止招生。1958年2月25日，速成中学改建为工农预科，学习年限为3年，毕业后直接升入大学。招生对象：工厂、企业中具有初中文化水平和两年以上工龄、年龄在27岁以下、历史清白、出身工农并经过劳动锻炼的青年工人和工农干部。工农预科只办了一届，1962年秋停办。

本年　第二届学代会选举产生学生会，主席为哈长森。

1953年

1月

10日　经院行政会议通过决定出版“山工校刊”，并成立由向旭等9人组成的校刊编委会。校刊主要任务：经常组织与指导全院师生员工马克思列宁主义和毛泽东思想政治理论学习，加强学校思想领导；有效指导与推动教学工作，交流教学经验，贯彻教学改革；密切联系群众，开展批评与自我批评，树立新的教学工作作风。为加强校刊的领导，本院成立校刊编辑委员会，在政治辅导处内设校刊编辑室，具体进行校刊的编辑、出版、发行等工作。

12日　中共山东分局通知：山东工学院党组由王夷藜、向旭等6人组成。王夷藜、向旭分任正、副书记。

同日　为进一步贯彻教学改革，召开全院教职员大会，传达第二次教学改革学习计划。会上，山东工学院院长丁履德以“积极参加教学改革学习，进一步贯彻教学改革”为题，对学习的意义作了详细说明与动员。

本月　山东工学院团工委改名为团委。

1953 年

2 月

28 日　本院举行总务工作座谈会，批评总务工作中的官僚主义，并决定许多改进工作的措施。

3 月

2 日　学校继续举行总务工作座谈会，批评总务工作中的官僚主义，并决定许多改进工作的措施。

本月　全体师生员工沉痛追悼斯大林逝世，一致表示化悲痛为力量搞好教改工作。6 日下午 3 时，斯大林不幸逝世的噩耗传开后，大家都沉浸在由衷的悲痛里。4 时 20 分，本院全体师生员工收听了中央人民广播电台关于斯大林逝世的广播录音，许多人流下眼泪。收听完毕后，全体肃立致哀 5 分钟。噩耗传来后，大家都自动停止娱乐，工农速成中学的同学们饭也吃不下，悲痛万分。全院师生员工普遍学习悼念斯大林文件。

本月　俄文学习辅导员速成班胜利结束。俄文学习辅导员速成班，从 2 月 17 日开学以来，由于学员对学习苏联，改进教学的正确认识与迫切要求，大家都集中精力以战斗的姿态投入学习。大家一致认为，要把这次学习的收获应用到教学中去，更好地完成今后的教学任务。

4 月

6 日　山东工学院中苏友好协会召开第七次干事会议，进一步宣传苏联、学习苏联，制定本学期工作计划。

18 日　中国民主同盟山东工学院小组举行成立大会。

本月　本学期工作计划已作传达，全体师生展开讨论，开始贯彻执行。

5 月

9 日　春季田径运动大会胜利闭幕，大会创造了许多新的纪录。

31 日　山东工学院公布“学生请假暂行规定”。

6 月

15 日　中华全国青年第二次代表大会闭幕，学校王济诚副教授当选为全国青联委员。

本月　山东工学院改由中央人民政府高等教育部领导。前属中央和华东教育部委托山东省人民政府教育厅及工业厅代管。

本月　中央高教部发出关于生产实习指示，学校已根据指示精神具体进行筹划。

7 月

25 日　暑期活动指导委员会成立，制定计划要求师生做到充分休息。

31 日　学校公布优等生奖励试行办法。

8 月

31 日　青岛山东大学机械厂开始向济南山东工学院搬迁。

9 月

本月　适应国家需要，学校进行专业调整。根据中央高教部指示，将本校化工系调至华东化工学院；无线电通信广播专业调至南京工学院；有线电专业（专修科）调至上海交通大学。华东交专撤销，部分学生调入学校。

1953 年

10 月

24 日　本校工会举行第三届会员大会，选举产生了第三届委员会，主席为王济诚，副主席为王祥义、庄正邦、蒋士和、阎棠。

本月　学校教职员开始学习“中国革命史”，进行系统的政治理论学习。

11 月

7 日　贯彻毛主席“三好”（身体好、学习好、工作好）的指示，山东工学院第三次学代会召开，选举产生学生会并明确了今后的任务，主席为魏景涛；选举产生了新的执委会。

21 日　学校召开精简节约动员大会。

27 日　经上级党委决定成立山东工学院委员会，王夷藜任党委书记，向旭任党委副书记。

28 日　响应毛主席“三好”号召，学校举行新民主主义青年团山东工学院第一届代表大会。会上选举产生了本届团委会，书记为田光，副书记为潘明秀。

12 月

9 日　学校力学、制图两教研组正式成立。这是自 1952 年开始学习苏联进行专业设置以来学校首先成立的两个教研组。

11 日　全校师生员工开始学习国家过渡时期的总路线。

22 日　山东工学院三号教学楼胜利竣工。山东工学院于 1653 年 8 月 28 日开工至 1953 年 12 月 22 日竣工的三号教学楼，在当年空旷的校园内别有一番英姿。

本年　中央高等教育部为加强对本院领导，中央高教部有关领导先后来院视察和询问情况，对工学院工作作了重要指示。5 月份，中央高教部人事司有关负责人率领工作组来院了解职员、教师等人事情况，并对工学院人事工作作了重要指示。

1954 年

2 月

22 日　学校受省教育厅委托，举办了数学、物理两个学科的中学教师培训班。学生 100 人，时间 8 个月，结业后由教育厅分配到各中学当老师。

3 月

本月　山东工学院修订优等生奖励试行办法。

本月　院办公会议和系主任联席会议召开，研究解决学生超学时问题。

4 月

8 日　学校生产实习指导委员会成立，并召开第一次会议。下厂实习准备工作紧张进行。

本月　学校教师钻研教材、熟悉教材有进一步收获。

本月　学校加强与工厂企业部门的联系，并与济南柴油机厂签订联系合同。

本月　中共山东工学院委员会组织全体党员学习党的七届四中全会文件。

5 月

15 日　学校举办教学展览会，旨在检阅数年来各方面成就，交流经验，提高工作，进一步巩固办好学校的信心，并加强校外宣传。展览会收效良好，扩大了学校在社会上的影响，师生员工备受鼓舞。16 日，展览会结束。

1954 年

6 月

3 日　第十次院务委员会通过了关于开展科学研究工作的决定，科研工作被正式提上议事日程。决定指出，两年来学习苏联进行教学改革，已取得了一定成绩。通过钻研教材、熟悉教材，许多基础课的讲授一般没有大问题，专业课的开出也有一定基础；正常的教学秩序业已建立；各个教研组的集体作用开始发挥；大部分教师都已按计划进行工作。这为进一步有计划地开展科学研究工作创造了必要条件。

1951～1955 年，山东工学院科研工作本着"结合生产，结合教学"的精神，共完成科研项目 16 个，其中理论研究的 6 个，结合教学的 6 个，结合生产的 3 个，其他特殊需要的 1 个，1956 年共完成 15 个。教务长刘先志为某厂设计的"发汽收热器"为该厂解决了生产中的关键问题，他的《液下周期激励所引起的波浪形状》一文被苏联《机械力学》杂志转载。1956 年 4 月 17 日，山东工学院科学研究部成立。10 月，《山东工学院学报》第一期出版发行。

同日　第十次院务委员会通过了关于加强工农干部学生工作的决定。

9 日　中国民盟山东工学院分部成立。

本月　学校教职员热烈讨论宪法草案。

8 月

本月　在山东省第一届人民代表大会第一次全体会议上，院长丁履德当选为全国第一届人民代表大会代表。教务长刘先志、王济诚副教授为山东省第一届人民代表大会代表。

9 月

18 日　山东工学院四号教学楼建成。山东工学院四号教学楼于 1954 年 5 月 19 日开工至 1854 年 9 月 18 日胜利竣工。

10 月

20 日　第十二次院务委员会通过决议，为适应教学任务的需要，将原有教学小组一律改为教研组，并经院长批准任命了教研组主任或副主任。

25 日　山东工学院第四届学代会召开。选举产生学生会，主席为哈长森。

本月　学校添置精密机器及贵重仪器。

本月　全院教职员进行全国人民代表大会文件的学习，在学习方法上强调以自学为主，结合听报告等进行座谈讨论。活动 11 月底结束。

11 月

13 日　学校举行统一教学计划学习座谈会。

14 日　学校举行勤工人员奖惩大会。

18 日　为进一步贯彻理论与实际相结合的方针，加强与工厂方面的联系，以充实理论教学的内容，提高教学质量，并有助于科学研究工作的开展，学校与济南第二机床厂签订联系合同。

本月　山东工学院遵照高教部《关于一九五四年全国高等学校教职员工工资调整的通知》指示精神，11 日成立工资调整委员会，进行教职员工工资调整工作。该委员会由正副院长、各处室负责人、各系主任及党、团、工会代表等组成。26 日、27 日，由院长办公室主任王祥义分别向职工及教师作了关于调整工资问题的报告。

1954 年

12 月

8 日　教务处举行教务扩大会议，研究贯彻《高等学校课程考试与考查规程》。

11 日　山东省科学普及协会山东工学院工作委员会成立。该委员会是为了适应工作发展需要，在前山东工学院科普工作组的基础上发展而成。

16 日　中华人民共和国国务院总理周恩来正式任命丁履德为山东工学院院长，王夷藜为副院长。

31 日　中华人民共和国教育部、中华人民共和国第一机械工业部联合通知中指出：长春汽车拖拉机学院业经国务院批准于 1955 年暑期成立，以交通大学、山东工学院、华中工学院三校的汽车专业及华中工学院的内燃机专业师资和设备为基础。

本月　中共山东工学院委员会作出关于加强青年团工作的决议。

本月　庄正邦、关延栋等先生应邀为社会主义工业化科学知识讲座作报告。

本月　周恩来外长关于美蒋《共同防御条约》的声明发表后，山东工学院广大师生都表示热烈拥护这一正义的声明，并对美帝国主义和蒋介石卖国集团的罪恶勾当，表示无比愤怒。

1955 年

1 月

9 日　山东工学院与济南发电厂签订联系合同。

10 日　副教务长张佩甫等 7 位教师参加全国第一次机、电专业教学大纲审定会议。

2 月

1 日　苏联专家彼得鲁哈应邀来院参观，先后参观了实习工厂以及金相、热处理、切削、机床、精密度量等实验室。

4 日　学校工会召开会员代表大会，选举产生了第四届执委会。工会主席为冯绍年，副主席为王祥义、庄正邦、马文农。

15 日　全院师生员工隆重举行反对美帝国主义侵略行动，反对使用原子武器签名大会。会上签名的共有 2567 人。

22 日　由省教育厅组织的工作检查组从 1954 年 12 月下旬起到山东工学院检查速中工作，上学期期终阶段已检查了教学工作，本日继续检查了保健卫生等工作。这次工作检查，明确指出了速中工作中的成绩及今后努力的方向，有力地推动了今后的工作，鼓舞了师生教与学的信心。

本月　印刷技术上革新，学校试验原版翻印成功。

3 月

5 日　山东工学院教职员工 449 人认购 1955 年经济建设公债已达 13201 元，认购人数占教职员工总人数的 87.3%。在认购中很多又增加认购数字。本日是购买公债的第一天，很多自动前往购买。

12 日　苏联专家季瓦阁夫应邀来院参观汽车系汽车实验室及内燃机实验室。

同日　中国新民主主义青年团山东工学院第二届代表大会召开。大会选出了本届团委会委员及本院出席济南市第四届代表大会的代表，团委书记为孔翔滨，副书记为田光、潘明秀。13 日，大会结束。

1955 年

3 月

26 日　山东工学院公布 1954～1955 学年第一学期优等生名单。这 47 名优等生是按照《高等学校课程考试与考查规程》评定的。

本月　马文农副教授创制七角板。

4 月

8 日　山东工学院第十四次院务委员会扩大会议举行。会上讨论通过了《山东工学院解决学生学习负担过重的具体措施方案》《关于在我院宣传唯物主义思想，批判资产阶级唯心主义思想的决定》以及《山东工学院关于改进领导的问题几项规定》。

9 日　山东工学院 1955 年春季田径运动大会在南操场举行。大会创造了 33 项新纪录。10 日，运动会结束。

15 日　院行政特发出通报，表扬与奖励试验原版翻印成功的安可大、李承欧、刘俊明。学校印刷科成立翻版室。中央高等教育部对山东工学院试验原版翻印成功极为重视。高教部在 3 月底将山东工学院《原版翻印操作法》向全国各高等工业院校推广，以作为各院校在印刷应用上的参考。

24 日　济南市首届高等院校附设工农速成中学田径运动大会在医学院体育场举行。山东工学院速成中学获男女团体总分冠军。

本月　山东工学院节约粮食运动初步展开。

本月　教师俄文进修班开课。俄文进修班修业期限定为两年，以每星期五晚上两个小时进行。任课教师还采取了清华大学的教材和教学方法。

5 月

14 日　全体教师会议举行，传达高等教育部召开的高等工业学校、综合大学校院长座谈会议精神。传达中着重报告了关于高等学校贯彻全面发展的教育方针，解决学生学习负担过重的问题。

16 日　第五次院行政会研究汽车系调出问题，并成立调出工作委员会，由王夷藜任主任委员，王祥义、孔翔滨任副主任委员。7 月 18 日，学校为汽车系师生举行了欢送大会。

6 月

7 日　王夷藜向全校师生员工作声讨《胡风反革命集团》的报告。山东工学院师生声讨胡风集团。

9 日　国务院第十一次会议通过任命丁宗岳为山东工学院副院长。全院于本月 25 日举行了欢迎丁宗岳到职大会。

24 日　院行政扩大会议讨论向胡风反革命集团开展斗争的问题。会议要求全院人员应积极为坚决肃清胡风反革命集团和一切暗藏的反革命分子而斗争。

27 日　中华人民共和国高等教育部[55]工袁字第 1208 号通知，决定苏南工业专科学校铸工专修科于 1956 年暑期调入山东工学院。所有该专业的学生、专业教师及专业设备同时一并调入。

同日　山东工学院附设工农速成中学隆重举行首届毕业生毕业典礼大会，毕业生考试成绩良好。

本月　自高教部推广山东工学院原版翻印方法后，各地兄弟学校纷纷来函询索翻印技术，经过山东工学院详细介绍后，有的学校开始应用。本月又有南京工学院、南京农学院、华东水利学院与华东药学院等4院校各派专人来院参观学习。

1955年

6月

8月

本月 学校开始进行肃反运动，首先在应届毕业生中进行。8月11日起，全体教职工也投入这一运动。9月8日，在全校学生中进行。9月底，群众性运动初步告一段落，然后进行专案审查。1956年12月，学校肃反工作基本结束。

9月

13日 山东工学院第一座学生宿舍楼胜利竣工。山东工学院学生宿舍楼于1955年4月20日开工，1955年9月13日竣工。这是学校第一座学生宿舍楼。

10月

本月 德意志民主共和国磨齿机专家兰成多尔夫和甘特来院参观，并帮助切削机床实验室检修机床。

11月

本月 全院范围内展开了为期一个月的“厉行节约、反对浪费”学习活动。

12月

3日 积极贯彻教学、肃反两不误的方针，院党委会传达布置工作计划。

13日 为纪念“一二·九”“一二·一”，团委会在工会俱乐部举办《中国学生运动图片展览会》。广大同学和部分教职工怀着激动、崇敬和愤慨的心情参观了展览会。展览会15日结束。

16日 第二十五次院行政会议讨论通过全院人员学习农业合作化和私营工商业改造文件的计划。

24日 提高认识，努力贯彻全面发展的教育方针，机、电两系分别举行座谈会。

本月 本学期本院教师通过肃反运动及全国文教会议文件的学习，政治思想水平有了新的提高，开始注意在教学中进一步贯彻政治思想教育。

本年 根据上级指示精神，学校成立审干办公室。审干工作至1958年告一段落。

本年 学校工农速成中学停止招生。

本年 为贯彻国务院《市镇粮食定量供应办法》，山东工学院自8月下旬起即积极展开各项工作。经过讨论和小组评比，9月份执行定量供应办法情况良好；同时由于在管理制度和制作方面实行了新的办法，因而节约了不少粮食。山东工学院贯彻粮食定量供应办法已获初步成效。

1956年

1月

9日 第二十六次院行政会议讨论决定，从本学期起执行部颁考试和考查规程。

15日 本院职工180余人怀着兴奋的心情，参观访问了新成立的市郊段店区白马山乡东方红高级农业生产合作社。

1956 年

1 月

21 日　全院教职员分别对“高等教育十二年规划草稿”进行热烈讨论。在讨论过程中，大家以认真负责的态度，提出许多条积极的建设性意见，同时对本院十二年的远景规划提出建议。28 日，讨论结束。

2 月

1 日　第十七次院务扩大会议举行，听取了高教部各校院长座谈会的传达报告，讨论通过本院节约方案及人员编制定额方案。

2 日　院党委和行政召开全院党员干部和教职员大会，由副院长丁宗岳传达中共中央召开的关于知识分子问题会议精神，传达了周总理的报告和毛主席的指示。

3 日　长春汽车拖拉机学院苏联专家舍利列米其也夫来院讲学。12 日讲学活动结束。

11 日　山东工学院教职工踊跃认购 1956 年经济建设公债。截至本月 18 日，寒假在校教职工共认购公债 17355 元，其中教师认购 7235 元，职工认购 8739 元，速成中学教职员认购 1381 元。

20 日　高教部[56]工岐字第 537 号函复学校：同意学校最大发展规模为 6000 人。决定山工不再办专修科。批准 1956 年暑期后增设“金属压力加工及机器”与“电机电器”两个专业。同意学校开办夜大学，1956 年暑期先设置发电厂专业。

3 月

3 日　山东工学院第五届学代会召开，选举产生学生会，主席为何祖诚。

14 日　院党委会举行扩大会议，检查贯彻执行对知识分子的政策问题，并初步订出贯彻党对知识分子政策问题的规划。23 日会议结束。全院职工关于知识分子问题的学习从 26 日开始。

同日　马克思列宁主义业余讲习班成立。

23 日　教师党支部召开座谈会，座谈关于党的基础知识学习问题，以满足教师们对党的基本知识学习的要求，更好地帮助教师了解怎样做一个共产党员。

4 月

14 日　中国教育工会山东工学院委员会召开会员代表大会，选举产生了第五届委员会。主席为冯绍年，副主席为孔翔滨、庄正邦、马文农。

16 日　第三十八次院行政会议（扩大）召开，对加强与充实教学部门机构人员作出决定。

17 日　山东工学院科学研究部举行成立大会，教务长刘先志兼任部主任，副教务长张佩甫兼任副书记。

21 日　《山工校刊》第 83 期第 1 版发布《中共山东工学院委员会关于贯彻执行中共中央、省委关于知识分子问题指示的 1956 年的工作计划纲要》。

27 日　经中共山东省委批准，丁宗岳任中共山东工学院委员会书记，王铁生任副书记。

1956 年
5 月

3 日　中共山东省委、山东省人民委员会等领导部门组成的检查组来山东工学院检查关于知识分子政策的贯彻情况。

4 日　团委会召开全体科学研究小组组员大会，教务长刘先志在会上作了《青年们在向科学进军中应如何准备好自己》的报告。报告谈了七个问题：目前向科学进军的条件，自然科学都包括些什么，世界科学所达到的先进水平，青年在向科学进军中的作用，青年应如何学习、如何珍惜时间，科学研究小组的情况，毕业以后的学习。报告受到同学们的热烈欢迎。

18 日　高等教育部部长杨秀峰来院视察，参观了实习工厂、电力实验室、机械系实验室、资料室、图书馆，到学生班级察看了学生做机械零件课程设计的情况，召开了座谈会。杨秀峰在讲话中讲明了当前高等教育的方针、任务，并对今后的教学、科研等工作作了指示。

19 日　中国共产党山东工学院第一次党员代表大会召开。丁宗岳代表上届党委会作了《为坚决贯彻党对知识分子的政策，保证教学任务的完成，向科学进军而奋斗》的报告。本届党委会经上级批准丁宗岳为书记，王铁生、向旭为副书记，丁宗岳为出席中共山东省第一次党代会的代表。

1956 年 5 月 19 日，山东工学院第一次党员代表大会召开

出席大会代表 57 名，代表全校 428 名师生党员。这次大会始终贯彻了批评与自我批评精神，检查了新中国成立以来，学校在贯彻中央知识分子政策中存在的问题，批判和揭露了学校党内存在的问题及个别党委委员在工作中、生活中存在的缺点错误。大会活跃了党内民主生活，增强了党的团结，健全了党的民主制度，为加强党的领导创造了良好的条件，为更好地贯彻党的决议提供了组织保证。大会回顾了学校党建工作，当时，全校有 7 个党支部、一个党总支(速中党总支)，党员人数有了显著增加，党的领导在教学、科研、学生工作及全院各项工作中均有不同程度的加强。但是教师队伍中党员发展工作成绩不突出，180 余名教师中，党员只有 16 人。

1956 年

5 月

第一次党代会历时两天，20 日大会结束。会议选举产生了以丁宗岳为首的新一届党的工作领导集体，选举王铁生等 5 位组成监察委员会，选举丁宗岳为出席山东省第一次党代会代表。经上级批准，丁宗岳担任本届党委会书记，王铁生、向旭为副书记。另外，与会代表认真讨论了学校的知识分子工作，特别是 1956 年中央、省委的一些指示及学校的做法得到大家的普遍拥护。

6 月

15 日　第十八次院务（扩大）会议举行。会议集中讨论了山东工学院 1956～1957 学年教学工作计划纲要（草案）。

21 日　山东工学院副教务长张佩甫和机制系副主任关廷栋去苏南工专，代表学校欢迎在今年暑期自苏南工专调入山东工学院新设立的铸工专业的全体教师、职工和同学。8 月中旬，苏南工专铸工专业调入工作全部结束。

本月　画法几何及机械制图教研室助教韩芳婷，在马文农副教授及教研室同事们的帮助下设计了一种新的三角板。这种新三角板分甲、乙两型，它们的设计原则是和马文农副教授创制的多角板类似，作用也是一块三角板来代替两块三角板。

7 月

3 日　院行政发出通报，表扬电机系助教马长贵创制的自动报时器。通报中指出，马长贵这一创制使拉铃工作完全自动化，保证了作息时间的准确，节省了人力；而他在这一工作中表现出的积极创造、精益求精的精神，特通报予以表扬，并发给奖金 100 元，以资奖励。

14 日　中央体育运动委员会总顾问、高教部体育处顾问、苏联专家阿法纳西也夫来院参观。

8 月

28 日　第四十六次院行政（扩大）会议举行，检查开学前后教学准备工作。

本月　苏南工专铸工专业调入工作全部结束。6 月 21 日，山东工学院副教务长张佩甫和机制械系副主任关廷栋去苏南工专，代表学校欢迎在今年暑期自苏南工专调入山东工学院新设立的铸工专业的全体教师、职工和同学。

本月　学校教职工工资改革工作开始，10 月结束。通过本次改革，全校教职工工资平均增长 19%，其中教师平均增长 23.5%，这是工资增长幅度比较大的一次。

9 月

8 日　山东工学院举行 1956～1957 学年开学典礼暨迎新大会。到会师生员工 2000 余人。当日晚上举行了迎新晚会，由济南军区前卫文工团为大家演出了精彩的歌舞节目。

10 日　夜校部开学上课。

19 日　全院人员学习八大文件。

23 日　共青团山东工学院第三次代表大会召开。会议产生了第三届团委会，团委书记为夏育，副书记为李俊生。29 日，会议结束。

1956 年

10 月

8 日　第五十次院行政会议上研究撤销政治辅导处，本年成立人事处。

13 日　全院教职员听取了关于中国共产党第八次全国代表大会的传达报告。

17 日　全院学生听取了关于中国共产党第八次全国代表大会的传达报告。

24 日　第十九次院务(扩大)会议举行，讨论通过本院 1956～1957 学年工作计划纲要。

本月　《山东工学院学报》第一期出版。

11 月

9 日　科学研究部召开座谈会，研究今后广泛开展科学研究问题。截至 12 月初，科学研究工作逐步展开。

30 日　五号教学楼和学生宿舍楼竣工，交付使用。

12 月

本月　院党委连续举行扩大会议，听取本院参观团关于兄弟学校先进经验的汇报。

本年　增设压力加工、铸造工艺、电机电器、机床与刀具专业。

本年　成立夜大学习班，设机制工艺、发电厂两个专业，第一届招收学生 91 名。

本年　山东工学院和工具科学研究院签订刀具科学研究协议书，并和上海汽轮机厂签订科学技术合作合同。

1957 年

1 月

14 日　第六十一次院行政会议讨论通过 1957 年教育计划草案。

本月　院党委扩大会议确定以“整顿，提高”为今后山东工学院一定时期的工作指导方针。

2 月

1 日　在北京召开的全国第一次力学学术报告会上，教务长刘先志被选为中国力学学会常务理事、力学学报编委。他的“上端系固缠绕在轮盘上缆索的质量对于轮盘在铅垂方向下降运动的影响”等 4 篇论文均被认为有相当价值。

16 日　九三学社山东工学院直属小组正式成立。

22 日　山东工学院出席高教部修订教学计划座谈会的教师向全体教师传达了本次座谈会的精神和内容。本次座谈会是 1 月中旬举行的，会上专门就高等工业学校 11 个典型教学计划的修订问题进行了座谈讨论。参加这次会议的陈翼文等教师在 1 月底返回学校后，向院党委和行政分别作了参加这次会议的汇报。为深入学习这次座谈会精神，本月 18 日举行的第六十五次院行政会议，专门就如何组织传达讨论和贯彻这一会议精神进行了研究。

3 月

2 日　山东工学院第六届学生代表大会开幕。全国学联主席胡启立出席开幕式并讲话，传达了党中央、毛主席和中央其他负责同志对全国青年学生的关怀和期望。本届学生会主席为何祖诚。

5 日　参加全国农业劳动模范代表会议的山东省代表徐建春、赵世发和王泽延，应邀来山东工学院与广大职工和同学见面，并作报告。

1957 年

3 月

11 日　第六十八次院行政扩大会议举行。会议在院长丁履德主持下，研究讨论了如何总结教改的问题。会议研究决定成立增产节约运动委员会。

28 日　中央高教部代理首席顾问、苏联专家阿尔西波夫，在高教部工业教育司有关负责人陪同下来院视察。

本月　来山东工学院视察的高教部代理首席顾问阿尔西波夫专家，对工学院在近一两年以来自制不少仪器，解决教学需要，为国家节约财富，给予好评。

4 月

1 日　机械振动学讲习班开课。3 日上午，刘先志教授进行了第一次讲课。听课者济济一堂，除本院外，还有来自北京工艺研究院、汽车拖拉机研究所以及东北工学院等 12 个兄弟院校的讲师、助教共 30 人。为了满足本院教师进修的需要，以及配合开办机械振动学讲习班，山东工学院同时举办了高等微积分讲座。

13 日　山东省副省长余修应邀来山东工学院向全体青年团员和全体同学作了题为《继承革命传统，建设社会主义》的专题报告。

19 日　交通大学发电厂教研室苏联专家保尔洽尼诺夫副教授来山东工学院讲学，为期一周。保尔洽尼诺夫副教授是发电厂电气部分方面的专家。前来听取专家讲学的还有兄弟院校教师 10 余人。

本月　院党委和行政联合召开干部会议，由院党委书记丁宗岳传达毛主席在最高国务会议上的报告和总结，以及毛主席在中共中央宣传工作会议上的讲话。

5 月

2 日　院党委邀请民主党派、无党派人士共 20 余人举行座谈会，倾谈对党委工作的意见。

8 日　院党委书记丁宗岳在院党委会上传达了山东省委关于立即开始整风的指示。会议就学校开展整风运动的组织领导、要求、方法、步骤等各项问题进行了研究，成立了由丁宗岳、向旭、王铁生、侯淑平、李铭琏、孔翔滨、刘忠孝、刘敏、刘仲璜、殷续丰、郑春太等 11 人组成的整风领导小组。

14 日　山东工学院全体党员干部的整风学习正式开始。

15 日　院刊编辑室给著名科学家钱学森写信，要他为院刊正在讨论的“今天的大学生应该追求什么”撰稿。钱学森教授以《先专后红说》为题写信给院刊指出：作为红色专家的捷径绝不是“先专后红”，而是“专红并进”。

21 日　郭沫若就院刊开展“今天的大学生应该追求什么”的专题讨论，复信院刊编辑，谈了政治与业务的关系。全国有关报刊曾转载钱学森与郭沫若的文章。

本月　院党委相继召开全体党员和教职工大会，由院党委书记丁宗岳分别向到会人员传达党委整风计划的初步意见。

1957 年

5 月

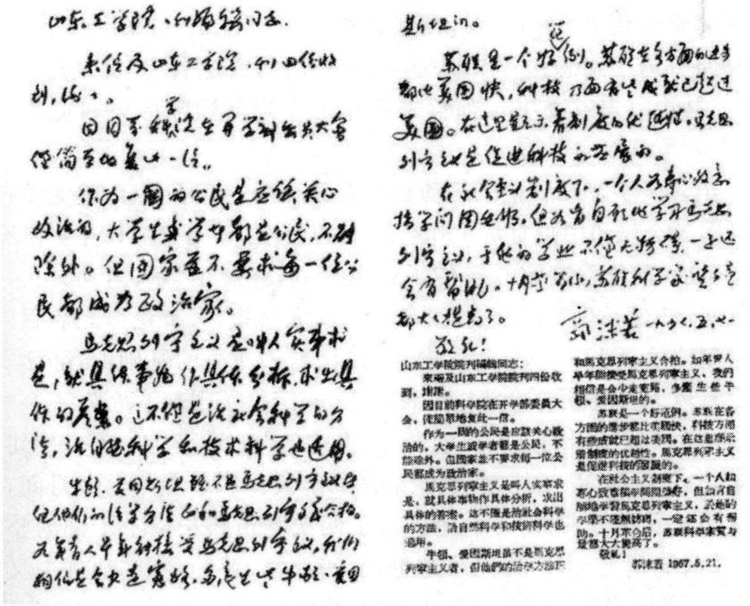

山东工学院院刊编辑同志：

来函及山东工学院院刊四份收到，谢谢。

因目前科学院在开学部委员大会，仅能简略复此一信。

作为一国的公民是应该关心政治的，大学生或学者都是公民，不能除外。但国家并不要求每一位公民都成为政治家。

马克思列宁主义是叫人实事求是，就具体事物作具体分析，求出具体的答案。这不仅是治社会科学的方法，治自然科学和技术科学也适用。

牛顿、爱因斯坦虽不是马克思列宁主义者，但他们的治学方法和马克思列宁主义合拍。如果科学工作者能接受马克思列宁主义，我们相信是会少走弯路，多产生些牛顿、爱因斯坦的。

苏联是一个好范例。苏联在各方面的进步都比英国快，科技方面有些成就已超过美国。在这里显示出制度的优越性。马克思列宁主义是促进科技的发展的。

在社会主义制度下，一个人如果专心致志搞学问固然好，但如再自觉地学习马克思列宁主义，于他的学业不但无妨碍，一定还会有帮助。十月革命后，苏联科学家实在是都大大提高了。

敬礼！

郭沫若 1957.5.21.

1957 年 5 月 21 日，中科院院长郭沫若给山东工学院院刊亲笔复信

6 月

4 日　院党委分别召开教职工和全体同学大会，动员进一步贯彻鸣放，帮助党进行整风的动员报告。

本月　省委决定侯淑平任中共山东工学院委员会副书记。

9 月

24 日　副院长梁松方先行到职视事。院行政和党委会联合举行茶话会，欢迎梁松方副院长到校。据高教部 1957 年 9 月 21 日部载字第 339[6]号通知："我部正报请国务院任命梁松方为你院副院长，现因工作需要，梁松方可先行到职。"

本月　为适应教学工作的需要，在党和高教部的关怀和配备下，本学期山东工学院增添教师 77 人，资料员 4 人。这个数字大约相当于 1955 年和 1956 年增添教师的总数，同时也是历年来最高的数额。

10 月

14 日　高教部检查工作组一行 7 人，在计划司副司长张健带领下，来山东工学院视察了解有关贯彻向工农开门、勤俭办学等方面的情况和问题。

18 日　国务院举行的第五十八次会议上任命梁松方为山东工学院副院长。梁松方根据高教部部载字第 339[6]号通知精神，已于 9 月 24 日先行到职。本月9 日，全校师生员工举行了欢迎大会。

本月　庆祝十月革命 40 周年活动广泛开展。

11 月

6 日　全院师生员工集会热烈庆祝伟大的十月社会主义革命 40 周年。

26 日　第九十次院行政会议决定：在原北校门和西宿舍之间新建校门（即现在的北校门）。该校门马路直通文化路，于 1958 年建成。

1957 年

12 月

8 日　为了以实际行动来纪念伟大的"一二·九"运动 22 周年，山东工学院青年教职工和学生代表 300 多人，在新建校门前开工破土，用自己双手修建新校门前的马路。为了纪念这一节日劳动，新校门马路定名为"劳动路"。

27 日　中共山东省委书记师哲来院作关于当前国际形势和莫斯科会议宣言的报告。

本年　山东工学院开展整风运动和反右派斗争。4 月 8 日，院党委传达了毛主席在最高国务会议和中央宣传工作会议上的报告。4 月 27 日，中央发布关于整风运动的指示后，院党委制定并宣传了整风计划，开展了整风运动。从 6 月下旬开始到 9 月间，进行了两个多月的"大鸣，大放，大字报，大辩论"，先后召开了对右派的大中小型斗争会 1171 次。9 月中旬，在反右派斗争的基础上，继续发动师生员工帮助党整风。各级领导干部抓了整改工作，组织了干部下放劳动。

1958 年 3 月，整风运动进入反浪费、反保守的"双反"运动。4 月中旬，整风运动进入向党交心、拔白旗、插红旗、自觉革命的阶段。1958 年 5～12 月间在群众整风运动继续深入的同时，比较集中地进行了两次党员科长以上干部的整风补课；12 月，学习了省党代会文件，批判了赵健民、王路宾、曹礼琴的"地方主义，分散主义，右倾机会主义错误"。1959 年 3 月，经市委批准，学校整风运动结束。

本年　六号教学楼竣工。

1958 年

1 月

2 日　院党委书记丁宗岳在全院教职工大会上作《响应党的号召，精简机构，干部下放》的动员报告。

4 日　院党委邀请部分教职员共 50 多人，座谈干部下放问题。会上自始至终洋溢着一片上山下乡、参加劳动锻炼的气氛，大部分到会人员都争先恐后要求党委批准第一批下放农村。

20 日　山东工学院下放干部 92 人在大队长常春馨，大队副张佩甫、颜子平、刘贯稼、陈哲平的带领下，在邹平县参加农业劳动。

25 日　院党委分别召开全体学生和教职工大会，院党委书记丁宗岳作关于处理右派分子的报告。26 日会议结束。

2 月

25 日　第九十八次院行政会议决定：为了更好地向工农开门，贯彻阶级路线，拟将本校附设工农速成中学改为工农预科，学习年限为 3 年，毕业后直升大学。招生对象：工厂、企业中具有初中文化水平和两年以上工龄、年龄在 27 岁以下、历史清白、出身工农并经过劳动锻炼的青年工人和工农干部。工农预科实际只办了一届，学制 2 年(1958～1960)。与此同时，1958 年暑假在预科中试办了高中部，即招收了普通中学的初中毕业生，学制亦为 2 年。高中部最后一届毕业生为 1962 年暑假毕业。

3 月

10 日　第一百次院行政扩大会议讨论决定：认真贯彻《中共中央关于开展反浪费反保守运动的指示》，立即在全院展开反浪费反保守运动。本月 12 日，院党委书记丁宗岳向全校师生员工作了《全力开展双反运动，苦战两月，横扫一切，打掉五气，实现全面"大跃进"，改变山工面貌》的报告。

1958 年

4 月

12 日　全院师生员工向思想“大跃进”举行了庄严的誓师。誓师大会上，院党委书记丁宗岳作报告。同时，山东工学院第一部锅驼机诞生，试车情况良好，在誓师会上该厂工人向院党委、行政及全院师生员工报喜。

28 日　中共山东省委书记夏征农来院就机械系热加工团支部全体团员在向党交心过程中提出的一些问题作了指示，受到全体团员的热烈欢迎。

29 日　由电力机械教研室、电工工作室、金工实习厂联合试制的第一台感应电动机，经过 10 来天的紧张劳动装备完成，并经初步试验，性能良好。

5 月

4 日　毛泽东主席在济南珍珠泉科技成果展览会上参观了学校展品。学校在这次展览中展出的成果有超高强度硼钢、交流计算台等。毛主席对展品都一一作了询问，对学校用土法上马搞出科研成果给予肯定。消息传到学校，师生员工受到很大鼓舞。

28 日　山东省副省长余修来院向全院师生员工作了关于社会主义建设“总路线”和“大跃进”形势的报告。

本月　山东省委决定调孔真到山东工学院任党委第一副书记。

6 月

21 日　历下区爱卫会为把除四害讲卫生运动向前推进一步，在山东工学院举行授奖大会。工学院获先进单位奖牌一个，锦旗一面，个人奖 49 个。

7 月

9 日　全院教育大革命宣誓大会召开。院党委书记丁宗岳作了题为《在总路线的照耀下，插红旗，拔白旗，坚决贯彻党的教育方针，为把学校建设成一所共产主义的工业大学而奋斗》的报告。

11 日　院党委召开在校部分校友座谈会，广泛听取校友们对政治课教学的意见，深入推进政治课教改。

16 日　院党委连续分别召开同学代表座谈会。会上，同学们以亲身体会谈了对政治课教学的意见。19 日，座谈结束。

21 日　山东工学院组成 2400 余人的防汛大军开赴洛口黄河大堤，和济南市军民一起经过 4 昼夜奋战，战胜首次黄河特大洪峰。

1958 年 7 月，山东工学院 2400 多名师生参加黄河抗洪抢险

1958 年

7 月

24 日　全院师生员工开展抗议美、英侵略黎巴嫩、约旦，支持伊拉克共和国成立的签名运动。参加签名的有 2957 人。

8 月

9 日　院党委召开全院师生员工大会，院党委书记丁宗岳代表党委对前一阶段运动和今后的任务作了报告。报告号召全院师生员工在已有胜利的基础上，更加鼓足干劲，把教学上两条道路的斗争更深入一步，为多快好省地贯彻实现党的教育方针而努力。

17 日　山东工学院 144 名防汛战士在凯歌声中荣归。他们还携带了防汛指挥部发给山东工学院的集体二等奖锦旗一面、先进班锦旗两面以及防汛先进工作者奖状 646 张。

22 日　山东工学院第一台用马口铁代替矽钢片的感应电动机问世。

28 日　山东工学院新建发电厂经过试运转后正式供电。全院师生员工和建厂人员一起以十分欢乐的心情祝贺它的诞生。

30 日　在第 106 次院行政(扩大)会议上，讨论通过了将原机械制造系划分为机械制造系和金属工艺系。

本月　由机制工艺教研室试制的山东工学院第一套平面光洁度样板已提前 9 天制成，光洁度达到最高级，即 4 花 14 级，已达到国际水平。

本月　“C620-山工”车床设计完成，无级变速器设计达到国际水平。同时，山工牌滚珠轴承诞生，新产品捷报频传。

9 月

7 日　山东工学院师生员工代表 900 余人参加了山东省和济南市各界人民 100000 余人的拥护周总理声明、坚决反对美帝国主义军事挑衅的盛大集会和示威游行。

8 日　第 107 次院行政会议上决定，国庆前全院全力投入大炼钢铁生产。截至 10 月 15 日，全院基本钢铁队伍有 2000 余人，建成 4 个 $3M^3$ 小高炉，23 个邵阳炉，617 个地平炉(专门炼海绵铁)，炼出生铁 134.5 吨。

9 日　中共山东省委书记处书记裴梦飞一行 4 人来院参观。丁宗岳、向旭陪同参观了勤工俭学展览成果和校红旗轴承厂、钢铁厂高炉工地等。

14 日　山东工学院全体师生员工 3400 多人，以激昂坚决的心情和意志举行盛大集会，正式成立山东工学院机械民兵团。机械民兵团下设先锋、机械、电力、钢铁 4 个营。

本月　山东工学院机构情况：党委下设办公室、组织部、宣传部、统战部。行政机构有院长办公室、教务处、人事处、总务处、科研部、生产办公室。有 3 个系：机械制造系、金属工艺系、电机工程系。全校教职工 752 人，其中正、副教授 28 人。在校学生 2450 人。

本月　学校教工试制成一台 400 周交流计算台，一台 C610-山工型无级变速车床和陀螺仪。

10 月

18 日　山东工学院试制成功山东省第一台模拟电子计算机。

19 日　国务院科学规划委员会秘书长范长江来院参观。

1958 年

10 月

20 日　中共山东省委第一书记舒同、书记处书记裴梦飞来院参观试制成功的模拟电子计算机。

24 日　出席省人委召开的全省高等教育工作会议的代表、省各高等学校的党委书记、院长 70 余人来院参观。

27 日　院党委举行扩大会议，传达和学习全省高教会议精神。

11 月

1 日　全国教育与生产劳动相结合展览会在北京开幕。山东工学院送去的数十件产品开始和广大参观者见面。

7 日　北京人民艺术剧院演出队 20 余人在该院副院长焦菊隐、演出队负责人于是之率领下来院演出，受到全院师生员工的热烈欢迎。

10 日　中共中央宣传部副部长张子意来院参观。

29 日　中国科学院山东分院在学校召开科学研究工作跃进誓师大会。中共山东省委宣传部部长王众音、科学院山东分院副院长郑子久、中共济南市委高校党委副书记向旭及山东大学、山东师范学院、山东工学院党政负责人出席大会。王众音在会上作报告，并代表省委宣布山东工学院改为山东科学技术大学。

30 日　中国科学院物理研究所所长钱三强来院参观。

本月　密切科研、教学、生产相结合，中国科学院山东分院机械动力、自动化、力学 3 个研究所在山东工学院成立。

本月　院党委副书记王铁生调山东省高教局工作，院党委副书记向旭调济南高校党委工作。

本月　电机工程系参加山东省第一座电视发射台建设工程。

本月　在党的教育方针的光辉照耀下，在以铜为纲、全面跃进方针的指导下，电线厂的同学们破除迷信，发挥敢想敢干、刻苦钻研的精神，前后仅花 20 天时间，经过 4 次试验，成功电解出含铜量 99.97％的电解铜，接近国内先进水平。

12 月

12 日　汽输机叶片挤压在山东工学院试验成功。

20 日　电线厂捷报频传，第一根漆包线试制成功。漆包线的制成，是党的教育方针的又一次胜利，为山东省制造漆包线提供了初步经验。

30 日　山东省第一台通用数字电子计算机在山东工学院制成。这台电子计算机的制成，不仅说明了山东省在教学研究方面有了有力武器，而且意味着山东省以巨人般的步伐，走向世界先进的科学水平。

同日　山东省第一台由电子计算机控制的程序控制 1616 车床，在山东工学院试制成功。经过试车，性能良好。程序控制车床试制的成功，又一次证明了党的教育方针的无比威力。

本月　“三结合”(教学、科研、生产相结合)大显神威，攻尖端奇峰迭出，山东工学院以 193 个科研项目向省党代会献礼。

本年　学校新增设内燃机、钢铁冶金、无线电技术、热能动力装置 4 个专业。

本年　学校部分专业和班级由四年制改为五年制。

本年　学校领导体制由中央高教部领导改属山东省领导。

1959年

1月

15日　全院师生员工大会召开。院党委常委孔翔滨对学校批判赵健民、王路宾、曹礼琴的“错误”作了小结报告。

18日　电机工程系举行首次科学报告会。以一个系单独举行科学报告会，这对山东工学院来说还是第一次。报告会上宣读的论文共有42篇之多；师生员工同登讲坛，极一时之盛，体现了该系科学研究上的广泛群众性。这个会检阅了贯彻党的教育方针以来取得的科研硕果，也进一步解放了思想。21日报告会结束。1～2月，为了贯彻党的教育方针，检阅教学、科研、生产“三结合”的成果，电机工程系、机械制造系、金属工艺系先后举行了系级科学报告会。会上共宣读论文85篇。

19日　为了贯彻“边试行，边总结，边推广，边提高”精神，公共课党支部召开教学经验交流座谈会，及时总结贯彻党的教育方针开课以来，在教学内容、教学方式方法上的新尝试、新创造。

24日　公共课4位教师下放到班级，与同学同吃、同住、同劳动、同学习，民主平等的师生关系得到新发展。

4月

4日　全院师生员工大会召开，院党委书记丁宗岳作报告。报告强调要继续贯彻党的教育方针，巩固与发展教育改革，政治挂帅，思想领先，教好、学好、劳动好。

5月

4日　山东工学院3000名青年师生员工举行五四运动40周年纪念大会，院团委代表团中央和团省委给先进人物分别颁发了纪念章和奖章。

30日　根据上级指示精神，院党委向全院师生员工传达和部署了关于在山东工学院开展增产节约工作的意见。发扬艰苦朴素精神，大兴勤俭办学之风，增产节约运动在山东工学院全面铺开。

6月

本月　百家争鸣，畅所欲言，总结经验，以更好地改进教学，山东工学院1959年第一次教学经验交流会举行。

本月　山东工学院制造的6000(瓦十千)汽输机，自1958年11月中旬开始设计，半年多来进行了毛坯制造、零件机械加工、部件装配等工作，6月中旬进入总装配和试验阶段。

7月

3日　中央教育部副部长刘皑风来院视察。院领导汇报了学校概况和教学、生产劳动、科学研究工作进展情况。刘皑风参观了各系主要实验室和实习工厂。他对学校教学与生产相结合、科学研究等问题提出了意见。

25日　为更好地实行党委领导下的院务委员会负责制，经山东省人民委员会[59]鲁办甲字第1421号文批准，学校公布了院务委员会及其常务委员名单。院务委员会委员由40人组成。常务委员会主任委员为丁履德，副主任委员为丁宗岳、梁松方，委员为孔真、刘先志、张佩甫、孔翔滨、陈翼文、邵洪泮。

1959年

8月

26日　中共山东工学院第二次代表大会召开。正式代表108人，丁宗岳代表上届党委作了《高举总路线和党的教育方针的红旗，反右倾、鼓干劲，为巩固发展教育革命，大力提高教育质量而奋斗》的报告。大会选举产生了新的党委会，并选举了出席济南市第二次党代会的代表。经上级批准书记为丁宗岳，副书记为孔真、侯淑平。29日，大会结束。

27日　全院召开反右倾鼓干劲跃进誓师大会。

9月

1日　院党委会确定出版不定期党内刊物《山工情况》，供党委或总支领导参阅。

2日　山东工学院285名毕业生响应党的号召，满怀斗志，放弃假期，分赴祖国各地，提前赶到工作岗位。

5日　深入贯彻党的教育方针，巩固发展教育革命，山东工学院隆重举行开学典礼。

19日　全院举行盛大的反右倾、鼓干劲跃进检阅大会。这次大会是上次全院坚决拥护党的八届八中全会誓师大会的继续和发展。大会集中反映了20天来全院贯彻八届八中全会决议实现全面跃进取得的重大成果，同时表现了全院4000名师生员工的干劲一鼓再鼓、一跃再跃，誓夺更大成果的决心和力量。

同日　济南市庆祝国庆排球丙级赛举行，山东工学院排球队荣获亚军，晋升济南市乙级队。29日，比赛结束。

27日　学校召开第四次团代会，选举产生了新的团委会。本届团委会书记为夏育，副书记为卞铭钦、李俊生。

本月　山东工学院为全国四年制高等工业学校制定的机械制造工艺、金属切削机床及刀具、金属学及热处理车间设备、电机制造、电器制造等五个专业的教育计划，业已定稿，并呈报教育部审核，前后历时共两月余。

10月

4日　学校召开第七届学代会，选举产生了新的执委会，并决定建立系分会。本届学生会主席为周春生。

13日　山东工学院田径代表队初显威力，与山东大学代表队16项对抗赛中夺得11项第一名。

24日　济南市高等学校田径运动大会在省体育场举行。这是10年来本市高等学校最大的一次运动会，男女运动员达700人。山东工学院以190.5分的成绩荣获团体总分亚军。山东工学院参加这次运动会从人数、得分和名次上都是空前的。25日，运动会结束。

25日　学校文工团宣告成立。文工团包括戏剧队、合唱队、舞蹈队、管弦乐队、国乐队、曲艺队，成员250余人。

26日　巴西共产党代表团团长、巴西共产党中央委员会总书记路易斯·卡洛斯·普列斯特斯一行，由省委书记处书记刘季平陪同来院参观，受到院党委负责人和师生员工的热烈欢迎。

1959 年

11 月

14 日　山东工学院 4000 余名师生员工集会，热烈欢迎本院出席全国“群英会”特邀代表、金融工艺系夏天赳讲师，本院赴京参加伟大国庆 10 周年观礼的院长丁履德，电机工程系侯博渊副教授光荣归来。会上，夏天赳和丁履德先后向全院师生员工作了有关“群英会”和首都国庆 10 周年庆祝大典的精彩传达报告。

22 日　济南市举行航空模型竞赛大会，山东工学院航模代表队以 2504 分获总分第一名。

同日　济南市高等学校篮球联赛举行。山东工学院男子篮球代表队以6 战 6 胜的战绩荣获冠军。12 月 12 日，篮球联赛结束。

23 日　院党委邀请正在济南参加会议的曾参加红军两万五千里长征的杨云和复员军人程元茂、荣誉军人庞继忠，来院向全体师生员工作报告。他们的生动报告，使全体人员受到极大的教育和鼓舞。

28 日　山东省机械原理及机械零件课教学经验座谈会在山东工学院举行。座谈会由省高教局委托山东工学院召开。全省 15 个高等工业院校和本院教师 40 余人参加座谈。29 日，座谈会结束。

29 日　正在济南出席山东省第三次团代大会的代表徐呈龙、吕春英来院作报告。与他们同来的还有出席省团代会的代表、技术革新能手孔祥玉。革新能手徐呈龙是青岛综合木材加工厂的年青工程师，是话剧和电影《敢想敢干的人》里的主人公。从第一个五年计划开始到 1958 年期间，徐呈龙共革新技术 130 项，提高工效等于一个普通工人 130 年的工作量。

12 月

14 日　山东工学院机械厂机装车间胜利竣工。

24 日　工艺系机械传动锤试制成功，试车结果完全证实原设计的正确。

本年　学校新增焊接工艺及设备、工业企业电气化、电机制造、电器制造、电真空技术、固体力学 5 个专业。学校所有专业全部改为五年制。

1960 年

1 月

7 日　济南部队学习代表团在副团长李耀文少将、罗通少将和何柱成少将率领下来山东工学院参观，受到院党委、行政负责人和师生员工的热烈欢迎。

29 日　山东省委书记处书记刘季平来院访问参观。陪同来访的有副省长余修，省委宣传部部长王众音、副部长丁方明，教育厅厅长李芸生，中共济南市委书记夏征农、济南市副市长狄井芗等 20 余人。

2 月

16 日　苏中友好协会代表团团员、苏联列宁格勒州委会书记波克罗夫斯基在中共济南市委书记夏征农陪同下来院参观访问。

3 月

19 日　全国著名青年英雄徐学惠在团省委书记林萍陪同下来院同广大青年见面。

本月　电机工程系 40 余名同学和部分教师，在参加济南仁丰纱厂和黄台发电厂的技术革新和技术革命的群众运动中，实现了锅炉、汽轮机、发电机、变压器、电动机“一条龙”提高出力成功。

1960 年

4 月

23 日　山东工学院先进工作者和先进集体代表大会隆重举行。75 个先进集体和 500 名先进工作者在会上总结交流了经验，献宝取经，大树标兵。群英会是一个总结交流经验的大会，也是一个新的更大跃进的誓师大会。院党委号召立即掀起一个学赶超帮，多、快、高、少、巧的新高潮。24 日，大会结束。

24 日　省委第一书记舒同、国家科委副主任刘西尧来院参观。在院党委和行政负责人陪同下，舒同等先后参观了内燃水泵和电系新制成的几项尖端产品。

5 月

10 日　学校先进生产者学习研究班开学。曲淑姿、杨仲海、王克和等和全国省劳模、先进生产者参加学习。该学习研究班 8 月 13 日结束。

18 日　济南军区副司令员杨国夫偕同军区其他负责人十余人来院检查民兵训练情况。

22 日　山东省文教战线群英会闭幕。会上，学校被选为出席全国文教群英会先进单位。

23 日　召开全院师生员工大会，宣读中央、国务院关于保证学生、教师身体健康和劳逸结合问题的指示以及省委就这个问题的通知。

本月　刘先志教授被任命为山东工学院副院长。

本月　山东工学院成立函授班，设高等数学、普通化学、热力发电、机械制图、机械零件等 10 门单课，招收学生 1277 名，除山东省外还有来自江苏、青海、新疆、内蒙古等地区的学员。

6 月

6 日　学校民兵师宣告成立，下设 6 个团：一个炮兵连，一个伞兵连，一个摩托中队，一个坦克中队，一个文艺工作队。

7 日　中央军委民兵工作检查团来院检查工作。学校民兵师在南操场进行了步兵徒手操练、重机枪操练，有线无线电通信、航空模型、高射炮、土火箭、摩托车、坦克车、小口径步枪射击、飞机跳伞(在郭店)等汇报表演。

11 日　省委书记处书记刘季平来院接见了在学校办的先进生产者学习研究班学员代表。被接见的有研究班党支部书记刘同和、济南机床二厂车工曲淑姿、博山电机厂工程师王克和等 10 名代表。

13 日　中共山东省委文教部[60]037 号文通知：经省委批准，孔真任中共山东工学院委员会代理书记，李铭琏任党委副书记。

25 日　山东工学院设立 6 个系和 32 个专业。

在第四次院务委员会上，副教务长孔翔滨传达了山东省高教局批准学校本年设 6 个系和 32 个专业，暑假后这 6 个系和 32 个专业全部招生。第一机械系：机制工艺及设备、机床设计、铸造工艺及设备、制图学；第二机械系：精密机械仪器、仪器制造工艺、内燃机、汽车拖拉机；电机系：电厂电力系统、热能动力装置、工业企业电气化、电机制造、电器制造、自动学与远动学、自动化元件、电气测量技术、电气绝缘与电缆技术；无线电电子学系：无线电电子学物理、无线电设计与制造、无线电真空技术、无线电部件与材料；数学软科学系：数学、计算数学、固体力学、流体力学；物理化学系：物理、稀有金属、金属物理、金属材料腐蚀与防腐专业。

1960 年

6 月

28 日　山东工学院 1400 名师生开赴抗旱前线。

11 月

30 日　院党委部署本学期工作，主要任务是以生产救灾为中心，带动各项工作，坚决克服当前困难，继续鼓足干劲，力争上游，埋头苦干，保证持续跃进，在服从生产救灾的前提下全面安排教学和科学研究，保证抓住重点，提高质量。

1961 年

1 月

6 日　原党委书记丁宗岳调山东省科委工作。

3 月

14 日　院党委常委会研究救灾度荒问题。为了解决师生员工的生活困难，在齐河县晏城、大吴、黄岗种地 1100 余亩，并成立了晏城生产基地办公室。在滕县、济宁、郯城等地采购菜、地瓜叶 5 万余公斤。会议决定成立专业队，强调各系总支书记，要一手抓思想，一手抓生活。

22 日　院党委研究在党内除不定期刊出《山工情况》外，再出刊《会议纪要》，专事公布会议决议；院行政除刊出《会议公报》外，再出刊《教学资料》。

本月　学校根据指示精神，对水肿、肝炎、月经病进行普查和防治，对 318 名女生和 69 名女教职工进行体检。院党委和院行政带领大家抗灾备荒，树立战胜灾荒的信心，采取一系列措施，切实保证劳逸结合，大抓生活。经过半年多的努力，疾病防治工作取得明显效果。

4 月

21 日　学校 5000 名师生员工集会，庆祝古巴人民正义斗争的伟大胜利。大会由院党委副书记李铭琏主持。

本月　根据"八字方针"进行专业调整。1 月 26 日～2 月 4 日，教育部在北京召开全国重点学校工作会议。会议着重研究贯彻执行"调整，巩固，充实，提高"的方针。本月 26 日，中央、国务院批准转教育部党组《关于全国重点高等学校发展规模和专业设置的报告》，报告中提出了中央各部和各省、市对非全国重点高等学校专业设置和发展规模进行调整。学校根据教育部的指示精神，将 1960 年成立的 6 个系和 32 个专业调整为 5 个系 21 个专业。

5 月

12 日　山东省人民委员会[61]鲁教行字第 184 号，批准山东工学院院务委员会组成名单：主任委员为丁履德，副主任委员为刘先志、孔真、梁松方。常务委员会委员 11 人：丁履德、刘先志、孔真、梁松方、孔翔滨、陈翼文、邵洪泮、冯绍年、王季中、王济城、王宪百。

本月　中共山东省委文教部[61]文干字第 38 号文通知：梁松方兼任山东工学院党委副书记。

6 月

3 日　张国中调山东工学院工作。7 月 1 日，山东省委文教部[61]文干字第 50 号文通知：经中央批准，张国中任山东工学院党委书记。

张国中(1919～1980)，山东桓台人，1938 年 3 月参加革命工作，1939 年加入中国共产党。1961 年 6 月，调山东工学院，任中共山东工学院委员会书记。张国中到任后，积极贯彻党的有关方针政策，和全院党员一起，深入基层，围绕生产救灾这一中心任务，贯彻劳逸结合，克服种种困难，采取切实措施，安排好师生员工的生活，保证教学工作的正常进行。在 1961 年和 1962 年全校贯彻党的知识分子政策和“高校六十条”过程中，他经常深入群众，特别是经常和老教师接触谈心。他在改善知识分子生活、发挥老教师作用、调整专业设置、建立正常教学秩序、总结教学改革的经验教训等方面，都付出了自己的心血。他重视抓好师生员工的思想政治工作，组织开展学雷锋、学王杰活动，并在抓增产节约、支援农业生产等方面多有建树。在“文化大革命”期间，张国中遭到林彪、“四人帮”极“左”路线的严重迫害。但他坚信马列主义真理，始终忠于党的事业，坚信党的事业必胜。1970 年 8 月，张国中调离山东工学院到山东大学工作。1980 年 10 月，张国中因病在上海逝世。终年 61 岁。

1961 年

6 月

17 日　第八届学生代表会议开幕。院党委书记张国中到会作报告。大会选举产生了学生会新的机构。本届学生会主席为迟学仁。

7 月

14 日　院党委常委扩大会议研究决定，将二号教学楼改作办公楼，办公室由平房迁入二号教学楼办公。一号教学楼改为图书馆楼。

8 月

25 日　全院党员干部会议召开。院党委书记张国中在会上传达省委在烟台召开的教育工作会议(简称“烟台会议”)精神。会议就党的领导、知识分子政策、提高教学质量、建立学校秩序等方面的问题，传达了中央领导和省委负责人的讲话。本着学好文件、提高认识、总结经验、搞通思想、加强团结、搞好工作的精神，要求党员干部敞开思想，畅所欲言，坚持真理，修正错误，认真总结经验教训。会议开了 8 天。

本月　根据 1961 年 6 月中共中央关于甄别工作的指示精神，学校从 8 月份开始进行了甄别工作。这项工作到 1963 年 3 月全部结束。甄别工作主要是对 1958 年到 1960 年底以来在整风补课、反右倾、教育革命、大炼钢铁、拔白旗、反坏运动、双反交心和整团等各项运动中，错误地被批判处理的党员干部、教工和学生进行了甄别。

本月　学校根据上级指示精神，仿效兄弟院校做法，于 1960 年 5 月分别从一、二、三年级学生中抽调了 60 余名思想好、学习好的学生做预备教师，提前工作。1961 年 2 月 28 日中共中央转发教育部、国家计委、内务部党组《关于加强管理中央部门和省市区直属全日制高等学校在校生问题的报告》中提出：今后高等学校在校学生应当一律按照学制规定学完全部课程，毕业后再行分配工作，任何单位不得抽调未毕业的学生分配工作。3 月 18 日，教育部发出通知，要求各高等学校对被抽调的在校学生彻底加以处理。根据以上精神，学校在 1961 年暑假前对抽调的在校师生分别作了处理：应届毕业生随原班学习至毕业；低年级的回原班级或转入低一级的年级继续学习。

1961 年

9 月

本月　经过专业调整，全校设5个系，19个专业，分别是第一机械系：机械制造工艺及设备、金属学及热处理车间设备、金属压力加工工艺及设备，铸造工艺及设备、焊接工艺及设备；第二机械系：精密机械仪器、内燃机、汽车拖拉机；电机系：热能动力装置、电厂电力网及电力系统、电机及电器、工业企业电气化；无线电系：无线电设计及制造、电真空技术、无线电部件及材料；数理系：计算数学与计算技术、工程力学、应用物理、应用化学。在校大学生3922人，大学部教职工1019人（其中教师473人，职工546人），夜大学生172人，函授学生416人，预科学生278人。

本月　学校七号教学楼竣工。

10 月

14 日　院党委副书记侯淑平调省委文教部工作。

本月　传达学习"高校六十条"。9月15日，中共中央批准试行《教育部直属高等学校暂行工作条例（草案）》（简称"高校六十条"），具体规定了高等学校的基本任务、培养目标、领导体制等。10月20日，院党委在全院领导骨干中进行了传达学习。11月3日，在院务委员、系务委员、正副教授、教研室主任和讲师中进行传达学习讨论。11月9日，院党委书记张国中在全院师生员工中作了传达。1962年2月，八届十中全会前，全院深入学习贯彻"高校六十条"，并制定了一些相应的工作条例。

本年　学校教学科研方针：大力支援农业，以生产救灾为中心，安排好生活，进一步贯彻劳逸结合，保证师生身体健康，全面贯彻中央提出的"调整，巩固，充实，提高"的八字方针，深入开展以提高教育质量为中心的教育革命。全面安排各项工作。重点抓好支援农业、教学内容的充实提高和教材建设。加强基础理论教学，加强师资的培养提高。贯彻"百花齐放，百家争鸣"的方针，大力开展学术讨论，活跃学习空气。

1962 年

1 月

14 日　院党委召开全院教职工党员大会，院党委书记张国中传达省委书记刘季平关于国内形势和当前任务的讲话。次日，各总支、支部进行讨论，加深对"形势好，成绩大，困难多，任务重"的认识。

24 日　经上级批准，院党委设置武装部。

本月　第六届工会会员代表会议召开，选举产生了山东工学院第六届基层委员会。工会主席为孔翔滨，副主席为金榜、孟繁杰、马洪恩、蒋正楷、周虎丞。

金榜（1909～1985），江苏江阴人。1935年毕业于中央大学，在特别研究班学习。1939年，毕业留校任教，历任讲师、副教授。1948年，留学美国明尼苏达大学研究院。1951年，回国任山东大学机械系教授。1952年，任山东工学院自动车系教授。1983年，任山东工业大学机械系教授。

2 月

16 日　全国科学工作会议在广州举行（简称"广州会议"）。3月2日，周恩来总理在会上作了《关于知识分子问题》的报告。3月5日，陈毅副总理在会上讲话指出："知识分子是人民的劳动者，是为无产阶级服务的脑力劳动者。""应

1962 年

该取消资产阶级知识分子的帽子，今天我给你们行脱帽礼。”3 月 8 日，会议结束。这次会议在学校学习贯彻后，在教师中引起强烈反响。

2 月

17 日　院党委召开党员干部会议。党委委员、总支书记，党员教师、党员干部、学生党支部书记 240 余人参加会议。会上，院党委副书记李铭琏传达了省委书记刘季平在省知识分子座谈会上的报告。与会人员进行了讨论，就学校贯彻知识分子政策、合作共事、党内思想斗争、加强党的集体领导和转变工作作风、如何通气、鼓劲等方面的问题发表意见。22 日，会议结束。

3 月

9 日　院务委员会举行第十二次会议。会议讨论通过了学校 1961～1962 学年上学期工作总结和下学期工作计划补充要点，讨论通过了 1961 年财务决算和 1962 年预算，听取了人事处副处长孙佑杰关于专业调整的汇报。汇报指出：自 1961 年冬天以来调整了 6 个专业的 520 学生。其中二机系的精密机械仪器专业 134 名学生分别调到一系、二系的各专业；无线电系的电真空技术、无线电部件与材料两个专业二、三年级的 226 名学生，提前分配到无线电方面的工厂工作；数理系应用物理、应用化学、计算数学 3 个专业的 160 名学生转到山东财经学院学习。无线电系、数理系的这批学生于 1962 年 1 月 24 日离校。

12 日　根据“高校六十条”精神，院务委员会进行了调整。山东省人民委员会[62]鲁教行字 143 号文批准院务委员会由 25 人组成。主任委员为丁履德，副主任委员为刘先志、梁松方。

19 日　为部门间互通情报，交流经验，经领导研究，学校不定期刊出《教学与生活》(《山工生活》、教务处的《山工教学》不再编印)，主要反映学校教学与行政工作方面的情况。19 日，出版第 1 期。此刊物到 1966 年 4 月 28 日共出版 84 期。

22 日　副院长梁松方向全院师生员工传达教育部关于认真贯彻执行中共中央、国务院 2 月 22 日发出的《关于清仓核资充分发挥物资潜力的指示》，要求全院彻底进行清仓核资，做到物清、账清、钱清。根据此精神，4 月 6 日院务委员会上通过了执行计划并成立了清仓核资领导小组和清仓核资办公室。5 月 22 日，清仓登记工作结束，后进行了鉴定验收。

7 月

27 日　经山东省教育厅批准，撤销生产处，原属教务处的图书馆由院长直接领导，无线电系撤销后并入电机系。

8 月

4 日　经山东省人民委员会[62]鲁教行字第 506 号文批准，学校停办汽车拖拉机、工程力学两个专业。这两个专业的一、二年级学生，放长假 1 年后转学其他专业，三年级学生转学本校的内燃机、热能动力装置、压力加工、铸造等4 个专业，四年级学生仍学原专业至毕业。焊接工艺及设备专业暂不招生。经过调整尚保留 11 个专业，即：机械制造工艺及设备、铸造工艺及设备、金属压力加工及设备、金属学及热处理车间设备、内燃机、热能动力装置、电厂电力网及电力系统、电机电器、工业企业电气化、无线电技术、焊接工艺及设备。

1962年

9月

7日　院务委员会第十七次会议召开，讨论通过了“1962～1963学年工作计划纲要”。该“纲要”指出，要深入贯彻“高校六十条”，进一步稳定教学秩序，认真贯彻高等工业学校教学工作会议精神，贯彻“少而精”的原则。高等工业学校教学工作会议是教育部5月24日～6月13日在北京召开的。会议对12年来特别是1958年以来工科教学工作进行了总结，分析了长期存在学生负担过重现象的原因。会议指出，为了切实做到既能提高教学质量，又不使学生的学习负担过重，当前在教学工作中，必须从实际出发，认真贯彻“少而精”的原则。为此学校决定采取三项决定性措施：削减总学时和周学时的时数；明确各门课程的基本要求，精选教学内容，删减次要部分；适当增加习题、实验、绘图、运算、作业等基本技能训练的时间。贯彻这次会议精神以后，学校教学工作有了较大变化，每门课不同程度地减少了学时数，精选了教学内容，删减了不必要的章节，加强了实践性环节，强调培养学生独立工作能力。至“文化大革命”这一精神一直贯彻在教学中。

本月　学校机制工艺、发电厂两专业第一届夜大学生毕业。

本月　根据“精兵简政”和压缩城市人口的指示精神，学校进行了精简机构、加紧编制工作。上学期下马了8个专业（精密机械仪器、汽车拖拉机、电真空技术、无线电部件与材料、计算数学与计算技术、工程力学、应用物理、应用化学），撤销了无线电系和生产处，停办了预科。对1958年以后参加工作的156名徒工和勤杂工动员返乡参加农业生产。

本月　从本学期开始，在一年级新同学中设立班主任，指导学生班级工作。学生班级组织在1957年前除团支部外还有班委会，有团支书、班主席（学生会系统）、班长（行政任命）组成“班三角”，开展学生班级工作。反右后改为由党员或团支部书记为领导的班领导小组。1961年贯彻“高校六十条”后，明确成立班委会，团支部协助班委会开展工作。班委会既是行政组织也是学生会的基层组织，由学生选举产生。从1962年9月以来，设立班主任。1963年，设专职政治辅导员，指导开展学生班级工作。

10月

9日　院党委常委会议传达学习党的八届十中全会精神。中共八届十中全会是9月24～27日在北京举行的。会议认为：我国人民当前的迫切任务是贯彻实行以农业为基础、以工业为主导的发展国民经济的总方针。院党委常委会会议研究，先党内后党外，层层传达十中全会精神，先后召开了常委扩大会、党员干部会、党员大会。11月29日后，全院师生员工有计划地学习贯彻这一会议精神，并将其成为学习时事政治的主要内容。

15日　学校1962年学术报告会在东饭厅举行开幕式。院长丁履德作报告，教职工及学生代表1000余人参加了大会。开幕式后，由各系分头组织进行了一个月的报告会，共有报告论文104篇，听报告的有3000人次。这是学校历次学术报告活动规模最大的一次。

20日　第九届学代会召开。本届学生会主席为迟学仁。

1962 年

12 月

21 日　院党委常委听取政治课教学的汇报。院党委为加强这一工作，几位常委分工抓哲学、政治经济学、中共党史课并亲自参加讲课。

1963 年

1 月

30 日　院党委常委会议传达学习省委工作会议精神，主要是关于加强党的建设和反对现代修正主义问题。通过学习讨论，大家统一了思想。会议于 2 月 6 日结束。

2 月

23 日　中共山东工学院第三次党员大会召开。张国中代表上届党委作工作报告。大会选举产生了第三届党委会。选举张国中、夏天赳为出席山东省第二届党代会代表。4 月 22 日，山东省鲁发[63]第 180 号文批准山东工学院党委组成。张国中任书记，孔真、梁松方任副书记。

3 月

本月　原党委副书记李铭琏调省委工作。

本月　学校成立力学科研室。这是学校成立的第一个科学研究室。

本月　全院开展向雷锋学习活动。本年 2、3 月中国人民解放军总政治部、共青团中央和全国总工会分别发出通知，号召广泛开展“学习雷锋”的教育活动。毛主席、刘少奇、周恩来、朱德、邓小平分别在《中国青年》和《解放军报》上题词，号召向雷锋学习。院党委在团的会议上进行动员，各级团组织带领团员和青年开展各种形式的学雷锋教育活动。

4 月

11 日　院党委召开全院教职员工大会，院党委书记张国中作反对现代修正主义的动员报告。

20 日　共青团山东工学院委员会第五次团员代表大会召开。经过选举和上级团组织批准，第五届团委会书记为夏育，副书记为卞铭钦。

5 月

10 日　香港出版界参观团一行 21 人，在省侨委、省外办等有关负责人的陪同下来院参观访问。

15 日　学校召开党委会议，传达学习省人委关于在事业单位开展增产节约的“五反运动”(即反官僚主义、反分散主义、反铺张浪费、反贪污盗窃、反投机倒把)会议精神。会议强调在对全体人员进行社会主义教育、提高觉悟的基础上，在全院中层以上干部中深入学习中央关于增产节约和五反运动的指示，反对官僚主义、分散主义，主动洗手洗澡。在物资部门重点进行反贪污盗窃、反投机倒把活动。院党委决定成立“五反”办公室，拟定工作计划，5 月 16 日向全院党员传达了上述精神。院党委于 6 月 17 日、7 月 8 日两次集中检查了存在官僚主义、分散主义方面的问题；同时在全院组织人力，进行清仓核资工作。

22 日　院党委书记张国中、副书记孔真分别在全院教职工、学生中作社会主义教育运动的动员报告。会后组织讨论，学习文件，讲阶级斗争形势，揭阶级斗争盖子。7 月 16 日～8 月 10 日，组织教职工集中学习了中央《关于目前农村工作中若干问题的决定(草案)》。

本月　王庆轩调山东工学院任党委副书记。

1963年

8月

15日　山东省人委文办、农办召集教育厅、水利厅、山东工学院等单位研究，将济南工学院“农田水利工程系”，于1963～1964学年第一学期调入山东工学院，改名为“水利工程系”，同时将在农田水利工程系工作的教职工50人(行政干部11人、教学人员30人、工勤人员9人)调入本院。9月9日，在水利系(地址在解放桥东济南中心医院对面)召开全系大会，由省教育厅副厅长宁汉戈宣布水利系正式调入山东工学院。

本月　孔真调上海华东纺织工学院工作。

9月

29日　学校召开1962～1963年度优秀学生授奖会。这次大会共奖励学生19名。该批优秀学生是根据1962年10月12日第十八次院务委员会通过的“关于奖励优秀学生的决定”，经过认真评选产生出来的，在德、智、体方面获得了优异成绩。这是在贯彻“高校六十条”以来学校表彰的第一批优秀生。

本月　学校成立农业机械专业，同时开始招生。

本月　全院有4个系，13个专业，33个教研室。第一机械系：机械制造工艺及设备、金属学及热处理车间设备、金属压力加工工艺及设备、铸造工艺及设备、焊接工艺及设备，第二机械系：内燃机、热能动力装置、农业机械；电机系：发电厂电力网及电力系统、电机及电器、工业企业电气化、无线电技术；水利系：农田水利。工程教师室有机械制造工艺、机床刀具、压力加工、铸工、热处理、焊接、金属工艺、制图、公差、机械制造企业组织与计划、机械原理及零件、热工、农机、内燃机、热能动力装置、发电厂、电机制造、电器制造、工业企业自动化、电工基础、电工学、无线电基础、无线电设计制造、水工、农水、施工、数学、物理、化学、力学、外语、体育、政治等33个教研室。

本月　在校学生3737人，教职工1197人，其中教师561人。

本月　按“高校六十条”的要求，经过调整，学校机关机构设置如下：党委办公室、组织部、宣传部、统战部、武装部、团委、工会、院长办公室、人事处、保卫科、教务处、科学研究部、总务处、图书馆、实习厂。

10月

20日　中印边境作战模范事迹报告团来院作报告。全院师生员工及山东师范学院、山东医学院、山东财经学院、山东中医学院、山东煤矿学院、济南工学院部分师生共8000余人参加了报告会。

11月

11日　经山东省教育厅[63]教人字103号文批准同意学校撤销数理系，改设基础课教学部。

本年　在学习“高校六十条”的基础上，为稳定学校秩序，自1961年下半年至1962年共制定和修订规章制度40个，其中属于领导体制方面的5个，教学、师资培养方面的9个，生产劳动方面的2个，学生方面的3个，并汇集成册。

1964年

1月

6日　院党委副书记王庆轩带领全院政工干部到济南坦克兵部队学习解放军政治工作经验。

24日　第十次院务委员会讨论通过院学术委员会名单。该委员会由16人组成，主任委员为丁履德，副主任委员为梁松方、刘先志。

1964 年

3 月

2 日　院党委召开全院三级干部会议。参加会议的院、处、科三级干部共119人。会议主要任务是为开展社会主义教育和“五反”运动训练骨干。30日，会议结束。

30 日　为配合社会主义教育运动，学校在教学二楼举办了阶级教育展览会。展览会4月10日向全院师生员工开放。

本月　任命梁度世来院工作，任副院长。

4 月

2 日　院党委副书记梁松方在全院师生员工大会上作社会主义教育和“五反”运动的动员报告。报告指出：这次运动计划分三个阶段进行：(1)学习中央文件：《关于目前农村工作中若干问题的决定(草案)》和《关于农村社会主义教育运动中一些具体政策的规定(草案)》，以及中央关于“五反”的指示，向群众进行深入的社会主义教育。院党委带头洗手洗澡，揭阶级斗争的盖子。发动群众回忆对比，忆苦思甜，激发阶级感情。(2)开展反贪污盗窃、反投机倒把活动。(3)学习解放军和大庆经验进行整改，加强思想建设和组织建设。早在1月份，根据省委宣传部关于开展“五反”运动的指示，院党委领导成员进行了自我检查。4月，全校运动展开，于5月10日全院组织了忆苦思甜回忆对比大会，之后各处系分别组织了回忆对比大会。然后是查上当放包袱，公物还家。从5月19日开始用1个月的时间，组织人力开展“三清”(钱、账、物)工作。6月20日，开展了反贪污盗窃、反投机倒把运动。7月4日，召开全院坦白交代大会。从8月2日开始，发动群众“大鸣，大放，大字报，大辩论”。院党委就贯彻执行民主集中制问题作了检查。

4 日　山东工学院第一次教学工作会议开幕。会议分两个阶段进行。第一阶段举行大会，院长丁履德致辞，教务长孔翔滨作《山东工学院贯彻高等学校教学工作会议精神的基本情况总结》的报告。院党委书记张国中在会上讲话。会议第二阶段，各单位联系实际进行讨论。会议召开7周，6月5日闭幕。

10 日　为配合社会主义教育运动，院党委决定出版不定期小报《社会主义教育通讯》，第1期10日出版。该报到1966年“文革”初停止刊出。

同日　经第三十五次院务委员会讨论，通过学校出席济南市工业、交通、基建、财贸、文教卫生先进集体和先进工作者代表会议的代表，先进集体的代表为数学教研室黄超群，先进工作者代表为夏天赳、侯博渊、裘烈均、栾文周。

5 月

1 日　全院性的革命歌曲演唱会举行。这次演唱会的特点：既有一定的战斗性，又有广泛的群众性。这样群众性的大唱革命歌曲活动，在山东工学院还是第一次。

10 日　以革命的名义回忆过去，看看现在。全院4000多名师生员工怀着无比激愤的心情，举行了回忆对比大会。

20 日　院党委常委扩大会议传达毛主席关于教育工作的指示，学习毛主席“春节座谈会”讲话和毛主席对北京铁路二中校长魏连一“2月来信”的批示。之后，在教研室主任、讲师以上党员教师中进行了传达学习。

1964 年

5 月

“春节座谈会”：1964 年 2 月 23 日，毛主席在人民大会堂召开教育工作座谈会（当时是甲辰年春节，后称此会为“春节座谈会”）。毛主席在会上说：“教育的方针路线是正确的，但办法不对。我看教育要改变，现在这样不行。”“学制可以缩短。”“课程多，压得太重是很摧残人的。”“现在考试办法是对付敌人办法，实行突然袭击。题目出的很古怪，使学生难以捉摸，还是考八股文章的做法，这种做法是摧残人才，摧残青年，我很不赞成，要完全改变。”

对魏连一的批示：毛主席在批示中指出：“现在学校课程太多，对学生压力太大。讲授又不甚得法。考试方法以学生为敌人，实行突然袭击，这三项都是不利于培养青年们德、智、体诸方面生动活泼地主动地得到发展。”

本月　第十届学代会召开，本届学生会主席为段奎照。

6 月

5 日　山东工学院第一次教学工作会议胜利闭幕。会议自 4 月 4 日开幕，经过 7 周集中和分散活动，6 月 5 日胜利闭幕。会议传达了中央教育工作会议精神，总结与交流了贯彻“少而精”的经验，并提出了今后的工作任务。

14 日　1964 年济南市大学生男女排球循环赛，经过 4 周紧张激烈的争夺，胜利结束。山东工学院女子排球队以 3 战 3 捷的成绩，荣获本届女子组冠军。

7 月

本月　根据毛主席教育工作的指示，本学期试行了考试改革，进行了开卷考试。在 173 门课程中有 63 门次试行了开卷考试。考试分堂上开卷、堂下开卷等形式。

9 月

2 日　副院长梁度世在党委扩大会议上传达了省委在烟台召开的知识分子会议精神，会议从 7 月 28 日开始到 8 月 24 日结束。学校部分师生参加了会议。会议采取“三自”（自己摆出问题、自己分析问题、自己解决问题）的方法，学习讨论了中央和省委负责人的讲话，以毛主席讲话的六条标准对照自己。

12 日　为深入发动群众，帮助党委领导整风，院党委召开全院教职员大会，深入贯彻中央和省委工作会议精神，加强社会主义教育运动部署。

18 日　第三十四次院务委员会举行，讨论通过了山东工学院“关于评选优秀学生的试行办法。”

本月　济南工学院停办，农机专业部分教师调入山东工学院。

本月　根据国务院 1963 年 8 月 17 日通知：“将高等学校毕业生见习一年的制度逐步改为先参加劳动实习一年，然后再见习一年的制度”的要求和 1964 年 6 月 30 日～7 月 6 日高等教育部在沈阳召开全国高等学校毕业生劳动实习试点工作座谈会精神，学校 1964 届留校毕业生和外校分配来的毕业生到工厂和莱阳县农村劳动锻炼。这批人于 1965 年 8 月结束锻炼返校。

10 月

31 日　学校举行庆祝建校十五周年大会。副省长晁哲甫到校讲话。24 名校友到校参加活动。会上公布了 1963～1964 学年优秀学生名单并给他们颁发了奖品。会后召开了校友座谈会。各实验室开放，接受校友或外专业师生参观。各专业分别举行了座谈会、报告会，并邀请山东艺术专科学校学生来院进行演出活动。

1964 年

10 月

11 月

15 日　水利系师生 40 多人热烈响应党的号召，到齐河县支援农田水利基本建设。经过 3 周的紧张劳动于 12 月 5 日凯旋。

本年　省委抽调学校教职工 83 人分赴烟台等地参加城乡社教工作团，抽调 24 人下放农村进行劳动锻炼。

本年　院党委抽调院、部、处领导干部到系、教研室和班级蹲点，围绕学生学习负担过重问题进行调查研究，帮助做学生思想工作。这一工作一直坚持到 1965 年。

1965 年

1 月

2 日　山东工学院民兵师在南操场举行首次民兵 3 项(射击、投弹、刺杀)比武、观摩、学习大会。

18 日　院党委扩大会议举行，传达学习中共中央关于《农村社会主义教育运动中目前提出的一些问题》(即“二十三条”)。1 月 26 日，在全院学生中传达了“二十三条”。3 月 24 日，院党委召开全院大会，副院长梁度世作关于学习“二十三条”的报告。之后，学校组织全院师生认真学习讨论了中央这一文件。

3 月

3 日　院党委举办学习毛主席著作轮训班，要求各级领导干部首先带头学好。从本日起，先后举办 7 期干部轮训班，每期 10 天，对全院党支部书记以上干部 89 人进行了脱产轮训。

4 日　院党委召开全校毛主席著作学习经验交流会，6 日交流会结束。

15 日　第三十六次院务委员会会议召开，通过了学校校园绿化规划方案：教学区的干路铺成柏油路；四号教学楼北到东校门的路取消，东校门向南移，与实习工厂西门相对；二号教学楼南、六号教学楼北、三号教学楼南、七号教学楼北为两个绿化区。

本月　本学期学校工作总的要求：高举毛泽东思想红旗，以阶级斗争和两条道路斗争为纲要，突出做好政治思想工作，掀起学习毛主席著作的高潮，兴无灭资，促进师生员工的思想革命化，将毛泽东思想红旗插到教学领域中去。以毛泽东思想为标准，深入进行教育革命。认真贯彻党的教育方针，不断提高教学质量。

4 月

26 日　院党委扩大会议学习贯彻中央和省委关于备战工作的指示。4 月 12 日，中共中央发出关于加强备战工作的指示。4 月下旬，省委扩大会议作出关于加强备战的决定。院党委扩大会议之后，在师生员工中进行了备战教育，提高警惕，克服轻敌麻痹思想，准备打仗，以实际行动进行援越抗美战争。在工作安排上，以备战为动力，带动其他工作。

5 月

30 日　1965 年济南市武术比赛经过两天激烈的争夺胜利结束。山东工学院女武术队获团体冠军，男队获亚军。

本月　全院大搞教具改进教学获初步成绩，各系教具展览会接待校内外观

1965年

5月

众受到好评。

本月　内燃机专业济南柴油机厂设计队荣获济南市特邀先进集体奖状。

6月

28日　山东工学院学生民工425人全副武装，以高昂的情绪参加了济南市声势浩大的反对美帝国主义侵占我国领土台湾15周年集会和示威游行。全院师生员工以实际行动声讨美帝。

7月

3日　院党委和行政举行欢迎会，热烈欢迎山东工学院下乡参加社会主义教育运动和下乡下厂劳动锻炼的人们胜利返校。

本月　由全体毕业同学组成的138个设计队，以毛泽东思想为指导，实行“三结合”，共进行了731项真刀真枪的毕业设计，其中直接为工农业生产服务的有672项。全院毕业设计获重大成绩。

8月

24日　院党委扩大会议传达贯彻毛主席“七三指示”。（7月3日，毛主席在看了《北京师范学院一个班学生生活过度紧张，健康状况下降》这份材料后，给中共中央宣传部部长陆定一写了一封信。信中说：“学生负担太重，影响健康，学了也无用。建议从一切活动总量中，砍掉1/3。请邀学校师生代表，讨论几次，决定实行。如何请酌。”这个指示简称“七三指示”）之后，院党委决定集中一段时间进行学习，领会毛主席指示精神，联系学校实际，总结工作。8月31日，院党委书记张国中向全体党员传达了“七三指示”。9月4日，在全院师生员工中进行了传达。同时院党委抽调机关干部分成三个组，到各系蹲点调查研究了解学生负担过重的情况，改进教学工作。

本月　应届毕业生995人，组成138个毕业设计队，从2月份开始，在教师的带领下，分赴厂矿和农村，结合技术革新、技术革命，进行了真刀真枪的毕业设计和毕业论文工作。省外有18个队，省内有120个队，大都分布在济南、青岛、潍坊、济宁、淄博、烟台等地。毕业设计题目948个，其中直接为工业生产服务的课题839个，支援农业和水利建设的课题50个，科研课题47项，实验室建设课题12项。

9月

14日　学校召开第四十次院务委员会会议，决定在学校体育场西侧修建游泳池；号召师生员工义务劳动，从9月下旬动工兴建。

10月

本月　院党委用两个月的时间，组织全院师生员工学习林彪的《人民战争胜利万岁》及陈毅在中外记者招待会上的讲话。11月4日，院党委书记张国中在全院大会上作《人民战争胜利万岁》的辅导报告。

11月

13日　院党委扩大会议研究如何开展向王杰学习的活动。本月6日、12日、16日，共青团中央、教育部、高教部分别发出通知，号召向毛主席的好战士——王杰学习。本月6日，王杰事迹报告团来院作报告。

30日　学校举行科技成果鉴定会，对“地震式回转运动精度检查仪”“半导体无触点距离保护装置"和"锻锤打击速度测试仪"分别进行了省级技术鉴定。鉴定会分别由省科委和省电业管理局主持。出席会议的有省内外22个单位的39名代表及校内有关部门负责人和部分教师。12月1日，鉴定会结束。

1965年

11月

本年　学校首次招收研究生4名，导师为艾兴、孟繁杰、侯博渊副教授。为适应这一工作需要，山东工学院于1964年10月成立了研究生办公室。

本年　学校抽调1140名教职工、学生，分赴诸城、胶南、日照等地参加省委组织的农村"四清"运动。遵照省委指示，这批人于1966年8月返校。

1966年

1月

11日　院党委常委扩大会议召开。院党委书记张国中传达了刘少奇关于半工半读问题的讲话。1965年11月中旬，中共中央政治局扩大会议，讨论城市半工半读教育问题。刘少奇在讲话中指出："我们的国民教育有三种形式。一种是全日制；一种是业余教育；一种是半工半读。"又说，"半工半读试验的重点是中等专业学校和高等学校。"

2月

8日　中共山东省委宣传部《近日情况》刊登了《山东工学院科学研究成绩显著》一文。文中指出，去年一年来山东工学院在完成国家科研项目方面取得了显著成绩。去年8月研制成功"地震式回转运动精度检查仪"，经省科委鉴定已达到世界较先进的水平；还有"半导体无触点距离保护装置""锻锤打击速度测试仪""电子校钟仪""游丝定长仪"等。在开展国家课题研究的同时，还结合工农业生产中的关键开展科研工作，结合毕业设计对948个课题进行了研究，解决了一些工厂长期没有解决的生产关键，新制出了一些新产品及专用设备，如"小型轻便发动机""棉秆剥皮机""玉米脱粒机""小摇臂小麦收割机"等。

16日　院党委扩大会议召开，传达中央、省人委关于增产节约的"三查"文件。本月高等教育部发出《关于认真开展三查节约工作的通知》，要求各校认真查设备、查材料、查奖金。重点清查积压多余的仪器、设备和材料，多余的图书资料、废旧物资，查预算外奖金及校办工厂的流动奖金。清查范围包括教学、科研生产、总务行政、基建等方面的仓库、实验室以及工厂。该《通知》要求各校在本年第三季度以前基本结束"三查"工作。

同日　院党委扩大会上，学校成立了"三查"小组和办公室。梁度世、孔翔滨、程浩然为领导小组成员，程浩然（院长办公室副主任）为"三查"办公室负责人。2月19日，"三查"工作全面展开。4月4日，这一工作基本结束。共查出闲置和报废的设备2193件，价值71万元。发动教工自己动手检修仪器设备。同时在节约煤、电、水、油等方面也取得了较好的效果。

17日　院务委员会第四十一次会议召开。会上通过了"山东工学院1965年五好职工名单"和"山东工学院三查节约工作计划及1966年科学研究工作计划"。会议还传达了"高等教育部关于增进高等学校学生健康、实行劳逸结合的若干规定""山东省教育厅关于学习焦裕禄的通知""国务院三查节约小组第二次会议纪要""中共山东省委、省人委批转省计委关于在全省范围内开展增产节约运动的报告"等文件精神。

1966 年

3 月

本月　高等教育部部长蒋南翔来院视察，听取了学校教学、科研、生产方面情况的汇报并作指示。

本月　在全院开展学习毛主席的好干部、中共河南省兰考县委书记焦裕禄的活动。院党委领导成员，以焦裕禄为榜样，对照自己的思想、作风和工作找差距，促进思想革命化和领导工作革命化。

4 月

4 日　学校组织 15 名老教师(8 名副教授，7 名讲师)到诸城县了解农村“四清”运动情况，8 日结束。

5 月

7 日　院党委常委扩大会议召开。院党委书记张国中传达了省委召开的高等学校党委书记会议精神；传达了批判吴晗的情况，强调这不是学术批判，是阶级斗争，是文化革命，是关系到党和国家命运的大事。根据上级部署，学校成立了文化革命办公室。

21 日　院党委常委会扩大会议传达了省委扩大会议关于“文化革命”的问题。为适应新的形势，决定学校成立文化革命领导小组，张国中、王庆轩、梁度世及各系总支书记为领导小组成员。自此，“文化大革命”运动正式开始。

6 月

1 日　院“文化革命”领导小组扩大会议传达省委扩大会议情况。

同日　中央人民广播电台广播了北京大学聂元梓等人的大字报和《人民日报》发表的社论《横扫一切牛鬼蛇神》。学校部分学生要求停课搞文化革命。

2 日　学校召开文化革命领导小组扩大会议，研究文化革命形势。

3 日　学校一部分人在校内贴出了“文革”以来第一批大字报。

7 日　水利系一部分学生首先成立了“尖刀班”“匕首组”等群众组织。

23 日　发生少数学生给有的教职工戴高帽子的事件。学校大字报满院狼藉。

24 日　省委派工作组 6 人来院帮助党委领导运动。

7 月

4 日　院党委召开扩大会议，自我革命，自己揭自己“阶级斗争盖子”。

22 日　在党委工作组的建议下，院党委于本月 22～27 日，召开师生员工代表大会。

30 日　省委派人到水利系召开座谈会，调查文化革命情况。

8 月

2 日　全院师生员工在省体育场收听中央领导人讲话录音，中央宣布选派工作组是错误的，决定撤销工作组。

4 日　水利系首先成立“文化革命委员会”。

8 日　全院师生员工收听八届十一中全会通过的《中国共产党中央委员会关于无产阶级文化大革命的决定》(简称“十六条”)。毛主席在这次会上发表了《炮打司令部——我的一张大字报》。

10 日　省委工作组撤离山东工学院。

17 日　省委第一书记谭启龙来院了解文化革命情况，召开部分人员座谈会。

1966年

9月

2日　学校千余学生前往青岛，7日后陆续返校。

本月　院“文化革命委员会”筹委会成立。

本月　1600余名师生去北京“取经”串联。

10月

9日　全院在校师生员工去历城、长清、禹城支援三秋劳动，分别于16、17、19日返校。

本月　院筹委会发出通知：“鉴于目前文化大革命形势，院筹委会因种种原因，暂时停止工作。”

12月

11日　群众组织接管学校广播台。

1967年

2月

3日　山东省造反派在山东省人民体育场开会，夺了省委、省人委的“党、政、财、文一切大权”。5日，“八一”礼堂广场举行“庆祝革命造反派夺取胜利大会”，会后进行了游行。学校造反组织参加了这次大会。

19日　电机系的夺权大会在东饭厅举行。之后，各系党政机构相继被夺了权。

22日　山东工学院革命造反委员会成立，夺了院党委和行政的一切大权，发了“第一号通知”和“告全院革命师生员工书”，通过了“给毛主席的致敬电”。23日，举行山东工学院革命造反委员会第一次会议，产生了21人的委员会班子。3月9日，省革委政治部下文，承认山工夺权，并把“山东工学院革命造反委员会”改为“山东工学院革命委员会”。“革命委员会”的名字一直沿用到1978年。

本月　各教研室、各学生班级相继被夺权，成立了“服务小组”。学校不少人到济南各工厂，参加社会上的“文化大革命”。3月22日，院革委会会议作出决定，成立山东工学院革命委员会作战部。

3月

7日　毛主席对《天津延安中学以教学班为基础实现全校大联合和整顿巩固发展红卫兵的体会》的材料作了批示，指出：“军队应分期分批对大学、中学和小学高年级实行军训，并且参与关于开学、整顿组织，建立三结合领导机关和实行斗、批、改的工作。”（这一指示后来称为“三七指示”）8日，中共中央转发了批示和延安中学的材料，要求各地参照执行。13日，首批解放军军训团进驻学校，帮助造反派内部“整风”和开展军训。

4月

2日　院革委会会议研究开展批判“刘邓路线”问题，决定抽调400～500人到济南各工厂进行“反逆流”（2月前后，中共中央政治局和中央军委的一些领导对“文化大革命”的错误做法提出了强烈的批评，被诬为“二月逆流”）。4、5月间学校组织不少人到社会上进行“反逆流”，参与了砸济南针钉厂、冲济南市公安局、包围省革委（“五七”事件）等事件。

1967年

6月

4日 中共中央发出《关于大专应届生分配问题的决定》，规定大专学校1966年应届毕业生、1965年毕业尚未分配工作的毕业生，应立即进行分配。学校1966届毕业生根据山东省部署于10月份分配并离校。

7月

本月 学校部分教师、工人开始筹建电机厂。早在1958年时学校就曾建过电机厂，1962年调整时下马，这次又重建。1968年开始试制出一批电机。几年来生产过电机、电风扇等产品，于1984年停办。

10月

14日 中共中央、国务院、中央军委、中央文革发出《关于大、中、小学校复课闹革命通知》。该《通知》要求，全国各大、中、小学一律立即开学，一边进行教学，一边进行改革，逐步提出教学制度和教学内容的方案。11月22日，院革委委员及各专业委员会负责人开会，研究决定，下厂的学生和教师一律回校，搞教育革命。11月29日，召开院革委委员及红卫兵指挥部联席会议，进一步研究复课闹革命的问题。到11月底，在校学生有1200余人，在济南市各工厂的有600余人，在外地的有500余人。

12月

本月 院革委常委会议研究"解放干部"问题，决定解放院、处级干部张国中、梁松方、孔翔滨等9人，这是"文革"以来被打倒的干部第一批被解放。

本月 "五七"工厂成立。这是在原有实验室基础上为研究和制造半导体继电保护装置而成立的。

1968年

1月

3日 全院师生员工大会召开，院革委负责人作修改党章的动员报告。8日、9日，全院停课停工两天进行所谓"彻底批判刘邓修正主义建党路线大会"。14日，经院革委常委讨论定稿后，将修改的《中国共产党章程》上报省革命委员会。

23日 院革委、红卫兵指挥部开展整风辩论会。以社会上出现的"王、王、庄"问题为导火线，造反派内部开始公开分裂，酿成了8个月的"内战"，9月工宣队进入学校后，形成了形式上的大联合。

2月

本月 山东省召开"无产阶级革命派代表会议"，历时45天。院革委会负责人参加了大会。4月4日，召开全院大会传达省代表会议精神。

3月

1日 院革委常委举办"毛泽东思想学习班"，着重解决派性和常委间存在的分歧以促进大联合，学习班继续进行到5月下旬，结果派性有增无减，两派势不两立。一派将队伍拉到水利系去住。

1968 年

4 月

1 日　由学生造反派 30 人组成的“支左部队”进驻机关科室，揭机关的“阶级斗争盖子”。

9 日　院革委作出“关于立即制止武斗的决定”。但武斗仍然没有停止。5 月8 日，“红色飓风战斗队”与“革命到底战斗队”发生武斗。5 月 18 日，为争夺院广播台两派又发生了“文革”以来的一次大型武斗。6 月 25 日，两派又发生了大型武斗。一派将队伍拉到水利系和铁路机校，两派都抓扣了干部、教师，进行人身摧残。

6 月

14 日　学校军代表参加了在北京举办的军队干部学习班，7 月 4 日回济，7 月7 日以院革委名义召开欢迎会。军代表介绍了毛主席等中央负责人接见他们的情况。

15 日　中共中央、国务院、中央军委、中央“文革”发出《关于 1967 年大专院校毕业生分配工作问题的通知》。22 日，院革委及红卫兵指挥部召开会议，传达《通知》精神。7 月份，1967 届毕业生分配离校。

7 月

16 日　庆祝毛主席横渡长江两周年，学校 500 人参加横渡黄河活动。

22 日　庆祝“七・二一”指示的发表，在校师生举行游行（毛主席在《人民日报》关于《从上海机床厂看培养工程技术人员的道路》的编者按清样中加写了一段话，即：“大学还是要办的，我这里主要说的是理工科大学还要办，但学制要缩短，教育要革命，要无产阶级政治挂帅，走上海机床厂从工人中培养技术人员的道路……”此称为“七・二一”指示）。

9 月

4 日　“山东工人驻山东工学院毛泽东思想宣传队”（工人 400 人，解放军 100 人）进驻学校。院革委在东饭厅西门外举行了欢迎大会。

本月　工宣队带领全院师生员工开展对毛主席、毛泽东思想、毛主席革命路线“三忠于”活动，建立了“早请示，晚汇报”“三唱两祝愿”“天天读”“天天听”等制度。

10 月

18 日　召开全院大会，工宣队负责人作了清理阶级队伍的动员报告。从此，在全院范围内开始了大规模的对教职工进行立案审查。有的在审查过程中，搞逼供信，使不少教职工在精神和肉体上受到严重摧残，有的被打死，有的被逼死，有的被摧残致伤留下了后遗症。在清队中和后来的“一打三反”“清查五一六”运动中，学校被立案审查的教师、干部和职工共 278 人。

11 月

4 日　召开全院大会，工宣队动员师生员工“万炮齐轰旧党委，炸开两条路线斗争的盖子”，并决定举办处级以上干部学习班，进行“揭盖子”。

7 日　工宣队指挥部、山东工学院革命委员会作出在全院开展“四好连队”运动的决定，将全校编为五个营。第一机械系为第一营，第二机械系为第二营，电机系为第三营，水利系为第四营，机关为第五营。营领导由工宣队员担任，连的负责人由原系革委的负责人担任。

1968 年

11 月

15 日　中共中央、国务院、中央军委、中央"文革"发出通知：1968 年大专院校毕业生，从本年 1 月起开始分配。12 月份，学校 1968 届毕业生分配离校。

12 月

16 日　全院举办"两条路线斗争史学习班"，30 日结束。

1969 年

1 月

9 日　根据山东省部署，学校开始"整党建党"工作，并成立了由 7 人组成的整党建党小组。

29 日　中共中央、中央"文革"批转驻清华大学工人、解放军宣传队关于坚决贯彻执行对知识分子"再教育""给出路"政策的报告，接着在全校范围内举办了"落实政策学习班"。学习班共分六种："给出路学习班"（成员是所谓戴帽子或不戴帽子的反革命分子）、"一批二用学习班""犯走资派错误的学习班""路线斗争再教育学习班"（成员是运动中所谓一直站错队的基层党团员骨干）、"可教育好的子女学习班""反革命分子家属学习班"。每个学习班都派造反派代表参加，历时 20 天。

2 月

27 日　全院进行教改方案讨论。3 月中旬，大部分教师、学生到济南、泰安等工厂进行"教育革命探索"和"接受再教育"。3 月 2 日，活动结束。

3 月

4 日　山东省工宣队经验交流会代表来院参观《毛主席革命路线胜利万岁》展览会。此次展览共分 12 个展室、两大部分。

4 月

24 日　中国共产党第九次全国代表大会在北京闭幕，学校师生员工游行庆祝。26～30 日，驻学校工宣队指挥部和山工革委会开办了学习"九大"文献、学习"六厂二校"经验、落实各项无产阶级政策学习班。参加学习班的人有工宣队负责人、院革委常委、各营营长、连长等共 81 人。5 月 4 日，召开全院师生员工向"六厂二校"学习、落实政策誓师大会。（注："六厂二校"经验系指中国人民解放军 8341 部队进驻的北京针织总厂、新华印刷厂、二七机车车辆厂、南口机车车辆厂、北京化工三厂、北郊木材厂和清华大学、北京大学的所谓经验）

5 月

7 日　召开由全院师生员工参加的"宽严大会"。工宣队负责人在会上介绍学校的所谓敌情，拿出宽严典型，目的是使清队再掀高潮。会上又有一批教职工被揪斗。

同日　成立"五七"红校，未解放和未安排使用的机关干部，统统到"五七"红校劳动改造。

26 日　工宣队指挥部和院革委常委召开会议，研究教育革命问题。按照"九大"精神，讨论专业设置、校办工厂、厂校挂钩、复课等问题。决定与工厂挂钩，组成小分队下厂办学，进行教育革命探索。另外组织一部分教师、学生在校内办厂，建立校内基地。教师编入专业连队，拆散了基础部和各教研室，使新中国成立以来形成的高等学校的教学组织、规章制度被全盘否定。

1969 年

6 月

5 日　学校组织两批各 500 人去章丘、枣园、平陵城帮助麦收。

16 日　院革委常委传达贯彻中央批示的解决山东问题的十条。两派在下面各自串联搞互整对方的材料。学校形势又一次出现波动。

10 月

13 日　院革委常委贯彻省战备会议精神，成立了学校战备领导小组，并设战备办公室，决定要挖防空洞。1969 年以来，学校教职工和学生分片包干挖洞不止。到 1984 年底，从北门口到南门口和横穿千佛山路、机械厂与历山路济南市干道接通的两条主要干道已修建好。地下大小进出口共 13 个。有五级防震设备一套和若干房间。底面使用面积 4200 平方米，投资 30 余万元。

1970 年

2 月

17 日　中共中央发出《关于打击反革命破坏活动的指示》。学校 2 月份成立了“一打三反”机构，5 日发出《关于反对贪污盗窃、投机倒把的指示》《关于反对铺张浪费的通知》，在全国范围内开展了“一打三反”运动。本月 16 日，召开全院大会进行动员，接着在全院范围内全面开展了“一打”运动。6 月 1 日，召开进行“两反”的全院动员大会。全院上半年的中心任务即是“一打三反”。

同日　山东省革命委员会批准了充实调整后的山东工学院革命委员会补充名单。委员 47 人，革委常委 18 人。罗玉民（军代表）为革委会主任，张东晖（军代表）、张国中（干部）、梁松方（干部）、封锐（学生）、牛其英（学生）为革委会副主任。

20 日　中共山东省革委核心小组鲁核发[70]第 67 号文，批复建立中共山东工学院革委会核心领导小组。由罗玉民、张东晖、张国中、梁松方、齐福祥、雷明臣 7 人组成。罗玉民为组长，张东晖、张国中为副组长。之后，各系、机关后勤等单位建立了临时党支部。

3 月

本月　为贯彻“九大”精神和落实“批示”“十条”，党的核心小组主持举办了全校第一期毛泽东思想学习班。

4 月

8 日　根据省革委指示，学校 1350 余名师生员工，组成“毛泽东思想宣传队”到平原县 3 个公社的 15 个大队参加抗旱、劳动近一个月。

6 月

27 日　中共中央发出通知：1969、1970 年大专院校应届毕业生，从 1970 年 7 月份开始分配，学校于 7 月底分配完毕。至此，学校“文革”前招收的学生全部分配完毕。

7 月

1 日　根据省科协和电子局的安排，学校承担了电子束曝光机的科研任务，成立了由 20 余名教师参加的科研室。经过一年的努力，到 1971 年 7 月 1 日，曝光机打出了电子束光点。

21 日　《红旗》第 8 期发表由驻清华大学工人、解放军宣传队署名的文章《为创办社会主义理工科大学而奋斗》。学校根据清华这个“样板”，着手研究教

1970 年

7 月

育革命和如何办学问题。这个所谓的经验一直贯穿在学校"文革"后几年的办学中。

8 月

29 日　张国中调山东大学工作。

9 月

7 日　工军宣队临时党委、院革委核心小组召开会议,研究学校机构设置和人员配备问题。研究设四部一室,即政治部(下设组织组、宣传组、保卫组、群工组)、教学生产部(下设教学组、生产科研组、物资组、图书组、印刷厂)、后勤部(下设总务组、膳食组、保健组、财务组、托儿所)、武装部、革委办公室。会议同时研究建立专业连队。

本月　刘子光调学校任党的核心小组副组长、院革委副主任。

本月　根据省革委党的核心小组决定,将山东工学院水利系并入曲阜水校。由山工和省水利局组成调整、搬迁领导小组。5 日作动员,25 日全部迁出。原水利系的 78 名职工随迁曲阜。原水利系的院落房产被省商业局五金交电公司、水利局设计室和安装队等单位趁机占用。

10 月

12 日　省革委政治部教育组批准学校在宁阳县蒋集公社建立农业生产和战备疏散基地,征地 248 亩作为山工"五七农场"。农场除有少量固定人员外,每年采取教职工轮流下农场的办法,农忙时派学生参加。1981 年,经省教育厅[81]鲁教计字 22 号文批准同意农场的房屋设备财产折价 23.32 万元交宁阳县办农机中学。

本月　"文革"中的第二次整党开始,在工军宣队临时党委和院革委党的核心小组领导下,成立整党办公室。10 月 22 日,召开了全院整党建党动员大会。12 月底整党基本结束。

12 月

18 日　工军宣队临时党委、院革委党的核心小组召开扩大会议,研究学校机构设置,以校办工厂、厂带专业,考虑专业归属。决定成立机械厂(亦称"一大队"),包括机制、锻压、铸造、热处理、焊接、内燃机等专业;自动设备厂("二大队"),包括工企、电机电器、继电保护、仪表、射流;电子仪表厂("三大队"),包括无线电、半导体,并设中心实验室(包括理化电镀、材料等实验室)。1971 年 2 月任命了各大队队长和政委。

本月　学校招收工人 160 余人,是建校以来集中招收工人最多的一次。

本年　继电保护实验室研制成功了我国第一套"半导体高频闭锁距离、零序方向电流保护及综合重合闸成套装置"。

1971 年

1 月

本月　经山东省电信局提议,山东工学院革委会同意,由济南市革委生产指挥部报请省革委生产指挥部办公室[71]生办第 31 号文批准,将山东工学院南操场 11 亩 4 分多地拨给山东省济南长途电信局地下电报机房(在施工时又多占去一部分)。该地为我射击场及篮球场的一部分。

1971 年

2 月

3 日　工军宣队临时党委、院革委党的核心领导小组会议，根据济南市红卫区意见，将学校子弟小学改为子弟学校，开始招收初中班。

3 月

13 日　工军宣队临时党委、院革委党的核心小组，根据中央关于清查“五一六”的文件精神，研究在学校加深“一打三反”、深挖“五一六”的问题，接着举办干部学习班，传达上级精神。5 月 4 日，召开全院动员大会。5 月 6 日，传达了省里排查的 14 个大事件。学校党组织确定审查与学校有关的 5 个大事件，随之举办了有关人员学习班。清查“五一六”工作到 1972 年 6 月告一段落。

本月　农机专业下马，教师并入兖州拖拉机厂机校。

本月　首批工农兵学员 659 人进校，学制 3 年。学校举行了隆重的欢迎仪式。这是“文革”以来第一次招收学生。这批学生是经当地群众推荐、领导批准、学校复审后进校的。4 月 15 日，举行了开学典礼。

4 月

15 日　国务院在北京召开全国教育工作会议。7 月 31 日，会议结束。学校刘子光参加了这次会议。后下发了《全国教育工作会议纪要》，否定了新中国成立 17 年来教育战线是资产阶级专了无产阶级的政；知识分子的大多数世界观基本上是资产阶级的，是资产阶级知识分子。这个《纪要》在学校影响很大，不少教职工表示“不理解”“想不通”。10 月 20～26 日，学校为落实会议精神举办了有工军宣队、各级领导、工人代表、工农兵学员代表、工农兵教师代表、教师代表参加的学习班。学习班结束后临时党委和核心小组研究了贯彻全教会的意见，提出将大队改为系，拟设一机系、二机系、电机系、电子系、冶金系，撤销中心实验室。教学时间安排：全年用于专业教学时间 7 个月，野营拉练 1 个月，政治教育 2 个月，劳动 1 个月，假期 1 个月。

本月　学校承担了泰山-12 马力拖拉机差速和半轴齿轮精锻的研究。经试制、鉴定并投入生产，担负了国家下达的生产任务。几年来，精锻齿轮的生产效益较好，为学校创收作出了较大贡献。

9 月

13 日　林彪夺机叛逃被摔死。10 月，在学校部分干部中传达“九·一三”事件，后即转入批林整风。

11 月

1 日　为配合教育革命及与兄弟院校进行情况交流，学校《教育革命》第一期出刊。此刊物共出 19 期，到 1975 年 6 月改为《山东工学院》。

5 日　为落实毛主席“一一·二四指示”，学校组成 700 余人的民兵团野营拉练队伍，分为三个营，从济南出发到宁阳县方向进行拉练活动。[注：1970 年 11 月 24 日，毛主席对北京卫戍区《关于部队进行千里战备野营拉练的总结报告》所作的批示中指出：“大、中、小学(高年级)学生是否利用寒假也可以实行野营训练一个月”。12 月 10 日，中共中央发出通知：“大、中城市学校的野营训练，可在寒假或暑假间分期分批进行，大学每批一个月……在此后的三四年内，全国大中城市的学校，都按照这一批示执行。”]

本月　经山东省革委机械工业局批准，学校机械厂道路改建为柏油路面，于本年底竣工。

1971 年

12 月

本月　赵选辰调山东工学院任革委会政治部主任、院革委会副主任。

本年　学校科学研究工作取得进展。承担国家科研项目 42 项、省 16 项、厂校合作 6 项，有 12 项取得较好成果，有 9 项交付生产单位使用和用于生产实践。

1972 年

1 月

22 日　学校部分干部、教师、学生听传达中发[1972]4 号文件，批判林彪《"五七一"工程纪要》反革命政变纲领，之后在全校范围内开展了以批判《"五七一"工程纪要》为主要内容的革命大批判。

2 月

2 日　中共山东工学院第四次党员代表大会召开。军代表于湘录致开幕辞，军代表沈献廷作工作报告。大会选举产生了中共山东工院第四届委员会。6 日大会结束。7 日，山东省鲁发[1972]28 号文批准本届委员会由 27 人组成。刘子光任书记，于湘录、沈献廷、梁松方任副书记。

4 月

23 日　全院举行欢迎第二届工农兵学员入学大会。这批新学员共 710 人，于本月 29 日分 3 批开展了野营拉练活动。6 月 1 日，新成立的冶金系轧钢、炼钢 3 个专业的 114 名学员进校。

9 月

23 日　全院举行体育运动会。这是"文革"以来的第一次运动会。

本月　院党委经过多次会议研究，对学校机构进行调整，实行院、系两级管理，取消大队、连队建制。院建党委、革委、团委；部（室）、系（厂、场）建党团总支（或支部）。部、系以下机关按组建制，教师按教研室建制，学生按班建制，工厂按车间（班、组）建制。恢复基础部。调整后的机构为：院党委、革委下设办公室（党政合一）、政治部、教革部、后勤部、人武部、一机系、二机系、电机系、电子系、冶金系、基础部、图书馆、机械厂、"五七"农场和子弟学校。设置 16 个专业：机制、锻压、铸造（以上属一机系），内燃机、热处理、焊接（以上属二机系），电力系统自动化、电机、工企、机炉（以上属电机系），炼铁、炼钢、轧钢（以上属冶金系）。

10 月

21 日　中共山东省委鲁发[1972]221 号文件任命冯起为中共山东工学院委员会副书记、革委会副主任；孙卓夫为山东工学院常委、革委会副主任。冯起于 1975 年 6 月到职。

11 月

10 日　院长丁履德病逝。

丁履德（1912～1972），又名丁骥甫，山东日照人，著名内燃机专家。1934 年，毕业于上海交通大学机械工程系，后留学意大利都灵大学航空研究院，1937 年获工学博士。1945 年，到耶鲁大学机械研究院学习，后至美国纽沃克工学院任教。1947 年，任国立山东大学教授，1950 年任山东大学工学院院长。1952 年，调任山东工学院院长。主要从事航空工程和内燃机的教学与研究。

1972年

11月

丁履德教授严肃认真负责的教课作风成为教师学习的楷模。他从28岁开始在大学任教授,直到去世,为祖国的教育事业辛勤耕耘了30多个春秋,从没离开过讲台。他天资聪慧,又肯努力,知识根深面广,深谙飞机发动机理论,在我国航空界有一定影响。从20世纪50年代起,他连续当选为第一届、第二届、第三届全国人民代表大会代表,担任山东省政协副主席、山东省科协副主席等职务,同时还是中国民主同盟中央委员、山东省民盟主委。他是当时最早响应党的号召,积极参加政治活动,带头进行复校工作的教授之一。

12月

9日　共青团山东工学院第六次代表大会召开,选举产生了第六届委员会,卞铭钦为书记,胡式武为副书记。

本年　开办热处理、内燃机、农用电工、农用动力机械等业余教育短训班,共28个班,学员2000余人。

1973年

1月

本月　各系先后召开党员大会,选举产生系总支委员会。3月8日,以中共山东省革委政治部核心小组[73]第1号文批准一机系、二机系、电机系、电子系、冶金系、基础部、机械厂成立党总支,并分别任命了党总支书记。3月,活动结束。

3月

29日　省委在济南南郊宾馆召开的地市委书记会议结束。会议共开了47天。院党委书记刘子光,副书记于湘录、沈献廷参加了会议。刘子光在全院各单位负责人会上传达了南郊会议精神。4月15日,院党委召开80余人参加的党员干部会议,会期半个月,开展批林整风。院党委研究从6月6～12日,集中6天时间,传达贯彻山东省委关于批林整风运动的教育提纲。学习毛泽东关于十次路线斗争的一系列指示,揭露林彪及其同伙在山东的罪行,发动群众揭批查。

4月

本月　学校与济南市科技办、市工会联合举办机械制造专业工人大专班,有学员89名,于1975年6月21日结业。这部分学员,都是具有5年以上工龄的机械工人,来自济南84个中小工厂,采取半脱产的方式进行学习。

8月

20日　院党委副书记梁松方在党委扩大会议上传达省委工作会议精神。主要是"纠正'五·一六'扩大错误",联系山东实际揭袁批袁。(注:批判原济南军区政委袁升平。)

24日　中国共产党第十次全国代表大会在北京举行。28日,会议结束。9月7～17日,省委召开地市委书记会议,贯彻十大精神。院党委负责人参加了会议,回校后在党员群众中传达了会议精神,决定停课3天,发动群众,联系学校实际批林揭袁。

10月

11日　国务院教科组在北京召开全国理工科院校教育革命座谈会。23日,座谈会结束。30日,学校召开常委会传达会议精神,强调按照"五七"指示

1973 年

10 月

和“七·二一”指示组织教学工作，进一步搞好开门办学，使教育同三大革命运动相结合，使学校同社会建立广泛和密切的联系。这次会议后，根据中央有关部门的意见，学校决定恢复“热能动力装置”专业（“文革”招生以来叫“机炉”专业），开设“电力系统继电保护及自动化”专业。

24 日　院党委在下半年的工作计划中指出，下半年工作指导思想：以党的基本路线为纲，以学习贯彻十大文件、深入开展批林整风为中心，继续纠正错误，落实政策。贯彻全国理工科教育座谈会精神，加快教育革命步伐，做好其他各项工作。

12 月

7 日　为加强第一届工农兵学员毕业综合实践，院党委决定成立综合实践领导小组，下设办公室。

本月　门宏、高中正调山东工学院，任革委会政治部副主任、党委常委。

1974 年

1 月

5 日　学校召开学代会，产生了本届学生会，主席为何莲阁。

18 日　中共中央发出江青一伙炮制的《林彪与孔孟之道》供全国批林批孔之用。2 月 2 日，院党委根据批林批孔形势，决定成立批林批孔办公室。2 月 5 日，召开全院大会，传达中央文件，并决定停课，接着召开各种类型的批判会。2 月 15 日，由工农兵学员出面，在东饭厅召开“纠正走后门不正之风大会”。会上有 3 名学生申请退学，会后有 40 多名学生先后写了申请退学书。

3 月

本月　院党委多次召开会议，研究纠正“清查‘五·一六’”错误和“一打三反”运动中的问题。

4 月

24 日　院党委常委会研究关于当前教育革命的形势。认为要搞好教育革命：“必须坚持批林批孔，痛击修正教育路线的回潮，加强工人阶级的领导，大量聘请工人教师，发挥本校工人的作用，发挥工农兵学员上管改的作用，坚持开门办学，加强毕业综合实践的工作。坚持结合典型任务进行教学。”并决定成立教师、工人、学员三结合的专业委员会。基础课教师都分到了各专业。

5 月

25 日　召开全院大会，院党委负责人代表党委常委作检查，纠正查清“五·一六”的错误。

8 月

本月　学校首届工农兵学员毕业。

9 月

29 日　院党委常委会研究成立了知识青年上山下乡领导小组，下设办公室。学校知青点先后设在曲阜姚村公社、历城唐王公社和宁阳县山工五七农场，由干部带队轮流下去劳动。

本月　1974 级工农兵学员入学。

1974 年

10 月

17 日　院党委扩大会议学习中央二十六号文件，学习毛主席安定团结的指示。之后集中一个星期在中层干部中学习，接着又办了几期党员干部骨干学习班。

11 月

20 日　学校 5 个专业的 387 名工农兵学员和部分干部、教师到 9578 部队进行军政训练。院党委向全院发出了广泛开展向解放军学习活动的通知。12 月 25 日，活动结束。

12 月

21 日　国务院科教组、农林部和辽宁省联合召开学习朝阳农学院“革命经验”现场会。学校派 5 人去朝阳农学院参观学习。

1975 年

1 月

25 日　院党委常委会研究办学基地，“学朝农，开门办学”，提出了“从点开始，着眼于面，服务全省”的下伸办学方针。确定以两个基地、一个工程为重点，全面安排教育革命工作（两个基地：诸城、济宁；一个工程：辛店 30 万吨合成氨工程），并成立了两个基地的领导小组。在这之后，全院大部分师生下到两个基地、一个工程以及由厂校联合办学的工厂办短训班、进修班。

3 月

4 日　省革委教育局[75]鲁教发字 9 号文批复同意将原第一机械系分成第一机械系和第二机械系；将原电机工程系分成电机工程和电力工程系。这样，全校共有 7 个系、17 个专业，即第一机械工程系（机械专业），第二机械工程系（热处理、焊接、内燃机专业），第三机械工程系（锻压、铸造专业），电机工程系（电机、工自、电器专业），电力工程系（电自、机炉专业），电子工程系（无线电、半导体、仪表专业），冶金系（炼铁、炼钢、轧钢专业）。随即任命了一、三系和电机、电力系干部。

本月　院党委召开 1975 年度政工会议。全院各级党组织负责人、政工干部和政治教师参加了会议。

4 月

2 日　学校举办第一期学习无产阶级专政理论读书班。4、5 月份，院党委连续举办了几期这样的读书班，并举办了无产阶级专政理论经验交流会。

18 日　学校 6 个专业的 278 名师生到 6145、6060 部队进行军政训练。5 月 14 日训练结束。

本月　为给全省“七・二一”大学培养师资，学校先后举办了高等数学、工程力学、机械制图、机械设计基础等 4 门课程的师资培训班。培训班学员 91 人，来自全省 20 个地市的 44 个工矿单位。

5 月

本月　《红旗》第 5 期发表山东省革命委员会调查组的文章《工科院校要为工业生产服务——山东工学院的调查报告》，介绍了学校“学朝农”“开门办学”的情况。

1975 年

6 月

28 日　院党委常委会研究校场联合办专业的问题，决定与济南铁厂合办炼铁专业，与济南二钢合办轧钢专业，与莱芜钢厂合办炼钢专业。校、厂两方联合成立领导小组。三个专业各招收 30 名学员，短训班性质，学制一年半，毕业后厂来厂去。此外学校还与济南第二机床厂合办了锻压设备进修班，学制两年。

9 月

本月　院党委在下半年关于"教育革命"的几项工作意见中指出，要继续以加强两个校外基地、进一步改造校内基地为重点，全面安排各项教学工作。济宁基地要向纵深发展，诸城基地要向两头扩大，选择办学点，以点带面全面铺开，逐步形成地、县、社三级教育网。校内基地要实行半工半读、勤工俭学，做到一边做工，一边学习，既是学员又是工人。1975 级三年制各班级要普遍实行半工半读，搞好厂校合办专业，以锻压（注：与济南机床二厂合办）、炼钢、炼铁、轧钢 4 个专业进行试点。

本月　省委抽调学校 80 余人由院革委副主任孙卓夫带队到博兴县（惠民县也去了一部分）参加了农业学大寨工作队，时间一年。

11 月

本月　院党委书记刘子光调省煤炭局工作。

12 月

20 日　院党委召开全院党员大会，传达中发[75]23 号文件，部署在全院立即掀起教育革命大辩论的高潮。

1976 年

1 月

8 日　国务院总理周恩来在北京逝世。全院师生员工通过多种形式进行悼念活动。15 日，北京举行了追悼大会，师生员工怀着无比沉痛的心情收听、收看了广播电视。

本月　郭锐调山东工学院任党委书记。

2 月

16 日　院党委研究将学生会改为"上管改委员会"。5 月 28 日，"上管改委员会"正式成立。"上管改"的主任参加党委常委会。

4 月

7 日　邓小平被撤销党内外一切职务；华国锋任中共中央第一副主席、国务院总理。当晚，院党委组织全院师生员工收听了中央人民广播电台的这一广播。8 日，院党委召开全院大会。

本月　北京和其他许多城市的师生参加悼念周总理、反对"四人帮"的运动。"四人帮"布置搜捕"反革命"，追查"政治谣言"。学校开会，层层传达，追查"政治谣言"。

7 月

6 日　全国人民代表大会常务委员会委员长朱德在北京逝世，全院师生员工无限悲痛，不少人为我们党和国家的前途担忧。

28 日　河北省唐山、丰南一带发生强烈地震。学校冶金系的 40 余名师生正在唐山实习，不幸遭灾，有 5 人在地震中死亡，有不少人受伤。学校积极组织对唐山地震受伤师生的抢救工作。根据上级指示，全校投入防震抗震工作，自行搭起了各式防震棚。

1976 年

9 月

9 日　毛泽东主席在北京逝世。15 日，学校 1200 名师生去珍珠泉参加省里统一组织的悼念活动。18 日，全院师生员工在东饭厅参加追悼大会，收听了北京追悼大会的实况广播。

10 月

6 日　中共中央政治局毅然粉碎江青反革命集团，消息传来，全校一片欢腾。接着参加省里统一安排组织的游行，庆祝粉碎“四人帮”篡党夺权阴谋的伟大胜利，声讨“四人帮”的滔天罪行；庆祝华国锋任中共中央主席、中央军委主席。

29 日　根据省委部署，院党委常委会研究如何掀起学习毛泽东著作高潮和揭批“四人帮”的问题。

本月　省委抽调组成的第二批农业学大寨工作队，由院党委副书记梁松方带队去惠民县。第一批农业学大寨工作队返校。

12 月

6 日　中共中央发出《王洪文、张春桥、江青、姚文元反党集团罪证》(材料之一)。10 日，院党委常委会传达和贯彻省清查工作会议精神，清查与“四人帮”有联系的人和事，成立了清查领导小组。

1977 年

2 月

2 日　院党委在 1977 年的工作安排中指出：1977 年要以阶级斗争为纲，以华主席在第二次全国农业学大寨会议上的讲话为指针，把深入开展揭发批判“四人帮”的伟大群众运动作为全年的中心任务。在批判“四人帮”的斗争中加强党的建设，掀起学习马列著作和毛泽东著作群众运动的新高潮。

3 月

5 日　教育部发出通知，要求各级教育部门和学校把教育战线学习雷锋的运动既轰轰烈烈又扎扎实实地开展起来。15 日，院党委发出了《关于继续深入开展学习雷锋的群众运动的通知》，中断多年的学雷锋活动，在学校又重新开展起来。

4 月

15 日　《毛泽东选集》第五卷出版。学校师生员工掀起通读《毛泽东选集》第五卷的热潮。

20 日　全国工业大学大庆会议开幕，院党委书记郭锐参加大会，并在 21 日的院党委常委会上传达了会议精神。6 月 1 日，学校举办科以上干部学习班，学习工业大学大庆会议文件和中央领导人讲话，研究制定学校的发展规划。学习班之后，学校在各系、各部门之间开展了相关竞赛活动。

5 月

本月　省委鲁发[1977]21 号文，决定任慧志(军代表)任山东工学院党委副书记。

7 月

16 日　院党委书记郭锐在常委会上传达了省委宣传、文教口召开科技座谈会精神。会议研究，要把科研工作摆到党委的议事日程，狠抓科研项目，在全院立即掀起向全国科学大会和省科学大会献礼的高潮。会议研究制定学校科研

1977 年

7 月

的 3 年、8 年规划和 23 年设想。会议研究了推选出席和全国科学大会的先进集体和先进个人事宜。

8 月

12 日 中国共产党第十一次全国代表大会召开。18 日，大会结束。大会宣布了“文化大革命”的结束，我国社会主义革命和建设进入新时期。9 月 15 日，院党委举办了学习十一大文件的党员干部学习班，参加学习的有党支部书记以上的党员干部和党员政治教师 120 人。大家学习了华国锋作的政治报告、叶剑英作的修改党章的报告和邓小平的闭幕辞。

20 日 院党委研究并基本通过了“山东工学院 3 年、8 年发展规划和 23 年设想”。

25 日 院党委向成都工学院发出了开展革命竞赛的应战书(注:8 月 17 日由教育部转来了成都工学院向学校开展社会主义竞赛的倡议书)。

9 月

9 日 全院师生员工集会，悼念毛主席逝世一周年。

10 月

12 日 国务院批转教育部《关于 1977 年高等学校招生工作的意见》，根据文件规定，招生工作于第四季度进行；新生于 1978 年 2 月入学。招生办法：自愿报名，统一考试，地、市初选，学校录取，省、市、自治区批准。学校招收 1065 名学生。这是粉碎“四人帮”改革考试制度以来第一次高考招生。学制为四年。

14 日 院党委常委会议传达了中央、山东省调整工资精神。调整的重点是工作多年、工资偏低的教职工，调整面为 40%。之后举办了学习班，各单位多次召开会议讨论。28 日，上级批准了学校调资方案。

本月 第二批农业学大寨工作队返校，第三批农业学大寨工作队 30 余人由院革委副主任赵选辰带领去惠民县，为期 1 年。

11 月

4 日 院革委会副主任孙卓夫调广西壮族自治区工作。

6 日 中共中央转发教育部党组《关于工宣队问题的请示报告》。根据中央的批示精神，学校工宣队于本月 16 日撤离学校。临行前，院党委召开了欢送会。自 1968 年 9 月工宣队进驻学校以来，先后更换了 5 批，共有 593 人。

本月 根据实际需要，学校恢复基础教学部和教研室。

12 月

13 日 院党委书记郭锐和刘先志教授、汪云琇副教授被选为省人大代表，出席省五届人民代表大会。

17 日 教育部、财政部[77]教计字 530 号，[77]财事字 180 文，关于普通高等学校、中等专业学校和技工学校学生，实行人民助学金制度的通知中指出：国家职工被录取的研究生和满 5 年工龄的国家职工进入普通高等学校、中等专业学校和技工学校学习的学生，在学习期间工资由原单位照发，一切费用自理，不实行人民助学金制度；其他学生一律实行人民助学金制度。本规定自 1978 年 1 月 1 日起实行。学校 1977 级进校后即按此办法执行。

1978年

1月

10日　教育部发出《关于高等学校1978年研究生招生工作安排意见》。学校根据文件精神积极做好招收研究生的准备工作，经初试、复试共录取22名研究生。这批研究生10月5日报到，10月9日开学。这是"文革"以来学校第一次招收硕士研究生。

2月

11日　院党委召开各部门负责人会议布置在学校开展"两打"的斗争。根据中发[1977]26号文在揭批"四人帮"的斗争中，要集中一段时间，打击阶级敌人的破坏活动，打击资本主义势力的精神和省委1977年11月在地市委书记会议上的布置，学校于本月24日举办了100人参加的教职工党支部书记以上领导骨干学习班。之后，"两打"斗争全面铺开，于1978年底告一段落。

24日　全国五届政协会议在北京召开，学校侯博渊副教授作为委员出席会议。

26日　全国五届人大一次会议在北京举行。学校刘先志教授、汪云琇副教授作为五届人大代表出席会议。3月5日会议结束。

本月　为了提高由工农兵学员留校当教师这部分师资的业务水平，院党委决定从本年2月起，分期分批进行集中学习补课。每期1年，学习本专业主要基础课和技术基础课，成绩存入本人业务档案。学校留校做师资的工农兵学员毕业生分期分批普遍培训了一遍。

本月　学校成立落实政策办公室，对"文革"期间受审查的278人，逐一进行了复查。这一工作到1980年3月基本结束。

3月

7日　国务院批转教育部《关于高等学校恢复和提升职务问题的请示报告》。报告指出"文革"前确定和提升的教授、副教授、讲师、助教一律有效，恢复职称。新规定可以越级提升教授、副教授，将提升教授的审批权改为由省、市、自治区批准。根据这一规定精神，5月12日省委鲁发[78]38号文批准了学校王济诚等3人为教授，郑大锡等8人为副教授。

18日　全国科学大会在北京召开。院党委书记郭锐和刘先志教授、马长贵副教授参加了大会。31日大会结束。马长贵等主持研制的半导体距离保护，杨士浩等研制的稀土高铝耐热球墨铸铁，裘培勇等研制的电子束曝光机，王庆林等研制的短波通讯数字传输终端设备等4项科研项目均获全国科学大会奖。

20日　学校以山工[78]12号文报请省文委批准对机构作如下调整：撤销政治部、教革部、后勤部，设立党委办公室、党委组织部、宣传部、统战部、人事处、教务处、科研处、生产处、保卫处、总务处等，并任命了各部处负责人。

本月　将第一、第二、第三机械系合并为第一机械系、第二机械系。第一机械系包括机制、内燃机专业，第二机械系包括铸造、锻压、焊接、热处理专业。

本月　为挖掘潜力，多培养人才，学校开设机械设计和电气技术两个走读专科班(收费)。共招收学生80人。

1978 年

4 月

5 日　院党委书记郭锐在党委常委、系总支书记和系主任会上分别传达了全国科学大会精神，强调要掀起大学习、大宣传、大落实高潮。学校抓紧机构调整，落实政策及规划的制定，迎接省科学大会的召开。

22 日　教育部在北京召开全国教育工作会议，副院长梁松方参加了会议。5 月 6 日会议结束。5 月 24 日，梁松方在院党委常委扩大会上传达了全国教育工作会议精神，27 日在全校教职工会上作了传达。之后共用 6 天半的时间学习了邓小平、刘西尧等领导人在大会上的讲话。

本月　学校自然辩证法研究组成立，由教师、干部 9 人组成。

5 月

5 日　全省科学大会在济南召开，院党委书记郭锐等 7 人出席会议。会上，学校电子束、继电保护科研室被授予“先进集体单位”称号，马长贵等 4 人被评为先进个人，有 20 项科研项目获奖。16 日会议结束。17 日，郭锐等在院党委常委会上传达了会议精神，18 日又在全院大会上作了传达。

6 月

23 日　省委鲁发[1978]47 号任命梁松方为山东工学院院长，冯起、宋国文、赵选辰、王庆轩、门宏为副院长。

8 月

5 日　国务院批转了教育部、国家计委《关于高等学校举办 65 至 70 届大专毕业生进修班的报告》。该《报告》指出：采取自愿报名、单位选送、学校考试、择优录取的办法就近招收 1965～1970 届的大专毕业生，进修 1～2 年。根据这个精神，经全省统一考试，学校录取了 1968、1969、1970 届毕业生 86 人，重回学校深造。分 3 个专业，工自、发电厂专业学习期限为 1 年，热处理专业为 2 年。

9 月

6 日　山东省革委教育局[78]鲁教发字 142 号文颁发了“山东工学院”印章，“山东工学院革命委员会”的印章即日起作废。

15 日　经党委研究决定，《山东工学院学报》复刊。

本月　校清查工作（清查与“四人帮”有牵连的人和事）经过验收，基本结束。

本月　学校电子束研究室研制成功大中规模集成电路中间板，解决了本省中、大规模集成电路试制、生产中的一个关键科学技术问题。

本月　经教育部批准，学校增设机械设计、计算机、继电保护、数学等 4 个专业。

10 月

17 日　全院广大团员和青年举行隆重集会，热烈欢庆共青团十大召开。院党委领导出席大会祝贺。

21 日　解放思想，加速前进，院党委举办领导干部学习班，为期 5 天半。院党委书记郭锐作了总结发言。

31 日　院党委举办理论讨论会，就实践是检验真理的唯一标准问题展开热烈讨论。

本月　为配合山东省电力工业发展与科学研究，经学校与山东电力工业局协议，决定在学校电力系建立山东电力系统计算中心。

1978 年

10 月

本月　学校招收的1978级新生中，有30名14岁和15岁的“少年”大学生。他们的到校，引起了全院师生员工的注目，大家都为破格选人才、增添这批新生力量而感到由衷的高兴。

本月　打破常规，因材施教，1977级39名同学免修部分课程。

本月　山东电力系统计算中心在山东工学院筹建。

11 月

2日　教育部电化教育局局长程光来院参观电化教学设备。山东工学院电化教学闭路电视系统经多次试播，效果良好，将在1978级学生上课时开始应用。

12日　国家科委力学学科组成员、华中工学院李灏教授应邀来院进行学术交流活动。院领导及科研处负责人接见了李灏教授，并相互交流了科研、教学工作情况。

14日　院党委研究，为贯彻执行中发[78]55号文件精神对错划右派进行改正工作，决定成立落实、贯彻55号文件领导小组，下设办公室，并着手工作，对学校在1957年反右派斗争中被错划的111名右派分子和因右派言论没戴帽子受到错误处理的30人逐个进行复查，改正了错案。此项工作到1980年4月基本结束。

17日　为了更好地宣传、贯彻团十大精神，院团委特邀共青团十大代表、山东大学团委书记冯宜明来院给全体团员和青年作了团十大会议精神的传达报告。20日起，院团委举办了团支委以上的干部学习班。

20日　省革委教育局[78]鲁教发字170号文批准学校成立自动化研究所和金属材料研究所；批准成立力学研究室、精密机械加工研究室、数据传输研究室、热能利用研究室、继电保护研究室、电子束研究室、液压气动研究室、电力系统自动化研究室等8个研究室，暂定编制185人。

23日　美籍学者周绍康博士应邀来院讲学。

24日　山东大学物理系主任余寿绵教授来院作了题为《基本粒子物理发展概况》的学术报告，并在报告会上传达了1978年全国物理学会精神。

本月　为加强学生思想政治工作，经院党委研究决定恢复和建立政治辅导员制度，并选派21人任政治辅导员，主要配备在1977级和1978级，同时建立相应制度。

本月　电自研究室研制的FFZW-03型发电机负荷自动稳定装置研制成功。

12 月

2日　山工发[78]51号文：根据教育部在高等学校设立学术委员会的规定，经研究决定成立山东工学院学术委员会，委员会由24人组成。主任委员为梁松方，副主任委员为邵洪泮、夏天赳。

邵洪泮(1916～1992)，山东崂山人。1934年，毕业于益都师范学校。1936年，考入北平大学，1937年随校内迁，1940年毕业于西北工学院电机系，后留校任教。1949年，任山东大学副教授。1952年，任山东工学院电力系副教授。1978年，晋升教授，历任电力系、电机系主任，校学术学位委员会副主任。曾任国

1978 年

12 月

民政府资源委员会委员、国际广播电台技术员，国民党海军青岛造船所工程师，山东省电机工程学会第一、二届副理事长。两次被评为山东省先进工作者。

16 日　1978 年，先进班集体、“三好”学生、优秀团员授奖大会举行。

18 日　中共十一届三中全会在北京召开。全院师生员工认真收听了闭幕时发表的公报。当晚院党委召集常委和部分系负责人进行座谈讨论。22 日，座谈讨论结束。

21 日　院党委常委会批准《山东工学院学生守则》颁布施行。

26 日　根据全国知青工作会议精神，经上级批准，决定在学校农场试办知青点，撤销在曲阜、历城的知青点。学校、省中医院、省体委 3 个单位的 47 名知青于本日开赴农场。

同日　全院隆重举行纪念毛主席诞辰 85 周年大会。

31 日　省委鲁发(1978)129 号文任命高中正为山东工学院党委副书记，梁度世任山东工学院副院长、党委常委。

本月　全院认真学习讨论党中央重要指示，决心巩固发展安定团结的大好形势。

本月　山东工学院教师参加省机械工程学会机制专业委员会，会上宣读 7 篇论文报告。

本月　LJ-1 型售粮计算机研制成功。

本年　学校计划生育工作取得较大成绩，被评为 1978 年度历下区和济南市先进单位。

1979 年

1 月

11 日　院党委常委会议讨论通过《山东工学院教师兼课报酬的试行意见》。

13 日　山工发[79]3 号文，公布院党委和行政批准的 291 名新晋升讲师名单。

本月　美国纽约奥涅恩特州立大学美籍物理学教授王作彬来院参观和讲学。

2 月

9 日　院党委制定贯彻十二届三中全会的意见。意见就学校如何实现重点转移提出了具体要求。

22 日　学校举行第七届团代会和第十四届学代会。大会选举产生了第七届团委会，何莲阁为团委书记，姜法魁、张体勤为副书记；郎风兆为学生会主席。

3 月

1 日　学校召开教研室工作经验交流会，以切实改进教研室工作，有效提高教育质量。全院教研室主任和支部书记以上干部 100 多人出席会议，听取了制图教研室和数学教研室的经验介绍。

5 日　院党委召开全院教职工大会，表彰 1978 年度评选出的先进集体和先进个人。先进集体有 18 人，先进个人有 286 名。

同日　大力发扬共产主义道德风尚，全院开展整顿校容突击月活动。4 月 5 日，活动结束。

1979年

3月

15日　山东工学院特邀请省政协副主席、全国物理学会磁学学会理事、省物理学会理事长、山东大学郭贻诚教授和该校物理系副主任兼离子束教研室主任刘清前讲师来作报告。

16日　在全省科技工作会议上举行了隆重的授奖仪式。山东工学院主持研制的4项科研成果受到荣誉奖和物质奖。其中,电子束研究室研制的"电子束机双光路激光定位系统"荣获二等奖,奖金1000元。

29日　由山东工学院主编、上海交大主审的全国通用教材《传热学》审稿会在山东宾馆召开。上海交大、西安交大、清华大学等26所院校的35名代表出席会议。审稿会4月8日结束。该教材定稿后,由人民教育出版社出版。

30日　邓小平在党的理论工作务虚会上提出:实现四个现代化,必须坚持社会主义道路;必须坚持无产阶级专政;必须坚持共产党的领导;必须坚持马列主义、毛泽东思想。5月10日,院党委作出向全校师生员工进行坚持四项基本原则的宣传教育意见,接着在全校开展了深入的学习和宣传教育活动。

本月　共青团山东省委授予山东工学院电机1977级2班张玲同学为"优秀团员"称号,特地颁发了奖状和纪念品。

本月　为深入贯彻党的十一届三中全会和省委工作会议精神,迅速把学校工作着重点转移到教学和科研上来,院党委从本学期开学后,相继召开各系处领导干部会和老教师座谈会,发扬民主,解放思想。大家联系学校情况,对如何实现工作重心转移提出意见和建议。

本月　继电保护研究室马长贵副教授研制的石英钟时序控制器正式交付使用,使用情况一直良好。

4月

10日　院党委向全院发出通报,表扬扑灭火灾、抢救集体财产的工业自动化1977班的23名同学。

25日　山东工学院召开计划生育授奖大会,表彰和奖励一批在计划生育工作中涌现出来的先进单位、先进集体和先进宣传员。

本月　一机系机制教研室马福昌讲师根据多年教学科研实践写的《旋风切削螺纹》等3篇论文的有关内容,被北京科技交流会采纳,编入即将出版的《金属切削理论与实践》一书。

本月　院党委连续召开会议,听取各系汇报,研究加强学生思想政治工作。

5月

4日　全校隆重集会,纪念五四运动60周年,同时表彰了在本学期学雷锋、创"三好"、树新风活动中涌现出来的积极分子。

14日　内燃机教研室教师参加全国专题学术讨论会。20日,学术讨论会结束。

26日　电子束教研室主任裘培勇副教授离京赴美国波士顿,被派遣出席第十五届国际电子束、离子束、光子束技术讨论会。除参加会议外,裘培勇副教授还到美国一些科研单位进行了参观考察。

27日　全国著名力学专家钱伟长教授应邀来院讲学。6月3日,讲学结束。

1979 年

5 月

1979 年 5 月 27 日，著名物理学家钱伟长夫妇访问山东工学院并与刘先志(中)合影

31 日　团委召开学生干部会。由出席全国学生联合会第十九次代表大会的学校代表、院学生会主席郎风兆向学生干部传达了会议精神。学校学生会当选为全国学联第十九届委员会委员单位。

本月　院党委在电力系电工学、热工学、电工基础、电自、热动、继电保护教研室试点，民主选举产生了各教研室主任和副主任。

本月　院党委决定在全院进行一次坚持四项基本原则的宣传教育活动，使大家自觉地把坚持四项基本原则与解放思想紧密结合起来，为实现四化同心同德，努力奋斗。

本月　热处理教研室在全国热处理专业年会上提交 7 篇学术论文。出席年会的山东工学院孟繁杰教授还应邀参加了大会学术论文评选委员会的工作。

本月　老教师金榜、黄宜谅应聘担任山东农机学会理事。

6 月

16 日　学校锻压专业与郯县锻压机械厂共同设计的 2500 吨双盘摩擦压力机试制成功。一机部委托省机械局于本日召开鉴定会。鉴定结论：达到了国内先进水平。

18 日　五届人大二次会议在北京召开。国务院总理华国锋在政府工作报告中指出："从今年起集中 3 年时间，认真搞好国民经济的调整、改革、整顿、提高。"7 月 1 日会议结束。7 月 18 日，院党委作出关于学习五届人大二次会议文件的安排意见。国庆节前夕，全校集中学习这次会议的文件精神，并于 7 月 19～24日举办科以上党员干部学习班。

7 月

4 日　热处理专业孟繁杰副教授、孙希太讲师赴京参加《热处理名词术语》修改和定稿工作。8 月 23 日，工作结束。

1979 年

7 月

7 日　省水利局和山东工学院受省科委委托，在滕县主持召开 SDJ-1 型积分式电测仪技术鉴定会议。11 日，会议结束。由山东工学院电子系和山东省水利科学研究所联合设计的 SDJ-1 型积分式电测仪试制成功。这项科研成果对于找水探矿，解决缺水地区的用水困难，具有重要的经济意义。

本月　冶金系停办，3 个专业下马。根据省计委、省教育局[79]、鲁计科字第 211 号、[79]鲁教字 39 号文批复，将 1977 级轧钢专业的学生调到一系，1977 级炼钢专业的学生调到二系，1978 级轧钢专业的学生调到电子系，1978 级炼铁专业的学生调到电力系，1978 级炼钢专业的学生调到电机系。

8 月

29 日　《山东工学院》院刊复刊。该报在 1960 年生产救灾时停刊，1964 年 4 月以《社会主义教育通讯》的名义不定期出版。"文革"中全校性的小报有《红战报》《井冈山》，1978 年 10 月又曾以《山工通讯》名义出刊。至此，停刊近 20 年的《山东工学院》小报又复刊了。

本月　学校工会恢复活动，由高中正任主席，夏育、邵洪泮为副主席。

9 月

2 日　英国剑桥大学工程系教授 W. C. 尼克松博士应邀来院作《电子束曝光技术》的专题报告，并同电子束研究室科研人员进行了"电子束曝光技术"的座谈讨论。3 日活动结束。

11 日　院党委召开部门负责人会议，传达了全省宣传工作会议精神，并布置在学校开展真理标准问题的讨论，以及开展加强社会主义民主和法制的宣传教育活动，从 17 日起举办两期党支部书记、教研室主任以上的领导干部学习班，开展真理标准问题的讨论。学习班每期 7～10 天。

14 日　玛钢无箱挤压铸造生产自动线技术鉴定会在济南召开。17 日，鉴定会结束。玛钢铸造生产自动线研制成功。山东工学院液压气动研究室承担了造型机控制及全线自动控制的研制任务。

27 日　全校学术报告会开幕。这次报告会宣读论文和报告 180 余篇，为期 1 个月，主要由各系、各教研室采取分散形式进行。院党委决定，从本年起，每年 10 月定为校学术活动月。

10 月

6 日　院党委召集各部、处、系负责人会议，传达贯彻中共中央宣传部和省委关于根据四中全会公报精神，认真组织学习叶剑英重要讲话的通知精神，决定立即在全院深入开展这一学习。

15 日　吉林工学院副院长李鸣岐、樊万清一行 5 人来院传经送宝。

18 日　山东工学院召开全体教师大会，总结检查教学工作，努力提高教学质量。

11 月

9 日　学校夜大学恢复招生。"文革"前学校设有夜大学，"文革"中停止招生。经上级批准学校恢复夜大学，并设机械设计、电气技术两个专业，学制四年，达到三年制专科水平。从本日开始报名，12 月上旬考试，择优录取。

14 日　山东工学院受山东机械局委托，主持召开增压器性能试验鉴定会。

1979 年

11 月

本月　在胶南、青岛举行的全省勤工俭学经验交流会上，学校荣获省革委颁发的山东省校办工厂先进单位奖状。副院长赵选辰等参加了会议。

本月　根据中央、省委的指示精神和部署，社会主义民主和法制的宣传教育活动在全院展开。

本月　热能利用研究室参加设计的小化肥余热发电系统，在临朐化肥厂试车成功。

12 月

19 日　省委任命王济诚教授为山东工学院副院长。

王济诚(1917～2011)，山东诸城人。1934 年，考入国立山东大学数学系。1939 年，毕业于国立武汉大学，在四川女中任教。1946 年，任青岛高级工业学校讲师。1948 年，任国立山东大学讲师。1950 年，任山东工学院副教授。1978 年，晋升教授。多次被评为山东省先进工作者。

27 日　省经委决定在学校设立“山东省热处理实验厂”。人员编制归学校，经委给予必要的投资。其任务是为省经委下达的科研生产服务，为学校的教学科研服务。

本月　学校举行第二次实验室工作会议。会议采取集中和分散相结合的方式。会议听取了院长梁松方作的学校实验室工作报告，通过了《山东工学院实验室工作暂行条例》《山东工学院实验室对外承担任务暂行管理办法》《山东工学院学生实验守则》等规章制度；同时公布了各实验室的正、副主任名单。在粉碎“四人帮”三年多的时间里，学校恢复和重建实验室工作，取得了较大成绩。全院共有 30 个实验室，实验技术人员 42 人，实验工人 143 人，在实验室工作的教师 57 人。

本月　零件教研室和济南铜件厂协作研制的电磁摩擦离合器试验台，于 9 月底完成制造、安装和调试。经过两个多月的使用，证明该试验台使用范围较广，测试数据准确、稳定、全面，符合设计要求，受到兄弟单位的好评。

1980 年

1 月

24 日　学校非循环过滤游泳池净化技术通过鉴定。国家体委有关部门对这一科研项目非常重视。5 月 15 日，在国家体委的领导下，山东省体委和学校共同在学校游泳池举办了游泳池水净化技术训练班，共两期，来自全国 26 个省市和人民解放军的 107 人参加了培训。

31 日　山东省民政厅[80]鲁民字第 21 号文批复，同意山东工学院因建图书馆楼划拨历下区司里街道办事处向阳居委会耕种的国有土地 4.8 亩和退交由该居委会耕种的国有土地 14.4 亩，拨给山东工学院使用。

本月　在省电力局大力支持下，山东电力系统计算中心和山东工学院计算中心，经过半年多的机房改造、电器设备安装和整机调试，开始正式交付使用。从 1980 年 1 月起，开始对外办理计算业务。

1980年

2月

23日　中共十一届五中全会在北京举行。会议通过了《关于党内政治生活的若干准则》(以下简称《准则》)等事项。3月22日,院党委副书记梁松方在党委常委会上传达了五中全会文件。4月7日,院党委制定了全院学习贯彻五中全会的意见。随即在全院开展了"学习《准则》、执行《准则》,做一个合格党员"活动。从5月份开始学校举办科以上干部轮训班,每期30人,时间2个月。

3月

5日　共青团中央在南京召开全国学校工作会议,12日会议结束。校团委书记何莲阁出席会议,回校后向院党委和团委汇报了会议精神。

6日　发现人才,培养人才,节约人才,副省长刘先志应邀来山东工学院向全体教职工作报告。报告长达3个小时,涉及问题广,内容丰富,生动活泼,受到大家的欢迎。

7日　学校民盟、九三学社召开恢复组织活动交流会。民盟山东省负责人、九三学社山东省负责人及院党委副书记梁松方出席座谈会并讲话。

24日　院党委以山工发[80]17号文给省文委党组报告关于"文革"期间立案审查的案件复审情况。报告中说:自1978年3月开始,党委组织了院系两级专门班子,本着实事求是、有错必纠的原则,对"文革"中被立案审查的278人,逐个进行复查清理,经过两年多的工作,目前已基本结束。妥善处理了6起非正常死亡案件,对被立案审查人员和受牵连的家属子女及其亲友进行了清除影响的工作。1979年3月15日,院党委召开全校教职工大会,宣布了对在"文革"中因冤假错案受审查并被扣上莫须有罪名的一律平反。

26日　高速密齿端铣蜗杆螺纹新工艺鉴定会在山东工学院举行。

28日　院党委召开扩大会议,认真传达学习中央领导在五中全会上的重要讲话和全会作出的各项决议,传达学习中共山东省委三届六次会议精神。4月2日会议结束。

4月

2日　山东省人民政府鲁政函28号文同意学校发展规模,1985年达6000人。

7日　经省计委、省教育厅[80]鲁计数字109号文批准学校成立力学师资班。学生来源从1977级数学师资班学生中转出,1982年春毕业。

18日　1980年济南市大学生"三好杯"排球赛经过7天的紧张比赛圆满结束。参加这次比赛的有山东大学、山东工学院、山东师范学院、山东医学院、山东中医学院和山东建筑学院的12个男、女队参加。山东工学院女子排球队5战5胜,蝉联济南市大学生排球赛冠军,代表济南市大学生参加5月7日在济南举行的山东省大学生"三好杯"排球赛。

5月

6日　裘培勇、王建琨等教师赴美国参加第九届国际电子束、离子束学术会议,在会上分别宣读了论文,受到会议的重视。

15日　省科学社会主义学会副理事长、省党校科学社会主义教研室主任张清泉应邀来院,给同学们作关于社会主义制度优越性的辅导报告。

本月　为给高级知识分子创造良好的生活条件,经上级批准学校在游泳池

1980 年

5 月

西侧动工兴建第一批高知楼。这批楼共 4 幢 4083 平方米，于 1981 年 10 月竣工。

本月　国际激光会议第一次在我国召开。来自世界 8 个国家的 60 多位专家和我国 60 多位学者参加会议。山东工学院物理教研室王季中副教授出席会议，并在会上宣读论文。

6 月

14 日　院党委在给省文委党组的报告中提出：对在 1959 年以来反右倾斗争中受批判处理的 68 人，党委组织了专门班子，根据中央[79]49 号文件精神，本着"1959 年前后处理的所谓反右倾案件原则上是一些错案"的原则精神，实事求是地为这些人员复查改正，复查改正工作基本结束。

本月　为纪念党的 59 年诞辰，全院各级党组织和全体党员深入开展评选先进党支部和模范党员活动，以实际行动纪念党的生日。

本月　山东工学院举行首次研究生(内燃机专业)开题报告会。

7 月

4 日　山东省财政厅、教育厅、劳动局发出关于印发山东省高等学校实行"预算包干"办法，要求增收节支，建立学校基金，基金额的 30%可用于教职工个人奖金部分。根据以上精神，学校制定实施办法，从 1980 年起执行。

本月　根据省委《关于对党员进行政治思想教育的意见》，学校从 7 月份开始以《党章》和《准则》为主要内容，以怎样做一个合格党员为重点要求，根据不同情况，对全院党员进行一次普训。7 月中旬，先组织 30 名领导骨干进行培训。8 月中旬，利用暑假对 284 名学生党员进行了轮训。干部、教师于 10～12 月初由全院制定统一计划，以总支为单位，分期分批进行轮训。12 月，活动结束。

8 月

21 日　学校零件教研室与济南铜件厂协作研制的电磁离合器性能分析试验台鉴定会在济南召开。

25 日　院党委举办暑期学生党员训练班。30 日，训练班结束。

9 月

2 日　省编制委员会鲁编[1980]155 号文，批复同意院党委设学生工作部，与团委合署办公，一套机构，两块牌子。

18 日　山东省人民政府鲁政发[1980]147 号文，批转教育厅《关于招收自费走读生的报告》，报告规定有招走读条件的，在今年全国统考落榜但又成绩较好的考生中录取。地方政府给学校每年每生补助理科生为 200 元，学习期间不发助学金，每生每学期交学费 30 元。要单独编班，不能插班；只办专科，不办本科，毕业后由人事部门择优录取。根据这个精神，挖掘潜力，学校招收了 146 名二年制自费走读专科生，分别在机械设计、电气专业进行学习。

19 日　省教育厅[80]鲁教政字 107 号文批复同意学校 51 人提升为副教授。

11 月

3 日　学校提升 49 人为讲师。

4 日　省文委鲁文教字[80]20 号文批复夏天起等 8 人为教授。

1980 年

11 月

15 日　山东省委组织部鲁组[1980]650 号文：经省委研究决定宋国文任山东工学院党委常委，田嘉玮任山东工学院副院长、党委常委，夏天赳任副院长。

12 月

24 日　根据对实验人员提升职称的有关规定，学校提升 15 位实验人员为工程师。

1981 年

1 月

24 日　院党委向全院师生员工传达中发[81]6 号文：关于批判林彪、江青两个反革命集团案。25 日，最高人民法院特别法庭对江青、张春桥、姚文元、王洪文等 10 名主犯分别进行判决。学校组织师生收看了判决实况。

2 月

17 日　根据省委要求，为培养在职工业干部，学校首期机械制造专修科干部开学。他们来自 13 个地市及 3 个大企业，都是现任县级职务的各级工业部门的青年干部和骨干力量。省委组织部副部长张全景、省经委副主任孙恕之、省文委副主任部阳及院领导等参加了开学典礼。本期学员 51 人，学制 2 年。

24 日　根据教育部《关于高等学校理工科和工科基础课程教材五年编写规划的通知》，学校对机械原理、电子技术、流体力学、画法几何及工程制图等 11 种教材进行编写，并陆续送往出版社出版。

本月　电子系电子仪器厂下马，人员进行妥善调整。该厂 1976 年建立。

3 月

5 日　山东省人民政府鲁政字[1981]23 号文确定将山东工学院等 6 所高等学校作为省属重点学校。

同日　全院开展"学雷锋，树新风，建设社会主义精神文明"活动。广大团员青年和学生以雷锋为榜样，积极行动起来，争当建设社会主义精神文明的先锋，涌现出大批好人好事和学雷锋小组。4 月 5 日，学雷锋活动结束。

12 日　学校制图教研室编写出版的科普读物《怎样看机械图》获全国新长征优秀科普作品一等奖。郑大锡副教授代表学校出席了在北京举行的授奖大会。

16 日　加拿大里贾纳大学校长利奥伊德·巴伯博士率领代表团一行 13 人来院参观访问。

21 日　全国高校金属切削原理及刀具教研会华东分会首次会议在山东工学院召开。华东地区 31 所院校的 36 名代表出席会议。会议期间，全体代表参观了山东工学院切削实验室和激光实验室，听取了机制教研室有关教学、科研及研究生培养方面的经验介绍。25 日，会议结束。

25 日　院行政作出关于保护学校绿化的规定。

本月　为贯彻教学为主的原则，鼓励教师努力搞好教学工作，不断提高教学质量，学校决定从本学年开始在全校实行教师教学优秀奖制度。

1981 年

4 月

1 日　为加强高等教育科学研究，学校确定成立高等教育研究室。

10 日　院行政制定《山东工学院教师兼课程问题的暂行规定》，并公布执行。

20 日　教育部[81]教干字 011 号印发《关于试行高等学校教师工作量制度的通知》。学校于 1981 年 12 月 19 日制定了执行该《通知》的具体办法。

本月　在全省召开的科技工作会议上，学校 1979～1980 年度的 10 个科研项目获奖，其中一等奖 1 项、二等奖 3 项、三等奖 6 项。

5 月

21 日　1980 年度先进党支部和模范党员授奖大会隆重举行。大会表彰了先进，总结交流了经验，对各级党组织和全体党员提出了新的要求，以期有更多的先进党支部和模范党员涌现出来。

本月　为贯彻“因材施教”原则，活跃学术空气，提高教学质量，山东工学院决定下学期开设 16 门加选课。开出加选课的任课教师均为中、老年教师，其中副教授 6 名，讲师 14 名。他们多数长期在教学第一线，教学效果较好。加选课结束时，一律进行考试，并将考试成绩记录业务档案。

6 月

23 日　学校召开第一次应聘班主任聘书颁发大会。为进一步加强学生思想政治工作，学校开始实行教师兼任班主任制度。本次应聘的班主任有 23 名。

24 日　院党委研究贯彻中央 8 号文关于职工教育的问题。学校“文革”以来参加工作的青壮年 643 人，初中以下文化程度 302 人，确定在全校对青工进行一次统考，不够初中文化程度的编班学习，争取在两年内达到初中毕业程度。之后学校办起中学班，1984 年结束这一工作。

27 日　中共十一届六中全会在北京召开。全会通过了《关于新中国成立以来若干历史问题的决议》。29 日，会议结束。7 月 27 日，院党委传达贯彻会议精神。下半年全院政治学习的主要内容是该《决议》，并在领导干部中举办理论学习班。

本月　省委批准副院长王庆轩离职休养。

7 月

1 日　院党委组织全院师生员工收听、收看了在首都举行的庆祝中国共产党成立 60 周年大会，听取了胡耀邦作的重要讲话。

8 月

28 日　院党委召开各系、部、室负责人会议，传达全省选拔优秀年轻干部工作座谈会精神和有关文件，并就如何提高思想认识，增强紧迫感和责任感，切实搞好选拔和规划工作提出意见。

9 月

2 日　本学期学校第一次系主任例会召开，研究部署本学期教学工作。

10 日　省教育厅[81]鲁教高字 64 号文，确定学校机械制造工艺及设备专业、电力系统及自动化专业为山东省省属高等学校的重点专业。

19 日　学校首届研究生毕业论文答辩会举行。10 月 20 日，答辩会结束。

本月　院党委召开全院政治工作会议，传达贯彻全省思想战线问题座谈会

1981 年

9 月

和全省高等学校思想政治教育工作会议精神，研究分析当前存在的各种错误倾向，提出改进和加强思想政治工作、迅速改变思想领导上存在的涣散、软弱状况的措施。

本月　学校南院图书馆大楼东西两侧配楼竣工交付使用。图书馆大楼的主体部分动工兴建，要求 1984 年春竣工，暑假后交付使用。

本月　为贯彻全省思想战线问题座谈会和全省高等学校思想政治教育工作会议精神，院党委于 9 月下旬召开全院政工会议，会议为时 7 天。参加这次会议的有各系党团总支正、副书记，党员正、副系主任，政治辅导员，教研室党支部书记，副科长以上党员干部，政治理论教师共 200 人。院党委副书记高中正在会上传达了两个会议的精神和有关文件。会上，大家联系实际进行讨论，并运用批评和自我批评的武器，检查了党委思想上存在的涣散、软弱的问题及自由化倾向。

本月　又有 2 名教师赴美进修。力学教研室孙树勋讲师已于 8 月去美国哥伦比亚大学，线路教研室吴胜远讲师 9 月中旬赴美国马里兰大学深造。

本月　为适应培养建设人才的需要，山东工学院建立工业企业管理工程教研室。

本月　为适应高年级学生、研究生进一步打好专业基础和中青年教师进修提高的需要，在各专业分别开设选修课的基础上，本学期面向学校开设的 10 门加选课陆续开课。

本月　挪威康斯柏公司燃气涡轮机电力系统专家赖以治、柯仕忠等来院讲学，主要讲授了径流式燃气轮机及其石油工程应用等专题。参加这次听讲活动的还有清华大学、上海机械学院、海洋石油勘探局等十几个单位的有关人员。

10 月

14 日　为更好地开展科技服务咨询活动，院党委研究决定成立劳动服务公司。

24 日　山东工学院举行隆重集会，表彰一年来在学生中涌现出来的先进集体和个人。全院 4500 余名学生参加了大会。

本月　省教育厅、省科委和淄博市共同组织召开的有关高等学校与工厂企业技术协作会议在淄博召开。通过会议洽谈和现场调查，山东工学院共承担 14 项技术协作课题。

本月　化学教研室杨熙珍副教授以访问学者的身份，于 1979 年 6 月赴比利时学习和从事研究工作，经两年多的勤奋努力，圆满完成任务于本月返校。

本月　体育教师刘升沂、潘达微和工人潘培 3 人，在院秋季运动会前夕试制成功了简易划线车，用机械操作代替了手工划线，提高工作效率十几倍。

11 月

3 日　经国务院批准学校机械制造、机械学、金属材料及热处理、工程热物理、内燃机、电力系统及其自动化等 6 个学科有权授予硕士学位。

15 日　山东省人民政府鲁政发[1981]163 号文批准学校调整规模仍为 6000 人。

21 日　为表彰先进，鼓励教师认真搞好教学，院党委召开教学优秀奖获奖

1981年

11月

教师座谈会。参加这次座谈会的，除获得山东工学院1980～1981学年度教学优秀奖的45名教师外，还有系主任、总支书记和教研室主任。

26日　学校隆重举行首届研究生毕业典礼。本届21名研究生是1978年恢复研究生招生制度以来，学校毕业的第一批研究生，分别被授予机制、热处理、内燃机、电力系统及自动化、机械学、工程热物理专业硕士学位。

30日　根据教育部1979年11月27日《关于高等学校教师职责及考核的暂行规定》通知精神，学校制定了执行这一规定的具体要求。

本月　学校毕业教育分配领导小组成立，深入开展多种形式的教育活动。

12月

4日　院党委召开各系、部、处、室负责人会议，认真传达学习中央、省委关于老干部工作会议精神、有关领导的讲话和文件规定，提高了认识，明确了任务，提出了进一步做好学校老干部工作的具体措施。

10日　为表彰先进，发扬成绩，进一步把总务基建工作做好，学校召开总务、基建首届先进集体和先进工作者代表大会。会上有3个先进集体和53名先进工作者受到奖励。大会还推选出6名代表出席了全省高校后勤工作先进集体和先进工作者代表大会。

14日　省委副书记王金山来山东工学院了解情况并召开教师座谈会。院党委负责人汇报了学校思想政治工作、落实知识分子政策、教学等各方面的工作。

21日　省科委、省教育厅特邀请省内外66名代表分别对高速钢令气体碳氮硼共渗工艺、提高燃油泵柱塞副寿命的研究、离子氮化提高球铁曲轴疲劳寿命试验研究3项成果进行了技术鉴定。多元渗表面强化新技术的研究取得显著成果。

25日　院党委召开各系党政团和各有关部门负责人会议，传达讨论了国务院有关文件和省高等学校寒假毕业生分配调配工作会议精神，研究部署1977级毕业生的集中教育和分配工作。

本月　制图教研室团支部被团省委授予“新长征突击队”光荣称号。该团支部书记王中予于12月下旬出席了山东省新长征突击手代表会议，并接受了奖状和奖品。

1982年

1月

1日　在举行的济南市越野赛中，山东工学院获得男、女团体赛第一名。在男子组10000米比赛中，电气1980班的徐勇同学以33分34秒的成绩夺得该项冠军。

3日　省教育厅[82]鲁教高字2号同意学校建立学位评定委员会。学位评定委员会由25人组成，任期3年。夏天赳任主席，邵洪泮、艾兴任副主席。

5日　全国高校工自专业教育委员会在江苏溧阳召开采样控制系统模拟实验装置鉴定会。山东工学院常春馨副教授代表该专业教育委员会主持会议，工自教研室教师李慕兰、林家衡在会上进行了讲课和演示。9日，会议结束。

15日　国务院学位委员会、教育部[82]学位字001号下达了首批授予学士学位的高等学校名单，山东工学院是有权授予学士学位的单位之一。

20日　学校书画研究会成立。山东省著名画家魏启后、弭菊田到会祝贺，并进行了书法、绘画示范表演。

1982 年

1 月

30 日　中共中央发出《关于检查一次知识分子工作的通知》。根据中央指示，学校成立了检查知识分子工作领导小组和临时办公室，向中、老年知识分子发了调查信；分别召开中、老年教师、民主党派、归侨和侨眷、中小学教师、医务人员、工程技术人员座谈会。根据存在的问题，院党委研究了加强这一工作的措施。

2 月

11 日　山东工学院召开全体教师大会，院长梁松方就努力搞好新学期的教学工作作报告。

13 日　院党委召开政工会议，部署本学期思想政治工作。各系、处党政负责人和全体政工干部参加会议。

16 日　省委召开全省人民义务植树电视广播大会。会后，有关部门对植树活动进行了安排。在 3 月 12 日植树节前后，全院师生员工积极投入植树活动，共植树 10000 多棵。

本月　院党委作出决定，从本年开始对全校学生实行品德评定制度。

本月　为适应培养学生德、智、体全面发展的需要，学校成立德育教研室。

本月　为适应学校发展的需要，经上级批准，学校决定撤销财务科，设立财务处。

3 月

2 日　院党委召开党政工团及有关部门负责人会议，传达中央、省委指示精神，部署在全院深入开展“全民文明礼貌月”活动。学校师生员工积极投入第一个全民“文明礼貌月”活动，在治理脏、乱、差方面取得成绩。学校先后制定了《校园文明礼貌十不准》《教师守则》《机关党政工作人员文明礼貌守则》《学生文明礼貌守则》《学生宿舍楼卫生、秩序管理规定》等规章制度。活动持续了一个多月，取得显著成果，校容校貌有了较大改观，人们精神面貌发生了变化。

5 日　省委、省政府领导李子超、王众音、林萍、丁方明等来学校和师生一起参加劳动，并查看了校容、校貌，鼓励大家一定把“文明礼貌月”搞好。

17 日　“院刊出版三百期、学报出版四十期”纪念座谈会举行。

20 日　继电保护及自动运动技术 1978 级张卫星同学、无线电技术 1978 级吴喜源同学出席了新中国成立以来山东省召开的第一次三好学生、优秀学生干部和先进集体代表大会。会上，受到团省委、教育厅表彰的山东工学院同学有三好学生张卫星、优秀学生干部王汝华、优秀共青团员宫天民以及先进班集体无线电技术 1978 级 2 班、先进团支部电力系统及其自动化 1978 班。在 2 月团中央、教育部召开的表彰大会上，张卫星同学荣获“全国三好学生”光荣称号。

4 月

6 日　经省人民政府[82]鲁政函 59 号文批复同意，山东工学院金属腐蚀与防护研究室参加国际性学术组织：比利时腐蚀研究中心。

7 日　美国休斯飞机公司机械工程师梁汉宗先生偕同夫人李素琴女士应邀来院参观访问，进行技术交流。13 日，访问交流结束。

8 日　学校男女乒乓球队参加了驻济 7 所高等院校举行的乒乓球比赛。经过激烈争夺，男队荣获比赛团体冠军，女队荣获团体亚军。11 日，比赛结束。

1982 年

4 月

13 日　中共中央、国务院发布《关于打击经济领域中严重犯罪活动的决定》。根据省委、省文委的部署，学校成立专门班子，认真开展此项工作，查清了一些问题，取得了一定成绩。

27 日　"全民文明礼貌月"活动总结表彰大会隆重召开。学校领导在会上向先进集体和个人颁发了奖状和奖品。

同日　中国工程学学会图学教育专业委员会、山东省工程图学学会成立大会暨学术报告会在济南召开。大会选出了图学教育专业委员会正、副主任委员和山东省工程图学学会第一届理事会。副院长夏天赳教授当选为理事长，制图教研室主任郑大锡副教授为副理事长，王敬言讲师为秘书长，戴邦国讲师为常务理事，郭立瑞讲师为理事。

5 月

8 日　团省委、省学联在山东工学院召开"五文明"现场会。团省委副书记王乐泉、赵玉兰及全省大专院校团委书记参加了会议。

14 日　学校举行第十五届学代会。会议选举产生了第十届学生会。学生会主席为潘超平。15 日会议结束。

22 日　院党委隆重召开 1981 年度先进党支部和模范党员表彰大会，会上向 3 个先进党支部和 14 名共产党员颁发了奖状和奖品。

27 日　院党委召开会议，研究部署 1978 级毕业分配教育工作。

6 月

10 日　学校举行教书育人经验交流会，各系党团组织、各部门负责人、各系教师 600 余人参加了会议。会上有 4 位教师介绍了他们教书育人的经验。

12 日　山东省委、省政府鲁发[1982]33 号文件发出关于召开全省职工劳动模范、企事业先进集体代表大会的通知。学校杨相寿副教授出席省劳模大会，被授予"山东省劳动模范"称号。

30 日　山东省委副书记李子超、省委常委林萍、副省长丁方明、文委副主任邵阳、教育厅副厅长宁汉戈等来学校检查开展"五讲四美"活动情况。

8 月

本月　院党委副书记高中正调山东师范大学工作。

9 月

1 日　中国共产党第十二次全国代表大会在北京召开。11 日，大会结束。根据中宣部对十二大学习的安排，院党委作出计划，要求全院师生员工到 1983 年 6 月底集中学习十二大文件。从 10 月份开始分 5 批对全院 170 名科以上干部举办学习班，每周 3 期。对学生、工人分 10 个专题进行宣讲。

4 日　山东省民政厅[82]鲁民字第 195 号文批复：同意山东工学院因建教学楼、实验室、宿舍楼、礼堂和操场，收回历下区司里街街道办事处向阳居委会耕种的国有土地 79.47 亩。双方协议，将山东工学院东北角托儿所地址的 3.4 亩地划归向阳居委会，山工付款 305.28 万元。

25 日　学校表彰 1982 年度三好学生、先进班集体授奖大会隆重召开。

30 日　省教育厅[82]鲁教人字 336 号文批准沈嘉琪等 15 名教师提升为副教授。

1982 年

9 月

本月 水利电力部在华东工学院召开高等工业院校电力工程类和热能动力类专业教材编审委员会第一次全体会议。学校电力系邵洪泮、侯博渊、马长贵教授，热能动力类专业教材编审委员会副主任、编审裘烈钧教授和孔珑副教授等应邀参加会议。

本月 为适应全省中学结构改革的需要，经教育厅批准学校招收机械工程师范班和电气工程师范班，机械制造专修科改为工业企业管理专修科。

本月 为鼓励学生勤奋学习，促进德、智、体全面发展，学校从新学年开始实行学生奖学金制度。

10 月

25 日 学校成立史志编纂委员会，由院党委副书记赵选辰任主任委员。

27 日 山东省力学学会成立大会在济南举行。31 日，会议结束。全国政协常委、中国力学学会副理事长钱伟长教授出席开幕式，作了题为《力学工作者的任务和方向》的报告。山东省副省长、著名力学家刘先志教授向大会发来贺信。山东工学院院长梁松方到会讲话。会议期间，先后举行了 9 次学术报告，山东工学院代表作了 5 次。经过充分酝酿和民主选举，产生了山东省力学学会首届理事会。刘先志教授为名誉理事长，梁松方为理事长。

同日 第二届全国电子束、离子束、光子束学术年会在常州举行。山东工学院电子束研究室裘培勇副教授等 10 人出席年会并宣读论文。11 月 2 日，会议结束。

本月 院党委发出关于开展向优秀大学生张华学习的通知。

本月 二机系杨相寿副教授出席山东省职工劳动模范代表大会，并被授予"省劳动模范"称号。

本月 中国科学院学部委员、国务院学位委员会自动化组组长、中国微型电脑学会理事长、上海交通大学张钟俊教授来院进行了为期三天的讲学活动。

11 月

本月 学校团委、学生会联合发出"向模范共青团员张海迪学习的通知"。

本月 为进一步贯彻"因材施教"的原则，活跃学术空气，继去年开出 10 门加选课后，本学期又面向全院学生开设《气体动力学》等 7 门加选课。

12 月

2 日 国务院国发(1982)140 号文发出了关于调整国家机关、科学文教卫生部门部分工作人员工资的决定。根据文件精神，学校绝大部分教职工均提高了工资。这是几年来调资较大的一次。

25 日 学校制定德育教师评定职称暂行办法。

本月 院党委工作总结中指出：一年来学校工作取得了很大成绩。积极开展"文明礼貌月"活动，师生员工的精神面貌有了显著变化，校容校貌有了较大改观。组织师生员工认真学习十二大文件，举办 5 期科以上干部学习班，分别举办讲师以上教学人员学习班。每学期 2 周，共有 407 名教师参加了学习。学校教学、科研、生产、后勤等各项工作，都取得了很大成绩。贯彻"教学为主"的原则，加强教学第一线力量，全院开出的 150 门课程，绝大多数效果较好。重视学生的工程基本训练。继续抓教学法改革试点工作，继续开办青年教师培训

1982 年

12 月

班。全年共安排 78 项科研课题，按计划进行的 75 项，其中已经鉴定和完成的 16 项，有 8 项达到国内先进水平，3 项填补了国内空白，有 14 项在教学、科研、生产中得到应用并取得了较好的经济效益。组织教师开展科技咨询、签订技术合同 52 项，写出论文 18 篇，有 2 篇在国际学术会上进行了交流。全年完成产值 271 万元，超过原计划 188 万元的 44%。完成基建工程 18000 平方米，基建总额 223 万元。

本月　认真贯彻十二大精神，努力开创学校新局面。学校领导走访省市有关部门征求办学意见。

本月　五届人大五次会议通过《中华人民共和国宪法》后，学校师生员工欢欣鼓舞，热烈欢呼我国第四部宪法的诞生。全院学习新宪法，决心贯彻新宪法。

本月　根据教育部和省教育厅《关于在高等学校逐步开设共产主义思想品德课程的通知》精神，山东工学院决定于 1983 年开始，正式开设共产主义思想品德课程。

1983 年

1 月

6 日　根据全国高校电力工程类和热能动力工程类两个教材编审委员会的安排，经水利电力部核准，由山东工学院主持召开的“电力系统继电保护及自动化专业课程教学大纲审议会”“热力发电厂编审组会议”和“流体力学编审组会议”在青岛举行。13 日，会议结束。

13 日　经群众讨论推荐、组织审定、党委研究，学校出席山东省优秀教师代表会的代表为蒋仁渊、陆家祥、陈广桐。

本月　在全省科学技术成果奖励大会上，山东工学院 1981 年度的 7 项科研成果荣获山东省优秀科技成果奖。

本月　山东工学院首届工业企业管理工程专业专修科学员 51 名，经过两年的在校学习已毕业。省委组织部副部长张全景，山东工学院党委书记郭锐、院长梁松方参加毕业典礼并讲话。

2 月

20 日　省教育厅[83]鲁教高字 9 号文转发 1983 年 1 月 24 日教育部[83]教成字 002 号文：公布普通高校举办函授、夜大学名单，同意学校招收函授企业管理、机制、工业电气自动化专修科，同意招收夜大学电气技术、机械设计、无线电技术、内燃机专修科。

22 日　中纪委发出《必须坚决制止党员、干部在建房分房中的歪风——致全国党政机关、企业、事业单位各级领导干部的公开信》。根据公开信的精神，按照省纪委的部署，院党委组织有关部门对学校分房中的问题进行了认真检查，检查出了一些不合理占房，根据政策分别作了妥善处理。

25 日　院党委召开各部门负责人会议。根据中央、省委指示精神，对学校开展第二个“全民文明礼貌月”活动作了具体安排。26 日，根据济南市的统一部署，学校干部、教师、工人、学生齐动员，积极参加了净化环境的治脏活动。

本月　为调整院领导班子，院党委在教研室党支部书记、党员科级以上干部中进行了一次推荐院级党政领导人的民意测验。

1983 年

3 月

5 日　在毛主席“向雷锋学习”题词二十周年之际，学校由共青团和青年组成了一支学雷锋队伍，在校内广泛开展了送温暖、做好事、便民利民活动。这天有 188 个学雷锋小组、1150 余人参加了活动。3 日，院党委召开向雷锋学习教职工座谈会。

9 日　学校与省二轻厅协商并征得省计委、省教育厅同意，决定本年在学校招收“家用电器”专业的学生。二轻厅给学校必要投资，学生毕业后分配到二轻厅系统工作，协议书于本日签订。

12 日　全院 500 名师生代表隆重举行纪念卡尔·马克思逝世 100 周年报告会。院党委书记郭锐、副书记赵选辰，副院长王济诚、田嘉玮等出席会议。会议由副院长宋国文主持，省委党校科学社会主义教研室李安先作报告。

25 日　学校团委和学生会联合召开“山东工学院大学生合唱团”成立大会。合唱团由 140 名同学组成。

26 日　学校师生走上街头，积极开展科技咨询服务活动。

本月　学校又有一批科技项目获奖。(1)内燃机教研室与省农机所、济南市科协、济南石油站等单位组成的 195 型柴油机节油试验推广小组，近几年来通过大力推广简便易行的惯性增压和负压综合节油新技术，取得较好的节油效果。该项目获济南市 1982 年度科技成果一等奖。(2)热能利用研究室与济南北园锅炉厂等单位研制的“小型工业锅炉惯性炉排”、零件教研室与济南铜件厂研制的“新型干式多片电磁制动器”，均获济南市科技成果二等奖。(3)内燃机教研室与济南第一运输公司、济南市科协承担的“提高 6120Q 柴油机的使用性能”获济南市科技成果三等奖。(4)基础部化学教研室在治理废水和有毒污水工作中做出了显著成绩，被济南市人民政府授予“环境保护先进集体”称号。(5)特殊合金研究室与济南铸段所、广西八步铸造机械厂试制的“S118 型辗轮式混砂机”，获广西壮族自治区 1982 年科技成果三等奖。(6)金工教研室陈寿祖副教授编著的《英文工程文献的查阅方法》一书，获机械工业出版社 30 周年纪念(1952～1982)优秀图书评奖一等奖。

4 月

26 日　学校举行 1983 年“全民文明礼貌月”总结表彰大会。

本月　学校一批科研成果列入全省重点推广项目。为贯彻科学技术为经济建设服务的方针，学校又有一批科研成果被列入全省“六五计划”后三年重点推广项目。其中包括陶瓷刀片、渗硼及渗金属、低碳马氏体强化、电光花表面强化、液态模锻、油咀偶件渗硼等，这是学校近几年研制成功的新成果。这些推广项目，具有应用范围广、数量大、投资少、见效快、经济效果显著等特点。

5 月

9 日　省“高校体育卫生工作检查验收团”来校检查验收体育卫生工作。经省检查团评议，学校体育卫生工作以 283 分的成绩被评为一、二类大学第二名。

16 日　院党委发出：“要迅速掀起深入开展向张海迪学习活动的热潮的通知”。要求全校师生员工认真学习中央指示和中央领导的题词，进一步提高向张海迪学习的自觉性。院团委也发出了开展这一活动的通知。19 日，院党委召开各总支、各部门负责人会议，认真学习中央领导的题词，26 日检查了各单位开

1983年

5月

展情况。学校团委、学生会还于26日举办了“学习张海迪，争做80年代新雷锋”的演讲比赛大会。

本月　学校锻压专业研究生孙胜于1979年6月赴罗马尼亚布加勒斯特工学院学习，最后经过论文答辩获得博士学位，胜利完成出国学习任务，取得优异成绩回校。

本月　山东工学院李承欧、汤成燮、郑伯铭3名教师，参加了由省13个地区、4大企业及省直属18个代表队的65名运动员参加的桥牌比赛。

6月

18日　认真贯彻中央《关于加强党员教育工作的通知》精神，加强以新党章为内容的党员教育。院党委召开支部委员以上干部和科以上党员干部会议，传达贯彻中共中央《关于加强党员教育工作的通知》和全省党员教育工作会议精神以及山东工学院的具体贯彻意见。

29日　副院长宋国文调省计划委员会工作。

本月　在全省高校图书馆工作委员会第三次会议上，学校图书馆被评为省高校图书馆先进单位。

7月

本月　美籍华人刘一忠教授应邀在烟台举办企业管理研究班。学校企业管理教研室教师参加了研究班。刘一忠被聘为学校客座教授。

8月

25日　中发[1983]31号文“中共中央关于严厉打击刑事犯罪活动的决定”指出，要组织统一活动，一网一网地撒，一个战役一个战役地打。根据中央指示精神，在省市统一部署下，学校配合公安保卫部门认真开展了打击刑事犯罪活动，并取得一定成绩。

本月　省教育厅、省财政厅[83]鲁教计字58号：关于贯彻执行教育部、财政部[83]教计字117号文件的几点意见中指出：高等学校一般学生助学金享受金额人数的比例，从1983年新生开始，一律按新规定执行，老生仍按原规定执行。一律实行人民助学金和人民奖学金并行的方法。根据以上精神，学校开始在学生中实行奖学金、助学金并行的办法。

9月

2日　院党委召开科长、支部书记以上党员干部会，传达全国、全省宣传工作会议精神，布置认真学习《邓小平文选》。会议要求处以上党员干部通读全书，决定从5日起举办院、处级干部读书班。学习《邓小平文选》是本学期学习、宣传的重点。

7日　以乔·汤普森市长为团长的英国考文垂友好访问团一行7人来学校参观。

9日　山东省高等教育考察团一行5人赴日本进行为期两周的考察访问。院党委书记郭锐参加考察团前往日本考察。

13日　院刊编辑室给著名数学家陈景润写信，请他为院刊正在开展的“大学生应当怎样立报国之志、成建国之才”的专题讨论撰写文章。10月6日，他给院刊寄来了《思想与学习》的文章，鼓励大学生“好好学习成才，为四化贡献力量”。

1983 年

9 月

26 日　受国家劳动人事部锅炉安全监察、检验局委托，由山东工学院电力系举办的锅炉监察、检验干部进修班开学。

本月　学校增设“家用电器”和“工业热能利用”专业。

本月　加拿大籍威廉·约翰·施米德先生应邀于 9 月初来院任教。这是学校聘请的第一位外籍老师。

本月　为促进教育改革、教学研究活动的深入开展和教学质量的提高，经校长办公会议讨论通过，山东工学院创办《高等教育研究》。

本月　根据教学计划安排，从本学期开始，全院各年级普遍开设《共产主义思想品德课》。

10 月

本月　根据教育部[83]教外综字 1019 号文，教育部高等教育代表团一行 6 人赴澳大利亚访问。院长梁松方为代表团成员。

本月　山东工学院邀请加拿大不列颠哥伦比亚大学电力工程系教授、我水电部电力科学院名誉技术顾问余耀南博士来院短期讲学。

（三）山东工业大学（1983～2000）

1983 年

9 月

19 日　山东省人民政府[83]鲁政函 210 号文同意将山东工学院改名为山东工业大学。学校改名时，有 5 个系 1 个基础部，20 个专业，教职工 2318 人(其中教授 16 人，副教授 75 人，讲师 479 人)，在校大学生 3301 人，研究生 63 人。学校占地 620 亩，校舍建筑面积 154923 平方米。

同日　由学校电机系工自教研室主持的中国自动化学会电气自动化专业委员会学术交流会在济南举行。20 日，学术交流会结束。

11 月

1 日　由国家经委举办的全国新产品展览会在北京农业展览馆开幕。学校研制的“金属陶瓷刀片”“组合陶瓷刀片”“团球状炭化物白口铁”参加展览并被评为优秀新产品，颁发了优秀产品证书和奖牌。

4 日　校党委召开全校党员大会，传达了党的十二届二中全会精神和邓小平、陈云的讲话。全校党员拥护中共中央关于整党的决定，决心认真清除精神污染。

10 日　学校首届智力运动会举行。智力运动会是一项群众性的比智力、比毅力、比风格、比技巧的体育活动。山东电视台还特地播送了学校智力运动会盛况的录像。

17 日　根据教育部、公安部[83]教办字 262 号文“关于高等院校建立校卫队若干问题的通知”精神，学校决定建立校卫队。

19 日　学校召开改革招生制度后的第一次全校性毕业设计工作经验交流会。在认真总结 1977、1978、1979 三届毕业设计工作经验的基础上，就今后工作提出初步意见。

27 日　热处理表面强化研究室孙希太副教授等研制的“粒状渗硼剂”、与诸城热处理材料厂协作的“不氧化脱碳盐浴用盐”的科研项目，由省教育厅主持同时通过鉴定。

本月　学校成立青年读书领导小组。

本月　由学校陶瓷刀具材料研究室研制的新型热压陶瓷刀具在北京举办的全国新产品展览会上受到广泛重视。来自全国各地 100 多个有关单位的工程技术人员，观看了陶瓷刀具的切削录像和展品，有不少参观者当场留下姓名、单位和地址，邀请学校教师去他们单位解决“难加工”问题。

本月　根据党的十二届二中全会提出的加强思想政治工作、清除和抵制精神污染精神，学校开展了遵纪爱校、抵制精神污染活动月的教育活动。

12 月

10 日　全校同学集会一堂，隆重纪念“一二·九”学生运动 48 周年。大会表彰了一批“遵纪爱校，抵制精神污染”月和“五文明”活动中涌现出的先进集体和个人。校领导出席大会并讲话。

21 日　学校铸造教研室与济南第二机床厂密切合作，经过两年来的努力，研制出一种新型无锡耐磨铜合金，由山东省教育厅主持通过技术鉴定。23 日，鉴定会结束。

26 日　驻济 6 所高校纪念毛主席诞辰 90 周年书法联展在山东大学隆重开幕。这一书法联展已于 1984 年 1 月 4 日在学校展出，然后再到其他院校巡回展出。

1983 年

12 月

本月　学校各方代表举行座谈会，深切怀念毛主席。

本月　学校 7 项科研成果获得山东省优秀科技成果奖（包括合作项目），其中二等奖 3 项、三等奖 4 项。获得二等奖的项目：二机系焊接教研室杨建华和甘肃河西堡焊条厂共同研制的“钢芯石墨球化通用铸铁电焊条”，电机系电子束研究室张玉林、李玉忱、孙晓军等研制的“多功能电子束曝光机数字控制器”，二机系金属表面强化研究室于家洪等和潍坊工具厂共同研制的“金马刨刀强韧化热处理新技术”。

本月　3 项科研成果通过鉴定。本月中旬，山东省烟草公司主持了对学校电力系统及其自动化专业、工业电气自动化专业和济南卷烟厂共同研制的“卷烟机数据采集及处理系统”和“TBS——真空回潮机程序控制器”两项科研成果的鉴定。28 日，热处理专业教研室和苍山县轻工机械厂共同研制的“高频淬火 T10A 手用锯条”由山东省二轻厅主持通过鉴定。

本月　学校电机系工业自动化教研室李希霖讲师于 1981 年 12 月赴美国罗得兰州普罗维登斯市布朗大学工学院进修，于 1983 年 12 月学习期满回校。

本月　学校学生代表潘超平、姜瑞虎出席山东省学生联合会第五次代表大会。大会选举产生了由 68 个委员单位组成的山东省学联第五届委员会，学校被选为副主席单位。

1984 年

1 月

1 日　在南、北校门摘掉山东工学院校牌，换上了山东工业大学的校牌。

18 日　山东省委鲁任[1984]8 号文批准郭兴和任山东工业大学党委书记，齐善铸任副书记，夏天赳、丁长浩、孙荣文、段奎照任党委委员。

本月　恢复高考制度以来，学校首届夜大学生 127 人分别在“电气技术”“机械设计”两个专业学习毕业。这是学校设立夜大学以来五届毕业生中人数最多的一届。

2 月

29 日　校党委召开各部门负责人会议，就如何开展好第三个“全民文明礼貌月”活动作了具体部署和安排。两年来，学校师生员工响应中央和省委的号召，在开展文明礼貌月活动中取得了一定的成绩，先后被评为省、市“五讲四美三热爱”活动先进单位。济南市绿化委员会授予学校“花园式庭院”称号。

3 月

2 日　校党委召开工作会议，传达省委农村工作会议精神，部署学校本年工作。4 日会议结束。

12 日　省教育厅副厅长周志仁带领检查组来学校检查文明月活动开展情况。检查组在听取了校党委书记郭兴和、副书记齐善铸的汇报后，进行了实地检查。

19 日　学校恢复函授教育，并于本日开学。本届共招收工业企业管理干部专修科学生 467 名。函授站分设在济南、青岛、烟台、潍坊、枣庄、济宁等地市。

22 日　学校制定了《山东工业大学政治辅导工作条例》，就政治辅导员的设置、条件、任务、工作考核作了具体规定。

28 日　山东省人民政府鲁政任[1984]7 号文：省人民政府决定任命夏天赳

1984 年

3 月

为山东工业大学校长；丁长浩、孙荣文、段奎照为山东工业大学副校长。学校的几位原领导：郭锐调到省人大常委会工作，梁松方、冯起、赵选辰、梁度世、门宏等相继离职休养。

夏天赳(1925～2018)，浙江鄞县人，著名锻压专家。1952 年 8 月，毕业于上海交通大学机械系。毕业后即来学校任教。自 1958 年至 1980 年一直担任学校锻压教研室主任，1980 年任山东工学院(学校前身)副院长，1983 年任校长。他曾被选为中共山东省第二、四次代表大会代表。1987 年，被选为中共十三次全国代表大会代表。1986 年，被授予“山东省劳动模范”称号。还担任过山东省政协常务委员会委员。

夏天赳教授长期在教学第一线工作。他曾讲授《机械原理》《机械零件》《锻压设备》等 6 门课程。由于基础深厚、知识广博，他的教学受到学生的欢迎，在编写教材、精炼讲授内容、改进教学方面做出了突出的贡献。夏天赳教授从 1978 年开始招收研究生，有的已出国留学获博士学位。科研方面，“泰山-12 拖拉机锥齿轮精锻”“套筒扳手精锻自动线及其工艺”等的研究，通过了省级鉴定并取得了很大的经济效益。他还在全国及省级学术刊物上发表论文多篇，这些论文都是他开创性研究工作的总结，具有独到见解和较高的理论水平，在全国锻压学术讨论会上宣读或在全国性刊物上发表。夏天赳教授还担任了许多社会团体工作：全国锻压学会理事、山东工程学会常务理事、山东制图学会理事长、全国锻压教材编审委员会委员、全国锻压教育指导委员会副主任等职。

30 日　山东省教育厅[84]鲁教高字 18 号转发教育部[84]教计字 210 号文批复，同意山东工业大学增设“水利水电工程建筑”“电气技术”“机械设计与制造”专业。学制均为四年，于本年暑假招生。

本月　为加强师资队伍建设，搞好教学、科研工作，根据教育部《关于试行高等学校教师工作量制度的通知》《高等学校教师工作量超额酬金暂行规定》等文件要求，结合学校两年来试行教师工作量的实际情况，学校修订了《山东工业大学教师工作量实施办法》，从本学期起按此办法执行。

4 月

9 日　热水锅炉首次研制成功。学校与济南红旗锅炉厂共同设计和研制的 SZL120-7/95/70-AⅡ型热水锅炉通过省级技术鉴定。参加鉴定会议的有来自省内外 43 个科研和生产单位的代表。11 日，鉴定会议结束。

10 日　学校 5800 多名选民直接投票选举历下区第十届人民代表大会代表。学校蒋仁渊、王敬言、张玉兰当选为历下区人民代表。

17 日　学校召开各系党团总支书记、系主任及各部、处、室负责人会议，总结今年文明礼貌月活动情况，部署进一步开展以创建文明单位为重点的“五讲，四美，三热爱”活动的意见，并表彰了在文明礼貌月活动中涌现出的先进单位、先进集体和先进个人。

19 日　以山东省教育厅厅长高维真为团长的山东省高等教育考察团一行 6 人赴加拿大、美国访问。校长夏天赳为考察队成员。5 月 20 日，考察团返济。

1984 年

4 月

本月　在中国游泳协会、中国体育记协、体育报、新体育杂志社、人民体育出版社联合发起的首次评选“游泳之乡”和先进游泳池、馆活动中，学校游泳池被评为全国先进游泳池。

本月　学校和社会工厂组成的科研—生产联合体—双联公司生产的新型热压陶瓷刀：LT 系列组合陶瓷刀片、SG 系列金属陶瓷刀片和利用 S. G. 变质剂处理的团球状碳化物白口铁制作的抛丸机叶片，于 1983 年 11 月参加了由国家经委在北京举办的全国新产品展览会，并经国家经委评定为优秀新产品，颁发了优秀新产品证书和奖牌。

本月　学校根据教育部规定，在全校 20 个专业中普遍开设电子计算机课，加强微电脑基本技能训练，同时积极为社会提供咨询服务。

本月　为进一步加强对青年教师科研能力的培养，学校已确定从整个科研经费中拨款 100000 元，重点资助青年教师开展科学研究工作。资助的重点对象是已毕业留校从事科研的研究生和 1977 届毕业生。

本月　学校又有 4 项科研成果通过鉴定。这 4 项科研成果分别是学校为淄博周村无线电元件厂设计的 LNF-37M 声表面波电视中频滤波器、学校与济南柴油机厂合作进行的“大型柴油机隔振实验台”设计、学校承担的《醇类代用燃料研究》、“柴油渗水超声乳化和用于 95 系列柴油机试验研究”。

5 月

4 日　在省教育厅组织的大学生围棋选拔赛中，学校女队赵晓东（无线电技术 1981 班）、刘华盛（工业自动化仪表 1983 级 1 班）、郭志兰（电机 1982 班）分别获得第一、二、三名；男队包云（焊接工艺及设备 1981 班）、于智（计算数学 1982 班）获得第 2 名。6 日，选拔赛结束。由学校赵晓东、刘华盛、郭志兰、包云 4 名同学和山东大学 3 名同学组成的代表队，于 7 月 18 日赴上海参加全国第三届大学生围棋邀请赛。

11 日　校党委召开各系党团总支书记、系主任、有关部处负责人和毕业班辅导员会议，部署毕业生分配思想教育工作。校党委书记郭兴和、副书记齐善铸出席会议并在讲话中提出具体要求。

21 日　中国经营管理研究会山东组成立大会在学校召开。会议期间学习讨论了中国经营管理研究会章程（草案）。经过酝酿选举，产生了中国经营管理研究会山东组理事会，梁松方为理事长。24 日，会议结束。

24 日　山东省高等学校校刊、摄影工作座谈会在济南举行。出席座谈会的有山东省 30 所高等院校的 50 名代表。上海交通大学、同济大学、南京大学、浙江大学等学校校刊室有关人员应邀到会并作经验介绍。27 日，座谈会结束。全国高等学校摄影学会及陕西、四川等 9 省分会，中国科技大学、华侨大学等学校校刊室分别发来贺电、贺信。

本月　学校新建 3000 平方米子弟学校教学楼开始使用。

6 月

14 日　校党委召开讲师和科以上干部会议，由人大代表汪云琇副教授传达了六届人大二次会议精神。汪云琇副教授在传达中介绍了六届人大二次会议的基本情况、会议的主要精神及个人的几点体会。会上，校党委书记郭兴和代

1984 年

6 月

表党委就学校如何深入学习《政府工作报告》作了部署。

18 日　金属腐蚀研究室杨熙珍副教授、孙瑛讲师等承担的省科委“钢丝镀铝锌合金”攻关项目由省教育厅主持通过鉴定。

27 日　学校受教育部热工编委会委托，在泰安召开编委会年度工作会议。7 月 6 日会议结束。会议还审订了学校俞佐平副教授编的《传热学》再版的书稿。

8 月

11 日　山东省人民政府[84]鲁政函 278 号文批准在学校实行二部制改革试点。在原招生计划基础上，再扩大招收 500 名学生。

21 日　校党委和行政召开讲师以及科级以上干部会议，宣布学校处、系级机构设置及其领导班子的任命。经上级批准，学校设 10 个系(部)，将原有的第一机械工程系、第二机械工程系、电机工程系、电力工程系、电子工程系和基础课教学部以外增设动力工程系、计算机工程系、管理工程系、水利工程系。校长办公室与党委办公室分开，生产处和机械厂合署办公，撤销武装部，成立物资设备处和教学科技服务部，共 19 个工作部门。会上任命了 70 名任正、副处级领导职务。

本月　根据山东省教育厅[84]鲁教高字 38 号文，同意在学校举办科技英语师资班。从 1982 年在校生中选拔 20 名学生于暑假开学后进科技英语师资班学习两年。成绩合格发四年制本科毕业证书。

9 月

1 日　学校全面实行学生人民奖学金制度。

10 日　为加快济南市郊区县城工业的建设，应章丘县人民政府邀请，由校长夏天赳带领教学科技服务部、二机系负责人前往章丘县，同县府、县经委、县计委、县科委等有关方面的负责人进行商谈。最后，在双方以往开展科技协作工作的基础上，正式签订了教育与科技全面合作协议书。

21 日　校党委召开工作会议，讨论和部署学校改革工作。校党委书记郭兴和代表党委作了题为《改革前进，开创新局面》的报告。会议明确了改革的指导思想，规定了改革的八条方案。

本月　美国专家菲贝 · D. 汉姆女士应邀来校任教，任期一年。

本月　适应发展需要，加速人才培养，学校设置 9 系 1 部。除了原有的第一机械工程系、第二机械工程系、电机工程系、电力工程系、电子工程系和基础教学部以外，又新增设了动力工程系、计算机工程系、管理工程系、水利工程系。目前，各系部共下设 23 个专业和专业班、3 个专修科和 2 个干部专修科。

本月　根据中央提出的“科学技术必须面向经济建设”和教育“三个面向”的指示，经上级批准，学校领导决定成立教学科技服务部。

10 月

13 日　学校召开共青团第八次代表大会和第十六次学生代表大会。大会选举产生了共青团山东工业大学第八届委员会。张体勤为书记，赵群义、张兴民为副书记。会议选举产生了第十六届学生委员会。学生会主席为姜瑞虎。

同日　应英国考文垂理工学院邀请，以校党委书记郭兴、副校长丁长浩为

1984 年

10 月

团长和为顾问的山东省教育考察团一行 5 人，赴英国考察访问，并与考文垂理工学院签订校际合作协议。

15 日　为加快山东省沿海对外开放城市的经济发展，烟台市人民政府在烟台举办国内经济技术协作洽谈会。洽谈会上，学校同烟台市签订全面经济技术合作协议，同时与烟台 8 个县区签订数十项科技合作协议书。20 日，洽谈会结束。

17 日　山东省教育厅、省计划委员会、省财政厅[84]鲁教计字 93 号文，批复同意学校金属材料及热处理、工程热物理、内燃机、工业自动化、电力系统及其自动化、机械制造等学科从 1985 年起招收研究生班。

11 月

6 日　省高校伙食工作会议在济南召开。来自全省 47 所高校分管伙食工作的院校长、总务处长、伙食科长和工会负责人等共 160 余人出席会议。8 日，会议结束。

8 日　青岛市首次国内经济技术协作洽谈会举行。根据校党委事先研究确定的原则，学校与青岛市签订了《科技教育全面合作协议书》和《关于建立山东工业大学青岛智力开发中心的议定书》，从而为学校与青岛市进行全面经济技术合作开辟了新的前景，也为学校在青岛市开展国内外学术交流和科技开发奠定了基础。12 日洽谈会结束。

14 日　校党委和行政召开全校处、系级干部会议，部署制定岗位责任制工作。校长夏天赳主持会议，作动员报告。校党委书记郭兴和出席会议并讲话。

30 日　英国考文垂市—济南市友好协会副主席嘉卢博士及夫人来校参观访问。校领导与嘉卢博士座谈了有关山东工业大学与考文垂工学院校际交流等方面的问题。

本月　根据山东省委统战部、省委组织部、省纪委鲁统[1984]16 号文“关于解决错划右派改正结论‘留尾巴’问题的通知”精神，学校党委组织人员对学校 1957 年错划的 111 名右派进行了复查，重新做出了结论。

12 月

3 日　省高校伙食工作会议之后，校党委十分重视食堂工作，多次召开会议研究伙食工作改革问题。校党委书记郭兴和、校长夏天赳亲自带领校系和各处领导于本日开始分别到各食堂边劳动边调查研究，了解情况，帮助解决问题。

20 日　校团委与历下区团委联合举行“青年成才”基地成立大会。会上，双方互赠了锦旗。

本月　学校全面部署整党工作。5 日，校党委召开党总支书记、各系党员主任、各部处负责人会议，全面部署学校整党工作。学校的整党从 11 日校党委召开全校党员大会，由校党委书记郭兴和作整党动员报告开始，到 1985 年 6 月基本结束。其间经过了四个阶段：第一个阶段学习文件，从 12 月初到 2 月底；第

1984 年

12 月

二个阶段对照检查，从 3 月底到 4 月底；第三个阶段整改，从 5 月初到 5 月底；第四个阶段，组织处理和党员登记，从 6 月初到 6 月底。暑假后总结验收。在整党过程中，全校有 13 个总支、2 个直属支部、85 个基层党支部、1074 人参加了整党。省委驻学校整党联络组郭林、蔡和、冉祥明参加了学校整党的全过程。1986 年 1 月 3 日，山东省委整党办公室批复同意学校整党工作总结报告，同意宣布整党结束。

1985 年

1 月

5 日　在召开的全省优秀科技成果奖励大会上，山工大 1983 年度取得的科技成果有 8 项获得奖励，其中二等奖 2 项，三等奖 6 项。

10 日　学校大学生科学技术协会正式成立。有 1507 名同学加入协会。协会聘请了济南市市长何宗贵，校党委书记郭兴和、校长夏天赳，副校长丁长浩，济南市科协主席韩延庆为名誉会长。

18 日　省委整党办公室大学组在山工大召开驻济大专院校整党工作经验交流会。

26 日　学校成立思想政治教育研究会，郭兴和任理事长，齐善铸、丁长浩为副理事长。成立研究思想政治教育的学术团体，在学校还是第一次。

本月　山东省教育厅[85]鲁教科字 26 号文批准学校 25 人组成山东工业大学学位评定委员会，夏天赳任主席，丁长浩、艾兴任副主席。

本月　在庆祝中国电机工程学会成立 50 周年的学术活动中，山工大电力系、电机系教师积极参加并提供学术论文。经学会三次评审，山工大有 9 篇论文被评为优秀学术论文。

3 月

5 日　学校第一个校友会在青海省成立。山工大在青海省的校友们于西宁市举行首次校友聚会，成立了“山东工业大学（原山东工学院）青海省校友会”。

14 日　济南市首批文明单位命名大会在职工剧院举行。学校被命名为济南市 1984 年文明单位。

16 日　学校实施重大教学改革，1984 级 894 名同学首次领到奖学金。奖金共计 114040 元。

本月　学校 2 项成果获奖。由学校一机系零件教研室王寿佑讲师参加编制的国家标准“渐开线圆柱齿轮承载能力计算方法”荣获机械工业部科学研究院 1983 年优秀科技成果二等奖，该项成果 1984 年又获机械工业部优秀科技成果三等奖。学校二机系锻压教研室陈庄讲师与荣成县轻工机械厂协作、共同完成的“五金锻压高速压力机”，获 1984 年省二轻厅优秀科技成果二等奖。

本月　学校本年共承担较大科研项目 52 项，其中有关国家部委的 12 项，省属的 29 项。

本月　学校再次获“花园式庭院”称号。

本月　华中工学院免试破格录取山工大毕业生于克训为博士研究生。

本月　学校子弟学校被济南市命名为游泳传统项目学校。

本月　自动化研究所一室与财务处协作，研制成功的“中文工资管理系统”正式投入使用。

1985 年

4 月

10 日　省委副书记陆懋曾、省委整党办公室大学组负责人刘守璞、李祖衡等一行 7 人来学校检查整党工作。校党委成员、省委驻山大整党联络组人员汇报了学校的整党工作。

15 日　中共山东省委书记梁步庭，省委副书记陆懋曾，副省长马长贵、顾问宋一民及省计委、省建委、教育厅、省政府办公厅等部门负责人到学校检查基建工作。副校长宋荣文汇报了学校综合实验大楼的设计方案和专家组的意见。

1985 年 4 月 15 日，中共山东省委书记梁步庭(右四)、副书记陆懋曾(左三)，副省长马长贵(右三)等视察山东工业大学

25 日　在整党过程中，校党委隆重举行新党员宣誓大会。校党委副书记齐善铸主持会议并带领 99 名新党员在党旗面前庄严宣誓。校党委书记郭兴和、省委组织部副部长张全景先后讲话。省电视台、大众日报社等新闻单位到会采访。

28 日　校团委和历下区团委建立的“青年成才基地”，组织了首次“经济技术洽谈会”。

30 日　中华全国总工会为了表彰学校张廷贵副教授在四化建设中作出的突出贡献，特授予其“全校优秀教育工作者”称号，并颁发了“五一劳动奖章”。中华全国总工会委托山东省教育工会于本日在学校第一会议室举行了授奖仪式。

5 月

2 日　山东省教育厅[85]鲁教高字 40 号文，经教育部批准同意学校增设“无机化工”“化工设备与机械”两专业，1985 年暑假开始招生。

同日　化学工程系筹备就绪，开始办公。

9 日　经由校领导批准、科研处组织召开的“山东工业大学科技情报网”成立大会举行。会上通过了《山东工业大学科技情报网组织章程》。

14 日　由国家科委、国家经委、国防科工委、北京市人民政府联合举办的“首届全国技术成果交易会”在北京展览馆举行。山工大有近 60 项科技成果参加交易会，成交额显著。6 月 10 日，交易会结束。

1985 年

5 月

23 日　学校老年人体育协会正式成立。这是山东省高校诞生的第一个老年教职工群众性业余体育团体。学会通过了章程和体协领导机构。

6 月

本月　山工大对参加全省高校 1982 级英语统考成绩优秀学生授奖。

本月　学校实行校领导接待学生日制度。为了加强和学生的直接联系，及时了解学生的情况和要求，把反映学生信息的渠道变通畅，校党委在整党中贯彻边整边改的精神，确定每周星期一下午课外活动为校领导接待学生日时间。本月 3 日开始第一个接待日，校党委书记郭兴和出席、有关部处负责人参加了接见。10 日的接待日由校、系学生会生活委员和学校、食堂伙委会学生委员参加，由校长夏天赳宣布对学生伙食补贴的实施办法。

7 月

3 日　学校公布“教学优秀奖”“教学改革奖”“优秀教材奖”暂行条例。随后又颁布了“科研管理暂行条例”和“教学和科技服务工作管理暂行规定”。

8 月

10 日　由省科协和省乡镇企业局举办的技术交易会上，学校展出的 60 多项科技成果引起了有关厂家的极大兴趣和关注。学校先后接待各地代表 10000 多人次，初步签订技术服务和成果转让意向书 50 余项。19 日，交易会结束。

25 日　省委副书记、省长李昌安，省委常委、宣传部部长郑伟民来校视察工作。校领导郭兴和、夏天赳、丁长浩陪同查看了学生宿舍和学生食堂。

同日　省直属机关首届老年游泳比赛在山工大游泳池举行。26 日，比赛结束。省委副书记、省长李昌安，省顾协副主任、省老年体协主席王金山，副省长马长贵、省委宣传部部长郑伟民以及各有关厅局和山工大党政领导出席开幕式与闭幕式。

本月　为切实做好吸收优秀大学生、研究生入党工作，校党委举办党的基础知识培训班，集中 800 多名学生党员、申请入党的同学和学生干部参加。

9 月

7 日　根据教育部[84]教政字 009 号《关于在高校举办思想政治教育本科班的意见》和省教育厅要求，从本日起，决定在学校开办思想政治教育本科班。招生对象：35 岁以下，具有大学本科或专科学历，在高校从事思想政治工作两年以上的现职政治工作人员，学制为两年。该班于本日举行开学典礼。

10 日　学校隆重集会庆祝第一个教师节。会上公布了从事教育工作 30 年的教育工作者名单，获 1984～1985 年度教学优秀奖、教改优秀奖名单。校领导受山东省人民政府委托向获得“山东省优秀教师”称号的郑大锡、王庆林、孔珑、邹增大、连义臣颁发了奖品。

本月　学校新建学生宿舍大楼（5902 平方米）、学生食堂（3995 平方米）和两座教学楼（9 楼、10 楼各 5690 平方米），新生入学后已开始使用。

1985 年

10 月

12 日　校党委召开各系、部、处负责人会议，就进一步认真学习、宣传党的全国代表会议和四中、五中全会文件作了部署和安排。校党委书记郭兴和在会上讲话。

14 日　全国人大常委会委员赴山东视察组人员来学校视察工作。全国人大常委会委员、全国人大侨委会副主任委员陈宗基，全国人大常委会委员张子斋、黄荣昌等听取了校长夏天赳关于学校教学、科学研究及设备等方面情况的汇报。

21 日　省老年人大学首届毕业生典礼在珍珠泉礼堂隆重举行。山工大有14 位离休老干部遵照“老有所养、健康长寿；老有所学、增长知识；老有所为、服务社会”的办学方针，分别参加了卫生保健、历史、文学、书法、园艺、营养等 8 个专业的学习。

22 日　学校首次夺得国际金奖——稀土高铬氮系耐热钢荣获“尤里卡”金奖。学校二机系铸造教研室王执福副教授主持研制的稀土高铬氮系高温耐热钢，在比利时布鲁塞尔举办的第 36 届尤里卡世界发明博览会上获得金质奖。这是学校建校以来所获得的第一块国际性金牌。铸造专业于本日召开师生员工大会，庆祝获奖。稀土高铬氮系高温耐热钢，是为火力发电厂锅炉高温区段喷燃器火咀而研制的新型高温、高强、高耐磨的钢材，也可适用于要求较高的井式加热炉马福罐等加热炉构件。这种耐热钢解决了电厂锅炉的喷燃器火咀耐热铸钢易损长期未解决的难题。它在成分设计上突破了前人对含碳量的限制，并采用稀土合金处理，在高温下具有优异的抗氧化、抗变样、抗混燃煤粉气流磨损、抗渗碳、抗硫蚀等性能。它的高温性能和铸造性能远优于苏联、美国、英国、法国、联邦德国、日本等同类标准中的系列合金性能。专家认为，该项成果为国际首创，试制的火咀和煤粉管性能与寿命居世界领先地位。该系列产品在全国100 多家电厂投入使用，已取得巨大的经济效益和显著的社会效益。

同日　学校干部正规理论教育学习班开学。200 多名干部参加了学习。

本月　以英国考文垂理工学院高级讲师贝内特先生为领队的留学生一行 7人来校学习。这是山东工业大学与英国考文垂理工学院建立校际关系以来学校接收的第一批留学生。

本月　学校成立马列主义理论教学部。

本月　为做好研究生培养工作，学校决定从 1985 级研究生开始试行学分制。

本月　二机系铸造专业杨相寿副教授研究的“球化白口铁及 SG 变质剂”作为“稀土元素的应用推广”项目之一获国家科学技术进步三等奖。二机系铸造专业王执福讲师与莘县电炉配件厂合作完成的“稀土高铬镍氮、高铬锰氮高温耐热钢”，同时获国家科学技术进步三等奖。

11 月

2 日　国家教委、共青团中央和全国教育工会在北京召开的全国高校先进食堂、先进个人表彰大会，表彰、奖励了在今年伙食工作中做出显著成绩的 123个先进集体和 47 名先进个人。学校炊事员石义才荣获“先进工作者”称号，获得奖章和荣誉证书。

1985 年

11 月

15 日　学校思想政治教育研究会召开“理想纪律教育专题研讨会”，围绕理想纪律教育的内容以及进行教育的途径方法等问题进行了研讨。

23 日　省委副书记陆懋曾来校会见学生，畅谈当前形势与任务，勉励同学奋发成才。他还接受同学们的聘请担任山工大学生会顾问。

本月　校团委学生会党支部经校党委组织部批准正式成立。这是山东省高校中的第一个团委学生会党支部。校团委副书记赵群义担任党支部书记。

本月　为促进和丰富学校业余生活的开展，山东省大学生艺术团山工大分团成立。

本月　山工大和青岛锅炉厂、济南工业锅炉厂联合研制的 SZL240-7/95/70-AⅡ型热水锅炉，由山东省机械工业厅主持在青岛通过技术鉴定。

本月　杨熙珍副教授、孙胜教师申请的“(活)水质成分检测仪”“金属塑性成型工艺计算机辅助设计及应用”两项研究，经中央引进国外智力领导小组办公室组织专家评议后，已正式列为回国留学人员资助课题。

本月　学校 2 项科技成果通过鉴定。原气动研究室郑伯夷、杨培毅讲师与江苏省煤矿研究所共同完成的“SMG 型树脂锚杆灌注机”，由煤炭部基建司主持通过产品鉴定。管理系与威海量具厂合作开发的“微机用于企业生产计划统计管理系统”，由省机械厅主持通过技术鉴定。

12 月

5 日　全校隆重纪念“一二・九”运动 50 周年。校团委、学生会联合召开纪念“一二・九”运动 50 周年报告会。全校 400 多名学生代表参加了纪念会，出席会议的还有校党政负责人和各部、系负责人。校党委书记郭兴和作了题为《努力学习，成为一代新人；奋发进取，甘为四化献身》的报告。

6 日　校党委召开各总支、直属支部和有关处、室负责人会议，传达贯彻胡耀邦关于老干部工作的重要指示，并研究了如何进一步做好学校老干部工作的问题。

14 日　由国家教委、国家体委在掖县召开的全国体育传统项目学校业余体育训练工作会议上，学校子弟学校被评为全国业余体育训练先进单位。

19 日　民主德国德雷斯登工业大学博士、《应用数学与力学学报》及丛书编委、中国力学学会理事和应用数学专业委员会委员、我国知名力学家、辽宁大学戴天民教授被聘为学校兼职教授。学校于本日为戴天民教授举行了隆重的聘请仪式，校长夏天赳为戴天民教授颁发了聘书。

同日　学校召开第三次实验室工作会议。会议总结了自 1979 年 12 月第二次实验室工作会议以来的工作，讨论了学校实验室“七五”发展规划，表彰了一批先进集体和先进个人。20 日会议结束。

20 日　在省教育厅召开的 1984 年度科研成果奖励大会上，学校有 10 项科研成果、5 项理论研究成果和 3 名科研管理人员获得奖励。

28 日　省委副书记、校学生会顾问陆懋曾特地来校参加学生会举办的 1986 年新年茶话会，向全体同学祝贺新年。校党政领导郭兴和、夏天赳、齐善铸等出席了茶话会。

同日　学校召开 1978～1985 年科技工作先进集体和先进个人表彰大会，

1985 年
12 月

对 1978 年省科技大会以来在学校科研工作中做出突出成绩的 15 个先进集体和 126 名先进科技工作者进行了表彰和奖励。

同日　水利电力部水利水电科学研究院力学研究所所长、高级工程师，学校土木工程系第一届学生李桂芬受聘水利系兼职教授，并为水利系师生作学术报告。校长夏天赳向李桂芬颁发聘任证书。

29 日　国防科工委下达学校的电子束曝光机研制项目中的“SDS-2 型多功能电子束扫描系统”和“SDL-1 透镜系统电源”，由国防科工委委托省教育厅主持通过技术鉴定。中科院电工所、四机部 1413 所、山东大学等有关单位的专家和代表参加了会议。

本月　根据中办发[1984]24 号文和鲁发[1985]8 号文件精神，学校清退“文革”财务工作已于本年底全部结束。

本月　一机系艾兴教授、二机系关廷栋教授、动力系黄宜谅副教授分别申报的“陶瓷刀具和硬质合金刀具破损的研究”“用上限元法对金属塑性成型工艺进行计算机辅助设计的研究”“小型汽油机中气体流动的研究”，经中国科学院科学基金委员会评议和学部科学基金组审批，已正式列为资助项目。

本月　团省委、省教育厅授予学校电力系统及其自动化 1982 级孙全法、机械设计及制造（师范）1984 级郑福全两位同学全省高校“尖子学生”称号。

本月　无线电研究室研制的微机 APPLEⅡ与 TP-801 单板机并行通信接口通过鉴定。参加鉴定的有山东大学计算机系和省科学院计算中心等单位。

本年　《山东工大报》和全省其他 35 家校报被编入 1985 年《中国新闻年鉴》。

本年　学校有 7 项科研成果向中国专利局申请专利，其中发明专利 6 项，实用新型专利 1 项。7 项专利申请均已获得专利申请号。

1986 年
1 月

9 日　山东省成立高等学校共产主义思想品德教学研究会。该会于本日在济南召开常务理事会议，研究部署 1986 年活动安排。常务理事会由 19 人组成，校党委书记郭兴和任会长。

本月　学校体育教研室黄保华讲师被国家体委评为全国优秀田径裁判员。

本月　根据中共中央办公厅、国务院办公厅发布的《机关档案工作条例》精神，省档案局、档案工作检查评比委员会对全省的档案工作进行了全面检查评比，学校被评为先进单位。

本月　根据上级关于高等学校组建校卫队的有关规定，经过考核和党委批准，学校成立由 38 人组成的校卫队，由保卫处直接管辖。3 月 1 日，校领导接见全体校卫队队员，向他们提出希望和要求。3 月 3 日，校卫队开始在校园内执勤。

1986 年

2 月

15 日　山东省教育厅[86]鲁教高字 9 号文，经教育部批准同意学校增设“科技英语”“应用电子技术”“计算机软件”三个专业，学制四年。“科技英语”“应用电子技术”从 1986 年暑假招生，“计算机软件”从 1987 年开始招生。

23 日　经山东省委宣传部批准，《山东工业大学学报》(社会科学版)正式创刊，校党委书记郭兴和兼任主编。

25 日　校团委召开全委会议，向光荣离开共青团岗位的老团干部颁发荣誉证书。校党委书记郭兴和在会上发言。

3 月

15 日　计算机系张廷贵副教授和路新春、芦震、李澎等教师研制的“RS-1 型微机运动终端装置”通过省级技术鉴定。中国电力科学院、省电力局、山东大学等 20 多个单位从事电力技术、计算机研制等方面的专家和用户代表参加了会议。

19 日　学校成立顾问团。顾问团作为校党委和行政参谋咨询机构，它的主要任务是对学校的重大决策提供信息，进行论证，提出建设性意见和建议，对教学、科研方面的主要改革进行专题研究和探讨，对地方工业发展开展科技咨询。顾问团由 17 人组成，丁长浩任团长，孙荣文、侯博渊任副团长。

24 日　为了加强干部的马列主义理论学习和思想作风建设，提高干部的理论和管理水平，校党委于本月 24 日～4 月 30 日举办首期党的建设理论学习班。处级以上干部 29 人参加了学习。在 4 月 30 日的学习结业会上，大家交流了学习经验。

本月　在全国召开的计划生育先进集体、先进个人表彰大会上，学校被评为全国计划生育先进集体，受到表彰。学校计划生育工作 5 年来未出现计划外生育，做到一孩领证率、晚婚率、计划生育率均达到 100%，曾连续 5 年被评为历下区计划生育先进单位。

本月　学校决定从 1986 级本科生开始实行学分制。在召开的系主任会议上就此作了讨论和研究。会议认为，由学年制改为学分制，是教学管理制度的一项重大改革，牵扯面广，问题比较复杂。要改好这项改革，必须发挥学校有关部门和全体师生的主动性，作好充分的思想准备和必要的物质准备。

本月　由于进一步实行对外开放政策，学校与国外有关院校和学者的交往越来越多，目前学校的对外译名不够一致，给涉外工作带来诸多不便。经研究决定，今后学校对外译名一律统一为“Shandong Polytechnic University”。

本月　校党委召开会议，对在全校师生员工中普遍开展做“合格”争“优秀”活动，进行了研究和部署。

4 月

2 日　为了提高干部的马克思主义理论和管理工作水平，学校举行报告会，请省党校理论研究室主任吴玉黎副教授作了题为《领导的素质、领导方法和领导艺术》的报告。3 日，报告会结束。

7 日　在山东大学进修的部分苏联工科院校的教授、专家应邀来校访问，与机械系、动力系和水利系的部分教师进行了学术交流，并参观了图书馆和有关实验室。

1986年

4月

9日　为提高学校档案人员的业务水平，加强文书档案的管理工作，学校召开各部、处、系文书、秘书档案人员会议。与会人员学习了上级文件精神，并对学校的档案工作提出了具体要求和改进措施。

11日　学校计算机系吴胜远讲师研究的“CDS软件”由省教育厅组织通过技术鉴定。CDS软件主要用于开发应用程序。目前，国内外尚无此类软件，具有一定推广价值。

12日　由学校和济南螺钉厂共同承担的“热镀铝锌合金钢丝中试”科研项目，在济南通过省级技术鉴定。

22日　省教育厅在学校召开本省11所工科院校教务长会议。为加快山东省工科院校教育改革步伐，加强各校之间的联系与合作，会议研究决定筹备成立山东省高等工科院校协作组，并确定于本年10月份召开成立大会。会上还酝酿了筹办《山东省高等工程教育学报》等事宜。

25日　省高校专利事务所成立。学校耿庆章、宋明汉、王维祝等通知被事务所聘请为兼职专利代理人。

本月　省人民政府在南郊宾馆召开全省高校后勤工作交流经验、表彰先进大会。大会对1985年度在高校后勤工作中作出突出贡献的先进集体和个人进行了表彰。学校学生二食堂主食班长石义才、学生三食堂主任王兴霆和招待所食堂副主任杜贞祥三人被授予“文明服务标兵”称号，并获荣誉证书。

本月　为进一步贯彻落实上级关于加强档案工作的指示精神，把档案工作作为一项重要事情抓好，经研究决定，山工大成立档案工作委员会，由校党委副书记齐善铸任主任委员。委员会的14名委员均为各部、处负责人。

本月　校长办公室所属8个单位，由于工作成绩突出，先后被评为1985年全国、省、市、区先进集体。

本月　金属材料研究所孙希泰、李承欧副教授和李木森、高春英等教师，在四川张家坝制盐化工厂、济南刃具厂的协作下承担的国家“六五”规划重点科技攻关项目“含脱氧剂热处理高温盐”，在济南通过部级鉴定。机械部研究院等27个单位的专家和代表参加了会议。

本月　学校客座教授、美国旧金山州立大学商学院刘一忠先生，通过叶松年讲师两次向学校赠送美国出版的工业企业管理方面科技书籍60余册，价值2400元。刘一忠教授还于6月份来校短期讲学。

5月

8日　经校史编写组提供材料，学校的前身山东省立工业专科学校的建校日为1949年11月1日。校领导研究认定学校校庆日为11月1日。

12日　基建处施工队在校园马路施工中发现古墓一座。经市博物馆鉴定，认为此墓是济南市首次发现的北宋初期有确切年代的壁画墓，为研究济南市古代绘画、建筑、生活用具等方面提供了比较有价值的实物资料。

30日　学校前党委副书记、离休干部向旭应邀来校访问。访问期间，向旭和部分山工老同志就山工建校初期的史料等有关问题，进行了深入座谈。6月2日，访问结束。

1986 年

5 月

本月　省人民政府作出决定，对山东省“六五”计划期间在各条战线作出主要贡献的先进个人和先进集体予以表彰。校长夏天赳被授予“山东省劳动模范”称号，并获得证书和奖章。

本月　由学校一机系许定奇等教师编剧、上海科教电影制片厂摄制的彩色科教片《公差与配合》在全国发行，受到欢迎。《公差与配合》是许定奇参加制定的一项重大国家标准项目，1982 年曾受到国家标准局的表彰奖励（获成果二等奖）。

6 月

15 日　山东省“六五”期间科技成果展览与评比大会在省农展馆开幕。学校在“六五”期间的近 100 项成果中，有 8 项获国家级奖励与表彰，有 11 项获部级奖励，有 50 余项获省厅局级奖励。学校这次参展的科技项目共 46 项，其中包括联合攻关获得新材料、新技术成果 8 项，社会效益好、经济效益高的应用技术 15 项。

20 日　校行政召开系主任会议布置期末工作。会上讨论了学校“优秀教师评选条例”和学校“优秀生选拔培养暂行办法”。学校决定每年教师节表彰优秀教师。

本月　以澳大利亚阿德雷德大学校长斯特克斯先生为首的访问团一行 4 人来校访问。校长夏天赳和有关处、系负责人会见了该团全体成员，并进行了亲切交谈。

本月　学校客座教授、美国旧金山州立大学刘一忠先生应邀来校短期讲学。

本月　一机系马福昌副教授和助理工程师王连杰等完成的“高速密齿端铣蜗杆螺纹工艺及设备”研究课题通过省级鉴定。鉴定专家认为，该项成果属国内首创，在齿形精度理论研究和刀具耐用度的研究上具有国际先进水平。

本月　校党委隆重举行“二先一模”表彰大会。在庆祝中国共产党建党 65 周年之际，校党委召开党支部书记以上党员干部大会，全面总结学校今年开展的做合格党员、争创先进党总支、先进党支部和争当模范共产党人的活动，隆重表彰先进集体和先进个人。

本月　学校 10 项科技成果获 1984 年度国家级和省级科学技术进步奖。其中 3 项获国家级科学技术进步奖：王执福讲师等研究的“高铬镍氮、高铬锰氮高温耐热钢”（三等奖）；杨相寿副教授等参加的“稀土元素的推广应用”（三等奖）；许定奇讲师参加的“国家标准《公差与配合》”（二等奖）。

本月　微机运动控制 3 项技术新成果通过鉴定。学校计算机系张廷贵副教授，路新春、芦震、李澎等教师设计，并由烟台无线电六厂协作完成的“DCX/DCF-5 型微机运动系统”“JX-5 型工业过程监视器”及厂校共同完成的“DCX-5 型微机运动主站系统”研究成果，在烟台通过省级技术鉴定和产品设计定型鉴定。

7 月

7 日　学校集中进行毕业分配教育。校党委决定自本日开始，集中一周时间进行毕业教育，并对教育工作进行安排和提出要求。

1986 年

7 月

28 日　经国务院学位委员会审核批准学校机械制造专业为博士学位授予单位，艾兴教授为博士研究生指导老师，于 1987 年开始招生。目前学校除机械制造专业有博士学位授予权外，还有机械制造、机械学、金属材料及热处理、电力系统及其自动化、工程热物理、内燃机、工业自动化、固体力学、铸造、压力加工、电机等 11 个学科有硕士学位授予权。

本月　副校长孙荣文调青岛大学工作。

8 月

本月　由副校长丁长浩为领队的省大学联游泳队，参加了在胶县城举行的山东省第十三届运动会游泳比赛。学校游泳健儿成绩显著，其中工业管理工程 1985 班郭红夺得金、银、铜牌各一枚。

本月　山东省直机关首届老年人网球邀请赛在学校体育场举行。经过 30 多盘比赛，省体校王玮青、学校乔毅男副教授分获男子甲组冠、亚军。会上，正式成立了省直机关老年人网球协会。

9 月

6 日　联邦德国鲁尔大学弗斯彻博士应邀来校讲学。弗斯彻博士在金属材料磨损研究方面造诣较深，在国际上有一定影响。10 月 10 日，讲学结束。

10 日　学校隆重举行庆祝教师节大会。

11 日　根据国家教委部署，机械工业部机制专业评估领导小组进校，对学校机制专业评估工作进行检查。专家们对学校的评估工作表示满意，认为学校对评估工作是重视的，做了大量工作。专家也中肯地提出了不足之处。

16 日　全国高等工业学校锻压专业教材分编审委员会第五次扩大会议在学校召开。校长夏天赳作为编委出席会议，锻压教研室何弈琦讲师以特邀代表身份参加会议。25 日，会议结束。

18 日　1744 名 1986 级新生同老同学代表聚集一堂，隆重举行 1986 年迎新和表彰三好学生大会。省委副书记陆懋曾出席大会并讲话。

20 日　铸造教研室举行庆祝铸造专业建立 30 周年纪念会。校党委书记郭兴和、校长夏天赳和铸造专业的全体师生员工 500 余人参加了庆祝活动。

22 日　学校党政干部学法律学习班开课。校党委书记郭兴和在学习班上作动员报告。山东司法学院教师为学习班讲授法学基础理论。

26 日　学校召开老干部工作会议。校党政领导郭兴和、齐善铸、段奎照及各部门负责人、离退休干部党总支、党支部委员参加了会议。会上传达了省直机关老干部工作会议精神，总结交流了学校老干部工作经验，并就今后如何做好老干部工作进行部署。

29 日　校党委召开总支、直属支部书记会议，就认真学习《中共中央关于社会主义精神文明建设指导方针的决议》作了部署。会议还就全校学习的步骤和方法，提出了具体要求。

本月　德育教研室青年教师赵建华写的《我国当代大学生的需要现状初探》一文，获省高校共产主义思想品德教学研究会年会优秀论文评选一等奖。

本月　新建教学实习车间投入使用。为适应学校逐年增加招生的需要，校领导于去年决定投资 140 万元，新建一座 4000 平方米的金工教学实习车间，经

1986 年

9 月

过一年多筹建施工，本月全部落成并交付使用。

本月　为适应“三个面向”的要求，更好地培养勤奋好学、智力突出的优秀学生，学校特制定出《选拔培养优秀生的暂行办法》。办法还对优秀生的选拔、培养、待遇等作了具体规定。

10 月

5 日　青海省高校党委书记考察团一行 6 人来校访问。

9 日　学校召开首届研究生代表大会，选举产生了由 15 人组成的第一届研究生委员会。徐涛当选为研究生会主席。

10 日　山东省委副秘书长吕可英等一行 5 人来校视察土木建筑专业电大班。

12 日　山东省高等学校实验室工作先进集体、先进个人表彰大会在济南召开。学校金属材料及热处理实验室、半导体实验室、电工基础实验室被评为先进集体。王孝华等 9 人被评为先进个人。

17 日　国家科委、煤炭工业部委托学校承担的国家“六五”科技攻关课题：劣质燃料流化床燃烧的关键技术及基础研究——“细灰燃特性及燃尽技术”，由国家科委劣质煤炭燃烧攻关组和煤炭部主管部门主持通过验收。

29 日　动力系孙贞义、张克刚讲师等与济南陆军学校机动车零件厂共同研制的 LWN-116-50 型磁电机，由省教育厅主持通过技术鉴定。

本月　山东省教育厅确定山东省高等学校 12 个重点学科。学校机械制造工艺及设备、电力系统及其自动化、金属材料及热处理为 3 个重点学科专业。

本月　为目前为止，学校有 10 篇学术水平较高的论文，分别被国际学术会议采纳接受，并被编入会议论文集。

本月　学校男子篮球队一举夺魁。在刚刚结束的 1986 年驻济高校篮球赛中，学校男子篮球队战胜山东大学男篮，以 6 战 5 胜 1 负的战绩，取得本届比赛的冠军。学校男篮本届夺魁，是近几年来取得的最好成绩。

11 月

4 日　华东地区地方工科院校协作组第四次年会在学校召开。参加这一协作组的单位有福州大学、江西工业大学、上海工业大学、安徽机电学院和山东工业大学。协作组自 1983 年成立以来，已先后在福州、杭州、上海召开过 3 次年会。在本日举行的开幕式上，山东教育厅副厅长吴鸿章和学校党政领导郭兴和、夏天赳等到会祝贺。8 日，年会结束。

9 日　第四届全国电子束、离子束、光子束学术年会在石家庄举行。学校电子束教研室裘培勇教授、张玉林讲师、张涛助教等参加会议并宣读论文。学校有 6 篇学术论文被选入论文集。13 日，年会结束。

17 日　省科委下达给学校的科研项目“间歇运动柱包络蜗杆加工工艺研究”通过省级技术鉴定。

18 日　经校党委批准，山东工业大学自然辩证法研究会成立。会议通过了“山东工业大学自然辩证法研究会章程”，通过了 23 人组成的理事会。郭兴和为名誉会长，齐善铸为理事长。

22 日　学校成立山东工业大学学生成才导师团。省委、省人大、省有关厅局领导，学校领导、老校友、离退休干部、有关部处负责人、系党政领导、专家教

1986 年

11 月

授共 76 人受聘为导师团成员。导师团的活动内容和形式主要有以下方面：在重大节日和新生入校、毕业生离校时举办各种形式的报告会；通过个别走访、书信联系，开展成才咨询活动；由导师本人根据实际培养目标的需要，组织各种成才活动。

12 月

1 日　中国高等学校思想政治教育研究会 1986 年年会在杭州召开。会议对大学生的理想教育、道德教育、成长道路及在思想政治教育中坚持马列主义指导等专题进行了研究。5 日，会议结束。学校参加会议的杨廷法、赵建华，回校后及时向学生思想政治工作人员传达了本次年会精神。

3 日　锻压教研室舒其复副教授与青岛精锻齿轮厂合作完成的《螺旋伞齿轮精锻工艺研究》在青岛精锻齿轮厂通过省级鉴定。

16 日　二机系李中友和凌勇研制的“WKD-8 点焊机微机群控系统”通过省级技术鉴定。该系统填补了国内空白。

19 日　校党委召开各系、部、处负责人会议，校党委书记郭兴和传达了省委四届八次全会精神，并讲了学校关于贯彻落实省委全会精神的安排意见。

同日　学校举行首次“教学改革研讨会”。各系及有关部门负责人参加了会议。这次会议是在总结期中教学检查的基础上，从学校的实际出发，探讨深入开展教学改革的指导思想和方向。会议就“如何评价和进一步提高本科生的教学质量”“在教育观念和教育思想上应有哪些转变”以及“如何更新办学思想，加速学校建设，办出学校特色”等问题展开了热烈讨论。大家谈观点，提意见，畅所欲言，会议开得生动活泼。

20 日　工业企业管理函授大专班举行毕业典礼。这是学校函授教育自 1983 年恢复以来第一届函授大专班毕业生。经过 3 年的函授学习，学员们学完了 18 门课程，并撰写了毕业论文，经考试有 350 名学员成绩全部合格，准予毕业。

30 日　学校举行教师职务聘任大会。全校受聘教授 42 人，副教授 238 人，讲师 372 人，助教 296 人。实行教师职务聘任制，是高校人事制度的一项重大改革，将逐步解决以往存在的职责分离、劳动与报酬分离等弊端，进一步完善教师岗位责任制，更好地调动广大教师的积极性，推动学校教学、科研等各项工作的前进，为培养人才和多出科研成果作贡献。这是学校第一次向教师颁发聘书。

本月　由于全国部分高校少数学生闹学潮，山东省高校也不同程度地受到影响。校领导及各系和有关部门对学生工作进行了多次研究，解决了学生生活和学习方面的一些实际问题。在此期间学校的秩序一直比较稳定。

本月　学校李春阳教授、江彼得副教授、张瑞敏讲师、孙文浩助理工程师、吴君玉副教授等研制完成了“YD8402 型园感同步器式机床传动精度测量仪”，由省科委主持通过鉴定。

本年　学校科研成果硕果累累，共有 31 项成果通过各级技术鉴定，是近年来获得成果较多的一年。其中，达到国际先进水平的 10 项，国内先进水平的 16 项。这些科技成果突出的特点是研究水平高，具有较高的学术价值和实用价值，

1986 年

12 月

给企业提供了先进的工艺技术和换代产品，为经济技术开发作出了贡献。另外，学校仅 1986 年获部委奖励的科研成果 2 项，省级奖励 7 项，厅局级奖励 15 项。到目前为止学校共申报职务发明专利 15 项，并有 1 项实用新型专利获得了专利证书。

1987 年

1 月

6 日　学校举行校报出版 400 期纪念会。教育厅、省记协、大众日报社等部门的领导应邀出席会议。校长夏天赳在讲话中充分肯定了办报 34 年来的成绩，对进一步办好校报提出了具体要求。

20 日　济南市政府召开 1986 年度环境保护工作总结表彰大会。学校基础部化学教研室“环境污染治理科研组”再次获得市环境保护先进集体奖，该组的陈林堂副教授和热动教研室陈祖杰副教授被评为环境保护先进工作者。

本月　学校又获 3 项国家自然科学基金资助，分别是艾兴教授等人申报的“陶瓷刀具切削加工基本理论与应用”，王季中教授等人申报的“偏振全息术应力分析的研究”，程德林教授等人申报的“水轮机振动特性的研究”。

本月　学校向中国专利局提交的“直流电机调速系”实用新型专利申请，已被中国专利局正式批准。该项技术是电机系硕士研究生孙昌年与导师常春馨教授合作完成的。它主要运用于各类机床及轨机、陀螺仪等直流调速系统。

本月　根据山东省“七五”规定的目标，经省内有关专家论证，学校有 17 项研究课题被列为省“七五”重点技术开发项目。这 17 项重点开发项目的共同特点是投资少、见效快、水平高，具有较高的经济和社会效益。

本月　在结束的山东省高等院校 1985 年度优秀科研成果奖励大会上，学校 15 项优秀科研成果受到奖励。

2 月

16 日　校党委和行政在第一会议室举行本学期首次新闻发布会。会议发布了四条消息：宣布学校成立“山东工业大学校风建设委员会”“山东工业大学教学管理咨询委员会”，调整了“山东工业大学伙食工作领导小组”和“山东工业大学治安保卫委员会”；新学期开始学校遵照上级要求，进行区人民代表换届工作；进行坚持四项基本原则，反对资产阶级自由化的教育是今年学校思想政治工作的中心内容；广开民主渠道，继续执行校领导接待学生、教职工日制度。

26 日　校党委召开处级干部会议，传达贯彻国家教委 1987 年工作会议精神和省委召开的高校党委书记、市地宣传部部长、教育局局长会议精神。

本月　二机系力学教研室一级教授刘先志进行的“机械振动和热应力的若干问题”的基础理论研究，1986 年获国家教委科技进步二等奖。

本月　学校调解委员会被评为市、区先进集体。

3 月

4 日　学校教学管理咨询委员会召开第一次全体委员会议。会上，委员会副主任夏守身谈了该会的性质、任务、人员组成及工作活动方式，并向委员们通报了本学期的教学工作计划。

1987 年

3 月

16 日　学校党委召开 1987 年工作会议，校领导及各部、处、系负责人参加了会议。校党委书记郭兴和代表校党委对 1987 年党委工作作了部署。校长夏天赳布置了 1987 年学校行政工作计划。

17 日　在省教育厅和各院校领导的关怀和大力支持下，全省 12 所高等工科院校的 24 名代表在学校举行“山东高等工程教育研究会”成立大会。18 日，大会结束。

19 日　山东工程图学学会第二次代表大会暨第四次学术报告会在牟平召开。学校制图教研室郑大锡等 8 名正、副教授参加了大会。大会选举郑大锡教授为学会理事长。22 日会议结束。

郑大锡(1930～1989)，山东诸城人。1953 年，毕业于山东工学院留机械系任教，历任助教、讲师、副教授，1985 年晋升教授，同年被评为省级优秀教师。

20 日　在历下区选举委员会的指导下，学校认真地进行区人民代表的换届选举工作。经过正式选举，校长夏天赳、一机系艾兴教授、热能工程 1985 级 1 班王红被选为济南市历下区第十一届人民代表大会代表。

23 日　以郭兴和为团长、丁长浩为副团长的代表团一行 9 人应邀赴北京工业大学访问，正式建立了两校合作关系，签订了校级联系协议书。31 日，访问结束。

本月　本学期以来，电力系学生普遍出现了近几年来从未有过的自觉自愿学习毛泽东和马列文选的可喜现象。前一个时期有些大学闹学潮，同学们对此众说纷纭，要求找出正确答案，促进了理论上的求知欲，掀起了学马列的热潮。

本月　两项成果达到国际先进水平。一是由国家科学基金资助的学校化工系杨熙珍教授、张鸣鹤副教授、张忠诚讲师等与比利时腐蚀研究中心合作完成的“气相存在下的化学及电化学平衡”研究项目，通过学术评审。“气相存在下的化学及电化学平衡”是学校第一个国际合作项目，其研究成果已在国际学术刊物《腐蚀科学》上发表，并填补了有关体系的热力学数据空白，达到了国际同类研究的先进水平。二是学校金属材料研究所孙希泰教授，研究生王宁、李传厚，李承欧教授，李木森讲师等完成的省科技攻关项目“固体气体法渗硼新工艺”通过学术评审和技术鉴定。该研究成果填补了国内空白，达到 80 年代国际先进水平。

本月　中国人工智能学会副理事长兼秘书长、中—欧人工智能联合会学会主席、国际专家系统会议国际学术委员、北京航空学院计算机系渠川璐教授应邀来学校，作了题为《传统人工智能与非传统人工智能》的学术报告。

本月　为使广大同学的心理得到健康、和谐、全面地发展，学校建立大学生心理咨询室。

本月　焊接教研室杨建华副教授等承担的“合金堆焊焊条”研究，通过省级鉴定。西安交大、上海交大、华东石油学院、机械部焊接研究所、冶金部钢铁研究总院等单位的 20 多位专家、教授认为，该项研究大胆采用新的渣系，使焊缝金属扩散氢含量很低。该项成果成本低廉，用途广泛，研究达到国际先进水平。

1987 年

3 月

本月 全国著名力学家、一级教授刘先志，继续被学校聘为力学教研室教授。已 80 岁高龄的刘先志教授，还在忙于有关论著的撰写工作。

本月 在举行的山东省老年体育先进集体、先进个人表彰大会上，学校老年体育协会被授予"山东省老年体育工作先进集体"称号，二机系冯绍年教授被授予"省老年体育先进工作者"称号。

4 月

1 日 我国专利法实施两周年。两年来，学校积极宣传贯彻专利法，专利工作逐步展开。学校已申报职务发明专利 12 项，其中有 1 项已获得专利证书。教职员工和学生申报的非职务发明 10 多项，其中一机系学生段开吉的发明项目已于 3 月底向中国专利局提出专利申请。学校机械制造工艺与设备 1981 级 1 班毕业生彭玉方，向中国专利局提出的"新型防拔弹子锁"申请，被中国专利局正式批准，并颁发了专利证书。二机系魏俊之讲师成功研制出热喷涂复合铝底锅，并已向国家专利局申报专利。

11 日 省委、省政府有关部门联合召开省直离休老干部工作表彰大会。学校离休干部党总支、组织部老干部科被评为先进单位。刘连城被评为先进离休干部。

24 日 团中央书记李克强、学校部部长袁纯清来学校召开团干部座谈会，了解学校团的工作情况。李克强听了汇报后，很高兴。他说，山工大学生的思想基础是扎实的。学校团的工作在党委的领导下做了大量的工作，其方向是明确的，方法也是得当的，尤其是在引导大学生开展社会实践活动方面，进行了许多有益的尝试，并取得一些好的经验，希望团委再接再厉，再创新的成绩。

1987 年 4 月 24 日，山东工业大学党委书记郭兴和（左）向团中央学校部部长袁纯清（右）汇报学生思想政治工作

1987 年

4 月

同日　英国考文垂理工学院院长弗里·霍尔罗德先生及夫人伊丽莎白·霍尔罗德，应邀来校进行友好访问。校长夏天赳、副校长丁长浩会见了霍尔罗德夫妇。双方就今后两校之间的友好交流进行了座谈。会后，霍尔罗德夫妇分别与学校部分教师、学生进行了座谈。

本月　中华全国新闻工作者协会、山东省新闻工作者协会对从事新闻工作30年和25年的老新闻工作者颁发了荣誉证书和证章。学校台旭、张罗分别获得证书和证章。

5 月

4 日　日本山形县友好访华团一行18人来学校子弟学校参观访问。

7 日　山东高教研究会在学校召开第一次研讨会。全省11所设有本科的工科院校的25名代表汇聚一堂，交流了当前本科教育情况。9日，研讨会结束。

13 日　华东地区地方工科院校第三次后勤协作会议在学校召开。本次会议主要是交流节约水电、房屋维修及教学楼、学生宿舍楼管理等工作经验。16日会议结束。会议期间，与会人员还参观了校园，观看了录像片《前进中的山工大》。

14 日　为加强老干部工作，经山东省委编制委员会、山东省教育厅[87]鲁教人字27号文批准学校设立党委老干部处。

25 日　山东省委鲁任[1987]38号文，省委批准杨廷法任山东工业大学党委副书记。

30 日　校党委召开干部会议，认真传达贯彻全国高等学校思想政治工作会议精神，要求认真学习中央文件和有关领导的重要讲话，紧密结合本校实际，进一步加强和改进学校思想政治工作。会议由出席这次北京会议的校党委书记郭兴和主持。会上，郭兴和就正确领会中央文件和领导讲话的精神实质，如何从本校实际出发认真贯彻等问题，发表了重要意见。6月1日，会议结束。本次会议前，学校曾召开党委扩大会议，为开好这次会议作准备。

本月　学校根据国家教委和省教育厅有关文件规定，实行学生人民助学金和人民奖学金并存制度。

本月　为提高山东省高等学校学术水平和教育质量，经专家论证，省教育厅确定了山东省高校12个重点学科。学校机械制造工艺及设备、电力系统及其自动化、金属材料及热处理等3个专业为重点学科。

本月　学校举行首次"教职工思想政治工作研讨会"。学校党政领导郭兴和、夏天赳、齐善铸、段奎照和有关部门负责人共70余人参加了会议。与会人员就新时期高等院校教职工思想政治工作的地位、作用以及现状、特点、内容、方法等问题进行了广泛深入的研究。

本月　由省科委下达的，学校马长贵教授、江世芳副教授、张尔华讲师、蒋福林、桑在中副教授等承担完成的"KSJB-50快速继电保护装置"在济南通过省级鉴定。

本月　动力系姚忠德讲师、范广成工程师等研究的"柴油机掺水乳化节油技术"在农田灌溉机械上应用成功，由省水利厅主持，对该项技术的应用情况进行了评议。

1987 年

5 月

本月　零件教研室离合器课题组承担的磁粉离合器及其测试装置，在掖县磁粉离合器厂的协助下，经过两年多的研究试制，达到了指标要求，于5月底由省教育厅主持在济南召开了鉴定会。专家们认为这两项研究工作是成功的，有重要的推广价值与前景。磁粉离合器不仅填补了山东省工业产品的一项空白，而且在全国处于领先地位。磁粉离合器测试装置结构完善，定标标准，是我国第一台通过鉴定的装置。

6 月

4 日　电机工程系1955届毕业生，现任国家水电部副部长、总工程师史大桢，前来探望母校，会见了校领导。校党委书记郭兴和、校长夏天赳等同他进行了亲切交谈。

28 日　学校动力系张传聚讲师同泰安市山口低压锅炉厂共同研制的“DZG30-7/95/70-AⅢ型热水采暖锅炉”，经过一年多的研究试制和应用，达到了设计指标要求，由山东省乡镇企业局主持通过技术鉴定。该锅炉社会适应性强，需求量大，是厂校联合的一项成功的新产品开发成果。

7 月

22 日　山东省教育厅[87]鲁教科字26号文批复同意学校第三届学位评定委员会由25人组成。夏天赳任主席，丁长浩、艾兴任副主席。

本月　高精度电子束曝光机的4项部件通过鉴定。学校电机系电子束研究室承担的、由国防科工委下达的“PDP11/23计算机与电子束曝光机接口”“HV-8503型精密高压电源”“电子束曝光机X-XY滑动精密工作台”和“SDS-2型电子束曝光机束闸线路”等4项高精度电子束曝光机部件，由山东省教育厅主持通过鉴定。

本月　化工系物化教研室姜云美副教授承担山东省技术开发重点项目“稀土元素在电子器件引线镀层中的应用”通过省级鉴定。该项成果为提高我国电子行业自动化装配水平创造了条件，达到国内先进水平。

8 月

12 日　水利系罗建群副教授等与莱芜水利水产局合作研究的“薄壳网槽强化技术”在莱芜市通过技术鉴定。该成果在国内首次提出了比较系统、完整的薄壳网槽玻璃钢补强研究成果，具有国内先进水平和广泛的推广使用价值。

本月　为加强对学生的管理并使之规范化、制度化。学校汇编了《学生手册》，包括“学生守则”“学生学籍管理规定”等18条制度。为加强教学管理，汇编了《教学管理规章制度》，包括“任课教师守则”“教学组织管理工作的若干规定”等13条制度。

本月　学校600多名学生在教师的指导下，开展了暑期“扶贫兴鲁”社会实践建设营活动。一个多月的时间里，先后为蒙阴、沂南等7个贫困县完成了41项科技服务项目，创造了可喜的社会和经济效益，使大学生得到了锻炼，受到了教育。办实事作贡献，受教育长才干，是这次活动的主题。参加这次活动的教师、干部有近百名，其中正、副教授19名。教师们处处以身作则，精心指导学生完成各项社会实践任务。活动期间，副校长丁长浩和二系王世清教授等还到各

1987 年

8 月

地看望了建设营的师生，表示亲切慰问。丁长浩还代表学校与蒙阴、沂南两县签订了《科技协作和社会实践活动基地协议书》，为促进两县的科技进步和经济发展，为把大学生社会实践活动推向深入、持久，创造了有利条件。

本月　学校部分教师、学生干部代表组成的 12 人社会实践考察团，前往湖北省中国第二汽车制造厂、长江葛洲坝、武汉大学、华中工学院学习、考察，历时 15 天，完成预定任务，满载而归。

9 月

1 日　先培训，后上岗，学校首次举办青年教师培训班。5 日，培训班结束。这一培训班，对青年教师走上工作岗位，尽快适应工作，打下了良好的基础。

9 日　尊师重教，为人师表，全校欢庆第 3 个教师节。学校隆重举行庆祝 1987 年教师节大会，表彰了 61 名优秀教师，为 47 名 30 年以上教龄的教职工颁发了荣誉证书。

19 日　各年级 160 余名大学生、研究生代表参加了由校党委和行政举行的新学期工作新闻发布会。

20 日　国家教委组织了全国第一次大学英语四级统考。学校 1985 级 411 名学生参加考试，348 人合格。通过率和总分平均值均高于全国平均数。

21 日　学校召开暑假社会实践建设营活动总结表彰大会。二机系、一机系、动力系、管理系 4 个系和铸造等 9 个教研室被评为先进单位，有 26 个小分队荣获先进集体奖，36 名教师获指导奖，31 名大学生被授予先进个人称号。10 月 13 日，在山东省暑期扶贫兴鲁社会实践建设营活动总结表彰大会上，学校被团省委、教育厅评为组织活动先进单位。

24 日　1500 多名新老学生代表集会，参加 1986～1987 学年三好学生、先进班集体表彰大会。23 个班级和 876 名学生获各种先进称号。

本月　学校第一个国家教委批准有博士学位授予权的机械制造专业，首次招收博士研究生。考上博士研究生的萧虹，在攻读硕士研究生期间，成绩一直名列前茅，毕业任教以后，曾到日本参加过国际学术会议并在会上宣读论文。今年她以两门业务课均为 80 分以上的成绩考取了艾兴教授的博士研究生。

本月　根据国家教委、财政部[87]教计字 139 号文，从本学期开始，学校在 1987 级本、专科生中全面实行优秀学生奖学金制度和学生贷款试行办法。为此，学校制定了《关于 1987 级奖学金评定办法》和《学生贷款试行条例》。

10 月

10 日　全国人大常委会委员、中国科学院主席团执行主席、中科院学部委员、中国工程热物理学会理事长、著名工程热物理专家吴仲华教授应邀来校作了关于“能源利用”方面的学术报告。

11 日　学校在聊城客车厂建立实践基地。

13 日　在召开的山东省暑期扶贫兴鲁社会实践建设营活动总结表彰大会上，学校被团省委、省教育厅、省学联联合授予组织活动先进单位。还有 32 名学生被授予先进个人，有 23 名教师和党政、团干部被授予优秀指导者，8 个活动组被授予建设营活动先进集体。

1987 年

10 月

14 日　完善民主重要制度，推动改革深入发展，学校首届教职工代表大会暨第七届工会会员代表大会隆重举行。大会以无记名投票方式，选举产生了学校第七届工会委员会和经费审查委员会。新的工会委员会举行会议，选举毕永汾为本届工会主席，武素婷、赵群义为副主席。大会号召全校教职工在党的领导下，团结一致，齐心协力，奋发进取，为全面贯彻党的教育方针，提高教育质量和科研水平，实现学校发展规划，建设良好的校风、教风、学风，为开创学校工作新局面而努力奋斗。16 日，大会结束。

20 日　学校图书馆被评为省先进馆。在本日举行的省高校图书情报大会上，省教育厅授予先进图书馆锦旗。

21 日　山东省人民政府鲁政任[1987]22 号文，省政府决定何祖诚任山东工业大学副校长。

25 日　中国共产党第十三次全国代表大会召开。校长夏天赳作为十三大代表出席会议。11 月 10 日、12 日，校党委分别召开教职工和学生党员大会，由夏天赳传达了会议精神。

本月　根据国家教委、财政部[87]教计字 139 号文件，学校在 1987 级本、专科生中全面实行优秀学生奖学金制度和学生贷款试行办法。

本月　二机系铸造教研室王执福副教授主持研制的稀土高铬氮系高温耐热钢，在比利时布鲁塞尔举办的第 36 届尤里卡世界发明博览会上获得金质奖。这是学校建校以来所获得的第一块国际性的金牌。专家认为，该项成果为国内外首创，试制的火咀和煤粉管性能与寿命居世界领先地位。该系列产品在世界 100 多家电厂投入使用，已取得巨大的经济效益和显著的社会效益。今年是我国第二次参加尤里卡世界发明博览会，207 项产品参加了展出，我国获奖数占博览会全部获奖项目总数的一半。10 月 22 日，铸造专业师生员工为此举行庆祝大会。

11 月

16 日　学校举办首届艺术节。艺术节期间，有教职工文艺汇演、书法绘画、菊花展览，有大学生文艺汇演及书画、摄影、集邮展览，还有电影、电视晚会。各类艺术活动，形式丰富多彩，内容健康向上，充分反映了学校师生员工崭新的精神面貌。22 日艺术节结束。

28 日　学校第十七次学生代表大会召开，选举产生了第十七届学生会。学生会主席为赵飞虎。

本月　动力系孙允凤副教授研究的高效汽水换热器，由山东省科委组织通过技术鉴定。

12 月

3 日　校领导与 38 名研究生代表就社会主义初级阶段的理论和基本路线的理解、党风问题和学校管理中的一些实际问题进行协商对话，大众日报社、省电视台的记者到会采访。

近年来，学校党委为加速民主建设的进程，进一步做好新时期的思想政治工作，探索并试行了一系列的民主协商对话制度，做了 10 项工作：新闻发布会制度，校领导接待教工和学生日制度，学校党政干部下食堂、下宿舍制度，设立校长信箱，吸收教工和学生代表参与学校管理，实行教代会和学代会代表的常任制，成立大学生成才导师团，创办大学生业余党校和业余团校，校、系领导通过马列主义理论课、共产主义品德课和形势任务课的教学活动与学生进行教育。这些制度的实行，使广大师生的建议和要求能及时反映到学校来，学校的工作安排、重大问题和决策能及时为广大师生理解和了解；起到了上情下达，下情上达，彼此沟通，相互理解的作用。

5 日　贯通学校南北两院的地下通道工程正式破土动工。这是济南市第一条地下通道。这项工程全长 113 米、净宽 5 米、净高 2.6 米。通道顶部覆盖厚度为 3 米。进出入口门厅、侧壁自然采光，大门采用铝合金钢卷门，通道为水磨地面。此工程于 1988 年 12 月 31 日竣工并开始使用。

11 日　学校党委召开各单位负责人会议，传达全省老干部工作会议精神和学校进一步做好老干部工作的实施意见。会议重申了做好老干部工作的意义，在全校加强宣传教育，在师生员工中形成尊老敬老的良好风尚。

26 日　学校举行教代会提案新闻发布会。这也是贯彻十三大精神进行的一次民主对话。

本月　适应企业需要，提高多方素质，团省委书记杨传堂为学校团干部授课。

本月　国家科委发明评选委员会审核批准的 225 项发明奖中，学校有 2 项成果获得国家四等发明奖。这是学校首次荣获的国家发明奖。一项是基础部汪云琇教授，陈林堂、刘翠霞、马逢修、隋维云副教授及丛锦华讲师等完成的“治理洗涤水煤气含硫含氰污染新方法——内电解法”，另一项是二机系孙希泰、李承欧教授、李木森讲师等与诸城热处理材料厂合作完成的“含脱氧剂的中温浴炉用盐”。

本月　机械制造工艺与设备和计算机及其应用两专业的评估试点工作正式开始。整个评估试点工作大致分为四个阶段：今年下半年为准备阶段；明年上半年为校内自测自评阶段；明年 9～10 月为校外专家组评估阶段；明年底至 1989 年 6 月为总结阶段。

本月　两种电化学测试仪器通过鉴定。化工系金属防腐蚀研究室研制的“JK-8701 型极化曲线自动测绘仪”和“SD-H-86 型暂态法测电化学阻抗微机测量系统”，由省教育厅主持通过省级鉴定。

本月　白口铸铁轧辊焊补通过鉴定。二机系邹增大副教授和任登义讲师完成的“白口铸铁轧辊焊补研究与应用”通过省级技术鉴定。19 个部门的专家、教授对该项成果进行了现场考察和鉴定，一致认为，该项成果成功地解决了白口铁的焊补难题，对冶金行业具有较大的经济效益。该项成果填补了国内空白，是国内外白口铸铁轧辊焊的一项重大突破，已向中国专利局申报了专利。

本年　学校有 25 项科研成果获奖，其中二机系铸造教研室王执福副教授主持研制的“稀土高铬镍锰氮系列高温耐热钢”获第 36 届尤里卡世界发明奖；基础部汪云琇教授等研究的“治理洗涤水煤气含硫含氰污染新方法——内电解法”和二机系孙希泰等研究的“含脱氧剂的中温浴炉用盐”获国家发明奖。今年是学校获奖项目最多、获奖级别最高的一年。

1987 年

12 月

本年　学校成立综合档案科，担负起集中统一管理学校档案的任务，使学校档案工作逐步走上正轨。

1988 年

1 月

27 日　一项令人瞩目的软科学研究课题——《大学生思想政治教育与科学化管理》，经省委宣传部、省教育厅及驻济高校的 11 名专家来校现场评议，一致认为，该课题的研究成果在国内处于先进水平。此项课题是 1986 年初由省教育厅安排，学校学生工作部(处)、德育教研室、团委以及各系党团总支共同承担的。该课题分为"大学生思想政治教育研究"和"大学生教育质量测评研究与实践"两大部分，内容为科研、德育、综合测评、学生工作四个系统。

28 日　中国致公党济南市第一个基层支部——山工大支部正式成立。

本月　共青团中央命名学校团委为"1987 年社会实践活动先进单位"称号。

3 月

17 日　学校召开 1987 年度优秀干部、优秀工人表彰大会，向 30 名首批优秀干部和 40 名优秀工人颁发了证书和奖品。

21 日　学校新当选的第七届全国人民代表大会汪云琇、新当选的第七届全国政协委员侯博渊赴京参加会议。

24 日　校党委和校行政召开教研室主任、支部书记及科级以上干部及部分教师会议，就开展社会服务作出部署。总的要求：坚持社会主义方向，坚持德、智、体全面发展的教育方针，坚持正确的办学指导思想，做到人心不散，队伍不乱，全面完善，事业发展，个人收入增加。

同日　由国家教委、司法部联合召开的"全国高等学校法制教育经验交流会"在湖南长沙举行。会上，学校与其他学校一起交流了各自的经验，并就如何进一步搞好法制课教学等问题作了深入探讨。28 日，会议结束。

本月　电子系王庆麟教授、陈心海副教授等与山东医科大学核医学教研室联合研制的 GZX-1 型伽马照相相仪图相数字处理系统，通过省级鉴定。专家们一致认为该系统在同类成果中处于国内领先地位。

王庆麟(1931～1994)，江苏苏州人。1952 年，毕业于上海交通大学电机系，到山东工学院工作。1955 年，到清华大学进修。1957 年，任山东工学院讲师、副教授。1985 年，任山东工业大学计算机系教授。曾任山东政协常委。

本月　"三八"妇女节期间，水利系邀请十三大代表，省妇联副主任、省交通规划设计院总工程师，济南黄河大桥设计者万珊珊为全系女生和毕业生作了题为《理想与社会需要》的报告，受到学生的欢迎。

本月　学校召开先进科技工作者表彰大会。

4 月

19 日　学校举行本学期第二次新闻发布会。会上，校党委书记郭兴和、校长夏天赳针对"学校搞自我完善，老师进行对外服务，能否影响教学工作""教师出去从事第二职业，会不会损害教师的形象"等问题，向各年级学生代表作了说明。

1988 年

4 月

本月　孔珑教授主编的高校热能动力类全国通用教材《工程流体力学》荣获全国高等学校优秀教材奖。学校获部委级优秀教材奖的还有：俞佐平教授著的《传热学》获一等奖；艾兴教授、肖诗纲合著的《切削用量手册》，制图教研室编写的《轴测投影学》，零件教研室参编的《机械零件习题集》，热处理教研室编写组的《热处理设备及设计》获二等奖。这是“文革”结束后十多年来全国高等学校教材第一次评奖。

本月　二机系铸造教研室张恩洪等承担的“低铜基、铝基系列耐磨合金”通过省级鉴定。参加鉴定的专家、教授认为，该项成果为国内首创，在材料的性能和工艺的难度方面，达到了国际水平。

本月　二机系杨相寿教授等人承担的“耐热、耐蚀铸铁新材料”科研课题通过鉴定。

本月　全国“学生品德形成的内外条件及其动力系统”课题组在北京召开第一次会议。此课题是国家教委“七五”期间的重点课题之一。学校德育教研室孙建敏出席会议，并具体承担了“大学生价值观变化的内外条件及其心理机制”和“同辈群体对青年道德行为的影响”子课题。“学生品德形成的内外条件及其动力系统”这一课题，是我国第一个品德心理的大型攻关项目。

5 月

2 日　校团委书记张体勤当选为共青团十二大代表，本月赴京参加会议。

5 日　山东省首届发明展览会在济南市第一工人文化宫举行。学校推荐的参展项目获一等奖 5 项，二等奖 7 项。10 日，展览会结束。

14 日　山东省大学生富民兴鲁建设营活动科技服务项目洽谈会上，学校同 22 个县的有关企业洽谈鉴定了 73 个服务项目。在全省 51 家高校中，学校是签订意向书最多的一家。

16 日　学校首次举办的“齐鲁腾飞，召唤人才”大型展览会，在大学生俱乐部举行。校党委书记郭兴和、校长夏天赳为开展仪式进行了剪彩。

17 日　由校长夏天赳、党委副书记齐善铸率领的代表团访问福州大学，商谈加强校际协作事宜，并签订了两校合作协议书。协议书包括加强两校之间经常性的经验和信息交流，加强校内有关部门的对口合作、加强师资培训协作等内容。27 日，访问结束。

21 日　山东省第七届大学生运动会田径比赛在省体育中心新建田径场举行。学校有 16 名运动员参加了甲组的比赛，并获得甲组团体总分第 2 名。24 日，比赛结束。

28 日　在全国中华青年钢笔书法协会、中国日报社、中国新闻出版社等单位联合举办的“全国第四届钢笔书法大赛”中，学校档案科宋向东荣获青年组优秀奖，并于本日赴南京参加授奖仪式。

本月　学校青年教师赵建华经校团委推荐参加了由团省委宣传部和团济南市委联合举办、有 20 名候选人参加的“泉城青年十杰”评选活动，赵建华光荣当选，同时被授予济南市“新长征突击手标兵”称号。

本月　“计算机人事管理系统”由省教育厅主持通过技术鉴定。

1988 年

6 月

1 日　校领导郭兴和、夏天赳、何祖诚及系、处、部负责人组成的学校代表团一行 24 人赴济宁，同济宁市签订了经济技术合作协议，并在济宁市举行了新闻发布会。

23 日　大连市教育工会主席王德豹率领 16 所高校的党、政、工负责人 40 余人来校参观访问。校党委书记郭兴和就办好社会主义大学、工会的地位、作用及党政的关系问题同来宾进行了交谈。

本月　山东省副省长赵志浩来学校视察工作，对学校工作给予肯定，并提出希望。

本月　动力系张传聚讲师与泰安市低压锅炉厂联合研制的 DZG30-4/95/70-AⅢ型双层炉排快装热水锅炉，由省二轻厅主持在泰安通过鉴定。

本月　在党的 67 周年纪念日前夕，校党委隆重召开先进党支部、模范党员表彰大会，宣布了省委命名铸造教研室党支部和艾兴同志的荣誉称号，表彰了 5 个先进党总支、14 个先进党支部和 27 名模范党员。

本月　学校举行隆重仪式，聘请加拿大里贾纳大学副校长兼研究生院院长布莱切・福德博士为名誉教授。校长夏天赳向布莱切・福德博士颁发了名誉教授证书。

本月　化工系张忠诚讲师被泰安市人民政府聘为新泰市科技副市长，化工系青年教师胡成钢硕士被新泰市人民政府聘为市经委副主任。这是学校最先应聘的两位教师。派优秀中青年教师到地方担任科技副县（市）长，是高等学校落实省委、省政府“科教兴鲁”号召，支持地方改革和经济建设的一项重要任务。

本月　电子计算机系李执强副教授在完成教学任务的同时，开发 6 项新技术并都申请了专利，其中 1 项申请已授权，有 2 项专利申请已公告，2 项参加了 1986 年全国第二届发明展览会，4 项参加了山东省首届发明展览会，参展中的 2 项分别获二等奖和三等奖。李执强副教授申请的专利中，有 4 项发明创造已投入生产。

本月　世界银行贷款地方大学发展项目工科院校工作会议在山工大举行。出席会议的有北京工业大学、太原工业大学、上海工业大学、福州大学、广东工学院、广西大学和山东工业大学的贷款办公室、设备处、计算机中心和测试中心的负责人。会议期间，代表们参观了学校的计算中心、金属材料测试中心和机械厂。

7 月

20 日　学校科技开发公司在经八路科技一条街正式开业。该公司是具有独立法人资格、自负盈亏、独立核算的经济实体。

9 月

10 日　科教兴鲁作贡献，全校欢庆教师节。65 名优秀教师受到学校表彰。

本月　省、市、区人大代表及历下区环保部门负责人一行近 20 人，来学校检查环境保护工作情况。他们在听取学校汇报之后，察看了 10 吨锅炉房，对学校领导重视环保工作，拨专款，采取措施，集中供热，减少污染等表示满意。

本月　计算机系和山东计算机服务公司联合研制的“现代化企业管理信息系”，在济南通过部级技术鉴定。

1988 年

9 月

本月　学校李玉忱等研制的“游泳竞赛信息处理微机系统”，由省教育厅、省体委主持通过技术鉴定。

本月　山东省科学技术协会学会部、山东省科技期刊编辑协会在青岛举行会议，就如何办好科学技术杂志、活跃学术空气、更好地发挥科技杂志的社会效益等问题进行了讨论。会议还对山东省的各类科学技术杂志进行了评奖，《山东工业大学学报》获一等奖。

10 月

7 日　学校表彰优秀学生和模范辅导员班主任。受到表彰的学生工作先进单位有 4 个，先进班集体 17 个，三好优秀生 93 人，三好学生 522 人，模范学生干部 82 人，模范辅导员 21 人，模范班主任 26 人，另外有 1866 名同学分别获得一至三等奖学金。

8 日　校风建设委员会召开会议，宣布设立维护校风校纪委员。

10 日　以大学生、研究生为主组成的“山东工业大学双星科技服务中心”成立。这一中心在校党政领导，校团委、研究生部、学生工作部指导下开展科技服务与社会实践活动。

19 日　在山东省直机关首届老年人运动会闭幕式上，学校获团体总分第 2 名，获大会发给的奖杯。同时，学校冯起、梁度世、宋云程三位年过八旬的老人，获大会颁发的“健康老人”荣誉证书和纪念品。

本月　在由中国发明协会主办的首届北京国际发明展览会上，学校参展的 6 个项目全部获奖。

本月　受国家教委委托，学校在泰安承办了全国高等学校水力学及工程流体力学课程教学工作会议。

本月　省委组织部在德州召开全省干部工作方法研究成果交流会。经专家组鉴定，学校承担的《高校系处级领导干部年度工作考核方法》课题研究，获省优秀成果奖。

本月　在中国青年杂志、农村青年杂志、团中央组织部和宣传部联合举办的共青团“五四”奖章评奖活动中，学校原团委书记张体勤荣获“五四”奖章。

本月　在今年暑期“山东省富民兴鲁社会实践建设营”活动中，学校被团省委、教育厅、省学联授予“大学生社会实践活动优秀组织单位”，并有 50 名学生、23 名教师获“优秀学生”和“优秀指导者”称号。

本月　机械电子部评估专家组对学校“机械制造工艺与设备”和“计算机及其应用”专业评估工作圆满结束。两个专业的评估专家组，分别于 13 日和 17 日进校。专家组首先听取了学校自测自评情况的汇报，进行了一星期的深入调查，然后对两个专业的办学水平进行了认真分析研究，离校前向校领导谈了专家组的看法，并提出中肯意见和建议。

本月　校长夏天赳向北京钢铁研究总院高级工程师、学校焊接专业 1964 届毕业生尹士科颁发聘书，聘请他为学校焊接教研室兼职教授。尹士科教授在低合金高强钢和合金钢的焊接材料研究方面有颇深造诣。

1988 年

11 月

7 日　为加强国家计划外办学的组织领导和管理，根据上级有关文件精神，学校制定了"关于国家计划外办学组织管理暂行条例"和"关于国家计划外办学收益分配办法的暂行规定"。今年，学校在计划外招收了 1200 余名大专生，分别在本校和新泰、汶上、平度、崂山、日照、淄博、聊城等地的山工大大专部学习。

9 日　学校举行大学生思想教育与管理研讨会。会议围绕大学生教育与管理、思想特点与动态、大学生的观念与变化、学生工作制度的建立与考核以及对大学生的思想教育、消费状况、恋爱问题、择业观念、毕业分配、学生宿舍管理等问题进行了研讨。校党委书记郭兴和、副书记杨廷法以及负责学生工作的政工干部 60 余人参加了研讨会。

15 日　国际工业技术培训学术会议年会在南京召开。学校二机系陈寿祖教授受大会组织委员会邀请，作为大会执行主席之一参加了会议，并向与会代表介绍了他所主编的我国工科大学通用教材《金属工艺学》与《工程文献的检索与利用》(均由高等教育出版社出版)在培养我国工科学生生产实践能力与文献应用能力方面所起的作用，并对有关教学环节的安排、学时要求以及全书的构思作了详细介绍，引起了与会外籍代表的很大兴趣。18 日，年会结束。

陈寿祖(1922～2007)，湖南长沙人。1944 年，毕业于国立中央大学机械工程系，到航空委员会高级机械研究班学习。1945 年，任贵州航空发动机厂技术员。1947 年，任中央大学机械系助教。1948 年，任上海民航公司工程师。1949 年底，任人民空军 905 部队主任教员。1954 年，任山东工学院第二机械工程系讲师、副教授。1985 年，晋升教授。曾任山东工艺研究会理事长。

18 日　省委、省政府在南郊宾馆隆重召开大会，命名、表彰首批省级专业技术拔尖人才。学校杨相寿、王执福、孙希泰、邹增大、汪云琇 5 人被选拔为首批省级专业技术拔尖人才。23 日下午，校党委书记郭兴和、校长夏天赳接见了他们，向他们表示祝贺并和他们进行了座谈。

本月　学校李维学、郑家骧、孙云凤、王世清、雷海亮、许传俊、汪云琇、庄绍雄 8 人荣获"山东省优秀科技工作者"荣誉称号。

本月　校医院经过几个月的辛勤筹建竣工。

本月　由省经委和省电子技术开发应用领导小组组织专家，对 1985～1987 年期间已投入运行的优秀计算机应用项目评选工作结束，在全省 68 项获奖项目中，学校有 9 项。

本月　管理系耿希海副教授担任副主编及管理系 7 位教师参加编写的《中国乡镇企业管理百科全书》荣获 1987 年度"中国图书奖"。这部图书是我国第一部汇集乡镇企业管理知识的大型工具书。

12 月

1 日　由校党委学生工作部(处)举办的"国情、省情、校情十年改革成就回顾"展览会开展。校情部分主要展现了学校自 1984 年以来，教学改革与科学研究取得的成果，展示了学校图书馆、机械厂、后勤等单位发生的变化，介绍了学校学生工作情况及取得的成绩。

1988 年

12 月

12 日　校党委邀请学校各民主党派负责人和部分无党派人士进行了座谈，向大家通报了中共山东工业大学第五次代表大会筹备情况和党委工作报告内容，征求他们的意见。

14 日　中国共产党山东工业大学第五次代表大会胜利召开。郭兴和代表上届党委作了题为《沿着社会主义的办学道路开拓前进》的工作报告。夏天赳向大会致开幕辞，宣布了会议的议程和任务。李荣昌代表校纪委作工作报告。大会代表无记名投票选举产生了由 23 人组成的第五届党委会和 6 人组成的纪委会。第一次全委会纪委会进行了选举。经省委组织部[88]组任字 128 号文批准学校选举结果。党委常委由 5 人组成，党委副书记为齐善铸、杨廷法。纪委书记为李荣昌。大会号召，全校广大共产党员要在五届校党委的领导下，加强团结，同心协力，勤奋工作，开拓前进，为继续办好社会主义大学而继续奋斗。17 日会议结束。

20 日　二机系和潍坊生建机械厂共同研究的在高压注水泵的柱塞和螺杆钻具传动轴的表面喷焊一层镍基合金技术，通过鉴定。鉴定委员会一致认为该项成果属国内首创。

31 日　连接学校南北院横穿经十路的地下通道正式启用。该地下通道是济南市第一条过街地下人行通道，全长共 144.5 米，洞高 2.6 米（洞底距地面 5.7 米），洞宽 5 米。

本月　基础部范坤泰、郝亚柱副教授，韩述斌讲师，苗永尧教授，同临沂半导体器件厂共同研制的 MY621 型彩电用压敏电阻器，由省电子工业总公司主持通过专家鉴定。该项研究成果的研制成功，为促进我国彩电生产国产化作出了贡献。

1989 年

1 月

3 日　山东工业大学《科研工作量计算方法试行条例》公布执行。试行条例对科研编制人员的确定、工作量计算标准、核发程序等作了详细规定。

10 日　学校召开 1988 年度治保先进集体和先进工作者表彰大会。

12 日　学校召开第二次教职工思想政治工作研讨会。大会共收到论文 26 篇，22 篇在会上宣读。13 日，研讨会结束。

19 日　学校《关于返聘离退休专业技术人员几个具体问题的处理意见》印行。

23 日　校党委就如何贯彻落实国家教委第十五次全委扩大会议精神召开各部、处负责人会议，传达学习李铁映“坚决贯彻三中全会精神 加强高等学校工作”的讲话。

本月　学校 3 项发明奖获得国家科委奖励，其中二等奖 1 项，三等奖 2 项。学校二机系铸造教研室杨相寿、王孝华、公之光等完成的“球化白口铁及其变质剂”获国家发明二等奖。王执福与莘县特种钢铁铸造厂共同完成的“稀土高铬镍氮 1200℃耐热钢”和马家骥、张恩洪与济南第二机床厂合作完成的“无锡耐磨铜合金”分别获国家发明三等奖。这次获奖项目共同的特点：一是在技术构思上具有新颖性和较高的创造性；二是实用性强，解决了生产中一些关键性技术问题；三是与工厂合作，有利于推广应用，加速产品更新换代，取得了显著经济

1989 年

1 月

效益和社会效益。这些获奖显示了学校在新材料研究方面的优势，表明了学校在某些合金材料的研究与应用方面，已居世界先进水平。

本月　一机系王寿祐副教授，董玉平、刘鸣教师研制的“100NL-15 型离心式泥浆泵”通过专家鉴定。鉴定委员会认为，该泵主要性能指标超过了国内同类泵和日本、苏联、美国的同类泵性能，达到了 80 年代国际先进水平。

本月　由学校电机系肖如鸿副教授设计的 YCN 系列单相电容起动异步电机通过专家鉴定，达到国内先进水平。

2 月

25 日　学校党委第三次全委会确定了全年工作指导思想，讨论通过了 1989 年工作计划。计划于 28 日下发贯彻实施。

3 月

8 日　校工会授予汪云琇等 18 人“三八红旗手”称号。

10 日　校党委制定的《山东工业大学校级领导干部廉洁勤政守则》《中共山东工业大学委员会常委加强自身建设的制度》和《中共山东工业大学委员会会议议事制度》印行。

15 日　校党委召开民主评议党员动员会，开始对全校党员进行民主评议。校党委于本月 9 日印发了《关于认真搞好民主评议党员的意见》，对民主评议党员的方法步骤、时间安排、评议内容、组织领导等作了具体部署。

同日　山东省新闻出版局鲁新出报刊字[1989]第 11 号文批复，同意《山东工大报》办理特许证，旬报，4 开 4 版，内部发行。

18 日　学校第一期“社会主义初级阶段理论”学习研讨班开课。23 名处级以上党员干部参加了研讨班，半脱产集中学习一个月。

同日　由 23 人组成的校大学生就业指导咨询委员会正式成立。丁长浩任主任委员，杨廷法、何祖诚任副主任委员。

31 日　子弟学校在历下区委召开的表彰大会上获得多项团体、个人奖。

本月　学校罗远荣教授、刘喜贵副教授、姚忠德高级实验师和柏滨、姜伯渊、肖福鸣等教师共同研究的“柴油机陶瓷燃烧室”通过专家鉴定。

本月　1988 年度学校优秀工人评选工作中 42 名工人荣登红榜。这次评选的优秀工人是经过广大工人自下而上地酝酿讨论，领导批准产生的。

4 月

9 日　校党委召开党员处级干部会议，传达贯彻省党建工作会议精神。校党委副书记齐善铸作了传达，并结合学校情况提出了贯彻意见。

13 日　学校召开会议，全国人大代表汪云琇教授传达了七届全国人大二次会议精神和贯彻意见。校长夏天赳主持会议并讲话，科以上干部、科研室主任、党支部书记和离退休干部等参加了会议。

15 日　校工会委员会制订的《关于工会会费管理使用的暂行意见》印行。

24 日　学校发出通知：第一机械系改为机械工程系，第二机械系改为材料工程系，电机工程系改为自动化工程系，水利工程系改为水利及土建工程系，马列主义理论教学部改为社会科学系。

1989 年

4 月

26 日　《人民日报》发表《必须旗帜鲜明地反对动乱》社论。校党委立即组织广大党员干部认真学习，明确要求共产党员要旗帜鲜明地反对动乱，坚守岗位，努力做好工作。

同日　全国优秀企业家、青岛电视机厂厂长李德珍和省科技馆馆长于兴汉两位校友来校，同 60 余名毕业班学生代表进行了人生道路、生活历程、创业兴国等方面的对话。

同日　材料工程系邹增大副教授等人研制的“激冷铸铁轧辊补焊技术”，在巴黎国际发明展览会上获荣誉金牌奖，该技术已在济南钢铁厂等十几个企业推广应用，深受企业的重视和欢迎。该项发明载入 1989 年《巴黎发明大全》。5 月 11 日，展览会结束。

本月　中共中央宣传部、国家教委和团中央授予学校“1988 年社会实践活动先进单位”称号。在团中央、中央农村改革研究室、国家计委、科委以及国务院农村发展研究中心、全国学联等 6 家组织的“国情与改革”系列调查征文中，学校团委荣获“组织奖”，一批学生获得调查征文奖。

本月　“五一劳动奖章”获得者张廷贵又立新功，为学校创造 50 余万元财富。

本月　在共青团山东省委组织的“评选 1988 年优秀青年工作者和优秀团支部书记”活动中，校团委副书记李良斋、化工系团总支副书记田家泉荣获“优秀青年工作者”称号。动力系内燃机 1985 级 1 班团支部书记李闯、电机系工业电气自动化 1985 级 1 班团支部书记阚洪茜获“优秀团支部书记”称号。动力系团总支获活动组织奖。

本月　动力系陆家祥副教授、罗远荣教授、李云岗讲师、陈松泉工程师等承担的“车用柴油机增压性能研究”课题，由省教育厅组织通过技术鉴定。该项成果主要应用于直喷式车用柴油机，为我国载重汽车采用减压柴油机方面填补了一项空白，为发展我国车用增压柴油机作出了贡献。

本月　认真落实国家教委关于整顿考核校办工厂的精神，作为试点单位，学校机械厂以优秀的考核成绩，通过了由省教委组织的普通高等学校工厂整顿验收。

本月　学校材料测试中心投入使用。

5 月

4 日　全校 400 多名团员青年代表在大学生俱乐部隆重集会，纪念五四运动 70 周年。校领导齐善铸、夏天赳、杨廷法、丁长浩、段奎照参加了纪念活动。

11 日　学校召开第四次实验室工作会议。省教委有关部门负责人、16 所兄弟院校的代表及各系、教研室、实验室负责人参加了会议。会议听取了副校长丁长浩的工作报告，表彰奖励了实验室先进集体和个人。

15 日　中共山东省委办公厅通知，省机要大专班被列入国家教育计划，并开始在学校招生，每年招生 40 人，学制两年，原则上实行定向招生、定向分配。

同日　学校大学生艺术团舞蹈队的孙浩等 8 名队员表演的交谊舞——华尔兹获得二等奖。这是学校舞蹈节目第一次在省比赛中获奖。

18 日　山东工业大学《关于加强学校档案管理工作的几点意见》印行。

1989 年

5 月

20 日　党中央召开中央和国家机关干部大会，学校发出一号通告，旗帜鲜明地反对和制止动乱，严肃学校纪律，要求广大师生按时上课作息，尽快恢复教学秩序。

22 日　第一届国际锻压设备研究与设计会议在北京召开。夏天赳教授和李培武教授的论文被选入会议论文集。该论文集由清华大学出版社出版。李培武教授在会上宣读了论文，受到与会者的好评。26 日，会议结束。

本月　学校材料工程系杨士浩教授研制的"耐热铬钢"由省科委组织专家通过技术鉴定。

6 月

4 日　学校向全校师生员工和学生家长先后发出三个通告，要求全体师生员工认真学习党中央国务院告全党、全国人民书，未返校的学生立即回校上课。

6 日　电子计算机系石志熹副教授与淄博无线电八厂共同研制的"PTC-1 微电脑 I-T 参数测试仪"由省电子工业总公司和省教委组织通过技术鉴定。

19 日　95%的学生全面复课，学校秩序恢复正常。

25 日　机械工程系、材料工程系、自动化工程系、水利及土建工程系、社会科学系的党总支、系行政、团总支新印章启用，旧印章同时作废。

本月　校党委两次召开常委(扩大)会议，认真学习邓小平的重要讲话，强调要以讲话为指导，抓好当前各项工作。

本月　为庆祝新中国成立 40 周年和党的十一届三中全会召开 10 周年，宣传改革 10 年来所取得的重大科技成果，国家科委组织编印的《中华人民共和国 1979～1989 年重大科技成果精选集》将学校材料工程系杨相寿教授等研制的"球化白口铁及其变质剂"和王执福副教授等研制的"稀土高铬氮系高温耐热钢"两项科研成果选入该书。

7 月

3 日　1989 届毕业生集中教育和分配工作开始，1982 名毕业生即将分赴工作岗位。从本月 9 日起，毕业生开始离校。

8 月

25 日　校党委发出通知，号召全校认真贯彻全省高校工作会议精神，同时印发了《中共山东工业大学委员会关于贯彻全省高校工作会议精神的意见》。

29 日　根据中央、省委、省政府文件精神和省清查清理工作领导小组的部署，全校清查清理工作全面展开。为此，校党委下发了《关于在学校开展清查和清理工作的意见》。根据该《意见》安排，清查清理工作寒假前结束并总结验收。

本月　截至 8 月底，学校已签订科技服务项目 40 余项，合同总金额达 110 万元，结束了几年来合同额在几十万上徘徊的局面。学校科技服务工作跨上了新台阶。

9 月

5 日　《关于几项经费开支的处理意见》下发执行。该《意见》对学术活动、学会活动、创收分成的发展基金开支范围和情报交流经费等作了具体规定。

7 日　副省长张瑞凤、省顾委常委王成旺、省教委副主任王秀明来学校看望、慰问教师。张瑞凤等在校领导陪同下接见了教师代表，并专门到家中慰问了艾兴、马家骥、侯博渊教授。

9日　学校在大学生俱乐部举行大会庆祝教师节。获“全国教育系统劳动模范”称号的艾兴，获“全国优秀教师”称号的马家骥、孔珑、崔政勤，获“全国优秀教育工作者”称号的杨廷法，获“省优秀教师”称号的夏守身、张平慧、韩雪霞、章威廉、郭立瑞等200多名教师代表参加了庆祝会。会上表彰了60名优秀教师，向31名满30年教龄的教职工颁发了荣誉证书。

夏守身(1928～1998)，浙江上虞人。1952年，毕业于上海同济大学机械工程系，到山东工学院任教，历任助教、讲师、副教授。1984年，任山东工业大学教务处长。1986年，晋升教授。1989年，被评为山东省优秀教师。

15日　机械电子工业部、机械电子工程师进修大学分校——山东工业大学继续工程教育学院新印章启用并开始招生。

16日　为庆祝建校四十周年，学校向全国各省、直辖市、自治区校友会(筹备组)，本省各地市、四大企业、省级机关校友会(筹备组)发出邀请函，欢迎校友来校参加庆典活动。

20日　深入贯彻全国高校工作会议精神，校党委邀请全国、省和本校表彰的部分优秀教师17人，举行了“坚持社会主义办学方向座谈会”。大家认为，坚持正确的办学方向，就要使全校教职员工都明确“培养什么人”这个根本问题。

29日　学校隆重集会，对在1988～1989学年涌现出的三好学生、先进集体进行表彰。各系400余名学生代表同校、系、处的领导参加了大会。这一学年学校共评选出4个学生工作先进单位，20个先进班集体；有154人获得一等奖学金，706人获得二等奖学金，722人获得三等奖学金；有75名同学获得三好优秀生称号，258名同学评为三好学生，74名同学为模范学生干部。

本月　在山东省科委和山东省专利管理局组织的山东省首次“十佳专利技术项目”和“优秀专利技术项目”评选活动中，学校王执福副教授与莘县特种钢铁铸造厂合作的“高温耐热铁基合金”发明专利获省最佳专利技术项目奖，黄国靖副教授、钱宇白讲师与济南铁路科研所合作的“内燃式高温流动粒子炉”获优秀专利技术项目奖。

本月　山东省发明选拔赛传来喜讯，学校10个项目获奖。

本月　学校焊接教研室李仲友讲师等研制的“KSM模拟型手工脉冲焊接控制设备”通过专家鉴定。专家们认为，该项成果在手工焊接应用脉冲技术方面达到了国内领先水平。

本月　X射线工业电视技术通过鉴定，内燃机燃烧分析测试仪通过技术鉴定。

1989年

10月

4日　根据要求，校党委就学校贯彻中央四号文件（中共中央、国务院转发国家教委《关于当前高等学校工作中的几个问题的意见》）的情况，向省委宣传部、省教委党组作了汇报。

6日　学校向省教委提交《关于学校建校四十周年庆祝活动的报告》，省教委口头批复同意。同日，校党委向所有党政部门下发通知，对校庆活动作了具体要求和安排，并成立了由51人组成的校庆委员会。夏天赳任主任委员，严庆清、郭兴和、郭锐、梁松方、齐善铸、丁长浩、杨廷法、段奎照、何祖诚、刘陵城、张荣祥、沈嘉琪任副主任委员。委员会下设办公室，秘书组，接待、会务组，宣传组，保卫组。

12日　材料工程系孙希泰教授被山东省人民政府授予"山东省劳动模范"称号。孙希泰教授长期以来从事教学工作，他严谨治学，教书育人，在科研上取得了显著成绩。

31日　来自省内外各行各业参加建校四十周年庆祝活动的校友陆续汇聚到学校。

本月　全国已有17个省、市、地区成立山工大校友会。为迎接学校建校40周年，全国各地校友怀着对母校的热爱，纷纷筹建校友会。到目前为止，本省正式成立校友会的已有11个地市，成立校友会筹备组的有8个地市和企业单位。除本省外，全国有17个省市正式成立山工大校友会。另有4个省已建立校友会筹备组，有2个省市正在酝酿成立校友会组织。

11月

1日　总结办学经验，沟通校友联系，促进教育改革，加强校风建设，全校师生员工同来宾校友代表共8000余人隆重集会庆祝建校40周年。

上午，山东工业大学校友总会正式成立。校领导和校友代表近200人参加了成立大会。校友总会由100名理事组成，夏天赳任会长，丁长浩、艾兴、田嘉玮、齐善铸、孙荣文、严庆清、杨廷法、何祖诚、宋国文、陈哲平、段奎照、倪世崇、程敬之任副会长，段奎照兼任秘书长。会上，段奎照和夏天赳分别代表学校和校友总会讲话。大会还推选了总会顾问14人，通过了《山东工业大学校友总会章程》。校友总会的宗旨是加强校友与母校、校友之间的联系、团结与合作，发扬山东工业大学的优良传统，共同为祖国的繁荣昌盛，为山东省的社会主义建设，为母校的发展贡献力量。此前，山东省省直机关，有关厅局、大企业、全省各地市和全国20多个省、市、自治区已先后成立了校友会或筹备组。

下午，全校师生员工和来自全国、全省各条战线上的数百名校友、来宾共8000余人在校体育场隆重集会，热烈庆祝建校40周年。中央委员、省政协党组书记、省政协副主席陆懋曾，中央候补委员、能源部副部长史大桢，省委常委、秘书长马仲才，省人大常委会副主任严庆清，省各厅局及驻济兄弟院校的负责人，以及来自全国各地的校友代表在大会主席台上就座。校党委副书记齐善铸主持大会。校长夏天赳代表校党委和行政作了长篇讲话。省委秘书长马仲才、省教委副主任周志仁、校友代表史大桢在大会上讲话祝贺，汪云琇代表全体教工讲话。

1989 年
11 月

这次校庆活动，是山工大40年来最具规模的一次盛会。两天中，学校先后邀请来宾观看了《山工大在前进》录像片，参观了校容校貌和实验室，并举办了各种报告会、座谈会、电影、电视、文艺晚会和科技成果图片展、书画展等活动。学校各单位也根据自己的实际情况安排了庆祝活动。山工校园里处处笑语融融，洋溢着欢快热烈的节日气氛。

校庆期间，学校还收到全国各地部分兄弟院校、友好协作单位和校友的贺电贺信47份(封)，贺品88件，许多校友还专门写了文章以示纪念。2日，校、系两级分别召开校友座谈会、报告会。2日晚，学校举行了热烈节俭的告别会，校领导及各部门负责人一一向校友话别，校庆活动圆满结束。

2日　学校荣获全国首届优秀教学成果奖2项，省级优秀教学成果一等奖1项，二等奖8项。另有23项教学成果获校级一、二等奖。

11日　材料工程系压力加工教研室孙胜副教授承担的山东省科委“七五”模具攻关项目“微机锻模模拟式工艺设计CAD系统”在兖州县山东拖拉机厂进行了鉴定。12日，鉴定结束。

16日　省教委高校后勤处对学校学生宿舍管理工作进行检查评估。学校工作受到参评者的好评。

18日　驻济高校党办主任第二次联席会议在学校召开。会议围绕“高校党委办公室的地位和作用问题”进行了研讨交流，并就发起召开“山东省高校党委办公室工作研讨会”的筹备事宜作了商定。山东大学、山东医科大学、山东建材学院、山东财政学院等11所高校的党办主任出席了会议。

本月　在学校召开的“大学生思想教育与管理专题研讨会”上，17位思想政治工作者针对学生的学习、工作、生活及思想实际，就如何改进与加强大学生的思想教育与管理工作，进行了研讨、交流。

本月　校党委召开常委扩大会议，学习五中全会精神。会议还就如何组织干部、师生学习贯彻五中全会精神提出具体意见。

本月　校党委召开组织工作会议，传达贯彻全省组织工作会议精神。会议提出了加强党的工作的意见，强调“双清”工作是党建工作的重中之重。

本月　学校召开“首批会计人员荣誉证书颁发大会”，对在财会岗位上工作30年以上，在财会工作中作出较大贡献的老会计人员颁发了“中华人民共和国会计人员荣誉证书”。

本月　学校男子排球队在1989年驻济高校排球赛中经过6天激战夺得冠军。这是学校男排自1984年成立以来首次荣登榜首。

本月　省教委组织世界银行贷款所属项目院校检查组到校检查。学校外资贷款办负责人就学校项目执行情况和中期自查工作，向检查组作了全面汇报。

本月　在成都召开的第四届全国发明展览会上，学校有4项发明获得奖牌，其中银牌1枚，铜牌3枚。学校获得银牌奖的项目是铸造教研室杨士浩教授、李秀真讲师与郓城特种铸钢厂合作完成的“炉用耐热铬钢”。

1989 年

11 月

本月 校长夏天赳聘请英国曼彻斯特理工大学戴维斯教授为学校名誉教授，聘请英国伦敦大学彼得·李博士为学校兼职教授。这两位外籍专家是按照国家教委贷款办批准的计划应邀来学校进行短期讲学的。他们的讲学，受到了听课人员的欢迎和好评。

本月 材料工程系李中友讲师与文登市电焊机厂联合研制的 UZG-80 型次级整流钢窗对角焊机，由省科委组织通过专家鉴定。参加鉴定工作的专家教授一致认为，该项产品填补了国内次级整流焊接的空白，在应用次级整流技术方面达到了国际水平，并且具有很好的推广价值。

12 月

2 日 坚定方向，明确责任，团结求实，争优创新，学校第十八次学生代表大会和第二次研究生代表大会胜利召开。大会分别审议并通过了李卫国同学代表第十七届学生会、王永功同学代表第一届研究生会作的两个工作报告；修改并通过了学生会、研究生会章程；选举产生了第十八届学生会和第二届研究生会以及学代会常任代表委员会。大会还确定了学生会、研究生会的工作目标和工作任务。大会通过民主程序，选出了谭霜等 40 名同学为第十八届学生会委员，王永功等 15 名同学为第二届研究生会委员。大会号召：动员团结全校同学振奋精神，团结一致，勤奋学习，努力实践，在改革开放环境中争做一代四有新人。第十八次学代会和第二次研代会分别作出决议，在全校大学生和研究生中，广泛开展“学马列、学雷锋、学解放军”的三学活动。3 日，会议结束。

19 日 校党委召开第五次全体委员会议，一致通过了贯彻党的十三届五中全会和省委五届三次全委扩大会议精神的意见。

22 日 国家教委副主任朱开轩在省教委副主任吴鸿章的陪同下来校视察工作，会见了学校领导夏天赳、齐善铸、丁长浩、段奎照。

同日 山东省高校校报研究会二届二次理事会暨 1988 年年会在山东师范大学举行。会上，《山东工大报》等 7 家校报获质量评估优秀奖。

26 日 从山东省教委举行的新闻发布会上获悉，在省教委表彰的 148 项科技进步奖中，学校有 16 项科技成果获得此项奖励，其中应用科技成果奖 8 项，理论成果奖 8 项。

本月 材料工程系邹增大副教授等人的研究成果“白口铸铁轧辊焊补技术”荣获国家技术发明二等奖，杨士浩教授的研究成果“耐热铬钢”荣获国家技术发明三等奖。

本月 材料工程系杨相寿教授被国家人事部选拔为“国家有突出贡献的中青年专家。”

1989 年

12 月

杨相寿，1931 年 4 月生，浙江建德人。1955 年 8 月，毕业于清华大学机械系。1956 年 9 月来，校任教至今。1982 年，获山东省劳动模范称号。1989 年被选拔为全国有突出贡献的科技专家。1988 年 11 月，被中共山东省委、省人民政府选拔为“山东省专业技术拔尖人才”。杨相寿教授热爱党，热爱社会主义，忠诚党的教育事业。他对教学工作积极主动，认真负责，吃苦耐劳，埋头苦干，刻苦钻研业务，教学联系生产实际，受到学生的欢迎。1981 年，杨相寿教授对金属材料中碳化物形态研究有重大突破，发现钾钠可以使碳化物球化、为发展新型材料开辟了新的途径。他研制的《中铬低铝稀土白口铁》获省科委 1982 年二等奖，《球化白口铁铸件》获 1983 年国家经委金龙奖。《球化白口铁及钾钠变质剂》获省科委 1984 年科技进步二等奖，作为山东省稀土应用的一个组成部分获 1985 年国家科技进步三等奖。《球化白口铁及其变质剂》获 1988 年国家发明二等奖。

本月　《山东工业大学学报》(自然版)在国家教委组织的全国高校自然科学学报编辑质量评比中获二等奖。全国 29 个省、市、自治区的 587 家学报参加了评比。

本月　省自然科学基金评审委员会通过 80 多个资助项目，学校“超硬材料成型加工新技术及其应用”等 8 个项目获得资助。这是学校首次获得省自然科学基金资助。

本月　学校申请的、材料工程系焊接教研室杨建华副教授发明的铁-铬-碳系耐磨堆焊焊条，由中国专利局授予发明专利。

本月　学校一批科技成果通过技术鉴定。其中肖如鸿、杜棡年副教授设计的“DT 型低噪声离心通风机及其专用电机”由省科委组织通过专家鉴定；电子计算机系吴胜远研究成功的新版 CDS 软件通过专家鉴定；材料工程系李亚江讲师研制成功的复合层渗铝保健锅在杭州通过技术鉴定。

1990 年

1 月

17 日　国家级优秀教学成果奖奖励大会在北京举行。机械工程系艾兴、田志仁、陈方荣等人的《以教育评估为动力，加速专业的全面建设》和材料工程系王维倜、马家骥、王孝华的《走三结合两基地的办学道路，搞好专业的全面建设》两项教学成果，荣获国家级优秀教学成果奖。

20 日　《山东工大报》等 10 家校报受到省教委表彰，被评为全省十家好校报。

2 月

17 日　学校隆重召开表彰大会，表彰 1989 年度 44 名优秀工人。这次被评选的优秀工人中有的是长期坚持生产第一线的技术能手，有的是后勤工作的模范，有的是各系、处实验室的骨干。他们在各项日常工作中，为保证学校正常的教学、科研、生产发挥了积极作用。

1990 年

2 月

24 日 校工会委员会召开全委扩大会议，传达学习党中央关于加强和改善对工、青、妇工作领导的通知、中央领导在全总执委会上的讲话精神，及省总工会、省教育工会工作会议精神，讨论通过了今年工作计划，要着重开展“三教双学”（形势政策教育，坚持四项基本原则、反对资产阶级自由化教育，工人阶级主人翁使命教育；学雷锋、学先进）活动。

本月 电子计算机系刘思扬副教授、王宪百教授及研究生王英龙、孙东与济南地毯厂共同研制的“色毛纱微机分色系统”通过技术鉴定。学校与薛城纺机厂、济南第一印染厂、常州印染助剂研究所共同承担的国家“七五”重点科技攻关项目“高效高速平幅练漂工艺及设备”由纺织部主持，在济南通过鉴定。

本月 山东省直机关老年人体协召开表彰大会，学校老年体协荣获“先进集体”称号。

本月 学校和清华大学等 6 个单位共同承担的国家“七五”重点科技攻关专题“高活性脱硫剂研究”取得优异成绩，获得国家计委、科委、财政部的表彰。

本月 材料分析测试中心青年教师孙东升，接到其导师山根寿已教授的来信，通知他的论文《17Cr 铁素体不锈钢的中间温度脆性》获日本高温学会 1989 年度论文奖。他受导师邀请于 5 月份前往日本领奖。

3 月

9 日 校学生自律监察委员会成立。继电 1987 班齐向担任主任，研 1989 班高晓军、水 1987 班李振佳任副主任。

13 日 在全省科技奖励大会上，学校有 11 项科技成果获奖。省长赵志浩和省有关领导向获奖人员颁发了奖杯和奖状。在学校获奖项目中，有国家发明二等奖和省科技进步一等奖 1 项，有省科技进步二等奖 4 项、三等奖 6 项。校长夏天赳和有关科技人员出席了大会，国家发明奖获得者、邹增大副教授代表获奖人员在大会上发言。

14 日 中共山东省委鲁任[1990]10 号文批准，程汉邦任山东工业大学党委书记。

20 日 校党委分别召开常委扩大会议和中层党员干部会议，传达十三届六中全会通过的《中共中央关于加强党同人民群众联系的决定》和江泽民、李鹏在会议上的讲话，以及姜春云在省、市、地党员领导干部会议上的讲话，并提出贯彻意见。

21 日 重视学生提案，研究解决问题。校长夏天赳主持召开关于学代会提案处理工作会议。校党委和有关处、科负责人及学生会、常代会、学生自律监察委员会的代表近百人出席了会议。

22 日 校党委召开副处级以上干部会议，传达了党的十三届六中全会文件和省、地、市干部会议精神，提出了学校贯彻意见。各党总支在会后分别召开党员大会，及时传达贯彻本次会议精神。

1990年

3月

本月　山工大青岛校友会召开理事会议，40多名理事参加会议。校友会会长、青岛大学常务副校长孙荣文向大家介绍了参加母校40年校庆的盛况。会议讨论了换届选举和各县市成立校友分会等事宜。

本月　学校关廷栋教授与清华大学王祖唐教授、华中理工大学肖景容教授、西北工业大学雷沛教授、哈尔滨工业大学霍文灿教授等合作撰写的专著《金属塑性成形理论》由机械工业出版社出版发行。本书是一本高层次的专著，起点与学术水平较高，可作为高校研究生教材以及科技人员和大学生的参考用书。

关廷栋(1916～2003)，北京市人。1934年，考入北京大学工学院，1937年转入南京兵工专门学校战车工程学系。1941年，毕业于国立西北工学院机械系。任国民政府资源委员会甘肃油矿局工程师。1945年，后任兰州大学、新疆学院、河北工学院、山西大学讲师、副教授。1950年，任山东大学副教授、教授。1952年，任山东工学院机械系教授、副主任。

本月　校党委在认真学习江泽民、李鹏等中央领导号召全国人民继续学雷锋的题词后，研究了学校学雷锋的发动情况，发出了深入开展学雷锋的通知。把学雷锋看作思想工作的方向、主题来抓，通知对深入开展学雷锋活动提出具体要求。

4月

5日　在第十八届日内瓦国际发明和新技术展览会上，原山东工业大学材料工程系张恩洪副教授主持研制的“低铜基耐磨合金”荣获本届国际发明新技术展览金牌和青年企业家协会奖金杯。青年企业家协会奖是由各国50多位专家组成的评委会从获金牌的项目中评出的。张恩洪副教授是获此金杯的第一个中国人。14日，张恩洪副教授载誉归来。17日下午，学校为张恩洪副教授举行欢迎会。校党委书记程汉邦、校长夏天赳代表全校师生向张恩洪副教授及课题组全体成员表示祝贺。张恩洪副教授介绍了他代表课题组参加展览会的经过。会后，校领导与课题组成员合影留念。

同日　研究生部召开大会，隆重表彰了在“学雷锋无私奉献，为学校增光添彩”活动中涌现出的3个先进团支部、8个学雷锋活动小组、54名学雷锋活动积极分子。校党委书记程汉邦、副校长何祖诚和该部党政领导出席表彰会。

19日　省拔尖人才事迹报告团来校作报告。省委有关部门领导张宗亮、姜代晓，省教委主任吕可英和校党政领导出席报告会。

20日　全国人大代表汪云琇教授，向学校教职工代表传达了第七届全国人民代表大会第三次会议精神。

30日　设计高13层、建筑面积29217平方米的科学实验楼破土动工。这是目前山东省高校中体量最大的主体建筑。按计划该楼于1993年建成。

本月　动力系张立梅副教授、吴波助工、程勇讲师、黄宜谅教授等共同研制的“交流工频发电机组动态参数综合检测仪”，由中国计量科学研究院主持通过鉴定。专家们认为，该仪器属国内首创，填补了国内空白。

1990 年

4 月

本月　学校材料学科方面取得重大成果。学校材料工程系适应经济建设的需要，结合教学工作，在新材料、新工艺方面取得了重大成果，获国际国内多种奖励，在科研方面取得了大面积的丰收。三年来获国际金奖 4 项（布鲁塞尔第 36 届尤里卡博览会金奖、巴黎国际发明展览会荣誉金牌、日内瓦国际发明与新技术展览会金牌和青年企业家协会金杯奖），国家发明奖 5 项（其中二等奖 2 项、三等奖 2 项、四等奖 1 项），部委、省级奖励 40 余项。

本月　著名指挥家、中央交响乐团首席指挥李德伦来校举行交响乐欣赏讲座。他用亲身经历，阐述了音乐对人的思想、道德情操的影响以及健康向上的音乐对青年人身心发展的积极作用。

5 月

7 日　学校邀请新一代知识分子的先进典型、济南军区 55151 部队高级工程师周承材、范潮芝夫妇为近 2000 名师生作了“牢记党的重恩厚望，用知识报效祖国”的专场报告。校党委提出了在全校开展周承材、范潮芝两位先进典型活动的意见。校党委书记程汉邦、校长夏天赳向周承材、范潮芝颁发了聘书。他们接受学校的聘请，担任学校兼职教授。

10 日　省委书记姜春云来校同 28 名学生代表一起座谈学习江泽民在首都青年纪念五四报告会上的讲话，并表示把山工大作为他的联系点。随行人员有省委常委、秘书长马仲才及省委宣传部有关负责人。校领导程汉邦、夏天赳等参加了座谈会。

15 日　省人大教科文卫委员会有关负责人来校考察思想政治工作，并听取了校党委领导的工作汇报，分别召开了教师、学生、政工干部座谈会。16 日，考察结束。

17 日　校公安处成立，与保卫处一套机构、两块牌子，编制 13 人。

20 日　我国著名力学专家、山工大一级教授刘先志因病逝世。全国政协副主席周培源、钱学森、钱伟长送了花圈，省领导姜春云、马忠臣、赵志浩、李振、李子超，兄弟院校的代表及刘先志教授的家乡高密县的代表参加追悼会并送了花圈。

刘先志

刘先志（1906～1990），山东高密人，著名工程力学家、教育家，国家一级教授，著名爱国人士，在国内外享有很高的声誉。1906 年 4 月 11 日，刘先志出生在山东省高密县周哥村的一个农民家庭。1930 年，毕业于燕京大学数学系。1933 年，到国立青岛大学作旁听生，学习机械工程。1934 年到德国先后在柏林工业大学机械系、哥廷根大学数理系学习，1945 年获自然科学博士学位。曾任柏林工业大学理论力学研究所研究员、瑞士苏黎世约康透平机制造厂工程师。1946 年，回国。1952 年，到山东工学院任教，先后任教授、教务长、副院长。兼任山东机械工业厅副厅长、山东省人民委员会委员、全国人大代表，曾任山东省副省长和省政协副主席，中国力学学会常务理事、《力学学报》常务编辑、《应用数学和力学》编委、国家力学教材编委会编委、山东省力学学会名誉理事长。

1990 年

5 月

刘先志教授为实现科学救国心愿立志成才，为培养力学人才呕心沥血，涉及多学科领域研究成果卓著。刘先志教授在学术上造诣很深，著有《机械振动学导论》《刘先志文集》等重要著作。他在理论力学、流体力学、弹性力学、振动学、热应力、热传导、应用数学和机械工程技术理论研究等领域，都取得了重大科技成果。他对热应力方面的研究，为国家填补了空白，具有国际水平。刘先志教授因病于 1990 年 5 月 20 日在山东医科大学附属医院逝世，享年 84 岁。

26 日　鼓励教师立功立言立德，校党委召开教书育人经验交流会。校党政领导，各系、部、教研室负责人，教师代表以及辅导员、班主任参加了会议。

28 日　根据省委部署，全校党员重新登记工作全面展开，分 5 个步骤进行。7 月 15 日，登记工作全部结束。经研究批准准予登记的党员 1158 人，不予登记的 1 人，暂缓登记的 2 人。

同日　弘扬民族之魂，激发爱国热情，学校开展纪念鸦片战争 150 周年活动。在纪念鸦片战争 150 周年之际，学校有关部门及各系把握这一时机，以这段历史作为教材，对大学生及教职工进行了爱国主义与社会主义教育活动。校有关部门为各系准备了 40 多部录像片，系统地介绍鸦片战争的资料及爱国主义与社会主义教育专题内容，还邀请大连理工大学庄青教授为 1000 多名学生和百名政工干部，作了纪念鸦片战争及爱国主义教育的两场专场报告，受到师生的欢迎。

本月　动力系韩吉田助教、杨培毅副教授等研制的“ZWT 型自力式温度调节器”由省教委和省乡镇企业局主持，在济南通过技术鉴定。鉴定委员会一致认为，该项成果属新型节能产品，填补了省内空白，整机性能具有国内领先水平。

本月　学校有 94 篇学术论文获省科协第二届自然科学优秀学术成果奖。其中一等奖 3 篇，二等奖 39 篇，三等奖 52 篇。这次评选论文的范围是 1982～1987 年底在省级以上学术刊物或在全国学术会议上发表的学术论文。

6 月

8 日　学校召开优秀教学成果颁奖暨教研室工作经验交流会。会上，学校领导向 34 项获奖者颁发了奖状及荣誉证书。校长夏天赳在会上讲话。他说，在全国高校开展规模如此之大的评选、奖励活动，新中国成立以来还是第一次，充分体现了在新的历史时期党和国家重视教育、重视教学、重视教师，具有重大的政治意义。这次学校评选的优秀教学成果奖，比较全面地反映了十一届三中全会以来学校在进行教学改革、提高教育质量和加强教学管理方面所取得的成绩，其中不少成果有很高的水平和特色。

23 日　自动化系赵秀廷等人完成的省科委计划课题“集散型工业锅炉微机监控系统”在济南锅炉厂由省教委组织通过专家鉴定。参加鉴定的专家们一致认为，该系统设计合理、功能齐全，抗干扰能力强，可靠性高，微机化、智能化仪表显示直观，人机对话方式灵活，并充分注意到了传统操作习惯，易于掌握，便于使用。该系统微机化、智能化仪表和集散系统的结构具有明显的特色和独创性，居国内先进水平。

1990 年

6 月

本月　动力系孙允凤副教授和刘相宜、汪世铎、徐夕仁等承担的“多功能消烟低压锅炉”由省教委组织通过专家鉴定。专家们认为，该锅炉设计思想新颖，结构先进合理，属国内首创。

本月　材料系孙本茂讲师、杨士浩教授等完成的铬-铝中合金耐热铸铁，由教委组织通过鉴定。专家认为，该成果设计合理，工艺先进，其高温性能已达到国内外常用的高铝球铁水平，属国际首创。

本月　化工系物化室孙镛讲师研制的“X53 型超薄层硬质膜防锈油”由省教委组织通过技术鉴定。专家们一致认为，该项成果的生产工艺简便合理，配方设计有一定的创造性，不污染环境。该成果属于使用了 Cs 石油树脂和叔丁基酚甲醛树脂作为复合成膜物质的新型硬质膜防锈油品，填补了省内空白，其综合技术性能具有国内先进水平。

本月　校团委获主题教育活动先进团委称号，9 个团支部也榜上有名。由团省委发起，在全省高校内组织开展的“坚持立国之本，确立人生航标”主题教育活动中，校团委被评为活动先进团委；有 9 个团支部被评为先进团支部。主题活动自去年 7 月开始到今年 5 月结束。在近一年的时间里，学校各级团组织认真制定贯彻落实措施和活动方案，广泛组织团员青年开展了形式多样、内容丰富的活动，取得了一定的成绩。

本月　学校部分获全国和省优秀教师、优秀教育工作者称号的教师，提出了设立学校校风建设基金会的构想，定期奖励那些在校风建设方面作出突出贡献的师生。他们以真挚的感情，解囊捐款，以实际行动培养和造就四有新人献策献力。踊跃捐款的教师有杨廷法、夏守身、汪云琇、郭立瑞、马家骥、张平慧、韩雪霞等。

本月　32 个项目获学校第二批校风建设奖。经学校研究决定，对 1988～1989 学年在促进学校校风、学风建设中起着积极作用的 32 个项目给予表彰和奖励。这是学校自 1988 年设奖以来第二次对校风建设项目颁奖。在 32 个项目中，6 项获一等奖，23 项获二等奖，3 项获鼓励奖。

本月　今年暑期活动重点放在“三营”，学校将组织 5000 名学生参加活动。今年暑假，团省委等 11 个单位将联合组织全省大学生参加“科技兴鲁建设营”“重点工程劳动营”“国情省情考察营”(简称“三营”)社会实践活动。对此，学校作出认真组织好“三营”活动的贯彻意见。为加强对暑期活动的领导，校党政及 6 个部处的负责人组成学校社会实践活动领导小组。各系社会实践活动领导小组负责具体实施。

7 月

本月　学校被国家教委评为“1989 年全国普通高等院校优秀教学成果奖励工作先进单位”。

本月　学校机械厂通过国家教委验收。

本月　由校工会组织编排的话剧小品《生活是一杯酒》，在青岛举办的全省首届小品比赛中，分别荣获职工组创作和表演二等奖，并被省总工会推荐到北京参加全国首届小品比赛。

1990 年

8 月

20 日　校党委组织全校 70 余名辅导员和 400 名学生干部，集中学习《关于社会主义若干问题学习纲要》。25 日，活动结束。

28 日　著名德育教授曲啸、李燕杰、姜克宁、庄青来校作了题为《学习沂蒙精神，坚持办学方向》的报告。

31 日　中共山东工业大学委员会党校成立。校党委书记程汉邦任党校校长，党委副书记齐善铸、杨廷法任副校长。

9 月

4 日　处级以上干部《关于社会主义若干问题学习纲要》读书班开始上课，49 人参加了学习。

8 日　省委书记姜春云来校视察，并作了题为《坚持中国共产党的领导》的报告。山东大学、山东师范大学、山东医科大学和山东工业大学的学生代表 1500 余人聆听了报告。

10 日　1990 级 1260 名新生入校，17 日开始上课。

同日　学校举行庆祝第 6 个教师节表彰大会，表彰了 58 名 1989～1990 年度的优秀教师，并向从事教育工作 30 年的老教育工作者表示祝贺。校党委书记程汉邦、校长夏天赳等校领导与部分教师代表参加了庆祝大会。100 多名朝气蓬勃的大学生向受奖的老师和享受荣誉的老教育工作者献了红花。学校领导向他们颁发了奖状和荣誉证书。

11 日　争先进创优秀，做合格大学生。学校 2000 余名新老同学欢聚一堂，隆重举行新生开学典礼暨表彰先进大会。

12 日　国家一级演员、全国优秀思想教育工作者彭清一应邀来校作报告。这是他来齐鲁大地的首场报告，也是他的第 1000 次演讲。他的演讲，不时被热烈的掌声打断。教职员工 8000 余人现场聆听，校领导程汉邦、夏天赳出席了报告会。报告结束后，彭清一接受了校长夏天赳给他的聘书，担任了第 65 所高校的兼职教授。

15 日　校党委举办的处级以上干部学习《关于社会主义若干问题学习纲要》读书班，有 49 人参加的第一期读书班圆满结束。第二期有 57 人参加，于本月 18 日开班。

16 日　济南市政府举办经济技术洽谈会。会议期间，学校展示了科技成果 100 多项，介绍了学校的研究成果和科研实力，并组织专业教师和科研人员与济南市有关工厂企业进行了广泛对口洽谈，对工厂、企业提出的问题进行了技术咨询，同时在化工、机械、电子、铸造、锻压、焊接及热处理工艺、电机、动力等方面建立了广泛的协作关系，共签订协作合同 10 多项。

17 日　根据省教委、财政厅鲁发[1990]170 号文《关于省属普通高等学校开展会计工作达标升级活动的实施意见》和鲁教发[1990]532 号文《关于印发省属高校会计工作达标升级活动评分细则的通知》，学校印发《关于开展会计工作达标升级活动的通知》，并成立了领导小组、办公室和考评验收小组，办公室设在财务处。

18 日　机械系艾兴教授指导的首届博士生萧虹论文答辩会举行。答辩委员会由全国著名教授刘培德、张幼桢、袁哲俊等 9 位组成(其中博士导师 5 人)。校长夏天赳主持会议，省教委副主任吴鸿章和学校及研究生处有关负责人参加

1990 年

9 月

了答辩会。博士生萧虹题为《晶须增韧陶瓷刀具材料的研制及其切削性能的研究》的论文，不仅有很高的理论水平，而且具有很高的经济价值，是一篇优秀的博士学位论文。答辩委员会一致通过萧虹的答辩，并建议授予博士学位。

同日　山东省高校首届教材、书刊质量评比活动在青岛海洋大学举行。国家教委和省教委有关负责人参加了评比活动。25 日，评比活动结束。学校印刷厂选送参加评比的教材，荣获轻印刷教材评比第 1 名。

本月　材料工程系铸造教研室张元喜副教授设计的 LIHF-60 系列机械回转反吹布袋除尘器，由山东省环保局组织通过鉴定。专家们一致认为，它的整机性能填补了省内空白，其除尘效率、节能都达到国内先进水平。

10 月

5 日　国务院学位委员会学位[1990]29 号文批准学校计算机应用专业为硕士学位授权点。

16 日　日本山口大学校长三分一政南为团长的高级学术访问团一行 5 人来校访问，并与学校达成学术交流协议。

19 日　青年教师学习《关于社会主义若干问题学习纲要》培训班开课，390 人参加了培训。

20 日　在第五届全国发明展览会上，学校有 5 项发明成果获奖。

25 日　九三学社山工大基层委员会成立，肖如鸿当选为主任委员，章威廉为副主任委员。

27 日　暑期社会实践活动取得丰硕成果，学校举行总结交流表彰先进大会，一批先进集体和个人受到省里的表彰。

本月　国家科委、国家教委授予铸造教研室“全国高等学校科技工作先进集体”称号，授予杨相寿、邹增大、王执福“全国高等学校先进科技工作者”称号。孙胜被国家教委、国家人事部表彰为在社会主义四化建设中作出突出贡献的留学回国人员。艾兴、侯博渊、邵洪泮、王季中、王济诚、马家骧、裘培勇等 7 位教授获国家教委颁发的满 40 年教龄有突出贡献的教师荣誉证书。

本月　学校退休工会干部刘德符荣获中国教育工会授予的“老教育工会工作者”荣誉证书。全省有 9 位在教育工作岗位上工作逾 25 年的老人获此荣誉，以表彰他们长期工作在教育工会岗位上不计报酬、无私奉献的精神。

11 月

9 日　校党委印发《中共山东工业大学委员会关于教研室党支部工作试行条例》。

12 日　国家教委科技司司长张酉水在学校召开驻济高校分管科研工作负责人座谈会。会后，与会人员参观了学校部分实验室和机械厂。

21 日　由国家教委召开的全国首批高校工厂整顿验收总结表彰经验交流大会上，学校机械厂以 95 分的整顿验收高分，获得合格企业奖牌和证书，并获先进企业奖状。

23 日　省高校后勤工作会议在学校培训中心召开。会上，学校荣获“山东省高校后勤系统先进集体”称号，校服务公司被评为后勤系统先进集体。学校

1990 年

11 月

有 7 人获“省高校后勤先进工作者”称号，还有 55 名在后勤岗位上工作 30 年以上的职工荣获国家教委颁发的荣誉证书。这次会议是为总结山东省高校后勤工作经验、表彰先进、深化改革而召开的。

同日　省普法考核验收组在省高级人民法院院长宇培杲的率领下来校检查验收普法工作。30 日，检查工作结束。截至 10 月底，全校共有 13000 多人接受了普法学习教育，基本完成了“山东省普法五年规划”提出的任务。学校的普法工作受到考核组的充分肯定。

26 日　华东地区工科院校协作组第八次年会在福州大学举行，校党委副书记杨廷法等 5 人参加了会议。与会人员围绕“坚持社会主义办学方向，在治理整顿中搞好校风建设”的会议主题，进行了广泛交流和探讨。会议期间，杨廷法向代表们介绍了学校在加强校风、学风建设方面的做法、经验，得到了与会代表的好评。30 日，会议结束。

29 日　国家教委政教司司长朱新均一行来校考察大学生社会实践活动开展情况。

同日　校学生会体育部与体育教研室联合举办山工大第一届女子足球赛。比赛十分紧张激烈，且富有情趣，引起了许多师生的关注。经过角逐，电力系荣获冠军，材料系屈居亚军，计算机系获得季军。12 月 8 日，足球赛结束。

本月　学校被评为国家教委 1989 年普通高校优秀教学成果奖励工作先进单位，并获得奖状和奖品。新中国成立以来的第一次优秀教学成果的评选，给学校深化教学改革指明了方向，提供了经验。

本月　德育教研室青年教师赵建华荣获中华教育艺术研究会暨中华教育艺术家协会颁发的“铸魂金杯奖”。

本月　华东六省一市第九届高教协作会议在学校召开。副省长宋法棠到会祝贺。省教委领导吴鸿章等出席会议。学校领导程汉邦、夏天赳参加了会议。

本月　学校教师谢朝仁、刘升沂、施来顺等研制的《游泳池水次氯酸钠自动加入消毒系统》，由省教委、省体委主持通过技术鉴定，来自省内外的 13 位专家、教授参加了鉴定会。鉴定委员一致认为，该研究课题首次实现了我国国产的游泳池水消毒杀菌过程的机械化，具有明显的环境效益和经济效益，并已达到国内领先水平，具有较高的推广使用价值。

12 月

14 日　SD2100 型柴油机研制成功。动力系孙贞义、刘德华与山东拖拉机厂发动机分厂共同研制的 SD2100 型柴油机于本日在兖州通过鉴定。该机各项性能指标都达到了国内同档柴油机的先进水平，并填补了山东省空白，与 ST300、ST304 型拖拉机配套扭矩大、油耗省、运转可靠，深受广大用户欢迎。

20 日　学校起草的《游泳池水消毒设备》企业标准，由山东省标准计量局备案，并于 1990 年 12 月 20 日实施。该标准是我国首部游泳池水消毒设备标准。专家们一致认为，所规定的基本参数和主要技术指标均达到国内先进水平，标准内容齐全、完整，符合技术先进、经济合理、安全可靠的原则。该标准的实施将对我国游泳池水消毒设备设计、生产起着积极指导作用，有着广阔的应用前景，并能有效促进国民经济发展。

1990 年
12 月

同日　电力系李仁俊副教授等承担的省教委科研项目“WDGL-01 型微机电力系统故障录波器”通过鉴定。与会专家一致认为，该装置技术性能有突出特点，指标先进，运行稳定可靠，操作调试方便，达到了国内先进水平，建议扩大使用范围。

22 日　国家教委副主任朱开轩在省教委副主任吴鸿章的陪同下来校视察。

24 日　材料工程系王宁获“霍英东高等院校青年教师奖(教学类)”。

25 日　学校举行学生学习《关于社会主义若干问题学习纲要》汇报交流会。校学生工作部、团委联合召开学习《纲要》汇报交流会及表彰学马列和学雷锋先进小组大会。校党委领导与 400 余名同学参加了会议。

同日　国家教委在学校召开高等学校工科基础课课程教学指导委员会以及工程力学、工程热物理、环境工程、生物医学工程与仪器、管理工程等专业教学指导委员会工作会议。会议期间，学校有关专业和课程的教师与会议代表进行了广泛接触，交流了信息，建立了友谊。著名力学专家、清华大学杜庆华教授为学校师生作了学术报告。学校为会议提供了优质服务，保证了会议的圆满进行。27 日会议结束。

本月　全校大学生以丰富多彩的内容和形式隆重纪念“一二・九”运动 55 周年。从本月 1 日到中旬，各系都先后组织了形式不同的纪念活动。据统计，全校各系组织纪念活动达 38 项，6000 余名同学在活动中身心受益。许多同学表示要继续发扬“一二・九”运动的光荣传统，把爱国之情融汇到为祖国刻苦学习，掌握真才实学的具体行动中去。继承革命传统，弘扬民族精神，学校于本月 7 日晚还举行了纪念“一二・九”歌咏比赛。

本月　夏天赳教授主持研制的“伞齿轮精锻工艺的研究与推广”，荣获国家教委科学技术进步一等奖。

本月　材料工程系杨士浩、李秀真、王汝孝等与郓城特种铸造厂合作完成的“耐热铬钢”获 1990 年国家技术发明三等奖。

本月　学校荣获中宣部、国家教委、团中央授予的“社会实践活动先进单位”称号。

本月　山东省高校党员教授培训班在学校培训中心开学。省委书记姜春云在开学典礼上讲话。省长赵志浩、省纪委书记张全景等参加了开学典礼。学校 8 位党员教授参加了本届培训班。

本月　学校充实调整中层领导班子。自 10 月上旬以来，学校对系、处级领导班子进行充实调整，目前此项工作已基本结束。干部调整后学校共有处级干部 105 人，平均年龄 47.02 岁，具有大专以上文化程度的 96 人，占总人数的 91.4%。现基本解决了处级干部职数不全的问题，干部老龄化现象也得到缓解。这次干部调整工作，注意了走群众路线，坚持干部的“四化”标准，符合上级规定的工作程序，工作做得比较细致、扎实，基本上达到了预期目的。

本月　学校电教科录制的电视教学片《山东水利工程剪影》和《路在呼唤》拍摄完成，同水利系师生见面。这两部教学片旨在让水利和公路专业的学生了解专业、了解省情以及增强当代大学生对社会的责任感。

本年　学校 10 项新技术和新产品被中国专利局授予专利权，其中发明专利 3 项，实用新型专利 7 项。这些专利技术解决了企业生产中的一些关键技术，具有较高的创造性和实用价值，并已在生产中得到推广应用。

1990 年
12 月

本年　学校试行新的教师工作量计算办法——按标准课时计算教学工作量的办法。该办法适用于校内上课的本科、专科、夜大、函授、专业证书班和培训班等。

本年　在广州举办的第二届国际专利及新技术、新产品展览会上，学校送展的 3 项科技成果全部获得奖励。其中，机械工程系王寿祐、董玉平、刘鸣等研究设计的高可靠性泥浆泵在本届展览会上荣获银牌奖，材料工程系李仲友等人研制的 UYZ-80 型次级整流钢窗对角焊机获得铜牌奖，汪云琇等研究的“治理洗涤水煤气含硫含氰污水新方法——内电解法”获得优秀奖。

本年　学校科技工作取得丰硕成果，全校共承担国家、厅局项目 30 多项，是历年来承担国家任务最多的一年，科研经费也首次突破 300 万元。全年通过鉴定的科研成果共 40 项，有 36 项获各级科技成果奖，其中 11 项达到国际先进水平。如材料工程系杨士浩、李秀真等研制的“耐热铬钢”荣获国家发明三等奖；张恩洪、武素玲等研制的“低铜基耐磨合金”在第十八届日内瓦国际发明及新技术展览会上获国际发明金牌。科技服务工作也取得很大发展，并与企业签订技术服务、委托科研合同 80 多项，合同额达 200 多万元。电子束、风力发电、军区仓库等 3 个重点项目亦有较大进展。

1991 年
1 月

3 日　学校首次进行优秀课程评选活动。画法几何及机械制图等 6 门课被评为第一批优秀课程。

5 日　学校召开传达全国高校科技会议精神暨颁奖大会，并举行了颁奖仪式。这次受奖的有：铸造教研室被国家教委和国家科委授予“先进科研单位”光荣称号，杨相寿、王执福、邹增大被国家教委授予“先进科技工作者”称号，艾兴、侯博渊、邵洪泮、王季中、王济诚、马家骥、裘培勇等 7 位老教授获国家教委满 40 年教龄有突出贡献的荣誉证书。杨士浩教授获国家发明三等奖。校党委书记程汉邦、校长夏天赳等参加大会并讲话。

9 日　学校公布实施《关于组织青年教师参加社会实践锻炼的意见》。根据该《意见》规定，本日首批 46 名青年教师分赴泰安市郊区、邹县和济南市的 16 个基层厂矿企业和乡镇，开始为期一年的社会实践锻炼。

11 日　校党委召开统战工作会议，传达了《中共中央关于加强统一战线工作的通知》和省委统战部部长周振兴在全县统战工作会议上的讲话。校党委副书记齐善铸就如何贯彻统战工作会议精神作了讲话。

12 日　学校首次开展评选优秀新闻作品活动。专家们认为高校评选优秀新闻作品，在山东省是第一家，很有意义。他们对参评作品给予了较高评价。评审期间，专家组还同学校有关部门进行了二次座谈，就学校今后新闻宣传工作提出了许多建设性指导意见。

15 日　校党委印发《中共山东工业大学委员会关于学生党支部工作试行条例》。

21 日　校党委召开常委扩大会议，传达全省高校党委书记会议精神，并提

1991 年

1 月

出具体贯彻意见。22 日，校党委召开副处级以上党员干部会议，传达会议精神和学校年度工作思路。

本月　学校建校以来评出第一批优秀课程。在深化教学改革的过程中，学校自建校以来首次评出《画法几何及工程制图》《工程流体力学》《中国革命史》《电路》《材料力学和电子技术基础》6 门优秀课程。

本月　机械工程系张承瑞、李春阳等研制的“EBM-PC 可编程控制器”通过技术鉴定。主要指标在板式可编程机中居国内先进水平，填补省内空白。

本月　INSTRON 材料试验机中国用户协会第四届技术交流会在学校召开。来自清华大学、同济大学、机电部北京机电研究所、上海飞机制造厂等 29 个单位的 52 名代表参加了会议。会议期间，代表们参观了学校机械参量中心利用世界银行贷款引进的“8502 电液伺服疲劳试验机”的工作示范。

2 月

5 日　张廷贵、马家骥、王维倜、张恩洪、王孝华、任登义 6 人被评为第二批“山东省专业技术拔尖人才”。25 日开学第一天，校党、政领导成员接见了他们，并对 6 人获得的荣誉表示热烈祝贺。

22 日　全国第三届高校教职工“钟声杯”围棋赛在天津大学举行。学校代表队荣获团体冠军并获流动“钟声杯”。学校裘南畹教授在 13 名教授参加的比赛中荣获个人冠军。3 月 2 日，围棋赛结束。

3 月

1 日　学校师生员工近万人观看了影片《焦裕禄》，受到深刻教育。3 日，观影结束。

3 日　学校 1500 余名师生参加了省城军地“青少年学雷锋学赖宁奉献日”活动。同学们在校内外开展了丰富多彩、形式多样的义务服务。

5 日　学校隆重举行校报出版 500 期纪念会。

8 日　校办产业处成立。

11 日　基础部举办学校首次青年教师教学竞赛。这次青年教师教学竞赛的准备从上学期开始。各教研室在青年教师自荐的基础上，按青年教师人数的 20%推选出了担任过主讲任务并且教学效果较好的 14 名青年教师，参加了系里的这次教学竞赛活动。经过全体评委认真听课评议，高等数学教研室张天德获一等奖；高等数学教研室郑修才、第一外语教研室崔校平、物理教研室戴瑛获二等奖；高等数学教研室秦静，第一外语教研室任世芳、袁淑娟获三等奖。这次教学竞赛活动，检阅了青年教师的教学水平与质量，为青年教师提供了一个平等竞争的机会与场所，为青年教师的成长创造了一种良好的心理与舆论环境，促进了全系教师，特别是青年教师更加重视教学的研究与改革，激发了他们提高教学水平的自觉性。20 日，竞赛结束。

12 日　根据省委关于整顿党政机关干部思想、作风、纪律的通知和姜春云有关领导干部思想作风建设的讲话精神，校党委举办了党员处级干部思想作风建设学习班，100 余名党员干部参加了学习，校级领导分期参加学习指导。

同日　值全民义务植树运动 10 周年之际，学校近千名师生员工积极参加了义务植树活动。

1991 年

3 月

13 日　山东省委鲁任[1991]27 号文批准，刘玉柱任中共山东工业大学委员会副书记。

19 日　校党委印发《中共山东工业大学委员会关于系党总支工作试行条例》。

26 日　省高校（济南片）后勤改革研讨交流会在学校召开。会议就高校加强后勤管理，加大改革力度，及如何搞好后勤服务社会化等问题进行了研讨，交流了看法。

本月　学校荣获“山东省高校群体工作先进单位”称号。

本月　省委、省人大、省政府授予学校“全民普及法律常识先进单位”称号。

本月　机械工程系于宏晋、曹宝琳、黄和妙等研究设计的“磁粉离合器调速节能技术装置”，由省经委组织通过技术鉴定。经专业文献检索，国内外均未发现同类产品，其技术属国内首创。

本月　动力系张传聚研制的 DZL 系列新型高效节能热水锅炉通过鉴定。与会专家一致认为，DZL 系列热水锅炉主要技术经济指标优于国内同类产品，综合性能达到国内领先水平，填补了国内一项空白，并具有较好的社会效益和经济效益，市场前景广阔。

4 月

3 日　省体改委主任刘志厚应邀来校作《关于山东省经济形势和“八五”计划十年规划》的辅导报告。全校 200 余名干部参加了报告会。

6 日　强化党的建设，提高党员素质，学校开展民主评议党员工作。自本日校党委召开部署民主评议党员工作的会议以来，各党总支及基层支部认真贯彻执行此项工作，并已全面展开。民主评议党员工作分 5 个步骤进行，即学习动员、自我评价、民主评议、组织考察、表彰和处理。

8 日　山东省人民政府鲁政任[1991]4 号文批准，刘玉柱任山东工业大学校长。

13 日　《山东工业大学专业技术人员考核实施意见》公布实施，并开始对全校所有受聘的高、中、初级专业技术人员进行岗位考核。考核工作 5 月 30 日结束。全校被考核的 1771 人中，优秀的 601 人，称职的 1145 人，基本称职的 18 人，不称职的 7 人。

26 日　学校第一次科技工作会议召开，省人大、省科委、省教委领导严庆清、何宗贵、吴鸿章及市科委、兄弟院校的领导和代表应邀出席了开幕式。副校长丁长浩主持会议。会议听取了副校长何祖诚作的工作报告，讨论修改了《山东工业大学关于加强学校科技服务活动领导的实施意见》（讨论稿），表彰了科技工作先进集体和个人。校长刘玉柱作了总结讲话。此次会议明确提出了把学校建设成为教学、科研两个中心的办学思想。27 日，会议结束。

同日　校党委根据省委通知精神，结合学校实际制定出意见，开始在全校师生员工中深入进行社会主义思想教育。

29 日　学校在教工俱乐部召开庆“五一”、表彰工会先进集体和先进个人大会。大会表彰了 1990 年先进部门工会 5 个（材料系、自动化系、机械厂、机关、电力系）、先进基层分会 32 个、优秀工会积极分子 300 名。

1991 年

4 月

本月　张体勤等 8 人被评为“山东省高校优秀思想政治工作者”。

本月　清明节前后，校系各级团组织开展纪念革命先烈的活动。校团委组织 1300 多名同学来到英雄山革命烈士陵园祭扫了革命烈士墓。

5 月

3 日　学校承办的山东省第二届大学生科技文化艺术节开幕式暨“党在我心中”大学生“三联杯”革命歌曲合唱比赛在省体育馆举行。学校在艺术节中获合唱比赛一等奖、“优秀组织单位奖”和“优秀活动单位奖”。

4 日　历时 2 个月的学校第三届文化艺术节开幕。艺术节期间，全校各单位、各部门推出了 50 多项活动。这次文化艺术节由党委宣传部、工会、学生工作部、团委、学生会、研究生会等 6 家联合举办，分两个阶段进行。第一阶段(5 月 4～14 日)以学生活动为主，第二阶段(6 月 15 日～7 月 1 日)以教工活动为主。

同日　学校 500 多名团员青年代表在大学生俱乐部隆重集会，纪念五四运动 72 周年。会上，153 个先进集体和 442 名先进个人受到表彰。

9 日　首次地方工科院校学生工作专题研讨会在学校召开。来自全国 20 多所地方工科院校的 30 多名代表，在为期 6 天的时间里，围绕“学生思想现状与发展规律的分析与对策”等议题，共同探索与交流新时期高等学校教育与管理工作的新途径。

11 日　由王义新、程昕等 6 位同学编排导演的生活小品《悟》和《大学生与少女》，在山东省第二届大学生艺术节“人生浪花”小品比赛中分别荣获一等奖和二等奖。

17 日　校党委召开优秀思想政治工作者经验交流暨表彰大会，授予韩宏等 45 人“山东工业大学优秀思想政治工作者”称号。

同日　校党委召集学校获“拔尖人才”称号的教师进行座谈。会上交流了经验，党委领导倾听了他们对学校工作的意见。

18 日　学校首批 12 人获得国务院政府特殊津贴。

同日　全国战斗英雄杨育才应邀来校作革命传统报告，被聘为学校思想政治工作顾问。校党委副书记齐善铸代表党委为其颁发了聘书。

28 日　以学校为主，与省科院能源所、航天部 550 厂、青岛大华机器厂共同承担的“七五”科技攻关课题“55 千瓦风力发电机组研制”，在长岛县通过部级鉴定。鉴定委员会对 55 千瓦风力发电机的研制成功，给予高度评价，一致认为该项目填补了国内中等功率风力发电机的空白，技术上处于国内领先地位，接近 80 年代中期国际水平。

本月　前莫斯科汽车制造学院副院长、现全苏铸造协会副主席马特文珂教授应邀来校讲学。他在讲学报告中介绍了苏联铸造工业的发展情况和先进技术、当前世界铸造工业的现状等，并重点讲了 7 个专题。驻济南有关单位和铸造专业的师生共 200 余人听取了报告。

本月　自动化设备厂研制的“DZB 型架线电机车直流电源变换器”“ZX7-250 型矿用逆变式直流弧焊机”“SLB-A 型电机车速度里程表”“HWD 型机车红尾灯”等项目，由省教委、省煤炭局主持通过技术鉴定。来自省内外的有关专家

1991 年

5 月

参加了鉴定会。以上 4 项科研成果均属于当前同类产品的换代产品，具有很好的推广应用前景和显著的经济效益和社会效益，其技术性能指标均达到了国内领先水平。

6 月

1 日　子弟学校频频传来喜讯——7 名初中学生获国家级数、理、化竞赛省、市一等奖及多项奖励。

6 日　中共中央党校《理论动态》《党校论坛》编辑部副主任王兆铮应邀来校作《关于国际共产主义运动和社会主义发展趋势》的报告。处级干部、机关党总支干部近 200 人听取了报告。

7 日　香港大专院校访问团一行 10 人来校参观访问，校领导和有关专家与客人就对机械类专业的科研项目提供资助和对成绩优异的科技人员提供奖金等事宜，进行了商讨。

11 日　学校成立由 24 人组成的计划生育协会，全面负责学校的计划生育工作。

18 日　校党委、行政主办的“庆祝建党七十周年暨党的光辉照耀下的山东工业大学”展览正式向广大师生员工展出。自本日至 7 月 4 日，全校有 1300 多名教职工和 5200 多名学生参观了展览，并受到好评，评出优秀展板奖 25 个。这是学校举办的一次规模较大、内容较多的综合性大型展览。展览通过大量生动的图片和翔实的文字资料，充分反映了中国共产党领导中国革命和建设取得的光辉成就，特别是党领导改革开放带来的巨大变化；充分反映了学校建校 40 多年来各项工作的蓬勃发展和取得的成就。

21 日　张象钦获“全国优秀思想教育工作者”称号。

22 日　学校举办“庆祝建党七十周年暨山东工业大学第三届文化艺术节教职工歌咏比赛”，17 个单位近 1200 名教职工参加了比赛。自动化工程系党总支、机关党总支、社会科学系党总支获一等奖。

29 日　校党委召开“先进党支部、优秀党务工作者、优秀党员”表彰大会，纪念中国共产党成立 70 周年。大会表彰了 7 个先进党支部、33 名优秀党务工作者和 33 名优秀党员，并通报了学校受国家和省委表彰的情况：张体勤被评为全国普通高校优秀思想政治工作者，制图教研室和铸造教研室党支部分别被省委、省委高校工委命名为先进党支部，韩宏和王维倜等 12 人被省委高校工委命名为优秀党务工作者和优秀共产党员。

本月　校办产业管理委员会成立，校长刘玉柱任主任。

本月　学校组织 6 位主要处、室负责人在校长刘玉柱的率领下，考察了上海、杭州、南京、苏州等地的 9 所高等院校，学习改革先进经验，了解新校区建设情况。此次考察后，学校为开辟新校区作出了初步设想。

本月　在全省表彰的 206 名 80 年代优秀毕业生中，学校有 14 位毕业生榜上有名。他们是张国植、宋文俊、张殿东、邹大民、孔繁云、王书坚、于广来、张海勇、赵庆波、单义标、葛言凯、谭爱林（女）、杜俊东、张峰。

1991 年

8 月

3 日　国家教委副主任滕藤来校视察指导工作。视察期间，滕藤对学校的思想政治工作情况给予充分肯定。

19 日　苏联政局剧变引起全校师生员工的普遍关注。21 日与 27 日，校党委办公室对此进行了较大范围座谈了解。结果表明：学校局势稳定，工作学习秩序正常，广大师生员工拥护支持国家的立场态度，同时担心苏联解体将对中国产生压力。

22 日　学校青年教师参加社会实践锻炼工作步入正轨。继第一批青年教师参加社会实践锻炼后，本学期学校又安排了 59 名青年教师参加为期一年或半年的社会实践锻炼。本日起至 24 日，他们进行了 3 天的集训。

本月　自动化系孙同景、林连序、常发亮承担研制的"可编程序控制器集散系统组合软件"和孙同景、沈志宁研制的"SDF-51 单片机开发系统"分别由省教委主持通过鉴定。

本月　蔡华苏获英国博士学位回校。材料系热处理教研室蔡华苏7 月份在英国纽卡索大学获科学博士，8 月份毅然回校为祖国的教育事业服务。

9 月

6 日　学校 2942 名教工和 536 名学生参加了救助江淮流域和山东省洪涝灾区的捐款活动，捐款总额为 42015.41 元。

10 日　学校隆重集会庆祝教师节。大会宣布了马家骥荣获"全国教育系统劳动模范"称号和 2 名教师荣获"山东省优秀教师"称号，表彰了 61 名校级优秀教师，同时为 44 名 30 年教龄的教师颁发了荣誉证书和纪念品。

11 日　省保密工作协作组第十六组第一次会议在学校召开。会议交流了驻济高校保密工作情况并部署了今后的工作。

12 日　山工大行字[1991]第 138 号文公布：电子计算机系调整为电子工程系和计算机工程系，基础部的半导体物理及器件专业调入电子工程系。

13 日　山东纺织工学院来校就联合培养机械制造、工业自动化专业硕士研究生进行商讨，并达成了协议。

14 日　团中央、全国学联组织的"在成才的道路上"优秀大学生报告团应邀来校作报告。全校 6000 多名学生聆听了报告。

15 日　根据团省委组织好"责任与奉献行动日"活动的紧急通知，学校 10 个系、部的 400 多名师生和济南陆军学院的 6 名学员参加了以宣传教育、赈灾义卖、募捐为主的奉献活动。

16 日　校党委分 3 期举办了党支部书记学习班，结合国际国内形势，进一步学习贯彻了江泽民"七一"讲话和全国高校党建工作会议精神。10 月上旬，学习活动结束。

本月　校党委对广大教职工进行了坚持社会主义道路，反和平演变的教育；分期培训了处级以上党员干部，并分批组织全体党员、教工进一步学习了江泽民的"七一"讲话。

本月　英国考文垂理工学院对外交流负责人 O. W. 弗利先生和克拉克博士来校访问。

1991 年

9 月

本月　杨培毅、程林等研制的“水平浮动盘管汽——水热交换器”由省教委、省乡镇企业局主持通过技术鉴定。

本月　学校子弟学校中考取得优异成绩。子弟学校今年初中毕业班参加升学考试的107人中，考入省、市重点学校74人，占应考人数的69.2%。这是子弟学校继1989年获全市中考第一名后又一个丰收年。

10 月

5 日　发扬艰苦奋斗精神，形成勤俭节约风尚。校团委、学生会、研究生会、学生自律监察委员会联合发出通知，在全校学生中开展“节约一粒粮，节约一滴水，节约一度电，节约一分钱，爱护财物”的“四节一爱”活动。

7 日　校党委召开学校省级专业技术拔尖人才座谈会。会上，大家认真学习了国务院、中央军委颁布的授予钱学森“国家杰出贡献科学家”荣誉称号和一级英雄模范奖章的命令及江泽民在授奖仪式上的讲话。参加座谈会的在校拔尖人才有杨相寿、马家骥、王执福、张廷贵、王维倜、王孝华、张恩洪等。

10 日　校党委书记程汉邦、校长刘玉柱一行16人赴胜利油田和东营市访问。访问期间，双方进行了多项业务洽谈，促进了学校与胜利油田和东营市的科技交流与合作。12日，访问结束。

12 日　由校工会、人事处、老干部处、老年体协联合举办的学校首届老年人体育运动会在教职工俱乐部举行开幕式。比赛设12个项目，会期计划28天。

19 日　学校举办首届教工运动会。本次运动会设竞赛项目和趣味项目30余项，15个单位的800余名运动员参加了比赛。

23 日　全国第六届发明展览会在西安举行。11月2日，展览会结束。代表学校参展的8项科研成果获金牌1枚，银牌2枚，铜牌3枚。

29 日　根据省委高校工委的通知精神，学校248名青年教师由校党委副书记齐善铸带队，分期分批到历城区王舍人镇、济南市钟表厂、济南机车工厂进行参观考察，了解国情。

31 日　学校荣获省级优秀教学成果一等奖2项，二等奖3项，三等奖3项。另有17项获校级一、二等奖。

本月　铸造教研室王执福副教授被评为全国星火科技先进工作者，荣获国家科委颁发的奖励证书。

本月　校党委对社会主义思想教育工作进行了总结验收。在全校师生员工自我总结的基础上，集中听取了各党总支的自查总结汇报。省委高校工委对学校的社教工作给予了高度评价。

本月　学校荣获1991年暑期“山东省大学生社会实践活动先进单位”称号。

本月　在山东高校印刷协会第二届书、刊、轻印刷评比会上，学校印刷厂选送参赛的两种样品分别获得优秀产品、优良产品奖。这是继去年首届评比获轻印刷产品第一名后的又一次全面丰收。

本月　Z06UV紫外线彩色油墨在学校研制成功。化工系孙镛等研制的“Z06UV紫外线彩色油墨”通过省科委鉴定。参加鉴定会的专家一致认为，该项成果达到国际同类产品的先进水平，填补了国内丙烯酸改性醇酸树脂系列紫外线光固化油墨的空白。

1991 年

10 月

本月　学校推出节能、消烟、防腐“能手”“华特 901 促燃剂”通过技术鉴定。学校节能技术发展公司与李承欧教授共同研究生产的节能、消烟、防腐为一体的新产品——“华特 901 促燃剂”由省经委主持通过技术鉴定。鉴定委员会一致认为，该促燃剂是一种既能节约煤炭，保护大气环境，又能延长锅炉使用寿命，具有显著的经济效益和社会效益，其综合性能在全国燃煤助燃产品中居领先水平，填补了国内空白。

本月　学校名誉教授、加拿大里贾纳大学副校长布莱切福德与夫人应校长刘玉柱邀请来校访问。

11 月

8 日　学校隆重举行 1991 年暑期社会实践活动总结表彰大会。

13 日　省教委鲁教高字[1991]34 号文公布，机械制造、铸造、内燃机、工业自动化等 4 个学科，材料工程、电力系统动态模拟与数字仿真、计算机辅助设计与制造等 3 个实验室和 9 名中青年教师被评为“八五”期间省属本科院校的省级重点学科、重点实验室和首批中青年学术骨干学科带头人培养对象。

同日　经省老年人体育协会申请，省计划委员会拨款 25 万元资助学校修建室内外游泳池，以感谢学校多年来对省老年人体育工作的大力支持。

16 日　学校被中共山东省委授予“山东省青少年工作先进单位”称号。

本月　在省高校科技工作会议上，铸造、自动化、精密机械加工等 3 个研究室获“山东省高校科技工作先进集体”称号，14 位教师获“山东省高校科技工作先进工作者”称号，受到了省教委、科委、计委、经委、人事局的联合奖励。

本月　英国伦敦大学皇家理工学院 D.J. 尤因斯教授应邀来校讲学。尤因斯教授主讲了“模态分析”“结构动力修改”和“叶片振动”，并介绍了英国大学的教学、科研与管理方面的情况。校长刘玉柱向尤因斯教授颁发了名誉教授聘书。

本月　化工系马华宪等研制的 TG9101 阻燃增塑剂，由省化工厅主持通过鉴定。专家们认为，该产品是提高聚氨酯、不饱和聚酯、橡胶、塑料等制品难燃性的优秀产品，具有显著的经济效益和社会效益，填补了山东省的一项空白，在全国同类产品中居领先水平。

本月　计算机系张廷贵、黎峰等研制的“RS-2 型运动终端”通过技术鉴定。专家评价该项研究在国内属开创性工作，与国际产品相比也独具特色，具有显著的社会和经济效益，该项技术居国内领先水平。

本月　学校完成一项航空航天部科研攻关项目。由机械工程系王寿祐副教授主持，王建明、董玉平、张维参加的“圆柱齿轮三维接触应力有限元计算分析软件研究”课题，通过航空航天部鉴定。与会专家认为，该项研究是当今国内外圆柱齿轮三维接触应力有限元计算分析及软件研究方面的一项具有开创性的成果，将为我国航齿产品赶超世界先进水平发挥重要作用。该项成果处于国内领先地位，并具有国际水平。

本月　金工教研室李庆吉、孙康宁、刘援朝等承担的省科委课题“螺旋金属丝冷拔工艺”和“金属钢丝冷拔模材料研究”，通过省科委组织的技术鉴定。专家鉴定认为，采用自旋式螺旋模拉拔螺旋金属丝工艺属国内首创，在国际上处于领先水平。金属陶瓷螺旋钢丝冷拔模材料研究，是目前国内首先应用于冷拔

1991 年

11 月

模的高耐磨陶瓷材料。鉴定认为，该项成果属国内首创，各项指标达到国际先进水平。

本月　学校被中共山东省委授予“山东省青少年工作先进单位”荣誉称号。

本月　学校机械厂李德成在华东高校金工实习研究会于南昌举办的“育人杯”车工实习教学大奖赛中荣获三等奖。

本月　电子束研究室和8072厂联合研制“IC插座自动组装机”通过鉴定。该机的研制成功，不仅直接为国家节约了大量外汇，而且为IC插座增加产量，降低成本。

12 月

3日　根据中央和省委指示精神，25名干部教师组成农村社教工作宣讲团，赴博兴县的6个行政村开展为期4个月的宣教活动，深入宣传十三届八中全会关于加强农业和农村工作的决定精神。

5日　省高校工委书记崔惟琳应邀来校，为“教师反和平演变教育学习班”学员作了《高校反和平演变形势与对策》的专场报告，受到欢迎。

7日　老有所为，发挥特长，学校老教育工作者协会在召开的第一次代表大会上宣布正式成立。大会通过了“协会章程”，选举产生了领导班子。校长刘玉柱当选为协会会长。

同日　校长刘玉柱向学校首批12位特殊津贴获得者颁发了由国务院颁发的政府特殊津贴证书，并进行座谈。这12位作出突出贡献的专家是艾兴、侯博渊、杨相寿、王执福、邹增大、汪云琇、孙希泰、马家骥、张廷贵、王维倜、张恩洪、王孝华。刘玉柱号召全校知识分子向这12人学习，积极探索，努力进取，为发展我国的科技事业作出更大的贡献。获奖人员在会上一致表示，要加倍努力，忘我工作，报答党和国家的关怀。校党委书记程汉邦主持了座谈会，有关部、系负责人参加了会议。

12日　邹增大、王执福被授予“国家有突出贡献的中青年专家”称号。

14日　共青团山东工业大学第九次团员代表大会召开。大会讨论通过了《关于进一步广泛深入开展学马列、学雷锋、学解放军活动的决议(草案)》和《关于在全校团员青年中继续深入开展“四节一爱”活动的决议》，选举产生了第九届团委会。李良斋当选为校团委书记。15日，大会结束。

25日　校党委召开常委扩大会议，学习中央、省委《关于认真检查对严禁用公款吃喝送礼等问题的通知》，并提出具体贯彻意见。校行政制定了《关于工作餐接待暂行规定》，在全校印行。

本月　学校煤气管道工程结束，开始为用户输送煤气。

本月　学校4项科技成果荣获国家级奖励，其中国家技术发明四等奖2项，科学技术进步二等奖1项，星火二等奖1项。获得国家发明四等奖的2项分别是铸造教研室边秀房、马家骥研制的“铝合金除渣除气剂”，焊接教研室杨建华研制的“抗冲击高耐磨铁-铬-碳系堆焊合金”；获国家星火二等奖的是铸造教研室王执福研究的“锰氮高温耐热钢高温耐热铁基合金技术开发”；获国家科技进步二等奖的是自动化所曹景森等研究的“高速高效R汽蒸箱平幅练漂机的研制及生产试验”。

1991 年

12 月

本月　材料系铸造教研室在教书育人工作中做出了突出成绩，作为先进集体光荣出席了在北京召开的全国高校教师教书育人座谈会。铸造教研室长期以来真正做到了把德育放在首位，将德育寓于智育之中。他们在办实事上狠下功夫，将教书育人工作贯穿到从新生入校到毕业离校的全过程，贯穿到日常教学的每个环节。他们结合本专业的特点，在教书育人工作中摸索出一些切实可行的做法，收到了良好成效。多次被学校评为“师生共建文明单位”“教书育人先进单位”“社会实践先进单位”，今年又被评为“山东省高等学校教书育人先进单位”。本次座谈会是由中共中央宣传部、国家教委、中国教育工会联合举办的。出席座谈会的先进集体单位 10 个和先进个人 27 人及部分省、市党的教育部门、教育行政部门或教育工会的负责人 5 人。山东省只有学校的马家骥教授代表铸造教研室出席了会议。

本月　学校荣获中宣部、国家教委、团中央授予的“社会实践活动先进单位”称号。

本月　学校 CAD 实验室利用世界银行贷款引进的设备“计算机辅助设计系统(CAD)”开发的软件“机械 CAD 系统”，在中国计算机用户协会浪潮系列分会举办的 1991 年“浪潮杯”软件评测活动中获一等奖。

本月　强化毕业设计环节，提高教学实践质量，学校首次举办 1987 级毕业设计展览。

本月　自动化系电机教研室肖如鸿研制的 QY-3DN 型潜水泵，刘永乐、杨仲景研制的 SYW-1 型异步电机微机测试系统，由省教委主持通过技术鉴定。计算机系仲肇铭等研制的“计算机辅助体育训练微机系统”，由省教委、省体委组织通过鉴定。化工系孙镛等研制的“B66UV 多用途紫外线固化亮光油”通过鉴定。

本月　由全校各专业教师计 20 余人组成的图书馆藏书建设咨询组正式成立。该组的成立对于指导图书馆藏书建设，改进馆内各项业务工作很有意义。

本年　学校有 5 个应用基础研究项目获得资助。罗建群副教授的项目获重点资助，5 项资助总金额达 23.8 万元，创学校申请此基金项目以来的最高纪录。学校获得资助的 5 个项目分别是电子工程系王欣讲师(博士学位)的“最佳非线性滤波理论研究”、动力工程系许炳松副教授的“型煤燃烧固硫特性及固硫剂评价指数的研究”、水利土建工程系罗建群副教授的“中小型水工混凝土建筑物老化病害防治及评估研究”、材料工程系郑效忠副教授的“群论在水轮发电机组动态分析中的应用”、机械工程系萧虹讲师(博士学位)的“晶须增韧复相陶瓷刀具材料组成优化设计与切削时可靠性”。校领导于 11 月 7 日上午对获奖人员表示祝贺，并与他们一起合影留念。

1992 年

2 月

15 日　中共山东省委鲁任[1992]18 号文批准，齐善铸任山东工艺美术学院党委书记，不再担任山东工业大学党委副书记职务。

18 日　山工大行字[1992]第 19 号文公布，山东工业大学重点建设领导小组及顾问组成立。刘玉柱任领导小组组长，丁长浩任顾问组组长。

21 日　学校宣布《山工大动态》由党委办公室和校长办公室联合办。

1992年

2月

25日　校党委召开各党总支书记会议，部署开展向王成海、叶立勋学习的活动。校党委书记程汉邦在会上讲话。

27日　学校《公费医疗改革试行办法》出台，规定教职工的部分医疗费用由个人承担。该办法从3月1日起执行。

29日　学校首届财务工作研讨会召开，共收到论文41篇，有11篇被评为优秀论文。

本月　电子工程系刘效贤讲师申请的《信息不完全的经济系统理论及其混沌过程研究》获得国家社会科学基金资助，资助金额为2.5万元。该项目是学校首次在社会科学方面获得的国家社会科学基金资助。

本月　机制教研室赵中林和产业处张强弩等承担的"YG系列液体罐装机技术开发"项目通过鉴定，该系列产品在国内多次获奖，被机电部推荐为替代进口产品，仅计量精确一项便可为国家节约资金4182万元，具有良好的经济和社会效益。机械系于复曾副教授等承担的省科委项目"成组技术与计算机辅助工艺过程设计的研究"通过技术鉴定。

3月

1日　在全国共青团学雷锋活动日里，学校2000余名同学在团组织带领下，纷纷开展学雷锋义务服务活动。

2日　省交通规划设计院院长、教授级高工、国家级有突出贡献的中青年专家、全国劳模李守善和设计院副总工程师、教授级高工、国家级有突出贡献的中青年专家、全国"三八红旗手"万珊珊被学校水利系聘为公路与城市道路工程专业兼职教授。校长刘玉柱、副校长何祖诚代表学校向李守善、万珊珊颁发了聘书。

4日　校党委召开会议，部署学习邓小平视察南方谈话。

6日　学校首届优秀会计工作者表彰会召开。省教委领导滕昭庆，校领导刘玉柱等出席会议，为16名"优秀会计工作者"颁奖。

9日　山东省人民政府鲁政任[1992]6号文批准，宋化远任山东工业大学副校长，同时免去丁长浩的副校长职务。

10日　校党委印发《山东工业大学关于开展法制宣传教育的第二个五年规划》。

15日　学校被授予济南市1991年度"社会治安综合治理先进单位"称号。

17日　学校召开1991年度治保先进集体、个人表彰大会。5个先进集体和62名先进个人受到表彰。

20日　学校重点课程建设规划汇报会召开，研究部署今年和今后一个时期学校重点课程建设工作。学校为加强重点课程建设工作，专门拨出20万元经费用于课程建设。这次活动的开展对学校教学质量的提高是一次很大的促进。各系主任、各参评重点课程小组负责人和有关部门领导出席了会议。

21日　学校举办"青年教师坚持中国特色社会主义教育学习班"，160多人参加学习。

28日　校省级重点学科、重点实验室"八五"规划论证会结束。省教委副主任吴鸿章，副校长何祖诚、宋化远及省教委有关处、室负责人与来自省内外的67位专家一起参加了论证会。

1992年

3月

31日 校党委召开各党总支书记、各部门负责人会议，决定布置在全校师生员工中深入进行坚持党的基本路线，坚持中国特色社会主义的教育。

本月 在省委对省直机关老干部工作进行的检查评估中，学校被评为"老干部工作先进单位"。

本月 在召开的评选全省招生工作先进集体会议上，经过多次反复讨论和投票，学校招生办被省教委、省招委评为全省招生工作先进集体。

本月 由学校电教科和团委联合摄制的电视专题片《奉献的足迹》，获国家教委和国家新闻出版署颁发的全国普通高校优秀德育电教教材三等奖。这部片曾在山东电视台播出，收到良好效果。这是全国15部获奖片中山东省唯一的一部获奖片。

本月 学校教工队获1992年省高校围棋赛冠军。

本月 省高校第二届优秀教学成果评选揭晓，学校8项成果获奖。

本月 动力系陆家祥等研制的"变几何涡轮增压器"由省科委组织通过专家鉴定，化工系尹维英等研制的"耐热耐蚀树脂及其应用开发"课题由省科委主持通过技术鉴定。

4月

1日 学校召开处级以上干部会议，部署学校管理体制改革工作，正式印发《山东工业大学管理体制改革方案(讨论稿)》。校长刘玉柱在会上讲话，强调要以人事制度改革为核心，以打破"一大三铁"为内容，进行人事、分配、后勤、校办产业管理的配套改革。

3日 美国计算机专家、"计算机先驱奖"获得者朱传榘博士应邀来校访问。

5日 48名系、部、处负责人在校党委书记程汉邦、校长刘玉柱的率领下，到清华大学、北京师范学院、北京工业大学等高校考察学习高校管理体制改革的先进经验。9日，学习结束。

17日 已故刘先志教授的亲属根据其生前意愿，向学校图书馆捐赠英、德、俄文原版书籍573册。

18日 上海市高教局副局长杨德广教授来校作《学习邓小平重要谈话》的辅导报告。

21日 学校召开处级以上干部，教授，副教授，教研室支部书记、主任会议，传达省委、省政府对外开放工作会议精神。

25日 中央党校《理论动态》编辑部副主编王兆铮研究员来校参加座谈会，和部分教师讨论交流学习邓小平重要谈话的体会。

同日 由校学生会、自律会联合主办的"争办奥运、纪念建团70周年千人接力大赛"在体育场举行。校党委书记程汉邦、校长刘玉柱及有关部门负责人观看了大赛。

28日 学校在教工俱乐部召开庆祝"五一"暨工会工作先进集体、优秀工会积极分子表彰大会。校党政领导程汉邦、刘玉柱、宋化远等出席表彰会，并向先进集体、个人颁发了荣誉证书。

本月 经学校研究决定，山工大子弟学校改名为山东工业大学附属中学、山东工业大学附属小学。

1992 年

4 月

本月　电力系王广延等研究“MSJL-01 型模数混合式距离保护装置”由省教委组织通过专家鉴定。

本月　机械系王炽鸿等研究的“复杂曲面 CAD/CAM 一体化技术”由省科委委托省教委组织通过鉴定。

本月　李宪玉、金之滨等研制的“仓库材料管理计算机系统”通过专家鉴定。参加鉴定的专家一致认为，该系统在山东省高校仓库材料管理部门中属于首创，在国内普通高校仓库材料管理系统中处于先进水平。

本月　计算机系孙华标等研制的“3^+ 网实时通讯软件包”通过鉴定。参加鉴定的专家一致认为，该成果在 3^+ 网络利用低层协议实现实量数据传输技术上，属国内领先水平。

本月　学校老教协科技服务部成立。服务部的成立，体现了有组织有领导地发挥老干部作用的精神，是学校落实中组部及有关部门文件采取的措施。

5 月

4 日　省委副书记、省长赵志浩来校视察。赵志浩在听取了校党委书记程汉邦、校长刘玉柱的汇报后，对学校如何加快改革开放步伐以及山东高校教职工的职称晋升问题作了重要指示，并题词：“改革创新，争创一流。”赵志浩一行还参观了电力系统动模实验室。

同日　学校在教工俱乐部召开首次优秀青年教师表彰大会，28 位教师获得“优秀青年教师”称号。

同日　全校 500 多名团员青年代表聚会，隆重庆祝五四运动 73 周年和建团 70 周年暨表彰先进大会。校党政领导程汉邦、刘玉柱及各系、部、处负责人出席了纪念会。

26 日　全省教育系统老干部工作先进集体、先进个人表彰大会在学校召开，省领导宋法棠、张敬焘到会并讲话。校老干部处、人事处退休科被评为先进集体，离休干部台旭被评为先进个人。

28 日　隶属学校的山东省节能技术发展公司举行开业典礼，省顾委主任梁步庭为公司揭牌。典礼会上，校长刘玉柱向李承欧教授颁发了 6000 元奖金，以表彰他在节能材料的研制中做出的突出贡献。省教委副主任滕昭庆、省经委节能技术服务中心主任刘世芳到会祝贺并讲话。

31 日　机械工程系萧虹博士获“霍英东高等院校青年教师基金”。

本月　美籍华裔数学家、欧特明尼大学邵品琰教授及其胞弟、国内著名数论专家邵品琮教授应邀来校进行学术交流活动。

本月　邹增大荣获“山东省劳动模范”称号。

本月　经过同行专家评议，省教委审核，“八五”期间，省属本科院校的省级重点学科、重点实验室、首批中青年学术骨干学科带头人培养对象的评选工作结束。学校机制、铸造、内燃机、工业自动化 4 个学科被评为省重点学科。材料工程实验室、电力系统动态模拟与数字仿真实验室、计算机辅助设计实验室被评为省级重点实验室。孙胜、梁军、周以齐、刘云岗、王欣、高健、孙同景、朱瑞富、张建华被评为首批中青年学术骨干学科带头人培养对象。

1992 年

5 月

本月　学校成立首届教材委员会。这是学校为加强教材建设而作出的一项决定。

6 月

4 日　《山东工业大学评聘教师职务的实施意见》印发。该《意见》指出：高校职称评聘工作在实际上停顿 4 年后重新开始。根据鲁职改办便字[1992]3 号文的通知，学校教师职务岗位数额为 1190 个，其中教授岗位 86 个，副教授岗位 323 个，讲师岗位 430 个。学校成立职称改革领导小组，党委书记程汉邦任组长。该《意见》还对考核推荐程序及标准等问题作了具体规定。

8 日　中共山东省委鲁任[1992]103 号文批准，李福兴任山东工业大学党委副书记，王直平任山东工业大学党委常委、纪委书记。

20 日　学校第一届教职工代表大会第二次会议召开，刘玉柱代表校行政作工作报告。与会代表表决通过了《关于学校工作报告的决议》和《关于学校管理体制改革的决议》。大会共收到提案 171 条，立案 148 条。出席会议的正式代表 232 名，特邀代表 42 名，列席代表 32 名。27 日，会议结束。

本月　加拿大康克迪亚大学教授、学校客座教授王振义来校回访，与动力系教师进行了座谈。

7 月

2 日　山东省人民政府鲁政任[1992]19 号文批准，张体勤、邹增大任山东工业大学副校长，免去何祖诚山东工业大学副校长职务。

6 日　鲁职改[1992]31 号文通知，经省职称改革领导小组研究，同意授权学校组建高校教师职务高级评审委员会，负责评审副教授任职资格的工作。教授任职资格的评审由省高校教师职务高级评审委员会负责。校长刘玉柱任校评审委员会主任委员。

本月　学校自 1990 年开始的会计达标升级工作顺利通过省会计达标验收小组的考核验收。在会计达标活动中，学校共处理报废积压设备 312.4 万元，处理材料盘亏 11.2 万元，并实现了预算内外资金统一核算，编写了《财务规章制度汇编》，使会计基础工作上了一个新台阶。

8 月

1 日　教务处和机械工程系荣获“山东省高等院校教学管理先进集体”称号。

9 月

11 日　程汉邦、刘玉柱等校领导与校台属、侨属、民主党派及各界人士代表 20 多人欢聚一堂，共庆中秋佳节。

15 日　应学校邀请，山东三联电子公司总裁张继升先生、副总裁梁广海博士，来校为 500 多名学生干部作了题为《从三联电子集团公司的崛起谈大学生如何适应改革开放大潮》的报告。

17 日　山东大学赵明义教授来校作《邓小平南行重要谈话与科学社会主义》辅导报告。

18 日　学校体育运动委员会成立，副校长宋化远兼任体委主任。

24 日　何祖诚随山东经贸代表团参加了在汉城举行的经贸洽谈会。学校机械类、材料类部分产品参加了经贸展。

1992 年

9 月

27 日　省科学技术协会第四次代表大会召开。学校有 8 位科技工作者受到表彰，14 篇论文获奖。邹增大、王宪百当选为本届委员会常务委员。29 日，会议结束。

28 日　省直机关第三届老年人运动会闭幕，学校代表队荣获团体总分第 1 名。

本月　学校第四批参加社会实践锻炼的青年教师共 35 名已陆续奔赴泰安、淄博等地，开始了半年或一年（刚留校）的锻炼生活。他们都被安排在乡（镇）企事业单位的第一线，有 6 人挂职科技副乡（镇）长和副厂长。目前，学校接受锻炼的青年教师已达 155 人。

本月　学校再获留学回国人员科研资助。学校留学回国李兆前副教授申请的“提高现代化加工系统可靠性的理论及实用技术”、黄克正讲师申请的“手表外观造型及色彩设计智能 CAD 系统”、王德民教授申请的“纹理图像分类和分割方法的基础研究”、张福厚副教授申请的“短波长量子阱激心器阵列”、孙胜教授申请的“计算机在塑性纯形状加工设计中的应用研究”等科技项目，均获 1992 年国家教委留学回国人员科研资助费，共 14 万元。

本月　材料系王执福副教授又为学校赢得一枚国际金牌。在墨西哥中国实用技术和产品展览会上，王执福副教授和莘县特种钢厂联合研制的“发电厂锅炉燃烧器火嘴和一次分弯管”获国际金奖。这是他继 1987 年获布鲁塞尔第 36 届尤里卡金奖后又一次为学校获国际金奖。

10 月

6 日　校、处级干部“解放思想大讨论学习班”一行 80 余人赴淄博市进行考察学习，进一步领会邓小平南方视察讲话精神。7 日，考察学习结束。

7 日　在第二届北京国际发明展览会上，学校参展的 7 项发明成果全部获奖，其中金奖 1 项，银奖 4 项，铜奖 2 项。获得金牌的是材料系李庆吉、孙康宁等人发明的“螺旋金属丝冷拔工艺及陶瓷模具”。展览会期间，技术转让活动十分活跃，学校参展的 7 个项目受到了国内外专家、企业家的青睐。其意向成交金额达 300 多万元，当场成交的合同金额达 40 多万元。联合国世界重视产权组织和中国台湾、香港的外商对学校参展项目表示了极大的兴趣，希望能够合作开发。16 日展览会结束。

16 日　学校隆重举行第 32 届田径运动会。17 日，运动会结束。

同日　日本京都大学工学博士菊池潮美先生应邀在学校举行了有关复合材料研究方面的学术讲座。29 日，讲座结束。

20 日　学校万余名师生员工以多种形式热烈庆祝中国共产党第十四次全国代表大会胜利召开。各部门组织收看了开幕式现场直播。

26 日　学校召开实验室工作先进集体、先进个人表彰大会。大会宣布，电力工程实验室荣获国家教委授予的“全国高校实验室系统先进集体”称号，材料工程系王孝华被授予“全国高等学校实验室系统先进个人”称号，另有 4 个实验室、7 名实验室工作人员受到省级表彰。

27 日　校党委举办党员处级干部“学习十四大文件研讨班”，校党政领导和 112 名党员处级干部参加了学习。11 月 2 日，学习结束。

1992 年

10 月

28 日　由省教委、省计委、省财政厅联合组织的世界银行贷款项目检查评估组来校检查工作。检查组对学校的世贷项目执行工作给予了充分肯定和高度评价。

30 日　经校长办公会决定，学校“公共关系研究所”成立。

本月　校实验室工作委员会成立，副校长宋化远担任主任。委员会办公地点设在物资设备处。实验室工作委员会的成立，对于发挥专家作用、团结广大实验室工作者，研究探索学校实验室建设、实验教学、技术物资供应，促进实验室工作的改革和发展，都具有重要意义。

本月　学校 3 个项目获国家自然科学基金资助，共计 14.7 万元。这 3 个项目分别是杨相寿教授申请的“用 K/Na 变质剂改变石墨形态，大幅度提高铸铁强度机理”，王德民教授申请的“递归数学形态学的研究和图像表示与编码”，高健副教授申请的“双材料界面力学的实验与微-宏观力学模型的理论分析”。

11 月

6 日　学校颁布《校办产业等管理、创收分配办法》，对校办产业创收、教务处创收、成人教育创收和科技管理等 4 个方面的问题作了详细规定。

11 日　省教委鲁教科字[1992]26 号文批准学校建立电力、动力工程、计算技术、电子等研究所和计算机辅助设计、金属陶瓷、结构材料、精细化工等研究室，并同意金属材料研究所更名为材料工程研究所。

13 日　鼓实劲，干实事，讲效益，学校举行学生政工干部座谈会学习十四大报告。

同日　学校与济南汽车制造总厂举行建立山工大实习基地协议书签字仪式。仪式上，副校长宋化远特聘汽总高级工程师蔡庆太为山工大铸造专业兼职教授，并颁发了聘任书。山工大济南汽车制造总厂实习基地是学校继青岛电视机厂、高密热电厂、山东无线电厂之后的又一个校级实习基地。

17 日　校党委召开处级以上党员干部会议，校党委书记程汉邦传达了中共山东省五届九次全委(扩大)会议精神。

20 日　省高教工委邀请中国科学院在山东的学部委员、著名专家学者、省委省政府重奖获得者，就贯彻落实十四大精神、深化改革，更好地为经济建设服务进行座谈。副校长邹增大出席座谈会并发言。

23 日　济南市委副书记、代市长谢玉堂应邀来校作《学习贯彻十四大精神》的报告。

24 日　学校确定 25 名青年教师为校级“优秀中青年学术骨干和学科带头人培养对象”。

本月　学校对外译名更改为：Shandong University of Technology。原译名为：Shandong Pollytechnic University。

本月　金属成形新工艺新设备国际会议在武汉召开。学校有 4 篇论文收入会议论文集。李培武教授、洪国栋讲师、李保健讲师到会宣读了论文，引起与会同行的浓厚兴趣。

1992 年

11 月

本月　外语教研室彭志忠研制的“大学英语训练及试题库—计算机辅助教学软件包”由省教委主持通过技术鉴定。参加鉴定的专家一致认为，该成果项目齐全，满足了教学需要，达到了省内先进水平，并具有良好的经济效益和推广前景。

12 月

5 日　校党委召开各部、处、系、教研室以及民主党派负责人会议，传达贯彻第四次全国高教工作会议精神。校长刘玉柱在会上作了题为《深化改革、加快发展，为把学校办成高水平的学校而努力拼搏》的报告。

同日　学校《大学生社会实践组织与实践的研究》课题通过由省科委委托省教委组织的软科学科研课题鉴定，“大学生班级整体化、规范化建设研究”课题通过由省科委委托省教委组织的软科学科研课题鉴定。

7 日　在第 126 次省长办公会议上，确定学校为争取进入“211 工程”的学校，并决定进行重点扶持，从 1993 年起连续三年每年增加投资 1000 万元。

19 日　中国民主建国会山工大支部成立，孟传富任主任委员，许传俊任副主任委员。

同日　材料工程系张恩洪教授被国家人事部选拔为“国家有突出贡献的中青年专家”。

同日　美国得克萨斯大学陈谟星教授应校长刘玉柱邀请来校访问，并与学校签订了建立友好学校的协议书。刘玉柱、副校长邹增大等接见了陈谟星教授。

21 日　美国“硅谷”KLA 公司高级工程师、校友陈仲伟博士回母校探访。

26 日　在全省“科教兴鲁”经验交流会上，学校荣获“山东省科教兴鲁先进集体”称号，材料工程系杨士浩教授被评为“山东省科教兴鲁先进工作者”。校长刘玉柱在会上作了典型发言。

杨士浩(1931～1994)，河南南阳人。1957 年，于北京钢铁学院铸造专业研究生毕业，到山东工学院机械工程系工作，历任助教、讲师、副教授。1986 年，任山东工业大学教授。1990 年，获国家发明三等奖、山东科技进步一等奖，1992 年被评为“科教兴鲁”先进工作者。

本月　学校 3 项科技成果荣获国家技术发明奖，其中三等奖 1 项，四等奖 2 项。材料工程系张恩洪等完成的“低铜基耐磨合金”获国家发明三等奖，张晓玲等完成的“高效防脱碳热处理盐浴添加剂”和动力工程系张立梅等完成的“交流工频发电机组动态参数综合检测仪”获得国家发明四等奖。

本月　本年度学校确定教授职务任职资格的 60 人，其中破格 5 人；确定副教授职务任职资格的 169 人，其中破格 19 人。

本月　学校成立优秀教学成果评审委员会，校长刘玉柱任主任。

本月　产学研结合的又一机构，校电力高新技术开发公司成立。该公司是科、工、贸为一体的高科技型企业，主要从事电力新产品的开发、生产与应用。

1992 年

12 月

本年　材料工程系边秀房、马家骥研制的“无镍高硅活塞合金”通过省科委组织的专家鉴定。来自清华大学、北京科技大学、哈工大等有关单位专家和教授一致认为，该项成果在成分设计和熔铸工艺上有创新，达到国际先进水平，具有广泛的推广应用前景。

本年　学校科技成果获奖项目居省属高校榜首。在召开的 1992 年山东省科技授奖大会上，学校 31 项科研成果受到国家、省、部委的奖励，居省属高校榜首。1992 年学校获国家发明奖 3 项；省科技进步一等奖 1 项、二等奖 4 项、三等奖 8 项、省星火二等奖 1 项；国家教委科技进步二等奖 1 项、三等奖 3 项；省教委科技进步二等奖 3 项、三等奖 4 项；省教委论文一等奖 1 项、三等奖 2 项。1992 年学校获国家、部委级奖励创历史最高水平。

1993 年

1 月

2 日　学校首届优秀教材评选工作结束，1985 年以来编写的 400 多部教材中共评出优秀教材 55 部，其中一等奖 15 部，二等奖 16 部，三等奖 24 部。在学校举行的首届优秀教材颁奖大会上，50 余名获奖者获得了证书和奖品。颁奖大会对优秀教材进行奖励在学校是第一次，这对学校今后的教材建设和鼓励教师结合教学实践编写出更多更好的优秀教材，有着积极的推动作用。

7 日　学校召开《山东工大报》创刊 40 周年纪念会。省委高校工委、新华通讯社等新闻单位、省新闻出版局负责人及驻济高校校报负责人、作者代表应邀参加会议，校领导刘玉柱等参加纪念会。《山东工大报》创刊于 1953 年 1 月 25 日，原名《山工校刊》，1983 年 10 月 26 日改为《山东工大报》。

同日　材料工程系王成国等研究的“活化催渗离子渗氮新技术”由省科委组织通过专家鉴定。经专家评审一致认为，该成果属国内外首创，其理论基础工艺水平达到国际先进水平。

本月　学校荣获由中宣部、团中央联合命名的“社会实践活动先进单位”称号。自 1987 年以来，这是第 5 次获得该项荣誉。

8 日　山工大人字[1993]第 1 号文公布，经学校研究决定，撤销基础课教学部，成立数理系、外语系。

10 日　学校电教科改名为“山东工业大学电教中心”。

16 日　材料工程系李木森等研制的“新型固体渗硼剂”由省教委组织通过专家鉴定。专家一致认为，该产品的技术经济指标达到国际先进水平。

25 日　经学校研究决定，物资设备处改名为实验管理处。

同日　学校印发《关于定编工作的实施意见》，成立了由 11 人组成的编制管理委员会，刘玉柱担任编管委主任，程汉邦、宋化远担任副主任。

同日　学校印发《人才交流中心条例》和《山东工业大学待聘人员管理暂行办法》。

28 日　为期 2 天的学校首届毕业生供需见面洽谈会结束。全省 200 多家用人单位与学生签署协议 310 份，意向 700 余份。

3 月

4 日　省教委副主任张传真率团来校检查重点建设项目执行情况，对学校重点学科和重点实验室建设工作给予充分肯定。

1993 年

3 月

6 日　副省长宋法棠在省教委主任吕可英的陪同下来校视察，对学校工作作了重要指示，并题写了“加强重点建设，提高教学质量”的题词。

同日　学校会计达标工作暨1992年度优秀会计工作表彰大会召开。会上通报了会计工作在省教委、省财政厅检查验收中顺利达标并受到表扬奖励的情况，表彰了会计达标工作先进集体和先进个人。

22 日　《山东工业大学住房制度改革实施方案》印行。

24 日　学校化工技术开发公司在化工系成立。该公司主要经营化工技术开发、新产品研制、技术咨询与服务，以及对人员的培训工作。

30 日　《山东工业大学行政公文处理暂行办法》颁布实施。

本月　学校开始在中层干部中推行干部制度改革，对行政单位的处级干部实行聘任制，党委机关的处级干部实行任命制，党总支委员实行选举制。凡聘任、任命、选举的干部均实行任期目标责任制，任期3年。

本月　材料系韩建德工程师、亓效刚助理工程师研制出一台多功能的型砂制备设备-S457型多功能筛砂机。化学工程系孙镛等研制的“微胶囊长效香味整理剂”由省科委组织通过专家鉴定。

本月　在第二届全国高等学校优秀教材评选中，材料系史希陶主编的《理论力学》，黄国靖、孟繁杰主编的《热处理设备》分别获得国家教委和机电部优秀教材二等奖。截至目前，学校已有7本教材在全国优秀教材评选中获奖，这在地方工科院校中是少见的。

4 月

8 日　“华天HTD1748系列净化式交流稳压电源”通过生产定型鉴定。电子工业部召开的鉴定会认为，该产品在国内处于领先地位，具有当前国际先进水平，完全可以替代进口。

14 日　山东省政协委员，港澳华材集团董事长、总经理黄成华来校访问。校长刘玉柱、副校长邹增大会见了黄成华先生。

19 日　学校第四届大学生科技文化艺术节开幕。艺术节期间举行科技、文化两大类活动70多项。

本月　材料系朱维平等研究的“激光表面强化新技术”通过鉴定。该成果达到了国内先进水平，其中激冷铸铁的激光强化技术填补了国内空白。

本月　科研处王衍章、学生处张永兵研制的“高校毕业生分配微机管理系统”通过技术鉴定。该系统具有较大的推广价值，在国内同类软件中属领先水平。

本月　济南柴油机厂、济南汽车制造总厂、济南第一机床厂和山东黄台火力发电厂等4个教学实习基地开始启用。学校与以上4个企业长期以来有着良好的协作关系。经双方协商，签订了协议，作为校级管理的校外教学实习基地，本学年度开始正式启用。

5 月

7 日　在学校承办的山东省第三届大学生科技文化艺术节“华天杯”民族文艺节目大赛上，学校杨春辉、章丽、张照伟等参赛的舞蹈《簸谷》，陈暄的古筝独奏《战台风》分获表演二等奖。

1993 年

5 月

同日　在“黄河三角洲经济社会发展研究会”第一次理事会上，学校被推举为理事单位，校长刘玉柱任常务理事。12 日，理事会结束。

9 日　在 1993 年第 84 届巴黎国际发明展览会上，代表山东省参展的学校 4 个项目全部获奖。孔希泰教授研制的“高效防脱碳热处理盐浴添加剂”和王执福副教授、山东东方特钢厂共同研制的“铸态 1300℃～1350℃铁基耐热钢”两个高新技术项目获得展览会特别荣誉奖杯。于宏璠副教授、曹宝林副教授、黄和妙副教授和莱州市磁粉离合器厂共同完成的“磁粉离合器无级调速及节能新技术”获巴黎警察局奖；许传俊教授研制的“高速精密间歇传动机构”项目获展览会纪念奖。22 日，校长刘玉柱、副校长邹增大及省科委的领导接见了获奖人员并合影留念。

17 日　学校召开博士、硕士学位授权点申报工作会议。18 日，会议结束。

18 日　澳大利亚德雷特大学副校长凯温・马乔里・班克斯先生、南澳州商界人士帕特里克・哈维先生和约翰・利克先生来校考察访问。

20 日　加拿大里贾纳大学副校长、研究生院院长布彻・弗莱德教授及夫人来校访问。

本月　汉语语音信号的分析、综合与识别的基础研究通过鉴定。

本月　材料工程系杨华、杨相寿研制的“贝氏体强韧中锰铸铁”通过省科委鉴定。

本月　世界著名检索刊物《工程索引》摘录学校论文。数理系王蕴珊副教授和王季中教授的论文“Holographic multiplicated strain fringe with non-linear record”1992 年 10 月发表在《光电子激光》杂志上，1993 年 5 月被世界著名的检索刊物——美国《工程索引》(*Engineering Index*)摘录。《工程索引》创刊于 1884 年，是世界上著名的工程技术领域的综合性文献检索刊物。该刊物是国内统计各单位和个人学术排行榜的必用工具，这将大大提高学校在科学研究领域的地位。

6 月

8 日　在省科委和省发明协会联合举办的第二届山东省发明技术展览交易会上，学校有 21 项构思巧妙、技术水平高、适用性强的优秀发明成果参加了展出，并全部获奖。这 21 项获奖成果中，一等奖 10 项，二等奖 4 项。在获得一等奖的项目中有 3 项发明获专项大奖，它们分别是动力系程林等发明的“组合式水平浮动盘管水-水热交换器”荣获专项奖“山口杯”奖状及证书，材料系李木森副教授等发明的“硼砂石墨型粒状渗硼剂”荣获专项奖“科苑杯”奖杯及证书，材料系杨华等发明的“贝氏体强韧中锰铸铁”荣获专项奖“亚龙杯”奖杯及证书。13 日展览交易会结束。

22 日　学校公布各单位人员编制方案，除产业处外，各单位编制均已确定。

本月　内燃机教研室党支部、工自教研室党支部荣获省委高校工委授予的“山东省高校先进党支部”称号，马家骥等 9 人被评为山东省高校优秀共产党员。

1993 年

7 月

9 日　学校作出部分机构调整的决定：撤销成人教育处，成立成人教育学院，下设办公室、夜大函授部、继续教育部；成立体育教学部（正处级）；撤销老干部工作处，成立离退休工作处，人事处退休科并入离退休工作处；审计室与纪委、监察室合署办公；党校与宣传部合署办公。

10 日　学校印发《中共山东工业大学委员会、山东工业大学关于对系处级干部实行任期目标责任制的意见》。

8 月

10 日　经省教委批准，学校增设的 3 个专科专业开始招生。这 3 个新专科专业是涂装防护工艺、现代会计及其应用软件和市场营销。

25 日　全校 2754 名教职工、4709 名学生共向南方洪涝灾区捐款 63912.85 元，捐衣物 2055 件。

26 日　1993 级本、专科招生工作结束，共招新生 2650 人，其中本科生 1650 人，专科生 1000 人。

本月　由“中国专利报”和漳州人民政府共同举办的“第二届中国专利新技术产品博览会”在漳州举行。动力系程林、杨培毅等研制的“组合式水平浮动盘管水-水热交换器”获得本届博览会金奖。

9 月

4 日　学校被国家教委授予“全国普通高等院校优秀教学成果奖励工作先进单位”称号，并获国家优秀教学成果二等奖 3 项，分别是制图教研室的“增强创新意识，提高学科水平”，机械厂、金工教研室的“加强实践环节，提高金工实习质量”，张有志的“电子线路教学中引入 CAA 的探讨与实践”。另有 1 项教学成果获省级一等奖，2 项获二等奖，3 项获三等奖。

5 日　第四届国际塑性加工会议在北京国际会议中心举行，这是国际塑性加工界规模最大、级别最高的学术性盛会。来自世界 32 个国家的 400 多名代表出席了会议。会议共发表论文 350 篇，材料系李培武、孙胜、徐亦公、王同梅、孙康宇、季中等 6 位教师在会上宣读论文 7 篇。宣读的论文学术思想新颖，引起了与会代表的广泛兴趣，得到与会代表的高度评价。12 日，会议结束。

9 日　材料工程系王执福教授获“全国教育系统劳动模范”称号。

10 日　学校庆祝 1993 年教师节大会在教工俱乐部隆重举行。受表彰的优秀教师、优秀实验工作者、教职工代表、学校党政领导出席大会。

14 日　成人教育学院举行建院大会和挂牌仪式。校长刘玉柱，副校长、成人教育学院院长宋化远为学院揭牌。

15 日　校党委召开副处级以上党员干部会议，学习传达中央、省委近期反腐败工作的指示精神，扎实深入地开展反腐败斗争。

18 日　学校举办“社会主义经济理论培训班”。中央党校经济学教研室副主任陈文通教授应邀作首场辅导报告。

22 日　国家教育委员会教学司[1993]61 号文批准，学校从 1994 年开始对符合规定条件的人员单独组织硕士生入学考试工作。

29 日　历时 3 天的山东省首届高校青年师生实用科技发明大赛落下帷幕。

1993 年

9 月

在这次大会上，学校参赛的60多项科技发明有14项获一、二、三等奖，以较大优势获总分第一名，还被大会授予优秀组织单位。在获奖的14个项目中，一等奖3项，二等奖3项，三等奖8项。大赛期间的交易会上，学校参赛的项目还与一些单位签意向书28项，意向额计300多万元。

本月　学校完成一项国际合作项目。材料工程系李培武教授与日本东海锻造公司合作进行的本田赛车后下臂锻件研究完成。该项课题通过学校的理论分析与计算机模拟，并经在日本实验，已成功解决本田赛车后下臂在锻造过程中形成的夹层缺陷。

10 月

6日　学校饮食服务中心成立。

8日　《山东工业大学关于教师及其他专业技术职务聘任管理工作的意见》公布实施。

9日　学校首批实验教学人员举行从教40年庆祝座谈会。校长刘玉柱，副校长宋化远、邹增大和已经离休的梁松芳院长，设备处、教务处、科研处和原教务处、设备处的负责人以及各有关系、教研室、实验室的负责人出席了会议。

19日　校长刘玉柱在系任期目标责任书交流会上提出要求："我们这一届任期是山工大发展的关键时期，是争取进入'211'的关键时期。我们一定要意识到历史的责任，在任期内，使工作有所突破，有所建树，使本单位面貌有一个新的变化。在山工大的发展史上，在本单位的发展史上，留下我们的足迹，而绝不能在我们任期内丧失机遇，贻误工作。"

22日　华东地区地方工科院校协作组第十一次年会在学校举行，参加年会的有福州大学、上海工业大学、南昌大学、浙江工学院、安徽机电学院、扬州工学院及9所特邀兄弟院校。省人大常委会副主任严庆清、省教委副主任吕可英出席会议。25日，会议结束。

同日　由国家科委、中国发明协会举办的"第七届发明展览会"在河北省石家庄举行。材料系杨华等研制的"贝氏体强韧中锰铸铁"、李木森等研制的"硼砂石墨型粒状渗硼剂"分别获得金牌。这是学校参加历届全国发明展览会获得金牌最多的一次。"贝氏体强韧中锰铸铁"超过了我国现有的低合金抗磨材料的性能，属国内首创，达到国际先进水平。用该铸铁生产的磨球，是锻钢球使用寿命的7～10倍，经济效益十分显著。"硼砂石墨型粒状渗硼剂"属高新技术，已申报了国家发明专利，并受到企业界和专家们的好评。31日，展览会结束。

25日　计算机应用1990级2班被国家教委、团中央命名为"全国先进班集体标兵"。全国共有10个班集体获此殊荣。

本月　山东省委组织部、宣传部、高校工委与省教委党组联合授予学校"党的建设与思想政治工作先进高等学校"称号。

11 月

8日　学校颁布《山东工业大学关于教师及其他专业技术职务聘任管理工作意见》，明确规定了聘任权限、聘期、工作程序等一系列问题。

19日　学校8名教师获省第三批"专业技术拔尖人才"称号，他们是杨士浩、边秀房、杨建华、舒其馥、彭其凤、姜清河、王欣、张传聚。

1993年

11月

本月　材料工程系边秀房教授入选“山东省十大杰出青年”。

本月　在第三届国际新思维、新发明、新产品展览会上，李庆吉教授等研制的“金属陶瓷螺旋钢丝冷拔模及工艺”获得金牌；李木森副教授等研制的“硼砂石墨型粒状渗硼剂”荣获银牌，为学校争得了荣誉。国际新思维、新发明、新产品展览会是欧洲第一流的技术交流大会，本届在德国纽伦堡举行。我国有12项发明成果参加了本次展览会，共获1枚金牌，4枚银牌，2枚铜牌。

本月　应学校党委邀请，省财政厅副厅长姚家辉来校作了题为《学习三中全会精神，加快经济体制改革》的报告，受到大家的欢迎。

12月

3日　省教委鲁教科字[1993]31号文公布，学校12名教师被评为山东省属本科院校“八五”第二批中青年学术骨干和学科带头人培养对象。

7日　学校在大学生俱乐部隆重集会，纪念“一二·九”运动58周年暨表彰在国家和省级各种评选活动中获得荣誉称号的集体和个人，表彰在学校学马列、学雷锋、大学生课余科技活动中涌现出的先进集体和先进个人。

21日　学校召开离退休工作检查总结及经验交流会，对13个先进单位进行了表彰。

27日　国务院学位委员会批准学校铸造专业为博士学位授权点，宋孔杰、边秀房为博士生指导教师，焊接、信号与信息处理、水工结构工程专业获硕士学位授予权。

31日　中共山东省委组织部[1993]组老字108号文批准，山东省第七届人大常委会委员、山东工业大学原党委书记郭兴和离职休养，政协第六届山东省委员会常委、山东工业大学原校长、党委常委夏天赳退休。

本月　学校确定本年度教授职务任职资格的58人，其中破格4人；确定副教授职务任职资格的89人，其中破格14人。

本月　学校开始着手新校区的选址工作，并成立了征地办公室。先后对孙村、彩石、孟家、吴家堡、姚家长清和大涧沟等地进行了全面调查与评估，经综合对比，初步选定大涧沟为新校区校址，并与大涧沟村签署了征地协议。

本年　全校学生纪念“一二·九”及毛泽东诞辰100周年。学校组织开展了以科技活动为龙头，思想教育活动为主线、文体活动穿插其中的系列活动。校团委在11月中旬至12月初举行了一次“有益的思想教育活动”的评选活动，从全校199个学生支部中评选出10个最佳支部。

本年　学校荣获5项国家级科技奖励，其中国家发明奖4项，国际科技进步奖1项。获奖项目：虞万钟、孙瑛、张长桥、杨自力完成的“用于钢丝表面热镀55%铝锌合金镀层的电解活化助铸剂及工艺”，李庆吉、孙康宁、刘援朝、王昕、李春胜、赵天平完成的“螺旋金属丝冷拔工艺及陶瓷模具”获得国家发明三等奖；王世清、朱瑞富等完成的“用SR变质剂处理奥氏体锰钢改善性能”，王光柱、朱锡贵与淄博科汇电力仪器研究所共同完成的“电缆故障测距仪”获得国家发明四等奖；许传俊、于发忠等与诸城锻压机床厂合作完成的“高速精密间歇传动机构”获国家科技进步三等奖。这次获得国家级奖励项目是学校历年来最多的一次。

1993 年

12 月

本年　学校获 3 项国家级优秀教学成果奖，6 项省级奖、21 项学校奖，还获省教委的“优秀教学成果组织管理”奖。1994 年 3 月 9 日下午召开了表彰大会。

本年　机械系副教授李兆前博士获得 1993 年“国家教委资助优秀年轻教师基金”，共 6 万元。该基金是国家教委为年轻回国留学人员设立的专项基金，其宗旨是使基金获得者以资助项目为基础，独立组织学术梯队，提高学术水平，尽快脱颖而出，成长为新一代的学术骨干和学科带头人。

1994 年

1 月

5 日　校工会被中国教育工会山东省委员会授予“先进大学工会”称号。

同日　学校隆重举行二届一次教职工代表大会暨第八次工会会员代表大会。校党委书记程汉邦致开幕辞，校长刘玉柱和陈有鹏分别代表校行政、校工会作工作报告。与会代表讨论通过了两个报告和《山东工业大学“211 工程”建设规划纲要（草案）》；选举产生了由 33 人组成的新一届校工会委员会，陈有鹏当选为校工会主席。8 日，会议结束。

14 日　学校参加“华联杯”电视歌手大赛，捧回金星杯。济南市委宣传部、济南市文化局、济南有线电视台和华联商厦联合举办的《山东华联杯》泉城歌手电视大赛，经三轮淘汰赛，于本日名次揭晓，由校工会组织的代表队荣获团体金星奖，捧回金星杯。学校代表队由校工会文体部副部长王万琴带队，金作成、房玲和郝丽萍 3 名歌手参赛。金作成以其洪亮的嗓音和扎实的唱功进入决赛，并获个人金星奖。房玲获优秀歌手奖，并获得荣誉证书。

15 日　学校 CAI 协作组成立大会举行。本协作组是在全国普通高等工科学校计算机辅助教学协作组的指导下，开展有关 CAI 的宣传、研究、规划和推广的组织。协作组成员以学校教学科研组为单位组成，各组选派代表一人会同教务处、实验管理处有关人员及有关系主任组成。

17 日　校长刘玉柱一行 3 人赴新加坡理工大学访问，并与新加坡理工大学签订了交流、合作协议。25 日，访问结束。

2 月

2 日　中共山东省委鲁任[1994]18 号文批准，林兆义任山东工业大学党委书记，程汉邦不再担任山东工业大学党委书记职务。

19 日　山东省人民政府鲁政任[1994]5 号文批准，齐善铸任山东工业大学调研员。

3 月

6 日　学校举行第二届毕业生供需见面会。到会的 220 多家企事业单位与毕业生签署协议 200 余份，达成意向 500 余条。7 日，见面会结束。

10 日　学校第七批共 17 名青年教师到基层参加社会实践锻炼。自 1991 年开始，学校已先后有六批计 223 名青年教师参加了为期一年或半年的社会实践锻炼。至此，根据上级精神，学校对 1985 年以来毕业的、符合条件的青年教师全部按计划完成了下基层参加社会实践锻炼的任务。

14 日　校党委举办处级以上干部学习《邓小平文选》读书班，校党政领导和处级以上干部 100 余人参加了学习。

20 日　学校成立老年人京剧团。

1994年

3月

24日　学校召开动员会，传达贯彻党委决定：在全校广泛开展学习徐洪刚的活动。校党委书记林兆义作了动员。会后，全校师生员工按照党委要求，掀起了学习徐洪刚的热潮。

28日　省教委重点建设检查专家组对学校4个省级重点学科、3个省级重点实验室的“八五”建设规划和年度计划执行情况，进行了中期检查评估，并抽查了一个校级重点实验室。通过对各项指标的检查，专家组认为学校重点项目建设措施得力，成效显著。

同日　学校图书馆主办全省高校首届文献检索课经验交流暨教学观摩会议，37所高校的48名代表参加会议。会议协商成立了省高校图书馆文献检索课教学研究组，校图书馆被推举为组长单位。31日，会议结束。

29日　校党委召开全校统战工作会议，学习贯彻江泽民关于统战工作的讲话和全省统战工作会议精神。

本月　机械厂、科技开发总公司被评为“山东省校办产业先进单位”。

本月　在国家教委高教司组织的全国第一届普通高校CAI优秀软件评奖活动中，彭志忠、卢福林研制使用的《大学英语训练及试题库》获三等奖，孟丽荣、陈方生等6人研制使用的《机械工程材料试题库管理系统》获优秀软件奖。

4月

2日　山工大普字[1994]第11号文公布，水利及土建工程系改名为土木工程系。

8日　学校“工程力学研究所”成立。丁洪太教授被任命为所长。校长刘玉柱为“工程力学研究所”揭牌。为祝贺该所成立，材料系特请著名书法家陈启业题字。

9日　中共中央政治局委员、省委书记姜春云一行来校看望师生员工并与师生代表进行座谈。姜春云在听取了校党委书记林兆义、校长刘玉柱的工作汇报后，充分肯定了学校近几年来取得的成绩，并就山东省高等教育的发展作了重要讲话。姜春云一行还参观了校团委主办的“首届青年学生科技发明大奖赛”展览和电力系统动模仿真实验室，察看了学生宿舍，到家中看望了教师。

15日　学校大学生《创造文学社》成立。《创造文学社》是在校团委、《山东工大报》编辑部指导下的校学生会文学社团组织，通过讲座、座谈、研讨会、创办刊物等形式提高其成员的思想、文学水平，促进校园文化健康、蓬勃发展。

16日　国家教委授予学校教务处“全国普通高校先进教务处”称号。

同日　学校召开由校党政领导和各系、部、处主要负责人参加的校庆筹备工作会议。会上成立了校庆筹委会，刘玉柱任主任委员，杨廷法、李福兴、段奎照、宋化远、张体勤、邹增大、齐善铸、王直平任副主任委员，张体勤任秘书长，下设校庆办公室、宣传组、筹资组、业务组、文体组、会务组、接待组、后勤组、保卫组。

18日　原校党委书记程汉邦一行4人赴日本熊本大学、大阪大学、早稻田大学考察访问。28日，考察访问结束。

19日　全国高校计算中心建设与管理研究会理事会在学校召开。来自全国各地教委、部署重点院校，连同学校22个理事单位的计算中心主任出席了会议。

1994 年

4 月

20 日　学校撤销老干部工作领导小组，成立离退休工作领导小组。李福兴任组长。

21 日　“山东工业大学首届十佳优秀青年教职工”评选结果揭晓，孙东升（材料工程系）、张晓玲、李兆前、李宇兵、杜爱玲、马传峰、曹升乐、刘长有、王允修、朱海燕当选。学校党政领导林兆义、刘玉柱等于 25 日下午接见了“十佳”，并进行了座谈。

22 日　山东省教委鲁教高字[1994]13 号文批准学校提交的《关于申请作为“马列课、思想教育课”教学试点单位的报告》，确定学校为“两课”教改试点单位。7 月 5 日，教改试点工作领导小组成立，杨廷法、宋化远任组长。

24 日　学校新一届学术委员会成立。校长刘玉柱任主任委员，副校长邹增大、博士生导师艾兴任副主任委员。

27 日　《山东工业大学关于社会治安综合治理领导责任制实施意见》印发。

28 日　校党委召开稳定工作会议，各党总支书记、系主任及有关处室负责人参加了会议。校党委书记林兆义传达了全省高校党委书记会议精神，并对搞好学校稳定工作提出了意见。

同日　电力工程学院徐中立教授因病医治无效，于 1994 年 4 月 28 日早 6 时逝世，享年 73 岁。

徐中立(1927～1994)，浙江杭州人。1952 年 7 月，毕业于浙江大学机电系电机制造专业，获学士学位，分配到学校任教，先后任助教、讲师、副教授、教授，曾担任电气教研室主任，中国电机工程学会会员。徐中立教授是机电系统和电气教研室主任，中国电机工程学会会员，全国电气技术专业教学指导委员会委员。徐中立教授在电力系统和电气技术及相近科学的研究上有较深的造诣，主编的《电力工程》为全国统编教材，受到师生的普遍好评。他还先后担任了《电工学》《电机学》《电力系统稳定》等十几门课程的教学任务。他教书育人，为人师表，为我国电力事业培养了大批专业技术人员，作出了突出的成绩。

同日　省教委专科专业评估组来校检查工作，1993 年开始招生的防护工程、财务电算、国际商务、车辆工程、市场营销 5 个新上专科专业顺利通过评估。29 日检查工作结束。

本月　学校被确定为省属高校中唯一进行招生制度改革的试点单位。从当年起本科招生实行“并轨”并进行收费制度改革。

本月　校团委自 1993 年 12 月开始举办的“华天杯”首届青年学生实用科技发明大奖赛结束。共有 155 项成果参赛，70 项获奖。另有教师的 50 项科技成果参加了展示。大奖赛期间，4000 余名师生观看了成果展，30 余家企业参加了成果转让洽谈会。

本月　山东省科技奖励大会在济南南郊宾馆举行。学校有 5 项科技成果获得国家级奖励。王世清教授代表获奖科技人员发言。

本月　机械工程系博士导师艾兴等研制的“碳化硅晶须(SiCw)增韧 Al2O3 陶瓷工具材料研制与应用”由省科委组织通过专家鉴定。

1994年

4月

本月　博士导师宋孔杰等研究的"组合结构的振动控制及其应用"由省教委组织通过鉴定。

5月

4日　科技英语专业学雷锋志愿者服务队被共青团山东省委授予"山东省新长征突击队红旗"。

同日　校党委印发《关于开展建校四十五周年庆祝活动的通知》，对校庆筹备和联谊工作作了具体安排。

9日　学校社会治安综合治理委员会成立。校党委书记林兆义任主任委员。

15日　学校专科起点的"思想政治教育"本科专业面向全省恢复招生。

17日　学校首次招收本科保送生工作结束，120名保送生经推荐考试后被录取。

同日　山东省第四届新长征突击手(队)标兵事迹报告团首场报告在学校举行。武警蓬莱消防中队队长郝健伟，文登市委副书记、苘山镇党委书记侯成君，山东大学梁栋教授分别介绍了集体与个人的事迹。他们积极投身改革开放，致力于经济建设，开创文明新风，发愤学习成才，为现代化建设事业作出了突出贡献。学校400余名大学生代表被他们的事迹所深深打动，报告现场不时地响起热烈的掌声。报告会后，各系还组织班级进行了讨论。

19日　学校举行社会治安综合治理领导责任制责任书签字仪式。校党委书记林兆义与各单位治安负责人在校《社会治安综合治理责任书》上签字。

28日　由蔡华甦教授、丁洪太教授等承担省科委计划项目"高性能T300M新型碳纤维的研制"，通过省科委组织的技术鉴定。省科委主任何宗贵主持鉴定会。"高性能T300M新型碳纤维"的各项指标达到和超过了日本东丽公司的T300M型碳纤维，属同类产品国际先进水平。

31日　省委常委、统战部部长韩寓群来校视察指导工作。

本月　学校毕业生分配工作受表彰。5月上旬，国家教委在长沙召开会议，表彰奖励近年来在毕业生分配工作中成绩突出的先进集体和先进个人。学校被评为"全国毕业生分配工作先进集体"。学生处处长张永兵被评为"全国毕业生分配工作先进个人"。在此之前，学校被省计委、省教委、省人事厅评为"全省高校毕业生分配工作先进集体"，张永兵、马传峰被评为先进个人。

本月　在驻济高校田径运动会中，学校健儿创得较好成绩：获男子团体第4名，女子团体第3名，自动化系吴晓晴获女子7项全能冠军并打破学校9项纪录。

本月　动力系黄宜谅教授被著名的美国传记研究院(ABI)邀请为研究咨询委员会(RBA)委员。世界上两个权威传记研究院，一个是英国剑桥，一个是美国的ABI。美国传记研究院(ABI)成立20多年，每年出一卷世界名人传记，专门收录世界各国科技界、艺术界的杰出人物，在全世界很有权威性。黄宜谅教授两年的5篇论文被世界著名的检索刊物——美国《工程索引》收录。

1994 年

5 月

黄宜谅(1930～1996),广东台山人。1953 年毕业于天津大学内燃机专业,任长春第一汽车厂技术员。1956 年,任北京汽车拖拉机研究所技术员。1957 年,考入天津大学内燃机研究生,1961 年毕业留校任讲师。1973 年,任山东工学院讲师、副教授。1985 年,任山东工业大学教授。曾任山东内燃机学会副理事长。

6 月

1 日　经山东省教育委员会批准,学校第四届学位评定委员会由 23 人组成。刘玉柱任主席,宋化远、邹增大、艾兴任副主席。

6 日　校党委印发《关于深入学习邓小平建设中国特色社会主义理论的安排意见》。该《意见》要求各党总支、党支部认真贯彻党中央搞好"三学"的决定和山东省委六届二次全委会精神。

9 日　"山东省大学生'泰山特曲杯'我说改革与发展"征文比赛颁奖大会在山东大学召开。学校 4 名学生获省征文奖。电子系宋剑峰同学的《路,越走越宽了》获一等奖,动力系夏文祥同学的《现在的路子走对了》获二等奖,罗晓禾、赵希波两同学的论文获三等奖。他们的作品均被选入"我说改革与发展"论文集。本次征文活动由省高校工委主办、山东省泰山酿酒集团总公司协办。山东省各高校的大学生均参加了比赛。共评出一等奖 10 篇,二等奖 30 篇,三等奖 60 篇,优秀奖 40 篇。

11 日　学校开设"思想政治教育"专业本科班,招生对象是学校 1992 级专科统招毕业班学生。由学校组织入学考试。考试科目有政治、语文、外语,于 11、12 日两天进行。"思想政治教育"本科班学制两年,学生学完教学计划规定的全部课程,并经考试取得规定学分者,发给大学本科毕业证书,国家承认其大学本科毕业学历。

15 日　以澳大利亚南澳州总理迪恩·布朗为团长的南澳州政府代表团一行 11 人来校访问。在校长刘玉柱的陪同下,代表团参观了学校电力系动模实验室、材料系电镜实验室和机械厂。布朗总理对此次参观非常满意,表示回国后将努力促进南澳州的高校与学校的合作关系。

20 日　学校"教学拔尖人才"选拔制度建立,自当年始,每三年评选一次。

本月　刘长有博士获国家"863"计划资助。自动化系副教授刘长有博士 1994 年 2 月申请的国家高技术研究发展计划("863"计划)CEMS 系统理论与方法专题"自动化立体仓库的若干调度问题"课题,上报国家科委基础研究高技术司及自动化领域专家委员会后,获批准立项,资助金额 7 万元。刘长有博士是学校第一位申请到国家"863"计划项目的科技人员,实现了学校进入"863"计划零的突破。

本月　山东省委、共青团山东省委作出"关于表彰高校、中专省级三好学生、优秀学生干部和先进集体的决定",学校有 10 名三好学生,8 名优秀学生干部和 3 个先进班集体受到表彰。

7 月

1 日　中共山东省委组织部[1994]组任字 55 号文批准,段奎照、宋化远、张体勤、邹增大任山东工业大学党委常委。

同日　校党委召开庆祝建党 73 周年座谈会。校党委书记林兆义作重要讲

1994 年

7 月

话。建党 73 周年前夕，校党委隆重召开大会，表彰一年来在教学、科研、管理和生产等工作中做出突出成绩的先进党支部和优秀共产党员。

16 日　学校地方联手育人，社会实践再上层次。山东工业大学社会实践活动指导委员会成立大会在诸城市举行。大会认为，成立山工大社会实践活动指导委员会的宗旨：以建设中国特色的社会主义理论为指导，帮助和引导青年学生深入社会实际，了解社会，了解国情，向工农学习，在实践中学习，在改革开放的实践中锻炼技能，培养跨世纪的合格人才。

本月　材料工程系铸造教研室党支部荣获中共山东省委表彰命名的“山东省先进基层党组织”称号。

本月　动力系热能教研室程林副教授荣获第五届“山东省十大杰出青年”称号。

本月　香港震雄集团捐赠给学校价值 30 万元的注塑机一台。

8 月

10 日　国家教委批准增设通信工程和机械电子工程专业，批准应用数学专业改为计算数学及应用软件专业。省教委批准增设制冷与冷藏技术、汽车制造与维修、供用电技术、城镇建设、文秘和国际贸易等 6 个专科专业。这些新专业于当年招生。

24 日　第三届全国大学生田径锦标赛经过 4 天紧张激烈的比赛，在山东师范大学落下帷幕。学校运动员在这次运动会上取得了好成绩。管理系彭亮以 46 分 10 秒 21 的成绩夺得男子乙组场地万米竞走银牌；孟伟冒着倾盆大雨，沉着应战，以 14.86 米的成绩夺取男子乙组三级跳远铜牌；李海萍经过几天的连续拼搏，分别以 4 分 51 秒 52 和 10 分 25 秒 51 的成绩取得女子乙组 1500 米和 3000 米的第 4 名和第 5 名。来自全国 80 多所院校和日本商大、韩国庆北大学、香港科大等学校共 1500 多名运动员参加了本届运动会。

29 日　校党委印发《中共山东工业大学委员会关于加强党校工作的意见》。该《意见》着重指出要重视党的思想建设，用邓小平建设中国特色社会主义的理论武装党员和干部。党校校长由校党委书记林兆义兼任，副校长为杨廷法、李福兴、韩宏。

30 日　根据上级指示精神，学校组织开展了“向贫困地区捐送衣被物品”活动。全校教职员工踊跃参加，共捐送各种衣物 7529 件。活动于 9 月 10 日结束。

9 月

7 日　科学实验楼前楼(包括前厅)交付使用。

8 日　第八届全国发明展览会在青岛举行。学校 17 项发明参展，16 项获奖，其中金奖 8 项，银奖 6 项，铜奖 2 项。获得的金奖项目分别为流态化热处理炉、三相对称输入的单相供电变压器、新型可控硅中频感应加热炉、二氧化氯杀菌消毒剂、浮动盘管热管热交换器、铸造空气包技术开发、DL1-0.4-0.2 低烟尘水管整装新型结构节能蒸汽锅炉、液体膨胀自力式温度调节器等。会上，学校参展教师与企业进行了广泛接触与洽谈，为学校科技成果的推广与应用打下了良好的基础。17 日，展览会结束。

1994 年

9 月

10 日　学校师生隆重集会，热烈庆祝第 10 个教师节。

19 日　学习基本理论，掌握基本知识，学校举办社会主义市场经济理论培训班。校党委书记林兆义对培训班提出要求，全校 100 多名处级以上干部参加了学习。29 日，培训班结束。

21 日　学高身正，桃李天涯，“祝贺艾兴教授从教四十五周年”的大红醒目横幅挂在图书馆阅览室大厅，大家欢聚一堂，共庆博士生导师艾兴教授执教 45 周年，祝贺他 45 年来为党的教育事业作出的巨大贡献，为社会主义事业培养出一批又一批的优秀人才，祝贺他在攀登科学高峰的工作中取得的创造性成果，祝愿他健康长寿。

10 月

3 日　校党委召开副处级以上党员干部会议，学习贯彻党的十四届四中全会精神。

10 日　学校举行青年科技工作者协会成立大会暨学术交流会。协会的 91 名会员 50%是教授、副教授或拥有博士学位。协会旨在团结全校青年科技工作者，促进学校科技繁荣与进步。

同日　学校荣获“山东省大中专学生社会实践活动先进单位”称号。

11 日　学校妇女委员会成立，尹薇任主任。

13 日　由学校承办的全国第三届操作系统课程教学研讨会在学校召开。来自 16 个省市的 25 所院校，30 余位代表、省教委有关处负责人和学校领导参加了研讨会。16 日，会议结束。

本月　为响应团中央十三届全会提出的建设“跨世纪青年文明工程”的号召，学校成立青年志愿者协会，并制定了《协会章程》，选举产生了由 16 人组成的理事会。

20 日　中共中央政治局委员、国务院副总理李岚清为学校 45 周年校庆题词：努力提高教学质量和办学效益，为进一步办好山东工业大学而奋斗。

同日　山工大举行新落成的南校门揭牌仪式。

21 日　外语系崔校平获“霍英东高等院校青年教师奖(教学类)”。

25 日　电力系桑在中、潘贞存等承担的“TY-01 型通用小电流接地系统单相接地选线与定位保护”研究项目，通过山东省科委组织的鉴定。该项成果解决了电力生产中的一大难题，具有较高的经济与社会效益。

29 日　山工大党字[1994]第 15 号文公布，成立机械工程学院、材料科学与工程学院和电力工程学院。

31 日　来自省内外参加校庆活动的校友陆续抵校。校庆活动拉开帷幕。晚上，“建校 45 周年爱国主义歌曲大合唱比赛”在主楼前广场举行，新老校友、师生员工欢聚一堂，观看比赛。

此前，学校有关部门为校庆活动作了充分准备。进入 10 月份以后，向全国各省、自治区、直辖市的校友会和校友发出邀请函 1500 余封；印制了《山东工业大学》画册和收录了 16000 名校友地址的《校友通讯录》，正式出版了反映校友业绩的《闪光的足迹》一书；主楼前广场整修、新校门(南门)建设等工程相继竣工，校园面貌焕然一新。

1994 年

10 月

本月　土木工程系学生肖淏作为山东省青年志愿者唯一代表，进京参加了“全国大中学生志愿服务总队”成立大会。学校“大学生科技文化志愿服务队”作为首批支队加入总队，被授予“志愿者服务总队”的队旗。

本月　省委宣传部授予学校党委党校为“山东省先进基层党校”称号。

本月　学校被山东省教委授予“山东省高校学生宿舍管理先进单位”称号。

11 月

1 日　建校 45 周年庆祝大会在校体育场隆重举行。中共中央政治局委员、国务院副总理李岚清，中共中央政治局委员、书记处书记姜春云为校庆题词。国家教委发来贺信。中共山东省委书记、省长赵志浩，省委副书记韩喜凯，电力工业部部长史大桢，省人大常委会副主任马仲才、苗枫林、严庆清，省政协副主席翟永溥、吴富恒等领导和有关单位、兄弟院校负责人出席了大会。来宾、校友、本校师生员工和离退休人员共计 15000 余人参加了庆祝大会。

大会由校党委副书记杨廷法主持。校党委书记林兆义宣读了中央和省委、省政府、省人大、省政协、济南市领导的题词。校长刘玉柱讲话。省委高校工委、省教委代表曾繁仁，校友代表史大桢，兄弟院校代表杨家庆(清华大学常务副校长)、陈之安(山东大学党委书记)在大会上讲话祝贺。教职工代表博士生导师边秀房在会上讲话。大会在鼓乐声中结束。

当日晚上，在体育场和主楼前广场分别举行了焰火晚会和大型文艺演出，将校庆活动推向又一个高潮。2 日上午，校友总会第二次会员代表大会举行。大会选举产生了山东工业大学校友总会第二届理事会，理事会成员 174 人，比第一届增加了 74 人。刘玉柱任会长，孔繁树、艾兴、田嘉玮、宋国文、李德珍、杨廷法、张昭立、陈哲平、段奎照、徐福田、徐华东、倪士崇、程敬之、廉守昌任副会长，张体勤任秘书长。

校庆期间，学校举行了喷泉雕塑奠基仪式、校友座谈会、经济洽谈会、学术交流会、罗庄镇新闻发布会，举办了成果展览和书画展览等。各系、各单位也根据自己的实际情况安排了活动。校园里洋溢着浓郁的节日气氛。此间，170 余个兄弟院校、友好协作单位和全国各地的校友为校庆发来贺词、贺信、贺电。许多校友还赋写诗词、捐资捐物，以示祝贺。

3 日　为在全校创造一个学英语、用英语的良好气氛，提高学校整体英语水平，教务处、外语系在全校开展“外语系第二届金秋英语节”英语学习系列活动。12 月 8 日活动结束。

9 日　在全省第二届青年知识分子表彰会上，材料工程系孙东升教授被评为“山东省优秀青年知识分子标兵”。

17 日　“华日摩托奖”山东工业大学首届十大青年学生标兵评选活动结束，吴慧等同学当选。这次活动由山东华日集团总公司和学校联合举办。

25 日　狠抓教学质量，提高教学水平，学校召开第二届教学研讨会。会议围绕教学改革的主题进行发言，校党委书记林兆义在会上讲话。

26 日　学校召开 300 余名党员干部参加的党的建设工作会议，学习贯彻十四届四中全会决定。校党委书记林兆义就如何加强党的建设发表讲话。

1994 年

11 月

本月　自动化工程系曹景森、刘伯强、胡咏梅等完成的“碱减量处理机生产线微机自动检测控制系统”在济南通过省教委组织的鉴定。

12 月

1 日　学校获“全国大学生社会实践先进单位”称号。

2 日　学校召开处级以上干部会议，学习贯彻全国、全省教育工作会议精神。校长刘玉柱在会上发表讲话，号召全校师生为争取进入“211 工程”而努力拼搏。

5 日　在中国大学生第二届应用科技发明大奖赛上，学校 12 项成果获奖，并获得山东省高校唯一的优秀组织单位奖。

16 日　校团委在 1994 年山东省团的工作考核中被评为“山东省红旗团委”，并荣获“山东省‘青春立功’活动先进团委”称号。

同日　培养跨世纪合格人才，学校召开德育工作会议。校党委书记林兆义，党委副书记杨廷法、李福兴，副校长段奎照、张体勤，校纪委书记王直平出席会议，张体勤主持会议。

22 日　校党委制定《山东工业大学党委工作暂行条例》，修订了《山东工业大学系党总支工作试行条例》《山东工业大学教研室党支部工作试行条例》和《山东工业大学学生党支部工作试行条例》。

同日　学校召开十大学生标兵评选暨暑期社会实践活动总结表彰大会。

23 日　3 项教学管理科研成果通过鉴定。经过学校教务处工作人员的数年辛勤努力，“普通高等院校招生工作计算机管理系统”“高等学校学生成绩管理系统”“高等学校师资管理信息系统”3 项教学管理科研成果通过省教委组织的科研鉴定。

同日　妇女委员会召开妇女工作座谈会，号召全校女教职工做“四有”（有理想、有道德、有文化、有纪律）新型女性。

29 日　校党委召开会议，部署向特困企业职工捐款工作。各系、部、处捐款活动相继进行，共捐款 45150 元人民币。

本月　本年度学校确定教授职务任职资格的 33 人，其中破格 4 人；确定副教授职务任职资格的 36 人，其中破格 8 人。

本月　在全国大学生数学建模竞赛中，学校代表队荣获苏鲁皖赛区二等奖，在全省参赛院校中位居榜首。

本月　为贯彻落实中共中央关于《爱国主义教育实施纲要》，校党委、行政下发关于《加强爱国主义教育的实施意见》，各单位制定了《爱国主义教育实施细则》。

本月　学校根据省委高校工委的指示，组织拍摄的铸造教研室党支部建设的录像片《铸造辉煌》封境，省委高校工委副书记徐庆申审看了此片。

本月　学校荣获“全国大学生社会实践先进单位”称号。

本月　学校召开学习、宣传、贯彻《审计法》，认真履行审计职能大会。校各系、部、处、室、厂、馆，各经济实体的主要负责人参加了会议。校长刘玉柱主持会议并讲话，就学校深入学习、贯彻《审计法》，加强学校内部审计工作作了重要讲话。

1994年

12月

本年　孙希泰教授入选《世界名人录》，王季中教授入选《国际名人大辞典》。鉴于材料工程系孙希泰教授的杰出贡献，世界名人收录中心特将其收录于《世界名人录》第23版。同时，著名光测力学专家、学校数理系王季中教授，多年来在光测力学学术领域有突出建树，被剑桥国际名人传记中心编入《国际名人大辞典》。

本年　李志等20名同学获台湾齐鲁文经协会奖学金。台湾齐鲁文经协会奖学金由台湾齐鲁文经协会提供，李志等20名同学每人获得870元奖学金。这是学校学生首次接受由社会资助的奖学金。有10所高校参评，160名学生获得该项奖学金。

1995年

1月

18日　省科委批准学校成立"山东省碳纤维工程技术研究中心"，并与学校签订了关于联合进行碳纤维中试的协议书。

20日　学校在教学主楼举行"助学工程新闻发布会"。部分驻济新闻单位、6家企业集团和400多名师生参加了大会。学校是省政府确定进行"招生收费并轨"试点的唯一一所省属高校。这项工程主要通过采取奖、贷、减、补、助、扶6个方面的措施，使品学兼优的学生得到鼓励，使经济困难的学生得到帮助。"助学工程"的推行，进一步扩宽了办学渠道，为全面推行高等学校招生收费制度的改革探索了经验。

2月

18日　在学校召开的总务工作总结表彰会上，一批后勤第一线的先进集体和个人受到学校表彰。校党委书记林兆义、副校长张体勤在会上讲话。

20日　学校第二届优秀自编教材评选工作结束，25种教材获奖，其中一等奖6个，二等奖9个，三等奖10个。

21日　根据山东省委及省委高校工委、省教委《关于深入开展学校社会主义思想教育活动的意见》的要求，校党委、行政共同制定了《关于深入开展社会主义思想教育活动的实施意见》。教育活动分3个阶段进行，2月底开始，5月底结束。活动旨在认真贯彻党的十四届三中、四中全会精神，深入开展爱国主义、集体主义、社会主义教育，进一步推动学校各项工作的改革与发展。

27日　校党委行政共同制定的《山东工业大学教书育人、管理育人、服务育人工作暂行条例》公布执行。暂行条例是根据《中国教育改革和发展纲要》《中共中央关于进一步加强和改进学校德育工作的若干意见》和全国教育工作会议精神，结合学校实际情况制定的。

28日　校办产业处党总支成立。

3月

1日　"浪潮机械CAD系统V2.0"在京获金奖。学校浪潮CAD系统工程公司作为学校唯一的一家参展单位，参加3月1日在北京国贸中心隆重举行的第六届全国计算机软件交易会。软交会期间，全国软交会办公室对参展软件进行了评比，经过各位专家的严格评审，学校"浪潮机械CAD系统V2.0"不负众望，从各类参展软件中脱颖而出，荣获此届软交会金奖。

1995 年

3 月

2 日　学校在主楼大厅举办 1995 届毕业生“供需见面会、双向选择”洽谈会。全省 170 多家用人单位近 300 名代表参加了洽谈。毕业生与用人单位达成就业意向 510 多条，签订协议书 137 份。3 日，洽谈会结束。

3 日　校党委召开学校各民主党派负责人座谈会，征求对校党委、行政年度工作计划的意见。校民盟、民建、致公党、九三学社负责人先后发言，对学校建设和发展提出建议和意见。

7 日　校党委和行政共同作出决定，在全校范围深入开展向孔繁森、王廷江、韩素云学习的活动。该《决定》号召全校干部、党员和教职工认真学习孔繁森、王廷江、韩素云的先进事迹和高尚品德，坚定信念，树立全心全意为人民服务的宗旨，做一名好干部、好党员、好职工，努力把学校的各项工作做得更好。9 日，学校召开 300 多人参加的动员大会，省委高校工委书记、省教委主任崔惟琳在会上作了重要讲话。这次活动在全校引起强烈反响。

同日　学校隆重召开庆“三八”妇女节大会。20 名“三八红旗手”、23 个校文明家庭受到表彰。

同日　乌克兰科学院金属物理所所长涅莫斯柯连院士及夫人依林斯基教授，中科院物理所陈熙琛夫妇来校访问，受到校长刘玉柱、副校长邹增大的热情接待。

9 日　为响应省委、省政府的号召，推动学校各项工作的顺利开展，学校召开向孔繁森、王廷江、韩素云学习的动员大会，就在全校教职工中深入开展向他们学习活动作了具体部署。省政协副主席、省教委主任崔惟琳出席动员大会并讲话。《中共山东工业大学委员会 山东工业大学关于开展向孔繁森、王廷江、韩素云学习活动的决定》对学习活动作了具体安排和部署。

10 日　学校召开校办产业工作会议。校党委书记林兆义、校长刘玉柱出席会议，林兆义主持会议。与会人员听取审议了刘玉柱代表校办产业管理委员会所作的工作报告，讨论、修改、通过了《山东工业大学校办产业管理办法》等文件。

12 日　学校为解决长期以来因校舍紧张阻碍发展的状况，向省教委、省计委上报了《山东工业大学开辟建设新校区的项目建议书》。新校区计划征地 1200 亩，规划建设用地 885 亩，位于济南市历城区十六里河镇大涧沟村西。21 日，省教委批复同意。27 日，学校又向济南市规划局提交了关于在大涧沟开辟新校区的定点申请报告。

22 日　国家“863”计划新材料领域专家委员会成员一行 6 人在省科委副主任石明泉等陪同下，来校视察指导工作。视察期间，校长刘玉柱、副校长邹增大向专家组作了汇报。专家们还参观了碳纤维、材料分析测试中心、铸造和金属陶瓷等实验室。

同日　中共山东省委组织部[1995]鲁组老字 13 号文批准，山东工业大学原调研员齐善铸离职休养。

24 日　校党校举办青年干部、青年教师骨干政治理论培训班。校党委书记、党校校长林兆义在培训班上讲话。培训班旨在贯彻落实党的十四届四中全会精神，加快培养和造就德才兼备的优秀年轻干部。

1995 年

3 月

31 日　为认真贯彻落实国家计划生育政策，学校举行人口控制目标责任书签字仪式。校长刘玉柱代表学校与各院、系、各单位负责人签订了人口控制责任书。副校长段奎照代表学校和校计划生育协会讲话。

本月　省委高校工委下发文件，要求全省高校收看录像片《铸造辉煌》，推广学校铸造教研室党支部建设的先进经验。

本月　团省委授予土木系水工 1991 级 2 班肖滇同学“山东省青年志愿者标兵”，同时授予“山东省新长征突击手”荣誉称号。动力系张怀东同学、自动化系贺明同学荣获“山东省优秀青年志愿者”称号，化工系大学生青年志愿者协会荣获“山东省青年志愿者活动先进集体”。

4 月

4 日　山工大党办字[1995]1 号文通知，中共山东工业大学校办产业处总支委员会公章开始使用。

同日　校党委传达贯彻省委办公厅、省政府办公厅和省委高校工委、省教委有关稳定工作的指示精神。

7 日　山东工业大学统战工作研究会成立。

11 日　材料工程系王成国等承担的省科委资助项目“钢板-高聚物层状减振复合材料的研究”通过省科委组织的专家鉴定。鉴定委员会一致认为，该项目的研究属国内首创，达到国际先进水平。

21 日　学校评出首届“泰山齿轮奖”青年教师讲课十佳，他们是孙奉仲、郑修才、熊冶平、张天德、张宁、赵然杭、陈青、王辛、曾毅、张秀华。随着第 31 位青年教师讲课决赛场到点计时器鸣笛，历时 35 天，经过了各系、部、院选拔，学校 11 场预决赛、有 16 个教学单位参加的“泰山齿轮奖”学校首届青年教师讲课大赛工作圆满结束。

22 日　为迎接省教委下半年对教学工作的评价，学校召开教学工作自评委员会工作会议，布置教学评价工作。教学自评工作于 6 月中旬结束。

本月　邹增大教授被天津大学聘为焊接专业博士生导师。

本月　在驻济高校足球赛中，学校男子足球队奋力拼搏，力克群雄，以不败的成绩，勇夺驻济高校足球赛冠军。

本月　“金山口奖”第二届青年学生科技作品大赛揭晓。经评委们认真评议，许崇梅等 13 位同学的科技成果荣获一等奖，张伟等同学的 20 项科技作品获二等奖，苏炜等同学的 31 项科技作品获三等奖，孔德利等同学的 39 项科技作品获鼓励奖。

本月　为促进高等教育事业发展，关心支持大学生健康成长，鼓励吸引毕业生到急需人才的用人单位工作，泰安市金山口(集团)实业总公司决定在山东工业大学设立定向奖学金。金山口实业总公司设立的奖学金命名为金山口奖学金；金山口实业总公司委托山东工业大学奖学金评审委员会负责该项奖学金的管理工作；金山口实业总公司所需专业、品学兼优、毕业后志愿到该单位工作的山东工业大学在校学生及应届毕业生；金山口实业总公司每年的 3 月份将奖励 50 名学生，所需的 15 万元经费拨付学校。

1995年

5月

4日 全国劳动模范王廷江来校为600多名教职员工作报告。初夏的山工大校园，风和日丽，新绿满园。全国劳动模范王廷江来校作报告的消息不胫而走。这给学校正在深入开展"三学"活动，增添了更具体生动的学习内容。王廷江的报告不时被热烈的掌声打断，一个半小时的报告掌声达30余次。王廷江被聘为学校思想政治顾问，校长刘玉柱向他颁发了聘书。

同日 学校在山东省大学生民族歌舞大赛中获一等奖1个，三等奖1个。当天下午，在山东剧院里，由校团委承办的全省23所高校选送的大学生民族歌舞演出高潮迭起，赢得2000余名在场的大学生掌声阵阵。经过预决赛，20块奖牌各有得主，学校参赛的舞蹈《花扇》获一等奖。

5日 由13人组成的山东工业大学"三育人"工作领导小组成立。林兆义任组长，杨廷法、宋化远、张体勤任副组长。

同日 校工会主办的"山工大教职工爱国主义歌曲大合唱比赛"在主楼前隆重举行。全校23个部门工会，1500多名教工参加了合唱比赛。校机关获一等奖，产业处、动力工程系、电力工程学院获二等奖，自动化工程系、材料科学与工程学院、计算机工程系获三等奖，外语系、机械工程学院、总务处和数理系获优秀奖。

6日 校长刘玉柱受美国新闻署与俄克拉荷马校长邀请访问美国。6月5日，访问结束。

8日 山东省科技奖励大会在济南市南郊宾馆举行。学校有16项科研成果获省科技进步奖，其中一等奖1项，二等奖6项，三等奖9项。

10日 在校党委召开的处级干部会议上，校党委副书记杨廷法就省高校工委、省教委对山东省高校贯彻落实中央德育文件的情况进行一次全面检查工作再次作了部署和要求。第一阶段，学校自查；第二阶段，分片检查；第三阶段，汇报总结阶段。3月12日，校党委曾召开会议对此项工作作过专门部署。

18日 学校获驻济高校交谊舞比赛团体冠军。由高校工会济南协作片主办、校工会承办的驻济高校交谊舞比赛在教工俱乐部举行。本次交谊舞比赛有11所院校的100余名选手参加，6个代表队、37对单项赛选手进行了决赛。经评委们逐项打分评议，学校代表队摘取团体赛冠军。

20日 数理系和计算机系联合邀请美国肯塔基大学郑复华教授和日本会津大学三浦宪三朗教授来校讲学和访问，就双方感兴趣的研究课题，宾主进行了3场专题探讨。郑复华教授给两系师生作了《数学与计算机》的专题报告。23日，讲学和访问活动结束。其间，校长邹增大接见了客人，并拟聘请两位教授为学校客座教授，以便进一步加强校际交流。

26日 深入开展"三学"活动，学校组织干部、教师、学生89人赴临沂罗庄镇学习考察，受到当地政府和王廷江的热情接待。通过学习参观大家的收获巨大。大家认识到学习王廷江主要就是学习他的奉献精神，这就是对党、对事业的执着追求，对人生价值的奉献实践有了这种精神，就可以战胜任何困难，把学校的事情办好。27日，学习活动结束。这次活动是继5月4日王廷江来校作报告引起强烈反响后，学校开展"三学"活动的又一举措。

30日 哈尔滨新中新电子有限公司来校举行"金龙卡助学金"新闻发布会。

1995 年

5 月

发布会上，新中新有限电子公司宣布每年向学校特困生资助 2 万元人民币，此举开了外省企业在山东省高校设立助学金的先河。

同日 学校隆重召开首次考纪优秀班级及组织优秀奖颁奖大会。会上，校领导为 22 个考纪优秀班级、20 名考纪组织先进个人颁奖。

31 日 11 名教师被评为校“教学拔尖人才”，享有校内津贴和工作量加权的奖励。

本月 学校通过省委高校工委组织的德育评估，被授予“山东省普通高校德育工作先进单位”称号。

本月 在举行的山东省庆祝《专利法》实施 10 周年表彰大会上，学校被评为“山东省专利工作先进单位”。

6 月

3 日 省大学生数学建模竞赛教练员研讨会在学校召开。来自省内各大专院校的专家、教授、竞赛教练员进行了专题学术交流及竞赛训练经验交流。6 日研讨会结束。

6 日 校党委召集 11 个系、处汇报了“三学”活动的开展情况以及下一步深入进行“三学”的建议和打算。校党委书记林兆义在会上传达了《山东省关于认真学习江泽民、李鹏的重要题词，更加广泛深入地开展学习孔繁森活动的通知》。

15 日 中国专利局负责人雷泽朋一行 12 人，在省专利局局长郑寿亭陪同下来校考察指导工作。校长刘玉柱等接待客人，并与客人进行了座谈。

27 日 学校与山东大学联合办学协议书签字仪式在山东大学邵逸夫科学馆隆重举行。山东大学校长潘承洞和山东工业大学校长刘玉柱分别在协议书上签字。参加签字仪式的省领导有赵志浩、韩喜凯、宋法棠、孙淑义、崔惟琳。校党政领导林兆义等也参加了签字仪式。联合办学协议共 6 条，是经过两校充分酝酿商定的。联合办学的原则和目标：在保持隶属关系和投资渠道不变的基础上，资源共享，互惠互利，理工渗透，学科交叉，协同发展，共同提高，为培养高水平人才和共建高水平研究基地而努力。

本月 全校进行“三育人”工作评选活动。校党委发出通知，于 6 月上旬在全校范围内进行一次“三育人”工作先进集体和先进个人的初评工作。通知就“三育人”先进集体和先进个人的条件提出了具体的要求标准，并对评比办法作了具体说明。

本月 铸造教研室党支部，体育教学部党支部、研究生部 1993 级学生党支部被省高校工委表彰命名为“山东省高校先进党支部”，魏杰等 8 人被评为“山东省高校优秀共产党员”。

本月 学校荣获“山东省第四届大学生科技文化艺术节优秀组织单位和优秀活动单位”称号。

本月 学校评出首批“教学拔尖人才”11 人。教学拔尖人才的评选，是根据国家教委和省委《关于加强普通高等学校教学工作的意见》的通知精神，对长期坚持在教学第一线，潜心致力教学研究，教学质量突出，教书育人成绩显著的教师进行鼓励所采取的一项具体措施。为此，学校建立了“教学拔尖人才”评选制度。这次评选从 3 月底开始，历时两个多月。

1995 年

7 月

7 日　山东省大中学生志愿者 95 扫盲行动授旗仪式在学校举行，学校 800 名学生和来自全省的大中学生志愿者参加了仪式。省政协、省教委、团省委及部分驻济高校的领导为各校志愿者服务队授旗，并颁赠了《中国大中学生志愿者扫盲与科技文化服务手册》。

本月　中央电视台教育 2 台整片播放了反映学校铸造教研室党支部建设经验的录像片《铸造辉煌》。

8 月

6 日　第九届全国数学物理方法研讨会在山工大召开。省、市领导严庆清、陈学科，校长刘玉柱出席开幕式并讲话。与会代表就数学在工业中的应用，各校数学教学改革情况等学术问题进行了认真交流与探讨。大家对学校的组织工作表示充分肯定和感谢。10 日，研讨会结束。

8 日　由国家教委主办的首届全国大学生游泳比赛在上海交通大学举行。来自全国 17 所院校游泳队参加了本届比赛。经过两天的激烈争夺，学校女子游泳队获女子甲组团体总分第 6 名，男子游泳队获男子甲组团体总分第 10 名。学校游泳队在本届比赛中奋力拼搏，共夺得 3 个第 4 名、1 个第 5 名、5 个第 6 名、1 个第 7 名、3 个第 8 名和 2 项女子接力第 6 名，并有 4 人 1 队先后 10 次打破 8 项学校游泳纪录。

10 日　国家教委批准增设环境工程、技术经济、高分子材料与工程等 3 个本科专业；省教委批准增设检测技术与应用专科专业，这 4 个新增专业于当年开始招生。

31 日　中共山东省委鲁任[1995]128 号文通知，省委决定林兆义任山东省社会科学界联合会副主席、党组书记，不再担任中共山东工业大学党委书记职务。

9 月

16 日　学校在全国大学生电子设计竞赛中获北京赛区三等奖，同时获全国大学生数学建模竞赛二等奖 2 项、省级二等奖 1 项。

25 日　华东地区地方工科院校工会协作组第四次会议在学校召开。福州大学、南昌大学、上海大学、安徽机电学院、扬州大学工学院、合肥经济技术学院等院校的 12 位工会负责人参加了会议。山东省教育工会负责人和山东大学、山东师范大学工会主席及校长刘玉柱、党委副书记李福兴出席了会议。与会人员研讨、交流了高校工会工作，并进行了参观、考察和座谈。29 日，会议结束。

27 日　学校第五届实验室工作会议在主楼报告厅召开。校领导刘玉柱及前任校长夏天赳出席了会议。省教委派员到会指导工作，山东大学、山东师范大学等 6 所兄弟院校派代表参加。会上，副校长宋化远作工作报告，10 个实验室工作先进集体和 23 名实验室工作先进个人受到表彰。会议还讨论修改了“山东工业大学实验室建设‘九五’发展规划”。

本月　电子工程系无线电 1992 级 2 班被国家教委、团中央联合授予“全国先进班集体标兵”称号；热处理 1992 班吴慧同学荣获“全国模范学生干部”称号，并获“胡楚南优秀大学生奖学金”。

1995 年

10 月

6 日　首届全国地方工科院校体育战略研讨会和体育科学论文报告会在浙江工业大学举行。体育教学部主任张瑞林在会上就学校体育管理及教学改革情况作了发言，受到与会者的赞扬。会上还成立了全国地方工科院校体育协会，学校作为协会发起单位之一，被推选为副理事长、常务委员单位及副秘书长单位。会议还决定 1996 年在学校召开全国地方工科院校体育理论研讨会。8 日，会议结束。

7 日　学校共青团跨世纪人才学院成立。校长刘玉柱任院长，校党委副书记杨廷法、副校长宋化远任副院长，培训部设在校团委。

9 日　山东省第九届大学生运动会在山东体育学院举行。来自全省 53 所院校的 1000 多名运动员参加了本届运动会。经过 4 天的拼搏，学校代表队夺得团体总分第 3 名，获得金牌 5 枚，银牌 10 枚，铜牌 1 枚，打破省大学生运动会纪录 5 项。

同日　在“山东省大学生军训十周年阅兵式”上，学校荣获“最佳表演奖”“最佳组织奖”。

10 日　学校确定 29 名中青年教师为校级中青年学术骨干和学科带头人培养对象。

16 日　山东工业大学电力教育基金正式成立。电力教育基金由省内外电力企事业及其他单位和个人捐资构成，主要用于奖励学校电力类专业优秀在校生，在教学、科研方面做出突出成绩的学科带头人和优秀教师；资助有关专业教师出国进修、学术交流以及研究生有关课题的研究。

20 日　学校获实施“阳光工程”先进单位称号。在举行的“阳光工程”实施一周年庆祝大会上，学校被“阳光工程”实施委员会授予实施阳光工程先进单位。学校研究生张丽萍获“我谈样阳光工程”征文二等奖。“阳光工程”是由山东滨州九环集团公司发起并资助 100 万元人民币，在全国 30 所高校奖励、资助品学兼优及生活困难的研究生，为培养跨世纪高科技人才所设立的。这项工程被社会称为“阳光工程”。

本月　第九届全国发明展览会在北京召开，学校参展的 3 个项目全部获奖，其中获得 1 块金牌，两块银牌，受到组会领导及参会人员的好评。材料工程学院刘相法、边秀房、马家骥、荣福荣等研制的“铝合金铁相球化剂”获金牌奖，王成国、李木森、崔建军、朝志强、刘如伟等研制的“钢板—高聚物理层状减振复合材料的研究”获银牌奖，张晓玲、李木森、崔建军、孙希泰研制的“代氰盐的无毒淬火加热用盐”获银牌奖。

11 月

2 日　台湾大华工商专科学校董事陈西京、总务主任雷春鸣、财务主任于温琪来校参观访问，考察寻求教学与科研领域的合作机会。校长刘玉柱与客人进行了亲切友好的会谈。客人们还参观了部分实验室和机械厂金工实习车间。

3 日　材料科学与工程学院正式挂牌并举行成立大会。省人大常委会副主任马仲才，中国科学院院士、山东大学副校长蒋民华，省科委副主任石明泉及校领导出席了挂牌仪式和成立大会。

6 日　学校 12 名教师被评为第四批“山东省专业技术拔尖人才”。他们是

1995 年

11 月

邹增大、王执福、孙希泰、武素玲、孙瑛、孙康宁、王世清、张立梅、张晓玲、许传俊、于宏王晋、蔡华更生。其中邹增大、王执福、孙希泰是第二次被评为山东省专业技术拔尖人才。

10 日　学校教工高层住宅楼奠基仪式举行。省人大常委会副主任严庆清，副省长张瑞凤，省政协副主席、省教委主任崔惟琳，省计委、省建委等有关部门负责人及学校领导参加奠基仪式。学校教工高层住宅楼是省委、省政府在财政十分紧张的情况下，拨专款 1 亿元的建设项目之一，是省高校教师安居工程的重要组成部分。

18 日　全校 200 多个班级的班长及文明宿舍舍长参加了“班级基层建设工作总结交流会”。一批学生先进班级、宿舍及个人受到表彰奖励。

24 日　学校召开处级以上党员干部会议，传达学习省高校党建工作会议精神。校长、校党委副书记刘玉柱、李福兴分别传达了赵志浩、韩喜凯、张瑞凤、崔惟琳等的讲话精神。刘玉柱代表校党委对全省高校党建工作会议精神的贯彻提出了意见。

28 日　由团中央、国家科协和学联主办的第四届“挑战杯”全国大学生课外学术科技作品竞赛在武汉大学举行。学校有 6 件作品当选并全部获奖，学校还获得优秀组织奖。参加“挑战杯”竞赛，在学校是第一次。12 月 4 日，竞赛结束。

本月　材料科学与工程学院任登义、邹增大、张元彬、董建等研制的“高碳合金钢轧辊局部冷焊研究”由省科委组织、省教委主持通过技术鉴定。专家们一致认为，该研究成果开创了高碳合金钢局部冷焊的先例，其技术和理论在国内外尚属空白，其技术水平和实践效果在轧辊堆焊领域是一项重大突破，具有国际领先水平。

本月　由材料科学与工程学院李凤照、姜江、敖青、孙东升等与济南康泰集团总公司、钢铁股份有限公司共同研制的“空冷贝氏体耐磨钢、钢球及衬板的研制与开发”项目由山东省冶金工业总公司主持通过专家鉴定。经专家评定，所研制的贝氏体耐磨钢合金成分为国内外首创，其钢球和衬板性能达到国内外先进水平。

本月　在“1995 年全国大学生数学建模竞赛”中，学校有两个队分别获得二等奖。这是近年来学校在国家教委组织的全国性大学生竞赛中所取得的最好成绩。

12 月

6 日　省委高校工委、省教委德育检查组来校进行了为期两天的检查指导工作。

7 日　《中共山东工业大学委员会关于进一步加强培养选拔党外干部工作的意见》印行。

19 日　学校 4 个学科、3 个实验室顺利通过省教委专家组的评审检查，被确定为“九五”省级重点建设单位。至此，学校省级重点建设单位达到 16 个。4 个重点学科是工程热物理、金属塑性加工、焊接、信号与信息处理。3 个重点实验室是工程陶瓷、液态金属、遗传工程和工程系统控制。

1995 年
12 月

25 日　外交部薛谋洪教授应邀来校作国际形势报告。处级以上干部、社科系教师、各院系辅导员及部分研究生到场聆听了报告。会后，薛谋洪教授欣然接受了校长刘玉柱颁发的山东工业大学兼职教授的聘书。

28 日　机械工程学院在教学六楼西门前举行揭牌仪式，百余名师生代表和部分来宾参加了仪式。校长刘玉柱和党委副书记杨廷法为学院院牌揭幕。

29 日　历时两天的“山东工业大学第二届二次教职工代表大会”闭幕。校领导全部出席了会议。大会还特邀离退休原校领导、民主党派负责人、离休老干部、退休职工及家属代表参加了会议。会上，校长刘玉柱代表校行政作了《抓住机遇，努力拼搏，为把办学水平提高到新的层次而奋斗》的报告，从 9 个方面总结了近两年来学校取得的成绩及存在的问题，提出了“九五”发展规划。大会审议通过了工作报告和《山东工业大学教职工住房分配及管理条例(草案)》，收到各种提案 178 条。

本月　学校 4 项科技成果获国家级奖励，其中国家技术发明四等奖3 项，国家科学技术进步三等奖 1 项。“八五”期间，学校共获国家技术发明奖 12 项，在全国高校中名列第 3 位，仅次于清华大学和华中理工大学。

本月　材料学院王执福教授等主持研制的“稀土高铬镍氮、高铬锰氮高温耐热钢推广应用”获国家教委科学技术进步二等奖。

本月　本年度学校确定教授职务任职资格的 19 人，其中破格 5 人；确定副教授职务任职资格的 42 人，其中破格 13 人。

本月　陆家祥教授被上海交通大学聘为内燃机专业博士生指导教师。

本月　学校被评为“全国社会实践活动先进单位”。

本月　学校赴沂蒙老区志愿服务队被中宣部、国家教委、团中央、全国学联评为 1995 年度大中学生志愿者扫盲与科技文化服务行动优秀志愿服务队。

本年　由国家教委高教司和中国工业与应用数学学会举办的 1995 年全国大学生数学建模通讯比赛中，学校健儿荣获全国二等奖 2 项，省一等奖 1 项的好成绩。

本年　学校共获各级奖励 45 项，其中国家级奖励 4 项，省部级奖励 20 项，获国家发明奖的数量列全国高校前茅，成为我国高校科技发明的排头兵。

本年　学校 4 项应用基础研究项目获得国家自然科学基金资助，资助总金额 45 万元。这 4 项应用基础研究项目分别是机械学院博士导师宋孔杰教授申请的“柔性基础上复杂机械系统动态特性的最优控制”、机械学院博士张建华教授申请的“新型梯度功能陶瓷刀具材料及其切削性能研究”、机械学院博士张承瑞副教授申请的“高精度和特殊齿形的齿轮全闭环数控加工系统研究”、机械学院硕士王勇副教授申请的“齿轮动态系统辨识与三维修形”。

本年　学校荣获“科教兴鲁”先进集体。在全省科学技术大会上，山东省委、省政府授予学校“科教兴鲁”先进集体称号。校长刘玉柱参加了全省科学技术大会，并代表学校在大会上作了典型发言。“八五”以来学校共承担科研项目 700 余项，获奖科技成果近 200 项，获国家级科技奖励 11 项，获国家发明奖数居全国高校第 6 位。

1995 年

12 月

本年　校医院顺利通过卫生系统评审验收，被评为《国家卫生部部颁标准》一级甲等医院。

1996 年

1 月

2 日　日本千叶大学古山千雄教授来校访问。

5 日　校党委在教工俱乐部召开全校统战工作会议，对全年统战工作作了安排。

同日　学校召开教学研讨和首届 CAI 课件表彰大会，共有 40 篇论文和 14 项课件获奖。

9 日　机械厂与化学工程系签订联合生产高分子量聚丙烯酰胺协议书。

10 日　学校 11 位教师被省教委评为第三批省级中青年学术骨干和学科带头人培养对象。

18 日　电力工程学院举行成立大会。校友、电力工业部部长史大桢题写了院名并出席大会，省委、省政府领导、山东省电力总公司总经理刘振亚及电力教育基金会全体理事参加了成立大会。

23 日　台湾大华工商专科学校林传槐、雷春鸣等 21 人来访。访问中双方就签订有关合作协议意向进行了探讨。29 日，访问结束。

30 日　学校召开"三育人"工作总结表彰大会。大会表彰了 19 个先进集体和 42 名优秀工作者。

同日　省级重点学科机械制造通过省教委专家组的验收，被评为优秀。

同日　《山东工业大学教职工住房分配及管理条例》公布执行。

31 日　中共山东省委组织部[1996]鲁组任字 5 号文通知，同意姜法魁任山东工业大学党委常委。

2 月

5 日　总建筑面积 2885 平方米的南院五号、七号教工住宅楼竣工。

6 日　《山东工业大学公费医疗改革与管理试行办法》出台。

3 月

1 日　高等教育部部长蒋南翔来校视察，听取了学校教学、科研生产等方面情况汇报并作了指示。

7 日　山工大校办产业工作研讨会举行，校长与厂长经理共商二次创业新举措。

8 日　学校成立毕业生就业指导委员会。济南钢铁集团总公司经理马俊才、山东电力总公司经理刘振亚任主任委员。校领导杨廷法、张体勤，省计委孙召庆，省教委陆信祥，省人事厅李显升等 10 人任副主任委员。另有 36 名委员，由全省有关企事业单位的领导和专家组成。

同日　《山东工业大学关于处级以上干部廉洁自律的规定》公布实施。

同日　1996 届毕业生供需见面洽谈会举行，近 200 家用人单位参加了洽谈。会上共签署协议 110 份，达成意向 500 多条。9 日，洽谈会结束。

11 日　学校评出 25 个教学成果培养项目，其中 6 项被列为省级重点。

12 日　副校长段奎照一行 5 人赴新加坡理工学院进行考察和学术访问。17 日，考察访问活动结束。

1996 年

3 月

26 日　英国布鲁塞尔大学 E. H. 托塞尔教授应邀来校访问。校长刘玉柱、副校长邹增大会见了客人，并就加强两校之间的合作进行了多方探讨。

27 日　考文垂访济科技代表团成员，雷明顿语言中心校长玛格丽特·米德尔顿、有线及无线电通信技术培训学院国际关系部主任戴维·梅勒及公特克翻译社经理伊莎贝拉·摩尔 3 人来访，与学校洽谈了联合办学等事宜。

4 月

5 日　省级重点材料工程实验室和铸造学科分别通过省教委专家组的验收，并被评为优秀。6 日，验收工作结束。

11 日　学校举行刘先志教授 90 周年诞辰座谈会。省人大常委会副主任严庆清，校党委副书记、校长刘玉柱等，老同志夏天赳、蒋仁渊、孔珑、尹长吉、宋孔杰、白详、孔翔滨、刘连城及刘老的亲属和力学教研室的教师、学生代表参加了会议。刘玉柱在会上讲话以示缅怀。

同日　学校邓小平建设中国特色社会主义理论学习研究会成立。

12 日　学校召开特邀监察员敦聘会。校长刘玉柱向王成国、严鸣远、张立梅、娄永年、刘镇昌等 5 名受聘特邀监察员颁发了聘书。

同日　学校召开卫生绿化工作表彰大会，对近年来学校校园建设和工作中做出突出成绩的 16 个先进单位和 22 名先进个人进行了表彰。

25 日　学校第二届十佳青年教职工评选活动结束。尹衍升、王成国、刘玉田、张建华、谭震宇、肖福明、田茂诚、王春玲、杨静、张承慧当选。

同日　学校成人教育学院通过省教委组织的函授、夜大学教育评估。

同日　校团委举办第三届青年学生实用科技发明大赛，118 项发明参赛。

29 日　学校承担的省级重点火炬计划项目"T300 碳纤维"研制，通过省科委组织的中试验收，并被列为山东省十大高新技术研究开发工程。

本月　学校被中共山东省委高校工委、山东省教委评为"山东省高等学校德育工作先进单位"。

5 月

3 日　校团委组织的"团结奋斗，共创未来"优秀青年教职工座谈会举行。校长刘玉柱，校党委副书记杨廷法，副校长宋化远，纪委书记王直平应邀参加座谈会，刘玉柱讲话。

9 日　学校召开处级干部会议，学习贯彻全省高校党委书记、校长会议精神。校级领导全部出席会议。校党委副书记杨廷法传达了有关文件精神。校党委副书记、校长刘玉柱对学校稳定工作作了部署，并与各处级单位主要负责人签订了 1996 年度《社会治安综合治理责任书》。

同日　香港学生事务协会 96 山东访问团一行 14 人来校参观访问。

10 日　学校首届工业设计专业教师作品展开幕，10 多所高校的师生数百人前来参观。

13 日　"金属塑性加工学科"被国务院学位委员会批准为博士学位授权学科；"振动、冲击、噪声""电力电子技术""自动化仪表装置""管理科学"4 个学科被批准为硕士学位授权学科。

同日　校女排获驻济高校女子排球比赛冠军。

1996 年

5 月

15 日　学校隆重召开第二届教职工代表大会第三次会议。校长刘玉柱就《关于开辟新校区的有关问题》向大会作了报告，副校长张体勤就《关于出售公有住房实施办法》在会上作了说明。大会讨论并通过了两个议题的决议。大会同时决定出让南院东南角水利楼前 19.2 亩土地，以解决新校区征地费用。16 日，会议结束。

17 日　校党委召开全校处级干部会议，动员和部署系、处级领导班子换届工作。学校系、处级领导班子换届工作全面展开。

20 日　山东高等学校教务与教学管理学会第六届年会在学校召开。来自全省 52 所高校的 67 名代表参加了会议。省教委副主任单兆众到会讲话。22 日，年会结束。

24 日　省语委办首次对学校 100 余名师生进行了普通话测试，教师合格率为 100%，师范类学生合格率为 95%。

同日　劳模资助贫困生，20 名学生首获“王廷江贫困生奖学金”。

28 日　国家自然科学基金第二届机械科技青年科学家学术研讨会在学校举行。国家自然科学基金委员会副主任、高级工程师梁森与来自全国各地的 50 名青年科学家参加了研讨，校长刘玉柱到会讲话。30 日研讨会结束。

31 日　省长李春亭一行来校视察。李春亭听取了校党委副书记、校长刘玉柱的汇报，并就山东省高校发展等问题作了重要讲话。他还参观了碳纤维工程技术研究中心和动模实验室，到食堂看望了就餐的大学生并询问了伙食情况。

1996 年 5 月 31 日，山东省省长李春亭视察学校碳纤维实验室

同日　在驻济高校田径运动会上，校学生代表队获得男女团体总分第一名。

本月　动力工程系程林教授被团中央、国家科委授予“全国青年科技标兵”称号。

1996年

5月

本月　优秀课程复查结束，课程建设成果颇丰。根据学校课程建设质量标准规定，被评为“优秀”的课程，每3年校专家组要进行复查，通过后可继续保持“优秀课程”称号并享有规定的奖励政策。本月，学校对第一、二批建成的优秀课程进行复查，有13门课再次被确定为“优秀”，成为学校600多门课程的楷模。

6月

1日　韩国岭南大学李舜铎来校讲学。18日，讲学活动结束。

10日　《山东工业大学建立住房公积金制度实施办法》《山东工业大学提高公有住房租金实施办法》印行。

12日　德国西门子公司古博先生来校访问，并被聘为客座教授。古博先生还出席了“山东工业大学西门子DCS培训中心”揭牌仪式。

14日　俄罗斯中央柴油机研究院院长夫拉索夫、副院长巴尔杜可夫来校访问，并分别受聘为客座教授。16日，访问结束。

15日　省级重点内燃机学科通过省教委组织的专家组验收，被评为优秀。由省教委组织的重点学科建设验收专家组一行12人对学校“八五”省级重点学科——内燃机学科进行了评估验收。专家们经认真审议一致认为，内燃机学科能够认真贯彻党的教育与科技方针，将学科建设与人才培养、科技发展和梯队建设紧密结合，使学科在上水平、出成果、出人才等方面都得到了较大发展。全面完成了“八五”建设规划任务，达到了规划目标。具备了较强的人才培养和科研能力，同意通过验收并评为优秀。同时，正式授予“内燃机学科”为“山东省重点学科”。

17日　中共山东省委组织部[1996]鲁组任字40号文通知，陈建安任山东工业大学党委常委、纪委书记，王直平不再担任山东工业大学党委常委、纪委书记职务。

同日　《中共山东工业大学委员会、山东工业大学关于加强社会主义精神文明建设的意见》公布实施。

19日　1994级全国英语四级统考工作结束，学校参考学生的通过率为79.94%，高出全国重点院校平均通过率17.64个百分点。

22日　由学校实验管理处研制开发的“财产物资管理计算机网络系统”通过山东省教委组织的专家鉴定。与会专家一致认为，该软件系统的开发在山东省高校财产物资管理领域中属首创，在国内高校同类软件系统的应用中属领先水平。

28日　安丘龙蕃长安铁塔(集团)股份有限公司在学校设立50万元奖学基金。

30日　学校28家企业被界定为校办企业，省教委颁发了“山东省校办企业证书”。

本月　材料学院杨建华教授荣获1996年美国焊接学会年度奖。杨建华教授应邀出席了在美国芝加哥举行的第77届(1996)美国焊接学会年会及年度授奖大会，并因其“在焊接科学技术领域的杰出成就”被授予本届年会的RENE-WASSERMAN(瑞纳·华瑟曼博士、教授)奖。他是我国第一位获此殊荣的科

1996 年

6 月

技工作者，也是我国第一次获美国焊接学会年度奖，为祖国赢得了荣誉。杨建华教授长期从事焊接领域中的教学科研工作，并取得了丰硕的科研成果。他主持完成的“耐磨堆焊合金的研究”“抗冲击高耐磨堆焊合金”项目分别获国家发明四等奖和省科技进步一等奖，并获 2 项国家发明专利。他的研究成果已得到广泛推广与应用，产生了很大的经济效益和社会效益。美国焊接学会年度奖，是一项国际性奖励，被誉为焊接界的奥斯卡，此奖设于 1919 年，共设 29 个奖项。每年获奖者的事迹简介和近照刊登在世界著名的焊接学术刊物——美国《焊接杂志》上。

本月　在 1996 年驻济高校田径运动会上，学校田径代表队以总分 328 分的突出成绩夺得本次运动会的团体总分第一，为学校争得了荣誉。学校女子排球队，经过奋力拼搏，以优异成绩夺得驻济高校排球赛女子冠军。

本月　维护治安秩序，保持政治稳定，学校开始治理整顿校园治安秩序。这次学校整顿校园及周边治安秩序，按照全省统一部署分两个阶段进行。第一阶段：6～8 月，在调查摸底的基础上，集中统一行动，对校园及周边治安环境进行清理整顿。第二阶段：8～10 月，在集中整治的基础上，建立完善规章制度，落实各种安全防范措施，改善门卫管理和暂住人口的管理，总结经验，检查验收。

本月　为解除生活特别困难学生经济上的后顾之忧，保证他们顺利完成学业，学校成立“爱心基金会”。学校有关领导担任校爱心基金会主任，有关部门负责人担任副主任及委员。

本月　学校有 18 人获国务院政府特殊津贴。经国务院人事部批准，学校 1994、1995 年有 18 人荣获政府特殊津贴。至此，学校共有 77 人获此殊荣。

7 月

1 日　省计委下发鲁计社(基)字[1996]545 号文，对学校新校校址、征地亩数、新校建设规模、总建筑面积、总投资额作了具体规定。11 月 27 日，济南市规划局批准给予新校区建设用地规划许可证。后因环城高速公路建设规划与新校区规划冲突以及地价上涨等因素，学校开辟大涧沟新校区的计划未能落实。

4 日　校长刘玉柱一行 2 人赴台湾大同工学院讲学、访问。

9 日　澳大利亚南澳洲教育部官员康尼·霍先生来校访问。

25 日　在第二届全国大学生游泳比赛中，学校代表队获甲组女子团体总分第 4 名，男女团体总分第 5 名。

本月　学校青年教师王广柱、朱瑞富、李兆前、程林、潘贞存荣获第四届山东省青年科技奖。

8 月

6 日　校长刘玉柱一行 2 人赴加拿大纽芬兰密墨里尔大学、里贾纳大学访问，并与两校签署了友好合作协议。17 日，访问结束。

10 日　经国家教委批准，学校增设“工业设计”和“国际企业管理”2 个本科新专业，并于当年招收学生。

12 日　学校用电增容 2400KVA 工作任务完成。

23 日　学校和青岛海洋大学、山东农业大学、烟台大学共同与日本 NEC 公司签订合作建设校园网协议。省教委副主任滕昭庆出席签字仪式。副校长邹

1996 年

8 月

增大、青岛海洋大学副校长侯家龙、烟台大学校长张建义、山东农业大学副校长孙增良、NEC公司中村邦男课长分别在协议书上签字。

25 日　1996 级新生招生工作圆满结束，共录取新生 2134 人，其中本科生 1628 人，专科生 481 人，预科生 25 人。这次招生的特点是本专科全部实行了并轨，有 6 个院、系实现了按系或专业大类招生。

29 日　学校积极响应省委、省政府号召，组织教职工为灾区人民捐款捐物。全校 2783 名教职员工共捐款 88156 元，捐衣物 2681 件。30 日，捐款捐物活动结束。

30 日　提高干部素质，适应两个转变，校党委举办处级干部学习研讨班。

本月　学校系、处级领导班子换届调整工作圆满结束。全校 23 个党总支、直属党支部和 46 个系(处)级单位进行了换届调整。

本月　学校被国家教委评为"贯彻《学校体育工作条例》优秀高等学校"；在省教委组织的山东高校贯彻《学校体育工作条例》评估中，被评为全省第一名和"山东省试办高水平运动队先进单位"。

本月　学校同槐荫区政府签订了"大学生志愿者社区服务协议书"，并在此成立了社区服务总站。

9 月

6 日　中共山东省委组织部[1996]鲁组老字 60 号文批准，山东工业大学原党委常委、纪委书记王直平退休。

7 日　日本理工大学小仓胜教授来校访问。

10 日　学校召开庆祝教师节会议，61 名优秀教师、23 名优秀实验工作者受到表彰。

12 日　美国 EDS 公司中国区总经理陈杰先生向学校赠送了价值人民币上百万元的 SG 工作站最新版本的 UG11.0 全套软件。校长刘玉柱代表学校接受了赠送。机械学院的有关人员出席了赠送仪式。

13 日　澳大利亚南澳州大学代表团来校参观访问。

14 日　近万名师生在山东体育学院体育场举行新生开学典礼暨表彰先进大会。校领导和济南陆军学院有关负责人出席大会，校党委副书记、校长刘玉柱讲话。大会表彰了 5 个学生工作先进单位和 23 名模范辅导员。

16 日　学校获全国大学生数学建模竞赛二等奖 1 项，省级二等奖 2 项。

17 日　艾兴教授、李兆前教授和朱瑞富博士应邀参加中国机械工程学会第七次全国代表大会。李兆前教授当选为中国机械工程学会新一届理事会理事，成为中国机械工程学会历史上最年轻的理事之一。学校有 9 位教师获奖并受表彰。

19 日　学校共青团跨世纪人才学院的部分导师和 20 多名学员代表一起，就"提高大学生素质，培养跨世纪人才"为题进行了座谈。座谈中，大家一致表示，跨世纪人才学院成立近一年来，有效地做到了对大学生综合素质的培养与提高，它的作用和意义是深远的。

20 日　校党委举办中青年干部学习班，130 余名 45 岁以下的科级干部，教研室正副主任、正副书记参加了学习。学习班旨在落实江泽民提出的要讲政治

1996 年

9 月

的指示精神，提高干部队伍的思想政治素质。26 日学习班结束。

22 日　美国佐治亚理工学院物流中心主任艾拉·彭斯来校讲学。27 日，讲学结束。

24 日　由 67 名学生组成的附小代表队在济南市中小学第二届合唱节中，获得一等奖。

同日　由机械工程学院孙康宁、张景德、毕建强、刘援朝、王昕等与山东华天实业开发总公司共同研制的"新型翅片管轧机"经省科委组织通过技术鉴定。

26 日　英国南安普敦大学船舶科学系主任普利斯教授来校讲学、访问。

同日　学校隆重召开电力教育基金会第二届颁奖大会。电力工程学院胡颂尧、裘烈钧两位老教授获特别奖，奖金每人 5000 元；杨志坚等 10 名教师获奖金每人 1000 元；刘朝章等 20 名优秀学生每人获奖励 500 元，另外还有 5 名特困生每人得到 500 元资助；5 个研究生课题分获 1 万元资助。山工大电力教育基金会是在电力工业部部长史大桢的倡导下，由山东电力工业局发起成立的，主要奖励学校电力工程学院及动力系热动专业的优秀师生，资助研究生课题、特困学生以及资助教师出国研究。

28 日　中共山东省委鲁任字[1996]137 号批准，刘玉柱任山东工业大学党委书记，邹增大任山东工业大学党委副书记，段奎照不再担任山东工业大学党委常委职务。

本月　天津大学聘学校江世芳、张立梅教授分别为电力系统及其自动化专业、内燃机专业博士生指导教师。

本月　机械工程学院艾兴教授接受瑞士 Trans Tech 出版社的邀请，正式成为国际著名期刊《*Key Engineering Materials*（关键工程材料）》的顾问委员会委员。

本月　学校运动员在第五届全国大学生运动会上，经过奋力拼搏，取得 1 金 1 银的好成绩，并打破 2 项全国大学生运动会纪录，填补了学校全国大运会无金牌的空白。在这次运动会上，学校有 3 位运动员达到健将级运动员标准。

本月　3 位博士获 9 万元科研启动基金资助费。数理系教授曹庆杰博士，机械学院教授张建华博士、副教授张承瑞博士获得国家教委留学回国人员科研启动基金资助费 9 万元，每人 3 万元。

本月　浪潮机械 CAD 通过标准评审。全国 CAD 制图与技术信息标准化分技术委员会在国家技术监督局标准化司授权下，对我国机械 CAD 软件组织了第二次标准化审查。本次参加审查的软件有 4 家，学校的浪潮 CAD 系统工程公司送审的浪潮机械 CAD 系统（LC-MEDD V3.0）版本，顺利通过审查并得到了专家评审组的一致好评。浪潮 CAD 系统工程公司是省内唯一一家做 CAD 的专业化公司，它的产品浪潮机械 CAD、"浪潮夹具 CAD 系统"均在国内多次获奖。

本月　国际 INTERNET 互联网在学校开通。主要服务项目：为所有单位、个人建立专用邮箱，代收发 Email；上机查询、操作、培训；定向检索国内外各类信息；翻译各类信息。

1996 年
10 月

3 日　日本九州工业大学野田尚昭教授来校访问，并被聘为客座教授。

同日　学校召开校园精神文明建设表彰大会。大会表彰了一年来在学校精神文明建设中作出突出贡献的单位和个人。

7 日　国家教委教重办[1996]44 号文通知，同意山东省对山东工业大学进行“211 工程”重点建设的预审工作。

9 日　山东高校校园绿化卫生管理工作总结表彰会在山东医科大学举行。学校被评为“山东省高校校园管理先进单位”。侯俊平、陈永、张玉宝、段民生、张富江、卢炳文等 6 人被授予“山东高校校园管理先进工作者”称号。副校长张体勤在会上介绍了学校的做法和经验。

10 日　省级重点工业自动化学科通过省教委专家组的验收，被评为优秀。

12 日　乘六中全会东风，推动两个文明建设，全校师生认真学习六中全会文件精神。12 日，校党委常委对全会精神进行了专门学习讨论。13 日，学校召开处以上党员干部会议，传达学习了六中全会精神和决议，以及省委书记赵志浩关于学习贯彻十四届六中全会精神的讲话。校党委书记刘玉柱对学校贯彻落实全会精神提出了三点要求：一是要认真传达学习全会文件，充分认识“决议”和“讲话”的伟大意义；二是要认真抓好落实；三是要把贯彻落实六中全会精神同准备“211 工程”部门预审结合起来，互相促进，切实抓好。

17 日　学校召开“211 工程”预审动员会，各院、系、部、处负责人参加了会议。校长刘玉柱在会上作了题为《紧急动员起来，切实做好“211 工程”》预审准备工作的讲话。同时，学校成立预审准备工作指挥部，刘玉柱任总指挥，邹增大、杨廷法、宋化远、张体勤、陈建安任副总指挥。

同日　俄罗斯科技专家瓦·列文来校讲学。22 日，讲学结束。

18 日　学校在教工俱乐部召开大会，隆重庆祝“老人节”。

22 日　德国西门子公司人才资源开发部负责人，来校洽谈人才培养有关事宜。校长邹增大会见了德国客人。

24 日　校办企业生产的“浪潮机械 CAO 系统”“TY-01 型通用小电流接地系统单相接地选线与定位保护”“HTD1748 系列净化稳压电源”“逆变式弧焊机”“华特 908 二氧化氯发生器”等 5 项产品被国家科委、国家税务总局等 9 部门联会批准为“1996 年度国家级重点新产品”。

25 日　学校邀请在省部分厅局和大企业担任领导职务的校友和部分地市校友会负责人来校进行座谈，共商加强合作与发展。座谈会由校党委副书记李福兴主持。11 月 2 日下午，校党委书记刘玉柱等校领导到会并讲话。

27 日　学校共青团跨世纪人才学院隆重举行第一届学员结业、第二届学员开学典礼。校党政领导刘玉柱、邹增大、杨廷法、宋化远及有关部处负责人参加了典礼。邹增大发表讲话。

29 日　山东省人民政府鲁政任字[1996]23 号文批准，邹增大任山东工业大学校长，免去刘玉柱校长职务。

同日　山东省人民政府鲁政任字[1996]24 号文批准，免去段奎照山东工业大学副校长职务。

30 日　香港大专院校学术交流人员访问团来校访问。

1996 年

10 月

本月　建筑面积 29217 平方米的科学实验楼全部交付使用。6 个院(系)级单位的 16 个教学实验室、科研室和校网管中心进入科学实验楼办公,较大地改善了学校的教学、实验和科研条件。该楼 1995 年 12 月 22 日竣工。

本月　《山东工业大学学报》(自然科学版)被中国科学引文数据库收录为来源期刊。

本月　校体育场场地翻修改造工程完工。

本月　由中国发明协会、国家科委、中华全国总工会、中国专利局联合举办的 1996 北京国际发明展览会在北京全国农业展览馆举行,学校参展的 3 个项目获得 2 项金牌奖,1 项银牌奖。

本月　学校有 3 项应用基础研究项目获国家自然科学基金委资助,资助费为 32 万元。其中,材料学院博士生导师边秀房教授申请的"Al-Fe 合金溶体的热速处理及其结构遗传效应"获资助 13 万元,机械学院黄传真博士申请的"硬质合金粉末表面涂层陶瓷的刀具及其磨损破损行为研究"获资助 12 万元,管理系王兴元教授申请的"名牌产品创造发展及其战略管理理论方法与案例研究"获资助7 万元。

本月　机械学院黄克正博士申请的"功能表面分解重构原理及应用"得到国家科委的批准,获资助 13 万元。这是学校自己培养的博士首次获得国家高技术研究发展计划("863"计划)的资助。

本月　全校党员干部参加党纪政纪条规知识竞赛活动。

本月　计算机系石志喜等与济南无线电六厂共同研制的 QFC-5B 型微电脑发动机综合检查仪,由省科委组织通过技术鉴定。

11 月

3 日　学校公布第三届优秀自编教材评奖结果,一等奖 6 个,二等奖 9 个,三等奖 15 个。

8 日　校党委《关于贯彻十四届六中全会精神,进一步加强社会主义精神文明建设的实施意见》印行。

11 日　省教委邀请有关专家和省直部门负责人,对学校"211 工程"建设的总体规划进行了论证。省教委主任崔惟琳,省计委副主任周秋田,青岛海洋大学副校长秦启仁,石油大学党委书记、校长李秀生,山东大学副校长鹿玉理、闫秉科、校长助理周鸿兴,以及省委高校工委、省财政厅有关部门负责人和校党委书记刘玉柱、校长邹增大等参加了论证会。

18 日　学校考试中心成立,统管全校的考试工作,隶属教务处。

26 日　经国家教委批准,省政府邀请全国著名院士、教授组成专家组,对学校申请进入"211 工程"进行了部门预审。省委、省政府、省人大、省政协,省委高校工委、省教委,济南市委、市政府的领导赵志浩、李春亭、韩喜凯、严庆清、张瑞凤、崔惟琳、徐华东和专家组全体成员以及省里有关厅局负责人出席了开幕式。副省长张瑞凤主持会议。省长李春亭在开幕式上作了重要讲话。左铁镛、潘际銮、潘承洞、管华诗、卢强、宋振琪、吴林、黄树槐、颜威利、韩祯祥等 10 位专家听取了校长邹增大关于学校"211 工程"自我评估和整体建设规划的报告,观看了学校改革与发展成就展览和专题汇报录像,实地考察了学科点与实验室,审阅

1996 年
11 月

了学校的整体建设规划的有关资料，经认真审评，于 28 日一致通过部门预审。这标志着学校经过不懈努力，为实现进入党中央、国务院批准的高等教育重点建设工程的奋斗目标，成功地迈出了第一步。

1996 年 11 月 26 日，山东工业大学"211 工程"部门预审开幕，
山东省委书记赵志浩、省长李春亭等领导出席

27 日　山东省学位委员会批准孙东升、武传松、孙胜、李兆前、刘镇昌等 5 人为博士生指导教师。

本月　图书馆主体楼外墙装修及室外改造工程完工。

本月　位于西花园中心的清芬泉建成喷涌。

本月　四年一次的校级教学优秀成果奖评选揭晓，有 36 项成果分获一、二、三等奖。

本月　朱彦夫事迹在学校引起强烈反响，尤其震撼激励着广大青年学生。这是在山工大校园继学习孔繁森、韩素云、王廷江等英模事迹之后，掀起的又一次向英模学习的高潮。

本月　自动化系两项科研成果达到国际先进水平。其中，刘立志、张承慧、曾毅等研制的"高性能数控机床主轴矢量控制变频调速伺服系统"，由省教委组织并主持通过专家鉴定；由徐德、张承慧等与济南市锋士技术有限公司研制的"高性能电梯矢量控制变频调速 PLC 控制系统"，由省科委组织、省教委主持通过技术鉴定。

本月　3 项科研成果通过省级技术鉴定。动力系马春元等研制的"径向浓缩另级燃烧技术及宽范围旋流煤粉燃烧器"由省科委组织并主持通过专家鉴定，动力系田茂诚等与淄博三元换热设备有限公司共同研制的"具有复合流程结构的过热蒸汽高效加热器"项目，由省科委组织、省机械厅主持通过技术鉴定；材料学院李亚江等研制的"高强度异种钢焊接"项目由省教委组织并主持通过技术鉴定。

本月　金属塑性加工学科创立 40 周年。

1996 年

12 月

4 日　日本山口县技术访华代表团来访。

5 日　在国家人事部等七部委组织实施的全国“百千万人才工程”1995 年至 1996 年度第一、二层人选中，热能工程专业程林教授、铸造专业边秀房教授入选，从而进入全国“人才金字塔”的顶巅层次。

同日　学校召开表彰大会，表彰本年度教学工作先进分子、优秀教材作者和毕业设计综合评估优秀专业。

同日　在北京国际发明展览会上，学校有 1 项成果获金奖，2 项成果获银奖。

同日　“东方铁塔杯”第二届十大青年学生标兵评选揭晓，时玲等同学当选。

6 日　澳大利亚南澳州大学林政义教授来校讲学。9 日，讲学结束。

10 日　省级、校级优秀教学成果评审揭晓，10 项成果推荐为省级优秀教学成果奖。27 项成果获校级奖，其中一等奖 4 项、二等奖 10 项、三等奖 13 项。

11 日　学校在科学实验楼前为赴庆云支教的 18 名支教人员送行。这次选派教师、干部支援基层教育工作，是贯彻落实党中央、国务院有关指示精神，加强山东省基层教育工作的一个重要举措。这 18 位人员分派到庆云县的 4 个乡镇、2 个县直中学、县职教中心和实验小学工作。此前，学校专门召开了支教人员座谈会，校党委书记刘玉柱、校长邹增大在会上对支教人员提出了殷切期望和要求。

18 日　学校 3 项目获国家级奖励。其中，电力工程学院完成的“分布式微机监控系统的研究与开发”项目获国家科技进步三等奖；学校与济南军区司令部技术部、天津大学联合完成的“济南军区军械维修器材配送系统”获国家科技进步三等奖；学校与青岛第四铸造机械厂、天津大学联合完成的“S14 系列转子混砂机”项目获国家发明三等奖。

19 日　尹衍升、孙东升、武传松、李兆前 4 位博士荣获山东省首批优秀中青年科学家奖励基金。他们申报的科研课题列入山东省 1996 年优秀中青年科学家科研奖励基金发展计划，并批准经费为 36 万元，项目数量及科研经费均列全省之首。

20 日　由材料学院承担的山东省科委火炬项目“T300 碳纤维中试”项目，经 16 位来自全国材料学科的专家审定，通过验收。

26 日　山东安丘龙蕃长安铁塔集团奖励基金管理委员会成立暨颁奖大会在学校隆重召开。电力学院 39 名师生首获此奖励，其中教师 7 人，学生 32 人；每人奖励金额 1000 元。

29 日　中共山东省委组织部[1996]鲁组老字 81 号文通知，山东工业大学原副校长、党委常委丁长浩、段奎照退休。

30 日　“八五”省级重点“电力系统动态模拟与数字仿真实验室”和“计算机辅助设计实验室”通过省教委验收，被评为优秀。31 日，验收结束。

本月　在济南市历下区的力邀下，学校选定姚家镇孟家村为新校校址。双方签署了征地协议，后因征地规划未得到济南市政府的批准，而使新校区的选地工作最终改变。

1996年

12月

本月　学校首次对教学工作进行全面评估，有4个院系被评为“教学工作先进院系”。

本月　学校有3项科技成果获国家级奖励，其中国家技术发明三等奖1项，国家科学技术进步三等奖2项。

本月　本年度学校确定教授职务任职资格的17人，其中破格5人；确定副教授职务任职资格的57人，其中破格13人。

本月　学校被中宣部、国家教委、团中央评为1996年高等学校学生社会实践活动先进单位。

本月　学校赴日照市扫盲与科技文化服务队被中宣部、国家教委、团中央、全国学联评为1996年度大中学生志愿者扫盲与科技文化服务行动优秀志愿服务队。

本月　在驻济高校足球比赛中，学校足球队以全胜的成绩夺得冠军。学校已连续两届夺得这一赛事的冠军。

本年　机械学院艾兴、邓建新等申报的“先进陶瓷刀具的研究”项目，材料学院孙康宁、刘援朝等申报的“螺旋金属丝冷拔工艺及陶瓷磨具推广与应用”分别获得1996年度国家教委科技进步甲类二等奖和国家教委科技进步丙类二等奖。“八五”期间学校共获8项国家教委科技进步奖，其中二等奖4项、三等奖4项。

1997年

1月

2日　校党委决定在院、系(部)建立教代会制度，并印发《山东工业大学院、系(部)教代会试行条例》。

同日　博士生导师边秀房教授被国家人事部选拔为“国家有突出贡献的中青年专家”。

3日　校团委被评为1996年度“山东省红旗团委”、山东省“青春立功”活动服务万村青年致富工程先进团委。

14日　根据省教委、财政厅鲁教财字[1997]15号文《关于省属普通高校整顿会计工作秩序　进一步加强财务工作的意见》，学校对全校64个开户单位进行清查整顿，共撤销6个单位单独在银行开设的账户。

16日　《山东工业大学加强企业管理、调整产业利润分配方法和发展基金提取办法的意见》下发执行。

17日　学校科技工作会议召开，省教委、科委、经委、电子局及有关兄弟院校的领导应邀出席大会。会议传达学习了全国、全省科学技术大会和高校科技工作会议精神；听取了校长邹增大《进一步发挥学校科技优势，为科教兴鲁作出更大贡献》的工作报告；总结交流了“八五”科技工作的成绩和经验；讨论通过了“九五”科技发展规划和科技奖励条例；表彰了“八五”科技工作先进集体和个人；重奖了“伞齿轮精锻工艺”课题组成员。校党委书记刘玉柱作了题为《努力提高科技工作的水平和效益，为把学校办成高水平的大学而努力奋斗》的总结讲话。18日，会议结束。

27日　学校举行党纪政纪条规知识竞赛颁奖表彰大会，8个党总支和直属党支部获奖。

1997 年

1 月

本月　机械学院孙维章、王兆辉等承担的省科委计划项目“夹具 CAD 系统的开发”通过技术鉴定。

2 月

17 日　参加省政协七届五次会议的 60 余名教育界委员，在校党委书记刘玉柱陪同下来校参观考察。

20 日　校党委召开专门会议，传达省委指示精神，作出了悼念邓小平的活动安排。根据安排，全校师生在随后的几天里以多种形式缅怀邓小平业绩，悼念邓小平。

21 日　学校召开教师、干部、民主党派、工、青、妇等代表座谈会，沉痛悼念邓小平逝世，深切缅怀邓小平的丰功伟绩。

24 日　学生宿舍有线电视开播，使学校在全省高校中首家实现了学生在宿舍就能收看电视节目。学校筹资 200 万元于本年寒假期间，在全校 1000 余间学生宿舍内安装了闭路电视系统。安装学生宿舍闭路电视系统，是学校加强精神文明建设所采取的重要的硬件建设举措，也是学校进行舆论宣传与信息传播、促进大学生素质全面提高的重要工具。

同日　寒假开学第一天，学校邓小平理论研究室的全体学生政工干部举行座谈会，沉痛悼念邓小平。校邓小平理论研究会、学生会、研究生会下午集会，怀念邓小平不朽的历史功勋。

25 日　全校万余名师生员工在各单位、各部门的组织安排下，收听收看了邓小平追悼大会实况转播。

28 日　计算机工程系更名为计算机科学与技术系。

同日　学校召开毕业生就业指导委员会第二次年会，选举产生了新的毕业生就业指导委员会委员。校党委书记刘玉柱、济南钢铁集团公司总经理马俊才、山东电力集团总公司总经理刘振亚任主任委员，杨廷法等 13 人任副主任委员。

3 月

6 日　学校召开纪念“三八”国际劳动妇女节大会。校妇委会主任尹薇主持大会，校党委副书记李福兴到会讲话。

同日　1997 届毕业生供需见面洽谈会举行。200 余家用人单位参加了洽谈，1000 多名学生与用人单位达成意向，200 多名学生签订了就业协议书。7 日，洽谈会结束。

7 日　勤勉敬业，精心育人，学校召开“三育人”工作总结表彰大会，表彰“三育人”先进集体和个人。

8 日　为弘扬高雅艺术而开设的“京剧知识与欣赏”任选课开始上课。在国内高等学校中，学校是开出这门课的少数几所大学之一。

14 日　莱芜市莱城区人民政府与学校签署经济科技人才合作协议，莱城区区长刘振杰与山东工业大学副校长宋化远分别在协议上签字。

25 日　淄博多星电器总厂在学校设立“衍增”奖学金，每年设奖 3 万元，每次奖励 20 名学生。

同日　校党委召开统战工作座谈会，传达学习中央、省委统战工作的指示精神，研究部署了选拔党外干部问题。

1997年

3月

26日　全省高校校园文化建设现场会在学校举行。驻济普通高校和部分外地高校党委及有关部门负责人70余人，一起参观了学校学生宿舍有线电视网、新闻画廊等设施，并给予肯定与赞赏。省委高校工委副书记刘凤龙在现场会上讲话。

31日　台湾教育访问团来校参观、考察。

本月　澳大利亚IDP官员罗杰·金博士、艾来·赞莫教授考察小组来访。

本月　两项科研成果通过技术鉴定。其中，由动力工程系刘德华等研制的“低旋流短螺旋进气道直喷式柴油机研究”由省科委组织通过专家鉴定，由动力工程系马春元等完成的省科委计划项目“热电厂烟气流化床脱硫除尘一体净化技术及装置”通过以清华大学徐旭常院士为主任委员的专家组鉴定。

4月

2日　学校召开系、处级领导班子任期目标责任制实施情况汇报会。校长邹增大主持会议，校党委书记刘玉柱讲话。校党政领导及处级干部参加了大会。

9日　为加强合作，实现共同发展，山东工程学院党委书记张复信率考察团来校访问。

11日　国家教委条件装备司高校后勤管理处有关负责人和北京大学、清华大学、南京大学、上海交大等全国23所著名高校的后勤党委(党总支)书记来校考察指导工作。校党委书记刘玉柱对来宾表示欢迎，校长邹增大与大家就新形势下高校后勤管理与改革工作进行了交谈。

18日　校实验工作委员会进行调整，由26人组成新的校实验工作委员会，副校长宋化远任主任委员。

20日　学校开展“面向21世纪教学内容和课程体系改革”研究课题立项评选工作。全校共有46项课题立项，其中国家教委和省教委立项课题16项。

24日　淄博多星电器总厂“衍增”奖学金颁奖大会在学校举行。厂党委书记焦洪洲、董事经理周玉立讲话并为获奖学生颁奖。副校长张体勤作总结讲话。多星“衍增”奖学金每年设奖3万元，每次奖励20名学生。

26日　第四届青年学生实用科技成果大赛结束，共有158项科技成果参赛，76项成果获奖。

同日　学校召开1996年度产业工作总结表彰大会，校党委书记刘玉柱主持会议，校长邹增大讲话。大会表彰了4个先进企业、8名优秀厂长经理、55名产业先进工作者。邹增大与11家校管企业负责人签订了1997年企业发展目标考核责任书。

28日　学校为贯彻执行中共中央办公厅、国务院办公厅相继印发的《关于对党和国家机关工作人员在国内交往中收受的礼品实行登记制度的规定》《关于党政机关县(处)级以上领导干部收入申报的规定》和《关于领导干部报告个人重大事项的规定》，制定公布了符合学校实际的实施意见。

30日　学校23家企业通过国有资产产权登记。

同日　全校400多名团员青年代表隆重集会，纪念伟大的五四运动78周年和中国共产主义青年团建团75周年，同时表彰1996～1997学年度团的工作

1997 年

4 月

先进集体和先进个人。学校党政领导邹增大、杨廷法、李福兴、宋化远、张体勤及各部、处、系领导参加了大会。

本月　电力工业部部长、国家电力公司总经理、校友史大桢为母校捐赠图书448册。史大桢校友在给母校的信中说："作为一名校友，我一直关注着母校的发展，对她寄予无限的希望。也始终感谢母校对我们的培养教育。"

本月　在首届中国大学生电脑大赛电视辩论分赛区（杭州赛区）中，学校代表队获"优胜队"称号。

本月　学校设立特种奖学金，以资助、鼓励学生刻苦学习，奋发向上，全面发展。有110名同学获得了特种奖学金。这是学校实行招生并轨制度配套改革，完善教育管理，保障激励机制的又一举措。特种奖学金分三类：优秀学生奖学金、优秀特困生奖学金、企业定向奖学金。

本月　在省教委评出的1996年优秀教学成果奖中，学校有10项成果获省级奖，其中一等奖2项，二等奖6项，三等奖2项。

本月　由自动化工程系曹玉强、付庆华与章丘市热力公司共同研制的"低成本大面积高精度温度压力流动测量网络"由省教委组织并主持通过技术鉴定。由化工系杜爱玲、马希骋、唐炳迎、侯文涛、张鹤鸣研制的"铝合金脉冲氧化技术"由省科委组织、省教委主持通过专家鉴定。

本月　我附中王继萍老师在刚结束的"山东省青年教师历史优质课评比"中，获得一等奖中第一名的好成绩。

5 月

2 日　由校团委承办的"山东省大学生歌舞乐大赛"及"庆五四山东省大学生文艺汇演"演出圆满结束。

3 日　学校5位离退休老同志在省直机关老年人网球比赛中获得优异成绩。在省50多位老同志参加的赛事中，经过多轮较量，学校台旭、乔毅男、潘君瑞、王敬言、史希陶分别获得男子甲组（70岁以上）、乙组（60岁以上）第一名。比赛于4日结束。

5 日　山工大普字[1997]10号文公布，图书馆由直属党支部改设党总支，附属中小学由党支部改设直属党支部，新印章同时启用。

8 日　九三学社学校基层委员会进行换届选举。新一届委员会由9名委员组成，肖如鸿任主任委员。

同日　校团委、科研处共同组织6位教授、博士赴莱芜市莱城区进行考察，帮助企业排忧解难。这是学校自3月份以来同莱城区缔结友好区、校关系后进行的一次实质性合作。

12 日　省委书记吴官正冒雨来校视察工作。吴官正等领导与校党政负责人和10位博士生导师、教授一起进行了座谈。校党委书记刘玉柱、校长邹增大汇报了学校近几年的发展情况和存在的困难。吴官正充分肯定了学校的工作，对今后发展提出了希望和要求，并表示继续支持学校进军"211"。座谈后，吴官正一行在校领导陪同下参观了碳纤维中心、电力系统动态模拟与数字仿真实验室。

1997 年

5 月

同日　济南四建集团在学校设立奖学金，20 名学生获得首届四建集团奖学金，每人 1000 元。

15 日　学校隆重召开二届三次教职工代表大会。校领导刘玉柱、杨廷法、段奎照、宋化远、邹增大、张体勤、王直平等出席了大会。

22 日　河北工业大学学习考察团一行 36 人，在校党委副书记、纪委书记、组织部部长孟卫东带领下来校考察访问。23 日上午，两校召开座谈交流会；下午，学校部分院、系、部、处与河北工大对口单位、部门之间进行了交流。

29 日　学校举行 1997 年度社会治安综合治理责任书签字仪式。校党委书记刘玉柱与学校 49 个单位的负责人签订了 1997 年度社会治安综合治理责任书。

30 日　胜利石油管理局局长牟书令、党委书记王作然、常务副局长宋万超一行 14 人来校考察访问。

本月　材料学院李培武教授的“双击式螺旋压力机工作原理与特性”研究项目，获国家自然科学基金资助 20 万元，这是学校首次获此项资助的快速反应项目。

本月　学校被省教委评为“教育系统审计工作先进集体”。这一评选工作 5 年进行一次。

本月　边秀房教授当选为党的十五大代表。

本月　学校荣获“山东省第五届大学生科技文化艺术节优秀组织单位和优秀活动单位”。

本月　在山东省产学研洽谈会上，学校以展示的成果量大质高，洽谈效果显著，成交项目数多而荣获优秀展览奖。

本月　在结束的 1997 年驻济高校排球赛上，学校女子排球队再次夺得驻济高校女子排球赛冠军。

6 月

4 日　学校荣获“山东省教育系统老干部工作先进集体”和“山东省教育系统关心下一代工作先进集体”称号。

5 日　学校举行“迎香港回归，爱我中华”大合唱比赛，23 个部门代表队的近 2000 名教职工参加了比赛。党委机关、产业处获一等奖。

13 日　学校召开教学工作表彰暨教学研讨大会。

16 日　学校与上海欧姆龙自动化系统有限公司（OMRON）共建“山东工业大学 OMRON FA 实验室”，欧姆龙公司将捐赠 50 万元教学仪器设备。校长邹增大与欧姆龙公司总经理返町真次分别致辞，共同在协议书上签字。

17 日　由党委宣传部、组织部、统战部联合举办的“华天杯”迎香港回归知识竞赛决赛隆重举行。党委机关总支、产业总支、电力学院、附属中小学、机械学院、管理系分获集体一、二、三等奖。校领导刘玉柱、邹增大、杨廷法、张体勤观看了比赛并颁奖。此次知识竞赛分预赛、复赛、决赛 3 个阶段进行，全校 2579 名教职工参加了竞赛。

18 日　省政府邀请黄树槐、潘承洞、管华诗、闻邦椿、吴林、任震、费奇、钱新民等 8 位著名专家，对学校“211 工程”建设项目可行性研究报告和拟购仪器设

1997 年

6 月

备计划进行了整体论证和审核。专家组经过讨论、研究和评议，一致通过可行性论证，并建议作进一步修改后正式上报立项实施。山东省副省长张瑞凤，省政协副主席、省委高校工委书记、省教委主任崔惟琳，省政府副秘书长周齐以及省教委、省计委、省财政厅等有关部门负责人出席了论证会。

同日　学校购置的价值近 300 万元的电话交换机正式开通，使电话机容量由 1200 门增加到 2000 门，通信条件、能力有了显著提高。

20 日　学校 1995 级本科生英语四级统考初考通过率达 75.6%，比全国重点高校平均通过率高 12.95 个百分点，平均积点分超过全国高校平均积点分 84.1 分，名列全国高校前 49 位。

25 日　经山东省学位委员会批准，学校第五届学位评定委员会由 23 人组成，邹增大任主席，宋化远、艾兴任副主席。

26 日　民建山工大支部召开全体委员大会，进行换届选举。新一届委员会由 5 名委员组成，许传俊任主任委员。

28 日　中共山东工业大学第六次代表大会在科学实验楼报告厅召开。省委高校工委书记崔惟琳，省委高校工委副书记刘凤龙出席会议。参加大会的正式代表 200 名，特邀代表 42 名。邹增大主持开幕式，刘玉柱、陈建安分别代表第五届党委和纪律检查委员会作了工作报告。与会代表审议通过了两个工作报告，并差额选举产生了由 33 人组成的第六届委员会和由 15 人组成的纪律检查委员会。29 日会议结束。

30 日　中共山东工业大学六届一次会议举行，刘玉柱、邹增大、李福兴、姜法魁、宋化远、张体勤、韩宏当选为党委常委。刘玉柱当选为党委书记，邹增大、李福兴、姜法魁当选为党委副书记。校党委书记刘玉柱在会上作了重要讲话。

同日　新一届纪律检查委员会一次会议举行，韩宏当选为纪委书记，褚庆宪、王明署当选为纪委副书记。

同日　山东省人民政府鲁政任[1997]13 号文批准，杨廷法任山东工业大学巡视员，陈建安任山东工业大学助理巡视员。

同日　学校组织大型迎香港回归庆祝活动，万余名师生员工参加了歌舞、秧歌晚会，学校党政领导全部参加了晚会，校党委书记刘玉柱讲话。活动一直持续到次日凌晨。省电视台、电台、大众日报社等新闻单位对庆祝活动作了报道。

自进入 6 月下旬以来，学校在主楼广场至南校门地段及校内其他地方，有组织地开展了多种形式的宣传、迎回归活动。

7 月

3 日　《山东工业大学关于进一步加强大学生文化素质教育的意见》出台。

4 日　学校讨论通过了山东工业大学实施实验室校院(系)两级管理体制改革的意见，并以山工大行字[1997]104 号文下发。

同日　材料学院齐宝森等承担的省科委计划课题“新型机用锯条的研制”通过省科委组织的专家鉴定。专家一致认为，该项成果属国内首创，其综合技术指标达到国内先进水平，无环境污染，有重大推广应用价值。

8 日　中共山东省委批复同意中共山东工业大学第六届委员会第一次全体会议和中共山东工业大学纪律检查委员会第一次全体会议的选举结果。

1997年

7月

23日　学校足球队获山东省第三届大学生足球锦标赛亚军。

24日　第三届全国大学生游泳比赛在学校游泳运动中心举行。来自全国25所高校的200余名运动员参加了比赛。学校获甲组女队总分第一名，男女团体总分第二名，并获最佳组织奖、“精神文明运动队”称号。25日，比赛结束。

29日　第五届全国大学生田径锦标赛在清华大学举行。学校代表队获甲组(普通高校组)团体总分第一名和甲组女子团体第一名，并获金牌9枚，金牌总数、奖牌总数第一名，4次打破全国大学生田径锦标赛纪录，取得历史性突破。学校大学生马洪娥获女子10000米竞走冠军。8月2日，锦标赛结束。

本月　学校开始对济南市历城区十六里河镇兴隆村东北约1500亩山坡地进行考察，并初步选定此处作为新校址。

8月

8日　学校向省教委提交《关于进行实验教学及实验室管理改革试验问题的报告》。9月1日，经省教委批准同意，试点工作开始在机械学院、材料学院、电力学院和土木工程系进行。

15日　1997级本专科生招生工作结束，共录取新生2126人，有9个院系实现了按院(系)或学科大类招生。

19日　校党委常委会议决定将东院规划为教工宿舍区，拆除三号教学楼，建设现代先进制造技术中心。会议同时决定此项规划提交教职工代表大会批准后实施。

25日　在由电子工业部、国家教委、共青团中央、全国学联共同主办的首届大学生电脑大赛中，学校代表队荣获电脑技能竞赛指定平台组团体亚军、电脑技能限定平台组个人第4名和电脑电视辩论赛优胜杯。

26日　学校13人被评为第五批“山东省专业技术拔尖人才”。

28日　学校中心锅炉房分水站工程全面竣工，彻底解决了学校北院供暖问题。

9月

6日　动力系路春美、程世庆等研制的“烟煤型煤双向燃烧技术与配套锅炉的研究”，在泰安锅炉辅机厂的协助下通过省科委组织的技术鉴定。专家一致认为，其结构形式属国内首创，具有广泛的推广前景。

9日　学校举行青年教工高层住宅楼竣工典礼，副省长张瑞凤，省委高校工委书记、省教委党组书记滕昭庆等领导及学校教师干部代表200余人参加了仪式。张瑞凤发表讲话。高层住宅楼21层，实用面积11450平方米，可安排住户144户。

10日　学校获“山东省教师管理工作先进单位”称号。

14日　日本富山大学工学部一行5人来校访问，与学校签订了友好交流协议。16日，访问结束。

19日　学校隆重召开体育工作表彰大会，将8.5万元奖金奖励给为学校争得荣誉和做出突出贡献的体育教学部、运动员、教练员。校领导刘玉柱、邹增大等出席大会。

1997 年

9 月

24 日 校党委印发《关于学习贯彻党的十五大精神的意见》。根据该《意见》安排，全校师生员工以不同形式收听、收看了十五大开幕、闭幕式实况转播，认真学习了江泽民总书记的报告。

25 日 学习十五大精神学习班开课，230 多名处级以上干部、中青年学术骨干、马列课教师参加了为期 4 天的学习。

30 日 学校举办第二届青年教师讲课大赛，朱瑞富等荣获“山工大青年教师授课十佳”。10 月 23 日，大赛结束。

本月 《山东工业大学学分制实施条例(试行)》公布实行。学校在山东省省属高校中首家实施学分制。

本月 电子工程系通信 1994 级 1 班被国家教委、团中央授予“全国先进班集体标兵”称号。学校成为全国高校中唯一连续 3 个班级获此殊荣的高校。该班学生朱强赴京参加了国家教委、团中央召开的表彰大会。

本月 一批科研成果通过专家鉴定。(1)自动化系陈小苹、乔谊正等研制的“手写中文速记符的自动识别”项目通过由省科委组织的技术鉴定。专家们认为，该成果填补了国内外中文手写体速记符计算机识别领域的空白，达到国际领先水平。(2)机械学院艾兴、邓建新等研制的“特殊添加剂的新型陶瓷刀具材料的研制及其可靠性研究”通过省科委组织的技术鉴定。专家一致认为所研制的 LD-1 陶瓷刀具填补了国内外空白，属国际首创；所研制的 LD-2 陶瓷刀具是陶瓷刀具的一个新品种，其物理机械性能达到了国内外同类产品的先进水平，可替代进口产品。(3)材料学院刘军红、孙康宁等研制的“金属陶瓷刀头钎焊研究”项目通过由省教委组织的技术鉴定。与会专家一致认为，该技术填补了国内外空白，达到国际先进水平。(4)自动化系刘长友等承担的省教委计划项目“中小规模过程控制系统支撑技术”，通过省教委组织的专家鉴定。专家一致认为，该技术属国内首创，项目综合技术指标达到国内领先水平。

10 月

4 日 中国工程院院士、国家模具 CAD 工程研究中心主任、学校名誉教授、上海交通大学阮雪榆教授来校讲学。

9 日 在山东省科技进步奖评审委员会第十三次会议上，学校 18 项科研成果获奖，其中一等奖 1 项、二等奖 9 项、三等奖 8 项。获奖数量超过往年。

11 日 国家自然科学基金委秘书长袁海波、基金委材料与工程学部无机金属材料学科副主任高瑞平来校视察工作，对学校改革发展的成就给予高度评价。

同日 香港企业家李德荣发明创造奖励基金捐赠仪式在科学实验楼报告厅举行。校长邹增大代表学校接受了 20 万元人民币的捐赠。该项基金主要用于资助奖励学校大学生课余发明创造活动。

12 日 学校与泰安金山口集团公司合作、联合生产碳纤维及其制品的签字仪式在泰安市举行。

15 日 中国大学生志愿者暑期文化科技卫生“三下乡”总结表彰会在长沙召开，学校荣获“全国优秀志愿者服务队”称号并在会上作典型发言。18 日，会议结束。

1997 年

10 月

16 日　第三十六届田径运动会在校体育场举行。共有 1236 名运动员参加了 82 个项目的比赛，有 8 人 8 次打破 6 项田径纪录。17 日，运动会结束。

18 日　全国部分高校第十三届后勤协作会在学校召开。校长邹增大、副校长张体勤在会上讲话。大家在考察过程中，对学校高度重视后勤工作以及近年来取得的成绩给予高度评价。23 日，会议结束。

21 日　比利时腐蚀研究中心所长 A. 布拜(A. Pourbaix)应化工系邀请来校作学术报告，并就今后的合作研究进行协商，为我方提供资助。

25 日　校长邹增大一行 4 人赴日本，对富山大学、熊本大学、九州工业大学进行友好访问，并签署了正式合作交流协议。根据协议规定，由日方提供资助，学校每年派遣一定数量的学生赴日研修一年左右，双方在机械、材料等多个学科不定期开展教师间的学术交流与合作研究。11 月 4 日，访问结束。

26 日　第五届国际现代工业培训学术会议在学校召开，近 20 个国家和地区及全国各地的 150 多位代表参加了会议。这是学校首次举办此类国际会议。山东省副省长张瑞凤、省政协副主席崔惟琳，省教委、省科委、省人事厅等有关部门负责人出席了开幕式。28 日，会议结束。

28 日　香港企业家罗活活助学金首发仪式在学校举行。山东大学、山东师范大学、山东经济学院及学校的 100 名学生首获助学金 10 万元。

29 日　校党委召开处级以上干部会议。校党委副书记李福兴和党委常委、纪委书记韩宏分别传达了尉健行的《认真学习贯彻党的十五大精神 深入进行反腐败斗争》的讲话、省委书记吴官正在省委常委(扩大)会上的讲话、陈建国在省直机关负责会议上的讲话以及《中共山东省委关于解决当前干部作风十个问题的意见》。李福兴代表党委讲了四点贯彻意见。

30 日　由山工大承办的 1997 驻济高校田径运动会在校体育场举行。驻济 12 所高校的 200 多名运动员，参加了 42 个项目的比赛。经过两天的激烈角逐，学校获男女团体总分第一。

本月　学校荣获国家级优秀教学成果二等奖 1 项(动力系林颐清、王伟的“工业锅炉及控制过程仿真系统项目”)，省级一等奖 1 项、二等奖 6 项、三等奖 2 项。

本月　科研处荣获国家科委颁发的“贯彻实施《中华人民共和国技术合同法》先进集体”荣誉称号。

11 月

3 日　德国艾兰根大学代表团一行 10 人来校访问。

10 日　济南市委副书记、市长谢玉堂，副市长沈建国来校考察，与学校就联合办学、加强科技合作、开辟新校区等问题与学校领导一起进行了座谈。

11 日　学校纪委召开纪委委员、各党总支、直属党支部纪检委员和特邀监察员会议，传达了中纪委《关于学习十五大精神的通知》和在党的十五大上作的工作报告，省委办公厅、省政府办公厅《关于改进省内党政机关公务活动餐饮接待的暂行规定》和《关于认真做好上级领导机关和兄弟省市来山东省客人接待工作的暂行规定的通知》等。

1997年

11月

16日　乌克兰国家科学院专家尤包巴捷诺夫及夫人来校讲学，受聘为学校兼职教授。12月11日，讲学结束。

19日　在学校召开的学生学习邓小平理论和党章活动座谈会上，12名离退休老干部、老教师被聘为指导教师。

25日　副省长韩寓群来学校视察科技开发工作。韩寓群在听取了校领导及有关部门负责人的汇报后，充分肯定了学校的工作并对学校今后的发展提出了建议和要求。随后，韩寓群参观了碳纤维工程中心、游泳池水净化设备、机械厂絮凝剂生产车间等。

同日　美中教育服务机构中国项目主管苏珊珊·李女士来访。

27日　历时3周的第四届"金秋英语节"落下帷幕。有2000多名同学参加活动并从中受益。本届英语节是历年来参加人数最多、气氛最热烈的一次。

同日　受国家教委委托，由中国高等教育学会体育研究会组织的全国普通高校体育教学现场观摩会在山工大举行。29日观摩会结束。

28日　以台湾远东工商专科学校王乃昌先生为团长的远东工商大专经贸访问团来校访问。

本月　两项应用成果达到国际先进水平。由动力系潘继红等与淄博三元换热设备有限公司共同研制的"流体自循环蓄热式汽水与水热交换器"于本月18日由省科委组织并主持通过专家会议鉴定。由尹衍升等研制的"铸造Fe3Al基金属间化合物研究及其应用开发"于本月20日由省科委组织并主持通过专家会议鉴定。

本月　4项科研项目获国家自然科学基金资助，共获资助经费67万元。其中，材料学院耿遵敏教授申请的"多源振声征兆保相提纯与往复机械动态诊断研究"获资助12万元，熊治平教授申请的"多扰源柔性耦合系统的功率流及主动被动综合最优控制"获资助13万元，蔡华苏教授申请的"共混组分在碳纤维前驱体聚丙烯腈中的物化作用"获资助22万元，李培武教授申请的"双击式直接电动螺旋压力机工作原理与特性"获资助20万元。获以上资助的4位教授中，有3位是博士。

本月　材料学院两项省科委计划课题通过技术鉴定。王成国、孙康宁、齐宝森、刘援朝、杨涛等承担的"机械合金化合成弥散强化铁基合金材料"由省科委组织通过技术鉴定。任旭芳、刘茂华、刘秀忠、王道亮、隋青美等研制的"可控气氛热处理工艺计算机控制系统研究"由省科委组织通过技术鉴定。

本月　自动化系4项科研成果通过鉴定。(1)王冠军、刘永乐、李光友、王秀和、魏蓓等研制的"大型电力变压器局部放电及其精确定位方法研究"由省科委组织通过技术鉴定。(2)刘玉庆、常洪文、刘永乐、王秀和、刘锦波等研制的"双馈电变频控制交流调速电机"由省科委组织通过技术鉴定。(3)李光友、王建民、王冠军、徐衍亮、张承仁等研制的"感应励磁无刷同步发电机"由省教委组织通过技术鉴定。(4)刘永乐、王冠军、刘玉庆、张平慧、李宪友等研制的"稀土钕铁硼永磁三相同步电动机"由省教委组织通过技术鉴定。

1997 年

11 月

本月　机械学院张进生、岳明军、王志、张强等开发完成的“石材曲面加工工艺与数控机床”项目，通过省科委组织的技术鉴定。这一项目加工的产品填补了国内空白，并为企业带来了巨大的经济效益和社会效益。加工的“数控石材曲面加工机床”为国内首创。

12 月

4 日　在全省高校党建工作会议上，材料学院孙东升教授、土木工程系段元峰同学分别荣获第二届山东省高校“十大优秀老师”“十大优秀学生”称号。

同日　学校举行崔剑平事迹报告会，400 余名师生听取了崔剑平亲属作的报告。崔剑平的童年和中学时代都是在济南度过。他在复旦大学就读 7 年后，到美国攻读博士学位。1997 年 9 月 2 日，为抢救一名溺水同学，他献出了年仅 26 岁的生命。

11 日　学校成立“山东省半导体光电子工程技术研究中心”。

20 日　山东工业大学工会劳动监督委员会成立。委员会根据《济南市劳动法律监督暂行办法》，对学校用人单位执行劳动法律、法规情况实施监督。

23 日　材料学院任登义副教授等完成的“高碳合金钢轧辊局部冷焊技术”和机械学院艾兴教授等完成的“颗粒和晶须协同增韧陶瓷刀具材料及其工艺”两个项目，分别获 1997 年度国家技术发明三等奖和四等奖。23～26 日，国家科委在京召开三大奖（自然科学、技术发明、科技进步）奖励大会，任登义副教授代表学校获奖项目参加了大会。学校是本年度中一个单位获两项国家级奖励的为数不多的单位之一，颇为与会人员关注。

25 日　学校召开第二届教职工代表大会第四次会议。校党委书记刘玉柱、副书记李福兴分别主持会议。校长邹增大作了题为《深化改革，加快发展，为实现学校“211 工程”整体建设目标而奋斗》的工作报告，副校长张体勤作了《关于东院建设规划方案的说明》。大会讨论通过了《工作报告》和《规划方案说明》的决议，收到各种提案 114 件。26 日，会议结束。

27 日　由齐鲁京协、齐鲁晚报联合主办的“京剧走向青年”票友演唱会在山工大举行。

28 日　山东省学位委员会鲁学位[1997]20 号文批准张建华、黄克正、尹衍升、叶以富、赵国群、王成国为博士生指导教师。

29 日　校办企业“山东华天事业发展总公司”通过 ISO9002 国际质量保证体系认证。

31 日　学校 9 位中青年教师被评为山东省属本科高校第四批省级中青年学术骨干和学科带头人培养对象。

本月　本年度专业技术职务评聘工作结束。全校共评出教授 42 人（破格 5 人），副教授 72 人（破格 2 人），其他系列高级职务 21 人。

本月　学校第 10 次荣获全国“社会实践活动先进单位”称号。

本月　学校党委对全校系、处级领导班子成员履行任期目标责任制情况进行了全面中期检查。

本月　邹增大荣获香港柏宁顿（中国）“孺子牛”金球奖。

1997 年

12 月

本月　学校获“山东省科技外事先进单位”称号。

本月　学校赴泰莱地区大学志愿服务队获全国优秀志愿服务队。

本月　材料学院赵国群教授、动力系程林教授和肖福明教授、电力学院刘玉田教授、机械学院邓建新教授等 5 位教授获山东省优秀中青年科学家科研奖励基金，总经费为 47 万元。材料学院武传松教授获连续支持经费 9 万元。

本年　科研又创佳绩。共鉴定科研成果 57 项，比 1996 年增加 4 项；申请专利 15 项，比 1996 年增加 9 项；获厅(局)级以上科技奖励共 45 项，比 1996 年增加 2 项，其中国家发明奖 2 项，省(部)级奖励 22 项。

本年　在公布的 1997 年度国家教委科技进步奖授奖项目公告中，学校申报的 4 项科研成果全部获奖，占获奖总数的 4.3%。

1998 年

1 月

6 日　校团委在中宣部等 10 部委联合举行的电视电话会议上荣获“三下乡”先进集体称号。据悉，学校是获此殊荣的全国唯一高校团委。

同日　全国大学生数学建模、电子设计竞赛山东赛区颁奖大会在学校举行。学校获 7 项山东赛区奖，并被评为竞赛组织工作优秀单位。

13 日　山东工业大学模具、工程技术研究中心正式成立。美国 EDS 公司赠送给中心价值 15 万多美元的软件。

15 日　校党委常委会讨论通过新版《山东工业大学教学管理规章制度》并颁布执行。

16 日　山东省科委鲁科计字[1998]15 号文批准同意，依托学校成立山东省 CAD 工程技术研究中心。

本月　根据济南规划局济规划[1998]19 号批文，设计出“山东工业大学东院规划”图。

本月　校团委被共青团山东省委评为 1997 年度“青春立功”活动先进团委、红旗团委。

2 月

18 日　“山东工业大学就业指导委员会第二届年会”举行，大会选举校党委书记刘玉柱、校长邹增大，山东电力总公司经理刘振亚为主任委员。

19 日　学校举行应届毕业生供需见面会，来自省内外 200 多家用人单位的 600 余名代表参加了见面会。会上共签署就业协议 118 份，达成意向 1500 余条，收到了较好的效果。20 日见面会结束。

20 日　校党委、行政联合颁布《山东工业大学“九五”期间深化本科教学改革，提高教育质量的工作纲要》和《关于进一步加强本科教学工作的若干意见》。

24 日　学校纪委召开扩大会议，学习贯彻中纪委、省纪委会议精神，部署 1998 年纪检监察工作。各党总支分管纪检工作人员和专兼职纪检、监察人员 50 余人参加了会议。

本月　1998 年是全面贯彻落实党的十五大精神的第一年，也是学校改革发展的关键一年。精心部署抓落实，团结一致创佳绩，学校党政对 1998 年重点工作作出安排。

1998 年

2 月

本月　省政协委员、山工大张鹤鸣教授《关于在济南市设置街头报栏的建议》《关于进一步开发双休日旅游热线的建议》两项提案，被省政协评为优秀提案并在鲁协发[1997]12 号文件上通报表彰。

本月　管理系耿希海、陈蒙恩、杨学津、王福泰、赵树宽等承担的山东省“八五”规划重点软课题“山东省主要工业产品竞争能力分析与对策研究”通过省科委组织的专家鉴定。

3 月

3 日　校党委召开各党总支书记、各部门负责人会议，传达省委办公厅、省政府办公厅关于认真做好安全保卫工作的通知，部署加强校园安全稳定工作。

同日　校党委印发《山工大关于开展法制宣传教育的第三个五年规划》的通知，全面部署了“三五”普法工作。

4 日　校党委召开纪念周恩来诞辰 100 周年座谈会。校领导刘玉柱、姜法魁、张体勤、韩宏及有关部门负责人、教职工代表 20 余人参加了座谈。

5 日　中国轻骑集团副总裁周仲威率有关部门负责人来校共商校企合作有关事宜，校长邹增大等参加了座谈会。双方在 5 个方面达成合作意向。

6 日　省委副书记陈建国来校视察。校党委书记刘玉柱、校长邹增大向陈建国介绍了学校的发展情况。陈建国肯定了学校近几年来取得的成就，并对今后的工作提出希望和要求。随后，陈建国参观了模具工程技术研究中心、计算中心、动模实验室和碳纤维工程技术研究中心，还到学生宿舍、食堂了解了学生的学习、生活情况。

7 日　学校召开 1997 年度产业工作总结表彰大会。刘玉柱、邹增大等领导出席会议，并为受表彰的先进集体和先进个人颁奖。邹增大代表校办产业管理委员会作总结讲话，并确定了今后的产业工作总思路和综合发展目标。

16 日　学校档案工作获省一级档案管理先进单位，并于 3 月 16 日颁发了达标等级证书和奖状。这标志着学校的档案管理工作上了一个新台阶。

19 日　“工大科苑杯”学讲普通话活动开始启动。这一活动的范围是全校青年教职工和大学生。

23 日　德国西门子公司亚太自动化驱动部总裁施密特先生、西门子有限公司(中国)自动化及驱动产品部总经理柯云昆先生来校访问。校长邹增大接待了来访客人。双方商讨决定由西门子公司在学校设立自动化及驱动培训中心。

24 日　由上海欧姆龙自动化系统有限公司捐赠价值 57 万元仪器设备与学校共同建立的欧姆龙 FA 实验室落成典礼暨设备交接仪式隆重举行。省政府高级顾问韩邦聚、省教委副主任刘鸣泽应邀出席了典礼仪式。

27 日　马其顿共和国克利蒙特·奥赫里德斯基大学比托拉科学技术学院院长格利戈·卡内乌斯博士一行 4 人来校访问。校党委书记刘玉柱、校长邹增大会见了来访客人，并就双方在一些领域的合作进行了探讨。4 月 5 日，访问结束。

本月　由电力学院和莱阳市电力局联合研制的“BZZ-1 型集中控制式变电站综合自动化系统”通过技术鉴定。

1998 年

4 月

4 日　由校团委主办、各院系承办的大学生"十项技能比赛"正式开赛。

6 日　校党委分别召开常委会、各党总支书记和部门负责人会议，学习传达江泽民总书记关心单县服用碘钙营养片引起不良反应的少年儿童的重要指示及省里的 7 条妥善处理措施，省委办公厅、省政府办公厅关于切实做好全省"两会"期间各项工作的紧急通知和省教委关于涉及学生身心健康和学校稳定工作几个问题的紧急通知，并根据学校实际部署了贯彻落实意见。

12 日　由山东省鲁信实业集团公司、香港金龙群英集团公司、山东省国际经济开发公司、郑忠诚先生等单位和个人捐资 100 万元人民币设立鲁光(工科)奖学金，设奖大会在山工大隆重举行。

21 日　老教协工作者协会召开第四次会员代表大会。会议选举了第四届理事会，新一届理事会聘请刘玉柱书记、邹增大校长担任名誉会长。

26 日　中科院院士、原华中理工大学校长、我国知名机械工程专家杨叔子教授应邀来校作关于素质教育的报告。

本月　为落实学校"三五"普法规划，校党委组织开展了宪法知识答题活动，2569 名教工参加了竞答。

本月　学校实验教学及实验室管理体制改革试点工作全面启动。

5 月

8 日　济南市历下区党委会组织的驻区大专院校卫生管理工作现场会在学校举行。大会还向学校颁发了"山东省卫生先进单位"的奖牌。

12 日　学校首届青年教师教学优秀奖评审结果公布，30 名教师分获一、二等奖。以后，青年教师教学优秀奖每两年评选一次，并实施异议期制度。

13 日　学校召开二届二次实验室工作委员会全体会议。省教委副主任单兆众及有关处室负责人应邀出席会议，听取了学校实验教学及实验室管理体制改革试点工作的汇报。校长邹增大、副校长宋化远到会讲话。

15 日　材料学院与济南太阳集团公司，就共同建立科研开发中试基地，进行了协议签字仪式。材料学院院长李木森、太阳集团董事长李执敏分别代表合作双方在协议书上签字。校长邹增大及有关部门负责人参加签字仪式并讲话。

19 日　第二届中国大学生电脑大赛专家巡回报告会在学校举行。吴文虎、袁正光教授为 400 余名师生作了报告。

31 日　学校先进技术制造中心大楼开工建设，建筑面积为 9000 平方米。

本月　学校党总支目标化管理的经验在全省高校推广。

本月　全校教工党员"党纪条规知识竞赛"活动圆满结束，1023 名在岗职工党员全部参加了竞赛，教务处等 8 个党总支获"先进集体"称号，34 人获"先进个人"称号。

本月　全校 35 岁以下科级干部在职学习班结束，71 名青年干部参加了近 2 个月的集中、分散学习。

本月　"光明机器杯"山工大第五届青年学生实用科技成果大赛举行，共有 500 项科技作品参加初评，133 项获奖。

本月　14 项教改立项确定为省级立项项目。

1998 年
6 月

5 日　学校举办“我的学生我的爱”演讲比赛，10 位教师参加了决赛，评出一等奖 1 名、二等奖 3 名、三等奖 6 名。校党委副书记姜法魁出席演讲会并讲话。

10 日　学校赴庆云县支教干部返校，受到校领导刘玉柱、邹增大、姜法魁及各单位负责人、部分干部教师的热烈欢迎。18 名支教人员被庆云县人民政府各记三等功一次。

同日　第十三届全国大学生排球比赛在上海大学举行，全国 26 所高校代表队参加了比赛，学校女子排球队顽强拼搏，夺得女子甲组第 3 名。21 日，比赛结束。

16 日　学校有 15 项教学改革研究课题被省教委确定为省级教改立项项目。

17 日　省委常委、宣传部部长王修智来校视察，就党的建设和思想政治工作等情况与校领导刘玉柱、姜法魁以及有关部处负责人进行了座谈。

同日　济南陆军学院副院长陈伟坚大校一行 7 人来校参观考察。校领导刘玉柱、姜法魁、宋化远与陈伟坚大校一行就两校进一步加强合作，携手育人，共建精神文明等方面进行了友好座谈。

18 日　学校召开院、系、部和各单位负责人会议，部署建校 50 周年校志编写工作。副校长宋化远主持会议并讲话，校纪委书记韩宏作校志编写说明。

19 日　国务院学位委员会学位[1998]44 号文公布，学校材料学、电力系统及其自动化专业被批准为博士学位授权点。

同日　山东三箭置业集团与学校合作协议签字暨赠款仪式在科学实验楼报告厅举行。山东三箭置业集团董事长王振生和山东工业大学校长邹增大分别在协议书上签字。协议签订后，三箭置业集团当场向学校赠款 500 万元人民币，学校回赠了纪念品。副省长邵桂芳，省委高校工委副书记、省教委副主任刘凤龙等出席了签赠仪式。

22 日　根据国务院学位委员会学位[1998]45 号文《关于下达按新专业目录对应调整后的博士、硕士学位授权学科、专业名单的通知》，学校原有的学位授权点对应调整后，博士、硕士学位授权学科、专业为：机械制造及其自动化、材料加工工程；硕士学位授权学科、专业为：固体力学、机械设计及理论、材料学、工程热物理、动力机械及工程、电机与电器、电力系统及其自动化、电力电子与电力转动、信号与信息处理、控制理论与控制工程、检测技术与自动化装置、计算机应用技术、水工结构工程、环境工程、管理科学与工程。

23 日　省计委、省建委下发鲁计重点字[1998]599 号文，同意把学校新校区列入重点建设项目。

24 日　中共中央组织部、宣传部、教育部党组授予学校“1993～1998 党的建设和思想政治工作先进高等学校”荣誉称号。

29 日　186 名新党员参加入党宣誓，纪念中国共产党成立 77 周年。校党委书记刘玉柱在入党宣誓大会上作了题为《做一名真正的共产主义战士》的讲话。

本月　在全国大学生四级英语统考中，学校参加考试的 1508 名 1996 级本科生中有 1161 人考试成绩合格，通过率为 77%，比全国重点大学平均通过率高出 17.1 个百分点。

1998 年

6 月

本月　电子系和材料学院刘瑛、刘德镇、周泰等研制的“非投入式超声检测、计量、控制系统的研究”由省科委组织通过技术鉴定。材料学院和电子系刘德镇、刘瑛、魏星等研制的“远场涡流检测技术及应用研究”项目，由省教委组织通过技术鉴定。

本月　20 名同学获“四建集团奖学金”。

7 月

1 日　校党委召开“庆祝党的 77 周年诞辰，纪念改革开放 20 周年”座谈会，干部、教师和离退休老代表 40 余人参加了座谈。有 8 名代表先后发言，高度赞扬了在党的领导下改革开放 20 年来的辉煌成就和学校的发展变化。

7 日　学校干部人事档案通过了省委组织部有关领导和专家的检查验收，被确定为一级(最高级别)。

10 日　山东省学位委员会鲁学位[1998]11 号文公布，学校工程力学机械电子工程、热能工程、通信与信息系统、模式识别与智能系统、计算机软件及理论、化学工艺、技术经济及管理等 8 个学科、专业被批准增列为硕士学位授权点。

11 日　省教委在学校主持召开省高校实验室工作研讨会，副校长宋化远及 14 名高校实验室工作方面的专家参加了会议。全国高校实验室研究会副秘书长、北京大学王兴邦教授应邀到会并作了学术报告。13 日，研讨会结束。

19 日　团中央书记处书记崔波，在团省委书记李群、副书记王晓陪同下视察了学校社会实践基地——泰安山口锅炉厂，看望了正在参加社会实践的师生。

20 日　副校长宋化远等一行 3 人访问台湾大叶大学。10 月 19 日，访问结束。

本月　由自动化系承担的省科技发展计划项目“在线智能检测和控制中计算机自动视觉的研究与开发”通过省科委组织的技术鉴定，达到国际先进水平。

8 月

19 日　学校 3659 名教职员工积极响应中央和省委号召，踊跃捐款 30 万元支援灾区人民抗洪救灾。

23 日　“第二届中国大学生电脑大赛”在北京圆满结束。学校作为发起单位之一，组队参加了各项比赛，获得一等奖 2 项、二等奖 2 项、三等奖 1 项，同时获大赛组织奖。

25 日　学校招生工作圆满结束，共招新生 2328 名，其中本科生 2091 名，专科生 237 名。新增添本科专业“会计学”“工业设计”，分别招收 40 名和 15 名新生。

28 日　学校华特公司向灾区捐赠价值 102 万元的净化用水设备和消毒剂，并派技术人员到受灾第一线指导运用消毒设备，为灾区人民献上了一份爱心。

同日　学校 1300 多间学生宿舍开通“300”记账卡呼叫电话业务，达到 6～8 名学生一部电话，大大方便了学生的生活与学习。

29 日　校党委印发《关于贯彻中共中央〈关于在全党深入学习邓小平理论的通知〉的意见》。该《意见》要求全校各级党组织和全体党员、干部、教师继续深入学习邓小平理论，在全校掀起学习邓小平理论的新高潮。

1998 年

9 月

4 日、8 日　校党政领导刘玉柱、邹增大、李福兴、宋化远、韩宏分别带领各院(系)、部、处负责人到山东工程学院、山东农业大学考察、学习改革经验。

10 日　副省长邵桂芳、省教委主任滕昭庆等一行来校走访教师家庭，会见了教师代表并与他们一起进行了交谈。

16 日　学校根据国家教育部颁布的新专业目录，将原有的 43 个本专科专业调整为 23 个宽口径新专业。

17 日　学校举行“弘扬伟大抗洪精神报告会”。济南军区司令部军务处处长、赴前线抗洪英雄刘专汉作了现场报告。

21 日　以省教委副主任单兆众为组长的基础课教学实验室评估专家组对学校 8 个实验室进行了评估，确定物理、电子线路、机械基础等 3 个实验室为省普通高校一类合格实验室，其余均为二类合格实验室。22 日，评估结束。

26 日　由学校化工系和山东师范大学共同研制的新型水溶性光敏引发剂由省科委组织通过专家鉴定。专家一致认为，该产品可替代进口产品，属国内首创，其综合性能达到国际同类光敏引发剂的先进水平。

本月　体育教学部张瑞林教授被教育部、人事部评为 1998 年全国教育系统劳动模范并授予“全国模范教师”称号。

本月　实验管理处被评为山东省高等学校教育条件装备工作先进单位。

本月　电子系刘思扬等研制的“激电法探测仪及其机理的研究”，机械系李剑锋、田志仁、孙杰、王积森等研制的“聚合矿物复合材料研究及其应用”，通过省教委组织的技术鉴定，达到国际先进水平。

本月　学校与东营市签订科技合作协议。校长邹增大和东营市市长石胜分别代表双方在协议书上签字。

本月　由机械学院艾兴、张建华等承担的山东省教委计划项目“超声振动—间隙脉冲放电复合加工新技术及其智能化数控机床的研究与开发”通过省教委组织的技术鉴定。专家一致认为，这一新技术和设备为国内首创，其加工质量和性能达到了国际先进水平。

10 月

9 日　国家人事部党组副书记、第一副部长、国家外专局局长万学远一行来校检查指导工作，并与校领导刘玉柱、邹增大、宋化远及有关部处负责人进行了座谈。

同日　荷兰哈勒姆大学校长韩克森等 2 人来访，校长邹增大接见了来访客人。

14 日　省教委副主任齐涛带领专家组对学校 7 个“九五”省级重点建设项目进行了中期评估，对 7 个“八五”省级重点建设项目进行了选优评估。专家组对学校重点建设取得的显著成绩给予肯定。17 日，评估结束。

15 日　学校第三十七届田径运动会在校体育场举行。573 名学生和 688 名教工运动员参加了 76 个项目的比赛，6 人打破 6 项校运会纪录。机械学院、材料学院和动力系分获学生组团体总分前 3 名，产业处、机械厂、材料学院分获教工组团体总分前 3 名。

16 日　土木工程系王彦明荣获“全国第二届高等学校工科结构力学及弹性

1998 年

10 月

力学青年教师讲课比赛”三等奖。

20 日 校党委召开统战工作会议，传达全国、全省统战工作会议精神。校党委副书记李福兴主持会议并讲话。

22 日 经国家新闻出版署批准，山东新闻出版局[1998]68 号文通知，《山东工大报》获准编入国内统一刊号高校校报系列，并在省新闻出版局登记注册。

23 日 庆祝老人节大会暨首届离退休职工书画艺术展开幕式在学校工会俱乐部举行。校党委副书记、校长邹增大主持会议。校党委副书记李福兴代表学校讲话。省内知名书画家李骏昌、刘洲应邀出席开幕式，并现场作书。

24 日 10 名优秀特困生获济南军区空军蓝天国防奖(助)学金。蓝天国防奖(助)学金，是济南空军广大官兵捐资在 5 所高校设立的，每年奖励 40 名优秀特困生，共 2 万元。这是第二批获奖者。

26 日 由教育部主办的全国高校体育部主任研讨班在学校举办。来自全国 30 余所教育部指定的重点大学的体育部主任参加了研讨班。30 日研讨班结束。

29 日 25 名优秀特困生获得“罗活活助学金”。“罗活活助学金”是香港金利来公司总经理罗活活女士从个人收入中拿出 50 万元在山东省 5 所高校中设立的，每年奖 10 万元，已连续 5 年资助 100 名品学兼优的特困学生。这是第二批获得助学金的同学。

30 日 山东建筑材料工业学院考察团一行 11 人，在院长奚正楷率领下，来学校考察交流内部管理体制改革等问题。

11 月

1 日 驻济高校运动会闭幕，学校第 3 次获得男女团体总分第 1 名，同时获得女子团体总分第 1 名和男子团体总分第 3 名。

2 日 山东工业大学科技企业集团董事会、监事会成立。校长邹增大任董事会董事长，校党委书记刘玉柱任监事会主席。集团公司召开了第一次董事会，聘请张居民为总经理，潘超平、李宇兵为副总经理，制定了《关于集团公司财务管理改革的框架意见》。山东工业大学科技企业集团公司已于 6 月 11 日在省工商局登记注册，法人代表邹增大。

9 日 校学生会在全校同学中开展“四节一助”活动。“四节一助”即节约一度电、一滴水、一粒粮、一分钱，帮助身边特困同学。12 月 9 日，活动结束。

10 日 外语系代表学校在“小天鹅杯”山东省首届“齐鲁风采”电视英语大奖赛中，获专业组第 2 名。张岳同学以出色的表现获“个人优胜奖”第一名。11 日比赛结束。

同日 全国地方工科院校“人才培养模式研讨会暨教改协作会”在学校召开。来自全国 42 所地方工科院校的 80 多名专家、学者参加会议进行了研讨交流。教育部高教司副司长刘志鹏作了专题报告。16 日，会议结束。

12 日 教育部党组成员陈文博、社会科学研究及思想政治工作司副司长靳诺，在省委高校工委副书记、省教委副主任刘凤龙的陪同下来校视察工作，了解了“马列主义理论思想教育课”的课程建设情况，充分肯定了学校“两课”改革和学生教育管理工作取得的成绩，并察看了学生课堂、食堂、宿舍等。

1998年

11月

13日　台湾大叶大学校长刘水深、机械工程学系主任温志勇、咨信工程系黄有评博士一行来校访问，与学校就管理、教学、科研等工作进行了深入探讨与交流。16日访问结束。

21日　电子工程系隆重举行庆祝建系40周年系列活动。电子系自1958年建系40年来，为山东省培养了3000多名专业人才，系友们在祖国各地，特别是为山东省的电子信息产业作出了积极贡献，取得了可喜成绩。22日，庆祝活动结束。

24日　鲁新出报刊字[1998]9号文通知，《山东工业大学学报》(社会科学版)被评为“山东省优秀期刊”。

26日　学校第三届十大青年学生标兵评选揭晓，谭芳等当选。

28日　驻济高校排球赛结束，学校女排第3次蝉联冠军，同时获得体育道德风尚奖。

同日　学校东院建筑面积为13000平方米的高层住宅楼开工建设。

本月　学校获《中华人民共和国行政监察法》知识竞赛山东赛区组织三等奖。

本月　电子系彭玉华、材料学院熊治平、材料学院朱瑞富、机械学院黄传真、材料学院刘相法、动力系马春元等6位博士获山东省优秀中青年科学家科研奖励基金资助102万元。目前，学校已有15位博士获此荣誉。

本月　自动化系柴大军、徐向华研制的“电梯交流变频调整自动控制系统”，机械学院刘长安、马金奎、黄克正、杨志宏、张祖隆等研制的“异形零件工艺设计专家系统”，材料学院姚章映、李秀森、边秀房、公志光、张建新等研制的“粉末冶金锌铝基自润滑材料的研究”通过省教委、省科委组织的技术鉴定。3项科研成果达到国内领先水平。

本月　体育教学部获“山东省学校体育卫生国防教育工作先进集体”称号。体育教学部张瑞林、校医院冯巧云被评为山东省学校体育卫生国防教育工作先进工作者。

12月

1日　按照《山东工业大学教职工住房分配和管理条例》《东院新建教职工宿舍楼及腾空房分配方案》，学校进行了四轮教工住房调整。全校有394人迁居，其中有4名教工从校外迁入学校居住。这次住房调整中，为学校筹集建房资金851.41万元。30日，调整工作结束。

5日　学校组织开展首届“教学管理先进工作者”评选工作，25人当选。

7日　由材料学院吴传松教授承担的“焊接熔池几何形状参数的计算机视觉检测”课题，通过省科委组织的专家鉴定。

10日　体育教学部张瑞林获“第六届霍英东教育基金”青年教师(教学类)三等奖。

11日　校党委决定开展纪念党的十一届三中全会召开20周年活动，并对活动内容作了具体部署。按照部署，学校先后举办了大型报告会、座谈会；收听收看了党中央纪念党的十一届三中全会20周年大会实况录像；组织教职工集中时间学习了江泽民总书记在大会上的讲话；在学生中举办了党建研讨会、影视展播和征文等活动。

1998 年

12 月

16 日　山东省政府鲁政字[1998]334 号文批复，同意学校在历城区十六里河镇兴隆一村、小岭村、搬倒井村征购土地 1153.62 亩，建设新校区。

同日　全省高校后勤表彰大会在学校召开，省教委副主任齐涛、徐庆申，校领导刘玉柱、邹增大出席会议。学校被评为全省高校后勤工作先进单位，受到省委高校工委、省教委的表彰。副校长张体勤代表受表彰单位作了大会发言。

18 日　由山东鲁信实业集团公司、香港金龙群英集团公司、山东国际经济开发公司和郑忠诚先生本人联合出资设立的鲁光（工科）奖学金颁奖大会在学校隆重举行。学校 18 名研究生共获得 54000 元奖学金（每人 3000 元），获奖者中博士研究生 7 人，硕士研究生 11 人。

19 日　学校 4 个学科和 3 个实验室被确认为“九五”省级重点建设单位。1995 年 12 月 19 日，学校 4 个学科、3 个实验室顺利通过省教育专家组的评审，被确定为“九五”省级重点建设单位。至此，学校的省级建设单位达到 16 个。4 个重点学科是工程热物理、金属塑性加工、焊接、信号与信息处理，3 个重点实验室是工程陶瓷、液态金属、遗传工程和工程系统控制。

24 日　山东省人民政府鲁政字[1998]305 号文批复，同意山东工业大学“211 工程”建设项目可行性研究报告并立项建设，建设总投资 1.4 亿元人民币，其中学校自筹资金 4000 万元。一期工程预计于 2001 年完成。

同日　学校召开“实验教学及实验室管理改革经验交流暨表彰大会”，一批先进集体与个人受到表彰。校长邹增大和副校长宋化远分别在会上讲话。

26 日　材料学院、济南太阳集团科技开发中试基地挂牌仪式在章丘市埠村镇举行。校党委书记刘玉柱、校长邹增大及有关部处负责人，材料学院的教授、博士生导师等参加了挂牌仪式。

28 日　校离退休工作处被省委、省政府授予“全省老干部工作先进集体”荣誉称号。

同日　学校建筑面积 8000 平方米的“现代教育技术中心”大楼开工建设。

30 日　山东新闻出版局以鲁新出报刊字[1998]81 号文批复，同意《山东工业大学学报》（社会科学版）改为双月刊。

同日　学校东院建筑面积 14866 平方米的 1～3 号教工住宅楼竣工，可安排住房 120 户。

本月　校党委作出决定，表彰 1997～1998 年度“三育人”先进集体 26 个、优秀工作者 42 名。

本月　本年度学校确定教授职务任职资格的 37 人，其中破格 5 人；确定副教授职务任职资格的 69 人，其中破格的 5 人。

本月　学校 1998 年获国家级科技奖 3 项。学校 1998 年获科技奖励项目数和鉴定成果项目数创历史最高水平，获省部级以上科技奖励 39 项，其中国家级奖励 3 项。鉴定科技成果 86 项。获得国家级奖励的 3 项科研成果：材料学院刘相法副教授等研究的“铝合金铁相球化剂”荣获国家技术发明四等奖，材料学院舒其馥教授等与青岛精锻齿轮厂合作研究的“汽车直齿圆锥齿的热锻冷摆辗复合精密成形技术”荣获国家科技进步三等奖，自动化工程系孙同景教授与

1998 年
12 月

济南天齐特种平带公司合作研究的“高速龙带（高强度传动带）”荣获国家科技进步三等奖。

本月　学校全年基本建设开工总面积 53000 平方米，创历年开工面积之最。

本月　学校被中宣部、教育部、团中央评为 1998 年度暑期高等学校学生社会实践活动先进单位，这是学校第 11 次获此殊荣。同时，赴泰安市山口镇志愿服务队被评为 1998 年中国大学生志愿者暑期“三下乡”活动优秀志愿服务队。

本月　校团委在 1998 年全省团的综合工作考核中被评为“红旗团委”。

本月　科研处被评为“山东省高校科研管理先进集体”。

本月　山东华特事业发展总公司被评为“中国名优环保企业”。

本月　王明署获得“全国教育系统经检监察工作先进个人”荣誉称号。

本月　材料学院尹衍升教授等完成的山东省优秀中青年科学家科研奖励基金项目“Fe-Al 基金属间化合物陶瓷复合材料应用研究”通过省科委组织的技术鉴定。

本月　4 名教授被批准为博士生导师，其中李木森、吴佑实为“材料学”博士生指导教师，李仁俊、赵建国为“电力系统及其自动化”博士生指导教师。目前，学校共有 22 名博士生导师。

本年　学校有 5 项基础研究项目获得国家自然科学基金资助：艾兴教授的“先进陶瓷刀具材料的生产转化研究及推广应用”项目获资助 20 万元，武传松教授的“电弧阳极边界层传输机理及其对焊接热效率的影响”项目获资助 14 万元，曹庆杰教授的“一类广义非线性发展方程的孤立子，分岔及混纯特性研究”项目获资助 11 万元，叶以富教授的“Fe-C-X 系熔体的动态结构理论模型”项目获资助 15 万元，邓建新教授的“基于切削可靠性的复相陶瓷刀具材料的设计与开发研究”项目获资助 14 万元。

1999 年
1 月

5 日　由省教委、省人事厅组织的 1998 年公费出国留学人员资格证书颁发暨出国集训会议在山东省教育大厦召开。数理系曹庆杰教授、机械学院李剑峰副教授、管理系刘海英讲师、工程力学所熊冶平教授、机械学院张承瑞教授获 1998 年国家留学基金委资助。

6 日　省教委在山工大隆重召开表彰大会，表彰在山东省“海信杯”电子设计竞赛和全国大学生数学建模竞赛山东赛区取得优异成绩的学校和学生。学校电子系和自动化系分别获得省级二等奖各 1 项，数理系获省级三等奖 2 项。学校还被省教委授予“大学生数学建模竞赛和电子设计竞赛的组织工作优秀单位”称号。

9 日　电力学院大学生学习邓小平理论实践基地在槐荫区青年公园办事处挂牌成立。

13 日　学校召开处以上党员干部会议，传达了山东省高校党建工作会议精神，总结了学校 1998 年工作，并就如何贯彻高校党建会议精神，做好 1999 年工作作了部署。校长邹增大传达了省高校党建工作会议精神，校党委书记刘玉柱总结部署了学校工作。

1999 年

1 月

15 日　学校隆重召开大会，总结 1998 年的教学工作，表彰在教学工作中取得优异成绩的集体与个人。全校有 170 多个单位次、620 多人次受到表彰。

本月　4 项科研成果达国际先进水平。

本月　2 项科技成果通过技术鉴定。

本月　金龙企业集团在山工大设立电机专业奖学金。奖学金每学年评定一次，奖金总额 3 万元，其中一等奖 2000 元，二等奖 1000 元，三等奖 500 元。

本月　《山东工大报》第 698 期启用国内统一刊号。

本月　《山东工业大学学报》（社会科学版）被评为省优秀期刊。

3 月

20 日　在省计委、省电子局的组织协调下，山工大与山大、华光集团联合承担了国家计委项目“半导体发光器件外延工艺及管芯制作技术”，3 月 20 日正式签署合作协议。

22 日　省委副书记吴爱英在省高校工委副书记刘凤龙等领导的陪同下，来校进行调查研究。校长邹增大汇报了学校的基本情况和改革开放以来在教学、科研、产业、思想政治工作、校园文明建设等方面取得的成绩以及当前存在并急需解决的问题。

23 日　由省委高校工委组织的全省 34 所普通本科高校组织部长会议在山工大召开。省委高校工委副书记刘凤龙在讲话中总结了全省高校贯彻落实党总支任期目标管理的情况，并就今年高校组织工作作了部署。

24 日　以陕西省副省长陈宗兴为团长的考察学习代表团一行 8 人，来山工大视察科研工作。校长邹增大向代表团一行介绍了山工大“八五”以来在产学研结合、开展校企合作、科研成果转化为生产力的做法和体会。

25 日　学校在创建文明校园动员大会上提出，要创就创一流，要争就争优秀。校长邹增大作动员讲话。

本月　动力系程林教授等承担的山东省优秀中青年科学家奖励基金项目“流体诱导振动复合强化传热研究与弹性管束系列换热设备的开发”通过省科委组织的技术鉴定。

本月　山东工业大学开发的国内首部《集成电路制造技术》CAI 课件出版发行。

本月　在“长江学者奖励计划”第二批设置特聘教授岗位学科中，山东工业大学材料学院材料加工工程学科获准设岗。在获准设岗的全国 6 个材料加工工程学科中，山工大的材料加工工程学科是唯一的地方性院校学科。

本月　机械学院博士生导师宋孔杰教授等完成的省教委计划项目“机床和机械动态特性功率流研究”通过技术鉴定，填补了国内空白，并达到国际先进水平。

本月　由自动化系徐青等完成的省科委计划课题“圆柱分度凸轮数控加工方法及工艺研究”，通过技术鉴定。

1999 年

4 月

2 日　山工大"首届青少年读书节"开幕式及"新世纪读书俱乐部"挂牌仪式在图书馆举行。

5 日　省高校校办产业发展研讨会在山东工业大学举行。

8 日　济南高新技术产业开发区山东工业大学创业园签字揭牌仪式在山工大举行。济南市市长谢玉堂、校党委书记刘玉柱一起为创业园揭牌。校长邹增大介绍了学校校办产业发展的基本情况，并与高新区管委会主任彭元栋分别在联合组建创业园的协议书上签字。

13 日　校党委书记刘玉柱、校长邹增大、校党委副书记姜法魁代表学校领导到学生宿舍看望癌病患者刘茂刚同学。刘玉柱、邹增大分别将个人捐款 1000 元交到刘茂刚手中。在此之前，姜法魁和学生处人员也捐了款。

14 日　"刘茂刚自强不息事迹报告会"在山东工业大学隆重召开。报告会感动了在场师生，阿胶集团职工代表当场捐款捐物。

16 日　学校党政作出向刘茂刚同学学习的决定，号召全校师生员工迅速开展向刘茂刚学习的活动。刘茂刚是山东工业大学电子系通信 1996 级 1 班学生。他刻苦学习，奋发向上，热爱集体，多次获奖学金，是一名德、智、体全面发展的优秀学生。自 1997 年 6 月发现身患癌症至今，刘茂刚同学以顽强的毅力与厄运抗争，向病魔挑战，是新时期青年大学生的优秀代表。

21 日　台湾中区大学教授篮球队一行 26 人来校访问。校长邹增大等会见了全体来访人员。

23 日　由山东工业大学承办的山东省第六届大学生科技文化艺术节开幕式在山东省博物馆举行。校领导刘玉柱、邹增大、姜法魁出席开幕式。邹增大代表高校致辞。

27 日　校工会举行庆"五一"表彰先进大会。刘玉柱、邹增大等校党政领导出席大会，并为 6 个工会工作先进单位、118 名积极分子代表颁奖。

29 日　省教委 17 号文公布山东省高校校报考评结果和优秀高校校报、优秀新闻工作者名单。考评结果《山东工大报》为优秀，被授予"山东高校优秀校报"称号；授予李萍、王历生"山东高校优秀新闻工作者"称号。

30 日　经过近半年的准备，"山东工业大学天文协会"成立。该协会是驻济高校第一家大学生天文协会。

同日　驻济高校校园 110 建设交流会在山东工业大学举行。山医大财政学院和山工大分别介绍了做法和经验。

本月　机械学院 33 岁的副教授徐志刚博士申报的国家"863"计划项目批准立项，项目经费为 17 万元。这是山工大自刘长有教授、黄克正教授获得 2 项国家"863"计划项目以来，又获得的 1 项项目。

本月　1999 年度驻济高校排球赛在山东中医药大学举行。山工大女排以全胜的成绩第 4 次夺得冠军，同时获得 6 月份在石油大学举办的第十届山东省大学生运动会女子排球决赛的参赛资格。

1999 年

5 月

4 日　弘扬五四精神，立志成才报国。学校隆重举行纪念五四运动 80 周年暨表彰先进大会。校党政领导刘玉柱、邹增大等，同近 400 名学生代表一起欢庆青年节，并为受表彰的先进集体、优秀团员代表和优秀青年工作者颁奖。

30 日　山东工业大学第十次团代会在科学实验楼报告厅隆重召开。大会总结了九次团代会以来的工作，选举产生了新一届团委会，研究部署了学校团的工作跨世纪发展任务。韩明涛当选为校团委书记，王秀成、刘心义当选为副书记。

31 日　山东工业大学山东巨菱股份有限公司社会实践基地挂牌仪式，在泰安山东巨菱股份有限公司举行。

本月　电力学院电气 1995 级 2 班被教育部、团中央授予“全国先进班集体标兵”，班长赵龙代表全班 30 名同学到北京参加了颁奖大会，受到党和国家领导人的亲切接见。这是山工大学生班级连续第 4 次获此殊荣。另外，外语系 1995 级 2 班谭芳同学荣获“全国模范学生干部”称号。

6 月

1 日　校党委决定，自 1999 年 6 月 1 日起，对新提拔的正、副处级干部实行试用期制度，试用期为一年。经选举产生并报党委审批的系、处级干部，不实行试用期制度。

3 日　第十届山东省大学生运动会排球决赛在石油大学拉开战幕。经过 7 天的激烈角逐，山工大女排以不败的战绩获女排冠军。这是学校球类项目获得的第一个省大学生运动会冠军。

8 日　由省高校工委组织的驻济部分高校刘茂刚事迹报告会，在山东工业大学隆重举行。来自山医大、山师大、体育学院及山工大的近 400 名同学参加了报告会。报告感人肺腑，催人泪下，反响强烈。会上，省高校工委决定，在全省高校中开展学习刘茂刚的活动，进一步宣传刘茂刚的先进事迹。

24 日　学校召开三届一次教职工暨九次工会会员代表大会。会议要求并号召全校教职工必须从跨世纪的战略角度，充分认识做好今后工作的重要意义，进一步解放思想，大胆开拓，振奋精神，苦干实干，深化改革，加快发展，为把一个充满生机和活力的高水平山东工业大学带入 21 世纪而努力奋斗。全体工会会员要在校党委的领导下，开拓进取，为完成本次大会确定的各项任务，为实现学校跨世纪奋斗目标而努力奋斗。26 日会议结束。

本月　刘茂刚等 10 位同学获得电子系“奋进”奖学金。“奋进”奖学金每学期颁发一次，每次奖励 10 位优秀贫困生，每人奖金 300 元。

本月　在团中央、中国科协、全国学联举办的“挑战杯”中国大、中学生展望新世纪主题设计竞赛上传来捷报，山东工业大学荣获巨龙最佳设计奖 1 项，巨龙制作奖 1 项。其中，郝庆水等创作的《21 世纪我国发电及电网管理模式》荣获巨龙最佳设计奖，张丽等创作的《21 世纪网络家庭》荣获巨龙制作奖。

本月　学校决定新设 3 个学院：管理学院、建筑和水利工程学院、环境与化学工程学院，个别专业进行调整。

本月　学校高水平师资队伍基本形成，任登义、李木森、程林 3 位教授获“国家有突出贡献中青年专家”称号，武传松、刘玉田、刘相法 3 位教授被批准享受国务院政府特殊津贴。

1999 年

8 月

26 日　校长邹增大应邀参加美国 Avant 公司在我国首次投资创办的上海分公司的开业庆典。Avant 公司董事长兼总裁徐建国先生向学校捐赠 500 万美元的 EDA 软件。

同日　全国 18 所高校参加的首届老年网球赛在清华大学举行，山东工业大学老年网球队应邀参加比赛。教育部体育卫生司司长杨贵仁与学校老年网球队进行了亲切交谈，称赞山工大体育工作和体育设施搞得好，并为全国高校体育事业发展作出了贡献。他还对山工大体育教学部工作给予充分肯定，希望学校继续对网球活动的开展多多给予支持和帮助。30 日，比赛结束。

9 月

13 日　省委高校工委、省教委决定：授予学校电子工程系通信 1996 级 1 班刘茂刚同学“全省优秀大学生”荣誉称号，并于 3 日在学校召开新闻发布会，号召全省高校大学生向刘茂刚同学学习。校党委书记刘玉柱、校长邹增大出席了新闻发布会。

14 日　全校在职教职工、离退休和退职人员共 3648 人，拿到了补发的工资计 1426083 元。

23 日　由省教委组织的省高校贯彻《学校体育工作条例》评估专家组一行 6 人来校进行评估。专家经实地考察后，依照《山东省高校贯彻〈学校体育工作条例〉评优指标体系》进行了量化评分。山东工业大学以 103.5 分的成绩通过评估。

26 日　1999 级新生军训阅兵、开学典礼暨表彰大会在校体育场隆重举行。3400 多名新生汇报了 10 天的军训成果。校党委书记刘玉柱、校长邹增大检阅了 37 个连队。

29 日　学校召开庆祝中华人民共和国成立 50 周年座谈。与会代表同抒爱国热情，共表报国赤心。参加座谈会的有校党委副书记姜法魁、副书记尹薇和教师代表、干部代表、离退休老教师、老干部、各民主党派的代表。

本月　本年度经省计委批准的学校基本建设计划投资数目前已达 8330 余万元，建筑面积约 80000 余平方米(不含下半年将要建设的 10000 平方米学生公寓)，几乎占了原校舍建筑总面积的 25%，创建校以来当年投资和施工面积的历史最高纪录。

本月　扩大招生规模，满足社会需求，学校招生人数创历史纪录。

本月　由材料学院姜青河、廖希亮、王维倜、韩建德、隋大山等研制的“螺旋进丸新型高效抛丸器”，由省科委组织通过技术鉴定。专家一致认为，该技术的主要技术指标均处于国际领先水平，并具有很高的推广应用价值，将产生巨大的经济效益和社会效益。

本月　3 项科研成果达到国际先进水平。由施来顺、戴振国、刘靖民、王永芳、谢朝仁等研制的“基于盐酸的稳定性二氧化氯溶液的生产技术及装置”和由施来顺、刘靖民、耿庆章、戴振国、韩建德等研制的“基于甲醇的稳定性二氧化氯溶液的生产技术及装置”2 项成果，通过由省科委组织的技术鉴定。由环境与化学工程学院张长桥、高峰、孙瑛等与济宁开发区博圣高耐蚀研究与生产中心合作研制的“热镀 55%Al-Zn 合金镀层高碳钢丝及钢绞线、公路低碳围网钢丝”项目，通过省科委组织的专家鉴定。这 3 项科研成果均达到国际先进水平。

1999 年

9 月

本月 研究生获 2 项社会资助：将军集团设立的“将军奖学金”，每年出资 10 万元；山东科汇电气有限公司董事长、总经理，山工大校友徐炳垠用个人拥有的公司部分股份的收益建立的“科汇基金”，其中科汇园丁奖每年出资 2 万元，科汇奖学金每年 2 万元。

10 月

20 日 中华人民共和国教育部为学校成立 50 周年发来贺电。贺电内容如下：

山东工业大学：

值你校建校 50 周年之际，谨向全校教生员工致以热烈的祝贺和诚挚的问候！50 年来，你们在党的教育方针指导下，坚持社会主义办学方向，积极进行教育教学改革的探索和实践，已发展成为学科门类比较齐全、水平较高、在国内有一定影响的工科大学，培养了大批优秀人才，并且取得了许多重要的科研成果，为我国社会主义建设事业作出了重要贡献。希望你们在科教兴国战略指导下，认真贯彻全国教育工作会议精神，发挥自身优势和特色，进一步深化教育改革，提高教育质量，增强办学效益，为我国现代化建设特别是为山东省的经济和社会发展作出更大的贡献。

21 日 学校第三十八届田径运动会举行。经过两天对 40 个项目的激烈角逐，先后有 7 人打破 5 项校运会纪录。

25 日 被誉为中国大学生学术科技“奥林匹克”的第六届全国大学生课外学术科技作品竞赛在重庆大学举行。山东工业大学喜获参加历届“挑战杯”以来最好成绩，总分列山东高校第一，跻身全国表彰的前 20 名，并获全国高校优秀组织奖，奖励摩托车一辆。11 月 1 日，竞赛结束。11 月 24 日，校党委书记刘玉柱、副书记姜法魁接见了全国第六届“挑战杯”大学生课外学术科技作品大赛山工大参赛选手和有关人员，并与大家合影留念。

26 日 省委高校工委、省教委校园文明建设检查评估组根据《山东省普通高校校园文明建设检查评估标准》和鲁高工委[1998]通字 8 号文件的要求，对山东工业大学校园文明建设工作做了全面、认真、细致的检查。检查评估组听取了学校的汇报，观看了介绍学校创建文明校园情况的专题录像片，并分成3 个小组，对校园文明建设工作进行了检查评估。检查评估组通过实地查看、个别访谈、问卷调查和听课、测试、查阅档案资料以及参加“十月的赞歌”文艺晚会等形式，对山工大校园文明建设工作有了较为全面的了解。检查评估组通过认真讨论、测算和评议，提出了具体评估意见。专家组一致认为，山工大校园文明建设达到了山东省普通高校校园文明建设检查评估标准，成绩优秀。28 日，评估结束。

同日 四年一届的山东省第十届大学生运动会三个单项之一的田径比赛，历时 4 天紧张激烈的角逐，在山东体育学院胜利闭幕。山东工业大学代表队经过 14 位队员的共同努力，力挫群雄，一举夺得男女团体总分第一、男子团体总分第一、女子团体总分第一的优异成绩。这是学校建校以来在山东省大学生运

1999 年

10 月

动会上取得的最好成绩，也是学校体育史上的又一个里程碑。本次田径比赛运动员水平之高、比赛成绩之高、竞争之激烈，是历届运动会之最。

本月　山东工业大学学生在首届全国大学生英语竞赛中取得好成绩，其中电子 1996 级秦丰林同学以 124.3 分获竞赛特等奖，化工 1996 级张军同学以 120.3 分获一等奖，计算机 1995 级商青华同学获二等奖。

本月　学校投资 1200 万元兴建的现代教育技术中心大楼竣工。现代教育技术中心大楼总面积 9000 平方米，有多媒体教室 20 余间，座位 2000 余个。大楼的建成，为广大教师提供制作、使用多媒体课件的良好条件，缓解学校扩招后教室的紧张状况，改善教师、学生的教学与学习环境。

本月　为庆祝 50 周年校庆及迎接校园文明检查评估，学校电教中心制作完毕《铸就辉煌——山东工业大学建校五十周年巡礼》《追求卓越——山东工业大学迎接校园文明检查评估纪实》两部电视专题片。《铸就辉煌》是校庆专题片，它包括历史沿革、尊师重教、科教兴鲁、优化环境、党的建设和桃李芬芳 6 大部分，片长 30 分钟。该片系统地概括了 50 年来特别是改革开放以来学校取得的辉煌成就。此片制成光盘，赠给校友与来宾。专题片《追求卓越》长约 30 分钟，分 6 大板块介绍了学校校园文明建设所取得的可喜成绩。

本月　由机械学院李久立等研制的“新型聚晶金刚石节块开发与研制”通过省教委组织的技术鉴定。该项目研制的锯片寿命是日本锯片的 1.85 倍，是国产锯片的 2.16 倍。专家一致认为新型金刚石锯片属国内首创，处于国内领先水平，是一项很有推广价值的科研成果。

本月　武传松、王欣、林颐清、马春元、田茂诚、边秀房、舒其馥、张传聚等 8 人受到表彰，获“山东省专业技术拔尖人才”荣誉称号。

本月　在全省面向“21 世纪教学内容和课程体系改革计划”立项项目检查评审中，山东工业大学有 6 个项目被省教委评为教学改革优秀项目。

本月　由机械学院韩云鹏等研制的“二维工程图识别与三维信息提出系统”项目，通过省科委组织的技术鉴定。专家一致认为，其研究性能先进，算法先进，在对回转体的识别与重建方面，取得了突破性进展，达到国际领先水平。

11 月

1 日　天高云淡，晴空万里，装扮一新的山工大校园，花团锦簇，彩球飘舞。来自全国各地的校友喜气洋洋，欢聚母校，共同庆祝 20 世纪最后一个盛大的校庆庆典。下午，6000 多名校友、嘉宾和 10000 余名师生聚集在南院体育场，举行隆重的庆典大会。省政协主席韩喜凯，省委副书记吴爱英，全国政协常委、原电力工业部部长史大桢，国家开发投资公司总经理、党组书记王文泽，省人大常委会副主任何宗贵，副省长邵桂芳，省里的老同志马仲才、严庆清，省委高校工委书记、省教委主任滕昭庆，济南市委副书记、常务副市长徐华东，以及省市有关部门的党政领导、兄弟院校、海内外企业界、外国友好学校的来宾出席了庆祝大会。中华人民共和国教育部发来贺电。中共中央政治局委员、中共山东省委书记吴官正发来贺信。

1999 年

11 月

11 日　第三批济南空军“蓝天国防奖学金”发放仪式在山东工业大学举行。该奖学金有 4 所学校的 40 名同学获得。奖学金是由济南空军部分官兵自愿从津贴中捐助设立的。省委副书记吴爱英，济南军区副政委、少校杨治理及省委宣传部、省委高校工委、省教委、省民政厅等省直部门和受资助的山大、山医大、山师大领导及山工大校长邹增大等出席了发放仪式。

27 日　学校参与承担山东省目前投资最大的科研项目及和产学研项目“半导体发光器外延工艺及管芯技术项目”奠基仪式在济南高新技术开发区举行。

29 日　省综治委、省委高校工委、省教委、省公安厅组织的专家组对学校治安综合治理工作进行了全面检查。专家组对学校治安综合治理工作给予高度评价，并通过检查评估。

本月　学科建设又传喜讯，经“长江学者奖励计划”专家评审委员会审定，山东工业大学电力系统及其自动化学科获准设特聘教授岗位。

本月　在教育部、国务院学位委员会联合召开的“全国学位与研究生教育”工作会议上，学校研究生部被评为“全国学位与研究生教育管理工作先进集体”。这是自 1978 年我国恢复研究生招生工作以来，首次由教育部、国务院学位委员会对研究生培养单位进行全国范围的评比表彰。

本月　华宁集团科技创新基地在材料学院举行正式挂牌仪式。华宁集团在材料学院建立科技创新基地后，设立了科技创新基金 10000 元，专门用于资助材料学院在校本、专科生的科技发明(创新)情况。

12 月

7 日　学校召开校园文明建设暨建校 50 周年庆祝活动总结表彰大会。校党政领导刘玉柱、邹增大、张体勤、姜法魁、尹薇、李兆前、韩金远、韩宏出席大会，校党委副书记、副校长张体勤主持大会。

10 日　校长邹增大向特聘教授温树林颁发聘书，并与温树林教授就有关科研方面的问题进行了交谈。

15 日　经过近一年的紧张施工，学校第一座有国家拨款、企业赞助共同建造的教学楼——现代教育技术中心大楼，通过济南市建筑工程质量监督站的竣工验收。

19 日　晚 6 时 30 分，在一片欢庆的锣鼓声中，由学校 200 名教工组成的秧歌队披彩登场，200 对舞伴在欢快的乐曲声中翩翩起舞，表达对澳门回归祖国的喜悦心情和深深祝福。当天晚上，校园里张灯结彩，锣鼓喧天，万余师生汇集在科学实验楼前的操场上，庆祝澳门回归祖国。庆祝活动持续了一个半小时，之后，师生陆续离开广场，去收看澳门回归祖国的电视直播盛况。

24 日　学校隆重举行离退休老干部工作暨离退休教职工先进集体、先进个人表彰大会，切实做到认识、感情、措施、工作四到位。

27 日　中国工程院在北京宣布：山东工业大学机械工程学院艾兴教授当选为中国工程院院士。这次新增选的工程院院士共 113 名，分布在 106 个单位，其中山东省有 4 名。至此，队伍壮大后的工程院院士总人数达到 547 名。

1999 年
12 月

31 日　山东工业大学高层教工住宅楼二号楼胜利竣工。山工大高层教工住宅楼二号楼于 1998 年 11 月 28 日开工，至 1999 年 2 月 28 日竣工，面积 12991.36 平方米。

1999 年 12 月，著名机械工程专家艾兴教授荣膺中国工程院院士

本年　6 项应用基础研究项目获得国家自然科学基金委的资助 90 万元，创历年来最高纪录。

本年　研究生招生形式进一步拓宽，学校首次获准开展培养工程硕士工作并行使工程硕士专业学位授予权。这次获准开展培养工程硕士工作并行使工程硕士专业学位授予权的工程领域是机械工程、材料工程、电气工程、动力工程和控制工程。

本年　在全国大学生电子设计竞赛和全国大学生数学建模竞赛中，学校参赛队又创佳绩，共获全国二等奖 2 项，省一等奖 1 项，二等奖 5 项。

本年　在山东省下达的 1999 年优秀中青年科学家科研奖励基金发展计划中，山东工业大学有 5 个项目获得不同额度的资助，共 46 万元，名列省属院校之首。

本年　共 459 名特困生获得减免学杂费 40 万余元。

本年　教学管理工作再奏凯歌，教务处以排名第一的成绩获“山东省普通高校先进教务处”称号，许本枢、张有志、张平慧、许学东、陈广桐 5 人获“山东省普通高校教学管理先进工作者”称号。

本年　由动力系陆辰等研制的“柴油机电控技术开发与应用”，由机械学院郑家骧等研制的“生物瓣瓣架动态场参数优化造型设计系统”，由自动化系刘常春等研制的“血液表观黏度准在线测量仪”，通过技术鉴定。

2000 年
1 月

6 日　学校隆重举行大会，庆祝艾兴教授当选为中国工程院院士。济南市人民政府向学校捐赠院士楼建设资金 50 万元。学校向艾兴教授颁发 10 万元奖金和 100 万元专项科研经费。

2000 年

1 月

12 日　27 名研究生获鲁光(工科)奖学金,9 名研究生获得将军奖学金,6 名研究生获得科汇奖学金,4 人获科汇园丁奖。

本月　学校有 13 名同学获得第二届"济南市人民政府优秀特困生奖学金"。

2 月

26 日　为期两天的山东省 2000 年工科类毕业生供需见面会在山东工业大学举行。这是山东省按专业分类举行的第一场供需见面会,400 余家用人单位、近万名大学生参加了会议,用人单位提供就业岗位近 8000 个。

本月　程林、刘相法获"山东省十大杰出中青年科技专家"称号。

本月　乔永军等同学创作的"迪迪 CKE 商业计划书",获首届"挑战杯"中国大学生创业计划竞赛银奖,李建伟等同学的作品"新世纪儿童英语学校创业计划"获鼓励奖。

3 月

19 日　英国戴比尔斯工业金刚石公司高级技术经理菲利普・贝斯先生和高级联络工程师葛瑞丝・张博士来校访问,并被聘为学校兼职教授。校长邹增大为他们颁发了聘书。21 日访问结束。

本月　学校与寿光市签署研究生社会实践基地协议。该基地是学校与地方政府签署协议的第一个研究生社会实践基地,它集教学、科研、生产、育人于一体。

本月　校专利事务所被评为山东省专利系统先进集体,并受到山东省人事厅、山东省科学技术委员会、山东省专利管理局的联合表彰。

本月　校纪委、监察室荣获"全省纪检监察系统先进集体"称号。在全省受表彰的 50 个先进集体中,学校是唯一受到表彰的高校。

4 月

10 日　蓬莱市"521 工程"第 4 期青年干部培训班在山东工业大学开学。校长邹增大、副校长宋化远,蓬莱市委副书记姜守法等出席开学典礼。

12 日　驻济高校治安综合治理现场经验交流会在山东工业大学召开。

27 日　校工会召开庆"五一"暨表彰先进大会。

5 月

9 日　校机械厂与济南商友商务有限责任公司举行共同投资组建山东易通信息发展有限公司协议书签字仪式。校长邹增大和省计委副主任曲东涛出席签字仪式并讲话。

11 日　东省产学研联合十周年展洽会在山东省国际博览中心召开。山东工业大学参展科技成果 254 项,签订合同 18 项,其中与济南压力容器厂合作的"热能工程试验研究中心(共建)"项目在会上举行了签字仪式。展洽会 13 日结束。

15 日　委高校工委、省教委高校校园文明建设评估复查组根据《山东省普通高校校园文明建设检查评估标准》,对山东工业大学校园文明建设情况进行了全面复查。16 日,复查结束。学校通过复查,并被授予"文明校园"称号。这标志着学校校园文明建设提高到一个新的层次,为把学校建成山东省高校的示范校园奠定了坚实基础。

2000年

5月

18日　校青年科技创业者协会成立。

22日　校党委作出《关于认真组织全校党员、干部和师生员工深入学习贯彻江泽民重要讲话的通知》。25日上午，校党委召开各总支宣传员会议，部署学习贯彻江泽民总书记关于“三个代表”的讲话。

24日　校团委组织召开由各院系团干部和部分优秀团员、入党积极分子参加的学习贯彻江泽民总书记“三个代表”的讲座座谈会。

25日　材料学院第五届“金山口杯”奖学金颁奖大会召开，7个优秀集体、99位同学受到奖励，奖金额为14900元。“金山口杯”奖学金是泰安金山口集团在学校材料学院设立的，奖金主要用于奖励先进，资助贫困生以及鼓励科技创新等。自1995年以来共颁发5次，奖金累计7万余元。本次获奖人数是历届最多的一次。

同日　德国著名焊接科学家、德国汉诺威大学材料连接研究所所长雷菲尔特教授来校访问，并被聘为学校名誉教授。校长邹增大为他颁发聘书。28日访问结束。

29日　以山师大原副校长孙天麟为组长的省教委专家组一行3人，来校检查“教学改革试点课程和专业”及“面向21世纪教学内容和课程体系改革立项”工作。校长邹增大、副校长宋化远等校领导出席汇报会。

本月　代表学校现代教育技术发展最新水平的重要设施——现代教育技术中心大楼全面启用，标志着学校的现代化教学手段取得新的突破。

6月

5日　学校与美国微芯科技股份有限公司联合建立单片机开发实验室签字仪式举行。校长邹增大、美国微芯公司中国地区总经理邱庚源分别代表双方在协议上签字并讲话。

6日　环化学院胡文容教授的“生活污水治理方案”，在舜耕山庄生活污水治理工程的招标会上一举中标。舜耕山庄生活污水处理工程建设合同签字仪式于本日在山东工业大学举行。校长邹增大、舜耕山庄总经理邹卫平及有关领导参加了签字仪式并讲话。

7日　驻济高校2000年篮球比赛在山东财政学院拉开战幕。校女篮奋力拼搏，以不败的战绩勇夺冠军。13日，比赛结束。

9日　《中国教育报》公布1999年度全国高校科技统计数据和全国高校校办产业统计数据。排行榜上，校办产业销售收入总额位居第45位，实现净利润位居第25位，上缴学校利费总额位居第26位。校办产业成为目前山东省唯一一所获此殊荣的高校科技产业。

15日　2000年驻济高校排球赛在山东中医药大学举行，学校女子排球队以不败的战绩夺得冠军。这是校女排第5次蝉联该项比赛的冠军。17日比赛结束。

本月　李兆前、边秀房、尹衍升、赵国群、张建华、孙东升等6位教授获国家教育部首批高校骨干教师资助，资金为36万元人民币。获资助的这6位教师均为博士生导师，他们在各自的教学和科研领域都取得了可喜成绩，并在国内外同行中享有较高的知名度。

2000 年

6 月

本月　学校 3 位政协委员王成国、张鹤鸣、乔谊正教授为高校“减负”提案得到省教育厅的明确处理意见。

本月　材料学院尹衍升教授等完成的“Fe-AI 金属间氧化物陶瓷复合材料及其制备工艺”获科技成果三等奖，奖金为 10 万元。

7 月

22 日　山东大学、山东医科大学、山东工业大学三校合并大会隆重举行。三校合并成立新山东大学，同时撤销原三校的建制。新的山东大学为教育部直属高校。

本月　华天安全电源隆重上市。

本年　两项科研成果达到国际先进水平。由材料学院田学雷等研制的“铸钢件铸造工艺 CAD/CAE 系统研究与开发”项目，由动力工程系黄新元等研制的“电站锅炉前置空气预热器优化设计及应用研究”项目，均由省教委组织通过技术鉴定，专家一致认为两项科研成果达到国际先进水平。

本年　材料学院博士生导师尹衍升教授研制的“Fe-At 金属间化合物/At2O3 陶瓷复合材料规模化应用开发研究”项目，获得国家“863”计划资助，资助经费为 30 万元人民币。这是学校首次在国家“863”关键新材料和现代材料科学技术领域获得资助。

本年　校模具中心博士生导师赵国群教授申报的研究项目“基于 LOM 的快速模具制造技术研究”，获得教育部资助优秀年轻教师基金，资助额为 9 万元。

二、山东大学医学学科(1861～2000)

(一)齐鲁大学(1861～1952)

1861 年
（清咸丰十一年）
6 月

本月　美国基督教北长老会派倪维思(John Livingstone Nevius)博士夫妇从宁波到山东登州府(今蓬莱)主持登州教区工作。他们购买残破的观音堂(Kwan Yin Temple)四合院,作为工作和宿舍驻地,并拟创办一所女校。次年,女校招收了两名寄宿女生开学。学制和当时的美国一样,只有小学和三年制初中,课程设置偏重家政等课。

1862 年
（清同治元年）
7 月

本月　美国北长老会梅理士(Charles Rogers Mills)夫妇自上海转到登州府,住到观音堂院中,接替因夫人有病离任的倪维思,主持登州教区工作。

1863 年
（清同治二年）
12 月

6 日　美国北长老会狄考文(Calvin Wilson Mateer)博士夫妇和郭显德(Hunter Corbett)博士夫妇自 7 月 3 日从美国纽约登船到达中国上海。

1864 年
（清同治三年）
1 月

本月　狄考文夫妇和郭显德夫妇自上海乘船北上,经山东芝罘(今烟台)到达目的地登州府,暂居梅理士家中。院子中的平房均由石头建造,分别是卧室兼会客室、客房、厨房和餐厅。其中最大的一间原来是供奉观音塑像的观音堂,清理后用作女校教室。狄考文一家被安排至餐厅住下;郭显德一家由于无合适住处,只好又返回芝罘传教、办学。

[美]狄考文

9 月

本月　在梅理士安好新家迁出观音堂四合院后,狄考文将女校迁往都察院北,交由汉学教习于锡晋长老管理。狄考文夫妇利用女校原址创办起免费义塾男校"蒙养学堂",英文名 Tengchow Boy's Boarding School(意为"登州男童寄宿学校"),招收贫穷男童 6 名,正式开学。

蒙塾最初只有教职工 4 人:狄考文教数学、物理、化学,其夫人邦就烈(Julia A. Brown)主管校政,兼教历史、地理、音乐,一名中国儒师张干臣教"四书""五经"等中国传统文化,还有一名女司厨。

1864 年，蒙养学堂最初招收的 6 名学童

1864 年
（清同治三年）
9 月

1866 年
（清同治五年）

本年　郭显德除在芝罘传教、办学外，还在青州府城里夥（伙）巷街路南购地创办一所寄宿学校。

1870 年
（清同治九年）

本年　英国基督教浸礼会宣教士李提摩太（Timothy Rechard）和宣教医生维廉·布朗（William Brown）到芝罘传教。布朗行医并收了 4 名学生授之医术，又将一些基本英文医药书籍译为中文，工作 4 年后回国。

1872 年
（清同治十一年）

本年　狄考文夫人邦就烈在登州蒙养学堂教音乐的教材《乐法启蒙》出版。该书讲解西方乐理，在中国首先介绍五线谱。其后附有“演唱杂调”，内录“凤阳曲”。

1875 年
（清光绪元年）

本年　在芝罘主持英国浸礼会工作的李提摩太决定将宣教基地迁到青州府，经与狄考文协商：浸礼会将芝罘的房产让给美国长老会办学，长老会亦将青州夥巷街的男生寄宿学校让给浸礼会接办。李提摩太与仲均安（Alfred G. Jones）遂在青州夥巷街传教、办学，于次年招收数十名灾童，扩大学校规模。

1877 年
（清光绪三年）
12 月

本年　狄考文取中国经典古籍《论语》中的名言“君子以文会友，以友辅仁”之意，将登州蒙养学堂的中文名正式改为“登州文会馆”，在增添大学课程后于 1882 年升格为高等学校，仍然沿用，直至 1904 年同青州广德书院合并为广文学堂时为止。登州文会馆有了第一批学历九年的三名毕业生：邹立文、李山青、李秉义。学校英文名改为 Tengchow High School（登州高等学堂），毕业证上正式使用“文会馆”字样。

1877 年

(清光绪三年)

12 月

登州文会馆

本月　在上海召开的第一次传教士大会上，狄考文与美国长老会《万国公报》的主编林乐知(Young John)等发起成立“学校与教科书委员会”(对外称“益智书会”)，先后编译出版了各种西学课本，为山东及全中国新式学堂所应用。

1878 年

(清光绪四年)

5 月

本年　英国浸礼会宣教士怀恩光(John S. Whitewright)奉调到青州府传教，在偶园街中段路西购地建平房为最早活动场所。仲均安也在此新布道堂工作。

1879 年

(清光绪五年)

1881 年

(清光绪七年)

本年　英国浸礼会宣教士仲均安、怀恩光、卜道成(Joseph Percy Bruce)在青州创办圣经学堂，推行中学教育。

1882 年

(清光绪八年)

［美］赫士

本年　美国基督教北长老会总部根据山东教区转呈狄考文的申请报告，鉴于已招收中学毕业生并增加了高等教育课程、学制六年等现实情况，批准登州文会馆升格为大学，定名 Tengchow College(登州学院)，对外仍称“登州文会馆”。在校生达 65 人。

本年　美国北长老会宣教士赫士(Watson McMillen Hayes)博士夫妇被派遣携带助学款到达登州府，充实了文会馆的师资力量和办学资金。外籍教习已达 5 人(狄考文之妹狄丽莲也早已到校，协助兄嫂教学)。

本年　英国浸礼会医学宣教士、外科医生赫伯特·迪克逊在青州府主要街道西皇城街上，租到原明代衡王府房舍，设立教会施医所，每周两次免费发放药品，影响很大。

1883 年
（清光绪九年）

本年　美国北长老会派遣宣教医生尼尔·聂会东(James Boyd Neal)夫妇到登州府，初居狄考文家，学习中文（官话），行医施药，并在文会馆开设医科，开始在中国青年身上实施现代医学教育，召徒授医。所收第一班学生共 5 人。聂会东夫妇撰写及翻译了多种西医书籍，也化验过多种中药材，以寻求或验证其医药价值。

［美］聂会东

尼尔·聂会东(James Boyd Neal，1855～1925)，生于美国宾夕法尼亚省。美国基督教北长老会传教医生，齐鲁大学医科创始人之一，曾任齐鲁大学校长。1883 年，他刚毕业于大学医科，便与夫人到达山东登州文会馆，创建现代医学教育攻关组并收徒行医。

1890 年，他迁至省城济南，建成华美医院，次年创办医校。1902 年 6 月，他代表美国北长老会在青州参加英国浸礼会的联席会，决定两国联合创办山东基督新教大学，并成立了大学董事会。1903 年，他与英国浸礼会传教医生武成献共同创办山东共合医道学堂，负责在济南的教学与实习工作。1911 年，经他筹建的山东基督教共合大学医科在济南开学，他出任校长，结束了四地轮回教学的历史。1917 年，齐鲁大学在济南建成新校园并开学。1919 年，他出任齐大校长。1922 年，他因病辞职并回国治疗。1925 年 2 月，病逝。

他还曾任中国博医会出版委员会主席、中国科学名词审查委员会发起人之一，是齐鲁现代医学的先驱之一。其生平事迹入载《山东省志》《山东省卫生志》《山东大学齐鲁医院志》等志书，山东大学齐鲁医院内安放了医院创始人聂会东的大型石雕坐像，永志纪念。

本年　狄考文在《教务杂志》上发表专文，论述中国传统教育的缺陷：认为它在很大程度上未能实现教育的真正目的；中国教育是转盘式的，它的起点和终点都在那古老的经籍作品上，它是崇古薄今的，最高的理性是重建过去的一切，这样的教育是没有前途的。

1884 年
（清光绪十年）

本年　登州文会馆在校生人数已达 75 人，包括 3 名走读生。其时已经毕业的学生约有 200 人。

本年　英国浸礼会宣教士库寿龄(Samuel Couline)夫妇到青州接办了夥巷街的寄宿学校，增建校舍，扩大招收寄宿生，增设中学部，改称为“青州中学”。

1885 年
（清光绪十一年）

本年　英国浸礼会医学宣教士武成献(James Russell Watson)夫妇到青州府，以原来教会办的施医所为基础，组建成青州大英帝国浸礼会施医院，同时开办附设医学堂，招收新生，并用以师带徒方式，开展医学教育。

武成献(James Russell Watson，1855～1937)，出生于苏格兰阿伯丁。英国基督教浸礼会传教医生、哲学博士，齐鲁大学医科创始人之一。青州广德医院院长兼青州医学堂校长，山东共合医道学堂校长。英美两国教会联合创办的山

1885 年
（清光绪十一年）

［英］武成献

东基督新教大学（齐鲁大学前身）董事。在周村创建复育医院，出任院长。曾因救治霍乱疫病作出的贡献，被民国政府授予勋章。1937 年 3 月，病逝于济南，安葬于齐鲁大学校园内，其墓碑立于今山东大学趵突泉校区教学三楼南草坪上。

他一生奉献于中国现代高等医学教育事业，以其高明医术和高尚医德救治病人无数，被当地官民誉为洋博士"神医"。其生平事迹载于《山东省益都卫生学校志》《百年齐鲁医学史话》等志书，永志纪念。

本年　英国浸礼会办的青州圣经学堂经扩建发展为青州神学院（Tsingchow Theological College），中文名"青州培真书院"，学制 5 年。

1885 年，培真书院师范学堂遗址

1886 年
（清光绪十二年）

本年　库寿龄等开办的青州中学经扩建校舍后定名"青州广德书院（Tsingchow Kwang Teh Shu Yun）"。

1886 年
（清光绪十二年）

1886 年，青州广德书院旧址

1887 年
（清光绪十三年）

本年　青州培真书院增设一所培养小学师资的师范科（由卜道成主管）和一所博物馆性质的“博物堂”（由怀恩光创办并经管）。

本年　青州广德书院开设大学部，增加高等教育课程，成为大学体制。

1890 年
（清光绪十六年）

本年　聂会东写的工作报告中说，过去在登州府的数年，我们的小医院中有 4227 名门诊病人与 58 名住院病人，在住院病人中有 41 人被医好。

本年　美国北长老会聂会东夫妇被调至省城济南府，在东关基督教布道堂附近的华美街（后为兴华街），与洪士提凡夫妇及安德逊女士扩建了“文璧医院”，定名为华美医院。此院为济南首家西医分科最全的医院，一般免费诊疗，开始有医护分工，并实行男女分诊。

1890 年，美籍传教医师聂会东在济南创办华美医院

1891 年
（清光绪十七年）

本年　聂会东创办的济南华美医院建成住院部，并收治病人。同时开办华美医院医校，招生授课。

本年　登州文会馆校长狄考文与教习邹立文编译的《代数备旨》出版，次年又编译出版《笔算数学》3 卷，连同前译的《形学备旨》10 卷，后来成为中国初等数学的通用教科书。

1892 年
（清光绪十八年）

本年　英国武成献等借青州地区灾荒在国外募捐的部分款项扩建青州浸礼会施医院，建成广德医院和青州医学堂（即益都中心医院和益都卫生学校前身）。

1893 年
（清光绪十九年）

本年　青州神学院得英国布瑞斯特尔城爱德华·罗宾逊夫妇捐款，在原东华门街（今潍坊教育学院北院）建成新校舍。为纪念捐款人两家的老人葛奇（Cotch）博士和伊利沙·罗宾逊（Elishu Robinson），学校更名"葛·罗神学院（Cotch-Robinson Theological college）"，中文名"葛·罗培真书院"。该校分上、下两馆：上馆为神学科，下馆为师范科。

葛·罗神学院旧址

1895 年
（清光绪二十一年）

本年　狄考文把文会馆校长职位交给赫士博士，自己潜心教材编译工作，并接手其他教会重要任务。赫士继任登州文会馆第二任管理总办（校长），当时学校有学生 85 人，教习 14 人，7 名为中国籍教师，其中 5 名为本校毕业生。

1897年
（清光绪二十三年）

本年　美国北长老会宣教士路思义（Henry Winter Luce）夫妇来华，在登州文会馆任物理教习。

本年　狄考文与文会馆教习及其他来华宣教士联名上书清廷，拟请创设全国总学堂。

1898年
（清光绪二十四年）

1月

18日　狄考文的第一任妻子邦就烈（又名“邦朱莉娅”）病逝。她父母早亡，18岁开始了教学生涯，25岁时与狄考文结婚，27岁即与丈夫来华，办起登州蒙养学堂，1864～1872年间都是她全力经办，同时还管理文会馆女校，编著《乐法启蒙》，向中国最早引进现代音乐教育。狄考文曾说：“文会馆的成功大部分应归功于她。”

7月

3日　光绪皇帝实行戊戌变法新政，下诏批准的京师大学堂成立，授权原京师同文馆总教习、美国基督教长老会宣教士、狄考文的密友丁韪良（William Alexander Parsons Martin）担任西学总教习。丁韪良选聘刘永锡、仲伟仪等12名登州文会馆毕业生任京师大学堂数学、物理、化学等西学教习，京师大学堂的西学教习中仅有一名不是文会馆毕业。

1900年
（清光绪二十六年）

5月

31日　八国联军以慈禧太后支持、利用义和团运动排外（“扶清灭洋”）为名，进行武装干涉，攻入并洗劫北京城。清廷又以失败告终，于次年被迫签订丧权辱国的《辛丑条约》，除巨额赔款外，还将芝罘、威海卫、潍县、济南等城市定为国际商埠，准许外国人在其中经商、居住。

登州文会馆和青州广德书院为免受义和团侵害，只好暂时停办。山东巡抚袁世凯派人对外籍教职员予以保护，或送到韩国避难。

1901年
（清光绪二十七年）

10月

15日　登州文会馆第二任管理总办（校长）赫士博士应山东巡抚袁世凯聘请，到省城济南府协助创办山东大学堂，出任总教习。同时带去原文会馆毕业的刘永锡、刘玉峰、张丰年、王振祥、王执中、王锡恩等22名中外教习，担任各科教习。仅筹备一月即正式开学。

1901年，文会馆第二任馆主赫士出任山东大学堂西学总教习

1902 年

(清光绪二十八年)

6 月

13 日　在英国浸礼会和美国北长老会共同召开的青州联席会议上,形成《联合教育工作基础》文件,决定合建"山东新教大学(Shantung Protestant University)"。大学设董事会进行管理。参加会议者:英国浸礼会代表 4 人(怀恩光、卜道成、波特、尼克),美国北长老会代表 3 人(柏尔根、方维廉、聂会东)。会议选出大学首届董事会,由英方仲均安、林惠生、武成献,美方狄考文、戴维斯、韩维廉组成。

本年　美国北长老会派曾于 1897 年在芝罘开办毓璜顶英文学校并任校长的柏尔根(Paul D. Bergen)博士接替到山东大学堂任教的赫士,出任登州文会馆管理总办(校长)。

本年　山东大学堂总教习赫士博士上书清廷,建议中国也同西方一样,实施"星期制"作息制度,被慈禧太后采纳,便把中国自唐代以来沿用的"旬休制"(10 天一休)改为 6 天一休的作息制度。

1903 年

(清光绪二十九年)

本年　大学召开第一次董事会议,着手按《联合教育工作基础》文件精神,实施联合举办高等医学教育的方案:将武成献创办的青州医学堂、英国浸礼会巴德顺(Parterson)创办的邹平教会医校、聂会东创办的济南华美医院医校和美国北长老会章嘉理(C. F. Johnson)创办的沂州府教会医院医学堂,联合成立医学院,定名 Shantung Union Medical College,中文名为"山东共合医道学堂"。四地教学点中以青州为主校,学生在各教学点巡回学习,最后返回青州,完成毕业考试。学制四年,校长为武成献博士。

本年　聂会东博士被推选为中国博医会山东分会会长,在职三年。

1904 年

(清光绪三十年)

本年　大学董事会为实施《联合教育工作基础》文件,决定将青州广德书院的大学部和登州文会馆大学部合并,成立潍县文理学院(Wei Hsien Arts and Science College),取广德书院和文会馆两校首字为中文校名"广文学堂",迁往潍县乐道院。首任校长为原文会馆第三任校长柏尔根。教师中有外籍 4 人,美国长老会方面的除柏尔根外,还有路思义,英国浸礼会的有波特、库寿龄;中国籍教师 10 人。当时有学生 114 人,其中 84 人来自文会馆,30 人来自广德书院。

1904 年

（清光绪三十年）

1904 年，广文学堂讲堂（乐道院）

本年　美国长老会在山东所办芝罘教士班、登州、曲阜、潍县、沂州的神学班均合并到青州葛·罗神学院，称为“青州共合神道学堂（Tsingchow Union Theological College）”，仲均安为校长。

本年　怀恩光把在青州府创办的“博物堂”充实扩大后，迁到济南府南关的东新街，易名“广智院”，东新街遂被更名为“广智院街”。

1904 年，青州博物堂迁至济南广智院，后为齐鲁大学社会教育科

1905 年
（清光绪三十一年）

2 月

本月　在中国博医会全国大会上成立翻译出版委员会，聂会东被选为主席，与医学名词委员会合作，共同承担统一医学名词的职责。后来出版《英汉医学词典》、中文《医学词典》等。

9 月

2 日　袁世凯、张之洞鉴于京师大学堂、山东大学堂等的建立，奏请立停科举，以便推广学堂、咸趋实学，将育人、取才合于学校一途。清廷诏准，并令学务大臣迅速颁发狄考文等编著的各种教科书，于城乡各处遍设蒙小学堂。

本年　青州共合神道学堂校长仲均安在去泰山旅游时遇难，卜道成继任校长。

本年　潍县广文学堂得美国费城基督徒康佛思（John H. Converse）捐资5000美元而建成美丽壮观的科学馆大楼，大大改善了教学条件。此后康佛思又为添置科学馆大楼内的教学、实验设备捐资1000美元。为感谢捐款人，大楼被称为“康佛思楼”。

1906 年
（清光绪三十二年）

本年　鉴于1904年胶济铁路建成通车，省城济南的重要性显著提高，大学董事会制定了为山东共合医道学堂在济南府建设固定新校址的计划。武成献与聂会东代表英美双方教会进行协商，决定共同出资，由聂会东、怀恩光、哈门等人组成筹建小组负责实施。

本年　路思义回美国休假，又为大学筹集办学经费3万美元，其中包括老麦考密克夫人捐赠的费用。

本年　库寿龄从潍县广文学堂被调回青州府，接替回英国休假的卜道成，代理青州共合神道学堂校长。

1907 年
（清光绪三十三年）

本年　大学董事会得到为管理英国利兹的基督教徒罗伯特·艾宗敦（Robert Arthington）遗产而组成的艾宗敦基金会捐赠9000英镑资助，加上美国长老会筹得的善款，作为在济南建山东共合医道学堂校舍的资金。

本年　英国浸礼会又在济南广智院以西购买的地面上建成南关基督教礼拜堂（即南关教堂）。

南关教堂

1907 年
（清光绪三十三年）

本年　狄考文夫人邦就烈（邦朱莉娅）著作《圣诗谱》由上海美华书馆印制出版，全国发行。该书载有 360 余首用五线谱记谱的宗教赞美诗，并附有《乐法启蒙》，进一步推动了音乐教学和五线谱在中国普及。

1908 年
（清光绪三十四年）

本年　聂会东、怀恩光负责的医道学堂筹建小组在济南南关基督教堂西面南新街一带购地成功，连同广智院、教堂一起总共约 6.5 万平方米；同时聂会东在南新街 85 号四合院的 25 间平房内开设济南共合医院，作为临时处所，带领七八名教徒为周围居民诊治疾病、培训医生。当年秋天，在购得的杜家畦园菜地上开始动工兴建共合医道学堂固定校舍。

共合医院

本年　卜道成校长休假后仍回青州共合神道学堂执教，库寿龄被调到英国浸礼会上海教区工作。

本年　登州文会馆创始人狄考文博士病逝于青岛，安葬于烟台毓璜顶美国公墓，享年 72 岁。

1909 年
（清宣统元年）

1 月

本月　大学董事会例会修改了 1902 年联合教育工作文件的条款，欢迎其他差会具备一定条件可参与大学的联合教育，成就了此后多国 14 个差会共办齐鲁大学的奇迹。

董事会投票通过了把“山东新教大学”改称为“山东基督教共合大学（Shantung Christian union University）”，中文仍称“广文学堂”或“广文大学”。山东共合医道学堂随之更名为“山东基督教共合医道学堂”。

本年　大学的校务委员会根据访问中国的美国东方教育委员会主席、芝加哥大学巴顿（Ernest D. Burton）教授的建议，决定把大学的校址定在省城济南，将分散在潍县的文理科、青州的神科都集中到济南办学。此决定意向经董事会研究，同意上报，得到了美国长老会和英国浸礼会山东教区的批准后送到教会差会总部，很快得到批准。

1909 年
（清宣统元年）

1 月

本年　从英国格拉斯哥皇家医院护校毕业并工作一年的传教护士罗根（Margaret Faiconer Logan）女士被英国浸礼会派到青州广德医院工作。因其受过系统正规的护理学教育，故兼负培训临床急需护士的任务。

1910 年
（清宣统二年）

1 月

本月　在济南南新街的山东基督教共合医道学堂新校建设接近尾声，大学董事会讨论医学教育事宜。该医道学堂由英国浸礼会和美国长老会共同管理，为中国培养教会医生。济南新校美方派出三人：聂会东、章嘉理和 1909 年来校的舒尔兹（William M. Schultz）。英方只派出拜伦·冯·沃森（Baron Von Werthern）一人。聂会东被选为新校的校长。武成献未到济南来，仍留在青州，任广德医院院长兼护校校长。

3 月

15 日　在济南的医道学堂新校建筑尚未全部完工的情况下，聂会东即招生 10 名，作为第一班，开始了第一年的课程。已经学了三年的联合巡回医学班的人作为四年级的学生入校学习。

本年　为便于圩子城外的居民、教徒到共合医院看病和到南关教堂做礼拜，省巡抚衙门指示市政当局在南圩子城墙面对南新街南端，开辟“新建门”，这样一来，比绕道走外城（圩子墙）南门大大缩短了路程。

本年　登州文会馆毕业生就职（业）情况：将近 60％的人从事教育工作（其中 37.9％的人任职教会学校，20.7％的人在公立学堂中担任教习），而真正担任教会职务、直接从事布道的人不到 10％。

1911 年
（清宣统三年）

4 月

17 日　山东基督教共合医道学堂更名为“山东基督教共合大学医科”，举行隆重的庆祝典礼。山东巡抚孙宝琦率清朝文武官员出席、赠白银千两（合 7 万美元），并合影、参观。聂会东就任医科科长，英国浸礼会将 1906 年来华在山西传教的外科医师巴慕德（Harold Balme）调来济南，任医科附设共合医院院长。

1911 年 4 月 17 日，共和医道学堂医学院大楼落成典礼合影
（前排居中者为山东巡抚孙宝琦）

1911 年
（清宣统三年）
4 月

本年　山东基督教共合医道学堂的医学大讲堂（后称新兴楼，今山东大学齐鲁医院办公二楼）和诊病所（今名求真楼）、宿舍等建筑竣工。分散的四地医校相继迁入，结束了巡回教学的历史。

医学大讲堂是学校的主体建筑，当时又称大主楼，建筑面积 3016 平方米。中间部分为三层，并设地下室，东、西接二层翼楼，带半地下室。楼顶采用中国传统民居形式的双坡、四坡顶及青瓦覆盖，形成中西合璧的崭新建筑特点；诊病所同为砖石结构，建筑面积 1034 平方米，中间部分为两层，东、西两翼有平房相连，均带半地下室，楼顶样式与医学大讲堂相似。这样，使看惯大房顶的中国居民在感到新奇的同时也有了亲切的感觉，建筑便很快融入了中国社会，这是美国传教建筑工程师佩利姆（G. H. Perriam）的杰作。

医学大讲堂

诊病所北面观

10 月

10 日　孙中山领导的辛亥革命爆发，各省纷纷响应宣布独立。孙宝琦在革命党压力下，为应付民意，被迫宣告山东独立，出任山东军政府都督。11 天后袁世凯以强硬手段迫使孙宝琦宣布取消独立。经此大变故，孙宝琦心力交瘁，告病辞职，躲进了共合医院。

1912 年

本年　经中华民国第一任山东都督周自齐批准，英国浸礼会方面卜道成、怀恩光，美国长老会方面聂会东、路思义利用两国教会和他们个人共同筹集的资金 200 余万美元，名为永租、实为强购，分片购买到南圩子城外通过新建门与城内新建医学堂相望的 74 英亩（合 600 余亩、近 30 万平方米）土地，开始建设大学新校舍。

1913 年

本年　英国浸礼会原派到青州广德医院工作的罗根护士长又被调往济南，担任共合医院护士长，培训急需的护理人员。

本年　潍县广文学堂首任校长柏尔根因病回美国治疗，由方维廉（William P. Chalfant）牧师代理校长。

1914 年

本年　大学得到美国洛克菲勒基金会对医学事业的资助，从芝加哥请了三家公司来负责新校舍的建筑事务。其中肩负为金陵大学和山东基督教共合大学双重建筑使命的法罗斯（Fellows）先生专程来中国，在济南得到佩利姆工程

1914 年

师的协助，并受其影响，全部建筑均拟采用保留中国大屋顶形式的斜坡风格，中西合璧，这在中国建筑中是很少见的，独树一帜。

大学开始在圩子内的医科建筑共合楼与和平楼，巴慕德院长为此付出了制定规划、安排施工等心血汗水。

罗根护士长从青州广德医院附设护校要来 3 名毕业生和数名有护理经验的清洁工当助手，为共合医院开设护士班。她从各教会女子中学报名的 40 余名学生中，经严格考核，选中 12 名作为正式护生，开始正规的护理学培训。

本年　济南华美医院开设女医院，张美桂(女)医师担任院长。

1915 年

9 月

27 日　齐鲁大学养病所(病房楼，又名“共合楼”，即今山东大学齐鲁医院办公一楼)竣工，举行落成庆典。北洋政府山东督军靳云鹏率军政要员继去年参加开工奠基礼之后，再次出席落成典礼，并合影、参观。

齐鲁大学养病所

本年　大学校务委员会嫌中文校名“山东基督教共合大学”字数多，过于累赘，除仍用其英文名外，决定将中文名“齐鲁大学”作为非正式用法中的校名，意为“齐鲁大地上的大学”，英文拼写为“CHEELOO”。

和平楼

1915 年

9 月

本年　位于医科大院西南隅的和平楼竣工启用，医科附设看护养成学校（护士学校）在此成立。罗根护士长为首任校长。

潍县广文学堂校长柏尔根病逝，由戴维斯接任校长职务。方维廉回到青州共合神道学堂继续任职。

本年　武成献从青州调往周村，将邹平的教会施医院合并到周村教会诊所，建成复育医院，并任院长。

1916 年

2 月

18 日　齐鲁大学校务委员会选举卜道成为校长，路思义为副校长，波特（E. W. Burt）为神科科长，戴维斯为文理科科长，聂会东为医科科长，巴慕德任医科附设医院（齐鲁医院）院长，罗根任医院护士长兼附设护校校长。广智院归入齐大编制，成为社会教育科，怀恩光任社会教育科科长。

10 月

本月　北京协和医院及医学堂均被美国洛克菲勒财团收购扩建。原来美国基督教会于 1914 年创办的协和医学堂在中国博医会协调下，由英籍解剖学和外科手术学教授惠义路（Edwin R. Wheeler）带领一至三年级全部 65 名医学生转到齐鲁大学医科，并带来 15 万美元协办款。

本年　大学董事会推举去年刚从美国休假并筹款回来的路思义为建校委员会主席。路思义一家从潍县搬到济南，亲自监督校舍工程的进行。男生宿舍“四百号院”最先建成并投入使用。

1916 年建成的齐鲁大学男生宿舍“四百号院”

本年　英国浸礼会派接受过正规护理学训练的波拉德女士和美国洛氏基金会在华医药董事会派出的狄克莱克小姐姊妹，先后到济南，充实医科的护理骨干力量，并协助罗根校长工作。

1917 年

2 月

本月　在中国博医会组织协调下，南京金陵大学医科美籍组织胚胎学教授施尔德(Randolph T. Shields)率领14名医学生并入齐鲁大学医科。

4 月

本月　齐鲁大学副校长路思义因故辞职，到北京基督教教育会工作。后被燕京大学美籍校长司徒雷登邀请建校，任副校长。路思义用他原筹集的部分善款为燕京大学盖了座富丽堂皇的图书馆。

7 月

本月　在中国博医会组织协调下，汉口大同医学堂12名学生在创办人、英国苏格兰人纪立生(Thomas Gillison)教授带领下加盟齐鲁大学医科，同时由他主持成立了中国博医会出版委员会驻济南编译部，设于医学大讲堂三层。不属齐大医科编制，仅在业务上有密切关系。

9 月

1日　本日是齐鲁大学值得纪念的具有里程碑意义的日子：集中在济南新址(原为南新街82号，现为文化西路44号)的齐鲁大学(内部文件及校牌上均同时应用Shantung Christian University)秋季开学。

1917年齐鲁大学开学时的校门

本年　大学校园相继完工并投入使用的建筑主要有：

第一座为科学楼"化学生物学楼"，后命名为"柏根楼"，以纪念潍县广文学堂首任校长柏尔根。1954年后为教学三楼。该楼临近校门，坐南向北，开两个大门，砖木结构，主体三层，两翼接以平房，带济南传统民居风韵，中西合璧式建筑。化学系与生物学系占用其总面积之大半：一层有化学实验室及生物学解剖室；二层有化学及生物学教室，中文系、外文系及各人文学科亦在此楼上课；三层有一个333大教室，为教职工、学生大型团体活动场所；地下室有水电及粗重设备与总控制机关。

1917 年

9 月

1917 年建成的齐鲁大学柏根楼

第二座为神学楼，全由英国浸礼会筹资建成，归青州葛·罗神学院迁来使用。1954 年后为教学四楼。中西合璧式建筑，二层，带地下室，外观很像中国神庙。

神学楼

第三座为圣·保罗楼，由英国基督教圣公会出资兴建，在校门西侧以南，坐南向北，二层，带地下室，其中西合璧形式与其北面的西式圣公会小教堂以三跨券廊相连，甚为美观。该楼初为神职人员居住，改后名建设楼，为教工宿舍。

1917 年

9 月

圣·保罗楼

第四为校园南部长柏路上的别墅住宅建筑群，从东往西一字排开，共 13 座，均为二层楼欧式建筑，带地下室及平房小院，形式各异，风格独具，为外籍教授和高级职员宿舍，为其服务的工人住在平房中，现为资深教工宿舍。

别墅群

青州共合神道学堂（葛·罗神学院）及师范科，潍县广文学堂先后迁入济南的齐鲁大学新校园，各成为齐大的神学科和文理科；广智院成为齐大的社会教育科，它们与在圩子城内的医科，统一成齐鲁大学完整体系。

本年　原齐鲁大学医科附设共合医院更名为齐鲁医院，医院大门上的英文院名"Shantung Christan University Hospital"，中文名简称"齐大医院"。聂会东原在济南东关创办的华美医院及女医院，成为齐鲁医院下属分部。

1917 年

9 月

1917 年齐鲁大学医院门

1918 年

本年　齐大校园内位于化学生物学楼(柏根楼)东面、与"四百号院"有一路之隔的物理生理学楼竣工启用,为纪念登州文会馆创办人狄考文,被命名为"考文楼",1954 年后称教学五楼。

1918 年建成的齐鲁大学考文楼(物理楼)

1919 年

5 月

4 日　北京爆发了五四爱国运动,发展迅猛。济南的学生迅速响应,齐鲁大学的学生也立即投入。齐大文理科学生会主席吴克明和医科张汇泉积极组织同学,在济南市学联指导下进行爱国活动。

本年　大学董事会研究决定由聂会东代替离职的卜道成任齐鲁大学校长,美籍组织胚胎学教授施尔德任医科科长。加拿大联合教会的瑞思培(John Donald Mac Rae)代替离职的赫士任神学科科长。

吴克明

1920 年

5 月

4 日　为了纪念五四运动一周年，齐大学生会又发起了宣传反帝爱国而罢课的活动。这次齐大外籍当权者采取了公开压制措施，作出了“惩罚”学生的决议：勒令学生离校，并宣布这一学期一律不给学分；学校暂时关闭，暑假后再开学。

本年　齐鲁大学设立药学专修科，由英籍药理学、制药学教授、药理学主任、齐鲁医院药房主任裴维廉(William P. Pailing)主持，招收高中毕业生，学制二年。

本年　齐鲁大学副校长兼文理科科长戴维斯辞职，医科科长施尔德兼任代理文理科科长。

本年　英国苏格兰人孟合理(译名迈考尔，Percy Lonsdale McAll)，原为汉口大同医学堂教务长，也来到济南，任中国博医会出版委员会驻济南编译部主任，副主任为汉口大同医学堂 1916 年毕业的鲁德馨博士。专职编辑人员还有黄贻清、王鉴等 6 人。另有医科各位主任、教授兼任编译委员会委员，参与编译医学专业书籍。

1921 年

4 月

本月　齐大医科创办《齐鲁医刊》，为季刊，面向全国发行。化学博士江清教授参与创办。鲁德馨任主编，侯宝璋等担任编辑。该刊是《中华医学杂志》前身之一。

本年　齐鲁大学校长聂会东因多年来为医学和教育事业奔波、操劳，积劳成疾，因病辞职，回美国疗养。齐鲁医院院长巴慕德接任校长。惠义路任齐鲁医院院长。施尔德任医科科长。

侯宝璋

巴慕德，1921～1927 年任齐鲁大学校长

于复新

本年　齐鲁医院化验室于复新教授发明诊断梅毒病新的检验方法“环状沉淀试验法”，为世界首创，被同行誉为“于氏环状试验”。

于复新(字铭三，1890～1969)，男，山东省安丘县人，著名临床检验学专家，齐鲁大学医学院教授。

他幼时家贫患病致聋，靠半工半读完成教会办的中学学业，被一位美国牧师在 1911 年推荐他到济南共合医院(齐鲁医院前身)工作，当化验室练习生。他从刷试管学起，不仅掌握了临床检验技术，还不时有发明创造，成为有名的检

1921年
4月

验师。1917年，由于细心工作，检验出烈性传染病鼠疫杆菌，使济南迅速控制了该病流行，立了大功。1921年，他发明诊断梅毒病的新方法“环状沉淀试验法”，由于准确度明显提高，不易出现假阳性，被国际检验学界称为“于氏试验”。

1929年，他在国内首先主编并出版了《实验诊断学》专著。1937年，他又补充了许多自己改革或发明的新检验技术，再版后行销全国，成为通用教材，指导着临床检验工作。

1947年，他在国内率先开展梅毒螺旋体黑地映光检查法，又大幅提高了对梅毒病的诊断水平，对我国梅毒病的防治和新中国初期消灭性病作出积极贡献。

他先后出任齐鲁医院化验室主任、齐大医学院实验诊断学主任、化验技士专修科主任。1946年，只有中学学历的他被破格聘任为齐大临床细菌学教授。他多次主办检验师培训班，培养了大批专业人才，是我国临床检验学的开拓者与奠基人。

他曾应邀担任中华全国首次科学会议筹备委员会委员、受聘担任济南市人民代表会议特邀代表、华东区皮肤花柳病防治委员会委员、山东省科普协会筹委会委员、济南市麻风病院董事长等职。经常到省内外医疗单位指导工作、当顾问、帮助建检验科。

1922年

本年　美籍临床病理学教授柯德仁(Samuel Cochran)博士接替施尔德任齐大医科科长。

本年　齐鲁大学得到加拿大温尼伯格城的奥古斯丁教堂捐助5万美元，在物理楼(考文楼)向南、神学楼向东的交叉点位置，建成与神学楼相似的图书楼，命名为“奥古斯丁图书馆”(Augustine Library)，齐大文科历史系主任、美籍哲学博士奚尔恩(John J. Heeren)教授任馆长。

1922年建成的奥古斯丁图书馆

1923 年

6 月

本月　齐鲁大学办公楼(麦考密克楼)与康穆礼拜堂先后落成,校园六大主体建筑得以完美体现。办公楼坐北面南,位于中心花园中轴线的北端,二层砖木结构,南半部带一层地下室,北半部为半地下室;康穆礼拜堂坐南面北,位于中心花园中轴线的南端,与办公楼遥遥相对,全由石材筑成,西式建筑,规模宏大,气势磅礴,为校园的制高点。原北京贝满女中校长、华北协和女子大学校长(创始人)、燕京大学女部首任主任、美国基督教公理会传教士、孔祥熙原通州潞河书院的女老师麦美德(Luella Miner)博士出任中华基督教协进会副会长,并被齐鲁大学聘为神学科教授。

1923 年建成的齐鲁大学办公楼

9 月

本年　麦美德教授托齐大医科科长柯德仁教授,到她于 1910 年创建的华北协和女子大学医科,去协商与齐大医科合并事宜,得到欣然同意的结果,并立即获得两校董事会通过。

本月　根据两校协议,华北协和女子大学医科全部两班 32 名学生在 5 名女教师带领下,携 50 万美元协办款到济南,并入齐鲁大学医科,与男生合班上课。女教师有美国北长老会的蓝娜德(Eliza Leonard)博士、儿科专家史安纳(Annie V. Scott)博士等 3 人和卫理公会的 2 人。此后,齐大各科均开始招收女生,真正实现了男女同校。

12 月

本月　位于齐鲁大学校园西北隅的第一座女生宿舍落成启用,临时分散居住在各女教职员家中的女生迁入新居。该建筑坐西面东,二层楼房呈凹字形,与西面平房一起,围成的院落,恰似中国的四合院。楼房下有地下室,上有阁楼,全系欧式建筑风格。阁楼斜房顶开有日耳曼式大眼睛形老虎窗,很有特色。

1924 年

6 月

15 日　加拿大总理访问中国后,为在国际上扩大影响,批准承认齐鲁大学为加拿大设在国外的大学,由英皇乔治五世御批执行。此时尚未获中国本国政府立案、不能授予学位的齐鲁大学,反由加拿大议会出面准许在加拿大政府教

1924年
6月

育部门先行立案，并批准齐大有“授予学位及名誉学位之特权”，齐大医科毕业生可授予加拿大多伦多大学医学博士学位，并特许免试入该校研究院。

17日　中国传统的三间三叠牌楼样式学校大门得千余名齐鲁大学毕业生为纪念60年校庆，踊跃捐资2000多银圆而正式建成。门楣正面（北）匾额“齐鲁大学”及背面“校友门”等字均为时任北京政府总统府秘书、清末状元、潍县书法家王寿彭手书。

1924年建成的齐鲁大学校友门

本年　由于有了女生入校，齐鲁大学开始设立女生部，以专门管理女生事宜。蓝娜德博士被任命为女生部主任（女生部主任的英文名是“妇女学院院长”），与文理、神、医各科科长地位相当。因而新启用的女生宿舍也称作“蓝娜德宿舍”。后来蓝娜德病逝，为纪念她的功绩，将此女生宿舍定名为“景蓝斋”，取景（敬）仰蓝主任之意。

景蓝斋

本年　中国著名爱国教育学家、天津南开大学创建人张伯苓先生受聘担任齐鲁大学董事会董事长，成为中国人担任齐大董事长的第一人。

1925 年

4 月

本月　齐鲁大学斋夫、医院工友和洋人教职员家中的中国仆人共 300 余名，不堪忍受最低下的生活待遇，秘密组织“校工大同盟”，向校方提出要求增加工资。初派代表向洋人校长、院长处提出条件被拒绝，遂于清明节全体工友大罢工，并一律出校离院，致使无人给当权者、病人们做饭、打扫卫生。校方只好强令学生会组织炊饭团，请教职员组织洒扫队以解燃眉之急，相当狼狈。后经请学生会出面协助调解，校方让步，被迫同意适当加薪，罢工斗争获得胜利。

本年　齐鲁大学向北洋军阀执政的北京政府申请立案，经教育部派督学视察后认为主要因文理科师资、图书等条件不及标准，故不准立案。齐大在事后作了努力改进与加强，并将医科、文理科和神学科分别更名为医学院、文理学院及神学院。

本年　女生部主任蓝娜德博士因病离职，由神学院教授麦美德博士继任女生部主任

本年　齐鲁大学三个学院的部分教授在神学院院长罗世琦教授组织下，成立了“乡村服务实验委员会”，以推行中国基督教高等教育协进会发起的乡村建设与教育计划，请农村事务研究专家开讲乡村课程。文理学院生物系为进行农事实验，在校园南面荒地上开辟农场，种实验田；在济南东面的龙山火车站附近设立示范农场和学生实习处，成立了“龙山镇齐鲁大学乡村服务实验总站”。医学院师生定期为农民查体、治病，做卫生宣传。

1926 年

5 月

本月　位于齐大校园东南隅的麻风病疗养院竣工启用，设 50 张病床。院长由齐鲁医院皮肤花柳科主任、著名皮肤病专家、美籍教授海贝殖（LeRoy F. Heimburger）担任。该院占地面积 1 万余平方米，建有 34 间平房，中西合璧风格，与齐大校园建筑外形相协调。副院长为中国籍神职人员孙吉祥（字愿慈），负责行政与病员管理工作。

本年　齐大文理学院创建附设的“崇德小学”，作为教育系学生的实习基地。该校设在广智院后院内，1924 年齐大历史政治系毕业校友、齐大教育系教师崔鸿泽兼任校长。

1927 年

本年　齐鲁大学为达到在政府立案标准，校长必须是中国人。两年前身为文理学院院长、校教务主任，又曾任代理校长的留学美国的心理学博士李天禄被推举为校长，成为齐大第一位当校长的中国人。

1928 年

5 月

1 日　由于北洋政府山东督办张宗昌于昨日带兵北撤，第二次北伐的国民革命军顺利进入济南。齐鲁大学的学生在校门口向北伐军热情欢呼和慰问，给他们端茶送水，宛如亲人。

3 日　震惊国内外的济南“五三”惨案发生后，离案发地最近的齐大医学院和齐鲁医院的职工及实习学生，为救治被日本侵略者杀伤的中国军民，在多年

前已购置的广智院街41号院(路北,东双龙街南端路东)建立临时医院。齐大师生在奋力抢救同胞过程中,目睹日寇暴行,激起极大民族义愤。 **1928年** **5月**

本月　北洋军阀的北京政府被北伐的国民革命军赶下台,南京国民政府成立。北京改名北平。 **8月**

1929年

10月

27日　齐大学生举旗敲鼓在校园内结队游行,捣毁一名校董事的后窗并抛石警告;在墙上、树上张贴"反对帝国主义文化侵略""收回教育权""要求平等、民主"等标语,高呼爱国口号,并正式罢课。外国当权者把学生运动领袖关押并开除学籍,数名骨干人员受到停学1～2年的处分,宣布齐大暂时停课。同时,齐大女生部主任、68岁的美籍教授麦美德博士在学潮中,顺势主动辞职,将主任职交给中国籍英语教授、毕业于北京贝满女中、燕京大学并留学美国哥伦比亚大学的刘兰华博士。

12月

31日　齐大工友因工资待遇过低、生活相当困苦,向校方提出交涉,要求增加工资,保障合法权益,受到外国当权者拒绝,于是全校200余名工友完全罢工,并宣布支持学生们的正当要求,组织纠察队以作监督。校方请警察局派队长强迫工友上班,遭到断然拒绝。罢工坚持两个多月,后被政府派军队干预,罢工终归失败。

本年　齐鲁医院院长惠义路回国,海贝殖教授接任第四任院长,兼皮肤花柳科主任和麻风病疗养院院长。

本年　齐大医学院实验诊断学主任、齐鲁医院化验室主任于复新教授出版《实验诊断学》,是由中国人主编的国内首部检验学专著。

本年　齐大医学院附设护士学校,奉教育部之令成为护士专修科,罗根校长调往周村复育医院工作,校方请美籍宋芳溪(F. R. Wilson)女士代理校长。

1930年

7月

1日　齐鲁大学为达到在政府立案的标准要求,必须有三个学院,且不能再有神学院,于是将文理学院分开,为文学院和理学院,加上医学院,仍为三个学院;并在神学院楼(今山东大学趵突泉校区的教学四楼)周围修筑了一米高的花墙以示与大学分离,即齐大神学院正式脱离齐大,成为独立机构,取名"私立齐鲁神学院"。同时,为加速完成齐大在政府立案的历史重任,齐大董事会委派副董事长、校务委员会主席衣振卿和董事张达忱,手持孔祥熙的恩师麦美德博士的亲笔信,到南京找到国民政府实业部长孔祥熙,请其出任齐大董事会董事长。麦美德曾推荐并亲自陪送孔祥熙赴美国留学深造。这份深情厚谊使得孔祥熙不好推辞,便很痛快地答应接替张伯苓,出任齐大董事会董事长。

1930 年

7 月

孔祥熙

孔祥熙(1880～1967),字庸之,祖籍山东省曲阜市,出生于山西省太谷县。孔子第75代裔孙。同盟会员。著名教育学家,法学博士。齐鲁大学董事长、校长。

他自幼聪慧好学,打下扎实的国学根基。1895年,毕业于美国基督教公理会办的华美公学,被推荐到公理会所办的直隶通州潞河书院,接触到革命思想,到美国留学后,追随孙中山,加入同盟会,创办太谷铭贤学校,为辛亥革命予以财力和人力支持,受到中山先生的赞扬。他积极推动山西强省利民的村政改革,造就了"山西模范省"的美称;五四运动时他积极响应,停课10天组织学生声援;他措贷和募集百万美元巨款,救济大旱中的灾民、修桥铺路,发展经济。

1924年,他应孙中山之邀,出任广东革命政府财政厅厅长,次年孙先生病逝,他是《总理遗嘱》签字见证人之一,并操办丧事。

1930年,他接受老师麦美德的邀请,出任齐鲁大学董事长,促进齐大在政府教育部立案成功。

他曾担任国民政府实业部长、财政部部长,对抗日战争财力、物力予以巨大支持,又为奥林匹克运动作出过贡献。

10 月

本月　齐鲁大学文学院国学研究所成立,是专门研究中国传统文化学术的研究机构。其经费来自美国哈佛大学和中国燕京大学联合组成的"哈佛—燕京学社"(Harvard-Yenching Institute),属于教会募集来专门资助汉学(国学)研究的基金。时任齐大文学院教授的墨学大家栾调甫提出建所的倡议,得到代理校长兼文、理学院院长林济青的支持,任命栾教授为首届主任,并以办国学所的名义得到此项基金的资助。林代校长用争取来的巨款购买6万余册图书、教学实验仪器,并聘请来全国著名的六位专家到校担任要职,大大增强了文、理学院的实力。他们是:舒舍予(即老舍,任国学研究所文学主任,兼文学院国学系新文学教授)、郝立权(任国学系主任、教授)、余天庥(任社会经济系主任、教授)、王长平(任教育系主任、教授)、谢惠(任化学系主任、教授)和陈祖炳(任物理系主任、教授)。为齐大在政府立案成功奠定了坚实基础。

林济青

林济青(1886～1960),字则衣,山东登州府莱阳县人。民国初期知名教育学家,齐大与山东大学代校长。

他于1906年毕业于潍县广文学堂(齐大文理科前身),留学美国三所大学,先后获文学学士、矿物学硕士和工程学硕士学位。1919年回国后,历任济南基督教青年会干事长、私立青岛大学校务主任、齐鲁大学文理科地质与经济学系教授、校教务长、文理学院院长、代理校长、山东省政府委员。1930年,他争取到哈佛一燕京学社拨付的"汉学研究"巨额资金,购置大量图书,延聘国内六位名流学者到校任各系主任、教授,创建了国学研究所,使齐大的整体实力、师资水平有了大幅度提升。齐大名声为之大振,经教育部派人视察,验收合格,立案难题一举破解,林济青功不可没。

1936年7月,因青岛国立山东大学校长赵太侔在学潮后辞职,教育部任命林济青为该校代理校长。他又一次临危受命收拾残局,又到全国各地聘到连栾调甫在内的30余位名师,大力筹措经费,新建化学馆;以教学为主开展科研,使山东大学再次走上健康发展正途。怎奈抗日战争全面爆发后他主持全校南迁四川万县，1938年2月教育部决定将山东大学停办，并入国立中央大学。同年6月，他被免除山大代校长职务，调至重庆中央政府经济部工作，后来被江西省政府任命为矿业管理处处长。

1930年

10月

老舍

老舍(1899～1966)，原名舒庆春，字舍予，满族，北京市人，是享有世界声誉的中国现代作家、最杰出的小说家、剧作家之一。

他出生于贫困的家庭，靠人资助始入私塾，后考入免费的北京师范学校，以优异成绩毕业。1918年，任北京第十七高等小学教师兼国民学校校长。曾任张伯苓创办的南开中学国文教员，后离开天津回京任教育会文书。

1924年经好友推荐他远赴英国，任伦敦大学东方学院讲师，正式开始了文学创作生涯。

1930年7月，他应齐鲁大学代理校长林济青之聘，任国学研究所文学主任兼文学院教授，主编创刊的《齐大月刊》，并经常到市内各学校演讲，和普通各类人物广泛接触，汲取众多民间养分，创作了大量小说，内容丰富深刻，语言生动幽默。

1934年秋，他从齐大辞职，到青岛国立山东大学任教，两年后辞职而从事专业写作。抗日战争全面爆发后，他立即宣传抗日。1937年8月，他再次应聘到齐大任教，他以极大热情参加中共地下党组织的抗日救亡运动。11月，老舍未随齐大内迁四川，孤身奔赴当时的抗战中心，积极追随爱国将领冯玉祥，投身到文艺界的抗日洪流中去。1938年，老舍在周恩来、冯玉祥支持和参与成立的“中华全国文艺界抗敌协会”中被推举为常务理事兼总务部主任，主持日常工作，出版《抗战文艺》会报和《抗到底》半月刊，团结全国爱国文艺艺术家一道抗敌，直到取得最终胜利。1946年3月，老舍与曹禺应美国国务院邀请，赴美讲学。1949年12月，老舍欣闻新中国成立，又收到周恩来总理的邀请信，立即启程回国，受到总理亲切接见。

此后他历任北京市文联主席、中国作家协会副主席、全国人大主席团成员、全国政协常务委员等职。1960年，他受到毛泽东主席的接见，并亲切握手晤谈。

新中国成立后，他陆续发表大量歌颂党和人民政府、颂扬新生活新气象的作品，被北京市人民政府授予“人民艺术家”的荣誉称号。

老舍先生一生勤奋笔耕，创作甚丰，共发表小说、剧本、散文等文学作品150余篇(部)、800余万字，有“中国语言大师”之美称。《骆驼祥子》《四世同堂》等代表作为他赢得了世界声誉，不但北京、济南、青岛、重庆建有他的纪念馆，就连他在英国的故居都被英国政府文化部镶挂上“英国遗产”圆形蓝牌，成为受保护的文物单位。老舍先生是第一位获得此项殊荣的中国作家。

老舍先生的生平事迹入载《世界当代文化名人辞典》《山东省志》《老舍年谱》《百年山大群星璀璨》等志书，永志纪念。

王长平(1883～1962)，字鸿猷，山东济南人，原籍山东泰安县。中国首位留美博士，著名教育学家。

1930年

10月

王长平

他出身于三代基督教家庭的农家子弟，学业优秀，1909年毕业于美国教会办的北京汇文大学堂，考取庚款首批留美学生，主修教育心理学，获首批留美学生中的首位哲学博士与教育心理学博士学位。1915年，回国后曾在北京大学、上海圣约翰大学、南京金陵大学、齐鲁大学、湖南长沙第一师范等12所学校任教，桃李满天下。他曾是毛泽东的教育心理学与英语课老师。1930年，他应聘于齐鲁大学，任文学院教育系主任、教授，与老舍先生同事，友谊深厚。

抗日战争全面爆发时他正在北平民国大学任教，日军多次找王先生为侵略者效力被拒绝。王博士辞职后秘密潜回原籍隐居，保持了民族气节。

王长平在济南和负责教会工作的弟弟王长泰，与齐大医学院师生合作，为地方抗日组织提供大批粮食、药品，参与全民抗战，直到最后胜利。

王先生教子有方，七个子女均学有所成，其中四人是中国人民解放军的干部。1952年，他被聘为北京文史研究馆馆员，被认定为爱国民主人士。其生平事迹入载《社会名人录》等志书。

本年　齐鲁医院皮肤科尤家骏教授在国内率先开展头颅浅部霉菌的分类与鉴别工作，并创建了霉菌实验室。后又在国内率先开展皮肤病组织病理诊断工作，推动了皮肤科学术的发展。

尤家骏

尤家骏（1898～1969），字修之，山东省即墨县人。国际知名麻风病学专家，我国麻风病专业开拓者和奠基人，山东医学院皮肤病学教授。

1926年，靠勤工俭学毕业于齐大医学院，获加拿大多伦多大学医学博士学位，留校任教。1934年，从奥地利留学回院，接替恩师美国教授海贝殖，出任齐鲁医院皮肤花柳科主任兼麻风病疗养院院长。

抗日战争全面爆发后，他因病未能随校南迁四川，留院工作。太平洋战争爆发后，齐鲁医院被日寇占为陆军医院。1942年2月，尤家骏和一批同事成立了济南市立医院，出任院长兼皮肤科医长，得以能继续为市民健康服务，并借此保存了医疗器材。抗战胜利后的1946年，他携这些器材回到齐鲁医院，很快复院开诊。1947年，他赴美国专修皮肤科，参加了第五届国际麻风病会议，以其治疗该病的优良效果震惊学界，痛批了有人污蔑中国为“麻风之国”谬论。新中国成立后，他历任齐鲁医院皮肤科主任、皮肤科学一级教授、山东省皮肤病防治研究所所长、中华医学会及山东分会皮肤性病学会委员、主任委员、全国政协委员。1956年，荣获省特等先进工作者等称号。

他多次受国家卫生部委托，举办全国性高级麻风病进修班，培训了大量专门人才，为越南留学生讲课，为我国和世界上防治麻风病等作出贡献。他的生平事迹载入《世界当代文化名人辞典》《山东省志》《山东省卫生志》《百年医学史话》等志书，永志纪念。

本年　齐大文学院编辑出版《齐大月刊》，由老舍教授任主编，并刊出他写的“发刊词”和“编辑部的一两句”。

1931 年

11 月

本月　教育部派督学王慎明视察齐鲁大学文、理两学院，派尹莘农视察医学院，均认为合格。

12 月

17 日　教育部正式核准立案，“私立齐鲁大学”得到政府承认。教育部训令《2119 号核准立案文》将齐鲁大学正式纳入中国教育系统。立案后，历届毕业生的毕业证书均被追回，另发盖有南京国民政府教育部钤记的新毕业证书，齐大毕业生不能担任公职的历史难题迎刃而解。

朱经农

本年　经孔祥熙董事长推荐，教育部次长朱经农博士出任齐鲁大学校长（兼），副校长仍为戴维斯教授。

本年　齐鲁大学医学院增设化验技士训练班，由实验诊断学主任于复新教授主持。学习时间 12 个月，每年一期。

本年　齐鲁医院副院长王会文因病去世，仅任职两年。他 1916 年毕业于潍县广文学堂，是国内做人体实地解剖的第一人。

1932 年

4 月

15 日　中国博医会和中华医学会执行委员会在上海召开联席会议，决定合并，称为 Chinese Medical Association，后定名仍为“中华医学会”。同时，《齐鲁医刊》亦与《中华医学杂志》合刊，仍称《中华医学杂志》，由齐鲁大学医学院主办、原中国博医会出版委员会驻济南编译部主任孟合理和齐大医学院病理学主任侯宝璋任主编。

6 月

4 日　在齐大副校长兼教务长戴维斯及校董兼齐鲁神学院教授衣振卿博士邀请下，齐大董事长兼名誉校长孔祥熙部长到齐鲁大学视察。山东省教育厅何思源厅长亲赴齐大拜会孔部长，并陪同孔祥熙赴省政府拜会省主席韩复榘。

8 月

本月　朱经农校长离职，去湖南赴任省教育厅长。孔祥熙董事长推荐校董山东盐务稽核所所长李植藩代理齐鲁大学校长。

本年　《齐大月刊》改名《齐大季刊》，刊名为国学大师、著名金石学家、山东省图书馆馆长兼齐大中文系教授王献唐所书。老舍任编委。

本年　加拿大基督教联合教会传教士、著名汉学家、考古学家明义士（James M. Menzies）博士到齐鲁大学任文学院考古学教授、国学研究所考古学主任。

1933 年

本年　齐鲁大学女生部第三届主任刘兰华教授在校园西部景蓝斋南面主持建成第二座女生宿舍，为纪念上一届主任麦美德博士，命名为美德楼。

本年　青岛市沈鸿烈市长向齐鲁大学捐款 1000 元。校方用来购置陈列用具，以沈市长之字“成章”为名称，成立了“成章博物馆”。该馆设于学校奥古斯丁图书馆底层，开陈列厅五间，采用当时先进的立式联合玻璃橱陈列，向全校师生开放，并有组织地向社会开放。该馆藏品中，除陈列齐大师生在济南大辛庄、山东东南沿海等地作考古调查时采集的文物外，大部属于传统的金石文物，仅铜镜即有 130 余面。商代甲骨量大且精，大部分为明义士先生旧藏。

1934 年
8 月

本月 齐大文学院社会学系教授孙恩三和张雪岩，为配合乡村建设运动，以美国北长老会提供的经费，创办《田家半月报》，刊登国内外新闻、农业生产知识、科普教育、医药卫生等内容。

10 月

1 日 山东省政府支持著名社会学家梁漱溟在邹平县创办的“山东乡村建设研究院”邹平卫生院成立，齐鲁大学医学院与之立即建立合作关系，与邹平乡建实验县政府，共同负担卫生院的经费，并派师生下去开展医疗卫生和宣传培训工作。

本年 齐鲁医院海贝殖院长回美国，加拿大籍内科教授杜儒德(Ernest B. Struthers)为代理院长。同时，从奥地利留学回国的齐大医学院校友尤家骏接替老师海贝殖教授担任齐鲁医院皮肤花柳科主任兼麻风病疗养院院长职务。

本年 齐鲁大学医学院开设公共卫生系，请南京国民政府卫生署环境卫生和学校卫生处处长姚寻源教授为主任。

本年 齐大医学院病理学主任侯宝璋教授主编，并由中华医学会印行出版《实用病理组织学》，为中国病理学的肇端之作。

1935 年
12 月

9 日 中国共产党领导的“一二·九”青年爱国运动在北平爆发。北平学生的南下扩大宣传团到达济南后，齐鲁大学学生奋起响应，全体罢课，到省政府请愿，高呼“打到日本帝国主义”“反对华北自治”“停止内战，一致对外”等口号，并准备第二天参加全市大规模示威游行。学校洋人当权者勾结省政府主席韩复榘，派出全副武装的军队包围了齐鲁大学，强迫学生解散、离校、各自回家，致使这一爱国反帝运动未能进一步开展。

本年 齐鲁大学新医院的门诊病房楼(位于广智院街 41 号院，今山东大学齐鲁医院科研楼，即博施楼)竣工。该楼建筑面积 3769 平方米，为齐鲁医院当时总体面积最大、最高(四层)的楼。所用资金 45 万美元全由美国教会捐助。

博施楼(科研楼)

本年 齐大新医院建成后，院门开在东双龙街上，为该条街南首路东，地址为东双龙街 90 号，与南面老医院的北门斜对。为方便南北两院间夜晚及雨雪天的通行联系，在南院的共合楼东端北塔楼二层和北院的门诊病房楼中段二层之间，建成了跨越广智院街、西南一东北走向、长度为 44 米的全封闭式过街桥。

1935 年

12 月

医院门诊病房楼以东建成三层的护士楼（今解放楼）大大改善了护理人员的居住生活条件。

刘世传

本年　美籍外科教授毕范和（Philip B. Price）任齐鲁医院院长，杜儒德不再代理。

本年　李植藩校长离职，齐鲁大学聘原文理科 1919 年毕业校友、美国哈佛大学国际法博士、曾任北京大学教授的刘世传（书铭）为校长。

本年　统计资料显示：在齐大文学院的 26 名教师中，英、美和加拿大籍的教师共有 8 名，不到总数的 1/3；在理学院 27 名教师中，英、美和德国籍教师只有 5 名，仅占 1/5 强。文、理学院许多中国籍教师都有在国外受过教育的背景，师资力量强大，教学质量高。

1936 年

6 月

22 日上午　齐鲁大学新医院停止门诊，举行开幕典礼。国民政府山东省主席韩复榘率官员出席，发表祝词，大谈“良相与良医”。合影后开放参观，有 300 余人参加庆典。

7 月

本月　林济青教授被教育部调往青岛，任国立山东大学代理校长，以补因学潮而辞职的赵太侔校长之空缺。林济青上任后也将栾调甫调往该校，任文学系教授。齐鲁大学国学研究所主任一职由加拿大籍考古学家明义士教授接任，仍兼文学院国学研究所考古学主任。

栾调甫

栾调甫（1889～1972），本名廷梅，山东省登州府人。著名墨学专家、古文字学家、齐鲁大学教授。

他父亲是书店店员，收入低微。他在教会办的义塾半工半读，在郭显德教士英文义馆免费读书，熟读国学，掌握了英语，自学墨学，在 1911 年写成被学界称为海内墨辩第一善本的《名经注》。在上海盲童学校教书时，翻译英文工业书籍以贴补家用。

1920 年，他被推荐到中国博医会济南编译部（在齐大医科楼内）任编译员。1922 年梁启超名作《墨经校释》发表后，他提出批驳和抨击，使梁大为震惊，对栾十分仰慕，经多次寻找，终于得见栾公，共研国学。栾先生又连写数文，经墨辩论战一举成名。

1925 年，栾先生应齐大邀请，到文学院代课。梁启超高薪聘先生到燕京大学任教，被栾婉拒。齐大在国文系师生一致推举下破格聘其为国文系主任、教授。

1930 年，栾先生在代理校长林济青支持下，出任新成立的国学研究所所长，为次年齐大在教育部立案成功作出了贡献，促进了齐大的快速发展。

新中国成立后，他历任山东省博物馆馆员、山东省文史研究馆馆长、中国科学院山东分院历史研究所研究员、省政协常务委员。

他一生著述丰盛，被文史学界誉为“当代理墨名家”“《齐民要术》研究开创者”，在我国文字学中创立“字系说”，贡献最大。

他的生平事迹入载《山东省志》《山东重要历史人物》《广文校谱》及日本国出版的《中国文化界人物总鉴》等志书，永志纪念。

1936 年

7 月

本年　英籍妇产科教授王国栋(Gorden King)出任齐鲁医院院长。年底，王国栋应香港大学邀请赴港讲学，复由毕范和教授代理院长。

1937 年

3 月

15 日　齐鲁大学医学院重要创始人之一、原青州医学堂校长、山东共合医道学堂校长武成献博士病逝于济南，享年 82 岁。

5 月

本月　齐鲁医院毕范和教授回美国，不再任代理院长，王国栋也不回院，学校特聘 1927 年齐大医学院毕业校友、赴英国专攻传染病学后曾任南京传染病院长、红十字会医院院长和齐大校董事会董事的陈崇寿教授任齐鲁医院院长，成为该院第一位当院长的中国人。

7 月

7 日　侵华日军发动卢沟桥事变，抗日战争全面爆发，齐鲁大学从此经历战乱的折磨。

8 月

本月　老舍先生离开青岛国立山东大学，第二次到齐鲁大学任教，住在校园长柏路教授别墅宿舍 2 号(现 11 号)。

13 日　侵华日军在上海发动淞沪战争，直逼首都南京；19 日，国民政府教育部发布《战区内学校处置办法》；29 日，教育部决定将战区的高等院校一律内迁到大后方，“以避免敌人毁灭我国高等教育的前途、保存我国民族教育之血脉”。

本月　齐大医学院从澳大利亚请来英国药理学家普瑞格(Stanley Presscott)担任齐鲁医院院长，以代替因抗战而调任中央大学首都伤兵医院副院长的陈崇寿。

9 月

1 日　齐大照常开学，567 名学生只到了 297 人，预期 200 名女生入学，但注册者仅 80 人，教学秩序受到严重影响。

10 月

本月　日军侵入山东德县，向南进犯，并派飞机空袭济南。齐鲁大学已无法继续上课，遂决定遵照教育部指示停课内迁。文、理学院大部分师生由校长刘世传带领，医学院部分师生由代理院长、组织胚胎学教授张汇泉博士和病理学系主任侯宝璋教授带领，携带教学仪器和部分图书，历尽艰辛，辗转迁至大后方的四川省成都市，暂附华西坝的华西协合大学借读，于次年秋基本迁毕，正式复课。医学院院长、美籍教授施尔德以其中立国身份留守济南，保护学校与医院。

11 月

本月　老舍先生在不能授课的情况下，多方奔走作抗日宣传后，抛妻弃子只身挤上火车到了武汉，在爱国将领冯玉祥帮助下，投身到文艺界抗战热潮中。

12 月

22 日　山东省政府主席韩复榘弃城带兵南逃，济南于 27 日沦陷于日本侵略军之手。齐鲁医院虽勉强开诊，但日本宪兵队时常到医院内以搜捕反日人士为名进行骚扰，医疗业务大受影响。齐鲁医院属下的华美女医院继续开业，但华美医院已被迫停办。

1938 年

本年　齐鲁大学在华西协合大学院内正式复课，除无线电专修科一时因设备不足未能继续开课外，文、理、医三学院各系科及国学研究所均同时恢复教学、研究工作。

同期内迁的南京金陵大学、金陵女子文理学院、燕京大学、齐鲁大学与华西协合大学的五所大学学生在成都成立“五大学学生战时服务团”，齐大医学院学生郭成圩（即郭号，中共地下党员）担任团长。他们开展义卖献金活动，募集善款支援抗战；并邀请著名爱国将领、副委员长冯玉祥将军到校作《坚持抗战到底》的报告；还组织防护大队，抢救被日军飞机轰炸受伤的民众；演出话剧宣传抗日等，鼓舞军民士气，坚定抗战到底的信心与决心。

冯玉祥在华西坝演讲

1939 年

本年　国学大师、著名史学家顾颉刚教授应聘到成都的齐鲁大学，任国学研究所主任兼历史学教授。他担负起重建国学所的重任：延聘研究人员，将国内著名的国学大家如钱穆、杨向奎、胡厚宣、沈镜如、孙伏园、吕思勉、童书业等请来，共同研究国学；大量购置和广泛收集图书，建成图书资料室；创办《责善半月刊》《齐大国学季刊》《齐鲁学报》，以及与华西大学、金陵大学中国文化研究所合办《中国文化研究汇刊》等学术刊物，并且不定期出版《国学汇编》。齐鲁大学在战乱期间一时成为全国国学研究的重镇，影响遍及国内外。

本年　齐鲁大学医学院又开设化验技士专修科，学制三年，仍由于复新教授主持。前后共招生四届，毕业 16 名，培养了检验学骨干人才。

1940 年

9 月

16 日　毛泽东主席把延安中央医院院长和主要医护人员，请到杨家岭窑洞的家中过中秋节，留下珍贵照片：奔赴延安参加革命、加入抗战行列、来自齐鲁大学医学院的三位医学博士侯健存（立山）、魏一斋（兴谦）、金茂岳与毛泽东主席同时出现在合影中。

魏一斋

魏一斋（1906～1975），原名兴谦，山东省寿光县人。中共党员，医学博士，"为革命服务"的红色医生。

他出身农家，学习优异，思想进步，曾参加中共地下党组织的中华民族解放先锋队。1934 年，他毕业于齐鲁大学医学院，获医学博士学位，留校任教，做妇产科医生。1936 年，到北平协和医院进修，留任妇科总住院医师。

抗日战争全面爆发后，他参加党领导的抗日救国团体，被武汉八路军办事处安排出任武汉协和医院妇产科主任，协助新四军伤病员免费住院治疗。

1938 年 9 月，他到达延安，受到毛泽东主席热情接待。先后任中央卫生部直属卫生所医务主任、八路军总医院主任、延安中央医院医务主任兼外科主任、院长等职，培训了大批急需的医务人员，多次受到领导赞扬。曾获毛主席、朱德总司令、周恩来题词鼓励。1940 年 9 月中秋节，他与学兄侯健存、学弟金茂岳等人受毛主席邀请，以家宴贺节，与主席合影留念。

1941 年 1 月，他光荣加入中国共产党，实现多年夙愿，毛主席送给他许多战利品以作祝贺，被他珍藏。

1947 年解放战争开始后，他随中央机关转战西北。北平和平解放后，他于 1949 年 4 月进入北平，接管了北平医院。后来他调任青岛市卫生局局长、兼山东大学医学院院长。1951 年 3 月以后，他曾任国家卫生部教育处副处长、医学教育司副司长，兼任中华医学会妇产科学会副主任委员等职。

他的生平业绩入载《山东省志》《山东省卫生志》等志书。

金茂岳（1906～1987）男，回族。祖籍山东济南历城县，出生于泰安市。中共党员。医学博士，"红都名医"。

金茂岳

1935 年毕业于齐大医学院，获博士学位，留校任教，做妇产科医生。

抗日战争全面爆发后，他在济南火车站进行医疗救护工作。后来参加政府组织救护队手术组，先后在安庆、武汉从事医疗救护，又参加中国红十字会医疗队第 23 分队。1938 年 1 月西安八路军办事处将他们送到延安，受到党中央的热烈欢迎和妥善安置。

他先后在甘谷驿二兵站医院、宝塔山边区医院工作，结识了白求恩医生，受到深刻教育，思想发生很大变化。1939 年，延安中央医院成立，边区林伯渠主席推荐他任医务副主任，兼妇产科主任。1940 年初，第 23 医疗分队奉调西安，他和全家坚定地留下来参加革命。6 月，毛主席和朱德总司令专请他和学兄魏一斋进餐，以示欢迎，分别为二人题词予以鼓励。不久周恩来副主席回到延安，又作题词祝贺。

9 月 16 日中秋节，他和学兄侯健存、魏一斋等应邀到毛主席家过节，宴后同毛主席合影，留下珍贵瞬间。

八年中他除为中央首长保健、培训医务人员外，曾为4000余婴儿接生，创造了在战争环境艰苦条件下婴儿低死亡率、产妇低感染率的奇迹，被边区政府评为“先进妇女工作者”，得到“保护妇女权益”奖状。他兼职任教的女子大学学生们赠送给金老师红布上绣的“民族之光”金色大字横幅。

1942年2月他光荣加入中国共产党，组织部陈云部长主持入党仪式。

解放战争中他随中央转战西北，1949年4月他随中央机关进京，接管了北平医院，先后任妇产科主任、医务部主任和副院长、中央直属第二医院院长、宁夏回族自治区卫生厅副厅长、人大代表、政协副主席、北京市卫生局副局长、市政协常务委员等。

1940年

9月

本年　齐鲁医院普瑞格院长离职，由留守济南的齐大医学院院长施尔德兼任齐鲁医院院长，并一直以外籍教会人员身份，保护着在济南的齐大医学院和齐鲁医院。

本年　齐鲁大学医学院、理学院生物学系师生与四川省政府卫生处合作，共同研究四川省人体肠道寄生虫病的预防和治疗，获得了多项成果，先后在中外杂志上发表学术论文50余篇，均切中我国医药界实际问题之要害，也培养了一批专业人才，使得全国各地医学机构纷纷向齐鲁大学索聘寄生虫学师资及研究、防治寄生虫病的人员。

本月　张汇泉教授再次提议组织医疗队到川西更缺医少药的地区巡回医疗时，遭到洋人当权者无理反对，他愤而辞去医学院代理院长职务，离开母校。

12月

7日　日军偷袭美军珍珠港，美英对日宣战，太平洋战争爆发。12月27日，齐鲁大学校园和麻风病疗养院被日军视为敌国财产而占用，改作日军仁字部队司令部；齐鲁医院被改作日本陆军医院而停止对民众开诊。

本年　在成都的齐鲁大学理学院正式设立药学系，学制四年，由理学院薛愚院长兼系主任，并奉令核准立案。

1942年

1月

本月　施尔德院长离开济南回国，由在成都的加拿大籍杜儒德教授担任齐鲁大学医学院院长。

本月　伪济南市政府在皇华馆成立市立医院，同时接管麻风病疗养院。

2月

9日　齐鲁医院大部分职工出于为民众做医疗服务、保存医院重要设备，并养家糊口等考虑，转入市立医院工作。尤家骏教授担任院长兼皮肤花柳科医长，赵常林教授任外科医长，孙明廉教授任内科医长。X线机、电疗器、手术台、显微镜等重要仪器物资也移入市立医院，借合法名义得以保护。

3月

本月　日本侵略者在潍县广文学堂旧址乐道院设立“敌国人员生活所”，实际上是集中营，将未逃走的外籍教师（如齐大的原副校长戴维斯、原登州文会馆校长赫士等）作为俘虏尽行收押，施以非人道待遇。

1942 年

9 月

本月　在成都的齐大理学院与医学院合作设立“医科研究所寄生虫学部”，学制二年，已奉令核准立案。时有导师 9 名，招收研究生 4 名，以培训国家急需的、严重危害民众健康的寄生虫病防治、研究的专业骨干人才。

本年　在成都的齐大医学院耳鼻喉科孙鸿泉医师协同郎健寰主任在我国成功开展了首例喉癌病人的全喉切除术，并首次训练失去喉头的病人学会用食管发音，恢复讲话能力，开国内之先河。

1943 年

2 月

本月　齐鲁大学校长刘世传因财政部不予拨款，导致学校经费拮据，加上人事纠纷等原因愤而辞职，由江西省九江人、武昌文华大学毕业留美并获哈佛大学政治学博士、原齐大教务长汤吉禾继任校长。

汤吉禾

1944 年

12 月

27 日　在成都的齐鲁大学隆重庆祝学校成立 80 周年，借华西大学体育馆举行庆典。各界首长、来宾、校友及教职员工、学生 600 余人参加。汤吉禾校长首作报告后，继由教育部部长代表、燕京大学文学院院长、董事长代表等致贺词。随后是聚餐、游艺大会、体育表演和国剧演出，发放纪念刊和纪念章。庆典热烈而节俭，体现了齐大一贯“纯朴笃实”的精神。教育部朱家骅部长的题词是“教育之光”，董事长孔祥熙的题词是“文化先导”。

齐大 80 周年校庆纪念章

1945 年

3 月

19 日　在学校训导处指示和监督下，齐鲁大学学生自治会改选，结果刘世赓女士以 158 票当选为本届主席，张光博君以 154 票当选为副主席。

8 月

15 日　日本天皇宣布无条件投降，中国人民的抗日战争取得完全胜利，大家喜极而泣，彻夜狂欢庆祝。留守济南的齐大师生立即回到校园，清理教室、住所，积极筹备复学、招收新生。当时齐大校园和齐鲁医院仍留有 1800 余名日军伤病官兵，均被施以人道主义的救护。教学和诊疗设备毁坏惨重。

本月　在成都的齐大校长汤吉禾因镇压学生“反独裁，争民主自由”的进步活动，受到全校师生强烈反对而被迫辞职。齐大理学院化学系校友、留美博士、时任齐大副董事长的吴克明教授临危受命，继任齐大校长。

1945 年

8 月

本年　国民政府在重庆召开全国各大学回迁复校会议，齐鲁大学训导长吴金鼎教授参会。学校遂按教育部指示，开始积极办理回济南的复校工作。初由方维廉、罗世琦、温福立、林仰山、裴礼伯诸教授先到济南接洽复员接收工作，旋即委托教务长孙恩三与医学院杜儒德院长由重庆飞往济南主持一切复校事宜。

吴金鼎

吴金鼎(1901～1948)，字禹铭，山东省安丘县人。著名考古博士，山东龙山文化和云南南诏文化的发现者。

1924 年，他毕业于齐鲁大学历史政治系，留校任教。1926 年，他考入清华学院国学研究院，师从“中国考古学之父”李济，次年返回母校，开始在章丘龙山镇作调查，多次探访，获取黑陶器残片等古物，将之命名为“龙山文化”，获聘国立中央研究院历史语言研究所考古组助理员，陪同李济博士对龙山镇实施考古发掘，证实了“龙山文化”，确定中国文化起源于本土，驳倒了“西来说”，为中国考古学发展起到重要的推动作用，功不可没。

1938 年，他率苍洱古迹考察团，到云南苍山洱海主持考古发掘，奠定了西南地区史前考古学的基础，成为“南诏文化”的发现者。

1945 年初，他出于爱国热情，投笔从戎，担任四川新津美国空军第二招待所主任之职，直至抗战胜利。后回到母校，任训导长、文学院院长，讲授田野考古经验，并参与学校迁回济南事宜。

《中国大百科全书》称他是“最有成就的现代考古学家之一”。

1946 年

1 月

本月　流亡成都的齐大师生开始有组织地陆续返回济南。又经图书打包、仪器装箱、长途转运颠簸，劳民伤财、损失惨重，大家无不痛恨日寇的滔天罪行。齐鲁医院职工又从市立医院撤回诊疗设备，在原址很快恢复业务工作。

3 月

本月　由曾任周村复育医院医疗主管的英国浸礼会传教医生希荣德(Ronald James Still)博士接替杜儒德任齐鲁医院院长兼妇产科主任。

6 月

26 日　国民党反动派悍然撕毁他们挑起内战、不断失利后被迫签订的停战协议，大举进攻中原解放区，全面内战爆发，美国的军事调停宣告失败。

7 月

本月　齐鲁医院复院后正式开诊工作。原齐大医学院校友、齐鲁医院外科主任赵常林教授出任医院院长，他为齐鲁医院迅速复院作出了很大贡献。

10 月

1 日　齐鲁大学校长兼理学院院长吴克明主持的由四川迁回济南的复校活动全部结束，正式开学上课。

本年　齐鲁大学医学院开设的护士专修科，升格为本科，学制三年，招收高中毕业生，培养高级护理人才。

1947 年

4 月

本月　为纪念齐鲁医院老内科主任、加拿大籍教授罗威灵(William McClure)对学校的贡献,齐大医学院成立罗氏医学基金会,为优秀医学生发放奖学金。

7 月

本月　院长赵常林教授在齐鲁医院医疗秩序稳定的情况下,被学校派往美国进修骨科一年,由妇产科希荣德主任代理院长。

赵常林

本年　齐鲁医院院长、骨外科主任赵常林教授在国内率先开展麦氏截骨术治疗股骨颈骨折以及采用肌腱移植术治疗脊髓灰质炎后遗症,均取得满意疗效,被同行誉为"骨科圣手"。

本年　齐鲁医院耳鼻喉科主任孙鸿泉教授在国内率先开展内耳开窗术治疗耳硬化症,病人听力有明显改善。他仍苦心钻研,终于在六年后又创用改良内耳开窗术,疗效显著,吸引国内更多医师前来学习。其后他又首次将该术扩大应用于治疗先天性耳畸形的治疗,取得显著效果。

本年　齐大医学院实验诊断学主任于复新教授在国内首先开展梅毒螺旋体黑地映光检查法,大大提高了对梅毒病的确诊率,对病人早期治疗和我国在新中国成立后消灭性病作出了杰出贡献。

1948 年

5 月

15 日　南京国民政府教育部指示齐鲁大学向江南迁校,以躲避中国共产党解放济南的战事。齐鲁大学董事会在上海开会,参加人员有董事长孔祥熙、副董事长陈文渊、董事蒋廷黼、沈克非等 13 人,研究并通过了齐大向南迁校的决议。吴克明校长一方面联系迁校目的地,一方面指定留守济南的原宗教系主任、美籍教授赖恩源(H. P. Lair)和英籍教育学教授林仰山(F. S. Drake)代理校长职权,共同与总务长杨德斋博士管理校产。

杨德斋

杨德斋(1900～1972),别名道林,山东省胶南县人。九三学社成员,著名爱国民主人士、化学博士、教育家、齐鲁大学校长。

1918 年 8 月,他从济南正谊中学到日本东京高等预备学校学习,后留学美国,获化学博士学位。1928 年 8 月回国,任齐鲁大学化学系主任、教授,两年后任山东医学专科学校教授,1934 年再回到齐大任教。1941 年,他被日本侵略军宪兵逮捕入狱 5 个月,受尽酷刑而坚贞不屈,出狱后任正谊中学教师。抗战胜利后他于 1945 年 11 月出任国民政府军政部驻济南特派员办事处中校英文秘书。齐大从成都迁回济南的 1946 年 5 月,他又回到齐大,重任化学系主任、教授,1947 年 8 月兼任校务总长,济南解放后他被公推为代理校长。1950 年,正式任校长。

1952 年 9 月,全国高校院系调整,齐大建制被撤销,他于次年 4 月转任山东农学院副院长。先后兼任过九三学社济南分社委员、山东农学院支社主任委员,被选为省政协常务委员及省人大代表。一贯支持齐大师生的反帝爱国行动,为完成院系调整作出贡献,是共产党的诤友。

1948 年

8 月

本月　吴克明校长带领文、理学院部分师生和仪器、图书南迁杭州云栖寺；齐大代理教务长、医学院代理院长、生物化学教授李缵文带领医学院部分师生迁往福州，借居福州协和医院开课。

本月　赵常林教授从美国进修回来，继续担任齐鲁医院院长，希荣德主任返回英国，到利兹大学任教。

9 月

24 日　济南解放。齐鲁医院因候诊室住满受伤百姓而停诊数天。主张不迁校、原与中共地下党保持联系的齐大总务长、化学系教授杨德斋博士代理校长职务，主持齐大在济南的工作，又重新招收各院系的一年级新生，并增设高中部，推进教育事业。

10 月

本月　齐鲁大学与华东研究院合作，创设齐大农业专修科，二年制，招收高中毕业生。每个年级招收男女学生 40 名。学校承担住宿费与学费，为社会与个人生活提供实用农业技术的培训。

本年　齐鲁医院皮肤科主任尤家骏教授作为国际麻风病学会会员，出席在古巴哈瓦那召开的国际麻风病会议。

1949 年

4 月

21 日　中国人民解放军强渡长江天险成功。此后，迅速解放了南京、上海、杭州、福州等在内的江南全部领土。

10 月

1 日　中华人民共和国成立，改北平为北京，并定都北京，纪年与国际一致，废止民国年号。

11 月

19 日　齐鲁大学吴克明校长率领南迁杭州、福州的齐大师生在当地军管会、人民政府和解放军的大力支持协助下返回济南，杨德斋代校长全部加以妥善安置。张汇泉教授任医学院院长，赵常林教授继续任齐鲁医院院长。

本年　梁启超的三女儿梁思懿同丈夫张炜逊喜闻新中国诞生，从美国回来参加祖国建设。张炜逊任华东白求恩医学院儿科学教授，梁思懿任齐鲁大学第四任女生部主任。

1950 年

5 月

25 日　《齐大校闻》半月刊创刊，四开四版、竖排，社址在办公楼。第二期上曾报道杨德斋校长严厉批驳某外籍教授的不当作为，大字标题是“齐大在反帝思想、反封建残余意识、反宗派关门主义斗争中昂进!”

本月　杨德斋博士正式接任齐鲁大学校长职务。吴克明卸任后，回山西太谷铭贤学院任院长。张汇泉教授接受杨德斋校长力邀回到母校，出任齐大医学院院长。

10 月

本月　朝鲜战争爆发，中国人民志愿军赴朝作战，抗美援朝运动在全国展开。英、美教会以断绝资助齐鲁大学经费相威胁。

1950 年

11 月

本月　山东省卫生厅抽调 30 名医护人员组成麻风病调查队，由齐鲁医院尤家骏教授讲课、带见习。学习半月后对 7 个县进行三个月的实地调查，写出专题调研报告。尤教授全程参与调查，并作技术指导。

12 月

本月　中央人民政府政务院颁布了《关于接受外国津贴的机关学校的决定》和《关于处理接受美国津贴的教育救济机关及宗教团体的方针》。

本年　齐鲁大学医学院学生，为表达新中国的主权意识和爱国思想，宣布放弃接受加拿大多伦多大学医学博士学位资格。

1951 年

1 月

18 日　齐大医学院遵照省卫生厅指示，派出沈元津、米嘉祥、王其昌、王宝华等参加山东省首批抗美援朝医疗队，分赴山东省七个后方医院工作。沈元津任第一分队副队长，米嘉祥任第二分队队长。

本月　人民政府根据政务院文件精神出资援助了齐鲁大学，使其继续行使高等教育功能，为新中国的革命与建设事业服务，培养各类专业人才。

4 月

本月　山东省教育厅派中共党员王大彤、徐杰等到齐鲁大学任职，并建立中国共产党齐大党支部，王大彤任支部书记，徐杰任副书记。

5 月

本月　齐大医学院按上级指示派出曹献廷等参加山东省第四批抗美援朝医疗队，赴兖州华东第十五野战医院工作一年，曹献廷任队长，圆满完成救治志愿军伤病员的繁重任务，荣立三等功。

7 月

本月　齐鲁医院赵常林院长遵照省卫生厅指示，在共合楼开设 150 张病床收治志愿军、解放军伤病员，并由中共齐大党支部组织成立伤病员党支部，负责政治思想工作与行政管理，由省民政厅干部邢山任支部书记。

9 月

本月　华东军政委员会教育部宣布正式接管齐鲁大学，将其纳入新中国高等教育系统，进行统一管理。

11 月

20 日　中共中央发出《关于在学校中进行思想改造和组织清理工作的指示》，一场全国范围的知识分子学习和思想改造运动迅速开展起来。

本年　原齐鲁医院内科主任、英籍教授司美礼，原齐大医学院院长、加拿大籍内科教授杜儒德和原小儿科主任、美籍教授史安纳回国，齐鲁大学已无外籍教职员。

1952 年

8 月

本月　齐大医学院派出沈元津、李幼群、张爱华、王书轩参加华东地区抗美援朝医疗队，奔赴朝鲜前线，为我志愿军伤病员救护、诊疗，附带治疗被我军俘虏的联合国军、韩军伤员，历时 15 个月，圆满完成任务，受到上级表彰，均荣立三等功，获朝鲜军功章和赴朝纪念章。

1952年

8月

本月　华东军政委员会召开华东区各大专院校负责人会议，宣布了华东区高等学校院系调整委员会的院系调整决定，内容之一是：齐鲁大学建制，与全国各所外国教会办的私立大学一样，同时被撤销；其院系和专业分拆后，合并到各相关院校去。

9月

本月　中共齐大党支部在领导思想改造运动取得成功后，又顺利完成了齐鲁大学的院系调整工作：齐大医学院与位于经五纬九路的山东医学院（济南解放后华东白求恩医学院迁入济南，于1948年11月与原名山东医学专科学校的山东省立医学院合并，成为新的山东省立医学院，后于1950年改称山东医学院）合并，仍称山东医学院，全部迁入原齐大校园。齐鲁医院随之成为山东医学院的直属医院，名称照旧，但性质由外国教会办的私立医院转变为全民所有制的国家医院，院长仍为赵常林，副院长为党员干部王少芬、路经伦。

同时，齐大文学院的文史专业合入青岛的山东大学、山东师范学院；政治经济系合入山东会计专科学校、上海财经学院。齐大理学院的天文算学系合入南京大学；物理、化学、生物三个专业，除留足山东医学院所需师资外，合入山东师范学院；药学系合入南京药学专科学校；农业专修科合入山东农学院。国学研究所人员随文学院文史专业人员也分配至相关院校。齐大校园内的齐鲁神学院也一同被撤销，人员被遣散，神学楼成为山东医学院的教学楼（1954年定名为教学四楼）。

齐大最后一届校长杨德斋教授于院系调整中卸任后，被调任山东农学院副院长。

9月

本年　中共齐鲁大学党支部遵照中共中央《指示》精神，在三个学院与齐鲁医院教职员工知识分子中开展了思想改造工作，并派党团员与进步学生参加到各个学习小组中，帮助老师们整改。

（二）山东省立医学专科学校（1932～1951）

1932 年

3 月

1 日　山东省立医学专科学校附属医院经山东省政务会议决议先行成立。分内科（主任周瑞庭）、外科（主任刘松龄）、妇科（主任沈子廉）、小儿科（主任王瑞甫）、眼科（主任王注东）、耳鼻喉科（主任张济芗）、皮肤花柳科（主任高汉符）、放射科及电疗科等。据 1934 年济南市政府统计，该院有病房 30 间，病床 70 张，男女护士 25 人。

6 月

本月　山东省政府教育厅遵照中央颁布之各省市普设农医工三种专科学校方案，提经山东省政务会议决议先行成立医学专科学校一所，并函聘尹莘农、江清、王福汇、沈发俭、张含英为筹备委员。7 月 1 日开始筹备，7 月 19 日暂派尹莘农为校长，8 月 19 日考试新生，9 月 15 日正式开课。

8 月

本月　山东省立医学专科学校成立，南京国民政府教育部聘尹莘农为校长，沈发俭为教务长，阎敦一为训育主任，是当时山东省立唯一高等教育机构，该校由南京国民政府教育部和山东省教育厅共同领导，校址设在济南市趵突泉前街，有校舍 564 间，占地 21284 平方米（本校成立之始，系借国立山东大学工学院济南之校舍一部分应用，其时全部校舍由国立山东大学工学院工厂管理处、山东省建设厅工程人员训练班、山东省财政厅会计人员训练班、山东省古迹研究会、山东省工程学会及本校六机关分别占用。本校所占用者，仅供教室办公室及附属医院之需，于校外别租民房为学生宿舍之用，极感窄狭不便。1933 年 5 月，接收国立山东大学济南之校舍一部分，8 月接收山东省古迹研究会，1934 年 3 月接收山东省工程学会，9 月接收工程人员训练班，12 月接收会计人员训练班等机关所占用之房舍，于是济南趵突泉前街全部校舍，始经山东省政府教育厅呈奉教育部令发归本校所有）在学校侧壁设附属医院。学校课程设置按南京国民政府公布的《修正专科学校规程》开设。学制五年，后改为四年。招生对象为高中毕业生，每年招收 1～2 班，每班 40 人，课程有公共必修、基础理论、专业医术及实习四类课程。

本年　学校图书仪器各项设备，于筹备设立后，即陆续向国外及国内平、津、青、沪各分埠分别订购。其余图书馆、幻灯室、培养基室、动物园、体育场、游艺室及沐浴理发室，亦均于此时期内次第设备完成。学校经费，按中央所定标准，开办费 15 万元，经常费每年 10 万元，每年扩充设备费占经常费的 15%。

本年　学校部分教师（1932 年到任）。

刘松龄：1932 年 3 月 1 日任教授兼附属医院外科主任。

尹莘农：1932 年 7 月任校长。

尹东生：1932 年 7 月任总务主任。

阎敦一：1932 年 8 月任训导主任及教授。

张济芗：1932 年 8 月到 1946 年 10 月任省立医学专科学校教授，并于 1943 年 3 月至 1946 年 10 月兼任附属医院院长。

张达：1932 年 9 月至 1938 年 8 月任皮肤花柳科学教授及附属医院皮肤花柳科主任。

1932 年

8 月

沈发俭：1932 年 9 月任妇产科主任教授兼教务主任。

张铸和：1932 年 9 月任耳鼻咽喉科教授(1923～1926 山东公立医学专门学校教授兼教务主任，1926～1928 年省立山东大学教授)。

1933 年

1 月

本月　学校创办中文和德文双语的医学期刊《新医学》(*Neomedica*)杂志，为季刊，由陈果夫题写刊名。社长尹莘农，编辑部主任沈子廉，副主任王注东，出版主任阎味辛，副主任牛松岩。1937 年，停刊。

5 月

本月　学校设置解剖、组织、化学研究实习室。

6 月

14 日　山东省政府教育厅批复：将国立山东大学工学院木桥以南其余房舍继续借给山东省立医学专科学校使用。

7 月

1 日　李星云任会计室主任。

8 月

本月　周瑞庭任内科学教授。

11 月

7 日　教育部聘任尹莘农为校长并颁发学校关防及校长小章。

尹莘农

尹莘农(1893～1973)，名懋谦，字莘农，日照涛雒镇人，医学教育家。自幼聪慧，尤喜读书。尹莘农受爱国主义、民主主义思想影响，立志从医济世。民国初年负笈青岛，入礼贤书院(今青岛九中)学习，专攻德语兼及数理，后以成绩优异得保送上海同济大学医科学习。1924 年毕业。毕业后曾任上海宝隆医院医师、同德医学专门学校教授、青岛中德医院院长、戒烟局戒烟医院医官、普济医院院长、国立青岛大学校医等职。

尹莘农在同济求学期间，追随丁惟汾投身革命，加入国民党，以学生或医师身份，往来于沪鲁之间。1924 年，按丁惟汾指示，他在青岛山东路 33 号(今中山路 81 号)开办“青岛共和大药房”，挂“医学博士尹莘农”铜牌执业行医，以此为掩护，接应往来齐鲁之国共革命人士。

北伐胜利后，丁惟汾出任国民党中央秘书长，尹莘农受任南京国民党中央党部卫生科主任兼总干事。其间尹莘农参加了孙中山“葬事筹备委员会”医务及奉安典礼筹备工作。后随北伐军回到山东，出任青岛市立医院院长。

1931 年，尹莘农奉命代表国民政府教育部视察、接收齐鲁大学医学院。尹莘农对齐大医学院进行严格视察评估后认为合于标准，据此教育部才换发有教育部钤章的毕业证书，由此，齐鲁大学医科毕业生行医身份问题得以解决。

1932 年，尹莘农受命在济南筹建山东省立医学专科学校，任校长和附属医院院长，1933 年又创办出版《新医学》杂志，兼任杂志社社长。尹莘农在办学和师资聘用上，效法蔡元培先生“兼容并蓄”方针。他打破门第派别之见，不拘一格，广纳人才，所聘教授多为留学海外之医学专家。使学校的师资和教学质量在国内居于一流水平。1936 年，教育部、卫生署与训练总监部在南京召集全国

1933年

11月

医药院校学生总集训，山东省立医专的总平均成绩仅次于北京协和医学院，名列全国第二。

他虽公务、社会活动繁忙，仍编著讲义，执鞭任教，深得师生敬重，他的教授职务为南京政府教育部所聘。所讲课程有医学纲要、内科学、诊断学、小儿科学，著有《小儿科学》等。

1936年，当选山东医学会会长。

1937年"七七事变"，抗日战争爆发，尹莘农奉命率山东省立医专和附院员生携贵重仪器撤出济南向南转移。为战时需要，附属医院被国民政府改编为"军政部第十重伤医院"，官兵编制500人，尹莘农担任院长。他带领全体人员，救死扶伤，坚持抗战，辗转跋涉，历尽艰险，最后将学校、医院迁至四川万县。十四年抗战，除迁移当中一度停课外，医专一直坚持正常招生、上课，并增加了"军医战时救护学"的内容，为抗日前线培养、输送了大批医务人员，抢救、治疗了大批抗日将士和老百姓。

1944年，尹莘农被南京政府教育部授予连续服务十年以上三等奖状。抗战胜利后，尹莘农于1946年10月又率全校师生携仪器返回济南原址复校，同时接收了日伪时期的省立医专(1943年建立)，并应山东省主席何思源之召兼任山东省政府卫生处处长。因积劳致病，1948年辞职，1949年离青岛赴台湾。

尹莘农不仅精研医学，致力教育，而且长于文章，尤善诗词，至晚年不辍，留有大量诗文。尹莘农曾当选国民党制宪国大代表、第一届国民大会代表。1973年8月7日，病逝于台北荣民总医院，葬于台北阳明山第一公墓，享年81岁。

1934年

9月

本月　学校设置生物、生理、药物、病理、细菌等研究实习室。

本月　张宝泉任德文教授。

12月

4日　本校教员组织进修会，各自规定专题研究，并在医学教育委员会备案，其著作陆续在医学教育委员会出版的《医育》和本校出版的《新医学》刊载。校长尹莘农所著之《现代小儿科学》在上海大东书局出版单行本。

本年　在校任教者有：校长尹莘农讲授医学纲要，教务主任沈子廉讲授生理学，韩次明讲授解剖学，皮花科主任张中刚讲授解剖学实习，杨道林讲授化学，眼科主任王注东讲授德文，外科主任刘松龄讲授日文，耳鼻喉科主任张济芗讲授组织学，蒋兴周讲授细菌学、药物学，周克讲授动物学，内科主任周瑞庭讲授诊断学，兼任教员侯宝璋讲授病理学，兼任教员蒋祥鹏讲授物理学，兼任教员王近信讲授英文。

1935年

2月

本月　李生任庶务主任。

8月

1日　山东省卫生教育委员会于济南举办山东省学校卫生暑期讲习会，由山东省立医学专科学校及齐鲁大学负责主持，召集全省中等以上学校训育人员及省垣公私立小学校校长参加听讲。

1935 年

9 月

本月　学校在山东民国日报出版《新医周刊》。

本年　学校血清部自1935年度起接受济南市及山东全省各地公私立医院与诊疗所之委托，担任验血及细菌审查工作。

本年　学校病理部自1935年度起接受济南高等地方法院及山东省各县县政府委托，有关法医方面之尸体剖验及其他化验工作。

1936 年

1 月

本月　由山东省政务会议决议拨款5万元，泰兴永公司建设的新医院于1936年1月举行落成典礼。各科诊疗室、手术室、爱克司光室、电疗室、化验室、临床教室及养病室等均有适当之配置，临床医学设备始渐恢宏。

2 月

本月　山东省卫生教育委员会遵令改称"山东省健康教育委员会"，以山东省政府教育厅厅长为主席，山东省立医学专科学校校长为主任委员。

5 月

本月　南京政府教育部、卫生署与训练总监部在南京召集全国各医药专科以上学校学生总集训，山东省立医学专科学校总平均成绩仅次于北京协和医学院，名列全国第二。

1937 年

3 月

本月　山东省国民军训会检阅全省各校救护训练情形，山东省立医学专科学校以成绩最优，获得山东省政府特颁奖旗。

4 月

29日　山东省立医学专科学校举办科学运动会。

7 月

7日　日本发动侵华战争，医专部分学生直接参加了抗日战争。

15日　按照山东省政府教育厅的指示，山东省立医学专科学校召集济南市公私立中等学校女生，及公私立小学女教员，举行战时救护集中训练，8月31日完毕，计受训员生504人

8 月

本月　尹左芬任生物学教授。

9 月

15日　学校学生开学。

10 月

15日　因战局紧张，学校迁移山东曲阜。

11 月

15日　学校图书仪器大部，迁移山东滋阳(今兖州)

12 月

27日　学校继续南下。

1938 年

1 月

3 日　学校到达湖北汉口。部分师生在校长尹莘农的带领下，在当地附属医院被国民政府改编为“军政部第十重伤医院”，按官兵 500 人员编制，由尹莘农任院长，张济芗兼医务主任，刘松龄、于复先、高汉符等均兼专科主任，其他职工及其学生均领任一官兵名额，由军政部军医署供给经费、器材及被服。

2 月

7 日　学校由湖北汉口西迁，滞留湖北宜昌候轮多日。

4 月

12 日　学校抵四川云阳，租公园路舫心楼为校舍。

5 月

1 日　经云临字第 1 次校务会议议决，学生于 5 月 1 日复课，并决定停放暑假，将学年后延，以 5 月 1 日至 8 月末为上学期，9 月 1 日至 1939 年 1 月末日为下学期。

7 月

10 日　学校由四川云阳迁移到四川万县，租穿洞子石竹轩宅为校舍，继续上课。而以万县县立医院及军政部第十云阳医院为临床实习之所。

本月　王维松任解剖学兼组织学教授。

8 月

本月　孙怀骐任皮肤花柳科教授。

本年　沈发俭任教务处主任，阎敦一任训导处主任，尹东生任总务处主任，李星云任会计室主任。

本年　学校本年度没有招收新生，教师多兼职在第十重伤医院忙于医疗工作。现有学生人数，计五年级学生 14 人，四年级学生 11 人，三年级学生 12 人(内有留级生 2 人)，一年级学生 43 人。

1939 年

12 月

本月　经教育部批准，从四川绵阳国立第六中学招考新生 1 班。

1940 年

5 月

本月　张启行任内科学教授。

本年　学校情况有所好转，学生人数逐渐增加，免试招收流亡到大后方的国立山东六中的高中毕业生(该校驻四川绵阳县)。

本年　主要教授：尹莘农任校长兼内科学教授，沈发俭任教务长兼产妇科学教授，阎敦一任训导长兼三民主义课程国文教授，张铸和任耳鼻咽喉科学教授，刘松龄任外科学教授，文启菁任小儿科学教授，王继松任解剖学教授，张宝泉任德文教授，高禩瑛任皮肤花柳科学教授，孔鲲任病理细菌学教授，陈作纪任生理学教授，李赋京任胚胎学教授，朱德明任化学教授。

1941 年

本年　学校委托在沂蒙山区的山东省政府代招了 30 多名学生，通过日军占领区辗转到万县上课，同时也招收当地的学生，此时在校任教者有尹莘农、刘松龄、邢文荣、沈子廉、张济芗、陈理芬、周瑞庭、王注东、王梦生、尹左芬等。

1943 年

本年　撤销“第十重伤医院”的番号，山东省立医学专科学校恢复附属医院，对外称“山东医院”，院址设在四川绵阳程家花园，并在城内、外各设一处门诊，院长沈子廉。

1944 年

本年　山东省立医学专科学校职教员有：校长兼内科教授尹莘农，教授兼教务主任及附属医院眼科主任沈发俭，教授兼训导主任阎敦一，总务主任兼文书主任尹东生，教授兼附属医院耳鼻喉科主任张铸和，教授兼附属医院外科主任刘松龄，德文教授张宝泉，解剖组织学教授王维松，教授兼附属医院皮花科主任孙怀骐，生理学教授张启行，卫生学兼细菌学教授东芝田，物理学、化学教授陈继志，生物学教授兼胚胎学教授尹左芬。

1945 年

4 月

7 日　山东省政务厅厅长刘道元提案：拟将“山东省立医学专科学校”改为“山东省立医学院”。

13 日　山东省政府委员会第四次会议决议通过，拟将山东省立医学专科学校改为山东省立医学院。

9 月

1 日　尚在四川的山东省立医学专科学校校长尹莘农电文给山东省政务主席何思源、政务厅厅长刘道元，要求收回本校原有校产、济南伪医专、同仁会济南医院、青岛伪东亚医专及同仁会青岛病院等地方。

同日　刘道元电尹莘农校长：济南收复在即，请筹划迁校回鲁事宜，先将需费电告并请即派人回省筹备。

12 月

本月　尚在四川的山东省立医学专科学校派本校教学秘书阎敦一赴济接收伪医专，并任命本校内科教授周瑞庭暂行代理校长。

1946 年

2 月

8 日　教育部电令山东省立医学专科学校，教育部定于 2 月 25 日上午 9 时召开迁校会议，讨论迁校次序及具体计划。

3 月

30 日　教育部拨给山东省立医学专科学校复员补助费 5 万元。

10 月

27 日　尹莘农校长率领员生 80 余人，由四川万县启程，于 31 日到达湖北宜昌，寄居社会服务处。11 月 2 日，离开湖北宜昌，8 日抵达南京，寄居金陵中学。除尹校长留京拟参加国民代表大会后再返回外，其余员生均于 20 日由京赴沪，由行政院善后救济总署安排轮船到达青岛，需十多天即可到达济南。

11 月

1 日　山东省立医学专科学校代理校长周瑞庭辞职，由阎敦一代理。

12 月

本月　山东省立医学专科学校全校师生携仪器返回济南，原校址经修葺布置，恢复旧观，同时接受了日伪时期的省立医专及经四纬九路日站房产一处，扩

1946 年

12 月

充为教职工及实习生宿舍。校长尹莘农因病未到校视事，一切校务由阎敦一代理，增聘教师，购置设备，领取联合国救济总署的大量医药器材，故设备较前充实。

本年　山东省立医学专科学校毕业试验委员会委员名单：

阎敦一（代理校长）主任委员，王福溢（山东省政府卫生处处长）校外委员，王宝楹（山东省立医院院长）校外委员，陈虞卿（教务主任）委员，刘韵涛（教授）委员，沈子廉（教授）委员，王注东（教授）委员，杨亚超（教授）委员，韩次明（教授）委员，王青山（讲师）委员，刘士怡（讲师）委员。

1947 年

10 月

2 日　山东省立医学专科学校留四川万县总务主任尹东生等 10 余人押送仪器图书等学校公物约 20 吨，即日起运返济。

本年　山东省立医学专科学校暑期招生两班，共计 80 人。

本年　学校组织：校长领导训导处、教务处、事务处；训导处分管理股、体育股、卫生股；教务处分管教务股、图书仪器股；事务处分管会计股、庶务股、文书股。教职员共计 32 人，男 30 人，女 2 人。学生共计 150 人，男生 104 人，女生 47 人；分一、二、三年级共 3 班。共有楼房 100 间，东西南三处平房共 53 间，此外有制练室、组织实验室、灭菌室、食堂、茶炉、锅炉房各 1 所及东西生理室、厕所、洗面室、堆房各 2 所，总计校舍 253 间又 12 所。图书 800 本，仪器 5559 件，标本 2148 件，教具 588 件。

本年　教职员名单：校长尹莘农，代理校长阎敦一，教务主任陈虞卿，训导主任吴建，总务主任兼人事室主任张金鳌，图书器材管理委员会主任委员尹东生，会计室主任韩钦三，内科学教授王觉生、李天祥，外科学教授刘松龄，妇产科学教授沈发俭，眼科学教授王注东，耳鼻咽喉科学教授孙鸿泉，小儿科学教授杨亚超，精神神经病学教授刘美真，公共卫生学教授王福溢，解剖学教授韩次明，细菌寄生虫学教授王家睦，诊断学教授赵彦廷，化学教授曹忠民，数理教授王曜宸，生物学胚胎学教授张奎斗，教授兼体育卫生组主任张芳梅。

沈发俭（1901～1992），字子廉，中国第一位获得博士学位的妇产科教授。民革成员，山东省曹县人。在菏泽六中毕业后考入北京医专。1923 年赴德国，入柏林大学医学院，1927 年毕业并获博士学位。1928 年回国，在沈阳开业行医。后回济南，任山东省立医学专科学校附属医院教务长。1931 年，与王注东、刘韵涛等人，共同发起成立济南市医师公会。1933 年，任《新医学》编辑部主任，并发表论文多篇。济南沦陷前夕，随医专南迁至四川万县，抗战胜利后，回济任妇产科主任。1949 年，任济南市立医院妇产科主任。同年 6 月，济南市医学会成立，被选为学术委员会副主任，后任济南红十字会助产学校校长。1954 年 6 月，任山东省济南助产学校副校长。1957 年 5 月，当选为政协济南市第二届委员会委员，并任山东省卫生厅妇幼处处长。1960 年，任山东中医学院图书馆主任，后任拉丁语教员。1965 年 4 月退休，后改为离休。1978 年 7 月，当选为政协济南市第六届委员会委员。一生著述颇多，在国内享有较高声誉。

1947 年
10 月

孙鸿泉(1910～1979),山东省博兴人,我国著名耳鼻喉科事业的开拓者与奠基人之一,一级教授,中国民主同盟盟员。1938 年,毕业于齐鲁大学医学院,同年赴加拿大深造,获多伦多大学医学博士学位。1944 年,成功实施了喉癌与喉全部截除术。1948 年,留学美国,1949 年中华人民共和国成立后,他抛弃优厚的物质待遇,决心回国,先后任成都空军医院耳鼻喉科主任,齐鲁大学医学院教授,山东医学院耳鼻喉科教研室主任、教授,山东医学院附属医院主任医师。1953 年,在山东医学院开办全国第一期耳鼻喉科专业训练班,同时担任硕士研究生导师。1951 年,在国内首次施行开窗手术治疗耳硬化症,最先成功地开展了经鼻部取出垂体肿瘤、前脑疝和神经瘤的手术。主要著作有《耳鼻喉科手术学》《内耳开窗术治疗耳硬化》《改良内耳开窗术》《听神经瘤的外科治疗》《喉癌及喉全部截除术》等。是第三届全国人大代表、第五届全国政协委员、中华医学会耳鼻喉科学会理事,曾获得山东省和全国先进工作者称号。

1979 年 12 月因脑出血去世。

孙鸿泉

杨亚超(1920～2002),曾用名杨奎竹,山东阳谷县人。著名儿科专家。1942 年毕业于北京大学医学院,1942～1944 年在日本京都大学医学部小儿科研修二年。1944 年起,先后任山东省立医学专门学校儿科教师、山东省立医院医师、山东医科大学教授、山东省立医院小儿科主任医师。20 世纪 40 年代初,他就以《百日咳的预防》等论文,受到中国儿科医学界的瞩目。1950 年,在很短的时间里,他带领医疗队为全省 12000 名儿童进行了卡介苗接种,为在全省范围内大规模预防小儿结核病开辟出了新路。1953 年起,任山东省立医院儿科主任,1962 年,他亲自带领医疗队深入农村,通过广泛调查研究,摸清了山东省克山病的发病分布情况,提出了综合防病措施。1978 年,被山东医学院聘为儿科教授。一生致力于儿童卫生和地方病防治事业。在教学、医疗、科研工作中作出显著成绩。曾荣获全国"五一劳动奖章",被山东省立医院聘为终身教授。著有《农村儿童常见病》等著作,"小儿心电图正常与异常判定标准"获卫生部乙等奖(1982)。他曾任中华医学会第 19 届理事会理事、中华医学会儿科学会委员、中华医学会山东分会会长、中华医学会山东分会儿科学会主任委员、国家卫生部医学科学委员会北方地方病专题委员会委员、山东省立医院专家咨询委员会副主任委员。

在长期的医学生涯中,他在小儿急慢性传染病、小儿克山病、小儿心血管病及新生儿疾病方面具有很深的造诣,不仅如此,他还培养了一大批全省及全国知名的儿科专家。他是山东省卫生系统首位获得全国劳动模范殊荣的优秀知识分子,是山东省临床儿科和地方病防治专业奠基人。

2002 年 5 月 28 日,因病去世,享年 82 岁。山东省立医院为他塑起了以本人为原型的铜像,以作纪念。

杨亚超

1948 年

5 月

本月　学校向南京国民政府提出申请，将学校改名为山东省立医学院。

6 月

2 日　国立山东大学医学院院长李士伟奉教育部命令视察山东省立医学专科学校，认为该校具备改院条件，并于 6 月 30 日呈报南京国民政府教育部。

8 月

18 日　南京国民政府教育部以高字 45445 代电准予山东省立医学专科学校改名为山东省立医学院，院长由山东省立医院院长王宝楹担任。

9 月

24 日　济南解放，学校由军管会接管。学生立即恢复上课。

10 月

本月　学校招收新生 88 名。

11 月

19 日　山东省立医学院与华东白求恩医学院合并，定名为华东白求恩医学院。学校直属华东军区卫生部领导，宫乃泉副部长兼任院长，山东军区卫生部部长白备伍兼任副院长。合并时教职工 51 人，在校学生 212 人。

宫乃泉

宫乃泉(1910～1975)，山东省莱阳人。医学家、医学教育家。1955 年，被授予少将军衔。荣获一级解放勋章、二级独立自由勋章。著有《战伤疗法》《血管战伤》《腹部战伤》等专著、译著、论文等 100 多万字。

1935 年，宫乃泉从奉天医学院毕业后，到山东省邹平县医院担任外科医生。1936 年，到福州协和医院任外科医生。1937 年，参加新四军。1938 年 2 月，在江西南昌，他和沈其震一起组建了新四军军医处，沈其震任处长，他任主任。1938 年春，宫乃泉随军部从江西来到皖南岩寺和云岭，与沈其震一起创办了南堡村前方医院和小河口后方医院，宫乃泉兼任南堡村医院院长。1939 年 9 月，宫乃泉奉命到江北指挥部组建军医处。

1944 年，在担任新四军卫生部副部长期间，奉命参与筹建新四军军医学校工作。同年 10 月，兼任新四军军医学校副校长，11 月兼任校长。1947 年，新四军军医学校更名为华东白求恩医学院，宫乃泉为院长。

1948 年，作为山东省立医学院的首任院长，宫乃泉按照教育规律规划医学教育，认为学校发展目标是一流医科大学，他为山东医学院的发展奠定了坚实的基础，使学校步入辉煌的发展时期。

1949 年，宫乃泉亲自给远在美国的诸位医学家去信，邀请他们回国来山东医学院工作；又到上海、北京罗致人才，招贤纳士。一批在美国、英国、日本等国家的医学专家陆续回国，来到了山东医学院工作，其中有计苏华、周廷冲、黄翠芬、孙绍谦、张炜逊、邱立崇、王培仁、孙桂毓、傅曾矩、杨亚超等。从上海、北京来学校工作的医学专家有刘士怡、李希圣、苏应宽、苏应衡、黄进文、骆兆平、谢春泉、李兆亭、汤洁、郭懋荣、张学衡、郑元龙、陈学渊、张肇基、陈叔骐、王洛白、潘华珍等。迅速组建起基础临床各教学、科研学科专业，使学校在短期内初具规模。

宫乃泉亲自组织山东医学院基础和临床教师编著了“医士学习丛书”，包括

1948 年

11 月

《解剖组织学》《生理学》《化学》《人体化学》《细菌学》《人体寄生虫学》《病理学》《药理学》《物理诊断学》《简易实验诊断学》《内科学》《外科学》《妇产科学》《小儿科学》《眼科学》《耳鼻喉科学》《皮肤花柳病学》《公共卫生学》等 18 种学科，成为新中国成立后国家出版的第一套系统的医士医科教材。

在宫乃泉的领导下，山东医学院成为当时全国医学人才最为集中的医科院校之一，成为全国药理学、麻风皮肤病学、耳鼻喉学等国家培训基地，承担了国家对该学科师资培训和科研任务。

1949 年上海解放后，宫乃泉调上海任华东军政委员会卫生部副部长。1950 年，宫乃泉任华东军政委员会卫生部副部长。

1951 年，中央军委决定成立军事医学科学院。宫乃泉奉命开始了新中国军事医学最高研究机构的筹建工作。1951 年 8 月 1 日，军事医学科学院在上海宣告成立。此后他又参加组建解放军医学科学院，并担任院长职务。

1952 年 9 月，华东军政委员会卫生部根据中央教育部关于全国高等学校院系调整的决定，将上海圣约翰大学医学院、震旦大学医学院及同德医学院合并成立上海第二医学院，宫乃泉兼任院长。

1953 年 8 月，由中央军委任命宫乃泉为总后勤部卫生部副部长，分管军事医学科学研究、医学教育、军事医学书刊出版以及解放军总医院及专科医院的组建工作。他领导组建了中国人民解放军总医院（今为 301 医院）、黑山扈胸科医学院、北京整形外科医院、上海急症外科医院、传染病医院等多家医院。

1956 年 7 月，宫乃泉组织了 40 余名教授，组成中国军医代表团赴苏联参观访问，他任团长。除了对苏联的军队医院进行参观和了解外，还对地方医院进行了研究。

1959 年，他被下放到西藏军区后勤部卫生处任副处长。到西藏后，建设了西藏军区总医院。1961 年，任沈阳军区后勤部卫生部副部长，1962 年任部长。1966 年“文化大革命”爆发后，宫乃泉遭到残酷迫害，于 1975 年 4 月 20 日含冤逝世，时年 65 岁。

1979 年，沈阳军区为宫乃泉彻底平反，恢复其名誉，追认为革命烈士。

本月　学校成立病理室。

12 月

13 日　学生正式开课。

本年　全校共有教职工 68 人，其中教师 44 人，主要教师有数学教授王曜宸、化学教授曹忠民，解剖学、组织学教授韩次明，生理学、胚胎学教授张奎斗，细菌、寄生虫学教授王家睦，病理学教授刘士怡，公共卫生学教授王福溢，内科学教授王觉生、李天祥，精神神经病学教授刘美珍，外科教授刘福龄，妇产科教授沈子廉，小儿科教授杨亚超，眼科教授王注东，耳鼻喉科教授孙鸿泉，皮肤花柳科教授高汉符，讲师郭子英，生理学讲师王黄忠，药理学讲师陈牧群，军医战士救护学讲师刘超，卫生学讲师郑琨勤等。附属医院共有医师 26 人，护士 35 人，助产士 2 人，药剂师 4 人，检验员 1 人，职员 28 人，其他 13 人，总计 115 人。

截至 1948 年，山东省立专科学校共培养学生 10 届 11 班，295 名。

1949 年

1 月 本月 成立药理室。

2 月 本月 成立寄生虫室。

4 月 本月 成立组织室。

5 月 17 日 山东省卫生厅决定华东白求恩医学院归山东省政府领导。

31 日 山东省政府任命卫生厅副厅长白备伍为华东白求恩医学院副院长，王涛声为第二教务主任，孙新民为辅导处主任，沈霄春为生理研究所主任，胡坚为附设药科学校第一主任，陈开明为附设药科学校第二主任，康泰为附设药科学校副主任。

本月 成立动物园。

7 月 23 日 山东省政府令：徐慎平升任辅导处人事科副科长、李吉元任辅导处辅导科科长、季平升任辅导处辅导科副科长、高维真升任医学系一部副主任、张呤升任医学系二部副主任、林波升任化验学校第二主任、齐文祥升任院部总务科副科长。

9 月 本月 王聿光任教育长。

1950 年

2 月 本月 学校举行了医学教育展览会一星期。

4 月 7 日 山东省人民政府卫生厅任命：高维真任华东白求恩医学院教务处副主任，李万玉任图书馆副主任。

5 月 本月 院长宫乃泉，副院长白备伍，教育长王聿光，教务处主任方春望，教务处副主任高维真，总务处主任许登佐，药科副主任康泰，化验科主任张肇基。

10 月 本月 学校成立城市公共卫生实验区，以供学生实习。

11 月 14 日 山东省人民政府卫生厅任命：白备伍为华东白求恩医学院院长，李衡、方春望为副院长，计苏华任教务主任。

12 月 本月 华东白求恩医学院改为山东医学院。

本年 新建物理室、生物室、化学室。

本年 临床设备：教学医院为分科医院：内科、外科、小儿科、妇产科、眼科、耳鼻喉科、皮肤花柳科、放射科、牙科等科，共有 300 余张病床。

1951 年

1 月

19 日　药科副主任陈铜赴京沪杭一带采购药材。

同日　山东省卫生行政第三届会议在山东医学院大礼堂召开。

2 月

4 日　共青团山东医学院第二次代表大会召开。

9 日　学校派学生 30 人、炊事员 2 人赴黄河抢救凌汛，事务员 1 人负责。

18 日　全校教职学工参加市抗美援朝反对美帝重新武装日本大游行。

19 日　学校举行开学仪式，白备伍院长讲话，会后组织参观工农业展览会。

23 日　学校召开医四届、药训队、药九届结业晚会，演出自编“抗美援朝”节目。

25 日　李衡副院长赴上海参加华东卫生部会议。

26 日　赴黄河抢救凌汛同学返校。

28 日　学校举行医四届、药九届结业典礼大会，山东省教育厅厅长白备伍代表山东省政府讲话，中央军委卫生部、华东军区卫生部、山东军区、家长代表 4 人及大专院校代表、医四届、药九届学生等代表先后讲话。医四届及药九届全体学生宣誓。

该批医四届毕业学生由省卫生厅介绍：刘寄芳等 10 人分配至华北铁道兵团卫生部，胡为民等 100 名分配至东北军区卫生部，刘忠等 58 名去华东军区卫生部，杨德等 25 名去山东军区卫生部，还有共 236 名毕业生留地方工作。

本月　学校行政机构进行调整，在院长领导下设秘书室、教务处、总务处。秘书室下设文书股和人事股，教务处下设教务室、辅导室、注册室、药材供应室、医艺室、体育室、政教室和图书馆，总务处下设总务股和会计股，同时建立了华东生理研究所，由华东军区卫生部拨款，征购学校附近的一所庭院作为所址，沈霁春任所长，周廷冲任副所长。

3 月

1 日　北京、徐州等各地新生均从今日起开始入学。

4 日　全校师生赴青年公园参加济南市文教、医务、科学、工程界欢迎志愿军归国代表大会，会上有中国人民志愿军归国代表窦少毅介绍报告。

6 日　计苏华、陈铜、沈寄春、赵树桐 4 人赴上海出席华东卫生部召开之教育专业会议。

7 日　经山东省人民政府卫生厅批准本院组织机构与人员配备（卫秘[51]56 号批准）秘书室人事股副股长苏平，文书股副股长李俊，教务处教务长计苏华，副教务长高维真，辅导室主任孙绪峰，副主任李白蘋，材料室主任王鸿运，医药室兼主任苏醒，副主任崔祝生，体育室主任张芳梅，总务处总务长徐登佐，事务股股长王广恒，会计股副股长宫钦寿。

8 日　由学生会与工会召集的纪念“三八”妇女节座谈会。高维真代表党委讲话，方春望副院长等讲话，指出以实际行动反对美帝单独对日讲和与重新武装联邦德国，向广大家群进行宣传。

10 日　学校召开全院师生职工大会，欢迎新到校工作的教职员及新同学，首先由陈克明同志宣布本院新组织机构及人员配备，并介绍新到校工作的同志，方春望副院长介绍学校情况，此后高维真副教务长报告四届学生分配的总

1951 年

3 月

结，工会、学生会及新生代表讲话，最后王玉峰同学介绍赴黄抢救凌汛情形。会议演出电影“小司令”。

14 日　齐鲁大学医学院 178 名学生来本院参观。

15 日　在卫生俱乐部召开全体教职员大会，动员理论学习。

19 日　学校院购得中文打字机一架，人民币 900 万元。

同日　行政例会决定由总务处将房租、水电费调查比例、数量，待下次会酌情增加薪水额。

同日　在行政例会上陈克明同志传达到省府参加两天的秘书主任扩大会议的几个问题。

20 日　全体同学由公共卫生科参加指导到本市商埠区域进行牛痘接种宣传，并将于 24 日到郊区进行宣传接种工作。

24 日　全体同学出动赴西市郊区宣传种痘。

同日　生理研究所陪方春望、李衡副院长出席卫生厅行政会议。

25 日　山东省人民政府卫生厅专业会议代表 10 余人来校参观实验室。

26 日　学校行政会议最后确定薪资调整，教授最高 300 元，炊事员等杂务人员最高 55 元。

31 日　学校召开学生代表大会。

本月　医本科四届学生 236 人没有进行临床实习提前结业，有 185 人分配到军队工作，其中 100 人直接到东北军区参加抗美援朝。分配到铁道兵团的 10 名同学也大部分到朝鲜战场救死扶伤，在救治伤员过程中，袁文正、刘嘉乐两同学光荣牺牲。

4 月

1 日　学校召开第十三次行政例会，决议准备召开本学期第一届院委会。主要内容：传达薪金调整，讨论 1950 年教学工作总结，1951 年教学行政工作计划，成立体育保健委员会及检查爱国公共卫生事情。

2 日　在大礼堂召开全院师生职工大会，由陈叔骐、苏醒同志传达关于镇压反革命的报告。

11 日　公共卫生短训班第一期在公共卫生俱乐部举行开学典礼，卫生厅张炜逊副厅长出席会议并讲话。有关人员共 80 余人参加了会议。

同日　学校组织教职工收听济南市举行控诉反革命分子大会。

18 日　沈霁春教授奉中央卫生部之委派赴欧洲的瑞士、瑞典等国采购仪器。

22 日　李衡副院长、计苏华教务长、陈克明同志 3 人及医本科三年 660 人随卫生厅医疗队到本省各中心医院帮忙工作。

23 日　齐鲁大学药学系科来本院药科参观。

28 日　举行全院教职工学工控诉美日蒋匪大会，通过对日本问题的投票，通过在和平理事会宣言上签名，通过全院爱国公约。

1951 年

5 月

1 日　全院人员参加济南市“五一”大示威游行，全体教职工有 200 多人参加。

4 日　方春望副院长、高维真副教务长赴济宁县联系关于学生实习分配问题。

8 日　学校买得本市经五路纬十二路 210 号房子一所共 20 间，计当时棉纱 8 件 10 小捆，每件按 755 万元计，共计人民币 77400000 元。

12 日　学校买得经六纬九路安乐里 500 号民房一所共 21 间，计当时棉纱 8 件 10 小捆，每件按 755 万元计，共计人民币 62100000 元。

16 日　卫生厅所属单位（省立医院、第一分院、卫生所、医学院、结防所、医务生活社、工厂）在学校大礼堂举行所属员工全体大会，由卫生厅学委会杨毅同志传达彭康部长的关于镇压反革命的报告，继有白备伍厅长、邵德孚院长指示学习的具体计划，公布学委会名单。

18 日　召集各行政单位负责人，各学习组长，学习指导员进行动员，自 19 日开始学习镇压反革命，以杨毅同志的传达报告为主，每星期三天，其余三天继续学社会发展历史。

19 日　学校举行体育表演晚会，本市各大专院校机关等近 200 来宾参加，本校全体教职学工参加，共表演节目 18 个。

14 日　学校成立卫生保健委员会，共分四组：体育、卫生、文娱、伙食，体育组长张芳梅，卫生组长陈学渊，文娱组长李白蘋，伙食组长许登佐。

25 日　在公共卫生礼堂，举行扩大教务会议，讨论课改问题。

26 日　学校派寄生虫学科讲师李辉汉去华东黑热病防治所参加防治工作并与其合作。

31 日　召开全体教职学员工人大会，由戴仁怡同志传达出席济南市第一届合作社代表大会的决议精神，由蔡玉珉传达配筹问题，并由方春望副院长指示。

6 月

2 日　召集全体教职学员工人，举行红五月体育、文娱活动总结暨健康检查动员大会。

9 日　全体学生参加济南市进行的夏令清除防疫运动的宣传工作。

15 日　在学生宿舍俱乐部举行座谈会，欢迎宫乃泉部长，有本院各行政单位负责人，各学科负责人，医院各科负责人等 50 余名参加会议，

25 日　在学生游艺室召集本院副教授以上及各处科室股负责人、省立医院各科负责人会议，由华东军政委员会卫生部教育部黄白胜处长与计苏华教务长传达中央卫生部召集的中华技术教育会议的决议。

7 月

1 日　学校与省立医院联合召集全体学生、教员、职工、工人举行庆祝中国共产党建党 30 周年纪念大会。

6 日　中国人民赴朝慰问团代表吴和轩来学校作传达报告。

14 日　第一期公共卫生轮班毕业与化验训轮班结业典礼。

22 日　在学校楼前广场举行医学系三届及五届毕业结业典礼，有卫生厅与文教厅代表莅会讲话。

1951 年

7 月

23 日　在学生游艺室举行欢送药理学科助教胥彬派赴苏联学习茶话会，有本院助教以上人员及各股长以上行政人员出席。

8 月

1 日　学校校医室正式成立。

2 日　方春望副院长、高维真教务长出席华东卫生部会议。

3 日　陈克明、徐登佐、孙绪峰赴上海、南京、杭州等参观。

4 日　中国生物学会在青岛召开，会议代表 30 余人来我校参观，其中有北京大学的、北京师范大学的、北京协和医学院的，也有中学的生物教员等。本院有孙绍谦、周廷冲、顾文藻教授等及助教 10 余人出席了这次中国生物学学会。

11 日　周廷冲教授应东北卫生部之请，赴东北出席东北卫生科学会议。

12 日　孙绍谦教授出席华东卫生部的组织医疗卫生会议。

20 日　病理学科与药理学科孙绍谦教授和周廷冲教授出席中央卫生部组织医疗卫生会议。

31 日　召开本院第二届院务扩大会议。报告 1950 年第二学期总结及 1951 年下半年的工作计划。9 月 1 日，小组讨论和大会发言。9 月 2 日，大会总结，卫生厅副厅长张炜逊报告目前学生需要情况。出席会议人员共计 64 名，实到 52 名，缺席 12 人。

9 月

3 日　举行学校 1951 年第一学期开学仪式，方春望副院长、张炜逊副厅长作报告，工会、学生会及公共卫生师资训练班代表讲话。

15 日　计苏华教务长赴北京出席中央卫生部召开的中等医学教育会议。

21 日　召开二届首次院务委员会，选举产生了常委，通过成立了学委会，校刊编辑委员会，治安保密委员会，国庆筹委会。

24 日　方春望副院长出席华东军政委员会召开的分配任务辅助经费的会议。

10 月

25 日　方春望副院长赴上海华东教育部出席华东第一届高教会议。

11 月

2 日　本院中苏友好协会召开代表大会进行改选，以迎接“中苏友好月”的活动，会上由孙铁民副院长作报告，张汇泉副院长总结。

5 日　上海医学院外科教授董大夫来我校传达中国人民政协全国委员会第一届第三次会议的决议及精神，本院全体教职员参加，学生每班派 2 名代表出席。

7 日　在学校楼前广场，举行庆祝苏联十月革命 34 周年大会，全体教职员工学生出席共 1300 余人，会上有崔祝生主任代表中苏友协(本院)致辞，学生代表讲话，臧悟真讲师作专项报告，晚上举行座谈会。

9 日　学校召开二届工会会员代表大会，选出李辉汉、崔允、江启元等工会基层委员会及教学、医院、行政、工勤 4 个部委员会。

10 日　在大礼堂举行白求恩大夫逝世 12 周年纪念大会，会上方春望副院长作了白求恩大夫的国际主义精神的报告，孙绍谦教授作了政治与业务结合的重要性报告。

1951 年

11 月

13 日　陈铜参加华东卫生部召开的取缔假药和药品管理座谈会议。

14 日　召开 1952 年学度第一学期(秋季)第一次院务委员会扩大会议，布置本学期工作计划及教职员政治学习计划，并原则通过了院务委员会组织简则，通过了成立学委会及房屋管理委员会。

22 日　学校师生职工全体 1000 余人到人民体育场参加苏军红旗歌舞团表演大会。

26 日　孙铁民副院长去北京参加全国二届卫生会议。

27 日　东北沈阳医科大学来本校参观。

12 月

1 日　召开全体教职工动员大会，由方春望副院长作关于调整工资、评定薪级的动员报告。

3 日　苏联驻津领事馆人员来本院参观。

6 日　学校部分教职员工学生到“八一”礼堂参加了二届赴朝慰问团的报告大会。

20 日　召开合并后第一次教职工双周大会，有孙铁民副院长报告保守国家机密的重要意义。

27 日　白备伍院长赴苏联参观归国后第一次来院了解情况。

本年　学校已经有 17 个基础学科和 9 个临床学科，各学科均先后建立起教学小组，在拟定教学大纲、编写教材和改进教学方法上都发挥了集体作用，并编写出版了全国第一套通用医师教材，教学设备也有很大的改善，有显微镜 303 架，分析天平 26 架，电冰箱 12 台，孵箱 15 具，图书馆藏书增至 42780 册。教学医院设有病床 350 张，分科齐全，临床教学和临床实习条件都比较完善。

本年　**山东医学院院务委员会名单**

主任委员：白备伍

副主任委员：孙铁民、张汇泉、方春望

委员：共 61 人

于复新、王英、王志先、王培仁、王承裕、王炳霄、王韦塘、方春望、尤家骏、玉文惠、白备伍、吕为霖、朱汉英、李希圣、李辉汉、李钻文、宋国胜、范光辉、高学良、高学勤、荆永誌、陈炳湘、陈叔骐、陈学渊、郭子英、孙华成、孙桂毓、孙鸿泉、孙铁民、孙绍谦、黄文兴、曹明惠、曹献廷、毕有华、傅曾矩、汤洁、张子圣、孙芳梅、张光溥、张汇泉、张景浦、张冠增、张普云、张肇基、张季兰、杨亚超、杨锡范、储鸿箴、赵常林、管锦堂、郑元龙、刘书田、刘德仪、刘兰华、刘福龄、蒋左挥、臧悟真、骆兆平、苏应宽、苏应衡、顾文藻

学委会委员名单

主任委员：孙铁民

副主任委员：张汇泉、方春望

办公室主任：高维真

委员：李希圣、李辉汉、李文轩、宋国胜、邢、山、周廷冲、孙鸿泉、孙绍谦、陈铜、张季兰、杨在知、赵常林、臧悟真

（三）伪山东省立医学专科学校（1943～1945）

1943 年

4 月

29 日　伪山东省财政厅、教育厅提议：在济南设立伪山东省立医学专科学校。

5 月

1 日　成立伪山东省立医学专科学校筹备委员会，负责筹备校舍、设备及教授之聘请。

8 月

1 日　伪山东省立医学专科学校成立，校址在济南商埠经五路纬九路，暂招生一班，准备于 9 月开课。

3 日　伪山东省立医学专科学校组织大纲草案：

第一条　本大纲依照国民政府公布之专科学校组织法及教育部公布之修正专科学校规程制定之。

第二条　本校定名为山东省立医学专科学校。

第三条　本校以养成医学专门人才适应社会需要为宗旨。

第四条　本校设校长一人综理校务，由教育厅厅长遴选合格人员呈请省长任命之。

第五条　本校设名誉教授一人，由同仁会济南医院诊疗班长担任，协助校长办理一切校务，由教育厅厅长呈请省长聘任之。

第六条　本校为处理校务得设教务长一人，由校长就专任教授中选派呈请教育厅备案。

第七条　本校设专任及兼任教授若干人，由校长遴选合格人员呈请教育厅委任之。但日系之专任及兼任教授由名誉教授推荐商，由校长呈请教育厅委任之。

第八条　本校设校务会议商定一切进行事宜，其规则由学校自定，呈报教育厅核准。

第九条　本校设教务训育事务各委员会，其详细办法由学校自定，呈报教育厅核准。

第十条　本校职员及事务员由校长任用呈报教育厅备案。

第十一条　本校校址暂设于济南同仁会医院内。

第十二条　本校暂设一班招收新生四十名。

第十三条　本校学生入学资格须在公立或已立案之私立高级中学毕业或具有同等学力经入学试验及格者。

第十四条　本校学生修业年限定为四年（实习一年在内）

第十五条　本校课程依照医学专科学校课程表规定之。

第十六条　本校学生实习暂借济南同仁会医院。

第十七条　本校办事细则另定之。

第十八条　本大纲自公布之日施行。

同日　伪山东省立医学专科学校招生广告：

一、宗旨：以养成医学专门人才，适应社会需要为宗旨。

二、校址：济南商埠，同仁会济南医院内。

三、名额：30名，男女兼收。 **1943年** **8月**

四、资格：公私立高级中学毕业或具有同等学力者。

五、年龄：18岁以上，24岁以下者。

六、修业年限：4年（实习1年在内）。

七、费用：

1. 学费：暂免收。

2. 宿费：暂免收。

3. 保证金：10元（毕业后退还）。

4. 赔偿费：每学期5元（余还少补）。

5. 书籍膳食制服等费：完全自备，数目临时规定。

八、报名地点：山东省教育厅公署内，省立医学专科学校筹备委员会。

九、报名日期：自7月1日起至8月10日止。（每日上午8时至12时，星期日除外）

十、报名手续：

1. 填写报考志愿书、履历书。

2. 呈验毕业证书或成绩证明书。（考试完竣不录取者发还）

3. 缴最近3个月内软纸免冠二寸半身相片2张。（背面注明照相年月日并自书姓名，录取与否，概不发还）

4. 缴试验费2元。（录取与否，概不发还）

十一、考试科目：国文、日语、数学、理化（物理、化学）、生物、生理卫生、口试、体格检查。

十二、考试日期：(1)体格检查：8月16、17两日。(2)笔试及口试：8月18、19、23日。（时间科目临时规定）

十三、考试地点：省公署大礼堂。

十四、入学日期：9月1日。

十五、入学手续：临时公布。

十六、附则：凡报考资格与规定不符合，或所缴证件有伪造情事者，无论入学久暂，一经查出，即取消学籍。

11月

4日　伪华北政务委员会教育总署任命山东省教育厅长俞康德暂行兼任伪山东省立医学专科学校校长。

本年度　伪山东省立医学专科学校组织大纲公布实施，伪山东省立医学专科学校办事细则公布实施，伪山东省立医学专科学校学则公布实施。

1944年

10月

22日　青岛东亚医学院院长到伪山东省立医学专科学校参观。

11月

11日　为总理诞辰纪念日，教育厅电令，上午11时在皇亭举行庆祝大会，伪山东省立医学专科学校全体学生均须参加。

1945 年

9 月

30 日　山东省政府政务厅委派曹得敏校长接收伪山东省立医学专科学校，各项校产及学生一、二、三年级各班，一年级 52 人，二年级 46 人，三年级 39 人。伪校关防及小官章各一颗（已经销毁），各种费用伪钞 62684.39 元，各类人员 25 人（校长 1 人，主任 1 人，导师兼教员 3 人，教员 15 人，教务 1 人，训育 1 人，事务 1 人，雇员 1 人，校医 1 人）。

11 月

21 日　山东省政府调山东省立医学专科学校校长曹得敏暂代国民教育馆馆长。

（四）白求恩医学院（1944～1950）

1944 年

10 月

16 日　经军部批准建立新四军军医学校。江上峰(炳炎)任校长,新四军卫生部副部长宫乃泉兼任副校长。

本年　新四军军医学校图书馆是由军卫生部及二师卫生部图书集合而成立,以后由上海继续购买各种医书,还从美国订购美国英文书籍及杂志,现有图书物品数统计:英文医学书 1339 册,各种杂志 618 册,中文医学书 1018 册,日文医学书 211 册,文艺政治书 1121 册,共计 4307 册。

1945 年

3 月

18 日　在抗日根据地淮南新浦镇招生,考试课程有数学、化学、英语。学生有自华中建设大学转来的,有部队、地方政府、江淮大学保送和抗日根据地招考的,共录取新生 60 名,为第一届学员。

5 月

12 日　在安徽省天长县长庄举行开学典礼,新四军政委饶漱石、副军长张云逸、江淮大学校长韦悫和军卫生部部长崔义田参加大会并讲话。根据部队编制,学员分为两个排七个班,赵希圣、俞凤仪先后担任指导员,薛和、张己克先后担任教育干事,管理思想政治和行政工作。

6 月

本月　沈霁春教授和苏醒教员先后由上海来任教。此时在校任教者还有宫乃泉、薛和、邢其毅、钱存柔、江上峰等。

8 月

本月　成立制图股,由苏醒同志负责。

本月　日寇投降,学员参加接收工作,随军转移到两淮,参加两淮战役的第一野战医院帮助进行换药和护理工作一个月。

9 月

本月　苏北淮阴市解放,学校随卫生部进驻城内,一部分学员在当地仁慈医院参加伤员护理工作,一部分赴淮安前线参加伤员收容工作。

10 月

本月　学生集合在淮阴城内复课,学习有机化学及生理学等课程,《双十协定》后奉命随军北上。

11 月

本月　全体师生随军卫生部北上山东,江上峰校长离职,由宫乃泉兼任校长。

12 月

本月　学校进入山东解放区,此时适逢枣庄自卫战,野战医院收容了大批伤员,全体学员奉命去藤县的朱家村野战医院参加护理伤病员工作。

1946 年

1 月

本月　学员集中于临沂复学,校址设在城南关。

2 月

本月　招收两届学员 50 名,该届学员部分由山东大学医学系转来,部分招考高中毕业的知识青年,还有少数是淮阴报考的华中建设大学转来的。又重回临沂集中学习。

1946 年

4 月

本月 开始招收第二届新生。第二次自卫战争爆发后，为了避免敌机轰炸，校址由城内迁到城外北三十里之亭子头，自建课堂一座，继续进行业务学习，政治学习内容是毛泽东作风理论与实践一致及反省，并有山东大学教授何封同志讲辩证唯物论，沈克定同志讲自然科学。

5 月

本月 沈其震副部长率领张学彬、彭志生、商鉴三位医师，从重庆经南京转北平乘飞机到临沂，在学校担任临床和教学工作。

7 月

本月 国民党政府撕毁了停战协定，发动全面内战，向解放区大举进攻。学校随卫生部转移到临沂城北的亭子头村继续上课，此时上海医学院毕业的医师方春望（聂崇铭）、陶煦（胡洪慈）、黄志尚（王志良）由上海来校任教，并分别任教学医院的内、外、皮花科主任。

10 月

本月 学校奉命迁到沂南县苗家庄学习，方春望讲化验诊断，陶煦讲应用解剖学，黄志尚讲原虫学，章映芬讲药理学。

12 月

本月 学校奉命迁到沂北县之李家河北，自建大课堂一座及生理细菌实验室 9 间，进行学习，开始招收第三届学员。

1947 年

1 月

本月 根据华东野战军司令员陈毅的指示：为了纪念参加中国抗日战争光荣殉职的加拿大著名外科专家、优秀的共产党员诺尔曼·白求恩，将军医学校改名为“华东白求恩医学院”，宫乃泉副部长兼院长，任教者：宫乃泉、刘球、张超、苏醒、沈霁春、章央芬、向进、方春望、黄志尚、刘星、陶煦等。

3 月

本月 学校随军卫生部转移到胶东乳山县，一届学员驻藤甲庄，二届学员驻耿家村。

5 月

本月 学校在胶东各县市招收第三届学员 26 名，药科学员 60 名。

9 月

本月 敌人重点进攻胶东，学校奉命暂时分散到九纵及胶东北海东海医院帮助治疗及护理工作。教师转移到大连市，在那里编写教材和出版《医务生活》杂志，其他 40 余名医务人员组成和平医院手术队，由左英和胡田成任正副队长，赴前方参加救治伤员；一、二届学员分别到山东兵团第九纵队和胶东后方医院工作，三届和药科学员疏散回原籍。

11 月

本月 部分学员参加鲁中防疫大队抢救工作。

12 月

本月 胶东自卫战胜利后，随九纵转战的学员全部撤回，奉卫生部令，与和平医院手术队及卫生学校的学员联合组成鲁中防疫大队，约 140 人，由胡田成、张己克分别任正副大队长，分三个中队，赴临朐、沂北、沂中各县疫区抢救灾区

1947 年
12 月

病人，连续 40 余天，共救治病人 7000 余名。此后一、二届学员集中到诸城县赵辛庄复课。一届学员结业后，分配到部队医院任实习军医。

1948 年
4 月

30 日 华东军区卫生部在胶东“大众报”刊出通知：“去年 9 月因国民党军队进攻胶东，白求恩医学院疏散的学员返校复课。”一部分学员陆续返校，驻海阳县郭城附近的村庄，同时招收医、药及卫生学校新生，随报名随考，录取后当即入校。

5 月

本月 二届学员参加了潍县战役伤病员的医护工作，完成任务后集中到莱芜县南柳子村复课，到大连去的教师也相继返回山东。

6 月

本月 在胶东返校的三届及药科学员与新招收的卫生学校的学员 1000 余人，编为 10 余个队，由海阳迁移到益都县，驻冯家庄一带，在此地根据学员的志愿和考试成绩重新编队，有 10 余人编入医学系，196 人编入药科学校，其余均留卫生学校学习，同时又从潍县招收一批高中毕业新生及一部分由国民党统治的大城市投奔解放区的知识青年，共 81 人组成医学系三届，高维真任指导员。卫生部还从各部队抽调医助以上的医务人员和司药以上的药剂人员，分别成立医训队和药训队，各队陆续上课。

9 月

本月 二届学员及医训队、药训队的学员参加了解放济南战役的伤病员护理工作和军管工作。

10 月

本月 学校由益都迁进济南，驻经五纬九路。

11 月

本月 在济南招收新生 499 名，其中医学系（高中毕业）两个班 156 名；附设药科（初中毕业）两个班 163 名；附设化验科（初中毕业）一个班 88 名；附设护士学校（初中毕业）92 名。学制：医学系四年，各中级班 2～3 年，此后华东军区卫生部领导的药科学校学员 196 人迁来济南并入该院药科。

1949 年
1 月

本月 在徐州、济南等地招收医学系新生 102 名，此时在校学生 1294 名，教职员工 56 名。学校按军事院校编制供给食宿及军服、学习用品和津贴等。学校根据军事院校性质建立组织机构，设政治处（主任白书章兼任党委书记、副主任舒若、郭力军），教务处（主任方春望），总务科（科长徐登佐），协理处（分二部：一部协理员李吉元、二部协理员王琏），药科（主任严真、协理员陈克明），化验科（陈化、刘明厚先后任主任，副主任洪滔，张玲、张诸峰先后任指导员），护士学校（主任江成志，协理员戴安胜）。各班均设专职的副班主任、指导员、学生组织。将医学专业原省立医学院二、三年级改为一、二班，由解放区入城的白求恩医学院的三届学员改为三班，原省立医学院一年级两个班改为四、五班，白求恩医学院招收的新生改为六、七、八班。

1949 年

5 月

本月　学校建立新民主主义青年团，成立院团委会，各班级及教职工中均建立团支部，优秀学生纷纷入团。

本月　学校建立了各学科实验室，有解剖学，组织胚胎学、生理学、生物化学、寄生虫学、细菌学、病理学、药理学、实验诊断学以及属药科的有机化学、药物学、药剂学等实验室。全校共有显微镜 94 架、分析天平 9 架、电冰箱 2 台，并建立环境卫生试验场和动物园。

本月　华东军区卫生部随军南下，学校奉令划归山东省人民政府领导，改名为山东省立医学院，体制由军队系统转入地方，重新调整组织机构，撤销政治处、协理处、改设辅导处，同时取消了班主任和指导员建制，实行学生自治，原政治处、协理处等部分政工干部随军南下。

6 月

本月　为了充实师资力量，教务处主任方春望赴沪聘请教师。先后由京、沪来校任职的有王培仁、李希圣、苏应宽、黄进文、骆兆平、谢春泉、李兆亭、汤洁、郭懋荣、张学衡、郑元龙、陈学渊、张肇基、陈叔骐、潘华珍等。

9 月

本月　王聿先来校任教育长，宫乃泉院长离职去上海工作，由白备伍兼任院长，撤销辅导处，改为教务处领导下的辅导科，院党委改为总支委员会，陈克明兼任书记。

10 月

13 日　公布白求恩医学院办公规则。

1950 年

2 月

本月　学校举办了面向全市的医学教育展览会，组织 200 余名师生担任讲解员，向观众介绍医学常识及学院发展情况，展览会历时一周，观众达 5 万余人次。

9 月

本月　在美国留学的计苏华约同周廷冲、黄翠芬、孙绍谦、邱立崇、张炜逊等教授回国来校任教。此时各学科师资力量较充实，实验室也日臻完善，计有生物、物理、无机化学、有机化学、分析化学、生理、解剖、组织胚胎、细菌、生物化学、药理、病理、寄生虫、生药、药剂、实验诊断（前身为化验科）、公共卫生等 17 个学科，共有显微镜 167 架，分析天平 20 架，图书馆藏书 29600 余册，各种杂志 127 种，并扩充了阅览室，可容 300 人同时进行阅览、教学医院床位增加到 300 张，在校学生 1107 名。此时护士学校划归省立医院领导，改名为山东省立医学院护士学校。增设医疗、药学、化验三个轮训队，学习时间 6～9 个月。招收在职卫生干部 40 名，成立医士班（学制三年）。同时设药学、化验、医学专修科，招收高中毕业生，学制二年。

10 月

本月　王聿先教育长离任。李衡、方春望任副院长，计苏华、高维真任正、副教务长。

12 月

本月　学校改名为“山东医学院”。

（五）山东医学院（1952～1990）

1952 年

5 月

16 日　山东医学院举行第一届党员代表大会。大会为期四天，共收到各方面提案 122 件，组合并归纳为 28 案，整理后分为两大类：党务类 101 件，合并为 17 案；行政类 21 件，合并为 11 案，其中青年团、工会、学生会及个人提案已按其性质分别归于党务、行政二类。

8 月

本月　全国高等学校进行院系调整，山东医学院经华东院系调整委员会决定，与齐鲁大学医学院合并，校址迁到齐鲁大学校园，定名为山东医学院，院长由山东省卫生厅厅长白备伍兼任，并有副院长三人，分别由孙铁民、张汇泉、方春望担任。在院长领导下设有院长办公室和教务、总务两处，九个行政科和图书馆、语文、政教、体育三个室及十三个基础学科。原齐鲁大学医院为山东医学院教学医院。附属医院由山东医学院院长直接领导，附属医院院长为赵常林教授。

白备伍

白备伍(1909～1986)，陕西省佳县人。1934 年，加入中国共产党。历任八路军绥德警备司令部医生、八路军山东纵队卫生部部长、山东军区卫生部部长、山东军区卫生部副部长、华东军区卫生部副部长。新中国成立后，历任山东军区卫生部部长兼任山东省人民政府卫生厅厅长、华东行政委员会卫生部局长、上海市红十字会会长等职。

1948 年 9 月，山东省立医学院与华东白求恩医院合并，定名为华东白求恩医学院，白备伍兼任医学院副院长。1949 年 9 月，兼任院长，此时，学校已更名为山东医学院。

1952 年 9 月，山东医学院与齐鲁大学医学院合并，成立新山东医学院，白备伍兼任院长。在此期间，白备伍领导学校坚定不移地贯彻党中央及上级党委的路线、方针、政策，认真执行党的教育方针，按照党的政策正确改造学校以及旧知识分子的世界观和人生观，同时注重学校任务工作和办学方法的转变，推行贯彻苏联先进的教学经验，对学校的正规发展作出了应有的贡献。

1955 年 4 月，因工作关系离任山东医学院院长职务。

9 月

25 日　召开了合校后第一次办公会。26 日，确定了三名副院长的分工，孙铁民负责行政人事，张汇泉负责医院、总务，方春望负责教学。

10 月

8 日　召开院系调整胜利完成大会，标志着新山东医学院正式成立。合并后的山东医学院 10 月 20 日开学，教师 321 人，在校生 2057 人，设医学系、卫生系和药科，每个专业均有本科(五年)、专科(三年)和中级班(1～3 年)。

16 日　济南市人民政府文教局文初字第 70 号函，院系调整后原齐鲁大学附属小学改为山东医学院附设小学。

11 月

14 日　成立由 23 人组成的院务委员会和四个教学委员会(基础、临床、卫生、药学)。

29 日　山东省人民政府文化教育委员会文办字 28 号函复，院系调整后原

1952 年

11 月

齐鲁大学医院根据华东卫生部崔义田部长面示及省府指示，改为山东省立第二医院，在行政上归卫生厅领导，教学方面由山东医学院领导。

12 月

24 日　计苏华教务长出国参加世界和平理事会医务界会议的筹备工作。

本月　华东军政委员会卫生部[52]字第 666 号文批示，公共卫生学科改为公共卫生系，系主任由李希圣担任。

本年　民盟山东医学院区分部成立，张季兰为主委，江启元、孙桂毓、张子刚为委员。

1953 年

1 月

22 日　山东省人民政府卫生厅卫秘字第 5 号文同意原山东省立医院改为“山东省立第一医院”。原齐鲁医院改为“山东省立第二医院”。其行政领导卫生厅委托山东医学院代管。

23 日　华东军政委员会教育部决定将速成中学附设各高校，山东省第二速成中学划归山东医学院领导。

26 日　山东省政府文化教育委员会同意每年 11 月 12 日对白求恩大夫举行纪念会。

6 月

本月　召开山东医学院第六届工会会员代表大会。

7 月

20 日　华东高等教育管理局高人字第 4033(2)号通知，前华东教育部报请中央任命孙铁民、张汇泉、方春望为副院长，并由方春望兼任教务长职，经奉中央高等教育部 6 月 23 日[53]人干马字第 574 号批复同意，除副院长专函中央人事部转呈政务院提请中央人民政府委员会批准任命外，另发方春望任命教务长一书。

9 月

21 日　山东医学院召开第一届教学会议，在学习苏联凯洛夫教育学的基础上进行教学改革，完善教学制度，实行教研室集体备课和预讲制度，在课前有计划有组织的研究教材，写好教案，加强课堂启发式教学；加强对学生实验的指导，培养动手能力；采纳口试考试方式。

本月　青年团山东医学院第四届代表大会召开。

1954 年

1 月

本月　山东医学院决定出版《山东医学院院刊》。为加强院刊的领导，成立院刊编辑委员会，负责有关院刊的编辑计划，审定稿件，定期研究院刊工作。并在院长办公室内设院刊编辑室，具体进行院刊编辑、通讯、出版、发行与大力组织全院师生员工的报道阅读工作。院刊经费出自医学院教学行政费，在学院范围内发行并采取出售办法，将收入作为稿费和奖励模范通讯员及积极写稿者用。

1954 年

5 月

本月　经中共中央山东分局批准，中共山东医学院委员会成立，孙铁民任党委会书记。党委会为学院党的最高领导机关，下设机构有党委办公室、宣传科和组织科。

6 月

本月　召开山东医学院第七届工会会员代表大会。

10 月

本月　中央卫生部为了充实麻风病防治工作的阵营，与加强麻风病的防治力量，决定委托山东医学院代办一个全国性的高级麻风防治进修班。山东医学院与各有关科室进行了研究与准备，如制作了大批的病理切片，预备了充分的教材，并请由中央卫生部调来的苏俊瑞、刘牧之两位医师来院协助教学。课程的内容包括政治、麻风病学、皮肤病学、眼科学、骨科学与实习等。

11 月

6 日　为加强对山东医学院科学研究工作的领导，大力推动院科学研究工作的开展，以提高教学质量，山东医学院院成立了医学科学研究委员会，并举行了第一次会议。

1955 年

2 月

23 日　省卫生厅发文，学校实习药厂由卫生厅接收管理。

3 月

12 日　青年团山东医学院第五届代表大会召开。

4 月

本月　省卫生厅副厅长邵德孚兼任山东医学院院长，孙铁民、方春望、张汇泉任副院长。

7 月

3 日　在学生中开展肃清胡风反革命集团及一切暗藏反革命分子运动，党团员分头动员，到 7 月 17 日基本结束，历时 15 天。

8 月

9 日　全国高等医药院校卫生专业、药学专业再次进行院系调整。山东医学院公共卫生和药学两系停办，公共卫生系学生及部分师资调到中南同济医学院（现华中科技大学同济医学院）和山西医学院；药学系学生和师资调至四川医学院。中级药剂士班并入东北药学院附属中级药剂学校，药学系药剂学教研组调至北京医学院药学系。此次调整到 15 日，共调出教师 48 名，学生 403 名。经过调整，山东医学院成为专业单一的医学院校，设 33 个教研组（其中基础医学教研组 18 个，临床医学教研组 15 个）。

本年　学校成立科学研究科并设立九个科学研究专题委员会，在学生中也成立学生科研小组。

1956 年

1 月

7 日　学校工会第八届会员代表大会召开，大会选出孙绍谦、孙桂毓、陈叔琪、丁友鲲等十五人为第八届工会基层委员会委员。

本月　为支援祖国边疆建设，学校 23 名教师及教辅人员赴新疆医学院工作。

1956 年

3 月

23 日　根据上级指示的精神，成立了山东医学院扫除文盲协会，并召开了第一次会议，研究了关于在医学院范围内扫除文盲的工作计划。计划中提出：(1)扫盲工作的对象是医学院的家属和保姆；(2)扫盲工作的力量是医学院家属中高小、初中毕业后尚未升学的学生和教职工。计划中对工作要求和上课的方法等问题也都作了具体的规定，并定于 4 月上旬成立识字班，开始上课。

28 日　孙鸿泉、孙绍谦、尤家骏等教授，张季兰副教授，刘星讲师，吴葆杰助教，铁木工室技工尹延生等七同志出席了省先进工作者代表大会。

5 月

12 日　牟景途同志为中共山东医学院委员会副书记。

19 日　中国共产党山东医学院第二届党员代表大会召开。会议选出了孙铁民同志为出席省党代会的代表，邵德孚、孙铁民、方春望、牟景途等 15 位同志为本届党委委员。

26 日　为全面系统地学习祖国医学遗产，山东省卫生厅厅长张耀南在山东医学院大饭厅向全院医护员工及驻济各卫生医疗机构 70 余单位的医护人员作了关于开展西医学习中医运动的报告。

本月　山东省卫生厅决定，将坐落在本市东郊燕子山下的一座新建精神病院划归山东医学院作为附属医院。该院定名为“山东省精神病院”。关于接受病人方面，在注意教学需要的前提下，适当照顾转业军人和机关干部病员的需要。

6 月

本月　经国家批准，山东医学院成为第一批招收副博士研究生的院校之一，招生专业有生物化学、组织学与胚胎学、临床内科学、系统外科学、耳鼻喉科学、皮肤性病学等。

7 月

3 日　山东医学院肃反运动开始，10 月结束。

10 月

15 日　在党委会的领导及各兄弟党派的支持下，九三学社山东医学院支社筹备委员会召开了成立会。其工作中心是：领导社员在坚强的组织生活中进一步改造思想；在百家争鸣、开展科学研究过程中，团结与带动群众；做好发展组织的工作，多与兄弟党派精诚团结等。

11 月

19 日　日本冈山县学术文化代表团团员盐沼英之助博士，由山东省卫生厅张堪滋副厅长陪同来山东医学院参观。

12 月

17 日　山东医学院“学报编辑委员会”成立，总编张汇泉，副总编方春望、王培仁、赵常林。《山东医学院学报》创刊，促进了学院的科研工作。

1957 年

1 月

5 日　山东医学院第九届工会会员代表大会召开。

1957年

2月

19日　中央卫生部副部长张凯同志来山东医学院视察工作。

4月

17日　卫生部工作组来医学院召开座谈会，了解毕业生质量、学制、培养目标等问题。

18日　中共山东省委书记处书记夏征农，在大饭厅向全院师生员工作《关于正确处理人民内部矛盾问题》的辅导报告。

5月

5日　在山东省第一届大学生运动会上，山东医学院运动员获好成绩，共有19人获得了国家等级运动员的光荣称号，并领取了证章。

本月　山东医学院整风运动开始。6月4日，转入反右派斗争，8月10日结束。

10月

14日　罗马尼亚结核病学专家玛留斯·那斯达院士在山东省卫生厅张堪滋副厅长和山东医学院方春望副院长等人陪同下，来山东医学院参观，为期两天，先后游览了校园，参观了教学大楼、实验室、教室和图书馆等单位，并向全体教师和部分学生作了重要学术报告。

本月　高教部视察工作组在该部计划司张建副司长的带领下，来山东医学院视察工作。

11月

20日　阿根廷麻风病专家斯胡曼教授来山东医学院作学术报告。

24日　山东医学院召开第十届学生代表大会。

本月　山东医学院16名教师前往内蒙古医学院工作。

1958年

1月

4日　中共山东省委书记处书记师哲来院作《目前形势》的报告。

3月

3日　山东医学院召开了行政各科室负责干部会议，传达了行政第62次会议关于整编机构的决定。会议上，党委韩副书记和方副院长对医学院当前掀起反浪费高潮的同时，决心整编机构减少层次、加强领导、克服人浮于事等重大问题，作了布置与指示。医学院决定并经上级批准了将院行政领导改为两级制，院长办公室作为院长秘书单位，不是一级行政领导机构。撤销教务处，分别成立一、二、三、四、五及专修科的年级办公室。教学指导科和教学行政科合并为教务科。铁木工室、动物园、教材科、药材科等单位合并为供应科，由总务处领导。保留人事处，撤销该处所属各科，紧缩人员，其工作由该处内分工负责。

4月

1日　济南市中心医院成为山东医学院第三教学基地。

21日　将附设工农速中改为“预备部”，暑假招生。

5月

7日　学校科学研究委员会成立并召开会议，通过了“医学院科学研究委员会组织规程”。

10 日　省委书记处裴孟飞书记来院视察工作。

1958 年

9 月

12 月

9 日　经上级党委批准，学校党委下设组织部、宣传部、统战部，并成立临床部总支委员会、基础部总支委员会、高中部支部委员会、精神病院支部委员会。

本年　以杨仁中医师为首的课题组研制成功第一型人工喉，用以协助喉切除和喉损伤病人发音，在全国引起轰动，成为山东医学院"向科学进军"的重要成果。

杨仁中与中国人工喉

杨仁中，1933 年生，山东省济宁市人，语音康复专家，中国人工喉创造者，我国著名的语音康复医学开拓者之一。1957 年，毕业于山东医学院。他发明的人工喉等系列语音康复工设施，使失去发音能力的 3000 余例国内外"半路哑人"重新开口讲话，先后接待 100 多个国家、地区的访问学者，至今仍被赞誉为"历史久、方法多、效果好、形成系列、技术先进"。1959 年，被选为全国劳动模范，1965 年加入中国共产党。1978 年，被选为全国和山东省医药卫生先进工作者，多次受到毛泽东、周恩来等党和国家领导人接见。1986 年，晋升为研究员，历任第四、五届全国人大代表，第五届省人大代表，享受国务院特殊津贴和全国劳模津贴。

1958 年，杨仁中、王有祥等研制成功国内第一个语音康复器械——中国人工喉（第一型烟斗式）。第一批病员、喉癌全喉切除的王德胜装用后恢复了讲话能力，激动地高呼："毛主席万岁！"中国第一个语音康复基地——山东医学院附属医院"中国人工喉"科研组成立。第一型中国人工喉的特点是单页发音器，其前身是自造的符合生理功能、具有特殊进路的"耳语音器"。

1959 年，他们研制出第二型中国人工喉，改进为双页固定发音器，降低发音频率，说话清晰度增强。当年 7 月 6 日，新华通讯社向国内外作了报道。

1963 年，在张店山东新华医疗器材厂和青岛橡胶厂的大力支持下研制出第三型中国人工喉，其创新与发展是改进为双页可调式发音器、特殊发音膜，工艺水平提高，批量生产。

1964 年 4 月，山东省卫生厅组织专家对中国人工喉进行了鉴定，结论为国内首创。杨仁中、王有祥研制的中国人工喉（第三型）荣获国家新产品三等奖。同年经改进结构研制成第四型中国人工喉，后又经改进气流进路研制成第五型中国人工喉。

1965 年，在双页可调发音器基础上改进为卧式结构，更便于应用，研制成第六型中国人工喉。经国家卫生部组织全国专家鉴定为一项"新的耳鼻喉科创造发明"。

1966 年，采用白银和软塑料制造，改进为微型，使发音器得以进入口内，并初步调动鼻部功能，发音更为清晰，此谓第七型。

1971 年，在济南塑料一厂、济南橡胶厂、山东化工厂等兄弟单位大力支持配合下进一步创新，以高分子材料为主体，装配便于呼吸的系统，解决了调动鼻部功能问题，可闻到香味，称为 8-5 型，已发展到 5 个类型，供不同病人选用适合者，批量生产 2000 余套，在国内外推广应用。

1958 年

12 月

1972 年 2 月，改进新型发音器，研制成第九型中国人工喉；1980 年 2 月改进新型发音膜，研制成第十型；1981 年 4 月，改用新材料并进一步微型化，研制出第十一型中国人工喉。

1959 年

1 月

本月　学校设立基础部和临床部。学校增设了卫生系、儿科系。

3 月

6 日　山东省副省长王哲兼任山东医学院院长。

王　哲

王哲(1900～1990)，曾用名王少文、王波、王衷一等，汉族，山东省沾化县人。1919 年就读于北京大学，1922 年因参加反帝爱国学生运动而被捕，1925 年北京大学毕业。同年赴苏联莫斯科中山大学学习。1927 年 4 月回国，5 月加入中国共产党。自 1927 年起，历任武汉工人教师讲习所教务主任、杭州陆军军官学校教官、上海大陆大学教授、北京大学讲师、山东莱阳乡师教务主任等职。在国民党白色恐怖下从事革命活动。1929 年，在杭州陆军军官学校因宣传共产主义被解除教职，去上海途经南京险遭逮捕。1930 年，任教北京大学，在学校中宣传共产主义思想，被宪兵队侦缉后离开北京。1936 年，在莱阳乡师遭反动政府通缉，秘密前往青岛。在此期间，他翻译出版了俄文版《政治经济学》《苏俄革命后的新建设》《经济理论体系》等进步书籍，探索社会主义与中国革命，宣传马列主义和爱国主义思想，引导青年学生走革命道路。1943 年底，由苏北到达延安，任延安大学预科部主任兼图书馆主任、延安全国人民代表大会代表等职。1945 年任出席南京国民大会解放区代表(后因中共中央发表声明而未参加)；同年起历任华北联大政法学院副院长兼任研究室主任，辽东军事大学副校长、党委常委、代理书记，军大总校团政委。1949 年，参加接管青岛市的领导工作，任青岛军事管制委员会文教部长、党总支书记、山东大学军代表。同年，任山东省各界代表大会代表、山东省人民政府委员会委员、教育厅厅长、党组书记。自 1950 年起，历任山东省人民委员会委员，文教厅长、党组书记，山东省人民政府文化教育委员会副主任、主任，中共山东分局文教委员会副主任、党组书记。1956 年，任山东省副省长、党组成员，分管文教卫生工作。1959 年 2 月，兼任山东医学院院长、院党委常委等职，直至 1974 年。撰写出版有《知识分子的红与专问题》等著作；通晓俄文和英文。1950～1964 年，任历届山东省人民代表大会代表。1953～1964 年，任历次中国共产党山东省代表大会代表。1963 年，当选中国人民政治协商会议第三届山东省委员会副主席。1977 年，任政协第四届山东省委员会副主席、党组副书记。

5 月

4 日　济南市委高校党委决定将省立医院党的组织关系转到山东医学院党委领导。

10 月

23 日　中国共产党山东医学院第三届党代会召开，改选了党委会，选举任命武静安为书记，牟景途、韩剑修、方春望为副书记。

1959 年

11 月

8 日　中国共产主义青年团山东医学院第七届代表大会同意并批准郭亚青同志代表第六届团委向大会所作的《把右倾反透，把干劲鼓足，为贯彻党的八届八中全会和院党的第三届代表大会决议而奋斗》的工作报告。

本月，中共中央和国务院"关于教育工作的指示"中指出："在一切高等学校中，应当实行党委领导下的校务委员会负责制。"根据上述精神，经上级批准，山东医学院由 43 人组成院务委员会。7 日，举行了第一次会议，传达院党代会精神，讨论通过院务委员会组织原则等。院务委员会是学校党委领导下的学校行政最高权力组织，是根据民主集中制的原则，对学校行政工作实行集体领导的机构。

12 月

17 日　拆除原齐鲁大学内教堂(康穆堂)，在其原址建教学楼(教学八楼)。年内开展了反右倾整风运动。

1923 年建成的康穆礼拜堂，1959 年 12 月 17 日拆除

1960 年

3 月

5 日　为适应国家建设事业的飞跃发展，积极培养国家建设人才，根据党的教育方针和一整套两条腿走路的办学方针，及贯彻省工农业余教育会议精神，山东医学院决定成立业余教育委员会和业余大学。业余大学下设研究生部、大学部、中小学部和专业短期训练部。大学部包括语文、医疗、卫生等三个学系和中文、俄语、英语、中医、医疗、保健组织、卫生等七个专业。专业短期训练部内包括有不同类型的事业训练班，并将开设放射医学、卫生统计、模型、教学辅助和电气机械等训练班。院原有的各种业余学习组织，根据具体情况都并入业余大学。

7 月

本月　山东医学院增设生物、物理、化学三个专业，于 1962 年 2 月，又先后撤销，将学生合并到医疗系。

1961 年

5 月

本月　临床部改为医疗系；基础部撤销，成立医学基础课办公室。

本年　为贯彻"高校六十条"，提高教学质量，医学院调整了教学计划，教学时间由每学年 35 周增为 38 周，生产劳动由每学年 8 周减为 4 周，周学时控制在 30 学时。

1962 年

2 月

本月　先后撤销卫生系、儿科系及生物、化学、物理三个专业，将学生合并到医疗系，个别作了转学调整。

7 月

本月　根据教育部、卫生部意见，报请中央同意，将现行五年制的医疗、儿科、卫生、口腔四个专业的学制延长为六年，四年制的药学专业延长为五年，山东医学院是 1962 年第一批进行改制的全国 11 所院校之一。

9 月

3 日　中国共产党山东医学院第四届代表大会开幕，于勋忱同志当选为书记，牟景途、方春望为副书记，常委十一人。

本年　恢复基础部和临床部。

1963 年

7 月

23 日　山东医学院院务委员会调整。主任委员：王哲；副主任委员：方春望、刘志广；委员：于勋忱、王志先、王培仁、尤家骏、张光溥、张芳梅、张银庆、张景浦、司徒旺、朱汉英、许吉生、孙华成、孙桂毓、孙鸿泉、刘星、刘福龄、江启元、牟景途、沈元津、苏应宽、杨亚超、李缵文、李辉汉、高仲书、荆永誌、曹献廷、康敬笃、彭怀正、傅曾矩、管锦堂。

本月　召开教学研究会议，会议中心是“少而精、学到手、加强三基、提高质量”。

1964 年

1 月

2 日　临床部党总支书记杜景如同志率工作组去烟台专区人民医院、昌潍人民医院检查、了解学生实习情况，为期 13 天。

8 日　内科教研组高学勤教授、外科总论教研组曹献廷副教授、妇产科教研组江森讲师等到昌潍人民医院讲学，并协助当地医院处理了部分疑难杂症，为期 7 天。

本日　临床部蔡和副主任率工作组到济宁专区人民医院检查了解学生实习情况，为期 8 天。

15 日　全院教职学工 1800 余人参加济南市各界人民支持巴拿马人民反美爱国正义斗争集会和示威游行。

29 日　学术委员会副主任孙鸿泉教授主持召开了学术委员会议，讨论鉴定了 1963 年度全院科学研究成果。

2 月

2 日　党委书记于勋忱同志、副院长方春望同志参加全国医学教育会议返校。赴会和返校途中曾参观了上海第一、第二医学院，浙江医学院，中山医学院，湖南医学院，湖北医学院，武汉医学院，南京医学院等兄弟院校。

4 月

2 日　由山东医学院学术委员会组织了专题鉴定小组（组长孙鸿泉），对山东医学院附院耳鼻喉科杨仁中医师在 1958 年创制的人工喉进行了鉴定。

4 日　全院教职学工大会，党委书记于勋忱作了开展“五反”运动的动员报告，党委副书记牟景途同志传达了中央关于“五反”运动的指示，“五反”运动在医学院全面开展。

1964年

4月

29日　附属医院召开1963年度先进集体、先进工作者、优良事迹授奖大会。

5月

2日　全院教职学工大会，省委宣传部张明副部长作了关于当前阶级斗争形势的报告。

6月

5日　山东医学院教师苏应宽副教授、刘士怡副教授、江森讲师出席了在上海召开的全国计划生育学术会议，向会议提交论文7篇。

8日　省广播电台来附属医院采访人工喉创制医师杨仁中事迹，并制作了录音(此录音6月份先后在省、市广播电台广播八次)。

20日　山东医学院教师杨亚超副教授、傅曾矩、王洁民、张学衡等参加全国六届儿科学术会议，向会议提出八篇论文。

23日　山东医学院1964年教学研究会议开幕，出席者共225人。王哲院长对如何学习毛主席对教育工作的指示发言，人体解剖教研组、(省立医院)内科教研组、传染病与流行病教研组都介绍了学习主席指示和贯彻“少而精”原则，改进教学工作的情况。

7月

4日　召开全院教职工大会，党委于勋忱书记作《巩固和发展前三反成果，大张旗鼓地开展后“两反”斗争》的动员报告，从此，院本部的“五反”运动即进入后“两反”阶段。

8日　寄生虫学教研组孙怀宝助教去北京参加全国昆虫学会成立二十周年学术年会，向大会宣读论文两篇，并代李辉汉副教授向大会宣读论文一篇。

16日　召开省立医院、附属医院、市中心医院、市立四院、市传染病医院，昌潍、济宁、烟台人民医院等教学医院领导同志座谈会，为期两天，传达毛主席对教育工作的指示，并根据主席指示精神研究安排下学期临床教学工作。

26日　附属医院护理部王慕洁主任去北京参加中华护士学会1964年学术年会和第十八届全国代表大会。

8月

8日　学院组织700余在校教职工参加济南市人民声援越南反美正义斗争示威游行，10日下午150名学生参加济南人民支援越南反对美帝武装侵略正义斗争大会。

9月

12日　山东医学院第十四届学生代表大会召开，为期两天，总结了十三届学代会以来的工作，通过了章程，选举了第十四届学生会委员。

24日　中共山东省委派蔡放同志来学院任党委副书记。

1964 年

10 月

1 日　山东医学院师生千余人组成游行队、民兵队、仪仗队、腰鼓队等参加省市人民庆祝国庆十五周年游行。

5 日　卫生部委托山东医学院开办的皮肤病理学进修班开课，学员 15 名。卫生部委托学院开办的生物化学进修班、组织胚胎学进修班和耳鼻喉科学进修班已于 8 月下旬开课，三个班的学员分别为 7 名、6 名、6 名。省卫生厅委托学院开办的人体解剖学、生理学和药理学三个班均已于 9 月底开课，各班的学员分别为 9 名、6 名、6 名。

26 日　卫生民兵小分队自 9 月 1 日成立，经过一个多月业余时间的训练，11 月在省民兵比武大会开幕式上进行了表演，至今共表演 9 场。观众达 2 万余人。他们接受了中国人民解放军副总参谋长彭绍辉上将和中共山东省委第一书记谭启龙等首长的检阅。在省民兵比武大会上荣获表演集体一等奖和全体队员个人一等奖。

11 月

30 日　省人委决定将原千佛山医院划归附属医院作为分院，本月开始进行交接和调整工作。

1965 年

1 月

3 日　全校停课，集中进行社会主义教育，为期 15 天。

11 日　学生会副主席林玉兰（侨生）、耳鼻喉科医师杨仁中赴京分别参加全国学生十八届代表会议和全国青联四届二次会议。

本日　遵照省委批示，将原千佛山医院的 106 人编制和现有职工 104 人，全部划归山东医学院附属医院。

3 月

15 日　经上级批准，撤销了基础部和临床部，设立学生处，撤销基础部党总支和临床部党总支，成立党委学生工作部。

16 日　经省卫生厅批准，山东医学院设在济南铁路中心医院的内科基础教研组和外科总论教研组撤回，并入附属医院的内科和外科。

5 月

1 日　省第三届大学生运动会在山东医学院运动场举行，为期两天，医学院代表队有三项破校纪录，有两项达二级运动员标准。

27 日　卫生部医学教育司朱潮司长等 4 人来学院视察工作。

6 月

15 日　先后抽调沈宝荣、李在连、赵华盛等 7 人支援昌潍医学院，为期 14 天。

8 月

16 日　方春望、张振翔二同志赴北戴河参加全国高等医学教育会议。

1965年

9月

15日　山东医学院报出小血管吻合器和人工喉作为参加全国仪器仪表新产品展览会和我省工业展览会。

10月

25日　副教授苏应宽、讲师江森去北京参加全国第一届妇产科学术会议。

1966年

1月

19日　接中共山东省委组织部通知，华东局批准彭怀正同志任医学院党委副书记（仍兼附属医院党委书记、院长）。院党委转发省委通知，批准附属医院建立政治部，并任命张珍同志兼政治部主任，苗华让同志任政治部副主任。

2月

2日　省委决定将附属医院千佛山病房划归济南市立二院眼科病房，并拨给专款筹建附属医院门诊楼。

3月

8日　方春望同志去上海参加卫生部召开的全国医学科研成果和经验交流会的筹备会议。

19日　高教部蒋南翔部长来学校视察。蒋部长等听取了院负责同志的汇报后，参观了图书馆和人体解剖学教研组，并游览了校园。

4月

16日　举行1966年田径运动会，有803名运动员（男396人，女407人）参加了比赛，为期两天。会上有2人破两项校纪录，3人次达到二级运动员水平，45人次达到三级运动员水平。

5月

13日　召开全院党员大会，次日召开教职工大会，动员开展“文化大革命”。

6月

5日　山东医学院校园内贴出了第一张大字报，在一两天内大字报猛增。

15日　出现了所谓“揭开山东医学院院长王哲的盖子”的大字报，正常的教学秩序被打乱。

17日　中共山东省委向山东医学院派出了以文道宏为组长的工作组，协助山东医学院党委领导“文化大革命”运动，院党委成立了“文化革命领导小组”。

20日　院党委“文化革命领导小组”向省委写了所谓《关于揭露王哲反党反社会主义罪行的报告》，同日晚举行了全院党员大会，公开提出了要批判院长王哲、副院长方春望。

27日　高教部发出通知，暂停1966、1967年的研究生招生。28日，高教部又发出通知，提出高等学校1966年一律不放暑假，留校开展“文化大革命”。

8月

21日　“山东医学院红卫兵”举行成立大会。

25日　“院东方红毛泽东主义红卫兵”成立。

1966 年

9 月

2 日 “院教职工红卫兵”成立。

6 日 “院八一八红卫兵”成立。

12 月

31 日 由山东医学院、山医附属医院、精神病院、护校等 16 个革命组织联合成立“山东医学院东方红”。

1967 年

1 月

24 日 “山东医学院东方红”宣布夺权。

3 月

4 日 山东医学院革命委员会宣布成立。

14 日 中国人民解放军驻济部队毛泽东思想宣传队进驻山东医学院，一月后撤离。

7 月

6 日 山东医学院召开“复课闹革命誓师大会”，所谓“复课”并不是复“业务课”，而是复“毛泽东思想”，复“文化大革命”的课。

9 月

5 日 解放军军训团进驻山东医学院，11 月 22 日撤离。

10 月

5 日 阿尔巴尼亚劳动党中央政治局委员，阿尔巴尼亚人民共和国部长会议主席谢胡和由他率领的阿尔巴尼亚党政代表团部分成员来学校访问。

11 月

3 日 山东医学院革命委员会成立了一支“六·二六教育革命探索队”，到山东省兖州县农村办学。

20 日 山东医学院改为“六·二六”公社，由山东医学院、山东医学院附属医院、山东医学院附属精神病院、附属医院护校等单位组成。这是一个教学与医疗、医疗与预防、防治与科研、医与护、中医与西医等相结合的新型的医疗卫生教育体制。“六·二六”公社建立革命委员会，由革命领导干部、革命群众组织负责人和解放军代表组成三结合的权力机构，掌握公社党政财文一切大权。取消原来的附院护校，改成培养医护结合的中级医务工作者，直属公社革命委员会领导。

1968 年

4 月

5 日 山东医学院革命委员会清理阶级队伍办公室主办的《火线战报》创刊号发行。

9 月

9 日 山东工人毛泽东思想宣传队进驻山东医学院。20 日，启用“山东工人驻医学院毛泽东思想宣传队”印鉴。

1968年

12月

1日　将全院师生员工除后方留守人员外，全部编成营、连、排，下楼出院，徒步到兖州、邹县农村办学，当时把在校的三个年级编成三个营，教师、干部、工人、医护人员分编到各营，并设立了直属连，即“六·二六教育革命探索队”。

30日　中共驻山东医学院工宣队核心小组成立。

1969年

1月

21日　山东医学院搬迁兖州办学，创建兖州县“六·二六”医校。

29日　工宣队指挥部和院革命委员会决定于本月30日和31日在兖州分别召开院革命委员会常委会议和全体委员会议。常委一律在29日到兖州报到，委员一律在30日到兖州报到。

1970年

1月

31日　中国共产党山东医学院革命委员会核心领导小组经中共山东省革委核心领导小组批准成立，自2月1日起，启用“中国共产党山东医学院革命委员会核心领导小组”印章。

7月

本月　山东省革委会核心领导小组决定对全省高等学校进行撤并搬迁，贯彻“五七”指示，“面向农村、面向工矿、面向工农”“实行开门办学”。10月16日，在这个原则指导下，山东中医学院和山东医学院合并，组建新的山东医学院，并搬迁到泰安地区新泰县楼德镇办学，泰安农校的全部校址移交给医学院使用。搬迁后的山东医学院下设四个大队，一大队在枣庄市，二大队在曲阜市，三大队在新汶县，四大队与院本部在楼德镇。

11月

20日　恢复招生，根据新的招生原则，采取“自愿报名，群众推荐，领导批准，学校复审”的办法，废除了入学统考。

1966～1970年

1966～1970年五年间，山东医学院停止招生，1967年分配了1961级毕业生，1968年分配了1962级毕业生，1970年分配了1963、1964、1965三个年级的学生，至此山东医学院已没有正规在校生学习。

1971年

1月

7日　新泰二中全部校址、土地、房舍移交给山东医学院使用。

3月

27日　山东革委政治部批复将原山东中医学院附属医院改名为“山东医学院附属中医医院”。

9月

1日　驻院工、军宣队临时党委和院革委的核心小组决定“二年制医疗专业、药学专业延长一个学期（分别为两年半），由教革部提出延长的安排意见”。

1971 年

10 月

8 日　王俊峰任中共山东医学院革委核心小组组长。

本年　经过基层推荐、学校批准，录取了工农兵学员 1069 名。为了安排首届工农兵学员的学习，分别建立枣庄、曲阜、新汶、楼德四个教学基地，3 月 10 日分别在各教学基地报到入学，学制三年。

1972 年

11 月

山东医学院调整压缩了 1972 年的招生数量，实际招生 400 人，全部集中在楼德。

3 日　撤销了四个大队，恢复教学建制，设药学系、中医系、基础部、临床部和进修部等。

1973 年

2 月

28 日　院临时团委发出关于纪念毛主席"向雷锋同志学习"的光辉题词发表十周年，进一步深入开展向雷锋同志学习活动的决定，在全院掀起学雷锋高潮。

1973 年下学期，山东医学院党的核心领导小组决定把主要力量撤回济南，中医系、药学系迁回济南上课。

12 月

6 日　举办为期十天领导骨干学习十大文件批林整风学习班。

1974 年

3 月

6 日　成立"批林批孔"办公室。

11 月

18 日　美国皮克公司工程师奥伯克来学院安装伽马照相仪。

本年　建立山东医学院楼德分院，山东医学院抽出约 1/3 的教职工留在楼德参与山东医学院楼德分院筹建工作。

1975 年

6 月

21 日　山东医学院共青团第三届全体团员大会。大会选举产生了第三届委员会委员、常委、书记、副书记。

8 月

23 日　在全院召开了批判资产阶级派性动员大会，传达了省委指示及学校的安排意见。

本年下半年，原山东中医学院从山东医学院重新分离出来，迁回济南原址，恢复山东中医学院建制。

1976 年

4 月

27 日　省革委鲁革委[1976]20 号文件批复设立"山东省耳鼻喉科学研究所"，设 30 张病床，作为人工喉科研病房。

8 月

7 日　根据鲁发[1976]25 号文件决定，张宝田任山东医学院党的核心小组组长、革委主任，张洪俊、孙玉兰任山东医学院党的核心小组副组长、革委副主任；林和茂、王振荣同志任核心小组副组长；彭怀正任核心小组副组长，革委副主任；赵庆茂、张青林、赵在坤、蔡和、王松坡、方春望任核心小组成员、革委副主任；孙德成任核心小组成员。

1977 年

3 月

28 日　经省革委教育局与计委、省卫生局等有关部门研究，同意学校建立口腔系的意见，当年招生 25 名。

5 月

4 日　全校隆重举行学习雷锋积极分子先进团支部(团小组)授奖大会，共评选出学习雷锋积极分子 284 名，先进单位 11 个。

10 月

本月　国家恢复高考招生制度，山东医学院医学系恢复招生，学制 5 年。同时学校恢复和增设了卫生专业和口腔专业，并于 1977 年招收学生。这样山东医学院就有了医疗、药学、卫生、口腔 4 个专业。这期间学校设立了医学系和基础部等教学部门。

本年　卫生部启动统编教材的编写工作，山东医学院教师主编了妇产科学(苏应宽主编)、核医学(周申主编)、诊断学(戚仁铎主编)和局部解剖学(曹献廷主编)。

11 月

本月　根据中共中央批示精神，自本月起，山东省陆续撤出了驻各类学校的工、军宣队。17 日，驻山东医学院工、军宣队正式宣布撤离。

1978 年

2 月

2 日　对院领导班子成员进行了调整，彭怀正同志任党的核心组组长，方春望任副组长。

5 月

本月　核心组决定从本月中旬开始按照上级要求层层举办党员骨干学习班，全面发动群众，开展“一批，双打，三整顿”运动。

6 月

本月　根据国发[1978]27 号文件《国务院转发教育部关于恢复和办好全国重点高等学校的报告》，国务院决定对山东医学院实行由卫生部和山东省革委双重领导，以卫生部为主的领导体制。随着领导体制的改变，在划归卫生部领导的同时，撤销“革命委员会”实行院长制，方春望任院长，原革委会时所设的二级机构的名称如教革部、后勤部等取消，恢复教务处、总务处等。在调整充实领导班子的同时加强了党的建设，恢复了党的正常组织生活。

12 月

6 日　中共山东省委正式通知将核心小组改为党委，彭怀正同志任党委书记。

28 日　学校在开展社会主义革命竞赛中，16 个单位被评为先进集体，143 名同志被评为先进工作者。

1978 年，学校开始恢复招收研究生，当年招生 41 名。

1979 年

1 月

18 日　自然辩证法研究组成立。

3 月

3 日　日本代表团一行 26 人来学校参观，蔡和副院长接待并讲话。

25 日　院第九次团代会、第十四次学代会召开。

29 日　山东省精神病院的隶属关系由学校移交山东省卫生局直接领导。

4 月

16 日　美籍华人 4 人参观学校生化、图书馆等部门，赵庆茂副院长与其举行座谈。

25 日　瑞典代表团来学校参观解剖、放射等科室。方春望院长主持座谈会。

本月　在长沙召开的第一届医学视听教育工作会议上，学校的电影教学片《心脏射血功能》《脑干》获奖，并被卫生部发行供兄弟院校使用。

7 月

26 日　卫生部副部长郭子恒来学校视察。

9 月

6 日　召开全院师生职工大会，由彭怀正作关于开展真理标准问题的讨论。

15 日　召开全院党员大会，由赵庆茂传达贯彻中共省委纪律检查工作会议精神及胡耀邦在中纪委工作会议上的讲话。

10 月

15 日　成立研究生科，耿鸿祥任副科长，由科研处领导。

12 月

6 日　中共山东省委电报通知原核心组改称党委，彭怀正任书记，方春望任副书记。

19 日　中共山东省委电报通知补李鸿恩任党委副书记，杜景如、郭文茂为常委；任命苏应宽为副院长。

30 日　附院姜绪民获全国“三八妇女红旗手”称号。

本月　卫生部批准学校增设六年制英语班。

本月　根据高教 60 条中有关机构设置的规定，学校原革委办公室、政治部、教革部、后勤部等机构更改名称。改设为组织部、宣传部、统战部、纪委、武装部、院长办公室、教务处、科研处、人事处、总务处、保卫处。

本年　省文教办公室同意将山东省耳鼻喉研究所划归学校直接领导。

本年　王天铎等的《广泛喉咽癌切除一期喉咽及喉功能重建术》获卫生部甲级成果奖。

本年　学校受卫生部委托代拟《高等医学院校五年制医学专业基本技能训练项目(草案)》，6 月卫生部发至全国医药院校试行。

1980 年

1 月

本月　民盟恢复组织生活，称民盟山东医学院支部。主委张光博，副主委张子刚、张孝中。

1980 年

2 月

27 日　学校党委召开常委扩大会议，认真贯彻五中全会精神，部署 1980 年工作，会议 29 日结束。

3 月

17 日　卫生部批准建立附设性毒理、免疫学、病毒学 3 个研究室，科研专职编制暂定 10 人(毒理 4 人，免疫 3 人，病毒 3 人)。

6 月

29 日　中央爱卫会，卫生部华东检查小组来院检查卫生。

7 月

25 日　应中国医学科学院邀请，美籍化学家何仁杰教授访问学校。

9 月

17 日　美国犹他大学医学院毕范和教授、纳尔逊教授等 5 人来学校讲学，并赠送学校一部分医疗器械。

11 月

7 日　世界卫生组织妇科考察组来校参观。

12 月

2 日　应中华医学会邀请，尼泊尔医学代表团一行 4 人来学校考察访问。

15 日　中共中央组织部批复，同意方春望任山东医学院院长，付效宗、赵庆茂、蔡和、苏应宽为山东医学院副院长，蔡放、牟景途、张汇泉为山东医学院顾问。

18 日　院第五次党代会正式开幕，选举彭怀正任书记，方春望、李鸿恩任副书记，会议于 20 日闭幕。

本年　学校制定《山东医学院学则》，加强学籍管理，规定奖惩制度。

1981 年

1 月

8 日　省委组织部以鲁发[1980]674 号文批复，彭怀正任书记，方春望、李鸿恩任副书记。

2 月

25 日　丁方明副省长来校检查工作，由彭怀正等院负责人汇报。

3 月

24 日　省委王金山书记来院视察工作，省文委邹阳主任，教育处吴鸿章陪同前来。

4 月

8 日　省计划委员会批复，同意将山东医学院附属医院卫生学校改名为山东医学院卫生学校，隶属省卫生厅，委托山东医学院代管。

13 日　卫生部医教局许文波副局长一行 4 人，来院视察工作。

18 日　召开第十五次学生代表大会，通过了上届学生会的工作报告，产生了由 23 人组成的十五届学生会，会议于 19 日结束。

27 日　应学校邀请，美籍学者美国罗州医疗中心主任医师刘筠到学校进行合作研究。

1981 年

5 月

21 日 召开全院教职工大会，传达了胡耀邦关于努力建设社会主义精神文明的讲话精神。

15 日 卫生部计财局副局长刘美亭等来学校检查指导工作。

6 月

2 日 根据卫生部的安排，由沃斯菲娅·侯赛因·凯米尔教授和哈桑·凯米尔·马哈茂德 2 人组成的埃及流行病考察组来学校考察。

29 日 丁方明副省长，文委张青林副主任等来院参加建党 60 周年座谈会。

本月 美国路易斯维尔大学医学院药理学教授、中国血统美籍学者黄旗章为首的药理学家访华团一行 10 人来学校进行访问和学术活动。

本月 “耳垂前面神经封闭治疗面肌痉挛”被在慕尼黑举行的第七届国际神经外科学会选为大会论文，并获卫生厅科研成果一等奖。

7 月

15 日 方春望、张振湘、宋惠民、李寿先应美国犹他大学邀请，出国访问。

8 月

12 日 应卫生部邀请，澳大利亚发展援助局派出的以赛恩特教授为首的援助学校可行性考察组一行 6 人，在卫生部王翠华、外经部杨宝石等陪同下来学校考察。

14 日 卫生部人事局局长李震等来院检查工作，检查持续 9 天。

23 日 喉癌切除硅橡胶喉成形术通过卫生部和山东省科委的鉴定，鉴定委员会认为该成果是一项首创性的研究成果，具有世界领先水平。

24 日 澳大利亚对外援助局派员来学校考察。

31 日 召开党委扩大会议，贯彻六中全会的精神以及全省思想战线问题座谈会和全省高等学校思想教育工作会议精神。

9 月

17 日 澳大利亚对外援助局在北京对“山东医学院项目”举行签字仪式。

10 月

6 日 厄瓜多尔前卫生部部长罗德里戈·菲耶罗博士来学校参观。

11 月

25 日 根据教育厅指示，由学校牵头召开山东省第一次医科院校协作会。

12 月

19 日 省委组织部下文，任命赵桂英为山东医学院卫生学校党委书记、校长；廖吉林为副书记、副校长；李昆华为副校长。

22 日 卫生部批复，同意设立中共山东医学院委员会办公室、山东医学院院长办公室，同意设立计划财务处、器材设备处。

本年 喉切除气管咽吻合术获 1981 年山东省科技进步一等奖，喉咽癌切除喉功能重建术获得 1981 年卫生部科技成果甲级奖。

1982 年

1 月

20 日　经卫生部批准，学校成立学位评定委员会，方春望任主席。

3 月

本月　原医学系改名为“临床医学部”，党组织同时改名为“中共山东医学院临床医学部总支委员会”。

5 月

28 日　院学位评定委员会讨论并通过了《山东医学院授予学位工作实施细则》。

6 月

1 日　卫生部计财局刘美亭副局长来学校了解情况，院领导接待并反映了问题。总务、计财、设备处负责人参加。

14 日　卫生部崔月犁部长来校检查工作，院领导全体参加了会见，由方春望院长汇报工作，文委副主任张明、张青林陪同。

12 月

24 日　《山东医学院》校报复刊。《山东医学院》院刊是院党委的机关刊物。在当前的历史形势下，它的主要任务是：积极宣传马列主义、毛泽东思想，宣传党的路线、方针、政策和共产主义的理想、信念、道德。贯彻院党委的决议和指示，宣传报道全院师生医护员工，在十二大精神指引下，在教学、科研、医疗、政工、后勤等方面工作所取得的成绩、经验以及意见和要求，反映精神文明建设中的好人好事，正确开展批评与自我批评，抵制资产阶级思想的侵蚀。

本月　美国加利福尼亚·巴巴拉心血管医生访华团一行 23 人，应学校邀请，来济进行了友好的访问。访问期间，他们在省人民医院由该院和附院有关医务人员配合，成功进行了我省第一例“状动脉搭桥手术”。

本月　由澳大利亚发展援助局代理局长曼宁博士率领的澳大利亚发展援助局代表团一行 5 人，来学校进行了友好访问。该团此次来访，主要是了解学校对受援项目的准备工作情况，落实《关于山东医学院项目的谅解备忘录》的实施意见。

本月　学院党委召开全委扩大会议。党委书记彭怀正传达省委扩大会议精神，代表党委就学校如何贯彻十二大和省委三届九次全委扩大会议精神，谈了几点意见。

本月　“盐酸哌乙甲酯”为治疗学龄儿童“脑功能轻微失调定”的首选药物。院药学系“盐酸哌乙甲酯”研究小组，经过努力，已取得该项研究成果。

本年　王天铎等的《喉切除气管咽吻合喉功能重建术》、郭亦寿等的《检查胎儿染色体病的细胞学方法的研究》获省科委二等成果奖。王廷础等的《喉癌切除硅橡胶喉成形术》获省优秀成果一等奖、国家发明三等奖。孙克任等的《氯丙烯和环氧氯丙烷中毒性神经炎的研究》获卫生部二级成果奖、省科委优秀成果二等奖。

1983 年

1 月

20 日　药学系无机化学教研室主任徐丽君副教授，应加拿大里贾纳大学K·E·约翰森教授的邀请，作为访问学者去加拿大，共同进行一年的研究工作。

26 日　学校隆重举行首批硕士、学士学位授予大会。

本月初　党委召开总支书记会议，要求各单位按照《关于搞好十二大文件学习年终考试和总结的通知》的要求，对 1982 年十二大文件的学习进行普遍检查，肯定成绩总结经验，找出差距，制定措施，为下学期的深入学习做好准备。

本月　根据上级党组织的指示精神和学校的实际情况，就开展马克思逝世一百周年纪念活动作出安排。

2 月

2 日　卫生部副部长王伟来学校视察工作。

本月　民盟支部召开全体盟员大会，进行换届，组成新的领导班子：主委张振湘，副主委张子刚、张光博。

本月　日本山口县医疗卫生考察团一行 4 人，由西村秀男团长带领，对学校进行友好访问。

本月　党委宣传部召开由教务处、院团委、马列主义教研室、德育基础教研室、院刊室、附院政治处和卫校政治教研室参加的社会科学研究规划座谈会，传达并学习了中央有关文件精神，就学校如何加强社会科学工作等问题进行了讨论和研究。

本月　附院党委召开中年知识分子座谈会，畅谈学习蒋筑英、罗健夫先进事迹的体会。

3 月

2 日　学校教师王明运、王子骥、张玉玺，出席山东省优秀教师代表大会，并受到省府的表彰。

10 日　院党委召开全院教职工纪念马克思逝世 100 周年大会。大会由党委书记彭怀正主持，省委党校科学社会主义教研室讲师李安先作了题为《学习马克思主义，建设有中国特色的社会主义》的报告。

15 日　卫生部在学校召开 1983 年度部属高等医学院校工作会议，总结 1982 年卫生部试行的 1977 年级医学系业务统考经验，交流高等医学院校进行改革的初步设想和有关问题。卫生部副部长谭云鹏，科教司副司长许文博、刘秉勋等人参加。

4 月

21 日　学校红十字会隆重成立，大会任命了方春望为山东医学院红十字会会长，郭文茂、艾力、朱汉英、李昆华、林毓琴任副会长。

本月　寄生虫学教研室副教授王永祥和附院妇产科讲师、主治医师邹玲应美国得克萨斯大学医学院和该院附属医院妇产科的邀请，赴美进行科学研究工作，最近已圆满结束返回学院。

8 月

24 日　中澳技术合作促进发展计划山东医学院项目经管单位昆士兰大学先遣组一行 5 人，由其副校长率领来校考察，澳大利亚驻华大使同行。9 月 10 日，先遣组在方春望院长、周申副处长陪同下赴京与卫生部、经贸部进一步谈

1983 年

8 月

判，草签了“会谈进展情况”，使该项目正式确立。根据协议，澳大利亚无偿援助山东医学院 744000 澳元，山东医学院教师分 4 批 36 人赴澳进修。

11 月

2 日 美国路易斯安那州大学医学中心围产医学主任加伯特(Gabert)教授，应学校邀请，来校进行短期讲学。

11 日 卫生部党组和山东省委派出了工作组到学校考察干部，传达中央、省委关于高校领导班子调整的文件。

12 日、17 日 院党委分别召开全院党员大会和党委工作会议，传达了中共山东省委四届二次全委会精神，并部署了党委的贯彻意见。党委副书记李鸿恩传达了省委会议精神，并代表党委提出贯彻意见。

19 日 学校召开第十六次学生代表大会。出席大会的正式代表 230 名，列席代表 20 名。院领导和各部处系的领导出席大会。省学联和驻济大专院校学生会的代表应邀出席大会并致了贺词。大会审议了第十五届学生会工作报告，修改并通过了《山东医学院学生会工作条例》，选举产生了第十六届学生会及出席省学联第五次代表大会的代表。尹力当选为第十六届学生会主席，杨晓光、何明强、刘平当选为副主席，赵守荣为秘书长。大会选举尹力、张合菊为省学联第五次代表大会的代表。

23 日 党委宣传部、统战部联合召开部分民主党派人士座谈会，就坚持四项基本原则，抵制和清除精神污染的问题，进行了认真的座谈。院党委副书记孟令炳到会并作了重要讲话。

本年 院党委认真落实党的知识分子政策，遵照党中央和省委的指示精神，调动了广大知识分子搞好教学、科研等工作的积极性，推动了全院工作的开展。主要抓了五个方面的工作。(1)认真平反冤假错案，彻底清理了档案。(2)正确对待和解决知识分子的入党问题。(3)大胆提拔了 55 名知识分子担任了院、处、系和科室的领导工作，发挥了较好作用。(4)做好技术干部的职称晋升和业务培训工作。(5)解决了部分知识分子的实际困难。

本年 根据卫生部的要求，学校成立了世界银行贷款办公室。

1984 年

1 月

本月 附属医院内科心血管专业组与省医疗器械研究所密切协作，研制成功了新型卧式蹬车试验装置 XGQ-I 型心功能运动试验器。经有关专家鉴定，认为该试验器具有运动负荷精度高，安全性能好等优点。

2 月

15 日 召开行政科以上干部、教研室及临床各科室正副主任参加的干部大会，方春望院长传达了全国卫生厅局长会议及卫生部部署高等医学院校校院长座谈会精神。

22 日 澳大利亚艾得林大学医学院精神病科主任米勒医生应学校邀请来学校作了题为《妇女在孕期、流产、青春期及更年期的精神状态》的学术报告，受到热烈欢迎。

23 日 卫生部人事司在学校召开 1983 年劳动工资年报会审会。

1984 年

2 月

本月　学校红十字会筹委会召开第一次会议。郭文茂副院长主持了会议，并宣布筹委会成员名单由各部处系及学生代表 18 人组成。会议研究了发展工作，认为第一批发展会员每班 2～3 人为宜。各部处系应抓紧时间筹备成立红十字会卫生站，附院、卫校筹备成立理事会分会。

3 月

8 日　院党委召开党委扩大会议，传达了省委农村工作会议精神，并部署了 1984 年的工作，党委副书记、院长方春望主持了会议，党委书记彭怀正作了报告。

本月　院党委宣传部根据中宣部、教育部、省委宣传部和教有厅的有关文件精神，对《关于人道主义和异化问题》的学习制定了安排意见。

4 月

3 日　西澳大利亚大学马塞·瑞尔教授和杰克逊医生，为执行澳援计划来学校帮助工作。

21 日　山东医学院红十字会成立。山东省政协副主席、省红十字会会长丁方明，副会长李衡、李竹堂、孟德宏、傅曾矩，院党委书记彭怀正，副院长苏应宽、郭文茂等出席了大会，山东医学院红十字会副会长、附属医院副院长艾力主持。

本月　院党委常委召开会议，学习全国科技工作会议文件，讨论研究学校贯彻执行措施。

本月　附属医院和枣庄市电子研究所共同研制的 DST-1 型电子听诊器，在济南通过技术鉴定。省内外临床专家和电子工程技术人员鉴定时认为 DST-1 型电子听诊器在消除噪音、视听同步、便于教学等方面达到了国际水平。

5 月

29 日　院党委作出决定，通报表扬赵兴波、邢雪同学在泰山抢险救人的光荣事迹。

本月　北京医学院、上海第一医学院和山东医学院第四次协作会议召开。

6 月

12 日　党委宣传部发出通知，就六届全国人大二次会议精神的学习和贯彻提出初步意见。

9 月

3 日　受省卫生厅委托，学校首次举办的临床药学进修班正式开课。

29 日　院本部及卫校师生员工 3000 多人听取了赵庆茂副院长作的题为“光荣伟大的三十五年”的报告，庆祝中华人民共和国建国三十五周年。

本月　由学校和河北医学院、白求恩医科大学共同编写的《护理医学问答》被评为 1983 年度全国优秀科技图书一等奖。

本月　根据卫生部提出的要求，学校增设康复医学课程。

10 月

15 日　学校领导班子进行调整，中共卫生部党组任命方春望为山东医学院院长，吴祥廉为山东医学院党委书记，赵庆茂、郭文茂、王廷础为山东医学院副院长。

本月　院党委召开党委委扩大会议，贯彻中共山东省委及卫生部的有关会议精神，深入进行彻底否定“文化大革命”的教育，做好本学期的各项工作，研究改革措施。党委书记彭怀正主持了会议。

1984 年

10 月

11 月

1 日　学校与海拉尔生化制药厂签订长期科学技术合作协议。

2 日　卫生部党组任命吴祥廉为山东医学院党委书记，方春望任院长。

26 日　学校召开部、处、系负责人会议，省委宣传部副部长李茂堂受卫生部党组委托，到会宣读了卫生部党组发出的任免通知并讲了话。卫生部党组经与山东省委商定，任命方春望为山东医学院院长，吴祥廉为山东医学院党委书记，赵庆茂、郭文茂、王廷础为山东医学院副院长。

12 月

4 日　学校承担的省科委下达的“先天性智力障碍的病因及遗传学研究”，在附院和省立医院的协作下，通过鉴定。

8 日　张茂宏副教授领导的科研小组经过三年努力，弥漫性血管内凝血研究取得成功。

14 日　生物医学工程教研室钟子良讲师进行的有关喉重建的研究，在济南通过鉴定。

16 日　学校开始历时一年的整党工作。

本月　附院王天铎副教授用小血管吻合技术移植空肠段重建喉咽及颈部食管成功，“喉次全切除及其扩大颈部皮瓣一期整复术”通过技术鉴定。

本年　学校对全日制本科生助学金制度实行了改革，将原本单一的助学金制度改为助学金和奖学金并存的制度。

本年　日本东京女子医科大学学长吉冈守正等一行 4 人访问学校，院领导就两校建立校级联系事宜与客人进行了商讨。

本年　张天民等的《生化新药胸腺素注射液中试》获省科委成果二等奖。

1985 年

1 月

2 日　根据院党委的统一部署。学校整党工作进行第二专题即否定“文化大革命”的学习，学习活动持续至 1 月 28 日。

本月　按照省委的统一部署，学校从去冬起，到今年 6 月，进行整党。院党委召开全院党员大会，对整党工作进行了深入的思想动员和具体的部署。党委书记吴祥廉作了动员讲话。

3 月

11 日　院团委召开全院学生团支部书记会议，安排了本学年团的工作，并就改革青年工作传统内容和形式，提出新设想。

本月　经国家体委正式批准，学校临床部 1981 级梅亚宁同学获得运动健将光荣称号，成为学校有史以来第一个获此称号的人。

4 月

7 日　山医大学生科技协会在院图书馆召开成立大会。方春望院长、王廷础副院长到会祝贺并讲话。

11 日　学校授予西德乌尔姆大学分子生物学专家克洛茨教授名誉教授称号。方春望院长亲自把名誉教授证书授予了克洛茨教授，并向他赠送了学校校

1985 年

4 月

徽和其他纪念品。郭文茂副院长等也参加了授职仪式。

18 日　院党委召开全体党员大会，吴祥廉书记代表党委对第一阶段的整党工作作了总结，并对第二阶段，即对照检查阶段的整党工作作了动员部署。

29 日　方春望院长率领学校代表团对澳大利亚高等医学教育进行了考察访问，考察访问结束于 5 月 19 日。

5 月

14 日　山东医学院奉卫生部命更名为山东医科大学。

15 日　院党委召开院本部全体党员大会，吴祥廉书记代表党委对对照检查阶段的整党工作作了基本总结，并就转入组织处理和党员登记阶段的工作作了部署和动员。

本月　卫生部党组在学校召开部直属单位纪检工作会议，卫生部副部长顾英奇和党组纪检组的领导参加了会议并讲话。

本月　学校成立仪器修配服务中心和实验动物研究室。

6 月

16 日　应中华医学会和学校邀请，美国小儿外科学会佛罗里达医院丹尼斯·莱弗教授及夫人夏洛特和纽约长岛医院中心马丁·阿布罗姆教授及夫人一行来学校交流参观。

8 月

5 日　赵庆茂副校长率领学校回访团访问了东京女子医科大学。团员有王廷础副校长及岳文浩、殷立基等 3 人，访问于 8 月 10 日结束。

9 月

6 日　校行政发出通知，正式启用“山东医科大学”印章，同时“山东医学院”印章作废。

7 日　学校师生隆重庆祝我国首届教师节。省卫生厅厅长张治萍和校领导方春望、吴祥廉等出席了大会。

10 日　为执行澳援计划，澳大利亚心血管病专家希济基教授，临床流行病学专家鲍威尔教授、惠伦教授，小儿科学专家雷德斯基医生等 4 人，陆续前来学校短期工作。澳大利亚专家来校后，方春望校长、郭文茂副校长等校领导会见了他们。

21 日　学校召开 1984～1985 学年三好学生、优秀学生干部和先进班集体表彰大会，对一年来涌现出的德智体全面发展的 236 名三好学生、117 名优秀学生干部和 10 个先进班集体给予表彰和奖励。方春望校长，赵庆茂、郭文茂副校长和各部系、团委的负责人出席了大会。

本月　学校开设耳鼻喉科、麻醉和临床检验三个专业班。

10 月

11 日　美国著名结缔组织学科专家、犹他大学医学院院长塞缪尔逊教授访问学校。

17 日　塞缪尔逊院长代表犹他大学医学院同学校附属医院签署了备忘录。

18 日　校党委组织全校处以上干部和政工人员集中学习了党代会文件，并进行了认真的座谈讨论，学习与座谈讨论持续至 10 月 23 日。

1985年

10月

30日　《医学教育研究》创刊。

本月　九三学社山医支社进行了改选，王永祥任主任委员，于佩良任副主任委员。

本月　民盟山东医科大学总支部成立，民盟山东省委员会主任委员、省政协副主任郭贻诚参加了大会，中共山医大党委书记吴祥廉到会祝贺并讲话，会议选举张振湘、张子刚等七人为总支委员。

11月

1日　国家医药总局沈家祥副总工程师应学校邀请，来校参观、座谈。副总工程师对学校药学专业的教学和科研工作等提出了许多积极的指导性的建议和要求。

2日　党委召开学生干部大会，党委书记吴祥廉传达了党中央的有关指示精神，并就同学们关心的我国经济形势，对外贸易、外交政策等问题作了简要的宣讲。

8日　校党委召开学校各民主党派成员、政协、人大委员、侨眷、台属、港属等部分党外人士会议，传达省政协、省委统战部召开的"省各界人士为四化服务经验交流会"会议精神。校党委书记吴祥廉主持并讲话。

20日　党委研究决定，将原每星期三下午校领导轮流接待学生日改为校领导集体接待师生医护员工日，作出转变工作作风新规定。

12月

9日　校党委召开学生代表座谈会，纪念"一二·九"运动五十周年。

20日　教学七楼开始施工。1988年5月15日，竣工。

本月　附属医院耳鼻喉科《游离空肠喉医治喉咽颈段食管缺损整复喉功能重建术》和附属医院《女性节育手术并发弥漫性血管内凝血的研究》均获1985年卫生部乙级成果奖。王天铎等的《喉次全切除及其扩大颈皮瓣一期整复术》获省科委二等奖。

1986年

1月

10日　学校举行《山东医学院学报》创刊三十周年纪念会。省教育厅、卫生厅，省高校校报研究会，省高校自然科学学报编辑研究会及兄弟院校学报编辑部的代表以及学校历届学报编委参加会议。郭文茂副校长讲了话。

25日　为使校报规范化，经山东省高校校报研究会建议，校党委批准，《山东医学院》院刊自216期起改为《山东医大报》，院刊编辑室更名为校报编辑部。

本月　学校临床部1981级三班梅亚宁同学被团省委、省教育厅授予"尖子学生"称号。

2月

28日　校党委和校行政召开处以上干部会议，传达全国卫生厅(局)长会议和卫生部部属院校校(院)长会议精神，部署1986年的工作会议首先认真学习了中共中央总书记胡耀邦在中央机关干部大会上的重要讲话；赵庆茂副校长传达了卫生部召开的全国卫生厅(局)长会议和部属院校校(院)长会议精神；校党委书记吴祥廉就1986年校党委的主要工作作了部署，并对有关的工作重点作了说明，此次干部会议结束于3月1日。

1986 年

3 月

12 日　学校领导班子调整，方春望任名誉校长，免去其校长职务；王廷础任校长，党委委员；周申为副校长，邵明立任党委副书记。

4 月

5 日　校工会第十二次代表大会隆重召开，校工会工作进入新的历史时期。出席这次代表大会的有 232 名正式代表和 43 名列席代表。省教育工会主席安维良，校名誉校长方春望出席了大会。校团委、学生会的负责人也出席了大会。这次大会的任务，主要是审议校工会第十二届委员会的工作报告，选举校工会第十二届委员会和经费审查委员会。在大会上，赵庆茂副校长向大会致开幕辞。校党委书记吴祥廉代表校党委讲话。

14 日　为执行澳援计划，澳大利亚新堡大学医学院、加拿大多伦多大学医学院临床流行病学专家李特和凡宁教授来学校进行为期五天的讲学。

19 日　校党委在小礼堂召开学校机关干部大会，号召机关全体党员和干部，在端正党风，转变机关作风中起表率作用，为实现党风的根本好转，为推动全校各项改革工作和精神文明建设的进一步开展而努力奋斗。吴祥廉书记、王廷础校长、郭文茂副校长在会上讲话。

23 日　北京医科大学口腔医学院郑麟范、黄金芳教授等一行 6 人，应学校邀请，来校和口腔系部分教师进行了座谈。周申副校长接见了他们，并进行了亲切的会谈。

24 日　卫生部部属院校 1986 年研究生本科生毕业分配工作协调会召开。部属 13 所院校和卫生部直属单位代表参加了会议，协调会闭幕于 4 月 27 日。

本月　根据山东省与日本和歌山县友好省县协议书条款规定精神，学校与日本和歌山县立医科大学正式建立友好校际关系，以方春望为团长，李承俊、王慧才、李秉毅、潘景涛为团员的访日团，访问了日本和歌山县立医科大学，并正式签订友好学校协议书。

1986 年 4 月，山东医科大学与日本和歌山结为友好学校签字仪式

1986 年

4 月

本月　应卫生部贷款办公室和学校的邀请，美国马萨诸塞州总医院设备维修工程师约翰·马修·韦泰雷(Matthew Vetere)先生来学校访问。

5 月

3 日　江森教授获省劳模荣誉奖章。

17 日　中共济南市委常委、副市长王炳琴，在附属医院召开市、区政法现场办公会。

24 日　附属医院召开工会第八次会员代表大会，通过了工会工作报告，选举了新的工会委员会和经费审查委员会。山东医科大学党委书记吴祥廉和校工会副主席杨增鲁出席了大会。

6 月

31 日　第一届教代会在小礼堂召开。省总工会、济南市总工会、省教育工会及驻济大专院校工会负责人出席了大会。卫生部科教司为大会发来了贺电。大会一致通过了王廷础校长的工作报告及有关决议，教代会圆满落幕于 7 月 1 日。

1986 年 6 月 30 日，山东医科大学召开第一届教职工代表大会

7 月

1 日　建立了校中心实验室。

20 日　挂靠学校的山东省理科学会第九届年会在石臼港召开，出席会议的代表、列席代表等共 200 多人。会议共收到论文 184 篇。这次会议选举了以王明运副教授等 29 名理事组成的第九届理事会，会议结束于 7 月 23 日。

本月　住房分配委员会成立。郭文茂任主任，郑杰芝、张馥、杨增鲁任副主任。

8 月

14 日　山东解剖科学会 1986 年学术年会在烟台市牟平县召开。会议分两个专业分别宣读论文共 76 篇。

9 月

1 日　华东白求恩医学院校史座谈会在学校召开。会议系根据卫生部前副部长崔义田的建议及卫生部副部长陈敏章的批示，为写出较高水平的校史稿而

1986 年

9 月

举行的。参加会议的有原华东白求恩医学院的教师、工作人员及一、二届同学代表，校党委书记吴祥廉、校长王廷础等领导到会与参加会议的全体人员亲切会面并讲了话。原卫生厅副厅长李衡和省人大常委会委员、原教育厅厅长高维真也出席了会议。会议还确定了编委会成员，推选崔义田为名誉主编；方春望为主编，座谈会于 9 月 5 日结束。

3 日　九三学社山医大支部举行座谈会。社中央顾问黄少明教授到会作了关于九三学社发展史的报告，校党委书记吴祥廉、组织部部长郝宏明到会并讲了话，校其他民主党派负责人到会祝贺。

18 日　张汇泉教授逝世。

张汇泉（1899～1986），直隶（今河北省文安县）人，人体组织胚胎学家。1926 年毕业于齐鲁大学医学院，1932 年留学美国，1933 年回国。先后担任齐鲁大学医学院院长、湘雅医学院教授，河南大学医学院院长，浙江大学医学院教授。1952 年后，任山东医学院副院长、山东省政协常委、民盟山东省委副主任、山东医学院教授、山东医科大学顾问、中华医学会山东分会理事长、山东科联主委等十几个职务。早年从事细胞器的研究。20 世纪 50 年代初设计制造了系统、完整的胚胎学教学模具，建立了胚胎标本室，为我国胚胎学奠定了基础。

27 日　学校召开教师、干部大会，请山东大学张知寒副教授作教书育人专题报告，会后并组织部分教师、干部进行座谈讨论，进一步推动学校教书育人工作。

10 月

21 日　校学位评定委员会通过《关于接受外单位应届毕业生申请硕士学位的暂行规定》。

28 日　制定了山东医科大学《接收本校推荐免试攻读硕士学位研究生暂行办法》，规定了“学生评选、领导批准、招生单位审核录取”的办法。

11 月

19 日　校党委召开思想整治工作会议，处级以上干部、专职和兼职政工人员、校优秀思想政治工作者及马列、德育、校报人员等 100 多人参加了会议。会上成立了“山东医科大学思想政治教育研究会”，并选举吴祥廉等 47 人当选为第一届理事会理事，吴祥廉任会长，赵庆茂、邵明立、李金邦、于进汉任副会长，韩克佑任秘书长，杨玉廷、杨增鲁、李国庆任副秘书长。工作会议结束于 11 月 22 日。

20 日　供暖面积为 54.733 平方米的大锅炉及全校集中供暖工程竣工。

12 月

24 日　建筑面积为 6700 平方米的卫生系教学楼（教学九楼）通过验收交付使用。

30 日　校学位评定委员会通过《关于在职人员申请学位工作实施细则》和《关于加强硕士研究生指导教师遴选工作的试行规定》。

本月　国家科委批准授予王廷础“有突出贡献的中青年专家”荣誉称号。

本月　动物实验楼竣工交付使用。

1986年

12月

本年　筹建第二附属医院。

本年　林希蕴等的《大蒜阻断亚硝胺合成的研究》获卫生部乙级成果奖。张茂宏的《女性节育并发DJC》的研究获国家计生委科技进步二等奖。

本年　暑期召开的山东省高校共产主义思想品德教学研究会，对我省高校思想品德教学科研成果进行了评比，吴祥廉的论文《关于医务人员"职业语言"及其修养的探讨》、山东医科大学《社会主义医学伦理学》编写组的专著《社会主义医学伦理学》（山东人民出版社出版），以及学校与兄弟院校合编的《共产主义思想品德教材》（山东人民出版社出版）三项获得一等奖；德育教研室的《论医德教育的社会效益》一文，获得二等奖。

1987年

3月

18日　以托尔波特团长为首的世界银行贷款卫生项目监督考察团一行5人检查贷款项目的执行情况，王廷础校长会见考察团全体成员。考察于3月21日结束。

25日　谭庆琏副省长率省市有关部门负责人来校现场办公，研究第二附院的选址问题。

本月　成立护理系、学生处。

本月　中共山东省委宣传部，山东省教育厅，共青团山东省委，山东省教育工会作出决定，对全省优秀思想政治教育工作者进行了表彰并颁发了荣誉书，杨增鲁，赵宪村、韩克佑、宋洪山、赛季秋（女）、王晋臣、滕伯刚、徐丽君（女），林毓琴（女）等10人受到表彰。

4月

8日　学校正式选出区人大代表。

同日　国务院学位委员会批准学校内科学、生理学为第二批在职人员申请学位工作的试点。

15日　经校学术委员会审议、校领导批准，张衡、张庆会、孔繁聚、田进国、任慧霞、徐从高、史仍田、汤继文、姜会敏、李杰等10人获得首批中青年科学基金项目。

20日　王廷础校长、周申副校长等会见西澳大利亚大学马塞·瑞尔教授。郭文茂副校长会见美国得克萨斯州立医学院教授伊文特博士。

本月　学校第十次校长办公会决定试行山东医科大学中青年科学基金。

本月　校领导召开各职能部门负责人座谈会，传达省委、省政府及卫生部关于深入开展增产节约增收节支运动的文件，并结合学校实际进行座谈讨论。郭文茂副校长主持了座谈会。

6月

本月　澳大利亚昆士兰医学院图书馆馆长富林女士来学校进行学术交流。

7月

本月　药学系主任王慧才教授和研究生葛蔚颖撰写的两篇关于锕系元素促排药物和金属螯合药物的研究论文已被第二十五届国际配位化学会议收录。王慧才教授等出席了会议。

1987 年

8 月

22 日　卫生部部长陈敏章来校检查工作。陈部长听取了学校及附属医院的工作汇报，视察了有关科室，对教学、医疗、科研工作表示满意，并对有关问题作了具体指示。

9 月

10 日　校党委和校行政召开教师节庆祝大会，隆重表彰了 1986～1987 学年的优秀教师、优秀辅导员和优秀班主任。

14 日　澳大利亚昆士兰大学医学院巴德利教授来学校进行了访问，了解澳援项目执行情况，并就校际交流事宜同校领导进行了广泛的交谈，访问结束于 9 月 16 日。

15 日　《山东医科大学学报》(社会科学版)创刊。创刊号上发表了陈敏章、梁步庭、姜春云等领导的题词，省委宣传部部长苗枫林、著名作家萧涤非等为创刊号撰写了文章。

22 日　省教育厅专家组来学校对 1984～1986 年三届内科心血管病专业毕业硕士研究生的培养、管理和学位授予工作等进行检查评估。此次评估结束于 9 月 23 日。

24 日　应学校邀请，美国爱因斯坦医学院莫顿·考恩教授和斯坦福大学医学院大卫·邦姆教授抵达学校，进行为期 3 周的学术交流活动。

本月　张运、赵忠堂获卫生部首届青年科学基金。

本月　学校成立研究生部。

本月　中国农工民主党山医大支部成立。省委统战部、农工民主党山东省工委的负责人、校长王廷础、党委副书记邵明立及各民主党派代表出席了会议。

本月　根据国务院有关文件精神和国家教委、财政部的通知，学校今年入学新生将实行奖学金和贷款制度。

10 月

5 日　根据中澳技术合作促进发展计划山东医科大学项目规定，新堡大学行为科学教授罗伯·菲谢尔来学校工作。

8 日　卫生部部属院校维修经验交流会在学校召开。12 所部属院校，7 所省属院校(特邀)的总务处长或科长共 37 人参加了会议。这次会议由卫生部部属院校后勤管理学会召开，于 10 月 12 日闭幕。

9 日　校党委召开支部工作交流会，有 11 个党支部就如何开展支部工作进行交流。校党委书记吴祥廉在会上作了总结。

18 日　学校在山东剧院举行授奖大会，表彰 1986～1987 学年涌现出来的优秀学生干部、三好学生、单项奖获得者和先进集体，全体获奖学生和 1987 级新生出席了会议。校领导和部系负责人向获奖者和先进集体代表颁发了荣誉证书和奖状。党委副书记邵明立在授奖大会上讲了话。

25 日　王廷础校长当选中共十三大代表并出席了十三大。

28 日　学校召开档案工作会议，各部、处、系、教研室负责人及兼职档案员共 100 多人参加会议。会议传达了上级有关加强档案工作的文件，讨论并修改了学校科技档案工作的系列规章制度。郭文茂副校长出席会议并讲话。

1987 年

10 月

同日　校党委召集有关部门负责人及部分教师，座谈学习赵紫阳在党的第十三次全国代表大会上所作的报告。

本月　李兆亭、袁孟彪、张世玲被评为山东省优秀教师。

本月　学校张振湘教授等 6 人，在中国科协和中国科普作协等单位举办的优秀科普评奖活动中，分别获得一、二、三等奖。张振湘《心脏的“引滦工程”》获全国优秀科普一等奖；冷广贤《你真的了解糖吗?》获全国优秀科普三等奖；沈元津、冷广贤《人类希望的曙光——单克隆抗体技术》获山东省优秀科普二等奖；戴学定《婴儿健康观测法》获山东省优秀科普二等奖；郭亦寿《为什么要提倡和推行优生》获山东省优秀科普三等奖；夏寿恺《浅谈宫内节育器》获山东省优秀科普三等奖。

本月　附院首例经皮下腔静脉成形术获得成功。腔静脉手术的成功在该病种治疗方面开辟了新途径，为我省和国内利用气囊导管治疗下腔静脉梗阻填补了一项空白。

本月　山东省副省长马长贵、省科委主任何宗贵等，在省府接见我省参加第三届全国发明展览会载誉归来的部分代表，学校李莱田、周世慧受到接见。李莱田等人发明的全息诊疗仪，今年 9 月在长春举办的第三届全国发明展览会上荣获银牌奖。今年 4 月，曾获得第十五届国际博览会金牌，受到国际友人的好评。

本月　最近，由山东省教育厅组织的专家组一行 6 人，以学校内科心血管专业为重点，全面检查评估了硕士学位质量。校长王廷础、副校长赵庆茂、周申听取了专家组的检查评估意见。

11 月

7 日　中共十三大代表、学校校长王廷础，上午向校党委传达了大会精神，下午在附院小礼堂向全体党员传达了大会盛况并畅谈了自己的体会。

11 日　设立“李缵文奖学金”。李缵文是山东医科大学生物化学教研室主任、教授，是我国早期的著名生物化学专家，我国生物化学的创始人之一。为了纪念和表彰李缵文教授对党的教育事业和科学事业所做的贡献，决定将李缵文教授临终前捐赠给学校的一万元人民币，设立“李缵文奖”。

17 日　校党委发出《关于学习贯彻十三大文件的安排意见》，对认真学好十三大文件作出部署。

19 日　中国国民党革命委员会山东省委员会直属山东医科大学支部成立。民革山东省委主委张锡田到会并讲话，校党委书记吴祥廉到会祝贺。

26 日　学校召开教学工作研讨会，各系(部)、教研室及教学管理部门的负责人共 100 多人参加了会议。周申副校长代表校行政对学校前段教学改革工作进行了总结。

本年　寿楠海等的《纤维导光胆道镜碎石清洗器的研制及临床应用》获 1987 年省科技进步一等奖。张运等的《应用多普勒超声心动图对主动脉瓣狭窄定量化究》1987 年获省科技进步二等奖。陈雨历等的《去黏膜肠管平滑肌翻转肛门内括约肌重建》1987 年获省科技进步二等奖。韩秉公等的《脂肪抽吸术动物实验与临床应用研究》获 1987 年省科委科技进步二等奖。王天铎等的《喉次

1987 年

11 月

全切除及其扩大颈皮瓣一期整复术》获国家科技进步三等奖。

本年　学校首次招收 6 名攻读博士学位研究生。

本年　在卫生部组织的全国医药高等院校优秀教材评审中，戚仁铎教授主编的《诊断学》获全国优秀教材奖。

1988 年

1 月

13 日　学校召开设备管理工作会议。会上，于秉振处长传达了卫生部直属单位仪器设备管理工作会议精神，郭文茂副校长作了《关于学校仪器设备管理工作情况和今后加强管理意见》的报告。学校各部、处、系负责人及教学科研秘书，教研室主任、实验室负责人和高级实验师等设备管理工作人员参加了会议。

19 日　山东省高校校报研究会二届二次常务理事扩大会在学校召开，会议于 1 月 23 日结束。

2 月

本月　召开职能部门座谈会，研究生部提出加强研究生管理，进一步提高培养质量。校领导吴祥廉、赵庆茂、周申、邵明立出席了座谈会。

3 月

本月　由学校承担，有关单位协作的山东省先天畸形及遗传病调查科研项目初步完成调查。

4 月

5 日　日本和歌山县立医科大学中国医学医疗研究部访华团一行 11 人，来学校访问，访问结束于 4 月 8 日。

11 日　学校 32 人被选为各级人大代表和政协委员。傅曾矩、李大年为全国人大代表，王天铎为全国政协委员；林毓琴为省人大代表，王永祥为省政协常委。

12 日　齐鲁大学医学院护理系的美籍华人刘佩贞校友回到母校参观访问。刘佩贞，长清县人。退休前，她是美国旧金山弗雷斯诺医院的卫生专家，SOAOMA 州立医院医生。她这次来济，主要是与有关部门商谈为纪念其在抗日战争期间死去的双亲，拟在家乡建立医院的事宜。

17 日　学校研究生第一次代表大会胜利召开，在校 307 名研究生的 47 名代表参会，通过研究生会筹各小组作的工作报告和研究生会章程草案，选举产生了第一届研究生会。

本月　总建筑面积 5000 平方米的教学七楼竣工，即将交付使用。

本月　附院小儿科心血管组的医生在放射科和外科医生的密切配合下，首次利用气囊导管为一例患有先天性主动脉瓣狭窄的小儿施行瓣膜成形术获得成功。

5 月

4 日　为了我省农村卫生山东事业改革与今后发展的需要，经省哲学社会科学“七五”规划领导小组批准，由学校和省卫生厅共同承担了全省“七五”规划科研项目“山东省农村卫生事业发展战略与对策”研究课题，5 月 4 日至 6 日在学校召开了课题工作会议，山东省卫生厅副厅长吕国恩到会讲话。课题组负责人赵庆茂副校长作了课题工作报告。

1988 年

5 月

10 日　学校寄生虫学教研室经上级批准开设的省城首家门诊正式对外开诊。

12 日　在山东省召开的庆祝国际护士节大会上，附属医院心血管内科病房护士长姜绪敏继荣获“全国三八红旗手”“山东省优秀护士”称号之后，再度被授予全国“模范护士”的光荣称号。

21 日　学校首届教职工代表大会第二次会议在小礼堂胜利闭幕。代表们认真审议并通过了王廷础校长作的《学校工作告》、工会主席周申作的《教代会工作报告》《山东医科大学关于加强校风校纪建设的决定》《山东医科大学教书育人工作暂行条例》，对《职工住房分配及管理办法》提出了修改意见。这次会议的召开，标志着学校民主管理的进一步加强，必将改进和推动学校的管理工作，促进全校精神文明建设的发展。

23 日　国务院学位委员会、卫生部联合组织的医学硕士研究生教育及学位授予质量检查组一行 13 人，来学校检查硕士研究生工作。检查组通过听取汇报、实地考察、在看资料和召开座谈会的方式，对学校生理、病理解剖和微生物与免疫 3 个学科的硕士生教育及学位授予质量进行了认真检查。检查组对学校的硕士研究生工作给予了肯定，检查工作于 5 月 25 日结束。

26 日　世界小儿外科学会援助组主席布朗特教授夫妇及助手一行 3 人来学校参观访问。访问期间，布朗特教授夫妇同英语医学班的师生进行了座谈并参观了附院病房，参加了手术讨论。

本月　学校成立科技开发办公室。

本月　根据国家教委最近下达的文件规定，学校专业设置有新调整：原医学专业改为临床医学专业，原卫生专业改为预防医学专业。

6 月

1 日　学校老干部工作领导小组召开全体会议，传达了省老干部工作经验交流会议精神，讨论并研究了学校老干部工作。校党委书记、老干部领导小组组长吴祥廉在会上讲话。

15 日　卫生部下达文件，转发了国家教委《关于教授、副教授及副教授任职资格审定权的批复》的函，批准了学校有副教授任职资格审定权。

同日　校党委和校行政发出通报，表彰微生物与免疫学 1985 级研究生、班长王东方在福州市勇救落水儿童欧翔的事述。

18 日　校党委根据省委的有关指示精神，召开“中国共产党山东医科大学代表会议”，选举出席省五次党代会的代表。校党委书记吴祥廉当选。

24 日　学校思想政治教育研究会第一届年会在图书馆一楼报告厅召开。学校从事思想政治教育及各部、处、系有关负责人 100 多人参加了会议。赵庆茂副校长主持会议，吴祥廉书记致开幕辞，卫生厅副厅长吕国恩在会上讲了话。

27 日　学校在图书馆报告厅召开首届博士生毕业典礼授予学位大会。王廷础校长向首届毕业的博士生牛军颁发了博士学位证书。

本月　孙克仁、王善政、吴承远被卫生部授予“有突出贡献的中国青年专家”荣誉称号。

本月　附院首例心内膜下心肌活检手术成功。

1988 年

8 月

本月　新建幼儿园交付使用，面积 2089 平方米。

9 月

9 日　学校召开中层干部会议，传达国家教委北戴河暑期学校工作会议精神，附属医院、药学系、总务处在会上分别介绍了关于积极开展有偿服务和承包管理的经验。王廷础校长结合学校的实际情况，就学校的工作谈了几点意见。

10 日　学校在小礼堂隆重举行 1988 级新生开学典礼。王廷础校长代表校党委、校领导和全校教职工向来自全国 14 个省市的 496 名新同学表示祝贺和欢迎。

12 日　根据中共山东省委组织部、省教育厅的要求，学校 1988 届山东省省级机关讲师团成员已确定，李国庆、王言法、陈德金 3 人经过培训，赴聊城工作。

22 日、24 日　学校分别召开的优秀教师和优秀党员先进党支部座谈会上，王廷础校长向与会人员通报了学校工作情况。

30 日　学校召开各部、系、附属医院分管科研工作的负责人座谈会上，科研处就初步制定的评估要素、等级性条目、评分方法作了详细说明并广泛征求了意见。周申副校长参加了座谈会。

本月　新建冷库竣工交付使用，容积 50 吨。

本月　经省工商局等单位批准，学校生化教研室联合全省生化专业技术人员成立了山东生化技术开发服务部，对于普及全省生化实验技术、加速科研成果转化为生产力将起到积极的推动作用。

10 月

2 日　澳大利亚墨尔本皇家医院核医学专家约翰·安德鲁斯夫妇一行 3 人对学校进行了友好访问，访问结束于 10 月 4 日。

8 日学校在小礼堂隆重举行首次“李缵文生化奖学金”授奖大会。名誉校长方春望、“李缵文生化奖学金”评委会主任赵庆茂副校长等参加了大会。

同日　卫生部部属院校维修经验交流会在学校召开。12 所部属院校，7 所省属院校（特邀）的总务处长或科长共 37 人参加了会议。会议由卫生部部属院校后勤管理学会召开，并于 10 月 12 日结束。

15 日　为表彰 1987～1988 学年学生中涌现出来的先进个人和集体，学校在山东剧院举行表彰大会。赵庆茂、郭文茂、周申、邵明立等校领导和学生处、团委、各部系负责人到会，并为获得三好优秀生、优秀学生干部、三好学生称号的个人和获得先进部系、年级、班级、团支部称号的单位颁发了证书和奖状。

23 日　美国得克萨斯州大学药理学教授、美国生理学会主席来学校访问。

27 日　为贯彻执行党的十三届三中全会提出的关于“进行一次广泛、深入的形势教育”的指示精神，校党委书记吴祥廉，副书记邵明立带领 20 多名政工干部赴齐鲁石化总厂参观学习。

本月　建成面积为 6088 平方米的学生宿舍大楼竣工。

本月　学校青年副研究员张运获霍英东科研基金资助，研究项目是“膜性和管性狭窄病变时射流速度与压力阶差间的定量关系”，资助金额为 1.575 万美元，研究期限为 3 年。

1988 年

10 月

本月　附院首例经皮下腔静脉成形术获得成功。腔静脉手术的成功在该病种治疗方面开辟了新途径，为我省和国内利用气囊导管治疗下腔静脉梗阻填补了一项空白。

11 月

5 日　首次颁发徐又华奖学金。

9 日　卫生部直属单位老干部工作经验交流会在学校召开。卫生部老干部局局长杨征讲话，学校党委书记吴祥廉作重点发言，经验交流会结束于 11 月 11 日。

同日　王廷础校长等 5 人赴日本和歌山县立医科大学进行友好访问，对该校管理体制，编制、人员构成、机构设置、教师的业务培养、医院行政管理、图书馆情况等进行了考察。代表团还参观了日本东京女子医科大学、日本医科大学。访问于 11 月 18 日结束。

18 日　吴承远、王善政、王天铎、江森、张茂宏、张诚、应诗达、寿楠海、王廷础、孙克任等成为学校首批省（部）级专业技术拔尖人才。

同日　中国致公党山东医科大学支部成立，中共山东省委和济南市委统战部，致公党山东省工委、市委、市侨办、各大专院校有关人员，学校各民主党派负责人、校统战部负责人出席了成立大会。

22 日　郭文茂副校长主持召开机关各部门负责人会议，就整顿机关作风，加强工作纪律问题作了专门研究和部署。

26 日　由学校围产医学中心和附属医院筹办的“第一届济南国际妇产科学术会议”在济南空军招待所召开。山东省副省长赵志浩出席了开幕式，会议于 12 月 2 日闭幕。

12 月

3 日　赵志浩副省长来学校视察工作。王廷础校长、吴祥廉书记等学校领导就学校基本情况、改革与发展、教学与科研、后勤、学生工作等方面作了汇报。副省长在听取汇报中和汇报后对学校工作作了重要指示。

13 日　召开山东医科大学研究生教育十周年经验交流会，讨论了《山东医科大学关于实行研究生工作三级管理体制的试行办法》。

15 日　我国著名医学史专家程之范教授应邀来作了题为《医学史研究现状与医学发展方向》的专题报告。

21 日　根据山东省教育工会的文件精神，学校成立了女教职工委员会。该委员会由 23 名委员组成。主任委员徐丽君，副主任委员姜绪敏、张乐、杨玉秋、张兰田。

22 日　召开学生工作经验交流会，邵明立副书记就明年学生工作提出重要指示。

26 日　全省高校优秀科研成果奖励大会上，学校有 19 项获得教育厅成果奖。

30 日　省科委召开的授奖大会上，学校有 6 项成果获得科技进步奖。

本月　由赵庆茂副校长带队的高级出国进修组一行 4 人，赴美国进行访问考察。按照计划，赵庆茂副校长、王占民主任将去犹他、肯塔基、哥伦比亚三所

1988 年

12 月

大学，郭亦寿、李笠教授去犹他大学进修学习。

本年　学校获国家自然科学基金资助项目 10 项。总经费为 22.1 万元。课题组负责人分别是：于佩良、刘磊、贾士铨、徐松德、张世玲、朱全明、曹克英、王怀径、胡维诚、崔晞。

本年　学校有 5 项科技成果获省科委颁发的“科学技术进步奖”。由附属医院寿楠海等研究的《纤维导光胆道镜碎石清洗器的研制及临床应用》获科学技术进步一等奖；陈雨历等研究的《去黏膜肠管平滑肌翻转肛门内括约肌重建》和张运研究的《应用多普勒超声心动图对主动脉瓣狭窄定量化研究》荣获科学技术进步二等奖；由卫生系韩世杰等研究的《风疹病毒生物学特性结构多肽及垂直传播的实验研究》和李笠等研究的《原发性肝癌致病因素病侧对照研究》获科学技术进步三等奖。

本年　学校试办 7 年制临床医学专业。

1989 年

1 月

26 日　英国驻华大使科技一秘（文化）、英国文化委员会科技专员艾尔思博士来学校进行参观访问。

本月　在省青联七届一次会议和学联第六次代表大会上，学校教师张运当选为省青联副主席，校学生会主席当选为省学联副主席。

3 月

10 日　学校召开财务管理工作座谈会。

14 日　中国民主促进会山东医科大学支部成立，王良安任主委，侯竹影、姚泽贤任副主委。

同日　学校与章丘县共建预防战略社区基地。副校长郭文茂、章丘县县长李华里分别代表山东医科大学和章丘县人民政府在协议书上签字。

23 日　由美国、英国、印度、越南等常驻联合国世界卫生组织的专家及我国卫生部的专家组成的中国儿童计划免疫审评团来学校附院对儿童计划免疫工作进行了全面审评。

本月　赵庆茂副校长、岳文浩研究员等人联合研究的《卫生系列（医）专业技术职务考评方案》由省科委组织并通过技术鉴定。

本月　中华预防医学会山东分会在济南成立，周申副校长当选为副会长。

4 月

10 日　美国肯塔基大学医学中心副校长博索姆·沃思（Bosom Worth）教授来学校进行学术交流，学术交流于 4 月 16 日结束。

19 日　学校召开毕业分配专题会议，讨论部署今毕业生分配工作，会议传了国务院批转国家教委《关于高等学校毕业生分配制度改革方案》，听取了卫生部、山东省毕业生分配协调会议精神，对学校毕业生分配面临的形势、任务和如何做好分配工作进行了讨论。

27 日　校党委召开扩大会议，传达省委有关会议精神，动员全校党员及师生医护员工，坚定地贯彻党中央、省委的指示精神，提高认识，擦亮眼睛，同一切制造动乱、反对四项基本原则的言行作坚决斗争，维护安定团结、改革开放和四化建设的大局。邵明立副书记在会上传达了省委有关会议精神，吴祥廉书记在

1989 年

4 月

会上讲了话。

28 日　应学校邀请，美国田纳西州 ARAM 研究中心艾弗森博士(Dr Iverson)作了题为“科学思路的形成和发展”的学术讲座。

30 日　第二届教代会、第十三届工代会筹委会在办公楼会议室召开第一次会议。

本月　卫生部计财司魏颖司长来学校检查工作。

本月　经学校研究决定，成立社会科学部。杨玉廷任主任，刘玉璋、李文鹏任副主任。

5 月

3 日　卫生部政策法规司支峻波司长来学校检查工作，并与校领导就有关医学教育、医疗卫生方面的一些政策问题进行了座谈。

同日　学校成立外事处、成人教育处。

18 日　卫生部教育司在学校召开卫生部部属医学院校教务处处长会议。会议听取了周东海副司长对医学教育工作的情况通报和今年教育司几项主要工作意见，交流了各院校临床教学的情况及存在的主要问题，研究了教育司提出的在临床医学专业中进行毕业实习质量检查评估的有关问题。处长会议于5月21日结束。

26 日　首批台湾无喉者协会代表团一行 10 人，在曲跃庭团长的带领下，来附院访问并进行学术交流。中国康复协会曾庆新秘书长和全国无喉者协会理事长李春福教授陪同代表团来院访问。他们先后同学校耳鼻喉研究所的专家教授、医护人员及病人进行了多方面的交谈，增进了海峡两岸的友谊。学术交流于 5 月 30 日结束。

本月　卫生部科教司的负责人来附院了解和考察科研工作，附院院长杨兴季作了相关汇报。

6 月

4 日　应加拿大会议旅行社总裁玛丽・佛兰罗瑞女士和多伦多大学的邀请，以周申副校长为团长、赵宪村教授和王善政教授为团员的第 1 批访加代表团访问加拿大，访问活动于 6 月 19 日结束。

7 日　党委发出通知，要求各分党委、各党总支、各直属党支部认真组织全体党员、师生员工学好中共中央、国务院《告全体共产党员和全国人民书》，旗帜鲜明地以实际行动拥护党中央、国务院。

9 日　学校设立教学奖励基金。

29 日　校党委召开处以上干部大会，传达省委召开的全省高校工作会议精神，就《制止动乱，平息暴乱，提高认识，统一思想》学习和贯彻十三届四中全会公报作了部署。

同日　党委统战部召集学校各民主党派负责人座谈学习十三届四中全会公报的体会，大家一致表示，坚决拥护中国共产党十三届四中全会作出的各项决策。

1989 年

7 月

1 日　学校与中国同位素公司联合成立放免检测中心。

8 月

25 日　面积为 2598 平方米的附小教学楼交付使用。

9 月

3 日　美国犹他大学副校长塞缪尔逊先生及其高级助理加里·休斯先生应邀来校访问，与学校正式签订"两校建立校际交流关系"协议书。访问于 9 月 5 日结束。

22 日　为庆祝中华人民共和国成立 40 周年，庆祝中国人民政协成立 40 周年，学校召集各民主党派负责人举行茶话会。校党委书记吴祥廉、副书记邵明立出席会议。

本月　妇产科教研室江森教授被评为"全国先进工作者"，郭亦寿教授获"山东省职工劳动模范"光荣称号。

10 月

20 日　日本京都大学池田正一教授等一行 3 人来学校进行参观访问。访问期间，日本客人参观了校实验中心测试室及卫生系，并与卫生系就预防医学、劳动卫生的教学及研究等问题进行交流。郭文茂副校长会见了日本客人。

21 日　加拿大系列 SDU-C1070A 脊柱医生团来学校进行参观访问。周申副校长会见了加拿大客人，并就医学教育、预防医学、中西医结合等问题与他们进行广泛的交谈；赵宪�武教授和王善政副教授参加了会见，并陪同外宾参观附属医院针灸科和消化、胸外病房。

本月　附属医院 5 项科研成果：《喉次全切除及其扩大颈部皮瓣一期整复术》《纤维导管胆道镜碎石清洗器》《全息诊疗仪》《针灸尺》《应用多普勒超声心动图对主动脉瓣狭窄定量化研究》参加济南市举办的中华人民共和国成立 40 周年科技成果展览。

11 月

2 日　校党委召开组织工作会议，传达中共中央、山东省委组织工作会议精神，研究部署学校当前及今后党的建设工作。党委副书记邵明立传达了中央有关文件及中央领导在中央组织工作会议上的讲话精神；党委委员、纪委书记郝宏明传达了全省组织工作会议精神，并代表党委提出了"关于贯彻省委组织工作会议的意见(讨论稿)"；吴祥廉书记在会上作了重要讲话。

16 日　校党委召开处级以上党员干部大会，传达贯彻五中全会和中央工作会议精神，统一思想认识，发展大好形势。干部大会于 11 月 18 日结束。

12 月

3 日　赵志浩副省长来校视察工作。

19 日　省教委对学校 1984、1985 级硕士学位研究生学位授予工作进行了检查评估，赵庆茂、周申副校长等有关领导听取了检查组的汇报。

21 日　学校思想政治工作研究会第二届年会在图书馆报告厅召开，会议传达了全国卫生系统思想政治工作研究会第二届年会精神，吴祥廉对本年工作进行了总结，并对明年的工作提出了意见。

1989 年

12 月

22 日　国家教委副主任朱开轩来校视察工作。

23 日　学校召开大会，对在 1987～1989 年科研工作中做出显著成绩的课题组及个人进行了表彰和奖励。

本月　口腔教学楼竣工，面积 6998 平方米。

本月　眼科教研室陈微教授被评为“山东省卫生系统先进工作者”。

本月　学校思想政治工作研究会荣获“优秀研究会”称号。

本月　历时四年的普法工作基本完成，学校召开总结大会，党委副书记邵明立就普法工作进行了全面总结，并对会后工作提出了意见。

本月　美国梅奥医院泌尿科生化学家唐·丁达尔教授来校进行访问，并作了“癌细胞的分子生物学机理”“癌细胞的分子标记及原味杂交”等学术讲座。郭文茂副校长会见唐·丁达尔教授。

本年　附院妇产科教授江森被国家科委批准为有突出贡献的专家。

本年　王廷础、张运、张成、应诗达、张茂宏、寿楠海、孙克仁、江森、杨亚超当选第一批省级拔尖人才。

本年　张汉琦等的《移植物对大鼠损伤小脑浦金野氏细胞有丝分裂的影响》和吴承远等的《小脑移植》及刘磊等的《呼吸时象转换机制的研究》均获卫生部科技进步二等奖。

本年　药学系陈晓阳被省委授予“山东省新长征突击手”光荣称号。

本年　学校新增专修科教育层次，招收医学专修科和卫生检验专修科 2 个专业，学制 3 年。

本年　学校硕士学位研究生招生计划体制实行改革，实行按需招生的原则，在国家计划内招收 50％的定向生和代培生。经国家教委和卫生部批准，学校函授大学新设预防医学专业，学制 3 年。

1990 年

1 月

20 日　卫生部批准学校成立附属口腔医院。

23 日　省公安厅、省教委、省编制委员会联合下文，批准设立山东医科大学公安处。文件规定，该处与学校保卫处一套机构挂两块牌子，业务工作受济南市公安局的领导。

本月　省委常委、宣传部部长苗枫林，副省长宋法棠等领导，前来学校慰问部分老专家、老教授。

2 月

9 日　中央审计署驻济南办事处一行 9 人，对学校财务工作进行审计。

22 日　召开全校科以上干部会议，邵明立副书记传达校党委工作要点，党委书记吴祥廉进一步作了阐述。

23 日　校党委作出决定，表彰 1989 年度在教学、科研、医疗等项工作中取得显著成绩的 6 个先进集体和 183 名先进个人。

本月　校报被省教委通报表彰。

3 月

22 日、29 日　校长王廷础和副校长郭文茂、周申等领导，与基础部各教研室主任就整顿、管理、教学、科研等方面工作举行两次座谈。

1990 年

3 月

30 日　美国肯塔基大学副校长及医学院院长威尔逊教授率领医学交流团来学校访问。

本月　国家级耳鼻喉科学重点实验室建立，财政部、卫生部拨出专项资金建设这一重点实验室。

本月　山东医科大学党校建立，吴祥廉任校长，邵明立、肖希寿任副校长。

4 月

21 日　省级拔尖人才谢立信、胡宏智来校作先进事迹报告，校党委号召全校师生员工学习他们的先进事迹，树立良好的校风学风，推动学校各项工作的开展。

5 月

6 日　召开第二次研究生代表大会，选举产生第二届研究生会，主席张大威，副主席马中民，秘书长王福清，副秘书长杨迺龙。

9 日　下午，中共山东省委副书记马忠臣一行来校与部分学生代表举行座谈会，座谈学习江泽民总书记"五四"讲话的体会。会后马副书记在王廷础校长、赵庆茂、周申副校长和邵明立副书记的陪同下，视察了学生、职工食堂，学生宿舍，生物医学工程，外语语音室和电镜室等。

17 日　下午，省政协副主席苏应衡一行来学校与部分教师学生代表举行学习江总书记"五四"讲话座谈会。

6 月

2 日　校党委召开全校党员大会，就党员重新登记工作进行了动员。党委委员、纪委书记、组织部部长郝宏明传达了中共山东省委有关文件和校党委的实施意见。党委书记吴祥廉作了动员。

18 日　校党委召开分党委、总支、直属支部书记会议，总结党员重新登记工作，布置下一阶段工作。党委书记吴祥廉在会上讲话。

25 日　孙傲田任党委副书记。

7 月

16 日　全国首届医药卫生系统科技成果展览会在京隆重召开，学校近年来取得重大成果几十项参加展出，其中"喉外科学研究"获大会钢杯奖。

本月　学校资助 7 项中青年科学基金项目，经费 4.8 万元。获得资助的课题项目负责人是：张薇、王玲、王凤山、侯建新、王宏民、谈恩青、李振华。

8 月

17 日　学校在烟台召开学生工作研讨会，学习李瑞环在全国职工思想政治工作研究会第六次年会上的讲话，讨论部署下半年的学生工作。校党委书记吴祥廉参会并讲话。

9 月

8 日　召开全校教职工大会，向荣获教学成果奖项的单位和个人颁发证书和奖金。优秀教学成果 31 项，其中一等奖 6 项，二等奖 8 项，三等奖 17 项。其中学校一等奖《"三材"建设的系列改革是全面提高教学质量的关键》被国家教委评为国家优秀奖，学校一等奖《诊断学教材改革及教学软件的研制》被省教委评为省一等奖，《改革病生教学模式，努力培养学生正确的临床思维能力》《生化教学改革的成果》《中草药学的教学系统革新和多套教学投影片的创作》《教师及实验技术等人品考核标准的研究》获省级二等奖。

1990 年

9 月

13 日　校党委召开统战工作会议，传达《中共中央关于加强统战工作的通知》及全国和省统战工作会议的精神，讨论校党委《关于进一步加强统战工作的意见（讨论稿）》，落实学校统战工作。

14 日　学校决定成立校庆筹备委员会，主任委员王廷础，副主任委员郭文茂、邵明立、杨兴季，委员若干，秘书长郭文茂，办公室主任李承俊。

本月　国家教委和国家科委批准授予王廷础“全国高校先进工作者”称号。

本月　学校颁布《山东医科大学关于建立科研奖励基金的决定》和《山东医科大学科学研究奖励试行条例》。

10 月

5 日　召开党建工作会议，党委书记吴祥廉主持会议，校领导、党总支、党支部书记、组织委员、党员处级干部、机关党务工作干部、学生工作专职辅导员近 200 人参加了会议。

12 日　为繁荣学术创作，鼓励科研领域内的探索和创新，制订《山东医科大学科研论文奖励条例》。

本月　国家教委科技司副司长、科研管理中心主任杨仁光来校视察科研工作，周申副校长陪同。

11 月

8 日　大连医学院党委副书记孟凡增等 6 人来校参观访问，与学校有关部门交流学生思想政治工作及管理方面的经验。

9 日　“中国心血管技术协作培训中心山东医科大学附属医院分中心”在附属医院成立。

16 日　经山东省科学技术进步奖评审委员会第六次会议审核批准，学校有 10 项成果获奖，其中一等奖 1 项，二等奖 3 项，三等奖 6 项。

12 月

12 日　校第二次校庆筹委会议在第一会议室召开，确定校庆日为 9 月 16 日。

14 日　校党委召开全校党支部工作研讨会，进一步加强基层党支部的建设，推动学校各项工作的发展。

20 日　召开教学经验交流会，卫生部教育司周东海副司长、校领导和 200 多名教师参加会议。

本月　学校对内科临床教学质量进行检查评估，各项指标说明，内科临床教学质量比 1989 年有明显提高。

本月　由赵庆茂等人承担的重大课题《山东省农村卫生事业发展战略与对策》通过鉴定。

本年　王慧才等的《抗癌新药卡铂》获省科委科技进步一等奖，张运等的《多普勒超声心动图学》获国家教委科技进步二等奖，王慧才等的《放射性核素的促排药物研究》、张运等的《二尖瓣狭窄血流动力学的定量研究》、栾信庸等的《带蒂会厌胸舌骨筋膜及肌膜瓣手术治疗严重喉气管狭窄》获省科委科技进步二等奖。

（六）山东医科大学（1991～2000）

1991 年

1 月

9 日　公布经国务院学位委员会批准的山东医科大学第四批博士生指导教师：张茂宏、许纯孝、寿楠海、宋惠民。

16 日　1991 年第一次校务会议审议并原则通过《山东医科大学关于政治辅导员考核评优工作的意见》《山东医科大学学生品德评定办法》《山东医科大学学生班级建设工作条例》《山东医科大学学生文明宿舍标准》等文件，会议责成学生处会后进一步征求意见予以修订，经分管校长签发后执行。

23 日　学校发布《山东医科大学社会科学研究管理试行办法》。

3 月

11 日　成立山东医科大学世界银行贷款卫生 I 项目终期效益评价小组。王廷础任组长，郭文茂、周申任副组长。

同日　山东医科大学开展了实验室工作检查和先进集体、先进个人的评选活动，活动于 4 月 10 日结束。

12 日　山东医科大学第二批参加社会实践的 26 名青年教师奔赴各处实践基地。

16 日　全省自然科学技术期刊评比揭晓，《山东医科大学学报》获一等奖。

18 日　经研究决定免去周耀华口腔系副主任职务。

30 日　由美国肯塔基大学副校长及医学院院长威尔逊教授率领的医学交流团一行 13 人来山东医科大学访问。

本月　山东医科大学有 19 项优秀科技成果获山东省卫生厅 1990 年科技进步奖，其中二等奖 3 项，三等奖 16 项。

4 月

15 日　公布山东医科大学第二批硕士研究生指导教师共 113 名。

20 日　学校印发《山东医科大学关于家庭电话安装及拆除的规定》。

24 日　第二次校务会议审议并原则通过《山东医科大学内部审计条例》《山东医科大学关于贯彻执行〈卫生部公派出国留学管理暂行办法〉的实施意见》《山东医科大学关于在职职工自费出国及亲属探亲的有关规定》《山东医科大学关于研究生三级管理的试行办法》《山东医科大学研究生经费管理办法》《山东医科大学研究生导师职责》《山东医科大学关于选聘博士研究生副指导教师的规定》《山东医科大学关于研究生学年鉴定的试行办法》《山东医科大学关于评选三好研究生和优秀研究生干部的试行规定》。

25 日　山东医科大学病理解剖教研室联合附院内科、儿科举办省首届肾活检学习班开学。

同日　学校对 50 名到新岗位任职的处级干部进行了岗前培训，至 26 日结束。

27 日　山东医科大学第一届科技文化周从 4 月 27 日开始，至 5 月 3 日结束。

30 日　传染病教研室由卫生系划归临床医学部领导。

本月　附院对部分科室进行调整，外科下设普通外科、骨外科、小儿外科、胸外科、泌尿外科。设立围产中心实验室。撤销电子仪器维修中心，设立医学工程科。原同位素室改为同位素科，原冷冻室改为低温医学研究室，图书馆改为业务科室。

1991 年

5 月

4 日　由山东医科大学附院主办的国际暨第五届全国妇产科学术会议在济南隆重召开。

同日　学校成立校庆各项工作机构。

6 日　经研究确定下列学科和实验室为“八五”期间山东医科大学的重点学科和重点实验室。重点学科(12 个):人体解剖学、生物化学、生理学、流行病学、药物化学、药理学、耳鼻喉科学、妇产科学、心血管专业(内、外)、神经病学、消化专业(内、外)、儿科学(内、外)。重点实验室(2 个):同位素实验室、血液病实验室。

7 日　经研究决定,汪允乾任附属医院工会主席(正处级)。

9 日　学校设立“山东医科大学台湾事务办公室”。该室与统战部合署办公。

同日　经研究决定撤销原计财处会计核算科,设立预算内核算科;预算外核算科。撤销原科研处科研管理科。设立计划管理科;成果专利科;科技交流科。生产开发处下设会计科。教务处增设教务科。人事处增设师资培养科。

11 日　山东医科大学社会主义思想教育顾问团成立大会暨首场报告会在大礼堂举行,省委领导参加了大会。省委书记姜春云、副书记高昌礼、省委常委宣传部部长苗枫林、省高校工委书记崔惟琳等出席成立大会。姜春云等出席成立大会并讲话,老校长方春望应聘当顾问。山东医科大学领导与顾问团成员首次座谈,姜代晓纵论我省高校思想政治工作。苗枫林同志的讲话省委书记姜春云、副书记高昌礼、省委常委宣传部部长苗枫林、省高校工委书记崔惟琳等同志出席了成立大会。

12 日　学校印发《山东医科大学关于报送信息的规定》。

14 日　学校印发《山东医科大学内部审计工作暂行条例》。

19 日　山东医科大学职工宿舍楼采暖外网管道工程破土动工。

21 日　药学系 1972 届近 50 名校友回校探访。

30 日　学校发布《山东医科大学关于选聘博士学位研究生副指导教师的规定》。

6 月

6 日　省高校工委召集驻济部分高校的党委书记和思想政治理论课教师,就贯彻落实江泽民同志关于加强近现代史和国情教育的指示,在山东医科大学举行座谈会。山东医科大学党委书记吴祥廉、副书记邵明立、孙敖田参加了座谈会,吴祥廉同志作了发言。

同日　日本大学口腔学院纳村晋吉教授和户田善本教授等 4 人应邀来山东医科大学访问。

10 日　郭文茂副校长主持召开了基建处与第二附院筹建处工作交接专题会议。基建处和第二附院筹建处全体人员参加会议。同日,经研究决定:邹立家任药学系主任。免去王慧才药学系主任职务。

同日　启用山东医科大学生产开发处印章和审计处印章,原科技开发办公室和审计室印章同时作废。

12 日　经第二次校长办公会研究决定,成立山东医科大学校办产业管理委员会。王廷础任主任,郭文茂、杨廷岐任副主任。

1991 年

6 月

同日　王浩丹被评为全国教育系统劳动模范。

14 日　学校表彰 1990 年度 6 个先进党支部，2 名党务工作者和 29 名优秀党员。

18 日　学校印发《山东医科大学关于开展社会服务活动的补充规定》。

19 日　启用卫生部耳鼻喉科重点实验室印章和山东医科大学台湾事务办公室印章。

同日　学校成立 1991 年毕业生分配工作小组，邵明立任组长，王琰璧任副组长。

同日　学校发布《山东医科大学关于毕业生分配工作的规定》。

同日　为纪念建党 70 周年，部分离退休老干部召开加强党建工作座谈会。

同日　第三次校长办公会议审议通过《关于开展社会服务活动的补充规定》。

同日　经卫生部研究批准决定，王琰璧任山东医科大学副校长，免去赵庆茂的山东医科大学副校长职务。同日，经研究决定，郭富堂任附属医院副院长，免去殷立基附属医院副院长职务。

20 日　省顾委领导、山东医科大学思想政治工作顾问王成旺、王润斋来校同部分干部教师座谈。一起学习座谈江泽民同志关于加强近现代史和国情教育的指示，了解青年教师和大学生的思想实际。

22 日　为纪念中国共产党成立 70 周年，校党委举行“先优”表彰大会和革命传统报告会，对 6 个先进党支部、31 名优秀党务工作者和优秀共产党员进行隆重表彰，请老红军干部田长华同志作革命传统报告，隆重纪念中国共产党成立 70 周年。

24 日　学校发文，同意将空军济南医院作为山东医科大学教学医院。

25 日　王廷础校长出席在太原召开的“中华医学会常务理事会”会议。27 日结束。

28 日　成立山东医科大学防汛领导小组，郭文茂任组长，李承俊、刘庆波任副组长。

29 日　热烈庆祝中国共产党成立 70 周年——教工文艺献礼活动举行，党委副书记孙敖田代表党委作了热情洋溢的讲话，为文艺献礼拉开了序幕。

本月　卫生部 1991 年度科技进步奖评审工作揭晓，山东医科大学的“妊娠妇女弓形感染及其对人口健康素质影响研究”和“应用多普勒超生心动图对胎儿心血管血流动力学研究”2 项成果获部级奖。

7 月

8 日　学校发布《山东医科大学关于在职职工自费出国学及其亲属探亲的有关规定(试行)》。

9 日　承担并圆满完成 1991 年全国普通高考山东考生生物与化学阅卷工作，18 日结束。

15 日　顺利完成 1991 年毕业生分配工作，山东医科大学 1991 年本科毕业生共 455 人。

19 日　因 18 个省市遭受严重的洪涝灾害，为开展救灾捐助活动，成立救灾捐助办公室。

1991 年

7 月

本月 《山东医科大学史志》由广西师范大学出版社正式出版。

8 月

28 日 成立 1991 年新生军训工作领导小组，王琰璧任组长，郝宏明、李冬生任副组长。

同日 山东医科大学 1991 年研究生招生工作结束，共招收博士生 10 名，硕士生 88 名。

29 日 学校发文，成立校庆组织委员会及其工作机构，王廷础任组委会主任委员，吴祥廉、郭文茂任副主任委员。

31 日 山东医科大学 1991 年本科生招生工作结束，共招收学生 515 名，其中临床医学 301 人，护理医学 30 人，口腔医学 35 人，预防医学 52 人，药学 60 人，卫生检验 37 人。

9 月

14 日 收到聂荣臻元帅为山东医科大学校庆题词“发扬白求恩精神，攀登医学新高峰”。

16 日 山东医科大学建校 80 周年在山东省体育馆举行。卫生部副部长胡熙明，省委、省顾委、在济南的中顾委委员、省人大、省政协、省政府、济南市委和市政府的领导梁步庭、李子超、谭启龙、白如冰、苏毅然、苗枫林、李春亭、王润斋、卢洪、王众音、谭永青等出席了大会。省内外兄弟院校的负责同志、省卫生系统的负责同志、外国来宾、港台及国内校友、山医大历届老领导出席了大会。有关市、公司和企业的负责同志也出席了大会。大会由山东医科大学党委书记吴祥廉主持。王廷础校长代表中共山医大党委和校行政向大会报告了山医大建校 80 年来取得的成果。

17 日 举行山东医科大学药学系重建 20 周年庆祝大会。

21 日 1991 级新生举行开学典礼。

28 日 山东省高等学校教书育人先进事迹报告会在山东医科大学大礼堂举行。

本月 通过招标竞争，山东医科大学获得了 WHO 关于热带病学研究项目的资助，获经费 19.5 万美元。

10 月

10 日 学校印发《山东医科大学校本部住房拆迁暂行规定》。

同日 学校颁发《山东医科大学优秀教学成果评审办法》，周申任成果评审委员会主任委员，王琰璧、赵明顺任副主任委员。

12 日 召开山东省第八届大学生田径运动会，山东医科大学 12 名运动员参加 34 个项目的比赛。

15 日 经校党委研究决定，充实、调整原老干部领导小组，吴祥廉任组长，王廷础、郝宏明、郭文茂任副组长。

21 日 山东医科大学 47 名行政处级干部、党员教授、教工支部正副书记参加“马克思主义建党理论学习班”学习。

同日 全国第一届社会医学教学研讨会在山东医科大学召开，31 日结束。

1991 年

10 月

23 日　经校党委研究决定调整山东医科大学部分评审组织和成立思想政治教育医学教育中级职务评审委员会，王廷础任校高级职务评审委员会主任委员，吴祥廉、苏应宽任副主任委员。

24 日　省高校工委社教工作检查验收小组一行 3 人来山东医科大学检查验收。检查验收小组听取了山东医科大学党委副书记孙敖田关于山东医科大学集中开展社会主义思想教育工作情况的汇报。

26 日　学校发布成人教育管理文件《山东医科大学关于接受进修生的管理办法》《山东医科大学关于举办成人非学历教育各类学习班的管理试行规定》《山东医科大学关于职工参加成人教育学习的管理办法》《山东医科大学夜大学关于评选优秀学生、优秀学生干部的试行办法》。

21 日　全国首届社会医学教学研讨会在山东医科大学举行，会议于 31 日结束。

29 日　召开"关于加强口腔系建设专题会"，学校决定在口腔楼开设口腔医院门诊，归属口腔系管理。

30 日　山东医科大学 1991 年度授予硕士学位 92 人，博士学位 5 人。

11 月

1 日　经校党委研究，在本学期适当时候，召开山东医科大学第二届教代会和第十三届工代会，决定成立筹备工作小组，周申任组长，宋文政、汪允乾任副组长。

4 日　山东医科大学举办"学党建理论、防和平演变"第二期行政处级干部、党员副教授、教工支部正副书记学习班，13 日结束。

8 日　山东医科大学附属医院小儿科、临床医学部手术学教研室被授予"卫生部部属高等学校临床教学先进集体"称号，8 名教师被授予"卫生部部属高等学校优秀教师"称号。

19 日　学校印发《山东医科大学关于开设选修课的暂行规定》。

同日　召开山东医科大学纪检工作会议。

20 日　经研究决定，调整校研究生招生工作领导小组成员，周申同志任组长，邵明立、孙敖田、王琰璧任副组长。

27 日　王廷础校长一行 5 人赴日本访问，12 月 6 日访问结束。

本月　山东医科大学与日本和歌山县立医科大学正式建立科研合作关系，在两大学科研合作协议书上签字，并正式签订了 8 个合作项目。

本月　山东医科大学 20 项重大成果获山东省 1991 年科技进步奖，其中一等奖 1 项、二等奖 5 项、三等奖 12 项。

12 月

7 日　红军时期的革命老干部丁毅同志逝世，按照她生前的遗愿，11 日下午，丁毅同志的遗体在《长征组歌》乐曲声中被缓缓移入山东医科大学解剖教研室，实现了这位老共产党员生前"把遗体献给我们学校作教学之用"的夙愿。

9 日　校党委组织山东医科大学全体职工分期进行脱产一周的反和平演变集中教育。

10 日　山东医科大学临床部内科教研室原主任周显腾教授逝世，终年 74 岁。

1991 年
12 月

13 日　口腔系原党总支书记万春风同志逝世，终年 70 岁。

同日　由山东医科大学王慧才教授与齐鲁制药厂联合研制的抗癌新药卡铂荣获国家科技进步三等奖，国家科委在人民大会堂举行的“1991 年度国家级科技授奖大会”上，向获奖个人和获奖单位颁发了奖章和奖励证书。

15 日　第二次校务会议原则上通过了《山东医科大学档案管理暂行规定》《山东医科大学统计工作暂行规定》《山东医科大学供用水节水管理规定》《山东医科大学车辆使用管理制度》《山东医科大学供用电管理规定》《山东医科大学关于业务办公用房暂行管理办法》《山东医科大学关于计划生育责任制若干规定》《山东医科大学基本建设管理暂行办法》。

26 日　学校发文，因原印章、钢印磨损严重不便继续使用，新刻制山东医科大学校印、钢印各 1 枚，自 1992 年 1 月 1 日起启用，原印章同时作废。

27 日　经研究决定，成立山东医科大学图书馆办馆水平评估领导小组，周申同志任组长，陈春艾同志任副组长。

同日　山东医科大学召开第二次档案工作会议。

本月　今年山东医科大学有 33 项科技成果通过鉴定，其中达到国际水平的 14 项，国内领先 19 项，获得上级部门奖励的成果 37 项，应得奖金 4 万余元，签订技术合同 5 项。

本月　印发《山东医科大学档案管理制度》。

本月　山东省教委 1991 年度科技进步奖评奖结果揭晓，山东医科大学共有 13 项获奖，其中 5 项获科技成果奖，8 项获著作及论文奖。

本年　山东医科大学科研工作双喜临门 20 项成果获奖，63 项课题中标。

本年　山东医科大学研究成功识别癌症的单克隆抗体。

1992 年
1 月

8 日　学校发布《山东医科大学水、电、暖收费管理暂行办法》。

10 日　学校发文，山东医科大学思想政治工作研究会第三届年会表彰优秀编著 15 项，优秀论文 45 篇，好新闻 25 项。

同日　经研究决定，马山山同志不再担任基础医学部党总支书记职务；刘玉芝同志不再担任研究生部副主任职务；王学山同志不再担任设备处设备管理科科长职务。

12 日　调整山东医科大学图书情报委员会，王廷础任主任委员，周申、杨兴季、陈春艾任副主任。

13 日　经研究决定，石献序同志任基础医学部党总支书记，原职务自然免除。

17 日　山东医科大学召开首届研究生教育工作研讨会。

20 日　经研究决定，表彰优秀政治辅导员 6 人。

28 日　学校作出决定，对在维护学校治安秩序中作出贡献的张东盛、吴健、杜家涛、王剑南同志进行表彰。

1992 年

3 月

同日　经研究决定，成立“山东医科大学实验动物管理委员会”，王廷础同志任主任委员，郭文茂、胡岩松同志任副主任委员。

14 日　山东医科大学召开共青团山东医科大学第十次代表大会和山东医科大学第十八次学生代表大会，15 日结束。

17 日　经研究决定，原设备处“实验动物研究室”更名为“试验动物中心”。即日起使用“山东医科大学器材设备处试验动物中心”印章，原“山东医科大学器材设备处试验动物研究室”印章同时作废。

21 日　启用“山东医科大学附属口腔医院”印章。

23 日　党校举办第三级行政处级干部、党员骨干教师学习班。

24 日　经党委研究决定，劳动服务公司升为处级机构。

4 月

3 日　全校信息工作会议召开。

10 日　学校发布《山东医科大学冷库管理试行办法》。

19 日　哈尔滨医科大学校长、书记等一行六人来山东医科大学进行改革开放经验交流，23 日结束。

21 日　山东医科大学发布《山东医科大学修缮安装工程决算审计暂行规定》。

同日　第三次校务会议上，审议并通过了《山东医科大学教材委员会工作条例》。

23 日　学校成立“山东医科大学教室工作领导小组”，周申同志任组长，王琰璧、李承俊两同志任副组长。

25 日　“山东省第二届青年科技文化节”和“山医大第二届科技文化艺术节”开幕。活动历时月余，于 5 月 28 日结束。

同日　校工会组织山东医科大学教职工到中共山东党史陈列馆参观。

30 日　经校领导研究决定成立山东医科大学公民义务献血和无偿献血工作领导小组，郭文茂同志任组长，李承俊、庄守高两同志任副组长。

5 月

13 日　卫生部在山医大召开了部署高校教学防疫站建设和管理工作座谈会，11 所部属高校和 5 所地方医学院校卫生专业的负责人以及所在省、市卫生厅(局)和防疫站的负责人参加会议，15 日结束。

15 日　以陈子江教授为主要研究者的“人类宫腔配子移植助孕技术”获得成功，世界首例宫腔配子移植婴儿诞生。

同日　卫生部(局)属医院思想政治工作研究会在山医附院召开，卫生部副部长孙隆椿到会讲话。

21 日　校党委举办了首期社会主义教育思想学习班。学习班于 23 日结束。

23 日　学校发文设立“学生工作部”，该部与学生处合署办公。

同日　经党委研究决定，设立“科技开发总公司”。该公司与生产开发处合署办公。

同日　经党委研究决定，将学校“保健科”更名为“山东医科大学校医院”。

1992 年

5 月

更名后，原级别、隶属关系、职能不变。

28 日　经党委研究决定：杨廷岐同志任“科技开发总公司”总经理，于志强同志任“科技开发总公司”副总经理。

6 月

2 日　学校印发《中共山东医科大学委员会教职工党支部书记工作条例(试行)》《中共山东医科大学委员会学生党支部书记工作条例(试行)》。

3 日　经校领导研究决定成立山东医科大学“双拥”工作领导小组，孙敖田同志任组长，王琰璧同志任副组长。

4 日　根据工作需要，党委设立学生工作部、保卫部。李冬生同志任学生工作部部长(兼)，张大忠同志任保卫部部长(兼)，卓孔亮同志任保卫部副部长(兼)。

5 日　学校成立清产核资领导小组。郭文茂同志任组长，孟昭礼、马学秀两同志任副组长。

8 日　经研究决定成立“附属小学共建共管委员会”。郭文茂任主任委员，李承俊任副主任委员。

14 日　校领导带领教职工 140 人前往省农科院参加麦收劳动。

15 日　学校印发《山东医科大学学生奖学金评定工作条例》《山东医科大学关于学生偿还贷款的规定》。

同日　经研究决定，成立 1992 年毕业生分配工作小组，王琰璧任组长，孙敖田任副组长。

同日　经校党委研究同意，附属医院行政职能部门设立以下科室：院长办公室下设档案室(科级单位)；人事处下设调配科、劳资科、技术干部科；医务处下设质量控制科、病案资料室(科级单位)；科教处下设科研科、教育科；门诊部下设挂号室(科级单位)；计财处下设计划科、会计核算科、专用基金科、收款处(科级单位)；总务处下设总务科、膳食科、房产科、动力科、幼儿园；器材处下设计划科、供应科、计量科(供应科与计量科合署办公)；基建处下设施工科、材料科；监察室、预防保健科、住院处三个科级单位直属院长领导。

16 日　经研究决定，原“山东医科大学保健科”更名为“山东医科大学医院”即日启用“山东医科大学医院”印章，原“山东医科大学保健科”印章同时作废。

17 日　经研究决定，设备处仪器修配服务中心划归科技开发总公司领导。划归科技总开发公司后更名为“高新技术开发中心”。

22 日　经研究决定，成立山东高新视听技术服务中心。该中心为全民所有制，隶属校教务处领导。

25 日　经党委研究同意，老干部党总支委员会由孙绪峰等 7 位同志组成，孙绪峰同志任党总支书记，于忠科、于进汉同志任党总支副书记。

28 日　学校印发《山东医科大学劳动服务公司管理条例(试行)》。

同日　省教委批复：同意山东医科大学成立山东医科大学保健食品厂和山东医科大学保健食品厂商品部。

同日　学校印发《山东医科大学关于有偿使用流动资金的暂行规定》《山东医科大学关于函授、夜大教学经费开支的补充规定》。

1992 年

7 月

6 日　隆重举行 1992 届毕业典礼。1992 届毕业生共计 505 名(本科生 435 名、专科生 70 名)。

11 日　经党委研究决定张建华同志任附院器材设备处处长(副处级)。

20 日　卫生部部属院校后勤管理研究会第五届年会在威海市召开,会议由山东医科大学承办,会议于 24 日结束。

同日　学校印发《山东医科大学关于工作人员差旅费开支的规定》。

8 月

11 日　学校印发《山东医科大学成人高等教育关于接受预备生的暂行办法》。

19 日　山东省卫生厅批复:同意建立山东医科大学云门制药厂。

同日　学校决定成立军训工作小组,邵明立任组长,王琰璧任副组长。

31 日　1992 年共招收本科生 528 人,其中七年制 15 人,委培生 28 人,专科生 100 人。

9 月

1 日　山东医科大学与青州市商业总公司共同建立"山东医科大学云门制药厂",并举行奠基仪式。

5 日　卫生部组织的档案工作检查组一行 6 人到山东医科大学进行档案工作检查。检查持续至 9 日结束。

10 日　经党委研究决定,成立学校改革领导小组,王廷础任组长,邵明立、王琰璧两同志任副组长。

19 日　学校举行 1992 级新生开学典礼。

10 月

6 日　山东省科委批复:同意成立山东医科大学高新技术开发中心,为具备法人资格的全民所有制科技开发企业,由山东医科大学领导。

9 日　山东省科委批复:同意成立山东医科大学科技开发总公司,为具备法人资格的全民所有制科技开发企业,由山东医科大学领导。

17 日　学校表彰 1991 年优秀教学成果奖 9 项(校级),其中两项获省级奖,教学管理先进集体奖 1 项(省级)。教学管理先进个人奖 3 项(省级)。

20 日　经学校研究决定,调整充实山东医科大学清产核资领导小组及其办公室。王廷础任组长,郭文茂、马学秀、胡岩松 3 同志任副组长。

22 日　经校党委研究决定,成立山东医科大学人大换届选举工作领导小组,邵明立任组长,姜在瑞、方庆香任副组长。

24 日　学校召开全校教职工大会,贯彻十四大精神,推进山东医科大学改革进程。会上王廷础校长传达了学校关于深化校内管理体制改革的若干意见。

26 日　经研究决定,建立山东医科大学校办产业管理办公室,撤销生产开发处。校办产业办公室属校行政管理机构。

同日　经校党委研究决定,调整"校办产业管理委员会"的人员组成和机构设置。王廷础任主任委员,吴祥廉、郭文茂、邵明立任副主任委员。

27 日　经校党委研究决定,李承俊任校办产业管理办公室主任(兼)。

1992 年

10 月

本月　山东医科大学 1992 年夜大函授招收录取专修科新生 1098 人，其中夜大临床医学 111 人，护理学 94 人，临床医学淄博委培班 81 人，函授药学 331 人，预防医学 481 人。

11 月

3 日　学校印发《山东医科大学关于实验动物中心有偿服务办法》。

同日　山东医科大学 87 名处级干部分别于 3～12 日分三期参加了十四大报告脱产学习班。

7 日　经研究决定成立山东医科大学优秀教学成果评审委员会。周申任主任委员，王琰璧、赵明顺任副主任委员。

11 日　经学校研究决定，成立山东医科大学校办产业管理办公室，撤销生产开发处。即日启用“山东医科大学校办产业管理办公室”印章，原“山东医科大学生产开发处”印章同时作废。

16 日　经研究决定成立校治安综合治理委员会。王廷础任主任委员，郭文茂、孙敖田、王琰璧任副主任委员。

同日　山东医科大学函大于 16～19 日在校内召开了函授站首次工作会议。

18 日　即日起启用“山东医科大学高新技术开发中心”和“山东医科大学科技开发总公司”两枚印章。

21 日　省委副书记副省长李春亭应邀来山东医科大学作报告，受到师生的欢迎。

23 日　学校印发“山东医科大学关于加强校园治安秩序综合治理的补充规定”。

24 日　经卫生部党组研究决定：赵明顺任山东医科大学党委副书记；李承俊、张衡任山东医科大学副校长。免去周申、郭文茂的山东医科大学副校长职务。

26 日　工作在第一线的 49 名党员教授，副教授进山东医科大学党校学习党的十四大文件，28 日结束。

本月　山东医科大学陈子江教授荣获霍英东教育基金会青年教师奖。

12 月

7 日　经学校研究同意卫生系成立“山东医科大学营养与保健科技开发公司”，公司隶属卫生系领导。

9 日　学校发文，表彰实验室工作先进集体 6 个，实验室工作先进个人 9 个。

16 日　学校印发《关于指导教师在出国期间对相关研究生指导培养的试行办法》。

19 日　学校隆重集会，庆祝《山东医大报》复刊十周年。

21 日　学校发文，表彰山东医科大学 1992 年度“十佳青年教师”。他们是：陈子江、侯桂华、李杰、宋刚、徐欣、杨萍、刘树伟、王风山、赵增科、段文。

同日　山东医科大学财产清查登记工作已进入实施阶段，为解决财产清查登记工作中的物资报损、报废问题，现成立物资鉴定处理小组，郭文茂任组长，马学秀、胡岩松任副组长。

1992年

12月

同日　学校召开德育工作会议，会议持续到22日结束。

22日　学校发布《山东医科大学公费医疗管理暂行办法》。

同日　学校发布“山东医科大学第五届科技进步奖授奖决定”，1989～1991年度取得的优秀科技成果中，获得国家和各政府部门科技进步奖160项次，通过鉴定（含视同鉴定）的科技成果奖126项。

同日　学校召开研究生培养工作座谈会。

24日　省教委批复：同意山东医科大学附院成立“山东医科大学康复服务部”。

25日　山东医科大学隆重召开科技工作会议，会议于26日结束。

26日　经党委研究决定：免去胡斌党委办公室主任职务；肖希寿党委宣传部部长职务；刘玉璋卫生系党总支书记职务；孟昭礼设备处处长职务；王茂生附属医院保卫处处长职务。

同日　《山东医科大学学报》（自然科学版）在国家科委、中共中央宣传部、新闻出版署召开的全国优秀科技期刊表彰及经验交流大会上被评为全国优秀期刊，荣获三等奖。

28日　学校发文，表彰“工会工作积极分子”163名。

30日　学校发布《山东医科大学校办产业管理暂行办法》《山东医科大学科技经费管理办法》《山东医科大学学术活动管理办法》。

本年　山东医科大学7项课题获重大科技进步奖。

本年　山东医科大学完成并通过鉴定的科研成果39项，达到国际先进水平的13项，居国内领先和国内先进水平的15项，获专利权5项，新上（承担校外）科研课题42项，获得科研经费136万余元。

本年　山东医科大学教职工参加国际学术会议28人次，国家学术会议251人次，省市级学术会议76次，邀请国内外专家来校讲学16次，举办校、系、市（科）三级学术报告160余期。在各种学会评比中山东医科大学获得大批优秀论文奖，其中在山东省科学技术协会第三届山东省自然科学优秀学术论文评选中名列前茅。

1993年

1月

3日　学校颁布《山东医科大学关于校办产业人事管理的实施细则》。

18日　山东省科委批复，同意成立山东医科大学营养与保健科技开发公司，为具备法人资格的全民所有制科技开发企业，归山东医科大学领导。

2月

10日　学校发布《山东医科大学关于校外人员占用山东医科大学住房的暂行管理办法》《山东医科大学关于出国人员住房暂行管理办法》《山东医科大学教职工遗属住房暂行管理办法》。

15日　经过几个月的积极准备，山东医科大学财产清查登记工作全面展开。这次财产清查登记工作要经过准备、部门自查、复查、总结和制度建设四个阶段。

17日　卫生部党组发文：赵明顺任山东医科大学党委副书记；李承俊、张衡任山东医科大学副校长；免去周申、郭文茂的山东医科大学副校长职务。

1993年

3月

2日　经校学位评定委员会2月24日会议通过，共有39名教授、副教授被遴选为山东医科大学第三批硕士研究生指导教师。

3日　经研究决定，附院实行院长负责制。

6日　英国医生代表团一行37人来山东医科大学参观访问。

10日　调整原“保密委员会”的人员组成，邵明立任主任委员，张宁、杨廷岐、韩培祯任副主任委员。

12日　王廷础校长，张敏、李大年教授赴京出席八届全国人大会议。

13日　经党委研究决定，老干部处设立“离休干部科”和“退休干部科”。

同日　学校调整“山东医科大学体育运动委员会”成员组成，王琰璧任主任委员，赵明顺任副主任委员。

16日　学校调整原山东医科大学纠正行业不正之风领导小组的人员组成，孙敖田任组长，李承俊、郝宏明、周日光任副组长。

17日　组建校安装维修公司和校生活服务中心。

20日　山东医科大学团委第三届大学生科技文化艺术节开幕，至4月28日结束。涌现出先进集体7个，先进个人102人。

同日　学校召开山东医科大学毕业生供需见面会。

23日　经学校研究，同意成立“山东医科大学青大科技实业公司”，由陈晓阳任该公司总经理，并负责组建公司及办理企业法人工商注册登记。

同日　学校发文，决定建立“山东医科大学校内银行”。

25日　经研究，拟于5月下旬召开山东医科大学第二届校工代会，为做好有关各项准备工作，决定成立筹备工作领导小组。孙敖田任组长，周申、杨廷岐、张宁、宋文政任副组长。

26日　学校发布《关于校办产业干部管理的有关规定》。

本月　学校颁布《关于中共党的总支、支部委员会改选工作的有关规定》。

4月

2日　学校发布《山东科大学关于七年至临床医学专业试行导师制的意见》。

上旬　山东省高校技术物资供应与管理会议在山东医科大学召开。

16日　科研处(甲方)将科研成果“雌肤霜”以科技入股的方式与校科技开发总公司(乙方)签订了校内第一个科技成果合作开发合同。

同日　学校举行1993年春季运动会，17日结束。

19日　学校发文，同意将劳动服务公司更名为山东医科大学实业发展总公司。

同日　经党委研究决定，免去石松亭附属医院审计处处长(副处级)职务。

26日　学校发布《关于整顿校园文化秩序净化校园文化环境的规定》。

本月　按照卫生部授予山东医科大学的评审权限，经研究决定，重新组建有关学科评议组和中级职务评审委员会。共组建学科评议组5个，中级职务评审委员会13个。

1993 年

4 月

本月　从4月开始学校进行了全校范围技术职务评定晋升工作。此次评聘中在职人员共有591人晋升高一级专业技术职务。其中：正高级职务84人，副高级职务134人，中级职务264人，初级职务110人。离退休人员165人也进行了专业技术职务评定工作。其中：正高级职务89人，副高级职务69人，中级职务6人，初级职务1人。

这次晋升还破格提拔了14名中青年教师晋升高级专业技术职务，其中正高4人，副高10人。此项工作7月结束。

本月　生活服务中心成立。

5 月

5日　卫生部临床医学专业教材评审委员会第三届第四次会议暨第四轮教材主编人会议在山东医科大学召开，在第四轮37门教材编写中，山东医科大学19名教师参加了其中15门教材的编写。会议于11日结束。

同日　学校同意药学系成立“山东医科大学医药保健科技开发公司”，公司隶属药学系领导。

15日　为加强山东医科大学住房制度改革，学校决定成立住房制度改革领导小组。李承俊任组长，孙敖田任副组长。

18日　由山东医科大学承办的卫生部老干部工作研讨会在烟台举行。

同日　学校制订《山东医科大学关于勤工助学活动的若干规定》。

21日　由研究生部和解剖学教研室联合举办的首届全国实用断层解剖学学习班于5月21日至6月9日在山东医科大学举行。

6 月

3日　学校发文表彰1992～1993年度先进党支部6个优秀共产党员29人。

12日　经校党委研究同意，聘任王景梓为山东医科大学科技开发总公司副总经理。

同日　经校党委研究决定，孙国防任总务处副处长。

同日　为做好1993年毕业生就业工作，经研究决定，成立1993年毕业生就业工作小组。王琰璧任组长，赵明顺任副组长。

13日　在山东第二届发明展览交易会上，山东医科大学参展的四项科研成果均被评为优秀成果。获一等奖2项，二等奖1项，最高荣誉奖1项。

16日　山东省高校卫生协会全体委员会在山东医科大学举行。会议改选了第三届常务委员会，通过了章程，讨论了高校医疗保险事业的发展方向及公费医疗的管理等问题。

同日　国家领导人在北京图书馆隆重开幕的中国大学生千乡科技文化服务工程项目洽谈会现场，观看了山东医科大学大学生科技文化服务项目，并询问了山东医科大学大学生的有关情况。

18日　公布调整后的山东医科大学学位评定委员会，王廷础任主任委员，吴祥廉、王琰璧任副主任委员，委员20人。

24日　第三次校务会议审议并原则通过《山东医科大学教研室工作条例》《山东医科大学教学工作规范》《山东医科大学关于教职员工参加在职学习的管理规定》《山东医科大学关于函大、夜大学生补考、留级重修收费的试行规定》

1993 年

6 月

《山东医科大学留学回国人员科学研究启动基金及山东医科大学博士学位教师基金管理办法》《山东医科大学电话管理规定》《山东医科大学关于加强对空调、电热设备等耗能电器统一管理规定》《山东医科大学关于茶炉、浴室试行服务性经营的规定》，审议通过教务处关于成立教学管理咨询委员会的建议。

26 日　遵照国务院和卫生部的部署，财产清查登记工作自 1992 年 10 月至 1993 年 6 月在全校范围内进行，共 171 个基层单位列入清查范围，800 余人参与此项工作。通过这次财产清查工作，山东医科大学经核实的财产情况如下：

学校本部：财产总计 92868861 元人民币
其中，固定资产 74544591 元人民币
流动资产 16361228 元人民币
专项资产 1963042 元人民币
无形资产 376 项
盘盈财产 5876187 元人民币
按规定处理及核销 1875343 元人民币（亏 428045 元人民币）
因固定资产起点提高调减 420431 元人民币

附属医院：财产总计 107489327 元人民币
其中，固定资产 72564630 元人民币
流动资产 32123417 元人民币
专项资产 2801280 元人民币
盘盈财产 25958172 元人民币
按规定处理及核销 5255947 元人民币
因固定资产起点提高调减 502288 元人民币

28 日　为了做好学校东村十楼的分配工作，根据校领导的指示精神，广泛征求群众意见，经研究决定成立山东医科大学住房分配委员会。李承俊任主任委员，孙敖田任副主任委员。

30 日　山东省新闻出版局同意，《山东医科大学学报》（社会科学版）出版一期内容为“卫生改革研究专辑”的增刊。

本月　在由国家教委组织评选的 1993 年国家普通高等学校优秀教学成果评选工作中，山东医科大学有两项成果获国家优秀教学成果二等奖。

7 月

18 日　进行山东医科大学函授面授教学，1990、1991、1992 三个年级的学员共 1662 人，其中 595 人已合格毕业。8 月 15 日，面授结束。

24 日　《山东医科大学学报》（社会科学版）编辑部与济南市卫生经济学会烟台联合举办“社会主义市场经济体制与深化卫生改革研讨会”，研讨会于 31 日结束。

本月　1993 年山东医科大学毕业生共计：本科生 546 名、研究生 87 名、函大生 593 名、夜大生 112 名。

1993 年

8 月

15 日 山东交通医院作为山东医科大学的教学医院，双方签订协议书。

23 日 到目前为止，山东医科大学教职工向菏泽、临沂等灾区人民共捐款18186 元，以实际行动向灾区人民表达深情厚谊。

28 日 为做好 1993 年新生军训工作，学校决定成立军训工作领导小组，王琰璧同志任组长，赵明顺同志任副组长。

31 日 经校务会通过，颁布《山东医科大学关于教学工作的基本要求》《山东医科大学教学研究室工作条例（试行）》《山东医科大学关于管理与教学人员听课的暂行规定（试行）》《山东医科大学关于教职员工参加在职学习的管理规定》《山东医科大学留学回国人员科学研究启动基金、山东医科大学博士学位教师基金管理办法（试行）》和《山东医科大学关于函大、夜大学生补考、留级、课程重修收费的试行规定》。

本月 14 名中青年教师破格晋升高职，其中正高 4 人，副高 10 人。

本月 1993 年学校共招收本科生 564 人，其中医学系 350 人，医学七年制15 人，预防医学 53 人，口腔 36 人，药学 79 人，护理 31 人。招收专科自费生 390人，其中医学 307 人，药学 50 人，卫检 33 人。成人教育招收 1919 人。

本月 九三年计划内招收硕士生 101 名，博士生 11 名，计划外委培硕士生46 名。

9 月

1 日 学校发文，在全体党员中组织开展“新形势下共产党员如何保持党员形象，发挥先锋模范作用”的大讨论，时间为月余。

2 日 为加强山东医科大学教学改革工作步伐，强化决策与管理中的专家咨询与民主监督机制，并保证这种机制的长期性与稳定性，成立教学咨询委员会。朱文华任主任委员，岳文浩、李笠、谭国华任副主任委员。

11 日 公布山东医科大学学报第五届编辑委员会，王廷础任主任委员，张衡、薛金梅任副主任委员，委员 35 人。

20 日 为了搞好学校内部管理体制改革，加强编制工作的领导与管理，山东医科大学成立山东医科大学编制工作领导小组及定编办公室，王廷础任组长，邵明立、王琰璧、赵明顺任副组长。

同日 学校决定成立建设“211 工程”领导小组，王廷础任组长，王琰璧、邵明立、李承俊、张衡任副组长。

27 日 学校在大礼堂召开了全校职工大会，吴祥廉书记、王廷础校长主要总结了前一段工作，布置了本学期工作。

28 日 学校表彰 1993 级学生军训优秀学员 11 名。

本月 山东医科大学荣获卫生部科技成果推广二等奖 1 项。卫生部科技进步三等奖 2 项。

10 月

6 日 卫生部部属院校第六届师资管理工作研讨会在山东医科大学召开。13 所部属院校的 35 名人事，师资管理工作者到会。

同日 学校按照高校工委的要求，经反复酝酿，充分发挥党内民主，确定邵明立、娄凤兰两位同志为山东省第六次党代会代表候选人。

1993 年

10 月

9 日　学校召开表彰大会，45 人被评为校级三好学生，134 人被评为优秀学生干部，283 人被评为校、系级三好学生。783 人获等级奖学金。7 人获徐又华奖学金，11 个班集体荣获先进班集体称号。

同日　应澳大利亚昆士兰大学医学院、墨尔本大学医学院、悉尼大学医学院邀请，校长王廷础等一行 3 人于 9～23 日对以上三院校进行友好访问。参观了三方学校、医院、科研机构，进行了学术交流，

11 日　经研究决定，纪委与监察室合署办公，实行一套工作机构，两个机关名称的体制。

同日　学校印发《山东医科大学关于离休干部用车的补充规定》。

25 日　山东医科大学为新加坡政府国家教委代招的新加坡护理专业留学生全部离校赴京。

同日　山东医科大学组织全体党政干部及部分其他人员进行保密普法教育的学习，学习历时近两月，于 12 月 18 日结束。

26 日　山东医科大学新成立的教学咨询委员会举行第一次全体会议，委员会由 15 人组成，朱文华任主任委员，岳文浩、李莉、谭国华任副主任委员。

11 月

1 日　经研究决定，对原老干部工作领导小组进行充实调整。吴祥廉任组长，王廷础、邵明立任副组长。

6 日　调整山东医科大学计划生育委员会，吴祥廉、王廷础任主任委员，李承俊、杨兴季、杨廷岐、张馥、曹秀珍任副主任委员。

7 日　山东解剖学会第七次会员代表大会和学术年会在山东医科大学召开，9 日结束。

同日　卫生部同意山东医科大学第二附属医院正式开诊。

15 日　校党委发出通知，具体部署《邓小平文选》第三卷的学习。

16 日　卫生部部属高校教学管理和课程建设检查评估组一行 8 人，在教育司刘海林司长带领下，来山东医科大学进行检查评估。通过评估，对山东医科大学高校管理作出 8 项结论，提出 3 项建议。对教研室评估得出 5 项结论，提出 3 项建议。评估于 20 日结束。

19 日　山东医科大学第六届大学生校园歌手大赛在大礼堂举行。

22 日　学校下发经校务会议通过的《山东医科大学人员编制管理条例（试行）》《山东医科大学教师定编试行办法》《山东医科大学实验技术人员定编试行办法》《山东医科大学专职科研编制定编试行办法》和《山东医科大学图书资料人员定编试行办法》。

23 日　经党委扩大会研究通过，学校颁发《山东医科大学校本部党政管理干部定编试行办法》。

1992～1993 学年李缵文奖学金评比工作已结束，7 名同学获此殊荣。

12 月

2 日　校团委印发《先进团支部考核指标及评选办法》。

4 日　山东医科大学第二届教代会暨第十三届工代会隆重召开，6 日结束。

1993 年

12 月

7 日　山东医科大学十三届工会委员会 21 名新当选的委员召开第一次会议，选举产生校工会主席、副主席；研究这一届工会委员会的工作以及教职工关心的其他问题。会议经无记名投票，孙敖田任主席，宋文政任常务副主席，邵庆余任副主席，委员 18 人。

8 日　学校同意成立“山东医科大学综合服务总公司”。

11 日　国务院学位委员会第十二次会议在北京召开，审核批准了第五批全国新增列的博士、硕士学位授权学科点和博士生指导教师。山东医科大学在第五批申报博士点和增列博士导师中，新增博士授权点 4 个，增列博士导师 4 名。授权点：内科学（心血管导师张运）、内科学（消化系病导师袁孟彪）、儿科学（导师马沛然）、组织胚胎学（导师高英茂）；增列导师：胸外的李守先、妇产的单家治、血液病的徐功立、耳鼻喉的栾信庸。会议于 12 日结束。

17 日　校党委邀请部分专家教授和社会科学工作者 20 余人召开纪念毛泽东同志 100 周年诞辰座谈会。

20 日　校团委表彰 1993 年暑期大学生社会实践先进个人和优秀调查报告。

本年　山东医科大学团委在全省团的工作考核总评中成绩优异，荣获省级“红旗团委”称号。

本年　山东医科大学获得了 50 项优秀科技成果奖，其中获卫生部科技进步奖 3 项，山东省科技进步奖 14 项，山东省（自然科学）科技进步奖 3 项，山东省卫生厅科技进步奖 6 项，山东省教委科技进步奖 22 项，山东省体委科技进步奖 2 项。在以上 50 项成果中，附属医院 25 项，基础医学部 14 项，药学系 4 项，卫生系 3 项，口腔系 2 项，临床部 1 项，其他 1 项。

山东医科大学有 5 项成果获重大奖。这 5 项成果是：张运教授等研究的“应用多普勒超声新动图对瓣膜性心脏病血流动力学的定量研究”获卫生科技成果推广应用二等奖；于桂英教授等研究的“氯丙烯中毒微循环及超微结构研究”；田进国高级实验师等研究的“计算机辅助用红外、紫外、荧光光谱新方法在药物分析中的应用研究”；李心河工程师等研究的“临床常用 340 种中药 35 种无机元素分析与研究”；牛军副教授研究的“电视腹腔镜联合纤维胆道镜在肝内外胆管结石治疗中的应用研究”均获山东省科委科技进步二等奖。

本年　3～10 月，直属一、二、四、五、八、九、二附院、社科部图书馆党支部改选。基础医学部、药学系、卫生系、护理系、研究生院、总务处党总支改选。

本年　美国、日本、澳大利亚等国家地区的来校访 16 人。聘问人员近 30 批，总人数为长期外教 3 人，短期外国专家来校讲学，进行学术交流 5 批，共 9 人。外出留学、访问、学术交流等人员 110 人，其中留学人员 70 人。

本年　山东医科大学选派高中毕业生赴新加坡留学学生 25 名。

本年　山东医科大学 1993 年获国家级优秀教学成果二等奖 2 项，省级优秀教学成果一等奖 1 项，省级优秀教学成果二等奖 2 项。

1994年

1月

6日　校务会审议并通过了《山东医科大学关于加强财务统一管理节约经费开支的意见》《山东医科大学校办产业管理暂行办法》《山东医科大学关于建筑、修缮、安装工程预算审计的暂行规定》《山东医科大学医院财务管理办法》《山东医科大学关于经济往来活动中若干问题决定》《山东医科大学校办产业审计实施办法》。

同日　公布山东医科大学学报社会科学版第二届编委会。吴祥廉任主任编委，邵明立、孙敖田、王琰璧、赵明顺任副主任编委。

7日　学校召开学生思想政治教育与管理研讨会，研讨会共收到论文40篇，24名同志在会上发了言。

13日　经校党委研究决定：焦春荣任统战部部长，免去宣传部副部长及学报社科版编辑室主任职务，免去张福民统战部部长职务。

同日　学校召开思想政治工作经验交流会暨思想政治工作研究会，表彰了20名优秀思想政治工作者和15项优秀编著、50篇优秀论文。

同日　学校有83人享受1993年国务院政府特殊津贴。

同日　《山东医科大学学报》(社会科学版)第二届编委会首次召开全体会议。

14日　根据上级统一部署，山东医科大学开始工资制度改革，实行新工资标准，为全校2179人套改了工资，2月2日结束。

同日　学校召开成人高等教育教学经验交流会。

17日　校党委表彰6名“优秀政治辅导员”。

同日　学校分别与蚌埠医学院、河北医学院、山西职工医学院、中华预防医学会河南分会签订建立函授辅导站协议。

19日　山东医科大学召开了校办产业工作会议，20日结束。

24日　学校公布第十三届工会委员会，由孙敖田等21人组成，孙敖田任主席(兼)，宋文政任专职副主席，邵庆余任副主席(兼)。

27日　学校与浙江医科大学签订建立函授站的协议。

本月　学校表彰“1992～1993年优秀思想政治工作者”共20名。

2月

26日　学校组织召开了1994年毕业生供需见面会，有35个单位参会，70名应届毕业生与用人单位签订协议书，见面会于27日结束。

同日　王廷础校长一行2人赴澳大利亚进行友好访问，此次访问与悉尼大学达成了一项重要科研项目意向，同时争取了澳援，访问于3月5日结束。

3月

9日　王廷础校长、李大年教授于参加全国人大八届二次会议，22日结束。

10日　校党委召开全校干部会议，传达部署1994年工作。

15日　在高工委组织的“泰山特曲”杯征文比赛中，山东医科大学学生获二等奖一篇，三等奖一篇，优秀奖一篇，比赛历时近月余，于4月10日结束。

26日　为做好1994年毕业生就业工作，学校决定成立毕业生分配就业工作领导小组。邵明立、王琰璧任组长，赵明顺、李承俊任副组长。

本月　附院张运教授当选为全国首届中青年医学科技之星。

1994 年

3 月

本月　经国家教委批准，从 1994 年开始，山东医科大学为单独考试招收硕士学位研究生单位。

本月　经国家科委批准，由卫生部主管，山东医科大学委托第一附属医院主办的《现代妇产科进展》杂志于今年 3 月正式续刊。姜春云、陈敏章、赵志浩等领导同志为续刊题词。

4 月

5 日　学校党校举办了 3 期教研室主任、正科级干部学习《邓小平文选》第三卷读书班，全校共有 109 人参加了学习，20 日结束。

同日　山东省生理科学会更名为山东生理学会。

8 日　学校与徐州医学院签订建立函授辅导站的协议。

12 日　山东医科大学附院会议室隆重举行仪式，向前来访问的美国康州哈特福德医院代表团 4 成员授予山东医科大学客座教授。

13 日　学校党政领导与获得国务院政府特殊津贴的 40 余名代表进行座谈，并向 1992、1993 年获得政府特殊津贴的代表颁发了特殊津贴证书。这两年山东医科大学共有 109 人获得政府特殊津贴。

14 日　学校学位评定委员会研究决定，确定第四批硕士研究生指导教师 64 名，博士研究生指导教师 10 名。

18 日　山东医科大学举行春运会。

同日　校务会审议通过了《山东医科大学关于设立青年科技学术论坛报告会试行办法》《山东医科大学技术合同试行管理办法》《山东医科大学青年科学启动基金管理办法》《山东医科大学优秀研究生奖学金评审条例（试行）》《山东医科大学研究生爱国奖学金评审条例（试行）》《山东医科大学优秀研究生奖学金评审条例（试行）》《山东医科大学关于单独考试招收硕士学位研究生工作实施细则》《山东医科大学关于水电等收费的具体规定》《山东医科大学校办产业工资管理暂行规定》《山东医科大学考勤管理暂行规定》《山东医科大学校内暂住人口治安管理办法（试行）》等。

22 日　召开山东医科大学第二届教代会代表团团长第一次会议。

29 日　学校印发《山东医科大学考勤管理暂行规定》《山东医科大学办产业工资管理暂行规定》。

5 月

16 日　全国 24 所高等医药院校的图书馆馆长在山东医科大学举行全国高等医药院校图书馆协会全体委员会暨全国医学文献资源共享网络会议。

20 日　口腔系与泰安市口腔病防治院建立技术协作医院。

21 日　由山东解剖学会主办的第二届人体断层解剖学学习班于在山东医科大学举行，6 月 15 日结束。

23 日　卫生部批文，同意山东医科大学调整学位评定委员会成员。王廷础同志为主席，张茂宏、吴祥廉、王琰壁同志为副主席，委员 19 人。

30 日　山东医科大学附属口腔医院成立“山东医科大学口腔医疗器材经销维部”。

1994 年

5 月

31 日　学校发布《山东医科大学关于自费委培、函夜大及各类办班经费管理暂行规定》。

6 月

3 日　山东省职工教育办公室批准建立山东医科大学职工中专部，招初中以上毕业文化程度的职工及待业青年。

5 日　日本大学齿学院纳村、户田 2 位教授应邀来山东医科大学进行学术交流。

9 日　由省委高校工委主办的山东省大学生“泰山特曲杯”我说改革与发展征文比赛，山东医科大学推荐的 4 篇征文，有 3 篇获奖。

10 日　校务会议审议通过了《关于试读制的有关规定》《关于本校职工借调到外单位工作的暂行规定》《关于退（离）休高级专家返聘工作的暂行规定》《管道煤气、液化气暂行管理规定》等。同日，山东省医科院为在山东医科大学临界空地建房与山东医科大学签订协议。

14 日　开始启用卫生部耳鼻喉科学重点实验室印章。

16 日　与济南市建筑设计研究院签订联合建房协议书。

24 日　经校党委研究决定，免去林宪平老干部处副处长兼附属医院老干部科科长职务。

同日　校党委、校行政决定，通报表彰 1992 级消化专业硕士研究生王玉林见危救人的先进事迹。

7 月

4 日　1994 年山东医科大学毕业生 491 名，上午举行毕业典礼大会。

12 日　校党委批准成立山东医科大学第四届研究生会。主席：王玉林；副主席：姜玉华、徐欣、秦志杰、张明华。

中旬　山东病理生理学会在青岛举行成立大会。山东医科大学李光瑛教授当选为该会理事长，胡维诚教授任秘书长。

17 日　山东省病理生理学会在青岛成立，山东医科大学李元英教授当选为理事长。

本月　学校与中共济南市委宣传部签订合作建房协议书。

本月　学校团委共组织七支青年志愿者活动队分赴蒙阴、沂水、平原、周村、长清等地。

本月　1994 年硕士毕业生 78 名，博士生 9 名，授予硕士学位 92 名（其中在职申请学位 11 名，外来申请学位 3 名），授予博士学位 9 名。

1994 年学校共录取硕士生 147 名，其中计划内 96 名，计划外 51 名。博士生 15 名，其中计划内 12 名，委培生 3 名。1994 年学校共接收各类大中专毕业生 157 人。

8 月

15 日　附属医院整形病房和烧伤病房分别于 5 月 18 日和 8 月 15 日开始收治病人。

18 日　附属医院肿瘤防治研究中心举行奠基仪式。该中心占地 1865 亩，建筑面积 7000 平方米，总投资约 3500 万元。

1994 年

8 月

同日 山东生物化学与分子生物学会成立大会暨首次学术会议在蓬莱市召开，山东医科大学王明运教授当选为该会理事长，王美岭、徐松德等 6 人为副理事长，秘书长由徐松德兼任，副秘书长为崔行、韩金祥。会议于 20 日结束。

28 日 山东医科大学 1994 年全日制本专科招生工作今日结束，共招收本科生 58 名，专科生 421 名。

9 月

1 日 山东医科大学第二届十佳青年教师评选工作结束，娄红祥、刘树伟、张利宁、赵长峰、纪政文、戚向敏、于德宁、徐永萍、黄海恒、郑家伟被评为十佳青年教师并受到表彰。

7 日 省委常委、统战部部长韩寓群来山东医科大学检查了解统战工作。

9 日 山东医科大学教职工向贫困、灾区人民奉献爱心，共捐衣物 8500 余件，价值 12.9 万元。

11 日 王廷础校长随卫生部访问团赴澳大利亚访问。访问于 18 日结束。

12 日 校党委研究决定：免去李福宾临床医学部副主任职务，免去聂兆文临床医学部副主任职务。

13 日 学校召开校重点学科工作会议。

14 日 济南市中心医院由原山东医科大学教学医院改为山东医科大学济南临床医院。

17 日 学校隆重举行 1994 级新生开学典礼。

10 月

4 日 卫生部部属医学院校第八届工会工作研讨会在山医大召开，研讨会于 10 日结束。

7 日 学校在大礼堂隆重举行“山东医科大学 1993～1994 年先进个人暨先进集体表彰大会”，896 名学生和 9 个班集体受到表彰。

8 日 美国犹他大学医学中心乔治、贝利教授于来山东医科大学进行友好访问，访问于 14 日结束。

12 日 学校与山东省中鲁建筑集团总公司签订合作建房协议书。

14 日 王慧才教授获首届吴阶平-保罗、杨森医学研究奖，在杭州举行了隆重的颁奖仪式。

15 日 卫生部部属院校第三届医院管理研讨会在山东医科大学召开，19 日结束。

17 日 经研究决定，免去吴光照科研处副处长兼校中心实验室主任职务。

20 日 学校举行“94 青年科技论坛学术报告会”。

26 日 日本和歌山县立医科大学一行 4 人来山东医科大学进行友好访问，访问于 11 月 2 日结束。

29 日 召开山东省生理学会成立大会，刘磊教授当选为理事长。

本月 校报编辑部王明良采写的通讯《收获生命》获山东省新闻二等奖。

本月 评选出 1994 年享受国务院政府特殊津贴专家 4 人，有突出贡献的中青年专家 1 人。

1994 年

11 月

1 日 第六届高等药学教育研讨暨首届校企科技合作会议召开。

7 日 学校印发《关于严禁在学生宿舍内自炊和私拉电线的补充规定》。

8 日 学校举行“94 青年科学基金评审答辩会”，9 项课题获得资助。

同日 《系统解剖学》《局部解剖学》英文版教材第二版编会议在山东医科大学召开。

10 日 校党委作出决定，撤销校成人教育处，成立山东医科大学成人教育学院，原级别不变。

15 日 校党委研究决定：梁安新任成教学院院长（正处）。郭荣珍任成教学院副院长（副处）。王旭任成教学院副院长（副处）。

22 日 附属医院同荷兰飞利浦公司关于肿瘤防治研究中心设备合同正式签字。

28 日 卫生部 1995 年成人教育招生计划协调会于 28～30 日在山东医科大学召开，有 20 余名代表参加会议。

30 日 学校科研处获山东省教委评选的高校科研管理先进集体。

本月 经卫生部组织专家评审，山东医科大学孟月生等 6 人申报的 6 项卫生部科研基金课题及陈子江等 3 人申报的卫生部优秀青年科技人才专项基金，近日获得了卫生部的资助。

本月 山东省高校图工委在烟台召开了山东省高校图书馆第三届教育职能研讨会。

12 月

1 日 由山东省档案局文书指导处组织的文书档案检查验收小组一行 3 人来山东医科大学，检查验收 1991、1992 年度文书档案，一次合格通过，这是山东医科大学自 1985 年以来第八次获得“文书档案合格证”。

2 日 开始启用山东医科大学成人教育学院印章。

6 日 学校团委表彰 1994 年暑假大学生社会实践先进个人和优秀调查报告。

16 日 学校团委表彰第四届大学生科技文化艺术节先进集体、先进个人。

中旬 学校被国家教委评为 1993 年度科技统计先进单位，并领取国家教委颁发的荣誉证书。

20 日 学校党校举办了两期处级干部学习社会主义市场经济理论学习班，全校 89 名处级干部参加了学习。学习班于 23 日结束。

28 日 学校召开毕业生分配就业工作研讨会。

29 日 全校教职工在学校大礼堂举行了庆元旦文艺节目会演。

30 日 学校召开联合办学校外大专班教学工作会议。

同日 山东医科大学被评为山东省高校专利管理先进集体。王廷础教授、苏应宽教授被评为优秀发明者。

年底 职称评定工作转入正常化，1994 年共有 583 人晋升职称，其中，正高级 43 人，副高级 214 人，中级 263 人，初级 73 人，送出评审 8 人。

1995 年

1 月

6 日　全校教职工响应省委省政府号召开展为特困企业职工捐款献爱心活动，共捐款 55593.50 元。

同日　调整学校治安保卫委员会。

12 日　山东医科大学举行隆重的 1993～1994 年间在教学、科研、管理、思想政治工作等方面取得显著成绩的表彰大会。90 项/次科研成果获国家、部、委、省、厅级奖，53 项科研成果、197 项论文、著作、4 个科研管理先进集体获山东医科大学科技进步奖。第二届十佳青年教师，6 名优秀政治辅导员，20 名优秀思想政治工作者获奖。

同日　调整工会女职工委员会。

2 月

17 日　山东医科大学原校长、著名传染病学专家、医学教育家方春望同志逝世，享年 80 岁。

3 月

2 日　调整校研究生招生工作领导小组。

4 日　设立山东医科大学优秀研究生奖学金、山东医科大学研究生爱国奖学金及成立相应评审委员会。

同日　启用“山东医科大学济南临床学院”印章。

7 日　山东医科大学原顾问牟景途同志逝世，享年 78 岁。

14 日　调整学校社会治安综合治理委员会。

15 日　省委统战部副部长李树印来山东医科大学视察。

16 日　研究生部党总支举办第六期业余党校，30 余名研究生入校学习，30 日结束。

27 日　山东医科大学第五届大学生科技文化艺术节开幕，至 5 月 11 日结束。

28 日　美国哥伦比亚大学牙医学院副院长王大源教授来山东医科大学访问。

同日　学校成立山东医科大学关心下一代工作委员会。

30 日　召开全校教职工大会，总结 1994 年工作，部署 1995 年工作。

31 日　成立检查德育工作领导小组，吴祥廉、王延础任组长，赵明顺、王琰璧任副组长。

本月　王廷础校长前往北京参加全国八届人大三次会议。

4 月

3 日　卫生部在北京召开第三次全国医学信息工作会议。山东医科大学图书馆参考咨询部获先进集体奖，图书馆馆长陈春艾获先进个人奖，会议至 6 日结束。

4 日　调整学校企业清产核资领导小组。王廷础任组长，李承俊任副组长。

8 日　学校和山东省千佛山医院举行“山东医科大学教学医院”揭牌仪式。

12 日　学校成立 1995 年毕业分配就业工作领导小组。

14 日　学校表彰山东医科大学“十大优秀教师”“十大优秀学生”。

25 日　校务会审议并通过了《山东医科大学关于设立勤工助学基金开展勤工助学活动的暂行办法》《山东医科大学校内银行贷款暂行办法》。

1995年

4月

27日　校党委宣传部主办了“山医大纪念世界反法西斯战争胜利50周年歌咏比赛”。

本月　山东医科大学校友耿殿栋、于秉溪向母校捐款1万美元，设立山东医科大学爱国奖学金。

5月

2日　学校印发《山东医科大学校内银行贷款暂行管理规定》。

3日　山东医科大学2000余名学生参加了在济南市植物园举行的山东省第三届青年科技文化节的开幕式。

5日　校党委作出决定，对任期两年届满的党支部进行改选，并在改选的基础上，做好民主评议党员，评选先进党支部和优秀党员的工作。

上旬　1994山东省科技进步奖揭晓，山东医科大学获得23项成果奖。

15日　经校学位评定委员会研究通过，18名教师被增补为硕士研究生指导教师。

16日　学校发文，经卫生部党组研究决定：王廷础任山东医科大学党委副书记（兼，列邵明立之前）；免去吴祥廉党委书记职务。

17日　学校召开组织重大科研项II会议，研究部署“九五”期间山东医科大学重大科研项目的组织申报工作，会议至22日结束。

18日　学校发布《山东医科大学关于设立勤工助学基金、开展勤工助学活动的暂行管理办法》。

19日　学校发布《山东医科大学青年教师在职攻读硕士学位的暂行规定》。

22日　学校举办了第一届民主党派骨干理论研修班，至6月2日结束。

同日　第一届亚洲卫生改革区域会议在菲律宾首都马尼拉召开，山东医科大学5名代表应邀出席会议，刘兴柱教授作为中国代表在会议上作了发言，会议至25日结束。

同日　山东医科大学新增补硕士研究生指导教师18人。

同日　校党委、校行政作出决定，表彰山东医科大学“十大优秀教师”和“十大优秀学生”。

26日　山东医科大学召开德育工作会议。学校党政领导，各部门负责人，全体政治辅导员及有关人员参加了会议。

29日　卫生部科技发展研究中心薛志福主任等应邀来山东医科大学指导科研工作，至6月2日结束。

本月　香港爱国人士林云峰先生的夫人及子女捐献给学校5万元人民币，定名为“林云峰奖学金”，用于奖励山东医科大学成绩优秀的研究生。

6月

4日　国家教委委托高等医学教育委员会组织的“七年制高等医学教育教学与学位授予质量检查团”，对山东医科大学七年制临床医学专业的教学及管理工作进行了评估，至8日结束。

10日　校党委作出决定，对评选出的1994～1995年度7个先党支部和42名优秀共产党员进行表彰。

1995 年

6 月

14 日　山东医科大学刘兴柱教授和临床部 1988 级七年制学生解敏同学分获“十大优秀教师”和“十大优秀学生”荣誉称号，并受到省高校工委和省教委的表彰。

15 日　山东医科大学党校举办了全校行政正科级干部学习社会主义市场经济理论学习班，全校 53 名行政正科级干部参加了学习，学习班于 16 日结束。

20 日　山东医科大学召开第三次档案工作会议暨 1995 年文书立卷工作会议。

23 日　校务会审议并通过了《山东医科大学关于七年制高等医学教育授予医学硕士学位实施细则》(暂行)，《山东医科大学成人高等教育本科毕业授予学士学位的实施细则》。

29 日　表彰在山东医科大学 1995 年档案工作中涌现出的 4 个先进单位。

下旬　省高工委表彰先进党支部和优秀共产党员，山东医科大学 3 个党支部 9 名共产党员受表彰。

本月　山东医科大学党委副书记邵明立调卫生部工作。

本月　山东医科大学参加了第四届山东省大学生科技文化艺术节，由于成绩优秀，被授予“山东省青年文化节优秀组织单位奖”和“山东省第四届大学生科技文化艺术节优秀活动单位奖”。

7 月

5 日　附院张运教授参加了在日本札幌市举行的第八届国际心脏多普勒学术大会并主持了会议，会议至 7 日结束。

7 日　学校团委组织学生开展暑期社会实践活动。由于成绩突出，学校被评为“山东省大学生社会实践活动先进单位”。由于工作开展卓有成效，山东医科大学团委被授予山东省“青春立功”活动先进团委和山东省高校红旗团委称号。

同日　学校对后勤进行了重大改革，撤销了总务处、基建处及所属科室的建制，设立了后勤管理办公室。新设立的后勤管理办公室为处级建制，后勤办列学校行政编制序列。

本月　学校健美体操队在华东地区高等医学院校健美比赛中夺得“荣事达杯”奖杯和四面锦旗。

本月　正式印发《山东医科大学研究生工作手册》。

8 月

21 日　启用“山东医科大学后勤管理办公室总支委员会”“山东医科大学后勤管理办公室”印章各 1 枚。原“山东医科大学总务处总支委员会”“山东医科大学总务处”“山东医科大学基建处”3 枚印章同时作废。

30 日　校党委研究决定后勤管理办公室下设 3 个科和 12 个所属单位。后勤管理办公室设总务科、基建科、计财科；学校组建建筑公司、房产管理维修中心、水电管理维修中心、生活服务中心校园绿化卫生管理部、采暖管理部、学生公寓管理部、运输服务部、通讯服务部。上述单位与校医院、幼儿园、家属委员会等均属后勤管理办公室管理。原生活服务中心予以撤销，负责人职务自然免除，安装维修公司原负担的校内房屋、水电维修任务回归后勤管理办公室。

1995 年

8 月

同日　经党委研究决定：聘任吴承基为建筑公司经理（正处级），聘任孙其兴为生活服务中心经理（副处级），聘任王金栋为校医院院长（副处级）。

31 日　学校举行纪念抗日战争胜利 50 周年座谈会。

本月　1995 年全校完成各类招生 2327 名，其中博士生 31 名、硕士生 142 名、本科生 998 名、成教生 1156 名。完成各类毕业生 3400 名。

9 月

2 日　山东医科大学选修课程改革试行学生跨年级、跨专业选修课的第一天。

4 日　成立“山东医科大学德育工作委员会”，王廷础任主任委员，王琰璧、赵明顺任副主任委员。

6 日　学校调整老干部工作领导小组，王廷础任组长，赵明顺、王琰璧任副组长。

11 日　学校印发《山东医科大学内宾接待工作的暂行规定》。

12 日　1995 级学生军训工作圆满结束。

15 日　中国卫生经济培训与研究网络 1995 年第二期全国计财处长研讨班在山东医科大学举行。

同日　以山东医科大学党委副书记孙敖田为团长的山东医科大学访日代表团一行 4 人参加了日本和歌山县立医科大学建校五十周年校庆纪念活动，同时与此校及其他几所学校分别进行了学术交流，24 日结束。

21 日　校务会审议并通过了《山东医科大学关于违章建筑和抢占住房处罚暂行办法》。

22 日　在省直机关离退休干部、老干部工作“双先”表彰会上，山东医科大学被评为省直老干部工作先进单位。3 人被评为老干部工作先进个人。

28 日　在学校首届中青年教师课堂讲授比赛中，48 人受到表彰奖励。

本月　学校工会与教务处组织开展“山医大首届中青年教师课堂讲授比赛”。

10 月

5 日　学校行政作出决定，对荣获 1994～1995 学年各类奖学金的学生先进个人和先进班集体予以表彰奖励。

17 日　第四届卫生部部属院校组织部长会议在山东医科大学召开，20 日结束。

24 日　学校党校举办了两期处级干部学习中国特色社会主义理论学习班，70 多人参加了学习，27 日结束。

本月　学校二届青年科技学术论坛报告会，9 名青年教师获优秀论文证书和科技活动经费。

11 月

7 日　经党委研究决定：魏奉才任口腔系主任，宋代辉任口腔系副主任，杨丕山任口腔系副主任，胡克顺任口腔系调研员（副处级）；免去凌涤生口腔系主任职务，免去胡克顺口腔系副主任职务。

1995 年

11 月

8 日　1995 年山东医科大学共有 5 个专业 658 名毕业生，其中七年制 15 名，本科生 455 名，专科生 188 名。

14 日　校务会审议并通过了《山东医科大学专业技术职务评聘工作暂行条例》《山东医科大学关于“三个育人”先进集体、先进个人评选活动的意见(试行)》《山东医科大学德育实施细则》《山东医科大学管理育人工作暂行条例》《山东医科大学服务育人工作暂行条例》《山东医科大学关于建立校内银行贷款风险防范制度的暂行规定》。

20 日　学校决定，纪委与监察室合署办公，实行一套工作机构、两个机关名称的体制。

22 日　学校发布《山东医科大学关于建立校内银行贷款风险防范制度的暂行规定》。

30 日　学校发布《山东医科大学关于违章建房、抢占住房和出租住房处罚暂行办法》。

本月　学校进行了 1995 年度专业技术职务评定工作。此次职评，在破格晋升方面打破年龄限制，超过了年龄但又不满任职年限的，只要教学、科研等方面成绩突出的都可以参加破格晋升。共有 14 人破格晋升为正教授，11 人破格晋升为副教授。全校共有 280 人晋升为高一级专业技术职务。

12 月

本月　在由国家教委科技司举办，中国高等学校自然科学学报研究会承办的全国高校自然科学优秀学报评比活动中，山东医科大学学报荣获二等奖。

本月　张茂宏、寿楠海、孙克任、江森、王天铎、张运、应诗达、潘其兴、栾信庸、曾武军等 10 位同志被授予“第四批山东省专业技术拔尖人才”的称号。

本年　全校完成了多项重大科技成果：(1)获国家教委推广应用成果二等奖 1 项。(2)获卫生部科技进步三等奖 1 项。(3)获山东省重大科技进步奖 9 项。(4)通过鉴定达到国际先进水平的成果。

本年　山东医科大学当选为全国学联委员会委员单位和山东省学联副主席单位。在校博士生王玉林当选为全国学联委员会委员和山东省学联副主席。

本年　陈子江教授的科研成果“人类宫腔培子移植助孕技术”达到了国际领先水平，其临床应用效果显著。其突出成绩 9 月份被中央电视台“神州风采”栏目作了专题报道，陈子江教授还作为特邀代表参加了 9 月份在北京召开的“第四届世界妇女大会”。

本年　4～12 月，山东医科大学校办产业进行财产清查工作。

1996 年

1 月

4 日　学校党委召开全校统战工作会议。

5 日　经研究决定，成立山东医科大学重点建设领导小组，王廷础任组长，王琰璧、赵明顺、张衡任副组长。

9 日　经校党委研究决定：赵彦伟任药学系主任；娄红祥任药学系副主任；免去邹立家药学系主任职务。

10 日　经研究决定，成立山东医科大学对台工作领导小组，王廷础任组长，赵明顺、焦春荣任副组长。

1996年

1月

15日　经学校研究决定，成立山东医科大学学生勤工助学指导中心，并启用印章。

24日　学校发布《山东医科大学选修课程管理办法》《山东医科大学成人高等教育教学工作基本要求的试行规定》《山东医科大学函授教育辅导站工作职责》。

28日　经学校党委决定，成立分子生物学研究室。新成立的分子生物学研究室属科研机构，归口基础医学部管理，设专职科研编12人，面向全校进行科研指导与技术服务。

30日　学校发布《山东医科大学教职工年度考核暂行规定》。

同日　经校党委研究决定，成立山东医科大学考核委员会，王廷础任主任委员，孙敖田、王琰璧、赵明顺任副主任委员。

2月

6日　经研究决定，对校办产业管理委员会成员进行调整。王廷础任主任委员，李承俊任副主任委员。

3月

1日　王廷础校长前往北京参加八届人大四次会议。

上旬　“三八”国际劳动妇女节之际，学校女职工委员会举办“巾帼建功”暨科技成果展，共展出科技成果101项，著作103部，论文762篇。

11日　学校发布《山东医科大学非创收单位校内津贴发放暂行规定》。

12日　撤销第二附属医院筹建处建制，成立山东医科大学第二附属医院。同日，学校印发《山东医科大学函授站公章使用暂行规定》。

14日　经校党委研究决定：刘建国任第二附属医院副院长（兼）；刘云川任第二附属医院副院长（副处）。以上两同志原任职务自然免除。

同日　鉴于二附院筹建处撤销，成立第二附属医院，经党委研究决定，成立中共第二附属医院委员会，撤销原中共二附院筹建处党的支部委员会。

同日　经校党委研究决定：刘建国任第二附属医院党委书记（正处）。

15日　根据学校《关于成立山东医科大学成人高等教育函授站的决定》，即日开始启用山东医科大学青岛、安阳、吉林、杭州、石家庄、蚌埠、徐州、太原、郑州、开封共10个函授站的印章。

22日　山东医科大学召开一九九六年毕业生供需见面会，23日结束。

28日　启用“山东医科大学第二附属医院”印章，原“山东医科大学第二附属医院筹建处”印章同时作废。

30日　学校发布《山东医科大学关于联合培养研究生的暂行规定》。本月学校讨论、研究制定《山东医科大学“九五”计划及2010年远景目标》（纲要）。

4月

1日　学校印发《山东医科大学关于工作人员差旅费开支的规定》。

5日　山东医科大学统战部与各民主党派支部联合举办了民主党派新成员理论研修班。

同日　成立山东医科大学建立教职工数据库工作领导小组，王琰璧任组长，赵明顺任副组长。

1996 年

4 月

8 日 启用“中共山东医科大学第二附属医院委员会”印章。

18 日 学校召开纪检监察工作会议。

22 日 经校党委研究决定，健全成人教育学院的管理机构，下设办公室、夜大部、函大部、继续教育部，以上机构均为科级建制。

同日 经校党委研究决定，在图书馆增设教学机构，成立医学信息学教研室，以加强医学文献检索和科技查新手段的教学。医学信息学教研室隶属图书馆领导，与参考咨询部合署办公。

同日 经校党委研究决定，二附院成立有关机构。共设 4 个党群部门，15 个行政管理部门，22 个临床和医技科室。

23 日 经党委研究决定：张宁任校党委办公室主任；赵春元任老干部处处长；薛金梅任科研处处长；李宗法任审计处处长。

24 日 学校成立山东医科大学文明校园建设活动领导小组，孙敖田任组长，赵明顺、李承俊任副组长。

同日 “山东医科大学第六届大学生科技文化艺术节”拉开帷幕，5 月 9 日结束。

26 日 为进一步推动山东医科大学房改工作，经学校研究决定成立校房改领导小组，孙敖田任组长，李承俊、杨兴季任副组长。

同日 学校发布《关于校内经商摊点的暂行管理办法》。

同日 山东省学位委员会成立，山东医科大学血液病专家，博士学位研究生指导教师张茂宏教授担任省学位委员会委员。

本月 济南中心医院领导与山医大校长签订合同书，济南临床学院正式成立。

5 月

3 日 学校发文，授予 27 名同志“1994～1995 年优秀思想政治工作者”光荣称号，并颁发证书。

12 日 附院肿瘤防治研究中心全面投入使用。省领导李春亭、苗枫林等出席启用仪式并剪彩。

同日 “卫生部卫生经济研究所成本测算中心”被批准成立。中心设在山东医科大学卫生系，经费、业务由卫生部计财司下达，人事归学校管。

14 日 学校发文，共有 114 名教授、副教授被遴选为山东医科大学第 5 批硕士研究生指导教师。

15 日 山东医科大学隆重召开“大学生尊师、颂师、学师献礼大会”。

18 日 卫生部耳鼻喉科学重点实验室开业典礼在山东医科大学隆重举行，卫生部部长陈敏章、省委书记赵志浩、城乡建设部副部长谭庆琏、省委常委秘书长张宗亮等领导同志前来祝贺并为实验室开业剪彩。

20 日 经校重点建设领导小组研究，校党委批准，确定 15 个学科和 6 个实验室为校级重点。校级重点学科：卫生经济学、药物化学、解剖学、病理解剖学、流行病学、生理学、组织胚胎学、心脏内科学、血液内科学、妇产科学、耳鼻喉科学、普外科学、神经外科学、小儿科学、神经内科学。校级重点实验室：微生物实验室、同位素中心实验室、毒理学实验室、生化制药实验室、血液病实验室、冷冻

1996 年

实验室。

5 月

21 日　省委统战部和高校工委莅临山东医科大学检查统战工作。

24 日　山东省医学院校教务与教学管理研讨会在山东医科大学召开。省教委、省卫生厅的有关领导同志及山东省九所医学院校的部分院校长、教务处、基础部负责人等共 23 人到会，山东医科大学李承俊副校长出席了会议。

本月　山东医科大学评选十佳青年教师，并予以表彰。

6 月

6 日　山东医科大学第三届青年科技学术论坛报告会举行，评选出 6 篇优秀论文，并颁发荣誉证书。

10 日　卫生部发文，批准山东医科大学 1996 年神经外科博士生指导教师 2 人。

20 日　山东医科大学召开思想政治工作经验交流会暨思想政治工作研究会年会，大会表彰了 27 名优秀思想政治工作者和 15 项优秀编著，70 篇优秀论文。

24 日　山东医科大学 1996 年成人教育毕业生 1182 人。

25 日　山东医科大学 1996 年在山东、吉林、河南、江苏四省招收成教生 1128 人。

同日　学校印发《山东医科大学关于加强教学纪律的暂行规定》。

26 日　学校发文，对文明校园建设活动中涌现出的 10 个先进单位 35 名先进个人授予“文明校园建设活动先进单位”和“文明校园建设活动先进个人”称号，予以通报表彰。

同日　学校发布《山东医科大学关于临时工管理的暂行规定》。

7 月

5 日　学校发布《山东医科大学科技进步奖励办法》。

同日　由山东医科大学与美国庆瑞基金会合作的山东医科大学附属口腔医院——美国庆瑞种植研究中心成立。

10 日　学校发文，公布七年制临床医学专业第三批临床医学导师组名单。

25 日　经学校研究决定成立建设工程项目执法监察领导小组，李承俊任组长，张彦方、孙国防任副组长。

本月　计算机国际互联网(Internet)已与山东医科大学图书馆正式联通。

本月　1996 年，全校共接收各类毕业生 162 人，其中博士生 4 人，硕士生 52 人，本科生 58 人，专科生 5 人，中专生 41 人，技工 2 人。

本月　山东医科大学 1993 级研究生圆满完成学业，博士研究生 11 名，硕士研究生 131 名，另有 6 名在职人员申请并获得硕士学位。

本月　经国务院学位委员会批准，通过山东医科大学新增免疫学、精神病与精神卫生学、皮肤病与性病学、临床检验与诊断学、外科学(烧伤)、口腔科学(口内)6 个硕士授权点。新增外科学(神经外)为博士点。

本月　卫生部正式批准，山东医科大学新增 19 名博士生导师，他们是：潘其兴、邵建华、潘祥麟、张尚忠、朱菊人、杨兴季、沈柏均、陈雨历、王占民、吴太璜、王善政、郭兰敏、马庆铮、张庆林、吴承远、戴笙、汤春生、王廷础、陈瑛。

1996 年

8 月

1 日　卫生部部属高等学校篮球赛 1～9 日在白求恩医科大学举行。山东医科大学男队获第三名。

21 日　经校党委研究并征得卫生部纪检组同意，张彦方任中共山东医科大学纪委副书记。

23 日　省政府批文，同意山东医科大学第二附属医院接受旅加华人陈凯先生捐赠的旧病床 800 张及配套的床垫、桌椅、床头柜等。

28 日　学校发文，表彰山东医科大学第三届十佳青年教师。他们是：龚瑶琴、宋刚、刘树伟、赵桂森、尚雪原、李士雪、王磊、张君、曹枫林、张贤达。

本月　1996 年，共录取硕士生 137 人，其中计划内 108 人，委培生 29 人。录取博士生 32 人，其中计划内 25 人，委培生 7 人。

9 月

3 日　学校表彰 1995 年“教书育人，管理育人，服务育人”先进集体 3 个，先进个人 9 名。

24 日　学校举办处级干部学习班，88 名处级干部参加学习。

26 日　国际流行病学协会第十四届国际科学大会于 26～30 日在日本名古屋举行，山东医科大学卫生系赵仲堂教授、姜宝法副教授应邀出席大会并报告了各自的论文。

同日　为纪念建国 47 周年和红军长征胜利 60 周年，学校团委组织全校近 700 名 18 岁青年学生隆重举行成人宣誓仪式，成人宣誓仪式在山东医科大学开展已经两年时间。

同日　学校发文，表彰奖励 1995～1996 学年学生先进集体 9 个和先进个人 899 人。

27 日　学校开展“山东医科大学实验技术人员讲评活动”评出一等奖 2 名，二等奖 3 名，三等奖 4 名，部系优秀奖 18 名。

28 日　山东医科大学陈子江教授被卫生部授予“第二届全国中青年医学科技之星”荣誉称号。

本月　学校发文，山东医科大学卫生系社会医学教研室教授刘兴柱荣获“1995 年全国优秀教师”称号并获全国优秀教师奖章；山东医科大学附属医院小儿科教授沈柏均荣获“山东省优秀教师”称号。

10 月

3 日　经校党委研究决定：杨兴季任附属医院党委副书记（兼）；毕玉平任附属医院党委副书记；姜希宏任附属医院副院长；高海青任附属医院副院长；张子文任附属医院医务处处长（正处级）。

9 日　山东高校校园管理总结表彰大会暨高校校园管理专业委员会第二届年会在山东医科大学召开。来自全省 56 所高校的 90 余名代表参加了会议。

11 日　山东医科大学 1996 年秋季运动会召开。

14 日　学校颁布《山东医科大学关于推荐应届本科毕业生免试攻读研究生实施办法》。

16 日　经研究决定：周日光任山东医科大学附属医院党委书记；免去李金邦山东医科大学附属医院党委书记职务。

1996 年

10 月

17 日　经校党委研究决定，免去郭福堂山东医科大学附属医院副院长职务。

21 日　经校党委研究决定，成立第二附属医院开诊工作领导小组，王廷础任组长，孙敖田、王琰璧、李承俊任副组长。

25 日　经党委研究决定，撤销中共山东医科大学基础医学部总支委员会，成立中共山东医科大学基础医学院委员会。钱友屏任中共山东医科大学基础医学院委员会书记；石献序、王兰秋任中共山东医科大学基础医学院委员会副书记。撤销中共山东医科大学卫生系总支委员会，成立中共山东医科大学公共卫生学院委员会。王晋臣任中共山东医科大学公共卫生学院委员会书记。撤销卫生系成立公共卫生学院。撤销基础医学部，成立基础医学院。新成立的公共卫生学院和基础医学院皆为处级建制。

28 日　经校党委研究决定：邵庆余任基础医学院院长；刘京璋任基础医学院副院长；于修平任基础医学院副院长；谭慧清任基础医学院副院长；王洁贞任公共卫生学院院长；赵仲堂任公共卫生学院副院长；徐贵发任公共卫生学院副院长。

同日　经研究决定成立山东医科大学住房分配委员会，李承俊、孙敖田任主任委员，刘进华、宋文政任副主任委员。山东医科大学基础医学院和山东医科大学公共卫生学院成立并举行揭牌仪式。

31 日　山东医科大学隆重集会庆祝与日本和歌山县立医大建立友好关系 10 周年。

同日　学校发布《山东医科大学关于第二附属医院引进专业技术人才的暂行规定》。

本月　1996 年，国家自然科学基金评选揭晓，山东医科大学 7 项课题获资助，共获得资助经费 67 万元。

本月　1996 年，卫生部科学研究基金评选揭晓，山东医科大学有 5 项课题获资助，资助总额为 20 万；有 14 项课题中标立项。同时，还有 3 项课题获卫生部优秀科技人才专项科研基金资助，资助总额为 30 万元。

本月　山东医科大学第四项科技成果转让项目——“维脑路通的合成新工艺”已与烟台中策药业公司签订了技术转让合同，该企业为国内独家使用该生产工艺，技术转让费 40 万元人民币。

11 月

6 日　卫生部组织的成人高等教育评估检查专家组来我校对成人高等教育办学情况进行评估检查。

7 日　学校发布《山东医科大学关于表彰奖励优秀教学成果的决定》，共评出优秀教学成果奖 21 项。

8 日　开始启用“中共山东医科大学基础医学院委员会”“中共山东医科大学公共卫生学院委员会”印章。

11 日　经山东省科委、山东省新闻出版局组成的省自然科学技术类期刊评估委员会的质量评估，《山东医科大学学报》和《现代妇产科进展》被评为优秀级期刊。

1996 年

11 月

同日　启用“山东医科大学基础医学院”“山东医科大学公共卫生学院”印章各一枚。原“山东医科大学基础医学部”“山东医科大学卫生系”印章同时作废。

13 日　经校党委研究决定，成立山东医科大学结算中心，国有资产管理办公室。山东医科大学结算中心和国有资产管理办公室，隶属校计划财务处管理，均为科级建制。

同日　经校党委研究决定，撤销校档案室，成立山东医科大学档案馆。新成立的档案馆为处级建制，由校长直接领导。

20 日　山东医科大学老干部处 1996 年在离休干部工作中成绩突出，被授予“卫生部离休干部工作先进集体”荣誉称号。

21 日　经校党委研究决定：陈春艾任药学系党总支书记；尚晓映任党委办公室副主任；袁魁昌任党委宣传部副部长；曹家炳任党委统战部副部长；瞿英芬任研究生部党总支副书记；姜希洪任公共卫生学院党委副书记；米陆昕任保卫部副部长（兼）。免去张宁党委办公室主任职务。

同日　学校发文，经党委研究决定，学校设校长助理，协助校长或副校长工作。杨廷岐任校长助理，免去其校长办公室主任职务。

12 月

19 日　经校党委研究决定，关广聚任山东医科大学第二附属医院副院长。

同日　启用“山东医科大学档案馆”印章，原“山东医科大学档案室”印章同时作废。

20 日　经学校研究决定，成立山东医科大学临床药理研究所。新成立的临床药理研究所属科研机构，归属附属医院管理。

25 日　学校发文，表彰 21 名工会工作优秀指导者，23 名优秀工会工作者，70 名工会工作积极分子。

同日　经学校研究决定，撤销计财处预算内核算科、预算外核算科，成立会计核算科。

同日　学校发布《山东医科大学学位证书管理实施细则（试行）》《山东医科大学研究生学历证书管理实施细则（试行）》。

26 日　校团委在 1996 年“青春立功”活动中，对评选出的 8 个先进集体和 61 名先进个人进行表彰。

29 日　为更好地发挥山东医科大学大型仪器的作用，加强重点学科、重点实验室建设，学校决定对校实验中心实施体制转轨，成立分子生物学实验室，将电镜室设备财产移交给基础医学院组织胚胎学教研室，分析测试室设备移交给基础医学院分子生物学实验室。移交工作于 12 月 29 日全部结束。

本月　在山东省教育工会的检查评比中，山东医科大学工会被评为“山东省教育工会工作先进集体”。

本月　完成专业技术职务晋升工作，今年共有 326 人晋升了高一级专业技术职务，其中 38 人晋升正高，118 人晋升副高，119 人晋升中级，51 人晋升初级。有 12 人破格晋升了高级专业技术职务。

年底　全年共发展党员 102 人。其中职工 11 人（干部 9 人，包括专业技术人员 6 人，工人 2 人），学生 91 人，其中研究生 10 人。

1997 年

1 月

4 日　校实验中心分析测试室设备财产办理移交。

8 日　学校党委召开了老干部工作“双先”表彰会，对在老干部工作中做出突出成绩的 5 个先进集体，17 名先进个人进行了表彰。

9 日　卫生部原副部长崔义田同志生前的 50 余册书刊及其他文物资料全部无偿赠送给山东医科大学。赠书仪式是 9 日在北京中华医学会隆重举行的。卫生部部长彭玉、中华医学会党组书记、常务副会长唐泽毅、崔义田同志的夫人及山东医科大学张衡副校长等参加了交接仪式。

14 日　经学校研究决定，撤销山东医科大学实验中心。

15 日　经研究同意组成山东医科大学第五届研究生会。王玉林任主席，姜玉华、孟彦、王鸿勇任副主席。

同日　全国卫生部部属院校《体育》教材编写筹备会议在山东医科大学召开。

16 日　学校颁布《山东医科大学住房分配管理办法》《山东医科大学集资建房暂行办法》《山东医科大学住房分配纪律》。

17 日　经学校研究决定，将原校实验中心的所属机构调整如下：电子显微镜中心实验室撤销后，新成立山东医科大学超微结构实验室。该实验室系学校的科研机构之一，归属基础医学院管理。分析测试室撤销后，部分职责及任务归属分子生物学实验室。

同日　经学校研究决定：分子生物学研究室更名为分子生物学实验室；毒理学研究室更名为毒理学实验室；脏器生化药物研究室更名为生物药物学实验室；血液病研究室更名为血液病学实验室。以上科研机构更名后，其隶属关系、职责范围、工作任务均不变。

同日　经校党委研究同意，聘任董德侠为山东医科大学科技开发总公司总经理。

31 日　根据中央各级民主生活会每半年召开一次的规定，召开山东医科大学 1996 年下半年党委民主生活会。

本月　临床医学 1994 级学生辛兵荣获首届中国大学生跨世纪发展基金建昊奖学金优秀奖。

2 月

25 日　全校师生在小礼堂认真收看邓小平同志追悼大会实况。

27 日　600 多名教职工到济南市博物馆参观《红岩魂》大型展览。

3 月

5 日　学校召开纪念“三八”国际劳动妇女节座谈会。

7 日　学校召开 1996 年国有资产产权登记年报编制工作大会。

20 日　启用“山东医科大学第二附属医院”钢印。

23 日　山东医科大学第七届大学生科技文化艺术节开幕，5 月 4 日胜利闭幕。

1997 年

4 月

1 日　经学校研究决定，成立山东医科大学学生管理委员会，赵明顺、李承俊任主任委员，孙国防、张志华、郭兆勤任副主任委员。

同日　经校党委研究决定，校长办公室下设文秘科、信息调研科、行政科三个科级机构。

3 日　山东医科大学召开纪检监察工作会议。各单位主要负责人参加会议，党委孙敖田副书记和李承俊副校长出席会议，并对今年工作提出了具体要求。

7 日　成立山东医科大学精神文明建设领导小组，孙敖田任组长，王琰璧、赵明顺、李承俊任副组长。

11 日　经学校研究决定，成立山东医科大学社会医学与卫生政策研究所。新成立的社会医学与卫生政策研究所属学校科研机构之一，归属公共卫生学院领导，与社会医学教研室合署办公，设编制 26 人，其中专职科研编制 20 人，教学编制 6 人。

14 日　卫生部在山东医科大学召开医学成人教育工作会议，研讨临床医学专业教学计划与课程基本要求，出席会议的领导、专家共 22 人。

15 日　根据《山东医科大学、济南市中心医院关于建立山东医科大学济南临床学院协议书》的规定。经校党委研究决定：秦宪尧同志任中共山东医科大学济南临床学院党委书记；王立群任中共山东医科大学济南临床学院党委副书记（兼）；李乐祥任中共山东医科大学济南临床学院党委副书记。

同日　经校党委研究决定，对附属医院部分二级机构作如下调整：撤销科教处、老干部科，成立科研处、教育处、老干部处。新成立的机构均为副处级建制；监察室由科级单位升格为副处级单位。

23 日　山东医科大学第二附属医院已经正式落成，并经过一段时间试开诊，目前运转情况良好，经研究定于 5 月 18 日正式开诊。为了组织好落成及正式开诊的庆典活动，决定成立山东医科大学第二附属医院落成暨开诊庆典活动筹备委员会。李承俊任主任，另有委员 7 人。

5 月

8 日　学校颁布《山东医科大学关于开展定期审计工作的若干规定》《山东医科大学内部审计工作纪律》《山东医科大学内部审计工作程序实施细则》。

9 日　经校党委研究决定：聘任刘兴柱为校社会医学与卫生政策研究所所长；聘任李士雪为校社会医学与卫生政策研究所副所长；聘任孟庆跃为校社会医学与卫生政策研究所副所长。

18 日　山东医科大学第二附属医院正式开诊。卫生部副部长孙隆椿专程来济南祝贺，并与省市领导赵志浩、孙淑义、刘国福、吴爱英等一起剪了彩。该院设床位 700 张，人员编制 1423 人，占地近 110000 平方米，医疗区总建筑面积 70000 平方米，由四大主体工程即 20000 平方米的门诊大楼，20000 平方米的住院大楼，6000 平方米的保健大楼，10000 平方米的教学科研楼组成。医院设有 26 个临床科室。

1997 年

5 月

第二附院开诊典礼现场

部、省、市领导剪彩

1997 年

5 月

19 日　成立山东医科大学药物临床试验医学伦理委员会，张茂宏任主任，张衡，杨兴季，周日光任副主任。

28 日　经党委研究决定并征得卫生部人事司同意，王永平人事处长任职时间，从 1996 年 4 月 23 日算起。

6 月

6 日　学校发文，根据《山东医科大学关于校行政会议制度的若干规定》校务会议成员由校长、副校长、校长助理、校长办公室主任，各学院、系、部、附属医院的行政一把手，校行政各部门一把手组成，名单如下：王廷础、王琰璧、李承俊、张衡、杨廷岐、张宁、于修平、王洁贞、赵彦伟、魏奉才、冯美丽、周德元、李文鹏、王怀经、杨兴季、刘建国、梁安新、王永平、姜苏华、郭兆勤、朱文华、方庆香、薛金梅、胡岩松、马学秀、刘进华、李冬生、张彦方、李宗法、姜宝良。以上人员若职务发生变化，未进入所要求的参加会议范围，则由新任人员替代。

同日　学校颁布《山东医科大学科技开发管理办法》《山东医科大学学籍管理办法》《山东医科大学关于授予学士学位的规定》《山东医科大学学生奖学金评定工作条例》。

同日　学校制定《山东医科大学关于遴选博士生指导教师的实施细则》。同日，学校发布《山东医科大学内部审计工作规定》。

9 日　经国务院学位委员会第十五次会议批准，山东医科大学附院心内张运教授为国务院学位委员会第四届学科评议组成员。

10 日　卫生部召开的全国第二届卫生产业企业表彰会 10～13 日在西安隆召开，山东医科大学杏林公司荣获“全国卫生事业产业先进单位”光荣称号。

15 日　学校红十字会召开表彰大会，表彰先进集体 7 个，先进个人 129 人（其中教工 11 人，学生 118 人）。

18 日　成立山东医科大学大学生社会实践活动领导小组。赵明顺任组长，王琰璧、姜钟松任副组长。

同日　学校召开第四届青年科技学术论坛报告会，评出优秀论文 4 篇。

20 日　经学校研究决定，成立新的防汛救灾防病工作领导小组，李承俊任组长，张宁、刘进华、高海青任副组长。

24 日　学校颁布《山东医科大学关于校行政会议制度的若干规定》。

26 日　学校评选出 10 名“山东医科大学师德标兵”。

30 日　校党委隆重召开先进党支部优秀党员表彰大会。8 个基层党支部和 9 名分别被授予“先进党支部”“优秀共产党员”荣誉称号。

7 月

3 日　经校学位评定委员会审议通过，授予 1997 年度毕业研究生硕士学位 125 人，博士学位 13 人；授予同等学力在职人员硕士学位 24 人；授予七年制医学生硕士学位 21 人。

14 日　学校颁布《山东医科大学科研型博士学位研究生培养工作实施细则》《山东医科大学科研型博士学位研究生中期考核的若干规定》。

17 日　召开山东医科大学 1997 年上半年党委民主生活会。

本月　本专科生 950 名毕业离校。

1997年

7月

本月　1997年完成本专科招生842人，其中七年制20人，本科542人，专科280人。

8月

18日　学校颁布《山东医科大学科学技术成果管理办法》《山东医科大学专利管理办法》。

25日　本专科招生工作已全部结束，共有850名考生被录取，其中本科生560名，专科生290名。

本月　1997年完成研究生招生218名，其中硕士学位研究生168名，博士学位研究生50名。

本月　1997年完成成教招生1247人，其中函授507人，夜大740人。本月共接收毕业生163人，校本部48人（其中硕士18人，本科22人，专科及以下8人），一附院54人（其中博士3人，硕士16人，本科5人，专科及以下29人，技工1人），二附院61人（其中硕士9人，本科15人，专科及以下37人）。

9月

22日　学校公布"山东医科大学第二届教学咨询委员会"成员名单，朱文华任主任委员，李绍忱、谭国华任副主任委员，委员12人。

17日　山东医科大学隆重召开科技工作大会暨第七届科技奖励大会，大会作出了加强科技工作的决定，并对获得部委三等奖、省二等奖以上的21项科技成果，校推广成果三等奖2项，获得卫生部、国家自然科学基金中标资助的10项课题，被美国"*SCI*"或"*ISTP*"索引收录的18篇论文，科研管理先进集体3个以及科研管理先进个人5名给予了表彰奖励。

19日　学校第二批医学教育课题全部通过验收，10项"面向21世纪教学内容和课程体系改革"教学科研立项。

22日　经校党委研究决定免去：薛在甫中共山东医科大学纪律检查委员会正处级纪检员的职务；焦春荣中共山东医科大学委员会统战部部长职务。

本月　山东医科大学13项课题列入山东省医药卫生"九五"攻关课题计划。

10月

6日　经校团委研究决定，表彰21名1996～1997年度"社会工作积极分子"。

9日　山东医科大学国务院学科评议组新老成员举行工作交接。第三届学科评议组成员博士生导师张茂宏教授向第四届评议组成员博士生导师张运教授介绍了国务院学位委员会学科评议组工作情况。

10日　学校举行秋季田径运动会。

13日　学校颁布《山东医科大学重点学科管理办法》《山东医科大学重点实验室管理办法》《山东医科大学科技三项费用管理办法》。

18日　山东医科大学教学医院之一省立医院迎来了建院100周年。

21日　学校举办《高等学校财务制度》培训班，共80余人参加培训。

同日　学校表彰十大优秀学生。

24日　学校通过了全国绿化委员会领导和专家组的核查验收，成为全国部门造林绿化"400佳"单位。

1997 年

10 月

27 日　中共卫生部党组研究决定：赵明顺任山东医科大学党委书记；王琰璧任山东医科大学校长；姜在瑞任山东医科大学纪委书记；免去王廷础山东医科大学校长兼党委副书记职务。

同日　成立山东医科大学流动人口计划生育领导小组。李承俊任组长，宋秀珍、米陆昕任副组长。

同日　卫生部同意山东医科大学建风雨操场，建筑面积 2250 平方米，基本建设总投资 500 万元。计划工期为 1998 年一年。

28 日　学校成立 1998 年各届人大换届选举工作领导小组。孙敖田任组长，张宁、尚晓映任副组长。

29 日　卫生部部属高校招生工作会议在山东医科大学召开。

11 月

2 日　校团委表彰 1997 年大学生社会实践活动先进集体、优秀个人和获奖考察报告。

4 日　校团委学生会在大礼堂举办了“中华赞歌”第十届校园歌手及主持人大赛。

同日　经校党委研究决定，免去李义正副处级监察员职务。

5 日　山东医科大学被评为卫生部部属高等学校成人医学教育先进单位，受到表彰。

11 日　经学校党委研究决定，撤销后勤管理办公室所属的建筑公司，原建筑公司的人员仍归属后勤管理办公室管辖。

19 日　学校行政办公楼于凌晨失火，办公楼被严重烧毁，已失去修复价值。此楼建于 1917 年，是老舍曾经工作过的地方。

12 月

2 日　学校发文，决定成立公费医疗改革领导小组。李承俊任组长。

9 日　山东医科大学纪念“一二·九”运动 62 周年诗歌朗诵比赛。

12 日　经学校研究决定，成立校园秩序整顿工作领导小组。王廷础任组长，赵明顺、李承俊任副组长。

同日　山东医科大学综合治理领导小组成立。王廷础任组长，赵明顺、李承俊任副组长。

18 日　经校党委研究决定，撤销药学系，成立山东医科大学药学院。新成立的药学院为处级建制。

20 日　山东医科大学第三届教代会筹备工作领导小组成立。孙敖田任组长，李承俊任副组长。

23 日　卫生部领导来学校召开防火现场会，总结教训，研究防火措施。

24 日　调整“中共山东医科大学委员会保密委员会”人员组成。孙敖田任主任委员。尚晓映、张宁、毕玉平、刘建国任副主任委员。

26 日　启用“山东医科大学药学院”印章，原“药学系”印章同时作废。

本月　为纪念《中华人民共和国档案法》颁布十周年，进一步推动档案法规的学习，学校举办“档案知识竞赛”。

1997 年

12 月

本月　启用“中共山东医科大学药学院委员会”印章，原“中共山东医科大学药学系总支委员会”印章同时作废。

本年　全年调入人员(含一、二附院)48 人，调出人员(含一、二附院)18 人。

本年　245 人晋升专业技术职务，其中正高 16 人，副高 41 人，中级 123 人，初级 64 人，另有 8 人破格晋升，其中正高 4 人，副高 4 人。

本年　山东医科大学共申报各类科研项目 160 项，获得国家基金、卫生部等 9 个部门资助项目 87 项，共获得科研经费 664.40 万元，实际到位 434.17 万元。共获科技成果各级奖励 51 项次，获重大成果奖 13 项。

本年　山东医科大学企业总收入 800 万元，实现利润 90 万元，上缴学校利润 45 万元，上缴国家税金 61 万元。

年底学校图书馆馆藏书刊共 40.2 万余册，其中中文书刊 24.1 万余册，外文书刊 15.1 万余册。

1998 年

1 月

5 日　卫生部副部长张文康来山东医科大学宣布校级领导班子调整决定，代表卫生部党组宣布：赵明顺任山东医科大学党委书记；王琰璧任山东医科大学校长；姜在瑞任山东医科大学纪委书记；免去王廷础山东医科大学校长、党委副书记职务。

同日　免去郝宏明山东医科大学纪委书记职务。

13 日　启用“山东医科大学学籍专用章”。

2 月

20 日　学校召开国有资产统计工作会议。

3 月

4 日　口腔系 1994 级青年志愿服务队被中国共青团山东省委授予“山东省先进青年志愿服务组织”荣誉称号。

6 日　学校召开纪念“三八”国际劳动妇女节座谈会。

10 日　学校发布《山东医科大学关于学生参加市级以上体育比赛评定课程成绩的暂行规定》和《山东医科大学关于考试纪律的规定》。

11 日　学校发布《山东医科大学安全用电管理暂行规定》。

16 日　经研究决定调整山东医科大学对台工作领导小组，赵明顺任组长，曹家炳任副组长。

18 日　经校党委研究决定，刘庆波任中共山东医科大学委员会保卫部副部长；保卫处(公安处)副处长，主持工作。

24 日　成立“山东医科大学大学生邓小平理论研究会”。

26 日　驻济高校研究生“九八之春”男篮联谊赛在山东医科大学胜利闭幕。山东医科大学研究生代表队获得第二名。

27 日　启用“山东医科大学社会治安综合治理委员会办公室印章”。

同日　山东医科大学招生办公室被山东省教委评为全省普通高等学校招生和研究生招生工作先进集体。

1998 年

4 月

1 日　山东医科大学招生办公室被山东省教委评为全省普通高等学校招生和研究生招生工作先进集体。

6 日　经校党委研究决定，同意建立中共山东医科大学附属医院纪律检查委员会，车学洪任纪委书记，夏振江任纪委副书记。

10 日　发布《中共山东医科大学委员会议事规则(试行)》。

13 日　山东医科大学思想政治工作研究会第六届年会评出优秀编著：一等奖 3 项，二等奖 3 项；优秀论文：一等奖 6 篇，二等奖 12 篇，三等奖 38 篇，并颁发证书。

14 日　学校发布《山东医科大学关于在临床学院和教学医院中聘任兼职教师的暂行规定》《山东医科大学关于教师在职博士学位培养的暂行规定》《山东医科大学关于引进高层次人才的暂行规定》和《山东医科大学关于在附属医院聘任职教师的暂行规定》。

16 日　经研究决定，成立山东医科大学函授站教学点评估领导小组，办公室设在成教学院。王琰璧任领导小组组长，梁安新任副组长。

同日　成立山东医科大学阅卷领导小组。王琰璧任组长，梁安新任副组长。

同日　4 月 16 日～5 月 18 日，举办山东医科大学第八届大学生科技文化艺术节。

17 日　学校发布《山东医科大学出国人员管理暂行规定》。

28 日　对老干部工作领导小组组成人员进行调整，赵明顺任组长，王琰璧、李承俊任副组长。

同日　学校举行老年人运动会。

本月　学校授予 25 名同志“1996～1997 年度优秀思想政治工作者”称号。

5 月

4 日　经校党委研究决定：成立山东医科大学临床护理学教研室，该教研室隶属临床部领导，由附属医院教育处直接管理。同日，经校党委研究决定，撤销保卫处秘书科，成立消防安全科、户籍科。调整后保卫处共下设 5 个科级机构：治安科、调研科、消防安全科、户籍科、校卫队。

7 日　山东医科大学思想政治工作经验交流会暨思想政治工作研究会第六次年会召开。

28 日　驻济高校社会治安综合治理现场会在山东医科大学召开。

29 日　学校召开山东医科大学第三届教职工代表大会。

本月　国务院学位委员会进行了全国第七批博士、硕士学位授权点的评审工作，山东医科大学有 3 个博士学位授权点，7 个硕士学位授权点通过评审，具备了博士、硕士学位授予权。新增 3 个博士学位授权点为病原生物学、外科学(骨外)、流行病与卫生统计学。原人体解剖学专业与原组织胚胎学专业合并为人体解剖与组织胚胎学，也成为博士学位授权点。新增 7 个硕士学位授权点为生物医学工程、老年医学、肿瘤学、康复医学与理疗学、卫生毒理学、社会医学与卫生事业管理、药物分析学。至此，山东医科大学共有博士学位授权点 14 个，硕士授权点 43 个。

1998 年

6 月

2 日　经卫生部批复，调整后的山东医科大学学位评定委员会，王琰璧任主席，赵明顺、王廷础、张茂宏任副主席，另有委员 21 人。

3 日　“山东医科大学卫生分析测试中心”顺利通过卫生部和国家监督局的评审。

18 日　学校举办青年科技学术论坛报告会，评出 8 篇优秀论文。经国务院学位委员会批准，按新专业目录对应调整后的博士、硕士学位授权学科、专业，山东医科大学有：人体解剖与组织胚胎学、内科学（心血管病）、内科学（血液病）、内科学（消化系病）、儿科学、外科学（普外）、外科学（泌尿外）、外科学（胸心外）、外科学（神外）、妇产科学、耳鼻咽喉科学。硕士学位授权学科、专业有：生理学、生物化学与分子生物学、病原生物学、内科学（呼吸系统疾病）、内科学（传染病）、内科学（内分泌与代谢病）、精神病与精神卫生学、影像医学与核医学、外科学（骨外）、外科学（烧伤）、眼科学、口腔临床医学、劳动卫生与环境卫生学、药物化学、药学、遗传学、免疫学、病理学与病理生理学、神经病学、皮肤病与性病学、临床检验诊断学、麻醉学、流行病与卫生统计学、中西医结合临床、微生物与生化药学。

30 日　八届省政协科教文卫体委员会决定聘吴祥廉为本届省政协科教文卫体委员会顾问。

本月　山东医科大学完成 1998 年研究生招生计划，博士生 64 名，硕士生 154 名。

本月　经校学位委员会批准，授予硕士学位 196 人（其中硕士生 122 人，七年制 17 人，在职申请学位人员 55 人）。授予博士学位 31 人（其中有 2 名休学延期毕业生）。

本月　山东医科大学校内计算机网络建设基本完成。

7 月

10 日　山东医科大学评选出 21 名中青年教师为跨世纪学科带头人后备人员，他们是：宋刚、刘树伟、龚瑶琴、张利宁、于雪艳、侯桂华、娄红祥、王如斌、王凤山、刘兴柱、谢克勤、胡俊峰、王志玉、王德全、肖伟、张薇、孔北华、董频、侯明、岳寿伟、李义召。

同日　校党委召开民主生活会。

17 日　经国务院学位委员会批准，第七批博士授权学科、专业，山东医科大学有病原生物学、外科学（骨外），流行病与卫生统计学。硕士授权学科、专业有生物医学工程、社会医学与卫生事业管理。

8 月

10 日　卫生部组织专家来山东医科大学进行博士生导师评审，25 人通过具备博士生指导教师资格。

17 日　山东医科大学举办深化内部管理体制改革研讨班。

24 日　原山东医学院副院长，省立医院副院长，著名妇产科专家，医学教育家，博士生导师，第三、四、五届全国人大代表，第二届山东省人大代表，中国共产党优秀党员苏应宽同志逝世，享年 80 岁。

26 日　著名泌尿外科专家、博士生导师刘士怡教授逝世。

1998 年

8 月

同日　10 名同志被评为 1998 年度山东医科大学第四届十佳青年教师。

9 月

4 日　中共中央总书记江泽民来到山东医科大学附属医院赴赣抗洪防病医疗队的帐篷内，看望抗洪防疫队员。

同日　学校成立山东医科大学售房工作领导小组。王琰璧任组长，孙敖田、李承俊任副组长。

10 日　邵桂芳副省长来山东医科大学，同山东医科大学教师代表座谈。

同日　学校召开全体教师大会，隆重庆祝第 14 个教师节，并表彰奖励了 1995 年以来获国家级科研、教学成果奖人员和获省政府以上行政奖励人员。其中 3 项科研成果获国家科技进步三等奖，1 项教学成果获国家级教学成果二等奖。学校奖励 1995 年以来教师中获省政府以上行政奖励人员共 7 人。他们是：刘兴柱、许纯孝、邵建华、陈子江、沈柏均、高英茂、刘树伟。

11 日　学校举行山东省改革开放以来优秀大学毕业生表彰暨报告会，104 名优秀大学毕业生受到表彰，山东医科大学学生凌沛学荣获“山东省改革开放以来优秀大学毕业生标兵”荣誉称号。

14 日　根据上级有关部门的要求，决定成立山东医科大学计算机 2000 年问题领导小组和工作小组。领导小组由张衡任组长，邵庆余、高海青、张宁、薛金梅任副组长。

同日　学校印发《山东医科大学部门立卷工作目标管理暂行办法》。

15 日　山东医科大学第四次档案工作会议召开。

16 日　学校女职工委员会在工会活动室举办了为期三天的“巾帼巧手作品展”。

18 日　经研究决定，对校爱国卫生运动委员会成员进行调整：李承俊任主任，宋秀珍、张宁、尚晓映任副主任。

24 日　卫生部副部长彭玉来山东医科大学视察工作。

28 日　学校发布《山东医科大学校本部住房分配管理办法》。

10 月

5 日　下发《山东医科大学处级以上领导干部保密守则》等 11 项保密规定。

6 日　成立山东医科大学住房分配委员会，李承俊任主任委员，孙敖田、曲来兴、宋文政、刘进华、王永平、马学秀、赵春元、刘庆波任副主任委员。

同日　成立山东医科大学住房分配监督委员会，姜在瑞任主任委员，曲来兴、张彦方任副主任委员。

7 日　1998 年完成成教招生 1322 人。其中函授 418 人，夜大 674 人，脱产 230 人。

同日　1998 年，成教毕业 1506 人，其中函授 612 人，夜大 622 人，脱产 272 人。

8 日　召开校秋季运动会。

13 日　山东医科大学举办党支部书记《邓小平教育理论学习纲要》读书班。

16 日　经党委研究决定，成立山东医科大学改革工作领导小组，赵明顺、王琰璧任组长，孙敖田、李承俊任副组长。

1998 年

10 月

21 日　著名胸外科专家博士生导师苏应衡教授逝世。

22 日　校团委举办大学生邓小平理论知识竞赛活动。

23 日　山东省心理卫生协会成立，山东医科大学岳文浩教授当选为协会副会长。

27 日　山东医科大学举办了校本部处级干部《邓小平理论学习纲要》研讨班。

本月　到目前为止，山东医科大学科研成果共有 36 项次获国家科技进步奖以及卫生部和山东省奖励。

本月　设备处被评为山东省教育条件装备先进单位。

11 月

1 日　学校印发《山东医科大学关于利用档案有偿服务的试行办法》。

4 日　山东省卫生厅王宝亭副厅长来山东医科大学公卫学院视察工作。

5 日　学校发布表彰教学管理先进集体和先进工作者的决定。

8 日　经学校研究决定，成立山东医科大学卫生分析测试中心。新成立的卫生分析测试中心系学校科研机构之一，归属公共卫生学院管理。

9 日　经校党委研究决定，对学校现有管理机构作如下调整：(1)保卫处与武装部合署办公，实行一个工作机构、两个机关名称的体制。(2)撤销外事处，成立山东医科大学国际合作与交流中心。国际合作与交流中心属于兼有一定行政职能的业务机构，单位级别为处级。(3)研究生部、成人教育学院、档案馆由行政管理机构转为兼有一定行政职能的业务机构，单位级别为处级。

同日　经校党委研究决定，撤销医学教育研究室，成立山东医科大学教育研究中心。医学教育研究中心属学校的业务机构，机构级别为处级。

20 日　学校印发《山东医科大学校本部住房拆迁暂行规定》和《山东医科大学学生宿舍内部违纪处分规定》。

23 日　校内“110”报警服务台 18 日成立，23 日正式开通。

同日　学校颁布《山东医科大学中层领导班子实行整体换届的决定》。

26 日　卫生部 1998 年企事业单位干部统计工作会议在山东医科大学召开。

本月　从总第 392 期开始《山东医大报》获得全国统一刊号。

12 月

4 日　山东省民政厅核准成立山东省医学伦理学学会的批复。

5 日　第六次研究生代表大会隆重召开。

15 日　启用“山东医科大学国际合作与交流中心”和“山东医科大学医学教育研究中心”两枚印章。原“山东医科大学外事处”“山东医科大学医学教育研究室”印章同时作废。

21 日　经研究决定，对老干部工作领导小组组成人员进行调整，赵明顺任组长，王琰璧、李承俊任副组长。

同日　1998 年成人教育工作会议在山东医科大学召开。

22 日　山东省卫生厅经研究确定，成立山东省高等医学教育研究中心，挂靠在山东医科大学。

1998 年

12 月

同日　山东医科大学隆重召开 1998 年成人教育工作会议，10 个先进单位受到表彰。

25 日　根据工作需要，经校党委研究决定，对中共山东医科大学第二附属医院委员会进行补充调整，刘建国任党委书记；曾武军、刘晨阳任党委副书记。

同日　根据工作需要，经校党委研究决定，成立中共山东医科大学机关总支部委员会。

28 日　学校发布《山东医科大学非创收单位校内津贴发放暂行规定》。

同日　王琰璧校长接见了在美国华盛顿大学药理教研室从事医学研究工作的钟惠军博士。

29 日　学校发布《关于对处、科级干部实行谈话打招呼、函询和诫勉的规定》《关于实行处级干部辞职和免职制度的规定》的规定。

同日　学校经与有关单位协商及当地教育部门同意，决定增设山东医科大学大连函授站，山东医科大学临汾函授站。

同日　经校党委研究决定，侯庆泉任机关党总支书记（兼）。

31 日　首届"正大福瑞达"奖学金颁奖，100 名品学兼优的学生受到表彰。

同日　经校党委研究决定，免去杨仁中山东省耳鼻喉科研究所副所长职务。

本年　王廷础教授、张敏教授出席第九届全国人民代表大会，孙靖中教授出席全国政协第九届委员会，于修平教授出席第九届山东省人民代表大会，王廷础、焦春荣、张世玲、张尚忠、朱长君、朱文华、王美清、杨琳、张岫美、张敏、陈薇、李耀、王洁贞、徐文方、张运、徐从高、潘其兴 17 人出席政协第八届山东省委员会。

1999 年

1 月

5 日　印发《山东医科大学教职工年度考核暂行条例》。

同日　经校党委研究决定，对学校考核委员会及考核办公室组成人员进行调整，考核委员会由赵明顺、王琰璧任主任委员，孙敖田、李承俊、张衡任副主任委员。

6 日　卫生部成人高等医学教育研讨会在山东医科大学召开。

同日　校工会在工会活动室举办了教工第十届中国象棋比赛，获团体前三名的分别是公共卫生学院、药学院、后勤办。

11 日　经学校研究决定，对原山东医科大学改革领导小组成员进行补充和调整，赵明顺、王琰璧任组长，孙敖田、李承俊任副组长。

12 日　中共中央政治局常委、国家副主席胡锦涛来到山东医科大学附属医院看望中央驻济老干部并视察医院工作。

同日　校团委表彰 1998 年先进分团委 4 个，优秀青年工作者 4 名，青年工作优秀指导者 19 名。

同日　经校党委研究决定，成立山东医科大学妇女委员会。

15 日　经学校研究决定，成立山东医科大学临床医学专业学位试点工作领导小组。

18 日　学校颁布《山东医科大学毕业研究生就业工作暂行规定》。

1999年

1月

同日　山东医科大学校长办公室被评为山东省教育系统办公室工作先进集体。

19日　王秀兰兼任妇委会主任，王美英兼任妇委会副主任。

同日　组织胚胎学教研室被授予卫生部国家中医药管理局属学校德育工作先进集体称号，山东医科大学有八人被授予卫生部、国家中医药管理局属学校德育工作先进个人称号。

25日　经学校研究决定，成立“山东医科大学大连函授站”，“山东医科大学临汾函授站”，并同时启用印章。

26日　人事处与研究生部召开会议为1999届毕业研究生进行就业指导。

27日　学校领导向部分离退休干部通报学校1998年改革和发展情况。

29日　山东医科大学召开分管老干部工作的负责人会议。

2月

5日　召开校级班子民主生活会。

8日　经研究决定，任命曹秀珍为校医院院长（副处级）。

3月

10日　启用“中国共产党山东医科大学机关总支部委员会”印章。

12日　学校召开1999年毕业生供需见面会。

同日　卫生部审核认定山东医科大学卫生分析测试中心为保健食品功能检验机构。

14日　山东医科大学国旗护卫队成立，是山东省内高校的第一支，共48名队员。

15日　成立“山东医科大学校园文明建设领导小组”。赵明顺、王琰璧任组长，李承俊、姜在瑞任副组长。

19日　山东医科大学与上海医科大学出版社签署协议，确定在山东医科大学建立上海医科大学出版社山东编辑室，李承俊副校长代表学校在协议上签字。

同日　经校党委研究决定，免去王照义附属医院审计处处长（副处级）职务。

31日　山东医科大学召开部门负责人会议，部署今年山东医科大学校园文明创建活动和迎接省高校校园文明建设检查评估工作。

4月

13日　第九届“山医之春”大学生科技文化艺术节拉开帷幕。校党委书记赵明顺出席开幕式并讲话。

15日　应山东医科大学邀请英国伦敦大学帝国理工学院的罗宾·来泽(Kobin. Leatherbarrow)博士来山东医科大学进行学术交流。

16日　经研究决定成立“山东医科大学教育和科研计算机网安全管理小组”。赵明顺任组长，张衡任副组长。

同日　学校印发《山东医科大学住宅装修有关规定》与《山东医科大学档案管理条例》。

同日　学校决定成立山东医科大学基础课教学实验室评估工作领导小组。王琰璧任组长，胡岩松、于修平任副组长。

1999 年

4 月

同日 调整"山东医科大学关心下一代"工作委员会。赵明顺任主任委员。李承俊任副主任委员。

同日 学校制订《山东医科大学实验室设置办法》。

18 日 学校决定成立实验室工作委员会。张衡任主任委员，胡岩松、于修平、王洁贞任副主任委员。

20 日 山东医科大学教务处被授予山东省高校教学管理工作先进集体称号。

29 日 学校教职工举行大型歌咏比赛，隆重纪念五四运动 80 周年。

30 日 印发实施《关于实行处级干部离任经济责任审计的规定》。

5 月

4 日 学校印发《出国(境)共产党员管理暂行规定》。

10 日 学校部分师生举行座谈会，强烈谴责以美国为首的北约粗暴侵犯我国主权的野蛮行径。

17 日 山东医科大学召开全体党员大会。

20 日 公布 149 名教授、副教授被遴选为山东医科大学第七批硕士研究生指导教师。

22 日 山东省首次普通高等医学院校临床医学专业专升本考试，评卷工作在山东医科大学顺利结束。

24 日 全国医药院校药物分析学科第七次教学研讨会在山东医科大学药学院召开。来自全国各地的 22 所医学院校药物分析的专家教授共计 36 人参加了研讨会。

26 日 王琰璧校长主持召开人才工程建设座谈会。

28 日 根据学校改革工作需要，经研究决定，增补张衡、姜在瑞为山东医科大学改革工作领导小组副组长，列李承俊之后。

同日 山东医科大学第六届青年科技学术论坛报告会召开，评选出优秀论文 6 篇。

6 月

3 日 "世纪礼赞"山东省大学生喜迎澳门回归诗歌朗诵大赛在学校大礼堂隆重举行，来自全省 30 余所高校的 70 多名选手参加了比赛，团省委书记李群、副书记李静及山东医科大学党委书记赵明顺、副校长张衡出席并为获奖者颁奖。

4 日 山东医科大学在全省大中专学校三好学生、优秀学生干部和先进班集体评选活动中，共有 121 人被评为省级三好学生、7 人被评为优秀学生干部、3 个班级被评为普通高校先进班集体。

9 日 经学校党委研究决定成立山东医科大学网络中心。

10 日 历时 2 个月的山东医科大学第九届大学生科技文化艺术节胜利闭幕，并举行颁奖大会，赵明顺书记出席大会并为获奖者颁奖。

17 日 山东医科大学临床教学工作会议召开。

19 日 经学校研究决定，调整山东医科大学重点建设领导小组成员，王琰璧任组长，张衡任副组长。

1999 年

6 月

20 日　山东省医学伦理学会成立，山东医科大学党委书记赵明顺当选为学会会长。

21 日　调整校园文明建设自查评估领导小组成员。

23 日　学校召开校园文明建设自查评估工作领导小组全体人员会议。党委书记赵明顺、副校长李承俊、张衡等学校领导参加了会议。

24 日　1999 年成人招生工作从 6 月 24 日开始至 7 月 3 日结束。省内共招 1368 人，河南 114 人，山西 41 人，江苏 79 人，共 1602 人。

7 月

6 日　学校发布《山东医科大学国有资产管理暂行规定》《山东医科大学国有资产非经营转经营实施办法》。

同日　经校学位委员会批准，授予 1999 年毕业研究生硕士学位 264 人（其中硕士生 100 人，七年制 12 人，在职申请学位人员 152 人），博士学位 31 人。

9 日　召开校级领导班子民主生活会。

28 日　学校风雨操场工程开工，建筑面积 3161 平方米。

本月　1999 年，共有本专科毕业生 1064 人。其中本科 566 人，专科 498 人。

本月　1999 年，招收硕士生 177 名，博士生 83 名。

8 月

11 日　经研究决定，魏奉才任山东医科大学附属医院院长，免去杨兴季山东医科大学附属医院院长职务。

24 日　经研究决定，魏奉才任中共山东医科大学附属医院委员会副书记，免去杨兴季中共山东医科大学附属医院委员会副书记职务，免去魏奉才口腔系主任、口腔医院院长职务。

同日　由山东医科大学学生组成的访日代表团应邀赴日本和歌山县立医科大学进行为期 8 天的访问交流。这是山东医科大学第一个学生出国访问团体。

26 日　调整和公布山东医科大学第十八届学生会机构成员名单。

31 日　山东医科大学圆满完成了 1999 年全部招生计划，共招 1124 人，其中录取本科生 704 名、专科生 420 名、其中扩招本专科生共 230 名、高水平运动员 10 名、艺术特长生 4 名。

研究生招生工作结束，招收硕士生 177 人、统考生 141 人、单独考试生 20 人、推荐免试生 16 人、博士生 83 人、计划内 49 人、委培 34 人。

9 月

2 日　学校发布《山东医科大学博士后管理工作暂行规定》。

8 日　山东医科大学《第八届科技进步奖》授奖项目为部委三等奖、省二等奖以上的科技成果 56 项；卫生部临床学科重点项目课题 3 项；海洋“863”计划探索项目资助课题 1 项；国家自然科学基金委员会、卫生部等中标课题 23 项；被“SCI”“ISTP”“EI”索引收录的译文 12 篇以及 3 个科研管理先进集体，7 名科研管理先进个人。

9 日　山东医科大学隆重召开庆祝教师节暨第八届科技奖励大会。

10 日　经学校研究决定，成立山东医科大学清退多占住房工作领导小组。

1999 年

9 月

同日　成立山东医科大学博士后管理委员会。王琰璧任主任委员，李承俊、张衡任副主任委员。

同日　山东医科大学研究生部被授予山东省学位与研究生教育管理工作先进集体称号。

11 日　1999 年，卫生部部属院校（扩大）党委书记党建工作研讨会在山东医科大学召开。北京医科大学等 16 所医科类院校的党委书记参加。

23 日　山东医科大学召开纪念新中国成立 50 周年理论研讨会。

同日　校团委、学生会在大礼堂举行庆祝建国五十周年"祖国在我心中"大学生合唱比赛。

24 日　山东省委、省政府命名表彰了第六批山东省专业技术拔尖人才，山东医科大学 12 位专家榜上有名。

同日　经党委研究决定，聘任杨丕山为口腔系主任、口腔医院院长，徐欣为口腔系副主任、口腔医院副院长（列宋代辉之后），滕伯刚为科研处副处长（列葛蔚颖之后），原任职务自然免除。

同日　经校党委研究决定，对中共山东医科大学口腔系总支部委员会进行调整，亓法舜任书记，边广山任副书记。

同日　美国肯塔基大学医学代表团应邀访问山东医科大学，同山东医科大学签订了校际交流协议。

28 日　学校组织全体教工学生举行"祖国万岁"签名活动，在 50 米长的横幅上留下了教工学生对祖国的无限深情。

同日　学校召开山东医科大学 1999 年秋季田径运动会。

本月　山东医科大学 1999 届毕业生共 1080 人，其中临床医学七年制硕士生 15 人，本科生 566 人，专科生 499 人。

10 月

5 日　学校决定撤销设备处，成立山东医科大学资产管理处。

8 日　学校团委颁发《山东医科大学共青团信息工作条例》。

9 日　经研究决定，成立山东医科大学研究生专业英语指导小组。

同日　卫生部批准山东医科大学卫生学校与山东医科大学护理系合并山东医科大学护理学院。其管理体制仍实行部、省共建，以部为主的体制。原山东医科大学卫生学校的事业费仍然由原渠道核拨。护理学院 6000 平方米的学生宿舍和 2000 平方米的学生食堂由山东省负责安排投资建设。并校后，原建制撤销，人员全部纳入山东医科大学，不增加编制。

10 日　经卫生部党组研究决定姜钟松任山东医科大学党委副书记。于修平任山东医科大学副校长。

14 日　卫生部离退休干部局局长訾乃庆、处长齐平江到山东医科大学检查老干部工作，并看望老红军澎祖启和张绍武。

15 日　山东医科大学隆重召开表彰大会，6 个先进集体和 19 个先进个人受到表彰。

17 日　校团委修订和完善《山东医科大学学生社团管理暂行条例》并公布实施。

1999年

10月

同日　经校研究决定成立“卫生部加强部属院校本科基础医学实验教学建设，促进教学改革项目”领导小组。张衡任组长，于修平任副组长。

23日　山东省第10届大学生运动会召开，山东医科大学代表队分别获第一、第二、第四、单项奖各2个，第五、第六各1项，并获体育道德风尚奖。

24日　山东医科大学在1989～1998年世界高校暨中国高校论文产出排名榜上有名。

同日　调整“山东医科大学保密委员会”人员组成。主任委员姜在瑞、副主任委员尚晓映、张宁、毕玉平、刘建国。

29日　卫生部成人高等医学教育规划教材物理、化学、药物化学、外科学编写会议在山东医科大学召开。

本月　招收赴新加坡留学学生20人。

11月

1日　中国高等医药院校校报研究会成立十周年暨学术年会在中山医科大学召开，《山东医大报》编辑部被评为先进单位。

4日　山东医科大学召开校本部分党委、党总支书记会议，传达山东省科教工作会议和高校党建工作会议精神。

同日　经校党委研究决定对附院党委进行调整，周日光任书记，魏奉才、毕玉平任副书记，韩培祯、高海青、刘云川、车学洪任委员。

5日　以张衡副校长为团长的访日代表团一行7人赴日本和歌山县立医科大学进行友好访问。

9日　经校党委研究决定，撤销医学教育研究室，成立医学教育研究中心。

14日　党委组织部举办了处级干部计算机与网络知识培训班，近30名处级干部参加了培训。

16日　经研究决定，对学校社会治安综合治理委员会进行调整。赵明顺任主任，李承俊任副主任。

17日　山东医科大学举办“深化内部管理体制改革”学习班，校本部副处级以上干部和一、二附院处以上干部参加了学习。

19日　科研综合楼工程开工，建筑面积10396平方米。

22日　卫生部批准山东医科大学图书馆两侧接建教室楼。

24日　高等医药院校协编体育教材建设研讨会在山东医科大学举行。

26日　隆重举行山东医科大学“联邦医学教育奖学金”颁奖大会。159名品学兼优的研究生和本科生荣获该项奖学金。

本月　校团委学生会公布，《共青团山东医科大学委员会大学生国旗护卫队管理暂行条例》。

12月

1日　经校党委研究同意印发《山东医科大学校内管理体制改革实施意见》，要求认真贯彻执行。

2日　卫生部部属高校2000年成人教育招生会议在山东医科大学召开。11所院校的21位成教招生负责同志及山东医科大学有关院系的负责同志参加了会议，山东医科大学于修平副校长和卫生部科教司孟群处长也出席了会议。

1999 年

12 月

3 日　由省教委、省高工委、省公安厅、省综合治理委员会联合派出的检查组前来检查山东医科大学治安综合治理情况，并对学校情况给予肯定。

4 日　卫生部在山东医科大学举办部属单位离休干部信息管理软件培训班，33 个单位共 44 人参加。

8 日　由山东医科大学校本部，第一附院、第二附院，附属口腔医院共同出资设立的济南意达医药有限责任公司正式开业。

15 日　经校党委研究决定，对后勤 10 个实体负责人进行公开招聘，此次被招聘者任期 2 年。任期满 1 年后将进行届中考核，考核不合格者予以解聘。

17 日　校工会和宣传部主办的迎澳门回归庆 2000 年元旦文艺演出在大礼堂隆重举行。

18 日　山东医科大学科技园奠基典礼在开发区隆重举行。

22 日　《山东医科大学学报》(社会科学版)获中国学术期刊(光盘版)编辑委员会，中国科学文献计量评价研究中心颁发的《中国学术期刊综合评价数据库》来源期刊证书。

23 日　学校发布《山东医科大学科研项目立卷归档暂行办法》《山东医科大学住房出售有关问题的规定》。

27 日　山东医科大学被省委省政府授予“山东省社会治安综合治理模范单位”称号。

28 日　济南市高新技术开发区大学科技园第一个开工项目——山东医科大学科技园奠基典礼在开发区隆重举行，济南市委副书记市长谢玉堂，市委副书记、副市长徐华东，校党委书记赵明顺，校长王琰璧以及省计委、省建委、市高新区等有关单位负责人出席奠基典礼，姜钟松、姜在瑞、李承俊、于修平等校领导和校有关部门负责人参加了典礼。

29 日　1999 年，专业技术职务评审工作圆满结束，共有 331 人，取得了高一级专业技术职务任职资格，其中正高职 50 人，副高职 72 人，中职 146 人，初职 63 人。

本年　学校工会响应省总工会号召，坚持科学理论引导，注重群众自我教育，1153 名教工参加“学理论、92 光辉历程、话改革、迎世纪钟声”为主题的系列教育活动和答卷，获省总工会先进集体称号。

本年　在 1999 年国家自然基金课题评审工作中，山东医科大学共获得5 项资助，资助经费 64 万元。

本年　完成科级班子的整体换届工作，涉及被考察干部 160 余人，科级单位 60 多个。通过换届调整，进一步理顺了干部管理体制，规范了干部任用形式。

2000 年

1 月

6 日　《山东医科大学学报》(社会科学版)编委会进行整体换届调整。赵明顺任第三届编委会主任编委，姜钟松、姜在瑞、李承俊、于修平任副主任编委。赵明顺为学报主编，姜钟松、姜在瑞、李承俊、于修平为副主编，刘运兴为常务副主编。

7 日　学校发布《关于处、科级干部年度考核工作实施意见》并成立考核工作领导小组，赵明顺、王琰璧任组长。

2000年

1月

12日　《山东医科大学学报》(自然科学版)召开工作会议成立第六届编委会。

13日　学校召开社会治安综合治理工作总结大会。

14日　校党委决定,山东医科大学科级班子实行整体换届,现任科级干部原任职务自然免除。换届后科级干部重新明确职务、职级,实行任期制,任期为两年。

17日　设立护理系办公室。新成立的护理系办公室为科级机构。

19日　经学校党委研究决定,调整二附院部分二级机构,撤销科教部,后勤服务中心,物资供应中心,基建维修中心,成立组织部,教学部,科研部、总务部、设备部、医疗质量管理办公室。新成立的机构均为科级建制。监察室与纪律检查委员会合署办公。

同日　《山东医科大学学报》(社会科学版)召开工作会议成立第三届编委会。

26日　召开了校级领导班子民主生活会。

2月

2日　山东省人民政府批准山东医科大学卫生学校并入山东医科大学,组建护理学院。

12日　国办发[2000]11号文通知:山东医科大学与山东大学合并。

14日　卫生部人事司授予山东医科大学基础医学、临床医学、公共卫生与预防医学、药学四个学科的教授评审权。

18日　按照卫生部、省政府的有关文件精神,学校决定撤销护理系,成立护理学院。新成立的护理学院是在校党委、校行政领导下的二级办学单位,下设办公室、成人教育办公室、中专部3个行政机构。

24日　日本和歌山县立医科大学觉道健一教授一行9人抵达济南,对山东医科大学进行为期一周的友好访问。

同日　学校成立山东医科大学卫生学校并入山东医科大学工作领导小组,李承俊任组长,姜钟松、于修平任副组长。

28日　学校成立“山东省2000年医学类毕业生就业市场”筹备工作领导小组,王琰璧任组长,姜钟松、于修平任副组长。

3月

1日　省委讲师团副团长杜永富等一行5人受省委领导委托来山东医科大学调研思想政治工作情况。

同日　学校印发《中共山东医科大学党委2000年工作要点》。

2日　学校召开处级干部会,传达有关高校管理体制改革精神。

3日　全国政协委员孙靖中主任出席3～11日在北京召开的全国政治协商会议第九届三次会议。

5日　全国人大代表张敏教授出席5～15日在北京召开的全国人大九届三次会议。

6日　经研究决定成立山东医科大学科技园建设项目领导小组。李承俊任组长,张衡任副组长。

2000 年

3 月

8 日　山东医科大学文明校园建设领导小组召开会议，全面实施文明校园建设。

同日　学校发布《关于党政干部在职攻读硕士学位的暂行规定》。

9 日　山东医科大学卫生学校并入山东医科大学组建护理学院工作领导小组召开会议。领导小组组长、省卫生厅副厅长包文辉，领导小组副组长、山东医科大学李承俊副校长，姜钟松副书记，于修平副校长及其他小组成员出席了会议。他们认真研究了贯彻落实省政府、卫生部批复精神，做好并校建院的有关工作。同日，校团委在大礼堂召开青年志愿者活动先进集体和先进个人表彰大会，共有 18 个集体和 42 名同志受到表彰。

10 日　根据专家论证意见，卫生部批准在山东医科大学组建卫生部卫生经济与政策研究重点实验室。

11 日　省委高校工委、团省委、省学联在山东医科大学联合举办山东省援藏援疆干部先进事迹报告会和大学生学习援藏援疆干部座谈会在山东医科大学召开。省高校工委副书记田建国、团省委副书记李静、山东医科大学党委书记赵明顺在会上作了重要讲话。

25 日　山东医科大学承办了主题为“让我们共同行动起来，为蓝天工程作贡献”的演讲会，济南市委副书记、市长谢玉堂，市委常委、宣传部部长牛洪恩。山东医科大学副校长李承俊以及环保、园林、林业等部门负责人，同广场上数以万计的游客一起聆听了大学生的精彩演讲。

28 日　成立山东医科大学国有资产管理领导小组。李承俊任组长，胡岩松、马学秀任副组长。

同日　根据上级部门的部署和山东医科大学的实际情况，校党委发布关于学习贯彻江泽民《关于教育问题的谈话》精神的通知，在全校范围内掀起学习该《谈话》的热潮。

4 月

7 日　学校发布《山东医科大学关于出国管理的补充规定》《山东医科大学关于加强财务收支管理的实施办法》《关于在校研究生参与导师课题研究期间劳务费发放的试行规定》。

8 日　在学校操场举行大学生广播体操大赛，第十届“山医之春”大学生科技文化艺术节及首届大学生体育运动节正式拉开帷幕。

11 日　校党委、校行政同意附属医院关于深化医院改革的方案。

17 日　山东省讲师团张健团长为山东医科大学离退休老同志作了《关于我国加入世贸组织有关问题》的报告。

18 日　山东医科大学博士后流动站揭牌仪式在民政大厦隆重举行。

19 日　学校发布《山东医科大学关于对自筹资金基建项目加强审计的暂行规定》。

20 日　校团委在大礼堂召开庆祝“五四”青年节共青团工作表彰大会。15 个基层团支部，166 名同志被授予各种荣誉称号。

同日　经学校研究决定，调整山东医科大学重点建设领导小组，王琰璧任组长，张衡、姜钟松、于修平任副组长。

2000年

4月

27日　按照有关文件规定和档案鉴定、销毁的审批手续，销毁1981～1984年财会档案中的凭证部分，共467卷。

5月

18日　诺贝尔奖获得者Gajdusek教授在口腔楼学术报告厅为学校师生作了题为"Limiting variables in medical research on human disease in high incidence foci: solved and unsolved problems"的演讲。演讲会后，学校于修平副校长和科研处、国际合作与交流处处长等有关人员与Gajdusek教授进行了座谈。

同日　山东省疼痛研究会第三届会员代表大会暨第五届疼痛学学术交流会于18～20日在潍坊召开山东医科大学副校长张衡教授当选为新一届理事会理事长，吴承远、宋文阁、类维富、刘奇、谢俊霞、张振兴和王树新七位教授当选为副理事长。

同日　经校党委研究决定：调整附院部分管理机构，撤销基建处，器材设备处，原基建处的管理职能并入总务处；原器材设备处的国有资产管理职能划归计财处，计量认证工作职能划归医务处。监察室与纪律检查委员会合署办公。

22日　校党委下发《关于认真学习江泽民总书记在江浙沪视察时重要讲话的通知》。

同日　山东医科大学脑微侵袭研究治疗中心正式成立。该中心系学校科研机构之一，隶属学校领导，挂靠第二附属医院管理。

23日　成立山东医科大学企业管理中心，中心实行董事会领导下的总经理负责制，与学校产业管理处合署办公。企业管理中心下设事务部、财务部、企业管理部。

6月

5日　从即日起，一附院进行中层干部换届工作。附属医院中层干部实行整体换届，现任处级干部原任职务自然免除。换届后处级干部重新明确职务、职级，实行任期制，任期为三年。

6日　学校研究决定成立清产核资工作领导小组。王琰璧任组长，李承俊任副组长。

9日　根据山东省人民政府关于将"山东医科大学卫生学校并入山东医科大学，与山东医科大学护理系组建山东医科大学护理学院，山东医科大学卫生学校建制同时撤销"的批复精神。学校决定：撤销护理系，成立护理学院。护理学院下设办公室、成人教育办公室、中专部三个行政机构和五个教学机构。

同日　学校召开清产核资工作会议。根据财政部的统一部署和要求，教育部部署高校，事业单位要在7月10日前完成清产核资工作的通知，山东医科大学的清产核资工作已全面展开。

12日　护理学院召开成立大会。省卫生厅厅长王天瑞、副厅长包文辉及省教委等单位的有关领导和山东医科大学党委书记赵明顺、校长王琰璧出席了大会。

13日　成立山东医科大学企业管理中心，同时组建董事会、监事会。王琰璧任董事会董事长，李承俊任副董事长。赵明顺任监事会主席，姜在瑞任监事会副主席。

2000 年

6 月

同日　学校发布《山东医科大学关于做好原卫生学校教职工分流安置工作的规定》。

29 日　经学校研究决定，成立山东医科大学实验肿瘤学研究室。

本月　接收卫校合并职工 110 人，其中科以上干部 19 人，已全部到岗上班。

7 月

3 日　启用“山东医科大学护理学院”印章，原“山东医科大学护理系”印章同时作废。

4 日　开始启用“中国共产党山东医科大学护理学院委员会”印章。

5 日　举行 2000 年毕业典礼。

同日　学校决定，成立山东医科大学知识产权管理委员会。王琰璧任主任委员，李承俊、张衡、姜钟松任副主任委员。

同日　学校制定《山东医科大学关于教师在职博士学位培养的补充规定》《山东医科大学设立成人教育校外教学点的暂行规定》《山东医科大学关于学生困难补助的暂行规定》《山东医科大学关于学生减免学费的暂行规定》《山东医科大学学生勤工助学管理办法》《山东医科大学学生早操管理办法》《山东医科大学学生宿舍卫生检查办法》。

10 日　经学校研究决定，成立山东医科大学继续教育委员会。王琰璧任主任，张衡、于修平任副主任。

22 日　山东大学、山东医科大学、山东工业大学举行合校典礼，正式宣布合校，三校原建制及名称撤销，成立新的山东大学，新的山东大学为教育部直属高校。

本月　2000 年，山东医科大学共有毕业生 912 人，其中研究生 193 人，本科生 515 人，专科生 204 人。

三、山东大学威海校区(1984～2020)

1984 年

6 月

经在山东大学学习的邹存奎等同志联系，威海市派市人大常委会主任门兆英、副市长张树平等有关领导赴山东大学商谈联合办学事宜。山东大学校长邓从豪、党委副书记戈平、教务处长刘玉柱、外办副主任马长义等接待了门兆英等同志。

8～9 月

山东大学副校长潘承洞、党委副书记戈平、教务处长刘玉柱、基建办公室主任张建琪等先后到威海考察洽谈办学地址等事宜。

教育部基建局局长王进仁到威海考察办学事宜。

10 月

28 日　山东大学校长邓从豪、主持工作的党委副书记徐豫龙、校建处处长马长义、副处长张建琪以及马楠等带着由刘玉柱起草好的办学协议到威海考察洽谈办学事宜。先后到崮山水库、半月湾、北竹岛、神道口、小石岛、玛珈山等地点考察，最后确定玛珈山前为山东大学威海分校校址。

30 日　山东大学向教育部上报《关于建立山东大学威海分校的请示报告》。报告提出，为响应中央关于重视智力开发、加速发展高等教育的号召，经与威海市人民政府协商，双方同意在威海建立山东大学威海分校。山大分校是一所包含文科理科的综合性大学，全国招生，全国分配。

11 月

1 日　山东大学与威海市人民政府在威海市东山宾馆签订《关于建立山东大学威海分校的协议书》，商定在威海市建立山东大学威海分校。山东大学校长邓从豪与威海市人民政府市长李同轩在协议上签字。

1984 年 11 月 1 日，山东大学与威海市人民政府在威海东山宾馆签订建校协议

16 日　教育部下发[84]教基字 333 号文件《关于建立山东大学威海分校的批复》，同意山东大学与威海市人民政府在威海联合建立山东大学威海分校，分校建设进度和实现发展规模的时间，视国家投资的可能在年度计划中安排。

1984 年

11 月

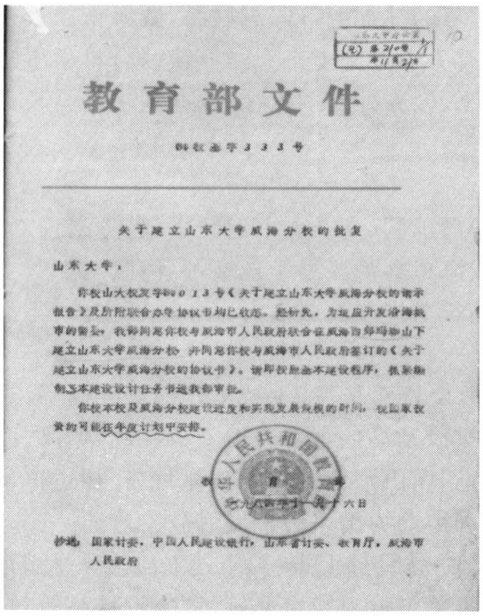

教育部文件

84教基字333号

关于建立山东大学威海分校的批复

山东大学：

你校山大校发字84013号《关于建立山东大学威海分校的请示报告》及所附联合办学协议书均已收悉。经研究，为适应开发沿海城市的需要，我部同意你校与威海市人民政府联合在威海市郊岭山下建立山东大学威海分校，并同意你校与威海市人民政府签订的《关于建立山东大学威海分校的协议书》。请你校按基本建设程序，抓紧编制基本建设设计任务书送我部审批。

你校本校及威海分校建设进度和实施发展规模的时间，视国家投资的可能在年度计划中安排。

教育部

一九八四年十一月十六日

抄送：国家计委，中国人民建设银行，山东省计委、教育厅，威海市人民政府

1984 年 11 月 16 日，教育部下发关于建立山东大学威海分校的批复文件

同日　威海市为保证山大分校的筹建工作，决定从威海市抽调人员组成“威海市筹建大学办公室”。主任：杨仁千；副主任：丛启珠；成员：戚务政、梁敏、卫国良、戚玉荃、孙茂友。

1985 年

2 月

28 日　山东大学成立威海分校筹建小组。组长：赵洪太；副组长：马楠、赵盛堂；成员：王森、李培辉、张守松、施永友、康希明。

3 月

30 日　根据山东大学和威海市人民政府《关于建立山东大学威海分校的协议书》，山东大学威海分校与威海市教育局签订转让土地和房产购置协议书，于 6 月 14 日上报教育部。

8 月

9～12 日　根据国家教委基建局的意见，山东大学与威海市政府在威海市举行山东大学威海分校建设的可行性论证并形成纪要，于 8 月 19 日上报国家教委。

9 月

9～11 日　国家教委总务司司长张玉池和基建局局长王文友到威海视察学校建校工作。王文友听取了关于山东大学威海分校筹建情况的汇报后说：威海市共建大学的积极性很高，为教育事业的发展付出了很大的代价，这是难得的；学校的发展也支持了地方，给地方增加了光彩。学校的规划，要根据威海市的要求搞，建成花园式的学校。总之，要贯彻威海的精神，要符合新兴城市的风格。

1985 年

11 月

25 日　学生宿舍 1 号、2 号楼开始动工。

12 月

5 日　山东大学威海分校公章正式启用。

1986 年

5 月

1 日　学生俱乐部兼食堂楼开始动工。

7 月

25 日　中共山东大学委员会颁布了《关于建立山东大学威海分校领导班子的决定》。该《决定》说，接国家教育委员会[86]教干字 144 号通知，经研究，决定建立中共山大威海分校委员会，由刘清前、陈力行、李福太、刘玉柱、门兆英五位同志组成。刘清前兼任党委书记、李福太任党委副书记，陈力行兼任威海分校校长，刘玉柱任威海分校副校长，门兆英兼任威海分校副校长。

9 月

9 日　胡耀邦总书记为山东大学威海分校题写校名。

11 月

20 日　文学楼开始动工。

1987 年

1 月

24 日　根据山东大学文件（山大字[87]006 号），经山东大学党委常委会研究决定：车学堂任威海分校党委办公室副主任。

同日　根据山东大学文件（山大校字[87]001 号），经山东大学研究决定：赵盛堂任威海分校校长办公室副主任，祁学勇任威海分校教务处副处长，汪晓东任威海分校总务处副处长，王永震任威海分校总务处副处长。

2 月

本月　威海分校第一栋教职工宿舍楼动工。

3 月

6 日　鉴于建校之初，威海市尚未有火车站，学校决定在烟台设立一个中转站（接待处）。1986 年 12 月 6 日在烟台市招待所开始办公，1987 年 3 月 6 日搬迁到烟台市总工会属下的烟台国际海员俱乐部二楼办公。负责人：张德成；工作人员：王钦丽。

23 日　山东大学威海分校机关由威海市招待所迁到校内学生俱乐部办公。校办、保卫科在一楼办公，人事处、财会室、党办、设备科在二楼办公。

5 月

8 日　威海市领导与山东大学威海分校领导会同威海市有关部门负责人，在学校会议室就山东大学威海分校总体规划初步设计进行会审。威海市市长李同轩、威海市人大常委会主任门兆英、学校党委副书记李福太到会并讲话。威海市政府、人大、筹建大学办、建委、计委、建行、市政局、公安局、环保局、农牧局、林业局、财政局、邮电局、教育局、电力公司、田村镇、毕家疃村等单位的领导和工程技术人员；天津大学建筑设计研究院总工程师王春瑞，主任高级工程师杨一德和各专业设计人员；学校有关领导和工程技术人员等共计 41 人出席会议。

1987 年

5 月

天津大学建筑设计研究院就山东大学威海分校总体规划初步设计分专业作全面介绍，与会同志进行讨论。

6 月

17 日　赵朴初先生为山东大学威海分校题写校名。

29 日　根据山东大学文件（山大校字[87]030 号），经山东大学研究决定：马绍汉任威海分校计算机系主任（兼）；宋乐永任威海分校中文系副主任。

7 月

14 日　中国教育工会山东大学威海分校委员会成立。工会主席：李福太（兼）；委员：何恩宗、宋乐永、戚务政、董以山、曾伟。

8 月

13 日　山东大学威海分校治安保卫委员会成立。主任：李福太；副主任：牛运祥；委员：张建琪、赵盛堂、祁学勇、宋乐永、何恩宗；办公室主任：牛运祥（兼）；办事员：许伯群、刘海。

9 月

2 日　山东大学威海分校第一届学生开学前准备工作会议召开。参加人员：李福太、赵盛堂、宋宗勤、丛培燕、宋乐永、董以山、王吉玺、汪晓东、戚务政、徐桂华、张建琪、张守松、刘玉殿。

15 日　汉语言文学和计算机两个专业 150 名新生正式开学。

28 日　山东大学威海分校在新落成的文学楼前举行首届新生开学典礼。山东省委副书记、代省长姜春云，省府秘书长宇培杲，济南军区政治部主任姜福堂，二十六军副政委高爱读，威海市委书记李太启，市长李文全，威海市其他领导同志陈建国、李仕恩、臧海强、门兆英、戚遵烈，香港冀鲁同乡会会长宫培兰先生和威海籍侨胞 11 人，以及山东省、烟台市、威海市、环翠区有关方面负责人、驻威部队负责人和兄弟院校代表共 200 多名来宾参加开学典礼。山东大学党委书记徐豫龙、校长潘承洞出席大会。

大会由威海分校党委副书记李福太主持。副校长刘玉柱、威海市市长李文全和教师代表、学生代表在会上讲话。姜春云、李太启、潘承洞为文学楼竣工剪彩；姜春云、徐豫龙为山东大学威海分校挂校牌。

大会收到国家教委高教一司、国家自然科学基金委员会、清华大学、复旦大学等贺电、贺信近 30 份。

10 月

3 日　中国共产主义青年团山东大学威海分校总支委员会成立。书记：刘玉殿；副书记：吴春；组织委员：张维彬；宣传委员：宋云龙；委员：张娟、韩延伟、李恒。

29 日　山东大学威海分校学生工作领导小组成立。组长：车学堂；副组长：祁学勇、刘玉殿。

11 月

25 日　山东大学威海分校职称评审小组成立。组长：陈力行；副组长：刘玉柱；组员：李福太、王吉玺、徐振东、宋乐永、张建琪、牛运祥、祁学勇。

28 日　中文系、计算机系党支部成立。支部书记：王吉玺；支部副书记：宋乐永；组织委员：聂传凤。

1987 年

11 月

同日　总务处党支部成立。支部书记：张建琪；支部副书记：王永震；支部委员：张中豪、董以山、杨金巨。

同日　机关党支部成立。支部书记：牛运祥；支部副书记：宋宗勤；支部委员：丛启珠、王宜华、刘玉殿。

1988 年

3 月

7 日　为解决学校职工子女上学和教职工到市内办事的交通困难，山东大学威海分校与威海市公共汽车公司共同协商，决定开辟山东大学威海分校至市内公共汽车专线(7 路车)。

12 日　控制工程系成立。

6 月

7 日　根据国家教委文件([88]教党字 056 号)，刘玉柱兼任山东大学威海分校校长，陈力行不再兼任威海分校校长职务。

15 日　根据山东大学文件(山大校字[88]028 号)，经山东大学党委研究决定，张建琪任威海分校副校长。

7 月

1 日　山东大学威海分校党委颁布表彰模范党员的决定，表彰第一批模范党员：张建琪、丛新、肖国斌、高守德、牛运祥、周慧如、何恩宗。

19 日　全国人大常委会副委员长严济慈来威海分校视察，并为分校题词“树人兴鲁、树人兴国”。

21～28 日　美国威斯康星—米尔沃基大学“中国深度”教学班一行 33 人来分校上课，学习中国文化，深入了解中国的社会和生活。

8 月

17 日　国家教委下文批复《山东大学威海分校水产化学实验楼初步设计》。

30 日　国务委员宋健来校视察，并为分校题词“教育是现代化建设的基石，祝山大分校早日建成”。

9 月

20 日　威海分校转发控制系《关于培养青年教师的计划》，以提高青年教师的素质和水平，保证和促进教学质量的长远发展。

10 月

29 日　山东大学威海分校首届学生代表大会召开，97 名代表参加。学校领导刘玉柱、李福太以及团委书记刘玉殿等出席大会。会议选举出分校学生会。

11 月

20 日　威海分校成立技师聘任工作领导小组。组长：刘玉柱；副组长：李福太、张建琪；成员：牛运祥、宋宗勤、刘庆华、张宏智、杨律高、张中豪。

24 日　威海分校党委根据选举结果，决定成立机关、后勤、文科系、理科系四个党总支委员会。机关党总支书记：牛运祥；后勤党总支书记：王永震；文科党总支书记：陈忠；理科党总支书记：王吉玺。

1988 年

12 月

6 日　山东大学威海分校党委同意首届团代会的选举结果，组成首届共青团山东大学威海分校委员会。首届团委由刘玉殿、王俊华、韩延伟、柳忠林、迟涛、陈仕兵、孟红、王涛（学生）、杨任海（学生）等组成，刘玉殿兼任团委书记。

21 日　为提高教职工的文化素质和专业水平，并加强教职工培训的计划管理，威海分校制定《关于教职工培训的暂行规定》。

1989 年

3 月

15 日　经济系与吉林省社科院联合建立"朝鲜经济研究所"。所长：陈忠。

本月　水产化学楼开始动工（1990 年 10 月竣工）。

4 月

24 日　山东大学威海分校 1988 年校级先进工作者评出：张德成、魏中华、赵恩华、吴传智、彭兆强、刘玉堂、毕艳娜、张中豪、杨金巨、董献忠、曲桂月、李中章、尹永财、赵自强、陈章通、董以山、刘海（控制系）。

专项奖获得者：戴蓓。

9 月

12 日　山东大学向国家教委上报《关于山东大学威海分校去向问题的请示报告》。报告指出，关于威海分校的去向，总校和分校的一致意见是：（1）继续执行教育部[84]教基字 333 号和[85]教]基字 301 号文件，坚持"三个不变"，即领导体制不变，远期规模不变，投资渠道不变，努力把分校办好。（2）考虑到目前国家经济比较困难，高等教育处于压缩规模、调整结构的形势，分校近两三年速度可放慢一些，发展规模可适当小一些。（3）珍惜已经取得的成果，不要把分校交出去。

12 月

4 日　国家教委下发《关于山东大学威海分校有关问题的批复》，批复指出，分校继续实行现行领导管理体制。希望总校的规模及学科发展均要适当控制。今后新发展的学科（专业）特别是应用、技术性学科（专业）应有计划地移至分校建设。

11 日　根据山东大学文件（山大字[89]048 号），经山东大学党委常委会研究决定：增补车学堂、陈忠为威海分校党委委员。

19 日　朝鲜民主主义人民共和国教育委员会贸易管理局局长杨昌学、处长李成淑、指导员姜顺善一行三人，应邀来访，双方就科技开发、文化交流、经济合作等问题交换意见。

1990 年

3 月

5 日　威海分校党委公布《关于改进工作作风、实行廉洁勤政的规定》。

7 日　为加强对学校科研开发工作的协调与领导，尽快在学校形成和发展独具特色和优势的高新技术产业，经学校研究决定，建立科技产业管理委员会。主任委员：刘玉柱；副主任委员：云昌钦、丁吉山。

4 月

4 日　为加强对毕业生分配工作的领导，经学校研究决定，成立毕业生分配工作领导小组。组长：张建琪；副组长：刘玉殿。

11 日　校长办公室制定《干部参加劳动的几点意见》。要求全校干部原则上每两周参加一次劳动，并将此作为考核干部实绩的一个重要内容。

1990 年

4 月

26 日　威海分校党委下发《关于加强对入党积极分子培养教育的通知》，要求各党总支进一步做好对入党积极分子的培养教育工作，确保发展新党员的质量。

5 月

本月　山东省委书记梁步庭来分校视察。

6 月

7 日　经山东大学批准，仵从巨、陈忠、苘淑双、邱昌武、陈仕兵、刘玉殿、马道山等被评为山东大学 1990 年教书育人先进个人。

11 日　经山东大学批准，云昌钦、洪惠民、陈忠、刘家相、张中豪、张德成、吴传智、李森林等被评为山东大学 1989 年度优秀教师、优秀教育工作者。

9 月

26 日　经威海市外事办公室介绍、山东省文教委外事处同意，学校于 1989～1990 学年为荣成宝石渔业有限公司培训韩国进修生一名（金成洙），培养专业：汉语言文学。这是学校培养外国留学（进修）生的开端。

10 月

8 日　威海分校公布《关于设立朱传榘奖学金的决定》。根据朱传榘先生的意见，由朱传榘先生本人提供资金设立本奖学金。数额暂定为每年人民币 5000 元。

朱传榘先生是美籍华人，美国哥伦比亚国际公司董事长。1946 年，朱传榘先生参与美国第一台计算机的研制工作，是六位发明人之一，被誉为美国“计算机先驱”。朱先生十分关心我国的教育事业，关心学校事业的发展。1989 年被聘为山东大学威海分校名誉顾问。

同日　威海分校制定《关于朱传榘奖学金评定暂行规定》。规定此奖学金奖给品德优秀、学习成绩优异、积极参加体育锻炼活动、身体健康的学生。每系每学年一个名额，数额为人民币 1000 元。

12 日　威海分校正式颁布《山东大学威海分校科技开发管理办法》。

12 月

30 日　威海分校公布《关于设立宫培兰奖励基金的决定》。根据宫培兰本人的意见，由其本人提供基金设立本奖励基金，数额为 10000 元。每年用 5000 元作为宫培兰奖学金，奖励品学兼优的优秀学生；用 5000 元作为宫培兰教学科研奖励基金，奖励教学科研成绩突出的优秀教师。宫培兰先生是冀鲁旅港同乡会会长，他热爱祖国、热爱家乡，十分关心学校事业的发展。早在学校建校之初，他就光临分校参观访问，对分校建设表示了极大关注。回港后，亲自带头并组织冀鲁旅港同乡会捐资，资助学校建设。

同日　威海分校制定《关于宫培兰奖学金评定的暂行规定》。规定本奖学金每班每学年一个名额，数额为 400 元。奖励品德优秀、成绩优异、积极参加体育锻炼活动、身体健康的学生。

同日　威海分校制定《关于宫培兰教学科研奖励基金评定暂行规定》。规定本奖励基金每年 5000 元，只设一个等级，奖励金额为 500 元。奖励热爱祖国，教学和科研成绩突出的教师。

1990 年

12 月

31 日　为了更好地进行安全教育和管理，保证广大师生员工的交通安全，经研究成立学校交通安全领导小组。组长：张建琪；副组长：谷源秘、杨兰田。

1991 年

1 月

31 日　中国共产党山东大学第十次代表大会在济南召开，威海分校刘玉柱（团长）、李福太、张建琪、陈忠、徐桂华、施永友等党员代表参加了这次大会。

2 月

6 日　根据国家教委通知（教党[1991]12 号），任命许玉琪为山东大学威海分校党委书记兼校长（副局级），免去刘清前兼任的中共山东大学威海分校党委书记职务和刘玉柱兼任的山东大学威海分校校长职务。

27 日　根据山东大学文件（山大校字[91]006 号），经山东大学研究决定，任命陈忠、云昌钦任山东大学威海分校副校长。

4 月

18 日　威海分校转发国家教委关于《大学生体育合格标准》及《大学生体育合格标准实施办法》的通知。为加强对《大学生体育合格标准》实施工作的领导，分校决定成立《标准》实施工作领导小组。

5 月

23 日　威海分校决定成立艺术教研室，面对全校开设美育、音乐和美术欣赏、书法美学和诗歌朗诵等选修或共同必修课。艺术教研室隶属于教务处，梁一儒任教研室主任（兼）。

同日　威海分校将教务处拟定的《关于加强教学管理工作的几点意见》《关于整顿教学秩序、强化教学纪律的几条规定》印发至全校各教学单位。

6 月

13 日　为进一步加强大学生的思想政治教育，分校决定设立德育教研室。主任：刘玉殿（兼）。

21 日　威海分校决定成立成人教育办公室和招生办公室。

7 月

16 日　威海分校决定设立“山东大学威海分校图书情报委员会”。主任委员：陈忠；副主任委员：云昌钦、梁一儒、丛德文。

本月　威海分校“ES 系列电网调度自动化系统”获“国家教育委员会科学技术进步一等奖”。

8 月

13 日　国家教委直属高校工作司司长陶遵谦、山东省教委主任吕可英的代表开先鉴处长、威海市委书记李文全、人大常委会副主任门兆英、副市长王大海、李吉祥、教文体委主任李志范与山东大学校长潘承洞、党委书记陈之安、威海分校校长许玉琪，在威海东山宾馆就“八五”期间山东大学与威海市联合办山东大学威海分校的问题进行洽谈。

9 月

3 日　威海分校印发科技产业公司财务、资产、经营决策、人事、合同、工资福利及奖罚、差旅费报销等七个规章制度。

10 日　李志洲、杨金巨、吴传智、吴孝堂、于家祥、云昌钦、刘海（控制系）、尚小林、高伟志、仵从巨等被评为山东大学年度优秀教师、优秀教育工作者。

1991 年

11 月

2 日　威海分校制定《山东大学威海分校青年教师培养计划》。

13 日　山东大学威海分校外语系成立。

同日　威海分校原公共课教学部更名为马列主义教学部。

25 日　经分校党委研究决定，成立山东大学威海分校财政工作小组。组长：张建琪。

同日　经分校党委研究决定，成立山东大学威海分校人事工作领导小组。组长：许玉琪。

同日　经分校党委研究决定，成立山东大学威海分校学生思想教育和管理工作领导小组。组长：李福太。

12 月

4 日　为提高党员、干部理论素质，更好地学习马列主义、毛泽东思想和党的路线、方针、政策，加强党性锻炼，以适应新时期的工作需要，分校党委研究决定，成立中共山东大学威海分校委员会党校。

12 日　为加强外事工作，分校党委决定，成立山东大学威海分校外事办公室。

1992 年

2 月

17 日　"黄海经济圈学术研讨会"在威海分校召开。此次会议由山东大学威海分校和威海市联合举办。韩国代表 8 人、中国代表 13 人参加会议。

3 月

14 日　威海分校研究决定，成立黄海经济圈研究中心。

4 月

18 日　分校成立山东大学威海分校体育运动委员会。主任：陈忠。

30 日　威海分校下发《关于加强校办产业工作的通知》，通知指出，为了对全校所有经营实体进行统一领导、管理，决定成立山东大学威海分校校办产业管理委员会。主任：云昌钦。

5 月

18 日　为加强电教工作，经分校党委会议研究决定，建立"电化教育科"（隶属于教务处）。

25 日　根据国家教委文件（教人司[1992]280 号），任命李福太为山东大学副校级调研员。

6 月

14 日　美籍华人、世界著名生物学家牛满江教授和夫人张葆英来威海分校进行实地考察，并与分校就合作组建、经营牛满江海洋生物工程研究中心事项达成意向。

20 日　分校成立山东大学威海分校校园治安综合治理委员会。主任：张建琪。

8 月

2 日　威海市委书记臧海强同志主持召开专题会议，听取分校党委书记、校长许玉琪关于分校目前情况和今后发展设想的汇报，研究分校进一步发展的问题，并由市委印发《专题会议纪要》。

1992 年

8 月

28 日　韩国釜山东明大学与山东大学威海分校就两校间教师、学生的互访交流以及图书的交流等项事宜签订意见书。

9 月

4 日　山东大学威海分校和韩国富川大学结成姊妹学校。

1992 年 9 月 4 日，山东大学威海分校与韩国富川大学结成姊妹学校

23 日　韩中学术文化交流协会会长柳明奎先生访问威海分校，校长许玉琪，副校长张建琪、陈忠会见柳明奎。双方就韩国来华学习的学生以及学术文化交流等事项达成协议。

29 日　为进一步发挥中央和地方共同兴办高等教育积极性，发展威海市高教事业，经与山东大学协商，威海市人民政府决定山东大学威海分校增挂“威海大学”牌子。

10 月

4 日　分校举行“威海大学”挂牌仪式。威海市领导臧海强、吴隆江、王大海、门兆英，驻威 37015 部队司令员李善修等参加仪式。校领导许玉琪、张建琪、陈忠、云昌钦等出席仪式。

23 日　根据山东大学文件（山大字[92]070 号），决定增补吴孝堂、谷源秘为威海分校党委委员。

12 月

1 日　为更好地适应学校教学、科研等学科发展需要，经研究决定，在原学术委员会的基础上，分设文、理两科学术委员会。文科委员会：主任：陈忠（兼）；副主任：梁一儒、栾昌大；理科委员会：主任：云昌钦；副主任：洪惠民。

20 日　为方便开展对外联系业务工作，经学校研究决定，成立“计算机辅助工程研究所”。

1993 年

1 月

12 日　韩国富川大学学长韩方教一行 9 人来分校访问。

19 日　根据国家教委文件（教人[1993]4 号），马长义兼任山东大学威海分校校长，许玉琪不再兼任山东大学威海分校校长职务。

1993 年

2 月

10 日　根据国务院批转国家教委关于改革高校毕业生分配制度的精神，为了更好地做好毕业生的分配工作，分校研究成立"毕业生就业指导中心"。

18 日　经山东大学研究决定，许玉琪兼任山东大学威海分校常务副校长。

23 日　山东大学决定成立牛满江海洋生物工程研究中心，设在山东大学威海分校。

26 日　威海分校成立山东大学威海分校实业发展公司。

28 日　根据山东大学文件（山大校字[93]010 号），许玉琪兼任山东大学威海分校常务副校长。

3 月

同日　根据山东大学文件（山大字[93]016 号），经山东大学党委常委会议研究决定，增补马长义为威海分校党委委员。

4 月

19 日　分校医院楼开始动工建设。

5 月

本月　山东大学同意威海分校毕业证盖山东大学章和潘承洞校长章。

6 月

14 日　经威海计委批准，同意山东大学威海分校成立汽车修配厂。

16 日　为活跃学生的学术气氛，不断提高广大学生的知识素质与智能水平，威海分校印发《关于积极组织、大力开展学生学术活动的通知》。

29 日　留学生楼竣工。

7 月

8 日　山东大学研究决定，成立山东大学威海分校水产系。

10 日　山东省委组织部研究确定，山东大学威海分校党的组织关系（含党员的日常政治思想教育、组织发展、党员统计、党费管理、党组织关系转移等）划归威海市委管理。

本月　韩国东明大学代表团来校访问，山东大学威海分校领导许玉琪、李福太、张建琪、陈忠以及教授梁一儒等接待了来宾。

8 月

19 日　由山东大学威海分校与威海高技术产业开发区华垦发展公司联合经营的"威海光孚科技有限公司"成立。

27 日　经研究决定，组建威海大学建筑安装工程公司。经理：王永震（兼）。

9 月

30 日　分校研究决定成立"山东大学威海分校规划建设领导小组"。组长：马长义；副组长：张建琪、李福太。

为加强全校财务管理，管好用好国拨经费，更好地组织开发科技产业、校办产业，搞好创收分配，拓展合资经营对外开放渠道，加快学校建设步伐，学校研究决定成立财经与基金领导小组。组长：马长义；副组长：许玉琪、张建琪、云昌钦。

1993 年

10 月

6～7 日　威海分校常务副校长许玉琪、副校长张建琪、云昌钦以及门兆英等应韩国富川专门大学邀请，访问韩国。访韩期间，还参观了韩国东明专门大学，并与东明专门大学结成友好关系学校。

11 月

18 日　韩国东明大学张吉焕副教授被聘为山东大学威海分校兼职教授。

1994 年

1 月

15 日　根据山东大学文件（山大字[94]005 号），经山东大学党委常委会议研究决定：李建军任威海分校党委副书记。

2 月

23 日　陈忠不再担任威海分校副校长职务。

同日　根据山东大学文件（山大校字[94]009 号），经山东大学研究决定，杨培德任威海分校副校长。

23～26 日　韩国东明大学常务理事、法人代表姜政男先生与张吉焕先生来分校访问。

25 日　根据山东大学文件（山大字[94]014 号），经山大总校党委常委会研究决定，增补杨培德、李建军为威海分校党委委员。

3 月

16 日　分校为准备召开第一次“双代会”，经党委研究决定，成立大会筹备领导小组。组长：李福太；副组长：张建琪、李建军。

21 日　经分校校务委员会讨论确认，选定十五名教师为学校学术带头人、骨干教师培养对象。他们是：中文系：仵从巨、胡志明；经济系：梁文玲、周大白；控制系：赖晓平、李瑞胜；电子系：刘殿秀、王良；外语系：李靖民；计算机系：王岩冰、苘淑双；公外：李合庆；马列：沈春梅；德育：刘玉殿；体育：徐立和。

24 日　为进一步深化校内管理体制改革，完善编制管理制度，妥善安置聘余人员，分校决定成立“山东大学威海分校人才交流服务中心”。

4 月

4 日　以总务处、基建处经营型实体为基础，组建山东大学威海分校后勤产业总公司。

5 月

本月　威海分校颁布《关于引进人才加强教师队伍建设暂行办法（试行）》，以不断提高学校师资队伍水平，引进优秀人才，优化队伍结构，确保教学质量。

6 月

3 日　由威海市规划局于传勇局长主持，邀请有关领导和各方面专家对山东大学威海分校的校园调整规划进行评审。参加会议的有：副市长邵恒斋，人大原副主任门兆英，高技术产业开发区主任李国栋、副主任王福文，规划局局长张书民、副局长丛培平，规划处处长刘玉宁、规划处王淑英，管委会办公室副主任王新通，山东大学副校长兼威海分校校长马长义，副书记李福太、李建军，副校长张建琪、杨培德，基建处处长计旭东，规划科长尹永才等。

6 日　分校对征用人工湖用地和修建人工湖问题进一步论定，高技术开发区管委会主任李国栋、副主任王福文，规划局局长张书民，管委会办公室副主任

1994 年

6 月

王新通一致表示，按市委市府要求，把山东大学威海分校当成自己的大学，共同建好大学。人工湖用地，转让费 100 万。分两年付清，1994 年付 72 万，1995 年付 28 万，可以先开工后办手续。

1994 年 6 月 3 日，威海市有关领导和各方面专家对山东大学威海分校的校园调整规划进行评审

7 月

1 日　山东大学威海分校首届“双代会”（教职工代表大会、工会会员代表大会）召开。

13 日　韩国东明大学学长金一熙一行 21 人来分校访问。

8 月

26 日　根据山东大学文件（山大字［94］055 号），经山东大学党委常委会议研究，同意增补牛运祥为威海分校党委委员。

29 日　根据山东大学文件（山大字［94］057 号），同意威海分校首届工代会选举结果。主席：李福太（兼）；副主席：丛启珠、刘家相（兼）。

9 月

10 日　全国人大科教委副主任张承先来分校视察。

11 月

4～10 日　应韩国东明大学邀请，副校长杨培德、教务处处长梁一儒带领学校访问团访问韩国东明大学。

5 日　威海分校党委发出“关于认真学习贯彻执行党的十四届四中全会《决定》的通知”。

1995 年

1 月

4 日　根据山东大学文件（山大字［95］002 号），经山东大学党委常委会议研究决定，免去车学堂威海分校党委委员的职务。

8 日　威海分校印发《关于加强学生工作若干问题的意见》。

19 日　威海分校召开中层干部会议，山东大学副校长、威海分校校长马长义在会上提出，根据学校整个办学水平的现状，经过书记校长办公会研究，1995 年，一要提高综合管理水平；二要提高开发效益；三要提高宣传效益；四要搞好共建；五要努力做好团结工作和干部职工的思想政治工作。

1995 年

2 月 18 日　威海分校与威海水产局联合建立的水产系正式成立。

4 月 11 日　中共山东大学威海分校委员会学生工作部成立，与学生工作处合署办公。

24 日　经过推荐与评选，威海分校党委研究决定，李建军、谷源秘、韩建新、李瑞胜、李靖民、仵从巨、史晓平、周大白、包树珍、匡颖为学校 1994～1995 年度优秀教师(优秀教育工作者)。

5 月 2 日　威海分校党委印发《关于加强和改进党的基层组织建设的意见》。

3 日　威海威东航运有限公司副总经理单国防先生与常务副校长许玉琪、副书记李福太共同协商，达成威东航运有限公司在威海分校设立“威东教育奖励基金”的意向。

16 日　威海分校“劳动服务中心”成立。

30 日　山东大学威海分校和威海市水产局共建水产系暨董事会成立大会召开。威海市副市长由学志，山东大学副校长、威海分校校长马长义，威海市水产局局长陈玉福出席了会议并讲话。1995 年 6 月，山东大学校长潘承洞为共建山东大学威海分校水产系题词“为建设‘海上山东’作贡献”。

6 月 9 日　威海分校召开全校师资队伍建设大会。李建军副书记在大会上作了“面向新世纪，加速我校教师队伍建设”的讲话。

22 日　李建军被评为全省高校优秀共产党员。

7 月 23 日　韩国驻青岛总领事金浩泰来校就中韩经济发展前景问题作专题报告。

24 日　由国家教委港澳台办公室组织的“爱我中华，祖国山河游京港交流营”一行 200 人来分校观光。交流营中有香港优秀大中学生 106 人、北京优秀学生 94 人。威海分校也选派了 42 名优秀学生随营活动。

9 月 18 日　山东大学威海分校公共外语教研室成立。

同日　根据山东大学文件(山大字[95]046 号)，经山东大学党委常委会议研究决定，成立威海分校公共课教研室党总支。丛培杰任党总支书记，同时免去其外语系党总支书记职务。

同日　为了改善学校师资队伍的学历结构，切实提高青年教师的业务素质，根据国家教委和山东大学的有关规定，威海分校公布了《关于青年教师在职攻读学位的有关规定》，要求争取在 20 世纪末，使学校 45 岁以下的专业教师中具有硕士学位者达到 80%以上。

1995 年

10 月

9 日　由山东省教委和体委共同举办的山东省第九届大学生运动会暨庆祝大学生军训十周年表演大会在济南市山东体育学院隆重开幕。威海分校有 6 名运动员参加了此次大学生运动会。

15 日　为充分发挥学校技术优势，加速科学技术产业化，经学校研究决定，成立山东大学威海分校东方数据研究所。

11 月

22 日　为加强“三种语言”（外语、计算机语言、汉语）的教学，威海分校成立了相应的指导委员会。外语教学委员会，主任：杨培德。计算机教学委员会，主任：云昌钦、杨培德。汉语教学委员会，主任：许玉琪。

12 月

为培养和造就一支思想政治素质好、专业基础知识扎实、学术水平较高、治学严谨的教师队伍，威海分校制定了《关于选拔和培养青年学科带头人、优秀青年骨干教师的意见》。

1996 年

1 月

29 日　威海分校召开一届二次职工代表大会暨中层干部会议。

3 月

28 日　电子系 1992 级本科班的陈凯同学因患肾功能衰竭住院治疗需 13 万元医疗费。分校领导和团委向全校师生发出为陈凯筹捐资金的号召。全校师生纷纷伸出关爱之手，共捐了 3 万多元。社会上也积极行动起来，共捐款 1.5 万元。其中威龙实业发展有限责任公司总经理鲁志孝捐款 1 万元，市建行团委捐款 4300 元。

4 月

25 日　威海分校评审确定首批青年学科带头人和优秀青年骨干教师。青年学科带头人：王良、孙以泽、刘建国、张弘、郭新伟、赖晓平。优秀青年骨干教师：刘明、李孝全、张庆峰、张英珊、周大白、郑长春、梁文玲、贾再一、程凯。

5 月

6 日　经山东大学批准，成立山东大学威海分校国际教育交流学院。院长：杨培德（兼）；副院长：宋乐永。

20 日　威海分校党委同意共青团山东大学威海分校委员会的选举结果。书记：郭培良；副书记：韩延伟、迟涛。

22～23 日　韩国国际协力团考察组访问威海分校，并就中华人民共和国和大韩民国两国政府在威海建立中韩语言培训中心项目进行一系列会谈。

6 月

14 日　威海分校向威海市政府请示关于接受香港中协发展有限公司王大伟先生捐款（每年 3 万元）以设立奖学金一事。

25 日　威海市政府批复同意学校接受香港中协发展有限公司王大伟先生捐赠人民币 3 万元，以设立王大伟奖学金（暂定 5 年，每年 3 万元），用于奖励品学兼优的学生和工作突出的教师。

1996 年

7 月

8 日　为进一步加强学校档案工作，提高档案管理水平，充分发挥档案在教学、科研、管理等方面的重要作用，威海分校决定设立档案管理委员会。主任：张建琪；副主任：梁一儒、丁吉山、戚务政。

8 月

14 日　山东大学威海分校书画研究院成立。

同日　经学校书记、校长办公会研究决定，成立“山东大学威海分校中韩语言培训中心”。中心管理委员会主任：杨培德（兼）；副主任：高同璞、宋乐永。

同日　经书记、校长办公会议研究决定，成立“山东大学威海分校成人教育学院”。

30 日　经分校党委研究并经山东大学批准，成立山东大学威海分校法律学系。

9 月

2 日　以韩国国际协力团总裁郑炷年先生为首的代表团来校参加“中韩语言培训中心”揭牌仪式。

参加会议的有韩国国际协力团总裁郑炷年、韩国驻青岛领事馆领事徐龙洙，山东省科委副主任唐加农，威海市政府副市长张璞，山东大学副校长许东，威海分校常务副校长许玉琪、副校长张建琪、杨培德以及威海市高技术产业开发区管委会、市计委、教委、外经贸委、外办、财政局、海关和哈工大威海分校、威东航运有限公司的负责同志。

中韩语言培训中心是根据中韩政府间科技合作协定，在中韩两国政府的关怀下，在国家科委、省科委的大力支持和帮助下，由韩国国际协力团无偿援助20 万美元、山东大学威海分校承办而创立的，中心设在山东大学威海分校。

仪式结束后，与会人员参观了中心，郑炷年先生对中心的建设非常满意，表示再追加 5 万美元为中心购置设备。

6 日　为做好干部管理工作，加强干部队伍建设，威海分校党委制定了《关于干部管理的暂行规定》。

11 日　以威东航运公司总经理李钟洵先生为首的代表团来威海分校参加“威东奖学金设立暨首次颁奖仪式”。参加仪式的有威东公司总经理李钟洵（韩国）、中方总经理单国防，威海市委副书记崔曰臣，威海市政府副市长张璞以及其他市领导戚遵烈、门兆英等。校长马长义，党委书记许玉琪，副书记李福太、李建军，副校长张建琪、杨培德等出席仪式。

威东航运有限公司决定投资 68 万元作为“威东奖学金”基金，奖励在分校学习的韩国留学生和学习韩国语的中国学生中成绩优秀者，以及在教学科研中成绩突出的教师，并设立出版基金。

仪式结束后，举行了首次颁奖仪式。

10 月

3 日　国家教委通知，免去许玉琪山东大学威海分校党委书记职务、免去李福太山东大学副校级调研员职务。

15 日　山东大学举行建校 95 周年校庆活动。山东大学副校长、威海分校校长马长义，威海分校副校长张建琪，党委副书记李建军赴济南参加了校庆活动。

1996 年

10 月

30 日～11 月 7 日　以杨培德副校长为团长，经济系主任王向晨、国际教育交流学院副院长宋乐永等人组成的山东大学威海分校赴韩国考察团一行访问了韩国富川大学、原州中国语学院、尚志大学、诚信女子大学、光云大学等高等学校。访韩期间，还拜会了中国驻韩国大使馆教育参赞杨学忠先生、一等秘书徐文吉先生、原韩国国际协力团总裁郑炷年先生、威东航运公司总经理李钟洵先生等。

11 月

16 日　台湾留美环境学博士冯定亚等 2 人，在山东大学副校长鹿玉理和山东大学副校长、威海分校校长马长义陪同下，来威海分校商谈关于筹建孔圣学院事宜。

21 日　山东大学与山东轮胎厂在分校签订协议，协议双方发挥各自优势，进行多方面合作。山东轮胎厂近期提供 60 万元与山东大学共建院士楼(地址在威海分校)。山东大学副校长阎秉科和山东轮胎厂厂长丁玉华在协议上签字。

22 日　威海分校举行了第一届“校长奖学金”和“王大伟奖学金”颁奖仪式。山东大学副校长、威海分校校长马长义，副校长杨培德、张建琪，香港中协发展有限公司威海总代理等参加颁奖仪式。

30 日　山东大学副校长、威海分校校长马长义，副校长张建琪飞赴珠海经济特区，参加“山东大学(威海)牛满江海洋生物工程研究开发有限公司第三次董事会会议”。参加会议的还有珠海中燕发展公司总裁冯维平、香港冠怡实业有限公司总经理王琮州、水产系副主任侯旭光等。

12 月

13 日　威海市分管文教的高金兰副市长来分校视察工作。

20 日　分校举行山东大学威海分校书画研究院成立仪式暨首届书画展。参加大会的有山东大学副校长梅恒启，山东大学副校长、分校校长马长义，分校领导许玉琪、张建琪、李建军、杨培德，威海市委宣传部部长孙洁池、市人大常委会副主任王曰銮、市政协副主席张锦超、高技术产业开发区主任李国栋，书画研究院名誉院长、山东大学东方书画院院长王长水，书画研究院院长、威东公司总经理单国防以及各界人士 40 多人。

文化部副部长、中国文联党组书记高占祥，著名书法家杨再春，中国艺术报社社长张虎等题词祝贺。

26 日　中国共产党山东大学第十一次代表大会在山东大学召开。威海分校 16 名正式代表和 8 名列席代表组成代表团参加大会。团长：李建军；副团长：杨培德、张建琪。本次代表大会上，李建军书记当选为山东大学党委委员，牛运祥当选为山东大学纪委委员。

1997 年

1 月

8 日　威海分校召开 1996 年工作总结会，全校 20 多个处级单位和直属科室负责人参加会议。会议由党委副书记李建军主持。

23～24 日　一届三次教职工代表大会暨中层干部会议在接待中心召开，会上，组织人事处、教务处、学生处(团委)、财务科、总务处、基建处汇报工作。山东大学副校长、威海分校校长马长义作报告。

1997 年

2 月

22 日　1997 年 2 月 19 日邓小平同志逝世，威海分校召开中层以上干部会议，沉痛悼念邓小平同志。

25 日　经学校党委研究，决定成立山东大学威海分校计算中心，挂靠教务处，原文科机房撤销。

3 月

2 日　山东大学党委书记曾繁仁、纪委书记胡家臣、组织部部长刘珂等来校考察党政主要负责人。3 日下午，曾繁仁召开全校中层干部会议。在考察期间对学校领导干部进行了民意测验及民主投票。

5 日　山东大学党委书记曾繁仁一行到威海市委会见市委副书记崔曰臣，市委常委、组织部部长毕可仁等，研究威海分校干部安排事宜。

10 日　经分校研究，决定成立山东大学威海分校“计算中心技术委员会”。主任：云昌钦。

26 日　国家教委直属高校 1997 年基建计划工作会议在武汉大学召开。山东大学副校长、威海分校校长马长义，威海分校副校长张建琪及有关方面负责人参加会议。

4 月

16 日　国家教委批准山东大学与台湾冯定亚博士等人士在威海分校合作建立“山东大学孔子国际学院”。

5 月

5 日　国家统计局教育中心主任郝国印及西安统计学院党委书记吕以明等人来分校考察。

6 日　台湾冯定亚博士等来分校访问。

19 日　经分校研究，决定成立“山东大学威海分校艺术团”。团长：陶遵信；常务副团长：吴传智；副团长：丛启珠、韩建新、郭培良、曲洪启、张海龙。

22 日　中国人民建设银行威海市分行向学校赠送一套《传世藏书》。威海市政协副主席、统战部部长王希瑛，市长助理刘锦春，高技术产业开发区管委副书记徐怀堂，威海建行行长王东升等参加赠书仪式。校领导马长义、李建军、张建琪、杨培德等出席仪式。

本月　威海分校南大门动工修建。

6 月

6 日　德国纽伦堡大学教授团一行 6 人来校访问，分校领导杨培德、张建琪等会见来访客人。

17 日　根据山东大学文件（山大字[1997]049 号），经山东大学党委常务会议研究决定：鹿玉理任威海分校校长（兼）；李建军任威海分校党委书记；杨培德任威海分校常务副校长。马长义不再担任威海分校校长职务。

20 日　为庆祝“七一”，迎接香港回归，学校宣传部、学生处、工会、团委联合组织了“庆七一・迎回归歌咏晚会”。分校领导李建军、杨培德以及各部门负责人等与师生员工同台演唱，在校学习的外国留学生也参加了歌咏表演。

同日　中文系教工党支部荣获中共山东省委高校工委颁发的“高校先进基层党组织”荣誉称号。

1997 年

6 月

24 日　经分校党委研究山东大学党委批准：威海分校总务处第一党支部、经济系学生党支部、体育室党支部为先进党支部；张建琪、谷源秘、王宜华、郑恒秋、周慧如、刘建平为优秀共产党员。

26 日　山东大学威海分校“迎回归书画展”在图书馆自习大厅开幕。分校领导李建军、杨培德，分校书画院院长单国防以及分校老领导许玉琪等出席开幕式。书画展展出了学校师生员工及书画院书画家的作品。

30 日　由山东大学威海分校与山东轮胎厂共建的院士楼落成。

7 月

3 日　经学校研究决定，任怀平教授和闫涛蔚副教授增选为山东大学威海分校青年学科带头人。

10 日　山东大学潘承洞校长、张乐岭常务副校长、鹿玉理副校长以及组织部部长刘珂来分校召开中层干部会议，宣布了分校的新领导人员名单。校长：鹿玉理(兼)；书记：李建军；常务副校长：杨培德。免去马长义威海分校校长职务。

13 日　全国物理讲习班在威海分校举办。

23 日　全国生物讲学指导委员会会议在威海分校召开。

同日　国家教委委属高校基建工作会在威海分校召开。

8 月

22 日　由澳门吴福集团有限公司董事长吴福团长和新华社澳门分社副社长柯小刚副团长率领的全国政协澳门地区委员赴山东省视察团一行来威海分校视察。全国政协常委、副秘书长张治，省政协副主席田健以及威海市有关领导陪同视察。

9 月

2 日　国家教委主任朱开轩，山东省副省长张瑞凤在威海市委副书记、市长孙守璞，副市长高金兰等同志陪同下视察威海分校。党委书记李建军向朱开轩主任汇报学校工作。

8 日　根据工作需要，威海分校党委研究决定：撤销公共课党总支，设立马列主义教学部直属党支部，于家祥兼任党支部书记；设立体育教研室直属党支部，宋志平兼任党支部书记，谷丽霞任党支部副书记；公共外语教研室党支部归外语系党总支领导。

同日　经威海分校党委研究决定，成立国际教育交流学院直属党支部，宋乐永兼任党支部书记。

13 日　山东大学威海分校艺术团代表学校参加了由威海市委宣传部、市文化局举办的“威海市第四届文艺比赛”。此次文艺比赛中，分校艺术团共获一项金奖，三项银奖、五项铜奖。

20 日　为庆祝山东大学威海分校校前区一期工程竣工，分校举行了竣工典礼。分校党委书记李建军、常务副校长杨培德、副校长张建琪以及老领导马长义、许玉琪等参加典礼。威海市副市长张璞、市人大常委会副主任邹恒斋、市政协副主席王希瑛、高技术产业开发区主任李国栋、市建委、规划局、计委、荣成市政府、兄弟学校及企业负责人等 30 多名来宾出席典礼。

1997 年

9 月

21 日　以台湾冯定亚博士、张亚继先生为团长的“孔子周游列国史迹考察团”来大陆参加曲阜国际孔子文化节，于 9 月 21 日至 24 日顺访威海分校。

25 日　分校党委书记李建军为全校党员和干部作十五大文件学习辅导报告。

10 月

15～25 日　分校党委书记李建军率团赴韩国富川专门大学考察。在韩期间，双方签订了进一步加强两校合作的协议。

11 月

1 日　山东大学威海分校第六次学生代表大会召开。分校领导鹿玉理、李建军、杨培德、张建琪以及校团委郭培良和各系党总支书记等出席会议。会议选举产生第六届学代会。

5 日　威海分校对校部机关及负责人进行调整：党委办公室与校长办公室合署办公，负责人：韩建新；教务处与科研处合署办公，负责人：陈章通；纪委、监察、审计合署办公，负责人：刘玉殿；组织部与人事处合并，负责人：柴月禄；宣传部同时挂统战部牌子，负责人：董以山；学生处与团委合署办公，负责人：郭培良；新设立财务处，负责人：陶遵信；机关党总支书记：牛运祥。

12 日　由分校办公室发起的“向山区孩子献爱心”希望工程募捐活动，得到全校师生的积极响应，共捐衣物、学习用品、书籍等千余件。这批捐赠物品已于是日送抵临朐县蒋峪镇。鹿玉理校长代表分校赠交了这批物品。

12 月

5 日　威海分校进行了全校性教学检查评比活动。共评出一等奖 3 名：王晶杰、梁文玲、仵从巨；二等奖 3 名：朱东彦、郑长春、傅雷；三等奖 10 名：刘殿秀、邓万勇、刘海、刘明、王浩、李合庆、隋济民、杨金才、姜秀娥、林宇。另外还评出优秀奖 8 名。

1998 年

1 月

4 日　威海分校党委发出《关于认真开好校、处两级领导班子民主生活会的通知》。

13 日　根据山东大学文件（山大字[1998]001 号），经山东大学党委常委会议研究，任命王吉法为威海分校党委副书记，刘玉殿为威海分校副校长。

15 日　山东大学威海分校“朝鲜经济研究所”更名为“韩国经济文化研究所”。

2 月

24 日　威海分校与威海市邮电局共建的“威海信息港信息网络实验室”开通仪式在分校举行。

27 日　威海分校校一届四次教代会扩大会议召开。山东大学副校长、威海分校校长鹿玉理，校党委书记李建军、常务副校长杨培德、工会副主席丛启珠以及全体教职工代表、科级以上干部和全体教师出席会议。党委书记李建军向大会作《全面贯彻十五大精神，努力加快我校发展步伐》的报告。

会上还表彰了“1997 年教学检查评比”的获奖人员和优秀班主任、辅导员。

1998 年

3 月

16 日　威海分校决定成立“威大建设监理公司”，计旭东为法人代表。

17 日　为加强全校财务管理，威海分校决定，财务处下设会计科、核算中心、总务处财务室、基建计划财务科。

25 日　威海分校公布《关于实行定额资金支出的监察审计暂行规定》。

同日　为加强分校的宣传，促进分校的发展，《山东大学报·威海分校专版》正式出版。《山东大学报·威海分校专版》是《山东大学报》为山东大学威海分校出的一个专版，每月出版一期。这张报纸的出版结束了威海分校没有正式出版物的历史。

31 日　威海分校被威海市委、市政府授予 1996～1997 年度“市级文明单位”光荣称号。

4 月

7 日　威海分校党委印发《校部机关各部门职责范围》。

18 日　威海市政府高金兰副市长来分校商讨共建工作。

27 日　威海分校统战部召开各民主党派人士座谈会，校内民盟、民革、民建、九三学社等民主党派人士参加座谈。威海分校党委副书记王吉法、统战部部长董以山出席座谈会。

同日　威海分校党委公布《关于表彰“师德标兵”的决定》，对冯永江、张学智、张宗正、尚桂红、郑恒秋、周大白、梁一儒、蔡瑾等 8 位师德标兵给予表彰。

5 月

19 日　威海分校召开部署校园文明建设工作会议。

27 日　威海分校发布“二次集资建房办法”。

6 月

5 日　山东大学威海分校“大学生邓小平理论研究会”成立。

6 日　威海市政府代市长崔曰臣与山东大学校长曾繁仁在分校共商联合共建山东大学威海分校事宜。

同日　中加研究会学术年会在威海分校召开。山东大学校长曾繁仁、加拿大驻华大使馆参赞何琳达等出席会议。

同日　由山东大学书画研究院、东方艺术研究院和山东大学威海分校书画研究院共同举办的“山东大学书画艺术大展”在威海博物馆开幕。

同日　威海分校党委公布《山东大学威海分校大学生综合素质教育实施意见》。

18 日　经山东大学党委常委会议研究决定，增补刘玉殿为威海分校党委委员。

同日　威海分校决定成立继续教育部（对外称“成人教育学院”）。

23 日　威海分校被威海市定为首批专业技术人员继续教育基地。

28 日　为进一步加强党风廉政建设，威海分校制定了《关于公务业务接待管理的暂行规定》。

1998 年

7 月

6 日　威海分校决定，外语系与公共外语教研室合并，仍称外语系。原外语系领导班子不变，张学智任外语系副主任。

8 月

10 日　全国政协副主席宋健在山东省政协副主席李殿奎，威海市政协主席王大海、副主席由学志，威海市副市长高金兰等陪同下，视察威海分校。山东大学校长曾繁仁，威海分校党委书记李建军、常务副校长杨培德等向宋健同志汇报了山东大学及威海分校的总体情况及今后发展的总体思路。分校的几位教授和科研课题负责人也向宋健同志汇报了科研情况。宋健同志在听取汇报时对分校的工作和发展作出指示。

同日　山东省科委主任董昭和来分校视察，听取部分系主任和科研课题组负责人关于教学和科研的情况。

20 日　威海分校教职工捐款 20961 元，救助长江流域和松花江流域水灾灾区人民。

9 月

10 日　美国加利福尼亚州的罗德恩夫妇应邀来校作《关于美国司法制度和电影业》的报告。

10 月

28 日　由国家旅游局办公室主任林山率领的创建中国优秀旅游城市检查验收组来分校了解旅游专业教学情况，对该专业教学情况表示满意。

29 日　威海分校公布《关于教师引进及培养工作的有关规定》。要求必须贯彻“引进，培养，重用”的人才方针，始终不渝地把建设一支高素质的师资队伍作为学校战略性工作来抓。

30 日　英国彻特纳姆市卓涵大学国际事务办公室主任阿伦 · 瑞斯博士一行 3 人来校进行访问。

11 月

3 日　威海分校“纪念党的十一届三中全会二十周年理论研讨会”召开。出席会议的有全校副教授以上教师、副处级以上干部。分校党委书记李建军、副校长张建琪、党委副书记王吉法等出席会议。威海市委宣传部、威海日报社、威海电视台的代表也应邀参加会议。会议共征集论文 20 篇，其中 13 篇论文分获一、二、三等奖。

4 日　沈阳师范学院中层以上干部一行 40 人在党委书记胡国友带领下来校参观学习。

6 日　威海分校颁布《关于做好第二批青年学科带头人、优秀青年骨干教师选拔和培养工作的意见》。

9 日　山东大学威海分校党校 1998 年第二期青年骨干教师、学科带头人、青年干部“邓小平理论培训班”开课。

同日　威海分校颁布《关于工程、采购和产业管理实施招投标制度的规定》。

11 日　日本北海道北海学园大学代表团一行 8 人来校参观访问。

20 日　韩国富川大学访问团一行 6 人来校进行友好访问。

1998 年

11 月

26 日　威海分校党委会议研究决定：成立继续教育部直属党支部，苗进义任直属党支部副书记。

12 月

4 日　澳大利亚伍伦贡大学客人来校访问。

同日　山东大学校长曾繁仁在分校召开中层以上干部和各部门负责人会议。

9 日　威海分校书记校长办公会研究决定，成立艺术系筹备组。组长：杨培德；副组长：陈章通、韩建新；组员：曲洪启、谷源秘、柴月禄、陶遵信。

10 日　威海分校公布 1998 级新生入学奖学金获得者名单，共有 48 名 1998 级新生获得此项一、二、三等奖学金。

同日　以韩国驻华大使馆韩国国际协力团中国事务所（KOICA）成春基副所长带领的考察团一行 3 人，来校考察协力团派到分校外语系任教的两名韩国教师的情况。

22 日　威海分校部署由教代会代表考核测评各部门负责人活动。

29 日　党委统战部举行校内民主党派人士和党外人士代表座谈会，共商分校建设和发展大事。

1999 年

1 月

8 日　威海市副市长龚应珍、王渝次来校看望教职工。

18 日　教育部财政司、省教委基建财务处代表到威海分校检查筒子楼、教工住宅及危房情况。

27 日　山东大学威海分校一届五次教职工代表大会召开。山东大学副校长、威海分校校长鹿玉理，分校党委书记李建军，副校长张建琪，党委副书记王吉法、刘玉殿和校工会常务副主席丛启珠，分校教职工代表以及各部门负责人、青年学科带头人、各部门工会负责人 100 多人出席会议。

李建军向大会作《高举邓小平理论伟大旗帜，努力开创我校发展新局面》的工作报告。

3 月

13 日　山东省副省长邵桂芳在威海市副市长高金兰陪同下来校视察。邵桂芳副省长对分校的学科建设、改革以及学生培养等方面作了出重要指示。

30 日　威海分校党委召开中层干部会议，部署学校安全稳定工作。

同日　威海分校公布第二批青年学科带头人、优秀青年骨干教师名单。青年学科带头人：孙翠兰、史晓平、刘明、刘建国、张弘、严中华、闫涛蔚、李孝全、陈金钊、郭新伟、梁文玲、赖晓平。优秀青年骨干教师：李和庆、张银堂、张殿玉、林宇、郑长春、杨金才、殷建、韩晓弟、董昭江。

4 月

21 日　威海分校党委召开“三讲”教育动员大会。党委书记李建军在会上作动员报告，布置开展以“讲学习、讲政治、讲正气”为主要内容的党性党风教育活动。山东大学威海分校是教育部“三讲”教育试点单位之一。

1999 年

5 月

9 日　以美国为首的北约集团轰炸我国驻南斯拉夫大使馆。威海分校 1000 多名大学生自发到市里游行示威，强烈抗议北约集团的霸权主义和野蛮行径。

13 日　为加强学校的资产管理、推动后勤改革，逐步使后勤的管理职能与服务职能分开，达到后勤服务社会化，威海分校决定成立校产管理办公室。校产管理办公室主任：谭文焕。

21 日　韩国富川大学学长韩方教一行 3 人来校进行友好访问，商谈两校间进一步合作事宜。

24 日　以山东大学党委副书记冯宜明为团长的山东大学"三讲"教育巡视团来威海分校指导检查"三讲"工作，对分校"三讲"工作给予高度评价。

6 月

11 日　教育部《面向二十一世纪教育振兴行动计划》电视专题片摄制组一行 4 人来分校采访拍摄。

12 日　山东省第二次烟威片高校校(院)办主任工作会议在威海分校召开。

21 日　韩国东明大学理事长裴命仁先生一行 5 人来校访问，双方签订了互相交流教师的友好协议。

30 日　威海分校党委表彰学校优秀共产党员、优秀党务工作者。优秀党员：曲桂月、许东、杨元明、杨玉、吴传智、陈广奕、辛洪云、冷山述、沈春梅、戚务政。优秀党务工作者：许伯群、杨金才、张宝堂、周慧如、赵笃玲、谭文焕。

7 月

9 日　威海分校召开"三讲"教育工作总结大会，"三讲"教育圆满结束。

8 月

1 日　44 所高校审计处长会议在威海分校召开，教育部财务司副司长刘宜主持会议。教育部财务司司长杨周复在会上作报告。

5 日　中国科学院院长路甬祥来威海分校考察，并题词："迎接跨世纪的挑战，培养一流创新人才""面向新世纪，培养一流创新人才"。

20 日　网络中心楼破土动工，计划建筑面积 5600 平方米。

25 日　学生 4 号宿舍楼竣工，建筑面积 4700 平方米。

同日　威海分校扩大招生工作圆满结束，共招收普通本专科生 873 人，高职生 110 人，成人高考生 100 人，成人自学考试考生 400 多人。

9 月

1 日　山东大学授予韩国朴尚奎先生客座教授仪式在威海分校举行。朴尚奎先生是韩国国会议员、大总统直属中小企业特别委员会委员长、新政治国民会议副总裁。

7 日　威海分校成立职业技术学院，与继续教育部合署。

8 日　原水产系更名为海洋生物工程系。

17 日　日本北海学园大学西川博史、川端俊一郎、高田喜博和西岗等一行 5 人来校访问。

27 日　为庆祝中华人民共和国成立五十周年，威海分校在威海市体育馆举行"中华赞歌"文艺晚会。

1999年

10月

7～14日　应韩国富川大学邀请，副校长刘玉殿率学校代表团一行8人对富川大学进行友好访问。

15日　《山东大学威海分校报》改用新刊号：CN37-0834/(G)。

19日　山东省高校工委副书记田建国来威海分校对高校思想政治工作进行调研，对威海分校思想政治工作给以充分肯定，并提出具体要求。

23日　教育部异地合作办学座谈会在威海分校召开。教育部发展规划司司长、直属高校工作办公室主任纪宝成，教育部直属高校工作办公室副主任陈维嘉、牛燕冰等出席了会议。参加会议的有北京大学、中国人民大学、清华大学、北京师范大学、东北大学、哈尔滨工业大学、东南大学、同济大学、中山大学、华南理工大学的校长等。山东大学党委书记张乐岭、校长曾繁仁出席会议。

会议认为，中央决定高等学校可以到异地合作办学对促进我国高等教育发展起到了积极作用。此次会议解决了困扰分校多年的规模问题。

1999年10月23日，教育部"异地合作办学座谈会"在山东大学威海分校召开

24日　5号、6号学生宿舍楼破土动工，建筑面积各6700平方米。

27日　威海分校召开中层干部会议，结合教育部异地合作办学会议精神讨论分校发展及思想政治工作。

11月

2日　上海市南市区考察团在区长孙卫国率领下来校参观考察，并就科技合作意向进行洽谈。

4日　威海分校召开全体教师、党员、干部大会。党委书记李建军作题为《深化教育改革，推进素质教育，加快学校发展》的报告。

6日　威海分校举办"计算机基础操作培训班"，全校170多名教职工参加了学习。

17日　中国煤炭经济学院一行10人，在副院长于前的带领下来校参观，并就新时期如何做好学生工作的问题与学校有关部门进行了座谈。

29日　美国纽约州立大学教授林多梁先生访问威海分校，作题为《美国教育制度》的报告。

1999 年

12 月

3 日　韩国国际协力团副总裁李炯德先生、协力团驻中国事务所副所长成春基先生来威海分校考察中韩语言培训中心运作情况和协力团成员在校的工作情况。

9 日　山东省高工委治安综合治理检查组来威海分校检查工作，对学校治安综合治理工作表示满意。

15 日　威海分校保卫处成立。

28 日　为做好山东大学百年校庆筹备工作，学校成立山东大学百年校庆筹备工作威海分校领导小组。组长：李建军；组员：王吉法、刘玉殿、陈章通、韩建新、董以山、柴月禄、谷源秘、计旭东、陶遵信、谭文焕、郭培良。

2000 年

1 月

15 日　在全省召开的计算机信息高新技术考试工作会议上，威海分校计算机系考试站被评为“山东省计算机信息高新技术考试优秀考试站”。

19 日　威海分校一届六次教职工代表大会召开。党委书记李建军作《抓住机遇，深化改革，加快发展，迈向新世纪》的工作报告。

20 日　韩国驻华使馆韩国国际协力团中国事务所副所长成春基先生向威海分校赠送教学设备。

24 日　威海分校首批外派教师张晓曼（中文系）赴韩国东明大学任教，林宇（国际教育交流学院）赴韩国富川大学任教。

25 日　韩国国立顺天大学校五位教授来校访问。

2 月

26 日　韩国东明大学张吉焕教授一行来校进行工作访问。

3 月

10 日　山东省高校工运研究会青岛片 2000 年年会在威海分校召开。

24 日　成教学院召开 1999 年度优秀学生表彰大会。共有 79 名学生和 5 名教师获奖。

同日　根据山东大学文件（山大字[2000]011 号），经山东大学党委批准，威海分校退（离）休教职工直属党支部和职业技术学院直属党支部成立。

4 月

3 日　威海市领导干部英语培训班在威海分校开学。

同日　山东大学百年校庆威海分校筹备工作领导小组召开工作会议。党委书记李建军、副书记王吉法、副校长刘玉殿以及领导小组其他成员参加会议，会议由领导小组组长李建军主持。会议决定开展成立校友会、校园美化、建筑物命名、学术活动、宣传活动、雕塑制作、整理出版威海分校大事记等项工作。

12 日　威海市政协主席王大海来校视察工作，并看望了威海市领导干部英语培训班的全体学员。

17～28 日　威海分校举办学习江泽民《关于教育问题的谈话》学习班。各系党总支书记、辅导员以及学生工作处干部参加学习。

22 日　胶东片高校党办工作协作会第四次会议在威海分校召开。

26 日　教育部学生司招生处胡扶功处长、周利明副处长和山东省招生办主任张海泉来校考察工作。

2000 年

4 月

28 日　威海分校颁布《山东大学威海分校学生社团管理条例》。

30 日　威海分校颁布《关于加强采购管理与公务接待的紧急通知》。

5 月

同日　威海分校党委颁发了《关于党总支、直属支部实行目标管理制度的意见》。

16 日　威海分校实施招投标制度以来的第一宗物资采购招投标结束，这批物资是学生新宿舍楼双层铁床、床板等。

17 日　海洋生物工程系教师祝茜博士被增补为威海分校青年学科带头人。

26～28 日　以党委副书记王吉法为团长的山东大学威海分校代表团赴韩国东明大学访问，并与东明大学签订《关于交流学生的协议》。

30 日　威海分校党委中心组在党委书记李建军主持下，认真学习江泽民同志关于“三个代表”的重要论述。

6 月

2 日　威海分校荣获威海市高开区党委、管委会授予的“计划生育工作先进单位”称号。

8～9 日　威海分校举行第二届教代会暨工代会。大会听取并审议了常务副校长杨培德作的《学校工作报告》、校工会常务副主席丛启珠作的《工会工作报告》、财务处长陶遵信作的《学校财务报告》和纪检审办公室主任邹积敏作的《工会财务审计报告》，通过了韩建新作的《关于代表提案工作的报告》。大会最后选举产生了第二届工会委员会和第二届工会经费审查委员会。

22 日　威海分校颁布《机关人员工作行为规范（试行）》。

23 日　山东省人大常委会副秘书长李宏祥、山东省人大教科文卫主任朱广新等在威海市人大常委会副主任戚遵烈的陪同下，专程视察威海分校。

27～30 日　教育部《关于教育行业划拨用地目录》修订工作会在威海分校召开。

28 日　威海分校颁发《山东大学威海分校教师考核办法（试行）》。

同日　威海分校颁发《山东大学威海分校教师课时酬金分配暂行办法》。

同日　经威海分校研究决定，成立“山东大学威海分校工控技术研究所”。所长：王书源。

同日　为进一步加强教师队伍建设，威海分校制定了《关于教师引进及培养工作有关问题的补充规定》。

29 日　威海分校颁发《关于从工人中聘用部分行政管理干部的通知》。

7 月

3 日　“中欧商标及相关知识产权专题报告暨研讨会”在威海分校举行。欧盟驻中国知识产权代表 Teri Dumphy、国家商标局副局长董葆霖以及北京大学、四川大学、上海大学、山东大学威海分校、北京航空航天大学等高校及企业界代表 50 人参加研讨会。分校党委副书记王吉法参加会议。

7 日　商学系成立。

同日　由山东省教育厅审计处、山东大学审计处联合举办的全国教育系统基本建设预决算审计培训班在威海分校开班。

2000 年

7 月

29 日　山东大学校长展涛、副校长韩金远来分校检查工作。

同日　由云昌钦教授等负责研制的“IES500 电力调度自动化主站应用环境”，获“国家科学技术进步奖”二等奖。

8 月

1 日　山东省老教授协会常务理事会在威海分校召开。

2 日　华垦房地产开发公司设立“华垦奖学金”签字仪式在威海分校举行。华垦房地产开发公司总经理王士林与学校常务副校长杨培德在协议上签字。奖学金每年 6 万元，暂定 6 年。

20 日　中共山东省委常委、山东大学党委书记朱正昌及其他校领导专门听取了校党委书记李建军、常务副校长杨培德关于分校工作的汇报。朱正昌书记在听取汇报后指出：“山东大学威海分校是山东大学不可分割的重要组成部分，是统一的整体。山大的发展就包括分校的发展，分校的发展就是山大的发展，希望分校加快发展。”

同日　新建网络楼竣工，建筑面积 6000 平方米，同时两座总面积 13400 平方米的学生宿舍也提前竣工并投入使用。

24 日　山东大学副校长徐显明来分校视察网络教育准备工作，并对网络楼的建设及教学科研设施准备工作进行指导。

26 日　根据山东大学文件（山大字[2000]022 号），任命山东大学副校长韩金远兼任威海分校校长，免去鹿玉理威海分校校长职务。

28 日　威海分校召开中层干部会议，李建军书记介绍新山大成立情况。

9 月

3 日　山东大学聘任韩国威东航运公司总经理李钟洵先生为客座教授仪式在威海分校举行。

2～8 日　王吉法教授赴日本参加“中国的国有企业改革—中小企业的将来”国际学术研讨会。

4 日　威海分校招生工作全部结束，共在山东、辽宁、江苏等 12 个省招收新生 1700 多人，其中，普通本科生 1200 多人，专科生 200 多人，高职生 200 多人。

22 日　威海分校颁布《山东大学威海分校设备和物资采购管理规定》。

27 日　中共山东省委常委、山东大学党委书记朱正昌来校视察工作。威海市委书记孙守璞、副书记连承敏、市委秘书长邓向阳及学校领导陪同视察。朱正昌再次强调，威海分校是山东大学密不可分的一部分，分校应该建设得更好，为山东大学的快速发展多作贡献。

29 日　威海分校聘任香港著名海洋生物学家王敏干先生为客座教授仪式举行。

10 月

6 日　威海分校下发《关于在全校党员干部中开展“三个代表”重要思想学习，在全校师生中开展“四个如何认识”讨论的通知》。

11 日　法国曼恩大学数学系主任、著名数学家让-皮埃尔·勒贝切(J. P. Lepdtier)教授来校作“法国教育系统简介”讲座。

14 日　第六届全国概率年会在威海分校举行。

2000 年

10 月

20 日　全国政协委员任玉岭教授受聘为威海分校兼职教授，并作专题讲座。

24～28 日　常务副校长杨培德赴韩国东明大学访问。

26 日　威海分校召开全体教师及副科级以上干部大会。党委书记李建军作《贯彻五中全会精神，统一思想认识，加快学校发展》的报告。

同日　"山东大学威海分校金融与证券研究所"成立，刘建国任所长。

11 月

6 日　威海分校颁布《党风廉政建设责任制实施细则》。

7 日　威海分校召开素质教育"十个一"工程总结表彰大会。外语系、电子系、控制系及五个班集体、72 名个人受到表彰。

8 日　"2000 年新调进教师培训班"顺利结束。共有 52 名新调进的教师参加了培训。

18 日　威海分校综合教学主楼奠基仪式隆重举行。山东大学校长展涛，党委副书记尹薇，副校长李承俊、于修平、韩金远；威海市委书记孙守璞、市长崔曰臣、副书记连承敏、政协主席王大海、人大常委会副主任戚遵烈、纪委书记朱绪平、副市长高金兰、高技术产业开发区管委主任李国栋、教育部发展规划司代表张泰青等领导以及威海市各部门负责人和老领导等出席了奠基仪式。展涛和崔曰臣讲话，展涛和孙守璞为奠基石揭彩并奠基。分校领导李建军、杨培德、云昌钦、王吉法、刘玉殿以及各部门负责人和师生代表 600 多人参加了奠基仪式。综合教学主楼设计 4 万多平方米，为学校标志性建筑。

2000 年 11 月 18 日，山东大学威海分校举行教学主楼奠基仪式

18 日　威海分校参加第五次全国人口普查活动结束。据普查，学校总人口（包括教职工家庭人口和驻校学生）共 5689 人，其中教职工及家庭人口 1071 人，驻校学生 4618 人。

22 日　威海分校召开安全工作紧急会议，传达省高等学校教育工作委员会、省教育厅《关于进一步加强全省高校安全工作的紧急通知》，研究部署学校安全工作。

28 日　省高等学校教育工作委员会副书记刘凤龙来校视察工作。

2001 年

1 月

5 日　分校第二届学生工作研讨会召开。党委副书记王吉法，各系（院）党总支书记、政治辅导员以及学生处、团委有关人员参加研讨会。会议就德育工作、综合素质提高、学生干部选拔与培养、如何解决特困生困难等内容进行了研讨。

9 日　商学系与香港理工大学、广东青年干部学院主办的“2001 年市场营销研讨会”在威海分校召开。威海市政府调研室、海信集团高级主管人员、威海市部分著名企业的管理人员以及经济系、控制系和哈工大威海分校的部分专家学者应邀参加研究会。常务副校长杨培德致贺词。

2 月

2～10 日　副校长云昌钦赴澳大利亚参加第二届国际电力会议。

16 日　教学主楼破土动工。

18 日　威海分校举行“崇尚科学，反对邪教”师生签名活动。全校师生踊跃参加签名活动，愤怒声讨“法轮功”，支持校园拒绝邪教。

19 日　云昌钦教授和杨志强等研制的“IES500 电力调度自动化主站应用环境”获得国家科技进步奖二等奖。此次评奖，一等奖空缺。该项目是山东省重点科技攻关项目，国家火炬计划项目，国家高技术产业化推进项目。

22 日　威海分校学位评定委员会成立。主任委员：韩金远；副主任委员：杨培德、李建军、陈章通；委员：云昌钦、王吉法、王书源、刘建国、仵从巨、任怀平、闫涛蔚、汤庭耀、陈金钊、杨志敏、郑恒秋。

25 日　威海分校派往韩国东明大学的第二任交换教授张宗正赴东明大学任教。

3 月

1 日　威海分校召开二届二次教代会暨中层干部会议。山东大学副校长、威海分校校长韩金远，校党委书记李建军，常务副校长杨培德，副书记王吉法、副校长刘玉殿等出席会议。党委书记李建军代表学校向大会作《团结拼搏，努力创新，加快发展》的工作报告。韩金远在会上讲话，对学校 2001 年工作任务作出部署。

6 日　山东大学百年校庆筹备工作威海分校领导小组召开第二次全体会议。领导小组成员及有关部门负责人李建军、王吉法、陈章通、韩建新、董以山、柴月禄、谷源秘、陶遵信、谭文焕、郭培良、戚务政、辛洪云等出席会议。山东大学校庆办公室主任王飞、校史办公室负责人徐儒英向与会者介绍了山东大学筹备百年校庆的情况。

同日　威海分校成立女教职工委员会。主任：赵笃玲；委员：尚桂红、周慧如、姜秀娥、姜爱丽。

12 日　经山东大学批准，威海分校艺术系成立。

同日　威海分校后勤集团成立。

15 日　威海分校印发《山东大学威海分校“山大百年校庆”工作方案》。

16 日　威海分校成立现代教育技术部，为系级教学单位，下辖网络中心、计算机中心和电教中心。

2001年

3月

29日　威海分校召开全校纪检监察审计工作会议。党委书记李建军主持会议并讲话。副校长刘玉殿作题为《以“三个代表”为指导，努力做好纪检监察审计工作》的报告。

4月

12日　计算机应用技术研究所成立。杨志敏任所长，曹立军任副所长。

24日　威海青年干部英语培训班结业典礼举行。威海分校党委书记李建军、威海市委书记孙守璞、副书记王培廷、组织部副部长单杰锋等出席典礼。

同日　威海分校3项科研成果获山东省社会科学优秀成果奖，其中刘建国教授的论文获二等奖，陈金钊、梁一儒教授的著作获三等奖。

25日　山东省教育厅学位办公室来校考察办学条件，认为威海分校的办学条件较好，具备了硕士研究生教育的办学资格。

28日　新闻传播研究所成立。该所聘请威海日报总编辑金志涛任所长，周怡老师任副所长。同时，威海分校与威海日报社共建新闻学专业。

同日　海洋哺乳动物研究所成立。祝茜任所长。

29日　山东大学威海分校大学生辩论队获山东省(东区)大学生辩论赛第一名。

5月

1日　由威海分校法律系、中国政法大学法律系、山东大学法学院等联合主办的全国法律解释与法律论证研讨会在我校召开，北京大学、清华大学、中国政法大学、复旦大学、山东大学的二十多位知名学者和专家参加会议。

9日　威海韩国企业家协会会长朴钟八、韩国奖学会会长姜永逸等一行7人来校访问，并捐资给分校外语系朝语专业，以促进分校朝语教学工作。

15日　韩国国际协力团中国事务所所长金容杓访问威海分校。

18日　临沂市委、市政府赠送给学校的大型庭院石运到，立于学校学生生活区。

21日　威海分校校园网全线开通。

23日　成教学院召开“2000年度优秀学生表彰大会”。

26日　威海分校第三次团员代表大会召开，选举产生新一届委员会。郭培良任团委书记。

6月

2日　威海市副市长王久广到威海分校进行现场办公。随行的有威海市建委主任刘茂德、威海市规划局副局长刘玉文、威海高技区管委会副主任吴文华、威海市政府副秘书长张文武等。王久广等对山东大学在分校建“山东大学国际学术中心”一事给予了高度重视。

13日　英国著名语言学家、牛津大学教授、雅思考试中心组成员Guy Kook访问威海分校。

14日　山东大学校友会威海分会中心组召开第一次会议。原威海市人大常委会副主任汪晓东、威海市人大常委会副主任王福文、威海市政府秘书长梁良、乳山市委书记赵熙殿、威海民航局局长刘光明、宗教局局长丛峰、法制局局长吕世国、盐务局局长初明启、环翠区委副书记王保华、荣成市委副书记蔡殿慧

2001 年

6 月

等校友出席会议。

16 日　韩国富川大学访问团一行 40 多人访问威海分校。

18 日　教育部同意威海分校学生颁发山东大学毕业证书。

同日　董以山荣获山东省高校优秀共产党员称号，王吉法荣获山东省高校优秀党务工作者称号，法律系直属党支部荣获山东省高校先进党支部称号。

19 日　香港科技大学倪怡训教授访问威海分校，常务副校长杨培德教授向其颁发了山东大学威海分校客座教授证书。

21 日　威海分校举行庆祝中国共产党建党 80 周年大型歌曲演唱会。

27 日　教育部部分直属高校基建财务核算软件培训班在威海分校举办。

同日　控制系教工党支部荣获山东大学先进基层党组织称号，陈金钊、韩建新、邓万勇、孙文范、陈广奕、曲桂月获山东大学优秀共产党员的称号，周大白、周慧如获山东大学优秀党务工作者称号。

28 日　威海分校隆重召开庆祝中国共产党成立 80 周年大会。会上首先举行 109 名新党员入党宣誓，然后表彰先进党总支（支部）、优秀共产党员和优秀党务工作者。党委书记李建军在会上作“全面落实‘三个代表’重要思想，努力开创我校党建工作新局面”的讲话。

29 日　外文系和国际教育交流学院组织“中国语、韩国语演讲比赛”，韩国驻青岛领事馆领事性澈等三人以及韩国在威企业家代表参加此项活动。

30 日　党委书记李建军、学校老领导许玉琪访问韩国富川大学。

7 月

1 日　威海分校组织部分教师和全体干部收看中共中央在北京举行的“庆祝中国共产党成立 80 周年大会”实况转播。山东大学校长展涛来分校与教师和干部一同收看转播。转播结束后，展涛校长对在场的同志谈了自己收看江泽民总书记重要讲话的体会并就威海分校的发展问题发表了看法。他提出，分校的发展定位为“四个基地”，即应成为培养本科生的重要基地，成为山东大学在国内外有一定影响的学术交流基地，成为为地方特别是为威海市提供人才培养和经济科技发展服务的基地，成为对东北亚，尤其对韩国研究、教育、交流的基地。这是展涛校长第一次完整地提出他对威海分校发展的“四个基地”定位。

同日　山东大学经济研究中心产权研究所在威海分校挂牌。

3 日　山东大学百年校庆威海分校领导小组第三次会议召开。领导小组成员杨培德、王吉法、韩建新、柴月禄、董以山、谭文焕、陶遵信、计旭东、郭培良以及有关部门的负责人朱桂华、曲洪启等参加会议。会议一致认为，一定要以山大百年校庆为动力，加快威海分校的建设和发展。

13 日　韩国富川大学代表团访问威海分校。

15 日　韩国国际协力团（KOICA）派到威海分校工作的第二位海外志愿者吴炳宇到威海分校任教。

22 日　华东五省大学英语教学研讨会在威海分校召开。

26 日　全国法学期刊新世纪发展趋势研讨会在威海分校召开。

29 日　山东大学党委书记朱正昌视察威海分校。分校党委书记李建军向朱正昌汇报学校的工作，朱书记对分校的工作与发展给予充分肯定。

2001年

7月

30日　教育部副部长吕福源、国务院学位办公室副主任李军、教育部学生司副司长韩建华等在山东大学党委书记朱正昌、校长展涛的陪同下，视察威海分校。吕福源副部长在听取分校党委书记李建军的汇报后，对学校引进外资和社会资金建设学生食堂和宿舍给予充分肯定，指出分校是一块宝地，发展势头很好，教育部、山东省、山东大学、威海市都应该支持威海分校的发展。

31日　教育部发展规则司副司长郑富志视察威海分校，他指出，威海分校发生了很大变化，基本建设发展很快，是兴旺发达的标志，学校扩大办学规模将为国家的“科教兴国”战略作出贡献。

同日　韩国国际协力团(KOICA)第三位海外志愿者文晶禾女士到威海分校工作。

8月

3日　山东大学学生政工干部学习“七一”讲话培训班在威海分校举办。

5日　全国马克思主义经济学说史学会年会在威海分校召开。

7日　教育部发展规划司司长牟阳春威海分校视察。他指出，教育部发展规则司对威海分校是重视的。现在新山大的发展空间有限，进一步扩大办学规模有一定困难，应把威海分校作为新的增长点，创造条件实现扩招任务。

10日　教育部发展规划司副司长韩进来校视察。他指出，威海分校应继续重视学科建设，学校的建设发展规划应以学科建设发展为依据。

13日　2001年度全国美学、艺术与素质教育学术研讨会暨教师培训班在威海分校举办。

22日　威海分校举办为期五天的领导干部学习“七一”讲话读书班。全校副处级以上干部、“两课”教师、学生政治辅导员参加读书班。

30日　威海分校颁发《岗位聘任和岗位津贴实施办法(试行)》。

31日　威海分校2001级新生录取工作结束，录取新生2368人，首次突破2000人。

9月

7日　东方文化研究所成立，赵沛任所长。

同日　法学方法论研究所成立，陈金钊任所长。

10日　为进一步引进高素质人才，威海分校颁布《关于引进人才安家费(住房补贴)的有关规定》。

11日　山东大学百年校庆威海分校领导小组第四次会议召开。领导小组成员李建军、杨培德、王吉法、刘玉殿、韩建新、柴月禄、董以山、谷源秘、谭文焕、陈章通、郭培良、陶遵信、戚务政及艺术系负责人曲洪启出席了会议。会议由各部门汇报了校庆准备工作情况，并对下一步的工作提出了要求。会议要求校庆各项工作要在10月10日前全部到位。

15日　山东大学校长展涛来校参加2001级新生开学典礼暨军训开幕式并讲话。

同日　经学校研究决定，成立山东大学威海分校岗位聘任委员会，组成人员如下：主任委员：韩金远；副主任委员：李建军、杨培德；委员：王吉法、云昌钦、刘玉殿、陈金钊、陈章通、郑恒秋、柴月禄、韩建新。

2001 年

9 月

同日　美国圣巴巴拉市立大学代表团 44 人访问威海分校。

21 日　著名学者、复旦大学文学院副院长、中文系主任陈思和教授和上海大学中文系教授王光东先生受聘为威海分校兼职教授。

30 日　为庆祝山东大学建校 100 周年，后勤集团在文学楼西侧树立汉白玉学生读书雕像一尊。

同日　教学主楼东北部分 E 区 5800 平方米投入使用。

10 月

9 日　山东大学百年校庆威海分校领导小组第五次会议召开。这次会议是校庆前最后一次会议。领导小组成员李建军、杨培德、王吉法、刘玉殿、韩建新、柴月禄、董以山、谭文焕、陈章通、郭培良、陶遵信、戚务政及艺术系负责人曲洪启等出席会议。会议落实了校庆的各项工作，要求全校应全力以赴搞好校庆。

11 日　庆祝山东大学百年华诞及"成才杯"第七届大学生科技文化艺术节开幕。开幕式上举行了万米接力赛，分校党委副书记王吉法为接力赛鸣枪。

12 日　威海分校举办国际友人校庆联欢会。在校任教的外籍教师及留学生与学校国际教育交流学院的教师共聚一堂，共庆山大百年华诞。

13 日　由副校长刘玉殿带队，谷源秘、任怀平、陈章通、陈金钊、吴传智、王寄鲁、周慧如、刘明、刘卫新、杨玉和五位学生代表组成的代表团赴济南参加山大百年华诞庆祝大会。

同日　书画研究院主办的"山东大学建校 100 周年暨威海分校建校十七周年校庆书画大展"在威海市博物馆举行。

14 日　山东大学先贤林一期工程落成，威海分校党委书记李建军和副书记王吉法为先贤林揭彩。为纪念山大先贤，弘扬传统，激励后人，振兴中华，学校在校园西侧松树林里，树立了 27 块庭园石，石间以林荫小道相互连通，每块庭园石上刻上一位已故校长的名字和生平简介，使山东大学已故历任校长以碑刻的形式永久保留下来，供全校师生瞻仰和浏览。

同日　文博苑落成，威海分校党委书记李建军和副书记王吉法为文博苑揭彩。为美化、优化学生的生活与学习环境，学校将学生生活区水塔和水井加以改建美化使之成为文博苑。

同日　经济系主办的《世界经济与中国论坛》大型报告会举行。

同日　校工会举办"百年校庆师生摄影书画展"。

同日　威海分校在金海湾大酒店举行"山东大学百年华诞、威海分校十七周年招待会"。山东大学副校长兼威海分校校长韩金远、威海分校党委书记李建军、常务副校长杨培德、威海市市长崔曰臣、韩国富川大学学长韩方教、韩国东明文化学园理事长裴命仁、威东航运有限公司社长李钟洵、日本北海学园大学教授川端俊一郎、日本福井县立大学教授凌星光，威海市其他领导以及学校处级以上领导和教授等 100 多人出席了招待会。招待会由李建军主持，韩金远代表学校致欢迎词，崔曰臣代表威海市委市政府发表讲话，韩国和日本客人也分别致辞祝贺。

15 日　威海分校隆重举行"山东大学百年华诞暨威海分校建校十七周年庆祝大会"。山东大学副校长、威海分校校长韩金远，威海分校党委书记李建军，

2001 年

10 月

常务副校长杨培德，副校长云昌钦，党委副书记王吉法和威海市委书记孙守璞、市长崔曰臣以及威海市其他领导朱绪平、王大海、韩朴明、薛洪振、董进友等出席庆祝大会。韩国富川大学、东明文化学园、东明大学、日本北海学园大学东北亚经济研究所、福井县立大学、中国台湾海洋大学以及在威工作的韩国企业家代表、威海各部门负责人、企业界人士、山大校友和学校师生 6000 多人参加大会。大会由李建军主持，杨培德宣读了江泽民总书记、李鹏委员长为山大百年华诞的题词和李岚清副总理的贺信。韩金远在庆祝大会上作主题讲话。孙守璞、唐安阳等领导和来宾也在会上讲话。

晚 7 时　威海分校在威海市体育馆举行“庆祝山东大学百年华诞暨威海分校建校十七周年大型文艺晚会”。全校师生员工同娱同乐，以精彩、热情的节目共庆山大和分校的盛大节日。

16 日　威海分校在学生宿舍广场举行“山东大学百年华诞暨威海分校建校十七周年庆祝舞会、焰火晚会”。

18～20 日　山东省教育厅和山东省高等教育学会体育研究会主办的“山东省高等院校体育教学研讨会”在威海分校召开。

23 日　威海分校召开中层干部及中心组学习会议，学习传达中共中央十五届六中全会精神。党委副书记王吉法传达《中共中央关于加强党的作风建设的决定》，党委书记李建军就加强和改进学校党的作风建设问题讲话。

26 日　威海分校校团委和学生会举办“挑战杯”全国大学生课外学术科技作品竞赛和“三下乡”社会实践报告会。在这届“挑战杯”竞赛中，分校选送的作品有 7 件获奖，其中经济系 1997 级管清友的作品《威海市城市形象建设与旅游业发展关系浅探》荣获山东赛区特等奖，全国二等奖，其余获山东赛区一等奖 1 项，二等奖 3 项。

11 月

1 日　威海分校成立售房工作领导小组，开始 2001 年校建教职工住宅的售房工作。

同日　山东省教育厅检查组对学生宿舍管理工作进行检查评估，并给予高度评价，指出威海分校在宿舍条件、配备等方面走在了兄弟院校的前列。

2 日　山东大学党委副书记尹薇、山东省委高校工委干部处副处长邢桂强等一行 4 人到威海分校进行考察干部工作。

21～30 日　威海分校办公室主任韩建新率代表团访问韩国富川大学。

22 日　商学系举行“棱方圆”奖学金颁发仪式。“棱方圆”奖学金由威海棱方圆家居有限责任公司提供。

24 日　全省高校党委办公室工作会议在威海分校召开。省委高校工委副书记徐庆申、山东大学党委副书记赵明顺等出席会议，全省 65 所高校的党办主任参加会议。

同日　山东省委高校工委副书记徐庆申来分校视察。

27 日　山东大学与威海市人民政府共建山东大学威海分校协议签字仪式在东山宾馆举行。山东大学校长展涛，中共威海市委书记孙守璞、市长崔曰臣、副市长董进友，高区管委会主任钟少林，山东大学副校长兼威海分校校长韩金

2001 年

11 月

远、威海分校党委书记李建军、常务副校长杨培德、副书记王吉法、副校长刘玉殿以及威海市有关方面负责人、学校有关部处室负责人出席签字仪式。崔曰臣、展涛代表双方在协议书上签字。

山东大学和威海市人民政府此次签署共建协议，旨在加大共建力度，促进山东大学威海分校的改革与发展，把山东大学威海分校建成威海市人才培养、高新技术研究和成果转化、高层次决策咨询的重要基地，到“十五”末，使山东大学威海分校在校生达 1 万人。双方商定，“十五”期间，山东大学和威海市每年各自增拨专项经费支持威海分校的发展，山东大学威海分校每年为威海市定向招收一定数额的本科生，威海市将山东大学威海分校的发展纳入经济和社会发展整体规划，除每年向学校提供专项办学经费外，还要给予山东大学威海分校多种优惠政策、减免有关政策性收费。

2001 年 11 月 27 日，山东大学与威海市人民政府签订共建山东大学威海分校协议

同日　山东大学国际学术中心大楼奠基仪式在威海分校举行。山东大学校长展涛、威海市委书记孙守璞、市长崔曰臣、山东大学威海分校领导韩金远、李建军等参加了奠基仪式，并为学术中心大楼奠基。

同日　外语系举行韩语专业奖学金颁发仪式。该奖学金由在威韩国商会提供。

30 日　威海分校召开语言文字工作会议，部署全校语言文字检查工作。

12 月

5 日　韩国协力团（KOICA）驻华事务所副所长梁智雄先生访问威海分校。

6 日　威海分校印发《一次性住房补贴资金补偿办法》。

12 日　山东省语言文字工作委员会调研小组来威海分校进行普通话与文字规范化工作调研，对学校这方面的工作给予肯定。

19 日　根据山东大学文件（山大党字[2001]056 号），经山东大学党委常委会研究决定，中共威海分校委员会由李建军、王吉法、刘玉殿、陈金钊、韩建新、柴月禄、谷源秘组成。李建军任书记；王吉法、刘玉殿任副书记。

2001 年

12 月

同日　根据山东大学文件(山大党任字[2001]031 号),经山东大学党委常委会研究决定:王吉法任威海分校常务副校长;刘玉殿任威海分校党委副书记,不再担任威海分校副校长职务;韩圣浩任威海分校副校长;陈金钊任威海分校副校长;韩建新任威海分校副校长;柴月禄任威海分校纪委书记;杨培德不再担任威海分校常务副校长职务;云昌钦不再担任威海分校副校长职务。

26 日　韩国东明大学首次与威海分校进行交流的 20 名学生来国际教育交流学院学习。

29 日　统战部举办新年茶话会,民革、民盟、民促会、九三学社等民主党派成员及部分具有高级职称的无党派代表参加茶话会。

同日　威海分校召开校园网络工作会议,分校领导李建军、杨培德、王吉法以及校办、网络中心、宣传部、图书馆等单位负责人参加会议。会议一致认为应加大网络建设力度,尽快完善校园网,使其在学校建设中发挥越来越大的作用。

30 日　威海市副市长王久广在威海市房管局局长周德峰等陪同下来威海分校现场办公,并实地察看教职工住宅建房地点。

本月　威海分校获省职教办"2001 年度全省企业培训先进集体"称号。

2002 年

1 月

4 日　山东省委常委、山东大学党委书记朱正昌在威海市委秘书长邓向阳等的陪同下来分校检查工作。朱正昌一行视察了学生生活区和主楼的建设情况。朱正昌在视察中高度评价学校的发展和建设,要求学校一定要抓住当前的有利时机,尽快把办学规模发展上去。

同日　威海分校召开第三次学生工作研讨会。

7 日　威海分校印发《山东大学威海分校 2002 年毕业生就业工作实施办法》。

8 日　山东省高校组织工作研讨会烟威片分会在威海分校召开。

10 日　威海分校召开全校副处级以上干部和教授会议。山东大学党委组织部部长李良斋在会上宣布新任命的威海分校领导班子成员名单:学校党委由李建军任书记;王吉法、刘玉殿任副书记;柴月禄任纪委书记;陈金钊、韩建新、谷源秘任委员。韩金远兼任威海分校校长;王吉法任常务副校长,韩圣浩、陈金钊、韩建新任副校长。杨培德不再担任常务副校长职务;云昌钦不再担任副校长职务。

山东大学党委副书记尹薇在会上讲话。山东大学副校长、威海分校校长韩金远代表新一届领导班子讲话。

12 日　澳大利亚维多利亚州立大学代表来校访问,并商谈合作办学事宜。

18 日　威海分校印发《外派教师工作管理暂行规定的通知》。

21 日　北京阶梯信息工程有限公司总经理周奇勋受美国加州大学国际合作部副部长刘丽荣博士委托,来校商谈合作办学事宜。

2 月

20 日　中共教育部党组与山东省委商得一致,任命李建军同志为山东大学党委委员、常委、副书记。

2002 年

2 月

27 日 韩国汉城正修技能大学协力研究所教授访问团一行 9 人在学长朴宽的带领下访问威海分校。访问期间，与学校国际教育交流学院缔结姊妹关系。

同日 山东大学副校长张体勤来校考察师资队伍建设工作。

3 月

8 日 威海分校召开“2002 年师资队伍建设工作会议”。

11 日 威海分校成立校园网络管理领导小组。组长：李建军；副组长：王吉法、陈金钊；成员：陈章通、董以山、郭培良、蒋保臣、吴传智、李洋修、姜平。

13 日 经山东大学研究批准，同意成立山东大学威海分校应用数学系。

同日 经山东大学党委常委会研究，同意将山东大学威海分校法律系直属党支部改为法律系党总支；在山东大学威海分校艺术系设立直属党支部。

14 日 威海分校召开二届三次教代会暨中层干部会。山东大学党委副书记、威海分校党委书记李建军代表学校在会上作《与时俱进 务实拓新 再创辉煌》的工作报告。校长韩金远在发表讲话，部署学校 2002 年主要工作任务。会议还听取了财务处处长陶遵信关于学校财务状况的报告。

20 日 威海分校成立“山东大学韩国学院”筹备小组。组长：王吉法；副组长：陈金钊；成员：文英子、宋乐永、陈章通、周慧如、徐希锋。

同日 根据工作需要，学校决定恢复科研处，同时挂学位与研究生教育办公室牌子；原教学科研处更名为教务处。陈章通任教务处处长；朱桂华任科研处副处长（主持工作）。

22 日 威海分校召开校园网站建设工作会议。

25 日 经威海分校党委研究山东大学党委批准，法律系直属党支部改为法律系党总支，袁相万任法律系党总支副书记（主持工作）。

27 日 经山东大学研究决定，成立山东大学海洋生物技术研究中心。该中心在威海分校同时挂牌。

4 月

3 日 威海分校印发《山东大学威海分校关于教师在职攻读博（硕）士学位的规定》。

6 日 威海分校举办 2002 年毕业生供需见面会。

9 日 威海分校印发《关于从校外聘请教师的有关规定》。

11 日 威海分校颁布《关于 2001 年度师德标兵的表彰决定》，表彰白锐峰、仵从巨、朱东彦、宋志平、李淑兰、张殿玉、姜爱丽、梁文玲、蒋保臣、赖晓平等 10 位师德标兵。

15 日 由费县县委、县政府赠送的大型庭院景观石运抵学校。

16 日 威海分校成立教学督导委员会。主任：杨培德；副主任：梁一儒；成员：丁吉山、马杰、王书源、王向晨、仵从巨、刘家相、李乃坤、张宇宏、张宗正、洪惠民、徐振东、路广正。

17 日 威海分校召开 2002 年教学与科研工作会议。常务副校长王吉法作《深化教学与科研改革，培养高素质创新人才》的主题报告，对分校几年来在办学实践中确立的基本办学思路、教育教学的主要思路、科研工作的基本思路和

2002年

4月

学科建设的指导思想作了详细说明。山东大学教务处长徐向艺就“全面落实教育部精神，推动本科教学改革与发展”问题作专题发言。

5月

2日　中共中央政治局常委、国务院副总理李岚清在中共中央政治局委员、山东省委书记吴官正，国务院副秘书长高强，山东省常务副省长韩寓群，威海市委书记崔曰臣等领导的陪同下视察威海分校的校园建设、学生公寓和学生餐厅，看望大学生，并与大学生进行亲切交谈。

李岚清听取了山东大学党委副书记、威海分校党委书记李建军的工作汇报，并对分校发展给予充分肯定。

3日　由山东大学和威海市人民政府承办、威海分校协办的《2002东北亚经济论坛学术报告会》在威海金海湾大酒店举行。

11日　威海分校与珠海天心商用软件有限公司联合创办的“山东大学威海分校天心电子商务实验室”成立。

14日　威海分校召开党委中心组扩大会。学习并部署落实江泽民总书记视察中国人民大学的重要讲话和李岚清副总理视察学校时重要讲话的精神。会议还传达了山东省高校党建工作会议精神。

28日　威海分校印发《关于贯彻执行山东大学招标管理暂行办法》，并作了补充规定。

同日　美国纽约州日内瓦(Geneva)市的霍巴特和威廉史密斯(Hobart and William Smith)学院的Williams Atwell先生访问山东大学威海分校，双方就合作办学事宜进行商谈。

28日～6月3日　威海分校纪委书记柴月禄、学生处长郭培良、外文系主任任怀平、海洋生物工程系主任汤庭耀、体育教学部主任宋志平等一行5人赴韩国访问东明大学和正修技能大学。

6月

6日　威海分校颁布《关于实施校务公开制度的意见》。

10日　威海分校印发《山东大学威海分校计算机网络管理暂行条例》。

12～17日　由山东大学党委副书记、威海分校党委书记李建军、商学系主任闫涛蔚、控制系副主任赖晓平、外语系张永福等一行4人组成的山东大学威海分校访问团访问了日本北海学园大学。

14日　威海分校党校举办党务工作培训班。

17日　教育部学位办公室副主任王亚杰、山东省学位办公室主任徐曙光在山东大学学科办公室副主任王广昌的陪同下来校指导工作。

18日　威海市市长宋远方在副市长董进友、市政府秘书长梁良的陪同下来校考察工作。

同日　威海分校颁发《山东大学威海分校科学研究基金管理办法(试行)》。

同日　威海分校颁发《山东大学威海分校科研业绩奖励办法(试行)》。

21日　中共威海市委常委、副市长陈伟来威海分校调研。

2002 年

6 月

29 日　经山东大学党委常委会议研究，同意威海分校纪律检查委员会由邹积敏、周大白、周慧如、柴月禄、戚务政等五位同志组成。柴月禄任书记，邹积敏任副书记。

7 月

1 日　新加坡国际良木集团公司(吉宝公司)总裁郑华强等一行来学校商谈合作办学事宜。

3 日　威海分校成立校务公开工作领导小组。组长：王吉法；副组长：柴月禄；成员：计旭东、许伯群、朱桂华、李洋修、陈章通、邹积敏、周慧如、郭培良、陶遵信、戚务政、谭文焕。

同日　艺术系青年教师张欣然举办钢琴独奏音乐会。这是学校第一次举办此类音乐会。

5 日　电子商务研究所成立。该所挂靠商学系，闫涛蔚任所长。

同日　旅游咨询培训中心成立。该中心挂靠商学系，孔海燕任主任。

同日　社会发展研究所成立。该所挂靠马列部，孙武安任所长，李建宁任副所长。

同日　威海分校成立选拔青年学科带头人、优秀青年骨干教师评审委员会。主任：李建军；副主任：王吉法；委员：王书源、王吉法、云昌钦、仵从巨、任怀平、李建宁、李建军、师恩培、朱桂华、汤庭耀、张东辉、陈章通、郑恒秋、梁一儒、靳明忠。

12 日　山东大学威海分校应用数学系成立。

13 日　威海分校第三批青年学科带头人、优秀青年骨干教师评审通过。

青年学科带头人：陈金钊、祝茜、郭新伟、赖晓平、刘明、孙武安、闫涛蔚、梁文玲、常晓梅、王冰、李和庆、张建民、姜爱丽、马道山。

优秀青年骨干教师：罗纪宁、许中卫、谷祖莎、赵沛、董学立、潘景昌、左峰、张小葵、张银堂、李依凭、曲国霞、吴丙新、宋修妮、宣锋、李秀芬、赖鹏翔、白锐锋、殷建。

15 日　威海分校成立招生工作领导小组。组长：王吉法；副组长：陈金钊、柴月禄；成员：陈章通、郭培良、吴传智、邹积敏、朱桂华、刘卫新。

16 日　山东大学数学研究所在威海分校揭牌。

19 日　山东省译协年会在威海分校召开。

20 日　山东细胞生物学学会 2002 年年会在威海分校召开。

8 月

2 日　山东省委副书记王修智在省高工委书记、省教育厅厅长齐涛，威海市市长宋远方，威海市委副书记、市政协主席连承敏等陪同下来校视察。山东大学校长展涛、党委副书记尹薇、副校长张体勤，山东大学副校长、威海分校校长韩金远，山东大学党委副书记、威海分校党委书记李建军等陪同视察。

同日　山东省遗传学代表大会在威海分校召开。

5 日　国际太阳物理过程研讨会在威海分校召开。

同日　山东省副省长邵桂芳在省委高工委副书记徐庆申、威海市副市长董进友的陪同下来校视察。山东大学校长展涛，山东大学党委副书记、威海分校党委书记李建军陪同视察。

2002年

8月

7日　威海分校召开工作务虚会，就学校如何实践“三个代表”重要思想、进一步与时俱进、解放思想、抓牢机遇、实现跳跃式发展的问题展开讨论。在这次务虚会上，山东大学党委副书记、威海分校党委书记李建军提出了要把学校“做大”“做强”“做特”“做美”的发展思路。务虚会的召开为统一思想、明确目标、鼓舞斗志奠定了思想基础。

21日　威海分校召开师资队伍建设工作务虚会。

25日　经山东大学研究，同意在威海分校成立山东大学韩国学院。

29日～9月1日　第二十四届国际数学家大会卫星会议(ICM)威海分支学科专题会议在威海分校召开。山东大学校长展涛、著名数学家王元以及中外数学界知名专家学者100多人出席会议。

30日　威海分校颁布《山东大学威海分校学生违纪处理实施细则》。

9月

4日　威海市首期干部韩国语培训班在威海分校开学。

10日　威海分校开始独立进行研究生招生和培养。首期招收30名研究生，涵盖9个系7个专业12个研究方向。

12日　威海高发资产经营管理有限公司与学校签订合同，决定将创业中心(人工湖西侧)B、C段转让给威海分校。

14日　台湾著名诗人余光中到威海分校访问，并作“中文与英文”学术讲座。访问结束，余光中先生为分校写下《山大威海分校初访咏怀》：“日月之行，若出其中，星汉灿烂，若出其间。天尽头便是地起头，便是路起头，英雄志士何须愁。造化方运钧，阴阳正转轴。回头便是岸，浪子金不换，此心坦坦路自宽。”余光中先生还为分校题词：“学无止境 天海为师。”

15日　中国农业大学党委书记瞿振元一行访问威海分校。

16日　韩国驻青岛领事馆总领事朴钟先来分校访问。

20日　威海分校转发《山东大学中层领导班子和领导干部党风廉政建设责任制考核办法(试行)》。

24日　“建明雕塑”优秀特困生奖学金颁发仪式举行。此奖学金由威海建明雕塑石材开发有限公司设立，全校有19名品学兼优的特困生获得此项奖学金。

29日　经威海分校书记校长办公会研究决定，在马列主义教学部设立行政管理专业并招生。为便于工作，马列主义教学部增挂公共管理系牌子，公共管理系与马列主义教学部合署办公。

30日　威海分校举行2002级新生开学典礼暨军训阅兵式。山东大学校长展涛、威海市委书记崔曰臣讲话。2700多名新生参加开学典礼并进行了阅兵式。

10月

10日　省委组织部副部长于刚等来校视察。

同日　山东大学党委副书记、威海分校党委书记李建军为全校教授、副教授、科级以上干部及各系辅导员作题为《高举旗帜，与时俱进，开拓创新，加快发展》的专题报告，就综合性大学观、社会化大学观、生态大学观、开放大学观和“名师名校”大学观等五个问题谈了看法。

2002年

10月

同日　威海分校举行仪式，聘任中国社科院董之林教授为中文系客座教授。

11日　威海分校代表团访问曲阜师范大学及日照校区。

15日　韩国富川大学学长韩方教一行访问威海分校。

同日　威海环翠国税局资助特困大学生31500元签字颁发仪式在威海分校举行。共有8名高考成绩优秀的2002级新生受到资助。

18日　威海分校与韩国崇实大学人文学院就教授派遣、学生交流、学术交流等签订合作与交流意向书。

19日　威海分校八届二次学代会暨研究生会成立大会召开。

21日　山东省社会治安综合治理检查组到威海分校检查指导工作，学校各项指标均达到要求。

23日　新加坡国际良木集团总裁郑华强一行访问威海分校。

24日　威海分校大学公共外语教学部成立。

25日　中国社科院党组成员、秘书长朱锦昌一行来分校考察。

29日　曲阜师范大学日照学院访问团来分校访问。

31日　威海分校召开警示教育会。纪委书记柴月禄传达山东大学纪委的有关情况通报，对学校下一步加强干部队伍廉政建设提出要求。会议还收看了山东省省直机关警示教育大会的实况录像。

11月

8日　党的十六大隆重召开。威海分校全体师生员工以各种形式收看大会开幕实况转播，并举行各种形式的活动以庆祝十六大的胜利召开。

同日　韩国驻青岛总领事朴钟先博士来威海分校举行“韩国与韩国的风俗”专题讲座。

同日　威海分校召开教学督导员会议。

同日　威海分校下发《山东大学威海分校关于加强干部培训的意见》。

9日　威海分校与韩国暻园大学校签订学生交流协定。

11日　中国科学社会主义学会会长、全国政协委员、中共中央党校和国家行政学院教授、博士生导师赵翟爱受聘为山东大学威海分校兼职教授。

12日　威海分校制定《研究生业务费管理暂行规定》。

20日　威海分校印发《山东大学威海分校学科建设项目经费管理办法》。

27日　崔成五学长率领韩国汉城正修技能大学访问团访问威海分校。

12月

7日　山东大学校长展涛来校为师生作深入学习贯彻十六大精神的报告。

同日　山东大学聘任威海市委书记崔曰臣、威海市市长宋远方、市长助理侯绍泽为山东大学兼职教授仪式在威海分校举行。山东大学校长展涛向崔曰臣、宋远方、侯绍泽颁发聘书。

10日　韩国国际协力团官员访问威海分校。

11日　威海分校印发《关于使用学校国有资产进行有偿服务的管理办法》，并成立学校国有资产管理领导小组。组长：王吉法；副组长：韩建新、柴月禄；组员：王吉法、许伯群、陈章通、邹积敏、李洋修、柴月禄、陶遵信、戚务政、韩建新、谭文焕。

2002 年

12 月

13 日　威海分校首次实行干部竞争上岗，这次竞争上岗的是部分科级干部。为此，学校专门下发通知，并在校务公开栏里予以公示。

18 日　威海分校印发《关于我校校际交流项目学生出国审批程序的规定》。

22 日　控制系教授王书源、刘海承担的山东省科技计划项目“地毯织机微机自控系统”通过了省级技术鉴定。

26 日　山东华垦房地产公司将文心湖东侧 16.25 亩(10833.85 平方米)土地转让给威海分校并签订合同。

31 日　威海分校下发《关于规范自有资金管理的通知》。陈金钊教授获得 2002 年中国十大青年法学家提名奖、山东省十大中青年法学家荣誉称号，祝茜教授荣获威海市十大杰出青年荣誉称号。

2003 年

1 月

6 日　威海分校召开教学与师资队伍建设工作会。山东大学党委副书记、威海分校党委书记李建军，常务副校长王吉法，副校长陈金钊、韩建新，纪委书记柴月禄出席了会议。教务处、科研处、人事处负责人以及各系主任参加会议。

8 日　韩国庆尚大学校地域大学育成事业团后援能源技术开发交流会访问团一行 20 多人来威海分校访问，并向学校捐赠 1200 多册韩文图书。常务副校长王吉法会见客人。

10 日　威海分校举行学生工作研讨会，重点研讨新形势下学生工作出现的新情况以及做好学生工作的新思路、新途径。

20 日　经威海分校书记校长办公会议研究，决定创办《黄海学术论坛》社科期刊(正式出版物)，编委会成员名单如下：主任：李建军；副主任：王吉法、陈金钊；主编：陈金钊；执行主编：周怡；副主编：李孝全、吴文新。

2 月

19 日　威海分校迎来首批来校交流学习的韩国暻园大学校中文系的 5 名学生。

同日　威海分校现代技术教育部成立。

25 日　经威海分校书记校长办公会研究，决定成立山东大学威海分校东北亚研究中心，加强对韩国、日本、俄罗斯等国家的学术研究与交流。

3 月

1～2 日　威海分校召开二届四次教职工代表大会。山东大学校长展涛，党委副书记尹薇，党委副书记兼威海分校党委书记李建军，副校长兼威海分校校长韩金远，组织部部长李良斋，威海分校党政领导王吉法、刘玉殿、韩圣浩、陈金钊、韩建新、柴月禄出席会议。会议听取学校工作报告，听取学校 2002 年财务决算和 2003 年财务预算。展涛校长在会上讲话。他指出，威海分校是山东大学不可分割的重要组成部分，今后，总校将一如既往地支持分校并鼓励分校根据自己的情况探索自己的发展道路。

4 日　根据学校 2003 年艺术类招生工作的需要，经研究，决定成立山东大学威海分校艺术类招生领导小组。

2003 年

3 月

6 日　山东大学威海分校毕业生就业指导委员会成立。该委员会由学校有关部门与威海市有关部门和企业的负责人共 22 人组成，分校党委副书记刘玉殿担任主任。

12 日　威海市副市长、威海高新技术开发区管委会主任侯绍泽，高新技术开发区副主任吴文华等一行来校调研，校地双方就互相支持、互相帮助、共同发展、实现双赢的问题进行了讨论。

13 日　威海市副市长董天祥来校调研，就校地合作与校领导进行交流。

18 日　经威海分校研究决定，成立山东大学威海分校研究生招生工作领导小组。组长：韩金远；副组长：韩圣浩、陈金钊、柴月禄；组员：朱桂华、邹积敏、郭培良。

同日　威海分校举办 2003 年毕业生供需见面会，65 家省内外企事业单位前来招聘人才。

28 日　韩国湖西大学校中小企业研究院长朴圭一博士在威海经济技术开发区管委副主任赵玉璞的陪同下访问威海分校，常务副校长王吉法会见客人。

4 月

1 日　威海分校学生处、团委将 4 月份定为“诚信教育月”，并开展一系列诚信教育活动。

同日　威海分校行政管理干部第一期外语培训班正式开班。本期培训班设英语、韩语、日语三个语种，共有 283 人参加培训班。

同日　威海分校召开 20 周年校庆准备工作会议。会议由韩金远同志主持召开，李建军、王吉法、刘玉殿、韩建新、柴月禄等同志参加。会议听取并审阅了学校办公室提交的关于 20 周年校庆工作方案，确定每年 11 月 1 日为校庆日。会议还决定成立校友联谊办公室和校庆办公室，着手开展校庆准备工作。

同日　威海分校电子商务研究所被中国互联网络信息中心（CNNIC）指定为威海地区唯一培训认证机构。

14 日　山东大学选派部分中层干部到分校挂职，学校举行欢迎会。

19 日～5 月 2 日　山东大学党委副书记、威海分校党委书记李建军一行 3 人（刘海、李合庆）出访澳大利亚，与澳大利亚伍伦贡大学签署两校之间在教学和科研方面的合作协议。

21 日　威海分校召开预防“非典”工作会议，校领导王吉法、刘玉殿、韩建新以及各部门负责人参加会议。

同日　山东大学威海分校综合防范非典型肺炎工作领导小组成立。组长：李建军；副组长：王吉法、刘玉殿、韩建新。

29 日　山东大学党委副书记赵明顺来分校检查指导“非典”防治工作。

5 月

8～9 日　威海分校教职工为防治“非典”踊跃捐款 6 万多元。

8 日　山东大学威海分校毕业生就业工作领导小组成立。组长：李建军；副组长：刘玉殿、韩圣浩、陈金钊；组员：郭培良、陈章通、朱桂华、郭邦礼。

17 日　全国政协原副主席，中国科学院院士、工程院院士宋健第三次来威海分校视察，并为学校题词：“为科教兴国培育人才 敬颂山东大学威海分校兴旺发达。”

2003 年

5 月

19 日　威海市政府副市长董天祥来分校考察学校教学区、学生生活区、教工生活区，威海分校党委书记李建军向董天祥介绍学校的校园规划和建设情况。威海职业学院院长金志涛等随同考察。

22 日　威海市委副书记王培廷和市委常委、市委组织部部长边祥慧送赵玉璞同志到威海分校挂职任副校长。

28 日　威海分校召开安全工作会议，传达山东省高校工委和山东省教育厅关于开展六月"学校安全月"活动的通知，并宣布成立学校安全领导小组。

30 日　山东大学展涛校长来威海分校，看望总校来挂职的干部。

31 日　山东大学与威海市人民政府共建威海国际生物技术研发中心签字仪式在金海湾国际大酒店隆重举行。山东大学校长展涛，山东大学党委副书记、威海分校党委书记李建军，威海分校党委副书记、常务副校长王吉法，党委副书记刘玉殿，副校长韩圣浩、陈金钊、韩建新，纪委书记柴月禄出席签字仪式。威海市委书记崔曰臣，市委副书记、市长宋远方，其他市领导董天祥、李淑芳、侯绍泽以及威海市及各市区、高技区、经济技术开发区科技局负责同志和 20 多家生物制药企业代表等出席签字仪式。李建军主持签字仪式，展涛、崔曰臣、宋远方在仪式上致辞和讲话。

6 月

1 日　山东大学副校长李承俊来分校检查教学和实验室工作。

12 日　威海分校召开 2003 届毕业生毕业教育和派遣工作会议。

16 日　根据山东大学文件（山大政任字[2003]1 号），赵玉璞任威海分校副校长。

19 日　威海分校召开中层干部大会，传达省委工作会议和市委工作会议精神。

同日　经威海分校研究，决定成立实验室工作委员会。主任：王吉法；副主任：韩圣浩、陈金钊、柴月禄。

20 日　韩国协力团（KOICA）中国事务所副所长赵光杰一行访问威海分校。常务副校长王吉法会见韩国客人。

21 日　威海分校召开东北亚问题研讨会，日本资深记者、著名政治评论员仮野忠男应邀出席研讨会。会议就东北亚国家之间的区域合作、政治走向、经济布局、朝鲜问题、中日关系等问题进行探讨。

23 日　威海分校召开实验室建设与管理工作会议。分校领导韩金远、李建军、王吉法以及各有关部门负责人参加会议。

24 日　经学校研究决定，成立山东大学威海分校招生录取工作领导小组。组长：王吉法；副组长：陈金钊、柴月禄。

30 日　威海分校发布《山东大学威海分校聘用合同制试行办法》，进一步深化人事制度改革，逐步建立起公开、平等、竞争、择优的用人机制。

7 月

4 日　根据山东大学文件（山大党字[2003]12 号），经党委常委会研究，同意成立中共山东大学威海分校应用物理系直属支部委员会、中共山东大学韩国学院总支部委员会。

2003 年

7 月

12 日　原数字模拟电路实验室、微机原理实验室和计算中心所属实验室合并，成立现代教育技术部公共试验教学中心。

8 月

4～6 日　中国细胞生物学学会常务理事会在威海分校召开。

8 日　韩国湖西大学校长姜一求访问威海分校。

同日　山东大学韩国学院成立。下设韩国语系、对外汉语教学系、语言短期培训部、韩国经济研究所、韩国文化研究所、韩国法研究所。

同日　山东大学威海分校应用物理系成立。

同日　应用物理系直属支部委员会成立。

16～18 日　山东大学领导暑期读书班在威海分校文海苑举行，山东大学党委书记邵桂芳主持会议。

18 日　山东省副省长王军民来分校视察。

同日　参加在威海分校举办的山东大学校领导暑期读书班的山东大学校校长展涛，党委副书记赵明顺、尹薇、于修平、刘珂、李建军，副校长李承俊、张华、王琪珑，纪委书记胡家臣以及山东大学党委、校长办公室主任方宏建等看望分校教职工。分校领导王吉法、刘玉殿、陈金钊、柴月禄在座。学校副教授以上教师、科级以上干部听取了展涛校长的讲话。

18～27 日　应韩国湖西大学等的邀请，由山东大学副校长、威海分校校长韩金远率领的山东大学威海分校访问团一行 6 人赴韩国访问考察。访问团先后访问了暻园大学、湖西大学、东明大学、正修技能大学、国立汉城大学、汉阳大学。访问期间，学校与湖西大学签订了《中国山东大学威海分校与韩国湖西大学结成姊妹学校协议》、与暻园大学签订了《中国山东大学威海分校与韩国暻园大学合作交流协议》。

18～19 日　由艺术系主办的“2003 威海国际室内乐音乐会”在新落成的主楼报告厅举行。来自德国、挪威、俄罗斯、越南和我国中央音乐学院、四川音乐学院的教授、学生及音乐家到场演出。

20～22 日　中国韩国(朝鲜)语教学研究学会定期学术大会中国韩国学教育国际学术讨论会议在威海分校举行，来自韩国、日本、蒙古、土耳其、中国台湾等国家和地区的 70 名专家学者参加大会。

22～23 日　威海分校召开实践“三个代表”重要思想、加快学校发展工作研讨会。党委书记李建军在会上作主题发言，校领导王吉法、刘玉殿、韩圣浩、陈金钊、韩建新、柴月禄、赵玉璞以及各部处室、各教学部门负责人出席会议并发言。

9 月

1 日　经分校研究决定，成立山东大学威海分校教学名师和青年教学能手评选委员会。主任：韩金远；副主任：王吉法。

7 日　副校长、博士生导师陈金钊教授荣获第三届“齐鲁晚报杯”山东省高校十大优秀教师荣誉称号。

2003 年

9 月

同日　美国斯坦福大学著名学者王育三教授应邀来分校访问，并在主楼报告厅为600余名师生作题为《21世纪的中美关系》的报告。

8日　威海分校制定《山东大学威海分校关于人才引进工作的暂行规定》。

19日　威海分校召开各部门负责人会议，部署教育收费自查工作。

22日　山东省人大常委会副主任墨文川来分校视察工作，并与数学系部分老教授和系领导进行交流。

同日　在山东省第十一届大学生运动会上，山东大学威海分校代表团获得3枚金牌、3枚银牌和4枚铜牌，实现了威海分校在省大运会上金牌零的突破。

同日　澳大利亚伍伦贡大学习江涛博士为威海分校师生作题为《通信与网络技术的发展和挑战》的学术报告。

25日　山东大学韩国学院揭牌仪式在学校网络楼报告厅举行。中韩友好协会副会长、中国首任驻韩大使张庭延，韩国驻青岛总领事朴钟先，威海市韩国商会副会长崔英南等贵宾参加仪式，山东大学副校长、威海分校校长韩金远，山东大学党委副书记、威海分校党委书记李建军、威海分校常务副校长王吉法出席仪式。韩金远代表山东大学展涛校长向张庭延先生颁发韩国学院名誉院长聘书，同时还进行了韩国学院首批名誉教授、名誉研究员的授予仪式。李建军代表学校致辞，张庭延、朴钟先、崔英南也分别致辞，向揭牌仪式的成功召开表示祝贺。中国社科院、东北师范大学、吉林大学、山东省社科院、青岛大学等省内外科研机构和兄弟院校从事朝鲜半岛问题研究的专家学者，威海韩国企业家奖学会的各界来宾以及韩国学院师生(包括留学生)200多人参加揭牌仪式。韩国富川大学、东明大学、暻园大学等分别来函、来电致贺。

29日　中国台湾天心软件集团董事长蔡文卿先生应邀来分校访问。

29～30日　来威海参加《全国"新世纪汉语写作走向"学术研讨会》的四位作家方方、阎连科、李锐、蒋韵在主楼报告厅为同学们作了两场精彩的报告。

30日　德国基尔大学哈·茨一琼格布洛艾德教授访问威海分校，并作题为《双元制职业教育体系互补性原则理论暨双元制教育的更新和重建的理论依据》的报告。

10 月

9日　日本防卫厅防卫研究所第二研究部主任研究员武贞秀士先生和中日协会会员、北京社科院中日关系研究中心客座研究员铃木英司先生来分校访问，并为学校师生作"东北亚安全保障形势及朝核问题的发展趋势"的讲座。

9～10日　兰州大学学术访问团来分校访问，并作4场专题学术报告。

13日　2003年教学名师和青年教学能手评选结果揭晓。

教学名师：仵从巨、闫涛蔚、陈金钊、常晓梅、赖晓平。

青年教学能手：王瑞君、左峰、白锐峰、刘天放、李兵、李玉玲、张红军、张建民、张殿玉、吴文新、袁付平、殷建、梁文玲、蒋保臣、韩晓弟。

2003 年

10 月

授予梁一儒、陈绍著两位教授“荣誉教学名师”称号。

15 日 国家天文台副台长赵刚来分校商谈合作办学事宜，并与学校签署合作创办“空间科学与应用物理系”意向书。

20 日 以神户大学经济学部部长福田亘为团长的日本神户大学访问团来分校访问，商谈两校合作事宜，并为学校师生作两场学术报告。常务副校长王吉法、副校长赵玉璞会见日本客人。

25 日 部分山东大学离退休校领导视察威海分校，山东大学党委副书记尹薇、李建军、分校副校长赵玉璞等陪同视察。

同日 由威海市委宣传部、威海市文化局、山东电视台主办，山东大学威海分校承办的“大家一起来——美在威海”大型文艺演出在学校主楼广场举行。山东电视台进行了全程摄制，并在山东电视台主要频道播放。

26 日 威海分校学生邓华升、毕晓丽和赵子欧分别获得山东省高校校园歌手大奖赛专业组一等奖（全省两名）、专业组三等奖、业余组三等奖。

11 月

4 日 威海市副市长董天祥来分校调研。山东大学党委副书记、威海分校党委书记李建军向董天祥介绍了学校近期工作情况以及办学思路和未来几年基本建设规划。董天祥一行在李建军陪同下参观了新落成的图书馆、艺术楼和山东大学威海国际学术中心。董天祥对分校的各项工作表示肯定。

6 日 威海分校纪律检查委员会召开领导干部警示教育会。

10 日 台湾中正大学法律系教授、民法专家谢哲胜博士为威海分校师生作题为《真正权利与交易安全的保证》的学术报告。

11 日 韩国公州映像情报大学副校长柳在万教授和韩国釜山大学中文系主任南德铉教授来校访问。威海分校党委书记李建军、副校长韩建新会见了韩国客人。

12 日 山东大学与韩国昌原大学第三次学术研讨会在山东大学威海国际学术中心召开。该研讨会是根据两校 2001 年签订的友好学校协议而定期召开的。

15 日 著名美术理论家、中国艺术研究院研究员水中天先生来威海分校讲学，当日上午在网络楼报告厅作题为《中国油画的历史与现状》的报告。

17 日 山东大学威海分校与韩国正修技能大学签署友好关系协议书。

同日 威海分校召开党委扩大会议，党委书记李建军传达第十二次全国高校党建工作会议精神。

19 日 威海分校外文系王萌同学获全国大学生“CCTV”杯英语演讲比赛山东赛区一等奖，成为山东赛区进入全国预决赛的唯一人选。

20 日 经分校研究决定，成立山东大学威海分校就业工作检查评估领导小组。组长：李建军；副组长：刘玉殿、陈金钊；组员：郭培良、陈章通、郭邦礼、杨玉、孔雷。

24 日 分校邀请来校参加“数学与生命科学交叉学术研讨会”的专家在电子楼多媒体教室举行了一场跨学科学术报告会。中科院遗传与发育研究所的刘一农教授、中科院研究生院大连理工大学高科技研究院的丁克诠教授、中科院昆明动物所北京大学理论生物中心苏黎世大学教授刘次全教授分别作了题为《21世纪生命科学研究的前沿与动态》《分子生物水平的数理信息学》和《遗传信息本质的探讨》的报告。

2003年

11月

25日　应邀参加“数学与生命科学交叉学术研讨会”的国家自然科学基金委、中科院的部分专家与分校领导王吉法、陈金钊、赵玉璞在国际学术中心就分校下一步的发展进行座谈。

27日　台湾华陆国际集团董事长刘英明先生来分校商谈合作办学事项。副校长赵玉璞会见刘英明先生。

本月　海洋生物工程系祝茜教授申请的《北极露脊鲸泪腺的研究》项目获得了国家自然科学基金的立项资助，资助总金额为26万元。

12月

2日　威海分校党委副书记、常务副校长王吉法在网络楼贵宾室会见韩国协力团中国事务所副所长赵光杰一行。

24日　经学校党委会议研究决定，成立后勤管理办公室主楼物业管理中心。

2004年

2月

3日　根据山东大学文件(山大政任字[2004]6号)，韩圣浩任山东大学校长助理、威海分校校长。

21日　威海分校召开开学工作会议，检查安排开学工作，并部署新学期主要工作任务。分校领导李建军、王吉法、刘玉殿、陈金钊、韩建新、柴月禄等出席会议，各教学单位、部分校部机关单位负责人参加会议。会议由陈金钊副校长主持。教务处、科研处、学生处、后勤等部门汇报开学有关情况。

22日　威海分校党委书记李建军主持召开书记校长办公会议，专题研究学校承办东北亚经济合作论坛事宜。副校长赵玉璞向会议传达省委省政府、市委市政府关于办好此次论坛的有关精神，经济系主任张东辉汇报论坛筹备工作的初步设想。李建军在会上强调，全校各相关单位要积极动员起来，为成功举办此次论坛而共同努力。

为使论坛筹备工作尽快顺利开展，会议决定设立东北亚经济合作论坛筹委会办公室。

27～28日　威海分校第二届教职工代表大会第五次会议暨中层干部会在网络楼报告厅召开。山东大学党委副书记尹薇专程参加会议。会议由分校党委副书记、常务副校长王吉法主持。

会议听取山东大学党委副书记、威海分校党委书记李建军作题为《抓住机遇 深化改革团结奋进再创辉煌》的工作报告，听取财务处处长芦延华作《关于山东大学威海分校2003年财务预算执行情况和2004年财务预算草案的报告》，并分组对报告进行讨论。会议期间，校级领导和各单位主要负责人分别进行述职，并进行民主测评。

同日　威海市第六次(2001～2002)社会科学优秀成果奖揭晓，威海分校陈金钊、高万云、吴文新、常晓梅等23人获奖，其中6人获得一等奖，8人获得二等奖，9人获得三等奖，占本次获奖总人数的46%。此次威海市申报的成果共有

2004 年

2 月

130 多项，经过各市(区)委宣传部和市综合评审组的初评和复评，共有 50 项社科成果获得优秀成果奖。其中，一等奖 10 项，二等奖 15 项，三等奖 25 项。

3 月

2 日　威海市市长、山东大学兼职教授、博士生导师宋远方博士在主楼报告厅作题为《经济全球化与我们的对策》的学术报告。这是为迎接 20 周年校庆举办的百场学术报告的第一场。报告会由山东大学党委副书记、威海分校党委书记李建军主持。王吉法、刘玉殿、韩建新等学校领导与学校中层干部、部分师生以及威海市直有关部门负责人听取学术报告。

同日　韩国学院韩国语本科专业 2001 级的两名选派学生同山东大学总校的 18 名同专业学生一起赴韩国釜山的庆尚大学，开始他们的留学生活。

4 日　韩国学院 5 名选派学生在韩国学院文英子老师的带队下赴韩国暻园大学。这是威海分校自 2002 年同暻园大学签订互助交流协定以来选派的第三批赴韩留学生。

5 日　威海分校召开学生教育与管理工作研讨会。党委副书记刘玉殿，学生处、团委领导及有关科室负责人，来自各院系负责学生工作的总支书记、学生政治辅导员参加会议。

7 日　威海分校在山东大学威海学术中心报告厅召开全体中层领导干部会。山东大学校长展涛，山东大学党委副书记赵明顺、尹薇，山东大学党委副书记、威海分校党委书记李建军及全体校级领导和副处级以上干部参加会议。会议由李建军主持。会上，赵明顺宣读山东大学党委关于韩圣浩同志担任山东大学校长助理、威海分校校长的任职通知，韩金远同志因年龄原因不再担任威海分校校长职务。山东大学校长展涛在会上发表讲话。原山东大学威海分校校长韩金远、新任山东大学威海分校校长韩圣浩也先后发言。

同日　“山东大学东北亚研究中心”揭牌仪式在威海分校举行。威海市委副书记王培廷、威海市副市长董天祥与山东大学校长展涛、党委副书记赵明顺、尹薇、李建军，威海分校校长韩圣浩、副校长赵玉璞等领导一同出席揭牌仪式。仪式由山东大学党委副书记、威海分校党委书记李建军主持。展涛代表山东大学党委和行政，王培廷代表威海市委和威海市政府对中心的成立表示热烈祝贺。

13 日　由威海市科技局、台湾天心软件集团主办，威海正远信息技术有限公司、威海分校电子商务研究所承办的《威海市渔具行业信息化建设及 ERP(企业资源计划)应用报告会》在网络楼报告厅召开。

16 日　左峰(经济)、曲洪启(艺术)、刘延芳(韩国学院)、仵从巨(中文)、李建宁(公共管理管)、李合庆(外文)、杨永竹(控制)、祝茜(生物)、梁文玲(商学)、董莹(数学)等 10 名教师被评为学校 2003 年度“师德标兵”。

22 日　《山东大学威海分校与韩国清州大学关于互派交换学生的协议》签字仪式在网络楼报告厅举行。山东大学校长助理、威海分校校长韩圣浩和韩国清州大学校长金润培分别代表双方学校在协议上签字。常务副校长、韩国学院院长王吉法和清州大学国际合作研究院院长金荣哉分别代表双方签署《山东大学韩国学院与韩国清州大学国际合作研究院关于合作办学的框架协议》。

2004 年

3 月

23 日　威海分校召开党委中心组扩大会议，专题学习《中国共产党党内监督条例(试行)》。山东大学党委副书记、威海分校党委书记李建军，山东大学校长助理、威海分校校长韩圣浩，常务副校长王吉法，党委副书记刘玉殿，纪委书记柴月禄及各单位党政主要负责人参加会议。

26 日　威海分校印发《山东大学威海分校大学生素质教育通选课管理办法(试行)》，规定 2003 级及以后入学的本科生，在校学习期间，修读通选课程取得的学分不得低于 8 学分。

26 日　威海分校印发《山东大学威海分校关于辅修专业的若干规定》。

28 日～4 月 11 日　山东大学党委副书记、威海分校党委书记李建军和山东大学威海国际生物技术研发中心吉爱国教授应邀参加由威海市政府组织的"威海市赴美科技招商团"赴美科技交流洽谈活动。

29 日　山东大学校长助理、威海分校校长韩圣浩，副校长韩建新与哈工大(威海)校长乔晓林等校领导在哈工大(威海)第一会议室进行协商交流。两校领导分别就两所分校如何在《山东大学—哈尔滨工业大学校际合作框架协议》的基础上尽快实施分校间的合作与交流展开深入探讨，并初步达成两校在图书资料和科研等方面开展合作与交流的意向。

29 日～4 月 5 日　副校长赵玉璞率领吴传智、于欣力等一行前往韩国汉城、大邱、光州等地考察访问。先后访问湖西大学、启明大学、东北亚战略研究所、东冈大学、正修技能大学、韩国国家报勋文化艺术协会。期间主访湖西大学和启明大学，并同启明大学签订两校姊妹协议，同湖西大学签订学生互换的意向。

30 日　威海分校印发《科研突出贡献奖奖励办法(试行)》。

31 日　威海分校印发《山东大学威海分校国家助学贷款实施细则》。

4 月

3 日　威海分校邀请国家自然科学基金委数理科学部数学处的张文岭教授与数学系、控制系的部分教师就如何更好地申请国家自然科学基金项目进行座谈与交流。

15 日　为进一步加强对高等教育教学工作的宏观管理和指导，教育部决定建立 5 年为一周期的全国高等学校本科教学工作水平评估制度，并将于 2005 年对山东大学本科教学工作水平进行评估，威海分校将作为山东大学的重要组成部分一同接受评估。

16 日　威海分校召开本科教学工作水平评估动员大会，动员部署学校本科教学工作水平评估工作。动员大会由山东大学党委副书记、威海分校党委书记李建军主持。

山东大学副校长樊丽明作题为"以评促建，评建结合，全面推进我校本科教学"的讲话。山东大学校长助理、威海分校校长韩圣浩就学校的评估工作作题为"全员参与协调配合，为完成山东大学本科教学评优工作而共同努力"的讲话。山东大学实验室设备管理处处长柳中海、教务处副处长朱瑞富也分别就做好评估工作中的实验室设备管理工作、全校评估的总体工作安排讲话。分校领导、全体副处级以上干部和部分教师参加动员大会。

2004年

4月

17日　威海分校第一次学生会工作研讨会暨首届主席论坛于主楼报告厅召开。

26日　威海分校在图书馆二楼会议室召开本科教学评估工作任务分解专题会议，全校各职能部门和教学部门的主要负责人参加会议。陈金钊副校长在会上讲话。教务处刘海副处长就本科教学评估工作任务分解的有关事项作解释。此次任务分解专题会议的召开，标志着分校本科教学评估工作进入全面实施阶段。

4月26日～5月7日　山东大学校长助理、威海分校校长韩圣浩与山东大学副校长李承俊等一同前往澳大利亚，先后访问麦考瑞大学、新南威尔士大学、昆士兰大学、阿德莱德大学、拉筹伯（今译为“乐卓博”）大学和堪培拉大学。访问团还特别介绍了山东大学2004年7月将在威海分校举办中澳高等教育论坛的情况，韩圣浩同时代表学校再一次向上述大学的校领导发出邀请。

同日　日本防卫厅研究所第二研究部部长、图书馆馆长、主任研究官、东北亚问题专家武贞秀士先生来校访问。副校长赵玉璞在网络楼贵宾室会见了武贞秀士先生等一行。随后在网络楼报告厅举行了授予仪式，日本武贞秀士先生被学校聘为客座教授，赵玉璞副校长代表学校向武贞秀士先生颁发了聘任证书。授予仪式结束后，武贞秀士教授向来自外文系和经济系的200多名师生作了《朝鲜核问题》的专题报告。

5月

3～4日　威海分校党委书记李建军、副校长赵玉璞、校办副主任徐希锋一行3人应邀前往韩国，对湖西大学产学研一体化和鲜文大学国际教育交流成就进行重点考察，并就学校与鲜文大学开展合作的有关事宜达成初步意向。其间，李建军书记一行顺访汉城正修技能大学，考察该校的实验室建设以及技能方面的教育情况。

同日　中共山东省委宣传部为山东大学21名被评为山东省理论人才“百人工程”第二批入选人员颁发证书，威海分校法律系主任谢晖教授名列其中。

12日　韩国KBS国家电视台记者团一行3人来校采访拍摄，赵玉璞副校长在网络楼贵宾室会见KBS电视台记者。随后采访团一行到学校主楼威海市委干部韩语学习班上课的教室，拍摄了学员们学习的场景，并现场采访了正在上课的老师和学员。

同日　威海分校教职员工积极参加“慈心一日捐”活动。在一周时间内，有722人参与活动，共捐款47250元，已于5月12日汇往山东省慈善总会。此项捐款将用于帮助高校特困大学生。

21日　美国巴尔的摩大学Charley Schafer教授在主楼报告厅为分校师生作《法律与社会正义》的报告。

22日　威海分校在主楼报告厅召开第一次学生社团代表大会。分校党委副书记刘玉殿到会致辞。

同日　由山东省劳动和社会保障厅、山东省教育厅、山东省经济贸易委员会、山东省信息产业厅主办的山东省计算机技术技能大赛威海赛区初赛在威海分校举行，来自威海市区的200多人参加此次大赛。

2004 年

5 月

24 日　威海分校校园总体规划调整专家评审会在山东大学威海国际学术中心召开。参加评审会的专家有：教育部原基建局局长、中国高等学校规划建设委员会主任王文友，天津大学教授、博士生导师杨一德，华南理工大学建筑设计研究院副院长、教授、博士生导师孔志臣，浙江大学教授、博士生导师王竹，以及威海市副市长刘茂德，威海市规划局副局长刘玉文等。威海分校党政领导李建军、韩圣浩、刘玉殿、陈金钊、韩建新、柴月禄、赵玉璞等参加评审会，并认真听取专家提出的建议。会议由副校长韩建新主持。

27 日　韩国汉城大学崔钟库教授应邀在主楼报告厅，为分校学生作东亚法的思想基础学术报告。

同日　世界围棋顶尖高手汇聚山东大学威海国际学术中心参加全国围棋甲级联赛。其中有世界冠军刘昌赫、马晓春、古力、曹大元、周鹤洋、谢赫等，还有中国棋院院长王汝南。威海分校学生会友棋社组织部分会员观看并参与了这次活动。

29～30 日　由中国儒学与法律文化研究会主办，威海分校协办的“中国儒学与法律文化研究会 2004 年学术研讨会暨全球化背景下的法文化”学术研讨会在威海举行。分校陈金钊教授、谢晖教授均作重要学术发言。参加会议的分校部分老师和学生亦与到会的专家学者进行了学术交流。

在学术研讨会期间，陈金钊副校长、法律系主任谢晖代表学校聘请韩国汉城大学著名学者崔钟库教授、日本北海道大学铃木贤教授为威海分校兼职教授，并为其颁发聘书。

6 月

1 日　根据山东大学文件（山大党字[2004]13 号），经山东大学党委常委会研究决定，增补韩圣浩、赵玉璞为威海分校党委委员。

2 日　2004 年国家留学基金资助出国留学专家评审会在山东大学威海国际学术中心召开。山东大学校长展涛，山东大学党委副书记、威海分校党委书记李建军出席会议开幕式。

同日　山东大学党委副书记、威海分校党委书记李建军在国际学术中心主持召开学校领导班子会议，山东大学展涛校长和尹薇副书记出席会议。展涛在会上发表讲话，尹薇代表山大党委传达了关于威海分校中层领导班子换届调整工作的有关意见和精神，并宣读了山大党委关于增补韩圣浩、赵玉璞同志为威海分校党委委员的通知。

3 日　学校在网络楼报告厅召开中层领导班子换届调整工作动员大会。山东大学党委副书记尹薇，山东大学党委副书记、威海分校党委书记李建军，威海分校校长韩圣浩，山东大学组织部部长李良斋，以及学校领导、全体副处以上干部、教授、具有博士学位的副教授参加会议。会议由李建军主持。会上，李建军宣读山东大学党委《关于增补韩圣浩、赵玉璞同志为威海分校党委委员的通知》，韩圣浩宣布《山东大学关于在威海分校实施学院建制的通知》，李良斋传达中共山东大学委员会关于《山东大学威海分校中层领导班子换届调整工作实施方案》和《山东大学威海分校竞争上岗选拔配备新建学院院长实施方案》的通知。尹薇代表山东大学党委对以上两个方案的实施作动员讲话。

2004 年
6 月

同日　经山东大学研究，正式下发《山东大学关于在威海分校实施学院建制的通知》。通知说明，在威海分校实施学院建制：在中文系的基础上成立新闻传播学院；在外文系的基础上成立翻译学院；在经济系和商学系的基础上成立商学院；在法律系和公共管理系的基础上成立法学院；在艺术系的基础上成立艺术学院；在电子系统工程系、信息科学与控制工程系和计算机科学系的基础上成立信息工程学院；在海洋生物工程系的基础上成立海洋学院。加上原有的韩国学院和高等职业技术学院，共有 9 个学院和空间科学与应用物理和应用数学两个系。

同日　2004 年度国家社会科学基金项目评审揭晓，分校陈金钊教授申报的“法律方法论研究”项目获准立项，批准号：04BFX003，资助总金额 6 万元。

6 日　学校党政职能部门及直属单位现任处级领导干部在网络楼报告厅进行述职。述职会议由山东大学党委副书记、威海分校党委书记李建军主持，威海分校领导、山东大学组织部的领导、学校中层干部、教授和民主党派代表参加会议。

7 日　各院系领导班子成员在本院系全体教职员工中进行述职和民主测评。分校校长韩圣浩、山东大学组织部部长李良斋等分别带领 8 个考核小组到 16 个院系主持了领导班子成员的述职和民主测评工作。

同日　威海分校公布竞争上岗选拔新建学院院长考试委员会名单。主任：尹薇；委员（以姓氏笔画为序）：王吉法、王育济、刘玉殿、刘桂真、孙武安、李良斋、李建军、陈金钊、郑恒秋、赵玉璞、柴月禄、梅良模、韩圣浩、韩建新。

9 日　学校组织竞争上岗新建学院院长的应试者在网络楼报告厅进行面试。山东大学党委副书记、威海分校党委书记李建军主持面试。

同日　济南军区驻威海分校国防办公室主任李德平一行 5 人在主楼报告厅举行国防咨询答疑会。自 2004 年山东大学首届国防培养生优秀毕业以后，济南军区决定把国防生培养地扩展到威海分校。希望在分校的信息工程学院、数学系及应用物理系中选出 30 名品学兼优且符合要求的 2003 级学生作为分校首届国防生。

16 日　由韩国产业人力工团主办，山东大学韩国学院和韩国《朝鲜日报》社共同承办的第一届中国 INTERN 培训课程班开幕式在山东大学威海国际学术交流中心举行。韩国产业人力工团李正羽局长、韩国驻青岛总领事馆安志衍领事、赵玉璞副校长、韩国《朝鲜日报》社黄纯载本部长、威海市韩国商会金文奎首席副会长及首期 81 名培训班学员参加开幕式。副校长赵玉璞、韩国产业人力工团李正羽局长、韩国驻青岛总领事馆领事安志衍分别致辞。

本次中国 INTERN 培训课程班学员全部是来自韩国国内各大学的毕业生，他们将首先在山东大学威海分校接受 2 个月的语言培训，并系统学习中国文化、中国对外经贸法律法规、在华韩国企业文化等方面的知识。然后，学员们将进入韩国在华企业实习，以增进中韩经贸往来，提高自身的就业竞争力。

14 日　韩国汉城正修技能大学副校长成道生率团访问山东大学威海分校。15 日上午，山东大学党委副书记、威海分校党委书记李建军在网络楼贵宾室会见正修技能大学代表团全体成员。正修技能大学方面参加会见的有学生处长朴采永、外事处长姜信敏、李周炯教授和朴日柱教授。副校长赵玉璞参加会见。

2004 年

6 月

23 日　威海分校全国大学生“数学建模”“电子设计”竞赛表彰大会暨 2004 年“两赛”动员大会在网络楼报告厅举行。分校党政领导韩圣浩校长、刘玉殿副书记、陈金钊副校长和有关部门负责人，以及信息工程学院、应用数学系师生代表 200 余人参加会议。会议由教务处处长刘海主持。为更好地推进学校大学生“数学建模”和“电子设计”竞赛活动的开展，分校出台了《关于组织我校学生参加全国大学生“数学建模”“电子设计”竞赛活动的实施意见》，决定设立大学生科技创新中心，划拨专项资金用于资助“两赛”活动，以保障活动正常的经费支出和奖励。

25 日　山东大学党委副书记、威海分校党委书记李建军和山东大学校长助理、威海分校校长韩圣浩在网络楼报告厅与新任中层领导干部进行集体谈话。分校其他党政领导，全体新任中层干部参加集体谈话。

26 日　威海分校在主楼广场举行毕业典礼暨学位授予仪式。典礼由山东大学党委副书记、威海分校党委书记李建军主持。山东大学校长展涛发表讲话，威海市常务副市长马世和、教师代表作从巨教授、毕业生代表张莲莲分别在仪式上讲话。毕业典礼上，展涛校长向每位毕业生颁发学位证书并与他们一一合影留念。

出席毕业典礼的学校领导还有副校长陈金钊、韩建新，纪委书记柴月禄，副校长赵玉璞等，教师代表，有关学院和职能部门的负责同志，部分威海市重点中学的校长、部分毕业生家长及威海新闻媒体的记者等也参加了毕业典礼。

同日　为了让更多的威海考生、家长及社会各界了解山东大学，不断提高山东大学生源质量，优化生源结构，山东大学 2004 年招生工作新闻发布会在山东大学威海国际学术中心举行。山东大学校长展涛，山东大学党委副书记刘珂，山东大学党委副书记、威海分校党委书记李建军，山东大学校长助理、威海分校校长韩圣浩，威海市委常委、副市长马世和，威海市教育局局长和新闻媒体、学生和学生家长参加新闻发布会。展涛校长在发布会上介绍了山东大学的基本情况、招生政策和人才培养目标等。最后，展涛与韩圣浩回答了部分媒体和家长的咨询，展涛还接受了威海电视台、威海广播电台记者的专访。

28 日　威海分校校长韩圣浩在网络楼贵宾室会见韩国庆尚大学教务处处长成洛珠教授、人文学院权镐钟教授和教务处郑承韩先生。韩国学院、国际合作与交流处等相关部门的负责人参加会见。

同日　为迎接山东省语言文字工作委员会对我校语言文字工作的评估，副校长陈金钊主持召开语言文字工作评估任务分解会。分校有关部门、各院系负责人参加会议。

同日　来威海分校讲学的中国社科院外文所研究员、德语文学研究会会长、全国政协委员、博士生导师叶廷芳教授，为师生作题为“西方现代文学的大走向”的学术讲座。

7 月

8 日　威海分校召开新一届学术委员会成立会议。韩圣浩校长主持会议，校学术委员会委员、各有关职能部门负责人参加会议。

2004 年

7 月

校学术委员会下设自然科学、社会科学 2 个学科学术委员会。这次会议还审议并确定了各学科委员会委员名单，根据校长提名，表决产生了各学科学术委员会主任、副主任；审批了各基层单位学术委员会，公布了各基层单位学术委员会主任、副主任及委员名单。

会议审议了《山东大学威海分校学术委员会章程(试行)》，并根据与会委员提出的意见对章程有关内容进行了修订和补充。委员们还共同学习了《山东大学学术纪律处分条例》。

19 日　教育部副部长吴启迪在山东大学校长展涛的陪同下对分校进行了视察。韩圣浩校长向吴启迪副部长介绍了分校的学科建设等基本情况。

19～20 日　“2004 中澳高等教育论坛”在威海分校举行。中国和澳大利亚的百余位大学校长、副校长和高层行政管理人员出席了会议，就中澳两国高等教育的改革与发展趋势、中外合作办学实践及科研合作等问题进行探讨。本次论坛是在中澳两国教育部的支持与指导下，由中国教育国际交流协会(CEAIE)和澳大利亚大学校长委员会(AVCC)共同主办、山东大学承办。

20～25 日　“全国高校大学生思想教育与公共理论课教改研讨会”在威海分校举行。来自全国十几个省市的 30 多位专家学者共同研讨了当前大学生思想教育与公共理论课教改的有关问题。

31 日　教育部副部长赵沁平视察威海分校。

8 月

1～2 日　由教育部主办、山东大学承办的 ChinaGrid 专家组会议在威海分校召开。会议期间，山东大学校长展涛、副校长王琪珑代表山东大学向教育部赵沁平副部长、科技司武贵龙副司长汇报了有关工作。

11 日　山东大学校领导学习科学发展观读书班在国际学术交流中心举行。在开班式上，山东大学校长展涛、副书记赵明顺分别作了题为“合校四年工作的回顾和学校发展思路”“领导班子建设在学校发展中的关键作用”的主题讲话。

24～25 日　威海分校在网络楼报告厅举办“认真学习科学发展观，努力加快学校发展”研讨班。李建军书记和韩圣浩校长分别作了题为“求真务实，科学发展”“坚持科学发展观，开创威海分校事业发展的新局面”的讲话。

9 月

1 日　韩国驻青岛总领事辛亨根、韩国富川市市长洪建构等来分校访问。

21 日　第二届马来西亚华文文学国际学术研讨会在国际学术交流中心召开。来自马来西亚和世界各地的作家、学者以及国内多所高校和科研机构的专家学者近 50 人出席会议。

22 日　第十三届世界华文文学国际学术研讨会开幕式在国际学术交流中心报告厅召开。来自美国、加拿大、马来西亚、日本，中国港、澳、台等 22 个国家和地区的近 90 名学者作家和来自中国内地 50 余所高校、科研机构的 90 余名学者共同讨论世界华文文学的发展与定向。

24 日　韩圣浩校长在国际学术交流中心会见韩国湖西大学校前校长、现任湖西大学校名誉校长、汉城信息通信大学校长姜锡圭教授一行。

2004 年

9 月

29 日　威海分校新闻传播学院威海广播电视台实习基地揭牌仪式在威海广播电视台举行。韩圣浩校长和威海广播电视台台长王悦之共同为实习基地揭牌。同时，王悦之还被聘为新闻传播学院兼职教授，韩圣浩校长为其颁发聘书。

4～9 日　山东大学校长展涛、威海分校校长韩圣浩一行 4 人赴韩国访问。访问期间，韩圣浩校长代表山东大学威海分校与暻园大学李吉女校长正式签署了两校联合成立“中韩交流中心”的协议。协议签署后，展涛校长和韩圣浩校长出席暻园大学“韩中交流中心”成立仪式，并为中心揭牌。

20 日　“山东大学威海分校 20 周年校庆新闻发布会”在山东大学东校区办公楼会议厅举行。中国新闻社、大众日报、山东电视台、山东人民广播电台等 20 家驻济中央和省市新闻媒体以及学校各新闻媒体参加了新闻发布会。

山东大学校长展涛，校党委副书记赵明顺，山东大学党委副书记、威海分校党委书记李建军，校长助理、威海分校校长韩圣浩，威海分校党委副书记刘玉殿出席发布会。发布会由李建军主持。

新闻发布会之后，与会领导和驻济中央、山东省新闻媒体记者一起观看了威海分校建校 20 周年图片展。

晚间，在山东大学科学会堂举办了威海分校 20 周年校庆文艺汇演。

同日　《山东大学威海分校志（1984～2004 年）》正式出版发行。该书由山东大学出版社出版，全书共 80 多万字，真实详尽地记录了威海分校建校 20 年来的发展历程。

22 日　“中韩交流中心”挂牌仪式在韩国学院举行。李建军书记与韩国暻园大学国际协力处徐裕源处长共同为中心揭牌。

23 日　在京出席第五届中国国际教育论坛、中美大学校长论坛及 2004 中国国际教育展期间，韩圣浩校长同美国乔治梅森大学校长艾伦·摩尔腾博士（Dr. Alan Merten）签订了《1＋2＋1 中美人才培养计划》。

27 日　韩圣浩校长在国际学术交流中心会见韩国庆尚大学赵武济校长一行，并签署了《中华人民共和国山东大学与大韩民国庆尚大学关于实行“双学位制”的协议书》。

30 日　威海分校举行主题雕塑《航》揭幕仪式，李建军书记、韩圣浩校长共同揭幕。

31 日　威海分校在国际学术交流中心举行建校二十周年校庆招待会。山东省副省长王军民，山东省人大常委会副主任、山东大学党委书记邵桂芳，济南军区政治部副主任穆振河，教育部人事司巡视员周冬成，山东省教育厅副厅长张志勇，山东大学校长展涛，中共威海市委书记崔曰臣，威海市市长宋远方，中共威海市委副书记王培廷，市委常委、副市长马世和，市委常委、军分区政委马元波，以及来自海外友好学校的嘉宾、国内兄弟院校的嘉宾，在学校建设发展过程中的老领导、老同志出席了招待会。山东大学和威海分校的各级领导 200 余人也出席了招待会。

招待会结束后，各位领导和嘉宾们共同欣赏了音乐喷泉和主题雕塑《航》等校园景观。

2004 年

9 月

同日　李建军书记在国际学术交流中心会见了韩国东明大学校长朴龙珠、韩国富川大学校长韩方教、加州大学圣地亚哥分校副校长鲍绍绮、LG 集团副总裁李伦翔先生、韩国正修大学校长崔成五等来校参加二十周年校庆的嘉宾。

同日　韩圣浩校长在国际学术交流中心会见了韩国清州大学金润培校长、韩国暻园大学常务副校长白胜基、韩中交流协会金克己主席和朴珠完会长、香港中文大学林海青教授。

11 月

1 日　建校二十周年庆祝大会在威海分校运动场隆重开幕。山东大学党委副书记、威海分校党委书记李建军主持大会。在主席台就座的有山东省副省长王军民，省人大常委会副主任、山东大学党委书记邵桂芳，济南军区政治部副主任穆振河，教育部人事司巡视员周冬成，山东大学校长展涛，威海市委书记崔曰臣，威海市市长宋远方等。出席庆祝大会的还有山东大学、山大威海分校的各位领导、各单位负责同志；威海市各级领导、各单位负责同志，企事业单位及社会各界的朋友；为威海分校的创建和发展作出突出贡献的教育部、威海市和山东大学及威海分校的老领导、老同志；韩国、日本、美国等国内外友好学校代表团和威海分校万名师生。

大会宣读了教育部以及副部长吴启迪，山东省委副书记王修智，省委常委、宣传部部长朱正昌，副省长王军民等发来的贺信，宋健、邵桂芳、崔曰臣、宋远方的题词。北京大学、清华大学、浙江大学、吉林大学等 50 多所兄弟院校和单位也发来贺信和贺电。

山东省副省长王军民，教育部人事司巡视员周冬成，山东大学校长展涛，威海市委书记崔曰臣，山东大学校长助理、威海分校校长韩圣浩等讲话。

兄弟院校代表哈尔滨工业大学（威海）党委书记唐安阳，国外来宾代表韩国韩中教育文化交流中心会长金克己先生，校友代表江山，教师代表仵从巨也分别发表了讲话。

2004 年 11 月 1 日，山东大学威海分校举行建校二十周年庆祝大会

10 日　威海分校荣获五星级“威海市平安建设示范单位”。

11 日　韩圣浩校长主持召开实验室工作委员会会议，确定“电工实验室”等 17 个项目为二期建设项目，拟投入总资金 1296 万元。

2004年

11月

22日　俄罗斯圣彼得堡大学教授，著名经济学家希罗克拉得来分校作题为《俄罗斯经济改革现状及社会后果》的报告。

26日　威海分校天文爱好者协会成立仪式在科学实验楼举行，国家天文台副台长、山东大学教授赵刚，国家天文台兴隆观测站前首席科学家胡景耀教授，国家天文台太阳射电望远镜专家姬慧荣教授应邀出席仪式。

12月

1日　空间科学与应用物理系赵刚、韩圣浩教授等申报的《恒星元素丰度与银河系化学演化》项目获得科技部2004年度“重大基础研究前期研究专项”资助，资助经费为50万元。

8～13日　韩圣浩校长率团对韩国暻园大学、LG集团、清州大学和庆尚大学等友好单位进行了学术交流访问。

9日　在威海市第七次社会科学优秀成果奖评选中，威海分校共有27项成果获奖。其中，一等奖6项，二等奖10项，三等奖11项。

13～18日　威海分校纪委书记柴月禄率团访问韩国东明大学、湖西大学、鲜文大学和正修技能大学等友好学校。访问团在韩期间与韩国东明大学签订了互派教授和交流学生的协议。

21日　威海分校公布第二批重点学科建设项目，“英汉翻译理论与实践”等6个项目获批立项。

23日　威海分校在国际学术交流中心会议厅召开党建工作会议。李建军书记作了“以领导班子思想政治建设为主题，努力开拓我校党建工作新局面”的讲话。

2005年

1月

7日　山东大学全方位开放式发展战略研讨会在山东大学邵逸夫科学馆报告厅举行，研讨会由山东大学校长展涛主持。威海分校设立分会场。山东大学校长助理、威海分校校长韩圣浩赴济南参加现场会议并发表题为《以韩国为重点实现全方位开放式办学》的报告。

15日　威海分校党委统战部报送的《坚决抵御境外宗教渗透》获得2004年度全省高校统战工作创新成果优秀奖。

28日　威海分校荣获2004年度威海市“平安单位”称号。

2月

5日　威海团组织关爱留校大学生行动启动仪式在分校举行。威海团市委、哈工大（威海）团委等团组织共同参加。

18日　教育部中教国际教育交流中心《1＋2＋1中美人才培养计划》组织第四批中方大学校长赴美考察，韩圣浩校长参加此次出访考察活动。考察期间，韩圣浩校长分别同北亚利桑那大学、托伊大学、北卡罗来纳大学彭布罗克分校签署《1＋2＋1中美人才培养计划》合作协议书。

3月

2～9日　韩建新副校长率团访问日本北海道北海学园大学，并与该学园理事长森本正夫博士签署两校姊妹关系协议书。访日期间，访问团一行还参观了日本东京大学等单位，并专程拜会我国驻日本大使馆教育处，商谈有关合作事项。

2005 年

3 月

11 日　韩国国会议员李相庚先生来校访问，韩圣浩校长与威海市委常委、副市长马世和在国际学术交流中心贵宾室会见来宾。双方就韩国—山东经济交流协会与学校在对韩教育交流等方面的实质性合作进行商谈。

17 日　韩国《中国经济新闻》记者金锡中一行就学校对韩交流情况到校采访。韩圣浩校长向记者介绍学校的留学生教育发展、面向韩国的人才培养特色、对韩国的研究及与韩国大学联合办学情况，并回答记者的提问。

18 日　威海分校第三届教职工暨工会会员代表大会在国际学术交流中心报告厅召开。山东大学党委副书记尹薇、省教育工会主席李崇岗、学校领导、99 位教职工和工会会员代表参加了开幕式。哈工大(威海)工会主席董淑英、山东大学工会常务副主席韩锋，山东大学组织部副部长吕波应邀出席了开幕式。李建军书记致开幕辞，韩圣浩校长作学校工作报告。

25 日　威海分校第十次学生代表大会在主楼报告厅开幕。大会期间，来自全校 11 个院系的 450 多名学生代表从候选人中投票选出了新一届学生会成员，并讨论通过了学生会工作报告决议。

27 日　李建军书记、赵玉璞副校长在国际学术交流中心会见来访的韩国清州大学金润培校长一行。

本月　在 2004 年“高教社杯”全国大学生数学建模竞赛活动中，威海分校获得全国二等奖 1 项，山东省二等奖 2 项；在山东省第九届大学生电子设计竞赛中获得山东省一等奖 1 项、二等奖 2 项。

4 月

4 日　以詹姆斯·阿尔菲尼(James Alfini)校长为团长的美国南得州法学院代表团来分校访问。双方就开展双方学生交流，图书资料、优秀科研成果的互换工作以及联合美国著名的法律大学或法学院共同在山大设立“中美法学教育交流中心”等事宜签订了学术交流与合作意向书。

14 日　威海分校召开实验室工作委员会会议，审议 2004 年实验室一期建设项目验收报告和 2005 年 2000 万元实验室建设经费规划方案。会议研究确定了“机械基础实验室”等 30 个建设项目，拟投入总经费 2000 万元。

15 日　“海马奖学金颁奖仪式暨优秀贫困大学生表彰大会”在主楼报告厅举行。10 万元“海马奖学金”发放给 150 名优秀贫困生。表彰会上，获得国家奖学金、“朝阳助学”“山东移动”“山东教育报刊社”等各项优秀贫困生奖学金的学生也收到了相应的奖学金。

16 日　“哲学与社会发展研究中心”举行揭牌仪式。李建军书记、刘玉殿副书记为中心正式揭牌。知名学者、中国社会科学院马列所现代国外马克思主义和社会主义研究室主任周穗明研究员参加了揭牌仪式。

22 日　根据山东大学文件(山大党任字[2005]2 号)，柴月禄任威海分校党委副书记、陈冠军任威海分校党委委员。

同日　根据山东大学文件(山大政任字[2005]3 号)，陈冠军任威海分校副校长。

25 日　韩圣浩校长率团赴韩国访问，先后访问了韩国清州大学、韩国技术教育大学、韩国外国语大学、汉城正修技能大学、韩·山东交流协会和韩国国会。

2005年

4月

其间，韩圣浩校长还参加了展涛校长率领的山东大学代表团，访问了韩国国立汉城大学、成均馆大学，并参加了高丽大学成立100周年校庆活动。访问期间，与韩国有关方面签订了多项合作协议和意向书。

27日　分校召开领导班子会议，山东大学党委副书记尹薇宣布山东大学党委决定，柴月禄同志任威海分校党委副书记、纪委书记，陈冠军同志任威海分校党委委员、副校长。

5月

11日　分校团委第一期“林海文化论坛”举行。本期论坛题目为“走近我们的校长”，山东大学校长展涛出席论坛。

15日　威海分校大学生志愿者服务社区活动启动仪式在怡海园小区举行。威海市委副书记王培廷、分校党委书记李建军、威海市和学校有关部门的负责人出席启动仪式。王培廷和李建军共同为启动仪式揭牌。

19日　李建军书记、韩圣浩校长、赵玉璞副校长等会同国家天文台副台长赵刚研究员、国家天文台首席科学家赵永恒研究员及相关部门负责人实地考察了玛珈山天文台道路施工路线。

22～28日　李建军书记率团访问了韩国富川大学、韩国全北大学、韩国外国语大学、韩国湖原大学、韩国技术教育大学，顺访了韩国汉城正修技能大学、韩国湖西大学，走访了韩国GS公司总部。访问期间，与韩国有关高校签署了多项合作协议和意向书。

27～28日　美国东田纳西州立大学访问团来校访问。陈金钊副校长在国际学术交流中心与东田纳西州立大学副校长兼教务长Dr. Bert C. Bach为首的访问团进行了会见，并签署了合作备忘录。

本月　法学院法学专业王楠（2004级）和新闻传播学院汉语言文学专业李怡晨（2004级）作为威海分校与美国高校联合举办的“1＋2＋1”项目学生分别被美国乔治梅森大学和北亚利桑那大学录取，这是威海分校与美国五所高校签订《“1＋2＋1”中美人才培养计划》协议以来，首批被美方高校录取的学生。

6月

4日　艺术教育热点论坛在国际学术交流中心开幕。李建军书记致开幕辞。全国政协常委、教育部艺术教育委员会主任、中国美术家协会主席靳尚谊，教育部艺术教育委员会副主任、解放军艺术学院副院长周荫昌，清华大学美术学院副院长何洁，中国艺术教育促进会理山东师范大学美术学院院长孔新苗等十多位知名专家学者参加论坛。

10日　在民盟山东大学威海分校第一次盟员大会上，民盟山东大学威海分校支部正式成立。大会选出了由袁灏、杨兵、杨在斑三人组成的民盟山东大学威海分校支部委员会。

19日　诺贝尔物理学奖得主、山东大学名誉教授丁肇中及其家人一行抵达威海分校。山东大学校长展涛、威海分校党委书记李建军、校长韩圣浩等校领导到国际学术中心迎接。

20日　丁肇中教授在主楼报告厅为师生作题为《我所经历的实验物理》的学术报告。

2005 年

6 月

24 日 “大使讲坛”第一期在主楼报告厅开讲。前外交部副部长、前驻日本大使徐敦信作为主讲嘉宾，为师生作主题为《中日关系与我对日政策》。“大使讲坛”由教务处、学生处、团委、韩国学院等单位共同发起组织。

7 月

4 日 韩国外国语大学学生暑期生活体验团开幕式在网络楼报告厅举行。参加开幕式的外宾有韩·山东交流协会会长、韩国外国语大学法学教授金东勋先生，韩·山东交流协会交流科长咸定勋先生，韩国外国语大学学生会总会长朴钟源先生以及参加此次项目的 106 名韩国外国语大学的学生。

6 日 中国致公党山东省主委、山东省政协副主席王志民在威海市委统战部部长李应贞的陪同下来校调研。

12 日 原山东省委书记、省人大常委会主任赵志浩在市委副书记朱绪平的陪同下来校视察。

25～29 日 以“中国数学发展的机遇和挑战”为主题的中国数学会 70 周年年会在国际学术交流中心举行。山东省副省长王军民代表山东省委、省政府向中国数学会成立 70 周年大会表示热烈的祝贺。

28 日 著名数学家、菲尔兹奖得主丘成桐教授在韩圣浩校长的陪同下参观主楼广场音乐喷泉和图书馆，并在图书馆与同学们进行亲切交谈。

本月 威海分校在第九届“挑战杯”大学生课外学术科技作品竞赛山东赛区比赛中，共有 8 件作品获得省级特等及一、二、三等奖，3 位老师获得省级优秀指导教师，分校再次被评为优秀组织单位。《Asox(傲视)中文图形操作系统内核》(信息工程学院朱洪亮等)和《胶东半岛海洋旅游发展联动战略的构想》(商学院孙洪霞等)两件作品同时被推荐参加全国总决赛。

8 月

1 日 山东省人大常委会副主任张宗亮、邵桂芳、王道玉、黄可华、朱正昌、莫振奎、曹学成等领导来分校视察工作。

12 日 韩国湖西大学校长姜一求率团来校访问。李建军书记在国际学术交流中心会见了代表团一行，并与姜一求签署了双方“2＋2”学生互换协议。

12～16 日 2005 年全国大学生英语夏令营在威海分校举办。本次夏令营由高等学校大学外语教学指导委员会和高等学校大学外语教学研究会主办，英语辅导报社和威海分校共同承办。

15 日 2005 年行星科学暑期学校在威海分校开班。开班仪式由中国科学院国家天文台副台长赵刚主持，教育部学位管理与研究生教育司文理医学科处处长陆敏、国家自然科学基金委员会计划局综合处处长田起宏在开班仪式上分别致辞。参加仪式的还有中国探月工程首席科学家、中国科学院国家天文台、中国科学院地球化学研究所欧阳自远院士等专家学者。暑期学校由国家自然科学基金委和教育部发起，中国科学院国家天文台和威海分校联合举办。

23 日 威海分校召开保持共产党员先进性教育活动动员大会。分校领导、教职工党员、离退休党员 480 多人参加动员大会。

2005 年

9 月

14 日　奥地利奥中文化交流协会主席汉斯在北京外国语大学德语系教授李逵六和中国新闻社山东分社社长王鲁平的陪同下来校访问。

18 日　中国人民解放军军乐团应邀来校在主楼广场演出。山东大学校长展涛、威海分校党委书记李建军、校长韩圣浩等一同出席音乐会。

25 日　韩国前劳动部部长崔善正来校访问。崔善正一行与分校有关部门就双方开展 IT 培训及其他领域技术培训的问题进行协商。

29 日　日本北海学园大学访问团来校访问。双方签署两校留学生交换协议书。

30 日　中国数学会秘书长巩馥涛代表中国数学会在国际学术交流中心为学术中心授匾，感谢中心在今年中国数学年会召开期间所做的工作。匾额为著名数学家王元先生题写的“数学之家”。

10 月

4 日　艺术学院应韩国大邱市文联、文化局的邀请，组团参加了在大邱市体育文化中心大剧院举办的“2005 大邱市国际舞蹈节”。

9 日　世界著名计算机科学家、图灵奖获得者、中国科学院外籍院士姚期智，山东大学信息安全研究所所长、密码专家王小云教授在主楼报告厅为师生作了一场关于《现代密码学理论发展》的学术报告。

13 日　根据教育部文件（教任［2005］55 号），任命韩圣浩为山东大学副校长。

24～26 日　教育部本科教学工作水平评估专家组在山东大学副校长、威海分校校长韩圣浩的陪同下从济南抵达威海分校。来校评估检查的教育部本科教学工作水平评估专家有教育部本科教学评估委员会委员、厦门大学党委副书记、副校长、博士生导师潘世墨教授，教育部本科教学评估委员会委员、重庆大学博士生导师唐一科教授，中国药科大学校长助理、教务处处长姚文兵教授，外交学院基础教学部副主任兼汉语教研室主任张福庆教授，专家组秘书、厦门大学漳州校区教务办主任兼校教务处副处长谢火木教授，对分校本科教学工作水平进行评估。

2005 年 10 月 24～26 日，山东大学威海分校本科教学工作汇报会

2005 年

10 月

26 日　陈金钊副校长在国际学术交流中心贵宾室会见法国瓦纳市市长 Norbert Trochet 先生、南布列塔尼大学校长 Eric Martin 教授、法国布列塔尼大区政府驻山东联系人鲁兴先生一行。

28 日　山东大学本科教学工作水平评估意见反馈会在山东大学东校区新校邵逸夫科学馆报告厅召开。教育部高教司正司级巡视员兼高等教育教学评估中心主任刘凤泰，教育部评估专家组组长、武汉大学党委书记顾海良教授，专家组副组长、厦门大学副校长潘世墨教授，专家组成员，省人大常委会副主任、山东大学党委书记朱正昌，山东大学校长展涛，省教育厅副厅长宋承祥等出席会议。潘世墨教授主持会议。

顾海良教授代表专家组反馈了评估意见。在谈到山东大学威海分校本科教学工作主要成绩时，顾海良教授说，威海分校作为山东大学的一部分，继承了山东大学的优良传统和深厚底蕴，顺应高等教育改革发展，确实抓住机遇迅速发展，特别是新山大成立以后，分校办学条件进一步改善，办学思路更加明晰，特色明显，分校以本科教学为主，充分依靠山东大学雄厚的办学优势和威海市的区位优势，围绕地方经济社会发展的需求，围绕校地合作发展的新模式，取得了明显的成效。会议在威海分校设有视频分会场，山东大学党委副书记、威海分校党委书记李建军参加了视频会议并作总结讲话，山东大学副校长、威海分校校长韩圣浩在济南参加了现场会议。

11 月

3 日　中央委员，全国人大常委会委员，国务院经济发展研究中心党组书记、副主任，中央先进性教育活动巡回检查组组长张玉台，副组长朱成林一行在省委组织部副部长孙述涛的陪同下，考察分校的先进性教育活动开展情况。

4 日　原中国驻泰国、马来西亚大使金桂华先生做客“大使讲坛”，演讲的主题是“中国与东盟关系的现状与展望”。

23 日　威海分校召开本科教学指导委员会成立大会暨工作会议。

24 日　美国南德州法学院与山东大学威海分校法学院交流中心揭牌仪式正式举行。南德州法学院詹姆斯·阿尔菲尼(James Alfini)院长和分校党委书记李建军共同为中美法律交流中心揭牌。

28～29 日　陈冠军副校长出席在韩国大田市召开的“第一届环黄海大学校长论坛”，并代表威海分校作大会发言。

12 月

4 日　山东大学威海分校学生法律服务中心暨山东大学威海分校山大网通学生法律服务热线揭牌仪式举行。山东大学威海分校学生法律服务中心是山东省威海市第一个由在校学生发起组建的法律服务社团。

6 日　天文台建设工程完成前期准备工作，正式破土动工。

14 日　韩圣浩校长为韩国韩中教育文化交流中心会长金克己先生颁发客座教授聘书。

23 日　韩国国会议员辅助官金范镇先生及韩国中华 TV 电视台一行来校访问。

2005 年

11 月

27 日　参与“火星探测计划”的圣路易斯华盛顿大学光谱物理学家、山东大学光学系 1975 届校友王阿莲博士来校进行学术访问。韩圣浩校长会见王阿莲博士，双方就今后的合作进行商谈。其间，王阿莲博士为师生作关于火星探索的学术报告。

2006 年

1 月

3 日　根据山东大学文件（山大党任字[2006]1 号），谷源秘任威海分校纪委书记，柴月禄不再担任威海分校纪委书记职务。

10 日　应用数学系陈绍著教授获国务院政府特殊津贴。

同日　陈冠军教授获评第五届“山东省优秀科技工作者”。

15 日　山东大学威海分校保持共产党员先进性教育活动总结大会在主楼报告厅举行。李建军书记代表分校党委和先进性教育活动领导小组对分校先进性教育活动作了全面总结，韩圣浩校长主持会议，威海市先进性教育督导组组长郭建远代表督导组讲话。

2 月

15 日　韩建新副校长率团赴美国访问，先后访问詹姆斯麦迪逊大学、东田纳西州立大学、内布拉斯加大学科尼分校、南德州法学院，并应邀访问佛罗里达农工大学。

20 日　韩国京畿大学崔虎俊副校长率团来校访问。双方签订《山东大学威海分校与京畿大学合作交流意向书》，为今后两校间的实质性交流奠定了良好的基础。

3 月

1 日　威海分校第三届教职工代表大会第二次会议召开。李建军书记在会上作“起好步、开好局，为实现‘十一五’规划而努力奋斗”的讲话，韩圣浩校长作题为《站在新起点、抓住新机遇、实现新发展》的学校工作报告。

23 日　新加坡教育部暨贸易工业部政务部长曾士生先生一行 20 余人来校访问。韩圣浩校长与曾士生先生进行了座谈，就分校与新加坡大学之间的合作交换了意见。

26～27 日　中国海洋大学原校长管华诗院士、副校长于宜法教授一行应邀来校访问。李建军书记、韩圣浩校长会见来访客人。

31 日　韩圣浩校长率团访问韩国高校，先后访问韩国暻园大学、启明大学和培材大学。

本月　山东大学威海分校代表队在 2006 年美国大学生数学建模竞赛（MCM / ICM）中获得一等奖 1 项，三等奖 4 项。

4 月

11 日　韩圣浩校长主持召开分校留学生工作会议，会议重点就留学生教育与管理工作体制问题进行探讨。

21～23 日　“中国的韩国问题研究振兴方案研讨会”在国际学术交流中心召开。

24 日　山东大学威海分校与齐鲁电视台共同举办的白象青春之歌大型文艺晚会在主楼广场举行。

2006 年

4 月

29 日 威海分校艺术学院学生梁丹在全国推广普通话形象大使选拔赛山东分赛区比赛中获得“山东省推广普通话形象大使”称号以及“最佳形象奖”。

5 月

19 日 威海市委书记崔曰臣为毕业生作题为《热爱威海、扎根威海、共同建设全面小康和现代化的新威海》的报告。

20～31 日 韩圣浩校长率团访问德国黑森林学术中心、英国威尔士斯旺西大学和巴斯大学，进一步建立和巩固了友好交流关系，推动和拓展项目合作。

23 日 李建军书记率团访问韩国，先后访问韩国清州大学、庆尚南道固城乡校和儒学会固城支部、庆南固城综合中学、韩国外国语大学、东明大学、庆尚大学、京畿大学、韩国第一理工大学、富川大学等韩国学校和韩国山东交流学会。

25 日 法国南布列塔尼大学代表团访问山东大学威海分校。

27 日 共青团山东大学威海分校第四次代表大会在主楼报告厅开幕。分校党委副书记刘玉殿、柴月禄，纪委书记谷源秘以及学校相关部门负责人出席了开幕式。山东省学联副秘书长、共青团山东省委学校部郝焱，威海团市委书记林强，山东大学团委书记曲明军，哈尔滨工业大学(威海)、山东工商学院、烟台大学、滨州医学院等兄弟院校代表到会祝贺。大会选举了共青团山东大学威海分校第四届委员会委员并一致通过了工作报告。新当选的共青团山东大学威海分校第四届委员会召开第一次全体会议，并选举出新一任团委书记杨玉，副书记于振涛、孙丽霞。

本月 山东省教育厅正式批准山东大学威海分校与韩国清州大学合作举办旅游管理专业专科项目。该专业已列入分校 2006 年的专科(高职)招生计划。

6 月

8 日 威海分校在文学楼前举行“先师孔子”雕像落成揭幕典礼。分校党委书记李建军，副书记刘玉殿，副校长陈金钊，副书记柴月禄，副校长赵玉璞、陈冠军，纪委书记谷源秘等校领导和部分师生参加了典礼。曲阜市委副书记、市长江成，市长助理、曲阜经济技术开发区管委会主任邱振平等嘉宾出席揭幕典礼。

李建军书记和江成市长共同为“先师孔子”雕像揭彩。这尊“先师孔子”全身石像连同底座高达 5.18 米、重 8 吨，由孔子故乡曲阜市委、市政府捐赠给威海分校。

12 日 韩国培材大学郑淳勋校长一行访问山东大学威海分校，韩圣浩校长与郑淳勋校长共同签署了两校关于合作设立“山东大学威海分校培材韩国语教育中心”的协议，并参加了该中心揭牌仪式。

16 日 韩圣浩校长为韩国著名经济学家黄义珏先生颁发客座教授聘书。

17 日 威海分校科研工作会议在主楼报告厅举行。山东大学党委副书记、威海分校党委书记李建军，山东大学副校长娄红祥，威海市副市长李淑芳等出席会议。韩圣浩校长作题为“把握创新主旋律，开创我校科研工作新局面”的讲话。

2006年

6月

28日　山东大学与威海市政府签署“十一五”期间共建协议。山东大学校长展涛，威海市委书记崔曰臣，威海市市长宋远方，山东大学党委副书记、威海分校党委书记李建军，山东大学副校长王琪珑，山东大学副校长、威海分校校长韩圣浩，威海分校副校长赵玉璞、陈冠军及威海市有关部门负责人出席签字仪式。签字仪式由威海市委常委、副市长马世和主持，展涛校长和宋远方市长在协议上签字。

2006年6月28日，威海市政府与山东大学签署“十一五”期间共建山东大学威海分校协议

30日　韩圣浩校长为美国詹姆士麦迪逊大学商学院王平教授颁发客座教授聘书。

本月　2006年度国家社会科学基金项目评审结果揭晓。威海分校申报的项目《中外政治思想文化视野中的当代中国政治价值体系建构方法研究》获评重点项目，《英租威海卫法律史的比较研究》获评一般项目。

7月

5日　俄罗斯新西伯利亚国立技术大学暑期班学生来校，进行为期一个月的中国文化体验。

16日　教育部高等教育教学评估中心在国际学术交流中心召开普通高等学校本科教学工作水平评估整改工作研讨会。教育部高等教育教学评估中心主任刘凤泰、副主任李志宏，山东教育厅副厅长宋承祥，山东大学副校长樊丽明，山东大学副校长、威海分校校长韩圣浩等出席研讨会。各省、区、市教育厅（教委）和2003～2007年已评高校负责评估工作的同志共计200余人参加了研讨会。

19日　威海分校召开治理商业贿赂专题会议，成立以李建军为组长，韩建新、谷源秘为副组长，相关部门负责人为成员的学校治理商业贿赂工作领导小组。

20日　教育部2006年高等学校辅导员班主任暑期骨干培训研讨班在主楼报告厅举行。教育部思想政治工作司司长杨振斌、副司长冯刚，山东大学党委副书记、威海分校党委书记李建军，山东大学党委副书记方宏建，教育部思想政治工作司思政处处长徐艳国，山东省委高校工委宣教处处长刘欣堂以及参加此次研讨班的来自国内各高校的领导和老师共500余人参加开班仪式。

2006 年

7 月

31 日　全国"法理学课程青年骨干教师高级研修班"在威海分校举行。来自全国各地 100 余所高校的法理学教师参加了本次研修班。

8 月

1～6 日　第四届全国青少年英语口语大赛在威海分校举行，来自全国各地的大、中、小学 130 余位选手参加了比赛。

12 日　山东省人大常委会副主任、山东大学党委书记朱正昌来分校视察工作。李建军书记，韩圣浩校长等陪同视察。

19 日　威海分校在网络楼报告厅召开领导班子建设研讨会。全体分校领导、副处级以上干部参加研讨会。

24 日　云南大学吴松校长一行 4 人来校考察。山东大学校长展涛会见来访客人，就山东大学与云南大学两校合作事宜达成共识。

28 日　教育部副部长李卫红在山东省人大常委会副主任、山东大学党委书记朱正昌、山东大学校长展涛、山东大学党委副书记、威海分校党委书记李建军等陪同下视察分校。视察期间，李卫红副部长听取学校领导和有关单位党政负责同志的情况介绍，并对分校取得的成绩给予充分肯定。

9 月

5 日　在第五届"挑战杯"大学生创业计划竞赛山东赛区的比赛中，威海分校有 7 件学生作品获奖。其中海洋学院孙启凡等同学的参赛作品《宁安生物科技研发公司》获得省级特等奖，并推荐参加全国总决赛。

10 日　美国圣巴巴拉城市学院 Peter Haslund 教授带领海外校园访问团来校访问，其间，美国大学生与分校部分学生开展了语言文化交流等活动。

14 日　刘玉殿副书记率团赴日本访问，分别对日本北海商科大学、东北学院大学、中国驻日使馆教育处、日本亚细亚文化中心、京都光华女子大学等单位进行友好访问。

19 日　威海分校"爱心传递——元超市"活动获评山东省"大学生思想政治工作创新奖"。

19～20 日　第二届环黄海产学官大学校长论坛在山东日照举行。共有来自中、日、韩三国近 50 所高校的代表、企业界人士及政府官员共 120 余人参会。开幕式由韩圣浩校长主持，山东大学校长展涛致欢迎辞，中国商务部亚洲司司长吕克俭和日照市常务副市长李守民分别致辞。

28 日　在全国大学生数学建模竞赛山东组比赛中，威海分校有 1 支参赛代表队被推荐为国家二等奖，5 支参赛队获山东省一等奖，4 支参赛队获山东省二等奖。

本月　数学与应用统计系刘桂真教授获得第二届"山东省教学名师奖"。

10 月

9 日　韩圣浩校长参加由教育部和国家外国专家局共同主办、国家教育行政学院承办的"2006 高校领导赴加拿大培训考察团"。考察团先后在不列颠哥伦比亚大学和阿尔伯塔大学进行近四周的专题学习与培训。

16 日　以宁夏回族自治区政协副主席、宁夏大学党委书记、校长陈育宁教授为团长的宁夏大学访问团一行来校参观访问。

2006年

10月

18日　山东大学口腔医院威海分院、威海市立医院山大分院开业庆典举行。

27～28日　2006年山东大学全国重点中学校长论坛在国际学术交流中心举行。共有来自全国15个省100余所重点中学的校长参加了本次论坛。

30日　山东大学党委副书记、威海分校党委书记李建军与云南大学党委副书记、校长吴松在云南大学签署了《山东大学—云南大学校际合作协议》，标志着分校与西南高校的合作与交流进入了一个新阶段。

11月

14日　威海分校召开2006年毕业生就业总结表彰大会。分校党委书记李建军、副书记刘玉殿、副校长陈冠军等出席大会。

20日　分校党委副书记柴月禄率团先后对澳大利亚西澳大学、悉尼理工大学和澳大利亚堪培拉大学等高校进行友好访问。

29日　韩国祥明大学副校长申铉淑博士一行访问山东大学威海分校，分校校长韩圣浩与其签署两校合作交流协议。根据协议，两校从2007年9月起开展教师和学生交流工作。

12月

4～11日　分校党委书记李建军随“威海市教育代表团”赴台湾海洋大学、龙华科技大学、嘉义大学和义守大学等4所大学访问。

9日　美国南德州法学院副校长Catherine Greene Burnett教授一行访问山东大学威海分校，并与法学院商谈有关联合出版《中美法律教育评论》杂志事宜。

11日　韩国富川大学教授访问团在车炫直校长带领下访问山东大学威海分校。

20日　分校召开本科新办专业评估工作会议。专家组对分校19个本科新办专业进行现场评估。

28日　韩国祥明大学徐明德校长率团访问山东大学威海分校。

本月　威海分校被授予“2006年度山东省大学生志愿服务西部计划实施工作优秀组织单位”荣誉称号。

本月　威海分校申报的法律方法论研究基地、法学理论重点学科获评山东省“十一五”科教强省行动计划重点建设项目。

2007年

1月

17日　山东大学威海分校党委书记李建军会见到访的中山大学珠海校区党委书记唐燕等一行4人，双方就共同关注的高校异地办学的管理体制及模式进行了深入探讨。

24日　韩国前国务总理、首尔大学前校长李寿成教授一行来校访问。

2月

2日　韩国技术教育大学郑秉锡校长一行3人来校访问。

2007 年

3 月

9 日　韩·山东交流协会许东元理事、咸定勋事务局局长率韩国外国语大学、三路大学、首尔市立大学三校学生会长来校访问考察，就双方开办暑期学校项目进行了研讨。

15 日　共青团山东省委副书记孙爱军、共青团山东省委常委、学校部部长李玉国、共青团威海市委副书记李英春、共青团威海市委基层部部长张传港一行 4 人来分校检查指导共青团工作。

16 日　威海分校第三届教职工代表大会第三次会议在国际学术交流中心召开。分校党委书记李建军在会上作《加强管理，提高质量，建设特色》的讲话，韩圣浩校长作《特色兴校铸品牌，内涵发展创一流》的学校工作报告，韩建新副校长作提案工作报告。

22 日　韩国庆北大学校长卢东一率团来校访问，韩圣浩校长在国际学术交流中心贵宾室会见了客人，双方共同签署了两校学生交流协议。

29 日　威海分校与威海高区怡园办事处"法律服务进社区"启动仪式在高区怡园办事处举行，赵玉璞副校长出席仪式并致辞。

本月　在 2007 年美国大学生数学建模大赛中，威海分校 7 支参赛队伍共获得一等奖 1 项、二等奖 3 项、三等奖 3 项的优异成绩。

4 月

4 日　2006 年"自立自强"优秀贫困生表彰会暨事迹报告会在主楼报告厅举行，刘玉殿副书记出席大会并讲话，共有 251 名学生受到表彰。

7～9 日　国家自然科学基金委数理部常务副主任汲培文来校访问。韩圣浩校长与汲培文、国家天文台副台长赵刚及空间科学与应用物理系负责人详细研究了山东大学空间科学研究院建设的规划设计，明确了组织形式、学科建设和发展方向。

15 日　由全国高等学校大学外语教学指导委员会和高等学校大学外语教学研究会主办的全国大学生英语竞赛初赛在威海分校举行。

20 日　山东大学副校长娄红祥率领山东大学学科建设办公室主任张承慧、科技处处长赵显及实验与设备管理处处长马传峰一行来校对重点学科建设与"211 工程"规划进行调研。

24～26 日　韩圣浩校长率团赴西安石油大学和西安科技大学，考察"1＋2＋1 中美人才培养计划"项目开展情况。

5 月

9 日　韩国清州大学金润培校长一行来校访问。

14～18 日　韩圣浩校长率团访问韩国祥明大学、国民大学等高校，并签订有关合作交流协议。

18～22 日　东北亚近代文化交流关系国际学术研讨会在国际学术交流中心召开，来自中、日、韩三国的日本神户学院大学、韩国首尔大学校、北京大学、清华大学、山东大学等 18 所知名高校的 30 余名学者参加本次会议。

23 日　美国阿肯色大学史密斯堡分校校长 Paul B. Beran 一行来校访问，李建军书记、陈冠军副校长在国际学术交流中心贵宾室会见了客人，双方共同签署了两校合作与交流备忘录。

2007 年

5 月

25 日　韩圣浩校长为美国高通公司总工程师齐颖勇教授颁发特聘客座教授证书。

本月　在全国大学生英语竞赛决赛中，威海分校有 6 名学生获得全国特等奖，7 名学生获得一等奖，1 名学生获得专业组特等奖。

本月　新的学校南门竣工。

6 月

4～8 日　韩圣浩校长率团参加韩国清州大学建校 60 周年校庆典礼，并作为清州大学海外姊妹学校代表在典礼上致辞。在清州大学期间，韩圣浩校长一行对该校进行了年度工作访问。访问团还对分校在韩国的第一所姊妹学校——富川大学进行了友好访问。

5 日　中共山东省委书记李建国在威海市委书记崔曰臣、市长王培廷的陪同下来校视察。

9 日　山东大学威海天文台暨威海市天文台落成典礼举行。中共山东省委副书记、省人大常委会副主任高新亭，山东大学校长展涛、国家科技部基础司司长张先恩、国家自然科学基金委数理学部常务副主任汲培文、中国天文学会理事长、国家天文台副台长赵刚，威海市委书记崔曰臣、山东省科技厅副厅长徐茂波、校党委书记李建军、威海市委常委、市委秘书长张剑，威海市副市长梁良以及来自清华大学、北京师范大学、中国海洋大学、鲁东大学、哈尔滨工业大学(威海)、威海职业学院等兄弟院校的领导和嘉宾，学校全体校领导、各院(系、部)、各职能部门负责人、师生代表等共计 200 余人参加了典礼。典礼由韩圣浩校长主持。

2007 年 6 月 9 日，山东大学威海天文台暨威海市天文台正式落成

22 日　威海分校举行“大学生实践能力与创新能力培养”校长—学生座谈会，韩圣浩校长、陈冠军副校长出席座谈会，学生处、校团委、教务处等单位负责人和大学生科技创新中心、学生会、学生社团、各院系学生代表参加座谈。

2007 年

6 月

25～28 日　韩国中央大学校长朴范薰教授率演出团来校进行访问演出，李建军书记、韩圣浩校长分别会见朴范薰校长，韩圣浩校长在与朴范薰校长会谈时就两校今后进行多领域合作问题进行了商谈。其间，“韩国中央大学—中国山东大学威海分校庆祝中韩建交 15 周年”联合文艺演出在学校主楼广场举行。

30 日　2007 届毕业生毕业典礼在主楼广场举行，山东大学校长展涛、中国科学院院士蒋民华、校党委书记李建军、校长韩圣浩及刘玉殿、陈金钊、韩建新、柴月禄、陈冠军、谷源秘等学校领导出席仪式，各院系党政负责人、教师代表、部分学生家长和 3500 多名 2007 届毕业生参加了典礼，典礼由李建军书记主持。毕业典礼结束后，2007 届毕业生学位授予仪式在主楼报告厅举行，展涛校长为毕业生颁发学位证书。

本月　在由中国青年报中青在线和东森校园共同发起的全国高校校园十佳社团评选活动中，威海分校星星笑曲艺社被评为全国十佳学生社团。

7 月

1 日　为庆祝中国共产党建党 86 周年及香港回归 10 周年，威海分校全体学生党员，教职工党员代表在主楼广场前举行党员升旗宣誓仪式，李建军书记、韩圣浩校长等学校领导出席了仪式。仪式结束后，分校领导向在学校第二届十佳大学生评比活动中获奖的同学颁发荣誉证书。

4 日　韩国韩世大学金成惠校长一行来校访问。

20 日　韩圣浩校长和青海民族学院院长王作全签署《山东大学威海分校、青海民族学院校际合作意向书》。

23 日　教育部党组书记、部长周济视察威海分校，山东省人大常委会副主任、山东大学党委书记朱正昌，山东大学校长展涛，威海分校党委书记李建军，山东大学党委副书记、纪委书记方宏建，威海分校校长韩圣浩等学校领导陪同视察。周济部长听取了学校领导有关威海分校的情况汇报，参观了校园和山东大学威海天文台，对学校的发展成绩和发展方向给予了肯定。在威期间，周济部长在教育部直属高校巡视专员交流研讨会上作了形势报告，并同与会巡视专员进行了工作座谈。此次会议由中央纪委驻教育部纪检组组长、教育部党组成员田淑兰主持，展涛、李建军、方宏建、韩圣浩等校领导出席会议。

22 日　美国内布拉斯加大学科尼分校教授团来校开展为期近两周的语言培训活动，帮助提高分校教师和学生的英文水平。

25～27 日　韩国昌原大学新任校长朴成浩教授一行来校访问。

8 月

2 日　韩国祥明大学校长徐明德一行来校访问，徐明德校长一行还在国际学术交流中心举办“2007 年度韩国祥明大学教务会议”。

4 日　李建军书记率团访问宁夏大学。访问期间，双方就学校基本情况、党建和学生思想政治工作的开展等进行交流，并达成了互派学生开展“第二校园”访学活动的意向。

7 日　李建军书记一行抵达宁夏医学院访问，双方就学校发展、办学思路与特色、党建和思想政治工作情况等进行了讨论和交流。宁夏回族自治区党委书记陈建国在自治区党委办公楼会客厅会见了李建军书记一行。

2007年

8月

16～18日　“夸父”计划有效载荷论证报告评审及研讨会在国际学术交流中心举行。会议由山东大学、国家空间天气监测预警中心和中国科学技术大学联合承办，参加评审会的专家来自中国科学院、教育部、中国气象局、航天科技集团及国家自然科学基金委等单位。北京大学涂传诒院士、威海分校空间科学与应用物理系夏利东教授等“夸父”计划项目组成员、有效载荷设计承建单位负责人等共30余人参加了会议，韩圣浩校长出席开幕式并参加了研讨会。

25日　威海市—山东大学“产学研”合作座谈会在威海举行，山东大学校长展涛、副校长娄红祥，威海市委副书记、市长王培廷，副市长董进友，分校党委书记李建军、校长韩圣浩等出席会议。

本月　应用数学与统计系刘桂真教授获教育部“第三届高等学校教学名师奖”。陈冠军教授荣获第三届“山东省教学名师”荣誉称号。

本月　在第十届“挑战杯”山东省赛区竞赛中，威海分校报送的10件“挑战杯”作品中有9件作品获奖，其中省级特等奖1件、省级一等奖4件、省级二等奖3件、省级三等奖1件，同时，威海分校还被评为省级优秀组织单位，有6位老师被评为省级优秀指导教师。

本月　2007年度山东省精品课程评审中，威海分校2门课程被评为山东省精品课程。

9月

8日　威海分校召开校领导读书会，全体分校领导、有关单位负责人参加了读书会，会议由李建军书记主持。与会人员集体学习了胡锦涛总书记在全国优秀教师代表座谈会上的重要讲话以及山东省人大常委会副主任、山东大学党委书记朱正昌在山东大学校领导读书会上的讲话精神，并结合周济部长视察分校时的讲话和展涛校长对学校发展的意见，围绕学校发展的主要问题进行了交流和讨论。

24日　分校党委书记李建军率团赴欧洲访问，出访期间先后访问了法国南布列塔尼大学、瑞典布莱津理工大学等高校。

25日　2007年庆国庆迎新生仲秋军民联欢晚会在主楼广场举行。

本月　受国际自然及自然资源保护联盟物种委员会邀请，自2007年9月开始，威海分校海洋学院王亚民副教授成为该委员会鲨鱼专家组唯一的中国委员。

10月

3日　原国务委员、全国政协原副主席、两院院士宋健在威海市委书记崔曰臣的陪同下来校视察。

20～21日　威海分校召开学科建设与研究生教育工作会议，国务院学位委员会办公室副主任、教育部学位管理与研究生教育司副司长郭新立、山东大学副校长娄红祥、校党委书记李建军、副书记刘玉殿、副校长陈金钊和山东大学研究生院、研究生工作部、学科建设办公室等部门有关负责人、分校各院系、相关职能部门的负责人和全体研究生导师参加了会议。

27日　潘承洞院士铜像揭幕仪式在学校图书馆大厅举行。

28～30日　香港浸会大学文学院院长钟玲女士率国际作家工作坊共11位作家访问山东大学威海分校，此行是该工作坊2007年“海洋”写作计划的重要

2007 年

10 月

组成部分。其间，工作坊作家与分校的专家学者就文学与创作专题进行了深入探讨。

29 日　威海市与山东大学共建“海洋研究院”论证会在威海市政府会议室召开，李建军书记、威海市副市长李东升、市政府秘书长李丹、副秘书长宋林继以及市科技局等市直有关部门、学校科研处和海洋学院有关人员参加了会议，论证会由威海市委副书记、市长王培廷主持。

11 月

3 日　山东大学—威海市“产学研”合作洽谈会在威海市创业大厦举行，山东大学校领导展涛、李建军、娄红祥、韩圣浩，威海市领导王培廷、徐东升、董进友，国家自然科学基金委数理学部常务副主任汲培文，山东省科技厅副厅长徐茂国，中国天文学会理事长、国家天文台副台长赵刚等领导和嘉宾出席了会议，威海市科技局、财政局等相关部门负责人、山东大学以及威海分校 80 余位专家教授、威海市 100 余位企业家参加了会议。会上，山东大学校长展涛和威海市委副书记、市长王培廷分别代表山东大学和威海市政府签订了《威海市政府与山东大学产学研战略联盟合作协议》，有关各方还签署了《威海市政府与山东大学共建威海市海洋研究院协议》《高区管委与山大共同建立山大科技园威海分园协议》《山东大学与拓展纤维公司共建工程技术研究中心协议》等。

3～4 日　威海分校在空间科学与应用物理系会议室召开空间科学学科建设研讨会，韩圣浩校长主持会议，国家自然科学基金委数理学部常务副主任汲培文、国家天文台副台长赵刚、中科院高能所研究员常哲及威海分校科研处、研究生处、空间科学与应用物理系有关领导与专家教授参加了会议。

19 日　威海“华新集团助学金”发放仪式在分校举行，刘玉殿副书记、威海华新集团董事长王清山出席捐助仪式。本次威海华新集团共提供专项助学金 24 万元，用于资助学校 30 名家庭经济困难的学生，受资助的学生每人每年将获得 2000 元的助学金。李建军书记在国际学术交流中心会见了王清山董事长。

25 日　陈冠军副校长一行参加中教国际交流协会组织的访问团，对美国北亚利桑那大学、特洛伊大学、鲍尔州立大学、乔治梅森大学、美国州立学院与大学协会进行了友好工作访问，陈冠军一行还看望了分校在美国各高校的留学生。

28 日　陈金钊副校长率团对澳大利亚、新加坡部分友好学校进行了访问，在澳大利亚期间，访问团先后访问了悉尼大学、新南威尔士大学及伍伦贡大学，并与伍伦贡大学的信息学院、法学院签订了相关合作协议。陈金钊一行还顺访了我国驻新加坡共和国大使馆、新加坡南洋理工大学继续教育学院和人文与社会科学学院，双方就开展短期培训达成了合作意向。

本月　威海分校获评山东省 2005～2007 年度省级“花园式单位”称号。

12 月

6 日　文平地产助学基金捐赠仪式在威海分校举行，威海市政协主席于兰模、分校党委书记李建军、文平房地产有限公司董事长刘学文、总经理刘志勇、分校党委副书记刘玉殿、副校长韩建新和部分师生代表出席捐赠仪式。李建军为刘学文颁发山东大学校董聘书和捐助证书，并代表学校与文平地产签订校企合作协议。

2007 年

12 月

21 日　威海分校举办第二届青年思想政治教师教学基本功竞赛活动，分校各院系承担“形势与政策”课的青年教师共 14 人参加了本次竞赛，分校党委副书记刘玉殿和教务处、学生处负责人、各院系辅导员老师观摩了竞赛活动。

22～25 日　李建军书记率团对韩国富川大学、第一理工大学、外国语大学等高校以及韩山东交流协会进行了友好工作访问，并就有关合作项目进行了会谈。其间，还看望了分校在韩学习的部分学生。

28 日　由威海分校资助 12 万元、帮扶文登市汪疃镇窑夼村建设的自来水工程顺利完工，分校党委书记李建军、副校长韩建新参加了通水仪式，李建军代表学校接受了汪疃镇窑夼村村民赠送的题为“民生工程顺民心，吃水不忘打井人”的锦旗。

29 日　威海分校首届实践教学成果展开幕，分校党委书记李建军、校长韩圣浩等学校领导和广大教师一同参观了成果展，此次成果展的主题是“深化实践教学改革，提高学生创新能力”。

2008 年

1 月

5 日　威海分校召开学科发展研讨会。山东省科技厅副厅长、山东海洋工程研究院院长李乃胜，山东省海洋与渔业厅副厅长刘元林，分校党委书记李建军，副校长陈冠军等领导出席研讨会，教务处、研究生处、科研处等部门的负责同志和海洋学院全体教授、副教授、博士等参加了研讨会。与会专家、领导从学科发展历史、办学理念、师资队伍、实验室建设、科研建制、研究生培养、重点学科等各个方面，就海洋学院的学科建设进行了研讨。

21 日　台湾大学生黄金海岸行冬令营活动在威海分校开营。分校党委书记李建军主持开营仪式。威海市委副书记边祥慧、海峡两岸关系协会联络部主任张娟、山东省台湾事务办公室处长曹晓武、威海市台湾事务办公室主任张建辉、台湾交流团团长曾丽丹女士和副团长陈仲华女士以及陈金钊副校长参加开营仪式并讲话。

本月　由沂南县人民政府捐赠的诸葛亮石像在玛珈山下落成。

2 月

19 日　分校党委书记李建军会见济南军区驻山东大学国防生选拔、培养办公室原主任李德平同志和现任主任潘春勇同志。

21～27 日　韩圣浩校长率团对印度、越南的教育机构和高校进行了友好访问。访问团先后到达中国驻印度大使馆、印度部分高校以及越南太原省师范大学访问。

3 月

1 日　韩国科技部前副部长孙赫载博士一行来校访问。

5～6 日　山东大学党委常务副书记尹薇到分校调研，着重就分校中层领导班子换届工作、干部队伍建设、组织工作等进行了调研。

15 日　第三届教职工代表大会第四次会议召开。分校党委书记李建军致开幕辞，校长韩圣浩作学校工作报告。

17 日　威海市委副书记、代市长孙述涛到分校调研。分校党委书记李建军、校长韩圣浩等校领导陪同孙述涛先后参观了海洋学院、国际生物技术研发中心、天文台和图书馆等部门并进行座谈。

2008 年

4 月

3 日　根据山东大学文件(山大党字[2008]6 号),经党委常委会研究,同意成立中共山东大学威海分校数学与统计学院总支部委员会,撤销原中共山东大学威海分校应用数学系总支部委员会;成立中共山东大学威海分校空间科学与物理学院总支部委员会,撤销原中共山东大学威海分校空间科学与应用物理系总支部委员会。

同日　根据山东大学文件(山大党字[2008]7 号),经党委常委会研究,同意成立中共山东大学威海分校机电工程学院总支部委员会。

同日　根据山东大学文件(山大党字[2008]8 号),经党委常委会研究,同意成立中共山东大学威海分校退(离)休总支部委员会,撤销原中共山东大学威海分校退(离)休直属党支部委员会。

16 日　根据教育部文件(教党任[2008]34 号),任命韩圣浩为中共山东大学委员会委员、常委。

19~20 日　第四届全国高校自动化系主任(院长)论坛在召开。威海分校校长韩圣浩致开幕辞,中国工程院院士、全国高校自动化专业教学指导分委员会主任、清华大学吴澄教授致闭幕词。中国工程院院士、东北大学柴天佑教授,山东大学长江学者讲座教授付敏跃教授,贝加莱工业自动化(上海)有限公司中国地区总经理肖维荣博士,山东大学控制科学与工程学院院长孟庆虎教授分别作了论坛发言。国家自然科学基金委员会信息科学部三处处长王成红、山东大学校长助理贾磊等出席了论坛。

27 日　威海分校副校长韩建新应邀率团对韩国富川大学、水原大学、朝鲜大学、又石大学等高校进行访问。

29 日　根据山东大学文件(山大党任字[2008]11 号),仝兴华兼任威海分校党委书记;李建军不再兼任威海分校党委书记职务。

29~30 日　威海分校副校长赵玉璞一行应邀访问韩国首尔市立大学并参加该校90 周年校庆活动。

本月　在 2008 年美国大学生数学建模竞赛中,威海分校 11 支参赛队伍全部获奖,其中 3 支队伍获得一等奖,5 支队伍获得二等奖,3 三支队伍获得成功参赛奖。

5 月

4 日　机电工程学院揭牌仪式在电信楼举行。山东大学党委副书记李建军,山东大学副校长、威海分校校长韩圣浩、副校长陈金钊等校领导和学校各部处、院系领导出席了仪式,机电工程学院党政领导、全体师生参加了揭牌仪式。

7 日　威海分校召开中层以上干部和学术骨干大会。山东大学党委书记朱正昌在会上宣布了关于仝兴华、李建军同志的任免决定并作重要讲话,对学校的工作提出希望和要求。山东大学党委常务副书记尹薇主持会议。山东大学党委副书记李建军,山东大学党委副书记、威海分校党委书记仝兴华分别作了讲话。

9 日　威海分校召开岗位设置聘用管理工作会议,校长韩圣浩、副校长陈冠军出席会议。各院部、直属科研机构主要负责人,机关各部门负责人参加会议。

2008年

5月

28日　2008年山东省共青团学校工作会议在威海分校召开。共青团山东省委副书记张辉到会并讲话，全省各高等院校团委书记，各市团委分管副书记、学校部部长出席会议。会议由共青团山东省委学校部部长李玉国主持。仝兴华书记致欢迎辞。

本月　经山东大学批准成立山东大学空间科学研究院，由中国科学院国家天文台副台长赵刚任院长（兼职）。

6月

13日　威海市海洋研究院揭牌仪式在威海分校举行。威海市委书记王培廷，威海分校党委书记仝兴华，校长韩圣浩，威海市政府副秘书长孙盛川，威海市海洋与渔业局等相关部门领导，分校科研处、海洋学院负责同志，海洋学院师生代表参加了此次活动。仪式由赵玉璞副校长主持。威海市海洋与渔业局局长汤光仿，分校海洋学院院长、威海市海洋研究院院长梁振林分别作了讲话。王培廷、仝兴华共同为威海市海洋研究院揭牌。

2008年6月13日，山东大学威海分校与威海市共建海洋研究院揭牌仪式

21日　2008届毕业生毕业典礼在主楼广场举行。山东大学校长展涛，山东大学党委副书记、威海分校党委书记仝兴华，山东大学副校长、威海分校校长韩圣浩等出席大会，各院系党政负责人、教师代表、部分学生家长和3498名2008届毕业生参加了典礼。毕业典礼结束后，展涛校长为每一位毕业生授予毕业证并合影留念。

23～25日　分校校长韩圣浩率团参加在昆明召开的2008“1＋2＋1中美人才培养计划”年会和第五届学生毕业典礼，并与美国乔治梅森大学校长亚伦·莫尔顿博士共同为威海分校参加该项目的首名毕业生颁发了两校的毕业证和学位证。会议期间，韩圣浩一行还访问了云南大学，双方就两校间开展的合作交换了意见。

30日　威海分校举行庆“七一”新党员入党宣誓暨评优表彰大会，表彰2006～2007年度先进基层党组织、优秀共产党员和优秀党务工作者。大会由分校党委副书记刘玉殿主持，分校党委书记仝兴华致辞，柴月禄、谷源秘等分校领导出席了大会，各党总支（直属党支部）书记、各部门党员代表参加了大会。

2008 年

6 月

本月 威海分校有 2 门课程被评为 2008 年度山东省精品课程，1 门省级精品课程获得推荐参评 2008 年度国家级精品课程资格。

本月 从 2008 年起，威海分校在连续两年试点的基础上，在全校范围内推广“第三学期”，成为山东省首个全面实施“第三学期”制度的高校。为深化学分制改革，提高教学质量，威海分校决定在保持全年上课总时间不变的情况下，适度压缩春季和秋季学期的课时，将常规的两学期调整为“两长一短”三个学期，即一个学年分为三个学期，秋季学期 18 周(教学 16 周，考试 2 周)，春季学期 17 周(教学 16 周，考试 1 周)，夏季学期 5 周(教学 4 周，机动与考试 1 周)，寒暑假期共计 12 周。

7 月

3 日 美国内布拉斯加大学科内分析(UNK)教授团一行 13 人到校进行为期 10 天的交流活动。

8 日 韩国韩南大学校长金炯泰一行来校访问，校长韩圣浩与金炯泰共同签订了“2＋2 双学位”学生交流协议。会见结束后，学校与韩国韩南大学、美国内布拉斯加州立大学(UNK)共同举行了三国学位授牌仪式。

13～22 日 关于“冷星”研究的“中德暑期学校”在威海分校举行。来自中国、德国、瑞典、俄罗斯等多个国家的专家学者和 30 多名研究生参加了此次活动。

17 日 由中国宋庆龄基金会主办，山东大学承办的第三届“阳光国际青少年交流营”开营仪式在威海分校举行。中国宋庆龄基金会常务副主席俞贵麟，中国宋庆龄基金会联络部部长吴存瑜，中国宋庆龄基金会理事北京思尔豪国际文化咨询有限公司总裁李小芬，山东大学校长展涛参加了此次开营仪式。此次交流营共汇集了海内外 383 名不同国籍、不同年龄的营员、辅导员以及工作人员，在我校进行为期 10 天的共同生活。

本月 空间科学与物理实验教学中心获评 2008 年度山东省普通高等学校实验教学示范中心。

8 月

9～13 日 分校党委副书记刘玉殿率团先后访问哈尔滨工业大学、延边大学和吉林大学。

16 日 教育部国际合作与交流司副司长刘宝利、徐永吉一行到分校考察。

本月 美国地球物理学会空间物理学分会(AGU-SPA)宣布将其首届日地系统科学青年科学家 Basu 奖(Basu Early Career Award in Sun-Earth Systems Science)授予空间科学与物理学院陈耀教授，以表彰他在二维磁流体太阳风模型研究方面以及在推动山东大学空间物理学科的建设和发展方面所做的出色工作。

9 月

8～12 日 分校党委书记仝兴华率团先后访问韩国水原大学、技术教育大学和昌原大学等高校。访韩期间，仝兴华还看望了正在韩国技术教育大学和昌原大学学习的美术设计和韩国语专业的 11 名学生。

2008 年

9 月

19～21 日　分校校长韩圣浩先后对南布列塔尼大学的洛里昂校区和瓦纳校区进行友好工作访问。访问期间，韩圣浩会见了南布列塔尼大学校长 Eric Martin 博士，双方就两校间进一步扩大合作专业范围、提高合作层次等实质性内容进行会谈。

27 日　威海分校 2008 级新生开学典礼暨迎新晚会在主楼广场举行。分校党委书记仝兴华、校长韩圣浩等校领导共同出席典礼，韩圣浩在开学典礼上讲话。广大师生共同观看了"庆国庆迎新生军民联欢晚会"。

本月　空间科学与物理学院陈耀教授获得 2008 年度国家杰出青年基金资助。

10 月

9～13 日　应韩国中央大学校长朴范薰教授邀请，分校校长韩圣浩率艺术学院 30 余名学生随山东大学艺术学院民族管弦乐团，赴韩国中央大学访问演出。其间，韩圣浩还访问了韩国高丽大学、东西大学和暻园大学等友好学校。

21 日　威海分校召开部分中层领导班子换届调整动员大会，分校党委书记仝兴华作动员讲话。

24 日　分校校长韩圣浩为中国科学院上海天文台平劲松研究员颁发兼职教授聘书。

26 日　分校党委书记仝兴华为银川大学校长孙珩超教授颁发兼职教授聘书。孙珩超教授在国际学术交流中心报告厅为学校师生作关于企业实践的学术报告。

31 日　分校校长韩圣浩率团对浙江大学进行友好工作访问。访问期间，韩圣浩一行还了解了浙江大学的竺可桢学院、求是学院和丘成桐数学班等特色教育模式的办学情况，并参观考察了浙江大学紫金港新校区。

本月　在 2008 年度国家自然科学基金项目评审中，威海分校共有 4 个项目获准立项。

本月　在 2008 年全国大学生数学建模竞赛中，威海分校学生共获得国家一等奖 2 项、二等奖 2 项，山东省一等奖 4 项、二等奖 9 项、三等奖 2 项。

11 月

3 日　分校校长韩圣浩、韩国驻青岛领事馆总领事金善兴共同为落户威海分校的韩国"世宗学堂"进行开院揭牌。金善兴为师生作了题为《韩中交流的丝绸之路——山东半岛》的报告。"世宗学堂"项目是由韩国政府出资，免费向当地公务员、公司职员、大学生、市民等教授韩国语言，在世界范围内推广韩国语和韩国文化的文化教育项目。

4 日　分校党委书记仝兴华会见到访的澳中理事会特派员 Vivian Lin 教授、澳大利亚驻华使馆新闻文化参赞 Janaline Oh 女士。

10 日　威海分校召开全校中层干部大会。分校党委书记仝兴华发表重要讲话，副书记刘玉殿宣读了新一届中层干部任命名单。

25 日　国际教育学院成立仪式在韩国学院举行。分校党委书记仝兴华，副校长兼国际教育学院院长赵玉璞参加仪式并为国际教育学院揭牌。

2008 年

11 月

27 日　威海分校举办中层干部培训会。分校党委书记仝兴华、校长韩圣浩出席培训会并分别作了专题报告。

28 日　威海分校第一期“校长有约”座谈会举行，分校校长韩圣浩出席座谈会。

本月　威海分校市场营销专业被评为 2008 年省级特色专业。

12 月

5 日　威海分校海洋学院 2005 级生物科学专业本科生王夙博同学获评第五届中国青少年科技创新奖。

11 日　威海分校举行管理团队执行力建设专题报告会。山东大学党委副书记李建军作了关于《构建和谐团队，努力提升执行力》的专题报告。

24 日　威海分校召开各民主党派纪念改革开放 30 周年座谈会。

本月　在威海市“2008 年首届志愿者行动先进集体和个人”评选工作中，威海分校被评为优秀组织单位，商学院“四进社区”志愿服务队被评为“威海市十大杰出志愿服务集体”，同时有 3 个团体和 5 名个人获得表彰。

2009 年

2 月

10 日　国际小行星中心正式将学校天文台于 2008 年 12 月 24 日发现的临时编号为 2008 YM9 的小行星永久编号为 207931。这是学校天文台发现的首颗获得国际小行星中心永久编号的小行星，也是中国内地高校望远镜发现的第一颗小行星，学校成为中国内地第三家具有小行星命名权的单位。

26～27 日　威海分校召开寒假领导班子工作研讨会，分校领导、全体中层干部参加了会议，研讨会由分校党委书记仝兴华主持，校长韩圣浩在会上作了重要讲话。

3 月

11 日　威海高校图书馆向社会读者开放启动仪式在威海分校图书馆举行。威海市委常委、秘书长、宣传部部长张剑，副市长张波，分校党委书记仝兴华、副校长陈冠军及哈尔滨工业大学(威海)、威海职业学院有关领导、市直有关单位主要负责人出席仪式。

16 日　威海分校召开深入学习实践科学发展观动员大会。会议由分校党委书记仝兴华主持，刘玉殿、韩建新、柴月禄、赵玉璞、谷源秘等分校领导，全体中层干部、基层党支部书记、民主党派代表、离退休代表以及部分教师和学生代表等参加了会议。与会人员通过视频收看了山东大学召开的深入学习实践科学发展观活动动员大会。

20 日　威海分校在科学实验楼举行空间科学与物理省级实验教学中心揭牌仪式，分校党委书记仝兴华、校长韩圣浩共同为中心揭牌。

23～24 日　山东大学校长徐显明、党委副书记李建军、校长助理、人事处处长王剑敏及党委(校长)办公室、教务处、研究生院、国内合作办公室等部门负责人来分校调研工作。徐显明校长在会上提出了“统分结合，优势互补，各具特色，一体发展”的“大山东大学”发展架构。

2009 年

3 月

2009 年 3 月 23～24 日，山东大学校长徐显明、党委副书记李建军、校长助理、人事处处长王剑敏及学校有关部门负责人到分校调研

本月　在山东省教育厅 2008 年山东省高等学校优秀教材评选中，威海分校的《法理学》获评一等奖，《中国政治文化教程》获二等奖。

4 月

22 日　2008 年度学生资助工作总结交流会召开。中国电信威海分公司负责人在会上向威海分校捐赠助学基金 5 万元。

23 日　韩国祥明大学李铉清校长一行来校访问，分校校长韩圣浩、副校长赵玉璞会见了来宾。双方共同签署了两校本科生双学位合作协议。

30 日　威海分校文化艺术交流访问团与来自俄罗斯、日本、菲律宾的艺术团体一起参加了韩国富川市“第二十五届桃花艺术节”的开幕式演出及艺术节文艺团体大游行，受到了韩国各界人士的欢迎和赞誉。

5 月

4 日　纪念五四运动 90 周年文艺演出暨第四届十佳大学生颁奖典礼在艺术学院音乐大厅举行。分校党委书记仝兴华、副书记刘玉殿、副校长陈冠军出席典礼并为获奖学生颁奖。

15 日　威海分校与韩国大邱中国文化院签署合作协议，分校校长韩圣浩出席签字仪式。协议约定由学校东北亚研究中心与大邱中国文化院联合进行“最高经营者(CEO)课程”项目培训工作。

18 日　分校副校长陈冠军率团赴荣成石岛参加由威海市政府、山东省科技厅主办的“2009 荣成产业技术创新战略联盟活动周”活动。

22 日　威海分校第十二次学生代表大会、第三次社团代表大会和第三次研究生代表大会召开。

本月　信息工程学院 2006 级软件 1 班团支部获“山东省五四红旗团支部”称号。

2009 年

6 月

4 日　威海分校举行“东发优秀学士论文奖学金”捐赠仪式。东发房地产公司将每年向学校捐赠 5 万元，用于奖励本科毕业论文成绩优秀的学生。

13～16 日　2009“威海卫”杯山东省首届艺术院校音乐舞蹈大赛在威海分校举行。全省 42 所大中专院校代表队 1100 多名学生参加了比赛。威海分校获得特别金奖 6 个、一等奖 26 个、二等奖 34 个、三等奖 21 个。

16 日　全省服务外包示范基地工作会议在青岛召开。分校副校长陈冠军带队参加会议并代表学校与省、市政府领导共同签署山东省服务外包人才实训基地共建协议。

21 日　威海分校 2009 届毕业生毕业典礼在主楼广场举行。全体分校领导出席典礼，各院系党政负责人、教师代表、校友代表、部分学生家长和全体毕业生一同参加毕业典礼。典礼由分校党委书记仝兴华主持，分校校长韩圣浩为全体毕业生致辞，教师代表、毕业生代表、校友代表以及毕业生家长代表分别发言。陈冠军副校长宣读 2009 届毕业生学位授予决定，刘玉殿副书记宣读 2009 届优秀毕业生表彰决定。毕业生们为 20 位当选的“我最喜爱的专业老师”献上鲜花、证书与奖杯，全体毕业生举行宣誓仪式。

22～23 日　由威海分校承办的“1＋2＋1 中美人才培养计划”2009 年会在金海湾国际饭店召开。教育部国际合作与交流司、中国教育国际交流协会、山东省教育厅、中教国际教育交流中心有关领导及来自美国 18 所高校和国内 78 所高校的 260 余名学校代表以及近 200 多名学生和家长参加了会议。会议相继举办了美国高校教师来华进修探讨会、中美高校学分制研讨会、中美大学校长座谈会、中美高校学分学历互认研讨会、“1＋2＋1 中美人才培养计划”第六届学生毕业典礼、中美大学联欢晚会等活动，分校校长韩圣浩参加了有关活动。

7 月

7 日　分校党委书记仝兴华率有关单位负责人访问吉林大学，并走访了辽河油田、中石油东北管道公司和中石油物资采购公司沈阳分公司等单位，参观了辽河油田特油开采基地和油气管道运输调度中心等部门，就项目开发、人才培养、学生实习和就业等合作事宜与有关单位达成意向。

11～13 日　由空间科学与物理学院和中国科学院空间科学与应用研究中心联合举办的“‘萤火一号’PDS 标准培训暨研讨会”在威海分校行星数据系统(PDS)实验室召开。韩圣浩校长，中科院空间中心主任助理、科学技术与研究发展处处长许安，美国华盛顿大学地球与行星科学系资深科学家王阿莲出席研讨会并致辞。威海分校 PDS 实验室成为“萤火一号”中俄联合火星探测项目协作单位。

14 日　分校校长韩圣浩为翻译学院美籍教师米歇尔·托马斯·格林威尔(Michael Thomas Greenwell)先生颁发了山东省教育厅“2009 年度山东省外国文教专家教学奖”证书。

14～15 日　分校校长韩圣浩参加由山东大学和烟台大学联合主办的第五届“环黄海产学官大学校长论坛”。其间，韩圣浩会见了前来参会的日本熊本大学谷口功校长等人，就两校间的合作进行了交流。

22 日　山东大学学习实践科学发展观活动情况汇报会在威海分校举行。教

2009 年

7 月

育部副部长、党组成员李卫红听取了汇报，山东大学学习实践活动领导小组组长、校党委书记朱正昌，校长徐显明参加了汇报会。山东大学学习实践活动领导小组成员、校党委副书记李建军、方宏建、仝兴华，校学习实践活动领导小组办公室成员参加了汇报会。

26～28 日　分校校长韩圣浩会见来访的韩国又石大学罗钟一校长一行，并签署了校际合作协议。

8 月

10～14 日　艺术学院合唱团参加了“2009 中国(烟台)国际青少年合唱独唱音乐周”比赛，艺术学院合唱团以青年组第一名的成绩获得此次比赛的最高奖——“金杯奖”。

14～17 日　教育部社会科学委员会语言文学、新闻传播学和艺术学学部 2009 年度工作会议暨学术研讨会在威海分校召开。山东大学校长徐显明、教育部社科司副司长张东刚出席会议并讲话，全国各地的 30 余位语言文学、新闻传播学与艺术学学部委员和特邀代表参加了会议。

22 日　第二届中韩博士论坛在威海分校举行，与会专家学者针对当前朝鲜半岛局势变化及中国的影响进行了讨论与交流。

9 月

4 日　全国第十一届全运会威海赛区志愿者誓师大会暨培训仪式在威海分校举行。威海市委副书记边祥慧、副市长张波，山东大学威海分校党委副书记刘玉殿、哈工大(威海)党委副书记王建文等出席了大会。威海市三所高校的 400 余名志愿者参加了活动。

20 日　分校校长韩圣浩应邀访问瑞典布莱津理工大学，会见了布莱津理工大学副校长 Anders Hederstierna 等人，双方就研究生和本科生共同培养、互派教授、国际课堂等项目达成了多项合作共识。

23 日　威海分校在主楼广场举行庆祝建国 60 周年“祖国万岁”师生大合唱比赛，8 个机关部门代表队和 12 个教学院部的师生代表队为全校师生进行了表演。

24 日　“中国心·学子情”2009 年庆国庆迎新生军民联欢晚会在主楼广场举行。

25 日　威海分校艺术学院学生合唱团受邀参加北京奥运场馆水立方“百团万人颂中华”国庆 60 周年大型合唱歌咏会。

10 月

25 日　艺术学院李善杰副教授岩彩画展在威海市博物馆展出。威海市政协主席刘玉党、威海市副市长张波、威海分校校长韩圣浩、党委副书记刘玉殿等领导出席了开幕式。

27～28 日　中俄大学生艺术联欢节在威海分校举行，俄罗斯联邦教育署的 4 名官员和七所俄罗斯高校的 48 名师生代表参加了文化交流活动。教育部国际司欧亚处处长李海，俄罗斯大学生艺术团代表团团长奥丽嘉·德米特里耶夫娜·巴列修克女士，韩圣浩校长等领导和嘉宾先后致辞并观看了文艺演出。

2009 年

10 月

本月　中共山东省委高校工委发出《关于表彰2007～2008年度全省高校思想政治教育工作先进集体、先进个人的决定》，威海分校有4个集体、7位老师受到表彰。

11 月

1～7日　威海分校校长韩圣浩率团访问熊本大学、北海学园大学等日本高校，参加了熊本大学60周年校庆仪式，就科研合作、教师交换、学生交流等合作事宜达成共识。访问团还与北海学园大学签署了合作交流备忘录。

8～9日　美国特洛伊大学校长等一行4人来校访问。威海分校校长韩圣浩与特洛伊大学校长 Dr. Jack Hawkins 共同签署了“2＋2”双学士学位合作协议。

23～28日　分校副校长赵玉璞率团赴韩国访问，访问团一行先后访问了韩国中文教育机构 Chinaro 中国语学院、首尔市立大学、仁川市立专门大学、水原科学大学、平泽大学、白石文化大学等高校。

本月　山东省重点实验室立项建设审批工作结束，威海分校空间科学与物理学院光学天文与日地空间环境实验室获准立项。

12 月

9～15日　“第五届全国高校景观设计毕业作品展暨2009中国知名景观企业优秀作品展全国巡回展——走进山大威海分校”活动在威海分校海洋学院展厅举行，440多件优秀学生作品参加了展出。

21日　中国致公党山东大学威海分校支部成立大会召开，张晓曼当选为致公党山东大学威海分校支部第一届委员会副主任委员，姜世波为委员。

23日　威海分校举行欢送王维同学赴济南捐献造血干细胞仪式，信息工程学院2009级研究生王维同学主动加入捐献干细胞志愿者的行列，成为威海分校和威海市首位捐献造血干细胞的大学生。

本月　在第六届全国研究生数学建模竞赛中，威海分校首次组队参赛并获得一等奖1项、三等奖2项。

2010 年

1 月

4日　威海分校召开2010年学校思想政治工作研讨会，分校党委书记仝兴华出席会议并讲话。

3 月

6日　威海分校举行慈善义工管理中心成立仪式暨2009年度优秀志愿者表彰大会。分校党委副书记刘玉殿，威海市民政局局长、市慈善总会常务副会长李富胜，共青团威海市委书记李英春等出席仪式，学校优秀志愿者代表和全体慈善义工参加了大会。

19日　威海分校第四届教职工代表大会暨工会会员代表大会在国际学术交流中心召开。分校党委书记仝兴华致开幕辞，校长韩圣浩作学校工作报告；山东省教育工会主席李崇岗应邀出席会议并讲话。

23～24日　共青团山东省委对2009年度全省共青团系统工作突出的单位进行了表彰，威海分校团委被评为2009年度山东省“红旗团委”。

2010 年

3 月

25 日　由分校团委科创中心联合分校就业指导中心与威海高技区创业服务中心、共青团威海市委、威海市工商联、威海市创业促进会共同创立的“创业先锋”论坛第一期在威海分校举办。

本月　农业部发布文件，正式成立国家“海洋珍稀濒危野生动物救护网络”，威海分校成为该网络成员单位之一。

4 月

13 日　山东大学校长徐显明来分校调研。分校党委书记仝兴华、校长韩圣浩出席座谈会。徐显明作重要讲话，并着重就“一体化”发展理念的核心概念作了深入阐述和强调。

19～22 日　韩圣浩校长率团先后访问上海交通大学、同济大学和华东师范大学，重点考察和交流了学生创业教育、勤工助学和学生就业等方面工作。

25 日　分校党委书记仝兴华率团赴招远玲珑集团有限公司考察。仝兴华一行在招远市副市长李光武、招远市委政法委常务副书记周天军及玲珑集团有限公司副总裁王琳校友等的陪同下，考察了该公司研发中心、轮胎生产车间等，对企业状况进行了全面了解，并就加强校友联系与服务、推进校地校企合作进行了座谈。

27 日　威海分校开展为青海省玉树藏族自治州玉树县地震灾区捐款活动，全校师生积极参与，累计捐款 2003073 元，善款由分校工会送交威海市慈善总会，并将通过山东省慈善总会转交青海省玉树灾区，用于灾区重建。

28 日　威海分校举行就业导师聘任仪式，分校党委书记仝兴华、校长韩圣浩出席仪式并为就业导师们颁发聘书，12 名来自用人单位的领导和优秀校友成为分校首批就业导师。

本月　在 2010 年美国大学生数学建模竞赛中威海分校学生共获得一等奖 4 项，二等奖 4 项。

本月　生物科学专业被评为省级特色专业建设点。

5 月

19 日　文化部原副部长、时任故宫博物院院长、博士生导师郑欣淼先生应邀做客威海分校“人文名家论坛”并为师生作学术报告。

20～22 日　国家自然科学基金“十一五”重大基金项目《空间天气能量传输过程研究》关联课题研讨会在威海分校召开。空间物理科研团队参与了该项目第二子课题的研究。

23 日　“山东省品牌与传播研究基地艺术文化研究中心”揭牌暨“齐鲁晚报杯”中韩现代广告海报设计大赛颁奖晚会在艺术学院音乐厅举行。

26 日　分校校长韩圣浩率团访问韩国首尔产业大学、清州大学等高校和相关政府及研究机构。

30 日　山东省第五届青少年舞蹈比赛结束，艺术学院舞蹈系学生在比赛中共获得专业青年组一等奖 1 项、二等奖 10 项、三等奖 2 项，并获得了创编一等奖。

本月　信息工程学院 2006 级软件 1 班获得 2009 年度全国“五四红旗团支部”荣誉称号。

2010 年

6 月

4 日　学校东北亚研究中心与韩国大学发明协会签署《最高经营者培训课程》合作协议，双方将联合对韩国有关高校及企业人员进行培训。

12 日　第二届山东省韩国语演讲比赛在国际学术交流中心举行。来自全省 50 多所本专科学校的 63 名选手参加比赛，威海分校学生徐晓慧获得冠军。

21～23 日　“1＋2＋1 中美人才培养计划”十周年庆典和第七届学生毕业典礼在北京人民大会堂举行，来自中美近百所大学的 300 多名代表参加了活动。陈冠军副校长出席周年庆典和毕业典礼活动，分校同时获得了由中国教育国际交流协会、中教国际教育交流中心共同颁发的“特别贡献奖”。

23 日　威海分校在主楼广场举行 2010 届毕业生毕业典礼，全体分校领导出席典礼，各单位党政负责人、教师代表、校友代表、部分学生家长和全体毕业生一同参加了毕业典礼。

本月　国际小行星中心分别将山东大学威海天文台发现的两颗临时编号 2008 WQ58 和 2008 YN9 的小行星授予永久编号为 239645 和 241442，并给予命名权，这是天文台发现的第二颗和第三颗获得国际永久编号和命名权的小行星。此前，天文台于 2009 年 2 月获得首颗小行星国际永久编号和命名权。

7 月

10 日　威海分校与中国科学院空间科学与应用研究中心签署合作协议，双方将在中俄联合火星探测项目、地面观测台站建设等科研领域以及人才培养方面展开全方位的合作。

10～12 日　威海分校与中国科学院空间科学与应用研究中心（空间中心）联合举办的第二届“萤火一号”火星探测任务科学数据暨 PDS 研讨会在国际学术交流中心召开。国内外 70 余位代表参加了这次会议。

14 日　威海分校 2010 年“海外学习经历”启动仪式举行，韩圣浩校长出席仪式并讲话。

22 日　韩圣浩校长在国际学术交流中心会见应邀来校授课的美国特洛伊大学常务副校长兼教务长 Ed Roach 教授，并为其颁发客座教授聘书。

28 日　韩国首尔产业大学校长卢俊亨一行访问山东大学威海分校。

同日　教育部原社科司司长，全国“挑战杯”评委会常务副主任、全国“挑战杯”哲学社会科学类作品评审委员会主任奚广庆教授为分校师生作了一场题为《“挑战杯”与创新人才的成长》的学术报告。

8 月

3～5 日　第十二次全国理科高等数学研究会年会在山东大学威海分校召开，山东大学副校长樊丽明出席会议并讲话。

6～8 日　应韩国大学发明协会的邀请，威海分校代表团一行 5 人赴韩国首尔参加了韩国第九届青少年科学发明创新大会，两项作品在竞赛中获得一等奖。

7 日　威海分校在国际学术交流中心召开李晓钰先进事迹座谈会。李晓钰是法学院 2004 届毕业生，毕业入伍后扎根基层、乐于奉献，逐步成长为军政兼优、素质过硬的部队基层主官，成为全国全军的先进典型。

2010 年

8 月

16～27 日　中、德“实测天文与数据分析”暑期学校在威海分校举行，德国慕尼黑大学、德国波茨坦天体物理研究所、中国科学院国家天文台和南京天文光学技术研究所等国内外专家学者为参加暑期学校的国内外师生讲授了以天文观测与数据处理分析为主题的系列课程。

21～22 日　山东大学 2010 年暑期工作会议在国际学术交流中心举行。会议明确提出了“在建校 120 周年时，将山东大学初步建成世界一流大学”的办学目标，会议还围绕“国际科研合作中的山大特色与世界水平”和“国际人才培养的课程国际化”进行了交流研讨。

9 月

6 日　学生生活综合服务楼——文泰苑建成开业，该楼总建筑面积约 16000 平方米，其中餐饮面积约 10000 平方米，可容纳 2700 人同时就餐。

12 日　2010 级新生开学典礼举行。

14 日　由中韩文化交流月组委会主办，韩国大学发明协会与威海分校联合承办的中韩发明(企业成就)展在威海分校举行。展览包括 65 项韩方发明创新项目和 13 项中方科研发明创新项目。

18～19 日　由法学院承办的胶东法律人联谊会第四届会员大会、山东省法学会国际经济法暨台湾法律问题研究会 2010 年年会在威海举行。

10 月

12～13 日　韩国驻华大使柳佑益夫妇一行应邀访问威海分校并出席第十一届“中国韩国学国际研讨会”开幕式。山东大学校长徐显明在学术中心会见柳佑益一行。

13 日　第十一届中国韩国学国际研讨会在国际学术交流中心开幕。山东大学校长徐显明、韩国驻华大使柳佑益等出席开幕式并分别致辞。来自中韩两国的高校、研究院所的 150 多位专家、学者参加了本届研讨会，与会人员以政治外交、哲学社会、经济贸易、文学教育以及历史文化等不同主题进行分组研讨。

21 日　美国莫瑞州立大学校长 Randy Dunn 一行访问威海分校。

28 日～11 月 2 日　威海分校先后召开了理工科、文科学科发展研讨会以及“打造山东半岛蓝色经济区”研讨会，与会人员围绕学校人才引进、学科发展、教学科研、海洋学科和科研、交叉学科研究等方面展开了研讨。

11 月

8～12 日　仝兴华书记率团访问韩国暻园大学、首尔科技大学和济州大学等高校。仝兴华一行还看望了韩国学院在暻园大学交流的师生。

14～18 日　威海分校艺术团在刘玉殿副书记的带领下赴韩国启明大学交流演出，刘玉殿还应邀访问了韩国东亚大学并看望了分校在东亚大学交流学习的学生。

21 日　威海分校与靖海集团共建合作协议签字仪式暨产学研基地和实践教学基地挂牌仪式在靖海集团举行，韩圣浩校长与靖海集团党委书记向为远共同在合作协议书上签字，并与威海市副市长唐会礼共同为基地揭牌。

2010年

11月

24～29日　赵玉璞副校长率团分别访问了法国南布列塔尼大学和西班牙奥维耶多大学，并签署了有关合作协议。访问期间，代表团一行还看望了分校在南布列塔尼大学留学的2＋2双学位项目学生。

本月　2010年全国大学生数学建模竞赛结果公布，威海分校参赛队获得全国一等奖2项、二等奖5项，省一等奖2项、二等奖10项、三等奖5项。

本月　天文台获评“三星级山东省科普教育基地”。

12月

8～10日　分校党委书记仝兴华率有关单位负责人，走访南京军区某集团军，看望校友、2004届优秀毕业生、全国全军学习典型、被誉为新时代优秀基层“党代表”的李晓钰。

12日　在2010年“浩沙杯”第九届全国万人健美操大赛总决赛中，威海分校代表队在大众健美操规定动作六级比赛中夺得普通高校组冠军，在自选动作混合组项目上夺得三等奖，同时还荣获了全国体育总局颁发的“优秀教练员奖”。

13日　应澳大利亚教育管理集团、格里菲斯大学、皇家墨尔本理工大学和斯威本国立科技大学等的邀请，韩建新副校长率代表团对上述教育机构和高校进行了友好工作访问。

13～19日　分校副校长陈冠军应邀访问世新大学、暨南国际大学、台湾首府大学等相关高校，并达成一系列合作协议。陈冠军还分别看望了在世新大学和暨南国际大学的交流学生。

27日　由威海分校和澳大利亚教育管理集团共同设立的“澳大利亚项目管理部”成立暨揭牌仪式在国际学术交流中心举行。分校校长韩圣浩出席仪式并为项目管理部揭牌。

2011年

1月

5日　韩国东亚大学校长曹圭香一行访问威海分校，分校校长韩圣浩会见到访客人，双方签署了两校本科生双学位合作协议。

10日　韩国济州大学校长许香珍一行访问威海分校，分校校长韩圣浩会见许香珍校长并签署了两校合作交流协议。

19日　分校团委获得2010年度山东省“红旗团委”称号。

25～29日　分校党委副书记柴月禄率团访问美国北亚利桑那大学和辛辛那提大学，并与两校达成一系列合作意向。其间，柴月禄还看望了在北亚利桑那大学留学的学生。

2月

13日　山东大学与威海市共建山东大学威海分校签约暨“威海星”命名仪式在济南举行。山东大学党委书记朱正昌向威海市委书记王培廷颁授了“威海星”命名证书，山东大学校长徐显明和威海市市长孙述涛签署了共建山东大学威海分校协议。

2011 年

2 月

2011 年 2 月 13 日，山东大学与威海市签署“十二五”期间合作共建协议

21～26 日　分校副校长陈金钊应邀率团对韩国朝鲜大学、全南大学、木浦大学进行访问。

3 月

10 日　山东省高校毕业生就业暨促进创业工作现场推进会在青岛召开。分校商学院 2008 届本科毕业生付晓娟获评山东省“大学生十大创业之星”并受到表彰。

12 日　威海分校校长韩圣浩在参加十一届全国政协四次会议期间会见了分校在京校友代表，并就两会热点议题与校友进行了交流讨论。

18 日　威海分校召开第四届教职工代表大会第二次会议。分校党委书记仝兴华致开幕辞，校长韩圣浩作学校工作报告。大会讨论审议了学校工作报告、财务工作报告和《山东大学威海分校“十二五”事业发展规划》等。

27 日　威海分校举办 2011 年春季校园专场招聘会，威海、烟台、青岛等地 62 家用人单位参加了招聘会。此次招聘会共提供岗位约 1800 个，现场达成就业意向学生 500 余人次。

29 日　威海分校举行 2011 年就业工作研讨会暨就业导师聘任仪式。分校党委书记仝兴华出席会议并讲话，校长韩圣浩主持会议并为分校第二批校外就业导师颁发聘书。

本月　国务院学位委员会颁布《关于下达 2010 年审核增列的博士和硕士学位授权一级学科名单的通知》，山东大学共有 9 个一级学科博士点和 9 个一级学科硕士点通过审核。其中，威海分校空间科学与物理学院的地球物理学获一级学科硕士学位授权点。

4 月

1 日　威海分校与威海市知识产权局、高技区知识产权局联合召开庆祝中华人民共和国专利法实施 26 周年座谈会。分校被评为“2010 年度威海市专利示范单位”。

2011 年

4 月

2 日　威海分校举行 2010 年度中国科学院国家天文台奖学金发放仪式。中科院国家天文台党委副书记赵刚，威海分校校长韩圣浩出席仪式并向获得奖励的空间科学与物理学院的 5 名同学颁发了获奖证书。该奖学金是中科院国家天文台专为国内设置天文学系、专业或天文学研究方向的高校设立，主要奖励天文、空间科学专业的优秀本科生。

14 日　威海分校举行 2011 年本科教育教学改革系列研讨会开幕式。分校党委书记仝兴华主持会议并讲话，分校校长韩圣浩出席会议并讲话。会上还举行了 2009～2010 学年青年教师教学竞赛获奖教师颁奖仪式，共有 37 名教师受到表彰。2011 年本科教育教学系列研讨会是为期四周的全校性研讨，主要议题包括加强专业建设、教学方式方法改革以及修订人才培养方案等。

15～17 日　分校党委书记仝兴华率团赴临沂市考察交流，与临沂市有关领导就校地合作问题达成多项合作意向。

18 日　中国嫦娥工程首席科学家、我国天体化学领域的开创者、世界著名的天体化学家和地球化学家欧阳自远院士在主楼报告厅为师生作了题为《嫦娥工程——中国人的探月梦想》的学术报告。

本月　在 2009～2010 年度全省高校思想政治教育工作先进集体、先进个人评选活动中，学生工作处、团委两个单位被评为 2009～2010 年度全省高校思想政治教育工作先进集体，4 人被评为 2009～2010 年度全省高校思想政治教育工作先进个人。

5 月

4 日　“联通未来青春创业孵化园”启动仪式暨威海市首届青年创业项目推介会在威海分校举行。

5 日　分校党委书记仝兴华率团走访卓达集团，并为卓达集团董事长兼总裁杨卓舒先生颁发客座教授聘书，双方还共同签署了卓达集团支持学校事业发展的捐赠协议书。根据协议，卓达集团拟捐赠 100 万元人民币支持分校设立和发放优秀学生奖学金和贫困学生助学金、校园文化建设和校园景观建设等。

6 日　山东大学威海分校思想政治教育研究会成立大会暨第一届年会举行。

9 日　西班牙奥维耶多大学副校长 Ana Fernandez Garcia 女士率团访问山东大学威海分校，分校校长韩圣浩会见到访客人。双方就开办西班牙语双语班、硕士交流项目以及教师交流、合作科研等高层次的交流与合作等内容进行了交流探讨。

14～15 日　第一届全国法律修辞学研讨会在威海分校召开，来自国内各高校的 30 余名专家学者参加了研讨会。

本月　分校团委荣获“山东省五四红旗团委”称号。

6 月

13～16 日　威海分校校长韩圣浩率团访问韩国仁荷大学、韩国学中央研究院、清州大学等高校和科研机构。

20 日　威海分校举行 2011 届毕业生毕业典礼，全体分校领导出席典礼，各单位党政负责人、教师代表、校友代表、部分学生家长和全体毕业生一同参加了

2011 年

6 月

毕业典礼。典礼由仝兴华书记主持。校长韩圣浩为全体毕业生致辞。法学院张铭教授作为教师代表发言，校友代表、毕业生家长代表以及毕业生代表分别发言。典礼举行2011届毕业生学位授予、2011届优秀毕业生表彰以及向“我最喜爱的专业老师”献礼等仪式。

23日　韩国庆尚大学校长河友松率团来威海分校访问，分校副校长赵玉璞与河友松共同为“韩国语教育中心”揭牌。

27～29日　美国内布拉斯加大学科尼分校校长Douglas A. Kristensen率团访问山东大学威海分校。分校校长韩圣浩会见来访客人并共同签署了新的校际合作备忘录。

29日　威海分校庆祝中国共产党成立90周年暨先进基层党组织、优秀共产党员、优秀党务工作者表彰大会举行。

本月　空间物理学学科入选山东省“十二五”重点学科。

7 月

1日　威海分校在主楼广场举行庆祝中国共产党建党90周年升旗仪式。

7日　台湾暨南国际大学校长许和钧率团来分校访问。台湾暨南国际大学访问团成员分别同商学院、机电与信息工程学院的教师代表进行了座谈交流，就学科共建、教师交流等合作细节进行了讨论并达成初步共识。

13日　分校党委副书记刘玉殿率团访问山东玲珑集团，并与校友、玲珑集团副总裁王琳共同为分校设在玲珑集团的大学生就业创业实践基地揭牌。

8 月

14日　韩国仁川大学校长安庆洙率团来校访问，双方确定从2011年起开展学生交流项目。

21日　山东大学校长徐显明来分校调研并主持召开“一体化”发展座谈会，就威海分校与山东大学“一体化”发展问题进行调研并发表重要讲话。

本月　第十二届“挑战杯”大学生课外学术科技作品竞赛山东赛区比赛结果公布，威海分校有10件作品获奖，其中省级特等奖2件，省级一等奖4件，省级二等奖4件；分校被评为省级优秀组织单位，有6名教师获评省级优秀指导教师。

8～11日　第三届中美强子物理研讨会在威海分校召开，国家自然科学基金委数理学部常务副主任汲培文出席会议，分校党委书记仝兴华致欢迎辞。国内外30多所著名高校和科研机构的近百位专家学者参加了研讨会。

17～18日　分校党委书记仝兴华率团赴贵阳出席第四届“中国—东盟教育交流周”开幕式和“中国—东盟高校国际交流论坛”，并与老挝国立大学副校长Somsy Gnophanxay一起作为特邀嘉宾主持了论坛首个主题发言环节。

9 月

2日　商学院梁文玲教授获评第六届山东省教学名师。

20日　由学校天文台发现的“山东科协星”命名大会在济南山东交通学院体育馆举行。这是我国第一颗以科技群团名字命名的小行星。

26日　威海分校举行庆祝山东大学建校110周年校友捐赠仪式，分校校长韩圣浩向校友颁发捐赠证书。威海卡尔电气有限公司、威海魏桥科技工业园有限公司的校友分别向学校捐赠了款项及电视机等。

2011 年

9 月

26～29 日　分校党委副书记柴月禄率团走访了在济宁、梁山、汶上、平邑、费县、临沂、莒南等地工作的校友代表，并与莒南县委、县政府主要领导举行了会谈，就分校与莒南县合作事宜进行了进一步沟通，确定了校地合作协议签订的具体时间。

10 月

11～18 日　韩建新副校长应邀率团访问台湾中原大学和世新大学。与中原大学签署了两校缔结友好合作关系协议书及学生交换协议书。访问团还参加了世新大学成立 55 周年庆典、世新大学创始人成舍我先生铜像揭幕典礼等活动。访问期间，韩建新看望了在世新大学交流访学的学生。

14 日　庆祝山东大学建校 110 周年典礼暨"山魂海韵"校庆文艺晚会在学校运动场举行。威海市委副书记、市长孙述涛，威海市政协主席刘玉党，威海市人大常委会副主任马世和等威海市领导、各机关单位负责人，部分兄弟院校代表，全体分校领导，各单位党政负责人，校友代表及 4000 余名师生参加了庆典活动并观看了文艺晚会。典礼由分校党委书记仝兴华主持，校长韩圣浩代表学校致辞，校友代表韩强向母校致辞，孙述涛代表威海市委市政府向全体师生致贺词，并在现场向学校捐赠人民币 110 万元。

15 日　山东大学堂章程石在先贤林落成，正面刻有学校的办学宗旨"公家设立学堂，是为天下储人材，非为诸生谋进取；诸生来堂肄业，是为国家图富强，非为一己利身家"；背面节选了《山东省城试办大学堂暂行章程》部分文字。

25 日　"海洋生物繁育综合实验室暨威海市海洋优良品种引进和培育工程技术研究中心"揭牌仪式举行，赵玉璞副校长出席仪式并为研究中心揭牌。

11 月

5 日　第三届澳大利亚文化节暨澳大利亚历史论坛开幕式在威海分校举行。分校长韩圣浩出席开幕式，澳大利亚驻华公使梅耕瑞，北京大学外语学院刘树森教授以及中外澳大利亚研究专家和学者出席了开幕式活动。

10～11 日　山东大学党委书记李守信来分校视察，对学校的办学条件和发展情况进行实地考察，围绕分校更名及统一招生等有关问题开展了工作调研。

11 日　中国青年创业国际计划 YBC 威海办公室山东大学威海分校服务站成立大会在威海分校举行。分校党委副书记刘玉殿以及威海市创业促进会会长、YBC 威海办公室主任张立新出席仪式并共同为服务站揭牌。分校 9 名教授与教师被全国 YBC 办公室聘为 YBC 创业导师。

24 日　分校校长韩圣浩率有关单位负责人对澳大利亚合作高校澳大利亚国立大学、斯威本科技大学、皇家墨尔本理工大学、格里菲斯大学等高校进行了友好工作访问。访问期间，韩圣浩还对中国驻澳大使馆教育处、澳大利亚教育管理集团和澳大利亚中海岸地区发展委员会、新西兰奥克兰大学孔子学院等单位进行了友好访问。

26 日　威海市海洋研究院科技成果展暨院企合作洽谈会在威海分校举行，分校党委书记仝兴华、威海市委书记王培廷等出席开幕式。

2011年

12月

1～10日 分校党委书记仝兴华率团访问了学校在欧洲的合作高校和教育机构——西班牙奥维耶多大学、西班牙科米亚斯基金会、德国因戈尔施塔特应用科技大学、德国波茨坦大学以及瑞典布莱津理工大学。

12日 亚太空间合作组织秘书长张伟率团访问威海分校。分校校长韩圣浩，国家天文台党委副书记、山东大学空间科学研究院院长赵刚会见来访客人。

14日 "卓达杯"第十二届大学生文化艺术节闭幕式暨大学生艺术团成立仪式在艺术学院音乐厅举行。

23日 2012新年音乐会在艺术学院音乐厅举行。威海市副市长张波，分校党委书记仝兴华、校长韩圣浩等500余人共同观看。

28日 韩国诚信女子大学校长沈和珍率团来校访问，分校校长韩圣浩会见了来访客人，双方共同签署了两校通过一年访学项目和2＋2双学位项目互派本科生进行联合培养的合作协议。

本月 应用物理学、金融学两个专业获批"2011年度山东省高等学校特色专业建设点"。

本月 威海分校申报的《赤橙黄绿青蓝紫，谁持彩练当空舞——山东大学威海分校学生社团质量建设"五个一"工程探索与实践》获2011年全国高校校园文化建设优秀成果奖。

2012年

1月

7日 驻威高校座谈会在国际学术交流中心召开。威海市委副书记、代市长张惠出席会议并讲话。山东大学威海分校党委书记仝兴华、校长韩圣浩以及哈尔滨工业大学(威海)、威海职业(技术)学院、山东交通学院海运学院、山东药品食品职业学院、山东外事翻译学院、哈尔滨理工大学荣成学院等驻威高校负责人参加了会议。

14日 威海分校团委在共青团山东省十二届五次全委(扩大)会议上，荣获"2011年度山东省红旗团委"荣誉称号，这是分校连续第三年获此荣誉。

2月

10～11日 分校校长韩圣浩率团访问中国科学院紫金山天文台并签署有关合作协议。双方计划在天文及空间学科发展与规划、课题研究、人才培养、科学普及等方面展开全方位的合作。

16日 威海分校一项合作研发成果"BL智控高速地毯织机"获评山东省科学技术进步二等奖。

16～17日 威海分校召开学科建设工作研讨会。分校党委书记仝兴华、校长韩圣浩在会上讲话。

23日 威海分校举行法学院名誉院长聘任仪式。分校校长韩圣浩为威海市副市长、山东大学兼职教授梁良颁发法学院名誉院长聘书。梁良为师生作《民生视野下的发展理念与政府责任》的专题报告。

24日 威海分校召开第四届教职工代表大会第三次会议。分校党委书记仝兴华致开幕辞，校长韩圣浩作题为《凝心聚力抢抓机遇 改革创新 为实现学校新的发展而努力奋斗》的工作报告。

2012 年

2 月

本月　教育部社会科学司发布通知，威海分校申报的《文学文本理论研究》获教育部人文社会科学重点研究基地重大项目立项，8 个项目获教育部人文社会科学研究一般项目立项。

3 月

5 日　威海分校举行韩国大学发明协会及韩国 KYK 株式会社与学校创业孵化园合作挂牌仪式。分校副校长赵玉璞、韩国大学发明协会会长李周炯、韩国 KYK 株式会社社长金荣贵等出席仪式并致辞。根据相关协议，韩国大学发明协会及其相关成员企业会借助学校孵化园平台，为分校在校生和韩国留学生提供创业项目、创业资金的支持，并定期开展双向交流，以推动双方创新创业工作的开展。

11 日　山东大学(威海)北京校友会成立大会在北京举行。分校校长韩圣浩，校友办、团委、商学院等有关单位负责人，在京部分校友代表，山东大学北京校友会代表等参加大会。

17 日　威海市委常委、常务副市长赵熙殿，团市委书记李英春等一行到分校大学生创业孵化园调研大学生创业就业工作。

30 日　威海分校举行 2011 年度志愿服务标兵评选推荐会，10 位同学获评志愿服务标兵。同时举行威海市"洪波爱心联盟助学金"发放仪式，10 位同学获得洪波爱心车队捐助的共计 5000 元爱心基金。

本月　在全国中文社会科学引文索引指导委员会第九次会议上，威海分校法律方法研究中心主办的《法律方法》集刊被审定为 CSSCI 来源集刊。

4 月

7 日　"中国科学院空间目标与碎片观测研究中心山东大学威海联合观测站"揭牌仪式在学校天文台举行，国家自然科学基金委数学物理学部常务副主任汲培文，中科院国家天文台台长、国防科工局空间碎片专家组首席科学家严俊，中科院紫金山天文台台长杨戟，中科院空间碎片监测预警系统常务副总指挥王宜等领导出席仪式。威海分校校长韩圣浩出席仪式并讲话。

13 日　威海分校召开实验室建设工作会议。会议确定"物联网技术实验室""生物综合实验教学中心"等 17 个实验室建设项目获准立项建设。

20 日　由教育部科技司张建华处长一行 11 人组成的教育部专家组到威海分校，就设立教育部深空探测联合研究中心"行星光谱与空间天气分中心"进行现场调研和论证。分校校长韩圣浩出席论证会并讲话。教育部专家组和评委一致同意由分校牵头，联合国内相关高校、科研院所共同建设教育部深空探测联合研究中心"行星光谱和空间天气分中心"。

27 日　海洋学院与日本京都大学综合博物馆签署科研与学术交流合作协议。京都大学综合博物馆馆长大野照文等访问团成员应邀为海洋学院学生作学术报告。

5 月

3 日　威海分校举行第 75 期林海文化论坛"承光辉岁月，扬青春风帆——纪念建团九十周年"专场。

2012 年

5 月

7～13 日　威海分校校长韩圣浩应邀率团访问日本武库川女子大学、北海商科大学以及韩国诚信女子大学等日韩合作高校和机构，达成了一系列新的合作意向。

17 日　威海分校学校举行福来天西餐连锁公司助学捐赠仪式。分校副校长赵玉璞出席仪式并为福来天西餐连锁公司社长田溶熙颁发捐助证书。

19 日　威海分校与港中旅（青岛）海泉湾有限公司在青岛海泉湾度假区举办实践教学基地揭牌仪式。分校党委书记仝兴华、港中旅（青岛）海泉湾有限公司党委书记蓝于平共同为基地揭牌。

26 日　山东大学（威海）校友会成立大会举行。分校党委书记仝兴华出席大会并讲话。

本月　山东大学威海天文台（暨威海市天文台）获评首批山东省“四星级”科普教育基地。

6 月

5 日　威海分校校长韩圣浩会见到访的韩国驻青岛总领事馆总领事黄胜炫。会见结束后，黄胜炫为师生作题为“引领未来韩中关系的主人翁”的学术讲座。

19 日　威海分校举行 2012 届毕业生毕业典礼。全体分校领导出席典礼，各单位主要负责人、教师和校友代表、部分学生家长和 2012 届全体毕业生参加典礼。分校校长韩圣浩向全体毕业生致辞。新闻传播学院仵从巨教授作为教师代表发言，校友代表、毕业生代表在会上分别发言。副校长陈冠军宣读了 2012 届本科毕业生学位授予决定，分校党委副书记刘玉殿宣读了 2012 届优秀毕业生表彰决定。毕业生代表为当选“桃李杯”2012 届毕业生“我最喜爱的老师”献上证书和鲜花。

25 日　威海分校图书馆荣获“山东省高校三八红旗集体”荣誉称号，商学院梁文玲教授获评“山东省高校三八红旗手标兵”、艺术学院张琳仙教授获评“山东省高校三八红旗手”。

28 日　威海分校副校长陈冠军率团赴山东省科学院考察交流，双方就高技术研发、人才培养与就业实践、重点实验室及高新技术科研平台建设等方面的合作进行了深入探讨并签署战略合作协议。根据合作协议，双方共建山东省科学院——山东大学威海分校联合创新研究中心，建立相关科研方向的联合创新平台；首期共建山东省科学院——山东大学威海分校物联网联合实验室。

本月　由卓达集团资助的《松雪书道德经》石刻在玛珈山上落成。

7 月

7 日　首届韩国学生中国语演讲比赛在威海分校举行。

10 日　威海分校举行 2012 年“学生海外学习经历”启动仪式，分校校长韩圣浩出席仪式并讲话。

8 月

25 日　根据山东大学文件（山大党任字[2012]8 号），谷源秘不再担任威海分校纪委书记职务。

2012 年

9 月

10 日　威海分校举行 2012 级新生开学典礼暨迎新晚会。

20 日　经山东大学研究，山东大学威海分校更名为山东大学（威海）（英文名 Shandong University, Weihai）。

23～30 日　威海分校校长韩圣浩率团对澳大利亚国立大学、西澳大学国际空间研究中心（ICRAR）、悉尼天文台、澳大利亚国家超级计算机中心、皇家墨尔本理工大学、斯威本科技大学和迪肯大学进行友好访问，并与澳大利亚国立大学、皇家墨尔本理工大学、斯威本科技大学和迪肯大学签署了校际合作协议。在斯威本科技大学，韩圣浩校长应邀作了学术报告，并接受该校颁发的客座教授聘书。访澳期间，韩圣浩一行与墨尔本市常务副市长、中国驻澳大使馆教育处官员、中国驻墨尔本领事馆教育组官员、澳大利亚教育管理集团总裁等进行会晤，并与阿德莱德大学工程、计算机和材料科学学院国际事务副院长 Ng Brian 博士进行了工作会谈。

本月　在韩国大学发明协会举办的第十一届韩国青少年创新发明竞赛中，校区学生 1 项发明作品《基于电学特性的地沟油鉴别装置》获金奖。

本月　“校园蓝袍大使”团队获得由共青团山东省委、齐鲁晚报社共同评选的“雷锋号”先进集体荣誉称号。

10 月

23 日　经山东大学党委研究，中共山东大学威海分校委员会更名为中共山东大学（威海）委员会。

本月　海洋学院应用海洋生物综合实验教学中心获评 2012 年度省级实验教学示范中心建设单位。

本月　校区选送的《领航——山东大学（威海）青年思想指导大纲暨第二课堂教育指南》（山东人民出版社出版）在中共山东省委高校工委、山东省教育厅联合评选的“2011 年度全省高校思想政治教育优秀研究成果”中荣获一等奖。

11 月

2 日　校区召开空间科学学科建设研讨会。国家自然科学基金委数理学部常务副主任汲培文、中科院国家天文台党委书记赵刚应邀出席会议。校区校长韩圣浩主持会议并讲话。

9 日　威海分校校长韩圣浩会见到访的圣路易斯华盛顿大学著名行星科学家、参与美国 NASA“火星探测计划”的山东大学光学系 75 届校友王阿莲教授一行。双方签署了在地球与行星科学方面的合作协议。韩圣浩为王阿莲教授颁发了山东大学（威海）客座教授聘书。

17 日　根据山东大学文件（山大党任字[2012]13 号），经山东大学研究决定：刘玉殿同志任威海校区党委副书记；陈金钊同志任威海校区党委委员、副校长；韩建新同志任威海校区党委委员、副校长；柴月禄同志任威海校区党委副书记、纪委书记；赵玉璞同志任威海校区党委副书记；陈冠军同志任威海校区党委委员、副校长；刘海同志任威海校区党委委员、副校长。

同日　根据山东大学文件（山大政任字[2012]17 号），陈金钊任威海校区副校长；韩建新任威海校区副校长；陈冠军任威海校区副校长；刘海任威海校区副校长。以上干部原任职务自然免除。

2012 年

11 月

20 日　校区党委书记仝兴华会见了到访的韩国水原大学校长李仁洙一行。

30 日　根据山东大学文件(山大人字[2012]127 号)，威海校区机构调整设置如下：

一、校部机关机构设置

党委(校长)办公室(党委办公室、校长办公室合署办公)；纪检、监察、审计办公室(纪律检查委员会办公室、监察处、审计处合署办公)；党委组织部；党委宣传统战部(党委宣传部、党委统战部合署办公)；党委学生工作部、学生工作处；人事处；教务处；科研处；研究生处；财务处；国际合作与交流处(国际合作与交流处、国际教育学院、港澳台事务办公室合署办公)；资产与实验室管理处(由原国有资产管理处和实验室与设备管理处合并组建)；保卫处；基建处；基建处直属党支部；后勤管理处；后勤管理处党总支；团委；工会(妇委会)；退(离)休工作办公室(退离休党总支)；机关党总支；合作发展规划处。

二、直属单位机构设置

图书馆；图书馆直属党支部；网络与信息管理中心；继续教育学院；产业党总支。

三、教学单位机构设置

韩国学院；商学院；法学院；文化传播学院；翻译学院(原公共外语教学部并入)；艺术学院；海洋学院；机电与信息工程学院；空间科学与物理学院；数学与统计学院；马列教学部；体育教学部。

本月　山东大学威海天文台(暨威海市天文台)被中国科学技术协会认定为“全国科普教育基地”，示范期为 2012～2016 年。

12 月

本月　由山东大学威海天文台和威海市科协联合主办的“天文科普与观测活动”获评 2012 年全国科普日优秀特色活动。

2013 年

1 月

5 日　威海市委常委、宣传部部长王亮率团来校区调研考察，校区党委书记仝兴华会见王亮一行，并就联合共建山东大学威海文化创意研究中心、服务威海地方文化产业发展等事宜进行了协商。

16 日　威海市公安局“境外人员服务站”揭牌仪式在威海校区举行，陈冠军副校长、威海市公安局副局长崔国栋共同为服务站揭牌。

2 月

3 日　校区与春雨集团在山东招远举行海洋科技战略合作协议签字仪式。校区党委副书记赵玉璞、春雨集团董事长王金勇出席签字仪式。海洋学院侯旭光副教授与春雨集团副总经理徐元君签订两项科技合作项目协议。

20 日　校区获得威海市“2008～2012 年自主创新年活动先进单位”荣誉称号。

27 日　校区召开第四届教职工代表大会第四次会议。仝兴华书记主持会议，韩圣浩校长作了题为《深化改革，务实创新，全面提升学校办学水平》的报告。

2013 年

3 月

1～4 日　联合国国际贸易法委员会专家、捷克共和国马萨里克大学国际商事法律专家 Tomas Hulle 访问法学院，双方就开展互派本科生、研究生留学、青年教师访学、学术交流等方面达成共识。

15 日　校区与山东七星策划有限公司签署合作协议暨“实践教学基地”挂牌仪式在山东七星策划有限公司举行。校区党委副书记赵玉璞和山东七星策划有限公司董事长谷宏梅女士出席签字仪式并揭牌。

19 日　校区召开新一届中层领导干部培训会，党委书记仝兴华、校长韩圣浩分别作了题为“强化素质、开拓创新、求真务实，为学校实现科学发展而努力奋斗”和“担承使命、励精图治、务实进取、共创未来”的讲话。

4 月

4～6 日　王振滔慈善基金会来学校开展爱心接力计划·威海站活动。奥康集团董事长、王振滔慈善基金会创始人王振滔出席启动仪式，并为学校 200 名家庭经济条件困难的优秀学子每人捐助 5000 元人民币。韩圣浩校长出席有关活动并为王振滔颁发学校兼职教授聘书。启动仪式开始前，王振滔、韩圣浩、赵玉璞及爱心接力手代表在玛珈山道德经石刻旁共同栽种了“爱心接力树”，并为“善行天下”纪念石揭幕。

19 日　校区党委副书记赵玉璞率团到新泰市山东泰丰矿业集团有限公司考察访问，并签署校企合作协议。

28 日　山东大学（威海）与山东火龙文化传媒有限公司校企合作揭牌仪式在火龙传媒公司举行，威海市政协副主席张剑与校区党委副书记赵玉璞共同出席活动并揭牌。随后在山东大学威海国际学术中心举行校企合作论坛暨校企合作协议签署仪式，赵玉璞代表校区签署合作协议。

本月　校区与澳大利亚皇家墨尔本理工大学合作举办机械设计制造及其自动化专业本科教育的项目通过教育部审批，并于 2013 年 9 月招生。这是校区在本科层次上与国外知名大学举办的首个中外合作办学项目。

5 月

3 日　校区举行“纪念五四运动 94 周年”暨优秀学生表彰典礼。校区党委书记仝兴华，副校长陈冠军、刘海出席典礼并为 6 大类 34 个奖项获奖师生颁奖。

6 日　校区副校长陈冠军会见来访的威海中世韩国国际学校校长李容圭一行，并代表校区签署合作协议。

8 日　威海建设集团股份有限公司向校区捐资 100 万元的捐赠仪式在知行楼举行。韩圣浩校长，威海建设集团股份有限公司总经理李刚出席捐赠仪式。

9 日　校区与山东东鲁建筑设计研究院合作、捐赠暨“山东大学（威海）—东鲁建筑设计研究院”揭牌仪式在山东东鲁建筑设计研究院举行。山东东鲁建筑设计研究院向校区捐资 10 万元设立“山东大学（威海）东鲁设计艺术奖学金”。

本月　数学与统计学院 2009 级数学与应用数学专业的本科生伊焱垚获得“2012 中国大学生年度人物入围奖”。

2013 年

6 月

2 日　威海市工商联山东大学威海校友商会成立大会在校区举行。威海市委常委、市委统战部部长李在武，校区党委书记仝兴华，商会顾问、威海市政府特邀咨询梁良等出席了成立大会。会上，仝兴华与梁良共同为“威海市工商联山东大学威海校友商会”揭牌。

5～12 日　校区副校长陈冠军率团访问西班牙卡斯蒂利亚拉曼却大学、奥维耶多大学和法国南布列塔尼大学、巴黎高等电子学院等四所高校，就学生培养模式和短期互换交流项目等进行了讨论并达成一致意见。

8～13 日　韩圣浩校长率团先后对中国驻俄罗斯大使馆教育处、俄罗斯国立高等经济学院、莫斯科第十一中学和俄罗斯国立赫尔岑师范大学进行友好工作访问。

24 日　校区在图书馆广场举行 2013 届毕业生毕业典礼。

26～28 日　威海分校校长韩圣浩会见来访的瑞典布莱津理工大学教授、世界著名软件工程专家 Claes Wohlin 先生和柏国华教授。聘任 Claes Wohlin 教授为校区客座教授，韩圣浩为其颁发聘书。Claes Wohlin 教授为机电与信息工程学院师生作了两场学术讲座。

30 日　在“2012 威海年度经济人物”颁奖典礼上，1992 级计算机专业校友、威海火炬软件企业孵化器有限公司董事长、威海青年企业家协会副会长鞠辉获“金犁奖”，1992 级财政学专业校友、威海市国际投资促进中心主任宫本杲获“金梭奖”。

本月　财务处和翻译学院获评“山东省直属高校三八红旗集体”，4 人获评“山东省教育工会直属高校三八红旗手”。

7 月

10 日　校区举行 2013 年“学生海外学习经历”启动仪式。校区校长韩圣浩出席仪式，并为获得 2013 年度“学生海外经历项目专项校长奖学金”和“学生海外经历项目专项校长助学金”的 22 名同学颁发荣誉证书。

11 日　校区召开深入开展党的群众路线教育实践活动工作部署会。会议公布了山东大学(威海)党的群众路线教育实践活动督导组分组方案，认真学习了《山东大学(威海)深入开展党的群众路线教育实践活动实施方案》和《关于全校各单位深入开展教育实践活动的指导意见》。会议还就开展党的群众路线教育实践活动的日程安排、方法步骤及有关规定和要求作了具体部署。

12 日　校区聘任中国科学院地球化学研究所刘建忠研究员为兼职教授，校长韩圣浩为其颁发聘书。

23～24 日　山东大学校长徐显明来威海校区就党的群众路线教育实践活动和威海校区发展进行工作调研。

27 日　为进一步推动校区学科建设，贯彻“以特色引领发展，以应用促进提高”的思路，不断增强“优势特色学科”和“优势应用学科”的学术影响力，经各单位申报，校学术委员会评议，学校党政联席会研究通过，确定对“空间环境物理与探测”等 15 个学科建设项目予以立项，总投资 8000 万元。这是威海校区历史上学科建设立项投资额度最大的一次。

2013 年

7 月

本月　根据山东省住房和城乡建设厅下发的通知(鲁建节科函[2013]25号),威海校区申报的“山东大学(威海)节能监测平台建设示范项目”获得批准立项,并获得150万元专项资金支持。

8 月

5 日　第五届实验室天体物理国际研讨会在威海校区举行。

5～8 日　在韩国首尔举行的2013国际青少年发明大赛决赛(2013 International Youth Invention Contest,IYIC)中,空间科学与物理学院2010级本科生赵少杰同学的发明作品荣获大赛发明创新金奖(一等奖)。

20 日　山东大学(威海)与山东泰丰矿业集团战略合作签约仪式在泰丰集团研发基地多功能厅举行。校区党委书记仝兴华,新泰市委副书记、市长刘钦海,泰丰集团董事长、总经理吴元峰出席仪式并分别致辞。仪式上,校企双方分别签订《产学研协同创新战略合作协议》《合作共建山东大学(威海)泰丰文化研究院协议》《泰丰文化建设咨询服务协议》《液压驱动皮带输送机设计与研发协议》;仝兴华为吴元峰颁发山东大学(威海)兼职教授聘书;参加仪式的领导和嘉宾共同为“山东大学(威海)—山东泰丰矿业集团有限公司产学研协同创新基地”和“山东大学(威海)泰丰文化研究院”揭牌。

24 日　在第八届全国大学生“飞思卡尔”杯智能汽车竞赛全国总决赛中,威海校区3支代表队获得二等奖,这是威海校区参加此项赛事以来取得的最好成绩。

本月　威海校区1人入选第一批“山东省优秀中青年思想政治理论课骨干教师”。马克思主义教学部、翻译学院党总支被评为2011～2012年度全省高校思想政治教育工作先进集体。“于培丽工作室”入选“山东高校辅导员名师工作室”,4人被评为2011～2012年度全省高校思想政治教育工作先进个人,2人获评“山东高校骨干辅导员”。

9 月

6 日　校区党委书记仝兴华率团赴京走访校友,考察中铁建工集团有限公司国际工程公司,并代表学校与该公司签订校企战略合作框架协议。

10 日　世界百强名校英国南安普顿大学与威海校区正式签署学生联合培养合作协议。校长韩圣浩会见了该校代表熊冶平博士。

17 日　威海校区在图书馆广场举行2013级新生开学典礼。

21 日　校区澳大利亚研究中心推出的学术专著《端纳档案:一个澳大利亚人在近代中国的政治冒险》在北京大学举行首发式。澳大利亚社会科学院院士大卫·沃克教授(Prof. David Walker)主持首发式。北京大学、中国人民大学、北京外国语大学、华东师范大学、中国社会科学院以及澳大利亚国立大学、悉尼大学、悉尼理工大学100多名学者以及20多家中外新闻媒体出席首发式。澳大利亚两任驻华大使对该书给予高度评价。

22 日　校区举行“韩国特色”学科建设专家评估咨询会。延边大学前校长金柄珉、北京大学韩国学研究中心主任沈定昌、现代国际关系研究院朝鲜半岛研究室主任戚保良、辽宁大学东亚关系史研究中心主任权赫秀、山东大学教授佟光武等应邀参加咨询会并发言。

2013年

9月

本月　中国社会科学文献出版社发函通知，由韩国学院牛林杰、刘宝全主编的《韩国发展报告》（“韩国蓝皮书”）入选“中国社会科学院创新工程学术出版项目”。

本月　空间科学与物理学院博士研究生刘晨同学的文章《108Ag中旋称劈裂，形状演化和近简并带研究》在核物理领域的国际顶级期刊*Physical Review C*上发表（DOI：10.1103/PhysRevC.88.037301）。

10月

11日　校区校长韩圣浩会见以澳大利亚西澳大学常务副校长Alec Cameron教授为首的访问团。双方共同签署合作办学协议，开展金融专业本科生联合培养项目。

15日　校区举办“空间科学学科十周年发展论坛”。国家基金委数理学部常务副主任汲培文、副主任董国轩，中国科学院院士、清华大学天体物理中心主任李惕碚，中国科学院国家空间科学中心魏奉思院士，中国科学院国家天文台台长严俊，党委书记、副台长赵刚，中国科学院国家空间科学中心副主任王赤等应邀出席。出席论坛的嘉宾们为校区师生奉献了七场学术和科普报告。中国科学院李惕碚院士、魏奉思院士受聘为学校兼职特聘教授。

17日　山东大学威海文化创意研究中心启动仪式暨威海市文化创意产业培训班开班仪式在威海校区举行。威海市委常委、市委宣传部部长王亮，威海市副市长张波，校区党委书记仝兴华，威海市委宣传部常务副部长许祖强等出席仪式。王亮和仝兴华共同为山东大学威海文化创意研究中心揭牌。许祖强和刘明共同签署了山东大学（威海）与威海市委宣传部联合共建文化创意研究中心协议书。

25日　韩国驻青岛总领事馆总领事黄胜炫代表韩国外交部向在中韩友好交流领域作出突出贡献的韩国学院牛林杰教授颁发“韩国外交部长官奖”奖章和证书。

本月　在2013年度教育部哲学社会科学研究后期资助项目立项中，威海校区1个项目获批政治学类一般项目，这是威海校区获得的第一个教育部后期资助项目。

本月　“大使讲坛”荣获山东省十大“校园优秀文化活动”称号，3人获得“优秀指导教师”称号，校区获得第十三届山东省大学生科技文化艺术节“优秀组织单位”称号。

11月

8日　校区副校长陈冠军率团赴烟台海军航空工程学院访问考察，并与该校签订合作协议。

10日　山东大学（威海）济南校友会在济南成立，山东大学党委常务副书记李建军，山东大学副校长、山东大学（威海）校长韩圣浩出席大会并揭牌。

27日　校区校长韩圣浩率团赴澳大利亚访问，先后对澳大利亚国立大学、西澳大学、斯威本科技大学进行了友好工作访问。访问期间，分别与上述三校签订了《中澳天文与空间物理科研及教育联盟》框架协议。根据协议，双方将开展长短期教师和学生交流项目、联合科研项目、共同举办国际研讨会和发表科研论文并开展博士生的联合培养。

2013年

11月

本月 空间科学与物理学院史全岐教授在“磁层和太阳风的相互作用”研究领域获得2013年国家自然科学基金优秀青年基金100万元经费资助。

本月 旅游管理、海洋资源与环境两个专业获批2013年度山东省高等学校特色专业建设点。

12月

7日 共青团山东大学(威海)第五次代表大会第一次全体会议暨开幕式在图书馆报告厅举行。

19日 山东大学校长张荣一行来校区调研。张荣分别与校区领导班子全体成员和各教学院部负责人及学科带头人进行了座谈。张荣指出,在办学体制上,山东大学要坚持“统筹布局,一体发展”的思路,现阶段学校的工作重点是“提升内涵,强化特色”。

25日 山东大学(威海)书法研究院举行成立仪式暨学术座谈会。仝兴华书记,威海市文联主席于加林出席仪式并为书法研究院揭牌。仝兴华为山东省书协副主席、威海市书协主席单国防颁发了山东大学(威海)书法研究院院长聘书。

26日 校区召开教学工作研讨会,校区校长韩圣浩出席会议并讲话。

27日 校区召开国际化建设工作研讨会,校区校长韩圣浩出席会议并讲话。

本月 在2013年全国大学生数学建模竞赛中,威海校区共获得国家二等奖5项,山东赛区一等奖20项、二等奖16项、三等奖9项。

本月 在2013年度全省学生教育与管理工作优秀科研成果评选中,校区3篇论文分别获得一、二、三等奖。

2014年

1月

8日 山东大学(威海)党委领导班子党的群众路线教育实践活动专题民主生活会在知行楼召开。山东大学第二督导组组长李居忠,督导组成员董雪梅、陈国军出席会议,山东大学副校长,山东大学(威海)教育实践活动领导小组组长、校长韩圣浩,山东大学(威海)党委领导班子全体成员参加会议。山东大学教育实践活动领导小组副组长、党委副书记,山东大学(威海)教育实践活动领导小组组长、党委书记仝兴华主持会议。

20日 原第一食堂拆除,在原址新建学生公寓。

本月 后勤管理处被省教育厅评为“2013年度山东省高校后勤工作优秀(先进)单位”“2013年度山东省高效能源管理与节能减排优秀(先进)单位”“2013年度山东省高校校园绿化与管理优秀(先进)单位”“山东高校伙食管理工作先进单位”。

本月 威海市社会科学优秀成果奖评选委员会公布了威海市第十六次社会科学优秀成果奖获奖名单。威海校区申报的32项科研成果中,有5项获得一等奖,16项获优秀成果奖。

2014 年

2 月

26 日　美国夏威夷大学 Shadia Rifai Habbal 教授受聘为校区客座教授，校长韩圣浩为其颁发客座教授聘书。

28 日　校区组织举行新入学国际学生开学典礼，副校长陈冠军出席典礼。

本月　中国致公党中央委员会下发通知，致公党威海市委山大支部委员、法学院副院长姜世波教授荣获“同心·创先争优”参政议政先进个人荣誉称号。

本月　由山东省人力资源和社会保障厅组织的第二届“山东大学生十大创业之星”和“山东优秀大学生创业者”评选活动获奖名单揭晓，商学院旅游管理专业 2008 届毕业生、创业孵化园汇创文化传播有限公司负责人王振坤荣获“山东优秀大学生创业者”称号。

3 月

5 日　校区召开传达全国高校党建工作会议精神暨干部培训会。校区党委书记仝兴华出席会议并作校区 2014 年干部培训的首场报告。

10～11 日　校区党委书记仝兴华率团访问新泰市。校区党委副书记赵玉璞与新泰市委副书记、市长刘钦海分别代表山东大学（威海）与新泰市政府签署战略合作协议。科研处与新泰市科技局签署了共建《山东大学（威海）新泰技术转移中心》有关协议，研究生处与山东泰丰矿业集团签署了建设“山东大学（威海）研究生专业实践基地”的协议，并举行了揭牌仪式；山东大学威海文化创意研究中心分别与新泰市旅游局和新泰和圣旅游开发有限公司签署了有关旅游文化项目策划包装的框架协议。

12 日　美国北亚利桑那大学校长国际事务资深顾问 Liz Grobsmith 博士，工程、林学和自然科学学院院长 Paul Jagodzinski 博士，国际教育中心中国事务主任助理王峰先生一行访问威海校区。陈冠军副校长与 Liz Grobsmith 博士续签了两校合作协议。

14 日　校区召开第四届教职工代表大会第五次会议。校区党委书记仝兴华主持会议，校长韩圣浩代表学校向大会作题为《科学谋划 深化改革 不断开创学校发展新局面》的学校工作报告。

29 日　校长韩圣浩应邀对美国加州大学戴维斯分校（UCD）、亚利桑那州立大学（ASU）和哥伦比亚大学校友会等进行友好工作访问，并拜会了中国驻旧金山总领馆教育处，会见了我校部分优秀校友代表。在亚利桑那州立大学（ASU）访问期间，签署了亚利桑那州立大学与山东大学（威海）合作框架协议。

本月　威建集团向校区捐款 100 万元人民币，支持校区事业发展；青岛山东新岛律师事务所主任、2003 级法学专业刘晨校友捐款 10 万元人民币。

4 月

7～8 日　主楼广场原校训石拆除，新校训石“学无止境 气有浩然”落成。该石重约 120 吨，长 2014 厘米，宽 113 厘米，高 1984 毫米。

10 日　校区召开党的群众路线教育实践活动总结大会。山东大学（威海）党的群众路线教育实践活动领导小组组长，校区党委书记仝兴华作山东大学（威海）教育实践活动总结。

2014年

4月

12日　校长韩圣浩会见来访的澳大利亚国立大学校长 Ian Young 教授，双方就“山东大学—澳大利亚国立大学联合研究生院”项目和有关专业“3＋2”本硕连读项目的发展前景、运行模式等方面进行了探讨。

25日　山东大学空间科学研究院在物理楼举行小卫星计划座谈会。中国科学院力学研究所胡文瑞院士，国家基金委数理学部常务副主任汲培文，中国科学院国家天文台党委书记、山东大学空间科学研究院院长赵刚，总装备部高技术中心高级工程师蔡军，紫金山天文台副台长常进，中国航天科技集团公司第五研究院第513研究所副所长张玉兔等应邀出席。座谈会由校长韩圣浩主持。副校长陈冠军，空间科学研究院及科研处相关人员，中国电波传播研究所、国防科技大学、山东省科学院海洋仪器仪表研究所等单位的特邀代表和山东大学国防科学技术研究院、山东发展研究院的有关人员参加了座谈会。

29日　校区东门及周边地带开始进行封闭改造。

本月　中国博士后网站公布了第55批中国博士后科学基金面上资助项目评审结果。威海校区有10名从事博士后研究的教师获得资助。

5月

12日　海洋学院副教授侯旭光主持的“新西兰鲍(Haliotis iris)的杂交育种及其产业化应用示范”项目在校区举行项目验收会并顺利通过验收。该项目是引进国际先进农业科学技术计划(948计划)项目之一。

12～15日　校区党委副书记、纪委书记柴月禄率团对日本早稻田大学、北海商科大学等合作高校进行友好工作访问。在北海商科大学，柴月禄与北海商科大学校长森本正夫共同参加了“山东大学(威海)汉语教学基地”揭牌仪式。

17～19日　校区8支学生创业团队参加2014年“创青春”山东省大学生创业大赛决赛，有3件作品荣获金奖。校区首次捧得“优胜杯”。

23日　美国中佛罗里达大学 Fevzi Okumus 教授受聘为校区客座教授，副校长刘海为其颁发客座教授聘书。

本月　校区4门课程被评为2013年度山东省精品课程。

本月　校区10项项目获得2014年国家级大学生创新创业训练计划项目立项。

6月

12日　山东滨州渤海活塞股份有限公司董事长林风华率团访问威海校区，校区党委书记仝兴华会见林风华一行并进行座谈。山东滨州渤海活塞股份有限公司副总经理兼总工程师张国华，合作发展规划处、科研处、学生工作处以及机电与信息工程学院等单位相关负责人参加了座谈。座谈会上，仝兴华为林风华、张国华颁发了山东大学(威海)兼职教授证书，为张国华颁发了山东大学力学与机电装备联合工程技术研究中心副主任聘书。林风华代表公司向山东大学力学与机电装备联合工程技术研究中心捐赠100万元用于科技开发、人才培养等。与会双方还就校企合作、人才交流、学生就业等方面进行了深入交流。

同日　艺术学院学生董彦君、李怡云、尤海洋、邱秀峰共同设计的小水滴“威威”被确定为威海铁三世锦赛吉祥物，代言威海铁人三项世界锦标赛。

13 日　校区代表团参加威海经济技术开发区召开的 2014 年产学研合作推进大会，与威海经济技术开发区签署了校地全面合作框架协议，并举行就业创业导师证书颁发暨大学生就业创业实践基地授牌仪式。校区党委书记仝兴华出席大会并致辞。校区党委副书记赵玉璞代表学校与威海经济技术开发区签署了校地全面合作框架协议，商学院、海洋学院、机电与信息工程学院与区属部门、区内企业签订了共建现代服务业研究中心、智能电网配电自动化研究、海洋新产品研发、微生物菌种研发等 10 项具体的项目合作协议。校区聘任张曙光、边建华、李洪社、商滨、卢晓彦、余清泉等 6 人为大学生就业创业导师，在导师所属单位山东瑞欣科技企业孵化器有限公司、迪沙药业集团有限公司、威海翔宇环保科技有限公司、威海曼威软件有限公司、威海兴达信息科技有限公司、威海腾森橡胶有限公司等 6 家企业建立大学生就业创业实践基地。赵玉璞代表校区为就业创业导师颁发了聘书并为实践基地授牌。

14 日　艺术学院选送的七个剧目在山东省第九届青少年舞蹈比赛中全部获奖，包揽 6 个一等奖，5 个二等奖（以个人的赛绩评比颁奖）。

15 日　山东大学（威海）泰安校友会成立。

16 日　根据山东大学文件（山大党任字[2014]3 号），周慧如同志任威海校区党委副书记；郭培良同志任威海校区党委委员。

根据山东大学文件（山大政任字[2014]6 号），郭培良任威海校区副校长。

21 日　山东大学（威海）临沂校友会成立。

同日　中科院高能物理研究所党委书记王焕玉、学位委员会主任常哲、粒子天体中心主任宋黎明、研究生部主任何会林一行四人访问空间科学与物理学院。

22 日　法国科学院院士 Alain Bensoussan 应数学与统计学院邀请为校区师生作题为“Excertainties and Competition-Challenges for Real Life, Opportunities for Research”的公开报告。报告由山东大学教授彭实戈主持。部分国际学者、数学与统计学院部分师生聆听了报告。

24 日　校区举行 2014 届毕业生毕业典礼，山东大学校长张荣出席典礼并讲话。

同日　许国昌先生受聘山东大学国家特聘教授、金柄珉先生受聘山东大学人文社科一级教授仪式分别在空间科学与物理学院和韩国学院举行。山东大学校长张荣为许国昌、金柄珉颁发聘书。校区党委书记仝兴华、校长韩圣浩、副校长陈冠军出席仪式。

26 日　国家外国专家局、中国国际交流基金会项目开发部主任王立社一行来校区调研，校长韩圣浩会见客人并主持调研座谈会。

27 日　英国牛津大学周迅宇教授应邀为数学与统计学院师生作题为“Rank dependent utility and risk taking”的学术报告。

28 日　威海东方福爱心联盟成立暨“大学生成长伙伴计划”启动仪式在威海校区举行。威海市人大常委会副主任季恩远、市政协副主席王汝壮，校区党委副书记赵玉璞出席仪式。赵玉璞代表校区与威海东方福爱心联盟签署了《大学生成长伙伴计划》合作协议。启动仪式上，东方福爱心联盟首期捐赠人民币

2014 年

6 月

10 万元用于设立“金种子筑梦基金”，并在校区建立“威海东方福爱心联盟山东大学(威海)工作站”。赵玉璞向爱心联盟负责人颁发了捐赠证书并为工作站揭牌。

30 日　我国前外交部部长李肇星做客第四期行知讲堂，作题为《国际形势与我国外交政策》的报告，校区党委书记仝兴华主持报告会。1000 余名师生聆听报告。

30 日～7 月 3 日　中央民族乐团作曲家、指挥家、演奏家穆祥来先生应邀为艺术学院民乐同学进行民族室内乐的排练和指导。

本月　海洋学院教工党支部和艺术学院学生党支部活动案例均荣获“全省高校基层党支部活动创新案例”三等奖。

本月　校区三个项目获国家社科基金立项资助，其中一项获得国家社科基金中华学术外译项目。

7 月

1 日　威海市发展和改革委员会主任刘伟、副主任兼市蓝色经济区管理办公室主任宋吉信、副主任兼市重点项目管理办公室主任刘树伟等一行 9 人来校区进行工作调研。校区党委书记仝兴华会见来访客人并主持召开座谈会，党委副书记赵玉璞，合作发展规划处、海洋学院相关负责人和教师代表参加了座谈会。

3 日　由数学与统计学院承办的第八次全国微分方程定性理论会议在学校举行。副校长陈冠军出席开幕式并致辞。国家级突出贡献专家、浙江师范大学李继彬教授，全国杰出青年基金获得者、全国教学指导委员会成员、广州大学校长庾建设，全国杰出青年基金获得者、复旦大学袁小平教授等 300 多位微分方程与动力系统理论专家学者以及校区数学与统计学院相关负责人和师生代表参加了会议。

4～5 日　副校长陈冠军会见来访的澳大利亚国立大学理学部部长 Andrew Roberts 教授一行。

7 日　国家外专局高端外国专家 Stephen Connelly 先生做客校区第五期行知讲堂，为师生作题为《学生如何融入高等教育国际化》的主题报告。副校长陈冠军主持报告会并为 Stephen Connelly 先生颁发“山东大学(威海)国际合作事务高级顾问”聘书。

9 日　中国社科院张蕴岭研究员受聘为人文社科一级教授仪式在知行楼举行。校长韩圣浩出席聘任仪式并为张蕴岭研究员颁发聘任证书。山东大学亚太研究所所长杨鲁慧教授及相关单位负责人参加了仪式。同日，张蕴岭研究员为韩国学院师生作题为“我国周边新形势与思考”的学术讲座，校区党委副书记赵玉璞出席讲座。

10～12 日　校区副校长陈冠军应邀出席 2014 年度中澳国际教育管理会议并作题为“中外合作办学——应对世界高等教育国际化挑战的重要选择”的主题发言，全面介绍了威海校区国际化办学思路以及合作办学项目在我校区国际化发展进程中起到的积极作用。

11 日　校区举行 2014 年“学生海外学习经历”启动仪式。校长韩圣浩出席仪式并讲话。启动仪式上，为获得 2014 年度“学生海外经历项目专项校长奖、助学金”的 24 名同学颁发了荣誉证书和奖学金、助学金，并为 2014 年获准立项即将赴美、韩、日及我国香港、台湾地区交流的暑期项目 9 个团队授旗。

12 日　由山东大学、北京大学和台湾政治大学联合举办的“第一届韩国学研究生论坛”在威海校区举办，本届论坛的主题是“韩国学与中韩人文交流”。

13 日　校区举行 2013 级学生军训阅兵式。

同日　在第十四届中国澳大利亚研究国际研讨会上，校区澳大利亚研究中心张威教授的专著《端纳档案：一个澳大利亚人在中国的政治冒险》荣获 2013 年度澳大利亚政府 ACC(澳中理事会)最佳著作奖。澳大利亚社会科学院院士大卫·卡特(David Carter)教授主持颁奖仪式，澳大利亚外交部澳中理事会副主席费斯教授(Stephannie Fahey)向张威教授颁发获奖证书。《端纳档案》为张威教授耗时 20 年的研究成果，是国内首部全面描述蒋介石、宋美龄的澳大利亚顾问端纳的学术著作。

16 日　威海三立建设工程有限公司向校区捐赠专项基金，设立“三立建设教育基金”，用于家庭经济困难学生资助、师生应急救助、大学生创新创业扶持、校园文化建设等方面。捐赠仪式上，校区党委副书记赵玉璞代表校区接受捐赠并向威海三立建设工程有限公司董事长孙世波颁发了捐赠证书。

18 日　校区举行第 26 期大使讲坛。中国前驻尼日利亚、纳米比亚大使梁银柱为师生作题为《非洲情况与中非关系》的报告。

同日　数学与统计学院李娟教授获得 2014 年“山东大学优秀教师”荣誉称号。

19～20 日　教育部直属高校关工委第二协作组 2014 年协作会议在威海校区举行。教育部关工委副秘书长来启华，山东省关工委学校指导组负责人陈光华，省教育厅关工委副主任刘鸣泽，校区党委书记仝兴华等出席会议。来自北京大学、山东大学等 15 所协作高校的关工委负责同志参加会议。

20 日　由陶行知研究会主办，威海校区参与承办的首届中国青少年海洋意识教育论坛暨纪念甲午战争 120 周年两岸青少年海洋教育研讨会在威海市东山宾馆举行。教育部原副部长王湛、中国陶行知研究会秘书长吕德雄等出席论坛。教育部、中国光华科技基金会、山东省教育厅、中国人民解放军海军军事学术研究所、中国海洋大学的专家学者，山东大学(威海)及威海市部分中小学的志愿者代表共计 200 余人参加了本次论坛。包括威海校区在内的 4 个单位被授予“阳光青少年海洋意识教育工作站”牌匾。

21～24 日　由中国天文学会天文教育专业委员会主办、山东大学(威海)空间科学与物理学院承办的 2014 年全国天文教育研讨会在威海校区召开。来自 20 多所高校及研究所的近 60 名代表参加了此次会议。校区副校长陈冠军参加开幕式并致欢迎辞。

同日　校区 2014 年本科招生工作顺利结束。2014 年，校区面向全国 30 个省(市、自治区)共计划招收本科 3500 人，实际完成录取 3502 人。

2014 年

7 月

同日　韩国传媒界知名人士、中华电视台创办人赵在九博士受聘为校区客座教授仪式在知行楼举行，校长韩圣浩出席仪式并为赵在九博士颁发客座教授聘书。

24 日　共青团中央学校部部长杜汇良，共青团山东省委党组成员、纪检组长谢宁，共青团山东省委常委、学校部部长郑思洁等一行到威海校区调研大学生创新创业教育工作。校区副校长刘海，团中央学校部中学处副处长朱昊炜以及共青团威海市委、校区团委负责人陪同调研。

同日　山东大学何中华教授应邀做客校区第六期行知讲堂，为 200 余名师生作题为《中国传统文化及其当代价值》的主题报告。

27 日　由商学院和《劳动经济评论》编辑部共同主办的当代经济学科前沿热点研讨会在威海校区举行。来自中国社会科学院、中国人民大学、首都经贸大学等科研院所、高校和国内知名学术期刊的专家、编审以及商学院师生共 40 余人参与了研讨会。

30 日～8 月 4 日　第五届“原子核物理中的协变密度泛函理论”研讨会在威海校区举行。来自全国十余所高校和科研机构的五十多名师生参加研讨会。

本月　校区 5 项成果获 2014 年山东省省级教学成果奖。其中，一等奖一项，二等奖两项，三等奖两项。

本月　中美高校教师访问团团长、校区翻译学院院长王湘云教授在访问过程中获美国马萨诸塞州国会的表彰。

8 月

5 日　校区副校长陈冠军会见到访的韩国成均馆大学代表团并举行座谈。

7～10 日　由山东大学空间科学研究院与中国极地研究中心联合举办的“日侧极光发生机制和极区电离层对流特征研究”暨极区空间天气学研讨会在威海校区召开。中科院地球与地质物理研究所万卫星院士、极地研究中心刘瑞源研究员、北京航空航天大学曹晋滨教授、北京大学傅绥燕教授和宗秋刚教授、武汉大学蔡红涛教授和倪彬彬教授等 20 余位专家学者应邀出席。来自中国极地研究中心、西安电子科技大学、陕西师范大学和山东大学空间科学研究院的有关人员参加了此次研讨会。会议由中国极地研究中心主任杨惠根研究员主持。

16～23 日　在第 31 届国际无线电科学联盟(International Union of Radio Science，URSI)科学大会上，空间科学研究院张清和教授凭借在极区电离层不均匀体方面的研究成果，获得 URSI 总部颁发的“青年科学家奖”(Young Scientists Awards)。

18～20 日　机电与信息工程学院 8 支代表团参加第十一届山东省大学生机电产品创新设计竞赛(决赛)，获得一等奖 2 项、二等奖 6 项、三等奖 2 项、优秀奖 1 项，机电与信息工程学院王延刚老师、刘勇老师获“优秀指导教师”称号。

18～24 日　“空间大地测量研讨会”在威海校区举行。会议由山东大学空间科学研究院国家特聘教授许国昌博士主持，中国科学院杨元喜院士任大会主

2014 年
8 月

席。山东大学副校长、山东大学（威海）校长韩圣浩出席会议，并就卫星导航、学科建设和发展同与会人员进行了座谈。中国科学院、解放军及知名高校的专家教授等参加了会议。

22 日　中韩文化创意产业发展论坛在威海校区举行，中韩双方相关各部门、学术界、商界代表共 300 余人参加论坛。威海市委常委、宣传部部长王亮，韩国前文化体育观光部部长、前文物厅厅长崔光植分别致辞。

22～24 日　南京大学方成院士访问空间科学研究院，并于 22 日上午与研究院教师就我校天文和空间科学学科发展，特别是太阳物理学科的发展和布局情况举行了学术交流座谈会。

29～30 日　山东大学学校领导 2014 年暑期读书班暨工作研讨会在威海校区举行。

29～31 日　空间科学与物理学院申报 9 个实物类作品参加山东省第六届大学生物理科技创新大赛，分别获得特等奖 2 项、一等奖 2 项、二等奖 3 项、三等奖 2 项，4 名指导教师获得"优秀指导教师"称号。

本月　威海校区教师申报的多项政策咨询类人文社科项目获批立项。其中《山东完善海洋生态补偿机制研究》获 2014 年山东省重大财经应用研究课题立项，《对国民经济增长衡量指标的重新认识——摆脱 GDP 崇拜"路径依赖"的计量经济学分析》获 2014 年度山东省统计科研重点课题立项，《裁判文书说理研究》获 2014 年最高人民法院课题立项，《新时期儒家思想的作用、地位及未来走向研究》获 2014 年度山东省人文社会科学课题立项。这四类政策咨询型项目立项标志着威海校区人文社科教师在应用对策研究方面有了新的突破。

本月　威海校区空间科学与物理学院博士研究生刘雷同学在核物理领域的国际顶级期刊 *Physical Review C* 上发表文章，文章题目为"Single-particle structures, high-spin isomers, and a strongly coupled band in odd-odd 120Sb"（《奇奇核 120Sb 中的单粒子结构，高自旋同核异能态以及强耦合带》）。

9 月

7 日　商学院孔海燕教授获得山东大学第六届"我心目中的好导师"荣誉称号。

9～10 日　澳大利亚皇家墨尔本理工大学航空、机械与制造工程学院副院长屠基元教授一行访问威海校区。校区副校长陈冠军会见屠基元教授并举行座谈。

10 日　校区党委书记仝兴华主持召开"形势与政策"课程改革座谈会。校区副校长刘海、党委副书记周慧如，党委组织部、党委宣传部、学生工作处、团委等相关部门负责人参加了会议。会议确定了"形势与政策"课程教学内容、授课教师及学院负责人等内容。

14 日　校区举行 2014 级新生开学典礼暨迎新晚会。校区党委书记仝兴华为第五届研究生"我最喜爱的导师"获奖教师颁奖。校长韩圣浩讲话。

同日　欧洲科学院陈关荣院士应邀为校区师生作题为《混沌的故事》的学术报告。

2014 年

9 月

16 日　澳大利亚斯威本科技大学高级常务副校长 Jennelle Kyd 教授、副校长 Jeffrey Smart 等访问威海校区，校区校长韩圣浩、副校长陈冠军会见来访客人。双方回顾了合作历史，并就共建"3D 联合实验室"等内容进行了商讨。访问期间，Jennelle Kyd 教授代表本校学术委员会（Academic Board）向韩圣浩授予了澳大利亚斯威本科技大学荣誉博士学位。

同日　台湾作家蓝博洲应邀为校区师生作题为《寻访被湮灭的台湾历史、文学与台湾人》的学术报告。

19 日　校区组织党外代表人士代表赴文登区卓达集团考察调研。校区党委副书记刘玉殿、党委宣传统战部相关负责人参加了活动。

21 日　校区副校长陈冠军率团参加了乐陵人才·科技·产业对接会并作大会发言。会上，陈冠军与乐陵市委常委、副市长张健捷共同签署山东大学（威海）与乐陵市政府框架合作协议。

23 日　澳大利亚迪肯大学信息技术学院院长周万雷教授访问威海校区，校区副校长陈冠军会见周万雷教授并为其颁发客座教授聘书。

同日　澳大利亚国家级教学名师（Australian Natioanl Teaching Award）、斯威本科技大学前任高等教育学院院长 Bruce Calway 教授受聘为威海校区国际教育学院"国际合作事务高级顾问"仪式在知行楼举行。校区副校长陈冠军出席仪式并为 Bruce Calway 教授颁发聘书。

23～24 日　校区副校长陈冠军会见到访的澳大利亚国立大学计算机科学研究院院长 Alistair Rendell 教授。

25 日　校区副校长陈冠军会见来访的澳大利亚格里菲斯大学商学院国际事务院长 Peter Woods 教授、讲师 Anna Kwek 博士。

26 日　校区召开"关注青年教师成长"座谈会。校区校长韩圣浩出席座谈会，人事处相关负责人和校区新聘青年教师参加了座谈会。

同日　山东大学（威海）与高区边防大队"阳光海岸警校共建"志愿服务启动仪式在校区图书馆报告厅举行。高区政法委书记王新通、山东大学（威海）副校长刘海出席仪式并为服务站揭牌。威海市公安局高区分局政委隋华明，高区分局副政委丁文勇，高区边防大队大队长马明，边防官兵代表及校区志愿者代表共同参加此次活动。

28 日　应威海市政府邀请，校区旅游规划院副院长朱峰副教授、项目规划组成员闫涛蔚教授在威海市政府会议室作《刘公岛旅游发展定位规划》成果汇报。威海市副市长张波主持汇报会。

本月　美国《天体物理学杂志快报》（*Astrophysical Journal Letters*）发表了由我校空间科学研究院（宋红强、陈耀）联合美国乔治梅森大学（Jie Zhang）和南京大学（程鑫）共同完成的一篇研究论文"Direct Observations of Magnetic Flux Rope Formation During A Solar Coronal Mass Ejection"。这是校区空间物理研究团队首次在《天体物理学杂志快报》上发表研究成果。

本月　校区 10 名从事博士后研究的教师获得第 56 批中国博士后科学基金面上资助项目。

2014 年

9 月

本月　校区两项成果获山东省第二十八次社会科学优秀成果奖，《立法后评估研究》获法学类一等奖，《民国时期工业企业劳资关系研究（1912～1937）》获经济学三等奖。

本月　山东省海洋与渔业厅依托校区海洋学院成立“山东省生态型人工鱼礁实验中心”并授予牌匾。

本月　油画《海色斑斓系列五》入选第十二届全国美术作品展览油画展。舞蹈《觅源・烟水幕》荣获山东省第七届泰山文艺奖“舞蹈艺术作品三等奖”。

本月　在“创青春”全国大学生创业大赛移动互联网创业专项赛终审决赛中，机电与信息工程学院 2 件作品荣获银奖，数学与统计学院 1 件作品获得铜奖。

10 月

11 日　校区在知行楼举行中国电信“飞 young 青春，翼起梦想”高校助学计划捐赠仪式。副校长刘海、中国电信威海分公司副总经理李建华出席捐赠仪式，双方进行了捐赠物品交接，并为“青年就业创业见习基地”揭牌。在此次捐赠活动中，中国电信为校区一、二年级的学生捐赠了 130 部手机和每人 240 元的话费补贴，并提供飞 young 创业社勤工助学岗位。

14 日　校区在知行楼举行捐赠仪式。上海福瑞酒业有限公司总经理、山东大学（威海）上海校友会副会长、2001 级电子系校友冯李凯和山东大学（威海）上海校友会共同出资向校区捐赠价值 30 万元物品，山东大学（威海）副书记赵玉璞向冯李凯校友颁发了捐赠证书。

同日　校区体育训练馆与学生宿舍拟建项目可行性研究报告评估评审会议在知行楼举行。教育部代表、中国勘察协会高校分会秘书长孙光初，教育部评审专家组组长朱坚，山东大学（威海）副校长郭培良出席会议。会议由评审专家组副组长杨桂宁主持。

15 日　校区党委理论学习中心组召开专题学习会议，深入学习习近平总书记在党的群众路线教育实践活动总结大会上的重要讲话精神。

17～18 日　在第六届山东省大学生科技英语大赛中，翻译学院 2011 级项嘉同学获得决赛第一名和专业组特等奖，数学院 2013 级熊子健同学获得非英语专业组三等奖。

19 日　王振滔慈善基金会爱心系列活动威海站启动仪式在知行会堂举行。王振滔慈善基金会再次向山东大学（威海）和哈尔滨工业大学（威海）共捐款 150 万开展爱心接力活动，并在两校设立爱心创业基金。奥康集团董事长、王振滔慈善基金会创始人王振滔，山东大学党委副书记、山东大学（威海）党委书记仝兴华，哈尔滨工业大学（威海）党委副书记兼纪委书记王建文、副校长赵国亮，山东大学（威海）党委副书记赵玉璞、副校长刘海出席仪式。仪式上，赵玉璞、王建文分别代表学校向王振滔赠送了礼物，王振滔、刘海、赵国亮为爱心接力手代表每人颁发了 5000 元的助学金。仪式现场还举行了爱心创业基金揭牌活动，王振滔、刘海、赵国亮为山东大学（威海）和哈尔滨工业大学（威海）的爱心创业基金揭牌。仪式结束后，王振滔为现场师生作了题为“理想、行动、坚持”的讲座。

2014 年

10 月

同日　美国麻省理工学院 Haystack 观象台张顺荣研究员应邀为空间科学与物理学院师生作题为《从梦幻极光说到太阳风暴:空间天气纵横谈》的学术报告。

22 日　法国农业科学研究院 Stéphane Robin 研究员应邀为数学与统计学院师生作题为"Exact Bayesian inference for change-point models, with application to genome annotation"的报告。

24 日　澳大利亚斯威本科技大学全球教育关系经理 Marisa Furno 女士,商学与企业学部本科生项目主任 Elizabeth Levin 教授,健康、文学与设计学部国际项目副主任 Gavin Melles 教授访问威海校区。校区副校长陈冠军会见来访客人。

25～26 日　山东大学(威海)青岛校友会组织校友回访母校。青岛校友会副会长、华夏星火网络科技有限公司董事长、1994 级英语专业魏芳波校友在访问期间向校区捐赠了价值 10 万元的物品,校党委副书记赵玉璞向魏芳波校友颁发捐赠证书。

25～27 日　西澳大学国际事务副校长 Iain Watt 先生一行访问威海校区。校区校长韩圣浩、副校长陈冠军会见来访客人并举行座谈。韩圣浩和 Iain Watt 共同签署两校法学合作项目意向书,根据意向书,双方将开展法学业本硕连读项目。

25～28 日　空间科学与物理学院"核与核天体课题组"的王守宇、王硕两位老师与刘晨、刘雷两名博士研究生参加第十五届全国核结构大会并作报告。其中,刘晨的报告荣获"优秀青年报告奖"。

28 日　澳大利亚国立大学国际事务副校长 Erik Lithander 博士一行访问威海校区。校区校长韩圣浩、副校长陈冠军会见来访客人并举行座谈。

31 日　2014 年度乐天奖学金颁奖仪式在知行楼举行,校区副校长刘海出席活动。乐天百货国际(威海)有限公司法人长张东镐、乐天百货国际(威海)有限公司总经理张翠丽为获奖学生颁发证书。

同日　校区副校长陈冠军会见韩国水原大学代表团一行并举行座谈。

同日　民生证券总裁助理、民生证券研究院执行院长、山东大学(威海)北京校友会副会长管清友博士受聘校区兼职教授仪式在知行楼举行。校区校长韩圣浩出席仪式并为管清友校友颁发兼职教授聘书。

同日　中国空间技术研究院副院长李明应邀请访问威海校区。校区校长韩圣洁会见李明一行并召开座谈会。

本月　法学院姜世波同志所提出的《关于完善应急物资储备与供应体系的建议》被中央统战部《零讯》采用,并得到国务委员、国务院党组成员、国家减灾委员会主任王勇同志批示。

11 月

1 日　山东大学(威海)迎来建校 30 周年校庆,校区举行了一系列庆祝活动。山东大学威海校友商会一届二次理事会暨全体会员大会在校区召开。校区党委副书记赵玉璞出席会议并致辞,威海市工商联秘书长吴江胜,商会顾问代表、山东大学(威海)原副校长云昌钦,山东大学烟台校友会秘书长宋华西以及商会成员参加了会议。会议由商会副会长张可新主持。

2014年
11月

山东大学(威海)与玲珑集团举行校企合作签约仪式暨玲珑学堂揭牌仪式。校长韩圣浩与玲珑集团总裁、校区1994级校友王琳共同签署合作协议并举行座谈交流。校区党委书记仝兴华与王琳校友共同为玲珑学堂揭牌。

"墨铭山海"——山东大学(威海)建校30周年书法展开幕式在海洋学院大厅举行。校区党委书记仝兴华,山东省书法家协会副主席、威海市书法家协会主席、山东大学(威海)书法研究院院长单国防出席开幕式并分别致辞。校区党委副书记赵玉璞主持开幕式。开幕式上,山东大学威海校友会和山东大学威海校友商会向校区捐赠珐琅彩孔子像,单国防代表全体参展书法作者向校区捐赠参展作品。仝兴华代表校区接受捐赠并为捐赠方颁发捐赠证书。

山东大学威高研究院揭牌仪式在知行楼举行,校长韩圣浩与威高集团副董事长、总经理张华威共同为研究院揭牌。

庆祝山东大学(威海)建校30周年"山大心,校友情,家国梦"捐赠仪式在知行楼举行。校区党委书记仝兴华出席仪式并讲话,党委副书记赵玉璞为各地校友会代表颁发捐赠证书。山东大学校友总会及山东大学河南、青岛等地方校友会代表,山东大学威海校友商会、山东大学(威海)各地方校友会代表等120余人参加了仪式。

山东大学(威海)校友会常务理事会暨校友工作研讨会在知行楼举行。校区党委书记仝兴华出席会议并讲话,党委副书记赵玉璞出席会议并参加研讨。

第二届山水论坛(威海)在校区举行,主论坛以"睦邻、合作、互惠"为主题。副校长陈冠军出席论坛并致辞,来自山东大学(威海)、韩国水原大学、哈尔滨工业大学(威海)、烟台大学、山东工商学院等国内外高校的20多名专家学者参加论坛。

澳大利亚西澳大学国际事务副校长Iain Watt先生,澳大利亚教育管理集团总裁李新庆先生、总监王晶女士等访问校区。校长韩圣浩会见来访客人,并和Iain Watt先生共同为校区"国际教育高端项目办公室"揭牌。李新庆代表澳大利亚教育管理集团祝贺山大(威海)建校30周年,并向校区捐赠价值30万元的"云教学实验室"两间。副校长陈冠军陪同会见,和李新庆共同为"云教学实验室"揭牌,并代表校区向李新庆颁发捐赠证书。

日本早稻田大学北京教育研究中心所长向虎,日本上智大学中国联络处总负责人李欣立,美国加州大学圣地亚分校中国代表詹晶旭,翔飞集团大连办事处负责人费腾等人组团访问威海校区,校长韩圣浩、副校长陈冠军会见来访客人并举行座谈。

晚上,山东大学(威海)庆祝建校30周年庆典大会暨文艺晚会在知行会堂隆重举行。山东大学校长张荣,中共威海市委书记、市人大常委会主任孙述涛,中共威海市委副书记、威海市市长张惠,威海市委常委、统战部部长李在武,威海市委常委、威海军分区政委曹元怀,山东大学副校长、山东大学(威海)校长韩圣浩,山东大学总会计师曹升元,澳大利亚西澳大学副校长Iain Watt等出席庆典并观看了文艺演出。庆典大会由山东大学党委副书记、山东大学(威海)党委

2014年

11月

书记仝兴华主持。韩圣浩在讲话中说,30年来,山东大学(威海)秉承"为天下储人才,为国家图富强"的使命追求,筚路蓝缕、艰苦创业,取得丰硕成果。尤其是最近十年来,在山东大学创建世界一流大学的目标下,按照"统筹布局、一体发展"的方针,威海校区的办学思路更加明晰,办学定位更加明确,综合实力和社会声誉得到很大提高。韩圣浩指出,威海校区将以30年校庆为契机,团结协作,锐意进取,开启新篇章,再创新辉煌。友好学校代表、澳大利亚西澳大学副校长Iain Watt代表西澳大学全体同仁和与山东大学(威海)合作的友好伙伴,对山东大学(威海)30周年校庆表示祝贺。教师代表、国家杰出青年科学基金获得者陈耀教授与现场嘉宾分享了他在校工作和生活的体会。校友代表、民生证券研究院副院长管清友博士代表全体校友,学生代表、翻译学院2013级学生焦成媛代表全体同学祝福母校生日快乐。张惠在致辞中指出,30年来,山东大学(威海)的成长与威海的发展紧密相连,山大(威海)为威海培养了大批优秀人才,成为威海发展的坚强力量;山大(威海)的师生积极参与地方经济建设和地方服务,为威海的发展提供了有力的智力支持。30年是威海和山东大学合作的里程碑,也是面向未来的新起点,威海市将一如既往地支持学校发展,进一步深化校地共建,让山大(威海)这张"城市名片"更加靓丽。张荣在讲话中指出,威海校区今天所取得的巨大成就,得益于一代又一代创业者们极高的胆识气魄和超前的战略眼光;威海校区今天所拥有的有利态势,得益于校地合作的深入推进和共赢发展的理念统一;威海校区今天所实现的跨越式发展,得益于山东大学这个温暖家庭的同心协力与资源集成。张荣指出,目前山东大学正处在建设世界一流大学的关键时期,深入谋划和探索多校区办学体制,促进多校区协调发展,必须更加牢固地树立"一盘棋"的观念,必须更加坚定地走"特色发展"之路,必须更加紧密地开展"校地合作"。庆典大会上,张荣与孙述涛共同开启校地共建新篇章。

2014年11月1日,山东大学(威海)隆重召开建校30周年庆典大会暨文艺晚会

2014 年
11 月

3 日　美国西弗吉尼亚大学数学系张存铨教授应邀为数学与统计学院师生作题为《图论及其应用漫谈》的学术报告。

同日　在 2014 年“创青春”全国大学生创业大赛终审决赛中，海洋学院卞舒惠等同学的作品《山东鸣威海洋种业科技有限公司》荣获创业计划竞赛银奖，法学院林哲琪等同学的作品《聚爱助残创业中心》荣获公益创业大赛银奖。

4 日～12 月 12 日　德国专家 Hermann Kaufmann 教授来校区进行短期工作访问。访问期间，Hermann Kaufmann 教授针对遥感技术分八个专题举行了专题讲座。

6 日　校区“绘革命·馈党情·创青春”社会实践团队同时荣获 2014 年“井冈情·中国梦”全国大学生暑期实践季专项行动“优秀实践团队”“优秀课题成果”两项奖项。

7 日　海洋学院纪雪宁同学获得第七届全国大学生海洋知识竞赛电视总决赛二等奖，威海校区获得优秀组织奖。

7～9 日　第十一届华东六省一市外语论坛在国际学术中心举行。

8 日　山东省 2014 秋冬季高校毕业生服务“蓝黄”两区专场暨校区 2015 届毕业生秋冬季双选会在海洋学院和商学院大厅举行。双选会共吸引了 150 余家用人单位，4000 余名毕业生参会，初步达成意向 500 多个。

11 日　台湾中原大学两岸教育处处长胡威志率团访问校区，校区副校长刘海会见来访客人。

12 日　山东大学首届艺术学院教师美术作品联展在湖西楼展厅展出，此次书画展展出的 60 幅作品均由山东大学艺术学院和威海校区艺术学院教师创作。

13 日　澳大利亚莫纳什大学副校长余艾冰教授和国际部副部长 Trevor Goddard 先生一行访问山东大学，山东大学副校长、山东大学(威海)校长韩圣浩会见余艾冰教授一行。

14 日　澳大利亚西澳大学商学院副院长 Alison Preston 教授一行访问威海校区。校区副校长陈冠军会见客人并举行座谈。

17 日　著名文学批评家，《文艺报》编审、理论部主任熊元义先生为文化传播学院师生作题为《当代文学批评热点问题》的学术报告。

17～19 日　翻译学院辅导员郭彪获得第一届山东省高校辅导员职业能力大赛二等奖。

18 日　校区组织部分党外代表人士赴烟台高新区福山高新技术产业园考察调研，校区党委副书记刘玉殿出席有关活动。调研活动中，刘玉殿代表校区分别与上海采埃孚转向系统(烟台)有限公司、烟台延锋江森座椅有限责任公司签订了建立大学生就业创业实践基地合作协议书。

21 日　数学与统计学院“S-C”调研团荣获第二届全国大学生暑期社会实践专项活动优秀团队奖项。

22～23 日　机电与信息工程学院郭小璇、王诗怡、薛岚天三位同学组成的 Black Swan 队获得第 39 届 ACM 国际大学生程序设计竞赛亚洲区域赛银奖，同时获得全场唯一“最佳女队”荣誉称号，实现了校区在 ACM-ICPC 亚洲区域赛成绩突破。

2014 年

11 月

22～24 日　首届主观化理论与汉语语法研究学术讨论会在校区举行。来自中国社会科学院和上海师范大学、南开大学、山东大学（威海）、日本熊本大学等高校的 60 多名专家学者参加了本次研讨会。

23 日　山东大学（威海）枣庄校友会暨山东大学（威海）枣庄校友企业家俱乐部举行成立大会。

同日　机电与信息工程学院曹丰斌带领的 FivePuffer 团队作品《走喵》荣获第十二届齐鲁软件设计大赛唯一一个特等奖。其余参赛团队获得一等奖 2 项、二等奖 2 项、三等奖 10 项。

24 日　校区召开加强干部管理学习交流会。

25 日　校区校长韩圣浩出席中丹高等教育圆桌会议。

26 日　威海市委副书记、市长张惠，副市长傅广照，市政府秘书长夏景华一行来校区调研大学生创业工作。校区党委书记仝兴华、副校长刘海及校团委负责人陪同调研。

同日　校区举行 2013～2014 学年国际学生“校长奖学金”暨“海外经历项目专项校长奖学金”表彰会。

28～29 日　首届中韩大学生创业大赛在威海校区举行，大赛由山东大学（威海）和韩国湖西大学共同倡议举办。经过角逐，韩国湖西大学的《“Sloth”卡通商品动企划设计》和威海校区的《汇创文化传播有限公司》获得金奖。山东大学（威海）副校长刘海、韩国湖西大学创业保育中心主任丘庚完出席颁奖仪式并致辞。

28 日～12 月 2 日　艺术学院学生杨凯涵与李彦霏分别获得第七届全国高等艺术院校“声乐、歌剧”比赛中国作品组的铜奖和优秀奖。

29 日　由法学院主办、山东泰祥律师事务所协办的中日韩“立法学与法律方法论”国际学术研讨会在威海校区举行，校区副校长刘海出席研讨会并致辞。来自山东大学、韩国仁川大学、韩国忠北大学、日本立命馆大学、浙江工业大学、上海政法学院等近 20 所国内外高校的 50 多名专家学者参加研讨会。

本月　法学院辅导员牛志强荣获“第五届山东高校十佳辅导员”称号、翻译学院辅导员侯丽娜荣获“第五届山东高校优秀辅导员”称号。

本月　牛林杰教授主编的《大学韩国语》系列，刘建亚教授与吴臻教授（山东大学）主编的《大学数学教程：微积分》系列和梁文玲教授主编的《市场营销学》等 3 种 9 本教材成功入选第二批“十二五”普通高等教育本科国家级规划教材。

本月　校区组织参赛的 12 支研究生代表队在第十一届全国研究生数学建模竞赛中共荣获一等奖一项、三等奖三项。

本月　校区在 2014 年“高教社杯”全国大学生数学建模竞赛中取得优异成绩，共获国家一等奖 1 项，二等奖 9 项。

2014 年

12 月

3 日　2014 年国家电网威海电力公司“善小·海葵”奖学金颁奖仪式在威海市电力大厦举行。校区党委书记仝兴华，威海市委宣传部副部长刘昌毅等领导出席活动并为我校 6 位获奖学生颁奖。

6～7 日　由机电与信息工程学院的陈德仕、查君鹏与数学与统计学院的于思皓三位同学组成的 Natrual Dull 队在第 39 届 ACM 国际大学生程序设计竞赛亚洲区域获得铜奖。

11～13 日　翻译学院 2012 级翻译专业学生王睿路获 2014 年“外研社杯”全国英语写作大赛二等奖。

14 日　山东大学(威海)青年联合会成立大会暨第一届委员会第一次会议召开。校区党委书记仝兴华出席会议并讲话，副校长刘海为“山东大学(威海)青年联合会产学研合作基地”揭牌。

16 日　应校区“海外名师进校园”项目邀请前来开展学术交流的澳大利亚莫纳什大学李健教授为校区师生作题为“Manuscript writing，grant application and scientific presentation skills”的专题讲座。

16～20 日　校区副校长陈冠军率团访问韩国光云大学、首尔科技大学、东亚大学等三所高校，并拜访了中国驻韩国大使馆教育处艾宏歌参赞。访问期间，与韩国光云大学共同签署了山东大学(威海)与韩国光云大学合作交流协议书，并与首尔科学技术大学签署了新的合作交流协议。

17 日　山东大学威高研究院成立。赵玉璞任院长，聘李永刚任副院长，石元昌任副院长。该中心为依托威海校区的非实体性科研机构。

18 日　校区党委理论学习中心组召开学习会议，邀请法学院副院长姜世波教授作关于十八届四中全会精神的专题辅导报告，并学习中央有关文件精神。

20 日　韩国学院张磊同学荣获第九届“中国大学生韩国语演讲大赛全国总决赛”第一名，这是韩国学院学生继荣获第一届、第五届该项大赛冠军之后第三次夺冠。

25 日　校区举行 2014 年三星奖助学金捐赠发放仪式。三星电子(山东)数码打印机有限公司向我校捐赠善款 15 万元，校区副校长刘海代表校区接受捐赠并向三星电子(山东)数码打印机有限公司总经理郑志镐颁发捐赠证书。双方共同为 10 名获奖学生代表颁奖。

27 日　校区举办“山东大学(威海)2015 新年音乐会”。威海市委常委、市委宣传部部长王亮，校区党委书记仝兴华，威海市委市政府有关部门的领导同志，威海校区有关校领导出席并观看了演出。

本月　校区在 2015 届本科毕业生推免研究生工作中共有 382 名优秀应届本科生被成功推荐到各类高校和科研院所，占应届本科毕业生人数的 11.37%，其中硕士生 358 名，直博生 24 名。

2015 年

1 月

6 日　威海校区召开民主党派与无党派人士新年座谈会，党委副书记刘玉殿、赵玉璞出席会议。校区各民主党派负责人、无党派人士代表、威海市政协委员参加会议。

2015 年

1 月

7 日　校区向社会发布《山东大学(威海)2014 届毕业生就业质量报告》。

同日　校区举办处级以上领导干部专题报告会,邀请全国政协委员,中国社会科学院学部委员、国际研究学部主任,山东大学人文社科一级教授张蕴岭作题为《如何认识我国周边的新形势》的报告。

11 日　校区首届“挑战杯”竞赛冬令营开营。

16 日　“威海校区建设三十周年,校区发展稳步推进”入选山东大学“2014 年度十件大事”。

17 日　由澳大利亚教育管理集团与威海校区联合举办的“深化中外高校关系与合作威海高峰论坛”在闻天楼报告厅举行。校区校长韩圣浩、副校长陈冠军出席论坛。来自中国矿业大学、澳大利亚西澳大学等国内外 50 所高校和教育机构的 150 余名代表参会。

本月　李娟教授获“2014 年度宝钢优秀教师奖”。

本月　校区获 2014 年全国大中专学生志愿者暑期“三下乡”社会实践先进单位荣誉称号。

2 月

5～11 日　威海分校校长韩圣浩应邀对澳大利亚国立大学、新南威尔士大学和斯威本科技大学进行工作访问,并顺访了澳大利亚麦克米伦教育集团、莫纳什大学和新加坡南洋理工大学。在新南威尔士大学,双方签署《山东大学(威海)与新南威尔士大学学生互派协议》。

本月　团委获 2014 年度“山东省红旗团委”荣誉称号。

本月　韩国学院牛林杰教授获批享受国务院政府特殊津贴。

本月　山东大学威海天文台(暨威海市天文台)获评 2014 年度优秀全国科普教育基地。

3 月

2 日　校区党委副书记赵玉璞率团访问西霞口集团,进行校地校企合作对接洽谈。

7 日　校区举行 2015 年春季学生就业实习双选会。

13～15 日　由威海校区中韩关系研究中心主办的“中韩 FTA 地方合作研讨会”在威海举行。本次研讨会的主题是“威海市与仁川市经济合作交流先行先试的重点领域及思路对策”。中国社科院学部委员、山东大学人文社科一级教授张蕴岭,国家发改委外经所研究室主任张建平,商务部研究院研究员袁波,中国社会科学院亚太研究院研究室主任沈铭辉,山东大学(威海)中韩关系研究中心研究员刘文等专家学者出席了研讨会。

14～17 日　美国东田纳西州立大学教育学院院长 Angela Lewis 博士、课程与教学系主任 Norma Hogan 博士以及课程与教学系教授 Rosalind R. Gann 博士访问威海校区。其间,校区副校长陈冠军会见来访客人并签署交流协议。

20 日　校区第五届教职工代表大会暨工会会员代表大会在闻天楼报告厅开幕。校区党委书记仝兴华致开幕辞,校长韩圣浩作题为《凝心聚力 深化改革 科学发展 共创学校事业新辉煌》的工作报告,山东省教育工会主席宋志明应邀出席会议并讲话。

2015 年

3 月

23～27 日　校区党委书记仝兴华率团赴台湾中原大学、世新大学和暨南国际大学进行工作访问，并看望校区赴台访学师生。访问期间，山东大学（威海）数学与统计学院与中原大学商学院共同签署《合作举办数理金融实验班协议书》。

25 日　比利时前驻华大使、永久荣誉大使 Patrick Nijs 先生和比利时博优国际集团行政总裁 Geert Roelens 先生等访问威海校区，校区副校长陈冠军会见来访客人。

同日　校区举行首届辅导员职业能力大赛决赛。

28 日　校区足球队获得全国大学生足球联赛山东省预选赛校园组甲组冠军。

本月　山东大学空间科学研究院地磁台正式投入常规运行。该地磁台经纬度为 122°02′58″E 和 37°32′09″N，于 2014 年 12 月底在玛珈山南侧东天文台附近建成。主要观测设备为乌克兰空间研究所利沃夫中心研制的三分量高精度通门式磁力计（型号：LEMI-018），可连续实时记录地磁场三分量（Bx、By 和 Bz）的变化情况，数据分辨率为 1Hz。该地磁台已实现远程视频监控和观测数据实时网络传输。

4 月

1 日　校区举行 2015 年学生工作交流研讨会。校区党委书记仝兴华出席会议并为先进集体和优秀个人颁奖。

同日　威海市委常委、组织部部长田治颖来校区调研党建和人才工作。校区党委书记仝兴华会见田治颖一行。威海市委组织部常务副部长于东海、校区党委副书记周慧如、校区党委组织部相关负责人参加座谈会。

3 日　校区邀请山东省政府参事、博士生导师田建国教授围绕“努力提高高校管理干部素质”作主题讲座。

同日　校区与刘公岛管理委员会全面合作框架协议签约仪式暨“威海市刘公岛历史文化研究中心”及“台湾动物繁育与生态驯化研究中心”揭牌仪式在刘公岛举行。威海市副市长张波，校区党委书记仝兴华出席签约仪式并共同为“威海市刘公岛历史文化研究中心”揭牌。校区党委副书记赵玉璞和刘公岛管委会主任王京伟代表合作双方签署了全面合作框架协议并共同为“台湾动物繁育与生态驯化研究中心”揭牌。

7～10 日　澳大利亚国立大学校董事会成员、物理与工程研究院教育副院长 John Close 教授访问威海校区，校区副校长陈冠军会见来访客人。

10 日　校区与西霞口集团全面合作框架协议签约仪式在西霞口集团举行，双方进行了校企合作对接洽谈并为“海洋学院科研与教学基地”揭牌。

13～14 日　澳大利亚皇家墨尔本理工大学国际事务副校长 Andrew Maclntyre 教授率团访问威海校区。校区校长韩圣浩、副校长陈冠军会见来访客人并举行座谈。

15 日　校区党委召开 2014 年度领导班子民主生活会，山东大学纪委副书记、第二督导组组长李居忠到会指导并讲话。

19 日　山东大学（威海）聊城校友会成立。

2015 年

4 月

21 日　校区 2016 年“创青春”大学生创业竞赛暨领航者大学生创业培训启动仪式在玲珑学堂举行。

27 日　校区召开 2015 年就业创业工作会议。校区党委书记仝兴华、党委副书记赵玉璞、副校长陈冠军出席会议并为 2014 年度就业工作先进单位和个人颁奖。

5 月

4 日　校区纪念“五四运动 96 周年暨 2014 年度优秀学生表彰大会”在玲珑学堂举行。校区党委书记仝兴华出席大会并讲话，党委副书记赵玉璞、副校长刘海出席活动并为获奖师生颁奖。

5 日　校区党委理论学习中心组召开学习会议，专题学习“三严三实”精神并就“三严三实”专题教育进行工作部署。

10 日　山东大学(威海)淄博校友会成立。

14～15 日　校区举行第二十七届田径运动会。

22～23 日　校区召开第十五次学生代表大会、第六次研究生代表大会和第六次学生社团代表大会。

24 日　第十四届“挑战杯”鲁信山东省大学生课外学术科技作品竞赛决赛落幕。威海校区有 4 件作品获山东省特等奖，6 件作品获山东省一等奖，团体总分位列本次比赛第二名，再次捧得“优胜杯”。

28 日　山东大学(威海)“三严三实”专题教育党课在知行楼举行。校区党委书记仝兴华作专题党课报告，并对校区开展“三严三实”专题教育进行动员部署。

30 日　第十四届山东省大学生科技文化艺术节校园短剧大赛决赛在威海校区举行。

6 月

10 日　由中科院国家天文台和山东大学共同创办的“天文与空间科学菁英班”首届学生毕业典礼在闻天楼报告厅举行。校区校长韩圣浩，中科院国家天文台党委书记、副台长赵刚，国家自然科学基金委员会数理部常务副主任汲培文，中科院云南天文台首席研究员韩占文，校区副校长陈冠军、刘海出席毕业典礼。

11～12 日　国家自然科学基金委重大项目“LAMOST 银河系研究”科学研讨会在闻天楼举行。来自中国科学院国家天文台、中国科学院云南天文台、山东大学(威海)的 30 多位学者参加研讨会。校区校长韩圣浩，国家自然科学基金委员会数理部常务副主任汲培文出席开幕式。中科院国家天文台党委书记、副台长、郭守敬望远镜运行发展中心主任、山东大学空间科学研究院院长赵刚主持开幕式。

12 日　共青团山东省委学校部部长郑思洁率领山东高校互观互检观摩团来校区观摩大学生创业工作。

15～17 日　校区副校长陈冠军率队赴华侨大学参加《中美人才培养计划》2015 年度工作会议暨第十二届学生毕业典礼。毕业典礼上，陈冠军为威海校区 12 名《中美人才培养计划》毕业生颁发毕业证和学位证。校区获由美国州立大学与学院协会、中教国际教育交流中心联合颁发的“特别贡献奖”。

2015 年

6 月

18 日 校区举行 2015 届毕业生毕业典礼。

22～26 日 由山东大学(威海)和北京大学共同主办,中科院国家空间科学中心、中国科学技术大学、北京航空航天大学等单位协办(联合承办)的"第十四届国际太阳风大会"在威海校区开幕,共吸引了 200 多名国内外的专家学者参会。会议开幕式由北京大学涂传诒院士和山东大学(威海)空间科学与物理学院常务副院长夏利东教授共同主持。会议还特别邀请了国际著名空间物理学家、美国 Colorado 大学 John Gosling 教授就近年来太阳风的研究进展作了大会报告。

本月 空间科学研究院特聘专家 Hermann Kaufmann 教授入选国家第 11 批"外专千人计划"创新短期项目。这标志着校区高层次人才队伍建设"外专千人"平台实现零突破。

本月 校区获 6 项国家社科基金项目资助。

7 月

2 日 校区举行 2015 年"学生海外学习经历"启动仪式。

6～7 日 校区党委书记仝兴华,副校长陈冠军在学术中心分别会见应邀来校授课的台湾中原大学余章钧教授,陈冠军为余章钧颁发就业创业导师聘书。

7～16 日 校区举办 2015 年"创青春"竞赛夏令营。

9 日 由山东大学(威海)中韩关系研究中心、山东大学东北亚研究中心和山东大学韩国学院主办的第一届中韩关系论坛在威海举行。韩国驻青岛领事馆总领事李寿尊,校区党委书记仝兴华,中国社科院国际学部委员、山东大学人文社科一级教授、山东大学(威海)中韩关系研究中心理事长张蕴岭,中国前驻外大使、中韩建交谈判中方代表张瑞杰,中韩友好协会副会长、中国首任驻韩国大使张庭延,韩国高等教育财团事务总长、韩国前驻联合国大使朴仁国出席了论坛。来自北京大学、复旦大学、中国社科院、山东大学、天津师范大学和韩国国立首尔大学、延世大学、成均馆大学、仁荷大学、仁川大学、韩国济州发展研究院等高校及科研院所的专家学者参加了论坛。

10～11 日 由文化传播学院与中国社会科学院文学所联合承办的"中国社会科学院第二届马克思主义文艺理论论坛暨马克思主义文学批评的理论与实践"学术研讨会在威海校区召开。中共中央委员、中国社会科学院院长王伟光,山东大学党委副书记、山东大学(威海)党委书记仝兴华,中国社会科学院文学所所长陆建德出席开幕式并致辞。中国社会科学院党组成员、副院长张江到会并作大会主题发言。

11～12 日 校区校长韩圣浩率队出席在云南师范大学举办的第二届国际教育管理会议并致辞,副校长陈冠军作主题发言。

13 日 台湾暨南国际大学国际及两岸事务处处长洪政欣率团访问威海校区,校区副校长韩建新会见来访客人。

14 日 2015 年"三星梦想课堂"威海开班仪式在校区举行。中国三星副总裁王幼燕,中国青少年发展基金会副秘书长姚文,共青团山东省委副书记陈必昌,中共威海市委副书记赵熙殿,副校长刘海,以及中国青少年发展基金会、省希望工程办公室、校团委等相关单位负责人出席了开班仪式。

2015 年

7 月

16 日　校区与威海市联桥国际合作集团有限公司校企合作签约仪式在联桥集团举行。校区党委副书记赵玉璞与威海市联桥国际合作集团有限公司董事长慕镕键代表双方签署《山东大学(威海)与威海市联桥国际合作集团有限公司校企合作协议书》。

19～23 日　校区举办青年骨干教师教学能力提升研修班。

21～27 日　校区开展"齐鲁文化与民族精神体验营"活动,营员由来自台湾暨南国际大学和东吴大学的 8 名同学及威海校区 7 名志愿者共同组成。其间,校区举行孔子学堂揭牌暨齐鲁文化与民族精神体验营开营仪式。

22 日　校区 2015 年本科招生录取工作结束。2015 年校区面向全国 30 个省(市、自治区)计划招生 3800 人,实际录取 3800 人,比 2014 年增加 300 人。

27 日　依托于山东大学的微生物技术国家重点实验室"海洋微生物资源中心"挂牌仪式在威海校区举行。微生物技术国家重点实验室主任张友明教授、威海分校副校长刘海出席挂牌仪式并为"海洋微生物资源中心"揭牌。

30 日　校区校长、校区学术委员会主任委员韩圣浩教授主持召开校学术委员会会议,评选出 15 名青年教师为"山东大学(威海)青年学者未来计划"培养人选(其中,人文社会科学学科 8 名,自然科学学科 7 名)。威海校区"未来计划"的目标是利用 10 年时间,在校内支持培养一支 100 人左右、具有较大学术发展潜力的青年学术骨干队伍。

8 月

1 日　校区承办的"传统文化与道德治理"学术研讨会在威海开幕。

1～4 日　受教育部委托,山东大学接待了俄罗斯 200 名中学生来华夏令营代表团,校区承办了该夏令营在威海的相关活动。

6～13 日　校区校长韩圣浩应邀对澳大利亚国立大学、斯威本科技大学、塔斯马尼亚大学、新西兰奥克兰大学进行了工作访问,并顺访了澳大利亚联邦科学与工业研究组织。访问期间,与斯威本科技大学签署科研合作框架协议。

27 日　学生宿舍楼(高层)动工建设。该工程项目总占地 $7416m^2$,总建筑面积 $25615.68m^2$,建筑规模为地下一层,地上主体分 14 层及 17 层两部分。

27～29 日　第三届"中国一南非核物理联合研讨会"在威海校区举行。来自南非 iThemba 国家实验室、Stellenbosch 大学、Zululand 大学,以及北京大学、清华大学、北京师范大学、北京航空航天大学、兰州大学、山东大学、中国石油大学、华北电力大学、河南师范大学、中国科学院理论物理研究所、中国科学院近代物理研究所等高校及研究所的 40 余位专家学者参加了本次研讨会。本次研讨会开幕式由校区"原子核与核天体物理"研究团队负责人王守宇教授主持。校区副校长陈冠军出席开幕式并致辞。

9 月

3 日　校区举行纪念中国人民抗日战争暨世界反法西斯战争胜利 70 周年升旗仪式。

8 日　数学与统计学院郭新伟教授获评 2015 年"山东大学优秀教师"荣誉称号。

2015 年

9 月

10 日　校区召开庆祝 2015 年教师节暨优秀教师表彰大会。校区党委书记仝兴华出席大会并致辞。

11 日　汲培文受聘为校区兼职特聘教授、空间科学与物理学院名誉院长仪式在闻天楼举行。校区校长韩圣浩出席聘任仪式并为汲培文颁发聘任证书，副校长陈冠军主持聘任仪式。

12 日　校区举行 2015 级新生开学典礼。

13～20 日　校区校长韩圣浩应邀对丹麦技术大学、芬兰奥卢大学和坦佩雷大学进行工作访问，并顺访了旅丹华人专业人士协会、中国驻丹麦大使馆教育处和中国驻芬兰大使馆教育处。

18～20 日　山东省当代文学研究会第十三届学术年会暨第七次会员代表大会在威海校区举行。来自省内各大专院校从事现当代文学教学与研究的专家、学者及校区师生共 60 余人参加了此次盛会。

20 日　2015 年全国校园铁人三项赛(威海)暨山东大学(威海)第二届校园铁人三项赛在威海校区举办。

20～23 日　“教育部 2015 年俄罗斯美术大师班”在威海校区开班授课。俄罗斯艺术科学院油画艺术委员会主席、艺术科学院院士、俄罗斯人民艺术家、功勋艺术活动家马克西莫夫教授，俄罗斯人民艺术家、俄罗斯艺术科学院院士布里奥克教授，俄罗斯人民艺术家、俄罗斯艺术科学院院士苏和维茨基教授，俄罗斯美协会员、苏里科夫美术学院尤丽娅教授，俄罗斯艺术科学院荣誉院士、列宾美术学院荣誉教授、中国艺术研究院郑光旭教授等五位艺术家来校区开班授课。

26 日　校区师生举办为法学院病困同学唐妮娜爱心募捐活动。截至当日 19:30，共收到来自社会各界的爱心捐款 355949.83 元。

29 日　山东大学(威海)爱心超市揭牌仪式在知行楼举行。威海东方福爱心联盟会长、东方福珠宝集团董事长王辉，校区党委副书记赵玉璞、副校长刘海出席本次仪式。仪式上，刘海和王辉共同为爱心超市揭牌。王辉代表东方福爱心联盟向爱心超市捐赠价值 6 万元的 7000 余件生活用品，赵玉璞向东方福爱心联盟发放了捐赠证书。

10 月

12 日　美国科罗拉多大学丹佛分校国际处处长 John Sunnygard 先生访问威海校区。校区副校长陈冠军会见来访客人。

13 日　美国加州大学欧文分校夏季学期学分项目负责人 Michael M. Lyons 先生访问威海校区。校区副校长陈冠军会见来访客人。

14～15 日　英国伦敦大学皇家霍洛威学院副校长 Rob Kemp 教授，招生与合作关系部总监 Sheryl Simon 女士和东亚区主管高塽女士一行访问威海校区。校区副校长陈冠军会见来访客人并举行工作会谈。会谈结束后，陈冠军代表学校与 Rob Kemp 教授共同签署了两校“3＋1＋1”本硕连读项目合作协议。

14～19 日　校区副校长刘海率团访问澳大利亚国立大学、皇家墨尔本理工大学、斯威本科技大学和西澳大学。访问期间，与西澳大学签署了《西澳大学与山东大学(威海)海外访学项目协议备忘录》。根据协议，校区学生可赴西澳大

2015 年

10 月

学进行一或两学期的访学交流，西澳大学将为威海校区学生提供一定的学费减免。

16 日　校区召开青年学者未来计划培训会，校区校长韩圣浩出席会议并讲话。

19 日　台湾世新大学终身教育学院院长邱志淳、资讯管理系主任李坤清、大陆研究生服务中心曾崎泓一行访问威海校区。校区副校长陈冠军会见来访客人。

同日　韩国圆光大学韩中关系研究院副院长金珍炳教授率团访问威海校区，校区副校长陈冠军会见来访客人。会见结束后，双方共同签署合作协议。

23～25 日　由中国朝鲜史研究会主办、山东大学韩国学院承办的中国朝鲜史研究会 2015 年学术年会在威海校区召开。校区副校长陈冠军、中国朝鲜史研究会会长金成镐、韩国学院院长牛林杰出席开幕式并致辞。来自全国近 40 所大学和科研机构的 80 多位学者专家参加了年会。

28 日　葡萄牙波尔图大学天文台台长、理学院首席研究者、海洋研究中心主任 LuísaBastos 访问我校并受聘为威海校区客座教授。校区副校长陈冠军出席聘任仪式并为 LuísaBastos 颁发聘书。

同日　由中共威海市委宣传部和山东大学(威海)共同主办的首届中国(威海)海洋油画学术研讨会在威海校区召开。

30 日　校区举行 2015 年度乐天奖学金颁奖仪式。乐天集团从 2012 年开始在校区捐资设立奖学金，旨在奖励商学院和韩国学院学习刻苦、成绩优异、德才兼备的优秀学生，每人奖金人民币 6000 元。

11 月

1 日　校区在溯园举行爱心亭奠基仪式。奥康集团董事长、王振滔慈善基金会创始人王振滔，校区党委书记仝兴华、党委副书记赵玉璞出席奠基仪式，仪式由校区副校长刘海主持。王振滔为校区捐赠爱心款，刘海为王振滔颁发捐赠证书。这是继 2013 年以来，王振滔慈善基金会连续第三年为校区捐款 100 万开展爱心接力活动。

3 日　体育训练馆开工建设，该工程项目总占地 8340 平方米，总建筑面积 20750.90 平方米。

10 日　美国北密歇根州立大学校长 Fritz Erickson 教授、副校长 Steve VandenAvond 博士、文理学院院长 Michael Broadway 教授、国际项目负责人 Kevin Timlin 先生以及社会学教授 Yan Zhao Ciupak 女士访问威海校区，校区副校长陈冠军会见来访客人。会见结束后，双方签署了校际合作备忘录。

11 日　韩国仁川大学对外协力处处长李钟烈率团来校区访问，校区副校长陈冠军会见来访客人。

14 日　山东省 2015 年秋冬季高校毕业生就业集中招聘服务“蓝黄”两区专场暨校区 2016 届毕业生秋冬季双选会在海洋学院大厅和风雨操场举行。

17 日　校区在国际学术交流中心举行就业创业导师聘任仪式，校区副校长刘海为我校 2003 级电子系校友、赤子城科技(北京)有限公司创始人兼 CEO 刘春河颁发就业创业导师聘书并进行交流座谈。

2015 年

11 月

18 日　2015 年度山东大学校长奖学金暨山东大学(威海)第十届十佳大学生演讲报告会在玲珑学堂举行。

20 日　第十四届“挑战杯”中航工业全国大学生课外学术科技作品竞赛决赛落下帷幕，校区获得全国二等奖 1 项，三等奖 2 项。

22 日　校区校长韩圣浩主持召开“空间科学与技术”学科发展咨询会。中国科学院国家天文台台长严俊研究员担任咨询专家组组长，来自国家自然科学基金委员会、中国科学院国家天文台、中国科学院国家空间科学中心、南京大学等单位的 11 名专家担任咨询专家组成员。校区副校长陈冠军及校区相关部门工作人员参加会议。

29 日　由山东大学东北亚研究中心和中国社会科学院地区安全研究中心联合主办的第一届东北亚地区形势发展研讨会在威海校区举行。中国社科院国际学部主任、山东大学一级教授、山东大学东北亚研究中心理事长张蕴岭教授，山东大学副校长胡金焱出席研讨会并致辞。来自中国社科院、中国人民大学、山东大学、南京国际关系学院等科研院校的 60 多位专家和学者参加了此次会议。威海联桥集团总裁慕镕键作为特邀嘉宾参加研讨会。

本月　韩国学院牛林杰教授为首席专家申报的“二十世纪东亚抗日叙事文献整理与研究”获国家社科基金 2015 年(第二批)重大项目立项，课题资助经费 80 万元。

本月　山东大学 2016 届本科毕业生推免研究生工作全部结束，威海校区共有 401 名优秀应届本科生被成功推荐到各类高校和科研院所，占应届本科毕业生人数的 11.91%，其中硕士生 372 名，直博生 29 名。

12 月

3 日　根据山东大学文件(山大党任字[2015]7 号)，因年龄原因，刘玉殿同志不再担任威海校区党委副书记职务。

5 日　中国科学院院士、中国地质科学院研究员、区域地质学家李廷栋应邀做客校区第十四期“行知讲堂”，为师生作题为《漫话地球三极》的报告。

6 日　空间科学研究院召开“月球表面岩石分类”专题研讨会。会议邀请中国科学院地球化学研究所欧阳自远院士、中国地质科学院李廷栋院士等 9 名国内深空探测与行星科学领域专家成立专家组，对于校区承担的国家科技基础性工作专项《月球地质图编研》课题三《月球表面岩石类型分布图编研》进行专题研讨和论证。

同日　中国科学院院士、著名天体化学与地球化学家、中国月球探测工程首席科学家欧阳自远应邀做客校区第十五期“行知讲堂”，作题为《中国的探月梦》的报告。

8 日　澳大利亚西澳大学国际事务副校长 Iain Watt 先生一行访问威海校区，校区副校长陈冠军会见来访客人并举行座谈。

11～13 日　校区中韩关系研究中心主办的“第一届中韩青年学者论坛”在北京召开。论坛的主题为“一带一路背景下的中韩关系”。中国社科院学部委员、国际学部主任、山东大学(威海)中韩关系研究中心理事长张蕴岭，外交部亚洲司公参姚文，山东大学(威海)党委副书记赵玉璞，中国留学人员联谊会朝韩

2015 年

12 月

分会会长王林昌分别在开幕式上致辞。来自中韩两国的 50 余位青年学者出席本届论坛。

14 日　澳大利亚斯威本科技大学分管未来制造业副校长 Geoff Brooks 教授和分管国际合作副校长 Melissa Banks 女士率团访问威海校区。校区校长韩圣浩、副校长陈冠军会见来访客人并举行座谈。韩圣浩与 Geoff Brooks 教授共同签署了“先进制造业联合研究中心合作备忘录”，并共同为两校“3D 联合实验室”和“先进制造业联合研究中心”揭牌。

16 日　2014～2015 学年国际学生“校长奖学金”暨“海外经历项目专项校长奖学金”表彰会在闻天楼报告厅举行，校区副校长陈冠军出席活动并致辞。

17 日　校区在知行楼举行三星奖助学金捐赠发放仪式。三星电子（山东）数码打印机有限公司副总经理赵国栋，校区副校长刘海出席仪式。刘海、赵国栋共同为获奖学生发放了三星奖助学金。此次捐赠共有 40 名学生获得每人 3000 元的资助。

25 日　山东大学校长张荣来校区听课、调研，并与各教学院（部）的教师代表开展座谈交流。

本月　马克思主义教学部马秋丽教授、郝书翠副教授入选山东省理论人才“百人工程”。

本月　法学院团总支获得“2013～2014 年度全省高校思想政治教育工作先进集体”荣誉称号。马列教学部郝书翠、艺术学院王鹏飞获得“2013～2014 年度全省高校思想政治教育工作先进个人”荣誉称号。

本月　空间科学与物理学院张清和教授入选 2014 年国家“万人计划”自然科学类青年拔尖人才。

本月　由空间科学研究院凌宗成老师带领的行星科学团队有关嫦娥三号“玉兔号”月球车月表就位探测数据分析的研究论文在《自然—通讯》（*Nature Communications*）杂志发表，该杂志同时将文章作为亮点研究成果发布新闻稿予以报道。新华社、《科技日报》《中国科学报》《参考消息》《中国日报》，美国《华盛顿邮报》和《洛杉矶时报》、英国《卫报》和《镜报》、西班牙《世界报》和《国家报》等均进行了报道，并被国外知名科技媒体 Tech Times 评为 2015 年国际十大空间事件和重大发现之一。

2016 年

1 月

9 日　校区发布《山东大学（威海）2015 届毕业生就业质量报告》。

本月　韩国学院刘畅以《京杭大运河国家遗产与生态廊道》为翻译蓝本和陈媛以《清代学术源流》为翻译蓝本申报的中华学术外译项目获准立项 2015 年国家社科基金中华学术外译项目。

本月　校区青春创业孵化园获评“威海市创业孵化示范基地”。

本月　校区团委获 2015 年度“山东省红旗团委”称号。

2 月

21 日　校区召开领导班子新学期工作研讨会，校区领导结合各自工作分工，就党建工作、学科建设、人事工作、本科教学、学生思政教育、国际化工作、校园文化建设等方面进行工作研讨。

2016年

2月

21～25日　校区校长韩圣浩应邀对部分日本合作高校进行工作访问。访问期间，与北海商科大学签署3＋1＋1本硕连读项目协议书。

本月　艺术学院2014级研究生于书博入选由教育部全国资助中心评选的第二届全国励志成长成才优秀学生典型。

3月

2日　校区英俄双语方向首批项目学生赴俄罗斯阿穆尔国立大学交流学习。

11日　校区党委召开2015年度领导班子"三严三实"专题民主生活会。

17日　校区召开第五届教职工代表大会第二次会议。校区党委书记仝兴华主持会议，校区校长韩圣浩作题为《开放拓新踏实奋进努力开创学校工作新局面》的工作报告，校区副校长韩建新和郭培良分别向大会作财务工作报告和教代会提案工作报告。

22日　根据山东大学文件(山大学科字[2016]1号)，校区"空间科学与技术"入选山东大学"学科高峰计划"首批特色学科。

23日　山东大学各民主党派主委(副主委)以及无党派知识分子联谊会负责人等校内统一战线代表人士来威海校区进行统战工作调研座谈，校区党委副书记周慧如出席有关活动。

24日　校区党委组织召开2015年度党总支(直属党支部)书记抓基层党建工作述职评议会。校区党委书记仝兴华对参加现场述职的17位党总支(直属党支部)书记逐一进行点评并作总结讲话。校区党委副书记周慧如主持会议。

31日　"威海市人民代表大会常务委员会立法研究服务基地暨山东大学威海立法研究中心"揭牌仪式在法学院模拟仲裁庭举行。校区校长韩圣浩，威海市人大常委会副主任、市人大法制委员会主任委员季恩远出席仪式并共同揭牌。

本月　商学院2013级本科生孙朋磊获第三届"山东大学生十大创业之星"称号。

本月　王守宇课题组与同行合作在原子核物理研究领域取得重大进展，首次发现原子核中手性和空间反射对称性的联立自发破缺，促进了对原子核对称性自发破缺和恢复的理解，具有重要科学意义。

4月

5日　校区副校长陈冠军会见来访的台湾中原大学商学院院长刘立伦一行，并出席学术交流活动周开幕式。

8日　中国空间技术研究院副院长李明受聘为校区兼职特聘教授，校区副校长陈冠军为李明教授颁发聘书。仪式结束后，李明教授作题为《国内外微小卫星的发展现状》的报告。

10～16日　第七次太阳界面层成像光谱仪(IRIS)卫星国际研讨会在校区举行。本次研讨会由山东大学空间科学研究院主办，北京大学空间物理与应用技术研究所协办，共有来自中国内地与中国台湾和韩国、日本、印度、美国、挪威和法国等地的100多名专家学者和青年学生参会。会议科学组织委员会主席与地方组织委员会主席分别由北京大学田晖研究员和我校宋红强副教授担任。

2016 年
4 月

12 日 校区举行国家电网威海供电公司善小·海葵奖学金捐赠发放仪式，国家电网威海供电公司党委书记马德俭、山东大学（威海）副校长刘海出席仪式。2016 年，校区共有六位同学获得“善小·海葵”奖学金，每人获得奖学金 5000 元人民币。

14 日 校区校长韩圣浩在上海会见澳大利亚塔斯马尼亚大学校长 Peter Rathjen 教授一行。双方共同签署《山东大学（威海）与塔斯马尼亚大学合作备忘录》。

15 日 由山东大学东北亚研究中心主办的威海中韩自贸区地方经济合作研究中心成立仪式暨中韩服务贸易研讨会在校区举行。校区党委书记仝兴华，威海市副市长叶立耘，校区党委副书记、山东大学东北亚研究中心主任赵玉璞等出席揭牌仪式。中国社科院研究员、学部委员、山东大学一级教授张蕴岭和叶立耘共同为威海中韩自贸区地方经济合作研究中心揭牌。

同日 校区副校长陈冠军会见来访的韩国驻青岛总领事馆李寿尊总领事一行访问。会见后，李寿尊为韩国学院学生及韩国留学生作题为“韩中合作的新模式”的专题演讲。

18 日 校区召开党委会，专题传达学习习近平总书记关于“两学一做”学习教育重要指示精神和刘云山同志在“两学一做”学习教育工作座谈会上的讲话精神，研究部署贯彻落实工作。会议审议并原则通过《关于在全校党员中开展“学党章党规、学系列讲话，做合格党员”学习教育实施方案》。

同日 校区副校长陈冠军主持召开山东大学“学科高峰计划”——空间科学与技术特色学科建设启动会。原国家自然科学基金委员会数学物理科学部常务副主任汲培文，中国科学院国家天文台党委书记、副台长赵刚，空间科学与技术学科主要学科带头人，研究生处等相关部门工作人员参加会议。

19 日 华东师范大学终身教授、冷战国际史研究中心主任沈志华访问威海校区，与校区中韩关系研究中心签署合作协议。校区副校长陈冠军出席签约仪式，并为“国家社科基金特别委托项目驻威海工作站”揭牌。

20 日 澳大利亚西澳大学校长 Paul Johnson、国际交流副校长 Iain Watt 一行访问山东大学，山东大学校长张荣会见代表团一行。山东大学副校长、山东大学（威海）校长韩圣浩参加相关活动。

21 日 “山东大学（威海）姚家党员干部教育基地”揭牌仪式在济南市历下区姚家街道办事处举行。校区党委书记仝兴华，济南市历下区党委书记马玉星出席揭牌仪式，共同揭牌。

24 日 校区第八届外语文化节开幕，校区副校长陈冠军出席活动并参加了游园会。

25 日 山东大学党委决定，刘建亚同志任威海校区党委书记；仝兴华同志不再担任威海校区党委书记职务（山大党任字[2016]5 号）。

同日 山东大学决定，刘建亚任威海校区校长；韩圣浩不再担任威海校区校长职务（山大政任字[2016]8 号）。

27 日 山东大学党委在威海校区举行干部教师大会，宣布威海校区党政主要负责同志调整的决定。山东大学党委书记李守信出席会议并讲话，山东大学

2016年

4月

党委常务副书记李建军主持会议，党委副书记仝兴华，党委常委、副校长韩圣浩，党委常委、副校长刘建亚参加会议。会上，李建军宣布了山东大学党委关于威海校区党政主要负责同志调整的决定。

28日　山东大学党委常务副书记李建军调研“两学一做”学习教育开展情况和基层党建工作情况并召开座谈会。

本月　山东大学威海天文台(暨威海市天文台)获评“2015年度全国科普教育基地科普信息化工作优秀基地”。

本月　空间科学研究院太阳爆发物理研究小组与同行合作在太阳爆发研究领域取得新进展，相关研究结果已经被国际天文学领域权威期刊 *Astrophysical Journal Supplement Series* (ApJS, IF: 11.215)接收发表。

5月

3日　校区举行2015年度优秀学生“五四”表彰暨文艺汇演。校区党委书记、校长刘建亚通过录制的视频寄语学校师生。校区党委副书记赵玉璞，副校长陈冠军、刘海出席大会。

12～13日　校区举行第二十八届田径运动会。

19日　山东大学(威海)“两学一做”学习教育专题网站正式上线。

20日　校区举办首届大学生中华经典诵读大赛决赛，校区副校长郭培良出席大赛并为获奖团队颁奖。

20～21日　磁层－电离层－热层耦合研讨会暨MIT计划科学目标咨询会在威海校区召开。来自北京大学、中国科学技术大学、武汉大学、北京航空航天大学、南昌大学、南京信息工程大学、山东大学(威海)、中国极地研究中心、广州气象卫星地面站、中国科学院地质与地球物理研究所、国家空间科学中心的50余位我国空间物理界的科技专家代表参加会议。校区副校长刘海出席会议并致开幕辞。国家空间科学中心副主任王赤研究员主持开幕式。

20～22日　校区在2016年“创青春”海尔山东省大学生创业大赛中团体总分列山东省第四位，再次捧得“优胜杯”。

24日　校区召开党委理论学习中心组(扩大)会议，传达学习《中共中央组织部关于学习贯彻习近平总书记重要批示精神加强党委(党组)领导班子建设的通知》，重温毛泽东同志《党委会的工作方法》。校区党委书记、校长刘建亚主持会议并讲话。

27日　中国前驻伊朗、阿联酋、荷兰大使华黎明做客校区第二十九期大使讲坛，为师生作题为《崛起中大国的国际战略》的报告。

30日　山东省委统战部副部长曲涛到威海校区调研检查中央、省委统一战线系列重大决策部署贯彻落实情况，并召开座谈会。威海市委常委、统战部部长高旭光主持座谈会。哈尔滨工业大学(威海)党委书记姜波，山东大学(威海)党委副书记赵玉璞、周慧如出席座谈会。

30日～6月1日　澳大利亚斯威本科技大学分管未来制造副校长 Geoff Brooks 教授率团一行6人访问威海校区，校区副校长陈冠军会见来访客人。

31日～6月1日　澳大利亚国立大学物理与数学科学学部部长 Andrew Roberts 率团访问威海校区，校区副校长陈冠军、刘海分别会见来访客人并举行座谈。

2016 年

5 月

本月　海洋学院海洋微生物团队在海洋细菌分类学领域获得重大突破，成功筛选建立了海洋细菌 1 个新目——慢生单胞菌目，这也是由我国科研工作者独立完成的首个新目，标志着我国微生物分类水平前进了一大步，显著提升了我国海洋微生物分类学的国际影响力。该成果被发表在国际微生物分类学界公认权威性杂志 *International Journal of Systematic and Evolutionary Microbiology*（简称 *IJSEM*）上。

6 月

2 日　校区举行党外知识分子联谊会理事会，校区党委副书记周慧如出席会议并讲话。

3 日　校区召开资产清查工作汇报会，校区副校长，学校资产工作清查领导小组副组长韩建新、郭培良出席会议并讲话。人事处、纪检监察审计办公室以及九个资产清查专项工作组的负责人参加会议。

11～12 日　德国德累斯顿工业大学经济工程学院院长 Rainer Lasch 教授率团访问校区，校区副校长陈冠军会见来访客人。

16 日　山东大学决定，韩建新任威海校区常务副校长（山大政任字[2016]13 号）。

18 日　校区举行“青春不散场　未来共展望”——第 12 期“校长有约”活动。校区党委书记、校长刘建亚应邀出席，与毕业生以及在校生代表共话学校发展。校区副校长刘海出席活动。

19 日　校区举行 2016 届毕业生毕业典礼。

30 日　校区学生宿舍楼工程项目主体封顶。

同日　校区举行“颂歌献给党——庆祝中国共产党成立 95 周年合唱音乐会”。威海市副市长张波，山东大学（威海）党委副书记、纪委书记柴月禄，党委副书记周慧如出席音乐会。

本月　海洋学院海洋生物繁育团队与大连海洋岛水产集团股份有限公司签署合作项目——《新西兰杂交鲍新品种培育及产业化示范》《大连海洋岛皱纹盘鲍原种复壮及产业化示范》，项目资金达 400 万元。该项目主要为大连海洋岛水产集团股份有限公司提供新西兰杂交鲍鲍苗 300 万粒、海洋岛原种皱纹盘鲍苗种 100 万粒，同时开展鲍苗生理生化、分子生物学相关检测。

7 月

1 日　校区举行庆祝中国共产党成立 95 周年大会。会议回顾党的光荣传统，总结党的成功经验，表彰了一批在校区改革发展中涌现出来的先进基层党组织、优秀党员和优秀党务工作者。

同日　美国圣路易斯华盛顿大学行星光谱学家王阿莲教授访问威海校区。校区党委书记、校长刘建亚会见王阿莲，并向其颁发客座教授证书。校区副校长陈冠军陪同会见。

同日　校区举行首期“青马工程精英班”开班仪式。校区副校长刘海出席仪式，并为“青马工程精英班”授旗。“青马工程精英班”是为贯彻落实团中央《“青年马克思主义者培养工程”实施纲要》有关精神，全面推进校区青年马克思主义者培养工作而建立。

2016 年
7 月

同日　校区举行 2016 年“学生海外学习经历”启动仪式。校区党委书记、校长刘建亚出席仪式并讲话，副校长陈冠军主持仪式。

4 日　澳大利亚塔斯马尼亚大学分管国际合作事务副校长 Gary O'Donovan 教授、分管科研合作与基建事务副校长兼海洋与南极研究院院长 Richard Coleman 教授一行 4 人访问威海校区。校区副校长陈冠军会见来访客人并举行座谈。陈冠军与 Gary O'Donovan 教授共同签署两校《海外访学协议》。

5～8 日　校区举办 2016 年中韩大学生创业社团夏令营，来自山东大学（威海）和韩国湖西大学的 5 支创业团队 34 名学生参加了夏令营。校区副校长刘海出席 5 日的夏令营开营仪式并致辞。

6 日　山东大学与威海市人民政府“十三五”共建山东大学（威海）签约仪式举行。山东大学校长张荣，威海市委副书记、市长张惠出席仪式，并分别代表双方签订共建协议。山东大学总会计师曹升元出席仪式；山东大学副校长，山东大学（威海）党委书记、校长刘建亚介绍了“十二五”期间共建成果。威海市副市长傅广照主持签约仪式。

2016 年 7 月 6 日，山东大学与威海市政府签订“十三五”共建山东大学（威海）协议

同日　山东大学校长张荣到威海校区调研指导工作，并与威海校区校领导班子全体成员进行座谈交流。山东大学总会计师曹升元；山东大学副校长，威海校区党委书记、校长刘建亚参加活动。

同日　校区举行 2016 年暑期国际课堂开班仪式，校区副校长陈冠军出席仪式并讲话。2016 年共有来自韩国、俄罗斯、英国等国的 9 所大学 58 名师生前来参加威海校区暑期国际课堂项目。

8 日　商学院 2001 届校友、民生证券副总裁管清友受邀参加习近平总书记主持召开的经济形势专家座谈会。

9 日　中国社会科学院 2016 年马克思主义文艺理论论坛暨“当代西方文论辨识——以马克思主义的立场、观点和方法”学术研讨会在威海校区举行。中

2016 年

7 月

国社会科学院党组成员、副院长,《中国社会科学》杂志总编辑张江、山东大学党委副书记仝兴华出席论坛开幕式并致辞。

19 日　山东大学和南京大学合作发展与校友工作研讨会在威海校区举行。山东大学校长张荣,南京大学副校长薛海林出席会议并讲话。

21 日　香港理工大学酒店与旅游学院院长 Kaye Chon 教授应邀访问威海校区。校区副校长陈冠军会见 Kaye Chon 教授,并为其颁发客座教授聘书。

21～22 日　由空间科学与物理学院和中国科学院国家天文台共同主办的"第五届青年天文论坛"在威海校区召开,校区副校长陈冠军出席开幕式并致辞。

22 日　由山东大学(威海)与山东威海市社会科学界联合会主办,威海市刘公岛管理委员会及山东大学东北亚研究中心承办的"中华复兴与中国道路"学术研讨会在威海举行。校区党委书记、校长刘建亚,威海市社会科学界联合会主席刘昌毅,中国社会科学院原副院长武寅出席研讨会开幕式并致辞。中国社会科学院国际研究学部主任、山东大学特聘一级教授张蕴岭主持进行了《黄海学术论坛》"中华复兴与中国道路"专辑发布。研讨会开幕式由学校党委副书记、山东大学东北亚研究中心主任赵玉璞主持。研讨会围绕中国道路的理论与实践、中国道路的世界意义、中国的复兴战略与大国崛起的道路比较等议题展开深入研讨。来自中国社会科学院、上海社会科学院、复旦大学、同济大学、社会科学文献出版社、《国际经济评论》编辑部、山东大学(威海)等高校和科研院所的 100 多位专家和学者参加了会议。

27 日　韩国中央大学 Kevin li 教授应邀访问威海校区并受聘为客座教授。校区副校长陈冠军出席仪式并为 Kevin li 教授颁发聘书。

29～30 日　山东大学办公室工作会议在威海校区举行。

本月　校区领导集中到分管部门或联系单位为党员干部讲党课,推动"两学一做"学习教育深入开展。

本月　空间科学研究院行星科学团队凌宗成教授主导的研究成果《"玉兔号"在月球"广寒宫"发现新型玄武岩》入选 2015 年度"十大天文科技进展"。

8 月

7～10 日　校区承办吉尔吉斯斯坦 200 名中学生来华夏令营威海站活动。夏令营代表团团长、吉尔吉斯斯坦教育科学部法规与国际合作局首席专家阿德列舍娃女士,校区副校长陈冠军出席相关活动。

17 日　由山东大学承办的教育部"研究生思想政治理论课"分教学指导委员会 2016 年工作会议暨"研究生思想政治理论课重点难点问题"研讨会在威海校区举行。中国人民大学党委书记、教育部高校思想政治理论课教指委主任委员靳诺作主旨发言。山东大学党委书记李守信出席开幕式并致辞。山东大学党委常务副书记李建军;山东大学副校长,山东大学(威海)党委书记、校长刘建亚;对外经济贸易大学党委副书记文君;石河子大学党委副书记夏文斌等出席开幕式。

17～18 日　山东大学党委书记李守信到威海校区调研指导工作,并与威海校区领导班子进行座谈交流。山东大学党委常务副书记李建军;山东大学副校长,威海校区党委书记、校长刘建亚参加活动。

2016 年

8 月

17～20 日　校区智能车队参加第十一届大学生智能汽车竞赛全国总决赛，在创意节能组获全国一等奖，在双车追逐组、摄像头组和信标组获全国二等奖，获奖数量为山东省各参赛高校之首，创造校区参加该项赛事的历史最好成绩。

29 日　校区党委书记、校长刘建亚率威海校区领导班子到青岛校区考察交流，并向青岛校区赠送礼品——日晷。山东大学副校长、青岛校区建设指挥部总指挥张永兵参加活动。

本月　校区 31 个项目获 2016 年国家自然科学基金立项，直接经费资助总额 1519 万元，项目立项数和资助经费总额再创新高。

9 月

1 日　法学院教授姜世波获“第三届山东省十大优秀中青年法学家”称号。

7 日　翻译学院院长王湘云教授获“2016 齐鲁最美教师”提名奖。

8～21 日　校区 2016 级本科生进行军训。

9 日　山东大学(威海)召开庆祝 2016 年教师节暨优秀教师表彰大会。校区党委书记、校长刘建亚出席大会并讲话。

同日　校区召开新学期学校工作会议，学习贯彻山东大学党委书记李守信、校长张荣在威海校区调研和全校新学期工作会议上的讲话精神，全面部署威海校区今后一段时期的主要工作。校区党委书记、校长刘建亚出席会议并讲话。针对威海校区下一步的重点工作，刘建亚提出了“一二三”发展规划，即“一项计划、两大战略、三型校区”，其中“一项计划”即“学术提升计划”；两大战略即“特色立校”战略和“人才强校”战略；“三型校区”即建设“面向亚太合作的开放型校区、培养应用型人才的特色型校区、推动地方经济社会发展的动力型校区”。常务副校长韩建新主持会议。

20 日　校区举行 2016 级开学典礼暨迎新晚会。

21 日　校区召开学科建设与人才队伍建设专题工作会议。校区党委书记、校长刘建亚出席会议并讲话。校区常务副校长韩建新主持会议。

22 日　澳大利亚西澳大学分管国际事务副校长 Iain Watt 先生访问威海校区。校区党委书记、校长刘建亚会见来访客人并举行座谈。校区副校长陈冠军陪同会见。

同日　西班牙奥维耶多大学副校长 Francisco JoséBorge López 博士率团访问威海校区。党委书记、校长刘建亚会见来访客人并举行会谈。副校长陈冠军陪同会见。

23 日　校区举行党支部书记培训班开班仪式。校区党委副书记、纪委书记柴月禄出席仪式，并以《明责任、强素质 做合格党支部书记》为题作专题报告。校区党委副书记周慧如主持仪式。

25～29 日　校区副校长陈冠军率团赴美国加州大学圣地亚哥分校访问并签署两校合作备忘录，同时应邀访问美国东北大学西雅图分校。

27 日　澳大利亚斯威本科技大学常务副校长 Aleks Subic 教授，国际科研合作部副主任 PankajArora 先生与澳大利亚教育管理集团总裁李新庆先生一行先后访问威海市临港区和威海校区。校区党委书记、校长刘建亚在临港区会见来访客人，并与威海市临港区管委常务副主任董晓阳，斯威本科技大学常务

2016 年

9 月

副校长 Aleks Subic，澳大利亚教育管理集团总裁李新庆共同签署四方共建《先进制造业联合研究中心》合作协议。校区副校长陈冠军陪同会见。

本月　在2016年暑期社会实践活动中，校区1支团队入选“井冈情·中国梦”全国大学生暑期实践季专项团队，5支团队确定为全国重点团队，4支团队确定为省级重点团队，20支团队入选团省委“调研山东”专项团队。

本月　翻译学院副院长常晓梅教授获“2016年山东高校十大师德标兵”提名奖。

10 月

8日　威海拙诚燃气安全设备有限公司总经理于长松向校区捐赠70万元人民币，支持校区海洋油画艺术的创作、研究、交流与发展。

13日　校区举行与大连海洋岛水产集团股份有限公司海洋科技合作框架协议签署仪式。校区党委副书记赵玉璞出席仪式并致辞。

14日　由山东大学韩国学院主办的第十七届中国韩国学学术研讨会在威海校区召开。校区党委副书记赵玉璞、韩国驻青岛总领事馆总领事李寿尊等出席研讨会开幕式并致辞。研讨会共有来自国内外的130多位朝鲜半岛问题专家学者参会，收到会议论文110篇。

15日　王振滔慈善基金会爱心接力计划威海站启动仪式在威海校区举行，这是基金会在校区开展的第四次爱心接力活动。基金会向山东大学(威海)捐赠100万元善款，用于开展爱心接力、资助家庭经济困难学生。奥康国际董事长、基金会创始人王振滔，校区党委副书记赵玉璞、副校长刘海等出席有关活动。仪式前，赵玉璞、刘海在山东大学威海国际学术中心贵宾厅会见王振滔一行。随后，赵玉璞和王振滔共同为山东大学(威海)爱心亭揭幕。刘海主持揭幕仪式。

同日　艺术学院汪明强教授“海岸视象——汪明强海洋油画艺术展”在山东省美术馆开幕。山东大学党委书记李守信，山东省政协原副主席、党组副书记乔延春出席开幕式。

18日　山东大学校长张荣到威海校区检查指导工作，与校区领导班子进行座谈，并到机电与信息工程学院、艺术学院与师生深入交流。校区党委书记、校长刘建亚参加活动。

21日　校区召开经济活动内部控制建设工作会，研究部署校区内部控制建设与评价工作。校区常务副校长韩建新作动员讲话，校区党委副书记、纪委书记柴月禄出席会议并讲话。

同日　中国前驻尼泊尔、科威特大使曾序勇做客校区第三十期“大使讲坛”，作题为《中印关系的回顾与展望》的报告。校区副校长刘海主持讲坛。

26日　校区与齐鲁交通发展集团有限公司威海分公司举行合作签约仪式。校区党委副书记赵玉璞、齐鲁交通发展集团有限公司威海分公司党委书记郭有辉出席仪式。

28～30日　校区党委书记、校长刘建亚出席第三届国际教育管理会议并致辞。校区副校长陈冠军及校区相关单位负责人参加了有关活动。

2016 年

10 月

本月　山东大学副校长韩圣浩主持召开山东大学空间科学研究院课题组长年度评估会议。校区党委书记、校长刘建亚，副校长陈冠军出席会议。由原国家自然科学基金委员会数学物理科学部常务副主任汲培文研究员担任组长，中国科学院国家天文台等单位的 5 名专家组成的会评专家组对课题组进行评估。

本月　空间科学研究院原子核与核天体物理课题组组长王守宇教授获第六届“胡济民教育科学奖”。

本月　校区 383 名优秀本科生被推荐免试攻读研究生，占应届本科毕业生人数的 11.80％，其中硕士生 359 名，直博生 24 名。

11 月

1 日　为纪念中国共产党成立 95 周年暨红军长征胜利 80 周年，校区举办《老兵・印象》摄影展。

3 日　校区召开党委会专题传达学习贯彻党的十八届六中全会精神。

4 日　校区召开各党总支、直属党支部书记会议，推进“两学一做”学习教育工作，部署安排威海市环翠区人大换届选举工作。校区党委副书记周慧如主持会议并讲话。

8 日　校区党员干部师生收听收看中央宣讲团党的十八届六中全会精神报告会。

11 日　校区国际教育学院先后与中韩创业服务中心、沃尔得国际英语威海中心举行留学生实践教学基地签约挂牌仪式。校区副校长陈冠军参加仪式。

12 日　山东省 2016 年秋冬季高校毕业生就业集中招聘服务“蓝黄”两区专场暨校区 2017 届毕业生秋冬季双选会在威海校区举行。

15 日　校区举办庆祝山东大学建校 115 周年书法作品展。

18 日　校区举办第七届大学生思想政治风采大赛。校区副校长刘海，中共山东省委高校工委宣教处副处长陈成标出席大赛，滨州医学院马克思主义学院院长卜建华，山东大学马克思主义学院副书记周金龙，金猴集团人力资源部部长焦玲玲及校区 1000 多名师生观看了大赛。

21 日　威海市委宣讲团成员、市委高校工委专职副书记吕伟来校区作党的十八届六中全会精神宣讲报告。校区领导班子全体成员出席报告会，校区党委副书记周慧如主持报告会。

25 日　校区召开学术提升计划论证工作会议。校区常务副校长韩建新出席预备会并致辞。校区党委副书记赵玉璞、山东大学学科建设与发展规划部部长刘洪渭出席会议。校区副校长陈冠军主持预备会。

本月　校区获 2016 年全国大中专学生暑期“三下乡”社会实践活动“优秀单位”荣誉称号。

本月　校区 18 项科研项目获山东省自然科学基金资助，立项总经费 232 万元。其中省杰青 1 项，面上项目 9 项，青年项目 3 项，培养基金 5 项，平均资助率达 30％。

本月　校区 22 项课题获准立项山东省社会科学规划研究项目。

2016 年

12 月

2 日　校区举行与兰陵县战略合作签约仪式。校区常务副校长韩建新，兰陵县委书记、县人大常委会主任郑连胜出席仪式并致辞。校区党委副书记赵玉璞主持仪式，并与兰陵县常务副县长李剑共同签署战略合作协议。

3 日　校区和韩国湖西大学联合主办“华普亿方杯”第三届中韩大学生创业大赛。校区副校长陈冠军、刘海分别出席相关活动。

14 日　校区召开东北亚研究学科论证会议。校区党委副书记赵玉璞、副校长陈冠军出席论证会。中国社会科学院学部委员、山东大学特聘教授张蕴岭，中国社科院研究员李静杰、李薇、朴键一、倪峰，清华大学楚树龙教授，人民大学黄大慧教授，外交学院苏浩教授，北京大学查道炯教授等专家学者组成专家组，对校区东北亚研究学科进行了论证评审。

16 日　校区举行 2015～2016 学年“国际学生校长奖学金暨海外经历项目专项校长奖学金”表彰会。校区副校长陈冠军出席活动并致辞。

23 日　校区举办第一期“稷下讲坛”，著名数学家陈木法院士作题为《最优搜索问题——从马航失联谈起》的报告。校区党委书记、校长刘建亚教授主持报告会。

24 日　由山东大学东北亚研究中心主办的“第二届东北亚地区形势发展研讨会”在威海召开。

本月　商学院辅导员范蕊获第七届“山东高校十佳辅导员”称号。

2017 年

1 月

5 日　“深空探测与行星科学研究”项目入选国家留学基金管理委员会 2017 年创新型人才国际合作培养项目。该项目是威海校区与美国圣路易斯华盛顿大学合作开展的、围绕深空探测国家重大发展战略和需求进行的行星科学博士研究生联合培养项目。

6 日　《山东大学(威海)2016 届毕业生就业质量报告》发布。

6～11 日　威海校区举办 2017 年“挑战杯”竞赛冬令营。校区副校长、创新创业学院院长刘海出席 8 日上午的开幕式并讲话。

10 日　根据山东大学文件(山大党字[2017]3 号)，为统一、规范学校党的派出机构名称，经山东大学党委常委会研究决定，威海校区党委更名为威海校区党工委，威海校区纪委更名为威海校区纪工委。

16 日　威海校区召开干部会议，山东大学党委常务副书记李建军出席会议并讲话。山东大学党委常委、副校长，威海校区校长刘建亚主持会议。会上，山东大学党委组织部长王炳学宣读了山东大学党委关于校区党委、纪委更名和尹作升同志的任命决定。会后，李建军代表山东大学党委与威海校区领导班子成员进行了集体谈话。山东大学党委组织部有关同志，威海校区领导班子成员、中层干部等参加会议。

19 日　威海校区与国家国防科技工业局、中国科学院重大科技任务局、中国气象局、中国海洋局、中国航天科技集团公司、中国航天科工集团公司、中国电子科技集团公司等单位签署合作协议，联合开展国家空间碎片联合监测。

本月　根据南京大学中国社会科学研究评价中心最新发布，校区《劳动经济评论》入选 *CSSCI* 来源集刊(2017～2018)。

2017年

1月

本月　山东大学(威海)团委获2016年度“山东省红旗团委”称号，这是校区团委再次连续三年获此殊荣。

2月

14日　威海校区2017年艺术类招生专业校考工作结束。

25日　威海校区副校长刘海在知行楼主持召开新学期开学协调会。各教学院(部)分管教学工作副院长(副主任)、分管学生工作书记(副书记)、教务处、学生工作处和研究生处主要负责人参加会议。

3月

1日　威海校区举行2017年春季学期国际学生开学仪式。校区副校长刘海出席仪式。

4日　威海校区举行2017年毕业生春季双选会。校区副校长刘海到现场指导工作。本次双选会吸引了来自山东、北京、江苏、湖北、广东等地总计183家企业前来参会，提供岗位约8000个。威海市团市委也组织了青年企业家以“春风送岗进校园”活动方式参与此次双选会。

5日　由青海省原子城理想信念教育学院、原子城纪念馆挖掘打造的“两弹一星”精神永放光芒主题宣讲报告会在威海校区闻天楼举行。报告会由校区党工委副书记赵玉璞主持。山东省委组织部干部教育处负责人，威海市委组织部有关负责同志，校区师生代表400余人参加了报告会。

10日　威海校区组织召开2016年度民主生活会征求意见座谈会，听取干部教师对威海校区发展、校区领导班子及成员的意见建议。山东大学副校长、威海校区校长刘建亚出席会议并讲话。常务副校长韩建新主持座谈会，副校长陈冠军出席会议。

同日　威海校区召开本科教学审核评估工作推进会。山东大学副校长、威海校区校长刘建亚出席会议并讲话。山东大学副校长胡金焱作专题报告。威海校区党工委书记尹作升主持会议。威海校区全体校领导出席会议。

13日　威海校区党工委召开2016年度党员领导干部民主生活会。山东大学副校长、威海校区校长刘建亚出席会议，校区党工委书记尹作升主持会议。山东大学党委统战部部长、第一督导组组长戴智章到会指导并讲话。威海校区领导班子全体成员、山东大学第一督导组成员白向忠参加会议。

25日　威海校区副校长刘海在知行楼主持召开专业评估工作会议，特邀北京化工大学教授杨屹、武汉大学教授程功臻作专业认证专题培训报告。

28日　根据教育部对中外合作办学评估工作的部署要求，威海校区副校长陈冠军在知行楼主持召开中外合作办学评估工作专题会议。校区副校长刘海出席会议。陈冠军传达了《关于开展2017年中外合作办学评估工作的通知》的文件精神，对中外合作办学项目单位自评工作的各项材料进行了梳理。

31日　威海校区在闻天楼举行第五届教职工代表大会第三次会议，山东大学副校长、威海校区校长刘建亚出席大会并作题为《求真务实·锐意改革·推动校区发展再上新台阶》的学校工作报告，校区党工委书记尹作升致开幕辞。校区常务副校长韩建新、副校长郭培良分别向大会作了年度财务工作报告和教代会提案工作报告。校区领导柴月禄、赵玉璞、陈冠军、刘海出席大会。全体教

2017 年

3 月

代会代表，不是代表的校区中层干部和部门工会主席参加了会议。大会开幕式由党工委副书记周慧如主持。

4 月

6 日　威海校区第二期“青马工程精英班”开班仪式暨“一学一做”主题团课在玲珑学堂举行。校区副校长刘海出席仪式，并向本期青马班授旗。

7～10 日　中央第七巡视组一行 11 人进驻威海校区开展巡视工作。7 日下午，巡视组在东山宾馆听取威海校区领导班子进行工作汇报；8 日，与威海校区领导班子成员、机关综合部门正职、部分教学院部党政主要负责人等进行个别谈话；9 日，分别召开院党总支书记、党支部书记座谈会、辅导员座谈会、教师座谈会、学生座谈会和机关行政人员座谈会了解情况。10 日，巡视组离威。

18 日　威海校区副校长陈冠军会见到访的韩国驻青岛总领馆领事李康源、组长徐铉基。

21 日　威海校区副校长陈冠军会见应邀来空间科学与物理学院讲学的世界著名天体物理学家、Gioenia 科学院院士、法国尼斯大学 Jean Pierre Rozelot 教授。

同日　威海校区党工委在知行楼组织召开 2016 年度党总支(直属党支部)书记抓基层党建工作述职评议会。党工委书记尹作升对参加现场述职的 15 位党总支(直属党支部)书记逐一进行了点评并作总结讲话。校区领导班子成员，各党总支(直属党支部)书记，有关职能部门主要负责人，部分党员师生代表共 40 余人参加会议，各学院党总支副书记列席会议。会议由党工委副书记、纪工委书记柴月禄主持。

23 日　威海市第二届 ACM 大学生程序设计竞赛在威海校区举行。校区副校长刘海，威海市经信委副主任刘毅敏，威海市信息产业协会会长、北洋集团党委书记董事长陈福旭到场观看了比赛，并出席颁奖仪式为获奖选手颁奖。山东大学(威海)、哈尔滨工业大学(威海)、威海市信息产业协会、北洋集团等单位相关人员参加了活动。

24 日　根据山东大学文件(山大党字[2017]22 号)，印发《山东大学威海校区党工委会议制度(暂行)》和《山东大学威海校区党政联席会议制度(暂行)》。

27 日　威海校区副校长刘海在知行楼主持召开学生工作会议。刘海就学生工作提出五点要求：一是坚持立德树人，确保全国高校思想政治工作会议精神落地生根；二是完善预警机制，确保学生身心安全；三是发挥平台作用，提高就业指导水平；四是加强宣传力度，努力做好大学生征兵工作；五是加强制度建设，提高服务管理水平。刘海还强调了学生事务服务中心建设和公寓管理等工作。

28 日　威海校区举行第二届大学生中华经典诵读大赛决赛。校区党工委副书记周慧如出席比赛并为获奖团队颁奖。

5 月

2～3 日　澳大利亚斯威本科技大学分管科研发展副校长 Alan Lau 教授和先进制造业联合研究中心澳方主任 Geoffrey Brooks 教授一行访问威海校区。校区副校长陈冠军会见来访客人。

2017 年

5 月

3 日　威海市委常委、组织部部长刘运率驻威高校代表团现场观摩威海校区基层党建工作并举行座谈会。校区党工委书记尹作升出席观摩和座谈活动。威海市委高校工委专职副书记吕伟主持座谈会。

同日　威海校区 2016 年度优秀学生五四表彰大会暨文艺汇演在知行会堂举行。校区党工委书记尹作升出席大会并致辞。校区党工委副书记、纪工委书记柴月禄，副校长陈冠军、刘海，党工委副书记周慧如出席大会并为受表彰师生颁奖。

4 日　威海校区于图书馆广场举行纪念五四运动 98 周年主题升旗仪式。校区副校长刘海出席仪式。校团委全体成员、各学院团总支书记、“青马工程精英班”全体成员参加了活动。

同日　由环翠区人民政府和山东大学(威海)法学院联合共建的“中小城市治理研究中心”在威海校区成立。威海校区副校长刘海，环翠区委常委、组织部部长、统战部部长梁明共同为研究中心揭牌。环翠区副区长沈燕萍、山东大学(威海)法学院院长汪全胜签署合作框架协议。环翠区政法委书记荣传伟，校区科研处、法学院等单位相关负责人参加活动。

同日　澳大利亚国立大学数学科学学院副院长 Lilia Ferrario 博士、物理与工程研究院 Jong Chow 博士、国际发展与合作部主任 Jay Poria 先生访问威海校区。校区副校长陈冠军会见来访客人，并举行座谈。会后，Lilia Ferrari 博士为数学与统计学院学生作了题为“白矮星、中子星和黑洞的数学建模”的学术讲座。

8～12 日　威海校区副校长陈冠军应邀对北海学园北海商科大学、芝浦工业大学、名樱大学等日本高校进行工作访问。在芝浦工业大学，双方签署了学生交流合作协议。

10～12 日　威海校区副校长郭培良带队参加 2017 年“校长杯”山东省高校教职工羽毛球比赛，校区代表队获混合团体赛亚军，创造了校区教职工羽毛球队参加该项赛事以来的最好成绩。

11～12 日　威海校区举行第二十九届田径运动会。

14～15 日　中国前驻尼泊尔、新加坡、泰国大使张九桓先后做客威海校区林海文化论坛和“大使讲坛”。

16 日　威海校区副校长刘海在知行楼主持召开本科教学审核评估进展工作会议。会议就下一阶段校区专业评估和模拟审核评估工作进行了部署，讨论研究了《山东大学(威海)2017 年本科专业评估工作方案》和《2017 年本科专业人才培养方案修订指导意见》，并通报了开学以来教学检查情况。

17 日　山东大学校长张荣到威海校区调研工作，与校区领导班子全体成员座谈，参观空间科学与物理学院实验室，并深入本科生课堂听课。山东大学副校长、威海校区校长刘建亚，威海校区党工委书记尹作升参加活动。

19 日　威海校区召开人才工作专题会议，学习研讨《山东大学(威海)杰出人才体系建设方案(试行)》。山东大学副校长、威海校区校长刘建亚出席会议并讲话。校区副校长陈冠军主持会议，刘海出席会议。

2017 年

5 月

同日　威海校区召开推进"两学一做"学习教育常态化制度化工作会议，学习贯彻中央和山东大学党委部署要求，学习传达了李守信书记有关讲话精神，对校区推进"两学一做"学习教育常态化制度化工作进行安排部署。校区党工委书记尹作升出席会议并讲话。党工委副书记、纪工委书记柴月禄主持会议，党工委副书记周慧如传达了《中共山东大学(威海)工作委员会关于推进"两学一做"学习教育常态化制度化的实施方案》。

同日　威海校区第七届"唱响主旋律，传扬正能量"歌咏大赛在知行会堂举行。校区党工委书记尹作升，刘公岛管委党委副书记张仁波，校区副校长郭培良、党工委副书记周慧如，空军威海通信营教导员马富利，田和街道办事处党工委书记王成欣出席比赛并为获奖团队颁奖。

19～20 日　威海校区在玲珑学堂举行第十六次学生代表大会、第七次研究生代表大会。

20～22 日　在第十五届"挑战杯"山东省大学生课外学术科技作品竞赛决赛中，威海校区共有 2 件作品获特等奖，6 件作品获一等奖，5 件作品获二等奖，2 件作品获三等奖。在获奖的 15 件作品中有 6 件作品成功入围国赛，首次拿到了"挑战杯"竞赛国赛满额参赛名额，刷新了校区参加该项赛事以来的最好成绩。校区再次获得省赛"优胜杯"和优秀组织奖。

25 日　由山东管理学院党委副书记李明勇任组长的省高校工委第六安全检查组一行三人来威海校区就校园安全隐患排查整治工作开展专项检查。校区常务副校长韩建新出席汇报会并讲话。

29 日～6 月 2 日　威海校区常务副校长韩建新应邀对德国柏林艺术大学、德国德累斯顿工业大学、奥地利维也纳市立音乐与艺术大学进行工作访问。

6 月

2 日　"甲午国殇·民族复兴"专题讲座在知行会堂举行。国防大学战略研究部教授、国防大学战略研究部原主任金一南少将应邀以《百年沧桑——从东亚病夫到民族复兴》为题作专题讲座。威海市领导高旭光、刘运、于东海，军分区首长王建政、曹元怀，威海校区党工委书记尹作升出席讲座。威海市委副书记霍高原主持讲座。

2～4 日　由翻译学院轮值主办、德国开元网协办的"中国德语教师学术生态"研讨会暨第二届青年德语教师发展论坛在威海召开。

5 日　威海校区召开党工委理论学习中心组(扩大)会议，专题学习贯彻习近平总书记对黄大年同志先进事迹重要指示精神，并就贯彻落实工作进行部署。校区党工委书记尹作升主持会议并讲话。校区常务副校长韩建新传达了习近平总书记对黄大年同志先进事迹作出的重要指示，并领学了《光明日报》评论员文章。校区党工委副书记、纪工委书记柴月禄传达了教育部、中国科协、科技部和中宣部追授黄大年同志荣誉称号的决定。党工委理论中心组全体成员，机关有关部门负责人参加会议。

5～9 日　威海校区副校长陈冠军应邀对俄罗斯彼尔姆国立大学、西班牙奥维耶多大学与西班牙圣地亚哥·德·孔波斯特拉大学进行工作访问。在俄罗斯彼尔姆国立大学，双方签署了框架性合作协议书。访俄期间，访问团拜访了中国驻俄罗斯大使馆教育处，与中国驻俄罗斯大使馆教育处公使衔参赞赵国成进行了会谈。

2017 年
6 月

8 日　教育部“长江学者”特聘教授、国家杰出青年科学基金获得者、山东大学控制科学与工程学院教授刘允刚做客第二期稷下讲坛，在闻天楼为师生作题为《不确定系统自适应控制：切换方法》的报告。山东大学副校长、威海校区校长刘建亚出席讲坛。

同日　教育部“长江学者”特聘教授、山东大学犹太教与跨宗教研究中心主任傅有德应邀做客第三期稷下讲坛，在闻天楼报告厅为师生作题为《文化的类型与转型》的学术报告。山东大学副校长、山东大学(威海)校长刘建亚主持论坛。校区副校长刘海出席讲坛。校区近 500 名师生聆听了报告。

同日　山东大学副校长韩圣浩来威海校区调研人事人才工作，举行座谈听取大家的意见和建议。威海校区常务副校长韩建新汇报了校区建设和发展过程中在人事人才方面遇到的问题，建议学校根据校区实际，对校区人才队伍建设和“三定”工作给予一定政策性支持。

同日　中国科学院院士、数学与系统科学研究院研究员严加安第四期稷下讲坛，在闻天楼报告厅为五百多名师生作题为《我心目中的科学与艺术》的学术报告。山东大学副校长、威海校区校长刘建亚主持报告会，并代表校区接受了严加安捐赠的由其创作的书法作品。

9～10 日　山东大学威海天文台在闻天楼举办系列活动纪念建台十周年。9 日上午，原国家自然科学基金委员会数学物理科学部常务副主任汲培文，中国科学院国家天文台台长严俊，中国科学院国家天文台党委书记、副台长赵刚，山东大学副校长韩圣浩，山东大学副校长、山东大学(威海)校长刘建亚出席活动开幕式并致辞。

10 日　威海校区第三届中国“互联网＋”大学生创新创业大赛决赛答辩评审会于闻天楼报告厅举行。山东大学(威海)副校长、创新创业学院院长刘海出席相关活动，为担任大赛评委的济南知道管理咨询有限责任公司总经理解鹏、山东清友投资管理有限公司总经理张健君、山东天使投资人学院 CEO 李爱斌、华图资本投资总监朱海鹏、得厚资本执行总经理张文亮等颁发了创业导师聘书。

12 日　人民网—中国共产党新闻网《党建》栏目刊发反映威海校区党建工作的文章《创新载体激发活力 提升党建工作科学化水平》。

12～14 日　威海校区副校长陈冠军赴大连交通大学举行出席 2017 年《中美人才培养计划》年度工作会议暨第十四届学生毕业典礼。毕业典礼上，陈冠军为山东大学(威海)毕业生颁发了毕业证与学位证。2017 年，校区共有 8 名学生通过《中美人才培养计划》项目毕业。

16 日　文化传播学院与《中国报道》金融财经栏目签署合作协议，将其设立为山东大学(威海)实践教学基地。校区党工委副书记赵玉璞出席活动并致辞。中国报道社金融财经栏目主编张洪祯，山东大学(威海)教务处处长闫涛蔚，文化传播学院院长张红军、党总支书记于培丽、副院长管恩森及师生代表参加了签约仪式。活动中，张红军和张洪祯共同为《中国报道》金融财经栏目实践教学基地揭牌。管恩森和张洪祯代表双方签订了合作协议。

2017 年
6 月

同日　威海校区举行 2017 年春季学期境外校际交换学生结业仪式，校区副校长陈冠军出席仪式并致辞。

17 日　全国高校辅导员工作现场会在北京交通大学召开，山东大学(威海)商学院辅导员范蕊获“第九届全国高校辅导员年度人物”称号并接受表彰。山东大学党委副书记仝兴华出席会议，威海校区学生工作处负责人参加会议。

21 日　山东大学(威海)与泰豪科技股份有限公司合作协议签署暨捐赠仪式在知行楼举行。山东大学(威海)党工委副书记赵玉璞、泰豪科技股份有限公司军工集团总裁曾智杰出席仪式并共同签署合作协议。会上，泰豪科技股份有限公司军工集团副总裁、吉美乐电源技术有限公司总经理王军向山东大学(威海)赠送 100 万元支票，公司将在机电与信息工程学院设立“泰豪之星”奖、助学金，用于奖励优秀学生，资助定向培养学生，此款项将分 5 个年度实施。

22 日　威海校区举行 2017 届毕业生毕业典礼。山东大学副校长，山东大学(威海)校长刘建亚出席典礼并讲话。校区党工委书记尹作升主持典礼。全体校区领导、校区学位委员会成员、各院(部)党政主要负责人、职能部门负责人、教师代表、家长代表、校友代表和 2017 届全体毕业生参加了毕业典礼。校区常务副校长韩建新宣读 2017 届优秀毕业生表彰决定，校区副校长陈冠军宣读 2017 届本科生学位授予决定。与会领导分别为优秀毕业生颁发荣誉证书，向本科生代表、研究生代表和留学生代表颁发毕业证书。教师代表、数学与统计学院副院长李娟教授，校友代表、2001 届财政学专业毕业生，民生证券副总裁、研究院院长管清友，2017 届毕业生代表、商学院会计学专业陈思齐同学分别致辞。毕业典礼后，刘建亚在玲珑学堂为毕业生颁发了学位证书。

同日　日本驻青岛总领馆首席领事福永护一行访问山东大学(威海)。威海校区副校长陈冠军会见来访客人。威海市人民政府外事侨务办公室工作人员，校区国际合作与交流处、翻译学院相关人员陪同会见。

同日　中国科学院院士张人禾做客稷下讲坛暨“威海人才大讲堂”首期讲座，在闻天楼作题为《气象条件在中国东部冬季雾霾事件发生中的作用》的报告。山东大学副校长、山东大学(威海)校长刘建亚会见张人禾，并主持讲坛。威海校区党工委副书记周慧如出席相关活动。威海市委组织部、高校工委，威海市环保局、气象局、各区市党(工)委组织部以及校区师生代表参加讲坛。

同日　威海校区第一期校友讲堂在闻天楼报告厅举行。民生证券副总裁、研究院院长，山东大学(威海)1997 级经济系财政学专业校友管清友应邀担任主讲嘉宾，作主题为“回头却不是从前——从 1998 到 2018”的讲座。

26～30 日　山东大学副校长、山东大学(威海)校长刘建亚率团访问澳大利亚斯威本科技大学、澳大利亚国立大学，推动“先进制造业联合研究中心”与“山东大学澳大利亚国立大学联合国际理学院”筹备工作。校区副校长刘海陪同出访。

29 日　威海校区副校长陈冠军在知行楼主持召开学科建设研讨会。各教学院(部)一级学科带头人结合所在学科的实际情况，从威海校区的学科定位与顶层设计、本科教学与学科发展的关系、学科的布局与整合、碎片化学科整合与更新、学科培育环境的创造、人才引进政策的灵活性、学科评价体系的完善、教育资源的公平利用等方面展开讨论。

2017 年

6 月

30 日　威海校区召开专题会议全面部署深入推进中央巡视整改各项工作，校区党工委书记尹作升主持会议并讲话。威海校区常务副校长韩建新，党工委副书记、纪工委书记柴月禄，党工委副书记周慧如出席会议。机关各部门主要负责人，各党总支（直属党支部）书记参加会议。会上，尹作升通报了中共中央政治局 6 月 28 日审议《关于巡视 31 所中管高校党委情况的专题报告》的会议精神和习近平总书记的重要讲话精神，韩建新领学了中央巡视办负责人在向山东大学党委反馈专项巡视情况会议上的讲话精神和山东大学党委书记李守信在反馈会上的表态讲话内容。柴月禄传达了《中共山东大学委员会关于对基层党建等情况开展摸底排查工作的通知》，并就校区开展相关工作进行了部署安排。

本月　山东大学副校长陈子江到威海市立医院考察交流，洽谈合作事宜，并来威海校区与校区领导班子座谈，就校区建设、国际交流以及与威海市立医院的医疗服务合作等事宜作了深入交流沟通。山东大学副校长、威海校区校长刘建亚，威海校区党工委书记尹作升出席活动。齐鲁医学部党工委副书记陈鑫、齐鲁医学部有关处室负责人、威海市立医院领导班子成员及有关人员参加了座谈交流。

本月　山东大学学位授权点合格评估专家评议阶段工作完成。威海校区各参评学位授权点在济南会同山大总校各学位授权点一起参与了本次专家评议工作。威海校区在本次评估中共涉及 46 个授权点，其中博士学位授权一级学科 11 个、博士学位授权二级学科 4 个、硕士学位授权一级学科 13 个、硕士学位授权二级学科 11 个、专业学位类别/领域 7 个。校区各单位学科负责人在专家评议中进行了近 30 场次汇报。

本月　2017 届毕业生“我最喜爱的老师”评选结果揭晓，30 位爱岗敬业、德才兼备、术有专攻的优秀教师代表当选为“我最喜爱的老师”。

本月　威海校区党工委书记尹作升主持召开党工委扩大会议，深入学习习近平总书记关于巡视工作的重要讲话精神，深刻认识中央巡视组对山东大学党委的反馈意见，研究部署威海校区接下来的巡视整改有关工作。会议通报了中央第七巡视组向山东大学党委反馈专项巡视情况的有关内容，研究决定成立山东大学（威海）巡视整改工作领导小组，下设办公室和若干专项工作组，在领导小组统一领导下具体负责和承担各项巡视整改任务。校区领导韩建新、柴月禄、赵玉璞、刘海、郭培良、周慧如出席会议，校区有关部门主要负责人列席会议。

本月　威海校区学生高层宿舍楼竣工。该工程项目位于原学校第一食堂处，于 2015 年 9 月动工，总占地面积 7416 平方米，总建筑面积 25615.68 平方米。

7 月

3 日　著名华人数学家、美国加州大学圣塔芭芭拉分校张益唐教授应邀做客稷下讲坛，在玲珑学堂为校区师生作题为《张益唐的学术心路》的报告。山东大学副校长、威海校区校长刘建亚主持论坛，并代表校区向张益唐赠送了由其创作的书法作品《咏怀古迹·其一》。

2017 年

7 月

5 日　山东大学党委书记李守信在威海校区召开专题会议，调研督导巡视整改工作。山东大学党委副书记、纪委书记陈向阳，总会计师曹升元参加会议。山东大学副校长、威海校区校长刘建亚参加调研活动，威海校区党工委书记尹作升汇报了威海校区巡视整改工作开展情况。对于抓好巡视整改工作的落实，李守信从深化认识、抓好责任落实、抓好责任追究三个方面进行了强调。在威海校区期间，李守信还实地调研了体育训练馆、学生宿舍楼的建设情况，查看了专家公寓、科技大厦 B 座的项目规划，并对工程建设和项目规划工作提出了指导意见。

同日　艺术学院教授张平获评山东大学第九届“我心目中的好导师”荣誉称号。

7 日　威海校区举办 2017“战地印象”纪念抗战影像展。校区副校长刘海出席开幕式并致辞。抗战老兵杨兆明，抗战老兵王禄家属王绍华，威海市老干部休养所办公室主任王亚红参加开幕式。

7 日　威海校区 2017“学生海外学习经历”启动仪式在玲珑学堂举行。启动仪式上，与会嘉宾为获得 2017 年度“学生海外经历项目专项校长奖、助学金”的学生代表颁发了荣誉证书和奖学金、助学金，为 2017 年获准立项的暑期项目 12 个团组授旗。据统计，2017 年，威海校区共有 582 名同学以不同项目赴美国加州大学欧文分校、澳大利亚国立大学、英国剑桥大学、韩国中央大学等 47 所高校进行为期两年、一年或短期的学习交流。

12 日　山东大学校长助理、研究生院常务副院长贾磊一行来威海校区调研海洋学科建设发展情况，与海洋学院教师代表进行座谈交流。校区副校长陈冠军出席座谈会。

14 日　兰陵县干部培训基地揭牌仪式在威海校区举行。校区党工委副书记赵玉璞、兰陵县委组织部部长王剑锋出席仪式并共同为基地揭牌。

14 日　北京师范大学珠海分校常务副校长傅爱兰、副校长戴伟率团访问威海校区。威海校区常务副校长韩建新会见来访客人，并举行座谈。

14～16 日　威海校区副校长陈冠军率团赴西安出席第四届国际教育管理会议并致辞。此次会议由澳大利亚教育管理集团与西安科技大学联合主办。会议期间，陈冠军与英国阿斯顿大学校长 Alec Cameron 教授、新西兰奥克兰大学理学部部长 John Hosking 教授等中外高校代表共同启动了“国际化大学发展对话”活动，并与云校园科研联盟主席、墨尔本大学 Ian Young 教授签署了“‘云校园’合作框架协议”；与澳大利亚教育管理集团总裁李新庆先生签署了“山东大学(威海)与澳大利亚教育管理集团关于‘山东大学澳大利亚国立大学联合国际理学院’管理协议”。

17～19 日　翻译学院举办 2017 年第五届全国优秀大学生“英语菁英”夏令营。

18 日　威海校区在闻天楼举行第三期齐鲁文化与民族精神体验营开营仪式。校区副校长刘海出席仪式并讲话。济南知道管理咨询有限责任公司总经理、山东省青春创业促进会首席创业导师解鹏，校区港澳台事务办公室、团委相关负责人，齐鲁文化与民族精神体验营台湾学生，威海创业大学部分师生及校区学生代表参加了仪式。

2017年

7月

同日　威海校区2017年山东省普通本科第一批次招生录取工作正式开始。

同日　“山东大学东北亚学院”建设方案研讨会在知行楼召开。山东大学东北亚学院筹备组组长、威海校区党工委副书记赵玉璞主持会议并作了工作部署。会议通过了东北亚学院建设方案。

20日　“对话中西方人居文明”——2017年首届传统聚落与人居环境可持续发展国际学术论坛在闻天楼举行。威海校区党工委副书记赵玉璞、中国勘察设计协会传统建筑分会秘书长王新华出席论坛开幕式并致辞。论坛上，我国著名建筑学家、清华大学建筑学院博士生导师单德启教授，美国辛辛那提大学DAAP学院王昕皓教授，西安建筑科技大学王劲韬教授以及山东大学土建与水利学院王金岩博士分别作了主旨报告。本次论坛由中国勘察设计协会传统建筑分会主办，校区艺术学院承办，山东大学土建与水利学院、山东东鲁建筑设计院和威海市风景园林协会共同协办。来自部分省市勘察设计协会、威海市风景园林协会、威海市建筑协会的代表以及校区设计类专业的师生参加了论坛。

26日　威海校区本科招生录取工作顺利结束。2017年，威海校区面向全国30个省(市、自治区)计划招生3800人，实际录取3799人，录取批次涵盖了艺术类、国家专项、普通本科一批等批次。

27日～8月1日　第七届全国高校思想政治理论课实践教学暨落实全国高校思政课教学质量年工作专题研讨会在威海校区召开。校区党工委副书记周慧如出席开幕式并致辞。来自北京大学、吉林大学、山东大学、中国地质大学、天津师范大学等全国150余所高校的330余位思想政治理论课教学负责人、专家学者和教师参加了会议。

28日　数学与统计学院綦建刚教授获评2017年“山东大学优秀教师”。

本月　威海校区客座教授王阿莲(Alian Wang)获教育部“海外名师项目”专项资助，项目立项周期5年，经费总额100万元。

本月　威海校区共有16个项目获批2017年度国家社科基金项目、教育部人文社会科学研究项目立项。其中，国家社科基金年度项目5项，教育部人文社科研究一般项目(规划、青年、专项)11项，总经费共计195万元。两类项目立项率均高于全国平均立项率。

本月　威海校区体育训练馆竣工。该项目于2015年12月动工，总建筑面积20750.9平方米。

8月

3日　山东大学党委书记郭新立、校长樊丽明来威海校区调研指导工作，与校区领导班子全体成员座谈。山东大学副校长、威海校区校长刘建亚，威海校区党工委书记尹作升参加活动。樊丽明就威海校区下一步发展提出了“四个提升”，即提升定位、提升队伍、提升教学、提升科研。调研期间，郭新立、樊丽明一行考察了空间科学与物理学院、韩国学院、图书馆、海洋生物繁育综合实验室等，刘建亚、尹作升等一同调研。

6～10日　全国外语学科高级研讨会在威海校区召开。

2017 年

8 月

9 日　山东大学（威海）和国家天文台兴隆观测基地共建实践教学基地签约暨揭牌仪式举行。威海校区副校长陈冠军和国家天文台兴隆观测基地主任姜晓军共同为实践教学基地揭牌。空间科学与物理学院常务副院长夏利东和姜晓军签署合作协议。

11 日　威海校区党工委领导班子在知行楼召开巡视整改专题民主生活会。

13～15 日　由中国密码学会混沌保密通信专业委员会主办、山东大学承办的“中国密码学会 2017 年混沌保密通信学术会议”在威海校区召开，来自国内多所高等院校和科研院所的 150 余名专家学者参加了会议。威海校区副校长陈冠军在开幕式上致辞。

19～26 日　第 32 届国际无线电科学联盟（International Union of Radio Science，URSI）科学大会在加拿大蒙特利尔召开。空间科学研究院极区电离层-磁层耦合课题组的博士后 Shishir Priyadarshi（合作导师为空间科学研究院张清和教授）凭借在极区电离层闪烁方面的研究成果获“青年科学家奖”。此前，张清和教授曾凭借在极区电离层不均匀体方面的研究成果获得第 31 届国际无线电科学联盟的“青年科学家奖”。

26 日　“中国社会科学院第四届马克思主义文艺理论论坛暨中华优秀传统文化与马克思主义文艺理论学术话语体系构建学术研讨会”在威海校区举行。

27 日　威海校区与中国科学院国家天文台、威海市文登区人民政府共同签署关于在文登区葛家圣经山区域建设空间碎片监测站的三方合作协议。中国科学院国家天文台台长、国家航天局空间碎片监测与应用中心主任严俊，中国科学院国家天文台党委书记、副台长赵刚，山东大学副校长韩圣浩，威海市委常委、常务副市长王亮，山东大学（威海）常务副校长韩建新，文登区委副书记、区长林恒，文登区委常委、副区长王肇刚，国家国防科技工业局系统工程一司综合处处长祁海明出席签约仪式。

本月　威海校区共有 39 项课题获山东省科技计划资助。

本月　威海校区共有 32 个项目获批 2017 年国家自然科学基金项目立项资助，直接经费 1314 万元。其中，面上项目 12 项、青年科学基金 16 项、国际（地区）合作与交流项目 2 项、天文联合基金项目 2 项。

9 月

9 日　威海校区召开庆祝 2017 年教师节暨优秀教师表彰大会，表彰本年度“山东大学（威海）优秀教师”、“山东大学（威海）先进教育工作者”、第八届“我最喜爱的导师”、2016～2017 学年优秀本科生导师、第九届全国高校辅导员年度人物等。

同日　澳大利亚西澳大学国际事务副校长 Iain Watt 先生访问威海校区，山东大学副校长、威海校区校长刘建亚会见来访客人。

10 日　中国科学院紫金山天文台研究员、博士生导师徐伟彪应邀做客稷下讲坛，在闻天楼报告厅作题为《追索世上最大规模的陨石雨——新疆阿勒泰铁陨石雨》的报告。

13～26 日　威海校区 2017 级本科生进行军训。

15日　澳大利亚国立大学副校长、理学部部长 Kiaran Kirk 教授一行访问威海校区。山东大学副校长、威海校区校长刘建亚，威海校区副校长陈冠军会见来访客人。

15～16日　由山东大学（威海）、威海市社会科学界联合会主办，山东大学东北亚研究中心及威海市刘公岛管理委员会承办，与中国社会科学院国际研究学部合作举办的第二届中华复兴论坛暨东北亚局势学术研讨会在威海市召开。山东大学原党委书记李守信，中国社会科学院原副院长武寅，威海市政协副主席任慧春出席开幕式并先后致辞。中共中央对外联络部原副部长于洪君受邀做主旨发言。开幕式由山东大学副校长、山东大学（威海）校长刘建亚主持。100多位专家学者参加了会议。

18日　艺术学院马源等同学的作品“海南蓝祥联农科技开发有限公司”获第三届中国“互联网＋”大学生创新创业大赛全国总决赛银奖。

20日　威海校区副校长刘海在知行楼主持召开审核评估迎评阶段关键工作推进会。会议通报了本科专业评估支撑材料准备情况，部署安排了迎评阶段关键工作。

25日　威海校区党工委书记尹作升在知行楼主持召开党建工作专题会议。校区党工委副书记赵玉璞，副书记、纪工委书记郭培良，副书记周慧如出席会议。会上，尹作升对本学期即将开展的重点工作提出意见和要求。赵玉璞传达了山东省委省政府重点工作推进情况视频会议精神以及威海市委市政府贯彻落实会议精神的情况，通报了校园安全大检查情况，并就校园安全稳定工作作了具体安排。郭培良通报了校区各单位学习贯彻山大新学期工作会议精神情况。周慧如通报了校区巡视整改工作基本情况，并布置本学期党建和思想政治工作。

25～29日　威海校区副校长陈冠军率团访问台湾世新大学、中原大学、暨南国际大学。

27日　山东大学跨校区本科教学资源共建共享合作协议签字仪式在威海校区举行。山东大学校长樊丽明，副校长、威海校区校长刘建亚，副校长胡金焱，威海校区党工委书记尹作升出席仪式。樊丽明对跨校区本科教学资源共建共享工作提出了意见和要求。威海校区副校长刘海主持仪式。校本部外国语学院、经济学院、管理学院、软件学院、哲学与社会发展学院、新闻传播学院负责人分别与威海校区翻译学院、商学院、机电与信息工程学院、法学院、文化传播学院负责人签订了共建共享合作协议书。根据协议和山东大学《关于关于建立教育教学资源共享机制提高学生培养质量的意见》，双方将以保险学、物流管理、电子商务、社会工作、新闻学、日语、软件工程、数字媒体技术等8个专业为基础，采取项目化建设方式，开展跨校区本科教学资源共建共享。

2017 年

9 月

2017 年 9 月 27 日，山东大学跨校区本科教学资源共建共享合作协议签字仪式在威海校区举行

同日　威海校区举行 2017 级新生开学典礼暨迎新文艺晚会。山东大学校长樊丽明，副校长、威海校区校长刘建亚，副校长胡金焱出席典礼并观看文艺演出。威海校区党工委书记尹作升主持典礼。刘建亚寄语全体新生，樊丽明代表学校对全体新同学表示祝贺和欢迎，并对威海校区的发展提出新的定位和要求，即根据“统分结合、优势互补、各具特色、一体发展”的总体思路，坚持特色引领、提升内涵，努力建设“异地合作办学的示范性校区、坚持特色发展的高水平校区、加强国际合作的开放式校区”。

本月　海洋学院梁振林教授作为项目负责人申报的“可长效自主运维的智能深远海养殖平台与渔业资源开发技术合作”项目获国家重点研发计划战略性国际科技创新合作重点专项立项。项目总经费 1630 万元，其中国拨经费 930 万元。

本月　威海校区共有 5 项研究成果获山东省第 31 次社会科学优秀成果奖。

本月　法学院代表队在国际刑事法院中文模拟法庭比赛中获得季军。

10 月

10 日　瑞典布莱京理工大学校长 Anders Hederstierna 教授一行访问威海校区。威海校区副校长陈冠军在知行楼会见来访客人。

12 日　省委高校工委第八安全检查组一行四人来威海校区就校园安全稳定工作开展专项检查。威海校区党工委副书记赵玉璞陪同检查并汇报校区开展校园安全大检查工作落实情况。

13 日　山东大学副校长韩圣浩来威海校区督导检查审核评估准备工作。威海校区副校长刘海、山东大学人事部部长陈宏伟陪同检查。

同日　山东大学副校长、山东大学（威海）校长刘建亚率团赴教育部参加“山东大学澳大利亚国立大学联合国际理学院”申报答辩。威海校区副校长陈冠军，教务处、财务处、国际处等单位负责人参加答辩。

2017 年
10 月

14 日　由山东省经济理论与政策研究中心、山东大学(威海)商学院、山东财经大学经济学院联合主办的第六届中国经济学创新与发展研讨会在威海校区举行。

15 日　在山东大学建校 116 年周年之际,"青年创客的时代担当"——优秀青年校友成长分享会在闻天楼报告厅举行。威海校区党工委书记尹作升出席会议并讲话。四位优秀青年校友讲述了各自创业奋斗经历,引领青年人成长,为母校生日献礼。

17 日　山东大学副校长、威海校区校长刘建亚调研督导校区本科教学审核评估准备工作。威海校区副校长刘海陪同调研。自 10 月 12 日开始,全体校区领导分别到分管部门和联系单位就本科教学审核评估准备工作进行现场督导检查。

同日　山东大学第二届齐鲁青年论坛在中心校区举行。山东大学校长樊丽明,山东省委组织部副部长马晓磊出席活动并讲话。在威海校区分论坛中,校区副校长陈冠军简要介绍了威海校区的办学定位和 30 年来取得的成就,并诚挚邀请青年学者加盟威海校区。

18 日　威海校区各单位通过多种形式,组织师生员工集中收听收看中国共产党第十九次全国代表大会实况,第一时间学习领会大会精神。

19 日　山东大学(威海)学习宣传贯彻党的十九大专题网站正式上线。

20 日　威海校区举行大学生创新创业基地启动仪式。校区党工委副书记赵玉璞,威海创业大学执行校长高屹出席活动并共同为创新创业基地揭牌。仪式上,威海火炬软件企业孵化器有限公司董事长鞠辉向校区大学生创新创业种子基金捐资 150 万元,威海康威智能设备有限公司总经理李汝童捐赠价值 30 万元的打印机设备用于支持校区创新创业教育工作。与会领导接受了捐赠,并向企业家们颁发捐赠证书和大学生创业导师聘书。

21 日　王振滔慈善基金会爱心接力计划威海站启动仪式在知行会堂举行。基金会向山东大学(威海)和哈尔滨工业大学(威海)各捐赠 100 万元善款,用于开展爱心接力、资助 400 名家庭经济困难学生。

23～25 日　威海校区与山东大学一体接受教育部本科教学工作审核评估。23 日,校区设视频分会场参加山大本科教学工作审核评估专家组见面会。24 日至 25 日,按照教育部审核评估专家组的统一安排,专家组副组长周叶中教授、专家组成员沈文淮教授、何玉长教授一行在威海校区开展审核评估现场考察工作。

24 日～11 月 2 日　山东大学校长系列展览——华岗校长图片展在校区海洋学院一楼大厅展出。

24 日　英国谢菲尔德大学法学院院长 Robert Burrell 教授一行访问威海校区。山东大学(威海)副校长陈冠军会见来访客人。

27 日～11 月 4 日　第 22 届国际天文奥林匹克竞赛在威海校区举行。来自 15 个国家和地区的近 100 名天文教师和中学生参赛。本届竞赛由欧亚天文学会主办,校区空间科学与物理学院承办。

30 日　空间科学与物理学院副院长陈耀教授凭借其在空间物理领域所取得的突出成就,荣获 2017 年度赵九章优秀中青年科学奖。

2017年

10月

31日　校区举行党的十九大精神学习宣讲团成立大会暨第一次集体备课会。党工委副书记周慧如出席会议并部署相关工作。

11月

3日　威海校区召开干部大会。山东大学党委常务副书记李建军出席会议并讲话，山东大学副校长、威海校区校长刘建亚主持会议，威海校区党工委书记尹作升宣读了山东大学党委关于威海校区机关直属单位和有关学院领导干部任免的决定。山东大学党委组织部有关工作人员，威海校区领导班子成员、机关及直属单位副处级以上领导干部和教学院部有关领导干部参加会议。

同日　由山东大学海洋研究院梁振林教授担任项目负责人的国家重点研发计划战略性国际科技创新合作重点专项"可长效自主运维的智能深远海养殖平台与渔业资源开发技术合作"项目启动会在山东大学举行。会议由山东大学科研院院长张建主持。会议邀请了国内专家及项目骨干40余人参会，新加坡南洋理工大学等外方合作单位视频参会。

6日　俄罗斯喀山音乐学院副院长卡尔波夫·尤利·斯密诺维奇教授一行访问威海校区。威海校区副校长陈冠军在知行楼会见来访客人。"教育部2017年俄罗斯国际音乐大师班"于11月6日在威海校区开班，为期三天。其间，来自俄罗斯喀山音乐学院的三位艺术家将为艺术学院学生授课，开展教学合作。

同日　澳大利亚皇家墨尔本理工大学工程学院院长 Adrian Mouritz 教授率团访问威海校区。威海校区副校长陈冠军会见来访客人。

7日　威海市副市长张伟一行来威海校区调研工作并座谈。校区党工委书记尹作升出席座谈会，党工委副书记赵玉璞汇报校区服务威海市新旧动能转换工作的相关情况。校区常务副校长韩建新主持座谈会。

11日　由山东省人力资源和社会保障厅主办、威海校区承办的山东省2017年秋冬季高校毕业生就业集中招聘活动山东大学(威海)综合类专场在威海校区举行。校区副校长刘海到现场指导工作。本次双选会共吸引了320多家用人单位报名参会，共提供岗位5689个。

同日　山东省法学会刑法学研究会换届选举暨2017年学术年会在威海校区召开。山东大学(威海)副校长刘海、山东政法学院副院长亓宗宝出席开幕式并致辞。会议选举亓宗宝为新一届会长，山东大学(威海)法学院副院长刘军教授当选副会长，吴丙新教授、王瑞君教授当选常务理事。

15～17日　威海校区党工委书记尹作升率团访问美国圣路易斯华盛顿大学和乔治·梅森大学。

15～19日　第十五届"挑战杯"全国大学生课外学术科技作品竞赛终审决赛在上海大学举行。威海校区获得一等奖1项、二等奖3项、三等奖2项的历史最好成绩，团体总分名列山东省第二名，并获得参加"挑战杯"系列赛事以来的第一个一等奖，在获奖层次、获奖数量、获奖学科覆盖面上均刷新了校区参赛纪录。

17日　校地合作共建推进协调会在知行楼召开。威海校区常务副校长韩建新，校区党工委副书记赵玉璞出席会议，就推进与威海环翠区政府开展校地合作共建工作进行具体部署。

2017 年
11 月

同日 威海校区女排在普通本科院校组以全胜的战绩获山东省大学生排球联赛冠军，并被评为“体育道德风尚奖代表队”，取得了校区排球队史上的最好成绩。女排主教练、体育教学部王丽老师被评为“优秀教练员”。

同日 浙江大学宁波校区筹委会副主任杨灿军率团访问山东大学（威海）。威海校区副校长陈冠军在知行楼会见来访客人，并举行座谈。

18～26 日 2017 年威海市高校基层党支部书记集中轮训班在威海校区举办。威海校区 110 余名党支部书记参加了此次集中轮训。

19 日 第二届“国际海洋油画学术研讨会”在威海校区召开。校区常务副校长韩建新，中共威海市委宣传部常务副部长许祖强，法国泰勒基金会主席、法国前大皇宫基金会主席让·佛朗索瓦·拉利约，法国世纪艺术文化经济交流协会主席许改，四川美术学院副院长张杰出席开幕式并致辞。俄罗斯艺术学院正式成员的当值主席、俄国荣誉艺术家谢尔盖，山东艺术学院院长王力克向研讨会发来贺信。

22 日 威海校区党工委书记尹作升在知行楼主持召开机关及直属单位新任领导干部集体廉政谈话会。校区党工委副书记赵玉璞、周慧如出席会议。校区党工委副书记、纪工委书记郭培良与全体新任领导干部进行集体廉政谈话。

同日 由国际合作与交流处主办、文化传播学院承办的“第四届国际学生汉字听写大赛”决赛在文华苑举行。

23 日 山东大学空间科学研究院战略规划委员会扩大会议暨课题组长评估会议在闻天楼召开。空间科学研究院战略规划委员会主任、原国家自然科学基金委员会数学物理科学部常务副主任汲培文研究员任会评专家组组长，来自中国科学院国家天文台、南京大学等单位的 13 名专家担任专家组成员。国家天文台党委书记、副台长、空间科学研究院院长赵刚，山东大学副校长韩圣浩，威海校区副校长陈冠军出席会议。校区党工委书记尹作升主持会议。

24 日 第八届“刘公岛杯”大学生思想政治风采大赛在知行会堂举办，校区党工委书记尹作升、党工委副书记赵玉璞，刘公岛管委党委副书记张仁波，威海边防支队高区大队政委赵士军观看了比赛。

28 日 2017 威海政产学研金合作大会召开，刘建亚代表山东大学与威海市政府签署《山东大学　威海市人民政府深入推进校地合作共建协议》。

2017 年

11 月

2017 年 11 月 28 日，2017 威海政产学研金合作大会召开，刘建亚代表山东大学与威海市政府签署《山东大学 威海市人民政府深入推进校地合作共建协议》

同日　威海校区副校长陈冠军率团赴东北财经大学、大连理工大学就中外合作办学工作进行调研。联合国际理学院筹建办公室相关人员陪同调研。

同日　中国前驻蒙古国特命全权大使黄家骙先生应邀做客第三十二期“大使讲坛”，作题为《蒙古概况与中蒙关系》的报告。在校期间，黄家骙还做客校区林海文化论坛“二十载大使情，铸中蒙发展路——黄家骙大使专场”，与在场学生畅谈自己在蒙古国工作、生活的经历，就大家所关心的中蒙领土边界等问题进行了详细解读。

29 日　威海校区共有 8 支队伍参加第四届山东省大学生科技创新大赛现场决赛，共获得一等奖 3 项、三等奖 3 项，获奖数量和获奖层次不断提高，其中一等奖获奖数量位列全省参赛高校第三位。

30 日～12 月 1 日　威海校区在知行楼分别召开校区职能部门和教学院部院长（主任）研讨会，围绕“学习贯彻十九大精神，推进双一流建设”进行了深入研讨。山东大学副校长、威海校区校长刘建亚主持会议。校区党工委书记尹作升，校区领导赵玉璞、陈冠军、刘海、周慧如出席会议。

本月　机电与信息工程学院申报的“石墨烯增强铝合金导电性研究”项目作为 2017 年山东省高端外国专家项目获批立项，立项经费为 20 万元。

本月　山东大学 2018 届优秀本科毕业生推荐免试攻读研究生工作结束。威海校区共有 379 名学生被成功推荐到各高校攻读研究生，占威海校区应届本科毕业生总数的 10.90%，其中硕士生 352 名，直博生 27 名。

本月　从美国地球物理学会（AGU）获悉，威海校区空间科学与物理学院史全岐教授被授予本年度美国地球物理学会空间物理与高层大气分会（SPA）的日地系统科学 BASU 国际早期科研生涯奖[Sunanda and Satimay Basu (International) Early Career Award in Sun-Earth Systems Science]，以表彰其在多卫星数据分析方法及太阳风和磁层相互作用等方面所取得的突出成就。

2017 年

12 月

1 日　威海校区下发《关于公布东北亚学院有关机构设置的通知》(山大威校综字[2017]14 号),根据《关于威海校区"山东大学韩国学院"更名为"山东大学东北亚学院"的批复》(山大编字[2017]8 号)精神,将东北亚学院有关机构设置公布如下:

东北亚学院设朝鲜韩国系、日本系、国际政治与经济系。其中,原韩国学院韩语系变更为东北亚学院朝鲜韩国系;翻译学院日语系自 2017～2018 学年春季学期起调整至东北亚学院成立日本系;新设国际政治与经济系。

原韩国学院办公室变更为东北亚学院办公室。原隶属韩国学院的山东大学威海韩国研究院、山东大学威海中韩关系研究中心调整为隶属东北亚学院。山东大学东北亚研究中心挂靠东北亚学院。

5 日　威海校区第七期"青年会客室"在知行楼 304 室举行。此次活动以"会客青年,共商提案"为主题。校区党工委副书记、纪工委书记郭培良出席座谈会,认真听取学生提案代表的意见和建议,并现场作了解答。

8 日　山东大学校长助理、研究生院常务副院长贾磊来威海校区调研研究生教育工作。校区副校长刘海主持座谈会。

9 日　威海校区"习近平新时代中国特色社会主义思想青年研究学习社"成立仪式在闻天楼举行。校区副校长刘海出席仪式并讲话。仪式上,与会领导为"习近平新时代中国特色社会主义思想青年研究学习社"揭牌,并为导师团成员颁发聘书,向青年研究社会员赠送学习书籍。仪式结束后,作为"习近平新时代中国特色社会主义思想青年学习研究学习社"第一期活动,中共山东省委党校研究生院院长张传鹤教授应邀为与会师生就十九大报告精神作了全面解读。

同日　第三届东北亚形势发展研讨会在威海校区召开。研讨会上还举行了中国亚洲太平洋学会东北亚研究会、中日韩思想库网络研究基地(威海)揭牌仪式。本次学术研讨会由山东大学东北亚学院、山东大学东北亚研究中心主办。

11 日　威海校区与歌尔股份有限公司签订校企合作协议。校区副校长刘海、歌尔公司副总裁吉永出席仪式签署协议,并为山东大学(威海)歌尔校园俱乐部、就业实习实践基地成立揭牌。

13 日　哈尔滨工业大学(威海)党委副书记王建文率团来校区交流思政课建设工作。威海校区党工委副书记周慧如在知行楼会见来访客人,并举行座谈。

同日　2016～2017 学年"国际学生校长奖学金"暨"海外经历项目专项校长奖学金"表彰会在闻天楼报告厅举行。威海校区副校长陈冠军出席活动并致辞。

14～22 日　2017 年山东省大学生篮球联赛暨第四届 CUBA 中国大学生篮球联赛阳光组(山东赛区)在蓬莱体育馆举行。威海校区女篮以六战全胜的战绩获得女子阳光组第一名,创造了校区篮球队史上最好成绩。

15 日　山东大学副校长、威海校区校长刘建亚主持召开山东大学(威海)前沿交叉科学研究院建设论证会。山东大学学科建设与发展规划部,威海校区党工委(校长)办公室、人事处、学科建设与研究生处、科研处、财务处、资产与实验室管理处等单位负责人参加会议。

2017 年

12 月

同日 由山东省人力资源和社会保障厅、山东人民广播电台和山东大学(威海)联合主办的创业励志节目《齐鲁创业》“我们来了”——BOSS 精英导师团队校园行于闻天楼西报告厅举行。

22 日 校本部与威海校区本科教学院—院共建共享工作会议在知行楼召开。

同日 第三届中韩 FTA 地方经济合作论坛在威海校区召开。校区党工委副书记赵玉璞主持开幕式,威海市政府副秘书长王伟、仁川市中国协力担当官朴正镇、中国亚洲经济发展协会执行会长权顺基出席并分别致辞。

27 日 威海校区国际交换学生结业仪式在闻天楼举行。校区副校长陈冠军出席仪式并为国际交换学生颁发了结业证书。文化传播学院、国际合作与交流处等相关单位负责人以及来自 31 所海外高校的 111 名国际交换学生参加了仪式。

同日 威海校区举行 2018 新年合唱音乐会。

29 日 山东大学(威海)第十四届体育文化节闭幕式暨“同一个山大、同一个梦想”群众体育竞赛启动仪式在体育中心举行。校区党工委副书记赵玉璞出席仪式并讲话。

本月 2017 年全国大学生数学建模竞赛成绩揭晓。威海校区选派 112 支学生队伍参赛,共获省级及以上奖项 75 个,获奖率达到了 67%,其中国家一等奖 1 项、二等奖 5 项,山东省一等奖 34 项、二等奖 25 项、三等奖 10 项,获奖层次和数量在省内参赛高校中名列前茅。

本月 空间科学研究院陈耀教授团队和南京大学程鑫副教授团队合作申请的“太阳耀斑和日冕物质抛射的动力学过程研究”课题获得国家自然科学基金重大项目资助,立项直接经费为 354 万元。

2018 年

1 月

5 日 威海校区成立山东大学(威海)学科建设委员会。

9 日 中国社科院程恩富教授受聘为山东大学兼职讲席教授仪式在图书馆会议室举行。威海校区副校长陈冠军出席仪式并为程恩富教授颁发聘任证书。

10 日 威海校区印发《中共山东大学(威海)工作委员会关于加强督促检查工作的实施办法》(山大威党综字[2018]1 号)。

12 日 山东大学(威海)与环翠区政府全面合作框架协议签约仪式在威海宾馆举行。根据签署的协议,校地双方将在建立校企合作平台、引育高端人才、创新人才培养、提供政策咨询等方面开展产学研全面合作。

同日 威海校区印发《威海校区落实山东大学大学生思想政治教育与管理专项改革方案的实施意见》(山大威党字[2018]2 号)《中共山东大学(威海)工作委员会关于进一步加强辅导员队伍建设的意见》(山大威党字[2018]3 号)。

15 日 2018 年“创青春”竞赛冬令营开营仪式在闻天楼举行。

16 日 山东大学与威海市人民政府推进校地合作共建加快新旧动能转换第一次联席会议在威海校区召开。威海市委副书记、市长张海波,副市长高书良,山东大学副校长、山东大学(威海)校长刘建亚出席会议并讲话。山东大学(威海)党工委书记尹作升主持会议并总结讲话。

2018年

1月

18日　《山东大学(威海)2017届毕业生就业质量报告》发布。

19日　威海校区印发《山东大学(威海)科级干部管理暂行规定》(山大威党字[2018]5号)。

21日　山东大学(威海)学科建设委员会会议在山东大学中心校区知新楼校董厅召开。山东大学副校长、山东大学(威海)校长、威海校区学科建设委员会主任刘建亚出席会议并讲话。威海校区学科建设委员会全体成员、山东大学学科建设与发展规划部负责人、威海校区各院部负责人、学科建设与研究生处负责人等参加会议。会议听取了各学科负责人的工作汇报,学科建设委员会专家委员提出了意见和建议。

2月

2日　山东大学印发《山东大学(威海)学习贯彻十九大精神　推进"双一流"建设行动方案(2018～2020年)》(山大党字[2018]15号)。行动方案指出,面对新形势、新任务,威海校区决心解放思想,主动作为,以更高的标准、更实的举措、更强的力度,提高办学质量,提升发展内涵,实现跨越发展,为山东大学"双一流"建设注入新动能、打造新亮点。

25日　科研处在知行楼举办2018年国家社会科学基金项目及教育部人文社会科学研究项目申报论证会。威海校区副校长陈冠军出席会议并讲话。山东大学东北亚学院金柄珉教授、文学院谭好哲教授、管理学院杨蕙馨教授、经济学院臧旭恒教授、体育学院孙晋海教授、艺术学院高迎刚教授、哲学与社会发展学院林聚任教授及烟台大学法学院房绍坤教授等八位专家应邀到会指导。

3月

4日　威海校区党工委书记尹作升主持召开新学期工作会议,传达中共山东大学十三届委员会七次全会和山东大学新学期工作会议精神,并就做好2018年各项重点工作提出了具体要求。会上,校区领导韩建新、赵玉璞、陈冠军、刘海、郭培良、周慧如分别结合各自分管领域,就新学期有关工作作了具体部署安排。

6日　威海校区2018年音乐舞蹈类专业校考工作结束。本次考试共有2121名考生报名,相较2017年增加近900人。

7日　2017～2018学年春季学期国际学生开学典礼在闻天楼报告厅举行。春季学期,来自韩国、日本、俄罗斯、德国等国家的170名各类国际学生入学,学生层次不断提高,国别日益丰富。

同日　威海校区领导班子召开2017年度民主生活会。校区党工委书记尹作升主持会议并作总结讲话。山东大学第二督导组组长、党委宣传部部长李平生,督导组成员、党校办公室主任李学禄,党委宣传部冯刚参会并指导,校区领导班子其他成员参加会议。

9日　威海校区党工委在知行楼组织召开2017年度党总支(直属党支部)书记抓基层党建工作述职评议会。

15日　"山东大学齐鲁医学院威海临床学院"和"威海市立医院山大门诊部"成立揭牌仪式在威海市立医院举行。山东大学副校长、齐鲁医学院院长陈子江出席仪式并揭牌,威海校区党工委书记尹作升,威海市政府有关领导和威海市立医院院长侯文金等出席仪式。威海市卫生和计划生育委员会主任周德纯主持仪式。山东大学(威海)常务副校长韩建新和威海市立医院副院长战志勇分别代表双方签署了共建"威海市立医院山大门诊部"的协议。

18 日　斯威本科技大学校长 Linda Kristjanson 教授，常务副校长 Aleks Subic 教授，维多利亚州政府商务办公室大中华区特派专员 Tim Dillon，澳大利亚联邦科学与工业研究组织企业创新研究部部长 Gerry Wilson，澳大利亚教育管理集团总裁李新庆等一行访问校区。山东大学副校长、威海校区校长刘建亚，校区常务副校长韩建新，校区副校长夏利东等会见了来访客人。

19 日　山东大学—斯威本科技大学先进制造业联合研究中心揭牌仪式在威海临港经济技术开发区举行。山东大学党委书记郭新立、威海市政协主席高旭光、斯威本科技大学校长 Linda Kristjanson、澳大利亚教育管理集团总裁李新庆共同为研究中心揭牌。仪式后，郭新立与山东省副省长、威海市委书记孙述涛进行了座谈交流。山东大学副校长、山东大学(威海)校长刘建亚和斯威本科技大学常务副校长 Aleks Subic 签署了《山东大学与斯威本科技大学博士联合培养合作备忘录》。与会有关单位负责人还签署了入驻协议。"先进制造业联合研究中心"由澳大利亚斯威本科技大学、山东大学(威海)、威海市临港经济技术开发区、澳大利亚教育管理集团共同建立，是首批进驻威海市临港经济技术开发区碳纤维产业园的科研院所之一，同时也是成功落地的首个国际合作项目，具有重要的示范性、引领性。研究中心将整合山东大学(威海)和斯威本科技大学现有的先进制造业专长，侧重于在自动化与机械电子制造业、3D 打印、生物医疗设备与医疗制造业、电子制造业、先进制造材料等领域开展科学研究，并致力于科研成果在威海转化。

17～18 日　山东大学党委书记郭新立到校区调研指导工作，出席关于威海校区领导班子调整补充的干部教师会议，并分别与校区领导班子、校区教学院部院长书记举行座谈。山东大学副校长、威海校区校长刘建亚，威海校区党工委书记尹作升参加相关活动。在 18 日上午的干部教师会议上，山东大学党委组织部部长陈宏伟宣读了山东大学党委关于威海校区领导班子成员的任免决定。山东大学党委、校长办公室，组织部有关负责同志；威海校区领导班子全体成员、近期退出岗位的校区领导、副处级以上干部、学者代表等参加会议。会后，郭新立与校区领导班子进行了集体谈话。

同日　郭新立出席校区教学院部院长书记座谈会，听取各教学院部院长、书记工作汇报并讲话。座谈会前，郭新立走访了威海校区商学院、海洋学院、机电与信息工程学院等单位。

20 日　山东大学(威海)第五届教职工代表大会第四次会议在闻天楼举行。威海校区校长刘建亚出席大会并作学校工作报告，校区党工委书记尹作升致开幕辞。常务副校长韩建新，校区党工委副书记、纪工委书记郭培良分别向大会作年度财务工作报告和教代会提案工作报告。校区领导赵玉璞、刘海、夏利东、黄凯南出席大会。全体教代会代表，不是代表的校区中层干部和部门工会主席参加大会。大会开幕式由党工委副书记周慧如主持。刘建亚在报告中提出，2018 年，威海校区党政工作的指导思想是：以习近平新时代中国特色社会主义

2018 年

3 月

思想为指导，认真学习贯彻党的十九大精神，以"一二三"发展战略为统领，以落实《"双一流"建设行动方案》《杰出人才体系建设方案》《服务威海市新旧动能转换行动方案》为主线，以将改革进行到底的政治责任感和不忘立校初心的历史使命感，抢抓机遇，砥砺奋进，推进校区各项工作再上新台阶。开幕式后，大会分成七个代表团审议学校工作报告、学校财务工作报告和提案工作报告，讨论了《山东大学（威海）教职工代表大会提案工作实施办法》。区校领导、列席代表分别参加了各个代表团的讨论。

22 日　威海校区领导班子成员参加在中心校区举行的山东大学选人用人"一报告两评议"暨 2017 年度校领导班子和领导人员考核大会。校区设视频分会场。

22～23 日　威海校区设视频分会场参加在中心校区举行的山东大学 2017 年度中层领导班子和领导人员工作汇报交流会。

24 日　山东大学（威海）2018 年毕业生春季双选会在体育训练馆举行。这是校区历年来举办的最大规模的一场毕业生双选会。校区副校长刘海到场调研。此次双选会共吸引了 300 余家用人单位参会，提供就业岗位 11138 个。

24～25 日　"世界文化论坛中国分论坛：纪念马克思诞辰 200 周年暨马克思主义与文化创新"研讨会在校区闻天楼举办。研讨会由中国社会科学院、山东大学马克思主义学院和东方毅文化协会主办，山东大学（威海）承办。来自 60 余所高校的 100 多名从事马克思主义理论研究的专家学者参加了研讨会。

29 日　威海校区印发《山东大学（威海）党工委 2018 年理论学习中心组学习安排意见》（山大威党宣字[2018]1 号）《中共山东大学（威海）工作委员会 2018 年政治理论学习安排意见》（山大威党宣字[2018]2 号）《山东大学（威海）2018 年党政工作要点》（山大威党字[2018]6 号）。

本月　威海校区团委荣获山东省"红旗团委"荣誉称号，连续第四年获得全省共青团最高荣誉。

本月　空间科学物理学院凌宗成教授入选第三批国家"万人计划"青年拔尖人才。

本月　威海校区 40 名青年教师在 2017～2018 学年山东大学青年教师教学比赛中获奖，其中荣获一、二等奖的 19 名老师同时被授予"山东大学青年教学能手"称号。

4 月

2 日　威海校区在知行楼召开 2018 年学生工作交流研讨会议。校区党工委书记尹作升出席会议并讲话，校区党工委副书记、纪工委书记郭培良作总结讲话。与会领导为在 2017 年学生工作中取得优异成绩的学生就业工作先进单位、红旗团总支、共青团工作单项考核先进单位、优秀辅导员、优秀团干部、学生就业工作先进个人颁奖。

同日　威海校区下发《中共山东大学（威海）工作委员会关于开展"大学习、大调研、大改进"的通知》（山大威党字[2018]7 号）。

7～8 日　威海校区举办 2018 年"创青春"大学生创业大赛决赛。

2018 年

4 月

11 日　澳大利亚西澳大学国际事务副校长 Iain Watt 先生，副校长兼文学、商学、法学与教育学部部长 Matthew Tonts 教授访问威海校区。山东大学（威海）副校长夏利东会见来访客人。

13 日　山东大学副校长韩圣浩来校区调研人事人才工作，座谈听取关于《山东大学关于深化人事人才工作体制机制改革的意见》的意见和建议。

13～15 日　威海校区代表队获山东大学第八届“研究生院杯”师生羽毛球比赛团体冠军，校区获赛事最佳组织奖。

17 日　威海校区青马工程精英班第二期结业暨第三期开班仪式于玲珑学堂举行。校区党工委副书记、纪工委书记郭培良出席仪式，并为第三期青马工程精英班授旗。

18 日　山东大学校长樊丽明来威海校区调研工作，出席教育教学资源共建共享工作座谈会，与校区领导班子全体成员进行交流，并为师生讲授“两会归来话发展”的思政课。山东大学总会计师曹升元，山东大学副校长、威海校区校长刘建亚，威海校区党工委书记尹作升参加活动。

同日　山东大学校长樊丽明一行与威海市委副书记、市长张海波座谈，就进一步推进校地合作进行交流。

20 日　中国铁人三项协会秘书长、国家体育总局秦皇岛训练中心副主任陈笑然率团来威海校区洽谈合作共建铁人三项学院事宜。校区党工委副书记赵玉璞会见陈笑然一行，并举行座谈。

22～26 日　山东大学副校长、威海校区校长刘建亚应邀分别对英国剑桥大学、拉夫堡大学、中国驻英国使馆教育处，以及西班牙 IE 商学院、世界旅游组织进行工作访问。

26～29 日　威海校区常务副校长韩建新率团赴浙苏沪等地，调研智慧校园规划与建设工作。

27 日　山东大学下发《关于公布山东大学杰出人才体系入选名单的通知》（山大字[2018]12 号），刘建亚入选山东大学讲席教授，陈耀入选特聘教授，王守宇、史全岐、张清和、凌宗成入选山大杰青，杨慧、高建华入选齐鲁青年学者。

5 月

2 日　威海校区印发《山东大学（威海）教职工代表大会提案工作实施办法》（山大威党字[2018]10 号）。

3 日　山东大学（威海）2017 年度优秀学生五四表彰暨文艺汇演在知行会堂举行。校区党工委书记尹作升出席大会并致辞。校区党工委副书记、纪工委书记郭培良，党工委副书记周慧如，副校长夏利东、黄凯南出席大会并为受表彰师生颁奖。

5 日　“乡村振兴战略”研讨会在威海校区召开。校区党工委书记尹作升出席会议并致辞，校区副校长黄凯南主持会议。

9 日　中国科学院院士、著名天体化学与地球化学家、中国月球探测工程首席科学家欧阳自远应邀做客“稷下讲坛”，在闻天楼为校区师生作题为《中国的探月梦》的报告。

10～11 日　威海校区举行第三十届田径运动会。

2018 年

5 月

11 日　威海校区印发《山东大学（威海）研究员、副研究员内聘制管理办法（试行）》（山大威校人字[2018]6 号）。

18 日　“第二届高等教育国际化研讨会”在威海召开。山东大学（威海）副校长夏利东、教育部留学服务中心出国处处长丁莉、环球翔飞教育集团董事长李欣立出席研讨会并致辞。

19～21 日　2018 年“创青春”山东省大学生创业大赛决赛结束，威海校区共有 5 个学生团队勇夺金奖，其中有 4 件作品成功入围国赛。威海校区再次捧得“优胜杯”，并荣获优秀组织奖。

24 日　威海校区在知行楼召开联系村帮扶工作专题会。校区党工委副书记赵玉璞主持会议并讲话。

25 日　威海校区第三届大学生中华经典诵读大赛决赛在知行会堂举行。山东省教育厅语言文字委员会办公室主任孙祖兴、威海校区党工委副书记赵玉璞出席大赛并为获奖团队颁奖。

26 日　由翻译学院、中美修辞学研究中心主办的首届西方修辞学高端论坛在威海校区举行。论坛主题为“西方修辞学的发展：现状与未来”。

27 日　威海校区师生在山东大学第一届全民运动会上取得优异成绩。商学院获得学生组男、女团体总分第一名，学生组总成绩第一名；机电与信息工程学院获得学生男子团体总分第八名。在体能技能大赛中，海洋学院、商学院代表队分别获得总成绩第七、第八名。校区获体育道德风尚奖。

28 日　澳大利亚新南威尔士大学堪培拉校区数学、物理与环境学院院长 Warrick Lawson 教授一行访问威海校区。校区副校长黄凯南会见来访客人。

29 日　文化传播学院院长张红军（笔名：泓峻）在中国社会科学网上发表署名文章《在开放和创新中巩固马克思主义文论话语主导权》。文章发表之后，在学术界引发广泛关注，先后被求是网、光明网、中国网、央广网、中国经济网、大众网等主流媒体转载。

30 日　山东省教育厅副厅长王坦带领第四督导检查组来威海校区检查指导校园安全隐患排查整治工作。校区常务副校长韩建新，威海市教育局副局长连承平陪同检查。

30～31 日　中国前驻孟加拉国、柬埔寨、越南特命全权大使胡乾文分别做客校区第 109 期“林海文化论坛”和第 33 期“大使讲坛”。在“大使讲坛”，胡乾文为师生作题为《周边邻国在我国对外关系中的分量和作用》的报告。

31 日　威海校区副校长黄凯南率团到山东量子科学技术研究院有限公司调研新工科建设工作。

本月　数学与统计学院副院长李娟教授入选 2017 年度“长江学者”特聘教授。

6 月

6 日　威海校区副校长夏利东率团赴哈尔滨工业大学（威海）调研国际化建设工作。

8～10 日　山东大学第一届全民运动会排球总决赛在威海校区举行。来自山东大学济南、威海、青岛三地共 15 支学院男女代表队参加了比赛。

2018 年

6 月

10～14 日　威海校区空间科学与物理学院行星科学团队王阿莲、凌宗成、武中臣、石二彬等人参加在意大利卡塔尼亚召开的第十三届国际地质拉曼会议(XIII International GeoRaman Conference 2018)。同时,空间科学与物理学院获得第十四届国际地质拉曼会议(2020)主办权。

13 日　威海校区在知行楼召开学院换届调整干部会议及新任命干部任前集体谈话会。山东大学副校长、威海校区校长刘建亚主持会议,校区党工委书记尹作升出席会议并讲话。校区领导韩建新、赵玉璞、刘海、郭培良、周慧如、夏利东、黄凯南出席会议。会上,校区党工委副书记周慧如宣读了山东大学党委关于干部任命的有关文件。

14 日　山东大学(威海)浪潮俱乐部签约揭牌仪式举行。威海校区党工委副书记、纪工委书记郭培良,浪潮集团人力资源部副总经理苏玉玲出席仪式,共同为浪潮俱乐部揭牌。仪式上,学生工作处处长王景瑞与苏玉玲代表双方签订了《浪潮集团有限公司与山东大学(威海)关于浪潮俱乐部的合作协议》。

14～15 日　山东省高等教育管理科学研究会档案管理专业委员会 2018 年年会暨学术研讨会在威海召开。来自全省 90 余所高校的近 180 位档案机构负责人及工作人员参加了会议。

19～22 日　威海校区常务副校长韩建新率团访问台湾中原大学、世新大学。

24 日　山东大学(威海)2018 年毕业生毕业典礼在图书馆广场举行。

同日　中国科学院院士、中国原子能科学研究院张焕乔院士来威海校区空间科学与物理学院参观指导工作。山东大学前沿交叉科学青岛研究院院长梁作堂,山东大学(威海)空间科学与物理学院常务副院长王守宇参加活动。

29 日　威海校区派代表参加在中心校区举行的中国共产党山东大学第十四次代表大会。

7 月

3 日　威海校区组织召开"量子信息工程实验班"建设专题会议。副校长黄凯南出席会议并讲话。

4 日　威海校区印发《中共山东大学(威海)工作委员会关于认真学习宣传贯彻中共山东大学第十四次代表大会精神的通知》(山大威党字[2018]12 号)。

同日　山东大学(威海)2018 年"学生海外学习经历"启动仪式在玲珑学堂举行。山东大学副校长、威海校区校长刘建亚出席仪式并讲话,校区副校长夏利东主持仪式。据统计,校区 2018 年全年共有 589 名同学通过不同海外经历项目,赴美国、英国、澳大利亚、法国、韩国、日本、西班牙等国家及我国香港、台湾地区的澳大利亚国立大学、美国加州大学欧文分校、英国牛津大学、韩国中央大学、中国香港大学等 59 所高校进行为期两年、一年的长期交流及暑期项目。

5 日　威海校区党工委召开理论学习中心组(扩大)会议,专题传达学习、研讨交流学校第十四次党代会精神,并就下一步学习宣传贯彻党代会精神作了全面动员和具体部署。

6 日　威海校区新工科建设专题会暨量子信息工程实验班共建签字仪式在知行楼举行。校区副校长黄凯南出席活动并讲话,为科大国盾量子总裁、山东量子科学技术研究院有限公司总经理赵勇颁发兼职教授聘书。赵勇与机电与信息工程学院常务副院长王丽共同签署了量子信息工程实验班共建协议。威海市工程咨询院院长王传军、威海市高区科技局副局长兰涛，校区相关单位负责人以及教师代表参加活动。

10 日　威海校区学习贯彻党代会精神处级干部集中培训暨学院新一届处级领导干部培训开班仪式在知行楼六楼多功能会议室举行。

11 日　威海校区印发《中共山东大学(威海)工作委员会关于将学院团总支更名为学院团委的决定》(山大威党字[2018]13 号)。

12 日　威海校区党工委书记尹作升出席山东大学马克思主义学院“一体化建设”研讨会。

13～16 日　中国社会科学院第三届马克思主义文艺理论青年论坛暨“文艺批评与当下文艺创作的关系”学术研讨会在威海校区召开。

15～18 日　地球与行星物理领域世界知名学者、美国圣路易斯华盛顿大学地球与行星科学系主任 Slava Solomatov 教授访问威海校区。在校期间，Solomatov 教授为空间科学与物理学院师生作题为《岩浆洋与早期行星演化》(Magma Oceans and Early Planetary Evolution)”的学术报告，并为 2016 级天文与空间科学菁英班学生讲授《行星科学进展》课程，作题为“类地行星的内部动力学和演化(Interior Dynamics and Evolution of Terrestrial Planets)”的专题讲座。

16 日　威海校区印发《山东大学(威海)学科建设经费管理办法(修订)》(山大威校研字[2018]3 号)。

18 日　威海校区在知行楼召开处级干部全面从严治党专题报告会暨学院新任领导班子任职廉政谈话会。校区党工委副书记、纪工委书记郭培良作题为《提高政治站位　强化责任担当　坚定不移推进学校全面从严治党》的专题报告。

19 日　威海校区在知行楼召开学习贯彻山东大学第十四次党代会精神、推进落实中层单位领导班子任期目标责任制专题工作会议。山东大学副校长、威海校区校长刘建亚出席会议并讲话，校区党工委书记尹作升主持会议。校区领导韩建新、赵玉璞、郭培良、夏利东出席会议。

同日　威海校区 2018 年山东省本科普通批次招生录取工作正式开始。理科录取线为 611 分，录取考生省内最低位次为 14427 名(2017 年为 15264 名)；文科录取线为 613 分，省内位次 2842 名(2017 年为 2875 名)，生源质量再创历史新高。

同日　威海校区下发《关于成立山东大学威海前沿交叉科学研究院的通知》(山大威校研字[2018]4 号)，决定成立山东大学威海前沿交叉科学研究院。研究院为山东大学威海校区独立建制的学术研究机构，院长由刘建亚兼任，夏利东兼任常务副院长。

21 日　由中国社会科学杂志社《中国社会科学》编辑部、东北亚学院共同主办的“重大国际事件对国际关系影响与对策”研讨会于学术交流中心举行。

22 日　威海校区党工委书记尹作升会见到访的澳大利亚斯威本科技大学副校长 Alan Lau 教授一行。

2018 年

7 月

24 日　根据山东大学文件（山大编字[2018]16 号），经中共山东大学第十三届委员会第 146 次常务委员会议研究，决定将威海校区马列教学部更名为“山东大学马克思主义学院（威海）”。

同日　山东大学（威海）澳大利亚校友会成立仪式在悉尼大学举行。威海校区党工委书记尹作升出席仪式，悉尼科技大学常务副校长、西澳大学原副校长 Iain Watt 先生应邀参加活动。

25 日　威海校区印发《山东大学（威海）非事业编制队伍建设实施办法》（山大威校人字[2018]8 号）。

25～28 日　威海校区党工委书记尹作升率团访问澳大利亚斯威本科技大学与西澳大学，并参加山东大学（威海）与西澳大学联合培养本科生毕业典礼。

27～30 日　威海校区参赛队伍在第四届山东省“互联网＋”大学生创新创业大赛决赛中，获金奖 1 项、银奖 6 项、铜奖 11 项，校区获“优秀组织奖”。

本月　国防科工局探月与航天工程中心科学质量部部长王倩、地质科学院研究员杨宏伟等 4 人组成的专家组来威海校区调研深空探测数据管理和行星科学方向发展情况。

本月　威海校区空间科学研究院陈耀教授课题组完成的有关太阳约束耀斑双阶段演化过程的研究成果被美国天文学会（AAS）选为亮点工作，并以“Investigating Confined Solar Flares”为题进行专题报道。报道指出，该项成果是第一次在双阶段约束耀斑中观测到超热等离子体成分（the first of its kind），表示更多类似的精细观测将有望揭示约束及爆发耀斑的成因。

本月　威海校区机电与信息工程学院 2014 级机械设计制造及自动化专业本科生李轩获第十一届中国青少年科技创新奖。

本月　东北亚学院副院长张景全教授入选韩国统一部的“新进领导人项目”。该项目是韩国政府主持的一个全球项目，旨在遴选世界各国政府、智库、高校的新进领导人，赴韩国深入了解并广泛探讨朝鲜半岛事务。

8 月

5 日　山东大学威海核物理战略发展咨询会暨山东大学威海核物理交叉科学研究中心揭牌仪式在闻天楼举行。威海校区副校长夏利东出席会议并致辞。中科院院士、中科院上海应用物理研究所副所长马余刚，同济大学任中洲教授共同为山东大学威海核物理交叉科学研究中心揭牌。

10 日　潘承洞数学研究所揭牌仪式在威海校区举行。中国科学院院士、中科院数学与系统科学研究院马志明研究员、严加安研究员，中国科学院院士、山东大学彭实戈教授，中国科学院院士、香港科技大学励建书教授，中国科学院院士、清华大学王小云教授，山东大学校长樊丽明，威海市委常委、组织部部长刘运，美国加州大学圣塔芭芭拉分校张益唐教授，十三届全国政协常委、山东大学儒学高等研究院执行副院长王学典教授，威海校区党工委书记尹作升等出席仪式。山东大学副校长、威海校区校长刘建亚主持仪式。

11 日　山东大学校长樊丽明到迪尚集团参观考察。威海市委常委、统战部部长戴龙成，威海校区党工委书记尹作升、副书记赵玉璞，迪尚集团董事长、总经理朱立华等陪同考察。

2018 年

8 月

13 日　威海校区法学院张乐教授获评 2018 年“山东大学优秀教师”，党工委（校长）办公室李松获评 2018 年“山东大学先进教育工作者”。

14 日　山东大学一校三地物理学科建设与发展研讨会在威海校区闻天楼举行。原国家自然科学基金委数理学部常务副主任汲培文，山东大学副校长、青岛校区校长韩圣浩出席会议。山东大学物理学院院长陈峰、山东大学前沿交叉科学青岛研究院院长梁作堂、山东大学威海校区空间科学与物理学院常务副院长王守宇、副院长陈耀参加会议。

14～15 日　威海校区材料与空间科学科研楼项目可行性研究报告现场评估会举行，由教育部发展规划司、天津大学设计研究院有关专家组成的评估组对项目可研性进行了评估。经过评审，评估组通过了对该项目可行性研究报告的评估，并提出优化建议。该项目位于威海校区校园内、知行楼东侧，规划建筑面积 36000 平方米，计划总投资约 1.8 亿元。

15 日　乌中友好协会副主席、塔什干国立东方大学副校长伊斯玛特·别克穆拉托夫先生一行访问威海校区。

17 日　山东省科协组织 19 名院士专家来威海校区参观调研。山东大学党委副书记仝兴华、副校长李术才，威海校区副校长刘海、夏利东会见了院士专家考察团。

26 日　由山东省法学会宪法学研究会人民代表大会制度专业委员会和山东大学（威海）法学院共同主办的“新时代人民代表大会制度的新发展”主题学术研讨会在威海校区召开。来自省内外 10 多所高校的近 30 名专家学者参加会议。

28 日　威海校区马秋丽、戚明颖两位老师获评山东大学 2018 年度“我最喜爱的老师”。

30 日～9 月 2 日　山东大学副校长、威海校区校长刘建亚应邀赴韩国出席 2018 亚洲研究中心工作研讨会，并代表山东大学介绍了山东论坛的相关情况。校区党工委副书记赵玉璞出席论坛。

9 月

9 日　澳大利亚国立大学计算机研究院院长 Alistair Rendell、西澳大学商学院学术项目主任 Jacqueline Birt、皇家墨尔本理工大学机械工程学院副院长 Reza Jarza、塔斯马尼亚大学海洋与南极科学研究院教授 Andrew McMinn 等澳大利亚高校代表参加威海校区迎新活动。

同日　威海校区在知行楼举办 2018 年应征入伍学生欢送会。校区党工委副书记、纪工委书记郭培良出席会议并讲话。

10 日　威海校区庆祝 2018 年教师节暨优秀教师表彰大会在知行会堂召开。会上对校区 2018 年度“我最喜爱的老师”、第九届研究生“我最喜爱的导师”、2017～2018 学年“优秀本科生导师”“先进教育工作者”“优秀教师”等荣誉获得者进行了表彰。

12 日　哈尔滨工业大学副校长、哈尔滨工业大学（威海）校长徐晓飞一行来校区访问参观，并就双方有关合作事宜座谈交流。

13～29 日　威海校区 2018 级本科生进行军训。

2018年

9月

15日　威海校区专家公寓楼动工。该项目位于学校东门外,是一个结合公建、单身教师公寓及专家公寓的多层建筑。项目总占地8428.58平方米,总建筑面积12861.23平方米,投资6500万元。

15～19日　威海校区女篮以十一战全胜的战绩获得山东省第14届学生运动会篮球联赛大学女子甲组冠军。教练员苗波老师荣获“最佳教练员”称号。这是校区女篮首次参加山东省学生运动会并摘得桂冠,创造了校区女篮历史最好成绩。

16日　威海市文化产业重点合作项目暨全省大学生创意设计成果转化签约仪式在2018中韩(威海)文化创意产业博览交易会上举行,威海校区常务副校长韩建新出席仪式,并代表校区与迪尚集团签署《校企战略合作框架协议》。

同日　韩国富川大学校长韩政锡率团访问校区。

21日　北京交通大学党委书记曹国永一行访问校区,山东大学校长樊丽明会见曹国永一行。

同日　山东大学校长樊丽明在校区作题为《精准把握六大战略,加快推进双一流建设》的专题辅导报告。

同日　威海校区2018级新生开学典礼暨迎新文艺晚会在图书馆广场举行。山东大学校长樊丽明,威海市委副书记、市长张海波,威海市副市长高书良,威海校区党工委书记尹作升出席典礼。典礼由山东大学副校长、威海校区校长刘建亚主持。

25～27日　威海校区副校长夏利东应邀访问俄罗斯莫斯科罗蒙诺索夫国立大学和彼尔姆国立大学。

本月　威海校区7项科研成果获山东省社科优秀成果奖。其中一等奖1项,二等奖3项,三等奖3项。

本月　威海校区代表队参加第十三届“恩智浦”杯全国大学生智能汽车竞赛全国总决赛,获得全国一等奖3项,二等奖3项,三等奖1项,创造了校区参加该项赛事以来的最好成绩。

本月　由上海交通大学和中国制冷学会主办、山东大学和山东制冷学会承办的第十届全国制冷空调新技术研讨会在威海校区召开。

本月　威海校区空间科学与物理学院、山东大学空间科学研究院磁层物理研究组利用卫星观测数据,揭示了地球磁层开尔文-亥姆霍兹波动和涡旋的时空演变过程,此项研究成果被美国地球物理学会AGU会刊EOS作为亮点工作进行了报道(spotlight)。此项研究成果发表于AGU著名期刊Journal of Geophysical Research: Space Physics,由山东大学(威海)、中科院国家空间中心、阿拉斯加大学、北京大学、英国伦敦大学学院和日本宇航局等单位共同合作完成。

10月

12日　环翠区“博士智囊团”成立见面会在威海宾馆举行。环翠区委副书记、区长徐明,山东大学(威海)党工委副书记赵玉璞出席见面会并致辞。校区共有6名教师加入首批“博士智囊团”,他们将在环翠区的乡镇、街道和威海创新园挂职。

2018 年

10 月

13 日　威海校区举行第一届“遨游星海，与理相约”物理科普月开幕式暨物理嘉年华。

13～14 日　由山东省数学会微分方程专业委员会主办，山东大学（威海）承办的第十一届山东省微分方程学术会议在闻天楼举行。

17 日　山东大学（威海）—亚马孙 AWS 共建云创学院揭牌仪式在知行楼举行。威海校区副校长黄凯南、亚马孙 AWS 政企事业部总经理姜磊出席仪式，并共同为云创学院揭牌。仪式上，亚马孙 AWS 向校区赠送了价值 30 万美元的云服务使用资源。

19 日　威海校区首个新工科实验班——量子信息工程实验班开班仪式在电子楼举行。威海校区副校长夏利东，山东量子科学技术研究院有限公司执行董事、总经理赵勇出席开班仪式。

19 日、23 日　山东大学校长助理、人文社科研究院院长邢占军，威海校区副校长黄凯南分别组织召开威海校区人文社科科研工作调研座谈会。

20～21 日　由山东大学与韩国高等教育财团联合主办的山东论坛（2018）在威海举行。本届论坛主题是“人类命运共同体建设与东北亚和平发展”。韩国高等教育财团事务总长朴仁国，山东大学校长樊丽明，中共中央对外联络部原副部长于洪君，威海市委副书记、市长张海波等出席开幕式。山东大学副校长、威海校区校长刘建亚主持开幕式。本届论坛共吸引了 9 个国家近 200 位专家学者齐聚一堂、思辨研讨，其中 58 名学者参与发言、登台演讲，34 位专家提交了会议论文，形成论文集出版。同时，论坛还举办了数场国外学者主讲的“山东大学东北亚学术讲坛”，组织了“国外合作机构合作意向商洽”等环节，让“山东论坛”在山东大学开花结果、落地生根。

2018 年 10 月 20 日，第二届山东论坛在威海开幕

22 日　由山东大学（威海）夏利东教授课题组、长春光机所张红鑫研究员课题组和云南天文台刘煜研究员课题组组成的日冕仪研制及测试联合课题组在丽江高美古观测站首次利用自主研制的日冕仪成功观测到太阳 E 冕 Fe XIV 谱线的图像。拍摄效果与丽江日冕观测站现有的 YOGIS 日冕仪（日本研制）的观测结果相当。

30 日　韩国汉阳大学校长李永茂率团访问校区。山东大学副校长、威海校区校长刘建亚会见来访客人并举行座谈。座谈后，双方共同签署了校际合作协议和学生交流协议。根据协议规定，自 2019 年开始双方将开展学生互派工作。

2018 年

10 月

本月　由山东大学空间科学研究院陈耀教授课题组和机电与信息工程学院杜清府副教授团队联合牵头建设的太阳射电槎山观测站建成运行。

11 月

1～3 日　威海校区在 2018 年“创青春”全国大学生创业大赛决赛中，获全国银奖 1 项，全国铜奖 5 项(含网络信息经济专项赛全国铜奖 2 项)。校区党工委副书记、纪工委书记郭培良带队对本次竞赛进行考察与学习。

3 日　山东大学(威海)2019 届毕业生秋季就业双选会在体育训练馆举行。本次双选会共吸引了来自省内外 260 家用人单位参会，提供 12700 余个就业岗位。

同日　由《山东大学学报》(哲学社会科学版)主办、《西北大学学报》(哲学社会科学版)协办、山东大学(威海)商学院承办的高校文科学报经管栏目建设研讨会暨全国高校经管编辑论坛第一届年会在威海召开。

5 日　威海校区在知行楼召开 2018 年度招生拓展工作总结表彰会议。校区副校长黄凯南出席会议，并为 14 个本科招生拓展小组“先进集体”颁奖。

同日　中国前驻柬埔寨、韩国、泰国大使宁赋魁大使携夫人做客校区第 110 期林海文化论坛“结缘半岛四十载，一片丹心铸和平——宁赋魁大使夫妇专场”。

6 日　中国前驻柬埔寨、韩国、泰国大使宁赋魁做客校区第 34 期“大使讲坛”，为师生作题为《朝鲜半岛与东北亚局势》的主题报告。

7 日　威海校区在知行楼召开关心下一代工作委员会第一次工作会议。

8～9 日　由省委教育工委指导，教育部高校辅导员培训和研修基地(山东大学)、山东大学(威海)联合组织的 2018 年山东高校辅导员工作论坛在威海举办。论坛主题为“深入学习贯彻习近平新时代中国特色社会主义思想，不断提升高校辅导员育人能力，培养担当民族复兴大任的时代新人”。教育部高等学校社会科学发展研究中心主任王炳林教授作主报告。山东大学(威海)党工委书记尹作升出席论坛。

12 日　中国科学院院士、四川大学李安民教授，教育部“长江学者”特聘教授、四川大学张旭教授应邀做客“稷下讲坛”，在闻天楼为校区师生做题为《数学漫谈》的报告。山东大学副校长、威海校区校长刘建亚主持报告会。

13 日　威海校区副校长夏利东会见到访的澳大利亚斯威本科技大学副校长 Alan Lau 一行。

15 日　《科技日报》头版报道山东大学空间科学研究院行星科学研究中心武中臣教授的研究成果——《火星上的“火箭燃料”从何而来》。

同日　“威海人才大讲堂:威海市人才政策宣讲走进山东大学”在闻天楼召开。

同日　韩国驻青岛总领事馆总领事朴镇雄率团访问校区。

17 日　新时代大数据与行政法治高端论坛暨中国行为法学会行政法治分会 2018 年年会在威海召开。威海校区党工委副书记赵玉璞、中国行为法学会副会长胡建森出席开幕式并致辞。来自最高人民法院、中国人民大学、上海交通大学等中央机构、国内高校及科研机构的 80 多名专家学者参加会议。

2018 年

11 月

19 日　山东大学(威海)副校长、县域发展研究院院长黄凯南入选中国青年农业经济学家论坛(2018)年度学者。

21 日　威海校区印发《山东大学(威海)本科学生学分制管理暂行规定》(山大威校教字[2018]12 号)。

同日　山东大学(威海)歌尔奖学金颁奖仪式暨歌尔校园俱乐部成立仪式在知行楼举行。

23 日　由马克思主义学院主办的烟威高校思政课"以学生为中心"教学改革专题座谈会在威海校区举行。

同日　第九届"刘公岛杯"大学生思想政治风采大赛在威海校区知行会堂举行。校区党工委副书记周慧如、刘公岛管委副主任彭均胜出席大赛。来自烟威地区 11 所高校思政课负责人和教师代表,校区 1000 多名师生观看了比赛。

26～28 日　威海校区党工委副书记周慧如应邀出席在日本兵库县举行的第五届中日教育交流会。

27～28 日　山东大学党委书记郭新立来校区调研指导工作。山东大学副校长、威海校区校长刘建亚,威海校区党工委书记尹作升出席活动。27 日下午,郭新立与校区领导班子座谈。28 日上午,郭新立参观了空间科学研究院行星环境模拟实验室、空间光学实验室、空间电磁探测技术实验室等,并与空间科学与物理学院领导班子及教师代表进行座谈。山东大学校长助理、人文社科研究院院长邢占军,威海校区领导班子成员,山东大学党委、校长办公室,服务山东办公室,学科建设与发展规划部,科学技术研究院负责人参加有关活动。

28 日　山东大学(威海)—哈尔滨工业大学(威海)校际合作签约仪式在哈尔滨工业大学(威海)举行。山东大学党委书记郭新立、哈尔滨工业大学党委书记王树权、威海市副市长高书良出席仪式并讲话。山东大学副校长、威海校区校长刘建亚,威海校区党工委书记尹作升;哈尔滨工业大学副校长、威海校区校长徐晓飞,威海校区党委书记姜波出席仪式。仪式由哈尔滨工业大学常务副书记熊四皓主持。会上,刘建亚、徐晓飞代表双方签订了校际合作协议书。会前,郭新立、王树权、高书良一行参观了哈尔滨工业大学(威海)博物馆、图书馆和竹贤书院。山东大学校长助理、人文社科研究院院长邢占军等参加相关活动。

同日　山东大学(威海)·迪尚集团校企合作启动仪式在知行楼举行。山东大学副校长、威海校区校长刘建亚,威海校区党工委书记尹作升,迪尚集团董事长朱立华,威海火炬高技术产业开发区管委会副主任孙法春,迪尚集团副总经理惠怀平、党委副书记张澄宇出席启动仪式。威海校区党工委副书记赵玉璞主持仪式。仪式上,刘建亚向朱立华颁发了"山东大学(威海)大学生创业导师"聘书,接受了朱立华代表迪尚集团向威海校区捐赠奖学金支票,并向其颁发捐赠证书。双方共同为"山东大学·迪尚集团创新创业基地"揭牌。随后,朱立华为校区师生作题为《大学·梦想·人生》的创新创业专题讲座。

本月　空间科学研究院行星科学研究中心武中臣教授在火星表面高氯酸盐起源研究方面取得重要进展。他首次用实验证明了火星表面沙尘过程导致的静电辉光放电现象可能是产生火星高浓度高氯酸盐的重要机理。相关研究

2018 年

11 月

成果先后被地球化学与地球物理顶级杂志 *Earth and Planetary Science Letters* (EPSL)、Science 杂志网站、Science Bulletin 网站、the Source(华盛顿大学)、科学网、Knowridge Science Report 等国际媒体报道。

本月　山东大学推荐2019届优秀本科毕业生免试攻读研究生工作全部结束,威海校区共有456名学生被成功推荐到各高校攻读研究生,占校区应届本科毕业生总数的12.02%,从绝对数量和占比上,均创历史新高。在推免学生中,攻读硕士学位学生409名、直博生47名。据统计,校区2018年共有355名推免生被"双一流"建设高校录取,占推免生总数的77.85%。

本月　中国社会科学院学部委员、山东大学特聘一级教授张蕴岭担任首席专家的"东北亚命运共同体构建:中国的思想引领与行动"获2018年国家社科基金重大项目立项。

本月　山东省第十四届学生运动会比赛全部结束。威海校区体育代表队在团体项目中获得女篮冠军,游泳、武术、乒乓球均获第二名,共获得冠军13个、亚军17个、季军12个。

本月　由空间科学研究院张清和教授、邢赞扬老师、王勇博士、马羽璋博士申请的北极观测项目顺利通过北极地球观测系统斯瓦尔巴特群岛协调委员会(SIOS)组织的两轮国际评审,获得前往北极地区相关台站开展为期3个月科学观测的机会。

12 月

1日,全国涉海高校教务联盟第八次全体会议暨专题研讨会在威海校区召开。

同日　威海校区主办第三届中华复兴论坛。

2日　山东大学2018级创新实验班开班仪式在济南校本部、威海校区、青岛校区同步举行。校党委副书记仝兴华出席仪式并讲话。仪式上,仝兴华为创新实验班授旗,威海校区副校长黄凯南、教务处处长王湘云为创新实验班揭牌。

同日　"新时代我国体育产业发展的法治保障高端论坛"暨山东省法学会体育法学研究会2018年年会在威海校区召开。校区副校长黄凯南,中国法学会体育法学研究会会长、前国家体育总局政策法规司司长刘岩出席开幕式,共同为山东大学(威海)体育法治研究中心揭牌。

3日　2017~2018学年"国际学生校长奖学金"暨"海外经历项目专项校长奖学金"表彰会在闻天楼报告厅举行。

5日　2018年度山东大学校长奖学金暨山东大学(威海)十佳大学生演讲报告会在玲珑学堂举行。

10日　威海市委书记王鲁明来威海校区就加强高校思政教育、推动创新创业及服务地方工作进行调研。校区党工委书记尹作升出席活动。调研期间,王鲁明实地参观了校史展览馆和大学生创新创业基地。威海市委常委、秘书长侯世超,校区常务副校长韩建新陪同调研。

同日　威海校区在知行楼召开干部警示教育大会。校区党工委书记尹作升出席会议并讲话。校区常务副校长韩建新,党工委副书记赵玉璞、周慧如,副校长黄凯南出席会议。党工委副书记、纪工委书记郭培良主持会议。校区各单位副处级以上领导干部参加会议，并集体观看了警示教育片。

10～13 日　威海校区副校长夏利东率团访问澳大利亚斯威本科技大学、皇家墨尔本理工大学。

13 日　赵明义先生先进事迹报告会在威海校区举行。

18 日　威海校区师生通过各种方式，收听收看中共中央、国务院在人民大会堂召开的庆祝改革开放 40 周年大会。

19 日　艾兴院士先进事迹报告会在威海校区举行。

20 日　北京大学新结构经济学研究院院长、南南合作与发展学院院长、全国政协常委、经济委员会副主任、国务院参事室参事林毅夫教授应邀做客校区“稷下讲坛”，在知行会堂作题为《中国改革开放 40 年与新结构经济学理论创新》的专题报告，与威海校区师生畅谈中国经济发展。威海市委副书记、市长张海波，威海市人大常委会主任王学文，威海市政协主席高旭光，山东大学（威海）党工委书记尹作升，威海市委常委、组织部部长刘运出席报告会。威海校区副校长黄凯南主持会议。本次报告会在校本部和青岛校区设立视频直播，实现一校三地共享精品报告。

22 日　第二届全国党内法治高端论坛暨山东省法学会党内法规研究会 2018 年年会在威海校区召开。

26 日　威海校区印发《山东大学（威海）机关工作人员首接负责制实施办法》（山大威党综字[2018]6 号）和《山东大学（威海）机关作风建设评议办法（试行）》（山大威党综字[2018]7 号）。

27 日　威海校区在知行楼举行 2018 年度党组织书记抓基层党建述职评议考核会议。

28 日　威海校区领导班子成员参加山东大学在中心校区召开本科教育工作会议。校区设视频分会场。

同日　威海校区举行 2019 年新年音乐会。

29 日　山东大学印发《关于设立威海校区机关党委、离退休党委的通知》（山大党字[2018]108 号），决定设立威海校区机关党委，撤销威海校区机关党总支；设立威海校区离退休党委，撤销威海校区离退休党总支。以上单位党组织负责人职务名称相应变更。

同日　著名书法家张雪明先生受聘为威海校区兼职教授。山东大学副校长、威海校区校长刘建亚为张雪明先生颁发聘书。仪式结束后，张雪明教授做客“稷下讲坛”，作题为《中国书法艺术源流与欣赏》的学术报告。

本月　空间科学研究院孔祥良副研究员入选中国科协“青年人才托举工程”项目。

本月　海洋学院杜宗军教授课题组发现微生物富集培养过程中潜藏的复苏机制，研究成果“Metatranscriptomic and comparative genomic insights into resuscitation mechanisms during enrichment culturing”发表在微生物学领域著名期刊 *Microbiome* 上。

2019 年

1 月

3 日　威海校区国际交换学生结业仪式在闻天楼报告厅举行，校区副校长黄凯南出席仪式并为国际交换学生颁发结业证书。来自 30 所海外高校的 87 名国际交换学生参加了仪式。

11 日　2018 年度威海校区领导班子和机关及直属单位汇报评议会在知行楼召开。

13 日　威海校区 2019 年“双创”冬令营开营仪式暨专题报告会在知行会堂举行。

14 日　威海校区发布《山东大学(威海)2018 届本科毕业生就业质量报告》。

18 日　山东大学 2018 年度领导班子和领导人员年度考核及选人用人“一报告两评议”会议在中心校区召开。威海校区在会上作 2018 年度领导班子述职报告，校区领导班子成员、学院主要负责人、教职工代表等参加会议。

19～20 日　山东大学 2018 年度中层领导班子述职汇报评议会在中心校区召开，威海校区 12 个学院首次一同参加述职。

21 日　威海校区领导班子召开 2018 年度民主生活会，校区党工委书记尹作升主持会议并作总结讲话。学校党委第二督导组全体成员到会指导，校区领导班子成员参加会议。会议主题是“强化创新理论武装，树牢‘四个意识’，坚定‘四个自信’，勇于担当作为，以求真务实作风坚决把党中央决策部署落到实处”。

2 月

21 日　威海校区 2019 年音乐舞蹈类专业校考工作结束。

3 月

2 日　山东大学(威海)2019 届毕业生春季就业双选会在体育训练馆举行。双选会共吸引 270 余家用人单位参会，提供岗位 13000 余个，涵盖本、硕、博各学历层次和校区全部学科门类。

4～5 日　山东大学党委书记郭新立到威海校区检查安全工作，并分别与校区领导班子、教学院部主要负责人以及师生代表进行座谈。校区党工委书记尹作升参加活动。在 4 日下午的校区领导班子座谈会上，郭新立介绍了学校有关安全工作的部署、要求，解读了学校推进“由大到强”历史性转变的工作部署。尹作升代表校区领导班子作了校区安全工作汇报，梳理总结工作，剖析存在问题，提出改进措施。校区常务副校长韩建新主持座谈会，校区领导班子成员结合各自分管工作，谈了做好安全工作的意见和建议。

5～6 日　山东大学常务副校长王琪珑到威海校区调研文科科研工作。山东大学校长助理、人文社科研究院院长邢占军，威海校区党工委副书记赵玉璞、副校长黄凯南出席活动。5 日下午，王琪珑出席山东大学国际问题研究院建设专题会议，听取国际问题研究院建设进展情况汇报及 2019 年工作推进计划。

6 日　威海市委常委、统战部部长、东部滨海新城建设指挥部总指挥戴龙成，经区党工委书记、管委会主任、东部滨海新城建设指挥部副总指挥吕晓东一行访问威海校区。

7 日　威海市委常委、宣传部部长、教育工委书记刘广华一行来校区调研，就党建与意识形态工作举行座谈。

同日　威海校区召开庆祝“三八”国际劳动妇女节暨表彰座谈会。

8 日　威海校区召开实现“由大到强”历史性转变工作推进会。会议围绕贯彻落实山东大学新学期工作会议精神，聚焦郭新立书记到威海校区调研时对班子提出的要求，谋大事、干大事，抓改革、促落实，全力打造新亮点，为山东大学实现“由大到强”历史性转变做出威海贡献这一主题展开深入研讨。校长刘建亚出席会议并讲话，校区党工委书记尹作升主持会议。全体校区领导出席会议。

9 日　校本部与威海校区本科教学“6＋5”院—院共建共享工作会议在知行楼召开。威海校区副校长黄凯南出席会议并讲话。山东大学本科生院院长刘传勇作总结发言，威海校区教务处处长王湘云主持会议。

11 日　威海校区副校长黄凯南率团赴上海交通大学就中外合作办学工作开展调研并座谈。上海交通大学密西根学院党委书记兼科研副院长李新碗、行政主管宋立群参加座谈。山东大学澳国立联合理学院筹建办公室相关人员陪同调研。

13 日　山东大学党委副书记、纪委书记陈向阳一行来威海校区调研，围绕推进纪检监察体制改革和新形势下纪检监察工作举行座谈，并深入课堂听思政课。

同日　威海校区印发《山东大学(威海)学科建设委员会章程》(山大威校研字[2019]1 号)。

15 日　山东大学(威海)第五届教职工代表大会第五次会议在闻天楼举行。山东大学副校长、威海校区校长刘建亚出席大会并作题为《凝心聚力　真抓实干　加快推进“双一流”建设再上新台阶》的校区工作报告，校区党工委书记尹作升致开幕辞。校区常务副校长韩建新，党工委副书记、纪工委书记郭培良分别向大会作年度财务工作报告和教代会提案工作报告。校区领导赵玉璞、刘海、夏利东、黄凯南出席大会。大会开幕式由党工委副书记周慧如主持。全体教代会代表，不是代表的校区中层干部和部门工会主席参加了会议。

18 日　法国雷恩商学院中方代表冯凌燕女士访问威海校区。

22 日　根据山东大学文件(山大党任字[2019]5 号)，经 2019 年 3 月 18 日第十四届党委第 18 次常委会研究决定：韩建新同志挂任山东大学校长助理，挂职时间两个月，挂职期满挂任职务自然免除。

26 日　威海校区党工委书记尹作升召集校办、教务处、资产与实验室管理处、保卫处、后勤处等部门负责人，深入部分教学院部现场办公，通过召开座谈会、听取汇报、实地察看等形式，围绕办学空间、环境整治等问题查情于一线，问需于学院。校区副校长刘海、黄凯南陪同调研。

27 日　山东卫视《新闻联播》以“将红色基因注入血脉，凝聚接续奋斗磅礴力量”为主题，头条报道威海校区思政课建设成果。

28 日　山东大学校长樊丽明来威海校区调研指导工作。调研期间，樊丽明分别与校区领导班子、商学院与机电与信息工程学院领导班子及教师代表举行

2019 年

3 月

座谈，并出席"校长有约"学生座谈会。山东大学副校长、威海校区校长刘建亚一同调研，校区党工委书记尹作升出席活动并主持相关座谈会。

同日　山东大学国际问题研究院揭牌仪式暨百年大变局高端对话在威海校区举行。山东大学校长樊丽明，威海市委副书记张宏伟，山东大学副校长、威海校区校长刘建亚，威海校区党工委书记尹作升等出席揭牌仪式。高端对话邀请了来自国际关系、世界经济、城市与环境等研究领域的七位著名专家共同探讨"百年大变局"这一主题。高端对话活动前，樊丽明等与会嘉宾共同为山东大学国际问题研究院成立揭牌，仪式现场还举行了合作签约仪式。

同日　威海校区党工委在知行楼召开校内双向挂职教师干部交流座谈会。

同日　英国萨里大学 Gang Li 教授受聘校区客座教授仪式在商学院举行。校区副校长夏利东为其颁发客座教授聘书。

4 月

1 日　山东大学一校三地研究生教育工作研讨会在威海校区举行。威海校区副校长夏利东出席会议并讲话。山东大学一校三地研究生教育工作部门负责人及相关工作人员参加会议。当晚，威海校区党工委副书记、东北亚学院院长赵玉璞，威海校区副校长夏利东，山东大学研究生院常务副院长刘国亮在东北亚学院就加强研究生教育工作展开座谈调研。

同日　威海校区党工委印发《山东大学(威海)2019 年党政工作要点》(山大威党字[2019]3 号)。

3 日　威海市民营企业家到高校、市直部门挂职锻炼座谈会在威海校区举行。此次共有 19 位民营企业家分赴驻威高校、市直部门挂职锻炼，其中到威海校区挂职的有两位。

8 日　澳大利亚斯威本科技大学副校长 Alan Lau 一行访问山东大学(威海)。

9 日　知名随机分析专家、英国拉夫堡大学教授赵怀忠应邀做客"稷下讲坛"，为校区师生作题为"Do Periodicity and Transition in Systems with Uncertainty Matter?"的报告。

同日　威海校区党工委印发《山东大学(威海)机关及直属单位"管理服务质量提升年"实施方案》(山大威党综字[2019]3 号)。

10 日　威海校区副校长黄凯南率团赴浙江大学国际联合学院(海宁国际校区)开展工作调研，与浙江大学国际联合学院副院长、浙江大学爱丁堡大学联合学院院长欧阳宏伟，浙江大学爱丁堡大学联合学院副院长陈晔举行座谈，就中外合作办学工作进行交流研讨。

12 日　太原理工大学副校长梁卫国一行访问威海校区。校区副校长夏利东会见来访客人，并就国际化建设等相关问题进行座谈交流。

同日　中泰友好交流暨山东大学"威海讲堂"开班仪式在威海校区举行，校区副校长夏利东出席仪式并讲话。泰国坤敬公立华侨学校校长薇莱蓬·诗林瓦塔娜出席仪式。威海市侨联侨办代表、泰国坤敬公立华侨学校代表陈桂英分别发言。

2019 年

4 月

14 日　教育部长江学者、东北师范大学副校长韩东育教授做客“稷下讲坛”，为威海校区师生作题为《〈中日修好条规〉与东亚政治地图的改写》的学术报告。

17 日　山东大学(威海)首批国际合作联络教授(学者)聘任仪式在知行楼举行。校区副校长夏利东出席仪式并讲话，并为国际合作联络教授(学者)代表颁发聘书。本次共有来自文、理、工各领域的 23 名学者获聘校区国际合作联络教授(学者)。

23 日　威海校区参与举办的“文友辅仁”——2019 中韩书画国际交流展在威海市美术馆举行。当天下午，山东大学(威海)艺术学院和韩国忠南大学艺术学院在知行楼举行合作签约仪式。

24 日　山东大学党委副书记、青岛校区党工委书记张永兵，山东大学副校长、青岛校区校长韩圣浩率团访问威海校区，就校园文化建设、学生培养等方面工作进行座谈交流。

25 日　山东大学副校长、青岛校区校长韩圣浩到东北亚学院调研人事人才工作。

同日　威海校区首期“院长沙龙”在知行楼举行。山东大学控制科学与工程学院院长、长江学者特聘教授张承慧作为主讲嘉宾作题为《控制科学与工程学院学科建设的实践与发展》专题报告。

26 日　“风雨七十年　砥砺复兴路”山东大学(威海)第九届“唱响主旋律　传扬正能量”歌咏大赛决赛暨纪念新中国 70 年华诞歌唱音乐会在知行会堂举行。

29 日～5 月 6 日　山东大学副校长、山东大学(威海)校长刘建亚率团访问奥克兰大学、斯威本科技大学、澳大利亚国立大学、塔斯马尼亚大学，拓展校际交流领域，深化中外合作办学。在澳大利亚期间，访问团还访问了澳大利亚教育管理集团墨尔本办公室。刘建亚与澳大利亚教育管理集团负责人共同为山东大学(威海)海外人才工作站揭牌。

本月　据国家自然科学基金委员会(NSFC)和英国皇家学会(RS)通知，空间科学研究院、空间科学与物理学院史全岐教授获英国皇家学会 2019 年“牛顿高级学者基金(Newton Advanced Fellowship)”资助。

本月　教育部印发《关于同意设立山东大学澳国立联合理学院的函》，山东大学首个中外合作办学机构获批设立。

本月　威海校区 9 位教师入选 2019～2022 年山东省本科教育教学指导委员会名单。

5 月

5 日　纪念五四运动 100 周年暨山东大学(威海)2018 年度优秀学生表彰大会在知行会堂举行。校区党工委书记尹作升出席大会并致辞。现场颁奖环节与文艺汇演交叉进行，共进行了综合荣誉类、社会实践类、创新创业类、学科竞赛类和优秀指导教师、优秀学生工作者等的表彰活动。

同日　山东大学党委副书记、纪委书记陈向阳一行来威海校区调研，就如何以全面从严治党引领和推动学校实现“由大到强”举行座谈。

2019 年

5 月

10 日　乌克兰科学院院士、俄罗斯索伯列夫数学研究所所长级研发顾问德米特里·伊万诺维奇·斯维里登科教授，新西伯利亚国立大学信息技术系主任、索伯列夫数学研究所首席研究员德米特里·埃维根耶维奇·帕查诺夫教授，北京天元数学与信息技术综合研究与应用中心主任许继来先生等一行访问威海校区。山东大学副校长、威海校区校长刘建亚会见来访客人。访问期间，学校与索伯列夫数学研究所、北京天元数学与信息技术综合研究与应用中心签订了合作协议，三方将在博硕士生联合培养、国际科研合作、招才引智等方面加强合作。

14～19 日　确山县 2019 年领导干部培训班(第一期)在威海校区举办。

16 日　由教育部留学服务中心主办、山东大学(威海)承办的国家公派留学派出工作培训会在威海举行。来自全国各省市教育厅及 150 余所高校的 280 多名公派留学负责人员参会。教育部留学服务中心副主任艾宏歌，教育部国际司留学处副处长杨洲、财务司外事财务处处长徐薇、留学服务中心出国处处长丁莉，山东大学(威海)副校长夏利东出席培训会。

16～17 日　威海校区举行第三十一届田径运动会。

18 日　山东省海洋微生物菌种保藏与应用工程技术研究中心第一届专家委员会成立暨一届一次会议在威海校区召开。校区副校长夏利东出席会议，并向专家委员会委员颁发聘书。

20 日　澳大利亚新南威尔士大学堪培拉校区科学学院副院长 Scott Sharp 教授一行访问威海校区。

21 日　广东医科大学党委副书记、湛江海东校区筹建办主任罗辉率团访问威海校区。

同日　中国科学院院士、中科院上海应用物理研究所研究员、复旦大学教授马余刚做客“稷下讲坛”，为校区师生作题为《小爆炸：原子核碰撞研究夸克物质与反物质》的报告。

24 日　山东大学(威海)第四届大学生中华经典诵读大赛决赛在知行会堂举行。校区党工委书记尹作升、副书记周慧如出席大赛并为获奖队伍颁奖。

25 日　山东大学(威海)2019 届毕业生暨 2020 届实习生招聘会举行，环翠区“政策面对面暨重点企业高校行”走进山东大学(威海)活动同步进行。

同日　法国雷恩商学院副校长 Santiago Garcia 先生一行访问威海校区。

26 日　威海校区教师在山东省第六届高校教师教学比赛中获奖，海洋学院戚明颖获理科组一等奖，翻译学院王苏华获文科组二等奖。

30 日　威海校区学子在第十六届“挑战杯”山东省决赛中再创佳绩。4 件作品获特等奖，3 件作品获一等奖，其中，6 件作品推荐进入国赛。校区获得省赛“优胜杯”和优秀组织奖。

31 日　澳门大学李德凤教授受聘为威海校区兼职特聘教授。

6 月

1 日　杭州电子科技大学颜成钢教授受聘为威海校区兼职教授。

4 日　中国前驻捷克、挪威大使唐国强做客第三十五期“大使讲坛”，为校区师生作题为《新中国七十年的外交历程以及当前国际形势中的几个问题》的报

2019 年
6 月

告。此前一天，唐国强大使及其夫人王海涵女士做客校区第 111 期林海文化论坛。

5 日　英国皇家学会院士、伦敦数学学会会长、布里斯托大学 Jon Keating 教授访问校区。

6 日　深圳亚略特生物识别科技有限公司董事长兼 CEO、校区 1995 级电子学与信息系统专业校友邵宇向校区捐赠价值 230 万元的生物识别软件平台。校区常务副校长韩建新代表校区接受捐赠，并向邵宇校友颁发学生职业发展校友导师聘书。

7～9 日　山东大学 2019 年"一校三地"排球总决赛在威海校区体育训练中心举行。

8 日　英国皇家学会院士、伦敦数学学会会长、布里斯托大学 Jon Keating 教授受聘校区客座教授仪式在知行楼举行。山东大学副校长、威海校区校长刘建亚为 Jon Keating 教授颁发客座教授聘书。聘任仪式后，Jon Keating 教授作题为"Moments and Divisor Correlations"的学术报告。

9～13 日　威海校区副校长刘海率团访问台湾地区中原大学、台湾海洋大学、东吴大学、世新大学等高校。

12 日　全国人大常委会法工委研究室副巡视员贾红梅一行来威海校区调研地方立法工作。全国人大常委会法工委研究室处长侯晓光、山东省人大常委会法工委法规三处副处长王岩、威海市人大常委会副主任张竞、山东大学(威海)副校长黄凯南出席活动。

同日　韩国清州大学外事副校长金荣哉一行来威海校区访问。

13 日　郭永怀事迹报告会在知行会堂举行。

15 日　新中国 70 年马克思主义文化研究高端论坛在知行楼举行。威海校区党工委副书记周慧如出席开幕式并致辞，全国人大教科文卫委员会委员、中国社科院大学首席教授，著名马克思主义理论家程恩富学部委员、中国软实力研究中心主任张国祚教授、山东大学马克思主义学院院长王韶兴教授等出席开幕式。

同日　山东大学马克思主义理论学科建设座谈会在威海校区举行。

17～20 日　威海校区副校长夏利东出席 2019 年《中美人才培养计划》年度工作会议暨第十六届学生毕业典礼。2019 年，威海校区共有 4 名学生通过《中美人才培养计划》项目毕业，其中 3 名学生获"优秀毕业生"称号。

18 日　威海校区国际交换学生结业仪式在文华苑举行。校区副校长黄凯南出席仪式并为交换学生颁发结业证书。来自 24 所海外高校的 88 名国际交换学生参加仪式。

18～23 日　澳大利亚国立大学理学、健康与药学联合学部副部长 Sasha Mikheyev、物理与工程学研究院院长 Tim Senden、化学研究院院长 Penelope Brothers 等一行访问威海校区。

19～20 日　新中国 70 年生态文明建设与生态设计实践高端学术论坛暨 2019 年传统聚落与人居环境可持续发展国际学术会议在威海校区召开。本次会议由山东大学(威海)、中国勘察设计协会传统建筑分会、山东省勘察设计协会和环翠区人民政府共同主办。

2019 年

6 月

20 日　“同心·光彩助学行动”助学金发放仪式在闻天楼举行。

22 日　由东北亚学院主办的区域与国别教学研究论坛在威海校区举行。

23 日　山东大学(威海)2019 年毕业生毕业典礼在图书馆广场举行。山东大学副校长、威海校区校长刘建亚出席典礼并讲话,党工委书记尹作升主持典礼。与会领导为优秀毕业生颁发荣誉证书,并向本科生代表、研究生代表和国际学生代表颁发毕业证书。毕业典礼后,刘建亚在玲珑学堂为毕业生颁发了学位证书。

27 日　校区印发《山东大学(威海)国际学生奖学金实施细则(修订)》(山大威校综字[2019]4 号)《山东大学(威海)关于进一步规范和促进非学历继续教育工作的意见》(山大威校综字[2019]5 号)。

28 日　欧洲科学院院士、山东大学微生物技术国家重点实验室主任、微生物技术研究院院长张友明教授做客校区第二期“院长沙龙”,介绍重点实验室建设情况,交流学科建设发展经验。

同日　威海校区 2019 年“学生海外学习经历”启动仪式在知行会堂举行。校区 2019 年全年共有 1073 名学生赴国(境)外学习交流。

同日　山东大学(威海)与中国科学院国家天文台共建“天文与空间科学菁英班”合作协议续签仪式在闻天楼举行。威海校区副校长夏利东、黄凯南,中国科学院国家天文台党委书记赵刚出席相关活动。

本月　海洋学院党委副书记范蕊当选 2019 年“最美高校辅导员”。

7 月

3 日　威海校区党工委书记尹作升主持召开党工委理论学习中心组专题学习会议,学习传达中央“不忘初心,牢记使命”主题教育有关文件精神及学校理论学习中心组参考学习材料。

同日　山东大学当代社会主义研究所与马克思主义学院(威海)合作签约暨社会主义文献研究中心成立仪式在威海校区举行。

4 日　香港威海同乡会会长张强等一行访问威海校区。

8～11 日　由中国科学院青年创新促进会主办,山东大学空间科学研究院和中国科学院地球化学研究所青年创新促进会小组联合承办的第四届地球与行星科学青年论坛暨 2019 火星科学暑期短训班在威海校区召开。山东大学(威海)副校长夏利东、中国科学院青年创新促进会理事长杨蔚、中国科学院地球化学研究所研究员李雄耀出席开幕式并分别致辞。来自国内 22 家高校及科研机构的 110 余名青年学者参加了本次论坛。

9 日　2019 年暑期山东大学“威海讲堂”开班仪式在电子楼举行。

11～13 日　山东大学 2019 年“一校三地”篮球总决赛在威海校区举行。

13 日　中国社会科学院第六届马克思主义文艺理论论坛暨“人民性与中国文论建设”学术研讨会在威海召开。

16～20 日　威海校区副校长夏利东率团访问澳大利亚国立大学,推动双方合作办学机构与项目相关工作、参加联合毕业典礼。

23～26 日　威海校区学子在第五届山东省“互联网＋”大学生创新创业大赛决赛中再创佳绩,共获得金奖 4 项、铜奖 8 项。

2019 年

7 月

24 日　威海校区 2019 年本科招生录取工作圆满结束，多地在录取分数、录取位次创历史新高。2019 年，威海校区面向全国 30 个省(直辖市、自治区)计划招生 3700 人，实际录取 3700 人，足额完成年度招生计划，录取类型涵盖艺术类、国家专项和本科普通批次。

26 日　共青团山东省委书记刘天东到威海校区调研学生创新创业工作。

26～27 日　教育部驻鲁直属高校审计工作研讨会在威海校区召开。

29～30 日　基层社会治理与"两委"组织法修法研讨会在威海校区举行。全国人大常务委员会委员、社会建设委员会副主任委员江小涓，山东省人大社会建设委员会主任委员张光峰，威海市人大常委会副主任张竞，山东大学(威海)副校长黄凯南出席开幕式并讲话。全国人大社会建设委员会委员、全国总工会副主席(兼)许振超主持开幕式。

30 日　根据山东大学文件(山大编字[2019]13 号)，经中共山东大学第十四届委员会第 23 次常务委员会议研究，决定成立山东大学澳国立联合理学院(简称联合理学院)。联合理学院是由山东大学与澳大利亚国立大学合作创办的中外合作办学机构，为学校直属独立建制的教学科研机构。联合理学院不设行政级别，实行联合管理委员会领导下的院长负责制。

8 月

7 日　根据山东大学文件(山大人字[2019]77 号)，威海校区文化传播学院张红军、空间科学与物理学院史全岐获评 2019 年"山东大学优秀教师"；机电与信息工程学院(威海)王小利获评 2019 年"山东大学先进教育工作者"。

8～11 日　威海校区学子在第十二届全国大学生节能减排社会实践与科技竞赛中再创佳绩。共获得国家一等奖 1 项、二等奖 3 项、三等奖 7 项，校区荣获优秀组织奖，获奖数量位于全国前列，创校区参加该项赛事以来的最好成绩。

15 日　山东省政法干部培训基地揭牌仪式在知行楼举行。山东省委政法委副书记梁战光，山东省法学会专职副会长任伟，山东大学(威海)副校长夏利东、法学院院长肖金明共同为培训基地揭牌。

15～16 日　由山东大学空间科学研究院主办的第七届 GNSS 监测评估技术研讨会在闻天楼召开。中国工程院院士、西安测绘研究所研究员魏子卿，山东大学(威海)副校长夏利东、中国卫星导航工程中心焦文海研究员出席开幕式并致辞。

16 日　国家自然科学基金委员会公布了 2019 年度国家自然科学基金集中申报项目立项结果。威海校区共获批立项 31 项，其中面上项目 16 项、青年科学基金 10 项、国际(地区)合作与交流项目 1 项、天文联合基金项目 4 项(其中重点支持项目 1 项，直接经费 250 万元)，共获批直接经费 1650 万元。

20 日　山东大学校长樊丽明来威海校区调研。

23 日　新一代人工智能与自动化论坛(威海)在威海校区举办。全国政协常委、国际核能院院士、中国人工智能学会不确定性人工智能专委会主任张勤，新加坡工程院院士、新加坡国立大学教授葛树志，加拿大工程院院士、香港中文大学教授孟庆虎，山东大学副校长、山东大学(威海)校长刘建亚，中国自动化学会理事李贻斌教授，山东省自动化学会监事长王起功出席开幕式。

2019 年

8 月

24～25 日　第十四届“恩智浦”杯智能汽车竞赛全国总决赛在威海校区举行。来自全国 185 所高校、391 支队伍、共计 1700 余名师生参加比赛。校区智能车队获国家一等奖 3 项、二等奖 4 项。

25～29 日　“中国阐释学理论与实践”高级研修班在威海校区举办。

31 日　艺术学院教师郭敏、张琳仙创编的舞剧《西楚霸王》荣获第十一届山东省“泰山文艺奖”舞蹈类唯一的一等奖。

31 日～9 月 1 日　澳大利亚国立大学、西澳大学、皇家墨尔本理工大学、塔斯马尼亚大学等澳大利亚合作高校代表来校参加威海校区中外合作办学专业迎新活动。8 月 31 日，山东大学副校长、威海校区校长刘建亚会见澳大利亚国立大学理学部部长 Kiaran Kirk 一行。9 月 1 日，澳大利亚高校代表分别与新生和家长举行见面会。

本月　董恩清教授团队在医学成像领域国际顶级期刊 IEEE Transactions on Medical Imaging（简写 IEEE TMI）发表关于肺部 4D CT 图像配准的最新成果。

9 月

1 日　山东大学澳国立联合理学院 2019 级新生和家长见面会在闻天楼报告厅举行。山东大学副校长、山东大学（威海）校长、山东大学澳国立联合理学院院长刘建亚，澳大利亚国立大学副校长、理学部部长 Kiaran Kirk 教授出席见面会并讲话。澳大利亚国立大学理学部各专业研究院负责人、理学部国际关系合作部有关负责人，全体 2019 级联合理学院新生及家长参加见面会。

2～20 日　威海校区 2019 级本科生进行军训。

5 日　威海校区党工委书记尹作升在知行楼主持召开安全工作专题会议。会议传达落实教育部、山东省委、山东省委教育工委、山东大学党委有关安全工作的会议精神，安排下一步校区安全工作。

同日　“长安威海——政法新媒体矩阵联盟”成立仪式举行，中共威海市委常委、政法委书记傅广照出席仪式并发表讲话。校区与威海市政法委合作共建的“威海市政法新媒体发展研究中心”作为新媒体矩阵现有的三个联盟成员之一正式宣告成立。校区党工委副书记赵玉璞出席仪式，并与市公安局党委副书记、政委李刚一起为研究中心揭牌。

7 日　山东大学（威海）商学院、山东大学服务贸易中心在校区举办“新中国 70 年：国际贸易理论演进和服务贸易创新发展高端论坛”。

同日　第十二届全国人民代表大会财政经济委员会副主任委员、重庆市原市长、中国国际经济交流中心副理事长黄奇帆先生受邀做客“稷下讲坛”，作题为《新时代国际贸易新特征、新趋势》的主题报告。

9 日　威海校区在知行楼举办 2019 年应征入伍学生欢送会。

同日　威海校区召开庆祝 2019 年教师节座谈会，主题为“立德树人，强院兴校，一体发展”。

10 日　山东大学在中心校区音乐厅举行 2019 年教师节庆祝大会暨优秀教师颁奖典礼，威海校区设视频分会场。来自威海校区的山东大学第十一届“我心目中的好导师”夏利东教授，“最美高校辅导员”范蕊老师，2019 年度“山东大

2019 年

9 月

学先进教育工作者”王小利，2019 年度“山东大学优秀教师”张红军教授、史全岐教授等优秀教职工参加典礼并接受表彰。

12 日　威海校区第一期学科交叉学术沙龙举行，主题为“东部边疆数字人文研究——秦时明月汉时城的仰望与触摸”。东部边疆数字人文研究团队核心成员以及东北亚学院、机电与信息工程学院、艺术学院师生 50 余人参加沙龙活动。

16 日　威海校区庆祝中华人民共和国成立七十周年教职工合唱比赛在知行会堂举行。

18 日　山东大学党委副书记仝兴华来威海校区调研，就扎实推进校区安全工作举行座谈。校区党工委书记尹作升主持座谈会。

20 日　山东大学新文科建设研讨会在威海校区举行。校长樊丽明出席会议并讲话。山东大学副校长、威海校区校长刘建亚出席会议。研讨会由威海校区常务副校长韩建新主持。会上，山东大学本科生院院长、本科招生办公室主任刘传勇介绍了《山东大学新文科建设工作方案(2019～2021)》(征求意见稿)有关内容，与会人员围绕工作方案进行了研讨，并提出了修订意见和建议。

同日　山东大学校长樊丽明与威海市委书记王鲁明就进一步推进校地合作共建事宜进行座谈交流。威海市委常委、秘书长侯世超，威海市副市长张伟，威海高新区党工委书记、管委会主任刘伟；山东大学副校长、威海校区校长刘建亚，威海校区党工委书记尹作升等参加座谈。

同日　山东大学(威海)2019 级新生开学典礼暨迎新晚会举行。山东大学校长樊丽明出席典礼并讲话，山东大学副校长、威海校区校长刘建亚主持典礼。威海校区党工委书记尹作升、校区领导班子全体成员出席活动。

22 日　威海校区第一期校友思政大讲堂在闻天楼举行。山东大学 1996 届校友、上海威派格智慧水务股份有限公司董事长李纪玺做客大讲堂，并受聘为校区就业导师。

26 日　山东大学党委书记郭新立在威海校区主持召开座谈会，听取校区领导班子成员工作汇报，并对相关工作提出了指导意见。

27 日　共青团山东省委副书记刘少华来威海校区调研共青团工作。

29～30 日　威海校区承办的 2019 年信息通讯与信号处理国际会议在威海召开。本届会议以“信息通讯和信号处理应用技术及产业化发展”为主题，共吸引了来自中国、美国、加拿大、德国、挪威、印度、韩国、日本等 7 个国家的 116 名专家、学者参会。

30 日　威海校区举办“同升国旗同唱国歌”集体升旗仪式。

10 月

9～10 日　艺术学院青年合唱团获 2019 山东合唱比赛“金牌合唱团”奖，指挥刘巍获优秀指挥奖。

13 日　由山东大学国际问题研究院、东北亚学院主办，威海市社会科学联合会、威海市刘公岛管理委员会合作举办的“第四届中华复兴论坛：新时代海洋命运共同体构建”在威海召开。

2019 年

10 月

13～15 日　威海校区两件作品获第五届中国“互联网＋”大学生创新创业大赛全国总决赛银奖，取得参加该项赛事以来的最好成绩。

17～20 日　威海校区承办山东大学第四届齐鲁青年论坛分论坛。

18 日　中国科学院院士、美国艺术与科学院院士、北京大学副校长田刚做客稷下讲坛，为校区师生作题为《欧拉公式和计数几何》的报告。山东大学副校长、威海校区校长刘建亚主持报告会。

19 日　韩国大邱寿城区区长金大权率团访问威海校区。

19～20 日　威海校区组织 4400 多名学生赴刘公岛开展主题为“青春献祖国，奋斗谋复兴”爱国主义教育活动。2019 级全体本科生、研究生新生以及 2017 级本科生党员参加活动。

24 日　中国前驻希腊、爱尔兰大使、中国驻旧金山总领事（大使衔）罗林泉做客校区第 36 期“大使讲坛”，为校区师生作题为《我亲历的外交工作》的报告。此前一日，罗林泉及夫人做客校区第 113 期林海文化论坛。

26～27 日　山东大学一校三地学生健康活力大赛在威海校区举办。来自一校三地的 17 支学生代表队参加活动。

30 日　威海校区领导班子“不忘初心，牢记使命”主题教育调查研究成果汇报交流会在知行楼举行。山东大学党委副书记、纪委书记陈向阳出席会议。校区党工委书记尹作升主持会议。学校第七指导组组长李建平到会指导。

同日　塔斯马尼亚大学校长 Rufus Black，常务副校长 Rob Wilson 一行访问威海校区。校长刘建亚会见来访客人。

同日　中国工程院院士、中国勘察设计大师、上海江欢成建筑设计有限公司董事长江欢成访问艺术学院并开展座谈。

31 日　著名昆曲艺术家、中国艺术研究院研究员、研究生导师刘静应邀到艺术学院作《感受昆曲之美—春色如许》学术报告。报告会前，山东大学副校长、威海校区校长刘建亚向刘静颁发客座教授聘书。

31 日～11 月 2 日　威海校区参与承办的第十届全国空间碎片学术交流会在威海召开。来自全国 70 多家单位的 220 余名代表参加会议。国防科工局系统工程一司副司长于国斌、中国工程院院士戚发轫、威海市人民政府副市长张伟、山东大学（威海）常务副校长韩建新、北京卫星环境工程研究所副所长张春元、山东省工业与信息化厅军民融合处处长龙希江出席开幕式并致辞。会议开幕式和闭幕式由中国空间技术研究院科技委主任李明主持。

11 月

2 日　山东大学（威海）2020 届毕业生秋季双选会在体育训练馆举行。此次双选会共吸引 170 家用人单位参会，提供就业岗位 9000 余个。

5 日　山东大学（威海）——哈尔滨工业大学（威海）校际课程共建暨学分互认协议签约仪式在哈工大（威海）举行。

7～12 日　威海校区在 2019 年“挑战杯”全国大学生课外学术科技作品竞赛终审决赛中，获二等奖 4 项、三等奖 2 项，团体总分名列山东省第二名。

19 日　校区前沿交叉环境经济学研究团队成员冯奎双教授首次入选科睿唯安 2019 年度“高被引科学家”名单。

2019 年

11 月

22 日　第十届“刘公岛杯”大学生思想政治风采大赛在知行会堂举行。

29 日　山东大学校长樊丽明来威海校区调研指导学科建设工作。

30 日　山东大学澳国立联合理学院成立大会在威海校区举行。山东大学校长樊丽明，威海市委副书记、市长张海波，澳大利亚国立大学教务长 Mike Calford 等出席大会并致辞；澳大利亚驻华大使馆教育与研究公使衔参赞贺蓉歌女士向联合理学院的成立发来祝贺视频。山东大学副校长、威海校区校长刘建亚主持大会。澳大利亚国立大学理学部部长 Kiaran Kirk，澳大利亚教育管理集团总裁李新庆、总监王晶，山东大学威海校区党工委书记尹作升，校党委常委、宣传部部长桑晓旻，校长助理贾磊等出席大会。成立大会上，与会嘉宾共同为山东大学澳国立联合理学院揭牌。山东大学澳国立联合理学院（SDU-ANU JOINT SCIENCE COLLEGE）是经教育部批准，开展本科层次学历教育的中外合作办学机构。联合理学院的办学双方为山东大学和澳大利亚国立大学，学院设有数学与应用数学、应用物理学、应用化学和生物科学四个本科专业，以两校传统优势学科为基础，引进澳大利亚国立大学的教学模式、课程体系以及教学资源，采用国际先进的办学理念和教学质量评估标准，使毕业生具有前往世界名校继续深造和全球就业的能力，培养具有国际视野、创新精神和实践能力的精英人才。

2019 年 11 月 30 日，山东大学澳国立联合理学院正式成立

本月　威海校区推荐 2020 年优秀本科毕业生免试攻读研究生工作再次取得新突破。共有 455 名学生被成功推荐到各高校攻读研究生，占校区 2016 级应届本科毕业生总数的 12.22%，再创历史新高。在推免学生中，攻读硕士学位学生 407 名、直博生 48 名。其中，377 名推免生被“双一流”建设高校和中国科学院大学录取，占推免生总数的 82.86%。

12 月

4 日　威海市“12·4”国家宪法日暨山东大学（威海）法治文化节集中宣传活动在校区举行。

10 日　威海银兴集团向威海校区捐赠仪式在知行楼举行。捐赠仪式前，校长刘建亚会见威海银兴集团董事长郝凡森先生，并为其颁发续聘威海校区兼职教授聘书。校区党工委书记尹作升出席捐赠仪式并致辞。仪式上，威海银兴集

2019 年

12 月

团捐资 40 万元人民币，支持学校教育事业发展。赵玉璞代表校区接受捐赠，并向郝凡森颁发捐赠证书。

16～20 日　威海校区常务副校长韩建新应邀率团赴韩国启明大学、清州大学、祥明大学、韩国教职员共济会等机构进行友好交流访问，并签署有关学生交流合作协议。17 日，韩建新与清州大学教务副校长朴浩构分别代表双方学校签署了预科班合作协议。18 日，韩建新与祥明大学教务副校长禹济烷分别代表双方学校签署了艺术类专业的学生交换协议书。

22 日　山东大学空间科学研究院战略规划委员会暨课题组长评估会议在闻天楼召开。空间科学研究院战略规划委员会主任汲培文任会评专家组组长，战略规划委员会委员国家天文台党委书记、副台长赵刚，山东大学副校长、青岛校区校长韩圣浩，山东大学副校长、威海校区校长刘建亚，陈冠军教授、梁作堂教授参加会议并担任专家组成员。

24 日　威海校区副校长夏利东会见到访的韩国忠南大学副校长李准宪一行。

28 日　威海校区参与承办的 2019 中韩（威海）人才交流合作大会在东山宾馆举行。韩国驻青岛总领事馆总领事朴镇雄，山东省政府外事办公室副主任李永森，威海市委副书记、市长张海波，山东大学副校长、山东大学（威海）校长刘建亚等出席开幕式并致辞。威海市委常委、组织部部长刘运主持会议。大会开幕式上，由山东大学（威海）、威海人才协会、迪尚集团和韩国湖西大学、韩中文化经济友好协会、兰草亚洲创业投资株式会社为主要发起人，部分在威韩资企业和韩国机构等共同参与成立了“中韩人才交流合作金桥联盟”（简称“金桥联盟”）。会上，山东大学（威海）与韩国忠北大学签署了合作协议。校区党工委副书记赵玉璞主持主题论坛。

29 日　中国自贸区高质量发展论坛在威海校区举行。

同日　山东大学（威海）2020 新年音乐会在知行会堂举行。

本月　威海校区两项国家社科基金重大项目获批立项，分别是张红军教授担任首席专家投标的“西方自然美学通史”和孙光宁教授担任首席专家投标的“社会主义核心价值观背景下的案例指导研究”。

2020 年

1 月

4 日　威海校区领导班子和机关及直属单位中层领导班子汇报评议会在知行楼六楼多功能会议室召开。

10 日　山东大学国际问题研究院英国研究中心成立大会在东山宾馆举行。山东大学国际问题研究院英国研究中心是山东大学与威海市合作共建的研究机构，主要从事有关新时代中英关系发展，特别是威海与英国交流合作研究、有关威海与英国产业科技合作、文化教育交流合作研究，以及有关威海与英国历史关系的档案、文献、文物的发掘与整理等。

13 日　根据山东大学文件（山大编字［2020］3 号），经中共山东大学第十四届委员会第 43 次常务委员会议研究，决定成立山东大学威海工业技术研究院。

同日　山东大学威海工业技术研究院理事会成立大会暨第一届理事会第一次会议在威海校区举行。山东大学常务副校长王琪珑主持会议。威海市政府副市长张伟，山东大学副校长、威海校区校长刘建亚出席会议。

28 日　威海校区印发《威海校区新型冠状病毒感染的肺炎疫情防控工作方案》(山大威党字[2020]1 号)。

同日　威海校区印发《关于进一步加强新型冠状病毒感染的肺炎疫情防控工作的实施意见》(山大威党字[2020]2 号)。

29 日　威海校区召开关于新型冠状病毒感染的肺炎疫情防控工作第四次专题会议。校区党工委书记尹作升出席会议并讲话。校区领导韩建新、赵玉璞、刘海、郭培良、周慧如、黄凯南出席会议。会议传达了习近平总书记关于新型冠状病毒感染的肺炎疫情防控工作的重要指示精神和中央有关文件精神，以及山东省委省政府、山东省教育厅、威海市委市政府、学校党委关于疫情防控工作的通知精神。会议听取了党工委(校长)办公室、宣传统战部、学生工作处、团委、教务处、学科建设与研究生处、保卫处、后勤管理处和离退休工作办公室等工作专班的汇报，并就建立师生员工流动台账、落实外地师生返校规定、购置储备疫情防护物资、加大宣传教育引导力度、营造安全稳定校园环境和加强公共区域清洁消毒等方面的工作进行专题研究和安排部署。

30 日　威海市委书记王鲁明、市长张海波分别来校区调研新型冠状病毒感染的肺炎疫情防控工作。

同日　教务处召开会议，专题研究 2019～2020 学年第二学期延期开学期间有关教学安排事宜。

31 日　校区领导分别带领各疫情防控督导小组对各单位疫情防控工作情况进行调研督导。督导组重点检查了各单位加强疫情防控工作责任落实情况，并对疫情防控的重点领域和关键环节进行了摸底排查，现场对存在的问题和不足之处提出整改意见。校区疫情防控督导组由山东大学副校长、威海校区校长刘建亚，党工委书记尹作升任督导总指挥。

本月　由海洋学院、中国动漫集团、河北茗漫信息技术有限公司、惊奇地球(北京)科技文化有限公司联合出品的“惊奇海洋线上海洋馆”面向武汉地区 3～12 岁儿童家庭免费捐赠，本次捐赠共计 10 万套，总价值 1990 万元。

本月　环境经济学研究团队李佳硕研究员在地球科学与环境领域权威期刊发表了两篇研究论文。其中，“能源系统绿色转型如何影响中国大气汞排放(How Green Transition of Energy System Impacts China's Mercury Emissions)”一文发表在地球科学综合领域顶级期刊 Earth's Future 上，李佳硕为第一作者；“中国燃煤部门城市级大气汞排放清单(A city-level inventory for atmospheric mercury emissions from coal combustion in China)”一文发表在大气环境领域顶级期刊 *Atmospheric Environment* 上，李佳硕为唯一通讯作者。

2020 年

2 月

3 日、5 日　威海校区先后召开两次疫情防控工作领导小组及专项工作组视频会议，贯彻山东省、威海市和学校疫情防控各项工作要求，安排部署校区疫情防控相关工作。

8 日　济南、威海、青岛三地同时启动“共同面对　科学防‘疫’—山东大学一校三地疫情防控知识线上科普宣传活动”。科普宣传以新型冠状病毒性肺炎防控为主要内容，通过科普视频、问题答疑、互动直播的形式，面向一校三地广大师生医务员工开展疫情防控知识线上科普宣传活动，科学防疫、共克时艰。

同日　山东大学副校长、威海校区校长刘建亚视频主持召开校区第 10 次疫情防控工作专题会，传达学习学校疫情防控工作视频会议精神，安排部署校区疫情防控相关工作。

10 日　威海校区学生工作处联合教务处等相关部门举办主题为“战‘疫’吧——学校和你在一起”网络直播活动，就同学们普遍关注的问题进行了网上直播互动答疑。腾讯会议、腾讯课堂、微信、QQ 等辅助手段，33 门研究生课程，244 门本科生课程、415 个教学班如期开课，实现了“开学延期，教学如期”，教师“停课，不停教”，学生“停课，不停学”。校区领导进行了线上听课督导。

17 日　法学院成立卫生健康与应急法治研究中心，

21 日　山东大学副校长、威海校区校长刘建亚视频主持召开校区领导班子专题工作会，研究校区开学准备工作等有关事项。会议还研究了《威海校区 2020 年党政工作要点》《威海校区落实一体发展战略　推进高质量发展三年行动方案(2020～2022 年)》以及在建建筑工地复工等有关事项。

28 日　威海校区召开新学期研究生教育工作视频会，传达学习近期学校有关文件精神，总结开学两周来研究生线上互动教学工作开展情况，部署研究生招生、复试和学位授予有关工作。

本月　由中宣部主管的“学习强国”平台相继刊发《不忘初心显担当——山东大学(威海)学子以实际行动参与疫情防控》《“防疫我先行”——山东大学(威海)学子创作海报为武汉加油》《山东大学(威海)携手战“疫”歌曲》《山东大学(威海)体育教师健身系列》等多篇报道，集中宣传和展示了校区师生在疫情防控工作中采取的行动和措施，产生了良好的宣传效果。

本月　威海校区商学院获批增设供应链管理专业，并从 2020 年开始招收第一批供应链管理专业学生。

3 月

10 日、11 日　山东大学(威海)2020 届毕业生春季就业空中双选会在智联招聘平台顺利举行。共有来自全国各地 27 个省(直辖市、自治区)1250 家用人单位参会，提供了 4725 个职位，岗位需求数 69705 个，参会省份数、企业数、职位数和岗位数远远超过了历次线下双选会。

12 日　威海市统计局党组书记王京伟一行来校区就第四次经济普查数据分析与应用等校地合作事宜进行洽谈。

17 日　威海校区党工委宣传统战部、组织部和学生工作部联合举办第七期“初心讲堂”线上学生党员教育活动。

2020年

3月

21～23日　威海校区通过线上直播的方式举行2020年平板支撑挑战赛。

27日　山东大学“教授带您选专业”威海校区专场在腾讯课堂直播平台顺利开讲。威海校区教务处处长王湘云教授以“启才明慧　钧深致远”为题，为考生和家长介绍了校区的本科专业设置与培养情况。

本月　按照省委和学校党委部署安排，校区广大师生党员积极响应以习近平同志为核心的党中央号召，自愿捐款16万余元，以实际行动支持新冠肺炎疫情防控工作。

4月

3日　威海校区党工委副书记赵玉璞率团赴威海（荣成）海洋高新技术产业园就校地合作共建进行工作对接。

同日　山东大学印发《山东大学（威海）管理体制机制改革实施方案》（山大党字[2020]26号）。

9日　山东大学印发《山东大学（威海）落实一体发展战略推进高质量发展三年行动方案（2020～2022年）》（山大党字[2020]29号）。

14日　校区法学院院长肖金明教授作为首席专家主持的“基于国家制度与治理现代化的党内法规和国家法律一体化研究”、法学院门中敬教授作为首席专家主持的“构建科学有效的行政权制约监督体系研究”两个项目获批研究阐释党的十九届四中全会精神国家社科基金重大项目立项。

21日　山东大学印发《关于印发〈关于威海校区、青岛校区党政管理机构设置调整方案〉的通知》（山大编字[2020]8号）。

22日　威海校区举行春季学期学生返校演练活动。

30日　威海人才协会对韩联络处（“金桥联盟”秘书处）成立大会暨中韩人才合作项目签约仪式在威海校区召开。会上，校区与威海市委组织部签订了威海人才协会对韩联络处合作共建协议。

5月

9日　山东大学副校长、威海校区校长刘建亚，校区党工委书记尹作升督导检查开学条件核验准备情况。校区领导韩建新、刘海、郭培良陪同参加。

16日　威海校区与威海市驰云网络科技有限公司“基于大数据平台的智慧农业研究与实现”项目签约仪式举行。项目合同金额500万元，是校区单项合同金额最大的企业委托项目。

18日　根据山东大学文件（山大学字[2020]20号），威海校区仪富强、刘楷、孙宁、时华钟获评山东大学2019年度优秀青年工作者。

23日　威海校区在知行楼举行校友捐赠仪式。校区2004级计算机科学与技术专业本科生、“长江学者奖励计划”青年学者、杭州电子科技大学颜成钢教授向校区捐赠两套由其牵头研发的智能红外体温检测系统，助力校区疫情防控工作。校区常务副校长韩建新向颜成钢校友颁发捐赠证书。

25日　威海校区与威海市外事办公室工作交流会在知行楼417室举行。

26日　威海校区召开加快构建校区思想政治工作体系专题会议，全面学习领会《教育部等八部门关于加快构建高校思想政治工作体系的意见》精神，部署校区贯彻落实工作。校区党工委副书记周慧如主持会议并讲话。

2020 年

5 月

27 日　威海市委副书记、代市长闫剑波来校区走访推动校地合作。山东大学副校长、威海校区校长刘建亚，威海校区党工委书记尹作升出席活动。

同日　威海青年企业家来校挂职座谈会在知行楼 215 室举行。

本月　威海校区 2 项课题获 2020 年度教育部哲学社会科学研究后期资助项目。

6 月

1 日　山东大学(威海)、威海市统计局签署战略合作协议暨第四次经济普查课题合作研究协议签约活动在知行楼举行。山东大学(威海)党工委副书记赵玉璞、威海市统计局党组书记王京伟出席仪式，并共同签署战略合作协议。威海市统计局副局长范振萍、商学院院长戚桂杰共同签署《威海市第四次经济普查课题合作研究协议书》。

23 日　山东大学与威海市举行校地合作工作推进座谈会。会前，山东大学常务副校长王琪珑一行会见了威海市委书记张海波。威海市副市长张伟，山东大学副校长、威海校区校长刘建亚，威海校区党工委书记尹作升、副书记赵玉璞出席相关活动。

同日　威海市高新区管委、山东大学(威海)、山东山大基础教育集团合作共建威海高新区山大实验学校签约活动举行。山东大学常务副校长王琪珑，副校长、山东大学(威海)校长刘建亚，山东大学(威海)党工委书记尹作升，威海市高新区党工委书记、管委会主任刘伟出席活动。活动中，刘建亚，威海市高新区党工委委员、管委会副主任、组织部部长侯成阳，山大基础教育集团总校长、山大附属中学校长赵勇共同签订协议书。

同日　山东大学党委副书记、纪委书记陈向阳一行来威海校区调研学生就业工作，围绕"促进毕业生充分高质量就业"与校区部分学院进行座谈。

24 日　威海临港区管委会和山东大学威海工业技术研究院共建特种纤维及复合材料工程中心签约和揭牌活动在威海举行。山东大学常务副校长王琪珑，山东大学副校长、山东大学(威海)校长刘建亚，山东大学(威海)党工委书记尹作升，威海市副市长张伟出席仪式。

27 日　威海校区 2020 年春季学期毕业生返校报到工作顺利结束。至此，按照学校分批次、分类别，有序返校的工作要求，校区分四批次共有 4897 名学生返校。

28 日　山东大学举行 2020 年研究生毕业典礼暨学位授予仪式。典礼全程采用一校三地连线直播的形式举行，主会场设在中心校区科学会堂。全体研究生毕业生分别在主会场、分会场或通过观看网络视频直播共赴毕业盛典。校区党工委领导班子成员陪同毕业生在分会场观看典礼视频直播。

本月　山东大学"太阳爆发及其对行星空间环境的影响"攀登团队成员、空间科学研究院张清和教授带领的国际团队在业内著名刊物《美国科学院院刊》(PNAS)在线发表了关于"跨极盖极光弧"研究的最新成果。该成果首次揭开了发生在地球南北极的"跨极盖多重极光弧"的神秘面纱，提出了新的形成机制。

本月　山东大学"太阳爆发及其对行星空间环境的影响"攀登团队成员，空间科学研究院、空间科学与物理学院史全岐教授团队联合国内外多个单位科研

2020 年

6 月

人员，发现月球在满月期间可能脱离地球磁场的保护，暴露于高能太阳粒子的辐射风险之中。相关研究成果发表在业内权威杂志 *Journal of Geophysical Research：Space Physics* 上。这一工作被美国宇航局（NASA）以“发现月球暴露于太阳辐射的新模式”为题进行了报道，指出其可为人类登月活动提供月球辐射环境方面的重要参考。同时，本项工作被国际著名期刊 *JGR-Space Physics* 选为当期封面文章。

7 月

14 日　根据山东大学文件（山大研字［2020］54 号），商学院杨林获评山东大学第十二届“我心目中的好导师”荣誉称号。

18 日　生态环境部华南环境科学研究所来威海校区就海洋垃圾污染防治进行专题座谈。山东大学副校长、山东大学（威海）校长刘建亚，华南环境科学研究所党委书记胡克梅出席会议并讲话。

20 日　根据山东大学文件（山大编字［2020］14 号）经中共山东大学第十四届委员会第 61 次常务委员会会议研究，决定成立山东大学威海前沿交叉科学研究院。

本月　山东大学“太阳爆发及其对行星空间环境的影响”攀登计划创新团队磁层和太阳风相互作用课题组利用卫星观测数据，揭示了地球磁鞘中磁洞的传播特性，此项研究成果被美国地球物理学会（American Geophysical Union，AGU）会刊 *EOS*（*Earth Space Science News*）作为编辑亮点工作进行了报道（editor highlight）。

8 月

13 日　中国电子学会、温州市鹿城区、山东大学（威海）产学研合作座谈会在知行楼召开。山东大学（威海）副校长夏利东、中国电子学会会员中心主任任小元、温州市鹿城区科技局副局长张忠出席会议并讲话。

20 日　根据山东大学文件（山大人字［2020］69 号），威海校区空间科学与物理学院王守宇获评 2020 年“山东大学优秀教师”；商学院孔雷、空间科学研究院杜猛获评 2020 年“山东大学先进教育工作者”；保卫处获评 2020 年“山东大学先进集体”。

本月　海洋学院杜宗军教授课题组在海洋微生物系统学研究方面获得重要研究进展。课题组成功分离培养出一株深度分支的海洋细菌，建立了海洋细菌一个新纲，并命名为童第周菌纲（Tichowtungiia classis nov.），以纪念我国著名生物学家、曾任山东大学副校长的童第周先生。此新纲的建立，是学校海洋微生物系统学研究的又一重要成果，显著提升了我国在这一领域的国际影响力。该成果发表在国际微生物分类学权威杂志 *International Journal of Systematic and Evolutionary Microbiology*，在此期刊建立的细菌分类学新单位将直接得到国际承认。

29 日～9 月 1 日　第六届山东省“互联网＋”大学生创新创业大赛决赛举行。校区参赛队伍获金奖 1 项、银奖 7 项、铜奖 4 项。

31 日～9 月 1 日，山东大学党委副书记、纪委书记陈向阳一行来校区调研，检查督导校区秋季学期开学准备工作，确保全面恢复教育教学秩序。

2020年

9月

8日　威海校区在威海职业技术学院新兵役前训练现场召开2020年应征入伍学生欢送会。

11～13日　威海校区2020级新生开学报到。

15日　山东大学(威海)与中船重工第七一六研究所合作签约仪式在知行楼举行。

23～25日　山东大学(威海)分别与澳大利亚国立大学、西澳大学、皇家墨尔本理工大学召开2020年度中外合作办学项目联合管理委员会会议。山东大学(威海)副校长夏利东、黄凯南出席会议。

24日　山东大学(威海)2020级新生开学典礼暨迎新晚会隆重举行。山东大学校长樊丽明出席典礼并讲话。山东大学副校长、山东大学(威海)校长刘建亚主持典礼。山东大学(威海)党工委书记尹作升出席活动。典礼后,现场举行了山东大学(威海)2020年"信仰的力量"新生美育思政公开课暨迎新晚会。活动特别邀请到山东大学援鄂医疗队队员、齐鲁医院外科专业护师宋飞与新同学们分享了援鄂医疗队员心系国家、不畏艰险、勇于担当,用生命守护生命,用大爱温暖患者的感人抗疫事迹。

25日　山东大学威海工业技术研究院项目集中签约和工程中心揭牌仪式在威海举行。仪式前,山东大学校长樊丽明会见了威海市市长闫剑波。山东大学副校长、山东大学(威海)校长刘建亚,山东大学(威海)党工委书记尹作升,威海市副市长张伟出席签约和揭牌仪式。山东大学威海工业技术研究院执行院长朱波主持活动。其中,山东医疗器械工程技术研究中心由工研院与山东药品食品职业学院联合共建。

26日　山东大学发展战略咨询委员会第三次会议在威海校区召开。发展战略咨询委员会主任委员赵沁平,委员李守信、谢克昌、周其凤、杨卫、谢和平、周绪红、张大良、谢焕忠、赵路,山东大学党委书记郭新立、校长樊丽明,威海市委书记张海波等出席会议。会上,郭新立为中国工程院院士、中国科协原副主席谢克昌颁发委员聘书。会议由山东大学副校长、威海校区校长刘建亚主持。威海校区党工委书记尹作升,校长助理易凡,威海校区领导班子成员,齐鲁医学院有关负责人,一校三地有关学院和职能部门负责人参加会议。

27日　威海校区立12项课题获2020年度国家社会科学基金立项。

30日　威海校区"庆国庆、学四史"升国旗主题团日活动于图书馆广场举行。

本月　空间科学与物理学院2017级本科生魏恒远在国际知名期刊*MNRAS: Letter*上发表论文,题为"How eruptions of a small filament feed materials to a nearby larger-scaled filament"。

本月威海校区代表队在第十五届全国大学生智能车竞赛中,获国家一等奖5项,二等奖1项,总成绩位列全国第一名,创校区参赛以来最好成绩。

本月　威海校区27个项目获2020年度国家自然科学基金资助,直接经费1674万元。

2020 年

10 月

4 日　山东大学澳国立联合理学院 2020 级新生开学典礼在知行会堂举行。山东大学副校长、山东大学（威海）校长、联合理学院院长刘建亚，澳大利亚国立大学副校长 Sally Wheeler，联合理学院执行院长吕广世，澳大利亚国立大学理学部部长 Kiaran Kirk 在典礼上致辞。典礼通过新华社“现场云”平台播出，威海晚报传媒对活动进行全程现场直播。

14 日　威海校区材料与空间科学科研楼正式封顶。校区党工委副书记赵玉璞出席封顶仪式。该项目占地面积约 6580 平米，总建筑面积约 3.6 万平米，建筑高度达 91.9 米，其中地上 23 层，地下 2 层。

17～27 日　威海校区举办第五届齐鲁青年论坛分论坛。分论坛期间，东北亚学院承办了“百年变局下的东北亚与世界分论坛”。

24 日　“多彩校招”山东省 2020 年高校毕业生集中招聘活动暨山东大学（威海）2021 届毕业生就业双选会（秋季）在校区网球场举行。本次双选会共有 246 家用人单位参会，提供就业岗位 9300 余个。

28 日　山东大学空间科学研究院徐天河教授获 2020 年度“夏坚白测绘事业创业与科技创新奖”，成为 2020 年度全国高校唯一获奖人。

本月　威海校区 5 项成果获山东省第三十四届社会科学优秀成果奖。其中一等奖 1 项，二等奖 3 项，三等奖 1 项。

11 月

1 日　由文化传播学院张红军教授担任首席专家的国家社科基金重大项目《西方自然美学通史》开题报告会以采取线上线下相结合的方式举行。山东大学文艺美学中心名誉主任、终身教授曾繁仁出席会议并致辞。中国社会科学院原副院长、国家社科基金中文专业专家评审组组长张江教授担任专家组组长。

3 日　由教育部高等教育司指导、教育部新文科建设工作组主办的新文科建设工作会议在山东大学威海校区召开。会议研究了新时代中国高等文科教育创新发展举措，发布了《新文科建设宣言》，对新文科建设作出了全面部署。山东省副省长汲斌昌出席活动并致辞，教育部高等教育司司长吴岩作《积势蓄势谋势　识变应变求变——全面推进新文科建设》的主旨报告，教育部新文科建设工作组组长、山东大学校长樊丽明宣读《新文科建设宣言》。会上，依托山东大学成立的“全国新文科教育研究中心”正式揭牌。吴岩、樊丽明共同为中心揭牌。

2020 年

11 月

2020 年 11 月 3 日，新文科建设工作会议在威海校区召开

同日　教育部高等教育司司长吴岩、副司长范海林一行来威海校区开展工作调研。山东大学校长樊丽明出席汇报会。山东大学副校长、威海校区校长刘建亚主持汇报会。威海校区党工委书记尹作升出席活动。

同日　全国人大常委会委员、全国人大监察和司法委员会副主任委员徐显明教授受聘山东系统与计算法学研究中心咨询委员会首席咨询专家仪式在威海举行。山东大学校长樊丽明向徐显明教授颁发聘书并致辞。山东大学副校长、威海校区校长刘建亚主持活动。威海校区党工委书记尹作升出席活动。

同日　山东大学与威海市深化校地合作联席会第二次会议在威海校区召开。会议总结了 2020 年校地共建情况，就进一步推动共建协议落实见效，助力学校“双一流”建设与威海精致城市建设进行部署安排。山东大学常务副校长王琪珑，威海市政府副市长张伟出席会议并讲话。山东大学副校长、威海校区校长刘建亚，威海校区党工委书记尹作升参加会议。

同日　山东大学威海发展研究院理事会成立大会暨第一届理事会第一次会议在威海校区召开。山东大学常务副校长王琪珑，威海市政府副市长张伟出席会议。

4 日　山东大学校长樊丽明一行赴威高集团调研并举行座谈会。座谈会上，樊丽明为山东大学校友、威高集团董事长张华威颁发了山东大学校友会副会长聘书。

7～8 日　2020 前沿交叉管理国际会议在威海校区举行，本次会议的主题为“旅游与交叉管理”。山东大学副校长、威海校区校长刘建亚在开幕式上致辞。会议邀请了英国社科院院士、教育部长江学者、国际著名期刊主编、海内外知名大学教授学者作主旨演讲。来自美国、英国、法国、瑞士、澳大利亚、中国香港以及中国大陆等九个国家和地区的专家学者通过线上方式参加了会议。会议同时还举办了“青年论坛”，青年学者及研究生进行了讲座汇报和学术交流。

12 日　威海校区开展疫情防控应急处置演练。校区副校长刘海，党工委副书记、纪工委书记郭培良现场观摩演练。

2020 年

11 月

13 日　威海校区与歌尔股份有限公司在知行楼举行校企产学研合作座谈会暨歌尔奖学金发放仪式。

17 日　中国科学院院士宋微波双聘院士聘任仪式在威海校区举行。

20 日　第三届中韩创新大赛暨第二届中韩工业设计大赛颁奖活动在威海举行，韩国驻青岛总领事馆总领事朴镇雄、威海市人民政府副市长张伟、威海校区副校长夏利东以及部分驻威高校负责人等出席会议。本次活动由颁奖典礼、中韩高校创新创业共同体启动仪式、中韩科技合作线上签约、中韩人工智能创新合作论坛等四个部分组成。其中，中韩高校创新创业共同体由山东大学（威海）联合哈尔滨工业大学（威海）、北京交通大学（威海）、哈尔滨理工大学荣成校区、山东交通学院等驻威高校，以及韩国汉阳大学、仁川大学、中源大学、启明大学、湖西大学、又松大学等 6 所韩国高校共同发起。夏利东代表中韩高校发表了共同体宣言。在中韩科技合作线上签约环节，山东大学威海工业技术研究院副院长蒋保臣代表研究院与中科院计算所泛在智能研究院院长陈益强、韩国成均馆大学机器人研究院院长文炯弼共同签署了三方合作协议。

24～25 日　山东大学党委书记郭新立到威海校区检查督导疫情防控和安全稳定工作，并分别与校区领导班子成员、机关职能部门和教学院部主要负责人进行座谈交流。

28 日　山东大学第三十六次学生代表大会、第十八次研究生代表大会一校三地召开，威海校区第十七次学生代表大会、第八次研究生代表大会同步召开。威海校区副校长刘海，党工委副书记、纪工委书记郭培良，校区 165 名学生会、研究生会代表于威海校区分会场同步参加本次会议。

本月　山东大学（威海）空间科学与物理学院、空间科学研究院凌宗成教授荣获第 18 届侯德封矿物岩石地球化学青年科学家奖。

本月　山东大学推荐 2021 年优秀本科毕业生免试攻读研究生工作基本结束，威海校区共有 472 名学生被成功推荐免试攻读研究生，占校区 2017 级应届本科毕业生总数的 12.54％，数量和比例均创历史新高。

12 月

3 日　威海校区召开党风廉政建设专题工作会议。山东大学党委副书记、纪委书记陈向阳出席会议并讲话。

3～5 日　山东大学统一战线专题政治培训班在威海校区举行。

5 日　威海校区与威海市政协科技科协界科技合作座谈会在知行楼举行。

6 日　中国公共外交协会副会长、中国前驻马来西亚特命全权大使、外交部前驻澳门特别行政区特派员公署特派员胡正跃，做客校区第三十七期“大使讲坛”，为校区师生作题为《中国东盟关系现状与前瞻》的报告。

同日　威海校区代表队以综合排名第一的成绩荣获第二届全国高校国际组织菁英人才大赛决赛一等奖，1 名同学获大赛最佳风采奖。

9 日　香港特区政府驻沪办副主任翁荣桢一行访问威海校区。

21 日　山东大学副校长、青岛校区校长韩圣浩到山东大学澳国立联合理学院调研，并与学院领导班子成员举行座谈。

22 日　山东大学副校长、威海校区校长刘建亚在知行楼 410 会议室会见威海市高区公安分局局长马一东，就进一步加强警校共建进行座谈交流。

同日　山东大学党委副书记、纪委书记陈向阳在知行楼 304 会议室主持召开座谈会，与学生代表就一体发展等方面内容展开深入交流。

同日　山东大学党委副书记陈宏伟来威海校区进行专题调研，分别就一校三地一体发展、强院兴校、专业科研机构管服团队建设等主持召开三场专题座谈会。

同日　威海校区召开中层领导干部集体谈话会。山东大学党委副书记、纪委书记陈向阳，党委副书记陈宏伟出席谈话会并讲话。校区党工委书记尹作升主持会议。

23 日　威海高新区山大实验学校项目举行封顶仪式。威海高新区山大实验学校作为独立事业单位法人运行，属于威海火炬高技术产业开发区投资兴办、委托山东山大基础教育集团管理运行的公办学校，分为小学部和初中部，该项目总建筑面积 8.2 万平方米，由 8 栋教学楼和餐厅、报告厅、风雨操场等组成，是威海市教育系统的重点工程。

同日威海校区印发《山东大学（威海）党政会议制度与议事规则》（山大威党字[2020]14 号）。

26 日　山东大学自贸区研究院和商学院共同主办的第二届自贸试验区建设与区域海洋经济高质量发展高端论坛在威海举行。

本月　商学院杨林教授作为首席专家主持的“全面开放格局下区域海洋经济高质量发展路径研究”获 2020 年度国家社科基金重大项目立项。

本月　威海校区 8 个项目获山东省 2020 年本科教学改革研究项目立项，其中优秀教学成果培育项目 1 项、重点项目 1 项、面上项目 6 项。

山东大学纪事

（1901～2020）

上册

王琪珑　赵爱国　主编

山东大学出版社
SHANDONG UNIVERSITY PRESS
·济南·

图书在版编目(CIP)数据

山东大学纪事:1901-2020/王琪珑,赵爱国主编.
—济南:山东大学出版社,2021.9
ISBN 978-7-5607-6785-7

Ⅰ.①山… Ⅱ.①王…②赵… Ⅲ.①山东大学-大事记-1901-2020 Ⅳ.①G649.285.21

中国版本图书馆 CIP 数据核字(2020)第 260519 号

责任编辑 王桂琴
封面设计 牛 钧

出版发行 山东大学出版社
社　　址 山东省济南市山大南路 20 号
邮政编码 250100
发行热线 (0531)88363008
经　　销 新华书店
印　　刷 山东新华印务有限公司
规　　格 889 毫米×1194 毫米 1/16
　　　　 93 印张 2626 千字
版　　次 2021 年 9 月第 1 版
印　　次 2021 年 9 月第 1 次印刷
定　　价 580.00 元

《山东大学纪事》编委会

编写说明

山东大学第十四次党代会报告指出，作为中国近代高等教育的起源性大学，山东大学建校以来，始终坚守“为天下储人材，为国家图富强”的办学初心，踔厉奋发，薪火相传，形成了鲜明的办学特色和优良的办学传统。目前，山东大学已经全面开启了强校兴国、建设世界一流大学、实现“由大到强”历史性转变的新征程。山东大学正站在建党百年、建校百廿的历史交汇点，始终立足中华民族伟大复兴的战略全局和世界百年未有之大变局，心怀“国之大者”，深入贯彻高质量发展要求，努力为服务国家富强、民族复兴、人民幸福作出新的更大贡献，不断增强建设担当中华民族复兴大任和世界一流大学的自信、自省、自觉。

山东大学的档案是伴随着学校发展直接形成的原始记录，是记录山东大学校史最直接、最可靠的文献资料，是编写校史的基础和支撑。为了更好地发掘山大历史，讲好山大故事，弘扬山大精神，推动学校“双一流”建设，迎接山东大学120周年校庆，学校档案馆(校史办)2018年启动了《山东大学纪事》的编写工作。

《山东大学纪事》的编写坚持以习近平新时代中国特色社会主义思想为指导，坚持社会主义核心价值观，在编写过程中重视以档案记录传承“学无止境，气有浩然”校训精神，弘扬“崇实求新”校风，使《山东大学纪事》成为记录和传承山大精神及山大文化的重要基础文献。

本书的编写一是以馆藏档案为基础，系统梳理山东大学办学历史的基本线索和具体史实，本着“寓论断于叙事”的原则，客观呈现山东大学办学的历史过程，让读者从历史叙事中感悟和体会山东大学的文化与传统、家国情怀和责任担当。二是为山东大学校史的编写提供基本史料。山东大学校史是学校文化和精神的重要载体，是山东大学120年办学实践的客观总结。一部好的校史对山东大学具有特殊的意义。《山东大学纪事》为山东大学史的编写提供了扎实的史料基础，同时还为中心校区校史馆的建设提供了档案文献基础。

《山东大学纪事》在内容上以馆藏档案为基础，同时结合其他文献；在编写体例上以时间为线索，系统梳理山东大学办学历史上的大事要事，努力做到大事不漏，要事突出；在编写方式上采用纪事本末体，力求比较完整地呈现学校历史上的重要事件。考虑到山东大学办学过程的曲折和分合、纪事的完整性，对山东大学工学学科和山东大学医学学科分别独立记述。在时间朔源上，齐鲁大学从1861年狄考文创办登州文会馆开始。由于学校档案保存的完整性和系统性上还有欠缺，有些重要事项在《山东大学纪事》可能没有记述，本着以档案为基础、叙事尽量完整的原则，体例没有强求完全统一。编写过程中还参考了《山东大学大事记》(1901～1990)《山东大学百年史》《山东大学年鉴》《上海交通大学纪事》《北京大学纪事》等文献资料，在此一并表示感谢。

本书主编对《山东大学纪事》的编写进行了系统筹划，明确了编写原则、编写体例、选材方法；与档案馆（校史办）的相关人员研究确定了编写人员及分工；对《山东大学纪事》进行了通稿和审核。山东大学档案馆（校史办）人员积极认真参加本书的编写，承担的编写工作如下：张立华，山东大学（1901～1949）（2017～2018）；王玉平，山东大学（1950～1966）、临沂山东大学（1945～1948）、华中建设大学（1944～1948）、华东大学（1948～1951）；楼蔚文，山东大学（1967～1988）、山东大学（曲阜）（1970～1973）；王玉国，山东大学（1989～2000.7）；张庆美，山东大学（2000.7～2010）；李彦英，山东大学（2011～2016）、山东省立医学院（1932～1951）；杨洁，山东大学（2019～2020）；田道正，齐鲁大学（1864～1951）；樊树娟，山东医科大学（1952～1978）；田雪华，山东医科大学（1979～1990）；张鹏，山东医科大学（1991～2000）；苏红燕，山东工业大学（1949～2000）；顾炜、赵林林、裴水，山东大学威海校区（1984～2020）；楚艳娜、赵玉洁，山东大学青岛校区（2009～2020）。耿德良为《山东大学纪事》提供了照片资料。

编写工作历经三年方得以完成。由于档案文献尚不够齐全且时间紧迫，加上编者能力和水平有限等方面的原因，《山东大学纪事》会存在这样那样的不足，恳请读者批评指正，以便于以后补充修正。

《山东大学纪事》编写组

2021年7月

目录

一、山东大学(1901～1949)

二、华中建设大学、临沂山东大学与华东大学(1944～1951)

三、山东大学(1950～2000.7)

一、山东大学(1901～1949)

1901 年
（清光绪二十七年）

1 月

29 日（清光绪二十六年十二月初十） 慈禧以光绪皇帝的名义在西安颁布了“预约变法”的诏书，正式酝酿新政改革。山东大学堂的创办则是这场新政措施中教育改革的产物。

9 月

14 日（清光绪二十七年八月二日） 光绪皇帝发布上谕：“人才为政事之本。作育人材，端在修明学术……除京师已设大学堂，应行切实整顿外，着各省所有书院，于省城均改设大学堂，各府及直隶州均改设中学堂，各州、县均改设小学堂，并多设蒙养学堂。”随着新政的实施，全国各地渐次出现各类官立新式学堂。

11 月

4 日（清光绪二十七年九月二十四日） 据光绪皇帝“兴办学堂”谕，山东巡抚袁世凯调蓬莱知县李于锴充任山东大学堂监督，负责山东大学堂的筹建事宜。同时，撰写《山东省城试办大学堂暂行章程折稿》上奏，以待清政府的正式批示。这是继清京师大学堂建立后，各省兴办大学堂的第一个章程。

李于锴（1863～1923），字叔坚，甘肃武威人，近代著名的爱国志士、经史学者。1895 年中进士，曾参加康有为发起的“公车上书”运动，联合甘肃举人领衔起草了《请废马关条约呈文》，并第一个签名。1898 年，任蓬莱知县，后任沂州知府，兴办教育，时人誉为“贤太守”。1901 年，任山东大学堂监督。

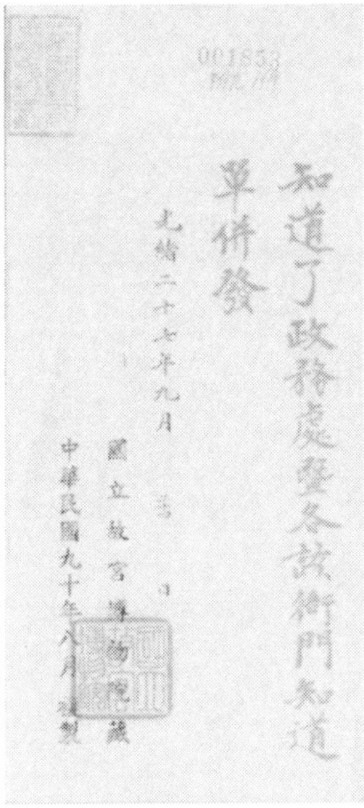
知道了政務處暨各該衙門知道
單併發

1901 年《山东省城试办大学堂暂行章程折稿》

16 日（清光绪二十七年十月六日） 光绪皇帝在袁世凯上奏皇帝的《山东省城试办大学堂暂行章程折稿》上朱批：“知道了。政务处暨各该衙门知道。单并发。”

25 日（清光绪二十七年十月十五日） 光绪皇帝在批复开办山东大学堂的谕旨中明令：“查袁世凯所奏山东学堂事宜及试办章程，拟先于省城建立学堂一区，分斋督课，先从备斋、正斋入手，俾初学易于造就。渐有师资，再行次第推广。其教规课程参酌中西，而谆谆于明伦理、循礼法，尤得成德达材本末兼赅之道。着政务处即将该署督原奏并单开章程，通行各省，立即仿照举办，毋许宕延……”随即学部大臣张百熙将山东大学堂办学章程转至各省，要求各省参照办理。

同日 清政府正式批准山东大学堂成立。山东大学堂开学。校址暂设于济南泺源书院。

山东大学堂校门

1901年

(清光绪二十七年)

11月

29日(清光绪二十七年十月十九日) 《北京新闻汇报》刊登《山东省城试办大学堂暂行章程折稿》。后又于12月18、19、20日(光绪二十七年十一月初八、初九、初十日)连续登载该《章程》。

袁世凯

袁世凯与山东大学的创办

袁世凯(1859～1916),河南项城人,故又称袁项城,清末民初具有重要影响的军事和政治人物。1899年,冬任山东巡抚。1902年,清政府实授袁世凯为北洋大臣,兼任政务处参与政务大臣和练兵大臣,在保定编练北洋常备军(简称北洋军)。1903年,清政府在北京设立练兵处,袁世凯任会办大臣,掌握实权。创办各种武备学堂,并聘请大批日本军官担任教习。自此,袁世凯依靠北洋军迅速在政坛上崛起。

1911年10月10日武昌起义,1911年11月1日清廷宣布解散皇族内阁,任命袁世凯为内阁总理大臣。1912年(中华民国元年)1月25日,袁世凯及各北洋将领通电支持共和。2月15日,南京参议院正式选举袁为临时大总统。1913年10月6日,袁世凯就任正式大总统。1914年5月1日,袁世凯颁布《中华民国约法》。1915年5月9日,袁世凯接受日本提出的"二十一条"。1916年1月1日,他登上皇帝宝座,改中华民国为"中华帝国",年号为"洪宪",在声势浩大的反袁护国运动中。3月22日,被迫取消帝制。皇帝生涯不足3个月,1916年6月6日,死于北京,葬于河南安阳市。

袁世凯有任事之才、治军之能,实为清末一务实干练的能臣,自小站练兵至接掌北洋;成立警察部队,促进中国军警分离;创建新式学校,主张废科举,引进西方学说,袁世凯对中国的军事、教育和工业化,有很大的贡献。尤其在倡导新式教育方面,就当时的情形来看,是最为积极且有成效的一位督抚。

1901年4月(光绪二十七年三月),山东巡抚袁世凯上《遵旨敬抒管见上备甄择折》,提出:"崇实学。百年之计,莫如树人。古今立国,得人则昌。作养人材,实为图治根本。查五洲各国,其富强最著,学校必广,人材必多。中国情见势绌,亟思变计,兴学储材,洵刻不容缓矣。拟请饬将京师本有之大学堂认真整顿,竭力扩充,并饬下各行省厚筹经费,多设学堂,或仿照各国学校章程,区分等次,以次推广。"(《皇朝道咸同光奏议》卷六下)

11月4日(清光绪二十七年九月二十四日),据光绪皇帝"兴办学堂"谕,袁世凯上奏光绪皇帝《山东省城试办大学堂暂行章程折稿》,提出在山东创建山东大学堂。在上皇帝奏折中阐述了之所以改设大学堂的目的:"国势之强弱,视乎人才,人才之盛衰,原于学校。诚以人才者,立国之本,而学校者,又人才所从出之途也。"奏请先在省城设立大学堂,分斋督课,其中专斋相当于大学,正斋相当于中学,备斋相当于小学。在袁世凯的推动下,山东大学堂于当年11月底在山东济南正式开办。

11月底,袁世凯调任直隶总督兼北洋大臣。在担任直隶总督时,袁世凯也比较关注教育,于1902年8月11日(光绪二十八年七月初八日),上光绪皇帝《关于拟订中学堂暂行章程》奏折。

1915年(民国四年)1月，袁世凯以大总统令公布《颁定教育要旨》，大力发展教育。

1901年
(清光绪二十七年)
11月

山东大学堂招收新生300人，分专斋、正斋、备斋，学制3～4年。初创的山东大学堂，设总办1人，相当于校长，总理学堂一切事务；设总教习1人，总理择聘教习人员和核定课程(即教务长)；设监督1人，负责督饬学生。学堂聘用中学教习6名，西学华人教习6名，西学洋人教习3名。另外聘有司事等管理人员、夫役等服务人员。

第一任校长(当时称管理总办)为唐绍仪，后换周学熙，再换方燕年。总教习(教务长)是登州文会馆主、美国人赫士。

唐绍仪

唐绍仪(1862～1938)，又名绍怡，字少川，广东珠海人，清末民初著名政治活动家、外交家。1874年，官派留学美国，由中学到哥伦比亚大学学文科，1881年回国。曾任清政府驻朝鲜汉城领事、驻朝鲜总领事、清政府议藏约全权大臣、总理总办、中华民国首任内阁总理等职。为中国主权、外交权益及推进民主共和作出重要贡献。唐绍仪在驻朝鲜期间得到袁世凯的赏识。袁世凯任山东巡抚时即调唐到山东，先是办理外交和商务，后又筹办山东大学堂并于1901年出任山东大学堂总办(即校长)，推进了山东高等教育的发展，是山东大学校史上重要的人物之一。1912年，担任袁世凯内阁的首任内阁总理。后与袁世凯产生矛盾，转而在1912年经孙中山同意，加入同盟会。1917年，担任孙中山护法军政府的财政部部长。1932年，兼任中山县县长。1938年9月30日，唐绍仪在上海寓所被国民党特务暗杀。

唐绍仪曾任过内阁总理，后又甘当县长，这种能上能下的精神在当时传为美谈。毛泽东曾于1957年一次省市自治区党委书记会议上的讲话中提到过唐绍仪，并说："旧社会的一个内阁总理可以去当县长，为什么我们的部长倒不能去当县长？我看，那些闹级别，升得降不得的人，在这一点上，还不如这个旧官僚。"

周学熙

周学熙(1866～1947)，字缉之，安徽至德人，著名实业家、政治家。16岁中秀才，1894年中举人。曾任开平矿务局会办、总办、山东候补道员。1901年，任山东大学堂总办，次年转任直隶候补。历任直隶工艺总局督办、天津道台、按察使、盐运使、北京政府财政总长等。先后创办北洋工艺学堂、天津植物园、天津铁工厂、滦州煤矿公司、天津造币厂、唐山启新洋灰公司、天津高等工业学堂、京师自来水公司、华新纺织公司、中国实业银行等。与南方著名实业家张謇齐名，有"南张北周"之称，被誉为北国工业巨子。

周学熙任山东大学总办(即校长)时，按照当时洋务派"中学为体，西学为用"的教育方针，订立章程，整肃校风。编印《中学正宗》一书，内选"四书五经"，孔、孟、程、朱等人的著作，用以教学，以正"中学根本"。山东大学堂是一所新式大学，在以"中学为体"的同时，同样重视学习西方先进的科学技术。周学熙主持

1901年
(清光绪二十七年)
11月

《西学要领》,内容包括西洋各家史学、哲学名人的格言和声、光、电、化知识,为山东大学堂的学生拓宽了视野。

周学熙在山东大学堂推行"新知识与旧道德"相互结合的教育方法,强调勤勉俭朴、清廉宽厚、学以致用、遵守礼仪、敬重师长等中华民族传统美德,培育了山东大学堂良好的氛围,培养了学生美好的道德情操。为学校的发展奠定了良好的基础。

赫士(Watson Mcmillen Hayes),美国人,基督教北长老会教士。1882年,受美北长老会差遣来华,在山东传教,1883～1895年任教于山东登州文会馆,1896～1901年任该校馆主(校长)。创办山东第一家报纸《时报》。1901年,应山东巡抚袁世凯之请,赫士前往济南,担任山东大学堂总教习(即教务长)。1904～1919年,任齐鲁大学神学院教授。1917年,广文大学由潍县西迁济南南关,更名齐鲁大学,赫士任齐鲁大学神学院院长。1919年,赫士因坚持保守信仰而辞职离开齐鲁,在潍县另外创办华北神学院;1922年,华北神学院迁址滕县,赫士任滕县华北神学院院长,华北神学院成为北方最有影响的保守派神学院。

山东大学堂的创办

20世纪初成立的山东大学堂,首先,它已具备了近代正规高等学校的体制和规模。学校有校长等管理人员80人,并有110多名教员,其中还有美、英、德、日籍教师8名。其次,虽然还不像现在那样分专业,但也分了本科和预科,学制定为三年,并有严格的考试制度,不及格不能毕业,作为肄业处理。再次,除了经学外,开设了20多门课程,包括社会科学、自然科学和外国语。这些课程有:文学、历史、地理、法制、理财、兵学、格致、心理学、算学、物理、化学、博物、地质矿物、英文、德文、法文、日文、图画、音乐、体操等。最后,山东大学堂建校后的13年中,培养了770多名具有现代科学知识的人才,并选送了59名留学生,其中到欧美留学的11名,到日本留学的48名。

在光绪皇帝4月3日谕令各省仿照山东大学堂开办学堂之后,各省纷纷遵旨将省城书院改为大学堂,或新开设大学堂。各省大臣在奏折中多有提到山东办学章程,江苏巡抚聂缉椝在《遵改书院为学堂疏》中称学堂"课程、等级、班次,不外山东章程,先从备斋、正斋入手,再习专斋之意","将来应如何增设译书局、藏书楼、博物院……除批令再行参酌山东章程,设法逐渐扩充,认真办理,期收实效";广西巡抚丁振铎在《奏陈桂省改设大学堂情形折》中表示"所有一切事宜,仿照山东章程,就本省情形现有财力,斟酌妥办";浙江巡抚任道镕在《遵旨改设学堂疏》中表示"大学堂先设正斋,未设专斋……其余一切条规,略仿山东章程";河南巡抚林开謩上奏《遵旨设立学堂谨陈筹备情形折》中亦称学堂"章程则仿照山东学堂规制,由备斋、正斋而入专斋,次第毕业"。因此,在一定意义上,《山东省城试办大学堂暂行章程》已然超越了一所大学办学章程的范围而在全国的现代意义的大学的创办过程中发挥了巨大的示范与指导作用。

1902 年
（清光绪二十八年）
3 月

11 日（光绪二十八年二月初二） 光绪皇帝对于山东大学堂的筹办是比较满意的，他先后多次颁旨督促各省效仿，“前经通饬各省开办学堂，并因经费难筹，复谕令仿照山东所拟章程，先行举办。迄今数月，各该省如何办理，多未奏复；即间有奏到，亦未能详细切实”。光绪皇帝认为“变法求才，实为当今急务”，因此各位督抚应“妥速筹画，实力奉行，即将开办情形，详细具奏。如再观望迁延，敷衍塞责，咎有攸归”。

山东大学堂总办改称监督，由陈恩焘继任。聘有中席（经学）教师 30 人，西学（自然科学）教师 40 余人。开设的课程除中国的经、史、子、集外，还包括社会科学和自然科学，如文学、历史、地理、算学、物理、化学、博物、地质、矿物、法制、兵学、理财、格致、心理学、图画、音乐、体操、外文等。

4 月

3 日（光绪二十八年二月二十五日） 光绪皇帝下谕：“政务处会同礼部奏，遵旨核议学堂选举鼓励章程一折。前据袁世凯奏：先于省城建立学堂，分斋督课，其备斋、正斋，即寓大学堂中。学堂规制，业经谕令各省仿照开办。”

徐镜心

徐镜心（1874～1914），山东黄县人，著名民主革命家，民主革命先驱。1902 年，入山东大学堂，次年入日本福田大学攻读法律。1905 年，加入同盟会，被孙中山委为山东主盟人。1906 年，回国，曾任黄县农会会长。武昌起义后，其与丁惟汾等积极响应，策划山东独立，领导山东革命。1912 年，率军光复登州，成立革命军政府。同盟会改称国民党后，被推为山东支部理事长，当选为国会议员。因反对袁世凯称帝被捕入狱。1914 年 4 月，在北京英勇就义。1936 年，南京国民政府追授其为陆军上将并进行国葬。

高亦吾

高亦吾（1881～1941），山东章丘人，周恩来总理的恩师，著名民主志士。1902 年考入山东大学堂历史科。曾组织“乐群书社”和“玫瑰诗社”，发动了轰动省城的反清斗争。1910 年，辗转到奉天城东关模范学校任史地教员，经常宣讲革命志士爱国事迹，激发学生爱国热情。1910 年，随伯父来沈阳的周恩来转入该校，深受其爱国思想熏陶，立下“为中华之崛起而读书”之远大志向。1913 年，周恩来去南开读书，高亦吾为周恩来命字“翔宇”作念，对周恩来寄予厚望。高亦吾到北京任职，周恩来曾两次前去拜访。周恩来始终怀念恩师高亦吾。1946 年，周恩来对《纽约时报》记者李勃曼说：“少年时代，在沈阳读书时，得到山东高亦吾先生的教诲和鼓励，这对我是个很大的促进。……这是我生活和思想转变的关键。没有这一次的离家，我的一生一定也是无所成就……开始读革命书籍，这便是我转变的关键。”

1904 年
（清光绪三十年）

秋 毕业正斋 62 人，备斋 120 人。

1904 年
(清光绪三十年)
11 月

本月　山东大学堂改称山东高等学堂。在济南杆石桥路北购地 140 余亩，修建了 2700 多平方尺校舍，900 多平方尺操场，11 月迁入新校址（现为山东省实验中学）。学生分为正科一、二、三类，学制三年。陈恩焘等任校长。

1905 年
(清光绪三十一年)
8 月

本月　萧应椿接任山东高等学堂监督。

秋　官立山东大学堂第一届学生毕业（山东高等学堂颁发毕业证书）。毕业正斋 109 人，备斋 77 人。

1906 年
(清光绪三十二年)
7 月

本月　陈庆和接任山东高等学堂监督。将原来的正斋（相当于中学）和备斋（相当于小学）改称预科。

秋　毕业正斋 79 人，备斋 77 人。

9 月

本月　山东建立高等农业学堂和法政学堂。山东高等农业学堂在济南东关全福庄建筑校舍，并以南郊千佛山、马鞍山北麓五千余亩土地作为学堂的实验林场，首次招生 120 人。山东法政学堂由山东大学堂第三任总办方燕年任监督（校长）。

1907 年
(清光绪三十三年)
3 月

本月　山东高等学堂监督易人，先为周学渊，后为魏业锐。

本年　山东再设立法律学堂。由山东老同盟会员丁惟汾任第一任监督（校长）。当时称为第一、第二法政学堂。

1908 年
(清光绪三十四年)
9 月

本月　山东高等学堂监督由陈恩畬接任。

1909 年
(清宣统元年)
9 月

本月　山东高等学堂监督，先后由李豫同、李联璧接任。

1910 年
(清宣统二年)

本年　山东高等学堂增设附属中学。学生来源由各中学转入，同时附属中学也招收小学毕业生。

1911 年
(清宣统三年)
10 月

10 日　革命党人在武昌起义，推翻清王朝。

本月　山东大学选送去日本留学的学生，同盟会会员徐镜心、张伯言由日本回国，联合山东高等学堂师生和各界人士，与山东巡抚孙宝琦谈判，迫令孙宝琦宣布山东独立。

12 月

本年　山东高等学堂改称山东高等学校，把高等学堂正科改为大学预科，学制三年。辛亥革命后，中华民国教育部于 1912 年 9 月公布新订学制，即“壬子

1911 年
（清宣统三年）
12 月

学制”，实行全国设立大学区，各区中心城市设大学，各省设专门学校的新体制。山东隶属中心城市北平，只能设职业学校，不再设大学。按章大学堂应予裁撤，因等正科两班结业，延至 1914 年停办。山东高等学校部分师生分别转入山东公立法政、工业、农业、商业、矿业、医学等专门学校。校长丁惟棪继任商业专门学校校长，校舍由法政专门学校使用。

1912 年
5 月

本月　由青州府高密中等工业学堂和济南中等工业学堂合并成立山东公立工业专门学校（此名系 1913 年根据教育部颁发的《专门学校令》和《工业专门学校规程》而定）。初以趵突泉街济南中等工业学堂为校址，后山东第一中学并入，遂迁入第一中学的尚志堂校舍。学堂监督（校长）为许衍灼。学校的宗旨是造就工业上具有高等知识和技能并能从事工业的人才。其机构设置为，专科部设机织、染色、应用化学、研究四科。开设普通科目、基础理论、专业及实习四类课程，学习期限三年；预科部（又称讲习班）设金工、染织两科。开设有修身、外语、数学、物理、化学等 11 门课程，学习期限为一年，共计毕业学生 239 人。至 1926 年，该校与其他五个专门学校合并重建省立山东大学。

6 月

本月　留学日本的叶春墀请准临时省议会成立山东公立商业专门学校，校址初在济南南关租赁民房，1914 年法政专门学校使用山东大学堂校址，随即迁入法政学堂的皇华馆作为固定校址。该校设专门部预科、甲种商业讲习本科和选科。后附设银行专修科、簿记专修科、交通专修科、商业人员讲习所和研究部。专门部预科一年，本科三年。课程分普通科目和商业科目两大类。预科除普通科目外，设簿记、经济、法学、商业等专业课。本科除公共必修课外，设法学、经济学、簿记学、商品学、商事要项、财政学、商业用文、商业实习等专设课程十八门。研究部学制二年，课程除专业课程外，并注重提高译著能力和理论水平。共计毕业学生 405 人。学校既为适应商业的发展培养了人才，也对山东实业教育的创办提供了经验。

7 月

本月　黄国恩继任山东高等学校校长。

1913 年
2 月

本月　根据教育部《专门学校令》，将第一、第二法政学堂合并，定名为山东公立法政专门学校，以培养地方文官和司法人员为宗旨。校址初设在第一法政学堂的皇华馆内，后使用停办的山东大学堂校舍。该校设预科、本科和研究科。预科学制一年，本科学制三年，研究科为一年以上。1913 年，在校生达 1118 人，至 1926 年共计毕业学生 2000 余人。

张自忠

张自忠（1891～1940），字荩忱，山东临清人，著名抗日将领，民族英雄。1911 年，加入同盟会，1913 年入山东法政专门学校学习。后投笔从戎，历任营长、团长、旅长、师长、军长、集团军总司令等职，曾任天津市市长，察哈尔省主席。抗日战争中，身经百战，屡建奇功。1940 年 5 月，在枣宜会战中，他率部奋勇

1913 年
2 月

杀敌，以身殉职。国民政府为其举行国葬，延安各界举行隆重的追悼大会，毛泽东、朱德、周恩来分别为其题写了“尽忠报国”“取义成仁”“为国捐躯”的挽词。

6 月

高等农业学堂改名为山东农业专门学校，以养成农业专门人才为宗旨，分预科及本科两级。预科学制一年，除必修课外，有动物、植物、矿物及动植物实验四种专业科目。本科修业三年，分农业、林学、蚕桑三个专业。各专业分设普通科目、专业科目及实习三类课程。至 1926 年共计毕业学生 400 余人。

10 月

本月　山东高等学校校长黄国恩去职，由丁惟椽接任。因时局动荡，国库空虚，学校经费遇到极大困难。

1914 年
10 月

本月　山东高等学校奉令停办，师生分别转入法政、工业、农业、商业四个专门学校，校舍由法政专门学校使用。丁惟椽继任商业专门学校校长。山东大学堂在建校 14 年中，共培养了 770 余名学生。并选送 59 名学生出国留学，其中到欧美留学的 11 人，到日本留学的 48 人。

1915 年
9 月

山东省建立医学传习所和矿业传习所。此分别为省立医学专门学校和矿业专门学校的前身。

1916 年
4 月

山东医学传习所易名为山东省立医学学校，校址在济南北园白鹤庄。1920 年，正式命名为山东公立医学专门学校。该校设本科学制四年。课程主要分普通科目、基础理论科目、专业科目及临床实习四大类。至 1926 年共计毕业学生 200 余人。

1919 年
4 月

19 日　五四运动前夕，省立法政、工业、农业、商业、医学五个专门学校的师生，获悉“巴黎和会”中国外交失利的消息，立即组成“山东学生外交后援会”，发表通电，广泛宣传，掀起山东各界人民的爱国运动。

5 月

10 日　济南 21 所中等以上学校万余人举行大会，向督军、省长请愿。

12 日　山东学生联合会成立，公立工业专门学校学生张文英任会长，刘文言任副会长。

五四运动与山东大学

第一次世界大战结束后，巴黎和会将德国在山东的一切特权转交给日本。列强的公然欺侮，北洋政府的卖国行径，激起了全国人民的极大义愤，尤其是作为风暴眼的山东人民更是义愤填膺。1919 年 4 月 19 日，济南各校学生代表百余人，在省教育会召开山东学生外交后援会成立大会，讨论通过会议简章，选举公立工业专门学校刘汝巽为会长，工业专门学校张文英、齐鲁大学王佩之和商业专门学校张德亚为副会长。自此，在整个五四运动期间，以原山东大学堂进

1919 年
5 月

步青年为核心的学生外交后援后始终站在斗争前沿，成为学生运动的主要发起者和组织者。它是五四运动前全国第一个学生爱国运动组织，推动了其他各阶层群众的大规模反日斗争。

5月4日，北京13所大专学校学生3000余人在天安门集会，并举行示威游行，五四运动爆发。消息传到济南，为声援北京学生的爱国运动。10日，济南21所中等以上学校万余学生，冲破军警阻拦，在省议会举行大会，公推代表张文英(公立工业专门学校)、刘汝巽(公立工业专门学校)、阎懋敬(济南正谊中学)、孙宝镰(公立工业专门学校)、郎国珍(齐鲁大学)、王建兴(省立第一中学)六人谒见督军、省长进行请愿。

12日，山东学生联合会成立，公立工业专门学校学生张文英任会长，刘文言任副会长，正谊中学李怀珠任组织部部长，省立一中学生王建兴任评议部部长。省城济南有了统一的学生运动领导组织。

5月28日，在全国人民的压力下，北洋政府驻巴黎和会代表未在和约上签字。至此，五四运动的两个具体目标——惩办卖国贼与拒签和约都胜利地实现了。在济南的这场爱国运动中，公立工业专门学校、省立一中等学校发挥了重要作用。

1920 年
3 月

山东矿业传习所扩建为山东公立矿业专门学校，校址设在济南东关山水沟，王锁任校长。设本科、预科、预科补习班及讲习科。预科修业一年，成绩及格升入本科，课程除普通科目外，开设地质学大意、矿物学、岩石学等。本科修业三年，主要课程有地质学大意、矿业测量及采矿化学分析、实验实习等13门。到1926年共毕业本科学生82人。

1924 年
5 月

29日　直系军阀要员高恩洪任青岛胶澳商埠督办。高恩洪是山东蓬莱人，曾任北洋政府的教育总长、交通总长等职，对教育事业较为热心，因此倡办私立青岛大学。遂由高恩洪、邵筠农、宋传典、傅炳昭、张德纯、刘子山、王子雍、宋雨亭、丁耀西、孙炳炎、孙广钦等11人组成校董会，负责筹备工作。校董会推举孙广钦为筹备主任，邵筠农、孙炳炎为副主任。另推举青岛知名人士王西园、王荩卿等29人为董事。计划设立文学、工业、商业三个系。

8 月

本月　私立青岛大学正式成立，高恩洪任校长，李贻燕为教务主任，孙广钦任校务主任。其办学宗旨:“教授高深学术，培养硕学宏才，应国家之需要。”聘请国内学界名流梁启超、蔡元培、张伯苓、黄炎培等人为名誉董事。校址在德国人占领青岛时所建的俾斯麦兵营(现位于中国海洋大学)，面积300余亩。学校招收工、商两科学生各40人。工商两科所开设课程除专业课外，国文、数学、英日语为必修课，另有法律学、逻辑学、世界史等选修课，教材大部靠教师自编。学制四年，学生修业期满，考试及格授予某科学士学位。

8月中旬　私立青岛大学在北京、南京、济南、青岛四个城市招生。本届录取工科新生40人，商科新生40人。

1924 年

8 月

吴佩孚批准使用俾斯麦兵营办大学

在风光秀丽的青岛市紧靠汇泉角的海边，有一片结构坚固的楼房。这就是1897年德国侵占青岛时所建的俾斯麦兵营。1914年在第一次世界大战中，日本加入协约国，对德宣战，出兵抢占青岛后改称万年兵营。现即位于山东省青岛市市南区鱼山路5号。

德国侵占青岛初期，先后建造了三座兵营，其中以俾斯麦兵营最为典型。兵营共有营房四座，是在炮兵营旧址——"嵩武兵营"建筑的。第一、二营房建于1903～1905年，第三、四营房建于1906～1909年。这四座营房的平面分别是"H"型，围成一练兵场。兵营依山设计，布局工整，灰砖红瓦，格调和谐。

第一次世界大战结束后，经过中国人民的坚决斗争，特别是1919年"五四"反帝爱国运动，显示了中国人民的觉醒和力量，迫使日军撤离青岛，兵营回到中国怀抱。当时山东省是直系军阀的势力范围，直系健将高恩洪任胶澳商埠督办，青岛军政当局对此兵营垂涎欲滴，相互争夺。青岛士绅和教育界力主利用兵营办大学，得到高恩洪的支持，但驻军不允，坚持仍作兵营。争执不下，官司打到直鲁豫三省巡阅使、直系军阀吴佩孚面前，双方各派专使去洛阳请吴大帅核定。吴佩孚是蓬莱人，出身书香门第，尊崇孔孟，素以儒将自诩，懂得教育是立国之本的道理。于是决定，该座兵营不再驻兵，专作兴办教育使用。高恩洪等在这场争夺中获胜后，即由胶澳督署拨款，士绅富商捐款，于1924年8月正式创办私立青岛大学。北伐胜利后，华北各省军阀纷纷败倒。山东省教育厅长何思源在1928年报请国民政府批准，成立国立青岛大学筹备委员会，把在济南已停办的山东大学迁至青岛，接收私立青岛大学的校舍校产，于1930年建立国立青岛大学，旋又改名国立山东大学。从此以后，该处兵营即永为高等学校的校舍，至今已百余年。1958年山东大学迁济后，留下海洋、水产、地质三系组建为今天的中国海洋大学。

现为中国海洋大学鱼山校区所在地，是医药学院、海洋生命学院、水产学院、食品科学与工程学院的主校区，校区环境清新，设施齐全，建筑样式保持完整。

国立青岛大学"六二"楼

1924年

8月

高恩洪(1875～1943),字定安。山东蓬莱人。出身农民家庭,先后就读上海电气测量学校、英国剑桥大学。曾任清廷驻英使馆翻译。回国后,历任参赞、西藏通商交涉事宜督办、东三省军政事宜督办、交通部秘书等职。1912年中华民国建立后,高恩洪先后任汉口及成都电报局局长、湖北军政监督、川藏电政监督、驻上海全国电料管理局监督、交通部顾问等职。1922年,任北京政府交通总长,后任教育总长。1924年,任胶澳商埠督办,高恩洪上任后即减免了郊区农民的地税,对中外企业纳税标准进行规范统一;着手清理官产、筹办地方银行、健全完善社会救济机构;兴建了城市公共与基础设施,还与美国长老会合作,建立青岛市图书馆、女子中学等。最为人称道的是创办了私立青岛大学并出任首任校长。

私立青岛大学首任校长高恩洪

私立青岛大学创办时,首先要解决校舍问题。高恩洪选定的校址是德国人占领青岛时所建的俾斯麦兵营,此时兵营驻有胶州防务司令部,高恩洪让其移防它处,胶防司令王翰章不允。官司打到时任直鲁豫巡阅使吴佩孚那里,吴遂下令驻军移驻潍县,兵营专作创办大学之用。高恩洪还带头捐款1万元,地方士绅也纷纷解囊,筹措到了创办大学所需的资金。同年9月,私立青岛大学正式开学,校长由高恩洪兼任,青岛终于有了中国人自己办的大学。1924年11月初,随着北京直系政权倒台,高恩洪在青岛终结了他的督办生涯,随即亦辞去了私立青岛大学校长一职。

9月

15日　私立青岛大学新生入学,宣布学校法规。罗荣桓、彭明晶、张沈川等一批具有先进思想的青年考入,并被推选为学生自治会主席和理事,秘密开展革命活动。

20日　私立青岛大学正式上课。

罗荣桓(1902～1963),湖南衡山人,伟大的无产阶级革命家、政治家、军事家。1924年考入私立青岛大学工科预科,1926年结业。在私立青岛大学上学期间,罗荣桓积极参加学生自治会活动,在1925年由“青岛惨案”而引发的学生罢课、市民罢市、工人罢工的运动中,罗荣桓与张沈川等同学成立青岛大学学生会,并以青岛大学学生会为核心,联合其他学校学生会成立青岛学生联合会,成为学校和学联追求民主进步的学生领袖之一。罗荣桓白天带领演讲队在街头巷尾散发小报、传单,演讲青、沪惨案的惨状,慰问死难者家属,晚上又参加演剧队的工作,用募集的资金来支援青岛和上海工人的革命斗争。1926年夏,罗荣桓从青岛大学预科毕业后,与张沈川奔赴国民革命的策源地广州,受到党组织的指点和教诲,阅读了许多宣传马列主义、介绍十月革命以及关于工人运动和农民运动的书籍,从此走上革命道路。1927年4月,加入中国共产党。

罗荣桓在私立青岛大学校园

不久,罗荣桓弃笔从戎,参加了秋收起义和创建井冈山革命根据地的斗争,参加了长征,先后担任红军连、营、纵队党代表,军政委,军团和红军后方政治部主任。1937年,任八路军一一五师政治部主任、政委,后历任山东军政委员会书记、山东军区司令员兼政委、中共山东分局书记、东北民主联军副政委、东北局副书记、东北军区副政委、东北野战军政委、第四野战军第一政委、中共中央华

1924 年

9 月

中局第二书记。中华人民共和国成立后曾任最高人民检察署检察长，中国人民革命军事委员会总政治部主任、副主席，第一、二届全国人大常委会副委员长，第一、二届国防委员会副主席，中国人民解放军监察委员会书记，中国人民武装委员会主任，中国人民解放军政治学院院长，第七届中央委员、第八届中央政治局委员。1955 年被授予元帅军衔和一级八一勋章，一级独立自由勋章、一级解放勋章。

张沈川

张沈川(1900～1991)，原名张沈传，苗族，湖南慈利人。1924 年至 1925 年，在私立青岛大学求学期间担任青岛学生联合会主席，与同学罗荣桓等组织“青岛惨案后援会”，支援日本纱厂罢工工人的运动。1926 年，担任北伐军中央党部军人部宣传干事，同年加入中国共产党。1928 年 10 月，受周恩来指派学习无线电技术，成为中国共产党第一名无线电报务员。1930 年 9 月，开办了中共第一个无线电训练班，培训了中共第一批无线电报务员。新中国成立后，先后在最高人民检察院、湖南省政协、湖南社科研究所任职，曾任第五届全国政协委员、国家安全部特约咨询委员等。1981 年离休后，整理写下几十万字的革命回忆录。

10 月

20 日　私立青岛大学补行开学典礼。

25 日　私立青岛大学定今日为本校成立纪念日。

本月　中国社会主义青年团青岛地方委员会成立，下设私立青岛大学等 4 个支部。私立青岛大学学生运动开始在该支部的领导下蓬勃开展。

本年秋　私立青岛大学学生自治会成立。罗荣桓、张沈川、彭明晶当选学生自治会的主席和理事。

1925 年

4 月

本月　私立青岛大学制定组织章程，入学、转学、学业成绩考查等规则及请假规则，职员会规则，教室规则，自习室规则等一系列规章制度；成立体育会、音乐会、职员会等群众组织。

5 月

本月　第二次直奉战争，直系败北，高恩洪去职，学校无人负责，濒于倒闭。私立青岛大学由山东省议长宋传典接任校长，勉强维持。学校原靠高恩洪拨款和士绅捐赠的经费一时无着，不少师生走散。

奉系军阀得势后，温树德任胶澳商埠督办，校舍被改为兵营。学校情形每况愈下，自此以后未招生。

本月　青岛日本人开设的大康纱厂工人，为争取成立工会举行大罢工，遭到反动军警的血腥镇压。私立青岛大学学生罗荣桓等进步师生，积极声援工人运动，引起青岛反动当局的注意，罗荣桓等同学被迫离开青岛。

1925 年

5 月

山东大学与青岛工人运动的发展

1924 年私立青岛大学成立后，中国共产主义青年团青岛地方委员会即在青岛大学建立了团支部，并成立了由中共早期革命活动家张沈川、罗荣桓、彭明晶等人参加的校学生自治会。以三人为首的学生自治会成为学校进步力量的核心，秘密开展革命活动，推动了青岛爱国民主运动的发展。1925 年 4 月，团青岛地委发动全市大、中、小学校学生成立青岛学生联合会，私立青岛大学学生自治会主席张沈川当选主席。学生联合会的成立，推动了青岛工人运动的发展。

1925 年 4 月，日资大康纺纱厂工人提出成立工会、保证工人合法权利、增加工资等合理要求遭到日本资本家的蛮横拒绝，厂方拘禁工人并严刑拷打。这激起了中国工人的愤怒。隆兴、富士、钟渊、内外棉等日资工厂 1.8 万多名中国工人实行总罢工，以示抗议。5 月 29 日黎明，胶澳当局出动大批军警，对工人进行了镇压。当场打死工人 8 名，重伤 17 人，并抓走 70 余人，另有 30 多名工人被暗杀，制造了震惊全国的“青岛惨案”。惨案发生后，私立青岛大学在第一时间投入抗议的洪流中去。6 月 9 日，在私立青岛大学召开抗议声援大会。6 月 17 日，青岛学联代表参加青岛市各界后援联合会成立大会，会议宣布即日起与英国、日本实行经济绝交。北京大学、清华大学、燕京大学、上海学联、旅日学生代表均与青岛学联取得联系，派人来青共同斗争。

同时，私立青岛大学学生冲破校方种种阻挠，由以张沈川、罗荣桓为负责人的学生自治会组织学生参加了这场斗争。学生会决定自 5 月 31 日起全校总罢课，并建立了总务、财务、写作、演讲、募捐、演剧等组，分头展开活动。青岛大学学生的爱国行动支持了青岛工人反对帝国主义和军阀当局的正义斗争，也促使了民众思想的日益觉醒。

1926 年

6 月

30 日　奉系军阀张宗昌督鲁，下令在济南重建山东大学。颁布教学大纲，规定本校定名为山东大学校。

7 月

24 日　山东省政府决定将六所山东公立专门学校合并为省立山东大学，并将山东省第一、第二、第六、第十中学高中部学生拨给学校作为附属中学，任命山东省教育厅厅长、清末状元王寿彭任校长。

8 月

5 日　省立山东大学筹建完成。由教育厅厅长、清末状元王寿彭任校长，并于同日到职视事。学校机构上，校设评议会，校长任评议会主席，定期研究学校大政方针、人事机构、教学科研、经费预算等重大问题。学校设文、法、工、农、医五个学院（当时称科），共有 13 个系（当时称分科）。院设教务会议，院长任会议主席；系设教授会，系主任任教授会主席。文学院院长王宪五，法学院院长朱正钧，工学院院长汪公旭，农学院院长郭次璋，医学院院长周颂声。文、农、工学院学制为四年，法、医学院学制为五年。文学院设中国哲学、国文学两个系，法学院设法律、政治经济、商学三个系，工学院设机械、机织、应用化学、采矿四个系，农学院设农学、林学、蚕学三个系，医学院设医学系。院长统称学长，系称主任。

1926 年

8 月

文、农、工三科修业年限四年，法、医修业五年，并规定凡在本校本科毕业者，授以毕业证书，称某科学士。

校部设在趵突泉街工学院内，其他各院仍沿用六个专门学校的房舍。1926 年 8 月招收新生 95 人，连同六个专门学校合并的一年级学生共达 1088 人。

本月　省立山东大学制订《山东大学规程》，提出学校宗旨是：对学生授以高深学问，成为各方面需要的人才。学校组织是：校设评议会，由校长、学长、系主任和推选的教授参加，校长是评议会主席，定期研究商定学校机构、人事、教学、经费等重大问题。院设教务会议，由学长、系主任和有关教授参加，学长是教务会议主席，讨论解决本院教学中重大事宜。系设教授会，由系主任、教授和授课教师参加，系主任是教授会主席，商讨本系教学工作中的问题。

当时大学部共有教师 71 人，其中教授 60 人，阵容齐整，人才汇集，与当时的全国高等学校相比并不逊色。

省立山东大学校门

9 月

5 日　省立山东大学举行开学典礼。校长王寿彭在典礼大会上作"读圣贤书，做圣贤事"的训词。

省立山东大学的经费，除山东省照拨六个专门学校经费外，每月增拨经常费 25000 元。教学组织负责人和教师，基本上是六个专门学校的原班人员。大学部共有教师 330 余人，其中教授约 200 人。

1927 年

6 月

本月　校长王寿彭因思想陈旧，受到校内的强烈责难，乃不辞而别。学校多数教授建议由辜鸿铭接任校长。

省立山东大学校长王寿彭

王寿彭(1875～1929)，字次籛，山东潍坊人，清末状元。1903 年(光绪二十九年)，中状元，授翰林院修撰。1905 年，随载泽、端方等五大臣赴日本考察，著有《考察录》。1910 年，出任湖北提学使，创办"两湖优级师范学堂"，首创经费预算制度，使办学经费专款专用。民国初年任山东都督府秘书。1916 年，任北京总统府秘书。1925 年，任山东省教育厅厅长，1926 年任省立山东大学校长。擅长书法，时人以得其片纸只字为荣，当年"省立山东大学"校牌即其所书。王寿彭任校长时间不长即因思想守旧，遭到一些非议去职。但是，省立山东大学已有比较完整的《设学大纲》和明确的培养目标，并建立了一些规章制度，这与王寿彭的治学有很大关系。这时的省立山东大学比起山东大学堂无疑又前进了一步。

1927 年

6 月

青年时期的季羡林

季羡林(1911～2009)，字希逋，山东临清人，著名语言学家、教育家、翻译家。1926 年，从正谊中学毕业后考入省立山东大学附设高中。1930 年，入清华大学西洋文学系学习德文。1935 年 9 月，赴德国哥廷根大学留学，主修印度学，1941 年，获哲学博士学位。1946 年，回国到北京大学任教，历任教授、系主任、副校长。1956 年，当选为中国科学院哲学社会科学学部委员。1983 年，当选为第六届全国人大常委会委员，著有《季羡林全集》30 卷。

季羡林在省立山东大学附中读书时非常用功，而当时的山大附中教师可谓盛极一时，国文教师为桐城派古文作家王崑玉、英文教师尤桐、史化教师祁蕴璞、伦理教师鞠思敏等。在这样的氛围影响下，季羡林为以后的学术根基奠定了基础。就像他在回忆录中谈到的那样："到了高中，国文作文无意中受到了王崑玉先生的表扬，英文是全班第一。其他课程考个高分并不难，只要稍稍一背，就能应付裕如。结果我生平第一次考了一个甲等第一，平均分数超过 95 分，是全校唯一的一个学生。当时山大校长兼山东教育厅厅长前清状元王寿彭，亲笔写了一副对联和一个扇面奖给我。"王寿彭的书法是一般人求都求不到的，时人以得片纸寸缣为荣，季羡林一下子得了两件墨宝，更加努力地学习。在山东大学附中学习期间，两年四个学期都保持了甲等第一名，成了名副其实的"四连冠"。1929 年，由于省立山东大学停办，山东大学附中的学生转入山东省立济南高中(今济南一中)，季羡林从此转入济南高中学习，一年后毕业，又得了两个学期甲等第一名。

季羡林是山东大学校史上值得骄傲的优秀学生。一直以来关注家乡的建设，对母校山东大学的发展建设给予多方面的指导。1996 年 10 月，为庆祝母校 95 周年校庆，捐赠两套由他主编的《传世藏书》；1997 年 10 月，参加山东大学举办的"面向 21 世纪的人文学科建设暨季羡林学术思想研讨会"，发表了《对 21 世纪人文学科建设的几点意见》的演讲，引起了广泛关注，为山东大学的发展提出了宝贵的建议。

9 月

本月　进入省立山东大学的法政和医学两个专门学校高年级学生修业期满毕业，成为省立山东大学的首届毕业生。

10 月

本月　辜鸿铭因已任北京大学教授，对省立山东大学校长一职力辞不就。省立山东大学校长因无人接任，由军阀张宗昌自兼校长。

12 月

张宗昌与山东大学

张宗昌(1881～1932)，字效坤，山东省掖县(今山东莱州)人。幼时家贫，逃荒至东北，先入直系冯国璋部，后依靠张作霖奉系起家，成为奉系军阀头目之一。1924 年，在第二次直奉战争中，由于作战勇猛，为奉系立下汗马功劳，张宗昌被

1927 年

12 月

任命为宣抚军第一军军长，驻扎上海。1925 年 2 月，张宗昌被任命为苏皖鲁三省剿匪总司令，驻扎徐州。随后，在张作霖的支持下，同年 4 月，张宗昌被任命为山东军务督办。接着，张宗昌又武力逼走省主席龚伯衡，自兼省主席。由此，张宗昌支配山东省，任内因苛酷残忍、对民众处以刑罚，而被民众呼为“狗肉将军”“混世魔王”“三不知将军”“五毒大将军”“张三多”等。

1925 年，张宗昌残酷镇压青岛日商纱厂工人罢工，造成“青岛惨案”。1932 年 9 月 3 日，被郑金声之子山东省政府参议郑继成枪杀于津浦铁路济南车站。

张宗昌在济南期间一个重要的功绩是主持合并组建了新的山东大学。当时，他有意聘请清末状元王寿彭出任山东教育厅厅长，整顿山东教育。但王寿彭也不是那么好请的。张宗昌三次才将王寿彭请出山，接到济南，聘其任山东省教育厅厅长。

原山东大学堂（后曾先后改名山东高等学堂、山东高等学校）于 1914 年停办。王寿彭任山东教育厅厅长后，首先在济南的六个专门学校的基础上重新申办“省立山东大学”，在济南东郊筹备建校。当年 8 月 5 日王寿彭到职视事，挂出校牌，9 月 5 日举行开学典礼，王寿彭在会上发表了“读圣贤书，做圣贤事”的训词，“山东大学”即正式开课。

学校设文、法、工、农、医 5 个学院，计有中国哲学、国文学、法律、政治经济、商学、机械、机织、应用化学、采矿、农学、林学、蚕学、医学 13 个系，并有附属中学。校设评议会，院设教务会，系设教授会，定期研究教学、人事、经费等问题。大学部有教师 320 人，其中教授 200 人，除专业课外，并开设选修课，学生毕业授学士学位。而张宗昌对于山东大学的投入是很舍得的。山东教育厅当时每月拨给山大 25000 元，教职工的待遇是：校长月薪 400 元，系主任及教授月薪 300～360 元，这在当时不是一个小的数目。

但是，好景不长，学校开学的第二年，王寿彭便因教学理念保守辞职。其后，张宗昌曾内定著名学者辜鸿铭为校长，以接替王寿彭。但辜鸿铭当时已是病情危急，不久即去世，未能到任。随即由张宗昌亲自挂名校长。再过一年，到了 1928 年，国民北伐军进抵山东，奉系军阀败逃。日本帝国主义借口保护侨民出兵济南，制造了震惊中外“五三”惨案。在动乱中，学校经费无着，随即停办。

1928 年

春

私立青岛大学经费断绝，教师学生散去大半。学校不得已停办，学生均按大学结业处理。私立青岛大学的规模虽小，只有二三百人，但是它的创办，不仅促进了山东高等教育的发展，而且也为后来建立的山东大学提供了适宜的校址和良好的校舍。

5 月

1 日　国民革命军北伐到济南，奉系军阀山东督军张宗昌败逃。

3 日　日本帝国主义企图阻止中国革命军的北伐，借口保护日侨，出兵济南，屠杀了数千军民，制造了震惊中外的“五三”惨案。省立山东大学师生举行控诉日本帝国主义罪行，揭露“五三”惨案真相，查禁日货，慰问难民等活动。

日军占领济南造成了极度混乱状态，省立山东大学师生星散，学校陷于停顿状态。

1928年

5月

“五三”惨案

“五三”惨案又称“济南惨案”。1928年4月，蒋介石率领国民革命军开始第二次“北伐”。日本军国主义担心中国一旦统一，就不能任日本肆意侵略，于是竭力阻挠北伐战争的进行。蒋介石所率北伐军节节胜利，很快就攻入了山东省。1928年4月19日，田中内阁派遣第六师团5000人在青岛登陆，经青岛和胶济铁路沿线要地，“保护帝国臣民”。

当时，奉系军阀张宗昌盘踞济南。张宗昌见蒋介石率北伐军来攻山东，自己地盘恐不保，因此求救于日本。日本正愁没有进军济南的借口，所以答应帮助张宗昌驱赶北伐军，但要求将青岛、济南、龙口、烟台等地都交日军负责“防守”。张宗昌眼看地盘不保，便全部答应日军的要求。

1928年5月，日本以保护侨民为名，派兵进驻济南、青岛及胶济铁路沿线，准备用武力阻止国民革命军的北伐。

当国民革命军于5月1日克复济南后，日军遂于5月3日派兵侵入中国政府所设的山东交涉署，将交涉员蔡公时割去耳鼻，然后枪杀，将交涉署职员全部杀害，并进攻国民革命军驻地，在济南城内肆意焚掠屠杀。此案中中国民众被焚杀死亡者，达17000余人，受伤者2000余人，被俘者5000余人。这就是震惊中外的“五三”惨案。山东大学也正是因“五三”惨案造成了历史上的第一次停办。

现在每年的5月3日10时，济南市都会鸣放防空警报，纪念“五三”惨案，提醒世人勿忘国耻。今济南西护城河河东岸，竖一石碑，四棱锥体形，上刻“济南五三惨案纪念碑”九字，系仿照当年（1928年5月）山东省政府建于泰安岱庙的纪念碑原样制作。

6月

7日　日军占领济南拒不撤兵，省立山东大学因时局动乱停办。

8月

7日　山东省教育厅厅长何思源，报请南京国民政府教育部批准，在省立山东大学的基础上，筹建国立山东大学。教育部指令何思源、魏宗晋、陈雪南、赵太侔、王近信、彭百川、杨亮功、杨振声、杜光埙、傅斯年、孙学悟11人组成国立山东大学筹备委员会，负责筹划组建事宜。

国立山东大学筹委会在泰山红门宫召开第一次会议。会上公推何思源、赵太侔、王近信为筹备委员会常务委员，何思源为筹备委员会临时主席，商讨院系设置、扩建校舍、充实图书仪器设备、经费来源以及原有学生的转学休学等问题。

1929年

6月

3日　教育部提议取消私立青岛大学，并接受蔡元培先生建议，将国立山东大学筹委会改为国立青岛大学筹委会，除接收原省立山东大学外，将私立青岛大学校产、校舍收用。

13日　教育部函聘王近信、赵太侔、彭百川、杜光埙、傅斯年、杨振声、袁家谱、蔡元培、何思源等九人为国立青岛大学筹委会委员，何思源为筹委会主任。

20日　国立青岛大学筹委会在济南旧省立山东大学校部召开第二次会议，

1929 年
6 月

本省委员何思源、袁家谱、赵太侔、王近信、彭百川五人出席，外省委员未及出席。除商定校名改为国立青岛大学外，并讨论办学经费、系科设置、行政机构等问题。五委员宣布就职，并刻就木质“国立青岛大学筹备委员会”钤记一颗，即日启用。

21 日　何思源、赵太侔、王近信即赴青岛接收私立青岛大学校舍校产，进行筹办先修班等工作。

蔡元培与山东大学

蔡元培

蔡元培(1868～1940)，字鹤卿，号孑民，浙江绍兴人，清光绪进士，翰林院编修。中国民主革命家、教育家、科学家，中国知识界的卓越前驱。蔡元培出任北大校长期间，提倡学术研究与学术民主，主张对新旧思想兼容并包，实行民主管理与教授治校，革除了中国旧教育的种种弊端，开创了高等学校的崭新格局。蔡元培与山东大学20世纪30年代的辉煌有一段历史渊源，正是由于他的悉心关注和大力扶持，才使国立山东大学(原国立青岛大学)学风日新，声誉日上，赢得了国内外的好评。

1929年夏季，正值国立山东大学筹备期间，蔡元培曾携眷至青岛小憩，住在已停办的私立青岛大学女生宿舍的小楼内。他对青岛的环境优美、气候宜人倍加赞赏，且当时军阀割据，战乱频仍，济南是四省通衢，兵家必争，而青岛地处海滨，可少受战乱影响，力主将国立山东大学迁至青岛筹办。认为“青岛之地势及气候，将来必为文化中心点，此大学之关系甚大”。筹备委员会根据他的建议，报请教育部批准，遂决定将国立山东大学迁至青岛重新组建，接收私立青岛大学校舍，校名称国立青岛大学。蔡元培亲自题写了校牌，并推荐他的高足、时任清华大学教务长兼文学院院长的杨振声出任国立青岛大学校长。对于学校的经费问题，他还亲自致函南京中央政府监察院院长吴敬恒(稚晖)，敦请协赞解决。信的内容是：

稚晖先生鉴：

杏佛兄来，询知先生在京甚好为慰。兹有启者，山东旧有山东大学，又有私立青岛大学，现教育部取消两大学，而设一青岛大学，似乎又多设一大学，而实则并两为一也。青岛之地势及气候，将来必为文化中心点，此大学之关系甚大，其经费预算年60万元，拟请中央政府及省政府各出24万元，而市政府与胶济铁路各出6万元，省政府原拨各专门学校经费28万元，后即移作山东大学经费，减去4万元，本无问题，惟中央应出之费，闻业与财政部宋(子文)商及，尚无确切答复。弟因研究院关系，未便再向要求，欲请先生向子文切实一言，如能请蒋主席对宋谆嘱则尤善。除由何仙槎(思源)见面详陈一切外，专此奉托。

并祝

道安

弟蔡元培八月三日(民国十八年)

1929 年

6 月

1930 年夏，国立青岛大学筹备就绪，校长杨振声到职。秋季招收新生，开学上课。杨校长效法老教育家蔡元培在北京大学的“兼容并包”“思想自由”的办学方针，打破门户之见，广聘专家学者来校任职任教。国内知名专家学者闻一多、张煦、梁实秋、黄际遇、蒋德寿、汤腾汉、傅鹰、曾省等等，均应聘到校。学校重建伊始，即有齐整和较高水平的师资阵容，这确是蔡元培卓识远见的结果。

1931 年夏，中国科学会议在青岛大学召开，会长为蔡元培，全国各地的学者、科学家参加了会议。在开幕式上，蔡元培在杨振声先生的陪同下走进会场，全场自动起立，向这位教育界的老前辈、学术界的“一时之彦”致敬。蔡元培先生作开幕典礼的报告，接着由各位学者、科学家作学术报告。会议期间，杨振声先生恭请蔡元培先生向全校师生作了一次关于美学方面的学术报告，受到了热烈欢迎。

1932 年，国立青岛大学更名为国立山东大学。在此期间，国立山东大学培养出臧克家、汪志馨、庄孝僡、张致一等一批学有专长的人才。创造了山东大学历史上的第一个黄金时代。蔡元培与山东大学的这段历史渊源，是山东大学校史上闪耀光辉的一页。

7 月

8 日　国立青岛大学筹备委员会在青岛汇泉饭店召开第三次会议。九位委员全部出席。教育部长蒋梦麟从南京专程前来青岛参加会议，这是筹备过程中一次重要会议。会议听取了筹备主任何思源关于接收旧省立山东大学和私立青岛大学经过、前国立山东大学筹备委员会工作情况的报告；会议确定了系科设置、院系人选、经费筹措、招生工作、开学日期等事宜；推举何思源、傅斯年、杨振声、赵畸（即赵太侔）、王近信为筹委会常务委员；决定学校设于青岛，并分设工厂、农事试验场于济南。国立青岛大学的雏形于此次会议上基本形成。

14 日　国立青岛大学筹备委员会在济南旧省立山东大学本部召开第四次会议。何思源、杨振声、袁家谱、王近信、赵太侔、彭百川等六人出席。主要讨论决定学校行政组织、教务长和各院院长人选、已聘和拟聘教师、教职员薪金标准、经费预算、新生入学和旧生编级等问题。

本月　测得本校面积为 738.429 亩。

8 月

3 日　蔡元培亲函南京政府监察院院长吴敬恒（由何思源面交），托请转商财政部长宋子文，批拨国立青岛大学经费。

31 日　周钟岐先生受中国工程学会委员会之邀，代表本校出席 8 月 25 日至 31 日中国工程学会举行的“中国工程学会年会”。

10 月

本月　增聘陈调元、于恩波、陈名豫三人为筹备委员，并推定何思源为筹备主任。国立青岛大学筹委会除接收原省立山东大学外，并接收私立青岛大学校产。

筹委会推定杜光埙为驻青岛代表，监理修缮青岛校舍，购置图书仪器。并设立文理两科补习班，招收合乎投考大学一年级资格的学生，在青岛上课，分别补习国文、外文及数理等主要科目。

1929 年

12 月

本月　国立山东大学图书馆成立。当时所藏图书，是从私立青岛大学和原省立山东大学接收过来的，为数极少。

1930 年

4 月

28 日　国民政府聘杨振声为校长并启用关防。

5 月

本月　南京政府任命杨振声为国立青岛大学校长。杨振声到职后，制定国立青岛大学组织规程："本大学设立于青岛，定名为国立青岛大学。但于必要时得设立学院、学系、专科及工厂试验均于济南。本大学根据中华民国教育部宗旨，以提高民族文化，研究高深学术，养成健全品格及专门人才为宗旨。"并主持制定学校条例和各项规章制度。规定学制四年，毕业生授予学士学位。

国立青岛大学校长
杨振声

杨振声（1890～1956），字今甫，山东蓬莱人，著名现代教育家、作家。

1915 年，考入北京大学国文系。1918 年，组织新潮社，创办《新潮》杂志，任编辑部书记。1920 年，考取官费留学美国哥伦比亚大学，获文学博士学位，后又到约翰·霍普金斯大学攻读教育心理学。1924 年，回国任武汉大学、北京大学、燕京大学、中山大学中文系教授。1929 年，出版著名中篇小说《玉君》，轰动一时。1928 年，任清华大学教务长兼文学院院长，在当时教育界和文学界颇负盛名。1930 年 6 月，任国立青岛大学校长。抗日战争期间任西南联合大学教授兼叙水分校主任。1946 年，任北京大学教授。中华人民共和国成立后除在北京大学任教外，兼任北京市文联创作部部长。1953 年，任东北人民大学中文系教授兼中国文学史教研室主任。

杨振声任青岛大学校长期间，提倡科学民主、学术自由的办学理念及思路，打破门户之见，选贤任能，大量延聘专家学者来校任教，使当时的国立青岛大学人才济济，大师云集，在全国大学中屈指可数。杨振声还以自己的地位和声望，邀请学术界大师来校讲学，以加强学术的交流，促进学术的发展。从实际出发，制订各种规章制度，建立校务会议制度，形成了民主的工作作风，为学校的发展打下了坚实的基础。

杨振声一生从事教育事业，具有管理学校的理念与实践。他认为办学责任重大，"为百年计，莫如树人，如办不好，不但在办学之良心上说不过，亦实无以答地方父老之望，更无颜以对地方之子弟也"。他办学主张"不独注意现在，也当看到未来"。他对青岛，山东的地理环境、自然资源、古迹文献等，作过认真的分析，提出开设海洋生物学、海洋学、气象学的条件和前景，研究考古学、哲学、文学的基础和使命。他认为培养人才，应该重视质量，"学生在好而不在多"。他在离北平赴任青岛大学校长时，傅斯年先生曾对他说："只要你能领导两三个学生走上学问的正路，也便不虚此一行了。"他深信其言。为了达到培养出优秀学生的目的，在办学中，杨振声强调基础，注重师资。他认为"为山九仞"，功在基础，只有如此，九仞之山"才可以巍然千载而不崩"，他特别注重师资的学术水平，如青大原有设历史系计划，"而欲对中国史请一位好教授，物色几及一年，犹不能浑！此系即不敢开。"由此亦可见他的办学态度是极其认真的。在办学过程

1930 年

5 月

中，杨振声校长重视教学设备的采集与积累。他认为“工欲善其事，必先利其器”，“基础的基础在图书”。图书的数量和质量，管理和利用，都至关重要。对实验仪器和设备尤其重视。杨振声校长认为“近代科学不由实验入手，犹之农夫不操耒耜而云能耕，木匠不亲绳墨而云能量，同是一样的荒唐”。因此，在他看来，“实验室在大学与图书同其重要”。他每年节支若干办公经费，添置图书、仪器和建设实验室，以弥补设备经费之不足。在杨振声校长治理青大时，奠定了山东大学发展的基础。

6 月

本月　国立青岛大学确定设文学院，下分中文、外文、教育学三系；设理学院，下分数学、物理、化学、生物四系。张道藩任教务长，闻一多任文学院院长兼中文系主任，黄际遇任理学院院长兼数学系主任，梁实秋任外文系主任兼图书馆馆长。

闻一多

闻一多（1899～1946），湖北蕲水人。著名诗人、学者。1912 年，闻一多考入清华大学，在这所留美预备学校里度过了求学生涯的最初十年。生长于帝国主义列强加紧对华侵略和掠夺的时代，闻一多和当时的许多青年知识分子一样关注着国家的前途、民族的命运，在五四运动中接受了民主、科学的思想。之后的 1922 年闻一多进入美国大学，东西国力上的强烈反差，促进了其爱国主义思想的加强。在美国期间，闻一多写下了《醒呀！》《七子之歌》《爱国的心》《我是中国人》《洗衣歌》等传至今日的名诗。1923 年，发表第一部诗集《红烛》。1925 年回国，与赵太侔等发起国剧运动。1928 年，担任武汉大学教授兼文学院院长。1928 年，第二部诗集《死水》问世，奠定了闻一多在中国新诗诗坛的地位。1930 年 8 月，应国立青岛大学校长杨振声之邀来到青岛大学担任文学院院长与中国文学系主任。在青岛大学期间，闻一多继续研究唐代文学，同时还展开了楚辞的研究。国立青岛大学的环境对闻一多来说是相当稳定的，杨振声校长是闻一多相知已久的朋友，在这种环境中，闻一多很想把学校办好，但后来碰到接连三次学潮，加之南京国民党政府和山东地方势力的争权夺利斗争延伸到青岛大学内部，派系纷争，风潮迭起，闻一多受到不少攻击与诽谤，被迫于 1932 年秋辞职离开了青岛大学。

不久，闻一多回到了清华大学。优越的条件为闻一多的学术研究提供了可靠的保证。时间不长，即在古文学、诗经、楚辞、诸子百家、唐诗及金文考古等方面取得了令人钦佩的成果。著有《古典新义》，被郭沫若称为“前无古人，后无来者”。抗战时期，闻一多任教于西南联合大学。这一时期，闻一多思想发生了重要的转变。1943 年，闻一多初次了解到中国共产党的政治路线，面对国民党的倒行逆施，本来对参加政治组织毫无兴趣的人，在这时却加入了中国民主同盟，加入反抗国民党独裁统治的民主运动中去。因此也引起了国民党政府的不满。1946 年 7 月 15 日，在悼念民主人士李公朴大会上发表《最后一次的演讲》，报告会结束后，闻一多与其长子闻立鹤一起回家。当距家门口只有十多步时，突然枪声大作，罪恶的子弹一齐射向闻一多。闻一多当即倒在血泊中。殷红的血流在土里，流在昆明的大地上，留在了民主运动的史册里。闻一多虽死犹生！

1930 年

6 月

黄际遇

理学院院长黄际遇与“一人系”

黄际遇(1885～1945),字任初,号畴庵,广东澄海人,著名数学家、教育家,20 世纪初在中国开创现代高等数学教育事业的元老之一。1902 年,留学日本。1905 年,加入同盟会。1906 年,回国任天津工学堂教授。1910 年,中格致科举人。1914 年,任武昌师范大学教授。1920 年,由教育部派赴欧美考察,入美国芝加哥大学研究数学。1922 年,回国,历任河南中州大学、广州中山大学教授,曾任河南省教育厅厅长。1930 年 5 月,杨振声被任命为新成立的国立青岛大学校长,仿效蔡元培广聘专家治校,黄际遇应聘于 1930 年 9 月到青岛大学,任该校理学院院长兼数学系主任,1932 年任国立山东大学文理学院院长,直至 1936 年离开。在国立青岛大学期间,黄际遇一手创办了山大的数学学科。1936 年,任中山大学教授。擅长数学又兼长文学、书法,学贯中西。

黄际遇非常重视教学。他反复强调:高校教育的目的是使学生养成研究及创造精神,“即有整顿思考力与创造真理之精神”。他要求教师“必于上课之前充分预备,细思教者为何、教之如何、何为教之三事,即目的、方法、理由三事。讲解之时能提要钩玄、引人入胜,以论理为方法,以真理为归宿”。反对教者“于教授之时徒诵读课本讲义之章句,或仅略为扩张,至考试时则缩狭课程之范围,多出暗诵的机械的题目”。对于本科学生,他提出三点希望:“(一)于规定时间之内获充实正确之学识;(二)养成读书能力备他日研究之资格;(三)以自动为原则,不徒以默听暗记为能事。”由于年龄和学识的差异,“对于预科生宜持极端干涉主义,凡一言一动皆注视学生听讲精神之集中力如何,多采用启发式”。此外,对于教法、作业、实验、实习等都阐述了他的见解和主张,这些观点在当时是先进的、开创性的。

黄际遇也是身体力行的,他的教学任务一直比较繁重。一个学期中,分别给数学系的一、二、三年级上必修课代数、数论、微积分,还给物理系、化学系、矿物系三个系的二年级分别讲微积分、数论等课,每周仅课堂教学至少 15 个学时。尤其是在刚到国立青岛大学时,数学系仅黄际遇一人,创造了“一人系”的一段传奇。

《山东大学校史》记载:“(数学系)1930 年度建系时,由于当时只有一名教授,仅能开出微积分、代数解析、立体解析几何、数学演习 4 门课程。”这一名教授就是黄际遇,并且还是该系这个学年唯一的数学教师,他包揽了全系的全部数学课程。从第二年度(1931)开始,三年间每年只引进一位讲师,他们是宋智斋(字鸿哲)、李先正(字保衡)、杨善基。教授亟缺,作为系主任的黄际遇心急如焚,1932 年就积极争取他早年的学生、时在德国哥廷根大学攻读博士学位的曾炯(1898～1940),学成后到山东大学任教,因学业未完难解近渴,曾炯推荐获得博士学位已经回国的留德学友李达(字仲珩,1905～1998)。1934 年 8 月,李达辞去清华大学教授来到山东大学,这是该校数学系成立第五个年头才迎来的第二位教授,黄际遇通过校方将自己兼任的数学系主任让给李达。1935 年,陈传璋(字琰如,1903～1989)刚获得法国理学博士,黄际遇就聘请陈到该系任教授,同月李锐夫(原名李蕃,1903～1987)也来系任讲师。至此,山东大学数学系已有 3

1930年
6月

位教授4位讲师，属当时国内师资力量较强的数学系，是该系1949年前的鼎盛时期，能开出50门课程。其中：必修课15门，分组必修课22门，选修课13门。

1932年5月，杨振声因国民政府不解决学校经费，而辞职离校，校务会决定由黄际遇任校务会议临时主席，处理一切校务。是年9月，国家行政院决定，将青岛大学校名改回，仍称国立山东大学，文学院、理学院合并为文理学院。黄际遇任合并后的文理学院院长，仍兼数学系主任，并当选为山东大学校聘委员会委员。著有《班书学说》《潮州八声误读表》，译著有《几何学》《近世代数》《微积分》等。黄际遇在青岛写的日记《万年山中日记》24册、《不其山馆日记》3册，不仅记录了大学里的科研、教学活动，同时，也为20世纪30年代青岛的文化学术活动留下了翔实的记录。

1945年10月21日，黄际遇从北江乘船返回广州途中不幸失足落水遇难。1947年2月8日，国民政府特发布一则褒扬黄际遇的命令，全文如下："国立中山大学教授黄际遇，志行高洁，学术渊深，生平从事教育，垂四十年，启迪有方，士林共仰，国难期间，随校播迁，辛苦备尝，讲诵不辍。胜利后，归舟返粤，不幸没水横震，良深轸惜，应予明令褒扬，以彰耆宿。此令。"这是我国有史以来，由政府发布命令褒扬的第二位数学家，第一位是1927年故去的胡明复。

梁实秋(1903～1987)，号君默，浙江余杭人，生于北京。著名散文家、文学批评家、翻译家。1915年考入清华学校。1923年，赴美留学研习英语和英美文学。1930～1934年，任国立青岛大学外文系主任兼图书馆馆长。1934年，任北京大学教授、外文系主任。1938年，在重庆主持《中央日报·平明副刊》，任国民参政会参政员、教育部小学教科书组主任、国立编译馆翻译委员会主任委员。抗战后任北平师范大学教授。1949年，到台湾，任台湾师范学院英语系教授兼文学院院长。是中国第一个研究莎士比亚的权威，写有2000多万字的著作，代表作有《雅舍小品》《英国文学史》《莎士比亚全集》。

梁实秋在青岛

梁实秋在青岛大学四年，身为外国文学系主任兼图书馆馆长，他在外文系开设了了英语、欧洲文学史、莎士比亚、文艺批评等课程，还担任其他系的公共英语课。身兼图书馆馆长一职的梁实秋对图书工作也是十分认真，成立了图书委员会，闻一多、赵太侔等均在其内。他亲自到上海为图书馆选购图书，每周出一期《图书馆专刊》，刊登新书目录、图书评介和怎样利用图书馆的知识。因梁实秋喜欢并研究莎士比亚，所以山东大学图书馆在当时收藏的莎翁著作最多，中文的、外文的各种版本都有。

梁实秋在青岛大学的四年笔耕不辍，在天津《益世报》等报刊上发表了很多小品、散文等作品，并开始了他翻译生涯中一项重要的大型工程即《莎士比亚全集》的翻译工作。《莎士比亚全集》40卷的翻译工作历时30多年，于1967年由台湾远东图书公司出版，全部译文300余万字。

1930 年

8 月

本月　国立青岛大学在青岛、济南、北平三地招收新生 153 人。时在国立青岛大学预科班学习的臧克家以数学零分、国文 98 分的成绩被文学院院长闻一多破格录取。丁肇中之父丁观海考入国立青岛大学。

闻一多破格录取臧克家

1930 年 8 月，国立青岛大学在青岛、济南、北平三地设立大学考场进行第一次招生。当时在国立青岛大学预科班学习的臧克家以数学零分、国文 98 分的成绩被文学院院长闻一多破格录取。据臧克家回忆："一九三〇年暑假，重新考入这所大学，成为正式学生(臧之前是预科学生)。这场考试，数学得了零分。国文，出了两道题目，一个是《你为什么投考青岛大学?》，另一个是《杂感》，任做一题，我两题都做了。当我到注册科报到的时候，清华大学毕业的一位姓庄的职员，看到我的名字，笑着瞪了我一眼，报喜似地对我说：你的国文卷子得了九十八分，头一名！闻一多先生看卷子极严格，五分十分的很多，得个六十分就不容易了。听了这话，我解决了数学吃'鸭蛋'还被录取的疑问，同时我想，一定是我那三句'杂感'打动了闻先生的心！'人生永远追逐着幻光，但谁把幻光看作幻光，谁便沉入了无底的苦海。'……我原入的梁实秋先生作主任的英文系，因为记忆力差，吃不消，想转中文系，主任是闻一多先生。我一进他的办公室，不少和我抱同样目的前去的同学，全被拒绝了，我有点胆怯地立在他身旁，当他听到我自报姓名时，他仰起脸来向我注视了一眼，用高兴的声调把三个字送入我的耳中：'你来吧。'从此，我成为闻一多先生手下的一名中文系的弟子。"臧克家就成了闻一多教授的一名高徒，后来成为著名诗人。他创作有《烙印》《罪恶的黑手》《运河》《向祖国》《泥土的歌》等诗集，担任过《诗刊》主编。是山东大学培养的杰出学生之一。

丁观海一家在国立山东大学

丁观海(1911～1991)，山东省日照人，著名土木工程学专家。1930 年，考入国立青岛大学，1935 年去美国密西根大学留学，与王隽英成婚。1936 年 1 月，丁肇中出生后回国，先后在焦作工学院、国立山东大学、重庆大学任教。1946 年，重返国立山东大学任工学院土木工程系教授。1948 年春，到台湾台南工学院任教。后转到台湾大学任教。其子丁肇中于 1976 年获诺贝尔物理学奖。1989 年 10 月，丁观海先生应邓小平邀请访问北京。

9 月

20 日　国立青岛大学正式成立，国立青岛大学筹委会于本日结束。

21 日　学校举行开学典礼，杨振声校长在会上作《打基础，重质量，务实际，艰苦创业》的讲话。随后即按已订的教学计划正式上课。启用钤印公章。

25 日　国立青岛大学聘陈命凡为总务长兼庶务主任。

10 月

6 日　杨振声校长聘张道藩、闻一多、黄际遇、汤腾汉、谭葆慎、谭书麟、梁实秋、赵畸(赵太侔)、周钟岐、杜光埙为教授。

著名教育家杨振声校长学习北大、清华的办学理念，兼收并蓄，广揽英才，一时名家云集，英华蕴聚，师资阵容在全国大学中名列前茅，学术空气浓厚。闻一多、梁实秋、黄际遇、沈从文、吴伯箫、游国恩、张煦、汤腾汉、傅鹰、曾省等名家大师在此任教，开启了山东大学历史上第一次辉煌。

1930年
10月

沈从文

沈从文(1902～1988)，原名沈岳焕，字崇文，苗族，湖南凤凰人，现代著名作家、历史文物学家、京派小说代表人物。1924年，开始文学创作。1928年，到上海与胡也频、丁玲创办《红黑》杂志。1929年，在中国公学任教。1931年，在国立青岛大学任讲师。1932年，杨振声辞去青岛大学校长职务后，沈从文亦应杨振声之邀到北京，1933年编辑《大公报·文艺副刊》、主编中小学国文教科书。1939年任西南联合大学教授。1946年任北京大学教授。1949年，后在中国历史博物馆和社科院历史所任研究员。一生创作结集80多部，是现代成书最多的作家。作品主要以湘西生活为题材，表达了对人性美的向往和追求，形成独特的创作风格，被誉为“乡土文学之父”。1987、1988年两度当选诺贝尔文学奖提名候选人。

沈从文在青岛大学期间，主要讲授小说史、散文写作课程。这时的沈从文已退去了在中国公学讲课时的青涩，讲起课来有条有理，游刃有余，内容充实，方式灵活，语言生动，很受学生欢迎。课下有不少同学向他请教写作问题，还有些同学拿着习作，请他具体指导。沈从文对学生非常热情，总是有问必答，设法帮助学生解决实际困难。课余时间，沈从文经常到图书馆查资料，进行文学创作。青岛温和的气候、清爽的空气激发了他旺盛的创作力，《自传》《月下小景》《石子船》《八骏图》等许多作品多成于此时。返京后写成的代表作《边城》也是酝酿于青岛时期。沈从文在山东大学的创作，已从叙述自身的经历，转向关心社会和人生，题材有了新的拓展，其作品也达到成熟，推向高峰。

中华人民共和国成立以后，沈从文放弃了文学创作，到中国历史博物馆、故宫博物院等单位工作。著有《中国古代服饰研究》《中国丝绸图案》《唐宋铜镜》《龙凤艺术》《战国漆器》等。1988年5月，沈从文因病在北京去世。但是这颗文坛巨星并没有因为他的陨落而失去光辉，相反，他的影响和声誉正与日俱增。

游国恩

游国恩(1899～1978)，字泽承，江西临川人。1926年，毕业于北京大学。1931年起先后在国立青岛大学、华中大学、西南联合大学、北京大学任讲师、教授。毕生从事教学和学术研究，对中国古代文学，特别是对《楚辞》的研究作出了重大贡献，成为享誉中外著名的文学史家、楚辞学专家。

任教国立青岛大学期间，游国恩在教学上认真负责，循循善诱，言传身教。不仅对本系的学生和青年教师殷殷教诲，就是对登门求教或写信请问的人，也毫不吝惜自己的时间和精力，总是认真负责地帮助解决问题，受到学生们的尊重。1936年因时局原因，游国恩决定离开国立山东大学时，他教过的学生曾一批批地多次到其家中挽留。挽留不住，最后送给他一个银盾，上面刻着“教导有方”四字，依依不舍地送别游老师。在治学上态度严谨，著书出书都极为慎重。1930年代，游国恩就编定了《楚辞注疏长编》中的《离骚》《天问》两部分初稿，但始终不急于出版，而是精益求精，不断补充加工，以期对得起读者。正像他说的：“一部书要编得毫无欠缺，当然不可能，但总要尽了最大努力之后才能让它出

1930年
10月

版。这才对得起读者。"由游国恩主持编写的《先秦文学史参考资料》和《两汉文学史参考资料》，成为国内高校文科师生的必备参考书，得到海内外的一致好评，由其领衔主编的高等学校文科教材《中国文学史大纲》(1册)和《中国文学史》(全4册)，后者多次再版，在中国高校延用20多年，则是对游国恩治学态度的最好佐证。

汤腾汉

汤腾汉(1900～1988)，印尼爪哇人，华侨。1917年，回国求学，先后就读于南京工专机械系和天津北洋大学。1922年赴德国入柏林大学学习，获化学博士学位。1930年，回国，在国立青岛大学任化学系教授、系主任、理学院院长。抗战爆发后离开山东大学。1939年，任华西协和大学药学系教授、系主任。全国解放后，任中国科学院化学专门委员会委员，1958年任药理毒理研究所所长、解放军医学科学院副院长。

汤腾汉来到国立青岛大学时，正是化学系成立伊始，设备简陋，勉强能作定性分析、定量分析和吹管分析；人员严重缺乏，开始只有汤腾汉教授和王荣昭助教等几个人。之后，在汤腾汉等人的努力下，傅鹰、胡铁生、王祖荫、王文中、陈之霖等教授和石坦因(德国籍)、黎书常、黄冷溪等讲师来校任教，壮大了化学系的教师队伍，同时添置了仪器设备和实验用的药品试剂，使化学系始具名牌大学规模。汤腾汉是山东大学化学系重要的奠基人。

汤腾汉在教学中根据化学系的特点，特别重视实验环节，想方设法为师生创造良好的化学实验场所和试验环境，以培养学生联系实际、解决问题和独立研究能力。为此，他亲自为学生联系安排实习场所，让学生通过学习调查选定毕业论文。为了活跃学术空气，使学生更好地提高学术水平，他经常带头在学校规定的每星期一"总理纪念周"时作学术报告，深受学生好评。在他的倡议下，每年都出版《山东大学化学实验报告》(化学文集)，并成立"山大化学社"，对外开展有关化学、药物学技术咨询，接受校外委托化验和研究工作，还出版了《科学的青岛》《科学的山东》两书，为研究山东、青岛的状况提供了科学依据。学生在论文写作方面取得了优异的成绩。化学系在这一时期教学科研成绩辉煌，更培养了一批优秀的人才，享誉全国。

傅 鹰

傅鹰(1902～1979)，福建福州人。早年就读于燕京大学化学系。1926年，赴美国留学，在摩西干大学攻读物理化学，获理学博士学位。1929年，回国，曾在北平协和医学院、东北大学、国立青岛大学、重庆大学、厦门大学任教。中华人民共和国成立后，在北京大学、清华大学任教，并担任中国科学院学部委员。

傅鹰于1931年应聘任国立青岛大学化学系教授。当时，国立青岛大学创办伊始，设备仪器缺乏，研究条件极其简陋，但傅鹰克服困难，不计较名利，以著名物理化学和胶体化学专家和一级教授身份主讲一年级无机化学、分析化学，在三年级时始讲授物理化学课程。傅鹰执教严格，教学深入浅出，深得学生喜爱。有学生作业超过时限，傅鹰即不予收留。因此，学生学习不敢稍有怠惰，皆刻苦攻读，学识日精，一应考试，凡傅教授所授课程，学生比比良好优秀。傅鹰治学严谨，重视理论联系实际，由其指导学生勾福长所作《活性炭的吸附作用》

1930年

10月

论文发表后，迅即应用于工业。此项成果使国家原料空白之一得以填补，大量外汇资金得以节省。使当时的化学系备受关注。

23日　国立青岛大学派李韵涛、孟礼先、任德宽为接收济南各学院委员，王志轩、张钊恕、刘志岑为接收青岛大学本部委员，负责接收所有校产、校具、图书、仪器、卷宗、簿册等件。

11月

本月　国立青岛大学才开办两个月，就爆发了一场全校学生罢课斗争。起因是，开学不久，校方查出一些学生是用假文凭考取的，于是学校以被录取的学生中有人使用假文凭报考，宣布勒令这些学生离校，引起学生不满，引发了国立青岛大学成立后的第一次学生罢课斗争。

12月

4日　发生一场全校性反甄别罢课斗争。

同日　学校召开第一次校务会议，主席杨振声。校务会议是国立青岛大学的特色。校务会议由全体教授选出的代表(一般为3人)及校长、教务长、秘书长、各学院院长、各系系主任组成，校长为当然主席。学校的一切重大事项，都须由校务会议审议，会议所形成的各项决议，校长均得执行；“如有窒碍”，得由校长提交校务会议“复议”。校务会议是学校的立法机构，又是学校的最高权力机构。学校的行政体制从本质上看是一种校长主持下的教授治校制度。

出席第一次校务会议的有张道藩、闻一多、黄际遇、梁实秋、赵畸(赵太侔)、谭葆慎、谭天凯、汤腾汉、杜光埙、陈命凡。会议作出两决议布告全校：一是要“全体学生即行上课，在未恢复上课之前，任何要求不予置议”；二是宣布本校学生自治会“不合法”，其议决案“无效”，要求学生立即复课。

5日　学校成立的“护校团”与罢课的纠察队员发生争执，国民党警察保安队趁机包围各校舍。学校召开校务会议，决定：“假借证书学生二十一名及主动学潮者十七名，均开除学籍，限晚五时离校。”结果有38名学生被除名。

9日　学校召开校务会议，决定每星期四下午举行校务会议，公推张道藩、杜光埙、赵太侔三位先生起草校务会议规则；会议并规定每年的9月20日为本校成立纪念日。

18日　召开校务会议，主席杨振声。会议决定在体育部内附设军事训练组，各院院长负责制定各系学程。并通过本校暂行学则五章和暂行规则十条。

本月　教务长张道藩辞职他就，赵太侔接任教务长，杜光埙任总务长，吴之椿任秘书长。

1931年

2月

24日　校务会议决定由赵畸(赵太侔)、梁实秋、陈命凡组成审查委员会，审查本年度预算；将教育学系扩充为教育学院，下设教育行政系和乡村教育系，黄敬思任教育学院院长兼教育行政系主任，谭天凯任乡村教育系主任。

本月　《国立青岛大学周刊》创刊，四开八版。除报道学校重要活动和重大兴革外，有四版是图书专栏，及时介绍新书消息、内容和有关评介。该刊的创办对于指导各项工作，增强学术气氛起到了较好的作用。

1931 年

5 月

4 日　国立青岛大学《图书馆增刊》创刊，梁实秋题写发刊词。学校藏有中文图书 3 万余册，外文图书 8000 余册。并成立图书管理委员会，由教务长、各院院长、图书馆馆长、主任及教授若干人组成，图书馆馆长担任主席。

同日　国立青岛大学召开师生员工大会，杨振声校长作了《努力把学校的根基打坚实》的讲话。讲话对青岛大学的办学方针、任务、发展方向和教学上的重要问题进行了详细的阐述。表达了学校在办学中撙节开支，增加设备仪器，以为百年大计着想的思路及办好大学的决心。

14 日　召开校务会议。修正学校组织规程和学生助学金规则。决定由赵太侔、黄际遇、刘本钊、谭天凯、梁实秋五位先生组成训育委员会。

本月　学校公布《助学金规则》，正式建立奖助学金制度。规定凡品学优良、家境贫寒的学生均可申请。每名金额 50 元，每学期评定一次，由系主任提名，院务会议初评，校务会议审定批准。虽然每次被批准人数寥寥，但极大地激发了广大学生刻苦学习、奋发向上的精神。

本月　学校设立聘任委员会，由校长聘请教务长、各学院院长及教授若干人组成，校长为主席，委员有赵太侔、闻一多、黄任初（际遇）、梁实秋、杜光埙等。学校拟聘教授、讲师等，均须经聘任委员会审查通过。

酒中八仙

20 世纪 30 年代初，在国立青岛大学“酒中八仙”的故事广为流传，他们是杨振声、赵太侔、闻一多、梁实秋、刘本钊、黄际遇、邓初和方令孺。他们意气相投，过从甚密，教学之余，杨振声校长和他们经常外出聚饮，一边喝酒，一边谈论学术及治校方略，成为学界美谈。其八人皆善饮酒，被称为当代“酒中八仙”。梁实秋曾多次在回忆录中讲述“酒中八仙”的故事，“不是顺兴楼，就是厚德福”，“三日一小饮，五日一大宴，30 斤一坛的花雕搬到席前，罄之而后已，薄暮入席，深夜始散”。在这八人之中，黄际遇年龄最大。黄际遇性豪饮，每次在饮酒后，总要对个对子。一次在醉酒之后，黄际遇随口说道“酒压胶济一带，拳打南北二京”。虽是戏言，其豪情豪气仍可见一斑。“每当嘉会，酒阑兴发，击箸而歌，声振屋瓦，激昂慷慨，有古燕赵豪士风。”1932 年，杨振声校长辞职，闻一多去了清华，梁实秋到了北大，而黄际遇则去了广州，“酒中八仙”的故事成为山东大学校史上的一段美谈。

7 月

本月　国立青岛大学发表《国立青岛大学一览》，内容为校园、校史概要、组织规程（系统表）、学程（文学院、理学院、教育学院）、各项章则等。

《国立青岛大学一览》之《国立青岛大学组织规程》规定：“本大学根据国家的教育宗旨，以提高民族文化、研究高深学术、养成健全品格及专门人才为宗旨。”

规程规定了国立青岛大学的学制，是实行“学年学分制”，各项课程均按学分计算，每学期每周授课一小时为一学分，实验及无须课外自习之课程，以 2 小时至 3 小时为一学分。各学院学生修业年限为四年，至少须修满 138 学分（中、外文学两系），文理学院的数、理、化、生四系及工学院均为 165 学分。此外，还

1931 年

7月

须修满体育 8 学分、军事训练 6 学分、党义 4 学分，这三项学分不包括在规定的总学分之内。学生在毕业之前还须提交一篇论文（可以译书代替）。

9月

本月　李仲翔（李林）考入国立青岛大学教育学院乡村教育系；俞启威考入物理系；杨翼心（杨希文）考入教育学院乡村教育系。

30 日　中共山东大学历史上第一个支部——中共国立青岛大学支部秘密宣告成立，由中文系学生王弢（王林）任支部书记，党员有俞启威（即黄敬）等。他们组织进步学生宣传抗日主张，散发中共中央发表的关于抗击日本帝国主义侵略宣言的传单，动员同学参加义勇军，走上抗日战场。

王　弢

王弢（1909～1984），又名王林，1909 年出生于河北衡水，1930 年参加中国共产主义青年团，1931 年加入中国共产党，担任国立青岛大学（今山东大学的前身）党支部书记，介绍俞启威入党。1931 年“九一八”事变后，与俞启威等进步学生组织了 179 人的青岛大学学生请愿团，南下赴国民党中央及政府所在地南京请愿，要求抗日。请愿失败后，又通过海鸥剧社以文艺的形式宣传抗日主张，唤醒民众。王弢任海鸥剧社社长，成员有崔嵬、李云鹤（即江青）等十几个人。1935 年 12 月，王弢与俞启威等一起参加领导了全国著名的“一二·九”运动。1936 年 8 月，到东北军学兵队做地下工作，亲身经历西安事变。1937 年，赴冀中参加抗战，曾任冀中文建会副主任、火线剧社第一任社长、冀中文协主任等职。1949 年，随部队进入天津，历任天津总工会文教部部长，天津市文联党组副书记、文联副主席，中国作家协会天津分会副主席，河北省文联副主席等职。“文革”中受到冲击、批斗和劳改。1984 年，因病去世。王弢长期从事文教工作，留下了反映革命年代的大量著述，长篇小说《幽僻的陈庄》《腹地》《站起来的人民》《一二·九进行曲》《叱咤风云》等，其中长篇小说《腹地》在中华人民共和国成立初期产生了重大影响，后来也因此受到严厉批判，这是新中国成立后第一部被批判的长篇小说。

俞启威

俞启威（1912～1958），曾化名黄敬，原籍浙江绍兴，生于北京。1931 年，考入国立青岛大学（1932 年改为国立山东大学）物理系，1934 年 5 月因转学而从山东大学退学。在山大就读期间正值日本发动“九一八”事变侵占中国东三省，青岛大学的学生成立了反日救国会，俞启威和同学们一起加入了抵制日货、揭露南京政府的不抵抗政策的学生运动中，他们上街抗议、宣传，在运动中俞启威成为一名活跃分子，于 1932 年加入中国共产党。同时利用青岛大学的优势组织了中共外围组织海鸥剧社，并与全国的“左联剧联”建立了联系。海鸥剧社通过公演唤醒民众的觉悟，联络了青年学生靠拢中国共产党组织。1932 年春夏之交，由于青岛大学学生中爆发学潮，中共在青岛大学的活动受到青岛国民党警察局的监视并派便衣特务包围青岛大学，指名要逮捕时任中共青岛大学地下支部书记的王弢。王弢察觉后，迅速从后窗逃走，俞启威等也闻风逃离青岛到了上海。1932 年 7 月后，国立青岛大学改为“国立山东大学”，俞启威从上海回到国立山东大学继续上学，他接替了王弢的空缺，担任中共国立山东大学地下支部

1931 年

9 月

书记。1933 年，任中共青岛市委宣传部部长。俞启威出色的革命工作，引起青岛当局的注意。1934 年 8 月，俞启威被青岛当局逮捕，押解济南。赵太侔校长闻讯，赶到济南，力请国民党山东省主任委员李文斋、山东省教育厅厅长何思源出面保释，俞启威被营救出狱。1935 年，考入北京大学数学系读书，积极参加抗日救亡运动，12 月，俞启威与姚依林等领导了著名的"一二·九"运动。在此期间，曾先后任中共北平（今北京）市委宣传部部长、学委书记、市委书记。抗日战争时期，任中共晋察冀区委书记、冀中区和冀鲁豫区委书记、平原分局书记、平原军区政委。解放战争时期，任晋察冀中央分局副书记、华北人民政府企业部部长。1949 年后，任中共天津市委书记兼市长、第一机械工业部部长、国家技术委员会主任。

10 月

1 日　学校成立反日救国会，由教育学院学生李仲翔（李林）任主席，选出 15 人组成的执行委员会。校长杨振声和个别教职员也被选为执委，统一组织开展抗日救亡活动。

11 月

30 日　召开校务会议，主席杨振声。会议决定，学校学生拟去南京请愿人数控制在 30 人以内，届时须由教务处核准。学校还决定举行抗日救国周。

同日　国立青岛大学召开反日救国大会，并决定组织 179 人赴南京请愿。揭开了山东抗日救国运动的序幕。

12 月

1 日　南下请愿团出发前夕，青岛大学东北籍学生赵金堂等 13 人投笔从戎，走上了抗日救亡的前线。

2 日　赴南京请愿学生推举许星园为文学院中队长、俞启威（黄敬）为理学院中队长、李仲翔为教育学院中队长，由杨翼心（杨希文）、魏少钊为请愿团领队，带领 179 名学生赴南京请愿。

4 日　国立青岛大学请愿团到达南京，国民党中央党部派军警严密封锁车站。请愿团出站后，一路宣传"停止内战，一致对外，团结抗日，收复失地"的请愿目的。

5 日　请愿团分头到国民党政府、外交部、国民党中央党部等处送请愿书，陈述意见和要求。国民党中央政府以谎言蒙骗，致使学生思想混乱，遂决定返校。

17 日　召开校务会议，以本校抗日救国会组织赴南京请愿团不遵守校务会议决议为由，决定给该会常务委员 5 人记过一次。

本月　校长杨振声因学生赴南京请愿一事进退两难，向教育部提出辞职。其辞职电文如下：

南京教育部李部长钧鉴：

本校学生 179 人为抗日事，签名赴京请愿，屡经劝导，俱无效果，临行时联名请假，未经准假，即行离校，已于本月 2 日出发，当经电达。此举揆之部令校章，皆难认许。惟其行动系激于爱国之热忱，加以惩处，则青年爱国锐气，有挫折之虞；不加惩处，则学校风纪不严，无维系之法。振声忝长斯校，处理无方，惟有恳请准予辞职，以重职责而肃纪纲，实为德便。国立青岛大学校长杨振声叩质印。

随后教育部复电挽留，辞职未准。

1931年
12月

1932年
1月

1日　化学系师生建立化学社，一方面坚持学术演讲，另一方面进行调查工商业尤其是山东省工商业概况，接受外界委托化验或解决实际问题。

本月　南京政府教育部决定对全国高校学生实行军训，派戴安澜（黄埔军校三期毕业）来校任军事教官。戴安澜后任国民党远征军二〇〇师师长，1942年夏在缅甸与日军鏖战中，壮烈牺牲。

戴安澜（1904～1942），字衍功，号海鸥，安徽无为人。少有大志，勤奋上进，1926年毕业于黄埔军校第三期，参与北伐革命战争。1931年底以营级军衔，奉派到国山东大学任军事教官。此时，日本帝国主义已侵占中国东北三省，并进吞华北，妄图灭亡中国，中华民族处于生死存亡的严重关头。戴安澜忧国忧民，对培训青年学生尤为认真，他自编各种教材，训练中一丝不苟，要求同学们学好军事常识，掌握军事技术，一旦国家有需要就能够上前线杀敌报国，收复失地。他生活朴素，喜爱各种球类运动，与师生友善，以平等的态度待人，在广大同学心目中，是一位热爱祖国的正直军人。

1932年夏，戴安澜奉调到第十七军任团长。抗日战争中，先后参加古北口、漳河、台儿庄等著名战役，均能身先士卒，勇立战功，晋升为旅长。武汉保卫战中，担任阻敌任务，虽经日军狂轰滥炸，但阵地岿然不动，荣立大功一次，并晋升第五军二〇〇师师长。1939年在桂南昆仑关争夺战中，又以战功卓著被授予宝鼎勋章和通令嘉奖。1942年4月，奉命率部出师缅甸，协助英军对日作战。在缅甸的东瓜、棠吉等地，与多于己的日军鏖战近月，歼敌数千。5月18日，当戴安澜部通过缅甸郎科地区的细（包）摩（谷）公路时，遭到日军伏击，戴安澜亲赴第一线指挥，身负重伤。5月26日，由于缺医少药伤势恶化，以身殉国，时年38岁。美国总统罗斯福为表彰其作战英勇，指挥卓著，授予懋功勋章。

戴安澜将军殉国消息传来后，举国哀恸，在云南国门曾有数万人为之迎灵，哀悼为国捐躯的英雄。1942年10月，国民政府颁布命令，批准戴安澜由陆军少将追晋为陆军中将。1956年9月，中国中央人民政府内务部追认戴安澜将军为革命烈士。

本月　中共国立青岛大学党支部根据中共青岛市委指示和前两次罢课斗争的经验，先后组织了“读书会”和“时事讨论会”，并成立业余的“海鸥剧社”。通过阅读进步书刊，讨论时事政治和排演活动，来团结积极分子，联系群众，扩大中国共产党的政治影响。

2月

本月　校长杨振声因学生赴南京请愿，向教育部电请辞职。电文称：“……此举（指学生请愿）揆揆部令校章，皆难认许。惟其行动系激于爱国之热忱，加

1932年

2月

以惩处，则青年爱国锐气，有挫折之处，不加惩处，则学校风纪不严，无维系之法。振声忝长斯校，处理无方，惟有恳请准予辞职……”教育部复电慰留。

春　国立青岛大学党支部根据中共青岛市委指示和罢课斗争的经验，先后组织了“读书会”和“时事讨论会”，通过阅读进步书刊、讨论时事政治和排演活动，来团结积极分子，联系群众，扩大中国共产党的政治影响。

4月

21日　校长杨振声赴南京，请中央拨发积欠经费，未果。

同日　杨振声校长赴南京请中央拨发积欠经费，在接洽无果之后，“认为中央经费不解决，将来一切计划，无从实现”，于是再次致电教育部请求辞职。

本月　俞启威与上海中国左翼戏剧家联盟（简称“剧联”）取得联系，在其指导下秘密成立了“剧联”青岛分盟小组，公开名称为“海鸥剧社”。随后，俞启威与王弢一起，吸收进步学生参加，以编演进步独幕话剧的形式宣传抗日救国，唤起民众觉醒。

5月

5日　杨振声校长因中央经费不解决，将来一切计划无从实现，异常灰心，加之学生因反对“学分制”罢课，再次提出辞职，随后去北平（北京）。

9日　教育部复电慰留杨振声留任校长职。

10日　召开校务会议，讨论请求杨振声校长撤销辞呈，速回校主持校务。决定校务暂由校务会议负责维持，并由黄际遇先生为校务会议临时主席，处理一切校务。

11日　杨振声校长再次电请辞职。山东省政府主席韩复榘得知此事后，两次电请中央解决该校国款经费问题。山东省教育厅厅长何思源亲自赴南京为学校力争，但终无结果。

28日　海鸥剧社在学校首次举行公演，剧目是《工厂夜景》和《月亮上升》。

海鸥剧社

1932年春，国立青岛大学党支部根据青岛市委的指示和学生两次罢课斗争的经验，先后在学生中组织了读书会和时事讨论会，成立了业余的海鸥剧社，通过阅读进步报刊、讨论时事政治和排练活动以团结进步学生，联系群众，扩大中国共产党的政治影响力。5月28日晚，海鸥剧社在学校大礼堂首次公演了话剧《工厂夜景》和《月亮上升》。《工厂夜景》反映的是上海产业工人如何被压榨的悲惨生活。《月亮上升》是世界著名独幕剧，描写一个民族革命者流浪和脱险的故事。话剧上演时观众不下千余人，在校内外产生了广泛的积极影响，活跃了学校的政治空气。当时上海左翼作家联盟的机关报刊《文艺新闻》用“预报了暴风雨的海鸥”的标题，来形容海鸥剧社的演出和活动。

同年秋，俞启威、崔嵬、杜建地、李秀英、李岱思等先后在学校礼堂编写排练了《一致》《暴风雨中的七个女性》宣传抗日救国的话剧，到青岛大舞台演出。

1932 年

5 月

海鸥剧社演出照

1933 年，崔嵬将著名舞台剧《放下你的鞭子》改编为街头广播剧《饥饿线上》，亲自导演和演出，剧社主要在市内街头、崂山农村演出，受到市民和农民群众的欢迎。同年夏，因叛徒出卖，俞启威被捕，崔嵬等离境避险，海鸥剧社停止活动。

6 月

2 日　杨振声校长由北平返回学校，“勉暂维持”，并三电教育部坚辞。

中旬　学校以“学分淘汰制”逼学生埋头读书，不问国家大事，引起大多数学生的不满和反对。中共国立青岛大学党支部组织成立“国立青岛大学非常学生自治会”。

16 日　自治会向学校提出数项要求：取消“学分淘汰制”，取消学生住宿费，图书馆学术公开等。

22 日　因自治会提出的要求遭到校方拒绝，全校同学一致通过罢课的决议，坚决反对“学分淘汰制”。并发表宣言，申明理由，不达目的决不复课。

同日　学校校务会议决定，23 日照常举行期终考试。因遭学生坚决抵制，遂又宣布提前自 23 日放暑假，待秋季开学后再行补考。并出布告开除 9 名非常学生自治会常委。

7 月

3 日　奉行政院令，南京国民政府教育部下令对国立青岛大学进行“整理”，由蒋梦麟、丁惟汾、沈鸿烈、王向荣、何思源、赵太侔等组成“整理”委员会，全面安排“整理”事宜。“现尚留校学生，应限三日内一律离校，听候甄别”。国民党特务来学校搜查，逮捕进步学生。至此，罢课斗争结束。后甄别委员会以“甄别”为名，行惩治罢课积极分子之实，除维护原先开除 9 人决定外，又开除所谓“不及格者”66 人。当时在校生 230 余人，被开除者几乎占 1/3。

国立青岛大学整理委员会决定，将教育学院停办，学生大部转入国立中央大学教育学院，少数转入本校中文系。增设工、农两学院。工学院暂设土木工程学系和机构工程学系。

1932 年

7 月

5 日　山东省政府议决改国立青岛大学为国立山东大学，旧有文、理学院设青岛，济南添设农、工学院。

8 月

本月　学校在济南、青岛、北平同时招考新生 99 人。

9 月

初　行政院会议议决，将国立青岛大学校名改为国立山东大学，并准杨振声校长辞职，任命赵太侔为校长，杜光埙为教务长。中文、外文两系暂不招生，理科和工科各系共招收新生 99 人。文学院和理学院合并为文理学院，黄际遇任院长，原系主任不变。教育学院停办，学生大部转入国立中央大学教育学院，少数转入本校中文系。在青岛增设工学院，下分土木工程学和机械工程学两个系，赵涤之任代理院长兼土木工程学系主任，唐凤图任机械工程学系主任，当年招收新生。在济南设立农学院，下分研究和推广两个部，由生物学系主任曾省兼院长，暂不招收本科学生(农学院至 1934 年才正式开办)。整理后学校仍为三院八系。

文理合一，山大特色

文理两院合一，是国立山东大学的一大特点。首任校长杨振声认为“文理两学院是没有绝对的界限的”。他说：“大家常把文学院与理学院看为截然不同，大概把科学放在理学院，非科学放在文学院，是错误的。”“文理两学院不但不能此疆彼界，而严格说起来，更是相得益彰。文学院的学问、方法是得力于自然科学；理学院的学问、表现上也得力于文学美术。文学院中的人，思想上越接近科学越好；理学院中的人，做人上也越接近文学越好”，“文理本来就不能分家，最多不过如一家两院罢了”。

文理学院是理为主，而以中文、外文两学系辅助全校中、外语文之基本训练。这种做法，曾经得到教育部的赞许：“事属新创，用意尚佳。”

山东大学的院系设置有自己的特色，曾经得到蔡元培先生的赞许：“山大还有几点特色，是其他各大学少有的……第一，文学院与理学院合并为文理学院——因为文理不能划的界限太清楚了，譬如有许多课目，过去都划在文科里，现在却都归为理科了；如果文理两院合并，自然可以使文科的学生不致忽略了理科的东西，理科的学生也不致忽略了文科的课程。所以，山大合并来办是非常好的。第二，是理工两学院都在一起来办——我们知道工与理的关系，是非常密切的，工就是理的应用，理就是工的基础，两个东西是不应分开的。现在山大将两院在一起来办，自然很经济，而且很容易得到好的成绩的。第三，是农学院能按照本省的农业情形，加以研究，再想法来改良和发展本省的农业，这也是非常适宜的。”

29 日　学校召开校务会议，主席赵太侔主持讨论化学系、生物学系合拟的《助教待遇条例》，并决定撤销图书委员会。

30 日　南京政府正式任命赵太侔为山东大学校长。10 月 1 日，任职。

1932 年
11 月

本月　国立山东大学遵教育部令启用“国立山东大学关防”。

本年　国立山东大学发布各项工作规程：校务会议议事章程、古物征集委员规程、教员服务及待遇规程、助学金规则、旁听生规则、学生做工给酬办法、毕业论文规则等。

本年　本校校舍总数1326间，价值276208000元，容纳总人数3536人。

本年　青岛大学的党团员、进步学生组织了公开的“新文学研究会”，内部称“左联”，成员有王弢、李林、俞启威等六七人，王弢为负责人。

赵太侔

赵太侔(1889～1968)，又名赵畸，山东益都人(今青州)。1932～1936年、1946～1949年两度出任国立山东大学校长。1909年，毕业于烟台实艺学馆。辛亥革命后，任烟台军政府科员，临淄县小学教员等职。1914年，考入北京大学英语系，1919年考取官费留美，入哥伦比亚大学攻读西洋文学，继入该校研究院专攻西洋戏剧。1925年，回国，曾任北京大学讲师，北京艺术专门学校教授和戏剧系主任等职。参与国立青岛大学的筹备工作。1930年，赵太侔任国立青岛大学教授、教务长。1932年，国立青岛大学易名国立山东大学，校长杨振声辞职，由赵接任。

赵任职国立山东大学校长期间，在教学、学风及学校建设方面都有明显的特点。

第一，把教学放在第一位，增聘专家学者，充实教师阵容。学校的院长、系主任均由学术上有造诣有威望的教授担任。大多数的课程，均由知名教授承担。教授上课的课时，每周不得少于9节。学校学术民主蔚然成风，学术空气浓厚，形成了教授勤奋努力、诲人不倦，学生学习刻苦、笃学成风的优良校园环境。

第二，在教学中，尤其重视打基础及注意知识面的拓宽。对理科学生，除教好专业基础课及专业课程外，还非常注意国文和外文。受到了学生的欢迎，得到了教育界的称赞。

第三，十分重视联系实际。如化学系对山东药物的研究和分析，对青岛印染业的考察与探讨；生物系对海洋生物进行了重点调查研究，为以后的海洋生物科学的发展起了一定的推动作用；农学院对烟台张裕公司酿酒的产量和质量，对莱阳梨的病虫害防治等，都列为专题，指定专人订出计划，深入现场进行研究。既做到了为生产服务，又提高了教学科研水平。这样的学风建设无疑推动了学校的发展及社会地位的提升。

在学校建设方面，撙节行政开支，兴建科学大楼，改善办学条件，使教学质量和学术水平得到提高。建立以教授为主体的校务委员会和各种专门委员会，发扬民主，集思广益，实行教授治校，培养严谨勤奋，敢于开拓的优良校风，为山东大学赢得了声誉，成为山东大学历史上的第一个黄金时代。

赵治学严谨，为人正直，对官僚政客素不来往，韩复榘(山东省省长)、沈鸿烈(青岛市市长)等均对赵不满，借故停发山东省、青岛市、胶济铁路局的拨款，结果造成经费筹措困难，加之20世纪30年代的中国内忧外患，校园内学生运动风起云涌，作为校长的赵太侔受到指责，在此内外压力下，赵于1936年辞去校

1932 年

11 月

长职务。抗战时曾任重庆国民政府编译馆编纂、国民政府训练委员会第三处处长、教育部高教司司长等职。

1945 年抗日战争胜利，山东大学在青岛复校，赵太侔于 1946 年春再任山东大学校长。

赵太侔再任山东大学校长后，对于美军占用青岛校舍，会同总务长周钟岐据理力争，频繁交涉，终于陆续收回。为了广育人才，将原来只有文、理两院八系的山东大学，扩建为文、理、工、农、医五院十四系，并聘请了一批知名专家学者来校任教，为山东大学的建设和发展奠定了基础。

1949 年春青岛解放前夕，国民党海军司令桂永清令赵太侔乘军舰南逃，赵不愿再随国民党残余流亡，秘密躲入山东大学医学院附属医院第四病房，迎接了青岛的解放。

中华人民共和国成立后赵太侔任山东大学外文系教授，山东海洋学院外语教研室教授、院务委员会委员，政协山东省常委，民革中央团结委员，民革山东省委员，民革青岛市副主任等。20 世纪 50 年代后期，曾致力于汉字改革的研究工作，著有《汉字改革方案》《汉字新法打字机拟议》等文稿，受到有关部门的重视。动乱中赵受到冲击，文稿全部丢失。1968 年 4 月，含冤逝世。1979 年 10 月，山东海洋学院举行追悼会，为其平反昭雪，恢复名誉。

1933 年

1 月

本月　闻一多教授辞职，由张煦接任中文系主任。

3 月

10 日　外国文学系为研究文艺、练习文字起见，组建“素丝文艺社”，社员 26 人，今日成立。

本月　建成科学馆。

4 月

1 日　新建科学馆举行揭幕典礼。教育部派山东省教育厅厅长何思源代表教育部致辞。

本月　筹设山大海滨生物研究所。

5 月

本月　姜忠奎教授著《说文转注考》上下两册出版。

7 月

本月　化学系师生建立的化学社在不断调查研究的基础上，编印了《科学的青岛》一书，比较全面地介绍了青岛市的自然地理、资源、工农业生产、科学技术等概况。对于青岛的建设与发展，提供了有价值的参考。

本月　学校招生城市由北平（北京）、青岛、济南三地，增加南京变为四地，当年招收新生 185 人。人称两栖院士的何炳棣于当年考入国立山东大学化学系。

1933 年

8 月

青年时期的何炳棣

何炳棣(1917～2012),浙江金华人,国际著名历史学家。1933 年,考入国立山东大学化学系。1934 年,转入清华大学历史系。1938 年,毕业任西南联合大学历史系教员。1945 年,到美国哥伦比亚大学攻读英国史及西欧史。1952 年,获博士学位。1963 年,任美国芝加哥大学教授。1966 年,当选为台北"中央研究院"院士。1979 年,当选为美国艺文及科学院院士。1997 年,获选中国社会科学院荣誉高级研究员。曾任美国亚洲研究学会会长。著有《中国人口研究》《社会结构及流动》《中国会馆史论》《黄土与中国农业的起源》《中国古今土地数字的考释和评价》《读史阅世六十年》等。

9 月

本月　新聘教授(含讲师)丁山、胡鸣威、萧涤非、彭啸咸、陈逵、孙大雨、戴丽琳(以上为文科);曾炯、任之恭、李珩、喻兆琦、沈嘉瑞(以上为理科);赵涤之、唐凤图、吴柳生、周承佑、张闻骏(以上为工科)等先后到校。

本月　王广义(王路宾)考入山东大学生物系。

10 月

16 日　校刊《国立山东大学周刊》开辟"化学系增刊",除刊登学术演讲外,还发表该系学生调查、实习报告,每年汇编成册出版。

5 日　召开校务会议,主席赵太侔。会议选举赵少侯、傅鹰、曾省为本年度校务会议教授代表。

本月　济南工厂管理处结束;在青岛本校开办工学院,设土木工程学、机械工程学两系。

本月　中共国立山东大学地下党支部成立。由李香亭(李克明)、王广义(王路宾)、李实谔三人组成。由外文系学生李香亭任支部书记。支部团结一批进步同学组织读书会、剧团、文艺社,学习马列主义书籍,阅读进步书刊,宣传进步思想,在群众中打下了良好基础。中共国立青岛大学和中共国立山东大学两届支部的相继成立,表明山东大学基层党组织从无到有的发展,是历史性的突破,具有里程碑的意义。

李香亭

李香亭,生于 1909 年,山东高唐人,又名李克明。1924 年,在东昌第二中学读初中,1926 年于济南第一师范学习。1929 年,入青岛大学补习班。1930 年夏,考入国立青岛大学,在校期间积极参加学生运动,"九一八"事变后赴南京请愿。1932 年 10 月,经俞启威介绍参加中国共产党(据李克明《我在山大期间所发生的学生运动》回忆,1932 年 10 月经俞启威介绍参加中国共产党)。1933 年 10 月间,与王广义、李实谔成立了中共山东大学党支部。1933 年,任山东工委委员。1934 年秋,毕业离开山东大学。中华人民共和国成立后,在解放军总政治部宣传部任职,1966 年任新疆生产建设兵团直属干校校长、军委总政干部。后离休。

王广义(1913～2003),现名王路宾,山东聊城人。1929 年秋,在济南加入中国共产主义青年团,1930 年 4 月成为中国共产党党员。1933 年 8 月,考入国立山东大学生物系。王广义入校时,山东大学党组织活动正处于低潮时期,山东大

1933年

10月

王广义

学的共产党员仅剩下李香亭一人，与青岛市地下党保持单线联系。王广义与李香亭是中学同学，入校不久即接上关系，并于当年10月重建山东大学党支部，李香亭任书记，王广义、李实谓为委员。支部建立后，在校内组织读书会、世界语学习班等活动。1934年夏，李香亭、李实谓毕业离校后，王广义负责山东大学党的工作。在校期间参加"一二·九"运动，组织成立山东大学学生抗日救国会，领导山东大学的学生运动。后到北平参加了中华民族解放先锋队，1939年到达延安。曾任冀鲁豫边区社会部副部长、平原省公安厅厅长。新中国成立后，先后担任中共中央山东分局委员、政法委副书记，山东省公安厅厅长、省委党委兼秘书长，济南市委第一书记。1975年，任曲阜师范学院党委书记。1979年11月任北京大学党委副书记、常务副校长。是中国共产党第八次全国代表大会代表，第一届全国人民代表大会代表，第六届全国政协委员。

李实谓

李实谓，1909年生，山东清平人。曾在北平艺文中学和大同中学读书。1930年9月，入国立青岛大学文学院外国文学系读书。在校期间加入中国共产党。1933年10月间，与王广义、李香亭成立了中共山东大学党支部，领导国立山东大学的学生运动。

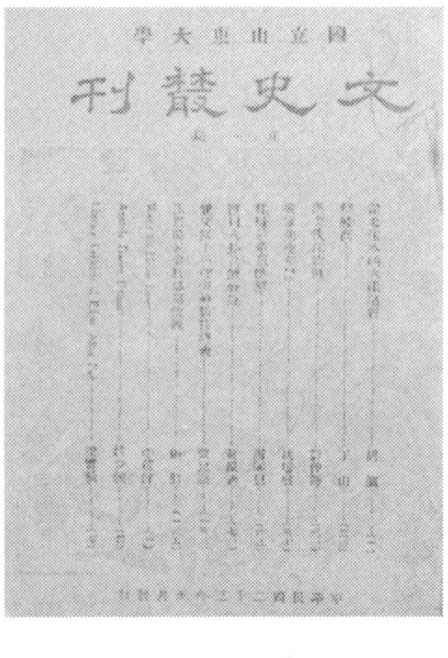

《文史丛刊》

本年度　国立山东大学科学研究工作有了很大发展，1933～1934年全校和各系编辑出版了《科学丛刊》《文史丛刊》《励学》《刁斗》等杂志。此外还为济南和青岛各报刊主编并随之发行的有《素丝》《社会与文学》《潮音文学》《文刊》《大众科学》等周刊。《励学》杂志引起国内外学术界的好评，美国华盛顿国会图书馆等多次专函订购。

《科学论丛》《文史丛刊》第一期出版，发表学校师生的科学研究文章。（前者只出版了两期，后者仅出版一期）

本年度　所聘新旧教授31人。他们是：杜毅伯、黄任福、梁实秋、汤腾汉、曾省之、张煦、姜忠奎、丁山、赵少侯、陈弼猷、王维周、曾炯、王恒守、傅鹰、刘咸、张玺、喻兆琦、沈嘉瑞、赵涤之、周承佑、吴之椿、宋君复、戴丽琳、罗文柏、任之恭、王淦昌、张闻骏、李茂祥、洪深、吴耕民、陈之霖。

丁山（1901～1952），安徽和县人，史学家、古文字学家。1924年，考取北京大学研究所国学门研究生。1926年，任厦门大学助教，次年任中山大学教授。1929～1932年，任中央研究院历史语言研究所研究员。1932年，任国立山东大学中文系教授。1946年，重返国立山东大学任教授。侧重于古文字、音韵学、甲骨文、商周历史与文化研究，对于甲骨学的发展作出了重要的贡献，并将甲骨文、金文的考释融入历史文化研究之中，形成独特的学术风格。著有《说文阙义笺》《数名古谊》《释梦》《吴雷考》《新殷本纪》《商周史料考证》《甲骨文所见氏族及其制度》等。

丁　山

1933年

10月

王淦昌(1907～1986),江苏常熟人,著名核物理学家。1929年,清华大学物理系毕业,1930～1933年,在德国柏林大学学习,获博士学位。1934～1936年,任国立山东大学物理系教授。1936年10月,到浙江大学任教。1961～1978年,化名王青,参与国家原子弹、氢弹及核武器研制和组织领导,曾荣获一项国家自然科学一等奖,两项国家科技进步特等奖,是"863"计划倡导人之一,被誉为"两弹元勋"。

王淦昌在国立山东大学任教两年多时间,其循循善诱的教学方法、严谨笃实的教学风格得到了师生的赞赏。在物理系任教时,王淦昌担任普通物理课程的教学,讲课时深入浅出,简洁明了,重视学生的基础教育和实践能力的培养,不论做实验还是上课,他都鼓励学生动脑筋去思考问题,讲出自己的想法。培养学生的科学研究能力,更是王淦昌非常重视的,在山东大学两年半的时间中就作了8次学术报告,这种严谨的作风为山东大学留下了宝贵的精神财富。1981年9月王淦昌重回山东大学时,为山东大学题写了"教学相长,科教并重,发挥特长,精益求精,列于世界先进大学前列,并为祖国和四个现代化作出应有的贡献!"倾注了王淦昌对山东大学的一往情深和无限的希望。

王淦昌

任之恭(1906～1995),山西沁源人,著名物理学家。1926年,于清华大学毕业后赴美留学。1931年,获哈佛大学物理哲学博士学位,留校任教。1933年任国立山东大学物理系教授。1934年后,任清华大学物理系教授、无线电研究所所长、西南联合大学物理系教授。1946年,任美国哈佛大学教授,曾任霍普金斯大学教授。1959年,当选美国科学院院士。

刘咸(1901～1987),字重熙,江西都昌人,中国著名人类学家、生物学家。1921年,考入南京国立东南大学生物系,1925年毕业,留校任教。1927年,任清华大学讲师。1928年,公费留学牛津大学。1929年,当选英国皇家人类学会会员。1930年,当选法国国际人类学会会员。1932年,任国立山东大学教授、生物系主任。1933年春,率学生参加中央研究院历史语言研究所在滕县安上商周遗址的考古发掘。这是山东大学最早的考古发掘活动。1944～1949年,任国立暨南大学人类学系教授兼理学院院长。1950年,任复旦大学社会学系教授、人类学教授。

刘 咸

1934年

1月

本月 励学社创办综合性杂志《励学》半年刊,前后共出7期,引起国内学术界的重视,乃至蜚声海外,连美国华盛顿国会图书馆也曾致函该社,全份订购该刊。

本月 刁斗文艺社创办不定期文艺刊物《刁斗》,共出版两卷6期,在第二卷第一期内,还载有周学普先生所译列宁的一篇文章《作为俄国革命之镜的托尔斯泰》。

1934 年

1 月

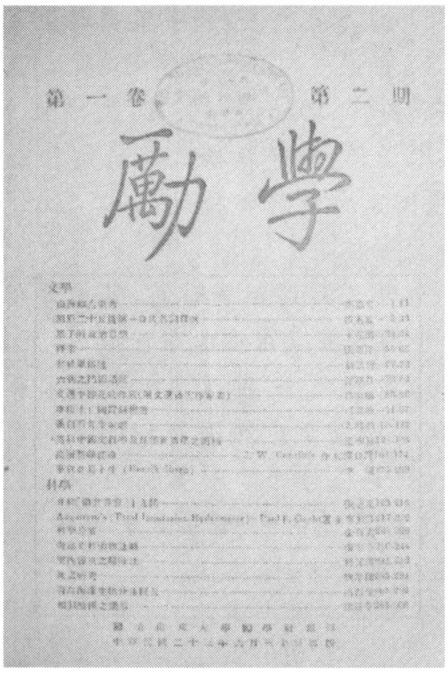

《励学》第一卷

2 月

本月　学校生物学系学生张奎斗、高哲生、庄孝僡、刘萃然参加中山文化教育馆举办的大学生生物科学考试竞赛，分别获得特等奖、甲等奖和乙等奖。

4 月

本月　刘仲熙教授著《动物学史》由上海商务印书馆出版。

6 月

本月　结束济南农事试验场。

夏月

是年夏　因中共党员李香亭、李实谔毕业离校，上级党组织对山大党支部提出意见，李香亭、李实谔走后，支部工作由王广义（王路宾）负责，发展陈延熙入党。

7 月

7 日　国立山东大学农学院成立，曾省任院长。今日使用"国立山东大学农学院"钤记，正式办公。但因经费缺乏，始终未招本科生。

8 月

31 日　本校考送留欧机械工程专业学生 5 名。招收新生 175 人。

本月　文理学院四年级学生 56 人，经过毕业生试验委员会考试，除 8 人须修改毕业论文外，其余 48 人准予毕业。

9 月

本月　新聘教授（含讲师）老舍（舒舍予）、洪深、李达、王淦昌、李茂祥、葛其婉、胡金钢、陈之霖、段续川、童第周、王宗清等。

24 日　蔡元培先生在国立山东大学成立四周年纪念会上发表演讲。

1934 年

9 月

老舍(1899～1966)，原名舒庆春，字舍予，满族，北京人，中国现代著名作家、杰出的语言大师。1918 年，毕业于北京师范学校，1924 年，任伦敦东方学院华语教员。1930 年，任教齐鲁大学。1934～1936 年，到国立山东大学中文系任教授。1938 年，担任"全国文艺界抗敌协会"负责人。1946 年，和曹禺一起赴美讲学。1951 年，因创作话剧《龙须沟》被授予"人民艺术家"荣誉称号。曾任北京市文联主席、中国作协副主席、全国人大主席团成员、全国政协常委等职。代表作有《骆驼祥子》《四世同堂》《茶馆》《龙须沟》等。

1936 年，老舍先生任教国立山东大学

老舍在国立山东大学的两年时间，开设了《文学概论》《小说作法》《外国文学》等课程。老舍讲《小说作法》时，由于他有丰富的创作经验，坚实的生活基础，精湛的表达能力以及幽默的文学语言，吸引着同学们的注意力。在山大执教两年中，还先后编了两个短篇小说集：《樱海集》《蛤藻集》，带有浓厚的青岛味。他还留给山东大学一篇优美而充满爱国激情的散文《青岛与山大》，发表于 1936 年《山大年刊》。老舍担任《山大年刊》的顾问，与宋君复(体育主任)、林绍文(生物系主任)、赵少侯(外文系教授)三位一起，帮助同学们审阅改定稿件，在编写方面给予指导，以提高刊物的质量。他还指导山大《刁斗》文艺刊物的编辑工作。

1935 年暑假，老舍、王亚平、王统照、吴伯箫、洪深、赵少侯、臧克家等 12 人，在青岛发起创办《避暑录话》，作为《青岛民报》的一个副刊单独发行。老舍在《避暑录话》上发表了 9 篇诗文。

在青岛期间创作了老舍创作了《大明湖》《牛天赐传》《骆驼祥子》等多部长、短篇小说。《骆驼祥子》于 1936 年 9 月在《宇宙风》上连载，从此轰动了文坛，震动了全国，奠定了老舍在中国现代文学史上的重要地位。

李达(1905～1998)，字仲珩，湖南平江人，世界著名数学家、物理学家、航天航空专家。1927 年，毕业于国立东南大学。1928 年，到慕尼黑大学学习数学、物理、天文，1932 年出席瑞士第九届国际数学家大会，是我国参加国际数学家大会最早的元老之一。1933 年，获数学博士学位，是我国最早发表差分方程稳定性论文的数学家。1934 年 8 月，到国立山东大学任数学系教授、代系主任。后任重庆大学教授、复旦大学教授兼理学院院长。1946 年，由教育部派至美国进修。1948 年，到 Chance Vought 公司研究飞机制造。1950 年，转入 Geneal Dynamics，Canvair Division 探讨火箭及无吸力场物体动态。1962 年，参加登月艇 Apollo 工作。是美国航空与宇航研究院通讯研究员，美国数学学会会员，被载入《美国科学名人录》。

童第周

童第周(1902～1979)，字蔚荪，浙江鄞县人，中国现代著名生物学家、实验胚胎学家、教育家、中国实验胚胎学的主要开创人。1902 年，生于一个书香家庭，先入私塾启蒙，后在本地高等小学、中学学习。自幼受到家庭环境熏陶，加以资质敏悟，学习勤奋，1921 年考入宁波效实中学三年级插班生。1923 年，以优异成绩考入上海复旦大学生物系。1927 年，复旦大学毕业获理学士学位，任南京中央大学生物系助教。1930 年，童第周出国比利时布鲁塞尔进入北京大学，师从著名生物学家布拉舍从事实验胚胎学的研究工作。留学期间，童第周勤

1934 年

9 月

奋钻研,博采众家之长,勇于创新,写出了具有创见性的科学论文。1934 年,顺利通过论文答辩,获得科学博士学位。同年回国,任国立山东大学生物系教授。

1937 年抗日战争爆发后,山东大学内迁四川,旋即奉命停办,童第周改任重庆国立编译馆编译员,不久去成都任中央大学医学院教授。1942 年,任同济大学教授,1944 年任复旦大学教授兼中国心理生理研究所研究员。

"童鱼"是童第周和美国坦普尔大学教授牛满江合作,从鲫鱼成熟卵子的细胞质中,提取信息核糖核酸,注入金鱼的受精卵中,培育出有鲫鱼和金鱼两种性状的子代,开创了按照需要人工培育动物新物种的先例。其学术成果蜚声中外。

抗战胜利后山东大学在青岛复校,1946 年童第周即回到山东大学任动物系主任兼管教务工作。1947 年底,受美国伍兹霍尔海洋研究所邀请,出国讲学并任耶鲁大学研究员。1949 年初,在全国即将解放的大好形势下,立即回国复任国立山东大学教授兼动物系主任。1951 年,任山东大学副校长兼中国科学院青岛海洋生物研究所所长。1955 年,调任中国科学院,生物学地学部主任,1977 年任中国科学院副院长。

童第周抗日战争前后两次在山东大学任教,中华人民共和国成立后出任副校长,对山东大学的教学和科研工作付出了艰辛努力。他带头开课,既担任专业课,也教基础课,做到循循善诱,严格要求,以提高教学质量为己任。讲授中材料充实,分析透彻,联系实际,观点新颖,深受学生欢迎。他坚持在教学中开展科学研究工作,亲自动手做实验,在实验后写出实验报告,在学术讨论会上进行交流,即使在最困难时期动物系的每周学术讨论会也不间断。童第周这种忘我工作、勤奋治学的精神,成为师生学习的榜样。童第周热心培养科技人才,重视科学普及工作,山东大学 30 年代和 50 年代的生物系培养的人才基础扎实,独立工作能力强成为山东大学的特色。

10 月

本月　梁实秋辞职离校,由洪深任外文系主任。图书馆改由教务处领导。

洪　深

洪深(1894～1955),学名洪达,字伯骏,号潜斋,别号浅哉,江苏武进人,电影戏剧理论家、剧作家、教育家、社会活动家、导演,中国电影的开拓者。1912 年,考入清华学校。1913 年,移居青岛。1915 年,创作剧本《卖梨人》。1916 年,到美国入俄亥俄州立大学习陶瓷工程。1919 年,入哈佛大学戏剧训练班,是中国第一个专习戏剧的留学生。1922 年,回国任职南洋兄弟烟草公司,创作了中国第一部电影剧本《申屠氏》。1923 年,上演第一部剧作《赵阎王》,自饰主角。1928 年,任中华电影学校校长,明星电影公司编导主任。1930 年,加入中国左翼作家联盟,任总书记。1934 年,任国立山东大学外文系主任。抗战爆发后,任上海救亡演剧二队队长。1938 年,任国民政府军委会政治部戏剧科科长。1943 年,到重庆任中央青年剧社编导。1946 年,后历任复旦大学、厦门大学、北京师范大学教授、外语系主任。1953 年,当选中国文联主席团委员、中国剧协副主席。1954 年,任中华人民共和国对外文化联络局局长,兼中国对外文化协会副会长。一生创作编译了 38 部话剧,著有《洪深文集》《洪深选集》等。1934 年 10 月,

1934 年

10 月

洪深来到国立山东大学接替梁实秋担任外文系主任，即给外文系四年级学生开设了《浪漫诗人》《大学戏剧》《小说选读》等课程。作为文艺界名家的洪深的讲课风格即着重于结合现实社会，重在实际的应用。在讲授戏剧课时，他曾说过："在戏曲方面，我的大半生经验，一个多钟头就可讲完。但重要的是怎样去实践。"为了打破学生只知埋头读书的死沉气氛，他倡议创办了山大剧社，开展课余戏剧演出活动，他带领师生演出了话剧《寄生草》，他还对进步的海鸥剧社作了大力的指导、保护。1935 年 7 月，会同王统照、老舍等创办《避暑录话》，作为《青岛民报》的一个副刊单独发行。洪深在授课之余，继续进行文艺创作，于 1934 年在山东大学完成了电影文学剧本《劫后桃花》。1936 年 3 月，赵太侔辞去校长一职，洪深也随即辞去了山大外文系主任一职，从青岛回到了上海，继续从事电影、戏剧活动。

12 月

3 日　农学院举办的农业训练班今日上课，录取学员 15 名。

本年　由国立山东大学曾省等 8 人发起组建青岛海洋生物所，并制定了有关章程。

1934 年底统计，物理系建有 6 个实验室：普通物理实验室；物性实验室；电学实验室无线实验室；光学实验室；近代物理实验室。

化学系 7 个实验室：普通化学、普通定性分析化学、定性分析化学、定量分析化学、有机化学、物理化学、药物化学等。

至 1934 年底，全校教师已达 136 人，其中教授 51 人，讲师 47 人，助教 38 人。

1934 年底，学校的图书增加到 30 万册，各类仪器 800 余件，价值 30 余万元。

1934 年为国立山东大学第一届毕业生年，学校非常重视毕业班的工作，成立毕业考试委员会，聘请校内知名专家组成。第一届毕业考试委员会，除本校校长、教务长、秘书长、各院院长、系主任之外，还邀请了严济慈（当时任北平研究院物理研究所主任）、胡先骕（北平静先生物调查所所长）、何思源（山东教育厅厅长）等参加。

本年　臧克家从国立山东大学毕业。

臧克家

臧克家（1905～2004），曾用名臧瑗望，山东诸城人，杰出诗人，著名作家、编辑家。1923 年，考入山东省立第一师范。1927 年，考入中央军事政治学校武汉分校，参加过北伐战争。1930 年，考入国立青岛大学中国文学系，其间以发表《难民》《老马》成名。其诗集《烙印》出版，得到闻一多、茅盾等的好评；诗集《罪恶的黑手》问世，蜚声诗坛。1938 年，参加中华全国文艺界抗敌协会，任第五战区司令长官部秘书、战时文化工作团团长等。1943 年，到重庆任《难童教养》编辑。1949 年，任华北大学研究员、人民出版社编审、《新华月报》文艺版主编。1956 年，任中国作家协会书记处书记。1957 年，任《诗刊》主编。曾任中国诗歌学会会长、写作学会名誉会长、全国人大代表、全国政协常委、中国作协名誉副主席。

1935 年

3 月

本月　在全国大学物理征文和考试竞赛中，本校物理系助教许振儒获著作甲等奖，王寿衡获著作丙等奖；学生田金棠获考试甲等奖，金有巽、章琨各获考试乙等奖。

本月　学校公布本校《学生工作给酬办法》，目的在于奖励劳动，补助清寒。学生每日工作一两小时，如浇灌花木、打扫房间等，每月给酬 5 元。

本月　学校成立山东大学职业指导委员会，负责与全国学术工作咨询处联系，调查应届毕业生的职业志愿与学业能力以及各界职业供求状况，为历届毕业生的就业发挥了积极作用。

4 月

本月　本校纪炎昌获第十八届华运会双器械第一名。

6 月

本月　化学系师生建立的化学社编印了《科学的山东》一书，比较全面一介绍了山东省的自然地理、资源、工农业生产、科学技术等概况，对于山东的建设发展提供了有价值的信息。

7 月

14 日　洪深、老舍、王统照等 12 人创办文学期刊《避暑录话》，作为《青岛民报》的一个副刊单独发行。

8 月

本月　聘请李书华（北平研究院副院长）、刘凌霄（中山大学文学院院长）、曾昭抡（北京大学化学系主任）、郑衍芬（浙江大学物理系主任）、林济青（齐鲁大学代理校长、山东省政府委员）、何思源（山东省教育厅厅长）、邢契莘（青岛工务局长）及校内教授 8 人，组成毕业生考试委员会，对应届毕业生 87 人进行考试和论文答辩。除 6 人成绩欠佳另行处理外，其余 81 人准予毕业。

本月　招收新生 195 人，借取生 41 名，二年级转学 3 名，三年级转学 4 名。

10 月

本月　红军长征到达陕北。在中共青岛地下市委领导下，校园内贴出中国共产党《八一宣言》的传单。

本月　农学院改组，本年度起由学校派员保管。

11 月

本月　学校用历年撙节的行政经费，建成工学馆、水力实验室，使教学用房紧张的情况有所缓解，工学院的教学实验得到初步解决。

13 日　中共中央发表《为日本帝国主义并吞华北及蒋介石出卖中国宣言》。

28 日　中共中央发表《抗日救国宣言》，影响了国立山东大学师生的抗日爱国热情。

12 月

18 日　在北平"一二·九"学生抗日救亡运动的影响下，国立山东大学学生抗日救国会成立。并于本日召开全校各班代表大会，推选陈延熙、李声簧、王广义、熊德邵、韩福珍等 21 人组成执行委员会。执委会立即通电全国，呼吁慰问北平学生。其电文说："华北垂危，举国痛愤，诸君于身处危境之际游行示威，反对傀儡组织，爱国热忱，殊堪敬佩。并闻不幸发生流血惨剧，噩耗传来，群情愤

1935 年
12 月

慨。特电慰问，并愿以最大决心，誓为后盾。”山大学生抗日救国会成立后，组织发动广大同学走上街头，举行示威游行，开展宣传活动，并逐步向礼贤中学、铁中、女中等校发展，很快就成立了青岛市学生抗日救国会。

本年度，学校专任教师共计 78 人，其中教授 31 人，占 40%，讲师 24 人，助教 23 人。著名数学家陈传璋、生物学家林绍文于 1935 年来到国立山东大学任教。

陈传璋

陈传璋（1903～1989），安徽怀宁人，著名数学家。1924 年，入中央大学攻读数学，师从著名教育家熊庆来，毕业后到安徽大学工作。1930 年，赴法国留学，1935 年，获博士学位，回国任国立山东大学教授。1938 年，随校内迁四川。历任重庆大学、国立湖南师范学院、湖南大学、暨南大学、大同大学教授、国立编译馆编辑。1945 年，创办复旦大学数理系，任系主任。1952～1966 年，任复旦大学数学系主任。长期从事数学教学研究，在积分方程理论和应用、广义解析函数论及边值问题研究有较大成就，是国内研究一阶椭圆形方程组理论和边值问题的奠基人。编著有《数学分析》《积分方程论及其应用》等。

林绍文

林绍文（1907～1990），福建漳州人，著名生物学家、海洋学家。1930 年，毕业于燕京大学研究院，获硕士学位，后赴美国康奈尔大学留学，1933 年，获湖沼学博士学位。1935 年，任国立山东大学生物系教授兼系主任，1938 年随校内迁四川。1946 年，创建上海中央水产研究所并任所长。1949～1972 年，任联合国粮农组织技术专家和亚洲及远东地区渔业养殖专家。一生从事海洋生物和水产养殖研究，首次成功解决了罗氏沼虾人工育苗和养殖技术，是暖水鱼类养殖的世界权威，被誉为“淡水虾养殖之父”。1974 年，获世界水产养殖学会终身名誉会员奖。

1936 年
1 月

6 日　礼贤中学、文德中学等校部分学生，为参加爱国运动齐集国立山东大学，与山大学生举行联合会议。

19 日　本校足球队荣获青岛市高级组锦标，从而保持青岛市四年来高级足球盟主。

27 日　老舍为学生作《文艺中的典型人物》的讲演。

本月　山东军阀韩复榘视国立山东大学的学生爱国运动如水火，并为了夺取国立山东大学的领导权，借故将省助经费每月由 3 万元减至 1.5 万元，使学校在经济上出现严重困难。

2 月

7 日　元宵节晚上，青岛大港三号码头举行落成典礼。学生宣传队前往进行爱国宣传，揭露南京国民政府对日屈辱投降的卖国行径，要求停止内战，一致对外，遭到国民党地方当局的镇压。王广义、陈延熙、李声簧、熊德邵、韩福珍、周文煜 6 人被开除学籍。

1936 年

3 月

1 日　校务会议议决并发出布告，以“行动逾轨，破坏校纪”为借口，将学生抗日救国会执行委员王广义、陈延熙、李声簧、熊德邵、韩福珍及候补委员周文煜等 6 人开除学籍，限即日离校。

8 日　黎明前，国民党青岛市军政当局派军警 500 多人，将国立山东大学第四校舍包围，搜索学生代表和被开除的同学。许多学生被打伤，并拘捕 32 人。学校随后贴出布告，又开除学生 13 人。

14 日　由于全校学生的坚决反对，加上全体教授的一致要求，学校不得不于本日贴出布告，收回开除 13 名学生的成命，并于同日将在押学生保释回校。

下旬　由于学校经费困难无法解决，加之学生情绪激愤，校长赵太侔向教育部提出辞职，推举张煦、陈之霖、张闻骏为校务会常委，临时主持学校工作。

本月　洪深教授因不满学校开除进步学生和反动当局镇压爱国运动，在报纸上发表声明后愤而离开学校。

春　学校开始复课。根据当时的形势，为了积蓄力量，不适宜组织大规模活动，校内党团员组织了“时事座谈会”“读书会”“歌咏队”“演剧队”“学术研究会”以及“世界语学习班”等小团体进行活动。

4 月

16 日　本校春季运动大会于本日至 18 日在汇泉公共体育场举行。

5 月

2 日　学校举行网球锦标赛，贺振凡获冠军。

11 日　《国立山东大学周刊》登载，生物学系童第周教授最近作胚胎学实验，发现两头蛙卵一个。经培养后，已经长成两头蝌蚪活动水中，至为奇特。童教授精细研究后绘图多张，将研究所得拟成论文，发表于国外著名的杂志。

本月　廷荣懋代表山东大学学生抗日救国会和青岛学联到上海参加全国学联会议，作青岛学生抗日救国的发言，博得各地代表的称赞。会后，廷荣懋被推举到上海五卅惨案纪念大会上发言，产生了极大影响。

6 月

6 日　化学社举办公开学术讲演，物理系教授王淦昌先生作“分子构造之理论及试验”的讲演。

8 日　郭贻诚先生在本学期第 12 次总理纪念周上作“中国防空问题”的讲演。

郭贻诚

郭贻诚（1906～1994），字式毅、式古，曾用名伯遗，天津武清人，著名物理学家，中国磁学和磁性材料教学与研究的奠基人之一。1928 年，毕业于北京大学物理系。1931 年，任国立青岛大学物理系讲师。1936 年，到加州理工学院留学，师从诺贝尔物理学奖获得者安德森（Anderson）教授进行宇宙线研究，发现了 μ 介子的轨迹。1939 年，获博士学位，先后在浙江大学、燕京大学、北京师范大学任教。1946 年，重回国立山东大学，历任物理系教授、系主任、理学院院长、副教务长，山东省物理学会理事长。曾任民盟山东省副主委兼秘书长、主委、名誉主委，济南市副市长，二、四、五、六届全国人大代表，第四、五届山东省政协副主席。长期从事磁学研究，在微磁化理论、磁性薄膜和非晶态磁性的研究中取得重要成果，创办了山东大学磁学专业和磁学实验室，所著《铁磁学》是我国第一部磁学专著。

1936年

6月

本月　教育部训令，赵太侔辞职照准，暂由校务会常务委员代理校长职务。

本月《山大年刊》出版。（南京国民政府主席林森题词“日进高明”、南京国民政府监察院院长于右任题词“文采烂然”、南京国民政府教育部部长王世杰题词“攻错攸资”、山东省政府主席韩复榘题词“学术津梁”）

7月

9日　教育部下令由林济青来校代理校长。一批知名教授纷纷离校，教务长、总务长、各院院长及各系主任也大都易人。

林济青（1886～1960），山东莱阳人，汇文大学学士，留学美国，毕业于美国里海大学，矿学硕士。曾任齐鲁大学教务长，文理学院院长，代理校长。1936～1938年，任国立山东大学校长。

1936年，国立山东大学的省助经费受到地方实力派克扣，校长赵太侔愤而辞职，由林济青代理校长职务。林济青到校后先从各地延聘教授、副教授、讲师达30余人，又筹措经费新建了化学馆，基本延续了名家任教的山东大学传统。在“一二·九”运动后，山东大学进步学生成立了中华民族解放先锋队（简称“民先”）开展爱国运动，学生们曾包围林济青的校舍，要求支持学生爱国要求。1937年7月7日，日本帝国主义发动卢沟桥事变，开始了全面侵华战争。不久，北平、天津相继沦陷，日军过了黄河，侵犯山东。1937年11月，教育部下令山东大学南迁，林济青组织全校师生南下，在仪器、图书等迁徙中花了很大精力，第一批257箱，第二批837箱，第三批16箱。学校师生先迁往安庆，因日军南侵，又迁至万县，在万县开课，有些教师、学生从青岛南迁开始陆续离校，在万县开课时，师生只有青岛时一半。

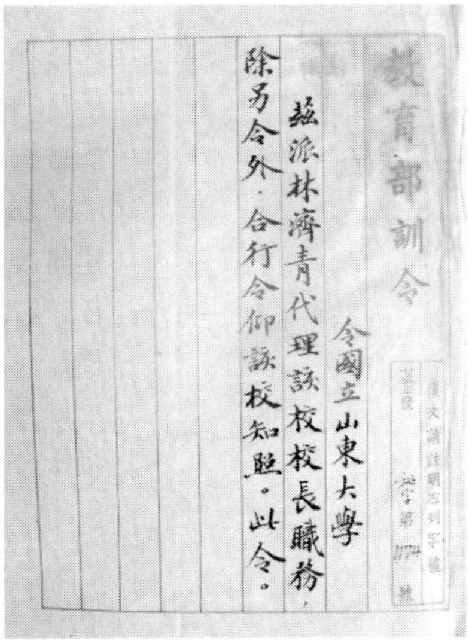
教育部訓令
令國立山東大學
茲派林濟青代理該校校長職務，除另令外，合行令仰該校知照。此令。

1936年7月，中华民国教育部委派林济青代理国立山东大学校长令

1938年2月，教育部决定将山东大学并入国立中央大学，林济青组织了山东大学校产保管委员会，在重庆、江津办公。1938年6月，教育部下令免去林济青代理校长职务。

20日　中华图书馆协会与中国博物馆协会，于20～24日在山东大学举行年会。

8月

本月　学校招收新生196人，毕业学生53人。山东省政府委员林济青来校任代理校长。因校长易人，加之国难当头，时局动荡，知名教授相继离校，学校由盛转衰。

9月

19日　学校召开校务会议。方光圻、施畸、陈传璋、张倬甫、凌达扬、汪公旭、汤腾汉、林济青等参加。会议决定，按照教育部颁发的《免费、公费条例》，取消原助学金制度，设置公费、免费学生数额。

1936 年

9 月

李 欣

本月 上海地下共青团员李欣考入国立山东大学。他到校后团结一批进步分子，成立青岛救亡同学会，开展抗日救亡运动。

李欣(1917～2017)，福建长汀人。1936 年 3 月，加入中国共产主义共青团。8 月考入国立山东大学，组织青岛中华民族解放先锋队。1937 年 9 月，加入中国共产党，任中共青岛特别支部书记，组织策划了崂山起义。解放战争时期，任解放军师政委，参加过辽沈、平津、渡江等著名战役。1950 年，出任驻民主德国使团参赞，驻英国代办处参赞兼领事部主任，成为新中国派往国外的第一批外交官。后任军事学院军事研究部副部长，主持编写《伟大的战略决策》等书籍。

10 月

6 日 举行校务会议，选举校务会议教授代表为闻在宥、童第周、史久荣(闻在宥因病以叶石荪充任)。会议还决定，文理工三学院合办刊物组织出版委员会，由校长及各系主任担任委员。会议通过《国立山东大学免费、公费学额委员会章程》及《国立山东大学免费公费学额规则》，并颁布施行。

26 日 临时校务会议通过成立建筑应用化学研究所和建筑委员会的决议。建筑委员会由校长，理学院汤腾汉院长，工学院汪公旭院长，土木系张闻骏主任，秘书长代表王圻及叶石荪、周绍濂共同组成。会议还通过《出版委员会规程》。

秋冬 日军侵犯绥远，山大救国会随即召开大会，抗议日寇侵略，声援抗敌将士并建立"绥远抗敌后援会"，派吴绮等前往慰劳。

11 月

2 日 校务会议通过设立学生生活指导委员会的决议。决定由校长、汤腾汉、汪公旭、宋君复、张紫雏、王秩疆、王文元、罗玉君、邓祁、施天侔、叶方哲组成委员会。

据 1936 年统计，生物系已建成普通生物学、无脊椎动物学、比较解剖学、生理学、植物学、胚胎学、技术学、海洋生物学等 8 个实验室，以及海藻学、实验胚胎学、生理及组织学、鱼类学等研究室，另有温室、鱼类饲养室以及标本陈列室等。

生物学系海洋生物研究室成立后，除采集、调查外，主要任务是进行科学研究。至学年终，即得研究论文 20 余篇，分别载于国内各有关杂志。如林绍文教授《中国十字形水母之研究》，载于《海产生物集刊》第 3 卷第 1 号，在该文发表之前，中国十字形水母一类尚未被科学家所关注，故该文在海洋生物研究上独树一帜；童第周教授与叶毓芬先生合著的《双头青蛙之研究》发表于《中国实验生物学》杂志第 1 卷第 2 号，自卢克斯及布拉舍氏之理论(Roux-Brochets' theory)发明以来，学者均以为青蛙头尾之地位，定于受精时精虫之穿入。此理论 1933 年曾为童第周实验所否认。此次研究结果，进一步证明了这一理论的谬误，因青蛙之两头，决定于卵子本身，而非决定于精虫之穿入；曾呈奎先生的《海南岛海产绿藻之研究》载于《海产生物集刊》第 1 卷第 5 号，所研究之海藻计 38

1936年
11月

种，其中有新种和新变种各一。该文所论及者，全数为中国之新纪录，并有三种为世界稀有之标本，因此在海产植物学论文中占有重要地位。

至1936年底，山东大学图书馆图书总量已达87805册。其中文图书65287册，外文图书22518册，中外文杂志1208种，54116册。

1937年
1月

11日　校务会议通过《学期考试规则》《学生生活指导委员会章程》《校外人员实验章程》，并公布施行。

3月

5日　校务委员会决定，成立毕业生职业指导委员会，由校长、秘书长及各系主任组成。

本月　化学系助教勾福长的论文《制造骨胶之研究》，获严特约纪念工业化学征文奖第一名。该系助教郭质良的论文《山东酒曲之研究》，获中华文化教育基金委员会特种科学奖。

4月

本月　在救亡同学会的基础上，成立国立山东大学抗日民族先锋队，作为党的外围组织。推举吴绪担任队长。参加会议的有：李欣、王冠仲、王艺（王良）、吴绪（女）、周仲麓、周璇（周持衡）、章茂桐、单勣（王中）、韩玉树（韩宁夫）、陈振麓、程恒诗（陈汉）、胡家珍（唐棣华，女）、沙霞英（女）、贾兰英（女）、王华美（丛一平）、王儒林、蔡国政（蔡天心）、王桂荣（王继川，女）、李凤（李风，女）、狄庆楼（狄克东）、郁少英、万家蕊等人。

本月　化学社创办《化学杂志》季刊，后因卢沟桥事变爆发，仅出一期创刊号，即行停刊。

5月

15日　校务会议通过《本大学学则》修正案，《文理学院学则》《工学院学则》修正案，《教务处规程》《秘书处规程》《本大学办公总则》等，并颁布实行。

6月

本月　新建化学馆落成，交付使用。

7月

7日　卢沟桥事变爆发后，民族先锋队走出校门，深入群众进行多方面的抗日宣传和组织工作，动员民众起来抗战。

9日　民先队总队部通知召开民先队全国代表大会，李欣、王冠仲、吴绪等作为山大代表赴北平参加大会。

9月

20日　校庆纪念日。学校举行集会纪念。

本月　学生李欣与东北军军中共地下工委取得联系，由共青团员转为共产党员，介绍王艺入党，随即经中共五十一军工委批准，组建中共国立山东大学支部，李欣任书记。山大党支部恢复后，积极进行抗日活动，在崂山一带组织抗日游击队。队部设在毕家村小学，陈振麓、王景瑞、李昧复为队部负责人。

1937年

9月

李欣(1917～2017),福建长汀人。1933～1935年,就读广州省立一中(广雅中学),入学不久就参加了左翼文化总同盟领导的读书会,广州文总领导人陈黄光是中共党员、著名救亡歌曲《奋起救国》的作者。这期间李欣阅读了大量左翼文学作品和新兴社会科学书籍,如《辩证唯物论教程》《社会主义从空想到科学的发展》《政治经济学批判》《中国大革命史》,对其思想产生了巨大影响。

1935年,考入上海国立同济大学工学院,肄业于德文速成班。参加民族武装自卫会、抗日青年团的活动。"一二·九"运动爆发后北平派到上海来活动的学生代表到同济,李欣集合全校同学请其介绍北平学运情况。12月24日,举行了游行示威,并参加了沪杭线的宣传活动。返校后被开除学籍。1936年3月,经胡绵芳介绍加入中国共产主义共青团,建立同济大学团支部(属上海法南区委)。

1936年夏,经团组织同意报考国立山东大学,继续做学运工作。9月考入国立山东大学机械工程系,主持成立了中华民族解放先锋队青岛救亡同学会,通过由其起草的组织章程和成立宣言。1937年9月,与东北军五十一军地下工委书记项乃光接上组织关系,加入中国共产党,与陈振麓、王艺成立山大党支部,后山大支部改为中共青岛特别支部,任中共青岛特支书记,组织策划了崂山起义。

解放战争时期,任解放军师政委,参加过辽沈、平津、渡江等著名战役。1950年,出任驻民主德国使团参赞,驻英国代办处参赞兼领事部主任,成为新中国派往国外的第一批外交官。后任军事学院军事研究部副部长,主持编写《伟大的战略决策》等书籍。2014年,出版《李欣口述自传》一书,详述了半个多世纪以来从事政治、军事、统战、外交等工作的情况,为读者和研究者提供了丰富的资料。

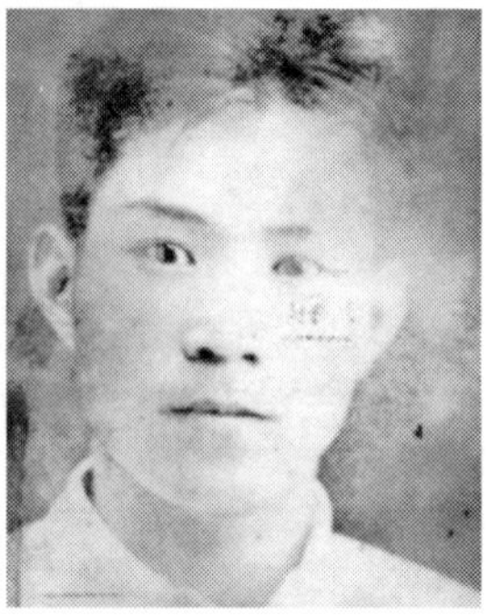

陈振麓

陈振麓(1913～1939),山东历城人。曾就读于济南省立一中。"九一八"事变后,参加济南学生赴南京请愿团。1933年,在察哈尔抗日同盟军时期加入中国共产主义青年团。1936年,考入国立山东大学生物系。1937年9月,由李欣恢复了组织关系,与李欣、王艺三人组成山东大学党支部。后山大党支部改为中共青岛特别支部,陈振麓任中共青岛特支委员,带领山大学生到毕家村参加抗日游击队。同年10月,任中共青岛市委书记。1938年1月,率崂山抗日游击队到诸城,与高密游击队工委领导的力量会合,组成高密游击队第四中队。不久,任中共鲁东南工委委员。2月,带领第四中队向徐州转移,与中共中央长江局取得联系。后被派往东北军五十七军六六七团开展工作。是年秋病倒战场,1939年2月病逝。

王　艺

王艺,又名王良,1913年生人,江苏涟水人。曾在国立中央大学实验学校学习。1935年,考入国立山东大学,在校期间,积极参加学生运动。1936年3月,担任山东大学学生抗日救国会主要负责人。1937年4月,加入国立山东大学抗日民族先锋队。1937年9月,由李欣介绍加入中国共产党,与李欣、陈振麓组成了中共山东大学支部，为支部成员，负责宣传工作。后在中共青岛市委担任秘书，与陈振麓等带领山大民先队员，在崂山毕家村一带发动群众，开展抗日活动。

1937 年

9 月

10 月

9 日　因抗日战争爆发，局势紧张，学校自即日起停课。

本月　中共山大支部改为中共青岛特别支部，领导两个支部，毕家村支部，书记陈振麓；十梅村支部，书记李明海。李欣担任中共青岛特支书记，中共青岛特支受中共东北军工委直接领导。中心任务是动员各界青年与群众，组织武装起义，准备在日军侵占青岛后开展游击战争。

11 月

本月　战事波及山东。学校内迁安徽安庆，图书、仪器、案卷分三批运出，第一批 257 箱运至西安，旋又转运万县（宜昌）；第二批 837 箱运至浦口，因南京失陷，全部丢失；第三批 16 箱运至汉口，转运万县。青岛沦陷后，日军将全部校舍作为海军司令部，除占用家具外，其余图书、仪器等物资全被焚毁。

本月　李欣率部分民先队员和山东大学进步学生，随东北军第五十一军工委书记伍志刚等到达高密，经过争取，高密绅士、国民党员蔡晋康领导的高密游击队同意与中共领导的游击队联合抗日。陈振麓、王艺等带领山大民先队员，在崂山毕家村一带发动群众，开展抗日活动。

本月　在东北军工委指导下，青岛特支撤销，由陈振麓、王景瑞、王焕章、李昧复、李明海五人组成中共青岛市委，陈振麓任书记，市委机关设在埠落小学。

本月　中共山大党支部将未随学校内迁的学生，组成游击队，坚持武装抗日。1938 年初台儿庄会战中，游击队转移到徐州附近，由中共长江局安排新的任务，这批同学为民族解放事业作出了贡献。

12 月

5 日　本校请准迁皖，定于本日在安庆市安徽大学校址开学。不久又内迁至四川万县。

本年　本校校舍 1411 间，价值 1809010.40 元，共容纳 3800 人，全校有图书 87805 册。

1938 年

2 月

23 日　教育部根据行政院 2 月 18 日训令，下令“将国立山东大学暂行停办”，学生转入国立中央大学和其他大学。图书、仪器、设备分别移交国立中央图书馆、国立中央大学和国立中央工业职业学校保管使用。原有经费，由国库实支部分仍照常拨发。

1938 年

2 月

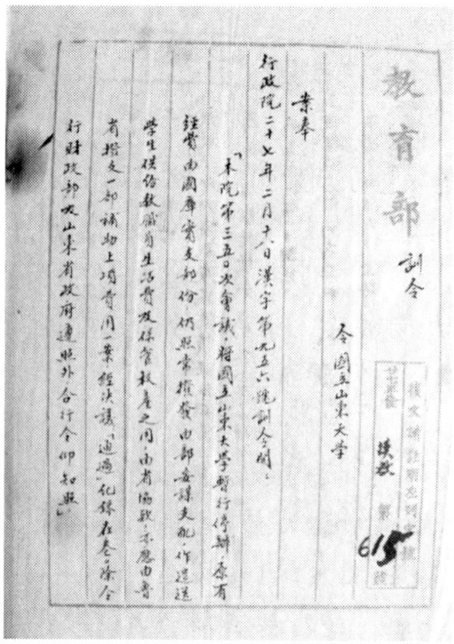
教育部训令

令国立山东大学

案奉

行政院二十七年二月十八日汉字第九五六号训令开：

「本院第三五〇次会议，据国立山东大学暂行停办，原有经费由国库发支部份，仍照常拨发由部妥谋支配，作遣送学生、供给教职员生活费及保管校产之用，由省协款不应由鲁省担支一部补助上项费用一案，经决议「通过」纪录在卷。除令行财政部及山东省政府遵照外，合行令仰知照。」

615

1938 年 2 月，国民政府教育部决议暂行停办国立山东大学

3 月

15 日　国立山东大学校产保管处成立。国立山东大学限于今日结束，经费领取至今日截止。

本月　国立山东大学停办。

4 月

14 日　教育部颁发《国立山东大学校产保管办法》。规定国立山东大学停办期间，所有教具等校产，由教育部委派王志超、黄龙先、汪公旭等为山大校产保管委员，王志超为主任委员，并组织保管处负责保管。保管处暂设四川万县该校原址内。其职责包括盘查校产、编造校产详册、保管校产等。

20 日　教育部准发"山东大学保管处"钤记，并于 5 月 8 日启用。

本月　教育部派王志超为校产保管委员会主任委员，黄龙先、汪公旭为委员，并设立校产保管处，先后在万县、重庆和江津等地办公。

5 月

3 日　济南惨案纪念日。学校下半旗，集会纪念。

6 月

本月　教育部指令免除林济青国立山东大学校长职务。至此，国立山东大学告一段落。

11 月

18 日　教育部下令改组国立山东大学校产保管处。派黄龙先兼任主任委员，王圻、张紫雏为委员。将保管处迁往重庆牛角沱教育部第二办公处。

1940 年

1 月

4 日　国立山东大学同学会三台分会在三台成立。薛传泗、丁金相、魏兴南为干事，负责本分会一切事宜。于 1 月 29 日第二次全体大会通过简章，本会根据国立山东大学毕业同学会简章第六章组织之。其宗旨在于联络感情，增进互相合作，并协助总会谋母校之复兴与学术之发扬。会址在四川省三台市教育部第五服务团。

1940 年

3 月

14 日　三台校友会及三台毕业同学分会，联合向母校山东大学校产保管处发函，要求母校复校。

1941 年

4 月

12 日　山东大学校产保管处派李韵涛等前往国立中央大学，国立中央工业职业学校，国立中央图书馆等处，察看其所借原国立山东大学图书、仪器等保管使用情况。点交国立中央大学借用图书、仪器、药品、机件等项 120 箱，国立中央工业职业学校为 54 箱，国立中央图书馆为 76 箱，国立师范学校为 186 箱，国立西北工学院为 23 箱。

1942 年

12 月

5 日　教育部拨给山东大学校产保管处追加经费 8000 元。

1944 年

1 月

28 日　教育部拨给山东大学校产保管处追加经费 10655 元。

3 月

27 日　财政部收到国立山东大学校产保管处员工缴纳的“七七抗战纪念日”劳军捐款 1270 元整。

10 月

3 日　教育部调国立山东大学校产保管委员王秩疆到该部驻渝办事处工作。

1945 年

8 月

本月　抗战胜利后，散处各地的山东大学校友，以恢宏教育，不忍母校长期中断之热忱，自动组成“山东大学复校协会”，奔走呼号，联名致电，要求仍在青岛迅速恢复山东大学建制。

9 月

14 日　抗日战争胜利，国立山东大学校产保管处向教育部申请接收学校停办时所缴纳的契据、印信、文册等，以利于保管。

28 日　教育部高教司聘青岛市教育局局长孟云桥兼国立山东大学校产保管委员会委员，就近代表本部接收保管青岛市原国立山东大学校产。（教育部于 11 月 6 日发聘函）

10 月

9 日　教育部批准国立山东大学收回所缴印信契据等的请示，并要求派人前往具领。

本月　山东大学收到教育部发还国立山东大学前于 1938 年缴呈的印信、契据及文件清册。

11 月

6 日　教育部批准孟云桥接收青岛市国立山东大学校产经费 100 万元。

1946 年

1 月

25 日　抗日战争胜利后，散处在后方的山东大学校友和教育界的知名人士联名通电，要求恢复山东大学建制。南京国民政府教育部同意复校。于本日委派赵太侔为国立山东大学代理校长，着手筹备复校。

2 月

本月　南京国民政府正式任命赵太侔为国立山东大学校长，负责复校事宜。山东大学的复校工作，在赵太侔校长的领导下正式开始进行。赵太侔校长又聘原山东大学总务长周钟岐教授为复校委员会主任。

3 月

9 日　国立山东大学的印章及校长印章正式启用。

4 月

本月　周钟岐返回青岛，以筹备复校委员会主任的名义，临时在胶州路东亚医学院旧址办公，积极筹划校舍接收。

5 月

4 日　举行“五四”科学座谈会，由丁西林、李先正、杨肇燫等教授分别作了《苏联的科学》《英国的科学》《中国科学发展的途径》等学术报告。

6 月

初　赵太侔校长抵青岛，研究复校工作。此时学校百废待举，复校工作千头万绪。赵太侔校长首先抓了四个方面：一是收回校舍；二是系科设置；三是延聘师资；四是全国招生。

1946 年山东大学复校之校舍收复

收复校舍是山东大学复校过程中的重大难题。学校原有校舍，青岛沦陷时多为日军占为兵营，抗日战争胜利后又为美军占用。当时，学校的总务长兼复校委员会主任是周钟岐，为了收回原有校舍，周钟岐不辞艰辛，据理力争。赵太侔校长赴青后，也积极奔走，亲自找美军驻青司令交涉。在多次交涉无果后，周钟岐商请青岛《民言报》编辑（兼美国合众社的驻青访员）用合众社访员的名义发表一篇新闻稿，其内容为“山东大学复校万事就绪，专候美军让出校舍即能上课云云”。美军迫于公众舆论的压力，又怕受到世界舆论的指责，方将所占用之校舍先行交出欧阳路一处，山东大学复校筹备处由胶州路迁入办公。后经过进一步的交涉，美军又将鱼山路五号、大学路三号、武定路廿九号、德平路四十号和四十二号、绥远路十八号、广饶路四号至九号及广西路等处一并交回学校使用。八月初，校方又与美军在青岛敌伪产业处理局签订协议书，言明一俟美军撤离，再将大学路原校舍交回。学校收回上述校舍后，确定鱼山路五号为大学本部及文、理两学院院址，泰山路为工、农两学院院址，广饶路为医学院院址，武定路及德平路作为先修班之用。大学路三号及欧阳路作为教职员工宿舍。至青岛解放美军撤离，原有校舍方全部收回。

本月　进行招生筹备工作，并拟定《招生简章》。简章规定：考生须是公立或已立案之私立高级中学毕业者，或后期师范学校毕业后服务满三年者，抑或具有上列相当资格，在教育部特设临时大学先修班或补习班结业者；公立或已立

1946 年

6 月

案之私立高级职业学校毕业者，得依其科别报考相关院系等。按照教育部多设考区的规定，除青岛外，并在北平、南京、上海、西安、成都、重庆、济南等七地设立招生办事处。

8 月

本月　国立山东大学收回被美军占用的一些校舍，立即确定复校后的系科设置和各级人选。复校后的规模较抗战前扩大，设文学院（中国文学系、外国语言文学系）；理学院（数学系、物理学系、化学系、动物学系、植物学系、地质矿物学系、仪器修造厂）；农学院（农艺学系、园艺学系、水产学系、农场）；工学院（土木工程学系、机械工程学系、电机工程学系、实习工厂）；医学院（医学本科、附属医院、高级护士职业学校），共 5 个学院 14 个系。还附设有大学先修班、海洋研究所、水产研究所。

学校和院系的领导人：校长赵太侔，校长室秘书主任刘康甫、李希章，教务长杨肇爔，总务长周钟岐。后增设训导处，刘次箫任训导长。文学院院长老舍（因去美，由赵太侔暂兼任），理学院院长丁燮林，工学院院长杨肇爔（兼），农学院院长陈瑞泰，医学院院长李士伟。中文系主任杨向奎（后增设历史系，仍由杨向奎兼主任），外文系主任郑坤成，数学系主任李先正，物理系主任王普，化学系主任刘遵宪，动物学系主任童第周，植物学系主任曾呈奎，地矿系主任何作霖，土木工程系主任许继曾，机械工程系主任丁履德，电机系主任樊翕，农艺系主任王清和，园艺系主任盛诚桂，水产系主任朱树屏。此外，还有应聘到校的知名教授王统照、丁山、陆侃如、冯沅君、赵纪彬、萧涤非、郭贻诚等。

丁西林（1893～1974），原名丁燮林，字巽甫，江苏泰兴人，著名剧作家、物理学家、社会活动家。1913 年，毕业于上海交通工业专门学校。1914 年，留学英国伯明翰大学攻读物理学和数学。1920 年，回国，历任北京大学物理系教授、中央研究院物理研究所所长。1947 年，任国立山东大学教授，1948 年，当选为中央研究院院士。1949 年，任国立山东大学校务委员会主任（校长）。1950 年，调任中华全国科学技术普及协会副主席。1958 年，当选为中国科学技术协会副主席，1960 年后，历任文化部副部长、中国对外文化联络委员会副主任、中国人民对外友好协会副主任、北京图书馆馆长、中国文字改革委员会副主任等职。

杨肇爔（1898～1974），字季璠，别名寄凡，四川潼南人，著名物理学家、翻译家、编辑家。1918 年，赴美国麻省理工学院电机系学习，1922 年获电机工程学硕士学位，回国任南京高等师范学校教授。1923 年，任北京西门子洋行工程师。1925 年，任北京大学物理系教授。1928 年，任中央研究院物理研究所研究员。1947 年，到山东大学任物理系主任兼教务长。1949 年，任校务委员会副主任（副校长）兼理学院院长。1950 年，代理校务委员会主任，同年到中国科学院编译局任编辑室主任，后任科学出版社编审、副总编辑、副社长等。

陈瑞泰（1911～2001），山东潍坊人，著名农学家、植物病理学家，烟草专家。1937 年，毕业于金陵大学农艺系，到山东实业厅临淄烟草改良场任职。1939 年，

1946 年

8 月

任成都金陵大学助教、讲师。1945 年，赴美留学。1946 年，任国立山东大学农艺系主任、教授、农学院副院长。1952 年，调任山东农学院院长，兼中国农科院烟草所所长。1983 年，改任山东农业大学校长，任校长长达 32 年。长期从事大、小麦黑粉病、小麦锈病、小麦赤霉病和烟草黑胫病的抗病育种研究和试验。主持制定了中国烟草种植区划，是中国烟草科技事业的奠基人。

王普（1902～1969），山东沂南人，著名核物理学家，山东大学物理学科创始人。1928 年，毕业于北京大学物理系。1930 年，到国立青岛大学任教。1935 年，赴德国柏林大学留学，1938 年获博士学位，到美国卡内基学院担任客座研究员。1939 年，在燕京大学、辅仁大学任教授。1946 年，重返国立山东大学，任物理系主任、代教务长。1947 年，任美国国家标准局辐射物理学研究员。1956 年，回山东大学物理系任教授，兼中科院物理所研究员。王普是中国核物理学的先驱，发现了核裂变的缓发中子，还在核乳胶在高能物理实验中的应用、低能 X 射线谱分析及宇宙线中不稳定粒子的研究等方面取得重要成果，"是见证了核裂变时代开始的中国人，也是最先在核裂变领域中工作并取得重要成果的中国人之一"。

本月　创建国立山东大学水产学系，著名海洋生态学家、水产学家朱树屏教授任系主任，内设水产研究所，主要从事海洋捕捞、水产加工、水产养殖等教学与研究。国立山东大学水产学专业是全国第一个水产学本科专业，1948 年 5 月率先招收研究生，为中国培育了首批高水平专业人才，是中国水产事业的摇篮。

朱树屏（1907～1976），号叔平，字锦亭，山东昌邑人，世界著名海洋生态学家、水产学家，1934 年毕业于中央大学，入中央研究院动植物研究所工作。1938 年，到英国留学，先后在伦敦大学、剑桥大学学习，1941 年获哲学博士学位。主要从事海洋浮游生物和淡水生物研究，研制成功"朱氏人工海水培养液"。1946 年，受聘为国立山东大学教授，创办水产学系。1949 年，任中国科学院研究员。1951 年，回到青岛，在中国科学院水生物研究所海洋生物研究室工作，兼山东大学教授。由朱树屏领导完成的《海带施肥养殖》《海带自然光育苗》《坛紫菜人工育苗与养殖的研究》三项成果均获 1978 年全国科学大会奖。

9 月

20 日　国立山东大学成立纪念日。

本月　国立山东大学医学院创建。1947 年开始招生。内设两个科室，四个实验室，一个尸体室，一个附属医院并附设高级护士职业学校。著名医学家李士伟、魏一斋教授等先后任院长。

魏一斋（1906～1975），曾用名魏兴谦，山东寿光人。1934 年，毕业于齐鲁大学医学院，留校任妇产科医师。1936 年，入协和医院深造，留任妇产科医师。1938 年，经八路军武汉办事处介绍，到汉口协和医院任妇产科主任。同年 9 月到达延安，历任八路军医院医务主任，中央医院医务主任、院长，西北联防司令部卫生部副部长等职，兼任中央医科大学教师和中央领导保健大夫。受到毛泽东、周恩来、朱德等赞誉。1949 年，任山东大学医学院院长兼青岛市卫生局局长，后调任卫生部医学教育司副司长。

1946 年

9 月

潘作新(1903～1983)，山东莱州人，著名眼科专家、一级教授。1923～1927 年，就读于齐鲁大学医科，后入北京协和医学院学习，1930 年毕业留院工作。1936 年，赴维也纳大学医学院进修，任研究员。回国后任中国红十字会救护总队第十一中队队长、西北医学院教授、南京中央医院眼科主任。1947 年，任山东大学医学院教授兼附属医院眼科主任，1948 年在国内首创切断睑板矫正内翻新手术，被载入医学教科书，称为“潘氏手术”长期应用。后历任青岛医学院附属医院院长，青岛医学院副院长、院长。

10 月

15 日　本年度各区新生报考录取人数统计，共分 7 个考区(青岛、济南、北平、重庆、成都、西安、上海)，报考人数总计 5875 人，录取 818 人(录取比例 14%)。此外，还有教育部拨来先修班及复员青年军学生共 245 名。另外尚有南京区委托中央大学代办录取学生 85 名，及各指定中学送审成绩经查及格录取者 61 名。总计收录学生为 1209 名。

22 日　复校后的国立山东大学图书馆正式成立，职员 3 人。此时，残余的西文图书 3398 册，线装书 5166 册。后经学校请准青岛市敌产处理局，接管德日文书籍 6674 册，代管中国工程学会日文书籍 5349 册，又有私人赠书约 2000 册，复购到中西文图书 8321 册。图书馆图书得以充实。

23 日　训导处颁布《关于国立山东大学新生入学注意事项》：一、报到；二、住宿；三、伙食；四、开学；五、口试；六、复试；七、甄别、试验；八、体格检验；九、缴费；十、注册选课；十一、公费；十二、校舍分配。

25 日　经过半年多的筹备，国立山东大学举行复校后的第一次开学典礼(与附设高级护士学校联合举行)。到校师生 500 余人，齐集大礼堂，参加开学典礼。主席赵太侔校长，司仪吴同伦。会上由校长致辞，介绍本校历史沿革及对学生的殷切期望。赵太侔表示，山东大学因抗战而停办，又因抗战胜利而恢复。他强调，大学的任务一方面是作学术研究，一方面是造就专门人才。大学在组织方面应包括各种学科，因为各学科互相关联；在训练人才方面要着重训练通才，基础知识面要比专科广、深。大学固然有一般的完整性，同时也要注意其特殊性，学校应利用青岛的环境条件，发展自己的优势。他还指出：学术无地方性，不应受地域的限制，应突破地域从全国乃至国际间延聘专家学者到校任课。对学生也是这样，若仅容纳一个地域的学生，学生胸襟不会开展而无偏见。“一个大学应收容各方面的学生，使他们彼此了解各种地方不同的生活方式，来源愈广，收获愈丰富，愈能陶冶优秀人才。”“在大学读书，不只学技能，而是要受‘全人教育’，本校开办之始，就以此为准的。”赵太侔提出的奠定文理之基、“全人教育”的理念，在当时大学教育中是颇有见解的。

1946 年

10 月

周钟岐总务长报告复校筹备经过。最后由教授代表王贯三(王普)先生致辞,对学生选择院系方面作详细说明。会后全体摄影留念。

同日　国立山东大学校刊复刊,并发表复刊献词。推举刘康甫、牛星垣、邵式鎏、高哲生、郭宣霖组成编辑委员会,由刘康甫为主席,牛星垣为负责集稿及编辑人。校刊复刊后,报道了学校的工作动态,交流了教学、科研等方面的经验,记载了复校工作的情况,国立山东大学校舍状况,为山东大学复校的经过和以后的工作留下了原始资料。

11 月

7 日　校图书馆期刊室,即日起开放阅览。因杂志报章不多,只限室内阅览,暂不出借。

11 日　经校临时校务会议议决,第一批新生复试完毕后,因远道考区新生尚未到齐,为使先到校学生便于补习,免致荒废学业起见,决定先开国文、英文、数学三种基本课程,并于本日在泰山路工学院校址正式上课。

23 日　教务长杨肇燫、前体育主任宋君复到校。杨先生系国立清华大学官费留美,专攻工程物理学等,回国后任国立北京大学教授。宋先生,七七事变本校停办后,即转任国立四川大学教授兼体育主任,山东大学复校后,被聘为教授兼体育卫生组主任。

28 日　训导长刘次箫由南京乘飞机抵校。

30 日　颁布《国立山东大学学则》。凡在公立或已立案之私立高级中学或同等学校毕业,经本校入学试验录取者,可入本大学本科一年级学习。

该《学则》规定,各学院学生修业年限为四年,其中工学院五年、医学院六年(解放后工学院缩短为四年,医学院缩短为五年)。各学院除医学院科目另有规定外,其他科目均按学分计算。

12 月

1 日　本年度新生体格检验,从 11 月 29 日至 12 月 1 日分三批进行。共检查学生 360 名。

4 日　校教职员篮球队正式成立,定名为“山东大学教联队”。聘宋君复教授为指导员,推选冯绍尧、李嘉咏为正副队长,队员 20 余人。

7 日　临时校务会议决议组织福利委员会,推选委员 9 人。周钟岐为召集人。

16 日　临时校务会议决定,于本日全校学生一律正式上课。

28 日　举行国立山东大学庆祝复校纪念大会。来宾及本校全体师生 1000 余人,齐集大礼堂,举行典礼。由赵太侔校长致开会辞,详细阐述本校复校筹备

1946 年
12 月

经过及今后计划。

同日　校刊发表"复校纪念专号"，重点刊载本校各院系负责人对本单位的学术研究计划和展望。

国立山东大学复校

抗战胜利后，以汤腾汉教授为代表的山东大学校友自动组成"国立山东大学校友复校促进委员会"，并请杨振声、赵太侔等前任校长及党政名流联名致电国民政府，请求在青岛迅速恢复山东大学建制。经过多方努力，国民政府教育部决定恢复山东大学，并于 1946 年 1 月委派教育司司长赵太侔再次担任山东大学校长，负责复校事宜。青岛鱼山路 5 号为校本部和文理学院，泰山路日本第三小学为工、农两学院，武定路日本第一小学为医学院。

1946 年 1 月，国立山东大学在青岛复校，南京国民政府任命赵太侔为校长。学校设文、理、工、农、医五个学院，内设中国文学、历史学、外国文学、数学、物理学、化学、动物学、植物学、地质矿物学、土木工程学、机械工程学、电机工程学、农艺学、园艺学、水产学 14 个系。一般学制四年，工学院五年，医学院六年。10 月 25 日，正式开学。原在山东大学任教的教授学者如期而至，丁西林、王统照、杨肇爠、何作霖、魏一斋、朱树屏、冯沅君、陆侃如等纷纷前来加盟。学校整肃一新，雄风犹在，很快恢复元气。

赵太侔校长到任后，通过各种渠道延聘师资，除聘请原在山东大学工作的教授外，还聘请了另外一些知名的专家、学者。教师阵容整齐，名师云集。首批受聘的教授、学者有老舍、杨肇爠、周钟岐、杨向奎、刘椽、童第周、曾呈奎、何作霖、陈瑞泰、朱树屏、孙振先、李士伟、孟云桥、赵纪彬、丁山、王统照、陆侃如、冯沅君、黄孝纾、萧涤非、郭宣霖、罗念生、彭先荫、宋鸿哲、丁西林、王恒守、王书庄、张怀朴、蒋天鹤、朱彦丞、张寿常、王以康、沈汉祥、张玺、赫崇本、鲍文蔚、陆光庭、张学铭、丁履德、孙兴诗(思白)等。

山东大学复校后，学制与课程基本上沿用抗战前学校的一套做法，把"研究高深学术，养成专门人才，陶融健全品格"作为教育目标。根据这一原则，学校要求学生对人文科学、自然科学和应用科学三方面都具有广泛的综合的了解，既掌握渊博的科学知识，又有实际的驾驭能力，为新中国培养了一大批优秀人才。

马祖光(1928～2003)，北京人，著名光学专家。1946 年，入国立山东大学物理系学习，1950 年毕业到哈尔滨工业大学任教，历任讲师、副教授、教授。2001 年，被评为中科院院士。是国内外激光领域的知名学者，长期从事激光介质光谱、可调谐激光、非线性光学及应用研究，取得一系列创新性成果。1986 年，获全国优秀教育工作者称号并获"五一劳动奖章"，荣立航天部一等功。

王统照(1897～1957)，字剑三，笔名息庐、容庐，山东诸城人，著名作家、编辑家、诗人、新文化运动的先驱。1918 年，创办《曙光》。1921 年，与郑振铎、沈雁冰等发起成立文学研究会。1922 年，毕业于中国大学英文系并留校任教，曾任

1946 年

12 月

中国大学教授兼出版部主任。1935 年，在青岛与老舍、洪深、吴伯箫、孟超、臧克家等一起创办《避暑录话》周刊。1936 年，到上海任《文学》杂志主编，参加上海文化界救国会。上海沦陷后，坚持在上海开展抗日救亡活动，曾任暨南大学教授、开明书店编辑。1946 年，担任山东大学中文系教授、系主任，积极支持学生爱国运动。1950 年 3 月，任山东省文教厅副厅长，同年 4 月当选为山东省文联第一任主席兼省文化局局长。1954 年，当选为第一届全国人大代表。代表作有《鹊华小集》《王统照短篇小说选》《王统照诗选》《王统照文集》《王统照选集等》。

杨向奎(1910～2000)，字拱辰，河北丰润人，著名史学家、物理学家。1935 年，毕业于北京大学历史系，留校任教，师从著名历史学家顾颉刚教授。1936 年，赴东京帝国大学做研究生，次年回国先后执教于甘肃学院、西北大学、东北大学等。1946 年，到国立山东大学任中文系教授、系主任，历史系主任，历史语文研究所所长，文学院院长，科学研究委员会副主任，《文史哲》首任主编。1957 年，调任中科院历史所研究员，曾任历史所学术委员会主任、秦汉史研究室和清史研究室主任，全国政协第五、六届委员。一生致力于中国社会史、思想史、历史地理等研究，著述宏富，被誉为一代宗师。他对熵的研究引起国内外科学界的高度重视。主要著作有《西汉经学与政治》《中国古代社会与古代思想研究》《哲学与科学——自然哲学续篇》等。

曾呈奎(1909～2005)，号泽农，福建厦门人，著名海洋生物学家。1931 年，毕业于厦门大学植物系，1935 年到国立山东大学任教。1940 年，赴美留学，获理学博士。1946 年，任国立山东大学植物系主任、教授，代理水产系主任。1950 年，和童第周、张玺等创建中科院海洋生物实验室。1980 年，当选为中科院院士。一生从事海洋生物特别是藻类研究。他的海带人工养殖研究，填补了我国在这一领域的空白，使我国成为海带生产大国；他的人工养殖紫菜壳孢子研究，开启了科学种植紫菜的新纪元。“壳孢子”(CONCHOSPORE)一词被国际采用。2002 年，获首届山东省科学技术最高奖。

何作霖(1900～1967)，河北蠡县人，著名地质学家。1920 年，入北京大学地质系，师从李四光、丁西林。1938 年，到奥地利茵斯布鲁克大学留学，1939 年获博士学位。1946 年，任山东大学教授，创建地质矿物学系并任系主任。1951 年，兼任教务长。1952 年，调任中科院地质所研究员，1955 年当选中科院院士。

赫崇本(1908～1985)，又名赫培之，满族，辽宁凤城人，著名海洋学家。1932 年，毕业于清华大学物理系。先后在河北工学院、清华大学和西南联合大学等校任教。1943 年，赴美国加州理工学院气象系留学，1947 年获哲学博士学位。1949 年，回国任国立山东大学教授兼中科院水生生物研究所研究员。1952 年，任山东大学海洋系主任。曾任山东海洋学院教务长、副院长、物理海洋研究所所长。

1946 年
12 月

丁履德(1912～1972)，字骥甫，山东日照人，著名内燃机专家。1934 年，毕业于上海交通大学机械工程系，后留学意大利都灵大学航空研究院，1937 年获工学博士。曾任西北工学院、浙江大学、西南联合大学、厦门大学教授。1947 年，任国立山东大学工学院教授，1950 年任工学院院长。1952 年，调任山东工学院院长。曾任济南市政协副主席、第二、三届山东省政协副主席。

1947 年
1 月

4 日　国立山东大学就美军侮辱北大女生的“沈崇事件”，召开抗议美军暴行大会。大会通过《告青岛市民书》和《告全国同胞书》，声援北平学生的正义斗争。这是山东大学在复校后的第一次反美浪潮。

5 日　工学院变更旧制，注重工厂实习，增加修业年限，改四年为五年毕业。

18 日　《国立山东大学学生宿舍暂行规则》，自今日起实施。

同日　本校前英文系主任杨伯屏先生，将所领薪金 80 万元寄校，请做本校“杨伯屏捐赠英文图书之用”。

29 日　国立山东大学员工业余联谊会成立。本会以联络感情、研究学术技能并增进工作效率为宗旨。凡本校教职员工志愿参加本会者，均可为本会会员。

2 月

5 日　本校战前已开始筹设海洋研究所，因战事而停顿。复校后，国民政府教育部批准山东大学理学院规划设置海洋学系，附设海洋研究所，系主任兼所长。此项计划分四年完成，本年度由教育部酌拨筹备费用。

6 日　林绍文博士在学校大礼堂举行题为“漫谈科学”的演讲。林博士系美国康奈尔大学生物学系博士。战前历任厦门大学及本校生物学系主任。为国内著名生物学家。参加师生约数百人。

15 日　《国立山东大学学生集会暂行规则》自今日起实施。凡本校各种集会，均依本规则办理。

本月　济南山东大学校友会成立。自抗战胜利以来，山大校友复员返鲁者较多，济青两地更多。集中在济南的校友有 40 余人。今春 2 月间，曾举行聚餐会，会商成立校友会事宜，推选于修文、弓英德、王德懋、王延琦、郑幕雍等人为理事，秦亦文等为监事，并决定向母校献书或永久纪念物等。

本月　山东大学地下工作小组成立，赵劭坚任组长，山东大学学生孙思燮(宋鲁)、郑荃(吕征)为工作关系。中共青岛市委派党员宋斌(先修班学员)考入山东大学，派党员赵劭坚在校外专做该校工作。

3 月

1 日　颁布《国立山东大学学生团体组织暂行规则》。

5 日　临时校务会议宣布出席校务会议教授代表选举办法：校务会议以校长、教务长、训导长、总务长及各院院长、各系科主任，先修班主任，会计主任及全体教授、副教授选出代表组成，出席校务会议的教授代表每年改选一次；本年度教授代表定为 3 人(每 10 人选 1 人)，由全体教授、副教授推选。

8 日　国立山东大学成立有中共地下党员参加的第一届学生自治会。中文系学生石勃瑜(萧平)被选为理事长。本会设常务理事，分为学术股、福利股、总务股、康乐股、交际股。

1947 年

3 月

同日　学校颁布《学期试验办法》及《试场规则》。

19 日　临时校务会议决议组织奖学金审核委员会。本会由 7 人组成，杨肇爀为召集人。

中旬　由爱好文艺的同学集资出版的《星野》文艺月刊创刊号，本月中旬与读者见面。该刊每期 3 万字。

22 日　校体育卫生组发起的系际篮球锦标赛，自 2 月 13 日开始至本日结束，共赛 33 场。中文系获冠军，医学院获亚军。

同日　国立山东大学新生活运动委员会成立，并于本日启用印章。

26 日　成立训导委员会，训委会以校长为主任委员，训导长为秘书。

28 日　举行复校后的第一次校务会议。出席人员有赵太侔、樊翕、王哲安、王普、曾呈奎、陈瑞泰、黄孝纾、童第周、綦建镒、何作霖、刘次箫、刘遵宪、周钟岐、李士伟。会议主席赵太侔，记录刘康甫。会议主要内容是宣布教授出席校务会议选举结果（郭贻诚、樊翕、黄孝纾三先生当选），追认通过临时校务会议议决各项议案。

30 日　青岛发生人力车夫苏明诚被美军刺死的惨案。师生对此无比愤怒。学生自治会召开大会，控诉美军罪行，并通电南京蒋介石政府和美国大使馆，要求严惩凶手，赔偿损失，抚恤被害家属，撤出驻华美军等。这是山东大学掀起的第二次反美浪潮。

4 月

6 日　旅青同学会正式成立。于本日召开第一次山大同学会，20 余人出席。祝椢当选为理事长，牛星垣、陈自忠为常务理事，王东江、高哲生、杨文衡、勾福长、张希周、曲漱蕙为理事，宋作君为常务监事，冯绍尧、赵殿诰为监事。会议讨论通过《山东大学同学会组织章程》。

15 日　山东大学第一届学生自治会召集学生集会，就苏明诚案通电全国各大学请求声援，并通电南京政府和美国大使馆，提出严正抗议，要求外国军队立即撤出中国。学校的“民主墙”上也贴出了洋溢着民族正义感的大字报，爱国情绪十分高涨。

24 日　童第周被聘为本校海洋研究所所长，曾呈奎为副所长。

25 日　第三次校务会议决定，成立招生委员会。以教务会议出席人为委员，并推选文学院郑成坤、理学院何雨民、农学院陈瑞泰、工学院樊翕、医学院李士伟及教务长、注册组主任为常务委员，教务长杨肇爀为召集人。

同日　《国立山东大学学生操行成绩考核办法》颁布实施。

28 日　《青年新报》正式创刊。《青年新报》是进步学生在地下党员宋斌等人影响下，组织了青年新报社，出版《青年新报》刊物。青年新报社的主要成员都参加了学生自治会工作，特别是在 1947 年夏学运高潮中，实际上起到了骨干核心作用。

5 月

1 日　经爱好文艺同学积极筹备，《岛上文艺》月刊创刊号问世。

2 日　美国驻华大使司徒雷登来青岛，并到国立山东大学发表“中美友好”的演讲。学生自治会获悉后，立即草拟《致大使书》。内容主要是，严惩刺死苏明

1947 年

5 月

诚的凶手，赔偿损失；美军交回占用山东大学的全部校舍；驻华美军立即撤走。在司徒雷登讲话刚住，学生自治会代表登台朗读《致大使书》，全场热烈鼓掌支持。司徒雷登张口结舌，手足无措，狼狈退场。

3 日　校第七届运动会（也是复校后第一次运动会），于上午在鱼山路校本部运动场举行。

5 日　颁布《国立山东大学总务处组织规程》。

18 日　华北学生反饥饿、反内战联合会（简称“反饥联”）成立，号召国统区学生于 5 月 20 日举行反饥饿、反内战示威游行（史称“五二〇运动”），同时同意由北京大学学生提出的 6 月 2 日为“反内战日”建议，作出 6 月 2 日发动国统区学生统一罢课，示威游行，并通过工人罢工、商人罢市、教师罢教的决议。学生“反饥饿，反内战，反迫害”运动得到全国人民的支持。

30 日　为让青岛市本年度各中学毕业生了解山东大学各院系情况，并便利报考山东大学，本市各应届毕业生 300 余人，分组参观学校各院系。

6 月

1 日　全校师生为“反内战，反饥饿，反迫害”举行长达 9 个多小时的辩论大会。

2 日　国立山东大学学生自治会，组织全校师生举行“反内战，反饥饿，反迫害”的示威游行，遭到青岛反动当局的镇压，学生 200 多人遭毒打，石勃瑜等 40 人被抓走，造成了“六二”惨案。

“六二”风暴

（1947 年国立山东大学学生与“反饥饿，反内战”斗争）

1947 年的春天，全国革命形势蓬勃发展，人民解放军在前线的作战节节胜利。在国统区，广大人民的第二条战线如火如荼地展开了与蒋介石政权的斗争，毛泽东于 1947 年 5 月 30 日在为新华社撰写的《蒋介石政府已处在全民的包围中》的评论中指出：“中国境内已有了两条战线。蒋介石进犯军和人民解放军的战争，这是第一条战线。现在又出现了第二条战线，这就是伟大的正义的学生运动和蒋介石反动政府之间的尖锐斗争。”学生“反饥饿、反内战、反迫害”运动得到全国人民的支持。

国立山东大学在进入 1947 年后，通过抗议美军强奸北大女学生暴行，抗议美军枪杀洋车夫苏明诚事件以及向美国驻华大使司徒雷登递交抗议书等，向国民党政府展开了斗争。进至 5 月，国立山东大学教职员工为抗议国民政府拒绝答复三次电请要求提高待遇而罢教。学生们响应平、津、京、沪学生要求增加教育费、伙食费的决议而罢课。校内充满了战斗气息。学校学生自治会的“民主墙”成为歌颂光明、鞭打黑暗的主要阵地。学生们组织的进步业余社团，编写了许多充满革命的诗歌、论文的壁报布满了大楼两侧走廊。青年新报社是由地下党员和进步学生组成的学生团体，在学生中有着较为广泛的联系，成为“六二”反内战、反饥饿运动的主要领导核心。在讲演会、座谈会上大家探讨着进步的社会科学和现实政治问题。

5 月，中旬，民主墙上张贴了北平、上海各大学的呼吁书，和华北学联发表的

1947 年

6 月

反饥饿、反内战宣言。国立山东大学的进步学生纷纷签名响应，学生自治会于5月31日召开全体会员大会，并邀请了校方和教职员参加。会议一致主张罢课游行，并选举出行动委员会领导机构。游行遭到青岛市国民党当局的镇压。学生200多人遭毒打，石勃瑜等40人被抓走，造成了"六二"惨案。经国立山东大学"六二"惨案善后委员会努力，11日青岛当局无条件释放了被捕学生。

"六二"惨案的消息传遍全国，延安《解放日报》、山东《大众日报》都以重要版面刊登了这一消息，解放区的山东大学集会谴责国民党暴行，通电声援国立山东大学。

"六二"运动是解放战争时期国立山东大学最大的反美蒋斗争之一，运动锻炼了一批进步青年，提高了政治觉悟，或先或后地奔向解放区，直接参加了革命。

4日　国立山东大学"六二"惨案善后委员会，向全国各界人士发出呼吁，彻底揭露青岛国立山东大学"六二"惨案的真相。

11日　在广大人民群众坚持斗争的压力下，国民党当局被迫释放全部"六二"惨案被抓人员。

20日　学校制定《职员考绩暂行规则》。

本月　"新生剧社"和"拓荒社"曾先后组织过几个大的晚会，演出戏剧《屈原》《岁寒图》以及小调歌剧《兄妹开荒》等。学生进步团体在"反内战、反饥饿、反迫害"斗争中，配合全国学生运动，进步师生与国民党展开不屈不挠的斗争，打击了敌人，锻炼了自己。

7 月

11日　举行第九次校务会议。会议主席赵太侔报告山东省临时参议会代电，建议学校在济南设立分校。

本月　山东大学学运骨干和反甄审运动骨干一起，成立秘密组织"政治研究会"，提出为共产主义奋斗的口号，成员有石勃瑜（萧平）、梁培智（文纵）、马绪登（史乘）、李君起（吕涛）、胡惟溥（鲁毅）、卢云鹏（颜青）、郑荃（吕征）等。

8 月

1日　《国立山东大学学生佩带证章暂行简则》即日起执行。

14日　《国立山东大学各院系助教服务规则》颁布实施。各院系可依所开课程性质的需要，由系主任商请校长聘任助教若干人。

本月　《出版组办事简则》公布实施。本组设总务、讲义、校刊、印刷四股。

本月　《国立山东大学学生出版刊物规则》公布实施；颁布《国立山东大学图书馆组织条例》。图书馆隶属教务处，负责全校图书的搜集编藏等事宜。

9 月

11日　本学期开学。

16日　校奖学金审查委员会成立。除校长、教务长、训导长及会计主任为当然委员外，推沈福彭、王书庄、杨向奎、李文庵、秦素美、樊翕、朱树屏、宋君复等八位先生为委员。

本月　孙思燮、郑荃被批准加入中国共产党，组成中共山东大学地下党小组，赵劭坚任组长。

1947 年

9 月

赵劭坚(1926～2006),化名郭为,祖籍山东泰安,生于山东青岛。1946 年 11 月,由青岛市委书记宋子成介绍加入中国共产党。曾担任《青岛民报》记者、编辑。1947 年,考入国立山东大学农艺系,因故未入学。1947 年 9 月,任中共国立山东大学地下党小组组长,参与领导了国立山东大学学生响应全国高等学校“反饥饿,反内战”的“五二〇”运动之“六二”运动。1949 年 6 月青岛解放后,任青岛市军管会驻青岛中纺公司的军代表小组成员,担任军事总代表柳运光、刘特夫的秘书。后分配到邮电部邮电科学研究院情报室工作,不久调任院长秘书,后在黑龙江、湖北、北京长期担任邮电情报工作。1987 年 5 月离休,2006 年 5 月病逝。

赵劭坚

孙思燮,1924 年生,又名宋鲁,山东即墨人。1943 年,在青岛市立中学参加由同班同学曲琦组织的“学术研究会”,1944 年秋考入北平国立师范大学。1945 年抗战胜利后,滞留青岛期间,参加了曲琦等创办的青年人杂志社。1946 年考入国立山东大学化学系,是国立山东大学第一届学生自治会成员。与中共党员宋斌等发起成立山大复校后第一个党的外围组织青年新报社。1947 年 8 月,经赵劭坚介绍在山东大学加入中国共产党。1947 年秋至 1948 年秋,为山东大学党小组成员。离休前任青岛市科委副主任、顾问。

孙思燮

郑荃,1926 年生,女,山东诸城人。曾于青岛私立文德女中读书。1946 年,考入国立山东大学文学系。由于在文德女中学生运动中思想进步,入校后即成为中共地下党在山东大学的重要关系。1947 年 2 月,山东大学地下工作小组成立,赵劭坚任组长,郑荃(吕征)和孙思燮(宋鲁)为工作关系。1947 年 9 月,郑荃加入中国共产党,与赵劭坚、孙思燮三人组成中共山东大学地下党小组,赵劭坚任组长。为国立山东大学学生运动的发展作出了重要贡献。

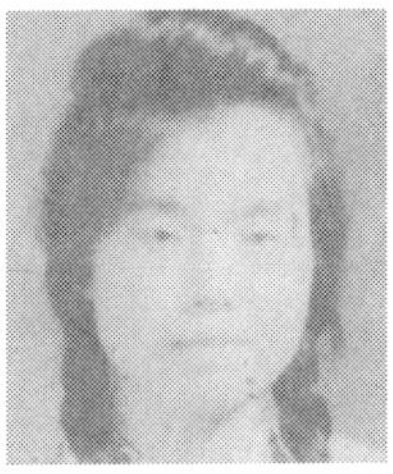

郑　荃

10 月

25 日　国立山东大学复校纪念日。

27 日　学校公布实施《教职员学生工役及各级职员眷属暂行诊病优待办法》。

本月　学校本年度新生报考总数为 4307 人,实际收录 451 人。

秋　在原青年新报社成员的基础上,成立了公开进步社团“历史研究会”,开展研读马克思列宁书籍和宣传鼓动工作,举办政治学术讲座和讨论会,并以“历史研究”为题,揭露国民党的黑暗统治。

11 月

18 日　训导处主编的《训导周报》,出版创刊号。

29 日　“国立山东大学物理学会”成立。本会主要宗旨为砥砺学业,研究学术。会长庄德全,会员为物理系全体师生。

1947 年

12 月

10 日　本学年度第一学期各院系在校学生，总计 768 人，其中，男生 669 人，女生 99 人。

19 日　学校为减轻清寒学生的负担，分别设立经济饭堂。

22 日　校务会通过《农学院附设农场组织大纲》《管理规则》及《工人考勤规则》。

同日　物理学系教授兼主任王贯三（王普）先生，应美国标准局（Bureau of Standards）之聘为研究员，于本日乘机抵美就职。在请假期间，系务由教授郭式毂（郭贻诚）先生代理。

31 日　学校成立图书馆委员会，推举杨向奎、郭贻诚、朱树屏、许继曾、沈福彭、刘崇仁先生为委员。郭贻诚先生为召集人。

1948 年

2 月

6 日　校务会议公布本年度出席校务会议的教授代表为杨肇燫、丁山、丁西林、戴立生、樊翕、潘作新六位先生。

同日　奉教育部令，学校组织经费稽核委员会。除当然委员外，推选杨肇燫、丁山、丁西林、戴立生、樊翕、潘作新六先生为委员。

17 日　动物学系教授兼主任童第周先生，受美国洛氏基金会聘请赴美研究，为期一年。童先生出国期间，系务工作暂由戴立生教授代理。

本月　上报学校概况调查表中记载，国立山东大学（校址青岛鱼山路），校长赵太侔，教务长杨肇燫，训导长刘次箫，总务长周钟岐，代理工学院院长杨肇燫，医学院院长李士伟。学校下设文学院（中国文学系，外国语文学系）；理学院（数学系、物理学系、化学系、动物学系、植物学系、地质矿物学系）；农学院（农艺学系、园艺学系、水产学系）；工学院（土木工程学系、机械工程学系、电机工程学系）和医学院，共 5 个学院 14 个系。出版刊物《校刊》《训导周报》《文史丛刊》《星野》《岛上文艺》。

3 月

31 日　英国伦敦各大学中国委员会秘书莫克尔来校参观。

4 月

15 日　颁布《国立山东大学组织规程修正案》。

17 日　学校第八届春季运动大会，于本月 16～17 日在本校运动场举行。

5 月

15 日　赵太侔校长被选为国际戏剧协会中国分会会员。

本月　驻青岛美军提出租借国立山东大学校舍 99 年的无理要求。全校人员极为愤慨，在校内举行反美游行，并到美军兵营前示威和张贴反美传单，使驻青美军不得不有所收敛。围绕收回校舍问题，国立山东大学又掀起了第三次反美高潮。

截至本月统计，各单位负责人和教授为：校长赵太侔，教务长杨肇燫，训导长刘次箫，总务长周钟岐，中国文学系主任杨向奎，外国文学系主任郑成坤，数学系主任李先正，物理系主任王普（因出国由郭贻诚代），化学系主任刘椽，动物学系主任童第周（因出国由戴立生代），植物学系主任曾呈奎，地质矿物学系主任何作霖，农艺学系主任陈瑞泰，园艺学系主任盛成桂，水产学系主任朱树屏，土木工程学系主任许继曾，机械工程学系主任孙振先，电机工程学系主任陈茂康，医学院院长李士伟。文学院教授：舒舍予、孟云桥、赵纪彬、陈云章、杨向奎、刘次箫、丁山、陆侃如、冯沅君、黄孝纾、萧涤非、郑成坤、郭宣霖、许桂英、罗念生；理学院教授：李先正、彭先荫、宋鸿哲、张国隆、王普、郭贻诚、丁西林、杨肇燫、王恒守、王书庄、刘椽、阮鸿仪、张怀朴、童第周、戴立生、蒋天鹤、秦素美、曾呈奎、李良庆、朱彦丞、何作霖、张寿常；农学院教授，薛廷耀、陈瑞泰、李文庵、潘咏珂、刘俊利、王华文、盛成桂、朱树屏、王以康、林渫、林绍文、王贻观；工学院教授：杨肇燫、周钟岐、孙振先、陈孝祖、许继曾、陈茂康、樊翕；医学院教授：李士伟、穆瑞一、沈福彭、潘作新、陈慎昭、綦建镒。全校共有教授62人，副教授19人，讲师40人，讲员7人，助教39人。

1948年

5月

6月

26日　公布《国立山东大学附设高级护士职业学校招生简章》。本年度该校招收新生20名。

本月　从6月28日起，罢课三天，学生们高呼"反对霸占山大校舍"等口号，通电全国，并向学校当局提出抗议，反对当局与美军签订长期租借校舍的合同。迫于革命学生的浩大声势和校方在谈判中的坚定态度，美军不得不有所收敛，改为1950年归还山东大学校舍。

23日　校务会议决定，重新推定校章制委员会人选，由教务长杨肇燫、训导长刘次箫、总务长周钟岐、医学院院长李士伟、秘书刘康甫担任委员。

8月

本月　物理系教师杨肇燫翻译的席尔思著的《大学物理学》，由中华书局出版，被各大学认为是优秀版本，广泛采用。

9月

17日　校务会议临时召开紧急会议，研究青岛特种刑事法庭本月16日夜传讯本校学生经过情形及学校应如何处理。

同日　山东大学训导处生活指导组主任杜宇、课外活动组主任马晋等特务，以危害国家嫌疑之罪名进入校园逮捕进步学生。王方、王皇等15位同学被捕。

本月　学校师生掀起反对国民党反动派用以镇压学生爱国运动的"特种刑事法庭"的斗争，这次斗争主要抗议青岛当局任意逮捕无辜学生，经三个多月的斗争最后取得胜利。

本月　孙思燮、郑荃调回市委机关，中共山东大学地下党小组撤销。

10月

11日　国立山东大学职员会成立。本会以联络感情，切磋学术，提高工作效率，谋求共同福利为宗旨。

本月　马绪登由孙思燮(宋鲁)介绍加入中国共产党。11月，山东大学成立由马绪登领导的中共地下小组，负责山东大学的学运工作，成员有马绪登、杨颐康、傅信礼、王济民、白伟民等。

是年秋　大众音乐团在中共青岛市委指示下建立。同年冬天，山东大学地下工作小组和西海地委统战部又在大众音乐团的基础上成立了方生剧社。

1948 年

11 月

8 日　召开校务会议临时会议。中心议题是报告关于要求保释被传讯学生与特种刑事法庭交涉经过情形，因时局紧张，为应变起见，如何准备。最后决定：(1)与美军洽商房租改收面粉；(2)请教育部早拨应变经费；(3)必要时集中眷属设法自卫以策安全；(4)推定专人与教育部及平津各大学进行私人联系；(5)关于应行办理的各项事宜由校务会议及行政会议决定，不另设应变机构。

12 月

3 日　召开校务会议。通过《国立山东大学应变委员会组织大纲》草案。本应变委员会设委员 13～17 人。

1949 年

1 月

14 日　校行政会议决定，“护士学校”定名为“国立山东大学医学院附设高级护士职业学校”。

本月　华东学联筹备组在济南召开代表大会，选举建立华东地区学生联合会。国立山东大学学生自治会常委谭明甲在会上当选，会后即离校到华东学联任专职副主席。

年初　为庆祝收回曾被美军侵占的校舍，大众音乐团在大学路的小礼堂举办了轰动全市的大团圆晚会。

2 月

2 日　美军陆战队司令来函，通知停租本校旧校舍，学校可于本月 3 日迁入，美军守卫将于 5 日下午撤退。学校召开临时校务会议，拟定接收校舍临时措施原则六项。并决定由杨肇燫、杨向奎、沈福彭、丁西林、刘次箫具体负责接收工作。

15 日　校行政会议决定，设立“教职员工子弟小学”。

3 月

17 日　在人民解放军大军压境下，国民党企图把国立山东大学南迁到台湾。地下党组织发出“护校就是当前中心任务”的指示。学生自治会成立了全校性的应变委员会及十人护校领导小组，积极采取各种措施保护学校水电安全。在地下党组织的正确引导和学生自治会的带动下，全校很快掀起了反南迁斗争的高潮。

28 日　学生举行罢课，在校内集会并游行示威，向学校当局提出不许肢解山东大学，喊出“留先生，留同学，留图书，留仪器”的口号，一致表示挽留水产学系，纷纷揭露学校南迁的阴谋。

31 日　公布《国立山东大学教授会简章》。本会以研究学术，联络感情为宗旨，凡国立山东大学教授讲师皆为本会会员。

4 月

24 日　山大技工工友成立“山大工友联谊会”。

29 日　学生自治会领导学生继续进行反南迁斗争。

30 日　进驻山东大学的国民党军撤走，学生连夜赶制标语 5000 余份，印刷《告青市各界父老人士书》等传单近万份，印制出大大小小的毛泽东主席和朱德总司令的肖像，并拟订口号、创作歌曲等，准备迎接解放军。

1949 年

5 月

4 日　为了纪念五四运动三十周年，学校二十几个社团由学生自治会出面，出版了“五四”联合壁报。

9 日　成立“国立山东大学应变委员会”，本会会员由各单位选出。主席为校长赵太侔，教员会代表郭宣霖、王书庄，职员会代表钟季翔、李子青，工人团体代表王福堂、毕可明，自治会代表刁正清、苏砚田、王昶、杨颐康及训导长宋君复、总务长阎敦，一共 13 人。

6 月

2 日　青岛解放。国立山东大学全体人员喜迎新生。青岛市军管会派王哲、罗竹风、高剑秋三人组成军管小组进校。首先建立共产党总支和青年团工委，接着从思想、组织、教学三个方面进行整顿。

6 日　解放后的山东大学全校师生员工首次大集会。全校教职员、学生、工友 1000 余人冒雨参加。军管会王哲同志在讲话时指出，在此次变动中，本校全体教职员、同学、工友英勇护校，使山东大学很好地保存下来，完整地交给了人民，这是一个很大的功绩。

8 日　临时校务委员会议决定，青岛已解放，“国立山东大学应变委员会”限于本日结束。

同日　中共中央山东分局发给中共中央、华东局《关于接管山东大学情况的报告》。该报告称：

> 已冬(即 6 月 2 日)接管山大。变乱后，山大经员生护校，完整无损，并对我很热情，当即要求对住校学生五百余人讲话，要点有三：
>
> 一、对过去学生所受迫害及英勇护校致谢慰。
>
> 二、宣告山大已变成人民的大学，庆祝全体同学今后在人民大学中自由学习研究。
>
> 三、号召同学继续护校复课。三日召开扩大校务会议，宣布军管会命令后，首先对其护校工作表示谢慰；第二宣布军管会方针；第三请学校代理人负责办理校产登记。……山大设备尚称完备，教授中有不少全国学术界知名之士……此次接管采取稳重步骤，各方反映良好。今日上午已正式复课……

同日　陆侃如教授担任校图书馆馆长。

20 日　军管会文教部对学校各院系的接管清点工作自今日开始。

27 日　军管会文教部及教职员会、工联会、学生自治会、总务处、注册组等各单位代表 10 余人，举行讨论清查校舍问题座谈会。

30 日　童第周、曾呈奎两教授出席中华全国科学会议。

7 月

22 日　军管会文教部组织成立“山大夏令学园”。

本月　据统计，本校教职员工 786 人，学生 1101 人。

1949 年

8 月

3 日　学生自治会成立劳军筹备委员会。学校劳军运动自 7 月 31 日起初步展开，现已形成高潮。

18 日　在精简节约运动中，新解放区各学校进行合并。江苏师范学院的部分学生并入山东大学。其首批同学到校。

本月　校长赵太侔去职，由各方代表组成校务委员会，代行校长职务。丁西林任主任，杨肇燫、赵纪彬任副主任。

9 月

30 日　学校新生本日发榜。共录取新生 375 名(工 99 名、理 96 名、文 68 名、医 59 名、农 53 名)。此外，先修班取 90 名，转校学生取 10 名，亦同时发榜。

10 月

1 日　中华人民共和国成立。山东大学师生员工隆重集会，举行升旗仪式，庆祝新中国的诞生。

5 日　山东大学地质矿物系，被邀参加调查山东省矿产，担任自博山到莱芜一段的调查工作。全系有 14 名师生参加。自 9 月 10 日到 10 月 5 日近 1 个月的时间，在莱芜发现两个铁矿(一个约有 800 万吨，另一个约有 150 万吨)。

8 日　新的校务会成立。其组织包括教授 17 名，讲师助教代表 2 名，学生代表 2 名，共 21 名。具体成员为：丁西林、杨肇燫、赵纪彬、童第周、王统照、刘椽、魏一斋、陆侃如、罗竹风、李善勤、郭贻诚、潘作新、陈瑞泰、杨向奎、许继曾、曾呈奎、郭宣霖、王应素、侯家泽(上 2 名为讲师助教代表)、王方、魏金陵(上 2 名为学生代表)。由前 9 名担任常务委员。主任委员丁西林；副主任委员杨肇燫、赵纪彬。校委会每月召开一次，必要时可随时召开临时会议。常委会开会时，讲师助教代表及学生代表可各推一名列席。近日来所决议的重要事项如下：(1)本校国立性质不变，教育部未成立前暂由青岛军管会代管；(2)大学处撤销，干部依需要斟酌留校，设军代表；(3)学杂费一律不收；(4)1949 年 6 月至 12 月，经费为 5 亿，由青岛市保证担负；(5)校舍本身须先行调整，求合理化、不敷应用时，军管会可以帮助解决；(6)行政组织机构：设秘书处(下设庶务、会计、文书、人事四组)；教务处(下设注册、出版、辅导、体育四组)；秘书长罗竹风兼，教务长杨肇燫；(7)为顾及同学健康和环境卫生，学校特设卫生医疗机构，可直接由校委会领导；(8)决定彻底调整教职员同学宿舍及家具，力求合理化；(9)先修班设校本部；(10)各院系同学可以依其志愿转系，由双方系主任斟酌学业成绩而决定。

同日　学校发出各行政机构负责人聘书(其中部分单位尚未决定)。秘书长罗竹风(兼)，秘书李镛，会计组辛伟民，文书组李镛(兼)，人事组高剑秋，教务长杨肇燫，注册组张育瑾(代)，体育组傅宝瑞，辅导组张忠。

15 日　学校发出各系主任聘书。

11 月

3 日　学校举行解放后第一次开学典礼。师生及来宾 600 余人参加。

5 日　成立校学生会。

7 日　学校举行文艺晚会，庆祝俄国十月革命 22 周年纪念日。

本月　学校实行上政治大课的学习制度。由罗竹风主讲《新民主主义论》，并聘请在青岛疗养院的华岗讲授《社会发展史》和《共同纲领》。

1949 年
12 月

25 日　校务委员会作出关于加强《山大生活》工作的决定，并拟定自 1950 年 1 月份起，将《山大生活》改油印为铅印旬刊，每期两版或四版。

同日　学校召开中国共产主义青年团山东大学总支部成立大会。大会主席孟昭汉同学致开会辞，临时总书记杨颐康同学作建团工作的总结报告。最后，团总支书记张惠致辞。在会上有 71 名新团员举行入团宣誓。

27 日　“山东大学业余文艺工作团”成立。会上通过该团团章，选出王寿建等 13 人为常务委员。该团拥有 170 名团员，分为歌剧（包括歌舞、话剧）、京剧、歌咏三个队。

29 日　校委会发布《关于政治大课的决定》，要点是，把政治大课列为全校必修，并计算成绩。

本月　国立山东大学进行建党建团工作。党总支吸收教师杨向奎、张学铭、尹敬执、陈家咏、王承瑞、冯传海、常春欣，干部张育瑾、刘敏，学生王昶、仝治国、苏砚田、陈福伍、杨颐康、傅训礼、吕慧鹃、王方等同志入党，建立文、理科党支部。团工委发展一批新团员，建立各系团支部。此外，还建立以何作霖、郭贻诚、许继曾为负责人的民盟组织。

二、华中建设大学、临沂山东大学与华东大学(1944～1951)

(一)华中建设大学(1944～1948)

1944 年
11 月

本月　抗日战争到了1944年冬，胜利的曙光已经在望。为了适应解放区对各方面干部的需要，并着手准备为抗战胜利后培养各种建设人才，中共华中局决定，在华中党校的基础上，创办华中建设大学。校址设在苏皖边区的盱眙县旧埔。校长由华中局宣传部部长彭康兼任，张劲夫任副校长。

彭　康

彭康（1900～1968），中国共产党优秀党员、文艺批评家、哲学家和教育家。江西省萍乡县人。1919年，赴日本人东京帝国大学，攻读哲学科。1927年冬，回国参加革命工作。1928年1月，加入中国共产党。同年，任新文化运动中左联文艺团“创造社”理事、党组成员。1929年，任中共上海闸北区区委委员、中央（上海）文委委员。1930年，任中央文委代理书记，同年被捕，1937年出狱。抗日战争时期，历任中共湖北省委候补委员，中共安徽省工委书记，中共鄂豫皖边区党委宣传部部长、组织部部长、书记，中共中央华东局宣传部副部长、部长，华中党校副校长，华中建设大学校长等职。解放战争时期，任中共中央华东局宣传部部长，中共渤海区党委副书记。新中国成立，历任中共山东分局宣传部部长兼华东大学校长，山东省人民政府委员、文化教育委员会主任，上海市社会科学学会哲学分会会长，上海交通大学党委书记、校长，中共八大代表，中共陕西省委委员，西安交通大学校长、党委书记，陕西省科协主席，中国科学院陕西分院副院长，西安哲学学会理事长等职。

彭康早在20世纪20年代后期，就积极从事党的文化工作，宣传马列主义和党的文艺主张。1928年在创造社工作期间，即发表了一批哲学和文艺论文，如：《哲学的任务是什么？》《科学与人生观——近年来中国思想的总结算》《思维与存在——辩证法的唯物论》《唯物史观的构成过程》《五四运动与今后的文化任务》《革命文艺与大众文艺》等等，成为创造社后起之秀。新中国成立后，长期从事党的教育事业，他为华东大学和山东大学的合并，做了许多艰苦细致的工作，使这两所历史不同、类型不同的大学，胜利地完成合校任务。彭康治学态度严谨，办学经验丰富，工作作风扎实，待人和蔼诚恳，为中国人民的解放事业和党的教育事业，贡献了毕生的力量。十年动乱中，彭康受到林彪、江青反革命集团的诬陷和残酷迫害，于1968年含冤逝世，终年68岁。1978年，其冤案得到彻底的平反昭雪。

1945 年
3 月

本月　华中建设大学根据办学条件，决定设民政、财经、文教、民运四系和一个团级以上的干部班。民政系主任由贺希明担任，姚耐任副主任；财经系主任由陈穆担任，陈修良任副主任；文教系主任由陈同生担任，朱达章任副主任；民运系主任由李代耕担任，方章任副主任。每个系有一个党支部，民政系党支部书记是梁云清。

本月　首届招生，每系招收学生100余人，高干班20余人，共400人左右。设民政、财经、文艺三个系和一个团级以上的干部班。师生和干部均实行供给制，4月开学上课。民政系招的是区乡干部，大部分是乡干部。财经系招的是财政、经济部门（包括银行）中的技术干部。文艺系的学生，大部分是从江南、上海来的高中毕业生。高干班大多来自部队，都是正团级的工农干部，少数是来自地方的县级干部。

1945年

3月

5月

本月　正式开学，主要任务是培训干部，其教学方法为上大课。小组讨论，解答疑问，进行总结，并安排一定的时间参加劳动。

8月

本月　日本投降时，华中建设大学决定学生结业。当即组成两个工作团：一个是北上工作团，由贺希明带队；一个是南下工作团，由张劲夫带队。每个工作团下分四五个区队，每个区队34人。南下工作团到了刚解放的宝应，即停下分配工作。

9月

华中建设大学首届学生结业后，学校迁往江苏省淮阴县，校长仍为华中局宣传部部长彭康兼任。行政机构有组织科、教务科和总务科。决定暂设预科部，学习期限为三个月，共招收1000多名学员。预科部主任由朱达章担任，副主任由方章和姚耐担任。

1946年

1月

年初　由华中局宣传部部长兼华中建设大长彭康率领华中建大一批教师、干部和学生，动身北上。

华中建大北上的教师有李仲融、何封、王淑明、孙克定、刘力行等教授，北上的领导干部有朱达章、姚耐、方向明等，北上的学生420人编入预科部，成立四个队。

3月

本月　华中建设大学预科班学员结业，大部分分配工作，留下的继续编班学习。另有400多名学员和一批干部、教师由校长彭康率领到达山东，并入临沂山东大学。彭康即任中共华东局宣传部部长。华中建设大学校长由李亚农担任，夏征农、戴白韬任副校长，孙淑平任教务长，沈鹰任副教务长。

本月　华中分局为建大规定了新的教育方针：为了适应边区的和平建设需要，培养工农医各种专门人材与新民主主义的政治、经济、文化建设的实际干部，为了培养学员为人民服务的精神，除进行科学教育外，仍旧进行确立革命的人生观和改造作风的教育；主要是大批吸收外来青年知识分子，培养成为建设边区的专门人材，其次调1000个区级干部，把他们提高一步。

为了贯彻这一方针，当时打算把建大办成一所正规大学，设工、农、文、区、师范、社科等六个学院和预科。工学院分设纺织、土木工程、应用化学三系；农学院分设畜产、造林、农化三系；文学院分设中文、外文二系，并附美术组、音乐组、戏剧组；医学院和社会科学院不分系；预科分文预、理预、医预三种。各院修业期限定为：工学院三年，农学院和文学院二年，医学院三至四年，师范学院一至二年，社会科学院和预科一年。

1946年

4月

19日　华中建设大学全体教职员工参加纪念“四八”秦、王、邓、叶四烈士殉难吊唁活动。

5月

13日　华中建设大学按原计划在清江市校内上课。

6月

6日　但因内战形势紧张，转至清江市的徐杨庄坚持教学。

7月

中旬　在徐杨庄结束补习班教育，教育计划开始改变，行政机构也随之变更。当时学生已增至900余人，重新编班，分为预科、干部班、中教班、小教班等。预科分为文预和理预，文预课程以政治课和文化课并重，理预课程则以数理课和政治课并重，待提高后升入本科，或视情况需要，不能继续学习时，即可分配工作。中教班和小教班的学员，大多数是淮南撤过来的中小学校长和教师。

8月

上旬　学校组织学员进行农村调查，月底总结完毕。此时，蒋介石已撕毁《双十协定》和政协决议悍然发动全面内战，向解放区大举进攻。

9月

3日　华中建设大学奉命转到江苏省射阳县，恢复了训练干部的教育方针，组织学生到后方医院为伤员服务。由于战争日益紧张，又奉命转至山东。除调出支前的一部分学员外，其余600余人随校于10月20日抵达鲁南的莒南县汀水镇。

本月　抵达鲁南汀水，校委召集全体干部打通思想，进行民主检查，号召改变作风，历时7日，最后由夏征农副校长作总结。

11月

本月　华中建设大学到鲁南不久，先后有200多名学生转到军事与卫生学校学习，其余400人分成四个班。学校机构作了相应调整，即在教务处领导下，以驻队主讲教师、班主任、辅导员为成员，成立各班领导小组。

1947年

1月

本月　由于国民党重点进攻鲁南，部分学生和干部参加支前工作。学校转移胶东海阳县磐石店，招生1700名新学员，进行短期思想政治教育。

3月

本月　抵达胶东海阳县磐石店。由于前方需要，学生不断调出，此时还剩200人，遂合编成两个班，两个月后全部结业分配工作。

4月

本月　学校整理《一年来教育实施概况》，并向中央汇报。

5月

本月　淮南联合学校并入本校成立附中。

9月

本月　由于国民党军队进攻山东胶东解放区，华中建设大学学员提前结业。全校90%以上的学员报名参军，支援前线。学校奉命转移，大部分教师过海去大连和安东两市。

1948 年

4 月

山东潍县解放，不久华中建设大学、临沂山东大学的干部教师奉命到潍坊集中，筹建华东大学，华中建设大学到此结束。

华中建设大学自 1944 年冬创建到 1948 年春结束。在三年半的时间里，先后招收 4 批学员，共培训了近 4000 名青年和干部。

（二）临沂山东大学（1945～1948）

1945 年

8 月

22 日　日本帝国主义无条件投降，十四年抗日战争取得胜利。解放区的山东省人民政府于 8 月 22 日作出决定：(1)在临沂成立山东大学，由李澄之任校长，田佩之任副校长；仲星帆任秘书长；仲焕章任教育长。立即筹备招生工作；(2)设立山东大学管理委员会，由黎玉、李澄之、田佩之、杨希文、陈沂、孙陶林、薛暮桥、仲星帆、张凌清、刘导生、白备伍、张立吾等 20 人组成。不久李澄之校长奉命参加重庆国共和谈。学校工作由副校长田佩之主持。

12 月

本月　12 名从威海卫出发的青年学生经过一路跋涉，穿过敌人的封锁到达了山东解放区的革命大学——临沂山东大学。带领这些学生来到临沂的是一位不到 20 岁的热血青年，他就是后来成为共和国空军司令员的王海。

本年　筹备就绪后，立即进行招生工作，分别在当时的《大众日报》和胶东《大众报》上登出招生简章。初步确定招收预科班学生 300 人，报考条件为高中毕业或肄业及具有同等学力的青年，年龄为 18～30 岁，待遇实行供给制。

本年　当时党的组织尚未公开，秘书长仲星帆兼任党组织书记，并在校长领导下主持教学和行政工作。行政机构在秘书长下设秘书股、总务股、会计股，王剑鸣任秘书股股长，杨在之任总务股股长，房金堂任会计股股长。教务部门设教务科、辅助科、图书馆，盛震叔任教务科科长，梁唐晋任辅导科科长，刘伟任图书馆主任，暂时也由秘书长领导。还设有附属中学一所，由张立吾任校长。全校干部不足 100 人，机构简单，人员精干，而工作却井井有条，效率很高。广大干部在工作中根本没有上班下班、分内分外的界限，都以高度的负责精神完成任务。如在迎接新生到校时，从校长、秘书长到各科科长，都为学生背行李，扫宿舍，送饭送水，问寒问暖，使学生刚进校门，就接受了为人民服务的实际教育。

1946 年

1 月

本月　临沂山东大学举行开学典礼，山东省人民政府主席黎玉、山东省参议会副会长马保三及各厅局负责人到会祝贺。共招收新生 688 人，成立 6 个预备队，校址设在临沂城东关教会的经文书院。

本月　彭康率华中建设大学师生 400 余人，并入临沂山东大学。

4 月

19 日　临沂山东大学及临沂城各机关、群众团体万余人在临沂举行“四八”遇难烈士追悼大会，陈毅司令员致悼词。临沂山东大学副校长田佩之等参加追悼大会。

本月　临沂山东大学开学后，山东党政领导不断采取措施，充实师资力量。山东省人民政府乃商请苏皖边区政府对临沂山东大学的师资给予支援。后经华中局决定，将华中建设大学一批教师、干部和学生并入临沂山东大学。

华中建设大学师生并入临沂山东大学后，学校领导和师资力量得到加强。学校对领导干部进行调整，对教学组织重新组建。秘书长仲星帆调走，由姚耐接任；朱达章任教育长，方章任副教育长。设立教学组、预科部和附属中学。成立政治、经济、教育、文艺四个系和数学、历史两个教学组。政治系由山东省民

1946 年

4 月

政厅副厅长宋日昌兼任主任，何封任副主任；经济系由山东省实业厅厅长薛暮桥兼任主任，陈智方任副主任；教育系由山东省教育厅厅长杨希文兼任主任，王淑明任副主任；数学、历史两个教学组由孙克定、刘力行分任主任；预科部主任由方向明担任；附属中学校长由张立吾担任。在此期间，学校已有图书 20000 余册，全校学生 1410 人，其中本科学生 726 人，预科部学生 362 人，专科学生 322 人。

5 月

31 日　山东省政府根据临沂山东大学管理委员会的委员变动情况，对该委员会作了适当调整。决定以黎玉、李澄之、郭子化、薛暮桥、彭康、杨希文、孙陶林、田佩之、朱达章、张凌青、白备伍、张立吾等 12 人为委员。

本月　在纪念五四运动 27 周年时，举行了欢迎华中建大和本科建系的大会。当时华东局已来山东，党政军领导均在临沂，除全校 1600 人参加外，华东军区陈毅司令员、华东局宣传部彭康部长、华东军区政治部舒同主任、山东省各厅领导及各地区代表近 300 人出席这次盛会。田珮之副校长(李澄之校长已当选为山东解放区各界人民代表，去延安开会)代表首先欢迎华中建大人员来到山大，然后扼要地介绍了建立本科各系的经过。提出的办学方针，是理论联系实际，政治教育和专业教育并重，培养学生既树立为人民服务的思想，又具有业务专长，使发展成为造就致用人才的“重工业基地”。

陈毅司令员在大会上也发表了长篇讲话。大意是：除同意山东大学的教育方针外，他强调指出，要办好，特别是办好大学，必须坚持民主的方针，有了民主才能发现真理，促进科学的发展，要求山大以民主的精神办学。由于部分学生对自己的前途认识不足，陈毅还就这一问题对临沂山东大学的现在和将来作了精辟论述。他认为，临沂山东大学今天虽然规模不大，设备不足，课程不全，校舍简陋，但是我们是革命大学，是新生事物，代表着前进方向。有党的领导，有人民的支持，正确的教育方针，有全校人员的努力，前途是光明的，无可限量的，必然能够战胜各种困难，成为一所新型的正规化的大学。他勉励全体同学为建立独立、富强、自由、民主的新中国而刻苦学习，并学有所成，担当历史的重任。

6 月

本月　临沂山大的部分学员被调往东北，王海和一部分同学入东北民主航空学习。他先学机械，后学飞行，终于在这里实现了自己的蓝天之梦，成为人民解放军空军一名优秀的飞行员。

7 月

7 日　临沂山东大学举行纪念“七七”大会。全校师生一致表示，坚决自卫，反对内战，竭诚拥护中共中央“七七”宣言。

20 日　临沂山东大学李澄之、薛暮桥 2 人被推选为山东省政府委员。

本月　临沂山东大学教育长朱达章于本月某日晚间去政治系主任宋日昌处商谈工作，返回时遭暗藏特务的杀害，引起全校人员的愤慨，全校举行追悼大会。中共华东局山东分局、山东省人民政府黎玉主席等纷纷致唁哀悼。学校安排姚耐任教育长，王众音任秘书长。

1946年

7月

本月　国民党反动派撕毁国共和谈的《双十协定》，向解放区发动进攻。为了保证学校的安全，临沂山东大学转移到莒南县的汀水镇继续坚持教学工作。附属中学划归临沂地方建制。

8月

本月　沿临（沂）青（岛）公路转移到莒南县汀水镇（附属中学留在临沂，划归地方建制），继续进行教学工作。这时国民党统治区的反美、反内战、反迫害的学生运动风起云涌，日益高涨。又增加一批从平津、京沪等地转来的学生参加学习，尚钺、宋之的两位知名教授也先后到校。在转移过程中，不但坚持正常的教学工作，而且得到发展和提高。尚钺教授主讲中国历史，宋之的教授在文艺系主讲文艺理论。他们在讲课中联系现实的革命斗争，深入浅出，使学生大开眼界，大受教益。宋之的教授是剧作家，他突击写出了揭露国民党反动派尔虞我诈、争权夺利的讽刺剧《群猴》，文艺系赶排公演，久演不衰，在群众中产生了极大的影响。

9月

22日　山东省政府关于山东大学的决定：

一、山东大学为山东解放区培养与提高各项建设人才的最高教育机关，它是山东解放区各种民主建设事业的重要的一环，山东大学的发展与建设，是与山东解放区的发展与巩固息息相关。因此，一方面山东大学必须做长期准备，力求发展，为创造新型大学树立基础；同时，必须适合当前的斗争环境，与当前的斗争任务密切结合起来。

二、山东大学的教育方针，是学用一致，理论与实际结合。具体地说，由于山东大学任务一方面是要提高现在在职干部水平，一方面吸收解放区以及其他各地的知识青年加以改造。预科着重思想政治教育，本科着重政策教育、业务教育与知识教育。为了实现这一方针，在教学方法上必须采取群众路线，教学相长，互相学习，与解放区的建设的实际需要相结合；同时，政府有关业务工作部门，必须予山东大学以具体帮助，一定工作会议，必须吸收山大参加，并随时供给山大以各种具体工作经验与总结报告材料，使教育与各具体业务工作密切联系起来，并不断得到补充与发展。

三、根据上述方针与当前客观需要，决定山大本科暂设下列各系：

1. 政治系：下设行政、司法各科，以培养行政、司法人才为目的。

2. 经济系：下设农林、合作、会计各科，以培养组织与指导农林、合作、会计各项人才为目的。

3. 文教系：下设教育行政、文史、数理、艺术各科，以培养教育行政、中学师资及群众文艺工作者为目的。

四、山东大学为执行这一决定所必要的干部，必须补充，设备与供给待遇，应予保证；同时必须发扬吃苦耐劳精神，提倡生产节约，建立革命家务，全体教职员共同负责，紧张工作，提高效率，以奠定坚实的基础。

1946 年

10 月

本月　国民党反动派向山东解放区大举进攻，临沂山东大学由汀水再行北上，转移到日照县坪上继续坚持教学工作。

本月　预科教学计划进行了调整，把半年的学习时间分为三个阶段，以利实施。第一阶段以政治理论教育为主，三个月左右；第二阶段以社会调查为主，一个月左右；第三阶段以思想教育为主，两个月左右。学生结业后除少数进入本科各系学习外，大部分分配到地方工作或担任支援前线的工作。

本月　同时学校研究决定，结束专科部的财会、合作、邮电、文化四个训练班的学习，学员回原地区或原单位工作，不再续办。在此期间由于战争紧张，前线和后方急需有文化水平和工作经验的干部。学校根据这一实际情况，陆续抽调政治觉悟较高的本科学生 252 人、预科学生 76 人参加支援前线工作。至此全校尚有本科学生 474 人，预科学生 286 人，虽然处于战争环境，又不断行军，但教学工作却从未中断。

11 月

5 日　临沂山东大学在日照县坪上补行新学年开学典礼。华东局宣传部部长彭康、山东省政府秘书长郭子化、华中建设大学夏征农副校长等 30 多位领导参加大会。田佩之副校长在会上作重要讲话。

12 月

10 日　中国工业合作协会山东办事处正式成立。临沂山东大学经济学家薛暮桥兼该办事处主任。

本年　本科各系组建后，各系立即拟订教学计划和教学大纲等等，除继续加强政治思想教育外，随即转入以专业理论教学为重点，增设基础理论课程，为学生获得专业知识和技能打好基础。共同必修课有“辩证唯物主义”“数学”“中国历史”等等。专业课政治系开设“共产党宣言”“国家与革命”“中国革命和中国共产党”“解放区政治建设”等课程；经济系开设“政治经济学”“中国农村经济”“解放区经济政策”等课程；教育系开设“教育概论”“教育思潮”“教育行政”“乡村教育”等课程；文艺系开设“文艺理论”“文艺创作”“文艺政策”“戏剧表演艺术”等课程。

1947 年

1 月

本月　解放军在鲁南歼灭国民党快速纵队和伪军郝鹏举部队。临沂山东大学奉命调出一部分师生参加被俘虏官兵的甄别和教育工作。

2 月

本月　国民党反动派对山东解放区实行重点进攻。临沂山东大学向胶东后方转移。月底到达日照县的两城镇后，预科部学生、本科学生大部分提前结业，支援解放战争。

本月　为了避开正面战场，决定向胶东后方转移，2 月底到达日照县的两城镇，在此进行轻装简从，抽调一部分干部奔赴前线，老弱及家属先去胶东，全部图书及不便携带的器材分别寄存在两城镇周围的村庄内。

本月　经过研究并报请上级批准，将预科学生全部、本科学生大部提前结业，支援战争。

1947 年

3 月

本月　临沂山东大学奉命向胶东转移。

4 月

月初　到达海阳县的徽村。秘书长王众音被调走，学校决定由丁梦荪接任秘书长。

5 月

29 日　临沂山东大学教职学员发出通电，声援平、津、京、沪等地各大中学校反内战、反饥饿的罢课罢教运动。

本月　临沂山东大学由博兴县道旭镇渡过黄河，到达渤海地区阳信县钦风镇。短期休整后，立即进行招生工作。共招收新生 300 余人。

6 月

2 日　国立山东大学学生自治会组织全校学生举行“反饥饿、反内战”的示威游行，遭到青岛反动当局的镇压，造成“六二”惨案。临沂山东大学召开声讨国民党反动派大会，并通电对国立山东大学师生表示慰问和声援。

7 月

25 日　临沂山东大学举行开学典礼，山东省政府有关领导和渤海地区党政领导参加大会。田佩之副校长在会上作《在战争环境中改造思想，树立为人民服务的人生观》的重要讲话。渤海地区党委景晓村书记在会上讲话。

10 月

本月　国民党反动派纠集残余力量，封锁胶济铁路，企图向胶东和渤海解放区进攻。为了确保安全，临沂山东大学暂时停办。学生全部支援前线，教师及其家属、年老体弱干部分别乘船去东北大连，留下的干部就地参加土改运动。

1948 年

本年　潍县解放，临沂山东大学的干部老师奉命到潍坊集中，筹建华东大学，临沂山东大学到此结束。

李澄之

李澄之（1901～1966），山东临沂人。在济南第一中学读书时，受到新文化、新思想的影响，积极参加反帝反封建的学生运动。曾当选为济南市学生代表，出席在北平召开的学联会议。1923 年北平师范大学毕业后，受聘在北平女子师范大学任教。

1936 年，出任南京政府教育部督学，从事教育工作。

1939 年 7 月，李澄之进入山东抗日根据地，先任山东第四联合中学校长，继任根据地的中国国民党抗敌协会主任、山东省战时工作推行委员会副主任、山东省民众动员委员会副主任。1945 年 8 月起，历任山东省行政委员会委员、山东省外事委员会主任、山东抗日建国学院副院长、临沂山东大学校长等职。抗日战争胜利前夕，当选为山东根据地出席延安各界人民代表大会代表。

1946 年 1 月，去重庆、南京任中共代表团顾问。在此期间加入中国共产党，因工作关系并未公开中共党员身份。1946 年 7 月，返回山东，任救济总会山东分会秘书长，主持解放区的救济工作。1948 年 9 月，济南解放后，任济南军事管制委员会文教部长兼济南市教育局局长。新中国成立后，李澄之先后担任山东省人民政府委员、山东省各界人民代表会议代表、山东省政治协商会议副主席兼秘书长、中国国民党革命委员会中央常委、民革山东省委员会主任委员、中苏友好协会山东分会副会长等职。1951 年 3 月，担任中国人民赴朝慰问团第三分团副团长，去朝鲜慰问。1954 年 5 月，任山东省人民委员会副省长，当选为全国第二届人民代表大会代表。1962 年，任山东省副省长，再次当选为全国第三届人民代表大会代表，历任山东省政协副主席、中国人民保卫世界和平委员会山东分会副会长、山东省体育运动委员会主任等职。1966 年 3 月 26 日，因病在济南逝世，终年 65 岁。

（三）华东大学（1948～1951）

1948 年

4 月

本月　中国人民解放军华东部队攻克了敌人设有牢固工事的鲁中重镇——潍县城。至此山东省全境只剩下济南、青岛等几个孤立据点，全省各个解放区已连成一片。潍县解放后改名为潍坊市。为了迎接革命在全国的胜利，适应开辟华东新解放区工作的需要，中共华东局决定，在临沂山东大学和华中建设大学的基础上，组建华东大学，招收中学以上的青年学生，进行政治思想教育，提高思想觉悟，掌握马列主义的科学理论，为革命的发展培养干部。华东局任命韦悫任校长，张勃川任副校长，刘雪苇任教务长，俞仲武任秘书长。抽调叶锦田、马雨亭、梁云清、董一博、赵凌、李庚、张一夫、蒋梯云、蒋捷夫、胡克诚、沈一力、陈捷等20多名中层干部进行筹备。通知去大连的两校教师和干部回鲁。校址设在县城东教会的乐道院内。

1948年4月，华东大学在潍坊成立，各界代表举行庆祝座谈会

6 月

本月　华东大学在《大众日报》登出招生广告。华东大学首届招生500余人，设立三个临时研究班和二个预科部。政治经济研究班，由何封任主任；文学艺术研究班，由李仲融仕主任；教育研究班，由王淑明任主任。三个研究班组成班委会，由蒋捷夫任秘书。

两个预科部的学员共400多人，第一部主任由李庚担任，第二部主任由张一夫担任。

9 月

4日　华东大学举行开学典礼。张勃川副校长在会上作报告，刘雪苇教务长在会上宣布教育方针和教学计划。

1948 年

9 月

1948 年 9 月 4 日，华东大学举行开学典礼

24 日　济南解放。中共华东局指示华东大学派人去济，与济南市军管会商讨学校迁济和在济招生问题。张勃川副校长率干部 10 余人到济，具体商定招生和学校迁济事项。

28 日　张勃川副校长率领中层干部马雨亭、梁云清、朱波等 10 多人乘火车至益都，因胶济铁路尚未全线通车，由华东局（驻益都附近）派出汽车一辆连夜由益都进入济南。

30 日　华东大学在潍坊的师生全部迁入济南。随即设立办事机构，安排校舍，进行招生，录取新生 1520 人。

10 月

下旬　招生工作基本完成，仅在济南就招生 1600 多人，几处校舍也整修一新。

11 月

本月　华东大学在潍县的师生迁入济南后，改由中共山东分局领导。学校原设的三个临时研究班，改为文学院、社会科学院、教育学院和一个研究部。韦悫校长兼文学院院长（南下后由黄源教授代理院长），张勃川副校长兼社会科学院院长，田佩之任教育学院院长，李仲融任研究部主任。增加预科 3 部和 4 部，由丁山、蒋梯云分别任部主任。设立讲习班，由车载、方建平任正副主任。设立附属中学，由王大彤、宁汉戈任正副校长。此外，还设立了中学教师训练班。至此华东大学全校学员已达 3000 余人。这时，学校新聘和由其他院校并入部分教师。吴富恒教授原负责接收国民党山东教育学院，后教育学院并入华东大学，随之来校任教，并参与领导工作。

本月　华东大学改由中共山东分局直接领导后，设立了党组织和总支委员会。张勃川任党组书记，叶锦田任总支书记。设立了正、副校长、教务长、秘书长、总支书记、各部主任和有关教授组成的校务委员会。

1948年

12月

月初　决定从潍坊入学的学生中选调30多人分配到校部机关和各部、班工作，并有部分同学随军南下，或调到中共山东分局机关工作。

本月　华东大学根据学校发展要求，制定《华东大学组织条例》《华东大学校务委员会规程》《华东大学教学工作有关规定》以及各部门办事细则等，使学校的规章制度趋于完善。

本年　全校的干部师生一律实行供给制（少数教师和职工是工资制），大家在生活上享受同等待遇。服装每年每人两单一棉，鞋子两双，同吃大锅饭（校领导和教授吃小灶），学员和干部享受同等待遇。那时大家虽然生活艰苦，待遇菲薄，但大家精神上却愉快活泼，师生关系和干群关系都很融洽。

韦　悫

韦悫（1896～1976），广东中山县人，我国老一辈的革命教育家。早年留学美国，在芝加哥大学获得哲学博士学位。1921年，回国，初任岭南大学和两广高等师范学院教授，后任孙中山先生大元帅府秘书、广东省教育委员会委员。1925年大革命时期，任武汉革命政府外交部秘书、国际司司长、教育行政委员会委员。1927年6月11日，受南京国民政府的委派，赴加拿大出席第三届世界教育联合会的会议，并考察欧美教育。1928年2～3月，任南京政府大学院社会教育组组长。1928年4月到1929年4月，任上海特别市教育局局长。1929年5月到1930年初，重回南京政府大学院任社会教育组主任，并兼任大学区普通教育处处长、教育学院院长、实验小学校长。1930年初到1942年8月，在上海任青年会中学校长、上海基督教青年会学校部主任干事、公共租界工商局华人学校补助分委会委员、特别教育委员会委员、学务委员会委员、大学教授、商务印书馆编审部主任、译报总经理、上海周报总编辑等职。

1942年9月，韦悫到华中解放区参加革命工作。1943年，加入中国共产党（因统战工作需要，未公开党员身份）。到解放区后曾任江淮大学校长、华东解放区救济分会主任、苏皖边区政府副主席、华东大学校长。淮海战役后随大军南下，任上海市人民政府副市长。全国解放后，任中国人民政治协商会议第一届全体会议代表，第一、二、三届全国人民代表大会代表。1949年10月至1959年7月，任教育部副部长。1959年8月至1964年3月，任国家文字改革委员会副主任。1964年6月，华侨大学建立，调任华侨大学副校长、代理校长（校长由廖承志同志兼任），主持华侨大学工作。“十年动乱”中受林彪、江青反革命集团迫害，于1976年11月25日在湖北宜昌病逝，终年80岁。

韦悫校长是经历长期革命斗争的老同志，在青年时代即追随孙中山先生从事民主革命活动。他思想进步，追求真理，反对国民党独裁统治。尤其可贵的，在抗日战争最艰苦、最困难的时候，他毅然到解放区参加抗日斗争，并加入无产阶级先锋队的组织，由民主主义革命者转变为共产主义者，决心为党的事业奋斗终生。到解放区后，长期从事党的教育工作，经受革命斗争锻炼和考验。他热爱党，热爱祖国，热爱党的教育事业；努力学习马列主义、毛泽东思想，立场坚定，工作认真，待人和蔼，谦虚诚恳；在新民主主义革命和社会主义革命与建设中，在文化教育方面，都作出了积极的贡献。

1949 年

1 月

本月　华东大学学联筹备组在济南召开代表大会，选举建立华东地区学生联合会。华东大学学生会主席蒋奎生在会上当选后，即离校到华东学联任专职主席。

2 月

22 日　经华东局和山东分局研究决定，从华东大学抽调部分干部和学员 2000 人组成南下工作队，由华东局派人率领，赴前方迎接新的战斗任务。

本月　华东大学又从社会科学院、文学院、教育学院中选抽干部和学员 106 人，组成南下文艺工作队，由刘雪苇率领接受新的任务。

3 月

上旬　在组织南下工作队的同时，派出董一博、陆军等到刚刚解放的徐州招收新生，招收条件与以前基本相同，主要招收高中或初中毕业以上文化程度的青年学生。结果在徐州等地共招收初、高中生 500 余人，3 月上旬入校。

4 月

上旬　华东大学秘书长俞仲武、文学院代院长黄源和干部、学员 80 余人，奉调随军渡江开辟新区工作。

本月　山东省新建部门急需有文化的干部，经山东分局决定，从华东大学留校的学员中调出 300 人，分配到文化教育单位工作。

28 日　华东大学在刚解放的徐州招生 500 余人，从南京等地招生 300 余人，多数编入社会科学院学习。新设社会科学院一、二、三部，分别由董一博、马雨亭、蒋梯云任主任。

29 日　中国新民主主义青年团华东大学总支委员会成立。

5 月

6 日　山东分局关于分局物色华大干部调整的请示及华东局的批复。

山东分局：同意任高扬为宣传部部宣传科副科长，李见明为教育第一副科长，王延青为第二副科长，冯毅之为文艺科长，余修为华大教务长。

同日　华东局组织部：任命顾光华等为医务所长等职务通知，兹决定原总务科副科长顾光华调任医务所长，由董苏明任总务科副科长。

12 日　华东大学决定，李仲融任社会科学院院长。

本月　上海解放。华东大学韦悫校长调任上海市副市长，中共山东分局宣传部部长彭康任华东大学校长，李宇超任华东大学副校长，余修任教务长，刘宿贤任秘书长。后又调崔戎来校任教务处长，武杰任人事科长。

6 月

本月　华东大学增设社会科学院四部，主任由蒋捷夫担任。至此，4 个部学员共 1200 余人。

本月　又接收迁去江南的原河南大学、安徽大学等返鲁学生 200 余人，又续设社四部，由蒋捷夫、朱波任正副主任，下设 4 个班。至此，华东大学的在校学生又达 2000 人，社会科学院分 4 个部 15 个班。

1949 年

6 月

本月　为了加强华东大学的领导力量，山东分局任命李宇超为副校长，余修为教务长，刘宿贤为秘书长，以后又介绍崔戎、武杰等人员来校工作。这时的校部行政机构作了相应的调整和增加。在教务长的领导下，增设教务处，崔戎任处长，原有的教务科、注册科、图书馆等机构和人选不变，增设教学辅导科，朱波任科长。秘书科长梁云清调省后，由钱冰接任。取消青年科，增设人事科，武杰任科长。增设财务科，赵子安任科长。胡克诚专任生产科长。党的组织由总支改为党委，李宇超、刘宿贤分别任党委正、副书记，下属六个党支部，有党员 170 余人。全校教师和干部 300 余人。同时成立了华东大学青年团委员会，由陈捷任书记，直属党委领导。全校团员已发展到 700 余人，占青年学生的一半左右。

7 月

25 日　中共华东局山东分局决定，华东大学成立干部科。任命于超为科长，并自即日起启用公章。

8 月

22 日中共华东局山东分局调华东大学干部科科长于超回分局，任命武杰任干部科科长。

本月　济南黄河出现 60 年罕见的洪峰，华东大学奉命抢险，由余修任总指挥，胡克诚任副总指挥，武杰任政委，学员 1600 人编为 4 个大队，奔赴黄河大堤。全校师生两次战胜洪峰，受到群众称赞。

9 月

5 日　华东大学托儿所正式成立。负责教养干部 4 名，儿童 27 名，保育员 11 名，管理员 1 名，炊事员 2 名。

10 月

1 日　华东大学师生员工隆重集会，举行升旗仪式，庆祝新中国的诞生。

本月　中共山东省委决定，从华东大学再抽调一批政治觉悟和文化水平较高的学生，分配给党、政、军各个部门，以解决干部不足问题。按照省委指示，结合考虑向新型正规化大学过渡的问题，乃于 10 月将教育学院划归山东省教育厅领导(后成立山东师范学院)，将附属中学交由济南市教育局领导(后改为实验中学)。文学院、研究部、讲习班、师训班的学员即行结业，由省、市安排担任中学教师或其他方面的工作。又从社会科学院四个部中选调学生 400 余人，除留校 30 多人任干部外，其余一部分分配去军事院校工作，一部分分配在本省文教、卫生、宣传、出版等单位工作。

至此，只剩下社会科学院四个部的学生 600 余人。决定先设立政治、俄文两个长期班，学习期限暂定 2 年，培养宣教干部和俄文翻译人才。在校的学生经过本人申请，测验合格，共抽出 200 多人编入两个长期班。其余 300 多人仍继续进行短期的政治教育。

11 月

本月　华东大学将教育学院划归山东省教育厅领导(后改建为山东师范学院)，附属中学由济南市教育局领导(后改建为山东省实验中学)。文学院、研究生部、讲习班、师训班的学员全部结业，分配工作。社会科学院学员 400 人参加地方工作。

1949 年

11 月

本年　华东大学新的教学计划主要目的是：对学生进行马列主义、毛泽东思想教育，提高政治觉悟，坚定革命立场，树立为人民服务观点。以马列主义基本理论、新民主主义论、社会发展史、中国近代史、时事政策为共同必修课程。业务课根据不同的专业，开设政治经济学、辩证唯物论、联共党史、中国文学史、教育概论、文艺政策等课程。教学内容较之在潍坊时更为丰富。

本年　华东大学各系暂行工作条例：

第一条：各系系主任在教务长领导下，进行本系教学及教学行政工作，其职责如下：

1. 拟订本系课程及教学计划，提经教务长批准后并监督执行。
2. 协同各科教师研究改进课程内容与教学方法。
3. 组织课业检查，协同教授、教员监督考核并登记学生学员成绩。
4. 领导学生思想教育及生活管理，并监督本系纪律之执行。
5. 有关学生请假、奖、惩事项之批准或建议。
6. 主持系务会议，并定期向教务长作书面工作汇报。
7. 对本系老师工作人员任免之建议。
8. 领导本系全体干部学习。

第二条：各系主任领导下设秘书 1 人，协助系主任进行下列工作。

1. 负责整理及保管教学、与教学行政上之各项材料。
2. 登记、保管文件书籍及印信，并负责公布有关全体的各项通知等。
3. 管理学员考勤之登记，及各课业考试成绩之登记、统计。
4. 检查本系学生各种纪律制度之执行，并负责学生的生活管理。
5. 负责学生注册编组，及办理学生请假等手续。
6. 系统了解学生思想情况，协助系主任进行思想教育。
7. 协助系主任指导系学生会的工作，并领导学生进行各种政治活动。
8. 定期向系主任汇报工作情况及提出改进工作之意见。

第三条：各系教师（包括教授、讲师、教员）在系主任领导下，进行下列教学工作：

1. 拟订主讲课程的教学计划，教学大纲及教学进度。
2. 讲课，并领导检查学生自习、实习等活动。
3. 听取和讨论该科教学反映、检查教学效果，改进教学方法。
4. 定期总结教学经验。
5. 领导该学科教学干部业务学习。

第四条：各系助教在系主任与主讲教师（由教研组者为教研组主任）领导之下，进行下列工作：

1. 及时了解各该课业讲授内容、进度及学生反应，要求向领导上汇报，并帮助主讲教师确定教学内容、重点及方法。
2. 具体指导学生之自习与实习，并检查其成绩。
3. 对学生进行个别辅导，及领导学生进行有关本学科之课外学习活动。

1949 年

11 月

4. 在主讲教师帮助下,向学生解答一般性问题,并拟定实习时标准答案,及实习总结。

5. 个人完成学员研究计划。

第五条:各系干事在系主任与教研组主任(或主讲教师)领导之下,协助助教进行下列有关教学工作。

1. 搜集、保管、收集与整理有关教学上及研究工作中所需之各种材料。

2. 协助助教进行各课辅导与指导检查学生作业及学习工作。

3. 负责上课、自习及实习各项物资准备工作。

4. 负责搜集整理学生学习思想反映。

5. 努力学习提高自己业务水平。

第六条:各系在系主任主持下,举行系务会议,解决本系各项重要工作。

1. 系务会议每月举行两次(必要时得临时召集之)结合布置工作与总结工作进行。

2. 系务会议除秘书、助教、干事参加外,系主任得指定本系其他工作人员及系学生会主席,学生班长等参加。

3. 系务会议内容为:A. 讨论本系工作计划;B. 布置检查并总结各项教学工作进行情况;C. 研究学生思想领导问题;D. 讨论学生生活管理问题;E. 其他及教学方面等重大问题。

4. 系务会议上要掌握批评和自我批评武器,以达到改进工作,提高工作。

第七条:各系在系主任领导之下,建立系办公室,处理日常工作。

1. 系办公室建立工作日志,指定专人(或轮流)记录当日工作。

2. 遇有集会时间及假日各系应有专人在办公室,以便接洽处理工作。

第八条:各系可根据本条例结合本系情况,具体制定工作细则。

第九条:本条例有未尽事宜,得临时修改之。

1950 年

1 月

13 日　华东大学教育工作者工会筹备会于本日正式成立。

26 日　华东大学工会筹备会召开第二次会议,张勃川、余修、陶官云、丁山、陆凡等 25 人参加会议。

5 月

本月　山东省老解放区 6 个文工团共 300 余人,奉命并入华东大学。全校学生达 900 人。

本月　根据全国高等教育会议精神,华东大学决定设立政治、文学、史地、艺术、俄文 5 个系,学制 2 年。

5 个系主任是:政治系李仲融,文学系吴富恒,史地系车载,俄文系何封,艺术系臧云远(开始时由于寄愚兼任)。此外,又陆续聘请一批教师,其中有高兰、曾以鲁、张君川、俞成辉、曼者克夫妇(捷克籍犹太人)等教授。各系根据培养目标和师资条件,拟订教学计划和课程纲要,规定马列主义、新民主主义论、时事研究、教育概论、自然科学概论、国文、俄文、体育八门为各系共同必修课(与本系业务课重复者不修)。政治系课程为社会发展史、辩证唯物论、政治经济学、

1950 年

5 月

新民主主义法令政策研究、政治学概论、中国近代史、中国革命问题、马列主义名著选读、世界革命史、近代世界政治、社会主义经济建设、联共党史、中学政治教材研究，共 13 门。文学系课程为文艺学、中国语文、写作实习、中国现代文学研究、中国现代文学名著选读、中国现代文学史、中国文学史、中国历代文学名著选读、苏联文学选读及研究、世界文学名著选读、世界文学史、中学国文教材教法及实习，共 20 门。史地系课程为社会发展史、科学历史观、中国近代史、世界现代史、中国通史、世界通史、国际问题、地图学、马列主义史学名著选读、自然地理、中学史地教材教法，共 11 门。俄文系课程为讲读及文法、会话、苏联现代戏剧选读、作文、读报、苏联名著选读、应用文、翻译、俄文速记及打字、俄文教学法，共 10 门。艺术系除开设文艺理论、文艺政策、作品选读及研究、实际训练课程外，音乐、美术、戏剧三组另订具体课程纲要。暑假后各系正式上课，全体学生情绪稳定，都积极投入到紧张的正规化的业务学习之中。

本年　全校学生约 1000 人，教师 80 余人，干部 240 人。其中教师(只有正副教授和讲师，无助教)以艺术系为最多，约 30 人，其他系均在 10 人左右。

9 月

本月　华东大学副校长李宇超调任山东省人民政府副秘书长。刘宿贤、武杰任华东大学党委正、副书记。设立校长办公室，下设秘书和人事两科，直属校长领导。教务处下设教务、注册、研究三科和校刊编辑室及图书馆，由教务长领导。设立行政事务处，下分总务，财务、生产三科和医务室及托儿所，由秘书长领导。

10 月

本月　经中共华东局研究，征得山东分局同意，决定华东大学迁往南京。学校派总务处长董一博去南京安排校舍和筹划搬迁等事项。

11 月

本月　中共山东分局给华东大学和国立山东大学同时发电：“经中央教育部批准，华东大学迁青岛与国立山东大学合并办理，仍用山东大学名称。决定成立迁并办理委员会，彭康为主任委员，陆侃如、张勃川为副主任委员，童第周、余修、罗竹风、刘椽、刘宿贤为委员，负责办理迁并事宜。”两校随即进行合并的准备工作。

12 月

本月　华东大学于本月迁至青岛，暂住黄台路和太平角。一面继续进行教学，一面准备合校。

本月　合校迁并办理委员会召开华东大学、山东大学师生员工代表大会。彭康主任委员报告迁并委员会工作概况和合并初步方案。会上张勃川、陆侃如、童第周和学生会代表发言，一致表示赞同。

1951 年

1 月

本月　中央教育部对华东大学、山东大学两校合并方案提出修正和补充意见，并向主管文教工作的中宣部部长陆定一汇报，取得完全同意。

2 月

本月　上级指示动员青年学生参军出征，各系传达后全校轰动，近 1000 名学生全部报名参加。

3 月

2 日　华东大学 120 名青年学员奔赴朝鲜战场，参加抗美援朝。

同日　黄台路大操场锣鼓喧天，红旗招展，举行欢送大会。被批准参军的同学披红戴花，在艺术系的腰鼓队、秧歌队伴同下，雄赳赳气昂昂进入青岛车站，开赴前线。这是华东大学送走她培养的最后一批革命战士。

15 日　华东大学与山东大学正式合校。合校迁并办理委员会随即宣布结束。

同日　山东大学与华东大学合并组成新的山东大学。华岗任党组书记兼校长。合并后的山东大学设有五院十八系，学科门类齐全，学术实力雄厚，办学特色显明。山大与华大的合并是中国高等教育史上的创举，使山东大学进入崭新的发展阶段。拥有教师 486 人，职工 524 人，学生 2366 人，总人数达历史最高水平。

本月　合校后，张勃川调任中央教育部高教司司长，李仲融、何封、车载分别调去北京和上海工作。

三、山东大学(1950～2000.7)

1950 年

1 月

1 日　学校文工团正式成立。

7 日　华岗校长在山大校园中心广场上第一次向广大师生以《怎样用理论与实际结合的方法来学习〈共同纲领〉》为题，作了长达四个小时的精彩报告。他作的报告从国际到国内，从我国的科技发展到居民的生活实际，既有理论深度，又紧密联系实际，亲切中肯。

华岗校长给山东大学师生上政治大课

华岗校长以浅显易懂的内容为主题，一连讲了三次大课，在全校震动很大。当年的《国立山东大学总结》中评价说："从大课开展以来，'山大'马上活跃起来，面目为之一新，成绩是极其显著的。'总结'具体指出政治大课的四点成绩：(1)政治大课规模空前，大家学习政治的热情普遍提高了；(2)根据山大的实际情况，用五条方针作武器，进行了工作检查，大家初步地开展了批评与自我批评；(3)打通了不少糊涂思想，一定程度上纠正了重业务、轻政治的思想；(4)推动和加深了课改工作。"曾任山东大学副校长、著名生物学家童第周后来回忆说："我在生物研究中有了新的突破，是因为听华岗校长讲马克思主义哲学，使我懂得了辩证法。"

16 日　中国共产党山东大学党总支宣布公开。山大党总支的任务，就是要发扬优良传统，保证《共同纲领》中的文教政策能够在山大贯彻，使山大从一个旧大学变成一个新民主主义的新大学。

21 日　教职员工以自己的实际行动热情拥护政府，积极认购公债。

22 日　成立"山东大学女同学会"。通过会章，戚志莲等 19 人被选为常务委员。

2 月

4 日　校工人补习学校，于本日在科学馆举行开学典礼。

27 日　台湾国民党飞机滥炸青岛市。校委会常委会召开紧急会议，决定组织"防空委员会"。除校本部设总会外，并在附属医院与高级护士职业学校、实

1950 年

2 月

习工厂、农学院及校外各宿舍设分会，同时要求附属医院医护人员立即前往受灾区四川路一带进行抢救。

3 月

3 日　山大党总支召开会议，响应节约号召，发扬艰苦作风，干部恢复供给制。

14 日　为摧毁反动党团组织，拯救失足分子，开始对反动党团进行登记。

16 日　青年团山大医院、护校支部成立。

24 日　胶东劳动英雄张福贵及山东劳动英雄朱富胜，在赴省参加各界人民代表会议的途中，于 23 日至 24 日来校讲演，受到全校师生的热烈欢迎。

27 日　校委会常委会批准中文系和历史系合并成立文史系，杨向奎、萧涤非两教授分任正、副主任。

4 月

5 日　全校同学及校委会代表齐集大礼堂，庆祝第二届学生会的成立。会上通过学生会会章，并选出执委 19 人。董国楹同学当选为主席。

上旬　地矿系二、三、四年级同学 10 余人由助教关广岳、王麟祥先生率领赴莱阳一带进行野外地质调查实习。在莱阳南 15 公里处的金刚口村西沟，"中生代""上白垩纪""王氏系"红土层内发现了恐龙的化石。并且在金刚口北 7 公里处的将军顶附近的同一红土层内，发现了恐龙蛋的化石。

1950 年 4 月，国立山东大学举行首届师生代表大会，会上华岗当选为校务委员会主任

14 日　党总支在听取了各方意见后，进行了综合研究，对第一批申请入党的 30 余人进行全面审查与大会表决。

23 日　召开首届师生代表会，出席代表 98 人。大会通过改造山大的具体方针和加强校委会领导的方案。同时通过向毛泽东主席、中央人民政府、教育部、华东军政委员会等发致敬电文。选举通过新的校委会，主任委员华岗，副主任委员陆侃如、赵纪彬、杨肇嫌；常务委员罗竹风、魏一斋、刘椽、童第周、陈瑞泰、丁履德、李先正；委员樊翕、杨向奎、何作霖、许继曾、潘作新、沈汉祥、郭贻诚、鲍文尉、陈机、陆光庭、颜子平、王承瑞、冯祖寿、张学铭、董国楹、王明理。

1950年

4月

30日　举行了校体育大会。先修班获田径赛及表演总分男子组第一名，医学院获田径赛及表演总分女子组第一名，第一支会获田径赛及表演总分工人组第一名。

本月　历史语文研究所成立拉丁化新文字学习班。

5月

3日　为响应拥护世界和平大会，发起"保卫世界和平签名运动"，全校师生热烈响应。数日间，签名者已达1134人。

14日　党员、团员、群众600余人齐集大礼堂，举行山大第一次新党员入党宣誓典礼。

19日　为庆祝青岛解放一周年，并纪念"六二"运动三周年，校委会召开会议，通过改定"六二"为山大校庆日等六项提案。

6月

5日　校委会接华东教育部通知，为统一各地人民助学金标准，自本年6月份起按照新办法试行。

11日　由山大文教工作者工会主办的《工会生活》创刊。校委会批准外文系拟于下学期增设"俄文专修科"，修业年限暂定为2年。

18日　举行复校和解放以来首届毕业生典礼。

7月

1日　校党总支委员会举行庆祝中国共产党诞生29周年大会。会上华岗校长传达毛泽东主席在中央七届三中全会上的报告。罗竹风对党员作动员整风的报告。同时有19名新党员举行入党仪式。

为加强科学研究，中国科学院聘请国内成绩卓著的各学科专家为该院专门委员会委员及学术顾问。地矿系主任何作霖教授应聘为该院专门委员；动物学系主任童第周教授应聘为该院附设实验生物研究所副所长；植物系主任曾呈奎教授应聘为该院附设水生物研究所青岛海洋研究室副主任。

9日　工会大学分会召开第二次全体会员大会，听取关于修改会章的报告，并选举本届执行委员高剑秋等25人。大会并通过谴责美帝武装侵略朝鲜的声明。

20日　华东教育部原则同意1950年度招生章则。全校共招新生800名，考生定于7月21～23日报名，27～28日举行考试。并拟于上海、济南、青岛等地设立试区。

26日　校工会、学生会、团委会、中苏友协分会、眷属联谊会、护士，联合组织"反对美帝侵略台湾朝鲜座谈会"。会议由工会副主席郭贻诚先生主持，学生会董国楹同学致辞。童第周、赫崇本、胡伦积、王祖农、王伟等先生与会并发言。最后由华岗主任委员作题目为《争取和平、不怕战争》的讲话。

30日　华岗主任委员在青岛首届科学代表大会上发表题为《论自然科学和社会科学的不可分性》的讲话。

8月

1日　连日来，学校的专家教授华岗、陆侃如、童第周、陈瑞泰、冯沅君、杨肇𪻐、杨向奎、郭贻诚、王祖农、丁履德、刘椽、胡伦积、何作霖先生等，以"庆祝八

1950 年

8 月

一、打败美帝”为中心内容，纷纷发表文章和讲话。

15 日　山东大学和华东大学举行联欢会。

19 日　校委会接到青岛市政治协商会议通知，推选出席人代会的代表。本校选出教工代表罗竹风、郭贻诚、陆侃如、冯沅君、刘智白，学生代表陈福伍、杨颐康、王皇、吕慧鹃共 9 人。

27 日　成立医学院团总支，由李茂吉等 7 人任总支委员。

30 日　校团委会为欢迎本届入学新生中的团员，举行“迎新团日”。

9 月

10 日　山大建团一周年。山东大学召开青年团第一届团员代表大会。到会各支部代表 142 人及来宾数十人。大会首先通过主席团名单，继由团委书记张惠致开幕辞，他指出，在山大建团一周年中，团员从无到有，从少到多，现已发展到 500 人，占全校学生的 1/3。由 1 个临时支部，发展到 4 个总支、4 个直属支部，40 个支部。大会选出正式委员 15 人，候补委员 5 人。

13 日　本学期二、三、四年级同学助学金评议工作，经过两周的酝酿动员和解答问题报告，根据华东教育部关于人民助学金暂行办法指示，决定即日开始评议，并成立校评议会。

21 日　本学期开学后，为了使新旧同学对注册选课、转院、转系，试验成绩及学籍等问题有个明确的认识，教务处重新订正 1950 年度教务通则。

24 日　校学生会第三届执委会成立。产生正式执委 21 人，后补执委 6 人。同日举行第三届全体执委会的第一次全体会议，经协议，刘卓任执委会主席。

25 日　为庆祝中华人民共和国成立一周年，组建了“山大庆祝国庆节筹备委员会”。决定庆祝日程为，10 月 1 日全校人员参加全市性的庆祝大会及全市游行。2 日，举行庆祝联欢晚会。3 日，晚上举行室内晚会及舞会。

27 日　致电政务院转中央教育部，请示山大、华大合校问题。电文内容如下：“兹因山东大学领导人选久悬未决，华东大学因限于人力物力办理亦有困难，为求集中力量办好山东大学起见，经详加考虑后，决定将华大与山大合并办理，而保留山大校名，已电令山东省府考虑校长人选，并令鲁教育厅负责即行会同该两校当局进行合并事宜，请准予备案。”

28 日　本学期新聘部分教授。文学院新聘教授吕荧先生及许思园先生，外文系新聘教授乔裕昌先生及方未艾先生。理学院物理系新聘教授王普先生及高仕功先生，化学系新聘教授刘遵宪、徐国宪、阎长泰三先生，医学院新聘教授徐佐夏、金泽忠两先生，水产学系新聘兼任教授大槻洋士朗（日本籍）。

10 月

11 日　学校保密委员会成立。

15 日　土木系四年级同学积极参加治淮工程。

18 日　华东高教会议召开，以副主任委员陆侃如，秘书长刘椽、党总支书记罗竹风等 9 人组成代表团前往出席会议。

本月　华东军政委员会接到教育部的复电后，立即研究两校合并事宜，并转知山东省人民政府指示华大和山大迅即筹划办理。

1950 年

11 月

7 日　学校成立反美侵略委员会。校领导及教授们纷纷发表书面谈话，表示抗美援朝的决心。

10 日　全校举行抗美援朝反美侵略动员大会。有 344 人签名要求赴朝参战。

13 日　全体师生员工发表《反美侵略宣言》和《给朝鲜人民军和中国人民抗美援朝保家卫国志愿军部队的致敬信》。

15 日　校委会接青岛市政府转来的山东省人民政府本月 15 日电："华东军政委员会戎电示如下，经中央教育部批准华东大学迁青岛与山东大学合并办理，仍用山东大学名称。并决定以彭康、陆侃如、张勃川、童第周、余修、罗竹风、刘椽、刘宿贤为迁并处理委员会。并以彭康为主任委员，陆侃如、张勃川为副主任委员，负责办理迁并事宜。希即刻进行工作为要。"

28 日　文史系于日前成立"新文学研究会"与"新史学研究会"。"新文学研究会"主编的《新文学》月刊，已在本校出版。

12 月

1 日　校委会统一下发新校徽，师生员工于本日起开始佩戴。

5 日　中央人民政府、人民革命军事委员会、政务院联合发布决定，招收青年学生、青年工人参加军事干校。校委会举行全体会议决议：一为动员学生、工人参加军事干部，决定成立保送委员会。由陆侃如、罗竹风等 15 人组成。二为贯彻教育部指示，加强时事学习；三为做好"一二・九"纪念活动，授权学生会与全市各学校在学联统一指导下举行。

8 日　华东大学接到指示后，1000 多名师生迁往青岛，暂住黄台路 10 号和太平角，一面进行教学，一面商洽合校事宜。

9 日　举行纪念"一二・九"运动 15 周年大会，并于会后进行大规模游行。

13 日　校文教工会举行欢迎华东大学茶会。到会者除山大各单位代表外，还有华大各负责人及学生代表多人。

14 日　山东大学出现爱国参军高潮，报名参军者已达 600 余人。

15 日　自中央教育部批准华东大学迁来青岛与山东大学合并，命令组织迁并委员会后，彭康主任委员由济南来到青岛。

18 日　在山东大学召开迁并委员会第一次会议。彭康在会上宣布迁并委员会于该日起正式成立，即展开工作。会议讨论了合并的方针，对于院系的合并、组织机构、师生员工待遇及合并的步骤时间等主要问题，均作了详细讨论，获得了初步的意见。会后，两校委员分别向本校传达会议精神，重点解决对合校重大意义的认识问题，以保证工作的胜利完成。

19 日　山东大学召开全体师生员工大会，传达了迁并委员会第一次会议的内容，广泛地向各方面征求关于合并的具体意见。

20 日　举行第二次迁并委员会议，综合两校经过普遍讨论而提出的意见，作进一步商讨。

21 日　将第二次会议记录印发各单位，再经过反复的讨论和研究，提出意见，交下次会议研究。

22 日　举行第三次迁并委员会议，对合校后的院系设置、组织机构、人员安

1950 年

12 月

排、学生待遇、合并时间等五方面工作作出了决议。具体方案如下：

一、院系的合并

1. 山大的理、工、农、医四个学院不动。

2. 山大文史系的文学组与华大文学系并为中国文学系；历史组与华大历史系并为历史系。

3. 山大外国语文系、俄语专修科与华大的俄语系并为外国语文系，分英语、俄语两个组，一律四年毕业。为照顾实际工作需要，两组课程的设置均以二年为一学习阶段，第一阶段期满后，或分配工作，或留校深造。

4. 合并后的中国文学系、外国文学系与华大的艺术系（内分戏剧、音乐、美术三个组，均为四年制，二年为一阶段）成立文艺学院。

5. 合并后的历史系与华大政治系成立社会科学院（待条件成熟时，再增设其他系）。

6. 新设的两个学院和原有的四个学院，共为文、社、理、工、农、医六个学院。

二、行政机构的合并

1. 合并后的山大实行校长负责制，设校长办公室，下分秘书科与人事科。

2. 教务长下设教务处、图书馆、体育室、教学研究委员会与仪器管理委员会。

3. 教务处下分注册科、教导科、出版科与校刊编辑室。

4. 图书馆下分馆务科与编纂科。

5. 秘书长下设总务处与生产管理委员会（负责管理附设的企业单位）。

6. 总务处下分庶务科、会计科、校产管理科、医务室。

7. 保留山大的学术审议委员会和华大的编译委员会，归校长直接领导。

三、教职工的安排

1. 两校现有工作人员，不因合校而变动，但工作岗位和职务可能另作合理安排。

2. 教职工待遇均暂时按原薪、原供给制标准不动，华大一部分薪金制工作人员的工资分按青岛物价折算。

四、学生待遇

1. 根据华大历史条件，学生的供给制尚不能改为助学金制，但华大号召同学在自觉的基础上按其家庭经济情况，可自动放弃一部分或全部供给制待遇，逐步走上制度的统一。

2. 对此问题，应向两校学生进行解释，继续寻求合理的解决办法。

3. 两校同学同样要交纳讲义费。

4. 华大同学供给制中的伙食费用交给食堂统一安排使用。

五、合校的具体时间

争取在寒假期间完成一切准备工作，开学后两校在组织上、教学上、生活上完全合成一个整体。

会后，迁并委员会即将上述方案书面报告华东军政委员会和中央教育部。合校迁并办理委员会连续举行三次会议，研究合并搬迁的各项问题，制订出合

1950 年

12 月

校的初步方案。华东大学于本月迁至青岛，暂住黄台路和太平角，一面继续进行教学，一面准备合校。合校迁并办理委员会召开华大、山大师生员工代表大会，彭康主任委员报告迁并委员会工作概况和合并初步方案。会上张勃川、陆侃如、童第周委员和学生会代表发言，一致表示赞同。

1951 年

1 月

1 日　即日起将油印的《山大生活》校刊改为铅印，每周出版一期，重点报道学习动态及学习理论的心得体会，同时也报道重大新闻、校委会决定以及有关改革事项，充分发挥校刊的指导作用。

19 日　校务委员会决定，成立冬防委员会。徐佐夏教授兼任医学院院长。

25 日　全校校产清查工作开始。

27 日　校务委员会讨论通过《山东大学暂行规程草案》《山东大学行政工作条例》。

本月　中央教育部对华大、山大两校合并方案提出修正和补充意见，并向主管文教工作的中宣部部长陆定一汇报，取得完全的同意。

2 月

15 日　校务委员会决定，根据教育部的精神，重新拟定《山东大学暂行规程》。

19 日　校务委员会决定，成立全校经费调配委员会。

本月　国立山东大学一批学生响应号召，参军参干。山大医学院附属医院和附设高级护士职业学校的医护人员，前后组成三批医疗队（约 300 人），奔赴抗美援朝前线，参加抢救伤病员。

3 月

6 日　张宗麟专程来鲁，代表中央教育部处理两校合并事宜。先同彭康和迁并委员会委员进行了座谈，后同已内定为山大校长的华岗进行了交谈，还邀请两校的教授、干部 14 人开会征询意见。

13 日　山东大学、华东大学迁并处理委员会召开第二十次会议，总结迁委会成立以来所做的工作。

教育部张宗麟副司长代表中央教育部宣布合校后的领导人名单，校长：华岗；副校长：童第周、陆侃如；教务长：何作霖；副教务长：余修、罗竹风；秘书长：刘椽；副秘书长：刘宿贤。并成立新的校务委员会和学术评议委员会。合校后，设文、理、工、农、医 5 个学院和政治、艺术 2 个直属系，共 18 个系和 2 个研究所。学生 2366 人，教师 486 人、职工 524 人。文学院院长：吴富恒；理学院院长：郭贻诚；工学院院长：丁履德；农学院院长：陈瑞泰；医学院院长：徐佐夏。历史学系主任：杨向奎；中国文学系主任：吕荧；外国文学系主任：吴富恒（兼）；数学系主任：李先正；物理学系主任：郭贻诚（兼）；化学系主任：刘椽（兼）；动物学系主任：童第周（兼）；植物学系主任：曾呈奎；地质矿物学系主任：何作霖（兼）；土木工程学系主任：许继曾；机械工程学系主任：陈基建；电机工程学系主任：樊翕；农艺学系主任：李文庵；园艺学系主任：李良庆；病虫害学系主任：王清和；水产学系主任：沈汉祥；直属政治学系主任：李仲融；直属艺术学系主任：臧云远；历

1951 年
3 月

史语言研究所所长：杨向奎（兼）；海洋物理研究所所长：赫崇本；图书馆馆长：陆侃如（兼）。撤销华东大学建制，山东大学去掉“国立”二字。

合校后，建立以华岗为书记，余修、罗竹风、刘宿贤、崔戎、武杰为委员的党组织，作为党的领导和决策机构。以刘宿贤为书记，崔戎、武杰为副书记的党委会，处理党内日常工作。

同日　迁并委员会邀请张宗麟和华岗参加最后一次会议，会上张宗麟代表教育部提出了修订和补充后的方案：

1. 撤销华东大学建制，国立山东大学去掉“国立”二字。合校后称山东大学，设文、理、工、农、医五个学院和政治、艺术两个直属系。

2. 原华东大学中文、历史、俄语三系，并入山大文学院各系，学生按原来的年级上课，俟暑假考试后再定升级或留级。

3. 校长华岗遵照中央教育部电令先行到职工作。

4. 副校长童第周、陆侃如，教务长何作霖，副教务长余修、罗竹风，秘书长刘椽，副秘书长刘宿贤，文学院院长吴富恒，理学院院长郭贻诚，工学院院长丁履德，农学院院长陈瑞泰，医学院院长徐佐夏、副院长潘作新，均即日到职。

5. 遵照中央指示，张勃川调京工作。

6. 行政机构力求简单合理，避免因人设事，取消教务、秘书两处的处长一级，其他行政机构和教学组织的人选，由新任的领导研究决定，由校长呈报。

7. 迁并委员会与两校原有的校务委员会均于 3 月 14 日宣布结束，自 15 日开始由新的领导接任工作。

8. 两校教职工待遇急需个别调整者，由校长拟出具体方案，呈报华东教育部核准。原华大学生的供给制待遇暂维持原状，逐渐调整到与原山大学生同样。

会上经过讨论，大家一致拥护新的合校方案，表示坚决贯彻执行。华岗校长对教育部在合校工作上的组织领导、对迁并委员会的艰巨工作表示感谢，并表示决定取两校之长把山东大学办成新型的社会主义大学。彭康主任委员以“合校胜利，皆大欢喜”八个字概括这一阶段的工作成绩。

14 日　召开校务委员会，听取教育部对山东大学与华东大学合并问题的指示，决定结束现有的校务委员会。

15 日　国立山东大学与华东大学合并，成立山东大学，华岗任党组书记兼校长。设有文、理、工、农、医 5 院，18 个系。

18 日　华大山大合校后的第一次校委会，就讨论了科学研究的工作，并作出了如下决定：

（一）每年 3 月 15 日为校庆节日，在校庆活动期间举行科学讨论会，检阅一年来的科研成果。

（二）重新组建学术委员会，由童第周副校长任主任委员，陆侃如副校长和何作霖教务长任副主任委员。规划全校的科学研究工作，筹办出版文、理、工、

1951 年

3 月

农、医各学科综合性的学术刊物《山东大学学报》。

（三）各系必须制订科学研究计划，包括选题、内容、负责人、完成时间等等，以迎接每年的校庆科学讨论会。

（四）科学研究工作由教务长分工领导，教务处设专人处理日常的各项具体工作。

19 日　师全校生举行 1951 年开学典礼及合校成功庆祝大会。华岗校长在会上作《合校方案和山大前途》的长篇报告。《新山大》创刊，本报是过去《山大生活》和《华东大学校刊》的继续，是两校合并后的山东大学的校刊，本刊为旬刊。

1951 年 3 月 19 日，举行合校大会暨开学典礼，华岗校长作报告

21 日　经校务委员会办公会研究决定，崔戎为校长办公室主任，孙思白为副主任；按教育部指示，将秘书长、副秘书长改为总务长、副总务长；《山东大学暂行规程草案》上报教育部待批。

4 月

6 日　决定，校常务委员会由校长 1 人，副校长 2 人，教务长、副教务长 3 人，总务长、副总务长 2 人，文、理、工、农、医五院院长 5 人，工会、学生会各 1 人共 15 人组成。还决定，成立健康委员会。

8 日　召开合校后的第一届学生会成立大会。通过新学生会会章，选出执行委员 25 人，候补执行委员 6 人，王秀成任主席。

26 日　校常务委员会决定，对历史上遗留下来的部分不合理待遇作个别调整；对图书馆反动性书刊作出处理。

5 月

1 日　为了开展学术争鸣，提高学术水平，社会科学和人文科学的综合性学术刊物《文史哲》杂志创刊（双月刊）。华岗任社长，陆侃如、吴富恒任副社长，杨向奎任主编，编委会由文科水平较高的老教师和少数青年教师组成。

2 日　决定组织招生委员会，由教务长、两副教务长、两主任秘书、五院院长及注册科科长等 11 人组成。

1951 年

5 月

《文史哲》创刊号

13 日　举行合校后的校工会第一届代表大会。会议选出宋金声等 23 名工会第一届执行委员和蔡良婉等 7 名候补执行委员。

14 日　为纪念山大、华大合校，校常委会决定，将校庆日定为 3 月 15 日。并决定今年全校招生总数为 950 人。

23 日　校常务委员会讨论通过《山东大学爱国公约》《山东大学组织系统表》《学术审议委员会组织草案》。

本月　在《山东大学工作细则》中，对于培育社会主义大学的学风提出了明确的要求：在政治上坚持党的领导，坚定社会主义信念，学习马列主义，改造世界观；在教学上学习苏联先进经验，实行改革，重视理论，联系实际，保证培养质量；在科学研究上勤奋探索，刻苦追求，发扬学术民主，勇于创新；在工作上勤俭节约，艰苦奋斗，讲求实效，建设学校；在生活上团结互助，遵守纪律，艰苦朴素，乐观向上。概括起来就是：重视理论，联系实际，艰苦奋斗，勇于创新。

6 月

2 日　华东教育部同意增设地矿系，第一年招生 60 人。

4 日　校常委会决定，殷焕先、张学铭、王祖农、李传隆、傅宝瑞晋升为教授。

8 日　学术审议委员会召开会议，讨论通过《学术审议委员会组织条例》。

11 日　华东教育部下文，同意艺术系修业年限为五年，将艺术系改称为艺术专修科。

12 日　全校师生展开讨论《武训传》。

15 日　校常务委员会决定，调整毕业生统一分配委员会，由童第周副校长任主任委员；成立毕业生论文审查委员会，通过《转院转系学生暂行条例》。

27 日　校常委会决定，成立山东大学保送委员会，余修任主任委员，高兰、张星波、王秀成任副主任委员，宋金声等 5 人任委员。

7 月

4 日　校常委会决定，杨枫先晋升为教授。

16 日　决定，全校自 7 月 18 日开始学习 30 年中共党史，历时 45 天。

8 月

7 日　校常务委员会决定，聘王询先、周伯鼎、杨颐桂、曾璋先、刘永铭、蔡介甫、刘润周为教授。通过《山东大学学则》和《教员进修暂行办法》。

20 日　以理、工、农、医自然科学为主的《山东大学学报》，正式创刊（季刊），并成立学报委员会，童第周任主任委员。

27 日　华东教育部批准《山东大学暂行规程及学则》并开始实行。

9 月

5 日　校学习委员会决定，9 月 9 日举行团结进步大会，总结全校学习党史运动的情况。

10 日　高教部在北京召开综合大学会议，23 日结束。副校长童第周和陆侃如、历史系主任杨向奎、物理系主任郭贻诚、教务处主任秘书张学铭 5 人出席会议。他们回校后全面传达了会议的精神，主要是：综合大学是国家文化科学发展的主要标志，基本任务是培养科学研究人员和高等及中等的师资。为此，必须有领导有计划地进行教学改革，开展科学研究和加强师资培养，以保证综合大学任务的圆满完成。同时，会议还认为，当前的首要任务是学习苏联经验，结合我们的实际情况，进行教学改革工作，不断提高教学质量，以适应经济建设的迫切需求。

1951 年
9 月

17 日　华东教育部下文，批准齐鲁大学中国文学系、历史系两系合并到山东大学。

28 日　校常务委员会决定，成立保密委员会。陆侃如任主任委员，何作霖等 9 人任委员。

同日　华岗校长为了贯彻高教部在北京召开综合大学会议精神，全面推进教学改革工作，召开动员报告会。会上他除了论述综合大学会议的重要意义外，还指出，新中国的建设需要大批具有高等文化的合格人才，百年树人甚为不易，因此必须进行教学改革，以求培养更多更好的人才。

10 月

11 日　青岛史学会青岛分会成立，华岗校长当选理事会主席。

25 日　山东大学各院系举行纪念中国人民志愿军作战一周年座谈会。

本月　据统计，全校学生人数为 2183 人，教员 385 人，职员 597 人，工友 515 人。

11 月

9 日　校常务委员会通过《人事工作暂行条例》。

21 日　直属政治系、艺术系经华东教育部批准，划归山东建制，委托管理，保留系的名称，暂定两年制。

25 日　举行校工会第二届代表大会，听取第一届执委工作报告，并选举第二届执行委员、候补委员及经费审查委员等 54 人，李先正任主席。

7 日　校常务委员会决定，成立校舍调整委员会、物资检查委员会。还决定，将《新山大》由旬刊改为周刊。

12 日　经军事干部青岛招生委员会批准，成立军事干部山大保送学生委员会。陆侃如任主任委员，罗竹风、郭贻诚、刘卓、张惠任副主任委员，宋金声等 10 人任委员。

19 日　校常务委员会决定，将全校教职工的底薪制改为工资分制。

本年　毕业生人数为 165 人。

1952 年
1 月

14 日　决定，全面深入开展反旧教育思想、反贪污、反浪费、反官僚主义运动，并对全体党员干部进行动员。

2 月

8 日　校常务委员会决定，刘智白、曾友梅、蒋士和、关德栋晋升为教授。

22 日　为庆祝 3 月 15 日的校庆，经校常务委员会研究决定，成立校庆筹备委员会，陆侃如任主任委员。

29 日　华东教育部下文，同意土木系增设市政卫生工程组。校务委员会决定，成立教学器材管理委员会，管理全校的教学器材。

1952 年

3 月

15 日　举行第一次校庆科学讨论会，全校提出论文(报告)62 篇。华岗校长在开幕式上作了《论毛泽东思想的本质》的学术报告。由此，科学研究工作受到了广大教师的重视。

4 月

19 日　校学委会遵照政务院颁布的关于“三反”运动中成立人民法庭的规定，经青岛市人民政府批准，成立“山东大学人民法庭”。由华岗等 19 人组成审判委员会，华岗任审判长，童第周、陆侃如、余修任副审判长。

5 月

5 日　华东军政委员会教育部下文，任命华岗为山东大长，童第周、陆侃如为副校长。

6 月

7 日　校常务委员会决定，任命吴富恒为教务长，崔戎为副教务长，杨向奎为文学院院长，叶锦田为校长办公室主任。成立附设工农速成中学筹备委员会，陆侃如为主任委员，叶锦田等 6 人为委员。

7 月

27 日　举行青岛市第三届游泳比赛，28 日结束。山大共获五个冠军(男女团体总分第一，男子百米自由式接力、300 米混合接力、女子 300 米混合接力等均荣获第一)。

本月　教务长何作霖调往北京地质部任职，副教务长余修调任山东师范学院院长，副教务长罗竹风调上海市政府任职。三位教务长离校后，由吴富恒任教务长，崔戎、郭贻诚任副教务长。杨向奎接任文学院院长，叶锦田接任校长办公室主任。

8 月

本月初　通知各大行政区教育部贯彻执行。经过政务院批准，中央教育部于 1952 年夏季制订了“以培养工业建设人才和师资为重点，发展专门学院，整顿和加强综合大学的方针，以华北、东北、华东为重点，进行全国高等院校的院系调整工作”的计划。

23 日　教育部决定对多科性的大学，进行院系调整。遵照上级的指示精神，校常务委员会研究决定，成立院系调整委员会。华岗任主任委员，李芸生、童第周、陆侃如、吴富恒任副主任委员，崔戎等 20 人为委员。

同日　健康、防疫两委员会合并为爱国卫生委员会。

25 日　“中国保尔”吴运铎来校作报告，全市青年学生约 1 万人参加。

26 日　华岗校长向全校师生员工作院系调整问题的传达动员报告。

本月　经校委会研究，制订《山东大学院系调整方案》并报上级审批。

9 月

9 月初　院系调整开始行动，月底全面结束。大体上做了以下调整与迁并工作：

(一)政治系迁至济南，组建成山东省政治学校，后为中共山东省委党校。

(二)艺术系的戏剧组迁至上海，与上海戏剧学院专科合并，组建成中央戏剧学院华东分院，后为上海戏剧学院。

1952 年
9 月

（三）艺术系的音乐、美术两组迁至无锡，与上海美术专科、苏州美术专科合并，组建成华东艺术专科，后为南京艺术学院。

（四）工学院的土木工程系与原山东工学院的土木、纺织两系合并，成立青岛工学院。后来迁至武汉与有关院校的系科合并，后为武汉测绘科技大学。

（五）工学院的机械、电机两系迁至济南，与原山东工学院合并，现为山东大学南区（即原山东工业大学）。

（六）农学院的水产系留校，农艺、园艺和植物病虫害三系迁至济南，与原山东农学院合并，后为山东农业大学。

（七）理学院的地质矿产系、采矿工程系迁至长春，与有关院校的系科合并，组建成长春地质学院。

（八）厦门大学海洋系理论组部分教师并入，组建新的海洋系。

（九）医学院因受校舍的限制，暂缓调整。1956 年青岛工学院迁去武汉时，使用该院校舍组建成青岛医学院。

（十）1954 年，高教部拟改变现有高等学校的布局，报请国务院批准，将沿海某些高等学校内迁和增加新的专业，其中有上海交通大学、上海第一医学院、山东大学等。当时决定将山东大学迁往河南郑州。后来教育部经过审慎研究，决定将山东大学迁往郑州改为由山大派人去郑州筹建一所新的大学，并给以师资支援。在决定把山大迁往郑州时，即派总务长刘椽、总务处主任秘书董树德、总务科长于建、基建办公室技术员刘岩等 26 人前往郑州筹建。经过两年的努力，在 1956 年夏完成了主要建筑，秋季招生上课，从文、理各系选调一部分教师支援。这就是今天的郑州大学。

院系调整后，山大加强理科的发展，重视数、理、化各专业的师资培养。形成了以李先正、束星北、王普、刘椽等等为代表的强大师资队伍。为新中国建设培养了大批优秀人才。

山东大学生物系创立早，设有海洋生物、动植物专业，将其作为重点发展学科。生物学既有童第周、曾呈奎等大师担纲，又有方宗熙、王祖农等名师助阵，呈现出蓬勃向上的发展趋势。

院系调整中，厦门大学海洋系理化组合并于山东大学海洋研究所，成立了海洋系，这是一个新系科，也是重点发展的学科之一。赫崇本教授任系主任，文圣常、牛振义等知名教授在此执教。

院系调整后，除暂时保留医学院外，取消院一级建制，设有中国语言文学、历史学、外国语言文学、数学、物理学、化学、动物学、植物学、水产学、海洋学 10 个系。

17 日　建立普查工作组，对各方面情况进行普查。陆侃如任组长，叶锦田、孙思白任副组长。

18 日　召开校长办公会，讨论地矿系调整到东北长春地质学院的有关问题。

25 日　成立山东大学速成识字推行委员会，负责职工扫盲工作。崔戎任主任委员，高兰任副主任委员。

1952 年

10 月

26 日　华岗校长向全校师生员工作院系调整问题的传达动员报告，并公布了调整方案。

22 日　校长办公会决定，成立海洋生物供应室，并报上级待批。

27 日　华东军政委员会教育部同意取消人事室，成立政治处。

本月　党组、党委合一，由华岗任党委书记，崔戎、武杰任党委副书记，设常委会主持党的日常工作。原党委书记刘宿贤调青岛工学院任党委书记。

11 月

7 日　“中苏友好月”今日开始。

15 日　为做好调查研究和统计工作，成立学校普查工作组。

18 日　成立基本建设委员会，撤销房舍建筑设计委员会。

本月　根据上级指示，建立附设工农速成中学，由副校长陆侃如兼任校长，调教务处副主任秘书赵凌任专职副校长。冬季开学上课，全国纺织劳动模范郝建秀是第一届学生。工农速成中学学制四年，共招收四届学生计 957 人，毕业后大部分升入高等学校学习。

12 月

9 日　校党委决定，成立中共附设工农速成中学临时党支部，邵平任支部书记。

15 日　校常务委员会决定，成立研究部。童第周兼任主任，郭贻诚、杨向奎任副主任。

23 日　华东教育部同意成立“生物标本供应站”。

同日　校长办公会决定，同意动物学系与中国科学院海洋生物研究室和中国水产实验所共同组成渔业资源调查机构。

29 日　校长办公会决定，阎长泰任化学系主任，曲漱蕙任动物学系主任。

华岗校长

华岗(1903～1972)，又名华延年、华少峰，字西园，浙江龙游人。1924 年，参加革命，同年加入社会主义青年团，1925 年加入中国共产党。第一和第二次国内革命战争时期，华岗先后任共产主义青年团浙江、江苏、顺直(河北)省委书记，团中央宣传部部长，中共湖北省委宣传部部长，中共中央组织局宣传部部长，中共中央华北巡视员等职。1932 年，在任中共满洲省委书记的赴任途中被捕，先后在国民党的山东和湖北监狱关押 5 年之久。1937 年 10 月，经董必武与国民党当局交涉营救出狱。

抗日战争和解放战争时期，华岗开始任《新华日报》总编辑，后在重庆八路军办事处工作和在西康、云南做统战工作，担任中共南方局宣传部部长、中共出席政协代表团顾问、中共上海工委书记。

全国解放后，华岗到山东大学工作，先后担任教授、校委会主任委员、校长兼党委书记，当选为第一届全国人大代表。同时，还兼任中国史学会理事、哲学研究编委、《文史哲》杂志社社长等职。1955 年肃反时，华岗被诬以反革命罪，遭逮捕审查，后被判刑关押。1980 年 3 月，经中共中央批准，平反昭雪，恢复名誉。为了革命和教学的需要，他编写了《1925～1927 年中国大革命史》《中国民族解放运动史》《社会发展史纲》《太平天国革命战争史》《五四运动史》《中国历史的

1952 年

12 月

翻案》《苏联外交史》《目前新文化运动的方向和任务》《鲁迅思想的逻辑发展》《辩证唯物论大纲》等著作，撰写了大量政治和学术论文。

陆侃如副校长

陆侃如(1903～1978)，出生在江苏海门一个爱国绅士家庭。1924 年，以优异成绩毕业于北京大学中文系，又转入清华大学研究院专攻中国古典文学。1927 年在研究院毕业后，任上海中国公学中文系教授和系主任，兼在复旦、岭南大学任教。1930 年，任安徽大学教授。1932 年，与其妻冯沅君一同出国，入法国巴黎大学研究院深造，1935 年完成研究工作，获文学博士学位。回国后，任燕京大学教授兼中文系主任。抗日战争爆发后去往云南和四川，先后任迁于昆明的中山大学师范学院教务主任兼代院务、四川三台东北大学文学院长兼中文系主任。1947 年，受聘任山东大学中文系教授，1951 年任副校长，并当选为全国政协委员和九三学社常务委员。陆侃如在教学中以渊博的知识和丰富的经验，引导学生闯入文学领域的大门，先打好牢固基础，然后指导学生进行习作实践，训练其治学能力。由于他严谨认真，方法得体，培养出大批学有专长的高校教师和科研人员。他在学术研究中极具功力，著有《屈原》《宋玉》《中国史诗》(与冯沅君合编)、《中国文学史简编》(与冯合编)、《中国古典文学简史》(与冯合编)、《中古文学系年》等等，洋洋数百万言。其中《中国史诗》得到鲁迅的高度评价，《中国文学史简编》被推选为高校教材，《中国古典文学简史》已被译成英文、捷文，受到国外读者的好评，《中古文学系年》更是他多年辛勤劳动的一部力作。1957 年，陆侃如被错划为右派分子。1978 年，陆侃如因病逝世。在其逝世前将存书 30000 余册和存款数万元，全部捐献给山东大学，表现了对党对国家的真挚情感。1979 年，中共山东省委批准为他改正了错划的右派问题，恢复政治名誉。陆侃如热爱祖国，积极进步，他在学术上的成就和对山东大学的贡献，值得后人怀念。

1953 年

1 月

30 日　校长办公会决定，学报编辑委员会由吴富恒等 15 人组成。文史哲编辑委员会由高兰等 10 人组成，杨向奎任主任。

2 月

17 日　校工作人员福利委员会成立，委员由叶锦田等 7 人组成。

3 月

9 日　全校师生员工参加青岛市追悼斯大林的活动。

本月　举行校庆第二次科学讨论会，全校提交论文 94 篇。陆侃如副校长在校庆科学讨论会上作《论古典作家宇宙观和创作方法的矛盾》的学术报告。

4 月

4 日　高等教育部决定，将河北水产专科并入水产学系。高等教育部同意矿物分析专修科停办，原有的学生转入有机化学及物理、化学两专业学习。

10 日　校长办公会决定，成立人民来信工作组。

本月　外文系英语组学生 44 人并入上海外语学院，河北水产学院学生 60 人并入本校水产学系。

1953年

5月

8日　与青岛工学院共同举行1953年春季体育大会，经过三天的比赛，于11日结束。

18日　校党委决定，撤销工农速成中学党支部，设立党总支。

23日　市委宣传部沙洪副部长来校作时事报告。

26日　成立医学院建院委员会，陆侃如任主任委员，徐佐夏任副主任委员。

28日　校党委决定，同意中共附设工农速成中学总支委员会，邵平为书记。

本月　学校附设工农速成中学学生、全国工业劳动模范郝建秀在中国工会第七次全国代表大会中被选为全国总工会执行委员。

本月　根据高教部要求，经校长、教务长、总务长和系主任两次专门研究，在原来校领导商定意见的基础上确定：汉语言文学、历史、海洋生物、动物胚胎、植物、物理海洋六个专业为重点发展学科；物理、化学两个专业师资力量和设备条件都较好，又承担理科各系的基础课程，对教学质量的提高关系重大，也定为重点学科，力求得到发展。

当时上报的意见如下：

（一）汉语言文学专业有教授陆侃如、冯沅君、高亨、萧涤非、殷孟伦、殷焕先、黄孝纾、高兰、关德栋9人，有副教授和讲师（包括教员）赵省之、孙昌熙、刘泮溪、蒋维崧、周迟明、琦书册、刘本炎、潘颖舒8人，向以师资阵容齐整、水平较高而著称，在教学中都能认真培养学生的自学能力、研究能力和创新能力；在科研中，特别在中国文学史、汉乐府和唐诗、鲁迅研究等学术领域颇有声誉，为文学界所承认，并且还有向近代文学发展的潜力。

（二）历史专业有教授杨向奎、童书业、张维华、黄云眉、郑鹤声、王仲荦、赵俪生、吴大琨、陈同燮、许思园、莫东寅11人，有副教授和讲师（包括教员）孙思白、卢振华、徐绪典、韩连琪、赵殿诰、朱作云6人，师资力量甚强，从古代的先秦、两汉、魏晋南北朝、隋唐五代、宋元明清到近现代史都有专人研究，又各有所长。在教学中向以理论充实、观点新颖的内容培养出质量较好的学生，在研究中则以古史分期、土地制度、农民战争等专题的成果，为史学界所重视。此外，有一部分教师对中国近代史造诣颇深，有建立近代史专业的条件。

（三）海洋生物专业有教授曾呈奎、王敏，副教授高哲生、李冠国、郑柏林，讲师王筱庆、张彦衡等7人，不仅能承担全部教学任务，并且对于海洋的藻类和无脊椎动物进行了大量的调查分类工作，初步掌握了海洋生物聚生地和繁殖的规律，为开发海洋资源、造福人民提供了根据，因而是很有发展前途的一个新的专业。

（四）动物（胚胎学）专业有教授童第周、方宗熙、曲漱蕙，副教授李嘉咏、叶毓芬、黄浙，讲师周才武、尹光德等，师资水平高，进取心较强。在教学中能注意理论基础知识的传授和启发学生独立思考的能力，在实验中能精心指导和培养学生细致准确的作风，在研究中能不囿旧说、敢辟蹊径、大胆创新，是生物学界公认的进展较快的专业。

（五）植物专业有教授陈机、王祖农，讲师陈惠民、周光裕、白玉谦、陈倬等，他们在植物生理、植物分类、植物解剖和微生物学等方面各有专长，教学水平亦

1953 年

5 月

较高。为了查清山东半岛的植物资源，以资国家开发利用，故作为重点学科加以发展。

（六）物理海洋专业有教授赫崇本、唐世凤、文圣常，副教授王彬华，讲师景振华等，师资力量与教学设备尚待充实，由于开拓海洋、利用海洋的资源为社会主义建设服务，不但具有重大的科学意义，而且也具有实际的经济价值，故作为重点学科以便于大力发展。

此外，物理专业有教授郭贻诚、束星北、张亮、周北屏，副教授杨有林、刘鸿宾，讲师余寿绵、王承瑞、王应素、陈继述、冯传海、陈成琳、熊正威，共 13 人。由于担任理科各系的基础课，力量虽强但分散，只能在高能物理、电磁学方面求得发展。化学专业有教授刘椽、刘遵宪，副教授阎长泰、尹敬执，讲师邓从豪、杜作栋、陈鸿宅、武际元、叶长龄、柳正辉，共 11 人，也因担任理科各系的基础课力量分散，只能在结晶学、有机硅和电化学方面求得发展。

6 月

8 日　根据高等教育部指示，动物学系、植物学系合并为生物学系，陈机任主任。

同日　中央高等教育部同意山东大学外语系英语组并入复旦大学外文系。

20 日　收到志愿军某部集体三等功臣班给郝建秀同志的来信。

8 月

4 日　成立房舍调整委员会，刘椽任主任委员，陈机任副主任委员，贺治明等 3 人为委员。

9 月

8 日　并入的河北水产专科教师 8 人，学生 16 人，来水产学系报到，并带来仪器 70 余箱。

本月　学校成立马列主义教研室，属教务处直接领导，负责全校马列主义课程的教学工作，崔戎任主任。

根据全国综合性大学会议精神，确定设置汉语言文学、历史、俄语、数学、物理、化学、动物、植物、水产、海洋物理 10 个专业，并按课程门类建立了 14 个教研室（组）。经校长办公会议决定，恢复教职员的政治大课学习制度，重新组成学习委员会，华岗任主任，童第周、陆侃如任副主任，各系系主任任委员。在全校师生员工中，进行为期一年的马克思主义哲学——辩证唯物论的学习。由华岗担任主讲，每两周报告一次，分组讨论一次。各系设学习分会，负责领导和组织这次学习。

10 月

1 日　全校师生参加青岛市国庆节庆祝大会。

20 日　校党委决定，赵凌任中共工农速成中学总支委员会书记。

本月　朝鲜民主主义人民共和国留学生 9 人，由教育部安排来水产学系学习。

陆侃如副校长参加中国教育代表团，赴印度参观访问和考察。

1953年

11月

7日 举行庆祝“十月革命”36周年大会。华岗校长作《国家在过渡时期的总路线、总任务》的报告。

同日 《学生守则》正式公布，并自即日起实施。

8日 举行共青团山东大学第三届代表大会，选举武杰等12人为第三届团委正式委员，马恩仁等5人为候补委员。

15日 在工会俱乐部召开了校务委员会第十七次扩大会议。会议讨论了1954年度计划、教职员工劳动纪律暂行办法(第二次修正草案)、精简节约草案等问题。

17日 校长办公会决定，增补崔戎、刘椽、徐佐夏3人为校教学设备委员会副主任。

21日 校委会举行第十七次会议讨论1954年度计划等问题。

12月

5日 《山东大学教职员工劳动纪律暂行办法》自本日起施行。

11日 根据华东教育部通知，校长办公会决定，成立校产清查委员会。委员由陆侃如等9人组成。

18日 高教部来函同意赠送《文史哲》《山东大学学报》给苏联科学院图书馆。

25日 校长办公会议决定成立研究委员会，主任委员童第周，副主任委员郭贻诚、杨向奎、徐佐夏，委员方宗熙、吴大琨、李先正、沈汉祥、冯沅君、梁希彦、赫崇本、刘遵宪、穆瑞五。

27日 决定，成立托儿所管理委员会和职工业余管理委员会。

本年 全校共有9个系(中国语言文学、外国语言文学、历史学、数学、物理学、化学、生物学、水产学、海洋学)，1个医学院，10个本科专业。全校各类学生1148人；本年招收本专科生455人，毕业本专科生312人。全校共有教职工1214人，其中专任教师380人(教授62人，副教授38人)。全校藏书24万余册。

1954年

1月

1日 高兰教授参加赴朝鲜慰问团回校。

15日 青岛市委同意，山东大学党委会由华岗、崔戎、武杰、高云昌、蒋捷夫、巩念圣、张学铭、贺治明、叶锦田、赵凌、王从人等人员组成(孙自平参加山大党委会已通知)，华岗任书记，崔戎、武杰任副书记，并由华岗、崔戎、武杰、叶锦田、高云昌5人组成常委会。

同日 中共山东大学纪律检查委员会由武杰、叶锦田、高云昌三位位人员人员组成，武杰任书记。

2月

20日 召开第六届学生代表大会，学生会主席李训经作半年来工作总结报告。大会决议，学生会一年改选一次。

21日 赴朝慰问团代表张汇泉及全国劳动模范宫班来向医学院师生1000多人作报告；同日，赴朝慰问团代表高兰教授及青岛市军属代表刘元祐向校部、文理各系等师生2000多人作报告。

1954 年

2 月

24 日 学生会六届执委会举行会议，重新分工。分工结果：主席李训经；第一副主席彭柱，第二副主席刘炎。秘书长董守平，副秘书长戴荣禧。学宣部部长戴磊（女）；副部长徐文炎（兼广播站站长）、蔡杰儿（女）、陈厚侠、朱履冰（女）。文娱部部长汪本荣；副部长杨汉昭（女）、庄松龄、李多馥。体育部部长孟尔熹；副部长张国民、许敏珠（女）、谭凤鸣。生活部部长陆树仑；副部长胡汶本、任敬福、秦士德。青岛市学职执委任世英。附设工农速成中学学生会主席萧洪山（在该执委会仅任执委不担任具体工作）。

27 日 第三届赴朝慰问团第四总分团代表向学校师生员工传达报告。

3 月

5 日 举行斯大林逝世周年纪念会。华岗校长作关于《斯大林建设社会主义学说》的报告。

8 日 校工会女工委员会召开"三八"座谈会，冯沅君作专题报告。

15 日 举行庆祝 1954 年校庆大会，全校师生参加。华岗校长作《开展科学研究工作》的报告。同时举行校庆科学讨论会，童第周副校长作《关于胚胎学发展学说的探讨》的学术报告，全校提交论文 120 余篇。这次庆祝校庆以大力开展科学研究为内容，要求通过这一活动，使大家进一步重视科学研究工作，使科学研究工作稳步地、广泛地开展起来，以更好地贯彻综合大学会议精神，进一步提高教学水平。这次庆祝校庆的步骤是：3 月 14 日（星期日），举行一个以科学研究、教学改革为中心内容的展览会，内有科学论著、讲义讲稿、仪器、标本、图表、照片等；14 日晚上，举行晚会。15 日上午，举行庆祝大会，华岗校长作关于开展科学研究工作的报告，下午各单位举行专题报告或座谈。15 日，校刊《新山大》出版庆祝校庆专刊。

24 日 高教部黄松龄副部长来校参观教学与研究工作展览。

4 月

23 日 召开 1954 年春季运动会，24 日结束。

5 月

16 日 陈毅来校参观。

17 日 召开保密委员会扩大会议，各单位秘书人员参加。

28 日 校长办公会决定，高兰教授任中文系主任。

同日 东北人民大学吕振羽校长来校参观。

6 月

19 日 宪法草案讨论分会成立，全校开始讨论宪法草案。

7 月

13 日 苏联化学博士、专家诺沃德拉诺夫教授受教育部委托来化学系参观，并于 8 月 7 日与有关系、教研室负责人座谈师资培养、教学、科研等情况。

8 月

13 日 省人民代表大会代表华岗、童第周、冯沅君、高兰、吴富恒、郭贻诚离青岛赴济南参加省人代会。

30 日 校务委员会扩大会议通过 1954 年度工作重点，即"贯彻专业教学，开展科学研究，积极培养师资，加强劳动纪律"。

1954 年

9 月

21 日　国庆节筹备委员会成立。筹备委员会下设秘书、宣传、文娱、总务等组。工农速成中学和附属医院、护校分别成立分会，领导全校积极筹备国庆节各种庆祝活动。并筹备参加全市游行的各项工作。

本月　《文史哲》月刊第 9 期发表了中文系 1954 年毕业生李希凡、蓝翎《关于〈红楼梦简论〉及其他》的文章，引起国内外学术界的强烈反响，受到毛主席关注。陈毅曾称赞道："山大创办《文史哲》是开风气之先。"《文史哲》是学术交流的重要窗口，使山东大学成为全国文史研究的重镇。

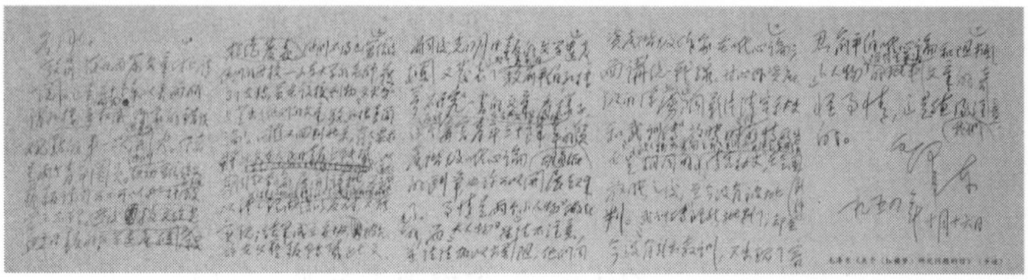

毛泽东《关于〈红楼梦〉研究问题的信》(手迹)

25 日　国庆节筹备委员会成立。

11 月

6 日　校长办公室、校中苏友好协会、工会、学生会联合举行庆祝"十月社会主义革命"37 周年大会，华岗校长作关于《中苏会谈公报及学习苏联科学研究工作中反对教条主义经验》的报告。

20 日　在"六二"礼堂举行《红楼梦》研究讨论会，出席这次研讨会的师生有 200 余人。

本年　全校出现学习辩证唯物论的热潮，冯沅君、郭贻诚等教授纷纷在校刊上发表文章，畅谈学习心得和收获。一年中校刊登载这类文章达 40 余篇。华岗校长把辩证唯物论的学习，分为 11 个专题，先后作了 35 场报告。上海人民出版社根据报告整理记录，出版《辩证唯物论大纲》一书。

1955 年

1 月

7 日　青岛市委决定，中共山东大学委员会审干小组由崔戎等 5 人组成，崔戎任书记，高云昌任副书记。

本月　新建两幢学生宿舍楼落成，将原住地下室和简易板房的学生迁入，改善了学生的居住条件。

2 月

12 日　校长办公会议决定，建立教学单位负责人党报制度。

3 月

6 日　中共青岛市委决定，山东大学党委成立组织部和宣传部。

11 日　中共青岛市委下文，同意高云昌兼任山东大学纪律检查委员会书记。

15 日　召开 1955 年校庆科学讨论会，童第周副校长致开幕辞，华岗校长作《现阶段中国唯物论与唯心论斗争》的报告。这次会议以《红楼梦》研究为主题。

25 日　经校长办公会研究决定，外文系黄嘉德教授兼任图书馆馆长。

1955 年

5 月

29 日　召开中共山东大学第一次党代会，党委向大会作工作总结报告。

6 月

5 日，大会通过总结报告和中共山东大学委员会《关于保证贯彻〈中共中央关于增强党的团结的决议〉的决议》，并选举中共山东大学委员会。华岗任书记，崔戎任副书记，华岗、崔戎、房金堂、高云昌、贺治明为常委，邱锡斌任纪检委书记。

24 日　高等教育部来函通知，外国语言文学系的英国语言文学专业 1955 年停办，外国语言文学系 1956 年取消，其俄罗斯语言专业的师生调入武汉大学。

7 月

2 日　校党委发出《关于传达省委开展批判胡风运动指示的要点（草案）》的通知。

27 日　收到教育部、高教部《关于工农速成中学停止招生的通知》。

28 日　收到教育部通知，自 1955 年秋季开始，工农速成中学执行普通中学校历。1953、1954 两年入学的学生一律改为四年制。

8 月

11 日　中央教育部下达有关迁往河南省郑州市建立新校的各项问题的通知。

13 日　经青岛市委研究同意，高云昌兼任中共山东大学委员会组织部部长，房金堂兼任中共山东大学委员会宣传部部长。

14 日　刘椽、董树德赴郑州，分别任河南大学建校办事处正、副主任。

25 日　根据中共山东省委指示，对华岗校长进行隔离反省。

30 日　校长办公会决定，聘萧涤非教授兼任中文系主任。

9 月

23 日　校务委员会议举行第二十四次扩大会议。会议由童第周副校长主持。会上，陆侃如副校长报告了“关于迁校问题”，吴富恒教务长报告了“关于 1955～1956 学年教学工作计划”。

本月　华岗校长去职后，由童第周副校长主持工作，崔戎副书记主持党委工作。

10 月

6 日　成立迁校委员会。该会主任委员由童第周副校长担任，副主任委员由陆侃如副校长、崔戎副教务长、工会黄云眉副主席担任。委员有吴富恒、郭贻诚、刘椽、房金堂、叶锦田、徐佐夏、萧涤非、梁希彦、杨向奎、李先正、阎长泰、陈机、赫崇本、沈汉祥、黄嘉德、傅宝瑞、朱履冰等 17 人担任。

29 日　召开第八届学代会，选举学生会新执委。

11 月

20 日　工会举行第六届代表大会在工会俱乐部隆重举行。

12 月

18 日　高教部来函同意山东大学赠送《文史哲》《山东大学学报》给苏联科学院图书馆以便进行书刊交换。

23 日　中共中央办公厅秘书室来函称，准备给毛主席订阅两份《山东大学

1955 年

12 月

学报》，其中 1～3 月份没买到，请山东大学售给两份。学校接函后，立即将学报寄给毛主席。中共中央办公厅秘书室随即来信表示感谢。

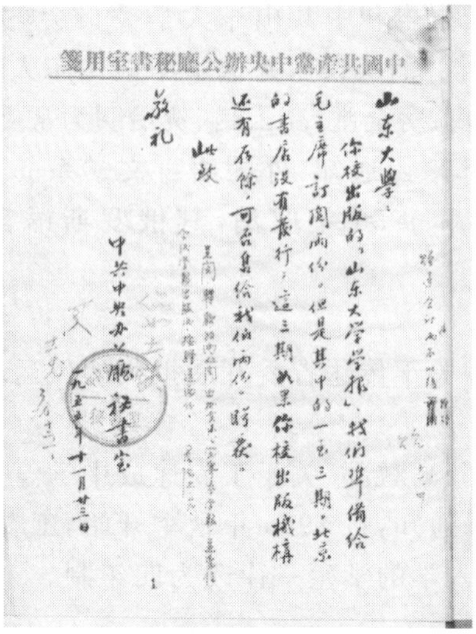
中國共產黨中央辦公廳秘書室用箋

山东大學：

你校出版的"山东大学学报"，我们準備给毛主席訂閱兩份，但是其中的一至三期，北京的書店没有發行，這三期如果你校出版機構還有存餘，可否售给我们兩份，盼覆。

此致

敬礼

中共中央辦公廳秘書室

一九五五年十一月廿三日

1955 年 11 月 23 日，中共中央办公厅秘书室订阅《山东大学学报》的来函

1956 年

1 月

18 日　召开"工商业者子女帮助父兄接受社会主义改造工作队"大会。

22 日　童第周副校长去北京列席全国政协第二次会议。

2 月

2 日　工会召开会员代表会议，选举黄云眉、李先正、赫崇本、陆凡、金泽忠、尹德锡等 6 人为出席全市建设社会主义先进工作者会议的先进工作者。

3 日　根据高教部会议精神，不迁河南，郑州河南大学校舍仍由山东大学负责建筑，以便在第二个五年计划内成立河南大学。

25 日　省长赵健民和青岛市委书记李广文等来校参观指导工作。

27 日　高教部同意山东大学与英国伦敦大学东方与非洲学院交换《文史哲》杂志。

本月　高教部来函要求山东大学以图书馆名义赠送日本名古屋大学文学部谷川道雄等《文史哲》及《山东大学学报》。

3 月

3 日　经党委会议选举，青岛市委宣传部批准，成立中共山东大学监察委员会，由武杰等 7 人组成，武杰兼任书记（已调任市委组织部第一副部长），高云昌兼任副书记。

14 日　举行 1956 年校庆庆祝大会，会上宣布科学讨论会开幕，奖励 94 名优等学生。

20 日　青岛市委决定，由丛立代理山东大学党委副书记。

21 日　青岛市委肃反运动小组决定，由高云昌等 7 人组成山大党委肃反运动小组，高云昌任组长，巩念圣任副组长。

22 日　青岛市委文教部同意，中共山东大学委员会由崔戎、高云昌、房金堂、巩念圣、邱锡斌、邵平、王滋才、王从人等 8 人组成。

1956年

3月

31日　召开山东大学第二次党员代表大会，会议听取党委工作总结报告和关于制订1956～1957年知识分子工作规划的报告，讨论通过各项决议，选举党委委员，崔戎任书记，丛立任副书记，崔戎、丛立、房金堂、高云昌、贺治明、叶锦田、蒋捷夫为常委。

同日　成立学生体育协会，陆侃如副校长为该会名誉会长。

4月

5日　高教部决定医学院于今年暑假在青岛工学院原址独立建院，建院筹备工作由山东大学负责。召开校长办公会，具体研究医学院的建院工作。

同日　学校成立教职员工体协筹委会，傅宝瑞为主任委员，郭谨安、刘学珉为副主任委员，李威周等19人为委员。

13日　郑州大学筹委会在我校召开第一次会议，讨论该校筹备会地址、图书仪器采购、预算、基建等问题（按：高教部4月3日来电，通知河南大学改为郑州大学，由龚依群等组成筹委会，我校参加筹委会的有吴富恒、刘椽、董树德）

5月

3日　晁哲甫副省长来校视察。

11日　高教部杨秀峰部长来校视察，并向教师和处以上干部作提高教学质量和培养德才兼备人才的报告。在教师座谈会上，提出对学生要贯彻全面发展、因材施教的原则，培养学生独立思考、独立工作能力，不要用一个模式去要求学生等等。

16日　高教部同意以《文史哲》与越南《文史地》及日本《中国年鉴》进行学术交流。

19日　文、理、医方面共提交专著、论文、翻译、仪器等213种，参加山东省科学研究成就展览会。

24日　学校成立学生科学协会和医学院建院筹委会。

25日　全国人大代表胡绳来校视察，并与有关教师座谈。

27日　接高教部5月16日通知，经国务院批准山东大学不迁往河南，仍暂留青岛，就现有校舍可能容纳量进行招生，必要时再迁往济南。

同日　四国渔业会议苏联代表团团长莫伊谢也夫教授、朝鲜代表团团长金在弼副相、越南代表团团长黎维真副部长及三国代表团团员由我国商业部水产总局负责人陪同来校参观水产、海洋、生物三系。

6月

1日　历史系主任杨向奎暂调中国科学院工作，《文史哲》编委会暂由陆侃如、吴富恒负责，黄云眉教授代理历史系主任。

5日　国务院文教总顾问马里采夫来校参观。

13日　青岛市委决定，丛立、高云昌任山东大学党委副书记。

20日　青岛市委6月14日决定，韩文任山东大学党委组织部部长。

22日　校长办公会决定，科学研究委员会由陆侃如任主任委员，增聘吴富恒、崔戎为副主任委员。

9日　国务院任命山东省副省长晁哲甫为山东大学校长，杨希文为副校长。

1956 年

7 月

10 日　青岛市委常委 6 月 29 日批准，邵平任山东大学附设工农速成中学校长。

18 日　波兰渔业考察团来校参观考察。外文系梁希彦教授，应苏联莫斯科大学聘请，去该校短期任教。

8 月

23 日　青岛市委批准，中共山东大学委员会由晁哲甫、叶锦田、房金堂、高云昌、蒋捷夫、杨希文、贺治明、王承瑞、赵子安、邱锡斌、戴钊、巩念圣、刘华、赵觉、徐圭鑫、王从人、邵平等 17 人组成，并由晁哲甫、叶锦田、房金堂、高云昌、蒋捷夫、杨希文、贺治明等 7 人组成常委会。

28 日　晁哲甫校长赴京，出席中共第八次全国代表大会。

本月　童第周副校长奉调去京，任中国科学院生物学地学部副主任。

9 月

14 日　省委决定，晁哲甫兼任山东大学党委书记，叶锦田、高云昌、房金堂任山东大学党委副书记。

本月　高云昌副书记传达高教部召开的校院长座谈会精神。主要是在教学计划中要有灵活性，实行全面发展、因材施教的方针，减少次要课程，减轻学生负担，使之学得精，学得透，提高人才培养的质量。医学院独立建院，迁往青岛工学院校址（该院已迁去武汉），改名为青岛医学院，徐佐夏任院长，潘作新任副院长，崔戎任党委书记，丛立、贾萍任副书记。越南社会主义共和国留学生 11 人来校，入中文和水产两系学习。

10 月

6 日　召开第九届学生会代表大会。

20 日　晁哲甫校长向全校师生员工传达中共第八次全国代表大会内容和精神。布置师生员工学习八大文件的计划。

本月　高教部批准，中文、历史两系招收副博士研究生，当年录取 4 人。

11 月

4 日　校长、书记办公会议研究确定当前工作的重点是在抓好生活、稳定秩序的前提下，在合理安排生产劳动的基础上，积极准备，尽快开学上课，做到以教学为主。

10 日　纪念孙中山先生诞辰 90 周年，翌日晚学校举行了报告会。

24 日　召开共青团山东大学第四届代表大会。

12 月

10 日　经青岛市委常委批准，邱锡斌任中共山东大学委员会组织部部长，金里任共青团山东大学委员会书记。

16 日　陆侃如、杨希文、吴富恒、高兰四人赴济南出席山东省人民代表大会一届五次会议。

晁哲甫(1894～1970)，又名晁蛰夫，河南清丰人，生于一个世代书香的家庭，自幼受到良好的教育。1912 年，进入河北省立大名中学读书，1916 年考取直隶高级师范，1920 年毕业。此后，曾任大名师范、北京香山慈幼院、清丰县教

1956 年

12 月

育局的教员和职员。1923 年，他参加创建河北省第七师范，并任教务主任。1926 年底在河北第七师范由李素若介绍加入中国共产党。

1937 年抗日战争爆发后，晁哲甫受党的委派，到山西省晋城县创办"华北抗日青年军政训练班"，为开展抗日游击战争培训干部。1938 年，调任中共清丰县委书记，建立起县、区、乡各级抗日民主政权。1939 年，任中共冀鲁豫边区特委统战部部长。1940 年，任冀鲁豫边区行署主任。1943 年，到延安中央党校学习，结业后留校任五部部主任。1946 年，任冀鲁豫边区人民政府教育厅厅长。1948 年，任华北人民政府教育部部长，积极发展党的教育事业，为革命培养各方面急需的人才。1949 年，任平原省人民政府主席。平原省建制撤销后，1952 年，任山东省副省长、中共山东分局统战部部长、分局委员、全国和山东省人大代表等。1956 年，任山东大学校长兼党委书记，在加强党的思想建设，健全组织机构，贯彻党的教育方针等方面，做了许多工作。1958 年，任山东省副省长、全国和山东省人大代表、省政协副主席、中共山东省委常委和党的"八大"代表、山东省政治学校校长等。晁哲甫校长长期从事党的教育工作，在教育界甚有威望。1970 年 12 月，在济南因病逝世，终年 76 岁。

晁哲甫

1957 年

2 月

本月　在学习八大文件的基础上，经过认真的调查研究，结合实际，制定《山东大学关于改进当前工作的意见》，作为指导各项工作的依据。

3 月

本月　为了加强思想政治工作，提高师生员工的社会主义觉悟，各系建立党总支，并配备专职总支书记或副书记。

4 月

6 日　中共山东省委书记师哲来校作报告。

8 日　建立科学研究处，由王祖农任处长。

10 日　召开全校师生员工大会，杨希文副校长传达毛泽东主席在最高国务会议上的讲话。

29 日　召开全校教职员工大会，高云昌副书记作肃反运动总结。

5 月

1 日　中共中央发布《关于整风运动的指示》，决定在全党普遍深入地开展反官僚主义、反宗派主义、反主观主义的整风运动。党委立即在党内外传达动员。

11 日　召开本年度校体育运动会。有 8 项破校纪录，1 项破市纪录，36 项 83 人达到国家运动员标准。

同日　学校聘黄云眉教授为历史系主任。

18 日　全校开始大鸣大放，并张贴大字报。

28 日　学生自发组织"民主论坛"，使用广播站自由发表意见。意见中既有帮助党整风的善意批评，也有某些过激或存有不满情绪的言论。因此，学生之间发生了争鸣和辩论。

1957 年

6 月

3 日　少数学生以《青岛日报》对山大整风报道不突出、不鲜明为由，约集120 人到报社质问。

4 日　中文、历史、海洋等系的“学生代表”，要求停课鸣放，而广大学生则反对停课，双方各持己见，争论激烈。当时晁哲甫校长在省里开会，陆侃如副校长主持校务委员会讨论，作了不停课的决定。

8 日　中共中央发布《关于组织力量，准备反击右派分子进攻的指示》。学校在整风运动中立即开展反右派斗争。

18 日　党委根据中央指示，于 6 月 18 日部署开展反右派的斗争。晁哲甫校长在省里未回，由省委调来任党委副书记的何匡主持党委工作。

22 日　根据高教部指示，山东大学外文系学生定于今年暑假并入上海外国语学院。

29 日　召开全校教职工学生大会，晁哲甫校长作前一阶段整风情况和今后意见的报告。

7 月

上旬　反右斗争告一段落。全校共划右派分子 204 人，随后党委决定及时转入整风和改进工作阶段。

8 月

1 日　外文系暂时撤销。外文系组织机构调整为由原有三个教研组调整为外国语言文学教研组与俄语教研组。

本月　整风领导小组成立，由晁哲甫、杨希文、叶锦田、房金堂、高云昌、贺治明、蒋捷夫、邱锡斌、戴钊组成。

9 月

24 日　晁哲甫校长向全校人员作《关于整风“反右”和今后主要任务》的报告。

29 日　学校举行开学典礼，晁哲甫校长作《整风“反右”和新学年工作》的报告。

10 月

16 日　中国科学院古生物研究所生态专家盖格尔及海洋生物研究所海洋地质专家别兹鲁柯夫来参观。

同日　九位朝鲜民主主义人民共和国留学生毕业回国。

12 月

本月　整风运动结束，转入正常整改阶段。在贯彻教学改革中，全校开展勤工俭学活动，大办工厂、大办农场、大搞社会公益劳动，教学工作受到干扰。

1958 年

3 月

15 日　召开校庆大会，会后进行跃进誓师大游行。

本月　成立勤工俭学指导委员会，由校长、各处处长、团委、工会、学生会及各系负责人 16 人组成委员会。杨希文副校长任主任委员。

4 月

本月　党委副书记何匡奉调省委，主编《新论语》工作。

本月　上级派张滨黄来校任党委副书记。

1958 年

5 月

23 日　召开体育运动大会。有 18 项 34 人(次)破校纪录，达到国家二、三级运动员标准的 76 人(次)。

26 日　山东省教育厅批准举办函授教育，开设中文、数学、历史、生物四个专业。

28 日　中国共产党第八届全国代表大会第二次会议闭幕，会议正式制定了社会主义建设的总路线，提出了“技术革命”和“文化革命”的口号。全校师生员工掀起学习总路线的热潮。

6 月

本月　在勤工俭学中，各系不断探讨新技术，研制新产品。其中水产学系从海带中提制的药用甘露醇，经鉴定已达到国际先进水平，受到科研和医药部门的重视。

7 月

1 日　全校师生员工举行建党 37 周年庆祝大会。

同日　勤工俭学展览会，在大众礼堂、解放厅举行。

同日　为了纪念“七一”党的生日，俄语、外语、体育三个直属教研组演出四幕七场话剧《难忘的岁月》。

2 日　勤工俭学进入新阶段，新建的农场、养殖场、硫酸纯化工厂、无线电制造厂等已投入生产。

同日　教育部同意今年筹办地矿系。地质部已通知长春地质学院协助筹办。

4 日　学校今年举办文学、历史、数学、生物四个专业函授班。文学、历史、哲学三个专业夜大学已筹备就绪，并经中共青岛市委同意开始招生。

5 日　中文、历史、生物、海洋等系的教学整改工作，经师生“大鸣、大放、大辩论”，制订出教育为政治、生产服务的新的教学计划。

同日　莱阳专区今年决定创办一所综合大学，派吕相符等 4 人来校参观学习。

6 日　晁哲甫校长于 6 月初去京出席中央八大二次会议，返校时经济南出席省委及人委会议。

7 日　高云昌副书记向全校师生员工传达中央及省委教育会议精神。

8 日　全校师生员工经过总路线学习，结合讨论高云昌副书记的传达报告，展开了一次轰轰烈烈的插红旗拔白旗，破除迷信解放思想运动。

同日　中文、历史两系同学，在勤工俭学中，为本市各区创办了六个业余中学。同时筹划开办炼钢厂。

9 日　中共青岛市委书记处书记王卓青来校参观勤工俭学展览，并在意见簿上提了意见和勉励。

同日　响应团市委号召，学校成立青年鲁迅奖章读书分会。

10 日　教育部委托山东大学举办基本粒子及原子物理暑期讲座，由科学院朱洪元等专家主讲，吸收高等学物理教师参加。有 100 人参加讲座，时间自 7 月 15 日至 8 月 25 日，已报教育部。

11 日　生物系在贯彻教育与生产服务方针中，细菌肥料、沼气利用均已试

1958 年

7 月

制成功，大大推动了全校教学整改工作和勤工俭学活动。

13 日 高云昌书记向全校师生员工作关于打击刑事犯罪分子报告。

同日 房舍调整已决定，校部行政单位搬至创造村一号楼及教学楼办公并开始搬迁。

14 日 省人委地质局派人来了解筹办地矿系工作进展情况，以便进行协助。由吴富恒教务长接谈。

17 日 中共山东省委派张滨黄任山东大学党委副书记，今日到校并参观了校部行政单位及化学系、男女学生宿舍等。

18 日 山东省教育厅决定，学校附设工农速成中学今年招收分科二年制高中班学生 100 人，由校长邵平筹划招生工作。

22 日 高等学校招生工作今日开始，校部科长以上干部参加政治课阅卷评分工作。

23 日 学校决定，机构设置取消处级组织，教务长、总务长直接领导科，人事科由校长领导。

24 日 越南的学生 20 人去城阳参加军事野营的演习。

26 日 中文系的勤工俭学活动，在党委领导下已向钢铁进军。现东风钢厂已基本建成，“八一”前夕即可投入生产。

28 日 教育部委托主办基本粒子及原子物理暑期讲座，今日开始讲授。

8 月

1 日 中文、历史、生物、海洋等系师生，参观青岛驻军九七七部队“八一”献礼展览会及本市技术革新展览会。

4 日 湖南大学参观团朱凡等 4 人来校访问。

6 日 海洋普查训练班，今日举行开学典礼。海军青岛基地及科学院海洋生物研究所负责人与杨希文副校长均参加典礼。

12 日 国家水产部副部长张雨帆来学校参观。

14 日 市南区爱国卫生运动委员会负责人来检查卫生，孙衍成主任、孟治序科长陪同，对学校环境卫生方面提供了一些意见。

15 日 全校师生员工齐动手，举行环境卫生大突击，迎接晋、冀、鲁、豫四省卫生大检查。

16 日 学校在八关山动工兴建大礼堂（兼作学生饭厅），建成后可容纳 3500 余人。

17 日 学校第二阶段“肃反”运动已正式开始。

18 日 省委常委批准，王显周任山东大学总务长。

19 日 洪波主任召开各处秘书会议，研究档案工作现存问题，以便去济参加省档案工作会议。

21 日 学校勤工俭学代表会议预备会今日开幕，8 月 29 日举行正式会议，31 日结束。

28 日 成仿吾今日到校。

29 日 学校勤工俭学代表会议预备会已结束，今日举行正式会议。

1958 年

9 月

1 日　党委举行常委会议，研究 9 月份工作安排问题，成仿吾校长出席了此次会议。

2 日　党委召开干部会议，晁哲甫传达中央关于成仿吾任山东大学校长兼党委书记并免去晁哲甫的山东大学校长兼党委书记职务的决定。

3 日　晁哲甫校长去济南参加省委扩大会议。党委起草的教育结合生产劳动的经验已完成，打印送交晁哲甫校长带去省委。

同日　苏联水产专家萨米托耶夫由上海水产学院党委书记王普烈陪同，来校参观生物、海洋、水产三系。

5 日　党委举行扩大会议，研究教学改革及总支领导系统等问题。

6 日　成仿吾校长率领爱国卫生委员会及各单位负责人检查全校卫生情况，对不合标准的角落，由各单位派人清扫。

7 日　全校师生员工举行拥护周总理解放台湾的声明。

8 日　党委召开扩大会议，研究本学期工作安排问题。

10 日　成仿吾校长通过了解开学工作准备情况，并对教学工作和办好炼钢厂问题作了重要指示。

11 日　中央及晋冀鲁豫四省卫生检查团，来校检查卫生工作。

13 日　山东工学院、农学院、医学院、师范学院四院院长及党委书记等 17 人的参观团，由副省长王哲率领来校参观勤工俭学及交流经验。

14 日　党委召开扩大会议，研究建立人民公社问题，决定于本月 20 日前建成人民公社，并决定了建设步骤问题。

15 日　省高校参观团由杨希文副校长校长陪同参观化学系、生物系、海洋系勤工俭学情况。

16 日　印发《山东大学人民公社简则(草案)》。

同日　省委电令负责人，前往济南研究迁校事宜。张滨黄副书记到济南，省教育厅负责人传达省委关于山大迁至济南的决定。

18 日　以部门为单位，学校已建立八个民兵大队。各大队积极进行军事操练。

20 日　全校师生员工举行山东大学人民公社成立大会。大会通过《山东大学人民公社简则》，选举社长、副社长、社委。会后，全体社委检阅民兵队伍。

同日　举行第一次社委会议，讨论并通过社委常委、科委、勤工俭学委员会、图书管理委员会、爱国卫生委员会人选及工作方针任务等。

21 日　张滨黄副书记返校，分别向党委常委和校委会作了汇报。会上除了对迁校问题一致同意外，并按上级指示精神，决定中文、历史、数学、物理、化学、生物六系迁济，海洋、水产和正在筹建的地质三系留在青岛。

22 日　举行第二次公社社委会议，传达省委关于迁校济南的决定。

23 日　召开全校师生员工大会，张滨黄副书记传达了上级关于迁校的决定和研究的意见。指出当前全国工农业生产正在“大跃进”，高等教育也要大发展，山东大学由于青岛环境限制，难以扩建发展，所以迁往济南。上级提出迁济有四大优点：(1)山东大学是有较好基础的高等学校，还要创设文学、历史、数学、物理、化学、生物等研究所，迁到济南更有条件发展。(2)山东大学迁到济南

1958 年

9 月

可以和其他高校相互学习，交流经验，取长补短，共同提高。（3）迁济后便于省委和省人委的领导，全国高校多数在省会。（4）山东农学院已决定迁去农村，且山东大学迁济接住该院校舍，再大力扩建，逐步成为规模具备的综合大学，为社会主义培养各方面建设人才。

同日 成立了迁校指挥部，由王显周、孙衍成任正、副指挥，下设运输、生产、房舍管理三个组。

同日 校党委举行扩大会议，研究迁校的具体步骤，决定成立三个梯队，第一批去济南的中文、历史两系为第一梯队；第二批去济南的数学、物理、化学、生物四系为第二梯队；留青岛的海洋、水产和正在筹建的地质三系为第三梯队。

同日 召开全校师生员工大会，传达上级关于迁校的决定。

25 日 学校本学年社会主义思想教育课程开始，成仿吾校长讲第一课，关于党的教育方针问题。

26 日 向济南的搬迁工作开始。

28 日 中文、历史两系学生 600 人先去济南，接受炼铁任务。

10 月

2 日 党委召开全校干部会议，宣布去济及留青人员名单。

3 日 山东大学奉命迁校济南。迁校时的建制、系科、教学科研均受一定影响。成仿吾校长带领全校制定切实可行的方案，使因迁校带来的负面影响降到最低。（1）全面开启济南校区的建设。1960 年前后，建成文史楼、化学楼和部分教职工宿舍。（2）确定毛泽东主席书写的“山东大学”四字为校牌使用字体。（3）恢复外文系，设政治系，新设原子能系和电子系，健全系科设置。在保持文史见长的基础上，加强理科，突出晶体材料和微生物两个重点学科。（4）恢复教学科研秩序，制定科研十年发展规划，承担国家重点科研项目。

10 日 晁哲甫校长奉调，回山东省人委工作。

22 日 为欢送离青迁济的师生，中央歌舞剧团来学校演出。

23 日 勤工俭学运动至目前为止，共炼出钢铁 42 吨，制造细菌肥料 182 吨，创造发明共 50 余项。

27 日 省委召开的高教工作会议结束，党委举行常委会议，研究贯彻会议的措施。

29 日 党委举行常委会议，研究当前工作具体安排问题。

31 日 召开全体师生员工大会。由杨希文副校长传述省高教会议的精神及党委对当前工作安排的意见。

11 月

2 日 全校师生员工讨论省教育会议精神及当前工作安排。大家一致拥护为钢而战，彻底进行教育革命，实现省教育会议精神。

4 日 党委举行常委会，研究公社组织及各部工作任务问题并决定各单位去京参观教育与生产劳动相结合展览会。

6 日 市人委召开采集树种紧急会议，仍由生物系派人参加，已决定组织附小学生 300 人，由生物系指导进行采集。

8 日 学校体育代表会议今日开幕，会上传达省市体育会议精神。

1958年

11月

9日　党委举行常委会议，研究学校成立人民公社各部工作职责及人选问题。

10日　各系在贯彻高教会议精神中，正以钢为纲，安排生产、教学、研究三个方面的有机结合。一方面研究建立工厂，另一方面积极准备开展教学与研究工作。

13日　总务长召开了卫生工作会议，检查各单位除四害情况，并决定即以捕鼠消灭蚊蝇为中心。

14日　人民公社各部已组成。成立政治部、民政部、教学部、科学研究部、生产劳动部、生活福利部、财政计划部、建设部、武装部、公社办公室、供销部等。

16日　迁校最后一批人员王殿孝、张金田等今日来济。

17日　党委扩大会议，分组讨论重点为：(1)对高教会议精神领会为何？(2)怎样贯彻生产、教学、研究三结合？(3)对学校前一阶段工作估计；(4)今后工作安排。

18日　学校爱国卫生委员会召开各支会负责人会议，了解前一阶段全校突击卫生工作情况，并决定继续清扫室内、室外整洁。全校彻底完成消灭蚊蝇、捕捉1000只老鼠的任务。

19日　高教局召开高等学校党员大会。会上放送省委宣传部传达周总理关于形势报告的传达录音。

21日　党委举行常委会议，研究如何贯彻教育方针，具体体现生产、教学、研究三结合问题。

22日　党委举行常委会议，讨论如何贯彻教育方针中有关问题。

23日　校党委决定，动员全校师生员工全面的贯彻山东省高教会议的精神和教育方针，进一步实现生产、教学、研究三结合。

24日　党委扩大会议继续举行，讨论贯彻党的教育方针及生产、教学、研究三结合具体措施。

25日　党委扩大会议继续举行，分组讨论如何实现生产、教学、研究三结合问题。

27日　山东省科学分院设在学校的物理研究所，在化学系、物理系教师共同努力下，经过两天奋战，已从金属中提出原子元素——铀。

29日　党委扩大会议今日结束，成仿吾校长指示大家再进一步学习文件，引导同学对于教育方针问题进行深入辩论。

12月

3日　学校负责人与农业科学研究所负责人商谈接收原山东农学院果园及牛奶厂问题。

9日　数学系师生制成模拟电子计算机。

11日　学校参加全国积极分子代表大会的代表归来。

12日　经中央批准，校党委副书记张滨黄任学校副校长。经校党委常委研究，三位校长分工如下：成仿吾校长负责全面工作，并多抓教学与研究工作；张滨黄副校长协助成校长分管政治、民政、人事、军体等方面工作；杨希文副校长协助成校长分管财务、基建、生产劳动等方面工作。

1958 年

12 月

17 日　校党委召开全校师生员工会，张滨黄副书记作《全校动员起来，深入整风，开展共产主义教育》的报告。

同日　学校办电委员会成立，王显周总务长任主任委员。

18 日　成仿吾校长、张琳副教务长去京参观高教部举办的教育与生产劳动相结合展览会。学校选送的探测仪、放射探伤仪、水色针、钛酸钡、磁性材料、半导体、超声波发生器、压电晶体等样品，引起有关部门重视，中央第一机械工业部选留作为长期展品。

20 日　整风运动进入大鸣大放阶段。

30 日　余修副省长等负责人来学校参观"大跃进"展览。

本月　对迁来济南的 6 个系的党政领导和教研室主任，进行了如下的调整和充实：中文系主任章茂桐，副主任刘泮溪、蒋维崧；总支书记梁学礼，副书记吕欣；古典文学教研室主任萧涤非；文艺理论教研室主任孙昌熙；现代文学教研室主任刘泮溪；语言教研室主任贺绍兰。历史系主任蒋捷夫，副主任孙思白、韩连琪，总支书记徐竟成，副书记徐经泽；中国近代史教研室主任孙思白；中国现代史教研室主任朱作云；中国通史教研室主任韩连琪；亚洲史教研室主任卢振华；世界史教研室主任徐经泽。数学系主任李先正，副主任张学铭；总支书记刘星五，副书记徐圭鑫；微分方程教研室主任张学铭；几何代数教研室主任谢联棻；函数论教研室主任莫叶。物理系主任叶锦田，副主任余寿绵；总支书记张鼎周，副书记王琏；理论物理教研室主任余寿绵；普通物理教研室主任王承瑞；固体物理教研室主任郭贻诚；原子物理教研室主任王普；电子学教研室主任杨有楙；光学教研室主任赵成美。化学系主任阎长泰，副主任邓从豪；总支书记赵觉，副书记蔡国楷；有机化学教研室主任阎长泰；无机化学教研室主任尹敬执；分析化学教研室主任叶长龄，物理化学教研室主任徐国宪。生物系主任王祖农，副主任李嘉咏；总支书记何畏，副书记邓宏庆；动物学教研室主任黄浙；植物学教研室主任郑柏林；海洋动物教研室主任周才武；组织胚胎学教研室主任李嘉咏；遗传学教研室主任方宗熙。

本年　全校共有本专科生 2733 人，研究生 8 人；本年招收本专科生 895 人，毕业本专科生 285 人。全校共有教职工 1405 人，其中专任教师 465 人（其中教授 46 人，副教授 34 人）。全校藏书 51 万余册。

本年　暑假毕业生 343 人，举行留影纪念。晁哲甫校长并与朝鲜留学生的毕业同学合影纪念。

成仿吾

成仿吾（1897～1984），湖南新化人，是我国无产阶级革命家，忠诚的共产主义战士，新文化运动的重要代表，党内著名的教育家和社会科学家。早年留学日本。五四运动后，从事反帝反封建的革命文化活动，与郭沫若等人员发起成立了著名的革命文学团体"创造社"，创办了多种文学刊物，撰写和翻译了许多论文、小说、诗歌，并倡导无产阶级革命文学，对推动我国革命的新文化运动起了重要作用，是当时有影响的文学家。

1925 年，任广东大学教授和黄埔军校教官。大革命失败后，为了深入学习马克思主义理论，离国赴欧。1928 年，在法国巴黎参加中国共产党。1931 年，回

1958 年
12 月

国后，任中共鄂豫皖省委宣传部部长、省苏维埃文化委员会主席兼红安中心县委书记。1934 年 1 月，到达瑞金中央苏区，参加全国苏维埃第二次代表大会，被选为苏维埃中央政府委员，并在中央宣传部和中央党校工作。1934 年 10 月，参加两万五千里长征，途中任干部团政治委员。1935 年 10 月，到陕北后，任中央党校高级班教员、教务主任。1937 年全面抗战爆发后，中央决定成立陕北公学，成仿吾任校长。1939 年，奔赴敌人后方，创建华北联合大学，先后任华北联合大学校长、晋察冀边区参议会议长、中共晋察冀中央局委员、华北大学副校长等职。中华人民共和国成立后，担任中国人民大学副校长、校长、党委书记、名誉校长，东北师范大学、山东大学校长和党委书记，中共中央顾问委员会委员、中央党校顾问。

成仿吾是党的七大、八大、十二大代表，是第一至第五届全国人民代表大会代表，是第一届全国政协委员和第五届全国政协常委。成仿吾从 1934 年在瑞金中央党校任教以来，一直从事党的教育事业，为党和国家的教育事业做出了杰出的贡献，培养了一批又一批政治坚定、作风求实、具有真才实学的革命和建设人才。1984 年 5 月 17 日，在北京病逝，终年 87 岁。

1959 年
1 月

5 日　举行校长办公会议，重点讨论业余教育问题及暂不办附设中学、集中力量把小学办好等问题。

6 日　中共山东省委决定，在山大青岛部分的基础上筹建海洋学院与山东水产学院。

7 日　山东省党员代表大会闭幕，成仿吾校长代表学校党组织出席。

8 日　举行校长办公会议，讨论 1959 年钢铁生产、目前生活及调回下放干部等问题。

10 日　学校的整风运动，自今日起转入学习中央六中全会《关于人民公社若干问题的决议》文件。

19 日　举行校务委员会议，通过《关于当前教学改革工作的决议》。校长办公会议讨论关于抽调干部参加工作组协助整社工作。

21 日　校长决定，每周星期五为校长接待来访时间。

本月　《文史哲》杂志因印刷、组稿等困难暂时停刊。

2 月

2 日　举行校长办公会议，重点研究提高今年毕业生质量问题。

11 日　济南市 6 个高等院校来学校举行春节联欢晚会。

13 日　校党委举行扩大会议，讨论深入全面贯彻党的教育方针和本学期教学、科研跃进计划、生产劳动安排、宣传组织工作规划等问题。

19 日　省委决定，缓建山东省农业展览馆，该馆已征购济南东郊约 72 万平方米土地，拨交山东大学重新建校。设立以杨希文副校长为主任的基本建设委员会，讨论制订校舍建设的总体规划。

同日　中共青岛市委公布中共山东大学委员会（青岛）委员由高云昌、刘欣、洪波、杨润圣、糜白辰、邵平、贺光、宗志文、孙风山、姜洪仁、刘忠远组成。

26 日　党委书记、校长联合办公会议决定，铁厂停止生产，将劳动力投入农业生产。

1959 年

3 月

2 日　山东省委决定，在山大地质系和烟台大学地质教研室基础上，筹建山东地质学院。

12 日　党委书记、校长联合办公会议，讨论各系教学计划及政治课时安排问题。成仿吾校长要求各系按照教学计划，迅速建立教学新秩序，加强教学工作。

同日　举行校务委员会议，讨论学校第四次科学讨论会的准备工作和基建总体设计问题。

13 日　成立校基本建设委员会。由杨希文副校长、王显周总务长、吴富恒教务长、贺治明处长及各系负责人等 12 人组成。

14 日　举行庆祝 1959 年校庆大会。成仿吾校长致开幕辞。晁哲甫副省长、余修副省长等省市领导及兄弟院校负责人到会并讲话。

17 日　举行第四次科学讨论会，全校六系共提交论文 152 篇。

20 日　成立校军事体育部，刘泗滨任军体部主任。

23 日　校基本建设委员会举行第一次会议，研究新校舍的总体设计及施工次序等问题。

24 日　国家第七机械工业部宋任穷部长来学校了解教学、科研等工作情况。

28 日　召开校第十一届学生代表大会。会议的中心议题是积极贯彻党的教育方针及选出本届学生会委员。

31 日　党委召开扩大会议，讨论贯彻中央教育工作会议精神问题。

4 月

3 日　科学委员会举行全体委员会议，讨论保证完成 1959 年科学研究项目等问题。

4 日　召开校共青团第五次代表大会，总结第四次团代会以来团的工作。

15 日　成仿吾校长、冯沅君教授去北京出席全国二届一次人民代表大会。吴富恒教务长去京参加全国政协第三届首次会议。

27 日　举行办公会议，讨论 1959 年科学研究工作计划。

30 日　校委会举行了第四十次会议。会上讨论了学校各系专业教育计划（草案）和如何制订各项生产劳动的教育大纲及当前生产安排中的问题。

本月　山东省高教局拨给当年基建经费 400 万元，委托山东省设计院进行设计，新校舍建设正式动工。

本月　学生会召开代表会议，选举以马长义为主席的本届学生会。成仿吾校长在会上作了《学生的主要任务是学习》的报告。报告中提出：学生要以学为主，不断提高社会主义觉悟，必须努力学好业务，掌握现代科学文化知识，积极参加生产劳动，认真开展科学研究，树立独立思考、刻苦钻研的好学风，成为建设社会主义的合格人才。

5 月

2 日　举行学校 1959 年春季体育运动大会，3 日结束。化学系获总分第一名。

4 日　举行“五四”青年节纪念大会。成仿吾校长作报告。校团委在会上表彰团员积极分子、先进支部等。

1959 年

5 月

28 日　成仿吾校长出席山东省中苏友好协会第三次代表大会，并当选为省中苏友好协会会长。

29 日　学校向山东省高教局报告，拟将各专业改为五年制。

同日　举行教学讨论会，对教学大纲、教材、实验课、参考书、考试等教学环节，进行了充分的讨论；并对教师备课、讲授、辅导等提出了具体要求。会后，教务处根据会议的精神，制订《山东大学关于教学工作若干规定》，作为教学工作的基本规范。

本月　校务委员会举行第四十次会议（从山大、华大合校计算），检查中文系语言教研室和化学系分析教研室工作。会议决定进一步加强教研室的建设，由水平高有经验的教师担任教研室主任，教研室应制订工作计划。会后，各系对教研室进行调整或重新组建。

6 月

2 日　学校 1057 人去长清县帮助夏收。

11 日　学校各专业改为五年制的报告问题，经省委研究决定基本同意。

25 日　召开办公会讨论文史楼的设计问题。

本月　校务委员会举行第四十一次会议，检查中文、数学两系的教学工作。会议决定进一步落实《山东大学关于教学工作若干规定》，有经验的老教师上教学第一线，充分发挥教师在教学中的主导作用。

本月　校务委员会举行了第四十二次（扩大）会议，听取和讨论了数学、中文两系的工作检查报告，并通过了决议。会上，成校长和叶副书记对鼓足干劲深入教育革命、提高教育质量和领导方法，作了重要指示。

本月　学校组成各方面代表的参观学习团，由成仿吾校长率领，去武汉大学、南京大学、复旦大学参观学习。

7 月

1 日　党委在大礼堂举行新党员宣誓大会，参加宣誓的有 87 人。

2 日　教育部刘凯风副部长、余修副省长来学校视察。

7 日　党委办公室与校长办公室联合研究档案工作问题，决定向党委提出，档案工作须由党委负责领导，全校档案集中管理，建立档案管理制度。

21 日　教育部同意学校增设无线电电子专业；力学、哲学、生物物理学、化学物理学四专业暂缓设置；可在植物学专业内开设微生物学专门化，在数学专业内开设计算数学专门化。

23 日　省第三届文艺工作者代表大会今日闭幕，成仿吾校长当选为省文联主席。

26 日　举行第三次党员代表大会。成仿吾校长代表党委向大会作工作报告。大会提出中共山东大学第三届委员会候选人 21 名，通过《中共山东大学第三届党员代表大会决议》。

30 日　学校校务会议通过调整校务委员会和干部任免的决议（草案），并经山东省人民委员会 9 月 6 日批准，山东大学校务委员会委员由成仿吾、张滨黄、孙昌熙、梁希彦、姜炳坤、白瑞云、房金堂、杨希文、吴富恒、张琳、王显周、邱锡

1959年

7月

斌、高登仁、刘泗滨、章茂桐、刘泮溪、蒋维崧、冯沅君、萧涤非、高亨、张伯海、张健、陆凡、黄嘉德、金诗伯、王建、蒋捷夫、孙思白、韩连琪、黄云眉、童书业、王仲荦、李先正、张学铭、莫叶、谢联棻、徐天秀、叶锦田、余寿绵、郭贻诚、王普、阎长泰、邓从豪、徐国宪、沈静兰、王祖农、黄浙、周才武、贺光、丘捷、傅宝瑞、王琏组成，其中张滨黄、杨希文、吴富恒、张琳、王显周、房金堂、黄云眉为常务委员。山东大学人民公社委员会(校委会)由成仿吾、杨希文、张滨黄、叶锦田、房金堂、吴富恒、郭贻诚、张琳、王显周、萧涤非、黄云眉、王普、章茂桐、刘泮溪、蒋维崧、梁学礼、吕欣、蒋捷夫、孙思白、韩连琪、徐竟成、徐经泽、李先正、张学铭、刘星五、徐圭鑫、余寿绵、张鼎周、王琏、阎长泰、邓从豪、赵觉、蔡国楷、王祖农、何畏、邓宏庆、黄嘉德、金诗伯、傅宝瑞、戴国权、贺治明、邱锡斌、孙衍成、董传勋、高登仁、孙昌熙、林国材、纪维尚、萧传璞、陈惠民、袁耀明组成，成仿吾任社长，杨希文、张滨黄、叶锦田、房金堂、王显周、吴富恒、高登仁任副社长。政治课委员会由张滨黄任主任委员，蒋捷夫、高登仁任副主任。生产管理委员会由杨希文任主任委员，房金堂王显周任副主任委员。科学研究委员会由吴富恒任主任委员，郭贻诚、萧涤非、黄云眉、王普任副主任委员。爱国卫生委员会，由王显周任主任委员，贺治明、张泰兴、袁懋森任副主任委员。图书管理委员会，由吴富恒任主任委员。

本月　成仿吾校长向师生作了《关于教育革命和学风》的报告，要求在教育革命中，培育理论联系实际、独创精神、批评与自我批评、刻苦钻研的学风。

8月

26日　全校师生收听中共中央八届八中全会公报和增产节约的决议。

27日　科学院力学研究所钱学森所长来学校参观。

本月　经山东省高教局批准，恢复1957年停办的外文系。仍设英语、俄语两个专业。张健任系主任。

9月

1日　以青岛部分的海洋、水产两系及部分教研组为基础的山东海洋学院正式独立建校，今日开学。

2日　校党委决定，在校党委的直接领导下设立宣传教育委员会。

30日　为了庆祝建国十周年，举办的教学与科学研究展览会今日正式开放。

同日　中文、历史、外文三系已全部迁至新建成的校舍。

本月　校务委员会举行会议，讨论1959年至1960学年工作方针。会议强调本学年中要注意科学和技术的新发展，教学和研究工作要开拓新的领域，增加新的内容。

10月

4日　为祝贺德意志民主共和国莱比锡卡尔·马克思大学550周年纪念，山东大学成仿吾校长参加中央组织的教育代表团前往祝贺。

5日　山东大学新的校委会名单业经山东省人委批准，由52人组成。成仿吾、张滨黄、杨希文、房金堂、吴富恒、张琳、王显周、黄云眉、阎长泰、王祖农10人组成常务委员会。

1959 年

10 月

9 日　历史系于近期举行中国古代分期问题讨论会。

16 日　党委举行扩大会议，布置学习中共中央八届八中全会文件。

23 日　经办公会研究决定，成立校园委员会，负责规划新校舍校园的建设工作。杨希文副校长任主任委员，王显周总务长任副主任委员。

27 日　根据上级指示，今年工资调整工作开始进行。

11 月

2 日　接山东省人民委员会通知，山东大学今后发展规模为 9000 人。

18 日　办公会议讨论录取研究生问题。根据上级指示，学校今年应招收研究生 27 人，此次录取 16 人。准备最近再招一次，达到今年招收 30 人。

20 日　据初步统计，全校七个系第四季度科研项目共 226 个，其中属于尖端和重大项目 74 项，结合工农业生产项目 52 项。

26 日　教务处召开系主任会议。成仿吾校长要求各系以实际行动迎接全省群英大会的召开。

同日　经上级批准，吴富恒教务长任副校长，张琳任教务长，郭贻诚、萧涤非任副教务长。

12 月

1 日　各系为了迎接山东省文教战线上的群英会召开，重新安排了科研项目，其中重点项目 20 项，一般项目 70 余项。

3 日　举行校务委员会会议，讨论学校迎接山东省文教工作群英会的各项工作总结问题。

本年　在校研究生 14 人，在校本、专科学生 2992 人，留学生 10 人；教职工 678 人，其中教授 29 人，副教授 20 人；图书 40 余万册；建筑面积 54570 平方米，农场面积约 16 万平方米，校内菜园面积约 2.1 万平方米。

1960 年

1 月

21 日　举行校务委员会会议，成仿吾校长提出，下学期学校是大发展时期，把“加强党的领导，反对右倾，鼓足干劲，全面贯彻党的教育方针。巩固与发展教育革命，反对脱离政治、脱离群众、脱离实际、脱离生产”作为学校下学期方针任务。会上作出决议，要求从今年开始，各系把师资培养工作列入计划，分析情况，全面安排，专人管理，定期检查，并做到与教学、科研相结合，使这项工作三年初见成绩，五年大见成绩，十年培养出水平较高、学科齐全的师资队伍。

师资培养工作在校长领导下，由教务长直接管理，教务处指定专人负责具体工作。教师根据各自情况，分别制订二年(教授)、五年(讲师)、十年(助教)的提高计划。计划要求包括三个方面内容，即提高马列主义、毛泽东思想水平，提高外文水平，提高业务水平。计划还要求实现五定：定方向，定专业，定要求，定措施，定时间。系和教研室在教师个人计划的基础上，制订全面的师资培养提高规划，做到目标明确，措施稳妥。对于计划的贯彻执行，要定期进行检查，规定教研室每月一次，系每季度一次，学校每学期一次；遇有情况变化，需要修改计划时，应经系批准后报备查。

本月　举行了四次全校性的教学经验交流大会。

1960 年

2 月

2 日　经山东省高教局同意，学校创办业余大学，设中文、历史、数学、物理、化学五个专业。中文、历史两专业各招生 200 人，其他三个专业各招生 100 人。

3 日　校党委决定并请上级批准，为一部分人员摘掉右派分子帽子。

5 日　下半年共完成科学研究项目 1531 项，解决生产中关键性问题 690 个，与校外生产单位挂钩的有 361 个，还创造和发明技术革新 946 件，其中重大的达 108 件。

9 日　化学系师生制成二氧化硅。

同日　中文系师生编写完成《中国大文学史》。

16 日　以苏联高等教育和中等教育部部长叶留金为首的代表团在余修副省长、李澄之副省长、省中苏友好协会成仿吾会长陪同下来学校访问。会后代表团参观了学校物理系和历史系，并和有关教师交谈。

3 月

5 日　省委统战部陈梅川部长来校作《关于知识分子问题》的报告。

6 日　政治系已筹划建成，现有学生 80 人，今日举行开学典礼。成仿吾校长在会上作《做无产阶级理论战士》的报告。

9 日　评出校“三八红旗手”9 人。李桂舫被评为全省妇女积极分子，幼儿园被评为红旗集体单位。

13 日　举行 1960 年校庆大会和业余大学开学典礼。

15 日　学校 1800 名师生到东郊公社支援抗旱春播。

21 日　成仿吾校长去北京出席全国人民代表大会。

30 日　校办公会议决定，新的爱国卫生委员会由 27 人组成，成仿吾任主任委员，房金堂、杨希文、王显周、高登仁、刘泗滨任副主任委员。

4 月

6 日　省高教局批准学校可新设 4 个系、17 个专业。分别是：政治系、无线电系、原子能系、半导体系；哲学、政治经济学、新闻学、计算数学、光学、磁学、原子能化学、半导体物理、半导体化学、高分子化学、稀有元素、结晶化学、生物物理、生物化学、动物生理、植物生理、微生物专业。

15 日　复旦大学参观团在该校副校长苏步青率领下来校参观。

30 日　校先进单位和先进工作者代表大会于今日正式开幕。全校共推先进单位 75 个，先进工作者 249 人，其中教师 69 人，教辅人员 10 人，干部 17 人，工勤 19 人，学生 134 人。

5 月

4 日　毛泽东主席来本省视察，成仿吾校长、叶锦田副书记应邀参加接见。

11 日　成仿吾校长向全校师生员工作《关于目前国际形势问题》的报告。要求大家学好《列宁主义万岁》等 3 篇文章。

13 日　山东省文教战线群英会在珍珠泉礼堂举行。出席大会的有成仿吾、叶锦田，先进单位代表李先正、赵觉、戴国权、王玉林，先进工作者陆凡、王清扬、淳于宝珠、刘斯栋，特邀代表冯沅君、黄云眉、张学铭、黄浙、傅宝瑞、虞振国等 16 人。

1960年

5月

16日　校党委决定向群英会献礼项目包括尖端科学研究方面的重大科研项目、教学革命的经验总结、为农业生产服务方面的经验、外文系多快好省教学经验及电化教学方面实物等。

18日　山东省文教战线群英会展览会开幕。学校师生员工600余人前往参观。

26日　校党委决定，由贺治明代理基建工地党委书记职务。

28日　校文工团正式成立。

6月

1日　全国文教群英会在京举行。学校出席会议的单位有中文系文学史编写组，个人有李先正、陆凡、淳于宝珠、王玉林等4人，张学铭被作为特邀代表参加大会，11日会议结束。

10日　中共山东省委文教部任命邱锡斌为学校党委组织部部长兼人事处处长。

11日　召开全校党员大会，选举成仿吾校长和李先正主任为出席省党代会代表。

7月

11日　山东省高教局批准学校原计划增设的物理系的光学、磁学、理论物理和化学系的稀有元素、高分子化学、结晶学等专业改设专门化；原计划增设的半导体物理和半导体化学专业改设专门化，分别由物理系和化学系领导；化学系增设物理化学专业和物化分析、分析化学、有机合成、蛋白质、电化学等专门化；政治系增设科学共产主义专业。

13日　在大办业余教育中，中文、历史、数学三个专业举办业余大学；中文、历史、数学、物理、化学、生物六个专业举办函授班；中文、历史、数学、生物四个专业举办函授研究班。共有4000余人参加学校各类的业余教育。

21日　中国科学院数学、物理、化学部恽子强主任和数学研究所华罗庚所长、范风岐副所长等来学校参观访问。

8月

16日　根据省委文教部通知，发出《关于紧缩编制、调整机构的通知》。

20日　教育部蒋南翔副部长来学校参观。

23日　成仿吾校长向全校师生员工作《关于目前形势和学校工作方针》的报告。分析国内外形势，号召大家积极投入保粮保钢的中心任务中去。提出学校新学年的方针任务是以教学革命为中心。

本月　在校研究生已达58人。

本月　根据科学的发展，物理系原子能专门组独立，扩建成原子能系(对外称物理二系)，王承瑞任系主任，物理系电子组独立，扩建成电子系，冯传海任系主任。原专门组学生分别编入新系。至此，由迁济时6个系，增加到10个系，学生达到3640人，教师达到368人，职工达到425人。

9月

9日　文史楼已基本建成。总计建筑面积1万余平方米。中文、外文、历史、政治、数学五个系已迁入。此外，还建成6幢家属宿舍楼。

1960 年

9 月

13 日　校党委成立生产生活办公室，由房金堂负责。

10 月

15 日　校党委决定，科以上党员自即日起开展学习《毛泽东选集》第四卷活动。

31 日　召开全校干部党员大会，传达中央、山东省委关于《党政军民紧急动员起来，为战胜灾荒克服困难而奋斗》的报告。

11 月

9 日　截至本日，全校师生员工发生程度不同的浮肿病共 467 人。校党委立即采取紧急措施，并决定建立保健食堂。

14 日　校党委决定成立生产救灾、节约度荒领导小组，由房金堂负责。

本月　党委批准历史系黄云眉教授、生物系王祖农教授入党，改变了一段时间党在组织发展中不重视吸收知识分子的现象。

12 月

2 日　省委文教部批准吴富恒任山东大学副校长。

本月　决定采取一系列有力措施，加强教学工作。如稳定教学秩序，注意教学环节，发挥教研室作用，老教师上教学第一线等等，使教学质量得到提高。

本月　毛泽东主席在参观山东省高校教育革命展览时听取山大讲解员讲解运筹学。

本年　在校学生 2228 人，研究生 26 人，留学生 10 人。

本年　科研计划共 208 项，其中基础理论 70 项，为工农业生产服务 116 项，编写教材 12 项。

1961 年

1 月

7 日　成仿吾校长向全校教职员作《关于整风的动员报告》。

10 日　党委举行扩大会议，根据省委关于大专院校暂缓整风的精神，决定学校当前整风以生活问题为中心，暂不发动群众大鸣大放。

19 日　中共山东省委文教部同意，学校成仿吾、张滨黄、叶锦田、房金堂、吴富恒、张琳、邱锡斌、王显周、高登仁 9 人为党委常委，组成常委会。

本月　由于负担重，劳动强度大，学生健康状况有所下降。决定：认真改善生活，切实减轻负担、减少劳动，坚持劳逸结合，积极防治各种疾病，提高健康水平。

2 月

26 日　中共山东省委文教部决定，刘岐云调任学校党委副书记；学校生产劳动办公室改为生产处，何畏任处长；科研办公室改为科研处，刘星五任副处长；出版科改为印刷厂，划归生产处领导。（生产处、科研处、印刷厂 3 月 1 日启用印章）

28 日　教育部下达全国重点领导关系的决定，提出重点由省和中央双重领导，经费由地方审核预决算，中央拨款。

同日　复归教育部领导，成为省和中央双重领导下的全国 13 所部属重点综合大学之一。

1961 年

3 月

5 日　教育部批准学校新校舍基建计划投资额为 220 万元，建筑项目有教学楼、职工家属宿舍、学生宿舍。

11 日　召开全校党员干部大会，传达中央重点高等会议及省委文教会议精神。学校为了贯彻"调整，巩固，充实，提高"的方针，对课程计划作了必要的调整。

15 日　校庆纪念日，科学讨论会举行开幕式，全校共提交论文 90 篇。

16 日　举行校务委员会常委会议，决定建立夜校，由吴富恒担任夜校校长，刘泗滨任办公室主任。

26 日　山东省委文教部批准叶锦田副书记调山东师范学院任副院长。

30 日　校教育成绩展览会今天正式开幕。

5 月

7 日　举行校第十二届学生代表大会。会议提出"以教学为中心，以提高质量为重点"的方针。

18 日　决定文、理科各系基础课和专业课均使用统一编写的教材。

25 日　举行校委会扩大会议，讨论教学、科研、生产劳动三结合问题。成仿吾校长指示三结合要以教学工作为中心。

本月　在贯彻国民经济"调整，巩固，充实，提高"的方针中，基本建设经费大量缩减，加以原材料短缺，施工力量不足，新校舍建设的进度大受影响。

6 月

8 日　开展清理资财、公物还家的群众运动。

18 日　中国科学院历史研究所研究员杨向奎来学校协助建立古代史研究室工作。

21 日　山东省委文教部同意杨希文为党委常委委员。

28 日　举行庆祝党的生日大会，100 位新党员在会上宣誓。

同日　成仿吾校长向师生员工作《关于"延安作风"》的报告，要求大家树立革命乐观主义，有理想、有抱负，发扬抗日战争时期的艰苦奋斗精神。

7 月

12 日　学校今年招生人数经中央教育调整会议决定为 600 人。

本月　山东省委文教部任命张琳为学校教务长。

8 月

24 日　山东省科学院设在学校的物理、半导体两个研究所决定撤销，并在学校另成立四个研究室，两所的科研人员调给学校 80 余人。

9 月

1 日　校工会于 1～2 日举行第八次会员代表大会，主要讨论工会工作总结，选举产生新的委员会。

8 日　中共山东省委宣传部决定，《文史哲》再行复刊。复刊后，初为季刊，后为双月刊。

13 日　校长办公室发出通知，自 9 月 15 日起启用校办及各处、系的新印章，旧章同时作废。

21 日　校务委员会举行第六十次会议，讨论通过《山东大学教学工作条例》

1961 年

9 月

《山东大学科学研究工作条例》《山东大学研究生培养工作条例》。这三个条例，是总结近几年实践经验并结合新的要求制订的，使得主要工作有了准则，并在全校颁布试行。

10 月

8 日　成仿吾校长在党总支书记会上提出，学校当前主要任务是全面贯彻中共中央批准试行的《教育部直属高等学校暂行工作条例（草案）》（简称“六十条”）。切实安排好教学、科研、生产劳动，进一步稳定教学秩序，提高教学质量。

11 日　党委根据省委的指示，决定对自 1958 年以来在运动中被斗、被批判的人员进行甄别，并决定成立甄别办公室，由邱锡斌、周通、高登仁任正副主任。

27 日　山东省委文教部批准高登仁兼任学校政治系党总支书记。

11 月

16 日　成立四个研究室，分别为古典文学研究室，冯沅君任主任；古代史研究室，黄云眉任主任；微分方程研究室，张学铭任主任；磁学研究室，郭贻诚任主任。

20 日　校党委决定，在总务处成立校部第二党总支委员会，由王玉林任总支书记。

同日　党委副书记张滨黄、叶锦田调去山东师范学院工作，中共山东省委宣传部副部长刘岐云任山东大学党委副书记。

12 月

1 日　教育部批准学校最大发展规模为 3800 人，其中本科生 3720 人，研究生 80 人。设 19 个专业，其中文科 7 个，理科 12 个。

12 日　对在各种政治运动中被批斗的 122 名师生进行甄别。

21 日　校务委员会决定《科学研究工作条例》和《师资培养工作条例》在全校颁布试行。

22 日　复旦大学副校长、遗传学专家谈家桢先生来学校作专题报告。

本年　在校学生 3386 人；全校共有 10 个系，19 个专业，1 个专修科，28 个专门组。

本年　共购置仪器设备 1360 件，购买图书 15 万册。截至年底全校拥有仪器设备 8500 件，图书 70 万册。

本年　1961 年秋，全校共有教授、副教授和讲师 144 人，其中有 128 人担任课堂教学工作。

本年　领导根据高等科研方针和任务，提出科研要缩短战线，提高质量，增加基础理论的比重，开创新的学科的要求。经过认真研究，结合需要与可能，增加了基础理论研究的比重，加强了微分方程、计算机、磁学、晶体、微生物等尖端和应用科学，形成了重点突出、有自己学科特色的科学研究计划。

1962 年

1 月

2 日　教育部批准学校新校舍基建计划投资为 78 万元。学校安排施工项目有公共教学楼、教学辅助用房、教职工宿舍、托儿所等。

5 日　根据上级指示，学校进行整编精简工作，共精减教职工 54 人。

10 日　本学期科研方面有 268 个科研项目都能按计划进行；发表论文 75

篇，完成了14部专著，举行了394次学术讨论会。

1962年

1月

22日　举行了第四次党员代表大会，参加会议的代表共119人。刘岐云副书记致开幕辞，成仿吾校长作工作报告，大会选举出新的党委会，成仿吾任党委书记，刘岐云、房金堂2人为副书记；成仿吾、刘岐云、房金堂、杨希文、吴富恒、张琳、王显周、邱锡斌、高登仁、周通10人为常委委员；会议通过《中共山东大学第四次党员代表大会决议（草案）》。

本年初　国家科委在广州召开全国科学技术工作会议，依据会议精神，制订了科研工作十年发展规划。在规划中除突出学科特色外，承担了国家重点项目33个（其中7个是与其他部门协作），承担本省重点项目16个。

2月

27日　山东省委文教部同意赵凌任学校教务处处长，刘伟任图书馆副馆长。

3月

1日　举行校务委员会扩大会议，讨论在教学中贯彻少而精原则，实现基本要求和因材施教相结合的问题。

6日　山东省委文教部同意蒋捷夫任学校党委常委，兼历史系总支书记。

7日　经教育部批准，校务委员会进行调整，成仿吾校长任主任，杨希文，吴富恒任副主任。

8日　校长办公会议决定，七个重点专业为中文系（中国文学史）、历史系（中国通史）、数学系（数学专业）、物理系（磁学专业组）、化学系（电化学）、生物系（动物专业、微生物专业）。

17日　庆祝校庆及第七次科学讨论会于3月17日至4月10日举行。参加讨论会的有北京大学闵嗣鹤教授、科学院数学所王元及本省、市兄弟院校100多人。讨论会以纪念“辛亥革命五十周年”“鲁迅诞辰八十周年”两个专题为主要内容。学校共提交论文174篇，其中重点论文44篇。

18日　成仿吾校长提出关于贯彻高等学校暂行工作条例三年规划的各项基本要求是以教学为中心，生产劳动要当成正式课程来进行，科学研究工作要加强，健康情况要改善等。

19日　成仿吾、吴富恒、冯沅君、郭贻诚、黄云眉去北京参加全国人民代表大会及全国政协会议。

4月

18日　教育部任命萧涤非教授为副教务长。

5月

25日　向教育部报送《贯彻教育部直属高等学校暂行工作条例的三五年规划（草案）初稿》。

6月

3日　山东省人委教育工作会议决定，学校物理二系两个专业撤并，数学系计算数学专业撤并，生物系的生物物理、生物化学两个专业撤并，以上五个专业师资与学生分别合并至校内现有专业中去。

21日　校委会决定，黄云眉教授任图书馆馆长。

25日　校长办公会议同意基建办公室关于新校舍建筑的总体规划。

1962 年

6 月

27 日　教育部同意撤销物理二系两个专业，分别并入物理和化学系，另外撤销计算数学、生物物理、生物化学三个专业。学校原有 10 个系 19 个专业调整为 9 个系 14 个专业。

7 月

1 日　举行新党员入党宣誓大会。

13 日　暴雨，由于排水不畅，洪水在校园内泛滥成灾，化学系药品损失约计 10 万元左右，房子被冲倒 11 间，院墙冲倒 700 米，粮食损失在 500 公斤左右等。

17 日　校务委员会议讨论贯彻教育部关于理科教学会议的精神，决定精简教学时间，加强教学环节，做好自学指导等。

25 日　本学期共完成论著 12 部，发表论文 170 余篇，举办学术活动 900 余次。

8 月

13 日　今年共录取新生 550 人。

17 日　教育部同意政治系的哲学、政治经济学，政治学的三、四年级学生自今年暑假后由五年制改为四年制。

27 日　举行办公会议，检查开学准备工作中房舍、家具调整及维修、党团员训练、教辅人员学习、教研组主任会议、学生干部会议、党委会、校委会等时间安排。

本月　党委副书记刘岐云向教师传达全国科技会议上中央领导人的讲话。讲话分析了中国知识分子概况，指出了存在的问题，要求进一步改善关系，增强团结，更好地发挥知识分子在社会主义建设中的作用。传达后在教师中引起很大的反响。

9 月

7 日　党委召开校部全体干部会议，房金堂副书记传达校委会成仿吾校长新提出的建立健全巩固学校秩序问题，房金堂副书记指出抓好食堂大搞卫生，加强劳动纪律，提高工作效率和工作质量。

8 日　举行新生开学典礼。

10 日　举行校长第五〇二次办公会议，讨论毕业生分配工作，职工困难户解决办法、评选优秀等问题。成仿吾校长指示毕业生分配要抓好思想工作，但要争取及早分配。

17 日　举行校长第五〇三次办公会议，讨论关于贯彻“六十条”总结提纲、新生情况、升留级及退学情况、生活方面等问题。

21 日　校部党总支召开全体干部党员大会，根据党委的决定，布置学习论共产党员的修养文件。

29 日　学校举行毕业典礼。

同日　校工会举行代表大会，总结一年来的工作。

10 月

9 日　举行校长第五〇五次办公会议，讨论修订学校三五年规划问题及几个学生的处理问题。

21 日　举行校长第五〇六次办公会议，讨论修改冬季作息时间、下学期教材及听取毕业生分配情况汇报等。

1962 年

10 月

29 日　举行校长第五〇七次办公会议，讨论毛健民学籍问题的教训，生产劳动安排、卫生检查评比、成立职工合作社等问题。

31 日　党委举行常委会议，讨论团代会工作问题。

本月　成仿吾校长撰写《山东大学校歌》歌词，由作曲家郑律成谱曲。

山东大学校歌

成仿吾　词

东临黄海，
南望泰山，
这儿是我们学习、劳动的乐园。
共产党和人民给了我们一切，
教我们发展德智体，
又红又专。
我们高举毛泽东思想红旗，
学习马列主义与科学知识，
要彻底改造思想，
服务于人民，
要永远朝气蓬勃革命到底。
奋斗啊，
奋斗啊，
为了社会主义建设，
奋斗啊，
奋斗啊，
为了人类解放事业，
我们是有社会主义觉悟的有文化的劳动者。

（作于 1962 年）

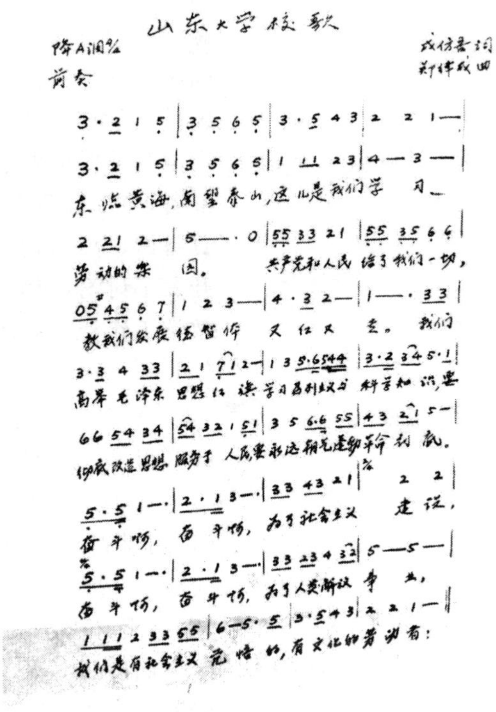

成仿吾校长亲自作词并请音乐家郑律成谱曲

11 月

5 日　举行校长第五〇八次办公会议，讨论职工福利费使用、助学金使用及学生的体育活动等问题。

13 日　举行校长第五〇九次办公会议听取贺治明主任关于明年基建任务安排汇报，研究学习十中全会和第七十二次校务委员会议问题。

17 日　党委召开全体党员会议，刘岐云副书记传达中央十中全会的精神，并决定最近阶段，以深入学习十中全会精神作为思想政治教育的主要内容。

12 月

14 日　经山东省人委研究，学校在第三个五年计划（1963～1967）内，仍利用老校舍，暂分南北两个部分。

17 日　举行校长第五一四次办公会议，讨论教研室工作检查寒假前教学工作安排，明年校历、学生的学籍处理、教师年终考核工作等问题。

27 日　成仿吾校长在校务委员会会上提出学校下学期方针任务是，贯彻中

1962 年

12 月

央十中全会精神，加强思想政治教育工作，提高教育质量，健全秩序。

29 日　校党委对学校甄别、复查工作进行总结。

本年　据 1962 年底统计，80％的教师投入科研行列，其中教授、副教授的 98％，讲师的 76％，助教的 61％投入科研活动。学生中也有 1244 人成立了 89 个科研小组，在老师指导下开展科学研究工作。

本年　全校共开出 339 门课程，其中 290 门由讲师以上职称的教师担任主讲。当时的冯沅君、殷孟伦、黄云眉、童书业、王仲荦、莫叶、张学铭、郭贻诚、徐国宪、王祖农、陈机、曲漱蕙等教授，都在教学的第一线上。为了保证教学质量，做到教学内容的科学性和系统性，通过选、编、借等种种办法，解决教材的缺乏问题。据统计在当时开设的 339 门课程中，选用教育部统编教材的有 68 门，自编教材的有 147 门，借用兄弟院校教材的有 124 门。对于教学方法的改进，也根据实际要求做了大量的工作。在成仿吾校长的倡议下，经过教研室的酝酿和准备，曾举行两次大型的教学方法讨论会。会上对制订教学大纲、编选教材、认真备课、重点讲授、指导自学、加强辅导、严格要求、考试考查等各个教学环节，开展了讨论，交流了经验。会后教务处把这些意见综合整理定名为《山东大学教学工作若干规定》，供教师在教学中参考，成为一个时期的教学规范。

1963 年

1 月

18 日　举行办公会讨论寒假前各项工作。据初步了解，寒假学生离校者 90％以上。教职工离校者 60％以上。

19 日　学校举行校务委员会第七十四次会议，决定俄苏文学教研室、冯沅君、陶履成、淳于宝珠、宋锡民参加省先进代表大会。

2 月

4 日　举行校长第五一九次办公会议，检查开学上课各项准备工作，会议决定突出搞好卫生，积极进行研究研究生考试工作，并对大力支援农业、几个重点研究室的建设等问题进行了讨论。

5 日　党委召开全体委员会议，讨论党一年工作总结和行政本学期工作总结。

10 日　召开了第五次党员代表大会。参加会议的代表共 113 名，列席代表 25 名。成仿吾校长代表上届党委向大会作一年来工作总结和今后方针任务的报告。会议选举本届党委委员 25 人，通过《中共山东大学第五次代表大会决议》，会议还选举出席山东省党代会的代表 3 人。

18 日　举行校长第五二〇次办公会议，讨论今年新校舍建设工作，重点修缮和家具制作计划，经费安排等问题。

25 日　党委举办的党员轮训班今日开学。学习内容是共产党员修养和有关反对现代修正主义问题。

同日　举行校长第五二一次办公会议，讨论学生学籍处理、函授教育及七十五次校委会议程序等问题。

28 日　举行校务委员会第七十五次会议，周通主任汇报了开学上课情况，王祖农主任传达了教育部科学研究会议的精神等等。

1963 年

3 月

1 日　组织职工进行文化学习，设有业余大学、高中班、初中班、高小班等。党委号召凡不够高中文化水平的干部，一律参加文化学习，以提高文化水平和业务工作能力。

3 日　学校今年校庆第八次科学讨论会定于 3 月 16 日下午举行开幕式。

4 日　举行校长第五二二次办公会议，讨论改进高年级学习、加强干部业务学习、科学研究专业经费和人员安排、房舍普查等问题。会上决定，加强干部业务学习，3 月份制订出计划，人事处每半年检查一次。

11 日　举行校长第五二三次办公会议，讨论教学工作检查、生活改善等问题。

16 日　举行庆祝 1963 年校庆暨第八次科学讨论会开幕式大会。大会共提交论文 122 篇。其中有学生论文(报告)14 篇。此时，全校教师已有 83%参加科学研究工作，其中正、副教授占 99%，讲师占 75%，助教占 60%，学生也有 1244 人组成 89 个科研小组，说明科学研究工作得到普遍的重视，力量更加雄厚。

18 日　举行校长第五二四次办公会议，讨论学校校舍基建总体规划和制订科学研究十年规划问题。

20 日　陆凡、冯沅君被选为出席山东省群英大会的代表。

25 日　举行校长第五二五次办公会议，讨论今年招生计划问题。决定我校今年招生 550 人，为了更好地照顾毕业生工作的分配，并报请山东省教育厅同意，有 10%的名额，在辽宁、江苏、安徽等地招生。

26 日　根据上级党的指示，刘岐云副书记向师生作《关于向雷锋同志学习》的动员报告，全校师生员工积极开展向雷锋同志学习的活动。

28 日　校务委员会议决定，爱国卫生运动委员会由成仿吾任主任委员，房金堂、杨希文、王显周任副主任委员，另外有 20 名委员；图书管理委员会由吴富恒任主任委员，黄云眉任副主任委员，另有 10 名委员。

同日　举行校务委员会第七十六次会议，教务处汇报了关于教学工作检查问题。

4 月

1 日　举行校长第五二六次办公会议，讨论体育课教学及开展文体活动、邀请校外专家来校讲学、新校舍围墙道路水电维修等问题。成仿吾指示，体育课教学工作要加强，注意选拔体育代表队，经常进行体育锻炼，以带动体育活动的开展。

16 日　党委举行常委会，研究审查学校先进单位代表和先进工作者大会的召开问题。

同日　学校党员干部培轮训班第五期正式开始，宣传部彭西庚部长宣布学习计划，学习内容主要为反对现代修正主义和论共产党员修养。

17 日　校先进集体代表和先进工作者表彰大会于 17 日举行。大会评选出出席省先进集体和先进工作者代表大会的先进集体 7 个，先进工作者 63 人，于 20 日结束。

22 日　举行校长第五二七次办公会议，讨论房舍安排意见及第七十七次校

1963 年

4 月

委会议等问题。会上决定向教育部申请从速批准学校的基本建设任务书，从速开始今年基建工作，争取暑期结束前建成一批宿舍。

本月　全校开展“学习雷锋同志”活动。学雷锋，见行动，好人好事不断涌现，风气大变。

本月　成仿吾校长作了《改进学习方法》的报告，内容主要是：学生要树立远大理想，有为祖国为人民而学习的抱负，矢志不渝，勤奋向上，不因困难而动摇；要有学习计划，有学习重点，学了能消化，能巩固，能为己所用；要有科学的学习方法，肯于钻研，善于思考，敢于创新。

5 月

1 日　校部第一党总支召开全体人员会议，传达学校先进集体代表和先进工作者大会的精神。

同日　学校学生 800 人参加历下区庆祝“五一”国际劳动节大会。

同日　在校党委领导下，在团委和学生会积极推动下，全校学生文娱活动较前有广泛地开展。

4 日　校第十四届学代会开幕，刘岐云副书记到会讲话。

5 日　经教育部与国家计委研究决定，学校校舍基本建设方案是，理科在新校，文科在老校。

10 日　根据上级有关规定，决定将生产基地取消，所有土地交附近生产大队耕种，原生产工作分别并入膳食、总务两科。

12 日　学校向教育部报送 1963～1964 年接受与选派进修教师计划，计拟接受 30 余人，拟派出 20 余人。

16 日　作出《学生在校学习期间不得结婚的规定》。

27 日　举行校长第五二九次办公会议，讨论函授教育、学籍处分、学生作息时间等问题。决定学校自 1964 年开始函授教育以社会知识青年为对象，先办中文、数学两个专业。

6 月

1 日　刘岐云副书记向全校教职员工作《关于开展增产节约和“五反”运动》的报告。

3 日　举行校长第五三〇次办公会议，讨论学校劳动工资十年规划、放射科检查。

10 日　举行校长第五三一次办公会议，决定总贯彻“高校 60 条”工作经验，几个专题报告和下学期校历等问题。

16 日　山东省委同意山东大学第五次党代会选出的 25 名党委委员。成仿吾任书记，刘岐云、房金堂任副书记，成仿吾、王显周、刘岐云、吴富恒、邱锡斌、周通、房金堂、高登仁、张琳、杨希文 10 人为常委委员。

20 日　举行校务委员会第七十九次会议，讨论科学研究中的问题。

24 日　举行校长第五三三次办公会议，讨论学期末工作的安排、评选五好学生组织领导等问题。

1963年

7月

15日　举行校务委员会第八十次会议，讨论学校1962～1963学年工作总结和1963～1964学年工作计划。

29日　举行校长第五三五次办公会议，讨论决定迎接新生工作名单、下学期食堂安排、考试等问题。

8月

13日　举行校长第五三六次办公会议，教务处总务处汇报关于工作的意见。

19日　举行校长第五三七次办公会议，讨论科研处、人事处工作改进意见，并听取关于新生录取工作汇报。

21日　学校举行1963届毕业生典礼。

28日　中共山东省委常委会议通过，孙汉卿任学校党委副书记。

9月

3日　举行校长第五三九次办公会议，汇报研究开学上课情况。

6日　党委举行全体委员会议，讨论行政工作总结和教学工作等问题，并对本学期工作安排提出了若干意见。校长办公室根据会议上的意见，对学年工作总结和新学年方针任务作了修改。

7日　学校举行开学典礼大会。成仿吾校长作《关于国际、国内形势》的报告。提出发扬革命精神，提高教学质量，树立新风尚三个要求。

9日　举行校长第五四〇次办公会议，讨论学生学籍处理、研究生工作十年规划、国庆节筹备工作等问题。

14日　福州大学副校长卢嘉锡教授来学校交流研究工作的经验。

16日　举行校长第五四一次办公会议，孙汉卿副书记、萧涤非教务长均参加了会议，成仿吾校长在会上指出省委加强了对我校的领导，我们进一步反对官僚主义，把各项工作做好，办好我们的学校。

17日　党委举行常委会议，讨论工资调整中教职工升等提级问题，会议进行了一天。

21日　举行1963年教学研究会，成仿吾校长在会上作了报告。

28日　全校反对修正主义学习今日开始，各系分别作动员报告。

10月

10日　支援农业三秋劳动大军今日胜利返校。

11日　党委召开各系总支书记会议，布置进一步领导好当前反对修正主义学习问题。

14日　校长办公会议决定，成立招收研究生委员会，下设办公室。

同日　中共山东省委转发1963年9月5日中共中央同意冯沅君任学校副校长的批复。

17日　举行校务委员会第八十二次会议，讨论教学工作检查和总务工作检查。

19日　全国人民代表大会代表刘云鹤视察学校，成仿吾校长接见，并陪同参观了化学系。

20日　成仿吾校长去江苏南京一带视察。

1963 年

10 月

24 日　教育部余震局长来校，了解总务工作情况，总务处负责人作了全面情况汇报。

26 日　学校工会举行代表大会，检查工会一年来的工作，并改选工会基层委员会。房金堂书记代表工会在会上作了总结报告，并有上级代表讲话，大会决定 11 月 3 日继续举行。

28 日　举行校长第五四九次办公会议，讨论文科学生参加农村社会主义教育运动和见习助教转为助教等问题，决定学校学生分批分期参加农村社会主义教育运动。

30 日　校部总支召开全体人员会议，宣布工资调整工作基本结束，决定提级人员和套级人员名单，并要求大家正确认识工资调整工作目的要求和意义，更好地进行工作。

11 月

1 日　中共山东省委同意，高登仁专任学校团委书记；何畏任外文系党总支书记；余光前任政治系党总支书记；刘泗滨专任武装部部长。

4 日　举行校长第五四六次办公会议，讨论加强思想政治工作。

9 日　吴富恒副校长参加中国科学院会议。返校后当即去省委宣传部汇报会议情况和请示有关问题。

10 日　吴富恒副校长向省文联代表会传达科学院哲学会议情况，提出文艺界参加阶级斗争的重大意义。

11 日　党委举行常委会议，听取吴富恒副校长关于中国科学院哲学部会议传达汇报。

12 日　举行校长第五四七次办公会议，讨论报考研究生的学生免修课程、学生违纪处理、工代会对总务工作意见的处理、印刷厂家属工整顿问题。领导人向成仿吾校长汇报有关工作并研究有关问题。

13 日　吴富恒副校长传达科学院哲学会议精神后，文科各系的全体教师展开讨论。主要讨论进一步领会哲学、文学、艺术如何体现阶级斗争，如何为把革命进行到底服务等问题。

14 日　举行校务委员会第八十四次会议，讨论关于加强思想政治工作问题。

同日　成仿吾校长、郭贻诚教务长去京出席人代会。

15 日　教务处对于各系有问题的课程进行检查。

16 日　校共青团举行第八次代表大会。刘岐云副书记代表党委在会上作报告。

17 日　蒋捷夫主任、高亨教授、黄云眉教授参加中国科学院哲学部扩大会议，今天返校。

18 日　举行校长第五四八次办公会议，讨论电子学专业及临时工转正问题。确定电子学专业继续办下去、加强基础课教学，发扬自己动手、掌握技术的特点，决定临时工 14 人转为国家正式工作人员。

19 日　学校文科学生参加农村社会主义教育运动，确定到历城县东郊人民公社，领队人员房金堂、邱锡斌、高登仁、王殿孝、徐法昌、马长义等参加历城县四级干部会，学生预计在月底下乡。

1963 年

11 月

20 日　杨希文副校长、刘岐云副书记、孙汉卿副书记听取参加科学院哲学部扩大会议的高亨、黄云眉教授和参加武汉大学科学讨论会的王祖农主任汇报。

同日　宣传部在全校教职员工中举行反修学习测验。

21 日　学校驻村工作组积极加强与驻地生产队联系，交换有关意见。确定生物系负责与尹家小庄、物理系与七里堡、化学系与洪家楼、数学系与利农庄各生产队联系，并进一步密切双方关系。

22 日　校长办公室举行业务学习会议，具体研究学习内容及学习方法问题。决定 12 月份重点学习《教育部直属高等学校暂行工作条例（草案）》，并结合学习，完成学校规章制度汇编工作。

23 日　济南市人民代表大会代表孙思白向全校教职员工传达济南市人民代表大会的报告。

24 日　中印边境冲突事件作战部队英模代表报告团的作战科长报告录音转到学校，上午在新校舍向全校人员放送，下午在老校舍向全校人员放送。

25 日　举行校长第五四九次办公会议，讨论加强农场工作问题，决定农场要自力更生、发展生产，把现有果树管好，使之能够及早结果，并讨论了校园绿化、加强教学设备工作、函授研究生结业等问题。

26 日　杨希文副校长会同总务处负责人及生物系有关教师，巡视老校舍校园，具体确定明年校园绿化工作。党委举行常委会，讨论 12 月份工作安排、保密工作检查、审批新党员等问题。

27 日　全校反对现代修正主义的学习《讨论南斯拉夫是社会主义国家吗?》，为了引导讨论深入，并及时指导大家讨论，杨希文副校长去生物系、刘岐云副书记去物理系进行辅导。

29 日　杨希文副校长召集教学设备科全体人员举行座谈，了解教学设备科人员对于加强教学仪器管理工作具体意见，并对今后改进仪器管理工作作了具体指示。

30 日　省委宣传部传达科学院哲学部扩大会议精神，文科有关单位负责人参加。

同日　中共山东省委举行党员代表大会，学校孙汉卿副书记、刘岐云副书记参加，成仿吾校长、王祖农主任是基层党委的代表，因均在北京开会，未能参加。

12 月

1 日　杨希文副校长向政治系参加农村社会主义教育运动的学生作动员报告，除介绍农村形势外，还要求大家通过运动的锻炼，使自己成为无产阶级革命战士。

2 日　举行校长第五五〇次办公会议，讨论学生社会活动太多，影响学习和健康的问题，与本年预算执行情况和明年预算的制订问题。会议决定：对学生社会活动严格控制在每周不超过 6 小时，老校舍一号楼修建工作今冬动工，并派出教学设备采购小组。

1963年

12月

3日　杨希文副校长召开文科各系负责人会，研究传达科学院哲学部扩大会议精神和具体贯彻等问题，要求大家进一步重视这次会议精神。

4日　国务院任命冯沅君教授为副校长，在11月29日《人民日报》发表，国务院全体会议通过。

5日　成仿吾校长、冯沅君副校长出席全国人民代表大会返校。

同日　党委召开各处处长会议，对领导体制提出意见，为党代会总结做好准备工作。

6日　科研处、教育处、人事处等负责具体人员研究加强师资培养工作等有关问题。

7日　全校反修学习《讨论南斯拉夫是社会主义国家吗?》一文，大家从政治上、经济上分析南斯拉夫社会结构，并对南斯拉夫从社会主义演变成资本主义的教训进行了争论。

8日　文科学生参加农村社会主义教育运动，学校政治系三年级学生全部去历城县王舍人庄公社，随同前去的有高登仁、邱锡斌及中文、外文、历史系等领队人员。

9日　杨希文副校长、刘岐云副书记、房金堂副书记列席省党代会。

同日　成仿吾校长、王祖农主任出席山东省党代会。

10日　举行校长第五五一次办公会议，讨论科学研究及师资培养工作。科研处汇报中提出本学期科研工作因抓得不紧，与教学工作配合不好，进展较慢。很多有经验的教师，因要上教学第一线，要进行教学工作，因此，放松或放弃科研工作。会议研究了第八十四次校委会准备工作。

11日　梁学礼处长、黄尔棠同志去北京参加教育部的物资调整会议，杨希文副校长指示，对明年经费预算及补充高精尖设备器材，向教育部说明情况，并在可能情况下给予支援和补充。

12日　全校学习中央四评苏共中央公开信。要求具体明确苏共领导对民族解放运动的错误理论，进一步认识马列主义对民族运动的正确理论。

13日　党委召开理科各系党支书记会议，座谈自贯彻“高校六十条”以来加强党委领导、加强行政领导的具体经验。大家认为党委在政治领导较之过去大大加强，行政领导也有所加强。

14日　根据各系党总支反映：本学期以来，党和行政领导的领导作风和领导方法有明显的改进，表现在：领导深入基层，抓住中心工作，注意各方面配合，并对各单位工作作具体指导，使各单位思想水平有所提高。

15日　校部干部140人参观山东省济南市阶级教育展览会和歼灭美蒋特务展览会。两个展览会以生动事实说明了当前阶级斗争复杂曲折，教育大家提高政治警惕性。

16日　成仿吾校长、孙汉卿副书记去南郊宾馆参加省委会。

同日　党委举行常委扩大会议，吴富恒副校长传达科学院哲学部扩大会议精神，并确定本周星期六向文科各系教师传达。

17日　山东省政协今天举行三届一次会议，吴富恒副校长、郭贻诚教务长等9人参加会议。

1963 年

12 月

同日　山东省人民代表大会今天报到，冯沅君、高兰、黄洪、闫长泰、傅宝瑞等5人当选为本届代表。

18日　上午举行校长第五二二次办公会议，讨论违纪学生处分及下学期校历问题。

同日　中共历城县委杜修明书记来校作关于农村阶级斗争形式的报告。

19日　教务处召开理科系主任会议，研究目前教学工作及提高教学质量的问题。

同日　党委召开文科党总支书记会议，对于加强党委领导提出意见，以便提供党代会总结材料。

20日　本学期经过教学研究会，广大教师以教学为主的思想基本解决，对教学工作较前更认真负责，并初步地克服了教学中的主观主义，开始进行调查研究工作，注意到了要加强课程思想性、战斗性。

21日　吴富恒副校长向文科各系教师传达科学院哲学社会科学部扩大会上党中央刘少奇副主席的报告和教育部改造文科座谈会的精神，要求各系组织教师认真讨论，拟行规划，逐步实现。

22日　党委召开全体党员会议，孙汉卿副书记传达省委党代大会上谭启龙的报告、刘岐云副书记省委监委报告和秦和珍、王众音的发言。

23日　学校文科专业参加农村社会主义教育运动的学生27人，教师27人，干部24人。据了解经过参加劳动、了解情况、访贫问苦、串联扎根，很受贫下中农的欢迎。下去的人员情绪高、信心足、纪律好，同群众关系密切。

24日　本学期通过学习中央四个评论苏共公开信的文件，广大人员进一步认识反对现代修正主义的重大意义，进一步认识我们党中央和毛主席的伟大、英明、正确，重视了防止修正主义，加强自我改造。

25日　这学期日常的思想政治工作较前抓紧抓细。表现在宿舍面貌整洁清新，政治气氛加强，特别是阅读报纸、关心时事、讨论政治、钻研理论的人越来越多。

26日　举行校务委员会第八十四次会议，讨论本学期科学研究工作中的问题。吴富恒副校长在会上作了总结。

27日　这一学期由于进一步贯彻执行了“高校六十条”中的有关规定，领导体制更加健全了，党的集中统一领导有了加强，行政组织的作用得到进一步发挥，领导作风和方法有了显著的改进，进一步稳定了秩序，提高了工作效率。

28日　成仿吾校长向全校教职员工作形势报告，报告根据大家提出的问题，解答了关于东风继续压倒西风、当前世界四个矛盾、反对修正主义前途等问题，对当前形势作了深刻的说明。

29日　根据济南市人委规定，学校今日继续进行工作和学习。

同日　全校各单位党的组织，讨论省党代会的报告。

同日　杨校长召开印刷厂职工座谈会，了解最基层意见，进一步推动印刷厂工作。

30日　举行欢迎今年新到校工人座谈会，杨希文副校长代表学校领导向大家表示欢迎，并介绍了学校历史情况。

1963 年
12 月

同日　校长办公室筹划新校活动和庆祝事项。

同日　工会举行联欢，各单位演出歌舞曲艺等节目。

本年　在校学生 3452 人；夜大学函授部学生 1363 人；教职工 1198 人；其中教师 535 人（教授 25 人，副教授 27 人，讲师 141 人，教员 14 人，助教 328 人）。

本年　已有中国古典文学、美国文学、中国古代史、微分方程（也称“控制论”）、磁学、晶体、微生物 7 个研究室。在科学研究工作不断前进中，学术活动也随之蓬勃开展起来。系和教研室均制订计划，建立制度，定期举行有准备、有内容的学术讨论会，并把它当成推动科研、提高教学和培养师资的一种有效形式。

1963 年底开展了评选五好学生和五好班级活动（政治觉悟好、思想作风好、业务学习好、生产劳动好、体育卫生好），共评选出五好学生 194 人，五好班级 8 个。通过这一活动，激发了学生的学习积极性，学生的学习热情更加高涨。

冯沅君

冯沅君（1900～1974），生于河南省唐河县一个书香家庭。1923 年，毕业于北京女子高等师范，并以创作短篇小说而名著文坛。1925 年，毕业于北京大学研究院，从事中国古典文学的教学和研究工作。1932 年，与丈夫陆侃如一起留学法国，1935 年，获巴黎大学文学博士学位。回国后，任教于金陵大学、复旦大学。抗日战争爆发，随陆侃如去后方，任教于内迁的中山大学、武汉大学、东北大学。1947 年，受聘为山东大学中文系教授。中华人民共和国成立后继续在山大中文系任教，主持古典文学研究室的工作，被选为全国人大代表和山东省文联、妇联副主席。1963 年，任山东大学副校长。她始终在教学中充满热情，既诲人不倦，又严格要求。她以博学多览教育学生打好理论基础，并悉心培养学生的研究能力和开拓能力，认真提高教学质量。凡是听过她讲课的人，多为她的勤奋、严谨、求实、谦虚的优良治学态度所感动。她在科学研究中除了与陆侃如合写的论著外，还写了《古优解》《古剧说汇》等专著，在中国戏曲史研究中颇有独树一帜之势。还有一些论著，收在《冯沅君古典文学论文集》中。冯沅君一生治学严谨，实事求是，论必有据，勇于接受新事物，进行新的探索。她思想进步，待人真诚宽厚，热心提携后辈，深得人们的敬重，无愧于一位道德高尚的师长和学者。

1964 年
1 月

1 日　山东省和济南市在八一礼堂举行庆祝新年联欢会，恭祝新年，并演出文娱节目。

2 日　根据教育部指示，学校从文科各系今年应届毕业生中，选拔一批政治历史清楚、表现好，业务能力较强的学生报考外语学院研究生，经科研处与文科各系及人事处共同研究，确定报考的 16 人的材料年前已寄出。

3 日　教务处召开系主任会议，布置和研究学期考试考查问题，要求切实做好这方面工作。

同日　科研处召开研究生指导教师会议，布置制订研究生培养方案，加深研究生培养的指导工作。

1964 年

1 月

4 日　全校教职员工学习中央关于当前农村工作十项决定和农村社会主义教育运动十项规定，从而进一步了解当前农村形势、阶级斗争情况和开展社会主义教育运动的伟大意义，并在学习中结合实际进行讨论。

5 日　省委召开哲学、社会科学工作者会议，文科各系教师及校部有关人员参加了会议。

6 日　举行校长第五二三次办公会议，讨论 1964 年财务预算问题。

7 日　党委副书记刘岐云奉命调山东省委宣传部任副部长。

8 日　党委在总支书记会议上布置进行教师年终考查工作，并评选在教学上有优异成绩的教师。同时在工人同志中，开展评选先进工作者的活动。

同日　教育部指示，校委决议和文件及重大工作总结及时报部。

9 日　根据教育部指示，1964 年招收研究生 23 人，现在报考者共有 98 个单位 265 人，其中 80% 是高等应届毕业生。学校应届毕业生报考研究者 109 人。

10 日　成仿吾校长对教务处关于抓好学期考试工作的四点指示是：(1)加强考试工作的领导，克服自流现象；(2)加强考试中的思想工作；(3)对考试工作全面检查，解决问题；(4)保证一年级学生的考试，争取较好成绩。

11 日　省委宣传部召开高等学校校院长及“五反”办公室领导人员会议，听取山东师范学院《关于“五反”试点经验》的报告。

12 日　1963 年基本建设投资，教育部原批准数为 95 万元，后调整为 59 万元，至年终实际完成为 29 万元。主要原因是设计工作拖延，不能及时出图，影响了施工的进度。

13 日　举行校长第五二五次办公会议，听取省人大代表闫长泰等关于参加省二届一次大会情况的汇报。

14 日　杨希文副校长与电子系党政负责人研究电子楼技术资料问题。杨希文副校长指示，电子系主要负责人即日去北京有关兄弟院校参观，了解电子系教学科研等方面情况，并搜集资料。

15 日　济南市举行全市人民支援巴拿马反美斗争大游行，师生员工 4000 人参加，冯沅君副校长、郭贻诚教务长、王祖农主任等向群众发表谈话。

16 日　举行校务委员会第八十五次会议，讨论本学期教学质量检查问题。

17 日　党委布置结合年终教师考查工作，在教师中评选五好教师，因各系准备工作不够充分，在评选中标准掌握不一，成仿吾校长在校委会上提出暂不进行，党委研究决定暂停，另行布置这一工作。

18 日　省政协召开毛主席诗词座谈会，学校萧涤非教务长、黄云眉、高亨、殷孟伦等教授参加。全校教职工进一步学习中共中央关于当前农村若干问题的决定(草案)，学习方式为边讲边议。

19 日　教育部指示，组织理科学生参加社会主义教育运动，学校教务处根据指示进行研究。

同日　为了准备电子楼设计资料，电子系主任冯传海等 3 人去京津有关校院参观。

1964 年

1 月

20 日　学校党员代表大会决定在寒假中 1 月 28 日举行，会期暂为 3 天。

同日　党委举行扩大会议，讨论党代会上总结报告。

21 日　学校今年兴建的物理电子楼，教育部决定委托山东设计院进行设计工作，基建办公室正在洽商中。

同日　杨希文副校长听取去西北设计院研究化学楼设计的有关问题人员的汇报。

22 日　在本学期期末考试中，连续发生两次出错题的现象，严重影响到考试质量，一次为化学系高等数学考试中，漏一系数；另外一次为物理系三年级理论力学试题中，学生因题目不明确难以作答。

23 日　山东省举行工业交通会议，传达中央关于 1964 年在工矿企业中开展追、学、赶、帮的运动和石油工业部关于石油大会战的经验。同时，根据中央指示，在工矿企业中设立政治部的机构，学校十七级干部均参加。

24 日　学校职工在寒假中，仍采取半日工作半日休假办法，对有的行政单位或工厂不适于半日工作者，采取轮流休息的办法，对这些工厂如在寒假中不能轮休时，采取开学以后补休的办法。寒假中职工休假一般不超过 10 天。

25 日　上午举行党委常委会，下午举行党委会，讨论党代会的总结报告。

26 日　党委武装部举行各民兵营教导员会议，研究举办民兵射击训练和加强政治思想工作等问题。

同日　学校寒假留校学生据目前初步统计，共为 2400 余人，留校学生约 1500 余人。

29 日　学校第六次党代会召开。出席会议的代表及列席代表 148 人。成仿吾校长代表上届党委作总结报告。

30 日　党代表大会上午进行小组讨论，下午大会发言。

同日　校长办公室安排寒假和春节活动计划及日程。确定召开转业军人座谈会与华侨师生座谈会，举行慰问病员、慰问烈军属、慰问炊事员及春节团拜等活动。

31 日　党代会今日隆重闭幕。

2 月

1 日　根据省市指示，举行卫生大扫除，校领导和各单位负责人参加扫除，爱委会办公室还派人深入各单位督促检查。

2 日　据初步统计，学校寒假离校学生约 3000 人，现留校学生约 900 人，预计在春节前夕，仍有一批学生回家探视。离校教职员约 400 人，团委研究安排留校学生活动问题。

3 日　党委举行常委会议，讨论在寒假中开展“五反”运动和春节前后各项活动问题。

5 日　留校教职工学习《人民日报》编辑部和《红旗》杂志编辑部发表的《苏共领导是当代最大的分裂主义者——七评苏共中央的公开信》的文章，并组织座谈，以提高大家认识。

6 日　校长办公室召开各系办公室主任会议，研究在春节中加强驻村群众工作和寒假文娱活动问题。

1964 年

2 月

同日　经寒假活动委员会研究决定，在春节前举行烈士子女学生座谈会，以加强对他们教育。

7 日　学校政治、中文、历史三系参加历城县东郊公社社会主义教育运动的师生员工今日全部返校。经党委研究，春节后政治系再下去一个阶段，但对于教学计划如何安排，学校派高登仁、孙坚奋前往教育部请示。

8 日　根据省人委办公厅指示，今日停止办公，举行卫生大扫除，学校积极组织留校师生员工打扫室内室外卫生。

同日　山东煤矿学院院长及党委书记、教务长等来校交流培养五好学生及贯彻少而精的经验。

9 日　参加农村社会主义教育运动，宣传中央“两个十条”的人员今日全部返校。

同日　校长办公室对春节活动的各项准备工作进行了检查，并发出各项座谈会的通知。

10 日　省人委办公厅召开各单位办公室主任会议，布置济南军区关于举行拥政爱民大会各单位参加人委应注意事项。

11 日　房金堂副书记、孙汉卿副书记等去医院及各宿舍慰问病员。

同日　举行转业复员退役军人座谈会和烈士子女学生座谈会。

12 日　举行华侨学生座谈会，会后聚餐。房金堂副书记等去新老校舍各食堂慰问炊事员。

同日　举行电影晚会及大观园游艺活动。

13 日　1964 年春节元旦，举行团拜，成仿吾校长在会上向大家祝贺。

同日　吴富恒副校长、孙汉卿副书记等去省级领导机关及兄弟院校祝贺春节。

14 日　省级机关举行戏剧晚会，省吕剧团演出《社长女儿》，领导前往观看。

15 日　学校领导去老教师家中祝贺春节。

16 日　中共山东省委统战部部长马保三在医院逝世，成仿吾校长去省立第一医院瞻仰遗体。

17 日　山东省举行公祭马保三仪式，杨希文副校长、吴富恒副校长前往哀悼。

18 日　举行校长第五五五次办公会议，讨论组织学生参加社会主义教育运动、开学后工作安排等问题。

19 日　校部有关人员去各系检查开学准备工作。

20 日　召开系主任联席会议，讨论教学、科研、师资培养等工作安排问题，成仿吾校长在会上提出革命问题，要求首先做到人的革命化、思想工作革命化、机关革命化。

21 日　文理科各年级学生确定在今年暑假全部(除毕业班外)参加农村社会主义教育运动，根据各系不同要求，具体安排参加时间，并分期分批返校。

22 日　杨希文副校长向校部教职工作关于反修问题的报告，报告中提出为什么要反对现代修正主义、现代修正主义的危害、修正主义的根源、反修前途和反修态度等。

1964年

2月

23日　南京军区负责人来检查民兵工作情况。成仿吾校长、吴富恒副校长、房金堂副书记接见交谈情况后，数学系介绍民兵训练结合业务学习及结合体育活动等方面情况。

24日　杨希文副校长、吴富恒副校长、孙汉卿副书记、房金堂副书记参加省四级干部会。

同日　举行校长第五五六次办公会议，听取了教务处关于开学上课检查汇报，研究了函授教育研究生毕业等方面的问题。

25日　科研处对校庆第九次科学讨论会准备工作进行检查。至目前为止，文理科各系共提出论文99篇，其中有1/2左右系承担国家或本省任务的重点项目。

26日　各单位师生员工座谈，杨希文副校长关于反对现代修正主义的报告，大家一致认为：以赫鲁晓夫为代表的修正主义集团，现在越陷越深，已在全世界人民面前彻底暴露他们资产阶级本质。

27日　校长办公室召开理科四个系办公室主任会议，研究如何保证学生睡眠8小时的问题。会上确定将起床、熄灯时间也改为两部制，缩短学生自习时间，将上课改为一部制三个方案，各系准备进一步征求意见再定。

28日　党委召开总支书记和校部各部门负责人会议，孙汉卿副书记布置3月份工作计划，主要以学习解放军的革命化，学习大庆石油大会战经验，开展五好活动，并要在工作进行中注意贯彻以教学为主。

29日　举行1964年教学研究会，全校教职员参加，成仿吾校长在会上作了关于学习解放军、学习大庆石油大会战的经验，使学校实现革命化的报告，在会上并表扬了1963年教学工作有成绩的教师。会议由吴富恒副校长主持，教育厅高教处派人参加了会议，确定各教研室结合业务活动进行讨论。

同日　学校党委计划于3月份内举行三级干部会，集中时间深入学习解放军及大庆石油大会战经验，以促进学校各方面革命化。

3月

1日　校长办公室安排好本学期工作计划要点和校委会会议计划，准备提交3月5日校委会讨论。

2日　学校三级干部会议今日开始，成仿吾校长在会上作了认真学习，深入检查工作，进一步改进工作的动员报告，孙汉卿副书记传达了大庆石油大会战的经验。

同日　举行校长第五五七次办公会议，听取科研处关于校庆第九次讨论准备情况，研究在应届毕业生中选拔特别优秀的学生的问题。

3日　三级干部会由杨希文副校长继续传达大庆石油大会战的经验。下午传达结束，翌日开始进行讨论。

同日　科学研究委员会举行会议，审查校庆第九次科学讨论计划及准备工作。

4日　参加三级干部会议的人员，热烈讨论大庆油田的经验，大家一致认为大庆油田高举毛泽东思想红旗，学习解放军的加强政治思想工作做法，在上有青天一顶，下有草原一片的荒野中，征服了自然，创造了奇迹。

1964 年

3 月

5 日　举行校务委员会第八十六次会议，讨论在全校范围内开展五好活动问题。成仿吾校长在会上对于五好活动意义、目的、要求、做法及注意事项作了指示。最后审定了几个五好的条件。

6 日　经党委和校委研究决定，在学习解放军和大庆的基础上，开展五好活动，学比赶帮，把工作更好地推动前进，以促进思想革命化、工作革命化、机关革命化，提高教育质量和各项工作质量。

7 日　各系分别向师生员工传达大庆油田经验。全校师生听到传达以后，受到极大的鼓舞，有的人向领导上级表示态度，有的贴出大字报表示决心，大家闻风而起，跃跃欲试。

8 日　全校女职工、女学生在听了大庆石油的经验后，收到了很大的教育，积极以实际行动迎接“三八国际妇女节”。化学系女学生首先倡议加强自己思想革命化，努力学习，做好社会工作。电子系参加了平整校园劳动。

9 日　举行校长办公第五五八次会议，讨论教育部 3 月份召开校院长座谈会，毕业生分配工作会议、总务工作会议、参加人员的安排问题，并研究“五反”运动时间安排和修改了几个五好条件。

10 日　孙汉卿副书记向参加三级干部会议的人员传达军委关于加强军队政治思想工作的决议。

同日　省委召开十七级以上干部会议，丁方明传达有关反对现代修正主义的斗争问题。

12 日　科学研究委员会举行会议，研究校庆第九次科学讨论会的有关工作及本学期学术活动计划问题。

同日　学校处长以上的干部参加省四级干部会议，本校三级干部会讨论文件暂停。

13 日　省委召开高等学校领导人会议，教育厅李芸生厅长传达中央教育工作会议精神。学校杨希文副校长、吴富恒副校长、孙汉卿副书记、房金堂副书记前往参加。

同日　全校各单位积极学习大庆经验，实现工作革命化。

14 日　全校教职员工分组讨论解放军和大庆油田的加强思想政治工作经验，大家一致认为解放军和大庆的经验是高举毛泽东思想红旗的结果，是革命化的结果，从而提高了学习毛泽东主席著作的积极性和自觉性。

15 日　通过五好活动，全校开始呈现朝气勃勃的新气象。总务处职工人员在服务态度方面有显著的转变，不少的工作人员基本上做到了处处为群众着想、事事给予方便的要求，总机工作人员服务态度也有转变。

16 日　举行校长第五五九次办公会议，会上检查五好活动情况，教务处汇报教研室关于开展五好活动情况，团委汇报学生中关于开展五好活动的情况，科研处汇报教师的五好活动情况，成仿吾校长在会上作了指示。

18 日　毛泽东亲笔给高亨教授复信。内容如下：

1964 年

3 月

高亨先生：

寄书寄词，还有两信，均已收到，极为感谢。高文典册，我很爱读。肃此。敬颂

安吉！

毛泽东

1964 年 3 月 18 日

1964 年 3 月 18 日，毛主席写给高亨的信件信封

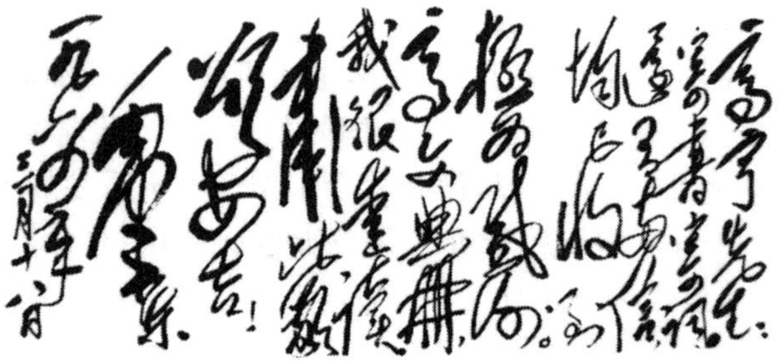

1964 年 3 月 18 日，毛主席写给高亨的信件内文

同日　三级干部会议继续大会发言，在会上发言的有彭西康、刘泗滨、章茂桐、余光前等人。

同日　教育部召开全国重点高等学校领导干部会议，孙汉卿副书记前往参加。

19 日　召开文科各系全体师生和干部会议，吴富恒副校长在会上作了《关于文科教学革命问题》的报告，对于文科如何为社会主义革命和建设服务、培养又红又专的人才提出了具体要求和指示。

21 日　举行庆祝校庆暨第九次科学讨论会开幕式大会，成仿吾校长在会上作《关于思想革命化、工作革命化、机关革命化》的报告。会上提交论文 107 篇。

22 日　研究生论文答辩聘请华东师范大学郭圣铭教授，北大邵循正教授来校指导，成仿吾校长接见。

23 日　经省委批准，校党委公布第六次党代会选举结果如下，成仿吾任书记，孙汉卿、房金堂任副书记；常委由王显周、孙汉卿、成仿吾、吴富恒、邱锡斌、周通、房金堂、高登仁、张琳、杨希文 10 人组成；委员 27 人。

25 日　党委召开三级干部会议，成仿吾校长在会上作《开展“五反”运动》的动员报告。

26 日　三级干部会分组座谈，成仿吾校长报告，大家对于“五反”运动的目的、要求有了进一步认识，同时也结合实际，揭发了内部的阶级斗争各种情况，特别揭发了资产阶级思想对于青年所起的潜移默化的腐蚀情况。

27 日　学校校庆第九次科学讨论会以系及教研室为单位，分组进行，今年共提出论文 107 篇，其中文科 40 篇，理科 67 篇，其中围绕承担国家任务的论文有 30 篇，决定在这次讨论基础上进一步提高，向国庆十周年献礼。

1964 年

3 月

28 日　山东海洋学院举行建院 5 周年及学术讨论会开幕式活动。派王祖农主任前往祝贺。

同日　杨希文副校长去京参加国家计委与教育部联合召开的毕业生调配工作会议。

29 日　新疆大学派中文系教师马宏山教授来参加中文系科学讨论会，并作短时间听课。

30 日　举行校长第五六一次办公会议，讨论举行“五四”青年学术报告会、提高学生伙食费、抽调招生干部等问题。决定今年举行“五四”报告会开幕式，以推动学生研究活动。

4 月

1 日　党委举行常委会议，听取人事处关于学生五好运动情况汇报，确定参加省市五好大会人选。

同日　孙汉卿副书记从北京来信，提到高等学校负责人会议，因讨论问题较多，会议由原来 7 天延长为 20 天。

2 日　学校三级干部会议今天举行大会会议对比。

同日　举行系主任会议，研究布置 4 月份工作，教务处、科研处在会上对 4 月份工作提出了意见。

4 日　校部两个总支召开全体职工大会，周通在会上传达中央《关于目前农村工作中若干问题的决定》和《关于社会主义教育运动中一些具体政策的规定》两个文件。

5 日　化学系举行 1964 年体育田径运动大会。

6 日　党委举行扩大会议，讨论党委在“五反”运动中的检查报告，在会上进一步提出了补充意见。

同日　成仿吾校长、吴富恒副校长、房金堂副书记、冯沅君副校长、郭贻诚教务长等负责人去省委礼堂听周总理出国访问的录音报告。

7 日　学校党员三级干部会议继续举行，讨论在大会会议对比中个人收获、体会和心得等。

同日　在学校三级干部会议对比之前，山东工学院职工业余文工团来校表演歌剧《三世仇》，对职工教育意义极大。

8 日　党委召开教职员工党员大会，房金堂副书记代表党委在会上作关于“五反”运动检查报告。

9 日　成仿吾校长在党员三级干部会议的扩大会上，对学校中的阶级斗争、教育方针、勤俭办学、官僚主义等作自我检查。

同日　吴富恒副校长召开理科负责科研的系主任会议，检查今年建国十五周年大庆科学研究的献礼工作。

10 日　“五反”办公室召开三级干部会小组长会议，汇报对党委和成仿吾校长的检查讨论情况。房金堂副书记在会上指示对于领导作风方面的问题还要进一步讨论，提出意见，以便供领导上进一步改进。

11 日　教育厅召开高等学校校长办公室和总务部门负责人会议，有蓬莱县马戈庄小学支部书记介绍培养好的校风、学风经验。该校坚持勤俭办学的方针，发扬艰苦奋斗、自力更生的精神，形成了良好的校风、学风。

1964 年

4 月

12 日　孙汉卿副书记去京参加教育部重点会议，今日返校。

13 日　外事办公室召开全省外事工作会议，会上丁韬主任传达国务院外事工作会议精神及姬鹏飞副部长和张彦主任的报告。

14 日　学校"五反"运动的三级干部会议进入领导洗澡阶段。党委要求参加三级干部会议的人员，着重在阶级斗争、教育方针、政治思想、官僚主义等方面有重点地进行检查，并要求自觉放包袱。

15 日　全校师生员工分组讨论"五反"运动的意义、目的、要求和政策界限，以提高认识、积极投入运动。

同日　党委举行常委会议，孙汉卿副书记在会上传达教育部直属高等学校负责人会议的精神。

16 日　学校"五反"办公室成立清财、清账、清物的专业队伍。人员有各单位抽调，并即进行训练。

同日　山东师范学院总务处各单位负责人，来学校与总务处各部负责人交谈比学赶帮的经验。

18 日　济南市召开文教卫生先进工作者代表会议，各系推选后经领导确定，由赵明义（政治系）、刘玉柱（数学系）、陆凡（外文系）、宋训民（生物系）、淳于宝珠（化学系）、陶履成（物理系）、高亨（特约）出席会议。

19 日　学校三级干部会议经过学习文件，会议对比，自我检查，现已结束。

20 日　三级干部会议继续举行，学校孙汉卿副书记代表党委在会上作了关于前一阶段三级干部会议学习收获及存在问题的总结。

21 日　省委宣传部张明部长来校向师生员工作关于揭阶级斗争盖子的报告，指出了目前阶级斗争尖锐复杂的情况，大大提高了全校人员的阶级觉悟。

22 日　全校师生员工以小组为单位进行回忆对比，以各个不同角度对旧社会提出悲愤的控诉。

23 日　党委召开全校师生员工大会，房金堂副书记代表党委作检查报告，内容主要是关于阶级斗争、教育方针、勤俭办学、党委分散主义和官僚主义等问题。

24 日　举行教师回忆对比大会，在会上发言的有冯沅君副校长、萧涤非副教务长等。成仿吾校长在会上讲了话，要求大家牢牢记住过去。

26 日　各系党总支向本单位师生员工作社会主义教育和"五反"运动的小结报告。

29 日　举行校长第五六二次办公会议，杨希文副校长在会上就基本建设、物资设备、经费预算、毕业生分配等问题介绍了与教育部的商谈情况。

30 日　举行第八十七次校委扩大会议，孙汉卿副书记在会上传达了毛泽东主席关于教育工作指示和高教改革会议的精神。

5 月

2 日　学校举行了 1964 年体育运动大会。

4 日　经中央批准，孙汉卿副书记兼学校副校长。

同日　举行"五四"青年科学报告会，共提出论文 82 篇。

5 日　学校聘请北京大学化学系黄子卿教授来校讲学，今日到校。

1964 年

5 月

同日　党委举行常委会议，研究贯彻教育部关于高等教育改革会议精神等问题。

6 日　成仿吾校长、杨希文副校长、吴富恒副校长接见黄子卿教授，并由化学系主任陪同去化学系参观。

9 日　孙汉卿副书记向教职员工传达教育部高等教育改革会议精神，要求大家对毛泽东主席教育工作指示和会议精神，做到思想积极、行动稳妥，以更好地实现中央培养人才的要求。

11 日　学校聘中国科学院化学研究所蒋明谦教授、中国人民大学李新教授来校讲学，今天分别到校。

14 日　党委召开各系党总支书记和党员系主任会议。

本月　蒋民华教授课题组研制培养的磷酸二氢铵（ADP）大晶体获国家工业新产品二等奖。

二等奖奖状

6 月

3 日　成仿吾校长向全校教职工作关于教育改革的报告。

11 日　校党委转发 6 月 5 日省委通知，马秉伦任中共山东大学委员会办公室主任。

12 日　中共山东省委监委批准山东大学成立监委。

23 日　举行校长第五六六次办公会议，讨论评定助学金和房舍调整等问题。并通过本学期提案。

本月　数学系青年教师潘承洞（讲师），在数论研究中取得较大成果，特别是对世界数学难题“哥德巴赫猜想”有重大突破，在中国科学院《数学学报》和《山东大学学报》等刊物上，连续发表多篇有创见的论文，受到国内数学界的重视。

7 月

6 日　举行校长第五六七次办公会议，讨论决定对于违反校纪学生的处理和决定评选五好工人及奖励等问题

19 日　召开师生员工大会，表扬“五好”集体和“五好”个人。全校共评出“五好”集体、“五好”班级、“五好”宿舍 114 个，“五好”学生 504 人。

20 日　召开学代会，改选学生会组织机构。

28 日　举行校长第五六九次办公会议，讨论今年应届生分配方案和军事野营安排及粮食补助，组织家属中高中以上毕业生参加集体农业劳动等问题。

8 月

11 日　十七级干部分组讨论中央工作会议的有关报告。

同日　党委召开老教师座谈会，交谈形势问题。

15 日　党委召开十八级以上干部会议，孙汉卿副书记总结了前一阶段学习中央及省委工作会议情况，并安排了下一阶段学习计划和要求。

21 日　举行毕业典礼。

31 日　党委召开十七级以上党员干部会议，周通主任传达省委谭启龙书记关于省级机关“五反”运动的指示，孙汉卿副书记对下一步如何开展批评和自我批评及检查、领导等问题作了动员。

1964 年

9 月

1 日　举行校长第五七一次办公会议，讨论新校舍总体布局、国庆节活动、开学上课、民兵训练、新老校舍之间班车等问题，并作出了相应的决定，会后办公室发布了纪要。

2 日　党委举行常委会议，研究“五反”运动整风补课及党委检查的问题。

13 日　党委召开各单位总支书记和处长以上干部会议。孙汉卿副书记传达谭启龙对省级机关关于“五反”运动的指示，并确定学校“五反”运动的部署。会上决定继续发动群众，对学校领导核心提出批评意见。

17 日　党委举行常委会，讨论学校学年工作总结和新学年方针任务。校长办公室根据讨论意见作了修改，送请领导审定。参委会决定，9 月 24 日举行第九十次校务委员会。

24 日　山东省委同意王涛任山东大学无线电电子系党总支书记。

同日　举行校务委员会第九十次会议，听取了教务处关于文、理科教学情况调查报告。

26 日　山东省人民代表大会闭幕，成仿吾、冯沅君、郭贻诚、萧涤非当选为全国人大第三届代表。

28 日　举行校长第五七三次办公会议，讨论决定外文、化学、生物三系部分学生参加支援农业三秋劳动，检查了庆祝国庆各项活动的准备工作，并通过 53 位见习助教和行政工作人员转正问题。

本月　化学系晶体组培养的 10 公斤酒石酸钠钾大晶体，被国家授予科学研究奖，该组即扩建为晶体研究室（现为所）。至此，山大计有中国古典文学、中国现代文学、美国文学、中国古代史、中国现代史、微分方程、磁学、晶体、微生物等 9 个研究室。

10 月

12 日　学校处级以上干部去省里开会，听取省里传达李先念副总理的报告。

13 日　党委举行常委会议，研究下一阶段整风运动中的专题鸣放等问题，会议决定 15 日召开会议布置这一工作。

26 日　举行校长第五七三次办公会议，讨论文科留校师生学习安排，1965、1966 年师资补充等问题。同时成仿吾校长对民兵比武大会作了指示。

29 日　校长办公室举行业务会议，具体研究拟订整改方案。

11 月

6 日　党委举行扩大会议，进行常委领导集体检查，同时个人也作了检查。

11 日　党委举行常委会议讨论学校半工半读方案和整改方案，专人送京高教部讨论。

12 日　党委召开全校教职员工大会，孙汉卿副书记代表党委常委作检查报告，并要求大家进一步开展讨论。

22 日　吴富恒副校长参加高教部理科教学工作会议，今日返校。

23 日　举行校长第五七四次办公会议，讨论违纪学生处理、加强户口管理、化学系失火事件善后处理、有关职工福利工作等问题。成仿吾校长指出，对学生违纪事件的处理要抓住典型，教育大家。

1964年

12月

3日　举行校长第五七五次办公会议，讨论协助历城县等办农业中学、派人去上海参观四新展览会、财务工作会议、高教部文学教学工作会议传达等问题，并决定本月10日举行第九十一次校委会议。

5日　成仿吾校长向全校教职员工作学习毛主席著作的动员报告。

8日　党委举行常委会议，讨论学校重大工作问题。

10日　举行校务委员会第九十一次会议(扩大)，讨论高教部理科教学工作会议精神。

14日　党委召开十七级以上干部会议，刘岐云副书记陈述中央宣传会议精神。

15日　举行校长办公会议，讨论房舍调整问题，决定化学系明年暑假搬至新校，外文系搬回老校，并决定违纪案件处理11起。

16日　召开全校师生员工大会，孙汉卿传达省委指示，决定立即开展面上的社会主义教育运动。

21日　党委常委根据广州文科调查研究会议的精神，经进一步研究决定，学校政治、中文、历史、电子、生物5个系，从明年暑假后一年级新生起，实行半工(农)半读，物理系实行大改。

23日　省委宣传部批准，孙云亭任山东大学总务处处长。

28日　校长办公室召开工会、团委、宣传部、保卫科、教务处、总务处、人事处等部门负责人会议，研究安排了新年文艺活动和有关保密、保卫等工作。校长办公室据此拟发通知。

本学年初　在校研究生48人，在校学生3911人，教职工总数1348人，其中教师总数606人(教授25人，副教授26人，讲师136人，教员18人，助教399人)。

1965年

1月

9日　党委召开各系党总支书记会议，传达上级指示，布置如何展开辩论并提高质量的问题。

11日　举行校长第五七七次办公会议，讨论文科考试、寒假、下学期教材工作问题，对于考试不及格准勒令退学、开除学生复查、助学金等问题。

18日　举行校长第五七八次办公会议，讨论1965年基建工作安排、预决算、人民编制等问题和寒假春节活动计划及违纪处分等问题。

21日　苏联驻我国大使契尔沃年科来学校参观。

27日　党委举行扩大会议，传达中央重要指示。

2月

18日　党委常委举行会议，讨论本学期教学工作计划和半工(半农)半读的试点工作等。

23日　举行校务委员会第九十三次会议，讨论本学期教学工作计划要点。

3月

2日　举行校长第五七九次办公会议，讨论问题如下：(1)关于理科五个系参加农村社会主义教育运动的安排；(2)关于几个学生处理的复议问题；(3)关于安排参加济南市绿化植树劳动问题；(4)关于校庆第十次科学讨论会安排；(5)汇报北京参观军训器材展览会情况。

1965 年

3 月

6 日　成仿吾校长向全校师生员工作关于学习中共中央“二十三条”的辅导报告。

8 日　山东省委同意李峰任政治系主任。

同日　学校处长以上干部，到珍珠泉礼堂参加统战部召开的民主人士、各民主党派总结报告会议。

18 日　成仿吾校长、张琳教务长召开各系党总支书记和系主任会议，检查教改工作进行情况。

20 日　举行校庆大会。成仿吾校长作重要讲话。吴富恒副校长报告了学校晶体获国家二等奖的情况。

26 日　党委常委举行会议，研究 4 月份工作安排和有关会议安排等问题。

28 日　民兵比武大会今日正式开始。

29 日　举行校长第五八〇次办公会议，讨论 4 月份工作安排、加强小学领导等问题。

本月　教育部确定，山东大学为“半工（农）半读”试点单位。校务会议决定，一要态度坚决，二要行动积极，三要步子稳妥，四要措施得力，为新的“半工（农）半读”教育制度积累经验、创造成绩。

4 月

10 日　10～15 日，举行学习毛主席著作积极分子和先进集体会议。全校共推选出积极分子和先进集体 30 名。

12 日　举行校长第五八一次办公会议，讨论函授教育、见习助教转正、研究生处理、重点房舍修缮等问题。对于函授教育确定暂不招生，协助历城县办好农业中学，创造经验。

同日　省委同意刘俊峰任政治部组织部部长；周通兼政治部统战部部长，刘泗滨任政治部武装部部长。

19 日　举行校长第五八二次办公会议，讨论科研工作和庆祝“五一”活动安排等问题。

22 日　举行校委第九十四次会议，讨论科学研究工作进一步贯彻“两个三结合”问题。成仿吾校长在会上对于如何更好地贯彻科学为生产服务的方法作了指示。

5 月

3 日　党委召开十七级干部会议，孙汉卿副书记传达重要指示和省委的决议。分组讨论，大家对美帝国主义在越南继续扩大侵略战争提高警惕性，加强备战思想。

4 日　举行五四运动报告会。成仿吾校长在会上讲话中提出：发扬“五四”的爱国精神，认真学好本领，建设社会主义的祖国；发扬“五四”的科学民主精神，勇于开拓，创造新的学科、新的技术。

8 日　学校教学改革经验交流会今天举行第三次大会，张琳教务长在会上作了重要报告。

10 日　全校各单位从今日启用新印模。

16 日　学校师生员工 2000 余人，观看支持越南人民反美斗争及我国第一颗原子弹爆炸影片。

1965年

5月

20日　举行校委会第九十五次会议，讨论总务工作方面问题。

24日　校长办公会议第五八三次会议决定，讨论文科学生回校后教学、学生下连队当兵、生物学系农场和牧场根据以教学为主的原则合并等问题。

25日　杨希文副校长召集校长办公室、政治部、保卫部、总务处、工会等单位负责人开会，研究学校有关备战工作，确定先建立组织，并加强宣传工作，以消除全校人员的麻痹情绪。

28日　吴富恒副校长召开各研究室政治主任会议，研究加强研究室政治领导和更好为生产服务问题。

31日　校长办公室拟定6月份全校性会议计划，印发全校各单位执行，并对6月份政治活动作了安排。

6月

7日　举行校长第五八四次办公会议，讨论新老校舍房舍调整，在老校舍生物学系花房附近建造简易游泳池。

15日　举行校长第五八五次办公会议，讨论学校节存4万余公斤上交、电化学研究生复议、学生违纪案件处理等问题。会上根据各单位提出的意见，决定了有关事项。

16日　学习毛主席著作展览会开幕。

22日　党委举行扩大会议，研究学校暑假期间举行党代会的有关问题。

25日　校党委决定，成仿吾兼任政治系国际共产主义运动史教研室主任；陈乃健为中共历史系党总支委员会委员，代理总支书记。

30日　校长办公室安排7月份全校性会议计划，并对假期活动工作进行了安排。

7月

2日　科学研究在坚持为人民服务、为社会主义服务的方向上取得了较大的成绩，化学系制出了无机锡农药，制成了超过国际水平的活性白土，生物系研究棉秆皮脱胶方法，对于促工农业生产都具有重大意义。

3日　学校在教学改革工作中，广大教师已初步地把毛泽东思想带进课堂。

4日　学校今年应届毕业生95％以上论文题目均结合工农业生产，到工厂、农场作毕业论文。

5日　成仿吾校长、孙汉卿副书记去省委参加省委工作会议。

6日　党委常委举行会议，讨论党代会总结报告初稿，提出了修改补充意见，办公室改写第二稿。

7日　举行校长第五七六次办公会议，听取王玉林同志关于生产会议汇报，张玉诚同志关于设备会议汇报，张维华同志关于半工(农)半读会议汇报，并对应届毕业生违纪案件研究处理。

8日　召开全校教职员大会，杨希文副校长传达国务院关于开展增产节约指示，要求全校职工边讨论边揭发问题，坚决消除浪费现象。

9日　孙汉卿副书记去北京参加高教部的政治工作会议。

10日　成仿吾校长下午向应届毕业生作政治报告。

1965 年

7 月

12 日 党委办公室召开有关单位负责人会议，研究学校党代会筹备工作等问题。

13 日 党委举行扩大会议，分组讨论党委的总结报告。

14 日 在广场举行师生员工大会，政治部魏伊明主任作任期工作注意事项的报告，魏主任提出三点：认真学习毛泽东主席著作，活学活用；适当地参加校内外整治活动，积极参加公益劳动；积极备课和温课。会上还奖励了学生中五好集体、五好个人、五好民兵。

16 日 学校党代表大会定于 7 月 19～21 日举行。18 日，举行预备会，会议成立秘书组、总务组等，积极进行筹备工作。

18 日 党代表大会举行预备会，成仿吾校长在会上提出要坚决贯彻关于把学生活动总量砍掉 1/3 的指示，保证学生健康和学习。在会上宣读了上级关于砍掉学生活动总量 1/3 的指示和天津大学调查报告。

19 日 第七次党员代表大会今天正式开幕，成仿吾校长代表党委作了《高举毛泽东思想红旗，为进一步实现革命化而奋斗》的报告，下午分组进行讨论。大家对报告一致同意，并提出了某些补充意见。

21 日 第七次党员代表大会今日下午选出下属党委委员 29 人，通过决议后，胜利闭幕。

同日 国家科委举办全国仪器、仪表新产品展览会，学校参展的展品有溴化钾晶体，氯化钠容片 63 和 67，磷酸二氢铵晶体，酒石酸钾晶体，磷酸二氢钾晶体，锶铝钡铁氧体，铁氧体换能器，晶体管 β、γ 辐射仪，铝铁硅磁性合金 36、24.5，锌银电池等获奖。

23 日 党委常委会议研究暑假期间教职员工及学生学习毛泽东主席著作时间安排及要求等问题。

26 日 召开系主任、总支书记、处级以上干部会议，张琳教务长对下学期教学工作和学生活动安排提出了意见，赵凌同志传达高教部关于减轻学生负担指示。

27 日 举行第五七七次办公会议，研究暑期工作及活动安排、招收半工半读技工训练班、违纪案件处理等问题。

29 日 为了加强档案整理工作，档案室已配备专职干部 5 人，并拟再抽调各系教师，学生 10 余人，进行突击整理工作，今日上午档案室干部及各处秘书人员去省人委档案室参观学习，下午进行座谈。

8 月

1 日 今年毕业生共 1157 人，是解放后毕业生数最多的一年；录取新生 824 人。

2 日 举行校长第五八八次办公会议，讨论学校的档案整理工作、8 月份会议安排等工作。

4 日 山东省重工业厅定于国庆节举办工业产品展览会，我校有晶体管 β、γ 辐射仪等 59 种展品参展。

9 日 党委常委举行会议，讨论政治部工作总结和毕业生分配工作等问题。

14 日 举行毕业典礼。

1965 年

8 月

23 日　举行校长第五八九次办公会议，讨论举办科技展览会迎新工作计划、学生下连当兵、开学上课检查汇报等问题。

同日　校党委决定，由魏伊明同志任保密委员会主任，周通、巩念圣同志任副主任。

24 日　党委常委举行会议，听取参加省委组织部工作会议的刘俊举汇报。

本月　为了进一步加强思想政治工作，提高政治理论课教学质量，根据“高校六十条”的规定，在党委领导下设立政治部，由党委副书记孙汉卿兼主任，刘众、魏伊明任副主任。

9 月

11 日　省科委郑子久主任来校参观科技新成品展览会，各兄弟负责人也前来参观。

12 日　孙汉卿副书记、政治部刘众主任去京参加高教部政治工作会议，今日返校。

同日　济南市商业局批给学校国庆节用的乐队服装舞台布幕、桌布等物。

13 日　学校去荣成参加农村“四清”的数学系、化学系等学生 300 余人。

18 日　学校保密委员会举行会议，研究贯彻上级关于保密工作查文件、查制度、查机要人员的三查问题。

同日　校长办公室与总务处具体研究加强的环境卫生工作，要求进一步改善面貌，迎接国庆。

20 日　颁布《山东大学关于增进学生健康、实行劳逸结合的若干规定》。

21 日　校长办公室召开各系办公室主任和校部有关单位负责人会议，杨希文副校长作了关于加强保卫工作、促进学生健康的指示，并具体研究了国庆节活动和接待外宾工作。

22 日　党委常委举行会议，研究行政工作总结和本学期行政工作安排问题。会上对工作总结提出了修改的意见，并决定本学期行政工作以贯彻主席“七三”指示为中心，大抓学生健康，并成立了检查组检查健康工作。

23 日　举行校务委员会第九十六次会议，讨论学年工作总结和下学年方针任务及增产节约计划等问题。

24 日　党委召开党员科长以上干部会议，杨希文副校长传达中央关于国庆节接待外宾工作指示和宣传口径等问题。

25 日　学校举行党委常委会议，讨论贯彻主席“七三”指示若干规定和行政工作纲要问题。

同日　省委同意我校成仿吾同志任书记，孙汉卿、房金堂同志任副书记，常委委员由马秉伦、刘众、孙汉卿、成仿吾、张琳、杨希文、吴富恒、周通、房金堂、魏伊明等 10 人组成；房金堂同志任监委书记，刘俊峰同志任副书记，另有 7 名委员。

26 日　高等教育部预于 11 月份举办高校尖端科技成果展览会，学校选中 20 项，居全国重点院校第 4 位。

27 日　举行校长第五九〇次办公会议，讨论第九十六次校务会上所提改善教学条件等问题。

1965 年

9 月

28 日　党委召开十七级以上党员干部会议，孙汉卿书记、刘众主任传达高教部政治工作会议精神，下午分组进行讨论，以进一步吃透会议的精神。

29 日　大组讨论高教部政治工作会议精神，成仿吾校长在会上作了关于讨论的总结。

30 日　杨希文副校长召开总务处、教务处、人事处等单位负责人会议，研究实验室调整问题。

22 日　党委常委会议决定，本学期行政工作以贯彻毛泽东主席“七三”指示为中心，大抓学生健康。

23 日　举行校务委员会第九十六次会议，讨论学校学年工作总结和下学年方法任务及增产节约计划等问题。

本月　新校舍化学楼(8000 平方米)建成，验收合格，化学系全部迁入，该系腾出房舍，交由物理、电子两系使用。

10 月

6 日　党委常委举行会议，听取科研处关于科学研究工作进展汇报，并确定去省党校学习人员名单。

12 日　省委同意孙衷文任《文史哲》编辑部主编。

16 日　校工会会员代表大会今日举行。

28 日　举行校务委员会第九十七次会议，讨论关于增进学生健康问题。

30 日　省委同意孙肇露任物理系党总支书记。

11 月

9 日　高教部高沂副部长来校参观晶体所、磁学、半导体、微生物等研究室，并到化学系参观。

10 日　全校师生员工开展学习解放军某部班长王杰同志“一心为革命”的活动。

19 日　校党委决定，调整民兵师干部，由成仿吾任师长兼政治委员；吴富恒任副师长；孙汉卿、房金堂任副政治委员；刘众任政治部主任；魏伊明任政治部副主任；刘泗滨任司令部参谋长。

20 日　孙汉卿副书记向全体学生作实事报告。

24 日　成仿吾校长为政治系师生作报告。

12 月

22 日　省委同意周才武任山东大学生物系主任。

25 日　校长办公会召开各系办公室主任会议，部署和研究新年活动和假期工作等问题。

本学年初　在校研究生 45 人，本科生 3631 人；专任教师 586 人，其中教授 22 人，副教授 26 人，讲师 139 人，教员 19 人，助教 380 人；职工总数 699 人(校本部)。

本年　学校与兄弟校院及科研部门加强联系，相互学习，先后聘请苏步青、傅鹰、谈家桢、高尚荫、何定杰、王希成、徐耕耦、张青莲、商承祚等 30 多位知名专家学者来校讲学；同时张学铭、王祖农等 20 多位教授，也应邀去有关院校或科研部门讲学，开展校际之间的学术交流，提高教学和科研的水平。

1966 年

1 月

5 日　成仿吾校长向全校师生员工作时事报告，就目前国际形势中主要问题作了分析。成仿吾校长还着重提出用阶级分析观点来看国际形势、看主流、看本质等，对大家启发很大。

6 日　党委常委举行会议，听取科研处关于科学研究工作和校庆第十一次科学讨论会准备工作的汇报。

8 日　山东省委召开“海端罢官”问题讨论会，中文系、历史系有关教师参加。

同日　成仿吾校长深入各系检查学生温课考试情况，由于正确贯彻了毛泽东主席“七三”指示，学生已改变了过度紧张现象。

9 日　学校参加社会主义教育运动的教职员和学生，省委决定，至今年4 月返校。经党委常委研究，对文科和生物系学生可坚持到 4 月底，理科各系学生因毕业论文、教学工作等，拟仍按原计划返校，已向省委请示。

10 日　举行校长第五九〇次办公会议，讨论寒假工作和新年的活动安排、下学期劳动计划、历史系四年级学生去北京参观等问题。决定同意历史、政治系四年级学生去京参观。

12 日　孙汉卿副书记去上海华东局宣传部参加文科革命的会议，今日返校。

16 日　学校参加文登、荣成、崂山的社会主义教育运动。

17 日　校党委决定，晶体研究室单独成立党支部，由校党委直接领导，施忠任支部书记。

19 日　党委常委举行会议，听取张琳关于高教部半工(农)半读教育会议的汇报。

22 日　孙汉卿副书记召开留校革命烈士子女学生座谈会，听取他们意见和要求，并对他们进行了鼓励。

24 日　山东海洋学院党委副书记高云昌，副院长徐亮率领各系党政领导 20 人来校参观，交流工作经验。

25 日　举行党委扩大会议，张琳、张绮华在会上传达了高教部半工半读教育会议精神。

26 日　党委扩大会议继续举行，张琳在会上传达中央领导对于半工(农)半读教育工作指示。

同日　学校参加荣成、文登社会主义教育队工作人员于昨日分别前往工作单位，学校领导去车站欢送。

29 日　高教部召开全国半工(农)半读教育会议后，连续召开党内外各种会议，进行传达贯彻。校党委决定，文科深入革命，政治系迁农村参加三大革命，实行半工(农)半读，并派有关人员去高等教育部面陈政治系迁去农村的基地建设等问题。

同日　党委常委举行会议，讨论文科深入革命、政治系迁去农村参加三大革命等问题。

1966年

2月

1日 华东科委10个研究所负责人来校参观，杨希文副校长接待。

3日 杨希文副校长召开各处(部)室负责人和各系办公室主任会议，研究如何贯彻高教部总务工作会议精神及讨论1966年预算等问题。

4日 省委宣传部召开贯彻高教部半工(农)半读教育会议精神的会议，孙汉卿副书记参加。

15日 根据高教部、华东局和山东省委要求，开始进行突出政治大检查的工作。

16日 校党委向全校发出《关于执行华东局、山东省、高教部关于向焦裕禄学习的通知的决定》。

22日 校党委决定成立"三查节约领导小组"，杨希文副校长任组长，刘众任副组长。

3月

1日 举行校长五九一次办公会议，听取和讨论了生产处关于半工(农)半读总的制度的问题。

5日 校党委向全校发出《关于执行〈山东省关于1966年干部学习毛主席著作的通知〉的决定(草稿)》。指出，把活学活用毛泽东主席著作放在一切工作的首位。全体教职工主要学好《毛泽东论政治工作》《为人民服务》等14篇文章。

7日 校党委召开扩大会议，布置在全校进一步进行突出政治大检查的工作。

13日 高教部蒋南翔部长，刘子载、刘仰峤副部长等率领在济南参加全国高等院校书记会议的63位人员来校参观。

18日 高教部政治部副主任曾德林来校，由孙汉卿、刘众等接见。

19日 庆祝校庆及科学报告会开幕，全校师生员工参加。高教部蒋南翔部长，刘仰峤、刘子载等三位副部长，西安交通大学彭康校长等到会。

22日 校党委向全校发出《关于继续深入开展政治与业务的关系大讨论的通知》。

24日 举行校庆委员会第一〇一次会议，刘众在会上作了突出政治、用毛泽东思想统帅一切的发言。

29日 山东大学和省内有关高等院校及社科界等单位联合举行了关于"清官""好官""让步政策""道德继承""历史剧"等问题的学术讨论会。本次会议一直到4月9日才结束。这次讨论会是《海瑞罢官》问题讨论会的继续。

4月

14日 校党委和政治部发出《关于出版〈山东大学〉校刊的通知》。从5月份起恢复《山东大学》校刊，暂为不定期刊。同时指出，学校校刊停刊已经5年多，在停刊期间，曾出版过《比学赶帮》《奋发》等临时刊物。

16日 为加强战备工作，防止敌人的空袭，开始挖掘简易防空壕。

17日 举行1966年体育运动大会，18日闭幕。共有1286名运动员参加59个项目的比赛。化学系王孝信打破省高校万米纪录。

20日 张琳教务长与教务处人员去上海参观学习。

1966年

4月

23日　全校各单位继续进行突出政治大检查，摆出问题，开展辩论，提出措施，落实行动。

26日　外文、生物两系毕业班131名学生分别于26、28日从文登“四清”工作队回校。其他系的毕业班同学也将陆续回校复习功课，写论文，准备分配。

28日　党委开始传达讨论中央转发的林彪委托江青召开的部队文艺工作座谈会纪要和上级有关会议精神，提出开展社会主义“文化大革命”运动的问题。

30日　举行党委扩大会议，传达省委关于开展“文化大革命”运动指示，决定立即开展文化革命运动。

同日　召开全校师生员工大会，庆祝“五一”国际劳动节。

5月

1日　师生2000余人参加庆“五一”游大明湖活动，并举行无线电操作的船艇表演。

同日　《山东大学》校刊在停刊5年多时间以后，于今天复刊(第481)。本刊发表《突出政治、改造世界观、进行教育革命》的复刊词。

3日　校党委通知，省委同意刘健飞任山东大学副教务长。

4日　召开全校师生员工大会，校领导作关于深入开展“文化大革命”的报告。

14日　校园内开始出现揭发批判的大字报、小字报、墙报、黑板报等。

23日　经过多次实地考察和高教部同意，最后决定文科下乡实行半工(农)半读的基地设在平阴县孝直公社。校址在孝直大队村东原平阴县机械厂旧址(面积约25140平方米)，同时征购孝直公社土地(约11340平方米)，共计约36480平方米作为建校土地。借大兴庄大队和李家庄大队耕地各约133333平方米，共约266666平方米归山东大学使用，并订立合同(该校只建部分平房，土地耕种一年，因“文化大革命”而停建)。

同日　为搞好平阴建校工作，决定成立办事处，马秉伦任主任。

25日　“山东大学孝直办事处”印章正式启用。

6月

1日　《人民日报》发表《横扫一切牛鬼蛇神》的社论。中央人民广播电台广播北京大学聂元梓等7人的大字报。学校“文革”运动形成高潮。

同日　“中国共产党山东大学委员会文化革命办公室”印章于即日启用。

4日　全校一天贴出大字报近万张。声讨会、批判会遍及全校。斗争的矛头开始指向系、校部机关的部分党政领导干部和老年教师。

5日　山东省委组成驻山东大学工作组，于今日进校。

同日　部分学生开始贴出指向校党委的大字报。

8日　召开全校师生员工大会，校领导作进一步深入开展“文化大革命”的动员报告。要求全校人员进一步动员起来，投入社会主义“文化大革命”中去，把“文化大革命”进行到底。省委工作组负责人也在大会上讲话。

13日　中共中央、国务院发出通知，为了彻底搞好“文化大革命”，彻底改革教育制度，决定改革高等招生考试办法，并且决定将1966年高等招收新生工作推迟半年进行。

1966 年

6 月

同日　山东大学出现了要求由学生成立“文化大革命”领导小组的大字报。

16 日　在全校师生员工大会上宣布，经山东省委批准，校党委“文革”领导小组决定，停止部分人员的职务。从此，连续召开会议，对这些人员进行批判。

7 月

2 日　召开全校党员大会，省委工作组提出加强党的领导，人人都要在运动中接受考验，进一步发动群众、依靠群众等。

4 日　省委为了加强对“文化大革命”的领导，决定抽调一批干部组成工作团，来推动运动的深入开展。工作团第一批人员今晚到校。

8 日　校“文革”办公室通知，将自 1960 年至现在的校委会议记录，总结计划、成仿吾校长有关公开报告，均送校资料室，以备查阅。

11 日　根据高教部要求，今年不放暑假。

24 日　参加荣成、文登、青岛等地农村社会主义教育运动的师生，于本日全部返校。

31 日　部分学生参加济南市举行横渡黄河的游泳活动。

8 月

2 日　全校师生员工去省体育场参加“山东省驻济南市大专院校师生员工‘文化大革命’大会”，收听中央领导在首都向“文化大革命”积极分子的讲话。主要内容是关于撤销工作团，成立“文化大革命”委员会等问题。

同日　全校革命师生员工 4600 余人，晚上去省体育场收听刘少奇、周恩来、邓小平在首都向“文化大革命”积极分子的讲话。

3 日　学校召集各单位“文革”领导小组负责人，讨论成立山东大学“文化大革命”筹备委员会。

5 日　在全校师生员工大会上宣布，经中央批准的成仿吾校长被停职检查的决定。全校又开始了对成仿吾校长的揭发批判和斗争。

6 日　全校师生讨论如何成立“文化大革命”委员会，包括选举方法、名额安排、代表条件等。

同日　中共山大委员会“文革”领导小组召开会议，讨论成仿吾校长停职后，领导小组的工作问题。

8 日　中共中央发出《关于无产阶级文化大革命的决定》(即“十六条”)。学校的“文革”运动又掀高潮。

14 日　驻省委工作团全体人员撤回省委。

18 日　山东省出版局、新华书店来分发最近发行的《毛泽东选集》。

26 日　杨希文副校长召集物理学、数学系、中文系、政治系有关教师开会研究留学生到校安排工作。

本月　“四大”(大鸣、大放、大字报、大辩论)已推向高潮，并开始破“四旧”(旧思想、旧文化、旧风俗、旧习惯)。有的干部群众被批判、揪斗、游街、抄家，校园内发生殴打干部的行径。

9 月

10 日　总务处开始准备接待来济串联学生 5000 人的宿舍。

12 日　全校师生员工贴出了炮打司令部的大字报，主要揭发成仿吾的一些错误言论及杨希文历史及工作中的有关问题。

1966 年

9 月

18 日　老校广播站声明改为毛泽东思想广播站。

23 日　学校去北京参观学习“文化大革命”经验的革命师生今日动身。

本月　群众组织已发展到 12 个，有山大红卫兵、山大红卫兵工人大队、山大赤卫队、毛泽东主义红卫兵、新山大红卫兵、“八卅一”红卫兵、毛泽东思想红卫军、“八一”红卫军、红卫兵纠察队等。

10 月

5 日　学校举行国庆晚会，山东梆子剧团前来演出。

18 日　校长办公室召开生产问题会议，研究如何抓革命促生产问题，并讨论决定了有关措施。

30 日　学校部分群众根据党中央和毛泽东主席决定，组成“红卫兵长征队”，今日有两队出发，进行徒步长征。

本月　“红卫兵”运动弥漫全国。校内“红卫兵”组织林立，大打“派仗”，并走上社会，串联工农，拉帮结派，建立组织，使工农业生产和社会秩序受到影响。

11 月

5 日　全校革命师生员工，热烈学习《红旗》杂志社论《以毛泽东思想为代表的无产阶级革命路线的胜利》的文章。

7 日　全校革命师生员工，热烈欢呼以毛主席为代表的无产阶级革命路线的伟大胜利，纷纷表示为了捍卫毛主席，刀山敢上，火海敢闯，并决心把活学活用毛主席著作推向新的阶段。

9 日　红卫兵组织接管校“文革”办公室。

14 日　据膳食科对在校就餐人数统计，学生外出长征串联已达 2600 余人，在校者仅 800 人左右。

18 日　校党委向全校传达中共中央关于“文化大革命”中处理黑材料的决定，并与各系“文革”领导小组负责人研究学校如何处理运动中黑材料的问题。

12 月

3 日　校党委召开十七级以上干部会议，讨论中央工作会议精神，清算和批判所谓自中央到地方的资产阶级反动路线。

5 日　党委举行全体委员会议，并邀请各红卫兵组织负责人参加，研究进一步批评资产阶级反动路线。

7 日　举行十七级以上干部扩大会议，批判校党委及领导人所谓的资产阶级反动路线。

本年　全校有政治、中文、历史、外文、数学、物理、化学、电子、生物 9 个系；教职工 1386 人，其中教授 26 人，副教授 27 人；本专科学生 3307 人，研究生 33 人，函授生 1500 人；仪器设备 8800 件；图书 100 多万册；实验室 64 个。老校区校舍 47000 平方米，新校区校舍 66000 平方米。年内国家下达的生产计划有半导体寿命测量仪 50 台，数字式频率计 60 台，硅平面高压开关二极管 5 万支，氯化钠棱镜 32 块，溴化钾棱镜 28 块，ADP 晶片 2000 片，KNT 晶体 0.5 吨。实际上只完成 ADP 晶片和部分数字式频率计，其他任务均未完成。其产值原计划是 80.9 万元，实际完成 22.95 万元，只完成原计划的 28.37%。

1967 年

1 月

29 日 学校根据国务院规定，春节不放假。

2 月

3 日 “山东省革命委员会”成立（即称“2.3”夺权）。学校群众分裂为两派，一派反对“2.3”夺权，一派支持“2.3”夺权。

3 月

9 日 根据毛泽东 3 月 7 日对延安中学实现大联合经验的批示，学校各群众组织代表举行圆桌会议。

4 月

4 日 山东省革命委员会常委姜庆本在鲁迅大学“毛泽东思想红卫兵”成立大会上发表讲话。

5 日 全校师生前往济南市四里山烈士陵园扫墓。

19 日 召开鲁迅大学革命委员会成立大会（注：山东大学由当时一派群众组织更名为鲁迅大学），校长成仿吾被夺权。

20 日 鲁迅大学革委会召开第一次全委会，研究目前形势、任务。

同日 毛泽东思想红卫兵、职工、教工三个指挥部召开了班长以上干部会议，讨论了目前形势任务问题。

同日 鲁迅大学革委会召开了三个指挥部全体成员及红战友大会，传达当前的形势任务以及省革委会意见。

21 日 政治系成立革命委员会。

22 日 历史系、化学系、外文系成立革命委员会。

25 日 山东省革命委员会发布关于学校成立革命委员会和更改校名为《鲁迅大学》的报告。

26 日 启用“鲁迅大学革命委员会”印章。

29 日 学校革委会紧急通知，下厂的师生全部撤回学校。

同日 校门正式悬挂“鲁迅大学革命委员会”木牌。

本月 原山东大学校长赵太侔先生逝世，终年 79 岁。

5 月

6 日 学校部分师生步行到省革委，参加所谓省革委保卫战。此后，揪斗游街成风。

10 日 青岛海军政治学校红色革命造反司令部、红色革命联合团、海军潜水艇学校、红色造反联络总部来学校串联，留感谢信。

11 日 部分师生下厂串联。

同日 学校革委会发布关于开展“拥军运动周”决定的通知。

13 日 全体战士及红战友参加山东红卫兵指挥部、山东革命工人造反指挥部、山东文艺革命造反司令部联合召开的“坚决响应毛主席伟大号召，掀起一个拥军新高潮”大会，会后游行。

14 日 毛泽东思想红卫兵 700 余人到济南卫戍区与解放军举行联欢晚会，学校毛泽东思想宣传队演出节目。

15 日 留校战士及师生员工赴省革委参观所谓“五五”反革命事件的现场。

1967 年

5 月

17 日　学校革委会组织部召开原辅导员座谈会。

同日　教改办公室召集部分师生举行教育革命座谈会。

18 日　组织部召开前教研室政治主任会议。

19 日　全校师生参加由三大组织和大中学校红代会在省体育场召开的"热烈欢呼伟大的历史文件——'通知'的发表大会"。

21 日　全校革命师生员工举行掀起学习"五一六通知"高潮动员大会。

23 日　全校革命师生员工参加八一广场"庆祝毛主席《在延安文艺座谈会上的讲话》发表二十五周年大会"，会后游行。

26 日　教改办公室汇报赴京访问情况。

同日　学校召开批判斗争吴富恒大会。

27 日　学校召开大会，庆祝毛泽东主席《关于〈红楼梦〉研究问题的信》公开发表，电影制片厂来学校拍摄纪录片，中央电视台也作了相关广播报道。

29 日　学校召开批判斗争孙汉卿大会。

31 日　全校革命师生员工参加在八一广场举行的"庆祝五篇光辉历史文献重新发表，毛主席亲自批准的全校第二张马列主义大字报发表一周年，誓把无产阶级'文化大革命'进行到底"大会。

6 月

4 日　学校红卫兵到市里游行，强烈抗议港英当局残酷迫害我爱国同胞。

10 日　电子系成立革命委员会。

同日　学校革委会召开全校革命师生员工"紧急动员起来向刘邓谭白成孙猛烈'开火'"誓师大会。

16 日　校二部(注:后勤部门)革命委员会成立。

18 日　全校师生热烈欢呼我国第一颗氢弹爆炸成功。

19 日　全校师生员工参加"省革命委员会、中国人民解放军驻济部队热烈庆祝毛主席《关于正确处理人民内部矛盾的问题》发表十周年"大会。

29 日　学校革委会、毛泽东思想红卫兵指挥部决定即日起开门整风，接受批评。

7 月

2 日　全校收听山东省和济南市举办批判刘邓教育路线大会的有线广播。

4 日　全校举行"纪念毛主席七·三指示发表两周年，掀起教育革命新高潮誓师大会"。

6 日　召开全校师生员工复课闹革命誓师大会。

同日　物理系、数学系成立革命委员会。

9 日　学校革委会召开充实调整后的全体委员会议。

10 日　学校革委会发布《关于复课闹革命建立新秩序的几项具体规定》。

12 日　学校革命委员会召开全体委员会议，调整校革委常委及各部门负责人。刘全复任革委会主任，高登仁任革委会副主任。

13 日　学校革委会发布《认真学习〈山东省革命委员会关于认真转变作风的若干规定〉，实现领导班子革命化的决定》。

1967 年

7 月

16 日　学校 200 余名师生参加省、市举办的横渡黄河游泳活动。

19 日　中文系成立革命委员会。

26 日　学校部分群众到省革委会门前“安营扎寨”并成立“彻底埋葬刘邓谭白野战兵团”。

27 日　学校革命委员会召开全体委员会议，对当前形势和下一步工作安排进行讨论。

8 月

3 日　邀请山东军区代表来校作报告。

4 日　部分师生举行“热烈庆祝毛主席的大字报《炮打司令部》发表一周年大会”。

8 日　全校师生员工参加全市举行的热烈欢呼“中国共产党中央委员会关于无产阶级‘文化大革命’的决定”发表一周年大会。

29 日　济南市数万名不明真相的群众围攻学校，学校被打砸抢，从而发生“8・29”事件。

30 日　山东省革委作出解散鲁迅大学革命委员会的决定。学校重新成立山东鲁迅大学革命委员会筹备小组，作为学校的临时领导机构。

9 月

14 日　学校部分群众到老校印刷厂仓库抢纸，群众组织间发生武斗。济南市部分群众再次到校参加武斗，从而发生“9・14”事件。

10 月

8 日　鲁迅大学革委会发布关于“抓革命、促生产、促工作”的紧急通令。

10 日　鲁迅大学革委会筹备小组发出《关于在外人员返校的紧急通知》，要求 1966 年本科毕业生和研究生必须在 10 月 31 日前无条件地全部返校，分配工作。

14 日　学校举行“斗私批修”誓师大会和第一届毛泽东思想学习班开学典礼。

19 日　学校召开全校师生员工大会，纪念鲁迅逝世 31 周年。

20 日　鲁迅大学革命委员会筹备小组作出《认真贯彻中共中央、国务院、中央军委、中央文革关于按照系统实行革命大联合的通知的决定》。

11 月

27 日　军训团进驻学校。

1968 年

1 月

8 日　童书业教授逝世，终年 66 岁。

童书业（1908～1968），字丕绳，浙江宁波人，著名的先秦史专家。早年受旧式私塾教育，1928 年接受《古史辨》的影响后开始潜心研究上古史，几年后崭露头角。1935 年，受顾颉刚先生之聘，担任顾先生的私人研究助理，兼任禹贡学会编辑。抗战期间在上海光华大学及宜兴、常州等地中学任教。抗战胜利后任上海博物馆历史部、总务部主任。1949 年，应聘山东大学，历任山东大学历史系教授、副主任，青岛市第一、二届人大代表，山东省科学委员会委员等职。

童书业在担任顾颉刚先生研究助理期间，曾与顾先生合作写成《春秋史讲义》

1968 年

1 月

及古史论文多篇，并且首倡古史“分化演变说”，对古史辨派的核心理念作了重要的补充和发挥。他代顾先生编著的《春秋史讲义》在当时是一部新型的断代史著作，其中“西周史事”部分以附注形式扼要地总结了他本人和古史辨派对上古史的考证成果。这部著作在抗战期间经修订并于1946年出版，至今仍受到国内外史学界的重视。童书业教授对中国绘画史、瓷器史和历史地理皆有精湛研究，在《文史哲》等刊物上发表了大量有分量的学术论文。

童书业先生在山东大学任教近二十年，经常一人承担两三门课程，培养了一批思想活跃的青年学者，使山东大学的中国古代史学科成为当时最有影响力的中国古代史研究中心之一，为山东大学赢得“文史见长”的美誉作出贡献。

3 月

7日　学校召开全校师生员工大会，庆祝毛泽东主席“三七”指示发表一周年。

21日　鲁迅大学革命委员会筹备小组火线指挥部发出《关于彻底砸烂渤海战团的通告》，并召开师生员工大会。学校从此揭开了全面围剿“渤海战团”的序幕。

山东鲁迅大学印章

同日　召开全校师生大会，动员开展“三忠于”(忠于毛主席，忠于毛泽东思想，忠于毛主席的革命路线)活动，把大学习、大批判推向新高潮。

8 月

9日　学校举行欢送驻校人民解放军返营大会。

9 月

5日　山东工人毛泽东思想宣传队进驻学校，领导学校“斗、批、改”。

26日　学校重新成立山东鲁迅大学革命委员会。王文俗任主任，张海庭任第一副主任。

27日　新成立的鲁迅大学革委会召开第一次全委会，座谈学习毛泽东主席在党的七届二中全会上的讲话和视察三区的指示，研究清队、整党、教育革命等工作。

10 月

18日　学校召开清理阶级队伍动员大会。自此，全校开始“清队”。

11 月

16日　学校开始“反复旧”运动。

12 月

28日　为落实毛主席关于知识青年到农村去接受贫下中农的再教育的指示，鲁迅大学革委会决定把校系毕业生分配办公室改为上山下乡安置办公室。

1969年

1月

15日　王普教授逝世，终年66岁。

王普（1902～1969），字贯三，山东沂水人，毕业于北京大学物理系，我国著名的核物理学家和物理教育家。曾任山东大学教授、物理系主任、代教务长，兼任中国科学院原子能研究所研究员，政协山东省第一、二届常委，省物理协会理事、青岛市科协副主席等职务。

王普早期研究用热中子轰击Al核产生的人工放射性，是参加中子和核裂变研究最早且有所贡献的物理学家之一。1939年，他发现了核裂变的缓发中子，为核裂变反应堆的建造以及原子能的和平利用铺平了道路。王普还在核乳胶在高能物理实验中的应用、低能X射线谱分析以及宇宙线中不稳定粒子的研究等方面取得一定的成果。他是中国核物理学的先驱，被称为"是见证了核裂变时代开始的中国人，也是最先在核裂变领域中工作并取得重要成果的中国人之一"。

王普先后三次到山东大学工作，历经20年。1930年，王普首次到山东大学工作，受聘于国立青岛大学（1932年改名国立山东大学），创办物理系，是山东大学物理学科的创建者。1946年、1956年再次重返国立山东大学任教，直至退休。王普在山东大学物理系建立了原子物理教研组和核乳胶实验室，是山东大学粒子物理与核物理专业的先导者和开创人，为学校物理学科的建立和发展作出了突出贡献。

3月

3日　陈云章教授逝世，终年63岁。

陈云章（1906～1969），福建闽侯人，民盟盟员，曾任民盟山东大学区分部副主任。1930年，毕业于燕京大学经济系；1940年，留学美国南加利福尼亚大学研究院经济系，获经济学硕士学位。曾任福州英华中学教师、教务主任；厦门大学经济系副教授。1947年10月，到山东大学中文系执教，后转历史系，任教授，兼任亚洲史教研室副主任、世界史教研室副主任等职。曾先后讲授农业经济史、西洋经济史、东南亚国别史、英美历史及其概况等课程，编有柬埔寨、老挝、泰国等国别史的讲义。陈云章思想进步，热忱爱国。1925年，曾任学生会理事，带动学生参加福州学生反对美国对华文化侵略运动；1951年，曾任青岛市抗美援朝分会组织部副部长，代表青岛市参加中国人民赴朝慰问团赴朝慰问。

本月　结合清队，学校开始整党建党、整团建团工作。

4月

10日　学校举办党员、干部毛泽东思想学习班。参加学习班的有原党总支副书记和行政副处长以上的干部及群众代表100多人。

5月

15日　学校向全省各地派出多支"教育革命探索队"，进行教育革命的实验活动。

31日　中国共产党第九次全国代表大会召开后，校革委召开各单位负责人会议，研究传达"九大"文件的有关精神，要求全校开始学习"九大"文件。

1969 年

6 月

18 日　山东鲁迅大学革委会召开全委扩大会议，学习毛主席、党中央对山东问题的指示和“十条措施”，讨论省革委主要负责人所犯的错误，联系学校的实际情况，从中找出要吸取的教训。会议 21 日结束。

10 月

11 日　为加速继续深入进行教育革命，山东鲁迅大学革委会决定派三个文科教革探索队，到全省各地（政治系到烟台地区、中文系到泰安地区、历史系到昌潍地区）进行教育革命的探索。

29 日　山东鲁迅大学革委会根据省革委关于战备工作会议精神，决定成立战备领导小组。并设立战备办公室，负责全校的战备工作。

11 月

5 日　学校的“清队”工作进入定性定案阶段。

24 日　山东鲁迅大学革委会为进一步搞好战备，提出各系、单位都要建立战备小组，挖防空洞的工作要在 12 月底完成。

12 月

本月　按上级统一部署，学校开始恢复党员的组织生活工作。

1970 年

2 月

23 日　根据中央和山东省的布置，学校召开“一打三反”（打击现行反革命分子，反对贪污盗窃、投机倒把、铺张浪费）动员大会。自此，“一打三反”运动在学校展开。

5 月

25 日　山东鲁迅大学革命委员会发布文件《关于学习解放军，大力开展四好运动的决定》。

6 月

24 日　中共山东省革委核心领导小组批转《山东省高等学校布局和专业调整方案》。在此方案中提出，山东大学理科（数学、物理、化学、无线电电子学）改建为山东科学技术大学，以任务带学科，负责培训国防工业的科技人员，开展国防科技和基本理论的研究工作，由国防工办管理，校址设在济南市，在平阴县建立农业生产和战备疏散基地。山东农学院将山东大学生物系并入，校址设在泰安。山东大学文科和曲阜师范学院合并，组建山东大学，校址设在曲阜。

7 月

20 日　驻山东大学工、军宣队临时党委及山东大学革委会党的核心领导小组向全校下达《关于贯彻执行高等学校布局和专业调整方案的意见》，提出认真做好分校搬迁工作的任务，并成立分校搬迁领导小组，魏伊明任组长，下设分校搬迁办公室，负责分校搬迁的具体事宜。

22 日　驻山大工、军宣队临时党委，中共山东大学革委会核心领导小组通知，学校恢复山东大学名称，新公章自即日起开始启用。原山东鲁迅大学各种印章一律作废。

本月　1964 级、1965 级“文化大革命”前最后入学两届毕业学生同时分配离校。因自 1966 年至 1970 年学校未招收新生，学校出现了没有在校生的现象。

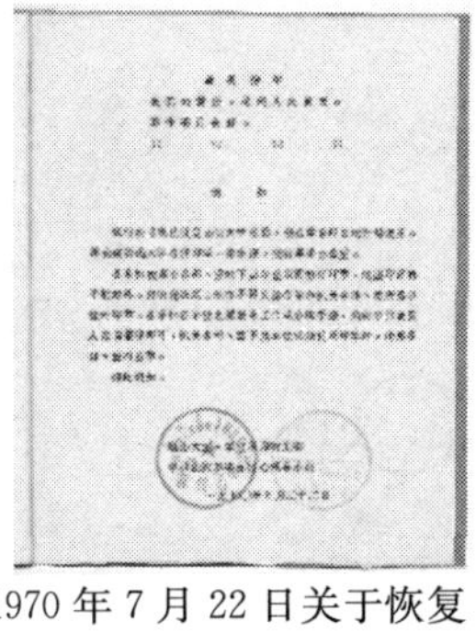

1970 年 7 月 22 日关于恢复山东大学名称的通知

1970年

8月

2日　山东大学文科搬迁领导小组成立，刘守敬任组长。

4日　驻山东大学工宣队、军宣队临时党委和山东大学革命委员会党的核心领导小组向省革委政治部、国防工办提出《关于组建山东科技大学的请示报告》。报告中对组建山东科技大学的几个主要问题，提出初步意见。

7～8月，学校逐渐将各系改为连。

9月

1日　驻校工宣队、军宣队临时党委和校革委党的核心领导小组，下达分校搬迁动员教育规划，宣布省革委党的核心领导小组正式批转本省高校布局和专业调整方案。

3日　根据省革委教育组指示精神，山东大学文科和曲阜师范学院并校搬迁领导小组在济南召开第一次会议。会议着重研究“新山大的性质”“仪器图书和其他物资的调配”“新山大组建后办附属小学”及“关于加强搬迁领导”等问题。会议要求于9月25日前将原山东大学文科搬往曲阜。

7日　山东大学举办分校搬迁学习班，历时一周。此学习班结束后，立即全力以赴投入紧张的搬迁工作。

10日　驻山东大学工宣队、军宣队临时党委和校革委党的核心领导小组向全校发出《关于搬迁工作中有关房舍家具问题的规定》。

13日　驻山东大学工、军宣队临时党委、校革委党的核心领导小组向省革委政治部发出《山东科技大学关于招生工作的请示报告》。

21日　历史、外文两系搬往曲阜。

24日　中文、政治两系搬往曲阜。生物系向泰安搬迁的工作也已结束。

一分为三

1970年6月，在中共山东省革委核心领导小组的指示下，山东大学一分为三。山东大学理科（数学、物理、化学、无线电电子学）改建为山东科学技术大学；文科和曲阜师范学院合并，组建新山东大学；生物系并入山东农学院。9月7日，学校举办分校搬迁学习班；9月24日，搬迁工作基本结束，共历时17天。此次拆分，学校322名教职员工迁往曲阜，104名教职员工迁往泰安；搬运物资总计7508立方米（其中文科四系和机关合计为5114立方米，其余为生物系），汽车132车次（其中搬往山东农学院123车次，搬往曲阜师范学院9车次）、42节火车（文科四系装运物资，未含学校图书馆文科所用图书）。但自山东大学被拆解的那一天起，山东大学许多教师就没有放弃过坚决反对这一错误决定的信念和行动。他们不断利用各种渠道、各种形式，或以个人名义，或组织起来，向中央有关部门和有关领导反映意见，坚决要求恢复被强行拆散的山东大学。三年后，在国内与国际形势发生了重大转折及广大师生的强烈反映下，山东省委向中央写报告，检查了1970年6月拆散山东大学，将其文科迁至曲阜、生物系合并到泰安山东农学院的错误，并提出了恢复原来山东大学的方案。1973年11月，周恩来总理批示恢复山东大学。

1970 年

10 月

1 日　山东大学革委会党的核心领导小组作了关于山东大学分校的搬迁工作情况报告。

12 日　山东科学技术大学成立大会召开，同时成立“中共山东科学技术大学党的核心领导小组”和“山东科学技术大学革命领导小组”。华山担任党委副书记、革委会主任，郭林担任党委副书记、革委会副主任。

25 日　“中共山东科学技术大学核心领导小组”及“山东科学技术大学革命委员会领导小组”两枚印章开始启用，原山东大学印章停止使用。

11 月

本月　学校进行整党工作。

12 月

本月　原山东大学校长兼党委书记晁哲甫逝世，终年 76 岁。

本年　学校承担科学研究和生产试制任务 31 项，其中由中央、省及市正式下达的 15 项，省国防办指定研制而正式下达的 6 项。到目前为止，除了硝酸钠、微光夜视仪、高速数字固体电路系列外，有 14 项完成试制任务。0.1 微伏数字电压表达到世界先进水平，磷酸二氘钾、硫化铝光敏电阻在国内达到了先进水平。

1971 年

1 月

22 日　山东科技大学成立迎新生工作领导小组，下设迎新工作办公室。

山东科技大学设电子、物理、自控、光学、化学 5 个系(注：当时叫大队)，19 个专业。招收第一届工农兵学员 1090 人。

2 月

3 日　山东科技大学迎接第一批工农兵学员入校。

10 日　在老校礼堂举行山东科技大学新生开学典礼。

24 日　山东科技大学召开“继续开展‘一打三反’运动，深挖‘5・16’分子誓师动员大会”。学校自此开展清查“5・16”分子的运动，部分师生受到审查、隔离和批判。

4 月

20 日　山东科技大学上报《继续开展“一打三反”运动，深挖“5.16”反革命阴谋集团的情况汇报》。

同日　山东科技大学申请 95.5 万元经费进行校区基本建设。

23 日　山东科技大学民兵师成立。

29 日　山东科技大学核心领导小组拟定《1971 年第二季度工作要点》。

5 月

3 日　经上级决定，原“山东师范学院‘五七’公社”划归山东科技大学所有，定名为“山东科技大学无线电厂”。自 1971 年 5 月 4 日正式启用“山东科技大学无线电厂”印章，原“山东师范学院‘五七’公社”印章同时作废。

6 日　山东科技大学向省革委教育组报告刻制“山东科学技术大学”钢印，省革委教育组 5 月 10 日复函同意制作。

19 日　山东科技大学办公室发出《山东科技大学关于文书档案建档的通知》。通知要求全校各单位对山东科技大学成立以来所形成各类文件要认真整理，送办公室存档。

1971 年

6 月

2 日　根据中央关于实行野营拉练，学习解放军，加强战备的指示精神，由910 名工农兵学员和教职工组成的山东科技大学第一批野营训练队伍出发，途经历城、章丘、淄博、广饶、垦利、桓台、博兴、高青、邹平等 9 个县（市），行程约585 公里，历时 32 天，于 7 月 3 日返校。

26 日　校党委核心领导小组为贯彻落实毛泽东主席“五七”指示和“广大干部下放劳动”的指示，决定在学校农场举办“五七”干校，并成立领导小组，房金堂任组长，刘众任副组长。凡是在学校的干部、教师（包括教辅人员）除老弱病残者外，均分批分期轮流到“五七”干校学习、劳动。

8 月

21 日　山东科技大学革命领导小组通报表扬在上半年“四好”运动中的先进单位和个人。受到表扬的单位 16 个，个人 54 名。

10 月

本月　学校召开各种会议，传达中央有关文件，揭发批判林彪一伙叛逃的罪行。自此，学校开展批判林彪反革命集团罪行的运动。

11 月

10 日　山东科技大学发出《贯彻全国、全省教育工作会议纪要和意见的措施（讨论稿）》，要求全校必须认真学习、坚决贯彻、全面落实，把认识统一到毛主席的教育思想和《全国教育工作会议纪要》上来。

12 月

本年　结合清查“5・16”分子，还清查了所谓“右派翻案集团”（所谓“5・16”的重要组成部分）。

本年　上级下达给学校的科研任务 26 项（其中包括以往结转的 4 项），初步完成 13 项（包括以往结转的 3 项）。

1972 年

1 月

10 日　山东科技大学开始调整工资工作。本次调资遵照国务院《关于调整部分工人和工作人员工资的通知》进行。全校调资人员共计 234 人，占全校总人数 12.5%。

31 日　山东科技大学将 1971 年科研、生产工作总结上报。

2 月

1 日　中共山东科技大学核心领导小组召开各单位负责人会议，部署继续进行“批林整风”和批判林彪的“517”工程纪要。

3 月

4 日　中共山东科技大学核心领导小组向全校发出《关于研制中型电子计算机有关问题的通知》，并成立研制中型电子计算机领导小组，仲侃伯任组长，徐圭鑫任副组长。研制工作以第三大队（数学系）为主。

4 月

5 日　学校革委会政治部拟定工农兵学员入学教育计划。

13 日　山东科技大学领导小组下发 1972 年科研、生产计划。

1972 年

5 月

16 日　学校组织部分师生分别到北京大学、清华大学、南开大学等 13 所兄弟院校进行参观学习，还对省内的有关局和厂矿企业以及山东工学院、海洋学院、化工学院、石油学院作调查访问，历时至 6 月 6 日结束。

17 日　原山东大学校长兼党委书记华岗逝世，终年 69 岁。

6 月

1 日　本年度第一批野营训练队伍出发，途经郭店、明水、周村、高青、历城、唐王等地，历时 18 天，行程 270 多公里，于 18 日返回学校。参加本批拉练的师生共 240 人。

12 日　学校发布《关于贯彻全省政治工作会议和全省高等学校教育革命座谈会精神的情况报告》(校核[1972]第 7 号)，向省革委报告了学校“进一步健全学校管理体制、落实党的知识分子政策和干部政策，加强党对学校的领导的情况”。

22 日　山东科技大学党的核心领导小组向全校发出《关于贯彻国务院、中央军委[1972]23 号文件精神搞好科研生产的几点意见》。要求进一步落实计划，抓好科研生产队伍的建设，搞好协作、加强管理和检查等工作，保证科研生产任务按计划完成。

29 日　山东科技大学革命领导小组向省革委政治部教育组报送《学校规划的初步意见(近期方案)》。对学校的性质、任务和培养目标，专业设置、学制和招生规模，建立教学、科研、生产三结合基地，人员编制，物质条件等均提出具体意见。

7 月

6 日　中共山东科技大学核心小组发布《1972 年第三季度工作计划要点》。

22 日　学校召开党的核心小组扩大会议，会议历时 12 天，8 月 5 日结束。会议传达贯彻落实了中央批林整风汇报会精神和省委三届二次全会精神，总结、部署学校工作。

8 月

下旬　学校开始以整顿纪律、纠正不正之风为重点的大学习、大批判的群众运动。

30 日　学校起草《以路线为纲，认真落实党的知识分子政策》的报告。报告指出，学校 98%的教师得到安排使用，11 名教授、副教授，13 名讲师安排了系或教研室的领导职务。学校 9 个专业恢复招生 1080 名，1971 年完成科研任务 19 项，1972 年 18 项在研任务、15 项生产任务进展顺利。

9 月

3 日　山东科技大学发布《关于青年教师培养工作的情况》的报告。

23 日　山东科技大学先后三次召开全校性的教育革命经验交流大会，总结交流学校一年来在教育革命中的经验。

10 月

5 日　本年度第二批野营训练队伍出发，途经历城县的仲宫、柳埠，泰安县的黄前，长清县的张夏等地，历时 16 天，行程 292.5 公里，于 20 日返校。参加本批拉练的师生员工共 424 人。

1972 年

10 月

8 日　中共山东科技大学党的核心小组印发学校安全防护检查组《关于目前学校科研生产方面安全防护工作的情况和今后意见的报告》。

21 日　经省委研究决定，华山任山东科技大学革委会主任，马效增任革委会副主任。

11 月

本月　山东省科技组来校了解有关批林整风、理工科三结合、落实政策等情况。

12 月

23 日　中国共产党山东科技大学召开第一次代表大会。马效增致开幕辞，郭林代表中共山东科技大学核心领导小组作工作报告，华山致闭幕词。大会通过校党的核心小组的工作报告，选举产生中共山东科技大学第一届委员会。会议于 25 日结束。

26 日　中共山东科技大学第一届委员会举行第一次全体会议，选举党委常委、书记和副书记，通过了《关于深入开展批林整风加强思想和政治路线方面的教育的决议》。

30 日　中共山东省委同意山东科技大学第一次党员代表大会选举产生的中共山东科技大学第一届委员会委员名单；同意华山任书记，郭林、马效增、仲侃伯任副书记，华山、郭林、马效增、仲侃伯、魏伊明、尹鸿敏、房金堂、刘永昌、周通、刘俊峰、孙肇露、罗文秀、刘立魁等 13 人任常委。

1973 年

1 月

20 日　“中国共产党山东科学技术大学委员会”印章本日正式启用，原“中国共产党山东科学技术大学核心领导小组”印章同时停止使用。

2 月

21 日　山东科技大学革命领导小组发出《关于试行教职工宿舍管理办法的通知》。

28 日　为纪念毛泽东主席发出“向雷锋同志学习”伟大号召十周年，继续深入地开展向雷锋学习的活动，校政治部自本日起，发出《继续深入开展向雷锋同志学习活动的通知》。

3 月

3 日　全校师生员工举行“向雷锋同志学习动员大会”。

4 月

12 日　中共山东省委决定，张侠任中共山东科技大学委员会常委、山东科技大学革委会政治部副主任。

16 日　山东科技大学政治部转发省劳动局 1 月 25 日《关于职工转正定级问题处理意见的通知》。

同日　山东科技大学召开党委扩大会议，进行“批林整风”。自本日到 30 日，传达中央有关文件，进行揭、批、查；5 月 3 日转入整风阶段，5 月 9 日结束。

5 月

21 日　山东科技大学传达贯彻山东省委关于“批林整风”运动的《教育提纲》，继续深入开展“批林整风”运动。

1973 年

5 月

山东科技大学自本日至 31 日，举办第一次科学报告会和小型科技成果展览会。

7 月

13 日　山东科技大学成立基本建设办公室，王耀洲兼任基建办公室主任。

18 日　电子系、物理系、数学系、光学系、化学系等 5 个单位自 1973 年 7 月 20 日启用新印章，原大队名称的印章同时停止使用。

27 日　中共山东科技大学委员会批准中国共产主义青年团山东科技大学第一届委员会成员名单，刘立魁任书记，陈钢铸、陈永贵，邢翠珍任副书记。

本月　山东科技大学拟定《1973 年科研任务实施计划表》。

8 月

3 日　经中共山东省革委政治部核心小组批准，刘健飞任图书馆馆长，刘泽宣任电子系党总支书记，高登仁任物理系党总文书记，徐圭鑫任数学系党总支书记，蔡国楷任化学系党总支书记，孙玉怀任无线电厂党总支书记兼厂长，冯传海任电子系主任，余寿绵任物理系主任，邓从豪任光学系主任。

28 日　山东科技大学党委开始对清查“5・16”中犯扩大化错误进行检查。

9 月

17 日　接中国人民解放军济南警备区命令，王涛任山东科技大学人民武装部部长。

21 日　学校师生员工讨论山东省出席第四届全国人大代表候选人名单。原山东大学校长兼党委书记成仿吾和高亨教授作为知识分子代表候选人。

本月　山东科技大学拟定了《山东科学技术大学 1973 年下半年学术活动计划表》。

10 月

4 日　校党委常委会决定，组成教革部临时党总支委员会，孙肇露任书记；组成后勤部临时党总支委员会，刘俊峰任书记。

11 日　校党委常委会决定，组成政治部、校长办公室临时党总支委员会，刘永昌任书记。

11 月

11 日　周恩来总理在山东省委向中央的报告上签署恢复山东大学的批文。

16 日　山东科技大学战备领导小组成立，郭林任组长，王涛任副组长。

20 日　学校召开全校师生员工大会，传达国务院科教组理工科教育革命座谈会精神。

12 月

11 日　中共山东省委接到中央指示后，立即在济南召开有山东大学、山东科技大学、山东农学院三个有关院校党的领导干部和部分党员教师、学生参加的“山东大学等校的分校合校迁校工作会议”，安排恢复山东大学事宜，会议于 12 月 15 日结束。

17 日　山东大学搬迁筹备小组制订出《贯彻执行中央关于山东大学合校分校迁校指示的工作方案(初稿)》。

许思园教授去世，终年 66 岁。

1973 年

12 月

许思园(1907～1974),名寿康,号思玄,后改名思园,江苏无锡人,山东大学历史系教授。1926 年毕业于上海大同大学,后得"中法庚款会"资助,赴英、法、葡、美等国留学和考察,获法国巴黎大学文科(哲学门)博士学位。回国后,曾任南京中央大学、无锡江南大学、安徽大学教授。全国解放后,在华北革命大学学习一年,后由陆定一推荐来山东大学历史系任教。

许思园酷爱哲学与自然科学,潜心学术,对文、史、哲及自然科学均作研讨。1927 年,用英文撰写《人性与人之使命》,受到国内外学者好评;1941 年,用法文完成博士论文《相对论驳议》;其法文著作《从一种新的观点论几何学基础》,受到法国数学家卡当称许;1945 年在美期间,曾与爱因斯坦晤谈,以英文写成《与爱因斯坦教授讨论两个问题》。同期,还有写有《波动力学的基础及其哲学含义》《原子能基本公式 $E_0 = moC_2$ 之讨论》《谈中西文化》《几何学基础》《二十世纪文明之前途》等论文,题材广泛,观点新颖,富有创造精神。

到历史系任教后,许思园先后讲授世界通史、政治经济学,并兼任英语专业写作与阅读课程,并从事翻译工作。授课之余,写作《论中国哲学》《论中国文化》《论中国诗》三部文稿。文稿积数十年研究经验,汲取各家之所长,兼容并包,对中西方文化长短作了比较,只可惜长期身处逆境,其文稿未得全部发表。

1974 年

1 月

10 日　山东大学党的临时工作小组向省革委政治部等报告《关于山东大学合校搬迁行动计划》。计划自 1 月 12 日开始向济南搬迁。

17 日　山东科技大学召开各系总支书记、系主任会议,部署山东大学合校的有关工作。

18 日　中共山东科技大学委员会发出《关于山东大学合校中调整家属宿舍的若干规定》。

28 日　省革委政治部教育组通知,按照中央和省委指示,于 1974 年 2 月 1 日在济南恢复原山东大学,在曲阜恢复原曲阜师范学院,同时撤销山东科技大学。

本月　原山东大学校长兼党委书记成仿吾奉命赴京,出任中央党校顾问、校党委常委。

2 月

4 日　省委组织部通知,经研究确定恢复原山东大学以后,现山东科技大学和山东大学(原山大部分)的党委常委合并办公,以华山为主。

7 日　校内又掀起批"走后门"上大学的热潮,学校开始停课。

3 月

7 日　召开恢复山东大学大会。省、市有关部门及驻济院校到会祝贺。恢复后的山东大学设政治、中文、历史、外文、数学、物理、光学、化学、生物、电子 10 个系。山东大学与曲阜师范学院分校时,全部在校学生均随迁济南并在济南恢复后的山东大学内复课学习。

6 月

17 日　原山东大学副校长冯沅君教授逝世,终年 74 岁。

1974年

6月

冯沅君(1900～1974)，女，原名恭兰、淑兰，字德馥，笔名淦女士、大绮、吴仪、漱峦、易安、沅君等，河南唐河人，现代文学史家、戏曲史家、作家，一级教授，曾任山东大学副校长，第一、二、三届全国人民代表大会代表，山东省人民政府委员，山东省妇联副主席，山东省文联副主席。

冯沅君父亲冯台异注重对子女的教育，在家设书房请"教读师爷"，为其长子友兰、二子景兰及女儿沅君讲授古文、算学、写字、作文。1917年秋，冯沅君入考国立北京女子高等师范学校文科专修班。1922年，考入北京大学国学研究所。后曾在南京金陵大学、上海暨南大学、复旦大学等校中文系任教。1932年，赴法留学获得博士学位。1935年回国，先后在河北女子师范学院、武汉大学、东北大学等校中文系担任中国古典文学教授。1947年夏，冯沅君应聘山东大学任教。1949年后，冯沅君积极地投入到新中国的教育事业之中，成为新中国首位女性一级教授。1955年，出任山东大学副校长。在繁重的学校行政工作之余，她仍兢兢业业、勤勤恳恳地从事教学与学术研究。

冯沅君一生著述颇丰，其文学研究论著有《宋词概论》《张玉田年谱》《冯沅君古典文学论文集》《中国历代诗歌选》(主编)、《屈原》《宋玉》《乐府古辞考》《陆侃如古典文学论文集》；与陆侃如合著《中国文学史简编》《中国古典文学简史》《中国诗史》；与王季思合编《中国文学史教学大纲》，与高亨合著《楚辞选》，与牟世金合著《文心雕龙选译》《刘勰论创作》《刘勰与文心雕龙》。其戏曲研究专著有《古优解》《古剧说汇》《古剧四考》《〈天宝遗事〉辑本题记》《金院本补说》《孤本元明杂剧抄本题记》，与陆侃如合编《南戏拾遗》等。译著有高本汉的《左传真伪考》、小仲马的《金钱问题》、塞昂里的《法国社会经济史》《书经中的神话》《法国歌曲价值及其发展》《新法国文学》等。冯沅君逝世后，由袁士硕汇编整理的《冯沅君古典文学论文集》由山东人民出版社出版。《卷葹》《春痕》和《劫灰》是她的三个短篇集。

26日　省革委同意将原山东科技大学无线电厂划归省革委电子工业局统一领导，为该局的直属企业。

8月

21日　山东大学党委举办由党支部书记以上的党员干部和理论队伍骨干参加的学习班，传达贯彻中央23号文件，批判林彪的军事路线。此学习班24日结束。

同日　山东大学党委向省有关部门发出《关于充实文科教师队伍的请示报告》，要求解决复校后文科教师队伍困难的问题。

10月

18日　中共山东省委决定，浮耀亭任山东大学党委副书记。

28日　校党委举行常委会议，学习中央26号文件和中央关于解决山东问题的十条指示。

11月

11日　中共山东省委组织部决定，马秉伦调山东海洋学院，任党的核心小组成员。

1974 年

11 月

21 日　为了开展知识青年上山下乡工作，校党委决定，设立知识青年上山下乡办公室，作为校革委的常设办事机构。

29 日　学校成立体育运动委员会，李镇任主任，邹宗海、于金贵、陈永贵、肖风云、王永昌任副主任。

12 月

1 日　召开全校党员大会，进一步贯彻落实毛泽东主席"现在以安定为好，全党全军要团结"的指示和中央 26 号文件精神，继续搞好批林批孔，深入开展教育革命。会议于 12 月 6 日结束。

28 日　为解决山东大学复校后学校用房极为紧张的问题，中共山东大学委员会向省委发出《关于基建情况和问题的报告》。

本年　学校总计有工农兵学员 1862 人。

本年度　理科各系承担中央各部和省下达的科研任务 41 项。90%以上按计划进行，成果比较显著的有 19 项，占 45%；与兄弟单位订有协议的科研项目 11 项，全部按计划进行，成果比较显著的有 7 项，占 64%。

1975 年

1 月

17 日　校党委同意组成电子系临时党总支委员会，刘泽宣任书记。

3 月

11 日　自本日至 18 日，学校学习朝阳农学院教育革命经验，半日上课，半日学习无产阶级专政理论。提出要把学校办成无产阶级专政的工具，搞"社来社去"试点，鼓励学生毕业后自愿当农民。

14 日　《山东大学 1974 年理科科研工作总结》发布。

20 日　校党委批准孙肇露任教育革命部临时党总支书记，蔡国楷任化学系临时党总支书记。

4 月

4 日　中共山东大学委员会发布《山东大学党委关于认真学习无产阶级专政的理论，深入开展教育革命的情况报告》。

16 日　校党委召集文科与宣传组、政治教研室负责人会议。

5 月

20 日　美籍华人汪智馨教授来学校参观并会见朋友。

8 月

12 日　中共山东大学党委常委扩大会议在老校大礼堂召开，16 日结束。

9 月

3 日　省委决定，原学校党委副书记兼副校长孙汉卿调华东石油学院任党的核心小组组长。

11 日　校党委根据毛泽东主席开展对《水浒》评论的指示，安排在全校开展对《水浒》的评论和讨论。

10 月

16 日　根据山东省委决定，学校第一批抽调 190 余名干部教师参加省委农村工作队。1976 年、1977 年又分别派出第二批和第三批人员参加省委农村工作队（"农业学大寨"工作队）。

1975年

10月

27日　中共山东大学委员会向中共山东省委文教办公室请示撤销学校政治部。

11月

15日　国家出版事业管理局发出《关于成立〈汉语大词典〉编写领导小组的通知》，山东大学革委会副主任吴富恒为领导小组成员。学校被分配承担部分编写任务。

18日　学校发表了教学、科研、生产为农业服务的工作情况汇报。

24日　中共山东大学委员会发布《关于学习和贯彻全国农业学大寨会议精神的报告》。

12月

21日　根据中央有关文件精神，校党委要求全校围绕教育革命的方向路线问题发动群众，开展大辩论。

本年　学校理科各系直接为国防、工农、医药卫生服务的科研项目共58项，其中为农业服务的科研项目占1/3。

学校共有10个系(政治、中文、外文、历史、数学、物理、电子、光学、化学、生物)，26个专业。

1976年

1月

8日　周恩来总理逝世，全校师生无比悲痛，很多教师、干部、学生胸挂白花、袖戴黑纱，表示对周总理的深切怀念。

2月

6日　学校分别召开领导骨干会议和全校师生大会，发动群众，开展批判所谓教育界的奇谈怪论和反击教育界的右倾翻案风运动。

29日　举行校春季运动会，30日结束。

4月

本月　北京爆发悼念周总理、反对"四人帮"的群众运动。"四人帮"以搜捕"反革命"、追查"政治谣言"为由，责令各单位清查。学校也开始清查工作。

5月

6日　学校物理系承担的四机部下达的国家重点工程配套的5公分锗平面隧道二极管第一只样管试制成功。6月30日前，又制成31只样管。此管是国家重点工程的一个关键元件。

6月

1日　由山东大学主持召开鲁迅著作《故事新编》注释领导小组全体组员会议，制定注释工作计划。

26日　校党委常委决定，孙玉怀任"五七"干校校长，刘玉柱任数学系党总支书记，周志仁任数学系主任，王象孝任化学系党总支书记，罗文秀任化学系主任，王琏任生物系党总支书记，王洪模任历史系主任，臧乐源任政治系主任，张可礼任中文系主任。

7月

30日　校党委批准傅立阶等30余名毕业工农兵学员到西藏自治区工作。

1976 年

8 月

23 日　经山东省委研究决定，董文升任山东大学党委书记、革委主任，翟永勃任党委副书记、革委副主任，薛洪敏任党委副书记、革委副主任，浮耀亭任党委副书记，郭林任党委副书记、革委副主任，李镇任党委副书记，华山任党委副书记、革委副主任，刘立魁、高登仁任党委常委、革委副主任，程世忠、章茂桐、刘永昌、刘俊峰、孙肇露、罗文秀、张侠任党委常委，吴富恒任革委副主任，魏伊明、房金堂任革委顾问。

9 月

9 日　毛泽东主席逝世，学校师生员工怀着极其悲痛的心情举行各种悼念活动。

10 月

1 日　学校分六个会场举行专题报告会，宣讲毛泽东主席的丰功伟绩，庆祝中华人民共和国成立 27 周年。

本月　中共中央将王洪文、张春桥、江青、姚文元反党集团事件通知全国。学校迅速掀起揭发批判“四人帮”罪行的高潮。

12 月

1 日　山东大学革命委员会发布《关于承担第七机械工业部委托 1977 年国防科研外协项目的报告》。

21 日　校党委决定建立“五七”干校临时党总支，孙玉怀任书记。

1977 年

2 月

20 日　黄云眉教授逝世，终年 79 岁。

黄云眉(1898～1977)，原名鋆镅，字子亭，号半坡，著名历史学家。幼时家境清贫，12 岁进私塾，15 岁入江苏余姚县立第一高等小学校，17 岁第六期毕业留校任教。平日博览群书，自学成才。1929 年，任金陵大学文化研究所研究员和教授。1931 年，著《古今伪书考补正》，对姚际恒《古今伪书考》作辨伪、考订和补正。1933 年，任上海世界书局《辞林》编辑部主任。其间撰写《读广论语骈枝微子稿》，对《盗跖篇》作了详尽考证。

1951 年到山东大学任教，任中文系和历史系教授、历史系主任兼图书馆馆长、中国古代史教研室主任。中国民主同盟会盟员，任民盟青岛负责人。1961 年加入中国共产党。历任济南市民盟主任委员、山东省民盟副主任、民盟中央候补委员、山东省政协常委、山东省历史学会会长等职。

黄云眉对中国古代史、文学史、音韵训诂、版本目录都深有研究，尤精明史，为国内外学术界所推崇。他治学严谨，主张“言必有据，史论结合”。在逝世前完稿的《明史考证》8 册，200 余万字，此书历经 30 余年的努力写成。另有《柳宗元文学的评价》《李卓吾事实辩证》《韩愈文学的评价》等诸多著述。

3 月

4 日　校党委向全校发出《关于开展群众性增产节约运动的意见》。

24 日　经中共山东省委文教办公室核心小组同意，决定任命刘俊峰任党委办公室主任，刘永昌任教革部主任，梁学礼任后勤部主任，丁文方任历史系党总支书记。

1977 年

3 月

25 日　按照省教育局《关于调查研究的通知》精神，发动全校各级组织，对学校的政治思想工作、教学、科研及办学规模、方式等许多方面进行调查研究。

4 月

1 日　在全国形势带动下，学校开展社会主义劳动竞赛活动。

5 日　校政治部召开向雷锋同志学习经验交流会。

8 日　校党委决定，成立中共山东大学生产办公室临时总支委员会，郑明训任党总支书记。

10 日　学校发布文件《关于在学校开展爱国卫生运动的意见》，要求迅速改善学校卫生面貌。

21 日　为贯彻执行《中共中央关于学习〈毛泽东选集〉第五卷的决定》，学校各级党组织动员广大师生员工掀起一个学习毛主席著作的高潮。

26 日　中共山东大学委员会、省委整党工作组发布《山东大学整党整风计划》。

5 月

7 日　山东大学团委召开全校团员大会，表彰 1977 年度“先进团支部”17 个，“优秀团干部”12 名，“模范共青团员”230 名。

13 日　校党委常委召开扩大会议，党委负责人作关于揭批“四人帮”在学校的流毒和影响、清查与“四人帮”阴谋活动有牵连的人和事的报告，并部署下一阶段的运动。会议 18 日结束。

20 日　校党委常委会研究决定校政治部设立人事组并刻制公章一枚，自 23 日启用。

27 日　为落实全国工业学大庆会议精神，中共山东工学院向省文办报告，与山东大学开展革命竞赛。

30 日　中共山东大学党委发布报告《关于立即掀起一个学大庆群众运动——与山东工学院、山东师范学院开展革命竞赛的挑应战书》。

本月　学校开展整党整风运动。

6 月

4 日　山东大学党委召开全校师生员工学大庆开展社会主义革命竞赛誓师大会。

21 日　根据省计委《关于抓紧研究修订发展国民经济长远规划的通知》精神，学校重新修订基本建设总体规划。计划在调整、增加专业的基础上扩大招生规模至 5000 人，并将学校基建重点放在新校。

24 日　校党委召开由机关各部室、系总支负责人参加的会议，以及由文理科教师代表、部分负责科研的系主任参加的座谈会，传达中央关于科研工作的指示。与会人员对学校科研工作提出意见，并表示要鼓足干劲，力争把学校科研工作搞上去。

7 月

4 日　学校发出《关于收集整理文书档案的通知》，重点抢救“文革”期间的档案材料。

1977年

7月

27日　学校调整充实知青领导小组，郭林任组长，程世忠、张传杰任副组长。

29日　中共山东省委决定任命黎野为山东大学党委副书记。

8月

6日　549名工农兵学员毕业。

9月

6日　学校发文选派吴富恒、潘承洞、谢力同、郭贻诚、王祖农、蒋民华、徐平茂等参加“全国自然科学学科规划会议”。

11月

4日　经中共山东省委文教办公室党组同意，余光前任中文系党总支书记，周志仁任数学系党总支书记，史怀昌任光学系党总支书记，徐儒英任物理系党总支书记，曹忠先任电子系党总支书记，王祖农任生物系主任。

同日　瑞典应用数学研究所负责人森德斯特姆一行6人及瑞典使馆陪同秘书1人，来我校数学系考察交流。校革委会副主任郭林和数学系副主任杨培勤、傅信礼等接待。森德斯特姆和研究员拉姆辛分别作学术报告。

26日　经省教育局批准，撤销原政治系，分设哲学系和政治经济学系。臧乐源任哲学系主任兼党总支副书记，刘立魁兼任政治经济学系党总支书记。

本月　根据上级布置，联系学校实际，继续揭发批判“四人帮”。重点揭批“四人帮”炮制的“两个估计”。

12月

7日　为加快科研步伐，学校决定在基础科学研究方面，恢复和建立晶体材料研究所、微生物研究所、数学研究所等重点研究机构。

26日　经山东省革委会文教办公室党组同意，李庆臻任校办公室主任，程世忠任党委组织部长，王琏任党委宣传部部长，何畏任党委统战部部长，郑明训任人事处处长，赵凌任教务处处长，刘玉柱任科研处处长，孙肇露任生产设备处处长，陈乃健任总务处处长，章茂桐任图书馆馆长，孔繁任《文史哲》编辑部主任。

1977年12月，山东大学数学楼投入使用

1977 年

12 月

本年度　中国恢复高等学校招生考试制度。今年学校共录取新生 953 人，将于 1978 年 2 月进校。9000 平方米的数学楼建成投入使用。

1978 年

1 月

13 日　校党委决定，陈乃健任总务处党总支书记，孙肇露任生产设备处党总支书记。

21 日　学校召开表彰大会，奖励 1977 年度作出突出贡献的 42 个先进集体，489 名先进个人。

29 日　中共山东大学委员会发布《关于清查工作情况的报告》。

本月　《文史哲》由季刊改为双月刊。

2 月

14 日　省委决定，孙汉卿任山东大学党委书记，吴富恒任山东大学党委副书记、革委会主任，李镇任山东大学革委会副主任。

孙汉卿，1913 年 9 月出生，山东牟平人。1932 年 8 月，加入中国共产主义青年团，并参加革命工作。1934 年，考入清华大学物理系，学习期间，积极从事革命活动，先后参加“一二·九”“一二·一六”学生运动，并加入中华民族解放先锋队、社联等抗日救国组织。1936 年 6 月，加入中国共产党，历任中共北平市委农委委员、中共鲁西北工委委员、山东鲁中工委负责人、中共泗水县委书记，日照县委组织部部长，山东鲁东南五地委组织部部长，山东滨海区委常委、组织部部长、副书记，山东渤海区党委常委、组织部部长，曾参加徂徕山抗日武装起义。新中国成立后，曾任中共青岛市委常委、组织部部长、中共青岛市委第二书记。1963 年起任山东大学党委副书记兼副校长，1975 年任华东石油学院党的核心小组组长，1978～1984 年任山东大学党委书记；1982 年曾参加中国共产党第十二次全国代表大会，1983 年任中共山东省顾问委员会常委。1984 年离休。

1978 年 2 月，孙汉卿任山东大学党委书记

任山东大学党委书记期间，正值“文革”结束，百废待兴。孙汉卿认真贯彻党的教育方针，坚持社会主义办学方向，一手抓拨乱反正，落实党的政策，平反冤假错案，保证了教学科研正常秩序，促进了校园安定团结；一手抓建设发展，加强师资队伍建设，提高教育教学质量，改善办学条件，优化育人环境，发挥党组织和党员队伍作用，卓有成效地推进了学校事业发展。工作中，他坚持原则，秉公办事，作风民主，乐于倾听不同意见；尊重知识，尊重人才，密切联系师生员工，关心和爱护干部，深受广大师生的敬重和爱戴。

17 日　校党委常委决定，王象孝兼任机关党总支书记。

3 月

2 日　校党委常委决定，周志仁任数学系党总支书记。

18 日　吴富恒、潘承洞、王祖农、于锡玲代表学校出席全国科学大会。晶体所水溶液组荣获科研先进集体称号。学校共有 20 项科研成果获科学大会奖。

1978 年

3 月

1978 年 3 月，晶体生长研究室水溶液组等 20 项山东大学科研成果获全国科学大会奖

18 日　经校党委研究决定拟成立学生工作处。

27 日　经中共山东大学委员会研究拟成立以下八个学校直属的研究所和研究室：晶体材料研究所、数学研究所、固体物理研究所、微生物研究所、文史哲研究所、量子化学研究室、基本粒子研究室、现代美国文学研究室。

4 月

11 日　公布山东大学体育委员会，郭林任主任，刘永昌、赵凌任副主任。

12 日　校党委常委决定，刘泗滨任知识青年上山下乡办公室主任；王涛兼任人民防空办公室主任。

17 日　为加强对知青工作的领导，校党委决定充实知青领导小组，由郭林兼任组长，郑明训、马长义任副组长。

5 月

9 日　经学校决定并报省委批准，提升潘承洞、邓从豪、余寿绵、尹敬执、杜作栋、蒋维崧、卢振华、谢联菜（谢力同）、韩连琪、阎长泰、孙昌熙为教授。

12 日　校知青领导小组召开会议。会议认为今后学校工作中仍坚持知识青年上山下乡的方向，切实加强知青工作的领导，并解决知青的一些实际问题。

18 日　在山东省科学大会上，学校共有 43 项科研成果获奖。

27 日　为加强学校计划生育工作，校党委常委决定，郭林兼任计划生育领导小组组长，王耀洲兼任副组长。

6 月

3 日　经校党委研究决定成立山东大学学术委员会。学术委员会的主要任务是进行学术咨询，审议学校发展规划，审查鉴定研究成果，评定研究生毕业论文与设计，参与提升教授、副教授工作的审议等。吴富恒任学术委员会主任，潘承洞、郭贻诚、萧涤非、王仲荦、王祖农任学术委员会副主任。莫叶、蒋民华、张学铭、谢联菜、汪嘉业、余寿绵、王承瑞、刘清前、徐国宪、尹敬执、阎长泰、杜作栋、陈机、黄浙、周才武、冯传海、周文彬、邓从豪、王政之、殷孟伦、蒋维崧、孙昌熙、吕慧鹃、郑鹤声、卢振华、韩连琪、陈之安、臧乐源、李武林、季星如、庄德钧、黄嘉德、张健、陆凡、章茂桐、赵凌、李庆臻、刘玉柱任委员。

校党委决定，吴富恒任《山东大学学报》（自然科学版）编辑委员会主任，王承瑞任常务编委，潘承洞等任编委。

1978年

6月

22日　为表彰科技工作者，学校决定授予154名同志先进个人称号，40个单位先进集体称号。

7月

本月　学校将原有校属研究单位调整为文史哲、美国现代文学、数学、晶体材料、红外遥感、微生物6个研究所(室)。

本月　为加强学校的教学和科研力量，学校调入一大批教职员工。

8月

14日　中共山东大学委员会发布《中共山东大学委员会关于检查清查工作和民主集中制等情况的综合报告》。

28日　学校科研处向教育部科技局上报《1978年重大科学技术成果统计表(1978年不准备进行鉴定的)》和《1978年已鉴定的重大科学技术成果》。

31日　学校开展整党整风、整顿社队、整顿企业的"三整顿"运动，将对"四人帮"的批判引向深入。

本月　山东大学复归教育部直接领导，并从今年起恢复招收研究生。

9月

本月　学校录取研究生95人，招生专业21个。

本月　学校在山东省第四届大学生运动会上，获总分第一名。

10月

1日　学校物理系与武汉无线电元件厂联合主办的全国压电晶体技术交流会在武汉市召开。

2日　经省文教办公室党组同意，刘玉柱任山东大学教务处处长，季星如任政治经济学系主任。

21日　学校举行以"实践是检验真理的唯一标准"为内容的文科理论讨论会。本省及外地文教、宣传部门近千人参加。复旦大学副校长蔡尚思、中国人民大学教授吴大琨、《人民日报》理论部主任何匡等，先后发表题为《解放思想、敢于斗争》《坚持真理标准问题上的唯物主义一元化》《必须加强科学社会主义的研究》的学术报告。会议历时10天，于10月30日下午结束。

1978年10月，学校召开以"实践是检验真理唯一标准"为内容的文科理论讨论会

1978 年

10 月

30 日　由学校与中科院、物理所联合主办的全国第一次晶体生长理论讨论会在济南举行。这次会议标志着我国晶体生长研究工作由偏重于工艺研究，开始向科学理论研究过渡。会议于 11 月 11 日结束。

11 月

3 日　在“文革”中停刊的《山东大学校刊》复刊。

6 日　校党委发文要求各系总支尽快配备和健全政治辅导员，要求由觉悟高、作风正派、联系群众、政治工作能力强的青年教师担任。

13 日　为认真贯彻执行中央和省委文件精神，切实做好摘掉“右派”帽子人员的安置工作和不应划“右派”而被错划了的人的改正工作，校党委决定成立贯彻中央[1978]55 号文件领导小组。由孙汉卿任组长，何畏、郑明训任副组长。

20 日　学校举办“外语活动月”，从而在全校造成了学习外语的浓厚气氛。

本月　为进一步加强学生的思想政治工作，学校在学生中间开展“学雷锋，创三好”的活动。

12 月

1 日　原副校长陆侃如教授因病逝世，终年 75 岁。陆侃如教授在逝世前，将他与夫人冯沅君教授的存书近万册、存款 3 万余元，全部捐献给学校。

5 日　美国加州大学伯克利分校物理系激光物理学家沈元壤教授应山东大学、山东省科学协会的邀请来学校讲学 3 天。

18 日　党委宣传部、统战部召开了有美国文学研究室、留美教授、外国专家、台湾同胞、归国华侨等参加的座谈会，与会者热烈庆祝中美建交。

20 日　学校举办的文化补习夜校正式开学。

22 日　以美国匹兹堡大学文理学院院长欧文·舒尔曼为团长的匹兹堡大学教授访华团一行 16 人，来学校访问。

23 日　学校以电视广播方式举行 1978 年教学经验交流大会。要求全校认真贯彻执行以教学为主的原则，大力提高教学质量。

25 日　美国文学研究室举行纪念毛泽东主席诞辰 85 周年学术报告会。

26 日　学校新聘英国专家 R. J. 柯克比抵济来学校任教。

30 日　日本大学生第二次访华团一行 28 人在山口大学经济系副教授大林洋五团长的率领下来学校参观访问。

同日　学校第十届团代会、第十八届学代会召开。会议选举冯宜明任团委书记；陈钢铸、陈钟任副书记；王志和同学任学生会主席。

本年　全校共有 11 个系(哲学、政治经济学、中文、外文、历史、数学、物理、电子、光学、化学、生物)，28 个专业。

1979 年

1 月

2 日　微生物学专家、福建师范学院教授王岳来校讲学。

5 日　学校颁布《关于维护山东大学校园宿舍公共秩序的试行规定》。

15 日　山东省委文教办公室党组同意，邓从豪任化学系主任；潘承洞任数学系主任；王仲荦任历史系主任。

本月　国家科委同意，《山东大学学报》(自然科学版)从 1979 年起由邮局公开发行。学报定为季刊。

1979 年

2 月

12 日　学校学术委员会召开扩大会议，就如何转移山东大学的工作重点、提高教学质量、搞好科学研究等问题进行了讨论。各系教授、副教授、讲师及负责人参加座谈。

17 日　党委召开全校师生员工电视广播大会，动员全校师生员工将工作重点转移到教学和科研工作上来，把学校真正办成“既是教学中心，又是科研中心”。

同日　学校召开表彰大会，表彰 1978 年度的校级“三好学生”271 名，先进班集体 13 个，先进工作者 342 名，并向达到“国家体育锻炼标准”的 377 名同学颁发证章。

18 日　由中文、历史、政治经济学、哲学等系筹办的以文艺为主的综合性学生刊物《春笋》创刊。

20 日　山东大学体育运动委员会发出《山东大学关于施行〈国家体育锻炼标准的规定〉》。

21 日　校党委召开各系、机关总支书记会议，座谈政治工作如何转移到保证教学、科研上来。

24 日　学校召开师生员工电视广播大会，传达全国高等学校科技会议精神。

同日　中共山东大学委员会决定，为历史系“思想史讨论班”平反。(注：“思想史讨论班”原是由历史系部分教师组成的一个教学和研究的辅助组织。1966 年 6 月被定为“反革命黑店”)

26 日　学校颁布《山东大学教师工作量试行办法》《山东大学教师教学工作量超额津贴试行办法》和《山东大学教师考核试行办法》。

3 月

3 日　卢振华教授逝世，终年 68 岁。其家属遵照卢教授的遗愿，将其藏书 3624 册全部献给学校，历史系资料室设专柜保存。

卢振华(1911～1979)，字南乔，湖北黄安(今红安县)人。1937 年，毕业于北平师范大学(今北京师范大学)国文系，先后曾在湖北随县列山中学、恩施高中任教，重庆北碚编译馆工作。抗日战争胜利后，于 1946 年北上青岛，到山东大学执教，1958 年随学校迁居济南，直至去世。历任山东大学副教授、教授，历史系亚洲史教研室、中国古代史教研室主任。

卢振华早年在大学读书时，就致力于《史记》的研读。其对《史记》的研究，主要集中于历史编纂学方面。从 20 世纪 50 年代后起，陆续发表《论司马迁及其历史编纂学》《略谈司马迁和他的〈史记〉》《司马迁在祖国文化遗产上的伟大贡献与成就》《论司马迁〈史记〉编纂的创造性和思想性》等多篇有影响的文章。他著有《〈会注考证〉手批稿》(全十册)。此外，还发表《从史学和史料来论述〈汉书〉编纂特点》一文。1964 年，他主编的《史学名著选读》被指定为高等院校教材。

20 世纪 50 年代起，卢振华参加了“二十四史”的点校工作，为《南史》和《梁书》整理点校付出了极大的心血。卢振华对山东的古代科技人物也颇有研究。

1979年

3月

他科学地考证研究了历史名医扁鹊的姓名、里籍及其经历与活动，具有较高的学术价值。此外，他对仓公、鲁班、夙沙氏等先秦时代齐国、鲁国的科技巨匠也分别进行了研究。1979年齐鲁书社以《山东古代科技人物论集》一书，将其研究论文结集出版。

9日　教育部同意学校建立文史哲研究所，并恢复现代美国文学研究所。

17日　学校召开校庆科学讨论会，文理科共提出学术报告或论文236篇。此次科学讨论会延续了学校校庆传统，科学讨论会的开幕式即为校庆的大会。

22日　学校受教育部委托，主办全国胚胎学教材审稿会。

29日　校党委发出《关于搞好期中检查，狠抓教育质量的通知》。

30日　学校原副校长童第周教授在京逝世，享年76岁。

本月　科学社会主义系成立。

童第周(1902～1979)，字蔚孙，浙江鄞县童村人，世界著名生物学家、中国实验胚胎学的创始人。1922年考入复旦大学哲学系，1930年到比利时比京大学留学，1934年获博士学位。曾任中央大学、同济大学、复旦大学教授，中科院生物地学部委员、副主任，中科院生物学部主任，中科院青岛海洋研究室主任，中科院青岛海洋研究所所长，中科院副院长等职。曾当选第一至第五届全国人大代表，第三、四、五届全国人大常委会委员，第五届全国政协副主席，民盟中央常委。1978年，加入中国共产党。

1934～1956年，童第周教授前后两次在山东大学工作，累计达13年。历任山东大学教授、动物学系主任、学校学术委员会主任。1951年3月，童第周被任命为山东大学副校长，为山东大学的学科建设、学术发展和人才培养作出了重大贡献。他和华岗校长等与全体师生一起共同创造了山东大学历史上的第二次辉煌。作为副校长和学校学术委员会主任，童第周曾主持全校科研工作。他建议创办了《山东大学学报》，并担任主编。这是新中国成立后高等学校最早的学报。1952年，他与华岗校长等一起成立中国第一个海洋系，为中国海洋学的发展奠定了基础。

童第周在做好学校行政管理的同时，从未放松教学、科研，亲自为学生讲授基础课和专业课，他开设的实验胚胎学、生物学史和进化学等课程深受学生欢迎。他以自己的学术品格和科学精神滋养学生，培养出一大批德才兼备的优秀人才。

童第周是一位卓越的科学家，被誉为中国的“克隆之父”。早在20世纪30年代，就以胚胎遗传研究闻名于世。20世纪70年代，童第周利用鲫鱼的遗传基因，成功克隆出单尾金鱼，科学界称之为“童鱼”。

4月

10日　校计划生育委员会召开发奖大会，表彰计划生育模范宣传员和计划生育先进集体和先进个人。

20日　校党委决定，校体育运动委员会由云光任主任，刘玉柱、马长义、王涛、陈振善、陈钟任副主任。

1979 年

4 月

26 日　日本东京大学中国学习者访华团一行 25 人来学校参观访问。

30 日　经山东省教育局同意，学校恢复函授教育。

本月　教育部组织的以王祖农教授为团长的高等学校教师访法代表团，对法国巴黎大学、马赛大学、里昂大学等进行 3 个月的考察访问。

5 月

2 日　美中人民友好协会访华团一行 50 人来学校参观访问。

5 日　校团委举办纪念五四运动 60 周年大会。

12 日　学校召开“落实政策平反大会”，为在“文革”期间被错误处理的 151 名同志平反、恢复名誉、消除影响。

同日　学校男女篮球队分获山东省“三好杯”篮球赛冠军。

15 日　中国电子学会、中国物理学会，中国金属学会委托学校主办的全国磁学讨论会在济南召开。参加会议的有来自全国 58 个单位的 96 位代表。会议 26 日结束。

18 日　学校召开 1979 年春季田径运动会，运动会为期 2 天。有 6 人刷新 7 项学校纪录，打破一项高校纪录。

31 日　教育部委托学校主办召开部属高校“红外”学术讨论会。参加会议的共 29 个单位，54 名正式代表。会上宣读专题报告和学术论文 30 篇。

本月　为恢复和整建学校工会，决定成立校工会筹备委员会，戈平任主任，房金堂任副主任。

6 月

5 日　英国著名学者理查兹教授来学校参观访问。理查兹教授是英国著名的文学批评家、语言学家和诗人。

7 日　校党委发出《关于继续深入地开展“学雷锋、创三好”活动的通知》。

9 日　数学系谢联棻教授率领代表团，应邀参加在加拿大召开的国际组合数论与图论的学术会议。

13 日　山东省文教办公室党组同意，赵明义任科学社会主义系党总支书记、系主任；戴廷玉任政治经济学系党总支书记；王象孝任化学系党总支书记；冯宜明任共青团山东大学委员会书记。

14 日　学校颁布《山东大学教师外出进修暂行办法》。

29 日　学校召开表彰大会，表彰 264 名校级先进工作者和 40 个校级先进集体。

7 月

6 日　校务会议讨论《山东大学系的工作条例（试行）》《山东大学教学研究室工作条例（试行）》和《山东大学学则》。

12 日　召开全校教职员工电视广播大会，传达全国五届人大二次会议和五届政协二次会议精神。吴富恒、潘承洞和萧涤非、郭贻诚分别出席两会。

21 日　由学校与中科院数学研究所联合举办的“全国组合数学与图论学术交流会”在烟台召开，有 41 个单位的 70 余名代表出席会议。

1979 年

8 月

27 日　1978 级学生进行为期 20 天的军事训练。

本月　由日本山口大学小西俊造校长为首的代表团一行 9 人，来学校访问。

9 月

2 日　由学校主办的全国美国文学研究会在山东省烟台市成立。研究会推选吴富恒教授为会长，陆凡教授为秘书长。

7 日　学校举行新生开学典礼，1100 余名新生入校。

8 日　学校体育运动委员会召开全体会议，校体委主任云光主持会议。

14 日　校务会议通过《山东大学关于加强基础课教学的决定》。

21 日　学校民主党派召开恢复组织大会，恢复民盟、九三学社两个基层组织。

同日　75 名研究生入校。

22 日　校田径代表队获得济南大、中、小学田径运动会普通组团体总分第一名。

23 日　日本大学生第三次访华团一行 49 人，在山口大学经济系副教授大林洋五带领下来校参观访问。

26 日　学校召开教职工大会，清产核资工作全面展开。

28 日　山东省文教办公室党组同意，刘光裕任《文史哲》编辑部主任；林钧硕任生物系党总支书记。

下旬　为庆祝中华人民共和国成立 30 周年，学校举行文科学术报告会。报告会提交论文 24 篇。

本月　全校开展"五讲""四美""三热爱"活动，要求人人重视，身体力行，进一步加强精神文明建设。

本月　在建筑新校汽油库时，从距地面两米深处，挖出唐三彩三足罐一件。同时出土的还有白瓷碗和白瓷小壶各一件。经考古专家鉴定，其中三足罐为三彩中的精品。

11 月

1 日　吴富恒校长随教育部中国大学校长代表团出访联邦德国，为期 15 天。29 日，吴富恒向全校教师和干部作了在联邦德国访问、考察的报告。

3 日　学校召开文科老教师会议，讲师以上教师 150 余人参会，会议动员大家为提高文科学术水平而奋斗。

4 日　由中国数学会委托山东大学等机构主办的全国泛函分析学术交流会在济南举行。参加交流的论文 76 篇，会议 12 日结束。

12 日　山东省文教办公室批准，学校撤销"五七"干校，改为农场，归属总务处领导。

20 日　学校发出《关于加强用电管理，严格节约用电的通知》。

22 日　作家冯德英来校作创作经验体会的报告。

23 日　经团委和学生会积极筹备，山东大学业余文工团成立，70 余名团员分别组成舞蹈队、曲艺话剧队、合唱队和管弦乐队。

25 日　电子系 1977 级黄卫平同学被团中央命名为"全国青年突击手"。

同日　中国人民解放军 00225 部队 64 分队来学校帮助抢建公用教室楼，保证 1980 级新生入校使用。

1979 年

11 月

本月　校党委决定在全校开展社会主义民主和法制的宣传教育活动。

本月　共青团山东大学委员会决定，在全校开展“讲文明，守纪律月”活动。

12 月

7 日　学校举行 1979 年教学经验交流会，会上有 7 名教师作经验交流。

9 日　山东省政协第四届常务委员、中华全国体育总会委员、九三学社山东大学支社主任委员傅宝瑞教授逝世，终年 71 岁。

傅宝瑞(1907～1979)，曾用名傅子玉，辽宁金县人，体育专家。曾任青岛市体育运动委员会副主任、山东体委副主任，山东省政协第二、三、四届常务委员，国家级裁判，中华体育总会委员，九三学社山东大学支社主任委员。傅宝瑞 1932 年毕业于东北大学体育专修科。1932～1938 年，任国立山东大学体育系助教、讲师。1938 年，曾至北京女子师范学院任教授兼体育系主任，1941 年后在北京师范大学、沈阳东北临时大学、东北大学任教授。1948 年，回任国立山东大学体育系主任、教授，山东大学体育教研室主任等。傅宝瑞长期从事体育教学，历时 30 余载，培养大批体育人才，多次被评为学校先进个人。其竞赛工作更加突出，多次组织学校体育队在全国比赛中取得优异成绩，因此得到省教育主管部门的表彰，在全国也有较大影响。傅宝瑞曾参加过远东运动会，在跳高、跳远、标枪、铁饼、铅球等项目的比赛方面都曾获得过全国第二名的成绩。

14 日　校团委召开“讲文明，守纪律活动月”总结大会，大会评选出 17 个先进集体、46 个模范宿舍、70 个先进个人。

21 日　学校举行男子 9000 米、女子 3000 米冬季越野跑比赛。

同日　政治经济学系学生刊物《基石》出版。同期，历史系学生刊物《春秋》问世，物理系主办刊物《教与学》。

28 日　学校召开实验工作经验交流会。被表彰的有 10 个先进集体和 26 个先进个人。

31 日　学校颁布《关于加强学校秩序的几项规定》。

本月　学校被评为山东省学校体育卫生工作先进单位。

本月　潘承洞教授被国务院授予全国劳动模范的称号，并应邀去北京参加授奖大会。

本月　在新校水塔建筑施工中，发现两座古墓，出土一批铜钱、土陶盘、瓷碗等文物。经专家推断这两座古墓为北齐时期的墓群，距今有 1400 多年。

本月　学校校办工厂超额完成 1979 年生产计划。年计划产值 184.5 万元，实际完成产值 197.41 万元。

本年　全校共有各类学生 3423 人(研究生 170 人，本专科生 3253 人)；本年招收本专科生 1128 人，毕业本专科生 349 人。全校共有教职工 2555 人，其中专任教师 953 人(教授 20 人，副教授 17 人)。全校藏书 130 万册。

本年　全校出国参加学术会议和考察的共 9 批 11 人次，接待来校讲学和参加研究工作的共 8 批 19 人次。

1980 年

1 月

4 日　接中共教育部党组 1979 年 12 月 26 日通知，经党中央批准：孙汉卿任山东大学党委书记；吴富恒任山东大学校长、党委副书记；云光任山东大学党委副书记、副校长；戈平任山东大学党委副书记；徐迅、邓从豪、王祖农任山东大学副校长；程世忠任山东大学副书记；房金堂、魏伊明任山东大学顾问。

6 日　学校发出《关于加强水电管理、认真节约水电的通知》《节约水电暂行管理办法》和《关于差旅费管理办法的通知》。

25 日　全国高等学校文科公共外语教学会议 25～30 日在学校召开。参加会议的有 19 所高等学校文科公共外语负责人及商务印书馆等 3 个出版单位。会议制定出全国高等学校公共英语教学大纲（草案），统一了对公共外语教材编写内容、方法、体例、类型的看法，落实了出版计划，交流了编写工作经验。

30 日　经中共山东省文化教育委员会党组同意，程世忠兼任中共山东大学纪律检查委员会书记，章茂桐任中共山东大学纪律检查委员会副书记，陈继述任光学系主任。

2 月

6 日　学工部在本学期终开展了先进辅导员评比工作，共评出先进辅导员 17 名。

同日　中共山大党委、纪委发出关于《山东大学反右倾复查改正工作情况汇报》。根据中共中央[1979]49 号文件和省委[1979]55 号文件精神和要求，学校对 1958、1959 年“反右倾”时受处分挨批判的同志进行了平反改正。

3 月

6 日　学校颁布《山东大学自然科学研究成果奖励办法》。

12 日　今日是我国第一个植树节，全校师生分赴指定地区植树。

13 日　经中共山东文化教育委员会党组同意，阎长泰任化学系主任，周才武任生物学系主任，汤正祜任电子系党总支书记。

15 日　学校开始举行 1980 年校庆报告会，由各系分别组织报告。4 月 15 日结束，历时一个月。

21 日　学校召开 1979 年度“学雷锋、创三好”总结表彰大会。479 名“三好学生”、21 名“三好学生”标兵、19 个先进集体受到表彰。

23 日　以美国哈佛大学教育研究院院长叶尔维赛柯博士为团长的哈佛大学教育研究院代表团一行 9 人于 23～25 日来学校访问。双方就建立校际之间的联系和学术交流，互派留学生、研究生、研究学者等问题进行了会谈。

27 日　学校贯彻落实中共中央[1978]55 号文件，对学校 1957 年划的 149 名右派分子进行了复查，除一人留待进一步调查材料作出结论外，其余的 148 人均已作出复查结论。147 人予以改正。

28 日　学校召开 1979 年度“学雷锋创三好”总结表彰大会。

4 月

4 日　1979 级学生去英雄山烈士陵园扫墓。

9 日　美国贝尔电话实验室物理化学和无机化学实验室主任、国际晶体生长组织主席劳迪斯博士应邀来学校为晶体生长学习班讲学，并被学校授予客座教授职称。

1980 年

4 月

10 日　为落实党的十一届五中全会精神，学校举办第一期干部轮训班，共有 34 名干部参加学习，学期三个月。10 月 13 日，举办第二期，学员 35 名。

中旬　学校受中国数学会委托，在济南召开“全国数论学术交流会”。出席会议代表 60 人。

25 日　中科院副院长，我国著名数学家华罗庚教授来学校作报告。报告历时两个半小时，重点介绍了国外科学研究的形式以及我国科研成就在国际上的地位。他鼓励学校师生搞科学要有老老实实的态度，敢于“班门弄斧”的精神和理论联系实际的方法。中国数学会副理事长、四川大学校长柯召教授，中科院数学研究所王元教授，中科院系统研究所负责人越明义教授，中国科学院系统研究所负责人许国治教授一同来校。

1980 年 4 月 25 日，孙汉卿书记和师生热烈欢迎中科院副院长、著名数学家华罗庚等来校作学术报告

同日　“文革”后首次研究生毕业论文答辩会在数学系举行。答辩人为潘承洞教授的研究生于秀源，答辩委员会由柯召教授、王元教授、莫叶教授组成。于秀源汇报了两篇毕业论文，均达到博士水平，提前一年半毕业。

1980 年 4 月，山东大学第一位博士于秀源论文答辩会师生合影

1980 年

4 月

本月　经教育部批准，学校同日本的山口大学、美国的印第安纳大学、加拿大的里贾纳大学正式建立校际联系。

5 月

17 日　经教育部批准，应学校吴富恒校长邀请，美国印第安纳大学东方语言系主任罗郁正教授代表印第安纳大学校长瑞安教授来学校访问，就发展印第安纳大学同山东大学的校际联系进行洽商，并就两校互派教师、研究生进行学习，互派教师讲学、工作，科研项目的合作研究以及图书资料交流等事项初步交换意见。

19 日　经山东省文教委员会同意，王承瑞、冯传海、陈继述、陈鸿宅、黄浙、周光裕、郭大钧、徐绪典、张健、陆凡、金诗伯 11 人提升为教授。

23 日　学校举行 1980 年春季田径运动会，19 人破 12 项学校纪录。

27 日　学校 1980 年学生书法美术展览会在新校举行，共有各系参展作品 113 幅。

6 月

6 日　学校召开第十九届学生代表大会，出席会议的学生代表 350 人。大会一致通过学生会工作报告、《山东大学学生守则》，并选举产生第十九届学代会，翟华明同学任主席。

1980 年 7 月 5 日，山东大学校长吴富恒在华岗校长追悼会上致悼词

7 月

5 日　前校长华岗 1955 年受到错误审查，并被去职的冤案经中央批准予以改正，由中共山东省委给予平反昭雪。华岗校长追悼会在济南英雄山烈士陵园举行，党和国家领导人邓颖超、彭真、胡乔木、王重任、周建人、许德珩、朱蕴山、史良、王昆仑，山东省委第一书记白如冰等领导同志及中央有关部和省政府、政协、济南市的有关单位送了花圈。山东省和济南市的有关领导、单位代表及华岗生前好友 500 余人参加。追悼会由党委书记孙汉卿主持，吴富恒校长致悼词。

26 日　学校发布《山东大学加强师资培养工作的几点做法》。

1980年

8月

5日　中国高能物理学会委托学校主办的“全国宇宙线高能天体物理会议”在青岛市举行。与会人员中有中科院原子能研究所所长、研究员、二机部副部长王淦昌；中科院高能物理所副所长、研究员赵忠尧，何泽慧等。美国亚利桑那大学范章云教授应邀参加会议。会议期间交流论文100篇，于8月10日结束。

11日　以法国中央理工学院院长雅克索尼埃将军为首的法国中央理工学院访华团一行来学校参观访问。

26日　经校长办公会议研究决定，在各系、研究所、校直属研究室设立学术委员会。其职责是，对系所室的发展规划、科学研究和研究生培养工作中的重大问题提出建议，审查、鉴定科研成果，组织研究生论文答辩，参与提升教师职称的审议工作，主持系所室内的学术讨论会和组织学术活动等。

本月　由学校主办的“教育部高校第二届遥感学术会”召开。

本月　为了更好地贯彻执行《关于党内政治生活的若干准则》，校党委制定出执行准则的六条措施。

9月

1日　图书馆老校阅览室自本日改为开架阅览。

3日　举行1980级新生开学典礼。

16日　由吴富恒校长、邓从豪副校长、数学系潘承洞主任、历史系陈之安副主任组成的代表团，于9月16～26日访问英国剑桥大学、美国匹兹堡大学、西雅图华盛顿大学、印第安纳大学及其分校普顿大学、纽约市立学院等七所高校。同部分学校确定和建立了校际联系、互派教师进修和讲学、加强科研项目协作、开展图书资料交流等双边关系。

同日　根据教育部要求，向教育部科技局报送“山东大学1977年以来科技研究成果应用总结”。其中提到1977年到1979年(包括1977年前的几项成果)学校共取得成果170项，其中理论成果97项、应用成果76项、已经在农业生产上应用53项、鉴定23项。

17日　学校举行1980年秋季田径运动会。

20日　受国家新型化工材料专业组委托，学校在济南举办了第一次全国有机硅学术讨论会。会议25日结束，收到论文67篇。

26日　学校选举出席省第四届党代会的代表和候补代表。孙汉卿、邓从豪为正式代表，陈之安为候补代表。

本月　学校恢复接收和培养外国留学生工作。有12名英国、瑞典、法国、联邦德国、荷兰、澳大利亚和日本的外国留学生陆续来学校留学。

本月　学校奖励1979年完成的10项自然科学研究成果，其中一等奖2项、二等奖7项、三等奖1项，这10项科技成果也获得了省科委优秀成果奖。

本月　学校制定《关于进一步改善学校卫生面貌的几项措施》。

本月　受省委组织部委托，学校开始举办干部专修科。

10月

6日　学校发出关于试行《系仪器室工作条例》《系仪器室器材仓库保管员职责》《系仪器室会计职责》《实验室器材管理人员职责》(讨论稿)四个岗位职责的通知。

1980 年

11 月

6 日 政治经济学系因增设经济管理专业，经学校研究改为经济系。

13 日 经教育部批准，学校建立研究生处和外事办公室。

14 日 学校主办的“义和团运动史学术讨论会”在济南召开，来自国内外的有关历史学者参加会议。

18 日 教育部副部长周林来学校视察工作。

24 日 校纪委根据中央组织部文件规定，对学校被定为右倾机会主义分子或有右倾错误因而受过处分、挨过批判的同志的档案进行逐个清理（校外人员已发信请所在单位组织清理，省管干部由省负责清理）。

同日 学校制定出《老教师上教学第一线的暂行规定（讨论稿）》。

同日 校党委召开了由各系总支书记、各部处、直属支部负责人参加的思想政治工作会议，学习了胡耀邦同志在各省市自治区思想政治座谈会上的讲话。会期两天。

30 日 学校向全校发出《山东大学自费走读班经费使用办法的通知》。

本年 学校激光防护眼镜转让给济南缝纫机架厂。这是“文革”以后学校第一次有偿转让的成果。

本年度 学校共接待长期、短期的外国专家学者 80 人，招收外国留学生 16 名，接待校际来访团 1 个，出国留学 43 人（其中读学位的 1 人）；参加国际学术会议 6 个；出国代表团一行 4 人。

本年度 在学生中开展的“学雷锋创三好”活动评比中，全校共评选出 1979～1980 学年先进班集体 18 个，先进团支部 9 个，“三好学生”621 名，优秀学生干部 73 名，文体活动积极分子 157 名。

本年度 8000 平方米的公共教学楼建成并交付使用。

本年度 全校各类学生 5003 人，其中研究生 193 人，本科生 4395 人；年内招收的研究生 14 人，本科生 1158 人；全校教职工总数为 2502，其中专任教师 924 人（教授 30 人，副教授 63 人）；学校占地 1283.6 市亩（含山大农场）；建筑总面积 194873 平方米。

1981 年

1 月

5 日 学校成立了山东大学自然辩证法研究会并通过民主选举选出了理事会，李庆臻当选理事长，卢浩泉、谢去病、孙柏录当选副理事长。

8 日 经校党委常委会研究决定：李庆臻任党委办公室主任，王启新任校长办公室主任，于英杰任外事办公室主任，王清扬任科研处处长，李庆亭任外文系党总支书记，吴富恒任文史哲研究所所长，陆凡任美国现代文学研究所所长。

17 日 经校党委常委会研究同意，周志仁任数学系党总支书记，余光前任中文系党总支书记。

同日 学校召开了清产核资总结表彰大会，作了清产核资总结报告，表扬了先进单位和个人并颁发了奖状和奖品。先进个人代表介绍了先进经验。

20 日 学校党委书记孙汉卿向校系和部处负责同志传达了教育部在天津召开的教育工作座谈会的会议精神。这次座谈会分析了教育工作的大好形势，对学校领导体制和政治思想工作提出了改革和加强意见。

23 日 经校党委常委会研究决定，庄德钧任经济系主任。

1981 年

1 月

本月　实验技术专修班 123 名同学，经过两年的学习，已按教学计划完成全部学习任务，毕业并分配工作。

2 月

19 日　为了深入踏实的学习领会中央工作会议文件精神，学校选拔一批有一定理论水平和讲解能力的同志担任讲解员。同日，召开了第一次讲解员宣讲准备会议，数十名讲解员和领导干部参加会议。

20 日　第一期业余党校学习班结束。学校从 1980 年 4 月开始，利用每周五的晚上，举办业余党校学习班。参加这期学习的是“文化大革命”以来入党的新党员和部分党外积极分子，历时 7 个月，主要学习《关于党内政治生活的若干准则》《党章修改草案》、人民出版社出版的《党的基础知识》，分十个专题进行讲授。

24 日　党委召开了学生部分支部书记、支部委员座谈会，了解了学生目前的思想状况，听取了学生干部对学校各方面工作的建议。

26 日　校党委再次召开了思想政治工作会议，研究讨论了加强学生思想工作的一些问题。会议建议成立“思想政治工作研究室”。

27 日　学校对自 1979 年以来的校学术委员会进行调整和充实，决定校学术委员会下设文科和理科学术委员会。校学术委员会由 74 人组成，吴富恒任主任委员；王祖农、郭贻诚、萧涤非、王仲荦、潘承洞任副主任委员；文科学术委员会由 34 人组成，吴富恒任主任，萧涤非、王仲荦任副主任委员；理科学术委员会由 39 人组成，王祖农任主任委员，郭贻诚、潘承洞任副主任委员。

本月　由国家体委、教育部、共青团中央联合举办的 1980 年全国重点大专院校田径通讯赛评奖揭晓。学校获得女子团体总分第三名，男子团体总分第四名，14 人次获得个人名次的前六名，其中金健、金颖和周英杰同学夺得五个单项第一。

3 月

14 日　加拿大里贾纳大学校长劳埃德・巴伯博士一行 13 人，应学校邀请，于 14～22 日来学校参观访问和进行学术交流。

15 日　全校师生员工在老校大操场隆重集会，庆祝山东大学建校 55 周年（当时以 1926 年为学校建校起点）。参加大会的有教育部副部长高沂和山东省委、省政府、省人大、济南市及兄弟院校的负责人，来自北京、上海、南京、青岛等地的知名校友也参加大会。参加大会的还有以加拿大里贾纳大学校长劳埃德・巴伯博士为团长的代表团。这次校庆活动的内容有：校庆科学讨论会，学术报告会，专题座谈会，教学科研成果展览，考古文物、师生书画、校史图片展览，校庆文娱晚会和体操表演等。

21 日　校党委召开了由各总支（直属支部）书记、组织干事，机关有关部、处、负责人参加的组织工作会议，传达了中央组织部、教育部党组《关于加强高等学校领导班子建设的意见》《关于高等学校领导干部管理工作的通知》以及省文委召开的干部教育工作会议精神并总结了学校 1980 年的组织工作，提出了 1981 年的组织工作计划。

27 日　山东省科委召开全省科技工作会议，会议 4 月 3 日结束。学校有

1981年

3月

16项科技成果被授予优秀科技成果奖，其中一等奖4项、二等奖4项、三等奖8项。

同日　山东大学书法篆刻研究会召开成立大会。会上一致选举吴富恒校长为名誉会长，殷孟伦教授和韩连琪教授为顾问，选举蒋维崧任会长、孙坚奋等人任副会长。

30日　学校成立图书管理委员会，由22人组成，邓从豪任主任委员，孙昌熙、刘伟任副主任委员。

4月

2日　校学术委员会举行第二次会议，学习国务院下发的《学位评定条例》和审核招收博士、硕士研究生的专业和导师。

同日　计算机科学系建立，设有计算机科学和科技情报两专业。

4日　校党委常委决定，王象孝任化学系党总支书记，赵明义任科社系党总支书记，林钧硕任生物系党总支书记。

9日　经校党委常委会议研究，决定王涛兼任光学系党总支书记。

11日　学校工会筹委会召开各部门工会主席会议，着重讨论了关于响应全国九单位联合发出的倡议，在全校教职工中开展"五讲""四美"为主要内容的文明礼貌活动。

15日　学校决定成立思想政治工作教研室，日常工作由学生工作部负责。

24日　中国教育工会山东大学第十二次代表大会开幕，会期两天。会议选举产生中国教育工会山东大学第十二届基层委员会。

5月

3日　学校农场改为生物实验农场。

4日　学校举行1981年大学生"五四"科学报告会。报告会16日结束，共评选出优秀论文73篇。

8日　学校举行1981年春季田径运动会。

13日　教育部副部长张承先，在山东省教育厅负责同志陪同下到学校考察并指导工作。

20日　校党委召开第二次"五讲""四美"汇报会，汇报交流开展活动的经验体会。

21日　校党委发文公布校工会第十二届委员会组成，戈平兼任主席，邓宏庆、戈兆年任副主席。

25日　校学术委员会召开1981年第三次全体会议。听取全国研究生招生会议情况汇报，并讨论了学校的"六五"规划和十年设想的初步意见，强调了首先要提高教学质量，逐步发展研究生的招生数量，着眼于"四化"建设的需要和学校的基础条件进行专业设置和发展，整顿、精简过大的学校教职工队伍并解决其生活条件方面的问题，办好校工厂，建成建好教学基本设施，加强领导班子建设。

6月

1日　周培源、吕骥、张炳贵等人大常委在省有关负责同志陪同下来学校视察。他们听了吴富恒校长关于山东大学情况的汇报，并参观了晶体材料研究所和微生物研究所。

1981 年

6 月

3 日 学校发出《关于继续深入地开展学雷锋、“创三好”活动的通知》。

6 日 经校党委常委会研究，同意徐儒英任物理系党总支书记。

12 日 党委书记孙汉卿以搞好党风、改善党群关系为主要内容，给全校党员和要求入党的积极分子上党课，要求全校党员树立革命人生观，恢复和发扬党的优良传统和作风，自觉克服不正之风。

16 日 经校党委常委会研究决定，张季平任哲学系党总支书记。

19 日 美国纽约市立学院代表团一行 6 人来学校访问，并商谈两校文化交流事宜。

同日 学校颁布奖学金评定的几项具体规定。

20 日 学校制定科技发展的五年规划、十年设想上报教育部。

21 日 学校作出《关于推动学校各民主党派进一步开展活动的意见》的决定。

26 日 党委组织部举行 72 名新党员入党宣誓大会，对新党员进行忠实于党的事业的教育。

7 月

3 日 校党委统战部邀请山大民盟支部、山大九三学社支社部分成员，以及党外教授、侨胞、台胞代表座谈党的十一届六中全会文件和胡耀邦的重要讲话，座谈会由党委统战部何畏主持。

4 日 美国匹兹堡大学主管交流项目的副校长玛萨尼教授和考古学教授林道夫访问学校，洽谈两校交流事宜。

6 日 校党委举办了为期 10 天的科级以上干部《关于建国以来党的若干历史问题的决议》学习班。

8 月

3 日 教育部批复，同意学校恢复函授教育。

本月 由学校主办的教育部直属综合院校研究生教育管理研究会成立大会暨第一届年会在烟台召开。北京大学、中国人民大学、南开大学、吉林大学、南京大学、复旦大学、厦门大学、中山大学、四川大学、兰州大学、山东海洋学院和山东大学等 13 所院校研究生管理部门的负责人和部分专家、教授(其中 14 位博士生导师)参加会议。会议着重讨论了怎样贯彻执行《中华人民共和国学位条例》以及怎样做好研究生学位授予工作。

9 月

2 日 校党委常委会决定，丁文方任历史系党总支书记。

4 日 学校在历城县礼堂隆重举行 1981 级新生开学典礼。本年学校共招收新生 1215 人，遍及华东、华北、东北、西北、中南五地区。吴富恒校长致辞，吴富恒向新同学介绍了学校的沿革和现状，介绍了学校在不同的历史时期对新民主主义革命、社会主义革命和建设作出的贡献以及在教学、科研等方面取得的成就，还介绍了曾经在学校工作过或学习过的专家、教授和知名人士的情况。

9 日 学校第二届干部专修科在公教楼 112 教室举行开学典礼。

12 日 校党委统战部举行中秋茶话会，台胞、台属、归侨、民主党派代表和学校领导以及各部、处、室的负责人欢聚一堂，共度中秋佳节。

1981 年

9 月

14 日　校党委召开思想政治工作会议，会议 24 日结束。参加会议的有党总支委员、团总支书记、政治课教师、政治辅导员、班主任和科级以上干部。

26 日　学校召开出国进修回校人员座谈会，听取他们出国进修的情况及回校后的工作打算和对学校工作的建议等。

27 日　由省学联主办的"1981 年全省在校大学生文学作品评选活动"揭晓获奖名单，学校有 14 篇作品获奖。其中，一等奖 1 篇，二等奖 7 篇，三等奖 6 篇。

29 日　学校举行纪念鲁迅 100 周年诞辰报告会。中文系孙昌熙教授在其所作报告中回顾了山大在研究鲁迅方面作出的贡献，并介绍了北京召开的纪念鲁迅 100 周年诞辰学术讨论会和纪念大会的盛况。

同日　为认真贯彻团中央十届三中全会精神，校团委召开了全校各单位团总支书记、直属团支部书记会议。

30 日　学校举行由校系领导和师生员工代表 200 余人参加的茶话会，热烈庆祝中华人民共和国成立 32 周年。

10 月

5 日　由学校和全国《红楼梦》学会联合举办的 1981 年全国《红楼梦》学术讨论会在济南举行，于 10 日结束。

9 日　学校举行 1981 年秋季田径运动会，10 日结束。

同日　中国民主同盟中央委员会宣传部部长张毕来、组织部副部长吴春选等在省委鲁在瑄同志的陪同下来学校视察民盟支部工作。

11 日　学校成立爱国卫生运动委员会和各系爱卫会。校爱卫会由 31 人组成，徐迅任爱卫会主任，下设办公室。

13 日　校党委邀请各方面人士，在老校大会议室举行大型座谈会，隆重纪念辛亥革命 70 周年。

17 日　书法篆刻研究会邀请山东省著名篆刻家、书法家、青岛市书法篆刻研究会副会长张叔愚先生来校，同部分师生举行了座谈。

21 日　根据教育部《关于编写科研成果推广应用汇编的通知》要求，学校向教育部报送 1976 年以来学校已推广和建议推广应用的 64 项研究成果的汇编材料。

24 日　济南市 1981 年秋季学生田径运动会召开，学校田径代表队在大专组比赛中以绝对优势获得了男女团体总分第一名。

26 日　学校公布山东大学 1980～1981 年度先进班集体、"三好学生"、先进团支部、优秀团员名单。本年度学校评选出先进班集体 13 个，"三好学生"22 名；先进团支部 16 个，先进团员 335 名。

下旬　党委学生工作部、团委和学生会联合举办了"我爱祖国山水"美术、绘画、书法、摄影展览。

11 月

3 日　国务院批准学校为首批博士和硕士授予权单位之一，有 21 个硕士学位授权点，8 个博士学位授权点。21 个硕士授权专业是文艺学、中国现代文学、中国古代文学、中国文学批评史、现代汉语、汉语史、英国语言文学、中国古代史、专门史（中外关系史、中外交通史）、基础数学、计算数学、运筹学与控制论、

1981 年

11 月

高能物理、固体物理、磁学、分析化学、物理化学、高分子化学、植物学、动物学、微生物学；8个博士授权专业和导师是中国古代文学专业萧涤非教授，中国古代史专业王仲荦教授，基础数学专业郭大钧、潘承洞教授，运筹学与控制论专业管梅谷教授，高能物理专业王承瑞教授，磁学专业郭贻诚教授，物理化学专业邓从豪教授，微生物学专业王祖农教授。

同日　校党委常委会决定，颜正风任计算机科学系党总支书记，汪嘉业任计算机科学系主任；陈鹏万任物理系主任，余寿绵、王承瑞任物理系顾问；陈景仲任晶体材料研究所直属党支部书记，蒋民华任晶体材料研究所所长；方培真任微生物研究所党支部书记，王祖农兼任微生物研究所所长；潘承洞兼任数学研究所所长；邓从豪兼任量子化学研究室主任。

7日　党委学生工作部召开了全校政治辅导员工作经验交流现场会。

9日　根据党的十一届六中全会和全国思想战线座谈会精神，为加强教师思想政治工作，提高教学质量和科研水平，校党委决定在各教研室、研究室设分管政治思想工作的副主任。

12日　学校对教学质量进行检查，教务处公布全校教学质量检查简报，并对本学期教学工作中取得的成绩和存在的问题进行总结。

20日　学校党委组织了学校机关各部门、各民主党派负责人和学生代表参加的向女排学习座谈会。

同日　学校召开全体党员大会。校党委副书记兼组织部部长程世忠作了题为“坚持党性，破除关系学”的党课。校党委书记孙汉卿号召党员带头向中国女排学习，把学校各项工作搞上去。

23日　在新校公教楼举行了1981届研究生毕业典礼。

24日　学校作出《关于实行学生品德评等、评语制度的决定》，自1981～1982年第一学期开始试点，第二学期全面实行。

同日　学校举行计算机科学系成立大会。

26日　学术委员会召开全体会议，会上研究讨论了生产、总务等部门业务人员的职称问题。

29日　学校向全校发出《关于整顿教学秩序的几点意见》。

30日　山东省教育厅、卫生厅、体委和各大专院校代表共20人接受教育部的委托来学校全面检查体育卫生工作。

12 月

3日　校党委邀请各民主党派和无党派人士举行了民主协商会，就如何办好山东大学进行了充分的商讨和研究。

5日　校党委召开了纪念“一二·九”运动40周年座谈会。

6日　校纪律检查委员会发出《关于坚决杜绝毕业生分配工作中不正之风的通知》。

7日　学校向全校发出《关于加强马列主义政治理论课教学的通知》。

10日　根据教育部《关于试行高等学校教师工作量制度的通知》精神。学校制定和颁布《山东大学教师工作量试行办法》和《山东大学教师外出兼课酬金使用办法》。

1981 年

12 月

25 日　学校召开了党支部工作经验交流会。

31 日　校党委统战部、各民主党派和侨联小组联合举行元旦茶话会。

本年，学校抽调教师、干部各 2 人，成立校史编写组，在校长办公室领导下，负责校史的收集、整理、编写等工作。

本年度　学校接待长期、短期外国专家学者 145 人。在校外国留学生 27 人，毕业 12 人。接待外国校际来访团 2 个。出国留学 20 人，出国工作 1 人，参加国际学术会议 5 个，出国考察研究 1 人。

本年度　学校共有 13 个系（哲学、经济学、科学社会主义、中国语言文学、外国语言文学、历史学、数学、计算机科学、物理学、无线电电子学、光学、化学、生物学），25 个本科专业；本科生 5600 人，专科生 209 人，其中本年招收本科生 1210 人；授予硕士学位 54 人；学校教职工总数为 2555 人，其中专任教师 913 人（教授 32 人，副教授 101 人）；学校占地约 703133 平方米（不含农场）；建筑总面积为 212427 平方米。

1982 年

1 月

5 日　学校在老校大礼堂召开大会，表彰先进人物和先进单位，宣布对违法违纪人员的处理决定。会议由党委书记孙汉卿主持，吴富恒校长在大会上讲话。

9 日　学校隆重举行 1977 级学生毕业典礼。毕业典礼由副校长王祖农主持，校长吴富恒在会上讲话。这是“文化大革命”后恢复高考制度以来的第一届本科毕业生。

14 日　学校在老校大会议室召开了计划生育积极分子代表会议。

19 日　学校发出《关于加强体育卫生工作的意见》。

20 日　学校举行春节茶话会，与会者有全国、山东省人大代表和政协委员，民盟山大支部、九三学社山大支社全体成员，无党派知名人士代表，少数民族代表，台胞、台属、归国华侨代表以及各部处室系（所）的负责同志共 120 多人。

27 日　山东大学顾问魏伊明逝世，享年 70 岁。

2 月

5 日　教育部（教育部 82 高教一字 016 号）批复同意学校成立学位评定委员会。学位评定委员会由吴富恒、邓从豪、王祖农、萧涤非、王仲荦、潘承洞、郭大钧、管梅谷、郭贻诚、王承瑞、殷孟伦、董治安、张维华、张健、黄嘉德、陆凡、臧乐源、庄德钧、阎长泰、徐国宪、陈继述、陈机、汪嘉业、蒋民华、冯传海等 25 人组成，吴富恒任主席，邓从豪、王祖农、萧涤非、王仲荦、潘承洞任副主席。同时批准成立山东大学学位评定委员会文科分会和理科分会。萧涤非任文科分会主任，王仲荦任副主任；潘承洞任理科分会主任，王承瑞任副主任。

13 日　学校举行首届攻读硕士学位研究生开学典礼。

14 日　学校发出《关于开展财经纪律大检查的紧急通知》。布置在全校内开展财经纪律大检查工作，并成立领导小组，徐迅任组长。

15 日　校党委常委会决定，周文彬任电子系党总支书记。

18 日　计算机科学系成立团总支、学生会。

19 日　参加全国“三好学生”代表大会的代表、1978 级同学宋焕新为哲学系师生报告大会实况。

1982 年

2 月

24 日　学校召开干部会议，传达贯彻教育部关于开展财经纪律大检查的通知。

3 月

5 日　学校召开全民文明礼貌月动员大会。

同日　山东大学图书管理委员会调整，孙昌熙任主任委员，郑明训、刘伟任副主任委员。

6 日　教育部同意省教育厅委托学校举办“高校干部进修班”。校党委研究决定，孙汉卿任“山东省高等学校干部进修班”班主任，张军从任副班主任。进修班于 9 月份开始招生。

8 日　山东大学绿化委员会成立。戈平任主任委员，徐迅、周光裕、孙玉怀、马长义任副主任委员。

同日　校党委常委会决定，郑明训任图书馆馆长。

同日　日本专家木村泰先生向学校外文系赠送图书杂志 800 余册，加强学校日语教学工作。

11 日　学校召开校学位评定委员会和学位评定会文理科分会成立会议。

15 日　学校举行校庆科学报告会，由各系分别组织，4 月 15 日结束，历时一个月。参加交流的论文 397 篇。

同日　美国哈佛大学比较文学系主任吉连(Claudio Guillen)教授到学校讲学二日。

20 日　学校有 13 项科技研究成果参加教育部 1982 年 3 月 20 日至 5 月 6 日在北京举办的“部属高校科技成果展览会”。

23 日　哲学系举行关于“马克思主义和人道主义”学术讨论会。

25 日　美国哈佛大学荣誉教授哈利·莱文到学校讲学。

1982 年 3 月 30 日至 4 月 3 日，山东大学举办全国第一次“老舍学术讨论会”

1982年

3月

30日　校庆期间，学校主办全国第一次“老舍学术讨论会”，4月3日结束。老舍夫人、画家胡絜清，日本老舍著作爱好者访华团，共计60余名代表参会。

31日　经省文教委员会批准，建立山东大学待业青年安置办公室和山东大学劳动服务公司，撤销山东大学知识青年上山下乡办公室。

同日　校长办公会通过《山东大学奖学金试行办法》。

本月　学校举行华中建设大学和临沂山东大学校友座谈会。

本月　外文系普外教研室改为山东大学公共外语教研室，直属学校领导。任务是负责全校本科生、研究生（不含外语专业）的外语教学工作和全校教师的外语培训工作。

本月　物理系梅良模将在美国学习期间自费购买的50Hz～550MHz频计数器一台、全自动幻灯机一架无偿捐赠给物理系磁学实验室使用，合计570美元（折合半年以上生活费用）。

4月

1日　学校举行攻读博士学位研究生开学典礼。学校首次招收博士研究生2名，招生的专业和导师分别是：数学系基础数学专业郭大钧教授、物理系高能物理专业王承瑞教授。

2日　学校成立山东大学住房分配委员会。规定今后职工的住房分配，均需先由校住房分配委员会集中讨论，报校领导批准后执行，任何个人不能分配或调整职工和学生宿舍。

7日　学校成立山东大学福利委员会，戈平任主任委员，刘长洪、邓宏庆任副主任委员。

8日　根据中央《关于高等学校学生军事训练的几个问题的通知》的精神，学校决定对1981级学生进行军事训练。

9日　学校党委召开各单位负责人会议，学习党中央关于检查一次知识分子工作的指示及有关文件。学校决定成立由戈平为组长的知识分子工作检查组，做到边检查边解决问题。

12日　学校决定从本日起至5月12日，进行教育质量大检查，对全校教学工作进行一次全面的检查和总结。

15日　学校颁布《山东大学宿舍分配委员会工作细则》。

16日　为期两天的1982年学校春季田径运动会在老校大操场举行。

20日　学校召开表彰大会，对1981年度的81位先进工作者和217位单项优秀奖获得者及文明礼貌月活动中涌现出来的65个先进集体和428名先进个人，分别授予奖旗、奖状、奖品和奖金。

23日　学校召开第二十届学生代表大会，参加会议的学生代表300多人。大会选举产生新的学生委员会，王杰恩当选学生会主席，韩毅、尹上、牟东篱当选学生会副主席。

24日　学校福利委员会成立并召开第一次会议。会议讨论了《福利费使用暂行规定》，并提出了使用管理意见。

26日　为便于工作，山东大学学位评定委员会、文理科分会又改组扩大为文史、政治、外文、数学、物电、化学、光学（包括晶体）、生物等八个分会。文史分

1982 年

4 月

会由王仲荦任主席，殷孟伦任副主席；政治分会由臧乐源任主席，庄德钧、赵明义任副主席；外文分会由张健任主席，陆凡、黄嘉德、金诗伯任副主席；数学分会由潘承洞任主席，郭大钧任副主席；物理分会由郭贻诚任主席，王承瑞、冯传海任副主席；化学分会由邓从豪任主席，阎长泰任副主席；光学分会由陈继述任主席，蒋民华任副主席；生物学分会由王祖农任主席，周才武任副主席。

5 月

1 日　山东省第五届大学生田径运动会 1～5 日在济南举行。学校田径运动队获得团体总分第一名。有 7 名运动员被选拔为山东省大学普通组体育代表队成员，将参加今年 8 月在北京举行的全国第一届大学生运动会。

4 日　学校 1982 年大学生"五四"科学报告会于本日至 15 日在各系分别举行。此次报告会共有 1087 人参加，提交论文 1074 篇，评选出得奖论文 80 篇，其中一等奖 9 篇，二等奖 71 篇。

7 日　党委统战部、宣传部召开民主党派、人民团体、教授、讲师代表座谈会，学习讨论宪法修改草案。

24 日　山东省高等教育学会成立。在成立大会上，吴富恒汇报了筹备经过。学会选举吴富恒任会长，宁汉戈等任副会长。

26 日　北京市劳动模范、北京师范学院讲师李燕杰应邀来校，作了题为《精神文明和心灵美》的报告，受到师生的热烈欢迎。

本月　《稚虬》出版，为校刊《山东大学》文艺增刊，学校内部发行。臧克家为之题词。

6 月

7 日　学校报据中共中央国务院的决定，向全校发出《关于高质量做好第三次人口普查工作的通知》。

9 日　校党委研究决定，成立山东大学业务技术职称工作领导小组。在党委领导下，负责全校业务技术职称评定的确定和提升的日常领导工作。职评领导小组由 10 人组成，戈平任组长。同时，成立山东大学业务、技术职称评审委员会，由 35 人组成，戈平任评审委员会主任。

10 日　吴富恒校长在美国波士顿，出席哈佛大学授予他名誉法学博士学位仪式。作为我国著名的教育家和美国文学研究家，吴富恒校长是我国第一个获得哈佛大学名誉博士学位的学者。

12 日　学校向全校发出《关于确定和提升教师职称工作的意见》。

26 日　政治学和经济管理干部专修科首届 102 名学员，经过两年的学习，于今日毕业。

同日　学校举行 1982 年外国留学生结业典礼。

7 月

10 日　以罗索夫斯基为首的美国哈佛大学代表团一行应邀来学校访问。进一步商谈校际交流事宜。

25 日　中国数学会委托学校举办的全国第三次单复变函数和代数拓扑会议在烟台召开。参加会议的代表 160 余人，其中有著名数学家、中国数学会副理事长江泽函，中科院学部副主任吴文俊，中科院学部委员杨乐，北京大学教授

1982 年

7 月

庄圻泰等。会议于 8 月 9 日结束。

本月　学校颁布《山东大学关于接收外单位应届毕业研究生申请硕士学位的暂行办法》。

本月　学校参加研究的“橡胶树在北纬 18°～24°大面积种植技术”获国家发明一等奖。

8 月

14 日　学校向教育部报送“六五”“七五”期间社会科学重点课题及事业发展规划初步设想(草案)。

31 日　学校举行 1982 届研究生毕业典礼。

本月　在全国第一届大学生运动会上,物理系学生龙世利获得男子十项全能冠军,被评为山东省优秀运动员,哲学系杨源新获得 3000 米第二名,5000 米第五名,数学系臧耕同学获得女子组 7 项全能第三名,周英杰获女子 200 米第四名。

9 月

3 日　举行 1982 级攻读硕士学位研究生开学典礼。1982 级研究生共 93 人,其中文科 36 人,理科 57 人。

7 日　学校举行 1982 级新生开学典礼。新生来自全国 16 省市,汉、回、蒙古、满、畲、锡伯、朝鲜等 7 个民族,共 1236 人。新生中还有 117 人为干部专修科学员。

11 日　中国共产党的十二大胜利闭幕,师生员工以座谈会、文艺演出、游园等的形式热烈庆祝。

18 日　中共山东大学委员会发布关于学习、宣传党的十二大文件的通知。

10 月

16 日　学校获驻济高校篮球赛冠军。

20 日　山东大学世界语学习班举办开学典礼。这是山东省举办的第一个世界语学习班。

30 日　美国著名文学批评家、威斯康星大学教授伊哈布・哈桑应邀来校讲学一周。

本月　截至目前,学校前几年派出国外进修的教师 92 人,已有 63 人完成学习任务返校。许多教师从生活费中节约费用购置设备捐赠学校。微生物研究所曲音波捐献一台超声波细胞破碎器(3129 元);物理系何琩、谢去病、张乃健、王克明、丛培杰、毕稆云等 6 人捐献 TRS-80 型微型计算机、打印机(865.19 美元)。

本月　山东省科学技术委员会授予学校山东省优秀科技成果奖 10 项,其中一等奖 3 项,二等奖 3 项,三等奖 4 项。

本月　学校公布 1981～1982 学年度“三好学生”、先进集体、先进团支部、优秀团员名单。

本月　学校组建大学生合唱团。

11 月

13 日　校团委作出向张海迪同志学习的决定。

14 日　“模范共青团员”张海迪来校作报告。张海迪讲述了她如何不顾严

1982年

重高位截瘫，勇敢地对待生活，以惊人的毅力勤奋学习、忘我工作的事迹。

11月

1982年11月4日，吴富恒校长宣布模范共青团员张海迪为山东大学“名誉学生”

24日　经济系人口理论研究室成立，并召开首次会议，讨论研究室的发展方向和当前任务。

26日　大直径钽酸锂单晶LT的研制通过省教育厅主持的鉴定。专家认为，此单晶的直径和重量在国内处于领先地位，为LT晶体在国内的大规模应用创造了条件。

本月　学校颁布《关于学校职工子女自费班学生转为夜大学学生的几项规定》。

本月　校党委向全校发出《关于进一步深入学习宣传十二大文件的通知》。

12月

10日　学校召开学生生活联席会议，讨论涉及学生饮食、沐浴、开水房等事宜。校党委书记孙汉卿、总务处领导及校系学生会生活部长等出席。

14日　校党委宣传部、统战联合召开学习新宪法座谈会。

22日　教育部彭珮云副部长来学校视察工作，并观看新校校容、晶体所和历史系文物陈列室。

25日　学校举行颁发首批硕士研究生学位证书大会，54名毕业研究生获得了硕士学位，校学位评定委员会主席吴富恒教授向获得硕士学位的研究生颁发了硕士学位证书。

本月　学校颁布《山东大学关于加强教学档案管理的意见》(试行办法)。

本年　学校获得国家自然科学一等奖2项，国家发明一等奖1项，电子工业部科技成果二等奖1项，国防工办科技成果二等奖1项，国家出版者协会出版二等奖1项，山东省化学化工学会优秀科技论文奖9项，省激光学会优秀论文奖1项。山东省科协优秀论文奖20项(其中一等奖4项、二等奖12项、三等奖4项)。

本年度　学校接待长期、短期外国专家学者160人；在校外国留学生54人，毕业8人；接待来华校际来访代表团3个。学校获济南市绿化委员会授予的“绿化先进单位”称号。全校各类学生5403人，其中研究生159人，本专科生4905人；本年招收研究生80人，招收本专科生1353人；毕业研究生26人，本专

1982 年

12 月

科生 2184；授予硕士学位 61 人。全校共有教职工 2849 人，其中专任教师 1071 人（教授 31 人、副教授 100 人）。学校占地约 703133 平方米（不含农场）；建筑总面积为 219273 平方米。

1983 年

1 月

3 日　学校召开计划生育工作会议。会议总结经验、表彰先进，号召新年春节期间广泛开展计划生育。

13 日　学校成立学生治安保卫小组。

14 日　中共山东大学委员会发布《关于纪念马克思逝世 100 周年开展马克思主义宣传教育活动的意见》。

18 日　学校党委发布《中共山东大学委员会关于改善知识分子工作和生活条件的几项规定》。

25 日　公布山东大学体育运动委员会，由 26 人组成，徐迅任主任，刘玉柱、王涛、马长义、戈兆年、陈振善、陈钟任副主任。

2 月

28 日　校党委发出通知，要求全校师生员工积极响应党中央号召，把今年的“文明礼貌月”活动搞得比去年更加广泛、更加深入、更有成效。

3 月

5 日　全校师生员工和家属 1 万余人，为建设优美整洁的环境，开展“全民文明礼貌月”的大扫除活动。

8 日　山东大学学生治安保卫委员会成立。该会将积极协助校保卫处，及时打击偷盗、诈骗、流氓等犯罪活动。

同日　工会召开女职工代表座谈会，纪念“三八”国际劳动妇女节。

9 日　校党委常委会决定，王耀华任保卫处处长，梅恒起任总务处处长。

同日　山东省档案局与山东大学签订《关于在山东大学历史系开办档案管理学专业的协议书》。

14 日　学校举行纪念马克思逝世 100 周年报告会。

15 日　自即日起，学校举行 1983 年校庆科学报告会。这次报告会对马克思主义的一些理论问题，党的十二大提出的重大理论问题和“四化”建设中的实践等问题进行讨论和交流。科学报告会于 4 月 15 日结束，历时一个月。

21 日　学校颁布《山东大学科学研究档案管理试行办法》。

22 日　经教育部同意，学校增设生物化学、经济法和应用软件 3 个专业，学制均为 4 年，待师资设备等条件具备时，均可从 1984 年开始招生。

25 日　民盟山大支部召开全体盟员大会，讨论通过由主委谢联棻代表上届支部作的工作报告。选举阎长泰为新一届支部主任委员，张健任副主任委员。

28 日　校党委作出《加强经济管理、法学和档案管理专业的决定》并决定，成立现代经济管理和经济数学教研室、会计统计教研室、计算机室、法学图书室。

31 日　学校颁布《山东大学奖学金评定试行办法》。

中旬　老校友、兰州大学历史系教授赵俪生先生应邀来校讲授《中国社会经济发展史》。

1983年

3月

本月　山东省人民政府召开表彰大会，授予学校陆凡、黄冕堂、郭大钧、郝曼艺“山东省优秀教师”称号。

4月

2日　国家教委批准学校建立古籍整理研究所，编制20人，在学校总编制内调剂解决，吴富恒任所长，萧涤非、王仲荦、董治安任副所长。

4日　日本中国文学研究家、庆应义塾大学教授藤田祐贤来校访问。

11日　学校举行“文明礼貌月活动总结表彰大会”。总结学校“五讲、四美、三热爱”活动取得的成就，并向14个先进集体、417名先进个人颁发奖旗和奖状。

13日　蒋民华副教授应美国国家科学院与中华人民共和国学者交流委员会邀请，赴美讲学。

16日　学校于16～17日举办1983年春季田径运动会。

19日　山东大学卫生技术人员考核晋升领导小组成立，由9人组成。吴万福任组长，梅恒起、吕学聪任副组长。

24日　化学系有机硅研究室在杜作栋教授领导下，成功研制成两种新的织物整理剂：“抗静电织物整理剂——STE型聚醚有机硅阴离子乳液”和“STU型氨基有机硅织物整理剂”，并通过省教育厅组织的鉴定。

30日　党委宣传部、工会、团委联合召开座谈会，庆祝五一国际劳动节。

同日　学校授予历史系1979级学生王金才“模范共青团员”的光荣称号。

5月

2日　美国南加利福尼亚大学计算机科学系S. 金诗伯教授应邀来校作短期讲学。

9日　山东大学会计、统计职称评定委员会成立，刘震任主任，吴万福、巩丽泽任副主任。

13日　校党委发出《关于进一步开展学习张海迪活动的通知》。

17日　教育部批准学校增设晶体材料研究所、微生物研究室、红外遥感研究室三个自然科学研究机构。

18日　在济南市高校田径运动会上，学校田径代表队获团体总分第一名。王树玲同学破400米栏校纪录。

27日　国务院学位委员会召开博士和硕士学位授予大会。吴富恒校长、潘承洞教授、于秀源参加大会。会上，吴富恒校长向于秀源颁发博士学位证书。于秀源是我国首批授予的18名博士之一，受到党和国家领导人的接见。

28日　在省科协召开的1978～1981年度自然科学优秀论文授奖大会上，学校有20篇优秀科技论文获奖，其中一等奖4篇，二等奖12篇，三等奖4篇。

同日　学校举行书法、美术、摄影、集邮展览。

31日　应日本山口大学邀请，学校党委书记孙汉卿、中文系主任张可礼、化学系主任阎长泰、教务处处长刘玉柱、外文系教师李庆祥（翻译）组团，于5月31日至6月10日访问日本山口大学、大阪大学、京都大学、东京大学及爱媛县立今治北高等学校，并与山口大学签订学术交流协议。

本月　学校颁布《山东大学教学档案保管期限表（试行草案）及说明》。

1983 年

6 月

6 日　中共山东大学委员会发布《校党委致毕业生同学的信》，号召毕业生“听从党的召唤，服从祖国分配，愉快地奔赴新的岗位，为振兴中华，继续拼搏”。

11 日　学校 11 个系 900 名同学去省农科院实验农场参加为期两天的麦收和夏种劳动。

23 日　根据《中华人民共和国学位条例暂行实施办法》和国务院学位委员会，教育部(81)学位字 022 号《关于做好应届毕业生授予学士学位准备工作的通知》精神，学校决定在本科毕业生中授予学士学位。

24 日　校党委常委决定，唐曾宏任电子系党总支代理书记。

25 日　学校举行 1982～1983 学年外国留学生结业典礼，欢送 24 名结业留学生。参加典礼的有来自亚、欧、美和大洋洲的 50 多名留学生。

27 日　学校举行 1981 级干部专修科学员毕业典礼，并为 108 名学员颁发毕业证书。

本月　1983 年山东省大学生“三好杯”篮球赛于 6 月底至 8 月 14 日举行。学校男女队继 1979 年第一届“三好杯”篮球赛后，又双双蝉联冠军。

本月　郭贻诚、孔令仁被推选为山东省政协副主席。

7 月

9 日　1983 届 1103 名毕业生走上工作岗位。

14 日　校党委发出《关于认真学习〈邓小平文选〉的通知》。号召学校各级党组织，要积极组织本单位职工和学生认真学习《邓小平文选》。

27 日　由学校主办的激光全息片再现多重现象学术讨论会在青岛召开。会议于 31 日结束。

同日　国家教委批准学校王祖农教授为教育部高校基础研究规划组成员(生物技术基础)。

本月　外国留学生楼(7000 平方米)，实验中心楼(4000 平方米)竣工并交付使用。

8 月

25 日　山东省世界语工作座谈会在学校召开。

31 日　学校决定，《山东大学学报》(自然科学版)编委由 15 人组成，王承瑞教授任主任委员。

9 月

1 日　澳大利亚大使丹恩偕夫人来学校访问。

2 日　山东省教育厅批复，同意学校建立法律系。

同日　中央顾问委员会委员，学校前校长兼党委书记成仿吾于 6 月 26 日及本日两次来校访问。学校前教务长，成仿吾校长的夫人张琳一同来校。

6 日　学校招收的 157 名干部专修科学员入校。

7 日　学校举行 1983 届攻读硕士学位研究生开学典礼，学校领导、部分指导教师和 1983 级 108 名研究生参加了开学典礼。

9 日　经文化部、教育部批准，同意学校成立山东大学出版社。主要任务是出版学校教学、科研方面的书籍。

同日　省教育厅批复，同意学校建立微生物学系。

1983年

9月

10日　学校举行1983级新生开学典礼，1364名新同学参加了大会。

12日　全国妇联授予数学系讲师鲁月娥全国“三八红旗手”称号。

1983年9月2日，成仿吾回山东大学，受到校长吴富恒（右三），党委书记孙汉卿（右二）的欢迎

同日　在联邦德国斯图加特召开的第七届晶体生长会议上，晶体材料研究所所长蒋民华副教授被聘请为第七届晶体生长会议的国际咨询委员会成员。

13日　副校长王祖农教授受教育部委托，邀请北京大学、复旦大学、武汉大学、南京大学等11所部属重点院校的有关专家教授，在济南召开微生物工程基础规划会议。会议主要讨论“微生物工程基础”十五年（1986～2000）长远规划的轮廓设想及应优先发展的领域，并撰写出五个专项报告。会议19日结束。

14日　历史学系档案专业首届大专班举行开学典礼。

同日　学校男女篮球队蝉联1983年山东省大学生“三好杯”冠军。

19日　应吴富恒校长邀请，以小西俊造校长为团长的日本山口大学代表团一行5人来学校访问，进一步落实同年5月吴富恒校长签订的交流协议的有关问题，并考察高校教育情况。

24日　受教育部委托，山东省教育厅组织专家召开了“山东大学科教仪器新产品鉴定会”。经过三天评审，学校金工厂试制的“恒温摇瓶机”“可调式微量呼吸检压仪”“纵驻波演示仪”等3项科教仪器新产品通过了技术鉴定。

10月

7日　学校召开新生田径运动会。

16日　学校布置反对资产阶级自由化倾向和清查黄色不健康的录音、录像及出版物，并向全校颁布《关于加强学校录像设备及录音、录像制品使用管理规定》。

21日　应我国对外友协邀请，印（度）友好协会秘书长马克立先生率领印中友协访华团一行11人，参观访问学校。

28日　学校公布1982～1983年度先进集体、“三好学生”，先进团支部、优秀团员名单。

本月　山东大学学生演讲团成立。

本月　电子系研制的5公分微波辐射计通过了省科委组织的鉴定。

1983 年

10 月

本月 山东省人民政府授予邓从豪教授“全省劳动模范”称号。学校评选出1982～1983年度先进集体21个,“三好学生”215名,先进团支部20个,优秀团员282名。

11 月

12日 以小田村泰祐为团长的日本山口县经济考察团一行5人访问学校。

16日 学校颁布《通过山东科技咨询服务协会签订合同的科技咨询服务项目收入分配办法(试行)》。

同日 山东省郭沫若研究会成立及学术交流大会召开,山东大学承办此次会议,会议为期6天,21日结束。中文系高兰教授任会长,余修、吴富恒分别任名誉会长和顾问,研究会会址设山东大学中文系。

18日 山东大学法律系成立大会召开,法律系行政领导人为乔伟副教授。

21日 以广岛义秀为团长的日本三重县青年友好访华团一行60多人来校访问。

12 月

8日 中国物理学会委托学校主办的第二届电介质物理年会在济南召开。参加会议的有103名代表,收到论文报告90篇。会议于12日结束。

12日 应国际《晶体生长与品质鉴定进展杂志》主编。潘普林(Pam Plin)博士邀请,经国家教委批准,学校蒋民华副教授任国际《晶体生长与品质鉴定进展杂志》中国编委。

17日 山东大学职工业余学校改为山东大学职工学校。

20日 学校发出《加强和改进研究生思想政治工作的几点意见》。

27日 学校晶体研究所的两项科研新成果砷酸二氘铯单晶和砷酸二氘铯高效倍频器及倍频激光器通过鉴定。

本月 学校被济南市绿化委员会评为“花园式庭院”。

本月 学校各单位按照校党委要求,开展各种活动,纪念毛泽东主席90周年诞辰,校党委举行纪念毛泽东90周年诞辰报告会。

本年 学校制定出教学方面五年规划、十年设想初步方案。

本年 教育部批复同意学校建立运筹学、微生物两个专业。

本年度 学校共接待长期、短期外国专家学者104人,在校外国留学生70人(毕业29人),出国留学21人(其中读学位13人),参加国际学术会议6个,出国访问考察研究5人,出国参加接机培训11人,校际出国访问团1个5人。

本年度 全校各类学生6022人,其中研究生246人,本专科生5258人;本年招收研究生102人,招收本专科生1520人;毕业研究生15人,本专科生1206人;本年授予博士学位1人,硕士学位36人。全校教职工总数为2893人,其中专任教师1168人(教授35人,副教授109人)。全校占地约711000平方米(不含农场);建筑面积为229279平方米。

1984 年

1 月

13日 国务院学位委员会批准,学校的辩证唯物主义与历史唯物主义、史学理论、中国近现代史、专门史(中国经济史)、理论物理、无线电物理和无线电电子学、无机化学、发育生物学、军用光学9个专业为第二批硕士学位授权点。

1984 年

1 月

29 日　学校在专家食堂举行元旦招待会，招待了在校工作的外国专家和留学生。

2 月

14 日　电子系周北屏教授逝世，终年 71 岁。

周北屏（1913～1984），安徽无为人，电子系教授，学校学术委员会委员。早年留学美国，获硕士学位。抗战初期，他看到日本帝国主义疯狂侵略中国，放弃攻读学位的机会和美国的高薪聘请，毅然回国，经沦陷区辗转到昆明，被浙江大学聘为教授，并任该校龙泉分校理学院院长。1949 年 10 月，周北屏来山东大学任教，先后在教物理系和电子系工作。周北屏从事教育工作历经半个世纪，他以毕生的精力，辛勤培育青年，桃李满天下。抗战时期，他不顾条件困难，环境艰苦，仍然坚持教学工作，培养爱国青年；解放前夕，他不仅断然拒绝加入国民党和到台湾工作，还不畏艰险地保护周围的进步学生；1957 年，周北屏被错划为右派，平反后，他在教学和科研中更加焕发了工作热情。周北屏为人刚直不阿，生活简朴，平易近人，受到师生尊崇。

28 日　微生物学系举行成立大会。

29 日　省委书记苏毅然等省、市领导来学校视察，并同师生一起参加文明礼貌月公益活动。

本月　为迎接第三个“文明礼貌月”，全校师生已纷纷组织起来，利用多种形式，从校内到校外，积极开展文明礼貌活动。

3 月

4 日　南澳理工学院 M. J. Millr 教授访问电子系。

5 日　济南市第一轻工业局团委组织服务队来学校服务，设有修理自行车、理发、裁剪、修表等 12 个服务项目。

7 日　学校“五讲、四美、三热爱”活动委员会召开工作会。

同日　校工会召开了女教工座谈会，纪念“三八国际劳动妇女节”。

11 日　学校 200 多名师生在济南市黑虎泉一带开展知识咨询活动，积极为社会服务。

12 日　省教育厅卫生检查组来学校检查文明礼貌月活动和卫生状况。

14 日　美国驻华大使馆恒安石大使偕夫人来学校参观访问，并同学校领导人就文化教育方面的交流进行座谈。

同日　经校党委常委会研究决定，山东大学出版社行政领导小组成立，李庆臻兼任组长。

15 日　山东省高等院校微型计算机教学研究会在学校召开成立大会。

16 日　省委副书记陆懋曾，省委常委、宣传部部长崔惟琳等领导来学校听取校领导的汇报，询问学校建设和发展中存在的问题。

17 日　学校召开出版社成立大会。

同日　山东大学演讲协会成立。

22 日　学校召开了最近成立的统战理论研究组的首次会议。

1984 年

3 月

24 日　经省教育厅同意，建立山东大学职工子弟中学，规模 500 人。

29 日　日本经济学家、山口大学经济学部安部一成教授来学校讲学。

4 月

4 日　山东省世界语筹委会在济南成立并召开第一次会议，筹委会地址设在山东大学。

9 日　学校召开计算机应用学术交流与规划会议，制定发展计算机软件的“七五”科技规划。

20 日　学校举行春季田径运动会。

22 日　1984 届报名支援边疆建设的应届毕业生组成赴西北考察组，对青海、甘肃、新疆等地进行了实地考察。考察组 5 月 19 日返校。

5 月

4 日　校党委宣传部、学生工作部为纪念五四运动 65 周年召开应届毕业生代表学习胡乔木同志《关于人道主义和异化问题》座谈会。

5 日　经教育部同意，学校晶体材料研究所与联邦德国科隆大学结晶学研究所在晶体材料和晶体物理领域进行科技合作。

6 日　校田径代表队在 1984 年驻济高校田径运动会上获得全部四项比赛总分第一。

同日　驻济高校围棋选拔赛结束。

17 日　学校前校长兼党委书记成仿吾在北京逝世，终年 86 岁。

19 日　加拿大不列颠哥伦比亚省总理和该省官员、商人及随行记者一行 12 人在加拿大驻华大使馆公使衔参赞司徒海的陪同下访问了学校。

21 日　学校春季田径运动会胜利结束。

25 日　成仿吾遗体告别仪式在北京八宝山革命公墓礼堂举行。党和国家领导人送花圈并参加遗体告别仪式。学校孙汉卿书记、吴富恒校长等赴京参加成仿吾遗体告别仪式。

本月　学校物理系研制的 5 公分锗隧道二极管用于通信卫星，在 36000 公里高空工作正常，航天部发来贺信，表示祝贺。

6 月

1 日　学校召开第二十一次学生代表大会。出席大会的正式代表 521 人。选举产生山东大学第二十一届学生会。

8 日　著名美国汉学家、哈佛大学教授科恩来学校讲学。

15 日　学校召开第一届研究生会成立大会。会上选举研究生会领导机构，并向全校发出《激流勇进，做时代的挑战者》的倡议书。

同日　学校正式授予来学校短期访问的美国麻省理工学院语言学专家奥尼尔教授为山东大学语言学教授。

16 日　以哈尔斯顿校长为首的美国纽约市立大学学院代表团一行 7 人来学校访问，商谈两校今后交流的计划。

19 日　经国家教委研究同意，邓从豪任山东大学校长；戈平任山东大学党委副书记（主持党委工作）；乔幼梅任山东大学党委副书记；潘承洞、杨孔章任山东大学副校长（任期四年）；陈之安任山东大学副校长；陈力行任山东大学副校

1984年

长(任期四年);吴富恒任山东大学顾问。

6月

本月 学校图书馆大楼建成,总面积为14000平方米。

7月

3日 出席全国人大六届二次会议代表和出席全国政协六届二次会议的代表潘承洞等同志向校各部、处、室、系负责人传达了两次会议精神并对高校改革和学校改革问题提出了自己的意见。

7日 教育部科技司主持召开“山东大学晶体材料实验室”建设规划论证会,晶体材料实验室被列为国家第一批重点实验室。

12日 学校召开应届毕业生毕业典礼,批准张少云等17位同学到西藏、新疆、青海等地工作。

14日 经国家教委同意,学校党委常委由戈平、乔幼梅、邓从豪、王启新等同志组成。王启新兼任中共山东大学纪律检查委员会书记。

15日 学校晶体材料研究所所长蒋民华副教授应邀参加了第六届国际气相生长和外延会议(ICVGE-6)和第六届美国晶体生长会议(ACCG-6),并担任了本届会议的国际顾问委员会成员。

20日 由哲学、经济、科社三系组成的考察团一行12人,先后去华南师院、暨南大学、中山大学、深圳大学、深圳经济研究所和蛇口工业区、厦门湖里工业区、厦门大学等地进行了考察访问。

23日 经校党委常委会研究决定,王启新兼任中共山东大学党委组织部部长。

25日 学校计算机科学系、复旦大学数学所和浙江大学数学系受教育部委托在烟台联合举办了全国第二次计算机辅助设计讨论会和短训班。

8月

5日 学校男、女排球队在山东省普通大学学生“三好杯”排球赛青岛赛区中双获亚军。

18日 学校在招待所大会议室举行新入校教职工会议。

同日 经教育部研究决定,徐豫龙任山东大学党委副书记(列乔幼梅之前)。

21日 学校召开各部、处、系所负责人会议,部署新学年的工作。

9月

4日 校党委常委会决定,成立高校干部进修班临时直属党支部,张军从任书记。

同日 由学校承办的中国化学会第二届多元络合物分析讨论会在济南召开,参加会议代表260多人,大会收到论文154篇。11日,会议结束。

12日 学校举行新生开学典礼。

18日 学校思想政治工作会议圆满结束。

22日 学校授予张光直博士为名誉教授。

24日 学校学生记者站召开成立大会。

28日 学校举行大会,庆祝中华人民共和国成立35周年。

1984 年

10 月

4 日　澳大利亚知名人士访华代表团访问学校。

5 日　教育部批准潘承洞为国家级有突出贡献专家。

10 日　以苏中友协第一副主席齐赫文斯基为团长的苏联对外友好文化协会、苏中友协代表团一行 3 人来学校参观访问。

15 日　经校党委常委会研究决定，沈为霞任中共山东大学纪律检查委员会副书记，张乐岭任党委宣传部部长，张可礼任中文系党总支书记，许玉琪任历史系党总支书记，李武林任哲学系党总支书记，杨培德任经济系党总支副书记（主持总支工作），武可贤任科学社会主义系党总支书记，王耀华任法律系党总支书记，刘绍刚任数学系党总支书记，唐曾宏任电子系党总支书记，曹忠先任光学系党总支书记，周占凯任微生物学系党总支书记，朱洪庭任总务处党总支书记，张军从任校建处党总支书记；刘书声任公共外语教研室党支部书记，郑明训任图书馆党支部书记，徐经泽任图书馆馆长兼社会学系筹备组组长，李庆臻任出版社社长兼总编辑，马长义任校建处处长，董治安任中文系主任，葛懋春任历史系主任，周立升任哲学系主任，乔伟任法律系主任，郭大钧任数学系主任，梅良模任物理系主任，陈罡午任电子系主任，陈文毅任光学系主任，印水嘉任化学系主任，王龙任生物系主任，钱新民任微生物学系主任，吴骥任公共外语教研室主任，庄德钧、赵明义、汪嘉业原任系主任职务不变。

21 日　以 J. W. 沃德团长为首的美国学专家代表团一行 14 人访问学校。

23 日　美国印第安纳大学校长瑞安先生率印第安纳大学代表团一行 8 人，来学校访问，进一步商谈学术交流、人员往来和科研合作等事宜。

25 日　学校召开中层干部会议专题讨论如何振兴山大。

同日　学校举行 1984 年攻读博士学位研究生入学考试，考试为期 3 天。

29 日　南京大学名誉校长匡亚明先生来学校，并与历史系部分师生就孔子评价、治学诸问题进行座谈。

30 日　校党委在老校大会议室召开学校各单位负责人会议，布置学习十二届三中全会决定。

本月　学校吴富恒、萧涤非、殷孟伦、殷焕先、高兰、关德栋、孙昌熙、王仲荦、张维华、郑鹤声 10 位教授，被评为山东省优秀社会科学工作者。

11 月

1 日　邓从豪校长赴威海市，代表学校与威海市人民政府正式签订建立山东大学威海分校的协议书。

2 日　校党委常委会决定，李福太任生产设备处党总支书记，魏敬民任保卫处副处长（主持工作）。

4 日　由学校发起的驻济高校学生会工作经验交流座谈会在学校召开。

7 日　山东省驻济高校乒乓球赛胜利结束，学校囊括本次比赛全部冠军。

9 日　经校党委常委会研究决定，胡德麟任外文系主任，冯宜明任外文系党总支书记；宋焕新任校团委书记；田宪东任子弟中学党支部书记，张金珂任子弟中学校长；何瑁任外事办公室主任；于英杰任科技文化开发公司经理。

11 日　山东省驻济高校篮球比赛胜利结束，学校男篮女篮双获冠军。

16 日　山东省翻译工作者协会在学校召开成立大会，吴富恒教授当选为会长。

1984 年

11 月

1984 年 11 月 1 日，山东大学与威海市政府签订建立威海分校协议书

同日　经教育部同意，学校建立山东大学威海分校，校址设在威海市西郊玛珈山下。分校是一所包含文理科 10 个专业的综合性大学，全国招生，全国分配。分校拟先设置汉语言文学、经济管理、化工、建筑工程学专业。1985 年暑期开始招生。

27 日　经校党委常委研究决定，萧涤非任文史哲研究所名誉所长；王仲荦任历史系名誉主任；王祖农任微生物研究所名誉所长；阎长泰任化学系名誉主任；许学圣任马列主义教研室主任；墨文川任管理科学系筹备组组长。

28 日　省委颁发"中国共产党山东大学委员会"新印章，从 1984 年 12 月 1 日起启用，旧印章同时作废。

29 日　学校召开首届教职工代表大会，出席会议的正式代表 214 名。邓从豪校长作关于学校改革工作的报告。大会选举产生"山东大学教代会房管委员会"，通过《山东大学教职工宿舍分配及管理办法》。

本月　学校开始编印《山大信息》，及时向全校和上级有关部门报道学校各方面的最新消息。

12 月

5 日　教育部批准学校由邓从豪等 25 人组成第二届学位评定委员会。邓从豪任主席，潘承洞任副主席。

7 日　学校作出《关于将部分管理权限下放的决定》。决定共有八条，主要包括下放人事权限和财务权限两方面的内容。

8 日　学校调整《文史哲》编辑委员会，吴富恒任主任委员，陈之安任副主任委员、常务编辑委员会主任委员，吕慧鹃任副主任委员。

同日　学校调整消防委员会，陈力行任主任委员，金里、李文昌任副主任委员。

14 日　校党委常委会决定，刘清前任人事处处长，朱伟任招生办公室主任，微生物系和微生物研究所实行系所合一，正副系主任即正副所长。

1984年

12月

18日 学校召开山东大学学生科学联合会成立大会。大会通过科联章程，并选举产生科联理事会。

20日 学校举行攻读博士、硕士学位研究生毕业典礼。

21日 学校召开整党动员大会。省委驻学校整党联络组的同志和全校1500余名党员参加会议。

24日 校党委常委会研究决定，刘长洪任计算机科学系党总支代理书记，吕慧鹃任《文史哲》编辑部党支部书记，杨孔章任图书委员会主任委员，邓从豪任学术委员会主任委员，陈之安任文科学术委员会主任委员，潘承洞任理科学术委员会主任委员。

25日 陈力行副校长被聘为洪楼镇名誉镇长。

28日 共青团山东大学第十一次代表大会召开，参加大会的代表432人。大会一致通过《锐意进取，大胆开拓，创造新时期第一流的高校共青团工作》的工作报告和《关于山大共青团工作改革的决议》，并选举产生山东大学共青团第十一届委员会，宋焕新任书记。

29日 校党委常委会决定，建立离(退)休干部党总支委员会。章茂桐任党总支书记。

30日 校党委常委会决定，杨俊启任党委办公室主任，金里任校长办公室主任。

本年度 学校接待来华长期、短期、顺访专家学者共314人；在校留学生88人，毕业78人；出国留学人员26人(其中读学位的14人)；参加国际学术会议6人；出国访问、考察、研究7人。全校共有各类学生6850人，其中研究生411人，本专科生5845人；本年招收研究生164人，招收本专科生1764人；本年毕业本专科生1265人；授予博士学位2人，硕士学位90人。全校共有教职工2946人，其中专任教师1184人(教授32人，副教授107人)；全校占地约713233平方米(不含农场)；全校建筑面积256935平方米。

1985年

1月

3日 经校长办公会研究决定，调整校基金委员会，陈力行任主任委员，陶廷发任副主任委员。

8日 学校召开了各系(所)主任(所长)会议，布置学校教师职称评定复查验收工作。

10日 学校聘请美国专家巴恩斯教授为客座教授。

15日 薛绥之教授逝世，终年62岁。

薛绥之(1922～1985)，山东邹平人，我国从事现代文学和鲁迅研究的知名学者，中国现代文学研究会、中国鲁迅学会理事。1946年，毕业于北京大学经济系，获学士学位。毕业后曾任北平《世界日报》副刊编辑和记者，台湾彰化中学教师。薛绥之对文学有特殊的爱好和追求，1949年入华北大学国文系学习，开始倾注精力于中国现代文学。毕业后，曾至天津工作，主编面向中学的刊物《语文教学》。1954年，调回山东工作，先后在山东师范大学、山东师范大学聊城分院、聊城师范学院工作，任讲师、副教授、教授。1981年，任聊城师范学院副院长。其间，撰写、出版有关鲁迅研究的大量论文和著作，如《鲁迅全集新版本的特色》《鲁迅杂文的战斗性》《鲁迅作品教学手册》《鲁迅杂文中的人物》《鲁迅作品注解异议》《鲁迅作品教学初探》《鲁迅作品讲解》等等。1984 年 6 月，薛绥之调入山东大学，任文史哲研究所教授，《文史哲》杂志编委，学校学位评定委员会委员，在完成《鲁迅杂文词典》的定稿后去世。

1985 年

1 月

同日　山东省高等学校实验室管理研究会成立大会在学校招待所会议室举行。

16 日　经校领导研究决定，成立“山东大学科技文化开发公司”。

18 日　山东大学羽毛球协会成立。

20 日　经校长办公会研究决定，调整《自然科学学报》编辑委员会，王承瑞任主编，郭大钧任副主编。

22 日　校党委组织全体党员在东郊饭店礼堂上党课，题目为“彻底否定‘文化大革命’，进一步肃清‘左’的影响”。

23 日　学校举行学生俱乐部成立大会。

25 日　经校党委研究决定，山东大学保密委员会由乔幼梅任主任委员，金里、史枫砚任副主任委员。

26 日　团委在新校俱乐部召开了会议，动员团员学习整党文件，开展教育活动。

2 月

2 日　山东大学校务委员会成立，邓从豪任主任，徐豫龙、潘承洞任副主任，吴富恒任顾问。委员有：王祖农、王仲荦、王清扬、冯传海、乔幼梅、乔伟、刘玉柱、陈之安、陈鹏万、陈继述、余寿绵、汪嘉业、吴关生、金诗伯、张健、周才武、周光裕、郭贻诚、梅良模、臧乐源。

1985 年，山东大学生物学八位女生绣制了“八颗丹心向红星”锦旗

1985 年

2 月

3 日　生物系 1984 级郭琳、吴平英、刘红、蔡雪梅、孙杰、舒东、何彩姑、许梅八位同学出于对解放军保边疆的热爱，绣制锦旗，于 6 日寄往云南老山前线，表示“战士在我心中”。八位女同学的行动立即得到学校党团组织的支持和广大青年的热烈响应，学校采取各种形式，开展“战士在我心中”的活动。前方将士对此深为感动，也以“祖国在我心中”开展军民共建精神文明的活动。教育部在思想政治工作会议上，指出“双心”活动为高等学校思想政治工作闯出一条新路。

7 日　学校庆祝建国 35 周年征文和校报《改革之窗》专栏授奖大会在老校大会议室举行。

3 月

7 日　团省委书记林廷生、学校部部长崔乐生以及组织部的王勇来学校了解情况并指导工作。

8 日　经教育部和省教育厅批准，刻制“山东大学”铜质印章一枚。自 3 月 10 日起开始启用，原山东大学木质印章同时作废。

19 日　学校在学生俱乐部举行“学生炊管人员共建文明食堂联欢会”。

22 日　学校举行研究生首届科学讨论会。

25 日　山东大学成立专利代理事务所。属校内专利代理机构，主要任务是承担学校的专利代理事务。

同日　学校颁布《山东大学文书立卷归档暂行办法》《山东大学关于不归档文书材料的规定》。

4 月

11 日　学校举行了第二次思想政治工作研讨会，进一步分析了学生近期的思想状况。

同日　日本东京大学著名社会学教授菊地昌典应邀来学校进行为期 10 天的讲学。

18 日　学校颁布《山东大学文书档案管理暂行办法》《山东大学文书档案保管期限暂行规定》。

30 日　《山东大学、与历城县人民政府教育、科技合作协议书》在历城县委会议室签字。

5 月

4 日　学校颁布《山东大学大型精密仪器设备科技档案管理办法》。

5 日　加拿大里贾纳大学学生代表团到达济南，对学校进行为期 4 天的访问。

8 日　学校档案管理委员会成立，陈之安任主任委员，王启新、史枫砚，李光合任副主任委员。

18 日　山东省第六届大学生运动会举行，学校荣获大学本科组第一名。

20 日　邓从豪校长同陈之安、孟尔熹、卢宗功、郑甘澍一行 5 人组成的代表团，应邀赴日本山口大学访问，进一步洽商两校交流计划，加强对口学科的交流和校系间的科研合作。

1985 年

6 月

11 日　全国第一届自养细菌学术讨论会在学校召开，13 日结束。

12 日　学校颁布《山东大学公文处理简则》。

28 日　学校召开第一届二次教职工代表大会，243 名代表参加大会。邓从豪校长作工作报告，陈之安副校长作《1986～1990 山东大学事业发展规划》的说明。陈力行副校长作修改《山东大学教职工宿舍分配及管理办法》的说明，校党委副书记戈平致闭幕辞。

29 日　坦普尔大学(Temple University)生物系教授、中国科学院发育生物学研究所顾问牛满江先生偕夫人来学校讲学。

本月　山东大学在青岛的校友 700 多人隆重集会，成立山东大学青岛校友会。

本月　学校设立"陆侃如、冯沅君文学奖"，借以推动学校的文学研究工作。

7 月

11 日　山东省高等学校校办工厂工作座谈会在学校举行。

本月　学校在青岛、烟台、潍坊、荣成等地设立山东大学教学点，直接为当地培养急需人才。

本月　根据省教育厅[85]鲁教普字 6 号文件精神，学校决定从 1985 年暑假开始，在山东省实验中学试办山东大学"预科班"。"预科班"招生由教育厅统一部署，面向全省，招收对象原则上是初中应届毕业生。当年择优录取 30 名学生。入校后，经过高中三年学习，考试合格者直接升入学校有关系科学习。

8 月

4 日　全国首届中学生物理夏令营在学校开营。

7 日　日本广岛大学小林文男教授来校访问，双方就广岛大学和山东大学今后的学术交流问题交换了意见。

10 日　在团中央召开的思想政治工作会议上，学校团委被命名为"青年思想政治工作先进集体"。

29 日　校党委常委决定，徐广生任党委组织部部长，陈景仲任党委统战部部长。

9 月

5 日　王承瑞、李德征、郭用猷、许学圣、郭大钧、姜宝昌被评为山东省优秀教师。

6 日　美国学研究会前主席、哈佛大学著名文学教授萨克万·伯克维茨应邀来校，为美国文学研究所和外文系师生作学术报告。

10 日　学校举行我国第一个教师节庆祝大会。邓从豪校长代表党委和行政向全体教师致以节日的祝贺。会上，校领导代表省委、省政府向王承瑞等 6 位省级优秀教师发奖。

同日　《山东大学校刊》改名为《山东大学学报》。

11 日　管理科学系召开成立大会。

13 日　学校举行新生开学典礼。

15 日　1985 级学生开始军训。学校被列入高等学校学生军训试点单位，从本年度开始，学校开设军事训练课。为此成立军事教研室，与校人武部合署办公。

1985 年

9 月

23 日　邓从豪校长和外办主任何瑁应邀访问澳大利亚阿德雷德大学，正式签订两校学术交流协议。

同日　山东大学子弟中学全体师生在新校学生俱乐部召开建校 2 周年庆祝大会。

10 月

1 日　学校举办“战士在我心中”活动展览会。展览会共展出数百封前线战士寄来的信件、实物和近 90 幅照片、6 幅字画、锦旗以及学校各系准备寄往前线的书籍、食品等大量礼物。

2 日　美国加利福尼亚大学圣塔芭芭拉分校考察团应邀来学校进行为期一周的访问。

3 日　学校调整爱国卫生运动委员会，陈力行任主任，李光合、张培媛、王初江、陈钟、魏金陵、吕学聪、傅云鹏、阎钢军任副主任。

6 日　湘潭大学团委一行 6 人和华东石油大学一行 3 人来校参观并与学校团委进行了工作交流。

9 日　济南军区将一面绣着“拥军支前堪称模范，军民一致共筑长城”的锦旗赠送给学校全体师生，对学校发起“战士在我心中”活动以及在文化教育方面对指战员的支持表示衷心感谢。

同日　学校颁布《山东大学会计档案管理细则》《山东大学会计档案保管期限表》。

11 日　由学校承办、中国硅酸盐学会主办的第七届全国晶体生长会议在山东省烟台市召开。

15 日　解放军英模汇报团二分团的朱伯儒、张建军、李怀琼三位同志，来学校报告他们献身祖国，建设四化的动人事迹。

同日　全国人大常委会委员陈宗基、张子斋等一行 6 人，在省人大常委会主任林萍等同志陪同下，学校视察，与教师代表座谈。

同日　颁布《研究生学位论文立卷归档暂行规定》。

18 日　王承瑞教授应日本学术振兴会的邀请赴日本东京进行学术访问。

19 日　学校在图书馆楼接待室授予前来访问和讲学的南斯拉夫贝尔格莱德大学教授德拉奇切为学校名誉教授，并举行授予仪式。

22 日　山东省第六届大学生运动会篮球比赛在学校举行，学校男女队双双夺冠。

29 日　由山东大学负责筹办的中国化学会第二届胶体与界面科学学术讨论会在济南召开。

30 日　省教育厅高校实验室工作检查组来学校检查实验室工作。

本月　全校整党工作从 1984 年 12 月开始，现基本结束，共有 28 个党总支，1640 名党员参加本次整党工作。

11 月

7 日　陈力行副校长带领总务处、校建处等负责人直接和各系学生代表对话，解决学校在膳食、卫生、零修、保健等方面存在的问题。

12 日　圣多美和普林西比外务秘书吉·波·达科斯塔一行 3 人在外交部

和山东省外事办公室的同志陪同下参观学校生物系实验室和晶体所。

1985年

11月

20日　山东省省长李昌安来学校同学生进行直接对话。李昌安就山东的形势、对外关系与中日贸易、物价、党风等问题给大家作解答。

23日　校团委、学生会召开第一届社团工作会议。

28日　学校通知，“山东大学威海分校”印章，自1985年12月5日起启用，原“山东大学威海分校筹建办公室”印章同时停止使用。

29日　陈机教授逝世，终年71岁。

陈机(1913～1985)，字叔荫，北京人，植物解剖学家。1937年7月，毕业于北平中法大学，同年赴法国里昂大学深造，1939年8月获硕士学位，1943年获博士学位，1944年10月起任法国国家科学研究中心研究实习员。1946年8月，回国。

曾在厦门大学、江南大学工作。1949年，调入山东大学，历任山东大学教授、校务委员会委员、学习委员会主任、植物系主任、生物系主任、九三学社山东大学支社主任委员、青岛市政协委员、青岛市植物学会理事长、山东省植物学会副理事长等职。

陈机教授在植物解剖学有较深造诣，主持编写了《植物解剖学》，这是全国第一本较系统的生物学统编教材。他翻译的植物胚胎经典著作《被子植物学引论》，至今仍为全国植物胚胎学者所推崇。他的《关于植物组织的概念的分类和分类的商榷》《关于花序列的概念、命名、类型及亲缘关系的商榷等文章》，澄清了若干错误和模糊的概念。“文革”后，陈机开始投入蔬菜苗端生长的研究，著有《植物学》《大白菜形态学》等著作。担任生物系主任期间，他致力于教学改革和科学管理，经常发表研讨教改的文章。

29日　学校在东郊饭店礼堂举行纪念“一二·九”运动50周年报告会。

12月

1日　学校颁布《关于公文印发的补充规定》。

同日　学校足球队在学校承办的1985年驻济高校足球赛中获得冠军。

3日　学校主办的第三次全国生物全息律学术讨论会在济南召开。会议于7日结束，参加会议代表155人，收到论文140余篇。

4日　民革山东省委员会山东大学支部和农工济南市委员会山东大学支部举行成立大会。

6日　学校青年社会科学工作者协会正式成立。

10日　学校决定设立“山东大学子弟中学校务委员会”。张金珂任主任，田宪东任副主任。

24日　山东省1984年高等学校科学技术进步与哲学社会科学优秀成果授奖大会在南郊宾馆举行，学校26项优秀科技成果获奖。

26日　学校吞水音图描记仪获国家首批专利证书。

27日　校党委常委会决定，墨文川任管理科学系主任。

29日　山东省委副书记陆懋曾来校参加研究生会主办的“新春联欢会”。

1985年

12月

30日　学校《腾冲区域航空遥感应用技术》项目，荣获中国科学院重大科技成果一等奖和国家级科学技术进步二等奖。

31日　校党委在老校一号楼会议室邀请优秀教师和学生代表举行了"迎新年"茶话会。会上宣布，学校将组成云南前线慰问团。慰问团由15人组成，团长乔幼梅，将在1月25日赴云南前线慰问对越参战部队。

本月　由哲学系主办的全息生物学的学术刊物——《全息生物学研究》，于本月出版第1期。

本月　教育部批准学校招收保送生。

本年度　受国家教育委员会中国国外考试协调处委托，在学校设立TOEFL考试中心。

本年度　学校年内接待来华长期、短期外国专家学者共125人；在校留学生92人，毕业55人；出国留学人员49人(其中读学位的22人)；参加国际学术会议15人；出国访问考察研究13人；举办短期学习班共2期56人。

本年度　全校各类学生9063人，其中研究生564人，本专科生7518人；本年招收研究生278人，招收本专科生3120人；毕业研究生142人，毕业本专科生1374人；本年授予博士学位1人，硕士学位88人；全校教职工总数为3084人，其中专任教师1281人(教授33人，副教授108人)。

1986年

1月

6日　山东省大学生文学创作活动评选揭晓，学校中文系11位同学的作品分别获得一、二、三等奖。

8日　学校召开计划生育工作表彰大会。

11日　学校召开中国共产党山东大学第九次代表大会。出席这次大会的正式代表212名，列席代表18名。徐豫龙致开幕辞，戈平代表上届党委作题为《同心同德，深入改革，为继续开创山大工作新局面而奋斗》的工作报告，王启新代表上届纪委作纪委工作报告，邓从豪作《关于〈山东大学1986～1990年事业发展规划〉的说明》。大会通过党委和纪委的工作报告，选举产生第九届党委会和纪委会。大会12日结束，乔幼梅致闭幕辞。

14日　学校九届党委会举行第一次全委会，选举党委常委、书记和副书记。邓从豪、刘清前、乔幼梅、宋焕新、陈之安、张乐岭、张军从、徐广生、徐豫龙等9人任常委，徐豫龙任党委书记；乔幼梅、刘清前任党委副书记。同日，纪律检查委员会也举行了第一次全体委员会议，选举刘清前任纪委书记。25日，国家教育委员会批复同意了学校第九次党代会的选举结果。

20日　学校对"五讲、四美、三热爱"活动进行总结。

25日　山东省省长李昌安等省委领导接见学校赴云南前线慰问团全体成员，团长乔幼梅汇报了准备情况。

29日　山东省第二次社会科学优秀成果授奖大会在济南举行。学校有31项科研成果获奖。其中，龚克昌的《汉赋研究》、周来祥的《美学问题论稿》以及陈陆达、胡瑾与外单位合编的《国际共产主义运动史》(上下册)荣获一等奖，9项成果荣获二等奖，19项成果荣获三等奖。

1986年

1月

本月　校工会召开表彰会，对1985年度7个先进部门工会，140名优秀工会积极分子和28户五好家庭表彰奖励。

2月

2日　高亨教授在北京逝世，终年86岁。

高亨(1900～1986)，初名仙翘，字晋生，吉林双阳人。古文字学家、先秦文化史研究和古籍校勘考据专家。1924年，考入北京大学。1925年，秋考入清华大学研究生院，师从梁启超、王国维。1926年，毕业任教，历任河南大学、东北大学、武汉大学、齐鲁大学教授等。作品有《诗经选注》《诗经今注》《楚辞选》《上古神话》《文字形义学概论》《古字通辞典》等著作和论文。

1953年起，高亨执教于山东大学中文系，曾任中文系教授、古典文学研究室副主任、校学术委员会委员。1957年起，兼任中国科学院哲学研究所研究员。高亨先生1956年参加九三学社，曾被选为山东省政协第三届常务委员、第四届全国人大代表。1964年，被评为济南市先进工作者。

高亨教授

高亨先生在国内各大学任教长达60年，一生笃志于弘扬中国传统学术，成就斐然。先后开设过国学概论、金石甲骨文字、文字形义学概论、老庄哲学、周易哲学、先秦散文选读、诗经研究、中国文学史等多门课程。其严谨的学风、宏富的知识和诲人不倦的精神，一直受到广大受业者的信赖、敬重和爱戴。他对后学总是严格要求、一丝不苟，而又循循善诱、注意引导，既认真教书又不忘严格育人。

高亨是中国研究先秦学术和文字学、训诂学的著名学者，把大量精力用于古籍整理和国学研究，留下了总计约500万字的学术著作，涉及《周易》《诗经》《楚辞》、先秦诸子、文字学、上古神话等诸多领域，享誉学术界。著有《周易古经今注》《周易大传今注》《周易杂论》《老子正诂》《老子注译》《诸子新笺》《庄子今笺》《商君书注译》《墨经校诠》《诗经选注》《诗经今注》《楚辞选》与《上古神话》(与董治安先生合写)《文字形义学概论》《文史述林》《文史述林辑补》等著作。

1986年2月16日，山东大学赴云南老山前线慰问团返校

1986 年

2 月

16 日　学校赴云南老山前线慰问团返校，受到山东省委省政府领导姜春云、郑为民、马长贵等迎接。慰问团一行 15 人，1 月 25 日由济南启程，29 日到达老山前线，与山东省大学生艺术团一起，对前线将士进行了为期 12 天的慰问。返校前，2 月 15 日，国家教委副主任杨海波、团中央书记处书记冯军等在北京接见了慰问团全体成员，称赞了学校和前线部队发起的“双心”活动，希望“双心”活动继续深入开展下去，并向全国推广。

20 日　学校召开中层干部会议，党委书记徐豫龙部署本学期的党委工作，要求端正办学指导思想，加强思想政治工作。邓丛豪校长部署本学期行政工作，指出抓好十件大事：第一，抓学习；第二，全面整顿校容、校貌、校纪；第三，抓好教学质量；第四，抓重点学科建设；第五，把改革引向深入；第六，落实人事制度；第七，搞好 85 周年校庆(3 月 15 日)；第八，制定“七五”期间发展规划；第九，彻底纠正不正之风；第十，转变领导作风。

25 日　学校召开教学改革会议。

27 日　学校调整体育运动委员会，陈力行任主任委员，刘玉柱、陈振善、张乐岭、梅恒起、陈钟任副主任委员。

本月　国家教委批准学校举办哲学、动物、植物等专业的 3 个助教进修班，分别由哲学系和生物学系主办。

3 月

2 日　香港浸会学院学生代表团来校访问。

7 日　学校召开赴老山前线慰问团汇报大会，12000 余名师生云集老校大操场，听取汇报。

8 日　学校成立山东大学颁发居民身份证领导小组，陈力行任组长，李文昌、李光合任副组长。

28 日　济南市委、市人民政府命名学校为社会主义精神文明建设先进单位。

31 日　经国家教委同意在学校试办电子技术职业师范班。

4 月

4 日　中国社会科学院马列主义、毛泽东思想研究所主任、教授、学校科社系兼职教授苏绍智来学校作报告。

同日　济南市教育局同意学校建立山东大学子弟小学。

8 日　校党委决定，增补杨孔章、李光合为校保密委员会副主任。

9 日　党委常委会同意、校长办公会决定，吴关生任研究生处处长，安晋玉任生产设备处处长，李积祥任保卫处处长。

11 日　学校举行第一届外国留学生花样运动会。

14 日　学校决定聘请济南市法律顾问处乔伟、梅永湘、董正国 3 位律师为学校常年法律顾问，并在校内设立法律顾问室。法律顾问将受学校法定代表人(校长)的委托，处理学校的法律事务。

16 日　山东省研究外国文学的教授、学者在历城区集会庆祝由学校、山东师范大学、聊城师范学院、省社科院等单位联合发起的山东省外国文学研究会成立。学校美国现代文学研究所所长陆凡教授任会长，提议学校顾问吴富恒教

1986 年

4 月

授为名誉会长。

17 日　学校颁布《山东大学教师职务聘任制实施意见》。

18 日　学校举行 1986 年春季田径运动会。运动会期间，世界上第一位乘轮椅作环球旅行的加拿大残疾人里克·汉森先生手摇轮椅绕场一周，受到师生员工的热烈欢迎。邓从豪校长代表全体师生员工向他赠送礼品。

22 日　由学校和有关单位联合发起举办的“臧克家学术讨论会”在济南开幕。年逾八旬的臧克家先生亲临讨论会致辞。

1986 年 4 月，臧克家回母校参加山东大学建校 85 周年及“臧克家学术讨论会”

同日　著名美国文学评论家、美籍华人董鼎山教授来学校开始为期一个月的讲学。

25 日　学校第三次研究生代表大会在新校公教楼召开。

29 日　学校举行了第三次实验室工作会议。

30 日　学校第二届音乐、舞蹈大奖赛结束。

5 月

3 日　学校对“六五”科研成果进行审查、奖励，有 430 项成果获奖，其中哲学、社会科学成果 263 项，自然科学成果 167 项。

5 日　由学校 1000 多名应届毕业生参加的《大学生在前线英模事迹报告会》在建筑工人俱乐部隆重举行。

6 日　学校全体师生员工集会，庆祝建校 85 周年。会上表彰了在校工作 40 年以上的教职工，并向“六五”期间优秀科研成果奖和优秀教材奖获得者授奖。

7 日　校领导与部分校友在老校招待所会议室举行座谈会，共同回顾历史、展望未来。

9 日　校党委同意林波任图书馆直属党支部书记。

同日　由学校承办的 1986 年驻济高校田径运动会在北校操场举行。学校夺得了男子团体、女子团体和男女团体总分的第一名。

同日　国家教委在学校召开了经济法专业教学计划审订会。

12 日　校党委常委会同意，增补戈平为校务委员会副主任，王清扬任数学研究所副所长（正处），葛允江任科研处处长。

1986年

5月

16日　邓从豪校长代表学校聘请董鼎山教授为图书馆专业客座教授。

21日　学校应届毕业生积极响应党中央、省委关于帮助老区、贫困地区的号召，由学校团委组织毕业生“赴五区（临沂、菏泽、聊城、德州、惠民）考察团”出发考察，考察时间为半个月，分南、北两路进行。

22日　学校召开思想政治工作会议，对33名1985年度优秀政治辅导员和级主任进行奖励。

同日　受有关方面委托，中国中文信息研究会汉字编码专业委员会委员许钦文来学校调查了解《信息处理用现代汉语多字词语集》研制情况，对学校在这一开创性工作中所付出的努力和已取得的进展给予了高度评价。

26日　应学校经济系邀请，加拿大拉瓦尔大学电机工程学教授、著名经济学家西奥多·威尔第先生来学校访问并讲学。

27日　澳大利亚阿德莱德大学校长斯川克斯先生率代表团一行6人访问学校，并同学校商谈技术转让与合作，以及开展两校交流等有关事宜。

29日　应学校邀请，世界著名经济学家、中美文化交流委员会美方主席、1978年诺贝尔经济学奖获得者赫伯特·A. 西蒙教授来学校访问、讲学并为经济系师生作了学术报告。

30日　学校幼儿园集会庆祝“六一”国际儿童节。

同日　学校召开第十三次工代会。出席这次大会的正式代表207人，会议通过《山东大学“教书育人，为人师表”守则》和《文明工作，服务育人守则》，选举产生校工会第十三届委员会和经费审查委员会。乔幼梅当选为校工会第十三届委员会主席，闻孝瑶、鲁月娥、王友玉、王培元（以上均为兼职）、陈钟（副处级，主持日常工作）为副主席。大会于31日闭幕。

6月

3日　由中国光学学会主办的光电子专业研究生学术报告会在学校举行，8号结束。

4日　王仲荦教授逝世，终年74岁。

王仲荦（1913～1986），浙江余姚人，中国著名历史学家。1937年，毕业于上海正风文学院，师承章太炎先生。曾任上海太炎文学院、中央大学教授。1947年后，历任山东大学教授、历史系主任，山东大学首批博士生导师，中国唐史学会第一、二届副理事长，山东省史学会第一、二届理事长，国务院古籍整理出版规划小组成员，国务院学位委员会第一届学科评议组成员。

王仲荦专于魏晋南北朝隋唐五代史，是魏晋南北朝史权威和中国史学界魏晋封建论的代表人物。著有《魏晋南北朝史》《隋唐五代史》《关于中国奴隶社会的瓦解及封建关系的形成问题》《北周六典》《北周地理志》等。晚年致力于敦煌学和中国古代物价的研究，写成《敦煌石室地志行记综录》《敦煌石室地志残卷考释》和《金泥玉屑丛考》。

王仲荦在山东大学执教40载，孜孜不倦，著述不辍。从20世纪50年代开始，在山东大学历史系教授魏晋南北朝及隋唐史课。因为他讲一口上海话，怕北方学生听不懂，写成了80万字的讲稿。这部讲义，以后就成了《魏晋南北朝隋初唐史》。王仲荦对学校极有感情。北京大学曾三次来邀请王仲荦去北大任教，都被拒绝。

1986 年

6 月

7 日　校务委员会举行会议，讨论审查学校《“七五”事业发展规划》和《总体规划》。

10 日　为纪念《文史哲》创刊 35 周年，《文史哲》编辑部举办“中国传统文化思想”学术讨论会。

12 日　社会学系和图书馆学系成立，两系暂合署办公。徐经泽任社会学系主任。

13 日　学校召开第二十届学生代表大会。

20 日　学校成立学生工作领导小组，乔幼梅任组长；陈力行、宋焕新任副组长。

26 日　学校研究生处在新校文史楼召开了应届毕业的 1983 级硕士研究生座谈会。

30 日　经国家教委同意，曾繁仁任教务长、马长义任总务长。

本月　经省评审组织审定，批准以下同志为教授：臧乐源、李威周、胡世凯、牟世金、董治安、袁世硕、周来祥、刘敦愿、黄冕堂、路遥、刘明翰、葛懋春、孔令仁、郑佩欣、秦自楷、王应素、蒋民华、张克从、陈惠民。

另外，经省评审组织审定，同意学校以下同志具有教授职务任职资格：胡瑾、乔伟、庄德钧、史祖瑜、王绍曾、傅寰、王荣兴、汪嘉业、欧阳亮、陈祖浩、袁益让、谢去病、邹时复、印永嘉、杨孔章、李桂舫。

7 月

4 日　校党委常委会同意朱乃钰任实验中心主任。

13 日　第八届国际晶体生长会议在英国的约克（York）大学召开，学校晶体材料研究所所长蒋民华教授参加了这次会议并被选为国际晶体生长组织理事。

14 日　经国家教委同意，学校俄罗斯语言文学专业从 1984 级开始恢复为四年制。

25 日　国家教委干部司通知，决定建立中共山东大学威海分校委员会。委员会由刘清前、陈力行、李福太、刘玉柱、门兆英 5 位同志组成。刘清前兼任党委书记，李福太任党委副书记；陈力行兼任威海分校校长，刘玉柱任威海分校副校长，门兆英兼任威海分校副校长。

26 日　学校成立“严打”工作领导小组，陈力行任组长；李积祥任副组长。

同日　国际著名生理学教授、美国俄亥俄州西奈山医学中心研究部主任利维（Mgtthewn levy）博士应邀来校进行为期 5 天的讲学。

28 日　国务院学位委员会批准学校中国哲学史、外国哲学史、政治经济学、外国经济思想史、科学社会主义、国际共产主义运动史、中国古典文献学、考古学、应用数学、半导体物理与半导体器件物理、有机化学、生态学、计算机软件为第三批硕士学位授予专业。文艺学、计算数学、固体物理、发育生物学、军用光学为第三批博士学位授予专业。

1986 年

8 月

1 日　校党委常委决定，徐豫龙兼任省高校干部进修班主任，史枫砚任中共山东大学纪律检查委员会副书记，宋焕新任党委办公室主任。

3 日　学校召开中层以上全校干部会议，学习贯彻《中共中央关于教育体制改革的决定》，讨论研究学校新时期面临的任务及加强学校的思想政治工作和教育改革等问题。

11 日　学校 1610 名 1985 级本科生集中进行军事训练，20 日结束。

13 日　联邦德国驻华大使斐培谊和夫人及哈拉门先生一行 3 人，来学校参加赠书仪式。

15 日　学校举办学生干部学习班，提高学生干部的组织、管理工作能力，近百名人参加，19 日结束。

18 日　出版社印刷厂在实验中心会议室举行了征求意见座谈会，邓从豪校长和部分部、处、室负责人出席了会议。

25 日　国务院学位委员会批准，周来祥、袁益让、蒋民华、黄浙、陈继述、袁世硕、谢力同为博士生指导教师。

9 月

5 日　财务处从 6 月 27 日开始的历时两个半月的账务自查、互查工作已经结束，经教委组织的账务检查组验收合格。

6 日　校党委邀请驻学校政协委员和各民主党派、统战团体负责人座谈，通报本学期工作，听取他们的意见。

7 日　加拿大里贾纳大学巴博校长一行 4 人应邀来学校访问，商讨两校校际交流事宜。

8 日　学校授予巴博教授为山东大学名誉教授。

10 日　校党委常委决定，李光合任校长办公室主任；鹿玉理任教务处处长；张培媛任校建处处长；张建琪任威海分校总务处处长。

12 日　学校召开庆祝教师职务聘任大会。省委常委宣传部部长苗枫林，代表国家教委向荣获全国教育系统劳动模范称号的李德征副教授颁发证书、奖章和奖金。邓从豪校长向首批受聘的 1254 名教师颁发证书。

13 日　在图书馆广场举行新生开学典礼。

17 日　以日本山口大学校长粟屋和彦为团长的代表团一行 5 人访问学校。

18 日　经党委常委会同意，李武林任出版社总编辑，张永恩任出版社社长。

21 日　学校和山东省社会科学联合会受中国社会科学院的委托，在烟台市联合举办了第二届全国魏晋南北朝史学术讨论会。讨论会 26 日结束。

25 日　山东大学专业技术职务评审委员会成立，下设图书资料、实验技术、工程技术、卫生技术、会计专业职务评议组，负责全校专业技术职务资格的评审工作。邓从豪任主任，潘承洞、乔幼梅、陈之安、刘清前任副主任。

26 日　学校召集有关部门负责同志和部分专家学者，就加强软科学研究的必要性、软科学研究的意义、任务以及学校如何加强软科学研究等问题进行座谈。

同日　学校在留学生餐厅举行庆祝中华人民共和国成立 37 周年暨留学生开学典礼招待会。

1986年

9月

28日 济南市副市长郭德跃等领导来校现场办公，和学校领导共同协商、研究解决学校基建面临的困难问题。

10月

1日 学校组织慰问团赴博山为驻军慰问演出，并就深入开展“双心”活动、军民共建精神文明的问题进行了商讨。

5日 校党委常委会研究决定，徐儒英任人事处处长。

6日 校党委发出关于认真学习《中共中央关于社会主义精神文明建设指导方针的决议》的安排意见，要求各单位、师生员工认真学习，把学好该《决议》放在第一位。

7日 山东大学首期业余党校正式开学。这期业余党校共招收学员984人，其中学生党员283人，学生积极分子701人。

10日 学校举行了1986级新生田径运动会。

11日 学校举行社会学系和图书馆学系成立大会。

12日 省教育厅在济南召开了山东省高等学校实验室工作先进集体、先进个人表彰会。学校3个实验室、9名实验工作者受到省教育厅表彰奖励。

17日 学校《祖国在我心中战士在我心中》摄影集发行仪式暨老山战地摄影奖授奖大会在东郊饭店隆重举行，邓从豪校长主持了大会。

同日 中央宣传部教育局负责来学校参加“双心”活动摄影集发行仪式大会，并听取学校思想政治工作情况和学生参加社会实践活动情况的汇报。

20日 学校召开厂校科技合作座谈会，30多个厂矿企业单位应邀参加。

24日 学校召开教学改革和教书育人经验交流大会，邓从豪校长以《加强基础，培养能力，提高质量》为题作总结发言，并对1985～1986年度的53名优秀教师进行表彰，向在校连续工作40年的20位老同志颁发光荣证书和纪念章。

25日 学校成立实验技术、图书资料专业职务聘任工作领导小组，负责设置专业技术岗位、聘任等工作。陈力行任组长，刘清前任副组长。

29日 校长办公会决定，社会学系和图书馆学系行政分署办公。

30日 学校老干部工作委员会成立，刘清前任主任，陈力行、徐广生任副主任。

31日 学校决定自1986级新生开始，设立入学成绩优秀生奖学金。首届获奖的共有47名新生。

本月 学校成立软科学研究会。

本月 学校成人教育工作自1982年以来有了较大幅度的发展，有8个专业，在校生达1119人。

11月

11日 山东省比较文学学会成立大会暨第一次学术讨论会在济南举行，学校外文系教授张健和文史哲研究所刘波被大会分别选为会长和副会长。

12日 民革山大支部在图书馆楼会议室举行纪念孙中山先生120周年诞辰座谈会。

14日 校党委研究决定：老干部办公室改为老干部处，朱洪庭任处长。

1986 年

11 月

15 日　经国家教委党组和中共山东省委同意，任命潘承洞为校长（任期 4 年），并增补为校党委常委。

潘承洞（1934～1997），江苏苏州人。当代著名数学家，中国科学院院士、全国人大代表。1986 年，任山东大学校长，至 1997 年去世。

潘承洞 1952 年考入北京大学数学力学系，师从江泽涵、段学复、戴文赛、闵嗣鹤、程民德、吴光磊等著名学者。大学毕业，留北京大学数学力学系工作。1956 年 2 月，成为闵嗣鹤的研究生。20 世纪 50 年代前后是近代解析数论的一个重要发展时期，为了研究数论中的著名猜想，一些重要的新的解析方法，如大筛法、黎曼・泽塔函数与狄利克雷函数的零点分布、塞尔伯格筛法等，相继被提出，成为当时解析数论界研究的中心。闵嗣鹤教授极有远见地为潘承洞确定了研究方向：狄利克雷函数的零点分布及其在著名数论问题中的应用。在学习期间，他参加了华罗庚教授在中国科学院数学研究所主持的哥德巴赫猜想讨论班，并与陈景润、王元等一起讨论，互相学习和启发。在闵嗣鹤教授的指导下，潘承洞在解析数论的基础理论和研究方法上打下了坚实的基础，为后来的研究工作埋下了成功的伏笔。1961 年 3 月，潘承洞研究生毕业，被分配至山东大学数学系。潘承洞执着于解析数论研究，在到校一年内，他就自己的研究心得与中国科学院数学研究所的王元竟通信 60 多次。而同一时期他与未婚妻李淑英仅通了两封信。往往因为一个问题，双方在信上你来我往几个回合。在学术上的争论更加深了他们之间的友谊，这种真挚的友谊一直延续下来，成为数论界的一段佳话。

潘承洞

潘承洞专长解析数论，尤以对哥德巴赫猜想的研究成果为中外数学家所赞誉。在国内外学术刊物上发表论文 50 余篇，出版专著及教材共 8 部。1978 年，潘承洞荣获全国科学大会奖，并获全国科技先进工作者称号；1982 年，因在哥德巴赫猜想研究中的突出贡献，与陈景润、王元一起获国家自然科学奖一等奖；1984 年，被评为我国首批有突出贡献的中青年专家；1988 年，获山东省首批专业技术拔尖人才荣誉称号。1991 年，他当选为中国科学院院士。1995 年，荣获香港何梁何利基金会科学与技术进步奖。

潘承洞在山东大学数学系任教的30多年中，始终工作在教学第一线，为大学生、研究生开设了10多门课程，如数学分析、高等数学、实变函数论、复变函数论、阶的估计、计算方法、初等数论、拟保角变换、素数分布、堆垒素数论、哥德巴赫猜想，等等。他讲课从不照本宣科，而是提纲挈领，讲透精华。他对教学认真负责，对学生循循善诱，最大限度地激发学生的创造性。结合多年来教学科研工作的深刻总结，潘承洞与于秀源合著了《阶的估计》，与潘承彪合著了《初等代数数论》《解析数论基础》(1991)、《初等数论》(1992)三本教材。这几本书作为数学系本科生高年级和研究生的选修教材，给出了丰富的应用素材，是数学系本科生进一步深造的经典书籍。潘承洞桃李满天下，于秀源、展涛、王炜、张文鹏、李红泽、李大兴、郑志勇、刘建亚、王小云等知名学者均师从潘承洞。

潘承洞先后任山东大学数学系主任、数学研究所所长、副校长。1986年底，被任命为校长。任校长期间，恰好面临新科技的挑战，潘承洞确立了“文理并举，新老并进”的治校方针，在注重综合性大学的基础理论研究、发展原有重点学科的同时，积极扶持建设一批高新技术学科，使得学校的人才培养工作尽快适应新的社会形势。他不拘一格降人才，不讲门户爱人才，总是想方设法让尽可能多的人才、尽可能年轻的人才脱颖而出。他致力于学校青年后备科研人才的培养和各学科教学科研梯队的建设，创造条件使青年学者能尽早地脱颖而出。1987年，他拍板制定了给有博士学位的青年教师优先分配二室一厅住房的政策，使留校的或从兄弟院校引进的博士毕业研究生都获得了较好的居住条件，为他们解决后顾之忧。1992年底，又主持制定了“破格教授”政策，即40岁以下的年轻教师晋升教授职称可不占用所在单位名额，由学校统一筛选。1993年3月，学校一次提拔了40岁以下的16位年轻教师为山东大学破格教授，最年轻的当时只有30岁。这些人后来都在科研工作中独当一面，成为各自领域的佼佼者，有不少走上了教学科研或行政工作的领导岗位。这些措施的实施，在山东大学职称评定工作中逐步形成了重能力、重成果、轻资历的良好风气。

在潘承洞的倡议下，山东大学提出了“面向山东、立足山东、服务山东”的口号。自1994年起，山东大学得到了来自教育部和山东省的两方面大力支持，为学校的长久可持续发展打下了良好的基础。山东大学在办学过程中得到山东省政府和济南市政府的多方面支持，顺利通过了国家“211工程”的立项，建设资金也陆续到位。这对改善办学条件，提高学校的总体水平起到了关键的作用。

17日　经校党委常委会同意，高忠汉任校刊编辑部主任，谈红琦任财务处处长。

19日　山东省教育厅在学校召开了教学改革经验交流会，11所综合院校的教务长和教务处长参加了会议。

26日　学校召开了104次校务委员会会议，研究了学校重点学科规划及加强基础课教学等问题，邓从豪校长主持会议。

27日　国家教委在学校召开了六省市标准化考试计算机阅卷协调会。

本月　校党委发文，布置“创建先进党支部和争当模范党员”活动。

1986 年

12 月

6 日　山东大学学生读书信息交流中心在老校法学楼成立。

8 日　潘承洞校长在电教中心科学会堂举行新闻发布会，通报了学校教学科研情况。

11 日　国家教委同意学校增设环境生物学专业、应用化学专业，学制 4 年。

12 日　国家教委同意学校增设国际经济专业和财税专业，学制 4 年。

16 日　在山东省 1985 年度高等学校科技成果奖励大会上，学校有 38 项成果获奖。晶体所的 KTP 晶体获应用技术成果一等奖；晶体所被评为山东省高校科研管理先进单位。哲学社会科学优秀科研成果有 25 项成果获奖，其中一等奖 6 项，二等奖 15 项。

19 日　学校民盟、九三学社、民革、农工党、民建、致公党等 6 个民主党派联合组织召开“山东大学各民主党派第二次为两个文明建设服务经验交流会”。

26 日　学校在电教楼科学会堂召开了研究生培养工作会议，会议为期两天。

31 日　学校颁布《山东大学人事调配工作暂行规定》。

同日　国家教委党组决定，张乐岭任山东大学党委副书记，调王忠烈任山东大学副校长(任期 4 年，列杨孔章之后)。

本月　经山东省教师职务评审委员会审定，同意学校以下同志具有教授职务任职资格：龚克昌、钱曾怡、狄其骢、孟广来、葛本仪、徐鸿修、朱玉湘、李武林、徐经泽、林白鹏、孙讷正、杨楚良、陈罡午、戴国才、王淑仁、沈静兰、陈剑华、陈振善、王果庭、胡夑荣、吉常宏。

本月　中央绿化委员会授予学校“全国绿化先进单位”称号。

本月　学校召开研究生培养工作会，讨论学校研究生教育发展及取得的成绩，培养中存在的问题及改进意见。

本学期　学校积极贯彻国家经委、国家教委和中科院[(1986)315 号文件]精神，广泛加强和产业部门的横向联系，目前已与省内外 50 多个单位和厂家洽谈了科技文化技术合作意向，一些厂家和我校正式签订了有关合同和协议。

本学期　学校总结落实知识分子政策工作，截至 12 月底，平反历史遗留冤假错案 52 件，其中教工改正 32 人，学生改正 20 人，属彻底改正 26 人；解决了错划右派结论中的“尾巴”问题 153 起；清退了“文革”中被查抄的财物 112 户，共退还存款、公债 74757.13 元，退还金银首饰 50 余件，自行车 13 辆，书籍 700 余册、原物无下落，按规定折价给予经济补偿共 11469.90 元。复查 1978～1980 年对“文革”中立案审查人员所作的结论全部 328 个案件。

本学期　国家教委批准学校自 1987 年开办政治思想教育第二学士学位班。

本学期　学校接待来华长期、短期顺访专家学者共 190 人；在校留学生 107 人，毕业生 72 人；出国留学人员 21 人(其中读学位的 10 人)；参加国际学术会议 11 人；出国访问考察研究 9 人；举办短期学习班共两期 40 人。

本学期　学校获国家教委科技成果、科技进步奖共 8 项；山东省科委科技成果奖共 13 项；获省教育厅优秀成果奖共 44 项；获国家计委、经委、科委、财政部“六五科技攻关奖”1 项；获 1983.7～1985.6 年度省社科联优秀成果奖共 30 项。学校研制的四硼酸铝钇钕(NYAB)，被中央人民广播电台、《光明日报》《科

1986 年
12 月

技日报》评为全国十大科技新闻之一。《山东大学校史》经过近五年的努力，已编写完成。经学校审订后，由山东大学出版社正式出版。校史编写组予以撤销，另行建立校史办公室。

本学期　全校共有 18 个系（中文、历史、哲学、经济、管理科学、科学社会主义、法律、图书馆学、社会学、外文、数学、计算机科学、物理、电子、光学、化学、生物、微生物），39 个本科专业，13 个博士生专业，43 个硕士生专业；全校各类学生 10648 人，其中研究生 719 人，本专科生 8313 人；本年招收研究生 253 人，招收本专科生 2341 人；本年毕业研究生 100 人，本专科生 1536 人；本年授予博士学位 3 人，硕士学位 104 人。全校教职工总数为 3321 人，其中专任教师 1361 人（教授 62 人，副教授 345 人）；全校藏书 185 万册。

1987 年
1 月

1 日　学校新校俱乐部举办庆新年联欢晚会，省长李昌安，校领导潘承洞、徐豫龙、乔幼梅等出席晚会。

12 日　校党委召开第九届党委第二次全体会议和中层干部会议，徐豫龙代表校党委作《坚持社会主义方向，旗帜鲜明地反对资产阶级自由化思潮》报告；乔幼梅作《关于加强社会主义精神文明建设意见》的说明。会议 15 日结束。

17 日　经党委常委会研究，同意哲学系党总支委员会由 7 人组成，牟文华任总支书记；出版社党总支由 5 人组成，李武林任总支书记（兼）。

20 日　学校与济南泉城电脑公司联合组建新型科研机构“山东泉城电脑应用研究所”。

22 日　学校成立编制论证委员会，由陈之安任主任，刘清前任副主任。

同日　建立美学研究所、法学研究所、日本问题研究中心。周来祥任美学所所长，乔伟任法学所所长，李威周任日本问题研究中心主任。

23 日　经国家教委批准，学校恢复学生工作部。

同日　学校在老校招待所大会议室举办迎春茶话会。

24 日　经党委常委会同意，校长办公会研究决定，徐中明任体育室主任，吕慧鹃任文史哲研究所所长。

2 月

7 日　学校在图书馆一楼大厅召开了各部处、各系所负责人会议，检查开学前的准备工作。

9 日　校工会表彰 1986 年度先进部门工会 9 个，先进个人 102 人，“五好家庭”37 户。

12 日　学校颁布《山东大学文书档案保管期限暂行规定》。

19 日　校党委在新校图书馆会议室召开了各总支和各直属支部书记会议，传达了中央有关文件并就本学期的政治学习作了具体部署。

28 日　在党委召开的干部大会上，党委书记徐豫龙、党委副书记乔幼梅、张乐岭向学校 20 名优秀思想政治教育工作者颁发了证书和奖品。

本月　经国家出版署批准，《山东大学学报》（哲学社会科学版）复刊。复刊以后的《山东大学学报》（哲社版）为国内外公开发行的季刊。9 月，复刊号正式出版发行。

1987 年

3 月

4 日　经党委常委会议和校长办公会议研究，国家教委同意，决定成立“中国传统文化思想研究所”，陈之安兼任所长，丁冠之、蒋俊兼任副所长。

同日　校党委常委会决定，杨恩长任马列主义理论教研室直属党支部书记兼马列室副主任。

5 日　学校成立重点学科建设领导小组。杨孔章任组长，王忠烈、陈之安任副组长。

6 日　校工会在老校招待所会议室举办庆祝“三八国际劳动妇女节”茶话会。

同日　“山东多粒子产生国际讨论会预备会”在学校实验中心召开。

9 日　学校调整校务委员会组成，潘承洞任主任，增补吴富恒、邓从豪为副主任。

10 日　学校颁布《山东大学科学技术档案管理试行办法》和《山东大学科学技术档案保管期限表》，并制定出《山东大学科技档案分类编号方法》。

12 日　学校颁布《山东大学关于研究生指导教师职责及有关规定》。

15 日　校学生科学联合会举办以“爱知识、学知识、用知识”为主题的大型“科技活动周”。

同日　济南市郊区人民代表大会的换届选举工作正式结束，徐从兰等 5 人当选郊区人大代表。

16 日　校党委举办第一期思想政治工作研讨班。参加研讨班的共 35 人。研讨班为期 8 天，于 3 月 23 日结束。

20 日　学校颁布《山东大学教学档案暂行管理办法》。

24 日　经校党委常委会研究，同意管理科学系党总支委员会由五人组成。王耀华任总支书记。

26 日　校党委召开全委扩大会议，讨论在全校党内开展“新时期共产党员如何发挥先锋模范作用大讨论”。27 日，学校召开干部大会，就开展“大讨论”事宜进行布置。

27 日　学校召开书记、校长和有关部门负责同志参加的联席会议，研究完成“七五”攻关项目的保障问题。自 1986 年以来，学校承担了 11 项“七五”科技重点攻关项目，比“六五”期间增加了近 3 倍。

本月　学校作出《关于加强基础教学的决定》，采取若干措施，加强基础课教学。学校决定在全校建立基础课试题库，2～3 年内完成。

4 月

6 日　学校发出《山东大学关于攻读硕士学位研究生课程设置的意见》。

8 日　学校召开“加强本科教育研讨会”。

9 日　国家教委批准学校招收高水平运动员。

10 日　国家教委副主任朱开轩来学校视察工作，听取校领导的汇报。

17 日　学校举行首届数学竞赛。3 名同学获一等奖，20 余名同学分获二、三等奖和鼓励奖。

18 日　学校召开“双增双节”会议，贯彻国家教委“双增双节”通知精神，部署学校“双增双节”运动。

1987 年

4 月

同日　学校成立外事领导小组，由杨孔章任组长，陈力行、曾繁仁任副组长。

20 日　学校转发《国家教委〈关于开展增产节约增收节支运动的通知〉的通知》，要求师生员工迅速行动起来，开展“双增双节”运动。

同日　启用“山东大学介绍信专用章”。

22 日　由北京大学、山东大学、郑州大学、杭州大学、苏州大学联合主办的高校书画联展在学校举行。

23 日　学校成立重点学科评审组。文科评审组组长为陈之安，副组长为牟世金、郑佩欣；理科评审组组长为王忠烈，副组长为阎长泰、王承瑞。

同日　在团省委的倡导下，学校邀请当年从事青年工作的前辈李子超、苗枫林、林萍、丁方明等 20 多位老同志举办了“我 20 岁的时候”对话会。

25 日　学校 1987 年春季田径运动会经过两天比赛，于今日闭幕。

27 日　经国家教委批准，学校成立经济与管理学院。庄德钧任院长兼经济系主任，墨文川任副院长兼管理科学系主任，并成立由两系的正副系主任和总支书记参加的院务委员会。

同日　调整学校体育运动委员会，陈力行任主任委员，张乐岭、马长义、曾繁仁为副主任委员。

同日　经校党委常委会研究同意，校长办公室研究决定，卢宗功任外事办公室主任。

28 日　晶体材料研究所所长蒋民华教授被省政府授予“山东省劳动模范”称号，被全国总工会授予“全国优秀科技工作者”荣誉称号，并获得“五一劳动奖章”。

30 日　由校团委、学生会、研究生会主办的“山东大学首届文化艺术节”在新校俱乐部隆重开幕。省长李昌安为艺术节题词：“丰富校园文化生活，繁荣山东文化艺术。”省、市内艺术家方荣翔、胡天泉等和学校学生艺术团的同学同台表演精彩节目。

5 月

3 日　经校党委常委会研究同意，生物系党总支委员会由汲岱昌等 7 名同志组成。汲岱昌任总支书记。

6 日　学校高校干部进修班邀请山东省委组织部张金景部长来校作报告。

9 日　经校党委常委会研究同意，校长办公会研究决定，安增才任公共外语教研室主任。

11 日　学校成立学生军训工作委员会，由陈之安任主任，张乐岭、曾繁仁、马长义任副主任。

14 日　学校召开“新时期共产党员如何发挥先锋模范作用大讨论”经验交流会。

20 日　学校颁布《关于加强国家重点科研项目（国家“七五”攻关和高技术项目）管理的决定》。

21 日　美国加利福尼亚大学陈省身教授应邀来学校访问讲学。

1987 年

5 月

同日　山东大学统战理论研究会成立大会暨第二次统战理论讨论会在老校招待所举行。

22 日　济南市人民政府委托学校培养本科学生 200 人(从 1988 年开始,每年招收 50 人,共 4 届)。

23 日　经校党委常委会研究同意,校长办公会研究决定,胡燮荣任红外遥感研究室主任。

24 日　共青团山东大学第十二次代表大会召开。大会以差额选举的办法产生共青团第十二届委员会。该委员会由 39 人组成,焦军任团委书记。

26 日　以校长潘承洞教授为团长,马长义、墨文川、周立升、郑甘澍为团员的学校代表团应邀访问日本山口大学,并顺访筑波大学、上智大学、福冈大学等。代表团 6 月 6 日返校。

28 日　学校颁布《山东大学预算外资金管理实施细则》。

29 日　校工会举行首届教职工文艺汇演,评出一等奖 4 个,二等奖 6 个,三等奖 6 个,优秀演员 13 名。历史系教授合唱团演唱的《没有共产党就没有新中国》《社会主义好》两首歌获大会特别奖。

本月　蒋民华教授获国家级有突出贡献专家称号。

本月　学校修订《山东大学授予硕士、博士学位工作细则》并颁布全校。

6 月

4 日　美籍华人、耶鲁大学教授赵浩生先生应邀来学校讲学并受聘为学校客座教授。

6 日　张维华教授逝世,终年 85 岁。

张维华(1902~1986),字西山,山东寿光人,历史学家。1928 年,毕业于齐鲁大学。短暂工作后入燕京大学研究院学习,获硕士学位毕业。1933 年,回齐鲁大学任历史系讲师。1936 年,赴北京禹贡学会工作。1937 年,赴河南参加经世学社。1938 年,在昆明北平研究院历史考古研究所与顾颉刚、徐旭生一起研究中西交通史。1939 年秋,张维华又回到当时已迁至成都的齐鲁大学史社系任教,任副教授、教授,曾担任过系主任,先后开设了秦汉史、中国通史、中西交通史等课程。在此期间,张维华和顾颉刚先生一起主持了齐鲁大学国学研究所的工作。1948 年,张维华再次任职齐鲁大学,任文学院院长,兼国学研究所主任。1952 年院系调整后,调入山东大学,任历史系教授、古史研究室主任,招收副博士研究生,先后开设了中国古代史、历史文选和中国古代经济史等课程。

张维华是我国老一代著名历史学家,长期从事战国秦汉史、中国土地制度史、中西交通史的教学与研究工作,是我国早期研究中外关系史的少数专家之一。在燕京研究院时期,张维华对照阅读了大量文献,纠正了外国传中的不少讹误,补充了许多罕为人知的珍贵资料,写成的《佛郎机、吕宋、荷兰、意大利亚四国传注释》,出版后引起学界注意。1957 年出版的《明代海外贸易简论》对明代贸易的性质、发展阶段、种类等作了全面的论述。此外,他相继发表了有关中外关系的《明清中西思想冲突与影响》《明清间佛耶之争》等论文。1983年，张维华的有关中西交通专著《明清之际中西关系简史》由齐鲁书社出版后，成为国内史学领域屈指可数的高水平专著之一。秦汉史是张维华研究的又一重要领域，主要研究成果有《汉史论集》《论汉武帝》两部专著及数十篇论文。历史地理、地方史也是张维华研究的一个重要领域，曾写成了《中国长城建置考》《明辽东边墙建制沿革考》。

1987年

6月

11日　张颖清副教授在第四届全国全息生物学学术讨论会上，对癌机制作出新的解释。

12日　学校召开第四届研究生代表大会，选举产生第四届研究生会。

15日　24名高级专家教授光荣离退休，学校向他们颁发荣誉证书。

同日　召开校第一届三次教职工代表大会。

18日　学校颁布《山东大学关于在职人员申请硕士学位工作实施细则》。经国务院学位委员会批准，学校于今年开展在职人员以同等学力申请硕士学位的试点工作。

19日　学校分别于6月中旬至7月底(历时42天)组织1986级1384名本科生，9月上旬到10月初(历时30天)组织1987级1546名本科生两次到解放军某部进行军事训练。

同日　学校调整校基金委员会，陈力行任主任委员，马长义、李福昌、陶廷发任副主任委员。

23日　学校评选出29门优秀基础课。世界现代史、数学分析2门课程获一等奖。5门课程获二等奖，22门课程获三等奖。

25日　由学校和中国日本史学会联合召开的“七七事变50周年学术讨论会”在济南举行。会议收到论文30余篇。讨论会于30日结束。

26日　学校公布文艺学、中国古代文学、中国古代史、基础数学、运筹学与控制论、计算数学、固体物理、磁学、高能物理、物理化学、发育生物学、微生物学、军用光学、科学社会主义、中国文学批评史、汉语史、中国近代史、应用数学、无机化学、计算机软件等20个学科被评选为学校重点学科。

28日　由学校主办的“多粒子产生国际讨论会”在济南召开。来自美、英、德等12个国家和地区及国内学者教授代表60余人参加会议，收到论文37篇。会议于7月6日结束。

29日　经校党委常委会研究同意，校长办公会研究决定，马绍汉任威海分校计算机系主任(兼)。

同日　高兰教授逝世，终年79岁。

高兰(1909～1987)，原名郭德浩，黑龙江省瑷珲县(今爱辉区)人，著名朗诵诗人。高兰毕业于燕京大学国文系；曾任南开中学教师、长春大学教授。1949年后，历任山东大学教授、中文系主任。曾任青岛市文联副主席，青岛市教育工

1987 年

6 月

会主席，山东省文联副主席，山东省作协第一、四届副主席；系山东省政协常委，山东省第一、二、三届人代会代表；中国民盟山东省常委、顾问，山东省现代文学研究会顾问，山东郭沫若研究会会长。

高兰早年从事诗歌创作。“九一八”事变后，高兰创作了诗歌《给姑娘们》，鼓动年轻女子走出闺房，放下纸笔，换上戎装，拿起刀枪！“我们只有誓死抵抗，希求真正的民族解放”。高兰认为在抗日战争期间应提倡诗歌朗诵，他也创作了大量诗歌，他提倡写适于朗诵的诗，即朗诵诗。这期间作品有《我们的祭礼》《我的家在黑龙江》等。高兰既是朗诵诗人，又是诗朗诵的专家。他朗诵自己的诗，也朗诵郭沫若、闻一多、马雅可夫斯基等人的诗。矛盾曾称之为“这是新诗的再解放运动”。在山东大学期间，高兰继续从事中国现代文学的教学和诗歌理论的研究工作，著有《李后主评传》及诗集《高兰朗诵诗选》《朗诵诗新辑》《用和平力量推动地球前进》等。

7 月

1 日　校党委组织十几位新老党员和党外积极分子举行座谈会，庆祝中国共产党建党 66 周年。

11 日　由学校出版社组织举办的华东地区大学出版社编辑研讨会在青岛召开。研讨会于 18 日结束。

13 日　经校党委常委会议研究，同意化学系党总支委员会由 7 人组成，王象孝任总支书记。

14 日　学校成立中国历史研究所，田昌五任所长。

同日　经校长办公会议研究决定，组建《山东大学学报》（社会科学版）编辑委员会，袁世硕任主任。

20 日　学校召开中层以上党政干部会议，学习《中共中央关于改进和加强高等学校思想政治工作的决定》《中共中央关于教育体制改革的决定》等有关文件，研究进一步加强学校思想政治工作和教育体制改革的问题。会议至 25 日结束。

24 日　山东省大学生排球赛举行。学校男排夺得冠军并被评为精神文明队。

25 日　由学校 8 个系 16 人组成的研究生综合服务考察团，奔赴沂蒙山区，进行农业生态、工副业和文化教育三个方面考察服务活动。

28 日　学校教工业余文工团 30 余人在校党委副书记乔幼梅、张乐岭，副校长杨孔章的率领下，到 54862 部队进行慰问演出。

同日　学校在莱芜市某部训练场隆重举行阅兵式，检阅 1986 级学生 40 天军训成绩。

本月　学校“KTP 晶体生长的研究与开发”荣获国家科技进步二等奖。

本月　学校获国家教委科技进步奖 4 项，其中一等奖 1 项，二等奖 3 项。获一等奖的项目是“KTP 晶体生长的研究与开发”。

暑假期间　学校 3000 余名大学生深入到工厂、农村、街道或回到家乡，广泛开展社会调查、知识咨询、智力扶贫、科技服务等社会实践活动。

1987 年

8 月

4 日　学校成立学生助学金改革领导小组，张乐岭任组长，陈之安、曾繁仁任副组长。

5 日　全国微生物学会委托学校举办的第一届全国海洋微生物学术讨论会在青岛举行。讨论会 10 日结束。

6 日　应潘承洞校长邀请，美国印第安纳大学校长瑞安和该校国际项目主任诺宾纳维奇来校访问。

10 日　由学校任组长单位的国家教委生物学教材编委会在青岛召开编委扩大会议。

14 日　由校团委组织的暑期学生干部学习班在新校电教中心开班教学。

22 日　学校在电教楼召开了各系及各部门负责人会议，部署了 1987 级军训和学校下半年的工作。

25 日　全国总工会召开全国职工读书自学活动先进个人、先进集体表彰会，学校于保平被评为“自学成才者”。

26 日　傍晚至凌晨，济南市降特大暴雨，学校许多房屋进水，大量物品被淹。全校直接经济损失达 32 万元。

27 日　党委组织由各级领导干部参加的学习班，学习两本书《建设有中国特色的社会主义》和《坚持四项基本原则，反对资产阶级自由化》。

31 日　学校恢复早操制度。

本月　1987 年初，学校决定建立学生工作定期提案制度。本月定期提案制度开始实施。

9 月

5 日　“双掺杂单畴热释电晶体 ATGSAs”荣获第三届全国发明展览会金牌奖。

8 日　以副校长杨孔章教授为团长，教务长曾繁仁副教授、物理系何珺副教授、外办副主任魏礼庆为团员的学校代表团，应邀于对美国、加拿大的格兰布林大学、密尔沃基大学、印第安纳大学、哈佛大学、纽约市立学院、里贾纳大学、萨斯喀彻温大学等 7 所院校进行访问。代表团 28 日返校。

9 日　学校举行新生开学典礼。

10 日　学校召开庆祝“教师节”、表彰“两育”先进个人和集体大会。会上表彰先进集体 31 个，先进个人 93 名。

同日　张知寒、冯书文、胡正明、刘春博、王芃、尹相喜被评为“山东省优秀教师”“服务育人先进个人”。

同日　学校颁布《山东大学遴选硕士研究生指导教师的实施细则》。

11 日　学校召开全体教师、干部会议，通报了当前学生思想情况。

15 日　经校党委常委会研究同意，校长办公会研究决定，安晋玉任科技文化开发公司经理。

1987 年

9 月

19 日 国家教委正式批准学校成立“山东大学校友总会”。为做好成立校友总会的筹备工作，学校成立筹备委员会，陈之安任主任委员，陈力行、李光合、李成茂、巴金文任副主任委员。

20 日 1985 级 798 名学生参加全国首次大学英语四级标准考试，及格率和通过率都高于全国重点院校和省内高校的平均水平。

同日 由学校和北京大学、南开大学、中山大学、上海大学联合发起的全国高校首届社会学理论研讨会在山东桓台索镇举行。

21 日 潘承洞校长代表学校聘请美国怀俄明大学理查德·尤英教授为客座教授。

同日 历史系考古专业部分师生在枣庄市发掘出一座隋代的窑炉，这是当时山东省发现的隋代最早的一座窑炉。前期，历史系考古专业部分师生还发掘出一批北齐、北宋时代窑炉、作坊。

27 日 学校校友、美国俄勒冈大学教授、著名核化学家汪志鑫先生应邀来学校进行访问和学术交流，并受聘为学校客座教授。

29 日 山东大学威海分校隆重举行开学典礼。

本月 学校从 1987 级本、专科新生开始，进行助学金制度的改革，取消助学金，实行奖学金制度和学生贷款制度。10 月，学校颁布《山东大学奖学金条例》和《山东大学学生贷款条例》。

本月 子弟中学在山大老校新建 3200 平方米教学楼交付使用，并于本月迁至新落成的教学楼。

10 月

6 日 学校调整校福利委员会，陈之安任主任委员，乔幼梅、徐儒英任副主任委员。

7 日 为纪念成仿吾 90 周年诞辰，成仿吾学术报告会在学校举行。吴富恒和赵凌报告成仿吾的生平及教育思想与经验。成仿吾的夫人张琳也专程从北京赶来参加会议。

同日 经校党委常委会议研究，同意总务处党总支委员会由汤光森等 7 名同志组成，汤光森任党总支书记。

8 日 经校党委常委会议研究同意，校长办公会议研究决定，李德征任历史系主任。

11 日 学校举行“山东大学 1987 年军训阅兵典礼”，1986、1987 两个年级 2970 名参训本科生接受各级领导和全校师生员工的检阅。省、市、济南军区领导杨衍银、苗枫林、马忠臣、翟永勃、张志坚等及学校党政领导参加检阅。

12 日 经书记、校长办公会研究决定，批准 56 名同志为 1986～1987 学年校级优秀教师。

13 日 学校团委被评为山东省大学生暑期扶贫兴鲁社会实践建设营活动先进组织单位。

14 日 尤秉礼教授逝世，终年 59 岁。

尤秉礼(1928～1987),回族,辽宁本溪人,数学系教授。1948年,考入长春大学数学系,后转入东北工学院机械系,1954年毕业于东北人民大学数学系。毕业后至山东大学数学系工作,历任助教、讲师、副教授、教授,至退休。曾任教研室主任、系副主任。多次被评为学校优秀教师、模范党员。尤秉礼长期从事基础和专业基础课教学,开设过数学分析、线性代数、常微分方程、偏微分方程、常微分方程定性稳定性理论、泛函微分方程、差分方程、常微分方程补充、现代分析等课程,指导11名研究生毕业。尤秉礼专业基础雄厚,专长于稳定性理论的研究,曾在《数学学报》等刊物发表多篇论文,《关于非驻定系统零解稳定性问题》《滞后性泛函微分方程解的渐进性态》《一类扰动系统芙瑞渐进系统》《一类泛函微分方程的基本理论及其在研究 Kneser 定理中的应用》等;编写出版的《常微分方程补充教程》一书,获山东大学1986年优秀教材一等奖,受到业界好评。

1987年

10月

15日　学校下文通知,陈力行、李厚源、梅良模、吕慧鹃、朱德才、赵明义、周才武、马松亭、尤秉礼经省教师高级职务评审组织审定为教授。任职时间从1987年3月18日算起。

17日　经校党委常委会议研究同意,校长办公会议研究决定,周立升任哲学系主任。

20日　由学校和北师大、复旦大学联合举办的加速器离子束应用国际学术讨论会在济南召开。来自英、日、美、联邦德国、法、加等21个国家和地区的学者70名及国内代表近200人参加。会议收到国内外论文210多篇,讨论会于24日结束。

23日　学校召开表彰大会,向获得优秀基础课、优秀教师、教书育人服务育人荣誉的集体和个人颁发奖品。会上,有6名省级优秀教师,56名校级优秀教师,93名校"两育积极分子"和32个"两育"先进集体,29门优秀基础课受到表彰。

25日　校党委书记徐豫龙出席中国共产党第十三次全国代表大会。

26日　全国微机辅助外语教学学术讨论和软件技术交流会在学校召开,参加会议的有97名代表。交流会30日结束,交流学术论文27篇,进行演示的软件28个。

27日　美国路易斯安那州格莱布林州立大学校长约翰森和该校研究中心主任阿布拉汗来校访问,商谈校际交流事项,签署交流协议。

本月　学校颁布《山东大学学生违纪处分实施细则》和《山东大学仪器设备管理办法》。

本月　电子系研制成功的"GM-II型近视眼治疗仪",在第三十六届尤里卡世界发明博览会上荣获优秀展览奖。

本月　经教委批准,学校决定在1988年硕士生中,在科社、应用数学、高分子化学、微生物、计算机软件等9个专业招收18名有5年以上实践经验的优秀在职人员。由学校自己命题,单独进行入学考试。

1987 年

11 月

1 日　国家教委优秀教材评审会上，林庚、冯沅君编著的《中国历代诗歌选》获得一等奖，郭大钧教授编著的《非线性泛函分析》、印永嘉教授与南开大学李大珍合编的《物理化学简明教程》获得二等奖。

5 日　学校调整消防安全委员会，陈力行任主任，张应法、李文昌、孙绪贤、董长章、胡友诚任副主任。

同日　校党委公布 1986～1987 学年优秀辅导员 23 人。

7 日　校党委召开九届四次全委（扩大）会议，传达贯彻十三大精神。

同日　学校成立外国留学生教学中心，由祝康济任主任；成立山东大学环境科学中心，由王淑仁任主任。

11 日　晶体材料实验室通过由国家教委科技司主持召开的专家验收委员会会议的验收。该实验室是国家教委于 1984 年在高等学校首批建设的八个重点实验室之一。

12 日　经校党委常委会研究同意，校长办公会研究决定，卢浩泉任生物学系主任。

14 日　经党委常委会议研究同意，校长办公会议研究决定，赵明义任科社系主任。

18 日　经校党委常委会研究同意，校长办公会研究决定，牟世金任中文系主任。

19 日　学校和济宁市建立长期经济、科技、教育、文化协作关系签字仪式在济宁市举行，潘承洞校长和韩寓群市长分别在协议书上签字。

20 日　经校党委常委会研究同意，校长办公会研究决定，刘震、李庆武、王淑清任正处级调研员。

同日　学校举行社会主义初级阶段理论讨论会，会议于 23 日结束。

23 日　学校颁布《山东大学关于试行攻读硕士学位研究生中期筛选意见》和《山东大学关于改进和加强研究生教学实践的意见》。

同日　学校调整档案管理委员会，陈之安任主任委员，李光合、王秉塔任副主任委员。

25 日　校团委在电教中心召开了团总支书记会议。

27 日　经国家教委批准，学校成立由 25 人组成的第三届学位评定委员会。潘承洞任主席，王承瑞、周来祥任副主席，委员有王忠烈、王祖农、邓从豪、田昌五、印永嘉、乔伟、庄德钧、李玉陈、杨孔章、陆凡、汪嘉业、陈罡午、吴关生、胡世凯、胡燮荣、赵明义、郭大钧、袁世硕、黄浙、蒋民华、路遥、臧乐源。

本月　生物系同泰安市满庄镇联合兴办泰星化工厂。这是学校与地方共同投资，联合管理的第一个经济实体。

12 月

1 日　经校党委常委会研究同意，校长办公会议研究决定，周祚绍任文科学报编辑部主任。

5 日　由学校主办的“周易国际学术讨论会”在济南举行。来自美国、联邦德国、丹麦等国家和我国的 150 余名专家学者参加会议。会议 12 日结束，收到论文 115 篇，专著 8 部。

1987 年

12 月

1987 年 12 月 5 日，山东大学主办的“国际周易学术讨论会”部分国内外学者合影

15 日　学校调整《山东大学学报》(自然科学版)编辑委员会。王承瑞任主编，郭大钧任副主编，冯传海等 10 人任编委。

18 日　校党委在全校党内开展“创建先进支部，争当模范共产党员”活动中评选出 5 个先进党支部，11 名同志为“模范共产党员”。

20 日　学校成立山东大学民俗研究所。

22 日　为做好台胞接待工作，学校成立接待小组，由李光合任组长，陈景仲、梅恒起、周瑾参加。

23 日　国务院学位委员会下文，同意田昌五教授改列为学校中国古代史专业博士生指导教师；王忠烈教授改列为学校固体物理专业博士生指导教师。

25 日　公共外语教研室、马列主义理论教研室、体育教研室三个学校直属教研室分别更名为山东大学外语教学部、山东大学马列主义理论教学部、山东大学体育教学部。

同日　全国高等学校优秀教材评审会议召开，萧涤非教授与北京大学、中山大学游国恩等合著的《中国文学史》(1～4 册)获全国高等学校优秀教材特等奖，王仲荦教授编著的《魏晋南北朝史》(上、下册)获全国高等学校教材优秀奖。

同日　经校党委常委会研究同意，校长办公会研究决定，汪嘉业任计算机系主任；庄德钧任经济系主任。

29 日　学校调整《文史哲》编辑委员会，陈之安任主任，吕慧鹃、丁冠之任副主任。

本月　学校首次教师及其他专业技术职务聘任工作结束，共聘任各级专业技术职务人员 2082 名。

本月　经省政协五届常委会第二十三次会议协商决定，学校孔令仁、吴富恒、王祖农被选为省政协副主席，墨文川被选为常委。

1987 年

12 月

萧涤非、游国恩教授等所著《中国文学史》(1～4 册)1988 年获国家优秀教材特等奖

本月　学校评出 1986～1987 年度优秀团员 705 人,红旗团支部 30 个。

本年度　校长潘承洞、数学系王世墉副教授当选为第七届全国人大代表,吴富恒教授、阎长泰教授、顾倚龙副教授当选为山东省七届人大代表,张军从副总务长,蒋本杲副教授当选为济南市第十届人大代表。

本年度　学校共开展研究课题 243 个,按计划应完成 97 个,实际完成 94 个,完成率达 97%;获得鉴定成果 27 项,其中,达到国际先进水平的 6 项,达到国内先进水平的 15 项,属国内首创 6 项。此外,1987 年,学校还出版专著 114 部,发表学术论文 1056 篇。

本年度　获得各级各类奖励 55 项(不包括各学会、协会等组织授奖的项目),其中尤里卡国际发明展览会 1 项,国家科技进步奖 1 项,国家发明奖 1 项,国家发明展览会金奖 1 项,部省级奖励 13 项,省教育厅奖励 38 项。在文科获奖的 23 项成果中,著作奖 10 项,论文奖 13 项。转让技术 15 项。

本年度　学校为加强重点学科建设,评审确定了 22 个重点学科,其中理科 15 个,文科 7 个,国家级 2 个,校级 20 个。

本年度　接待来华外国专家 178 人,在华国际会议 87 人,接收外国留学生 132 人,派出留学人员 33 人,出国参加国际会议 18 人,出国访问考察 13 人。聘请外国长期文教专家 8 人。

本年度　全校各类学生 10635 人,其中研究生 730 人,本专科生 8042 人;招收研究生 208 人,招收本专科生 2451 人;本年毕业研究生 160 人,本专科生 2754 人;授予博士学位 13 人,硕士学位 175 人。全校教职工总数为 3693 人,其中专任教师 1424 人(教授 62 人,副教授 324 人);全校占地约 873333 平方米(不含农场和威海分校),建筑面积为 300802 平方米。全校藏书 192 万册。

本年度　建筑面积 2900 平方米的新晶体实验大楼竣工。

1988年

1月

2日　山东大学老年人体育协会成立，徐迅任主席。

3日　经校党委常委会研究同意，校长办公会议研究决定，郭大钧任数学系主任。

5日　经校党委常委会研究同意，校长办公会议研究决定，陈罡午任电子系主任。

8日　学校召开校风校纪建设总结表彰大会，6个先进系学生会、22个先进班集体、729名先进个人及135人文明宿舍受到表彰。

12日　学校邀请驻学校的新一届人大代表、政协委员举行迎春茶话会。

13日　学校团委在共青团山东省委八届二次全委扩大会议上，被命名为"全省高校火红的团旗团支部竞赛活动先进团委"。

14日　经校党委常委会研究同意，校长办公会议研究决定，董治安任古籍整理研究所所长；梅良模任物理系主任。

15日　东港实业有限公司委托山东大学培养学生合同书签订。委托学校1988年为其培养经济管理干部专修科学生50名，并开办为期10年的市场营销专业，为该公司培养高层次的营销人员。

同日　经校党委常委会研究，同意公共外语教学部直属党支部由3人组成，安增才任直属党支部书记。

同日　学校成立退休者协会，阎长泰任退休者协会理事长。

22日　学校颁布《关于学生思想品德评等工作的规定》。

29日　经校长办公会议研究决定，成立山东大学软科学研究中心，墨文川任主任。

本月　《周易研究》在学校创刊，刘大钧任主编。

2月

3日　曾繁仁、李玉陈、张永全、谭鑫田、墨文川、黄光远、高培基、居冠之、闻孝瑶、陆景琪经山东省教师职务评审委员会审定，具有教授职务，任职时间自1987年11月起。

4日　学校各单位利用茶话会、座谈会等形式积极开展尊老敬老活动。

27日　校务委员会第105次会议在电教中心举行。

3月

1日　根据《山东大学关于试行攻读硕士学位研究生中期筛选的意见》的规定，学校开始对1986级硕士生进行了中期筛选，2名成绩优秀的研究生提前毕业，4名成绩不合格者受到了终止学业的处理，2名受到黄牌警告，其余239名研究生进入论文撰写阶段，继续攻读硕士学位。

2日　校党委召开九届五次全委会，通过学校下半年正式实行校长负责制的决议。

5日　经校务会议研究决定，徐广生任秘书长兼组织部部长；张军从、梅恒起任副总务长(兼任原职)。

6日　孔令仁、王祖农、吴富恒教授被推选为全国政协委员。

12日　学校颁布《山东大学关于加强外事工作管理的若干规定》。

17日　经学校研究决定，成立山东大学全息生物学研究所，张颖清任所长。

1988 年

3 月

19 日　学校两个新的民主党派组织，民建山东大学支部和致公党山东大学支部成立。

同日　成立山东大学医院，吕学聪任院长。

26 日　学校学生勤工助学指导中心成立。

同日　经校务会议研究决定，洪惠民任威海分校控制工程系主任。

同日　主经有关部门批准，由学校社会学系和民俗研究所联合主办的《民俗研究》杂志，从 1988 年起，改为季刊出版。

4 月

4 日　学校颁布《文科科研管理条例》。

5 日　学校决定，从下半年开始《山东大学学报》定期为周报。

同日　经校务会议研究决定，任命朱伟任成人教育处处长。

6 日　山东大学电子技术应用研究所成立。

8 日　山东省高校印刷协会在学校成立，王基合被选为会长。

15 日　蒋民华被评为山东省职工劳动模范。

16 日　1988 年春季校运动会闭幕。

20 日　经校务会议研究决定，成立成人教育处，撤销生产设备处，成立山东大学科技开发生产处和山东大学物资设备处；招生办公室改为半处级单位，归属教务处领导；成立电子技术研究所，赵仕忠任所长；成立山东大学档案馆，暂属校长办公室领导。

中华人民共和国国家教育委员会

关于同意成立山东大学档案馆的批复

教直司〔1990〕[illegible]号

山东大学：

你校《关于成立档案馆的申请报告》收悉。

经研究，同意成立山东大学档案馆。档案馆属你校事业单位，编制暂定为23人，档案馆人员请从你校教职工内部调剂解决。

[illegible]

抄送：山东省档案局

1990 年 5 月 8 日，国家教委直属高校工作司"关于同意成立山东大学档案馆的批复"

同日　无线电电子学系更名为电子工程学系。

21 日　校团委在办公楼会议室召开了由各团支书参加的经验交流座谈会。

22 日　学校召开首次科技工作会议，会议 25 日结束。王忠烈副校长作工作报告，提出了学校今后三年科技工作的主要任务和奋斗目标。在这次会议上，学校决定从事基础研究、应用研究、开发研究的科技力量的比例为 3 ∶ 5 ∶ 2，把主要的科技力量组织到为经济建设服务上去。

25 日　经校长办公会研究决定，成立山东大学图书情报委员会，杨孔章任主任委员。

本月　孔令仁、吴富恒、王祖农教授被推选为省政协副主席。

5 月

2 日　山东大学第二届教职工文艺汇演闭幕。

4 日　学校发出《关于整理教室秩序的通知》。

5 日　山东省首届发明展览会在济南举行，学校 9 个项目参加了展出，荣获 3 项一等奖、1 项三等奖。

7 日　山东大学第二届学生文化艺术节历时 8 天，于今日闭幕。

13 日　学校颁布试行《山东大学学生政治辅导员工作条例》。

16 日　为了贯彻"科技兴鲁"方针，学校首次选聘曾天树、胡友诚、由淼、冯书文到县（市）担任科技副县（市）长。此后，学校又陆续选聘丛培杰、孙景祥、姜嘉定、张悦圣、鲁开宏、李致冉、丁学厚、沈亚领、韩文昭、柴建国等担任科技副县长（区长、镇长）等职。

1988 年

5 月

17 日　在全国首届非豆科作物固氮研讨会上，学校聂延富副教授从事的，用 2，4-D 植物激素处理诱导小麦等植物形成根瘤并引导根瘤菌进入根瘤细胞的研究获得成功。此次研讨会由山东大学主办。

20 日　学校召开外事工作会议，制定加强学校外事工作集中统一管理的措施。

21 日　为纪念马克思主义理论家、历史学家、学校原校长华岗诞辰 85 周年，华岗学术讨论会在学校举行。省政协副主席、学校前任校长吴富恒作华岗生平专题报告。讨论会收到论文 30 余篇。

同日　山东省第七届大学生运动会召开，学校获得普通高校组重点院校团体总分第一名。

22 日　来自全国各地的校友和校友会代表 600 余人集聚母校，隆重举行山东大学校友总会成立大会。大会通过校友总会章程和理事会名单。79 位校友组成山东大学校友总会第一届理事会。经一届一次理事会通过，潘承洞为会长，陈力行、陈之安、罗竹风、汪志馨、王路宾、孔令仁为副会长，李光合为秘书长。马长义等 21 名校友为常务理事。聘请王淦昌等 4 位校友为名誉会长，邓从豪等 10 位校友为顾问。在校内设校友总会办公室。

1988 年 5 月 22 日，山东大学校友会总会成立大会

28 日　全国政协副主席、民盟中央副主席、上海工业大学校长钱伟长教授及夫人应邀来校。

30 日　学校民族工作联络组被省政府授予“全省民族团结进步先进集体”称号。

本月　学校获国家教委科技进步奖 8 项，其中一等奖 2 项，二等奖 6 项。

1988 年

5 月

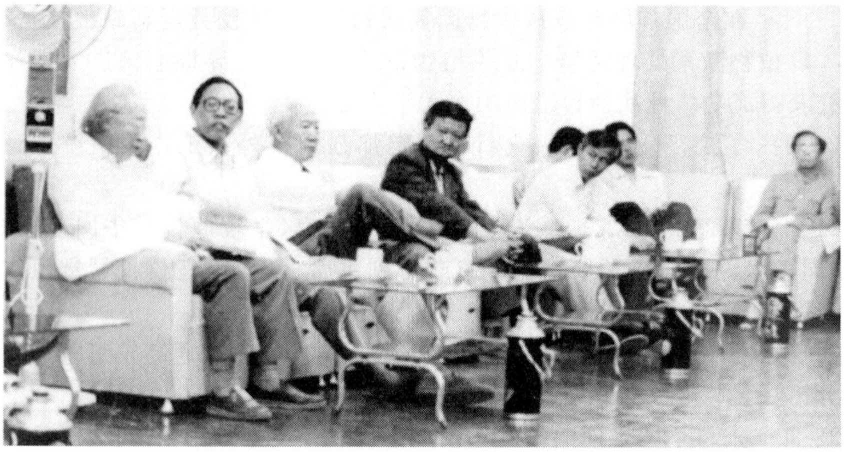

1988 年 5 月 28 日，全国政协副主席、上海工业大学校长钱伟长教授来我校访问

6 月

1 日　学校颁布《山东大学人员编制管理条例》。

4 日　经校务会议研究决定，成立山东大学师资办公室。

6 日　在济南召开的山东省高校人才交流及技术贸易洽谈会上，学校同省内外单位签订了 35 项技术转让/开发同意书。

7 日　国家教育委员会党组调整学校领导班子，任命陈之安为校党委书记，乔幼梅、刘玉柱、曾繁仁、马长义为副校长，刘玉柱兼任山东大学威海分校校长。

12 日　学校举行第二十三届学生代表大会。大会选举产生新一届学生委员会委员。

15 日　经校务会议研究决定，钱新民任教务长，梅恒起任总务长，张建琪任威海分校副校长，鹿玉理任副教务长兼任教务处处长，祝明任副教务长兼高教研究室主任。

18 日　学校 1986 级 1263 名本科生参加全国英语四级统考。通过率为 70.1%，高于全国重点院校 58.1%的平均通过率。其中有 2 名同学获得 100 分。

同日　成立山东大学辞赋研究所，龚克昌任所长；成立山东大学社会、经济发展研究中心，徐经泽任主任；成立山东大学当代世界社会主义问题研究所，赵明义任所长。

同日　学校推选陈之安、潘承洞为出席山东省第五次党代表大会代表。

20 日　学校举行唐玉润书画展，著名书画家唐玉润先生受聘为学校兼职教授。

25 日　学校 1985 级夜大学 400 余名毕业生在新校科学会堂举行毕业典礼。

本月　学校颁布《山东大学校园管理规则》。

7 月

7 日　经校务会议研究决定，刘希才任电教中心主任，高培基任微生物学系主任兼微生物研究所所长。

12 日　学校决定高教研究室直属学校领导，《山东高教研究》编辑部归属高教研究室领导。

1988 年

7 月

同日　经校党委常委会议研究决定，同意老干部总支委员会由 7 人组成，郑明训任总支书记。

同日　经省教育厅批准，学校开始试办成人教育《专业证书》教学班。

同日　“山东大学太安科技开发中心”和“山东大学泰安人才培训中心”在泰安市召开成立大会。

13 日　经校务会议研究决定，乔伟任法律系主任。

14 日　经党委常委会议研究决定，宋焕新任法律系党总支书记(兼)、丁乐超任法律系党总支副书记(正处级)。学校颁布《山东大学实行弹性学制和淘汰制的试行办法》，此后又制定了《山东大学关于实行弹性学制和淘汰制的试行办法细则》。该《办法》及《细则》自 1989 年开始试行。

20 日　校医院建成，建筑面积为 3700 平方米。

22 日　固体物理专业和微生物学专业被国家教委评为国家级重点学科。

25 日　学校颁布《山东大学研究生学籍管理条例》。

本月　《文史哲》被省委宣传部和省新闻出版局评为优秀理论期刊。

8 月

8 日　美国著名中国辞赋研究家、美国华盛顿大学亚洲语言文学系主任康达维教授应邀偕夫人美国《华声报》社长兼主编张台萍博士来学校进行学术交流。

20 日　学校颁布《山东大学攻读硕士学位研究生课程考核与学业成绩管理办法》。

21 日　在南京召开的全国第三届大学生运动会上，学校田径队打破两项全国大学生运动会纪录。

24 日　东港实业有限公司委托学校开办的市场营销干部专修科首届学员举行开学典礼。

26 日　学校有 5 项科研成果获山东省计算机优秀应用成果奖，其中一等奖 1 项，二等奖 1 项，三等奖 3 项。人机对话地下水渗流计算软件包 GWF 获一等奖。

28 日　孟广来教授逝世，终年 62 岁。

孟广来(1926～1988)，天津人，戏剧、文学研究家。曾就读于上海新闻专科学校，后入华东大学，1953 年毕业于山东大学中文系。毕业后留校任教 40 余年，直至退休。先后任讲师、副教授、教授，兼任中国老舍研究会副会长、中国话剧研究会理事、中国戏曲协会理事、中国戏剧家协会山东分会理事和山东郭沫若研究会会长等职。孟广来潜心研究中国戏曲、话剧数十载，对其发展历史、理论有独到见解。其力作《中国戏曲的渊源和形成刍议》《元明散曲详注》《中国戏曲史论》《中国戏曲和话剧比较研究》《中国戏曲艺术论》《现代戏曲史论》以及“中国话剧二元引进说”均得学术界关注。孟广来倾力于老舍研究，曾发表《二三十年代老舍思想发展初探》《从抗战到建国前夕的老舍》等系列论文，筹办了全国首届“老舍学术研讨会”，主持了第二届老舍学术研讨会，为“中国老舍研究会”的创办奠定了基础。孟广来教学认真、严谨，生动幽默，受到学生欢迎，曾先后为本科生、研究生等讲授中国现代文学史、中国当代文学史、中国戏曲史、中国通史等多门课程。

1988 年

8 月

本月　为发展山东省乡镇企业，学校在应届高中毕业生中招收 460 名学生，为山东省培养乡镇企业管理人员。招生专业为新闻秘书、秘书政工、企业管理、财政学、机电、电工电子技术，学制 2 年。

9 月

7 日　经校务会议研究决定，成立化学学院，下设化学系、应用化学系、胶体与界面化学研究所、理论化学研究室。印永嘉任化学学院院长，李福昌任化学学院副院长，柳昌义任化学学院副院长兼应用化学系主任，李干佐任化学学院副院长兼化学系主任。

10 日　学校首次招收的文艺作者大专班，今日举行开学典礼。

12 日　举行新生开学典礼。

同日　学校召开全校学生工作会议，表彰奖励 23 名优秀辅导员。

13 日　1400 余名新生开赴解放军某部进行为期一个月的军事训练。

19 日　以日本山口大学校长粟屋和彦教授为团长的日本山口大学学术交流代表团一行 7 人访问学校，并与学校就加强校际交流等问题进行会谈。

20 日　经校务会议研究决定，成立经济学院，下设经济系、经济管理系、贸易系。任命庄德钧为经济学院院长，杨培德为院分党委书记。

22 日　经校务会议研究决定，王淑仁任环境科学中心主任，陈剑华任新材料研究所所长。

26 日　经校党委常委会议研究决定，魏敬民任电教中心党支部书记。

同日　经校务会议研究决定，成立周易研究中心，刘大钧任主任。

28 日　学校来自 9 个国家的 100 余名外国留学生、专家举行外国学生新生开学典礼。

30 日　来自当年临沂山东大学“山大剧团”校友近 50 人欢聚母校，和母校师生一起庆贺国庆暨济南解放 40 周年。

本月　经学校批准，创办《山东大学研究生学报》。

本月　学校颁布《关于接待、招待有关规定》，要求全校严格按规定执行。

10 月

5 日　经党委常委会研究决定，邹德文任武装部部长，张象钦任学生工作部部长。

同日　成立学生处，统管全校学生的思想政治工作，与学生工作部合署办公。

同日　经校务会议研究决定，陆景琪任图书馆学系主任；张象钦兼学生处处长。

6 日　学校调整校保密委员会，刘清前任主任，徐广生任副主任。

10 日　北京大学中文系副主任蒋绍愚先生受文史哲研究所邀请来校讲学。

13 日　在举行的 1988 年北京国际发明展览会上，学校 4 项成果获奖，其中金牌奖 1 项，银牌奖 3 项。

同日　1988 级军训结业典礼在莱芜市 54885 部队驻地隆重举行。

14 日　学校颁布《山东大学干部管理条例》。

15 日　在团省委、省教育厅和省学联共同举行的“全省大学生富民兴鲁建

1988 年

10 月

设营活动表彰大会”上，学校团委被授予“大学生社会实践活动优秀组织单位”光荣称号。10 名教师被授予“大学生社会实践活动优秀指导者”称号，50 名学生被授予“大学生社会实践活动优秀学生”称号。

同日　郑佩欣教授在中国农工民主党山东省第一次代表大会上，当选为农工民主党山东省委副主任委员。

18 日　经校务委员会研究决定，批准 62 名同志为 1987～1988 学年度校级优秀教师、服务育人先进工作者。

同日　山东省新闻出版局同意山东大学校友总会创办《山大校友》报，该报为四开四版，不定期出版，内部发行。

同日　“山东大学—山口大学”义和团运动与近代中国社会联合考察组至对山东省平原县和巨野县进行考察，考察 11 月 17 日结束。

20 日　学校受山东省教育厅委托举办为期三个月的高校思想政治工作研讨班开学。

22 日　学校颁布《山东大学自然科学研究计划和经费管理条例》《山东大学科技开发资金管理办法》和《山东大学科学技术成果奖励办法》。

同日　经校党委研究，同意文史哲研究所直属党支部由 5 人组成，王炳福任直属党支部书记；电教中心直属党支部由 3 人组成，魏敬民任支部书记。

24 日　经党委常委会研究决定，经济学院成立分党委，杨培德任分党委书记（正处）兼经济系党总支书记。

26 日　国家教委党组同意张乐岭任山东大学副校长（兼）。

28 日　经校党委常委会议研究决定，同意机关总支委员会由 11 人组成，徐广生任书记。

本月　学校有 10 项科研成果获省科技进步奖，其中一等奖 1 项，三等奖 9 项。

本月　学校颁布试行《山东大学奖学金条例》和《山东大学学生贷款条例》。

本月　学校决定对学校 12 个理科科研机构进行全面评估，成立以王忠烈副校长为主任的 32 人评估专家委员会。于 11 月份开始评估，1989 年 1 月结束。

本月　在中国国民党革命委员会山东省第七届代表大会上，学校王世墉、吴开震分别当选为民革山东省委正副主任委员。

本月　经校党委、校长办公会议批准，“山东大学书法篆刻研究会”和“山东大学美术协会”合并，成立书画研究院。孙坚奋为院长，蒋维崧教授为名誉院长，于希宁教授为特邀名誉院长。

11 月

1 日　学校调整高水平运动员试点班领导小组，马长义任组长，鹿玉理、李光合、徐中明任副组长。

3 日　经校党委常委会研究，同意物理系党总支由 7 人组成，崔天杰任党总支书记；马列部直属党支部委员会由 7 人组成，杨恩长任支部书记；成立化学学院分党委，王象孝任分党委书记（正处）兼应化系党总支书记，顾月姝任化学系党总支书记。

同日　经校务会议研究决定，成立山东大学基建处，撤销原山东大学校建处。

1988年

11月

4日　经校务会议研究决定，阎秉科任总务处处长；祁永平任伙食办公室主任。

同日　学校召开文科科研工作会议，总结近年来学校文科科研工作的成绩和存在的不足，提出加强文科科研工作的意见，研究如何振兴学校文科问题。

5日　省教育厅、济南市节能办公室、济南市三电办公室联合在学校召开现场会，推广学校抓好学生宿舍节电工作的经验。由学校和济南天桥电子仪器厂联合研制成功DZX-1多路自控限电柜安装在学生宿舍楼后，节能效果显著。

同日　经校务会议研究决定，成立伙食办公室（副处级）。

7日　徐国宪教授逝世，终年70岁。

徐国宪（1918～1988），出生于香港，广东三水人，民盟盟员。1935年，入清华大学化学系学习，后转入燕京大学化学系，获理学学士学位、理学硕士学位。曾先后两次出国深造，1941年赴日本东京帝国大学化学系读研，1947年赴美国利兹大学制革系读研，获硕士学位。1950年9月回国，到山东大学化学系任副教授。1952年9月，曾调任山东工学院化工系教授，1953年9月回山东大学工作，至退休。徐国宪专长电化学研究，曾助力组建化学系电化学学科，1956年率先在全国成立了电化学教研室，是学校电化学学科的带头人。其主要研究方向为化学电源电极过程、电分析化学理论、新型化学电源、光电化学研究等，曾承担极谱理论研究、高能量化学电源研究、二次锂电池研究、新型化学电源研究、硅光电化学研究等项目，编著有专著《新型化学电源》，在《中国科学》等杂志发表论文30余篇。徐国宪曾为本科生讲授无机化学、物理化学、化学热力学、化工热力学、统计热力学、电化学等课程。自1959年起，培养硕士研究生12人。

8日　学校颁布《山东大学科学技术成果管理办法》和《山东大学关于教职工辞去公职、停薪留职、业余兼职的实施意见》。

12日　学校调整文、理科学术委员会，牟世金任文科学术委员会主任委员，乔幼梅、赵明义任副主任委员，委员有丁冠之、王誉公、孔令仁、田昌五、安增才、庄德钧、许学圣、吉常宏、吕慧鹃、乔伟、乔幼梅、牟世金、李玉陈、李武林、李德征、陈乃圣、陈陆达、陆景琪、狄其骢、郑佩欣、林白鹏、周立升、周来祥、祝明、赵明义、胡瑾、胡德麟、袁世硕、徐经泽、黄冕堂、曾繁仁、董治安、葛懋春、路遥、谭鑫田、蔺子荣、臧乐源。王忠烈任理科学术委员会主任委员，蒋民华、袁益让、钱新民任副主任委员。委员有马绍汉、王忠烈、王祖农、王承瑞、云昌钦、邓从豪、卢浩泉、印永嘉、汪嘉业、杨孔章、吴关生、陈力行、陈文毅、陈祖浩、陈罡午、陈剑华、高培基、胡夑荣、郭大钧、秦自楷、袁益让、钱新民、黄浙、鹿玉理、梅良模、谢力同、蒋民华、葛允江、潘承洞、墨文川。

15日　成立山东大学电话管理委员会，徐广生任主任，梅恒起、张军从、李光合、张应法任副主任。

17日　经校务会议研究，国家教委同意，任命梅恒起为校长助理（三长级）；张军从为总务长；成立文科科研办公室（副处级），尹建民任文科办主任。

18日　在山东省专业技术拔尖人才表彰大会上，学校潘承洞、袁益让、蒋民

1988 年

11 月

华、刘跃岗、陈剑华、梅良模、王忠烈、陈乃圣、赵明义、乔伟、周来祥、牟世金、郭大钧、孙讷正、陆宝生、韩建儒、居冠之、由淼、王华文、葛本仪、田昌五、臧乐源、袁世硕等 23 人被命名为山东省首批专业技术拔尖人才。

20 日　山东大学济南校友会诗书画社成立。

21 日　经校党委研究同意，科社系党总支委员会由 7 人组成，武可贤任党总支书记。

22 日　全国人大常委会委员、中国发明协会会长、国家南极考察委员会主任武衡来学校视察工作，并同学校领导及有关部门的同志就学校的科研工作及高教改革等进行座谈。

同日　经校务会议研究决定，成立新材料研究所。

12 月

1 日　校党委颁布《关于全体工作人员保持廉洁的规定》。

6 日　经校务会议研究决定，成立"山东大学教育管理信息工作领导小组"，由王忠烈任组长，钱新民、张应法任副组长。

7 日　经济南市教委同意，"山东大学子弟小学"更名为"山东大学附属小学"。

8 日　晶体所研制的 L-精氨酸磷酸盐(LAP)晶体荣获 1988 年国家发明一等奖，SD-3 改性氧化镁粉、双掺杂单畴硫酸三甘氨酸热释电晶体，获国家发明三等奖。

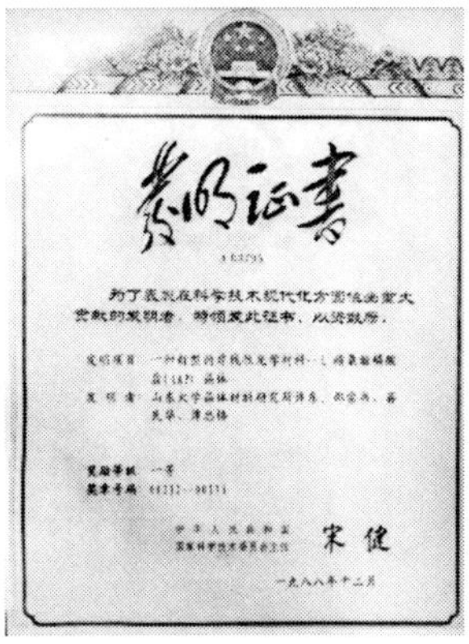

发明证书

9 日　经国家教委同意，校务委员会调整为由 33 人组成，潘承洞任主任，陈之安、吴富恒、邓从豪、孔令仁任副主任，马长义、王忠烈、王祖农、王树棠、刘玉柱、乔伟、乔幼梅、印永嘉、庄德钧、许玉琪、牟世金、吴开震、吴关生、张乐岭、张举仁、汪嘉业、吕慧鹃、陈力行、杨孔章、赵明义、徐广生、梅良模、蒋民华、焦军、曾繁仁、臧乐源、刘险峰(学生会主席)、郭之祥(研究生会主席)任委员。

同日　学校召开纪念十一届三中全会十周年理论讨论会，讨论会至 12 日结束。

14 日　殷孟伦教授逝世，终年 81 岁。

殷孟伦(1908～1988)，字石臞，四川郫县人，语言学家和训诂学专家。1932年，毕业于国立中央大学中国文学系，后赴日本东京帝国大学攻读研究生。由于当时民族危机日趋严重，殷先生爱国心切，未及卒业即在"七七事变"前毅然回国，后任教于四川大学国文系。1953 年，殷孟伦调至山东大学中文系，任教授兼古汉语教研室主任、语言教研室主任、校学术委员会委员，《文史哲》编委。"文革"后，被推选为山东语言学会理事长，中国语言学会理事、中国训诂学研究会第一副会长、顾问，中国音韵学研究会顾问，山东省社联副主席，修辞学会华东分会顾问等。

殷孟伦早年受业于赵少咸(世忠)、黄侃(季刚)，并接受过章太炎的启发和指导，从而在传统语言学的文字、音韵、训诂方面打下了扎实的基础。殷孟伦曾钻研欧美苏联的学术理论，重视西学而又不盲从，形成了自己的治学风范。他对《诗经・小雅》《诗经・尔雅》作过精深的考索，有关专著和论文在海内外都产生了相当大的影响；对《红楼梦》《史记》等的语言运用艺术进行过分析和研究，著有《略谈红楼梦作者曹雪芹对语言艺术的认识》《略谈红楼梦的人物语言——以王熙凤语言作例》《试论司马迁〈史记〉中的语言》《通过〈魏其武安侯列传〉来看司马迁〈史记〉的语言艺术》《从〈论语〉看孔子的语言教育论》等著述。殷孟伦有相当多的文章是关于汉语词汇及词汇史方面的。先后发表《关于汉语复音词构词形式二三例的试解》《"闻"的词义问题》《再谈"闻"的词义问题》《〈补记袁滋〉之续》《有关古汉语词义辨析的问题》等文章，同时他对前人的论著，他做过一些考辨工作，曾撰写《校读偶记——刘师培〈中国中古文学史〉里的错字》等文章。

殷孟伦长期从事教育工作，在高等学校任教达57年之久，多次主讲中国语言学、古代汉语、音韵学、训诂学、修辞学等专题课程，培养过很多研究生，为振兴民族文化作出了很大贡献。

16日　经党委常委会议研究决定，孙志敏任党委宣传部部长。

同日　经校务会议研究决定，成立山东大学监察委员会，下设监察审计办公室(正处级)，原山大审计室同时撤销；成立毕业生分配办公室。

17日　学校自筹资金为10栋学生宿舍楼(55000平方米)安装了暖气，并于今日正式供暖。

18日　山东省第五次党代表大会召开，学校党委书记陈之安当选为五届省委委员。

23日　学校举行1987～1988学年度优秀团员表彰大会，202名优秀团员、17名优秀团干部、10名学生社会实践活动优秀指导者和50名优秀学生受到表彰。

26日　经党委常委会研究决定，陈钢铸任图书馆直属党支部书记；经校务会议研究决定，黑云岭任物资设备处处长。

同日　学校召开校外教学分部(点)教学与管理工作会议，28日结束。会议就学校校外16个教学分部(点)的教学与1200多名学生的学习与管理等方面的工作进行经验交流和讨论，并对学校制定的《山东大学校外教学分部(点)管理办法》进行了修改。

27日　山东省教育厅召开1988年度优秀科研成果奖励大会，学校40项科研成果获奖。

28日　学校举行第二届教职工代表大会暨第十四届工会会员代表大会。会议讨论制定《山东大学教职工代表大会实施细则》，选举产生新的工会委员会，陈力行当选为十四届工代会主席。

29日　山东大学诗词学会成立。

本月　学校颁布《山东大学学生文明礼仪守则》。

本月　胡昭全教授逝世，终年75岁。

胡昭全(1913～1988)，曾用名胡遂、胡昌渊，安徽绩溪人。1935年，毕业于上海光华大学数学系。1938年起，曾任国立湖南师范学院、贵州大学、私立之江大学数学系讲师、副教授、教授。1945～1949年，曾赴美国哈佛大学、普林斯顿大学数学研究所进修，并从事研究工作。1949 年回国后，任国立山东大学数学系教授；1950～1952 年，任国立北方交通大学应用数学系教授；1952 年 8 月，任山东大学数学系教授，至退休。胡昭全精通多国语言，可用英、法、俄、日、德 5 种语言阅读数学文献。专长分析数学，曾编著英文《实变数函数》一书，在《科学》《理科期刊》《国师季刊》发表中、英文论文 10 余篇。胡昭全长期从事数学教学工作，编写中英文数学讲义多种，《立体解析几何》《微积分》《高等微积分》《微分方程》《实变数函数论》等。

1988 年

12 月

本月　赵明义、乔伟、孙讷正、陆宝生被国家人事部批准为 1988 年度国家有突出贡献中青年专家。

本月　由于学校在 1988 年组织大学生社会实践中取得了突出成绩，被中共中央宣传部、国家教委、共青团中央授予“社会实践活动先进单位”称号。

本年　学校获山东省社会科学优秀成果奖 28 项，其中一等奖 3 项，二等奖 8 项，三等奖 17 项。

本年　学校有 16 项成果获山东省教委科技进步奖，其中一等奖 2 项，二等奖 5 项，三等奖 9 项。有 27 项成果获山东省教委哲学社会科学优秀成果著作、论文奖，其中一等奖 6 项，二等奖 4 项，三等奖 17 项。

本年度　学校文科共承担各级科研项目 186 项，其中国家社会科学基金课题 15 项，国家教委社会科学研究规划基金课题 14 项，国家教委社会科学博士学科点专项科研基金课题 13 项，高等学校古籍整理研究课题 9 项，国家教委社会科学青年科研基金课题 3 项，山东省社会科学“七五”规划课题 15 项；山东省古籍整理研究课题 30 项，山东大学社会科学“七五”规划课题 52 项和山大社会科学青年基金课题 35 项。学校有 16 项研究成果通过鉴定，其中达到国际水平的 8 项，达到国内先进水平的 8 项。学校理科共获各种奖励 48 项，其中国家发明奖 3 项，国家自然科学奖 3 项，国家科技进步奖 1 项，北京首届国际发明展览会金奖 1 项，山东省高等学校科技进步奖 17 项，林业部、地矿部、国家建材局科技进步奖各 1 项，获得发明专利权 5 项。文科科研项目获得奖励 63 项。在全国性、国外刊物上发表学术论文 810 篇。

本年度　微生物研究所被国家计委和国家教委批准建立国家重点实验室——发酵工程实验室。

本年度　经国家教育委员会审定，学校有副教授、教授任职资格审定权。

本年度　学校新增设光电子技术和市场营销 2 个专业。

本年度　共聘请外国长期文教专家 9 人，接待来华外国专家学者 266 人，接收外国留学生 146 人，派出留学人员 44 人，出国参加学术会议 19 人，出国访问考察研究 23 人。

本年度　全校各类学生 11006 人，其中研究生 646 人，本专科生 8258 人；招收研究生 196 人，招收本专科生 2727 人；毕业研究生 267 人，毕业本专科生 2540 人；授予博士学位 11 人，硕士学位 271 人。全校教职工 3793 人，其中专任教师 1468 人(教授 63 人，副教授 331 人)；全校占地约 1209433 平方米(含威海分校、不含农场)，建筑总面积 347828 平方米(含分校)；全校藏书 202 万册。

1989 年

1 月

4 日　学校党委同意化学系党总委员会由 5 人组成，顾月姝任总支书记。

同日　学校书画研究院在新校留学生楼举行茶话会，山东省文联名誉主席、山东省艺术学院名誉院长于希宁，山东省文联副主席、一级画师刘宝纯，中国书法家协会山东分会副主席邹振亚、朱学达，山东省美协副主席刘绍刚，山东艺术学院教授刘鲁生、史振锋等参加了会议。

7 日　学校举行中共山东大学委员会九届六次全委(扩大)会议，党委书记陈之安传达了山东省五次党代表大会及五届一次全委会精神，研究制定下学期的工作计划，还就学校第十一次党代表大会的党委工作报告向与会者征求意见。

8 日　学校有 1262 名学生参加了全国英语四、六级考试。其中，有 524 名学生参加六级考试。

10 日　学校召开学生思想教育学术讨论会。各系党总支副书记，团总支书记，辅导员以及有关部门的负责人参加了会议，校党委书记陈之安、副书记刘清前、张乐岭出席会议并讲话，讨论会收到论文近 40 篇。11 日，会议结束。

11 日　中共中央宣传部和共青团中央在北京召开会议，表彰了 100 名在新时期思想教育工作中作出突出贡献的全国优秀青年思想教育工作者，学校臧乐源获全国优秀青年思想教育工作者称号。14 日，会议结束。

14 日　学校民盟、九三学社、民革、农工党、民建、致公党六个民主党派及侨联、台联、少数民族三个统战团体联合召开了大型迎春茶话会，与会的民主党派成员、归侨侨眷、台胞台属、少数民族教职工近 200 人。党委书记陈之安、副书记刘清前，校长潘承洞、副校长乔幼梅、曾繁仁，老校长吴富恒等领导同志应邀参加了这次盛会。

同日　学校颁布《山东大学学术委员会章程》。

15 日　为开辟和扩大学校对外交流渠道，加强与世界各国和地区高等学校以及其他学术机构的联系，学校决定对外使用“山东大学国际教育交流协会”名称。学校正、副校长为该协会正、副会长，办事机构设在外事办公室，外事办公室正副主任为协会的正、副秘书长。

20 日　学校统战部邀请学校各民主党派新成员召开座谈会，听取他们参加民主党派后的认识和意见。

21 日　经学校研究同意成立山东大学生物化学应用研究所，王海仁任所长。

24 日　学校党委为了加强对校报的领导，召开校报工作会议，听取了校报编辑部的负责人的情况汇报，同时强调指出校报要缩短周期，也要提高校报质量。

25 日　经学校党委常委会议研究同意化学院院部党总支委员会由 5 人组成，李福昌任总支书记(兼)。

27 日　学校党委组织部、统战部联合召开民主党派中的共产党员座谈会，畅谈共产党员在民主党派中如何发挥先锋模范作用。

28 日　济南市政协主席刘耀华等领导来学校看望市、区政协委员。

30 日　召开党委常委会，贯彻中央书记处廉政建设会议和省委动员大会精

1989 年

1 月

神，促进学校廉政建设的开展。陈之安书记到会并讲话，指出要加强对党员干部进行全心全意的宗旨教育，要通过教育，树立大公无私、不图私利、为人民献身的精神。

本月　学校首次校外教学分部(点)教学与管理工作会议结束，校党委书记陈之安到会并讲话，教务处副处长鹿玉理介绍学校教学工作的基本情况，与会人员对学校拟定的《山东大学校外教学分部(点)教学管理的若干规定》《山东大学校外教学分部(点)的考核与成绩管理办法》及《山东大学校外教学分部(点)学生奖惩办法》进行了热烈的讨论。

本月　学校书画研究院俞黎华获"齐鲁书法大奖赛"书法一等奖。

2 月

10 日　学校召开全校副处级以上干部会议，校党委书记陈之安传达了中央和山东省政府关于廉政问题的指示，对学校当前存在的不正之风进行了揭露和批评，号召全体干部要廉洁勤政，为师生作出榜样。

11 日　滕州籍山东大学学生组织参加"滕州籍大学生回乡慰问团"。

13 日　中国教育工会山东省委员会批复，同意学校第十四届工代会选举结果。陈力行任工会主席(专职)、陈钟任副主席(专职)，马春庆、王友玉，孙文广、闻孝瑶、徐从兰(兼职)任副主席；翟乃贤任经费审查委员会主任，王军任副主任。

15 日　经山东省教委同意，"山东大学职工子弟中学"更名为"山东大学附属中学"。

16 日　学校召开全校副处级以上干部会议，传达中央和山东省委关于廉政问题的指示，学校作出关于工作人员保持廉洁的八项规定。

20 日　学校获山东省社会科学优秀科研成果奖 29 项，其中一等奖 3 项，二等奖 16 项，三等奖 10 项。

21 日　学校党委同意体育教学部直属党支部委员会由 3 人组成，张元庚任直属党支部书记。

同日　中共山东省委宣传部同意学校为华岗、成仿吾校长在校园内塑像。

22 日　学校党政领导邀请六个民主党派负责人就如何搞好本学期工作进行了协商。

同日　山东大学诗词学会举行了第二次会议，会上重点研究了该会 1989 年的工作计划。

25 日　经学校校务会议研究决定，唐曾宏任电子工程系主任(兼)。

同日　学校召开中层干部、有关教师和辅导员工作会议，潘承洞校长向全体与会者传达了国家教委工作会议精神。同时，根据学校具体情况，强调应该从严治校、优化结构、提高教育质量。

本月　为加强重点学科建设，学校拿出 80 万元基金用于重点学科补助经费，加强重点学科建设。

本月　由学校化学院承担的山东省科技发展计划项目"新型硅烷偶联剂的研制"通过山东省科委组织的科技成果鉴定，认为该成果达到了国际先进水平。

本月　学校开展"老有所为精英奖"和"敬老好儿女金榜奖"活动，评选出精英奖 7 名，金榜奖 13 名。

1989 年

3 月

1 日　经学校校务会议研究决定，陶廷发同志任监察审计办公室正处级调研员。

3 日　学校出版社出版的《企业成本控制工程》荣获 1988 年度全国企业管理优秀论著甲等奖第一名。

4 日　学校胶体与界面化学研究所成立，由张春光任所长。

5 日　经学校校务会议研究决定，梅恒起同志任科技开发总公司总经理，安晋玉同志任副总经理。

9 日　学校成立山东大学劳动鉴定委员会，曾繁仁任主任委员，徐儒英、吕学聪任副主任委员。

11 日　学校成立设备委员会，钱新民任主任，鹿玉理、黑云岭任副主任。

13 日　学校第一期计算机辅助行政管理知识培训班开课。

14 日　学校发出《关于开展爱国卫生美化校园活动的通知》。

1989 年 3 月 15 日，山东大学纪念五四运动七十周年学术讨论会

15 日　学校举行纪念五四运动七十周年学术讨论会，近百名代表出席会议。大会收到论文 42 篇，学术报告达 30 余人次。大会还倡议并建立了山大五四学会。推选孙思白为会长、葛懋春为副会长。讨论会于 17 日结束。

20 日　学校召开《山东大学学报》出版第 900 期纪念会。

21 日　第二届内地大学科技成果介绍会在香港九龙召开，学校 10 项产品参会，2 项产品签订了意向书。

28 日　山东省高等院校保卫工作研究会在山东大学成立，山东省高校保卫部门代表和部分高校领导 100 余人参加了会议。

29 日　学校颁布《山东大学科举研究机构管理条例》。

31 日　经校党委常委会议研究同意经济管理系党总支委员会由 5 人组成，齐朝雪任党总支副书记；同意贸易系党总支委员会由 5 人组成，王吉法任党总支副书记。

本月　经学校党委常委会和校务会议研究，学校作出关于全体工作人员保持廉洁的八项规定，要求各单位、各部门和全体工作人员严格执行。

1989 年

3 月

本月　学校研究生处决定对 1987 级在校研究生进行中期筛选。

本月　学校制定了《山东大学学生文明礼仪守则》，守则共 15 条，为学校大学生提出了明确的行为准则。

本月　学校在"三八"妇女节前夕评选出中文系王军等 10 名优秀女大学生。

本月　学校第二届"三八"妇女节书法评奖活动举行，评委会从 110 幅余幅参赛作品中评选出牟东篱等 11 个一等奖，王兆琴等 20 个二等奖，颜春等 26 个三等奖。

4 月

4 日　山东大学美国现代文学研究所主办的"全国富布莱特美国文学研讨会"在学校召开。

同日　上海外语学院校友会山东分会在山东大学正式成立。

6 日　学校团委常委会决定，"五四"期间组织全校团员青年开展纪念五四运动七十周年。

同日　经学校研究决定成立山东大学光电研究所，思想教育教研室，气功特异心理研究所和校友总会办公室。

7 日　学校经党委常委会议研究，同意经济系党总支委员会由 7 人组成，杨培德同志任党总支书记(兼)。

8 日　国家技术装备局实验室管理处李景奇处长等相关领导到学校检查仪器设备计算机管理工作，考核结果完全达到国家教委的要求。考核工作于 10 日结束。

12 日　学校颁布《山东大学试行工资总额包干的实施意见》。

14 日　学校举行校风校纪建设总结大会，表彰 24 个先进集体、123 个文明宿舍。

15 日　学校党委常委会同意中共经济学院委员会由 8 人组成，杨培德同志任院党委书记。

同日　学校管理科学系张天赐承担的软科学课题"山东省工业生产优化模型建模与应用研究"通过省科委鉴定。

16 日　北京大学济南校友会成立大会在山东大学科学会堂举行。

17 日　国家教委同意蒋民华同志任山东大学副校长。

18 日　学校成立科技开发总公司，下设开发部、产业部、贸易部、信息部、专利事务部及办公室。

19 日　学校团委召开全校团员证颁发大会，6892 名团员领取到团员证。

20 日　王惠娟同学在济南地区田径测验女子 800 米比赛中以 2′7″6 的成绩通过运动健将标准。

同日　郑鹤声教授逝世，终年 88 岁。

郑鹤声(1901～1989)，著名历史学家、历史系教授、九三学社社员。1901 年 5 月 19 日，出生于浙江省诸暨县一个农民家庭，1920 年考入国立东南大学，1925 年大学毕业后，先后在云南高等师范学校、东陆大学、中央政治学校和中央

1989 年

4 月

大学任讲师、教官和教授。1929 年起，又在国立编译馆、南京国史馆任常任编审，主任编审，纂修史料处处长等职。1949 年南京解放后，任中国科学院历史三所南京史料整理处研究员。1951 年，来到山东大学任历史系教授，曾任中国近代史研究室主任，为山东大学中国近代史、中西交通史的学科建设奠定了基础。他参加创办了《文史哲》杂志，曾任《文史哲》编委、校学术委员会顾问、中国海外交通史研究会顾问。

郑鹤声

郑鹤声是一位学有早成的历史学家，早在学生时代，他的《汉隋间之史学》一书就由上海中华书局出版了。1926 年，他发表了《大月氏与东西文化》，成为当代我国中西交通史和中外关系史研究的开拓者之一。1928 年，商务印书馆先后出版了《中国史学史》《史汉研究》《中国史部目录学》《中国文献学》《亚洲诸国史汇目》《司马迁年谱》《班固年谱》《杜佑年谱》《袁枢年谱》等郑氏史学丛书。同年，他在《东方杂志》上发表《五百年前中日交涉之一幕》，及时向人们提出了中日关系问题，表现出史学家的远见。1935 年，他对郑和下西洋的史料有了新发现，并著有《郑和》《郑和遗事汇编》《郑和下西洋资料汇编》等论著，成为国内外研究郑和有成就的专家。

郑鹤声先生是我国近现代史研究的开拓者之一。他于 1931 年写成了 80 余万字的《中国近世史》，明确提出了以明代正德年间欧洲人东来作为中国近代史的开端，他的研究被当时史学界公认为中国近代史研究的两大流派之一。1943 年，他又编著出版《中华民国建国史》一书，开辟了中国近代史研究的新领域。新中国成立后，他参加筹备了太平天国一百周年纪念会，参加了《鸦片战争》《太平天国》等中国近代史资料丛刊的编辑工作，并为“丛刊”捐献了所收藏的珍贵史料。同时，参加了教育部中国近代史教学大纲编订委员会的工作，为构建中国近代史的学科基础和体系作出了不可磨灭的贡献。

郑鹤声先生一生治学严谨，学风朴实，不尚空论，治史 60 余年以来，著述浩瀚，多达 164 种，2000 余万字，为中国史学界留下了宝贵的财富。他早期出版的多部著作，在海峡两岸多次再版，这在中国当代史坛上是不多见的。

郑鹤声先生也是一位正直的爱国知识分子。早在学生时代，他就在杭州积极参加青年学生的爱国活动，宣传抵制日货。在几十年的学术生涯中，他一直重视对中国边境问题的研究，发表过 10 多篇论文。他拥护中国共产党，关心祖国的社会主义建设和统一事业，直到晚年，还多次对台湾各界朋友发表广播讲话，宣传中国共产党采取的“一国两制”和平统一祖国的方针，他是第二届南京市人民代表大会代表，山东省第一、二、四、五届政协委员。

郑鹤声先生在国内外享有盛誉，但他从不计较个人名利得失，他待人诚恳、谦虚、言行一致；他生活俭朴、工作兢兢业业，把毕生的精力倾注于学术研究和教学工作，他的一生也是不断进取的一生。

同日　学校 1989 年优秀教学成果奖评定工作结束，共评出 148 项优秀成果，其中一等奖 18 项，二等奖 130 项。

22 日　学校党委常委会同意计算机科学系党总支委员会由 6 人组成，刘长洪同志任党总支书记；外文系党总支委员会由 7 人组成，冯宜明同志任党总支书记。

1989 年

4 月

同日　学校刘继梅同学就学校学生管理工作存在的一些问题和改进意见致信潘承洞校长，潘校长回信刘继梅同学，并责成相关部门进行研究整改。

26 日　历时两天的 1989 年校春季田径运动会结束。有 8 人打破 6 项省高校纪录，7 人破 8 项学校纪录。

27 日　复旦大学山东省校友会在山东大学成立。

28 日　在第八十届巴黎国际发明博览会上，学校选送的生物全息电图诊断仪，获巴黎市政府大奖。

同日　学校党委在科学会堂召开全体党员干部大会，党委书记陈之安传达了中央指示精神，通报了少数人在北京和其他一些地方制造动乱的情况，号召全校师生认真学习、明辨是非、积极行动起来，共同维护学校安定团结的局面。

本月　应潘承洞校长的邀请，英国皇家学会会员、大英科学进步协会副主席、国际胶体与界面化学家协会主席 Everett 教授到学校进行学术访问。

本月　学校 1988 年度大学生社会实践组织活动收到中央领导部门嘉奖，被授予“全国社会实践活动先进单位”等荣誉称号。

本月　学校理科部分教材获得 1988 年国家教委高等学校教材优秀奖。

本月　学校经济学院青年教师张东辉、杨蕙馨、臧旭恒合作撰写的论文《适度通货膨胀与经济发展》，在全国中青年理论与实践研讨会上获优秀论文奖。

本月　科教片《全息胚——揭开生物体结构的奥秘》在山东大学开机，该片由上海科教电影厂一级导演韩韦执导。

本月　莫叶教授专著《勒襄特函数论》出版。

本月　学校校医院与生物系张桂伟老师合作研制的新型激光医疗器——前列腺炎激光治疗器获得国家专利权。

5 月

1 日　学校组织各单位广大师生员工认真学习中央有关指示精神和《必须旗帜鲜明地反对动乱》等人民日报社论，明辨是非，共同维护安定团结的局面。

3 日　学校颁布《山东大学关于授予成人高等教育本科毕业生学士学位工作的实施意见》。

同日　学校师生在科学会堂举行纪念五四运动 70 周年联欢会。

5 日　学校第三届老年人运动会在中心校区体育场举行。

6 日　学校数学系举办的青年教师基础课讲课大奖赛结束，青年教师梁栋荣登榜首。

8 日　学校图书馆学系韩之萍同学在“三星杯”外语歌曲大奖赛中夺得通俗唱法组一等奖。

11 日　学校颁布《山东大学工作人员奖惩条例》。

12 日　学校经济管理系举行新党员入党宣誓仪式，校党委书记陈之安参加会议，并强调党员要顾全大局，为共产主义事业奋斗。

同日　经学校校务会议研究决定，钱新民同志任微生物系主任兼微生物研究所所长。

同日　经学校研究同意成立山东大学奖惩工作领导小组，曾繁仁任组长。

同日　由学校为主办单位之一的中国李清照学术讨论会在青州市召开，会议共收到论文近70篇，全国26个省市及海外的专家、学者近100人参加了会议。讨论会于15日结束。

同日　山东大学学生会文艺部与中文系团总支、学生会联合组建的“驼铃话剧社”进行首次演出。

14日　在学校举办的富布莱特中国经济学术讨论会闭幕。

18日　山东省委、省府领导及省市有关部门的同志来学校与学生代表进行对话，学校领导参加并主持对话会。

同日　学校教务处下发关于立即恢复正常教学秩序的紧急通知。

21日　学校召开党委常委扩大会议，认真学习讨论李鹏同志代表中央发表的重要讲话。

同日　学校工会召开基层委员扩大会议，认真学习李鹏、杨尚昆同志在中央和北京市党政军干部大会上的讲话。

22日　学校召开理科各系分管科研的系主任会议，研究和部署今年的科技工作。

24日　学校周易研究中心主任刘大钧副教授被推选为中国周易研究会副会长兼秘书长。

27日　学校186名教师向全校学生发出全面复课的呼吁书。

29日　学校发出立即恢复正常教学秩序的紧急通知，要求全校在校学生立即按时到教室上课。

30日　学校环境科学中心研究的SE-1型絮凝剂通过了省环保局有关专家的科技成果鉴定。

31日　学校按照国家教委和省教委的指示精神，根据学校现状和广大同学的意愿，发出紧急通告，要求罢课的学生全面复课。

同日　学校决定重建山东大学化学实验厂，原科技开发生产处所属器材实验厂同时撤销。

本月　学校在数学系进行工资总额包干试点工作。

本月　学校四川籍同学关心四川地震、风雹灾情，积极捐献钱款和粮票救济灾民。同时，自愿组成募捐小组，在高校和大明湖等地进行募捐，共筹募人民币1004元，粮票506斤。

本月　山东大学校报编辑部同志撰写的《充分发挥新闻摄影在校报新闻中的宣传作用》等四篇论文获奖。

本月　山东大学校友总会理事、山大浙江校友会会长兼宁波校友会会长白岩（白石坚）获得由中国民间文艺家协会颁发的从事文艺工作三十年荣誉证书。

本月　学校校友炎明主编的《中法战争镇海之役史料》由光明日报出版社出版发行。

本月　学校公布《山东大学关于实行弹性学制和淘汰制的试行办法》。

本月　物理系卢兆明副教授等课题组完成省体委下达“85/86型标枪飞行特性综合研究”等三项研究成果，并通过鉴定。

1989 年

6 月

1 日　学校发出《关于清除大小字报的通告》。

3 日　应英国文化委员会邀请，潘承洞校长，鹿玉理副教务长，外办副主任魏礼庆，晶体所郑道弘博士组团于 3 日至 14 日访问英国沃瑞克大学、考文垂理工学院、牛津大学、布里斯托尔大学。

7 日　学校党委召开党员干部大会。号召全体党员干部，积极行动起来，坚决反对北京发生的反革命暴乱，努力做好本职工作，为稳定局势作出贡献。

12 日　学校发出《致全体学生家长的一封信》，要求家长配合学校一起做好学生的工作，维护国家安定团结的政治局面。

13 日　学校电子技术应用研究所为济宁市酿酒厂设计的 JW-A 型万吨酒精控制系统通过省级鉴定。

15 日　学校党委召开全校党员干部会议，传达学习邓小平同志在接见首都戒严部队军以上干部时的讲话，会议期间还传达学习了李鹏、姚依林等中央领导同志的讲话及国家教委召开的高校党委书记会议精神。与会同志观看、收听了北京反革命暴乱的录像、录音，并结合师生的思想实际，进行认真的学习讨论，陈之安书记强调共产党员必须做到五项要求。会议于 17 日结束。

16 日　学校离休干部党支部召开会议，认真学习讨论了邓小平同志讲话。

17 日　为贯彻山东省人民政府 6 月 10 日通告精神，坚决制止动乱，迅速恢复社会和学校的正常秩序。学校发出通告，责令非法组织头头、打砸抢烧分子限期到校保卫处登记。

19 日　牟世金教授逝世，终年 61 岁。

牟世金(1928～1989)，1928 年 7 月 19 日生于四川省忠县，1946 年考入四川省立万县师范学校，1949 年任忠县南赛中学教员。四川解放后，牟世金同志参加革命，1950 年进入万县中国人民解放军第二野战军十一军军政大学学习。1950 年 7 月到 1956 年 8 月，牟世金同志先后在四川、青岛海军基地及山东省供销合作社工作。1958 年，考入山东大学中文系，1960 年 8 月毕业留校任教，先后晋升为助教、讲师、副教授、教授，并任中文系系主任，中文系学术委员会主任，《文心雕龙》研究室主任、山东大学文科学术委员会主任、山东省高校职称评审委员会中文学科组成员以及多种学术刊物编委等职务。牟世金同志在《文心雕龙》和古代文学理论研究等方面作出了卓越贡献。他潜心著述，先后出版了 10 余部“龙学”专著及 100 余篇论文。

牟世金

23 日　学校党委召开了各民主党派负责人会议，党委副书记张乐岭同志向各民主党派负责人和省政协委员传达了学习国家教委会议精神。

29 日　学校召开学位评定委员会全体会议，审查批准 1989 年度第一批授予硕士学位研究生 214 人。

30 日　学校 632 名夜大毕业生在科学会堂举行毕业典礼。

同日　学校最近几年入党的新党员集体举行入党宣誓。

同日　陈之安书记给全体党员上党课，纪念中国共产党 68 周年诞辰。

本月　学校八项成果在山东省优秀发明选拔赛上获奖，其中一等奖一项，

1989 年

6 月

二等奖四项，三等奖三项。

本月　根据国家教委发出的通知，学校调整招生计划。原计划招生 2700 人，减招 550 人。一些系、科招生数量也作了相应调整，学校调整本学期教学计划：应届毕业的研究生、本、专科生仍按原计划进行，6 月 25 日开始进行有关毕业分配等项工作。非毕业班的学生自 6 月 15 日起放暑假，8 月 14 日注册报到，8 月 15 日正式上课。

7 月

1 日　学校归侨侨眷在市侨联举办的庆“七一”晚会上登台献唱。

3 日　经校务会议研究决定，成立校属光电材料和器件研究所，马洪磊任所长。

8 日　学校微生物系张长锐副教授、白玉谦教授承担的国家自然科学基金项目“香菇细胞杂交育种应用技术研究”通过技术鉴定。

19 日　学校召开全校中层领导干部会议，党委书记陈之安传达全国高校工作会议精神，强调要加强党在高校工作的核心领导作用，把坚定正确的政治方向放在第一位，坚持社会主义办学，加强思想政治工作，从严治校，搞好教育改革，把高校办成培养社会主义合格接班人的阵地。

21 日　学校党委邀请 54862 部队干部、战士来校座谈，联系当前实际交流政治工作经验。

23 日　学校曾繁仁副校长在省高校外语教学研究会举行的 10 周年学术讨论会上作题为《应从素质教育的高度看待外语教学》的报告。

本月　学校的钽酸锂单晶、提高烟草品质用复合酶和彩电用电子陶瓷系列元器件三个项目正式入选第一批国家级火炬计划。

本月　学校全息生物学研究列入国家教委重点科研项目。

本月　学校 2063 名本、专科毕业生 95%落实工作岗位。

本月　学校党委召开常委扩大会议学习十三届四中全会公报，表示坚决拥护全会各项决定，认真培养社会主义合格人才。

8 月

2 日　学校成立惩治腐败工作领导小组。

9 日　为贯彻落实十三届四中全会和全国高校工作会议精神，学校举办学生干部培训班。

同日　学校后勤部门召开了后勤各处处长干部会议，提出了后勤部门新学年新目标，决心办好群众关心的十件事。

21 日　学校召开“双增双节”会议，强调要把“双增双节”与“廉政勤政”结合起来。

25 日　学校召开“双清”工作动员大会，号召全体师生站在党的立场上，分清阵线、纯洁队伍、清除隐患、稳定局势。

同日　经学校校务会议研究决定，袁益让同志任数学系主任。

本月　学校团委荣获省青年科技文化节优秀组织奖。

本月　学校党委召开常委扩大会议，研究了加强廉政、勤政建设，领导干部从自己做起，切实抓好七件群众关心的事情。

1989 年

8 月

本月　学校连续召开会议，党委领导同志传达贯彻全国高校工作会议精神，提出加强政治思想教育，肃清资产阶级自由化影响。

本月　学校经济系吸收军营管理经验，颁布《关于学生管理的几项规定》。

本月　由学校中文系曲立菲和经济学院姜洪庆在山东电视台举办的“首届时装电视大奖赛”中分别获得女子组一等奖、男子组三等奖。

9 月

6 日　学校召开由各系教师代表参加的座谈会，与会代表就教书育人问题展开了热烈讨论，一致强调教师要教书育人为人师表。

6 日　学校民主党派联合召开座谈会，学习四中全会精神，坚信共产党员领导，为安定团结作贡献。

8 日　学校学生工作部召开政治工作会议，党委副书记张乐岭强调要把握好高校培养目标，把思想政治工作落到实处。

同日　学校物资设备处召集教学、科研、行政、生产、后勤方面 48 个单位召开会议，就如何完善学校仪器设备的计算机管理工作作了布置，计划于 10 月中旬组织检查评比。

9 日　学校经济系举行庆祝教师节座谈会。

10 日　学校团工委和工会在新校俱乐部联合举办教师音乐舞会，共庆第五个教师节来临。

同日　邓从豪、刘玉柱、袁益让、陈剑华、许东、壮志伟，被评为全国优秀教师、优秀教育工作者。

11 日　学校召开新中国成立初期回国老教师座谈会，畅谈祖国四十年的伟大成就，批驳西方所谓的“民主”“自由”。

12 日　学校公布胡瑾、沈承杭、鲁成学、栾丰实、王萍、张卫东被评为山东省优秀教师。

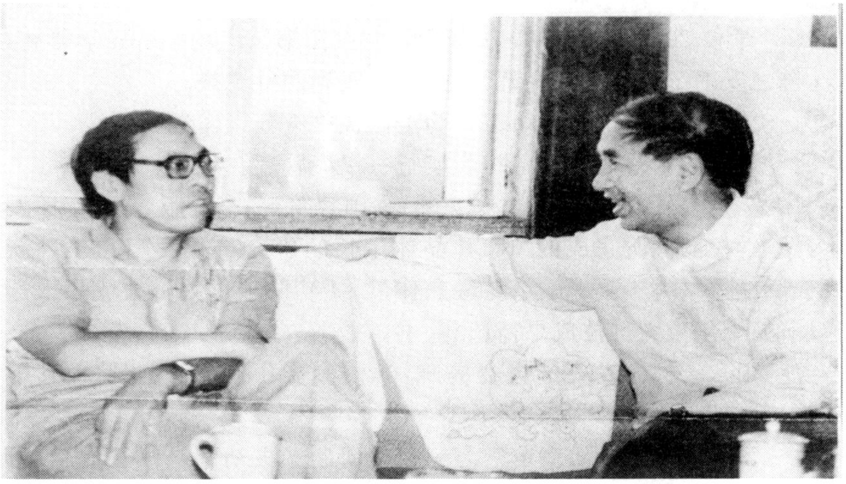

1989 年 9 月 15 日，国家教委党组书记、副主任何东昌来视察山东大学，听取潘承洞校长汇报工作

1989 年

9 月

15 日　国家教委副主任何东昌来学校视察工作，就清查清理工作、思想政治教育、综合大学的办学方向、学科建设等问题作重要讲话，强调学校工作一定要坚持马列主义、理论联系实际和世界观、人生观教育。

同日　为深入贯彻四中全会精神，学校从 15 日起，利用每周五政治学习时间进行六个专题教育学习。

同日　学校领导向 12 名荣获全国和全省优秀教师称号的教师颁发荣誉证书和奖金。

16 日　九三学社山大支社举行庆祝建社 44 周年茶话会。

18 日　历史系考古专业师生进驻邹平县。经过三个半月的考古发掘，在丁公遗址发掘到原始社会的房基、储藏用的窖穴、商代的墓葬及烧制陶器的窑、数以万件的陶片、500 余件完整的陶器、石器、骨器、蚌器。

20 日　学校重新颁布《山东大学违纪处分实施细则》。

21 日　经学校校务会议研究决定，陈乃圣同志任经济学院副院长兼经济系主任；王淑仁同志兼任实验中心主任。

22 日　科学社会主义系团员参加“迎接国庆，美化泉城，深入社会，热爱劳动”团日活动。

同日　应学校邀请山东歌舞剧院交响乐团在学校科学会堂举办迎国庆交响音乐会。

23 日　学校召开 1989 年科技成果奖励大会。评选出优秀科技成果 65 项，其中技术成果 6 项、理论成果 57 项、软科学成果 2 项。

25 日　反映学校全息生物学研究成果的科教电影《全息胚——生物科学新发现》在学校举行首映式。

28 日　蒋民华同志荣获 1989 年全国先进工作者称号。

29 日　学校在留学生餐厅举行招待会，中外师生朋友欢聚一堂，共同庆祝中华人民共和国成立四十周年。

30 日　学校 2000 余名 1989 级新生在学校图书馆广场举行开学典礼，潘承洞校长、陈之安书记要求大家好好学习、树立正确的世界观。

本月　校党委副书记张乐岭被评为全国优秀党务工作者。

本月　学校决定对全校设备材料实行一级库管理。

本月　马列教研部编写的《立国之本 强国之路》一书出版。

本月　学校晶体所完成的“KTP 晶体生长的研究与开发”和“一种新型的非线性光学晶体材料——磷酸精氨酸晶体（LAP）”两项重大科技成果入选国家科委选编的《十年重大科技成果精选》一书。

本月　山东省优秀发明选拔赛揭晓，学校参赛九项，八项获奖。其中一等奖一项，二等奖四项，三等奖三项。

本月　学校半导体教研室苗庆海副教授研制选极功率晶体管成功，可用于国家引进的 100 多条彩电生产线，取代进口，为国家节约大量外汇。

本月　学校党委书记陈之安被聘为国家教委直属高校工作咨询委员会成员。

本月　学校先后对 1500 余名学生干部和 6000 余名学生进行了为期一周

1989年

9月

的培训和集中政治学习，广大学生通过学习提高了认识，消除了顾虑，明确了方向，决心以新的姿态投入新学期学习。

本月　学校档案在本学期的工作要点中强调，要切实加强党的建设，发挥党的政治核心作用。

本月　老校研究生宿舍楼竣工，面积4000多平方米。

本月　学校颁布《山东大学关于严格学校管理，加强校风校纪建设的若干规定》。

10月

4日　学校召开文科硕士研究生赴济南钢铁厂劳动锻炼行前动员会。

6日　学校开始进行税收、财务、物价大检查。

7日　学校科社系1988级成立马克思主义理论学习小组。

9日　学校党委发出通知，要求全校师生员工把认真学习和宣传江泽民在庆祝中华人民共和国成立四十周年大会上的讲话，作为学校今年内的一件大事来抓。

同日　学校学生在济南市首届少数民族文艺调演中获得二等奖两项、三等奖两项的好成绩。

13日　1989年驻济高校田径运动会在山东省建材学院举行，学校4人破四项省高校普通组纪录，学校田径队获得男女总分第一名。

14日　学校召开各系领导和教研室主任会议，强调必须加强教研室建设，发挥教研室作用，要对青年教师加强指导和培养。

同日　应日本山口大学校长粟屋和彦的邀请，以副校长乔幼梅为团长、校长助理梅恒起、教务长钱新民、经济学院院长庄德钧为团员的学校学术代表访问了山口大学、和歌山大学、大阪外国语学院三所大学，并考察了日本高等教育情况，探讨了新的合作领域等。28日，访问结束。

15日　由学校主持召开的中国化学会第五届全国电化学会在济南举行，250余名代表参加会议。会议共收到论文345篇。

17日　全国高等学校《政治经济学》课程改革研讨会在学校举行，会议于20日结束。

18日　学校党委召开各党总支、直属支部书记、副书记、总支干事会议，传达组织部长会议精神及中央有关文件，要求各级党组织切实加强对党员的教育管理。

20日　1989年学校新生运动会举行，法律系和化学系分获男女团体冠军。

21日　学校19人组成的田径代表队赴东营市参加了1989年省大学田径邀请赛，学校代表队6人破5项省高校纪录。

23日　由学校和有关单位联合举办的第五届洋务运动史学术讨论会在东营举行，会议提交论文近百篇。讨论会于26日结束。

24日　学校党委深入学习江泽民的国庆讲话，重点讨论了关于坚持社会主义道路的问题，一致认为坚持社会主义道路是历史的必然。

25日　学校组织20余名教师、干部于25日至11月15日先后对惠民、济宁、汶上、平度、招远、蓬莱、枣庄、苍山、济南、青岛等12个市县区的14个校外教学点进行了全面的期中教学检查。

1989 年

10 月

26 日　学校颁布《关于禁止学生从事以营利为目的的经商活动的通知》。

28 日　肖春同志被国家教委评选为全国教育系统内部审计工作先进个人。

31 日　哲学系团总支、学生会积极开展国情教育活动，邀请山东省机械施工公司总经理杨玉廷等三位全国劳动模范，举办以《国情，责任，成才》为主题的报告会。

本月　宁波校友会成立山东大学宁波校友会海外校友联络组。

本月　学校党委召开常委扩大会议，组织学习和讨论江泽民总书记在庆祝中华人民共和国成立四十周年大会的讲话。校党委常委在学习中强调一定要把德育放在首位。

本月　农历九月九日老人节前夕，学校党委书记陈之安等领导走访慰问学校离退休职工。

本月　学校电子系“一点多址”数字式微波通讯设备转让胜利油田，消化了技术资料，节省了科研经费。

本月　学校历史系教授朱玉湘主编的《山东革命根据地财政史稿》由山东人民出版社出版发行。

本月　老校体育练习馆交付使用。该馆使用面积为 1500 平方米，场地面积 1000 平方米。

本月　学校数学系孙讷正教授、科社系赵明义教授、法律系乔伟教授、晶体所陆宝生副教授等四人荣获 1988 年度国家级有突出贡献中青年专家称号。

本月　由上海电影制片厂和学校合作摄制的《全息胚——生命科学的新发现》获得“1989 国际科教电影节”最高级别奖——荣誉奖。

11 月

3 日　学校机关党总支召开校部机关职工学习江泽民国庆讲话及批判资产阶级自由化观点专题讨论会。

7 日　校团委举行“奉献的土地、英雄的人民”摄影作品展览剪彩仪式，拉开了“国情、责任、成才”大型主题教育活动的序幕。同日，学校邀请沂蒙老区十几位人民代表与学生座谈，激励学生对祖国和人民的热爱、了解国情，明确肩负的责任。

10 日　学校召开由 40 余名学生代表参加的大型座谈会，党委书记陈之安等学校领导和机关有关部处室负责同志出席，广泛听取了同学们的意见，解决学生的实际问题。

同日　学校于本日至 12 月 2 日对校内文理科 21 个系、3 个教学部的期中教学进行检查。

11 日　学校召开党委常委会，认真学习讨论十三届五中全会公报，坚决拥护全会作出的各项决定。

13 日　学校侨属袁益让、归侨王树棠被确定全省侨务战线先进个人，在全省侨务工作会议上得到表彰。

14 日　学校召开学生政治思想教育工作经验汇报会，张乐岭副书记在思想教育工作汇报会上强调，政治思想教育要坚持正确灌输。

15 日　学校法律系团总支、学生会主办的第三届艺术节开幕，活动将于 25

日结束。

1989 年

11 月

20 日　校党委发出《关于认真学习和宣传党的十三届五中全会精神的通知》。

22 日　学校田径代表队在省大学生田径邀请赛中，有 6 人打破 5 项省高校普通组纪录，获得九个项目的第一名。

24 日　学校工会召开教学工作座谈会，强调要实地考察教学情况，定期评估教学效果。

27 日　《山东大学学报》（自然科学版）在全国高校自然科学学报评比中获得优秀编辑质量二等奖。

28 日　九三学社山东大学支社召开了支委扩大会议，就学校工作提出五点建议，为培养基社会主义新人努力作贡献。

30 日　山东省政协副主任苗永明等领导来学校视察思想政治工作。

本月　山东大学退休者协会成立。

本月　学校足球队获得首届山东省大学生足球赛冠军。

本月　学校离休干部张基江、张玉诚，退休教授江伯英研制成的无铅含锌镀膜松花蛋在省经贸洽谈会上打入国际市场。

本月　1989 年，国家自然科学基金评审结果揭晓，学校 18 个研究项目获得资助。

本月　学校林白鹏教授等编著的《中国消费结构学》一书收入国家“六五”重点科研项目成果简介。

本月　山东省 1989 年度教委科技进步奖评选工作结束，学校获得一等奖 5 项、二等奖 4 项、三等奖 9 项。

本月　学校农工民主党支部组织校医院农工成员下乡义诊，受到领导和群众的赞扬。

本月　学校实验中心副教授和科教仪器厂共同研制的 GYQ-A 新型自动送纸型阅卷机问世。

12 月

4 日　学校经济系团总支、学生会举行“新时代”演讲会，弘扬“一二·九”精神，体察新时代国情，明确责任，立志成为社会主义建设的合格人才。

7 日　学校经济管理系团总支举办以弘扬民族精神、激发爱国热情为主题的纪念“一二·九”国情知识有奖抢答赛。

9 日　学校选举产生山东大学女工委员会。

10 日　山东大学出版社坚持党的出版方针，努力为教学科研活动服务的情况，在中央电视台新闻联播节目中播出。

11 日　学校党委常委会决定，陈忠同志任威海分校经济系党总支书记（兼）；王吉玺同志任分校计算机系党总支书记；丁吉山同志任分校电子系党总支书记（兼），徐振东同志任分校体育室主任。

13 日　山东大学校报编辑部推荐的版面获得全省高校校报首届文艺副刊评选活动一等奖。

1989 年

12 月

同日　学校微生物研究所和山东饲料公司、栖霞县饲料公司合作完成的“水果渣生产单细胞蛋白饲料技术”通过科学技术成果鉴定。

14 日　学校成立校园管理委员会，由马长义任主任委员，张乐岭、吴关生、张军从任副主任委员。

15 日　学校召开表彰大会，授予 65 名团员 1988～1989 年度“优秀共青团员”称号，学校领导要求全校团员要坚持正确的政治方向、端正学习目的、树立良好的道德风尚。

18 日　数学系主任、山东大学数学研究所副所长袁益让被国务院侨办、侨联评为全国优秀归侨、侨眷知识分子。

同日　学校召开各系、所分管毕业生分配工作会议，传达 1990 年毕业生分配工作的意见，曾繁仁副校长到会并讲话。

20 日　中共中央政治局委员、国务委员兼国家教委主任李铁映，国务院副秘书长李昌安，国家教委副主任邹时炎、柳斌在省委书记姜春云、省长赵志浩、副省长张瑞凤等领导同志的陪同下来学校视察，并与驻济 17 所高校校长、党委书记进行座谈。

1989 年 12 月 20 日，中共中央政治局委员、国务委员兼国家教委主任李铁映视察我校

同日　首届“挑战杯”全国大学生课外科技活动成果展览暨技术交流会在清华大学举行，学校有十五个项目参加展出，学校六个项目获奖。

29 日　《山东大学学报》编辑部举行座谈会，庆祝该报创刊四十周年。党委书记陈之安、副书记刘清前、张乐岭和一些部、处、系的领导同志到会祝贺。

同日　校务会议决定，王果庭同志任化学院胶化研究所所长；刘维献同志任电子工程系主任。

30 日　学校获山东省普通高校优秀教学成果奖 18 项，其中一等奖 6 项，二等奖 12 项。

31 日　国家教委批准学校高培基教授为 1988 年度国家级有突出贡献专家。

同日　学校学生会在新校俱乐部举办大型游园活动，学校师生近千人参加了这一活动。

本月　国家教委副主任朱开轩在党委书记陈之安的陪同下，对学校进行视

1989 年

12 月

察。视察结束后又与学校潘承洞校长以及十多位领导进行了座谈，听取了校领导的汇报和意见。

本月　学校计算机系、山东省计算机中心、烟台木材公司合作完成的家具计算机辅助设计 BFDS 系统研制成功，并通过省科委主持的科技成果鉴定。

本月　学校工会主席会议提出用“简报”的形式公布教代会各项提案落实情况的办法，以促进一些问题的解决，将会有效地防止教代会后其提案不了了之的情况。

本月　在学校工会召开的一次座谈会上，校务委员会决定成立山东大学出版基金委员会，以解决教师出书难的问题，并且，同时成立文理科两个评审委员会。

本月　学校图书馆组织部分热心读者教育的职工，反复认真筛选，确定了100 余本对大学生健康成长有益的书籍，作为向大学生首批课外阅读的数目，引导大学生通过阅读好书，进一步提高思想认识，以配合学校的思想政治教育。

本月　历时逾百日的历史系考古专业 1986 级毕业实习圆满结束，继以往的两次发掘，本次发掘又获得了丰硕成果。

本月　由宣传部、团委、学生工作部、校报编辑部共同主办的 1989 年“五四”征文评选揭晓，共评出一等奖一名、二等奖三名、三等奖八名。

本月　学校评选出 20 名 1988～1989 年度山东大学优秀政治辅导员。

本月　学校生物系植物细胞工程实验室研究人员经过艰苦努力，取得了“七五”重点科技攻关项目“小麦原生质体培养”重大突破，通过体细胞胚直接发生的途径再生植株。

本月　在纪念“一二·九”运动五十四周年前夕，校学生会召开了“发奋，成才”座谈会，学校领导刘清前副书记出席会议并讲话，号召同学们要消除沉闷气氛、立志成为有用之才。

本月　学校教务处发出通知，要求学校各单位做好 1990 年的推荐研究生工作。

本月　学校普选工作积极进行，保障师生民主权利的充分行使。

本月　学校有 4 项科研成果获山东省科技进步奖，其中二等奖 2 项，三等奖 2 项；学校获省教委科技进步奖 22 项，其中一等奖 5 项，二等奖 4 项，三等奖 13 项；获得山东省社会科学优秀科研成果奖 29 项，其中一等奖 3 项，二等奖 16 项，三等奖 10 项；获得省教委社会科学优秀成果奖 27 项，其中一等奖 4 项，二等奖 5 项，三等奖 18 项。

1990 年

1 月

5 日　学校颁布《山东大学哲学社会科学优秀成果奖励办法》。

同日　学生工作部召开个由各系党总支书记及辅导员参加的学生思想教育工作经验交流会，党委书记陈之安、副书记张乐岭出席会议并讲话。会议6 日结束。

6 日　山东省教委组织的评选全省高校好校报的评审会结束，共评出十家好校报，学校校报得分名列十家好校报榜首。

7 日　学校 1987 级 1429 名本科生参加全国英语四级统考，通过率达 80.3%，

1990 年

1 月

较大幅度地超过全国重点院校平均 53.94%的通过率。理科系的平均通过率为 87.5%。

11 日　山东大学济南校友会和山大校友诗书画社邀请在济南的 50 多位校友在新校留学生楼举行迎春茶话会。

15 日　学校参加区、乡选举工作结束，自学校 1989 年 11 月 25 日开始，选举出席济南市历城区第十二届人民代表大会代表工作，学校马长义、叶瑞安、刘绍刚当选为代表。

17 日　学校 4 项教学成果获全国高等学校优秀教学成果奖。

同日　韩连琪教授逝世，终年 80 岁。其子女根据韩先生生前嘱托，将其一生所收藏的 100 多幅古代名人字画赠送给学校。

韩连琪

韩连琪(1909～1990)，1909 年 12 月 16 日诞生于山东安丘的一个小村庄里，早年受传统文化熏陶，喜爱诗书辞章，醉心于“通经致用”。1931 年，考入青岛国立山东大学国文系，师从闻一多、梁实秋、游国恩、王统照、丁山等著名学者，学习成绩优异，屡获优等奖学金。大学时代后期，曾在古文字学家和史学家丁山先生的指导下系统整理周代金文，为后来从事古史研究奠定了坚实的基础。1935 年毕业后，任安丘县县立中学校长，1937 年曾短期转任山东省中学教材编审委员会委员。抗日战争初期，韩先生积极投身抗日，担任鲁苏游击战区总司令部所办《阵中日报》总编辑，撰写和编发过大量宣传抗日的文章。1940 年 9 月至 1947 年 1 月，先后任中学教员、师范学校校长等职。1947 年 8 月至 1951 年夏，历任山东师范学院、华东大学教育学院、齐鲁大学历史系等校讲师。1951 年国务院实行高校院系调整后，韩先生随齐鲁大学转入山东大学历史系，历任讲师、副教授、教授，其间曾兼任山大历史系副主任、校学术委员会委员、《文史哲》编委、中国农民战争史研究会第一届理事、中国秦汉史研究会顾问、山东省历史学会顾问、山东地方史学会副会长、《山东地方志》和《管子学刊》编委会顾问等职。

韩连琪教授是我国当代著名的先秦秦汉史专家，尤其在先秦秦汉土地制度、赋役制度和社会结构的研究上多有建树。如《西周的土地所有制和剥削形态》和《春秋战国时代土地所有制的变化和农村公社的解体》两文，运用马克思主义经典作家有关古代东方社会的理论分析周代农村公社制度逐步演变直至解体的历史过程，立论宏大，自成体系。1956 年发表的 3 万余字长文《汉代的田租、口赋和徭役》，对汉代剥削制度作了细密的考证和全面系统的说明，所得结论被秦汉史学界广泛引用，至今仍是研究汉代赋役制度必须参考的重要文献。韩连琪毕生耕耘于学术园地，不断追求学术研究的突破和创新，直到晚年还曾计划撰著《管子校释》一书以补正郭沫若等《管子集校》中的失误，并为完成这一计划做了大量准备工作。

韩连琪教授热爱祖国的教育事业，为国家的人才培养事业作出了突出的贡献。韩连琪在传授知识和指导学术研究的同时，十分注重培养学生的人品和情操，他经常教导学生要树立远大的理想，要扎扎实实地治学和做人。韩连琪渊博的学识、严谨的学风、正直的品德和慈祥亲切的长者风范，使学生深受教益和

1990 年

1 月

感染。“文革”结束后，韩连琪指导过四届硕士生和两届博士生。现在这些学生有的已担任高等院校或省级出版社的主要领导职务，有的继续从事学术研究和教学工作，都在各自岗位上发挥着重要的作用。

韩连琪继承了我国历代知识分子既献身学术又勇于担负社会责任的优良传统，一生不断追求光明和进步。新中国诞生后，他努力学习马列主义、毛泽东思想，拥护党、拥护社会主义。20 世纪 50 年代末至 60 年代初，他担任历史系副主任，工作勤奋，恪尽职责。“文化大革命”结束后，他拥护党的改革开放政策，以高昂的热情积极投身到教学和科研工作当中。韩连琪对山东大学有深厚的感情，对山东大学历史学科的建设和发展充满期待，1990 年辞世前，特提出遗嘱将自己半个多世纪节衣缩食收藏的珍贵字画全部捐献给山大历史系，设立“韩连琪基金”以为奖励中青年教师和学子之用。韩连琪关心社会关心教育的高尚情怀和无私奉献奖掖后学的高洁品格，将同他的先秦秦汉史研究成果一样成为一笔宝贵的精神财富。

20 日　在枣庄举行的“迎春杯”男子篮球赛上，学校男篮获第一名

22 日　校长潘承洞、党委书记陈之安在鲁艺剧院举行春节电影招待会，招待学校参加各级的人大代表、政协委员、各民主党派负责人，归侨、侨眷、台属、少数民族的代表，省级以上劳模、优秀教师、先进工作者，离、退休代表，教师、干部、工人、在校学生代表等 1000 余人。

同日　省委常委、宣传部部长苗枫林，副省长宋法棠及宣传部副部长姜代晓等来学校看望王祖农、萧涤非、吴富恒、郭贻诚等老教授、老领导，并向他们致以节日的问候。

2 月

2 日　山东省副省长宋法棠率省府领导机关、教委的负责人再次来到山东大学来，听取校领导的工作汇报，并作出重要指示。

3 日　国务委员兼国家科委主任宋健一行 8 人在省府领导赵志浩、高昌礼的陪同下来学校晶体所视察，并同潘承洞、刘清前、乔幼梅、曾繁仁、刘玉柱、蒋民华、马长义等校领导干部进行了座谈。

12 日　学校召开各党总支、直属支部正副书记、系所正副主任、机关各部处教研室、各民主党派负责人以及班级辅导员等参加的会议，传达、学习教委关于 1990 年工作会议精神，讨论制定学校的贯彻措施及学校 1990 年党委、行政工作计划。潘承洞校长、陈之安书记、张乐岭副书记、曾繁仁副校长到会并发表讲话。13 日会议结束。

15 日　全国人大常委、科教文委员会第一副主任张承先来学校视察，同潘承洞校长、刘清前、张乐岭、马长义、蒋民华等校领导进行了座谈，并参观了学校晶体材料研究所。

19 日　学校团委组织各系团总支书记认真学习《中共中央加强和改善党对工会、共青团、妇联工作领导的通知》和团中央宋德福同志《迈好 90 年代第一步》的讲话，团委副书记刘珂传达了团省委八届四中全会精神。校党委书记张乐岭到会并讲话。

1990 年

2 月

20 日　学校五位教授被聘为国家科学基金委第三届学科评审组成员，他们是：潘承洞（数理学部：数学学科组）；梅良模（数理学部：物理学科组）；杨孔章（化学学部：物化学科组）；张天荫（生物学部：生物学科组）；蒋民华（信息学部：光学及光电子学学科组）。

1990 年 2 月 3 日，国务委员兼国家科委主任宋健（中）、山东省省长赵志浩视察山东大学

23 日　学校 1998 级的 24 名研究生，在结束了济南钢铁厂为期半年的劳动锻炼后，又奔赴青州市，再进行为期半年的社会调查和社会实践。

同日　学校召开 107 次校务委员全体会议，审议学校 1990 年党政工作要点，潘承洞校长主持会议，张乐岭、吴关生分别作了 1990 年上半年党政工作要点，同时听取了马长义同志关于 1989 年财务工作状况以及 1990 年财政工作打算的汇报。

27 日　学校学生会组织电子系全系师生对老校教工宿舍进行大扫除，电子系维修部的成员还设立了维修点，为教工义务维修电器。

28 日　学校团委发出通知，在全校青年团员中开展“学雷锋精神，做‘四有’新人”活动。

同日　学校党委常委会同意附属中学党组织由直属支部改为总支部，由五人组成，田宪东同志任总支书记。

本月　在山东省委、省政府召开的 1990 年春节慰问老干部大会上，学校老干部总支第一党支部被评选为先进党支部，徐迅、施忠、贺祥霞被评为先进老干部，数学系被评为老干部工作先进集体，朱洪庭、戴桂华、刘绍刚被评为先进老干部工作者。

本月　在学校召开的干部培训会议上，陈之安书记要求学校各部门认真管理，杜绝浪费。

本月　学校物理系梅良模教授被国家教委聘为国家教育规划组成员。

1990 年

2 月

本月　学校党组织和各民主党派纷纷座谈讨论，学习贯彻《中共中央关于坚持和完善中国共产党领导的多党合作和政治协商制度的意见》，将全党的思想统一到文件精神上来，要求各级党组织重视统战工作。各民主党派还强调要加强自身建设，才能更好地为国贡献最大的力量。

本月　学校 1998 年社会科学优秀科研成果评奖结束，学校共有 29 项科研成果获奖，其中一等奖 3 项，二等奖 16 项，三等奖 10 项；另获 1998 年度高校社会科学优秀成果奖 27 项，一等奖 4 项，二等奖 5 项，三等奖 18 项。

3 月

1 日　学校成立第四次全国人口普查工作领导小组，由吴关生任组长，李光合任副组长。

同日　国家教委在学校召开了“1990 年国家教委委属高等学校基建材料计划会议”，37 所委属高校的 62 名代表参加了会议，山东省教委和驻济高校 20 余名非正式代表列席了会议。

3 日　学校召开各系、处、所党政负责人会议，听取校长潘承洞、党委书记陈之安对几年来学校工作的汇报。

同日　学校召开文科各系、所、部、室主任、党总支书记，教研室、研究室主任，各期刊编辑部负责人以及校文科学术委员会参加的会议，传达国家教委文科科研工作会议精神。党委书记陈之安、副校长乔幼梅到会并讲话。

4 日　在“全国学雷锋活动日”里，学校 4000 余名大学生开展丰富多彩的为人民服务活动。

5 日　校团委在图书馆三楼会议室召开“向雷锋同志学习”题词发表二十七周年座谈会、优秀团员、青年、团代表 30 多人参加了会议，就“在新形势下如何向雷锋同志学习，弘扬雷锋精神”进行了激烈的讨论。

6 日　学校第一期业余党校开学，138 名非党员积极分子参加学习。

7 日　学校在新校电教楼召开了校园管理委员会议，指出目前校园管理的重点是学雷锋树新风，全校动员起来采用专业队伍与群众队伍相结合的办法，彻底治理脏乱差。

8 日　学校颁布《山东大学关于加强文科教学工作的几点意见》。

9 日　化学系召开《发扬爱国主义精神，做“四有”新人》报告会。同时，化学系和应化系联合举办“时代呼唤雷锋”演讲比赛。

10 日　学校工会为庆祝“三八国际劳动妇女节”，特举办“女教工青年韵律操和中老年迪斯科”大赛。

12 日　学校第一期中层干部、教师读书班开学，40 多人参加学习，党委书记陈之安在培训班上发表讲话。

同日　蒋民华副校长主持召开了学校理科学术委员会会议，会上审查确定了 1990 年申请科学基金项目。

同日　学校管理科学系承担的“山东省黄淮海平原农业区产业结构研究”项目，通过省科委的鉴定。

15 日　学校团委重建山东大学艺术团，著名指挥家李德伦应聘为山东大学艺术团顾问。

1990年

3月

同日　山东大学校友总会召开了在校常务理事会议，会议由副会长陈力行主持。

同日　应外国留学生的邀请，齐鲁书画院的徐进、黄进、赵英才、杨静四位老师在山东大学外国留学生楼与美国、日本、联邦德国、朝鲜、苏联、奥地利等国的留学生欢聚一堂写字作画，指导留学生学习中国书画技艺。

17日　马长义副校长主持召开了"双增双节"领导小组成员会议，总结了1989年"双增双节"工作，讨论了今后应抓的工作重点，并对去年在"双增双节"运动中成绩突出的单位给予了奖励。

20日　学校在新校俱乐部举办"OK青春90校园歌手大奖赛"拉开帷幕，21日结束，共选出14名优秀者参加决赛。

21日　校党委召开全校处级党员领导干部会议，传达贯彻党的十三届六中全会精神，会上要求全体党员领导干部都要积极认真学习贯彻落实《中共中央关于加强党同人民群众联系的决定》。校党委书记陈之安、副书记张乐岭到会并讲话。

同日　美国威斯康星州立大学附中首批来访师生一行3人来山东大学附属中学访问。

22日　山东大学书画院在青岛工人文化宫举办书画展，共展出63位作者的150余幅作品，这是山东大学有史以来第一次在外地举办大型书画展。展览于28日结束。

23日　校领导和有关部门负责人在电教楼会议室同学生代表进行座谈，通报后勤管理和学习两个方面的情况，虚心听取同学们的意见。马长义、曾繁仁副校长，教务处长鹿玉理分别讲话。

同日　计算机系学生与山东工业大学计算机工程系学生会在学校数学楼107室举行"学习雷锋友好学生会"成立大会。

同日　物理系学生会文艺部在物理楼大厅举办"学雷锋书画艺术展"。

26日　山东省高校记协领导来校颁发证书并举行了座谈会，校党委世纪陈之安、副校长乔幼梅、副书记张乐岭等领导出席了座谈会。

29日　经济管理系在科学会堂举行了学习毛泽东哲学著作《实践论》《矛盾论》演讲比赛。

同日　校学生书画协会邀请学校书画院孙坚奋、王长水等7人和80多位学生书画协会会员座谈书画理论。

同日　应学校科学社会主义系的邀请，黄美来、周隆滨、何笑宁等一行5人来学校同部分教师、研究生座谈国内外形势。

31日　学校教务处召开有各系、教学部分管教学工作的系主任参加的考试工作会议，专题研究讨论如何抓好考试环节、刹住作弊歪风的问题，曾繁仁到会并讲话。

同日　学校中文系马列主义学习小组成员，在系总支副书记解洪祥的带领下，去山东省荣军医院，接受革命传统教育。

本月　学校发出通告，决定自本学期（1989～1990年第二学期）恢复干部参加义务劳动制度。

1990 年
3 月

本月　在九三学社山东省第二次代表大会上，学校王祖农教授当选为九三学社山东省委主委，陈万鹏教授为省委常委，赵洪太教授为省委委员，徐绪典教授为顾问委员会委员。

本月　学校计算机系从 1989 年举办函授教育以来，严格按照学校规定组织各个教学环节，认真落实各项管理制度措施，保证了教学的顺利进行，受到了函授站和学员的好评。

本月　学校微生物所高培基教授由学校推荐、国家教委批准委 1989 年国家级有突出贡献的中青年专家。

本月　由学校电子系陈志坚、陈涤、王国骥老师研制成功的一种新型智能数字电压频率测量仪，通过国防科学技术工业委员会第二计量测试中心鉴定。

本月　在首届全国侨务知识大赛上，学校统战部吴建宁得到 100 分，获一等奖。

本月　学校工会委员与部门工会主办联席会议，总结了 1989 年工会工作，提出了本年度的工会工作要点，就广大教职员工非常关心的生活福利问题提出了建议。

本月　学校 1990 年应届本科毕业生推荐攻读硕士学位研究生的工作，经过认真审核，全校共 163 名本科生榜上有名。

4 月

1 日　由山东省教委委托学校举办的第十二期高校干部进修班开学。

2 日　1990 年中日联合演讲会于 2～5 日在学校举行，这是学校主办的第一个较大规模的国际学术性会议。

5 日　学校 1989 级 1500 余名学生，到英雄山烈士陵园扫墓，祭奠英烈。

6 日　学校应化系与老干部处联合举办了新老两代人座谈会，彼此畅谈了继承发扬革命传统的问题。

7 日　学校在科学会堂接待室召开女教工座谈会，陈之安书记到会并讲话。

同日　山东省歌舞剧团交响音乐队在新校科学会堂举办了一场纪念俄罗斯著名音乐家柴可夫斯基逝世 150 周年音乐会。

11 日　学校科研处和专利事务所联合召开专利工作表彰大会，对已获得专利权的发明创造，申请专利数量多、质量好的单位和个人，予以奖励和表彰。中国专利局复审委员会副主任贺儒英等 4 人到会祝贺，蒋民华副校长到会并讲话，对获奖者颁奖。

同日　沂蒙精神报告会在学校科学会堂隆重举行。来自沂蒙山区的 5 位代表为师生们作生动感人的报告。山东省委常委、省委秘书长马仲才，省委宣传部副部长鞠茂勤、省教委副主任周志仁和学校部分领导出席了会议，山工大、山医大等高校的部分师生也听取了报告。

13 日　学校发出《山东大学关于开展先进班集体和文明宿舍评选工作的通知》，决定在每年末开展一次先进班集体和文明宿舍的评选工作。

14 日　刘清前副书记、马长义副校长率领组织部、财务处的负责人到校医院现场办公，听取意见，当场解决实际问题。

16 日　曾繁仁副校长、张乐岭副书记、鹿玉理教务处长带领党委宣传部、学工部、马列教学部、哲学系、经济管理系的部分教师观摩了马列教学部刘增盛老师的《中国革命史》课并和教师们进行了座谈，对今后的政治理论课的教学进行了深入的探讨。

同日　学校教务处开始对本学期期中教学工作进行检查。主要内容有：教书育人，贯彻《关于加强文科教学工作的几点意见》情况，实验课建设，教学秩序，社会实践基地的建设及安排等。检查工作于5月上旬结束。

18日　经学校校务会议研究决定，原山东大学监察审计办公室更名为山东大学监察审计处。

同日　根据济公文[90]2号文件，经学校校务会议研究决定，成立山东大学公安处。

19日　学校召开纪念列宁120周年诞辰理论研讨会，来自校内外的近百名专家、学者、教师出席会议，会议收到论文10余篇。

同日　学校近500名师生员工，在科学会堂集会，热烈祝贺山东大学公安处成立。济南市公安局副局长孙树宴，党委书记陈之安、党委常委、组织部部长徐广生，省教委、省公安厅的领导到会并讲话。

同日　山东大学退休者协会召开了第二次全体会员会议，大会审议通过了第一届常务理事会工作报告，选举产生了第二届理事会。阎长泰再次当选山东大学退休者协会理事长。

同日　刘清前副书记带领数学、物理两系的20余名学生前往枣庄，看望枣庄联合大学校外班同学，并与枣庄联大研究了改进教学工作等问题。

同日　学校《面向未来学术系列报告》拉开帷幕。

20日　山东大学出版基金会成立，基金会建立文科图书评审委员会和理科图书评审委员会。

21日　学校春季田径运动会闭幕，有5人次破4项省大学生田径纪录，9人次破9项校纪录。

同日　王应素教授逝世，终年70岁。

王应素(？～1990)，1945年毕业于西南联大，1947年8月至1970年10月在山东大学物理系任教，后又到新的光学系工作。直至1987年10月离休。在光学系工作期间，先后晋升为副教授、教授，历任激光教研室主任，山东省光学会理事长、名誉理事长，山东省经济和社会发展战略研究委员会委员，山东省计量学会副理事长，中国光学学会理事等职务，并于1980年3月27日光荣地加入了中国共产党。王应素教授在激光理论方面有很深的造诣。他参加研制的《激光地震测试仪》受到全国科学大会的奖励。由他领衔申请的《YAG倍频染料大功率激光器》荣获1989年国家教委科技进步二等奖。

同日　华东地区部分高等院校统战部部长第三次联络会议在学校举行，福建、江苏、浙江、江西、安徽、山东等六省和上海市共55所高等院校的统战部部长及有关人员参加了会议，中央统战部政策研究室游洛屏、山东省统战部部长周振兴在开幕式上讲话，学校党委书记陈之安代表学校向出席这次会议的代表表示热烈的欢迎。会议于25日结束。

1990年

4月

24日　校党委召开中层党员干部和副教授以上会议，传达贯彻全国高校党的建设工作会议精神，党委书记陈之安、副书记刘清前到会并讲话。

27日　以纪念鸦片战争爆发150周年为主题，学校举办爱国主义系列教育活动，大型文献纪录片《周恩来》拉开了电影教育活动月的序幕。

28日　严力宾同志事迹报告会在学校科学会堂举行。

同日　由学校书画院主办的"山东大学书画展"在山东省博物馆举行开展典礼。

29日　学校工会在科学会堂举办庆祝"五一"国际劳动节大型文艺汇演，老校长吴富恒、校长潘承洞、党委书记陈之安、副校长乔幼梅等校领导与教职工欢聚一堂，共庆"五一"。

同日　学校数学系1989级举行了"我们的论坛"演讲和诗歌朗诵比赛。

同日　学校向全校发出《山东大学关于贯彻国家教委〈关于具有大学和大学以上学历人员自费出国留学的补充规定〉的意见》。

同日　学校历史系主任李德珍给1987级学生作了题为《纪念鸦片战争一百五十周年》的报告。

本月　为了密切联系群众，转变工作作风，克服官僚主义，加强基层工作，学校党委决定党委常委、行政三长以上领导再次明确联系单位，并将分工、联系情况公之于众，以利监督。并将每周星期五作为领导无会日。

本月　学校校报主编高忠汉被评为高校优秀校报工作者。

本月　学校数学系关华勇老师主持开发研制的《动态心脏监护系统》通过省科委鉴定，并颁发了《科学技术鉴定成果证书》。

本月　学校人事处经过几年来对微型计算机人事信息管理方面的分析研究，最近成功地研制出新一代人事信息管理软件。

本月　学校团委组织全校团员参加共青团中央宣传部、中国青年报社等单位举办的"中国国情教育知识竞赛"。

本月　在专利法实施五周年来，学校申请专利50项，有15项已获得专利权。

5月

3日　美国印第安纳大学哲学兼美国研究教授Nagy先生来学校外文系讲学。

4日　学校哲学系1989级6位团员作为团支部代表探望了张海迪，决定在班级开展"学海迪，创先进"活动。

同日　学校团委在科学会堂举行"纪念五四运动七十一周年联欢晚会"。

同日　学校生物系数百名学生邀请20多位教授、学者在生物楼进行以"发扬五四传统，明确历史重任"为主题的座谈，党委书记陈之安参加座谈并讲话。

同日　王应素教授追悼会在济南英雄山烈士陵园举行。

同日　学校科社系40多名同学来到洪家楼1路公共汽车站义务清洗公共汽车。

同日　学校外文系工会、团总支、学生会在老校学生俱乐部联合举办了"庆

五一、五四师生联欢会”。

5 日　学校党委宣传部、校工会和山大京剧研究社为弘扬民族文化、纪念徽班入京 200 周年在新校科学会堂举办京剧专场。

同日　学校数学系为活跃师生的业余文化生活，举办了山东大学首届诗歌朗诵比赛。

同日　学校各系学生干部和积极分子在新校科学会堂听取校长潘承洞传达七届人大三次会议精神报告。

6 日　学校召开座谈会，组织青年教师、学生学习江泽民在首都青年纪念“五四”报告会上的讲话——《爱国主义和我国知识分子的使命》。

7 日　学校运动员在山东省驻济高校田径运动会上，再次荣获男女团体总分第一名，并有三人四次打破省高校纪录。

同日　学校计算机系“弘扬五四精神，促进科技进步”系列活动周开幕式拉开帷幕，系副主任马绍汉副教授作了《计算机科学纵横谈》的学术报告。

9 日　学校党委召开第十次全委扩大会议，传达中共山东省委第五届五次全会精神和会上通过的《中共山东省委贯彻执行〈中共中央关于加强党同人民群众联系的决定〉实施意见》。

11 日　山东省人大检查团一行 11 人，在人大常委李聚馨、高维真同志的带领下，视察了学校的思想政治工作。

同日　学校科社系学生以小组为单位举行座谈会，讨论了江泽民总书记的“五四”讲话。

同日　学校数学系组织 80 多名教师深入学生宿舍，与同学们一起学习讨论江泽民总书记的“五四”重要讲话。

12 日　经学校党委会议和校务会议研究决定，设立“山东大学台湾事务办公室”。

同日　国际全息生物学学会在新加坡成立。会议决定学会总部设在山东大学，张颖清被选为该会终身主席。欧洲、亚洲、美洲、大洋洲 27 个国家和地区的 150 多名专家齐聚新加坡，研讨中国山东大学张颖清创立的生物学新学科——全息生物学，并成立了国际全息生物学学会，学会总部设在学校全息生物学研究所。会议 13 日结束。

16 日　学校教务处对本学期期中教学工作进行检查，本次检查于 5 月上旬结束。

18 日　学校经济系 115 教室举行“民族魂 · 中国心 · 青年人”演讲比赛。

同日　学校中文系全体师生在科学会堂举办纪念毛泽东《在延安文艺座谈会上的讲话》发表 48 周年报告会。古籍所的部分同志也到会听取了报告。

22 日　山东大学共青团学校第一届团支部书记培训班开学。

同日　学校党委宣传部组织部分师生在办公楼 104 室座谈，就当代中国爱国主义就是爱社会主义这一主题展开热烈的讨论。

24 日　山东省高等学校校报研究会第三届理事会暨学术讨论会在山工举行，学校《山东大学报》获得省教委全省十好校报奖励。

25 日　山东省大学生高水平田径邀请赛在学校体育场举行。学校获团体总分第一名，夺得金牌13枚。比赛于27日结束。

1990年

5月

26日　学校成立科技产业管理委员会，与科技开发总公司一个机构，两个牌子，合署办公。

28日　山东省对外经济贸易委员会为学校建筑安装工程公司与香港联中企业(科技)有限公司合资经营企业“济南诺威利精细化工有限公司”颁发批准证书。

31日　经学校校务会议研究，报国家教委批准，学校成立档案馆，暂定编制20人。李光合任档案馆馆长。

本月　潘承洞校长一行结束了在加拿大里贾纳大学的访问，访问期间续签两校交流协议。

本月　学校数学系为纪念鸦片战争一百五十周年、五四运动七十一周年，在“五四”期间举办了国情教育知识竞赛。

本月　据《高校文科学报文摘》提供的数字，学校《文史哲》1989年发表的文章被该刊摘录22篇，所摘录数目，居综合性大学学报之首。

本月　学校中文系1989级举办了“1989”杯书法邀请赛，著名书法家蒋维崧担任大赛顾问。

本月　学校经管楼西楼被评为市十佳工程之一。

本月　应苏联科学院晶体研究所的邀请，学校副校长蒋民华教授于1990年5月中旬赴苏联进行为期10天的学术访问。

6月

1日　学校领导潘承洞等在科学会堂与儿童们欢度“六一”。

同日　学校党委同学校各民主党派、各统战团体负责人及部分省政协委员、人大代表、非党知识分子联络员开了座谈会，商讨如何加强爱国主义教育，做好学生思想政治工作问题。

2日　学校分批召开全校党员大会，动员、部署党员重新登记工作。

同日　学校微生物所承担的“七五”国家重点科技攻关项目“微生物三次采油——生物聚合物提高采收率的研究”通过鉴定。

4日　学校中文系马列学习小组重读《共产党宣言》，认识到《共产党宣言》是认识世界的有力武器。

5日　学校开始在全校干部中开展廉政大检查，与全校党员重新登记工作相结合。

6日　学校教务处召开“文献检索与利用课程”研讨会。

8日　学校校友、美籍华人、美国印第安纳大学东亚图书馆馆长李学博博士应邀参观访问学校图书馆并进行了学术交流。

9日　学校召开处级干部会议，传达国家教委监察工作会议和国家教委审计工作会议精神。

11日　学校物理系研制的新型选极功率晶体管通过鉴定，处于国际先进水平。

同日　学校日本、苏联等国留学生到西安、成都、南京等地教学实习。实习于26日结束。

1990 年

6 月

13 日　学校团委召开“学雷锋表彰大会”，表彰 18 个先进集体和 211 名积极分子。

同日　学校在办公楼工会厅召开国家“八五”科技攻关通报会，要求各单位清除门户之见，团结攻关。

同日　学校电子系研制的小型手动普及型 GFY-214 型(手动)光电符号阅读器研制成功。

14 日　学校举行表彰大会，表彰 1989 年度 93 名优秀教师和优秀教育工作者，59 名教书育人先进个人，10 名敬老爱老和老有所为先进个人及 4 个老干部工作先进集体。

17 日　山东大学天津校友会成立。

20 日　学校调整化学学院，调整后的化学学院设化学系、应用化学系、理论化学研究所、胶体及界面化学研究所、后勤供应部门、工厂等六大机构。

23 日　学校成立山东中晶光电子公司。该公司属学校与中国科学器材进出口总公司合办。学校委派梅恒起任中晶光电子公司副董事长，陆宝生任公司董事兼总经理。

24 日　山东大学济宁校友会成立。

25 日　学校在工会厅召开毕业生分配工作会议，布置 1990 年本专科毕业生、毕业研究生分配派遣工作。

26 日　学校研究生处召开部分毕业研究生座谈会，就如何加强和完善研究生管理工作听取学生意见。

本月　学校有 15 名优秀专科生通过推荐和考试被录取到校内相同(或相近)的本科专业学习。

本月　为培养青年教师，学校设立“青年自然科学基金”，用以资助从事自然科学基础研究和应用基础研究的 35 岁以下的优秀青年教师。

本月　1989 年普通高校优秀教学成果奖评选全部结束，全校评出 148 项优秀成果一等奖 18 项，二等奖 130 项。其中获国家级优秀奖 4 项，省级一等奖 6 项，省级二等奖 12 项。

本月　学校团委和数学系自控专业 1987 级团支部等 15 个团支部在省团委“坚持立国之本，确立人生航标”主题教育活动中受到表彰。

本月　学校组织 4000 多名大学生、研究生参加“三营”(“国情省情考察营”“重点工程建设营”“科技兴鲁建设营”)社会实践活动。

本月　学校“七五”国家科技攻关成绩突出，学校承担“七五”国家科技攻关项目 12 项，完成并鉴定 3 项，取得阶段性成果 2 项，有 8 项正在积极筹备准备鉴定。

本月　学校潘承洞、梅良模、杨孔章、张天萌、蒋民华等 5 位教授被评为国家科学基金委学科评审组成员。

7 月

2 日　学校举行 1990 届毕业典礼，1990 年毕业学生 2880 人，其中博士生 16 人、硕士生 191 人，本科生 1740 人、专科生 933 人。

1990 年

7 月

6 日　学校 900 余名学生参加修建济青公路劳动，利用暑期时间投身于社会主义建设实践中。

24 日　香港著名实业家、知名爱国人士邵逸夫先生一行 25 人来学校访问。

1990 年 7 月 24 日，潘承洞校长、陈之安书记向香港知名人士邵逸夫、安子介等介绍山东大学建设规划

28 日　山东省高校思想政治教育教学研究会 1990 年年会召开，学校"形势政策课"获优秀课程奖，张乐岭同志被增选为研究会副会长。

31 日　学校统战部组织民主党派成员赴威海参观学习。

8 月

4 日　应学校国际教育交流协会邀请，韩国成均馆大学校长金龙勋、文科大学长丁范镇教授一行 2 人来学校访问。

21 日　学校在老校大操场举行 1989 级学生军训阅兵暨总结表彰大会。1989 级学生军训工作从 8 月 6 日开始，历时 16 天圆满结束。

23 日　学校新生朱红梅获华侨福利奖学金。

31 日　学校与公派的 9 名出国进修教师和访问学者签订了《出国留学协议书》，并请济南市公证处进行公证，加强和改进了出国留学管理工作。

本月　学校学委评定委员会举行本年度第一次全体会议，决定授予 8 人博士学位、197 人硕士学位。

本月　经学校校务会议研究、报国家教委批准，山东大学档案馆成立。

本月　学校人口普查工作受到表彰，共普查登记 2253 户，14983 人，总差错率 0.45‰，被驻地政府被评为人口普查先进单位。

9 月

2 日　澳大利亚阿德雷德大学研究生院院长大卫(David)博士来学校访问。

5 日　学校举行新生开学典礼。

1990年

9月

6日　学校建立兼职监察员制度，全校有55名工作人员为各单位的兼职监察员。

7日　学校召开教师节庆祝大会，对学校近几年来涌现出来的400多名优秀教师进行表彰，其中包括148项优秀教学成果奖获得者305人，24项优秀科技成果奖获得者79人(次)，以及有突出贡献的中青年教师和专业技术拔尖人才28人(次)。

同日　国际教学仪器展览会在北京中国国际展览中心开幕，学校研制开发的GFY-210、214型光学符号阅读器等10种教学仪器送展。

同日　外文系1987级朝鲜族学生金龙哲利用课余时间组织的朝鲜语学习班正式开课。

10日　学校召开教师座谈会，20多位教师就"学校如何更好地完成教育和培养德、智、体全面发展的社会主义合格人才的根本任务"专题进行座谈。

同日　美国国会图书馆亚非部高级资料员黄传嘉女士来校访问。

12日　学校召开会议，部署在全校开展"爱山大，讲文明，迎亚运"活动，要求认真整顿学校秩序，治理校园环境。

19日　学校召开文科教学工作会议，检查《关于加强文科教学工作的意见》的贯彻实施情况。

同日　学校召开中共山东大学委员会九届十一次全委会。

20日　学校组成第三届档案管理委员会，由曾繁仁任主任委员，吴关生、李光合任副主任委员。

23日　学校召开文科研究生培养工作会议。

25日　学校颁布《山东大学关于本科生转为专科生的规定》。

27日　学校召开师资工作会议，传达《国家教委直属高等学校师资队伍建设面临的形势及对策研究》的专题调研报告，并就学校如何做好师资队伍建设的工作进行具体安排。

28日　经山东省人民政府批准，聘任学校常健、康维宁、顾倚龙为省政府参事；关德栋、葛懋春、蒋维崧为省文史研究馆馆员。

本月　学校增设"山东大学校长奖学金"和"山东大学奖学金(光华部分)"，用于奖励各方面表现优秀的在校研究生和本科高年级学生。以上两项奖学金于每年9月份开始评审，10月份颁奖。

10月

5日　在全国第四批博士和硕士学位授权学科、专业和博士生指导教师审批工作中，学校又增加博士学位授权专业2个，硕士学位授权专业3个，博士生指导教师7人。博士学位授权专业：科学社会主义、应用数学；博士生指导教师：科学社会主义专业赵明义、应用数学专业孙讷正、粒子物理专业何瑁、凝聚态物理专业梅良模、物理化学专业杨孔章、微生物学专业高培基、军用光学专业胡燮荣。硕士学位授权专业：马克思主义理论教育、细胞生物学、物理电子学与光电子学。

同日　学校颁布《山东大学关于进行教学研究立项工作的实施意见》，决定实行教学研究课题立项工作。年底，学校首批批准116项教学研究课题作为校

1990 年
10 月

级研究项目。

6 日　学校召开党建工作会议。在校的第九届党委委员、纪委委员等 400 多人参加会议，传达《中共中央关于加强高等学校党的建设的通知》，党委书记陈之安代表党委作题为《振奋精神，为推进和加强学校党建工作而努力》的报告。9 日，会议结束。

7 日　由中国史学会、中国义和团研究会、山东社联和学校主办的“义和团运动与近代中国社会”国际学术讨论会在济南举行。来自美、日、德、澳、匈、波等 28 名外国学者及 100 多名国内学者出席会议，会议提交著作和资料集 5 部，论文 80 多篇。会议期间，与会代表还赴河北威县、广宗县参观义和团遗址，11 日会议结束。

1990 年 10 月 7 日，中国史学会会长、中国人民大学教授戴逸先生在开幕式上讲话

8 日　为了适应高校党建工作的需要，山东大学党校成立。陈之安同志任党校校长，许学圣、魏金陵同志任副校长，殷宝珉同志任常务副校长。同时，党校第一期《关于社会主义若干问题学习纲要》学习班开学。

12 日　学校档案馆通过全省高校档案工作检查，获得“省高校档案工作先进单位”

13 日　以日本山口大学校长三分一政男为团长的学术访问团一行 5 人对学校进行学术访问，就两校今后的学术交流和派遣留学生等事宜交换意见。

14 日　由学校主办的第三届中日双边原子分子物理讨论会在泰安举行，来自日本九所大学和科研机构的 16 位学者与来自国内 14 个单位的 25 位中日学者进行了学术交流。会上共宣读论文 36 篇，19 日会议结束。

15 日　由学校辞赋研究所和山东省社会科学界联合会等 15 个单位发起的首届国际辞赋学术讨论会在济南召开。来自美国、日本、中国(含港、台)代表 50 余人参加会议，提交论文近 30 篇。

1990年

10月

16日　学校召开财务大检查工作会议。

19日　由学校主办的全国第四届量子化学会议在济南举行。200多位专家、教授、学者出席会议，收到学术论文256篇。会议期间，唐敖庆、徐光宪等著名专家被邀请到学校讲学。21日，会议结束。

20日　学校颁布《关于职工岗位培训的有关规定》。

23日　学校1990年第二期入党积极分子培训班开学。参加本届培训班的教职工、学生学员217人。

27日　学校召开校务委员会会议，会议确定每年10月15日(公历)为学校校庆日。

同日　学校党委举行表彰大会，表彰1989～1990年度在党建、思想政治工作以及教学、科研和行政管理工作中表现突出的党员、党务工作者和先进党支部。13个基层党组织被授予"先进党支部"称号；43名同志被授予"模范共产党员"称号。另外，还有28名优秀党务工作者受到表彰。

30日　调整校基金委员会，由马长义任主任委员，吴关生、张军从、梅恒起、鹿玉理、孙文广、阎秉科任副主任委员。

本月　1990年度"山大校长奖学金""山大奖学金(光华部分)"评选工作结束。9人获"校长奖学金"，115人获"山大奖学金(光华部分)"。

11月

2日　由国家教委和学校中文系等单位发起的"文学主体性问题讨论会"在学校召开，来自国家教委、北京大学、《文学评论》《求是》等单位的50多位专家、学者、编辑参加会议。5日，会议结束。

7日　学校人事处职工退休科被山东省人民政府授予"开拓老年事业先进集体"称号。

10日　学校校务会议决定，学校开始试行公费医疗改革办法，国家、集体、个人各负担一部分药费。

12日　学校党委常委会决定，社会学系、图书馆学系分别设立党总支，原社会学系、图书馆学系党总支撤销。杨俊启任社会学系党总支书记；郭立梅任图书馆学系党总支副书记。

13日　以道格拉斯·阿彻市长为首的加拿大里贾纳市友好访华团来学校访问。

同日　学校召开1990年暑期社会实践总结表彰大会，8个先进集体和236名先进个人受到表彰。

14日　山东省省长赵志浩来学校视察工作。

同日　学校公布校第四届学位评定委员会成员名单：潘承洞任主席；王承瑞、乔幼梅任副主席；委员有：王祖农、邓从豪、田昌五、印永嘉、乔伟、李玉陈、庄德钧、杨孔章、汪嘉业、陈罡午、赵明义、胡燮荣、袁世硕、袁益让、黄浙、顾纪忠、梅良模、路遥、曾繁仁、鹿玉理、蒋民华、臧乐源。

15日　学校颁布《山东大学关于开展社会有偿服务工作的暂行规定》。

17日　学校物理系承担的省科委计划《低压氧化锌压敏电阻器》通过技术鉴定。

1990 年

11 月

20 日 学校中文系承担的“七五”规划科研项目《当代汉语流通频度词典》《现代汉语三万词语微机处理系统》同时通过省级技术鉴定。

同日 山东大学第二十四次学生代表会召开。

25 日 学校新材料所和焦化所共同研制的 SD-17W 增粘降滤失剂通过省科委组织的中试鉴定。

26 日 学校举行第六次研究生代表大会，大会选举产生第六届研究生会。

28 日 学校评选出 1989～1990 学年校风校纪先进班集体 24 个，文明宿舍 125 个，早操、卫生先进系各 6 个。

同日 学校召集全校各单位有关负责人，召开后勤部门行政工作通报会。

同日 山东大学第六届研究生代表大会召开。

同日 由中国教学仪器设备公司、意大利 Olivetti 公司联合举办的“系列计算机技术交流暨演示会”在学校工会厅召开。

30 日 学校化学系张成如老师研制的一种新型符合液体炊用燃料“CR-901 新型液体燃料”通过专家鉴定。

同日 经山东大学教师职务评审委员会审定，聘任何瑁、陈陆达、周之美、许学圣、吴虇、丁冠之、刘波、刘家壮、朱本仁、马绍汉、钟维烈、姚克俊、樊悦朋、陈文毅、韩贻仁、张天荫、卢浩泉、颜望明、陆宝生、陈焕矗、张可礼、孔繁金、孟祥才 23 人教授职务。

同日 学校颁布《关于加强主干课师资队伍建设的意见》。

本月 学校决定设立韩连琪教授基金，奖励在科研和学习方面作出成绩的历史系师生。

本月 人事处对 1988、1989 两届学生进行抽样调查，了解学校专业设置和培养方向是否适应国家经济建设和社会发展需要。

本月 学校生物系承担的《中华鳖人工养殖研究》科研项目通过省级鉴定。

本月 学校数学系教师彭实戈获得国家教委优秀年轻教师基金资助。

12 月

1 日 学校召开体育教学工作会议，决定大三将开设体育选修课。

同日 学校保密委员会召开全校保密工作会议。

4 日 党委书记陈之安召集党群口职能部门工作交流会，就本单位前段工作情况和本学期最近一段时间工作打算进行汇报。

7 日 学校召开 1989～1990 学年度校风校纪建设表彰大会，对一年来涌现出来的校级“三好学生”，优秀学生干部，文明宿舍、先进班集体，早操卫生先进系及校长奖学金获得者，对学校有特殊贡献的先进集体和先进个人进行表彰和奖励。

同日 学校哲学系 1989 级成立伦理学研究会举行成立大会暨第一次讨论会。

8 日 全国政协副主席、农工民主党中央主席卢嘉锡应邀来学校访问，并作专题学术报告。

同日 学校团委、学生会召集部分师生举行纪念“一二·九”运动 55 周年座谈会。

1990 年

12 月

10 日　根据工作需要，经学校校务会议研究决定原物理系金属光电材料与器件研究所独立为校研究所。

11 日　共青团山东省委和经济系组织学生进行座谈，听取学生对制定“八五”计划的意见和建议。

12 日　学校晶体材料国家重点实验室第二届学术委员会第一次会议在学校召开，对实验室开放以来的工作和实验室评估的准备工作进行检查，并审批了第三批开放课题。

15 日　学校团委召开表彰大会，授予 65 名学生和青年教工“1988～1989 学年度优秀共青团员”称号。

16 日　受国家计委委托，由八位专家组成的评估组于 16 日至 19 日对学校晶体材料国家重点实验室进行评估。评估结果是，学校晶体材料实验室为全国首批四个优秀国家重点实验室之一。

17 日　国家教委和国家科委于 17～21 日在京联合召开全国高等学校科学技术工作会议。会上，对作出突出贡献的单位和个人进行了表彰，学校晶体材料研究所获全国高等学校科技工作先进集体称号。邓从豪、许东、陈剑华三同志获全国高等学校先进科技工作者称号；王祖农、王承瑞、杜作栋、周光裕、郭贻诚、黄浙、陈惠民、莫叶、阎长泰、曲淑蕙、佘寿绵、周才武、谢力同、冯传海等 14 位同志因从事高校科技工作 40 年，成绩显著而获荣誉证书。

19 日　学校第四届学位评定委员会举行第一次全体会议。

21 日　学校成立“港澳台办公室”、与外事办公室一个机构，两块牌子。

25 日　根据工作需要，经校务会议研究决定成立山东大学对外汉语教学部，属系级建制，原外事办公室所属留学生教学中心同时撤销。

本月　学校增加博士学位授权专业 2 个；硕士学位授权专业 3 个；博士生指导教师 7 人。

本月　学校 33 项成果获山东省社会科学优秀成果奖。其中一等奖 3 项，二等奖 12 项，三等奖 18 项。

本月　学校 366 名优秀本科生被推荐报考 1991 年研究生。

本月　学校获省教育委员会科技进步奖 15 项。其中一等奖 2 项，二等奖 8 项，三等奖 5 项。获省教委哲学社会科学优秀成果奖 19 项，其中一等奖 2 项、二等奖 9 项、三等奖 8 项。

1991 年

1 月

4 日　学校经济系党总支召集部分师生认真学习《中国共产党第十三届七中全会公报》。

同日　为加强对毕业生分配工作的领导，经学校研究，决定成立山东大学毕业生分配领导小组，负责研究解决学校毕业生分配工作的重大问题。

5 日　学校党委组织领导干部学习讨论《中国共产党第十三届七中全会公报》，切实为扎扎实实为培养跨世纪人才而努力。9 日，讨论结束。

8 日　老校 2 号教工宿舍楼于去年底竣工，并于今日交付使用，建筑面积约 4300 平方米。

9 日　学校原校长、著名美国文学研究专家吴富恒教授主编的五卷本《外国著名文学家评传》,由山东教育出版社出版,出版如此大型的外国文学家评传,这在我国尚属首次。

1991 年

1 月

同日 曾繁仁副校长赴香港参加以国家教委副主任腾藤为团长的教育代表团,并应邀出席邵逸夫捐款仪式等活动,邵逸夫向山东大学捐赠 500 万元港币,18 日活动结束。

同日 刘玉柱副校长、聂延富副教授一行赴澳大利亚访问,签署了山东大学与悉尼大学生物固氮合作研究项目的执行计划。

12 日 校领导潘承洞、陈之安,教务处长鹿玉理同 23 名参加社会实践的青年教师及所在系、所负责人进行座谈,并听取他们的汇报。

14 日 校党委在科学会堂召开全校副处以上党员干部、讲师以上党员教师大会,传达贯彻十三届七中全会精神,校领导张乐岭、刘清前、陈之安分别发表了讲话。

17 日 潘承洞校长在工会厅召开全校各党政主要负责人的行政工作通报会,在肯定去年工作成绩的同时,并披露了学校 1991 年工作改革的设想。

23 日 “韩连琪教授基金”委员会成立暨颁奖大会在学校工会厅举行,校领导张乐岭,基金会名誉主任乔幼梅,基金会主任委员李德征等出席会议并讲话。

同日 学校在工会厅召开第四届思想政治教育学术讨论会,各系党总支副书记、专兼职辅导员,校党委、各部门负责人,学校有关领导 80 多人出席了会议,25 日会议结束。

25 日 国家教委、国务院学位办公室在北京隆重开会议表彰有突出贡献的高校毕业生,学校 9 名毕业生榜上有名,分别是展涛、王晓毅、刘成卜、曲音波、于秀源、许东、陈庆华、郭雷、王智太。展涛、许东两位同志作为代表出席了会议。

29 日 学校党委召开九届十二次全委会,会上陈之安传达了国家教委 1991 年教育工作会议精神,并通过了于 1 月 31 日至 2 月 1 日召开第十次党代会的决定。

31 日 中共山东大学第十次代表大会隆重召开,于 2 月 1 日下午 5 时胜利闭幕。大会选举产生了中共山东大学第十五届委员会和纪律检查委员会,会议通过了《关于中共山东大学第九届委员会工作报告的决议》和《关于中共山东大学纪律检查委员会工作报告的决议》。中共山东大学第十五届委员会和纪律检查委员会报经山东省委批准。中共山东大学第十届委员会组成(以姓氏笔画为序):马长义、刘珂、刘玉柱、刘绍刚、刘清前、牟文华、乔幼梅(女)、许玉琪、汤光森、齐朝雪(女)、陈之安、杨恩长、杨培德、李积祥、李福太、张可礼、张乐岭、张军从、张象钦、吴关生、武可贤、周占凯、赵植业、徐光生、顾月姝、袁益让、崔天杰、鹿玉理、曹忠先、梅恒起、蒋民华、曾繁仁、潘承洞、魏金陵 35 人组成,常务委员会有陈之安、刘清前、张乐岭、徐广生、潘承洞、刘玉柱、曾繁仁、许玉琪、孙志敏 9 人组成。中共山东大学纪律委员会由 15 人组成刘清前兼任书记,史枫砚同志为纪委副书记,丁乐超、王吉法、王跃华、王象孝、史枫砚、吕广田、刘佩成、刘清前、朱洪庭、张金龙、杨俊启、陈钢铸、祝明、郭立梅、葛月泰为纪委委员。

本月 省教委吴鸿章副主任在省高校教务处张会议上就加强高等教育,重视师资队伍建设提出了意见。

1991 年

2 月

5 日　山东省委、省政府在南郊宾馆举行了隆重的命名表彰大会，学校 9 人获第二批省级专业技术拔尖人才称号。他们是：许东、高培基、龚克昌、王民、邵宗书、房昌水、邓淑梅、樊瑞平、姜宝昌。

同日　蒋民华副校长与科研处以及有关系、所 20 余人，在东营市与胜利石油管理局举行经济技术洽谈会，议定双方在油田化学，计算机应用、电力控制等方面的合作事宜。7 日，技术洽谈会结束。

8 日　济南军区与山东大学校领导欢聚一堂，回顾“双心”活动五年多来军民共建的成就，共叙军民鱼水情。

11 日　上午山东省委常委宣传部部长苗枫林、高工委书记崔惟琳来校看望了孔令仁教授、邓从豪教授、萧涤非教授。下午，省委常委、省纪委书记张全景、省委常委、组织部部长谭德福，以及省政协、省委办公厅、省委统战部的负责领导来学校走访慰问，校党委书记陈之安陪同。

3 月

1 日　学校召开科技工作会议，传达贯彻全国高校科技工作会议精神，总结“七五”期间科技工作情况，部署“八五”期间科技工作设想。会上潘承洞校长等校领导向获得全国高等学校先进科技工作者和先进集体以及教龄在 40 年以上在培养人才和科技工作中作出显著成绩的 14 名教授颁发了荣誉证书和纪念品。

3 日　学校微生物研究所聂延富副教授在非豆科类小麦人工结瘤固氮研究上获国际性突破，得到国内外科学家的高度评价。

5 日　苏联国家教委外交总局主任专家米哈廖夫，莫斯科大学处交处科长西戈，来学校访问，曾繁仁副校长会见，7 日结束访问。

7 日　学校学工部、团委在工会厅召开了新学期学校学生思想政治工作会议，校党委副书记张乐岭主持并作了重要讲话。

12 日　山东省高校第二期党员教授培训班在学校工会厅举行开班典礼，来自全省 26 所高校的 77 名党员教授参加了培训，省高校工委书记崔惟琳发表讲话。

14 日　学校党委副书记刘清前等有关领导接见第二批赴沂南等地参加社会实践活动的青年教师，并进行了座谈。他们将于 16 日奔赴各自的实验基地。

15 日　山东省高校工委与学校联合召开部分取得硕士博士学位的青年教师座谈会。

16 日　学校工会组织女教职员工进行拔河比赛。

21 日　学校行政工作通报会在工会厅召开，副秘书长刘绍刚通报了 1991 年工作安排。党委副书记兼副校长张乐岭强调要明确这次校庆活动的指导思想，要认真组织，指导工作，促进学校各项工作。

同日　学校团委举办第三期团支部书记培训班，18 个系的 59 名团支部书记参加了培训。28 日，培训班结束。

22 日　学校组织校部机关 350 多人参观山东省检察机关举办的“全省检察机关惩治贪污贿赂展览”，提高了同志们的认识，同时给大家上了一堂生动的法律教育课。

1991 年

3 月

24 日　山东大学宁波校友会隆重集会，庆祝母校建校 90 周年。

26 日　纪念巴黎公社成立 120 周年学术讨论会暨山东大学中青年马克思主义研究会成立大会在学校工会厅召开。张乐岭、乔幼梅等校领导到会，校宣传部、文科办公室、科学社会主义系等单位的负责人和学校中青年教师及有关部门负责人参加了会议。

27 日　美国萨克拉门托市友好访问团一行 34 人在济南市副市长张福山的陪同下访问学校。

同日　曾繁仁副校长在举行的文科系主任会议上强调，把握正确方向，修订专业计划。

28 日　学校召开各级人大代表、政协委员、各民主党派和统战团体负责人会议，通报本学期工作要点。

29 日　山东省委宣传部副部长陈光林为经济系师生作专题报告。

本月　在全国大学生社会实践活动评选表彰活动中，学校团委被团中央等单位授予“社会实践活动先进单位”荣誉称号。

本月　为加强基层团组织建设，充分发挥团组织的三项社会职能，学校团委决定，从本学期开始，在全校学生团支部中开展达标升级工作。

本月　由学校和山东省轻工业设计院共同完成的山东省科委 1988～1990 年科技发展计划项目“TK-900 集散型计算机综合控制与管理系统”，于 1990 年底通过省科委组织的鉴定。

本月　经济系学生到山东沂南进行考察。

4 月

1 日　山东大学公安处成立治安联防办公室。

3 日　由山东省社会科学优秀成果评选委员会主持的 1990 年度社会科学优秀科研成果评选中，学校共有 30 项科研成果获奖。其中一等奖 3 项，二等奖 12 项，三等奖 15 项；在山东省教委主持的 1990 年度全省高校哲学社会科学优秀成果评选中，学校共获得一等奖 2 项，二等奖 9 项，三等奖 8 项。

5 日　山东大学党校举办的《马克思主义哲学学习纲要》学习班开学，各党总支、直属支部书记和学校各个部门负责人共 50 人参加了学习。

同日　根据工作需要，经学校研究决定成立技师聘任领导小组。

同日　学校理科教学改革现场研讨会在齐鲁石化公司举行，学校理科教学管理人员和各理科系主任广泛听取校友们的意见，共同商讨，对学校教学改革深入取得了新的认识。7 日，现场讨论会结束。

13 日　由学校组织召开的驻济高校退休研讨会在工会厅举行，山东省教委人事处、省老教育工作者协会、驻济 13 所高校人事处的负责同志共 25 人参加研讨会。

15 日　国务院古籍整理出版小组顾问、山东省古典文学研究会会长、山东大学文史哲研究所名誉所长、著名中国文学史家、杜甫研究所专家、博士生导师、中国民主同盟会员萧涤非教授在济南逝世。终年 86 岁。

1991 年

4 月

萧涤非

萧涤非(1906～1991),江西临川人,原名忠临,曾用笔名萧郎。1906 年,出生于江西省临川县茶溪村。1930 年,于清华大学毕业,1933 年在清华大学研究院毕业后到山东大学任教。抗日战争时期去西南联大。抗战胜利后于 1947 年回山东大学,历任中文系主任、教授,硕士、博士研究生导师,培养过项怀诚等一大批国之栋梁。新时期,萧先生在耄耋之年以多病之躯,仍致力于中青年学者和研究生的培养,培养了我国古典文学专业的首批 5 名硕士和 2 名博士,指导美国高级进修生。他的有些老学生称他为“20 世纪的杜甫”,美、日等国学者称其为“汉学伟人”。

萧涤非先生执教山大 47 载,曾兼山东大学副教务长、中文系主任、古典文学教研室主任、古籍所副所长、《文史哲》编委会副主委、校学术委员会及学位委员会副主任等,当选为第三届全国人大代表,第五、六届全国政协委员,国务院学位委员会第一届学科评议组成员,中国唐代文学学会第一任会长,山东省人大代表,第四届省文联副主席等。逝世前任山东大学文史哲研究所教授、名誉所长、博士生导师、《杜甫全集校注》主编、《文史哲》编委,国务院古籍整理规划小组顾问、民盟中央文化委员会委员、中华诗词学会顾问、山东省古典文学研究会会长,省诗词学会、省陶行知研究会、齐鲁书社、联合周报顾问等。曾获山东省优秀社会科学工作者称号。被收入《世界名人录》《国际卓越人物录》等国外权威传记。自 1990 年 7 月起享受政府特殊津贴。

著有《汉魏六朝乐府文学史》《杜甫研究》《杜甫诗选注》《读诗三札记》《解放集》《乐府诗词论书薮》,与游国恩等主编四卷本《中国文学史》教科书以及整理校点《皮子文薮》等,另有多部未刊稿和散见于各报刊的文章。在杜甫、乐府、文学史研究方面有杰出贡献,被誉为卓越学者、一代宗师、乐府及唐诗研究的权威人士。

萧先生古典文学功底深厚,知识渊博,治学严谨。讲课内容丰富、语言生动,引经据典,脱口而出,联系实际,巧妙自然。特别是讲杜诗,联系到抗日战争时期饱受的颠沛流离之苦,情深意切,热泪滚滚,不能自已。可见他的切身经历,也促使他更深入地研究杜甫,成为这方面的权威。他主编的《杜甫全集校注》、主要论著《汉魏六朝乐府文学史》《杜甫诗选注》《乐府诗论薮》《杜甫研究》等,在学术界产生了广泛的影响。

16 日　美籍华人郑绍良博士被聘为山东大学客座教授。

同日　潘承洞校长传达第七届全国人大四次会议精神,并布置学校近期工作。

18 日　学校召开第二次“科技兴农”座谈会,蒋民华副校长发表讲话,有关部门负责人出席会议。

19 日　学校第三届学生文化艺术节开幕。

20 日　萧涤非教授追悼会在济举行。

本月　古籍整理研究所研究生王承略荣获全国高校古籍整理研究工作委员会颁发的“古文献学奖学金”硕士生二等奖(一等奖缺)。

本月　国家民委授予杨贵昌“全国民族团结进步先进个人”称号。

1991年

5月

1日　学校工会主席陈力行在纪念“五一”国际劳动节发表讲话。

同日　学校外文系学习沂蒙精神，假日期间赴山东兰陵美酒厂慰问演出。

9日　全国美国文学研究会理事会第六次会议在学校留学生楼召开，吴富恒教授再次当选为会长。

10日　学校六个民主党派联合召开会议，传达“两会”精神，参加会议的是学校各级政协委员和人大代表。

11日　学校数学系前主任李先正教授因病医治无效，于本月11日8时20分在济南逝世，享年93岁。

李先正(？～1991)，1932～1937年、1947～1991年两度在山东大学数学系任教，先后在山东大学工作近50年。李先生除承担教学科研任务外，还长期担任数学系的主要领导。曾任青岛教育工会副主席、青岛市政协常委、济南市政协常委、山东省数学会理事长、中国数学会理事等职。1960年，荣获“全国文教卫生先进工作者”称号。

李先正

14日　为期6天的山东省大学生课外科技活动成果展览于今天下午在学校落下帷幕。学校学生获科技成果一等奖3项，二等奖5项，三等奖5项。

同日　山东省大学生第二届科技文化艺术节闭幕。学校代表队获团体一等奖3个，二等奖2个，三等奖2个，个人一等奖6个，二等奖7个，三等奖11个。学校团委被艺术节组委会授予“优秀组织单位”“优秀活动单位”奖。

同日　为纪念中国共产党成立70周年，根据中共中央、山东省委组织部的要求，学校在全体党员中开展“忆传统、学先进、作贡献、做新时期的合格党员”的活动。结合学校自身情况，学校决定自五月中旬起在学校全体党员中开展“忆传统、学先进、作贡献、做新时期的合格党员”学习活动。

18日　学校第三届学生文化艺术节在新校科学会堂拉下帷幕，本届艺术节历时一个月，共有3500余名学生参加了艺术节的27项活动。

20日　学校文科工作会议在科学会堂召开，传达贯彻成都《关于修订普通高校文科本科专业目录的意见》会议精神，文科各系、所、教研室，教研室主任以上干部、机关各处室负责人共200多人参加了会议，会议由乔幼梅校长主持。

21日　《中华魂丛书》编写招标揭晓全国81家投标，学校以92.5分夺标。

24日　驻济高校整顿校园治安秩序经验交流会在学校工会厅召开。

25日　学校党委决定在全校党员中开展“忆传统，学先进，作贡献，做新时期合格共产党员”的教育活动之后，党委组织党委部门负责人，各系党总支书记40余人，在党委副书记刘清前带领下，赴博山参观学习。

28日　学校在工会厅召开物资清理整顿工作总结表彰大会，副校长马长义发表讲话。党委副书记刘清前、徐广生，副校长马长义等领导向先进集体、先进个人颁发了荣誉证书和奖品。

同日　学校聘请25名老干部，为学校思想政治工作顾问。校外顾问18名，校内顾问7名。

1991 年

5 月

同日　学校举办第一届英语演讲比赛。

30 日　山东省高校教学与教务管理学会成立大会暨首届研讨会在学校召开。省教委副主任吴鸿章、学校副校长曾繁仁、教务长鹿玉理等领导以及来自全省 49 所院校的 60 名代表出席了会议。

本月　学校荣获省教育工会系统“工会工作先进单位”光荣称号。

本月　在济南市工会工作总结表彰大会上，学校女工委员会被评为“济南市工会工作先进集体”。

本月　今年试招保送生工作结束，学校哲学科社两个专业共招收 42 名新生。

本月　截至去年底，学校申报山东省科委 1991 年科技计划课题共 332 页，共有 18 项课题获得资助经费逾百万。

本月　梅良模等 4 人受到国家科委和国家高技术专家委员会的表彰。

本月　莫叶教授的著作《勒襄特函数论》荣获华东区大学出版社首届优秀图书一等奖。

本月　山东省团委授予陈宁同学“优秀团支部书记”荣誉称号，授予王义贵、赵雪芹、张大鹏同学“优秀团员”荣誉称号。

6 月

4 日　国家教委直属高校科技成果管理工作会议在学校召开，国家教委科技管理中心主任兼科技司副司长杨仁宝参加会议并作了报告。7 日，会议结束。

同日　全国首届墨子学术研讨会在滕州市隆重召开，山东省委常委、省委宣传部部长苗枫林讲话，本次大会共收到来自 28 个省市大专院校和科研、出版单位的 120 多名代表的 50 余篇论文(专著)。

6 日　贺祥霞因研究老龄问题成绩突出，在全省离退休干部和老干部工作表彰会上受到表彰，被评为山东省先进个人。

同日　墨子研究学会在滕州成立，墨子研究理事会由 67 人组成。

9 日　学校生物系陈惠民教授，滕世方副教授等经过五年的研究和筛选创造的两种丰产、抗逆小麦新品系“880114”和“880096”取得重大进展。

同日　学校部分学生聆听《全国优秀大学毕业生先进事迹报告团》的首场报告。

10 日　学校公布了 1991 届 84 名优秀本科毕业生名单。

12 日　《冀鲁豫边区革命史》座谈会在京举行，山东大学党委书记陈之安的同志在会上发表了讲话。

同日　根据国家计生委和省府部署，经学校研究，决定成立山东大学计划生育协会。会长乔幼梅，副会长徐广生、吴关生、刘绍刚。

14 日　为庆祝中国共产党成立 70 周年，校党委举办党建工作座谈会。

15 日　为迎接建党 70 周年，学校革命歌曲大合唱在科学会堂举行。

同日　经学校研究决定成立关心下一代工作委员会，主要是对青少年进行爱国主义、社会主义和共产主义思想及道德情操教育，把青少年培养成为新一代社会主义建设接班人。学校关心下一代工作委员会名单：孙汉卿、吴富恒为顾问，陈之安为主任，房金堂、徐迅、马长义、张乐岭、徐广生、许玉琪、阎长泰委副主任，孙志敏任秘书长。

1991 年

6 月

18 日　学校在科学会堂召开各单位党政主要负责人、民主党派主要负责人、学术委员会和各学科评审委员参加的职称评定工作会，潘承洞校长和陈之安书记到会并讲话。

22 日　由省委高校工作委员会组织的全国高校老党员、老干部、老英雄、老模范报告团在学校科学会堂作首场报告。

29 日　学校党委召开十届十二次全委会，26 名党委委员参加了会议。

同日　学校在东郊饭店隆重举行庆祝中国共产党成立 70 周年大会。1500 余人参加了大会，会上 35 名优秀共产党员受到表彰，在庆祝建党 70 周年大会上，党委副书记徐广生宣布学校 1 个党总支、3 个党支部、29 名党员分别受到中央和省有关部门表彰。同时，170 名新党员宣誓。

本月　《冀鲁豫边区革命史》由山东大学出版社出版发行。

7 月

1 日　学校组织全校广大师生员工认真收听收看了中共中央总书记江泽民在庆祝中国共产党成立 70 周年大会上的讲话。校党政领导、党委各职能部门负责人以及有关的系所还进行了认真讨论。

16 日　学校原副校长杨希文在济南逝世，享年 81 岁。

杨希文（？～1991），山东金乡人，1938 年 10 月参加革命工作，1943 年 1 月加入中国共产党，历任鲁南民众动员委员会宣传部部长，山东战时工作推行委员会教育组组长，山东省临时参议会秘书长，山东省抗日政府教育厅厅长兼临沂山东大学教育系主任，山东省人民政府秘书长兼山东省行政学院副院长，山东大学副校长等职，曾当选为山东省第一届人民代表大会代表，山东省政协第四届常务委员会委员，1978 年离职休养。

本月　学校今年有 10 位博士生、193 位研究生获得学位。

8 月

1 日　《中国革命史》《中国社会主义建设》教材编审研究会在学校举行，国家教委社科司副司长杨瑞森同志发表讲话。9 日，会议结束。

2 日　学校党委书记陈之安陪同国家教委副主任滕藤来学校视察。

12 日　加纳大使馆文化处官员来学校访问。16 日，结束学校访问。

23 日　学校党委召开党群口各职能部门负责人会议，党委书记陈之安、党委副书记徐广生、党委常委、办公室主任孙志敏参加了会议。

29 日　学校集中副处级以上干部学习江泽民《在庆祝中国共产党成立七十周年大会上的讲话》。31 日，学习活动结束。

本月　山东省社会科学“八五”规划评审结束，学校 18 项课题被列为省重点。

本月　学校 1991 年研究生录取工作结束，共录取 22 名博士生、200 名硕士生。

1991 年

9 月

7 日　学校召开校级以上优秀教师、优秀教育工作者代表座谈会。

同日　校保密委员会召开了保密工作会议，校党委副书记、保密委员会主任刘清前出席会议并发表讲话。

10 日　学校在科学会堂隆重集会，热烈庆祝第七届教师节，125 名优秀教师和教育工作者受到表彰。

11 日　学校 36 名教师干部赴沂南县进行为期半年的实践锻炼。

12 日　学校在工会厅召开了学生工作会议，校党委副书记张乐岭同志出席会议并作了重要讲话。

13 日　山东省保密工作协作组第 15 次会议在学校召开。

14 日　学校 1991 届新生开学典礼隆重举行副校长曾繁仁、校党委书记陈之安分别讲话。

同日　经学校校务会研究决定，成立山东大学毕业生就业指导中心。

23 日　英国诺丁汉大学副校长特迪·托马斯一行 3 人，来学校对成人教育进行考察。

24 日　学校校报编辑部召开出版 60 周年、复刊 1000 期座谈会，校党委书记陈之安，副书记张乐岭、副校长乔幼梅以及各部处室、系领导和读者作者 50 余人出席了座谈会。中国教育新闻工作者协会向山东大学校报编辑部发来贺电。

28 日　学校纪律检查委员会在科学会堂召开开展党规党法教育后动动员大会。

本月　学校 1991 年成人高考录取工作已结束。共招 10 个专业，录取新生 995 人。

10 月

3 日　山东大学档案馆被山东省档案局、山东省人事局评为山东省档案系统“先进集体”荣誉称号。

1991 年 10 月 3 日，曾繁仁副校长、朱伟处长向国家教委、省教委汇报成人高等教育招生工作

同日　1991 年 10 月 3 日，曾繁仁副校长、朱伟处长向国家教委、省教委汇报成人高等教育招生工作。

7 日　学校邀请驻济南新闻单位，就有关校庆事宜举行新闻发布会。会上潘承洞、曾繁仁、马长义、张乐岭、梅恒起、刘绍刚等同志就山东大学的现状和历

1991 年

10 月

史，教学科研、学校的基本建设、学生工作、思想教育工作、学校发展和校庆情况回答了记者提问。

同日 学校举办中青年马克思主义研究会，研究会名誉会长陈之安、张乐岭等 40 余位同志参加了会议。

9 日 国家教委党组书记、副主任何东昌同志来学校视察工作，高度评价学校对国家的贡献，赞扬学校教学和科研工作所取得的成绩。同时，代表国家教委党组对山东大学 90 周年校庆表示热烈的祝贺。

14 日 山东大学科学社会主义和国际共产主义运动专业硕士学位授权点通过国家学位委员会评估。

15 日 在学校老校大操场隆重举行建校 90 周年庆祝大会，12000 名师生员工和 1200 余名校友参加大会，校领导潘承洞，陈之安等出席大会。国家教委副主任柳斌，国务院学位委员会办公室主任王忠烈，省委、省政府、省人大、省政协、济南军区、省军区及济南市的领导赵志浩等领导及加拿大、美国、德国、澳大利亚、日本等友好学校和外国来宾光临庆祝大会。潘承洞校长、国家教委副主任柳斌、省长赵志浩、李希凡校友、加拿大里贾纳大学校长 D. 韦尔斯先生、青岛海洋大学党委副书记王滋然先后发言。

同日 学校校庆科技新闻发布会在工会大厅举行，党委书记陈之安、副书记刘清前及各地校友 40 余人出席会议，梅恒起副校长在会上介绍了近年来学校科技发展的情况。

同日 邵逸夫科学馆举行奠基典礼。

18 日 应日本山口大学校长邀请，学校以张乐岭副校长为首的代表团，赴日本山口大学进行为期 10 天的访问。

同日 由山东大学、山东省文化厅、山东淄博市政府联合举办的“首届国际聊斋学讨论会”在淄博隆重召开。

19 日 在“山东省大学生社会活动”表彰大会上，学校被授予社会实践先进单位。

26 日 世界语专家李士军先生来学校访问。

29 日 学校科研处、文科办联合举办“科学技术是第一生产力”为主题的专题研讨会。经管系、经济系、哲学系、马列部、文史哲研究所、《文史哲》编辑部等单位共 30 多人参加会议，会上交流的文章共 19 篇。

本月 学校退休体育教师林文蔚被国家体委授予“新中国体育开拓者”称号。

本月 经国家人事部和全国博士后管委会批准，学校新设物理学[含粒子物理、凝聚态物理（固体物理）和凝聚态物理（磁学）三专业]和生物学（含微生物学和发育生物学两专业）两个博士后流动站，从此，学校成为博士后流动站设站单位，具备了招收博士后人员的资格。

本月 学校《日本哲学史教程》荣获首届山东省优秀图书奖一等奖。

11 月

6 日 山东省高校知识产权会第六次会议在学校举行。

8 日 学校党委统战部邀请学校各民主党派负责人传达座谈华东高校统战

1991 年

11 月

部部长第四次联络会议精神。

同日 山东大学第三届教代会暨第十五届工代会举行预备会议。

10 日 学校党委书记陈之安率领机关有关部门负责人和山东大学教职工艺术团到沂南慰问挂职锻炼的青年干部和教师。14 日，返回学校。

11 日 语用学第二届全国研讨会在学校召开，共有国内外知名专家 60 余人参会，收到学术论文 40 余篇。14 日，会议结束。

同日 600 多名青年教师在学校的统一安排下，分期分批到济南钢铁总厂、济南国棉二厂、济南钟表厂、历城洪楼镇进行参观考察。

15 日 中国共产主义青年团山东大学第十三次代表大会在新校科学会堂举行。学校党政负责人陈之安、潘承洞、刘清前、张乐岭、马长义、梅恒起参加了开幕式，山东省团省委、驻济高校团委代表及学校各有关部门和党总支，直属党支部负责人参加了大会，刘珂受第十二届团委会委托，向大会作了题为《高举团旗跟党走，为培养社会主义的建设者和接班人而奋斗》的工作报告，选举产生了共青团山东大学第十三届委员会。选举刘珂、王飞为书记和副书记，于惠民等 11 人为第十三届团委会常委。16 日，会议结束。

16 日 学校召开博士生培养工作座谈会，认真贯彻国务院学位委员会《关于加强博士生教育工作通知》精神，把博士点当龙头学科认真建设好。

同日 学校党委发出通知，在老校设立联合办公室并开始办公。

23 日 学校计算机科学系为庆祝建系 10 周年，隆重召开庆祝大会。

28 日 学校召开关于加强实验技术队伍建设工作会，提出要重视加强实验队伍建设。

29 日 学校第三次教代会暨第十五届工代会主席团举行第一次会议。

本月 国务院全国艺术科学规划领导小组、中国民间文艺家协会、中国民间文学集成全国编辑委员会授予学校中文系关德栋、李万鹏、罗福腾“全国先进工作者”称号。

本月 学校师生员工为我国南方地区的洪涝灾害，捐款 54919.75 元。

12 月

1 日 经山东省新闻出版局研究，同意学校创办《阅读与作文》，由学校主办、主管，该刊为月刊，省内发行。

2 日 学校派出 35 名青年教师、干部前往长清、平阴两县开展社教工作。

3 日 经学校校务会议研究决定，对学校 1992 年度计划生育工作哲学系等 18 个先进集体和刘秀占等 13 名优秀个人进行表彰。

4 日 山东省高校青年教师先进事迹报告团在学校科学会堂作首场报告。

5 日 学校微生物系推出“苎麻酶法脱胶研究”成果通过专家鉴定，具有经济效益较高，社会效益良好，得到了省教委、省科委的肯定。

6 日 山东大学第三届教代会暨第十五届工代会于 12 月 6 至 7 日在科学会堂隆重举行。陈之安书记致开幕辞，潘承洞、陈力行、马长义等同志先后向大会作了校长工作报告、工会工作报告、学校财政情况报告等。投票选举产生了十五届工会委员会、经费审查委员会、教代会常设主席团和“五个民主监督委员会”，并通过若干项决议。7 日，职代会结束。

1991 年
12 月

7 日　山东省高校中青年马克思主义研究会成立大会在学校隆重举行，研究会名誉会长、省委副书记高昌礼，研究会顾问、省高校工委书记崔惟琳、省教委主任吕可英、校党委书记陈之安以及研究会名誉会员、省社联领导、驻济高校领导和研究会会员 120 多人参加了会议。

13 日　学校微生物系和济南鄄泉酱菜厂共同承担的"酵母活细胞固定化改善酱油风味的研究"通过济南市科委主持的鉴定，填补了国内酱油酿造工艺上的空白，居国内领先水平。

16 日　在新校科学会堂举行中共山东大学十届四次全委(扩大)会议，党委书记陈之安传达了党的十三届八中全会精神和省委七次全委会精神。

17 日　学校在工会厅向张瑞勤等 10 名研究生、本科生颁发了"山东大学 1991 年校长奖学金"。

同日　山东大学数学系副教授王世墉逝世。

王世墉(1917～1991)，1917 年 1 月生于河北宛平县，1941 年毕业于成都金陵大学，曾先后任成都金陵女子文理学院助教，国民党财政部办事处文书科科员，外交部情报司、总务司科员，陆军总政治部少校秘书，1949 年任国民党驻伦敦总领事馆副领事时，在地下党的教育帮助下，接受了马克思列宁主义，认识到只有社会主义才能救中国，使中国走向富强。他毅然决然的宣布起义，与国民党反动派彻底决裂，携妻女坚定地回到刚刚诞生的新中国。1951 年 1 月，入华北革命大学政治研究院学习，结业后先后任山东农学院外文系英语教员，1978 年任山东大学数学系英语教员，1979 年任副教授。

十一届三中全会以后，王世墉迎来了政治生命中的第二个春天，1957 年加入九三学社，1985 年加入中国国民党革命委员会。先后担任过全国人大代表，济南市政协委员、常委、副主席，民革中央委员，济南市委代主委，山东省委副主委、主委等重要领导职务。他以高度的革命责任感，恪尽职守，勤奋工作，积极参政议政，对教育事业的发展，对山东省和济南市的工作，对民主党派的工作做出了大量的有益的工作。

20 日　山东省普通高校优秀教学成果奖评选结果揭晓，学校共获得一等奖 1 项，二等奖 7 项，三等奖 2 项。

23 日　学校发出通知，严禁用公款吃喝送礼，重申八项规定，要求全校工作人员严格遵守。

28 日　国家教委主任朱开轩来学校视察，重点视察了基础实验室，并强调了实验室建设的重要性。

同日　党委书记陈之安，副书记刘清前、张乐岭、徐广生、副校长乔幼梅、曾繁仁、马长义、梅恒起，校工会主席张军从等率领有关部门负责人走访慰问老同志及住院病员。

31 日　校党委邀请学校各民主党派负责人举行新年座谈会，驻学校各级政协委员、人大代表、各统战负责人、非党知识分子联络员等出席了会议。

1992年

1月

1日　经国务院审查批准，210位成就卓著、学风正派、热爱祖国的优秀科学家被增选为学部委员，学校校长潘承洞教授当选为数学物理学部的学部委员，副校长蒋民华教授当选为技术科学部的学部委员。

3日　学校在新校科学会堂召开各系主要学生干部大会，学生工作部部长张象钦发表讲话。

4日　学校召开保密工作会议，总结1991年保密工作情况，提出1992年保密工作要点。

6日　学校实验中心、科教仪器四厂研制的GFY-300光电阅读机、最近通过国家教委考试管理中心组织的《自动型OMR技术鉴定》技术水平在国内领先，实现了三连冠。

8日　学校在工会大厅召开实验室工作总结表彰大会，12个先进实验室和53个先进工作者受到表彰。校长潘承洞、副校长曾繁仁、马长义、梅恒起及党委副书记刘清前等领导出席了表彰大会。

同日　山东省省长赵志浩来校视察。

10日　由学校经济学院和沂南县人民政府共同承担的《沂南县农业发展十年总体规划研究》问世，通过由省社科规划办主持召开的鉴定会。

同日　山东大学被中共中央宣传部、教育部、共青团中央授予1991年暑期高等学校学生社会实践活动先进单位。

同日　学校举行为期两天的学生思想政治工作研讨会，与会的各系党总支副书记、团总支书记、辅导员及校有关部门的人员共提交论文20篇。11日，研讨会议结束。

11日　学校档案管理委员会第二次会议在办公楼108会议室召开。

13日　经学校党委常委会议研究，并报上级教育工会批准同意，学校第十五届工会委员会选举结果产生，陈力行任工会名誉主席，张军从任工会专职主席，王培元、徐从兰任工会兼职副主席。

14日　学校理科科技奖励颁奖大会在科学会堂召开，对1991年获得的各级各行奖励项目、先进集体和个人进行了表彰。潘承洞校长、陈之安书记、刘清前副书记、乔幼梅副校长、梅恒起副校长出席了会议，并颁发了奖状和证书。

同日　经学校党委研究决定，在全校师生员工中，广泛深入开展向王成海、叶立勋同志学习的活动，努力促进“学先进，赶先进，人人争当先进”的优良风气形成。

18日　山东省第六次社会科学优秀成果授奖大会在济南召，学校共有32项成果获得奖励。高亨教授编纂、董治安教授整理的《古字通假会典》获一等奖，18项成果获二等奖，13项获三等奖。

19日　经国家教育委员会研究决定，马长义兼任山东大学威海分校校长，许玉琪不再兼任山东大学威海分校校长职务。

27日　学校党、政领导邀请学校各民主党派、各统战团体负责人等方面人士，举行了迎新春茶话会。

29日　山东大学诗词学会举行迎新春茶话会。

本月　在1991年全国第二届大学生音乐舞蹈会夏令营活动中，学校代表

1992 年

队被评为精神文明先进集体；张晓莉、徐俊鹏被评为精神文明先进个人；麦留兴、李笑梅、刘晓静被评为先进工作者。

1 月

2 月

17 日　学校领导刘清前、曾繁仁、张乐岭、马长义率领机关有关部门负责人到基层考察，检查开学前的准备工作。

19 日　潘承洞校长等领导召开了全校各行政单位负责人会议，通报 1992 年工作要点，并就如何贯彻国家教育“24 字”方针，深化改革的工作思路作了说明。

23 日　老校 169 名研究生喜迁新校 1 号、2 号楼宿舍。

24 日　监察部驻国家教委监察局郝维谦局长等一行 3 人来学校检查、指导行政监察工作。

同日　学校团委召开工作会议，部署新学期工作。

25 日　学校党委和校行政就学校 1992 年工作要点向学校各级人大代表、政协委员及各民主党派、各统战团体进行了通报协商。

26 日　在学校第二学期学生工作会议上，张乐岭副书记强调认真认清形势、认真做好学生思想政治工作。

同日　全国普通高校招生工作会议在辽宁省沈阳结束，1992 年学校招生 2200 人，其中威海分校招收 350 人。29 日，会议结束

本月　学校招生办公室被评为全国招生工作先进集体。

本月　学校成人教育通过国家教委检查验收。

本月　学校专利事务所专利代理人、光学系教师任诠于 1992 年 2 月被国家教委授予专利工作先进个人称号。

本月　在山东省高校科技会议上学校有 3 个单位和 17 位教师分别荣获“山东省高等学校科技工作先进集体”和“山东省高等学校先进科技工作者”称号。

本月　学校团委号召全校团员青年深入持久地开展学雷锋活动。

本月　学校规定文科青年教师要在三年左右的时间内通读或选读《马克思恩格斯选集》《列宁选集》《毛泽东选集》《邓小平文选》。

3 月

2 日　学校 27 位优秀青年教师和干部赴沂南县劳动锻炼。

4 日　经学校校务会议研究决定成立山东大学保卫部。

10 日　学校召开各系、所负责同志及负责应届毕业生分配的辅导员、班主任参加的毕业生分配工作会议，秘书长吴关生参加会议并讲话。

同日　山东省高校中青年干部培训班在学校老校招待所开学，省高工委书记崔惟琳、副书记王秀明、刘凤龙，省教委副主任单兆众，省委组织部干部培训处处长李树植等，以及学校领导潘承洞、陈之安、刘清前、张乐岭、徐广生等参加。

12 日　学校召开全校财会人员会议，传达贯彻 1992 年全国教育审计会议精神。

16 日　第四批到沂南县参加社会实践的 25 名青年教师进行集会，就“如何使青年教师下基层真正做到与工农群众相结合”进行了认真的座谈讨论。

1992 年

3 月

17 日　根据工作需要和国家教委的有关精神，经学校研究校长批准成立山东大学选派出国留学人员工作委员会。负责审定学校公派出国留学的学科、专业，制定学校公派出国留学人员计划，评审选拔学校公派出国留学预备人员。该委员会主任为潘承洞，副主任为鹿玉理。

19 日　1992 年 5 月 5 日是中国共产主义青年团建团 70 周年，为加强教育青年团继承和发扬革命传统，增强青年组织的吸引力和凝聚力，更好地团结和带领广大团员青年在党的领导下为建设有中国特色社会主义贡献力量，校团委决定，在全校开展纪念建团 70 周年宣传教育活动。

21 日　国家文物局领导和专家在乔幼梅副校长、历史系和滨州地区有关领导陪同下对丁公城址进行了详细考察。专家们一致认为，丁公城址和某些重要器物，是龙山文化考古的重大发现，对深入研究古代文明起源方面具有十分重要的意义，这是历史系考古专业成立以来的重大发现。

22 日　山东省委书记高昌礼率领高校工委、山东省科委、财政厅主要负责人来学校现场办公，同校领导及部分科研人员进行了座谈。

23 日　学校党委召开十届六次全委扩大会议，在校的党委委员、纪律委员和总支、直属支部书记 50 多人参加了会议。

25 日　学校召开老干部工作表彰会。

26 日　著名京剧武生泰斗厉慧良先生一行来学校作报告。

27 日　一年一度的韩连琪教授奖学金第二次颁奖大会在学校文史楼 201 教室举行，46 名教师学生受到奖励。

同日　山东省委统战部知识分子工作处来学校调研。

28 日　学校组织有关部门负责人和各系党总支副书记，行政副主任在老校召开了卫生工作现场会，党委书记陈之安、副书记刘清前、张乐岭，副校长马长义、总务处长刘绍刚等领导参加会议并讲话。

30 日　经学校校务会研究决定，成立山东大学文明校园建设领导小组办公室。

4 月

1 日　学校团委组织学校 1991 级 2000 名师生赴英雄山祭扫革命烈士。

2 日　经山东省新闻出版局研究，同意学校创办并主管《现代文秘》杂志，该杂志为月刊。

4 日　学校体制改革领导小组办公室负责人，向学校各民主党派负责人通报了学校体制改革的初步打算。

11 日　中共山东省委副书记、省长赵志浩来学校座谈，就山东形势、科技兴鲁、振兴山大等方面的问题，向学校领导和教工提出了希望。下午，赵志浩省长到学校图书馆视察。

14 日　国家教委办公厅副主任马樟根一行来学校检查档案工作，秘书长吴关生汇报了学校档案管理工作情况。

同日　山东省高等学校校报研究会经省教委报请山东省民政厅审批，准予注册登记成立。

同日　根据国务院和国家教委的统一部署和要求，学校决定成立财产清查

1992 年

4 月

登记工作领导小组。

16 日　学校保密委员会召开保密工作会议，学习贯彻省委保密委员会会议精神。

同日　在学校 1992 年春季田径运动会中，3 人破校纪录，1 人破省高校纪录，18 日运动会结束。

20 日　亚非拉驻华大使馆负责教育的官员代表一行 6 人来学校访问。

21 日　学校成人教育学院正式成立，任命鹿玉理为成人教育为院长（兼），朱伟、魏文彪为副院长。

22 日　学校干部会议在科学会堂举行，要求全校职工解放思想更新观念，努力开创山大科技开发工作新局面。

23 日　学校召开人事档案工作会议，传达贯彻第三次全国干部档案工作会议精神和省有关《干部档案工作条例》《关于加强工人档案管理的通知》。

24 日　由学校中文系承担的《信息处理用现代汉语港台词语集》在济南通过省级鉴定。

27 日　山东大学十佳共青团员评选揭晓，曲春梅等 10 人被评为"十佳共青团员"。

30 日　学校 2000 余名师生在新校科学会堂外参加"吉尼斯（JNS）孔孟之乡齐鲁儿女保护环境十万人签名活动"。

本月　经学校党委常委会和校务会议研究决定，对化学院建制进行调整，撤销原化学系和应用化学系，重新组建化学系和应用化学研究所。胶体与界面化学研究所和理论化学研究所均直属化学院领导。分管教学工作的副院长兼任化学系主任、分管科技开发工作的副院长兼任应用化学研究所所长。

本月　据中国科技情报所 1990 年我国科技论文统计分析结果公布，学校在国际上发表论文 91 篇，列高校第 13 位。学校物理系教授王克明在国际上发表论文 10 篇，列第三位。

5 月

1 日　由学校举办的"当今世界格局中的中国和日本一中日学者学术研究会"在济南举行，会议收到论文共 22 篇。

5 日　学校团委召开纪念中国共青团建团 70 周年大会，表彰"十佳共青团员"，校团委决定授予曲春梅、迟洪波、马军、孔丹凤、田霖、林静、杨庆友、李鹏程、萧丽、綦建红十佳共青团员称号。

同日　山东大学举办的"伟大的党，光荣的共青团"歌咏比赛在历城体育馆举行。

同日　在国家教委组织的鉴定会上，学校晶体材料研究所"七五"期间承担的国家自然科学大型基金项目"MOCVD 制备 GaAs/AIGaAs 超晶格量子阱及异质结器件材料"获得满意成果。

6 日　国家科委常务副主任朱丽兰一行到学校晶体所视察工作。

11 日　按国家教育委员会[1992]373 号（教外司办）文件要求，决定成立山东大学对外汉语教师资格审定工作领导小组。

12 日　在校党委培训教工党支部书记培训班开学典礼上，党委书记陈之安

1992 年

5 月

发表讲话。

13 日　山东省国家安全厅副厅长钟维成来学校给 400 多名中层干部作题为《增强国家安全意识，为社会主义建设事业保驾护航》的报告。

15 日　学校文科教改研讨会在淄博市临淄区召开，各文科系负责人和学校有关领导出席会议，深入讨论了山大文科教学改革和如何培养应用型人才，更好地为经济建设服务的问题。

25 日　为更好地调动全校科技工作者的积极性，促进学校科技工作在今后取得更大进展，经学校研究决定，对“七五”期间作出突出贡献的许东等 51 名同志进行表彰，并授予“山东大学先进科技工作者”称号。

26 日　枣庄市委书记孙淑义，滕州市委书记林兆义、市长张昭等一行 10 余人，就两市与山大进行合作，充分利用双方优势，促进科技成果转化等问题进行了商磋。

同日　在山东省教育系统离退休教育工作者暨老干部先进集体、先进个人表彰大会上，山东大学人事处职工退休科和退休者协会分别被山东省教委授予“老干部工作先进集体”和“离退休教育工作者先进集体”光荣称号。

30 日　在 1992 年度驻济高校排球赛中，学校男女排球队双双夺得冠军。

同日　民盟省委妇委和山大附小学校在科学会堂举行庆“六一国际儿童节”活动。

本月　到 1992 年 5 月止，学校已签订“八五”科技攻关计划合同 14 项，经费总额达 445 万元，大大超过学校整个“七五”科技攻关计划的总经费，提前实现翻一番的预期目标。

本月　山东省高校工委表彰全省高校 67 名优秀青年教师，学校于良春、孔祥正、梁栋、胡兆云 4 名优秀青年教师获得表彰。

6 月

2 日　日本山口电视采访团来学校采访。

4 日　学校召开计划生育工作会议，传达贯彻全国计划生育工作座谈会精神，乔幼梅副校长在会上强调继续抓宣传，抓落实，做好计划生育工作。

5 日　校党委书记陈之安在工会厅为广大退休职工学习贯彻中央二号文件作专题辅导报告。

8 日　山东大学内部银行成立并开始营业，内部银行实行国家银行的管理机制，实行董事会领导下的行长负责制。董事会由学校有关部门和进入校内银行的存户的代表组成，行长、副行长由董事会聘任，内部银行挂靠在财务处，业务上相对独立，接受学校的财务监督和审计。

11 日　学校古籍整理研究所 1989 级研究生胡长青、张小东荣获“全国高校古文献奖学金”（胡长青、张小东分获二、三等奖）。

12 日　根据国家计生委和省政府的部署，经学校研究决定成立山东大学计划生育协会。会长乔幼梅，副会长徐广生、吴关生、刘绍刚。

15 日　学校科技工作会议在科学会堂召开，校党委副书记刘清前主持会议，潘承洞校长致开幕辞，梅恒起副校长作题为《总结经验，开拓进取，努力开创学校科技工作的新局面》的工作报告。会议还表彰了在 1990 年学术上作出贡

1992 年

6 月

献的教师和“七五”期间的先进科技工作者，并奖励 KTP 晶体课题组和计算中心 CYQ 系列光学符号阅读器课题组奖金各 1 万元，奖励王克明教授奖金 1000 元。

同日 国家教委举办的《高等学校档案实体分类法》试点培训班在学校举行，来自全国 5 个省及在济 21 所高校的档案工作者 80 余人参加了培训。国家教委办公厅副主任马樟根、档案处处长荣文珂以及山东省教委、山东省档案局、山东大学的领导看望了参加培训班的全体代表并讲话。21 日，培训班结束。

25 日 应邀来学校讲学的美国经济学专家费塞尔·纳萨博士向学校捐赠图书。

26 日 学校在行政办公楼一楼会议室召开了由文科各系、所主要负责人参加的文科科研座谈会，潘承洞、陈之安、乔幼梅、曾繁仁、张乐岭、徐广生等学校领导出席座谈并认真听取大家的发言。同时，要求广大教师从事科研工作，要上下一心，群策群力，为山大文科的振兴作出贡献。

同日 根据工作需要，经学校校务会议研究决定成立山东大学人才交流中心。

本月 学校近日授予“七五”期间取得突出成绩的 51 名同志为“山东大学先进科技工作者”称号。

本月 1990 年学校 62 位教授发表的 97 篇论文，被国际四大检索系统收入 115 篇次。近日，学校对他们进行表彰和奖励。

本月 学校晶体所许东教授最近被国家教委选为重点跟踪培养对象之一，并再获得资助科研经费 6 万元。

本月 学校计算中心和科教仪器厂研制生产的 GYQ 系列光学符号阅读器将在我省自学考试系统全面推广使用。

本月 学校 1992 届优秀毕业生评选工作自去年底开始进行，目前结束，评出 104 名校级优秀毕业生。

7 月

2 日 山东大学举行“暑期学生社会实践建设营”开营仪式。校领导和 200 多名营员参加了仪式。1992 年暑假，学校在安排好近 5000 名学生就近就便广泛参加社会实践活动的基础上，又选拔 200 多名学生骨干组成“山东大学暑期社会实践建设营”，下设 11 个分营，将分赴威海、济宁等地区参加社会实践活动。

同日 1992 届毕业生毕业典礼在新校小树林举行，2316 名应届毕业生将走上工作岗位。

同日 在山东省平邑县首次发现的雌雄双株罕见人形何首乌，由平邑县白彦村三位农民捐献给学校生物系，作为植物研究之用。

5 日 国内第一家以高校为主创办的公共关系咨询和服务机构——山东大学博大公共关系服务中心成立。它作为哲学社会科学为经济主战场服务的阵地，高校文科社会实践的窗口将发挥重要的作用。

6 日 学校党委召开常委扩大会议和全校干部大会，传达贯彻全国高校党建工作会议精神。7 日，会议结束。

22 日 台湾齐鲁文化经协会文教科技访问团一行 17 人来学校参观访问。

同日 学校 40 多位党政领导干部在党委副书记张乐岭、徐广生的带领下

1992 年

7 月

先后到日照、临沂等地进行参观考察。28 日,结束考察。

本月　由学校电子系和中共山东省委组织部联合研制的计算机选举计票网络系统,在最近召开的山东省党的代表会议上应用于选举出席党的十四大代表的计票工作,获得成功。

8 月

4 日　由学校承办的"高校科研计划管理工作研讨会"在烟台养马岛举行,有 56 名来自国家教委委属高校的代表参加了会议,会议期间共收到论文 30 篇。8 日,研讨会结束。

10 日　经国家教育委员会研究同意山东大学成立中国墨子学会。

12 日　由山东大学主办的全国改革开放与社会发展理论研讨会,在烟台召开来自全国 20 多个单位的 60 多位专家参会。18 日,会议结束。

16 日　全国第四届高等数学研究会在学校召开,来自全国 80 余所高校的 100 余名代表出席会议,著名数学家潘承洞、丁石孙教授到会并作重要讲话。20 日,全国高等数学会议结束。

21 日　学校召开全校干部大会,传达贯彻国家教委委属高校天津会议和山东省高校青岛会议精神。

23 日　为期 21 天的 1991 级大学生军训工作正式开始。

28 日　在全省高校图书馆工作委员会常委馆馆长会议上,学校图书馆被评为全国高校先进图书馆。

同日　经学校研究决定成立山东大学"211 工程"办公室。

29 日　山东大学心理行为指导中心在文史楼正式宣布成立,省、市有关单位的代表和专家教授到会祝贺,校党委副书记张乐岭和哲学系主任谭鑫为"心理行为指导中心"揭彩。

同日　山东大学关心下一代工作委员会召开会议,传达贯彻全国高校关心下一代工作委员会大连会议精神。

本月　1990 级本科学生参加全国第九次大学生英语四级统考,通过率为 90.7%,创学校学生参加全国统考以来的最好成绩。

本月　经省教委专家评选并由省教委批准,学校李群、肖德祥、刘锦桂、姜桂芝和陈忠 5 位同志被评为"山东省高等院校教学管理先进工作者"。

9 月

1 日　山东省七个民主党派先后召开全省代表大会,选举产生了新一届的领导班子,学校 18 名同志当选为各民主党派省委委员。7 日,会议结束。

3 日　学校在工会厅召开本学期学生工作会议,党委书记陈之安到会并发表讲话。

4 日　学校领导和各有关单位负责同志在新校南门热烈欢送 51 名到基层参加社会实践锻炼的干部、教师。

同日　山东大学文明校园建设领导小组成立。组长陈之安,副组长刘清前、马长义、张乐岭、吴关生、鹿玉理、刘绍刚,组员孙志敏、张应法、杨培德、墨云岭、陈钢铸、傅云鹏、刘会杰、王飞、王爱国、魏保堂、尹永盛、董长章、李居忠、吴继能、刘希才、孙景祥。

1992 年

9 月

5 日　根据工作需要，经学校研究决定成立山东大学微机研究所。

7 日　学校以各种形式隆重庆祝第八个教师节，学校召开博导、拔尖人才、留学回国人员、教师代表座谈会。

9 日　学校在科学会堂召开教师节庆祝大会。

10 日　山东省委副书记、省长赵志浩来学校，并代表省委、省政府向全体教师祝贺节日，并与学校领导和教师代表座谈了山大如何教育改革的问题，同时提出山大要坚持“两条腿”走路，用多种形式办学。

12 日　1991 级军训阅兵式暨总结表彰大会隆重举行，1350 名新生接受领导检阅。

同日　学校各民主党派联合召开教书育人座谈会。

15 日　经国家教育委员会研究并与中共山东省委商的一致，同意山大字[92]052 号报告决定授予鹿玉理同志为山东大学副校长。

20 日　山东省高校图书馆馆长会议在学校召开，全省高校 60 多位图书馆长参加了会议，学校副校长乔幼梅主持会议，省教委副主任张传真到会作了报告。25 日，会议结束。

22 日　中日安藤昌益学术讨论会在山东大学举行，来自日本 27 名学者、专家和 43 名中国同行出席了会议，会议提交论文 50 多篇。安藤昌益是日本 18 世纪江户时代代表农民思想的唯物主义哲学家。24 日，安藤昌益学术会议结束。

23 日　共青团山东大学第十三届三次全委(扩大)会议在行政楼召开。会议传达了共青团山东省第九次代表大会精神，并对学校今后共青团的工作提出了新的要求。

24 日　学校发出通知，在全校开展深入贯彻党的十四大会议精神，要求全校职工认真学习和深入贯彻党的十四大精神，是当前和今后的一个时期的重要任务。

29 日　学校召开 1992 年暑期大学生社会实践总结表彰大会在新校科学会堂举行，校团委副书记王飞作了暑期大学生社会实践活动的工作报告。

本月　学校对《山东大学学籍管理条例》作了新的补充规定，新规定对退学和留级的学生要求更加严格、周到。有利于对他们的继续教育和培养，新规定将于 9 月执行。

本月　学校制定试行“主辅修制”暂行办法，本学期先从科社、历史、哲学三系开始。

本月　山东大学劳动实业总公司于 9 月底成立，它将成为集科技、开发、信息、工业、商贸、饮食、综合服务为一体的经济实体。

本月　学校 1992 年研究生录取工作结束，录取博士生 26 名，硕士生 199 名。

本月　从 1992～1993 学年开始，学校允许本科生从第五学期开始跨系选课。

本月　参加第四届“大运会”的山东代表团组成，学校有 20 名运动员入选。

本月　在泰山国际登山邀请赛中，学校加拿大留学生安瑞德以 1 小时 25 分的成绩获得国际中年男子组第一名。

1992 年

10 月

6 日　由山东大学和滕州市联合举办的首届墨学国际研讨会在墨子的故里滕州市隆重召开，来自瑞士、南斯拉夫、美国、韩国等国家和我国(包括台湾在内)20 多名省市自治区的学者 120 余人出席了研讨会。同时，大会成立中国墨子学会和墨子基金会。

7 日　国家教委直属综合大学研究生教育管理研究会第十二次年会在学校召开，国家教委、国务院学位办公室和委属 13 所综合大学的研究生院(处)长参加了会议。12 日，会议结束。

8 日　由山东大学历史系发起编写、济南出版社出版的《中华人民共和国大事日志》首发式于在济南南郊宾馆举行。这是我国第一部采用逐日逐月逐年方式记录共和国历史的大型工具书。

同日　经国家教育委员会党组研究，并与山东省委商得一致，同意张象钦同志担任山东大学党委副书记。

14 日　学校办产业管理委员会成立。潘承洞任主任，刘清前、马长义、梅恒起任副主任，潘承洞、刘清前、马长义、梅恒起、吴关生、刘绍刚、曲兆瑞、张悦圣、周鸿兴、闫秉科、祁永平、孙桂荣、胡家臣、王吉法任委员。

18 日　学校党委书记陈之安和历史系领导、老师一起到滨州看望正在实习的历史系 1989 级学生。

同日　受国家教委和中国物理学会的委托，由山东大学、石油大学、山东轻工业学院共同主办的“第三届全国高校物理演示实验教学研讨会”在山东大学举行，来自全国 85 所高校的 126 名代表参加了会议。22 日，全国高校物理演示实验教学研讨会结束。

19 日　学校召开庆祝建校 91 周年座谈会。

21 日　学校在历城体育馆举行热烈的欢迎仪式，欢迎刚刚从北京返回的十四大代表，校党委书记陈之安听取了十四大情况汇报。

22 日　经国家教育委员会研究，决定任命闫秉科为山东大学副校长。

23 日　校党委发出《关于认真学习、深入贯彻党的十四大文件的意见》的通知，要求各单位把学习、贯彻十四大文件精神作为当前和今后一个时期的重要任务。

29 日　在南郊宾馆召开的山东省大学生实践活动表彰会上，学校被评为“山东省大学生社会实践活动先进单位”，15 名教师和 37 名同学受到表彰。

30 日　学校领导在工会厅召开学生干部会议，通报学校教学和教学改造的情况，并倾听了大家关于教学管理理念的想法。

本月　潘承洞校长当选为山东省第四届科学技术协会主席。

本月　为适应改革开放新形势的需要，加快科技转化为生产力的进程，山东大学 OMR 研究所、山东大学光机电技术工程公司相继成立。它们均隶属山大科技开放总公司领导。

本月　国家保密局发出了“关于表彰全国保密工作先进集体和先进工作者的决定”，学校荣获“全国保密工作先进集体”称号。

本月　经国家工商行政管理局批准，由学校和深圳金丰实业发展公司、香港特汇有限公司合办的中外合资深圳金腾电力电子有限公司于近日成立。这

1992年

10月

是学校高技术推广工作结出的又一硕果。

本月　蒋维崧教授应邀赴韩国讲学，同时举办书法篆刻展览。

11月

1日　为贯彻《国务院关于开展全国第三产业普查工作的通知》精神，搞好学校第三产业的普查工作，决定成立山东大学第三产业普查领导小组，负责制定普查方案并组织实施。

3日　山东大学清理住房领导小组成立，负责对全校住房进行了清理。组长由党委副书记刘清前担任，副组长由副校长马长义、总务处长刘绍刚担任，成员由工会、纪委、组织部、人事处、保卫处、监委、校办和后勤各单位的负责同志组成。另外还专门设立了清理住房办公室。

6日　由山东省招办、山东省会考办、山东大学联合召开的"1992年高中毕业会考现代化管理研讨会"在威海市教师之家举行，参加会议的有全国15个省(区)会考办、招生办的同志，及山东省17个地市招办的负责人70余人，国家教委考试管理中心派代表参加了会议。学校光机电技术工程公司组织产品展览，介绍了GYO光电阅读机系列产品及有关会考管理、报名、编排考场、阅卷等多种计算机软件。

7日　学校在工会厅召开了"1992年税收财务物价大检查动员大会"，闫秉科处长在会上宣读了国务院、国家教委关于开展1992年税收财务物价大检查的有关文件，并结合学校具体情况讲述了大检查的内容、原则、范围和要求，确定了大检查的自查时间为11月9～25日。

12日　经山东大学奖学金管理委员会全体会议审查通过，校长批准，决定授予方辉等124名同学三项奖学金(山东大学校长奖学金、山东大学优秀奖学金、山东大学奖学金)。

14日　学校在工会厅召开各单位党政负责人参加的职称工作会议，潘承洞校长、陈之安书记先后讲了话，要求评职称要坚持政治思想和业务考核并重的原则。

16日　学校党委举办的"党的十四大文件宣讲员培训班"，在校工会厅举行开班典礼，党委书记陈之安作了第一个专题的辅导讲座。这次培训班有50名学员，培训期为10天，为下一步在全校更加广泛深入学习党的十四大文件，全面领会党的十四大精神，培训一批宣讲骨干。

17日　学校党委举行第八次全委(扩大)会议，学习贯彻十四大会议精神和省委五届九次全委(扩大)会议精神。

18日　山东省高校政治理论情报资料专业委员会在山东大学召开成立大会，出席会议的正式代表39人，特约代表1人，大会经选举产生了第一届理事会，并通过了本会章程。大会听取了筹委会的工作报告，传达了第五次全国高校政治理论情报资料工作研究会的会议精神，并进行了学术交流。20日，会议结束。

同日　由山东大学、石油大学和山东轻工学院共同举办的"第三届全国高校物理演示实验教学研讨会"在山东大学举行，来自全国85所高校的126名代表参加了会议。22日，研讨会结束。

1992 年

11 月

23 日　应学校邀请，以三分一政男校长为代表的日本山口大学学术交流代表团一行 4 人对学校进行正式访问，双方就进一步加强两校的联系和交流进行了磋商，并取得了一致意见。28 日，访问结束。

同日　学校的 GYQ 光电阅读机系列产品通过山东省科委组织的“火炬”科研项目验收委员会验收。该产品自 1991 年列入火炬计划以来，产品质量稳定可靠，已具备了批量生产的能力，取得了明显的经济效益和社会效益。

27 日　山东大学第七次研究生代表大会在电教中心召开，132 名研究生代表出席了会议，第七届研究生会选举产生，许军当选为主席。

28 日　澳大利亚新英格兰大学校长 Hawkins 一行 3 人访问学校，双方就互派学者、合作研究、资料交换等方面的问题交换了意见，并达成了初步意向。12 月 1 日，澳大利亚新英格兰大学校长一行结束访问。

同日　山东省高校首届中青年干部培训班在山东大学党校举行毕业典礼，省高校工委崔惟琳书记、刘凤龙副书记，省教委单兆众副主任，山东大学陈之安书记、张乐岭和徐广生副书记等领导同志出席了毕业典礼。

同日　山东大学标准网球场落成典礼暨“1992 山东大学网球邀请赛”在学校网球场举行。

30 日　经学校校务会议研究决定成立山东大学清理住房领导小组，对学校职工住房进行调整。

本月　为适应和满足经济建设对高层次专门人才的需求，学校 1993 年对硕士生招生作出新的规定，以国家计划为主，放开委托培养，试行自筹经费招生。

本月　1992 年山东省科学进步奖评选工作结束，学校理科 10 项研究成果获奖，其中一等奖 2 项，二等奖 4 项，三等奖 4 项。

本月　由学校哲学系蔡德贵副教授撰写的一部研究阿拉伯哲学的专著《阿拉伯哲学史》，由山东大学出版社出版。

12 月

1 日　根据工作需要，经研究决定成立山东大学广告制作研究中心。

同日　经学校校务会议研究决定成立山东大学书画艺术研究院。

5 日　学校化学系经过近一年的研究，从煤矸石中提取三种化工产品结晶氯化铅、聚合氯化铝、水晶玻璃，通过了省级鉴定。

7 日　经学校校务会议研究决定成立山东大学韩国研究中心。

8 日　学校在工会厅召开 1992 年度计划生育工作表彰会，陈之安书记、乔幼梅副校长、刘清前副书记出席了会议。本年度共有哲学系等 18 个单位和 16 名个人受到表彰，校领导向先进集体和个人颁发了奖状和荣誉证书。

10 日　学校在工会厅召开各系、所、部、处、室党政主要负责人会议，副校长鹿玉理传达贯彻高教会议精神时。同时，强调努力实现“综合性、高层次、外向型、高标准、高质量”的发展目标，把山东大学推向国际舞台。

同日　在山东省科委在枣庄召开的全省高新技术产业生长点工作座谈会上，学校光机电技术工程公司被列入全省高新技术生长点。11 日，座谈会结束。

11 日　学校党委发出关于开展廉政检查的通知，要求人员落实，实践落实。

1992 年
12 月

18 日　学校在科学会堂隆重召开 1992 年校园文明建设总结表彰大会，对在校园文明建设工作中作出突出成绩单位和个人予以表彰，并颁发了奖状和证书。

20 日　山东大学第二十五次次代表大会在新校科学会堂举行，来自全校各系、所的 388 名正式代表和 12 名特邀代表参加了学代会，特邀青岛大学、山东师范大学等省内各高校学生会的代表。校党委书记刘清前、张乐岭副校长、梅恒起及校党政有关部门，校团委及各系党总支负责人参加了会议。史先国当选为学生会主席，会议通过了《山东大学学生会章程(修改草案)》和《关于山东大学第二十四届学生会工作报告的决议》，讨论通过了《山东大学第二十五次学生代表大会倡议书》。

22 日　学校化学院研制的“1，3-环己二酮”和“N-甲基四氢咔酮”两项成果在省化工厅组织的鉴定会通过鉴定，此项研究填补国内空白，三星公司即时转化并投入批量生产。

23 日　学校第五届思想政治教育学术研讨会在新校工会厅召开，50 余名思想教育工作者参加会议，大会共收到论文 20 余篇。

25 日　学校经营性实体——山东大学飞科高技术发展公司在物理系成立。何瑁担任“飞科”公司总经理，栾开政为常务副总经理。

同日　学校参加历城区换届选举工作结束，刘绍刚、闫桂英、壮志伟、王乐忠当选为区人大代表

29 日　由学校考古实习队发现挖掘出土的龙山文化陶片，经过国内 20 多位考古与古文字专家鉴定，确认“龙山文化陶文”是我国发现最早的文字。这一重大发现为探讨中国文字的产生与发展，研究中国文明起源等重大历史课题提供了极其珍贵的实物资料。

同日　学校学位委员会举行本年度第二次全体会议，决定授予冯圣玉等 4 人博士学位，27 人硕士学位。

本月　浙江水晶厂在学校设立“博士研究生助学金”，用以资助学校凝聚态物理专业立志振兴中华，品学兼优的在读博士研究生。

1993 年
1 月

6 日　中国数学学会委托学校主办的“1993 中国数学奥林匹克暨第八届全国中学生数学冬令营”在学校开营，学校和省教委、省体改委、山师、山工、山东经济学院的有关领导出席了开营式。

9 日　经学校工会委员会扩大会议研究决定，授予学校 183 名同志为“工会先进工作者”称号，14 个单位为“先进部门工会”称号。

12 日　由马长义副校长率领的山东大学代表团一行 4 人到韩国的成均馆大学、汉城大学、梨花语学院、韩中学术文化交流协会进行了友好访问，并达成协议。

14 日　1993 届毕业生招聘会在新校俱乐部举行，15 日为期两天的招聘会结束。

28 日　澳大利亚悉尼大学 I. D. Kennedy 博士来学校访问，同副校长鹿玉理等领导及微生物所有关同志，就首届国际合作非豆科作物固氮研讨会和培训班事宜进行了磋商，并达成协议。

1993 年

2 月

6 日　经济南市高新技术开发区管委会批准，山东大学侨台实业公司正式成立。

7 日　学校学生会举办了学生干部培训班，20 多名学生干部参加了培训。10 日学生干部培训班结束。

12 日　由山东大学、中国国际经济技术咨询公司与美国鲁岛开发股份有限公司合资的山东孚瑞国际经济咨询有限公司在山东大学举行合同章程签字仪式。

13 日　本学期学校第一次学生思想政治工作会议在工会厅召开，学生工作部部长张象钦，团委书记刘珂分别向与会人员通报了本学期工作安排，党委书记陈之安、副校长鹿玉理党委办公室主任孙志敏分别发表讲话。

19 日　学校召开由各系（部）教学主任以及教务处、人事处招生办等单位负责人参加的教学工作会议，鹿玉理副校长代表学校在会议上全面、细致地阐述了本学期教学工作的指导思想和工作要点。

20 日　学校召开留学回国人员座谈会，校党委书记陈之安、副书记刘清前、副书记鹿玉理等同志及有关部门负责人和留学回国人员代表 60 余人参加了会议。

23 日　由学校分管领导和各系、所负责人、总支干事和班主任、辅导员参加的 1993 年毕业生分配工作会议在学校召开。

同日　经研究决定成立山东大学牛满江海洋生物工程研究中心。

27 日　由山东大学和中国石油天然气油田化学公司联办的奥菲油田化学科技中心成立。校党委副书记刘清前、秘书长吴关生、中国石油天然气油田化学公司副总经理李本忠、钻井完井部经理贾铎及有关专家到会祝贺。

同日　“山东大学关心下一代工作委员会”在办公楼 104 会议室召开全体成员会议，讨论研究了新学年的工作任务。

28 日　由山东大学微机应用研究所和山东省烟草公司共同研制、生产的 MCS-200 烟草收购计算机和 JSK-2 烟草收购计算机系统通过省级鉴定。在国内同行业中处领先水平，并达到国际先进水平。

同日　在潍坊闭幕的全省体育教学评估表彰会上，学校被评为省级体育教学优秀学校。

本月　学校数学系彭实戈教授获国家自然科学基金会特别资助。

本月　根据中国科技情报所 1992 年度统计分析报告在国际科技期刊上发表论文排出名次，学校在全国高校中排名第 14 位。

3 月

1 日　学校医院与济南中心医院联合济南市中心医院山大分院成立。

同日　受中国数学会委托，第三十四届国际数学奥林匹克（IMO）国家集训队开学典礼在学校工会厅举行，中国数学会奥林匹克委员会及山东省数学会的领导和学校领导出席了开学典礼。

同日　学校又有 20 名青年教师、干部赴革命老区参加社会实践锻炼，这是学校派出的第六批赴基层参加锻炼的人员。

3 日　山东大学 1993 年校园文明建设动员大会在科学会堂举行，学校党政

1993 年
3 月

领导各单位负责人和系党团总支书记、辅导员参加了会议。会议由刘清前同志主持，刘绍刚总务长在会上作了《真抓实干，搞好文明校园建设》的动员报告。

6 日　经学校有关专家和业务部门的认真评议、审查、校长批准，学校决定授予高旭东等 34 名“第一批青年学科带头人”，谭好哲等 61 名“优秀骨干青年教师”的称号。

同日　根据工作需要，经研究决定，山东大学民俗学研究所挂靠文科办。

同日　学校人事处、团委、退休者协会组织老教授、青年学生 50 余人，在工会厅举行“发展市场经济与弘扬雷锋精神”座谈会，校党委书记陈之安、副书记张乐岭出席了会议。

8 日　经校务会议研究决定，学校对 1993 年度计划生育工作先进集体和优秀个人进行表彰。

9 日　根据工作需要，经研究决定成立山东大学自修学院。

同日　根据工作需要，经研究决定成立山东大学自费走读学院。

10 日　学校在工会厅召开全校各单位党政主要负责人会议，通报学校申请进军“211 工程”的工程情况。乔幼梅代表学校向大家通报，潘承洞校长、陈之安书记到会先后讲了话。

同日　经校务会议研究决定，山东大学校医院升为正处级单位。

11 日　学校召开民主评议党员、党支部活动工作的通知，要求党员干部发挥党员先锋模范作用，增强党组织的凝聚力。

12 日　学校确定第一批青年学科带头人 34 名，是学校在学科建设和优秀青年学术骨干的培养方面的新的重大举措。

同日　学校召开各系、部、处、室行政干部工作会议，研究文明校园建设，迎接国家教委检查。

15 日　经校务会议研究决定，对学校学术委员会进行调整，调整后的委员会主任为潘承洞，副主任为乔幼梅；整后的理科学术委员会主任为蒋民华，副主任为袁益让、梅良模、鹿玉理；文科学术委员会主任为乔幼梅，副主任为袁世硕、赵明义。

16 日　山东省高校第二期中青年干部培训班在学校党校举行开学典礼，省高工委书记崔惟琳，副书记王秀明、刘凤龙、省教委副主任单兆众和省委、高工委有关领导出席了开学典礼。

同日　山东省统战部连大海等同志来学校召开党外知识分子座谈会，共同学习了八届全国人大、八届全国政协会议和李鹏同志作的《政府工作报告》。

17 日　学校今年被列入国家教委出国留学试点单位，根据工作需要和国家教委的有关精神，经学校研究并由校长批准成立山东大学选派出国留学人员工作委员会。该委员会负责审定学校公派出国留学的学科、专业，制定学校公派出国留学人员计划，评审选拔学校公派出国留学预备人员。

20 日　经研究决定，山东大学光学系更名为山东大学电子信息工程系。

24 日　学校兼职教授、副省长王裕宴同志应邀在科学会堂作学术报告，学校各单位负责人，离退休干部以及部分师生参加了报告会。

25 日　学校召开保密工作会议，传达全国保密工作会议和省保密工作会议

1993 年

3 月

精神，总结学校保密工作的基本情况，提出今年保密工作的具体意见。

26 日　日本今年向中国提供文化无偿援助，学校作为本年度该项目受益者之一，将获得 3700 万日元。

27 日　山东大学历史系韩连琪基金会第三次颁奖大会在工会厅举行，共 129 人获得奖励。

30 日　经学校校务会议研究决定，成立山东大学文明校园建设领导小组办公室。

31 日　学校召开共青团山东大学委员会第十三届三次全委扩大会议，讨论通过了《关于动员和带领团员青年积极投身文明校园建设的决议》。

本月　学校马长义副校长荣获全国“重视老年工作领导者功勋奖”。

本月　为加强师资任务建设，培养跨世纪的新一代学术带头人，学校制定了《山东大学引进人才暂行规定》，采取多项优惠政策招才纳贤。

本月　学校《文史哲》被评为全国中文期刊历史学科核心刊物。

本月　学校召开文明校园建设总结表彰大会各系所党政负责人及机关各部处室负责同志出席会议，校领导陈之安、张乐岭、马长义等分别在会上讲了话。

4 月

2 日　校团委组织全校 1992 级 3000 多名大学生赴济南英雄山烈士陵园祭扫革命烈士。

6 日　学校领导刘清前、马长义、鹿玉理与新一届人大代表、政协委员举行座谈，认真听取学校领导和有关部门意见。

7 日　由学校承办的纪念台儿庄大战 55 周年国际学术研讨会于 4 月 7 日至 12 日在枣庄市隆重召开。

8 日　全国人大常委会委员、中央社会主义学院院长、致公党中央副主席杨纪珂教授应邀来学校，作了题为《社会主义市场经济体制与教育体制改革》的报告，校领导及各部门、各系、所负责人、各民主党派、统战团体负责人、部分政协委员听取了报告。

9 日　学校在科学会堂召开大会，学校参加“两会”的 2 名代表和 4 位委员在会上传达两会精神。

15 日　根据工作需要，进校务会议研究决定成立山东大学科学管理办公室。

23 日　学校春季运动会在老校体育场举行，经过两天角逐，一人一次破省高校纪录，两人两次破校纪录。4 日，春季运动会结束。

29 日　国家高级教育行政学院一行 87 人来学校参观访问。

30 日　山东大学第四届学生文化艺术节在百花剧院开幕，本届艺术节历时 8 天。

同日　经校务会议研究决定，在科学社会主义基础上组建山东大学国际政治关系学院。

本月　学校又破格提升 16 名青年教师为教授，他们是：曲音波、刘成卜、孔祥正、梁栋、展涛、王炜、羊丹平、齐涛、管大峰、高文汉、徐传武、徐显明、吴忠民、

1993 年

4 月

高旭东、盛玉琪、杨端志。

本月　全国高校社会科学“八五”规划项目评审揭晓，学校30项课题榜上有名，并获得资助经费27.6万元。

本月　共青团山东省委表彰学雷锋活动先进集体和个人，学校化学系1990级2班学雷锋小组被授予“山东省青少年学雷锋先进集体”荣誉称号，图书情报学系1990级李鹏程同学被授予“山东省青少年学雷锋先进个人”荣誉称号。

本月　学校档案管理委员会召开第六次会议，传达贯彻国家档案局、国家教委有关档案工作文件，强调努力开发档案资源，为教学科研服务。

本月　共青团山东省委决定在全省表彰新长征突击手标兵和新长征突击手，学校有6名青年教师榜上有名。微生物研究所副教授曲音波被授予“山东省新长征突击手标兵”荣誉称号；数学系副教授王炜、物理系讲师时伯荣、经济管理系副教授赵景华、胶化所讲师穆劲和威海分校电子工程系讲师杨志强5人被授予“山东省新长征突击手”荣誉称号。

本月　学校对国际学术榜作出贡献的60位教师进行奖励，并发出通报表彰。

本月　学校党委进一步深化人事制度改革，决定在校党政机构实行定编、定岗、工资总额包干的基础上，实行干部职级评定制度。

5 月

2日　应学校邀请，韩国成均馆大学学术代表团一行3人对学校进行正式友好访问。韩国成均馆大学学术代表团11日结束访问。

3日　山东大学、山东人民广播电台纪念五四运动74周年文艺晚会在历城区体育馆举行。

5日　第五届尤金·奥尼尔学术研讨会在学校工会厅二楼贵宾厅召开，来自全国各地的近20名专家出席会议。省委宣传部李林副部长到会祝贺，老校长吴富恒，党委书记陈之安、副校长乔幼梅等参加了会议。

6日　赵志浩省长一行来学校看望师生员工，并就山东省如何与国家教委共建山东大学进军“211工程”以及高校深化教育改革、办学方向等问题同校领导进行了亲切座谈。

同日　在河南举办的“国家著名重点高校暨河南省高校科技成果博览会”在河南郑州隆重举行，学校获金奖2项，优秀奖6项。10日，科技成果博览会结束。

7日　全校近万名师生早老校大操场集会，参加进一步搞好文明校园建设动员大会。

11日　学校生物系自然博物馆建成并对外开放。

14日　山东省高校图书馆工作会议暨表彰会在学校召开，学校图书馆被评为山东省高校先进图书馆，6人被评为山东省高校图书馆先进工作者。15日，山东省图书馆工作会议结束。

15日　高校保密工作协作组会议在学校举行。

18日　南澳大利亚阿德莱德大学校长 Kevin Majosibanks 来学校访问，续签了两校友好交流协定和在学校建立“澳大利亚研究中心”的协议。

1993年

5月

同日　在武汉召开的中国专利博览会上，学校送展的“新型植物病毒防治剂农药”，以其较高的学术水平和显著的经济、社会效益一举夺得“1993中国专利技术博览会金奖”。24日，中国专利博览会结束。

28日　美国宝灵格大学校长一行3人来学校访问，并续签了两校合作与学术交流协议。

同日　经研究决定，原山东大学图书情报学系更名为信息管理系。

31日　美籍华人郎咸平教授来校访问讲学。6月2日，讲学访问结束。

本月　学校经过论证，在原来43个本科专业基础上确立了79个专业方向。

本月　在国家高技术研究发展“863”计划新材料领域第三届专家委员会上，蒋民华教授被聘为首席科学家。

6月

1日　国家教委文明校园检查组检查结束，学校以突出成绩通过国家教委检查评估。

9日　学校在工会厅召开全校计划生育工作会议，陈之安书记、乔幼梅副校长出席会议并讲话。

同日　180多名退休职工在学校电教楼举行退协第三届会员大会。

12日　山东大学书画艺术研究院成立。

15日　学校学生会在工会厅召开了各系学生会主席、副主席和学校学生会全体成员参加的文明校园建设座谈会。

17日　山东大学学位评定委员会举行本年度第一次全体会议，决定授予李庆本等9名研究生博士学位，任丽新等165名研究生硕士学位。

同日　在大学生百县千乡科技文化服务工程项目洽谈会上，学校签订科技转让技术服务意向22项，成交金额达100多万元。18日，为期两天的洽谈会结束。

同日　山东大学与悉尼大学在学校生物研究所联合主办学习班，介绍非豆科作物固氮理论与技术研究的新进展。30日，联合学习班结束。

18日　根据山东省高校工委《关于认真做好1993年度表彰全省高校先进党支部、优秀共产党员工作的通知》要求，学校党委决定授予历史系党总支等32个党(总)委“山东大学先进党支部”称号，朱洪庭等66名同志为“山东大学优秀党员”称号。

21日　学校在科学会堂召开文明校园建设总结表彰大会，潘承洞、陈之安、刘清前、张乐岭、马长义、徐广生、鹿玉理、许玉琪等学校领导和各单位、各部门的师生员工代表500余人参加了大会。

25日　国家教委副主任韦钰在省教委副主任曾繁仁陪同下来学校视察工作并强调指出要一抓基础性研究，二抓科技成果转化为生产力的工作。

26日　学校1993届毕业生典礼在鲁艺剧院举行。

30日　国家教委副主任张孝文来学校视察，直属司司长陶遵谦在副省长张瑞凤、省教委主任崔惟琳、副主任张传真、滕昭庆在学校领导陪同下视察参观，并与校领导、科技人员举行了座谈。

1993 年

6 月

同日　由山东大学青岛校友会、华岗学术研究会青岛海洋大学、山东大学等单位共同组织的“纪念华岗同志诞生九十周年学术研讨会”在青岛海洋大学逸夫馆礼堂举行。

同日　国家教委、国际及合作司共同研究决定，同意学校建立澳大利亚研究中心。

本月　在 1993 年度高校优秀教学成果评选中，学校三项成果获奖。

本月　学校授予 1993 届 87 名学生优秀毕业生称号。

本月　在山东省教委和团省委联合表彰中，学校 6 个班级和 21 名学生受到上级表彰。

本月　学校吉小青等 4 人受到团省委表彰，吉小青、于惠民被授予“优秀青年工作者”称号，徐晓冰、迟洪波被授予“优秀团员”称号。

7 月

1 日　经研究决定成立山东大学生物医学工程研究中心。

同日　经学校校务会议研究决定成立山东大学外国语学院。

同日　非豆科作物固氮国际学术会议在学校召开，会议收到论文 20 余篇。来自澳大利亚、英国、日本、菲律宾、斯里兰卡和国内的专家学者共 40 余人出席了会议。3 日国际学术会议结束。

3 日　美国南加利福尼亚大学教师访问团一行 20 人来学校进行短期访问。23 日访问结束。

20 日　学校在办公楼接待室举行隆重受聘仪式，潘承洞校长代表山东大学宣布，聘请韩国汉城大学赵完奎教授为学校名誉教授，并把聘书授予赵完奎教授。

21 日　由学校主办的全国汉语方言学会第七届学术讨论会在青岛举行，有来自国内科研机构、高等院校、港澳台地区和韩国、日本的学者 120 余人出席了会议，会议提交论文 80 余篇。26 日，会议结束。

31 日　全国人大常委会副委员长雷洁琼在省人大常委会副主任徐建春等同志陪同下，来学校视察工作。

8 月

16 日　学校 1992 级学生开始军训。

同日　学校退休者协会派出代表通过省民政厅向我省受灾严重临沂、济宁等地区捐资 5000 元。

18 日　第三届墨学国际研讨会在学校隆重召开。21 日，会议结束。

19 日　中国火炬计划成果及高新技术展览会在北京举行，学校的“多屏幕微机系统”“生物全息诊疗仪”“光学符号阅读器”“人工晶体”4 项成果参展并受到好评。展览期间，国家主席江泽民，中共中央政治局候补委员、书记处书记温家宝，总参谋长迟浩田上将，全国人大常委会副委员长倪志福、李锡铭、李沛瑶，国家计生委主任彭珮云，国家科委副主任邓楠先后到学校展区参观了展览。24 日，高新技术展览会结束。

20 日　在“济南市第二届少数民族文艺调演”会上，学校获得 5 项奖励。

同日　学校闫秉科一行 10 人到韩国成均馆大学进行了友好的访问。28 日，结束韩国访问。

1993年

8月

23日　应学校邀请澳大利亚阿德莱德大学亚洲研究中心徐家祯先生来学校进行为期一个月的学术交流活动。

26日　学校教职员工心系灾区在行政楼前积极捐赠钱物。

28日　经研究决定，成立山东大学“211工程”办公室。

本月　由国家教委教学仪器研究所下达的“微型有机化学实验制备仪”项目，已由学校化学院刘玉英等老师研制成功，并通过技术鉴定。

本月　在山东省第二届发明技术展览交易会上，学校获13项发明技术奖，分别为一等奖8项，二等奖3项，最高荣誉奖2项。

9月

2日　校党委召开十届九次全委扩大会议，传达全国高校党建工作和中央、省委关于开展反腐败斗争加强党风廉政建设会议精神。7日，会议结束。

3日　学校领导和校有关部门领导同志热烈欢送满载救援物资的车辆驶往沂南灾区，献上山大人的一片爱心。

4日　学校在科学会堂召开副处级以上党员干部、基层党支部书记、离退休老干部会议，传达贯彻全国高校党建工作会议精神，陈之安书记到会并发表讲话。同时，党委副书记、纪委书记刘清前传达贯彻中纪委二次会议精神，并向与会同志谈了学校贯彻中央指示精神的初步意见。

8日　学校在办公楼104会议室举办了青年学科带头人座谈会，鹿玉理副校长要求青年学科带头人要克服困难、兢兢业业，为早日进入“211工程”多作贡献。

同日　学校召集各系教师代表30余人举行座谈会，共商学校大事，为争取早日进入“211工程”献计献策。

同日　经学校研究决定成立山东大学福利厂，属于集体所有制企业，由学校人才交流中心代管。

10日　学校在科学会堂召开1993年教师节暨优秀教师、优秀教育工作者表彰大会。108名优秀教师和优秀教育工作者荣获奖励。

同日　学校领导在工会厅召开院长、系主任、所长、总支书记和校机关部、处负责人会议，通报学校进军“211工程”工作情况，会上校长潘承洞、书记陈之安分别发表了讲话。

11日　本学期教学工作会议在校工会厅召开，鹿玉理副校长发表讲话，强调指出：学校要坚持以教学为中心，以提高教学质量为根本。

13日　以陈之安书记为团长的山东大学学术交流代表团一行7人应日本山口大学邀请，对日本进行为期一周的友好访问。20日，访问结束。

17日　黄嘉德先生图书捐赠仪式在外文系举行。

20日　在老校大操场举行1992、1993级军训学生阅兵典礼，1993级新生开学典礼在老校操场隆重举行。

26日　在曲阜召开的山东省首届青年师生实用科技发明大赛上，学校9个项目获奖，同事获优秀组织单位奖。28日，评选结束。

27日　国家教委组织专家组到学校对应用化学专业进行了试点评估，学校以优异成绩通过验收，国家教委评估工作结束。

1993 年

9 月

28 日　由学校环保中心高连存等老师承担的国家环保局计划项目“环境水质有机污染物自动取样器”通过国家环保局组织的技术鉴定。

同日　学校举行外国专家留学生招待会，校党委书记陈之安，美国驻华大使馆新闻文化处主任罗杰先生，省教委、省公安厅等单位的领导参加了招待会。

同日　鹿玉理副校长主持召开了“山东大学公派出国留学人员工作委员会”第一次工作会议，作为被国家教委列名的出国留学试点单位之一，学校进一步明确公派出国留学的指导思想。

本月　学校男篮球荣获全国大学生篮球赛冠军。

本月　中国计算机学会外围设备专业委员会 OMR 学组于 9 月底在学校成立。

本月　学校又有三项科研成果通过技术鉴定，分别是“高性能介质材料研究与开发”“地址结垢预测评价技术研究化学模型”和“ES400 分布式电网调度自动化主站系统”(由威海分校完成)。

10 月

5 日　学校党委召开全校党员干部会议，传达学习贯彻党的十四届四中全会精神，刘清前副书记主持会议，党委书记陈之安讲话。

9 日　著名书画家捐赠书画作品仪式在学校邵逸夫科学馆举行，校领导潘承洞、陈之安、乔幼梅、张乐岭、刘清前、马长义、徐广生等参加了捐赠仪式。

10 日　格鲁吉亚议会代表团一行 7 人来学校访问。

12 日　第五届国际精细化学和功能高分子会议在学校召开，来自 11 个国家和地区的 140 多名学者参加了这次盛会。

同日　华东地区国家教委直属高校第八届图书馆长会在学校召开，30 多名图书馆长参加了会议。15 日，会议结束。

13 日　国际发酵工程学研讨会在山东大学召开，来自国内外的 30 余位微生物学界的著名专家教授参加了研讨会。研讨会于 28 日结束。

18 日　巴西佛罗米能瑟联邦大学副校长一行 5 人访问学校，草签了《山东大学与巴西联邦大学友好交流协议草案》。

19 日　著名美籍华人、学校名誉教授赵浩先生来学校进行参观访问

20 日　学校在邵逸夫科学馆召开关于山东大学深入改革、加快发展工作会议。

同日　学校刻瓷艺术研究所成立，同时范杰刻瓷艺术作品在图书馆展出。

22 日　经国家教育委员会研究决定，任命闫秉科为山东大学副校长。

23 日　山东大学第二十六次学生代表会议和第八次研究生代表会议在科学会堂举行。

同日　学校深化改革，加快发展工作会议经过两天的分组讨论后，提出了全面提高学校办学水平的构想和意见。

同日　在第七届全国发明展览会上，国家教委最高奖——“耕耘奖金杯”被学校胶化所捧回，“高稠原油降粘剂及其制备、使用方法”发明项目同时获大会金奖，专家认为在井筒和地面集输降粘达到当代国际先进水平。31 日，博览会结束。

1993 年

10 月

30 日　山东大学附属中学举行建校 10 周年庆祝会，校党委书记陈之安、副书记徐广生、副校长梅恒起等主要领导出席了会议。

本月　学校环保中心高宝玉等老师研制出的 SJ-20 型微波溶样器，通过技术鉴定，获国家实用新新型专利。

本月　JX-Ⅱ型絮凝剂由学校环境科学中心自行研制并与胜利油田石油管理局集输公司农工商助剂厂联合完成已通过专家鉴定并批量生产，在国内处于领先水平。

本月　学校研究生教育改革推出一项新举措，硕士生学制改革将在文科 10 个专业中进行试点，改革后的硕士生学制由原来专业的三年缩短为二年半。

11 月

5 日　中共山东大学委员会发出关于学习《邓小平文选》第三卷的通知。

8 日　学校党委常委召开(扩大)会议，贯彻中央、省委和国家教委的指示，学好《邓小平文选》第三卷。

9 日　中美比较文学研究会第二届年会在学校召开，山东省委宣传部副部长李木，省委政协副主席、全国美国文学研究会会长吴富恒教授，北京大学英语系主任、中美比较文化研究会会长胡家峦教授，中美比较文化研究会副会长王宁、王逢振、郝振益教授，以及来自全国的近 50 名专家、学者出席了会议，会议收到论文 21 篇。11 日，会议结束。

10 日　学校首期中层干部《邓小平文选》第三卷读书班在图书馆一楼举行开学典礼，党委书记、党校校长陈之安在开学典礼上发表了重要讲话。党委副书记刘清前、张乐岭、徐广生以及有关部门负责人出席了会议。

18 日　经学校研究，并征得国家教委直属高校工作办公室同意，学校对校务委员会进行调整。调整后的学校校务委员会主任为潘承洞，副主任为陈之安、邓从豪、孔令仁。

19 日　学校第三届二次教职工代表大会在科学会堂召开，校党委书记陈之安、副校长鹿玉理分别发表了讲话。

20 日　经研究决定，同意成立山东大学文化科技服务中心。

23 日　学校举行《中华人民共和国教师法》座谈会，党委书记徐广生，部分系、单位负责人参加了会议。

26 日　本学期期末考试即将来临，学校为加强期末考试的管理，召开了由各系负责教学工作的副主任参加的考试工作座谈会，副校长鹿玉理指出，加强考试改革力度，树立良好的考风。

同日　第三届二次教职工代表在工会厅举行汇报总结会，学校领导陈之安、刘清前、徐广生、马长义等到会并听取了报告。

29 日　著名作家英籍华人韩素音女士应潘承洞校长的邀请，来学校访问，潘校长代表学校聘请韩素音女士为名誉教授并颁发了证书。

同日　学校 OMR 研究所利用高校科技优势与社会经济建设接轨，与山东省结核病防治中心联合开发的结核病控制微机管理系统通过专家鉴定。

30 日　经学校研究决定，在原山东大学中文系美学研究所恢复为系级所。

1993 年

11 月

本月　学校研究，国家教委直属高校工作办公室同意，山东大学校务委员会进行调整，新一届校务委员会由 34 人组成，主任为潘承洞；副主任为陈之安、邓从豪、孔令仁。成员（以姓氏笔画为序）：马长义、王龙、王树棠、孔祥正、卢兆铭、乔幼梅、刘珂、李绍刚、庄德钧、许玉琪、闫秉科、曲兆瑞、曲音波、李延福、吴关生、张华、张乐岭、张军从、陈鹏万、周鸿兴、郑佩欣、赵明义、郭大钧、袁世硕、梅良模、梅恒起、蒋民华、鹿玉理、史先国、许军。

本月　学校荣获山东省委组织部、宣传部、高校工委和省教委党组授予的“党的建设和思想政治工作先进高等学校”的称号。

12 月

3 日　学校机关党总支、各部门、工会在办公楼 411 联合举办“纪念毛泽东百年诞辰”展出。

同日　学校召开招生工作研讨会，各系分管招生工作的负责人及招生办、教务处、学工部、毕分办等有关部门的 30 余名同志参加了会议。

7 日　根据国家教委教位［1993］8 号文批复，山东大学第五届学位评定委员会由潘承洞等 25 人组成：主席为潘承洞，副主席为王承瑞、乔幼梅，委员为马绍汉、王祖农、邓从豪、田昌五、印永嘉、乔伟、庄德钧、李玉陈、杨孔章、陈罡午、宋家珩、周来祥、赵明义、胡燮荣、袁世硕、袁益让、顾继忠、黄浙、梅良模、鹿玉理、蒋民华、臧乐源。

8 日　山东省学联第七次代表大会在济南召开，学校学生会主席史先国当选为第七届学联主席。10 日，会议结束。

10 日　山东省研究会工作座谈会在学校行政楼会议举行，参加座谈会的有山东师范大学、山东工业大学、青岛海洋大学、石油大学、山东农业大学的代表。

13 日　学校在新校工会厅召开纪念毛泽东同志 100 周年诞辰思想报告会。

14 日　学校在工会厅召开 1993 年度计划生育工作总结表彰会，陈之安书记、乔幼梅副校长及部分计生委成员出席会议。

15 日　学校党委召开党外人士座谈会，通报、研究进军“211 工程”事宜。

16 日　经学校研究决定，学校成立教材建设指导委员会。委员会主任为鹿玉理，文科指导委员会组长薛贻康，理科指导委员会组长卢兆铭。

18 日　由学校党委宣传部、文科办、校编辑部联合发起的“山东大学纪念毛泽东 100 周年诞辰理论座谈会”，在工会厅隆重举行，校领导乔幼梅、张乐岭、徐广生和各民主党派负责人等 70 余位专家参加了会议。

同日　经学校校务会议研究决定，成立山东大学毛泽东、邓小平研究中心。

23 日　国家教委在人民大会堂召开由部分优秀青年专家出席的座谈会，国家教委副主任张孝文宣布了首批进入国家教委“跨世纪优秀人才计划”的专家，学校数学系教授、优秀青年专家羊丹平榜上有名。会议由国家教委主任朱开轩主持，国务院副总理李岚清出席会议并讲话。

同日　学校晶体所又有两项成果通过鉴定，分别是“实现半导体激光器直接倍频（404～408.5nm）的有机晶体 MHBA”和“四方相掺铁钽铌酸钾（KNT）晶体，均是国家高技术（863）计划项目”，研究居世界前列。24 日，鉴定会结束。

24 日　学校教职工纪念毛泽东百年诞辰书画艺术展览在图书馆开展，潘承

1993 年

12 月

洞校长、陈之安书记为展览剪彩。

25 日　学校在新校工会厅举行了 1992～1993 学年度“山东大学校长奖学金”和“山东大学优秀研究生奖学金”颁奖大会，校领导陈之安、乔幼梅、张象钦、闫秉科等向获奖的 29 名同学颁发了奖金和证书。

27 日　“职称考试微机管理系统”通过山东省科委主持的技术鉴定，这是学校 OMR 研究所与省人事厅考试中心共同研制开发的管理系统。

29 日　1993 年度共青团工作表彰大会在电教中心 201 室召开，学校领导张乐岭、张象钦到会并获奖的单位和个人颁发了荣誉证书。

同日　山东省副省长吴爱英来学校视察，与校领导潘承洞、乔幼梅、刘清前、张乐岭、马长义、徐广生、鹿玉理、闫秉科在邵逸夫科学馆进行座谈。

同日　邓从豪教授当选为中国科学院学化学部部委员，这是学校第三位学部委员。同时，获选学部委员的还有文圣常、朱兆良、吴祖泽三位校友。

同日　学校学位评定委员会全体会议通过，聘任周鸿兴、张红卫教授为博士生副导师，邹广文等 52 名教授为硕士生导师。

31 日　“山东大学学生科协”成立大会在新校工会厅隆重召开，出席大会的有山东省政协主席、省科协名誉主席陆懋曾，山东省科委副主任宋存胜，团省委副书记翟鲁宁，学校领导潘承洞、陈之安、乔幼梅、马长义、梅恒起、张象钦等到会祝贺。

本月　全国烟草收购计算机培训班在学校结束，来自烟叶产区的 52 名学员参加了培训。

本月　学校改革领导小组研究决定聘任马长义等 22 人为副高职务。

本月　学校 14 位同志被山东省委、省政府授予第三批“省级专业技术拔尖人才”称号，他们是：陈焕矗、孟宪林、于希玲、韩贻仁、刘恩泉、汪嘉业、刘德信、刘洪云、王克明、段吉辉、王守华、孟祥才、张颖清、云昌钦。

本月　学校抓廉政建设初见成效，学校第一批取消乱收费项目 14 个，降低收费标准 10 个。

本月　由姜春云主编，主要由学校教师撰写的《中华魂丛书》一共 12 卷出版发行，并荣获中宣部“五个一工程”作品奖。

本月　1992 年学校在国内外发表的论文数居高校第九位。

本月　在共青团山东省委开展的全省团组织的山东省经济腾飞作贡献“青春立功”活动中，学校团委被评为“红旗团委”，13 人荣获一、二、三等功。

本月　华东地区新闻出版局，在合肥召开会议，组织专家、学者对所属期刊进行了评比，学校《文史哲》被评为优秀期刊一等奖。

1994 年

1 月

4 日　山东大学的姊妹学校——加拿大萨斯喀彻温省里贾纳大学的政治系主任、国际关系专家施吉利教授一行 5 人来学校访问。

6 日　学校在工会厅召开了成人教育工作会议，鹿玉理副校长强调，各成人教育的办学单位和主管部门，应始终将办学质量和效益放在首位。

7 日　学校在图书馆报告厅举行学生思想教育与管理学术讨论，来自各系、总支及校部机关的 60 余名人员参加了这次讨论会。8 日，学术讨论会议结束。

1994年

1月

8日　学校毛泽东邓小平研究中心召开座谈会，就学校如何搞好毛泽东邓小平研究时指出，要把研究的立足点放在中国当代改革开放和现代化社会主义建设实践上来。

同日　学校在工会厅召开全校后勤各个职能部门负责人会议，马长义副校长到会并讲话，强调了牢固树立服务的观点、全力以赴抓好服务这一指导方针。

11日　由学校50名学生组成的“山东大学学生志愿者清除服务队”成立，次日，便参加了由团省委在济南火车站东站统一组织的“热心献社会”1994新春志愿者活动。

18日　山东省优秀教学成果表彰会在邵逸夫科学馆举行，山东省党委常委、省人大常委会副主任苗枫林、省教委主任崔惟琳、校长潘承洞、党委书记陈之安等领导同志应邀出席了会议。学校获国家级优秀教学成果奖3项，省级奖6项。

19日 1993年高校好新闻作品评选揭晓，学校学报获一等奖4项、二等奖1项，同时，校报编校质量评估获第一。20日，评选结束。

21日　学校工会召开1993年度工作总结表彰会，评选出15个工会工作先进部门和193名工会先进工作者。

同日　学校召开了青年干部、教师社会实践活动总结座谈会，校党委刘清前副书记、张乐岭副书记出席了会议，座谈会由吴关生主持，学校有关部门负责人以及参加社会实践活动的青年干部、教师共30人参加了会议。

28日　山东省委组织部知识分子工作处负责人与学校省级拔尖人才在工会厅二楼贵宾厅进行了亲切的会谈，校党委书记陈之安，副书记张乐岭、徐广生，副校长闫秉科参加了会议。自1988年以来学校有445名教师被评为省级拔尖人才。

同日　学校统战部组织学校少数民族教职员工召开迎春茶话会。

本月　1993年山东省高校科学技术进步奖和哲学社会科学优秀成果奖在淄博市举行，学校获科技进步奖一等奖3项，二等奖4项，三等奖6项。获哲学社会科学优秀成果奖一等奖5项，二等奖6项，三等奖11项。

本月　1993年“国家教委资助优秀教师基金”公布，展涛、王琪珑获资助基金。

本月　中共山东省委、山东省人民政府授予学校“抗洪救灾先进集体”光荣称号。

本月　在1993年中国石油天然气总公司科技攻关成果展览会上，学校研究的“MMH正电胶钻井液”受到参观者的热烈欢迎，其水平居世界前列。

本月　学校青年教师讲课比赛结束，评出一等奖7名，二等奖11名。

本月　山东大学档案馆作为中国首批(33所)高校档案被国家教委推荐给国际档案理事会大学档案处。

2月

3日　山东省委常委、宣传部部长董凤基来学校看望老干部、老教授。

10日　学校机关党总支在工会厅举行团拜会，学校领导潘承洞、陈之安、乔幼梅、张乐岭、徐广生、鹿玉理、张象钦、闫秉科，工会主席张军从等领导和机关

1994 年

2 月

100 多名干部欢聚一堂，喜迎新春。

18 日　为贯彻团中央发出向徐洪刚学习的口号，校团委决定在全校团员青年中广泛开展向“见义勇为青年英雄”徐洪刚学习的活动。团委要求各级团组织通过多种渠道向广大青年团员，宣传学习徐洪刚见义勇为、不畏强暴、勇斗歹徒的英雄壮举，树立时代新风推动社会主义两个文明建设作贡献。要把学习徐洪刚与开展“青春立功”“学习雷锋志愿者献爱心”活动结合起来，突出“三爱三讲”（爱祖国、讲奉献，爱山大、讲文明，爱科学、讲勤奋）的主题，推动学校精神文明建设，进军“211 工程”作出更大贡献。

22 日　国家教委主任朱开轩在山东省副省长张瑞凤、省教委主任崔惟琳等同志的陪同下，在学校贵宾接待室亲切会见了部分高校负责人并作了重要讲话。同时，强调学校发展要认真处理好发展、改革与稳定的关系。

24 日　学校召开驻学校各级人大代表、政协委员座谈会。会上，马长义、闫秉科副校长通报了学校的教学、科研、人才培养、学校建设、财政开支及向“211 工程”进展情况，并听取与会人员的意见。

27 日　经学校务会研究决定，以法律系为基础，成立山东大学法学院。

同日　根据学校发展需要，经校务委员会研究决定成立山东大学艺术学院。

本月　经国务院学位委员会批准，学校新增博士点一个、博士生指导教师 18 名，同时新增硕士学位授权学科、专业 7 个。

本月　1993 年山东省社联、山东省教委对山东省个单位送评的社会科学优秀成果进行了评选，学校获山东省社会科学有效成果奖一等奖 3 项、二等奖 7 项、三等奖 15 项；获山东省教委哲学社会科学优秀成果奖一等奖 3 项、二等奖 6 项，三等奖 10 项。

本月　国家教委于 1993 年 11 月 18 日批准学校《关于报送山东大学第五届学位评定委员会成员名单的报告》，山东大学第五届学位评定委员会新一届的学位委员会由 25 人组成：学位委员会主席为潘承洞，学位委员副主席为王承瑞、乔幼梅，学部委员由马绍汉、王祖农、邓从豪、田昌五、印永嘉、乔伟、庄德钧、李玉陈、杨孔章、陈罡午、宋家珩、周来祥、赵明义、胡燮荣、袁世硕、袁益让、顾纪忠、黄浙、梅良模、鹿玉理、蒋民华、臧乐源组成。

本月　经学校申请，国家教委批准，学校新增货币银行学、国际金融、国际企业管理、会计学、旅游管理、国际经济法、国际政治、信息学等 8 个专业，从 1994 年秋季开始招生。

3 月

1 日　山东省政协委员来学校参观视察。

2 日　学校召开中层干部会议，部署 1994 年工作，潘承洞校长、陈之安书记分别谈了 1994 年学校党委和行政工作的基本思路。着重强调要处理好改革、发展与稳定的关系，是学校各项工作迈上一个新台阶。

同日　学校 1994 届毕业生供需见面会在新校俱乐部举行，来自省内外的 110 多家用人单位代表出席了会议。3 日，供需见面会结束。

5 日　学校后勤部召开副科级以上干部会议，部署 1994 年后勤工作，马长

1994 年

3 月

义副校长、刘绍刚总务处长在会议上要求后勤工作要适应新的形势，再上新的台阶，要服务上档次，管理上水平。

6 日　是全省“学习雷锋青年志愿者奉献日”活动日，学校 5000 余名师生，组成近 40 个服务队，积极参加“学习雷锋青年志愿者奉献日”活动。

7 日　学校在外事接待厅召开本学期教学工作会议，各院、系、部负责人以及教务处、成教学院等有关单位的领导参加，鹿玉理副校长在会上强调加大教学管理和改革力度提高教学质量。

同日　根据工作需要，经校务会议研究决定成立“山东大学二十一世纪发展中心”。

8 日　经校务会议研究，学校对 1993 年度计划生育工作先进集体和优秀个人进行表彰。

同日　学校女教职工近千人，欢聚新校操场，热烈庆祝“三八国际劳动妇女节”八十四周年，副校长乔幼梅，党委副书记徐广生、张象钦等领导出席大会。

9 日　学校学生工作会议在图书馆一楼报告厅举行，全校分管学生工作的 80 余位同志到会，校党委书记张象钦同志参加并主持了会议。

12 日　经学校党委研究，学校老干部工作领导小组进行调整，名单如下：顾问孙汉卿，组长张乐岭，副组长闫秉科、高登仁、刘绍刚。

16 日　党委书记陈之安、副书记张象钦主持会议研究学校学生思想政治工作，党办、团委、学工部、教务处、研究生处、保卫处、后勤办、饮食服务中心、房产管理与修缮服务中心等有关部门负责同志参加了会议。学习了省委书记姜春云同志近期召开的全省高校党委书记工作会议上的讲话精神。

17 日　学校 1994 年第一期入党积极分子培训班在电教楼 102 室开学，党委副书记张乐岭到会并讲话。

22 日　山东农业大学党委副书记李培华率党委统战部及民盟、九三学社、民革支部的负责人一行 8 人来学校访问。

同日　学校党委副书记张象钦代表党委在学校召开的各系副书记、辅导员以及学校主管学生工作的部门工作会议上提出，在当前国际国内形势下，大学生要维护稳定，拥护改革。

31 日　学校召开文科科研工作会议，潘承洞、乔幼梅等学校领导参加会议并讲话。潘承洞校长强调要继续发挥学校文史见长的优势，确定文科科研工作发展新思路，要面向“主战场”，为两个文明建设服务，为山东服务。

本月　1993 年度国家教委科技进步奖评审结束，学校获二等奖 1 项，三等奖 4 项，学校获奖数在全国高校中排名第 8，在国家教委委属综合性大学中排名第 3，比往年有大幅度提高。

本月　校团委在全校团员青年中开展学习徐洪刚活动，校团委发出口号，学习英雄徐洪刚，争做合格大学生。

本月　按需设岗、按岗定酬、公开招聘、择优录用，学校试行《山东大学关于实行助教博士生制度的暂行规定》开始试行。

1994 年

4 月

1 日　学校召开干部教师大会，传达两会精神，正确认识改革、发展与稳定的关系。

5 日　为进一步激发大学生勤奋学习、崇尚科学、追求真知的积极性，学校第二届“成才杯”大学生学习竞赛活动开始进行。

同日　学校党委宣传部、教务处在邵逸夫科学馆联合举办了《教学成果奖励条例》座谈会，来自学校各院、系、所的教师一致认为，这是我国教育发展史上第一部奖励教学成果的条例，是稳定教师队伍、提高教学质量的有力措施。

同日　学校团委组织全校 1993 级近 2000 名师生赴济南英雄山烈士陵园祭扫革命烈士。

同日　学校后勤改革工作会议在新校工会厅举行，提出今年要在全校后勤系统广泛开展“管理、服务、效益”年活动，以促进后勤工作更好地为教学科研服务。

6 日　赵志浩省长一行来学校看望师生员工，就山东省如何与国家教委共建山东大学进军“211 工程”以及高校深化教育改革、办学方向等问题同校领导进行了亲切座谈。

同日　为关心学生生活，学校领导建立联系学生食堂制度，对四个学生食堂分工负责，校领导在北苑餐厅召开伙食工作现场会。

同日　学校审计处荣获“全国教育系统审计工作先进集体”荣誉称号，翟乃贤荣获“全国教育系统审计工作先进个人”荣誉称号。

8 日　一个以从事社会公益事业、弘扬新风气为宗旨的群众组织，山东大学青年志愿者联合会在新校工会厅成立，校党委副书记张象钦、张乐岭和校团委、学工部的负责人到会祝贺。

12 日　国家教委在东北大学召开表彰全国普通高等学校先进教务处会议，学校教务处被评为全国普通高等学校先进教务处。17 日，会议结束。

15 日　美籍教师约翰逊先生(Mr. Johnson)在公教楼 111 教室为学校广大师生作了题为“working in America”的讲演。

19 日　学校为进一步加强校园管理和治安保卫工作，经学校研究决定，对学校综合治理委员会、校园管理委员会、治安保卫委员会进行调整。以上三个委员会设立一个领导机构，下设一个办公室。

同日　为进一步加强档案工作和档案意识，学校召开档案工作培训班，闫秉科副校长到会并发表讲话，全校共有 129 名档案专兼职人员参加了培训，20 日培训结束。

21 日　日本国援赠山东大学教学设备启用典礼在老校外国语学院举行，日本国驻华使馆文化官员奥正史先生，国家教委外事司副司长李顺兴，校领导潘承洞、乔幼梅、鹿玉理、闫秉科以及外国语学院 200 名师生参加了典礼仪式。

23 日　学校 1994 年春季田径运动会经过两天的激烈竞争，胜利闭幕，1 人破高校纪录，5 人 6 项破校纪录。

28 日　菲律宾青年代表团一行 3 人，在团中央和省青联部分干部的陪同下来学校访问，校党委副书记张象钦代表学校领导和全体同学表示热烈的欢迎。

同日　经校务会议研究讨论、校长批准，谭好哲等 14 人为学校“第二批青

1994 年

4 月

年学科带头人”，张学军等 36 人为学校“优秀骨干青年教师”。

本月　全国物理学科学位与研究生教育评估排序近日揭晓，在博士授权点中，学校粒子物理、凝聚态物理两个学科分别列第 2 和第 8 位。在硕士授权点中，学校粒子物理、无线电电子学、凝聚态物理 3 个二级学科排名第 3、第 5 和第 7 位，同时还有无线电物理、半导体物理、半导体器件物理及理论物理三个硕士点居全国第 11、第 11 和第 26 位。

本月　在全国烟叶收购计算机评选会上，学校微机应用研究所系列产品名列榜首，6 个型号的产品定为全国大面积推广产品。

本月　根据国家教委关于直属高校加快教育改革和发展的意见，学校从今年起，对新生实行缴费上大学制度。同时，设立“入学奖学金”“综合奖学金”制度。

本月　国家科委统计国际核心期刊发表论文结果，学校金文睿发表论文 10 篇，名列全国第三，这是继王克明教授个人发表论文全国第三之后，学校又一次个人进入全国第三。

5 月

3 日　山东大学研究生会博士生分会成立大会在新校行政楼工会厅隆重举行，乔幼梅副校长到会并发表热情洋溢的讲话。

4 日　根据学校技术工程学科发展的需要，经研究决定成立山东大学技术工程学院。

5 日　根据工作需要，经研究决定成立山东大学犹太研究所。

同日　为发展学校留学生教育，经研究决定，已对外汉语教学部为主题，成立山东大学国际教育交流学院。

同日　为便于外事工作的开展，经研究决定山东大学外事办公室更名为山东大学外事处。

1994 年 5 月 6 日，中共山东省委书记、省长赵志浩在校领导陈之安、潘承洞陪同下到学生食堂视察

1994 年

5 月

同日　由学校 OMR 所、省教育科学研究所和东阿县教育局三家共同研制的教学评价管理系统通过了省教委主持的技术鉴定。

6 日　山东省委副书记、省长赵志浩和副省长张瑞凤，省政协副主席、省教委主任崔惟琳，省政府秘书长邵桂芳一行来学校看望师生员工时重点指出：高校要深化内部教育改革，面向社会经济建设主战场培养人才，要积极引导教育学生励志到经济建设第一线，到基层去艰苦创业，增长才干。

13 日　在学校召开的青年学术带头人座谈会上，潘承洞校长指出：一流的大学需要一流的师资队伍，而师资队伍的建设本质上是中青年教师队伍的建设。

17 日　由山东省教委组织的省重点学科、重点实验室评审组对学校申报的重点学科、重点实验室进行为期 5 天的评审，学校文科 5 个学科点、理科 6 个学科点、4 个实验室列入省级重点实验室发展规划中，同时也促进学校“211 工程”的建设。21 日，评审结束。

同日　为促进学校无偿献血工作的发展，经学校研究决定，成立山东大学无偿献血促进委员会，张乐岭为主任，张象钦、闫秉科、张军从、吴关生、刘绍刚为副主任。

18 日　来自全国等院校的专家学者汇聚学校，就十院校编写的《中国古代史》教材进行研讨，陈之安书记、乔幼梅副校长也参加了会议。

19 日　学校党委统战部组织学校各民主党派负责人学习、座谈全国、全省统战工作会议精神。

21 日　山东省委常委、统战部部长韩寓群、副部长李树印等一行 3 人来学校检查统战工作，党委书记陈之安、副书记刘清前和统战部部长刘佩成汇报了学校统战工作情况。

23 日　为进一步加强教学工作，提高教学质量，学校教务处组织教学观摩课。潘承洞校长、刘清前副书记和理科部分副主任听取、观摩了印永嘉老师的讲课。

24 日　学校在工会厅召开的计划生育工作会议，陈之安书记、乔幼梅副校长到会并讲话，指出做好计划生育工作，要加强对流动人楼的管理。

27 日　韩连琪教授基金会第四次颁奖大会在文史楼 201 室举行，60 名师生获得奖励。

同日　学校团委在新校科学会堂举行第二届“成才杯”学习竞赛颁奖大会。

28 日　学校第一位博士后研人员方奇出站。

30 日　山东大学光机电工程公司和北京科利华电脑有限公司联合研制 CSC、GYQ-S30 阅卷机签字仪式在学校举行。

31 日　学校分房工作会议在会议厅举行，学校各单位领导参加了会议。

本月　经学校研究决定，山东大学技术工程学院成立。

本月　学校团委召开座谈会，号召团员向新长征突击手、劳动模范梁栋学习。

本月　山东大学成立“二十一世纪山东发展研究中心”。这个中心发挥山大人文社科优势面向社会主义现代化建设主战场促进理论联系实际，为促进山

1994 年

大进军“211 工程”，为直接促进山东社会发展和经济建设服务。

5 月

本月　经过两个月的艰苦紧张的野外工作，学校历史系考古队圆满完成对位于三峡工程淹没区的调查和试掘任务。

本月　在国家高技术研究发展“863”计划新材料领域第三届专家委员会上，蒋民华教授被聘为首席科学家。

本月　为提高高层次专门人才培养质量和办学效益，学校推出新的人才培养举措《山东大学关于硕士、博士研究生连续培养的试行办法》公布。

本月　台湾净空法师向学校捐赠图书 29 箱，这是近几年来学校图书馆接受赠书数量最多、价额最高的一次。

本月　山东省教委、共青团山东省委作出关于表彰高校、中专省级三好学生、优秀学生干部和先进班集体的决定。学校 18 位同学荣获省“三好学生”“优秀学生干部”称号，4 个班级荣获“省级先进集体”称号。

6 月

4 日　美国宾夕法尼亚州大学教授、知名美籍华人朱传榘先生偕夫人荣智珍女士，来学校讲演。

8 日　山东大学出版社成立 10 周年庆祝大会在邵逸夫科学馆举行。

9 日　由山东大学韩国研究中心与韩国汉城大学社会科学研究所共同筹备的首次“环黄海地区发展问题国际学术讨论会”在学校召开。来自韩国、日本及国内的 100 多名专家学者参加了会议。会议于 10 日结束。

同日　“山东省大学生‘泰山特曲杯’我说改革与发展征文比赛”颁奖大会在山东大学隆重举行，省委、省高工委、省教委的领导同志，驻济各高校的党委书记、宣传部部长、学工部部长以及获奖学生 200 多人到会。

13 日　在“山东历史文化交流营”中，学校师生 40 余人与香港大学的 16 名学生欢聚一堂，畅叙同胞之情。

14 日　南澳州总理 Dean Brown 先生率领政府代表团访问了学校并详细了解了“澳大利亚研究中心“的情况。

同日　学校再次发文，决定对 1992 年在国际科技学术刊物上刊载高质量学术论文的教师进行奖励。

同日　根据国家教委《关于检查直属高校校园、学习生活和生活环境的意见》精神，经学校审定，批准图书情报系和基建处等 33 个单位和部门荣获“校园文明建设先进集体”荣誉称号，汉语语音实验室等 35 个实验室为“文明校园建设先进实验室”，袁益让、郭立梅等 417 位教职员工和史先果等 850 名学生为“文明校园建设先进个人”。

23 日　山东大学京剧社在山大南校工会厅举行迎“七一”京剧联谊晚会，庆祝中国共产党建党 73 周年。

25 日　国家教委副主任韦钰在省教委副主任曾繁仁陪同下来学校视察工作，并强调指出要一抓基础性研究，二抓科技成果转化为生产力的工作。

27 日　潘承洞校长主持学校召开校务(扩大)会议，校党委书记、副书记、副校长以及党政机关的有关部、处、室负责人参加了会议，讨论深化教学改革、提高办学效益的问题。

1994 年

6 月

29 日　经学校有关博士生导师和学位分委会推荐，校学位评定委员会全体会议通通过，乔幼梅教授被聘为中国古代史专业博士生副导师。

同日　经校务会研究决定成立山东大学科技开发办公室。

30 日　学校在工会厅召开党外人士座谈会，通报学校近期情况，党委副书记刘清前参加并主持会议。

本月　1993 年 6 月 30 日竣工的邵逸夫科学馆，与去年年底通过国家教委选派的专家组评议，在邵逸夫先生第四批赠款项目的评比中，获得一等奖，国家教委颁发了一等奖杯和荣誉证书。

本月　建筑面积达 11000 余平方米的经管楼正式交付使用。

7 月

4 日　致公党山东大学支部进行换届选举，致公党山东省委代表也参加了支部大会。经投票选举，王树棠当选为主委，江守礼、黄光远当选为副主委，董再珍、薛凤英当选为支部委员。

同日　根据工作需要，经校务会研究决定成立山东大学期货研究所。

5 日　为贯彻团中央、全国学联《关于组织万支大、中专学生志愿服务队暑期科技文化行动的通知》，由学校团委发起的“希望工程”宣传考察队一行 4 人骑自行车奔赴沂蒙山区，宣传、考察“希望工程”。19 日，结束。

17 日　应学校邀请韩国宋载邵先生来学校考察访问。27 日，访问结束。

23 日　第七十九届国际世界语大会、第二十八届教师节大会在韩国汉城召开，学校世界语教师刘晓骏荣获国际世界语教师资格证书。

8 月

8 日　中国大学生篮球协会换届年会在四川成都电子科技大学召开，副校长马长义当选为第二届中国大学生篮球协会副主席。12 日，年会结束。

同日　学校以经济学院院长蔺子荣为团长一行 10 人，对韩国成均馆大学进行了友好访问。18 日，访问结束。

13 日　由学校和中国纺织集团山东思达福实业总公司联合举办的山东社会经济发展问题研讨会暨 21 世纪山东研究中心成立大会在学校召开，副省长张瑞凤、学校领导、省市有关方面负责人和专家学者近百人参加了会议。会上，国务院发展中心主任崔传义、山东省体改委副主任墨文川、山东省外经委副主任张群力分别作了科学报告。14 日，会议结束。

17 日　全国第二届蔬菜病毒学术讨论会在邵逸夫科学馆召开，来自全国 20 多个省市的 60 余位专家学者参加了会议，中国科学院院士、校长潘承洞，副校长梅恒起到会祝贺。

18 日　第二届墨学国际研讨会在学校邵逸夫科学馆隆重召开，山东省人大常委会副主任苗枫林、中共山东省委副秘书长王玉中、山东省教委副主任张传真、山东省外办副主任王佑臣、枣庄市人大常委会副主任郭良志参加了会议。21 日墨学会议结束。

2 日　学校召开军训联席会议，校党委副书记张象钦参会并讲话，宣布 1994 级军训正式开始。

6 日　学校在工会厅召开新学期学生工作会议，学工部、团委和各系党总支的 60 余人参加了这次会议，学工部部长方宏建、团委书记刘珂参加了会议并讲话。

7 日　台湾省文艺作家协会名誉理事长李升如先生在邵逸夫科学馆向学校王长水教授颁发台湾省文艺作家书法中兴将奖，出席颁奖的有党委书记陈之安、副校长乔幼梅、山东省政协副主席王祖农、山东大学校友会长陈力行、九三学社秘书长以及统战部的负责同志。

8 日　学校附属中学张维谐荣获山东省第三批中小学特级教师荣誉称号。

10 日　马长义随团一行赴德国考察访问。27 日，结束访问。

12 日　山东大学党委举办的第一期党支部培训班正式开学，60 多名党支部书记参加学习，培训班为期 10 天，主要学习《邓小平文选》以及其他文件。

13 日　为加强学校对本科教学自评工作的领导，经校务会研究决定成立山东大学本科教学工作评价领导小组。组长：潘承洞；副组长：鹿玉理。

同日　应学校邀请美国皮特(Peter Haslund)先生一行 36 人，来学校学习交流。12 月 1 日，学习交流结束。

14 日　山东省农科院等农业科技部门的专家、滨州地区及下属各县政府负责同志、山东大学贝尔公司的科技人员等 30 余人参加了在无棣县召开的万亩棉田棉铃虫 B·T/生防工程测产现场观摩会。

15 日　学校团委发出通知要求各团组织把爱国主义教育作为共青团和青年工作中的基础性教育来抓。

16 日　由学校退休者协会举办的“开拓未来奖”颁奖大会在邵逸夫科学馆报告厅举行，19 名“青年学科带头人”和“青年骨干教师”获奖。

18 日　“山东大学欢迎 1994 级新同学”文艺晚会在鲁艺剧院举行，校领导、担任新生军训任务的 54885 部队的官兵及全体 1994 级新生参加了晚会。

19 日　为进一步加强学校宣传报道和思想教育工作，及时直观地报道学校的改革发展和校内外重要信息，更好地对师生进行爱国主义、集体主义、社会主义教育，经学校研究成立山东大学有线电视台。

20 日　学校在新校图书馆一楼报告厅召开了文明校园建设领导小组全体成员和全校中层干部会议，党委书记陈之安、副校长马长义、总务处长刘绍刚到会并讲话。会议强调一是继续狠抓环境和室内卫生，二是切实抓好校园秩序整顿。

23 日　1994 级开学典礼在老校大操场举行，校领导陈之安、乔幼梅、张乐岭、徐广生、鹿玉理、张象钦、闫秉科等各系党政负责人参加了开学典礼。

同日　1994 级军训学生阅兵式在老校大操场隆重举行，校领导和山东省军区、济南军分区、历城区人民武装部以及 54886、54885 部队的领导领导出席了阅兵典礼，阅兵典礼结束后，学校领导和部队首长为军训中 3 个先进集体、149 名优秀学员颁发了奖状和证书。

同日　学校召开“1994 年暑期社会实践总结表彰大会”，对在今年暑期社会

1994 年

8 月

实践活动中表现突出的 15 名优秀指导教师、76 名学生(其中 30 人被评为省级优秀学生)以及在 1994 年度《大学生与社会》调查报告征文和“四十五年话沧桑”征文评比中获奖的 97 名学生和 5 个先进集体进行了表彰。

24 日　台湾佛院教育基金会向总校赠送《四库全书荟要》。赠书仪式在邵逸夫科学馆举行,部分兄弟院校和图书馆负责同志出席赠书仪式,乔幼梅副校长代表学校接受赠书并向台湾佛陀教育基金会表示感谢。

同日　济南市常务副市长、市常委张福山同志在视察金秋经贸洽谈会时,在学校展台上,亲切勉励科技工作者与济南市共同发展高科技事业。

29 日　山东大学留学生楼举行国庆招待会暨迎新晚会,省教委、省外办及学校领导与 20 个国家和地区的 180 名专家、留学生出席了会议。

同日　由山东大学书画院举办的山东大学国庆书画展在图书馆开幕校领导陈之安、马长义为开幕仪式剪彩。

30 日　在党委副书记张乐岭主持下,学校党委组织部分党务工作者学习座谈十四届四中全会公报。校党委书记徐广生同志参加了座谈。

本月　教师节前夕,学校邀请各单位教职工代表 70 余人在工会厅举行座谈会,庆祝自己的节日。党政领导陈之安、刘清前、张乐岭、蒋民华、徐广生、张军从、刘绍刚、吴关生等代表学校向全校教职工致以节日的祝贺和亲切的慰问。

本月　由学校光电所所承担的省委科委计划项目“建筑用透明隔热玻璃的研究”和自选课题“化学镀着色装饰玻璃”最近通过专家鉴定。

本月　在教师节来临之际,校团委、学生会、研究生会三家联合倡议,开展“难忘教师一片情 我为教师献爱心”活动,表达对辛勤工作在教育战线上的老师们的深深敬意。

本月　山东大学退休者协会为促进和鼓励学校青年教师奋发进取,尽早成为建设山大、振兴山大的优秀骨干,经学校同意决定设立优秀青年教师“开拓未来奖”基金。奖励在学校教学、科研方面取得优异成绩的优秀青年教师。

10 月

5 日　学校党委在科学会堂召开全校党员干部会议,传达学习贯彻党的十四届四中全会精神,刘清前副书记主持会议,党委书记陈之安讲话。

6 日　由学校物理系苗庆清副教授等承担的国家自然科学基金委员会项目“选极型功率晶体管高频特性研究”通过专家鉴定。该课题在 F 型封装高频功率晶体管方面迈出新的一步,该项研究陈国达到了国际先进水平。

7 日　山东大学授予韩国学者金俊烨博士名誉教授仪式暨金俊烨博士学术报告会在邵逸夫科学馆报告厅举行,校党委书记陈之安代表潘承洞校长给金俊烨名誉教授证书。

同日　学校国政学院统战部理论研究所在科教楼会议室举行统战理论研究所成立大会。

10 日　学校团委组织的学校首次升国旗仪式这是校团委落实学校《爱国主义教育实施纲要》,对大学生进行爱国主义教育的重要举措,校党委副书记张象钦、校团委全体成员参加了首次升国旗仪式。

同日　格鲁吉亚议长戈古阿泽率领的格鲁吉亚议会代表团一行 7 人来学

校访问，乔幼梅副校长代表潘承洞校长和全校师生对格鲁吉亚代表团各位贵宾的光临表示热烈的欢迎。

12 日　第五届国际精细化学和功能高分子会议在学校邵逸夫科学馆开幕，来自日本、韩国、英国、法国、美国、加拿大、澳大利亚、新加坡、土耳其、中国大陆及中国台湾 11 个国家和地区的 140 多名学者参加了这次盛会。

18 日　学校图书馆计算机管理系统第一期公测顺利过第二阶段工作胜利完成，有近 4 万册图书、小说开价库从此告别了传统的手工借还方式，实现了借阅现代化管理。

19 日　学校梅良模赴泰国考察访问。

20 日　校党委统战部组织学校 6 个民主党派的主委到济宁市考察学习。

23 日　山东大学第二十六次学生代表会议和第八次研究生代表会议在科学会堂举行。校党委副书记张乐岭、徐广生、张象钦，省学联副秘书长孙宏伟以及学校党政有关部门、院系负责人出席了会议，驻济高校学生会和研究生会也派出代表参加了会议。

24 日　美籍华人、世界著名物理学家、诺贝尔物理学奖获得者丁肇中教授应邀来学校讲学。在讲学期间，丁肇中教授被聘为学校的名誉教授，并参观了晶体材料国家重点实验室、高能物理研究室。

1994 年 10 月 24 日，丁肇中教授访问山东大学并作学术报告

26 日　学校第二十六届学生会和第八届研究生会分别召开了会议，选举了主席、副主席。学生会主席刘钊，副主席吴荣荃、徐枫、薛薇、单文杰；研究生会主席王雷鸣，副主席李照峰、张豫、孙世重。团委副书记史永志被任命为两会秘书长。

27 日　全国第四届 LB 膜学术会议，在学校邵逸夫科学馆举行。来自全国各地的 68 名专家、学者参加了会议，大会共收到论文 77 篇。31 日，会议结束。

1994年

10月

28日　金有景教授向学校赠送《中国拉祜语方言地图集》。

30日　"SP型水平轴转动惯量试验演示仪"通过专家技术鉴定。

本月　国家教委和山东省政府作出共建山东大学和青岛海洋大学的6条决定。学校研究生教育改革推出一项新举措，硕士生学制改革将在文科10个专业中进行试点，改革后的硕士生学制由原来专业的三年缩改为二年半。

本月　中央电视台选用学校的GYQ－A40光电读卡机已在18个城市运转。

本月　1994年国家自然科学基金资助项目揭晓，学校荣获14项目面上基金项目、一项重点项目资助，总经费143.3万元。

本月　在最近山东省教委组织的对全省普通高校学生宿舍管理工作检查评估中，学校被授予学生宿舍管理工作先进单位称号。

本月　学校团委近日发出通知，号召全校基层团组织和广大团员青年开展希望工程"1＋1"捐助失学少年活动。

11月

1日　为贯彻《国务院关于开展全国第三产业普查工作的通知》精神，学校决定成立山东大学第三产业普查领导小组，负责贯彻制定普查方案并组织实施。

同日　中日双边LB膜学术会议在邵逸夫科学馆举行，参加会议的中、日、韩、美四国60名专家、学者，交流论文76篇。这次会议对于促进亚洲地区LB膜研究及合作具有重要意义。5日，学术会议结束。

2日　学校在工会厅召开安全工作会议，张象钦副书记、闫秉科副校长及各有关部门负责人，各系党总支副书记、行政副主任，团支部书记和专兼职辅导员100多人参加了会议。

3日　经广播电影电视局研究决定，同意山东大学建立有线电视台。

4日　在冬季到来之际，学校后勤各职能部门在总务处张刘绍刚的带领下，深入新、老校教职工住宅区、教学区、学生宿舍区现场办公，检查、落实冬季准备工作，协调解决一些具体问题。

6日　山东大学青岛校友会举行了第二次会员代表大会，选举产生了新一届理事会成员。

8日　全国第二次日语教育工作研讨会在学校召开，全国各日语教学单位的35名代表出席了会议。11日，会议结束。

11日　学校在工会厅召开1995年毕业生就业工作会议，各系、所分管该项工作有关人员参加，校党委副书记张象钦及秘书长吴关生出席会议并讲话。17日，会议结束。

12日　由学校党委书记陈之安在学校邵逸夫科学馆报告厅召开了各单位党、政主要领导、党总支干事会议，布置1994年下半年学校职称工作。鹿玉理副校长介绍了学校今后职称改革工作的基本思路，并对今年下半年的职称评比工作作了动员、部署。

13日　由学校外语学院东语系承办的中国日语教材研讨会在邵逸夫馆隆重召开，来自海内外著名教授、学者70余人参加了会议，大会就日语教材的现状及未来规划进行了深入、广泛的探讨，同时对学校日语专业的教学与教材建设给予了高度评价。16 日，研讨会结束。

16 日　由学校与山东省毛泽东思想研究会、山东省社会科学院、中共山东省委党校等单位发起的"毛泽东思想与社会主义精神文明建设学术讨论会"在淄博举行。学校党委副书记、副校长张乐岭同志参加了会议。20 日，学术讨论会结束。

18 日　总校 1993～1994 学校校风总结表彰大会在新校科学会堂召开。校领导及学工部、团委、各系党总支和学生代表共 500 余人参加了大会。校党委副书记张乐岭、张象钦，副校长鹿玉理、闫秉科，总务处长刘绍刚到会并颁奖。

19 日　著名语言学家殷焕先教授逝世，享年 81 岁。

殷焕先(1913～1994)，1913 年 11 月 13 日生于江苏六合，1936 年考入前中央大学中文系，1940 年考入北大文科研究所攻读语言文字学，获硕士学位。曾先后任教于西南联大、北京大学、云南大学、四川大学，1946 年起在山东大学中文系任教直到逝世。

殷焕先教授曾兼任山东省语言文字工作委员会副主任，中国语言学会理事，中国音韵学会学术委员，中国语文现代化学会顾问，九三学社中央学习委员，全国高校文改会顾问，华东修辞学会顾问，山东省语言学会理事长，山东省方言研究会、古文字研究会会长，《中国语文》编委，《文史哲》编委，创始人之一，中国科学院语言所《语文研究》编委，《学术月刊》特邀编委，中国科学院语言研究所特邀研究员，华中理工大学语言研究所客座教授，《山东省方言志》主编，《经籍纂音》主编。

21 日　由山东大学与周村区委政府合办的周村开埠与山东近代化学术讨论会在周村举行，张瑞凤副省长出席并讲了话。23 日，会议结束。

26 日　经学校研究决定成立山东大学犹太文化研究所。

同日　经学校研究决定成立山东大学西欧研究所。

同日　经学校研究同意成立山东大学华侨华人研究所。

28 日　原山东省政协副主席、民盟山东省主委、全国人大代表、山大物理系教授郭贻诚逝世，享年 88 岁。

郭贻诚(1906～1994)，1906 年 10 月 6 日出生，天津市武清县人。1928 年 7 月，毕业于北京大学物理系，1929 年任北京中法大学居里学院助教，1931 年任国立山东大学物理系讲师。1936～1939 年，在美国加利福尼亚理工学院学习，并获博士学位。1939 年 9 月底回国后先后在浙江大学、燕京大学、北京师范大学、山东大学任教授，1981 年被国务院学位委员会批准为首批博士生导师。

郭贻诚教授自 1946 年以来曾任山东大学物理系主任、理学院张、副教务长，中国物理学会理事、名誉理事，山东物理学会理事长、名誉理事长，ICMFS 和 ICF 的国际委员会委员。

郭贻诚教授 1951 年 6 月参加中国民主同盟，曾任民盟山东青岛市委常委，

1994 年

11 月

民盟山东省副主委、主委、名誉主委、民盟中央委员；曾当选青岛市任人大代表，山东省一、二、五届人大代表；曾兼任济南市副市长，山东省二、三届政协常委，四、五届政协副主席等职。

郭贻诚教授是我国著名的磁学专家和著名学者，1965 年出版约 45 万字的专著《铁磁学》，为国内外专家所称道。

本月　学校发出通知，11 月份起在全校范围内开展 1994 年税收、财务、物价大检查工作。

本月　学校校团委号召发起的希望工程“1＋1”捐助活动短短一个月捐款 3 万多元，可供 100 多名失学少年重返校园。

12 月

1 日　应学校日本研究中心、毛泽东邓小平研究中心之邀，日本著名学者、北京日本学研究中心主任、教授竹内实来学校访问。

6 日　学校“社会主义新时期道德建设学术讨论会”，在邵逸夫科学馆举行，来自文科各院系的部分专家、学者 50 余人参加了会议，共收到学术论文 26 篇。乔幼梅副校长主持讨论会并讲话。

同日　学校召开民主推荐干部会议，与会的党委和纪委委员、党政中层以上干部、享受厅局级待遇的离休党员干部及党员群众投票推荐纪委书记人选；党委和纪委委员、校务委员会委员、各民主党派负责人及教职工代表投票推荐副校长人选。

7 日　学校在全校范围内开展“文明安全月”活动，主要内容是“七防一保”。

8 日　第一届全国青年优秀社会成果奖颁奖大会在京举行，学校法学院院长徐显明教授的研究成果《生存权论》一文获一等奖。

10 日　学校最高奖学金——校长奖学金颁奖大会在新校图书馆报告厅召开，优秀研究生奖学金、“阳光工程”奖学金同时颁奖。

同日　经学校研究决定，成立山东大学“211 工程”领导小组。组长为陈之安，副组长为乔幼梅、鹿玉理，组员为刘清前、张乐岭、马长义、徐广生、梅恒起、张象钦、闫秉科、吴关生、周鸿兴。

14 日　根据社会发展的需要和学校技术工程学院建设设想，经校务会研究决定，成立山东大学环境工程系。

同日　根据山东省委高校工委、山东省妇女联合会鲁发[1994]21 号文件精神，经校务会研究决定成立山东大学妇女委员会。

同日　根据学校发展需要，经研究体育教学部更名为山东大学体育系。

15 日　学校召开第十届十次全委(扩大)会，会议中心议题是贯彻落实十四届四中全会精神，省委六届三次全会精神，如何加强学校建设问题。党委委员、纪委委员、各分党委、总支书记、直属支部书记以及党委各部门负责人参加了会议。

16 日　学校团委在科学会堂召开 1994 年工作总结表彰会，各院系基层团支部成员和优秀团员出席了会议。

19 日　学校在邵逸夫科学馆举行前校长晁哲甫同志 100 周年诞辰纪念会，

1994 年
12 月

原中央顾问委员会委员段君毅、原山东省省长赵健民、原山东省委书记谭启龙、原山东省顾问委员会委主任高克亭、省政协副主席、民盟主委吴富恒、省政协副主席、九三学社主任王祖农等一批老领导出席了会议。

20 日　山东大学第四届教代会暨十六届工代会在科学会堂隆重开幕，出席“双代会”代表 306 人，其中教师代表 163 人，其他代表 143 人。

21 日　在中国科技信息研究所新闻发布会上，学校论文数在国际学术榜上再次进入全国前 10 名。周鸿兴教授代表学校领取了奖励证书。

23 日　学校和山东省戏曲学校在山东大学工会厅联合举办纪念梅兰芳 100 周年诞辰京剧晚会。省政协副主席、山大原校长吴富恒，校党委副书记刘清、前徐广生、张象钦，省文化厅正、副厅长于占德、孙永猛，省戏校正、副校长朱续本、鲍启兴，省京剧正、副院长曾广发、张连成以及山大一批教授学者出席了纪念会。

27 日　山东大学软科学研究会召开学术年会。近 40 位代表和来宾出席了会议，山东省体育改革委员会副主任、山东大学软科学研究会理事长墨文川主持会议并作了工作报告，省软科学研究会理事长、省科委副主任丁学超出席会议并讲话。

28 日　学校召开了思想政治教育研讨会，来自各院、系的党总支副书记、团支部书记、专、兼职辅导员以及学校有关部门负责人参加了研讨会，共收到论文 34 篇。党委副书记张象钦参加了研讨会，并作了主题为《从世界形势的变化看见持有中国特色社会主义道路的正确性》的报告。

29 日　山东大学台湾研究所、台湾研究会在邵逸夫科学馆同时成立。省政协主席吴富恒，孔令仁、王祖农和其他民主党派负责人，各系、各部门主要领导等共 80 余人参加了成立大会，乔幼梅副校长主持了成立大会。

30 日　一种专门用于治疗神经系统脑部疾病的智能化医疗仪器“脑电信息反馈脑部疾病治疗仪”由山东大学研制成功，并通过省级产品鉴定，被专家认定为国际领先水平，属国内外首创。

本月　山东大学电子研究所推出一项国内新发明，ZLY-J_1 智能酒精流量仪推广应用。

本月　学校调整研究生普通奖学金，自 1994 年 9 月 1 日起执行，12 月 3 日全部补发兑现。

本月　全国高校首家统战理论研究所在学校成立。

1995 年
1 月

20 日　经学校研究决定成立山东大学网络安全研究所。

21 日　学校在科学会堂召开后勤工作表彰大会，校领导、有关部门负责人以及后勤各单位职工参加了会议。党委书记陈之安、副校长马长义到会并讲话，校领导给先进集体和个人颁发了奖励。

25 日　学校领导乔幼梅、张乐岭、张象钦、闫秉科和武装部等有关领导同志与来访的 54862 部队政治部主任张建中少将、副参谋长王长根大校和王洪尧、任锋、李传富、严树荣等同志一起探讨新形势下如何做好军民共建问题。

30 日　新校工会大厅一派欢乐祥和的气氛，山东大学机关党总支 300 多人

1995 年

1 月

聚集在这里举行 1995 年新春团拜会，校领导潘承洞、陈之安、乔幼梅、马长义、刘清前、梅恒起、徐广生、鹿玉理、闫秉科、张象钦和威海分校党委书记许玉琪、副校长杨培德等出席了团拜会。

本月　学校青年教师周卫东发明的“脑电信息反馈脑部疾病治疗仪”，首次申请外国专利成功，实现学校外国专利零的突破。

本月　1994 年度国家教委科技进步奖评审揭晓，学校荣获 15 项奖励，一等奖 3 项，二等奖 4 项，三等奖 8 项。

本月　山东大学“211 工程”领导小组成立。组长陈之安，副组长乔幼梅、鹿玉理，成员刘清前、张乐岭、马长义、徐广生、梅恒起、张象钦、闫秉科、吴关生、周鸿生；“211 工程”办公室调整，主任周鸿兴，副主任梅良模、张华，成员李群、黄福武、李红、靳光华、宫承波、高山。

本月　山东大学 OMR 研究所与青岛交警支队联合开发的《机动车驾驶员文科考试微机管理系统》最近通过省级鉴定，参加鉴定会议的处有关计算机交通管理方面的教授、专家外，山东省、青岛市公安厅、局领导及各地市交警支队和车辆管理所的领导约 60 多人参加了鉴定会。

本月　学校基建投资共计 1200 余万元，集中力量抓好教职工住宅楼建设，竣工面积达到 13600 平方米基本达到了国家教委要求的教职工住房解困目标。

本月　1994 年度山东省和省高校社会科学优秀成果奖评奖活动已分别揭晓，学校有 56 项成果获奖，其中 37 项获省优秀成果奖，19 项获省高校优秀成果奖。

本月　经学校党委研究并报上级教育工会批准，同意第十六届工代会代表大会选举结果，第十六届工代会由 39 名委员组成。主席张军从，副主席付云鹏、王培元、徐丛兰。

2 月

4 日　学校鹿玉理等一行 3 人赴韩国考察访问。

14 日　法国高教科研部，生命科学司司长 Tobelem 司长一行 3 人访问学校，乔幼梅副校长热情地接待了法国客人。15 日，访问结束。

15 日　学校在工会厅召开学生开学前准备工作会议，检查落实开学前各种准备工作，校领导以及校各部门负责人参加会议，学校领导潘承洞、陈之安、乔幼梅、张象钦、闫秉科分别发表讲话。

25 日　学校 1995 年大学生就业供需见面会在新校俱乐部开幕，26 日结束。

本月　在去年召开的国家教委直属高校 1995 年基建工作会议上，学校作为 19 个单位之一获得了国家教委颁发的“文明校园”奖牌。

本月　学校为加强实验室建设，从山东省政府投资教育经费中，拨出专款投资建设学校基础配套设施，据初步统计，专项投入是全校共配套充实实验室 72 个，新开实验室 50 个，极大地改善了基础教学的实验条件。

本月　展涛被评为国家第二批跨世纪优秀人才。

1995 年

3 月

1 日　学校在办公楼 204 会议时召开了校园综合治理工作会议，校党委书、学校治安综合治理委员会主任陈之安在会议上强调，搞好校园治安综合治理工作，就是为学校教学、科研、师生生活提供一个良好环境，也就为学校深化改革、顺利进入“211 工程”打下基础。

3 日　学校纪委召开扩大会议，传达贯彻中纪委第五次会议和全国教育系统纪检监察工作会议精神，校党委、校行政的领导、全体纪委委员和纪委办公室、监察处人员参加了会议。

4 日　山东省驻济高校文明家庭表彰大会在新校科学会堂举行，这次会议共表彰了驻济 18 所高校中的 36 户文明家庭。

同日　由鹿玉理副校长、外事处长卢宗功、国际教育交流学院副院长张智奎组成的山东大学友好访问团先后赴日本、韩国进行为期两周的友好访问。

5 日　学校各级团组织组织开展“学习雷锋志愿者奉献日”多项志愿服务活动。

10 日　学校在各院、系主管教学工作的主任级教务处、成教学院、设备处的负责同志参加的本学期教学工作会议上强调指出，要强化“教学中心”意识，集中精力、加大财力投入，切实提高教学质量。鹿玉理副校长到会并讲话。

12 日　学校部分系和学校机关干部、教师、学生参加植树绿化活动。

14 日　中国科技大学校长汤洪高一行 6 人来学校参观访问，潘承洞校长，乔幼梅、蒋民华、梅恒起副校长以及其他领导在邵逸夫科学馆会议室热情接待了他们。

15 日　学校 54 名朝气蓬勃的新生分别到数学系、物理系报到，参加基地班学习，这是学校为保证基础科学研究和教学人才培养，加快培养高素质、高水平人才而采取“基地班”人才培养模式。

同日　根据国家教委“教人[1995]29 号”文件通知，展涛同志任山东大学副校长。

17 日　学校后勤办在工会厅召开后勤系统各部门负责人会议，安排部署今年的工作，层层落实承包责任制，马长义副校长到会并讲话。

20 日　国家高技术、新材料领域首席专家蒋民华院士、石开力常委、欧阳诗翁委员、国家科委工业司马燕合处长等一行 6 人来校考察“863”计划执行情况。21 日考察结束。

21 日　学校副校长乔幼梅一行 5 人赴韩国参加环黄海地区发展问题国际学术研讨会。

22 日　驻济 15 所高校关工委秘书长在山东大学邵逸夫科学馆召开座谈会，交流各高校关心下一代工作委员会工作经验。省委关工委常务副会长郭林、于介基，校党委书记、山大关心下一代工作委员会主任陈之安参加了会议。

24 日　国家教委高教司副司长、直属办公室主任陈小娅一行 3 人来校检查“211 工程”申报工作准备情况，对学校的准备工作给予了肯定。

28 日　经学校研究决定成立山东大学商业经济研究所。

同日　经学校研究决定成立山东大学盐化学化工研究所。

29 日　山东省教委“社会治安综合治理”检查团来学校检查治安综合治理

1995 年

3 月

情况，通过各方面的检查活动，检查团的同志对学校社会治安综合治理情况给予了较高的评价。

同日　在济南铁路局经济开发总公司的礼堂同山东大学工商管理学院签署了合作共建协议。

同日　山东大学举行首届“山大杯”辩论赛。

本月　学校制定的《山东大学授予来华留学生我国学位工作细则》，由校学位评定委员会审议通过，经国务院学位委员会正式批准学校有权授予学士、硕士、博士学位的学科专业。

本月　学校 31 项文科“八五”规划课题通过国家教委中期检查，两项课题被列为重点项目，追加经费 3.5 万元。

本月　根据国家教委“关于评选高等学校重点学科评审工作意见”，经学校校务委员会研究，批准评审组评出的 16 个重点学科。文科有：中国现当代文学、政治经济学、英语语言文学、中国哲学（东方哲学）、中国近现代史、专门史（中外关系史）、汉语史、商业经济、宪法学、应用社会学；理科有：分析化学、计算机软件、高分子化学与物理、半导体物理与半导体器件物理、细胞生物学、无线电电子学。另外，应用数学、军用光学、发育生物学、发酵工程直接进入校级重点。

4 月

5 日　学校召开各民主党派成员会议，传达八届全国人大、全国政协八届会议精神。

7 日　为改变单一的办学模式和单一的经费来源，山东省环保局与学校共建的环境工程系正式成立，张瑞凤、丁方明、曾繁仁、庄庆臣、王耀凤、徐刚、顾廷敏等领导和学校领导参加了环境工程系成立庆典。

同日　学校人事处在邵逸夫科学馆召开全校各单位负责人参加的津贴分配研讨会，党委副书记张乐岭在研讨会上作了总结发发言。

10 日　学校党校举办党员教授“社会主义本质与建设有中国特色社会主义理论”专题研讨班，党委书记陈之安和党委副书记徐广生在研讨班上分别讲话。21 日专题讨论班结束。

11 日　根据工作需要，经学校研究决定山东大学学生处增设学生科、教育科。

12 日　经学校对青年学术骨干进行严格考核和审查，经校务会通过，学校公布第三批青年学科带头人和青年学术骨干名单。青年学科带头人：王学典、王育济、刘凤君、樊丽明、臧旭恒、丛亚平、刘士国、孙希国、曲宝东、王仁卿、高宝玉；青年学术骨干名单：陈尚胜、黄少安、张东辉、周德堂、李大兴、申大忠、肖天存、泥安儒、王勇。

13 日　学校党委副书记、常务副校长张乐岭主持在邵逸夫科学馆报告厅召开全校各单位党政负责同志、各民主党派负责人、正教授、青年学科带头人会议，潘承洞校长介绍了学校在建设“211 工程”方面的优势和差距，作了自我定位和评价，号召大家增强信心，齐心协力，为进入“211 工程”多作贡献。

15 日　学校生物系在工会厅一楼举办黄浙教授从教 56 周年暨 80 寿辰庆

1995 年
4 月

祝会。

同日　经民盟山东省委批准，民盟山大支部委员会扩建为民盟山大总支委员会，同时民盟山大委员举行换届选举。参加山大民盟成立大会的有，民盟省委副主席刘陵城、组织部部长牛金利、山大党委副书记徐广生、党委统战部的负责人以及学校各民主党派的代表。

同日　为建立和完善校长及行政系统为主实施的德育管理体系，学校研究决定成立德育工作委员会，同时各院系成立的于工作领导小组，落实工作责任制。

17 日　山东省委副书记、省长李春亭等领导在省教委副主任曾繁仁等同志的陪同下来学校视察工作，潘承洞校长、党委书记陈之安作了工作汇报。

同日　经山东省体委、山东省教委与学校三家协商，学校和山东省体育运动技术学院联合试办男子篮球和田径两个项目的高水平优秀运动队，在学校邵逸夫科学馆举行新闻发布会。省委副书记、省长李春亭、副省长吴爱英及省有关部门的领导出席了发布会，副省长吴爱英、省体委主任曹学成、学校党委副书记张乐岭分别讲话。

20 日　学校召开保密工作会议，校保密委员会全体成员和有关部、处、室负责人参加了会议，孙志敏传达贯彻省委保密工作会议精神，党委副书记张象钦参加会议并讲话。

27 日　山东大学第五届学生文化艺术节在科学会堂开幕，潘承洞、徐广生、张象钦等校领导出席了开幕仪式。

同日　学校党委常委发出通知，决定在全校广大干部和师生员工中广泛深入地开展向孔繁森、王廷江、韩素云等模范人物学习的活动。

29 日　中科院院士、物理化学家、山东大学邓从豪教授被评为“全国先进工作者”，并出席了党中央、国务院在人民大会堂召开的庆“五一全国劳动模范”和先进工作者表彰大会。

同日　国际著名语音学家、日本东京大学、东京理工大学教授藤崎博也先生来学校中文系进行学术交流，同行的还有全国政协委员、中国社会科学院语音所教授、博士生导师林茂灿先生。

本月　山东大学关心下一代工作委员会荣膺“全国教育系统关心下一代工作暨全省教育系统关心下一代工作先进集体”称号。

本月　由学校历史系考古专业 1992 级学生和部分研究生组成的山大考古队在长清县五峰乡发掘出一批西周晚期至春秋时期重要文物。

本月　1994 年学校文科科技成果显著，共获各类奖励 156 项。其中全国青年社会科学优秀科研成果 1 项，山东省社会科学优秀成果奖 31 项，山东省省教委和山东大学社会科学优秀成果奖 124 项。文科共发表著作 146 部，论文 750 篇；理科共获各类奖励 84 项，其中国家教委科技进步奖 15 项，省科技进步奖 8 项，省教委及山东大学科技进步奖 61 项。共发表专著 21 部，论文 860 篇，其中国际刊物发表 259 篇，国内刊物 601 篇。

1995 年

5 月

3 日　学校发出通知，决定从工会离退人员和民主党派中聘任付云鹏等 8 人为学校特邀监察员。

4 日　学校党委召开向孔繁森同志学习暨民主评议党员动员大会，学校党政负责人、各分党委、党总支、直属党支部、基层党支部全体委员及机关总支部全体党员 400 余人参加了会议，会议由校党委副书记张乐岭同志主持，党委书记陈之安同志在会上作了动员报告。

同日　《山东大学学生考试作弊处分实施细则》颁布，5 月 1 日正式执行。

同日　新校图书馆楼前，山东大学数千名师生员工隆重聚会，热烈庆祝"五四"青年联欢晚会拉开序幕。

同日　山东省委统战部在学校邵逸夫科学馆召开部分高校统战工作座谈会，省委常委、统战部部长韩寓群到会并讲话。

同日　根据工作需要，经学校研究决定成立山东大学工人技术考核领导小组。组长张乐岭，副组长吴关生、刘绍刚、徐儒英。

8 日　山东大学近百名学生在山东省血液中心无偿献血。

同日　经学校研究，决定成立山东大学台湾研究所。

9 日　经中共国家教育委员会党组研究决定，同意山东省委的意见，任命曾繁仁同志为山东大学党委委员、常委、书记；同时免去陈之安同志的山东大学党委书记、常委职务，自宣布之日起实行。

10 日　学校召开校部机关、处、室、后勤办等部门主要负责人参加的会议，学习贯彻尉健行、李贵鲜、曾庆泽同志在中央国家机关纪检组长、检查局长会议上就坚决遏制公款吃喝、公款娱乐两项补充规定的讲话精神。党委书记陈之安、副校长闫秉科、纪委书记李积祥分别发表讲话。

15 日　山东大学总校妇女委员会第一届委员会组成委员会由 78 人组成，妇委会常务委员会由王芬英、王丽萍、王磊磊、放益寿、史菊秋、庄平、牟慧芝、吴荣荃(学生)、徐丛兰、徐平、章安秋 11 人组成。

17 日　学校召开中层干部会议，进一步部署领导干部廉洁自律自查自纠工作，各分党委、总支、直属支部正副书记，院长、系主任，机关、后勤各部门主要负责人参加会议，党委书记陈之安，副书记张乐岭，党办主任孙志敏到会并讲话。

18 日　日本 NEC 公司校园网、网络产品及图书馆管理系统技术研讨会在山东大学图书馆举行，山东省教委副主任曾繁仁及全省 20 余所高校负责人、图书馆长、设备处长等参加了会议，校党委书记陈之安到会并讲话。

20 日　经学校研究，同意成立山东大学妇女问题研究中心。

同日　应学校邀请日本山口市日中友好协会吉村安雄一行 10 人来学校进行短期学习访问。

22 日　学校德育工作委员会成立，德育工作委员会由 19 人组成，潘承洞为主任，徐广生、鹿玉理、张象钦、展涛为副主任。

同日　巴基斯坦驻华大使阿・杰・卡齐先生偕夫人来学校进行友好访问。

同日　香港中文大学学生代表团一行 20 余人，来学校进行友好访问。

26 日　"祖国在我心中，战士在我心中"的"双心活动"开展 10 周年纪念大会在淄博隆重举行，学校领导及有关部门负责人、学生代表、集团军官兵出席了纪念大会。

1995 年

5 月

本月　1994 年底由国家计委、国家科委、国家教委、中科院、基金委等九个国家部委联合召开的国家重点实验室建设 10 周年总结表彰大会，学校晶体材料国家重点实验室王继扬教授被评为国家重点实验室先进工作者，并荣获“金牛奖”。

本月　1994 年国家教委资助优秀年轻教师基金录取工作揭晓，学校微生物所白增亮副教授申报的《人类疱疹病毒 7 型与 6 型相关生物学的研究》获国家优秀年轻教师基金资助。

6 月

1 日　由中国细胞生物学会植物细胞培养和细胞工程专业委员会、中国植物学会和组织培养专业委员会主办的中国植物细胞工程学术研讨会在学校召开，中国科学院副院长许志宏到会并作学术报告，国内知名专家、学者参加了会议，共收到论文 160 多篇。会议于 4 日结束。

5 日　晶体所研制“LD 泵浦高效 Nd:yvo4 / KTP 绿光激光器”通过技术鉴定，在该领域达到了国际领先水平。

同日　由国家环境保护局和国家教委主办，在北京人民大会堂召开的全国环境教育表彰大会上，来自学校环境科学系副主任陈方同志获得“先进个人”荣誉称号。

同日　根据国家教委教财厅[1995]3 号文件精神，经校务会研究决定成立山东大学清理检查“小金库”领导小组。组长为闫秉科，副组长为梅恒起、张军从。

6 日　为加强廉政建设，强化财务监督，总校在邵逸夫科学馆召开了由校各部门负责人参加的清理检查“小金库”工作动员大会，副校长梅恒起、闫秉科到会并讲话。学校成立清理“小金库”领导小组，学校清理“小金库”专项检查工作正式开始。

同日　总校计划生育工作会在工会厅举行，来自各单位分管计划生育工作的领导和宣传员 150 多人参加了会议。

8 日　美国卡罗那州立大学教师访问团一行 17 人来学校访问。

9 日　马来西亚金狮集团在学校设立金狮软件奖学金。

12 日　根据国家教委“关于进行第三届全国普通学校优秀教材评奖工作的通知”精神，进学校研究决定成立学校第三届优秀教材评选委员会，由鹿玉理等 28 人组成。

13 日　学校党委举办党外教授理论学习班。

14 日　山东省高校“十大优秀教师”“十大优秀学生”表彰大会在南郊宾馆举行，学校物理系教授王克明，科社系 1992 级本科学生薛薇榜上有名。

15 日　国家教委人事司张仁贤副司长在邵逸夫科学馆报告厅召开的正处长、教授、校领导和民主党派负责人参加的会议上宣布国家教委文件，对学校领导班子进行调整，曾繁仁同志任山东大学党委书记，陈之安同志不再担任党委书记一职。

20 日　总校“纪念中国抗日战争、世界反法西斯战争胜利五十周年座谈会”

1995 年

6 月

在工会厅召开。

同日　山东大学团委荣获共青团山东团委组织的山东省第三届青年科技文化节优秀组织奖。

23 日　学校在工会厅召开中国抗日战争世界反法西斯战争胜利 50 周年座谈会。

同日　学校国际教育交流学院在邵逸夫科学馆为今年学成结业的 11 个国家的 34 位外国留学生举办了毕业典礼。

25 日　齐鲁大学校友会在山东大学邵逸夫科学馆举行成立大会，省人大副主任苗枫林，省政协副主席丁方明、吴富恒、苗永明，省政府秘书长张健，中科院院士、山东大学校长潘承洞，山东师范党委书记周志仁，山大常务副校长张乐岭，副院长梅恒起以及著名老教授田仲济、胡乐德、秦西灿等参加了会议。

29 日　山东省委、省政府领导来学校现场办公，省委书记赵志浩校现场办公会上，强调指出，要把山大的建设和发展纳入山东省的经济、社会和高教发展规划中，要突出重点意识，采取特殊的政策，全力以赴的支持其尽快进入“211 工程”建设。省委副书记韩喜凯，省委副书记、常务副省长宋法棠，省委常委、济南市委书记孙淑义，省政协主席、高教工委书记、教委主任崔惟琳等领导以及省计委、科委、财政厅等省直有关部门的领导参加了现场会，潘承洞校长、曾繁仁党委书记分别作了工作报告。

同日　学校与山东工业大学在邵逸夫科学馆就联合办学举行签字仪式，正在现场办公的省委领导赵志浩、韩喜凯、宋法棠、孙淑义、崔惟琳等出席了签字仪式。

同日　学校党委领导召集党群口主要负责人会议，会上听取了各单位主要负责人的工作汇报，强调指出要努力抓好党的建设和思想政治工作。

30 日　山东大学学位评定委员会召开全体会议，经过一致投票决定，同意授予张国洪等 189 名同学硕士学位，文宗瑜等 18 名同学博士学位。

同日　学校机关总支组织机关干部到山东省博物馆参观孔繁森同志事迹展。

7 月

1 日　学校在鲁艺剧院隆重举行 1995 届毕业生典礼，校领导潘承洞、曾繁仁、张乐岭、马长义、徐广生、梅恒起、鹿玉理、张象钦、闫秉科、展涛等出席了会议，本届毕业生将有 2567 人即将走上工作岗位。

7 日　根据工作需要，经学校研究决定成立山东大学校办产业清产核资工作领导小组。组长为梅恒起，副组长为马长义、闫秉科、刘绍刚、曲兆瑞。

18 日　在中华全国青联第八届委员会第一次会议和中华全国学联第二十二次代表大会上，学校副校长展涛和校学生会主席刘钊同学分别当选为全国青联常务委员和全国学联副主席。

20 日　应学校邀请韩国成均馆大学教职员代表团一行来学校访问。

本月　今年暑假期间，学校学生社会实践活动的重点是志愿者扫盲活动，经过招聘先后有 100 多名大学生志愿报名，他们先后赴肥城、宁阳、武城、鄄城、沂水、沂南、东营、茌平、微山等地开展扫盲服务活动。

1995 年

8 月

17 日　学校党委召开常委扩大会，认真学习党建会议文件。

21 日　学校召开党委各部门负责人会议，学习文件、讨论贯彻意见。

25 日　学校召集各部门负责人会议，汇报检查开学前的准备工作。副校长张乐岭、闫秉科到会并讲话。

28 日　学校召开中层干部会议，传达贯彻全国高校党建工作会议精神，部署学校新学期党委行政工作要点。

同日　经党委研究决定成立山东大学稳定工作领导小组。组长曾繁仁，副组长张乐岭、张象钦、鹿玉理、闫秉科、展涛。

本月　学校校办产业清产核资工作开始。

本月　学校 1995 年度哲学、社会科学优秀成果的评选工作结束，经校文科科学委员会评定，共有 73 项成果获奖，一等奖 20 项，二等奖 20 项，三等奖 33 项。

9 月

1 日　学校“纪念抗战胜利 50 周年”老干部座谈会在新校工会厅举行，38 位参加或经历过抗日战争的老干部汇聚一堂，回顾历史，歌颂抗日英雄的光辉业绩，党委书记曾繁仁到会并讲话。

同日　根据国家教委、山东省教委、山东省人事厅有关文件精神，结合学校实际，经学校审核批准，决定对学校评选出的朱广祁等 63 名同志授予“山东大学优秀教师”称号；曹艳李等 38 名同志授予“山东大学优秀教育工作者”称；历史系考古研究室等 4 个单位授予“山东大学教书育人先进集体”荣誉称号。

5 日　学校在工会厅召开有关院、系(所)的负责人、学位评定分委员会主席参加的博士生指导教师遴选工作会议，潘承洞校长，展涛副校长到会并讲话。学校将坚持标准，择优上岗的方针自行遴选博士生导师。

6 日　学校在科学会堂举行庆祝教师节暨表彰大会，63 名优秀教师、38 名优秀教育工作者、4 个教书育人先进集体、46 名优秀共产党员、22 名优秀党务工作者、23 个先进党支部受到校党委和学校表彰奖励。党委书记曾繁仁、副书记张乐岭、副校长鹿玉理到会并讲话。

8 日　国家教委人事司在学校主持召开了部分分属委高校干部档案管理工作研讨会，会议于 12 日结束。

同日　校工会组织教师代表在工会厅召开座谈会，庆祝第 11 个教师节，校党委副书记徐广生、张象钦，副校长闫秉科，工会主席张军从、党办主任孙志敏出席了会议。

同日　经学校研究决定，同意成立山东大学山东区域研究中心。

9 日　学校 1995 级新生 1600 余人开始为期三周的军事训练。

11 日　“山东省教育科研网技术研讨会”在山东大学邵逸夫科学馆召开，我省十几所高校近 70 名专家、部处负责人以及部分高校的领导参加了会议，省教委副主任吕可英、国家教委华教公司董事长陶遵谦、校党委书记曾繁仁、副校长梅恒起、校长助理周鸿兴出席了会议。

13 日　学校在科学会堂召开《纪念抗战胜利 50 周年报告会》党委副书记徐广生到会并讲话。

1995 年

9 月

18 日　根据工作需要，经学校研究决定成立山东大学工业控制研究所。

同日　根据《济南市人民政府办公厅关于开展第三次全国工业普查的通知》精神，经学校研究决定成立山东大学普查工作领导小组。组长梅恒起，副组长闫秉科、刘绍刚、曲兆瑞。

19 日　国家教育委员会同意山东大学第六届学位评定委员会组成人员名单：潘承洞任主席，王承瑞、赵明义、展涛任副主任。马绍汉、邓从豪、孔祥正、田昌五、曲铭海、汪健、杨孔章、李玉陈、张红卫、宋家珩、周来祥、胡燮荣、袁世硕、袁益让、高培基、徐显明、顾纪忠、鹿玉理、梅良模、蒋民华、蔺子荣委委员。

20 日　来自学校各单位的女教师、女职工 80 余人在工会厅听取孔令仁教授、王丽丽老师传达第四次世界妇女大会的会议精神，党委副书记徐广生、副校长乔幼梅出席了会议。

21 日　学校召开下半年教学工作会议，各院、系主管教学及有关业务处的副处长以上的负责人参加了会议。鹿玉理副校长到会并讲话。

24 日　由省高校图工委组织的 1995 山东高校图书馆现代化管理研讨会在学校图书馆召开，来自全省 41 所高校的图书馆馆长和技术部主任共 70 余人参加，省教委副主任单兆众，学校领导梅恒起、展涛、刘绍刚参加研讨会。27 日，研讨会议结束。

26 日　学校团委在科学会堂举行“山东大学 1995 年成人仪式”，500 多名青年在五星红旗下宣誓。

同日　经学校研究决定，学校成立山东大学夕阳红艺术团，团长为曾利容，政治委员代桂华，副团长为沈源龙、郑亦津、武可熹、李庆武。

27 日　中纪委国家教委检查组副组长、监察部驻国家教委检察局局长张荣同志，应邀来校作报告。

同日　由国家教委和中国工业与应用数学学会共同举办的 1995 年全国大学生数学建模竞赛结束，学校代表队获一等奖。30 日，数学竞赛结束。

29 日　学校在邵逸夫科学馆举行新入校的外国留学生开学典礼，省政府外事办副主任崔乐生、省教委外事处长王绥之，山东大学副书记张乐岭、副校长马长义、鹿玉理以及学校有关单位负责人和教师与全体留学生共 250 余人参加了会议。

31 日　为推动学校改革发展事业，经党委常委会议研究，批准历史系档案教研室等 23 个党支部为山东大学先进党支部；印永嘉等 46 名同志为山东大学优秀共产党员；杨恩长等 22 名同志为山东大学优秀党务工作者。

同日　1995 级研究生、本科生、专科生开学典礼在老校大操场隆重举行，党委副书记张乐岭，副校长鹿玉理到会并讲话。

同日　1995 级新生军训阅兵式在老校大操场隆重行，省教委、校领导和济南军区、山东省军区、历城区人民武装部、54886 部队出席了阅兵式。

本月　暑假期间学校对外文化交流活动频繁，往来甚多，先后接待了美国北卡罗来纳州立大学、加州大学萨克拉门托分校、圣巴巴拉市立学院，韩国成均馆大学教师团、成均馆大学学生暑期研修班五个团体百人左右。

本月　学校数学系博士导师袁益让教授近日被香港柏宁顿（中国）教育基

1995 年

9 月

金会列为首届“孺子牛金球奖”获得者。

本月　学校紧紧围绕“科教兴鲁”的总战略，开展科学研究活动，在学校科技人员的共同努力下。1995 年学校有 27 项获得资助，经费总额达 99.4 万元。

本月　山东大学工控技术研究所实验基地在平阴建成。

本月　经学校研究决定，总校人事处工作领导小组领导机构组成人员进行调整，调整后的人事领导小组由张乐岭任组长，吴关生任副组长，组员为马长义、梅恒起、鹿玉理、闫秉科、展涛、徐儒英、胡家臣；调整后的学生工作领导小组，组长张象钦，副组长鹿玉理、刘绍刚，组员为方宏建、卢兆铭、顾纪忠、王军、刘珂、吴继能；调整后学总校奖学金管理评审委员会，主任委员张乐岭，副主任委员梅恒起、鹿玉理、张象钦、闫秉科、展涛，委员有顾纪忠、卢兆铭、卢宗功、王军、张华、宋云峰、方宏建。

本月　学校第三次工业普查开始。

本月　学校 1995 暑假社会实践活动圆满结束，今年暑假校团委组织学校大学生开展社会实践活动，成立了 10 支科技教育服务队和一个社会实践夏令营分赴菏泽、微山、郓城、东营、威海等地。

10 月

4 日　校党委在邵逸夫科学馆召开全校副处级以上领导干部会议，传达贯彻党的十四届五中全会精神，党委书记曾繁仁、党委副书记张乐岭、张象钦和徐广生出席会议并讲话。

同日　山东大学亚洲太平洋、亚太与山东研究所第一届全体成员会议在邵逸夫科学馆召开，会上总结了该所成立一年来的工作情况并进行了学术讨论。

5 日　根据工作需要，经研究决定，对山东大学保密委员会进行适当调整，调整后的保密委员会主任为张象钦，副主任为吴关生、孙志敏。

9 日　山东大学向残疾人献爱心捐赠活动仪式在工会厅举行，学校为残疾人捐款 37652 元。

11 日　全国高校“社会主义经济理论与实践研讨会”第九次会议在学校召开，各高等学校、企业界和经济研究部门的经济理论工作者 100 余人参加了研讨会，会上共提交论文 150 篇。国家教委、山东省委、省政府有关领导和学校部分领导和师生应邀参加了研讨会。

同日　加拿大纽布朗斯维克大学历史系华裔教授、北美 20 世纪中华史学会会长徐乃力先生来学校为历史系作学术报告。

12 日　第五次国际精细化学和功能高分子研讨会在学校召开，来自国内外专家学者，参加了会议。15 日，会议结束。

14 日　王祖农教授执教 50 年庆祝会在邵逸夫科学馆会议厅隆重举行，校领导及中科院、复旦大学、南开大学等单位的代表和来自全国各地的王先生学生 300 多人参加了会议。

16 日　根据国家教委教位[1995]8 号文件批复，山东大学学位评定委员会由潘承洞等 25 人组成。主席为潘承洞，副主席为王承瑞、赵明义、展涛。

17 日　校党委在邵逸夫科学馆召座谈会，总结党校建校五周年以来的工作，研究如何进一步把党校建好。党委副书记徐广生、张象钦，校长助理刘绍

1995 年

10 月

刚，原党委书记和党校校长陈之安、党校副校长许学圣以及学校党政有关部门负责人、党校教师和学员代表参加了会议。

同日　校党委发出通知，要求全体党员、干部和师生员工认真贯彻学习党的十四届五中全会精神，进一步搞好学校的改革、发展和稳定，推动各项工作再上新台阶。

18 日　经学校研究决定成立山东大学临时工管理领导小组，组长张乐岭、副组长闫秉科、吴关生、刘绍刚。

19 日　在北京钓鱼台国宾馆举行 1995 年度何梁何利基金颁奖大会上，学校校长、中科院院士潘承洞校长被授予"何梁何利基金科学与技术进步奖"，这是山东省的科学家首次获得此项殊荣。

同日　山东大学 1995 年第二期入党积极分子培训班开学。

21 日　国家教委高教司委托学校承办的全国高校历史学科教学改革研讨会暨第三届部分高校历史系主任联席会议在学校邵逸夫科学馆举行，来自北京大学、中国人民大学、复旦大学、南京大学等 25 所重点高校的近 30 位专家教授参加了会议。25 日会议结束。

23 日　经学校校务会研究决定，设立山东大学选课中心。

同日　经学校校务会议研究，成立山东大学博物馆。

同日　根据国家教委有关通知要求，经学校校务会议研究决定，设立山东大学学位和研究生教育信息工作站。

24 日　邓从豪教授执教 50 周年庆祝会在邵逸夫科学馆隆重举行，党委书记曾繁仁代表学校向邓教授表示诚挚的祝贺。

同日　学校青年学科带头人和青年骨干教师"邓小平建设有中国特色的社会主义理论学习纲要"学习班开学，党委书记曾繁仁到会并讲话。

本月　学校关心下一代工作委员会调整，曾繁仁任主任，张乐岭任常务副主任，马长义、徐广生、徐迅、高登仁、张军从、刘绍刚、刘佩成、朱洪亭任副主任。

本月　由学校生物医学工程中心承担的省科委重点计划项目"新型口服药物控制释放系统"研制成功，通过省科委组织的专家鉴定。

本月　1995 年国家自然基金面上项目审议工作已经揭晓，学校共获资助 17 项，总额为 149 万元，创历史最高水平。

本月　学校财经工作领导小组组成人员调整，潘承洞任组长，闫秉科任副组长，成员马长义、梅恒起、徐广生、鹿玉理、张军从、王军、翟乃贤。

本月　山东大学外事工作领导小组组成人员调整，由潘承洞任组长，鹿玉理、展涛任副组长，组员曾繁仁、张乐岭、马长义、张象钦、闫秉科、卢宗功、徐儒英、吴继能、宋云峰、姜宝昌。

本月　经国家教委批复，同意山东大学第六届学位评定委员会组成，由潘承洞等 25 人组成学位委员会，潘承洞任主席，王承瑞、赵明义、展涛任副主席，马绍汉、邓从豪、孔祥正、田昌五、曲明海、汪健、杨孔章、李玉陈、张红卫、宋家珩、周来祥、胡燮荣、袁世硕、袁益让、高培基、徐显明、顾纪忠、鹿玉理、梅良模、蒋民华、蔺子荣为委员。

本月　学校在山东省第九届大学生运动会上，学校代表队获甲组团体总分第一名。

1995 年
11 月

1 日　为迎接国家教委即将对学校“211 工程”的预审，校领导带领有关部门负责人深入各、院、系、所、实验室，严格按照预审工作的程序检查、了解准备工作情况。

同日　根据中纪委驻国家教委纪检组，监察部驻国家教委监察局要求，经校务会议研究决定成立山东大学科研经费专项执法监察领导小组及工作小组。

同日　法国巴黎第七大学校长 Dedonder 先生率代表团一行 4 人来学校访问，了解学校教学、科研及改革情况，讨论与学校开展学术交流与合作的有关问题，并签署了两校交流合作协议。8 日，访问结束。

3 日　学校 20 余名关心下一代工作委员会会员在工会厅听取上级关工委工作会议精神时强调德育是工作重点。

6 日　著名美国语言学家，现任于北京外国语大学的莱斯丽·贝莱特教授来学校访问并作了精彩的学术报告。

同日　学校潘承洞等 40 名同志获省委、省政府授予的山东省专业技术拔尖人才称号。

同日　受国家计委委托，国家教委组织以复旦大学赵寿元教授、北京大学顾孝诚教授、中科院上海细胞研究所王亚辉教授等 12 人对学校发酵工程国家重点实验室进行评议验收。校长潘承洞，党委书记曾繁仁，副校长张乐岭、梅恒起等领导出席检查验收会议，专家一致同意学校发酵工程国家重点实验室通过验收。

1995 年 11 月 6 日，发酵工程国家重点实验室通过验收

13 日　外交部国际问题研究院薛谋洪教授应邀为学校老干部、教师作国际形势报告，校党委书记曾繁仁出席，并向薛教授颁发山东大学兼职教授证书。

1995 年

11 月

16 日　学校奖学金颁奖大会在工会厅举行，共有 168 名博士生、硕士生、本科生分获山东大学校长奖学金、优秀研究生奖学金、光华奖学金、阳光工程奖学金。

20 日　国家教委首届人文社会科学优秀成果奖颁奖大会在京举行，学校有 10 项成果获奖，其中一等奖 2 项，二等奖 8 项。

同日　经学校研究决定，成立山东大学证券投资研究所。

26 日　国家教委胶体与界面化学开放实验室成立并正对外开放，标志着学校在胶体界面化学方面的研究进入一个新的发展阶段。

28 日　经校务会议研究决定，山东大学档案管理委员会进行调整，主任为闫秉科，副主任为宫立昌、张华、陈章通。

同日　学校陈惠民、夏光敏等承担的“863”高科技重点项目通过部级鉴定达到国际先进水平。

1995 年 11 月 28 日，陈惠民、夏光敏等承担的“863”高科技重点项目通过部级鉴定达到国际先进水平

30 日　学校在工会厅召开财务大检查动员会，梅恒起副校长到会并讲话。

同日　以“为明日的世界教育今日的青年”为主题的德育教育国际研讨会议在学校召开，省教委领导、校领导、国际教育基金会的专家和山大、山师的专家学者 70 余人参加了会议。

同日　山东省委高校工委来学校检查贯彻落实中央教育部文件情况，检查组通过听取汇报、开座谈会、实地检查等多种形式，分八个方面进行了全面检查，取得了满意的效果。12 月 4 日，检查结束。

本月　学校微生物所张玉臻副教授等承担的“苹果渣固态发酵”项目研究完成并通过部级鉴定。

本月　由学校微生物研究所设计的“烟草、棉花收购计算机系统”获国家级新产品证书。

1995 年

11 月

本月　学校“科研经费专项执法检察”领导小组成立。党委副书记徐广生任组长，梅恒起、闫秉科、周鸿兴任副组长。

本月　大力推动科技兴油、促进了石油工业的发展，山东大学为石油工业科技服务 20 年来，结出了累累硕果。学校每年派出近百人的科技队伍参加油田科学研究，承担国家省部级课题 40 余项，有 8 项达到国际先进水平，7 项成果填补了国内空白，获国家、省、部级奖励 21 项。

本月　山东大学函授、夜大学教育自评工作领导小组成立。

本月　山东大学学位和研究生教育信息工作站设立。

本月　根据国家教委关于直属高校加快教育改革和发展的意见，根据学校订立的《山东大学招生收费改革办法》第二条规定，学校有 351 名 1995 级新生(本科)获“入学奖学金”。

本月　美国《科学》周刊列出中国大学排行榜，山东大学位居第八位。

本月　全国高校自然科学学报“三优”评比揭晓，《山东大学学报》(自然科学版)获全国自然科学学报优秀学报二等奖(A 类)。

本月　一年一度的山东省社会科学优秀成果奖评奖与山东省高校哲学社会科学优秀成果评奖揭晓，学校共有 46 项成果获奖(其中社联奖 30 项，省教委 16 项)，获得社会优秀科研成果奖 2 项，省高校哲学社会优秀成果一等奖 3 项。

12 月

1 日　学校校党委书记曾繁仁召集各分党委、党总支书记会议，部署安排安全工作。

3 日　山东省高校工会德育工作检查组对学校落实中央德育文件情况进行了为期两天的检查。

4 日　经研究同意成立山东大学导教就业中心，隶属于继续教育学院。

5 日　根据工作需要，经学校研究决定对山东大学关心下一代工作委员会进行调整。主任为曾繁仁，副主任为张乐岭、马长义、徐广生、徐迅、高登仁、张军从、刘绍刚、刘佩成、朱洪亭。

8 日　学校召开纪念“一二・九”60 周年、“一二・一”50 周年座谈会。参加过两次运动的老干部和 15 名学生代表共聚一堂，回顾历史，畅谈当代青年学生肩负的责任。

11 日　经研究同意成立山东大学“3D”研究中心。

同日　根据需要，经学校研究山东大学校内银行更名为山东大学校内结算中心。

15 日　韩国昌原大学代表团一行 3 人来学校参观访问，潘承洞校长接见了代表团成员。

同日　经学校研究决定评选工商学院等 36 个单位、齐朝雪等 69 名同志为学校 1995 年度计划生育工作先进集体和优秀干部。

19 日　学校召开调整后的档案管理委员会会议，副校长闫秉科、校长助理吴关生到会并讲话。

29 日　学校“山东省晶体材料与器件工程技术研究中心”成立，山东省副省长吴爱英、济南市副市长沈建国及省科委、计委、经委等省市有关部门的领导到会。

1995 年

12 月

本月　从 1995 年 10 月起学校中科院院士潘承洞、邓从豪、蒋民华享受山东省政府津贴，王祖农等 68 名博士生导师享受山东省特殊岗位津贴。

本月　学校认真贯彻国家教委《关于在高等学校加强有关台湾教育的通知》，在全校学生中加强涉台教育。

本月　学校晶体所博士生沈德元荣获 1995 年度“中国大学生跨世纪发展奖学金”（首届）特等奖。

本月　在全国第四届“挑战杯”竞赛中学校有 4 件作品入选。

本月　由学校和中国农科院合作世界首株抗病毒转基因小麦培育成功。

本月　学校李志清教授荣获“法国艺术与文学骑士勋章”。

本月　根据 1995 年统计结果，1994 年在国际学术刊物发表论文总数，山东大学名列全国高校第八位。

本月　利用植物细胞工程育种又一突破，学校生物系小麦属间体细胞杂交杂种植株成功。

本月　全省共青团工作暨全省青年“青春立功活动”活动动员表彰大会召开，学校团委被共青团山东省委授予 1995 年度共青团工作“红旗团委”和“青春立功先进团委”荣誉称号。

本月　彭实戈获国家自然科学二等奖。

本月　全国“爱国主义主题征文”揭晓，学校有 6 名同学获奖。

1996 年

1 月

6 日　学校党委常委、党委办公室主任孙志敏、人事处副处长率领山东大学夕阳红艺术团赴山东省劳教所帮教失足青少年。

9 日　学校“211 工程”部门预审开幕式在邵逸夫科学馆报告厅举行，山东省委书记赵志浩，省委副书记、省长李春亭，省委副书记韩喜凯，省委常委、市委书记孙淑义，国家教委副主任周远清以及省市领导崔惟琳、孔令仁、吴富恒、王祖农、谭永青等出席开幕式。

同日　学校副校长张乐岭等一行 3 人，赴法国、丹麦访问考察。

10 日　在山东省 1995 年度无偿献血总结表彰大会上，学校被山东省献血办公室授予“无偿献血先进单位”称号，校团委史永志被评为“无偿献血优秀组织工作者”。

11 日　专家组经过三天的考察评议，山东大学顺利通过“211 工程”部门预审。

12 日　山东省高校校报研究会召开四届四次常务理事会议。

15 日　学校学生思想教育与管理学术研讨会召开，党委书记曾繁仁到会并讲话。

26 日　总校在邵逸夫科学馆报告厅举行学习邓小平同志建设中国特色社会主义理论交流会，校党委书记曾繁仁强调要进一步提高理论学习的自觉性。

31 日　学校党、政领导召开革命主党派，各统战团体负责人及部分分党委书记和总支书记座谈会，党委书记曾繁仁、副书记徐广生、副校长闫秉科出席了会议。

1996 年

1 月

1996 年 1 月 11 日，山东大学通过“211 工程”部门预审

本月　学校成立“山东大学博士后管理委员会”，修订了有关规章制度，进一步加强对博士后流动站管理。

本月　学校承担的山东省哲学社会科学“八五”重点项目“信息处理用现代汉语根词属性库”研制成功。

本月　学校数学系博士生导师彭实戈获得 1995 年度“国氏”博士后奖学金。

本月　山东大学与日本电气公司（NEC）共建校园计算机信息网协议及第一期工程建设合同近日在学校举行了鉴定仪式。山东省教委副主任单兆众及山东大学、山工大、山农大、烟台大学等部分高校领导出席了签字仪式。

本月　据中南大学图书馆统计 1994 年度《文史哲》论文转载率居全国首位。

本月　学校校友刘骥荣获得“长白青年科技奖”，成为五名获奖者之一。该奖是 1994 年由我国著名科学家、中国科学院院士王大珩教授设立的。

本月　由学校生物系和山东省环境保护科学研究所共同承担的省科委“污水生物处理优化微型生物群落模型的研制”通过鉴定。

本月　学校光机电技术工程公司多年研制开发的“全识别 CYO 系列光电读卡机”通过省级鉴定。

本月　由山东大学生物系和中国农科院联合完成的“应用基因工程技术创造抗黄矮病毒转基因小麦新种质”被国家教委评为 1995 年度全国十大科技成就之一。

2 月

5 日　经学校研究决定成立山东大学网络中心。

8 日　济南市人民政府与山东大学全面合作协议签字仪式在济南举行，省委副书记韩喜凯，省委常委、济南市委书记孙淑义，市委副书记、市长谢玉堂等领导以及山东大学校长潘承洞、党委书记曾繁仁出席了签字仪式。

本月　总校计算机系青年教授李大兴博士获霍英东教育基金会第五届青

1996 年

2 月

年教师基金资助。

本月　学校教师刘乐一荣获 1995 华人书画艺术作品金奖。

3 月

4 日　经学校校务会议研究决定，学校在生物系和微生物系（所）等单位的基础上成立生命科学学院，下设 4 个系，2 个研究所，2 个实验室。

6 日　学校召开校园治安综合治理会议，部署 1996 年度治安工作，同时与各单位签订安全承包合同。

8 日　“三八”节期间，总校举行了一系列庆祝活动。

同日　学校人事处召集各院、系、部、处、所负责人会议，传达贯彻国家教委关于建立高校教职工数据库的有关文件，部署学校建库工作计划

同日　经学校研究同意成立山东大学智能工程技术研究所。

9 日　山东省内外 90 多家用人单位在新校俱乐部与学校 1996 届 2300 余名专科生、本科生、研究生举行供需见面会召开，计算机、经贸、电子依然是热门，文科生分配形势好转，高学历受青睐，对日语要求迫切。10 日，招聘会结束。

同日　经学校研究决定成立山东大学军工办公室。

同日　经学校研究决定成立山东大学产权经济研究所。

同日　经学校研究同意成立山东大学中文信息研究所。

12 日　学校党委、行政向 100 多名离退休老干部通报了 1996 年学校工作要点。党委书记曾繁仁、党委副书记、常务副校长张乐岭、副校长马长义先后作了工作汇报。

13 日　学校学生工作会议在新校工会厅召开，学工部部长方宏建、团委书记刘珂分别总结上学期的工作情况，提出本学期工作要点，同时强调要强化学生工作措施，努力提高综合素质。

15 日　学校消费与发展研究所所长、经济学院教授臧旭恒获第四届“保护消费者杯”。

同日　在北京举行的第三届国际 SAT 问题实用算法国家比赛中，学校代表队各列总分第三。17 日，比赛结束。

19 日　国家教委高教司组织的中国文学史教材第二次编写会议在学校留园召开，国家教委高教司文科处处长刘凤泰，校党委书记曾繁仁、副校长张乐岭出席了开幕式。22 日，会议结束。

同日　山东大学书画研究院举办 1996 新春美术展，共展出作品 47 幅。

20 日　党委书记曾繁仁、副书记徐广生和马列部的部分教师举行座谈会，讨论如何加强中国社会主义建设课教学，以更好地贯彻邓小平建设中国特色社会主义理论。

21 日　学校召开保密工作会议，校保密委员会成员和有关部处室负责人到会，副书记、保密委员会主任张象钦到会并讲话。

22 日　学校在邵逸夫科学馆召开中层干部会议，传达贯彻“八届全国政协四次会议”精神，人大代表周鸿兴、政协委员孔令仁传达两会精神，校长潘承洞、党委书记曾繁仁出席会议并讲话。

25 日　经学校研究，同意成立山东大学美术考古研究所。

1996年

3月

同日　经学校研究，同意成立山东大学巴哈伊研究中心。

30日　共青团山东大学委员会发出通知，在各院（系）团委（总支）、直属支部中广泛开展“爱国，成才，跨世纪”主题教育活动。要求各级团组织及时地对活动开展情况进行总结，对活动中涌现出来的先进典型和成功经验进行表彰评比，通过积极宣传、不断深化，使主题教育活动落到实处，收到实效。

本月　山东大学仙人台墓地发掘被评为1995全国十大考古新发现之一。

本月　由山东大学电子计算机推广应用项目“EFT-300型脑电信息反馈脑部疾病治疗仪”研制成功，并通过鉴定。

本月　由山东大学欧码数据公司与广州拓普电器有限公司联合开发的手写体字识别工具HCR研制完成，并已在工商税务部门成功运行。

4月

3日　学校在科学会堂召开校园文明建设大会，并传达“两会”精神，潘承洞校长对大学生提出要求，张象钦副书记作了动员。

同日　学校团委组织1995级学生2000余人前往英雄山烈士陵园，进行爱国主义和革命传统教育。

5日　学校召开单位党政负责人会议，通报《公费医疗改革和管理试行办法》。

8日　赵薇女士向母校赠书仪式在老校图书馆会议室举行，图书馆负责人、外语学院领导和老师参加了捐赠仪式。

9日　学校召开了省级以上重点学科建设进展情况评审会议，潘承洞校长在讲话上强调学科建设中关键是人的问题。

11日　在学校1996年9月10日召开的省级以上重点学科建设进展情况评审会，经专家组对各学科点进行认真审核评估，又经学校批准，学校有科学社会主义、文艺学、中国古代文学、现代汉语、中国古代史5个文科重点省级学科，基础数学、计算数学、运筹学与控制论、粒子物理、凝聚态物理、物理化学、微生物学、无机非金属材料8个重点理科省级学科。

12日　学校在邵逸夫科学馆报告厅召开全校反腐倡廉工作会议，学校领导，各单位主要负责同志，各公司、经济实体负责人，校党委委员、纪委委员、各分党委、党总支、党支部纪检员，特邀兼职监察员出席了会议。校监察处处长郭兴华传达全国教育系统纪监工作会议精神，潘承洞校长、曾繁仁书记、徐广生副书记先后讲话。

16日　学校420名同学参加了“山东省红十字血液中心”的无偿献血活动。17日活动结束。

23日　学校近百名党政主要负责人进入党校，深入学习江泽民总书记关于“领导干部一定要讲政治”的重要讲话，重温邓小平同志“到什么时候都得讲政治”等有关重要论述。

25日　经学校研究，同意成立山东大学中国哲学研究所。

同日　为促进学校旅游管理专业的发展，适应社会主义市场经济对旅游管理高级人才的需求，促进国内外学术交流，经学校研究决定成立山东大学旅游管理学系。

1996 年

4 月

同日　经学校研究，同意成立山东大学文艺学综合研究所。

同日　学校党委组织各院系党政负责人、分管学生工作的副书记、几个部门处室负责人80余人，赴聊城参观了孔繁森同志纪念馆。校党委书记曾繁仁、副书记徐广生、副校长闫秉科还到孔繁森的家乡——五里屯看望了孔繁森的老母亲。

26日　德国巴州合作代表团访问学校，双方签署了在科技、人才培养等方面的合作协议，学校授予丹尼尔·迈耶博士为名誉教授。学校党委书记曾繁仁、副校长马长义、鹿玉理、梅恒起等出席并接见德国代表团。27日，结束访问。

本月　为加强师资队伍建设，学校引进高层次人才政策出台。

本月　“爱国，成才，跨世纪”主题教育活动开始，“走向新世纪的中国大学生”讨论启动。

本月　为提高大学生综合素质，“校园言行文明工程”启动，学校提出“文明修养，从一言一行做起”的口号，潘承洞校长、曾繁仁书记分别题词鼓励。

本月　山东大学第三届“成才杯”学习竞赛系列活动在全校展开。

5 月

2日　根据工作需要，经学校研究，同意山东大学后勤办成立教室管理部。

同日　根据工作需要，经学校研究同意山东大学成人教育学院成立培训中心。

同日　学校邀请山东省纪委常委、监察厅副厅长宋协秀来校作反腐倡廉报告，校党委书记曾繁仁主持了会议。校领导，校党委委员、纪委委员，各分党委、党支、直属支部委员，基层党支部书记，特邀、兼职监察员，各单位行政负责人，民主党派负责人参加了会议。

5日　日本东亚大学校长安部一成博士对学校进行为期5天的访问。9日，访问结束。

6日　山东省文物局、山东大学和长清县在长清召开新闻发布会，公布了长清县西南15公里处双乳山汉墓发掘情况。长清双乳山发掘出规模巨大的西汉王陵，是我国汉代考古的又一重大发现。

8日　由香港城市大学、香港浸会大学、香港岭南学院、香港科技大学、香港大学、香港树仁学院、香港教育学院及新华社香港分社教育科技部组成的“香港学生事务协会香港分会1996山东访问交流团”一行14人，在何镜炜博士的带领下抵达山东大学，参加港鲁学生事务工作研讨交流会。

10日　根据国家教委教人字[1996]35号文件精神，潘承洞继续担任山东大学校长职务，增补齐涛、许东为山东大学副校长，同时免去蒋民华、马长义、梅恒起的山东大学副校长职务，马长义、梅恒起担任山东大学副校级研究员。

11日　应潘承洞校长邀请，著名数学家、德国弗莱堡大学迪特·沃克教授访问学校。14日，结束访问。

12日　中宣部宣教局副局长孔凡壮率领的全国青年志愿者事迹报告团一行6人来学校邵逸夫科学馆报告厅举行来山东省首场报告会，省委常委、宣传部长董凤基、副部长高挺先、学校党委书记曾繁仁等领导出席了报告会。

1996 年

5 月

14 日　法国大使白乐尚先生及夫人访问学校，副校长鹿玉理亲切接见大使先生。

同日　为广泛的联络海外人士，多渠道筹集资金，支援学校建设，宣传山大、建立校友网络，发展学校各项事业，经校长办公会议研究，决定成立山东大学联谊与发展办公室。

20 日　山东省委统战部、省高校工委联合来学校检查统战工作。

25 日　应潘承洞校长邀请，韩国成均馆大学丁范镇率团对学校进行为期四天的友好访问。

26 日　山东省高校校报研究会 1996 年会暨学术讨论会在学校举行，省新闻出版局副局长孙友海，省高工委宣教处处长田建国，省委高教处处长刘向信，省新闻学会、新闻工作者协会秘书长张作生，以及山东大学、山东师范大学的领导等出席了会议。29 日，学术年会结束。

28 日　学校第三届“成才杯”学习竞赛颁奖晚会在科学会堂隆重举行，校党委副书记徐广生、张象钦，副校长闫秉科等校领导参加晚会并为获奖单位和个人颁奖。

31 日　学校召开 1996 年计划生育会议，党委书记曾繁仁、副校长马长义到会并讲话。

本月　学校 1996 年田径运动会圆满结束，共有 4 人 6 次打破校最高纪录和校运会纪录。

本月　山东大学数学系承担的国家“八五”攻关项目子课题“防止海水入侵主要工程的后效与调控模式研究”取得成果，并通过专家鉴定。

本月　校友金奎娟获 1995 中科院院长奖学金特别奖。

本月　学校“严打”斗争开始，学校公安处拟充实校园治安巡逻队。

本月　由山东省生物系和中国农科院联合完成的“应用基因工程技术创造抗黄矮病毒转基因小麦新种质”被国家科委评为 1995 年度全国十大科技成就之一。

本月　为支持经济欠发达地区普及九年制义务教育，学校向郓城县捐赠仪器设备 40 件，课桌椅 60 套，价值人民币 38152 元。

6 月

5 日　学校保密委员会组织全校各单位保密领导小组成员、机关各部处室负责同志 60 余人，参观了国家安全保密教育纪录片，进一步提高保密意识。

7 日　学校在邵逸夫科学馆报告厅召开学校各单位党政主要负责人参加的治安综合治理工作会议，党委书记曾繁仁、副校长闫秉科到会并讲话，并对此项工作作了动员和部署，全力整顿校园治安秩序。

10 日　美籍华人、著名学者赵浩先生来学校访问，受到潘承洞校长的热情接待，并与鹿玉理副校长进行了亲切会谈。

同日　台湾佛陀教育基金会首批直赠山东地区图书赠书仪式在学校邵逸夫科学馆举行，此次直赠图书计有《四库全书荟要》《大藏经》等珍贵图书 1 万余册。

11 日　学校发出通知，经校务会议研究决定：在数学系的基础上成立数学与系统科学学院。

1996年

6月

12日　金诗伯藏书及遗著捐赠仪式在学校外国语学院举行。

同日　经学校务会议研究决定，成立山东大学学科建设委员会办公室。

17日　学校实施对基层会计单位的财务报表实行定期上报制度。

同日　经学校务会议研究，决定个成立山东大学老教授联谊会。

18日　学校召开基层党组织建设经验交流会，各分党委、总支、直属各单位支部正副书记，总支干事，党支部书记参加了会议。

19日　学校党委邀请部分离退休老干部与来自各院、系的部分学生党员、入党积极分子进行座谈，党委副书记张象钦到会并讲话。

同日　首届山东省高校宣传部长联席会议在学校在召开，党委书记曾繁仁、山东省高工委副书记田建国到会并讲话。20日，会议结束。

20日　为纪念中国共产党诞生七十五周年，学校基层党组织建设经验交流会在科学会堂举行。

21日　山东省、济南市、历城区领导来学校现场办公，省委副书记李文全同志对学校周遍环境治理问题作重要指示。李文全说副书记说：大学就是大学，不能成为农贸市场、美食一条街，不能什么人都进来。开放办学首先要保证政治第一，安全第一，社会效益第一。

同日　学校“夕阳红”艺术团合唱队获山东省直“老干部合唱比赛”一等奖。

28日　山东大学老教授协会成立，省政协副主席吴富恒、王祖农，省老龄委主任张敬焘、校党委书记曾繁仁、副书记徐广生到会祝贺。老教授协会选举庄德钧为会长，丁冠之、孙文广、朱伟、张永恩、陆宝生为副会长。

同日　山东大学第六届校学位评定委员会召开第四届学位评定委员会全体会议，决定授予毛惠彬等26名博士研究生学位，授予耿存和等240名硕士研究生硕士学位。

同日　学校组织纪念建党75周年文艺晚会，潘承洞校长、曾繁仁书记等校领导与校部机关代表队登台演唱。

29日　学校举行1996届毕业生典礼，欢送即将走上工作岗位的2134名毕业生。

本月　今年学校共招收保送生179人，全部为应届高中毕业生。

本月　中共山东大学委员会发出通知，要求领导干部过好廉洁自律民主生活会。

本月　由山东省文物局和学校历史系考古专业联合的长清双乳山一号汉墓的野外发掘工作日前已基本结束，棺椁已全部揭开，又有金饼、玉枕等一批珍贵文物出土。

本月　山东大学光机电公司生产的全识别关于GYQ系列光电读卡机列入国家级科技成果重点推广项目。

7月

1日　学校党委举行中层干部“七一”座谈会，学习座谈江泽民同志《努力建设高素质的干部队伍》的讲话。

同日　学校决定在原历史学系等单位基础上成立山东大学历史文化学院。

5日　经学校校务会议研究决定，对学校学术委员会进行调整，调整如下：

1996年

7月

主任委员为潘承洞，副主任委员为齐涛、许东。理科学术委员会主任委员为许东，副主任委员为周鸿兴、梅良模；文科学术委员会主任委员为齐涛，副主任委员为袁世硕、赵明义。

19日　葛懋春教授逝世。

葛懋春(1926～1996)，1926年2月3日出生于安徽合肥一个乡村知识分子家庭，1946年考入山东大学外文系，1949年后转入历史系，1951年毕业留校。曾任山东大学《文史哲》杂志编辑委员会常务编委兼秘书长、《历史丛论》杂志编辑；中国哲学史学会理事、中国华侨史学会理事、山东文史馆官员、山东大学文史哲研究所研究室主任、山东大学历史系主任、山东大学学术委员会委员、山东大学教师职称评省委员会历史学科评议组组长等职。

葛懋春教授是中国学术界知名学者，著名史学理论研究、思想史研究室专家。20世纪50年代，侧重研究历史唯物主义，著有《基础和上层建筑》一书，影响广泛。60年代，转向中国哲学史研究，与庞朴合作以“鲁春花”为名连续在《新建设》等杂志刊文，探讨哲学史研究中的方法论问题，备受学术界关注。“文革”结束后，在史学理论研究中所获最巨，被公认为这一学科的开拓者之一。教育部委托主编的《历史学概论》一书，是新中国第一本史学概论教材。为此，山东大学成为全国第一个史学理论专业硕士点。成为全国有较大影响的史学理论研究新生力量培养基地。葛懋春教授又主编了《历史学概论参考资料》(上、下册)、《中国现代史选》(上册)，并负责选编了《外国史学理论选丛》《梁启超哲学思想资料选》和《胡适哲学思想资料选》(上、下册)，将自己的论文以《史论选》为题结集出版，奠定了山东大学史学理论研究的学术地位，为历史系的学科发展和学科建设作出了突出的贡献。

本月　为促进学校新一代高水平学科带头人的成长，培养和造就一批“跨世纪优秀人才”，学校拨出专款设立“跨世纪人才基金”。

本月　美国加州大学何重华教授访问学校美术考古研究所并签订了共同主编的16卷本《中国美术考古研究丛书》中文本和英文本的出版意向书。

本月　经学校第六届学位评定委员会第四次全体会议审议决定，授予郑祥玉、张尹炫、拉提波洛来华留学生博士学位，授予曹政郁、任光彬、崔永模洛来华留学生硕士学位。

本月　学校材料科学与工程学学位评定分委员会成立。

本月　学校物理学和外国语学学位评定分委员会调整。

本月　学生暑期社会实践活动开始，将组成15个小分队奔赴全国各地。

8月

20日　学校综合治理委员会召开会议，总结上一阶段周边治理情况，部署今后工作。

21日　中国近代文学学会第八届年会召开，学校郭延礼教授当选为会长，25日中国近代史文学会议结束。

28日　全国高校体育工作表彰会在西安举行，学校体育工作受到表彰。

1996 年

8 月

同日　经学校校务会议研究决定，成立山东大学文学院。

本月　学校职工向灾区伸出援助之手，校职工踊跃为灾区捐款，第一次捐款高达 77946 元。

本月　学校在工会厅举行迎新茶话会，欢迎来学校工作的 64 名应届毕业生。

本月　学校国际交流学院与韩国高教的校级交流十分活跃，韩国 100 余名师生来学校研修汉语言。

本月　山东大学校园计算机信息网一期工程完工。

本月　由学校自筹资金建设的外国留学生二号楼与暑假期间全部完工。

本月　暑假期间，学校学生会组织 96 科技扫盲与社区服务队赴菏泽地区开展社会实践活动。

9 月

2 日　学校在邵逸夫科学馆报告厅召开中层干部会议，党委书记曾繁仁、常务副校长张乐岭部署本学期党政工作。

6 日　学校 1996 级 1600 余名新生开始军训。

9 日　学校热烈庆祝第 12 个教师节，学校举行部分青年骨干教师和学科带头人座谈会，潘承洞、曾繁仁、张乐岭等学校领导到会。

10 日　在邵逸夫科学馆会议室山东大学退休者协会“开拓未来奖”颁奖大会召开，21 名优秀青年教师获奖。

12 日　学校召开文科工作座谈会，党委书记曾繁仁向文科各系及有关处室负责人传达了国家教委关于文科改革座谈会议精神。

18 日　美国华盛顿大学东方图书馆馆长吴燕美女士应潘承洞校长邀请来学校访问，并被聘为山东大学客座教授。24 日，访问结束。

20 日　日本札幌大学法学院院长、日本中国法学研究中心负责人铃木敬夫先生来学校法学院作友好学术交流。24 日，学术交流结束。

24 日　学校召开各单位分管行政工作负责人会议，会议要求各部门要高度重视综合治理工作中出现的反复现象，进一步落实有关条款，以保证学校稳定的大局。

同日　在 1996 年全国大学生数学建模竞赛中，学校获一等奖 1 个，二等奖 2 个。27 日，数学竞赛结束。

25 日　为加强学校外国语学院的科研和对外文化交流工作，经学校研究成立山东大学外国文化研究所。

26 日　为改善办学条件，提高博士生培养质量，学校召开第二届博士生导师座谈会，潘承洞校长到会并讲话。

同日　学校庆国庆、迎新生文艺晚会在鲁艺剧院举行。

同日　应学校邀请，以比尔・斯迪为首的美国加州圣・马科斯大学代表团一行 4 人来学校进行友好访问，代表团分别和潘承洞校长、鹿玉理副校长进行会谈并签署协议。28 日，访问结束。

27 日　1996 级本专科生 1905 人齐集老校大操场举行开学典礼，校领导以及各单位负责人参加，潘承洞校长、张乐岭副校长到会并讲话。

同日　1996 级新生举行军训阅兵式，校领导以及济南军分区、54886 部队首长参加检阅，党委副书记张象钦讲话并颁奖。

1996 年

9 月

同日　1996 级 124 名留学生入校学习，在邵逸夫科学馆举行开学典礼。

28 日　美国《科学》周刊，根据国际科学期刊中引用中国科学家研究成果次数，评出了中国最杰出的大学，山东大学榜上有名。

本月　外语学院西语系德语专业正式设立，首次招收 19 名新生。

本月　为提高学校的教学质量和科研水平，经过专家认真评审和论证，全校评出 18 个校级重点实验室。

本月　在建校 95 周年到来之际，学校校庆筹备小组组长、副校长张乐岭就校庆有关问题回答本报记者提问。

本月　在全国第五届大学生运动会，学校喜获 3 枚金牌、2 枚银牌、3 枚铜牌，并有 2 人打破大运会纪录。

本月　学校今年招收 75 名博士研究生。

本月　为保证经济确有困难的学生完成学业，学校上学期奖学金，本学期贷款的评定和发放工作开始。

本月　学校恢复学生校园文明纠察队，配合公安处检查维护校园秩序。

本月　学校住房制度改革已全面展开，住房改革是我国经济体制改革的重要组成部分。

本月　在南京举行的中国教育工会全国委员会上，学校工会获得了“教育工会先进集体”的称号。

10 月

2 日　庆祝国庆和纪念红军长征胜利 60 周年京剧晚会在学校工会厅举行。

5 日　由山东大学哲学系、山东东方哲学研究会、济南市伊斯兰教协会和伊斯兰教经学院主办的全国伊斯兰哲学学术研讨会在济南召开。8 日，学术会议结束。

9 日　由学校和山东大学硅冠化学公司共同主办的全国有机硅学术讨论会在济南隆重举行，来自全国各科研院所、各大企业以及国外几个知名大公司的 190 多名代表参加了会议。12 日，会议结束。

12 日　在新校工会厅二楼接待室，学校校友季羡林和中国建设银行山东省分行向学校赠送《传世藏书》仪式隆重举行。

同日　经校务会议研究决定，经济学院等 36 个单位，苗桂林等 65 人为学校 1996 年度计划生育工作先进经济体优秀干部称号。

15 日　山东大学建校 95 周年庆祝大会在科学会堂隆重召开，大会由党委书记曾繁仁主持，省、市、军政领导韩喜凯、吴爱英、季允石、翟永勃、崔惟琳、王裕宴、吴富恒、王祖农、刘传鹏、赵长风、宇培杲、谭永青等出席了庆祝大会。韩喜凯、潘承洞分别发表讲话，并在邵逸夫科学馆楼前举行成仿吾铜像落成典礼。

同日　学校在工会厅贵宾室举行第一届“柯利德奖教金”颁奖仪式，柯利德夫妇向 64 名获奖教师颁发奖金和证书。

同日　学校在邵逸夫科学馆报告厅举行科技成果新闻发布会，来宾、校友、企业界人士、学校领导及有关部门参加，梅恒起、许东副校长分别讲话。

1996 年

10 月

16 日　何梁何利基金1996年度评奖结果揭晓，学校蒋华民教授荣获何梁何利基金科学与技术进步奖。

17 日　学校召开中层干部会议，传达十四届六中全会精神，党委副书记徐广生、副校长张乐岭到会并讲话。

18 日　学校在邵逸夫科学馆报告厅召开中层干部会议，举行“三五”普法动员教育，省司法厅厅长梁德超在会上作了报告，部署“三五”普法有关问题。

同日　中国建设银行爱心基金会资助学校贫困大学生捐款签字仪式及颁奖大会在邵逸夫科学馆举行。

21 日　山东大学生命科学院在邵逸夫科学馆报告厅召开成立大会，山东省政协副主席王祖农，国家教委科技司司长陈清龙，校领导曾繁仁、徐广生、鹿玉理、张象钦、许东及学校有关部门的领导、校友200多人出席了成立大会。

同日　学校党委中心学习组再次召集学校领导和部分部门负责人参加学习贯彻六中全会精神。

26 日　山东大学第二十七次学生代表大会，第九次研究生代表大会在科学会堂隆重召开，校领导曾繁仁、张乐岭、张象钦、展涛、学校有关部门领导及省学联驻济高校团委、学生会、研究生会的代表应邀出席了大会开幕式。全国学联发来贺电。

28 日　全国第六届教育好新闻(校报系统)评审情况揭晓，《山东大学学报》获好新闻一等奖1项，三等奖2项。

31 日　学校召开座谈会，祝贺阎长泰夫妇当选全国十对金婚佳侣。会上，党委书记曾繁仁提出以阎长泰夫妇为楷模，大力加强学校的文明家庭建设。

本月　为在全校形成认真学习宣传党纪、政纪条规知识的良好气氛，提高遵纪守法自觉性，学校开展党纪政纪条规知识竞赛活动。

本月　学校对每个学生辅修选修课又出新办法，向每个在校生全方位开放课堂。

本月　学校召开1996年暑期社会实践活动总结表彰会，一批先进集体、优秀指导教师和优秀学生获奖。

本月　在1996年重新研制并出版的《中文核心期刊要目总览》中，《山东大学学报》(自然科学版)被定为核心期刊。

本月　学校跨世纪人才基金正式启动，共批准跨世纪人才基金项目42项，资助42人，总经费54.8万元。

本月　学校胶体与界面化学研究所完成的“MMH正电胶钻井液研究”和“深井降滤失剂作用机理研究”两项课题顺利通过国家级技术鉴定，专家一致认为这两项研究达到了国际先进水拼。

本月　学校艺术系徐平老师编写的教材《音乐审美与欣赏》，获全国高等学校音乐教育学会第六届学术研讨会颁发的优秀教材二等奖。

11 月

1 日　在新校工会厅举行了“中日友好和平发展基金会松下电器育英基金奖学金”颁奖大会，学校有40名生活贫困学生获奖。

2 日　中国企业改革学术研讨会在学校召开，党委书记曾繁仁到会并讲话。

1996 年

11 月

7 日　山东省委副书记李文全再次来学校视察周边及校内治安环境，指出要创造良好育人环境，建设精神文明窗口，并就今后高校治理整顿工作作出明确部署。省政法委、省高工委、省公安厅、省工商局、省教委、驻济高校、济南市委、政法委、历城区、市中区、天桥区、历下区负责人参加了本次座谈会。

12 日　山东大学外事工作会议在邵逸夫科学馆召开，学校党政领导及院、系、部、处、室主要负责人 100 多人参加了会议。潘承洞校长，曾繁仁书记，鹿玉理、展涛副校长和外事办主任卢宗功在会上分别发表了讲话。

14 日　应山东大学邀请，瑞典斯德哥尔摩大学古斯塔夫·林登克鲁纳校长夫妇代表团一行 6 人来学校访问。16 日，访问结束。

20 日　山东大学学科建设委员会成立，主任为潘承洞，副主任为展涛、赵明义。

21 日　为培养青年教师队伍，加强师德建设，学校召开师资工作会议，潘承洞校长、张乐岭副校长到会并讲话。

25 日　曾繁仁书记带领部分专家教授一行 19 人奔赴胜利油田，与胜利石油管理局签订科技合作协议，双方洽谈了 17 项合作课题，并最后签订了科技合作协议。

26 日　学校档案管理委员会召开全体成员会议，档案管理委员会主任闫秉科副校长主持会议并讲话。

同日　山东省第一期环评技术大气培训班开学仪式在学校邵逸夫科学馆举行，副校长许东、省环保局副局长戴殿绅到会并讲话。

同日　山东省教委、省军区来学校检查学生军训工作，党委副书记张象钦汇报了工作。

30 日　山东大学历史文化学院成立，该学院 400 余人在科学会堂隆重召开建院大会。

本月　1996 级新生入学奖金获奖人数共 327 人，其中一等奖 179 人，二等奖 36 人，三等奖 112 人。

本月　1996 年国家自然科学基金揭晓，学校共获资助项目 18 项，资助经费 175.8 万元。

本月　学校物理系教师章亚明等人承担的省科委计划项目，小型便携式手持复印机问世，并通过省级鉴定。

12 月

3 日　经学校校务会议研究决定成立山东大学学科建设委员会办公室。

4 日　山东大学学生工作部、团委、学生会、老教授协会和校报编辑部发起的“老教授与大学生座谈会”在新校工会厅召开，党委副书记徐广生及 13 位退休的知名教授专家参加了会议。

5 日　经学校校务会议研究决定，对校办产业管理委员会组成人员进行调整，主任为曾繁仁、副主任为闫秉科、许东、齐涛，成员为张军从、刘绍刚、徐显明、王绪银、徐儒英、胡家臣、王军、翟乃贤、马国臣、徐振林、孙连科。

1996 年

12 月

6 日　由学校团委主办的“山东大学纪念‘一二·九’运动六十一周年歌咏大会”在历城体育馆举行，张乐岭、张象钦等校领导参加了歌咏大会。

10 日　党委书记曾繁仁、副书记徐广生向学校各民主党派、统战团体负责人，部分党外知识分子通报党代会的准备情况听取各民主党派的建议和意见。

12 日　在天津召开的各省市自治区教委和部分高校科研处长会议上，学校科研处被国家教委评为全国高校科技管理先进单位。15 日，会议结束。

20 日　济南市政府与学校全面合作化工项目发布会召开，济南市委常委、副市长沈建国、市科委副主任鹿志坚、市化工局党委书记蒋国东及市属化工企业的厂长、总工、山大副校长许东、科研处负责人及化学院陈教授等 70 余人参加了发布会。

22 日　山东省青年社会科学工作者协会第四次代表大会暨学术理论研讨会在学校召开。

23 日　学校第二批省级重点学科(6 个)和重点实验室(2 个)通过专家组评审。评审于 26 日结束。

24 日　学校在工会厅召开 1996 年度计划生育工作表彰大会，曾繁仁书记、齐涛副校长、校长助理刘绍刚到会并讲话。

26 日　中国共产党山东大学第十一次代表大会隆重召开，国家教委党组成员、专职委员、人事司司长陈文波，省委常委、组织部部长王克玉，省高校工委副书记刘凤龙到会祝贺。出席大会正式代表 195 人，列席代表 51 人，特邀代表 12 人，此会确定了由校长负责制转换为党委领导下的校长负责制。

本月　香港柏宁顿(中国)教育基金会第二届“孺子牛金球奖”揭晓，学校朱广祁获“荣誉奖”。

本月　经学校学位评定委员会通过，学校 21 名教授被评为新的博士生指导教师。

本月　据 1996 年度中国科技信息研究所最新统计结果：学校 1996 年在 SCI 检索刊物共发表论文 94 篇，排第 13 名；被 SCI 检索刊物引证 114 篇，排全国高校第 10 位。

本月　今年学校共获山东省科委计划项目 28 项，经费 85.5 万元，是近几年来项目、经费数较多的一年。

本月　学校奖励 1995 年度在国际刊物发表论文的教师。

本月　学校 1996 年度社会科学获准立项课题总数 84 项，经费 77.6 万元。

本月　国家教委高等学校中国语言文学等学科教学指导委员会成立，学校有 8 名同志人选教学指导委员会。中国语言文学学科教学指导委员会有曾繁仁副主任、孔范今委员；历史学学科教学指导委员会有乔幼梅副主任委员、吕伟俊委员；哲学学科教学指导委员会有汪健委员；法学学科教学指导委员会有徐显明委员；社会学学科教学指导委员会有吴忠民委员；档案学学科教学指导委员会有苗壮委员。

本月　学校考古系与美国考古学家一行 8 人组成中美联合考古调查队前往日照两城镇进行新石器时代遗址调查研究。

1997 年

1 月

1 日　学校副校长鹿玉理赴德国进行为期 30 天的考察访问。

6 日　中共山东省委同意中共山东大学第十一届委员会和中共山东大学纪律委员会第一次全委会选举结果。新一届党委常委和纪委产生，曾繁仁任党委书记，张乐岭、张象钦、冯宜明为党委副书记，胡家臣为纪委书记，郭兴华为纪委副书记。

7 日　以鹿玉理副校长为团长的学校代表团一行 6 人访问德国巴伐利亚州教育科技文化部，西门子公司和弗里德里希－亚历山大大学，并与该校签署了学术合作协议。21 日，结束访问。

9 日　1996 年度"山东大学学生教育与管理研讨会"召开，来自总校和分校学生工作部、团委及各院、系从事学生工作的近 80 人参加会议，党委副书记、常务副校长张乐岭，纪委书记胡家臣到会并讲话。10 日，会议结束。

10 日　山东大学银婚佳侣表彰大会在科学会堂召开，八对银婚佳侣受到学校表彰。

同日　由国家举办对外汉语教学领导小组办公室和《人民日报》海外版联合举办"中国见闻——外国留学生汉语作文比赛颁奖大会"在京举行，学校齐藤美奈子荣获第一名。

同日　学校工会对 1996 年表现突出的原生物系等 28 个先进工会和王宗义等 128 名先进个人进行表彰。

16 日　1995～1996 学年度山东大学校长奖学金、山东大学优秀研究生奖学金颁奖，校党委副书记张乐岭、张象钦等为 12 名校长奖学金获得者及 36 名优秀研究生奖学金获得者颁发了奖金和证书。

17 日　学校在工会厅召开表彰大会，表彰 1996 年度工会工作先进集体、先进个人。

28 日　校党委在工会厅举行迎春茶话会，各民主党派欢聚一堂，喜迎新春佳节。

同日　共青团山东省委、山东省学联在山东大学举行"山东省大学生路克士"济困助学基金会成立大会暨首次颁奖大会，驻济高校的 500 余名师生代表参加了大会。

本月　山东省优秀教学成果奖揭晓，学校获一等奖 5 项，二等奖 7 项，三等奖 1 项。

本月　在国家教委和人事部联系召开的"全国留学回国工作会议"上，学校彭实戈、梅良模两位教授被评为"优秀留学回国人员"。

2 月

19 日　学校在邵逸夫科学馆报告厅召开了中层领导干部会议，曾繁仁书记和张乐岭常务副校长分别代表常委和行政部署了今年工作，并提出了"团结奉献，艰苦创业"的口号。

同日　邓小平逝世的噩耗传来，山东大学师生沉浸在万分悲痛之中，师生员工以各种形式缅怀邓小平的丰功伟绩。

20 日　副校长展涛应台湾中华青年交流协会的邀请赴台湾地区交流访问。27 日，结束访问。

1997 年

2 月

21 日　学校党委、行政在工会厅召开干部、教师、学生座谈会，深切缅怀邓小平同志的丰功伟绩及多年来对教育事业的关怀。

同日　学校民盟、九三、民革、民建、农工和致工等六个民主党派、侨联、台联和少数民族联络工作组等三个统战团体的负责人召开座谈会，缅怀邓小平同志的丰功伟绩。

26 日　山东大学附中全体师生员工 1000 多人参观"红岩魂"革命先烈斗争史展览。

27 日　学校召开全校保密工作会议，部署 1997 年保密工作。

28 日　学校党委中心组织中层干部认真学习江泽民在邓小平追悼会上的悼词，决心更加紧密地团结在以江泽民为核心党中央周围，继承邓小平同志遗志，沿着建设有中国特色的社会主义道路继续前进。

本月　学校参加 1996 年中央计委、监察部举办"党纪政纪条规知识竞赛"活动，学校荣获省纪委、监察厅颁发的"集体组织纪念奖"，金通林获中央纪委、监察部颁发的"个人纪念奖"。

本月　山东省高校校报 1996 年号新闻作品评比揭晓，学校校报获一等奖 3 项，二等奖 3 项，三等奖 1 项。

本月　学校党委副书记张乐岭同志被评为"全国优秀党务工作者"，受到党中央组织部的表彰，在收到奖金 2000 元后，又全部上交了党中央。

本月　学校决定在全校毕业生中开展"五个一"教育活动。

3 月

4 日　山东省激光工程技术研究中心在山东大学正式成立，该中心是以学校光电子信息工程系为依托建立的产业实体。

同日　学校在工会厅召开了由各院系分党委(总支)副书记、分团委(总支)书记、班主任及学生工作干事参加的学生工作会议。会上对上学期学生工作和团的工作进行了总结，提出了本学期的工作计划、强调了全体学生政工人员要努力保持一个良好的精神状态。党委副书记张象钦、学工部部长方宏建、团委副书记王飞到会并讲话。

5 日　由山东大学机电技术工程公司研制开发的全识别光标阅读机 GYQ-A30 在北京通过国家电子工业部标准化所的测试。11 日，测试结束。

6 日　驻济高校保密工作协作组会议在学校召开，10 所高校及省保密局的有关同志参加了会议，孙志敏到会并讲话。

10 日　在邵逸夫科学馆第六会议室，烟台柯尼公司设立"山东大学柯尼奖学金"奖励 20 名品学兼优的本科学生。

11 日　校长助理刘绍刚在学校中层干部会议上代表学校传达了深化校园文明建设工程、切实搞好校园卫生工作的意见，要求大家充分认识、加强管理，和抓落实。

同日　学校电子工程系和济南市科委签订了共建协议。

16 日　1997 全国普通高校招生工作会议在山西太原结束，国家教委、国家各部、委、司、局分管招生工作的负责同志、各省市、区招生办主任、教委直属高校招生办主任等共 200 人参加了会议，学校 1997 年计划招生 2600 人。18 日，

1997年
3月

会议结束。

19日　学校召开综合治理工作会议，传达贯彻国家教委关于印发《高等学校内部保卫工作的规定（试行）》的通知后，学校就存在的问题提出了学校近期综合治理的主要工作。

25日　学校在邵逸夫科学馆报告厅召开部门、各单位负责人会议，传达贯彻八届全国人大五次会议和全国政协八届五次会议精神。

26日　学校近500名师生参加无偿献血活动。该活动4月1日结束。

同日　加拿大驻华使馆文化体育参赞何琳博士和项目官员贺新女士来学校访问，张乐岭常务副校长在邵逸夫科学馆贵宾厅会见了何琳达参赞一行。28日结束访问。

28日　学校召开全校文科各院系所及有关单位负责人和专家学者200余人参加的科研工作会议，回顾总结"八五"期间学校文科工作的主要成绩及存在问题并提出今后文科科研工作的新思路。国家教委社科司司长奚广庆、校长潘承洞、校党委书记曾繁仁到会并讲话，副校长齐涛代表学校作了《加强文科科研工作，努力提高学校文科整体水平》的报告，与会人员对学校文科发展提出了自己的意见。

29日　共青团山东大学第十四次代表大会在科学礼堂隆重举行，400名团员代表出席了大会，团省委领导、校领导、驻济高校团委领导，以及学校各有关部门和各院系的领导同志到会祝贺。

本月　山东省1996年优秀青年评选揭晓，学校18人获个人奖，4个单位获集体奖。

本月　学校李树来副教授荣获山东省普通高校第四届优秀教学成果省级一等奖。

本月　按照山东省教委要求，山东省语言文字工作委员会将在本学期组织测试员对学校部分院系的应届毕业生和教师进行普通话水平等级测试。

本月　学校团委对1997年寒假社会实践调查报告进行评选，学校有62名同学获奖。

4月

1日　根据需要，经学校研究决定，经济学院国际经济系更名为国际贸易系，经济系更名为投资经济系。

2日　经国家教育委员会人事司研究决定，任命徐广生为山东大学副校长级巡视员。

4日　学校团委组织1996级1900余名学生前往济南英雄山烈士陵园祭扫革命烈士，举行了"继承先烈遗志，争做革命事业合格接班人"为主题的多种形式活动。

同日　学校召开中层干部会议，通报了3·26新校公教楼110教室发生火灾事故的情况，并决定在全校范围内进行防火安全大检查，加大消防工作力度，党委书记曾繁仁到会并讲话。

7日　在山东省委书记赵志浩、省长李春亭、市委书记孙淑义等省市领导陪同下，李岚清副总理来学校视察，并对学校的教育改革作了重要指示，他强调，

1997 年

4 月

高校体制改革的近期目标就是共建，共建的基础是贡献，没有贡献，基础是不牢固的。

8 日　学校为进一步做好档案工作，根据几年来各个单位档案管理状况，经研究决定对党委办公室等 8 个档案管理先进集体以及张宇等 16 名档案先进工作者进行表彰。

9 日　学校发文，对学校文科教师“八五”期间在《中国社会科学》上发表论文的作者进行奖励，颁发奖励证书和奖金，每篇论文奖金 2000 元。

10 日　学校在邵逸夫科学馆报告厅，召开了档案员和分管档案工作的领导会议，会上对两年来的档案工作进行了总结，对今后的工作提出了要求。

11 日　学校机关干部参加植树栽花美化校园活动。

13 日　校党委书记曾繁仁率领科研处及部分专家教授赴辽河油田，与辽河石油勘探局签订科技合作协议书。

14 日　由霍·伊·斯塔林诺教授等 4 人组成的希腊教育代表团来学校考察，鹿玉理副校长在邵逸夫科学馆贵宾室会见了代表团一行。

16 日　学校在行政楼 204 室召开公共外语教学研讨会，与会人员就如何提高公共外语讲学水平畅所欲言，提出一些建设性意见。

同日　为深入贯彻党的十四届六中全会精神，加强学校各级领导班子思想政治建设，党办举办院系所行政负责人学习邓小平精神文明建设思想和六中全会决议培训班开班。全校共 80 余人参加了培训学习，党委书记曾繁仁、纪委书记胡家臣、党办主任孙志敏、党委副书记张象钦到会并讲话。

21 日　国家自然科学基金委员会组织专家组对学校晶体材料国家重点实验室进行评估。22 日，评估结束。

23 日　校党委在科学会堂召开机关工作人员作风建设动员大会，校党委副书记张象钦同志在会上强调，开展文明处室创建活动的核心是为基层服务，活动的目标是树立机关新风。

同日　在学校召开全校民主评议党员动作动员大会上，党委书记曾繁仁指出，评议是手段，归根结底是落实到建设上，要通过对学校党员队伍现状及存在问题的客观估计，切实提高党员素质、增强基层党组织的凝聚力和战斗力。

29 日　学校召开了以“建设中国特色社会主义与世界社会主义运动复兴”为主题的理论研讨会，该研讨会是由党委宣传部、国政学院、文科办、毛泽东邓小平研究中心共同组织，校内外专家学者 50 余人参加研讨会，党委副书记张象钦到会并讲话。

本月　《光学标记阅读电子行业标准》由山东大学 OMR 研究所编制完成，上缴上级主管部门审查。

5 月

2 日　学校学生参加了庆“五四”山东省大学生汇演和全省大学生“迎接香港回归、爱我中华”演唱会。

3 日　团山东省委举行建团 75 周年时代英模表彰会，副校长展涛获得首届“山东青年五四奖章”。

4 日　学校“五四”优秀青年表彰大会在新校科学会堂召开，会上表彰了先进团支部 24 个，优秀团员 409 名和优秀十佳团员。校领导曾繁仁、张乐岭、张象钦到会向受表彰者祝贺。

同日　经学校研究决定成立山东大学企划研究中心。

同日　经学校研究同意成立山东大学通信设计所。

5 日　山东大学第六届学生艺术节暨“中华魂”民族音乐会在科学会堂举行。

同日　全校文化素质教育工作会议在邵逸夫科学馆报告厅召开，校领导和各部门负责人参加，潘承洞校长、鹿玉理副校长到会并讲话。会上指出，加大文化素质教育要提高认识，总结经验，强化措施。

7 日　应学校邀请，澳大利亚联邦科学院植物工业研究所 Rudi Appels 博士来学校访问。9 日，结束访问。

12 日　新任山东省委书记吴官正来学校视察。吴官正书记、省政协主席崔惟琳一起听取了曾繁仁书记、潘承洞校长关于山大基本情况、“211 工程”建设及山东省和国家教委共建山大情况汇报，并与部分专家教授们进行了座谈。

14 日　应学校邀请，美国俄亥俄州博林格林州立大学悉德尼·瑞鲍校长及校长助理等一行 4 人对学校进行了友好访问。16 日，结束访问。

15 日　山东省语委在学校组织了普通话水平等级测试，学校 436 人参加了普通话水平等级测试，193 人获一等乙等。

16 日　学校在邵逸夫科学馆报告厅召开各单位党章负责人会议，动员大家调动全校师生，提高认识，执行学校规定，落实各自责任，下最大决心搞好校园综合治理。党委副书记张象钦、副校长张乐岭到会并讲话。

22 日　山东大学与海信集团组建软件科学研究中心，副校长闫秉科和海信集团周原健先生出席了签字仪式。

23 日　热爱祖国，支持教育事业发展，台湾爱国人士侯拱辰先生在邵逸夫科学馆向学校捐款 60 万元，以支持学校文科建设。

29 日　胜利石油管理局牟书令局长、党委书记王作然、常务副局长宋万超同志率局科技处、油田勘探设计院等部门领导组成的代表团一行 15 人来学校访问，共商合作共建大计，进一步加强全面合作。

30 日　国家教委副主任邹至庄代表国家教委授予山东大学“金融高级人才培养基地”证书。

31 日　山东大学第六届学生文化艺术节汇演闭幕。

本月　1997 年，学校优秀新生入学奖学金有新举措，设立状元奖、特等奖、奥林匹克竞赛优胜奖、优秀保送生奖、普通入学奖学金 5 种奖学金制度，最高可奖 1 万元。

本月　学校党委发出通知，要求全校认真学习贯彻《中共纪律处分条例》。

本月　《山东大学学报》（自然版）自此列入五百种中国科技期刊。

本月　学校又获 1997 年度王宽诚教育基金会资助。

1997年

5月

2019年5月30日，国家教委副主任邹至庄（前右一）代表国家教委授予山东大学“金融高级人才培养基地”证书

6月

1日　学校“211工程”立项胜利通过专家组审核，这标志着学校“211工程”已经从前期的准备阶段步入审核和实施阶段。

同日　美国康涅狄格州中央州立大学中国项目办公室主任玛利亚·古瑞诺博士应邀来学校访问。4日，结束访问。

2日　以高特哈特·雅思帕教授为团长的德国弗里德里希一亚历山大大学代表团一行5人，应潘承洞校长邀请来学校访问，并与学校签署了学术合作协议。8日结束访问。

3日　潘承洞校长在邵逸夫科学馆贵宾厅为学校新聘任的加里·奎琳先生颁发了“山东大学客座教授”证书。

4日　经学校人事小组研究，同意成立山东大学墨子研究所。

6日　山东大学举行庆“七一”暨迎香港回归音乐会。

同日　学校副校长张乐岭同志赴法国进行考察访问。

11日　香港回归与爱国主义学士研讨会举行，学校教授郭延礼被选为省近代文学学会会长。12日，会议结束。

12日　九三学社山东大学基层委员会召开社员大会，进行换届选举，九三学社山东省委副主席纪昀音、副秘书长任宝祥、办公室主任靳秋、党委统战部部长牟文华出席会议。

同日　学校在工会厅召开1997年计划生育工作会议，齐涛副校长，冯宜明副书记到会，校长助理刘绍刚传达了中央计划生育座谈会会议精神并讲话。

18日　学校党委召开全校党政负责人会议，党委副书记张象钦传达了全国高校党建工作会议精神。

同日　学校党委在科学会堂召开大会，表彰26个先进党支部和66名优秀共产党员。

同日　“三株奖励基金”签字仪式在学校邵逸夫科学馆会议厅举行，三株实业有限公司出资100万元在学校设立基金，旨在奖励在校优秀本科生、研究生和困难学生。

1997年

6月

19日　在邵逸夫科学馆报告厅内，随着副省长宋法棠和国家自然科学基金委副主任王乃彦将一块鲜红的幕布揭下，宣布了山东省高级金融人才培养基地在学校正式建立。

同日　学校召开机关各部处室主要负责人参加的机关作风建设会议，行政办公楼将严格门卫和上下班制度。

同日　“金融数学、金融工程与金融管理”研究发展大会上，美籍华人经济学家、美国普林斯顿大学教授邹至庄先生被聘为学校名誉教授。

20日　里贾纳大学副校长拉利·萨姆斯教授、坎姆·布莱切福德先生、环境工程系戈登·黄副教授应邀来学校访问，曾繁仁书记、潘承洞校长会见了客人一行。

25日　在学校党委副书记冯宜明主持下，学校在工会厅召开迎回归座谈会，校领导、各分党委、党支、直属支部负责人，各处室负责人，各民主党派、群众团体负责人、各院系教师学生代表，老干部、老教师代表参加了座谈会。

27日　在鲁艺剧院举行的毕业典礼上，学校1997届2000余名毕业生进行毕业宣誓，潘承洞曾繁仁、张乐岭、鹿玉理、张象钦、冯宜明、胡家臣等领导祝他们圆满完成学业，开始了新的人生历程。

30日　山东大学校园张灯结彩，全校师生喜气洋洋迎接香港回归。

本月　学校微机应用研究所所长马国臣被评为全国科技成果推广先进个人。

本月　学校近日发文决定对1996年度在国际刊物(据SCI、EI检索)发表论文的教师给予奖励，以促进学校基础性科学研究的发展。

7月

4日　民建山东大学支部召开全体会员大会，进行换届选举。民建山东省委副主委陈东、组织处副处长潘文广、校党委统战部部长牟文华、民盟山大总支委员会主委王龙出席了会议。新一届民建支部委员会主委为王炜、副主委为冯来平。

7日　济南市与山东大学全面合作协调领导小组工作会议在学校召开。市委常委、副市长沈建国到会。

同日　根据学校体制改革构想，综合学校现状和发展需要，经校务会议研究决定，组建山东大学社会发展与信息传播学院。

11日　德国柏林自由大学费里奇博士来学校访问。

17日　韩国中北大学学生团来学校访问。

20日　由学校举办的官话方言国际会议在青岛举行。

21日　学校梅恒起同志一行2人赴新加坡进行考察访问。

23日　韩国陈均馆大学访问团一行11人来学校访问，鹿玉理副校长会见了客人，双方就进一步加强两校之间的交流与合作进行了商讨。8月3日，访问结束。

同日　曾繁仁书记代表党委常委为学校出席各民主党派全省代表大会的

1997 年

7 月

30 名代表送行。

同日　鲁光奖学金在学校举行设立典礼，常务副校长张乐岭等出席。

本月　学校支援边疆教育事业，光机电公司向内蒙古赠送光标阅读机 35 台，并对 30 余所中学的计算机操作人员进行培训。

8 月

4 日　学校聘请德国西门子济南变压器有限公司总经理，自 1996 年起一直为学校市场营销系授课的沃尔夫·艾瑞奇·门兹先生为客座教授，张乐岭副校长给他颁发了证书。

8 日　国家教委发出通知，任命学校党委副书记张象钦兼任学校副校长职务。

9 日　学校代表团一行 10 人赴韩国访问，访问团主要访问韩国成均馆大学，考察了韩国高等教育管理技术。18 日，结束访问。

10 日　学校美术考古研究所和台湾靖文教基金会联合举办了“两岸美术考古研究班”。27 日，培训班结束。

20 日　由学校举办的第三届国际墨学学术研讨会召开，来自全国大专院校、科研机构及海外的 130 多位知名专家学者出席了研讨会。山东省委书记吴官正、副省长王玉玺，中国墨子学会会长、校党委书记曾繁仁，山东大学校长潘承洞，滕州市委书记彭湃，中国人民解放军原副总参谋长李景上将，国家教委社科司司长奚广庆、枣庄市委书记郭振山、国家图书馆馆长任继愈，中国墨子学会秘书长张知寒参加了会议。

23 日　生命科学学院学生团赴韩国中北大学访问。

同日　瑞典宇米欧大学外办主任史文森先生来学校访问，张乐岭副校长会见了来访客人，双方就续签合作协议，联合参加欧盟项目，交换培养学生项目进行了商讨，为双方进一步正式建立校级友好关系奠定了基础。

26 日　山东省委、山东省政府表彰第五批省级专业技术拔尖人才，学校张春光、王继扬、袁多荣、刘桂真、李干佐、曲音波、梁栋、夏曰源、陈炎、吴忠民、蔡德贵、蔺子荣、许东、高培基、邵宗书、房昌水、龚克昌、姜宝昌榜上有名。

28 日　在邵逸夫科学馆报告厅，校党委、行政找几个单位负责人召开中层干部会议，部署本学期的工作，曾繁仁书记、张乐岭常务副校长、新兼任副校长张象钦到会并讲话。

29 日　山东大学报被评为全省教育宣传工作先进单位。

本月　学校 1997 年研究上招生录取工作已圆满结束，今年录取博士 70 名，硕士生 370 名。

本月　学校 17 名同志被选入新一届民主党派省、市委领导班子。

本月　山东大学教职工年度考核实施办法出台。

9 月

1 日　学校根据国家教委政教[1997]3 号文件精神和学校工作需要，经常委会研究决定，对学校综合治理委员会、校园管理委员会、治安保卫委员会进行调整。主任为潘承洞，副主任为张象钦、齐涛、冯宜明、刘绍刚。

3 日　学校在行政楼工会厅举行迎新茶话会，欢迎今年留校和来校工作的

1997 年

9 月

51 名新教工，潘承洞校长到会并讲话。

12 日　学校师生认真收看十五大开幕式。

15 日　学校党委举行师生员工座谈会，认真学习十五大精神，副书记冯宜明、副校长张乐岭、副书记张象钦到会并讲话。

18 日　山东大学新学期学生工作会议在新校工会厅召开，全校从事学生工作的近 70 名同志参加了会议。党委副书记、副校长张象钦，学工部部长方宏建，团委书记王飞到会并分别讲话。

19 日　曾繁仁书记在历城体育馆向学校 5000 多名师生代表传达了党的十五大会议精神。

同日　由学校和山东省日本学会主办的“信息网络时代与日本研究”国际学术研讨会，在学校举行，研讨会邀请中、日两国专家学者约 70 人参加。会议于 22 日结束。

22 日　学校在邵逸夫科学馆举行庆祝活动，聘任西门子（中国）有限公司总裁柯赫男先生为学校客座教授。

同日　在新校图书馆楼前举行山东大学庆国庆迎新生文艺晚会。

24 日　学校 1997 届新生开学典礼在老校大操场举行，同时，军训新生在老校操场举行阅兵式。党委副书记张象钦、常务副校长张乐岭出席新生开学典礼及阅兵式。

26 日　济南空军资助山东高校优秀特困生“蓝天国防”奖学金发放仪式在邵逸夫科学馆隆重举行。省高工委副书记田建国，省人大常委会副主任徐迎春，济南空军副政委许仁道，政治部主任敬应龙及省教委的领导以及获奖高校的领导参加。

27 日　学校党委召开各民主党派统战团体负责人座谈会，传达十五大会议精神，党委书记曾繁仁、党委副书记冯宜明到会并发表讲话。

同日　根据工作需要，经研究成立山东大学科技法与知识产权研究中心。

同日　学校党委召开全校师生员工大会，传达贯彻十五大会议精神。

28 日　学校获 1997 年度大中学生社会实践活动县级集体。郭邦礼等 15 名或全省大中学生暑期社会实践活动优秀指导者称号。

本月　学校光电系党总支副书记吕波获“山东省十佳师德标兵”称号。

本月　山东省委授予学校计算数学党支部“山东省先进基层党组织”荣誉称号。

本月　山东省高校工委授予学校经济学院分党委、化学院有机高分子教研室党支部、教务处党支部“山东省高校先进基层党组织”荣誉称号。

本月　山东省高校工委授予郭大钧、孟宪林、李培德、庄大钧、曲音波、刘希明、傅佩玉、王益明、张文桂 9 人山东省高校优秀共产党员荣誉称号。

本月　学校 1997 年度哲学、社会科学优秀科研成果评学工作结束，校文科学术委员会评定，优秀科研成果 94 项，其中一等奖 19 项，二等奖 27 项，三等奖 48 项。

1997年

10月

3日　德国巴伐利亚州书展开幕式在学校邵逸夫科学馆一楼大厅举行，山东省副省长宋法棠，巴州经济部部长威斯豪耶，山东大学校长潘承洞以及省外办的领导出席了开幕式。

4日　由山东大学《文史哲》编辑部、文学院、历史文化学院、哲学系、古籍整理研究所、山东大学出版社主办的“面向21世纪的人文学科建设暨季羡林学术思想研讨会”在学校邵逸夫科学馆举行，季羡林先生亲自到会并作了学术报告。5日，研讨会结束。

6日　全国政协副主席、中科院院士、上海大学校长钱伟长来学校视察，就高等学校的改革与发展与校领导进行了座谈。

10日　中国民盟同盟第八届全国代表大会在北京举行，学校孔令仁教授再次当选为民盟全国副主席，这是她继六、七届之后的第三届连任。会议14日结束。

23日　山东大学党校1997年第二期入党积极分子培训班正式开课，党委书记曾繁仁、组织部部长刘珂到会并讲话。

25日　学校经济学院庆祝建院20周年，山东省委副书记陈建国、山东省政协副主席王裕宴等省市和学校领导、校友400多人参加了会议。

27日　贯彻党的十五大精神，学校党委举办的学习十五大精神党支部书记轮训班开班。

28日　微生物国家重点实验室第二届学术委员会第一次会议在学校举行，来自全国各地的微生物技术学个主要教学科研单位的全体委员出席了会议。

29日　由山东大学妇女委员、学生会女生部主办的“女教师与女学生座谈会”在新校工会厅召开，校党委书记曾繁仁、党委副书记张象钦、冯宜明及部分优秀女教师、女学生参加了会议。

同日　由山东大学学生会和山东经贸培训学院学生会联合举办的驻济高校学生学习邓小平理论座谈会在济举行。

30日　中共山东大学纪委在邵逸夫科学馆召开第二次全体会议，提出近期工作重点，认真贯彻落实中央关于厉行节约制止奢侈浪费的精神。

同日　由日本山口市日中友好协会举办的第二届日中友好论文比赛活动结束，学校外国语学院东语系学生李宏、周艳兰、栾兰、贾黎黎分获一等奖和优胜奖，贾黎黎获特别奖。

本月　学校又有19名理科学生赴新加坡留学。

本月　学校晶体材料国家重点实验室被评为1997年度国家优秀实验室。

本月　学校党委下发《关于认真学习贯彻十五大精神的意见》。

本月　学校科研工作经过五年来的奋斗，五年来的开拓，科研工作获得重大发展，科研究费以每年15%的速度递增，96项科研成果获省部级以上奖励，建成一批重点实验室和研究中心，与地方共建取得较大进展。

本月　在山东省高教委员会组织的1997年度普通高校新进班集体评比中，学校哲学系1995级本科班荣获省十佳先进班集体标兵荣誉称号，这是学校唯一获此殊荣的班集体。

本月　从1998年起，国家教委将对硕士生招生办法进行改革，在执行招生计划和控制招生规模方面，采取新的管理办法。

1997 年

10 月

本月　由济南市人民政府无偿捐资 200 万元兴建的院士楼在学校落成。

11 月

8 日　在全国第五届“挑战杯”竞赛中，学校 6 项作品获奖，团体总分居至第 19 位，12 日挑战赛结束。

15 日　学校 1994 级学生一行 90 人由党委副书记、副校长张象钦带领在济南军区某训练基地进行了“爱我长城，献身国防，到祖国最需要的地方去”为主题的联谊活动。

18 日　华夏银行济南分行在华能大厦举行了“华夏银行山东大学奖学金设立”新闻发布会上，副校长张象钦和华夏银行济南分行行长李国鹏在协议书上签了字。

19 日　学校与得利斯集团公司签订联办运动队协议。双方协议得利斯集团每年出资 20 万元，由山东大学组队参加全国高校运动会比赛。

20 日　学校举行柯尼奖学金首次颁奖仪式，该奖学金用于奖励学校物理学、电力工程、计算机科学和光电子信息工程 4 个系中品学兼优、全面发展的本科生 20 名(每年)。

同日　学校共有 783 名 1994 级学生被推荐报考硕士研究生。此外，学校还有 82 名 1994 级学生被推荐免试成为 1998 级硕士研究生。

同日　山东省高校图工委在学校图书馆举行了隆重的接受纪念任弼时同志赠书仪式。

25 日　山东省省领导在省科委、省经委等领导的陪同下来到学校视察科技开发和校办产业工作，并指示：高校要走产学研一体化的道路，要走出一条新路，成为企业集团的科研开发基地。

27 日　山东省委高工委、省教委统一部署的评选第二届“十大优秀教师、十大优秀学生”揭晓，学校何中华被评为“十大优秀教师”，张大伟被评为“十大优秀学生”。

28 日　山东大学国际学术交流中心奠基典礼在新校隆重举行，台湾青文教基金会顾问孙怍荪先生，济南市建委、规划局招标办、建筑质量监督站、校领导、机关各部门负责人及师生代表 300 余人参加了典礼。

本月　学校将进一步加强对流动人口的计划生育管理。

本月　山东大学心理协会正式成立。

本月　学校清房工作取得实质性进展，已清除不合理的住房 66 套，全部用于无房的教职工。

本月　学校马列主义理论教学部教师费利群被评为 1997 年全国“两课”百名优秀教师称号；纪惠楼、赵杰、王凤才被评为 1997 年省“两课”优秀教师。

12 月

1 日　学校一个以外语节目为主要特色，以提高学生综合素质为出发点的外语学院学生艺术团宣告成立，并举行首场演出，受到了师生的好评。

3 日　吴珮瑶女士向学校图书馆捐赠《孔孚集》。

4 日　学校在行政楼 104 会议室，鹿玉理副校长主持召开了由各院系、有关

1997 年

12 月

业务单位参加的成人教育会议，针对非学历教育存在的种种问题，提出要端正办学指导思想，加大管理力度，禁止滥办学，是学校非学历教育健康向前发展。

7 日　由山东大学演讲协会发起的驻济高校演讲组织联谊交流会在山东大学工会厅举行，学校演讲协会名誉会长臧乐源发表讲话。

8 日　学校学位评定委员会全体会议决定授予 1997 年第二批博士、硕士学位人员。

9 日　学校成立房改领导小组，闫秉科、齐涛任组长，刘绍刚、孙桂荣、王军、李振奎、宋伦立任副组长，林伟鹏、高秀芳、李少军、贺建华、马学惠任组员。

同日　在北京人民大会堂举行的"全国三好学生表彰暨颁奖大会""胡楚南奖学金表彰及颁奖大会"上，学校法学院学生王少洁喜获胡楚南奖学金。10 日，会议结束。

11 日　学校召开保密工作会议，校保密工作委员会成员、各单位保密领导小组成员、机关干部、处、室负责人参加了会议。

12 日　山东大学与胜利油田管理局联合办学，共建"油田胶体化学应用研究实验室"，签字仪式在胜利油田举行。胜利石油管理局副局长宋万超和张乐岭副校长在协议上签了字。

17 日　山东省保密局领导来学校检查保密工作。

18 日　学校所属的历城区人大代表换届选举工作已经顺利结束，学校朱瑞芬（女）、杨娟华（女）、马广海 3 人当选为历城区第十四届人民代表大会代表。

22 日　来学校访问的加拿大学者、里加纳大学教授史吉利先生应邀为学校部分师生作学术报告。

同日　经学校研究决定成立山东大学金融高级人才培养基地。

25 日　山东大学 1997 年度大学生教育与管理研讨会在邵逸夫科学馆讲学厅召开，各院系的学生工作者、有关部门 80 余人参加，校党委副书记、副校长张象钦到会并讲话。26 日，会议结束。

26 日　山东大学鸥玛信息产业（集团）公司在新校科学会堂举行成立大会。

27 日　中国共产党员、全国人大代表、中科院院士、山东大学校长、著名数学家、教育家潘承洞，因病医治无效在济南病逝，享年 64 岁。

29 日　1996～1997 年度山东大学校长奖学金、山东大学优秀研究生奖学金颁奖大会在邵逸夫科学馆一楼报告厅举行，党委书记曾繁仁，副书记张乐岭、张象钦，副校长展涛以及 50 名获奖学生出席了会议。

30 日　学校在邵逸夫科学馆报告厅举行 1997 年度计划生育工作表彰大会，曾繁仁、齐涛、刘绍刚等校领导到会讲话。

同日　由山东省国际信托投资公司、潍坊国际信托投资公司等四家公司共同出资设立、面向全省所有经济类在校研究生的鲁光奖学金，首届颁奖大会在总校邵逸夫科学馆举行，学校有 13 名研究生获奖。

31 日　潘承洞同志遗体告别仪式在济南举行。中共中央政治局委员、省委书记吴官正，国家教委、省、济南军区机关、济南市负责同志和山东大学师生员工 1200 余人送别。

本月　1997 年度，各民主党派换届选举中，学校有 8 人被选举进入各民主

1997 年
12 月

党派中央委员会。孔令仁为民盟中央副主席，卢兆铭为民盟中央委员；孔祥正为九三学社中央委员；周鸿兴为民革中央委员；郑佩欣为农工民主党中央委员；墨文川为民建中央常务委员，王炜为民建中央委员；江守礼为致公党中央委员。

本月　学校又评出 9 名博士生指导教师，分别是刘玉安、张乐岭、谭好哲、陈炎、于秀源、张学尧、张春光、白增亮、王民。

本月　山东大学退休者协会设立“山东大学特殊贡献奖”，奖励为学校改革和发展作出突出贡献的教职员工。

本月　山东大学金融高级人才培养基地成立，彭实戈任基地主任。

本月　学校光电子材料与器件研究所独立申报的“新型电子工业清洗技术的关键技术与产业化研究”被国家教委正式批准，并列入“九五”国家重点科技攻关计划。

本月　学校电话将于 12 月 31 日割接完毕，从 1998 年 1 月 1 日零时起启用新电话号码。

本月　学校 SCI 收录和引用论文两项指标再次进入全国十强。

本月　晶体材料国家重点实验室获国家投资 850 万元。

本月　学校 1997 年度国家自然科学基金项目评审工作已揭晓，学校 23 个项目获国家自然科学基金委面上项目资助。项目总经费达到 281 万元，与去年 175.8 万元相比增长幅度为 59.8%。

1998 年
1 月

8 日　民建山东大学支部举行了迎春座谈会，民建省委组织处处长潘文会、宣传处处长谷莎丽和学校党委统战部部长牟文华应邀出席会议。

9 日　1997 年度山东省高校新闻在山东工业大学评选结束，《山东大学学报》8 件作品获奖。

12 日　由学校化学院李干佐教授等 10 多位同志研制的具有世界先进水平的科研成果“天然混合羚酸盐驱油剂研制与应用”通过技术鉴定。

17 日　中国共产党党员、著名化学家、教育家、中国科学院院士、山东省第六、七届人大常委、山东大学原校长邓从豪因病医治无效，在济南逝世，享年 78 岁。

邓从豪(1920～1998)，1920 年 10 月出生在江西省临川县一个农民家庭，自幼聪颖勤奋，志向远大。1941 年，考入厦门大学化学系，以优异的成绩完成了化学系的学业，并修完了数理系的绝大部分课程。

1945 年，邓从豪从厦门大学毕业后，先后执教于集美高中、南昌一中和南昌中正大学化学系，1948 年应聘来山东大学化学系任教至今。历任化学系助教、讲师、副教授、教授、化学系副主任、光学系主任、化学系主任、山东大学副校长。1984 年 6 月至 1986 年底，任山东大学校长，他创建了山东大学理论化学研究室并一直担任该研究室主任。他兼任中国化学学会常务理事，中国光学学会理事，山东省光学学会理事长，名誉理事长，《高等学校化学学报》《化学物理学报》《分子科学学报》副主编等职务。邓从豪教授是国内外著名的量子化学家，具有深厚的学术造诣和孜孜不倦的探索精神。1955 年，邓从豪发表了他的第一篇关于量子化学的学术论文《键函数》，1957 年发表了“一个双原子分子势能函数”的

1998年

1月

论文。1963～1965年，邓从豪教授经过研究，写出了论文《配位势场的理论研究——正八面体场中成组态的理论分析》，获得1982年国家自然科学一等奖。20世纪70年代末，他发表了"化学反应速率的量子理论"。该论文用严格的量子力学方法提出了与Eyring公式相似的速率常数，他所提出的"过液态和产物液态相互作用的矩阵元"被学术界称为一条新的化学动力学原理。邓从豪教授在物理学、光学领域也有很深的造诣。1979年，他在《物理学报》上发表的《自发辐射的线宽与原子能级移位》一文，为克服光子场发散的问题提供了有效的途径。80年代以来，邓从豪教授主要从"选择相关函数的条件""修正的Hartree-Fock方程"等不同角度研究电子相关问题，经过近20年探索，终于取得了重大突破，为精确理解与电子相关有联系的化学物理问题奠定了基础。他在这方面的研究论文被学术界称为传世之作。

邓从豪教授先后承担了国家自然科学基金"七五""八五"重大项目和高等学校博士点基金项目，在国内外权威学术期刊上发表论文240余篇，出版学术专著2部。1978年，获全国科学大会奖和山东省科学大会奖，1982年获国家自然科学一等奖，1986、1988、1990年先后三次获国家教科委科技进步二等奖，1992年获中国人民解放军科技进步二等奖，1997年获国家自然科学三等奖。1982年，获山东省劳动模范称号，1989年被评为全国优秀教师，1990年获国务院政府特殊津贴，1993年11月当选为中国科学院院士，1995年被授予全国先进工作者称号。

邓从豪教授热爱党的教育事业，为培养年轻一代的科学工作者倾注了大量的心血。他先后为山东大学化学系、物理系、光学系和全国研究生班主任主讲物理化学、物质结构、量子化学、激光原理、配位场理论、分子反应动力学等20余门本科生和研究生课程，近1/3的课程是在全国首次开设的。作为国务院首批确定的博士生导师，他先后指导了20多名硕士生和10多名博士生，其中不少人已成为教授、博士生导师或学术带头人。

邓从豪不仅是一位著名的科学家，而且也是一位德高望重的教育家。在担任高校领导工作期间，他清正廉明、作风正派、联系群众、知人善用、奖罚分明，十分强调学风、校风和作风建设，提出了"勤奋学习，刻苦钻研，实事求是，锐意创新"的十六字方针，始终把培养适应社会主义现代化建设学要的合格人才放在首位。他曾多次率山东大学代表团访问英、美、日、澳等国，考察发达国家的教育与科学研究，建立校际交流与合作关系。他呕心沥血，为山东大学的改革与发展作出了突出的贡献。邓从豪教授生活简朴、严格自律、平等待人、宽厚仁和，深受广大教职工和学生的信赖和爱戴。

20日　学校博士后研究研究工作报告会在晶体所大厅召开。

21日　邓从豪同志遗体告别仪式在济南举行，全国人大常务委员会副委员长卢嘉锡，中共中央政治局委员、山东省委书记吴官正，国家教委主任朱开轩、党组书记陈至立，中国科学院院长路甬祥等送了花圈，山东省委副书记宋法棠等送别。

27日　农历大年除夕晚，在学校北苑餐厅，十几位校领导与78名新老校留

1998 年

校学生欢聚一堂，共度除夕。

1 月

本月　学校 1998 年招生工作教务会议上获悉，学校招生计划已经确定，本专科招生总数为 2700 人。

2 月

12 日　为搞好“211 工程”建设，经学校常委会议研究，决定成立山东大学“211 工程”建设领导小组。组长为曾繁仁，副组长为张乐岭，组员为鹿玉理、张象钦、闫秉科、展涛、齐涛、许东、周鸿兴。

15 日　学校宿舍装电话，学生受益大。近年来学工部逐渐转变工作观念，由教育管理专项教育与服务相结合，注重服务工作，切实为学生创造良好的生活环境先后装修了学生宿舍，并安装了电话，极大地方便了学生的生活。

16 日　学校召开全校中层干部会，部署 1998 年党委和行政工作，校领导，各院、系、馆、所中心党政主要负责人，机关各部、处、室主要负责人参加会议。曾繁仁书记部署了 1998 年的几项工作：第一，进一步学习十五大精神，开展全校性的教育思想大讨论、大学习；第二，强化重点意识，认真做好“211 工程”建设的启动工作；第三，认真实行党政管理部门的任期制和目标责任制；第四，深化后勤改革；第五，搞好校园环境和秩序的整顿；第六，进一步搞好与地方的共建；第七，认真做好亏损企业的整顿治理工作；第八，制定切实可行的措施，加强学科、队伍建设；第九，加强廉政建设；第十，做好稳定工作。

同日　学校师生员工举办各种活动，纪念邓小平逝世一周年。

19 日　在济南市召开的第十二届人民代表大会第一次会议上，市人大代表、九三学社社员，学校生命科学学院副院长赵小凡向人民代表大会提交三条建议。27 日会议结束。

26 日　由党委副书记冯宜明主持，学校召开了纪念周恩来 100 周年诞辰座谈会。

27 日　经国家教育委员会研究决定，任命曾繁仁为山东大学校长(任期四年)。

同日　经国家教育委员会党组研究，并与山东省委商得一致，决定任命张乐岭同志为山东大学党委书记，免去曾繁仁同志的山东大学党委书记职务。

3 月

1 日　山东省学生联合会秘书处、山东省经贸培训学院和山东人民广播电台联合举办“歌唱女性——山东省驻济高校女大学生诗歌朗诵会”，学校 4 名参赛选手全部获奖。

同日　由霍英东教育基金会推出的第六届高等院校青年教师基金及青年教师奖揭晓，学校物理系教师胡季帆获青年教师奖二等奖，工商管理系教师赵景华获青年教师讲三等奖。

3 日　全国政协第九届一次会议将在北京召开，学校 7 名同志出席九届全国人大会议和全国九届政协会议。

同日　学校友好学校德国爱尔兰根大学纽伦堡经济学院学生考察团来学校，与经济学院师生联合进行企业考察。19 日，考察结束。

4 日　学校为加强机关工作作风建设，在机关党委支部会议上，党委副书记冯宜明对 1998 年机关工作作风建设提出了总要求：有良好的精神状态，有严谨

1998 年

3 月

的工作态度，有过硬的工作本领，有优质高效的服务质量。会议对 1997 年度的机关作风建设进行了评选，机关有六个处室被评为“文明处室”。

5 日 学校在新校工会厅召开学生工作会议，总结上学期的学生工作，并对本学期的工作作了安排。全校各院系分管学生工作的总支副书记和辅导员参加了会议，学工部部长方宏建、团委书记王飞以及党委副书记张象钦到会并讲话。

同日 学校各单位纷纷组织参观《人民的好总理》图片展。

同日 学校召开学生工作会议，各院(系)分管学生工作的分党委(党总支)副书记、分团委(团总支)书记，专兼职班主任，学工部、团委负责人参加。

6 日 学校召开了本学期全校教务工作会议，校教务处、成人教育学院、设备处的负责人以及各院系分管教学工作的主任参加，副校长鹿玉理、教务处处长李群到会并讲话。

12 日 山东省三高校接受浪潮集团捐赠 520R 服务器答谢会在新校行政楼贵宾厅举行，校党委书记曾繁仁、浪潮集团总裁王爱先、山东省教委条件设备处处长周胜利出席了捐赠会。

14 日 学校第十七团支部书记岗位培训班在公教楼 103 教室举行开班典礼，党委副书记、副校长张象钦到会并讲话，来自全校各院系 40 余名团支部书记参加了培训。

16 日 学校召开全校中层干部大会，国家教委副主任、党组成员周远清与国家教委人事司高校干部处罗先友处长来山大代表国家教委党组宣读国家教委的任免通知，任命张乐岭同志为山东大学党委书记，曾繁仁同志为山东大学校长，免去曾繁仁山东大学党委书记职务。山东省副书记陈建国，省教委主任、省高校工委书记滕昭庆，省委高校工委副书记刘凤龙以及省委、省政府有关部门的负责人参加了这次大会。

19 日 学校校园网 300 卡电话正式开通，省高工委副书记高凤龙、宣教处处长魏金陵、济南市电信局局长路霓，曾繁仁校长和驻济兄弟院校的领导以及有关部门负责人参加了开通仪式。

21 日 1998 年全国普通高校招生工作暨先进集体、个人表彰会在厦门室召开。今年我省计划招生 3000 人(其中威海分校 800 人)。24 日，会议结束。

23 日 山东省委高工委、省教委、省教育工会发文决定在全省大中小学教师中开展以弘扬高尚师德为主题的“我的学生我的爱”演讲比赛活动。

同日 副校长鹿玉理等一行 3 人赴美国、加拿大访问考察。

25 日 学校召开全校副处以上干部大会，由全国人大代表、校党委书记张乐岭教授，全国人大代表、校长助理周鸣兴教授，全国政协常委孔令仁教授，全国政协委员蒋民华教授、刘桂真教授传达九届全国人大一次会议和政协九届一次会议的精神。

27 日 为进一步落实党的十五大会议精神和江泽民同志对新闻宣传工作指示精神，山东省教委发出通知，决定对全省高校校报进行考评，将评出校报工作先进单位，优秀校报和优秀高校新闻工作者。

31 日 学校党委组织部主办的山东大学党校 1998 年第一期入党积极分子培训班在电教室 107 室正式开班。全校 30 对各基层党组织推荐的 286 名入党

1998 年

3 月

积极分子参加了这次培训。

本月　山东省科委下达了1997年度山东省优秀中青年科学家科研奖励计划，学校李越中、许炳章、方琦、胡季帆、王琪珑、冯圣玉六名教师获得奖励，奖励基金共56万元。

本月　在国家新闻出版署的“全国百种重点社会学科期刊”评定中，学校主办的《文史哲》被评为全国重点学术理论期刊。

本月　山东省委高教处提出加强校报建设意见，推进山东省高校校报事业的发展。

4 月

1日　根据工作需要，经学校研究决定，同意成立山东大学住房制度改革办公室。

2日　学校妇委会和工会女工部联合邀请全国人大代表和政协委员，专门为服务会委员和工会女和女学生代表工传达了“两会”精神。

同日　学校计算机科学系多媒体实验室承担的山东省科委计划项目“多媒体关键技术研究”通过省科委技术鉴定。

3日　国家科学技术部副部长韩德乾在山东省教委副主任单兆众、山东省科委副主任宋存胜的陪同下，来学校检查指导工作，山大校长曾繁仁作了关于山东大学科技工作情况的汇报。

同日　学校团委组织全校1997级师生赴济南英雄山烈士陵园祭扫革命烈士。

7日　中国人民政治协商会议第八届山东省委员会第一次会议和山东省第九届人民代表大会第一次会议在济南开幕，学校有17名同志出席了两会。

同日　应学校电子工程系邀请，英国兰卡斯特大学应用科学院院长，英国IEE学会会士 R. Carter 教授来学校访问。10日，结束访问。

9日　学校召开保密工作会议，传达全省、市、地保密局长会议精神，部署1998年的保密工作，校党委副书记张象钦到会并讲话。

11日　曾繁仁校长代表学校聘请香港科技大学副校长孔宪铎教授为山东大学客座教授，并亲自为其颁发了聘书

13日　学校召开后勤工作会议，后勤办、各中心及办公室、校医院等单位科级以上干部出席。会议由齐涛副校长主持，闫秉科副校长在会上讲话，党委书记张乐岭对后勤工作提出了希望和意见。

14日　全国扩大企业博士后试点工作暨培训、合作项目洽谈会召开，学校与大庆油田等单位达成初步意向。

15日　学校召开机构调整和干部交流工作动员大会，部署干部调整交流工作，曾繁仁校长主持会议，党委书记张乐岭作了动员报告。

17日　学校在行政楼104室会议室召开退休老教授座谈会，征求对学校教学改革的意见和建议，会上老教授提出重科研轻教学现象亟待解决。

19日　学校副校长许东赴香港访问考察，历时14天。

20日　学校以“崇尚科学，勤奋求知，提高素质，发奋成才”为宗旨的第四届“成才杯”大学生学习竞赛活动拉开序幕。

1998 年

4 月

21 日　济南市农村干部高级经济管理培训班在学校邵逸夫科学馆开班。

同日　荷兰阿姆斯特丹大学下属环境研究所清洁生产专家 Frans Verspeek 一行来学校进行考察，受到曾繁仁校长的热情接见。23 日，访问结束。

24 日　山东省翻译工作者协会 1998 年会及研讨会在学校邵逸夫科学馆举行，来自全省翻译界的 40 余名代表参加了会议。大会选举产生了新一届的领导成员，学校美国现代文学研究所王誉公当选会长、外国语学员胡兆云当选为秘书长。前任会长吴富恒、党委副书记冯宜明到会并讲话。26 日，会议结束。

同日　应学校邀请，日本山口大学校长广中平佑一行 4 人对学校进行正式友好访问，双方签署了有关学术交流的新协议。30 日，访问结束。

26 日　在学校闭幕的"1998 春季田劲运动会"上，学校体育健儿经过奋力拼搏再次创造骄人的战绩。

28 日　学校艺术系主办的山东大学首届"春之声"暨庆五一音乐会在新校科学会堂举行，校党委书记张乐岭、副书记冯宜明与全校 600 名师生一起观看了演出。

本月　为建立一支高素质的干部队伍，总校校部机关机构调整和干部调整交流工作开始，同时，学校下发《山东大学校部机关党政管理机构调整实施方案》。

本月　在第六届霍英东高等院校青年教师基金评选中，学校黄少安、胡季帆、赵景华 3 名教师榜上有名。

本月　据 1997 年学校理科科技活动统计表明，科研情况良好，科研经费创历史最高水平，全校理科共有在研科研项目 384 项，获得各类奖励 60 项，发表论文 886 篇，鉴定技术转让合同 45 项。

本月　1998 年是我国政协、人大和政府换届的一年，在这次各级人大和政府的换届工作中，学校共有 40 名同志当选全国及省、市、区的人大代表和政协委员。

本月　学校中层干部调整、交流工作结束。调整、交流后的干部已全部报到上岗。

5 月

4 日　中共山东大学委员会下达通知，要求各单位认真学习和宣传江泽民在庆祝北京大学建校 100 周年大会上的重要讲话。

同日　为纪念五四运动 79 周年，山东大学团委在新校图书馆楼前举行以"青年、科技、21 世纪"为主题的五四青年联欢晚会。团省委书记李群、副书记王晓等领导以及校党委书记张乐岭，副书记张象钦、冯宜明和各院系的领导同志与 3000 多名大学生一起观看了演出。

同日　1998 现代数论研讨班在学校邵逸夫科学馆举办，来自世界各地的专家、学者和研究生共 35 人参会。13 日，会议结束。

13 日　学校举行"我的学生，我的爱"演讲比赛。

14 日　学校党委邀请学校六各民主党派的全体成员在工会厅召开通报会，党委书记张乐岭、副书记冯宜明向民主党派通报学校近期有关机构调整和干部交流工作的情况

16 日　曾繁仁校长一行 2 人，赴香港考察访问。

18 日　学校邀请上海社科院世界经济研究所所长、上海欧洲学会会长、中

国世界经济学会副会长伍贻康，上海复旦大学经济研究所所长戴炳南教授来学校作学术报告。

1998年

5月

19日　学校隆重举行纪念真理标准问题讨论20周年报告会，特邀中共中央党校原副教育长、理论部和哲学教研室主任吴江教授，《求是》杂志编审闫长贵教授作报告。

20日　学校召开房改会议，部署教职工购房有关事宜，并就集资建房问题征求意见。

25日　《山东省科技快讯》公布了1997年山东省科技进步奖高校获奖项目，学校共获奖13项。

同日　经教育部研究决定，任命许东、闫秉科、齐涛、展涛、张象钦（兼）为山东大学副校长；鹿玉理为山东大学副校级研究员；免去张乐岭、鹿玉理山东大学副校长职务。

27日　学校召开思想政治工作座谈会。

30日　1998年度"四建集团奖学金"颁奖仪式在四建集团礼堂举行，学校有20名学生获奖。

本月　为贯彻落实党的十五大精神，加强基层干部队伍建设，造就一批跨世纪担当重任的优秀年轻干部，学校部分毕业生踊跃报名省委组织部选调。

本月　经山东省语言文字工作委员会批准，学校普通话水平测试中心成立，标志着学校的语言文字规范工作进入一个新的阶段。

本月　为培养高精尖优秀人才，鼓励优秀学生报考山东大学，学校设立了优秀新生入学奖学金，分为特等奖、优秀奖、奥林匹克竞赛优秀奖等几种优秀新生入学奖学金。

本月　学校师生积极响应江泽民总书记的号召，积极学习江泽民在北京大学建校100周年大会上的讲话，全校师生畅谈会议精神，努力担当起振兴中华民族的历史使命。

本月　山东省教委发出通知，决定继续在全省高等学校开展以邓小平理论为指导，转变教育思想观念的学习讨论，通知要求各高等院校高举邓小平理论伟大旗帜，进一步明确开展高等教育思想观念学习讨论的目的意义，全面提高质量意识，推动我省高等教育持续、稳定、健康的发展。

6月

3日　学校高能物理所参与阿尔法磁谱仪实验，在肯尼迪航天中心随"发现号"航天飞机升入太空。作为这次合作单位，学校高能物理所将参与对"阿尔法磁谱仪"所发回的数据分析。

同日　山东省科委董昭和主任带领省科委计划处闵祥娟处长、农医处宋修先处长和省高新办于承建处长等人来学校视察。

5日　学校党委发出通知，这要求全校各级党组织一定必须严格预备党员入党宣誓制度。

同日　根据工作需要，经学校研究同意成立山东大学儒家文化研究所。

同日　根据学科发展需要，经学校研究同意理论化学研究室更名为理论化学研究所。

1998 年

6 月

同日　根据工作需要，经学校研究同意成立山东大学宗教文化研究所。

6 日　"戊戌变法与中国现代化道路"学术研讨会在学校邵逸夫科学馆举行，来自北京、南京、郑州、上海、天津与济南等地的 86 位专家、学者及各界同仁参加了讨论会。

9 日　学校召开总支书记，教代会代表团团长会议，就教代会的有关事宜进行商讨。

10 日　学校第四届二次教职工代表大会在科学会堂隆重召开，全体教职工代表、校领导、各院、系、部、处、室主要负责人，各民主党派负责人共 400 多人出席了会议。会议由党委副书记冯宜明主持，曾繁仁校长代表校行政作了学校工作报告，校长助理张华和刘绍刚分别作了财务和学校提案的报告。12 日，会议结束。

16 日　教育部高教司专家组对学校中文基地进行了中期检查，学校中文基地顺利通过中期检查。17 日，结束。

17 日　学校邀请教育部高教司副司级巡视员陈祖福来校作了题为《迎接知识经济时代，转变教育思想观念，建立高等教育创新体系》的报告。学校领导和各院系所党政负责人，各教研室主任、教工党支部书记，机关副处以上干部和各民主党派负责人听取了报告。

18 日　学校在工会厅召开计划生育工作会议，副校长闫秉科、党委副书记冯宜明到会并讲话。

24 日　学校召开"211 工程"建设启动工作动员部署大会，安排部署学校"211 工程"重点学科建设项目立项及教学与科研条件建设项目立项工作。校领导、各业务处室负责人、院系主要负责人、"211 工程"项目负责人及专家组成员参加了会议。会议由展涛副校长主持，曾繁仁校长作了动员讲话。

1998 年 6 月 24 日，山东大学召开"211 工程"建设启动工作动员部署大会

25 日　学校在新校南门花坛竖起澳门回归和 21 世纪倒计时牌，曾繁仁校长和党委副书记冯宜明为倒计时牌揭牌。

同日　学校举行"山东大学与驻济新闻界朋友座谈会"，驻济 10 余家新闻媒体的 20 余位领导和记者参加了这次会议。

1998 年

6 月

同日　根据工作需要，经学校研究同意将山东大学西欧研究所更名为山东大学欧洲研究所。

26 日　学校新一届(第七届)学位委员会召开第一次全体会议，讨论通过了第七届学校多学科学位分委员会组成人员单位，并审议表决通过了学校 1998 年暑期授予的硕士 310 名，博士 60 名。

29 日　国家审计署驻教育部审计局召开全国教育审计工作会议，表彰了全国教育系统审计工作先进集体和先进工作者，学校审计处被评为先进机构，审计处霍新喜被评为先进个人。

本月　在"第一届山东省刘勰文艺评论奖"评论中，学校有 5 部文艺评论著作、5 篇文艺评论文章入选。

本月　学校承担的省计委攻关项目"广谱抗对虾病药物——微生物多肽开发"通过论证。

本月　为鼓励学校教师多在国际核心刊物上发表高质量的论文，保持学校的优势地位，学校决定提高对在 SCI、EI 检索刊物发表论文的作者的奖励标准。

7 月

6 日　教育部颁布了调整后的普通高校本科专业目录，新的专业目录从发布之日起实施，本年度普通高等学校本科专业设置备案工作执行新的目录。

8 日　根据工作需要，经学校研究同意成立山东大学信息与控制工程技术研究所。

14 日　学校召开全校中层干部会，张乐岭书记传达全国高校党建工作会议精神。

15 日　山东大学欧玛公司组织学校部分学生利用暑假期间进行社会实践活动。30 日活动结束。

22 日　山东大学生命科学学院在昌乐宾馆举行农业科技学术报告会，可容纳 400 多人的会议室座无虚席。

26 日　学校在长清小娄峪召开暑期工作会议，研究和部署下学期深入贯彻邓小平理论以及学校深化人事、财务和后勤改革等方面工作。

8 月

18 日　由山东大学考古美术研究所、山东大学港澳台办公室与台湾东海大学美术系联合举办为期两周的"山东大学第二届两岸美术考古研修班"圆满结束。

19 日　在齐鲁宾馆国际会议厅举行山东大学生命科学学院、山东医科大学附属医院普外科联合实验室签字揭牌仪式。邵桂芳副省长到会并讲话，省府秘书长刘长允，省教委副主任齐涛，省卫生厅副厅长董宪雨，山东大学党委书记张乐岭，副校长许东，山东医科大学校长王琰璧、副校长张衡以及学校生命科学学院和山医附院的领导和专家、学者共 30 余人参加了揭牌仪式。

20 日　在校党委的积极组织下，学校教职员工在校工会厅举行了赈灾捐款活动，教职员工一起捐款达 34 万元。

26 日　召开开学前准备工作会议，由教务处、成教处、学工部、研教中心、后勤汇报开学前的准备工作。

1998 年

8 月

31 日　学校举行迎新茶话会，对新入校的 74 名新教工表示欢迎。

本月　学校校园网二期工程完工，收费规定有新的变化。

9 月

4 日　学校将全校教职员工为洪灾区募捐的棉衣、棉被 7473 件送到了济南市民政局。这次抗洪赈灾募捐，学校共收到教职工（包括学生）捐款 40.92 万元，棉衣被 7473 件；山大鸥玛信息产业集团有限公司捐赠的 30 万元以及价值 36 万元的阅卷机，学校团员“特别团费”43425 元。除棉衣被外，合计捐款 111 万元。

5 日　全国妇女第八次代表大会在北京闭幕，学校代表孔令仁、王芬英出席了会议。大会选举产生了新一届的执委会，孔令仁教授当选为全国第八届执委会委员，再次当选为全国妇联副主席。

同日　学校举办牟宗三与当代新儒学国际学术研讨会在学校召开，参加会议的由国内外知名学者 80 余人参加。11 日，会议结束。

6 日　日本东京学艺大学教育学部书道学科主任教授川政行先生应学校文学院邀请，来学校进行为期 7 天的学术考察和学术交流。12 日，学术交流结束。

7 日　根据学校实际，在各单位广泛民主评选、推荐及评议的基础上，经学校审核批准，决定对全校评选出的张树静等 63 人授予“山东大学优秀教师”称号，对窦昭泉等 42 人授予“山东大学优秀教育工作者”称号，对文学院等 6 个单位授予“山东大学教书育人先进单位”称号。

同日　学校将师生员工赈灾捐款汇至教育部，并参加了 10 日在北京教育部举办的“为了灾区的孩子”义演募捐晚会。

8 日　学校在邵逸夫科学馆报告厅召开中层干部会议，动员和部署新学期党委和行政工作，参加会议的有学校现任领导，院系所（中心）党政负责人和机关部处室主要负责人，党委书记张乐岭和曾繁仁校长到会并发表讲话。

1998 年 9 月 9 日，山东省省长李春亭（前右）、副省长邵桂芳来我校慰问老教授

1998 年

9 月

9 日　山东省委副书记、省长李春亭，副省长邵桂芳，副省长林延生来学校看望和慰问教职员工，并视察了微生物技术国家重点实验室。

同日　学校隆重举行大会，庆祝“教师节”，同时表彰 1998 年度优秀教师 63 名，优秀教育工作者 42 名，教书育人先进单位 6 个。

11 日　随着学校与社会各界联系、交往的日益增多，为维护学校的合法权益，经学校研究决定成立山东大学法律实务研究室。

12 日　由山东大学主办的中国法律史学会第六届会员大会暨学术研讨会在山东行政学院培训中心举行，来自日本及全国各地的 44 家大学、科研院所及新闻出版单位的 80 多名专家学者参加了会议。省司法厅厅长、省法学会会长梁德超，校长曾繁仁，大会执行会长、山大法学院院长徐显明出席会议并讲了话。

14 日　由丸田孝治、三浦芳助博士率领的广岛女子大学海外研修旅行考察团一行 28 人对学校进行为期五天的访问。18 日，访问结束。

18 日　中国共产党员、著名的中国现代文学和鲁迅研究专家、文艺理论家、山东大学文学院教授孙昌熙先生因病医治无效不幸逝世，享年 84 岁。

孙昌熙(1914～1998)，1914 年 10 月 25 日出生于山东省安丘市景荥镇王家庄。幼年在私塾读书，1930 年起在青岛铁路中学读书，1936 年考入北京大学中文系。全面抗日战争爆发后，随校南迁昆明，在由北大、清华、南开组建的西南联合大学继续求学，1941 年毕业后留校任教，1944～1946 年在云南大理的华中大学中文系任讲师，1946 年 8 月起在山东大学中文系任讲师、副教授、教授，1987 年退休。

孙昌熙先生长期工作在教学第一线，先后开设了文学概论、中国现代文艺思潮史、中国文学批评史、中国小说史、鲁迅研究、文艺评论、中国现代文学史等课程。

孙昌熙先生是蜚声海内外的著名学者，他学养深厚、治学严谨、勤于探索、勇于创新，在学术研究上辛勤耕耘，作出了独树一帜的贡献。他的科研成果多次获山东省和山东省教育厅的优秀科研成果奖，在学术界享有很高的声誉。

孙昌熙先生曾是山东省人大代表，济南市人大代表。担任过《文史哲》编委、中国鲁迅研究会名誉理事、中国比较文学学会理事、中国现代文学研究会理事、山东省鲁迅研究会会长。

21 日　学校发出通知，学校第四届出版基金委员会组成，主任委员展涛，委员有徐显明、张华、王琪珑、宋云峰、栾开政、徐向艺，秘书长由徐向艺担任。

同日　中日友好协会事务局局长吉村安雄等一行 7 人在学校进行为期一个月的学习访问，访问期间向我国灾区人民捐款 2 万日元。

23 日　来自学校各单位的 100 多名女职工、女学生代表聚集在新校工会厅，听取全国妇联副主席孔令仁教授和中国妇女八大代表、校妇委会主任王芬英同志传达中国妇女第八次全国代表大会会议精神，校党委副书记冯宜明、工会主席张军从出席了会议。

24 日　教育部副部长吕福源、山东省副省长邵桂芳来学校视察工作，陪同

1998 年

9 月

的有教育部师范司、基教司的有关负责人，山东省教委、济南市政府、市教委的领导等。吕副部长、邵副省长与学校现任党政领导、部分专家学者、机关有关部分负责人进行了座谈，吕部长强调高校要进一步转变观念，解放思想，使教育步入良性循环，杀出一条出路来。

25 日　由学校团委和学生会联合会举办的“山东大学 1998 国庆、迎新生文艺晚会”在新校图书馆前拉开帷幕。校领导、军训教官及全体 1998 级新生一同观看了演出。

28 日　1998 级 1900 多名新生在老校操场举行了 1998 级开学典礼，校长曾繁仁、校党委书记张乐岭等校领导出席了大会。副校长闫秉科、校长曾繁仁、老师代表何中华、学生代表刘映雪分别发了言。

同日　学校 1998 级军训阅兵仪式在老校操场隆重举行，54883 部队师首长、军训团首长以及学校领导出席了阅兵式。

本月　由山东大学中文信息研究所承担的国家社会科学基金项目“中文信息处理所用汉字形研究”已经完成，并通过专家鉴定，被评价为是一项具有“填补空白性质”的科研成果。

本月　山东大学法律事务室成立。

本月　彭实戈荣获 1998 年度全国教育系统“劳动模范”荣誉称号，夏光敏荣获 1997 年度山东省“优秀教师”荣誉称号，栾开政荣获 1997 年度山东省“优秀教育工作者”称号。

本月　在南开大学举办的首届全国大学生化学实验邀请赛上，学校化学代表队获团体第 13 名，张宪玺同学获得二等奖，焦宁、侯殿杰均获三等奖。

本月　学校 1998 年度哲学、社会科学优秀成果评选工作日前结束，经各院系所推荐，校文科学术委员会评定，校长批准，共评出优秀科研成果 91 项，其中一等奖 20 项，二等奖 23 项，三等奖 48 项。

10 月

6 日　山东省委副书记陈建国在省老干部局局长廉守昌、副局长宋绍顺以及校领导张乐岭、胡家臣的陪同下代表省委省政府到孙汉卿家祝贺 85 岁生日。

同日　为响应党中央的号召，进一步做好学校的禁毒教育工作，学校学生工作部与团委在新校学生俱乐部举办了“珍爱生命、拒绝毒品”图片展。校党委副书记、副校长张象钦参加开幕式并讲话。13 日，图片展结束。

7 日　1998 暑期社会实践总结表彰大会暨团十四大会议精神传达大会在科学会堂隆重召开，校党委副书记、副校长张象钦、副校长展涛、校长助理刘绍刚、学工部部长张宇、校团委书记桑晓旻等出席了会议。

同日　第一期处级领导干部学习邓小平理论与十五大精神培训班正式开班，参加这期培训班的有各院系、机关、后勤的副处级以上干部共 50 人。

8 日　学校教学工作会议在邵逸夫科学馆报告厅举行，教育部高教司副司长刘凤泰、省教委副主任齐涛应邀出席了会议。展涛副校长主持会议，曾繁仁校长、刘凤泰副司长分别讲话。

同日　为纪念《中华人民共和国保守国家保密法》颁布 10 周年，学校召开保密工作座谈会，校党委副书记张象钦到会并讲话。

1998 年

10 月

9 日　经国务院学位委员会正式批准，学校获工商管理硕士(MBA)学位授予权，这是1998年国务院学位委员会审查批准的全国唯一一家获得工商管理学位授予权的单位。

13 日　山东大学档案馆通过国家一级验收，这是继上海交通大学、复旦大学、华东理工大学、同济大学、南京大学之后第六家通过验收的高校。

14 日　中欧高等教育合作项目工作会议在学校召开，来自全国近50所高校的科研处长和欧盟研究中心主任出席了会议。

16 日　1996～1997年度中国教育好新闻(高校校报系列)奖在西安评出，学校有两件作品榜上有名，分别是王静撰写的《系列光电阅读机把洋货抵在国门之外》荣获一等奖，潘潮撰写的《言论也要注意精神扶贫》荣获三等奖。18日，评选结束。

19 日　经学校研究同意成立山东大学药物化学研究所。

20 日　1998教育部科技进步奖评审揭晓，学校申报项目喜获丰收，取得了有史以来最好的成绩，共获一等奖4项，二等奖4项，三等奖5项。

21 日　学校隆重举行弘扬抗洪精神报告会，邀请曾亲临抗洪一线的济南军区政治部副主任岳宣义少将介绍了济南军区参加抗洪抢险的情况。党委副书记冯宜明主持会议，学校领导张乐岭、许东、展涛、胡家臣等和机关各部门负责人，各级党组织负责人以及教师学生代表近1000余人参加了报告会。

23 日　为加快学校人事制度改革，经学校研究同意成立学校人事制度改革办公室。

29 日　学校召开新一届档案管理委员会全体委员会议，研究进一步做好档案工作和编写山东大学年鉴等问题，曾繁仁校长到会并讲话。

30 日　美国明尼苏达大学生物工程及生物医学工程教授 F. Halberg 应邀来学校作学术访问。

本月　学校文学院副教授孙基林入选中国当代十大杰出青年诗评家。

本月　1998届毕业生就业派遣工作圆满结束，本科生一次性就业率达91%，研究生一次就业率达96%。

本月　1997中国科技论文统计结果，学校1997年被SCI收录的论文共计191篇，论文总数在全国高校中排名第九位，学校被引征论文171篇，324次，被引征数在全国高校排名也是第九位。学校被EI统计的论文共有133篇，居全国高校排名第15位。学校化学院教授金文睿老师1997年发表论文被SCI收录共14篇，在全国个人排名位居榜首。

本月　由共青团山东省委、山东省人事厅、山东省科委和山东省青联联合会组织的“第四届山东省优秀青年知识分子”评选活动已经揭晓。学校解士杰教授荣获“山东省优秀青年知识分子标兵”称号，邹广文荣获“山东省优秀青年知识分子”称号。

11 月

4 日　学校在邵逸夫科学馆报告厅召开纪念党的十一届三中全会二十周年理论研讨会，校领导、各单位主要负责人和师生代表与会，省委宣传部、省委党校、省社联等单位的专家领导也应邀参加了会议。

1998 年

11 月

5 日　学校召开财经工作领导小组会议

8 日　学校副校长鹿玉理等一行 3 人赴保加利亚考察访问。

9 日　学校第二期处级领导干部学习邓小平理论与十五大精神培训班开班。

11 日　“山东大学特殊贡献奖”和“开拓未来奖”颁奖大会在邵逸夫科学馆报告厅举行颁奖大会，来在全校各院系的 18 名教授荣获“开拓未来奖”，数学院彭实戈教授荣获“山东大学特殊贡献奖”。

14 日　应曾繁仁校长的邀请，世界杰出理论物理学家、欧洲粒子物理研究中心（CERN）主任克里斯托夫·卢埃林·史密斯教授（Prof. Christopher Liewellyn Smith）及夫人来学校访问。16 日，学校隆重举行仪式，授予史密斯教授“山东大学名誉理学博士学位”，这是学校有史以来第一次授予世界著名学者“名誉博士”称号。17 日，访问结束。

18 日　学校召开机关党总支全体党员大会，选举产生了新一届机关党总支委员会，成员为刘珂、方宏建、韩峰、王剑敏、王爱国、孙翠英、徐晓冰。

19 日　经学校研究决定，成立山东大学人民防空委员会。主任为闫秉科，副主任为吴继能、方宏建，成员为张应法、韩锋、王剑敏、孙绪贤。

21 日　山东大学第二十八次学代会和第十次研代会在科学会堂召开，大会的中心议程是审议第二十七届学生会的工作报告，选举第二十八届学生会委员。省学联副秘书长党安涛，校党委书记张乐岭，副书记张象钦、冯宜明，副校长闫秉科到会。

26 日　由驻济高校学工部、宣传部、社科部等单位负责人参加的国际形势报告会在学校科学会堂举行，特邀新华通讯社高级记者、原国际部主任、国际问题研究专家芮英杰作报告。

30 日　学校召开党委全委扩大会议，全面部署学习贯彻省七次党代会精神的有关事宜，党委委员，纪委委员，各院、系、所党政负责人，机关各部处室负责人及直属各单位负责人共 90 人参加了会议。党委书记张乐岭传达山东省第七次党代会精神，曾繁仁校长对 1998 年学校行政工作作了总结，会后，与会人员分组进行了讨论。

本月　济南军区空军“蓝天国防”奖助学金发放仪式在山东师范大学举行，学校 10 名同学获得“蓝天国防”奖助学金。

本月　由山东大学团委主办的《1998 暑期社会实践调查报告》评选活动结束，共评出一等奖 11 件，二等奖 17 件，三等奖 23 件。

本月　在山东省大学生电子竞赛上，学校电子系的张治、张桢、张俊成 3 位同学设计的智能风扇控制器获得一等奖。

12 月

1 日　学校隆重举行向台湾大学入学考试中心赠送光标阅读机仪式在行政楼贵宾厅举行。省政协副主席周鸿兴、校长曾繁仁、副校长许东、台湾大学入学考试中心执行秘书任拓书先生，咨询管理处处长吴传嘉先生以及兄弟院校、企业代表出席了捐赠仪式。

8 日　学校团委在科学会堂主办的“纪念十一届三中全会二十周年合唱晚

会”隆重举行。

11 日 学校在科学会堂举行“纪念党的十一届三中全会二十周年音乐会”隆重开幕，张乐岭、张象钦、冯宜明、展涛、胡家臣等校领导观看了演出。

14 日 《山东大学校部机关设岗定编及人员分流方案》经党委常委会批准开始公布实施，这是校部机关改革的又一重大举措。

18 日 根据工作需要，经学校研究决定成立山东大学高等职业技术教育学院。

同日 德国西门子公司中央研发部市场部主任泰斯先生来学校访问。

20 日 1998 年，冬季汉语水平考试在学校举行。

24 日 学校学工部在工会厅举行“山东大学学生学习邓小平理论研讨会暨我与改革开放同行”征文颁奖仪式，有 77 名同学获奖，其中一等奖 7 名，二等奖 23 名，三等奖 47 名。

同日 学校在邵逸夫科学馆召开了 1998 年度计划生育表彰会，校党委书记冯宜明到会讲话，计生办主任章安秋给获奖的集体和个人颁了奖。

28 日 全省离退休暨老干部工作“双先”表彰会上，学校老干部党总支荣获省政府授予的“离退休干部先进集体”称号。

30 日 在新年来临之际，曾繁仁校长在留楼东厅设宴招待学校外国专家，向大家祝贺新年。

同日 山东省青年联合会九届一次会议在济南南郊宾馆举行，省委副书记陈建国、省委常委朱正昌及省团委书记李群出席了会议并作了重要讲话。经大会选举，学校展涛副校长当选为青联副主席。31 日，会议结束。

本月 经教育部“长江学者奖励计划”专家评审委员会评审，学校的“应用数学”和“功能材料科学技术”而各学科获准设置特聘教授岗位。

本月 学校教师级专业技术职务 1998 年度职称评聘工作已经结束，全校(含威海分校)共评审通过正高职 37 人，副高职 101 人，中级职务 86 人，确定初级技术专业职务 88 人。

本月 经学校第七届学位评审委员会第二次会议审议通过，24 名教授成为新的博士生导师。同时，学位委员会决定授予周向军等 8 人博士学位，徐国亮等 10 人硕士学位。

本月 山东省科学技术进步奖公布，学校获一等奖 2 项，二等奖 2 项，三等奖 1 项。

本月 1998 年山东高等学校科学技术进步奖哲学和社会科学优秀成果评选结束，经过学科专家组专家评审和评审委员会审批，学校科研处获山东省科研管理先进集体，高洁、刘樱红、魏宝堂、耿玉晶获山东省科研管理先进个人。

本月 学校已获批准立项的山东省和济南市各类科研项目共计 27 项，项目总经费 479.5 万元。比去年同期相比有较大提高，增幅达 60.6%，是学校承担山东省计划项目获得科研经费最多的一年。

本月 1998 年度教育部科技进步奖评选结果于年底公布，学校获奖 13 项，一等奖 4 项，列全国高校之首。

本月 山东大学首批“杰出青年奖励基金”获得者名单公布，他们是王晓毅、

1998 年

12 月

邹广文、陈炎、徐显明、傅有德、臧旭恒、王炜、方奇、张举仁、胡季帆、姜建壮、解士杰。

本月 从学校继续教育学院获悉，学校将从 1999 年开始录取夜大函授生实行英语统一考试制度。

本月 1998 年度山东省高等学校科技进步奖和哲学、社会科学优秀成果奖评审工作结束，学校有 33 项获奖，其中科技进步奖 14 项，哲学、社会科学优秀成果奖 19 项。

1999 年

1 月

6 日 1998 全国大学生数学建模竞赛大学生电子设计竞赛奖颁奖大会在山东工业大学举行，学校获全国二等奖和山东省赛区一等奖。在省大学生电子竞赛中，学校获省级一等奖。同时，学校还荣获 1998 年全国大学生竞赛山东赛区组织工作优秀奖。

7 日 曾繁仁校长、展涛副校长及有关职能部门负责人在邵逸夫科学馆第六会议室与“山东大学杰出青年奖励基金”获得者举行了座谈，曾校长亲自向第一位“奖励基金获得者”颁发了证书。“山东大学杰出青年奖励基金”与学校“211 工程”建设相配套，是“211 工程”建设中人才工程的重要组成部分，它旨在加速培养山东大学跨世纪人才，促进青年学科带头人的迅速成长。

同日 曾繁仁校长、展涛副校长及有关职能部门负责人在邵逸夫科学馆第六会议室与“山东大学杰出青年奖励基金”获得者举行了座谈，并颁发了证书。首批“山东大学杰出青年奖励基金”获得者共 12 名，文科是王晓毅、邹广义、陈炎、徐显明、傅有德、臧旭恒；理科是王炜、方奇、张举仁、胡季帆、姜建壮、解士杰。

1999 年 1 月 7 日，“山东大学杰出青年奖励基金”颁奖仪式

同日 德国西门子(济南)变压器公司总经理诺普先生来学校参观访问，了解学校接受西门子资助的实验室建设情况，参观了西门子等德国在鲁企业捐赠学校的外语学院语音实验室级电子工程系电工实验室。

1999 年

1 月

8 日　在新校工会厅举行“三株奖学金”颁奖仪式，副校长张象钦、三株公司副总裁郑培宁，向学校 21 名学生颁发了奖学金。

12 日　日本地方劳动委员会事务局审查课主事金子高行来访，与学校高教研究室的教授们就“中国的高等教育状况”等问题进行了座谈。

14 日　“1998 年度山东大学学生教育与管理工作研讨会”在新校举行，工会副书记、副校长张象钦及来自校学生工作部、团委、威海分校和各院系负责学生工作的人员参加了会议。15 日，会议结束。

18 日　山东省教委正式下文公布学校学校办公室等 11 所高校办公室、11 个地市教委办公室为“山东省教育系统办公室工作先进集体”。学校办公室胡新晶和刘红获先进个人称号。

同日　经学校工会研究决定，授予体育系等 31 个单位和 183 名先进个人给予表彰。

同日　学校纪委、监察处被教育部评为全国教育系统纪检监察工作先进集体荣誉称号。

20 日　国家档案局正式批准，山大学档案馆自 1998 年 10 月 13 日起晋升为国家一级。

27 日　韩国昌原大学国际事务中心主任沈东守一行 2 人访问学校，就进一步发展两校关系，加强交流合作、正式签署两校全面合作协议事宜与学校进行了商谈。30 日，结束访问。

29 日　香港立法会委员、文明电子有限公司董事、总经理吕明华先生访问学校，参观考察了学校晶体所、数学系等，对学校的产业走向市场提出了很多建议。曾繁仁校长为其颁发证书，聘其为山东大学顾问教授。

本月　教育部召开 1999 年度全国成人高等学校招生工作集体办公会结束，学校 1999 年成人招生计划已经确定。共招收夜大、函授、成人脱产生 1400 人，比 1998 年增加 200 多人。

本月　1998 年度国家自然科学基金、教育部博士点基金、山东省自然科学基金的审批工作已全部结束。学校共获准各类基金 49 项，项目总经费达 487 万元。

本月　由学校物理系胡季帆主持承担的山东省优秀中青年科学家科研奖励基金项目“非晶及纳米合金材料的巨磁致电阻抗效应”和物理系张维成副教授主持承担的省科委计划项目“高频高磁感软磁铁氧体”通过省科委组织的专家多鉴定。

本月　1998 年山东大学优秀重点课程、主讲教师和优秀教学奖评选结果揭晓，共评出优秀重点课程 21 门，主讲教师 10 名，优秀教学奖获得者 64 名，另有 4 位同志获优秀教学管理奖。

本月　由中央纪委办公厅、监察部办公厅、人事部办公厅、司法部办公厅联合组织的在全国范围内开展的《中华人民共和国行政监察法》知识竞赛活动结果日前公布，学校党委书记张乐岭获个人纪念奖，文学院院长孔凡今获个人二等奖；此外，省纪委、省监察厅、省人事厅、省司法厅授予学校组织三等奖。

1999 年

2 月

10 日　中国—欧洲联盟高校教育合作项目办公室欧方主任王罗杰博士来访。

22 日　日本学术振兴会项目专家，日本秋日吉永慎二郎先生来学校外事处进行工作访问，就秋田大学与学校的合作事宜进行探讨，并向学校捐赠日本著名作家夏目漱石的著作《漱石全集》17 本，校长助理徐显明出席了赠书仪式，并代表曾繁仁校长聘请其为山东大学客座教授。26 日，结束访问。

本月　山东省第十三次社会科学优秀成果奖评出，学校共 48 项成果获奖，其中一等奖 6 项，二等奖 10 项，三等奖 22 项，获奖率占全省高校的 37%。

本月　据《科学管理》杂志消息，在 1997 年国际刊物上发表论文最多的前 20 名高校中，学校以 187 篇论文数名列 7 名。

本月　全国学联二十二届二次全委会召开，来自全国大中学校的 159 名委员代表参加了会议，学校第二十八届学生会主席团执行主席陈必昌当选为全国学生会主席。

本月　山东大学海外校友会正式成立，海外校友会电子网页已开通，黄卫平和王建青被推选为校友会会长候选人。

本月　学校研究生教育中心重视新闻宣传工作，又推出新举措，鼓励工作人员向校内外撰写新闻宣传稿件，介绍学校学科建设及研究生教育情况，凡稿件被报刊采用，研究生教育中心给予奖励。

3 月

1 日　学校在邵逸夫科学馆报告厅召开中层干部会议，研究和部署 1999 年党委和行政工作。校领导、各院系党政主要负责人、机关各职能部门及直属单位负责人共 90 余人出席了会议，张乐岭书记、曾繁仁校长到会并讲话。

6 日　学校一年一度的大学生供需见面会在新校邵逸夫科学馆大厅召开，7 日见面会结束。

8 日　山东省无偿献血中心来学校组织无偿献血，在短短的半小时内，就有 80 多位同学参加无偿献血，受到省无偿献血中心的高度赞扬。

10 日　经济学院邓小平理论研究室暨报告会在科学会堂举行，校党委副书记、副校长张象钦，学工部张宇和院领导出席了会议。

12 日　山东大学创业设计大赛工作组成立，同时“挑战杯”系列活动在山东大学校园内拉开序幕。

15 日　学校发出通知，对校内建房、改建和扩建用房进行规范管理。

16 日　学校召开成人教育教学工作管理会议，展涛副校长到会并作了重要讲话，强调各院系要把成人教育与普通本专科教育统一归口管理，成人教育尤其是成人及学历教育的教学工作要与普通生的教学同样对待，统一安排。

18 日　山东省委副书记吴爱英在省高校工委书记、省教委副主任刘凤龙及省委办公厅的有关同志陪同下到学校视察工作，并召开了座谈会。在座谈会上，曾繁仁校长首先向吴爱英副书记介绍了学校的概况，汇报了学校当前和今后的几项主要工作以及工作中面临的困难和要求，张乐岭书记汇报了目前学校师生的思想状况以及党委下一步做好校园稳定工作的意见。

19 日　由学校文学院、《青年思想家》杂志社联合举办的长篇小说《寒风竹》研讨会在邵逸夫科学馆举行，有 20 余位专家、学者出席了会议。

21 日　教育部社政司靳诺副司长以及中央综合治理委员会、公安部的有关领导在济南市政法委、市教委、市公安局等有关人员的陪同下来到学校，就如何加强高校周围环境和高校社会治安综合治理工作进行专题调研。校长曾繁仁和党委副书记、副校长张象钦分别汇报了学校开展校园综合治理整顿工作的情况、体会及存在的问题。

23 日　学校在邵逸夫科学馆报告厅召开中层干部会议，传达贯彻 1999 年度全国高校思想政治工作会议暨省纪委二次全会等会议精神。党校领导张乐岭、曾繁仁、张象钦、冯宜明、胡家臣、刘绍刚、徐显明及各院、系、所、中心党委主要负责人，机关各部、处、室及直属主要负责人共 90 余人出席了会议。

24 日　学校在邵逸夫科学馆报告厅召开大会，邀请学校的“两会”代表、委员传达会议精神。校领导，各院、系、所、中心党政主要负责人，机关各部、处、室及直属单位主要负责人，各民主党派主要负责人，老干部及部分学生代表参加了大会。

29 日　经学校研究决定，成立山东大学专业学位工作领导小组。组长展涛，副组长徐显明。

同日　学校纪委监察员王炜合获山东省委高工委表彰，获全省高校纪检监察工作先进个人荣誉称号。

30 日　学校召开保密工作会议，会上传达全省保密工作精神，宣布了调整学校保密委员会委员名单。会议由校保密委员会副主任方宏建主持，校保密委员会主任张象钦作总结发言。

同日　为规范学校建筑工程招标工作，切实保证建筑工程质量，经学校研究决定成立山东大学建筑工程招标领导小组。

31 日　学校在邵逸夫科学馆报告厅召开学科建设工作研究会，总结 1998 年度工校“211 工程”重点学科建设情况，部署本年度建设计划、资金分配以及 1999 年度申报国家重点学科、博士点、硕士点的准备工作。校领导、有关职能部门负责人、各院系主要负责人、“211 工程”学科建设及教学与科研条件建设项目负责人、各管理小组成员参加了会议。会议由展涛副校长主持。

1999 年 3 月 31 日，我校召开学科建设工作研讨会

1999 年

3 月

本月　根据《高等学校特聘教授岗位制度实施办法(试行)》的规定，经教育部“长江学者奖励计划”专家评审委员会审定，山东大学教授、博士生导师彭实戈和在美国 SEP 公司任高级工程师的徐现刚通过了特聘教授任职条件审定，分别受聘于山东大学首批获准设置的“金融与数学”和“功能材料科学技术”两个特聘教授职位。

本月　学校 1999 年招收保送生名额确定，计划招收保送生 80 人，推荐 100 人。

本月　由学校团委、校友会和校编辑部联合主办的“大学生与社会暨我所见到的校友”寒假征文活动日前评选揭晓，共评出一等奖 4 名，二等奖 10 名，三等奖 21 名。

本月　教育部在北京全国教育系统纪检监察工作会议，学校纪委、监察处被授予“全国教育系统纪检监察工作先进集体”光荣称号。

本月　教育部(教高[99]1 号)通知，批准学校为大学生文化素质教育基地，并明确了基地任务。

本月　由校教务处和宣传部共同组织的《深化教学改革》双周报告会结束。

本月　学校 1998～1999 年度贫困生减免学费工作全部结束，学校有 1307 名同学分别给予了不同程度的学费减免。

4 月

1 日　副校长闫秉科、校长助理刘绍刚以及后勤办、教务处、财务处、社信学院等部门的有关领导对老校六号楼整修工程进行了验收。

2 日　学校分别召开了文、理科专家论证会议，各位专家分别就有关学科群(点)的“211 工程”建设情况，资金使用情况，新年度建设计划、资金分配可行性以及国家级重点学科和博士点申报工作进行了论证

6 日　学校大学生网上金融编辑部在数学院金融基地成立。

8 日　山东省委高校工委副书记、省教委副主任、党组副书记刘凤龙同志带领山东省委和教育部党组派驻山东大学“三讲”教育巡视组一行 5 人来到学校。校党委书记、“三讲”教育领导小组组长张乐岭同志代表学校向巡视组汇报了学校开展“三讲”教育的前期准备工作。

同日　学校公安处在新校工会厅举办了 1999 年第一期消防安全知识培训班，各院系的有关人员参加了培训。

同日　经教育部党组研究并与山东省委商得一致，决定任命徐显明、张华为中共山东大学委员会常委。

9 日　学校各分党委、总支、直属支部书记、机关各部门主要负责人共 60 人赴泰安参观学习，主要考察了山东农业大学校园文明精神建设和山口镇企业发展情况。

10 日　由山东省政协科教文卫体委员会、省作家协会、北京十月文艺出版社联合举办的马瑞芳长篇小说新作“感受四季”研讨会举行，省政协主席韩喜凯到会祝贺，副主席李殿奎主持会议，省政协秘书长许军祥、省委宣传部常务副部长高挺先到会并讲话。

13 日　学校召开了有部分院系主要负责人参加的院系人事改革座谈会，张

象钦副书记主持了会议。大家一致认为，院系人事制度改革势在必行。

1999 年

4 月

14 日　学校在邵逸夫科学馆报告厅召开全校领导班子、领导干部“三讲”教育动员大会，会议由曾繁仁校长主持，张乐岭书记作动员报告，教育部党组和山东省委驻学校巡视组副组长王建国同志作了重要讲话。

17 日　曾繁仁校长率团一行 5 人，赴日本、韩国访问。

19 日　干部怎么样、大家来评说，校党委发放表格，以无记名的方式来征求意见。根据“三讲”教育工作的进展和安排，校党委在指定的地点设分票箱，集中收回无记名征求意见表。

同日　经学校人事工作小组会议讨论报学校办公会通过，决定成立山东大学管理学院。

27 日　全校校处级领导班子和领导干部“三讲”教育工作进行第一阶段第二专题的集中讨论交流。驻学校“三讲”教育巡视组组长刘鸣泽同志和副组长王建国同志参加了校领导班子的讨论和交流，并听取了发言。

28 日　学校“三讲”教育学习阶段第三专题关于“讲正气”的集中辅导在新校举行，全校副处以上领导干部观看了中纪委驻国家信息产业部纪检组长常廷廷同志的辅导录像，党委书记冯宜明同志主持了集中辅导并就全校“三讲”第三专题教育学习的具体安排。

29 日　山东省高教委发出通知，公布了我省高等学校校报考评结果，《山东大学学报》被授予“山东省高校优秀校报”称号，校报编辑高忠汉、王静被授予“山东省高校优秀新闻工作者”称号。

本月　为贯彻党中央“在全国县以上党政领导班子和领导干部中开展‘讲学习，讲政治，讲正气’为主要内容的党性党风教育活动的决定”，教育部党委上的山东省委同意，确定学校为首批全国高校“三讲”教育的试点单位，教育活动在本学期进行。

本月　日本驻华大使馆文化部公使吉泽裕先生访问学校。

本月　学校 1999 年同等学力人员申请硕士学位报名工作已经结束，报名人数达 400 多人，另报名参加全国外语水平考试 430 人，报名参加全国学科综合水平考试 140 人，这是历年来最多的一次。

本月　1999 年初，国家自然科学基金委员会监督委员会正式成立，学校技术工程学院院长梅良模教授被推选为首届委员，并受聘于“国家重点基础研究发展规划”项目咨询顾问组成员。

5 月

3 日　在山东省团省委召开的纪念“五四运动”80 周年暨省青年“五四”奖章表彰大会上，学校研究生教育中心常务副主任王琪珑教授荣获“山东省青年五四奖章”。

4 日　为配合学校“三讲”教育第一阶段“讲正气”专题学习，把“三讲”教育引向深入，校党委举办了先进典型事迹报告会。

6 日　学校党委召开了“三讲”教育第一阶段总结和第二阶段动员大会。党委书记、“三讲”教育领导小组组长张乐岭同志代表领导小组，对第一阶段的工作作了总结汇报，并就下一阶段的工作作了动员，巡视组组长刘鸣泽作了重要讲话。

1999 年

5 月

同日　根据需要，经学校研究决定将山东大学社区研究所更名为山东大学社区与城市研究所。

8 日　学校数千名学生举行集会，对以美国为首的北约轰炸我国驻南斯拉夫大使馆举行强烈的抗议。

14 日　学校在邵逸夫科学馆报告厅召开全校档案工作会议，学校领导、各单位分管档案工作的负责人和专兼职档案员 150 多人参加了会议，曾繁仁校长到会并讲话。

同日　日本著名民法家、比较法学家、情势变更研究世界权威五十岚清教授受聘学校客座教授，并向学校无偿赠送 4000 册法学丛书。

22 日　学校党委召开常委会，传达学习省委副书记陈建国同志在市地委书记、省直部门负责人、巡视组会议上的讲话，研究讨论了学校“三讲”教育第二阶段的工作。

24 日　山东省副省长韩寓群在科学会堂作了题为《国有企业的改革与发展》的报告，校长曾繁仁教授，管理学院院长赵景华教授及管理学院广大师生到场听取了报告。

同日　学校各处级单位领导班子及成员的思想剖析材料分别在所在单位进行了传阅和民主评议。

26 日　山东省高校新闻奖评奖结果并颁发了获奖证书和奖金，《山东大学学报》有 6 件新闻作品获奖。一等奖 2 件，二等奖 3 件，三等奖 1 件。

29 日　学校管理学院成立大会在济南东郊宾馆大礼堂隆重召开，山东省人大常委会副主任何宗贵同志、校友代表共青团山东省委书记李群到会讲话。

本月　学校积极实施国家“长江学者奖励计划”，第二批“特聘教授”岗位设置已经确定。

本月　今年学校开始招收高职生，计划为 400 人。

本月　学校进行部分院系及专业进行调整，本着优化整体结构，理顺学科关系，适应社会未来发展需要的原则，按宽口径专业大类调整专业，按学科调整设置院系。

本月　学校师资办遴选学校青年学科带头人及青年骨干教师评选揭晓，确定 72 名同志为青年学科带头人，88 名同志为学术骨干教师。

6 月

1 日　学校在邵逸夫科学馆报告厅召开本学期第二次中层干部会议，传达贯彻全国高校内部管理体制改革座谈会、部属高校财务工作会议及全国学位工作会议精神。各院系所党政负责人、机关各部处室负责人、各直属单位负责人 90 余人参加会议，校长曾繁仁、副校长张象钦、张华、展涛分别讲话。

2 日　学校在新校工会厅召开了“学生学习邓小平理论报告会暨优秀论文颁奖仪式”，校党委副书记、副校长张象钦、学工部部长张宇、全体获奖论文作者及部分院系学生代表参加了会议。

8 日　校党委召开了学校“三讲”教育第二阶段总结和第三阶段、第四阶段动员大会、“三讲”教育领导小组组长张乐岭代表领导小组，对第二阶段的工作作了总结，并就下一阶段的工作进行动员。全校副处长以上领导干部和驻学校

“三讲”教育巡视组成员出席了大会，巡视组组长刘鸣泽作了重要讲话。

同日　为期 5 天的校教职工“集资建房”，选房工作在新校科学会堂圆满结束，732 名参加“集资建房”的教职工选到了自己满意的住房。

11 日　经学校研究决定，将山东大学成人教育学院更名为山东大学继续教育学院。

12 日　根据学校的“三讲”教育工作安排，按照党中央及省委的要求，校领导班子召开了民主生活会。驻学校“三讲”教育巡视组工作人员和省高校高工委组织处的负责人参加了本次民主生活会，党委书记张乐岭主持了会议。

同日　学校首次举行在职攻读法律硕士专业学位全国联考，考试于 13 日结束。

同日　世界著名学者尤金．奈达博士来学校讲学，并参加了外国语学院举办的“奈达语言·文化·翻译学术研讨会”。来自省内外各高校的代表及学校外语学院师生参加了会议，校党委副书记冯宜明出席了研讨会。17 日，研讨会议结束。

15 日　自第三次全国教育工作会议召开以来，学校师生通过各种渠道认真收听收看有关全教会的报道。同时，学校也及时召开了各院系师生参加的座谈会，大家对江泽民的讲话感到欢欣鼓舞。

同日　曾繁仁校长、展涛、徐显明副校长在物资设备处、教务处等有关职能部门负责人的陪同下，视察了电子工程系电路基础实验室和物理系电磁学实验室，并对实验室的工作提出了意见。

18 日　旭日集团助学金发放仪式在学校邵逸夫科学馆举行，校党委副书记、副校长张象钦、旭日集团济南公司经理吕秀范，驻济南 13 所高校学生处长及获奖学生参加了会议。

24 日　在省委高工委高校先进基层党组织优秀共产党员和优秀党务工作者表彰会上，学校电子工程系党总支、生命科学学院分子生物学党支部、科学仪器厂党支部、威海分校经济系党支部获高校先进基层党组织。樊丽明、牛金山、宫立昌、李芹、张吉周、张桂珍、夏海瑞、王永革、刘海被评为高校优秀共产党员。

25 日　学校召开第七届学位评定委员会第三次全体会议，会议审议表决了 1999 年度第一批授予学位的学位研究生及在职申请学位人员，并评审出 2000 年上岗的博士生指导教师。

29 日　学校领导班子再将九易其稿的整改意见报巡视组审阅征求意见的同时，召开了专门会议进行了最后的讨论修改，研究制定出了《关于加强学校处级以上领导干部的学习意见》《校级领导班子关于加强思想作风和廉政建设的整改意见》《中共山东大学委员会关于巩固“三讲”教育成果的整改意见》，并下发至全校各单位，从现在起开始抓紧每一项具体整改措施，不断巩固“三讲”成果。

30 日　山东大学莱芜房干教学产习基地揭牌仪式在莱芜里区鹿野乡房干村举行，山东大学副校长徐显明、莱芜市副市长牛志春、莱城区委区政府负责人、房干村党支部书记韩增琦、教务处及生命科学学院等领导参加了揭牌仪式。

本月　在刚刚公布的 1999 年度国家及获奖项目中，学校获得 3 项国家科技进步奖，这也是历年来获国家奖项数量最多的一次。

1999 年

6 月

本月　就新一轮的高校内部管理体制改革重点以及当前学校人事改革工作重点问题，人事处韩锋处长特撰文进行了详细介绍，试行三定一聘、换岗分流、优化非教学科研人员的管理制度。

本月　根据校字[98]046 号文件关于鼓励科技人员发表学术论文的规定，学校对 1998 年由中信所公司公布的学校国际“学术榜”发表论文的教师进行了表彰奖励。化学院金文睿老师论文数量个人排名居全国第一，为学校争得了荣誉，学校一次性给予奖金 5000 元以示奖励。

本月　中国科学院奖学金在学校设立，用于奖励优秀的在读高年级本科生和研究生，每年度奖学金总额为 3.5 万元。

7 月

1 日　学校在邵逸夫科学馆召开本学期第二次中层干部会议，传达贯彻全国高校内部管理体制改革座谈会，教育部直属高校财务工作会议及全国学位工作会议精神。校领导、各院（系、所）党政负责人、各直属单位负责人共 90 余人参加了会议。会议由曾繁仁校长主持。

2 日　经教育部批准，学校与台湾中山大学联合举办了海峡两岸孔子学术考察活动，曾繁仁校长会见了来访师生，并介绍了学校情况。9 日，结束访问。

12 日　学校召开“山东大学内部管理体制改革研讨会”研讨新一轮的以人事分配管理体制改革方案，广泛征求校内各方面的意见和建议。学校党政领导、机关部处室负责人、院系党政主要负责人、直属单位负责人、部分学科带头人及知名学者共 100 余人参加了会议。14 日，会议结束。

同日　应学校邀请马来西亚科技大学代表团一行来学校进行了访问。19 日，访问结束。

20 日　学校在留园隆重举行了山东大学与韩国东西大学学术交流与合作协议书签字仪式，曾繁仁校长和韩国东西大学朴东顺校长在协议书上签字并讲话。

同日　国家自然科学基金委员会来山东大学检查评估教育部胶体与界面化学开放研究实验室。

27 日　首届“全国西方宗教哲学研讨会”在山东大学威海分校召开，来自全国各地的近 50 名专家学者参加了会议。31 日，会议结束。

8 月

3 日　由中国诗经学会和山东大学联合举办的“1999 济南《诗经》国际学术研讨会”在济南举行。8 日国际学术研讨会结束。

18 日　由山东大学等单位主办、滕州市承办的第四届国际墨学研讨会隆重开幕，来自中国、韩国、日本、美国等国家的 60 余名学者专家参加了研讨。省委副书记吴爱英，省人大常委会副主任王玉玺，中国墨子学会名誉会长、著名学者任继愈，中国墨子学会会长、学校校长曾繁仁，中国墨子学会常务副会长、党委副书记冯宜明等出席了开幕式。20 日，会议结束。

本月　为提高研究生培养质量，激励博士生勤奋学习，鼓励博士生指导老师勤勉治学，培养出优秀人才。学校特设立“优秀博士论文奖”和“优秀博士论文指导奖”。

1999 年
9 月

8 日　学校召开新学期首次中层干部会议，部署、落实本学期党委和行政工作，党委书记张乐岭，校长曾繁仁到会并讲话。

9 日　1999 级新生军训工作开始，在新校工会厅举行了学生军训联席会议，党委副书记张象钦对军训工作进行了部署，成立学校军中工作领导小组。

同日　学校在工会厅举行“学习陈惠民教授及其科研群体”座谈会，学校领导、有关院校负责人和教师代表参加了座谈会。

10 日　学校隆重举行 1999 级研究生开学典礼暨首届优秀博士论文奖和优秀博士论文指导奖颁奖大会。

12 日　根据社教司[1999]85 号《关于普通高等学校人文社会科学中调研究基地第一批正式申报工作的通知》，经研究决定，山东大学周易研究中心更改名为山东大学易学研究中心。

14 日　经过半年的前期工作准备，澳大利亚新南威尔士州大学商业经济学院金融和银行学校校长 Fariborz Moshirian 教授对学校进行了友好访问，曾繁仁校长会见了 Fariborz Moshirian 教授对学校的发展概况尤其是学校管理学院 MBA 项目的开展情况作了介绍，对两校在合作开展 MC 项目方面的探索表示支持，双方就进一步合作开办 MC 项目问题进行探讨。

同日　由贺士龙博士带领的美国圣巴巴拉市立学院(SBCC)海外校园项目一行，在留园举行开学典礼，正式开始了在中国的教学活动。

同日　根据学校党委的要求，校纪委、监察处召集学校有关部门和部分院系负责人，共同座谈大型仪器设备和大宗物资的采购办法，并制定出《大型仪器设备和大宗物资采购办法》草案，交学校批准后向全校颁布。

15 日　学校在邵逸夫科学馆报告厅隆重集会，热烈庆祝山东大学建校 98 周年，同时就迎百年校庆工作进行动员。学校领导、各院(系)党政主要负责人、各直属单位负责人、机关副处以上干部、各民主党派主要负责人、老干部代表及部分教师、学生代表 200 多人出席了大会。

同日　由济南－萨克拉门托友好协会主席鲍勃・阿里莱昂斯先生为团长的一行 10 人来学校进行友好交流，并与继续教育学院进行了座谈，双方就继续教育方面的情况进行了探讨。

16 日　学校在工会厅召开安全保卫工作会议，校党委副书记、副校长张象钦到会并讲话。会后，公安处于各单位签订了消防安全责任书。

17 日　面向经济建设主战场，促进科技成果转化，学校与潍坊市人民政府签署合作协议，合作签字仪式在潍坊市举行，曾繁仁校长、潍坊市市长王玉芬作了讲话，校党委书记张乐岭、副校长许东、闫秉科以及科技处、社科处、研究生教育中心、教务处、部分院系负责人出席了签字仪式。

18 日　学校在邵逸夫科学馆报告厅召开中层干部会，部署 1999 年度全校专业技术职务评聘与财务制度改革等工作。校领导，各院、系、所党政主要负责人共 200 余人参加了会议，曾繁仁校长主持并作重要讲话。

20 日　山东大学校部机关及附属机构改革方案正式对外公布，这一次的人事改革力度较大，机关部处室由 24 个精简为 19 个。

21 日　为加强学校教师队伍建设，进一步探讨人事分配制度改革，学校人

1999 年

9 月

事工作征求意见座谈会召开，各院系主要领导参加座谈会。

24 日　山东省委、省政府命名表彰第六批山东省专业技术拔尖人才，学校于良春、王晓毅、何中华、黄少安、解士杰、胡季帆、郭庆存、于锡玲、刘德信、孟祥才、刘恩泉、张沛霖、仪洪勋、孟宪林、王克明获省委、省政府第六批山东省专业技术拔尖人才。

1999 年 9 月 17 日，我校与潍坊市人民政府科技合作协议签字仪式

28 日　为庆祝新中国成立 50 周年举办的千人大合唱在新校科学会堂隆重举行，校长曾繁仁，党委书记张乐岭，副书记张象钦、冯宜明，副校长闫秉科等校领导及各院系的负责人分别参加了演唱会。

本月　为了增强科技人员和教育工作者的自主创新意识和实施科技兴国战略的责任感、使命感，弘扬团结协作、知难而进、积极探索、勇攀科技高峰的精神，学校党委决定在全校师生员工中广泛开展向陈惠民教授及其科研群体学习的活动。

本月　在第四届国际世界语大会上，学校刘骁骏副教授荣获了"世界与教学奖"。

本月　学校生命科学院陈惠民教授及其学生夏光敏教授为首的课题组，利用细胞融合技术培育出的小麦与高冰草杂交第三代进行了大田种植取得成功。这一成果突破了国际上小麦类植物体细胞杂交无成功的先例，具有极大的经济价值。

本月　1999 年山东省科学技术进步奖评审揭晓，学校获一等奖 1 项，二等奖 4 项。

本月　学校教务处制定了新的《山东大学关于推荐免试攻读硕士学位研究生工作的管理规定》，这是选拔培养高层次、高质量人才的重要措施之一。

1999 年

10 月

11 日　教育部高教研究中心委托王遵义教授等 6 位专家来学校进行检查验收工作。校长曾繁仁、省教委副主任齐涛主持欢迎仪式并讲话，副校长徐显明、张华负责检查组的接待工作，"国家理科基础科学研究和教学人才培养基地"专家组对学校的数学基地和物理基地建设情况验收和中期检查工作。检查组通过听取汇报和实地验收，并同各职能部门，基地点的负责人进行座谈，听取基地班师生的意见，同时专家组对山东大学基地建设提出了更高的要求。

同日　中建（管理）园丁奖签字仪式暨第一届颁奖大会在学校邵逸夫科学馆一楼报告厅隆重举行，出席的会议的有党委副书记冯宜明、校纪委书记胡家臣，中建八局一公司总经理鲁贵卿、党委副书记袁胜余以及管理学院全体教师和部分学生代表。

同日　学校法学院举行了 1999 年在职攻读法律硕士专业学位人员开学典礼。法学院肖金明副院长主持典礼，徐显明副校长、研究中心王琪珑主任参加典礼并讲话。

14 日　曾繁仁校长在晶体所举行仪式，授予英国著名物理学教授威廉·亚历山大·甘步林博士"山东大学名誉教授"称号。甘布林教授，现任香港城市大学光电子研究中心主任，从事微波器件、量子电子学、激光器、光通信等领域研究。英国皇家工程院院士，波兰科学院外籍院士，是著名的光电子学专家和国际公认的光纤通信奠基人之一。

同日　胜利油田科技处戴瑞斌处长率领胜利油田有关专家一行 10 人来学校就油田胶化实验室二期共建工程的进展及五个合作项目事宜进行洽谈和合作。

15 日　学校在邵逸夫科学馆报告厅召开建校 98 周年暨百年校庆动员大会，校长曾繁仁代表山东大学百年校庆筹备小组宣布，山东大学百年校庆筹备工作全面开始启动。副校长闫秉科对百年校庆计划及筹备工作进行了布置，党委书记张乐岭作了总结性发言。

同日　山东省委宣传部、省高工委、省团委、省教育委员会、省学生联合会共同表彰 1999 年度大中专学生志愿暑期"三下乡"社会活动实践会上，学校获山东省大中专学生暑期"三下乡"社会实践活动先进单位；桑晓旻等 12 人入选大中专学生志愿暑期"三下乡"社会活动实践优秀指导者名单；程辉等 30 人入选大中专学生志愿暑期"三下乡"社会活动实践优秀学生名单。

18 日　马来西亚技术大学校长衣卓斯一行 5 人来学校访问，双方共同签署了交流与合作谅解备忘录，校长曾繁仁、副校长徐显明、晶体所所长王继扬等领导和有关负责人出席了在贵宾楼举行的签字仪式。

20 日　学校生命科学学院举办消防知识讲座，邀请济南市公安局消防分局的同志为学院师生作安全防火报告。

22 日　1999 年度教育部科技进步奖评审揭晓，学校取得了令人鼓舞的好成绩，获一等奖 2 项，二等奖 6 项，获奖数量和质量均居全国理科院校第二位。

29 日　第二届 ATLAS TGC 与前向 μ 触发系统国际研讨会在学校召开，出席会议的代表共有 50 余人，有 14 名国外专家，分别来自奥地利、法兰西、以色列、意大利和日本等国，校长曾繁仁出席了开幕式并讲话。

1999 年

10 月

同日　学校与济南军区政治部就关于为军队培养干部《协议书》举行签字仪式。

本月　学校生命科学学院夏光敏教授主持申报的"小麦农杆菌介导转化系统研究"课题获得立项资助，课题总经费为 100 万元。该课题是我国农业革命的核心内容之一，对于我国赶超国际先进水平，提高我国主要农作物生产、品质和抗逆能力以及农业种植业结构的调整等具有广泛的代表性。

本月　大型百科全书式多媒体光盘《孔子》由山东大学出版社出版和山东远大网络多媒体有限公司制作，并由山东大学出版社出版发行。

本月　1999 国家留学基金资助出国留学人员的选拔录取工作已经结束，经专家评审，学校许平等 10 位同志荣获 1999 国家留学基金资助出国留学资格。

本月　根据国家科技部公布的中国科技论文统计结果显示，1998 年我国高校自然科学论文榜排出，学校名列第 10 位。

本月　1999 年度国家自然科学基金资助项目评议工作揭晓，学校共获资助 30 项，资助资金总额 416 万元，这也是学校历年来在基金项目申请中取得的最好成绩。

11 月

4 日　第三届韩国传统文化国际学术讨论会在学校召开，出席会议的学者共 77 人，分别来自韩国、日本、美国、俄罗斯和中国海峡两岸。山东省政协主席韩喜凯、副省长黄可华、韩国驻青岛总领事馆总领事金蓉珠先生出席了开幕式，省委书记吴官正、组织部部长姜大明、宣传部部长陈光林等省委领导发来了贺词，山东大学韩国研究中心主任孔令仁致开幕辞，党委书记张乐岭出席开幕式致欢迎词。

同日　统战部在新校工会厅召集学校各民主党派成员及各统战团体负责人会议，就学校近期主要工作向与会的同志通报情况以及人事制度改革情况。党委书记张乐岭，副校长闫秉科、张华出席了会议。

6 日　第六届山东省语言学会理事常务会议上，学校盛玉麟被推为山东省语言学会理事长，张树铮、姜宝昌、唐子恒为副理事长，张树铮兼秘书长。

8 日　由中国欧洲联盟研究会与学校共同发起，学校具体承办的"第七届欧洲联盟国际学术研讨会"，在学校邵逸夫科学馆举行，来自欧盟欧洲委员会驻华代表、欧洲联盟委员会大学新闻司、德国汉堡大学、外交部、教育部、中国与欧盟高教项目合作办公室、中联部、外经贸部、人民日报、中国社会科学院、北京大学等高校以及山东省人民政府、省外事办、山东三联集团、烟台南山集团各单位的 120 多名官员、专家参加了这次会议。11 日，会议结束。

9 日　学校在新校工会厅举行"陈惠民教授及其科研集体先进事迹"记者招待会。记者招待会由学校党委副书记冯宜明主持，许东副校长、科技处负责人、生命学院负责人、陈惠民教授及其科研团体主要成员等出席了记者招待会，驻济新闻单位人民日报、光明日报、新华社等 16 家新闻媒体的记者应邀参加了招待会。

10 日　美国青年政治领袖理事会代表团访问学校，学校党委副书记冯宜明接待了代表团，双方就建立与加强山大与美国高校之间的联系进行了探讨，代表团与团委负责人和学生代表进行了座谈，进一步增进了友谊。

11 日　由晶体所高樟寿教授课题组承担的国家“863”高技术计划项目“高质量大尺寸 KDP 晶体生长研究”通过了专家验收，得到了与会专家的高度赞誉。验收小组由中国科学院胡仁宇院士主持，参加验收的还有闵乃本、贺贤士、沈德忠、蒋民华、王世馈 5 名院士和晶体生长界的权威专家陈创天、仲维卓和林尊琪研究员等。另外，还有教育部、省计委、省电信局的有关领导。

13 日　受山东省学位办公室的委托，学校作为山东唯一的工商管理硕士学位试点单位，学校首次承担全省 1999 年企业管理人员在职攻读 MBA 考务工作，受到山东省学位办的好评。

14 日　2000 年全国硕士研究生报名工作结束，在学校报名报考学校的考生人数多达 2100 人。

18 日　学校在邵逸夫科学馆报告厅召开中层干部会，部署 1999 年度全校专业技术职务评聘与财务制度改革等工作。校领导，各院、系、所党政主要负责人，各附属单位负责人，机关各部、处、室、中心主要负责人共 200 余人参加了会议，曾繁仁校长主持会议并作重要讲话。

24 日　学校召开中层干部会议，党委委员，各院、系、所，各直属单位党政主要负责人，机关副处级以上干部及老干部和民主党派的代表出席了会议，张乐岭书记强调反腐倡廉要打持久战。纪委书记胡家臣传达教育部办公厅《关于高等学校进一步强化管理，坚决制止“小金库”有关意见的通知》规定开展工作作了部署，同时学校财务制度改革工作全面展开。

25 日　校长曾繁仁、党委书记张乐岭、副书记冯宜明率有关单位负责人一行 10 人，赴北京与山东大学校友一起召开“山东大学百年校庆筹备座谈会”，共商学校百年校庆大计。

26 日　山东省老干部教授协会成立大会在学校邵逸夫科学馆举行，会议选举通过省老教授协会章程，通过选举产生了首届领导班子和理事会成员。省人大常委会副主任王道玉、省里的老同志王裕晏等出席了会议。

29 日　山东省委高校工委校园综合治理检查专家一行 4 人来到学校，就校园治安综合治理工作进行检查与评估。一直认为学校党委对综合治理工作常抓不懈，保证了教学、科研等工作的进行，校综合治理委员会很好地发挥其作用，以学校实际出发，采取行之有效的措施，为校改革发展提供了一个较好的治安环境。

30 日　山东省人大常委会教科文卫委员会调研组一行 6 人，来学校就《高等教育法》的贯彻落实情况进行调研。

本月　山东省委、省政府联合发布通报，命名表彰第六批“山东省专业技术拔尖人才”，学校有 15 名同志榜上有名。省级拔尖人才，每两年选拔一次，实行五年制动态管理。自 1987 年实施以来，学校已累计有 116 名专家、学者受到表彰，居全省高校首位。这次荣获第六批山东省专业技术拔尖人才荣誉称号的学校专家是经济学院黄少安、于良春；历史文化学院孟祥才、王晓毅；哲学与社会发展学院何中华；法学院郭庆存；数学与系统科学学院仪洪勋；化学与环境科学学院刘德信；物理系王克明、张沛霖、解士杰、胡季帆；光电系刘恩泉；晶体系于锡玲、孟宪林。

1999 年

12 月

3 日　学校生命科学学院生化实验室顺利通过了学校组织的评估验收，这是学校自去年以来，在全校各院、系首批重点投资建设的七个基础实验室之一。校长曾繁仁、副校长张华参加了这次验收。

10 日　山东大学校教工第五宿舍正式开工，校领导张乐岭、曾繁仁、闫秉科等有关部门负责人出席了开工仪式。

16 日　全省高校教学改革试点课程和专业评审转来学校考察，考察组由海洋大学、山东医科大学、昌潍师范专科学校等 18 所高校专家组成，副校长徐显明参加了学校组织的汇报会并向专家组介绍了学校教改方面的情况。

同日　学校数学院举办迎回归长跑比赛。

17 日　学校学生会和生命学院联合举办山东大学迎澳门回归书画大赛在新校图书馆展出。

18 日　山东省第三届鲁光(经济)奖学金评审揭晓，学校 11 名同学榜上有名。

同日　山东省青年社会科学工作者协会第五届代表大会在学校工会厅召开，教务处处长徐向艺教授当选为协会会长。

22 日　学校在邵逸夫科学馆报告厅举行 1998～1999 学年度校长奖学金、中国科学院奖学金颁奖大会，共有 38 名同学获得奖励。校长曾繁仁，副校长张象钦、展涛、徐显明等出席了会议。

23 日　1999 年山东省高校伙食管理研讨会，在邵逸夫科学馆会议室举行，闫秉科副校长到会并讲话。

29 日　山东省教委、省军区、驻济部分高校有关人员参加的国防教育检查组来山东大学检查指导工作，检查组在听取汇报、听课、实地查看的基础上，对学校的国防教育工作给予了高度评价。

30 日　学校党委宣传部和《文史哲》编辑部联合发起召开由校内部分学者参加的“人文精神、科学精神与科技创新座谈会”，座谈会的主要内容是把正在学校开展的学习陈惠民教授及其科研群体活动引向深入。

本月　山东大学主办的《文史哲》杂志一年内喜获三项大奖，分别为第二届全国百种重点社科期刊、全国高校文科学报研究会评出的“全国双十佳学报”期刊和国家新闻出版署和科技部组织评出的“国家期刊奖”。

2000 年

1 月

4 日　学校作出决定，通报表彰“山东大学十佳先进班集体标兵”“山东大学十佳文明宿舍标兵”“山东大学十佳优秀大学生标兵”。

6 日　“山东大学第五届一次教职工代表大会暨第十七次工会会员代表大会”隆重召开，大会的主题是民主、团结、改革、发展。这次“双代会”有代表团 29 个，代表 325 人，其中教师代表 200 人，约占代表总数的 62%。校党委书记张乐岭致开幕辞，校长曾繁仁在会上作学校工作报告，工会主席张军从作工会工作报告，副校长张华作学校财务情况报告，工会经费审查委员会主任官登华作工会经费审查报告。会议审议并通过了《山东大学贯彻教师职务聘任制的若干意见》《山东大学关于进一步深化后勤社会化改革的实施意见》《山东大学关于设备和物资采购管理的规定》。最后，代表们经过投票选举产生了新一届教代会

2000 年

1 月

委员会和工会委员会。山东省教育工会主席傅收贵到会表示热烈祝贺，兄弟院校山东工业大学、山东医科大学、山东师范大学向大会发来了贺信。大会历时 3 天顺利闭幕。

10 日　根据《山东大学遴选硕士生指导教师实施办法》，经学位委员会审核评定，有 95 名教授、副教授获得硕士生指导教师资格。

11 日　国家大学生文化素质教育基地建设领导小组召开会议，就学校的素质教育基地的建设工作进行了研讨，修订了《山东大学国家大学生文化素质教育基地建设规划》，徐显明副校长到会并讲话。学校办公室、教务处、宣传部、学生处、团委、艺术系、人事处、后勤处、财务处等单位的主要负责人参加了会议。

14 日　经山东大学第十七次工会会员代表大会选举，并报中国教育工会山东省委员会同意，李光合任山东大学工会主席。

同日　国家级火炬计划项目，鸥玛公司全识别光标阅读机验收会议在山东大学召开，会议由山东省通过省科委委托济南市科委岑裕国处长主持，参加会议的有山东工业大学、山东师范大学、山东省招办等单位专家及科技开发区的领导。专家一致认为该项目达到了火炬计划的要求，同意并通过验收。

同日　山东大学公安处获山东省社会治安综合治理委员会、山东省委高工委、省教育委员会、省公安厅山东省高校县级公安保卫处称号。方宏建、邹德文、胡长玉、李修荣获山东省高等学校治安综合管理先进个人。

18 日　学校通报表彰 15 名同志，并授予“1999 年度山东大学优秀学生教育管理工作者”称号。

19 日　根据《山东大学关于财务管理体制的改革方案》和《山东大学关于成立会计服务中心及实行财会人员委派制的决定》，学校公布第一期实行委派制人员名单及派往单位。

20 日　山东大学科技园建设领导小组成立，曾繁仁校长任组长。

同日　中国诗歌学会在北京人民大会堂隆重举行首届“厦新杯——中国诗人奖”颁奖大会，学校校友臧克家荣获“中国华人奖——终身成就奖”。

本月　1999 年度中华人民共和国教育科技进步奖项目公布，山东省高校共获一、二等奖 22 项，山东大学获奖 7 项，其中一等奖 2 项，二等奖 5 项。

本月　教务处荣获“全国普通高校优秀教务处”荣誉称号。

本月　山东省外国文学学会第三次会议在学校邵逸夫科学馆报告厅召开，曾繁仁校长致欢迎辞、省社科联领导和外国文学研究界的知名学者到会并发言，省作协副主席、博士生导师马瑞芳教授作了学术报告。

2 月

18 日　学校在工会厅召开会议，就开学前各项准备工作进行检查，校领导曾繁仁、张象钦、冯宜明、徐显明、刘绍刚，各院系及机关部门负责人参加会议，徐显明主持会议，曾繁仁讲话。

19 日　学校公布了山东大学第二批“杰出青年奖励基金”获得者名单。获奖者是经个人申请、院系推荐、职能部门审核、专家评审后产生的，文科 12 人，理科 16 人。

2000 年

2 月

20 日　国务院转发了教育部等部门《关于调整国务院部门所属学校管理体制和布局结构的实施意见》,学校根据该《意见》公布的调整方案,学校将与山东医科大学进行合并组建成新的山东大学,调整工作正在进行当中,将于今年7月底基本完成。

21 日　潍坊高密市委、市政府奖励为"天达—2116"项目列入国家"863 计划"作出重大贡献的陈靠山博士颁奖仪式在山东大学邵逸夫科学馆举行。潍坊市及高密市委、市政府主要领导及省委政策研究室、潍坊市科委等单位的来宾、山东大学党委张乐岭书记、许东副校长及驻济 10 余家新闻单位的记者、生命科学院部分师生 60 余人参加了颁奖仪式。

同日　"天达"奖学金颁奖仪式在山东大学邵逸夫科学馆举行,陈冠军等 31 位博士、硕士研究生获"天达"奖学金。

23 日　学校新千年首次毕业大学生见面会举办齐鲁电视台全程采访现场直播见面会盛况。

28 日　山东省文理科综合人才交流会在山东大学召开。

29 日　山东大学召开中层干部会议,部署 2000 年党委和行政工作。确定本年度党委行政工作任务:加强思想政治工作,深化管理体制改革。

本月　由山东大学考古系和美国耶鲁大学人类学系、芝加哥自然历史博物馆合作进行的两城镇遗址考古发掘,在日照完成田野工作。这次发掘发现一批龙山文化的房址和墓葬,出土陶石器千余件,特别是发现了一座大型房基,成为龙山文化房址之最,为"龙山文化文明论"说提供了珍贵资料。

本月　学校根据教育部本科教学评优方案,明确了本科教育工作的总体思路,制定了近 3 年本科教育改革和建设的基本方针和主要任务。基本方针是加快改革、突出创新、强化基础、注重素质、培养能力、拓宽专业、严格管理、保证质量。主要任务是实施本科教学建设"四个 100 工程",从现在起到 2002 年努力建设好 100 门优秀课程,出版好 100 部优秀教材,培养 100 项教育改革标志性成果,评选出 100 名首席教授或主讲教师,使其中的部分项目达到国内外先进水平。

本月　在 1999 年全国大学生数学建模和电子设计竞赛中学校取得了令人瞩目的成绩,计算机系荣获数学建模全国二等奖,物理系组织的数学建模队荣获省级一等奖和二等奖,电子工程系或电子竞赛三等奖,学校还荣获了 1999 年全国大学生科技竞赛山东省赛区组织工作优秀单位奖。

本月　学校获得山东省自学考试计算机网络和新闻学专业的主考学校资格。至此,学校主考的专业增至 10 个。

本月　学校哲学系教授臧乐源长期热心青少年工作,关注青少年健康成长,曾先后被评为全国优秀青年思想教育工作者、山东省青少年工作先进个人。最近又受教育部表彰,荣获全国教育系统关心下一代工作先进个人。

3 月

1 日　《山东大学非经营性资产转为经营性资产的管理暂行办法》《山东大学公房出租管理暂行办法》正式公布实施。

同日　学校供电线路及相关设备改造工程开始施工,将对教学楼、图书馆、

2000年
3月

食堂、幼儿园和住宅楼进行改造。计划投资450万元在新校内东西区增容2400千伏安，投资200万元在老校二宿舍增容1200千伏安，彻底解决学校供电量不足的问题。

2日　经学校党委常委会议研究决定，公布人文社会科学研究院领导班子，曾繁仁兼任院长，徐显明兼任常务副院长。

同日　经学校校长办公会研究决定，成立山东大学齐鲁文化研究所，所长由孟祥才担任，隶属学校领导。

同日　经学校校长办公会议研究决定成立山东大学当代社会主义研究所，所长由刘玉安担任，隶属学校领导。

3日　经学校人事领导小组研究决定，山东大学校园管理中心成立，原总务管理中心的园林科、爱委会办公室、家属区管理委员会办公室从管理中心分离出去。

6日　学校在新校科学会堂举办国际形势报告会。新华社国际部世界形势研究室主任、高级编辑贺诗云就当前国际形势、中美关系、中国加入WTO等问题作了报告。

同日　学校本科教学评优工作领导小组决定，从即日起，组织学校专家组对各院(系)教学工作进行初评，于10月对各处、室、馆进行初评。

7日　学校教师梁作堂、王海洋2人获得霍英东教育基金会推出的第七届高等学校青年教师基金奖。

10日　山东大学贯彻落实《普通高等学校人文社会科学重点研究基地建设计划》实施方案出台。学校决定重点支持文艺美学研究中心、当代社会主义研究所、齐鲁文化研究所3个人文社会科学重点研究基地建设。

同日　泰王国公主马哈扎克里·诗琳通殿下来学校访问，展涛副校长对公主的到来表示热烈的欢迎，并介绍了山东大学的发展和现状。

13日　"山东大学成人高等教育教学督导小组"成立，督导小组办公室设在继续教育学院。

14日　学校党委中心学习组成员、各院系党政主要负责人、机关各部、处、室主要负责人，直属单位负责人，一起听取了曾繁仁校长作的学习江泽民同志《关于教育问题的谈话》的报告。

15日　学校物理系胡季帆和计算机系李大兴两位教授入选教育部"跨世纪优秀人才培养计划"，获得教育部该项基金的资助。

同日　学校领导曾繁仁、展涛及有关职能部门负责人在工会厅二层与"山东大学杰出青年奖励基金"获得者进行了座谈，曾繁仁校长向第二批的每一位"基金"的获得者颁发了证书，会上曾繁仁校长和展涛副校长分别发表了讲话。

17日　学校学生工作会议在学校工会厅举行，会上为15位"1999～2000学年度优秀学生教育管理工作者"颁发了荣誉证书。

20日　学校下发《山东大学关于设备和物资采购管理的规定》。

21日　法国驻华使馆文化科技合作处教育专员梅山乐先生访问学校，展涛副校长会见了梅山乐先生并向客人介绍了学校的学科发展、对外交流特别是与法国的教育交流方面的情况。

2000 年

3 月

同日　学校表彰1999年度学生科技创新活动中表现突出的生命学院耿宇鹏等10名同学为山东大学学生科技创新先进个人荣誉称号，授予管理学院石连运等6名同志为山东大学学生科技创新活动优秀指导老师荣誉称号；授予化学与环境科学学院等8个院系为山东大学学生科技创新活动先进集体荣誉称号。

22日　学校在邵逸夫科学馆报告厅召开大会，党委书记张乐岭和副书记冯宜明分别传达了第九届全国人大三次会议和全国政协九届三次会议精神。校领导，各院、系、所、中心党政负责人，机关各部、处、室及直属单位负责人，各民主党派负责人参加了大会。

同日　学校在工会厅举行了"山东大学后勤契约管理签字仪式"。后勤管理处处长作为甲方代表，代表学校分别与乙方代表后勤饮食中心、动力中心、物业中心、校园管理中心的主任，在各自的委托经营服务协议书上签字。通过契约协议的形式，明确甲、乙方的责任、权利、义务，划清行政管理与经营服务的界限，促进后勤工作的规范和优质服务的落实。

24日　学校下发《山东大学关于公文处理的规定》，进一步规范公文处理及档案预立卷工作。

27日　根据工作需要，经学校研究决定，成立山东大学驻北京办事处。

同日　经学校研究决定成立山东大学学术交流中心。

28日　学校在工会厅召开校部机关文书处理与档案管理工作检查情况通报会，党委副书记冯宜明到会并讲话，校办副主任井海明通报了检查情况并为获奖单位颁发了奖励。

同日　根据工作需要，经学校研究决定成立山东大学管理信息办公室。

29日　学校为加强实验室管理，贯彻执行实验室建设项目管理办法，决定成立"山东大学实验室工作委员会"，分管副校长张华任主任委员。委员会办公室设在资产处资产管理科。

30日　李淑敏同志先进事迹报告会在学校邵逸夫科学馆报告厅隆重举行，学校领导、校部机关和院系党政负责人、教师和学生代表共200余人听取了报告会。报告会由党委副书记冯宜明主持。

同日　学校在科学会堂隆重举行"一争二创"活动表彰大会暨先进事迹报告会，校领导曾繁仁、张象钦、展涛、胡家臣以及有关部门的领导出席了会议并为"十佳先进标兵"颁奖。

本月　在教育部启动的重点实验室访问教学制度中，学校3个实验室共有17人获得资助。获得资助的实验室分别是：晶体材料国家重点实验室、微生物技术国家重点实验室、胶体与界面化学教育部重点实验室，资助金额101万元。

本月　学校研究生教育中心荣获"全国学位与研究生教育管理工作先进集体"荣誉称号。

本月　曾繁仁校长就山东大学与山东医科大学的合并问题成为校内外关注的焦点，曾繁仁校长回答了本报记者的提问。

本月　山东省学位委员会召开1999年度全省优秀学位论文评审会议，首次评选出优秀博士、硕士、学士学位论文，评选三级优秀学位论文在全国尚属首次，学校共有34篇论文入选，居全省高校之首。

2000 年

3 月

本月　为加强学校管理，及时了解学校教学工作情况，疏通教学信息渠道，全面提高教学质量，学校于 1998 年底出台“教学巡视员制度实施管理办法”付诸实施。

本月　学校决定对校风检查进行改革，将原“学风检查”改为“学风和基础文明检查”。检查时间由晚自习改为包括周六周日任何时间。检查内容为发生在学生宿舍楼内及其附近的不文明行为，主要包括违反“山东大学校园言行文明五项纪律、十项要求”的行为，违反学习纪律的行为以及其他不文明行为。

4 月

3 日　根据工作需要，经学校研究决定成立山东大学网络教育学院。

同日　学校党委中心学习小组又专门就“谈话”精神进行学习讨论，张乐岭书记到会并讲话。

4 日　学校召开保密工作会议，校保密委员会成员、各单位保密小组成员、机关各部、处、室主要负责人 60 余人参加了会议。会议传达全国、全省保密工作会议，总结学校 1999 年保密工作，部署 2000 年保密工作，校党委副书记、校保密委员会主任张象钦到会并讲话。

5 日　中国民主促进会山东大学支部成立大会在新校召开，省政协副主席、民进山东省委主任苗永明、校党委副书记冯宜明出席了成立大会。选举产生了第一届支部。

7 日　山东大学国防教育基地揭牌仪式在济南陆军学院举行曾繁仁校长和济南陆军学院院长到会并讲话。

同日　山东省重点中学校长招生工作会议在学校召开，来自全省 80 多所重点中学的校长参加了会议，校长曾繁仁代表党委、行政作了热情洋溢的致辞，展涛副校长、省招办和省教委基教处的领导出席会议并讲话。8 日，会议结束。

8 日　应学校邀请，日本山口市日中友好协会事务局局长吉村安雄一行 13 人来学校访问。

10 日　欧盟轮值主席国葡萄牙驻华大使佩德罗・卡塔里诺率领的欧盟 14 国驻华使节及夫人代表团一行 18 人来学校访问。曾繁仁校长、展涛副校长出席了招待会。

同日　中欧高等教育合作项目欧方学术委员会比娅特・科勒一科赫博士一行 4 人来学校访问希望与学校欧洲研究所建立经常联系，尤其是在欧盟研究方面开展合作，展涛副校长会见并宴请了科赫教授一行。13 日，结束访问。

11 日　学校本科教学评优初评工作圆满结束，根据专家组组长的推荐，评选出法学院、经济学院、管理学院、外国语学院、电子工程系、计算机科学系 6 个单位为学校本科教学评优组织工作优秀单位。

同日　美国俄亥俄州教育代表团访问学校，并表达了进行合作的意向。该代表团包括俄亥俄州主管伊丽莎白・罗斯博士，教育部顾问汤姆・金博士，杜波依斯商学院国际部主任王修文博士 3 人。

同日　经学校研究就决定成立山东大学产权经济研究所。

13 日　学校下发《关于〈2000 年机关事业单位工人技术等级考核工作有关问题的通知〉的通知》，布置相关工人技术等级考核工作。

2000年

4月

同日　学校印发《山东大学干部经济责任审计暂行规定》《山东大学基本建设工程审计办法》《山东大学修缮、装饰及零星基建工程预决算审计暂行办法》《山东大学审计处理处罚的规定》和《山东大学内部审计工作规范》。

14日　100集大型电视文献纪录片《中国百年教育》摄制组驻进学校，拍摄反映学校百年发展历程的有关资料和校容校貌，采访了张乐岭、吴富恒、蒋民华、许东、展涛、徐显明、蔡德贵等同志。

同日　学校团委组织1999级全体师生前往英雄山祭扫革命烈士。

18日　由巴西自由阵线党全国执委会委员、参议员弗莱塔斯·内托率领的巴西自由阵线党代表团一行10人访问了学校，张乐岭书记在邵逸夫科学馆会见了代表团。

同日　学校聘请著名民法学家梁慧星为兼职教授，校领导张乐岭、徐显明参加了在邵逸夫科学馆举行的颁证仪式，并举行了会谈。

21日　在中国社会科学院举行的巴哈伊研究中心成立大会上，学校教授蔡德贵被聘为院外学术委员。

22日　山东省语言学会第十二次学术会议在山东大学举行，参加会议的62名代表，分别来自全省10多个地市、30多个教学科研单位，大会共收到论文50余篇。23日会议结束。

28日　山东大学与浪潮集团全面合作协议签字仪式在邵逸夫科学馆举行，山东大学副校长许东与浪潮集团总裁张丕恕在合作协议上签字。这标志着我校与浪潮集团的全面合作正式开始，标志着在产学研结合发展方面，学校又向前迈进了一大步。

29日　学校有204户教师职工喜迁新居，搬到第五宿舍入住。学校化学院科光公司赵军老师成为省内高校公积金贷款第一人。

同日　山东大学与历城交警支队合作共建活动正式启动，学校和历城交警有关部门负责人，大学生和交警代表100多人参加了启动仪式。

同日　诺贝尔奖获得者、巴西前环境部长何赛·卢岑贝格先生来学校访问并被聘为学校客座教授，曾繁仁在授衔仪式上致辞。

本月　济南市委、市政府重奖学校蒋民华院士一辆价值40多万元的“别克”轿车，以奖励他为济南市科技创新和高新技术产业化作出的突出贡献。

5月

3日　由加拿大萨斯喀彻温省社区服务局局长佩吉·吉拉克女士和里贾纳市长夫人阿尔尔女士代表团一行10人访问学校。校长曾繁仁会见了代表团，胡瑾、刘锦桂、从亚萍等女教授同客人们就社区服务、成人教育、环保方面进行了座谈。

6日　加拿大驻华使馆文教新闻参赞乐静宜女士来校访问，了解学校加拿大研究中心工作，通知学校获得2000年加拿大政府奖学金的人员名单，并表示加拿大驻华使馆对九月由学校主办的“明义士学术研讨会”给予支持。

8日　学校党委颁发了《关于党总支、直属支部实行目标管理制度的意见》。

9日　校长曾繁仁为冷溶教授颁发聘书，正式聘任他为山东大学兼职教授。冷溶教授为中央文献研究室副主任，挂职任济南市委副书记。

12 日　由学校经济学院、《经济研究》和《中国工业经济》杂志社共同举办的“十五中国产业发展与产业政策”研讨会在邵逸夫科学馆报告厅举行。有 50 余位专家、学者就“‘十五’期间我国产业发展与产业政策制定”这一普遍关心的问题，进行了热烈的讨论，达成一系列的共识。

13 日　学校在舜耕山庄重华堂召开对外合作与交流工作会议，校内各院系主要负责人及对外合作骨干、学校主要领导，共 100 余人参加了会议，省外事办公室主任张伟龄到会并讲话。

14 日　为期 3 年的山东大学法学院与美国巴尔的摩大学法学院姊妹关系学校交流拉开帷幕，巴尔的摩大学法学院院长施耐德教授来法学院作了第一场讲座。

15 日　山东大学毕业生分配办公室更名为山东大学毕业生就业指导工作办公室。

同日　学校制发《山东大学出国(境)人员管理细则》，进一步加强和完善学校的出国(境)人员管理工作。

同日　经学校研究决定成立山东大学中国现代文化与现代文学研究所。

16 日　山东大学校友、美籍华人、美国农业部研究中心专家方同光博士应山东大学生命学院邀请，来学校讲学，受到生命学院师生的热烈欢迎。24 日，结束访问。

19 日　台湾义守大学校长傅胜利先生及主任秘书任善龙先生访问学校，曾繁仁校长在邵逸夫科学馆接待了客人，谭好哲、赵景华、袁东风、解士杰、佟光武参加了座谈会。双方在许多方面探讨了学术交流与合作的可能性，义守大学将派师生代表参加学校 7 月份举行的“孔孟故里寻根夏令营”。

22 日　学校召开“国家基础科学人才培养基地”建设领导小组会议，对今年的“基地”建设工作作了全面的部署，“基地”建设领导小组全体成员出席了会议。

23 日　经中华人民共和国教育部研究决定，免去张象钦山东大学副校长职务。

26 日　山东省教委专家组一行 3 人到学校，对学校承担的省教学改革 2 个试点专业、3 门试点课程和 15 项“面向 21 世纪教学内容和课程体系计划项目”进行了年度检查。27 日检查结束。

29 日　学校党委中心学习组集中 22 日、29 日两个下午的时间，认真学习了江泽民同志提出的“三个代表”重要思想。通过学习讨论，大家进一步加强对“三个代表”的指导意义、深刻内涵的理解，同时也明确了贯彻落实“三个代表”思想的努力方向。

30 日　学校下发《关于经营性计算机房管理的暂行规定》，规范经营性计算机房管理。

同日　经学校研究决定，同意山大欧玛公司与澳大利亚国际交流中心合作成立山东欧玛国际教育培训中心和 IELTS 测试中心。

31 日　学校抽调专人组成 3 个调研小组，在全校范围内开展师德师风建设情况调研。

2000 年

5 月

本月　徐显明入选教育部第三批"跨世纪优秀人才计划(人文社会科学)",获得该项基金10万的资助。此前,徐显明教授已入选团中央全国跨世纪人才和国家跨世纪人才培养的"百千万工程"。

本月　于1999年10月教育部正式启动的《高等学校骨干教师资助计划》首批资助项目已确定,学校有26位教师获得资助,资助总经费312万元,其中教育部资助156万元,学校匹配156万元,资助时间一般为2年。

本月　学校与日本神户大学签署了学术交流与合作协议。此协议旨在推动两校的合作研究,促进两校的研究成果、出版物及其他学术资料等方面的交流与合作。

本月　学校党委转发了山东省委、高工委和山东省教委联合发出的通知,号召在全校上下认真开展学习江泽民同志在苏浙沪考察时的讲话精神。学校要求,各单位在学习的时候,要紧密结合高校的实际情况,结合本单位党员干部的实际情况,把这次学习与进一步抓好新时期的党建工作和思想政治工作结合起来。

6 月

1日　学校退休者协会在邵逸夫科学馆举行隆重的颁奖仪式,奖励荣获"特殊贡献奖"和"开拓未来奖"的教师曾繁仁校长、阎长泰、赵洪太、毛永林出席会议。

2日　学校在邵逸夫科学馆召开本科工作会议,对本科教学评优初评工作进行工作总结,校长曾繁仁、副校长展涛、教务处处长徐向艺出席会议并讲话。

4日　为了学习兄弟院校加强和改进思想政治工作的做法和经验,深入探索新形势下加强和改进思想政治工作的新思路、新举措,学校组织部分中层干部一行14人,由党委书记冯宜明带队,赴上海、杭州高校,进行为期一周的考察。

6日　学校决定组织开展"百年校庆师生论坛"活动。

7日　为庆祝中瑞建交50周年,推动定向运动在中国的发展,瑞典世界公园定向组织到学校举行定向运动知识讲座和定向比赛,来学校友好访问的韦斯特曼省总督石麦茨阁下主持并参加了本次定向运动。

9日　学校颁发《山东大学关于实行党风廉政建设责任制的实施办法》。

13日　学校部署清产核资工作,成立"山东大学清产核资工作领导小组",副校长张华任组长,副组长为方宏建、任可、王剑敏、王军。

14日　学校在邵逸夫科学馆召开会议,部署清产核资工作,会议由校办主任方宏建主持,资产处副处长纪金堂传达了财政部、教育部关于清产核资的会议精神,张华副校长到会并讲话。

17日　学校举行"山东大学首届MBA开学典礼",邵桂芳副省长及市地领导、省直部门领导、企业界代表参加了开学典礼。

同日　山东省经济管理研究基地揭牌仪式在邵逸夫科学馆隆重举行,这是山东省委实现强省战略、加强社会科学研究的重大战略举措,副省长邵桂芳等省市领导及有关方面专家学者300多人出席了揭牌仪式。

2000 年
6 月

17 日　以色列特拉维夫大学《圣经》研究专家纽利特·嘎吾伦教授应邀来学校作短期访问，在访问期间，与学校从事犹太文化研究的教师进行了座谈。24 日结束访问。

2000 年 6 月 17 日夏，山东大学首届(MBA)专业学位研究生开学典礼

18 日　应学校邀请，美国加州理工大学学生访问团一行 26 人来学校短期学习访问。

20 日　为配合山东省人民政府实施“金卡工程”，改进学校现行的收费管理工作。经学校党委会研究，决定与中国工商银行山东省分行联合发行“牡丹山大银通卡”，并成立领导小组，组长为张华。

同日　经学校第七届学位评定委员会审核，增列 6 名教授为博士生指导教师。

22 日　台湾大学前校长、台湾吉星福张振芳伉俪文教基金会董事长孙震先生一行 2 人访问了学校。校领导曾繁仁、张乐岭在邵逸夫科学馆会见了客人，并就教育问题和学校发展进行了座谈。

同日　学校第五届“成才杯”竞赛总结表彰大会在邵逸夫科学馆举行，校领导曾繁仁、冯宜明、徐显明等出席了会议。

23 日　教育部社政司的领导和专家对学校当代社会主义研究所申请建立全国人文社会科学重点研究基地的建设情况进行了实地考察，研究所验收合格后，将入选教育部人文重点研究基地。

27 日　根据教育部“关于同意学校试办研究生院的通知”(教研字[2000]2 号)精神，经学校研究决定，成立山东大学研究生院，展涛任院长，王琪珑任常务副院长。

同日　根据教育部“关于同意学校试办研究生院的通知”(教研字[2000]2 号)精神，学校党委研究决定，成立山东大学党委研究生工作部。

2000 年

6 月

28 日　学校生命科学院在曲阜市陵城镇建立的大学生创业实践基地举行挂牌仪式。山东省林业厅、省科协、曲阜市人大、市政府、市林业局、市科协有关领导、陵城镇的党政负责人及生命科学学院和校团委有关党政负责人及学生代表 40 余人参加了揭牌仪式。

30 日　学校举行了"山东大学研究生院成立大会暨 2000 届博士、硕士生学位授予仪式"。副省长邵佳芳代表山东省人民政府对山大研究生院的成立表示祝贺。

同日　学校 2000 届本科毕业生典礼暨学位授予仪式在历城宾馆大礼堂举行，获得学士学位的 1711 名同学参加了会议，学校领导向毕业生颁发了毕业证书和学位证书曾繁仁校长发表了热情洋溢的讲话。

同日　学校公布 2000 年度青年自然科学基金获得者名单。经科技处初审，组织专家组对各申请者进行了答辩，分管校长同意，决定本年度青年基金资助 17 名青年教师。

同日　山东大学授予 1711 名本科毕业生学士学位。

本月　为寻求人才培养模式的多样化，推动学校的教育改革，学校决定实行双学位和本硕连读招生培养，首批试点学生将从今年高考生中录取。

本月　学校通过省专家组的检查，艺术教育工作的量化指标均已达到或超过"山东省教育示范学校"的要求，学校被确定为"山东省艺术教育示范基地"。

本月　经学校推荐，教育部组织专家评审，谢晖、李红泽荣获首批"高等学校优秀青年教师教学和科研奖励计划"奖励，每人每年获得奖励经费 5 万元，连续支持 5 年。

7 月

6 日　为推动山东新闻事业的发展，山东大学与大众日报社议定在新闻教育专业建立共建关系，经山东大学与大众日报社研究决定成立山东大学新闻传播培训学院。

10 日　济南军区后备军官山大训练团暑期训练开训典礼在学校邵逸夫科学馆学术厅隆重举行，济南军区政治部赵太忠主任、山东省军区车全宝副政委、济南陆军学院范作辑政委、山东省教委副主任马庆水、山东大学党委书记张乐岭等军地领导及 116 位后备军官预选对象参加了开训典礼仪式。

14 日　教育部批复，同意山东大学为现代远程教育试点学校。

山东大学纪事

（1901～2020）

下册

王琪珑　赵爱国　主编

山东大学出版社
SHANDONG UNIVERSITY PRESS
·济南·

目录

一、山东大学(2000.7～2020.12)

二、山东大学青岛校区(2009～2020)

一、山东大学(2000.7～2020.12)

山东大学、山东医科大学、山东工业大学三校合并组建新的山东大学。

2000 年

7 月

7 月 14 日　中华人民共和国教育部公布《山东大学、山东医科大学、山东工业大学三校合并组建新的山东大学的决定》，决定山东大学、山东医科大学、山东工业大学三校合并组建新的山东大学，同时撤销原三校的建制，新的山东大学为教育部直属高校。

17 日　中共教育部党组公布《朱正昌等同志任职的通知》，决定任命朱正昌同志为中共山东大学委员会委员、常委、书记，赵明顺（正厅级）、尹薇、刘珂同志为中共山东大学委员会委员、常委、副书记；展涛、徐显明、张华、李承俊、张体勤、韩金远、胡家臣同志为中共山东大学委员会委员、常委。胡家臣同志为中共山东大学纪律检查委员会委员、书记。同日，中华人民共和国教育部公布《展涛等同志任职的通知》，任命展涛为山东大学校长；徐显明、张华、李承俊、于修平、张体勤、韩金远为山东大学副校长。

7 月 19 日　教育部和山东省人民政府共同签署《关于山东大学、山东医科大学、山东工业大学合并的实施意见》。文件明确山东大学仍为教育部直属高校，实行教育部和山东省共建共管的体制。

22 日　“山东大学、山东医科大学、山东工业大学三校合并大会”在原山大新校科学会堂隆重举行。山东省副省长邵桂芳主持了成立大会。中共中央政治局委员、山东省委书记吴官正，山东省委副书记、省长李春亭，省委常委、组织部部长姜大明，省政协副主席、青岛海洋大学校长管华诗，济南市委副书记、市长谢玉堂，卫生部、教育部有关司局负责人及省直有关部门负责人，省内高校代表，原三校党政主要领导，中层干部代表，离退休干部代表，教职工代表，学生代表等共 500 余人参加了大会。会上，教育部党组书记、部长陈至立宣布了教育部《关于山东大学、山东医科大学、山东工业大学合并组建新的山东大学的决定》和新山东大学党政领导班子成员名单。中共山东省委常委、省直机关工委书记朱正昌任新山东大学党委书记；数学博士、博士生导师、原山东大学副校长展涛任新山东大学校长。教育部长陈至立，山东省委副书记、省长李春亭，卫生部司长王环增，校党委书记朱正昌，校长展涛先后在成立大会上讲话。

原山东大学是教育部直属的全国重点综合性大学，其前身是创建于 1901 年的山东大学堂，被称为“京外第一所官办大学堂”，其发展经历了停、分、合、转、迁等曲折历程。至合校前，学校下设 13 个实体学院和 6 个实体系，有马列主义理论教学部和公共外语教学部 2 个基础教学部，有 49 个本科专业，65 个硕士点，25 个博士点，3 个一级学科博士授予单位，5 个博士后流动站，2 个国家重点学科，2 个国家重点实验室，1 个国家工程推广中心，1 个教育部重点实验室，5 个国家级基础人才培养与科学研究培养基地。

原山东医科大学是一所国家卫生部直属的高等综合性医学院校，有着90 余年的办学历史，由齐鲁大学医学院、山东省立医学院和白求恩医学院合并而成。截至 2000 年 6 月，学校占地640 亩，建筑面积20 万平方米。学校设有基础医学院、临床医学部、药学院、公共卫生学院、口腔医学院、护理学院、研究生部、社会科学部、成人教育学院；设全日制本科专业 7 个、专科专业 3 个，有博士点 14 个、

2000 年

7 月

硕士点 43 个、博士后流动站 1 个；有 5 个省部级重点学科，4 个省部级重点实验室，3 所附属医院，12 所教学医院。

原山东工业大学创建于 1949 年。经过 50 多年的发展，学校设有 7 个学院，16 个系和 3 个教学部，30 个本科专业，25 个硕士点，5 个工程硕士点，4 个博士点，2 个博士后科研流动站。材料加工工程和电力系统及其自动化学科被教育部批准设置"长江学者奖励计划"特聘教授岗位，成为山东省属高校中唯一设岗的学校。

在历史上，这三所大学就有深远的联系：1948 年，华东大学就曾与齐鲁大学合用过齐鲁大学的校园；1952 年院系调整期间，山东大学工学院的机械、电机两系与山东工学院合并，齐鲁大学文史系的部分教师则并入山东大学。合并后，全日制在校本专科生和研究生达到 30111 人，另有成教 23000 人，教职工 10052 人，其中教授 601 人，博士生导师 212 人，博士学位授权点 42 个，硕士学位授权点 128 个，博士后流动部 7 个，国家重点学科 2 个，国家工程技术推广中心 1 个，省、部级重点学科 32 个，国家重点实验室 2 个，省、部级重点实验 21 个，占地面积 5637 亩，基建面积 107 万平方米，仪器设备总值 3.6 亿元，图书资料 355 万册，研究生层次教育涉及哲学、经济学、法学、文学、史学、理学、工学、管理学等九大学科门类，师资力量更加雄厚。

2000 年 7 月 22 日，山东大学、山东医科大学、山东工业大学合并成立新山东大学

24 日　党委常委会议研究决定，成立山东大学校区党的工作委员会和校区管理委员会，分别简称校区党工委和校区管委会。

25 日　经校党委常委会议研究决定，山东大学各校区命名为：原山东大学校区（新校、老校）为山东大学东校区；原山东医科大学校区为山东大学西校区；原山东工业大学校区为山东大学南校区。

8 月

3 日　中央电视台《东方时空》节目主持人白岩松专题采访了新山东大学校长展涛。

6 日　国家科技部副部长程津培在省科委有关领导的陪同下来山东大学考察工作。校党委书记朱正昌、校长展涛等参加了工作汇报会。

2000 年

8 月

14 日　校党委书记朱正昌、校长展涛到 2000 年高考招生工作录取现场，看望和慰问了招生录取工作的全体人员，并察看了网上招生录取的情况。

17 日　学校公布实施《山东大学机关人员工作行为规定(试行)》。

同日　材料液态结构及其遗传性实验室被列为教育部重点实验室。

18 日　学校研究制定了《山东大学建设起步阶段继续教育管理工作暂行规定》。

22 日　山东省委书记吴官正专门就山东大学科技园建设作出批示：要抓紧规划启动；要选年轻的、有作为的干部去办；要设法引进资金；要利用大学的成果，这样既出效益，又出人才。

24 日　经请示教育部，学校研究决定："山东医科大学附属医院"更名为"山东大学齐鲁医院"(简称"山大一医")。"山东医科大学第二附属医院"更名为"山东大学第二医院"(简称"山大二院")。"山东医科大学附属口腔医院"更名为"山东大学口腔医院"，与口腔医学系仍实行院系合一的管理体制。

25 日　学校印发《山东大学奖学金(助)学金条例》《山东大学学生贷款条例》《山东大学学生临时困难补助发放办法》《山东大学关于减免贫困学生学费的规定》《山东大学学生勤工助学管理规定》《山东大学学生品行评定办法》《山东大学先进班集体评选办法》《山东大学优秀学生干部评选办法》《山东大学学生奖励条例》和《山东大学学生违纪处分实施细则》，进一步规范学生管理工作。

26 日　经中共山东大学党委常委会议研究，任命韩金远为山东大学威海分校校长(兼)。

本月　新山东大学 2000 年普通本科招生录取工作圆满结束。共录取本专科生 6993 人。

9 月

1 日　学校发出《认真做好合校前文件材料归档工作的通知》，限期各单位组织立卷归档，确保学校档案资产不受损失。

3 日　山东大学博物馆首次向全校新生开放。博物馆建于 1995 年，现设校史馆、成果馆、书画馆和文物馆，是展示学校历史沿革和发展历程的重要窗口。

4 日　展涛校长在邵逸夫科学馆会见加拿大驻华使馆新任文化教育参赞胡可丽博士，并与之进行了简短会谈。

5 日　新山东大学首届新生报到，三校区共有 8560 名新生入校。

6 日　学校印发《山东大学 2000～2001 学年第一学期行政工作要点》，布置下半年行政工作。

11 日　学校颁发 2000 年哲学、社会科学优秀科研成果奖。共评选出优秀科研成果 122 项，其中一等奖 20 项，二等奖 31 项，三等奖 71 项。

12 日　新山东大学首届新生开学典礼在山东省体育馆举行。中共山东省委常委、山东大学党委书记朱正昌，校长展涛等学校领导，蒋民华院士、艾兴院士等教师代表在主席台上就座。校长展涛讲话。副校长徐显明主持开学典礼。有 30 名优秀本科生荣获"优秀学生奖"，每人获奖金 1 万元。

2000 年

9 月

山东大学 2000 级新生开学典礼在山东省体育馆举行

同日　学校公布《山东大学校部机关党政机构设置方案》。

13 日　学校在西校区大礼堂召开中层干部配备调整工作动员大会。朱正昌书记在会上作动员报告。大会由校长展涛主持。校领导，各党工委、管委会负责人，三校区副处级以上干部，民主党派负责人，部分教师代表共 700 余人出席了大会。

17 日　山东大学处级岗位竞岗述职在邵逸夫科学馆举行，设 135 个正、副处级岗位，270 人申请参加竞岗述职。由校领导、三校区院系干部代表、民主党派代表和教师代表组成的考评小组对述职人员进行了考评。

19 日　全国人大常委会委员、教科文卫委员会主任委员、原国家教委主任朱开轩在山东视察之际，前来山东大学视察。

21 日　“2000 年中国传热传质学术年会”在南校区召开，会期 3 天。本次学术年会是新山大成立后主办的规模最大的一次学术大会。展涛校长出席了开幕式。

27 日　校党委书记朱正昌在威海分校视察工作。威海市委书记孙守璞、副书记连承敏、市委秘书长邓向阳及分校领导陪同视察并汇报工作。

本月　经教育部“长江学者奖励计划”专家评审委员会会议审定，美国劳伦斯-伯克利国内实验室理论部主任、国际著名的粒子物理与核物理专家王新年博士获准受聘山东大学“长江学者奖励计划”讲座教授（“长江学者奖励计划”讲座教授制度是教育部在特聘教授制度基础上又推出的新举措。按教育部规定，讲座教授全国每年批准 10 名）。

10 月

9 日　学校对“山东省高等学校优秀实验技术成果奖”获奖项目进行表彰。我校共有 25 项优秀实验技术成果获奖，其中一等奖 4 项，二等奖 10 项，三等奖 11 项。

2000 年

10 月

11 日　学校实行干部任前公示制度，本次公示 92 名机关及部门直属单位副职干部拟任人选。

13 日　山东大学学位评定委员会组成，共有 29 位成员，展涛任主席。

15 日　学校召开中层干部会，宣布任命 92 名副处级岗位干部名单。至此，机关及部门直属单位中层干部调整配备工作结束，共任命正、副处级干部 131 名。

18 日　“山东大学齐鲁医院建院 110 周年庆典大会”在山东剧院举行。原卫生部副部长曹荣桂，山东省委常委、学校党委书记朱正昌，山东省的老领导谭启龙、梁步庭，山东省副省长邵桂芳，省政协副主席崔惟琳，济南市市长谢玉堂等领导同志，以及来自日本、美国、澳大利亚的嘉宾及齐鲁医院的员工 2000 多人参加了大会。

26 日　山东大学人事分配制度改革工作领导小组成立。组长：展涛；副组长：赵明顺、张体勤；成员：展涛、赵明顺、尹薇、徐显明、于修平、张体勤、韩金远、李良斋、韩锋、王琪珑、徐向艺、王剑敏、胡文容、李红、朱文华。

27 日　经教育部专家组考察，山东大学文艺美学研究中心入选教育部人文社会科学重点研究基地。

2000 年 10 月 31 日，“易学与中国古代哲学研究中心”揭牌仪式

31 日　“百年易学研究回顾与前瞻国际学术研讨会”及易学基地揭牌仪式在东校区邵逸夫科学馆举行。经教育部批准，原山东大学周易研究中心正式更名为“山东大学易学与中国古代哲学研究中心”。

11 月

1 日　“山东大学、鲁能集团面向 21 世纪全面合作协议暨鲁能集团向山东大学无偿捐赠协议签订仪式”在济南市南郊宾馆举行。中共中央政治局委员、中共山东省委书记吴官正，中共山东省委副书记、省长李春亭，省委常委、副书记韩寓群，副省长邵桂芳，省委常委、山东大学党委书记朱正昌，鲁能集团董事局主席刘振亚等出席了签字仪式。

2000 年

11 月

2000 年 11 月 1 日，山东大学、鲁能集团
面向 21 世纪全面合作协议签字仪式在南郊宾馆举行

9 日　瑞典宇米欧大学国际关系委员会主席 Lindfors 博士及国际处中国项目负责人 Nordgren 女士一行 2 人来校访问，就签订正式校际合作协议一事进行磋商。

15 日　学校制发《关于加强山东大学科技园建设，促进科技成果产业化的若干意见》，成立山东大学科技园建设管理委员会。主任：朱正昌；副主任：展涛、韩金远、于修平；委员：马国臣、方宏建、王剑敏、王琪珑、张居民、张永兵、胡文容、徐向艺、韩锋(人事处)。委员会下设办公室，主任：张居民(兼)，副主任：任学贞。

同日　经学校党政联席会研究，决定成立山东大学后勤社会化改革领导小组。组长：展涛；副组长：张华；成员：方宏建、李良斋、韩锋、陈永、张宇、王明署、王剑敏、张永兵、胡岩松、郭兴华。办公室设在后勤管理处，陈永兼任办公室主任。

25 日　在第二届"挑战杯"万维投资中国大学生创业计划竞赛决赛中，我校荣获金奖 1 项，银奖 1 项，铜奖 4 项，并荣获高校优秀组织奖，获奖总数居全国高校之首，并成为公开答辩的 5 所高校中唯一的综合性大学。

12 月

1 日　中国共产党党员，正厅级离休干部，原山东大学党委常委、纪委副书记章茂桐，在济南逝世，享年 89 岁。

5 日　西门子德国总部综合技术部(中央研发部)营销经理泰斯，亚太地区高校联络部经理科赫及北京西门子管理学院综合技术部经理斯蒂尔等一行 4 人来校访问。展涛校长会见了代表团一行。

13 日　国家科学技术部新闻发布会公布，山东大学 1999 年在 SCI 核心刊物发表的论文数排名全国高校第十位，物理系钟维烈教授单篇文章在 1999 年被核心刊物引用数排全国高校个人第七位。

2000 年

12 月

19 日　山东大学获 10 项 2000 年中国高校科学技术奖，其中一等奖 6 项，二等奖 4 项，获奖总数及一等奖项数名列全国高校第三名。

23 日　山东大学荣获“全国学校艺术教育工作先进集体”称号，艺术学院李晓峰荣获“全国学校艺术教育工作先进个人”称号。

27 日　国务院学位委员会第十八次会议确定，山东大学新增具有博士学位授予权的一级学科 5 个，具有博士学位授予权的二级学科 16 个，具有硕士学位授予权的专业 26 个。至此，山东大学具有博士学位授予权的一级学科达到 8 个，可培养博士学位研究生的专业达 74 个，进入全国前 10 名，可培养硕士学位研究生的专业达到 155 个。

28 日　山东大学 2000 年学生教育与管理工作研讨会在邵逸夫科学馆举行，会期 2 天。三个校区的近 200 名政工干部参加了会议，校党委副书记赵明顺、刘珂出席大会并讲话。

2000 年 12 月 28 日，山东山大华天科技股份有限公司正式揭牌成立

同日　山东山大华天科技股份有限公司正式揭牌成立，这是省内首家高校股份制企业。山东省委常委、校党委书记朱正昌，山东省副省长陈抗甫，教育部科技发展中心主任陈清龙，校长展涛等领导和专家学者出席了揭牌仪式。山东山大华天科技股份有限公司是由山东山大科技集团公司、山东省高新技术投资有限公司、山东省企业信用担保有限责任公司、山东银座商城股份有限公司等战略投资企业和公司技术、经营、管理核心骨干共同发起创立的高科技企业，股本总额为 3200 万元。

31 日　“山大鲁能信息科技有限公司成立大会”在济南市南郊宾馆举行。中共山东省委常委、常务副省长韩寓群，中共山东省委常委、山东大学党委书记朱正昌，山东省副省长邵桂芳，国家电力公司党组副书记、常务副总经理刘振亚，山东大学校长展涛等领导同志出席了成立大会。山大鲁能信息科技有限公

2000 年
12 月

司是在山东大学优秀高科技企业——山东山大鸥玛信息产业有限公司和山东中晶光电子公司的基础上由山东大学与鲁能集团共同出资组建的高新技术企业。

2000 年 12 月 31 日,“山大鲁能信息科技有限公司成立大会”在济南市南郊宾馆举行

2001 年
1 月

3 日　学校召开中层干部会议。展涛校长代表党委和行政通报了合校 5 个月以来的工作情况及 2001 年行政工作打算。朱正昌书记发表了题为“团结一心,奋力开拓,共创山东大学的美好未来”的重要讲话。

6 日　“山东省高等医学教育研究会 2000 年年会”在西校区召开,全省高等医学院校的 19 名代表参加了会议。山东省教育厅刘向信副厅长、卫生厅包文辉副厅长、山东大学于修平副校长出席会议并讲话。

8 日　学校举行“2000 年度笹川日中友好奖学金颁奖仪式”。山东大学副校长于修平、中国国际友好联络会笹川日中友好基金会主任高原以及中国国际友好联络会山东分会秘书长朱清新、外语学院院长王守元等出席仪式并为获奖者颁奖。

9 日　“山东大学纳米科学技术研究中心”成立。

10 日　学校公布《山东大学院(系)调整方案》,该《方案》中保留原名称、专业、人员及建制不变的学院 5 所,更改名称、原有专业、人员及建制不变的学院 6 所,调整及新成立的学院和教学部 18 个,共设 29 个学院、教学部。

14 日　北京邮电大学校长林金桐教授应邀来校访问,在邵逸夫科学馆作了题为《关于加强学校内部管理体制改革》的报告。报告会由展涛校长主持,校领导及有关部处负责人参加。

20 日　山东省副省长邵桂芳率省政府办公厅、省教育厅、省计委、省财政厅、省科技厅等省直机关负责人一行,来山东大学现场办公,校党委书记朱正昌参加了会议。

22 日　山东大学研究生会、学生会联合召开座谈会,邀请部分专家、学者和青年学生代表一起座谈,深刻揭露李洪志及其“法轮功”组织造谣惑众、违法闹事的险恶用心,向全省、全国青年学生发出了“反对邪教,崇尚科学”的倡议书,

2001 年

1 月

并举行了学生签名活动。校党委书记朱正昌、校长展涛、校党委副书记赵明顺、副校长李承俊及省委有关部门的领导同志，山东大学著名教授、学者路遥、周来祥、刘大钧、刘玉安、丁原明、刘天路及部分学生代表共 50 余人参加了座谈会。

本月　化学与工程学院物理化学专业 98 级博士研究生侯华被授予 2000 年度中国大学生“五四奖学金”暨“健昊杯”两项荣誉称号，获得 10000 元奖学金。

2 月

17 日　山东大学友好学校加拿大里贾纳大学校长大卫·邦纳德及其代表团一行 13 人来校访问，展涛校长和于修平副校长接待客人并进行了工作会谈。

18 日　在国家科学技术奖励大会上，山东大学材料科学与工程学院王执福教授受到了江泽民、朱镕基、胡锦涛、李岚清等党和国家领导人的接见。由王执福、于化顺、张景德、公志光、刘明、惠希东发明的“反应生成粒子复合强化耐热钢”获国家技术发明奖二等奖。由威海分校云昌钦教授和杨志强等研制的“IES500 电力调度自动化主站应用环境”获得国家科技进步奖二等奖（此次评奖，一等奖空缺）。

23 日　资深外交家、外交部党委书记、外交部副部长李肇星同志应邀来校作了《关于当前国际形势》的报告。校长展涛、校党委副书记赵明顺等有关领导和师生代表到会听取了报告。

26 日　“教育部与山东省人民政府重点共建山东大学签字仪式”在南校区举行。签字仪式由山东省教育厅厅长滕昭庆同志主持。教育部副部长吕福源、山东省副省长邵桂芳，分别代表教育部和山东省人民政府在协议书上签字。山东大学党委书记朱正昌、校长展涛等有关领导和部分师生代表参加了签字仪式。

2001 年 2 月 26 日，教育部与山东省人民政府签署重点共建山东大学协议

同日　“山东大学—贝加莱现代控制实验室揭牌仪式”在南校区举行。展涛校长、李承俊副校长、奥地利贝加莱公司亚洲总裁 Markus Brunner 先生、贝加莱中国公司总经理肖维荣博士以及我校部分相关院、处领导及师生参加了仪式。

本月　山东省第十五次社会科学优秀成果奖颁布，山东大学 42 项成果获奖，其中一等奖 6 项，二等奖 11 项，三等奖 25 项。

2001 年

3 月

10 日　学校党委在南校区科学实验楼报告厅召开“三讲”教育动员大会。校党委书记朱正昌，校长展涛，山东省委和教育部党组驻山东大学“三讲”教育巡视组组长张荣年、原三校校级领导、校区领导、机关各部门负责人、直属单位和各院部党政正职、离退休老干部代表、教师代表、各民主党派学校主委等 270 人参加大会。巡视组成员出席大会。大会由展涛校长主持，校党委书记朱正昌作动员报告。

11 日　“三讲”教育第一阶段全面展开，省政协常委、原山东省社科院院长卢培琪教授应邀作“讲学习”专题辅导报告。

16 日　山东省委副书记陈建国同志一行到校视察工作，与校领导进行了座谈。

19 日　校党委书记朱正昌、副书记赵明顺、副校长张华以及保卫、后勤等相关部门的领导对东校区部分单位进行了安全检查。

23 日　学校邀请省委讲师团副团长何克亮教授作关于“讲正气”专题辅导报告。

同日　由国家基金委组织的国家重点实验室评估专家组一行 10 人来校，对微生物技术国家重点实验室进行分组评估。展涛校长参加评估会议并致欢迎辞，于修平副校长陪同参加评估专家组的全部重大活动。

25 日　由共青团山东省委、山东省青年联合会、山东大学、齐鲁电视台联合举办的“新世纪青年论坛——杰出青年为建设‘大而强、富而美’的新山东建言献策”论坛在山东大学举行，展涛校长在论坛上畅谈了新山大的现状和未来。

30 日　山东大学“三讲”教育第二阶段即“自我剖析，听取意见”阶段开始。

同日　台湾著名学者、诗人余光中先生在夫人范我存女士以及女儿余幼珊小姐的陪同下，应邀来校进行访问和讲学。

2001 年 3 月 30 日，台湾著名诗人余光中在山东大学讲学

31 日　学校在南校区召开纳米科学技术研讨会。研讨会由科技处胡文荣处长主持。蒋民华院士在研讨会上作了《纳米科技》的专题报告。省科技厅发展计划处李初林副处长等领导出席研讨会并讲话。

2001 年

3 月

同日 “海峡两岸第二届中国文献学学术研讨会”在邵逸夫科学馆举行。出席会议的有台湾淡江大学、台湾东吴大学、台湾“故宫博物院”及北京中华书局、中国社会科学院、复旦大学、上海图书馆、南京大学、陕西师范大学、浙江大学、武汉大学、华中师范大学、山东大学、山东师范大学、山东省图书馆等单位的专家学者 50 余人。副校长徐显明到会讲话。

本月 省科技厅厅长董昭和一行 15 人来校考察工作并听取了山东大学关于科技工作工作情况的汇报。展涛校长、于修平副校长、韩金远副校长出席汇报会。

本月 《山东大学公有房产管理条例(暂行)》《山东大学非经营房产转经营或出租管理办法(暂行)》,经学校书记、校长办公会议研究通过,并发布实施。

本月 友好学校韩国昌原大学副校长李豪燮一行 3 人来校访问,于修平副校长在邵逸夫科学馆会见客人并就双方开展科研合作、举行双边学术会议、联合培养研究生以及本科生互授学位等方面进行了深入探讨。

4 月

10 日 美国华盛顿州立大学多学科环境研究中心代表团一行 4 人来校访问,于修平副校长会见了代表团,并签署了校际交流与合作协议书。

13 日 在南京举行的全国工程建设系统焊工技术赛场上,山东山大华天科技股份有限公司焊机最终囊括了所有项目的冠军:专业队和行业队中个人和团体的所有冠军全部选用了山大华天焊机。

16 日 山东省委常委、校党委书记、校“三讲”教育工作领导小组组长朱正昌主持召开学校部分知名专家座谈会,就学校校区建设、学科发展、人才培养等若干重大问题进一步听取意见。学校领导展涛、尹薇、张华、张体勤等出席座谈会。

17 日 化学纤维工程技术专家、中国工程院院士季国标先生,动力机械、汽轮机专家、中国工程院院士姚福生先生,计算机专家、中国工程院院士倪光南先生,中国工程院学部工作部主任白玉良,中国工程院办公厅主任宋学敏,中国工程院国际部副主任钱左生,中国工程院能源学部办公室主任金哲,中国工程院农业学部办公室主任高中琪,中国工程院学部工程部综合处处长宋德雄等一行,在省科技厅董昭和厅长的陪同下,到山东大学参观和座谈。校长展涛、副校长于修平及有关学院负责人参加了座谈。

18 日 中共中央政治局委员、山东省委书记吴官正在校党委书记朱正昌、校长展涛的陪同下来校调研和视察工作。陪同吴官正书记前来调研和视察的还有山东省委副书记、济南市委书记孙淑义,省委常委、秘书长杨传升,副省长邵桂芳,省教育厅厅长滕昭庆,省委组织部副部长董国勋,省委高校工委副书记刘凤龙,省科技厅厅长董昭和等。

20 日 “山东大学 2001 年田径运动会”在南校区体育场开幕。校党委书记朱正昌、校长展涛等校领导及各院部、部分机关负责人在主席台上就座。开幕式由徐显明副校长主持。

25 日 教育部科学技术司司长张尧学博士专程到大学科技园视察,并听取科技园建设情况的汇报。省科技厅副厅长姜代晓,省教育厅副厅长刘向信、济南高新区经贸局局长钱宇建出席汇报会,校长展涛、副校长韩金远、产业处长兼

2001 年

4 月

科技园办公室主任张居民、科技园办公室副主任兼科技园发展公司总经理任学贞向教育部领导作了科技园建设情况的汇报。

26 日　香港城市大学校长张信刚教授率 7 人代表团来校访问，展涛校长会见了来访客人。

同日　学校决定重组“211 工程”建设领导小组，新的“211 工程”建设领导小组组长由展涛校长兼任。

5 月

10 日　教育部社政司顾海良司长，在东校区邵逸夫科学馆第三会议室同马列教学部领导、师生代表就“两课”教学与改革工作进行座谈。徐显明副校长主持座谈会。

同日　“山东大学文艺美学研究中心揭牌仪式”在东校区邵逸夫科学馆报告厅举行。教育部社政司司长顾海良、中共山东省委宣传部副部长王凤胜、山东省教育厅副厅长刘向信，山东大学校长展涛等出席仪式。仪式由副校长徐显明主持。

同日　由山东大学产权研究所黄少安教授负责的教育部人文社会科学“九五”规划重大课题，“山东诸城国有中小型企业股份制改革研究”通过了由教育部组织的专家鉴定。教育部社政司领导、有关专家及山东大学和政府部门的领导出席鉴定会。

15 日　山东省高等教育教材研究会第六届年会在山东大学召开。来自全省 36 所高校的 50 余名代表参加会议，13 家出版社及 4 个发行单位的 30 余名代表前来列席会议。副校长徐显明教授向大家致欢迎辞。

16 日　山东大学机械工程学院工业设计 1997 班被教育部和共青团中央授予全国“先进班集体”荣誉称号。

同日　学校岗位聘任和岗位津贴制度动员大会在南校区报告厅召开。实行岗位聘任和岗位津贴制度，是学校人事管理和分配制度改革的重大举措。机关各部、处、室，各院、部，各直属单位的主要负责人参加会议。

17 日　“新世纪高等教育理论和实践研讨会”在山东大学召开。全省 25 所高校的 41 名代表参加本次研讨会。中国高等教育学会常务副秘书长、《中国高教研究》杂志主编王革教授，山东省教育厅副厅长刘向信，山东大学副校长张体勤，山东省教育厅高教处处长宋承祥出席研讨会。

18 日　学校研究决定，成立山东大学学术委员会，加强学术研究的领导与管理。主任：展涛；副主任：于修平、徐显明、蒋民华、艾兴；委员：于修平、王克明、王守元、孔范今、云昌钦、艾兴、冯美丽、朱维申、刘玉安、杨丕山、张庆林、张运、张瑞林、李晓峰、孟祥旭、孟祥才、周向军、周庚寅、姜建壮、赵建国、赵仲堂、赵景华、娄红祥、展涛、徐显明、高培基、贾磊、高宝玉、梅良模、蒋民华、彭实戈、程琳、傅有德、谢晖、臧旭恒。

19 日　“《文史哲》创刊 50 周年纪念会暨人文精神与现代化学术研讨会”在北京举行。此次会议是山东大学百年校庆系列学术活动的一个重要组成部分。中共中央政治局委员、全国人大常委会副委员长姜春云到会祝贺并发表讲话，校党委书记朱正昌代表学校致开幕辞。会议由副校长徐显明主持，季羡林、张

2001年

5月

岱年、何兹全、李希凡、庞朴等百余名来自全国各地的专家学者聚集一堂，大家结合自己的治学经历，回顾和评价了《文史哲》半个世纪以来所取得的巨大成就，并就“人文精神与现代化”这个学术界普遍关心的问题进行了热烈的讨论。

20日　中共山东省委副书记、省长李春亭来校参加完山东省2001年第21届世界大学生运动会火炬传递交接仪式后，与学校领导进行了座谈。

23日　经教育部专家组实地考察和认真评议，山东大学“211工程”“九五”期间原山东大学、原山东工业大学建设项目均以优异的成绩通过验收。

31日　学校决定在校内机关、院、部范围内进行计算机联网，实行办公自动化管理，以适应创建高水平大学的需要，改进管理方法，提高办公效率和质量。

本月　生命科学院赵镝同学被教育部和共青团中央授予“全国三好学生”荣誉称号。

本月　菲律宾著名华侨实业家、教育家邵建寅先生来校探访艾兴院士。校党委副书记尹薇向邵建寅先生颁发了聘书，特聘请邵建寅先生为机械工程学院客座教授。

6月

4日　展涛校长代表学校聘请著名作家莫言先生任山东大学文学与新闻传播学院兼职教授。

6日　中国共产党党员，老红军，原山东工学院党委副书记、副院长冯起逝世，享年93岁。

9日　学校发布《山东大学关于实行党风廉政建设责任制的实施办法》。

13日　学校成立“山东大学经济研究中心”，原产权研究所的建制撤销。经济研究中心为校属研究机构，黄少安教授任主任。

15日　经党委常委会研究决定，成立山东大学新区管理办公室。新区管理办公室为处级建制，设主任1人，副主任1人。

22日　济南市人才交流服务中心、山东大学人才交流中心委托人事代理签字仪式在邵逸夫科学馆举行。从即日起，山东大学新进人员、聘用人员、校办企业及后勤服务人员将委托济南市人才交流服务中心实行人事代理。

25日　政协山东省委员会原副主席、民盟山东省委名誉主席、著名教育家、原山东大学校长吴富恒在济南逝世，享年91岁。

26日　山东大学纪念建党80周年座谈会在东校区办公楼会议厅召开，校领导朱正昌、展涛、尹薇、刘珂、胡家臣等同志出席了会议。部分老领导、老中青专家学者、中层干部和学生代表共30余人参加座谈。会议由党委副书记赵明顺主持。

7月

2日　经校长办公会议研究决定，成立山东大学齐鲁软件学院。该学院由山东大学和济南高新技术产业开发区管委会联合发起成立。属山东大学二级学院，实行院董事会领导下的院长负责制，独立运营、核算。计算机科学与技术学院为该院的教学依托单位。

2001 年

7 月

7 日　全国政协副主席钱伟长在山东省政协副主席李殿魁和全国政协常委、民盟中央副主席、全国妇联副主席孔令仁等的陪同下，来校视察工作，并与学校领导进行座谈。

8 日　思科系统公司向山东大学无偿捐赠网络设备的捐赠仪式暨山东大学思科网络技术学院成立大会在邵逸夫科学馆举行。山东省信息产业厅、山东省教育厅等有关部门的领导，石油大学、青岛大学、曲阜师范大学等省内十几所高校的代表参加成立大会。山东大学校长展涛、思科系统公司华北区总经理薛志勇、山东省信息产业厅及山东省教育厅的领导发表讲话，思科系统公司专家向与会代表和 200 多名山大师生作了演讲。

9 日　著名词作家乔羽先生应邀来校访问。乔羽先生先后浏览了三个校区的校园景观并在展涛校长陪同下参观了学校博物馆。

2001 年 7 月 9 日，著名词作家乔羽先生应邀来校访问

10 日　“山东大学科研成果奖励大会暨国家大学科技园揭牌仪式”在南校区报告厅举行。中共山东省委常委、校党委书记朱正昌，山东省副省长邵桂芳，科技部高新司副司长陈贤杰，省政府副秘书长刘长允，省科技厅厅长董昭和，省教育厅副厅长刘向信，校长展涛，副校长徐显明、于修平、韩金远等出席会议。

2001 年 7 月 10 日，山东大学科研成果奖励大会暨国家大学科技园揭牌仪式在南校区报告厅举行

2001 年

7 月

16 日　山东大学学报编辑部更名为山东大学报社，社长由校党委宣传部部长周洁兼任，其管理模式和人员编制不变。

21 日　校党委在东校区办公楼会议厅召开座谈会，学习江泽民总书记“七一”讲话暨庆祝新山东大学成立一周年。副省长邵桂芳为座谈会发来贺信。校领导、校区领导、各部处室主要负责人、院部领导代表、教师代表、民主党派代表50 多人参加了座谈会。

28 日　在第三届中国大学生国防体育节军用枪射击比赛中，山东大学代表队获得男女团体总分第一名，女子团体总分第一名，男子精度射击团体第一名，女子速射团体第二名，女子精度射击团体第三名；张冬蕾、王东同学分别获得女子组、男子组个人速射金牌和银牌。这是我校参加该项赛事以来的最好成绩。

29 日　“中国研究生院院长联席会 2001 年夏季研讨会”在威海召开。教育部副部长吕福源，国务院学位委员会办公室主任周其凤，副主任王亚杰、李军，教育部高校学生司副司长韩建华及 53 所研究生院的院长、副院长参加了会议。校党委书记朱正昌、校长展涛出席开幕式并致辞。吕福源、李军、韩建华等在校党委书记朱正昌、校长展涛的陪同下，视察了威海分校。吕福源副部长对威海分校的建设和发展给予了充分肯定，指出分校是一块宝地，发展势头很好，教育部、山东省、威海市都应支持分校。

本月　作为教育部“数字化学习环境及其支撑服务体系”项目的试点院校之一，“数字山大”工程正式启动。“数字山大”工程的建设内容包括：校园网网络系列建设、网络应用及其支撑平台建设、信息站与教学资源建设、数字化图书馆、网上虚拟校园社区、校园“一卡通”、呼叫中心等。

8 月

16 日　“山东省岩土与结构工程技术研究中心成立大会及揭牌仪式”在南校区科学实验楼报告厅举行，中共山东常委、山东大学党委书记朱正昌、省教育厅副厅长刘向信为中心揭牌。该中心是校党委书记朱正昌和中国科学院院士宋振骐教授倡导，并经山东省教育厅、科技厅批准，由山东大学、山东科技大学和中国留日同学总会海创中心联合组建，山东三箭集团、山东兖州矿业集团和中铁十四局等大型企业参与共建的。中心下设指导委员会、顾问委员会和工作委员会，朱正昌任指导委员会名誉主任，展涛任指导委员会主任。博士生导师朱维申教授任工作委员会主任。指导委员会办公室设在山东大学岩土与结构工程研究中心。

21 日　在山东大学党委理论学习中心组读书班结业及处级干部学习班开班动员大会上，校党委书记朱正昌作了“深入学习‘七一’讲话，大力倡导创新精神，全面推进创建高水平大学的各项工作”的发言。

31 日　学校公布《山东大学各院(部)系、所(室、中心)设置方案》。该《方案》调整的原则是：以本科专业为基础设系，以研究生培养二级学科为基础设所；本(专)科学生的关系随系；教职工及研究生的关系随所，系、所下不再设立教研室，对于教职工人数较少的二级学科，可先成立研究室。调整后，各院(部)共设 70 个系、241 个所、室、中心(不含威海分校)。

本月　由山东大学齐鲁医院《现代妇产科进展》杂志、《中华妇产科》杂志两刊编委会联合举办的第三届全国妇产科学新进展学术会，在山东省威海市举行，

2001 年

8 月

来自全国各省市的妇产科医师 800 多人参加了大会。《现代妇产科进展》杂志编委会进行了换届选举，全国知名妇产科专家、山东大学齐鲁医院江森教授当选为主任委员。

9 月

4 日　新山大迎来了 10400 名本、专科新生。朱正昌书记、展涛校长亲临现场迎新。

8 日　团中央、全国青联志愿者艺术团赴山东大学慰问演出拉开帷幕，冯巩、郁钧剑、孙毅、张明敏、孟广禄、梦鸽、李丹阳、韩延文、孙浩、林萍、李志强、雷岩、冯晓泉、曾格格、火风共 15 位青年艺术家登台演出。团中央书记处书记崔波、山东省政协副主席李殿魁、团省委书记刘慧晏等来宾，校党委书记朱正昌、校长展涛等校领导和山东大学的 3 万多名师生观看了演出。演出由全国青联副主席、著名配音演员李扬，全国青联委员、中央电视台节目主持人张泽群，山东电视台节目主持人王莉，山东大学教师马晓琳主持。

12 日　学校决定对全国优秀博士学位论文奖获得者指导教师予以表彰，并设立山东大学优秀人才培养奖励基金，奖励基金资助额度为每人 10 万元。

13 日　中央电视台《实话实说》节目组应邀进驻山东大学，为百年校庆摄制节目。

2001 年 9 月 13 日，中央电视台《实话实说》节目组应邀进驻学校，为学校百年校庆添彩

15 日　在第七届“挑战杯”全国大学生课外学术科技作品竞赛中，山东大学代表队夺得大赛团体“优胜杯”，并荣获特等奖 2 项、二等奖和三等奖各 2 项，居全国之首。

16 日　学校在西校区大礼堂举行“2001 级研究生开学典礼暨优秀博士、硕士学位论文奖颁奖仪式”。

22 日　在南校区操场上，身着戎装的 8000 多名新生参加新生开学典礼暨军训阅兵式。济南陆军学院颜培正少将、山东省军区副司令员李浩泉少将、山东大学校长展涛等有关来宾和学校领导出席了典礼与阅兵式。大会由副校长李承俊主持。

2001 年

9 月

27 日　山东大学百年校庆新闻发布会在东校区工会厅举行。中共山东省委宣传部副部长高挺先、省教育厅副厅长刘向信及省级三大媒体、中央驻鲁新闻单位负责人等近百人，参加新闻发布会。校长展涛、党委副书记赵明顺、副校长张体勤、党委宣传部部长周洁在新闻发布会上发了言。新闻发布会由赵明顺同志主持。

10 月

6 日　原山东大学历史系教授、博士生导师、山东大学历史研究所所长兼中国社会科学院研究生院博士生导师，中国社会科学院古代文明研究中心学术顾问，中国文化书院导师，西北大学兼职教授，中国殷商文化学会会长，中国农民战争史研究会会长，中国秦汉史研究会顾问田昌五先生，在济南逝世，享年 76 岁。

同日　山东大学华盛顿地区校友大会暨山东大学百年诞辰庆祝大会，在华盛顿凯仁大厦举行。出席会议的有中国驻美国大使馆谭天星副总领事，使馆一等秘书张晓光、魏礼庆，黄埔军校 11 期学生郭笑安将军及校友 100 多人。大会由魏少魁博士主持。

9 日　山东大学临床医学院成立大会暨揭牌仪式在学人大厦一楼举行。校长展涛教授、山东省卫生厅刘玉芹副厅长、济南市卫生局张泽局长、济南市中心医院院长贾堂宏教授及有关方面负责人出席大会。

同日　“第一届海峡两岸晶体材料及其产业研讨会”在济南舜耕山庄举行。济南市市长谢玉堂、中国科学院院士蒋民华、中国科学院院士姚建铨、中国科学院院士王圩、中国工程院院士王静康、台湾大学蓝崇文教授以及来自海峡两岸的 100 多位学者、专家出席了开幕式。山东大学材料学院院长蒋民华院士致开幕辞，谢玉堂市长发表重要讲话，山东大学副校长于修平教授代表展涛校长致欢迎词。本次研讨会由山东大学、中国硅酸盐学会晶体生长与材料专业委员会主办，由济南市人民政府、中国科学院人工晶体发展中心等 6 家单位协办。

10 日　展涛校长在邵逸夫科学馆，接受了山东旅台乡亲孙震先生转交台湾“故宫博物院”赠送的光绪二十七年(1901 年)九月二十四日时任山东巡抚的袁世凯《奏为遵旨改设学堂酌拟教规谨将试办章程缮单呈览》奏折、《山东省城试办大学堂暂行章程》及光绪皇帝朱批的复制本。

2001 年 10 月 10 日，展涛校长在邵逸夫科学馆接受山东籍旅台人士孙震先生捐赠 1901 年袁世凯奏办山东大学堂奏折及章程副本

2001 年

10 月

12 日　由山东今古影视公司、济南啤酒集团联合捐赠，著名艺术家石可和著名雕塑家石盾、贾真耀共同创作的大型石刻孔子雕像在山大校园落成。

同日　在中国国际第三次高新技术成果交易会上，山东大学筛选出包括信息技术、生物及医药技术、新材料技术、机电一体技术等领域的 25 项科技成果参展，达成合作意向 10 余项。

13 日　“国际大学校长论坛”在山东大学东校区邵逸夫科学馆一楼报告厅拉开帷幕。本次论坛以“21 世纪的大学”为主题，主要议题有：大学与地区经济发展，大学的筹资与财政，大学的国际交流与合作，师资在职培训及学生的素质教育，大学的管理体制优化等。来自美、加、澳、德、法、荷、日、韩等国以及港、澳、台地区和中国大陆的 40 多位大学校长（或副校长）出席了论坛。

同日　“山东大学博物馆新馆开馆暨山东大学百年校史展开展仪式”在西校区综合实验楼举行。

同日　庆祝山东大学药学院重建 30 周年大会在西校区大礼堂举行。山东大学药学院的前身是 1920 年建立的齐鲁大学药学专修科和 1947 年建立的华东白求恩医学院药科，1952 年撤销，1971 年在新泰县楼德重建。

14 日　在南郊宾馆 6 号楼会议厅，全国政协副主席、上海大学名誉校长钱伟长应邀与山东大学的部分学生进行座谈。座谈会由校党委副书记尹薇同志主持。

同日　教育部部长陈至立在山东省副省长邵桂芳陪同下来校视察工作。

同日　山东大学医学院建院 90 周年庆祝大会在西校区大礼堂举行。山东大学副校长、医学院院长于修平教授讲话。校党委副书记赵明顺同志代表校党委、校行政向大会表示热烈祝贺。

100 周年校庆

1999 年 10 月 15 日，学校在邵逸夫科学馆报告厅召开庆祝建校 98 周年暨百年校庆动员大会，曾繁仁校长宣布百年校庆筹备工作全面启动。

2000 年 7 月，山东大学、山东医科大学、山东工业大学合并成立新的山东大学。新山东大学成立后，学校把百年校庆筹备工作列入党政工作的议事日程，成立了由校党委书记朱正昌、校长展涛任组长，其他现职校领导为副组长，各校区和威海分校领导以及有关部门主要负责人组成的百年校庆筹备工作领导小组，成立百年校庆筹备办公室。经过多方调研，八次易稿，学校发布了《山东大学百年校庆工作总体方案》。方案明确了校庆的指导思想：通过百年校庆，回顾办学历史，弘扬优良传统，展示办学成就，丰富办学理念，廓清办学思路，加深学校融合，推动学校建设；通过百年校庆，加强对外交流，扩大对外影响，提升学校地位，树立良好形象，争取各界支持，优化外部环境，拓展办学空间，加快学校发展；通过百年校庆，增强学校的凝聚力、向心力和感召力，激励全体师生员工和广大校友为实现建设一流大学的宏伟目标而努力奋斗。方案确定校庆期间主要开展的活动：宣传动员活动；校史、科研、教学方面的编研活动；国际国内学术交流活动；大学校长论坛；领导人题词；重大基建活动；重大雕塑活动；展览活动；校园修葺整新活动；庆典活动。根据活动内容，学校成立了 9 个专门工作小组。学校各院、系成立了院、系校庆领导小组；校园网上建立了百年校庆筹备工作主页。

2001 年
10 月

校庆宣传活动是校庆工作的重点之一。2001 年 3 月至 4 月，学校分别在《人民日报》《光明日报》《大众日报》、香港《文汇报》《大众报》和网络上发布校庆公告；中央电视台在《梦想剧场》《实话实说》栏目制作了专集节目；出版了系列出版物，如《山东大学百年史》《百年山大群星璀璨》《山东大学百年学术集萃》《山大逸事》《山大情缘》和《百年山大》牡丹纪念册、《百年树人》藏书票等。体现我国自然科学最高学术水平的杂志《中国科学》编辑出版了山东大学百年校庆专辑。国家邮政局专门批准了一枚名为"教书育人"的山东大学百年校庆邮资图案，这在全国高校也是第一次。中国电信也发行了《百年山大世纪新篇》储值电话卡纪念册。山东省邮政局专门发行了山东大学百年校庆邮资图案的系列明信片及邮票纪念册和首日封。《与世纪同行》百年校庆电视专题片于 10 月在山东卫视播出，《天南地北山东人》山大校友专集也在校庆前后连续播出。

为了全面广泛地联络和邀请分布在世界各地的校友，学校及全校各单位共寄送 4 万多封慰问信和邀请信，山大百年校庆受到了海内外校友的广泛关注。校庆期间，学校共邀请各级领导、海内外知名校友、社会各界人士 1400 人参加校庆庆祝大会和科技学术等活动，各学院接待校友 2 万多人次。

学校组织了一系列的学术与科技活动，学术、科技活动层次高，参与广泛，影响深远。中英大学校长研讨会、国际大校长论坛、国际管理论坛、企业家论坛、中学校长论坛等活动纷呈。牛津大学、剑桥大学、伦敦大学学院、华盛顿大学等几十多所世界名牌大学和国内知名大学的 40 多位校长参加了校庆活动或学术交流活动。学校各院部、各单位也安排了大量院士论坛等大量的学术交流活动近 100 场次。

山东大学百年校庆书画展自 2001 年 5 月启动，10 月 11 日开展，展出作品 400 余件。作品中既有李铁映、项怀诚等党政军领导和季羡林、路甬祥等科技教育界著名人物的题词，也有启功、沈鹏、欧阳中石、刘炳森等功力深厚、颇具影响的书画大师的艺术佳作。

山东大学百年校庆得到了各级领导的关心和支持。中共中央总书记江泽民为百年校庆题词"团结进取，开拓创新，为把山东大学办成国内外知名的高水平大学而奋斗"。全国人大常委会委员长李鹏的题词"齐鲁大地人才辈出，百年学府再创新章"。李岚清副总理、姜春云副委员长等中央领导或题词或发来贺信。山东省委、省政府和教育部的领导多次分别向学校询问筹备工作情况。省长李春亭、副省长邵桂芳和济南市领导等都在山东大学百年校庆筹备工作报告上作过批示。

为以崭新的面貌迎接百岁生日，学校投资 7000 万元，用于基础设施建设和校园改造整修，项目包括校园基础设施建设，环境建设、后勤保障系统建设和各种会议场所、东校区标准体育场、校前区广场、西校区校门改造等重点项目。

10 月 12 日，大型石刻孔子塑像在山东大学邵逸夫科学落成。13 日，山东大学博物馆开馆暨百年校史展和蒋维崧书法艺术作品展开展。当晚，为庆祝山东大学百年华诞，在历山剧院举办了世界级钢琴演奏家孔祥东钢琴独奏音乐会。

10 月 15 日，山东大学建校 100 周年庆祝大会在东校区体育隆重举行。中

2001 年

10 月

共中央政治局委员、中共山东省委书记吴官正，全国政协副主席、著名科学家、中国科学院院士钱伟长，教育部部长陈至立，财政部部长项怀诚，中共陕西省委书记李建国，江苏省省长季允石，山东省委副书记、省长李春亭，成都军区原政委张志坚上将，山东省政协主席韩喜凯，济南军区副政委尹凤岐中将，著名学者季羡林先生，国家基金委主任、中国科学院院士陈佳洱教授等出席了大会。朱正昌书记宣读江泽民、李鹏为百年山东的题词和李岚清、姜春云及教育部与兄弟院校等的贺电、贺信。中共山东省委副书记、省长李春亭，教育部党组书记、部长陈至立，山东大学校长展涛，国内兄弟院校代表、吉林大学校长刘中树教授，国外友好大学代表、伦敦大学学院校长卢埃林·史密斯，教师代表蒋民华院士，校友代表、财政部部长项怀诚，学生代表等先后作了大会发言。上千名山大校友，国外友好大学代表与数万名山大师生共同出席庆祝大会。15 日晚，“与世纪同歌”校庆文艺晚会在省体育馆举办。晚会及庆典大会由山东卫视直播。

2001 年 10 月 15 日，山东大学百年华诞庆典

通过校庆，全体山大人加深了对学校的了解，感受到三校区深度融合，也扩大了山东大学在海内外的影响力。校庆过后，各单位都作了校庆工作总结。

18 日　“山东大学百年校庆——杨蕙馨教授荣获孙冶方经济科学奖庆祝大会暨学术报告会”在邵逸夫科学馆一楼报告厅举行，300 多名学生参加报告会。

24 日　学校明确：山东大学图书馆实行总馆、分馆的管理体制。总馆下设文理分馆、政法分馆、医学分馆、工学分馆 4 个分馆。

30 日　《名家讲座——卓玛说舞》在邵逸夫科学馆一楼报告厅举行，让山大学子在感受卓玛优美舞姿的同时，更多地引发了同学们对生活、生命和人生的思考。展涛校长和艺术学院的老师参加了报告会。

11 月

3 日　在 2001 年驻济高校田径运动会上，山东大学荣获男女团体第一名。20 名运动员参加了 19 个项目的角逐，取得金牌 19 枚、银牌 12 枚、铜牌 8 枚的成绩，并以 365 分的总成绩夺得冠军奖杯。

5 日　学校制发《山东大学关于整合完善本科专业教学计划的若干意见》，

2001 年

11 月

决定依托山东大学"文史见长"的学科优势，以公共必修课的形式，在全校非文史类的本科生中同时开设"中华民族精神概论"和"中国传统文学修养"两门课程，作为学校文化素质课程的核心和特色课程。山东大学是中国高校最早以"中华民族精神概论"为名开展中华民族精神教育的高校。

6 日　教育部部分直属高校第五次组织工作研讨会在山东大学举行。来自北京大学、清华大学、复旦大学、南京大学、浙江大学、武汉大学、中山大学等 27 所高校分官组织工作的书记和组织部部长共 49 人参加了研讨会。教育部人事司副司长张兰春、山东省委组织部副部长兼老干部局局长董国勋、山东省委高校工委副书记刘凤龙以及教育部人事司高校领导干部处，省委组织部干部四处，省委高校工委干部处、组织统战处的负责同志应邀出席会议。校党委书记朱正昌，校长展涛，党委副书记尹薇出席开幕式，朱正昌书记代表学校致辞。

15 日　卫生部会计学会与齐鲁医院共同举办的"全国医院成本核算研讨交流会议"在齐鲁医院开幕。出席这次会议的代表是来自全国各省级大型综合医院、卫生部直属医院、山东省地市级以上大型综合医院的院长、财务处长等共计 130 余人。会议由齐鲁医院党委书记周日光主持，院长魏奉才向大会致辞。

16 日　山东山大华特科技股份有限公司成立大会，在南校区举行。校党委书记朱正昌、山东省人大常委会副主任王道玉、校长展涛等有关领导出席了成立大会。大会由副校长韩金远主持。山东山大华特科技股份有限公司，是山东大学校办高科技企业——山东工大科苑公司、山东华特实业总公司、山东工大软件公司等，通过与山东声乐股份有限公司资产重组，而成立的高新技术企业，公司注册资金 9033 万元，总资产 3.8 亿元。

21 日　应展涛校长的邀请，济南市政府陶安岭副市长带领市政府、市建委、市规划局等有关部门的领导，来校现场办公，帮助解决学校总体规划和建设中遇到的有关问题。校长展涛，副校长张华、张体勤，校办主任方宏建，基建处处长韩锋等同志陪同参观了校前区喷泉广场，实地考察了新校南院西区改造现场，规划建设综合楼、学生公寓和研发综合楼现场。

27 日　威海市人民政府与山东大学"十五"期间共建山东大学威海分校协议书签字仪式在威海市东山宾馆举行。山东大学校长展涛、威海市委书记孙守璞、市长崔曰臣，分校领导韩金远、李建军等出席了签字仪式。

12 月

1 日　全国人大常委会委员、全国人大环境与资源保护委员会主任委员曲格平教授，应展涛校长之邀，在东区科学会堂作了关于"生态安全"问题的学术报告。报告会由展涛校长主持。展校长代表山东大学向曲教授授予了"山东大学环境工程与科学学院名誉院长及兼职教授"的聘书。曲格平教授偕夫人张昆女士，在展涛校长的陪同下，参观了西校区校园及博物馆。

同日　"刘凤君教授荣获 20 世纪文博考古最佳论著奖庆祝大会暨学术报告会"在东校区邵逸夫科学馆举行。中共山东省委、省政府、省政协、省人大、省文化厅、省公安厅、省文联等近 40 位社会各界的领导和专家莅临大会。

4 日　齐鲁化纤—山东大学功能高分子联合实验室宣告成立。联合实验室主任由化工学院院长姜建壮教授兼任。实验室宗旨是：实行双方共管，优势互

2001 年
12 月

补，人才共享，资源共享，充分发挥山大雄厚的人才资源和齐鲁化纤省内纺织行业龙头作用，围绕市场进行超细材料应用开发并实现产业化。实验室将采取“带课题开发”的方式指导推动技术工作开展。

6 日　中科院院士张嗣瀛教授应邀来校访问，并作了题为《复杂系统，系统科学》的学术报告，介绍了复杂系统和研究复杂系统的主要方法、途径以及他本人最新的研究成果。

14 日　中国第十届奥尼尔戏剧研讨会在山东大学举行。副校长张华教授出席了开幕式并致欢迎辞。来自北京大学、南京大学、四川大学、中央戏剧学院、上海戏剧学院等几十所高校和戏剧研究机构的学者以及山东大学师生 100 余人参加了研讨会。

15 日　2001 年度飞利浦大学生足球联赛山东省选拔赛在南校区落下帷幕，山东大学足球队以全胜的战绩夺得冠军。

17 日　“山东大学高等教育评估中心”成立，以加强学校高等教育评估理论研究，促进高等教育评估工作。高等教育评估中心与高教研究中心一套班子，两块牌子。

20 日　“张运教授当选为中国工程院院士庆祝会”在科学会堂举行。展涛校长代表全校师生对张运院士表示热烈的祝贺，并宣布学校及齐鲁医院对张运院士的奖励措施。庆祝大会由副校长张体勤主持。参加庆祝大会的还有山东省卫生厅厅长王天瑞、教育厅副厅长左敏、人事厅副厅长黄麟英、艾兴院士及部分师生代表。

26 日　山东大学微纳材料中心成立，蒋民华院士和于修平副校长为中心揭牌。蒋民华院士任中心学术委员会主任兼中心组织机构主任。

本年度　完成了东校区化学二楼（7960 平方米）和西区科研综合楼（博物馆，10392 平方米）的建设。东区五宿舍 12 栋住宅（528 户，68000 平方米）、南区 1 号楼高层住宅（103 户，13000 平方米）和 3 号住宅楼先后竣工并交付使用。全年共完成投资 8026 万元，竣工面积 10 万平方米。

2002 年
1 月

4 日　山东省委常委、校党委书记朱正昌在威海市委秘书长邓向阳等的陪同下到威海分校检查工作。

同日　在 2001 年度山东省十大科技成果评选中，山东大学有 4 项成果中选，分别是胡文容等研究完成的“受污染水源杀藻及新兴生物活性滤料处理工艺研究”（列十佳首位），张庆林等研究完成的“脑胶质瘤生物学特性的研究”（列十佳第 3 位），吴佑实等研制完成的“复合型水性聚氨酯树脂及其环保装饰漆的研制”（列十佳第 5 位），马磊等研制完成的“MOS600 多功能读卡一体机”（列十佳第 10 位）。从省科技厅召开的新闻发布会上获悉，材料科学与工程学院的武传松教授当选 2001 年度山东省十佳留学归国科技专家。

同日　香港科技大学生物系学生代表团一行 26 人来校访问交流。

8 日　展涛校长在邵逸夫科学馆贵宾室会见美国芝加哥自然历史博物馆考古部主任费曼及夫人。

2002年

1月

11日　2001年，全国大学生数学建模、电子设计竞赛山东赛区颁奖总结大会在山东大学召开，2000年山东大学共取得了全国一等奖1项、二等奖1项和省级奖8项的成绩。有2名老师获得全国大学生数学建模、电子设计竞赛优秀指导教师称号，有一名老师获得全国大学生数学建模优秀组织工作者称号。

12日　教育部新闻宣传工作总结会在山东大学召开。陈至立部长向会议发来贺信。教育部办公厅副主任康宁、新闻宣传与信息处处长王旭明及20余家新闻媒体的50多名教育新闻宣传工作者代表参加了大会，校长展涛、副书记赵明顺应邀参加了会议。

同日　由政治学与公共管理学院发起举办的“山东省公共管理学科建设研讨会”在东区老校拉开帷幕。山东师范大学、山东经济学院、山东行政学院、济南大学、青岛大学、烟台师范学院等高校相关院系的代表们参加会议，共同探讨新形势下公共管理理论与实践发展的新趋势，专业建设，教学改革及教材建设等问题。

14日　为加强大学生实践基地和创新基地建设，提高大学生的综合素质，经学校研究决定，以山东大学机械厂为依托，成立山东大学工程训练中心，该中心与机械厂实行两块牌子，一套班子。

16日　学校党委通过了《山东大学关于校务公开制度的意见》。校务公开，将增强工作透明度，切实加强对权力运行的民主监督。其基本原则是：依法公开，真实公正，注重实效，有利监督。

17日　2001年度中创奖教金、奖学金颁奖仪式在南校区举行。校长展涛及山东中创软件股份有限公司董事长、总裁景新海先生出席颁奖仪式并讲话。本次颁发的奖学金、奖教金金额总计18万元，其中26位教师荣获科技成果奖，8位教师荣获教学管理奖，25名研究生、60名本科生荣获奖学金。

本月　材料学院赵国群教授获2001年度山东省十佳中青年科技专家称号。

2月

1日　材料科学与工程学院尹衍升教授接受了朱镕基总理颁发的国家发明二等奖证书，并受到了江泽民、朱镕基、胡锦涛、李岚清等党和国家领导人的接见。尹教授等获奖项目是“Fe-AI金属间化合物/陶瓷复合材料研究及其制备工艺”。

8日　教育部批准山东大学增设七年制口腔医学专业。

20日　经中共教育部党组研究并与中共山东省委商得一致，任命李建军同志为中共山东大学委员会委员、常委、副书记，王琪珑同志为中共山东大学委员会委员、常委；因调动工作，免去徐显明同志的中共山东大学委员会常委、委员职务。

26日　经教育部批准，山东大学新设置8个本科专业：社会体育专业、广告学专业、信息安全专业、材料物理专业、环境科学专业、交通运输专业、生物工程专业、电子商务专业。至此，山东大学共有88个本科专业。新增设专业均自2002年开始招生。

2002年

3月

1日　山东大学大众新闻传播培训中心揭牌仪式在山东省新闻大厦举行。山东大学大众新闻传播培训中心正式成立。

4日　为加强对新区建设工程的组织管理，加速工程建设进度，将新区管理办公室更名为新区建设管理办公室。该办公室仍为正处级单位，编制13人，下设管理科、基建科、保卫科。

11日　为提高宗教·科学与社会问题的研究水平，成立"山东大学宗教、科学与社会问题研究所"。研究所为校属独立科研机构，所长为正处级岗位，编制10人。该所党群关系挂靠历史文化学院。

13日　为加强心血管病学科的建设和发展，成立山东大学心血管病研究中心，隶属齐鲁医院，张运院士任中心主任。

同日　山东大学网络信息安全研究所为校属独立科研机构，所长为正处级岗位，编制7人，该所党群关系挂靠数学与系统科学学院。

同日　30余家驻山东新闻媒体记者参加山东大学新闻发布会。展涛校长总结了2001年的主要工作并通报2002年的工作重点和基本思路，张体勤副校长，王琪珑副校长，各相关职能部门的负责人就媒体感兴趣的问题回答记者的提问。

18日　学校成立山东大学临床医学教学工作委员会。李承俊任主任，曹宪忠、徐向艺任副主任。

22日　张体勤副校长会见应教育部邀请来访的吉尔吉斯共和国教育文化部中等与高等教育局长和比什凯克人文大学副校长一行。

同日　应展涛校长邀请，美国圣路易斯华盛顿大学校长马克·瑞顿博士来校访问。朱正昌书记、展涛校长、王琪珑副校长一起会见瑞顿校长，并聘马克·瑞顿博士为山东大学名誉教授。

26日　国防科技大学教授、博士生导师、中国工程院信息与电子工程学院院士陈火旺，被聘为山东大学齐鲁软件学院名誉院长。

27日　为促进环境学科的理论研究和应用开发，加强学校与政府部门和企业的联合，成立山东大学环境科学与工程研究中心，中心挂靠环境科学与工程学院。王文兴院士任主任，高宝玉、马春元、王仁卿任副主任。

同日　学校成立山东大学循证医学研究所，隶属科技处，王洁贞教授任所长；将山东大学高等职业技术教育学院更名为山东大学职业技术学院，其管理体制不变；成立山东大学海洋生物技术研究中心，挂靠生命科学学院，张玉忠任中心主任。

同日　经微生物技术国家重点实验室推荐，学校研究决定，聘任陈冠军教授、许平教授为微生物技术国家重点实验室副主任。

本月　龚瑶琴教授凭借突出的工作成绩和科研成果当选山东省第十二届十大杰出青年，她是本次评出的十大杰出青年中唯一一位来自高等学校的代表。

4月

3日　经学校党委研究决定，将文史哲研究所、古籍整理研究所、民俗研究所合并组建山东大学文史哲研究院。研究院为校属研究实体，正处级建制。

2002年

4月

17日　山东大学人文医学研究中心成立。中心隶属医学院，主任为陈晓阳，副主任为潘芳、曹永福。

18日　山东大学医护双语培训中心成立。中心隶属护理学院，张智奎任主任。

24日　侯万国教授入选教育部跨世纪优秀人才培养计划。

25日　中共山东省委副书记、省长张高丽来校视察工作。省委常委、校党委书记朱正昌等学校领导陪同张高丽一行视察了金融高级人才培养基地、晶体所与晶体研究发展中心和微生物国家重点实验室，分别听取了彭实戈教授、蒋民华院士和曲音波教授的汇报。随后张高丽和学校领导、有关单位负责人及部分专家教授进行了座谈。

本月　化学与化工学院张人杰、生命科学学院张玉忠、医学院马春红、政治学与公共管理学院郇庆治四位教授获得霍英东教育基金会第八届青年教师基金。获资助人数列全国高校首位。

本月　为适应经济建设需要，加快软件领域高层次人才培养，经国务院学位办批准，山东大学首批获准在软件工程领域招收培养软件工程硕士生。

5月

10日　展涛校长在东校区会见并授予应管理学院邀请来校学术访问的世界著名项目管理专家、国际项目管理协会副主席 Adesh Jain 先生“山东大学客座教授”荣誉证书。

13日　学校研究决定成立山东大学考古学研究中心。中心隶属历史文化学院。栾丰实教授任中心主任，方辉教授任中心副主任。

22日　受展涛校长和高能物理研究室的邀请，世界著名物理学家、诺贝尔物理学奖评奖委员会前主席塞西莉亚·雅尔斯考克教授来访，并被聘请为山东大学名誉教授。

26日　山东省高校校园文明建设工作检查评估专家组进驻山东大学，对校园文明建设工作进行为期3天的检查、评估和预审。29日，山东大学以优异成绩通过省校园文明建设评估预审。

28日　童第周先生100周年诞辰纪念日。学校举行多种活动纪念这位世界克隆先驱，缅怀这位山大校友。

本月　管理学院院长、博士生导师赵景华教授凭着对“比较管理学”的深入研究获得第三届教育部“高校青年教师奖”。

6月

13日　为充分发挥病毒学研究的优势，集中力量做好病毒基础研究和应用开发，成立山东大学病毒学研究中心。中心隶属医学院，洪涛院士任中心主任，于修平教授任中心副主任。

14日　经学校研究，调整校学位评定委员会。主席：展涛；副主席：王琪珑、蒋民华、艾兴、张运；成员：于修平、王守元、王克明、刘玉安、陈慎豪、邹增大、孟祥才、孟祥旭、娄红祥、赵仲堂、赵建国、赵景华、贾磊、郭兰敏、高培基、梅良模、傅有德、彭实戈、曾繁仁、臧旭恒。

2002 年

6 月

同日　中国工程院院士、俄罗斯科学院外籍院士、全国政协委员李京文院士受聘为山东大学特聘关键岗位教授以及管理学院名誉院长。

同日　中国工程院院长徐匡迪一行在山东省副省长邵桂芳等的陪同下来校视察工作。

15 日　山东大学文科科研与学科建设工作会议在邵逸夫科学馆会议厅召开。展涛校长、王琪珑副校长、社科处李红处长以及各院系、所等部门负责人及专家学者、教授出席会议。

17 日　经学校研究，决定在公共卫生学院社会医学与卫生管理研究所、山东大学卫生部卫生经济与政策研究重点实验室、山东大学卫生部卫生经济研究所成本测算中心基础上，成立山东大学卫生管理与政策研究中心，直属学校管理；成立山东大学金融研究院，挂靠数学与系统科学学院，彭实戈教授任院长，陈增敬教授任常务副院长；成立山东大学表面化学工程与电工新材料研究所及山东大学表面化学工程与电工新材料研究中心，挂靠化学与化工学院，黄崇祺院士担任研究所长和研究中心主任。

19 日　山东大学现代物流研究中心成立，中心挂靠控制科学与工程学院。

23 日　教育部批准山东大学增设软件工程第二学士学位专业点，学位授予门类为工学或理学，修业年限为二年。

24 日　由《文学评论》编辑部和山东大学文学与新闻传播学院主办、中国现当代文学学科承办的“中国文学现代转型与文学史重构”大型学术研讨会在山东大学召开。会议汇聚了国内外 30 余所高校及研究机构的学术带头人、资深教授与学术新锐近 80 人，大多属于本学科知名专家。会议由文学院孔范今教授和《文学评论》常务副主编王保生研究员主持。来自香港中文大学、中国社会科学院、北京大学、北京师范大学、中国现代文学馆、武汉大学、等大学的学者在会上作了发言。美国哥伦比亚大学的著名中国文学专家王德威教授在此期间受聘为山东大学客座教授。

7 月

1 日　学校举行东校区理科综合楼封顶仪式。

2 日　山东大学“九五”省级重点学科重点实验室授牌仪式在办公楼会议厅举行。

8 月

9 日　中共教育部党组根据山东省委意见，任命邵桂芳任中共山东大学委员会委员、常委、书记；因工作变动，朱正昌不再担任中央山东大学委员会书记常委、委员职务。

15 日　学校在邵逸夫科学馆报告厅召集全校中层以上干部会议，听取传达教育部党组关于朱正昌离任、邵桂芳继任山东大学党委书记的通知。主席台上就座的有教育部党组副书记、副部长周济，山东省委副书记王修智，山东省委常委、山东省委宣传部部长、原山东大学党委书记朱正昌，山东省副省长继任山东大学党委书记邵桂芳，教育部人事司副司长张兰春，山东省委组织部副部长贺可存，山东省高校工委书记、教育厅厅长齐涛，校长展涛。教育部及省委、省政府有关部门负责人也出席了会议。会议由展涛校长主持。周济代表中共教育

2002 年

8 月

部党组宣读了关于邵桂芳、朱正昌职务任免的通知并发表重要讲话。王修智、朱正昌、邵桂芳也先后发表讲话。会后，周济副部长一行在邵桂芳书记、展涛校长等领导的陪同下，先后到西校区、先进制造技术实验室、山大齐鲁软件学院、富晶晶体研究发展中心等地进行视察。

30 日　校长展涛应邀赴日本出席“世界青年十杰”（TOYP）活动，并与世界杰出青年代表一起在日本东京皇居受到了明仁天皇夫妇的接见；访问山东大学在东京的友好学校早稻田大学等著名高校，就拓展山东大学与日本高校的交流与合作展开工作。

本月　化学与化工学院王宝山博士的学位论文《多通道化学反应的机理和动力学研究》（指导教师：顾月姝教授）、机械工程学院赵军博士的学位论文《新型梯度功能陶瓷刀具材料的设计制造及其切削性能研究》（指导教师：艾兴院士）、材料科学与工程学院史伟博士的学位论文《极化聚合物薄膜线性电光、二阶非线性以及电光聚合物波导开关的研究》（指导教师：房昌水教授）三篇博士论文被评为“全国优秀博士学位论文”。

9 月

8 日　由姜生教授主持的国家重点项目《中国道教科学技术史》第一卷“汉魏两晋卷”首发式在东校区举行。第二届中国道教科学技术史学术研讨会同时开幕。展涛校长到会讲话并向嘉宾赠书。来自海峡两岸暨香港宗教研究会领域的近 50 名专家学者参加了会议。多卷本《中国道教科学技术史》是国家哲学社会科学“九五”规划重点项目、教育部“跨世纪优秀人才培养计划”暨人文社会科学“九五”规划重点项目、国家“高等学校优秀青年教师教学科研奖励计划”项目。《中国道教科学技术史》（汉魏两晋卷）是第一部系统阐述道教学术思想中科学理论和科学技术的大型著作，它是由数十名海内外知名学者共同编撰而成的，主编为我校宗教、科学与社会问题研究所所长姜生教授和汤伟侠教授。我国科学史界权威席泽宗院士把该书与李约瑟的《中国科学技术史》和卢嘉锡主编的《中国科学技术史》评价为“三箭齐发，成果辉煌”。

23 日　经学校研究决定，调整山东大学岗位聘任委员会。主任委员：展涛；副主任委员：蒋民华、艾兴、张运、尹薇、张体勤；委员：于修平、尹薇、王琪珑、艾兴、李红、张运、张体勤、赵国群、胡家臣、徐向艺、展涛、龚瑶琴、傅有德、彭实戈、蒋民华。

26 日　齐鲁医院妇产科生殖中心张慧琴教授承担的教育部留学回国人员科研启动基金课题“采用辅助生殖技术患者子宫与卵巢动脉血流动力学与围产结局研究”通过了教育部组织的技术鉴定。经鉴定委员会专家评审，该项研究成果达到国内领先水平。

同日　山东大学齐鲁软件学院落成暨开学典礼举行。邵桂芳代表省政府和山东大学讲话。济南市高新区管委会书记、管委会主任、山东大学齐鲁软件学院董事局执行主席王世敦宣读了谢玉堂市长的贺信；国家外专局党组成员、培训司司长孙昭华宣读了国家外专局同意在山东大学齐鲁软件学院组建“国家软件人才国际培训（济南）基地”的批复；山东省科技厅副厅长王家利宣读了建立“山东省高性能计算中心”的批复；IBM 中国有限公司副总裁范宇宣读了共建

2002 年

9 月

"山东大学 IBM 软件人才培训基地"的协议。

同日　98 岁的老校友臧克家向母校山东大学图书馆赠书 3312 册。赠书仪式在东区新校图书馆举行。臧克家长子、哲学与社会发展学院教授臧乐源代表父亲向母校赠书并从张体勤副校长手中接过了捐赠证书。

本月　教育部、国家计委批准山东大学建立"国家生命科学与技术人才培养基地"。

本月　自本学期起，三校区图书实现通借通还。

10 月

6 日　学校确定每年的 10 月 5 日、6 日、7 日为"山东大学校友返校日"。今年是学校举行首次校友返校欢迎会。

8 日　在韩国釜山的田径赛场上，山东大学新闻系 2000 级学生、中国亚运代表团田径选手邢慧娜在女子 10000 米决赛中获得铜牌。

11 日　校领导接待日制度首次实施。校领导接待日制度是学校推出的一项新举措，其具体实施方式为每周五下午 2 点到 5 点，在东校区办公楼第二会议室，校领导轮流值班，接待来访群众。校领导接待日制度的建立，是学校领导密切联系群众的一条重要渠道和途径，是贯彻落实"三个代表"重要思想的具体体现，也是做好学校信访工作的一项重要举措，对学校的稳定和发展将起到重要作用。

12 日　"21 世纪亚太地区发展问题"国际学术研讨会在邵逸夫科学馆举行。研讨会由山东大学亚洲太平洋研究所、韩国昌原大学社会科学研究所和俄罗斯科学院东方文化研究所共同主办。来自中、俄、韩、日、英、澳等国的 60 余名专家、学者及相关研究人员参加研讨会。

14 日　经学校研究决定，成立山东大学鲁南天然药物研究院和山东大学鲁南超临界流体技术研究所，前者隶属药学院，娄红祥教授任院长，后者隶属机械工程学院，王威强教授任所长。

同日　学校成立山东大学校务公开工作领导小组办公室，办公室主任由校工会常务副主席李光合兼任。

16 日　《山东大学和美国纽约州立大学布罗克堡分校学术交流备忘录》及附件签字仪式在邵逸夫科学馆举行。

19 日　山东大学历史语言研究所成立，并举行学术座谈会。曾获山东大学历史学博士学位和香港理工大学语言学博士学位，并曾任澳门大学中文学院学术委员会主席、香港理工大学中文及双语学系研究员的谭世宝教授担任研究所所长。

20 日　第九届全国胶体与界面化学会议暨傅鹰先生百年诞辰纪念会在邵逸夫科学馆举行。

24 日　经学校研究，决定成立山东大学泌尿外科研究所，挂靠第二医院，郭应禄院士任名誉所长，许纯孝教授任所长。

同日　根据学校的实际情况和国家新闻出版总署有关政策要求，经研究撤销原三个学校的学报建制，成立山东大学学报哲学与社会科学版编辑部和山东大学学报自然科学版编辑部，均为处级建制，在业务上分别接受社科处和科技处指导。

2002 年

10 月

25 日　副校长张体勤和武汉大学副校长李文鑫分别代表双方学校在《山东大学与武汉大学全面合作框架协议》上签字，校长展涛、武汉大学党委书记顾海良、校长侯杰昌等出席签字仪式。这次合作框架协议的主要合作内容包括：双方互聘研究生导师和教授，互聘专家参加博士生论文答辩工作、在部分学科合作进行博士生研究生毕业论文“双盲评审”、交换培养师资，分别设立“著名学者论坛”并实现定期的知名学者互访，互派学生到对方修课并相互承认学分，进行研究生交换培养，实现科研条件共享，在优势学科领域内开展合作研究，联合举办高水平会议，实现图书资源共享等。另外，双方还将在学生工作、校园文化交流和教学、科研、人事分配制度、后勤社会化改革、校内管理体制改革等方面开展合作和交流，共同探讨需要解决的问题。

27 日　山东大学“十五”“211 工程”建设项目通过教育部专家组的立项审核。国家“十五”“211 工程”建设阶段，学校重组、重选重点建设 10 个交叉、联合学科群点。

30 日　于修平副校长在邵逸夫科学馆贵宾室会见了来访的美国俄亥俄大学校长罗伯特·格利登博士一行 6 人。

同日　第三届“挑战杯”天堂硅谷中国大学生创业计划竞赛终审决赛落幕。山东大学申报的 3 件作品全部获奖，夺得金、银、铜奖各一项，总成绩与北京大学等高校并列前 6 强，并荣获高校优秀组织奖。

11 月

1 日　聘任雷廷权院士为兼职特聘教授仪式在现代教育技术中心举行。雷廷权现为中国工程院院士、中国热处理学会理事长、哈尔滨工业大学教授。仪式后，雷院士就“钢的回火脆性新机制”作了 90 分钟的专题学术报告，并和来自材料科学专业的有关专家就报告内容进行了进一步的探讨。

4 日　山东大学与浪潮集团全面合作协议签字仪式在山东大学举行。

2002 年 11 月 4 日，山东大学与浪潮集团全面合作协议签字仪式在山东大学举行

7 日　教育部副部长张保庆在校党委书记邵桂芳、副书记赵明顺等人的陪同下，视察了山东大学。

2002年

11月

11日　中国科学社会主义学会会长、全国政协委员、中共中央党校和国家行政学院教授、博士生导师赵曜受聘为威海分校兼职教授。

12日　医学院免疫学研究所孙汶生教授等承担的“多种反义核酸联合靶向肝癌细胞防治HBV感染后肝癌”课题，由省教育厅、省卫生厅主持进行了科学技术成果鉴定。经专家综合评定，认为该课题选题先进，创新性强，不仅在理论上提出了一些新见解，而且有些科研成果具有很好的开发前景。该研究已达到相关领域国际先进水平。

13日　经学校组织专家论证和学校本科专业设置评议委员会讨论通过，决定2002年增设金融工程、物流工程、材料化学、医学影像学和保险学五个本科专业。

24日　纪念著名校友罗荣桓元帅100周年诞辰演讲朗诵会，在邵逸夫科学馆举行。25日，纪念罗荣桓元帅100周年诞辰图片展在东校区图书馆举行。展涛、张体勤、尹薇、李承俊、韩金远、刘珂、胡家臣等学校领导出席了开幕仪式。

25日　展涛校长与厦门大学校长陈传鸿分别代表双方学校在《山东大学与厦门大学校际合作协议》上签字。本次合作协议包括师资共享、人才培养、科研合作、图书馆资源共享、学生工作和校园文化交流、学校改革发展重大举措的合作交流等七个方面的内容。按照协议规定，今后双方将互派教师、互派学生、互派干部，到对方执教、讲学、进修、学习或挂职锻炼，学生到对方学校修课，双方互相承认学分；两校的图书馆、实验室相互开放，互通学术信息，开展合作研究，就共同关注的领域两校将联合申报和承担国家重大研究（项目）课题，联合组建科学研究中心；在学校管理方面，两校将加强信息沟通、交流办学思路、开展合作研究，在相同相似的重大改革举措方面实行联合互动，以求最佳的效益。

2002年11月25日，展涛校长与厦门大学校长陈传鸿签署校际合作协议

2002 年

11 月

本月　生命科学院李越中教授主持完成的“粘细菌资源菌库的建立及其药用开发”和“抗癌新药埃博霉素(Epothilone)产生菌的筛选及发酵合成”项目，近日通过了由省科技厅组织的技术鉴定，两项研究成果均达到国际先进水平。

12 月

10 日　科技部中国科学技术信息研究所正式公布 2001 年度中国科技论文统计结果。山东大学被 SCIE 检索系统收录的科技论文共有 519 篇，总数列全国高校第 8 位；被 EI 检索系统收录论文 304 篇，列全国高校第 11 位；被 ISTP 检索系统收录论文 83 篇，列全国高校第 21 位；有 216 篇国际论文被引用 563 次，列全国高校第 10 位；在国内期刊发表论文 1685 篇，列全国高校第 15 位；国内论文被引用 1564 次，列全国高校第 23 位。长江学者、物理与微电子学院博士生导师胡季帆在 2001 年度共有 10 篇论文被 SCI 收录，在材料类论文作者中排第一位。

12 日　数学院博士生导师仪洪勋教授被授予“山东省职业道德十佳标兵”称号，成为全省高教系统唯一入选者。

13 日　学校决定成立“山东大学将军集团管理研究中心”，徐向艺任中心主任。

20 日　“中美经济学家经济全球化与山东经济发展论坛”在邵逸夫科学馆拉开帷幕。校长展涛、MIIS 费希尔商学院院长 Ernest J. Scalberg 分别代表中美双方在开幕式上致辞。本次论坛是为了纪念中国加入 WTO 一周年，推动山东经济国际化理论与实践问题的深入研究，由山东省对外经济贸易厅、山东大学和美国蒙特雷国际研究学院联合举办的。论坛的主题是企业国际化、全球化与国际商务。

21 日　副校长韩金远代表山东大学向蒙特雷国际研究学院副院长兼 MIIS 费希尔商学院院长 Prof. Ernest J. Scalberg 颁发了山东大学客座教授聘书。

2002 年 12 月 21 日，韩金远副校长向蒙特雷国际研究学院
Prof. Ernest J Scalberg 颁发客座教授聘书

22 日　山东大学与中山大学签署校际合作框架协议。

31 日　陈金钊教授获得 2002 年中国十大青年法学家提名奖、山东省十大中青年法学家荣誉称号，祝茜教授荣获威海市十大杰出青年荣誉称号。

2002 年

12 月

本年　山东大学获教育部科学技术奖 18 项，获奖总数、一等奖总数(7 项)、二等奖总数(11 项)均列全国高校第一位。

2003 年

1 月

12 日　“纪念邓从豪院士学术报告会”在邵逸夫科学馆举行。

14 日　实验畸形学教育部重点实验室揭碑仪式暨科技大会举行。实验畸形学教育部重点实验室是高英茂教授在 2001 年组织相关学科，围绕先天畸形发生机制和预防研究筹建的，2002 年被教育部批准增列为第四批教育部重点实验室。经学校推荐，教育部批准，由中科院院士、军事医学科学院吴祖泽教授任实验室学术委员会主任，长江学者、山东大学医学院医学遗传学研究所所长龚瑶琴教授任实验室主任。

18 日　新山大首届教职工代表大会第一次会议在科学会堂召开。山东省副省长、校党委书记邵桂芳致开幕辞。展涛校长作了题为《创新教育理念，深化教育改革，为建设国内外知名高水平大学而努力奋斗》的学校工作报告，韩金远副校长作学校财务工作情况报告。会议通过了《山东大学教职工代表大会暂行条例》《山东大学教职工代表大会提案暂行规定》。本届教代会 435 名正式代表，22 名特邀代表和 47 名列席代表出席大会。

2003 年 1 月 18 日，新山大首届教职工代表大会第一次会议在科学会堂召开

本月　文艺学专业博士生导师、文艺美学研究中心副主任、《文史哲》杂志主编陈炎教授获第四届教育部“高校青年教师奖”。

本月　山东大学获 2002 年度国家科学技术奖项目：

一等奖：

自然科学奖：数学与系统科学学院袁益让教授等完成的“能源数值模拟的理论和应用”；物理与微电子学院张德恒教授等完成的“氧化物光电薄膜的研究”。

科技进步奖：机械工程学院张进生教授等完成的“石材异型面加工技术与数控成套设备开发”；齐鲁医院孔北华教授等完成的“抗体导向自杀基因治疗卵巢癌的实验研究”；化学与化工学院张长桥教授等完成的“耐蚀高强度钢丝及钢绞线与钢芯铝基合金绞线的系列研制与开发”；能源与动力工程学院程林教授

2003 年

1 月

等完成的“势力集成机组”；材料科学与工程学院赵国群教授等完成的“金属体积成形过程数值模拟与优化技术研究及仿真系统开发与应用”。

二等奖：

自然科学奖：化学与化工学院姜建壮教授等完成的“三明治型稀土酞菁、卟啉类配合物分子功能材料的研制”；齐鲁医院吴欣怡教授等完成的“人工角膜实验研究”。

科技进步奖：山大鲁能有限公司马磊教授等完成的“高速信息采集与电子档案生成系统(DCFGS)”；物理与微电子学院的李玉香教授等完成的“电子工业清洗中 ODS 物质的替代清洗技术”；材料科学与工程学院邹增大教授等完成的“TiC 基耐磨堆焊材料研究”；材料科学与工程学院朱波副教授等完成的“碳纤维复合材料在石油开采中的应用”；齐鲁医院张梅教授等完成的“无创性定量诊断左、右心室收缩与舒张功能的方法学”；医学院胡维诚教授等完成的“我国家族性高脂血症基因突变研究”；二附医院张庆林教授等完成的“脑胶质瘤生物学特性的实验研究”。

技术发明奖：能源与动力工程学院的马春元教授等完成的“双循环流化床烟气悬浮脱硫技术”；材料科学与工程学院吴佑实教授等完成的“核壳结构的水性聚氨酯树脂及其环保漆研制”。

2 月

19 日　山东大学齐鲁医院张运院士作为中国唯一的国际主席团成员，赴美国杜克大学医学中心主持第 18 届国际超声心动图卫星电视学术大会，发表“主动脉瓣狭窄的最佳定量诊断方法”的电视讲座，并现场回答各国专家提出的问题。

25 日　学校印发《山东大学教职工代表大会暂行条例》和《山东大学教职工代表提案工作暂行规定》。

28 日　第二期“恰同学少年”中国杰出青年山大行取得圆满成功。中国青年报社副社长、副总编辑、中央电视台《感动中国》推选委员会委员陈小川，全国十佳青年新闻摄影记者、因拍摄希望工程形象标志摄影作品《大眼睛的小姑娘》闻名全国的著名摄影家解海龙；山东大学教授、博士生导师、《文史哲》主编陈炎三位嘉宾围绕希望工程、青年人的成长成才、道德评价体系的构建以及国际形势和国际关系等热点问题进行了深入探讨。

同日　山东大学有 3 项科技成果获 2002 年度国家科技进步二等奖。程林、孟祥旭教授在北京人民大会堂受到了江泽民、胡锦涛等党和国家领导人的接见。3 个获奖项目分别是“流体诱导振动强化传热技术与弹性管束系列换热设备”“集成化计算机辅助图案设计制版系统”“耐磨奥氏体锰钢化学成分和热加工工艺优化”。

本月　刘建亚、王鹏、徐文远、龚瑶琴 4 位教授获选第五批“长江学者奖励计划”特聘教授，并新增一个“遗传学”特聘教授岗位。

本月　山东大学新增设物流工程、保险学、医学影像学、材料化学 4 个本科专业。同时向教育部申报(备案)了金融工程、电力工程与管理、物流管理、文化产业管理、城市地下空间工程、车辆工程、国际商务等 7 个社会急需专业。

2003 年

3 月

3 日　生命科学学院副院长、博士生导师夏光敏教授荣获“齐鲁巾帼十杰”称号。

同日　由校妇委会、工会主办的校首届“十大女杰”评选活动揭晓。这“十大女杰”是(以姓氏笔画为序):文学院教授、古代文学博士生导师马瑞芳;公共卫生学院教授、博士生导师,“循证医学研究所”所长王洁贞;历史文化学院教授、全国妇联副主席、孔子嫡系七十六代后裔孔令仁;数学与系统科学学院教授、博士生导师刘桂真;医学院教授、博士生导师、山东省生殖医学中心主任陈子江;电气工程学院分党委书记、教授张世敏;材料学院教授张晓玲;生命科学学院副院长、教授、博士生导师夏光敏;医学院教授、博士生导师、医学遗传学研究所所长、长江学者特聘教授龚瑶琴;经济学院院长、教授、博士生导师樊丽明。另外,陈举华、杨蕙馨、周洁、赵彦伟、费利群、徐欣、顾月姝、隋青美、路春美、潘继红等 10 人获得提名。

7 日　学校在科学会堂召开研究生培养工作会议,探讨新形势下如何加强和改进研究生培养工作,纯化学风。校长、校学位评定委员会主席展涛教授在会上指出,学校将进一步改进研究生招生工作,逐步扩大博士生招生规模,稳定硕士生招生规模,适度发展专业学位研究生教育规模,大力调整各学科、专业招生结构;采取有效措施,切实加强研究生培养工作,保证学位授予质量;加强研究生指导教师队伍建设,优化队伍结构。展校长还对纯化学风问题提出了进一步要求。

9 日　日本爱知教育大学、淑德大学师生一行 59 人,来校进行为期 2 周的访学活动。访学团参观了博物馆,并与大学生进行了座谈、交流。

10 日　科技部副部长程津培来校与部分长江学者及理、工、医各科专家教授近 20 人进行座谈,展涛校长、王琪珑副校长以及科技处有关负责人出席了座谈会。

17 日　山东省副省长王军民来校视察工作。山东省副省长、校党委书记邵桂芳、校长展涛陪同参观了晶体材料国家重点实验室、山大富晶晶体材料研发中心、微生物技术国家重点实验室。参观后王军民与校领导进行了座谈。

20 日　山东省委、省政府在南郊宾馆召开省科学技术奖励大会,山东大学有 78 项科技成果获得奖励,其中一等奖 5 项、二等奖 27 项、三等奖 44 项,省科学技术最高奖 1 项、省国际科学技术合作奖 1 项。蒋民华获得首次颁发的全省科学技术最高奖,省委书记张高丽为他颁发奖励证书和 50 万元奖金。首次设置的山东省最高科学技术奖每年授予人数全省不超过 2 名。申报者必须符合两个条件:第一,在当代科学技术前沿取得重大突破或者是在促进科学技术发展中有重大贡献;第二,在科学技术创新、科学技术成果转化和高新技术产业化中,取得重大技术发明、技术创新,创造了巨大经济效益或者社会效益的。

21 日　展涛校长主持召开本学期第二次学术工作协调领导小组会议,议题是研究讨论高层次人才引进政策,筹备召开学校人才队伍与学科建设工作会议等问题。副校长李承俊、于修平、王琪珑等参加了会议。

23 日　展涛校长代表学校分别与宁夏大学、兰州大学签署全面合作协议。迄今为止,山东大学已与国内 5 所高校签署校际全面合作协议。

2003 年

4 月

3 日　学校召开蒋民华院士获山东省科学技术最高奖庆祝大会暨学术报告会。

8 日　化学与化工学院教育部重点实验室胶体与界面化学研究所徐桂英教授主持研究的教育部重点项目“强化采油技术中的超分子体系研究”和应用项目“聚丙烯酰胺/两性表面活性剂超分子体系的研究及其在强化采油技术中的应用”，分别通过了教育部和省科技厅组织的验收与鉴定。

14 日　经学校研究，决定成立山东大学校际合作办公室，设主任 1 人，由井海明兼任，设副主任 1 人(正科级)。

16 日　经学校研究决定，成立“山东大学汉语方言研究中心”，研究中心为直属学校的科研机构，编制为 15 人；在“山东大学犹太文化研究中心”基础上组建“山东大学犹太教与跨宗教研究中心”，研究中心为直属学校的科研机构，编制为 15 人；成立“山东大学中国目录版本学与古籍整理研究中心”，研究中心为直属学校的科研机构，编制为 20 人；在“山东大学考古研究中心”的基础上组建“山东大学东方考古研究中心”，研究中心为直属学校的科研机构，编制为 20 人。

18 日　经学校研究，决定成立山东大学青岛学院，该学院由山东大学与青岛胶南合作建设，院址设在胶南市，是直属学校管理的二级学院。

20 日　山东省政协、省委统战部、省民盟的领导和山东大学师生共祝孔令仁教授执教 50 周年。《孔令仁文集》首发式同时举行。山东省政协副主席王久祜、周鸿兴、朱铭，山东省人大常委会副主任王道玉、墨文川，省委统战部、省教育厅、省妇联、民盟济南市委、山东画报出版社等单位领导，校长展涛等校领导，学校有关职能部门负责人等 130 余人出席会议。

21 日　学校防治“非典”工作进入了全面部署阶段。山东省人大常委会副主任、校党委书记邵桂芳主持召开了第 12 次党政联席会议，专题研究防治非典型肺炎问题。党政联席会议后，学校立即召开防治非典型肺炎工作领导小组第二次会议，展涛校长主持，领导小组全体成员参加会议。“非典”防治工作领导小组组长由展涛担任，赵明顺、刘珂、李建军副书记，张华、李承俊副校长，齐鲁医院魏奉才院长担任副组长。领导小组下设办公室，方宏建任办公室主任，王永平任办公室副主任。办公室设在医院管理处，负责全面协调学校防治“非典”工作。随后，学校召开各单位主要负责人会议，130 余人出席，展涛校长主持。赵明顺副书记传达了省委书记张高丽在全省领导干部会议上的讲话，医管处王永平处长就学校防治“非典”工作预案进行了说明。

同日　山东省教育厅、山东省财政厅同意山东大学继续为山东省委托培养博士、硕士研究生共 700 名，学生毕业后全部在山东省安排工作。

28 日　医学院医学遗传研究所主任、博士生导师、“长江学者奖励计划”特聘教授龚瑶琴被授予“山东省先进工作者”荣誉称号。

本月　法学院刘士国、肖金明、谢晖和威海分校陈金钊等 4 位教授入选 2002 年“山东省优秀中青年法学家”，全省共有 10 人入选；法学院刘宝玉教授获“山东省优秀中青年法学家提名奖”。

2003年

4月

本月　由山东大学考古所、市考古所等单位组成的考古队在济南大辛庄遗址的考古发掘中首次发现了商代甲骨文。来自全国考古界的权威人士一致认为，这是殷墟以外首次发现的商代卜辞。

5月

3日　展涛校长获“中国青年五四奖章”。“中国青年五四奖章”是团中央、国青联授予青年的最高荣誉。

6日　学校再次召开全校范围的“非典”防治工作会议。各部门200多名负责人参加了会议。大会由校党委副书记赵明顺主持。

16日　展涛校长接受中央电视台《东方之子》栏目的采访，在长达2个多小时的采访中，展校长畅谈了山东大学的办学理念，并对山东大学的未来作了展望。

26日　展涛校长主持召开山东大学文化建设领导小组第一次会议，讨论通过《山东大学关于加强文化建设工作的意见》，标志着山东大学文化建设项目正式启动。会议决定成立山东大学文化建设工作领导小组，展涛校长任组长，赵明顺副书记任副组长，刘珂副书记，张华、李承俊、王琪珑副校长，校长办公室主任方宏建，党委宣传部部长周洁等同志为小组成员。会议同意文化建设领导小组办公室关于大学文化建设“五大系统七个项目”的规划。五大系统包括教育理念系统、形象标识与对外宣传系统、行为规范与文化素质教育系统、校园科技文化活动系统、校园环境建设系统。针对五大系统的不同内涵和具体要求，成立教育理念、形象与外宣、素质教育、机关作风、学术规范与学风、科技文化与学生行为规范、校园环境等七个项目组。

本月　化学与化工学院董谦博士的学位论文《毛细管电泳/安培检测生物物质及单细胞分析》(导师:金文睿教授)、材料科学与工程学院王莜梅博士的学位论文《电荷转移的对称性与分子的双光子吸收/辐射(荧光、激射)性能关系的研究》(导师:蒋民华教授)被评为2003年全国优秀博士学位论文。

本月　山东大学团委书记韩明涛荣获“全国优秀共青团干部”荣誉称号。

6月

5日　两院院士，全国政协原副主席、国务委员兼国家科委主任、中国工程院院长宋健偕夫人王雨生，在山东省政协副主席、省委统战部部长王久祜，省人大常委会副主任、山东大学党委书记邵桂芳，校长展涛，副校长李承俊、王琪珑等同志的陪同下，视察了山东大学，参观了位于西区的学校博物馆并为控制科学与工程学院揭牌。学院院名是由宋健题写的。

6日　华岗校长铜像揭幕仪式在东校区新校举行，拉开了华岗校长百年诞辰系列纪念活动的序幕。学校为了纪念华岗校长100周年诞辰，决定成立华岗百年诞辰纪念活动领导小组，展涛校长任组长，赵明顺副书记、王琪珑副校长任副组长，成员为校长办公室、宣传部、社科处、档案馆等相关单位主要负责人组成。纪念活动领导小组先后两次召开会议，确定举办了一系列活动：(一)举行华岗同志百年诞辰纪念大会暨学术思想研讨会；(二)在校园内为华岗校长塑像；(三)在《中国教育报》刊发题为《华岗与山东大学》的文章，在《光明日报》刊题为《华岗与山东大学文史哲的发展》的文章，并在其他媒体进行相关宣传；

2003 年

6 月

(四)由《文史哲》杂志和《山东大学学报》采访、组稿，刊发关于纪念华岗的文章；(五)出版《华岗同志百年诞辰纪念文集》；(六)举办华岗生平事迹展览；(七)拍摄纪念华岗100周年诞辰专题电视片；(八)设立华岗文史哲学科奖励基金。

8日　学校举行华岗校长100周年诞辰纪念大会。由山东电视台和山东大学联合摄制的长达35分钟的《可酬热血换文章》专题片，拉开了纪念大会的序幕。省委常委、宣传部部长朱正昌，省委高校工委书记、省教育厅厅长齐涛等出席会议。学校领导，老领导、老教师代表，各院(部)、校部机关各部门、直属单位主要负责人，华岗校长的亲属，学生代表等参加了纪念大会。会议由校党委书记邵桂芳主持。会上，党委副书记赵明顺宣读了中共中央政治局原常委宋平给纪念大会的亲笔信，宣读了全国人大原常委会副委员长、民盟中央名誉主席、华岗研究学会顾问费孝通先生为华岗百年诞辰的题词："革命战士，学界楷模"。

18日　山东大学与首都医科大学合作框架协议签署仪式在邵逸夫科学馆第一会议室举行。

7 月

4日　山东大学与宁夏医学院签署校际合作协议。

7日　学校召开动员大会，全面部署公开选拔副校长工作。校党委书记邵桂芳、校长展涛在会上作了讲话。尹薇副书记就选拔工作进行了具体说明和安排。学校领导、老领导、机关及直属单位和院部主要负责人、教师代表、民主党派代表、离退休职工代表、知名专家等近200人参加动员大会。威海分校校、处级以上干部在威海分校分会场同时收看会议实况。学校报纸、电台、电视台、网络等媒体集中进行了宣传报道。此前，学校通过各种媒体在全校发布了《山东大学公开选拔副校长公告》，公布选拔副校长职数、条件、资格、方法、程序等。经过个人自愿报名，组织资格审查，21人参加了笔试。经过笔试选拔后，有14位候选人进入面试范围。15日，校长展涛主持面试。面试分述职、演讲和答辩三个部分，按抽签顺序进行，每人30分钟。21日，学校党委常委会进行讨论，一致同意樊丽明、方宏建、张永兵为副校长拟任人选，并在全校范围内予以公示，公示期为10天。

9 月

1日　2003级新生开学典礼在山东省体育馆举行。邵桂芳书记、展涛校长等校领导和各学院(部)、部门主要负责同志出席典礼。本年度共招收新生11200余人，其中本科生6600余人，研究生3800余人，高职生800余人(不含威海分校)。

4日　韩国驻华大使金夏中来校访问，展涛等校领导在邵逸夫科学馆第三会议厅会见了大使一行。

6日　2002～2003飞利浦中国大学生足球联赛东区区域决赛在西校区体育场开幕。教育部、中国大体协、省教育厅的领导出席了开幕式。展涛校长等领导宣布2002～2003"飞利浦"中国大学生足球联赛东区区域决赛正式开始，并为比赛开球。整个赛事将进行7天。

7日　历史文化学院博士生导师方辉教授，博士生导师、威海分校副校长陈金钊教授荣获第三届"齐鲁晚报杯"山东高校十大优秀教师称号。控制科学与

2003 年

9 月

工程学院博士生导师张承慧教授获提名奖。

9 日　信息功能材料系成立大会暨揭牌仪式在南校区西配楼举行。李承俊副校长和蒋民华院士一起为信息功能材料系揭牌。信息功能材料系系主任、分党委书记及常务主任、副主任分别由王继扬、耿贵立、吴佑实、徐现刚教授等担任。

同日　国务院学位办[2003]99 号批准山东大学为公共管理硕士(MPA)培养单位。

10 日　数学院刘建亚教授荣获首届教育部"高等学校教学名师奖"。

15 日　作为山东大学首批援疆教师,文学与新闻传播学院程相占、外国语学院王新会、数学与系统科学学院赵永强等飞抵喀什。

29 日　经研究并与中共山东省委商得一致,中共教育部党组任命樊丽明、方宏建、张永兵同志为中共山东大学委员会委员、常委,免去张体勤、韩金远同志的中共山东大学委员会常委、委员职务。

本月　学校首次评选出 2003 年度十大教学名师和四十四名青年教学能手。十大教学名师为(排名不分先后):刘建亚、高英茂、栾丰实、傅永军、黄万华、蔡履中、文锋、范爱平、李绍珍、宋其圣。

10 月

3 日　中国杰出的无产阶级革命家,新文化运动的重要代表,著名教育家、文学家、翻译家,山东大学历史上著名的老校长——成仿吾铜像揭幕仪式在东校区举行。党委副书记赵明顺主持揭幕仪式。山东省人大常委会副主任、山东大学党委书记邵桂芳和校长展涛为成仿吾铜像揭幕。师生代表和成仿吾子女亲属等共 300 余人参加揭幕仪式。

成仿吾铜像

7 日　台湾成功大学校长高强博士来校访问讲学。

12 日　山东大学附属中学举行建校 93 周年、复校 20 周年庆典活动。山东省教育厅厅长齐涛,山东大学校长展涛,济南市教育局局长刘元刚,原山东大学党委书记陈之安,山东大学副校长张华、方宏建,省教育厅基教处、市教育局基教处、历下区政府、历下区教育局等有关负责同志和单位,先后分管附中的山大有关校领导、附中有关负责人,兄弟学校、友好单位的负责人以及附中历届校友、在校师生代表 1200 多人参加了庆典大会。

13 日　学校公布校行政领导班子成员工作分工情况:张华副校长分管基建、南外环新区建设工作,分管基建处、新区建设管理办公室等部门;李承俊副校长分管医院管理工作,协助展涛校长分管计划财务工作,分管医院管理处、计划财务处等工作;于修平副校长分管外事、网络工作,分管国际合作交流处、国际教育学院、网络现代教育技术中心等部门、单位;王琪珑副校长分管科研、研究生教育、学科建设工作,分管科技处、社科处、研究生院等部门;樊丽明副校长分管本科教学、继续教育、网络教育工作,分管教务处、继续教育学院、高等职业技术学院、网络教育学院、高教研究中心、图书馆等部门、单位;方宏建副校长分管行政管理、后勤工作,分管校长办公室、信息化办公室、后勤处、后勤集团、校友会办公室、档案馆、博物馆等部门、单位;张永兵副校长分管资产、产业、审计工作,分管资产处、审计处、产业处、产业集团;刘珂副书记协助展涛校长分管人事工作,分管人事处;娄红祥校长助理分管改革与发展研究室;协助王琪珑副校长分管研究生教育和学科建设，兼任学科建设办公室主任。

2003 年

10 月

14 日　展涛校长在东校区邵逸夫科学馆会见了诺贝尔评委会委员、诺贝尔基金会副理事、瑞典卡罗林斯卡医学院终身教授 Anders Zetterberg，双方就两校在医学领域的合作交换了意见。

15 日　学校举行"华岗学术思想研讨会"。中共中央文献研究室、中国史学会、中国社会科学院、中央编译局的著名专家金冲及、庞朴、李文海、丁伟志、杨金海等以及高等院校、有关研究机构的学者共 50 余人参加了会议。

17 日　学校出台《山东大学校园网络安全管理暂行办法》。

18 日　展涛校长在邵逸夫科学馆第三会议室会见到访的澳大利亚乐卓博大学校长麦克尔·奥斯本教授一行，并和奥斯本校长共同签署了山东大学和拉筹普大学卫生管理培训和研究合作协议书。

20 日　教育部副部长吴启迪、教育部高教司副司长田勇泉、卫生部疾控司副司长于竟进等，在山东省副省长王军民、山东省人大常委会副主任、校党委书记邵桂芳、山东省教育厅厅长齐涛、山东省卫生厅厅长王天瑞、省政府办公厅副主任刘俭朴等陪同下，对山东大学防非典工作进行检查、部署，并就学校发展方面听取了学校领导的工作汇报

27 日　校领导接受第一届教职工代表大会主席团质询。质询会上，职工代表现场提问，学校领导当场答复。

11 月

3 日　经学校研究决定，成立山东大学环境研究院和山东大学可持续发展研究中心，研究院和与研究中心工作各有侧重。研究院和研究中心是学校直属的科研和研究生培养的独立实体机构。研究院和研究中心在岗位设置及职务评聘、研究生教育、科研等学术工作中计划单列。环境研究院：名誉院长：张凯；院长：王文兴；副院长：高宝玉、马春元、王仁卿、侯万国、刘春博（常务）。可持续发展研究中心：名誉主任：王文兴；主任：张凯；副主任：马春元。

7 日　中国共产党党员、原山东工业大学党委书记郭锐同志，于 2003 年 11 月 7 日在济南逝世，享年 89 岁。

12 日　教育部批准，侯万国为胶体与界面化学教育部重点实验室主任，任期至 2008 年 10 月。

14 日　在韩国汉城举行的亚洲晶体生长和晶体协会理事会上，蒋民华院士当选为该协会主席，并出任第三届亚洲晶体生长与技术会议主席。

22 日　山大鲁能信息科技有限公司的《烟叶综合管理系统》《基础教育信息管理系统》两项科研成果通过省级鉴定。

28 日　以山东省档案局副局长杨重光为组长的全省档案工作年终检查专家组来到山东大学，在校党委副书记赵明顺的陪同下，对山东大学档案工作进行年检。通过检查、综合评议，给山东大学档案工作评定为 98 分，这是全省高校档案工作的最高分。

29 日　应武汉大学党委书记顾海良教授、校长刘京南院士邀请，展涛校长作为嘉宾出席武汉大学建校 110 周年庆典，并在"校长论坛"用英语以"国内大学的校际合作"为题作了演讲。访问期间，展涛看望了在武汉大学交流访学的学生。

2003 年

11 月

本月　人事部批准山东大学增设哲学、历史学等 6 个博士后科研流动站。至此，山东大学已有博士后科研流动站 15 个。

12 月

6 日　台湾世新大学校长牟宗灿来校访问。

11 日　学校出台《山东大学关于加强依法治校工作的意见》。

12 日　由文学与新闻传播学院、山东教育出版社联合举办的“中国文学精神暨文学史理论与实践研讨会”在山东大学召开。来自全国的文学史研究方面的知名学者聚集一堂，探寻中国文学精神，为中国文史研究把脉。

13 日　山东大学与山东省政府调查研究室、山东省外经贸厅在山东大厦国际会议厅联合举办了“中国入世两周年暨国际经济合作与山东发展高层论坛”。展涛校长主持开幕式。

15 日　在山东大厦，山东大学法学院常务副院长肖金明、国际法研究所所长孙新强接过了山东省常务副省长林廷生颁发的山东省人民政府法制咨询委员聘书，和来自中国政法大学、清华大学、国家行政学院、中国社会科学院等大学和研究机构的 8 位知名法学专家、学者一起，成为为期 5 年的山东省人民政府首届法制咨询委员会顾问和委员。

31 日　李承俊副校长与天津大学郁道银副校长分别代表各自学校签署了山东大学—天津大学全面合作协议。这是继山东大学与武汉大学、中山大学、厦门大学、兰州大学、吉林大学等名校进行全面合作的基础上，首次与以理工科为办学特色的国内名校进行全面合作。

本月　获教育部批准，山东大学被确认为教育部部级科技查新工作站。

本月　山东大学刘均海、王广春、张承慧、黄发有、黄传真、李晓燕入选 2003 年度“优秀青年教师资助计划”名单。

截至 2003 年 12 月，山东大学累计完成工程建筑面积达 56806 平方米，完成总投资约 10680 万元。

2004 年

1 月

14 日　为加强学校对特种设备安全保障与评价的研究，提高特种设备安全技术水平和管理水平，更好地服务于社会，经学校研究，决定成立山东大学特种设备安全保障与评价研究中心，中心挂靠机械工程学院，王威强教授任主任。

同日　为进一步提高山东大学机器人及相关技术的整体研究水平，便于对外开展工作和大学生机器人创新活动的开展，经学校研究，决定成立山东大学机器人研究中心，中心挂靠控制科学与工程学院，李贻斌教授任主任，田新诚副教授、张光先研究员担任副主任。

2 月

4 日　2004 年新学期工作会议在邵逸夫科学馆举行。展涛校长作了题为《担承社会责任，致力学术繁荣》的讲话。校领导及机关各部（处、室）、各院（部）、科研单位及附属医院等的党政主要负责人参加了会议。这是学校中层干部调整后的首次重要会议。

5 日　山东大学老校友、著名诗人臧克家先生因病在北京逝世，终年 99 岁。

9 日　为了加强对 MBA 教育的管理，经学校研究，决定成立山东大学 MBA

2004 年

2 月

教育中心。中心设在管理学院。由徐向艺同志任主任，杨蕙馨任副主任。

11 日　学校举行“服务山东行动方案”工作研讨会。副校长王琪珑，校长助理娄红祥，服务地方工作办公室以及科技处、教务处、控制学院、材料学院等相关学院的主要负责同志参加了本次研讨会。

12 日　展涛校长会见日本山口大学代表团丸本卓哉副校长一行 4 人。国际教育学院宁继鸣院长，国际合作与交流处刘永波处长等相关部门领导参加了座谈。

13 日　由学校团委主办的第七期小树林文化论坛“我的支教生活”在新校小树林举行。校长展涛以及宣传部、研究生工作部、团委等单位负责人出席论坛。

同日　经济学院风险管理与保险学系成立。

16 日　山东大学农业物流研究中心在控制学院成立。

同日　校党委副书记刘珂召集有关部门相关人员召开了学生工作会议。他总结了 2003 年学生工作的成绩，提出了 2004 年学生工作的重点。他表示要在继续确保学生安全与校园稳定、进一步完善工作机制的同时，围绕学生培养的基本目标，就如何强化学生的责任心、提高学生的竞争力和创造力、完善学生的人格和精神，制定切实的措施，认真抓好落实。

19 日　副省长王军民来学校进行工作调研，省教育厅厅长齐涛，省政府办公厅副厅长刘俭朴及省经贸委、省科技厅、省外办的负责人陪同。展涛校长向王军民副省长一行作了工作汇报，介绍了山东大学“服务山东行动方案”中的两个重点项目。

20 日　展涛校长和于修平副校长会见了由艾伦·柯洪副校长率领的康奈尔大学代表团一行，双方就计算机专业 2＋2 联合培养项目的课程描述、学分转换等问题进行了讨论并达成了共识；双方还就人文社科领域和工程领域有关学科在师资培训、博士生联合培养方面开展合作等有关事宜交换了意见，并达成初步合作意向。

同日　“2003 年国家科学技术奖励大会”在北京召开，山东大学有两项成果获得国家科技奖。

23 日　由宣传部主办的山东大学 2004 年春季新闻发布会暨国际合作年启动仪式举行。人民日报、新华社、光明日报、中国教育报、中国青年报、科技日报、大众日报、山东卫视等 30 余家驻济新闻媒体参加新闻发布会。

同日　由校团委主办、山东大学学生科技创业者协会承办的第八届“挑战杯”山东大学学生课外学术科技作品竞赛总结表彰奖励大会，暨第四届“挑战杯”山东大学学生创业计划竞赛大赛培训会在东区新校科学会堂举行。

同日　经济学院臧旭恒教授荣获第十届“孙冶方经济科学奖经济学著作奖”。

24 日　首届一次教代会主席团第五次（扩大）会议在办公楼会议厅举行。学校领导展涛、赵明顺、尹薇、李承俊参加了会议，教代会各代表团副团长及党办校办、宣传部、计财处、基建处等单位负责人列席。

2004 年

2 月

同日　由校团委和文学与新闻传播学院共同主办的“怀念诗翁臧克家”山东大学第8期小树林文化论坛在东区新校小树林举行，展涛校长作为嘉宾参加论坛。

27 日　诺贝尔物理学奖获得者丁肇中教授再度访问山东大学。展涛校长在邵逸夫科学馆贵宾室会见了丁肇中教授一行。访问期间，丁肇中教授分别在邵逸夫科学馆报告厅和山东会堂，作了关于“AMS实验”和“寻找宇宙中最基本的结构”两场报告，并参观了学校的多个实验室；观看了“丁肇中与山东大学”图片展和由校团委主办的欢迎丁教授的专场文艺晚会。29日上午，双方就合作问题进一步深入探讨，山东省副省长王军民、省科技厅副厅长翟鲁宁等参加了会谈。在与会人员充分发表意见的基础上，就山东大学加入AMS项目，双方达成了初步合作意向，丁肇中教授和展涛校长代表双方分别在协议书上签字。

2004年2月27日，诺贝尔物理学奖获得者丁肇中教授再度访问山大

本月　文学与新闻传播学院盛玉麒教授主持完成的“现代汉语网络课程”被评为教育部精品课程，成为首批入选国家精品课程的151门课程之一。

本月　在由团省委、省人事厅等单位联合主办的评选活动中，山东大学钟麦英教授获山东省优秀青年知识分子标兵称号，并被授予省二等功奖励；张金龙教授获“山东省优秀青年知识分子”称号。

本月　山东大学首次组队参加并获国际大学生交叉学科数学建模竞赛(ICM)二等奖；6支队伍参加同期举行的国际大学生数学建模竞赛(MCM)也都取得了三等奖的成绩。

3 月

1 日　教育部批准山东大学新增7个本科专业，分别是金融工程、车辆工程、电子工程与管理、城市地下空间工程、物流管理、国际商务、文化产业管理。2004年开始正式招生。至此，山东大学经教育部批准设置的本科专业达103个。

2004 年
3 月

同日　山东大学文史哲研究院董治安教授和文学与新闻传播学院钱曾怡教授夫妇，应邀访问香港中文大学，作为首批大陆文科学者出任该校 2004 年度“到访杰出学人”。

4 日　展涛校长、樊丽明副校长在邵逸夫科学馆会见了韩国培材大学代表团，并签订了两校间的学术交流协议。

5 日　山东大学“纪念‘三八国际劳动妇女节’暨表彰大会”在邵逸夫科学馆召开，2003 年度评选出的 70 名“三八红旗手”、73 户“五好文明家庭”受到表彰。

10 日　为有效整合学校资源，完成 AMS 国际合作项目，推动山东大学空间热科学学科建设，经学校研究，决定成立山东大学空间热科学研究中心。中心为校属独立科研机构。程林任主任，李康、栾涛任副主任。

11 日　“深化机关作风建设，提高工作效率”动员大会在邵逸夫科学馆报告厅举行，展涛校长到会并讲话。会议由校党委副书记赵明顺主持。方宏建副校长首先传达了《关于增强服务意识，优化运行机制，提高工作效率的意见》。

13 日　德国埃尔朗根-纽伦堡大学 ETG(Elektro Technische Group)学生代表团的 16 名学生来山东大学访学，他们与外国语学院德语系学生进行了交流，并对山东大学的德语教学质量作出很高评价。

15 日　展涛校长在办公室会见了英国著名学者 Richard Swinburne 教授，展校长对 Richard Swinburne 教授的来访表示欢迎，同时还介绍了学校概况、管理、运营等情况。Richard 教授将在哲学与社会发展学院开展四次以“宗教哲学”为专题的讲座。

16 日　海外校友学术访问团一行 16 人访问母校。学校举行海外校友学术访问团回母校座谈会，于修平副校长主持，展涛校长致欢迎词。16 位校友分别做客“恰同学少年”——中国杰出青年论坛和“科学畅想曲”学术报告会。学校聘请 16 名海外校友为客座教授。

18 日　学校召开“山东大学人才培养基地建设暨高层次人才培养工作会议”。樊丽明副校长主持会议，展涛校长出席会议并讲话。展涛校长在讲话中强调：首先，我们对基地建设的定位和发展目标要有一个观念上的转变，要从加强和保护基础学科人才培养转变到探索人才培养模式，培养高质量、高水平的人才。其次，探索人才培养模式旨在培养高质量、高水平的人才；要把新思路应用于基地建设试验田上。第三，要充分发挥人才培养基地的示范作用。第四，本次基地研讨会议是对本科教学的一个辐射，要认真总结经验和教训，提出新的思路。教务处处长王仁卿作了题为《建设高水平的人才培养基地，培养高层次的创新人才》的基地建设工作报告。

19 日　“985 工程”二期科技创新平台建设规划动员会在东校区邵逸夫科学馆举行，校长助理娄红祥主持会议。王琪珑副校长分析了学校现有科研资源，并对如何以学校现有科研基地为基础把全校资源进行整合、提升组建成国家实验室、国家重点实验室、教育部重点实验室等研究平台提出了指导性建议，同时要求各相关学院高度重视“985 工程”二期规划工作，要抓住机遇，整合资源，构建大平台，组建大团队，承担大项目，产出大成果，加快科技创新体系和创新能力建设，为建设国内外知名的高水平研究型大学奠定扎实基础。

2004 年

3 月

同日　樊丽明副校长率团对淄博市和潍坊市潍城区进行工作访问，调查研究并推动建立校地合作关系，落实《山东大学服务山东行动方案》。

20 日　展涛校长与力诺集团总裁高元坤在济南力诺集团总部签署校企合作框架协议，标志着山东大学与以力诺集团为代表的优秀民营企业的合作进入了一个崭新阶段。

22 日　于修平副校长会见来山东大学访学的美国著名商法专家、西北大学斯伯戴尔教授及其夫人，并聘请斯伯戴尔为山东大学客座教授。斯伯戴尔教授还为师生作了题为《美国统一商法典：历史回顾与目前修订》《联合国国际货物买卖公约》的报告。

23 日　山东大学学生国际交流协会在邵逸夫科学馆成立。展涛校长出任名誉会长并致贺词。

25 日　展涛校长率团访问哈尔滨工业大学和吉林大学。在哈尔滨工业大学，展涛校长与王树国校长共同签署了《山东大学—哈尔滨工业大学校际合作框架协议》。在吉林大学，展涛校长与吉林大学吴博达校长举行了校际合作工作会谈，并研究确定了两校 2004 年校际合作的重点及相关内容。

29 日　展涛校长会见了日本大东文化大学教授、著名的中国学研究专家原孝治和池田知久先生，并为他们颁发了“山东大学客座教授”证书。

30 日　展涛校长会见了美国加州大学圣·克鲁兹分校经济系张旺贤博士，并为他颁发了“山东大学客座教授”证书。张旺贤博士在山东大学进行为期两周的讲学活动。

本月　材料学院吴佑实教授主持完成的“三层核壳结构型水性聚氨酯的合成技术及其环保漆研制”成果获得 2003 年国家科技进步二等奖。

本月　山东大学有 19 项成果获 2003 年度教育部提名国家科技奖，其中一等奖 8 项，二等奖 11 项，获奖总数列全国高校第一名。在获奖的项目中，自然科学奖一等奖 2 项；二等奖 4 项；技术发明奖一等奖 1 项；科技进步奖一等奖 5 项，二等奖 7 项。另外，经教育部科技发展中心推荐，有 3 项成果通过教育部申报 2004 年度国家级科学奖。

本月　山东大学有 3 项科研项目获霍英东教育基金第九届高等院校青年教师基金资助。分别是机械工程学院刘战强教授申请的“高速切削加工的协同增强建模与仿真技术”、数学与系统科学学院吴臻教授申请的“随机控制理论和微分对策理论及其应用”、医学院卞继峰教授申请的“一种 HPV 依赖性增殖腺病毒的研制及杀伤瘤细胞的研究”。

4 月

2 日　山东大学新一届学术委员会成立大会暨 2004 年第一次全体会议召开。校长展涛，副校长于修平、王琪珑、樊丽明，校长助理娄红祥出席了会议，校学术委员会委员、各有关职能部门负责人参加了本次会议。会议确定了学校新一届学术委员会委员名单，审议了校学部委员会名单，并选举产生了学校新一届学术委员会副主任和常务委员会委员，审议通过了《山东大学学术委员会章程》。学校学术委员会是专家学者代表组成的学术评议、审议和学术决策咨询机构，是发扬学术民主、保障学校学术决策规范科学的组织。学术委员会分为

2004 年

4 月

三级：校学术委员会、学部委员会、基层单位学术委员会。

3 日　“淄博·山东大学学生就业实践基地”授牌仪式在淄博高新区管委会多功能会议厅举行。

同日　由山东大学医学院承办的中华医学会第八次全国病理学学术大会在济南南郊宾馆举行。共有 630 多位国内外病理学者参加了大会。展涛校长出席了开幕式并作了讲话。

4 日　大学文化建设项目组工作会议召开。文化建设工作领导小组组长，校党委副书记赵明顺主持会议。

8 日　第一届教职工代表大会第二次会议开幕。大会秘书长尹薇主持会议。出席预备会议的代表 392 人，符合规定人数，会议通过了主席团成员调整名单和大会议题，表决通过了《山东大学教职工代表大会表决办法》。展涛校长在大会上作了题为《求真务实，开放创新，实现学校整体学术实力的提升》的工作报告。李承俊副校长在会上作了《关于学校 2003 年财务预算执行情况和 2004 年财务预算方案的报告》。

同日　首届潘承洞奖学金暨数学与系统科学学院首届基地班奖学金颁发仪式举行。

12 日　由中国日报社和上海外研社联合举办的第九届全国大学生英语演讲比赛上，来自全国各大高校的 33 名选手参加了比赛。山东大学历史文化学院 2001 级世界史专业的苗婧同学在决赛中赢得一等奖。

同日　教育部批准山东大学正式建立研究生院。

同日　经学校研究，决定在服务地方工作办公室、校际合作办公室的基础上成立山东大学国内合作办公室。

15 日　展涛校长在邵逸夫科学馆报告厅主持召开山东大学本科教学工作水平评估动员大会，副校长樊丽明、方宏建出席会议。

同日　学校下发《山东大学关于举办暑期学校的若干意见》“暑期学校”是学校教育创新行动的重要举措之一。“暑期学校”是指充分利用暑期时间为广大在校学生(研究生和本科生)开展丰富多彩的教育教学活动，为学生创造更多学习知识和参与社会实践活动的机会。“暑期学校”的实施内容：(1)暑期英语学校；(2)暑期素质拓展学校；(3)暑期实践创新学校；(4)暑期数学学校；(5)暑期网络学校；(6)暑期海外访学交流。

19 日　为进一步加强国内外合作，更好地开展 PLM 研究，经学校研究，决定成立山东大学产品生命周期管理(PLM)技术研究中心。中心挂靠机械工程学院。李兆前任主任，高琦任副主任。

24 日　受展涛校长邀请，中国人民大学校长纪宝成教授一行来校进行访问，纪宝成校长为山东大学 MPA 教育中心揭牌。随同纪宝成校长来访的焦国成、黄爱平、杨瑞龙、曾宪义等学者分别在哲社学院、文史哲研究院、经济学院、法学院作了学术报告。

25 日　展涛校长会见来访的英国巴斯大学校长、英国社科院院士格莱尼斯·布洛克威尔一行。

2004 年

4 月

26 日　李承俊副校长率团开始访问澳大利亚昆士兰大学、新南威尔士大学等六所著名高校。

27 日　山东省高性能计算机中心启用仪式在山东大学齐鲁软件学院举行。该中心的成立将对山大网络资源共享、不同学科融合有重大影响，这也是山东大学服务山东行动的重要组成部分，它将对山东省基础学科和应用学科学术水平的提高产生重大战略意义。

29 日　南外环新校区教工住宅奠基并举行开工典礼。工程完成后可以解决 500 多户教职工住房问题。

本月　由山东大学承建的教育部"中国大学生在线"全国高校思想政治教育示范网站的两个共建栏目"学术援助"和"升学援助"顺利完成、测试成功，并上传至中国大学生在线网站系统服务器。

5 月

11 日　山东大学首届"材料科学与工程"人才培养基地班成立大会在南校区举行。

12 日　为加强对依法治校工作的领导，推动依法治校工作的深入开展，经学校研究，决定成立山东大学依法治校工作领导小组。组长：展涛；副组长：赵明顺、尹薇、刘珂、方宏建（常务）；成员：周洁、王明署、韩明涛、张宇、韩锋（人事处）、王仁卿、娄红祥、桑晓旻、王剑敏、韩锋（工会）、曲明军、肖金明、于聪、路晓冰（研究生会主席）、尹磊（学生会主席）；办公室主任：周洁（兼）；办公室副主任：王秀成。

13 日　山东大学分别与山东经济学院、山东工艺美术学院签署联合培养本科学生协议。校长展涛、副校长樊丽明、校长助理娄红祥等出席签字仪式。

14 日　中共山东省委副书记兼济南市委书记姜大明来校视察工作。姜大明一行在校长展涛、副校长王琪珑、方宏建等陪同下先后视察了西校区医学院遗传学实验室和南校区材料学院实验室等，认真听取了科研人员的科研情况介绍。

18 日　作为 2004 年山东省民营企业产学研洽谈会重要活动之一，山东大学服务山东论坛在舜耕山庄举行。展涛校长登临论坛，就山东大学如何服务山东发展、担承社会责任而畅谈。

19 日　樊丽明副校长做客中央电视台《新闻会客厅》栏目，介绍了山东大学依法治校的有关情况。

27 日　山东省委书记、省人大常委会主任张高丽来山东大学调查研究，并在山东大学同部分驻济高校负责人和师生代表进行座谈。

30 日　第三届中国道教科学技术史国际学术研讨会在山东大学举行。

本月　数学与系统科学学院院长刘建亚教授获第八届"山东青年五四奖章"荣誉称号。

本月　山东大学樊丽明、王学典等 21 人入选第二批山东省理论人才"百人工程"，樊丽明、徐向艺、黄少安、王韶兴 4 人的文章（专著）获得省理论人才"百

2004 年

6 月

人工程”优秀成果奖。中共山东省委宣传部为他们颁发了荣誉证书。

本月　经济学院 2000 级本科生蒋雯获“山东高校十大优秀学生”称号。

2 日　山东大学红十字会成立大会暨预防艾滋病宣传教育活动启动仪式在科学会堂举行。山东省副省长、山东省红十字会会长王军民，学校党委副书记赵明顺、副校长李承俊出席会议。

7 日　山东大学赴河南招生宣传组开始在郑州、开封等地开展一系列招生宣传工作。展涛校长在山东大学 2004 年河南招生新闻发布会上发表演讲并先后走访了三所重点中学。

18 日　山东大学同济南市高新技术开发区“科研基础设施与公共实验平台开发使用合作协议”签字仪式在办公楼会议厅举行。副校长张永兵主持签字仪式。

29 日　为加强山东大学预防医学学科建设，在开展职业卫生检测与评价工作方面，促进学校和地方的联系与合作，经学校研究决定，成立山东大学职业卫生检测评价中心，由李杰兼主任，于素芳兼副主任，不单列编制。

同日　经学校研究决定，成立山东大学“985 工程”建设领导小组，领导小组下设工作办公室。组长：展涛；副组长：王琪珑；成员：王琪珑、刘珂、李承俊、邹增大、张永兵、张运、陈炎、娄红祥、展涛、梅良模。

同日　为提升山东大学胶体化学实验室的整体竞争力，推动科技成果的转化，学校研究决定，成立山东大学胶体材料工程技术研究中心，不单列编制。

7 月

1 日　诺贝尔物理学奖获得者丁肇中教授第三次访问山大。

8 日　数学与系统科学学院彭实戈教授荣获 2003 年度山东省最高科学技术奖并从中共山东省委书记、省人大常委会主任张高丽手中接过获奖证书和 50 万元人民币的奖金。

14 日　共青团中央书记处书记杨岳在山东省团委书记陈伟、副书记张光峰等陪同下来到山东大学调研。校党委副书记刘珂、校团委书记曲明军等与杨岳在邵逸夫科学馆会议室进行工作座谈。

17 日　2004 年中国大学生“泰山体育杯”排球赛在西校区体育馆拉开帷幕。教育部体育卫生与艺术司司长杨贵仁，中国大学生排球协会主席、北京航空航天大学党委常务副书记赵平，山东大学校长展涛等出席开幕式。

30 日　学校召开“985 二期工程”启动工作动员会。“985 工程”领导小组、工作办公室成员，各学院有关负责人及部级以上重点实验室主任、教育部社科基地负责人等 100 余人参加了会议，并分组学习了国家中长期发展规划。展涛校长在会上作动员报告。他认为，“985 二期工程”的主要任务可分为管理体制的创新、人才队伍的建设、科技创新平台和哲学社会科学基地的建设、必要的条件支撑和国际交流合作五个方面。

2004年

8月

17日 在美国召开的2004年国际密码学会议上，山东大学王小云教授关于破译MD5、HAVAL-128、MD4和RIPEMD算法的学术报告引起了国际密码界的轰动，与会专家称这是密码界近年来“最具实质性的研究进展”。

26日 新生注册报到的日子。山东大学共录取11886名新生，其中本科生6949人，研究生3915人，专升本550人，高职生472人。今年也是山东大学第一次在东校区新校、东校区老校、西校区、南校区、齐鲁软件学院、南外环新区6个校园同时迎接新生。

28日 在雅典举行的第28届奥运会女子10000米决赛中，山东大学文学与新闻传播学院2000级新闻专业邢慧娜同学以30分24秒36的成绩获得冠军，为中国队夺得本届奥运会的第二枚田径金牌。

9月

1日 经学校研究，决定撤销山东大学医护双语培训中心。

6日 药学院徐文芳教授被授予第三届“全国师德先进个人”称号。

7日 展涛校长、于修平副校长在邵逸夫科学馆贵宾厅会见了来访的日本早稻田大学校长白井克彦一行，双方就两校的合作进行了座谈。

8日 山东省政府办公厅以鲁政办发[2004]79号文件正式转发由山东大学提出《山东大学服务山东行动方案(2004～2007)》，标志着山东大学服务山东项目的全面启动。

11日 为进一步推动山东大学与海信集团的校企合作，依据2003年10月24日双方签订的校企合作协议，经协商一致，决定成立“山东大学海信研究院”。院长由山东大学梅良模教授担任，常务副院长由海信集团副总裁郭庆存担任。

12日 2004级新生开学典礼在省体育馆举行，山东省人大常委会副主任、校党委书记邵桂芳，校长展涛等学校领导出席了本次典礼，全体2004级本科生、高职生，研究生代表、访学学生代表，留学生代表参加了典礼。

13日 为庆祝第20个教师节，学校在办公楼会议厅召开了“山东大学2004级教师节表彰暨精品课程示范交流会”。党委副书记赵明顺、副校长樊丽明、纪委书记胡家臣等学校领导出席了大会。会议由教务处处长王仁卿主持。赵明顺、樊丽明、胡家臣先后宣读了“山东大学关于表彰2003年度国家精品课程有关人员的决定”“关于表彰山东大学第二届教学名师和青年教学能手的决定”和“关于表彰山东大学首届教育创新与教学管理奖的决定”。校领导为盛玉麒教授、10名教学名师、32名青年教学能手、15个教育创新与教学管理优秀团体和10名先进个人颁奖。

14日 第七期“恰同学少年——中国杰出青年山大行”在东校区科学会堂举行。

同日 中共教育部党组任邵桂芳为山东大学党委书记(副部长级)，任展涛为山东大学校长(副部长级)。

2004 年

9 月

17 日　2004 级学生军训阅兵典礼在东区新校操场举行。校长展涛、党委副书记赵明顺、尹薇、刘珂，济南军区政治部副主任穆振河少将、济南军区司令部参谋长金培昌少将、济南陆军学院政委南兵军少将等领导与来自济南陆军学院的 192 名教官和 2004 级的新生一同参加大会。

26 日　山东大学法学院主办"人民代表大会制度理论与实践"学术研讨会，来自全国 20 多所高校和研究机构的 40 余名专家学者参加了研讨会，围绕人民代表大会制度的理论基础、人民代表大会制度的改革与完善以及中外议会制比较等主题展开了广泛而深入的学术讨论。

28 日　适逢中秋佳节，中共山东省委组织部副部长贺可存代表省委省府来校看望并慰问两院院士。

29 日　蜚声海内外的新儒家代表人物之一杜维明教授来山东大学访学，作了"四书——儒家人文精神的核心价值"和"多种核心价值的文明对话"两场报告，并被授予山东大学名誉博士。

本月　邹增大教授被国家人事部、教育部授予 2004 年"全国模范教师"荣誉称号。

10 月

4 日　展涛校长开始访问韩国。展涛除参加了韩国外交通商部组织的考察交流活动外，还访问了高丽大学、成均馆大学和暻园大学。

8 日　为加强对贷款工作的领导，规范贷款的决策程序，经学校研究，决定成立山东大学贷款资金管理领导小组，贷款资金管理领导小组办公室设在计划财务处。组长：展涛；副组长：李承俊；成员：王剑敏、李振奎、胡岩松、王钧、王明署、韩锋（工会）；办公室主任：王剑敏（兼），办公室副主任：芦延华。

12 日　山东大学与中共济南市委、济南市政府在山东大学邵逸夫科学馆报告厅联合举办以"大学城市合作大有可为，名校名城互动空间无限"为主题的"山东大学服务省会济南高层论坛"。中共山东省委副书记、济南市委书记姜大明，市委常委、组织部部长殷鲁谦，市委常委、秘书长许立全，副市长张宗祥；济南市直部门的主要负责人，各县（市、区）分管科技工作的县（市、区）长、科技局长、科协主席，浪潮集团、重汽集团、齐鲁制药等 30 多家企业有关负责人；山东大学校长展涛、党委副书记刘珂等校领导、各职能部门负责人、各学院的专家学者代表，新闻媒体记者共 200 余人参加了此次论坛。展涛校长致开幕词。姜大明在论坛上作重要讲话。

15 日　全国美国文学研究会第十二届年会在山东大学新校邵逸夫科学会堂一楼报告厅举行。本次年会由外国语学院承办，来自社科院、北京大学、复旦大学、南京大学、厦门大学等院校的 200 多名专家、学者参加了此次年会。

17 日　"山东大学星"命名仪式和"山东大学星"雕塑揭幕典礼分别在东区新校邵逸夫科学馆和南外环新区举行。

2004 年

10 月

“山东大学星”雕塑

11 月

9 日　第四届“挑战杯”中国大学生创业计划竞赛终审决赛在厦门大学落下帷幕，山东大学申报的 3 件作品全部获奖，夺得金、银、铜奖，总成绩列全国高校的第五名，并获高校优秀组织奖。

11 日　受展涛校长的邀请，杨振宁教授专程来山东大学访问，这是他首次来山东访问。

2004 年 11 月 11 日，杨振宁教授来山东大学访问

19 日　山东大学主办的首次全国性重点中学校长论坛在邵逸夫科学馆举行，来自河南、河北、江苏、广东、浙江、深圳、湖北和山东的 80 余所重点中学的校长齐聚山大，探讨高校与中学的合作对策，共谋人才培养战略。

2004 年

11 月

2004 年 11 月 19 日，山东大学主办首届全国重点中学校长论坛

30 日 山东大学党建工作会议在邵逸夫科学馆报告厅举行。邵桂芳、展涛、赵明顺、尹薇、刘珂、李建军、李承俊、王琪珑、樊丽明、方宏建、张永兵、胡家臣等校领导出席会议。校党委副书记赵明顺主持会议。学校各校区党工委书记、管委会主任，各基层党委、党总支、直属党支部书记、副书记，院部、直属科研院所、山大齐鲁医院、山大第二医院为中共党员的行政主要负责人，机关各部门、各直属单位为中共党员的主要负责人，威海分校领导班子成员及办公室、纪委、组织部、宣传部、统战部、学工部主要负责人参加会议。

本月 山东大学有 13 个学科获准设立“泰山学者”特聘教授岗位，分别是运筹与控制论、物理化学、凝聚态物理、文艺学、中国古代史、材料学、机械制造及其自动化、产业经济学、内科学、控制理论与控制工程、热能工程、外国哲学、法学理论。

12 月

1 日 西门子公司代表团一行 4 人在济南市副市长王天义陪同下访问了山东大学，双方就如何加强进一步合作交流进行洽谈。展涛校长接见代表团一行。

5 日 山东大学法学院代表队荣获第二届“理律杯”全国高校模拟法庭大赛季军。

7 日 科技部中国科技信息研究所举办的 2004 年中国科技论文统计结果发布。根据中信所公布的统计结果，山东大学 2003 年被 SIC 收录论文 760 篇，总数排全国第 8 位；EI 收录论文 489 篇，总数排全国 12 位，ISTP 收录论文 126 篇，总数排全国第 32 位，国际论文引征 652 篇，1354 次，排全国第 9 位；国内论文数为 3016 篇，排全国第 10 位；国内被引征 1806 篇，2517 次，排全国第 24 位。

27 日 由山东大学主办，数学院和档案馆承办的“大家风采——纪念潘承洞教授七十周年诞辰”图片展开展。同时，举行潘承洞奖学金颁奖仪式。

2004 年

12 月

28 日　为了加强学校对各级各类考试工作的领导和管理，经学校研究，决定成立山东大学考试管理工作领导小组。组长：樊丽明；副组长：胡家臣；成员（以姓氏笔画为序）：王仁卿、王明署、王爱国、庄平、张宇、娄红祥、柳丽华、贾卫国。

31 日　经学校研究决定，撤销山东大学全息生物学研究所，现有人员另行安排。

本月　化学与化工学院冯圣玉教授、陈剑华教授等承担的国家重点科技攻关计划“SD-04 耐烧蚀黏结剂”通过了教育部科技发展中心组织的技术鉴定。

本月　山东大学三课题中标教育部哲社重大攻关项目，它们是：文艺美学研究中心主任曾繁仁教授主持的“现当代中西艺术教育比较研究”项目，历史文化学院路遥教授主持的“民间信仰与中国社会研究”课题，经济研究中心黄少安教授主持的“马克思主义产权理论与中国改革实践”课题。

本月　经济研究中心的主任黄少安教授的论文《从家庭承包制的土地经营权到股份合作制的“准土地股权”》荣获首届“中国农村发展研究奖”。

2005 年

1 月

1 日　学校印发《山东大学国有资产管理办法（暂行）》。

4 日　学校印发《山东大学应届本科生推荐免试硕士研究生工作实施办法》。

7 日　山东大学全方位开放式发展战略研讨会在邵逸夫科学馆报告厅召开。校领导、有关职能部门负责人、各院部党政主要负责人和有关专家学者参加了此次研讨会。校长展涛主持会议。

17 日　潍柴动力优秀学生奖学金颁奖仪式在邵逸夫科学馆报告厅举行。潍柴动力股份有限公司党委副书记张宝鼎等，山东大学党委副书记刘珂、副校长王琪珑，学工部、研究生工作部、国内合作办公室、就业指导中心等有关部门出席颁奖仪式，31 名博士生、69 名硕士研究生和 310 名本科生获得该项奖学金。

18 日　中国海洋大学校长管华诗院士、党委书记冯瑞龙教授率代表团访问山东大学，共商两校校际合作大计，研究探讨服务山东方略。山东大学校长展涛教授、中国海洋大学校长管华诗院士分别代表两校在协议书上签字。两校将在师资共享、人才培养、科研合作、图书资源共享、学生工作和校园文化交流、学校改革发展重大举措的合作交流等方面展开合作。双方将推动研究生导师和教授互聘，合作进行博士研究生论文“双盲评审”，并互派研究生、本科生到对方优势学科进行访学；互相开放两校的国家重点实验室、教育部重点实验室或部属重点研究基地，以及就共同关注的领域联合申报和承担国家重点研究项目；互派专职学生政工干部到对方挂职锻炼等。

20 日　山东大学与山东轻工业学院合作框架协议签字仪式在邵逸夫科学馆第一会议室举行。这是山东大学与又一所省内院校实行校际合作、联手服务山东社会经济发展，实现学校“三个提升”办学思路的重大举措。

同日　由校党委宣传部主办的“山东大学新年新闻发布会”在东校区新校办公楼工会厅举行。发布会由校党委副书记赵明顺主持，来自新华社、中新社、人民日报、中国教育报、科技日报、大众日报等30余家新闻媒体记者参加了本次新闻发布会。展涛介绍学校2005年的工作思路:学校将围绕如何实现"三个提升"的目标,继续推进"三大战略",即人才战略、全方位开放式发展战略和教育创新战略。其中,教育创新战略的核心是"制度创新"。展涛校长进一步指出,围绕"三大战略"将主要做好八个方面的工作:第一,2005年是学校的"教学质量年",我们将通过苦练内功,充实内涵,迎接教育部对山大的本科教学评估。第二,将教师队伍建设作为工作的重点。注重教师整体水平的提升,鼓励教师的"三种经历"。第三,学科建设和科研工作,2005年将迎接第十次学位点的增定工作,"985二期工程"已经启动。第四,在国内合作方面形式更加多样,内容更加丰富,更具实效性。第五,在国际合作方面,进一步重视科研、教育等合作项目。第六,加强"依法治校"和制度建设。第七,继续推进校园基本建设和校园环境建设,优化完善公共支撑服务体系。第八,学校的文化建设和人文关怀,关注教职工和学生关心的就业、心理健康等热点问题等。

2005年

1月

21日　山东大学思想政治教育研究会成立大会暨第一届年会在东校区办公楼会议厅举行。出席本次会议的有校党委副书记赵明顺、刘珂,校纪委书记胡家臣,会议由校党委副书记尹薇主持。

2月

15日　美法两国学者联合主持的GPSS(科学与信仰全球透视)国际研究计划正式发布项目奖励评审结果,山东大学姜生教授荣获"道教与科学"(Daoism and Science)项目奖,奖励经费折合人民币35万元。

同日　在美国洛杉矶召开的国际信息安全年会上,五位世界顶级密码学家公布了三位中国研究人员王小云、尹依群、于红波关于SHA-1的破译结果。

25日　樊丽明副校长一行利用在天津参加国家外专局"赴英培训高校领导工作座谈会"之际,赴天津大学进行工作访问,进一步推动与天津大学的校际合作关系。

本月　学校出台《关于我校博士、硕士学位论文匿名评阅的规定》对博士学位论文全部实行校外专家匿名评审制度,硕士学位论文按5%～10%的比例抽查进行校外专家匿名评审。

本月　山东大学新药评价中心正式通过国家食品药品监督管理总局GLP认证,成为山东省和全国高校首家、全国第十四家通过该认证的药物非临床安全性评价研究机构。

3月

2日　展涛校长、山东移动通信有限责任公司总经理刘爱力分别代表山东大学、山东移动通信有限责任公司签订全面战略合作协议书。山东省副省长王军民、山东省政府副秘书长刘俭朴出席了签字仪式。

4日　朱正昌同志任山东大学党委书记、常委、委员职务。

11日　学校党委召开山东大学加强和改进大学生思想政治教育工作会议。会议由展涛校长主持,党委副书记赵明顺、尹薇、刘珂,副校长李承俊、樊丽明、张永兵,纪委书记胡家臣、校长助理娄红祥等出席了会议。

2005年

3月

17日　山东省人大常委会副主任、校党委书记朱正昌陆续走访艾兴院士、张运院士等部分专家学者和学校老领导王琰璧、邹增大等。

21日　山东大学香港校友会在香港成立。

24日　山东大学第二次本科教学工作会议在新校邵逸夫科学馆报告厅举行，展涛校长主持了会议。

30日　为落实《山东大学教师申诉复议暂行办法》，经学校党政联席会议研究，决定成立山东大学教师申诉复议委员会，成员名单如下：主任委员：尹薇；委员：王丽萍、王明署、王剑敏、李达、张建华、张岫美、张承慧、周洁、姜威、扈春华、韩锋（工会）、韩锋（人事处）。

同日　山东大学2005教学质量年新闻发布会举行。

本月　展涛校长分别与闫兵博士、陈增敬博士签订特聘教授聘任合同，设岗学科分别为环境化学和金融数学，聘期5年，首次聘期为2005～2008年。

本月　以彭实戈教授为学术带头人的创新团队“金融数学”入选2004年教育部“长江学者和创新团队发展计划”，该计划执行期限为2005～2007年，资助经费为300万元。

4月

15日　山东大学第一届公共管理硕士（MPA）研究生举行开学典礼。山东省委常委、常务副省长林廷生，校长展涛等出席，王琪珑副校长主持。

22日　老舍先生纪念活动拉开了“世纪回响”——山大知名人物系列纪念活动的帷幕。老舍先生长子舒乙先生偕妻子于斌女士以及北京老舍纪念馆馆长张文生来到山东大学，与师生一起走近老舍先生。

29日　学校印发《山东大学关于在校本科生转专业学习的暂行规定》。

5月

7日　展涛校长一行访问中国海洋大学，并参加“山东大学－中国海洋大学2005年校际合作座谈会”。

14日　国务院学位办主任、教育部学位管理与研究生教育司司长、中科院院士杨卫来校视察工作，并为全校研究生教育管理人员作了题为《营造研究生教育的创新环境》的专题报告。

20日　山东大学第一届教职工代表大会第三次会议召开，省人大常委会副主任、校党委书记朱正昌致辞，展涛校长、李承俊副校长、樊丽明副校长分别作报告，大会由校党委副书记赵明顺主持。正式代表、特邀代表、列席代表416人出席了会议。

24日　应美国部分高校和“中美大学校长论坛”组委会邀请，展涛校长率团访问了麻省理工学院等5所院校，在“中美大学校长论坛”上发表演讲，拜会了中国驻美使馆教育处，看望了在美工作、学习的山大校友。

25日　诺贝尔经济学奖获得者罗伯特·蒙代尔来访，并做客山东大学大家讲坛，作学术演讲。

30日　山东省人大常委会副主任、校党委书记朱正昌在邵逸夫科学馆贵宾室会见了来校访问的香港城市大学校长张信刚教授一行。随同张信刚校长来访的香港城市大学对外交流与合作处处长朱国斌、传讯公关处事务主任陈舒萱

2005 年

5 月

等参加了会见。朱正昌书记首先对张信刚校长率团访问山大表示热烈欢迎，并向客人简要介绍了山东大学合校五年来在学科建设、人才队伍、基本建设等方面的情况。

6 月

5 日　副校长方宏建、张永兵共同出席了校友基金成立暨校友奖、助学金颁发仪式，并分别为 6 所大学生社会实践基地授牌。

17 日　诺贝尔奖获得者、华裔科学家丁肇中教授做客“大家讲坛”。莅临专场报告会的还有丁教授的夫人苏珊・丁博士、省科技厅厅长姜代晓、校长展涛等。

23 日　“新华网—山东大学专页”开通试运行，从此山东大学在中国第一大网上有了自己的宣传窗口。

7 月

9 日　学校召开党委常委会，专题研究部署山东大学保持共产党员先进性教育活动工作。山东省人大常委会副主任、党委书记朱正昌主持会议。党委常委、校长展涛，党委副书记赵明顺、尹薇、刘珂、李建军，党委常委李承俊、王琪珑、樊丽明、方宏建、张永兵、胡家臣参加会议。经研究决定成立山东大学保持共产党员先进性教育活动领导小组。党委书记朱正昌任组长，党委常委、校长展涛和党委副书记赵明顺任副组长，党委副书记尹薇、刘珂、李建军和党委常委、纪委书记胡家臣为领导小组成员。

20 日　山东大学与新加坡南洋理工大学在北京饭店举行全面合作协议签字仪式。校长展涛和南洋理工大学校长徐冠林分别代表两校在双方学术合作协议上签字。

8 月

16 日　山东大学共有 12 位专家入选第二批山东省卫生系统杰出学科带头人和中青年重点科技人才人员名单，分别是葛志明、闫明、关广聚、王凤山、胡三元、郝爱军、彭军、钟明、岳寿伟、刘培淑、刘玉光、刘传勇。

21 日　教育部部长周济来校视察工作。随同视察的还有教育部发展规划司司长韩进、教育部直属高校工作办公室主任李志军等。山东省副省长王军民、省教育厅厅长齐涛等陪同周济部长来校视察并参加会议。周济部长在山东省人大常委会副主任、山东大学党委书记朱正昌、校长展涛陪同下，视察了山东大学校园。教育部、山东省人民政府重点共建山东大学协议签字仪式在山东大厦会展中心日照厅举行。参加协议签字仪式的有教育部部长周济，教育部发展规划司司长韩进，国家直属高校工作办公室主任李志军，山东省委副书记、省长韩寓群，省人大常委会副主任、山东大学党委书记朱正昌，山东省副省长王军民，山东大学校长展涛等。王军民主持了签字仪式。仪式上，山东省人民政府副秘书长刘俭朴宣读《教育部、山东省人民政府关于继续重点共建山东大学的决定》。

22 日　保持共产党员先进性教育活动动员大会在东校区新校科学会堂召开。朱正昌、展涛等学校全体党政领导、省委派驻省委高校工委督导组成员王爱平、省委高校驻山东大学保持共产党员先进性教育活动指导组组长谭晓防、副组长邓洪基出席大会并在主席台就座。大会由校长展涛主持。朱正昌向广

2005 年

8 月

大党员提出了四点意见和要求：一是要统一思想，提高认识，深刻理解学校开展先进性教育活动的重大意义。二是要领会精神，结合实际，准确把握先进性教育活动的指导思想、目标要求和基本原则。三是要明确标准、严格程序，全面掌握开展先进性教育活动的总体安排和方法步骤。

23 日　教务处在邵逸夫科学馆召开“山东大学 2005 年暑期本科教学管理工作研讨会”。副校长樊丽明出席会议并讲话。教务处处长王仁卿主持会议。全校各教学院(部)的教学院长和教务干事、大外部、工程训练中心、国防教育办公室、临床教学医院的教学院长、教育处长、教学干事、教务处科长以上人员参加了会议。会上，樊丽明作了题为“认清形势，明确任务，提升我校本科教学工作水平”的主题发言。

24 日　学校印发《山东大学本科学生学籍管理规定》。

9 月

1 日　国际教育学院开设教育学双学士学位班，以适应世界需要汉语，汉语走向世界的发展趋势。“双学位”班的招生对象为山东大学文科专业中学习期满两年的全日制本科生，采取语言学＋教育学＋海外汉语教学实践(为期一年)的培养方式进行教育。“双学位”的学制为 5 年，学生修完主修专业和教育学专业的课程学分，并符合学校关于双学士学位的要求授予主修专业和教育学双学士学位。

5 日　校党委书记朱正昌、校长展涛分别到医学院、机械工程学院、材料科学与工程学院，就开展保持共产党员先进性教育活动情况进行工作调研。

8 日　学校印发《山东大学精品课程建设与管理实施办法(试行)》。

9 日　台湾高雄大学黄英忠校长等一行 9 人来校访问，展涛校长在邵逸夫科学馆接见了黄英忠校长一行。

10 日　学校召开保持共产党员先进性教育活动党课报告会，省人大常委会副主任、校党委书记、校先进性教育领导小组组长朱正昌作了题为《切实加强党的先进性建设，为创建国内外知名高水平大学提供根本保证》的报告。

同日　在第 21 个教师节之日，山东省副省长王军民，省委高校工委书记、省教育厅厅长齐涛，省政府副秘书长刘俭朴等一行来到山东大学，在展涛校长等陪同下看望了部分老师。

同日　山东大学 2005 年全国博士生学术论坛在校科学会堂开幕。国务院学位委员会办公室主任、教育部学位管理与研究生教育司司长、中国科学院院士杨卫，山东大学儒学研究中心主任、文史哲研究院名誉院长、中国社会科学院研究员庞朴，北京大学研究生院常务副院长张国有，中国研究生院院长联席会办公室主任廖晓玲，山东省教育厅副厅长宋承祥，校长展涛，党委副书记刘珂等领导和来自海峡两岸的专家学者、博士生代表近 300 人应邀出席开幕式。副校长王琪珑主持开幕式。

14 日　学校印发《山东大学多媒体教学要求及管理暂行规定》。

22 日　学校印发《山东大学研究生指导教师工作规范(试行)》和《山东大学教师本科教学工作规范(试行)》。

2005年

9月

25日　学校印发《山东大学优秀生源输送基地管理办法》和《山东大学招生工作规范》。

26日　山东大学共产党员先进性教育活动学习动员阶段总结暨分析评议阶段动员大会在新校科学会堂召开。山东省人大常委会副主任、山东大学党委书记朱正昌作了总结动员讲话，山东省委高校驻山东大学保持共产党员先进性教育活动指导小组组长谭晓防提出了指导意见，校党委副书记赵明顺传达了《山东大学保持共产党员先进性教育活动分析评议阶段安排意见》。大会由山东大学校长展涛主持。

27日　"山东大学合校五周年成就展"开展仪式在东校区新校综合服务楼前举行。山东省人大常委会副主任、山东大学党委书记朱正昌，校长展涛等校领导出席开展仪式。校党委副书记赵明顺主持仪式。展涛在仪式上致辞。

本月　医学院博士生导师孙汶生教授获"齐鲁晚报杯"山东高校十大优秀教师称号。

10月

8日　臧克家先生百年诞辰纪念大会在邵逸夫科学馆拉开帷幕，校党委书记朱正昌主持会议，山东省原人大常委会主任李振、山东省原副省长马连礼、山东省原人大常委会副主任徐学孟、山东大学校长展涛、臧克家先生的亲属以及来自全国各地文学界、学术界的专家学者出席了纪念大会。著名诗人贺敬之发来贺信。纪念会后，又举行了臧克家学术思想研讨会。会议由《文史哲》杂志主编、文学院院长陈炎教授，西南大学中国诗学研究中心主任、重庆市文联主席吕进主持。

2005年10月8日，臧克家先生百年诞辰纪念大会在我校邵逸夫科学馆举行

12日　学校召开本科教学工作水平评估动员大会。威海分校通过网上直播观看大会实况。校长展涛主持会议，副校长樊丽明对本科教学工作水平评估作总体说明，展涛作总结发言，他说，学校的目标是"以评促建，以评促改，以评促管，评建结合，重在建设"。

2005 年

10 月

14 日　山东大学文学与新闻传播学院 1981 级 99 位校友共同捐资建造的闻一多先生铜像揭幕仪式在邵逸夫科学馆前举行。

16 日　校长展涛与中国政法大学校长徐显明共同签署两校校际合作框架协议，标志着双方已有的合作关系进入了一个新的阶段。仪式前，展涛校长与徐显明校长就推动两校合作交流，实现优势互补谈了各自的思路与设想，达成了共识。根据协议，双方实行研究生导师和教授互聘；不定期组织知名学者互访，举办高层次学术讲座；每年互派一定数量的教师到对方优势学科、国家人文社科基地进修或做访问学者；互派研究生、本科生到对方优势学科专业修课。

22 日　山东大学法学院和中国法学会宪法学研究会共同主办的“中国法学会宪法学研究会 2005 年年会暨成立 20 周年纪念大会”和“人权的宪法保障”学术研讨会在济南南郊宾馆举行。

同日　由全国 16 所院校专家组成的教育部本科教学工作水平评估专家组成员陆续抵达山东大学。专家组先后考察各校区教学环境和办学条件，考察学生文化素质教育和创新成果，考察学校各职能部门，考察校园文化及学生社团活动，听取本科教学工作评估汇报会，参观“山东大学合校五周年成就展”。后抵达威海分校，深入各学院听课考察，考察威海分校教学条件和教学环境。28 日，召开本科教学工作水平评估意见反馈会。山东大学取得 18A1B 的成绩，在参评的全国 71 所普通高等学校中名列前茅。

2005 年 10 月 22 日，山东大学以优异成绩通过教育部专家组的本科教学工作水平评估

28 日　山东省委常委、组织部部长、省委先进性教育活动领导小组副组长、办公室主任刘伟同志一行来到山东大学就先进性教育活动进展情况进行调研，并召开部分驻济高校先进性教育活动汇报座谈会。

29 日　“中日公法学课题与展望国际学术研讨会”在山东大学召开，来自日本东京大学、名古屋大学、九州大学、东海大学、山口大学、熊本县立大学和中国北京大学、中国政法大学、浙江大学、苏州大学、国家行政学院、安徽大学、中南

2005 年

10 月

财经政法大学、中央民族大学等高校的 30 多位日中两国的专家学者出席研讨会。

本月　作为日本岛根大学留学项目的第一批受益者，法学院日语背景法学教育本科班的 7 名同学赴日本留学。另外，该班还有两位同学赴日本的早稻田大学和大东文化大学留学。

11 月

2 日　按照上级要求和校党委保持共产党员先进性教育活动安排，学校召开分析评议阶段校领导班子和党员领导干部专题民主生活会。会议由校党委书记朱正昌主持。

8 日　北京大学法学院博士生导师盛杰民教授作了题为《中国反垄断立法》的学术报告。

同日　意大利罗马第三大学国际经济法律博士研究生院院长 Salvatore Mazamuto 教授、Lilana Rossi Carleo 教授一行 4 人来校访问，并代表罗马第三大学国际经济法律博士研究生院与法学院签署了联合培养博士生的协议。

10 日　学校印发《山东大学"十一五"事业发展规划编制工作方案》。

19 日　由中共山东省委宣传部、山东大学、山东省文联、山东省书法家协会联合举办的"蒋维崧教授九十华诞暨执教六十六周年学术研讨会"在济南市金都大酒店召开，来自全国各地的 60 多名书法界、书法理论界专家、学者出席会议。

2005 年 11 月 19 日，山东大学、山东省文联等联合举办蒋维崧教授
九十华诞暨执教六十六周年学术研讨会

2005 年

11 月

同日　山东大学日照市人才服务项目合作签字暨学生就业实践基地揭牌仪式在日照市人才市场举行。校党委副书记刘珂，日照市副市长侯成君出席签字揭牌仪式并讲话。

同日　由山大法学院和山大刑事法律研究中心共同主办的“第二届刑法犯罪理论体系国际学术研讨会”在山东大学举行。来自北京大学、中南财经政法大学、中国社会科学院等十几所大学和科研机构，以及中国港、澳、台地区和英国、美国、法国、俄罗斯、日本等国家的刑事法学和法律专家近60人应邀出席本次研讨会。开幕式由法学院常务副院长肖金明教授主持，副校长王琪珑到会并致欢迎词。随后为期三天的研讨中，代表们围绕“新时代与犯罪论体系的重构”这一议题，积极发表自己的见解和观点，进行了讨论。最高人民法院原副院长刘家琛、台湾文化大学教授廖正豪、司法部刑事司法鉴定中心主任霍宪丹、香港副首席检察官沈仲平等学者都作了发言。

12 月

4 日　应法国巴黎高科集团主席 Toussain 先生、巴黎综合理工大学校长 Michel 先生的邀请，校长展涛、金融研究院院长彭实戈教授、国际处李国强副处长一行访问巴黎高科集团及所属院校巴黎综合理工大学，顺便访问了山东大学在布列塔尼大区的友好学校雷恩一大、雷恩二大、国立雷恩应用科学学院、国立雷恩高等化学学院及雷恩市国际教育交流协会。

6 日　山东大学与复旦大学在巴黎综合理工大学与高科集团、巴黎综合理工大学、巴黎桥路学院、巴黎统计与经济管理学院共同签署了“关于中国复旦大学、山东大学与法国国立统计与经济管理学院、国立路桥学院及巴黎综合理工大学等3所巴黎高科成员学院联合培养数学金融硕士的合作协议”。

16 日　山东大学彭实戈教授当选中国科学院院士。

2005 年 12 月 16 日，山东大学彭实戈教授当选中国科学院院士

2005 年

12 月

19 日　中国共产党山东大学第十二次代表大会在东校区科学会堂开幕，由展涛校长主持开幕式。展涛校长首先宣读了中共教育部党组《给中国共产党山东大学第十二次代表大会的贺信》。傅华峰代表省委组织部、省委高校工委、省教育厅党组讲话。校党委书记朱正昌代表中共山东大学委员会向大会作了题为《以科学发展观统领学校发展全局，为创建国内外知名的高水平大学而努力奋斗》的工作报告。报告共分三部分：(1)工作回顾与总结；(2)制定落实“十一五”发展规划，努力加快创建国内外知名高水平大学进程；(3)以邓小平理论和“三个代表”重要思想为指导，加强和改进党的建设。

29 日　新当选中国工程院院士、我国著名的免疫学家、国家“973 项目”的首席科学家曹雪涛教授到医学院进行学术指导，主持医学院免疫学研究所孙汶生教授和张利宁教授的课题鉴定会。副校长娄红祥、张运会见曹雪涛教授。

同日　学工部有关负责人及相关学院学生工作负责人、学生辅导员一同到济南市中心医院、学生宿舍走访慰问部分住院和患病学生，并向他们发放了慰问金和水果、鲜花等慰问品。2005 年底，学工部共为 61 名患有重大疾病和家庭特别困难的学生减免学费 122000 元，为 124 名生活确有困难的学生每人发放了 500 元的困难补助金，并发放了 60 件羽绒服和 10000 份真维斯服饰优惠卡。

30 日　文学与新闻传播学院郭延礼教授编写的《近代西学与中国文学》一书入选教育部公布的 2004～2005 年度研究生教学用书。

本月　在 2005 年山东大学“创新奖励学分”的认定中，全校 13 个学院的 67 名同学获得了“创新奖励学分”，奖励总额 105 学分，其中信息学院的焦洁青同学获得最高 8 学分，她在 2005 年美国大学生数学建模竞赛中获一等奖。

本月　山东大学 3 篇博士学位论文荣获 2005 年全国优秀博士学位论文奖。获奖论文分别是王德胜《宗白华美学思想研究》(指导教师：曾繁仁教授)；王新强《双金属硫氰酸盐配合物晶体的生长和性质研究》(指导教师：许东教授)；彭军《慢性自身免疫性血小板减少性紫癜中应用 B7 共刺激信号阻断剂和/或 CsA 诱导血小板特异性 T 细胞免疫无能的实验研究》(指导老师：张茂宏教授)。另有 3 篇博士学位论文入围全国优秀博士学位论文提名论文名单。

2006 年

1 月

10 日　山东大学保持共产党员先进性教育活动总结大会在东校区科学会堂举行。山东省人大常委会副主任、校党委书记朱正昌，校长展涛，省委高校驻山东大学保持共产党员先进性教育活动指导组组长谭晓防等出席会议。会议由展涛主持。

17 日　校长展涛与国家开发银行山东省分行行长于泽水签订《开发性金融合作协议》。此次协议信用合作额度为 18 亿元，借款期限 15 年，发放首笔中长期贷款 6 亿元，主要用于东校区、西校区、南外环新区和威海分校校区基础设施建设。

18 日　计算机科学与技术学院、齐鲁软件学院院长孟祥旭被评为“2005 年度山东十大自主创新人物”。

19 日　学校决定成立山东大学国防科学技术研究院，设常务副院长 1 人(正处级)，副院长 1 人，编制为 6 人。

2006 年

1 月

25 日　第十批博士和硕士学位授权学科专业名单公布，山东大学博士、硕士学位点增列总数位居全国第二位。本次获准新增博士学位授权一级学科 12 个：哲学、理论经济学、应用经济学、政治学、马克思主义理论、信息与通信工程、控制科学与工程、计算机科学与技术、环境科学与工程、临床医学、公共卫生与预防医学、管理科学与工程；新增博士学位授权学科、专业 3 个：宪法学与行政法学、民商法学、岩土工程。

新增硕士学位授权一级学科 17 个：哲学、理论经济学、应用经济学、法学、外国语言文学、新闻传播学、系统科学、力学、动力工程及工程热物理、电子科学与技术、计算机科学与技术、土木工程、水利工程、环境科学与工程、口腔医学、管理科学与工程、工商管理。

新增硕士学位授权专业 6 个：体育教育训练学、音乐学、美术学、城市规划与设计（含风景园林规划与设计）、教育经济与管理、情报学。

2 月

3 日　校长展涛率团访问瑞典卡罗林斯卡医学院和皇家理工学院。

10 日　应新汶矿业集团邀请，校长助理、科技处处长贾磊率机械、化工、控制、能源和岩土地质结构等方面的专家教授一行 14 人赴新汶矿业集团，与新矿有关领导和科研人员一起就加强科研合作、落实具体合作项目等事宜进行专题对接和交流。

14 日　学校召开新学期工作会议，部署 2006 年党委工作要点、学术与行政工作要点。山东省人大常委会副主任、校党委书记朱正昌，校长展涛出席会议并讲话。展涛主持会议。

16 日　校长展涛在东校区邵逸夫科学馆贵宾室会见西门子（中国）有限公司副总裁、山东省总经理吴永新先生，就山东大学与西门子公司合作事宜进行商谈。

同日　展涛校长会见惠普全球副总裁、惠普公司中国区总裁、企业计算以及专业服务集团总经理孙振耀一行 4 人，并陪同来宾参观山东省高性能计算中心和计算机博物馆。双方就今后的战略性合作达成共识。

18 日　“2005 年度山东大学十大新闻人物颁奖典礼”在邵逸夫科学馆一楼举行。山东省人大常委会副主任、校党委书记朱正昌，校长展涛出席颁奖典礼并担任颁奖嘉宾。“2005 年度山东大学十大新闻人物”（以姓氏笔画为序）：马春元、马瑞芳、王小云、王克明、王海洋、周厚健、梁作堂、彭实戈、程林、蒋维崧。我校赴山西灵丘支教团被评为“2005 年度山东大学十大新闻人物群体”。

22 日　山东省科学技术大会上，山东大学 65 项科技成果受到表彰，王克明教授、张梅教授和梁军教授作为获奖代表参加了会议并领取获奖证书。

同日　韩国国会议员郑钟福及韩国山东省交流协会会长金东勋等一行 7 人来校访问。副校长张运在邵逸夫科学馆第五会议室会见来访的韩国客人。

27 日　医学院教授、山东大学生殖医学研究中心主任兼山东省立医院副院长陈子江获“全国三八红旗手标兵”荣誉称号。

2006 年

3 月

1 日　经学校研究，决定调整学校国有资产管理委员会，调整后的国有资产管理委员会组成人员名单为：主任：展涛；常务副主任：王琪珑；副主任：樊丽明、张永兵、娄红祥；委员（以姓氏笔画为序）：马传峰、马国臣、王永平、王明署、王剑敏、王琪珑、陈永、芦延华、张永兵、娄红祥、胡岩松、胡敬田、贾磊、展涛、樊丽明；办公室主任：胡敬田（兼）。

25 日　山东大学第一届教职工代表大会第四次会议开幕。大会由校党委副书记尹薇主持，山东省人大常委会副主任、校党委书记朱正昌致辞。展涛校长代表学校行政向大会作《站在新起点，致力新跨越》报告。学校在“十一五”期间将着力完成以下九项重点任务：创新型人才培养体系建设；科学研究与学科建设；人才队伍建设；国内合作与服务山东；国际交流与合作；校园基本建设与条件支撑；大学文化建设；威海分校建设；医疗卫生事业发展。

4 月

7 日　山东大学首批“泰山学者”特聘教授聘任仪式暨山东省高等学位创新团队建设调研座谈会举行。

11 日　山东大学“纪念刘先志教授 100 周年诞辰展览”开幕式在南校区举行，校长展涛出席开幕式并讲话，校党委副书记尹薇主持开幕式。校党委副书记刘珂，副校长张永兵以及老领导夏天赳教授、程汉邦教授、段奎照教授和宋华远教授，南校区党工委、管委会、校长办公室、宣传部、科技处、档案馆等有关部门和学院负责人及师生代表出席了开幕式。展览分“前言”“家世亲情”“燕京求学”“辗转求职”“山大旁听课”“出国留学”“执教同济”“奉献山工”“无尽思念”九大部分，共 47 块展板。

15 日　山东大学召开以“科技创新，服务地方，规划未来，谋划发展”为主题的 2006 年科技工作创新动员大会。朱正昌、展涛、王琪珑、樊丽明、娄红祥、韩圣浩和各相关处室主要负责人，各院部、附属医院、威海分校主要负责人，各学部委员会主任委员，校关键岗位部分人员 130 余人参加了会议。国家科技部社发司马燕合司长，国家自然科学基金委数理学部汲培文主任、材料学部黎明主任，省科技厅姜代晓厅长作为特邀嘉宾出席了本次会议。

22 日　由山东大学经济学院与金融研究院联合举办的“金融泡沫、金融风险与经济增长”国际学术研讨会举行。来自美国、加拿大、澳大利亚、中国香港及大陆的 20 多位专家出席本次研讨会，包括中国科学院严加安院士、彭实戈院士、加拿大卡尔顿大学张健康教授、美国加州大学张贤旺教授、澳大利亚昆士兰大学 James Laurenceson 博士等金融工程领域知名专家。

23 日　共青团山东大学第十五次代表大会在新校科学会堂开幕。共青团中央学校部部长周长奎，共青团山东省委副书记孙爱军，共青团山东省委学校部部长李玉国，共青团山东省委学校部副部长袁良，山东省人大常委会副主任、校党委书记朱正昌，校党委副书记尹薇、刘珂、方宏建，副校长张永兵，以及省内外高校团委负责同志清华大学团委书记郑浩峻等，和我校部分职能部门负责人等出席会议。朱正昌书记代表学校党委讲话。曲明军代表共青团山东大学第

2006 年

4 月

十四届委员会作了题为《激扬青春梦想，培育民族中坚，团结带领全校团员青年为创建国内外知名高水平大学而努力奋斗》的工作报告。会议选举马晓琳等13位同志为共青团山东大学第十五届委员会常务委员，选举曲明军为共青团大学第十五届委员会书记，周庆华、傅艺娜、马晓琳三位同志为副书记。

27 日　晶体材料研究所召开全体教职工和学生大会，宣布晶体所重新定位为学校独立的研究机构。

同日　山东省人大常委会副主任、山东大学党委书记朱正昌出席全国高校辅导员队伍建设工作会议，并作了题为“以专业化、职业化为目标，建设高水平的辅导员队伍”的发言。

28 日　山东大学面向海内外招聘的首位学院院长、来自中国香港中文大学的孟庆虎教授到控制科学与工程学院赴任。

本月　“五一”国际劳动节前夕，陈子江教授被中华全国总工会授予全国“五一劳动奖章”。

5 月

2 日　中共中央军委办公厅主任贾廷安中将在中共山东省委常委、宣传部部长王敏，省委副秘书长、办公厅主任李天军等陪同下来校视察，实地考察校园环境和部分学院及科研单位。

3 日　展涛校长率团赴加拿大，在8天的行程中，先后访问了不列颠哥伦比亚大学、西蒙菲莎大学、维多利亚大学、不列颠哥伦比亚理工大学、阿尔伯塔大学、里贾纳大学，约克大学等八所大学；与山东大学校友及众多学者进行了广泛交流，为推动山东大学与加拿大高校及学者的交流与合作起到了积极作用。

8 日　应法学院常务副院长肖金明教授邀请，美国当代著名法学家哈罗德·J. 伯尔曼教授来山东大学法学院进行为期一周的学术访问。

同日　经学校研究决定，成立山东大学军工保密资格审查认证领导小组。人员名单如下：组长：展涛；副组长：娄红祥；成员：马传峰、尹作升、王剑敏、王海洋、任若强、刘升贤、刘永波、刘树伟、刘培平、张长桥、芦延华、周洁、胡敬田、赵显、陶绪堂、韩明涛。领导小组下设工作组，办公室设在国防科学技术研究院。

12 日　校长展涛、副校长张运率团赴美国访问。展涛与贝勒医学院院长Peter Traber 签署了两校校际合作协议。双方就建立山东大学－贝勒医学院合作中心、联合申请国际合作实验室项目、推进两校教师和研究人员的互访，开展研究生联合培养和本科生互访等事宜进行了磋商，达成了共识。代表团还访问了圣路易斯华盛顿大学和肯塔基大学。

13 日　国务委员陈至立、教育部长周济一行来校视察工作。随同视察的还有国务院副秘书长陈进玉、科技部副部长刘燕华、国家广播电影电视总局副局长张海涛；山东省委书记张高丽，省委副书记、省长韩寓群，省委常委、秘书长杨传升，副省长王军民，省教育厅、科技厅负责人等。

15 日　应法学院常务副院长肖金明教授邀请，世界知名刑法学家、日本早稻田大学原校长西原春夫博士来法学院进行为期5天的学术访问。在山东大学访学期间，西原春夫教授发表了学术演讲。16日，学校举行聘任仪式，聘任西原春夫为山东大学名誉教授。

2006 年

5 月

16 日　学校印发《山东大学研究生“三助”奖学金管理办法》。

24 日　副校长张运在邵逸夫科学馆贵宾室会见法国鲁昂高等电力工程师学院校长 Guillermet 先生及仪器制造与系统项目主任 Savatier 先生。会见结束后，举行两校合作协议的签字仪式。根据协议，两校将在师生交流、合作科研方面加强合作。

25 日　山东大学定向越野队代表山东省出战，在第三届全国体育大会定向越野比赛获得两金一银一铜的成绩。

31 日　美国工程院院士、中国科学院外籍院士、中国工程院外籍院士 Thomas S. Huang 教授来校访问，并作学术演讲。

6 月

8 日　学校印发《山东大学优秀研究生导师评选办法》。

同日　教育部“十五”“211 工程”建设项目验收专家组一行 9 人，来校对“十五”“211 工程”建设项目进行考察和验收。朱正昌书记受王军民副省长的委托，代表山东省委、省政府，同时代表校党委、行政和全校师生员工对教育部专家组的到来表示诚挚的欢迎。展涛向教育部验收专家组汇报了我校“十五”“211 工程”建设项目总体情况。他以“以‘211 工程’建设为龙头 全面推进高水平研究型大学建设”为题，从目标与思路、成效和进展、标志性成果、挑战与展望四个方面，阐述了我校“十五”“211 工程”建设项目的目标、思路、具体实施和完成情况，以及面临的问题和挑战。专家组成员在充分肯定山东大学“十五”“211 工程”建设成就的同时，提出了一些中肯的、建设性的意见和建议。

10 日　樊明丽副校长率团出席韩国东西大学 15 周年校庆及国际大学校长峰会，并访问釜山大学和庆尚大学。

12 日　新加坡淡滨尼小学访问团访问山东大学第二附属中学。

13 日　山东省人大常委会副主任、校党委书记朱正昌率团赴宁夏回族自治区友好高校访问，并代表学校与宁夏大学签署“十一五”校际合作协议，与宁夏医学院续签联合培养本科生协议。

14 日　校党委副书记尹薇率代表团先后对哈尔滨工业大学、吉林大学进行工作访问，协商推动山东大学与两校的校际合作工作，并看望在两校访学的学生。

16 日　名师陈炎、何中华做客“稷下风”研究生学术论坛，为毕业生上学术嘱托课，阐述“治学与致用”关系，详解假设与考据、为文之用、通识教育、教学相长以及人文精神的影响等问题。

19 日　学校开始举行毕业典礼，至 26 日，三校区共举行了 9 场庄严而隆重的毕业典礼，14000 名学子踏上新的征程。

7 月

15 日　由山东大学法学院与青岛市中级人民法院共同举办的“全国惩治商业贿赂犯罪理论研讨会”在青岛召开。副校长张永兵在开幕式上致辞。

8 月

1 日　经国家科技部批准，以山东大学为第一承担单位，清华大学、西安交通大学、华中科技大学、东北电力大学等五所高校共同承担的国家“973 计划”项目——“高能耗行业典型换热设备节能的先进理论与方法”获得立项，山东大学

2006 年

8 月

热科学研究中心主任程林教授担任该项目的首席科学家。

3 日　山东大学与新疆医科大学合作培养本科生协议签字仪式在新疆医科大学举行。

9 月

1 日　美国国家工程学院院士、著名材料科学家、美国亚利桑那大学 Kenneth A. Jackson 教授在晶体材料国家重点实验室讲授了第一堂课，标志着山东大学“111 计划”首批建设项目予以立项的“功能材料与器件学科创新引智基地”正式启动。

9 日　在第 22 个教师节即将到来之际，学校发出表彰决定，对学校第三届教学名师和教学能手予以表彰。于良春等 10 名教师获“山东大学第三届教学能手奖”。经济学院于良春教授、医学院高英茂教授获得第二届“国家级教学名师奖”；数学院刘桂真教授、能动学院杜广生教授获得第二届“山东省教学名师奖”。

23 日　山东大学文科科研工作会议在邵逸夫科学馆一楼报告厅召开。本次会议的主题是：在总结“十五”经验的基础上，对新形势下的学术环境、学术纪律和学术使命进行深入地认识和理解，进一步转变观念、统一思想，为在“十一五”期间实现山东大学人文社会科学的全面振兴做好思想上、舆论上和制度上的准备，努力探索一条符合时代要求并具有山大特色的人文社会科学研究创新发展道路。

25 日　山东大学主办的“中国小说古今通识国际学术研讨会”在济南舜耕山庄举行，来自国内 30 余所大学及相关学术机构和美、日、韩等国家的 130 余位专家学者到会参加。

29 日　蒋民华院士执教 50 周年庆祝大会举行。会上宣读了山东省人大常委会副主任、校党委书记朱正昌的贺词。校长展涛代表学校向蒋民华院士赠送从教 50 周年纪念品，并发表讲话。

本月　计算机科学与技术学院教师刘辉获得 2006 年“IBM 奖教金”优秀教师奖，这也是他第三次获得此奖项。“IBM 奖教金”是国家留学基金管理委员会为支持高校计算机学科建设，由 IBM 公司设立的“IBM 软件奖教(研)金”项目合并更名而来。

10 月

5 日　由校档案馆主办的“山东大学医学名人展”开始在各校区巡回展出。本次展出的山大医学名人，包括在原山东大学医学院、齐鲁大学医学院、华东白求恩医学院、山东省立医学专科学校、山东医学院、山东医科大学、齐鲁医院等单位工作过的已故著名医学专家、教授 38 人，40 余块展板。

14 日　以“携手共创未来”为主题的 2006 高校合作与发展高层论坛在我校举行。13 所高校高层纵论高等教育。山东大学校长展涛作了“携手共创未来”的主题发言。哈尔滨工业大学校长王树国、中南大学校长黄伯云、中山大学校长黄达人、厦门大学校长朱崇实分别以“关于中国高等教育若干问题的思考”“融入社会经济发展大循环 全面提升人才培养质量与科学研究水平”“谈提高大学中层管理干部的素质与能力”“高等教育大众化阶段的精英教育”为题作了专题演讲。

2006 年
10 月

15 日　山东大学第一届校董会宣告成立。来自社会各界的 38 位知名人士成为山东大学第一届校董，山东大学党委书记朱正昌为山东大学第一届校董会主席，国家社保基金理事会理事长、财政部原部长项怀诚，电力工业部原部长史大桢，中华环境保护基金会理事长、国家环保总局原局长曲格平，国家电网公司党组书记、总经理刘振亚，台湾大学前校长孙震，台湾鸿海精密集团董事长、富士康科技集团董事长郭台铭，台湾润泰集团董事长尹衍梁被推选为山东大学第一届校董会名誉主席。

2006 年 10 月 15 日，山东大学第一届校董会校董合影

17 日　山东大学团组以总分第 3 名的成绩获第八届中国国际高新技术成果交易会高校团组优秀组织奖，以总分第 9 名的成绩被大会组委会授予优秀展示奖。

同日　山东大学承办 CHINACRYPT'06 中国第九届密码学学术会议。

18 日　由山东大学护理学院和天津医科大学护理学院承办，香港理工大学护理学院协办的 2006 年国际护理学术会议暨第五届全国高等护理教育研讨会开幕。来自美国、英国、韩国、瑞典、新西兰等国家和地区的护理学教育专家和护理学专家，以及全国百余所护理院校和各大医院的专家学者参加了会议。

24 日　应美国友好高校的邀请，山东省人大常委会副主任、校党委书记朱正昌率学校访问团开启对美国部分高校为期 12 天的工作访问。

27 日　2005 年中国科技论文统计结果新闻发布会召开。山东大学 2005 年科技论文发表 SCI 收录文献 996 篇，其中论文 963 篇，比 2004 年增加了 213 篇，位列全国高校第 10 位；EI 收录 776 篇，比 2004 年增加了 258 篇；ISTP 收录 323 篇，比 2004 年增加了 178 篇，名次上升了 4 位；国内论文收录增加了 104 篇。

同日　为期 2 天的山东大学 2006 年重点中学校长论坛在威海国际学术交流中心举行。来自全国的 15 个省近 100 所重点中学校长及山东大学有关职能部门和院系教育拓展骨干汇聚一堂，共商中学与大学如何加强交流与合作，如何教育对接选拔和共同培养创新型人才等问题。副校长樊丽明主持开幕式并作总结讲话。

2006 年

10 月

30 日　山东大学党委副书记、威海分校党委书记李建军与云南大学党委副书记、校长吴松在云南大学签署“山东大学—云南大学校际合作协议”，标志着山东大学与西部高校的合作交流进入新阶段。

11 月

8 日　学校印发《山东大学研究生课程“双语教学”的实施意见》。

同日　山东大学与澳大利亚阿德莱德大学签署了共建孔子学院合作备忘录。合作备忘录规定，山东大学将在中文教学、培训师资、提供教学资料、实施汉语水平考试、认证汉语教师资格等方面与阿德莱德大学进行全面合作。山东大学校长展涛和阿德莱德大学副校长 John Taplin 出席签字仪式并讲话。

9 日　学校印发《山东大学实施双导师指导研究生暂行办法》《山东大学研究生国内访学选派与管理办法》。

10 日　学校印发《山东大学研究生合作导师遴选办法(试行)》《山东大学学位论文规范(试行)》《山东大学遴选硕士研究生指导教师实施细则》《山东大学遴选博士研究生指导教师实施细则》。

16 日　法学院教学楼奠基典礼举行。

24 日　为了做好国军标质量管理体系认证的筹备工作关顺利通过该体系认证，根据国军标质量管理体系认证工作的要求，经学校研究决定，成立认证工作领导小组。组长：展涛；副组长：娄红祥、贾磊；成员(以姓氏笔画为序)：马传峰、尹作升、王剑敏、刘升贤、芦延华、周洁、胡敬田、赵显、韩明涛。办公室设在国防科学技术研究院。

25 日　萧涤非先生百年诞辰纪念大会在中心校区举行，校长展涛主持纪念大会。出席纪念大会的有山东省人大常委会副主任、校党委书记朱正昌，山东省委宣传部副部长徐向红，校党委副书记刘珂，副校长陈炎，萧先生家属代表萧光照等人以及来自全国各地的知名学者代表。同日，由档案馆承办的“纪念萧涤非先生 100 周年诞辰展览”开展。展览分“前言”“游学清华”“执教青岛”“颠沛西南”“奉献山大”“当代杜甫”“桃李芬芳”“老友新朋”“家庭亲情”“翰墨情缘”“生命永存”11 部分，共 62 块展板。

29 日　学校印发《山东大学自主设置博士、硕士授权学科、专业实施细则(试行)》。

12 月

1 日　法国布列塔尼大区总经理 Cyril Rouault、副总经理 Chirstelle Rouault 及济南 CIOC 负责人 Pascal Morin 来校与国际处项目负责人进行座谈，进一步探讨布列塔尼大区高校及 CIOC 与山大的合作方案。

5 日　工程训练中心负责人赴潍柴动力股份有限公司，与潍柴动力人力资源部签订“潍柴动力数控机床维修人员培训”合同，并与人力资源部以及有关部门、车间负责人就教学计划深入探讨与交流。

7 日　校长展涛应法国化学与化工高等学校集团(Federation de Gay-Lussac)主席 Danile Plusquellec 教授和法国蒙彼利埃化学高等学校校长 Joel Moreau 教授邀请，出席在法国南部城市蒙彼利埃举行的法国化学与化工高等学校集团国际合作会议，并代表山东大学签署有关合作协议。

2006 年

12 月

同日　副校长张运会见韩国启明大学校长李镇雨博士一行，并签署双方校际合作及学生交流协议。

8 日　学校召开思想政治教育研究会理事会暨和谐校园建设研讨会。会议围绕“加强和谐校园建设，促进和谐社会发展”的主题，就和谐校园建设与思想政治教育工作进行交流研讨，并对山东大学思想政治教育研究会工作进行总结布置。省人大常委会副主任、校党委书记朱正昌出席并讲话。研讨会由校党委副书记尹薇主持，党委副书记刘珂、方宏建出席研讨会。此次研讨会由山东大学思想政治教育研究会主办，党委宣传部承办。各校区党工委书记，各基层党委、党总支、直属党支部书记，党群各部门主要负责人参加研讨会。

9 日　中共党史教育与高校辅导员思想政治素质建设工作研讨会暨山东大学“中共青少年党史教育活动基地”揭牌仪式在山东大学举行。中国关心下一代工作委员会副主任郭锡权，中共中央宣传部宣教局主任徐能毅，中共中央党校党研部主任谢春涛，国家广播电影电视总局人事教育司司长张宏，中共党史教育办公室主任俞俊生，中国关心下一代委员会办公室副主任尚玉香，中顾委彭冲办公室原主任孙长荣，山东省关心下一代工作委员会副主任廉守昌等出席了大会开幕式。大会由山东大学党委副书记方宏建主持。山东省人大常委会副主任、山东大学党委书记朱正昌致欢迎词。

10 日　中国选手，山东大学体育学院 2003 级本科生黄潇潇以 55 秒 41 的成绩摘得多哈亚运会田径女子 400 米栏桂冠。

同日　以创建国家信息通讯国际创新园为主题的“山东大学第四届南山论坛”在办公楼一层会议厅举行。省科技厅副厅长翟鲁宁、校长展涛、副校长娄红祥及学校相关领域专家参加了会议。会议由校长助理贾磊主持。

同日　副校长樊丽明赴访问香港，先后拜会了山东大学香港校董蒋震先生、方润华先生，香港思源基金会陈曾焘主席，并对香港科技大学和香港理工大学进行了工作访问。14 日，访问结束。

11 日　《人民日报》以《山东大学改革奖学金发放形式——现金奖励变项目资助》为题对山东大学本科生及研究生奖学金改革情况进行了报道。2006 年，学校改革优秀学生奖学金和社会奖学金评审办法，将原来单纯的现金奖励变为“资助项目”，目的是鼓励并支持获奖学生开展科研创新、素质拓展等活动，提高学生的创新能力。

12 日　副校长张运院士会见日本驻华大使宫本雄二夫妇等一行 3 人。宫本雄二在邵逸夫科学馆报告厅作了题为“如何看待中日关系”的演讲，从中日外交战略的高度，剖析发展中日关系的重要意义以及两国关系面临的现实障碍，并就有关问题与广大学生进行交流。

同日　学工部开始在全校学生中开展“感恩父母 点亮亲情”主题教育活动。该活动将密切结合学校近几年来连续开展的“五心”主题教育，加强对全校学生的亲情教育，树立学生的感恩意识，弘扬优秀传统文化，构建和谐校园。

同日　学校推选身患癌症、自强助人的学生谢春艳参评 10 名“中国大学生自强之星”。首届“我与祖国共奋进——寻访中国大学生自强之星”评选活动，由共青团中央与《中国青年报》共同主办。

2006 年

12 月

同日 《教育部简报》高校服务地方发展专辑第 1 期刊发题为《山东大学以贡献求发展主动服务山东建设》的信息，结合山东省制造业强省、生态强省、文化强省、教育强省建设，介绍山东大学服务地方工作情况。

同日 山东大学申报的"高校辅导员队伍建设研究"入选教育部哲学社会科学研究重大课题，获准立项。省人大常委会副主任，校党委书记朱正昌为本课题组首席专家，课题组成员包括校党委副书记方宏建以及相关部门负责人。

13 日 由学生就业指导中心与北京的卢在线有限公司联合主办、学生职业发展协会承办的"职业规划与发展"讲座在科学会堂举行。讲座由的卢在线创始人、资深人力资源专家林嘉仪(Seria Lam)主讲，帮助广大在校大学生了解职场，了解社会，科学规划职业生涯，明确职业生涯的方向。

14 日 山东大学党委宣传部荣获"山东省第三届思想政治工作创新奖"集体奖、学生工作部部长张宇被评为山东省思想政治工作先进个人。

同日 山东卫视新闻联播以"建立保障长效机制贫困学生一个不能少"为题对山东大学采取多项措施做好家庭经济困难学生资助工作进行报道。

同日 芬兰赫尔辛基大学业务主任、伊维泰科应用科学大学化学与环境工程学位项目主任等一行 3 人来访，与环境科学与工程学院及国际处相关负责人进行座谈。

同日 来自济南制锦市小学 40 多名小学生参观工程训练中心创新训练、机器人训练及先进制造技术训练等实验室。这是工程训练中心面向青少年科普及创新教育活动的有益尝试。

同日 由山东大学访学学生联谊会主办，中山大学访学团承办的"相约齐鲁，山高水长"首届访学沙龙在新校学生综合服务楼一多餐厅举行。校长展涛出席了本期沙龙并与访学学生交流。"访学沙龙"是在展涛的提议和关心下策划组织的校园文化品牌活动，目的是打造山东大学访学生交流和多元化校园文化融合的平台。通过沙龙，访学生们表达了对齐鲁大地、孔孟文化和山东大学的浓厚感情。校办、学工部、教务处、团委、国内合作办公室和文学院的有关负责人及 16 所高校访学生代表共 60 余人参加了活动。

15 日 校长展涛与中创软件公司董事长兼总裁景新海在邵逸夫科学馆报告厅签署《山东中创软件工程股份有限公司——山东大学合作协议书》。本着"优势互补，讲求实效，互相支持，共同发展"的原则，山东大学与中创软件公司将建立长期紧密的合作关系。合作协议规定，中创软件在山东大学设立连续五年、每年 20 万元的优秀奖学金和助学奖学金，山东大学在中创软件公司设立实践教学基地。双方将开展人才培养、科研攻关、学术交流等方面的合作。

同日 第三届全国研究生数学建模竞赛颁奖典礼在同济大学举行，山东大学获得一等奖 1 项、二等奖 3 硕、三等奖 2 项，在本次参赛的所在学校中综合排名第七(前五位均为军队院校)，山东大学被组委会授予优秀组织奖。

16 日 山东大学书法艺术研究中心主任徐超获第二届中国书法"兰亭·教育奖"二等奖。

18 日 数学与系统科学学院信息安全研究所所长王小云教授获第三届"中国青年女科学家奖"，共有 5 位女性科学家成为这一奖项得主。

同日　校长展涛会见海信集团副总裁、山东大学海信研究院常务副院长郭庆存一行，并就如何加快海信研究院的发展进行交流和探讨。次日，海信研究院 2006 年秋季论坛在邵逸夫科学馆举行，副校长娄红祥、海信研究院院长梅良模等参加论坛。

19 日　山东大学与中国传媒大学校际合作协议签字仪式在北京中国传媒大学举行。教育部副部长赵沁平，教育部直属高校工作司副巡视员牛燕冰，山东大学校长展涛，中国传媒大学党委书记陈维嘉、校长苏志武等出席签字仪式。签字仪式由陈维嘉主持。展涛与苏志武分别代表双方学校在校际合作协议书及合作培养本科生协议书上签字。

21 日　校长展涛会见法语联盟驻华总代表 Andre de Bussy 先生及山东法语联盟法方负责人 Aude Harzard 女士，双方就法语联盟目前的进展情况及未来的合作规划进行探讨。

22 日　外籍专家、留学生新年晚会在东校区新校综合服务楼大学生活动中心举行。晚会由学生国际交流协会（SICA）主办。学生国际交流协会名誉会长、校长展涛出席晚会并致辞，衷心祝福来自不同国家的教师和学生在山东大学度过快乐的新年。

同日　女篮国家队队员隋菲菲到体育学院领取入学通知书。根据省招生办、校招生办意见，隋菲菲被录取到山东大学体育学院 2006 级新闻专业深造，与奥运冠军邢慧娜学习同一个专业。

24 日　科技部社会发展司组织专家组对山东大学及合作单位申报的“国家糖工程技术研究中心”进行了可行性论证。科技部社会发展司司长马燕合，山东省科技厅厅长姜代晓，山东大学校长展涛、副校长娄红祥出席了论证会。

同日　山东大学聘任济南军区副政委陈章元中将为兼职教授，校长展涛为陈章元颁发聘书。校党委副书记方宏建以及学校有关部门负责人参加聘任仪式。聘任仪式前，陈章元为济南军区工程硕士班和全体国防生作了题为《国家安全及国防形势》的报告。

25 日　由山东省委宣传部、省关工委、省文明办、省委高校工委、省教育厅、省总工会和省慈善总会等十部门联合发起的《天下父母》亲情教育进校园大型系列活动启动仪式在科学会堂举行。校党委副书记方宏建出席仪式并介绍了山东大学亲情教育开展情况。

27 日　凝结着全体师生一片爱心的慈善超市——“凝爱轩”揭牌成立仪式在东区新校 9 号宿舍楼前举行。校党委副书记方宏建为“凝爱轩”揭牌。

同日　《和谐社会建设与理论创新》专题报告会在新校晶体材料楼报告厅举行。校党委副书记方宏建主持报告会。山东大学校友、中国社科院社会学研究所所长、著名社会学家李培林研究员作主题报告。部分校领导，各机关主要负责人，各学院党委书记等参加报告会。

同日　山东大学申报的大学文化建设研究成果“以项目化运作方式全面扎实推进大学文化建设”在 2006 年全国高校校园文化建设优秀成果奖评比中荣获优秀奖。

2006 年

12 月

28 日　山东大学党委统战部被授予"全省统战系统先进集体"称号，受到山东省委统战部和山东省人事厅联合表彰。

同日　山东大学在安徽开展"山大名师巡讲月"活动。在 3 天的时间里，文学与新闻传播学院王小舒教授在安徽部分中学进行了数场报告，受到当地师生热烈欢迎。巡讲组走访了合肥一中、合肥六中、淮南二中、蒙城一中五所重点中学，并分别与上述中学就加强大学与中学的联系与合作及山东大学特殊种类招生政策进行了广泛交流。

29 日　2006～2007 年度第四次院长例会在办公楼一层会议厅召开。会议交流讨论了学生就业、财务、本科教学、学术、研究生收费改革等方面工作，深入探讨了 2007 年学校有关工作的开展思路和具体措施。会议由校长展涛主持。

同日　以中央人民政府驻香港特别行政区联络办公室新界工作部副部长潘绍新为特别顾问，香港新界青年联合副会长罗竟成为团长，香港新界青年联会副主席梁嘉铭为副团长的"齐鲁文化探索研习考察团"来校访问，团员包括香港大学、香港中文大学、香港理工大学、香港岭南大学、香港城市大学等青年学生和青年社团人员。校党委副书记方宏建会见了来访客人。

同日　山东大学 2006 年科汇奖学金颁奖仪式举行，24 名研究生获得本年度科汇奖学金。山东大学研究生科汇奖学金是由山东科汇电气股份有限公司于 1999 年设立的，至今已颁发奖学金 35 万元，奖励研究生 168 名。

本月　山东大学根据教育部关于保送生和部分外语专业提前单独招生的文件精神，提前录取 218 名考生为 2007 年普通本科新生。

本月　山东大学有 5 门课程入选 2006 年度国家精品课程。至此，山东大学的国家精品课程已增至 11 门。

2007 年

1 月

6 日　山东大学口腔医学院建院 30 周年庆典大会暨山东省口腔医院揭牌仪式在山东大学西校区综合楼三楼会议厅举行。

8 日　经学校研究决定，成立山东大学收入分配制度改革领导小组。组长：展涛；副组长：尹薇、王琪珑、樊丽明；成员：马国臣、尹作升、王剑敏、王明署、芦延华、陈永、周洁、胡岩松、韩锋、戴智章。领导小组下设工作办公室，办公室设在人事处，王剑敏任办公室主任。

同日　AMS-02 项目组新年首次技术交流会在美国休斯敦召开，山东大学栾涛教授作主题报告，介绍了山大 AMS 团队所取得的重要成果。

11 日　山东大学 2006 年度浦发银行奖学金颁奖，15 名研究生荣获该项奖励。山东大学 2006 年度潍柴动力优秀学生奖学金颁奖，共有 400 名学生获得该项奖励。

12 日　在平安山东建设大会上，因平安校园建设工作成绩突出，山东大学获得山东省委、省政府表彰，被授予平安山东建设先进单位称号。

15 日　学校党委召开第 15 次常委(扩大)会议，传达全国高校党建工作等会议精神，并讨论通过了《关于进一步加强党的建设，努力建设社会主义和谐校园的意见》，学校党委理论学习中心组成员参加了会议，校党委书记朱正昌主持会议并讲话。

2007 年

1 月

17 日　校长展涛到就业指导中心调研指出，要以就业为核心协调工作，提高山东大学学生的就业竞争力。

同日　学校印发《山东大学受赠资产管理暂行办法》《山东大学国有资产管理委员会议事规则》《山东大学文物管理暂行办法》。

同日　经校学术委员会常务委员会 2006 年第 6 次会议审议通过，决定聘任魏刚教授为概念论与数理统计专业博士生指导教师，聘任占金华教授为无机化学专业博士生指导教师。

18 日　山东大学 2006 年度校长奖学金颁奖仪式举行，共有 119 名学生获得该项奖励，其中博士生 30 人，硕士生 29 人，本科生 60 人。校长展涛为每一位获奖学生颁奖并合影留念。

19 日　山东大学法学院姜作利教授在英国巴斯大学研究欧盟法期间，应邀在瑞典著名的乌普萨拉大学法学院为该院教师作《法治在当代中国》的学术报告。

25 日　经学校研究决定，成立山东大学国家大学科技园建设管理办公室，办公室设主任 1 人，副主任 3～4 人，其中 2 名副主任分别由科技处处长及山大产业集团公司总经理兼任，另设专职副主任 1～2 人。国有资产管理处的科技园建设管理职能划归国家大学科技园建设管理办公室。

本月　山东大学申报的山东省磁力分选工程技术研究中心、山东省永磁电机工程技术研究中心、山东省高效切削加工工程技术中心和山东省特种设备安全工程技术研究中心获山东省科技厅批准立项建设。到目前为止，山东大学省级工程技术研究中心已达 27 个。

2 月

5 日　山东大学与华东师范大学校际合作协议签字仪式在山东大学举行。

同日　经学校研究，同意成立山东大学传统艺术研究所。该所为依托艺术学院的非实体性研究机构，所长由刘晓静担任。

同日　经校学术委员会常务委员会 2007 年第一次会议审议通过，决定聘任杨其峰教授为外科学专业博士生指导教师。

7 日　经学校研究，决定成立山东大学可再生能源研究中心，韩吉田任主任。该中心为依托能源与动力学院的非实体性研究机构。

27 日　在 2006 年度国家科学技术奖励大会上，山东大学马春元、童勇、徐夕仁、赵旭东、高继慧、王文龙共同完成的“双循环流化床烟气脱硫技术”获国家技术发明二等奖；山东大学作为第二完成单位，由张运院士等与复旦大学共同完成的“血管内超声和多普勒技术在冠状动脉疾病诊治中的应用研究”获国家科技进步二等奖。

3 月

2 日　学校印发《山东大学 2007 年学术与行政工作要点》。

3 日　学校召开新学期工作会议，学习和贯彻落实中央、省委和教育部有关会议精神，部署 2007 年学校的党政工作。山东省人大常委会副主任、学校党委书记朱正昌，校长展涛出席会议并讲话。展涛校长全面部署了新学期的工作。展涛说，2007 年的工作重点确定在人才培养、学科科研、作风建设与管理效益三

2007 年

3 月

个方面。

4 日　学校召开全校研究生工作会议，部署 2007 年研究生教育工作，积极探索研究生培养机制改革和培养模式创新。会议由副校长兼研究生院院长陈炎主持。研究生院常务副院长刘树伟通报了研究生院 2007 年工作举措，副院长王志明、谭好哲、桑晓旻分别布置了研究生的培养与访学、2007 年博导遴选、研究生社会实践基地建设等工作。

5 日　美国辛辛那提大学副教务长 Mitch Leventhal 教授率访问团一行 9 人来校访问，展涛校长会见了代表团一行。代表团成员同山大有关学院负责人和学者就推进校际实质性合作等进行了探讨和磋商。

6 日　新学期学生开课的第一天，省人大常委会副主任、校党委书记朱正昌，校党委副书记刘珂、方宏建，副校长樊丽明、张永兵、娄红祥、陈炎等分别到各个校区听公开课。通过观摩课堂教学与师生交流，直接了解教学情况。

同日　山东大学新增 6 位“长江学者”。其中特聘教授 2 人，分别是赵国群和程林；讲座教授 3 人，分别是焦军、曹义海和王炳和。黄少安被聘为长江学者特聘教授，由中央财经大学申报，山东大学和中央财经大学双聘。

同日　副校长王琪珑、张运、陈炎分别会见法国雷恩一大博士生学院代表团一行 6 人。代表团与山大相关学院、研究生院和国际处等单位进行座谈。代表团成员为雷恩一大有关专业博士生教育和学科负责人，此行是为进一步推动和落实两校开展的中法博士生项目合作，促进双方科研合作及研究生的联合培养。

8 日　学校举行纪念“三八”国际劳动妇女节九十七周年暨表彰大会。23 个“妇女工作先进集体”、3 个“三八红旗集体”、77 位先进个人受到表彰。

9 日　山大华天软件有限公司承担的“产品全生命周期管理系统（PLM）研发与产业化”“面向装配型企业工艺管理及物流集成系统”“产品网络化协同设计的应用研究”三个项目，通过了由省科技厅委托、省信息产业厅主持的技术鉴定。

同日　山东大学医学院郝爱军教授申请的科研项目“妊娠糖尿病致胚胎神经操作作用机制的研究”获教育部科学技术研究重点项目资助。

13 日　教育部组建 2007～2010 年高等学校医药学科（专业）教学指导委员会，山东大学陈晓阳、邵伟、刘树伟、谢克勤、李士雪、张运、武乐斌、徐欣、娄凤兰、娄红祥 10 位教授被聘为公共基础课程等 10 个教学指导委员会的委员。其中，张运被聘为临床医学教学指导委员会副主任委员。

同日　第二届山东大学高等教育论坛举行。论坛围绕着“学生人格培育体系的理论与实践”这一主题重点探讨了人格培育体系的工作体系、课程设置、团体辅导体系等问题。校党委副书记方宏建、副校长樊丽明等出席论坛并讲话。

14 日　依托山东大学建立的澳大利亚阿德莱德大学孔子学院举行成立仪式。阿德莱德大学是山东大学友好学校，校长展涛等山东大学代表专程出席成立仪式。

同日　学校举行重点学科建设与“211 工程”规划研讨会。研讨会按文、理、工、医、威海分校五个专题召开，在对各单位拟申报学科基本情况分析的基础上，经过认真讨论，初步确定了新一轮国家重点学科的增补申报方案。

2007 年

3 月

15 日　山东大学 2006 年度将军集团奖、助学金颁奖仪式举行，480 名学生获得该项奖学金、助学金，其中 80 名研究生、300 名本科生获得“将军集团优秀学生奖学金”，100 名本科生获得“将军集团助学金”。校党委副书记方宏建等出席了颁奖仪式，并为获奖学生代表颁发了荣誉证书。

16 日　山东大学男、女排球队双双夺得 2006～2007 年度中国大学生排球联赛（CUVA）超级赛亚军。

同日　经学校研究，决定成立山东大学校董会秘书处，该机构直属学校管理，不定级别，设秘书长 1 名，由分管校领导兼任；设常务副秘书长 1 名，副秘书长若干名，由各相关处室主要负责人兼任。设立校董会秘书处办公室，挂靠国内合作办公室。第一届校董会秘书处人员组成：秘书长：樊丽明；副秘书长：井海明（常务）、刘永波、芦延华、李居忠、姜玮、赵炳新、李振奎。

19 日　山东大学共 16 位教师入选教育部 2006 年度“新世纪优秀人才支持计划”。本计划资助期限为 2007～2009 年。资助额度自然科学类为 50 万元；哲学社会科学类为 20 万元。

21 日　经校学术委员会常务委员会会议审议通过，决定聘任孙道峰教授为无机化学专业博士生指导教师；邵常顺教授为遗传学专业博士生指导教师；刘铎教授为材料学专业博士生指导教师；张铭湘教授为内科学（心血管病）专业博士生指导教师；王健教授为社会医学与卫生事业管理专业博士生指导教师。

同日　山东大学首批认定《城市社会学》等 62 门课程为双语教学课程，并给每门课程 2000 元的经费资助。

同日　经国务院批准，山东大学王小云、徐现刚、徐向艺、孟庆跃、高宝玉、王海洋、梁军、王志玉、李越中、马龙潜、颜炳罡等 11 人享受 2006 年度政府特殊津贴。

22 日　法国雷恩一大副校长 Jean-Jacques Durand 教授、博士生学院主任 Christophe Tavera 教授、经济学院负责国际事务的副院长 Jean-Michel Josselin 教授一行访问山东大学经济学院，商谈两院合作事宜。

27 日　经校学术委员会常务委员会会议审议通过，决定聘任李德凤教授为英语语言文学专业博士生指导教师；许明田教授为热能工程专业博士生指导教师。

29 日　山东大学第一届教职工代表大会第五次会议在科学会堂举行。山东省人大常委会副主任、校党委书记朱正昌，校长展涛等代表、特邀代表、列席代表共 416 人出席会议。大会由校党委副书记尹薇主持。

30 日　山东大学学术交流中心访问学者综合楼开工奠基仪式在南校区举行。

4 月

2 日　2007 年“美国大学生数学建模竞赛”（MCM）和“美国大学生交叉学科建模竞赛”（ICM）获奖名单公布，山东大学共获得一等奖 7 项，二等奖 7 项。

3 日　依托山东大学建立的韩国东西大学孔子学院举行开院揭牌典礼。山东省人大常委会副主任、中国孔子基金会常务副理事长、山东大学党委书记朱正昌出席开院典礼，山大在东西大学交流学习的教师和学生代表也参加了开院仪式。

11 日　山东省科技厅厅长翟鲁宁一行来校调研科技工作。校长展涛主持了座谈会。

同日　山东大学空间热科学研究中心主任程林教授向科技部部长徐冠华汇报山大参与 AMS 项目的进展情况，AMS 项目总负责人、著名物理学家、诺贝尔奖获得者丁肇中教授同时听取汇报。

同日　经学校研究：决定成立山东大学中日药物筛选中心，曲显俊任主任，该中心为依托药学院的非实体性研究机构；决定成立山东大学文化遗产研究所，周峰任所长，颜炳罡、曾振宇任副所长，该研究所为依托艺术学院的非实体性研究机构；决定成立山东大学品牌与传播研究所，李克任所长，该研究所为依托文学与新闻传播学院的非实体性研究机构；决定成立山东大学反垄断与竞争政策研究所，于良春任所长，该研究所为依托经济学院的非实体性研究机构；决定成立山东大学环境政治研究所，郇庆治任所长，该研究所为依托政治学与公共管理学院的非实体性研究机构。

13 日　我国著名古文献学家、山东大学文史哲研究院教授、博士生导师，中国国民党革命委员会党员、九三学社社员王绍曾逝世，享年 97 岁。

同日　山东大学 2007 年度国家自然科学基金申报及结题工作结束，共组织申报国家自然科学基金各类项目 794 项，国家自然科学基金各类项目结题 97 项。

18 日　学校研究通过《山东大学师资博士后暂行管理办法》。

同日　学校决定成立"山东大学研究生培养机制改革领导小组"。其人员组成名单如下：组长：展涛；副组长：陈炎；成员：刘树伟、芦延华、赵显、李红、王志明、桑晓旻；秘书：薛佩军。

22 日　学校印发《山东大学教学改革与研究立项项目管理办法》。

23 日　国家科技部正式批准山东大学国家糖工程技术研究中心立项建设，资助政府立项建设经费 1000 万元。

29 日　山东大学"董明珠楼"命名暨"董明珠奖学金"颁奖仪式在东校区新校举行。山东省人大常委会副主任、校党委书记、校董事会主席朱正昌，珠海格力电器股份有限公司副董事长、总裁董明珠女士出席仪式，共同为山东大学董明珠楼揭牌并为获奖同学颁奖。副校长樊丽明主持仪式。朱正昌为董明珠颁发了山东大学第一届校董聘书和纪念牌。感谢格力携手山大，惠教泽学，传递爱心。副校长王琪珑为董明珠颁发山东大学兼职教授聘书。

2007 年

4 月

2007 年 4 月 29 日，山东大学董明珠楼命名暨董明珠奖学金颁奖仪式

5 月

9 日　经学校研究，决定将马列主义理论教学部更名为马克思主义学院，行政级别、领导干部职数不变。

12 日　山东省委副书记、山东省人大常委会副主任高新亭来校视察，听取学校负责人的工作汇报，并作了重要讲话。会前，高新亭来到山东大学齐鲁医院，参加心血管重构与功能研究教育部和卫生部重点实验室揭牌仪式，并会见实验室学术委员会主任委员、中国工程院副院长、中国医学科学院院长刘德培院士一行。揭牌仪式后，高新亭还参观了晶体材料国家重点实验室，蒋民华院士介绍了晶体材料科研和实验室今后发展等方面的情况。

14 日　山东大学晶体材料国家重点实验室在大直径 SiC 单晶研究方面取得突破性进展，成功生长出直径 3 英寸的 SiC 单晶；2 英寸半绝缘 SiC 单晶衬底达到“开盒即用（epi-ready）”的水平，与合作单位在 SiC 衬底上制备的微波 GaN/AlGaN HEMT 器件的输出功率密度达到 5.5W/mm 的水平，这是国产 SiC 半绝缘衬底第一次得到具有微波特性的器件，实现了从 SiC 单晶到外延生长和器件制备的全部国产化，为国内微波大功率器件的研发奠定了基础。

21 日　经学校研究，决定成立山东大学孔子学院工作办公室，该办公室与山东大学国际教育学院属同一机构，行政级别、人员编制、领导干部职数不变。山东大学孔子学院工作办公室设主任 1 人（由国际教育学院院长兼任）、副主任 2 人。

25 日　为更加及时有效地行使本科教学指导委员会的工作职能，由山东大学本科教学指导委员会主任委员会提议，成立山东大学本科教学指导委员会常务委员会。

2007 年

5 月

27 日　山东大学纪念王淦昌先生 100 周年诞辰学术报告会在邵逸夫科学馆报告厅举行。"纪念王淦昌先生 100 周年诞辰"图片展同时开展，校长展涛、校党委副书记刘珂、副校长王琪珑与师生一同参观展览。展览由 54 块展板、179 幅照片组成，从王淦昌先生青少年时期、求学清华、留学德国、执教山大、两弹元勋、杜布纳岁月、家庭亲情、情系家乡、日月同辉等 12 个部分展示其辉煌灿烂的一生。

28 日　教育部部长周济一行来山东大学视察工作。

2007 年 5 月 28 日，教育部部长周济（左二）视察山东大学

6 月

1 日　经学校研究决定，成立山东大学国家糖工程技术研究中心。该中心为学校直属独立建制科研机构，处级建制，先不确定编制，日后视发展情况按需定编；设主任 1 人，副主任 3 人。中心业务以生命科学院、药学院为依托，党群关系挂靠生命科学院。

5 日　澳大利亚纽卡斯尔大学常务副校长 Barney Glover 教授率代表团来校访问，校长展涛会见了 Barney Glover 教授一行，双方就建立合作关系进行了探讨。

同日　校长展涛和加拿大蒙特利尔大学 Vinet 校长共同签署了《山东大学和蒙特利尔大学校际合作备忘录》和《山东大学和蒙特利尔大学/工程学院合作协议》，这标志着山东大学和蒙特利尔大学正式建立了校际合作关系。

10 日　山东大学中行厅、工行厅、招行厅、建行厅、开行厅命名暨揭牌仪式在南新区讲堂群举行，山东省人大常委会副主任、校党委书记、校董会主席朱正昌出席仪式并揭牌，校长展涛出席仪式并讲话。中国银行山东省分行行长王建宏、中国工商银行山东省分行行长沈荣勤、国家开发银行山东省分行行长于泽水、招商银行济南分行副行长王纪全、中国建设银行山东省分行副行长王江应邀参加揭牌仪式并与朱正昌书记一起为所属银行命名厅揭牌。

2007年

6月

11日　经学校研究，决定成立山东大学残疾人事业发展研究中心，葛忠明任主任。该中心为依托哲学与社会发展学院的非实体性研究机构。

13日　经学校研究，决定将山东大学空间热科学研究中心更名为山东大学热科学与工程研究中心。

16日　山东大学2007届学生毕业典礼暨学位授予仪式在各校区展开。

21日　山东大学59项成果获2006年度国家和山东省科技奖励，其中获得国家科学技术奖2项。在获得的57项山东省科学技术奖中，自然科学奖一等奖1项、二等奖1项、三等奖2项；技术发明奖二等奖4项；科技进步奖一等奖1项、二等奖19项、三等奖29项。

同日　科技部部长万钢，山东省委副书记、代省长姜大明，科技部副部长尚勇一行来校视察工作。在视察晶体材料国家重点实验室并听取工作汇报后，万钢部长作了重要讲话。山东省人大常委会副主任、校党委书记朱正昌主持了会议。展涛校长介绍了山东大学在科技创新平台建设方面所做的工作和未来的规划。

23日　山东大学残疾人事业发展研究中心成立典礼暨合作签字仪式举行。校长展涛，中国残疾人理事会副理事长程凯，山东省残疾人理事会会长仉兴玉等出席典礼。

29日　经学校研究决定，成立山东大学附属生殖医院。该医院由山东大学产业集团与济南市中心医院等共同组建股份制医院，山东大学控股。

7月

2日　孔令仁先生为"中国妇女儿童博物馆"捐赠文物仪式在山东大学举行。

4日　学校印发《山东大学研究生培养机制改革方案(试行)》。

9月

5日　教育部公布新一轮国家重点学科名单，山东大学原有的6个二级学科国家重点学科以优异的成绩通过考核评估，12个二级学科成功通过增补评审，被增列为新的二级学科国家重点学科，在此基础上，又有2个一级学科被认定为一级学科国家重点学科。本次新增的12个二级学科国家重点学科是："产业经济学""科学社会主义与国际共产主义运动""中国古代史""基础数学""粒子物理与原子核物理""物理化学""机械制造及其自动化""材料加工工程""控制理论与控制工程""人体解剖与组织胚胎学""内科学(心血管病)""妇产科学"；通过考核评估的原有6个国家重点学科是："文艺学""运筹学与控制论""凝聚态物理""微生物学""材料学""流行病与卫生统计学"；教育部认定的2个一级学科国家重点学科是"数学"和"材料科学与工程"。

7日　教育部、山东省教育厅分别发出表彰决定，对长期从事本科基础课教学工作、具有较高学术造诣、注重教学改革与实践、教学水平高、教学效果好的全国100名第三届国家级教学名师奖获得者和山东省46名第三届省级教学名师奖获得者予以表彰。山东大学数学与系统科学学院刘桂真、历史文化学院王育济两位教授荣获第三届国家级教学名师奖；医学院于修平、信息学院蔡履中、管理学院徐向艺、体育学院张瑞林、威海分校陈冠军五位教授荣获省级教学名师奖。

2007 年

9 月

8 日　在中国科协年会开幕式上，山东大学晶体研究所蒋民华院士与中科院理化所陈创天院士、中科院物理所许祖彦院士共同荣获“求是杰出科技成就集体奖”。

9 日　山东大学与山东省高速公路集团有限公司举行关于联合成立“山东大学山东高速集团工程技术中心”协议书签字仪式。

10 日　澳大利亚阿德莱德大学校长 James Alexander McWha 教授率团来校访问，阿德莱德大学国际交流事务副校长 John Taplin 博士、孔子学院副主任张宁博士以及中国项目部主任 Sandy McConachy 女士陪同来访。

11 日　应日本独立行政法人媒体教育开发中心邀请，副校长陈炎赴日本进行了为期 6 天工作访问。

12 日　中共山东省委书记李建国来校视察工作。他先后视察了山东大学的 4 个校园，察看了学校部分重点实验室及“985”创新平台，登门看望了自己当年的老师，听取了山东大学的工作汇报，并作重要讲话。李建国书记在山东省人大常委会副主任、山东大学党委书记朱正昌和校长展涛的陪同下，观察了心血管重构和功能研究教育部、卫生部重点实验室，南校区山东大学空间热科学实验室，东校区老校校园，东校区新校文史楼资料室和多媒体教室、5 号学生宿舍楼、综合服务中心学生食堂、人文大厦工地、晶体材料国家重点实验室等。

13 日　意大利都灵理工大学校长代表团来校访问，洽谈两校合作事宜。

14 日　人事部、全国博士后管委会批准增设 405 个博士后科研流动站，山东大学获准增设 11 个，新增流动站数量居全国高校首位。本次新增设的 11 个博士后科研流动站为：理论经济学、法学、政治学、外国语言文学、光学工程、动力工程及工程热物理、电气工程、信息与通信工程、控制科学与工程、环境科学与工程、口腔医学。目前，全校博士后流动站已达 26 个。

15 日　2007 级新生入学，展涛校长来到东校区新校小树林、老校 6 号楼西侧等迎新场地，慰问前来报到的新生、新生家长及迎新工作人员，并同大家亲切交谈。

16 日　教育部副部长赵沁平来校调研，并就学校重点学科建设提出了指导性意见，校长展涛主持调研座谈会。

同日　国家汉语国际推广领导小组副组长、中国孔子学院总部理事会副主席、国务院原副秘书长陈进玉一行来校调研汉语国际推广工作。

17 日　佟振合院士任山东大学兼职特聘教授聘任仪式在办公楼第二会议室举行。

18 日　“刘继厚先生助学金捐赠仪式”在东区新校举行，校长助理王剑敏出席仪式并向刘继厚先生颁发捐赠证书。

同日　山东大学被中共山东省委命名为“山东省基层党建工作示范点”，以表彰山东大学在基层党建工作中所取得的优秀成绩。

同日　德国奥格斯堡大学著名语言学家 Hans Juergen Heringer 教授和奥格斯堡德中友好协会主席 Hansjörg Bisle-Müller 博士来校访问。校长展涛会见了两位客人。

2007 年

9 月

19 日　学校举行 2007 级研究生开学典礼，迎接 4370 名研究生新同学的到来。校长展涛出席开学典礼并讲话。副校长兼研究生院院长陈炎主持开学典礼。

25 日　山东大学以刘建亚教授为带头人的数学院“大学数学”系列课程教学团队、以高英茂教授为带头人的医学院人体解剖与组织胚胎系列课程教学团队、以王育济教授为带头人的历史文化学院“中华民族精神概论”教学团队，全部入选省级教学团队。“大学数学”系列课程教学团队和人体解剖与织胚胎系列课程教学团队被推荐参加国家级教学团队的评审。

28 日　束星北先生 100 周年诞辰纪念会在山东青岛举行。校党委副书记刘珂率山东大学代表团参加纪念会。

30 日　山东大学被国家安全生产监督管理总局正式授予“国家一级安全生产培训机构”。按照国家安全生产监督管理总局的相关要求，经学校研究，决定成立“山东大学安全技术培训中心”，该机构挂靠山东大学工程训练中心，不定级别。设主任 1 名，由樊丽明副校长兼任；设副主任 2 名，由贺业建、赵炳新兼任。安全技术培训中心下设办公室（该机构不定级别），刘代任办公室主任。

同日　由香港山东商会荣誉顾问、“大紫荆”勋章获得者、震雄集团主席蒋震博士和香港商会会长、香港山东商会会长蒋丽莉博士率领的香港山东商会代表团一行 14 人来校访问。

10 月

4 日　文学与新闻传播学院中文 1983 级校友共同捐资建造的臧克家先生铜像揭幕仪式在邵逸夫科学馆前举行。校长展涛、山东省社科院院长张华、副校长陈炎以及臧克家长子臧乐源先生等出席了揭幕仪式。

2007 年 10 月 4 日，山东大学中文系 1983 级校友捐资建造的
臧克家先生铜像揭幕仪式在邵逸夫科学馆前举行

5 日　山东大学 2007 级新生举行开学典礼。山东省人大常委会副主任、校党委书记朱正昌，校长展涛，校党委副书记尹薇、刘珂、方宏建，副校长王琪珑、

2007 年
10 月

樊丽明、张永兵、张运、陈炎一起走上舞台与2007级新生见面。朱正昌在讲话中首先向2007级全体新同学表示衷心的祝贺和诚挚的欢迎,向辛勤培育学生成长的中学老师和家长们表示衷心的感谢和崇高的敬意。教师代表晶体材料国家重点实验室蒋民华院士、医学院张运院士等寄语新同学,希望同学们把今天作为新的起点,珍惜山大的美好学习环境,努力学习,打好基础,注重创新,培养团队精神,学以致用,大胆实践,为了祖国更加繁荣富强,为了母校的明天更加美好,用智慧和行动去创造辉煌。

6日　山东大学经济学院创建30周年庆典举行,庆典活动以"求是,奋进,创新,发展"为主题,定位于创新性和学术性,并举办"中国改革开放三十年与山东发展新探索:'一体两翼'高层论坛"等一系列高水平的学术活动。山东省人大常委会副主任、校党委书记朱正昌,校长展涛,济南市委副书记、市长张建国,经济学院校友代表等1400余人出席盛典。

10日　由山东大学、瑞典皇家理工学院、山东省科技厅和山东能源学会共同主办的"瑞典科技周"开幕式在山东大学邵逸夫科学馆报告厅举行。校长展涛出席开幕式并致辞。

同日　山东大学2007年度思源奖学金颁奖仪式在办公楼会议厅举行。香港思源基金会顾问黎应锦先生、梁淑芷女士,山东大学副校长樊丽明出席了颁奖仪式。

同日　由山东大学泌尿外科研究所和瑞士的专业医学杂志出版社Karger集团联合出版的*Current Urology*在第二医院创刊发行,该杂志是国内第一家专业的泌尿外科英文期刊。

11日　山东大学教育基金会成立仪式在东校区办公楼一层会议厅举行。成立仪式由校长展涛主持,民政厅副厅长周云平宣读《关于山东大学教育基金会设立登记的批复》,标志着山东大学教育基金会的正式成立,省民政厅、教育厅的有关领导出席成立仪式。

2007年10月11日,山东大学教育基金会成立

同日　"蒋震菏泽奖学金"签约及颁发仪式举行。蒋震工业慈善基金会及震雄集团主席蒋震博士、校长展涛出席仪式并讲话。蒋震斥资100余万元在山

大设立“蒋震菏泽奖学金”。今年共 40 名优秀菏泽籍学生获此奖励。同时，蒋震博士针对山东大学的其他捐款项目正在积极洽谈中。

同日　能源与动力工程学院动力工程及工程热物理博士后科研流动站成立。能源与动力工程学院杜广生教授负责的课程“工程流体力学”被评为 2007 年度能源动力类国家精品课程。

12 日　山东大学第一届校董会第二次会议召开，来自社会各界的校董汇聚一堂，共商学校合作发展大计。山东省人大常委会副主任、校党委书记、校董会主席朱正昌主持会议。会议首先举行校董聘任仪式。校董会主席朱正昌为 2007 年新发展的 10 位校董颁发校董聘书和纪念牌。截至目前，校董会人数已达 48 人。与会校董就如何加快学校发展以及发挥好校董会作用提出了很多建议。

同日　联合国人居署最佳范例委员会常务委员、国际生态安全合作组织主席兼首席执行官蒋明君教授一行访问山东大学。

同日　李树忱副教授申请的“隧道超前地质实时预报多频激电及二激发电流极化时差仪及其分析系统研制”，获得国家基金科学仪器基础研究 130 万元专款资助。赵小凡教授与美国密苏里大学副教授宋齐生博士合作申请的国家基金重大国际(地区)合作研究项目“昆虫蜕皮激素信号转导途径研究”获得国家基金重大国际(地区)合作研究项目经费 120 万元资助。“具有重大应用前景的功能晶体材料”团队获得国家自然科学基金创新研究群体科学基金 500 万元资助，这是该基金设立以来山东大学首次获得资助。王克明、娄红祥、韩圣浩教授分别获得国家自然科学基金重点项目 230 万元、160 万元和 150 万元的资助。刘建亚教授、解士杰教授作为负责人申请的国家基础科学人才培养基金分别获得 180 万元和 300 万元的资助。

18 日　学校印发《山东大学国家奖学金管理暂行办法》《山东大学国家励志奖学金管理暂行办法》《山东大学国家助学金管理暂行办法》。

19 日　山东大学 2007 年田径运动会举行，拉开了 2007 年山东大学体育文化节的帷幕。

23 日　山东大学庆祝十七大教职工书画艺术展开展。本次展览由校党委宣传部、校工会、图书馆、档案馆、书画研究院联合主办。展览共展出全校教职工书画艺术作品 150 余件。

26 日　第五届中国外语博士论坛暨山东大学“海右”博士生论坛在山东大学举行。本届论坛由《中国外语》杂志社主办，山东大学外国语学院、研究生院及研究生工作部承办，高等教育出版社协办。来自国内几十所著名高校的百余位知名学者齐聚山大，围绕“外国语言文学研究的创新与学科发展”这一主题进行探讨。开幕式由副校长陈炎主持。

29 日　为表彰先进，进一步激发全校广大教师和教育工作者爱岗敬业、教书育人的积极性，学校决定对以下单位和个人进行表彰。全国教育系统先进集体：数学与系统科学学院；全国高校优秀思想政治教育工作者：张宇；山东省优秀教师：蔡履中、夏光敏；山东大学优秀教师：刘玉田、高宝玉、刘世铸、吴文新、

2007 年

10 月

高英茂、刘新泳、冯维明、梁作堂、徐欣；宝钢基金优秀教师特等奖提名人：孟祥旭；宝钢基金优秀教师提名人：张树永、徐向艺；齐鲁晚报杯山东高校十大优秀教师：谢克勤。

31 日　山东大学彭实戈院士获 2007 年度何梁何利基金“科学与技术进步奖”。

同日　山东大学 11 位教师入选教育部 2007 年度“新世纪优秀人才支持计划”。入选人员分别是张勤河（机械学院），杨其峰、彭军（齐鲁医院），王雪林（物理学院），刘允刚（控制学院），郝霄鹏（晶体所），郭卫华（生命学院），施战军（文学与新闻传播学院），方雷（政治学与公共管理学院），方辉（历史文化学院），丁荣贵（管理学院）。

11 月

6 日　学校本科教学指导委员会第五次常委会议召开。会议审议通过了《山东大学本科学生学籍管理规定（2007 修订稿）》，讨论了《关于推行本科课程“公开教学”的实施意见》。教学指导委员会常务副主任委员、副校长樊丽明主持会议。

8 日　学校决定成立山东大学全国博士质量调查工作领导小组。组长：陈炎；副组长：王剑敏、刘树伟；成员：马传峰、王志明、刘建亚、孙东升、李红、李剑峰、佟光武、张文玺、张承慧、赵显、桑晓旻、刘志业、龚瑶琴、谭好哲、臧旭恒；秘书：姚传义。

13 日　山东大学第十二届委员会第三次全体会议召开，会议通报了第十二届二次全委会以来的工作情况，并对学校深入学习贯彻党的十七大精神作出全面部署，动员全校党员和师生员工抢抓机遇，团结拼搏，乘势而上，为把学校建设成为高水平研究型大学而努力奋斗。省人大常委会副主任、校党委书记朱正昌主持会议并作重要讲话。

20 日　中国科技论文统计结果发布会在北京国际会议中心举行。与 2005 年相比，2006 年山东大学 EI 收录、Medline 收录分别为 833 篇、481 篇，分别比上年增长了 57 篇和 113 篇。

21 日　山东大学 2007 年（第六届）全国重点中学校长论坛举行。来自全国 17 省份 140 多所重点中学校长汇聚一堂，共商新课改背景下的创新型人才培养、大学与中学教育的衔接与合作等问题，并积极为山东大学的教育拓展及高考招生等有关问题建言献策。

23 日　展涛校长与重庆大学李晓红校长在重庆大学共同签署校际合作协议。

24 日　山东大学与重庆市科委在重庆签署“山东大学—重庆市科委产学研合作备忘录”。山东省人大常委会副主任、山东大学党委书记朱正昌，重庆市人大常委会副主任陈雅棠，山东大学校长展涛，重庆市科委主任周旭，副校长张永兵、娄红祥等出席签字仪式。

28 日　山东大学“构建人格培育体系，创新人才培养模式”研究课题被列为国家教育科学“十一五”规划 2007 年度教育部规划课题。

25～29 日　校长展涛先后访问了香港中文大学、香港科技大学、香港浸会大学、香港理工大学等高校，并拜会了香港的多家基金会、商会及社会知名人士。

2007年

11月

12月

3日　山东大学“中国古典文献学”“电力系统及其自动化”和“药物化学”3个学科被列为国家重点(培育)学科。

5日　中信银行济南分行“山东大学研究生社会实践基地”揭牌仪式举行。

6日　山东大学首场“三种经历”推介会在东校区科学会堂举行，就“三种经历”举措向大学生作全面介绍。副校长樊丽明到会并讲话，樊丽明说，实施“三种经历”教育是山东大学实施全方位开放式发展战略的重要举措，对于培养高素质创新型人才具有重要作用。

7日　吉林大学校长、中国科学院院士、山东大学特聘院士、著名液晶高分子化学家周其凤来访，并为师生作了题为《我做研究的一点体会》的学术报告。

8日　山东大学获2007年全国大学生电子设计竞赛全国一等奖5项，二等奖8项，一、二等奖总数列全国高校第三位，受到大会表彰。信息学院周勇、宁金龙、赵立岐，控制学院侯进振、程炳琳、李大川两个团队在《开关稳压电源》设计中获全国一等奖；信息学院王鹏、控制学院胡德波、控制学院石耀良，信息学院高少锐、物理学院严冰、计算机学院周景博，控制学院陈云、软件学院孙希伟、控制学院王小静三个团队在《电动车跷跷板》设计中获得全国一等奖。

9日　顾金才院士访问土建与水利学院，并受聘山东大学兼职特聘教授，王琪珑副校长参加受聘仪式。

12日　山东大学有7门本科课程入选2007年度国家精品课程。至此，山东大学的国家精品课程已增至18门。入选的7门精品课程分别是：文学与新闻传播学院陈炎教授的“中国审美文化史”、体育学院张瑞林教授的“体育管理学”、管理学院赵炳新教授的“网络营销”、数学与系统科学学院吴臻教授的“微积分与数学试验”、医学院刘执玉教授的“系统解剖学(双语)”、护理学院娄凤兰教授的“护理学基础”、能源与动力工程学院杜广生教授“工程流体力学”。

16日　由中国国家汉语国际推广领导小组办公室主办，山东大学承办的全球孔子学院院长研修班中华文化体验(山东)暨首届“孔子思想与中华文化论坛”举行。与会代表来自18个国家，34个孔子学院和孔子课堂。

17日　在台湾地区第八届大学生创意实作竞赛中，山东大学机械工程学院机电工程专业本科生王永、生命科学学院硕士研究生王玉涛共同完成的制作“音控自动分类垃圾箱”获得最佳环境友好创意奖。

同日　山东大学环境科学与工程学院张成禄副教授申请的专利“多级拆返流人工氧化塘”获得国家知识产权局专利授权。至此，张成禄以第一发明人在2007年度获得授权专利21项，并申请专利18项(其中发明专利10项)。

21日　扬州大学校长、国家“973”“863”专家，国家基金委重大、重点项目主持人顾铭洪教授；中国科学院“百人计划”入选者，国家杰出青年科学基金获得者，博士生导师程祝宽教授来生命科学学院进行学术交流，并分别为师生们作了题为《水稻稻米品质遗传的分子基础和育种应用》《端粒在同源染色体联会中的作用》的学术报告。

2007 年

12 月

22 日　山东大学信息科学与工程学院张行愚教授等承担的省科技计划项目“全固态倍频拉曼激光器”顺利通过了省教育厅主持的技术鉴定。来自清华大学的金国藩院士以及天津大学、北京交通大学等高校的专家组成的鉴定委员会一致认为该成果达到国际领先水平。

24 日　山东大学与国家电网公司在北京就双方加强合作、推动科技创新等举行了会谈，共同签署了校企合作会谈纪要。

同日　山东大学工程训练中心和管理学科试验中心双双成为 2007 年度国家级实验教学示范中心建设单位。

同日　山东大学关心下一代工作委员会荣获山东省教育厅授予的“全省教育系统关心下一代工作先进集体”荣誉称号，山东大学老教育工作者协会荣获山东省教育厅授予的“全省老教育工作者协会工作先进集体”荣誉称号。

25 日　山东大学《科学畅想曲》系列学术报告——《一个新药分子的旅途》在东校区新校办公楼工会厅举行，报告人是长江学者特聘教授闫兵博士。

26 日　在综合科研楼工程施工现场，山东省人大常委会副主任、校党委书记朱正昌宣布：“山东大学综合科研楼主体结构顺利封顶!”。综合科研楼总面积近 13 万平方米，于 2006 年 5 月桩基开工。

同日　2007 年度真维斯大学生助学金发放仪式在东区新校举行，共有 55 人获奖。

27 日　中国科学院院士增选新闻发布会在北京召开，山东大学物理学院王克明教授当选为中国科学院院士。

同日　学校举行聘任仪式，聘任浙江大学郑强教授为山东大学讲座教授，常务副校长王琪珑向郑强教授颁发“讲座教授”证书。

29 日　2007 年度山东大学校长奖学金颁奖仪式在东区新校举行，展涛校长发表讲话，方宏建副书记主持仪式、陈炎副校长出席。共有 121 名学生获得校长奖学金，其中本科生 60 人，研究生 61 人。

31 日　2007 年山东省科学技术奖公布，山东大学共有 66 项成果获奖，其中科技进步奖一等奖 3 项、二等奖 16 项、三等奖 39 项；自然科学奖二等奖 2 项、三等奖 5 项；技术发明奖三等奖 1 项。

2008 年

1 月

3 日　为了促进组织工程学科的发展，经学校研究，决定成立山东大学组织工程研究所。蒋民华任名誉所长，关广聚任所长，刘向阳（兼）、刘宏（兼）、赵冬梅任副所长。

4 日　中国最大的医疗器械制造商、国家“863”产业化基地、国家火炬计划重点高新技术企业——山东威高集团有关负责人和技术人员考察山东大学工程训练中心，就有关医用模具的设计与开发、医用高技术材料的研制与应用和工训中心有关负责人进行交流，初步达成合作意向。

同日　美国加州大学交通研究中心、伯克利分校全球大都市研究中心负责人伊丽莎白·蒂肯（Elizabeth Deakin）教授一行来校访问，与土建与水利学院签署合作协议，双方将共同致力于搭建教学、科研以及学术交流平台，推动城市与交通和谐发展的研究。

2008 年

1 月

7 日　澳大利亚阿德莱德大学中国项目主管 Sandy McConachy，经济系主任 Chirstopher Findldy，国际处项目官员 Iris Liu 来校访问，展涛校长会见来访客人。

11 日　学校公布实施《山东大学机构设置调整方案》。

同日　中共山东省委常委、宣传部部长李群来校调研，参观博物馆、国际教育学院和孔子学院、晶体所，并与校领导及部分教师代表进行座谈。

13 日　学校举行 2007 年冬季学位授予仪式。校长展涛为获得博士、硕士学位人员颁发学位证书。副校长娄红祥宣读了《山东大学关于 2007 年度授予 151 人博士学位、1193 人硕士学位的决定》。副校长兼研究生院院长陈炎代表学校和研究生院发表讲话，向毕业研究生提出了四点要求和希望：坚定理想信念，承担社会责任；传承山大精神，永葆青春激情；坚持终身学习，不断实现创新；维护山大声誉，关心母校发展。

15 日　法国布列塔尼大区主席让・伊夫・勒德安先生率领代表团一行 14 人来校访问。

16 日　韩国庆熙大学国际处代表团来校访问，与国际处、外国语学院就开展本科生双学位培养进行座谈。

17 日　以“长江学者”特聘教授、国家杰出青年基金获得者、国家首届教学名师、数学院院长刘建亚为带头人的大学数学系列课程教学团队被评为 2007 年国家级教学团队。

同日　山东大学研究生迅华传媒实践基地揭牌仪式在山东迅华传媒广告有限公司举行。

18 日　山东大学—济宁市人民政府、日照市人民政府产学研合作协议签字仪式在我校举行。山东省人大常委会副主任、中共山东大学党委书记朱正昌，山东大学校长展涛；中共济宁市委书记孙守刚、市长张振川；日照市委书记李兆前、市长杨军；省教育厅、省科技厅有关领导出席仪式。朱正昌书记代表学校分别与李兆前书记、孙守刚书记互赠礼品；展涛校长分别与张振川市长、杨军市长签署合作协议。

同日　学校研究通过《山东大学新专业设置管理办法》。

20 日　中科院院士戴汝为做客山东大学“大家讲坛”。

本月　学校公布 2007 年专利工作情况，全年共申请专利 358 项，比 2006 年增加了 40.1%；获得授权专利 188 项，比 2006 年增加了 74.1%。在 358 项申请专利中，有发明专利 260 项，实用新型专利 97 项，外观设计 1 项。

2 月

20 日　化学与化工学院郝京诚教授和土建与水利学院李术才教授当选 2007 年度长江学者特聘教授；数学学院叶扬波教授、医学院王兴利教授、控制科学与工程学院付敏跃教授和电气工程学院陈通文教授当选 2007 年度长江学者讲座教授。另外，化学系 1982 届校友、中国科学院江桂斌教授荣获 2007 年度“长江学者成就奖”。

2008 年

2 月

23 日　学校召开新学期工作会议，校党委书记朱正昌、校长展涛分别就新学年的主要工作和 2008 年“人才年”的实施构想作了讲话。朱正昌代表学校党委对新学期的工作提出了三点具体要求：第一，要以认真学习贯彻十七大精神为动力，切实抓好中央、省委和教育部重要会议精神的贯彻落实，进一步增强做好 2008 年各项工作的责任感和使命感；第二，要着眼新的任期，立足新的观点，全面贯彻落实科学发展观，以创新的精神和务实的作风做好 2008 年及新任期的各项工作；第三，要以改革创新的精神全面加强学校党建和思想政治工作，切实为事业发展科学事业提供强有力的政治、思想和组织保证。展涛就“关注每个人的成长和发展”为主题，就 2008 年“人才年”实施构想作了讲话。

24 日　著名理论化学家邓从豪院士铜像落成典礼隆重举行，以缅怀这位为我国理论化学研究、为山东大学的建设发展作出过重要贡献的杰出学者和老校长。

2008 年 2 月 24 日，山东大学著名化学家邓从豪院士铜像落成典礼隆重举行

26 日　学校研究通过《山东大学 2008“人才年”实施方案》。

3 月

1 日　张运副校长在邵逸夫科学馆会见中法粒子物理实验室（FCPPL）法国代表团一行并进行了座谈。座谈会前，展涛校长会见了代表团一行。

3 日　学校举行 2007 年度十大新闻人物和 2007 年度爱岗奉献模范人物颁奖典礼，校党委书记朱正昌、校长展涛、副书记刘珂等出席颁奖典礼。朱正昌书记、展涛校长分别为 2007 年度十大新闻人物王克明、彭实戈、夏光敏、陈哲宇、杜泽逊、丁轶、陶绪等颁奖；彭实戈院士、王克明院士、首届“十大新闻人物”代表刘建亚教授及优秀学生代表分别为 2007 年度爱岗奉献模范人物丁荣贵、张培忠、赵秀萍、高英茂、赵莹、周长征、谢克勤、蔡履中、高弟等颁奖。

5 日　学校党政联席会议研究通过《山东大学突发公共事件应急预案（修订稿）》。

7 日　学校纪念“三八”国际劳动妇女节 98 周年及表彰大会在邵逸夫科学馆报告厅举行。会上表彰了 60 名“三八红旗手”、77 户“五好文明家庭”和 10 名“优秀女大学生”。校党委常务副书记尹薇参加会议并讲了话。

2008 年
3 月

10 日　学校决定依据国家建设精品课程要求和《山东大学精品课程建设与管理实施办法(试行)》,对前期立项的各级精品课程进行检查,同时开展 2008 年度山东大学精品课程立项评选工作。

同日　山东大学 2008“人才年”新闻发布会举行。校长展涛出席并讲话。

11 日　挪威阿哥德(Agder)大学代表团一行 4 人来校访问,与经济学院、外国语学院、信息科学与工程学院商谈合作相关事宜。

12 日　山东大学化学、生物科学两个专业获批第五批“国家理科基础科学研究和教学人才培养基地”。至此,山东大学国家级人才培养基地增加到 6 个,前 4 个分别是中文、数学、物理和生命科学与技术人才基地。

13 日　山东大学与山东省农村信用社联合社合作协议签约仪式暨项目管理(金融)工程硕士研究生班开学典礼举行。校党委书记、校董会主席朱正昌,校长展涛,山东农村信用社联合社党委书记、理事长宋文瑄等出席仪式。仪式由副校长樊丽明主持。

14 日　学校召开 2008 年反腐倡廉建设工作会议,深入学习贯彻中纪委十七届二次全会精神,部署 2008 年反腐倡廉建设工作。

20 日　为适应生物医学工程学科发展的需要,经学校研究,决定成立山东大学生物医学工程研究中心,中国工程院院士余梦孙教授任中心名誉主任,刘常春任主任(兼职),另设兼职副主任三人,刘伯强任副主任,聘任泰安市中心医院副院长刘君任副主任,聘任省医学会医疗设备分会主任王国忠任副主任。

21 日　学校研究通过《山东大学研究生培养机制改革“助研”奖学金管理办法(试行)》。

24 日　学校研究通过《山东大学“齐鲁青年学者”特聘教授聘任办法》。

同日　山东省新闻发言人培训基地揭牌暨第一期培训班开班仪式在我校举行。中共中央对外宣传办公室副主任王国庆,山东省委常委、宣传部部长李群,山东大学党委书记朱正昌,中央外宣办新闻局副局长华清,山东省人民政府副秘书长、省应急办主任张德宽,省委对外宣传办公室主任黄泽存,山东大学副校长樊丽等出席仪式。王国庆和朱正昌共同为基地揭牌。仪式由中共山东省委宣传部副部长、培训基地主任刘保聚主持。为全面提高山东省各级领导干部应对媒体的实际本领和新闻发言人的综合素质,切实做好新闻发言人肯“采访线工程”培训工作,在中央外宣办的大力支持下,山东省委外宣办与我校合作建立了山东省新闻发言人培训基地。

26 日　山东大学山东高速集团工程技术中心奠基暨工程训练中心主体结构封顶仪式在南校区举行。校党委书记朱正昌,山东高速集团总经理孙亮出席仪式。仪式由常务副校长王琪珑主持。

27 日　学校处以上干部学习贯彻党的十七大精神集中培训活动拉开序幕。教育部教育发展研究中心专家咨询委员会副主任蔡克勇教授应邀作了《高等教育发展与改革》的专题报告。

28 日　学校研究通过《山东大学教师招聘办法》。

29 日　山东大学与华电集团科技战略合作协议签字仪式在北京举行,这是山东大学与央企签署的重要科技战略合作协议,标志着山东大学的校企合作进

2008 年

3 月

入了一个新的阶段。校长展涛，中国华电集团党组书记、总经理曹培玺出席仪式。

本月　以彭实戈院士为带头人的金融数学，以国家“973 计划”项目首席科学家、教育部长江学者特聘教授程林为带头人的热科学两个创新团队获首批“省优秀创新团队”称号。

本月　学校又增 5 个泰山学者岗位及一位泰山学者特聘专家。至此，山东大学共拥有泰山学者岗位 27 个，特聘泰山学者 18 人。2007 年度山东省共设置 50 个泰山学者岗位及 11 位泰山学者特聘专家教授。我校数量经济学、微生物学、电力系统及其自动化以及齐鲁医院的血液病学、消化内科病学 5 个泰山学者岗位榜上有名。

4 月

1 日　由山东大学张运院士领导的课题组在血管重构发生机制和基因干预研究方面取得了新的突破性成果。

2 日　山东大学校董、台湾立青文教基金会董事长衣淑凡女士一行 6 人来校访问，樊丽明副校长在邵逸夫科学馆接见了来访客人并举行了座谈。

2008 年 4 月 2 日，副校长樊丽明教授会见校董、台湾立青文教基金会董事长衣淑凡女士

3 日　新一届山东大学学术(学位)委员会成立会议暨校学术委员会第一次全体会议举行。会议宣布成立了新一届山东大学学术(学位)委员会，选举产生了六个校学术委员会副主席及其常务委员会，审议产生了六个学部学术委员会，为有效执行学术纪律，进一步优化学术风气，依据《山东大学学术委员会章程》，新一届校学术委员会决定山东大学设立学术纪律检查委员会。

7 日　山东大学与北京理工大学校际合作座谈会暨协议签字仪式大北京举行。

同日　山东大学与南开大学校际合作签字仪式暨两校校际合作商谈会在天津举行。

9 日　以色列驻华大使安泰毅一行来校访问，出席在山东大学举行的“以色列中国友好交流历史图片展”开幕式。山东省副省长才利民，校长展涛，副校长陈炎、山东省人民政府外事办公室主任张伟龄、中国人民对外友好协会对外文化交流部主任王秀云等出席了开幕式。开幕式由山东大学犹太教与跨宗教研

2008 年

4 月

究中心主任傅有德教授主持。

11 日　学校研究通过《山东大学研究生教育质量工程(2008～2011)》。

12 日　校教育基金会第一届理事会第二次会议召开。校党委书记、教育基金会理事长朱正昌，教育基金会理事、校长展涛等出席会议，会议由基金会副理事长樊丽明主持。教育基金会秘书长井海明汇报了教育基金会 2007 年的工作情况和 2008 年的工作计划，副秘书长芦延华就教育基金会 2008 年度财务预算、《山顶大学教育基金会财务管理办法(讨论稿)》和《山东大学教育基金会资金运作管理规定(讨论稿)》等作了说明，与会理事和监事审议并通过了教育基金会 2008 年度财务预算，对《山顶大学教育基金会财务管理办法》和《山东大学教育基金会资金运作管理规定》进行了认真讨论，提出了修改意见。

14 日　美国东卡罗来纳大学(ECU)副校长 Elmer Poe 和教务处国际教育部副部长 Rosina Chia 一行来校访问。

15 日　英国利物浦大学副校长方大庆(Michael Fang)教授来校访问。校长展涛与方大庆在邵逸夫科学馆会议室进行了会谈，双方就两校在科研发展、学术交流、人才培养等方面的合作进行了探讨。

17 日　山东大学三星奖学金签约暨颁奖仪式在东校区新校举行。三星集团大中华区人力资源副总裁李硕明、校党委副书记方宏建共同签署"三星奖学金"设立协议并为 19 名获奖学生颁奖。

18 日　副省长王随莲来到山东大学第二医院，看望住院治疗中的陈增海教授，转达省委省政府领导和社会各界对陈增海教授的关心和慰问。校党委常务副书记尹薇等随同慰问。王随莲说，陈增海教授从医 40 多年来，在平凡的工作岗位上辛勤耕耘，默默奉献，虽身患癌症，仍心系医院和患者，用高尚的医德和忘我奉献的精神赢得了社会各界的赞赏，为新时期广大医务工作者树立了榜样。

同日　天津大学副校长舒歌群一行来访进行工作交流，两校有关部门负责人在东校区新校办公楼会议厅就高校学术委员会的运行机制等有关问题进行了座谈。

20 日　山东大学电气工程学院院长、博士生导师刘玉田教授获首批济南"泉城学者"，济南市委、市政府命名了 8 名专家为"泉城学者"。刘玉田，1998 年国家人事部"百千万人才工程"一、二层次人选，2004 年教育部"新世纪优秀人才支持计划"和山东省有突出贡献的中青年专家，1999 年享受国务院"政府特殊津贴"，在电力系统稳定性、无功智能优化与电压控制等方面取得多项科技成果，其中 4 项获得省级科技奖励，发表高水平学术论文 100 多篇。

同日　俄罗斯人民友谊大学人文与社会科学系副主任 Professor Pochta Yury、该系助教 Kiselev Valery、人文与社会科学系比较政治学教研室主任 Professor Kozmenko Vladimir 一行 3 人来校访问。

21 日　学校发布实施《山东大学研究生教育质量工程(2008～2011)》。

22 日　瑞典皇家理工学院校长 Peter Gudmundson 教授、工业生态系主任 Ronald Wenersten 教授、国际处中国事务主管 Yingfang He 女士一行访问我校，参加了由我校和瑞典皇家理工学院联合组建的工业生态研究中心的工作会议。

2008 年

4 月

23 日　山东省科学技术奖励大会召开，山东大学 68 项成果获得 2007 年度山东省科学技术奖励，其中科技进步奖一等奖获 4 项，自然科学奖二等奖 2 项、三等奖 5 项，技术发明奖二等奖 1 项、三等奖 1 项，科技进步奖二等奖 16 项、三等奖 39 项。

同日　经研究决定山东大学聘请郝京诚为胶体与界面化学教育部重点实验室代理主任。

25 日　山东大学根据本校科技开发工作发展形势的需要，决定成立山东大学工程技术研究院。院长：赵显（兼）；常务副院长：朱纪聪（兼）；兼职副院长：王成国、马春元、董玉平、刘春博、王立民、吕明新、马思乐、姚占勇、王曙光、李庆民。

同日　北京理工大学校长、中国科学院院士胡海岩率团来校进行工作回访，进一步推动两校校际合作。

27 日　山东大学教授，山东大学第二医院骨外二科主任、主治医师陈增海，因病在济南逝世。

29 日　中南大学党委书记李健，校长、中国工程院院士黄伯云率代表团一行 16 人来校访问，双方就进一步加强两校合作，实现优势互补，更好地服务地方以及互派访学生等进行了交流座谈。山东大学校友、山东省副省长李兆前，校党委书记朱正昌，校长展涛等出席座谈会。

30 日　学校对国有资产管理委员会成员进行了调整，调整后的国有资有管理委员会成员名单为：主任：展涛；常务副主任：王琪珑；副主任：樊丽明、娄红祥；委员：马传峰、马国臣、王剑敏、王琪珑、芦延华、李士雪、张宇、侯俊平、娄红祥、胡敬田、贾磊、展涛、韩明涛、樊丽明。学校国有资产管理委员会办公室设在国资处，韩明涛兼任国有资产管理委员会办公室主任。

本月　山东大学纪委、监察处荣获“全国教育纪检监察先进集体”荣誉称号。

5 月

2 日　山东大学与蒙古国立大学合作建设的蒙古国立大学孔子学院揭牌典礼在乌兰巴托举行。

2008 年 5 月 2 日，山东大学与蒙古国立大学合作建设的
蒙古国立大学孔子学院揭牌典礼在乌兰巴托举行

2008 年
5 月

6 日　西班牙拉里奥哈大学副校长及该校国际部主任一行来校访问。

7 日　学校研究通过《山东大学岗位设置聘用管理实施办法》《山东大学教师岗位设置聘用管理实施办法》。

同日　浙江大学校长杨卫来校访问，并在东校区新校办公楼一层会议厅作了题为《浙江大学的科学发展》的专场报告，山东大学校长展涛主持报告会。

9 日　由香港浸会大学校长吴清辉教授、副校长陆大章教授、蔡亚从教授，协理副校长傅浩坚教授带领代表团一行并 19 人来校访问。

12 日　山东大学与山东省疾病预防控制中心共建山东大学实践教学基地协议签字暨山东大学实践教学基地揭牌仪式在省疾控中心举行。

14 日　经学校研究，决定由杨鲁慧同志任山东大学亚太研究所所长，批准赵明义同志提出的辞去山东大学亚太研究所所长职务的请求。

19 日　经学校研究决定，成立山东大学妇女委员会，妇女委员会由 9 人组成同。主任：扈春华；副主任：鲍红；委员：王丽萍、汲言斌、李赛强、武传刚（男）、赵翠萍、夏晓红、扈春华、鲍红、鞠黎。

同日　中国工程院院士、中国隧道与地下工程领域首席专家王梦恕应邀访问山东大学，并在南新区讲学堂 101 教室作了题为《交通与地下工程发展前景和主要科学问题与对策》的学术报告。

同日　由新加坡国立大学、南洋理工大学和新加坡管理大学 55 名师生组成的新加坡大学生代表团来校访问。

20 日　印尼印中友好协会主席乌玛尔率团来访，方宏建副书记会见代表团一行并与之座谈。

同日　澳大利亚阿德莱德大学建筑与设计学院院长 Nancy Pollck-Ellwand 与中国项目主管 Sandy McConchy 来校访问，娄红祥副校长会见了来访的客人。

21 日　世界卫生组织（WHO）西太平洋地区护理顾问 Kathleen Fritsch 女士、WHO 驻中国代表处护理项目温春梅处长一行来校访问，主要就拟于 10 月召开的“2018 卫生突发事件合作伙伴及灾害护理协作网亚太联合会议”，以及山东大学申请成为 WHO 护理发展协作中心的事宜进行商谈。

22 日　第四届亚洲晶体增长与晶体技术会议（CGCT-4）在日本召开。我国晶体增长与晶体材料分会理事长、山东大学晶体材料国家重点实验室蒋民华院士在会议上获得亚洲晶体成长与技术协会所颁发的最高奖励——晶体成长与晶体（CGCTAWard）。

24 日　武汉大学党委书记顾海良、副校长谢红星率代表团一行 14 人来访。校党委书记朱正昌、校长展涛等出席座谈会。双方就进一步加强校际合作，拓展学生交流、科研合作领域和方式，共同服务地方、举办学术论坛，实现优势互补，促进共同发展等进行了交流座谈。

27 日　中国工程院院士、浙江大学医学院院长巴德年教授来校访问，并以《我的医学教育观——未来社会，未来医学，未来医学教育》为题作了专场报告。

同日　为了更好地满足山东大学服务地方工作的需要，推动学科建设，经学校研究决定成立山东大学地方政府管理研究所，方雷任研究所所长。

2008 年

5 月

同日　日本熊本大学工学部副部长里中忍教授一行 3 人来校访问，就加强两校学校、教师交流和科研合作等进行了洽谈交流。

28 日　山东大学—齐鲁证券有限公司合作协议签约既山东大学齐鲁证券金融研究院揭牌仪式在山东大学举行。校长展涛与齐鲁证券党委书记、董事长李玮共同签署了《山东大学—齐鲁证券有限公司合作协议》。

29 日　根据《财政部、监察部、审计署、国家预防腐败局关于开展中央政府采购执行情况专项检查的通知》(财库[2008]32 号)和教育部《关于开展政府采购执行情况专项检查的通知》(教财司函[2008]122 号)精神，定于 5 月 29 日至 6 月 5 日在全校范围内开展 2006～2007 年度政府采购执行情况自查工作。

6 月

1 日　山东大学与潍柴动力校企合作会暨校企二期合作协议签字仪式在潍柴动力工业园科技大楼举行。校长展涛、潍柴动力股份有限公司党委书记、董事长谭旭光代表双方在协议书上签字。根据二期合作协议，潍柴每年向山东大学提供 100 万元固定合作基金，用于奖学金发放和人才培养工作；科研项目和平台建设基金 200 万元，如工作需要，可以突破该金额。

同日　山东大学高级应灾救护培训班在护理学院多媒体教室举行开班仪式。培训班邀请了澳大利亚维多利亚人力服务部精神健康处资深护理顾问及全州应急项目官 Margaret Grigg 教授进行授课。这是由校团委、护理学院及青年志愿者联合会联合举办的高级应灾救护培训班是山大为抗震救灾所采取的又一举措。

2 日　“和灾区人民并肩战斗的日子”大型访谈活动在东校区新校科学会堂举行。校长展涛出席活动并讲话。校党委常务副书记尹薇、常务副校长王琪珑、副书记方宏建、校长助理贾磊参加了活动。齐鲁医院、第二医院的 14 位赴地震灾区医疗队员，护理学院的 6 名山东省青年医疗卫生志愿者服务队代表分别走上台与师生见面，有 7 名医疗队员和志愿者代表分别从不同角度、不同侧面介绍了他们参加抗震救灾的经历及感受。

3 日　加拿大不列颠哥伦比亚大学副校长 John Hepburn 率代表团来校访问。校长展涛在邵逸夫科学馆贵宾室与客人进行了会谈。

6 日　学校研究通过《山东大学校园秩序管理规定》。

10 日　山东大学密码技术与信息安全教育部重点实验室揭牌仪式在东校区邵逸夫科学馆举行。

12 日　经学校研究，决定成立“211 工程”三期建设领导小组和工作小组。

同日　由校党委办公室、党委宣传部联合主办的四场“众志成城，共度危难——山东大学抗震救灾医疗救护工作报告会”分别在东校区新校科学会堂、南新区讲学堂、西校区综合楼报告厅及威海分校举行。

18 日　学校对财经领导小组成员进行调整，调整后的财经领导小组成员名单：主任：展涛；副主任：樊丽明；成员：方宏建、王钧、王琪珑、芦延华、娄红祥、胡敬田、展涛、樊丽明。

同日　经学校研究决定，从 6 月中旬开始，对 2008 年换届离任并负有经济责任的处级领导干部进行经济责任审计。

2008 年

6 月

23 日　学校研究通过《山东大学管理岗位首聘实施办法》。

同日　西安交通大学副校长朱世华一行来校访问，并出席山东大学、西安交通大学校际合作会暨签约仪式，校长展涛出席座谈会暨签约仪式。

25 日　中国科学院院士、山东大学彭实戈教授荣获陈嘉庚数理科学奖，其获奖项目为“倒向随机微分方程和非线性数学期望”。本年度共有 3 人获奖。

26 日　医学院手术学教研室副主任、齐鲁医院胸外科张洪福教授，第二医院胸外科副主任、副主任医师姜兴涛和齐鲁医院感染管理科副科长王书会荣获“山东省支援抗震救灾优秀共产党员”称号。

27 日　学校决定对赴西部地区就业、参加“志愿服务西部计划”和“抗震救灾专项行动”的 29 名毕业生予以表彰。

同日　中科院院士、山东大学物理学院博士生导师王克明教授荣获“山东省优秀共产党员”称号。

30 日　澳大利亚驻华大使芮捷来校访问，校长展涛会见了大使一行。

7 月

2 日　“山东大学与奥运会”图片展在新校图书馆展厅举行，校党委书记朱正昌、校长展涛、校党委副书记李建军等参观了图片展。整个展览分奥运先驱、奥运摇篮、奥运冠军、奥运健儿、奥运火炬手、我们的“奥林匹克”等板块，共 58 个展板。

2008 年 7 月 2 日，朱正昌、展涛、李建军等校领导观看“山东大学与奥运会”展览

4 日　由中共山东省委宣传部、新华社山东分社共同主办，山东大学承办的“抗震救灾、众志成城——2008 中国抗震救灾大型新闻图片展”在东校区新校小树林举行。

8 日　学校研究通过《山东大学收费管理办法》《山东大学政府采购供应商管理暂行办法》《山东大学政府采购工作规程》。

14 日　学校举行山东大学博士生赴四川安县医疗卫生防疫服务团出发仪式暨座谈会。

2008 年

7 月

31 日　在 2008 年"毕昇杯"全国电子创新设计竞赛决赛中，山东大学控制学院学生曹香鹏、单金明、陈宏达团队的作品《模拟震区搜救定位的机器人系统》荣获大学组全国竞赛特等奖，并夺得该赛事唯一奖杯——"毕昇杯"。物理学院学生邵明珍、马建国团队的《基于以太网远程数据采集系统》获得大学组全国竞赛二等奖。

本月　山东大学晶体材料国家重点实验室被评为 2008 年工程与材料领域优秀实验室。

8 月

25 日　诺贝尔物理学奖获得者、著名物理学丁肇中教授来访，并与能源与动力工程学院及热力学研究中心的部分学生座谈交流。这是丁教授第六次访问山大。

9 月

7 日　学校颁布了"关于表彰山东大学第四届教学名师和教学能手的决定"。经过个人申报、学院推荐、专家评审、学校批准和网上公示，评选出王小舒等 14 名教师为"山东大学第四届教学名师"、周延等 35 名教师为"山东大学第四届教学能手"。

10 日　学校印发《山东大学学术委员会章程》《山东大学学术纪律处分规定》《山东大学纪律检查委员会章程(试行)》《山东大学学术纪律检查委员会工作细则》。

同日　经学校研究决定，王学典任墨子研究所所长(兼)。该研究所为依托院部的非实体性科研机构，挂靠社科处。

同日　法国卢瓦尔大区主席雅克·奥克谢特先生率大区政府代表团一行 20 人来校访问，校长展涛会见了客人，并陪同参观了山东大学与法国巴黎法语联盟合作成立的山东法语联盟新校址。

16 日　文史哲研究院徐传武教授指导、2006 届博士毕业生焦桂美完成的博士学位论文《南北朝经学史》名列 2008 年全国百篇优秀博士学位论文名录。在此次获全国优秀博士学校论文的百篇论文中，只有 5 篇属于人文社科类。

同日　经学校研究，决定成立"山东大学 AMS 中心"。"山东大学 AMS 中心"为学校直属科研机构，由程林教授任负责人。

同日　文史哲研究院郑杰文教授所著的《中国墨学通史》和文学与新闻传播学院廖群教授的专著《先秦两汉文学考古研究》获得山东省社会科学重大成果奖。

22 日　蒋维崧先生珍贵藏书捐赠仪式在东校区图书馆举行。蒋先生的女儿蒋方女士代表亲属参加捐赠仪式并向学校捐赠图书，副校长陈炎出席捐赠仪式。蒋维崧先生是学术大家、艺术大家，本次捐赠的图书涉及历史典籍、语言文字学、书法、篆刻、文学等多个学科共 995 种，1226 册。

同日　山东大学与井冈山人民政府战略合作协议签字仪式在江西省井冈山市迎宾馆会议厅举行，校长展涛与井冈山市市长梅黎明共同签署校地战略合作协议。

2008 年

9 月

29 日　教育部、财政部批准山东大学工程材料与机械制造基础、金融投资学、大学计算机基础、组织学与胚胎学、局部解剖学、医学免疫学、人体寄生虫学、药物设计学专业为 2008 年国家精品课程建设项目。

本月　张运院士当选美国心脏病学院院士(Fellow of American College of Cardiology,FACC),授权使用 F. A. C. C 的名称,并被邀请参加 2009 年 3 月第 58 届美国心脏学院年会期间为新当选 FACC 庆祝仪式。

本月　李术才教授与挪威 SINTEF 集团建筑与基础研究院吕明教授合作申请的国家自然科学基金重大国际(地区)合作研究项目"钻爆法施工的海底隧道最小岩石覆盖厚度研究",经过基金委同行专家评审和会议答辩获国家基金重大国际(地区)合作研究项目资助。

10 月

14 日　山东大学名誉教授、美国圣路易斯华盛顿大学校长 Mark Wrighton 来访并为师生作了题为"Global Challenges and the Role Research Universities"演讲。

15 日　"谢硕文教育基金"成立仪式举行。校长展涛与谢硕文先生签署捐赠协议书,副校长樊丽明出席活动仪式。谢硕文先生出资 100 万元人民币设立的"谢硕文教育基金",将用于奖励品学兼优的山东大学管理学科的学生。

同日　"臧健和教育基金"成立仪式举行。校长展涛与山大校董、美国General Mills 公司董事兼顾问、"湾仔码头"水饺的创始人臧健和签署捐赠协议书。"臧健和教育基金"用于帮助山东大学家境困难的学生顺利完成学业。

16 日　由中国卫生部和世界卫生组织主办,山东大学承办的 2008 年亚太地区突发事件与灾害护理协作网会议举行。来自中国、美国、英国、瑞士、澳大利亚、菲律宾、新加坡等 20 余个国家和地区的 130 多名代表参加本次会议。开幕式上,山东省副省长王随莲、山东大学校长展涛、卫生部人才交流中心、WHO 人力资源合作中心主任李峰等先后致辞。副校长樊丽明主持开幕式。

同日　副校长樊丽明出席在韩国仁川举行的第四届环黄海产学官大学校长论坛,并在论坛联合会议上演讲。在韩期间,山大代表团访问仁川大学、暻园大学、庆熙大学等,并与仁川大学签订校际交流协议。

23 日　教育部公布 2008 年获国家立项建设的 300 个国家级教学团队,医学院高英茂教授为带头人的"人体解剖与组织胚胎系列课程教学团队"、数学院刘桂真教授为带头人的"运筹学系列课程教学团队"获批准立项建设。

25 日　教育部科学技术司组织专家对数学院刘建亚教授主持的教育部科学技术研究重大项目"数论与密码"进行验收。验收专家组认为,课题组圆满完成项目合同书中规定的各项任务指标,在现代解析数论的研究和密码学理论及应用方面取得一系列国内领先、国际上有重要影响的研究成果,部分成果达到国际领先水平,一致同意通过验收。

30 日　学校研究通过《山东大学大学生创新学分认定办法》。

2008 年

11 月

1 日　中华人民共和国国务院国人字[2008]号任命徐显明为山东大学校长，免去山东大学校长展涛的职务。

2008 年 11 月 7 日，徐显明任山东大学校长，学校领导班子与各级领导合影

14 日　经学校研究，决定成立山东大学公共经济与公共政策研究中心，樊丽明任中心主任（兼）；决定成立山东大学交通规划设计研究中心，张汝华任中心主任。

17 日　经学校研究，决定成立山东大学雪庐书院，由哲学与社会发展学院刘杰任院长（兼）。该书院为依托哲学与社会发展学院的非实体性科研机构，挂靠社科处。

同日　1996 年度诺贝尔经济学奖得主詹姆斯·莫里斯（James Mirrlees）教授偕夫人来访并参加师生见面会。

22 日　山东大学聘任张铭湘教授担任心血管重构和功能研究教育部、卫生部重点实验室副主任。

同日　"吴阶平医学研究奖——保罗·杨森药业研究奖"（简称"吴杨奖"）颁奖大会在北京召开，齐鲁医院肝病科王凯教授和血液科侯明教授分别荣获感染学专业和血液内科专业的"吴杨奖"。

25 日　学校召开会议研究部署 2009 年国家公派研究生项目选派工作。副校长兼研究生院院长陈炎出席会议并讲话。2008 年学校共选选派 100 名学生，其中攻读博士学位研究生和联合培养博士研究生各 50 名。

27 日　经过学院推荐、形式审查、专家会评、网上公示等程序，共评出山东大学教学成果 130 项。其中，特等奖 7 项、一等奖 54 项、二等奖 69 项。

28 日　学校通过《山东大学工程、设备质量保证金管理暂行办法》。

本月　山东大学英语、机械设计制造及其自动化、材料成型及控制工程、工商管理 4 个专业被教育部、财政部批准为第三批高等学校特色专业建设点。至此，山东大学共有 15 个国家级高校特色专业建设点。2007 年度，山大朝鲜语、信息安全、通信工程、软件工程、集成电路设计与集成系统、临床医学 6 个专业成为国家第一批特色专业建设点，历史学、生物技术、电气工程及其自动化、药学、光信息科学与工程5个专业成为国家第二批特色专业建设点。

2008年

11月

本月　物理学院教授、博士生导师陈峰获“山东省优秀青年知识分子标兵”称号并记二等功奖励。

12月

2日　山东大学国家糖工程技术研究中心工程技术委员会成立暨第一次会议在山东大学召开。

2008年12月2日，国家糖工程技术研究中心工程技术委员会成立

5日　日本信州大学理事野村彰夫率代表团一行来访并签署两校校际友好合作，副校长樊丽明会见来访客人。

同日　齐鲁医院普外科主任医师牛军教授获“中国医师奖”，此奖是中国医师行业的最高荣誉。

7日　山东大学校友工作会议在东校区邵逸夫科学馆报告厅召开。校党委书记朱正昌主持会议。校长徐显明发表讲话，副校长樊丽明作校友工作报告。

9日　校长徐显明应邀出席在北京人民大会堂召开的第三届孔子学院大会并作大会交流。徐显明与教育部、国家汉办等部委的相关领导和诸多驻外使（领）馆的教育和文化参赞就孔子学院建设、大学在多元文化背景下的定位与使命等问题交换意见。

10日　经过各单位申报、专家组评审、网上公示并报学校批准，确定数学院刘桂真教授为带头人的运筹学系列课程教学团队等11个教学团队为“山东大学校级教学团队”。

12日　山东大学新增3位泰山学者特聘教授和2位泰山学者特聘专家。王萌、李锐、Rolf Mueller分别为山东大学粒子物理与原子核物理岗位泰山学者特聘教授、数量经济学岗位泰山学者特聘教授和仿生声物理岗位泰山学者特聘教授；侯明、李延青分别为山东大学齐鲁医院血液病学岗位泰山学者特聘专家和消化内科学岗位泰山学者特聘专家。至此，山东大学共选聘泰山学者24人。

同日　齐鲁医院获批成为卫生部首批冠心病介入诊疗培训基地、先心病介入诊疗培训基地。

2008 年

12 月

16 日　山东大学决定成立中共山东大学委员会党的建设领导小组。组长：朱正昌；副组长：尹薇、李建军、仝兴华。

18 日　山东大学申请的“空间科学与技术”“能源与环境系统工程”两个本科专业获得教育部批准，2009 年开始正式招生。至此，山东大学本科专业达到 114 个，涵盖 11 大学科门类。

23 日　经学校研究，决定成立出版社改制工作领导小组，负责指导学校出版社的体制改革工作。领导小组办公室设在出版社，于良春兼任办公室主任，徐洪民任副主任。组长：李建军；副组长：樊丽明、王剑敏；成员：于良春、王飞、王仁卿、王钧、尹作升、李红、刘树伟、芦延华、周洁、赵显、胡敬田、曹宪忠、韩明涛。

同日　经学校研究，决定成立山东大学能效研究与评估中心，贾磊任中心主任(兼)。

同日　山东大学纪念改革开放 30 周年理论研讨会暨思想政治教育研究会第三届年会在邵逸夫科学馆报告厅举行。

28 日　著名史学家童书业先生百年诞辰纪念大会暨《童书业著作集》出版座谈会在邵逸夫科学馆举行，由山东大学与中华书局联合举办。纪念童书业 100 周年诞辰图片展览同时展出。

29 日　学校研究通过《山东大学 2008 年创收收入分配管理补充办法》。

本月　由晶体所博士生导师、长江学者特聘教授徐现刚为首席科学家的“金属/介质纳米异质结构中的局域耦合效应及其在光电转换器件的应用”项目获国家科技部批准立项，项目总经费 2800 余万元。该项目组由山东大学、南京大学、北京大学、和中科院物理所 4 家单位组成。

本月　2008 年“宝钢教育奖”评选结果揭晓，孙康宁、周向军、张承琚 3 名教授获得“宝钢优秀教师奖”，王青山、姜峰、于文豪、孟凡琳、盖业昆、段艳文、李昕伟、马龙、张爱瑜、姚思思 10 名同学获得“宝钢优秀学生奖”。其中环境学院孟凡琳因成绩优异、表现突出，获得“宝钢优秀学生特等奖”。

2009 年

1 月

1 日　由新闻中心组织评选的“山东大学 2008 年度十大新闻”揭晓：(1)徐显明任山东大学校长；(2)山东大学医疗队赴汶川灾区参加抗震救灾工作；(3)山东大学参加的世界大型强子对撞机(LHC)实验研究启动；(4)山东大学 40 名同学参加北京奥运会、残奥会志愿服务；(5)山东大学 2007 年 SCI 收录论文与国际论文被引用数均排全国高校第 10 位；(6)山东大学新增 6 位长江学者奖励计划教授，新增 5 位泰山学者；(7)中国高等教育学会辅导员工作研究分会在山东大学成立；(8)山东大学举办纪念改革开放 30 周年系列报告会；(9)山东大学 2008 年获国家自然科学基金项目 190 项；(10)山东大学新增两个国家理科基础科学研究和教学人才培养基地。

同日　由大众报业集团《青年记者》杂志、人民网传媒频道、中国青年报刊协会《青年报刊研究》联合举办的第四届“全国新闻学子优秀论文评选”活动结果揭晓，文学院共有 5 篇作品在本次大赛中获奖，王文硕的《浅析新闻真实性的有限性困境及其无限性诉求》荣获一等奖；马子雷等四人获三等奖。

2009 年

1 月

4 日　“山东大学 2008 年度爱岗敬业模范人物”评选结果揭晓，牛余山、仪洪勋、白锐锋、孙汶生、孙若鹏、李齐云、张承琚、赵军、赵希波、段德玺 10 人当选。

5 日　学校举行 2008 年度齐鲁证券奖学金颁奖仪式，共有 30 名学生获得该奖学金。

同日　由共青团山东省委、大众报业集团、山东省广播电视局、山东省青年联合会共同主办的“改革开放 30 年山东十大青年楷模”评选活动揭晓。中国工程院院士、山东大学副校长张运入选，山东大学校友、浪潮集团有限公司董事长兼 CEO 孙丕恕同时入选。

6 日　2008 年冬季博士、硕士学位授予仪式在科学会堂举行。校长徐显明为 2008 年度第二批授予博士、硕士学位人员颁发学位证书，并与每一位毕业生合影留念。学校党委副书记方宏建、副校长陈炎参加仪式。

同日　学校 2008 年度临沂市人民医院奖学金颁奖仪式举行，共有 99 名博士、硕士研究生获得该奖学金。

7 日　2008 年度董明珠奖学金颁奖仪式在东校区新校邵逸夫科学馆举行，对 120 名获奖学生进行了表彰。副校长樊丽明、山东格力电器市场营销有限公司董事长段秀峰出席颁奖仪式并讲话。

同日　“山东大学 2008 年度十大新闻人物”“山东大学 2008 年度十大杰出校友”评选结果正式揭晓。于修平（山东大学抗震救灾医疗队）；牛军、文德安[（Anne P. Underhill），北京奥运会、残奥会山东大学志愿服务队]，李术才、陈耀、周岫、徐现刚、傅有德（以姓氏笔画为序）10 位个人或团体当选“山东大学 2008 年度十大新闻人物”。马建堂、王玉田、王新年、江桂斌、李从军、李建国、房建成、凌沛学、曹培玺、谢立信（以姓氏笔画为序）10 人当选“山东大学 2008 年度十大杰出校友”。

9 日　2008 年度国家科学技术奖励大会在北京人民大会堂举行。数学院王小云教授研究的“国际通用 Hash 函数的破解”项目获国家自然科学奖二等奖，这是本年度国家自然科学奖的最高获奖等级，国家自然科学奖一等奖继 2007 年度空缺后本年度再次出现空缺。另外，由药学院张建教授、控制科学与工程学院张焕水教授和王玉振教授各自分别位列第四完成人参与研究的 3 个项目也获得国家自然科学奖二等奖。

14 日　国家国防科技工业局正式公布第二批国防科技创新团队的名单，山东大学晶体材料研究所以陶绪堂教授为学术带头人的光电功能晶体团队榜上有名。

21 日　校长徐显明教授再次当选为中国法学会副会长，法学院院长齐延平教授当选为理事会理事。

同日　山东大学申报的“金融－数学跨学科交叉应用型人才培养实验区”获准立项（高教函[2009]4 号）。至此，山东大学国家级人才培养模式创新实验区总数达到 3 个。

同日　物理实验教学中心和机械基础实验教学中心双双入选国家级实验教学示范中心建设行列。截至目前，山东大学累计已建国家级示范中心 5 个，省级示范中心 10 个。

2009 年

1 月

23 日　山东大学 12 位教师入选教育部 2008 年度“新世纪优秀人才支持计划”。截至目前，山东大学共有 68 位教师入选教育部“新世纪优秀人才支持计划”。此次入选人员分别是物理学院陈峰、化学与化工学院沈强、信息科学与工程学院邢建平、药学院张娜、电气工程学院李庆民、土建与水利学院张强勇、材料学院管延锦、马克思主义学院徐艳玲、文学与新闻传播学院甘险峰、管理学院潘爱玲、经济研究院陈昆亭、体育学院张瑞林。

2 月

18 日　环境科学与工程学院、环境科学研究所所长崔兆杰教授负责完成的“区域循环经济园区模式及指标体系研究”获 2008 年度国家环境保护科学技术奖二等奖。

19 日　由环境学院作为技术牵头组织单位承担的水专项南水北调东线南四湖项目正式启动实施，并在济南组织召开了针对南四湖水专项所有子课题的实施论证会。

20 日　副校长张运院士成为荣获 2008 年度山东省科学技术最高奖的两人之一，获得奖金 100 万元，并代表获奖科技人员发言。

21 日　学校在科学会堂召开新学期工作会议，部署新学期学校党政工作。校党委书记朱正昌、校长徐显明出席会议并作重要讲话，朱正昌书记主持会议。

22 日　2007～2008 学年度国家奖学金颁奖大会在北京人民大会堂举行，中共中央政治局委员、国务委员刘延东，教育部部长周济，财政部副部长张少春等莅临此次盛会。副校长陈炎，学生工作部副部长陈鑫，国家奖学金获奖学生代表、软件学院 2005 级本科生吴希参加此次颁奖大会。

24 日　校党委书记朱正昌率领学校代表团赴台访问，代表团对台湾大学和台湾大学校友总会进行正式访问。朱正昌与台湾大学副校长包宗和就两校的合作与发展状况交换了意见。在访问台湾大学校友总会期间，朱正昌与总会理事长、山东大学校董会名誉主席孙震进行了交流。在结束对台湾大学和台湾大学校友总会的访问后，朱正昌等前往台北“故宫博物院”，拜会博物院副院长冯明珠等。访问台北期间，朱正昌拜会了立青文教基金会秘书长、东吴大学教授王秋桂，基金会董事、台湾著名经济学家、山大校董会校董于宗先院士等，就今后双方的进一步合作等事宜进行商讨；拜访了与山东大学中国哲学与易学研究中心合作密切的台湾中华易经学会，与会长邵崇龄、理事长倪淑娟，台湾中国文化大学法研所教授、台湾海基会前秘书长焦仁和等进行了交流。在高雄，朱正昌等访问了山大在台的友好学校义守大学。离开高雄前，朱正昌还会见并宴请了著名诗人、台湾中山大学讲座教授、山大客座教授余光中及其夫人。

27 日　文史哲研究院杜泽逊教授登上“稷下风”讲坛，作了题为《国学及其当代价值》的学术报告。

本月　国务院学位委员会公布了第六届学科评议组成员名单，医学院张运院士、数学学院彭实戈院士、文学与新闻传播学院陈炎教授、经济研究院黄少安教授、政治学与公共管理学院刘玉安教授、物理学院梁作堂教授、晶体所徐现刚教授等 7 名教授，分别被聘为临床医学、数学、中国语言文学、理论经济学、政治学、物理学、天文学，材料科学与工程等学科评议组成员。

2009 年

2 月

本月　在中华医学会妇产科学分会换届中，孔北华教授当选为第九届中华医学会妇产科学分会副主任委员。

3 月

2 日　校长徐显明在北京会见 1979 级校友、中粮集团董事长宁高宁，授予宁高宁山东大学特聘教授聘书，双方进行了深入交流。副校长樊丽明参加了会见。

同日　学校研究决定成立山东大学教育部高校辅导员培训和研修基地办公室、中国高等教育学会辅导员工作研究分会秘书处办公室。两个办公室合署办公，为学校独立处级建制的直属单位。人员编制 4 人，设主任（正处级）1 人，副主任（副处级）1 人，科级岗位 1 人。

同日　2008～2009 学年第一学期课堂教学质量网上评估活动结束，学生参评率达 97.93%，比上学期提高了近 2 个百分点。

5 日　学校举行纪念“三八”国际劳动妇女节暨表彰大会，23 个“妇女工作先进集体”、1 个“三八红旗集体”、70 名“妇女工作先进个人”受表彰。校党委常务副书记尹薇参加会议并讲话。

同日　山东大学获“全省留学人员回国创业工作先进单位”荣誉称号。山东省委常委、常务副省长王仁元出席会议并作重要讲话，常务副校长王琪珑，校长助理、人事处处长王剑敏参加会议。

6 日　哲学与社会发展学院林竹等 12 名辅导员获“山东大学辅导员家访活动先进个人”荣誉称号。

7 日　山东大学 2009 年度学术工作会议在邵逸夫科学馆报告厅召开，中国科学院规划战略局局长潘教峰，中科院院士钱逸泰、王克明，常务副校长王琪珑，校党委副书记方宏建，副校长娄红祥、陈炎等出席会议。潘教峰作了以《中科院的改革与管理创新》为主题的报告，王琪珑对“山东大学学术振兴行动计划（征求意见稿）”的产生过程、指导思想、总体目标、制定计划的必要性及具体措施等进行了简要说明，娄红祥以“推进学术发展，打造山东大学的国家队”为题，简要介绍了学校近五年来的学术事业发展现状，以学术指标翻番、体制机制创新、学术评价制度改革和“山大特色，中国一流，世界水平”为关键词对“学术振兴行动计划（征求意见稿）”的学术指标和保障措施等方面进行了解读，王剑敏以“服务学术振兴，汇聚杰出人才”为题，围绕规划人才队伍，明确人才要求，制定个性化的人才引进方案，完善配套政策，稳定现有人才队伍，培养青年教师，发展学院作用，主动开展工作等方面的内容作了主题报告。校长助理贾磊，各学院院长、分管学科建设的副院长、分管科研工作的副院长、各直属研究机构负责人；各学部学术委员会全体委员、各基层单位学术委员会主任；“985 工程”二期各平台基地总项目、子项目负责人参加了会议。

同日　徐显明校长同北京大学校长、南开大学校长、中山大学校长、华中科技大学校长，作为出席十一届全国人大二次会议的大学校长代表，在大会新闻中心（梅地亚中心多功能厅）就教育公平问题接受中外记者的采访。

9 日　学校研究决定对学校人事工作领导小组成员进行调整。调整后的人事工作领导小组成员名单如下：组长：徐显明；副组长：王琪珑；成员：徐显明、尹

2009 年

3 月

薇、王琪珑、李建军、方宏建、王剑敏、周洁、王钧。领导小组办公室设在人事处。办公室主任:王剑敏(兼)。

11 日　学校召开 2009 年春季学期教学工作会议。副校长樊丽明主持会议并对 2009 年本科教学工作提出总体要求。会议强调,2009 年本科教学工作要突出质量和特色,注重提高质量,凝练办学特色。一是要按照适应需求、合理定位、集成建设的要求,进一步加强专业建设;二是要围绕实验教学、实践技能和课外创新,推进实践教学改革;三是要结合交叉专业建设、双学位班、巩固提高和完善通选课程,抓好综合环境下人才培养;四是要继续抓好第二校园经历、海外学习经历和暑期学校等工作,加大开放环境下人才培养的力度;五是要围绕教学和考试方法改革、本科生导师制、实验室开放,着力抓好研究环境下的人才培养;六是抓好国家、省级教学成果奖推荐评选工作,并启动下一轮教学科研立项。教务处处长王仁卿作了题为《站在新起点,研究新课题,开创本科教学工作新局面》的工作报告。

12 日　山东大学曾繁仁、徐显明、陈炎三位教授当选为新一届教育部社会科学委员会委员,其中曾繁仁教授被确定为语言文学、新闻传播学和艺术学学部召集人。

14 日　山东大学校董、格力电器总裁董明珠女士为山大学生作了一场精彩的励志报告。

15 日　教育部部属高校深入学习实践科学发展观活动指导检查组第六小组在组长、原兰州大学校长李发伸带领下,来学校检查指导工作。

16 日　校党委召开全校各基层党委、党总支、直属党支部书记会议,对学习实践科学发展观活动第一阶段的学习调研工作进行具体安排。校党委常务副书记、校学习实践科学发展观活动领导小组副组长尹薇出席会议并提出要求。

同日　俄罗斯人民友谊大学人文与社会科学学院院长茨务科·弗拉吉米尔先生一行 4 人来校访问。副校长陈炎会见代表团。

17 日　学校深入学习实践科学发展观活动领导小组召开办公室全体人员工作会议。校党委书记朱正昌对办公室人员提出了四点要求:一是加强学习,深刻领会、全面把握中央、省委和教育部党组有关学习实践活动的主要精神和基本要求。二是要有高度的责任感和事业心,发扬不怕苦、不怕累的良好工作作风和连续作战的精神。三是要建立良好的工作制度,协调组织,合理安排。四是要加强组织协调,严格工作纪律。校长徐显明从三个方面提出工作要求:一是要组织管理。二是要珍惜宝贵机会,积极实践锻炼。三是要在工作中把握好认真策划、组织落实、提炼升华、对外宣传四个重要环节。

18 日　山东大学 36 部教材获 2008 年山东省高等学校优秀教材奖,其中一等奖 20 部,二等奖 16 部。本次评选,山东省共评出 299 部教材为 2008 年省高等学校优秀教材,其中一等奖 97 部,二等奖 202 部。

20 日　山东省副省长李兆前一行来校调研,就三维 CAD/CAM 集成系统的研究与应用和山东省重大新药创制平台规划进行专题调研。省科技厅翟鲁宁厅长主持调研会,副校长娄红祥作了工作汇报。

2009年

3月

23日　校长徐显明，党委副书记李建军，校长助理、人事处处长王剑敏及党委（校长）办公室、教务处、研究生院、国内合作办等部门负责人，到威海分校进行调研。谈到分校的发展定位时，徐显明明确提出“统分结合、优势互补、各具特色、一体发展”的“大山东大学”发展架构。

24日　2008年度山东大学AMD奖教金、奖学金颁奖仪式举行。刘琚等6名教师获得首届山东大学AMD奖教金，24名研究生、20名本科生获得奖学金。副校长娄红祥会见了AMD公司战略发展总监Rich McCloskey先生一行；校长助理贾磊和AMD公司代表出席了颁奖仪式并讲话。

25日　学校学习实践科学发展观活动领导小组召开会议对前一阶段的工作进行总结，对下一步的学习调研任务进行研究部署。校党委书记、领导小组组长朱正昌，校长、领导小组组长徐显明听取了全校学习实践活动进展情况和领导小组办公室近期工作情况的汇报。

26日　山东大学组织推荐的43项教学成果获第六届山东省高等教育省级教学成果奖，获奖数量超出上届11项。其中“‘第二校园经历’人才培养模式的探索与实践”等13项成果荣获一等奖，“综合·开放·研究环境下的大学人文教育探索与实践”等13项成果荣获二等奖，“研究型大学暑期学校模式研究与实践”等18项成果荣获三等奖。同时，一等奖成果中的前12项已被山东省推荐申报第六届高等教育国家级教学成果奖。

27日　徐显明校长主持召开学科建设座谈会，就学科建设和学校发展等问题听取专家学者的意见建议。常务副校长王琪珑，副校长娄红祥、陈炎，校长助理贾磊等出席调研会议。

同日　山东大学2009年继续（网络）教育工作会议在青岛召开。副校长樊丽明出席会议并作了题为“新起点，新形势，新发展”的讲话。

29日　山东大学学生学习实践科学发展观宣讲团成立大会暨首场报告会在东区新校办公楼会议厅举行。校党委常务副书记尹薇出席会议为宣讲团授旗，并为宣讲团成员颁发聘书。

同日　台湾阳明大学教授王锡岗、贾爱华、潘怀宗等一行5人来校进行学术访问，并代表阳明大学与医学院签订校际合作协议。双方将安排学生以及科研人员交流互访。

同日　山东大学举办古籍整理研究与中国古典文献学学科建设国际学术研讨会。

30日　学校为整合科研力量、理顺管理关系，经研究决定，将挂靠在历史文化学院的中国传统文化思想研究所调整为挂靠社科处。马新任研究所所长（兼）。

同日　校长徐显明对新西兰和澳大利亚进行为期11天的工作访问。其间，徐显明校长访问新西兰奥克兰大学并签署合作谅解备忘录，访问澳大利亚阿德莱德大学并将作题为“中国的人权”的演讲。

2009 年

3 月

2009 年 3 月 29 日，古籍整理研究与中国古典文献学学科建设国际学术研讨会在山东大学召开

本月　山东大学 5 项科研项目获得教育部科学技术研究重点项目资助。这五项科研项目分别是化学院占金华教授申请的“半导体复合纳米结构在太阳能光电转换中的应用”、晶体所郝霄鹏教授申请的“金、银纳米材料的功能化及其光透射增强效应的研究”、环境学院王睿教授申请的“高效可再生液相氧化脱硫新技术研究”、医学院刘传勇教授申请的“痢疾杆菌感染后肠神经丛 GABAARS 敏感性下调的机制研究”和齐鲁医院彭军副主任医师申请的“血小板特异性 ScTCR 联合 CTLA4-Ig 在 ITP 中诱导 T 细胞免疫耐受的研究”。

本月　学校审核确定了 2009 年“国家建设高水平大学公派研究生项目”正式候选 129 人，超过协议推荐名额。其中 65 名到国外攻读博士学位；64 名研究生到国外联合培养。

本月　山东大学 2009 年度国家自然科学基金申报及 2008 年度结题工作结束，共组织申报国家自然科学基金各类项目 1045 项。2008 年度国家自然科学基金应结题题目 108 项，实际结题 107 项。在 1045 项申报项目中，面上（含重大研究计划培育项目和联合资助面上项目）项目 718 项，专项基金（含 3 项科学仪器专项）7 项，青年科学基金项目 272 项，重点项目 16 项，重大项目（课题申请）2 项，重大研究计划（重点支持项目）1 项，杰出青年科学基金 17 项，海外及港澳学者合作研究基金 6 项，国际（地区）合作及交流（多年期合作）项目 4 项，国家基金创新群体 2 项。申报项目数量较 2008 年的 953 项有了明显提高。

4 月

2 日　科技部中国生物技术发展中心副主任马宏建一行到校就山东省重大新药创制平台规划进行专题调研。副校长娄红祥主持了调研会并就山东大学创新药物平台建设规划方案进行了汇报。

同日　学校印发《〈山东大学学术振兴行动计划〉主要项目》（简称《振兴计划》），标志着山东大学未来五年学术振兴行动正式启动。

8 日　校常务副校长王琪珑带队到环境学院调研教师队伍建设工作，王琪

2009 年

4 月

珑等认真听取了汇报。校长助理兼人事处处长王剑敏、国资处处长韩明涛等有关部门负责人参加了教师队伍建设座谈会。

9 日　校党委书记、校深入学习实践科学发展观活动领导小组组长朱正昌带队到土建与水利学院就学习实践活动进行调研，校党委常务副书记尹薇，常务副校长王琪珑，党办校办主任周洁、校团委书记王君松，组织部、宣传部有关负责人一同参加了调研活动。

10 日　齐鲁医院普通外科孙靖中教授、妇产科孔北华教授荣获国家医学考试中心授予的特殊贡献奖。

13 日　英国牛津大学奥利尔学院理查德·特尔(Richard Tur)先生来访，校长徐显明在邵逸夫科学馆贵宾室会见来访客人。

15 日　山东大学 2008 年度三星奖学金颁奖仪式举行。共有 15 名本科生和 4 名研究生获得该奖学金。学校党委副书记方宏建、中国三星集团人力资源副总裁朴太圭出席仪式。

16 日　山东大学与山东省劳动和社会保障厅举办第四、五期辅导员心理咨询师培训班结业典礼。校党委副书记方宏建、山东省劳动和社会保障厅副厅长张凤光等出席典礼。

同日　学校经研究决定成立山东大学文化委员会，撤销原山东大学文化建设工作领导小组。山东大学文化委员会主任：李建军；成员：王仁卿、王君松、王学典、王钧、王剑敏、井海明、方宏建、方辉、曲明军、刘培平、芦延华、李红、李振奎、张宇、陈炎、林忠军、周洁、赵显、曹宪忠、樊丽明。文化委员会下设办公室，办公室设在宣传部，办公室主任：曹宪忠(兼)。

17 日　山东大学学生工作处被授予“全省高校 2009 年寒假‘千名辅导员访千家’活动优秀组织单位”称号，林竹、谢隆艳、朱蕾等 3 名辅导员被授予“全省高校 2009 年寒假‘千名辅导员访千家’活动先进个人”称号。

同日　经学校基层单位学位评定分委员会审核推荐，校学术委员会常务委员会会议审议通过，决定聘任李锐教授为数量经济学专业博士生指导教师；王萌教授为粒子物理与原子核物理专业博士生指导教师；孙振东教授为原子与分子物理专业博士生指导教师；刘相国教授为细胞生物学专业博士生指导教师；夏盛清教授为材料物理与化学专业博士生指导教师；陈冬岩教授为控制理论与控制工程专业博士生指导教师；邹难教授为系统工程专业博士生指导教师；沈月毛教授为天然药物化学专业博士生指导教师。

18 日　山东大学教育基金会第一届理事会第四次会议召开。校党委书记、基金会理事长朱正昌出席会议并讲话，副校长、基金会副理事长樊丽明主持会议，10 位理事和代表及 1 名监事出席会议。

同日　山东大学与济宁市第四次产学研合作座谈会在济宁市生产力促进中心会议室举行。

21 日　由山东大学和清华大学联合举办的第 11 届国际大气科学与空气质量会议在南郊宾馆举行。来自 24 个国家和地区的 260 余名知名学者参加会议。会议期间，新华社记者对王文兴院士就我国大气污染控制及研究进行专题采访。常务副校长王琪珑、副校长娄红祥等出席开幕式。

2009 年

4 月

2009 年 4 月 21 日，山东大学举办“第 11 届国际大气科学与空气质量会议”

22 日　受徐显明校长邀请，台湾政治大学翁岳生教授、台湾东吴大学王和雄教授在山大新校作了题为《行政程序法在台湾的实施经验与挑战》的学术报告。

23 日　山东大学辅导员学习实践科学发展观专题报告会在邵逸夫科学馆报告厅举行，校党委书记、校深入学习实践科学发展观活动领导小组组长朱正昌作了题为《辅导员应在学习实践科学发展观活动中发挥关键作用》的专题报告。校党委副书记方宏建主持了报告会。

同日　华民慈善基金会·山东大学 2009 年大学生就业扶助项目签约暨“资本精神与现代慈善事业”报告会在南区主楼报告厅举办。学校党委副书记、纪委书记方宏建，华民慈善基金会理事长顾问朱红，华民慈善基金会资金管理部主任卢勇出席大会。

同日　山东大学红色社团联盟成立暨学生理论社团读书周启动仪式在新校举行。

24 日　中共中央政治局委员，国务委员刘延东莅临山东大学海外孔子学院——新加坡南洋理工大学孔子学院视察工作。

同日　学校通过《山东大学本科学生社会实践活动管理办法(修订)》。

27 日　学校按照深入学习实践科学发展观活动的安排，举办校长见面会。校长、校学习实践活动领导小组组长徐显明，与现场 30 名同学和参与网上互动的同学进行交流。校党委副书记、校学习实践活动领导小组成员方宏建，副校长、校学习实践活动领导小组成员樊丽明，有关职能部门负责人参加了见面会。

同日　韩国东西大学副校长张济国一行来校访问，校长徐显明会见来访客人。

同日　山东大学一贝加莱电机控制实验室揭牌仪式举行。副校长樊丽明、贝加莱(中国)公司总经理肖维荣参加揭牌仪式。

同日　俄罗斯贝尔戈罗德国立大学校长莱奥尼德·吉契科(Leonid Dyachenko)教授一行 3 人来校访问。副校长陈炎会见了客人。

2009 年

4 月

29 日　山东大学科达集团学生实践基地签约暨揭牌仪式在东营市举行。东营市政协主席于树健、学校党委副书记方宏建出席仪式并为基地揭牌。

30 日　学校举行“青春咏叹”——山东大学纪念“五四运动 90 周年学生大合唱”决赛。学校党委副书记方宏建出席观看比赛。

本月　中组部公布了 2008 年度“千人计划”引进人才首批人员名单，王兴利教授顺利入选。

5 月

3 日　由《文史哲》编辑部主办的人文高端论坛：“传统与现代：中国哲学话语体系的范式转换”学术研讨会在山东大学召开，校长徐显明看望了与会代表，副校长陈炎与山东大学儒学研究中心主任庞朴先生出席会议开幕式并发表重要见解。

4 日　山东大学 500 余名国防生到英雄山革命烈士纪念塔举行纪念宣誓活动。学校党委副书记方宏建、山东省军区政治部副主任王德波大校出席纪念塔前宣誓大会。

同日　在纪念五四运动 90 周年之际，山东大学第 112 期小树林文化论坛在中心校区小树林举行。论坛主题为“大学的使命与青春的责任”。校党委副书记方宏建出席论坛并讲话。历史文化学院路遥教授、陈尚胜教授、胡卫清教授，院党委副书记董雪梅以及 3 名学生代表作为嘉宾参加论坛。

同日　学校各校区进行重新命名。原东校区新校命名为中心校区，原东校区老校命名为洪家楼校区，原西校区命名为趵突泉校区，原南校区命名为千佛山校区，原南新区命名为兴隆山校区，软件园校区名称暂不改变，威海分校改校区命名问题，学校将另行研究确定。

同日　学校印发《山东大学学生违纪处分实施细则(修订)》。

7 日　教育部哲学社会科学研究重大课题委托研究项目“高校辅导员队伍建设研究”结题会议在山东大学召开，课题负责人、学校党委书记朱正昌出席会议。会议由学校党委副书记方宏建主持，专家组及课题组成员参加会议。

同日　山东大学 3 个研究生社会实践基地入选第一批“山东省研究生联合培养基地”，分别为药学院在山东省药学科学院设立的校级研究生社会实践示范基地、公共卫生学院在山东省疾病预防控制中心设立的校级研究生社会实践示范基地、电气工程学院在烟台东方电子信息产业股份有限公司设立的校级研究生社会实践示范基地。

8 日　应校长徐显明邀请，台湾中国文化大学校长李天任一行 3 人来访，双方共同签署了校际交流与合作协议。

11 日　第二届全国植物生物技术及产业化大会在山东大学召开。

12 日　学校召开校领导班子专题民主生活会，校党委常委会全体成员参加会议。部属高校学习实践活动第六指导检查组副组长、中纪委驻教育部纪检组原副组长周冬成出席会议并讲话。学校党委书记、校学习实践活动领导小组组长朱正昌主持会议。

13 日　山东大学与山东省卫生厅“临床医学专业学位研究生培养合作协议书”签字仪式暨“山东大学预防医学研究院”协议签署及揭牌仪式在山东大学中

2009 年

5 月

心校区举行。

14 日　山东大学与兰州大学校际合作座谈会暨校际合作协议续签仪式举行。

同日　香港科技大学前副校长孔宪铎博士来校访问，校长徐显明会见孔宪铎博士并为其颁授顾问教授聘书。同时孔宪铎博士为山大师生作了题为“以人为本”的演讲。学校党委书记朱正昌会见了孔宪铎博士，双方就有关问题进行了交流。

15 日　校长徐显明率团访问兖矿集团，并出席“山东大学与济宁市科技合作对接洽谈会”，就深化校企、校地合作与兖矿集团、济宁市有关负责人进行了深入交流。

同日　美国国家科学院院士、密西根大学社会学谢宇教授来校访问，并为师生作了题为《社会科学三原理》的学术报告。常务副校长王琪珑会见了来访客人。

17 日　“新自由主义与全球金融危机”国际学术讨论会在山东大学举行。

21 日　校长徐显明在学人大厦会见来访的日本大东文化大学教授池田知久先生。副校长陈炎参加了会见。

同日　芬兰万达市市长约翰尼·巴亚宁先生率领代表团一行 6 人来校访问，副校长张运会见了来访客人。

22 日　中国人民解放军总装备部副部长张建启中将，航天英雄、航天医学研究所副所长杨利伟少将一行来校访问，校党委书记朱正昌、校长徐显明分别会见了张建启中将一行。

同日　山东大学荣获省政府颁发的“山东省产学研合作创新突出贡献奖”，并被山东省产学研联合协调领导小组授予“山东省校企合作人才订单培养示范基地”。

23 日　山东大学河南校友会成立大会在郑州市举行。大会通过了《山东大学河南校友会章程》，选举产生了山东大学河南校友会机构组成人员，张立勇校友为名誉会长，原中共河南省纪委副书记何广才校友当选会长。副校长樊丽明出席会议并讲话。

24 日　山东大学腔镜微创外科研究所所长、齐鲁医院肝胆外科副主任牛军教授带领的手术团队在山东大学腔镜微创外科研究所名誉所长寿楠海教授的亲自指导下，成功实施了国内首例经阴道内镜胆囊切除术。

26 日　山东大学无党派知识分子联谊会成立大会在中心校区举行，山东省委统战部五处处长赵锦锋到会致辞，校党委常务副书记尹薇出席会议并讲话。

27 日　学校发展规划处成立，以提高学校工作的前瞻性、计划性和统筹协调能力，更好地实现“山大特色、中国一流、世界水平”的办学目标。发展规划处为学校机关党政管理机构，处级建制，设处级职数 1 人，副处级职数 2 人，人员编制根据工作需要核定。

28 日　山东大学磁悬浮轴承工程技术研究中心与中国医学科学院阜外心血管病医院合作，近日成功研制出国内首台轴流式可控磁悬浮人工心脏泵样机，解决了轴流式磁悬浮人工心脏泵开发研究中的基础难题。

2009 年

5 月

31 日　美国纽约大学法学院亚美法研究中心高级研究员虞平来校访问。校长徐显明会见了虞平，双方进行了深入交流。

本月　学校认定“犹太导论”等 22 门课程为双语教学课程，至此被认定的双语教学课程已增至 117 门。学校于 2007 年首批认定“城市社会学”等 62 门课程为双语教学课程，此后 2008 年又认定“比较政治学”等 33 门课程为双语教学课程，此次是第三次认定工作。

本月　山东省总工会授予山东大学“山东省富民兴鲁劳动奖状”。山东大学是获此殊荣的两所高校之一。

6 月

2 日　2009 年度山大对口支援新疆昌吉学院工作座谈会在邵逸夫科学馆举行。座谈会上，双方就两校对口支援协议签订 5 年来的工作进行了总结，协商落实了双方 2008 年度对口支援例会确定的工作内容和合作导师开展相关工作事宜。

3 日　山东大学与吉林大学校际合作协议续签仪式暨合作座谈会在吉林大学举行。

4 日　山东大学与大连理工大学校际合作座谈会在大连理工大学举行。副校长樊丽明与大连理工大学副校长李志义分别代表各自学校签署了《山东大学和大连理工大学合作培养本科生协议》。经商定，自 2009 年 9 月起，双方互派 30 名本科生到对方优势学科访学。

5 日　学校在中心校区召开会议，专题讨论怎样打造山东半岛蓝色经济区，以及山东大学在打造山东半岛蓝色经济区中如何作出独特的贡献。

8 日　山东大学自动化、电气工程及其自动化专业认证汇报会举行。以北京航空航天大学申功璋教授为组长的教育部工程教育专业认证专家组一行 11 人听取了汇报。本次是继计算机科学与技术、机械设计制造及其自动化专业认证后山大的第三和第四个接受认证的专业。

同日　齐鲁医院血液科年轻医师张晓琳获得 2008 年度 *Journal of Thrombosis and Haemostasis* 杂志评选的 Pier M. Mannucci Young Investigator prize，该奖项将于 2009 年在美国波士顿举行的世界血栓与止血大会上颁发。该杂志每年由世界血液学权威从全世界投稿者中评选五名对血液学研究作出突破性贡献的年轻学者。2008 年度共评选出四名获奖者，张晓琳医师是本次获奖者中唯一一名中国学者。

9 日　经国务院学位委员会批准，山东大学新增高级管理人员工商管理硕士（EMBA）、体育硕士、翻译硕士、口腔医学博士四个专业学位点，其中 EMBA 和口腔医学博士是山东省唯一的设点单位。至此，山东大学已有专业学位博士点 2 个，即临床医学博士、口腔医学博士；专业学位硕士点 11 个，即法律硕士（J. M）、工程硕士（21 个领域）、高级管理人员工商管理硕士（EMBA）、工商管理硕士（MBA）、公共管理硕士（MPA）、公共卫生硕士（MPH）、汉语国际教育硕士（MTCSOL）、临床医学硕士、口腔医学硕士、体育硕士、翻译硕士。

10 日　2009 年度国家社会科学基金重大招标项目公布，以山东大学当代社会主义研究所、政治学与公共管理学院赵明义教授为首席专家申报的“‘主义’

2009 年

6 月

辨析：中国特色社会主义与相关‘主义’比较研究”中标，立项经费 50 万元。

同日　“中国的绿色发展道路——节能、减排、循环经济专家论坛”在山东大学举行。

11 日　以“明德 · 励志 · 成才”为主题的山东大学第十五届科技文化艺术节闭幕式暨山东大学合唱团首场汇报演出在中心校区科学会堂举行。

12 日　“山东省应用金融理论与政策研究基地”揭牌仪式暨学术报告会在中心校区邵逸夫科学馆报告厅举行。

同日　“2009 年齐鲁非物质文化遗产进校园活动——山东大学专场晚会”在中心校区举行。

16 日　新华社副总编辑彭树杰，办公厅副主任雷中原，体育部主任高殿民，技术局副局长高连涛及新华社山东分社社长陈新洲，副社长兼总编辑王进业，第十一届全国运动会组委会新闻宣传部综合处处长李兴利等一行来校访问。校党委书记朱正昌会见了彭树杰一行。

18 日　山东大学 2009 届访学生结业仪式举行。樊丽明副校长等为来自 21 所高校的 400 多名即将返程的访学生颁发结业证书。

同日　2009 年“海外学习经历”“第二校园经历”启动仪式举行。

2009 年 6 月 18 日，海外学习经历暨第二校园经历启动仪式

23 日　副校长樊丽明与东北大学副校长姜茂发在东北大学分别代表双方签署《山东大学－东北大学校际合作框架协议》《山东大学－东北大学关于本科生合作培养的协议书》。根据协议，自 2009 年 9 月到 2013 年 7 月，两校每年将互派 30 名 2、3 年级本科生到对方的优势学科或需求专业学习交流一年。至此，山东大学开展国内合作的高校已达 28 所。

26 日　学校举办 2009 届赴西部基层就业毕业生表彰座谈会，校党委副书记方宏建等出席了会议。

30 日　山东大学 2009 届毕业生毕业典礼暨学位授予仪式在中心校区科学会堂举行。校党委书记朱正昌出席毕业典礼暨学位授予仪式并讲话，校长徐显明出席毕业典礼并为毕业生颁发了学位证书。

7 月

1 日　山东大学召开党委常委会，讨论研究并通过了《山东大学深入学习实践科学发展观活动整改落实方案》。

2 日　徐显明校长一行赴德州皇明太阳能集团访问，并参加山东大学－德州校地合作座谈会。

2009年

7月

3日　2009届毕业国防生誓师欢送大会在中心校区科学会堂举行。

6日　山东大学电工电子实验教学中心、计算机实验教学中心、考古实验教学中心、护理学实验教学中心被评为2009年度省级实验室教学示范中心。至此,全国省级实验教学示范中心数量达到14个,其中国家级示范中心5个。

7日　中国政法大学校长黄进教授率访问团一行10人来校进行工作访问。校党委书记朱正昌、校长徐显明会见了访问团一行。两校领导及相关对口部门就进一步加强合作,分别进行了座谈和交流,在许多合作领域增进了了解,达成了共识。9日访问结束。

27日　第五届社会政策国际论坛暨系列讲座在山东大学举行。美国圣路易斯华盛顿大学社会发展研究中心主任、山东大学名誉教授Michael Sherraden,国家民政部副部长窦玉沛,中国社科院社会政策研究中心主任朱锦昌,副校长樊丽明出席开幕式并致辞。29日,讲座结束。

8月

3日　中英科技桥项目——“R&D on 4G Wireless Mobile Communications”英方科学家代表团一行10余人来校交流访问。副校长娄红祥出席座谈会并讲话。

5日　新华社副社长兼常务副总编辑周锡生,办公厅副主任雷中原,体育部主任高殿民,技术局副局长高连涛及新华社山东分社社长陈新洲等一行来校访问。校党委副书记方宏建会见了周锡生一行。

同日　刘宏、陈峰、娄红祥三位专家因分别在“无机非金属类光电信息功能材料研究”“离子注入技术在光电功能材料改性中的应用研究”“天然药物研究”等方面的突出贡献分别获得国家杰出青年科学基金资助。

6日　在2009年“毕昇杯”全国大学生电子创新竞赛决赛中,山东大学计算机学院李绍林、魏颖和控制学院李天平、秦秀文团队设计制作的《开放实验室门禁管理系统》获全国一等奖,物理学院范辉、窦伟、韩国栋、范莹设计制作的《基于GSM的远程可控智能家居系统》获全国二等奖。

10日　山东大学在星火国际传媒集团举行学生实践基地和青年就业创业见习基地签约暨揭牌仪式。山东大学党委副书记方宏建,星火国际传媒集团总裁马德高等出席揭牌仪式。

13日　山东大学组织申报的12门本科课程入选2009年度山东省高等学校省级精品课程。至此,山大的省级精品课程增至76门。

16日　英国教育部2009大学生“体验动感中国”——区域经济与文化研修学习活动开班仪式在山东大学中心校区晶体材料研究所报告厅举行。

同日　山东大学代表队在第四届“飞思卡尔”杯全国大学生智能汽车竞赛全国总决赛中取得优异成绩。由田崇翼、王金晨、杨强强同学组成的山大一队获光电组全国一等奖;由张瑞、朱晓勇、纪成组成的山大四队获摄像头组全国二等奖;由赵雪纲、王海全、鄢镕易、杨中旭、李熠组成的山东大学创意队获创意组全国二等奖。

17日　山东大学召开校领导班子党性党风党纪建设专题会议,校领导班子全体成员参加会议。部属高校学习实践活动领导小组第六指导检查组组长李

2009 年

8 月

发伸出席会议并讲话。

18 日　法学院姜作利教授主讲的“国际商法”和医学院周庚寅教授主讲的“病理学”被批准为教育部“2009 年度双语教学示范课程”。至此，山东大学已建有高等学校本科教学质量与教学改革工程双语教学示范课程 6 门，累计入选门数名列全国高校第五。

20 日　由山东大学机械工程学院与斗山工程机械（中国）有限公司联合共建的“青年就业创业见习基地”在烟台举行签约暨揭牌仪式。山东大学党委副书记方宏建和斗山工程机械（中国）有限公司总经理丁海益共同为“山东大学斗山工程机械（中国）有限公司青年就业创业见习基地”揭牌。

同日　医学院于修平教授为带头人的“基础医学实验课程教学团队”、经济学院胡金焱教授为带头人的“金融学系列课程教学团队”和材料学院孙康宁教授为带头人的“工程材料与机械基础系列课程教学团队”被评为省级教学团队。

同日　国家人力资源和社会保障部、教育部决定，授予山东大学软件学院“2009 年全国教育系统先进集体”称号。

21 日　荷兰代尔夫特理工大学校长 Jacob Fokkema 教授、微电子与计算机工程学系主任 Kees Beenakker 教授一行访问山东大学软件园校区，与计算机学院有关负责人及学院部分教师进行了座谈。

31 日　山东大学在 2009 年山东省高等学校品牌特色专业建设点遴选中获批 5 个建设点，其中，信息管理与信息系统、环境科学、应用物理学等 3 个专业被评为省品牌专业建设点，微电子学、预防医学等 2 个专业被评为省特色专业建设点。

9 月

1 日　哲学与社会发展学院何中华教授被国家人力资源和社会保障部、教育部授予“全国模范教师”称号。

2 日　山东大学获得各类 2009 年国家自然科学基金 219 项，其中创新群体项目 1 项、杰出青年基金项目 3 项、重点项目 3 项、重大国际合作项目 1 项、面上项目 126 项、青年基金项目 67 项、其他项目 18 项。

3 日　物理学院陈峰教授荣获第十届“大众报业杯”山东高校十大优秀教师称号。

4 日　山东大学金融工程、法学、自动化、护理学等 4 个专业获批 2009 年度第四批高等学校特色专业建设点。至此，山东大学已经获批国家级第一类特色专业建设点 13 个，国家级第二类特色专业建设点（方向）7 个。

同日　经全国博士后管委会专家组评审，人力资源和社会保障部、全国博士后管委会批准，山东大学新增设系统科学、马克思主义理论、工商管理等三个博士后科研流动站。至此，山东大学博士后科研流动站总量已达 29 个。

同日　学生工作处心理咨询指导中心主任吴少怡获“全国教育系统先进工作者”“全国优秀思想政治教育工作者”和“巾帼建功标兵”称号。

同日　山东大学有 14 项成果入选由教育部组织的第五届中国高等学校科

2009 年
9 月

学研究优秀成果奖(人文社会科学)。其中一等奖 1 项,二等奖 5 项,三等奖 8 项。郑杰文教授的"中国墨学通史"获一等奖;周来祥教授的"中华审美文化通史"、樊丽明教授的"中国公共品市场与自愿供给分析"、袁世硕教授的"王士禛全集"、刘大钧教授的"今帛竹书《周易》综考"、张士闪教授的"乡民艺术的文化解读"获二等奖;廖群教授的"先秦两汉文学考古研究"、黄少安教授的"中国土地产权制度对农业经济增长的影响"、周向军教授的"精神文明发展规律论"、齐延平教授的"自由大宪章研究"、林忠军教授的"周易郑氏学阐微"、刘京希教授的"政治生态学:政治发展的生态学考察"、肖霞教授的"日本近代浪漫主义文学与基督教"、曹廷求教授的"股权结构与公司绩效:度量方法和内生性"获三等奖。

6 日　教育部公布 2008 年度"长江学者"特聘教授、讲座教授人选名单,山东大学黄传真教授、张承慧教授获聘"长江学者"特聘教授,陈有海教授、郑玉良教授获聘"长江学者"讲座教授。截至目前,山东大学先后聘任 19 位特聘教授和 10 位讲座教授。

7 日　首届"我心目中的好导师"评选活动近日揭晓,王克明、王小舒、王丽萍、王欣、刘建亚、朱维申、何中华、徐传武、程林、臧渝梨(按姓氏笔画排序)10 名在研究生培养中爱岗敬业、教书育人、关爱学生、成就突出的优秀研究生指导教师入选。

9 日　校长徐显明在邵逸夫科学馆会见了日本岛根大学法文学部长田坂郁夫教授率领的访问团一行。

同日　山东大学管理学院 2005 级工商管理 1 班被授予"全国先进班集体"称号,政治学与公共管理学院王夺奎同学获得"全国优秀学生干部"荣誉称号。

10 日　山东大学庆祝 2009 年教师节暨优秀教师表彰大会举行。大会授予王文兴等 10 名教师"山东大学育才功勋"称号,授予于修平等 20 名教师"山东大学 2009 年优秀教师"称号,授予王仁卿等 12 名同志"山东大学 2009 年先进教育工作者"称号。

同日　庆祝艾兴教授从教 60 周年座谈会在中心校区办公楼会议厅举行。山东省副省长李兆前,校党委书记朱正昌,校长徐显明出席座谈会。教育部部长周济,山东省省长姜大明,北京理工大学校长胡海岩,中国工程院、中国切削先进技术研究会理事长姚英学等发来贺信。

11 日　徐现刚教授承担的山东省信息产业发展专项资金项目"碳化硅发光和大功率白光 LED 技术研究和产业化项目"通过山东省经济和信息化委员会的验收。山东省经信委副主任张宁波、中电集团第 13 研究所副所长蔡树军研究员、山东大学蒋民华院士、校长助理贾磊等出席验收会。

同日　山东大学与中国化学纤维工业协会战略合作协议签字仪式在中心校区举行。校长徐显明、中国化学纤维工业协会会长郑植艺出席签字仪式。

同日　体育学院张瑞林教授和材料科学与工程学院孙康宁教授获第五届国家级教学名师奖。

14 日　美国华盛顿大学东亚图书馆馆长沈志佳博士访问山东大学。山东大学副校长娄红祥会见了来访客人。

2009年

9月

同日　世界银行的两位高级专家Mark Woodward先生和王沈华女士在山东大学邵逸夫科学馆报告厅作了题为《世界银行文化遗产保护理念和实践》的专题报告。

15日　历史文化学院王育济教授为带头人的"中华民族精神概论"教学团队、医学院于修平教授为带头人的"基础医学实验课程"教学团队和材料学院孙康宁教授为带头人的"工程材料与机械基础课程"教学团队入选2009年度国家级教学团队。至此，山东大学共有6个教学团队被评为国家级教学团队。

17日　山东大学山东高速集团工程技术中心揭牌仪式在兴隆山校区举行。校党委书记朱正昌，山东高速集团董事长、党委书记孙亮出席仪式并共同为山东大学山东高速集团工程技术中心揭牌。仪式由山东大学副校长张永兵主持。

同日　山东大学新增4位泰山学者特聘教授，他们是"机械制造及其自动化岗位"泰山学者特聘教授邓建新，"电力电子与电力传动岗位"泰山学者特聘教授张承慧，"微生物学岗位"泰山学者特聘教授张玉忠，"电力系统及其自动化岗位"泰山学者特聘教授刘玉田。至此，山东大学共有泰山学者特聘教授（专家）28人。

同日　山东大学共有7项教学成果获第六届高等教育国家级教学成果奖。山东大学作为成果第一完成单位的获奖数量名列全国高校第11位，创合校十年连续三届以来最好成绩。

21日　学校研究通过《山东大学重大事项决策听证规则》，进一步规范学校重大事项决策行为，广开民主渠道，实现科学决策，提高学校管理水平，增强学校对重大事项决策的民主性、科学性和透明度，保障学校对重大事项作出正确决策。

同日　学校第十二次党政联席会议通过《山东大学教师学术休假制度暂行办法》，决定建立教师学术休假制度。

22日　经国家自然科学基金委员会相关专家通信评审和会议答辩，山东大学生命学院申玉龙教授的重点学科项目"超嗜热古菌DNA重组修复解旋酶和核酸酶的作用机制及体内功能"；张彩明教授申请的"三维数据表示理论和关键技术"；武传松教授的"受控脉冲穿孔等离子弧焊接熔池动态传热特性"三项目获得国家自然科学基金重点资助。

25日　中国台湾"中央研究院"研究员张伟仁先生、北京大学法学院李贵连教授来山东大学进行了为期5天的学术访问。

同日　2009年全国博士生论坛"突发公共卫生事件应急机制建设"在山东大学趵突泉校区举行。

27日　2009级学生开学典礼暨迎新晚会在兴隆山校区体育场举行。校党委书记朱正昌出席典礼并为"全国百篇优秀博士学位论文奖"指导教师陈子江颁发荣誉证书，校长徐显明出席典礼并讲话。开学典礼由副校长樊丽明主持。

同日　中国自动化学会理事长、中国工程院院士孙优贤一行来校访问。校党委书记朱正昌和常务副校长王琪珑在千佛山校区会见了孙优贤院士一行。

29日　校长徐显明、副校长娄红祥率代表团访问日本和韩国部分合作高校。

2009 年

9 月

同日　校党委召集部分人大代表、政协委员，学校各民主党派和无党派知识分子联谊会负责人，侨、台、民族工作联络组负责人、部分基层党委负责人，座谈庆祝中华人民共和国成立 60 周年暨纪念中国人民政治协商会议成立 60 周年。

10 月

1 日　全校师生集中或自发通过广播、电视、网络等媒体认真收听收看了国庆庆典实况转播，进一步了解和感受到新中国成立 60 周年特别是改革开放 30 年来所取得的伟大成就，表达对祖国的热爱和美好的祝愿。

5 日　由物理学院、生命学院、数学学院校友发起并设立的“心光校友助学基金”“童第周教育基金”“弘毅励学基金”命名捐赠仪式在中心校区举行。副校长樊丽明出席捐赠仪式并讲话。

7 日　山东大学 110 周年校庆“齐鲁医学教育基金”启动和首批基金的捐赠仪式在趵突泉校区举行。

15 日　中共中央政治局委员、国务委员刘延东来校视察工作。在山东大学，刘延东先后视察了千佛山校区、趵突泉校区和中心校区，参观了热科学与工程研究中心、晶体材料国家重点实验室等科研机构，看望了蒋民华教授、艾兴教授、王文兴教授、钱逸泰教授及王克明教授。在山东大学办公楼会议厅，听取了学校领导班子的工作汇报并发表重要讲话。教育部部长周济，科技部党组书记、副部长李学勇，国务院研究室副主任江小涓；山东省委书记姜异康，省长姜大明，省委常委、省委秘书长王敏，副省长李光前；山东大学党委书记朱正昌、校长徐显明陪同视察。

同日　山东大学 2009 年体育文化节启动仪式暨“迎全运”定向运动挑战赛在中心校区举行。

17 日　山东大学有 10 门课程入选 2009 年度国家精品课程。至此，山东大学的国家精品课程总数量增至 36 门，位居全国普通高等学校第 10 名。新入选的 10 门精品课程全部为本科课程，分别为外语学院丛亚平教授主持的“俄语翻译”、贾卫国教授主持的“大学英语”、王湘云教授主持的“英语国家文化”，马克思主义学院周向军教授主持的“马克思主义基本原理概论”，经济学院范爱军教授主持的“国际贸易学”，管理学院戚桂杰教授主持的“数据结构”、陈志军教授主持的“战略管理”，化学院宋其圣教授主持的“无机及分析化学实验”，医学院刘树伟教授主持的“断层解剖学”，护理学院娄凤兰教授主持的“护理心理学”。

25 日　经济学院博士研究生徐光耀获首届孙冶方经济科学基金会“青年菁英奖学金”并在青年菁英论坛上作大会发言。全国有 11 名博士生和硕士生获此荣誉。

26 日　山东大学有 28 名学生参加第十一届全运会，包括田径、篮球、排球、沙滩排球、乒乓球和游泳在内的 6 个大项的比赛。山东大学共夺得 4 金 2 银 4 铜(其中 1 枚团体金牌，1 枚团体银牌)共 10 枚奖牌。

27 日　由教育部高校辅导员培训和研修基地(山东大学)举办的山东省高校辅导员高级研修班在山东大学开班。全国高校辅导员工作研究会会长、山东大学党委书记朱正昌出席开班仪式并讲话。

2009 年

10 月

同日　山东大学共有 29 项成果获山东省第 23 次社会科学优秀成果奖，其中一等奖 6 项，二等奖 11 项，三等奖 12 项。一等奖获奖数占全省的 30%，创近 10 年的新高。

同日　山东大学马瑞芳教授凭借《马瑞芳趣话红楼梦》一书获得第三届中国女性文学奖理论批评类奖项。1998 年，马瑞芳获得首届女性文学创作奖。

29 日　校长徐显明、副校长娄永祥率代表团访问日本和韩国部分合作高校。

31 日　山东大学 MBA 教育十周年庆典大会暨 2009"一品景芝杯"山东儒商风范人物、山东大学 MBA 精英人物颁奖典礼在济南珍珠泉宾馆人民会堂举行。贾万志、朱正昌共同为 2009 年获批的山东大学 EMBA 教育中心揭牌。

本月　山东大学以彭实戈院士为学科带头人的"金融数学"研究群体获得国家自然科学基金创新研究群体科学基金资助。这是山东大学继"具有重大应用前景的功能晶体材料"创新研究群体之后获得此类资助的第二个群体。

11 月

2 日　校长徐显明获日本山口大学名誉博士称号。

同日　在第十一届"挑战杯"航空航天全国大学生课外学术科技作品竞赛终审决赛上，山东大学申报的 10 件作品全部获奖，其中一等奖 1 项、二等奖 6 项、三等奖 3 项，山东大学同时荣获校级优秀组织奖。

3 日　化学与化工学院 2009 级研究生盛翔，在山东省军区总医院接受了造血干细胞捐献手术，他所捐献的造血干细胞将使一位天津的白血病患者再获生机。

6 日　香港思源基金会执行董事李浩文先生来校访问。校党委副书记方宏建、副校长樊丽明分别会见了李浩文先生。

9 日　中国共产党山东大学第十二届委员会第四次全体会议召开。会议的主要议题是深入学习贯彻中央十七届四中全会精神，学习贯彻刘延东同志视察山东大学时的重要讲话和教育部党组关于高校认真学习贯彻十七届四中全会精神的通知精神；审议并通过了《中共山东大学委员会关于认真贯彻落实党的十七届四中全会精神，进一步加强和改进党的建设的意见》。

10 日　张运院士获 2009 年何梁何利基金科学与技术进步奖。

同日　"十一运会"组委会新闻宣传部副部长、"十一运会"媒体接待服务中心副主任张立忠，"十一运会"组委会新闻宣传部媒体接待处处长冯俊良一行来到山东大学，代表组委会向学校赠送十一运会志愿者服务牌匾，表达对山大志愿者一流志愿服务的感谢。

11 日　中共中央政治局原常委、中央纪律检查委员会书记吴官正，在中共山东省委副书记、省长姜大明的陪同下来校视察。

同日　由山东大学樊丽明、李齐云、陈东教授主编的《政府经济学》"十一五"国家级规划教材，被教育部评为 2009 年度普通高等教育精品教材。至此，山东大学共有 9 部教材被评为普通高等教育精品教材。

19 日　全国人大原常委会副委员长、中华文化标志城专家咨询委员会主任许嘉璐教授来校视察工作。先后视察了校博物馆和蒋维崧先生书法艺术展、兴隆山校区校园、中心校区综合科研楼和儒学研究中心。

23 日　学校第 16 次党政联席会议原则通过了《山东大学终身教授遴选办法》，并要求山东大学学术委员会进一步论证遴选办法，颁布实施。实行终身教授制度，是贯彻落实《山东大学学术振兴行动计划》，促进山东大学学术事业繁荣发展，实现“山大特色，中国一流，世界水平”办学目标的重要举措。

24 日　美国驻华大使洪博培一行 8 人来校访问并捐赠了《美国法律文库》图书，徐显明校长会见大使一行并与大使一起出席图书捐赠仪式。

25 日　国家科技部组织专家在北京对山东大学机械工程学院李剑峰、董玉平两位教授主持的国家高技术研究发展计划（“863”计划）“基于热电冷联供的分布式生物质能源系统研究”进行了验收。验收专家组认为，该课题组已经圆满完成项目合同书中规定的各项任务指标，在分布式生物质能源系统的理论及应用方面取得了一系列国内领先、国际上有重要影响的研究成果，一致同意通过验收。

26 日　山东大学生命学院为中国南极科学考察第 26 次科考队员、生命学院 2008 级硕士研究生周明扬举行欢送仪式。作为中国南极长城站 13 名越冬队员之一，周明扬将赴南极参与微生物多样性调查与宏基因组文库的构建以及各种低温微生物资源与多样性调查。

2009 年 11 月 26 日，中国南极科学考察第 26 次科考队员、
山东大学生命科学学院 2008 级硕士研究生周明扬赴南极考察

27 日　山东大学的国际论文引征和 SCIE 收录论文数量连续两年排名全国高校第 10 位，EI 收录、ISTP 收录数量与去年相比在高校排名中有所下降，国内论文收录篇数、国内引征次数与去年相比在国内高校排名略有上升。

同日　常务副校长王琪珑应邀出席 2009 年国家汉语国际推广基地工作会议，并代表学校作了《山东大学中华传统文化研究与体验基地 2009 年工作报告》。

28 日　国家统计局统计科学研究所山东大学研究基地揭牌。

同日　山东大学数学学院学生邹德阳、赵扬、常德键 3 人组成的代表队获 2009 高教社杯全国大学生数学建模竞赛本科组唯一的最高奖——“高教社杯”。这是自 1992 年全国大学生数学建模竞赛创办以来，山东大学及山东省第一次获得本科组最高奖。

3 日　山东大学第八届重点中学校长论坛在中心校区举行。

2009 年

12 月

6 日　山东大学新一届黑龙江校友会成立大会在哈尔滨举行。黑龙江省政协党组副书记、副主席刘海生校友，黑龙江大学中文系原主任曲若镁校友当选为名誉会长，黑龙江大学校长张政文校友当选为会长。

同日　“中国银行杯 2009 年度 CCTV 三农人物面对面——走进山东大学”推介活动在山东大学中心校区举行。

7 日　第十届全国政协副主席、中国人权研究会会长罗豪才来校视察工作，他先后视察了山东大学博物馆、蒋维崧先生书法艺术展和法学院，在办公楼会议厅与校领导、部分人权研究方面的专家学者进行座谈并作重要讲话。

8 日　在济南南郊宾馆 4 号楼会议厅，全国人大原副委员长姜春云就“生态文明建设”专题与山东大学专家学者进行了座谈研讨。

11 日　副校长张运率代表团出席第四届孔子学院大会并作大会交流。大会期间，张运分别与国家汉办、海外孔子学院合作院校相关负责人，韩国忠南大学校长宋荣镐，澳大利亚阿德莱德大学副校长 John Taplin，蒙古国立大学副校长任钦巴扎尔等进行了会谈，并就孔子学院建设、大学在多元文化背景下的定位与使命等问题交换了意见。

12 日　山东大学福建校友会成立大会在福州举行。福建省社会科学院副院长李鸿阶校友当选会长，并代表福建校友会向山东大学赠送了具有福建特色的工艺品中国红镶金花瓶。党委副书记仝兴华出席会议并讲话。

14 日　校长徐显明率团到浙江大学学习考察。徐显明校长一行参观了解了浙江大学发展规划，并围绕人事制度改革、人才培养、科研项目管理和社会筹资等问题与浙江大学同仁展开座谈。浙江大学校长杨卫出席座谈会。

15 日　由众议院运营委员长松本刚明为团长的日本国会众议院代表团来华与中国全国人大举行双方合作交流机制第五次会议。山东大学校长徐显明代表全国人大法律委员会就中国的民主和法制建设在会上发言。

17 日　山东大学第二届教职工代表大会第一次会议于中心校区科学会堂开幕。校党委书记朱正昌致开幕词。校长徐显明作学校工作报告。参加开幕式的正式代表 378 人、列席代表 42 人、特邀代表 19 人。大会听取讨论了学校工作报告、学校财务工作报告，讨论审议了山东大学第一届教职工代表大会工作报告、《山东大学章程(草案)》、教代会提案工作报告，讨论并原则通过了《山东大学教师职业道德规范(草案)》《山东大学第二届教职工代表大会暂行规定(草案)》《山东大学第二届教职工代表大会第一次会议决议》。18 日，会议闭幕。

19 日　“山东省金融风险控制工程技术研究中心”揭牌仪式在山东大学举行。常务副校长王琪珑、山东省科技厅副厅长孙伟出席仪式并致辞。该研究中心依托山东大学经济学院和山东大学金融研究院的金融学科研究团队开展应用性研究工作，中国科学院院士、山东大学经济学院和山东大学金融研究院院长彭实戈教授担任研究中心总顾问。

同日　计算机学院孟祥旭教授主持的山东省自主创新成果转化重大专项项目“山东省制造业信息化服务平台”通过了省科技厅、省教育厅的验收和鉴定。经过审议，鉴定委员会将验收结论定为优秀。

21 日　学校正式启动校部机关大部制改革试点和终身教授遴选工作。

22 日　山东大学共有 29 支队伍获第六届全国研究生数学建模竞赛奖，其中全国一等奖 2 项，二等奖 7 项，三等奖 20 项，总成绩位列全国第二，同时荣获优秀组织奖。

同日　在第四届中国期刊创新年会暨“新中国 60 年有影响力的期刊及期刊人”颁奖大会上，山东大学《文史哲》被评为新中国 60 年有影响力期刊。

2009 年 12 月 19 日，山东省金融风险控制工程技术研究中心在山东大学揭牌

同日　张运院士当选为教科技委和生物与医学学部委员，王克明院士当选为材料学部委员，梅良模教授当选为科技委战略研究指导委员会和材料学部委员，陶绪堂教授当选为国防科技学部委员，赵国群教授当选为材料学部委员。

25 日　学校决定先行试点，组建山东大学学术研究部与合作发展部，以此作为学校管理机构大部制改革的两个试点单位。

29 日　2009 年度校长奖学金暨国家奖学金颁奖典礼在中心校区科学会堂兴行。校长徐显明、校党委副书记方宏建、副校长陈炎等出席颁奖大学。本年度获校长奖学金获得者 61 名，国家奖学金获得者 400 余名。

30 日　文史哲研究院郑杰文教授的《中国墨学通史》荣获第五届中国高等学校科学研究优秀成果奖(人文社会科学)一等奖。

本月　教育部下发《教育部办公厅关于印发马克思主义理论研究和建设工程教育部第一批高等学校哲学社会科学重点编写教材首席专家和课题组主要成员名单的通知》，文学与新闻传播学院袁世硕教授担任编写《中国古代文学史》教材首席专家，文艺美学研究中心曾繁仁教授担任编写《西方文学理论》教材首席专家，历史文化学院栾丰实教授和方辉教授担任编写《考古学概论》教材首席专家。

本月　山东省科技厅、财政厅联合批准山东大学能源减排技术与资源化利用、光学天文与日地空间环境、动物细胞与发育生物学、口腔生物医学、心血管蛋白质组学 5 个实验室立项建设山东省重点实验室。截至目前，山东大学立项建设的山东省重点实验室已达到 10 个。

本月　山东大学校长徐显明入选“新中国 60 年法律人群英谱”。60 位入选人物全面涵盖了中华人民共和国成立 60 年来法学界和政法界为新中国法治事业作出突出贡献的人物。

2010 年

1 月

4 日 学校印发《山东大学研究生指导教师工作规范》和《山东大学研究生学术规范》。

同日 数学学院院长刘建亚教授获得教育部“10000 个科学难题”征集活动数理化试点阶段“突出贡献奖”。

5 日 在全国医药卫生系统表彰大会上，山大二院被授予“全国医药卫生系统先进集体”称号。

同日 山东大学共有 97 名在站博士后获得 2009 年度山东省博士后创新项目专项资金资助，其中一等资助 5 项，每项资助 8 万元人民币；二等资助 23 项，每项资助 5 万元人民币；三等资助 59 项，每项资助 2 万元人民币。山东大学获资助总金额为 273 万元人民币，占全省资助金额 54.6%。与山东大学联合培养的企业博士后 1 人获一等资助，2 人获二等资助，7 人获三等资助。本次山东大学获资金资助总额达 305 万元人民币。截至目前，山东大学共有 365 位博士后获得资助，资助总额达 1153 万元人民币。

6 日 教育部党组副书记、副部长陈希到校视察工作。陈希先后视察了中心校区、千佛山校区和趵突泉校区，参观了晶体材料国家重点实验室、热科学与工程研究中心。

同日 “山东大学 2009 年度十大新闻”“山东大学 2009 年度十大新闻人物”“山东大学 2009 年度十大杰出校友”“山东大学 2009 年度爱岗敬业十大模范人物”揭晓。“山东大学 2009 年度十大新闻”：(1)山东大学深入学习实践科学发展观活动取得显著成效。(2)中共中央政治局委员、国务委员刘延东等领导视察山东大学。(3)《山东大学学术振兴行动计划》启动实施。(4)张运院士获 2009 年度何梁何利基金科技进步奖和 2008 年度山东省科学技术最高奖。(5)山东大学学生获全国大学生数学建模竞赛最高奖，教学质量不断取得新突破。(6)山东大学学术竞争力明显增强，社会影响力不断提升。(7)彭实戈院士受邀第 26 届国际数学家大会作一小时报告，所率科研团队获国家自然科学基金创新研究群体科学基金资助。(8)山东大学师生积极参与全运会各项工作，受到各界好评。(9)山东大学威海天文台发现的首颗小行星获得国际小行星中心永久编号，成为中国内地第三家具有小行星命名权的单位。(10)山东大学积极推进制度创新，不断推出创新举措。“山东大学 2009 年度十大新闻人物”：孙康宁、何中华、张运、张承慧、张瑞林、陈峰、陈子江、盛翔、全运会志愿者服务团队、彭实戈金融数学研究群体。“山东大学 2009 年度十大杰出校友”：王兴利、宁高宁、孙绍骋、江桂斌、寻寰中、张严平、陈中华、赵惠令、郭琴、潘盛洲。“山东大学 2009 年度爱岗敬业十大模范人物”：马祥兴、王鲁萍、刘海、刘保东、刘洪渭、刘桂真、杨惠清、初世红、张玉忠、谢英慧。

7 日 山东省副省长李兆前一行到学校就国家综合性新药研究开发技术大平台建设进展情况进行视察并召开专题调研会。

16 日 学校出台《山东大学自主创新专项资金管理暂行办法》。

19 日 数学学院院长、博士生导师刘建亚教授；生命科学学院副院长、博士生导师李越中教授；机械工程学院博士生导师邓建新教授和管理学院潘爱玲教授入选 2009 年“新世纪百千万人才工程”。至此，山大入选“百千万人才工程”

2010 年

1 月

和“新世纪百千万人才工程”国家级入选的中青年学者共有26位。

20日　学校印发《关于开展学校管理机构大部制改革试点工作的通知》。

28日　学校印发《中共山东大学委员会关于推进学习型党组织建设的实施意见》。

31日　山东大学齐鲁医院检验科被评为“2009年中国十大优秀检验科室”;检验科主任王传新教授被评为“2009年中国检验医学十大杰出贡献人物”。

2 月

6日　蒋艳同学荣获2009年度“中国大学生自强之星”称号及“中国大学生新东方自强奖学金”5000元,口腔医学院2006级本科生张建云同学获得2009年度“中国大学生自强之星”提名奖及“中国大学生新东方自强奖学金”2000元。

8日　科技部批准齐鲁医院心血管重构与功能研究重点实验室为省部共建国家重点实验室(培育基地),并由科技部统一授牌。

12日　校长徐显明被聘为最高人民法院第三届特邀咨询员。

22日　山东省科技奖励暨技术创新工程推进大会表彰了荣获2009年度国家科学技术奖和山东省科学技术奖的单位和个人。山东大学作为第一负责人获一等奖5项、二等奖22项、三等奖20项。

25日　山东大学有18位教师入选教育部2009年度“新世纪优秀人才支持计划”。至此,山东大学共有86位教师入选教育部“新世纪优秀人才支持计划”。此次入选人员分别是经济学院曹廷求教授,材料学院范润华教授,生命学院方诩教授,《文史哲》编辑部刘培教授,生命学院刘相国教授,历史学院刘玉峰教授,威海分校商学院罗润东研究员,医学院马春红教授,法学院齐延平教授,晶体所孙询教授,物理学院王萌教授,环境学院王曙光教授,能动学院王文龙副教授,宗教、科学与社会问题研究所小幡满副教授,医学院于晓教授,计算机学院禹晓辉教授,文史哲研究院张士闪教授,环境学院赵峰教授。

28日　学校召开新学期工作会议,全面部署2010年学校党政工作。校党委书记朱正昌主持会议,校长徐显明就2010年学校行政重点工作讲话。

3 月

1日　学校印发《山东大学2010年学术与行政工作要点》和《中共山东大学委员2010年工作要点》。

4日　学校党委召开新学期基层党委书记会议,传达学习第十八次全国高校党建工作会议精神,按照学校新学期工作会议要求,安排部署新学年基层党建工作。

同日　《高校辅导员》杂志编辑部成立。编辑部设专职副主编1人,编务1人,其余编辑杂志所需人员由辅导员工作研究会与培训基地办公室工作人员兼任。

8日　学校举行纪念“三八”国际劳动妇女节暨表彰大会,30位分别获得“山东大学十大女杰”“山东大学十大女杰提名奖”“山东大学十大优秀女大学生”荣誉称号的个人受到表彰。校党委常务副书记尹薇参加会议并讲话。

9日　应美国驻华大使洪博培邀请,校长徐显明参加在美国驻华大使馆举行的招待宾夕法尼亚大学校长酒会,与洪博培和宾夕法尼亚大学校长Amy Gutmann进行会谈。

2010 年

3 月

11 日　英国杜伦大学副校长安德鲁·J. 迪克斯(Andrew J Deeks)教授及该校外办主任白善瑞(Sharne Procter)女士一行来访。校长徐显明和副校长张运分别会见来访客人。

12 日　徐显明校长出席山东大学北京校友基金捐赠仪式、哲社学院首届北京校友联谊会。

13 日　朱正昌书记出席全国大学生思想政治教育论坛并讲话。

17 日　山东省委高校工委副书记齐秀生一行来校调研工作,校党委常务副书记尹薇与齐秀生一行进行了座谈。

18 日　经各学院申报、专家评审和网络公示,共评定出 2010 年度山东大学精品课程 27 门(含威海分校精品课程 6 门)。

同日　山东大学与日本熊本大学互设办公室备忘录签字仪式暨熊本大学驻山东大学办公室揭牌典礼举行。

同日　台湾逢甲大学校长张保隆一行来校访问。徐显明校长会见了张保隆校长一行,陈炎副校长主持座谈会。

同日　瑞士联邦政府驻华科技文化中心主任史凤雅女士(Dr. Flavia Schlegel)一行来校访问,探讨双方间的交流合作。副校长娄红祥会见来访客人。

19 日　英国东英吉利大学科学学部总监戴维·理查德森(David Richardson)教授、社会科学学部总监 Neil Ward 教授以及校长办公室中国项目负责人 Lisha Li 女士一行来校访问。副校长张运会见来访客人。

20 日　中央电视台 19 点《新闻联播》节目,以"山东大学编纂完成《中国文化产业学术年鉴》(1979～2008 年卷)"为题,对山大的这一工作进行专题报道,认为"《中国文化产业学术年鉴》是国内第一套按年度编纂,系统反应文化产业理论进程的大型文摘类权威著作"。

22 日　副校长樊丽明与皇明太阳能股份有限公司董事长黄鸣在皇明公司代表双方签署全面合作协议。

同日　学校举行"千人计划"国家特聘教授王兴利博士聘任仪式。校长徐显明,常务副校长王琪珑,副校长张运,校长助理、人事处长王剑敏,王兴利教授及其团队成员唐东起、崔泰兴教授等出席聘任仪式。王兴利,现为美国贝勒医学院终身教授,主要从事动脉粥样硬化发病机制的研究,是国际上深入研究吸烟与动脉粥样硬化关系的少数学者之一。他建立了吸烟动物模型,首次发现吸烟可强化与动脉 eNOS 基因型相关的冠心病危险因素,证实 eNOS 表达中的基因表型依赖性和吸烟的特定调节作用;明确了候选基因的多态性和冠心病的关系,从而在国际上开辟了新的研究领域;建立了氧化应激的基因学;发现 p53 癌基因是人类巨细胞病毒的靶点等。

同日　为组织好建校 110 周年系列纪念庆祝活动,学校制定《关于做好山东大学 110 周年校庆工作的通知》。该《通知》确立了指导思想、校庆原则、组织领导、工作要求四项内容。

同日　山东省高校思想政治理论课教师培训工作会议暨山东高校思想政治理论课教师培训基地揭牌仪式在山东大学举行。

24 日　学校召开学生工作会议，部署 2010 年学生工作。党委副书记方宏建出席会议。

25 日　为加强校史研究，弘扬山东大学的优良办学传统和学风，推动校园文化建设，山东大学校史研究会业经 2010 年第一次校长办公会批准成立。朱正昌、徐显明、孙汉卿、邵桂芳、孔令仁任名誉会长；乔幼梅任会长；李建军、何祖诚、周申任副会长。校史研究会下设办公室，档案馆馆长兼任办公室主任，该研究会为学校内部的群众性学术团体。

同日　山东大学 2009 年度“十大新闻人物”“爱岗敬业十大模范人物”颁奖典礼举行。校长徐显明、党委常务副书记尹薇、常务副校长王琪珑、副书记李建军为获奖嘉宾颁发奖杯和证书。

26 日　学校召开文科学者座谈会。副校长娄红祥、陈炎出席并就山东大学文科学科规划、建设和发展等与部分文科学者进行交流。

28 日　校长徐显明出席山东大学政法干警班开学典礼暨乔伟法学教育基金接受捐赠仪式。

同日　山东大学上海校友会成立，中华医学会心血管分会副主任委员、复旦大学附属中山医院心内科主任、上海市心血管病研究所所长葛均波校友当选会长。

29 日　为确保学校下一阶段“985 工程”的顺利实施，学校调整山东大学“985 工程”建设领导小组人员组成。新的领导小组和工作办公室人员组成如下：组长：徐显明；副组长：王琪珑、樊丽明、娄红祥、陈炎、韩圣浩；成员：王剑敏、贾磊、孔令栋、王仁卿、赵显、佟光武、芦延华。工作办公室人员组成：主任：娄红祥（兼）副主任：孔令栋；成员：王剑敏、贾磊、王仁卿、赵显、佟光武、芦延华、马传峰、韩子军。

同日　学校召开加快推进高水平大学建设（“985 工程”）规划工作会议，部署下一阶段“985 工程”规划工作。校长徐显明，副校长娄红祥、张运、陈炎、韩圣浩出席会议，常务副校长王琪珑主持会议。娄红祥介绍了教育部“985 工程”二期验收会议情况，传达了教育部、财政部“985 工程”有关建设精神。娄红祥从学科与科研的角度总结学校“985 工程”二期主要建设成就，分析存在的差距和不足，提出下一阶段“985 工程”学科与平台基地的规划建设思路，以及“985 工程”近期建设任务，并具体安排下一阶段“985 工程”规划工作。

同日　山东大学驻日本熊本大学办公室设立剪彩仪式在熊本大学举行，校党委副书记李建军率代表团出席仪式。

同日　张永兵副校长主持召开学校 110 周年校庆重点建设工程与校园改造指挥部第一次会议，研究部署学校 110 周年校庆重点建设工程与校园改造的各项工作。

30～31 日　副校长樊丽明率团参加在马来西亚波德申举行的第三届东盟一中国大学校长会议。

31 日　山东大学申报的 16 门课程被评定为 2010 年度山东省精品课程。至此，山东大学的省级精品课程总数增至 92 门，分布在全校 28 个学院，涵盖了文学、历史学、哲学、经济学、管理学、法学、理学、工学、医学、教育学等诸多学科门类，涉及公共基础课、专业基础课、文化素质教育课等不同的课程类型。

2010 年

4 月

2 日　学校中心校区综合科研楼 B、C、D 座正式投入使用。

8 日　中国科学院院士葛墨林教授做客山东大学“大家讲坛”，为山大师生作了《电磁斗篷理论与黎曼几何》为题的学术报告。

同日　教育部科技司组织专家组对依托山东大学建立的“电网智能化调度与控制”教育部重点实验室建设计划进行了可行性论证。经审核，专家组一致同意该实验室通过论证。

同日　学校在中心校区邵逸夫科学馆报告厅举行山东大学终身教授聘任仪式。校党委书记朱正昌、校长徐显明出席仪式并为受聘教授颁发聘书。根据《山东大学终身教授遴选管理办法》，学校决定聘任王文兴、王克明、艾兴、张运、钱逸泰、蒋民华、彭实戈、刘大钧、周来祥、赵明义、袁世硕、曾繁仁、路遥、庞朴等 14 人为山东大学终身教授。

2010 年 4 月 8 日，山东大学隆重举行终身教授聘任仪式

同日　校长徐显明到青岛胶州湾海底隧道学生实践基地进行工作调研，向在海底隧道一线工作的师生表达关怀慰问之情。

13 日　校长徐显明到威海分校调研，并在山大威海国际学术中心主持召开调研座谈会。山东大学党委副书记、威海分校党委书记仝兴华，山东大学副校长、威海分校校长韩圣浩出席座谈会。

16 日　山东大学彭实戈院士被国务院授予“全国先进工作者”荣誉称号。

19 日　学校出台《山东大学关于建立社会筹资工作机制的意见》。

21 日　山东大学举行儒学高等研究院成立仪式，党委书记朱正昌，校长徐显明出席成立仪式。

同日　山东大学与中国孔子基金会战略合作协议签字仪式举行。

22 日　山东大学与山东省农科院产学研战略合作协议签字仪式在山东大厦举行。仪式由山东省政府办公厅副主任高洪波主持。

同日　学校印发《山东大学处级领导干部问责暂行办法》。

同日　由山东大学和山东九发生物降解工程有限公司共同承担的“十一五”国家科技支撑计划“绿色制造关键技术及装备”重大项目“生物质全降解制品关键技术及成套装备”课题通过了中国机械工业联合会组织的专家的验收。

2010 年

4 月

2010 年 4 月 21 日，山东大学儒学高等研究院成立

23 日　山东大学会计学、生物医学工程两个专业被评为 2010 年度山东省高等学校品牌专业建设点，日语专业被评为山东省高等学校特色专业建设点。

同日　由山东大学和海信集团共同承担的“十一五”国家科技支撑计划“绿色制造关键技术及装备”重大项目“快速热循环绿色注塑成型新技术及其成套工艺与装备研究开发”课题通过了国家科技部和中国机械工业联合会组织的专家的验收。

26 日　医学院教授、博士生导师易凡获第十四届“山东青年五四奖章”。此次评选全省有 20 人获得“五四奖章”，另有 10 人获“五四奖章”提名奖。

29 日　校长徐显明代表全国人大法律委员会出席中国全国人大与日本国会参议院定期交流机制第四次会议并发言。

5 月

2～3 日　《文史哲》编辑部人文高端论坛之三“秦至清末：中国社会形态问题”学术研讨会在中心校区举办。

5 日　学校出台《中共山东大学委员会关于在全校基层党组织和党员中深入开展创先争优活动的实施方案》。

同日　副校长樊丽明与兖州市市长张玉华在兖州市签订《兖州市人民政府与山东大学全面战略合作协议》。

6 日　校长徐显明率团访问韩国和美国高校、相关社会团体及中国驻当地使馆。在韩访问期间，应韩国延世大学校长金汉中邀请，徐显明校长出席延世大学 125 周年校庆活动并发表主题演讲。在美访问期间，徐显明校长率团赴美考察美国加州大学系统，先后访问了加州大学洛杉矶分校、圣巴巴拉分校和伯克利分校，并与各校相关负责人进行座谈。

同日　山东大学与滕州市签署合作协议，双方将在人才培养、科技合作、决策咨询等方面开展长期合作。

12 日　山东大学校董、齐鲁证券董事长李玮率团来校考察金融研究院，副校长樊丽明和经济学院院长彭实戈院士会见了李玮一行。

14 日　学校召开思想政治教育研究会会议。党委常务副书记尹薇主持会议并传达党委书记朱正昌对进一步加强思想政治教育工作的要求，党委副书记李建军讲话，党委副书记方宏建作研究会工作报告。

同日　山东大学优秀生源输送基地揭牌仪式暨名师报告会在山东省肥城泰西中学举行，这是山东大学在省内外重点中学建立的第81所生源基地。肥城市委常委、副市长张莉与山东大学校长助理王剑敏为基地揭牌并讲话。

同日　数学学院引进的美国南卡罗来纳大学数学系终身教授王宏博士、加拿大约克大学终身教授梁栋博士，物理学院引进的香港科技大学终身教授王向荣博士，计算机学院的齐鲁青年学者禹晓辉教授入选山东省引进海外高层次创新人才。至此，山大共有6人荣获“泰山学者海外特聘专家”荣誉称号。

16日　以山东大学赵明义教授为首席专家的2009年度国家社科基金重大项目“中国特色社会主义与相关主义比较研究”开题报告会在山东大学举行。

18日　以色列特拉维夫大学执行校长谢爱伦(Aron Shai)教授来校访问，副校长张运在邵逸夫科学馆与谢爱伦教授进行会谈并签署校际合作协议。

19日　学校召开创新教育工作委员会第二次会议。会议审议《山东大学创新教育课程建设与管理办法》《山东大学创新教育平台建设管理办法》《山东大学创新之星评选办法》等文件，并听取创新教育核心课程建设规划方案。教务处处长王仁卿代表学校与数学实验与数学建模、电工与电子创新设计、嵌入式系统与智能控制、低碳经济与节能减排、机电产品创新设计、创业教育与创业计划、临床技能训练、人工智能与机器人、工程技能训练等首批9个校级创新教育平台依托学院有关负责人签署了创新平台委托建设协议，方宏建、樊丽明为首批9个校级创新教育平台授牌。

同日　以材料科学与工程学院赵国群教授为学术带头人的“材料塑性成型工艺与模具技术”团队入选2009年度“长江学者和创新团队发展计划”创新团队。

同日　学校调整山东大学档案管理委员会，调整后的委员会为：主任：徐显明；副主任：李建军；委员：王仁卿、王剑敏、井海明、方辉、尹作升、孔令栋、宁继鸣、刘学祥、刘相宜、刘培平、李红、李振奎、芦延华、佟光武、张宇、张兆亮、周洁、赵显、赵炳新、胡敬田、侯俊平、郭培良、贾磊、贾红英、曹宪忠、韩明涛、韩培祯。办公室设在档案馆，刘培平兼任办公室主任。

22日　山东大学第二次校友代表大会在中心校区举行。校党委书记朱正昌、校长徐显明出席会议并讲话；校党委常务副书记尹薇宣读了民政部同意成立山东大学校友会的批复和海内外校友的贺信；校党委副书记李建军宣读了《山东大学关于表彰优秀校友会和校友贡献奖、优秀校友工作奖获得者的决定》，朱正昌书记、徐显明校长为获奖者颁奖；校党委副书记方宏建主持大会；副校长樊丽明代表第一届理事会作工作报告。大会通过了《山东大学校友会章程》，选举产生了山东大学校友会第二届理事会。文圣常、王文泽、王怀远、计亮年、史大祯、刘振亚、刘振兴、刘瑞玉、曲格平、朱正昌、朱兆良、汤洪高、吴祖泽、张福绥、李准、李从军、李希凡、李建国、杨衍银、邵桂芳、陈建国、周明镇、季允石、庞朴、洪涛、赵法箴、赵淑敏、郝建秀、项怀诚、夏道行、展涛、黄翠芬、强卫、蒋洁敏、谢立信、雷霁霖、薛禹胜、薛群基等39人任名誉会长；徐显明校长当选为

2010 年

5 月

会长；王兴利、王建宏、王琪珑、宁高宁、张凯、张政文、李鸿阶、汪耀、周厚健、秦兴才、曹培玺、葛均波、樊丽明等 14 人为副会长。

同日　山东大学依托重点学科平台申报的秦承忠教授、依托重点实验室平台申报的郭忠武教授以及依托重点创新项目平台申报的赵忠熙研究员入选国家第四批“千人计划”引进人才名单。至此，山大已有 4 位国家“千人计划”入选者。

同日　第十二届“中国经济发展研究会”年会暨“金融危机与后金融危机：中国经济社会发展前景”学术研讨会在山东大学举行。中国经济发展研究会会长、南开大学张仁德教授，山东大学经济学院常务副院长胡金焱教授出席开幕式并致辞。开幕式由山东大学产业经济研究所所长、《山东大学学报》(哲社版）主编臧旭恒教授主持。

24 日　瑞典于默奥大学副校长 Åsa Bergenheim 教授和校长国际交流事务顾问 Janove Sehlin 教授来校访问。副校长张运会见 Bergenheim 教授一行。

26 日　中国电气工程领域著名专家、中国科学院院士、华中科技大学程时杰教授访问电气学院。副校长娄红祥会见了程时杰院士，并向他颁发“山东大学兼职特聘教授”聘书。

26 日　国际著名控制与系统专家、IEEE 会士、IFAC 会士、中国科学院系统科学研究所程代展教授访问山东大学。校长徐显明、常务副校长王琪珑和中国科学院院士彭实戈分别会见程代展教授。

27 日　教育部、总参谋部入伍预征督查组来校督查 2010 年毕业生入伍预征工作。全国高等学校学生信息咨询与就业指导中心主任刘大为、山东省教育厅副厅长张志勇、山东省军区副参谋长曹建军、校党委副书记方宏建等出席督查会。

同日　学校聘请山东省疾病预防控制中心毕振强、山东大学孟庆跃兼任山东大学预防医学研究院院长；山东省疾病预防控制中心徐爱强、周景洋、康殿民，山东大学薛付忠、孙强兼任山东大学预防医学研究院副院长。

同日　学校授予沙米尔(Adi Shamir)教授山东大学名誉博士学位。校长、校学位评定委员会主席徐显明教授出席授予仪式并为沙米尔教授颁发山东大学名誉博士学位证书；沙米尔教授为师生作了题为“How Cryptosystems Are Really Broken——如何真正破解密码系统”的主题演讲。沙米尔教授是国际密码学界的顶尖学者，是山东大学历史上继时任欧洲粒子物理研究所所长卢埃林·史密斯教授和哈佛燕京学社社长杜维明教授之后的第三位名誉博士。

28 日　美国亚利桑那州立大学化学与生物化学系颜颢教授来校访问，常务副校长王琪珑会见颜颢教授并为其颁发山东大学客座教授聘书。

29 日“国泰·华新杯”第三届山东省高校结构设计大赛在山东大学举行。来自哈尔滨工业大学(威海)、山东大学、中国石油大学(华东)等 11 所高校的 60 支队伍参加此次比赛。大赛共评出一等奖 2 个，二等奖 4 个，三等奖 5 个，优胜奖 8 个，另设结构创新奖 1 个。山东大学共获得二等奖 2 个，三等奖 3 个，并获得了结构创新奖。

2010 年

6 月

1 日　山东大学与福田汽车集团战略合作协议签约暨校董聘任仪式在中心校区举行。校长徐显明与北汽福田汽车股份有限公司党委书记、总经理王金玉共同签署校企战略合作协议。山东大学聘任王金玉为山东大学校董，徐显明向王金玉颁发了校董证书和纪念牌。

同日　2010 年度国家“973”计划项目评审结果揭晓，以曲音波教授为项目首席科学家的“木质纤维素资源高效生物降解转化中的关键科学问题研究”获批准立项，项目概算 2700 万元。该项目也是山东大学学者作为首席科学家承担的第四个“973”计划项目。

3 日　后勤处和校工会联合举行山东大学后勤工作通报会，校工会主席李红主持。会议通报了学生伙食工作和教职工宿舍区物业社会化改革的基本情况。学校党委常务副书记尹薇、副校长张永兵，教代会各代表团团长，基层工会主席，校办、学工部、研工部、公安处、后勤处、校工会、校团委等单位负责人，各学院分管学生工作的副书记共计 60 余人参加了会议。

4 日　学校召开党委常委扩大会议，学习贯彻全国人才工作会议、教育部直属高校贯彻落实《关于加强高等学校反腐倡廉建设的意见》座谈会、全国加强和改进大学生思想政治教育工作座谈会会议精神。校党委书记朱正昌主持会议并结合参加会议的体会向与会人员传达了中央领导同志的重要讲话精神。校长徐显明出席会议并就落实会议精神发表讲话。

同日　“山东大学国际汉语教师志愿者 2009/2010 迎归 · 送行会”在国际教育学院报告厅举行。校党委副书记方宏建到会并致辞。2010 年，学校将向泰国、韩国、法国、蒙古、澳大利亚、新加坡、荷兰等国家派出志愿者 64 人。

同日　山东大学校董、山东重工集团董事长、潍柴动力董事长兼首席执行官谭旭光率团来校访问，双方举行校企合作座谈会。

7 日　学校召开校长、院长专题联席会议，研讨学校人才引进工作。会议以沟通情况、交流信息、交换思想、共谋发展为宗旨，以师资队伍建设为主题，集中探讨高层次人才引进问题。校长徐显明主持会议并讲话，副校长娄红祥出席会议。

同日　学校授予“烟台东方电子信息产业股份有限公司”等 12 个研究生社会实践基地为“山东大学优秀研究生社会实践基地”，同时授予电气工程学院等 12 个研究生培养单位为“山东大学研究生社会实践先进单位”。

同日　北京健坤投资集团有限公司向山东大学捐赠签约仪式暨集团董事长赵伟国报告会在洪家楼校区举行。北京健坤投资集团向山东大学乔伟法学教育基金捐赠人民币 300 万元，用于支持法学教育发展。

8 日　山东大学申报的“《子海》整理与研究”工程被批准为 2010 年度国家社科基金重大委托项目，资助经费每年 80 万元。这是近年来山东大学人文社会科学领域获得的资助经费最大的国家项目。

同日　山东大学 2010 年校长见面会在中心校区举行。校长徐显明、校党委副书记方宏建及学校各部门负责人与来自各个校区的文理工医各学科 60 名学生代表进行了交流。

10 日　“中华文化体验与国际传播”研讨会在山东大学国际教育学院召开。

研讨会的主要议题是编撰《中华传统文化体验丛书》。副校长陈炎出席会议并讲话。

2010 年

6 月

同日 “立德树人，与爱同行——2009 全国高校辅导员年度人物颁奖晚会”在江南大学举行。全国高校辅导员工作研究会会长、山东大学党委书记朱正昌，全国高校辅导员工作研究会秘书长、山东大学党委副书记方宏建出席晚会。山东大学护理学院初世红等 10 位辅导员被评为“2009 全国高校辅导员年度人物”。

12 日 山东大学指南针公益创业团队获第二届联想青年公益创业计划大赛山东省总冠军，获得联想集团提供的 10000 元种子基金和一台联想笔记本电脑，并将作为山东赛区唯一代表参加全国总决赛。

14 日 副校长樊丽明率代表团一行 4 人访问了美国波特兰州立大学、加州大学圣地亚哥分校、劳伦斯伯克利国家实验室及西北理工大学等高校和研究机构并会见了部分校友。

15 日 首届晶体成核与生长国际研讨会在山东大学举行。

17 日 山东大学校史研究会成立大会暨第一届理事会在中心校区召开，校长、校史研究会名誉会长徐显明出席并讲话。校党委副书记、校史研究会副会长李建军主持会议。

同日 山东大学 2010 年海外学习/第二校园经历启动仪式在中心校区举行，校长徐显明出席仪式并向同学们临行寄语，校党委副书记方宏建主持仪式。2010 年夏秋季，有 500 多名学生以长短期等不同形式赴海外学习；同时，将有 700 多名学生赴国内高校进行第二校园的学习。

19 日 校长徐显明会见诺贝尔经济学奖获得者詹姆斯·莫里斯（James Mirrlees）教授一行，并为詹姆斯·莫里斯颁发了山东大学名誉教授证书。

20 日 第五届产业经济学与经济理论国际研讨会在山东大学举行。诺贝尔经济学奖得主詹姆斯·莫里斯（James Mirrlees）教授，山东大学校长徐显明出席会议并致辞。

23 日 校党委书记朱正昌会见来校进行科研项目检查验收工作的中国工程物理研究院原院长、中科院院士胡仁宇和中科院院士王世绩，并与两位院士进行会谈。

同日 台湾中国文化大学校长吴万益一行来校访问。常务副校长王琪珑与吴万益一行就双方的学术交流与合作进行座谈。

同日 学校印发《山东大学考试工作管理办法》。

25 日 台湾中正大学校长吴志扬率领的学术代表团来校访问，副校长樊丽明会见了代表团一行。双方就两校学术交流与合作进行探讨，签署两校学术交流与合作谅解备忘录并进行换文仪式。

28 日 山东大学 2010 届毕业生毕业典礼暨学位授予仪式在中心校区科学会堂举行。

7 月

2 日 继山东大学中心校区道路重新命名并设立路牌之后，学校发布关于中心校区广场命名（山大字［2010］16 号）、趵突泉校区道路、花园命名（山大字［2010］17 号）洪家楼校区道路命名（山大字［2010］18 号）的通知。

2010 年

7 月

9 日 《山东大学学报》等 54 家报纸获 2009 年“中国高校优秀校报”称号。

16 日 副校长樊丽明与东南大学副校长郑家茂通过函签，共同签署了两校本科生合作培养协议书。根据协议，2010 年 9 月到 2012 年 9 月，两校每年将互派 20 名大二或大三的学生到对方的优势学科或需求专业学习交流一年。至此，山东大学开展国内合作的高校已达 30 所。

19 日 山东大学山东发展研究院理事会成立大会暨理事会第一次会议在中心校区举行。山东省省长姜大明等为山东发展研究院揭牌。会议选举全国人大常委会委员、财经委员会副主任委员、山东大学名誉教授韩寓群为山东大学山东发展研究院首届理事会会长，并推举韩寓群为山东大学山东发展研究院院长。会议审议并通过了《山东大学山东发展研究院理事会章程》。山东大学山东发展研究院是学校直属具有独立建制的研究机构，实行理事会领导下的院长负责制。研究院设院长 1 人，由理事会推选产生，山东大学聘任；设常务副院长 1 人、副院长 2 人，研究人员 10 人，行政人员 2 人。山东发展研究院的运行和管理按照《山东大学山东发展研究院管理办法》执行。

同日 山东大学医科 1980 级校友王晨向母校捐赠暨建设医学 MBA 学院签约仪式在中心校区举行。旅居荷兰的王晨校友此次向母校捐赠 3000 万元人民币。

20 日 山东大学合校十周年纪念大会暨山东发展研究院成立大会举行。会议由山东大学党委书记朱正昌主持，校长徐显明出席会议并讲话。

26 日 学校印发《关于山东大学与山东省农科院共同成立山东大学农学院的通知》。为培养高素质的农业科技人才队伍，提升我校农业科技自主创新能力，本着“创新机制、平等互利、资源共享、合作共赢”的原则，学校决定与山东省农科院共同成立山东大学农学院。山东大学农学院为双方内设的教学科研单位，设院长 1 人(由山东省农科院委派担任)，党委书记兼常务副院长 1 人(由山东大学委派担任)，副院长 2 人(由山东大学和山东省农科院分别委派担任)，副书记 1 人(由山东大学委派担任)。农学院教师按照山东大学研究生指导教师条件要求，根据工作需要在双方教学科研人员中遴选聘任，管理人员(教学、科研秘书)由双方协商派出。

同日 山东大学合校十周年成就展开展仪式在中心校区知新楼 B 座前广场举行。本次成就展以“回顾历史，展示形象；总结经验，探索规律；深化改革，推进发展”为主题，全面回顾了十年来山大“实质性融合”的历程，展览共分 12 个部分：(1)前言；(2)融合改革 发展创新——新山大新起点新发展；(3)重点建设 特色发展——学科建设质量不断提高；(4)育人为本 质量发展——人才培养模式不断创新；(5)学术立校 强化创新——科学研究成果丰硕；(6)人才强校 重在建设——师资队伍建设成效显著；(7)开放办学 推进合作——国内外交流与合作空前活跃；(8)担承责任 服务社会——主动服务国家和地方经济社会发展；(9)突出重点 加强建设——办学支撑条件明显改善；(10)加强党建 和谐发展——党建和思想政治工作上新台阶，校园文化春风化雨——大学文化建设积极推进；(11)医疗事业 心系民生——医疗卫生工作水平不断提高；(12)特色建设 一体发展——威海分校实现跨越式发展和结束语。山魂厅和海韵厅展示墙

2010 年

7 月

背面展出的是题为“桃李芬芳，英才辈出”的合校十年来培养的 10 万余毕业生的全部合影，共 852 张照片，把山大人才培养的成果展示给社会，把山大的文化精神推向世界。

同日　为实施教育部“基础学科拔尖学生培养试验计划”，积极探索学生培养模式和管理机制的创新，加速推进我校拔尖创新人才培养工作，经学校决定，成立山东大学泰山学堂。泰山学堂是基础学科学生跨学科培养的教学单位，直属教务处管理；设院长兼书记 1 人，副院长 2 人，副书记 1 人。

28～30 日　学校召开继续(网络)教育暑期研讨会，回顾了学校继续(网络)教育“十一五”工作，总结经验，交流思想，研讨继续(网络)教育“十二五”工作，规划未来发展目标。

31 日　第二届全国水利学科青年教师讲课竞赛举行，土建与水利学院青年教师衣振华、孙纪正参赛并分别获得一等奖和二等奖。

本月　经教育部组织评定的 2010 年度国家精品课程名单公布，山东大学共有 8 门课程入选，其中 7 门为本科国家精品课程，1 门为网络教育国家精品课程。至此，山东大学的国家精品课程总数量增至 44 门，本科国家精品课程总数位居全国普通高等学校第 8 名。山东大学此次入选的 8 门精品课程为：经济学院李齐云教授主持的“政府经济学”，臧旭恒教授主持的“产业经济学”，生命科学学院王仁卿教授主持的“生态学与人类未来”，数学学院仪洪勋教授主持的“复变函数与积分变换”，计算机科学与技术学院郝兴伟教授主持的“计算机网络技术及应用”，医学院胡维诚教授主持的“医学机能学实验”，陈晓阳教授主持的“医学伦理学”以及网络教育学院赵炳新教授主持的网络教育国家精品课程“消费者行为学”。

8 月

18 日　山东大学获 2010 年度国家自然科学基金各类项目 289 项，立项经费 10876 万元，分别较去年 219 项增长 32.0％和 7754 万元增长 40.3％，其中获得面上项目 185 项、青年基金 80 项、创新研究群体项目 1 项、杰出青年基金项目 3 项、重点项目 8 项、重大研究计划培育项目等 12 项。

19～27 日　受国际数学家大会组委会主席 M. S. Raghunathan 教授的正式邀请，中科院院士、山东大学数学学院彭实戈教授，在第 26 届国际数学家大会上作了题为“Backward Stochastic Differential Equations, Nonlinear Expectation and Their Applications”的报告。

20～22 日　学校领导班子 2010 年暑期读书班和学校 2010 年暑期工作会议在威海国际学术中心举行。读书班重点围绕学习贯彻落实全国教育工作会议和《国家中长期教育改革和发展规划纲要》，推进学校国际化水平，以及新学期着力推动的重点工作进行了研讨。校党委书记朱正昌、校长徐显明出席并先后主持会议。暑期工作会议明确提出“在建校 120 周年时将山东大学初步建成世界一流大学”的办学目标。会议还围绕“国际科研合作中的山大特色与世界水平”和“国际人才培养的课程国际化”进行交流研讨。

24～27 日　山东省第四次社会科学突出贡献奖、学科新秀奖评选结果正式公布，文学与新闻传播学院郭延礼教授和文史哲研究院刁统菊副教授分获突出

2010年

8月

贡献奖和学科新秀奖。在山东省第二十四次社会科学优秀成果奖评选中，我校32项成果获奖中有8项一等奖。

31日　台湾大学校长李嗣涔及夫人来校访问，校长徐显明会见李嗣涔一行，双方就如何深化两校的学术交流与合作进行深入探讨。副校长樊丽明参加会见。

9月

2日　校长徐显明在中心校区会见了到访的日本东京大学大学院法学政治学研究科、法科大学院院长、著名刑法学家佐伯仁志教授，为其颁发山东大学客座教授聘书。

7日　山东省人民政府发出通报，对"全省教育工作先进单位"和"全省教育工作先进工作者"进行表彰。物理学院王克明院士被评为"全省教育先进工作者"。

同日　学校表彰2010年青年教师讲课比赛获奖教师和优秀组织单位，授予冯俊娥等30名获奖教师"山东大学第五届教学能手"称号。

8日　山东大学2010年新增15个硕士专业学位授权点和工程硕士工业设计工程专业领域，并将于2011年开始招生。这15个硕士专业学位授权点和工程硕士工业设计工程专业领域分别为金融、应用统计、税务、国际商务、保险、资产评估、艺术、新闻与传播、文物与博物馆、护理、药学、会计、旅游管理、图书情报、工程管理。

10日　山东大学召开庆祝2010年教师节暨优秀教师表彰大会。大会授予马榕等12名教师"2010年山东大学优秀教师"、尹作升等6名同志"2010年山东大学先进教育工作者"称号。授予于修平等9名教师"山东大学育才功勋"称号。

11日　山东大学与中国科学院数学与系统科学研究院合作协议签字仪式在中心校区举行。校长徐显明和中科院院士、中科院数学与系统科学研究院院长郭雷代表双方签署合作协议，双方将联合创办"华罗庚班"。

14日　全国人大常委会委员，山东省人大常委会副主任、民盟山东省委主委，山东农业大学校长温孚江带队的山东省政协科教文卫体委员会与民盟山东省委联合调研组一行到山东大学进行调研。

16日　山东大学启动"卓越工程师培养计划"。经过选拔，2009级103名学生和2010级125名学生分别进入"卓越计划班"学习。6月13日，教育部下发《关于批准第一批"卓越工程师教育培养计划"高校的通知》，确定山东大学为教育部第一批"卓越工程师教育培养计划"实施高校。

18日　山东大学承办2006～2010年教育部高等学校环境科学与工程教学指导委员会会议。

20日　教育部思政司司长杨振斌来校调研工作。

21日　经学校研究：彭实戈任泰山学堂院长；吴臻、张树永任泰山学堂副院长；王金宝任农学院院长(聘)；夏光敏任农学院常务副院长；万书波任农学院副院长(聘)；张建任农学院副院长。夏光敏同志任农学院党委书记；李本智同志任农学院党委副书记。

同日　日本山口大学校长丸本卓哉一行来校访问。

25 日　在为期 5 天的第七届“挑战杯”一汽大众中国大学生创业计划竞赛决赛中，山东大学 3 支创业团队从来自全国（包括香港特别行政区、澳门特别行政区以及台湾地区）123 所高校的 182 支决赛入围团队中脱颖而出，夺得 2 项金奖、1 项银奖，并获得校级优秀组织奖，总成绩与吉林大学、四川大学、南京航空航天大学并列第一名，金奖获奖总数、获奖作品总数均居全国首位。

26 日　由尼山论坛组委会、山东大学等单位主办，山东大学儒学高等研究院、犹太教与跨宗教研究中心等单位承办的首届尼山世界文明论坛在尼山圣源书院开幕。

27 日　山东大学“两汉学术文化暨《两汉全书》出版研讨会”举行。山东省政协副主席王志民，学校党委常务副书记尹薇，全国高等院校古籍整理研究工作委员会主任安平秋教授出席会议并讲话。

同日　第三届世界儒学大会开幕，山东大学终身教授，儒学高等研究院理事会副理事长、学术委员会主任庞朴先生获得第二届“孔子文化奖”。

28 日　学校出台《山东大学关于建立合作发展工作长效机制的意见》。

29 日　山东大学引进的国际知名德籍仿生物理学专家、“泰山学者”特聘教授 Rolf Mueller 教授获 2010 年度中国政府“友谊奖”。这是山东大学继立青讲座教授文德安博士之后第二位获此称号的外国专家。

同日　2010 级学生开学典礼暨迎新晚会在兴隆山校区体育场隆重举行。

同日　中华医学会在北京为新当选的专科分会主任委员举行了就职仪式。在中华医学会全国超声医学学术会议上，山东大学张运院士当选为中华医学会超声医学分会主任委员，成为山大历史上第一位担任中华医学会专科分会主任委员的学者。

30 日　山东大学与 IBM 合作项目“中国虹计划”启动会在信息学院举行。国家信息通信国际创新园（CIIIC）工作协调领导小组办公室副主任李武强、CIIIC 科研处副处长孙军、IBM 中国研究院高级经理刘英及其团队以及信息学院宽带无线移动通信与传输实验室（WMCT）虹计划项目团队、SOC 芯片设计团队成员等参加专项启动会。启动会由山东大学项目组组长袁东风教授主持。双方在终端设计、服务平台应用场景、IBM 的平台方案以及“云计算”模型等技术细节方面交换各自意见。双方还就第一期、第二期项目分工达成初步协议。“中国虹计划”由 CIIIC 于 2008 年在国内率先提出，采用“瘦客户端＋宽带网＋服务器”信息服务模式，彻底颠覆传统 PC 高“价格门槛”、高“知识门槛”等固有问题。项目作为山东省与 IBM 全面合作的 2010 年首批启动的三个重点项目之首，山东大学承担主要技术支撑并已在前期研究中申请国家发明专利 13 项。依托“中国虹计划”的前期研究积累，由 11 名山大学生组成的大学生创业团队，在第七届全国大学生“挑战杯”创业计划大赛上夺得全国金奖。项目一期经费 300 万元，以山东省科技成果转化重大专项形式由省科技厅批复下达。

同日　山东大学医学 MBA 学院成立。山东大学医学 MBA 学院系教学科研单位，管理体制上实行理事会领导下的院长负责制。山东大学医学 MBA 学院设院长 1 人，副院长 1 人，专职秘书 2 人。

2010 年

10 月

3 日　第二届“21 世纪世界百所著名大学法学院院长论坛”在人民大会堂开幕。校长徐显明分别以“走向大国的法学教育”和“中国法学教育面临的十大基本问题”为题作了两场大会主旨演讲。

5 日　中国人民解放军空军装备部部长魏钢少将来学校调研工作，并实地参观考察晶体材料国家重点实验室和山东大学历史博物馆。

8 日　学校出台《中共山东大学委员会关于进一步深入推进创先争优活动的意见》。

同日　由中国化学会主办，国家自然科学基金委员会协办，山东大学承办的第八届天然有机化学学术研讨会在济南召开。校长徐显明在济南南郊宾馆会见出席中国化学会第八届天然有机化学学术研讨会的部分专家学者。副校长娄红祥参加会见。

9 日　学校在中心校区召开基层党委、党总支、直属党支部书记会议，传达李源潮同志近期关于创先争优活动的重要讲话，以及 9 月 30 日学校党委常委扩大会议的有关精神，同时就学校进一步深入开展创先争优活动进行安排和部署。

15 日　山东大学与辽宁辉山控股(集团)有限公司战略合作协议签约暨基金捐赠仪式在中心校区举行。

同日　山大校友、玲珑集团总裁王锋为母校捐赠 110 万元，标志着山东大学 110 周年校庆校友捐赠活动启动。副校长樊丽明与王锋共同签署校企战略合作协议，樊丽明向王锋颁发捐赠证书。

同日　山东大学 2010 年体育文化节暨田径运动会在兴隆山校区体育场举行。校长徐显明、校党委常务副书记尹薇、校党委副书记方宏建、副校长张永兵等出席开幕式，副校长樊丽明主持开幕式。

16 日　学校举行第二届校董会成立大会。校党委书记、校董会主席朱正昌，校长徐显明出席大会并讲话；常务副校长王琪珑主持大会；副校长、校董会秘书长樊丽明报告了首届校董会秘书处工作。朱正昌为项怀诚校友颁发第二届校董会名誉主席聘书。

同日　学校印发《山东大学贯彻落实〈教育改革和发展规划纲要〉实施意见》。

17 日　冯沅君、陆侃如先生雕像揭幕仪式在山东大学中心校区文史楼北面桂花园举行。

18 日　由张运院士和长江学者讲座教授曹义海合作指导的内科学(心血管病)学科吕慧霞博士的学位论文《小型猪急性心肌梗死模型血管再生的实验研究》被评为全国优秀博士学位论文。

19 日　山东大学学生发展指导与学生事务管理研究中心成立仪式举行。

同日　医学院于修平教授与美国纽约大学医学院刘传聚教授联合培养的 2007 级博士生赖永洁荣获 ASBMR“杰出青年学者奖”。

20 日　山东大学有三项通过 PCT(专利合作条约)向国外提出的专利申请获得国家知识产权局专项资金资助，共获经费 24 万元。至此，山东大学共有五项通过 PCT 申请专利获得国家资助。

同日　中科院国家天文台副台长、山东大学空间科学研究院院长、博士生导师赵刚教授获“2010 年度何梁何利基金科学与技术进步奖”。

2010 年

10 月

同日　山东大学于淑云等16位博士后获得第三批中国博士后科学基金特别资助，每人资助金10万人民币，总资助额160万元人民币，列全国高校第8位。

21日　原山东医科大学校长、党委副书记，原卫生部耳鼻喉科学重点实验室主任，我国著名耳鼻喉专家王廷础辞世，享年74岁。

22日　2010年“文化原型的大众化，解释的问题”国际学术研讨会在山东大学举行。山东大学副校长陈炎出席研讨会并致辞。

22～24日　全国非生态学专业普识教育交流会在山东大学举行。

27日　学校纪念著名核物理学家王普先生系列活动在中心校区举行。

28日　中国英语教学研究会2010年年会在山东大学召开。

29日　英国肯特大学代表团来校访问。

30日　物理学院80周年院庆典礼在中心校区举行。

11 月

3日　徐显明校长应邀出席由台湾政治大学主办的第三届两岸大学校长论坛，并先后访问台湾大学、香港大学、淡江大学、逢甲大学等友好学校和港台机构。

4日　学校举办第九届全国重点中学校长论坛，来自全国27个省(市)的172所重点中学校长参加。

5日　山东大学学生获2010年全国大学生数学建模竞赛全国一等奖3项、二等奖7项，山东赛区一等奖29项、二等奖26项、三等奖12项，累计获得各级奖项77项；其中获全国一等奖总数并列全国第3位，获全国一、二等奖总数并列全国第1位。加上本年度在美国大学生数学建模竞赛中获奖总数(一等奖12项、二等奖18项)，山大学生在两项重大赛事中获奖总数超过百项，创历史最高。

6～10日　《山东大学学报》在全国高校期刊评比中获得多项期刊奖。其中《山东大学学报》(哲学社会科学版)被评为全国高校三十佳社科期刊，《山东大学学报》(理学版)和《山东大学学报》(医学版)荣获“中国高等学校优秀科技期刊奖”，《山东大学耳鼻喉眼学报》获得“中国高等学校特色科技期刊奖”。

11月10日，山东大学校长徐显明和刘大钧等拜访饶宗颐先生

2010 年

11 月

8 日　山东大学与中央人民广播电台人才战略合作协议在京正式签署。国家广电总局副局长赵实、教育部高教司司长张大良等出席签约仪式，赵实为“中央人民广播电台首批人才战略合作高等院校”授牌。

同日　学校印发《山东大学 110 周年校庆活动实施方案》。

10 日　山东大学校长徐显明和刘大钧等拜访饶宗颐先生。

11 日　中央实施马克思主义理论研究和建设工程首席专家、中国人民大学马克思主义学院教授、博士生导师刘建军在中心校区作了题为《关于划清“四个重大界限”问题》的专题学术报告。

同日　据教育部科技发展中心发布的《2009 年度中国高等学校校办产业统计报告》，山东大学产业以收入总额 12.75 亿元，在全国高校排名第 10 位，利润总额 2.04 亿元，排名第 8 位，净利润 1.5 亿元，排名第 8 位，资产公司所有者权益排名第 8 位。

12 日　政管学院周乔、王云松、赵福斌以及外国语学院张立恒、贺咏柳 5 名同学代表学校参加第七届中国模拟联合国大会。在海内外 60 余所高校的近 300 名参赛选手中，山东大学并列团体第四名并荣获团体三等奖——“Honorable Mentioned Delegation”。

13 日　山东大学第三十一次学生代表大会、第十三次研究生代表大会在中心校区科学会堂召开。校长徐显明、党委副书记方宏建，共青团山东省委学校部副部长、山东省学生联合会副秘书长郑思洁出席开幕式。

15 日　原台湾“中央研究院”史语所研究员、台湾大学法律系教授张伟仁来校访问，并受聘为学校名誉教授。副校长陈炎出席授予仪式，并为张伟仁教授颁发了聘书。

15～16 日　西班牙拉里奥哈大学校长何塞·玛利亚·玛汀内斯·德·比松·加瓦罗教授，副校长希尔瓦娜·莎特雷·丽瓦教授等一行来校访问。校长徐显明会见了加瓦罗一行。徐显明与加瓦罗共同签署了两校新一轮合作协议。

16 日　艺术学院张传旭师生书法展在山东省博物馆开幕。山东省政协副主席李德强、校党委书记朱正昌，山东省老领导等，山东大学校党委副书记方宏建等出席开幕式。

同日　在济南军区召开国防生培养工作会议上，山东大学荣获国防生培养工作特别奖，驻山大选培办被评为国防生培养工作先进单位。

17 日　山东大学泰山学堂揭牌仪式在中心校区举行。校长徐显明出席仪式并为泰山学堂揭牌，中国科学院院士彭实戈出任泰山学堂院长。副校长樊丽明出席仪式。

18 日　学校召开 110 周年校庆工作会议，对 110 周年校庆工作进行安排部署。110 周年校庆工作领导小组副组长、办公室主任，校党委副书记李建军出席会议并讲话。

2010 年

11 月

2010 年 11 月 17 日，山东大学泰山学堂揭牌

同日　学校 2010 年度 AMD 奖教金、奖学金颁奖仪式在中心校区举行。副校长樊丽明、AMD 公司大中华区政府事务总监李克宏出席颁奖仪式。6 名教师、24 名研究生和 20 名本科生获得该项奖励。

19 日　学校举行《创建世界一流大学》专题报告会。校党委副书记李建军主持报告会并讲话。

20 日　中国民主同盟山东大学第二次代表大会召开。中共山东大学委员会常务副书记尹薇出席会议并致辞。中国民主同盟山东省委副主委仪平策到会讲话。

22 日　济南军区司令部动员部副部长金建忠大校一行来校座谈交流学生军训和国防生培养工作。

同日　在 2010 年度山东省高校学生教育与管理工作领域涌现出的优秀成果表彰会上，我校推选的 10 篇论文全部获奖，其中一等奖 3 篇，二等奖 3 篇，三等奖 4 篇，无论是获奖总数还是获奖层级均列山东省各高校首位。

23 日　山大校友、人力资源和社会保障部副部长、国家外国专家局局长季允石一行到校调研工作。

同日　山东大学在安徽省、浙江省部分重点中学集中开展教育拓展活动，并设立了优秀生源输送基地。

25 日　山东大学与山东省高级人民法院战略合作协议签字暨周玉华兼职教授、博导聘任仪式在法学院举行。

同日　经学校研究决定，聘任王晨担任医学 MBA 学院院长，王永平兼任副院长；聘任彭实戈院士担任金融研究院院长，陈增敬为金融研究院常务副院长，龚云华(齐鲁证券有限公司)、胡金焱、贾广岩、魏刚为副院长。

26 日　中国科技论文统计结果发布会公布 2009 年度我国高校及科研机构在国内外刊物上发表科技论文数量、被引用情况以及各学科领域论文分布和影响等统计结果。我校在 SCIE 上收录论文数量和在 SCI-CDE 被引数量上连续 3 年排名全国高校第十，EI 收录论文数量和去年相比在高校排名中略有上升，国内论文收录篇数、国内引征次数和去年相比在国内高校排名有所下降。

2010 年

12 月

27 日　校长徐显明做客“齐鲁大讲坛”，在山东大厦影视厅作了《大学与人类文明》的报告。

28 日　作为山东大学建校 110 周年校庆系列活动之一，“山东大学光学发展高层论坛”在中心校区举行。

29 日　日本和歌山县立医科大学校长板仓彻一行访问我校。其间，副校长张运、陈炎分别会见了代表团。

本月　控制科学与工程学院教授张承慧牵头组织的控制、管理、经济交叉学科课题组获得国家自然科学基金委员会管理学部 2010 年应急研究项目《新能源汽车发展战略研究》资助，将承担新能源汽车相关基础设施和服务的发展战略研究。

1 日　共青团中央书记处书记卢雍政一行来校调研指导共青团工作，听取了山东大学共青团工作汇报。常务副校长王琪珑、党委副书记方宏建参加有关活动。

同日　陈炎副校长到兴隆山校区调研图书馆工程进展情况，并听取新区建设管理办公室工作汇报。新区办和图书馆主要负责人员一同参加调研。

2 日　教育部科技司组织专家组对依托山东大学建设的“植物细胞工程与种质创新教育部重点实验室”进行了验收。专家组一致同意通过实验室建设验收。

同日　山东大学与大众报业集团共建协议签署暨学生实践基地揭牌仪式在山东新闻大厦举行。

3～4 日　校长徐显明率团参加济宁国家高新技术产业开发区建设动员大会，并与出席大会的有关领导就校地合作事宜进行了交流。副校长娄红祥与济宁市市长张振川共同签署了双方关于共建科技新城大学科技园合作协议。

4 日　学校 2010 年度科技计划工作会召开。国家科技部发展计划司副巡视员刘玉兰、副校长张永兵出席会议。

同日　学校成立国防科技重大专项工作推进领导小组。国防科技重大专项工作推进领导小组下设国防科技重大专项联合管理工作办公室。国防科技重大专项联合管理工作办公室挂靠国防科学技术研究院，负责执行国防科技重大专项工作推进领导小组决策，积极整合校内相关资源，建立校内“绿色管理通道”，构建具有山东大学特色的国防科技体系。国防科技重大专项工作推进领导小组组长：徐显明；副组长：王琪珑、娄红祥。

同日　2010 年产业组织理论学术研讨会在我校举行。副校长樊丽明出席研讨会并致辞。

7 日　校长徐显明出席第一次全国孔子学院工作会议，并作为召集人主持了分组讨论。

同日　学校授予韦倩等 28 名博士研究生“山东大学优秀博士学位论文奖”，授予黄少安等 29 名博士生指导教师“山东大学优秀博士学位论文指导奖”。

同日　学校公布 2010 年“山东大学优秀研究生科研创新基金”专项资助项目名单和“山东大学研究生自主创新基金”专项资助项目名单。

2010年
12月

8日　学校举行党的十七届五中全会精神专题辅导报告会。中共中央党校经济学部教授、博士生导师王天义作了题为“中国发展新阶段的战略抉择——学习《中共中央关于制定国民经济和社会发展第十二个五年规划的建议》”的报告。

同日　台湾义守大学副校长颜志荣率领该校国际商学系、会计学系、信息管理学系、工业工程与管理学系、大众传播学系、应用日语学系等一行访问我校，就本科生双联学制的联合培养合作事宜与我校有关单位进行交流。常务副校长王琪珑会见了颜志荣一行。

10日　山东大学新加坡南洋理工大学孔子学院、蒙古国立大学孔子学院在第五届全球孔子学院大会上获“全球先进孔子学院”称号，山东大学法国布列塔尼孔子学院法方院长白思杰获“全球孔子学院先进个人”称号。

同日　校长徐显明分别会见来校访问的斯里兰卡驻华大使卡鲁纳提拉卡·阿穆努加马(Karunatilaka Amunugama)和加拿大驻华大使马大维(David Mulroney)。马大维出席了由山东大学和加拿大不列颠哥伦比亚大学共同主办的“中加社会包容政策与实践学术研讨会”。研讨会由山东大学公共经济与公共政策研究中心、哲学与社会发展学院及加拿大不列颠哥伦比亚大学社会工作学院联合主办。

11日　由山东大学计算机学院博士生导师徐秋亮教授负责的“网格安全支撑平台关键技术的研究与实现”，博士生导师马军教授负责的“垂直检索系统的研究与开发”通过省级技术鉴定。

14日　学校确立独具特色的3层次7模块的通识教育基本模式。其中，3个层次是指整个通识教育课程体系包含通识教育必修课程、通识教育核心课程、通识教育选修课程3个层次，7个模块是指通识教育核心课程共设立了国学修养、创新创业、艺术审美、人文学科、社会科学、自然科学和工程技术7大模块。经过严格评审，确定第一批通识教育核心课程78门，培育课程23门。

15日　学校举行优势特色专业国际化建设启动会。9月17日学校决定启动“优势特色专业国际化建设”工程。经学院申报、专家评审、学校审核，确定哲学、金融工程、法学、汉语言文学、考古学、数学、物理学、化学、通信工程、计算机科学与技术、生物技术、生态学、材料成型与控制工程、自动化、能源与环境系统工程、电气工程及其自动化、临床医学(八年制)、口腔医学(七年制)、临床药学(七年制)、护理学等20个优势特色专业。启动专业国际化建设，是为了贯彻落实《山东大学继续实施“985工程”总体规划》精神，加速推进山东大学人才培养与世界一流大学接轨的进程，全面提升山东大学的办学质量和国际化水平。

同日　彭实戈入选中国教育年度新闻人物候选名单。

17日　学校召开第二届教职工代表大会第二次会议。徐显明校长作了《统一思想，坚定信念，为创建世界一流大学而努力奋斗》的工作报告，常务副校长王琪珑、副校长樊丽明分别作了教代会提案工作报告和学校财务工作报告。参加开幕式的正式代表372人、列席代表38人、特邀代表15人。本次大会的主题是：以邓小平理论和“三个代表”重要思想为指导，以科学发展观为统领，以科学发展为主题，深入学习贯彻党的十七大和十七届五中全会精神，紧紧围绕威

2010 年
12 月

海会议确定的新的办学目标和任务，动员和团结全校教职工，解放思想，统一认识；振奋精神，坚定信心；群策群力，团结奋进，为实现在建校 120 周年时将山东大学初步建成世界一流大学的目标而努力奋斗。

同日　山东大学 2010 年度校长奖学金暨国家奖学金颁奖典礼在中心校区举行。本年度 60 名学生获得校长奖学金，582 名学生获得国家奖学金。校长徐显明出席颁奖典礼并为校长奖学金获得者颁发奖牌。

18 日　"大医齐鲁，爱在人间"庆祝大会举行，庆祝山东大学齐鲁医院建院 120 周年。

22 日　为进一步整合研究资源，培育新兴学科，增强吸引社会资源的能力，学校决定成立山东大学可再生能源与智能电网研究所，高峰任研究所所长。

同日　为加强与日本各大学的交流与合作，整合资源发展特色学科，推动服务山东的能力与水平，学校决定成立山东大学日本经济研究中心。张乃丽任中心主任。

同日　为加强人类学学科建设，促进学科对外联系与交流，学校决定成立山东大学社会与文化人类学研究所。聘任哈佛大学 Michael Herzfeld 教授担任名誉所长，胡宗泽担任所长。

24 日　在第七届全国研究生数学建模竞赛颁奖仪式中，山东大学有 23 支队伍获奖，其中全国一等奖 1 项，二等奖 10 项，三等奖 12 项，竞赛综合成绩位列全国第二名，同时山东大学还获得优秀组织奖。全国 32 个省（市、区）的 229 所院校、1995 支代表队、近 6000 名研究生参加了竞赛，其中博士生 300 多名，参赛规模为历届竞赛之最，参赛范围首次扩展到港澳高校。本次竞赛共有 61 支代表队获得一等奖，372 支代表队获得二等奖，448 支代表队获得三等奖，30 所院校获得优秀组织奖。

29 日　山东大学齐鲁证券金融研究院成立。

2010 年 12 月 29 日，山东大学齐鲁证券金融研究院成立

2011年

1月

4日　山东大学国家级考古实验教学示范中心暨环境与社会考古学创新引智基地揭牌仪式在中心校区邵逸夫科学馆二楼讲学厅举行。

5日　“山东大学2010年度十大杰出校友”评选结果揭晓，王民、王晨（荷兰）、刘泽金、张德修、张德霖、李晓钰、李群、徐伟华、郭建峰（加拿大）、薛其坤（以姓氏笔画为序）等10人当选。

同日　校长徐显明在办公室会见了山东大学“泰山学者”特聘教授Rolf Mueller博士，祝贺其获得2010年“国家友谊奖”，并与其就山东大学与弗吉尼亚理工大学的合作进行了会谈。

同日　山东大学选送的《翼农科技有限公司》在“第四届诺基亚青年创意·创业计划大赛”决赛中进入前六强，摘得金奖并获5万元创业启动资金，山东大学荣获“全国青年创业教育2010年度先进集体”称号。

6日　山东大学与西藏大学校际合作签约仪式在中心校区邵逸夫科学馆举行。山东大学校长徐显明与西藏大学党委书记房灵敏共同签署《山东大学—西藏大学校际合作框架协议》，徐显明为房灵敏颁发了山东大学兼职教授聘书。

7日　教育部下发了《教育部办公厅关于马克思主义理论研究和建设工程教育部第三批重点教材编写课题组首席专家和主要成员组成名单的通知》，樊丽明教授担任编写《公共财政概论》教材首席专家（第一位），徐向艺教授担任编写《管理学》教材首席专家（第二位）。同时，肖金明、周长军、钟耕深、李齐云、石绍宾五位教授作为主要成员分别参与《行政法与行政诉讼法》《刑事诉讼法学》《管理学》《公共财政概论》教材的编写工作。

同日　在首次“全国工程硕士研究生教育创新院校”评选活动中，山东大学荣获“全国工程硕士研究生教育创新院校”称号，电气工程、软件工程、制药工程三个工程领域同时获得“全国工程硕士研究生教育特色工程领域”称号。

9日　山东大学热能与动力工程、环境工程两个专业获教育部、财政部（教高函[2011]8号）批准为第七批高等学校特色专业建设点。

10日　兴隆山校区综合实验楼工程、工程训练中心工程和高速公路研发中心工程荣获2010年度山东省建筑工程质量“泰山杯”奖。

12日　由齐鲁晚报、山东省旅游局和齐鲁文化研究中心联合主办的“齐鲁文化新地标”颁奖典礼在山东新闻大厦举行，山东大学知新楼获颁“十大齐鲁文化新地标”奖牌。副校长张永兵作为获奖单位领导出席典礼。

13日　中华人民共和国民政部民函[2010]297号文批复山东大学校友会获准注册，生效日期是2011年1月13日。

14日　“山东大学2010年度爱岗敬业十大模范人物”“山东大学2010年度十大新闻人物”“山东大学2010年度十大新闻”评选结果正式揭晓。

王小舒、刘红、刘相金、任伟、宋建鲁、张琳仙、柳丽华、赵勇、程英、熊世江（以姓氏笔画为序）等10人当选“山东大学2010年度爱岗敬业十大模范人物”。

Rolf Mueller、生殖医学技术团队、曲音波、刘建亚、材料塑性成形工艺与模具技术团队、金融学专业教学团队、赵刚、彭实戈、程林、舜歌合唱团（以姓氏笔画为序）等10位个人或团体当选“山东大学2010年度十大新闻人物”。

2011年

1月

山东大学成功举办110周年校庆活动，学校面貌发生深刻变化；教育部与山东省共建山东大学协议顺利签署，为学校发展注入新的动力；山东大学与青岛市人民政府签署共建山东大学青岛校区协议，青岛校区建设启动，构建山东大学系统的探索迈出关键一步；山东大学人才引进取得较大突破，诺贝尔物理学奖获得者彼得·格林贝尔教授加盟山东大学；AMS升空开启粒子探测新时代，山东大学程林教授获美国NASA特别嘉奖；《文史哲》获“第二届中国出版政府奖期刊奖”；中国科学院院士、山东大学彭实戈教授被美国普林斯顿大学聘为“2011～12普林斯顿全球学者”，成为获此殊荣的世界三位杰出科学家之一；山东大学4名校友当选两院院士；山东大学“三跨四经历”人才培养模式受关注，国防生“四项教育”的经验做法，被教育部和总政治部认可并向全国推广；山东大学三篇博士论文获全国优秀博士学位论文奖等十件大事荣获“山东大学2010年度十大新闻”。

同日　在2010年度国家科学技术奖励大会上，山东大学共获得4项国家科学技术奖，其中特等奖1项，二等奖3项：材料科学与工程学院赵国群教授的“快速热循环高光注塑成型技术开发及其产业化”、化学与化工学院陈代荣教授的“多层陶瓷电容器用钛酸钡基介电陶瓷材料的产业化关键技术及应用”两个项目获国家科技进步二等奖，由数学学院和大庆油田等单位合作的项目“大庆油田高含水后期4000万吨以上持续稳产高效勘探开发技术”(山东大学为第七完成单位)获得国家科技进步特等奖，由山大医学院陈子江教授参与完成的项目“提高出生人口质量的生殖技术创建、体系优化与临床推广应用”(山东大学为第二完成单位)获国家科技进步二等奖。

15日　山东大学北京校友会2011年年会暨校友新春招待会在京举行。校长徐显明、校党委副书记李建军、方宏建出席会议。副校长樊丽明主持颁奖仪式和新春招待会。

18日　山东大学与济南市人民政府签署战略合作框架协议。双方商定在发展战略规划、战略性新兴产业、服务业发展、现代农业、科技合作和创新平台建设、大学科技园建设、人才培养和教育合作、医疗卫生、社会文化事业等九大领域开展紧密合作。省委常委、济南市委书记焉荣竹，我校党委书记朱正昌出席签字仪式。济南市委副书记、市长张建国和校长徐显明代表双方签字。

24日　全国人大常委会委员、中国法学会副会长、山东大学校长徐显明教授在北京出席由全国人大常委会召开的形成中国特色社会主义法律体系座谈会，并接受了中央电视台东方时空的采访。

25日　山东大学生物医学研究院成立。生物医学研究院实行院长负责制，设院长1人，常务副院长1人，副院长3人，院办公室主任1人，秘书6人。生物医学研究院的运行和管理按照《山东大学生物医学研究院建设方案》执行。

26日　校长徐显明一行赴四川绵阳中国工程物理研究院进行访问。中国工程物理研究院党委书记张克俭、副院长张维岩、副总设计师张小民，山东大学副校长娄红祥一起参加交流和考察。

28日　山东省科学技术奖励大会在山东大厦举行。山东大学共获山东省科学技术奖47项，其中一等奖4项，二等奖23项，三等奖20项。

2011 年

2 月

21 日　山东大学药学院、华天软件有限公司、晶体材料国家重点实验室分别获得"'十一五'国家科技计划执行优秀团队奖"。

22 日　德国驻华大使施明贤博士(Dr. Michael Schaefer)、加拿大驻华大使马大维(David Mulroney)一行来我校访问，出席由山东大学法学院承办的中国第九届杰赛普(Jessup)国际法模拟法庭比赛开幕式。校长徐显明分别会见了两位大使及随行人员。

26 日　由共青团中央、全国青联、全国学联、联合国国际劳工组织联合主办的"2011 年 KAB 创业教育年会暨第三届大学生就业创业教育论坛"在湖南大学举行。会上，山东大学被授予"KAB 大学生创业教育基地"称号，山东大学 KAB 大学生创业俱乐部获批成立，政治学与公共管理学院桑伟林等 4 名教师获得 KAB 创业教育(中国)项目讲师资格。

28 日　俄罗斯人民友谊大学人文与社会科学学院院长弗拉吉米尔·茨维克教授、副院长柳得米拉·帕诺玛连科教授等一行 3 人访问我校，并与有关部门、学院探讨交流了双方硕士研究生联合培养、共建孔子学院等有关事宜。副校长陈炎会见了来访客人。

同日　山东省科学技术奖励大会表彰了山东省荣获 2010 年度国家科学技术奖和省科学技术奖的单位和个人。山东大学获山东省科学技术奖 47 项，其中一等奖 4 项，二等奖 23 项，三等奖 20 项。山东大学党委常务副书记尹薇作为获奖单位领导出席大会，荣获国家科技进步奖二等奖的材料科学与工程学院赵国群教授、化学与化工学院的陈代荣教授及荣获山东省科技进步一等奖的物理学院郑雨军教授、土建与水利学院李术才教授、齐鲁医院牛军教授、电气工程学院刘玉田教授等上台领奖。

3 月

2 日　在 2010～2011 中国大学生男子足球锦标赛上，山东大学足球队以六胜二平一负、积分第一的成绩，夺得此次比赛的冠军，并荣获体育道德风尚奖。

同日　山东大学贵州校友会在贵阳成立，贵州省人大常委会副主任顾久校友(中文系 1982 级研究生)当选会长。副校长陈炎出席成立大会并讲话。

4 日　日本长崎大学副校长小路武彦、国际交流部部长松尾淳等一行 4 人来我校访问，副校长张运会见来访客人，双方签署了两校校际合作协议及学生交换备忘录。

6 日　山东大学医学 MBA 学院理事会名誉理事长聘任仪式在北京举行。校长徐显明为卫生部副部长兼国家药监局局长邵明立校友颁发名誉理事长聘书。

同日　山东大学举行纪念"三八"国际劳动妇女节暨表彰大会，表彰 2010 年度 64 名学校"三八红旗手"和 73 名"五好文明家庭"获得者。大会还单独授予见义勇为的女职工范玉苓"三八红旗手"称号。校党委常务副书记尹薇参加会议并讲话。

8 日　"十一五"国家重大科技成就展在北京国家会议中心开幕。我校部分晶体材料在多个展厅参加了展示。参展的主要研究成果包括：固体强激光器用大尺寸 Nd:GGG(掺钕钆镓石榴石)激光晶体、新型高输出功率中远红外非线性

2011年
3月

光学晶体 LiInS2(硫铟锂)、新型的 BaTeMo2O9(钼酸碲钡)非线性晶体等。

同日　山东大学友好学校日本大东文化大学女子排球队一行28人来校交流访问，与我校女子排球队进行了友谊比赛。

9日　加拿大里贾纳大学校长 Vianne Timmons 一行5人访问我校，出席山东大学"里贾纳大学日"开幕式暨两校建立友好合作关系三十周年庆祝活动，并签署两校学生交换协议。副校长张运会见了来访客人，并出席开幕式等相关活动。

14日　山东大学校友、宁夏医科大学党委书记吴世彩一行3人访问我校，就双方建立对口支援关系等事宜与山东大学进行了交流。山东大学党委书记朱正昌、校长徐显明分别会见了吴世彩一行。

2011年3月18日，《文史哲》荣获"中国出版政府奖期刊奖"

18日　"书香中国——第二届中国出版政府奖"颁奖典礼在北京举行。在首次设立的"中国出版政府奖期刊奖"的评选中，我校《文史哲》杂志凭借其公认的办刊质量、鲜明的古典人文特色和广泛的社会与学术影响力，荣获"第二届中国出版政府奖期刊奖"，而且是中国高等学校人文社会科学学术期刊唯一入选此奖的刊物。由我校出版社出版的《两汉全书》(共36册)荣获"第二届中国出版政府奖提名奖"。

同日　学校对校学术委员会、学部学术委员会委员进行了调整，王克明任校学术委员会主任。

19日　山东大学校友企业家俱乐部第三次会员代表大会在中心校区举行。山东大学党委副书记方宏建出席会议并讲话。山东大学副校长樊丽明当选俱乐部新一届理事会名誉理事长，山东山大产业集团公司副董事长、山东山大华天科技股份有限公司董事长李宇兵当选理事长。

同日　山东大学青海校友会在青海西宁正式成立，青海省政协副秘书长王化平当选会长。副校长娄红祥出席成立大会讲话并拜访了山东大学校友总会名誉会长、青海省委书记强卫校友。

20日　山东大学聊城校友会在聊城成立。聊城日报社总编辑高文举校友当选会长。副校长张永兵出席成立大会并讲话。

同日　根据教育部有关文件通知，山东大学18名教师入选教育部2010年度"新世纪优秀人才支持计划"。截至目前，山东大学共有104位教师入选教育部"新世纪优秀人才支持计划"。

入选的18名教师分别是：政治学与公共管理学院曹现强教授、经济学院陈强副教授、控制科学与工程学院蒋奇副教授、物理学院康仕寿教授、易学与中国古代哲学研究中心李尚信教授、生殖医学研究中心李媛主任医师、材料学院刘久荣教授、生命科学学院刘巍峰教授、文学与新闻传播学院刘悦坦副教授、数学学院吕广世教授、计算机科学与技术学院彭京亮教授、威海分校法学院汪全胜教授、外国语学院王俊菊教授、晶体所王正平副教授、晶体所夏海兵教授、环境科学与工程学院张建教授、齐鲁医院张群业教授、法学院周长军教授。

22日　国务院学位委员会颁布《关于下达2010年审核增列的博士和硕士学位授权一级学科名单的通知》。经国务院学位委员会第28次会议审议批准，山东大学共有法学、外国语言文学、新闻传播学、动力工程及工程热物理、电子

2011 年
3 月

科学与技术、土木工程、口腔医学、工商管理、公共管理等 9 个一级学科博士点；社会学，体育学，艺术学，地球物理学，仪器科学与技术，化学工程与技术，交通运输工程，公共管理，图书馆、情报与档案管理等 9 个一级学科硕士点通过审核。至此，经国务院学位委员会批准，山东大学已拥有一级学科博士学位授权点 34 个，一级学科硕士学位授权点 45 个，学科分布涵盖哲学、经济学、法学、教育学、文学、历史学、理学、工学、医学、管理学等 10 大学科门类，另外还拥有 26 个硕士专业学位点。

同日　学校党委中心组召开专题扩大会议，认真学习贯彻 2011 年全国“两会”精神和胡锦涛总书记在中央政治局第 26 次集体学习时的重要讲话精神，进一步提高认识，统一思想，凝聚力量，推进新学期学校各项工作的全面落实。校党委书记朱正昌主持会议并讲话，校长徐显明出席会议。

同日　教育部办公厅成立“卓越法律人才教育培养计划”专家咨询组、专家工作组，山东大学校长徐显明任专家组组长。

23 日　瑞典皇家理工学院(The Royal Institute of Technology)副校长、核物理专家雷蒙·威斯教授(Prof. Ramon Wyss)，国际处中国项目负责人何颖芳女士一行 2 人应邀来我校访问。副校长娄红祥会见了威斯教授一行，介绍了山东大学科研情况、学科优势以及科研国际合作现状。

24 日　山东大学辽宁校友会在沈阳成立。辽宁省政府副秘书长何庆良当选会长。副校长张永兵出席成立大会并讲话。

同日　山东大学生命学院在全国妇女“巾帼建功”活动中荣获“全国城乡妇女岗位建功先进集体”称号，并在国际劳动妇女节期间受到表彰。

26 日　教育部、山东省人民政府共建山东大学协议签字仪式在济南南郊宾馆举行。教育部党组书记、部长袁贵仁，中共山东省委书记、省人大常委会主任姜异康，中共山东省委副书记、省长姜大明，中共山东省委常委、青岛市委书记李群等有关领导，山东大学党委书记朱正昌、校长徐显明出席了签字仪式。袁贵仁、姜大明分别代表教育部与山东省人民政府签署共建山东大学协议。签字仪式后，教育部党组书记、部长袁贵仁听取了我校校党委书记朱正昌、校长徐显明的工作汇报。

2011 年 3 月 26 日，教育部与山东省政府签署共建山东大学协议

2011年

4月

5日　2011年度美国大学生建模竞赛成绩正式揭晓。山东大学学生获得数学建模竞赛(MCM)一等奖6项,二等奖18项;交叉学科建模竞赛(ICM)一等奖1项,二等奖7项;获奖总数32项,再创历史新高。

同日　校长徐显明率团参加厦门大学建校90周年庆祝活动,并与山大福建校友会厦门校友分会校友代表座谈交流。

6日　山东大学粒子物理与粒子辐照教育部重点实验室建设计划通过专家组论证。

同日　山东大学高效洁净机械制造教育部重点实验室经过两年多的建设,顺利通过专家组验收。

7日　荷兰莱顿大学校长石楠德(P. F. van der Heijden)教授、中国经济发展研究专家何培生(Peter Ho)教授、国际处 Mareke te Booij 女士一行3人到山东大学访问。校长徐显明会见了石楠德一行,就两校的合作事宜深入交换了意见。两位校长在会见期间还签署了山东大学与莱顿大学关于合作建设莱顿大学孔子学院的执行协议。

同日　山东天石集团有限公司捐赠仪式在中心校区举行。1996届社会学系校友、山东天石集团有限公司董事长马晓丹为母校捐赠300万元人民币,支持山东大学青岛校区校门建设。党委书记朱正昌代表学校接受捐赠,并向马晓丹颁发了捐赠证书;副校长樊丽明与马晓丹共同签署了捐赠协议。

同日　应美国俄克拉荷马大学医学院和俄克拉荷马医学研究中心的邀请,张运院士分别在两个单位作了题为《易损斑块的研究现状》的两场学术报告。

同日　第四届中法粒子物理实验室年会在山东大学举行。法国粒子物理研究院院长 Jacques Martino,中科院高能物理研究所所长、中国科学院院士陈和生,国家自然科学基金委数理学部常务副主任汲培文等出席会议。

8日　学校召开2011年党风廉政建设工作会议,总结2010年反腐倡廉工作,研究部署2011年的任务。

12日　澳大利亚南澳州州长迈克·兰恩(Michael Rann)一行10人来我校访问,校长徐显明会见了到访客人。

14日　第二届全国高等医学院校大学生临床技能竞赛华东赛区比赛在上海交通大学举行,来自华东六省一市34个医学院校的代表队参赛。由我校临床医学专业2005和2006级学生万杨、韩婷、崔建新、尚进组成的山东大学代表队获得此次比赛特等奖和5项单项操作第1名。

21日　"笹川杯"日本知识大赛华东地区比赛在上海东华大学举行。由外语学院日语系教师胡勇为领队,学生王爽爽、张笑笑、王芮为队员组成的山东大学代表队,获得本次比赛的最高奖,捧回了"笹川杯"。在60余名参赛选手中,张笑笑获得了个人赛总成绩第2名。

同日　公共卫生学院谢克勤教授、教务处王仁卿教授、物理学院颜世申教授、法学院齐延平教授获得2010年度"山东省有突出贡献的中青年专家"称号。截至目前,山东大学已有42人获得该称号。

23日　校长徐显明率团参加清华大学百年校庆活动。其间,徐显明参加了2011大学校长全球峰会暨环太平洋大学联盟第15届校长年会、"世纪林"植树

2011 年

4 月

仪式以及庆祝清华大学建校 100 周年大会等活动。

26 日　生命科学学院教授、博士生导师方诩荣获"山东青年五四奖章"。

同日　材料科学与工程学院院长、博士生导师赵国群教授荣获山东省"富民兴鲁劳动奖章"。

27 日　山东省农村信用社联合社捐赠仪式在中心校区举行。山东省农村信用社联合社为我校捐赠 300 万元人民币，支持中心校区校门重建。副校长樊丽明与省农信社联合社党委副书记、纪委书记展西亮共同签署了捐赠协议，樊丽明代表学校接受捐赠，并为展西亮颁发了捐赠证书。

28 日　学校印发《山东大学优秀青年教师教授职务特别评审聘任暂行办法》，促进优秀青年教师脱颖而出。

同日　文学与新闻传播学院 2007 级本科生宋雪被评为"山东省高校十大优秀学生"。

同日　团中央对 2010 年度"全国优秀共青团员""全国优秀共青团干部"以及"全国五四红旗团委(团支部)"进行了表彰。其中，山东大学团委再次荣获"全国五四红旗团委"荣誉称号。

5 月

5 日　山东大学学生法律援助中心、医学院青年志愿者协会、政管学院阳光行动服务社等 3 个集体荣获"第七届山东省青年志愿服务先进集体"称号，陆达伟、汤杰、王鹏、孙格、吉霙、王晓、刘庆坤、张丹潞、张荣宝、余晓强、原佳沛等 11 位同学荣评"第七届山东省青年志愿服务先进个人"。

6 日　著名科学家、教育家，中国科学院院士，中国共产党的优秀党员，第九届全国政协委员，第十届、十一届全国人大代表，山东大学终身教授蒋民华同志在济南逝世，享年 76 岁。

蒋民华

蒋民华(1935～2011)，浙江省临海县人，中国科学院院士、著名材料科学家、教育家。第九届全国政协委员、第十届、第十一届全国人大代表。

蒋民华 1956 年毕业于山东大学化学系；1964～1978 年，任山东大学晶体生长研究室主任，1979 年赴联邦德国科隆大学做访问学者，历任山东大学助教、讲师、副教授、教授、博士生导师；1978～1993 年，任山东大学晶体材料研究所所长；1987～1998 年，任晶体材料国家重点实验室主任；1989～1996 年，任山东大学副校长；1991 年当选为中国科学院院士；1991～1996 年，任国家高技术研究发展计划("863"计划)新材料领域第三届专家委员会专家组组长、首席科学家；2000～2004 年，任山东大学材料科学与工程学院院长。

蒋民华院士还曾担任山东大学晶体材料研究所和晶体材料国家重点实验室学术委员会主任、名誉主任，中国材料研究学会副理事长，中国硅酸盐学会晶体生长与材料分会理事长，国际晶体生长组织(IOCG)理事和执委会委员，美国 *Journal of Materials Research* 主编、美国光学学会资深会员。

1958 年，蒋民华开始了他晶体生长的生涯，起步的晶体是水声、电声用的压电晶体酒石酸钾钠(KNT)。当时的人工晶体在国外是刚刚兴起，在国内还鲜为人知。经过数年的努力，蒋民华和他的同事们终于突破了培养大晶体的关键技术，成功地捧出了第一块重达10公斤的KNT大单晶。

20世纪60年代，蒋民华又把主攻方向转向综合压电性能更为优良的磷酸二氢铵(ADP)晶体，找到最佳的生长条件，长出了高质量的ADP大单晶，满足了声呐试验的需要。

1979年蒋民华第一次有机会跨出国门，来到德国科隆大学结晶研究所进行短期访问和交流。老所长豪休教授对探索新晶体的理论和实践造诣颇深，蒋民华在与他交谈中受到很多启发，充分利用那里的条件终日在实验室里工作，在不到3个月的时间内，从寻找新材料到合成和生长出晶体，搞出一种新的有机晶体——樟脑酸丙酮，测量了它的压电和电光性能并写出了论文。回国以后，他指导研究生开始了探索新晶体材料的工作，终于在手性天然氨基酸及其衍生物中，发现了一种新的有机非线性光学材料——精氨酸磷酸盐(LAP)晶体。这一成果后来获得了国家发明奖一等奖。

20世纪80年代初，国际上出现了一种新的高效激光倍频晶体——磷酸钛氧钾(KTP)，美国只有少数实验室在极保密的情况下，在高温高压条件下研制，对设备和工艺条件要求很苛刻。通过国内外调研和综合分析，蒋民华敏锐感觉到这是一种非常有前途的新材料。

他选定助熔剂法为主攻方向，从基础研究入手，系统地研究了KTP在磷酸盐助熔剂中生长的物理化学过程和不同的助熔剂和工艺条件对KTP晶体生长的影响，使助熔剂生长KTP晶体的工艺首次实现了突破，1985年全世界除美国之外的第一块KTP晶体在山东大学晶体材料研究所诞生了，经日本权威机构全面测试，主要指标超过美国同类晶体。

他在国际上开创了将助熔剂法用于批量生长非线性光学晶体的先河。

蒋民华在晶体材料研究方面作出了多方面的贡献，具有重要的国际地位，获得了许多荣誉和奖励，包括"全国优秀科技工作者"称号、"五一劳动奖章"(1987)、"全国先进工作者"称号(1989)以及1988年获得国家发明一等奖，1996年获得何梁何利科学技术进步奖，2003年获得首届山东省科学技术最高奖，2007年获求是科技成就集体奖，2008年获亚洲州晶体生长与晶体技术奖(CGCT Award)，等等。

蒋民华将毕生精力奉献给了中国的教育事业，为山东大学学科建设和发展作出了不可磨灭的贡献。蒋民华创立的晶体材料研究所和晶体材料国家重点实验室，为全国高校培养了一批从事晶体生长与晶体理论教学和研究的骨干。

7日　山东大学烟台校友会举行成立5周年庆祝活动，向母校110周年校庆捐赠110万元人民币。副校长樊丽明出席庆祝大会并讲话，代表学校接受捐赠，并向捐赠校友代表王锋、薛瑞海、曲学斌、王庆岩、宋华西等颁发了捐赠证书。

同日　应英国、荷兰部分友好学校的邀请，校长徐显明率团访问了英国杜伦大学、伦敦大学学院(UCL)、伦敦大学亚非学院(SOAS)、巴斯大学、赫瑞·瓦特大学、荷兰莱顿大学和荷兰高等教育国际交流协会(NUFFIC)等高校和教育机构，进一步深化合作交流。

2011 年

5 月

9 日　荷兰蒂尔堡大学校长 Philip Eijlander、人文学院国际办公室主任 Petra Bergsma、国际校友办公室主任 Sandra Rincon 等一行 4 人来访。副校长张运在中心校区邵逸夫科学馆贵宾室会见了来访客人。

11 日　外语学院丛亚平教授在第十二届世界俄语大会上获“普希金奖章”。普希金奖章由俄罗斯文化部设立，是国际俄语研究推广领域的最高荣誉。全球每年获奖者不超过 10 人。

16 日　北京时间 20 点 56 分（美国东部时间 8 点 56 分），AMS 顺利升空，标志着粒子太空探测新时代的开始，具有里程碑的意义。我校程林教授作为热系统首席科学家和他的研究团队在该项目中成功解决了人类历史上首次带电磁铁在太空中运行的温度控制这一关键科学问题，为国际空间站上唯一的大型科学实验的建设作出了杰出贡献。

2011 年 5 月 16 日，山东大学程林教授领衔研制的“AMS-02 热系统”搭乘美国“奋进号”航天飞机从肯尼迪航天中心顺利升空

18 日　山东大学与山东省农科院合作共建的山东大学农学院在省农科院揭牌成立。山东省省长姜大明致信祝贺，副省长贾万志、山东大学校长徐显明、省科技厅厅长翟鲁宁、省农科院党委书记王金宝共同为山东大学农学院揭牌。省政府办公厅副秘书长高洪波主持揭牌仪式；副校长张永兵、陈炎，校长助理王剑敏、贾磊出席仪式。

2011 年

5 月

2011 年 5 月 18 日，山东大学农学院揭牌成立。山东省副省长贾万志（右二）、山东大学校长徐显明（左二）、省科技厅厅长翟鲁宁（左一）、省农科院党委书记王金宝（右一）共同为山东大学农学院揭牌

19 日　山东大学学生创业实践中心成立仪式暨学生创业实践座谈会在软件园校区举行。共青团山东省委副书记任海涛、山东大学党委副书记方宏建出席活动，并共同为山东大学学生创业实践中心（软件园校区）揭牌。

21 日　山东大学医学 MBA 学院与哈佛大学商学院教授菲力克斯・奥伯霍尔泽-吉（Felix Oberholzer-Gee）博士在北京进行了首次正式会晤。校长徐显明出席会晤并为奥伯霍尔泽一吉教授颁发了“山东大学医学 MBA 学院顾问”聘书。

26 日　日本驻华大使丹羽宇一郎一行访问我校。校长徐显明与丹羽宇一郎一行进行了会谈。

27 日　山东大学与贵州省科技战略合作协议暨山东大学与贵州大学校际合作协议签约仪式在贵阳市举行。校长徐显明、贵州省副省长刘晓凯出席签约仪式并致辞。

28 日　山东大学河北校友会成立大会在石家庄市召开。中国电子科技集团公司第 54 研究所侯典龙校友和河北师范大学张骥校友当选为会长。

同日　“同圆・万斯达杯”第四届山东省高校结构设计竞赛在我校举行。大赛评出一等奖 3 个、二等奖 6 个、三等奖 9 个、优胜奖 12 个，另设最佳结构设计奖 1 个和最佳造型与制作奖 2 个。山东大学获得 1 个二等奖、5 个三等奖，并获得最佳结构设计奖。

本月　第六届“山东省刘勰文艺评论奖”评选结果揭晓，中共山东省委宣传部决定授予山东大学周来祥教授“山东省文艺评论贡献奖”，山东大学刘方政教授等创作的 4 部文艺评论著作、王汶成教授等创作的 5 篇文艺评论文章获单项奖。

2011 年

6 月

1 日 山东大学高等研究院成立。山东大学高等研究院为学校直属独立建制的研究机构，实行院长负责制，设院长 1 人，常务副院长 1 人，行政主管 1 人，外事主管 1 人。研究院党群关系挂靠数学学院。高等研究院的运行和管理按照《山东大学高等研究院管理办法》执行。彭实戈院士为山东大学高等研究院院长(兼)，刘建亚为山东大学高等研究院常务副院长(兼)。

2 日 纽约州立大学豪尔赫·格拉西亚教授做客山东大学《大家讲坛》，为山大师生作了题为《哲学在当代社会中的作用》的学术报告。

同日 山东大学山东发展研究院在中心校区知新楼召开第一届理事会第二次会议。研究院理事长、院长韩寓群出席会议并讲话。山东大学党委书记、山东发展研究院副理事长朱正昌主持会议。会议听取了山东发展研究院 2010 年工作总结，审议并通过了 2011 年工作计划。

同日 美国圣文森特学院(Saint Vincent College)校长 Norman W. Hipps 一行 3 人访问我校，副校长张运会见来访客人。

同日 为庆祝建党 90 周年和建校 110 周年，山东大学青年交响乐团和山东大学艺术学院合唱团联袂在济南市百花剧院演出了大型交响清唱剧《江姐》。山东大学党委常务副书记尹薇、党委副书记方宏建观看了演出。

同日 我国著名妇产科学专家、医学教育家，山东大学医学院教授、博士生导师，《现代妇产科进展》杂志主编，山东大学齐鲁医院原妇产科主任、中国共产党优秀党员江森教授在济南逝世。

江 森

江森(1921～2011)，江苏南通市人，字治林，著名妇产科学家、医学教育家，山东大学医学院教授、博士生导师，《现代妇产科进展》杂志主编，山东大学齐鲁医院原妇产科主任。

1948 年江森毕业于东南医学院(安徽医科大学前身)，获医学学士学位，毕业后在江阴吴兴福音医院工作。1949 年 10 月，任华东白求恩医学院国际和平医院(山东省立医院前身)妇产科医师。1952 年 9 月，调往山东医学院附属医院妇产科工作。1958 年始历任妇产科代副主任、副主任、主任，山东大学(原山东医学院和山东医科大学)副教授、教授。

江森在妇产科学领域诸多方向卓有建树，治学严谨，学术造诣颇深，20 世纪 50 年代初提出妊娠中毒症疾病命名和分类商榷，70 年代开展子宫颈癌髂内动脉灌注化疗研究和计划生育适用技术研究，80 年代提出妊娠高血压综合征命名和分类以及剖宫产命名，为国家医学名词审定做了大量工作。江森医术精湛，一生开创了多种妇产科手术术式，在尿瘘修补、生殖道畸形矫正手术、外阴癌根治术和剖宫产术式方面独具一格，腹膜外淋巴结清扫和髂内动脉结扎的子宫颈癌根治术术式更具特色。主持举办多次子宫颈癌根治术全国学习班，将山东经验推向全国，在妇产科学界产生重大影响。江森先后获得卫生部科技进步奖 2 项，中国高校科技进步奖 2 项，山东省科技进步奖 7 项，并受到当时卫生部、国家计划生育委员会、教育部等多项工作表彰。获得春华秋实冶金牌奖、中国妇科肿瘤特殊贡献奖。

江森临床经验丰富，一生笔耕不辍，著作等身，发表述评、论文 200 余篇，先

2011年
6月

后主编或参编《妇科手术学》《实用妇科学》《实用产科学》《新编实用妇科学》《常见妇产科疾病》《子宫脱垂与尿瘘》《女性节育手术学》《实用妇产科学》《妇科肿瘤学》《妇产科感染性疾病》等著作，其中《实用妇科学》《实用产科学》获得1978年全国科学大会一等奖。20世纪80年代中期江森创立了我国首批妇产科学博士学位授权点，引领本学科成为全国著名妇产科临床医疗、教学和科研中心。

江森注重人才培养，始终坚持为医学生授课，教书育人，学生遍布海内外，桃李满天下。江森培养毕业博士和硕士研究生60多人，指导来自全国各地的进修医师数千人。江森教授注重“传、帮、带、治”，不仅为本学科培养造就了实力雄厚的学科梯队，也为我国卫生事业培养输送了大批妇产科专业人才，其中许多人已成为全国各地妇产科的领军人物。

江森教授的杰出业绩和重大成就受到了党和政府的充分肯定，1977年和1980年他先后当选第四、五届山东省政协委员，1983年被评为“首届山东省卫生系统劳动模范”并获“山东省专业技术拔尖人才”称号、享受国务院颁发的政府特殊津贴，1986年再次当选山东省卫生系统劳动模范，并被授予“全国卫生系统先进工作者光荣”称号，在人民大会堂受到党和国家主要领导人的亲切接见。1988年被评为卫生部有突出贡献的专家、国家级有突出贡献的专家、2000年被授予“山东大学齐鲁医院著名专家”称号。

3日　山东大学高等研究院成立大会在中心校区邵逸夫科学馆报告厅举行。教育部副部长杜占元、山东省副省长才利民为“山东大学高等研究院”揭牌并讲话。校长徐显明为彭实戈、刘建亚、黄劲松、汉纳·布克达恩(Rainer Buckdahn)等4位教授颁发了山东大学高等研究院首席专家聘书。中国科学院数学与系统科学研究院院长、中国科学院院士郭雷出席了成立大会，并为数学学院师生作了题为《反馈原理及其魅力》的学术报告。

2011年6月3日，山东大学高等研究院成立，教育部副部长杜占元(左)、山东省副省长才利民(右)为“山东大学高等研究院”揭牌

2011年

6月

4日 “山东大学110周年校庆标志”正式启用。“山东大学110周年校庆标志”设计关键词为历史、传承、发展、创新、辉煌。标志整体由三部分组成：标志图案、口号、名称。

6日 首期“尼山会讲”活动在山东大学研究生社会实践基地——山东泗水尼山圣源书院举行。

9日 由山东大学东方考古研究中心方辉教授担任领队，山东大学及山东省文物考古研究所、济南市考古研究所联合发掘的济南大辛庄商代遗址获“2010年度十大考古新发现”之一，这也是山东省本年度唯一获得此项殊荣的考古项目。

14日 山东大学与中南大学校际合作座谈会及两校本科交换生培养协议续签仪式举行。山东大学副校长樊丽明与中南大学副校长胡岳华分别代表两校续签了《中南大学山东大学本科交换生培养协议》。

同日 校长徐显明应邀赴美出席“第二届中美民间战略对话”，并访问宾夕法尼亚大学、普林斯顿高等研究院和弗吉尼亚理工大学等部分美国友好学校，看望山大驻大纽约地区校友。

15日 材料学院王美，齐鲁医院吕慧霞、张鲁伟，物理学院蒋然，医学院邹永新、刘运芳，威海分校物理学院杜桂强7人入选“香江学者计划”候选人。此次山东大学入选人数列全国各申请单位第1位。

16日 学校印发《山东大学应届本科生推荐免试硕士研究生工作实施办法（试行）》。

同日 庆祝中巴建交60周年暨“2011中巴友好年”的“汉语桥——巴基斯坦高中生夏令营”活动在山东大学举行。来自巴基斯坦全国各地的8所学校和伊斯兰堡孔子学院的100名成员，其中包括90名高中生和10名领队老师参加了夏令营活动。

17日 山东大学32项课题获准2011年度国家社会科学基金项目立项，其中重点项目1项，一般项目21项，青年项目10项。立项数量再创历史新高，在全国高校中居第11位。

21日 青岛校区规划建设办公室成立。青岛校区规划建设办公室为学校直属单位，处级建制，设主任1人，副主任2～3人，暂定编制10人。实行固定编制与流动编制相结合的用人方式。

同日 学校决定成立山东大学中国法律史研究中心。聘武树臣教授任中心主任。

22日 由教务处、研究生院、国际处和学工部联合主办的山东大学2011年海外学习和第二校园经历启动仪式在中心校区举行。校长徐显明出席并为同学们作行前寄语。有近500名学生到亚洲、中国港台、欧洲、美洲和大洋洲参加交换留学和短期访学项目；来自25个学院的600多名学生到25所国内知名高校参加第二校园经历。

同日 著名物理学家、中国科学院院士朱邦芬教授为泰山学堂师生作了题为《治学创新之道》的学术报告。

23日 副校长樊丽明率团访问俄罗斯高校，出席了俄罗斯人民友谊大学

2011 年

6 月

2011 年毕业典礼，并与圣彼得堡国立大学外事部门有关负责人和学者代表进行了会谈。

25 日 “《子海特辑》首发式暨子海年度工作会议”在知新楼举行。国家社科规划办公室副主任杨庆存、全国高校古委会主任安平秋、山东省前副省长林书香、山东省政协副主席王志民、山东大学副校长陈炎、子海学术顾问董治安教授等 60 余人参加会议。

28 日 山东大学外国留学生 2011 年毕业/结业典礼在中心校区举行。来自 48 个国家近 420 名即将毕业、结业的外国留学生和国际教育学院 17 名即将获得对外汉语硕士学位的中国学生与老师、亲友在这里欢聚一堂。

30 日 著名美学家、教育家，和谐美学学派创始人，第六届、第七届山东省政协委员，山东大学终身教授、育才功勋周来祥先生在北京逝世，享年 83 岁。

周来祥

周来祥(1929～2011)，著名美学家，山东青城县(今高青县)人。山东大学终身教授，博士生导师，美学研究所所长，教育部人文社会科学重点研究基地文艺美学研究中心名誉主任，曾兼任北京师范大学博士生导师，国际美学学会第十二、十三届执行委员会委员，五次应邀参加国际美学大会。

周来祥 1949 年考入华东大学，1951 年转入山东大学中文系学习，1953 年中文系毕业后留校任教，先后任讲师、副教授、教授，1986 年被国务院学位评定委员会评为博士生导师。

1961 年至 1963 年，周来祥在北京参加了高教部组织的高等学校美学教材《美学概论》的编写工作。1963 年，周来祥回到山东大学开设了“美学原理”课程。

20 世纪 80 年代到 90 年代初，周来祥先后出版了《美学问题论稿》《论美是和谐》《文学艺术的审美特征与美学规律》《论中国古典美学》等论著，并发表了 150 多篇论文，共计 450 多万字，形成了在中国当代美学界独树一帜的和谐美学思想和理论体系。

1984 年，应国际美学大会主席的邀请，周来祥参加了在加拿大蒙特利尔举行的第十届国际美学大会，这是中国美学家第一次出席这一四年一次的最高水平的世界美学会议。1995 年，他又参加了在芬兰赫尔辛基赫举行的第十三届国际美学大会，并连续被选为国际美学学会执委会委员。他向大会分别提交的《东西方古典美学理论的比较》和《东西方古代和谐美理想的比较研究》论文，向世界阐释了中国美学独特的概念、范畴和观念体系以及中国美学的历史风貌和世界贡献，引起了世界同行的极大兴趣和高度重视，为中国美学走向世界作出了贡献。

从 80 年代末开始，周来祥的研究重心由和谐范畴转向崇高范畴，90 年代中期又对丑和荒诞作了重要的规定和阐释，完成从体系时代到后体系时代的自我超越。1987 年，周来祥创立了山东大学美学研究所，并兼任所长，同时还当选为山东省美学学会会长，积极地研究美学，弘扬审美教育。1995 年，周来祥还创办了《东方审美文化研究》丛刊，大力提倡中国和东方审美文化研究。

1998 年和 2001 年，周来祥又分别参加了在斯洛文尼亚首都卢布尔雅那举

2011 年

6 月

行的第十四届和在日本东京举行的第十五届世界美学大会，提交论文并作了大会发言，向世界积极宣传中国美学和东方美学，并提出只有东西方这两种文化、两种美学的共同发展，才能有完整意义上的世界美学，才能有真正的全人类的美学。

2005 年以后，周来祥连续发表一系列关于二元对立思维的文章，在超越主客二元对立思维的基础上提出了"和谐思维"的概念，为社会主义和谐社会建设和和谐文化建设提供了理论基础和方法论，开创了辩证和谐大发展的时代。

在其治学过程中，先后在《中国社会科学》《国际美学大会论文选》等国内外重要学术刊物上发表论文 290 多篇；在海内外出版《马克思列宁主义美学的原则》《美学问题论稿》《论美是和谐》《再论美是和谐》《三论美是和谐》《古代的美、近代的美、现代的美》《文艺美学》《中西比较美学大纲》(合)、《论中国古典美学》《美学概论》(合)(中国台湾出版)、《中国的现代美学》(意大利出版)、《中国古代美学》(韩国出版)、《周来祥美学文选》(上、下)、《中国美学主潮》《西方美学主潮》《中华审美文化通史》等 20 余种论著。形成了以"美是和谐"为核心的独特的美学理论体系，学界称之为"和谐美学学派"。

2010 年山东大学为表彰周来祥在学术研究和教学培养上所取得的杰出成就，授予其"山东大学终身教授"荣誉称号。

7 月

4 日　副校长樊丽明在中心校区为美国科学院院士、密歇根大学考古学家华翰维(Henry T. Wright)博士颁发了 2011 年度"立青讲座教授"聘书。

同日　教育部下发《关于公布卓越工程师教育培养计划 2011 年学科专业名单的通知》(教高厅函[2011]40 号)，正式批准山东大学机械设计制造及其自动化、电气工程及其自动化、材料成型及控制工程、自动化等四个本科专业及对应研究生层次学科领域加入卓越计划。

7 日　山东大学 110 周年校庆倒计时 100 天校庆动员大会和山东大学 110 周年校庆志愿者誓师动员暨培训大会在中心校区邵逸夫科学馆报告厅召开。

12 日　由山东大学主办，山东大学港澳台事务办公室与山东大学儒学高等研究院联合承办的"第十一届海峡两岸师生孔孟故里寻根夏令营"开营仪式在国际教育学院报告厅举行。

13 日　由齐鲁医院高海青教授主持的"心血管疾病新药临床评价研究技术平台建设"项目入围"重大新药创制"国家科技重大专项"十二五"计划，成为我省医院中首个国家"重大新药创制"科技重大专项建设项目。此项目将在 4 年内获得上级财政资助 1200 万元人民币。

15 日　在第一届亚洲大学生沙滩排球锦标赛上，代表中国大学生参赛的山大男子沙滩排球队获男子组冠军，山大女子沙滩排球队获女子组第五名。

16 日　全国临床药学教育研讨会在趵突泉校区举行。来自全国近 30 所设立临床药学专业院校的领导和专家代表参加了本次研讨会。

21 日　山东大学 110 周年校庆名人名家书画征集活动启动仪式在京举行。财政部原部长项怀诚、文化部副部长王文章、国有大型企业监事会主席寻寰中、中宣部干部局局长蒲增繁等在京校友 70 余人出席仪式。项怀诚发表讲话并宣

2011 年

7 月

布名人名家书画征集活动正式启动。党委书记朱正昌代表学校致辞，党委副书记李建军主持仪式。

26 日　学校与腾讯网协商并达成一致，双方共同合作建设山东大学 110 周年校庆专题网站。网站域名为：http://edu.qq.com/zt2011/sdu110/index.htm。

同日　学校决定成立深圳研究院，研究院为学校直属单位，分别设院长 1 人（由校领导兼任），副院长 1～2 人，工作人员实行聘用制，岗位设置根据工作需要核定。

同日　学校决定成立苏州研究院，研究院为学校直属单位，分别设院长 1 人（由校领导兼任），副院长 1～2 人，工作人员实行聘用制，岗位设置根据工作需要核定。

30 日　2008 级体育学院学生肖萌获得第十七届全国大学生乒乓球锦标赛女子单打冠军。

8 月

5 日　颜世申、吴臻、彭军 3 位教授分别在“铁磁金属、铁磁半导体材料及其异质结的磁性和电输运”“随机最优控制和正倒向随机微分方程理论及其应用”“原发免疫性血小板减少症免疫耐受研究”等研究领域取得突出创新成果，获得 2011 年国家自然科学基金杰出青年基金资助，分别获得 200 万元、140 万元、200 万元经费资助。

7 日　在第七届中国大学生沙滩排球锦标赛上，山东大学男子沙滩排球队获得专业学生组冠军，女子沙滩排球队获得专业学生组亚军。男队教练员徐亮获得最佳教练员称号。

9 日　热科学研究中心主任程林教授因在国际重大科学计划——阿尔法磁谱仪（AMS）项目中作出杰出贡献，获得了美国宇航局的特别嘉奖。美国宇航局将一块在太空中随奋进号航天飞机飞行了 16 天的 AMS 标识和有 6 位宇航员亲笔签名的证书颁发给程林教授。

同日　“书写辉煌”——首届山东省新闻出版奖颁奖盛典在山东电视台演播大厅举行，《山东大学学报》（理学版）荣获山东新闻出版精品奖“报纸期刊奖”，成为山东省自然科学类学术期刊中唯一获奖的期刊。

同日　在教育部 2011 年度人文社会科学研究一般项目的评审中，山东大学 36 项一般项目获准立项，其中规划基金项目 17 项，青年基金项目 19 项。立项数量在全国高校中居第 6 位。分别有管理学院（8 项）、经济学院（5 项）、历史文化学院（3 项）、外国语学院（3 项）。在 2011 年度教育部人文社会科学研究系列专项任务项目的评审中，山东大学获得“马克思主义中国化、时代化、大众化”专项 2 项。

13 日　文学与新闻传播学院金光伏文学基金捐赠仪式在知新楼 A 座学术交流厅举行。中文系 1983 级校友、山东金光伏能源投资有限公司董事长马殿国捐资 50 万元设立金光伏文学基金，用以支持文学院发展建设。副校长陈炎出席仪式并向马殿国校友颁发了捐赠证书。

16 日　山东大学与青岛市人民政府共建山东大学青岛校区协议签字仪式在济南山东大厦青岛厅举行。山东省委常委、青岛市委书记李群，山东大学校长徐显明，山东省政府副秘书长司安民，山东省教育厅厅长齐涛，山东省发改委

2011 年
8 月

副巡视员张士新，山东省财政厅副厅长庞敦之，山东省国土资源厅副厅长张庆坤，青岛市委常委、市委秘书长王鲁明，青岛市副市长王广正，山东大学常务副校长王琪珑出席仪式。仪式由司安民主持。王琪珑与王广正代表双方签署了山东大学与青岛市人民政府共建山东大学青岛校区协议。

山东大学与青岛市人民政府共建山东大学青岛校区协议
签字仪式在济南山东大厦青岛厅举行

19 日　教育部副部长鲁昕一行 4 人视察我校，参观山大校园，并在中心校区知新楼听取学校工作汇报。教育部发展规划司司长谢焕忠、副司长宋德民、副巡视员刘昌亚等一同视察。校长徐显明汇报了学校的总体情况。山东省教育厅党组副书记、副厅长张兴民，党组成员、山东省教育招生考试院院长王坦，副巡视员刘士祥等一同听取汇报。

同日　由青岛团市委、山东大学团委联合主办的山东大学博士研究生服务青岛蓝色经济发展论坛在青岛举行。青岛市副市长王广正，山东大学党委副书记方宏建出席会议并讲话。

同日　岩土与结构工程研究中心李术才教授等申请的“水工隧洞突水涌泥灾害源超前预报定量识别方法及灾害发生机理与控制研究”项目，生命学院李越中教授等申请的“粘细菌细胞群体行为对海洋生境适应的进化基因组分析”项目，生命学院王金星教授等申请的“对虾抗病毒相关基因的功能与抗病毒机理分析”项目，化学与化工学院闫兵教授等申请的“典型纳米材料的生物毒性效应及调控研究”项目，分别获国家自然科学基金重点项目资助，立项总经费 1484 万元。

同日　离子束功能材料应用国际研讨会（International Workshop on Ion Beam Applications of Functional Materials）在中心校区进行。研讨会的主要议题是“离子束在各种功能材料中的应用”，具体包括：离子束材料改性、微纳结构材料、光学材料、磁性材料、半导体材料、聚焦离子束技术、信息材料与器件、功能表面材料等领域与方向等。我校王克明院士、副校长樊丽明出席研讨会。

20 日　在第六届全国大学生“飞思卡尔”杯智能汽车竞赛全国总决赛上，山东大学代表队获特等奖 1 项，一等奖 2 项。

23 日　澳大利亚南澳州自由党副主席密奇・威廉姆斯（Mitch Williams）先生率南澳州议员代表团一行 10 人访问我校。副校长樊丽明在中心校区会见了来访客人。

2011 年

8 月

同日　在“读者杯”2011 中国机器人大赛暨 Robo Cup 公开赛上，山东大学大学生机器人团队获得 1 项冠军、1 项季军，并获得全国一等奖 6 项、二等奖 12 项、三等奖 4 项，参赛团队全部获奖。

25 日　中国工程院院士方家熊在中心校区信息学院四楼报告厅作了题为《短波红外感知技术》的学术报告。

同日　在教育部《关于批准实施“十二五”期间“高等学校本科教学质量与教学改革工程”2011 年建设项目的通知》中，山东大学获批 3 个国家级工程实践教育中心、1 个法学教育实践基地以及 1 项西部受援高校教师和管理干部进修锻炼项目，资助经费共计 1000 万元，项目入选数量和资助经费总额分列全国高校第 2 位和第 4 位。

26 日　山东大学第十三届研究生支教团出征仪式在中心校区 18 号楼创业实践中心报告厅举行。党委副书记方宏建出席仪式并为研究生支教团授旗。

同日　山东恒信集团董事长郭若晗向山东大学捐赠签约仪式在中心校区知新楼举行。副校长樊丽明向郭若晗颁发捐赠证书并讲话。

27 日　山东大学主办，第二医院承办的“代谢性肾损伤国际论坛暨山东大学肾脏病研究所”成立大会在南郊宾馆召开。200 余名国内外肾脏病学精英齐聚一堂，就代谢性肾损伤的有关学术问题进行了深入交流。

同日　山东大学领导班子 2011 年暑期读书班和山东大学 2011 年暑期工作会议在邹平召开。读书班重点围绕深入学习胡锦涛总书记“七一”讲话和在清华大学百年校庆上的讲话精神，传达学习第 21 次高等教育咨询会议精神，以提高教育教学质量，加强协同创新，并对新学期重点工作进行了研讨。党委书记朱正昌主持会议并总结讲话，校长徐显明讲话并部署新学期工作，会议于 29 日结束。

28 日　山东大学、西王集团共建学生实践基地揭牌仪式在邹平县举行。校党委书记朱正昌、校长徐显明，中共滨州市委书记邓向阳、西王集团董事长王勇共同为学生实践基地揭牌。

30 日　东营市人民政府副市长王吉能率团访问我校推动校地合作。双方就《东营市人民政府与山东大学战略合作框架协议》和《山东大学与东营市人民政府共建“山东大学东营研究院”协议》的基本内容达成共识。副校长樊丽明出席对接座谈会。

本月　发布山东大学 2010 年本科教学质量报告。

国务院学位委员会下发通知，公布了一级学科对应调整的结果。经国务院学位委员会审核批准，山东大学新增 7 个一级学科博士学位授权点和 12 个一级学科硕士学位授权点。至此，山东大学拥有一级学科博士学位授权点 40 个，一级学科硕士学位授权点 55 个。此次新增的 7 个一级学科博士学位授权点有考古学、中国史、世界史、生态学、统计学、软件工程、护理学，新增的 12 个一级学科硕士学位授权点有考古学、中国史、世界史、生态学、统计学、建筑学、软件工程、护理学、艺术学理论、音乐与舞蹈学、美术学、设计学。

1 日　学校和“高校视友联盟”官方网站——视友网（www.cuctv.com）共同合作建设山东大学 110 周年校庆专题网站正式开通，网站域名为：http://www.cuctv.com/feature/sdxiaoqing/index.html。

2011 年

9 月

同日　北京大学原中文系主任、著名学者温儒敏教授正式加盟文学院，受聘就任山东大学一级教授。

2 日　经济学院胡金焱、哲学与社会发展学院傅有德、文学与新闻传播学院王小舒、数学学院仪洪勋 4 位教授获得“山东省教学名师”称号。至此，我校共有 17 位教师先后获此荣誉称号。

同日　山东大学迎新工作分别在各校区进行。2011 年，总校共招收各类新生 11902 人，其中，研究生 4994 人，本科生 6536 人，访学生 372 人。

5 日　全国人大常委会副委员长严隽琪来视察工作，听取了山东大学的工作汇报并讲话。

同日　管理学院徐向艺教授获第六届国家级教学名师奖。至此，山东大学共有 9 名教师先后荣获全国高等学校教学名师奖。

8 日　机械工程学院黄传真教授获评 2011 年“大众报业杯”山东高校十大师德标兵，并受表彰。

同日　山东大学与东营市政府战略合作协议签约仪式在东营市举行，双方商定融资 1 亿元人民币共建“山东大学东营研究院”。学校党委书记朱正昌和东营市委副书记、市长姜杰出席签约仪式并为“山东大学东营研究院”揭牌。

同日　人文社科一级教授聘任仪式在逸夫法学教学楼三楼报告厅举行。党委常务副书记尹薇出席仪式，并为受聘的武树臣、杨海坤、郭明瑞三位教授颁发聘书。

13 日　校长徐显明会见了美国克拉克大学校长 David Angel 一行。徐显明介绍了山东大学建设青岛校区的学科布局想法，并重点介绍了山东大学地质学的历史及目前恢复地质学科的办学规划。

同日　陈炎教授的《儒、释、道的生态观与艺术观》和杨蕙馨教授的《经济全球化条件下产业组织研究》两项成果入选 2011 年“国家哲学社会科学成果文库”。

同日　国际历史学会秘书长、巴黎第一大学教授罗伯特・弗兰克(Robert Frank)来我校访问，并考察了第二十二届国际历史科学大会的筹办情况。中国史学会会长、山东大学特聘一级教授张海鹏与中国法国史学会会长端木美一起访问、考察。其间，副校长樊丽明三次会见了弗兰克秘书长一行，就双方关心的问题进行了广泛深入的讨论。

15 日　山东大学与大众网共同合作建设山东大学 110 周年校庆专题网站正式上线开通。山东大学 110 周年校庆新闻发布会在中心校区举行。

17 日　中共中央政治局委员、国务委员刘延东来视察工作，听取了山东大学的工作汇报并作重要讲话。山东省委书记姜异康、省长姜大明，教育部部长袁贵仁、科技部副部长陈小娅、文化部副部长王文章等陪同视察。党委书记朱正昌主持汇报会，校长徐显明汇报了学校的近期工作。

同日　“山东大学环境科学高层论坛”在知新楼思源厅举行。来自国内环境科学领域的 8 名中国科学院院士、中国工程院院士和多位著名环境科学专家应邀参会。党委书记朱正昌、国家基金委化学部常务副主任梁文平、山东省环境保护厅厅长张波出席开幕式并致辞。

2011 年

9 月

同日 著名历史学家杜维运教授应邀来校访问，为山大师生分别作了题为“史学研究与史学家的气质”“中西史学的会通”“清代史学与史家”的三场学术报告。校长徐显明会见了杜维运教授并进行了深入交流。

18 日 山东省委书记姜异康专门听取了我校党委书记朱正昌、校长徐显明关于山东大学 110 周年校庆工作的汇报。

19 日 副校长樊丽明率团出席了由中国教育部和宁夏回族自治区政府在宁夏银川主办的“中国・阿拉伯国家大学校长论坛”，并在大会上作了发言。

21 日 由文学与新闻传播学院和中国李清照辛弃疾学会联合主办的“李清照辛弃疾暨词学国际学术研讨会”在中心校区知新楼开幕，来自海峡两岸暨香港的数十位专家学者和学院师生近 200 人参加了会议。

23 日 教育部副部长、党组成员李卫红一行来校视察工作，听取了山东大学工作汇报并讲话。党委书记朱正昌主持汇报会，校长徐显明汇报了学校工作情况。

同日 1983 级法律系校友、河南省平顶山市郏县检察院马俊欣同志先进事迹报告团在法学院举行了专场报告会。副校长张永兵会见了报告团成员。

同日 经过宣讲、笔试、面试和公示等选拔程序，200 余名 2011 级本科新生(含高考提前批次录取学生)进入机械设计制造及其自动化、电气工程及其自动化、材料成型及控制工程、自动化 4 个卓越计划试验班学习。

24 日 由山东大学犹太教与跨宗教研究中心、北京大学高等人文研究院、山东大学哲学与社会发展学院和山东大学儒学高等研究院主办的“多元宗教视野中的正义论”国际学术研讨会在中心校区知新楼举行开幕式，副校长樊丽明出席开幕式并致辞，来自美国、日本、以色列、澳大利亚和中国港台以及大陆十数所知名高校和科研机构的专家学者以及学生代表 40 余人参加会议。

同日 《山东大学学报》(理学版)创刊 60 周年、《山东大学学报》(医学版)创刊 55 周年、《山东大学学报》(工学版)创刊 55 周年、《山东大学耳鼻喉眼学报》创刊 24 周年刊庆大会暨编委会工作会议举行。党委书记朱正昌，校长徐显明，中国工程院院士张运，中国科学院院士彭实戈、王克明，山东省卫生厅厅长包文辉等分别为学报刊庆题词。卫生部副部长邵明立，中国高校科技期刊研究会、中国知网、科学出版社、《北京大学学报》(自然科学版)、《清华大学学报》(自然科学版)等发来了贺信、贺电。国家新闻出版总署新闻报刊司报刊业务处处长董毅敏、中国高校科技期刊研究会会长颜帅等出席会议。

同日 第六届“国际学生高科技论坛”暨 2011 年山东大学“海右”国际博士生学术论坛(The International Student Conference on Advanced Science and Technology ICAST)在中心校区举行。副校长樊丽明出席了本届论坛的有关活动，副校长陈炎、校长助理贾磊出席了开幕式。

25 日 山东大学校友、中科院院士、北京理工大学校长胡海岩院士在千佛山校区作了题为《哥廷根力学学派在中国的传承与发展》的学术报告。副校长张永兵出席报告会并致辞。

2011 年

9 月

同日　校长徐显明会见了德国洪堡大学校长扬-亨德里克·欧尔伯茨博士(Dr. Jan-Hendrik Olbertz)一行，双方进行了会谈。

26 日　山东高校党建工作研究基地揭牌仪式在知新楼举行。党委书记朱正昌，中共山东省委高校工委副书记齐秀生出席揭牌仪式并为研究基地揭牌。

28 日　国家重大科学研究计划 2012 年度项目立项结果揭晓，以山东大学陈子江教授为首席科学家的“排卵障碍相关疾病发生机制研究(项目编号：2012CB944700)”项目获批立项，项目执行期为五年，经费总概算 3000 万元。该项目由山东大学牵头，联合了中国科学院动物研究所、中国农业大学、吉林大学、安徽医科大学和南京医科大学等六家高等学校和科研单位共同承担。

29 日　山东大学体育馆落成典礼举行。中文系 1956 级校友、财政部原部长项怀诚，党委书记朱正昌，校长徐显明出席典礼，共同为体育馆落成剪彩。项怀诚发表讲话，徐显明致辞。

2011 年 9 月 29 日，山东大学体育馆落成典礼举行

30 日　“百年墨缘——山东大学 110 周年校庆名人名家书画展”在北京中国国家博物馆开展。

本月　2011 年度国家自然科学基金项目评审已基本结束，截至目前山东大学共获得 359 项资助(部分重大研究计划和联合基金在评审中未统计)，获得资助经费 18614.4 万元，较去年同时期项目数(289 项)和经费数(10876 万元)分别增长 24.22%和 71.15%。其中，面上项目 200 项，青年项目 135 项，杰出青年基金 3 项，重点项目 5 项，重大国际合作项目 1 项，基础科学人才培养项目 4 项，重大研究计划培育项目和专项 7 项，国际合作项目 4 项。

本月　经学校与新华社山东分社协商并达成一致，新华社山东分社出资与学校共建价值 63 余万元的“新华影廊”。

4 日　山东大学博物馆新馆开馆仪式在中心校区知新楼举行。校党委副书记李建军出席仪式，并与山东省文物局局长谢治秀共同为博物馆新馆揭牌。世界考古学会会长、澳大利亚福林德斯大学 Claire Smith 教授，2008 年国家友谊奖获得者、耶鲁大学人类学系文德安教授等出席开馆仪式。

2011年

10月

7日　中心校区新校门暨大成广场落成典礼举行。校长徐显明，大成广场设计单位北京林业大学原校长尹伟伦院士，新校门捐建单位山东省农村信用社联合社党委书记、理事长、山大历史系1977级校友宋文瑄，党委副书记、副理事长张建民，新校门设计单位山东建筑大学校长王崇杰，大成广场捐建单位青岛联兴实业有限公司董事长、山大外文1987级校友张海鹏，学生代表、学生会主席、环境学院2008级学生路达伟共同为新校门暨大成广场落成剪彩。党委副书记李建军向捐建单位颁发证书。

2011年10月7日，中心校区新校门暨大成广场落成

同日　由教育部、文化部、财政部联合主办的"高雅艺术进校园"——中国国家交响乐团专场音乐会在中心校区科学会堂举行。国家交响乐乐队首席刘志云先生和特邀指挥陈燮阳先生带领国家交响乐团，为山东大学师生带来了一场精彩的视听盛宴。党委副书记李建军、方宏建出席晚会。

7日　由我校程林教授担任首席科学家的国家"973"计划项目"高能耗行业典型换热设备节能的先进理论与方法"课题结题验收会在山东大学举行。课题验收专家组最终评议意见认为5个课题均高水平地全部完成了课题任务书的预定目标，通过课题验收。

8日　山东大学与山水集团签署了校企合作协议。山水集团捐赠600万元在山东大学管理学院设立教育发展基金。副校长张永兵和山水集团总经理张斌出席仪式并讲话。

同日　"热学新概念"泰山学术论坛在我校举行。清华大学过增元院士，中国电力科学研究院总工程师周孝信院士，中国科学院蔡睿贤院士、严陆光院士，西安交通大学陶文铨院士，中国科学院徐建中院士，国家973计划咨询组专家、北京工业大学马重芳教授参加论坛。程林教授担任论坛主席。

同日　"第十二届全国肿瘤生物治疗学术会议"在济南举行。会议特邀美国普罗维登斯波特兰医学中心教授Bernard A. Fox，Walter J. Urba，日本生物治疗研究所所长Hiroshi Terunuma，中国医学科学院副院长、北京协和医学院副校长曹雪涛院士等13位国内外知名教授分别就microRNA与肿瘤、肿瘤免疫微环境、NK细胞与肿瘤生物治疗等专题作了学术报告。我校药学院免疫药理与免疫治疗研究所田志刚教授和张建教授分别就《NK 细胞与肿瘤生物治疗》以及《NK 细胞系及其基因修饰》为主题作了报告。张彩教授主持了部分特邀报告。博士研究生隋强君《通过阻断核转录因子 STAT3 信号通路逆转肝癌细胞对天然免疫系统的负调控作用》的报告引起与会者关注。近 200 名来自中国医学科学院、第四军医大学、浙江大学、中国科技大学、复旦大学、解放军总医院、东南大学、华中科技大学等多家国内高校和科研单位的科研工作者汇聚盛会，分享科研成果和交流实践经验。

2011 年

10 月

同日　山东大学气候变化与健康研究中心揭牌仪式暨"山东大学气候变化与健康国际学术研讨会"在趵突泉校区举行。新西兰奥克兰大学人群健康学院院长、联合国政府间气候变化专门委员会 Alistair Woodward 教授与山东省卫生厅副厅长仇冰玉共同为"山东大学气候变化与健康研究中心"揭牌。

9 日　新加坡教育部学校规划与分配司副司长黄雍乐女士率新加坡国立大学和南洋理工大学的考试团访问我校，开始了 2011 年新加坡奖学金项目选拔考试工作。副校长陈炎在中心校区邵逸夫科学馆贵宾室会见了来访客人。

同日　吴富恒先生 100 周年诞辰纪念大会暨"吴富恒教育基金"启动仪式，在中心校区知新楼 A 座三楼报告厅举行。校长徐显明、山东省委统战部副部长曲涛出席大会并为吴富恒教育基金(秘书处)揭牌，副校长樊丽明主持大会。"纪念吴富恒先生 100 周年诞辰"图片展同时开展。

吴富恒先生 100 周年诞辰纪念大会暨"吴富恒教育基金"启动仪式

同日　庆贺《山东文献集成》竣工学术研讨会在中心校区举行，标志着《山东文献集成》这一山东省政府特批重大文化工程取得了辉煌成果和圆满成功。《山东文献集成》主编、原山东省省长韩寓群，《山东文献集成》副主编、我校党委书记朱正昌，山东省政府副秘书长、省政府办公厅主任、研究室主任蒿峰，副校长樊丽明等出席研讨会。

2011 年

10 月

10 日　由我校胶体与界面化学教育部重点实验室承办的山东大学—美国化学会：朗纽尔-ACS 应用材料和界面期刊编委会议（Shandong University-ACS Publications：Langmuir and ACS Applied Materials&Interfaces EAB Meetings）在中心校区举行。

11 日　吴邦国委员长为山大 110 周年华诞发来贺信。

同日　山东大学与浪潮集团校企合作协议签约仪式在中心校区知新楼举行。副校长樊丽明与山大校董、浪潮集团董事长孙丕恕共同签署了校企合作协议。

同日　学校公布了办学宗旨、办学目标、校训、校风、校歌、主色调，内容如下：

山东大学办学宗旨：为天下储人材　为国家图富强

“为天下储人材，为国家图富强”，源自 1901 年山东大学创办时的《山东大学堂章程》第三章第八节：“公家设立学堂，是为天下储人材，非为诸生谋进取；诸生来堂肄业，是为国家图富强，非为一己利身家。庶几所志者闳，而所成就者亦大，行之既久，非独可与各国学堂媲美，且骎骎乎复古学校之旧矣。”

山东大学办学目标：建成世界一流大学

2010 年 8 月 22 日，在威海召开的暑期工作会议上，学校明确提出了新的发展目标：再用 10 年左右的时间，也就是在山东大学建校 120 周年时初步建成世界一流大学。

山东大学校训：学无止境　气有浩然

校训“学无止境，气有浩然”，是以永不满足的执着精神激励广大师生在学术和人生的历程中勇于登攀，不断追求文化知识、技术能力、人文素养和道德情操的完美境界。

山东大学校风：崇实求新

“崇实求新”作为校风，集中体现了山大人“朴实，扎实，务实”等品格和不断追求创新的风貌。

山东大学校歌：《山东大学校歌》

《山东大学校歌》创作于 1962 年 10 月，由时任山东大学校长、党委书记的成仿吾作词，著名作曲家郑律成谱曲。为适应社会发展和新时代要求以及山东大学创建世界一流大学办学目标的需要，从 2011 年 6 月开始，学校文化委员会多次聘请专家学者对校歌歌词进行了集体修改。

山东大学主色调：山大红

“山大红”色值为：C26、M100、Y100、K28。

“山大红”，色彩元素取自孔庙红砖色调，稳重、敦厚、大气，体现了山东大学厚重的文化底蕴和“中国传统文化研究与传承最有代表性大学”的文化特色。

同日　中共济南市委、市政府向山东大学捐赠 500 万元，庆祝山大建校 110 周年，助力济南市政府与山东大学的战略合作。校长徐显明，济南市委副书记、市长张建国出席捐赠仪式并讲话。

同日　黄少安教授任首席专家投标的《土地产权、土地流转与土地征收补偿制度研究》获 2011 年度国家社科基金重大项目（第一批）立项，资助经费总额 80 万元。

2011年
10月

同日　在2011年山东省大学生田径锦标赛上，山东大学代表队以261分的成绩获团体总分第一，共夺得15枚金牌，列金牌总数第一。

13日　山东省委书记姜异康、省长姜大明一行来我校视察工作。山东省委副书记、省政协主席刘伟，省委常委、济南市委书记焉荣竹，济南市市长张建国一起视察。党委书记朱正昌、校长徐显明陪同视察。在视察山东大学校园后，姜异康、姜大明在中心校区知新楼校董厅听取了山东大学的工作汇报。

同日　山东大学与哈佛大学费正清中国研究中心共同主办的“哈佛与中国研究”国际学术论坛在山大邵逸夫科学馆报告厅开幕。常务副校长王琪珑和哈佛大学费正清中国研究中心麦克法夸尔教授分别在开幕式上致辞。论坛开幕式由副校长樊丽明主持。

同日　山东大学临沂校友会捐赠110米长的书画长卷，庆贺母校110周岁华诞。校长徐显明出席捐赠仪式并向临沂校友会颁发捐赠证书。

同日　山东大学与山东能源集团战略合作协议签字仪式在中心校区举行。校长徐显明、山东能源集团董事长卜昌森出席签字仪式并讲话。副校长樊丽明与山东能源集团总工程师翟明华签署战略合作协议。

14日　山东大学2011年(第十届)全国重点中学校长论坛开幕。来自全国27个省市百余所中学的校长、各省市招生考试院以及山东大学有关部门负责人就“拔尖创新人才的选育”这一主题进行了深入探讨。校长徐显明，中国科学院院士、山东大学泰山学堂院长彭实戈，教育部学生司本专科招生处调研员苟人民，山东省教育厅副厅长宋承祥出席开幕式并致辞。

同日　山东大学新闻网——“山大视点”网站2011版正式推出。此次改版采用了刚刚公布的学校主色调——山大红，并对建站10余年来的后台新闻发布系统进行了全面升级。这是该网站建立以来的第6次改版。

同日　医学院举行庆祝建院100周年庆典大会。党委书记朱正昌出席会议，中国工程院院士、副校长、医学院院长张运，国内友好学院代表、中国工程院院士、中国医学科学院副院长、北京协和医学院副校长曹雪涛参会并讲话。

同日　山东大学第二届校董会新任校董聘任仪式在中心校区校董厅举行。党委书记、校董会主席朱正昌为校董和校董代表逐一颁发纪念牌。

同日　山东大学“国际大学校长论坛”和山东大学国际友好学校交流展同日举行。来自4个大洲、15个国家和地区的50所高校百余名海外高校代表参加展览。出席校长论坛的中外大学校长、知名学者应邀出席展览开幕式。在校长论坛上，7位世界知名大学的校长和2位特约发言嘉宾围绕“大学的新功能：文化融合的催化剂”这一主题，就大学在促进文化融合与文明传承方面的新功能进行了小规模、深层次探讨。校长徐显明出席两活动并致开幕辞。

同日　110周年校庆捐赠仪式举行。30家企业和校友会组织向山东大学110周年华诞捐赠。党委书记朱正昌代表学校接受捐赠，并向各家捐赠代表颁发捐赠证书。副校长樊丽明主持。仪式上，上海新时达电气股份有限公司、山东金光伏能源投资有限公司、积成电子股份有限公司、湖北贤良汽车投资有限公司等校友企业；大连校友会、福建校友会等校友会组织；潍柴动力、山水集团、卓达集团、中建八局、中国银行山东省分行等校董单位；省立医院、齐鲁医院、临沂市人民医院等 12 家医疗机构；香港思源基金会等慈善组织先后为山东大学 110 周年华诞带来“贺礼”，从人才培养、学科发展、校园建设等领域支持学校发展。据初步统计，校庆期间山大与社会各界共达成捐资助学意向约 5.2 亿元。其中，捐赠资金预期到账 2.2 亿元人民币。

同日　“梦想与行动——山大之夜”大型行为艺术活动举行。在山东大学“非常 6＋1”校园中，数万人借用手中的灯光，打造了一场璀璨炫目的视觉盛宴，为母校 110 周年华诞送上了诚挚的祝福。包括“薪火相传行为秀”“校园建筑灯光秀”“知新楼群影像秀”三个部分。

同日　山东大学庆祝建校 110 周年招待会在山东大厦举行。党委书记朱正昌、校长徐显明出席招待会并致辞。招待会前，朱正昌、徐显明会见了参加山东大学 110 周年校庆的各代表团团长。

同日　哈佛大学费正清中国研究中心原主任、国际知名的中国问题研究专家罗德里克·麦克法夸尔博士受聘山东大学名誉教授授予仪式在中心校区邵逸夫科学馆举行。校长徐显明会见麦克法夸尔教授，并为其颁发名誉教授证书。

15 日　山东大学建校 110 周年庆典大会在新落成的体育馆隆重举行。

中共中央政治局常委、第十一届全国人大常委会委员长吴邦国发来贺信向全校师生员工和海内外校友表示热烈祝贺；中共中央政治局常委、国务院总理温家宝办公室专门打来电话；中共中央政治局原常委、中共中央纪律检查委员会原书记吴官正发来贺信。中共中央政治局委员、国务委员刘延东，中共中央政治局原委员、国务院原副总理、第九届全国人大常委会副委员长姜春云分别发来贺信或题词。第十一届全国人大常委会副委员长、全国妇联主席陈至立，第十一届全国人大常委会副委员长兼秘书长李建国，第十一届全国人大常委会副委员长、民盟中央主席蒋树声，第十一届全国人大常委会副委员长、民进中央主席、中央社会主义学院院长严隽琪分别为山东大学 110 周年校庆题词。教育部发来贺信。第十一届全国人大常委会副委员长、九三学社中央主席、中国科协主席韩启德，第九届、第十届全国人大常委会副委员长许嘉璐，第九届全国政协副主席罗豪才，诺贝尔奖获得者、美国麻省理工学院丁肇中教授，财政部原部长项怀诚，电力部原部长史大桢，第十一届全国政协社会与法律委员会副主任季允石，教育部副部长、党组副书记杜玉波，济南军区副政委王健，山东省委常委、省政府常务副省长王仁元，山东省委常委、山东省军区政委刘从良，中纪委驻水利部纪检组组长董力，山东省人大常委会副主任崔曰臣，全国妇联原副主席、民盟中央原副主席、山东省政协原副主席孔令仁，英国杜伦大学校长克里斯托弗·辛吉斯，美国加州大学圣芭芭拉分校校长、美国工程院院士杨祖佑，济南市委副书记、市长张建国以及部分高校代表、两院院士和著名学者代表、海外友好学校代表、杰出校友代表、山东大学董事会董事代表、师生代表等在主席台就座。韩启德发表重要讲话；丁肇中教授，美国哈佛大学罗德里克·麦克法夸尔教授分别致辞；杜玉波代表教育部，王仁元代表山东省，济南市委副书记、市长张建国代表济南市分别讲话；武汉大学校长李晓红，美国加州大学圣芭芭拉分校校长、美国工程院院士杨祖佑分别代表国内兄弟高校和国外友好大学致辞；

2011 年
10 月

北京理工大学校长、中国科学院院士胡海岩代表校友发言，山东大学终身教授袁世硕代表教师发言，化学与化工学院 2010 级博士研究生董人豪代表学生发言。党委书记朱正昌主持大会，校长徐显明发表讲话。中央有关部委和单位领导，中共山东省委、省人大、省政府、省政协、济南军区、省军区和有关省市领导，教育界、科技界、知识界的两院院士和知名学者，国内兄弟高校的领导，全国部分重点中学校长，国外友好大学的校长和来宾，省直有关部门和单位的领导，济南市和其他各市地的领导，山东大学校董及有关企事业单位的领导，新闻界的领导，海内外校友、各地校友会代表以及社会各界的来宾，山东大学离退休老同志、师生代表等 4200 余人出席大会。

2011 年 10 月 15 日，庆祝山东大学建校 110 周年大会在校体育馆举行

同日　山东大学校长、校学位评定委员会主席徐显明为梁振英先生颁发山东大学名誉博士学位证书。梁振英博士为山大师生作了题为《“一国两制”在香港的成功实践》的主题演讲。

同日　山东大学首届“昱鸿助学金”颁发仪式举行。昱鸿助学基金捐赠方代表、中国光大银行副总裁吴少华及夫人何香，山东省委副秘书长、办公厅主任颜世元，山东省教育厅副厅长郭建磊，江西省财政投资有限公司董事长陈林芳出席颁发仪式。党委书记朱正昌出席仪式并致辞。12 名学生受到资助。

同日　“山大之夜”，庆祝山东大学建校 110 周年文艺晚会在体育馆举行。校长徐显明，党委副书记李建军、方宏建，副校长张永兵；参加 110 周年校庆的部分嘉宾、校友以及部分师生等参加了校庆晚会。

“山大之夜”，庆祝山东大学建校 110 周年文艺晚会在体育馆举行

2011 年

10 月

同日　国家汉办/山东大学中华传统文化研究与体验基地揭牌暨中华文化体验馆开馆典礼在中心校区知新楼举行。第九届、第十届全国人大常委会副委员长、我校儒学高等研究院院长许嘉璐教授，国务院参事、国家汉办主任、孔子学院总部总干事许琳，山东省人大常委会原副主任莫振奎，我校党委书记朱正昌出席典礼并为基地揭牌。常务副校长王琪珑致辞。

同日　由第一位太空行走的美籍华裔宇航员、山东大学荣誉博士焦立中主讲的校庆专题讲座“The view from the On-High”在兴隆山校区讲学堂举行。

同日　山东大学校友总会常务理事会 2011 年会在中心校区举行。校友总会会长、校长徐显明出席会议并讲话。校友总会副会长、中国银行辽宁省分行行长王建宏校友主持会议，各地校友会秘书长列席了会议。

同日　香港培新集团捐赠签约仪式在中心校区邵逸夫科学馆一楼大厅举行。这标志着培新集团向山东大学捐赠 1100 万元人民币用于在青岛校区的政府管理学院项目建设开始启动。校长徐显明、培新控股有限公司（香港）董事、总经理杨绍东出席签字仪式并致辞。

同日　第十届全国政协副主席、中国人权研究会会长罗豪才教授出席法学院软法与人权研究中心揭牌仪式暨软法与人权学术研讨会，并为中心揭牌。全国政协委员、致公党中央秘书长曹鸿鸣，山东省政协副主席王志民，致公党中央参政议政部部长周强，国务院侨办国内司副司长熊万鹏，中国人权研究会副秘书长陈振功出席相关活动。受校长徐显明委托，党委副书记李建军陪同参加相关活动。

同日　《刘先志纪念文集》首发式暨刘先志教育基金启动仪式在千佛山校区举行。中国力学学会理事长、中科院院士、北京理工大学校长胡海岩，校党委常务副书记尹薇，原山东工业大学党委书记刘玉柱、校长邹增大，淄博市副市长、淄博市高新区管委会主任庄鸣出席仪式并讲话。副校长张永兵主持仪式。

同日　由彭实戈院士担任首席科学家的国家“973”计划项目“金融风险控制中的定量分析与计算”课题结题验收会在中国科学院举行。课题验收专家组通过质询和评议等方式对该项目 6 个课题进行了考核。最终该项目的 6 个课题均为优秀，顺利通过了课题验收。

16 日　诺贝尔物理学奖获得者、美国麻省理工学院丁肇中教授媒体见面会在千佛山校区举行。我校“长江学者”特聘教授、国家“973”计划首席科学家、热科学与工程研究中心主任程林教授主持见面会。丁肇中教授回答了来自新华社、山东电视台、大公报、齐鲁晚报等媒体记者的提问。丁肇中还做客“大家讲坛”，作了题为《国际空间站的 AMS 实验》的专题报告会。校长徐显明出席报告会并致辞。

同日　参加山东大学 110 周年校庆活动的中国社会科学院学术委员会主任、原中国社会科学院常务副院长、著名经济学家王洛林教授为师生作了题为《“十二五”期间中国的发展环境》的学术报告。报告由副校长樊丽明主持。

同日　齐鲁医院华美楼启用典礼举行。卫生部副部长尹力；山东省政协党组副书记、副主席乔延春，山东省人大常委会副主任温孚江，山东省人民政府副省长王随莲，山东省高级人民法院院长周玉华，山东省人民检察院党组书记、检

2011 年

10 月

察长国家森，山东省政协副主席赵玉兰；党委书记朱正昌，校长徐显明出席典礼。

齐鲁医院华美楼启用典礼举行

同日　“2011 中国残疾人组织建设和社会管理创新学术研讨会”在我校举行。中国残疾人联合会主席张海迪发来贺信，祝贺山东大学 110 年校庆，并感谢山东大学和山东大学残疾人事业发展研究中心对残疾大学生的关心和帮助。校长徐显明向大会发来《社会组织在助残及推动社会正义方面的作用》的书面发言。中国残疾人联合会副理事长、中国残疾人事业发展研究会会长程凯，山东省残联党组书记、理事长仉兴玉，副校长张永兵出席研讨会。

同日　山东大学—中国银行山东省分行、济南分行全面战略合作、国家助学贷款业务合作、校园一卡通项目合作等协议签字仪式在中心校区举行。校长徐显明，中国银行山东省分行党委书记、行长何兴祥分别在全面战略合作协议上签字并致辞。

同日　我校校友、瑞典驻华大使罗睿德（Lars Peter Fredén）回访母校。校长徐显明会见了罗睿德大使。

同日　由中国教育国际交流协会组织的南美大学校长代表团一行 17 人访问我校，副校长樊丽明会见代表团一行，并举行座谈。

17 日　经教育部研究并与中共山东省委商得一致，任命李守信同志为中共山东大学委员会委员、常委，免去朱正昌同志的中共山东大学委员会常委职务。

18 日，全校教师干部大会召开，中共中央组织部干部三局副局长赵凡在会上宣读了中共中央关于山东大学党委书记职务任免的决定，李守信同志担任山东大学党委书记（副部长级）；因年龄原因，朱正昌同志不再担任山东大学党委书记职务。教育部党组成员、中纪委驻教育部纪检组组长王立英，教育部人事司司长管培俊；中共山东省委常委、组织部部长高晓兵出席大会。大会由校长徐显明主持。赵凡、王立英、高晓兵、朱正昌、李守信、徐显明分别发表讲话。

2011 年

10 月

同日　经济研究院黄少安和李增刚申报的《山东半岛蓝色经济区发展报告》、魏建和李少星申报的《黄河三角洲高效生态经济区发展报告》，儒学高等研究院陈炎和颜炳罡申报的《国际儒学发展报告》，文史哲研究院张士闪申报的《中国民俗文化发展年度报告》获 2011 年度教育部哲学社会科学发展报告项目资助。该项目每年资助 5 万元，培育周期 2 年。

20 日　在第十二届“挑战杯”全国大学生课外学术科技作品竞赛终审决赛上，我校选送的 6 件作品全部获奖，其中一等奖 2 件、二等奖 3 件、三等奖 1 件，以团体总分 280 分、全国第 10 位的成绩从 523 所参赛高校中脱颖而出，总分列全国第 10 位，捧得竞赛“优胜杯”。这是山东大学继 2001 年获得第七届“挑战杯”竞赛“优胜杯”之后第二次捧杯。

21 日　山东大学 2011 年体育文化节暨田径运动会在兴隆山校区体育场开幕。

同日　“《人民日报》校园行——山大行”师生见面会在中心校区举行。校党委书记李守信出席活动，并代表山东大学向人民日报社副总编辑米博华颁发了山东大学兼职教授聘书。李守信与米博华分别代表山东大学和人民日报社签署了战略合作协议。

同日　山东大学首届学生职业生涯规划大赛决赛在中心校区邵逸夫科学馆报告厅落幕。法学院 2011 级硕士研究生贾配龙获得一等奖，公卫学院 2009 级本科生张敏敏和来自物理学院的 2009 级硕士研究生王晓晖获得二等奖，电气工程学院 2009 级本科生王金庭、土建与水利学院 2009 级本科生杜秋笛、数学学院 2010 级研究生李立和政管学院 2007 级本科生崔霞霞获得三等奖，另有 30 余名学生获得大赛优胜奖。法学院、公共卫生学院和物理学院获得优秀组织单位称号。

同日　第七届全国信息检索学术会议（CCIR2011）在中心校区举行。我校计算机学院、软件学院院长孟祥旭和上海证券交易所总工程师白硕担任大会共同主席，哈尔滨工业大学刘挺教授和我校马军教授担任程序委员会共同主席，我校计算机学院徐秋亮教授出席会议开幕式并致辞，马军教授主持会议。加拿大蒙特利尔大学聂建云教授、上海证券交易所总工程师白硕、中国科学院研究员程学旗、微软亚洲研究院研究员刘铁岩作大会特邀报告。

22 日　齐鲁大讲坛第 28 期高端讲座在中心校区举行。山东省社会科学院副院长王志东研究员和哲学与社会发展学院何中华教授以“提升文化软实力”为主题分别作了精彩的演讲。副校长樊丽明、山东省社科联副主席薛庆国出席了报告会。

同日　由教育部高等教育司主办、我校法学院承办的“卓越法律人才教育培养计划”专家咨询组、专家工作组第三次工作会议在中心校区召开。校长徐显明出席会议并致辞。吉林省高级人民法院院长、吉林大学理论法学研究中心主任张文显，中央政法委中央司法体制改革领导小组办公室副主任、政法研究所所长杨克勤，教育部高等教育司副司长刘贵芹，司法部国家司法考试司副司长姜晶等参加会议。

同日　我校举办了“市场与博弈国际学术研讨会”。来自德国、美国、法国、

2011 年

10 月

日本、泰国等多个国家和地区的10多位博弈论领域的专家学者参加了研讨会。开幕式由我校博弈论与经济行为研究中心主任、“千人计划”国家特聘教授秦承忠主持。经济学院常务副院长、博士生导师胡金焱教授在致辞中表示，期待与各位嘉宾进行多种形式的交流与合作，促进经济学院教学与科研的国际化进程。

23 日　中国共产党优秀党员、山东大学原党委书记、第八届山东省政协常委、著名的中共党史和科社理论研究专家、山东大学教授、博士生导师张乐岭在济南逝世，享年70岁。

24 日　西班牙阿尔卡拉大学校长费尔南多·格尔凡(Fernando Galván)教授一行4人访问我校，并洽谈两校合作。副校长樊丽明会见了代表团一行。

同日　我校28项成果获省第二十五次社科优秀成果奖。其中董治安先生主编的《两汉全书》在此次评奖中获得重大成果奖；另有一等奖5项，二等奖10项，三等奖12项。《两汉全书》历时14载，共36卷，1300多万字，收录了870余名两汉人物的论著，包括专著、别集以及诗文辞赋、经籍传注、小学字书及石刻简牍资料等，是两汉现存文献最为完整的大型丛编。《两汉全书》不仅有力推动了两汉历史的断代研究，而且有助于中国传统文化特色的全面总结，是一项全民族文化建设的基础性工程，也是当今古籍整理水平和成就的重要标志之一。

25 日　中国科学院院士、上海微系统与信息技术研究所研究员邹世昌做客大家讲坛，以“微电子产业与技术的发展”为题作学术讲座。

同日　山东大学与济南港华燃气有限公司冬季供暖用气协议签字仪式在中心校区知新楼举行。副校长张永兵，山东省住建厅副厅长宋守军、燃气热力办主任李明出席仪式。张永兵代表学校与济南港华燃气有限公司董事长王建军在协议上签字。

26 日　由文史哲研究院主办的“全球伦理秩序与东亚资源”——第四届中日韩三国学术研讨会在中心校区举行。副校长樊丽明出席开幕式并致辞。来自中国、日本、韩国和中国台湾地区的30多名学者参加了研讨会。中国伦理学会会长、清华大学哲学系教授万俊人，日本学校法人昌平黉副理事长绿川浩司教授，韩国成均馆大学儒学东洋学部学部长吴锡源教授在开幕式上致辞。文史哲研究院院长傅永军主持会议。本次研讨会共收到论文27篇。文史哲研究院以及山东大学儒学高等研究院、哲社学院的10多位专家学者参加了会议。

同日　副校长樊丽明在邵逸夫科学馆分别会见了来校访问的英国阿伯丁大学外事副校长 Dominic Houlihan 教授一行3人和日本和歌山市市长大桥建一一行14人。

28 日　全国第七届“大学物理课程报告论坛”在我校举行。教育部高等学校物理学与天文学教学指导委员会副主任、中科院院士、清华大学朱邦芬教授，中科院院士、南京大学祝世宁教授，中科院院士、中科院理论物理研究所孙昌璞教授，中国工程院院士、国防科技大学赵伊君教授，高等教育出版社高等理工出版中心副主任王瑜出席本届论坛。我校副校长娄红祥出席论坛开幕式并致辞。

29 日　第八届中国金融学年会在我校举行。中国科学院院士、我校经济学院院长、齐鲁证券金融研究院院长彭实戈教授，副校长樊丽明，第八届中国金融

2011年

10月

学年会理事会主席、中山大学岭南学院金融学系主任陆军教授，中国人民银行济南分行副行长于华民，中国银监会山东监管局副局长王朝弟出席年会开幕式并致辞。

本月　经过为期一周的考试选拔，山东大学2011年新加坡奖学金项目选拔工作顺利结束，30名2011级本科生获奖，人数居全国参与高校之首。新加坡教育部学校规划与分配司副司长黄雍乐为山东大学奖学金获得者颁发了奖学金。

11月

2日　在中国高校科技期刊研究会第15次年会暨中国高校科技期刊优秀团队及优秀个人颁奖大会上，山东大学自然科学学报编辑部被教育部科技司授予“中国高校科技期刊优秀团队”称号，同时，《山东大学学报》(理学版)网站被评为“中国高校科技期刊优秀网站”。

同日　蒋维崧先生塑像落成仪式暨纪念蒋维崧先生96周年诞辰座谈会在中心校区举行。党委书记李守信，校长徐显明，山东省原人民政府副省长、省人大原副主任、省书协名誉主席王玉玺，山东省人大常委会原副主任严庆清出席仪式并共同为蒋维崧先生塑像揭幕。党委副书记李建军主持仪式。

同日　臧旭恒教授作为首席专家投标的《建立扩大消费需求的长效机制研究》和周向军教授作为首席专家投标的《马克思主义文化理论发展研究》获2011年度教育部哲学社会科学研究重大课题攻关项目立项，资助经费分别为80万元。

同日　在第五十批中国博士后科学基金面上资助评审中，我校有2人获一等资助，每人资助金额5万元人民币；54人获二等资助，每人资助金额3万元人民币；总资助额172万元人民币，在清华大学、浙江大学之后列全国高校第3位。2011年我校共获中国博士后科学基金面上资助335万元，资助总额连续3年列全国高校前5位。

3日　经济学院樊丽明教授指导的财政学专业解垩博士的《城乡卫生医疗服务均等化研究》，环境研究院、中国工程院院士王文兴指导的环境科学专业屈小辉博士的《量子化学方法研究典型有毒有机污染物的形成与降解机理》，国家“千人计划”特聘教授王兴利指导的内科学(心血管病)专业张澄博士的《动脉粥样硬化病变分子机制和基因治疗的实验研究》等三篇论文被评为2011年全国优秀博士学位论文。截至2011年，我校共有21篇学位论文入选全国优秀博士学位论文。

5日　“国家辅助生殖与优生工程技术研究中心”建设启动揭牌仪式暨山东大学附属生殖医院新院开业典礼在附属生殖医院新址举行。我校党委书记李守信，山东省副省长王随莲，中国科学院院士刘以训、张永莲，中国工程院院士张运，国家科技部计划司副司长蔡文沁，山东省卫生厅厅长包文辉，山东省科技厅厅长翟鲁宁等出席典礼。李守信、王随莲等共同为“国家辅助生殖与优生工程技术研究中心”“生殖内分泌教育部重点实验室”揭牌并剪彩。

6日　山东大学新加坡校友会在新加坡举行庆祝母校建校110周年活动，副校长樊丽明率团出席活动并致辞。

2011 年
11 月

7 日　孙康宁教授和张景德教授主编的“十一五”国家级规划教材《现代工程材料成形与机械制造基础上册》(第 2 版)被评为 2011 年普通高等教育精品教材。

同日　芝加哥大学常务副校长 David A. Greene、芝加哥大学北京中心主任 Dali Yang 教授等一行 4 人来校访问。党委书记李守信会见了代表团一行,常务副校长王琪珑与 David Greene 代表双方签署了两校合作谅解备忘录。

8 日　中国社会科学院外国文学研究所研究员、《外国文学评论》原主编、著名学者盛宁教授正式加盟山东大学文学与新闻传播学院和文艺美学研究中心,受聘为人文社科一级教授。

11 日　我校电气工程学院承办中国电机工程学会高电压专业委员会 2011 年学术年会。高电压专委会主任委员、国家“973”计划项目首席科学家陈维江教授担任大会指导委员会主席。副校长张永兵、山东电力集团公司总工姜龙华等到会祝贺并致辞。自全国各著名高校、科研院所、电力运行及电气制造领域的 560 余名专家、学者与会,其中包含 10 多名两院院士、国家千人计划学者、长江学者和国家杰出青年基金获得者。

14 日　数学学院彭实戈院士因其在随机分析、随机控制及金融数学领域的杰出贡献获得第十届华罗庚数学奖。

15 日　2011 年度山东大学张鸿钦助学金颁发仪式在中心校区知新楼举行。哲学与社会发展学院、经济学院等 31 个学院的 87 名勤奋学习、成绩优秀、经济困难的学生获得该助学金。副校长樊丽明,中国教育发展基金会副秘书长石耀初,捐资方代表孙国良、宋存政等出席仪式。

16 日　国际历史学会主席玛丽亚塔・西塔拉(Marjatta Hietala)教授来我校考察第二十二届国际历史科学大会筹办事宜。副校长樊丽明会见了西塔拉教授一行,并就会议的筹办问题进行了进一步商讨。中国史学会副会长徐蓝教授、中国史学会秘书长王建朗研究员一起考察。

17 日　学校设立“山东大学研究生优秀生源奖励基金”,奖励新入学的优秀研究生。资助额度分别为 3 万、2 万、1 万,以生活费形式发放给受资助的研究生。首批确定张艺等 117 名研究生获得“山东大学研究生优秀生源奖励基金”,其中二等奖 31 名,奖励金额为每人 2 万元;三等奖 86 名,奖励金额为每人 1 万元。一等奖空缺。

19 日　中国法律思想史专业委员会 2011 年年会暨“中国法律思想史研究的新视野”学术研讨会在我校举行。来自北京大学、中国人民大学、中国政法大学等全国十几所高校的 40 余位学者参会,共同探讨中国法律思想史学术研究的进一步发展。

20 日　我校足球队以七战全胜的成绩摘得“特步”杯中国大学生五人制足球联赛山东赛区选拔赛桂冠。

21 日　政治学与公共管理学院 2007 级国际政治与英语双学位专业学生郑扬夺得第十届海峡两岸知识大赛总冠军。

23 日　日本和歌山县立医科大学校长板仓彻率代表团访问我校,参加山东大学—日本和歌山县立医科大学友好交流 25 周年庆祝活动。校长徐显明会见

2011 年

11 月

了代表团一行，副校长张运出席纪念山东大学—和歌山县立医科大学友好关系25 周年庆祝仪式暨中日医学护理学术研讨会开幕式并致辞。

26 日　哲学与社会发展学院人类学系成立仪式在知新楼举行。校党委副书记方宏建出席仪式，并与云南民族大学副校长和少英共同为人类学系揭牌。

28 日　在第十四届孙冶方经济科学奖颁奖大会暨经济发展方式转变与体制改革高峰论坛上，我校齐鲁证券金融研究院和数学学院教授陈增敬博士与Larry Epstein 提交的论文《连续时间下的模糊性、风险性和资产收益》获得本届孙冶方经济学奖。

同日　在首届山东省十大名医表彰大会上，我校副校长、齐鲁医院心内科主任张运院士，齐鲁医院肝胆外科副主任牛军教授等 10 人被评为首届山东省十大名医；齐鲁医院副院长、干部保健科主任高海青教授，齐鲁医院神经外科副主任刘玉光教授，第二医院泌尿外科主任刘玉强教授等 20 人被评为首届山东省杰出医师。

12 月

2 日　我校 2010 年 SCIE 收录论文数量连续 4 年排名全国高校第 10 位。2010 年 SCIE 收录文献 1865 篇，论文 1824 篇。其中，2010 年表现不俗的收录论文 394 篇，在全国高等院校排名中列第9 名；SCI 学科影响因子前 1/10 的期刊论文 149 篇，在全国高等院校排名中列第 14 名；世界四大名刊论文 1 篇，在全国高等院校排名中列第 13 名；作为第一作者国际合著论文 265 篇，在全国高等院校排名中列第 9 名；即年被引用论文 714 篇，在全国高等院校排名中列第 9名。科学引文索引光盘版(SCI-CDE)(2005～2009)2197 篇论文被引用 5318次，在全国高等院校排名中列第 12 名；工程索引核心部分(Ei)收录期刊论文1297 篇、国内论文收录 2592 篇、科技会议录引文索引(CPCI-S)收录论文 677篇，和 2009 年相比，在高校排名中均持平或略有上升；国内引证次数 10551 次，和 2009 相比，在国内高校排名有所下降。

3 日　山东大学博士生指导教师大会在中心校区科学会堂举行。党委书记李守信、校长徐显明分别作了题为《加快转变经济方式与国家"十二五"规划——"十二五"规划〈纲要〉要点解读》和《高等教育发展》的报告。会议由山东大学副校长、研究生院院长陈炎主持。博士生导师代表经济学院胡金焱教授、医学院赵家军教授、生命学院张玉忠教授和材料学院赵国群教授分别介绍了培养博士生的经验和体会。全校博士生导师，各学院分管研究生工作的副院长，学校有关职能部门负责人 700 余人参加了会议。

同日　在"第十八届中国大气环境科学与技术大会—中国环境科学学会大气环境分会 2011 年学术年会"上，王文兴院士获得"环境科学终身成就奖"。

6 日　由机械工程学院王勇教授、刘延俊教授、谢玉东等承担的"863"课题"钢厂循环发电工程中大流量煤气的智能优化控制及应用技术"，通过了科技部组织的专家验收。

同日　山东省文化厅发布《关于公布山东省文化产业专家库首批入选成员名单的通知》，确定了 20 名山东省文化产业专家库首批入选成员，山东大学历史文化学院院长、山东省文化产业研究基地首席专家、博士生导师王育济教授

2011 年
12 月

和历史学院文化产业管理学系昝胜锋博士入选。

8 日　学校决定撤销教务处本科教学评估办公室和现代教育技术中心，成立山东大学教学促进与教师发展中心，挂靠教务处。原教务处本科教学评估办公室和现代教育技术中心人员划归教学促进与教师发展中心，中心设主任 1 人，由教务处处长兼任；副主任（副处）2 人。

同日　医疗储蓄账户、深化医改及儒家生命伦理国际学术会议在趵突泉校区综合楼学术报告厅举行。美国著名生命伦理学家、《医学与哲学杂志》（美国，SSCI 收录）主编、美国莱斯大学恩格尔·哈特教授（H. T. Engelhardt, Jr.），中华医学会医学伦理学分会主任委员、首都医科大学党委书记李义庭教授，我校副校长、医学院院长张运院士致开幕辞。

9 日　在全国高校后勤 10 年社会化改革表彰大会上，我校获“全国高校后勤十年社会化改革先进院校”荣誉称号。

10 日　在第六届“锦湖韩亚杯”中国大学生韩国语演讲大赛总决赛上，我校外语学院韩语系学生陈智发挥出色，以第 1 名的成绩摘得总冠军；另 1 名学生宋奕承获得优秀奖。

12 日　校长徐显明出席在北京召开的第六届孔子学院大会并发言。

13 日　学校发布了《山东大学艺术特长生管理暂行办法》和《山东大学学生申诉处理办法》。

14 日　学校发布了关于《山东大学在校本科生转专业学习管理规定》

16 日　山东大学第二届教职工代表大会第三次会议在中心校区举行。校党委书记李守信出席会议并致开幕辞，校长徐显明作学校工作报告。开幕式由校党委常务副书记尹薇主持，常务副校长王琪珑就《山东大学创建世界一流大学战略规划（2011～2020）》（即《攀越计划》）进行了说明，副校长樊丽明、张永兵分别作学校财务工作报告、教代会提案工作报告。

2011 年 12 月 16 日，山东大学第二届教职工代表大会第三次会议在中心校区举行

18 日　蒙古国立大学校长图木尔·奥其尔率领蒙古国教育文化官员访华团一行 10 人访问我校。副校长樊丽明在中心校区会见了来访客人。

2011 年

12 月

同日　民革山东大学委员会举行换届会议。会议选举刘玉光任新一届民革山东大学委员会主委，连洁、张岫美任副主委，马晨、李蕾为委员。会议一致推举盛玉麒为民革山东大学委员会名誉主委。

19 日　山东大学 2011 年度校长奖学金暨国家奖学金颁奖典礼在中心校区知新楼报告厅举行。本年度 60 名学生获得校长奖学金，549 名学生获得国家奖学金。校长徐显明出席颁奖典礼并为校长奖学金获得者颁发荣誉奖牌。

同日　学校发布关于《山东大学本科生第二校园经历工作管理规定》。

20 日　山东大学和南山集团合作协议签字仪式在中心校区知新楼举行。校长徐显明、南山集团董事长宋作文出席仪式并讲话。仪式上，徐显明向宋作文颁发了“山东大学校董”证书。

同日　山东大学招生及教育拓展工作总结会议在中心校区召开。会议通报了学校 2011 年招生及教育拓展工作的基本情况，总结了工作经验，剖析了目前存在的问题，并提出了 2012 年的工作思路与重点。校长徐显明出席会议并讲话，会议由副校长陈炎主持。

21 日　山东大学与山东天岳先进材料科技有限公司碳化硅晶体重大项目产业化签约仪式在中心校区举行。

同日　山东大学光学高等研究中心揭牌暨杰出学者聘任仪式在中心校区举行。校长徐显明，中共山东省委组织部副部长、省国资委党委副书记胡文容出席仪式，并共同为光学高等研究中心揭牌。徐显明代表学校分别与中国工程院院士方家熊、国家“千人计划”特聘教授宋爱民和荀鲁盈签署聘任协议，并为其颁发聘书。

同日　山东大学 2011 年度光华奖学金颁奖仪式在中心校区举行。共有 49 名博士生、120 名硕士生和 96 名本科生因品德优良、成绩优异或科研成果突出而获得该项奖学金。副校长陈炎出席仪式并讲话。

同日　在第十七届中国日报社“21 世纪杯”全国英语演讲比赛山东省决赛上，我校外语学院学生沈燕雯和燕鸽分别获得冠军和一等奖。沈燕雯还获得大赛设立的唯一一项单项奖“最佳风采奖”。

22 日　学校发布了关于《山东大学辅导员职业培训实施办法（试行）》和《山东大学关于加强孔子学院工作的意见》。

同日　在第八届全国研究生数学建模竞赛颁奖仪式上，我校共有 24 支队伍获奖，其中一等奖 2 项、二等奖 5 项、三等奖 17 项。我校再次荣获优秀组织奖。

24 日　由山东省科技厅下达，我校信息学院光学工程学科王青圃教授、张行愚教授和晶体材料研究所陶绪堂教授共同主持承担的“激光频率转换新技术研究”通过成果鉴定，达到国际领先水平。

26 日　山东大学语言经济研究中心成立大会暨语言经济研讨会在中心校区举行。国家语委副主任、教育部语言文字信息管理司司长李宇明，我校原党委书记朱正昌，山东省原省长助理、省发改委主任费云良，副校长樊丽明出席成立大会，并共同为语言经济研究中心揭牌。

27 日　继向我校 110 周年校庆发来亲笔贺信之后，吴邦国委员长又在我校

2011 年
12 月

向其的致谢函上对我校工作作出重要批示："祝贺山大近年来取得的成绩。确定建校 120 周年时建成世界一流大学目标是科学的，也是完全可以实现的。向同志们问候，向同志们拜年。吴邦国。"

同日　学校公布"教育部 2011 年度博士研究生学术新人奖"获得者名单，我校 15 人获此奖项。教育部的资助额度为 3 万元/人。

31 日　学校决定聘任樊丽明为山东大学苏州研究院院长（兼）。聘任吕明新为苏州研究院常务副院长，聘期三年，第一年为试用期。

2012 年
1 月

9 日　学校研究决定授予 110 周年校庆工作办公室"山东大学 110 周年校庆工作特别贡献奖"；授予校部机关、后勤、基建系统等 11 个单位"山东大学 110 周年校庆工作先进集体"称号；授予项怀诚等校友、社会友人"山东大学 110 周年校庆工作突出贡献奖"；授予赵显等 301 名"山东大学 110 周年校庆工作先进个人"称号；授予陈露等 110 名学生"山东大学 110 周年校庆工作先进个人"称号。

13 日　学校发布《山东大学创建世界一流大学战略规划（2011～2020）》（即《攀越计划》）。

学校印发《山东大学创建世界一流大学战略规划（2011～2020）》的通知
（山大字[2012]3 号）

山东大学创建世界一流大学的进程分三步走。

第一步，在"十二五"（2011～2015 年）期间，以条件建设和体制改革为主题，夯实发展基础。重点推进青岛校区建设，拓展办学空间，建成济南、青岛、威海三地办学、一体发展的山东大学系统；创新体制机制，构建现代大学制度；延揽造就杰出学者，加快发展重点学科，凝练办学特色，使重要办学指标位次大幅前移，为建设世界一流大学奠定具有决定意义的基础。

第二步，在"十三五"（2016～2020 年）期间，以跨越发展和全面提升为主题，广聚人才、强化优势和特色，使若干重要办学指标接近或达到世界一流水平，初步建成世界一流大学。

第三步，再经过较长时间的努力，到建校 150 周年时，全面建成世界一流大学，主要学术指标进入世界高校 50 强。

14 日　经学校研究，决定将原儒学高等研究院、儒学研究中心、文史哲研究院和《文史哲》编辑部进行整合，组建新的山东大学儒学高等研究院。文史哲研究院名称保留，《文史哲》编辑部相对独立。经学校提名，许嘉璐院长同意，决定聘任徐向红、樊丽明为儒学高等研究院常务副院长（兼）；王学典为执行副院长；颜炳罡、杜泽逊、黄玉顺为副院长。

20 日　教育部下发《关于批准实施"十二五"期间"高等学校本科教学质量与教学改革工程"2012 年建设项目的通知》，我校获经费资助 1000 万元。

27 日　第十一届全国人大常委会副委员长兼秘书长、我校中文系 1964 级校友李建国来校视察工作，校长徐显明陪同视察。

2012 年

2 月

6 日　山东省政府举行参事和文史研究馆员聘任仪式。山东大学马来平教授被新聘为省政府参事，王学典教授、郑杰文教授被聘为省文史研究馆馆员。省长姜大明颁发聘书并讲话。

8 日　校长徐显明率团访问山东能源集团，与山东能源集团董事长卜昌森进行交流，推动校企合作。

10 日　我校代表团访问中国科学院紫金山天文台并签署在空间及天文科学研究与应用领域的合作协议，副校长、威海分校校长韩圣浩和紫金山天文台台长杨戟在协议书上签字。国家自然科学基金委数理学部常务副主任汲培文出席仪式并讲话。

12 日　新学期工作会议在中心校区邵逸夫科学馆报告厅举行。校党委书记李守信主持会议并讲话。校长徐显明就学校 2012 年学术与行政重点工作进行了安排和部署。

13 日　学校印发《山东大学 2012 年学术与行政工作要点》。

14 日　在 2011 年度国家科学技术奖励大会上，我校共获得 5 项国家科学技术奖励，其中，生命科学院曲音波教授领衔完成的项目“玉米芯废渣制备纤维素乙醇技术与应用”获得国家技术发明二等奖，岩土中心李术才教授领衔完成的项目“隧道含水构造等不良地质超前预报定量识别及其灾害防治关键技术”获国家科技进步二等奖。另外，山东大学作为合作单位还获得 1 项国家技术发明二等奖、2 项国家科技进步二等奖。

16 日　在山东省科学技术奖励大会上，我校获山东省科学技术奖 50 项，其中一等奖 7 项，二等奖 24 项，三等奖 19 项。省委书记、省人大常委会主任姜异康，省委副书记、省长姜大明等出席大会并为获奖人员颁奖。

同日　山东大学儒学高等研究院整合组建大会暨山东人文社科研究协作体揭牌仪式举行。全国人大常委会原副委员长、山东大学儒学高等研究院院长许嘉璐先生，校长徐显明，山东省人大常委会原副主任王渭田，山东大学党委常务副书记尹薇，山东省委宣传部常务副部长姜铁军，山东省文物局副局长高述群等出席仪式。

山东大学儒学高等研究院整合组建大会暨山东人文社科研究协作体揭牌仪式举行

2012 年

2 月

17 日　中组部公布第七批国家“千人计划”引进人才名单，我校有 5 人入选。控制科学与工程学院的孟庆虎教授、生命科学学院的王志勇教授入选“千人计划”创新人才长期项目，生命科学学院的丁兆军教授、威海分校空间物理与科学学院的胡强教授和机械工程学院的闫鹏教授入选“千人计划”青年千人项目。

22 日　教育部副部长、党组成员郝平来我校视察工作，听取了山东大学工作汇报并讲话。党委书记李守信主持汇报会，校长徐显明汇报有关工作。

23 日　校长徐显明会见了来访的多伦多大学校长 David Naylor 一行，共叙两校历史渊源，探讨未来双方学术交流与合作事宜。

24 日　中国共产党优秀党员、原中共山东省顾问委员会常委、原山东大学党委书记、老红军、享受正省级医疗待遇离休干部孙汉卿在济南逝世，享年 99 岁。

孙汉卿

孙汉卿(1919～2012)，1913 年 9 月出生，山东牟平人。1932 年 8 月，加入中国共产主义青年团，1934 年考入清华大学物理系学习，1936 年 6 月加入中国共产党。1937 年“七七”事变后，由党组织分配到山东工作，历任中共鲁西北工委委员、山东鲁中工委负责人。1938 年，参加徂徕山抗日武装起义，任八路军山东人民抗日游击第四支队五中队支部书记、指导员。1938 年 6 月起，历任中共泗水县委书记，日照县委组织部部长，山东鲁东南五地委组织部部长，山东滨海区党委组织部部长、副书记，山东渤海区党委常委、组织部部长，中共青岛市委常委、组织部部长，中共青岛市委第二书记。1963 年，任山东大学党委副书记兼副校长。1975 年，任华东石油学院党的核心小组组长。1978 年任山东大学党委书记。1983 年，任中共山东省顾问委员会常委。1984 年，离休。曾当选中国共产党第十二次全国代表大会代表。

孙汉卿曾两次在山东大学工作，先后担任党委副书记兼副校长和党委书记。针对“文革”遗留下来的问题，孙汉卿根据中央的部署，落实政策、平反冤假错案，恢复山东大学校刊，加强教学和科研力量，调入了一大批优秀教师，并进行了重点培养、派往兄弟院校进修甚至是出国学习。为山东大学的发展起到了极大的促进作用。

2012 年 2 月 24 日，在济南逝世，享年 99 岁。

25 日　经学校研究，决定成立山东大学东营研究院。东营研究院为学校直属单位，实行理事会领导下的院长负责制，设院长 1 人，副院长 1～2 人，岗位设置根据工作需要核定，人员实行聘任制。根据《山东大学东营研究院章程》，经研究院理事会推选和学校研究，决定聘任王经坤为山东大学东营研究院院长，聘期四年，第一年为试用期。

同日　山东大学东营研究院挂牌仪式在东营生态谷举行。校长徐显明与中共东营市委书记姜杰出席仪式，并共同启动山东大学东营研究院挂牌仪式。

同日　副校长樊丽明率团赴香港出席香港大学饶宗颐学术馆及学术馆之友创立八周年庆典，并向国际著名学者饶宗颐先生颁授“山东大学名誉教授”聘书和“《泰山通志》主编”聘书。

2012 年

2 月

2012 年 2 月 25 日，山东大学副校长樊丽明率团出席饶宗颐学术馆成立八周年庆典

2012 年 3 月 1 日，山东大学副校长樊丽明女士向饶宗颐先生颁发“《泰山通志》主编”聘书

同日　经学校研究，决定成立山东大学动物保护研究中心，郭鹏任中心主任，该中心为依托哲学与社会发展学院的非实体性科研机构。决定成立山东大学人权研究中心，齐延平任中心主任（兼），该中心为依托法学院的非实体性科研机构。决定成立山东大学领导科学研究中心，赵建华任中心主任，该中心为依托马克思主义学院的非实体性科研机构。决定成立山东大学跨文化交流与研究中心，王俊菊任中心主任（兼），该中心为依托外国语学院的非实体性科研机构。

2012年

2月

本月　山东大学2012年自主选拔录取招生考试第一阶段工作结束，共498名考生获得山东大学2012年自主选拔录取资格，其中“校长推荐”105人，全国新概念作文大赛一等奖及创新英语作文大赛优胜者考生16人，其他“中学推荐”“考生自荐”考生377人。

3月

7日　经教育部研究与中共山东省委商得一致，因年龄原因，免去尹薇的中共山东大学委员会常务副书记、常委职务。

同日　学校在邵逸夫科学馆报告厅举行纪念“三八”国际劳动妇女节暨表彰大会，会上对2011年度20个“妇女工作先进集体”、29个“三八红旗集体”、82名“妇女工作先进个人”进行了表彰。

12日　经学校研究，决定成立山东大学新农村研究中心，林聚任担任中心主任。

同日　学校印发《山东大学结核病防治管理办法》。

17日　山东大学青岛校区建设奠基典礼在青岛即墨鳌山湾畔举行。中共中央政治局委员、国务委员刘延东打来电话表示祝贺。山东省委书记姜异康，省委副书记、省长姜大明，财政部原部长项怀诚，教育部副部长鲁昕，山东省委常委、副省长孙伟，山东省委常委、青岛市委书记李群，山东省委秘书长雷建国，青岛市委副书记、代市长张新起，青岛市人大常委会主任张若飞，青岛市政协主席孙德汉，我校党委书记李守信、校长徐显明出席典礼并与师生代表一起为青岛校区建设奠基。

2012年3月17日，山东大学青岛校区建设奠基典礼在青岛即墨鳌山湾畔隆重举行

19日　学校印发《山东大学〈外国专家来华工作许可〉和〈外国专家证〉校内审批办理程序》

20日　学校印发《山东大学学生违纪处分实施细则(修订)》。

2012 年

3 月

22 日　经学校研究，决定将山东大学细胞治疗研究中心变更为山东大学齐鲁医院细胞治疗研究中心，聘任王兴利教授为中心主任。

同日　经学校研究，决定聘任娄红祥为山东大学深圳研究院院长(兼)。聘任王明星为山东大学深圳研究院常务副院长，聘期三年，第一年为试用期。

同日　为纪念我校已故著名晶体材料学家、中国科学院院士蒋民华先生，经学校研究决定，设立山东大学晶体材料校级人才培养基地班，并命名为“蒋民华班”。

27 日　在“十二五”国家高技术研究发展计划(“863”计划)专家委员会和主题专家组成立大会上，我校生命科学学院张玉忠教授与土建与水利学院李术才教授分别入选海洋技术领域海洋生物资源开发利用技术和现代交通技术领域交通基础设施技术主题专家组专家。

28 日　2012 年山东大学党风廉政建设工作会议在中心校区科学会堂召开。党委书记李守信出席会议并讲话，校长徐显明主持会议。

29 日　教育部哲学社会科学重大课题攻关项目《建立扩大消费需求的长效机制研究》《马克思主义文化理论发展研究》开题研讨会在我校举行。教育部社科司副司长张东刚、副校长樊丽明等出席开题仪式并讲话。

31 日　校党委书记李守信到兴隆山校区调研工作，听取了兴隆山校区建设管理办公室关于校区规划、工程建设、机构设置等情况汇报。

本月　经学校组织专家评审，最终确定《管理学与领导艺术》等 12 个课程选题进入山东大学首批精品视频公开课建设计划。所有课程选题在拍摄制作完毕后，将正式在学校课程中心网站免费向广大师生和社会公众开放，供学习使用。

本月　国际心脏病学术会议(ICC)和第十六届亚太多普勒超声心动图学术会议(APCDE)分别在中国香港和日本福冈举行。我校张运院士作为大会主席团成员出席国际心脏病学术会议开幕式并作大会学术报告，率领中华医学会超声医学分会代表团 5 位专家参加第十六届亚太多普勒超声心动图学术会议大会主席团并作大会报告。

4 月

5 日　党委书记李守信率团访问哈尔滨工业大学。李守信与哈尔滨工业大学校长王树国分别代表两校签署新一期本科生合作培养协议。

同日　教育部“长江学者”特聘教授、材料科学与工程学院院长赵国群一行 5 人赴新疆昌吉学院，指导其材料工程专业硕士点建设并座谈。昌吉学院党委书记李再江、副院长张玲玲出席座谈会。

6 日　校长徐显明分别会见了前来我校学术访问的香港科技大学王心扬教授，台湾“台北故宫博物院”研究员、先秦史与古代舆图研究专家林天人博士，并为林天人博士颁发了“《子海》整理与研究编委会委员”聘书。

同日　经学校研究，决定撤销东方考古研究中心，整合相关研究力量，组建成立山东大学文化遗产研究院。文化遗产研究院是学校直属独立建制的科研机构，设院长 1 人，副院长 4 人，办公室主任 1 人(副处级)。经学校研究，决定聘任吴良镛为山东大学文化遗产研究院学术顾问，单霁翔为名誉院长，方辉任院长，张士闪、王青、刘德龙（兼）、吴晨（兼）任副院长。

10 日　经研究决定，任命曹升元为山东大学总会计师（副厅级，试用期一年）。

同日　经研究并与中共山东省委商得一致，任命曹升元同志为中共山东大学委员会委员、常委。

同日　经学校研究，决定成立山东大学蓝色经济区发展研究院，实行理事会领导下的院长负责制，设院长 1 人，副院长 2～3 人。

同日　经学校研究，决定成立山东大学保密工作办公室，统筹管理学校保密工作，该办公室挂靠党委、学校办公室。

同日　学校决定将南新区建设管理办公室更名为兴隆山校区建设管理办公室。

同日　学校决定成立山东大学校园文化建设办公室（简称文化建设办公室），文化建设办公室与党委宣传部两块牌子、一套班子。

15 日　由副校长樊丽明率领的儒学高等研究院和文化遗产研究院学术代表团访问日本高校。在日期间，代表团访问了九州大学、关西大学、东京大学、大东文化大学、神奈川大学等高校。

17 日　山东省首届大学生职业生涯规划大赛落下帷幕。我校选送的参赛选手孙亮经过四轮比拼，夺得桂冠。

19 日　日本山口大学校长丸本卓哉一行 4 人来校访问，校长徐显明在中心校区邵逸夫科学馆贵宾厅会见了访问团一行。

同日　德国弗莱堡大学副校长吕俄教授（Prof. Jűrgen Rűhe）率团来校访问，校长徐显明、副校长陈炎分别会见了代表团一行。

22 日　我校迎来了第十七个全国中学生开放日，来自省内外 15 所重点中学的 900 余名师生齐聚山大参观考察。副校长陈炎出席欢迎仪式并讲话。博士生导师、哲学与社会发展学院何中华教授作了题为《科学与人文》的学术报告。

同日　中国（山东）高校传媒联盟成立大会在我校中心校区举行。校党委副书记方宏建，山东大学校友、中国青年报社副总编刘健，共青团山东省委副书记任海涛出席会议并共同为中国（山东）高校传媒联盟揭牌。

24 日　由日本著名汉学家、山东大学名誉教授池田知久率领的日本斯文会代表团一行 9 人访问我校，副校长樊丽明会见了代表团一行。

25 日　校长徐显明会见了来访的哈佛大学肯尼迪政府学院著名学者约瑟夫・奈教授。约瑟夫・奈教授为山大师生就《软实力与儒学》作了精彩的报告。

26 日　山东大学儒学高等研究院“集部儒学文献萃编”工程启动仪式在中心校区举行。国内儒学和古典文献研究领域近 20 位专家、学者与会，就集部儒学文献的整理和使用以及相关问题展开探讨。“集部儒学文献萃编”工程是国内学术界对集部文献首次展开的全方位、大规模的整理，乃填补空白之举。

29 日　学校表彰 2011 年度优秀辅导员和学生工作先进个人。

2012 年

5 月

9 日　学校印发《山东大学进一步提高本科教学质量实施办法》。

10 日　学校公布山东大学第二批管理机构大部制改革方案。

14 日　学校印发《山东大学国际化专业建设管理办法(试行)》。

同日　学校共评出 2012 年度“山东大学精品课程”20 门(不含往年国家级、省级、校级精品课程)。其中,威海分校入选 3 门。

15 日　学校印发《山东大学本科教学事故认定及处理办法》《山东大学本科毕业论文(设计)管理规定》。

17 日　学校印发《山东大学中心校区交通管理通告》(2012 年第 2 号)。

18 日　学校印发《山东大学本科学生实习工作管理规定》《山东大学大学生科技创新基金管理办法》《山东大学本科实验教学管理规定》。

21 日　第二届尼山世界文明论坛在山东济宁举行,来自世界五大洲 22 个国家和地区的 90 多位著名专家、学者进行了 38 个场次的密集对话和交流。全国人大常委会委员、山东大学校长、尼山论坛组委会副主席徐显明主持开幕式并出席了相关活动。

25 日　在 2011~2012 中国大学生排球女子甲级联赛上,我校代表队获得冠军,我校女排主教练王爱华荣获“最佳教练员”称号。

同日　学校印发《山东大学本科生海外学习经历工作管理规定》。

26 日　山东省文物局副局长由少平、济南市文物局局长崔大庸一行到我校趵突泉校区调研指导优秀历史建筑保护工作。副校长张永兵一同调研。

28 日　法国巴黎东方语言文化学院校长 Jacques Legrand 教授一行访问我校。校长徐显明会见来访客人,并与 Legrand 签署了两校合作谅解备忘录以及美学和文化领域合作协议。

同日　中南大学党委副书记陶立坚一行访问我校。我校党委副书记李建军、总会计师曹升元在知新楼会见了代表团一行并进行了座谈交流。

同日　学校印发《山东大学双学士学位管理办法》。

29 日　我校人文社科特聘一级教授安体富聘任仪式暨学术报告会在经济学院举行。副校长娄红祥出席仪式并为安体富颁发了人文社科特聘一级教授聘书。

30 日　我校 2011 年度三星奖学金颁奖仪式在中心校区知新楼校董厅举行。中国三星华北总部人事总裁朴太圭、我校党委副书记方宏建等出席仪式。

31 日　校长徐显明率团访问耶鲁大学,耶鲁大学副校长兼秘书长 Linda Lorimer 女士代表校长莱文欢迎徐显明一行。副校长樊丽明代表学校与 Lorimer 女士共同签署了校际合作协议。

同日　学校印发《山东大学重大活动档案管理办法》。

6 月

3 日　山东大学海外人才招聘暨推介会在美国休斯敦市举行。校长徐显明率山大代表团出席活动并讲话。中国驻休斯敦总领馆教育参赞闫国华出席会议并致辞。

同日　校长徐显明率团与多伦多大学校长倪德威(David Naylor)签署了两校校际合作协议书。双方就进一步深化医学、考古和社会工作领域已开展的合

2012 年

6 月

作进行了深入的研讨，并就如何扩大合作领域的具体技术问题达成了一致。

6 日　学校对 2011 年度学生工作先进集体和个人进行表彰。校党委书记李守信出席会议并讲话。

8 日　第二届晶体成核与生长国际研讨会（The 2nd International Symposium on Nucleation and Growth of Crystal，ISNGC-2）在我校举行。经晶体材料国家重点实验室推荐，新加坡国立大学刘小钢博士和南洋理工大学张华博士被聘为山东大学客座教授。

同日　第八届“挑战杯”青岛银行山东省大学生创业计划竞赛决赛在山东大学举行。山东大学党委书记李守信、团省委书记王磊出席活动开幕式，并共同启动了“挑战杯”创业计划竞赛决赛。山东大学党委副书记方宏建、省科协副主席李云云、省科技厅副厅长郭九成、团省委副书记陈必昌等出席开幕式。

12 日　《文史哲》杂志入选国家社科基金第一批学术期刊资助，每年获资助 40 万元。

15 日　经学校研究，决定成立山东大学兰陵文化研究中心。王育济任中心主任（兼）。该中心为依托历史文化学院的非实体性科研机构。

同日　经学校研究，决定成立山东大学综合交通运输科学与技术中心。邹难兼任中心主任。该中心为依托学术研究部的非实体性科研机构。

同日　经学校研究，决定成立山东大学黄河冲淤积土工程技术研究中心。崔新壮任中心主任。该中心为依托土建与水利学院的非实体性科研机构。

25 日　学校同意齐鲁医院撤销现正科级单位的医疗保险管理办公室，成立副处级单位的医疗保险管理办公室；撤销现正科级单位的医院感染管理办公室，成立副处级单位的医院感染管理处；成立副处级单位的东院区综合管理办公室；撤销现正科级单位信息网络中心，成立副处级单位的信息网络中心，为医院直属单位。

26 日　经校长办公会讨论决定，设立“山东大学古典学术人才培养实验班”，作为山东大学古典学术人才培养的校级基地，并命名为“尼山学堂”。

7 月

8 日　学校公布第三批管理机构大部制改革方案。

9 日　教育部党组经研究并与中共山东省委商得一致，任命李建军同志为中共山东大学委员会常务副书记（正厅级），尹作升同志为中共山东大学委员会常委、副书记。

11 日　经学校研究，决定成立山东大学健康老龄与长寿研究中心。高希宝任中心主任。该中心为依托公共卫生学院的非实体性科研机构。

同日　经学校研究，决定将发展规划处更名为发展规划部，将学术研究部内设的社会科学办公室更名为人文社会科学处。

8 月

1 日　经中共教育部党组研究并与中共山东省委商得一致，因另有任用，免去樊丽明同志的中共山东大学委员会常委、委员职务。

同日　教育部经研究决定，因另有任用，免去樊丽明的山东大学副校长职务。7 日学校建立青岛校区建设办公室。下设综合处、财务处、基建处、监察审

2012 年

8 月

计办公室、学科与师资队伍建设办公室。

28 日　经学校研究，决定成立山东大学人体器官再造研究院。聘任王兴利教授为研究院院长。该中心为依托第二医院的非实体性科研机构。

9 月

8 日　山东大学与中国科学院半导体研究所在中心校区举行“协同育人计划”签字仪式暨山东大学微电子学科建设研讨会。校长徐显明，副校长韩圣浩分别会见了前来参加活动的领导与嘉宾。中国科学院院士、半导体研究所所长李树深等出席活动。

9 日　全国人大常委会原副委员长、山东大学儒学高等研究院院长许嘉璐先生来我校视察，主持了儒学高等研究院新学期工作会议，参加了儒学高等研究院 2012 级研究生开学典礼，并作了重要讲话。党委书记李守信、校长徐显明和山东省委宣传部副部长、省文化厅厅长徐向红等参加活动。

同日　党委书记李守信在中心校区知新楼会议室主持召开学校党委第 82 次常委会议，研究审议了《山东大学改革和发展“十二五”规划》《山东大学学院领导班子调整补充工作方案》等议题。会议原则通过了《山东大学改革和发展“十二五”规划》和《山东大学学院领导班子调整补充工作方案》。

10 日　学校举行庆祝 2012 年教师节并表彰优秀教师大会。大会由党委常务副书记李建军主持，校长徐显明在大会上致辞并为 2012 年优秀教师颁奖。获“山东大学 2012 年优秀教师”共 10 人；获 2012 年“山东大学先进教育工作者”共 5 人；获山东大学第四届“我心目中的好导师”共 10 人；获山东大学“2012 年青年教师课堂教学比赛”一等奖共 10 名；获“2011～2012 年度山东大学重大学术荣誉奖”共 9 名；获“山东大学人才队伍建设先进单位”共 4 个学院。

同日　学校举行杰出学者聘任仪式，佟振合院士、张明高院士、秦川博士加盟我校。校长徐显明出席聘任仪式，代表学校分别与杰出学者签署聘任合同，并为其颁发聘书。

同日　学校国有资产管理委员会成员进行了调整，调整后的国有资产管理委员会主任：徐显明；副主任：张永兵、曹升元；委员：徐显明、张永兵、曹升元、井海明、杜言敏、方辉、赵显、刘洪渭、马传峰、张兆亮。学校国有资产管理委员会办公室设在资产与实验室管理部，马传峰兼任国有资产管理委员会办公室主任。

12 日　山东大学威海分校更名为山东大学(威海)(英文名 Shandong University，Weihai)。

14 日　学校印发《山东大学改革和发展“十二五”规划》。

15 日　“儒学与中华文化复兴协同创新中心”实施方案论证会暨签约仪式在山东大学学术交流中心举行。山东大学、清华大学、北京师范大学三方签署了“儒学与中华文化复兴协同创新中心”合作协议。山东大学校长徐显明出席签约仪式。清华大学副校长谢维和，北京师范大学副校长郝芳华，山东大学副校长陈炎出席论证会和签约仪式。

18 日　学校表彰 2011 年度山东大学研究生教育先进单位及先进个人。

20 日　经学校研究，决定撤销原学校直属处级建制的山东大学宗教、科学与社会问题研究所，其人员随职能并入历史文化学院。

2012年

10月

5日　山东大学青岛校区一期场地平整工程正式开工建设，这标志着青岛校区一期工程建设正式启动。

6日　我校材料科学与工程学院60周年院庆典礼在千佛山校区南院田径场举行。校党委常务副书记李建军，常务副校长王琪珑，山东省政协常委、校党委原常务副书记尹薇，副校长张永兵，铸造1979级校友、西北工业大学副校长、中国科学院院士魏炳波等出席典礼。

10日　鑫福泰国际集团董事长、土建与水利学院1998级校友刘伟向母校捐赠签约仪式在中心校区举行。刘伟向母校捐赠人民币1000万元用于建设山东大学农业工程学院。校长徐显明出席仪式并致辞。

11日　北京时间10月11日19时(当地时间10月11日13时)，瑞典皇家科学院诺贝尔奖评审委员会宣布，中国作家、我校研究生导师莫言教授获得2012年诺贝尔文学奖。诺贝尔委员会给其的颁奖词为：莫言“将魔幻现实主义与民间故事、历史与当代社会融合在一起”。

19日　山东大学主办的儒学与中华文化复兴协同创新中心运行机制研讨会暨揭牌仪式在北京举行。教育部副部长李卫红、山东大学校长徐显明、教育部社会科学司司长杨光、教育部社会科学司副司长张东刚、清华大学副校长谢维和、北京师范大学副校长杨耕以及协同创新中心部分首席科学家出席仪式。

20日　中国经济思想史学会第十五届年会在我校举行。我校总会计师曹升元出席年会并致辞，中国经济史学会名誉会长董志凯、中国经济思想史学会副会长唐任伍，我校本科生院常务副院长、经济学院常务副院长胡金焱出席开幕式并致辞。

21日　校长徐显明在邵逸夫科学馆贵宾室会见了山东大学海外特聘教授、诺贝尔物理学奖得主Peter Grünberg，并了解了Grünberg教授在山大的生活情况、科研工作进展情况和未来研究方向。

23日　经学校党委研究，中共山东大学威海分校委员会更名为中共山东大学(威海)委员会。

同日　我校历史文化学院张金光教授的《战国秦社会经济形态新探——官社经济体制模式研究》和经济学院张宏教授的《全球价值链视角下新时期我国对外直接投资的机遇、挑战与对策》两项成果，入选2012年“国家哲学社会科学成果文库”名单。

同日　天津大学党委副书记李义丹率学生工作代表团一行14人来访我校。校党委副书记方宏建会见来访客人并与代表团进行了座谈交流。

26日　“纪念童第周先生110周年诞辰”图片展在中心校区举行。校党委副书记尹作升出席开幕式并致辞。开幕式后举行了纪念童第周先生110周年诞辰座谈会。

2012 年

10 月

2012 年 10 月 26 日，纪念童第周先生 110 周年诞辰图片展在中心校区举行

27 日　范曾先生受聘山东大学艺术学院名誉院长仪式在中心校区知新楼 A 座校董厅举行。范曾先生为师生作了题为《泼墨的世界》的学术报告。校长徐显明出席报告会并致辞。

同日　在 2012 国际大学生物联网创新创业大赛中国总决赛上，我校荣获特等奖 1 项、一等奖 1 项、三等奖 2 项，参赛成绩位列参赛高校第 1 名。其中彭竞宇、孔向云、曾万洪、李俊儒凭借参赛作品"区域指引系统"获全国总冠军（特等奖第 1 名），并将代表中国参加 2013 年在巴塞罗那举办的国际总决赛。

29 日　我校附属生殖医院首席专家陈子江教授获 2012 年度何梁何利基金"科学与技术进步奖"。

同日　学校召开专业建设论证会，就 2012 年度拟新增设专业进行论证。经论证，确定本年度申报增设人类学、文物与博物馆学、海洋资源开发技术 3 个本科专业，要求控制规模，按大类招生；汉语国际教育（原对外汉语）专业自 2013 年起招收普通本科生；山东大学（威海）原则上不再新设济南校区已有的本科专业。

30 日　第 17 次校长办公室会议决定将 10 月 27 日定为"范曾日"。

31 日　吉林大学党委书记陈德文、副校长张向东一行访问我校。校长徐显明与代表团进行了座谈交流，校党委常务副书记李建军出席了相关活动。

同日　山东大学教学促进与教师发展中心获得"国家级教师教学发展示范中心"的称号。

本月　山东大学 2013 年推免工作已经结束，共有 1741 名优秀应届本科毕业生被推荐免试攻读研究生。

2012 年
11 月

1 日　我校《山东大学学报》(哲学社会科学版)、《周易研究》入围国家社会科学基金学术期刊资助第二批名单，每家期刊每年获办刊经费资助 40 万元，本年度共有三家学术期刊获得资助。

同日　经学校研究，决定成立山东大学生物治疗研究中心。郑云成任中心主任。该中心为依托山东大学第二医院的非实体性科研机构。

4 日　我校与威高集团战略合作协议签字仪式在中心校区明德楼举行。校党委书记李守信、威高集团副总裁薛智光出席签字仪式并致辞。校党委副书记方宏建与薛智光代表双方签署战略合作协议。

5 日　校长徐显明会见了来校出席“中美高校校友及社会筹资工作研讨会”的芝加哥大学副校长 Kenneth Manotti 和助理副校长 Damon Cates 一行。

同日　经学校审核通过，决定聘任张祥龙等 19 名新引进人员博士生指导教师，聘任刘翠兰等 46 人为我校硕士生合作导师。

7 日　中国工程院副院长、第四军医大学校长樊代明院士受聘山东大学癌症研究中心名誉主任仪式在趵突泉校区举行。校长徐显明向樊代明院士颁发聘书并致辞，副校长张运宣读《山东大学关于聘任樊代明院士为癌症研究中心名誉主任的决定》。

8 日　捷克兹林州托马斯·拔佳大学(Tomas Bata University in Zlin)副校长 Gregar Ales 率团来我校访问，党委副书记方宏建会见了代表团一行。双方就续签两校协议、学生交流、双学位项目、科研等一系列合作意向交换了意见。

9 日　第三届“中华优秀临床医学工程师”颁奖仪式在浙江宁波举行，我校第二医院设备部李树丰取得超声组全国第一名的成绩，并被中华医学会医学工程学会授予“中华优秀临床医学工程师”全国十佳荣誉称号。

同日　我校获批第一批卓越医生教育培养计划项目试点高校，承担“拔尖创新医学人才培养模式改革试点”及“五年制临床医学人才培养模式改革试点”两项改革试点项目。

12 日　文学与新闻传播学院院长郑春一行到莫言家中拜访。莫言应邀为文学院题词：“继承传统，再创辉煌。”

13 日　中国科学院院士、大连化学物理研究所副所长杨学明做客第十四期“泰山名家讲坛”并受聘“山东大学兼职教授”。副校长娄红祥会见了杨学明院士，并为杨学明院士颁发了聘任证书。

14 日　经学校研究，决定将“就业与发展服务中心”更名为“学生就业与发展指导服务中心”。

16 日　孔子第 79 代嫡孙、中华大成至圣先师孔子协会会长孔垂长及协会代表团成员来访。校长徐显明出席活动并致辞，副校长陈炎主持活动。

20 日　我校党委书记李守信当选中国产业发展促进会第二届理事会副会长。

21 日　我校与山东省广播电影电视局共建协议签订仪式暨“山东广电发展研究中心”揭牌仪式在中心校区举行。副校长陈炎与山东省广电局副局长吉保邦签署共建协议，并为中心揭牌。

同日　教育部公布《关于印发第一批“十二五”普通高等教育本科国家级规

2012 年

11 月

划教材书目的通知》,我校 10 种教材入选。

22 日　四川大学党委常务副书记罗中枢一行来访,我校党委副书记方宏建会见代表团一行。双方就高校改革等具体问题进行了深入探讨。

23 日　我校程林教授获 2012 年度山东省科学技术最高奖。此外,我校还获山东省科学技术奖 46 项,其中一等奖 7 项,二等奖 23 项,三等奖 16 项。

同日　首届"蒋民华班"开班仪式举行。首届 25 名"蒋民华班"的学生是按照推荐免试硕士研究生要求,通过严格面试而选拔出来的,这些学生分别来自化学学院、物理学院、材料学院和信息学院。

同日　我校获批"应用型、复合型法律职业人才教育培养基地"及"涉外法律人才教育培养基地",这标志着山东大学正式成为首批实施"卓越法律人才教育培养计划"的高校。

24 日　在第八届"挑战杯"中国大学生创业计划竞赛决赛上,我校两支创业团队分获金、银奖,并荣获第八届"挑战杯""评委推荐特色奖"和"校级优秀组织奖"。由环境学院、管理学院等组成的济南高岳环保技术有限公司创业团队(第一作者:环境学院 2009 级本科生夏楚凡;指导教师:岳钦艳)获得金奖。由土建学院、管理学院等组成的山东大禹岩土工程有限责任公司创业团队(第一作者:土建与水利学院 2009 级本科生张凯;指导教师:李术才、张乐文)夺得银奖。

26 日　山东大学聘请山东省原副省长林书香担任山东大学兼职教授仪式在明德楼举行。校长徐显明出席聘任仪式,向林书香颁发聘书,并请林书香担任山东大学《子海》编纂中心特聘顾问。

30 日　以欧洲委员会前副主席皮埃尔·德福安(Pierre Defraigne)为团长的"世界智库代表团"一行 15 人访问我校,校长徐显明会见来访客人并座谈。

本月　我校数学学院陈增敬教授申请的"金融数学中的若干随机分析问题的研究"、控制学院李贻斌教授申请的"高性能液压驱动四足仿生机器人基础理论与关键技术研究"、医学院高聆教授申请的"促甲状腺激素(TSH)调控肝脏胆固醇合成限速酶信号网络的机制研究"、晶体材料研究所陶绪堂教授申请的"全自动微下拉晶体光纤生长炉的研制与应用"、生命学院侯丙凯教授申请的"植物赤霉素和生长素糖基化修饰的功能基因鉴定与作用分析"、生命学院张玉忠教授申请的"南海深海有机质的生物降解过程、机制及微生物在碳循环的作用"、计算机学院尹义龙教授等申请的"基于机器学习的多模态医学影像信息处理与分析"等项目获国家自然科学基金重点资助,立项总经费 2215 万元。

本月　张玉忠教授申请的重大项目《深海微生物适应极端环境的生理与遗传机制》获得立项资助,资助金额 1500 万元。

2012 年
12 月

3 日　2013 年度国家重点基础研究发展计划（“973”计划）项目评审结果揭晓，以我校李术才教授为首席科学家的“深长隧道突水突泥重大灾害致灾机理及预测预警与控制理论”获批立项，项目概算 3800 万元。

5 日　校长徐显明率代表团一行 7 人赴法国和瑞典，分别访问了法国雷恩一大、雷恩二大、雷恩国立应用科学学院、布列塔尼大区孔子学院以及瑞典卡罗林斯卡医学院和皇家理工学院。

6 日　我校与历下区政府就辅仁学校合作办学举行签字仪式。副校长张永兵、历下区政府党组成员栾杰出席签字仪式并致辞。学校规划 54 个教学班，其中小学部 36 个教学班，初中部 18 个教学班。历下区政府以委托管理的方式将区属济南辅仁学校委托山东大学第一附属中学管理，合作期内学校为“一校两牌”：济南辅仁学校、山东大学辅仁学校。签字仪式由历下区教育局副局长彭汝平主持。

8 日　山东大学首届校友书画展在北京举行。山东大学北京校友会会长、财政部原部长项怀诚出席开幕式并讲话。校党委书记李守信和校长徐显明分别为展览题词表示祝贺。

同日　在第九届“华为杯”全国研究生数学建模竞赛颁奖典礼上，我校研究生获一等奖 3 项、二等奖 13 项、三等奖 12 项。同时，我校再次荣获“优秀组织奖”，张承进教授入选本届竞赛首次评选的 10 名“全国研究生数学建模竞赛杰出贡献奖”获奖者名单。

10 日　校长徐显明应邀出席在瑞典首都斯德哥尔摩音乐厅举行的 2012 年诺贝尔颁奖仪式和晚宴。徐显明是第一位应邀参加诺贝尔颁奖晚宴的中国高校校长。我校研究生导师莫言教授在此次颁奖典礼上接受了瑞典国王卡尔十六世・古斯塔夫颁发的诺贝尔奖证书、奖章和奖金。

同日　学校印发《山东大学落实“2011 计划”工作方案》，成立山东大学“2011 计划”工作领导小组。组长：徐显明；副组长：娄红祥、陈炎；成员：韩圣浩、曹升元、贾磊、井海明、孔令栋、方辉、胡金焱、赵显、刘洪渭、邹难、马传峰、王飞；办公室主任：赵显。

11 日　王营等 15 名博士生获 2012 获“教育部博士研究生学术新人奖”。我校是教育部学术新人奖首批试点单位，目前已有 45 名博士研究生获得此项奖。

12 日　我校校友、中粮集团有限公司董事长宁高宁荣获“2012CCTV 中国经济年度人物奖”。

同日　著名词作家陈晓光先生访问我校，受聘艺术学院兼职教授，并在邵逸夫科学馆报告厅作了学术报告。校党委副书记方宏建为陈晓光颁发聘书并出席报告会。

同日　学校举行 2012 年度光华奖学金颁奖典礼，表彰获奖的 50 名博士生、120 名硕士生及 96 名本科生。党委副书记方宏建，光华教育基金会代表曾达梦先生出席典礼并致辞。

13 日　上海财经大学副校长孙铮、刘兰娟一行来来访，校党委书记李守信会见了代表团一行。

2012年

12月

14日　新华社社长、我校校友李从军获全球首个"传媒和环保卓越领导奖"。联合国副秘书长兼环境规划署执行主任阿齐姆·施泰纳出席颁奖仪式并向李从军社长颁发证书和奖杯。

同日　纪念罗荣桓元帅110周年诞辰图片展在中心校区知新楼A座一层西厅开展。校长徐显明出席开幕式并致辞。开幕式由档案馆馆长刘培平主持。图片展在山东大学济南的六个校区轮流展出。

同日　山东大学文学与新闻传播学院与莫言文学馆学生实践基地共建仪式在高密市举行，校党委副书记方宏建与高密市委书记、市人大常委会主任范福生为基地揭牌。

15日　首届山东生物医学工程学会干细胞与再生医学学术会议暨山东大学南山论坛——细胞医学研讨会在济南举行。校长徐显明致信向会议召开表示祝贺。中国科学院院士吴祖泽、我校党委副书记方宏建等出席开幕式。

同日　中国大学生iCAN物联网创新创业大赛(简称iCAN)研讨会暨山东大学iCAN物联创新教育基地授牌仪式在中心校区举行。山东大学获批设立全国首个iCAN实践教育基地。

同日　由我校艺术学院与山东省歌舞剧院联合出品的大型原创交响音乐诗画《黄河入海流》在山东省歌舞剧院音乐厅进行了首次汇报演出。

16日　校长徐显明应邀出席在北京召开的第七届孔子学院大会并在校长论坛上发言。在本届孔子学院大会上，我校承办建设的荷兰莱顿大学孔子学院、法国布列塔尼孔子学院、蒙古国立大学孔子学院荣获"全球先进孔子学院"称号。

同日　山东大学校友、中国科学院生态环境研究中心主任、中国科学院院士江桂斌教授访问母校，就联合创办"环境与健康菁英班"(以下简称"菁英班")相关事宜与学校达成一致意见。菁英班将从2013年开始招生，拟从环境科学与工程学院、化学与化工学院、生命科学学院、医学类等学院大二本科生中选拔(五年制医学类从大三选拔)，班级规模30～40人。

18日　学校印发《山东大学硕士研究生指导教师遴选实施细则》。

20日　张苓等10名博士生获2012年"山东大学博士研究生学术新人奖"。

同日　学校印发《山东大学招聘教师研究员、副研究员聘任暂行规定》。

29日　学校正式发布招聘公告，面向海内外公开招聘生命科学学院、信息科学与工程学院、计算机科学与技术学院、体育学院等学院院长。

31日　山东大学与青岛市人民政府签署建设山东大学齐鲁医院(青岛)战略合作框架协议签字仪式在青岛举行。山东省委常委、青岛市委书记李群，青岛市委副书记、市长张新起，山东大学校长徐显明会谈后一同出席签字仪式。山东大学副校长张运与青岛市副市长栾新代表双方签署了《山东大学与青岛市人民政府关于建设山东大学齐鲁医院(青岛)的战略合作框架协议》。

2013 年

1 月

3 日　著名数学家、教育家，山东大学原校长潘承洞先生铜像揭幕仪式在中心校区知新楼举行。党委书记李守信，校长徐显明，教育部教育信息管理中心主任展涛，中科院院士、泰山学堂院长彭实戈教授，党委常务副书记李建军，潘承洞先生胞弟潘承彪教授出席仪式并共同为铜像揭幕。潘承洞先生夫人李淑英教授出席仪式。党委副书记尹作升主持铜像揭幕仪式。

著名数学家、教育家、山东大学原校长潘承洞先生铜像揭幕仪式在中心校区知新楼举行

4 日　香港科技大学王心扬教授加盟山东大学，聘任仪式在中心校区举行。学校聘任他为《文史哲》杂志英文版常务副主编。

同日　学校印发《山东大学新进教师招聘办法》。

8 日　由美国常青藤联盟学生理事会选拔派遣的美国大学生代表团一行 18 人访问我校，与我校学生代表围绕中华传统文化、双方学生组织合作交流、大学生创新创业等话题开展了座谈。

同日　学校印发《山东大学教职工校外兼职管理办法(试行)》。

12 日　由我校齐鲁医学部主办的“齐鲁医学沙龙”在趵突泉校区开幕，沙龙第一期——“肿瘤学的转化医学研究”专题同时举行。副校长、齐鲁医学部部长张运院士出席开幕式并讲话。

15 日　经学校研究决定，成立山东大学公房管理改革工作小组。组长：张永兵、成员：马传峰、井海明、方辉、孔令栋、刘洪渭、杜言敏、胡金焱、赵显、贾磊。

16 日　经学校研究决定，同意环境科学与工程学院与中国科学院生态环境研究中心联合设立山东大学“环境与健康菁英班”。

20 日　山东大学第二届教职工代表大会第四次会议在中心校区知新楼召开。会议审议了《山东大学第二届教职工代表大会第四次会议决议(草案)》。

23 日　原瑞典皇家理工学院工业生态系主任、世界知名学者罗纳德·温纳斯特教授全职加盟山东大学热科学团队，受聘仪式于当日下午在山东大学热科学与工程研究中心举行。

2013 年

2 月

28 日　学校印发《中共山东大学委员会 2013 年工作要点》。

3 月

11 日　山东大学齐鲁医院神经内科李大年教授 85 岁寿诞暨从医执教 60 周年纪念学术研讨会在南郊宾馆举行。副校长张运院士出席会议并作报告。

12 日　经学校研究决定，成立山东大学青年联合会，秘书处设在团委。

14 日　全国人大代表、山东大学校长徐显明在第十二届全国人大一次会议第四次全体会上，当选为第十二届全国人民代表大会常务委员会委员和第十二届全国人民代表大会法律委员会副主任委员。

18 日　教育部党组经研究并与中共山东省委商得一致决定：张运不再担任山东大学委员会常委职务。教育部研究决定：免去张远的山东大学副校长职务。

同日　山东大学易学与中国古代哲学研究中心－埃尔兰根－纽伦堡大学分部揭牌仪式在德国埃尔兰根举行，这是山东大学在海外设立的第一个分支研究机构。仪式上，两校签署了山东大学易学与中国古代哲学研究中心－埃尔兰根－纽伦堡大学国际人文研究中心及汉学系互设分支机构协议书。山东大学终身教授、易学与中国古代哲学研究中心主任刘大钧，副校长陈炎；德国埃尔兰根—纽伦堡大学校长卡尔(Karl-Dieter Grüske)出席活动。

19 日　“山东大学 2012 年度爱岗敬业十大模范人物”评选结果正式揭晓，牛军、冯维明、刘新泳、张权、陈言俊、范爱平、胡长玉、徐晓冰、常保、蔡清香等 10 人当选。

20 日　“山东大学 2012 年度十大杰出校友”评选结果正式揭晓，左中一、刘伟、李从军、李培林、杨建莹、吴爱英、张仕波、赵树丛、梁振英、薛群基 10 人当选。

23 日　山东大学第十三届社团文化节在兴隆山校区拉开帷幕。

25 日　丹麦皇家科学与文学院院士、丹麦技术大学 Jens Ulstrup 教授受聘山东大学名誉教授仪式在中心校区明德楼举行。校长徐显明会见 Jens Ulstrup 教授，并为其颁发名誉教授证书。

同日　“山东大学－中科院华罗庚班”冠名协议签约仪式在中心校区举行。校长徐显明出席仪式并与华罗庚先生之子、中国科学院大学校友会理事长华光签订了冠名协议。

同日　印发《山东大学 2013 年党风廉政建设工作要点》

27 日　山东大学对外汉语教育研究中心更名为山东大学语言与文化传播研究中心。宁继鸣任中心主任(兼)，王军任中心副主任(兼)，王海兰任中心副主任。

28 日　教育部下发《关于公布 2012 年度普通高等学校本科专业设置备案或审批结果的通知》，山东大学人类学、文物与博物馆学、海洋资源开发技术等三个本科新专业获批设置，并自 2013 年开始招生。

29 日　山东大学－玲珑集团战略合作协议暨山东大学第二医院—山东玲珑英诚医院合作协议签字仪式在山东大学中心校区举行。校党委常务副书记李建军、总会计师曹升元，山东省卫生厅副厅长袭燕，招远市委常委、副市长王晓华，山东大学校董、玲珑集团有限公司副董事长王锋校友出席签字仪式。

2013 年

3 月

同日　我校与济南高新区全面合作协议签约仪式在济南市高新区管委会举行。校长徐显明，济南高新区党工委书记、管委会主任张新文出席签约仪式并致辞。副校长张永兵、总会计师曹升元出席仪式。

同日　《齐鲁大讲坛》第 55 期在山东大学中心校区举行。中国人民大学公共政策研究院执行副院长毛寿龙教授作了题为《机构改革的逻辑》的报告。

4 月

1 日　山东大学 2012 年度“十大新闻人物”和“爱岗敬业十大模范人物”颁奖典礼在中心校区知新楼 A 座三层报告厅举行。校党委书记李守信、校长徐显明出席典礼并为获奖嘉宾颁奖。山东大学终身教授刘大钧、路遥，校党委常务副书记李建军、总会计师曹升元出席活动。

同日　台湾东吴大学校长潘维大一行 7 人访问我校。校长徐显明会见了潘维大一行。

2 日　学校印发《山东大学贯彻落实中央“八项规定”的实施办法》《山东大学党风廉政建设责任制实施办法》

3 日　我校参与的阿尔法磁谱仪（AMS）项目发布第一个实验结果将刊登在《物理评论快报》（*Physical Review Letters*）上。这是由诺贝尔物理学奖获得者丁肇中教授领导的举世瞩目的 AMS 项目历时 18 年后，首次公布的其实验的第一个物理结果。

同日　青岛市市长张新起一行到我校青岛校区建设现场进行工作调研。青岛市委常委、副市长王广正，我校常务副校长王琪珑等一同调研。

8 日　教育部公布了 2012 年度国家级精品资源共享课程的评选结果，山东大学有 15 门本科课程获此立项。

10 日　经教育部研究并与中共山东省委商得一致，任命曹升元同志为中共山东大学委员会委员、常委。

同日　我校常务副校长王琪珑与青岛市蓝色硅谷核心区管委会党工委书记、即墨市委书记刘赞松座谈，就加快推进青岛校区建设进行了工作交流。蓝色硅谷核心区管委会主任韩守信参加座谈。

11 日　澳门圣若瑟大学校长 Peter Stilwell 一行 15 人访问我校。校党委副书记方宏建会见了代表团一行。

12 日　山东大学聘请中国社会科学院学部委员、经济学部副主任吕政教授担任我校人文社科一级教授仪式在中心校区明德楼举行，校长徐显明出席聘任仪式并向吕政教授颁发聘书。

同日　学校印发《山东大学经济责任审计联席会议制度》。

同日　学校成立经济责任审计工作领导小组：组长：李守信；副组长：李建军、方宏建；成员：井海明、杜言敏、王炳学、方辉、刘洪渭、王玉莲。经济责任审计工作领导小组办公室设在审计处，王玉莲任办公室主任。

13 日　第四届全国高等医学院校大学生临床技能竞赛（华东赛区）在我校趵突泉校区举行。来自华东六省一市 38 所医学院校的 38 支代表队、152 名临床医学专业学生选手齐聚我校，同场竞技。山东省教育厅副厅长宋承祥，校党委副书记方宏建、副校长陈炎出席相关活动。

2013 年

4 月

16 日　我校在中心校区知新楼 A 座三层报告厅举行处级领导干部学习贯彻党的十八大精神培训班开班仪式暨首场主题报告会。校党委书记李守信出席开班仪式并作学习贯彻党的十八大精神主题报告，校党委常务副书记李建军主持仪式并作动员讲话，校党委副书记仝兴华出席仪式。

18 日　环球健康与教育基金会主席肯尼斯·尤金·贝林(Kenneth Eugene Behring)先生一行访问我校，校长徐显明会见了贝林先生一行。

20 日　4 月 20 日清晨，四川省雅安市芦山县发生 7.0 级地震，山东大学党委学生工作部、研究生工作部在震后第一时间启动应急响应机制，通过信息系统、电话询问等方式，在全校范围内排查来自雅安震中地区的四川籍学生，关心和了解学生家庭受灾情况，做好学生安抚工作，并通过他们向其家人表达关切之情。

21 日　山东大学国家级教师教学发展示范中心揭牌暨山东省第一届教学促进与教师发展研讨会在中心校区举行。教育部高教司副巡视员韩筠、我校副校长陈炎出席会议，并共同为山东大学国家级教师教学发展示范中心揭牌。

23 日　中国台湾宗教界知名人士，佛光山开山宗长、国际佛光会世界总会会长星云大师专程访问我校，受聘为我校名誉教授，并为师生作题为“天地人”的学术演讲。党委书记李守信主持仪式和报告会，校长徐显明致辞，并向星云大师颁发我校名誉教授聘书。

25 日　“中国共产党山东大学第十三次代表大会专题网站”正式上线。

26 日　学校印发《山东大学基建工程设计变更及现场签证管理办法》。

27 日　诺贝尔文学奖获得者、山东大学文学院研究生导师莫言先生受聘山东大学讲座教授暨文学大讲堂启动仪式在中心校区知新楼 A 座报告厅举行。山东大学校长徐显明向莫言先生颁发讲座教授聘书并致辞。聘任仪式后，莫言先生为到场师生作文学大讲堂首场演讲。

诺贝尔文学奖获得者、山东大学文学院研究生导师莫言先生受聘山东大学讲座教授

2013 年

4 月

同日　山东大学文化遗产数字化保护利用协同创新中心在中心校区宣告成立。“中国文化遗产数字化的现状与未来”研讨会同时举行。

28 日　经第九十一次党委常委会研究决定，成立青岛校区党的工作委员会（简称“青岛校区党工委”），为学校党委派出机构。孔令栋同志任青岛校区党工委书记。

5 月

8 日　经学校研究决定，同意山东大学计算机科学与技术学院与中国科学院计算技术研究所联合设立“计算机科学菁英班”。同意山东大学（威海）与中国科学院国家天文台联合设立山东大学“天文与空间科学菁英班”。

9 日　国家留学基金管理委员会公布 2013 年“国家建设高水平大学公派研究生项目”第一批录取结果，我校 130 名研究生获得资助。

13 日　中国科学院院士、中国科学技术大学郭光灿教授一行访问山东大学物理学院，参加合作交流座谈会并做客“大家讲坛”。

同日　经学校研究，决定成立《文史哲》英文版编辑部，设主任 1 人（副处级），同时兼《文史哲》编辑部副主任、副主编，人员编制根据工作需要核定，以兼职为主。

同日　经学校研究，决定成立山东大学学科规划建设办公室（“985 工程”办公室、“211 工程”办公室），与发展规划部合署办公。办公室设主任 1 人，相关部门负责人任办公室副主任；人员编制 5 人，由校内相关单位调入。

同日　经研究，决定成立快速制造国家工程研究中心山东大学增材制造研究中心。聘卢秉恒院士为中心名誉主任，黄传真任中心主任（兼）；聘王永信教授为中心副主任，李方义任中心副主任（兼）。

14 日　中国科学院数学与系统科学研究院程代展教授受聘山东大学特聘教授。山东大学校长徐显明出席聘任仪式，向程代展教授颁发聘书并致辞。

15 日　校长徐显明率代表团一行 5 人赴西班牙、捷克和德国，分别访问了西班牙阿尔卡拉大学、捷克拔佳大学、德国弗莱堡大学和德国亥姆霍兹药物研究中心。

同日　山东大学保密委员会组成人员调整：主任委员：徐显明；副主任委员：李建军、娄红祥；委员（以姓氏笔画为序）：马传峰、王炳学、王新军、井海明、方辉、孔令栋、刘升贤、刘明利、刘相金、刘洪渭、刘培平、杜言敏、李平生、李建军、李振奎、胡金焱、荣晓燕、娄红祥、贾磊、徐显明、郭培良、桑晓旻。

20 日　山东大学青年联合会在中心校区邵逸夫科学馆报告厅举行成立仪式。校党委书记李守信，山东团省委书记、省青联主席张涛，校党委副书记方宏建出席成立仪式。

22 日　学校对人事工作领导小组成员进行调整。组长：徐显明；副组长：娄红祥；成员（以姓氏笔画排序）：井海明、方宏建、方辉、尹作升、孔令栋、刘洪渭、李红、李建、军娄红祥、徐显明。领导小组办公室设在人事部，办公室主任：方辉（兼）。

同日　国务院公布了第七批全国重点文物保护单位名单，山东大学趵突泉校区（原齐鲁大学近现代建筑群，1905～1924 年）作为近现代重要史迹及代表性建筑入选全国重点文物保护单位。

2013 年

5 月

25 日　由山东大学主办的"中国共产党群众路线"学术研讨会暨图片展在中心校区明德楼一层举行。

27 日　第十三届"挑战杯"青岛银行山东省大学生课外学术科技作品竞赛决赛在中心校区体育馆举行。山东大学以总分第一名的成绩捧获"挑战杯"。山东大学党委书记李守信出席颁奖典礼并为获奖者颁奖。

28 日　教育部、国务院学位委员会公布《关于批准 2012 年全国优秀博士学位论文的决定》，山东大学物理学院戴瑛教授指导的杨可松博士的《掺杂二氧化钛的稳定性、电子结构及相关性质的第一性原理研究》获评 2012 年全国优秀博士学位论文。

29 日　山东大学校长徐显明率代表团参加了在柬埔寨金边召开的 2013 年亚洲地区孔子学院联席会议。柬埔寨首相洪森，中国国务院参事、国家汉办主任、孔子学院总部总干事许琳出席开幕式并致辞；中国驻柬大使潘广学出席开幕式。

同日　学校印发《山东大学全日制硕士专业学位研究生专业实践管理办法》和《山东大学专业学位研究生工作站建设与管理办法（试行）》的通知。

31 日　中国科学院生态环境研究中心主任、中国科学院院士江桂斌受聘山东大学环境科学与工程学院名誉院长仪式在中心校区知新楼 A 座第三讲学厅举行。山东大学党委书记李守信向江桂斌院士颁发聘书。中国科学院院士、中国科学院大学常务副校长吴岳良，中国工程院院士、山东大学环境研究院院长王文兴，山东大学副校长陈炎出席仪式。

同日　山东大学与中国科学院生态环境研究中心联合设立的首届"环境与健康菁英班"开班仪式暨江桂斌院士报告会在中心校区举行。中国科学院院士，中国科学院大学常务副校长吴岳良、中国科学院生态环境研究中心主任江桂斌，中国工程院院士、山东大学环境研究院院长王文兴，山东大学副校长陈炎等出席仪式并致辞。

6 月

8 日　全国人大常委会原副委员长许嘉璐访问山东大学，出席山东大学儒学高等研究院"儒学小丛书 100 种"项目启动仪式。山东大学校长徐显明、山东省人大常委会原副主任莫振奎、山东大学终身教授庞朴、山东大学副校长陈炎出席有关活动。

同日　山东大学处级领导干部学习贯彻党的十八大精神培训班第七场专题报告会在中心校区知新楼 A 座三层报告厅举行，校长徐显明教授作关于《十八大报告与法治中国》的专题报告。校党委常务副书记李建军主持报告会。

同日　在中华医学会心血管病分会第九届青年委员会成立大会上，山东大学齐鲁医院的张澄研究员当选为本届青年委员会的副主任委员。

9 日　山东大学在中心校区召开校学术委员会委员会议，中国科学院院士彭实戈教授当选新一届校学术委员会主任委员，娄红祥教授、陈炎教授、程林教授当选为副主任委员。

同日　学校对突发事件应急处置工作机构成员进行调整，成立山东大学突发事件应急处置工作领导小组，下设自然灾害类、事故灾难类、公共卫生类和社会安全类事件应急处置工作组。

2013 年
6 月

13 日 山东大学与中国科学院高能物理研究所、理论物理研究所协同共建“王淦昌班”签约仪式在山东大学物理学院举行。

同日 学校印发《山东大学齐鲁医学部工作规程(试行)》的通知。

同日 学校印发《山东大学国有资产管理暂行办法》《山东大学国有资产处置管理暂行办法》《山东大学国有资产使用管理暂行办法》的通知。

16 日 山东大学青岛校区教工宿舍奠基暨开工仪式在鳌山湾畔隆重举行。山东大学校长徐显明,常务副校长王琪珑;青岛蓝色硅谷核心区党工委书记、即墨市委书记刘赞松,青岛蓝色硅谷核心区管委会主任韩守信出席仪式。

20 日 学校发布《山东大学名誉院长聘任办法》。

同日 学校调整山东大学档案管理委员会。主任:徐显明;副主任:尹作升;委员(以姓氏笔画为序):于良春、马传峰、马晓琳、王飞、王一彪、王玉莲、王君松、王炳学、王新军、井海明、方辉、孔令栋、宁继鸣、朱德建、曲明军、刘升贤、刘洪渭、刘相宜、刘培平、李红、李平生、李振奎、杜言敏、肖金明、张宇、张兆亮、邹难、赵炳新、胡金焱、荣晓燕、贾磊、郭培良、高海青。办公室设在档案馆,刘培平兼办公室主任。

21 日 中国共产党山东大学第十三次代表大会召开。校党委书记李守信代表中国共产党山东大学第十二届委员会作题为《凝心聚力开拓创新为创建世界一流大学而努力奋斗》的工作报告。大会表决通过了《中国共产党山东大学第十三次代表大会关于第十二届委员会工作报告的决议》和《中国共产党山东大学第十三次代表大会关于纪律检查委员会工作报告的决议》,选举产生了由31 人组成的中共山东大学第十三届委员会和由 19 人组成的中共山东大学纪律检查委员会。

中国共产党山东大学第十三次代表大会召开

同日 第六届海峡两岸合唱节合唱比赛在台湾新竹举行。山东大学合唱团代表山东省赴台参赛并取得金奖第一名。

23 日 山东大学 2013 年毕业典礼暨学位授予仪式在山东大学体育馆隆重举行。2013 届毕业生 17153 人参加毕业典礼,并获得博士、硕士、学士相关学位。

2013 年

7 月

2 日　由山东大学党委宣传部、新闻中心主办的山东大学党的群众路线教育实践活动专题网站正式开通。

同日　山东大学在青岛校区举行仪式，聘任中国科学院院士焦念志为山东大学兼职特聘教授、聘任著名学者陈宝权教授为山东大学计算机科学与技术学院院长。校长徐显明代表学校与陈宝权教授签订聘任合同，并为两位杰出学者颁发证书。

同日　学校举行青岛校区学科设置论证专家委员会会议。

同日　张运院士团队研究成果在国际代谢研究领域的顶尖杂志《细胞》(*Cell*)子刊 *Cell Metabolism*(《细胞代谢》)最新一期杂志[2013，18(1)：118～129]全文发表。题目是“Cold Exposure Promotes Atherosclerotic Plaque Growth and Instability via UCP1-Dependent Lipolysis”《寒冷刺激通过 UCP1 依赖性的脂溶解促进动脉粥样硬化斑块的增生和不稳定》。该文的第一作者单位是张运院士的博士生董梅，张运院士和山东大学长江学者特聘教授曹义海教授是本文的共同通讯作者。

4 日　第六批中国博士后科学基金特别资助评审结果公布，山东大学 28 位博士后获得资助，每人资助金 15 万人民币，总资助额 420 万元人民币。山大获资助人数由全国高校第 6 位升至第 4 位，创历史新高。

6 日　经校党委常委会研究决定，成立山东大学党的群众路线教育实践活动领导小组。组长：李守信、徐显明；副组长：李建军、仝兴华、尹作升；成员：王炳学、井海明、杜言敏、李平生。领导小组下设办公室，主任：李建军(兼)，副主任：王炳学、井海明、杜言敏、李平生。

2013 年 7 月 8 日，山东大学深入开展党的群众路线教育实践活动动员大会

13 日　由研究生投票评选的山东大学第五届“我心目中的好导师”正式揭晓，11 名优秀研究生导师获得该项荣誉称号，他们(按姓氏笔画为序)分别是：能源与动力工程学院马春元教授、外国语学院王俊菊教授、山大(威海)王瑞君教授、数学学院刘桂真教授、土建与水利学院李术才教授、材料科学与工程学院李辉教授、管理学院杨蕙馨教授、医学院赵升田教授、口腔医学院徐欣教授、文学与新闻传播学院温儒敏教授、物理学院戴瑛教授。

2013 年

7 月

15 日 经教育部批准，同意聘任张友明教授为新一届“微生物技术”国家重点实验室主任，邓子新院士为学术委员会主任。

同日 科技部下发《关于公布 2012 年创新人才推进计划入选名单的通知》，山东大学以中国科学院院士彭实戈教授为学术领导人，国家杰出青年科学基金获得者吴臻教授为项目负责人的“金融数学创新团队”入选首批国家创新人才推进计划重点领域创新团队。

26 日 中共山东省委高校工委、山东省教育厅公布 2013 年“全省高校优秀中青年思想政治理论课教师十百工程”评审结果，我校徐艳玲、林红、夏巍三位教师入选。

27 日 全国哲学社会科学规划办公室发布关于公布 2013 年度国家社科基金重大项目(第一批)的立项通知，山东大学三项课题获准立项，分别为政治学与公共管理学院葛荃教授为首席专家投标的《中国传统政治文化与坚持走中国特色社会主义政治发展道路研究》、管理学院杨蕙馨教授为首席专家投标的《构建现代产业发展新体系研究》、经济学院安体富教授为首席专家投标的《深化收入分配制度改革的财税机制与制度研究》，资助经费总额为 230 万元。

29 日 第九届“黄岛·灵山湾杯”中国大学生沙滩排球锦标赛在山东青岛灵山湾落下帷幕。山东大学参赛队伍再创佳绩，马君、高天慧组合夺得女子专业组第 1 名，胡连伟、张兴浩组合夺得男子专业组第 1 名，祝天旭、徐强组合夺得男子高水平组第 2 名，刘雪莹、刘冬梅组合夺得女子高水平组第 3 名。同时，男排教练徐亮、女排教练王爱华均获得“最佳教练员”的荣誉称号。

8 月

20 日 环球健康与教育基金会主席、美国著名慈善家肯尼斯·尤金·贝林(Kenneth Eugene Behring)先生一行访问山东大学。贝林先生受聘山大名誉教授并签署了山东大学一环球健康与教育基金会合作备忘录。

31 日 中国工程院院士、我校张运教授当选欧洲心脏病学会(ESC)Fellow，这是欧洲心脏病学会首次在中国大陆学者中遴选。

9 月

6 日 山东大学 2013 级新生报到正式开始。

11 日 全国哲学社会科学规划办公室公布了 2013 年度“国家哲学社会科学成果文库”入选名单，山东大学管理学院副院长、博士生导师潘爱玲教授的国家社科基金研究成果《合作网络范式下企业集团管理控制研究》入选。

14 日 纪念中国《文心雕龙》学会成立三十周年国际学术研讨会在我校举行，国家图书馆党委书记、常务副馆长、中国《文心雕龙》学会会长詹福瑞教授出席会议并致开幕辞，副校长娄红祥出席开幕式并致辞。来自海峡两岸暨港澳地区以及美国、日本、韩国等国家的 130 多位龙学家参加。

同日 首届中国期刊交易博览会暨 2013 全国百强报刊新闻发布会在武汉国际展览中心举行。会上发布了 2013 年全国百强报刊名单，山东大学《文史哲》杂志入围。

15 日 《董治安先生纪念文集》首发座谈会暨“董治安先秦两汉文学与文献研究奖金”启动仪式在中心校区知新楼举行。我校终身教授袁世硕先生，副校

2013 年

9 月

长陈炎，董治安先生夫人钱曾怡先生，先生生前同事好友张可礼、周立升等老先生出席活动。

16 日　山东大学与中央社会主义学院合作共建“统一战线学”学科备忘录签约仪式在中心校区明德楼举行。根据协议，山东大学与中央社会主义学院合作共建“统一战线学”二级学科及相应博士研究生、硕士研究生学位授权点。

17 日　山东大学跨文明对话研究中心揭牌仪式在中心校区举行。全国人大常委会原副委员长、山东大学儒学高等研究院院长许嘉璐，中共十八届中央委员、中央社会主义学院党组书记叶小文，山东省委常委、宣传部部长孙守刚，山东大学校长徐显明，山东省人大常委会原副主任董凤基等出席仪式。中心挂靠儒学高等研究院，聘请叶小文担任中心主任，高述群、王学典为常务副主任，傅有德、谢文郁和颜炳罡为副主任。

22 日　山东省人民政府办公厅公布了新一批泰山学者特聘专家教授名单以及山东省引进海外高层次人才名单。山东大学 11 位教授入选泰山学者特聘专家教授名单，3 位教授入选海外高层次人才名单并被授予“泰山学者海外特聘专家”。截至目前，学校共有 74 人荣获“泰山学者”称号，其中泰山学者攀登计划 4 人，泰山学者特聘专家教授 47 人，泰山学者海外特聘专家 24 人。

23 日　2013 级新生迎新晚会在中心校区体育馆举行。校党委副书记尹作升，副校长陈炎，总会计师曹升元、校领导方宏建出席并观看了晚会。2013 级全体本科新生、部分研究生新生以及各学院新生辅导员观看了演出。

26 日　山东大学 2013 级新生开学典礼在中心校区山东大学体育馆隆重举行。

10 月

7 日　德国亥姆霍兹国家研究中心联合会主席 Mlynek 教授一行访问山东大学，山东大学常务副校长王琪珑会见来访客人。

11 日　山东大学 2013 年体育文化节暨田径运动会在兴隆山校区体育场开幕。

13 日　山东大学光学 1979 级校友在中心校区举行毕业三十周年团聚交流会。会上，光学系 1979 级全体同学发起设立“大爱光学”奖助基金，并首笔捐资 120 万元，积极支持母校建设。山东大学总会计师曹升元出席活动并讲话。

15 日　山东大学官方微信公众账号(微信号：sdu-1901)正式上线开通。

同日　山东大学圣昆仑音乐厅落成，由山东大学艺术学院交响乐团演奏的音乐厅首场交响音乐会同时举行。山东大学校长徐显明，艺术学院名誉院长范曾，终身教授刘大钧、曾繁仁，校党委常务副书记李建军，校党委副书记尹作升，副校长陈炎，总会计师曹升元，校领导方宏建出席音乐会。

同日　山东大学杰出校友臧克家先生遗物捐赠仪式在中心校区明德楼工会厅举行。山东大学校长徐显明出席捐赠仪式并讲话，臧克家先生的子女臧乐源、乔植英夫妇，臧乐安、汪本静夫妇，郑苏伊、罗连升夫妇，孙女臧耕等亲属参加了捐赠仪式。捐赠仪式由山东大学党委副书记尹作升主持，总会计师曹升元介绍了臧克家先生遗物捐赠的情况。

2013 年

10 月

2013 年 10 月 15 日，徐显明校长在臧克家遗物捐赠仪式上与其亲属等合影

17 日　第十三届“挑战杯”全国大学生课外学术科技作品竞赛终审决赛在苏州大学落下帷幕。山东大学报送的 6 件作品全部入围决赛，获得一等奖 1 项、二等奖 1 项、三等奖 4 项，并获得交叉创新奖三等奖一项，同时获全国高校优秀组织奖。

同日　山东大学、潍坊市人民政府、福田汽车集团共建“山大福田汽车研究院”暨“福田汽车山东工程院”签约仪式在中心校区邵逸夫科学馆报告厅举行。山东大学校长徐显明，潍坊市委常委、副市长孙起生，山东大学校董、福田汽车集团党委书记、总经理王金玉出席仪式并致辞。

19 日　山东大学文学与新闻传播学院、山东大学中国现当代文学学科联合主办的“当前社会文学生活研究”暨“山东大学当代中国文学生活研究中心成立”学术研讨会在济南举行。中心主任由温儒敏教授兼任。

20 日　山东大学医学教育理事会成立暨第一次理事会会议在中心校区明德楼举行。会议审议并通过《山东大学医学教育理事会章程》。山东大学医学教育理事会是隶属山东大学，以医学教育政策咨询、资源拓展、交流合作为主要职责的组织。

同日　山东大学、德州市人民政府、齐河县人民政府战略合作意向书签约仪式在山东大学中心校区举行。

22 日　山东大学在中心校区举行全校教师干部大会，中共中央组织部干部三局局长喻云林在会上宣读中共中央、国务院关于山东大学校长职务调整的决定，张荣同志任山东大学校长（副部长级）；因另有任用，徐显明同志不再担任山东大学校长职务。教育部党组副书记、副部长杜玉波，中共山东省委常委、组织部部长高晓兵出席大会并讲话。山东大学党委书记李守信主持大会。

24 日　澳大利亚新南威尔士大学 Philip Mathew 教授受聘我校客座教授及专业外教仪式在千佛山校区举行。机械工程学院院长黄传真代表学校向 Philip Mathew 教授颁发了聘任证书。Philip Mathew 教授是机械学院历史上聘任的首位全职非华裔外籍教授。

27 日　山东大学艺术学院名誉院长范曾先生在艺术学院报告厅为山大师

2013 年

10 月

生作了题为《中国画研究法》的学术报告。范曾先生还现场示范作画《伯乐》与《秋熟来禽》,并将两幅画作送给了艺术学院。

28 日　学校印发《山东大学中外合作办学管理办法》的通知。

30 日　山东大学 2014 年推免工作已经结束。按照严格的推荐程序,山东大学有 1766 名优秀应届本科毕业生被推荐免试攻读研究生。

31 日　兴隆山校区青年教师公寓顺利竣工并通过了质检站的验收,以楼群(3、4、5、6# 楼)均为 86.31 分的优异成绩荣获精品工程资格。该工程 2011 年 10 月开工,建筑面积 28135.9 平方米,是学校为解决青年教师的居住条件,引进人才而兴建的设施较为齐全的精装修高档公寓。

11 月

2 日　我校外国语学院 2011 级翻译班学生燕鸽在第十一届华东地区"21 世纪·华澳杯"英语大赛上获得一等奖。

4 日　学校印发《山东大学博士研究生招生"申请—审核制"实施方案(试行)》。

6 日　山东大学 2013 年度光华奖学金颁奖仪式在中心校区举行,共有 50 名博士研究生、120 名硕士研究生和 96 名本科生获得表彰。校长张荣在仪式前会见了光华文教基金会执行长陈振川,校领导方宏建出席颁奖仪式。

11 日　由山东大学数学学院主办的纪念莫叶先生 100 周年诞辰暨复分析国际会议在中心校区知新楼举行。中国科学院院士杨乐、北京邮电大学校长乔建永、山东大学党委副书记尹作升、中国科学院数学与系统科学研究院执行院长王跃飞出席开幕式并致辞。会议期间举办了多场学术报告会,来自相关领域的专家介绍了自己的研究成果,并探讨了延伸问题。

同日　"汉语桥——美国校长访华之旅"中美高等教育研讨会在山东大学举行。会议主题为"全球化背景下大学的使命与挑战:创新·合作·理解"。山东大学校长张荣,美国大学理事会副主席詹姆斯·蒙特亚(James Montoya)出席开幕式并致辞。

13 日　庆祝"山东大学—山口大学友好合作三十周年"系列活动在山东大学举行。

14 日　澳大利亚弗林德斯大学(Flinders University)副校长 Nancy Cromar 访问山东大学,副校长张永兵会见了来访客人。

15 日　学校印发《山东大学涉外培训管理办法》。

同日　山东大学与山东新华医疗器械股份有限公司共建研究生实践基地签约暨揭牌仪式在淄博市新华医疗公司总部园区举行。

19 日　以色列驻华大使 Matan Vilnai 一行访问山东大学,校长张荣在中心校区知新楼会见了 Matan Vilnai 一行。

21 日　学校决定成立山东大学·中央社会主义学院统一战线研究中心。蒋锐任中心主任。该中心为依托政治学与公共管理学院的非实体性科研机构。

22 日　中美教育基金(US-China Education Trust)主席、前美国驻尼泊尔大使张之香女士一行访问山东大学。副校长娄红祥会见了代表团并与张之香女士共同签署了山东大学——中美教育基金"中国机遇奖学金"(China Opportunity Scholarships)合作备忘录。

2013年

11月

23日　第六届"英特尔杯"全国大学生软件创新大赛在华南理工大学举行。山东大学软件学院"LaevateinS"团队荣获全国一等奖。

25日　山东大学与俄罗斯人民友谊大学友好合作十周年纪念会在中心校区举行。俄罗斯人民友谊大学人文社科学院常务副院长纳尔布特教授一行3人参加纪念会。

同日　我校自然科学学报编辑部组织申报的英文新刊 *Probability, Uncertainty and Quantitative Risk*（中文刊名：《概率、不确定性与定量风险》）在"中国科技期刊国际影响力提升计划"评审会获D类创刊项目立项，并获一次性支持经费50万元。中国科学院院士、山东大学彭实戈教授任主编，法国国家特级教授 Rainer Buckdahn 任副主编；该刊为季刊。

27日　学校印发《山东大学专题会议制度》。

28日　山东大学粒子物理和粒子辐照教育部重点实验室建设项目通过教育部科技司专家组验收。

同日　山东大学—大众报业集团大学生校外实践基地揭牌仪式在山东新闻大厦举行。山东大学校领导方宏建与大众报业集团党委常委、副总编辑魏武共同为实践基地揭牌。

30日　《子海》首批重大成果发布会、"两岸古籍珍本合璧工程"论证会、《子海精华编》工作会在山东大学举行。

12月

5日　IEEE IES 可再生能源系统技术委员会主席、丹麦奥尔堡大学 Josep M. Guerrero 教授一行应邀访问山东大学。副校长陈子江会见了代表团一行，并为 Josep M. Guerrero 颁发了山东大学讲座教授聘书。

6日　山东省口腔医学会成立大会暨山东省口腔医学会首届学术年会在济南开幕。山东大学齐鲁医院魏奉才教授当选学会首届理事会会长。

7日　第八届全球孔子学院大会在北京召开。国务院副总理、孔子学院总部理事会主席刘延东在开幕式上发表主旨演讲，并为全球孔子学院先进个人和先进单位颁奖。山东大学党委书记李守信应邀出席大会，并代表学校接受"孔子学院先进中方合作院校"奖。

11日　著名经济学家、金融学家，英国斯特拉斯克莱德大学中国研究中心主任陆懋祖教授受聘山东大学兼职教授仪式在中心校区逸夫楼报告厅举行。山东大学校长张荣出席仪式并为陆懋祖教授颁发聘书。

13日　山东大学授予哈佛大学约瑟夫·奈教授（Prof. Joseph Nye）名誉博士学位仪式在中心校区明德楼一层会议厅举行。校长张荣出席仪式，为约瑟夫·奈教授颁发证书并致辞。

同日　香港中文大学文学院文化及宗教研究系教授李炽昌受聘山东大学人文社科一级教授仪式在中心校区明德楼举行。山东大学校长张荣出席仪式并为李炽昌教授颁发聘书。

14日　"山东大学政党政治研究中心"揭牌仪式暨学术研讨会在中心校区举行。校党委书记李守信出席仪式，并同中国社会科学院马克思主义研究院党委书记、院长邓纯东一起为研究中心揭牌。

2013 年

12 月

18 日　山东大学国家特聘教授聘任仪式在明德楼举行，中组部“千人计划”海外特聘教授慈立杰、侯士峰正式受聘为山东大学国家特聘教授。校长张荣出席聘任仪式并向两位教授颁发聘书。

20 日　教育部高等教育司下发《关于公布第三批国家级精品资源共享课立项项目名单及有关事项的通知》，公布了全国第三批国家级精品资源共享课程的立项项目名单，山东大学申报的 15 门本科课程全部获得立项。至此，山东大学共有 30 门课程入选国家级精品资源共享课程，在全国 311 所高校中名列第 9。

同日　中共山东省委宣传部副部长李建军与山东大学党委副书记尹作升共同签署了《中共山东省委宣传部与山东大学共建山东大学文学与新闻传播学院协议》。

23 日　山东大学 2013 年度校长奖学金暨国家奖学金颁奖典礼在中心校区举行。校长张荣出席典礼，为本年度校长奖学金获得者颁奖并讲话。

25 日　在第十届全国研究生数学建模竞赛颁奖典礼上，山东大学获一等奖 1 项、二等奖 11 项、三等奖 24 项，综合成绩名列全国第八，获奖总量创历年新高，并再次荣获“优秀组织奖”。

26 日　山东大学党委书记李守信、校长张荣到青岛校区调研指导工作，在青岛校区建设指挥部现场看望慰问干部职工并召开座谈会。调研期间，先后与中共山东省委常委、青岛市委书记李群，青岛市市长张新起会谈，就推进青岛校区建设深入交流。

同日　山东大学纪念毛泽东 120 周年诞辰书画展在中心校区明德楼 A 座一层大厅举行。山东大学党委常务副书记李建军，校党委副书记尹作升，副校长张永兵，总会计师曹升元等参观书画展。

27 日　山东大学与华中农业大学本科生合作培养协议签约仪式举行。

2014 年

1 月

2 日　中央党的群众路线教育实践活动第 44 督导组组长、重庆大学原党委书记祝家麟一行来山东大学调研指导教育实践活动整改落实工作，学校教育实践活动领导小组组长、校党委书记李守信代表学校党委汇报了学校教育实践活动整改落实情况。学校教育实践活动领导小组组长、校长张荣参加汇报会。

6 日　“山东大学创新教育成果展”在中心校区揭幕，其后陆续在兴隆山校区、趵突泉校区、洪家楼校区、软件园校区巡回展出。

7 日　山东大学授予普林斯顿高等研究院、普林斯顿大学教授，美国国家科学院院士彼得·萨奈克(Peter Sarnak)名誉博士学位仪式在中心校区邵逸夫科学馆报告厅举行。山东大学校长张荣出席仪式并为彼得·萨奈克教授颁发了名誉证书。

同日　齐鲁医院康复医学科、老年病科、神经内科 3 个专科被确定为 2013～2014 年度国家临床重点专科建设项目。

8 日　山东大学 2013 年度研究生科汇奖学金颁奖仪式在千佛山校区举行。科汇奖学金面向山东大学工科部分专业，每年奖励 29 名优秀研究生，奖学金额度为 2000 元，至今已有 395 名研究生获此奖项。

2014 年

2 月

23 日　山东大学在中心校区明德楼举行新学期工作会议，安排部署新学期工作。校党委书记李守信主持会议并讲话，校长张荣出席会议并就学校行政工作进行了部署。

同日　“山东大学 2013 年度十件大事”评选揭晓，这十件大事是：(1)中共山东大学第十三次代表大会举行，选举产生了新一届党委领导班子；(2)山东大学扎实开展党的群众路线教育实践活动，作风建设取得明显成效；(3)杰出人才队伍建设取得新进展；(4)人才培养质量不断提高，山大学子在全国各类竞赛中屡获佳绩；(5)创新科研组织模式，提升协同创新能力；(6)人文社科研究取得重大成果；(7)自然科学研究实力全面提升；(8)国际合作与交流取得长足发展；(9)校园建设进展顺利；(10)服务社会工作扎实有效。

同日　山东大学化学与化工学院院长、长江学者特聘教授郝京诚获得第三届中国化学会—阿克苏诺贝尔化学奖。

24 日　山东大学在中心校区知新楼召开党的群众路线教育实践活动总结大会。中央党的群众路线教育实践活动第 44 督导组组长、重庆大学原党委书记祝家麟出席会议并讲话。学校教育实践活动领导小组组长、党委书记李守信作山东大学教育实践活动总结，学校教育实践活动领导小组组长、校长张荣主持会议。

近日　山东大学微生物技术国家重点实验室主任张友明教授在 *Nature Nanotechnology* 在线发表论文“Biosynthesis of magnetic nanostructures in a foreign organism by transfer of bacterial magnetosome gene clusters”，期刊影响因子 31.17。

3 月

7 日　山东大学第二届教职工代表大会第五次会议举行。

10 日　由山东大学和德国慕尼黑大学主办，儒学与中华文化复兴协同创新中心、山东大学儒学高等研究院、山东大学国际教育学院、《文史哲》编辑部、山东大学孔子学院工作办公室承办的“儒家思想与中国传统小说国际学术研讨会”在山东大学中心校区举行。来自德国慕尼黑大学、维尔茨堡大学、复旦大学、江苏省社会科学院、南开大学、武汉大学、北京师范大学、中国人民大学、山东大学、山东师范大学、曲阜师范大学的 20 余位知名学者参加了会议。

13 日　《党的群众路线教育实践活动“四风”突出问题专项整治方案分工方案》《党的群众路线教育实践活动领导班子整改方案分工方案》《党的群众路线教育实践活动解决“四风”突出问题制度建设计划分工方案》经中共山东大学第十三届常务委员会第七次会议研究通过，即日生效。

17 日　由山东大学心血管重构与功能研究重点实验室组织的“动脉粥样硬化最新进展国际研讨会”在趵突泉校区综合楼报告厅举行。研讨会开幕式上举行了山东大学名誉教授受聘仪式，山东大学校长张荣为瑞典卡罗林斯卡大学杰出教授、诺贝尔生理学及医学奖评审委员会秘书长 Goran K. Hansson 教授，美国哈佛大学医学院教授、Brigham and Women’s 医院心内科主任 Peter Libby 教授颁发名誉证书并致辞。中国工程院院士、山东大学心血管重构与功能研究重点实验室主任张运教授主持仪式，副校长陈子江出席相关活动。

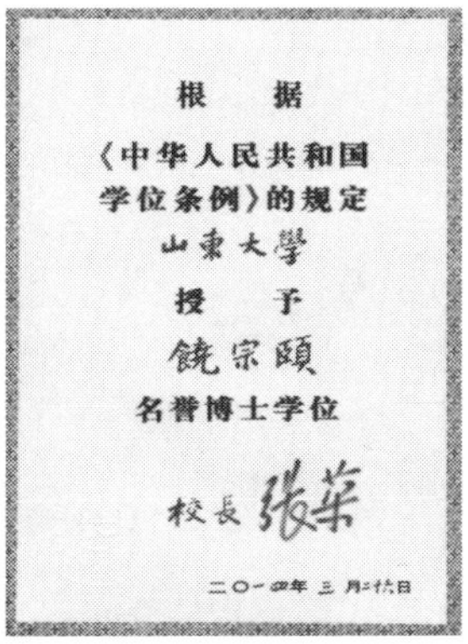
根　据
《中华人民共和国
学位条例》的规定
山東大學
授　予
饒宗頤
名誉博士学位
校長 張榮
二〇一四年三月二十六日

2014 年 3 月 26 日，山东大学授予饶宗颐先生名誉博士学位

2014年

3月

25日 山东大学校长张荣率团分别访问了香港大学、香港中文大学和香港科技大学，就加强校际合作同三校代表进行了交流。中央文史研究馆馆员、山东大学终身教授刘大钧一同出访，副校长陈炎参加了香港大学的访问。

26日 山东大学授予香港大紫荆勋贤饶宗颐教授名誉博士学位仪式在香港大学王赓武讲堂举行，校长张荣为饶宗颐教授颁授名誉博士学位证书，中央文史馆馆员、山东大学终身教授刘大钧，香港大学副校长周肇平，山东大学副校长陈炎出席仪式。

27日 经学校研究，决定将网络与信息中心、电子政务办公室合并，成立信息化工作办公室。信息化工作办公室为学校直属机构，处级建制，设正处职数1个，副处职数3个，人员编制数35个。信息化工作办公室在威海校区、青岛校区分别设分中心，实行双重领导。

29日 山东大学2014届毕业生春季供需双选会在中心校区体育馆举行，山东大学及省内外其他高校毕业生共计9100余人次参加。

近日 由中国数学会主办的第五届全国大学生数学竞赛在安徽合肥落幕，山东大学泰山学堂王维佳、张燕斌同学代表山东赛区参赛，获得数学类全国一等奖。

4月

3日 由山东大学心理健康教育与咨询中心举办的2014年山东省大学生心理健康教育专题培训班开班仪式在中心校区举行。校领导方宏建代表山东大学出席开班仪式并致辞。

7日 泰国公主诗琳通率团访问山东大学，并受聘山东大学名誉教授。山东大学校长张荣向其颁发名誉教授聘书并致辞。

9日 台湾经济研究院董事长、台湾海峡交流基金会原董事长江丙坤率团访问山东及山东大学。其间，学校举行“江丙坤先生受聘山东大学名誉教授仪式”，校长张荣在仪式上致辞并向江丙坤颁授聘书。

12日 由山东大学学术研究部主办、环境研究院承办的“环境科学高端学术论坛”在山东大学中心校区举行。中国科学院院士江桂斌、陶澍、赵进才和中国工程院院士任阵海、郝吉明、段宁、刘文清、王文兴以及11位杰出的中青年专家作学术报告。

17日 山东省统战理论研究基地（山东大学）揭牌仪式暨山东大学统一战线“同心讲堂”首场报告会在中心校区邵逸夫科学馆报告厅举行。中共山东省委常委、统战部部长颜世元和山东大学党委书记李守信共同为基地揭牌。

18日 山东省科学技术奖励大会在济南召开，会议表彰了2013年度为山东省科技创新和现代化建设作出突出贡献的科技工作者，山东大学获山东省科学技术奖49项，其中一等奖6项，二等奖26项，三等奖17项。

19日自旋电子学与声学国际合作研讨会在山东大学举行。山东大学校长张荣出席会议并致辞，诺贝尔物理学奖获得者、“高等学校学科创新引智计划”（即“111计划”）学术大师Peter Grünberg教授出席会议并作特邀报告。

20日 山东大学承担的“中国古代大作家集”规划项目《杜甫全集校注》（以下简称“《杜注》”）新书发布暨出版座谈会在北京举行。山东大学终身教授袁世硕、副校长陈炎出席座谈会。

2014年

4月

同日　学校成立综合改革工作领导小组、人才工作领导小组、编制工作领导小组等机构。

5月

4日　经学校研究，决定成立山东大学县域发展研究院（即墨）（以下简称“研究院”）。曹升元任研究院理事长（兼），黄凯南任院长。

12日　经学校党委常委会研究，成立青岛校区启动运行办公室。主任：王琪珑；副主任：孔令栋、韩明涛（专职）。

13日　经学校研究，决定成立山东大学投融资研究中心。潘爱玲任主任（兼）。该中心为依托管理学院的非实体性科研机构。

同日　经学校研究，决定成立山东大学二语写作教学与研究中心。王俊菊任主任（兼）。该中心为依托外国语学院的非实体性科研机构。

同日　经学校研究，决定成立山东大学分析哲学研究中心。任会明任主任。该中心为依托哲学与社会发展学院的非实体性科研机构。

20日　第三届尼山世界文明论坛“尼山礼赞”音乐会暨开幕式在山东大学圣昆仑音乐厅隆重举行。第九届、第十届全国人大常委会副委员长，尼山论坛组委会主席，山东大学儒学高等研究院院长许嘉璐出席开幕式并宣布论坛开幕。中国外交学会副会长、党组书记卢树民主持开幕式。山东省委常委、宣传部部长孙守刚在开幕式上致辞。山东大学党委书记李守信出席活动。尼山论坛组委会副主席、山东大学校长张荣代表承办单位致辞。

同日　经学校研究，决定成立山东大学全球化与中国经济中心。秦凤鸣任中方主任，陆懋祖任外方主任。该中心为依托经济学院的非实体性科研机构。

23日　山东大学春季中学生校园体验开放月活动继续开展，来自章丘四中、菏泽一中、淄博实验中学、淄博第四中学、莱芜市第十七中学、泰安一中、山东省实验中学等七所中学的1200余名师生参加相关活动。在志愿者的带领下，中学生们参观了山东大学图书馆、博物馆、校史馆、体育馆、大成广场、小树林，理科学生还参观了晶体材料研究所、生命科学学院、化学与化工学院的重点实验室。

26日　学校国有资产管理委员会成员进行调整。主任：张荣。副主任：张永兵、曹升元。委员（以姓氏笔画为序）：马传峰、井海明、刘洪渭、杜言敏、张荣、张健、张永兵、张兆亮、陈宏伟、曹升元、韩建新。学校国有资产管理委员会办公室设在资产与实验室管理部，马传峰兼任学校国有资产管理委员会办公室主任。

6月

2日　山东省第二十三届运动会大学生组田径比赛在山东大学中心校区闭幕。山东大学田径队获得18金11银6铜，4人打破两项大运会纪录，以总分372分的总成绩居山东省各高校之首，包揽了丙组（高水平运动员组）男女团体总分第一、男子团体总分第一、女子团体总分第一和金牌总数第一。

6日　“俄语推广突出贡献奖”颁奖典礼在北京俄罗斯文化中心礼堂举行。典礼上，山东大学外国语学院李学岩教授获“俄语推广突出贡献奖”。

10日　山东大学校董、台湾立青文教基金会董事长衣淑凡女士一行来山东大学访问。校长张荣会见了代表团一行。

2014 年

6 月

11 日　第十届光华工程科技奖揭晓，国务院副总理刘延东为获奖专家颁奖。中国工程院院士，山东大学终身教授、环境研究院院长王文兴教授荣获光华工程科技奖“工程奖”。

16 日　山东大学“全球化与中国经济中心”在中心校区揭牌成立。山东大学校长张荣出席仪式，并为陆懋祖教授颁发中心外方主任聘书。

17 日　山东大学校长张荣做客人民网，就“如何创建世界一流大学”的主题，与网友朋友们一起进行了充分交流。

21 日　山东大学 2014 届本科毕业生毕业典礼暨学位授予仪式在中心校区体育馆隆重举行。山东大学党委书记李守信主持典礼，校长张荣出席典礼并讲话。

24 日　经学校研究，决定成立山东大学海洋研究院。

25 日　“方法与路径：中国文化如何走出去”学术研讨会暨《文史哲》英文版 *Journal of Chinese Humanities* 首发式在青岛举行。青岛市委常委、宣传部部长胡绍军，山东大学副校长陈炎等出席会议并致辞。

7 月

1 日　登州文会馆 150 周年纪念活动筹备情况专题会议在中心校区召开。山东大学校长张荣出席会议，校党委常务副书记李建军主持会议。会议研究讨论了“中国现代高等教育之源——登州文会馆 150 周年纪念”学术研讨会和“全球化视野下的中国现代高等教育暨登州文会馆 150 周年”国际学术研讨会有关筹备情况，并就下一步工作进行了部署。

同日　根据《关于申报 2014 年度“山东大学基本科研业务费资助项目”(人才引进与培养类专项)的通知》精神，经个人申报、单位推荐、学校审核等程序，经学校研究，决定为谷国超等 27 位教师提供 2014 年度山东大学基本科研业务费(人才引进与培养类专项)资助。

2 日　校长张荣赴韩国参加第一届“二十一世纪人文价值论坛”并作主题演讲，同时还顺访了韩国首尔大学和中国驻韩大使馆，会见了部分韩国校友。

6 日　山东省第二十三届运动会(大学生组)游泳比赛在山东农业大学游泳馆闭幕，山东大学游泳队在比赛中获得 24 金 11 银 8 铜，其中 5 人打破 5 项大学生组游泳赛会纪录，金牌总数位列第一。

8 日　学校工作人员奖惩领导小组成员进行调整。组长：张荣；副组长：尹作升、娄红祥；成员(以姓氏笔画为序)：井海明、尹作升、王炳学、张荣、李红、杜言敏、陈宏伟、娄红祥、桑晓旻。学校工作人员奖惩领导小组办公室设在人事部，陈宏伟任工作人员奖惩领导小组办公室主任(兼)。

9 日　山东大学县域发展研究院签约及揭牌仪式在青岛即墨市举行。山东大学党委书记李守信、常务副书记李建军、常务副校长王琪珑、总会计师曹升元，即墨市委书记、青岛蓝色硅谷核心区管委会党工委书记刘赞松等出席签约仪式。

同日　经学校研究，决定成立山东大学碳纳米材料工程应用研究中心。慈立杰任中心主任。该中心为依托材料科学与工程学院的非实体性科研机构。

2014年

7月

同日　经学校研究，决定成立山东大学卫生经济实验与公共政策研究中心。王健任中心主任(兼)。该中心为依托公共卫生学院的非实体性科研机构。

11日　香港城市大学校长郭位率团访问山东大学。山东大学党委书记李守信会见了代表团一行。

24日　2014年全国学生定向越野锦标赛在贵州闭幕，山东大学定向越野队在比赛中夺得赛事男子团体冠军。

27日　弗吉尼亚理工大学副校长Karen DePauw、Guru Ghosh访问山东大学。山东大学校长张荣会见来访客人，党委常务副书记李建军出席相关活动。

8月

1日　由山东大学外国语学院组织翻译、山东人民出版社出版的《大中华赋》中外文对照版新书发布会在第二十四届全国书博会上举行，国家新闻出版广电总局副局长阎晓宏、山东省副省长季缃绮出席发布会。

同日　教育部高等学校章程核准委员会审议通过了《山东大学章程》。《山东大学章程》包括序言部分和主体部分，共8章、76条，计9000余字。章程明确了举办者、办学者、教职工、学生四个法律主体之间的权利义务，规范了行政权力与学术权力之间的关系，突出了学校教学与科研的中心地位，体现了现代高等教育理念要求。

27日　北京外国语大学博士生导师金莉受聘山东大学特聘讲座教授仪式在洪家楼校区举行，校党委常务副书记李建军出席仪式并为金莉教授颁发聘书。

29日　山东大学学校领导2014年暑期读书班暨工作研讨会在威海校区举行。本次会议围绕学习贯彻落实教育部直属高校工作咨询委员会第24次全体会议以及深化教育领域综合改革相关文件精神，重点就学校学科与队伍建设、人才培养等方面的综合改革工作进行了深入讨论，并对新学期重点工作进行了交流。校党委书记李守信、校长张荣出席并先后主持会议。

本月　山东省社会科学优秀成果评奖委员会公布了省第二十八次社会科学优秀成果奖获奖成果，山大共有44项研究成果获奖，其中重大成果奖2项、一等奖8项、二等奖18项、三等奖16项。获奖数创历史新高，占全省获奖总数的16.5%。

9月

3日　首届董治安先秦两汉文学与文献研究奖颁奖典礼在山东大学中心校区举行，来自全国各高校的5名青年学者分别获得特等奖和一、二等奖。全国高等院校古籍整理研究工作委员会主任、北京大学中文系安平秋教授，山东大学副校长陈炎出席典礼并致辞。董治安先生夫人、山东大学文学与新闻传播学院钱曾怡教授，山东大学终身教授曾繁仁出席活动。

10日　山东大学在中心校区知新楼A座三层报告厅隆重举行庆祝2014年教师节暨优秀教师表彰大会。山东大学党委书记李守信、校长张荣出席大会并为2014年“山东大学优秀教师”“山东大学先进教育工作者”“我最喜爱的老师”、第六届“我心目中的好导师”获得者颁奖。

13日　中共中央政治局常委、全国政协主席俞正声在山东大学与新疆籍、西藏籍学生座谈。

2014 年

9 月

17 日　台湾成功大学张守进教授等一行 4 人访问晶体材料国家重点实验室并就宽禁带半导体技术进行学术交流。

18 日　山东大学参与并负责热系统管理的 AMS 太空粒子实验取得重要进展，再次获得暗物质探测的重大发现。热科学中心程林教授受丁肇中教授委托，公布了新的实验结果，宣布 AMS 已发现 1090 亿个电子与反电子，测量的反电子分率在停止增加时的能量为 275±32 GeV，这是半个世纪以来的宇宙射线实验首次得到反电子分率的最大值。

24 日　山东大学 2014 年教育拓展工作总结表彰暨新学年启动会议在中心校区举行。山东大学党委书记李守信出席会议并为获奖者颁奖，副校长陈炎主持会议。

26 日　山东大学举行 2014 年昱鸿助学基金增加捐赠暨颁发仪式。昱鸿助学基金捐赠方代表、中国光大集团副总经理吴少华及夫人何香，中共山东省委常委、秘书长雷建国，山东大学党委书记李守信出席颁发仪式。

28 日　以山东大学土建与水利学院李术才教授为学术带头人的“地下工程岩体稳定性和灾害控制”教育部创新团队验收会在千佛山校区举行，由中国工程院院士钱七虎、周丰峻、蔡美峰等 11 名专家组成的验收组对团队建设期内的工作进行了验收。

30 日　王晨校友捐赠命名仪式在中心校区举行。山东大学医学院医学系 1980 级校友王晨在已捐赠 3000 万元人民币基础上，再次向学校捐赠 2000 万元人民币，支持建设趵突泉校区大学生活动中心。山东大学党委书记、教育基金会理事长李守信出席仪式并致辞，校长张荣出席有关活动；为感谢王晨校友的慷慨捐资，学校决定命名即将建设的趵突泉校区大学生活动中心为“山东大学王晨会堂”。

10 月

6 日　由山东大学举办的“中国现代高等教育之源——登州文会馆 150 周年纪念”学术研讨会在中心校区举行。山东省委常委、宣传部部长孙守刚，教育部社科司司长张东刚出席研讨会并致辞。立青文教基金会大陆地区代表、中国社会科学院世界宗教研究所研究员叶涛，登州文会馆校友、山东大学堂教习仲伟仪之孙仲维畅分别发言。山东大学党委书记李守信主持开幕式，校长张荣代表学校致辞。

由山东大学举办的“中国现代高等教育之源——登州文会馆 150 周年纪念”学术研讨会在中心校区举行

10 日　根据教育部党组部署要求，教育部赴山东大学巡视组向学校反馈了巡视工作情况。

11 日　山东大学薛禹胜教育基金捐赠仪式在千佛山校区举行。山东大学校长张荣，中国工程院院士、国网电力科学研究院名誉院长薛禹胜校友和夫人潘正珏出席捐赠仪式。

12 日　山东大学校长张荣在中心校区会见了诺贝尔物理学奖获得者丁肇中教授一行。双方进行了亲切交流，就下一步长期合作达成共识，丁肇中教授将与山东大学一起继续利用国际空间站上的阿尔法磁谱仪（AMS）这个前所未有的实验平台，进行深入持久的探测研究。

同日　由山东大学与哈佛燕京学社联合主办的“全球化视野下的中国高等教育史暨登州文会馆 150 周年国际学术研讨会”在山东大学中心校区举行。哈佛燕京学社社长裴宜理（Elizabeth Perry）、山东大学校长张荣出席研讨会并致辞。

14 日　国家电网特高压奖学基金“特高压电网奖学金”首次颁奖仪式在山东大学千佛山校区举行。特高压奖学基金理事、秘书长，国家电网公司对外联络部主任李凯，特高压奖学基金理事代表、国网山东省电力公司党委书记蒋斌，山东大学校领导方宏建出席仪式。

15 日　《友情和墨香——臧克家和他的师友们》发行仪式在山东大学中心校区举行。山东大学党委副书记尹作升出席仪式，并代表山东大学向臧克家先生亲属赠送《友情和墨香——臧克家和他的师友们》一书 400 册。臧克家先生长子、山大哲社学院臧乐源教授参加仪式。

2014 年 10 月 15 日，山东大学举行《友情和墨香——臧克家和他的师友们》发行仪式

18 日　第十届全国概率统计会议在山东大学中心校区开幕。中科院院士，中国数学会概率统计学会理事长马志明、中科院数学与系统科学学院严加安研究员、北京师范大学陈木法教授、山东大学彭实戈教授等出席开幕式。

同日　美国加州圣何塞州立大学校长 Mohammad H. Qayoumi 率团访问山东大学济南校区、青岛校区，校长张荣会见来访客人，并与对方签署了校际合作意向书。

2014 年

10 月

21 日　山东大学—卡罗林斯卡医学院合作研究实验室揭牌仪式在趵突泉校区举行。山东大学校长张荣与卡罗林斯卡医学院校长 Anders Hamsten 签署两校合作研究实验室协议，并共同为山东大学—卡罗林斯卡医学院心血管研究合作实验室、肿瘤合作研究实验室、干细胞合作研究实验室和全球卫生研究合作中心共 4 个实验室揭牌。

22 日　经学校研究，决定成立山东大学体育产业研究中心。孙晋海任中心主任（兼）。该中心为依托体育学院的非实体性科研机构。

同日　经学校研究，决定成立山东大学智慧健身协同创新中心。孙晋海任中心主任（兼）。该中心为依托体育学院的非实体性科研机构。

24 日　山东大学 2014 年体育文化节暨田径运动会开幕式在山东大学兴隆山校区体育场举行。山东大学党委书记李守信，党委常务副书记李建军，党委副书记尹作升，副校长张永兵、陈炎，总会计师曹升元等出席开幕式。

27 日　山东大学—卡罗林斯卡医学院干细胞研究合作实验室在第二医院正式挂牌启用，这是卡罗林斯卡医学院在中国的第一个双方共同核准挂牌的合作实验室。山东大学副校长陈子江、卡罗林斯卡医学院中国合作项目专员李奈林出席揭牌仪式并致辞。

28 日　经学校研究，决定成立中日韩合作研究中心。陈炎任中心主任。该中心为依托外国语学院的非实体性科研机构。

30 日　经学校研究，决定成立威廉姆森法律、经济与组织研究中心。奥利弗·威廉姆森（Oliver Williamson）任名誉主任，乔岳任中心主任。该中心为依托经济学院的非实体性科研机构。

31 日　山东大学 2014 年度潍柴动力奖学金颁奖仪式在中心校区举行。潍柴动力股份有限公司副总裁佟德辉，山东大学总会计师、教育基金会副理事长曹升元出席颁奖仪式。

本月　山东省社会科学界联合会公布表彰第八届山东省社会科学突出贡献奖和学科新秀奖获奖学者，山东大学刘大钧教授、张可礼教授获突出贡献奖，冯文娜副教授获学科新秀奖。

本月　山东大学申请的“大辛庄遗址出土青铜器保护修复项目”和“山东大学博物馆馆藏陶器保护修复项目”获得财政部、国家文物局、教育部批准，国家补助的 72 万元重点文物保护专项资金已划拨到位。山东大学是唯一通过国家文物局审批获得可移动文物保护专项资金的高校单位。

11 月

7 日　山东大学第十四届国际文化节在中心校区举行。本次文化节共有来自山大 100 多个国家的近千名留学生参加。

12 日　2014 年度山东省政府“齐鲁友谊奖”颁奖仪式在济南舜耕山庄举行。山东大学人文社科一级教授金光亿（KIM KWANG OK）获奖并参加颁奖仪式。省委常委、常务副省长孙伟和国家外专局副局长刘延国共同为获奖专家颁发获奖证书和奖牌。

15 日　山东大学 2015 届毕业生就业秋季双选会在中心校区体育馆举行，共有 480 余家用人单位，山东大学及省内外其他高校近 7000 名毕业生参加。

2014年

11月

同日　山东大学晶体材料国家重点实验室深圳基地、国家糖工程技术研究中心深圳研发中心、大数据联合实验室启用揭牌仪式在深圳虚拟大学园产业化大楼举行。山东大学总会计师曹升元、深圳市科技创新委员会副主任邱宣出席揭牌仪式并共同为实验室、工程技术研发中心揭牌。

17日　山东大学2014年度光华奖学金颁奖仪式在中心校区举行，50名博士研究生、120名硕士研究生和96名本科生获得表彰。

20日　经学校研究，决定成立山东大学电子商务研究中心。该中心为依托计算机科学与技术学院（软件学院）的非实体性科研机构。决定成立山东大学社会组织与社会治理研究中心。于萍任中心主任。该中心为依托政治学与公共管理学院的非实体性科研机构。

21日　山东大学二届五次教代会主席团（扩大）会议在中心校区明德楼举行。会议讨论研究了《职工住宅物业服务社会化改革汇报提纲》《山东大学岗位绩效工资调整方案》和《关于增加离退休（退职）人员离退休补贴（生活费）情况汇报》。

同日　2014年“中国梦・山大情”研究生合唱比赛在圣昆仑音乐厅举行。最终，数学学院、管理学院、经济学院夺得特等奖，化学与化工学院、护理学院、医学院、控制科学与工程学院、环境科学与工程学院荣获一等奖，药学院等六个学院荣获二等奖，历史学院等七个学院荣获三等奖。

23日　山东大学第三十三次学生代表大会和第十五次研究生代表大会在中心校区召开。山东大学校长张荣、校领导方宏建出席开幕式。大会选举产生了新一届学生委员会和研究生委员会。

25日　中央社会主义学院党组书记、第一副院长叶小文一行访问山东大学，出席《山东大学・中央社会主义学院合作培养“统一战线学”研究生协议》签字仪式。山东大学党委书记李守信会见了叶小文一行。中央社会主义学院副院长陈延武、袁廷华，山东大学校长张荣，山东大学终身教授赵明义出席签字仪式。

30日　山东大学校长张荣率代表团访问法国国家图书馆、英国大英图书馆。张荣代表山东大学与法国国家图书馆、英国大英图书馆分别签署了合作意向书，并与牛津大学图书馆中国馆达成初步合作意向。

12月

1日　法国法兰西学院院士程抱一先生山东大学名誉博士学位颁授仪式在法国巴黎中国中心隆重举行。山东大学校长张荣向程抱一院士颁发山东大学名誉博士学位证书并致辞。

同日　经学校研究，决定成立山东大学应用统计研究所，任燕燕任所长；该研究所为依托经济学院的非实体性科研机构。决定成立山东大学乡村旅游研究中心，王晨光任中心主任；该中心为依托管理学院的非实体性科研机构。

2日　应中国常驻联合国教科文组织代表团大使衔代表张秀琴邀请，山东大学校长张荣一行到巴黎联合国教科文组织总部参观并会谈。张秀琴对张荣一行到访表示欢迎，联合国教科文组织愿意与山东大学共同搭建国际人文交流合作平台，在未来接收山东大学学生到教科文组织参观和实习。

2014 年

12 月

4 日　山东大学校长张荣率团访问英国牛津大学，并会见了牛津大学校长安德鲁·汉密尔顿(Andrew Hamilton)，共同商讨了多学科、全方位推进两校校际合作事宜。

5 日　山东大学二届五次教代会主席团会议在中心校区举行。会议讨论审议了《青岛校区教职工住房选购实施办法》。

8 日　美国著名经济学家、诺贝尔经济学奖获得者 Myron S. Scholes 教授和中国科学院院士、山东大学彭实戈教授在山东大学中心校区分别作了题为"Financial Innovation: The Years Ahead"和《从布莱克—斯科尔斯公式到非线性期望》的学术报告。

9 日　根据《关于开展 2014 年山东大学博士研究生学术新人奖评选工作的通知》要求，经博士生本人申请，指导教师同意，培养单位审核推荐，专家组评审，评选出 2014 年山东大学博士研究生学术新人奖获得者 40 人，学校对获奖博士研究生一次性资助 1.5 万元。

同日　经学校研究，决定成立山东大学中国虹计划协同创新中心，袁东风任中心主任，江铭炎任中心常务副主任，该中心为依托信息科学与工程学院的非实体性科研机构；决定成立山东大学—亥姆霍兹生物技术研究所，张友明任所长，聘请山东大学特聘教授、德国科学技术院院士 Rolf Mueller 任名誉所长，负责德方事务，该研究所为依托微生物技术国家重点实验室的非实体性科研机构。

13 日　由山东大学和香港经济学会联合主办的第八届香港经济学会双年度国际会议在山东大学开幕。来自中国、美国、英国、澳大利亚、新加坡等国家和地区的专家学者汇聚山大，共同聚焦中国经济的热点问题。

16 日　2008 年诺贝尔文学奖获得者、法国著名文学家勒克莱齐奥先生，2012 年诺贝尔文学奖获得者、山东大学讲座教授莫言先生做客第三期山东大学文学大讲堂，以"文学与人生"为题进行了精彩对话。

17 日　经学校研究，决定成立山东大学威高研究院。赵玉璞任院长，聘李永刚任副院长，石元昌任副院长。该中心为依托威海校区的非实体性科研机构。

19 日　学校党委常委会研究通过《山东大学校长办公会会议制度》《中共山东大学党委常委会会议制度》《中共山东大学委员会全体会议制度》。

20 日　学校印发《山东大学教职工劳动纪律与考勤管理办法》。

22 日　山东大学王晨齐鲁医学奖学基金捐赠仪式在中心校区明德楼举行。山东大学党委书记、教育基金会理事长李守信会见王晨校友并在仪式上向王晨校友颁发捐赠证书。

23 日　齐鲁医院创始人聂会东雕像落成，这也是第一座纪念齐鲁医院历史人物的雕像。雕像高 265 厘米，宽 165 厘米，北邻求真楼，面向新兴楼，背靠广智亭。

聂会东(1855～1925)，山东大学齐鲁医院创始人，美国长老会传教医师、医学博士。1855 年 5 月 8 日出生于美国宾夕法尼亚州的布鲁斯伯格镇，1877 年毕业于耶鲁大学，1880年入宾夕法尼亚大学医学部学习，1883年5月毕业。1883年秋偕夫人伊丽莎白·西蒙顿以美国长老会传医会传教医生身份来到中国登州(蓬莱)开展医疗服务和教育。1890年，受教会派遣来到济南创立华美医院(齐鲁医院前身)。筹建创办济南共合医道学堂、山东基督教共合大学、齐鲁大学。曾担任齐鲁大学校长、中国医学传教协会主席，是中国现代医学实践、医学教育和医学科研的主要奠基者。1922年，因病返回美国，1925年2月7日病逝于美国费城。

2014年
12月

26日　山东大学2014年度校长奖学金暨国家奖学金颁奖典礼在中心校区举行。校长张荣出席典礼并为本年度校长奖学金获得者颁奖。校领导方宏建出席典礼并为国家奖学金获奖学生代表颁奖。

31日　山东大学正式向社会发布了《山东大学2014届毕业生就业质量报告》。山东大学2014届毕业生共10771人[未含港澳台毕业生及山东大学(威海)本科生]，毕业生总体就业率为94.68%。其中，本科毕业生6237人，就业率为93.91%；硕士毕业生3890人，就业率为95.58%；博士毕业生644人，就业率为96.74%。

本月　山东大学2015届毕业生推荐免试攻读硕士研究生工作已经结束。按照公开、公正、公平和程序严格的原则，山大共有1682名优秀应届本科毕业生获得免试攻读研究生资格。

本月　国务院学位委员会第三十一次会议通过国务院学位委员会第七届学科评议组成员名单。山东大学八位专家获聘，分别为(按学科顺序)：黄少安、刘玉安、陈炎、方辉、刘建亚、梁作堂、徐现刚和陈子江。

2015年
1月

1日　山东大学新闻网发表山东大学党委书记李守信、山东大学校张荣发表2015年新年献词——《勇于担当，开拓奋进》，总结2014，寄语2015。

5日　学校颁布《山东大学本科学生海外学习经历管理办法》《山东大学本科生第二校园学习经历管理办法》。

6日　首届CES-iCAN-SHOW自主创新作品展评与四十八届CES国际消费类电子产品展览会教育创新专场在美国拉斯维加斯同期举行。来自山东大学信息科学与工程学院李鹏、张波同学率领的两个创新团队分别荣获赛事颁发的“国际青年创新人才奖”，这是山东大学目前为止在大学生物联网竞赛方面获得的国际最高荣誉和奖项。

7日　山东大学校长张荣到青岛市调研，与青岛市委书记李群、市长张新起座谈，并到青岛校区调研指导工作，推动校区建设。

同日　学校颁布《山东大学人文社会科学重点研究基地管理办法》《山东大学信访工作规定》。

同日　经学校研究，决定成立山东大学环境与社会考古实验室，方辉任实验室主任。该实验室为依托历史文化学院的非实体性科研机构。成立山东大学—IBM大数据分析研究中心，刘允刚任中心主任；该中心为依托控制科学与工程学院的非实体性科研机构。

2015 年

1 月

9 日　中共中央、国务院在北京召开 2014 年度国家科学技术奖励大会，中共中央总书记、国家主席、中央军委主席习近平等党和国家领导人出席奖励大会并为获奖人员颁奖。山东大学共获得三项国家科学技术奖，其中数学学院刘建亚教授等完成的“自守形式与素数分布的研究”项目荣获国家自然科学二等奖；土建与水利学院李术才教授等完成的“隧道与地下工程重大突涌水灾害治理关键技术及工程应用”项目荣获国家科技进步二等奖；此外，山东大学齐鲁医院作为第二完成单位参与完成的“肝胆胰腹腔镜手术技术体系及应用”项目获得国家科技进步二等奖。

同日　中国共产党党员，中国社会科学院荣誉学部委员，山东大学终身教授，著名哲学家、中国哲学史专家、文化史专家、儒学泰斗庞朴先生在济南逝世，享年 87 岁。

庞　朴

庞朴(1928～2015)，字若木，原名声禄。江苏淮阴人。著名哲学家、中国哲学史专家、文化史专家、儒学泰斗。中国共产党党员，中国社会科学院首批荣誉学部委员、山东大学终身教授，“孔子文化奖”获得者。1950～1974 年，在山东大学工作，历任助教、讲师；1952～1954 年，中国人民大学哲学系研究生。1974 年，调《历史研究》杂志社工作，后任《历史研究》主编。曾受聘为联合国教科文组织《人类科学文化发展史》国际编委、美国哈佛大学东语系客座教授、北京大学特聘教授；2005 年 12 月，受聘为山东大学特聘教授，2010 年 5 月受聘为山东大学终身教授。

庞朴先生长期从事中国哲学史、思想史、文化史等方面的教学和研究，学术成就卓然，影响深远。20 世纪 60 年代，庞朴先生和葛懋春先生以鲁春龙笔名发表系列文章，探讨中国传统文化和古代哲学，在学术界崭露头角，引人注目。70 年代，庞朴先生提出了“火历”说，再现了一种遗佚已久的上古历法，获得天文史学界的高度评价。80 年代，庞朴先生率先发出注重文化史研究的时代呼声，作为文化热的灵魂人物和领军人物推进了文化研究热潮。90 年代，庞朴先生致力于中国辩证思想的研究，提出了“一分为三”说，揭示了中华文化的密码和精髓；同时期庞朴先生对马王堆帛书和郭店楚墓竹简的研究，解开了思孟五行说等千古谜团，博得了海内外学者普遍赞誉，成为当今学界所推重的权威学者。进入 21 世纪，庞朴先生特别重视传统文化的普及和弘扬，主持“儒学小丛书 100 种”的撰写工作，以求学问的上学而下达，让人们从中获得安身立命的真谛。

作为在海内外有着广泛影响的著名学者，庞朴先生 2004 年受邀重新加盟山东大学，创建山东大学儒学研究中心，推动儒学的教育、研究、传承与传播，极大提升了山东大学在全球儒学界的影响力。儒学研究中心创办的《儒林》杂志、“儒林”沙龙、“儒学全球论坛(2005～2010)”，反响巨大，广为学界同仁所称道。2010 年山东大学在儒学研究中心的基础上，成立儒学高等研究院，庞朴先生担任院学术委员会主任。同年 9 月，在山东曲阜召开的第三届世界儒学大会上，庞朴先生被授予当今儒学研究领域的最高奖项“孔子文化奖”，以表彰他在该领域研究中所作出的杰出贡献。重返山大以后，庞朴先生先后主持了《儒家学案(系列)》《20 世纪儒学通志》《中国儒学通志》《儒学小丛书》等儒学研究重大课题，选题持重允当，成果蔚然可观，广受学界好评。2014 年 8 月，庞先生凭借 30 多年的对于传统文化的坚守与倡导，以高龄之身牵头组织当代名家主编经典普及读本等业绩，被评为全国书博会“年度主题读书人物”。

庞朴先生是近 30 年来儒学研究最具代表性的人物，是近 30 年来儒学复兴的主要推动者和引领者。他所取得的学术成就在中国当代学术史上留下了重要篇章。

10 日　由《山东大学学报》（哲学社会科学版）编辑部和人文社会科学研究院联合召开的“哲学社会科学前沿问题暨 2015 年选题研讨会”在中心校区举行。

11 日　按照中央部署和中央督导组安排，山东大学党委常委班子 2014 年度民主生活会在中心校区知新楼校董厅召开。教育部党组副书记、副部长杜玉波，中央督导组组长祝家麟到会指导并讲话，教育部巡视办主任贾德永，教育部人事司副司长魏士强，山东省委组织部副部长、省国资委党委副书记时培伟，山东省委高校工委副书记齐秀生等出席会议。山东大学党委书记李守信主持会议，代表党委常委班子作对照检查并作总结讲话。校长张荣通报了学校党的群众路线教育实践活动整改落实情况，党委常务副书记李建军通报了民主生活会前征求意见情况。

14 日　《山东大学应届本科生推荐免试硕士研究生管理办法》经学校研究通过，即日起执行。

15 日　著名华人经济学家、美国耶鲁大学管理学院金融经济学终身教授、北京大学经济学院“千人计划”教授、中国金融博物馆首席顾问陈志武教授访问山东大学，并做客经济学院“高级经济学系列讲座”，为山大学子带来两场学术讲座。

同日　2014 年度山东大学“十佳（优秀）网站”评选结果揭晓。山大文化网等 10 个网站被评为“2014 年度山东大学十佳网站”，山东大学本科生院等 19 个网站被评为“2014 年度山东大学优秀网站”，孟丽等 40 人获得“2014 年度山东大学网络文化建设与管理先进个人”称号。

同日　山东大学 2014 年度网络新闻宣传优秀组织单位、先进个人、优秀（十佳）通讯员、优秀（十佳）作者、优秀学生记者评选揭晓，共有 34 个单位被评为网络新闻宣传优秀组织单位，34 人被评为先进个人，田玉清等 10 人被评为十佳通讯员，28 人被评为网络新闻宣传优秀通讯员，王欣等 10 人被评为十佳作者，26 人被评为网络新闻宣传优秀作者，30 人被评为优秀学生记者。

16 日　由山东大学新闻中心主办的山东大学“2014 年度十件大事”评选揭晓。(1)《山东大学章程》获教育部核准颁布，学校综合改革及“三定”工作启动；(2)学校获三项国家科学技术奖，“973”计划项目获得新突破，2013 年度 SCIE 收录论文数列全国高校第 8 位，自然科学研究实力再上新台阶；(3)尼山世界文明论坛首次在山东大学举办，学校获 42 项国家哲学社会科学年度项目，立项数量全国高校排名第二，人文社科研究取得新进展；(4)举行纪念登州文会馆 150 周年系列活动，山大办学传统得到进一步确认和传承；(5)校友企业家、知名学

2015年

1月

者、校友班级等纷纷捐资助学，捐赠文化呈现新态势；(6)青岛校区首批学科布局和科研机构设置确定，启动运行进入实质阶段；(7)威海校区建设三十周年，校区发展稳步推进；(8)七名专家入选国家第十批“千人计划”，人才队伍建设取得新进展；(9)山大参与的AMS太空粒子实验取得重要进展，学校与世界顶尖高校和研究机构深入开展科学研究，对外合作进入新阶段；(10)教育实践活动和教育部巡视整改落实工作取得阶段性成效，党建工作扎实推进。

17日 《中国民俗文化发展报告2014》发布会在山东大学中心校区举行。文化部民族民间文艺发展中心主任李松，政策法规处处长王学文，华中师范大学副校长、国家文化产业研究中心主任黄永林，华中科技大学特聘教授兼中国乡村治理研究中心主任贺雪峰，山东大学人文社科一级教授刘铁梁，山东省文化厅副厅长王廷琦，齐鲁师范学院副校长刘德增，山东省民俗学会副会长张从军，济南市历城区人大常委会党组书记、常务副主任阴波等领导专家出席发布会并发言。

18日 山东大学与海易集团全面合作暨山东大学海易研究院揭牌仪式在日照举行。山东大学党委常务副书记李建军、海易集团董事长付崇文等出席揭牌仪式。

20日 山东省委宣传部与山东大学共建新闻学院座谈会在山东大学中心校区举行。

21日 第二十二届国际历史科学大会新闻发布会在山东大学中心校区举行。国际历史学会主席玛丽亚塔·西塔拉、中国史学会会长张海鹏、山东大学校长张荣出席发布会并分别致辞。山东大学副校长陈炎主持会议。

同日 中共山东大学第十三届纪律检查委员会第二次全委会讨论通过《山东大学关于加强重点部位、关键环节监督工作的暂行办法》，即日起贯彻实施。

22日 山东省科学技术奖励大会在济南召开，会议表彰了山东省荣获2014年度国家科学技术奖和省科学技术奖的单位和个人，省委书记姜异康，省委副书记、省长郭树清等领导出席会议并为获奖代表颁奖。山东大学副校长韩圣浩作为获奖单位领导出席大会，荣获国家自然科学二等奖的数学学院刘建亚教授、荣获国家科技进步奖二等奖的土建与水利学院李术才教授以及荣获山东省科学技术奖的部分代表上台领奖。

23日 根据与美国莱斯大学国际合作工作需要，决定将山东大学碳纳米材料工程研究中心更名为山东大学—莱斯大学碳纳米材料工程应用研究中心，慈立杰任中心主任。

同日 经学校研究，决定成立山东大学糖科学协同创新中心，郭忠武任中心主任；成立中国金融风险量化研究的协同中心，彭实戈任中心主任；成立山东大学风险治理与应急管理研究中心，马奔任中心主任；成立山东大学企业文化研究中心，王德胜任中心主任。

28日 由教育部新闻办、新闻宣传中心主办的全国教育系统新媒体工作推进会举行。山东大学荣获“2014年度教育系统新媒体宣传综合力十强”称号。

本月 山东省省直机关精神文明建设委员会发布了《关于命名表彰2014年度省直文明单位的通报》，齐鲁医院被授予“2014年度省直文明单位”称号。

2015 年

1 月

本月　山东省自然科学学术创新奖评选揭晓，第二医院妇科主任朱琳荣获2014 年山东省自然科学学术创新奖人才类一等奖。

本月　山东省人民政府公布了 2014 年度山东省有突出贡献的中青年专家名单，山东大学材料科学与工程学院朱波教授、物理学院司宗国教授、齐鲁医院陈玉国教授、经济学院胡金焱教授入选。

2 月

1 日　山东大学—莱斯大学碳纳米材料联合研究中心揭牌暨两位碳纳米材料专家受聘山东大学客座教授授予仪式在中心校区举行。参加“碳纳米材料工程应用国际研讨会”的中国科学院院士解思深教授出席授予仪式。山东大学副校长韩圣浩参加活动，并为莱斯大学 Pulickel M. Ajayan 教授和楼峻副教授颁发了山东大学客座教授聘书。

同日　由山东大学和美国莱斯大学共同主办的“碳纳米材料工程应用国际研讨会”在中心校区举行。1 月 31 日，山东大学校长张荣会见了与会的部分专家学者代表。本次大会由中科院物理所解思深院士和中科院物理所成会明院士担任名誉主席，莱斯大学校方代表 Pulickel M. Ajayan 教授担任学术主席，山东大学“千人计划”特聘教授慈立杰担任执行主席。

2 日　为整合海内外的研究力量，促进全球汉籍合璧与传播工程开展，提升国际汉学合作研究水平，决定成立国际汉学研究中心。郑杰文任中心主任。

同日　山东大学在美国首个孔子学院——加州大学圣芭芭拉分校孔子学院揭牌仪式在美国加州圣芭芭拉市举行。山东大学党委书记李守信与加州大学圣芭芭拉分校校长杨祖佑共同为孔子学院铜牌揭幕。国家汉办主任、孔子学院总部总干事许琳发来贺信。中国驻洛杉矶总领事刘健、圣芭芭拉市代理市长 Gregg Hart，加州大学圣芭芭拉分校师生及有关社会人士出席此次活动。

12 日　山东大学校长张荣受邀访问英国约克大学，与该校校长 Koen Lamberts 会面并就推动两校紧密合作进行会谈。约克大学副校长 John A Robinson 出席活动。

13 日　山东省委、省政府领导才利民、夏耕等分别走访慰问山东大学老同志。山东大学常务副校长王琪珑、副校长张永兵一同走访。

本月　教育部公布 2013、2014 年度“长江学者奖励计划”特聘教授、讲座教授名单，山东大学陈炎、吴臻、彭军三位教授入选 2013、2014 年度“长江学者”特聘教授，迟洪波和张平两位教授入选“长江学者”讲座教授。截至目前，山东大学共有 28 位“长江学者”特聘教授，16 位“长江学者”讲座教授。

本月　山东省公布第二批“泰山学者攀登计划”专家名单，山东大学陈代荣、张怀金两位教授入选。至此，共有 6 位山大学者当选“泰山学者攀登计划”专家。

本月　山东省人民政府办公厅公布了新一批山东省引进海外高层次人才名单，山东大学 7 人入选，被授予“泰山学者海外特聘专家”称号。截至目前，已有 79 名专家通过山东大学申报并荣获“泰山学者”称号。此次山东大学入选泰山学者海外特聘专家的是：生命科学学院谭保才教授，计算机科学与技术学院引进的德国萨尔大学郭炅教授、以色列耶路撒冷希伯来大学达尼・里奇斯

2015 年

2 月

(Daniel Lischinski)教授,齐鲁证券金融研究院引进的美国西北大学蒋文新教授,材料科学与工程学院引进的美国莱斯大学楼峻副教授,齐鲁医院引进的瑞典卡罗林斯卡学院曹义海教授、挪威卑尔根大学王剑研究员。

本月　由山东大学肖金明教授任首席专家投标的《推进党内法治建设理论与实践创新研究》获研究阐释党的十八届四中全会精神国家社科基金重大项目立项。

本月　全国高校"礼敬中华优秀传统文化"系列活动评选结果揭晓,山东大学"中华文化体验与教育活动"获评全国十佳示范项目。

本月　中国科协发布"关于公布 2014 年度优秀全国科普教育基地的通知",山东大学(威海)天文台暨威海市天文台获评 2014 年度优秀全国科普教育基地。

3 月

3 日　山东大学新学期工作会议在中心校区明德楼二层报告厅召开。

同日　美国心脏学会 EPI/Lifestyle2015 科学年会在巴尔的摩召开,会上颁布了"2014 年度十佳论文"奖。山东大学公共卫生学院教师王霞在《英国医学杂志》(*BMJ*)发表的论文"Fruit and vegetable consumption and mortality from all causes,cardiovascular disease,and cancer:systematic review and dose-response meta-analysis of prospective cohort studies"入选,并被邀请为美国心脏学会 Fellow。

4 日　山东大学在趵突泉校区召开纪念方春望同志 100 周年诞辰座谈会,缅怀纪念原山东医科大学校长、名誉校长方春望教授。副校长张永兵,原山东医科大学校长王琰璧,原山东医科大学部分老领导、老专家、方春望同志子女及生前友好出席座谈会。

5 日　根据《山东大学关于开展第一批精品教材建设立项工作的通知》(山大教字[2014]67 号)的要求,学校认真组织了推荐评审工作,共评出 45 本(套)教材为山东大学第一批精品教材。

6 日　山东大学在中心校区举行庆祝"三八"国际劳动妇女节暨表彰大会,会上对 2014 年度山东大学"三八红旗手""三八红旗集体""妇女工作先进个人"进行了表彰。校党委书记李守信出席大会并致辞,校党委常务副书记李建军、总会计师曹升元出席大会。医学院马春红、物理学院戴瑛、管理学院杨蕙馨、校医院李玉、护理学院张慧、化学院孙国翠、就业发展中心王铁英、口腔医学院王旭霞、电气学院陈青、图书馆袁晓红 10 人当选"三八红旗手",财务部、第一幼儿园、第二附属中学、中华传统文化研究与体验基地、马克思主义学院 5 个单位当选"三八红旗集体",机械学院刘琰、材料学院王丽君、政管学院兰华、口腔医学院石海英、经济学院马燕 5 人当选"妇女工作先进个人"。

11 日　根据学科发展需要,决定将山东大学中国软实力研究所更名为山东大学社会稳定风险评估研究中心,姜杰任中心主任;决定成立山东大学传播与媒介研究中心,刘明洋任中心主任;决定成立山东大学税务经济研究中心,李华任中心主任;为整合多学科的研究力量,提升政府预算管理研究水平,经学校研究,决定成立山东大学政府预算绩效评价研究中心,李齐云任中心主任。

2015 年

3 月

12 日　应奥地利维也纳大学邀请，山东大学党委书记李守信率团访问该校，并参加维也纳大学 650 周年校庆庆典及校庆系列活动。

17 日　为整合多学科研究力量，加强足踝部疾病诊断和治疗的新技术、新理念研究，提升踝部疾病及相关领域的研究及治疗水平，决定成立山东大学足踝外科研究中心，胡勇任中心主任；为整合海内外科研力量，加强南亚政治、经济、历史等领域研究，提升南亚研究水平，决定成立山东大学南亚研究中心，张淑兰任中心主任；为适应国家海洋发展战略需求，加强海洋权益保护研究，提升海洋法、海商法研究水平，决定成立山东大学海洋海事法研究所，张晏瑲任研究所所长。

18 日　山东大学副校长陈子江应邀率团访问以色列希伯来大学，全面拓展两校合作关系。访问期间，代表团分别会见了希伯来大学科研副校长 Isaiah Arkin、国际事务副校长 Aharon Friedman。

20 日　山东大学（威海）第五届教职工代表大会暨工会会员代表大会开幕。山东大学党委副书记、山东大学（威海）党委书记仝兴华致开幕辞，山东大学副校长、山东大学（威海）校长韩圣浩作威海校区工作报告，山东省教育工会主席宋志明应邀出席会议并讲话。

21 日　由儒家文明协同创新中心主办的儒学文献整理与研究高端论坛在山东大学中心校区举行。山东大学副校长陈炎出席论坛开幕式并致欢迎辞。

同日　儒家文明协同创新中心理事会 2015 年度会议暨中心主任联席会在山东大学召开。山东大学校长张荣，国际儒联秘书长牛喜平，中国孔子基金会理事长、秘书长王大千，山东省委宣传部副部长、山东省文化厅厅长徐向红，以及来自各协同单位的理事代表清华大学副校长谢维和、浙江大学副校长罗卫东、四川大学副校长晏世经、华东师范大学副校长汪荣明等出席会议。山东大学副校长陈炎主持会议。

23 日　诺贝尔物理学奖获得者、山东大学特聘教授、德国于利希研究中心 Peter Grünberg 教授学术报告暨交流音乐会在山东大学中心校区圣昆仑音乐厅举行。

同日　为进一步联合海内外相关研究力量，汇聚融合创新资源，经学校研究，决定将儒学与中华文化复兴协同创新中心更名为儒家文明协同创新中心。陈炎任中心主任。

24 日　由山东大学、山东省结核病防治中心、山东省胸科医院共同承办的“世界防治结核病日”主题宣传活动在山东大学中心校区举行。山东省副省长王随莲出席活动，山东大学校长张荣会见了王随莲一行。济南市副市长巩宪群、山东省卫生和计划生育委员会副主任左毅、山东大学副校长张永兵参加活动。

25 日　山东大学校长张荣会见美国芝加哥大学校长 Robert J. Zimmer。芝加哥大学负责国际交流事务的协理副校长 Michael Kulma 参加会见。

27 日　“我们共同的价值观”四德工程进校园首场活动走进山东大学，山东卫视《新杏坛》栏目邀请台湾大学哲学系傅佩荣教授为山大师生讲述“遇见最好的自己”。山东省委宣传部副部长林建宁，山东广播电视台副总编辑潘士强，中国孔子基金会副秘书长邢成湖，山东大学党委副书记陈向阳出席讲座。

2015 年

3 月

28 日　山东大学 2015 届毕业生就业春季双选会在中心校区体育馆举行，本次双选会是今年上半年学校举办的最大的一场双选会，共有来自 20 多个省份的 630 多家用人单位和来自山大及省内外其他高校的 9800 多名学生参加。山东大学校领导方宏建出席双选会。

本月　国家留学基金管理委员会公布了 2015 年优秀本科生国际交流项目(以下简称"优本项目")的评审结果。山东大学有 16 个项目获得批准，其中包括与加州大学伯克利分校、昆士兰大学以及曼彻斯特大学等高校合作的项目，56 名本科生将获得中国政府奖学金出国留学，创山大国家公派留学本科生人数新高。

本月　物理学院赵明文课题组在二维拓扑绝缘体研究方面取得新进展，相关研究成果以"Giant topological nontrivial band gaps in chloridized gallium bismuthide"为题发表在 *Nano Letters* 15，1296-301(2015)上。Nano Letters 是纳米领域的著名期刊，影响因子为 12.94。

本月　晶体材料国家重点实验室刘宏教授课题组材料光催化性能提升方面研究又获新进展，相关研究成果以"Enhanced Ferroelectric-Nanocrystal Based Hybrid Photocatalysis by Ultrasonic Wave Generated Piezo-phototronic Effect"为题发表在材料领域著名期刊 *Nano Letters*(IF 12.94＝)(2015，DOI：10.1021/nl504630j)上，这是刘宏教授课题组在光催化研究方面获得的又一重要研究成果。

本月　第六届全国大学生数学竞赛总决赛在华中科技大学举行，山东大学共有五名学生参加了本次决赛。其中，电气学院本科生王应谦获非数学类全国一等奖，泰山学堂本科生刘克刚、张世垚获数学类全国二等奖，电气学院本科生朱长春获非数学类全国二等奖，材料学院本科生李传召获非数学类三等奖。同时，山东大学荣获优秀组织奖。

本月　齐鲁医院副院长胡三元教授、普外科副主任张光永副教授和中国人民总医院、天津南开医院共同完成的"肝胆胰腹腔镜手术技术体系及应用"项目荣获 2014 年国家科学技术进步奖二等奖。

本月　科技部公布了 2014 年创新人才推进计划入选名单，山东大学医学院马春红教授、环境科学与工程学院张建教授入选中青年科技创新领军人才。截至目前，山东大学共有 6 位专家入选国家创新人才推进计划。"创新人才推进计划"由科技部等八部委组织实施，旨在贯彻落实《国家中长期人才发展规划纲要(2010～2020 年)》，通过创新体制机制、优化政策环境、强化保障措施，培养和造就一批具有世界水平的科学家、高水平的科技领军人才和工程师、优秀创新团队和创业人才，打造一批创新人才培养示范基地，加强高层次创新型科技人才队伍建设，引领和带动各类科技人才的发展，为提高自主创新能力、建设创新型国家提供有力的人才支撑。

本月　教育部公布了直属高校(单位)2014 年享受政府特殊津贴人员名单，山东大学共有 13 位教授入选。此次入选的专家分别是：计算机科学与技术学院陈宝权教授、张彩明教授，历史文化学院陈尚胜教授，齐鲁医院陈玉国教授，晶体材料研究所何京良教授，经济研究院黄凯南教授，机械工程学院刘战强教

2015 年

3 月

授，威海校区韩国学院牛林杰教授，数学学院吴臻教授，口腔医学院徐欣教授，控制科学与工程学院张焕水教授，生命科学学院张玉忠教授，法学院周长军教授。国务院政府特殊津贴是国务院对于高层次专业技术人才和高技能人才的一种奖励制度，政府特殊津贴人员选拔工作由人力资源和社会保障部组织，每两年评选一次。

4 月

2 日　中央统战部六局在山东大学千佛山校区召开部分驻济高校统战部部长座谈会，就高校统战工作进行调研。中央统战部六局副局长张明、山东大学党委副书记陈向阳出席座谈会，中共山东省委统战部巡视员王晓炜主持座谈会。

同日　为落实国务院关于推进大众创新创业要求，进一步完善关于支持“大众创业，万众创新”的相关政策措施，山东省科技厅在山东大学召开“大众创业，万众创新”座谈会。座谈会前，山东大学校长张荣会见了山东省科技厅厅长刘为民。刘为民、山东大学副校长韩圣浩出席座谈会。

3 日　经学校研究，决定将医学 MBA 学院和卫生管理与政策研究中心合并成立山东大学医药卫生管理学院。该学院为学校直属独立建制的教学科研机构。学院的管理模式、人员编制、干部职数依据学校医学学科总体改革情况另行核定。因学科建设等工作需要，对外可继续使用卫生管理与政策研究中心的名称。

7 日　“一带一路”智库合作联盟理事会成立会议暨专题研讨会举行。会上，山东大学亚太研究所被批准为中国“一带一路”智库合作联盟理事单位，山东大学亚太研究所所长杨鲁慧教授被聘为“一带一路”智库合作联盟理事会理事。

10 日　山东高等学校优质课程共享联盟成立大会暨第一届理事会在山东大学中心校区举行。山东大学发起联盟是为了解决高等教育发展的不均衡和优质教育资源相对缺乏等问题，希望通过推进线上线下相结合的混合式教学模式，推进高校在教学理念和教学方法方面进行大规模、深层次改革。会议审议通过了“山东高等学校优质课程共享联盟章程”，召开了联盟第一届理事会，推举山东大学为联盟理事长单位，选举中国海洋大学、中国石油大学(华东)、山东师范大学、山东农业大学和曲阜师范大学作为副理事长单位。第一届联盟理事会还包括山东中医药大学、山东财经大学、山东青年政治学院、齐鲁工业大学、青岛大学、青岛理工大学、济南大学、临沂大学、聊城大学、鲁东大学等 16 个理事单位。联盟秘书处设在山东大学。会议还讨论了共享平台建设问题，讨论修改了委托运营协议。会议决定由山东大学牵头制订 2015 年工作计划和今后 3 年的发展规划，经理事会讨论后执行。

同日　第六届全国高等医学院校大学生临床技能竞赛(华东赛区)在浙江大学紫金港校区举行。由山东大学 2009 级临床医学七年制专业的韩盼盼同学和 2010 级临床医学五年制专业的谭海宁、薛郑泽、张文星同学组成的山东大学代表队发扬沉着应战、团结协作的精神，凭借扎实的理论知识、娴熟的技能操作、出色的临场发挥，在华东六省一市 29 支参赛队伍中脱颖而出，以优异战绩荣获特等奖，并将于 5 月份参加全国总决赛。

2015 年

4 月

12 日　由山东大学计算机学院与软件学院院长陈宝权教授担任首席科学家的国家重点研发计划（“973”计划）“城市大数据计算理论和方法”项目启动会在山东大学软件园校区举行。山东大学副校长韩圣浩出席启动会。

13 日　第二十二届国际历史科学大会领导小组会议在北京中国社会科学院会议中心举行。中国社会科学院院长、党组书记王伟光，党组成员、副院长李培林，山东省委常委、常务副省长孙伟，山东大学校长张荣，教育部国际合作司参赞罗平等出席会议。

14 日　第二十二届国际历史科学大会山东省支持保障工作协调小组第一次会议在山东大厦召开。山东省委常委、常务副省长孙伟主持会议。

15 日　山东大学 2014 年度研究生科汇奖学金颁奖仪式在山东大学千佛山校区举行，共有 29 名研究生获得 2014 年度研究生科汇奖学金。校领导方宏建出席仪式并致辞。

同日　由儒家文明协同创新中心主办的“儒家文明与当代中国”学术研讨会在北京举行。中心管理委员会主任、山东大学副校长陈炎出席会议。

16 日　山东大学物理学院孙振东教授等对分子基本存在形式的研究取得了重要进展，相关论文“Separation and conversion dynamics of nuclear-spin isomers of gaseous methanol”在线发表于《自然一通讯》(*Nature Communications*，6:6877,DOI:10.1038/ncomms7877)。

17 日　国家重点基础研究发展计划（“973”计划）青年科学家专题项目“复叶发育的分子调控网络研究”项目启动会在山东大学中心校区举行。该项目由山东大学生命科学学院周传恩教授担任首席科学家。

18 日　由山东大学化学与化工学院承办的 2013～2017 年教育部高等学校化学类专业教学指导委员会和大学化学课程教学指导委员会联席会议在中心校区举行。中科院院士、化学类专业教学指导委员会主任、厦门大学郑兰荪教授，中科院院士、大学化学课程教学指导委员会主任、北京大学副校长高松，山东大学总会计师曹升元出席开幕式并致辞。

20 日　为整合海内外研究力量，加强中外宗教与文化研究，提升宗教学研究水平，经学校研究决定成立山东大学饶宗颐宗教与中国文化研究所。聘请饶宗颐教授为研究所名誉所长，李炽昌任研究所所长，傅有德任执行所长。该中心为依托于犹太教与跨宗教研究中心的非实体性科研机构。

21 日　山东省首批签约文艺评论家聘任仪式在济南举行。山东大学丛新强、马兵、贺仲明、甘险峰等 4 人受聘山东省首批“签约文艺评论家”。首批签约文艺评论家共 30 人，聘期为三年。

22 日　《山东大学申请招收博士生人员认定工作实施办法（试行）》经学校研究通过，即日起执行。

同日　为加强企业品牌策划、传播、管理等研究，提升品牌科学研究水平，经学校研究，决定成立山东大学品牌管理研究中心，王兴元任中心主任。

23 日　为整合多学科研究资源，服务地方经济发展，促进产学研深度结合，提升区域经济的规划和研究水平，经学校研究，决定成立山东大学规划与发展研究中心，余东华任中心主任。该中心为依托于经济学院的非实体性科研机构。

2015 年

4 月

同日　经研究生培养单位申报、学校研究，决定资助哲学与社会学学院等22 个培养单位实施 2015 年“山东大学博士研究生高端学术讲坛”项目。

24 日　由山东大学数学学院与控制科学与工程学院联合举办的随机系统状态估计与最优控制学术研讨会在中心校区举行。中国科学院院士、山东大学彭实戈教授，教育部“长江学者”特聘教授、控制学院张焕水教授等知名专家学者出席活动。

同日　由山东大学党委学生工作部、研究生工作部、团委和图书馆联合举办的山东大学图书馆文化节在中心校区举行启动仪式。副校长陈炎出席仪式并宣布图书馆文化节开幕。2015 年，山东大学图书馆文化节以“品读，视野，创意，分享”为主题，将持续一个月，旨在激发同学们的读书热情，倡导大家多读书，读好书，热爱图书馆，争做文明读者。文化节期间将举办“青春 · 探索”书展、文学作品征文比赛、真人图书馆、“say you · say me”图片讲述比赛、优秀影片展播、出版“山东大学图苑”文化节专刊，并开展以体现学生检索能力为主题的“书山有路”找书比赛、检索知识比赛等多项活动，还有针对读者如何利用图书馆资源和服务以及提高检索技巧等方面的专题讲座。

同日　山东大学 2015 年田径运动会在兴隆山校区体育场举行。材料科学与工程学院获得学生组团体总分第一，外国语学院、管理学院分列第二、第三。控制科学与工程学院获得男子学生组团体总分第一，外国语学院获得女子学生组团体总分第一。后勤工会获得教工组团体总分第一，齐鲁医院工会、机关工会分列第二、第三。护理学院等 10 个学院获得体育道德风尚奖。

25 日　山东大学第十三届全国重点中学校长论坛在中心校区举办。本次论坛以“改革、发展与合作”为主题，吸引了来自全国各省市的近百所重点中学的校长参加。山东大学校长张荣出席开幕式并致辞，校领导方宏建主持开幕式。

同日　由山东大学中国诠释学研究中心、山东大学犹太教与跨宗教研究中心主办，山东大学哲学与社会发展学院协办的“经典与东西方解经传统”国际学术研讨暨中国现代外国哲学学会诠释学专业委员会成立大会在山东济南举行。

29 日　法国国家图书馆馆长 Bruno Racine 一行访问山东大学。校长张荣会见了 Bruno Racine 一行，并与 Bruno Racine 签署了《山东大学与法国国家图书馆合作框架协议》。

同日　由山东大学和国网山东电力公司共同发起组建的“全球能源互联网（山东）协同创新中心”合作协议签约暨揭牌仪式在山东大学举行。山东大学校长张荣出席仪式，并同国网山东省电力公司总经理蒋斌一起为中心揭牌。山东大学副校长张永兵、韩圣浩，国网山东省电力公司总工程师李荣出席相关活动。

30 日　由山东大学《文史哲》编辑部发起组织的“‘性本善’还是‘性本恶’：儒学与自由主义的对话”人文学术高端论坛在济南举行。论坛期间举行了“2014 年度人文学术十大热点”发布仪式。

本月　山东大学晶体材料国家重点实验室郝霄鹏教授课题组在氮化镓单晶生长方面取得新进展，相关研究成果发表在 *ACS Appl. Mater. Interfaces*（2015，7，4504-4510）上。该研究成果对于拓展二维材料在晶体生长领域方面的应用具有重要意义。

2015 年

4 月

本月　机关党委召开会议研究决定，对获得一、二、三等奖的 24 个党支部进行了表彰。2014 年以来，为巩固拓展党的群众路线教育实践活动成果，充分发挥机关党员在整改落实中的先锋模范作用，机关党委在各支部开展了以“服务师生，转变作风”为主题的特色党日活动。各党支部高度重视，紧扣整改方案，组织党员参与，践行党的宗旨，切实转变作风，真诚服务师生，整个活动循序渐进、扎实深入，取得了明显成效。

本月　从中华全国总工会文件《中华全国总工会关于表彰全国“五一巾帼奖状”(奖章)、全国“五一巾帼标兵岗”(标兵)的决定》中获悉，外国语学院荣获 2015 年“全国五一巾帼标兵岗”荣誉称号，这是该集体继 2014 年荣获“山东省直属高校三八红旗集体”称号之后获得的又一殊荣。

本月　材料学院边秀房教授课题组在高性能锂电池负极材料研究方面取得突破性进展，其相关研究成果“Nanoporous Germanium as High-Capacity Lithium-Ion Battery Anode”发表在能源材料领域高学术水平期刊 *Nano Energy*(IF＝10.211)(2015，DOI：doi：10.1016/j.nanoen.2015.03.039)。

本月　《文史哲》杂志和《中华读书报》联手，首度开展了“2014 年度中国人文学术十大热点”评选活动。与在济南召开的发布会同时，揭晓评选结果。(1)马克思主义与儒学的关系引起空前关注；(2)皮凯蒂《21 世纪资本论》中译本出版，以《资本论》为代表的马克思主义重回学界视野；(3)习近平在文艺工作座谈会上的讲话：文学艺术发展出现方向性转折；(4)从“燕京学堂”事件到“新清史”论争：西方学术话语体系能否准确呈现中国？(5)民国学术评价问题引发热议；(6)简帛文献等新材料的整理与研究进一步深入；(7)政治儒学与陆台新儒家之争；(8)明清钓鱼岛文献与甲午战争诗歌研究；(9)“历史虚无主义”概念引发普遍关切；(10)汤一介、庞朴、田余庆等著名学者辞世，古典学术传承问题备受瞩目。

本月　2015 年度美国大学生数学建模竞赛(MCM/ICM)评审结果正式公布，山东大学共有来自数学、计算机、软件、物理、化学、信息、材料、机械、控制、电气、土建、管理、经济等学院的 101 支参赛队报名参赛，最终获得一等奖(Meritorious Winners)8 项，二等奖(Honorable Mentions)39 项。参赛规模、获奖等级和数量均创历史新高。

本月　第七届“全国高校辅导员年度人物”评选结果揭晓，共评选出年度人物 11 名。山东大学外国语学院辅导员高弟名列其中。

5 月

4 日　《山东大学研究生课程建设试点工作方案》经学校研究通过试行。

同日　根据《山东大学关于开展教育教学综合改革立项工作的通知》(山大教字[2015]17 号)要求，在个人申报、学院推荐的基础上，学校组织专家对申报项目进行了评审，确定《国学拔尖人才培养机制创新项目》等 36 个项目为 2015 年度山东大学教育教学综合改革立项项目。其中重大项目 10 个，重点项目 20 个，培育项目 6 个。

同日　《山东大学青年学者未来计划实施办法》经学校 2015 年第七次校长办公会研究通过并印发。

5 日　全国“高校思想政治理论课教师 2014 年度影响力人物”推选活动结果正式揭晓，山东大学马克思主义理论研究中心主任、马克思主义学院博士生导师周向军教授入选全国十佳“高校思想政治理论课教师 2014 年度影响力标兵人物”。

同日　根据《关于评选山东大学 2014 年度优秀辅导员、班主任和学生工作先进个人的通知》，经个人申请、单位推荐、学校评审，并在全校范围内公示无异议，评选出于沂仟等 20 位同志为山东大学 2014 年度优秀辅导员，于洋等 29 位同志为山东大学 2014 年度优秀班主任，吕岚等 11 位同志为山东大学 2014 年度学生工作先进个人。

同日　根据《山东大学学院学生工作评价体系》等有关规定，结合日常工作开展、年度工作总结情况，经学院互评和学校综合评定并公示无异议，决定评选土建与水利学院等 10 个学院为 2014 年度本科学生思政教育与管理工作先进单位，化学与化工学院等 10 个学院为 2014 年度研究生思政教育与管理工作先进单位，护理学院等 10 个学院为 2014 年度学生资助工作先进单位，现予以表彰。表彰名单如下：

一、本科学生思政教育与管理工作先进单位

土建与水利学院、电气工程学院、经济学院、化学与化工学院、护理学院、医学院、外国语学院、历史文化学院、药学院、文学与新闻传播学院

二、研究生思政教育与管理工作先进单位

化学与化工学院、经济学院、信息科学与工程学院、机械工程学院、计算机科学与技术学院(软件学院)、外国语学院、土建与水利学院、电气工程学院、公共卫生学院、管理学院

三、学生资助工作先进单位

护理学院、化学与化工学院、土建与水利学院、法学院、电气工程学院、经济学院、生命科学学院、药学院、数学学院、文学与新闻传播学院

7 日　按照《山东大学竞争上岗选拔副校长工作方案》确定的选拔工作程序，中共山东大学第十三届委员会第三次全体会议在中心校区举行。出席这次会议的党委委员 29 人，列席 1 人。会议听取了校党委书记李守信代表常委会所作的竞争上岗选拔副校长工作报告，审议并通过了副校长拟任人选。

8 日　《山东大学研究生担任学生辅导员助理管理暂行办法》经学校研究通过，即日起遵照执行。

同日　由历史文化学院、文化遗产研究院承办的“第四届发现中国李济考古学奖学金颁奖仪式暨青年考古论坛”在山东大学举行。本次奖学金共评选出获奖者 10 名，入围奖 14 名。山东大学历史文化学院 2 名同学获奖，其中高军同学是唯一获此殊荣的本科生；另有 2 名同学获得入围奖，山东大学青年考古人协会入围公众考古奖。

9 日　山东大学校长张荣访问香港和澳门地区，与香港特区行政长官、山东大学名誉博士梁振英先生一起出席山东大学香港校友会成立十周年庆祝活动，

访问香港城市大学、香港科技大学、澳门大学等友好高校，并看望港澳地区的校董会校董、基金会理事及友好人士。

11 日　经学校研究通过《山东大学杰出人才专业技术岗位特别聘用办法》，即日执行。

12 日　在日前公布的 ESI 数据中，山东大学进入 ESI 前 1%排名的学科数达到 12 个，在国内高校学科数排名第八。这 12 个学科分别是：化学、物理、临床医学、材料科学、生物学与生物化学、工程学、药理学与毒理学、神经科学与行为、数学、环境工程与生态学、植物与动物学、社会科学总论。山东大学被引论文 27360 篇/210670 次，其中，高被引论文（Top Papers）204 篇/2098 次，平均被引数 7.7 次/篇，论文被引数在 4678 个被统计机构中列 409 名，在国内高校排名第九。环境工程与生态学、社会科学总论两学科首次进入 ESI 前 1%排名中，环境工程与生态学被引论文 400 篇/3191 次，平均被引数 7.98 次/篇。社会科学总论被引论文 197 篇/1073 次，平均被引数 5.45 次/篇。

14 日　为深入贯彻落实党的十八大和十八届三中、四中全会精神，深入学习贯彻习近平总书记关于文化建设的重要讲话精神，深化社会主义核心价值观和中华优秀传统文化宣传教育，培育校园文化品牌，推进校园文化建设，学校开展了首届校园文化建设优秀成果评选活动。经专家评审委员会评议，共评出 36 项优秀成果，其中特别奖 1 项，一等奖 5 项，二等奖 10 项，三等奖 20 项。

15 日　为贯彻落实全国科技创新大会精神，探索科教结合协同育人新模式，根据山东大学与中国科学院上海技术物理研究所签署的“科教结合协同育人”战略合作协议，经学校研究，决定由山东大学信息科学与工程学院与中国科学院上海技术物理研究所联合设立“技术物理英才班”。

16 日　第二十二届国际历史科学大会百日倒计时新闻发布会暨国际历史科学大会与中国历史学研讨会在山东大学中心校区举行。新闻发布会主要是向社会各界通报第二十二届国际历史科学大会近期会务筹备进展情况。截至 5 月份，共有来自 79 个国家和地区的近 1800 人报名参会，在参与国家数目上创历史新高。

20 日　以色列驻华大使马腾（Matan Vilnai）及耶路撒冷希伯来大学常务副校长 Asher Cohen 率团访问山东大学。山东大学校长张荣会见了马腾和 Cohen 一行，为马腾大使颁发山东大学顾问教授聘书，并与希伯来大学签署校际合作备忘录。山东大学常务副校长王琪珑、副校长陈子江出席相关活动。

22 日　第十四届“挑战杯”鲁信山东省大学生课外学术科技作品竞赛决赛在山东师范大学举行。山东大学共获得 8 项特等奖、5 项一等奖，6 件作品入围国赛，以团体总分第一名的优异成绩捧获本届赛事最高荣誉“挑战杯”，并荣获优秀组织奖。

同日　山东大学校长张荣率团访问国家深海基地管理中心，与国家深海基地管理中心主任于洪军、党委书记刘保华，就进一步推进双方深化合作展开座谈。山东大学总会计师曹升元出席座谈会。

同日　山东大学与中科院海洋所在青岛签署战略合作协议。山东大学校长张荣与中科院海洋所所长孙松代表双方签署合作协议。山东大学总会计师曹升元、中科院海洋所副所长王辉出席签约仪式。

23日　山东大学校友会第三次代表大会在青岛举行。大会选举产生了校友会第三届理事会，山东大学校长张荣当选会长。山东大学党委常务副书记李建军，校友会第二届理事会副会长、山东大学常务副校长王琪珑，中国海洋大学党委副书记、副校长、校友会常务副会长陈锐，山东大学总会计师曹升元出席大会。第二届校友会副会长李鸿阶主持大会。

24日　山东大学与中科院生态环境研究中心联合创办的首届"环境与健康菁英班"毕业典礼在中心校区举行。山东大党委书记李守信，中国科学院院士、中科院生态环境研究中心主任、山东大学环境学院名誉院长江桂斌，中国工程院院士、山东大学终身教授王文兴出席毕业典礼。

28日　首届"微生物感染与药物"中德学术研讨会期间，山东大学校长张荣会见了德国亥姆霍兹联合会感染研究中心主任 Dirk Heinz 一行，并就进一步加深合作进行座谈。

29日　由共青团中央发起的2014年度"中国电信奖学金·天翼奖"暨"践行社会主义核心价值观先进个人"评选落下帷幕，全国共有50名学子入围。山东大学医学院2008级临床医学七年制学生霍强获此殊荣。

本月　国家第11批"青年千人计划"入选者名单公布。山东大学新增六位"青年千人计划"入选者，分别是物理学院周剑教授，生命科学学院张亮然教授、周传恩教授，材料科学与工程学院闫政教授，土建与水利学院曲冰教授，信息科学与工程学院周洪超教授。

本月　全国妇联、中国妇女研究会组织的第三届中国妇女研究优秀成果评选活动结束，由山东大学妇委会报送的两个成果获得一等奖。其中，外国语学院肖霞教授所著《元始女性是太阳——"青鞜"及其女性研究》(山东人民出版社2013年版)荣获专著类一等奖；哲社学院王鹏副教授的论文《初婚年龄的影响因素分析——基于CGSS2006的研究》(《社会》2013年第3期)荣获论文类一等奖。这是山东大学首次在该项评选中获奖。

本月　山东大学作为项目组织单位，由体育学院伊向仁教授牵头，联合北京大学、浙江大学等单位申报的2015年度国家科技基础性工作专项《老年人健康评估工具与参数规范研制》获得立项支持，项目的研究时间为5年，预算总额为1100万元。这是山东大学首次在该专项计划获得项目级别国家资助。

本月　山东大学校长张荣率团访问国家电网公司，推动校企合作。山大校友、国家电网公司董事长刘振亚会见了代表团一行。山东大学副校长张永兵、总会计师曹升元参加座谈。

本月　晶体材料国家重点实验室陶绪堂教授课题组在分子材料固相晶化过程与机理研究方面又取得新的重要进展，相关研究成果以"In Situ Microscopic Observation of the Crystallization Process of Molecular Microparticles by Fluorescence Switching"为题发表在著名期刊《德国应用化学》上(*Angew. Chem. Int. Ed.* 2015, DOI: 10.1002/anie.201503052; Angew. Chem. 2015, DOI:10.1002/ange.201503052. IF=11.336)。

2015 年

5 月

本月　孙冶方经济科学基金会在北京举行颁奖典礼，对首届(2014 年度)孙冶方金融创新奖获得者进行奖励，山东大学经济学院钱先航、曹廷求两位老师获得论文奖。此次获奖是学校银行治理研究取得的又一项重要成果。

6 月

1 日　根据《关于评选 2015 年山东大学研究生优秀学术成果的通知》要求，经个人申请、培养单位推荐、研究生院组织专家评审，共评选出 2015 年山东大学研究生优秀学术成果奖 372 项(含威海校区 10 项)，其中一等奖 21 项，奖金额度为 20000 元/项；二等奖 60 项，奖金额度为 10000 元/项；三等奖 291 项，奖金额度为 5000 元/项。

5 日　“黄河大合唱”山东大学纪念中国人民抗日战争暨世界反法西斯战争胜利 70 周年音乐会分别在山东大学圣昆仑音乐厅和山东省会大剧院上演。山东大学校长张荣、党委副书记陈向阳出席音乐会。

8 日　海洋环境模拟实验体系(Marine Environmental Chamber System，MECS)国际咨询委员会第一次会议在山东大学举行。

9 日　经学校党委第三十六次常委会议研究决定，完成了第三批“三定”单位机构调整设置。

同日　山东大学和山东省档案局联合举办的“国际档案日”进校园宣传活动暨“档案与校园文化展”在中心校区举行。展览以档案法制宣传、档案人才培训与学科建设、档案与校园文化、档案资源建设为主要内容。山东大学党委书记李守信，山东省委副秘书长、省档案局局长杜文彬出席相关活动并观看展览。

13 日　山东大学与海尔集团在兴隆山校区签署战略合作协议，共同宣布发起成立“2025 创新创业联盟”。山东省委副书记、省长郭树清，海尔集团董事局主席、首席执行官张瑞敏，山东大学党委书记李守信、校长张荣出席活动。山东大学总会计师曹升元、海尔集团副总裁王筱楠分别代表双方签署战略合作协议。山东省政府秘书长蒿峰、山东省科技厅厅长刘为民、共青团山东省委书记张涛、山东省教育厅副厅长王坦、山东省科学技术协会副主席纪洪波参加活动。

16 日　在 2015 年山东大学学位评定委员会第一次会议上，由国际事务部牵头，依托政治学与公共管理学院申报的全英文交叉学科——“中国学”硕士课程项目论证方案获得全票通过。自此，历经多年酝酿和近两年的筹备，山东大学“中国学”学科终于揭开了崭新的一页。之后，经教育部“中国学位与研究生教育信息网”公示及国务院学位办备案后，山东大学中国学学科将正式设立。

17 日　由中国博士后基金会组织的第 57 批中国博士后科学基金面上资助评审结果公布，山东大学孙华臣等 25 位博士后获一等资助，每人资助金额 8 万元；杨宏力等 59 位博士后获二等资助，每人资助金额 5 万元。山东大学共获基金资助额 495 万元，列全国高校第 2 位，创学校历史新高。

18 日　首届中华学子青春国学荟启动仪式在山东大学中心校区举行。共青团中央书记处书记傅振邦，山东大学党委书记李守信，山东省政府副秘书长、办公厅主任王华，共青团山东省委书记张涛出席仪式。

21 日　中美大学校长论坛在美国休斯敦莱斯大学举行。国务院副总理刘延东、教育部部长袁贵仁出席论坛并致辞。山东大学校长张荣参加论坛。

2015 年

6 月

25 日　2015 年度国家社会科学基金年度项目和青年项目立项名单公布，山东大学 37 项课题获准立项，在全国高校中排名并列第三位。其中重点项目 1 项，一般项目 29 项，青年项目 7 项，一般项目立项数位列全国高校第一位，三类项目立项经费总额为 755 万元。

同日　首届中国"互联网＋"大学生创新创业大赛山东大学选拔赛在软件园校区举行，31 日上午在中心校区举行颁奖仪式。山东大学副校长胡金焱出席颁奖仪式并代表竞赛组委会讲话。

26 日　山东大学 2015 年本科生毕业典礼暨学位授予仪式在中心校区体育馆隆重举行。山东大学学位评定委员会成员依次为全体本科毕业生颁发了学位证书。

同日　中、日、韩合作研究高端论坛暨山东大学中日韩合作研究中心揭牌仪式在山东大学中心校区举行。揭牌仪式前，山东大学校长张荣在明德楼会见厅会见了参加揭牌仪式的各位嘉宾。山东大学副校长韩圣浩出席会见和揭牌仪式，并在仪式上致辞。

27 日　山东大学 2015 年研究生毕业典礼暨学位授予仪式在中心校区体育馆隆重举行。5151 名山东大学研究生毕业生一起奔赴毕业盛典，唱响毕业颂歌。山东大学学位评定委员会成员依次为博士毕业生、硕士毕业生授学位并与毕业生合影。

29 日　日本著名政治评论家森田实访问山东大学，受聘为山东大学名誉教授并演讲。校长张荣出席聘任仪式并为森田实教授颁发聘书，副校长韩圣浩主持仪式。

7 月

2 日　由山东省海外联谊会、台湾夏潮联合会主办，山东大学、台湾师范大学东亚文化与汉学研究中心承办的第一期鲁台中华教育论坛在山东大学中心校区举办。中共山东省委常委、统战部部长吴翠云，山东大学校长张荣，中华两岸和平发展联合会副主席、台湾夏潮联合会评议长陈福裕等参加开幕式并致辞。中共山东省委统战部常务副部长孙传宏主持开幕式，中共山东省委统战部巡视员亓同秋主持闭幕式，台湾夏潮联合会会长许育嘉全程参加论坛。

同日　华东地区大学出版社协会第八届二次理事会议在山东大学出版社召开。31 名理事及理事单位代表出席会议。山东大学党委常务副书记李建军、国家新闻出版广电总局图书出版管理司副司长许正明、教育部社科司出版管理处处长林丽出席会议。版协理事会会长、上海交通大学出版社社长韩建民主持会议。

3 日　中国航天科技集团公司第九研究院第十三研究所（航天十三所）所长、中国科学院院士王巍访问山东大学。山东大学校长张荣会见了王巍院士一行。

6 日　根据工作需要和考察情况，经部党组研究，拟任命刘建亚、李术才、胡金焱三位同志为山东大学副校长（试用期一年），现予公示。

7 日　中国全面深化体育改革理论研讨会在山东大学举行，会议由国家体育总局主办，山东大学承办。会议主题为"全面深化体育改革：新机遇，新挑战，新常态”。国家体育总局政策法规司司长刘岩、群众体育司司长刘国永、经济司司长刘扶民、人事司副司长李业武、竞技体育司副司长刘爱杰、甘肃省体育局局长杨卫、山东省体育局副局长李政等出席会议。

8 日　山东大学济南港华奖学基金捐赠仪式在中心校区举行。仪式前，山东大学校长张荣会见香港中华煤气有限公司常务董事、行政总裁陈永坚一行。副校长张永兵代表学校接受捐赠，并向济南港华燃气有限公司董事长郑岩颁发捐赠证书；总会计师曹升元主持捐赠仪式。

10 日　由济南市人民政府、山东大学、山东省科学技术厅共建的山东工业技术研究院签约暨揭牌仪式在山东大学中心校区举行。山东省委常委、济南市委书记王文涛，山东大学党委书记李守信，校长张荣出席仪式。

12 日　山东大学召开党委理论学习中心组(扩大)会议，围绕“三严三实”专题教育进行第一专题集体学习。校党委书记李守信主持会议并讲话。校长张荣出席会议。

13 日　山东大学召开党委理论学习中心组(扩大)会议，围绕“严以修身，加强党性修养，坚定理想信念，把牢思想和行动的‘总开关’”这一主题，进行“三严三实”专题教育第一专题研讨。校党委书记李守信主持会议并作发言交流。校长张荣出席会议。

同日　山东大学 2015 年暑期学校在各校区正式拉开序幕。2015 年暑期，学校以“国际化，创新性，开放式，综合性”为导向，重新设计暑期学校项目和内容，凝练特色，提高水平。今年全校共开设了 151 个课程(项目)，涵盖了创新创业训练、实践实训、通识教育、双学位教育和专业国际化课程五大模块。

14 日　根据《高等学校重点实验室建设与管理暂行办法》(教技[2003]2 号文)有关规定，为更好地促进实验室发展，加强实验室管理，经密码技术与信息安全教育部重点实验室推荐，学校研究决定，增补王明强教授担任密码技术与信息安全教育部重点实验室副主任。

15 日　为整合海内外研究力量，促进美国经济和中美经贸关系研究，提升世界经济和国际贸易学科研究水平，经学校研究，决定成立山东大学美国经济研究中心，张丽娟任中心负责人；为整合多学科的研究力量，加强我校信用理论与信用实践问题研究，助推社会信用体系建设，经学校研究，决定成立山东大学信用研究中心，陈新岗任中心负责人；为整合多学科的研究力量，加强管理案例库建设，提升管理案例开发、案例教学和案例研究水平，经学校研究，决定成立山东大学管理案例中心，杨蕙馨任中心负责人；为进一步提高我校纳电子产业自主创新能力，提升纳电子工程研究水平，经学校研究，决定成立山东大学纳电子工程研究中心，宋爱民任中心主任；为整合多方优势资源，以山东电网为依托进行能源互联网研究实践，提升能源互联研究水平，经学校研究，决定成立山东大学全球能源互联网(山东)协同创新中心，刘玉田任中心主任。

18 日　山东大学党委常务副书记李建军一行赴菏泽市进行考察调研，与菏泽市委书记、市人大常委会主任孙爱军，菏泽市委常委、常务副市长段伯汉，菏泽市委常委、市委秘书长尹玉明进行座谈，并赴山大附中实验学校(定陶)进行了工作调研。

2015 年

7 月

19 日　为更好地促进学校事业发展，搭建与地方合作发展平台，促进我校科技创新和成果转化，推进创新创业教育，培养学生的创业意识、创业精神和创新创业能力，提高人才培养质量，提升服务校友水平，对接优质社会资源，经学校研究，决定成立山东大学北京研究院。该研究院挂靠合作发展部。

21 日　江西省教育厅厅长叶仁荪一行来山东大学调研工作。山东大学党委常务副书记李建军与叶仁荪一行进行座谈，山东省教育厅副厅长王坦参加座谈。

同日　2015 年青少年高校科学营山东大学分营开营仪式在中心校区举行。中国科协青少年科技中心副主任单长勇、山东省科协巡视员林兆谦、山东大学校领导方宏建出席活动。

同日　2015 年全国大学生桥牌锦标赛在湖北工程学院举行，经过激烈角逐，山东大学桥牌队最终荣获女子组团体冠军、男子组第七名，综合男、女两个组成绩列全部参赛 57 所高校第一名。此外，山东大学桥牌女队还获得了代表中国大学生参加 2016 年在波兰举行的第八届世界大学生桥牌锦标赛的资格。

24 日　山东大学校长张荣赴济南市高新区管委会洽谈合作事宜，并与济南市高新区党工委书记马玉星进行座谈。山东大学副校长张永兵、韩圣浩，高新区管委会副主任崔志强出席座谈会。

同日　山东大学校长张荣在中心校区会见禹城市委书记张安民、市长张磊一行，双方进行了座谈交流。

27 日　新疆喀什大学党委书记、副校长徐源智一行来山东大学调研工作，山东大学副校长张永兵与徐源智一行进行了座谈。新疆喀什大学党委副书记胡明一同来访。

28 日　第四届中国—东盟大学校长论坛在新加坡国立大学举行。中国—东盟中心秘书长杨秀萍、东盟大学联盟执行副主任 Choltis Dhirathiti 出席论坛并致辞。山东大学常务副校长王琪珑参加论坛。

同日　山东大学合作建设的新加坡南洋理工大学孔子学院举办成立十周年庆典活动。山东大学校长张荣在活动前专门致贺信，祝贺孔子学院成立十周年，常务副校长王琪珑应邀率团出席活动。

本月　山东大学校长张荣率团访问亚利桑那州立大学，与亚利桑那州立大学校长 Michael Crow、分管知识产业发展的副校长 Sethuraman Panchanathan、分管科技和工程科学的校长助理 William Petuskey、分管国际科研合作的校长助理 Stephen Feinson、亚利桑那州立大学基金会主席 Rick Shangraw 等进行了座谈。

本月　山东大学物理学院纳电子中心对基于柔性薄膜超高频电子器件的研究取得重要成果，相关论文“Flexible indium-gallium-zinc-oxide Schottky diode operating beyond 2.45 GHz”于 7 月 3 日在线发表于 *Nature Communications*(doi:10.1038/ncomms8561)。

本月　山东大学团员青年 2015 年暑期“三下乡”社会实践活动全面启动。全校 1330 支立项团队主动践行社会主义核心价值观，以“勤学、修德、明辨、笃实”为纲，坚持“四进四信”，深入生活，扎根人民，直面时代，勇担重任，在“中国梦”的实践中谱写着青春最华美的乐章。

2015 年

7 月

本月　山东大学 2015 年本科招生录取工作圆满结束。学校高度重视 2015 年招生录取工作，对招生录取工作提出高标准、严要求。山东大学校长张荣到招生录取现场看望工作人员，指导录取工作，校党委副书记陈向阳、副校长陈炎全程参与、领导招生录取工作。

8 月

1 日　第二十二届国际历史科学大会新闻网正式上线。该网站旨在配合大会官方网站，全面展现、记录大会盛况，搭建新闻宣传集中展示平台，为大会营造良好的舆论氛围。

6 日　第五届中俄矿山深部开采岩石动力学高层论坛暨中俄深部岩石力学与工程科技联合常设论坛在山东大学(威海)举行。中国工程院院士钱七虎、周丰峻、蔡美峰，中国科学院院士宋振骐、何满潮，俄罗斯科学院院士 V. Oparin、M. A. Guzev，中国工程院二局副局长阮宝君，中国岩石力学与工程学会主席冯夏庭，辽宁大学校长潘一山等出席论坛，论坛开幕式由山东大学副校长李术才主持。

17 日　芝加哥大学校长 Robert J. Zimmer 访问山东大学，山东大学校长张荣会见来访客人，双方举行了谅解备忘录续签仪式。

23 日　第二十二届国际历史科学大会在山东济南正式拉开帷幕。国家主席习近平发来贺信，向会议的召开表示热烈祝贺，向国际历史学会主席玛丽亚塔・希耶塔拉女士等与会的历史学家表示诚挚的欢迎。国务院副总理刘延东出席开幕式，宣读习近平贺信并致辞。习近平在贺信中说，历史研究是一切社会科学的基础，承担着“究天人之际，通古今之变”的使命。重视历史、研究历史、借鉴历史，可以给人类带来很多了解昨天、把握今天、开创明天的智慧。

第二十二届国际历史科学大会在山东济南正式拉开帷幕

27 日　为纪念抗日战争胜利七十周年，“抗战中的山大人”图片展在中心校区举行。山东大学党委书记李守信、校长张荣，副校长胡金焱出席活动；校党委常务副书记李建军也专程观看了图片展。

28 日　由教育部高校自动化类专业教学指导委员会主办、山东大学承办、飞思卡尔半导体公司协办的第十届全国大学生“飞思卡尔”杯智能汽车竞赛全国总决赛在山东大学体育馆举行。第十届全国大学生“飞思卡尔”杯智能汽车竞赛全国总决赛组委会主任、山东大学副校长胡金焱出席开幕式并致辞，教育

2015年

8月

部高校自动化类专业教指委主任委员、山东科技大学副校长周东华教授，教指委副主任、上海交通大学李少远教授等参加活动。

29日　第二十二届国际历史科学大会闭幕式在山东大学中心校区圣昆仑音乐厅举行。国际历史学会主席(2010～2015)玛丽亚塔·希耶塔拉教授、国际历史学会秘书长(2010～2015)罗伯特·弗兰克教授、新任国际历史学会主席(2015～2020)Andrea Giardina教授、新任国际历史学会秘书长(2015～2020)Catherine Horel教授、中国史学会会长张海鹏、山东大学党委书记李守信、山东大学校长张荣出席闭幕式。中国史学会秘书长、中国社会科学院近代史研究所所长王建朗教授主持闭幕式。

30日　山东大学2015年学校领导暑期读书班在青岛校区举行。李守信、张荣出席并分别主持会议。

本月　全国高校实践育人暨创新创业现场推进会在湖北黄冈举行，教育部、人力资源和社会保障部、国有资产监督管理委员会等三部委联合为山东大学等50家首批“全国高校实践育人创新创业基地”授牌，教育部党组副书记、副部长杜玉波出席会议并致辞，山东大学校领导方宏建参加会议。

本月　国家科技基础性工作专项重点项目“老年人健康评估工具与参数规范研制”实施方案论证暨项目启动会在山东大学中心校区举行。山东大学为项目承担单位，体育学院伊向仁教授担任项目负责人，项目总经费1100余万元。项目责任专家组组长、中国人民解放军总医院李小鹰教授，专家组副组长、山东省立医院赵家军教授出席会议。

9月

1日　加拿大新斯科舍省省长Stephen McNeil先生及达尔豪斯大学副校长Martha Crago女士一行访问山东大学。山东大学校长张荣、常务副校长王琪珑分别会见来访代表团一行。副校长张永兵、刘建亚参加相关活动。

2日　山东大学召开党委理论学习中心组(扩大)会议，围绕“三严三实”专题教育，以“严以律己，严守党的政治纪律和政治规矩，自觉做政治上的‘明白人’”为主题，进行第二专题集体学习，将中央近期查处的严重违纪违法案件为反面教材，以警示教育党员干部从中汲取深刻教训，引以为戒，警钟长鸣。校党委书记李守信主持会议并讲话。

2015年9月2日，山东大学党委举行“三严三实”专题研讨会

2015 年

9 月

3 日　2015 年是中国人民抗日战争暨世界反法西斯战争胜利 70 周年。为隆重纪念抗战 70 周年，中共中央、国务院以“铭记历史、缅怀先烈、珍爱和平、开创未来”为主题举办了一系列抗战胜利 70 周年纪念活动。山东大学教师响应中央号召，积极投身各级政府和学校组织的抗战纪念活动，并通过广播电视、报纸、网络、微博、微信等平台，收听收看了 9 月 3 日上午举行的抗战 70 周年纪念大会和阅兵典礼盛况，聆听了习近平总书记的重要讲话。总书记在纪念大会上的重要讲话和盛大的阅兵典礼，在教师中引起强烈反响。

4 日　这是山东大学 2015 级新生报到的第一天，山东大学党委书记李守信、校长张荣分别到洪家楼校区、软件园校区迎新现场检查指导工作，详细了解新生报到情况，并为“农村贫困地区专项计划”录取考生赠送书籍。

6 日　由中共山东省委高校工委、中共山东省委老干部局主办，新华网山东频道、老干部之家杂志社、山东大学党委宣传部承办的“一百个家庭抗战故事”高校巡展在山东大学中心校区启动。中共山东省委高校工委副书记黄琦、山东大学党委常务副书记李建军、中共山东省委老干部局副局长吕德义出席启动仪式。

10 日　山东大学庆祝 2015 年教师节暨优秀教师表彰大会在中心校区知新楼报告厅举行。2015 年“山东大学优秀教师”“山东大学先进教育工作者”、第七届“我心目中的好导师”“我最喜爱的老师”获得者分别登台接受表彰并发表获奖感言。在中央党校学习的山东大学党委书记李守信委托大会表达对获奖教师的祝贺，并向全校广大教职工致以最深切的节日问候。校长张荣、党委常务副书记李建军出席大会并为获奖者颁奖。常务副校长王琪珑主持大会，副校长韩圣浩，总会计师曹升元，副校长李术才、胡金焱等出席大会。

12 日　山东大学作为牵头单位和首席专家单位的国家“863”计划重点项目“四足仿生机器人”项目启动会在济南召开。科技部高技术研究发展中心副主任王琦安出席活动并致辞。会前，山东大学校长张荣会见了王琦安一行。

同日　2015 年全国大学生电子设计竞赛经过答辩、全国测评、复测、公示，山东大学共获得全国一等奖 2 项，全国二等奖 5 项，山东省一等奖 19 项，山东省二等奖 14 项，山东省三等奖 8 项。其中，王晓然、刘嘉琦、亓晓雯《短距视频信号无线通信网络(G 题)》，申俊志、侯林、王经纬《风力摆控制系统(B 题)》分别获得全国一等奖。

16 日　为整合多学科的研究力量，加强职业经理人建设研究，提升职业经理人职业化管理、培训研究水平，经学校研究，决定成立山东大学职业经理人研究中心，罗新华任中心主任。

18 日　在武汉举行的中国期刊交易博览会暨 2015 全国百强报刊新闻发布会上，公布了 2015 年全国百强报刊名单，《山东大学学报》(理学版)入围。这是《山东大学学报》(理学版)继荣获由山东省人民政府评选的首届及第二届山东省新闻出版精品奖“报纸期刊奖”(是唯一获奖的自然科学学术期刊)、2014 年获第二届山东省新闻出版奖优秀集体奖之后，获得的又一项殊荣，标志着《山东大学学报》(理学版)在全国学术界和期刊界的地位和影响又迈上了一个新台阶。

2015 年

9 月

23 日　第三届中信置业杯中国女子围棋甲级联赛山东大学站在山东大学中心校区举行。本次比赛由中国围棋协会主办，山东大学承办，旨在发展中国传统文化，使围棋文化进一步地融入到校园文化中。中国围棋协会主席王汝南，山东大学党委副书记仝兴华、副校长胡金焱出席相关活动。

24 日　“山东大学一青岛高新区共建大学生创新创业基地合作协议”签约仪式暨山东大学项目路演活动在青岛高新区盘谷创客空间举行。签约现场还举行了“青岛高新区—山东大学蓝贝青苹果孵化基地”和“山东大学—青岛高新区大学生创新创业实践基地”揭牌仪式。山东大学副校长胡金焱出席活动并致辞。

同日　为鼓励优秀新生继续刻苦学习、早日成才，根据《关于评选山东大学2015 年优秀新生奖学金的通知》，经学校研究，决定对 2015 级郝高扬等 28 名高考成绩优秀学生颁发山东大学“优秀新生奖学金”。

25 日　山东大学 2015 级新生开学典礼在中心校区体育馆举行。中国工程院院士、山东大学终身教授王文兴、张运，山东大学终身教授赵明义，校党委书记李守信，校长张荣，校党委常务副书记李建军，常务副校长王琪珑，党委副书记仝兴华，副校长韩圣浩，总会计师曹升元，副校长刘建亚出席活动。副校长胡金焱主持开学典礼。

28 日　“维岳崧高——纪念蒋维崧先生 100 周年诞辰”系列活动在山东博物馆开幕。中国书法家协会副主席、山东省书法协会名誉主席张业法宣布纪念活动正式开幕。中国书法家协会副秘书长张陆一、中共山东省委宣传部副部长李建军、山东大学副校长胡金焱、省文联党组书记于钦彦、省书协主席顾亚龙等出席开幕式并讲话。

同日　2015 年 IEEE\RSJ 国际智能机器人与系统会议(IROS 2015)在德国汉堡会议中心举行。山东大学水中机器人团队受邀参加相关活动，并在同期举行的 2015 水中机器人国际邀请赛中夺得亚军。

29 日　山东大学校长张荣访问荷兰莱顿大学，与莱顿大学校长 Carel Stolker 进行座谈，推动校际合作。

同日　山东大学老教授协会召开会议，回顾总结了协会成立以来的工作，通过产生了新一届老教授协会。校党委常务副书记李建军到会祝贺。

同日　山东省“中国梦・我们的价值观”百姓宣讲团巡回宣讲活动山东大学专场在中心校区举行。百姓宣讲团成员讲述了他们亲身经历的事情，与山大师生分享了他们的人生感悟。

本月　全国哲学社会科学规划办公室公布 2015 年度“国家哲学社会科学成果文库”入选名单，山东大学经济研究院王凤荣教授、哲学与社会发展学院林聚任教授、历史文化学院顾銮斋教授的 3 项成果入选，入选数量与北京大学、复旦大学等并列高校第一。

本月　山东省教育厅发布了“关于公布第九届山东省本科高等学校教学名师的通知”，山东大学哲学与社会发展学院李芹教授、生命科学学院王仁卿教授、数学学院蒋晓芸教授、文学与新闻传播学院张树铮教授、医学院李振中教授榜上有名。至此，山东大学共有 29 位教师先后获得“山东省教学名师”荣誉称号。

2015 年

9 月

本月　山东省第二十九次社会科学优秀成果奖获奖名单公布，山东大学 38 项成果获奖，其中重大成果奖 2 项、一等奖 3 项、二等奖 15 项、三等奖 18 项。哲学与社会发展学院高鉴国教授的《中国慈善捐赠机制研究》和历史文化学院范学辉教授的《宋代三衙管军制度研究》因入选 2014 年度《国家哲学社会科学成果文库》获重大成果奖。

本月　山东省社科联公布第九届山东省社会科学突出贡献奖、山东省社会科学学科新秀奖获奖名单，山东大学文学与新闻传播学院马龙潜教授获得山东省社会科学突出贡献奖，可持续发展研究中心袁学良副教授获得山东省社会科学学科新秀奖。

本月　在日前公布的 ESI 数据中，山东大学免疫学(immunology)首次进入 ESI 前 1%排名中，被引论文 447 篇/3747 次，平均被引数 8.38 次/篇。至此，山东大学进入 ESI 前 1%排名的学科数达到 13 个。这 13 个学科分别是：化学(chemistry)、物理(physics)、临床医学(clinical medicine)、材料科学(materials science)、生物学与生物化学(biology & biochemistry)、工程学(engineering)、药理学与毒理学(pharmacology & toxicology)、神经科学与行为(neuroscience & behavior)、数学(mathematics)、环境与生态学(environment/ecology)、免疫学(immunology)、动植物科学(plant & animal science)、社会科学综合(social sciences, general)。目前，山东大学进入 ESI 前 1%排名的学科数在国内高校排名第八。

本月　根据 2015 年度教育部公布的人文社会科学研究一般项目的评审结果，山东大学 24 项一般项目获准立项，其中规划基金项目 14 项，青年基金项目 10 项，立项数量在全国高校中居第八位，到账经费达到 214 万元，与去年同期的 140.25 万元相比有大幅提升，也反映出山东大学大力实施人文社会科学研究繁荣发展计划取得实效。

10 月

2 日　山东大学校长张荣赴德国访问萨尔大学、亥姆霍兹联合会药物科学研究所并与亥姆霍兹感染研究中心签署正式合作协议，与萨尔大学、亥姆霍兹感染研究中心签署三方合作备忘录。根据合作协议，山东大学与亥姆霍兹感染研究中心将共同管理和发展山东大学—亥姆霍兹联合生物技术研究所。根据备忘录，山东大学与萨尔大学、亥姆霍兹感染研究中心将在药物研究、生物技术研究等领域加强合作，开展联合科研，促进人员交流。

6 日　U. S. News 公布了 2016 全球最佳大学排名，山东大学以总得分 54.0 分排名全球第 272 名，中国高校第 11 名，比 2015 全球最佳大学排名(343 名、14 名)分别前进了 71 名和 3 名，体现了良好的上升势头。

10 日　首批“山东大学青年学者未来计划”培养人选启动培训会在山东大学召开，54 位“未来计划”入选者参加了培训。山东大学副校长韩圣浩出席会议并讲话。

同日　山东大学机关作风领导小组成员及机关党委委员在中心校区明德楼召开会议，研讨《山东大学机关作风考核办法》，校党委副书记、纪委书记陈向阳参加会议并讲话。

2015 年
10 月

11 日　山东大学举行 2015 年度薛禹胜教育基金颁发仪式。仪式完成后，山东大学校长张荣会见了基金设立者、中国工程院院士、全球能源互联网(山东)协同创新中心学术委员会主任、杰出校友薛禹胜。国网山东电力研究院院长苏建军、副院长刘洪正，山东大学副校长李术才出席仪式。

14 日　山东大学首届国际音乐节在中心校区圣昆仑音乐厅开幕。校党委副书记仝兴华、俄罗斯新西伯利亚国立格林卡音乐学院院长古琳·康斯坦丁·米哈依诺维奇教授出席开幕式并致辞。

15 日　在山东大学建校 114 年的校庆纪念日，臧克家先生 110 周年诞辰纪念大会暨学术研讨会在山东大学中心校区知新楼校董厅隆重举行，标志着纪念臧克家先生 110 周年诞辰系列活动在山东大学正式拉开帷幕。著名诗人、中共中央原宣传部副部长、文化部代部长贺敬之先生向山东大学发来贺信，表达对臧克家先生的怀念和敬仰之情。山东大学校长张荣，中国作协副主席、书记处书记吉狄马加先生出席会议。会议由山东大学副校长胡金焱主持。

18 日　第九届国际大学生 iCAN 创新创业大赛中国总决赛在北京举行。山东大学获 4 项全国一等奖、15 项全国二等奖，4 项企业创新专项奖和 1 项优秀征文奖，获奖总数名列全国所有参赛学校的首位。

19 日　由山东大学和青岛市高新技术开发区共建的山东大学中美科技创新国际产业园签约仪式在青岛举行。青岛市委常委、副市长王广正，山东大学副校长李术才，青岛市高新技术产业开发区管理委员会副主任尚立群，青岛市教育局局长邓云锋出席仪式。

21 日　2015 中国科技论文统计结果发布会在北京举行。会议公布了 2014 年度中国高校及科研机构在国内外刊物上发表科技论文数量、被引用情况以及各学科领域论文分布和影响等统计结果。山东大学 2014 年科学引文索引扩展版(SCI)收录文献 3341 篇，其中，论文 3222 篇，在全国高等院校排名中列第 8 名，收录文献增加 910 篇，其中论文增加 850 篇，排名与去年相同。

24 日　由中国法学会主办，山东省法学会和山东大学共同承办的中日韩法律论坛在山大举行。论坛开始前，山东大学党委书记李守信、校长张荣会见了前来参会的中国法学会党组书记、常务副会长陈冀平，山东省委常委、政法委书记张江汀，山东省副省长王随莲等嘉宾。陈冀平、王随莲、张荣等在论坛上致辞。

28 日　山东大学—兰陵县人民政府产学研合作协议签约仪式在山东大学中心校区举行。山东大学常务副校长王琪珑，临沂市委组织部副部长、人才办主任李业荣出席会议并致辞。

同日　因合作方齐鲁证券有限公司更名为中泰证券股份有限公司，根据工作需要，经学校研究，决定山东大学齐鲁证券金融研究院更名为山东大学中泰金融研究院。

29 日　山东大学首个国际学生企业奖学金签约仪式在中建八局举行，双方共建的“山东大学管理学院项目管理硕士教学实践基地”正式揭牌。山东大学副校长陈子江，中建八局一公司董事长李永明，山东大学客座教授、国际项目管理协会前任主席 John Rodney Turner 出席仪式并致辞。

2015 年

10 月

30 日 山东大学第十五届国际文化节暨国际学生迎新晚会在中心校区体育馆举行。山东大学副校长陈子江出席晚会。

本月 经国家自然科学基金委相关专家通讯评审和会议答辩，教育部长江学者、“电力电子节能技术与装备”教育部工程研究中心主任张承慧教授牵头申请的 2015 年度国家重大科研仪器研制专项“动力电池综合测试与智能模拟仪器研制”获立项资助，资助金额 815.5 万元，其中直接经费 695.61 万元。这是山东大学 2015 年度在国家自然科学基金委获资助经费最高的项目。

本月 经过国家自然科学基金委员会相关专家的通讯评审和二审答辩，山东大学医学院易凡、高成江两位教授获得 2015 年国家自然科学基金杰出青年基金资助。生殖医学研究中心秦莹莹副主任医师获得优秀青年科学基金资助。

11 月

2 日 乌克兰国家科学院通讯院士、乌克兰国家科学院超硬材料研究所第十三研究室主任谢·阿·伊万赫年科教授受聘山东大学客座教授。山东大学校长张荣会见了伊万赫年科院士一行，并为伊万赫年科院士颁发聘书。

同日 山东大学召开党委理论学习中心组(扩大)会议，传达学习党的十八届五中全会精神，并就学校学习贯彻党的十八届五中全会精神工作进行部署。校长张荣主持会议并讲话。校党委常务副书记李建军就下一步学习贯彻党的十八届五中全会精神有关工作进行了部署和安排，校党委副书记陈向阳领学了《中国共产党第十八届中央委员会第五次全体会议公报》。

6 日 山东大学召开学科建设工作会议。校长张荣出席会议并讲话，中国科学院院士、校学术委员会主任彭实戈，副校长陈子江、刘建亚出席会议。

7 日 山东大学 2016 届毕业生就业双选会(秋季)在中心校区体育馆举行。这是今年下半年学校最大一场毕业生招聘会，也是“驻鲁‘211 工程’高校就业联盟”2016 届毕业生双选会的第一站。山东大学总会计师曹升元出席双选会。

11 日 山东大学 2015 年度昱鸿助学金颁发仪式在中心校区举行。山东省教育厅副厅长郭建磊、山东大学副校长刘建亚出席仪式，并为本年度受助学生颁发证书。

12 日 为深入学习贯彻党的十八届五中全会精神，帮助全省高校广大师生正确理解、准确把握会议的精神实质，进一步把思想和行动统一到中央的决策部署上来，学习宣讲党的十八届五中全会精神座谈会在山东大学中心校区召开。党的十八届五中全会文件起草组成员、中央宣讲团成员，山东省委副书记、省长郭树清作宣讲报告。山东大学党委书记李守信出席宣讲报告，校长张荣出席有关活动。

14 日 山东大学饶宗颐宗教与中国文化研究所成立典礼在中心校区知新楼举行。山东大学校长张荣，饶宗颐先生的代表、荷兰皇家科学院院士、莱顿大学中国历史学讲座教授、法国巴黎高等研究院著名汉学家施舟人教授，中央文史馆馆员、山东大学终身教授刘大钧，山东大学终身教授曾繁仁，山东大学人文社科一级教授李炳昌等出席典礼。张荣和施舟人教授共同为“饶宗颐宗教与中国文化研究所”揭牌。施舟人教授代表饶宗颐先生和饶清芬女士分别接受了由张荣颁发的名誉所长和顾问证书。

2015年
11月

16日　美国著名经济学家、2013年诺贝尔经济学奖获得者 Lars Peter Hansen 教授访问山东大学，并作了题为“Confronting Uncertainty in a Changing Environment”的报告。报告会前，山东大学校长张荣会见了 Lars Peter Hansen 教授。报告会由中国科学院院士、山东大学彭实戈教授主持。

18日　两岸暨港澳地区32所高校代表齐聚香港中文大学，参加“中文学术评鉴与发展高峰论坛”，共同商讨协力提升中文学术期刊国际影响力之大计。山东大学副校长胡金焱出席论坛，并代表山东大学签署“两岸暨港澳地区大学关于推动提升中文学术期刊地位合作协议”，加入合作联盟。

同日　山东大学召开校党委理论学习中心组（扩大）会议，深入学习贯彻党的十八届五中全会精神。校党委书记李守信主持会议并讲话，校长张荣出席会议并作专题发言。

19日　山东大学在中心校区召开深化巡视整改工作落实情况专题会议。山东大学党委书记李守信主持会议，校长张荣，校党委常务副书记李建军，常务副校长王琪珑，校党委副书记仝兴华、陈向阳，副校长张永兵、韩圣浩、陈子江，总会计师曹升元，副校长李术才出席会议。

20日　第十四届“挑战杯”全国大学生课外学术科技作品竞赛决赛在广东工业大学落幕，山东大学在主体赛事中获一等奖一项，二等奖两项，三等奖两项，并在“智慧城市”专项赛中获二等奖一项。

同日　以“用青春为中国梦点赞”为主题的山东大学研究生合唱比赛在圣昆仑音乐厅举行。

23日　以李延保为组长、马钦荣为副组长的教育部第六巡视组一行来校开展巡视整改落实回访检查，在中心校区明德楼召开汇报会。山东大学党委书记李守信在会上作学校巡视整改落实工作情况汇报；校长张荣，校党委副书记、纪委书记陈向阳参加会议。教育部巡视工作办公室副主任牛燕冰一同听取汇报。

26日　英国QS全球教育集团公布了“QS全球毕业生就业力排名”。山东大学排名全球第175名，中国大陆高校第8名。

同日　2015年度山东省政府“齐鲁友谊奖”颁奖仪式暨外国专家建言会议在山东大厦举行。山东大学国际交流首席顾问、原澳大利亚阿德莱德大学副校长约翰·泰彼林(John E. Taplin)教授获奖并参加颁奖仪式。省委副书记、省长郭树清为获奖专家颁发获奖证书和奖牌。

本月　《山东大学综合改革方案》顺利通过国家审核程序并获得正式备案，标志着学校综合改革工作进入到一个新阶段。

本月　经国家自然科学基金委相关专家通信评审和会议答辩，2015年山东大学九个项目获得国家自然科学基金重点类项目资助，立项总经费2828.2万元，立项领域涉及数学、物理学、工程材料科学、信息科学、医学等领域。其中，六个项目获得国家自然科学基金重点项目资助，另外有三个项目分别获得国家自然科学基金委大科学装置科学研究联合基金重点支持、国家自然科学基金重点国际合作项目资助、国家自然科学基金委员会与以色列科学基金会国际（地区）合作研究项目资助。

本月　全国哲学社会科学规划办公室公布了2015年度国家社科基金重大

2015 年

11 月

项目(第二批)立项名单,山东大学三课题获准立项,分别为哲学与社会发展学院洪汉鼎教授为首席专家投标的《伽达默尔著作集汉译与研究》、管理学院张玉明教授为首席专家投标的《科技型中小企业融资征信平台和数据库建设研究》、威海校区韩国学院牛林杰教授为首席专家投标的《二十世纪东亚抗日叙事文献整理与研究》。每个课题资助经费约为 80 万元。

本月　山东大学 2016 年推免工作结束。按照严格的推荐程序,山东大学有 1689 名优秀应届本科毕业生获得免试攻读研究生资格,其中 232 人为直博生。

本月　2015 年全国大学生数学建模竞赛获奖名单揭晓,山东大学推荐 10 个项目全部获奖,其中一等奖 4 项、二等奖 6 项,一等奖获奖数量创造学校最好成绩。

本月　山东省人民政府办公厅公布了泰山学者攀登专家和泰山学者特聘专家名单。山东大学 17 位教授入选新一批泰山学者,入选人数再创新高。

12 月

2 日　教育部和国家外国专家局联合发布《关于高等学校学科创新引智计划新建基地立项的通知》,山东大学“微生物基因组工程”学科创新引智基地获国家“111 计划”项目批准立项,这是山东大学获批的第六个“111 计划”学科创新引智基地。2015 年度全国共有 47 个项目获得立项。

3 日　山东大学召开党委理论学习中心组(扩大)会议,以“严以用权,真抓实干,实实在在谋事创业做人,树立忠诚、干净、担当的新形象”为主题,进行专题教育第三专题集体学习,传达学习中央有关文件精神和领学部分重点学习篇目,集体观看电视专题片和教育警示片。校党委书记李守信主持会议并讲话。校长张荣出席会议。

为更好地推动我校脑科学研究的发展,经山东大学齐鲁医院推荐,学校研究决定聘任上海复旦大学附属华山医院周良辅院士、首都医科大学附属北京天坛医院赵继宗院士为名誉所长,山东大学齐鲁医院“泰山学者海外特聘专家”王剑研究员任常务副所长,齐鲁医院神经外科主任李刚教授、神经内科主任焉传祝教授任副所长。

4 日　山东大学召开党风廉政专题学习会议暨贯彻落实教育部对违反中央八项规定典型案例通报会议精神工作会议,深入学习贯彻新修订的《中国共产党廉洁自律准则》和《中国共产党纪律处分条例》,贯彻落实教育部通报会议精神,教育引导广大党员领导干部进一步加强作风建设,提高廉洁自律意识,为学校改革发展稳定和创建世界一流大学提供坚强纪律保证。山东大学党委书记李守信出席会议并讲话。校长张荣参加会议。

19 日　山东大学召开“学科高峰计划”重点学科评审会议,来自国内高校、科研院所的 28 位院士和著名学者组成专家委员会,对“学科高峰计划”申报学科进行了评审。会议分专家委员会预备会、学科答辩评审会和专家意见反馈会三个环节,校长张荣全程出席会议并讲话。

同日　由山东大学县域发展研究院、经济研究院、山东发展研究院共同主办的县域发展研讨会暨“中国县域居民发展指数”发布会在山东大学中心校区举行。会前,山东大学党委书记李守信会见了参加会议的有关专家。山东大学总会计师曹升元出席会议。

2015年
12月

21日　山东大学学生就业工作会议在中心校区举行。山东大学校长张荣出席会议并讲话。副校长刘建亚、胡金焱出席会议。

同日　为做好儒家文明协同创新中心建设、尼山世界文明论坛的筹备等相关工作，经学校研究决定成立山东大学尼山世界文明论坛办公室。该办公室为非实体性机构，挂靠儒学高等研究院，编制不单列，人员采用劳务派遣方式招聘，主要承担并仅限于儒家文明协同创新中心、尼山世界文明论坛、跨文明对话研究中心的相关工作。巴金文任办公室主任。

24日　山东省关工委常务副主任、省人大常委会原副主任崔曰臣一行到山东大学调研指导关心下一代工作。调研前，山东大学党委书记李守信会见了崔曰臣一行，山东大学党委常务副书记、关工委主任李建军参加调研。

26日　全国妇联副主席、北京知识产权法院副院长宋鱼水访问山东大学，并做客山东大学"育贤讲堂"。校党委书记李守信会见宋鱼水，校党委副书记、纪委书记陈向阳参加会见。

27日　为促进疝与腹壁外科专业发展，提高疝与腹壁外科疾病的研究和诊疗水平，决定成立疝与腹壁外科研究中心，胡三元任中心主任；为提高胸部疾病的研究和诊疗水平，经学校研究，决定成立胸部疾病研究中心，赵小刚任中心主任。

28日　经中共山东大学第十三届委员会第四次全体会议审议通过，中共山东大学委员会以山大党字[2015]37号印发《山东大学综合改革方案》。改革目标是通过系统性、结构性、协同性的改革，着力完善支撑学校发展的内部治理体系、学科建设体系、教育教学体系、科研创新体系、国际合作体系、人事管理体系、资源配置体系等七大体系，创新发展模式，优化体制机制，激发创新活力，全面提升学校办学水平。到2020年前后（中国共产党成立100周年、建校120周年），完成本方案确定的各项改革任务，学校综合实力显著提升，5个左右的学科初步达到世界一流水平，为建成世界一流大学奠定坚实基础。到2050年前后（新中国成立100周年、建校150周年），学校整体实力及主要办学指标跻身世界一流行列，全面建成具有山大特色的"综合性，创新性，国际性，引领性"世界一流大学。

29日　按照中央部署和学校"三严三实"专题教育总体安排，学校领导班子利用一天时间召开了专题民主生活会。教育部发展规划司副司长刘昌亚到会指导并讲话，中共山东省委高校工委副书记齐秀生，中共山东省委组织部副巡视员、干部四处处长周春艳出席会议。山东大学党委书记李守信主持会议。张荣同志等全体常委参加会议，陈子江列席会议。

30日　中国工程院院士王浩"兼职特聘教授"聘任仪式在山东大学千佛山校区举行。副校长李术才向王浩院士颁发聘书。

同日　山东大学与菏泽市人民政府在菏泽市签订战略合作协议。山东大学党委书记李守信、菏泽市委书记孙爱军出席签约仪式，菏泽市委副书记、市长解维俊主持仪式，山东大学常务副校长王琪珑与菏泽市常务副市长段伯汉签署合作协议。

31日　《山东大学2015届毕业生就业质量报告》发布。这是山东大学第三次向社会公开发布毕业生就业质量年度报告。

2015 年

12 月

同日　全国政协常委、青海省政协副主席马志伟带领青海师范大学一行访问山东大学，与学校签署合作意向书。山东大学党委书记李守信出席签字仪式并讲话，青海师范大学党委书记张银生、校长刘同德，青海省教育厅副厅长杨发玉出席签约仪式。山东大学常务副校长王琪珑主持仪式，并代表学校与对方签署合作意向书。

同日　山东大学2015年度校长奖学金暨国家奖学金颁奖典礼在中心校区举行。校长张荣出席典礼并为本年度校长奖学金获得者颁奖。

本月　中共中央组织部办公厅发布了《关于印发2014年"万人计划"青年拔尖人才入选名单的通知》，通报了2014年"万人计划"青年拔尖人才入选名单及经费支持意见。山东大学威海校区空间科学与物理学院张清和教授入选"万人计划"自然科学类青年拔尖人才，经济研究院黄凯南教授入选"万人计划"哲学社会科学、文化艺术类青年拔尖人才。截至目前，山东大学共有4名青年学者入选"万人计划"青年拔尖人才。

本月　山东省人民政府发布通报，公布了30项第二届山东省文化创新奖获奖项目。山东大学申报的"综合性大学艺术学科服务地方文化建设的模式创新与实践"获奖。

本月　截至2015年12月28日，山东大学课程中心平台(http://course.sdu.edu.cn)网站数量已突破4000个，总点击量突破3372万人次。这表明，山东大学在2012年提出的建设4000个课程网站的任务已初步完成。学校推进网络课程建设、课程资源建设、线上线下相结合的教学模式改革等工作取得重要阶段性成果。

2016 年

1 月

4日　山东大学召开党委理论学习中心组(扩大)会议，传达学习中央政治局专题民主生活会精神和习近平总书记重要讲话精神。校党委书记李守信主持会议并讲话，校长张荣出席会议。会议传达学习了《人民日报》2015年12月30日新闻报道《中共中央政治局召开专题民主生活会，对照检查践行"三严三实"情况，讨论研究加强党风廉政建设措施》及评论员文章《全党要向中央看齐》。

7日　根据武警山东总队牺牲烈士张楠生前事迹创作而成的话剧《好兵张楠》在山东大学中心校区举行公演。武警总部政治部副主任张继钢，山东省委常委、宣传部部长孙守刚，武警山东总队司令员李苏鸣、政委王爱国，山东大学党委书记李守信、校长张荣出席活动。

8日　中共中央、国务院在北京召开2015年度国家科学技术奖励大会。中共中央总书记、国家主席、中央军委主席习近平等党和国家领导人出席奖励大会并为获奖人员颁奖。山东大学共获得六项国家科学技术奖。其中，山东大学数学学院陈增敬教授作为独立完成人完成的项目"资产定价理论中的非线性期望方法"荣获国家自然科学二等奖；山东大学控制科学与工程学院刘允刚教授作为第二完成人参与完成的项目"不确定性系统的辨识与控制"荣获国家自然科学二等奖；此外，山东大学作为第二完成单位参与完成的三个项目——赵国群教授、管延锦教授、张存生副教授参与的"高性能大规格复杂截面铝合金型材

2016 年
1 月

挤压成形及应用技术”、陈子江教授参与的“环境与遗传因素对男性生殖功能影响的基础研究与应用”、董玉平教授参与的“农林废弃物清洁热解气化多联产关键技术与装备”和山东大学作为第四完成单位、刘新泳教授参与完成的项目“奥美拉唑系列产品产业化与国际化的关键技术开发”荣获国家科技进步二等奖。

13 日　山东大学党委书记李守信到文学与新闻传播学院、电气工程学院调研基层党建工作，并分别主持召开基层党支部书记座谈会和党员座谈会，听取来自 27 个学院基层党支部书记和党员对加强和改进基层党组织建设的意见建议，深入了解基层党建工作现状和问题，为开展 2015 年度基层党委书记抓基层党建述职评议考核打好基础。校党委常务副书记李建军参加调研座谈。

14 日　山东大学 2015 年度网络新闻宣传优秀组织单位、先进个人、优秀（十佳）通讯员、优秀（十佳）作者、优秀学生记者评选揭晓。根据各单位、个人组织参与网络新闻宣传工作的情况和全年新闻发稿数量（统计时间段为 2014 年 12 月 1 日至 2015 年 11 月 30 日）以及配合新闻中心系列报道、“十件大事”评选、后台使用及通信员账号管理、来稿审核、发稿质量等各项工作情况，经组织评选，齐鲁医院等 31 个单位被评为网络新闻宣传优秀组织单位，于莉娟等 31 人被评为先进个人，王永军等 10 人被评为十佳通讯员，马毓轩等 28 人被评为网络新闻宣传优秀通讯员，于德宁等 10 人被评为十佳作者，于沂仟等 25 人被评为网络新闻宣传优秀作者，丁璇等 27 人被评为优秀学生记者。

同日　山东大学新媒体联盟成立仪式在中心校区举行。山东省委高校工委副书记黄琦、山东大学党委副书记陈向阳出席仪式并致辞，共同为山东大学新媒体联盟揭牌。

同日　山东大学科学道德与学风建设宣讲报告会在山东大学趵突泉校区举行。中国工程院院士张运教授作了题为《科研道德与学术规范》的宣讲报告，副校长陈子江出席会议并讲话。

15 日　由山东大学新闻中心主办的山东大学 2015 年度“十件大事”评选揭晓。(1)山东大学承办第二十二届国际历史科学大会取得圆满成功，习近平主席发来贺信，这是史学大会 115 年来首次走进亚非拉国家。(2)《山东大学综合改革方案》获准教育部备案，学校综合改革工作进入新阶段。(3)“三严三实”专题教育稳步进行，巡视整改工作取得阶段性成效，党建工作扎实推进。(4)学科建设取得新进展，启动“学科高峰计划”，进入 ESI 前 1%学科达到 13 个，国内高校排名第八。(5)学校扎实开展创新创业教育，与海尔共同发起成立 2025 创新创业联盟；QS 全球毕业生就业力排名进入全球 200 强；山大学子各类竞赛捷报频传，人才培养质量显著提高。(6)青岛校区基本建设和启动运行步伐加快，各项工作进入新阶段。(7)积极构建人才成长发展体系，队伍建设成效显著。(8)学术研究取得新突破，获六项国家科学技术奖，SCIE 收录论文数位列全国高校第 8 位；3 项成果入选 2015 年度“国家哲学社会科学成果文库”，11 项研究成果获教育部第七届高等学校科学研究优秀成果奖。(9)成立山东工业技术研究院，服务社会能力再上新台阶。(10)全球汉籍合璧工程稳步推进，学校国际合作与交流取得突破性进展。

2016 年

1 月

19 日　山东大学 2016 年迎新春茶话会在中心校区举行。校党委书记李守信主持茶话会并致辞，校长张荣报告 2015 年学校改革发展情况。

20 日　按照中央组织部有关部署要求，山东大学 2015 年度基层党委书记抓基层党建工作述职评议会议在中心校区明德楼一楼工会厅召开。中组部组织二局副巡视员牛巧娣到会指导并讲话；山东大学党委书记李守信对参加现场述职的 27 位基层党委书记逐一进行了点评并作总结讲话，校长张荣主持会议。

21 日　山东大学第三届教职工代表大会第一次会议暨第十八次工会会员代表大会(以下简称“双代会”)预备会议在中心校区举行。预备会议的主要议程有四项：听取大会《筹备工作情况报告》，听取大会《代表资格审查报告》，对“大会议题”和“主席团成员名单”进行表决。“双代会”筹委会主任、校党委书记李守信主持会议并讲话。

同日　由中国教育学会主办，四川大学承办的 2016 年中国教育政务新媒体年会在成都举行。年会对获得 2015 年度教育系统新媒体综合力十强、优秀官方微博、优秀官方微信的单位进行了表彰。山东大学官方微博荣获 2015 年度教育系统优秀官方微博。

22 日　山东大学第三届教职工代表大会第一次会议暨第十八次工会会员代表大会在中心校区开幕。校党委书记李守信致开幕辞，校长张荣正在作学校工作报告。

同日　济南市历城区委书记、区人大常委会主任李胜利一行来山东大学走访。校长张荣会见了李胜利一行并进行了座谈。常务副校长王琪珑参加活动。

同日　山东省委常委、常务副省长孙伟一行到山东大学走访，看望慰问两院院士王文兴、艾兴、张运、钱逸泰、彭实戈。山东大学党委书记李守信、校长张荣出席活动。

23 日　山东大学第三届教职工代表大会第一次会议暨第十八次工会会员代表大会在中心校区胜利闭幕。大会表决通过了《山东大学第三届教职工代表大会第一次会议暨第十八次工会会员代表大会决议》；选举产生了山东大学第三届教职工代表大会执行委员会、山东大学第十八届工会委员会和山东大学第十八届工会经费审查委员会。

本月　为进一步加强人才队伍建设，拓宽青年人才成长通道，引育并举，培养一批能够成长为国家级人才项目入选者或相当层次学科带头人的杰出青年学者，山东大学推出《山东大学“齐鲁青年学者”聘任办法(修订)》。

本月　教育部公布了第二届“礼敬中华优秀传统文化”系列活动评选结果，山东大学文学生活馆荣获全国特色展示项目。这是山东大学继 2014 年荣获首批全国十佳示范项目后取得的又一成果，全国仅五所高校蝉联此项殊荣。

本月　推进全国重点马克思主义学院建设工作会议在南京召开。会议通报了首批 9 家重点建设的马克思主义学院名单，山东大学顺利入选。

2 月

6 日　山东大学在中心校区举行寒假留校学生春节年夜饭暨联欢会。常务副校长王琪珑、副校长胡金焱与百余名留校学生欢聚一堂，喜迎新春。

2016年

2月

20日　2016中美创新创业大赛美国初赛将在华盛顿、硅谷、芝加哥和休斯敦等4大城市举行，在一周多的时间内，4个赛区的初赛将火热展开。

本月　爱思唯尔(Elsevier)发布了2015年中国高被引学者(Most Cited Chinese Researchers)榜单，在38个学科领域中有1744名中国学者入选最具世界影响力学者，其中包括19位山大学者。

本月　2015～2016学年寒假，山大学子开展了主题明确、形式多样社会实践活动。实践活动从具体问题入手，紧跟时代热点，关注社会经济和民生百态，内容选题广泛，涉及"发展理念变革""互联网＋""地方风俗与文物保护""低碳环保与雾霾调查""医患关系处理"以及与民生相关的"二孩政策""居民幸福感"等社会焦点问题。

本月　教育部下发《教育部办公厅关于批准北京大学考古虚拟仿真实验教学中心等100个国家级虚拟仿真实验教学中心的通知》，山东大学"数字化设计与制造虚拟仿真实验教学中心"以优异成绩入选。

本月　2015年度山东大学优秀网站评选结果揭晓。哲学与社会发展学院等18个网站被评为"2015年度山东大学优秀网站"，万林等27人被评为"2015年度山东大学网络文化建设与管理先进个人"。

本月　由教育部全国资助中心组织评选的第二届"国家资助，助我飞翔"全国励志成长成才优秀学生典型结果揭晓，山东大学威海校区艺术学院2014级研究生于书博入选。

本月　在国家"973"计划、"城市大数据的计算理论和方法"资助下，以山东大学计算机科学与技术学院陈宝权教授为首席科学家的项目组围绕城市三维场景的高效建模方法、多模态数据在时空基准模型中的分割及分析等问题展开了深入研究，取得了阶段性成果。

本月　科技部发布《关于创新方法工作专项2015年度项目立项的通知》，山东大学计算机科学与技术学院崔立真教授作为负责人申报的"面向大数据创新研发的支撑环境关键技术研究与应用示范"项目获得立项资助，资助总金额为259万元。这也是山东大学首次获得创新方法工作专项立项资助。

3月

2日　山东省委法律顾问聘任仪式举行，山东大学法学院副院长周长军教授获聘省委法律顾问，法学院王丽萍教授、肖金明教授、柳砚涛教授以及威海校区法学院院长汪全胜教授获聘省委法律专家库成员。此次共聘任省委法律顾问5人、省委法律专家库成员30人。山东省委书记姜异康向5名省委法律顾问颁发聘书并讲话。

4日　2016中美创新创业大赛美国初赛网络赛举行，网络赛现场连线了济南、北京、上海三地的评委和远在美国的参赛队伍。比赛通过路演陈述、评委问答等环节的竞争，最终选出了2个优胜创业项目：高效、节能、舒适中央空调系统及产品和医院成像诊断智能调度及管理软件设计开发。

网络赛后，评委对美国赛区所有胜出项目进行了评议，最终选出15支美国参赛队伍参加4月8至9日即将在青岛举办的中美创新创业大赛总决赛。至此，中美创新创业大赛美国赛区初赛圆满落幕。

2016 年

3 月

8 日　山东大学在中心校区举行庆祝“三八”国际劳动妇女节暨表彰大会，对 2015 年度山东大学“三八红旗手”“三八红旗集体”“妇女工作先进个人”进行表彰。山东大学党委书记李守信出席大会并致辞，校党委常务副书记李建军、校党委副书记陈向阳出席会议。

同日　经第五十八次党委常委会研究同意：成立中共山东大学国际教育学院委员会，撤销中共山东大学国际教育学院总支部委员会；中共山东大学国际教育学院委员会由马晓乐、王勤、宁继鸣、孙鹏程、张云、徐关众、黄历鸿等 7 名同志组成（以姓氏笔画为序）；徐关众同志任党委书记。

同日　山东大学青岛校区建设发展管理委员会在中心校区召开工作会议，研究部署青岛校区基本建设和启动运行有关工作。校党委书记、青岛校区建设发展管委会主任李守信出席会议并讲话，校长、青岛校区建设发展管委会主任张荣主持会议。

9 日　“一年之计在于春”，在春寒料峭、阳光明媚的春日里，山东大学各校区师生分别举行植树活动，美化校园环境，为广大师生提供良好的工作、学习、生活环境。3 月 9 日上午，在植树节即将到来之际，山东大学党委书记李守信、校长张荣到兴隆山校区参加植树活动。

11 日　山东大学名誉教授、环球健康与教育基金会主席、美国著名慈善家肯尼斯·尤金·贝林（Kenneth Eugene Behring）先生一行访问山东大学青岛校区。校长张荣会见代表团，并与环球健康与教育基金会签署动物标本捐赠协议。协议约定，环球健康与教育基金会将向山东大学捐赠数百件珍稀野生动物标本，在青岛校区博物馆内筹建“贝林世界动物展”。副校长张永兵出席相关活动。

同日　山东大学校长张荣在青岛主持召开青岛校区建设发展管理委员会处级领导干部座谈会，了解工作亟待解决的问题，听取大家的意见。

15 日　2016 中美创新创业大赛北方赛区比赛暨青岛高新区金苹果计划项目征集。北方赛区初赛在山东大学中心校区举行。共有 19 个教师项目和 20 个学生项目参与角逐，经组委会严格筛选，最终教师组和学生组各有 12 个项目被评为优胜创业项目。

17 日　山东大学（威海）第五届教职工代表大会第二次会议举行。山东大学党委副书记、山东大学（威海）党委书记仝兴华主持会议。山东大学副校长、山东大学（威海）校长韩圣浩代表学校向大会报告工作。

同日　山东大学 2016 年党风廉政建设工作会议在中心校区举行。校党委书记李守信出席会议并讲话。校长张荣主持会议。校党委副书记、纪委书记陈向阳作工作报告。

18 日　“十三五”规划学科负责人论证会在中心校区举行，以“凝聚共识，科学建议，谋划发展”为主题，邀请十余名学科负责人对《山东大学“十三五”事业发展规划纲要（讨论稿）》和《山东大学“十三五”学科建设规划（讨论稿）》进行把脉问诊、出谋划策。中科院院士、校学术委员会主任彭实戈出席会议，副校长刘建亚主持会议。

21 日　山东大学促进科技成果转化暨推动大学科技园建设工作座谈会在千佛山校区举行。总会计师曹升元、副校长李术才参加会议并讲话。

2016 年

3 月

22 日　山东大学召开党委理论学习中心组（扩大）会议，认真传达学习 2016 年全国“两会”精神，并就学校贯彻落实全国“两会”精神进行动员和部署。校党委书记李守信主持会议并讲话。校长张荣出席会议。

同日　山东大学召开新学期学生工作会议，研讨《大学生思想政治教育与管理专项改革方案（讨论稿）》，部署学生教育管理服务工作。校党委副书记仝兴华出席会议并讲话。

同日　山东大学选人用人“一报告两评议”暨 2015 年度考核测评大会在中心校区举行。校党委书记李守信代表学校党委报告 2014～2015 年度选人用人工作情况，并代表学校领导班子作 2015 年度述职报告。校长张荣主持会议。校党委常务副书记李建军通报学校领导班子“三严三实”专题民主生活会情况。中组部干部监督局干部陈立滨到会指导。

23 日　山东大学学校党政机构、群团组织和部分直附属单位“三定”工作基本完成，经学校研究，决定将已完成“三定”工作单位的机构设置情况予以公布。

25 日　山东大学在青岛校区建设指挥部驻地举行“青岛校区启用倒计时 100 天动员誓师大会”。山东大学副校长、青岛校区建设发展管委会常务副主任、建设指挥部总指挥张永兵出席大会并讲话，学校总会计师、青岛校区建设发展管委会副主任曹升元出席大会。

同日　《山东大学“十三五”事业发展规划纲要（讨论稿）》第二场专题论证会在中心校区召开。副校长刘建亚主持会议。

26 日　山东大学 2016 届毕业生就业双选会（春季）在中心校区举行。校党委副书记仝兴华到现场指导工作并主持召开了部分学院就业工作座谈会。本次双选会共有 21 个省份的 650 多家用人单位参加，提供 23000 多个岗位，山大及省内外其他高校的 10000 余名学生参会。

同日　2016 年中埃大学校长论坛暨中国高等教育展在埃及开罗大学举行，国务院副总理刘延东出席论坛闭幕式并为教育展剪彩。山东大学校长张荣在论坛上发表专题演讲，并作为中国大学校长代表作论坛总结发言。论坛期间，张荣与开罗大学校长 Gaber Nassar 签署校际合作协议。

同日　山东大学 2016 年“创青春”创业大赛决赛暨青春创享会在中心校区举行。山东大学副校长胡金焱出席活动并作主题演讲。

28 日　由山东大学第二医院运营的山东济南养老服务中心一期项目——济南善德养老院运营启动仪式举行。山东大学党委书记李守信，山东省卫生计生委党组书记、副主任袭燕，济南市政府副市长齐建中，省民政厅副厅长周云平出席仪式，并共同为山东济南养老服务中心运营启动水晶球。

29 日　山东大学第三届教代会执委会组织的《山东大学“十三五”事业发展规划纲要（讨论稿）》征求意见座谈会在中心校区召开。会议听取、讨论了《山东大学“十三五”事业发展规划纲要（讨论稿）》，山东大学党委副书记、教代会执行委员会主任陈向阳主持会议。

同日　首届中以大学校长论坛在以色列耶路撒冷举行，来自中以两国的 14 所知名高校参加。中国国务院副总理刘延东出席论坛，见证中以大学合作交流项目签订仪式，并作主题发言。山东大学校长张荣率团作为“中以 7＋7 研究型

2016 年

3 月

大学联盟”的创始成员出席论坛。

30 日　2016 中美创新创业大赛青岛初赛暨青岛高新区“金苹果计划”项目征集活动在青岛高新区盘谷创客空间举行。64 个优秀科技创业项目登台路演，参赛项目涉及创新科技、智能硬件、医疗健康、能源环境、“互联网＋”、创业创新模式等领域。

同日　2016 全球能源互联网大会在北京举行，全球能源互联网发展合作组织揭牌成立。山东大学党委书记李守信出席大会，并与国家电网公司董事长刘振亚会面，双方表示将进一步加强合作。

31 日　2016 中美创新创业大赛培训会在中心校区举行。山东大学 1978 级校友、国家“千人计划”特聘专家吴琦参加活动。

同日　瑞典卡罗林斯卡医学院副校长 Maria Masucci 率团访问山东大学，并出席山东大学—卡罗林斯卡医学院合作研讨会。山东省副省长王随莲会见了代表团一行，山东大学副校长陈子江出席会见活动。

本月　国务院学位委员会下发《国务院学位委员会关于同意增列网络空间安全一级学科博士学位授权点的通知》，同意山东大学增列“网络空间安全”一级学科博士学位授权点，使山大成为首批获得“网络空间安全”一级学科博士学位授权单位之一。至此，山大一级学科博士学位授权点增至 41 个。

本月　山东省人民政府公布了 2015 年度山东省有突出贡献的中青年专家名单，山东大学环境科学与工程学院王曙光教授、物理学院赵明文教授、马克思主义学院方雷教授、信息科学与工程学院张海霞教授入选。至此，山东大学获得山东省有突出贡献的中青年专家称号的学者已达到 66 人。

本月　山东大学研究通过了《山东大学岩土工程中心人事改革方案》，决定以山东大学岩土工程中心为试点，作为深化人事体制机制改革的重要突破口，在管理模式、人事制度、科研组织运行机制等方面进行改革创新，努力破解制约队伍发展的瓶颈，推动学校整体综合改革稳步发展。

4 月

1 日　山东大学党委书记李守信到生命科学学院、环境科学与工程学院、信息科学与工程学院、计算机科学与技术学院、法学院、政治学与公共管理学院调研，主持召开三场工作交流会，就今年 9 月新生入驻青岛校区及相关搬迁需要研究解决好的问题，听取 6 个学院领导和教工代表的意见，并就需要采取的措施进行了沟通交流。

同日　山东大学校长张荣率团访问马来西亚马来亚大学，与马来亚大学校长 Mohd Amin Jalaludin 进行会谈，并签署了《山东大学—马来亚大学学术合作备忘录》和《山东大学—马来亚大学学生交换协议》。

同日　齐鲁医学部医学学科建设与发展大会在趵突泉校区举行。山东大学副校长、齐鲁医学部部长陈子江出席会议并作动员讲话，齐鲁医学部党工委书记侯俊平参加会议。

5 日　山东大学安全工作会议在中心校区举行。学校党委书记李守信出席会议并讲话，校长张荣出席会议并与部分单位代表签订安全责任书。

2016年
4月

6日　山东大学资产清查工作动员大会在中心校区举行。总会计师曹升元出席会议并讲话。会上，曹升元结合财政部与教育部有关资产清查工作要求，以及山东大学资产管理现状提出了三点要求：第一，高度重视、充分认识资产清查工作的重要性；第二，明确分工，精心组织12个专项组开展资产清查工作；第三，责任追究，全面落实资产清查各项要求。

8日　“2016中美创客论坛暨中美创新创业大赛”暨青岛高新区“金苹果计划”项目征集活动决赛在青岛高新区盘谷创客空间开幕。青岛市高新区管委会副主任王永健、山东大学副校长刘建亚出席开幕式并致辞。

同日　山东大学青岛校区建设发展管理委员会在青岛校区召开第二次全体会议，就青岛校区基本建设和启动运行有关工作进行专题研究。校党委书记、青岛校区建设发展管委会主任李守信出席会议，校长、青岛校区建设发展管委会主任张荣主持会议。

同日　山东省委副书记、省长郭树清到山东大学青岛校区视察指导工作并出席座谈会。山东省委常委、青岛市委书记李群陪同视察并在座谈会上讲话。山东大学党委书记李守信主持座谈会，校长张荣汇报校区建设情况。

同日　美国莱斯大学校长David Leebron率团访问山东大学，并出席2016中美创客论坛。访问期间，教育部副部长郝平，山东省委常委、青岛市委书记李群，山东大学校长张荣等先后与莱斯大学代表团座谈；山东大学常务副校长王琪珑会见代表团一行，党委副书记陈向阳、副校长张永兵同代表团一起到青岛校区进行工作调研。

9日　“2016中美创客论坛暨中美创新创业大赛”在青岛闭幕，颁奖仪式暨主题论坛同时举行。青岛高新区管委会副主任王永健出席颁奖仪式并宣布活动闭幕，山东大学副校长、创新创业学院院长胡金焱为获奖团队代表颁奖并参加主题论坛。

10日　山东大学校长张荣应邀出席由美国耶鲁大学承办的第八届联合国文化遗产全球大学校长会议。访美期间，张荣会见了在耶鲁大学和周边地区学习、工作的部分校友，还访问了加州大学伯克利分校、圣何塞州立大学，积极拓展校际合作关系。

11日　山东大学副校长刘建亚率代表团应邀赴德国、法国高校访问，出席在德国乌尔姆大学举行的“U5战略伙伴合作计划”常务理事会议并访问巴黎狄德罗大学一第七大学(下称“巴黎第七大学”)。访问期间，山东大学分别与莫斯科国立大学、巴黎第七大学达成签署校际合作备忘录的意向。

12日　山东大学校长张荣在美国耶鲁大学与共同参加联合国文化遗产保护全球大学校长会议的联合国秘书长潘基文会见。

14日　山东大学在中心校区召开“两学一做”学习教育工作座谈会，对在全校党员中开展“两学一做”学习教育进行部署安排。校党委书记李守信出席会议并讲话，校党委常务副书记李建军主持座谈会。

15日　由山东大学东北亚研究中心主办的威海中韩自贸区地方经济合作研究中心成立仪式暨中韩FTA服务贸易研讨会在威海校区举行。山东大学党委副书记、山东大学(威海)党委书记仝兴华，威海市副市长叶立耘出席揭牌仪式并致辞。中国社科院研究员、学部委员、山东大学一级教授张蕴岭和叶立耘共同为威海中韩自贸区地方经济合作研究中心揭牌。

16日　齐鲁大讲坛第115期在山东大学中心校区举行。知名主持人、艾问传媒创始人、赛富亚洲基金投资合伙人艾诚做客齐鲁大讲坛，作了题为“奋斗是一种信仰”的讲座，并与现场观众互动交流。

20日　由培新集团慈善基金有限公司设立的培新“服务家乡”精英奖学金计划启动仪式在山东大学举行。山东大学校长张荣，山东大学校董、香港培新集团董事总经理、培新集团慈善基金董事杨绍东出席仪式并致辞。启动仪式结束后，山东大学党委书记李守信会见了前来参加活动的香港培新集团主席、山东省政协常委杨世杭一行。

同日　澳大利亚西澳大学校长Paul Johnson、国际交流副校长Iain Watt一行访问山大学，山东大学校长张荣会见了代表团一行，副校长韩圣浩参加相关活动。

21日　受韩国项目管理协会(IPMA Korea)的委托，韩国仁川大桥有限公司总裁金寿洪(Kim Soohong)博士一行访问山东大学，就合作成立国际项目管理研究院(Global Project Institute)一事进行磋商。山东大学校长张荣会见了来访客人。

22日　山东大学2016年田径运动会开幕式在兴隆山校区体育场举行。山东大学党委书记李守信出席活动并宣布山东大学2016年田径运动会开幕。校党委副书记仝兴华致开幕辞；总会计师曹升元、副校长胡金焱等出席开幕式。

23日　山东大学2016年田径运动会在兴隆山校区体育场闭幕。管理学院获得学生组团体总分第一名，机械学院、物理学院分列第二、第三名。物理学院获得男子学生组团体总分第一名，管理学院获得女子学生组团体总分第一名。工程训练中心工会获得教工组团体总分第一名，后勤工会、齐鲁医院工会分列第二、第三名。电气学院等10个学院获得体育道德风尚奖。校党委副书记仝兴华出席闭幕式并致辞。

24日　唐仲英基金会执行总裁徐小春访问山东大学，与唐仲英爱心社成员进行座谈交流。山东大学校长张荣、常务副校长王琪珑、党委副书记仝兴华出席活动。

25日　经2016年4月25日第61次党委常委会研究决定：刘建亚任威海校区校长；韩圣浩不再担任威海校区校长职务。

26日　山东大学与济南高新区共建山东大学微电子学院签约揭牌仪式在中心校区举行。中国科学院院士吴培亨、刘明，山东大学校长张荣，济南市委常委、副市长苏树伟共同为“山东大学微电子学院”揭牌，济南市高新区管委会主任徐群与山东大学副校长韩圣浩代表双方签订合作共建协议。

2016 年

4 月

山东大学与济南高新区共建山东大学微电子学院签约揭牌仪式在中心校区举行

同日　山东大学校长张荣到科学技术研究院调研指导工作，总会计师曹升元、副校长李术才一同调研。

27 日　山东大学党委在威海校区举行干部教师大会，宣布威海校区党政主要负责同志调整的决定。校党委书记李守信出席会议并讲话，党委常务副书记李建军主持会议，党委副书记仝兴华，党委常委、副校长韩圣浩，党委常委、副校长刘建亚参加会议。会上，李建军宣布了山东大学党委关于威海校区党政主要负责同志调整的决定：刘建亚任威海校区党委书记、校长；仝兴华不再担任威海校区党委书记职务，韩圣浩不再担任威海校区校长职务。

28 日　山东省委常委、组织部部长杨东奇，省委组织部副巡视员周春艳一行到山东大学中心校区调研，山东大学党委书记李守信、常务副校长王琪珑、党委副书记陈向阳等参加活动。

同日　山东大学庆祝“五一国际劳动节”暨表彰大会在中心校区举行。山东大学党委书记李守信出席大会并致辞，党委副书记陈向阳出席大会并为获奖集体和个人代表颁奖。

本月　山东大学 2016 年中学生校园体验月活动在中心校区举行。来自山东济南、青岛、潍坊、滨州、济宁、聊城及香港等地的 1000 余名中学生及家长来到山大，亲身体验山大的学习和生活。

本月　2015 年度“长江学者奖励计划”入选名单正式公布。根据《教育部关于公布 2015 年度“长江学者奖励计划”入选名单的通知》，山东大学陈宝权、张澄入选 2015 年度“长江学者”特聘教授，王光臣入选首批“长江学者”青年学者项目。截至目前，山东大学共有 30 位“长江学者”特聘教授、16 位“长江学者”讲座教授、1 位“长江学者”青年学者项目入选者。

本月　第 12 批“青年千人计划”入选者名单公布。山东大学新增 6 位“青年千人计划”入选者，分别是信息科学与工程学院陈杰智、孙宝清，化学与化工学院王文光、崔基炜，晶体材料研究所王朋，土建与水利学院王书刚。

本月　山东大学修订完成了教师职务申报条件并正式公布实施。申报条

2016 年

4 月

件全面提升了教师职务评价标准，主要体现以下几个方面：强化师德考核评价、推进教师分类管理、引导教师进课堂、鼓励技术创新和成果转化、完善临床医学教师评价标准、坚持质量导向、尊重学科差异、不拘一格选人才。

本月　教育部公布了霍英东教育基金会第十五届高等院校青年教师基金项目资助名单。山东大学刘磊教授申请的项目“抗真菌和抗病毒天然产物(＋)-deoxyfrenolicin 的不对称全合成和构效关系研究”获得立项资助。

本月　山东大学第十六届大学生社团文化节系列活动在济南六大校区广泛开展。300 多个校级、院级学生社团积极筹办各类丰富多彩的活动，吸引各校区万余名中外大学生广泛参与，营造了浓厚的文化氛围，以昂扬的姿态展现着山大青年学子的积极面貌与青春风采。

本月　按照教育部党组有关文件精神，山东大学制定了五四活动方案，号召团员青年深入学习贯彻习近平总书记有关教育工作和青年成长成才的重要论述；通过广泛开展的系列教育活动，教育引导广大青年师生弘扬五四精神，凝聚青春力量，为全面建成小康社会和实现中华民族伟大复兴“中国梦”而奋斗。青年师生在丰富多彩的活动中，对青年的责任与使命的认识不断加深，自我素养和综合素质得到不断提升，对青年应该担负的使命更加明晰，投身于社会发展与祖国建设的决心更加坚定。

5 月

3 日　第二十届“中国青年五四奖章”“山东青年五四奖章”获奖名单分别揭晓。山东大学张澄研究员获得“中国青年五四奖章”，黄凯南教授获得“山东青年五四奖章”。

4 日　山东大学召开学位与研究生教育工作会议，校长张荣出席会议并讲话，副校长、研究生院院长刘建亚对研究生教育综合改革作了全面解读和工作部署。

同日　中国共产党党员，博士生导师，“长江学者奖励计划”特聘教授，山东大学原党委常委、副校长陈炎同志遗体告别仪式在北京八宝山殡仪馆举行。社会各界共 200 多人参加了遗体告别仪式。陈炎同志因病医治无效，于 2016 年 5 月 2 日 4 时 47 分在北京逝世，终年 58 岁。

同日　纪念蒋民华院士学术报告会在山东大学中心校区举行。中国科学院院士，清华大学范守善教授、南京大学祝世宁教授，中国工程院院士、中科院理化技术研究所吴以成研究员以及来自全国各地其他高校、科研单位的部分蒋民华院士的学生参加了学术纪念活动。会前，山东大学校长张荣看望了与会院士和部分学者。

同日　“五四”青年节期间，山东大学各学院团支部广泛开展了以“坚定理想信念，立志报国成才”为主题的团日活动。校党委书记李守信、校党委副书记仝兴华来到历史文化学院的主题团日现场，与同学们一起开展了一场别开生面的团日活动。

7 日　中国特殊群体社会治理大数据联合实验室第五次工作研讨会在山东大学举行。山东大学校长张荣会见了与会来宾，并参观数据平台成果展示。中央综治办综治一室巡视员田大忠，司法部监狱管理局副局长高泽波，中国国家图书馆副馆长孙一钢，中国社科院社会学所副所长赵克斌，宁夏司法厅副厅长、监狱管理局局长曹艺，山东大学常务副校长王琪珑出席研讨会。山东大学总会计师曹升元出席相关活动。

同日　山东大学创新创业学院主办的 2016 山东大学大学生创新创业大赛暨第十二届大学生科技创新大赛在工程训练中心举行。山东大学副校长胡金焱，山东省物联网协会常务副会长兼秘书长、省标准化研究院院长钱恒出席开幕式并讲话。

8 日　山东大学校长张荣在武汉出席山东大学湖北校友座谈会，并走访湖北省省长、山东大学科学社会主义系 1981 级校友王国生。

10 日　山东省科学技术奖励大会在济南召开，会议表彰了山东省荣获 2015 年度国家科学技术奖和省科学技术奖的单位和个人，省委副书记、省长郭树清等出席会议并为获奖代表颁奖。山东大学荣获山东省科学技术最高奖的李术才教授、陈子江教授，荣获山东省科技进步一等奖的赵小刚教授以及荣获国家自然科学二等奖的陈增敬教授和荣获国家科技进步二等奖的赵国群教授上台领奖。2015 年度，山东大学获山东省科学技术奖共计 19 项，其中最高奖 2 项，一等奖 2 项、二等奖 10 项、三等奖 5 项。李术才教授、陈子江教授荣获山东省科学技术最高奖，山东大学第二医院赵小刚教授等完成的“非小细胞肺癌诊疗的关键技术与临床应用”项目荣获山东省科技进步一等奖。

12 日　山东省委副书记龚正一行来山东大学调研指导工作。山东大学党委书记李守信，山东省纪委副书记、省委副秘书长明春德，山东省委高校工委副书记齐秀生，山东大学党委常务副书记李建军、常务副校长王琪珑、总会计师曹升元参加活动。

同日　山东大学召开党委中心组（扩大）会议，传达学习《中共中央组织部关于学习贯彻习近平总书记重要批示精神加强党委（党组）领导班子建设的通知》，重温毛泽东同志《党委会的工作方法》。校党委书记李守信主持会议并讲话，党委常务副书记李建军领学了《党委会的工作方法》。

14 日　山东大学第五届合唱文化艺术节在中心校区举行。来自全校各学院的 29 支代表队同台竞技，用歌声庆祝建党 95 周年。经评比，管理学院、电气工程学院、经济学院获得特等奖，医学院、化学与化工学院、外国语学院、计算机科学与技术学院、软件学院、政治学与公共管理学院获得一等奖，哲学与社会发展学院等 7 支代表队获得二等奖，历史文化学院等 14 支代表队获得三等奖。

15 日　经学校研究，决定成立脊柱外科研究中心，高春正任中心主任。该中心为依托于第二医院的非实体性科研机构。

17 日　著名力学家刘先志先生塑像落成仪式在兴隆山校区举行。山东大学校友、中科院院士、北京理工大学校长胡海岩，山东大学校长张荣出席仪式并共同为塑像揭幕，仪式由山东大学副校长李术才主持。

同日　中国科学院院士、北京理工大学校长胡海岩访问山东大学，在兴隆山校区作了题为《漫谈未来工程师的素养》的学术报告。报告会由山东大学副校长李术才主持。

2016 年

5 月

18 日　山东大学青岛校区工作专题会议暨建设发展管理委员会第三次工作会议在青岛校区召开，研究讨论青岛校区基本建设和启动运行有关工作。校党委书记李守信出席会议，校长张荣主持会议。

同日　山东大学“两学一做”学习教育专题网站正式上线。山东大学“两学一做”学习教育专题网站积极响应党中央在全体党员中开展“学党章党规、学系列讲话，做合格党员”学习教育的指示精神，严格按照山东大学党委下发的《关于在全校党员中开展“学党章党规、学系列讲话，做合格党员”学习教育实施方案》的通知要求，及时、全面、准确地宣传山东大学学习教育的做法和成效，加强舆论引导，为学习教育营造良好氛围。

本月　人才工作办公室组织开展了对进入聘期中期及聘期期满的高层次人才的考核工作。本次考核范围为聘期中期的“千人计划”国家特聘教授 1 人、泰山学者海外特聘专家 1 人及聘期期满的“千人计划”国家特聘教授 2 人、齐鲁青年学者 3 人、“985 工程”学术骨干 2 人。

6 月

2 日　经学校研究，决定成立山东大学海洋地质与工程研究所，贾超任研究所所长，该研究所为依托于土建与水利学院的非实体性科研机构。决定成立山东大学全球史与跨国史研究院，聘请瑟格·格鲁津斯基(Serge Gruzinski)任研究院名誉院长，聘请李中清任研究院院长，刘家峰任常务副院长，该研究院为依托于历史文化学院的非实体性科研机构。决定成立山东大学现象学与中国文化研究中心，张祥龙任中心主任，该中心为依托于哲学与社会发展学院的非实体性科研机构。

同日　山东大学常务副校长王琪珑一行访问韩国友好高校，并出席中韩项目管理合作备忘录签署仪式及山东大学韩国校友会成立仪式。

3 日　四川大学党委书记杨泉明一行来山东大学调研，就学科建设、党支部建设、人才队伍建设等工作进行了座谈、交流。山东大学党委书记李守信出席座谈会。会前，校长张荣会见了杨泉明一行。校党委常务副书记李建军出席座谈会。

5 日　山东大学全球史与跨国史研究院揭牌仪式暨第一届全球史与跨国史研究论坛在山东大学中心校区举行。活动后，山东大学校长张荣会见了首届“国际历史学会—积家国际历史奖”得主、法国国家科学研究中心、法国高等社会科学研究院、普林斯顿大学瑟格·格鲁津斯基教授等部分与会学者。

同日　山东大学党委书记李守信率团访问日本，出席与和歌山县立医科大学交流三十周年庆祝活动。期间代表团一行还访问法政大学，拜访了中国驻日本大使馆，并同山东大学日本校友会代表亲切交流。

同日　由国际表面活性剂溶液科学委员会主办、山东大学承办的“第二十一届国际表面活性剂溶液科学大会(21st International Symposium on Surfactants in Solution，SIS 2016)”在山东会堂举行。中国科学院院士、中国化学会副理事长、国家自然科学基金委员会化学部主任、清华大学张希教授，中国科学院院士、中国化学会副理事长、中科院兰州化学物理研究所刘维民研究员，中国科学院院士、山东大学钱逸泰教授等出席开幕式。山东大学副校长李术才出席大会开幕式并致辞。

2016 年

6 月

8 日　台湾崑山科技大学董事长李士崇、校长苏炎坤一行访问山东大学。山东大学校长张荣会见了代表团一行。

14 日　齐鲁医院接诊了一位被 1.5 米钢筋从阴部贯穿头顶的中年男性患者，经齐鲁医院约 30 名专家联手执刀，手术历时 7 个多小时，患者虽一度命悬一线，但最终奇迹生还。

16 日　经 2016 年 6 月 13 日第六十七次党委常委会研究决定：韩建新任威海校区常务副校长。

同日　山东大学纪念建党 95 周年歌剧《江姐》交响音乐会在山东省会大剧院上演。山东大学党委书记李守信、山东省委高校工委副书记黄琦、山东大学党委常务副书记李建军、山东省文化厅副厅长刘敏、山东大学党委副书记仝兴华出席演唱会；山东大学党委副书记陈向阳观看了之前举行的公开彩排。

20 日　山东大学"十三五"规划编制工作专题会议在中心校区召开。校党委书记李守信出席会议，校长张荣主持会议。

21 日　"再见了，我的小树林"，山东大学 2016 届毕业生青春歌会在中心校区小树林举行。校党委副书记仝兴华出席并观看了晚会。

同日　山东大学 1987 届校友、中国工程院院士、上海交通大学医学院附属瑞金医院副院长宁光受邀做客首期齐鲁医学大讲堂，并作了题为《守住底线，守住理想》的报告。山东大学副校长、齐鲁医学部部长陈子江主持大讲堂并为宁光院士颁发了齐鲁医学大讲堂纪念牌。齐鲁医学部党工委书记侯俊平参加活动。

22 日　山东大学社会科学界联合会成立大会暨第一次会员代表大会在中心校区举行。山东大学党委书记李守信，山东省社会科学界联合会党组书记、副主席林建宁，山东大学终身教授刘大钧、赵明义、袁世硕、曾繁仁出席会议，山东大学副校长胡金焱主持大会并当选为山东大学社会科学界联合会第一届委员会主席。

23 日　山东大学 2016 年本科生毕业典礼暨学位授予仪式在中心校区体育馆隆重举行。山东大学学位评定委员会委员依次向全体 2016 届本科毕业生颁发了学位证书。

24 日　山东大学 2016 年研究生毕业典礼暨学位授予仪式在中心校区体育馆隆重举行。山东大学学位评定委员会成员依次为博士毕业生、硕士毕业生授学位并与毕业生合影。

28 日　山东大学庆祝中国共产党成立 95 周年——"党在我心中"教职工合唱比赛决赛在中心校区举行。校党委书记李守信，党委常务副书记李建军，党委副书记仝兴华、陈向阳，总会计师曹升元出席活动。

29 日　依托山东大学建设的生殖内分泌教育部重点实验室和天然产物化学生物学教育部重点实验室顺利通过教育部科技司专家验收。验收会分别在山东大学附属生殖医院和趵突泉校区举行。山东大学副校长、生殖内分泌教育部重点实验室主任陈子江参加相关活动。山东大学副校长李术才出席会议并致辞。

2016 年

6 月

30 日　山东大学庆祝中国共产党成立 95 周年大会在知新楼隆重举行。山东大学党委书记李守信出席大会并讲话。校党委常务副书记李建军主持会议。校领导王琪珑、仝兴华、陈向阳、曹升元、李术才、胡金焱参加会议。

本月　第十四届中国青年科技奖获奖名单揭晓，山东大学环境科学与工程学院张建教授荣获该奖项。本届评选中，全国共有 98 人获此殊荣。

本月　国家国防科技工业局、教育部联合发文，确定山东大学为“十三五”期间“国防科工局—教育部共建高校”，这是山东大学首次入选“国防科工局—教育部共建高校”。“十三五”期间此类共建高校包括北京大学、清华大学、山东大学等共计 16 所。

本月　新常态下金融创新与金融风险管理趋势研讨会暨中国金融风险量化研究协同创新中心、青岛协同创新金融研究院、山东大学青岛金融与财富管理研究院揭牌仪式在青岛举行。会前，青岛市市长张新起，青岛市委常委、崂山区委书记齐家滨会见了与会学者，并就山东大学与青岛市在金融领域的人才培养、科研、咨询等方面的合作进行了探讨。中国科学院院士、山东大学彭实戈教授，山东大学副校长张永兵，青岛市金融工作办公室主任白光昭，青岛市崂山区委常委、青岛金家岭金融区管委常务副主任夏正启出席相关活动。

7 月

1 日　山东大学青岛校区举行庆祝建党 95 周年暨“七一”总结表彰大会。会议回顾党的光荣传统，总结党的成功经验，表彰了一批在校区建设和发展中涌现出来的优秀共产党员、优秀党支部书记和先进党支部。山东大学副校长、青岛校区建设发展管理委员会常务副主任张永兵出席大会并讲话。

5 日　山东大学校长张荣率团访问青岛海洋科学与技术国家实验室，与实验室主任、中国科学院院士吴立新就进一步推进双方深化合作进行交流。山东大学总会计师曹升元出席座谈会，海洋国家实验室副主任庄志猛主持座谈会。

6 日　山东大学与威海市人民政府“十三五”共建山东大学（威海）签约仪式举行。山东大学校长张荣，威海市委副书记、市长张惠出席仪式，并分别代表双方签订共建协议。山东大学总会计师曹升元出席仪式；山东大学副校长，山东大学（威海）党委书记、校长刘建亚介绍了“十二五”期间共建成果。威海市副市长傅广照主持签约仪式。

8 日　山东大学学生就业创业体验中心——“盈创空间”启动运行仪式在中心校区举行。山东大学副校长胡金焱、山东省人力资源与社会保障厅副厅长夏鲁青出席仪式，并共同为盈创空间揭牌。

9 日　中国社会科学院 2016 年马克思主义文艺理论论坛暨“当代西方文论辨识——以马克思主义的立场、观点和方法”学术研讨会在山东大学威海校区举行。中国社会科学院副院长、《中国社会科学》杂志总编辑张江，山东大学党委副书记仝兴华出席论坛开幕式，并共同为山东大学马克思主义文艺理论研究中心揭牌。

11 日　山东大学第十三届暑期学校正式拉开序幕。2016 年山东大学暑期学校秉承“引进海外名师，坚持开放共享，紧追学术前沿，强化实践环节，培养创新能力，提高专项技能”的办学理念，紧紧围绕“精品化，国际化，创新型，开放式”

2016 年
7 月

的工作目标，科学设计，认真部署，共开设了 160 个课程(项目)，涵盖了创新创业训练、英语实用能力提升、实践实训与开放实验、专业国际化课程、通识教育、双学位教育、国际化专业课程以及“中国学”国际暑期学校等八个模块。

同日　经学校研究，决定成立山东大学中国乡土社会研究中心，张士闪任中心主任，该中心为依托于文化遗产研究院的非实体性科研机构。决定成立山东大学核电安全级仪控装备工程技术研究中心，李苏任中心主任，该中心为依托于机械工程学院的非实体性科研机构。决定成立山东大学价值共创网络研究中心，孟庆春任中心主任，该中心为依托于管理学院的非实体性科研机构。

13 日　第十届泛黄海中日韩产学官大学校长论坛在江苏盐城举行。本届论坛由江苏盐城师范学院承办、山东大学协办，共有来自中、日、韩三国的 22 所高校参加，山东大学校长张荣出席论坛并发表主题演讲。

19 日　山东大学和南京大学合作发展与校友工作研讨会在威海校区举行。山东大学校长张荣，南京大学副校长薛海林出席会议并讲话。

21 日　由山东大学、青岛国家高新技术产业开发区管委会主办的“山东大学中美科技创新国际产业园暨山东大学红岛国际创客空间(Cocospace)、众创嘉年华青岛活动节”启动仪式在青岛举行。山东大学校长张荣，科技部国际合作司司长靳晓明，青岛市委常委、副市长王广正出席启动仪式并共同按下启动球。山东大学副校长张永兵、总会计师曹升元参加活动。

22 日　由中国大学生体育协会主办，中国大学生体育协会桥牌分会执行，山东大学承办的“中体明星”杯 2016 年全国大学生桥牌锦标赛在山东大学中心校区开幕。中国桥牌协会主席、财政部原部长项怀诚出席开幕式并宣布比赛开始；山东大学党委书记李守信，中国大学生体育协会桥牌分会主席、徐州工程学院党委副书记副院长沈超，山东省桥牌协会主席、山东省体育局副局长徐大义，山东大学党委副书记仝兴华，中国桥牌协会副秘书长李国华，山东省棋牌运动管理中心主任马军铭出席开幕式，仝兴华主持开幕式。

同日　山东大学校友、世博高新医院院长阎敬武一行来校访问，推动合作。山东大学校长张荣会见来访客人。山东大学常务副校长王琪珑出席相关活动。

同日　山东大学与韩国高等教育财团合作协议签字仪式在中心校区举行。山东大学校长张荣和韩国高等教育财团事务总长朴仁国签署了山东大学与韩国高等教育财团共同举办山东论坛的合作协议。仪式前，张荣会见了朴仁国一行。山东大学副校长胡金焱参加相关活动。

25 日　由中国大学生体育协会主办，中国大学生体育协会桥牌分会执行，山东大学承办的“中体明星”杯 2016 年全国大学生桥牌锦标赛在山东大学中心校区落下帷幕。山东大学女子代表队在大赛中获女子甲级团体冠军，山东大学男子代表队获公开甲级团体第 11 名，山东大学同时获得最佳组织奖。

26 日　山东大学与中国科学院化学所签署了 T1000 级超高性能 PAN 碳纤维联合开发协议。山东大学校长张荣、中科院化学所党委书记王笃金出席签约仪式。

本月　为主动适应经济社会发展新常态对高校毕业生提出的新要求，鼓励毕业生全面总结大学生活，自信走向社会，在 2016 届毕业生即将告别母校之际，

2016 年

7 月

山东大学开展了以纪念建党 95 周年教育和身心健康与审美教育、感恩意识教育、校友意识教育、廉洁诚信教育、党员奉献教育、入职适应教育等六项教育为主要内容的毕业生专题教育活动。

本月　山东大学在山东省提前批次招生录取工作完成，学校特色试验班招生计划生源数量充足，质量优秀，投档最低分 661 分，最高分 682 分，共录取 60 人；全部为山东省理科排名 2800 名以内的高分考生，其中排名 1000 名以内的考生 7 人，较 2015 年进一步提升。

本月　山东大学 2016 年暑期“三下乡”社会实践活动全面启动，山大学子以习近平总书记系列讲话精神为引领，深入开展暑期实践活动。今年社会实践的主题是“知行合一练过硬本领，躬身实践展青春风采”。

本月　教育部公布了第一批“国家级精品资源共享课”名单，其中本科课程 1767 门。山东大学有 30 门课程入选，列全国高校第 9 位。

本月　山东大学 2016 年在全国 30 个省(市、自治区)及港澳台地区的普通本科招生录取工作结束。2016 年，山东大学招生总规模为 10000 人，其中济南本部和青岛校区招生计划 6200 人，威海校区招生计划 3800 人。从录取情况看，优质生源显著提升，文科录取最低分高出一本线 50 分以上省份 20 个，最高分高出一本线 70 分以上省份 21 个；理科录取最低分高出一本线 90 分以上的省份 20 个，最高分高出一本线 100 分以上的省份 25 个。今年在山东录取线文科 592 分，高出一本线 62 分，全省排名 1607 名；理科 640 分，高出一本线 103 分，全省排名 7434 名；分差和排名较去年均有提升。

8 月

5 日　校长张荣到山东大学对口支援的两所西部高校——宁夏医科大学和新疆昌吉学院调研工作，就“十三五”期间的对口支援工作分别与两校主要负责人进行了座谈。

同日　中国解剖学会第三十二届学术年会暨第三届亚洲临床解剖学大会在济南举行。本届年会由中国解剖学会和亚洲临床解剖学会主办，山东解剖学会与山东大学承办。中国工程院院士，南方医科大学钟世镇教授、南通大学顾晓松教授出席会议并作大会报告。亚洲临床解剖学会主席、日本东京医科齿科大学秋田惠一教授，中国解剖学会理事长、第三军医大学张绍祥教授，山东大学副校长胡金焱，山东省科学技术协会秘书长周世文，山东解剖学会名誉理事长王怀经教授出席开幕式并讲话。

17 日　由山东大学承办的教育部“研究生思想政治理论课”分教学指导委员会 2016 年工作会议暨“研究生思想政治理论课重点难点问题”研讨会在威海校区举行。中国人民大学党委书记、教育部高校思想政治理论课教指委主任委员靳诺作主旨发言。山东大学党委书记李守信出席开幕式并致辞。山东大学党委常务副书记李建军；山东大学副校长，山东大学(威海)党委书记、校长刘建亚；对外经济贸易大学党委副书记文君；石河子大学党委副书记夏文斌等出席开幕式。

20 日　由中国工程院土木、水利与建筑工程学部，山东省科技厅、山东大学、北京交通大学和国际海底隧道协会主办，中铁十四局集团有限公司承办的

2016 年

8 月

“渤海湾海底隧道修建关键技术高端论坛”在烟台举行。山东省副省长王书坚，山东大学党委书记李守信，论坛主席、中国工程院院士王梦恕，中国工程院土木、水利与建筑工程学部主任周福霖院士，烟台市市长张永霞，中铁十四局集团有限公司董事长张挺军出席论坛开幕式并致辞。

24 日　山东大学党委常务副书记李建军率团访问日本，参加中日大学展暨论坛 in Innovation Japan 2016，并在中日交流会上代表中方参展单位致辞。其间，代表团还访问了日本同志社大学，商讨推动两校校际合作有关事宜。

31 日　山东大学 2016 年校领导班子新学期工作研讨会在青岛校区举行。会议围绕实施“十三五”事业发展规划、落实学校综合改革方案和抓好“双一流”建设，对新学期重点工作进行了研讨。校党委书记李守信出席会议并讲话，校长张荣主持会议。

本月　山东大学副校长、生殖医学研究中心主任陈子江教授主持的多中心临床研究成果《多囊卵巢综合征不孕症鲜胚与冻胚移植》在《新英格兰医学杂志》上发表。该成果在国际上首次证明了“与新鲜周期胚胎移植相比，胚胎冻存后移植可以明显提高新生儿活产率”，标志着多囊卵巢综合征临床治疗研究在国际上取得重大突破。

9 月

6 日　山东大学在中心校区明德楼召开新学期工作会议，部署学校党委行政主要工作。校党委书记李守信主持会议并讲话。校长张荣部署学校行政工作。

同日　以色列巴伊兰大学副校长 Azie Zaban 一行访问山东大学，山东大学副校长韩圣浩会见了代表团一行。

8 日　山东大学召开新学期学生工作会议，研讨部署学生教育管理服务工作。校党委副书记仝兴华出席会议并讲话。

同日　日本富山大学校长远藤俊郎一行访问山东大学，山东大学校长张荣会见来访客人，双方续签两校合作协议。

9 日　山东大学在中心校区举行庆祝 2016 年教师节暨优秀教师表彰大会。今年是第 32 个教师节，表彰大会的主题是“甘守三尺讲台，争做‘四有’老师”。2016 年“山东大学优秀教师”“山东大学先进教育工作者”“我最喜爱的老师”、第八届“我心目中的好导师”获得者及 2016 年度“师德建设优秀工作案例”获奖单位代表分别登台领奖，并发表获奖感言。山东大学党委书记李守信、校长张荣出席大会并为获奖者颁奖。

12 日　山东大学举行新学期本科教学工作会议，重点部署启动 2017 年本科教学审核评估工作和落实本科人才培养专项改革方案工作。副校长胡金焱出席会议并讲话。

同日　加拿大达尔豪斯大学校长 Richard Florizone 率团访问山东大学。山东大学校长张荣会见代表团一行。

14 日　山东省委宣传部与山东大学共建新闻传播学院成立大会在山东大学中心校区举行。山东大学校长张荣、省委宣传部副部长王世农出席活动并讲话。山东大学党委常务副书记李建军宣布学校任命文件。山东广播电视台台长、

2016 年

9 月

党委书记吕芃被聘任为山东大学新闻传播学院院长并发言。山东大学副校长胡金焱主持大会。

16 日　山东大学青岛校区敞开怀抱，开始迎接来自 6 个学院的 1007 名 2016 级新生。山东大学常务副校长王琪珑来到青岛校区迎新现场，看望慰问师生员工，检查指导校区启用及迎新工作。

青岛校区迎新现场

18 日　经学校研究，山东大学文学与新闻传播学院更名为山东大学文学院。

19 日　山东大学召开“两学一做”学习教育工作推进会，学习贯彻习近平总书记关于“两学一做”学习教育重要指示精神和中央有关会议精神，总结交流学习教育前段情况，部署安排下一步工作。山东大学党委书记李守信出席会议并讲话，校党委常务副书记李建军主持会议。

21 日　山东大学 2016 级新生开学典礼暨迎新交响音乐会在中心校区体育馆隆重举行。校党委书记李守信，校长张荣，医学院 1982 级校友、中国工程院院士、上海交通大学医学院附属瑞金医院副院长宁光，中国工程院院士、山东大学终身教授王文兴，中国科学院院士、山东大学终身教授钱逸泰，山东大学人文社科一级教授李炽昌，校党委常务副书记李建军，校党委副书记仝兴华、陈向阳，副校长韩圣浩、胡金焱出席活动。仝兴华主持典礼。

22 日　山东大学首批校内齐鲁（仲英）青年学者座谈会暨签约仪式在中心校区举行，副校长韩圣浩出席会议，代表学校与入选的青年学者签订工作协议并讲话。

同日　按照教育部人事司安排，广西民族大学党委常委、副校长伍先华挂职山东大学校长助理，挂职期半年。

23 日　山东大学 2016 级学生军训阅兵典礼在兴隆山校区隆重举行。山东省军区政治部副主任吴巨峰大校、山东大学党委副书记仝兴华出席典礼并致辞，副校长胡金焱出席典礼并宣读表彰决定。

2016 年
9 月

同日 美国弗吉尼亚理工大学副校长 Karen P. DePauw 率团访问山东大学。校长张荣在青岛会见了代表团一行，总会计师曹升元、副校长胡金焱分别出席工作会谈。

24 日 山东大学青岛校区启用暨 2016 年新生开学典礼在博物馆北门广场举行。山东大学中文系 1956 级校友、财政部原部长项怀诚，山东省委常委、常务副省长孙伟，青岛市委副书记、市长张新起，山东大学党委书记李守信、校长张荣一起按下启动球，共同见证青岛校区启用。与此同时，山东大学创新创业学院师生研制的无人机编队同步起航腾空。

山东大学青岛校区启用暨 2016 年新生开学典礼在博物馆北门广场举行

25 日 为适应青岛校区公共实验教学需要，经学校研究决定成立山东大学青岛校区公共(创新)实验教学中心。该中心挂靠资产与实验室管理部。

26 日 山东大学与小松(中国)投资有限公司合作协议签约仪式在山东大学中心校区举行。山东大学党委副书记仝兴华，小松(中国)投资有限公司总经理张全旺、株式会社小松制作所 CTO 室部长西泽泉、小松山推工程机械有限公司总经理刘方常出席签约仪式并致辞。

同日 山东大学政治学与公共管理学院院长签约仪式在青岛校区振声苑南楼举行，国际知名哲学家、社会学家贝淡宁教授被聘任为山大政管学院院长。校长张荣出席签约仪式并代表学校与贝淡宁教授签署聘任协议，为其颁发聘书。

28 日 2016 中美创新高端论坛暨白石山全球创新峰会在河北省涞源县开幕。山东大学校长张荣应邀出席开幕式并发表题为“中美大学合作潜力无限”的主旨演讲。科技部国际合作司司长靳晓明，中国工程院院士、香港大学陈清泉教授，美国费米国家实验室、全球创新中心主席叶恭平，美国国家可持续发展中心理事会主席 Mitchell Stanley 等出席会议。

30 日 国家自然科学基金委员会主任杨卫一行到山东大学调研指导工作。山东省副省长王书坚、山东大学校长张荣出席活动。

2016 年

9 月

本月　中共中央组织部公布了“万人计划”第二批入选名单，山东大学马春红教授、张建教授和陈宝权教授入选“万人计划”第二批科技创新领军人才。方辉教授、何中华教授和杜泽逊教授入选“万人计划”第二批哲学社会科学领军人才。于良春教授入选“万人计划”第二批教学名师。

本月　由教育部主管、山东大学主办的金融数学类专业学术期刊《概率、不确定性与定量风险》(*Probability*, *Uncertainty and Quantitative Risk*)第一期正式在线发布。该刊由山东大学自然科学学报编辑部组织申报，由中国科协、财政部、教育部、国家新闻出版广电总局、中国科学院和中国工程院等六部委共同实施的“中国科技期刊国际影响力提升计划”提供专项资助，是国家批准山东大学创办的第一本英文科技期刊。

本月　山东省委高校工委举办的师德标兵评选活动结果公布，山东大学杜泽逊教授获得2016年“山东高校十大师德标兵”称号，山东大学(威海)常晓梅教授获得2016年“山东高校十大师德标兵”提名奖。

本月　截至2016年9月，山东大学15个学科进入世界学术机构前1%，ESI各项指标稳定增长，世界排名361，较5月份上升9名，较7月份上升4名；ESI前1%学科数继续排名全国高校第8名。9月份ESI数据显示，山东大学被引论文33785篇/295710次，平均被引数8.75次/篇，其中，高被引论文(Top Papers)275篇/3180次，论文被引数在5186个被统计机构中列361名。

本月　首届全国高校网络宣传思想教育优秀作品评审结果近期揭晓，山东大学取得优异成绩：工作案例“山大日记”荣获2015年度全国高校网络宣传思想教育优秀作品特等奖，微作品《“医路同行”系列网络主题班会之——好医生是怎样炼成的》荣获2015年度全国高校网络宣传思想教育优秀作品三等奖。

10 月

5日　根据儒家文明协同创新中心培育建设需要，经学校研究决定，王学典任儒家文明协同创新中心主任。

10日　乌克兰国家科学院通讯院士、乌克兰国家科学院超硬材料研究所所长弗·季·图尔盖维奇教授受聘为山东大学名誉教授。山东大学校长张荣会见图尔盖维奇教授并为其颁发聘书。

12日　2016年山东省大众创业万众创新活动周启动仪式在山东大学中心校区体育馆举行。山东省副省长张务锋，山东大学校长张荣，省政府副秘书长李娥，省发改委主任王忠林，省科协党组书记、副主席王春秋，山东大学副校长胡金焱，大型创新创业企业代表、如意集团执行总裁丁彩玲，中小微创新创业企业代表、济南海华生物科技有限公司董事长位宾出席启动仪式。张务锋、张荣、王忠林、王春秋、丁彩玲、位宾共同启动活动周。

同日　中国科技论文统计结果发布会在北京举行。会议公布了2015年度中国高校及科研机构在国内外刊物上发表科技论文数量、被引用情况以及各学科领域论文分布和影响等统计结果。根据统计结果，山东大学论文收录数排名全国高校第5位，比上年度提升3位，创历史最好成绩。

2016 年

10 月

13 日　第二届中国“互联网＋”大学生创新创业大赛全国总决赛在华中科技大学举行。经评比，山东大学荣获高校集体奖。机械学院“越疆 DOBOT 桌面机械臂”项目获得金奖，并最终荣膺季军，团队指导教师王兴元教授获评优秀创新创业导师；经济学院“智舒科技移动肺功能检测”项目荣获银奖；电气学院“T-Noise 科技”项目和软件学院“景鸿扶贫云”项目荣获铜奖。国务院副总理刘延东在总决赛现场接见了获得金奖的项目团队及指导老师，并视察高校大学生创新创业成果展。山东大学副校长胡金焱参加了相关活动。

15 日　2016 年度“求是奖颁奖典礼”在北京大学举行，中国科学院院士、山东大学教授彭实戈，加州大学圣塔芭芭拉分校数学系教授张益唐获得 2016 年度“求是杰出科学家奖”。这是彭实戈院士第二次获得“求是基金会”奖项，他曾在 1996 年获得“求是杰出青年学者奖”。

16 日　山东大学德国学院正式在青岛校区揭牌。山东大学校长张荣，德国亥姆霍兹联合会主席 Otamar D. Wiestler，青岛市委常委、副市长王广正出席活动并致辞；德国萨尔大学校长 Volker Linneweber，山东大学副校长张永兵，即墨市委副书记、市长张军参加活动。张荣、Otamar D. Wiestler 共同为德国学院揭牌。

17 日　为进一步加强对海内外杰出青年学者的引进力度，搭建海内外优秀青年人才学术交流的平台，山东大学首届齐鲁青年科技论坛暨第九届“海洽会”海外博士山大行活动在千佛山校区举办。山东大学校长张荣，中国科学院院士、山东大学学术委员会主任彭实戈教授，山东省委组织部常务副部长胡文容，山东省教育厅副厅长、党组副书记张兴民，山东省人力资源和社会保障厅巡视员李伯平，山东省科技厅副厅长张士新出席活动。

21 日　首届山东论坛在山东大厦开幕。本届论坛主题是“东亚命运共同体——历史、现在与未来”。中国外交部原部长、中国公共外交协会会长李肇星，山东省副省长夏耕，韩国高等教育财团事务总长朴仁国，山东大学校长张荣等出席活动。

27 日　济南产业技术创新联盟成立仪式在山东大学举行。济南市委常委、总工会主席王以才，山东大学总会计师曹升元出席仪式并揭牌。

29 日　山东大学 2016 年秋季校园体验月活动顺利开展，来自山东济南、青岛、潍坊、滨州、淄博等地的中学师生及家长共 400 余人参加了此次活动。参与活动的中学师生及家长都表示，此次山大之行收获良多。

同日　山东大学研究通过了《山东大学杰出人才体系建设方案》（山大字[2016]39 号），这是学校深入贯彻中共中央《关于深化人才发展体制机制改革的意见》，推进人才强校战略，全面优化队伍结构的重大举措，标志着学校人才工作进入一个崭新阶段。

31 日　由山东大学档案馆主办的华东地区首届高校档案工作论坛在中心校区开幕。本次论坛以“信息化背景下的高校档案工作”为主题，山东大学副校长胡金焱、山东省档案局副局长王宪东、中国高等教育学会档案分会秘书长吴玫与副理事长马仁杰出席论坛开幕式并分别致辞。

2016 年

10 月

本月　山东大学基础医学院免疫学系高成江教授课题组的研究成果“E3 ubiquitin ligase RNF128 promotes innate antiviral immunity through K63-linked ubiquitination of TBK1”(E3 泛素连接酶 RNF128 通过 K63 位泛素化修饰 TBK1 促进抗病毒反应)在《自然免疫学》(*Nature Immunology*)上发表。该文章以山东大学为第一作者和独立通讯作者单位，高成江教授为通讯作者，博士研究生宋冠华为第一作者。《自然免疫学》作为免疫学领域顶级期刊之一，五年影响因子为 23.4。该论文的发表标志着山东大学在抗病毒免疫调控领域的研究已达到国际先进水平。

本月　武汉大学中国科学评价研究中心、中国教育质量评价中心和中国科教评价网联合研发、发布了《2016 年世界一流大学和一流学科评价研究报告》，对美国《基本科学指标(ESI)数据库》中收录两个学科及以上的 1337 所世界大学进行了评价。其中，山东大学世界排名 169，被评为世界高水平著名大学。

本月　山东省社会科学优秀成果评奖委员会公布表彰省第 30 次社会科学优秀成果奖获奖成果，山东大学共有 47 项研究成果获奖，其中特等奖 4 项、一等奖 4 项、二等奖 24 项、三等奖 15 项。获奖数创历史新高，占全省获奖总数的 18.5%。

本月　中国高校科技期刊研究会公布了 2016 年度中国高校杰出·百佳·优秀科技期刊入选名单，山东大学主办、山东大学自然科学学报编辑部编辑出版的《山东大学学报》(理学版)入选“2016 年度中国高校百佳科技期刊”，《山东大学学报》(医学版)、《山东大学学报》(工学版)、《山东大学耳鼻喉眼学报》三种期刊入选“2016 年度中国高校优秀科技期刊”。

本月　山东省人民政府办公厅公布了泰山学者攀登计划专家和泰山学者青年专家名单。本年度全省共有 89 位学者荣获“泰山学者攀登计划专家”及“泰山学者青年计划专家”称号，山东大学共有 17 位学者入选。此次入选的泰山学者攀登计划专家分别是数学学院刘建亚、陈增敬，化学与化工学院郝京诚，入选的泰山学者青年计划专家分别是晶体材料研究所夏海兵，土建与水利学院李利平，药学院李敏勇，化学与化工学院张进涛，生命科学学院高翔，哲学与社会发展学院陈治国，经济学院宫晓琳，经济研究院韦倩，齐鲁医院李涛、徐峰、张文程、张迪，山东省口腔医院魏福兰，山东大学附属生殖医院秦莹莹。

11 月

3 日　山东大学能源与动力工程学院在兴隆山校区举办航天器技术及其发展讲座，邀请中国工程院院士、北京航空航天大学王浚教授担任主讲人。

7 日　山东大学校长张荣率团访问美国芝加哥大学、弗吉尼亚理工大学，分别与两校签署合作备忘录附录和合作办学协议，推进校际战略合作。

11 日　青岛银行举行博士后科研工作站挂牌仪式暨新经济新金融峰会。山东大学副校长胡金焱出席活动并代表学校与青岛银行行长王麟签署了《山东大学—青岛银行战略合作框架协议》。青岛市委常委、副市长王广正，中国社科院金融研究所所长王国刚，青岛银行董事长郭少泉出席挂牌仪式。

2016 年
11 月

同日　经学校研究，决定成立山东大学区域金融改革与发展研究中心，胡金焱任中心主任，该中心为依托于经济学院的非实体性科研机构。决定成立山东大学小儿外科微创治疗研究中心，李爱武任中心主任，该中心为依托于齐鲁医院的非实体性科研机构。

12 日　由中国工程院土木、水利与建筑工程学部，国家自然科学基金委员会工程与材料科学部，《建筑科学与工程学报》编辑部，山东大学，重庆大学，长安大学等单位主办，山东大学、齐鲁交通发展集团、山东省交通规划设计院和山东省城乡建设勘察设计研究院等单位承办的"第三届建筑科学与工程创新论坛"在济南举办。山东大学党委书记李守信，论坛主席、重庆大学校长、中国工程院院士周绪红，山东省住房和城乡建设厅党组书记李力，济南市副市长苏树伟，齐鲁交通发展集团总经理周勇出席论坛开幕式并分别致辞。中国工程院院士王梦恕、崔俊芝、杜彦良、聂建国、郑健龙、王复明出席论坛。

同日　美国国家工程院院士、中国工程院外籍院士、中国台湾"中央研究院"院士、美国弗吉尼亚理工大学杰出教授、美国电力电子系统研究中心(CPES)主任李泽元教授应邀访问山东大学并作了两场学术报告。山东大学校长张荣会见了李泽元教授。

13 日　2016 年第九届"英特尔杯"全国大学生软件创新大赛决赛在厦门大学举行。山东大学"Smarlley"团队获得比赛一等奖。

同日　由教育部科技司组织的"环境与社会考古学国际合作联合实验室"立项考察会在山东大学中心校区举行。论证专家组由兰州大学副校长、中国科学院院士陈发虎教授，北京大学李伯谦教授，吉林大学朱泓教授，四川大学霍巍教授，西北大学陈洪海教授，西北工业大学杨军昌教授组成，陈发虎院士任组长。教育部科技司综合处处长李楠、山东大学副校长胡金焱出席会议，会议由教育部科技发展中心高校科技产业处苑杰主持。

同日　山东大学副校长、齐鲁医学部部长陈子江率团访问日本，参加熊本大学、和歌山县立医科大学举办的学术交流研讨会，开展交流合作，并参加"山东大学—和歌山县立医科大学友好交流三十周年"纪念活动。

14 日　满天星业余交响乐团来到山东大学中心校区，为师生献上一场以"音乐点亮人生"为主题的艺术盛宴。全国政协文史与学习委员会副主任、满天星业余交响乐团团长、山东大学跨文明研究中心主任叶小文出席演出，山东大学校长张荣出席活动并致辞。

15 日　第四届尼山世界文明论坛在山东曲阜举行。论坛以"传统文化与生态文明——迈向绿色·简约的人类生活"为主题，来自中国、美国、俄罗斯、德国、法国、意大利等国家和地区的 250 余名学者、嘉宾参加论坛。山东大学校长、尼山世界文明论坛组委会副主席张荣出席论坛相关活动，山东大学儒学高等研究院承担了本届论坛的学术支撑与部分会务工作。

16 日　依据《山东大学学科建设专项改革方案》，按照"分层规划，差异建设"的总体思路，学校将在推进实施"学科高峰计划"的同时，鼓励、支持一般学科稳定建设发展。

18 日　山东大学校长张荣到苏州考察，拜访美籍华人、著名慈善家、美国唐氏工业董事长、唐仲英基金会董事长唐仲英先生，并到苏州研究院视察指导工作，并出席长三角校友会联盟成立典礼。

19日　山东大学2017届毕业生就业双选会(秋季)在中心校区举行。这是今年下半年山东大学最大规模的毕业生招聘会，也是“驻鲁‘211工程’高校就业联盟”2017届毕业生双选会的一站。

同日　在北京大学举行的中国俄语教学研究会成立35周年纪念大会暨第三届全国高校俄语专业学科建设高端论坛上，山东大学外国语学院叶瑞安教授荣获“中国俄语教育杰出贡献奖”。

20日　教育部人文社科重点研究基地山东大学当代社会主义研究所与美国加州大学伯克利分校中国研究所在济南联合召开了首届“国际中共学与世界社会主义比较”学术研讨会。山东大学终身教授赵明义参加了研讨会。

22日　山东大学学习贯彻党的十八届六中全会精神专题网站正式上线。

23日　山东大学举行2016年度光华奖学金颁奖仪式，50名博士研究生、120名硕士研究生和96名本科生受到表彰。中国台湾南山人寿保险股份有限公司上海代表处首席代表、光华奖学金颁奖嘉宾贾宁，山东大学党委副书记仝兴华出席仪式并讲话。

24日　第八届中韩大学校长论坛在山东大学中心校区举行，来自中韩两国30所大学的近80名校长、代表出席论坛。山东大学常务副校长王琪珑、教育部国际合作与交流司副司长李奇勇、韩国驻青岛总领事馆总领事李寿尊出席开幕式并先后致辞。

25日　全球汉籍合璧与汉学合作研究研讨会在山东大学举行。山东大学校长张荣，东京大学横手裕教授，台湾“中央研究院”院士、台湾大学朱云汉教授，台湾大学人文社会高等研究院副院长林建甫教授，香港大学饶宗颐学术馆副馆长、高级研究员郑炜明，中国国家图书馆原馆长詹福瑞教授，山东大学终身教授袁世硕先生、曾繁仁先生出席开幕式。中央文史研究馆馆员、山东大学名誉博士、香港大学荣休教授饶宗颐先生，欧洲中国哲学联合会，澳大利亚中国研究协会分别向大会发来贺信。

26日　山东大学第三十四次学生代表大会、第十六次研究生代表大会在中心校区举行。大会审议通过了山东大学第三十三届学生会工作报告、第十五届研究生会工作报告、学生权益工作报告，选举产生了新一届学生会常任代表委员会和研究生会常任代表委员会。山东大学校长张荣出席开幕式并致辞，校党委副书记仝兴华出席开幕式。

同日　由山东大学南亚研究中心、山东大学政治学与公共管理学院、山东大学犹太教与跨宗教研究中心共同举办的“‘一带一路’在南亚”国际学术研讨会在山东大学召开。中国外交部驻印度、巴基斯坦等国原大使周刚，山东大学常务副校长王琪珑等出席会议。

28日　山东省欧美同学会(山东省留学人员联谊会)成立大会在山东大厦召开。山东大学热科学与工程研究中心主任程林当选首任会长。

同日　儒家文明协同创新中心首席专家、学术委员会主任、清华大学国学研究院院长陈来教授受聘为山东大学讲座教授仪式在中心校区举行。儒家文

2016 年
11 月

明协同创新中心理事会理事长、山东大学校长张荣会见陈来教授并颁发聘书。山东大学副校长胡金焱主持聘任仪式。

30 日　山东大学—中共山东省委党校战略合作协议签署仪式在中心校区举行。山东省委副书记、省委党校校长龚正对两校战略合作作出批示。山东大学党委书记李守信、山东省委党校常务副校长徐闻出席仪式并致辞，山东大学党委常务副书记李建军主持仪式，山东大学常务副校长王琪珑、山东省委党校副校长魏恩政作为两校代表签署战略合作协议。

本月　教育部办公厅公布了 2016 年教育部“创新团队发展计划”滚动支持名单，山东大学刘建亚教授数论创新团队与张承慧教授复杂工业系统能量优化与先进控制团队入选，分别获得 300 万元经费支持。

本月　山东大学 2017 年毕业生推免工作已经结束，按照严格的推荐程序，山东大学 2017 年将有 1701 名优秀应届本科毕业生被推荐到全国知名高校免试攻读研究生，其中 226 人为直博生。

本月　教育部体育卫生与艺术教育司公布了 2016 年支持高校创建中华优秀文化艺术传承基地名单，山东大学申报的项目——雅乐艺术传承基地成功入围。

本月　山东大学印发《学位与研究生教育专项改革方案》。该《方案》的出台，标志着学校学位与研究生教育专项改革工作已全面进入组织实施阶段。

本月　全国哲学社会科学规划办公室公布了 2016 年度国家社科基金重大项目立项名单，山东大学 5 项课题获准立项，立项数列全国高校第 8 位。山东大学此次获立项课题分别为《生态美学文献整理与研究》(首席专家：曾繁仁教授)、《马克斯・韦伯全集翻译与研究》(首席专家：王建民教授)、《中国基本公共服务供给侧改革与获得感提升研究》(首席专家：曹现强教授)、《俄藏中文古籍的调查编目、珍本复制与整理研究》(首席专家：王培源教授)、《南社文献集成与研究》(首席专家：孙之梅教授)。

本月　全国工程硕士专业学位研究生教育指导委员会秘书处公布了 2016 年度第二批“全国工程硕士专业学位研究生教育在线课程建设项目”名单，山东大学 3 门课程入选重大建设项目，并获得每门 10 万元的制作经费支持；16 门课程入选重点自建项目；获资助课程及重点自建课程数列全国高校首位。

本月　国家发展改革委员会发布了《国家发展改革委关于 2016 年度国家地方联合工程研究中心(工程实验室)的复函》，依托山东大学申报的“电动汽车电网接入技术国家地方联合工程实验室(山东)”获批正式立项建设。这是山东省目前唯一以高校为依托单位的国家地方联合工程实验室，同时也是山东大学首个国家地方联合工程实验室。

本月　为落实《山东大学综合改革方案》要求，破除学科发展障碍，激发释放学科活力，加快推进世界一流大学建设，山东大学印发《山东大学学科建设专项改革方案》(山大字[2016]40 号)。

本月　国际电气与电子工程师协会(The Institute of Electrical and Electronics Engineers，IEEE)公布了新选 2017 年 IEEE Fellow 名单。山东大学信息科学与工程学院副院长、泰山学者海外特聘专家王承祥教授，因其在无线信道建模研究领域所取得的杰出成就和突出贡献当选为 IEEE Fellow。

2016 年

12 月

1 日　山东大学新一届校务委员会成立大会暨第一次全体会议在中心校区召开。校党委书记、校务委员会主任李守信主持会议，校长张荣为新一届校务委员会委员颁发聘书，并通报了近期学校改革发展情况。

同日　按照教育部有关高校“十三五”规划编制工作的要求，我校在全面总结“十二五”建设成就、认真梳理查找突出问题的基础上，发扬民主、深入调研、集思广益、凝聚共识，形成了《山东大学事业发展“十三五”规划纲要》，并经校长办公会、党委常委会审议通过。现将《山东大学事业发展“十三五”规划纲要》及其编制说明予以公布，欢迎广大师生校友和社会各界评议、监督。

同日　山东省人民政府第二届法律顾问聘任仪式在山东大厦举行。山东大学法学院院长沈伟教授、肖金明教授获聘山东省人民政府第二届法律顾问，王丽萍教授、张海燕教授、崔立红教授、徐伟敏副教授、满洪杰副教授，威海校区法学院汪全胜教授入选山东省人民政府法律专家库成员。山东省人民政府副省长夏耕出席会议并讲话。

2 日　根据《中华人民共和国传染病防治法》及《艾滋病防治条例》，为贯彻落实教育部办公厅《关于开展高校艾滋病防控工作试点推进学校预防艾滋病教育的通知》（教体艺厅函[2016]14 号）工作要求，我校被纳入国家高校艾滋病防控工作试点学校，为进一步加强学校对艾滋病防控工作的领导，决定成立艾滋病防控工作领导小组。

5 日　“榜样的力量”2016 年山东大学学生年度人物评选暨颁奖仪式在中心校区邵逸夫科学馆举行。经过评选，共有五人（团队）成为山东大学“学生年度人物”，分别是：校园文化领域榜样邱月、学术创新领域榜样孙嘉睿、就业创业领域榜样刘培超、思想引领领域榜样王娟、实践服务领域榜样“小树林”支教调研团。同时，魏东瀛等七人（团队）获“学生年度人物提名奖”。校党委书记李守信、党委副书记仝兴华等出席仪式并分别为“学生年度人物”获奖者、“学生年度人物提名奖”获奖者颁奖。

同日　澳大利亚阿德莱德大学副校长 Nancy Cromar 率团访问山东大学。山东大学副校长陈子江会见 Nancy Cromar 一行，并分别代表两校续签了合作备忘录和学生交换协议。

同日　根据教育部、科技部《加强高等学校科技成果转移转化工作的若干意见》及《山东大学关于加强科技成果转移转化工作的若干意见（试行）》，为推动我校科技成果转移转化工作快速、高效开展，经学校研究决定，成立科技成果转移转化领导小组和工作小组。

6 日　山东大学 Inspur 浪潮俱乐部签约揭牌仪式举行。校党委副书记仝兴华、浪潮集团副总裁兼人力资源部部长刘伟华出席仪式，为俱乐部揭牌并致辞。

9 日　第二届“创新杯”全国大学生地球物理知识竞赛在山东大学举行。经过激烈角逐，山东大学代表队荣获团体特等奖。中国地球物理学会秘书长郭建，山东省科学技术协会副主席纪洪波，山东大学总会计师曹升元、副校长李术才，山东省地球物理学会理事长刘元生等出席活动。

同日　第十一届全球孔子学院大会在昆明举行。国务院副总理、孔子学院总部理事会主席刘延东出席会议开幕式并发表了题为“创新，合作，包容，共

2016 年
12 月

享——携手并肩开创孔子学院发展新局面”的主旨演讲，并为全球孔子学院先进个人和先进单位颁奖。开幕式由教育部部长陈宝生主持。来自 140 多个国家和地区的大学校长、孔子学院代表等共计 2200 余人参会。山东大学党委副书记、纪委书记陈向阳率团出席大会。

11 日　第十三届全国研究生数学建模竞赛颁奖典礼在重庆举行。山东大学研究生荣获一等奖 1 项、二等奖 27 项、三等奖 25 项，综合成绩在全国 456 个参赛单位中名列第 13 位，获奖数量创山东大学参赛历史上最好成绩。山东大学连续第八届获得“优秀组织奖”。

12 日　2016 年山东省科学道德和学风建设宣讲教育报告会在山东大学举行。报告会由省科协、省教育厅、山东大学联合主办，邀请了中国农业大学教授、中国科学院院士吴常信，山东省农业科学院作物研究所首席专家、中国工程院院士赵振东作科学道德和学风建设宣讲教育报告，山东省科协副主席于洪文主持报告会。

13 日　2016 年度山东广电奖学金颁奖仪式在中心校区举行。山东广播电视台台长、山东大学新闻传播学院院长吕芃，山东大学党委副书记仝兴华出席仪式并共同为哲学与社会发展学院曹原等 20 名获奖学生颁奖。

同日　2016 年度国家自然科学基金管理工作会议暨表彰大会在北京召开。会上表彰了“十二五”期间在国家自然科学基金管理工作中取得突出成绩的依托单位、地区联络网及管理工作者。山东大学被评为 2011～2015 年度国家自然科学基金管理工作先进依托单位。

同日　由韩国大学教育协议会主办的第一届中日韩大学校长论坛和亚洲校园项目启动仪式在韩国首尔举行，山东大学副校长陈子江率团出席启动仪式并作为中方代表致辞。

同日　经学校研究，决定成立山东大学燃气检测技术研究中心，吕铁良任中心主任，该中心为依托于山东大学(威海)的非实体性科研机构。决定成立山东大学齐鲁生物医学大数据研究中心，薛付忠任中心主任，该中心为依托于齐鲁医学部的非实体性科研机构。决定成立山东大学高通量测序研究中心，王传新任中心主任，该中心为依托于山东大学第二医院的非实体性科研机构。

16 日　由山东工业技术研究院和济南高新区管委会共同主办的“宽禁带半导体产业基地揭牌暨合作项目签约仪式”在济南高新区举行。山东大学副校长李术才，济南高新区管委会党工委书记、管委会主任徐群出席仪式并致辞。李术才与中国科学院院士、南京大学郑有炓教授共同为宽禁带半导体产业基地揭牌。

同日　山东省委宣传部与山东大学在中心校区举行会议，就 2017 年度共建新闻传播学院的重点工作进行磋商。山东省委宣传部副部长王世农，山东省政府新闻办公室主任魏长民，山东广播电视台台长、山东大学新闻传播学院院长吕芃出席会议。山东大学党委常务副书记李建军会见王世农一行。

20 日　教育部党组副书记、副部长沈晓明一行来山东大学视察工作并就学习贯彻全国高校思想政治工作会议精神进行座谈交流。山东大学党委书记李守信、校长张荣陪同视察并出席座谈会。

21 日　受科技部委托，中国生物技术发展中心组织专家对微生物技术国家

2016 年
12 月

重点实验室开展了现场考察。山东大学校长张荣、总会计师曹升元、副校长李术才出席评估现场考察会并参加相关活动。中国生物技术发展中心前沿生物技术处副处长于振行主持了现场考察预备会，专家组组长主持了现场考察。

23 日　山东大学与青岛市人民政府在青岛国家质检中心基地举行签约仪式，山东大学副校长张永兵与青岛市副市长张德平代表双方共同签订《山东大学—青岛市人民政府共建"山东大学中国海检研究院"战略协议》。仪式前，青岛市委副书记、市长张新起会见张永兵一行。

24 日　由山东大学环境研究院和中国环境科学研究院联合举办的大气环境高峰论坛在中心校区举行，此次论坛的主题是"中国大气环境问题的演变和未来"。山东省委常委、济南市委书记王文涛，山东大学校长张荣，中国环境科学研究院院长李海生出席开幕式并致辞。论坛开幕式由山东大学常务副校长王琪珑主持。

26 日　第十八届中国专利奖获奖项目揭晓，山东大学两项发明专利"深部软岩巷道三维预应力钢绞线壁后充填支架支护体系""光伏高频隔离升压软开关 DC/DC 变换器及其控制方法"获得中国专利奖优秀奖。

29 日　山东大学公共治理研究院院长签约仪式在中心校区举行，美籍华人政治学家杨大利教授被聘任为公共治理研究院院长。山东大学校长张荣出席签约仪式，代表学校与杨大利教授签署聘任协议并为其颁发聘书。副校长韩圣浩主持仪式。

同日　庞朴先生藏书、物品捐赠仪式暨庞朴图书室落成仪式在山东大学中心校区图书馆举行。山东大学校长张荣出席仪式，向庞朴先生子女代表颁发捐赠证书。庞朴先生之子庞龙先生出席仪式并致辞。庞朴先生的长女庞煌女士与山东大学副校长胡金焱共同为庞朴图书室揭牌。胡金焱主持捐赠仪式。

30 日　《山东大学 2016 届毕业生就业质量报告》发布。这是山东大学第四次向社会公开发布年度毕业生就业质量报告。

同日　山东大学 2016 年度校长奖学金暨国家奖学金颁奖典礼在中心校区举行。校长张荣出席典礼并为本年度校长奖学金获得者颁奖，校党委副书记仝兴华出席典礼并为国家奖学金获奖研究生代表和本科生代表颁奖，副校长胡金焱主持颁奖典礼。

本月　为贯彻落实《山东大学综合改革方案》，深化本科教育教学改革，完善本科人才培养体系，全面提高本科人才培养质量，发展一流本科教育，山东大学印发《山东大学本科人才培养专项改革方案》（山大字[2016]54 号）。

本月　山东大学在全国大部分省份开展了本科招生教育拓展工作，取得显著成效。10 月至 12 月，山东大学在北京、天津、上海、山东、内蒙古、黑龙江、辽宁、河北、河南、江苏、浙江、安徽、江西、广西、四川、湖南、贵州等 17 个省（直辖市、自治区）开展教育拓展工作，在全国 22 所重点中学建立新的优秀生源输送基地，在 40 余所中学举行 45 场名师科普报告活动，走访近百所重点中学，收效良好，扩大了山东大学在全国重点中学师生中的影响力。

本月　为深入贯彻习近平总书记在哲学社会科学工作座谈会上的重要讲话精神，落实《山东大学综合改革方案》要求，在新的起点上推动山东大学人文

2016年
12月

社会科学的快速发展，实现文史复兴、人文社会科学全面振兴，为山东大学世界一流大学和一流学科建设战略提供重要支撑。近日，山东大学先后印发《山东大学人文社会科学振兴计划》（山大字[2016]50号）、《山东大学科研创新体制机制专项改革方案（人文社会科学）》（山大字[2016]53号）。

本月　晶体材料国家重点实验室陶绪堂教授课题组与新加坡南洋理工大学材料学院张其春教授课题组合作，发现了一种自修复共晶材料Coronene-TCNB，相关研究成果以"Self-Healing Behavior in a Thermo-Mechanically Responsive CocrystalDuring a Reversible Phase Transition"为题发表在著名期刊《德国应用化学》上（*Angew. Chem. Int. Ed.* 2016，DOI：10.1002/anie.201609667. IF＝11.7）。该文章得到审稿人的高度评价（top 5％），并被编辑部选为背封面文章（back cover）。

本月　山东大学基础医学院免疫学系高成江教授课题组的研究成果"The ubiquitin E3 ligase TRIM31 promotes aggregation and activation of the signaling adaptor MAVS through Lys63-linked polyubiquitination"（《泛素连接酶TRIM31通过K63位泛素化修饰促进MAVS多聚体形成及活化》）在《自然免疫学》（*Nature Immunology*）上发表。该文章以山大为独立通讯作者单位，高成江教授为通讯作者，博士研究生刘冰玉和助理研究员张猛为本文并列第一作者。《自然免疫学》作为免疫学领域顶级期刊之一，五年影响因子为23.4。该论文是高成江教授近两个月内在《自然免疫学》上发表的第二篇论文，这也标志着山大在抗病毒天然免疫领域的研究已达到国际先进水平。

本月　山东大学组织开展了对进入聘期中期及聘期期满的2016年第二批高层次人才的考核工作。

2017年
1月

3日　山东大学校长张荣主持召开2017年第一次校长办公会议。校党委书记李守信出席会议。会议原则通过了《山东大学关于改进招标采购工作的实施意见》《山东大学2016年度财务预算调整建议草案和山东大学2017年预算建议草案》《山东大学2017年教师外专业技术岗位和管理岗位招聘方案》《山东大学留学生新生奖学金管理办法（试行）》《山东大学大学生思想政治教育与管理专项改革方案（草案）》。会议审议通过了人文社科研究院主要职责和人员编制调整方案，审议了《山东大学留学生违纪处分实施细则》《山东大学推进国际化进程专项改革方案（草案）》。

4日　山东大学召开科技成果转移转化领导小组2017年第一次会议，听取了科学技术研究院关于学校科技成果转移转化工作情况汇报，审议并通过了2项重大科技成果的转化提案。校长张荣主持会议并讲话，总会计师曹升元参加会议。

同日　经第七十三次党委常委会研究同意，聘任贝淡宁为政治学与公共管理学院院长。

5日　山东大学校长张荣在中心校区会见禹城市委书记张安民、代市长滕海强一行。双方就深化校地合作事宜、德州市高新技术产业开发区（禹城）的功能定位和产业规划进行了交流与探讨。

2017年

1月

同日　山东大学本科教学审核评估工作布置会在中心校区举行。副校长胡金焱出席会议并讲话。科生院院长赵炳新作《山东大学本科教学审核评估工作方案》专题报告。

同日　国家留学基金管理委员会公布了2017年创新型人才国际合作培养项目获资助项目名单，山东大学申报的与荷兰蒂尔堡大学合作的“中荷应用经济学双硕士学位”项目以及与美国圣路易斯华盛顿大学合作的“深空探测与行星科学研究”项目入选。

同日　山东大学2016年度网络新闻宣传优秀组织单位、先进个人、优秀（十佳）通讯员、优秀（十佳）作者、优秀学生记者评选揭晓。

6日　山东大学落实青岛校区管理体制与运行机制专题会议在中心校区召开。张荣就落实《青岛校区内部管理组织架构调整设置方案》提出了工作要求，张永兵就贯彻落实学校决策部署提出明确要求。经组织评选，齐鲁医院等33个单位被评为网络新闻宣传优秀组织单位，王斌等30人被评为先进个人，王永军等10人被评为十佳通讯员，于德宁等28人被评为优秀通讯员，马加名等10人被评为十佳作者，马金平等28人被评为优秀作者，于晴等28人被评为优秀学生记者。

9日　山东大学教育基金会理事会成员、东利洋行董事经理梁绍庄先生访问山东大学。山东大学党委书记李守信会见来访客人。梁绍庄先生介绍了香港的有关情况，并希望与山东大学深化合作，共同推进儒学在香港的发展。

同日　中共中央、国务院在北京隆重召开2016年度国家科学技术奖励大会。中共中央总书记、国家主席、中央军委主席习近平等党和国家领导人出席奖励大会并为获奖人员颁奖。山东大学共获得四项国家科学技术奖。

10日　山东大学校长张荣主持召开2017年第二次校长办公会议。校党委书记李守信出席会议。会议通报了2017年寒假期间相关工作安排，会议审议了《第三届教职工代表大会第二次会议学校工作报告》和《第三届教职工代表大会第二次会议财务工作报告》，会议原则通过了《山东大学纵向科研项目预算调整管理办法（讨论稿）》《山东大学科研项目劳务费管理办法（讨论稿）》《山东大学科研项目间接费用管理办法（讨论稿）》和《山东大学科研项目结题结账及结余经费管理办法（讨论稿）》，会议听取了齐鲁医学部关于2016年临床医学教授岗位聘任结果的汇报，会议研究了申请设立“山东大学澳大利亚国立大学联合国际理学院”有关事宜，会议原则通过了晶体材料研究所许东教授团队研发的“用于‘两极温域’隔热纤维材料及相关应用产品”和岩土工程中心团队刘斌教授等研发的“地下工程超前探测技术”两个重大专利群项目的科技成果转化方案，会议审议了《山东大学队伍建设、人事制度与考核评价专项改革方案（草案）》。

同日　为统一、规范学校党的派出机构名称，经第九十一次党委常委会研究决定，威海校区党委更名为威海校区党工委，威海校区纪委更名为威海校区纪工委。

11日　经2017年1月10日第九十一次党委常委会研究决定：尹作升同志任威海校区党工委书记；免去刘建亚同志的威海校区党委书记职务。

因威海校区党委更名为威海校区党工委、威海校区纪委更名为威海校区纪工委，威海校区有关领导干部党内职务名称自然变更。

同日　应晶体材料国家重点实验室邀请，中科院院士、香港科技大学唐本忠教授来实验室进行学术交流，并作了题为《创新研究三部曲》的学术报告。

12 日　山东大学第三届教职工代表大会第二次会议在中心校区举行。会议回顾总结去年的工作，分析学校发展面临的形势，研究 2017 年的工作任务。三届二次教代会共征集提案 127 件，主要涉及学校综合管理，人事制度、师资队伍建设及财务，教育教学和科学研究，后勤保障服务等方面。

山东大学第三届教职工代表大会第二次会议举行

14 日　山东大学常务副校长王琪珑带领相关单位负责人赴济南各校区开展安全检查工作，以保证寒假期间校园稳定有序。

14～15 日　首届未来科学大奖颁奖典礼在北京举行。中国科学院院士、清华大学副校长、山东大学光学系 1980 级校友薛其坤获颁首届未来科学大奖“物质科学奖”。应薛其坤院士邀请，山东大学校长张荣作为嘉宾出席典礼并参加“未来论坛”等相关活动。

16～18 日　山东大学常务副校长王琪珑一行赴河南确山调研定点扶贫工作，与确山县委副书记、县长彭广峰以及其他县委、县政府领导班子成员进行座谈。县长表示将进一步推动与山东大学全方位、深层次、多领域的密切合作，争取提前完成脱贫任务。

17 日　《山东大学留学生新生奖学金管理办法(试行)》经学校研究通过，现予以印发，请遵照执行。

18 日　《山东大学科研创新体制机制专项改革方案(自然科学)》经 2016 年第二十八次校长办公会会议研究审议，并经第八十六次党委常委会会议审议通过，现印发请认真遵照执行。

同日　由山东大学新闻中心主办的山东大学 2016 年度“十件大事”评选揭晓。“学校出台《山东大学事业发展‘十三五’规划纲要》及系列专项改革方案，改革发展迈上新台阶”等入选。

23 日　山东大学校长张荣在中心校区主持召开高层次人才迎春座谈会，在济长江学者、杰青、“千人计划”特聘专家、青年千人、外籍专家代表参加座谈会。

2017 年

1 月

张荣表示，山东大学的建设和发展离不开各位的支持和贡献，希望大家一起努力，将山东大学建设得更加美好。

24 日　山东大学校长张荣先后到中心校区、第二医院、附属生殖医院、口腔医院、齐鲁医院，走访慰问寒假及春节期间坚守一线的工作人员和医护人员。

本月　财政部公布了 2016 年“全国会计领军（后备）人才”入选名单，山东大学财务部高级会计师孙栋入选行政事业类全国会计领军（后备）人才。

本月　《山东大学“十三五”期间党的建设工作规划》（以下简称《规划》）发布，对“十三五”期间学校党的建设进行了统筹安排。《规划》明确了奋斗目标、主要任务和保障措施，是学校做好“十三五”期间党的建设的工作纲领和行动指南，对于加强和改进新时期学校党的建设，更好地发挥党委在学校改革发展稳定中的领导核心作用，保障学校“十三五”事业发展目标的顺利实现，具有重要而深远的意义。

本月　Clarivate Analytics 公司更新的 ESI 最新数据显示，山东大学新增计算机科学（Computer Science）学科进入 ESI 前 1%。至此，山东大学共有 16 个学科进入 ESI 前 1%，进入 ESI 前 1%学科数位列国内高校第六位。

本月　山东大学印发《山东大学后勤保障工作专项改革方案》，提出改革方案要为后勤保障服务工作中存在的问题把准脉开好方，围绕中心，瞄准短板，综合施策，力争通过改革逐步建立与学校事业发展和“双一流”建设相适应的新型后勤服务保障体系。

2 月

9 日　山东大学、剑桥大学、青岛市人民政府在青岛签署合作备忘录，三方将在创新转化领域开展具备引领性的深度合作。山东大学校长张荣出席签约仪式并与剑桥大学创新中心主任 Tony Raven、中心外事主管 Shirley Marie Jamieson 进行会谈。青岛市副市长王广正、山东大学常务副校长王琪珑、Tony Raven 作为三方代表签署备忘录。

同日　山东大学与国家海洋局第一海洋研究所（以下简称“海洋一所”）战略合作签约仪式在青岛市举行。山东大学校长张荣、海洋一所所长李铁刚出席签约仪式并讲话。根据协议，双方将在海洋环境、海洋生态、海洋生物活性物质、数据分析与应用、海洋经济与管理政策等领域展开深度合作，共建海洋科学研究中心。

9～10 日　山东大学—青岛市领导干部创新与转化专题培训班在青岛校区振声苑举办。此次培训是青岛市、山东大学、剑桥大学共同落实三方合作的具体举措，希望能够对推动青岛的创新转化工作作出贡献。

9～12 日　山东大学副校长胡金焱率团访问美国加州大学圣芭芭拉分校（UCSB），并出席 UCSB 孔子学院主办的“面向未来的中美经济关系国际研讨会”。UCSB 校长杨祖佑（Henry T. Yang）会见了代表团一行。杨祖佑充分肯定了孔子学院的发展对促进两校学术合作与交流的作用，他期望两校继续互惠合作，取长补短，进一步探索在自然科学领域的学术合作，实现多领域优势学科的共建互补。双方就两校学科发展情况进行了沟通交流，并就如何实现学科优势互补进行了交流磋商。

2017 年
2 月

14 日　中国工程院院士、北京航空航天大学校长徐惠彬一行到山东大学青岛校区访问考察。双方就青岛校区的建设进程、学科设置等有关工作进行了交流，徐惠彬对山东大学青岛校区的建设与一期工程顺利启用予以高度评价并对校区后续发展提出意见和建议。

16 日　中国社会科学院党组成员、副院长张江一行到山东大学青岛校区考察。他表示，即将启动建设的社科院大学青岛校区要充分借鉴山东大学的经验，希望得到青岛市有关方面和山东大学的帮助，并表达了与山大青岛校区合作培养首批新生的意向。

15～16 日　山东大学在中心校区明德楼召开 2017 年校领导班子新学期工作研讨会。会议围绕 2017 年学校党政重点工作进行了交流研讨。

17 日　山东省科技领军人才创新工作室揭牌仪式在山东大学举行。山东大学副校长李术才、山东省科技厅基础研究处处长陈成刚出席仪式。根据《关于公布科技领军人才创新工作室(第一批)的通知》，山东省科技厅首批命名了 9 个工作室，由山东大学生命科学学院李越中教授、材料科学与工程学院刘相法教授、齐鲁医院侯明教授领衔的工作室分别入选。

18 日　山东大学数学及统计学学科发展规划与人才工作战略研讨会在中心校区举行。中国科学院院士、国家数学与交叉科学中心主任郭雷等八位数学学院校友出席研讨会，山东大学校长张荣会见了与会校友。中国科学院院士、山东大学彭实戈教授，山东大学副校长刘建亚出席会议。

19 日　山东大学校长张荣在深圳会见了部分校友并进行座谈交流。

19～21 日　山东大学在中心校区、趵突泉校区、兴隆山校区举行了三场济南主校区筹建情况通报会。常务副校长王琪珑出席会议，并介绍了山东大学济南主校区筹建的有关情况。

20 日　学校召开教育部人文社会科学重点研究基地建设 2017 年度工作会议。副校长胡金焱主持会议并讲话。

21 日　山东大学组织召开座谈会，指导国家自然科学基金杰出青年科学基金申报工作，副校长李术才出席会议并讲话。

25 日　山东大学临沂校友会成立十周年庆典暨 2017 新春联谊会在临沂举行。校长张荣出席活动并讲话，临沂校友会会长朱绍阳参加有关活动。山东大学校友总会为本次活动发来贺信。

26 日　山东大学校长张荣主持召开 2017 年第三次校长办公会议。校党委书记李守信出席会议。会议听取了关于银校合作谈判及银行投资情况的汇报。会议研究了成立山东大学高等医学研究院有关事宜。会议审议了山东大学脑与类脑科学研究院建设方案。会议研究了山东大学网络安全和信息化工作有关事宜。会议研究了推进房改售房扫尾工作有关问题。

27 日　为进一步推进山东大学主校区建设，在山东大学与济南市充分沟通磋商的基础上，双方在济南签署《山东大学主校区建设框架协议》，就山东大学主校区章丘区绣源河西侧地块选址、配套设施建设等达成共识。

同日　爱思唯尔(Elsevier)发布了 2016 年中国(大陆地区)高被引学者榜单。据统计，榜单共有 227 所科研院校的 1776 人上榜，分布在 38 个不同的学

2017 年

2 月

科领域，山东大学 19 位学者继 2015 年入选后，2016 年再次入选高被引学者。

本月　《泰晤士高等教育》发布了 2017 年度世界 500 强企业首席执行官(CEO)母校排名。山东大学在此排名中位居第 27 名，在中国大陆高校中位居第三。

本月　教育部办公厅发布了《关于公布首批深化创新创业教育改革示范高校名单的通知》，山东大学入选全国首批深化创新创业教育改革示范高校。

本月　山东省科技厅发布《关于 2016 年度山东省省级(示范)工程技术研究中心立项的通知》，山东大学 6 个中心获批立项建设。其中，山东省海洋生物繁育工程技术研究中心、山东省地下工程水害防治工程技术研究中心为山东省工程技术研究中心；山东省海绵城市示范工程技术研究中心、山东省碳纤维示范工程技术研究中心、山东省热传递过程示范工程技术研究中心、山东省神经系统疾病防治示范工程技术研究中心为省级示范工程技术研究中心。

3 月

1 日　2017 年全球大学研究影响力排名(RRGU)揭晓。山东大学排名入围全球 300 强，排名第 298，中国大陆高校排名第 12。

同日　教育部召开 2017 年全国教育系统党风廉政建设工作会议。山东大学在中心校区设立分会场，学校领导班子成员、党委委员、纪委委员、各职能部门和学院主要负责人参加会议。

7 日　山东大学在中心校区举行庆祝“三八”国际劳动妇女节暨表彰座谈会，对 2016 年度山东大学“三八红旗手”“三八红旗集体”“妇女工作先进个人”“最美家庭”进行表彰。校党委副书记、纪委书记陈向阳为获奖代表颁发证书并讲话。

9 日　为加强公共管理学、政治学等相关学科建设，拓展和深化与芝加哥大学合作，经学校研究，决定成立山东大学公共治理研究院；该研究院为学校直属科研机构。为加强脑与类脑学科建设，提升脑科学研究水平，经学校研究，决定成立山东大学脑与类脑科学研究院；该研究院为学校直属独立建制科研机构。

同日　《山东大学 2017 年行政工作要点》经学校研究通过，现印发请遵照执行。

16 日　山东大学青岛校区搬迁工作专题会议在青岛校区举行。山东大学校长张荣出席会议并讲话。山东大学副校长、青岛校区管委会主任张永兵主持会议。

17～19 日　由中国数学会主办的第八届全国大学生数学竞赛决赛在北京科技大学举行。山东大学泰山学堂数学取向 2014 级学生赵子路、2015 级张亦煌获得数学专业组一等奖，电气工程学院 2014 级李思儒、2015 级本科生陈蔚然获得非数学专业组二等奖，信息科学与工程学院 2015 级本科生余登科获得非数学专业组三等奖。

18～19 日　“生态美学：文献基础与理论拓展”学术研讨会暨 2016 年国家社科基金重大项目“生态美学文献整理与研究”开题报告会在中心校区知新楼举行。山东大学终身教授、项目首席专家曾繁仁作主题报告，副校长胡金焱出席会议并致辞。

2017 年
3 月

20 日　为加强司法社会工作研究，经学校研究，决定成立山东大学司法社会工作研究中心，刘杰任中心主任。该中心为依托哲学与社会发展学院的非实体性科研机构。

为加强版权理论和战略研究，经学校研究，决定成立山东大学版权研究中心，魏建任中心主任。该中心为依托《山东大学学报》(哲学社会科学版)编辑部的非实体性科研机构。

为加强先进信息技术研究，提升信息与通信技术研究水平，经学校研究，决定成立山东大学先进信息技术研究院，张明高任研究院院长，袁东风任常务副院长。该研究院为依托信息科学与工程学院的非实体性科研机构。

21 日　《山东大学人文社科研究专项任务项目(大学生思想政治教育)管理办法(试行)》经学校研究通过并印发。

22 日　山东大学创新转化学院课程与教材建设研讨会在中心校区明德楼召开。山东大学校长张荣、中国科学院原副院长杨柏龄、山东大学特聘教授陆懋祖等参加会议。

24 日　经 2017 年 1 月 10 日第九十一次党委常委会研究决定：

任命孙凤收为国际事务部部长兼港澳台事务办公室主任，试用期一年(2017 年 3 月至 2018 年 3 月)。

同日　山东省可移动文物保护半岛科研基地、区域中心、工作站授牌仪式在省博物馆举行。副省长、省文物保护委员会主任季缃绮出席仪式。仪式上，山东大学获批“山东省可移动文物保护半岛科研基地”。

山东省文物局党组副书记、副局长周晓波在仪式上介绍了全省文物保护工作情况，强调可移动文物是文物资源宝库中的瑰宝，是传承弘扬优秀传统文化的重要载体。他表示，做好可移动文物保护工作，科研是动力，机制是依托，人才是保障。今天的活动，正是山东省强化专业技术力量和工作体系建设的新举措。

25 日　由教育部高等教育司主办、山东大学承办的“基础学科拔尖学生培养试验计划工作研讨会”在中心校区召开。教育部高等教育司司长张大良，中国科学院院士、山东大学泰山学堂院长彭实戈，山东省教育厅副巡视员巩守柳，山东大学副校长胡金焱出席了本次研讨会。教育部高等教育司、山东省教育厅、全国拔尖计划学科委员会相关人员，来自普林斯顿大学、密歇根大学、牛津大学、波尔多大学、北京大学、清华大学等 40 余所国内外高校的 140 余名代表等参加了会议。

25～26 日　由山东大学文学院主办的“比较文学与世界文学：方法与视野”学术研讨会在中心校区知新楼举行。山东大学终身教授曾繁仁、山东大学常务副校长王琪珑等出席会议开幕式。

本月　教育部下发通知，依托山东大学文化遗产研究院建设的“环境与社会考古国际合作联合实验室”获批立项建设。这是山东大学首个获批立项的国际合作联合实验室。

本月　艾瑞深中国校友会网发布了 2017 年中国大学教育部科技奖励排行榜，山东大学位列榜单第 7 位。据统计，2000～2016 年山东大学共荣获 142 项高等学校科学研究优秀成果奖(科学技术)，其中一等奖 44 项，二等奖 98 项。

2017 年

3 月

本月　山东大学生命科学学院、微生物技术国家重点实验室“青年千人”张亮然教授课题组在减数分裂研究领域取得突破性进展，研究成果“Inefficient crossover maturation underlies elevated aneuploidy in human female meiosis”于 3 月 2 日在《细胞》(*Cell*)在线发表。课题组成员王顺心博士为该论文的第一作者，张亮然教授和哈佛大学 Nancy Kleckner 院士为共同通讯作者。这是山东大学首次以第一作者单位和通讯作者单位在世界顶级刊物 Cell 发表研究论文。

本月　国家留学基金管理委员会公布了 2017 年优秀本科生国际交流项目的评审结果，山东大学共获批 21 项，派出项目层次及人数均创历史新高。本次获批项目中，山东大学新增 6 个本科生交流项目，合作高校分别为美国威斯康星大学麦迪逊分校、法国巴黎综合理工学院、日本京都大学、日本法政大学、瑞典于默奥大学及马来西亚马来亚大学。

本月　为贯彻落实全国高校思想政治工作会议精神，进一步加强和改进大学生思想政治教育与管理服务工作，根据《山东大学综合改革方案》精神要求，山东大学印发《山东大学大学生思想政治教育与管理专项改革方案》。

4 月

1 日　教育部公布 2016 年度“长江学者奖励计划”名单，山东大学刘允刚、张庆松两位教授入选“长江学者”特聘教授，秦莹莹、杨明两位教授入选“长江学者”青年项目。截至目前，山东大学共有 30 位“长江学者”特聘教授，3 位“长江学者”青年项目入选者。

5 日　根据学校《关于青岛校区实验室建制申报和规划建设工作的通知》要求，按照理顺管理体制、优化资源配置、管理重心下移、提高办学效益的指导思想，在学校规划建设青岛校区公共(创新)实验教学中心的基础上，各学院对所属教学实验室提出了整合调整建议方案，经过组织相关专家论证评审，确定了山东大学青岛校区学院实验教学中心及所属教学实验室名单，现予以公布，请在实验室规划、建设、管理过程中遵照执行。

6 日　由山东大学国际汉学研究中心王培源教授担任首席专家的国家社科基金重大项目“俄藏中文古籍的调查编目、珍本复制与整理研究”开题报告会在中心校区文史楼举行。山东大学副校长胡金焱参加会议并致辞。

7 日　国家图书馆原馆长詹福瑞受聘山东大学国际汉学研究中心首席专家仪式在中心校区知新楼举行。山东大学校长张荣为詹福瑞教授颁发聘书。

10 日，在河南郑州举办的 2017 年全国大学生创新创业峰会发布了《高校团学创业促进工作指数 100 强榜单》，山东大学位列该榜单第三名。

11 日　根据中共中央、国务院《关于加强和改进新形势下高校思想政治工作的意见》(中发[2016]31 号)精神，经学校研究决定成立山东大学党委教师工作部。党委教师工作部为学校党委职能部门，与人才工作办公室合署办公。

16 日　由国家外国专家局和深圳市人民政府主办的第十五届中国国际人才交流大会在深圳举办，中共中央政治局委员、国务院副总理马凯出席大会开幕式并讲话。山东大学校长张荣应邀出席大会，并作为首届教育国际化与人才发展论坛嘉宾参与研讨高等教育国际化与“双一流”建设发展大计。此外，张荣还参观了第十五届中国国际人才交流大会展馆，并与佛山科学技术学院党委副书记范彦斌进行了交流座谈。山东大学国际事务部、历史文化学院、深圳研究院等相关单位负责人参加了相关活动。

17 日　山东大学与浪潮集团战略合作协议签约暨大数据双创中心揭牌仪式举行。山东大学校长张荣，浪潮集团董事长兼 CEO 孙丕恕出席活动并为“山东大学·浪潮集团大数据双创中心”揭牌。山东大学副校长胡金焱与浪潮集团执行总裁王柏华代表双方签署战略合作协议。

14～17 日　山东大学《文史哲》杂志人文高端论坛“贤能政治的可行性及其限度:儒学与自由主义的对话”在济南举行。论坛期间举行了“2016 年度中国人文学术十大热点”发布仪式。

21 日　中共中央政治局常委、国务院总理李克强来山东大学考察工作，先后参观了晶体材料国家重点实验室、校史馆、《文史哲》杂志编辑部和山东大学就业、创业、创新成果展并听取相关工作汇报。中共中央书记处书记、国务委员兼国务院秘书长杨晶，教育部部长陈宝生，山东省委书记刘家义，山东省委副书记、代省长龚正，山东大学党委书记李守信、校长张荣等陪同考察。

李克强总理来山东大学考察

4 月 21 日上午，中共中央政治局常委、国务院总理李克强来山东大学考察工作，先后参观了晶体材料国家重点实验室、校史馆、《文史哲》杂志编辑部和山东大学就业、创业、创新成果展并听取相关工作汇报。

中共中央书记处书记、国务委员兼国务院秘书长杨晶，教育部部长陈宝生，山东省委书记刘家义，山东省委副书记、代省长龚正，山东大学党委书记李守信、校长张荣等陪同考察。

在晶体材料国家重点实验室，李克强查看了该实验室历时两年多生长的世界上最大的 KDP 晶体，了解了该晶体在强激光“神光工程”上的应用情况。山东大学晶体材料研究始于 20 世纪 50 年代末，KDP/DKDP 类晶体是山东大学的晶体名片。在展柜处，李克强俯身查看，重点询问了各类成果的实际应用、技术产业化情况。近 60 年来，实验室一直用“工匠精神”自我要求，曾经用时两年多生长出了世界上最大的 KDP 晶体。李克强来到生产车间，近距离查看了这一晶体。李克强肯定了实验室对接国家需求、创新引导创业的发展思路，表示该实验室不仅是山大的宝贝，也是国家的宝贝。

在校史馆，李克强观看了山东大学校情校史展览并听取了相关介绍。随着介绍，他轻轻念出了山东大学的办学宗旨——为天下储人材，为国家图富强。当了解到季羡林曾就读于山东大学的历史时，李克强还饶有兴致地询问了王寿彭为季羡林亲书扇面的故事。对于冯沅君、陆侃如、成仿吾等山大历史名人的故事，李克强十分感兴趣，并对其中的典故非常熟悉。

在校史馆，李克强还听取了山东大学《子海》整理与研究工程有关工作的汇报。据悉，该项目最后将形成收录 500 种子部要籍的《精华编》、5000 种子部古籍的《珍本编》、100 种子学研究专著的《研究编》以及相应的对外《翻译编》，成书 5600 余种，总体规模为《四库全书》的一倍半。

在了解全球汉籍合璧工程在世界各地搜集书籍的情况以及全球汉学联盟

的发展情况后，李克强表示，山东大学的古代文献整理与研究很厉害，《子海》工程这个规划很好，是传承中国文化的重要基础；希望山东大学继续做好流失海外汉籍的搜集工作，为传承中华民族优秀传统文化贡献力量。

随后，李克强来到《文史哲》杂志编辑部，与山东大学专家、教授代表见面。《文史哲》杂志是新中国成立后创办最早、影响最大的高校文科学报，60 多年来多次引发重大学术讨论。李克强翻看了纸张已经泛黄的《文史哲》杂志创刊号，了解了《文史哲》杂志的创办历史、《文史哲》杂志英文版的发行情况以及《杜甫全集校注》的编纂等情况，希望《文史哲》杂志汲取传承优秀的人文精神，为当今所用，为后世续航。

李克强还与彭实戈院士、刘建亚教授就数学在经济和制造业等方面的应用进行了交流，提出应将基础理论研究与实际应用紧密结合；与陈子江教授就二孩政策放开后的生殖医疗情况作了交流；与山东大学终身教授曾繁仁就生态美学研究进行了交流。

考察最后，李克强来到山东大学就业、创业、创新成果展现场。在创新创业成果展区，李克强听取了越疆科技董事长、山东大学 2011 级校友刘培超对 DOBOT 智能桌面机械臂和 3D 打印机的介绍，肯定了产品的技术水平和更新速度，介绍了中国制造 2025 规划，鼓励他们继续努力，争取走到全国前列、走向世界；听取了芯合科技 CEO、山东大学 2008 级校友王相伟对拥有自主知识产权的 XIHEBOT 智能机械臂的介绍，询问了机械臂的核心技术等情况；查看了由山东大学多位校友担任股东的青岛安邦水动力系统研究院自主研发的舰艇泵喷推进系统，了解了该系统在降噪和提高航速上的优势；观看了由山东大学软件学院 2014 级本科生孙翔宇演示的山东大学创客空间 VR 互动学习体验场景，对这一技术在教学方面的理念创新表示肯定。在就业展示区域，李克强来到中国工程物理研究院、中国航天空气动力技术研究院、浪潮集团有限公司、华为技术有限公司等单位的招聘展位前，了解用人单位的需求，并与前来应聘的应届毕业生们进行了交流。在了解师生创新与企业招聘情况后，李克强表示，打通就业、创业、创新全渠道，就能实现人才价值最大化。

考察结束后，李克强离开山东大学，并与师生们挥手道别，山东大学师生员工夹道欢送总理。“总理，请接收我们爱的信号”“总理，您还记得大明湖畔的山东大学吗”“总理辛苦了”“总理跟我走，一起去看四面荷花三面柳”“春风十里，不如总理”……中心校区明德大道两侧，站满了翘首以盼的山大师生，形式各异的欢迎标语，连同一张张面孔下掩饰不住的激动，传达着山大人对总理最真挚的期待。

4 月 21 日，总理在山大，虽然是短暂的停留，但总理对山东大学、对山东大学师生的关心，都一一被镜头记录下来。无论是认真倾听，还是亲切交谈，无论是驻足停留，还是阔步向前……都将成为全体山大人美好而珍贵的记忆，历久弥新，如沐春风。

最是一年春好处。总理的殷殷嘱托、希望与期待，恰如这明媚的春光，让山大人心生温暖。殷切期待化成强劲动力，全体山大人必将勠力同心、满怀豪情地向着创建“综合性，创新性，国际性，引领性”世界一流大学的目标进发。

2017 年

4 月

同日 由山东大学政治学与公共管理学院曹现强教授担任首席专家的国家社科基金重大项目“中国基本公共服务供给侧改革与获得感提升研究”开题咨询会在洪家楼校区举行。山东大学总会计师曹升元、山东省社会科学规划管理办公室副主任陈建兵出席会议。

24 日 为加强项目管理研究，促进国际合作与交流，经学校研究，决定成立山东大学国际项目管理研究中心（山东大学“一带一路”研究院）。该中心为学校直属科研机构，挂靠青岛校区。中心暂不设专职人员，人员编制根据发展情况另行核定。

为整合多学科研究力量，加强环境化学和环境毒理相关学科研究，提升环境与健康学科研究水平，经学校研究，决定成立山东大学环境健康研究所，闫兵任研究所所长。该研究所为依托环境科学与工程学院的非实体性科研机构。

25 日 为促进风机空气动力学研究开展，提升空气动力学研究水平，经学校研究，决定成立山东大学气动与风能研究中心。该中心为依托能源与动力工程学院的非实体性科研机构。杜广生任中心主任，雷丽任中心副主任。

本月 由中国博士后基金会组织的第 61 批中国博士后科学基金面上项目评审公布结果，山东大学获一等资助 21 项、二等资助 65 项，位列全国高校第 3 位。

本月 材料学院 2013 级硕博连读研究生刘帅以第一作者身份在著名期刊《能源 与环境科学》（*Energy & Environmental Science*，影响因子 IF＝25.4，2017，DOI：10.1039/C7EE00102A）上发表了题为“Controlled Red Phosphorus @ Ni-PCore @ Shell Nanostructure as an Ultralong Cycle-Life and Superior High-Rate Anode for Sodium-Ion Batteries”的研究成果。

本月 全国高校“两学一做”支部风采展示活动结果揭晓。活动共评选全国高校“两学一做”支部风采展示活动学生党支部推荐展示类精品作品 10 件，山东大学本科学生党支部负责人培训示范班临时党支部展示作品“传承红色基因 践行两学一做”成功入选。

5 月

3 日 人力资源和社会保障部副部长、国家外国专家局局长张建国一行访问山东大学，就“111 计划”学科创新引智基地建设情况进行调研。校长张荣会见来访客人。国家外国专家局副局长周长奎、山东省人力资源和社会保障厅厅长韩金峰、山东大学副校长韩圣浩参加活动。

8 日 根据《山东大学年度“课堂教学效果优秀教师”评选办法（试行）》（山大教字[2016]15 号）和《山东大学关于落实教师本科教学基本工作量制度的实施办法（试行）》（山大教字[2012]91 号）文件精神，经学生课堂评教、督导员听课、学院推荐和公示、本科生院审核及学校公示，决定授予常东风等 129 人“2016 年度课堂教学效果优秀教师”称号，名单现予以公布（名单见附件）。

12 日 国际学术权威刊物自然出版集团旗下子刊《细胞研究》杂志（*Cell Research*，IF＝14.812）在线发表了山东大学生殖医学研究中心陈子江教授课题组线粒体移植技术研究的新成果。线粒体移植技术，即俗称的“三亲试管婴儿”所应用的关键核心技术。陈子江教授课题组率先在人类受精卵中实施第二极体移植，可有效阻断线粒体疾病的遗传，为“三亲试管婴儿”的临床实施奠定了技术基础，标志着山东大学在该领域取得突破性进展。

同日　为促进莱布尼茨研究开展，构建集学术研究与文化交流于一体的综合性研究平台，经学校研究，决定成立山东大学国际莱布尼茨研究中心，刘杰任中心主任，吴童立、田洁任中心副主任。该中心为依托哲学与社会发展学院的非实体性科研机构。

16～17日　山东省高等学校安全保卫协会成立大会暨第一届一次会员大会在山东大学召开。山东省委高校工委副巡视员刘欣堂和山东省社会组织管理局副局长徐建国为“山东省高等学校安全保卫协会”揭牌。省公安厅国保局政委董宗芳、国家安全厅涉外安全保卫总队政委张勇、山东大学党委副书记仝兴华出席会议。会上，董宗芳、张勇、刘欣堂在讲话中对山东省高等学校安全保卫协会和高校安保组织推动高校安保工作创新，维护高校安全稳定，保障高等教育事业又好又快发展提出了希望和要求。

17日　根据《关于评选2017年山东大学研究生优秀学术成果奖的通知》要求，经个人申请、培养单位推荐、学校专家组评审，共评选出2017年山东大学研究生优秀学术成果奖215项（含威海校区9项），其中一等奖22项，奖金额度为20000元/项；二等奖74项，奖金额度为15000元/项；三等奖119项，奖金额度为7000元/项。

18日　为纪念开诊20周年，山东大学第二医院举办了“新远征齐奋进共筑二院梦”庆典活动。山东大学党委书记李守信、校长张荣发来贺词，校党委常务副书记李建军出席庆典仪式。

21日　中国科学院院士席南华做客山东大学“稷下讲坛”，作了题为《理解数学》的报告。报告由山东大学副校长、研究生院院长刘建亚主持。

22日　山东省科学技术奖励大会在济南召开，会议表彰了山东省荣获2016年度国家科学技术奖和省科学技术奖的单位和个人。山东大学获山东省科学技术奖15项，其中一等奖4项，二等奖6项，三等奖5项。山东大学党委书记李守信作为获奖单位领导出席大会。

山东大学获省科学技术奖励一等奖的情况为：材料科学与工程学院刘相法教授等完成的“纳米晶种合金系列产品与耐热高强轻金属材料的创制及应用”项目获山东省技术发明奖一等奖；信息科学与工程学院王洪君教授等完成的“宽带电磁信号接收分析识别技术与设备开发应用”项目、岩土与结构工程研究中心李利平教授等完成的“深长隧道重大突涌水灾害预测预警与风险控制关键技术”项目、材料科学与工程学院参与完成的“金属表面抛喷丸处理技术与装备”项目获山东省科学技术进步奖一等奖。

23日　山东省人大常委会副主任夏耕一行来校考察省人大常委会山东大学地方立法研究服务基地，座谈指导基地的建设、运作和立法研究项目完成情况。山东大学党委书记李守信会见夏耕一行，副校长胡金焱主持座谈会。

24日　“山东大学气动与风能研究中心”（以下简称“中心”）揭牌仪式在莱芜市举行。中国工程院院士、北京航空航天大学教授、中心名誉主任李椿萱，山东大学常务副校长王琪珑，莱芜市委书记、市人大常委会主任王良，莱芜市委副

2017 年

5 月

书记、市长梅建华，莱芜副市长武树华出席仪式。王琪珑与王良共同为中心揭牌。

26 日　法国雷恩政治学院校长 Patrick Le Floch 率团来山东大学访问。山东大学校长张荣会见代表团一行。雷恩政治学院是法国十大政治学院之一，为学生提供多学科、跨学科的精英教育。2017 年 4 月，两校签署学生交流协议。

27～29 日　2017 中国工程机器人大赛暨国际公开赛在中国矿业大学文昌校区举行。在本次比赛中，山东大学代表队经过努力拼搏，由控制学院 2014 级本科生徐赫，2015 级本科生孟照腾、米楠组成的“浩然一队”获得窄足竞步机器人项目特等奖。

山东大学获 2017 中国工程机器人大赛获特等奖

本月　第 13 批国家“千人计划”青年项目入选者名单公布，山东大学新增八位“青年千人计划”入选者，分别是数学学院宋健、马勤，化学与化工学院张进涛，生命科学学院高翔，土建与水利学院陈城，环境科学与工程学院张晓东，电气工程学院赵浩然，计算机科学与技术学院聂礼强。

本月　人力资源和社会保障部、中国科协、科技部、国务院国资委联合发布了《关于表彰全国创新争先奖获奖者的决定》，中国科学院院士、山东大学彭实戈教授荣获“全国创新争先奖”奖状。“全国创新争先奖”于今年首次设立，是继国家自然科学奖、国家技术发明奖、国家科学技术进步奖之后国家批准设立的又一重大科技奖项，是国家科技奖励体系的重要组成部分和补充，是国家科技奖项与重大人才计划的有机衔接。

6 月

6 日　为促进创新转化学科的跨越式发展，引领创新转化的学理研究，培养国家急需的创新转化人才，建设创新转化的示范性实践平台，形成山东大学在创新转化领域的政策影响力，经学校研究，决定成立山东大学国际创新转化学院。

国际创新转化学院为学校直属独立建制的教学科研单位。院长、副院长实行聘任制，设立山东大学国际创新转化学院基层党组织，人员编制暂定30人。

9～10日　山东大学威海天文台（以下简称“天文台”）建台十周年纪念活动在威海校区举行。国家自然科学基金委数学物理科学部原常务副主任汲培文，中科院国家天文台台长严俊，中科院国家天文台党委书记、副台长赵刚，山东大学副校长韩圣浩，山东大学副校长、威海校区校长刘建亚出席开幕式。

9日　中国科学院院士、中科院数学与系统科学研究院研究员严加安做客山东大学威海校区第四期稷下讲坛，在闻天楼报告厅为500多名师生作了题为《我心目中的科学与艺术》的学术报告。山东大学副校长、威海校区校长刘建亚主持报告会，并代表学校接受了严加安院士捐赠的由其创作的书法作品。

16日　首届宋云彬古籍整理奖颁奖典礼在北京国家图书馆古籍馆临琼楼举行。由山东大学萧涤非教授主编、张忠纲教授终审统稿的《杜甫全集校注》荣获“宋云彬古籍整理奖·图书奖”。张忠纲教授代表《杜甫全集校注》整理组领奖。北京大学教授、中央文史馆馆长袁行霈，人民文学出版社原社长管士光为张忠纲教授颁奖。

同日　全国政协教科文卫体委员会副主任、新华社原社长、山东大学校友李从军受聘山东大学新闻传播学院名誉院长，校党委书记李守信会见李从军并向其颁发聘任证书。李从军做客山东大学新闻传播讲堂，为广大师生作了题为《网络信息时代的新闻传播》的报告。

20日　《山东大学基础教育改革方案》经2017年第13次校长办公会研究审议，并经过党委常委会第86次会议审议通过并印发。

同日　全国政协常委、教科文卫体委员会副主任、原卫生部副部长黄洁夫，全国政协常委、教科文卫体委员会副主任、农工党中央副主席蔡威率全国政协“实施全面两孩政策后医疗卫生服务面临的挑战与配套政策”专题调研组到山东大学齐鲁医学部调研。山东省政协副主席赵家军参加调研，山东大学副校长、齐鲁医学部部长陈子江，山东大学齐鲁医学部党工委书记侯俊平参加座谈。

同日　经中共山东大学第十三届委员会第107次常务委员会议研究决定，学校巡视工作领导小组和巡视工作办公室分别更名为“巡察工作领导小组”和“巡察工作办公室”，其原职责不变。

21日　国务院办公厅发布了《关于建设第二批大众创业万众创新示范基地的实施意见》，支持建设一批双创示范基地，进一步强化支撑能力，放大标杆效应，提升社会影响。全国共有92个单位入选，其中教育部直属“985工程”建设高校10所，山东大学位列其中。

18～21日　第七届国际胶体大会（7th International Colloids Conference）在西班牙西切斯举行。山东大学化学与化工学院院长、胶体与界面化学教育部重点实验室主任郝京诚教授在会上作了1小时特邀报告。

18～22日　山东大学常务副校长王琪珑率代表团访问美国芝加哥大学、弗吉尼亚理工大学和亚利桑那州立大学，与学校相关负责人座谈，学习考察校园规划与设计方案，推进相关国际合作项目并看望山大校友。

2017 年
6 月

22 日　九三学社山东省第七届委员会第一次全体会议闭幕。山东省党外知识分子联谊会会长、山东省欧美同学会(留学人员联谊会)会长、山东大学热科学研究与工程中心主任程林教授当选九三学社山东省第七届委员会主任委员。作为第十一、十二届全国人大代表,山东省八届、九届政协常委,程林充分发挥作为党外代表人士的优势和作用,立足本职,认真履行代表责任,积极参政议政、建言献策。

23 日　山东大学 2017 年本科生毕业典礼暨学位授予仪式在中心校区体育馆隆重举行。

山东大学举行 2017 届毕业生典礼暨学位授予仪式

24 日　山东大学 2017 年研究生毕业典礼暨学位授予仪式在中心校区体育馆隆重举行。山东大学 2017 届研究生毕业生汇聚在此,共同见证和分享一生中极其庄严而神圣的时刻——毕业盛典。

25 日　我国著名马克思主义哲学家、伦理学家,山东大学臧乐源教授遗体告别仪式在济南市莲花山殡仪馆举行。社会各界近 200 人参加了遗体告别仪式。臧乐源教授于 2017 年 6 月 21 日凌晨因病逝世,享年 88 岁。

同日　山东大学英国校友会成立仪式在中国驻英国大使馆教育处举行,山东大学校长张荣出席仪式。山东大学在英校友交流会同时举行。

25～27 日　山东大学校长张荣率团访问英国谢菲尔德大学和剑桥大学,并与谢菲尔德大学签署校际合作备忘录。

27 日　在"七一"党的生日即将来临之际,山东省委书记刘家义到山东大学调研,并与师生代表座谈交流,共话党的十八大以来党和国家事业取得的伟大成就,展望美好未来,希望广大师生坚持中国特色社会主义道路自信、理论自信、制度自信、文化自信,坚定不移跟党走,以扎实行动和优异成绩迎接党的十九大胜利召开。山东省委常委、秘书长胡文容参加座谈会,山东大学党委书记李守信主持座谈会。

28 日　根据《山东大学"学生最喜爱的老师"评选办法(试行)》(山大教字[2016]16 号),学校组织了"2017 年度'我最喜爱的老师'"的评选。在各相关单位评选推荐的基础上产生候选人，后经全校本科生网上投票、专家集体评议和公示等环节，最终确定马世荣等 11 位教师获得“山东大学 2017 年度‘我最喜爱的老师’”荣誉称号。

同日　山东省卫生与健康国际人才教育中心暨山东大学—哈佛医学教育中心揭牌仪式在山东大学趵突泉校区举行。山东大学党委书记李守信，山东省卫生和计划生育委员会主任、党组书记袭燕出席仪式，并共同为山东省卫生与健康国际人才教育中心揭牌。山东大学副校长韩圣浩代表山东大学致辞，齐鲁医学部党工委书记侯俊平、哈佛大学医学院全球教育资深副院长 Ajay K. Singh 共同为山东大学—哈佛医学教育中心揭牌。

本月　国家第 13 批“千人计划”入选者名单公布，山东大学共有 14 名专家入选。其中，成秀珍（计算机科学与技术学院）入选创新长期项目，化学与化工学院（Francesco Caruso）、数学学院（Sergei Kuksin）、生殖医学研究中心（Shoukhrat Mitalipov）、电气工程学院（Vladimir Terzija）入选创新短期项目，计算机科学与技术学院（Daniel Lischinski）入选外专长期项目，8 位青年学者入选青年千人项目。

本月　根据教育部高等教育教学评估中心、中国工程教育专业认证协会通知，山东大学无机非金属材料工程专业通过教育部工程教育专业认证，有效期为 3 年（2017 年 1 月至 2019 年 12 月），是我国成为《华盛顿协议》正式成员后首批认证通过的专业。

本月　山东大学学位授权点合格评估专家评议阶段工作完成。此次评估共涉及学校 78 个授权点，其中博士学位授权一级学科 40 个、硕士学位授权一级学科 10 个、专业学位类别/领域 28 个。为彻底梳理学位授权点的现有情况，解决学科碎片化问题，同时为学科整合提供决策依据，学校决定对在不同培养单位招收培养研究生的同一学位授权点，按培养单位分别评估。各单位学科负责人在专家评议中进行了近 140 场次汇报。

本月　根据中央巡视领导工作小组的部署，2017 年 6 月 12 日，中央第七巡视组向山东大学党委反馈专项巡视情况。中央巡视工作领导小组办公室负责同志向山东大学党委书记李守信传达了习近平总书记关于巡视工作的重要讲话精神，中央第七巡视组组长刘卒，副组长舒国增、张秋生、孟冬反馈了专项巡视情况。之后，刘卒代表中央巡视组向山东大学党委领导班子进行了反馈，中央巡视办负责同志对巡视整改工作提出要求。李守信主持会议并作表态讲话。

本月　国际心血管病领域中的顶尖杂志《美国心脏病学院杂志》（*Journal of the American College of Cardiology*，最新影响因子 19.896）在线发表了教育部和国家卫计委心血管重构和功能研究重点实验室（山东大学）张运院士团队应邀撰写的“传统中医药对心血管病的治疗作用：证据和可能机制”的系统分析[*J Am Coll Cardiol*，2017，69(24)：2952-2966]。该研究的第一作者是山东大学齐鲁医院郝盼盼副研究员，通讯作者是齐鲁医院中医科赵玉霞教授和张运院士。该研究在线发表的当天，美国心脏病学院以“传统中医药可使某些心脏病患者获益”为题向国际媒体发布了官方新闻。

2017 年
7 月

6 月 28 日～7 月 2 日　山东大学校长张荣率团赴俄罗斯和乌克兰友好学校及科研机构访问，先后到访俄罗斯人民友谊大学、莫斯科国立大学、俄联邦总统直属国民经济与国家行政学院，深化同在俄友好学校的校际合作；访问俄罗斯国立图书馆、俄罗斯国家科学院通用物理研究所以及乌克兰国家科学院超硬材料研究所，推进山东大学同其在汉籍合璧、晶体材料研发等领域的合作。张荣还分别拜会中国驻俄罗斯联邦和驻乌克兰大使，并与在莫斯科的校友代表进行交流。

4 日　全国哲学社会科学规划办公室网站公布了 2017 年度国家社会科学基金年度和青年项目立项名单，山东大学 40 项课题获准立项，在全国高校中排名第五位。获立项课题中，重点项目 5 项，一般项目 26 项，青年项目 9 项，三类项目立项经费总额为 875 万元。

同日　山东大学环境科学与工程学院第七届环境学科大师论坛在中心校区举行。中国科学院院士倪晋仁教授作了题为《放眼世界大河，聚焦物质通量》的主题报告。

同日　根据 2016 年度基层党组织立项活动总结验收安排要求，全校获得立项支持的 120 项党组织活动方案中，119 项党组织活动已顺利结题并通过验收。经研究，决定对其中 60 项优秀党组织活动予以奖励。

5 日　根据山东大学“我心目中的好导师”评选条件，围绕“以德立学 · 知行合一”主题，经各研究生培养单位推荐、研究生网上投票、学校研究、公示等环节，12 名优秀研究生指导教师因在研究生培养教育中为人师表、立德树人，获得山东大学第九届“我心目中的好导师”荣誉称号。

同日　《山东大学“十三五”信息化规划》经学校 2017 年第十五次校长办公会议和党委常委会第 111 次会议研究通过，现印发给你们，请认真学习贯彻执行。

7 日　中央电视台聘请山东大学马克思主义学院为重大主题宣传智库顾问单位授牌仪式在中心校区举行。其间，山东大学党委书记李守信会见了中央电视台总编室主任王晓真一行。校党委常务副书记李建军出席活动。

9 日　山东大学举行 2017 年本科招生集中录取工作会议。山东大学党委副书记、纪委书记陈向阳，副校长胡金焱出席会议并讲话。为做好今年普通高等学校招生录取工作，山东大学本科招生领导小组高度重视，经集体研究，制定了统一的招生政策、招生规则、招生纪律，严格遵照规则开展工作，加强工作监督，坚持集体决策，确保招生录取工作安全、顺利、公平、公正地进行。

11 日　经第 112 次党委常委会研究同意：聘任胡金焱为国际创新转化学院院长（兼），王飞为国际创新转化学院副院长（兼），丁荣贵、邹难、乔岳为国际创新转化学院副院长。

13 日　山东大学公共治理研究院揭牌仪式在青岛校区举行。青岛市委常委、市委高校工委书记、市教育局局长邓云锋，山东大学副校长、青岛校区管委会主任张永兵，长江学者特聘教授、南开大学副校长朱光磊出席仪式。

同日　为充实齐鲁医学部党工委工作力量，加强学生思想政治教育和管理工作，经学校研究决定成立齐鲁医学部学生工作处（以下简称“学生处”）。设立齐鲁医学部团的工作委员会，挂靠学生处。学生处是齐鲁医学部党政管理机构，业务工作接受学校学生工作部门的指导。主要负责齐鲁医学部学生思想政治教育和管理服务工作以及齐鲁医学部团的工作；学校学生工作部门及齐鲁医学部安排的其他工作。

17 日　为整合多方研究力量，深入开展乳腺癌的流行病学与基础医学的转化医学研究，提升乳腺癌预防研究水平，经学校研究，决定成立山东大学乳腺疾病防治转化医学研究所，余之刚任研究所所长。该研究所为依托山东大学第二医院的非实体性科研机构。

为促进干细胞与再生医学相关基础和临床研究开展，经学校研究，决定成立山东大学干细胞与再生医学研究中心，鞠秀丽任中心主任。该中心为依托齐鲁医院的非实体性科研机构。

同日　根据《山东大学人文社会科学重大研究项目实施方案（暂行）》和《关于申报 2017 年度山东大学人文社会科学重大研究项目的通知》，经选题征集、遴选，课题申报、资格审核、专家评审和对外公示等程序，经学校研究，共有 22 项重大研究项目获准立项。各项目负责人要严格按照研究任务和科研经费管理规定做好项目研究与经费执行工作。

同日　为深入开展曾子研究，形成山东大学儒学研究的特色和品牌，经学校研究，决定成立山东大学曾子研究所，曾振宇任研究所所长。该研究所为依托儒学高等研究院的非实体性科研机构。

18 日　《山东大学教师本科教学工作管理办法》经学校研究通过并印发。

同日　根据《山东大学人文社科类高端学术论坛资助管理办法（试行）》，人文社科研究院组织了 2017 年度第二批高端学术论坛申请工作。经资格审查、专家评审和公示，第二批人文社科类高端学术论坛共 7 项获准资助。

19 日　山东大学召开教师干部大会，中共中央组织部宣布了中共中央、国务院的任免决定：郭新立任山东大学党委书记（副部长级），樊丽明任山东大学校长（副部长级）；李守信不再担任山东大学党委书记职务，张荣不再担任山东大学校长职务。中组部干部三局巡视员、副局长刘后盛受中组部领导同志委派宣布了中央决定并讲话，教育部党组成员、部长助理刘大为，山东省委常委、宣传部部长孙守刚出席会议并讲话。李守信主持会议。

同日　根据《山东大学“优秀博士学位论文奖”及“优秀博士学位论文指导奖”评选方法（试行）》和《山东大学优秀硕士学位论文评选办法》的有关规定，经各学位评定分委员会推荐，专家评审，网上公示，共有 31 篇博士、44 篇硕士学位论文被评为山东大学 2017 年度优秀博士、硕士学位论文，现予公布。

学校决定对获得本次优秀学位论文奖的作者及其指导教师进行表彰和奖励。授予孙保学等 31 名博士研究生“山东大学优秀博士学位论文奖”、刘伟等 44 名硕士研究生“山东大学优秀硕士学位论文奖”，王善波等 31 名指导教师“山东大学优秀博士学位论文指导奖”、李芹等 44 名指导教师“山东大学优秀硕士学位论文指导奖”。

22 日　根据《关于评选山东大学 2016 年度优秀辅导员、班主任和学生工作先进个人的通知》规定，经个人申请、单位推荐、学校评审，并在全校范围内公示

2017年

7月

无异议，评选出于玲等21位同志为山东大学2016年度优秀辅导员，王军等31位同志为山东大学2016年度优秀班主任，王铁英等12位同志为山东大学2016年度学生工作先进个人，并予以表彰。

学校希望受表彰人员珍惜荣誉，再接再厉。全体学生工作者要向受表彰的人员学习，进一步增强做好工作的责任感、使命感，充分发挥主动性和创造性，扎实工作、积极进取，努力开创我校学生工作的新局面。

25日　为深入贯彻《关于加强和改进新形势下高校思想政治工作的意见》（中发[2016]31号）精神，根据《中国共产党普通高等学校基层组织工作条例》（中发[2010]15号），经中共山东大学第十三届委员会第113次常委会会议研究，决定为每个承担本科生培养任务的单位配备专职组织员1名。专职组织员为实职，属领导职务。

28日　根据《关于评选2017年"山东大学优秀教师""山东大学先进教育工作者"的通知》精神，经单位推荐、学校工作人员奖惩领导小组评审、网上公示，学校决定授予王哲伟等10名教师2017年"山东大学优秀教师"，朱德建等5名同志2017年"山东大学先进教育工作者"荣誉称号。

近日　在巴黎高等师范学校新生选拔中，泰山学堂数学取向2014级本科生吴保君以优异的成绩和全面的综合素质，在全球众多考生中脱颖而出，被巴黎高等师范学院录取。本年度，巴黎高等师范学院数学系在国内共录取了3名学生，其中清华大学、北京大学、山东大学各1名。

近日　教育部办公厅发布《关于公布2017年度全国创新创业典型经验高校名单的通知》，山东大学入选2017年度全国创新创业典型经验高校。

8月

3日　由山大学者在内的中国科学家参加的美国布鲁克海文国家实验室RHIC-STAR国际合作组最新研究成果作为封面文章发表在《自然》（*Nature*）杂志上。该研究在重离子碰撞中首次观测到了夸克胶子等离子体（QGP）的"整体极化"（global polarization），发现碰撞产生的Lambda超子相对于碰撞反应平面存在明显的自旋极化。QGP"整体极化"理论最早由山东大学梁作堂教授和长江学者讲座教授王新年于2004年提出，论文发表在美国《物理评论快报》（Phys. Rev. Lett. 94，102301）上，开创了QGP围绕自旋自由度相关物理研究的新方向。STAR实验组发表在《自然》的实验结果证实了该论文的预言。

7～10日　第十八届国际硅化学大会暨第六届亚洲硅化学会议（The 18th International Symposium on Silicon Chemistry ISOS-XVIII & the 6th Asian Silicon Symposium ASiS-6）在济南举行。本次大会由山东大学主办，中国氟硅有机材料工业协会、中国科学院化学研究所协办，是该国际会议53年来第一次在中国举办，吸引了700余名国内外学者参加。

26日　山东大学党建实践基地揭牌仪式在贵州遵义会议纪念馆举行。山东大学党委常务副书记李建军，遵义市委常委、宣传部部长郑欣共同为党建实践基地揭牌。

30日　《山东大学研究生学籍管理规定》《山东大学学生违纪处分实施细则》《山东大学国际学生违纪处分补充规定》经学校研究通过，现印发请遵照执行，认真抓好贯彻落实。

本月　2017 国际脑与类脑科学研究高峰论坛在青岛举行。山东大学校长樊丽明，宁夏医科大学校长孙涛，山东大学副校长张永兵，华中科技大学副校长骆清铭等出席会议。

本月　山东大学副校长陈子江率团访问美国淄博瀚海硅谷生命科学园，并就加强山东大学与美国淄博瀚海硅谷生命科学园及北美华人生物医药协会的合作展开交流。

本月　由山东大学主导、哈尔滨工业大学、北京理工大学、西安交通大学三所 985 高校共同参与打造的《数学竞赛选讲》系列慕课（MOOCs）课程，9 月 5 日将正式在“中国大学 MOOC”平台上线授课。该课程是全国第一门由四所 985 高校联合建设的高水平创新创业指导性课程，开创了校际合作教学的新模式。

本月　山东大学基础医学院易凡教授课题组的研究成果“Sirt6 Deficiency Exacerbates Podocyte Injury and Proteinuria through Targeting Notch Signaling”（“Sirt6 缺失促进 Notch 信号通路激活而引起足细胞损伤和蛋白尿”）在《自然一通讯》（*Nature Communications*，五年影响因子 13.092）上在线发表。该文章以山东大学为独立第一和通讯作者单位，易凡教授为通讯作者，药理学系博士研究生刘敏为本文第一作者。

本月　教育部社科司公布了 2017 年度教育部人文社会科学研究一般项目立项名单，山东大学 28 项课题获准立项，其中规划基金项目 10 项，青年基金项目 15 项，专项研究课题 3 项，立项数量居全国高校第五位，总立项经费 229 万元。

本月　教育部科技司、国家外国专家局教科文卫专家司公布了“高等学校学科创新引智基地滚动支持名单”。山东大学“环境考古学创新引智基地”获得为期五年的滚动支持。

本月　山东大学计算机科学与技术学院、软件学院院长陈宝权教授率领北京电影学院未来影像高精尖创新中心和山东大学研究团队，联合以色列、加拿大的研究人员，提出了一种新颖的 3D 物体形状重建法，将液体（水）作为获取物体形状的介质，巧妙地把 3D 形状获取转化为体积问题，类似用水对物体做 CT。新的方法比常用的激光扫描更先进，能够准确重建物体隐藏部分，应用范围广，性价比高。该研究成果在计算机图形领域的顶级会议 SIGGRAPH2017 发表。相关论文《基于浸入转换 3D 形状重建》（“Dip Transform for 3D Shape Reconstruction”）由陈宝权教授率领北京电影学院未来影像高精尖创新中心和山东大学研究团队，联合以色列特拉维夫大学、本・古里安大学（Ben-Gurion University）以及加拿大英属哥伦比亚大学的研究人员合作完成，涉及从算法到装置原型的设计与制造。整个硬件的实现由山东大学完成。这一课题得到了国家重点基础研究发展计划“973”项目和国家自然科学基金委员会重点项目、中国—以色列国际合作重点专项的支持。

本月　国家自然科学基金委员会公布了 2017 年国家自然科学基金集中申请项目申请结果，山东大学喜获丰收，有 444 项申请项目获得资助，获得项目数再创历史新高，在全国依托单位中获得项目数名列第十位，有 10 项申请项目获得国家自然科学基金重点项目批准，位列全国第九位。

2017 年

9 月

1 日 《光明日报》"砥砺奋进的五年 迎接党的十九大特刊"推出山东大学专版，对党的十八大以来山东大学在习近平总书记系列重要讲话精神指引下奋力前行的实践、成就和足迹进行整版报道。

同日 第十三届"全国大学生电子设计竞赛"在西安落下帷幕。山东大学代表队斩获全国一等奖四项，全国二等奖八项，获奖总数列全国第六名，创历史最好成绩。

同日 山东省科学技术厅发布了《关于公布 2017 年度山东省级重点实验绩效评估结果的通知(鲁科字[2017]123 号)》，公布了省科技厅对于生物学、医学、药学和公共安全四大领域的 54 家省级重点实验室 2014～2016 三年绩效评估的结果，山东大学作为依托单位的山东省心血管疾病转换医学重点实验室被评为优秀类第一名。

6 日 全国政协教科文卫体委员会调研团到山东大学青岛校区参观访问。

7 日 山东大学生殖医学团队博士研究论文"A Recurrent Missense Mutation in ZP3 Causes Empty Follicle Syndrome and Female Infertility"(《ZP3 基因突变引起空卵泡导致女性不孕》)在遗传学领域知名杂志(*Am J Hum Genet*，五年影响因子 10.36)上在线发表，并作为当期精华(This month in the journal)被推荐，编辑评价该研究"会让生殖专家直接受益(This finding could be of immediate utility to fertility specialists)"。该成果的第一作者是山东大学推免博士研究生陈泰来和博士后边月红，通讯作者为陈子江教授和赵涵教授。

同日 根据工作需要，经 2017 年 9 月 4 日第 120 次党委常委会研究决定，撤销巡察工作办公室，成立督查巡察办公室，挂靠党委办公室、校长办公室。

督查巡察办公室主要职责是：负责对中央巡视整改任务推进落实情况进行督查；督查学校决策性会议决定事项和学校重要工作落实；开展校内巡察工作，统筹、协调、指导巡察组开展工作；完成领导交办的其他工作等。

9 日 山东大学在中心校区举行庆祝表彰大会，在第 33 个教师节即将到来之际，表彰 2017 年"山东大学优秀教师""山东大学先进教育工作者"、第九届"我心目中的好导师""我最喜爱的老师""齐鲁医学优秀教师""齐鲁医学先进教育工作者"等荣誉称号获得者。校党委书记郭新立，校长樊丽明，校党委常务副书记李建军，常务副校长王琪珑，校党委副书记仝兴华，副校长韩圣浩、李术才、胡金焱出席大会。大会由王琪珑主持。

同日 山东银丰投资集团有限公司向山东大学捐赠签约仪式在中心校区举行。在第 33 个教师节来临之际，银丰集团向山东大学捐赠 1000 万元人民币，主要用于支持学校医学教育发展。山东大学校长樊丽明出席仪式，并向银丰集团董事长、山东大学无线电专业 1980 级校友、校董王伟颁发捐赠证书。仪式由山东大学常务副校长王琪珑主持。

8～10 日 2017 国际创新创业大赛法国巴黎赛区和加拿大、美国网络赛区分别落幕；9 月 13 日和 18 日，国内的青岛站和上海站两个赛区也分别完赛。这标志着 2017 国际创新创业大赛初赛圆满结束。

2017 年

9 月

山东大学庆祝 2017 年教师节并表彰优秀教师

11 日　第八届世界儒学大会新闻发布会在济南举行。大会主承办单位、山东大学副校长胡金焱，山东省文化厅副厅长李国琳，济宁市政府副市长吴霁雯出席发布会。会上发布信息，第八届世界儒学大会将于 9 月 20 日至 21 日在孔子故里山东曲阜举行。大会主题是“儒家思想与人类命运共同体”，下设五个分议题——儒家话语下的宗教与信仰、儒家伦理与人类的共同价值、儒家思想与个体价值、礼乐文明与当代社会的价值重构、传统文化传承发展的现代路径。

12 日　2017 国际海洋创新发展论坛暨 2017 年国际海洋创新创业大赛启动仪式在山东青岛国际博览中心举行。该论坛由青岛蓝谷管理局和山东大学共同主办。国家海洋局科技司副司长王孝强、青岛蓝谷管理局局长吕涛、山东大学副校长张永兵出席论坛开幕式。

12 日、13 日　学校中管干部、省管干部集体到山东省保密教育实训平台参加保密教育轮训。山东大学党委书记郭新立、校长樊丽明带队，全校副厅级以上领导干部参加轮训。轮训内容主要包括观看窃密泄密案例警示教育展览、观摩窃密泄密攻防技术演示，内容丰富，生动直观，具有较强的针对性和实效性。

13 日　作为中俄人文交流机制的系列配套活动，中俄综合性大学联盟成立大会暨中俄大学校长论坛在深圳举行。中国国务院副总理刘延东，俄罗斯副总理奥・尤・戈洛杰茨出席论坛。山东大学成为中俄综合性大学联盟创始成员院校，副校长陈子江受邀作为联盟创始成员高校代表出席大会。

17 日　根据《山东大学优秀博士研究生创新能力提升计划实施办法》的要求，经本人申报、导师和培养单位推荐、专家组评审，确定给予高勃等 11 位博士研究生提升计划资助。资助额度为每人 10 万元。

18 日　山东大学在趵突泉校区举行新闻发布会，正式启动庆祝齐鲁医学 100 周年系列活动。山东大学党委常务副书记李建军，副校长、齐鲁医学部部长陈子江出席发布会并讲话。齐鲁医学部党工委书记侯俊平主持发布会。

2017 年
9 月

同日　第三届中国“互联网＋”大学生创新创业大赛全国总决赛在西安电子科技大学举行。山东大学“编程猫”团队从全国 37 万支报名参赛团队中脱颖而出，以总成绩第七名的佳绩荣膺总决赛金奖，团队指导教师计算机学院张四化获评优秀创新创业导师；山东大学威海校区“海南蓝祥联农科技开发有限公司”获得总决赛银奖。

19 日　经 2017 年 9 月 18 日第 121 次党委常委会研究决定：

杜言敏同志任青岛校区党工委副书记、纪工委书记，免去其纪委副书记、监察处处长职务；

郭培良同志任威海校区党工委副书记、纪工委书记，免去其威海校区副校长职务；

免去柴月禄同志的威海校区党工委副书记、委员、纪工委书记职务。

同日　根据《山东大学关于开展“双一流”人才培养专项建设(2017)立项工作的通知》(山大教字[2017]9 号)要求，经学院积极推荐申报、学校组织专家评审，确定立项建设经典教材建设专项 10 项、示范课堂建设专项 14 项、新课程开发建设专项 14 项、国际化示范课程建设专项 10 项。

20 日　为鼓励优秀本科新生在校期间努力学习、奋发成才，根据《山东大学优秀新生奖学金评选标准》，我校评选出了 2017 级优秀新生奖学金获得者并进行了公示，现决定向李傲等 11 名同学颁发优秀新生奖学金。

同日　第八届世界儒学大会在孔子故里山东曲阜辟雍广场开幕。全国人大常委会副委员长王胜俊，中共山东省委书记、省人大常委会主任刘家义，中国艺术研究院院长连辑，山东省人大常委会副主任柏继民，山东省人民政府副省长季缃绮，山东大学校长樊丽明，美国哈佛大学燕京学社原社长、北京大学人文高等研究院院长杜维明，孔子第 79 代嫡长孙、中华大成至圣先师孔子协会会长、至圣孔子基金会会长孔垂长出席大会开幕式。开幕式由山东省委常委、宣传部部长孙守刚主持。

同日　全国哲学社会科学规划办公室网站公布了 2017 年度国家社会科学基金后期资助项目立项名单，山东大学 10 项课题获准立项，立项数目在全国高校中排名第一位。

21 日　根据《山东大学关于征集 2017 年度教育教学综合改革项目的通知》(山大教字[2017]8 号)要求，在个人申报、学院推荐的基础上，学校组织专家对申报项目进行了评审，最终确定《崇新学堂新工科人才培养模式的探索与实践》等 15 个项目为 2017 年度山东大学教育教学综合改革立项建设项目。其中重大项目 8 个，重点项目 7 个。

同日　国家重点研发计划“战略性先进电子材料”重点专项“微纳生化传感材料与器件”项目启动会在山东大学举行。中国科学院院士黄维、国家重点研发计划“战略性先进电子材料”专项专家组组长陈弘达等八位技术咨询专家，山东大学常务副校长王琪珑，科技部高技术研究中心材料处处长史冬梅出席启动会。

同日　济南市高新区管委会举行见义勇为先进个人表彰大会，山东大学图书馆工作人员杨震、一附中教师苏超因为见义勇为的高尚行为受到表彰，被授予“见义勇为先进个人”称号。

2017 年

9 月

23 日　山东大学 2017 级新生开学典礼暨迎新交响音乐会在中心校区体育馆隆重举行。山东大学终身教授曾繁仁，校友代表、中国科学院院士、复旦大学附属中山医院心内科主任葛均波教授，“长江学者奖励计划”特聘教授、儒学高等研究院杜泽逊教授；教育部长江学者特聘教授，国家杰出青年科学基金获得者，控制科学与工程学院刘允刚教授；国家杰出青年科学基金获得者，基础医学院高成江教授；青年千人计划入选者，化学与化工学院王文光教授；校党委书记郭新立，校长樊丽明，校党委常务副书记李建军，常务副校长王琪珑，校党委副书记仝兴华，副校长张永兵、韩圣浩、陈子江，总会计师曹升元，副校长刘建亚出席活动。仝兴华主持典礼。

25 日　山东大学与青岛市人民政府联合举办的 2017“蓝贝创客计划”IAEC 国际创新创业大赛总决赛在青岛高新区盘谷创客空间举行。本次大赛跨越三个大洲，在美国、加拿大和法国举行了 4 场国际初赛，在济南、上海和青岛举行了 3 场国内初赛。大赛项目征集活动自 5 月份启动，200 余个项目参加，最终遴选出来自全球的 64 个项目团队参加决赛。

26 日　中鼎贝特集团向山东大学捐款 3000 万元人民币的捐赠仪式在青岛校区举行。山东大学校长樊丽明，山东大学热能工程专业 1988 级校友、中鼎贝特集团董事长秦昶，副校长张永兵，总会计师曹升元等出席捐赠仪式。

同日　山东大学和青岛市市北区人民政府共建“山东大学城市文化研究院（青岛）”签约暨揭牌仪式在山东大学青岛校区举行。山东大学校长樊丽明，青岛市市北区委书记、青岛国际邮轮港管理局党组书记、局长郑德雁代表双方共同为“山东大学城市文化研究院（青岛）”揭牌。

27 日　山东省委常委、统战部部长邢善萍来山东大学调研统战工作，在中心校区举行党外代表人士座谈会。山东大学党委书记郭新立主持座谈会。

29 日　由山东大学陈玉国教授任项目负责人的国家重点研发计划“精准医学研究”重点专项“稳定性心绞痛与急性冠脉综合征诊疗规范及应用方案的精准化研究”项目启动会在济南举行。中国工程院院士、山东大学终身教授张运，山东大学常务副校长王琪珑，国家卫生计生委医药卫生科技发展研究中心副主任代涛，山东省科技厅副厅长张士新，山东省卫生计生委副主任孟冬等出席启动会。

29 日　为推动“部委省共建”山东大学医学教育，加强对“齐鲁医学”品牌的统一管理和保护，充分发挥“齐鲁医学”品牌的影响力，经 2017 年 9 月 18 日中共山东大学第十三届委员会第 121 次常务委员会议研究决定，山东大学齐鲁医学部更名为山东大学齐鲁医学院，英文名称不变，仍为“Cheeloo College of Medicine, Shandong University”。直属附属医院中，山东大学齐鲁医院名称不变。山东大学第二医院更名为山东大学齐鲁第二医院，简称“齐鲁二院”。山东大学口腔医院更名为山东大学齐鲁口腔医院，简称“齐鲁口腔医院”。山东大学附属生殖医院更名为山东大学齐鲁生殖医院，简称“齐鲁生殖医院”。山东大学第二医院、山东大学口腔医院、山东大学附属生殖医院在上级主管部门批复更名前仍使用原名称。

30 日　山东工业技术研究院创新中心授牌暨项目签约仪式在山东大学千

2017 年

9 月

佛山校区创新大厦举行。山东大学校长樊丽明，济南市委常委、副市长、高新区管委会主任王宏志，山东大学常务副校长王琪珑，齐鲁交通发展集团总经理周勇，山东大学副校长李术才等出席仪式。王琪珑主持仪式。

本月　国家财政部发布《关于下达 2017 年工业转型升级（中国制造 2025）资金工作指南的通知》，山东大学机械工程学院张承瑞教授作为项目负责人申报的国家智能制造重大专项“数控装备故障信息数据字典标准研制及试验验证”获批立项。项目总额 2000 万元，其中国拨资金 1600 万元。这是山东大学首次作为牵头单位获得国家智能制造专项的资助。

本月　山东省科技厅先后下发《关于公布 2017 年度山东省级重点实验室绩效评估结果的通知》和《关于下达 2017 年度山东省重点实验室专项建设计划的通知》，山东大学 5 个山东省重点实验室通过 2017 年度绩效评估，并获得 690 万元的专项建设计划资金支持。

本月　山东省社会科学优秀成果评奖委员会公布表彰省第 31 次社会科学优秀成果奖获奖成果，山东大学共有 54 项研究成果获奖，其中一等奖 5 项、二等奖 27 项、三等奖 22 项。获奖数创学校历史新高，占全省获奖总数的 21.7%。

本月　山东大学佟振合院士团队孙頔副教授课题组关于锰/镉簇组装新进展的文章在《美国化学会志》(*J. Am. Chem. Soc.*)刊发。孙頔副教授为唯一通讯作者，第一作者为山东大学 2014 级硕士研究生郭玲玉和厦门大学苏海峰博士。

近日，国家重点研发计划“重大慢性非传染性疾病防控研究”重点专项“2 型糖尿病多种危险因素综合管理的适宜技术建立与管理策略研究”项目启动会在山东大学附属省立医院举行。中国工程院院士宁光出席启动会。

本月　为表彰外国友人为山东省对外友好交流合作作出的贡献，山东省人民对外友好协会授予 40 位外国友人 2017 年度“山东省人民友好使者”荣誉称号。山东大学热科学与工程研究中心罗纳德·温纳斯特(Ronald Wennersten)教授、信息科学与工程学院黄卫平教授及基础医学院杨静华教授获此殊荣。

本月　山东省委高校工委举办的师德标兵评选活动结果公布，山东大学张承慧教授获得 2017 年“山东高校十大师德标兵”称号。

本月　微生物技术国家重点实验室与上海交通大学合作的研究成果“Coupling between D-3-phosphoglycerate dehydrogenase and D-2-hydroxyglutarate dehydrogenase drives bacterial L-serine synthesis”(“D-3-磷酸甘油酸脱氢酶和 D-2-羟基戊二酸脱氢酶之间的耦合驱动细菌 L-丝氨酸合成”)在《美国科学院院报》上发表(PNAS Plus，2017，114：E7574-E7582)。微生物技术国家重点实验室已毕业博士研究生张文为论文第一作者，高超副教授为论文共同通讯作者，山东大学为论文第一单位。

本月　化学与化工学院电化学所马厚义教授、张进涛教授团队在《自然—通讯》(*Nature Communications*，2017，8，527)发表了题为“A rechargeable iodine-carbon battery that exploitsion intercalation and iodine redox chemistry”的文章，介绍了一种新型碘—碳电池。山东大学化学与化工学院为第一完成单位，2015 级博士研究生鹿可为论文第一作者。

2017 年

9 月

本月　根据国家科技计划管理信息服务平台发布的信息，山东大学共获批牵头承担国家重点研发计划项目 9 项，获国拨总经费 10410 万元，获批项目数量在全国高校中列第 11 位。除牵头项目外，山东大学另有 15 位教授以课题组长身份参与兄弟单位牵头的项目获得立项。

本月　中华医学会心血管病分会成立 40 周年庆祝大会在太原举行。会上，为了表彰为我国心血管病学发展作出历史性贡献的资深心血管病专家，中华医学会向我国心血管病学界的中国工程院和中国科学院院士、往届主任委员和首届学会老委员颁发了"终身成就奖"，齐鲁医院张运院士获此殊荣。中国工程院院士高润霖代表学会向张运颁发了证书和奖杯。

10 月

10 日　因齐鲁医学部更名为齐鲁医学院，经研究，齐鲁医学部党工委更名为齐鲁医学院党工委，有关干部职务名称自然变更。

同日　为更加深入地统筹整合学校相关科研力量，发挥山东大学"文史见长"、学科综合的优势，经学校研究，决定成立山东大学城市文化研究院。该研究院为挂靠历史文化学院的科研机构。方辉任研究院院长。

同日　山东大学在中心校区明德楼召开校院工作交流例会第一次会议，专题动员部署本科教学审核评估工作。会议号召，全体师生医务员工共同努力，完成好本科教学审核评估各项工作任务，以优异成绩向党的十九大献礼。

12 日　臧乐源教授追思会在山东大学中心校区知新楼举行。山东大学党委常务副书记李建军出席追思会并讲话。臧乐源教授胞弟臧乐安、女儿臧耕、表弟王伟，臧乐源教授生前同事、学生，部分校外专家学者，哲学与社会发展学院师生代表等参加追思会，共同缅怀臧乐源教授，因故不能出席追思会的社会各界以不同形式表达了对臧乐源教授的深切怀念。

13 日　为发挥综合性大学多学科优势，构建"以临床需求为导向，以基础研究为支撑"的新型科研组织体系，推动学科交叉及重大转化医学科研成果产出，打造"齐鲁医学"特色和品牌，形成"医、教、研"协同发展的新局面，经学校研究决定成立山东大学高等医学研究院。高等医学研究院是学校直属独立建制科研机构。人员编制根据工作需要另行核定。

13～14 日　山东省第七届全民健身运动会"鹏派杯"健身教练职业技能竞赛在山东大学体育馆举行。山东省体育局副局长乔云萍、山东大学党委副书记仝兴华出席比赛开幕式并讲话。

15 日　山东大学迎来了建校 116 周年华诞。广大师生及校友开展青年校友成长分享会、校庆日升旗仪式、校庆活动策划等系列活动，以多种形式庆祝母校建校 116 周年。校党委书记郭新立接见了返回母校参加活动的创客校友，对大家所取得的成绩表示祝贺，并就创新人才培养等方面进行了深入交流。威海校区党工委书记尹作升出席"向母校汇报"优秀校友成长分享会并致辞。

同日　为迎接党的十九大胜利召开，进一步加强党员理想信念教育，在党委学生工作部、武装部的指导下，山东大学本科生党支部负责人培训示范班临时党支部在全校本科生党支部中发起了"青春喜迎十九大，我与祖国共奋进"主题宣传教育活动。全校党员和入党积极分子广泛开展观看专题影片、阅读红色经典、学习座谈、宣传交流、实践参观等多种形式的主题活动，营造了以昂扬斗志和优异成绩迎接党的十九大胜利召开的浓厚氛围。

同日　山东大学组织召开本科教学工作审核评估现场观摩与经验交流会。校长樊丽明出席交流会并讲话。校党委副书记仝兴华、陈向阳，副校长陈子江，总会计师曹升元出席会议，副校长胡金焱主持会议。

16～19 日　日本山口大学校长冈正郎、副校长福田隆真等六人组成的代表团访问山东大学。山东大学校长樊丽明会见代表团一行。

20 日　《山东大学齐鲁医学院在附属医院设立临床学院的方案》经学校研究通过，现印发请遵照执行。《山东大学关于组建临床医学院的决定》(山大综字[2001]030 号)同时废止。

23 日　山东大学本科教学工作审核评估专家组见面会在中心校区举行，教育部专家组开始对山东大学开展本科教学实地考察评估。专家组组长、北京大学校长林建华教授主持会议；山东大学校长樊丽明作学校本科人才培养工作汇报，校党委常务副书记李建军致欢迎辞。

24 日　中国共产党第十九次全国代表大会胜利闭幕，闭幕会上选举产生了第十九届中央委员会和中央纪律检查委员会。山东大学三名校友当选十九届中央委员会委员，五名校友当选十九届中央委员会候补委员，三名校友当选十九届中央纪律检查委员会委员。

22～26 日　教育部本科教学工作审核评估专家组对山东大学本科教学工作开展了为期 5 天的评估考察。27 日上午，山东大学本科教学工作审核评估专家组评估考察意见反馈会在中心校区明德楼举行。由北京大学校长林建华担任组长的 15 位专家组成员向学校反馈了评估意见。山东大学党委书记郭新立、校长樊丽明在会上发言，教育部高等教育教学评估中心副主任周爱军出席会议并讲话。

26 日　经学校研究决定，“山东大学自然科学学报编辑部”更名为“山东大学科技期刊社”。原工作职责、人员编制、内设机构不变。

27 日　山东大学“范曾日”，艺术学院名誉院长范曾先生在中心校区为山大师生作了一场题为《中国古典文化的自信》的学术报告。活动期间，校党委书记郭新立会见了范曾先生；山东大学终身教授、易学与中国古代哲学研究中心主任刘大钧，校党委副书记仝兴华出席报告会。

15～28 日　2017 年全国高校思想政治理论课现场教学展示活动分别在东北师范大学、山东大学和山东师范大学举行。山东大学马克思主义学院五位教师分别获得教学标兵、教学能手和教学骨干称号。

29 日　由山东大学微电子学院杨再兴教授担任项目负责人的国家重点研发计划“量子调控与量子信息”重点专项“III-V 族半导体三维异质纳米线的原位构筑与红外探测应用”项目启动会在山东大学举行。中国科学院院士都有为、邢定钰，山东大学副校长韩圣浩出席启动会。

30 日　2017 年度赵九章优秀中青年科学奖揭晓，山东大学威海校区空间科学与物理学院副院长陈耀教授凭借其在空间物理领域所取得的突出成就，荣获该项殊荣。

2017 年

10 月

同日　山东大学参与的 PandaX-II 合作组最新的暗物质探测结果以“编辑推荐”文章在《物理评论快报》(*Physical Review Letters*)发表。山东大学暗物质实验团队由物理学院王萌教授领导，负责实验的电子学与数据获取系统，保障了实验的顺利运行和取数；同时，山东大学也是该文章物理分析的主要贡献者之一，负责中子刻度、探测器均匀性修正、暗物质探测效率及本地估计等。

本月　山东省社会科学界联合会公布表彰第十一届山东省社会科学突出贡献奖和学科新秀奖获奖学者，山东大学郑杰文教授获突出贡献奖。郑杰文，山东大学二级教授，博士生导师，山东大学国际汉学研究中心主任，国务院颁发政府特殊津贴专家，山东文史馆馆员，中华文学史料学学会副会长，古代文学文献研究会会长，山东省古代文学会副会长。主要从事先秦文献特别是先秦诸子文献及上古文化史的研究。

本月　山东大学生命科学学院、山东省动物细胞与发育生物学重点实验室赵小凡教授课题组在昆虫发育研究中取得重要进展。研究成果“Protein kinase C delta phosphorylates ecdysone receptor B1 to promote gene expression and apoptosis under 20-hydroxyecdysone regulation”(蛋白激酶 C delta 磷酸化蜕皮激素受体 B1 促进 20-羟基蜕皮酮调节下的基因表达和细胞凋亡)以直接投稿的方式发表在美国科学院院报 PNAS 上。课题组成员、2015 级博士研究生陈才华为文章的独立第一作者，赵小凡教授为独立通讯作者，山东大学为独立署名单位。文章发表后被 F1000Prime 专家、中国科学院动物研究所康乐院士推荐为本领域具有特殊意义的研究成果。

本月　山东大学信息科学与工程学院陈杰智教授课题组关于 3D NAND 闪存存储器可靠性物理机理的研究工作论文被微电子领域的国际顶级会议 IEDM 2017 (International Electron Devices Meeting 2017，即“IEEE 国际电子器件大会 2017”)接收。山东大学信息科学与工程学院为论文第一完成单位，2016 级博士研究生武继璇为第一作者。这是山东大学首次以第一作者和通讯作者单位在 IEDM 大会上发表研究进展论文，也是继北大、清华、复旦、浙大、上海交大、西安电子科大、中山大学后第八所在该会议上发表论文的内地(中国大陆)高校。

本月　山东大学承办的第六届中国国际通信大会(The Sixth IEEE/CIC International Conference on Communications in China，IEEE/CIC ICCC 2017)在青岛举行。山东大学副校长张永兵代表学校致欢迎辞，IEEE 通信学会会议副主席(IEEE Fellow)薛国良教授向大会发来贺词。中国通信学会副秘书长宋彤，大会总主席、山东大学信息科学与工程学院袁东风教授，大会技术程序委员会主席、中国通信学会学术部主任时光分别致欢迎辞。大会最佳论文颁奖典礼、《中国通信》最佳论文颁奖典礼同时在开幕式上举行。

11 月

2 日　由山东大学计算机科学与技术学院孟祥旭教授担任项目负责人的国家重点研发计划“高性能计算”重点专项“数字媒体高真实感并行渲染关键技术与高性能应用软件系统”项目启动会和实施方案论证会在山东大学软件园校区举行。山东大学总会计师曹升元出席启动会。

2017年
11月

3日　2017年9月20日，教育部、财政部、国家发展改革委印发《关于公布世界一流大学和一流学科建设高校及建设学科名单的通知》，山东大学入选世界一流大学A类建设高校。为进一步贯彻党的十九大会议精神，站在“新时代”，“加快一流大学和一流学科建设，实现高等教育内涵发展”，落实国家“双一流”建设有关要求，实施《山东大学世界一流大学建设方案》，学校决定启动山东大学“双一流”学科项目建设。

同日　山东省委书记刘家义来到山东大学，宣讲党的十九大精神，与师生交流学习体会。他强调，要学深悟透习近平新时代中国特色社会主义思想，切实增强学习贯彻的自觉性坚定性，汇聚起同心共筑中国梦的磅礴力量。山东大学党委书记郭新立、校长樊丽明出席报告会。

同日　由山东大学海洋研究院梁振林教授担任项目负责人的国家重点研发计划战略性国际科技创新合作重点专项“可长效自主运维的智能深远海养殖平台与渔业资源开发技术合作”项目启动会在山东大学举行。

6日　美国焊接学会(American Welding Society，AWS)2017年会在芝加哥开幕，来自世界各国的600余位焊接科技专家参加。大会开幕式上，举行了新当选的2017年美国焊接学会会士(AWS Fellow)就职仪式(Induction Ceremony)。山东大学材料科学与工程学院武传松教授，因其“在焊接科学、工程和技术领域取得的杰出成就和突出贡献”，当选为本年度美国焊接学会会士，并在就职仪式上被授予美国焊接学会会士奖章和证书奖牌。武传松教授是第一位、也是截至目前唯一一位荣获美国焊接学会会士荣誉称号的中国大陆地区焊接科技专家。

同日　由山东大学和青岛蓝谷管理局共同主办的2017国际海洋创新创业大赛(MTEC)总决赛在青岛举行。最终，山东大学创新创业项目“用于自升式海洋服务平台首套双步进桁架液压插销式升降装置”同来自德国、英国、加拿大以及上海的6个参赛团队获奖。

同日　国家口腔疾病临床医学研究中心山东分中心揭牌仪式暨山东省口腔医院(山东大学齐鲁口腔医院)医联体建设签约仪式在趵突泉校区举行。中国工程院院士张志愿出席仪式并作了题为“医学科学走向何方”的学术讲座。山东大学副校长韩圣浩出席仪式并为张志愿院士颁发了山东大学兼职讲席教授聘书。

7日　经2017年11月6日第125次党委常委会研究决定：

聘任张庆竹为环境研究院院长；

王文兴不再担任环境研究院院长职务。

8日　山东省人民政府面向社会公布了第三届山东省文化创新奖获奖项目，山东大学申报的“山东大学广播电视台宣传模式创新”项目获奖，这是学校在服务山东文化创新领域取得的又一项标志性成果。

同日　为促进医教研相结合，提高脊柱脊髓疾病的研究和诊疗水平，经学校研究，决定成立山东大学脊柱脊髓疾病研究诊疗中心，陈允震任中心主任。该中心为依托齐鲁医院的非实体性科研机构。

11日　由山东大学信息科学与工程学院黄卫平教授担任项目负责人的国

2017 年
11 月

家重点研发计划“公共安全风险防控与应急技术装备”专项“监管场所智能监控、预警防范关键技术研发与示范”项目启动会在山东大学中心校区举行。山东大学副校长李术才出席会议。本项目针对“公共安全风险防控与应急技术装备”重点专项指南方向“监管场所智能监控、预警防控关键技术研发与示范”提出申请。拟在“十二五”承担的科技支撑项目和国家基本建设项目的基础上，瞄准监管场所技防建设大而不强的工程难题，通过解决监管场所大规模技防装备系统性失灵、在押人员危险性甄别失效等科学问题，研发一系列关键技术和重要装备，开展一批示范工程建设，优化调整监管场所技防建设导向，进一步提升监管场所技防行业技术水平。

同日　“2017 年度宝钢教育奖颁奖仪式”在上海举行，山东大学 8 名师生获得奖励，其中控制科学与工程学院张承慧教授获得宝钢优秀教师特等奖。

12 日　由中国产学研合作促进会、山东省人民政府主办的第十一届中国产学研合作创新大会暨第二十六届山东省产学研展洽会在济南举行，山东大学参与大会承办。本届大会以党的十九大精神为指导，以“产学研协同创新 迈向新时代新征程”为主题，举办了高峰论坛、山东省产学研展、主旨演讲等系列活动。中央政治局常委、国务院总理李克强，国务院副总理刘延东分别对大会作出批示。

14 日　新加坡驻华大使罗家良到山东大学青岛校区访问，并为山东大学师生作了题为“迈向新时代的与时俱进全方位新中合作伙伴关系”的演讲。青岛市外办副主任冯斌一同来访。

17 日　在美国丹佛举行的全球超算大会 2017(简称“SC17”)上，基于“神威・太湖之光”系统的全机应用“非线性大地震模拟”获得“戈登・贝尔”奖(ACM Gordon Bell Prize)，山东大学是该文章的主要贡献者之一。

同日　山东大学“书记有约・青马思政课”活动在中心校区知新楼举行。校党委书记郭新立结合学习宣传贯彻党的十九大精神和山东大学“双一流”建设，为青年师生上了一堂生动的思政课。

18～19 日　由教育部主办的“国创计划十周年”庆典暨第十届全国大学生创新创业年会在大连海事大学举行。山东大学管理学院王兴元教授获“国创计划十周年”庆典——国家大学生创新创业训练计划“卓越贡献奖”。

18 日　第十五届“挑战杯”全国大学生课外学术科技作品竞赛决赛在上海大学落幕。山东大学在决赛中斩获一等奖三项，二等奖六项，三等奖三项，在“一带一路”专项赛中收获二等奖一项，其中一件作品荣获“累进创新奖”。

20 日　山东大学临床医学专业认证自评报告会在中心校区举行，教育部临床医学专业认证专家组开始对山东大学临床医学专业进行实地考察认证。山东大学校长樊丽明出席开幕式。专家组组长、原同济医科大学副校长文历阳等 8 位专家；山东省卫生和计划生育委员会副主任仇冰玉；山东大学党委常务副书记李建军，副校长张永兵、陈子江、刘建亚等出席活动。

同日　为落实党的十九大精神，推动社会主义文化大发展大繁荣，满足广大师生医务员工日益增长的美好生活需要，按照《国务院办公厅关于全面加强和改进学校美育工作的意见》要求，全面提升我校美育工作水平，充分发挥美育育人功能，决定成立山东大学美育工作委员会，统筹推进美育工作的规划和落实。

2017 年
11 月

同日 《山东大学教职医务员工健康体检工作实施办法》业经学校研究通过，现印发请遵照执行。

21 日 由山东大学承办的中国教育和科研计算机网 CERNET 第二十四届学术年会暨会员代表大会在山东会堂开幕。北京师范大学党委书记程建平，山东大学校长樊丽明，中国工程院院士、清华大学副校长尤政，中国工程院院士、CERNET 网络中心主任、CERNET 专家委员会主任吴建平，教育部科技司司长雷朝滋，山东省教育厅巡视员张志勇，西安电子科技大学校长杨宗凯，中央网信办网络安全协调局副局长高林出席会议。开幕式由山东大学副校长张永兵主持。

22 日 山东省委常委、省委政法委书记林峰海来山东大学看望中国科学院院士彭实戈教授。山东大学党委书记郭新立出席活动。

23 日 由山东大学承办的中国教育和科研计算机网 CERNET 第二十四届学术年会暨会员代表大会完成各项议程，顺利落幕。

19～23 日 教育部临床医学专业认证专家组对山东大学临床医学专业教育教学工作展开了为期 5 天的实地考察。23 日上午，临床医学专业认证专家反馈会在趵突泉校区举行。专家组组长、原同济医科大学副校长文历阳教授代表 8 位专家组成员向学校反馈了认证意见。山东大学校长樊丽明出席反馈会并讲话。

11 月 20 日，国际知名期刊《恶液质、肌肉减少症和肌肉杂志》(*Journal of Cachexia Sarcopenia and Muscle*，最新影响因子 9.697)在线发表了山东大学齐鲁医院心血管重构和功能研究重点实验室张薇教授课题组的研究论文《曲美他嗪通过减轻辛伐他汀所致骨骼肌损伤而恢复对于运动训练的正性适应》("Trimetazidine restores the positive adaptation to exercise training by mitigating statin-induced skeletal muscle injury")。本研究在国际上首次证实曲美他嗪对于运动训练中的骨骼肌可发挥保护作用，为今后改进心脏康复的药物处方提供了崭新的思路。该论文的第一作者是齐鲁医院心内科博士研究生宋铭，张薇教授是其指导教师。

24 日 为加强青岛校区前沿和交叉创新平台建设，做好青岛校区自然科学科研延伸管理服务工作，经学校研究决定成立山东大学前沿交叉科学青岛研究院。

为加强青岛校区高端人文社会科学研究平台建设，做好青岛校区人文社会科学科研延伸管理服务工作，经学校研究决定成立山东大学人文社会科学青岛研究院。

25 日 山东大学 2018 届毕业生就业双选会(秋季)在中心校区举行。这是山东大学今年下半年举办的最大规模的一场毕业生招聘会。山东大学党委副书记仝兴华到现场调研。

25～26 日 第十一届 iCAN 国际创新创业大赛暨全球创新大会在昌平举行。大会的主题是"创新人为峰"。山东大学共派出 12 支代表队参赛，获得国

2017 年

11 月

赛一等奖 1 项、二等奖 5 项、三等奖 3 项、优胜奖 4 项，获奖质量和数量名列全国高校前列。同时，山东大学因出色的组织工作获得大赛“优秀组织单位奖”。

27 日　经 2017 年 10 月 9 日第 123 次党委常委会研究决定：

免去柳丽华同志的本科招生办公室主任职务。

经 2017 年 11 月 23 日第 126 次党委常委会研究决定：

本科招生办公室挂靠本科生院，赵炳新同志兼任本科招生办公室主任。

聘任梁作堂同志为前沿交叉科学青岛研究院院长。

张青同志任齐鲁医学院学生工作处副处长，免去其党委宣传部副部长职务。

因机构更名，陈斌同志任科技期刊社社长，免去其自然科学学报编辑部主任职务；周英智同志任科技期刊社副社长，免去其自然科学学报编辑部副主任职务。

免去王春玲同志的第二附属中学校长职务。

28 日　2017 威海政产学研金合作大会召开。威海市委副书记、代市长张海波，威海市副市长张伟，山东大学副校长、威海校区校长刘建亚出席会议。会上，山东大学与威海市政府及部分企业签署了合作协议。

29 日　为响应国家“一带一路”倡议，开拓与“一带一路”国家的教育合作，11 月 29 日至 12 月 6 日，山东大学党委副书记仝兴华率团出席了“第五届泰国（清莱）留学中国教育展”，推进与泰国、马来西亚相关高校与中学的合作，探讨“一带一路”国家招生拓展、人才培养和校企合作新模式，并会见了山东大学在泰国的校友，成立了山东大学泰国校友会。

本月　国家人力资源和社会保障部公布了 2017 年国家“百千万人才工程”入选人员名单。山东大学基础医学院高成江教授入选“2017 年国家百千万人才工程”，并被授予“有突出贡献中青年专家”荣誉称号。截至目前，山东大学入选“百千万人才工程”的中青年学者增至 28 位。

本月　中国科技论文统计结果发布会在北京举行。会议公布了 2016 年度中国高校及科研机构在国内外刊物上发表科技论文数量、被引用情况以及各学科领域论文分布和影响等统计结果。根据统计结果，山东大学 2016 年度科学引文索引扩展版(SCIE)收录论文 3923 篇，收录数在全国高等院校排名中列第 9 名；2007～2016 年收录的 24313 篇论文被引用 246498 次，论文引用在全国高等院校排名中列第 11 名。

本月　从美国地球物理学会(AGU)获悉，威海校区空间科学与物理学院史全岐教授被授予本年度美国地球物理学会空间物理与高层大气分会(SPA)的日地系统科学 BASU 国际早期科研生涯奖[Sunanda and Satimay Basu (International) Early Career Award in Sun-Earth Systems Science]，以表彰其在多卫星数据分析方法及太阳风和磁层相互作用等方面所取得的突出成就。该奖项每年评选 1 位对日地系统科学研究作出突出贡献的发展中国家年轻科学家。史全岐教授将于 12 月份赴美国新奥尔良参加 2017 美国地球物理学会年会，并接受这一奖项。

2017年

11月

本月　山东大学2017年“青春唱响主旋律 不忘初心跟党走”研究生合唱比赛在中心校区音乐厅举行。校党委副书记仝兴华出席活动并颁奖。

本月　全国哲学社会科学规划办公室公布了2017年度国家社科基金重大项目立项名单，山东大学7项课题获准立项，立项数居全国高校并列第10位。立项课题的学科分布为：历史学2项、中国文学3项、应用经济2项。

本月　山东大学化学与化工学院熊胜林教授在学校交叉学科研究项目等基金的支持下，组织化学、材料、能源等有关学科力量，在碳基功能材料的精准制备与储能研究中获系列重大进展，2017年连续在材料领域的顶级期刊《先进材料》(*Adv. Mater.*，IF＝19.79)、《先进能源材料》(*Adv. Energy. Mater.*，IF＝16.721)、《先进功能材料》(*Adv. Funct. Mater.*，IF＝12.124)发表6篇高水平论文。

本月　为表彰外国专家在推动山东省经济建设和社会发展中作出的突出贡献，山东省政府召开常务会议，会上研究确定20名外国专家获“齐鲁友谊奖”。山东大学客座教授觉道健一、特聘教授艾德铭获此殊荣。

本月　山东大学基础医学院最新研究成果“USP1-UAF1 deubiquitinase complex stabilizes TBK1 and enhances antiviral responses”(《USP1-UAF1去泛素化酶复合体通过稳定TBK1表达而促进抗病毒反应》)在国际医学权威期刊《实验医学杂志》(*The Journal of Experimental Medicine*，五年影响因子13.285)上在线发表。该文章以山东大学为独立第一和通讯作者单位，赵伟教授为通讯作者，免疫学系硕士研究生余仲夏为本文第一作者。

12月

6日　为确保全球汉籍合璧工程(以下简称“合璧工程”)的顺利实施，经中共山东大学第十三届委员会第125次常务委员会议研究，决定成立山东大学合璧工程领导小组、合璧工程实施办公室、合璧工程专家委员会。合璧工程领导小组负责对合璧工程统一领导，由学校主要领导同志担任组长，分管领导同志担任副组长，党委、校长办公室、人事部、人才工作办公室、学科建设与发展规划部、研究生院、人文社科研究院、国际事务部、财务部、审计处、资产与实验室管理部等部门，以及儒学高等研究院、哲学与社会发展学院、文学院、历史文化学院、外国语学院、国际教育学院等学院(研究院)主要负责同志参加领导小组。领导小组办公室设在人文社科研究院。

同日　以“新时代 新山大 新理念 新力量”为主题的“校长有约”——山东大学北京青年校友座谈会在北京研究院举行。校长樊丽明与百余位青年校友进行了面对面的交流。

9～10日　2017中国大学生智力运动联赛总决赛在中国棋院落下帷幕。山东大学代表队在桥牌项目中获得团体冠军。

同日　2017年度中国制度经济学论坛在山东大学举行。论坛主题为“制度、行为、增长与治理(IBGG)”，由山东大学经济研究院和《制度经济学研究》编辑部共同主办。

2017 年

12 月

以“我看山大，共谋发展”为主题的第一期“校长有约”座谈会在中心校区举行

12 日　由山东大学机械工程学院张承瑞教授担任项目负责人的国家智能制造重大专项“数控装备故障信息数据字典标准研制及试验验证”项目启动会在济南举行。国家智能制造标准化专家咨询组副组长、中国工程院制造业研究室董景辰教授出席启动会。

13 日　山东大学在中心校区举行 2017 年度昱鸿助学金颁发仪式，山东省教育厅副厅长郭建磊、山东大学副校长韩圣浩出席仪式，并为本年度受助同学颁发证书。

11～13 日　第十二届孔子学院大会在西安举行。国务院副总理、孔子学院总部理事会主席刘延东在开幕式上发表主旨演讲。教育部部长、孔子学院总部理事会副主席陈宝生主持大会开幕式。山东大学党委书记郭新立率团参加大会，先后出席了全国孔子学院工作座谈会、孔子学院总部理事会、第八届山东大学孔子学院院长联席会等活动，并以嘉宾身份在“大会论坛”上发言。大会之前，山东大学校长樊丽明当选为孔子学院总部理事会新任中方理事。

13 日　上海交通大学副校长徐学敏一行到山东大学访问，并就两校合作事宜进行座谈交流。山东大学党委书记郭新立出席座谈会，副校长胡金焱主持会议。

同日　根据《山东大学本科生先进班集体评选办法》，经班集体和学生个人申报，学院审核，学校评审，并在全校范围内公示，确定经济学院 2015 级彭实戈班等 55 个班集体获得 2016～2017 学年“山东大学先进班集体”称号，哲学与社会发展学院 2015 级社会学一班等 34 个班集体获得 2016～2017 学年“山东大学优良学风班”称号，泰山学堂李炫璋等 11 名同学获得 2016～2017 学年“山东大学十佳班长”称号，哲学与社会发展学院崔牛牛等 57 名同学获得 2016～2017 学年“山东大学优秀班长”称号，现予以表彰。

同日　为加强微生物学科建设，促进微生物技术国家重点实验室发展，经学校研究决定成立山东大学微生物技术研究院。生物技术研究院为学校直属独立建制科研机构，与微生物技术国家重点实验室两块牌子、一套班子。

14 日　根据《山东大学本科生奖学金管理办法》（山大学字[2011]14 号）规定，经学生申报，学院审核，学校奖（助）学金评审委员会评审，并在全校范围内公示，确定曾城等 534 名同学获得 2016～2017 学年单项奖学金。

15 日　张茂宏教授从医执教七十周年纪念活动在齐鲁医院大礼堂举行。山东大学副校长、齐鲁医学院院长陈子江出席活动。

同日　根据青岛校区工作需要，经学校研究决定成立青岛校区资产与实验室管理处。

青岛校区资产与实验室管理处在青岛校区管委会领导下开展资产管理、实验室建设和管理工作，业务上接受学校资产与实验室管理部的指导。主要负责：青岛校区国有资产管理；公房、土地资源管理；专家公寓管理；设备家具供应、建账、维护管理；大型仪器共享及平台建设；实验室规划建设、实验室安全与环境管理；教学科研实验技术物资管理；实验技术队伍建设管理；国有资产数据统计和信息化建设等。

编制 10 人，其中处长 1 人、副处长 2 人。内部不设科室。青岛校区公共（创新）实验教学中心挂靠青岛校区资产与实验室管理处，主任兼任青岛校区资产与实验室管理处副处长。

同日　由中国教育国际交流协会主办的第二批来华留学质量认证工作结果发布及颁证仪式在北京举行。山东大学顺利通过认证，并获颁高校来华留学质量认证证书。

16 日　第十四届中国研究生数学建模竞赛颁奖典礼在西安交通大学举行。山东大学研究生荣获一等奖 2 项、二等奖 7 项、三等奖 17 项，其中电气学院 2016 级研究生李昊、李璐璐、王湘女组成的团队和电气学院 2016 级研究生韩林晓、李毅、曹永吉组成的团队获得一等奖。山东大学综合成绩在全国 437 个参赛单位中名列前茅，并连续第九届获得“优秀组织奖”。

山东大学齐鲁医学 100 周年庆祝大会隆重举行

2017 年

12 月

18 日　《山东大学科技成果转移转化工作管理办法》经学校第 27 次校长办公会议研究通过并印发。

20 日　由《光明日报》和南京大学共同举办的“2017 中国智库治理暨思想理论传播高峰论坛”在北京举行。会上，山东大学县域发展研究院院长黄凯南代表研究院接受了中国智库索引 CTTI 来源智库入选证书。

21 日　经 2017 年 12 月 4 日第 127 次党委常委会研究决定：成立经济研究院党总支；成立微生物技术研究院（微生物技术国家重点实验室）党总支。

同日　由山东大学儒学高等研究院王学典教授作为首席专家的国家社科基金重大项目“多卷本《20 世纪中国史学通史》”开题报告会在中心校区举行。山东大学副校长胡金焱出席活动。

22 日　山东大学各校友会按照章程规定，围绕“服务校友，服务母校，服务社会”的工作宗旨，积极联络校友，开展了丰富多彩的校友文化活动，发挥了母校和校友之间桥梁和纽带的作用。广大校友在校友会的带领下，感恩母校，积极支持母校事业发展。为表彰各地校友会和校友长期以来对母校作出的突出贡献，学校决定授予北京校友会等 40 个校友会为“优秀校友会”，授予秦昶等 63 名校友“校友贡献奖”，授予刘素文等 90 名校友“优秀校友工作奖”，希望各校友会和广大校友以此为榜样，创新理念，积极工作，为实现山东大学建成世界一流大学的办学目标贡献力量。

同日　为发挥青岛校区地域优势，加强虚拟现实技术研究，促进科技成果转化，经学校研究，决定成立山东大学青岛虚拟现实研究院，陈宝权任研究院院长。该研究院为依托计算机科学与技术学院的科研机构。

同日　《山东大学公房管理办法》《山东大学教学科研用房管理实施细则》经学校研究通过，现印发请遵照执行。

同日　根据《山东大学优秀研究生奖学金评审办法》《山东大学本科生奖学金管理办法》的要求，经学生申报，学院审核，学校奖（助）学金评审委员会评审，并在全校范围内公示，确定苏建强等 21 名博士研究生、邱璞等 21 名硕士研究生、杜君等 40 名本科生为山东大学 2017 年度校长奖学金获得者，并予以表彰。

24 日　山东大学创新创业高峰论坛暨山东大学创业训练营全国班（一期）开营仪式在中心校区举行。山东大学副校长、创新创业学院院长胡金焱出席活动。

25 日　为加强粒子物理学科与天体物理学科的交叉研究，经学校研究，决定成立山东大学光电探测联合实验室，王萌任实验室主任。该实验室为依托物理学院的非实体性科研机构。

26 日　根据国务院《教学成果奖励条例》规定和《山东大学关于开展 2017 年教学成果奖评选工作的通知》（山大教字[2017]52 号）要求，经各单位积极申报、学校评审和结果公示，确定校级教学成果一等奖 32 项、二等奖 37 项、优秀奖 12 项。学校将择优推荐申报省级教学成果奖。

同日　《山东大学崇新学堂建设方案》经学校研究通过并予以印发。

27 日　山东大学在中心校区举行“榜样的力量”2017 年优秀学生颁奖典礼，表彰了 2017 年“山东大学‘榜样的力量’学生年度人物”“优良学风班”“山东

2017 年
12 月

大学十佳学生社团”“山东大学自强之星”“十佳青年志愿者”荣誉称号获得者以及山东大学研究生道德风尚奖学金、国家奖学金、优秀来华留学生奖学金、校长奖学金获得者。校党委书记郭新立、校长樊丽明出席典礼并致辞，校党委副书记仝兴华，校党委副书记、纪委书记陈向阳，副校长韩圣浩，总会计师曹升元，副校长李术才、胡金焱出席典礼。

山东大学举行“榜样的力量”优秀学生颁奖典礼

28 日　《山东大学中层领导人员管理办法》已经学校党委常委会研究通过并印发。

本月　中共山东省委组织部、山东省人力资源和社会保障厅、山东省科学技术协会发布《关于表彰第十一届山东省青年科技奖获奖者的通报》。山东大学数学学院王光辉教授，生命科学学院王显伟教授，岩土与结构工程研究中心王琦副教授、李利平教授，附属生殖医院秦莹莹教授等五名科研工作者获得第十一届“山东省青年科技奖”荣誉称号，并获颁奖章、证书。

本月　2017 年度全国大学生数学建模竞赛颁奖会在华中科技大学举行。山东大学学子获全国一等奖 2 项、二等奖 8 项，其中，由经济学院 2015 级本科生綦航、裴冲，计算机学院 2015 级本科生陈安东组成的团队（指导教师为计算机学院刘保东教授）与由控制学院 2015 级本科生苏涵、陈鑫洋、李明组成的团队（指导教师为软件学院史清华副教授）获全国一等奖。

本月　山东大学佟振合院士团队王一峰教授课题组以“Titanium-Oxide Host Clusters with Exchangeable Guests”为题，在《美国化学会志》（*J. Am. Chem. Soc.* 2017）期刊上刊发论文。

本月　2017 年度国家自然科学基金管理工作会议在京召开。会议总结自然科学基金过去一年的工作，并对 2018 年重点工作进行统筹部署。2017 年，山东大学的国家自然科学基金申报项目数、获批项目数、重点类项目批准数，同创历史新高。其中，19 个项目获重点类项目批准。在人才类项目上，优秀青年科学基金项目获批 5 项。

2017 年
12 月

本月　经国家自然科学基金委相关专家通信评审和会议答辩，山东大学公共卫生学院贾存显教授、能源与动力工程学院韩吉田教授、威海校区空间科学与物理学院李波教授分别作为牵头人的组织间合作研究获得国家自然科学基金国际（地区）合作项目立项资助，资助总金额分别为 499.96 万元、200 万元、126 万元。

2018 年
1 月

2 日　山东大学党委书记郭新立主持召开中共山东大学第十三届常务委员会第 130 次会议暨党委理论学习中心组会议，深入学习贯彻党的十九大精神，专题研讨学校科研创新和文化创新工作。校长樊丽明出席会议。

12 月 31、1 月 1 日　山东大学 2018 新年音乐会分别在山东大学音乐厅和山东省会大剧院奏响。校长樊丽明、校党委副书记仝兴华、副校长张永兵出席音乐会。

4 日　《中共山东大学委员会关于加强督促检查工作和校内巡察工作的实施办法》经中共山东大学第十三届委员会第 125 次常务委员会议研究通过并印发。

5 日　山东大学青年人才座谈会在中心校区召开。校长樊丽明出席会议并讲话，校党委常务副书记李建军、副校长韩圣浩、总会计师曹升元出席会议。韩圣浩主持会议，并从学科建设、科学研究、人才队伍建设等方面总体回顾了 2017 年学校取得的各项成绩，对下一步学校人事制度改革的重点工作作了介绍。

同日　山东大学服务山东工作推进会在中心校区举行。校长樊丽明出席会议并讲话，常务副校长王琪珑主持会议，副校长韩圣浩、胡金焱参加会议。

8 日　学校召开专题会议，推进青岛校区搬迁工作。校长樊丽明出席会议并讲话。副校长张永兵主持会议。校领导韩圣浩、曹升元、刘建亚、胡金焱出席会议。

同日　《山东大学关于进一步落实国有资产归口管理的实施细则》经学校研究通过并印发。

9 日　山东大学 2017 年度网络新闻宣传工作评优揭晓，共有 28 个单位获评网络新闻宣传优秀组织单位，6 人获得网络新闻宣传工作质量奖，31 人获评网络新闻宣传先进个人，32 人获评网络新闻宣传优秀通讯员，24 人获评网络新闻宣传优秀作者，30 人获评网络新闻宣传优秀学生记者。

同日　韩国高等教育财团事务总长朴仁国一行访问山东大学，校长樊丽明会见来访客人，副校长、威海校区校长刘建亚，副校长胡金焱出席相关活动。

12 日　上海交通大学、山东大学医学教育战略合作研讨会在趵突泉校区举行。山东大学党委书记郭新立，中国科学院院士、上海交通大学副校长、医学院院长陈国强，山东大学副校长、齐鲁医学院院长陈子江出席会议。

同日　《中共山东大学委员会关于加强和改进全员全过程全方位育人工作的意见》经学校研究通过并印发。

15 日　山东大学党委召开理论学习中心组会议，围绕“六个聚焦”，专题学习习近平新时代中国特色社会主义思想，为开好学校党委常委班子 2017 年度民主生活会打牢思想基础，推动学校改革发展稳定各项工作再上新台阶。校党委书记郭新立主持会议并讲话，校长樊丽明出席会议。

2018 年
1 月

16 日 “中国社会科学院考古学论坛·2017 年中国考古新发现”在中国社会科学院举行。论坛公布了六项“2017 年中国考古新发现”，山东大学历史文化学院考古与博物馆学系发掘的“济南章丘区焦家新石器时代遗址”成功入选。

17 日 《关于合并成立山东大学附属中学的通知》公布。为进一步发挥山东大学附属基础教育的品牌优势，有效拓展和整合教育资源，实现教育质量、办学规模、社会影响力的同步提升，经学校研究决定，山东大学第一附属中学和第二附属中学合并成立山东大学附属中学（以下简称“山大附中”），撤销原两所附属中学建制。

山大附中是学校附属机构，主要负责解决山东大学教职工二代子女入学需求，同时在继续满足本校需求的基础上承担一定社会教学，不断扩大中小学的社会影响力。

成立山东大学附属中学党委，设书记 1 人，副书记 1 人。设校长 1 人，常务副校长 1 人，副校长 3 人。书记、校长、常务副校长为正处级，副校长、副书记为副处级。

18 日 《山东大学国家奖学金管理办法》《山东大学国家励志奖学金管理办法》《山东大学国家助学金管理办法》经学校研究通过，现予以发布，请遵照执行。

19 日 山东大学发布《关于对第四轮学科评估 A 类学科奖励的决定》。2017 年 12 月 28 日，教育部学位与研究生教育发展中心公布全国第四轮学科评估结果。评估结果按照“精准计算，分档呈现”的原则，根据“学科整体水平得分”的位次百分位，将前 70％的学科分为 9 档公布，其中前 2％（或前 2 名）为 A＋学科，前 2％～5％为 A 学科，前 5％～10％为 A－学科。山东大学共有 47 个一级学科参加本次评估，评估结果为优秀的 A 类（包括 A＋、A、A－三个档次）学科共有 8 个，B 类（包括 B＋、B 和 B－三个档次）学科有 31 个，C 类（包括 C＋、C 和 C－三个档次）学科有 5 个。

同日 《山东大学人文社会科学科研激励办法》经学校 2018 年第 1 次校长办公会议研究通过并印发。

同日 山东大学发布《山东大学关于表彰 2017 年度网络安全奖学金等 19 项社会奖学金获得者的决定》。根据《山东大学本科生奖学金管理办法》及设奖单位的相关规定，经学生申报，学院推荐，设奖单位终审，确定网络安全奖学金、李汝宽基金会海外学习奖学金、宝钢优秀学生奖、潍柴动力奖学金、宏信奖学金、三星奖学金、玲珑集团奖学金、华为奖学金、中美教育基金 COS 奖学金、青岛银行奖学金、小松中日奖学金、港华燃气奖学金、宝供物流奖学金、光华奖学金、侯拱辰优秀贫困生奖学金、阳亿奖学金、林春奖学金、嘉嘉家纺奖学金、前卫奖学金等 19 项社会奖学金获得者 633 名，现予以表彰。同时发布《山东大学关于表彰 2016 年度周大福奖学金等三项社会奖学金获得者的决定》。根据《山东大学本科生奖学金管理办法》及设奖单位的相关规定，经学生申报，学院推荐，设奖单位终审，确定周大福奖学金、中美教育基金 COS 奖学金、蒋震菏泽奖学金等三项社会奖学金获得者 75 名，现予以表彰。

2018 年

1 月

21～22 日　全国高校辅导员学习宣传贯彻党的十九大精神研讨会暨第九届全国高校辅导员工作创新论坛在湖北武汉举行。中国高等教育学会辅导员工作研究分会会长、山东大学原党委书记李守信出席活动并讲话，教育部思想政治工作司副司长张文斌作主报告，武汉理工大学党委书记信思金、中共湖北省委高校工委副书记孔祥恩出席活动。

21 日　山东大学北京校友商会成立大会在北京举行。山东大学常务副校长王琪珑出席大会并讲话，1982 级校友、鼎晖投资总裁焦震当选会长。

22 日　山东大学第一附属中学、第二附属中学合并组建山东大学附属中学大会在山东大学中心校区举行。山东大学党委常务副书记李建军、常务副校长王琪珑出席会议并讲话。

同日　《山东大学党委组织部主要职责内设机构和人员编制调整方案》业经中共山东大学第十三届常务委员会第 132 次会议研究通过并予以印发。

23 日　经 2018 年 1 月 15 日第 132 次党委常委会研究决定：

马春红同志任齐鲁医学院党工委委员、副院长(试用期一年)，免去其基础医学院党委委员、副院长职务；

曹源同志任护理学院党委副书记，免去其护理学院办公室主任职务；

免去孔北华同志的齐鲁医学院党工委委员、常务副院长职务。

24 日　由山东大学新闻中心主办的山东大学 2017 年度“十大新闻”评选揭晓。

同日　山东大学举行教育教学资源共建共享推进会，总结交流 2017 年工作，部署推进 2018 年任务。校长樊丽明出席会议并讲话，校领导王琪珑、仝兴华、刘建亚、胡金焱等参加会议。会议由胡金焱主持。

25 日　经中共山东大学第十三届常务委员会第 132 次会议研究，决定撤销青岛校区搬迁工作办公室，其职能合并到青岛校区资产与实验室管理处。

24～25 日　台湾联华电子股份有限公司董事长洪嘉聪率团访问山东及山东大学。校长樊丽明会见洪嘉聪一行，常务副校长王琪珑参加会谈。

29 日　山东大学 2018 年迎新春茶话会在中心校区学人大厦举行。山东大学党委书记郭新立主持茶话会并致辞。校长樊丽明出席茶话会并通报了山东大学 2017 年度事业改革发展情况。

同日　《山东大学大型仪器设备使用效益考评与激励暂行办法》《山东大学仪器设备维修管理办法》经学校研究通过并印发。

同日　《山东大学关于表彰 2017 年度自强之星获得者的决定》发布。为在全校本科生中树立励志学习榜样，发挥典型引领作用，弘扬自强不息、顽强拼搏的精神，激励广大青年学生励志成才、报效祖国，通过学院寻访、校级初评会与终评会评审，并在全校范围内公示，确定王志远等 11 名本科生为山东大学 2017 年度自强之星获得者，马融等 9 名本科生为山东大学 2017 年度自强之星提名奖获得者，并予以表彰。

30 日　按照中组部、教育部党组有关部署要求，山东大学 2017 年度基层党建述职评议会议在中心校区举行。校党委书记郭新立对参加现场述职的 24 位学院党委书记逐一进行了点评并作总结讲话，校长樊丽明主持会议。

2018 年

1 月

本月　晶体材料国家重点实验室陶绪堂教授课题组在有机晶体新生长方法研究中取得重要进展，所发明的“微距空气升华法”生长有机晶体（Microspacing In-Air Sublimation Growth of Organic Crystals）的研究成果在 *Chemistry of Materials*（Chem. Mater.，DOI：10.1021/acs.chemmater.7b04170）发表，山东大学 2015 级博士研究生叶欣为文章的第一作者。文章被美国化学会（ACS）推荐为“ACS Editors' Choice”。杂志主编 Jillian 教授专门发来贺信表示祝贺。

本月　山东大学两个教师团队入选“黄大年式教师团队”，其中山东大学岩土工程中心团队获得教育部认定的首批“全国高校黄大年式教师团队”称号，山东大学儒学研究团队获得山东省教育厅认定的首批“山东省高校黄大年式教师团队”称号。

本月　为深入贯彻落实党的十九大精神，进一步推进校园网络文化健康发展，加强互联网内容建设，学校开展了“2017 年度优秀网站暨网络文化建设与管理先进个人”评选活动。经评审专家委员会评议，哲学与社会发展学院网站等 30 个网站被评为“2017 年度山东大学优秀网站”，于春娥等 34 人被评为“2017 年度山东大学网络文化建设与管理先进个人”。

本月　中宣部公布 2017 年文化名家暨“四个一批”人才名单，山东大学经济研究院黄少安教授和管理学院杨蕙馨教授入选 2017 年文化名家暨“四个一批”人才（理论界），并获得 50 万元自主选题项目资助。截至目前，山东大学人文社科领域专家获文化名家暨“四个一批”人才称号的共有 6 人，分别是何中华教授、杜泽逊教授、方辉教授、顾亚龙教授、黄少安教授、杨蕙馨教授。

本月　为帮助家庭经济困难学生顺利返乡欢度春节，山东大学学生资助中心通过“解忧杂货铺”项目开展“资助学生回家过年”活动。为把党和国家对家庭经济困难学生的关怀落实落细，确保学生度过一个温暖祥和的假期，山东大学组织开展了走访慰问家庭经济困难学生活动。此次活动学校共成立走访小组 27 个，走访学生 84 人，发放慰问金 42000 元。

本月　山东大学环境科学与工程学院裴海燕教授课题组在 *Trends in Biotechnology*（IF5＝13.38，属于 Cell 出版社，是生物技术领域权威刊物），发表前瞻性论文“Mixing Seawater with a Little Wastewater to Produce Bioenergy from Limnetic Algae”，提出将海水与废水结合培养淡水微藻的新方法。论文第一作者为裴海燕教授近日，由山东大学王承略教授主持的“大英图书馆所藏中文古籍的整理与文献学研究”项目获批教育部哲学社会科学研究重大委托项目，资助经费 80 万元。

本月　山东大学生殖医学研究中心陈子江教授团队的一项多中心随机对照临床研究成果“排卵正常的不孕症患者移植冻胚与鲜胚的比较”在《新英格兰医学杂志》（*N Engl J Med* 2018，378[2]：126-136）以原创论文发表。《新英格兰医学杂志》是目前国际上公认的最具影响力的医学期刊，影响因子 72.406。这是该团队在该刊发表的第 2 篇原创性研究论文。

本月　科技部公布了 2017 年度国家备案众创空间名单，“山东大学创客空间”及“山大 e 禾南湖梦众创空间”入选。

2018 年

1 月

本月　教育部公布了 2017 年国家精品在线开放课程认定结果，全国共评出 468 门本科课程，其中山东大学入选 17 门，入选数量在全国 98 所本科院校中并列第五。

本月　国家留学基金委公布了创新型人才国际合作培养项目 2018 年获资助项目名单，全国仅 29 个新项目入选，山东大学与美国莱斯大学合作的“新型碳纳米材料工程应用创新型人才联合培养项目”位列其中。

本月　为贯彻落实党的十九大精神，在中国特色社会主义新时代的历史方位中、在服务国家战略和山东发展过程中、在新一轮科技革命孕育兴起新时代背景下，找准山东大学科技创新的历史方位，充分发挥高水平科研支撑“双一流”建设的筋骨作用，学校近期制定了系列相关文件，强化组织科研，着力解决山大高层次人才匮乏、国家级科研平台和顶尖科技成果数量较少等方面的问题，全面提升学校科技创新能力。

2 月

7 日　山东大学校长樊丽明率团访问文化部和中央社会主义学院，就推进全球汉籍合璧工程有关问题与文化部副部长杨志今进行了会商；就拓展合作领域提升合作水平事宜与中央社会主义学院党组书记、第一副院长潘岳举行了会谈。中央社会主义学院党组成员、副院长袁莎，党组成员、教务长李道湘参加会谈。

8 日　“山东大学—数字人科技”大学生创新创业实践基地揭牌仪式在济南市高新技术产业开发区举行。山东大学校长樊丽明出席揭牌仪式并讲话，济南市委常委、高新区管委会主任王宏志出席活动，活动由山东大学齐鲁医学院党工委书记侯俊平主持。

10 日　山东大学校长樊丽明在中心校区明德楼会见光学系 1979 级校友、英国诺丁汉大学宁波分校章雅平教授，电子系 1983 级校友、英国曼彻斯特大学张之超研究员。

27 日　科学技术部发布“2017 年度中国科学十大进展”遴选结果。山东大学特聘教授李占扬团队的“许昌人”研究成果入选。

28 日　中共山东大学第十三届委员会第七次全体会议在山东大学中心校区举行。党委委员 24 人出席会议，非党委委员的校领导、学校纪委委员、相关部门主要负责人等 21 人列席会议。校党委书记郭新立出席会议并作总结讲话，校长樊丽明主持会议。

同日　国学大师、山东大学名誉博士饶宗颐先生于 2 月 6 日凌晨在香港逝世，享年 101 岁。2 月 28 日，饶宗颐先生追思送别会在香港举行。山东大学常务副校长王琪珑率团前往吊唁，并敬献中央文史研究馆馆员、山东大学终身教授刘大钧书写的挽联。

本月　教育部科技发展中心公布了 2017 年度高等学校科学研究优秀成果奖(科学技术)的授奖决定。山东大学以第一完成单位共获得 7 项奖励，其中自然科学奖一等奖 2 项、二等奖 2 项，科技进步奖二等奖 3 项，此外山东大学作为合作单位还获得科技进步二等奖 1 项，获奖总数位列全国高校第七。

2018 年

2 月

本月　2017～2018 学年寒假，为宣传贯彻党的十九大精神，引导青年大学生自觉践行社会主义核心价值观，把学习贯彻落实好全国高校思想政治工作会议精神与学习贯彻党的十九大精神结合起来，山东大学从具体问题入手，紧跟时代热点，关注社会经济和民生百态，组织学生开展主题明确、形式多样的社会实践。

本月　新春佳节期间，山东大学深入开展走访慰问送温暖活动。校党委书记郭新立、校长樊丽明分别走访慰问了部分老干部、老专家代表，其他校领导也分别参加了走访。

本月　由 AAAI（国际人工智能协会）举办的第三十二届人工智能大会（AAAI2018）在美国新奥尔良举行。山东大学产业集团所属山大地纬公司总裁郑永清与山东大学、新加坡南洋理工大学、加拿大英属哥伦比亚大学、香港科技大学团队合作完成的“SmartHS：An AI Platformfor Improving Government Service Provision”斩获 AAAI2018 大会创新应用奖，成为今年该奖项唯一一支以中国人为主的获奖团队，也是今年为数不多的大会获奖华人团队之一。

本月　全国哲学社会科学规划办公室公布了“研究阐释党的十九大精神国家社科基金专项立项课题名单”，由山东大学马克思主义学院方雷教授投标的《坚持和加强党全面领导的实现方式研究》、政治学与公共管理学院马奔教授投标的《新时代推动中国复合式协商民主体系建设研究》、经济学院解垩教授投标的《构建以反贫困为核心的面向家庭和个人公共转移支付制度研究》三项课题获准立项，每项课题资助经费为 30 万～60 万元。立项数在全国高校排名并列第六位。

本月　美国斯隆基金会公布了 126 名获得 2018 年斯隆研究奖的学者名单，山东大学信息科学与工程学院 2007 届本科毕业生常翠祖获此殊荣。

3 月

1 日　为加强广告传播理论和应用技术研究，经学校研究，决定成立山东大学广告研究中心，臧丽娜任中心主任。该中心为依托新闻传播学院的非实体性科研机构。

为促进机械与控制、材料、能源、计算机等学科的交叉，加强智能制造领域理论和应用技术研究，经学校研究，决定成立山东大学智能制造技术与装备研究中心，闫鹏任中心主任。该中心为依托机械工程学院的非实体性科研机构。

为整合学校与最高人民检察院检察理论研究所双方研究优势，推进社会主义检察理论研究，深化和完善检察改革、检察实践，经学校研究，决定成立山东大学检察理论研究中心。该中心为依托法学院的非实体性科研机构。周长军任中心主任，聘陈波任外方主任。

2 日　《山东大学 2018 年工作要点》业经中共山东大学第十三届委员会第 137 次常务委员会议研究通过并印发。

3～5 日　举世瞩目的全国政协十三届一次会议和十三届全国人大一次会议分别在北京召开。山东大学师生医务员工密切关注“两会”进程，认真学习“两会”内容，通过报纸、广播、电视、网络等多种媒体掌握“两会”动态，聚焦热点话题，对经济社会发展、民生工程、教育改革等领域的众多热点问题展开讨论。

2018 年

3 月

7 日　山东大学在中心校区举行纪念“三八”国际劳动妇女节 108 周年暨先进表彰大会，对 2017 年度山东大学“三八红旗手”“三八红旗集体”“妇女工作先进个人”“最美家庭”进行表彰。山东大学党委书记郭新立出席大会并致辞，校党委常务副书记李建军，校党委副书记、纪委书记陈向阳出席会议。

12 日　在植树节来临之际，山东大学师生开展植树活动，美化校园环境。山东大学党委书记郭新立，中国建设银行山东省分行党委书记、行长段红涛，山东大学常务副校长王琪珑，山东大学总会计师曹升元，中国建设银行山东省分行副行长朱治昌，副行长、营业部总经理刘春龙参加兴隆山校区植树活动并座谈交流。活动前，中国建设银行山东省分行向山东大学捐赠 10 棵大叶朴树。

16 日　《山东大学信息化工作办公室机构调整方案》业经中共山东大学第十三届常务委员会第 137 次会议研究通过并印发。

同日　为加快推进学校创建世界一流大学进程，更好地落实服务山东战略，经学校研究决定成立山东大学服务山东办公室。原挂靠合作发展部的各驻外研究院改为挂靠服务山东办公室；撤销合作发展部原内设机构国内合作办公室，其工作职责及人员编制划归服务山东办公室。

服务山东办公室挂靠党委办公室、校长办公室。办公室设主任 1 人，副主任 1 人。

服务山东办公室主要职责是聚焦服务山东主业，统筹协调全校服务山东工作，加强学校与省政府各部门、各地市、各大企业等协调互动合作；围绕山东省新旧动能转换战略，服务智造山东、经济山东、健康山东、文化山东、教育山东、海上山东建设；加强与地方学术研究与文化交流，成果转化与产业孵化，优质社会资源对接与获取等。

同日　为更好地服务学校“双一流”建设，全面实施国际化战略，积极推进学校国际化进程，提升国际学生学者管理服务水平，经学校研究决定成立山东大学国际学生学者中心（以下简称“中心”）。撤销国际事务部留学生办公室和挂靠单位外事服务中心，其工作职责和人员编制划归中心。

中心挂靠国际事务部，设主任 1 人，主任为副处级。内部不设科室。

国际学生学者中心主要负责国际学生学者涉外事务办理及相关管理服务工作；国际学生招生、教务协调与管理、日常事务及活动管理；国际学生学者公寓驻楼管理与服务。

19 日　山东大学—斯威本科技大学先进制造业联合研究中心揭牌仪式在威海临港经济技术开发区举行。山东大学党委书记郭新立、威海市政协主席高旭光、斯威本科技大学校长 Linda Kristjanson、澳大利亚教育管理集团总裁李新庆共同为研究中心揭牌。仪式后，郭新立与山东省副省长、威海市委书记孙述涛进行了座谈交流。

15～20 日　全国政协十三届一次会议、十三届全国人大一次会议圆满完成各项议程，在民主、团结、求实、奋进的热烈气氛中胜利闭幕。会议期间，2900 多名全国人大代表和 2100 多名全国政协委员，紧紧围绕“两会”议程，认真履行职责，建睿智之言，献务实之策，谋转变之计，聚发展之力。山东大学师生医务员工密切关注“两会”进程，通过各种渠道参与热点话题讨论，发表建议，广泛互动，

2018 年

3 月

为“两会”胜利闭幕营造良好的舆论氛围。

22 日　山东大学在中心校区召开干部教师大会传达学习十三届全国人大一次会议和全国政协十三届一次会议精神，校党委书记郭新立主持会议。全国人大代表、校长樊丽明，全国政协常委、儒学高等研究院执行副院长王学典，全国政协委员、数学学院院长陈增敬传达“两会”精神并介绍参会体会。

同日　山东大学选人用人“一报告两评议”暨 2017 年度校领导班子和领导人员考核大会在中心校区举行。校党委书记郭新立代表学校党委报告 2017 年度选人用人工作情况，并代表学校领导班子作 2017 年度述职报告。校长樊丽明主持校领导班子和领导人员年度考核述职会议，校党委常务副书记李建军主持选人用人“一报告两评议”会议，并通报学校领导班子 2017 年度民主生活会情况。教育部人事司有关部门负责同志到会指导。

同日　《山东大学流动岗位特聘教师聘任管理办法》《山东大学短期境外专家聘请工作管理办法》《山东大学外国文教专家经费管理办法（暂行）》经学校研究通过并印发。

24～25 日　由中国数学会举办的第九届全国大学生数学竞赛决赛在西安交通大学举行。山东大学学生获得 4 个数学专业组一等奖，2 个非数学专业组一等奖，1 个数学专业组三等奖；获奖总数位列全国第二。山东大学凭借优异成绩获得优秀组织奖。

27 日　《中共山东大学委员会 2018 年党建工作要点》经中共山东大学第十三届委员会第 138 次常务委员会议研究通过并印发。

28 日　外交部“外交外事知识进高校”第三场活动走进山东大学。外交部外事管理司司长廖力强、边界与海洋事务司司长易先良、政策规划司副司长周剑为山大师生作主题报告，山东大学副校长程林主持报告会。

29 日　美宝集团向山东大学捐赠签约仪式在中心校区举行。山东大学校长樊丽明，美宝集团董事局主席徐鹏、副主席李俐出席仪式。

同日　山东大学、海尔集团、济南市天桥区人民政府与 2013 年诺贝尔奖获得者、美国国家科学院院士兰迪·谢克曼共同签订战略合作协议，“兰迪·谢克

兰迪·谢克曼创新成果工作站揭牌仪式

曼创新成果工作站”正式揭牌成立。济南市委副书记、市长王忠林，英国皇家科学院院士、美国国家科学院外籍院士萨尔瓦多·蒙卡达，山东大学常务副校长王琪珑出席签约揭牌仪式。

同日　山东大学学术委员会在中心校区召开 2018 年第一次全体会议。中国科学院院士、校学术委员会主任彭实戈教授主持会议，副校长韩圣浩、李术才出席会议。

同日　《山东大学关于表彰 2017～2018 学年青年教师教学比赛获奖教师的决定》发布。为促进我校青年教师教学能力及教学水平的提升，鼓励青年教师真正“讲好一门课”，在学校统一安排下，相关校区及齐鲁医学院共同组织了“2017～2018 学年山东大学青年教师教学比赛”。经学院推荐、初赛、决赛、专家评审和结果公示等环节，最终确定常东风等 22 人获一等奖，张雯等 37 人获二等奖，刘佳等 54 人获三等奖（获奖名单见附件）。学校将为获奖教师颁发荣誉证书并给予奖励，新荣获一、二等奖的教师将同时被授予“山东大学青年教学能手”称号。希望全校教师以获奖教师为榜样，进一步更新教育理念、改进教学方法，积极参与课堂教学改革与创新，不断提高业务能力和教学水平，为提升学校本科人才培养质量做出积极贡献。

同日　《山东大学中心校区等相关教学科研用房规划调整方案》经中共山东大学第十三届委员会第 135 次常务委员会议研究通过并印发。

30 日　山东大学第三届教职工代表大会第三次会议在中心校区举行。校党委书记郭新立致开幕辞，校长樊丽明作学校工作报告。会议认真回顾总结过去一年的工作，深入分析学校发展面临的形势，研究提出今年的目标任务。

31 日　山东大学 2018 届毕业生就业双选会（春季）在中心校区举行。双选会吸引了来自 22 个省（直辖市、自治区）的 776 家用人单位，数量创历年新高。

同日　山东大学 2018 届毕业生就业双选会（春季）在中心校区举行。双选会吸引了来自 22 个省（直辖市、自治区）的 776 家用人单位，数量创历年新高。

本月　教育部公布了“霍英东教育基金会第十六届高等院校青年教师奖和基金资助项目”名单。山东大学化学与化工学院贾春江教授荣获“青年教师奖”二等奖。此次评选，共有来自 100 所高校的 100 人获得“青年教师奖”，其中一等奖 5 人、二等奖 15 人、三等奖 75 人。

本月　山东大学生殖医学研究中心陈子江教授团队与中国科学院北京基因组研究所刘江教授团队等合作研究成果“Chromatin Accessibility Landscape in Human Early Embryos and its Association with Evolution”在国际顶级杂志《细胞》(*Cell*)发表，首次报道了人类早期胚胎发育过程中染色质开放性的调控图谱。

本月　中共中央组织部办公厅下发《关于印发第三批国家“万人计划”入选人员名单的通知》，山东大学共计 11 位教授入选第三批“万人计划”，其中领军人才 6 位，青年拔尖人才 5 位。截至目前，学校共有“万人计划”领军人才 20 位，“万人计划”青年拔尖人才 10 位。

本月　山东大学晶体材料国家重点实验室崔得良教授和廉刚副教授提出了一种制备高质量有机－无机复合钙钛矿薄膜的新方法，揭示了压力在准液相

2018 年

3 月

环境中微尺度晶体的二次生长过程中的独特作用，这个工作为其他高质量钙钛矿薄膜及其光电器件的研制开辟了一条新的途径。相关研究成果以“High-Quality CH3NH3PbI3Films Obtained via Pressure-Assisted Space-Confined Solvent Engineering Strategy for Ultrasensitive Photodetectors(压力辅助和空间限位的溶剂工程方法制备高质量碘化铅甲胺钙钛矿薄膜及用作超敏感的光探测器)”为题，发表在国际著名期刊《纳米快报》(*Nano Letters*，2018，8，1213～1220；影响因子：12.779)上。文章第一作者为山东大学晶体材料国家重点室2015级博士研究生付现伟，通讯作者为崔得良教授、廉刚副教授和美国佐治亚理工学院Ching-Ping Wong教授，山东大学为第一作者单位。

本月　山东大学基础医学院易凡教授研究团队的最新成果“Gpr97 Exacerbates AKI by Mediating Sema3A Signaling”(《Gpr97通过调控Sema3A信号通路加重急性肾损伤》)在(*Journal of the American Society of Nephrology*，*JASN*)上在线发表(中科院JCR期刊1区，5年影响因子IF：9.423)。该文章以山东大学为独立第一和通讯作者单位，基础医学院药理学系博士研究生方薇为本文第一作者，易凡教授为通讯作者。

本月　山东工业技术研究院与济南市城乡水务局“院士工作站”签约仪式在千佛山校区举行，山东大学副校长、山东工业技术研究院院长李术才与中国工程院院士王浩、济南市城乡水务局副局长赵承忠正式签署了共建院士工作站框架协议。

本月　山东大学晶体材料国家重点实验室刘宏教授课题组提出了一种在生物材料表面构建纳米阵列，实现干细胞在没有其他生物方法调控的条件下成骨分化，为骨修复提供一种高效、低成本、安全可靠的新材料。相关研究成果以“Polylactic Acid Nanopillar Array-Driven Osteogenic Differentiation of Human Adipose-Derived Stem Cells Determined by Pillar Diameter(聚乳酸纳米柱阵列的纳米柱直径对人脂肪来源干细胞成骨分化的调控)”为题，发表在国际著名期刊《纳米快报》(*Nano Letters*，DOI：10.1021/acs.nanolett.7b04747；IF＝12.712)上。文章第一作者为2015级硕博连读博士研究生张珊，通讯作者为晶体材料国家重点实验室刘铎教授、刘宏教授和山东大学齐鲁医院刘超博士，山东大学为第一作者和通讯作者单位。

本月　国家自然科学基金委公布了2018年度国家自然科学基金委员会与英国皇家学会、英国医学科学院杰出人才项目牛顿高级学者基金(Newton Advanced Fellowship)评审结果，共计20个项目获得批准，其中医学领域3项。山东大学基础医学院赵伟教授与英国牛津大学Jan Rehwinkel教授联合申请的“去泛素化酶复合体USP1/UAF1在cGAS介导的抗HIV-1免疫反应中的作用及机制”获得批准，项目执行期为3年。

本月　山东大学密码技术与信息安全教育部重点实验室副主任王美琴教授主持的“十二五”国家密码发展基金项目荣获党政密码科学技术进步奖励评审委员会颁发的“科技进步奖一等奖(省部级)”，该奖项是本年度商密领域唯一的一项一等奖。这标志着山东大学在密码领域再度为我国作出了新的成就和重要贡献。

2018 年

3 月

本月　山东大学材料科学与工程学院尹龙卫教授团队在钙钛矿太阳能电池领域取得重要进展，他们通过表面钝化工程的方法制备高效稳定的无机钙钛矿 CsPbI3 太阳能电池，解决了立方相无机钙钛矿材料常温下无法稳定存在的学术难题。相关成果"Surface passivation engineering strategy to fully-inorganic cubic CsPbI3perovskites for high-performance solar cells"发表在《自然—通讯》(*Nature Communications*，2018，9，1076；IF＝12.124)上。文章第一作者是 2015 级直博生李博，通讯作者是尹龙卫教授，山东大学材料科学与工程学院为独立完成单位。

本月　山东大学第二医院(以下简称"山大二院")手术室护士张慧"半蹲一小时为手术患儿播放动画片"的事迹在全国各级各类媒体广泛传播，一度登上新浪微博热搜榜第四位，得到了无数网友的点赞、好评和转发。张慧护士的暖心举动仅是山大二院医护人员温暖行医的一个缩影。近年来，山大二院频频涌现的温暖人心的正能量事迹，引发了社会舆论的广泛热议和关注，"有温度的医院"越来越成为山大二院响亮的品牌。暖心事迹井喷式的涌现是医院党建引领作用的集中体现，是贯彻落实党的十八大、十九大精神的具体体现。医院长期以来高度重视党建工作，注重方式方法创新，在发挥党委的政治核心作用、强化党支部的战斗堡垒作用、激发党员充分发挥模范带头作用方面取得了显著成果。

4 月

3 日　山东大学第四期"校长有约・校长思政课"活动在青岛校区举行。校长樊丽明以"两会归来话发展——十三届全国人大一次会议精神"为主题，与校区 300 余名师生面对面探讨时政热点，共话学校发展。

4 日　《山东大学关于表彰 2018 届优秀毕业生的决定》发布。根据《山东大学优秀毕业生评选办法》(山大学字[2014]8 号)和《关于做好 2018 年山东大学优秀毕业生评选工作的通知》要求，各学院(培养单位)按照公开、公平、公正的原则，在综合测评和民主评议的基础上，经过学院推荐、评选，学校审核，全校范围内公示，共评选出柳学玮等 1232 名同学为 2018 届山东大学优秀毕业生，并予以表彰。希望受到表彰的毕业生珍惜荣誉，再接再厉，努力成为新时代的引领者和塑造者。希望广大学生要以优秀毕业生为榜样，立大志，谋大业，勤奋学习，勇于实践，敢于创新，担承社会责任，不断追求卓越，用优异的成绩书写人生绚丽的华章。

7 日　著名教育家、著名机械工程专家、中国工程院院士、中国共产党的优秀党员、山东大学终身教授艾兴同志因病医治无效，于 2018 年 4 月 7 日 7 时 45 分在济南逝世，享年 95 岁。

9 日　青海省人大常委会副主任、民革青海省委会主委、青海师范大学校长刘同德，党委书记张雄伟一行访问山东大学，就山东大学对口支援青海师范大学有关问题进行了座谈交流。来访期间，山东大学党委书记郭新立、校长樊丽明分别会见了代表团一行。青海师范大学副校长赵海兴、山东大学副校长李术才参加活动。

2018 年

4 月

同日　为构建并完善血液病人工智能辅助诊疗系统，利用基因组学与大数据分析技术研发血液病原发耐药分子预测体系，提供血液病的精确诊断和个性化治疗的科学依据，经学校研究，决定成立山东大学血液病智能诊疗联合实验室。该实验室为依托齐鲁医院的非实体性科研机构。纪春岩任实验室主任。

同日　《学校产业开展“大学习、大调研、大改进”工作方案》经中共山东大学第十三届委员会第 140 次常务委员会议研究通过并印发。

同日　经中共山东大学第十三届委员会第 130 次常务委员会议研究决定成立山东大学齐鲁交通学院。该学院依托山东大学学术、人才、资源优势和齐鲁交通发展集团在交通运输领域的资源和技术优势，遵照“模式创新，资源共享，平等互利，合作共赢”的原则共建。齐鲁交通学院为学校直属独立建制的教学科研机构。

9～10 日　2017 年度全国十大考古新发现终评会在北京召开。经过项目汇报、评委评议、投票表决等环节的层层遴选，山东大学历史文化学院考古学与博物馆学系发掘的“山东济南章丘焦家遗址”成功入选。

10 日　按照《山东大学信息公开实施办法》的要求，根据《山东大学统计工作管理办法》的规定，对学校 2017 年度统计公报予以发布。

同日　《山东大学哲学社会科学繁荣计划专项资金管理实施细则》经学校研究通过并印发。

11 日　《山东大学银行对账管理暂行办法》《山东大学银行账户管理办法》经学校研究通过并印发。

12 日　《山东大学科技成果评估备案实施细则》经学校研究通过并印发。

14 日　山东大学校长樊丽明到山大地纬软件股份有限公司、山大鸥玛软件股份有限公司、山大电力技术股份有限公司调研指导工作。总会计师曹升元参加调研。

15 日　由教育部“长江学者奖励计划”特聘教授、山东大学教学指导委员会副主任委员、山东大学控制学院院长张承慧教授主持完成的“构建自动化专业多元培养体系，着力培育理工融合拔尖人才”教育教学成果鉴定会在山东大学千佛山校区举行。会前，山东大学校长樊丽明会见了与会学者。山东大学党委副书记仝兴华出席鉴定会。

17 日　全国人大常委会委员、全国人大宪法与法律委员会副主任、民盟中央副主席徐辉一行到山东大学开展专题调研。山东省政协副主席、民盟山东省委主委王修林，民盟中央组织部副部长蔡葵等一同调研。山东大学党委书记郭新立主持座谈会并讲话，党委副书记、纪委书记陈向阳介绍有关情况。

同日　中国科学院院士陈维江受聘山东大学兼职讲席教授仪式在千佛山校区举行。校长樊丽明向陈维江院士颁发兼职讲席教授聘书。仪式后，陈维江院士做客第 18 期“稷下风”研究生学术讲坛，作了题为《创新智能电网技术，助力新能源发展》的学术报告。

同日　中国共产党的优秀党员、著名锻压专家、中共十三大代表、山东省政协原常委、山东大学退休干部、原山东工业大学校长夏天赳同志因病医治无效，于 2018 年 4 月 17 日 12 时 47 分在济南逝世，享年 93 岁。4 月 19 日下午，夏天

2018年
4月

赵同志遗体告别仪式在济南市粟山殡仪馆举行。

同日 《山东大学关于表彰2017年度山东广电奖学金获得者的决定》发布。根据《山东广电奖学金评审办法》《山东大学本科生奖学金管理办法》有关规定，经学生申报，学院审核，学校推荐，山东广电奖学金评选委员会终审，政治学与公共管理学院梁梓峰等20名同学荣获2017年度山东广电奖学金，现予以表彰。

《山东大学修(制)订学术学位研究生培养方案的意见(修订)》《山东大学修(制)订专业学位研究生培养方案的意见(修订)》经学校研究通过并印发。

19日 山东大学血液病智能诊疗联合实验室揭牌仪式暨血液病智能诊疗研讨会在济南举行，山东省卫生和计划生育委员会副主任仇冰玉，山东大学副校长、齐鲁医学院院长陈子江出席会议并共同为实验室揭牌。

20～23日 由山东大学《文史哲》编辑部主办的第七次人文高端论坛在曲阜举行。该论坛以“个体与社群孰先孰后：儒学与自由主义的对话”为主题。论坛期间举行了2017年度“中国人文学术十大热点”发布仪式。

24日 山东大学召开第十四次党代会动员部署会暨校院工作交流例会第三次会议，对迎接、筹备、召开第十四次党代会事宜进行了动员部署，山大由此正式进入了“党代会时光”。

同日 最高人民检察院山东大学检察理论研究中心成立仪式在山东大学举行。最高人民检察院党组成员、副检察长徐显明，山东大学校长樊丽明出席会议并共同为中心揭牌。最高人民检察院检察理论研究所所长谢鹏程、山东大学常务副校长王琪珑参加仪式。

23～25日 由中国—东盟中心主办、山东大学承办的第三届中国—东盟青年论坛在山东大学举行。中国—东盟中心秘书长杨秀萍，国家留学基金委副秘书长王胜刚，山东省外事侨务办公室一级巡视员李荣，山东省教育厅总督学孟庆旭，山东省政协副主席、山东大学副校长程林等出席论坛开幕式并致辞。

23～24日 山东大学第十七届国际文化节在中心校区举行。国家留学基金委副秘书长王胜刚，东盟驻华使馆代表、企业界代表、各兄弟高校教师和国际学生代表以及来自100多个国家的山东大学国际学生和中国师生等数千人参加。山东省政协副主席、山东大学副校长程林出席开幕式并致辞。

25日 教育部老干部局党委书记、局长于虹一行来山东调研驻鲁部属高校离退休干部工作，并在山东大学中心校区举行座谈会。会前，校党委书记郭新立会见了调研组。座谈会由校党委常务副书记李建军主持。

26日 山东大学校长樊丽明到青岛校区与校区和学院领导班子成员座谈交流，传达学校开展“大学习、大调研、大改进”精神，调研青岛校区搬迁与改革发展工作。山东大学副校长、青岛校区管委会主任张永兵出席会议。

27日 《关于表彰2018年山东大学优秀博士、硕士学位论文奖获得者及其指导教师的决定》发布。根据《山东大学“优秀博士学位论文奖”及“优秀博士学位论文指导奖”评选方法(试行)》和《山东大学优秀硕士学位论文评选办法》的有关规定，经各学位评定分委员会推荐，专家评审，网上公示，共有32篇博士学位论文、50篇硕士学位论文被评为山东大学2018年优秀博士、硕士学位论文，并予公布。

2018 年
4 月

学校决定对获得本次优秀学位论文奖的作者及其指导教师进行表彰和奖励。授予刘春雷等 32 名博士“山东大学优秀博士学位论文奖”、王贻琛等 50 名硕士“山东大学优秀硕士学位论文奖”，王新春等 32 名指导教师“山东大学优秀博士学位论文指导奖”、刘大钧等 50 名指导教师“山东大学优秀硕士学位论文指导奖”。

同日 《2018 年山东大学基本科研业务费专项资金实施方案》经学校研究通过，现印发请遵照执行。

25～28 日 由中国作物学会玉米专业委员会主办，山东大学植物细胞工程与种质创新教育部重点实验室承办的第三届全国玉米生物学学术研讨会在青岛召开。山东大学校长樊丽明出席开幕式并致辞。

26～28 日 2018 中国工程机器人大赛暨国际公开赛在中国地质大学（武汉）举行。山东大学代表队在室内飞行器六旋翼、机器人竞速等 7 个大项（10 个单项）中获得一等奖，其中控制学院 2015 级本科生范越、体育学院 2015 级本科生赵志鹏、机械学院 2015 级本科生魏忠凯组成的“山大翱翔”团队在室内飞行器六旋翼项目中获得季军。

本月 山东大学材料科学与工程学院冯金奎副教授课题组在多孔硅的制备及其在锂离子电池的应用方面取得了最新进展，其研究成果“Green, Scalable, and Controllable Fabrication of Nanoporous Silicon from Commercial Alloy Precursors for High-Energy Lithium-Ion Batteries”发表在顶级期刊 *ACS Nano* (IF = 13.942)上，文章第一作者为材料学院 2016 级硕士研究生安永灵，通讯作者为材料学院冯金奎副教授，山东大学为独立完成单位。

本月 山东大学晶体材料国家重点实验室于浩海教授课题组与中国科学院理化技术研究所合作，在氧化物非线性光学晶体研究方面取得了新进展，相关研究成果以“Pushing Nonlinear Optical Oxides into the Mid-Infrared Spectral Region Beyond 10μm: Design, Synthesis, and Characterization of La3SnGa5O14”（“将非线性光学氧化物推到超过 10μm 的中红外光谱区：关于 La3SnGa5O14 的设计、合成和表征”）为题，作为封面文章发表在国际著名期刊(*Journal of the American Chemical Society*，影响因子为 13.858，J. Am. Chem. Soc. 2018，140，4684-4690)上。该文章共同第一作者为晶体材料国家重点实验室 2016 级硕士研究生兰海潮和中科院理化所博士研究生梁飞，通讯作者为于浩海教授、中科院理化技术研究所林哲帅研究员、山东大学晶体材料国家重点实验室张怀金教授，山东大学晶体材料国家重点实验室为第一作者单位。

本月 山东大学微生物技术国家重点实验室团队在微生物基因组编辑和基因组发掘方面取得了新进展，建立了伯克氏菌中以 Red/ET DNA 重组工程技术为核心的基因组编辑和隐秘生物合成途径的原位激活平台。相关研究成果以“Discovery of recombinases enables genome mining of cryptic biosynthetic gene clusters in Burkholderiales species（发现新型重组酶介导的基因组编辑技术促进基因组发掘多种伯克氏菌中的隐秘生物合成基因簇）”为题，在线发表在国际著名期刊《美国科学院院报》(*Proceedings of the National Academy of*

2018 年

4 月

Sciences of the United States of America, Proc. Natl. Acad. Sci. U. S. A., 2018,115,DOI:10.1073/pnas.1720941115,五年影响因子达 10.414)上。该文章共同第一作者为微生物技术国家重点实验室博士研究生王雪、博士后周海波和联合培养博士生陈汉娜,山东大学微生物技术国家重点实验室为第一单位。

本月　教育部教材局公布了教育部所负责且已出版的 32 种马克思主义理论研究与建设工程(以下简称"马工程")重点教材修订组成员名单,来自全国 88 所高等院校和科研机构的 300 名专家入选。山东大学共有 15 位专家入选,入选人数居全国第三位。

本月　物理学院仝殿民教授课题组完成的关于量子相干性的研究论文发表在最新出版的物理学顶尖刊物(*Physical Review Letters*, *Phys. Rev. Lett.* 120 [2018] 170501, DOI10.1103/PhysRevLett.120.170501)上,该论文首次提出了基于有限信息估算未知量子态相干度的方法。这一工作由物理学院博士生张大剑、刘崇龙、于晓东和导师仝殿民教授合作完成。张大剑为第一作者,山东大学为第一完成单位。研究工作得到了学校学科发展经费、国家自然科学基金和"973 项目"的支持。

5 月

4 日　纪念马克思诞辰 200 周年大会在北京人民大会堂举行。会上,中共中央总书记、国家主席、中央军委主席习近平出席大会并发表重要讲话。山东大学认真组织师生医务员工通过各种形式收听收看大会实况,并要求各单位做好会议精神的传达学习工作。校党委书记郭新立、党委常务副书记李建军、常务副校长王琪珑、副校长张永兵,各学院、科研机构、党政机关、群团组织和直属附属单位师生分别在各校区观看了视频直播。

同日　山东大学第二期"书记有约"座谈会在中心校区举行。校党委书记郭新立结合习近平总书记在北京大学师生座谈会上的重要讲话精神、在纪念马克思诞辰 200 周年大会上的重要讲话精神与习近平总书记勉励中国政法大学民商经济法学院 1502 班团员青年的内容,与一校三地的青年师生医务员工代表交流学习体会,畅叙山大青年的成长与发展。

同日　《山东大学关于表彰 2017 年度优秀青年工作者的决定》发布。2017 年,全校各级团组织和团员青年在学校党委的领导下,全面贯彻党的十九大精神,以习近平新时代中国特色社会主义思想为指导,团结带领广大青年学生围绕学校中心工作,服务大局,积极组织青年、引导青年、服务青年、维护青年合法权益,各项事业取得全面发展,涌现出了一批先进集体和个人。为表彰先进,树立典型,推动我校共青团工作再上新台阶,经研究,决定开展先进集体和个人评选表彰工作,根据《关于做好五四评比表彰工作的通知》(山大青字[2018]06 号)文件要求,经学院推荐、公示和学校评审,评选出王永军等 10 位同志为山东大学 2017 年度优秀青年工作者并予以表彰。

同日　经 2018 年 4 月 23 日第 143 次党委常委会研究决定:

聘任刘琳为公共治理研究院副院长。

同日　《中共山东大学第十四次代表大会宣传提纲》业经学校研究通过并印发。

5 日　由山东大学经济学院解垩教授担任首席专家的“阐释党的十九大精神”国家社科基金重大专项项目“构建以反贫困为核心的面向家庭和个人公共转移支付制度研究”开题论证会在中心校区举行。山东大学校长樊丽明、常务副校长王琪珑出席论证会。

7 日　山东大学党委书记郭新立主持召开中共山东大学第十三届常务委员会第 144 次会议暨党委理论学习中心组会议，深入学习习近平总书记北大考察重要讲话精神，专题研讨学校办学育人工作。校长樊丽明出席会议。

同日　国务院参事室党组书记、主任，国家战略研究院院长王仲伟；中国工程院院士邱志明、国务院参事李玉光一行来山东大学调研。调研期间，山东大学党委书记郭新立会见了调研团。山东大学校长樊丽明一同调研。

同日　《山东大学关于表彰 2017 年度实验室工作先进集体和个人的决定》发布。根据《关于开展 2017 年度山东大学实验室工作先进集体及先进个人评选的通知》精神，经各单位自评申报、职能部门考核、专家评定等程序，学校决定授予历史文化学院等 11 个单位为 2017 年度实验室工作先进集体，于晓琳等 54 人为实验室工作先进个人予以表彰。

8 日　《山东大学关于深化人事人才工作体制机制改革的意见》经中共山东大学第十三届委员会第 140 次常务委员会议研究通过并印发。

9 日　中国科学院院士、著名天体化学与地球化学家、中国月球探测工程首席科学家欧阳自远应邀做客稷下讲坛，在威海校区作了题为《中国的探月梦》的报告。

同日　中国水利水电科学研究院副院长、教授级高级工程师、国务院三峡办三峡工程泥沙专家组副组长、中国工程院院士胡春宏于山东大学兴隆山校区图书馆作了题为《黄河治理与科学方法》的学术报告。山东大学副校长李术才主持报告会。

10 日　《山东大学(青岛)发展改革规划纲要(2018～2025)》经中共山东大学第十三届委员会第 137 次常务委员会议研究通过并印发。

山东大学(青岛)发展改革规划纲要(2018～2025)

根据学校建设世界一流大学的总体目标和战略布局，在山东大学跨越式发展的进程中，青岛校区担负着创建世界一流大学先行区和综合改革示范区的历史使命，是学校建设世界一流大学的新引擎。为了更好地指导和推进青岛校区发展与改革，依据《山东大学章程》《山东大学一流大学建设方案》《山东大学事业发展“十三五”规划纲要》(以下简称“规划纲要”)和《山东大学综合改革方案》，特制定《山东大学(青岛)发展改革规划纲要(2018～2025)》。

《规划纲要》共分五部分：(1)建设基础和机遇挑战；(2)指导思想和发展目标；(3)主要任务与建设举措；(4)体制改革与机制创新；(5)组织保障与条件支撑。《规划纲要》对山东大学(青岛)2018～2025 年的发展进行全面规划。

山东大学(青岛)于 2012 年启动建设工作，2016 年 9 月第一批学生入驻，2017 年 9 月全面启用，六个学院整体迁入，山东大学一校三地办学格局正式形成。

2018 年

5 月

校区地处青岛市蓝色硅谷核心区，校园规划总用地 3000 亩(含山大齐鲁蓝谷医院约 300 亩)，总投资约 72 亿元。目前，校区一期工程 58 万平方米已全部启用，总投资约 30 亿元，智慧校园建设水平国内一流；二期工程业已启动，规划总建筑面积 79 万平方米，总投资约 42 亿元。

校区现有 8 个学院和 11 个科研机构。有 6 个"学科高峰计划"建设学科，分别是政治学、生物学、大数据处理与可视计算、海洋科学与工程、环境污染与控制、交叉法学。在全国第四轮学科评估中有 5 个学科达到 B+，有 6 个学科入选 ESI 前 1%，形成了生命、环境、信息、政法、海洋等学科集群和若干个优势研究方向。

校区现有 2 个国家重点二级学科、1 个国家重点实验室、1 个国家工程技术中心、2 个教育部重点实验室、1 个教育部工程中心和 1 个教育部人文社会科学重点研究基地，学科平台初具规模；实到科研经费达到 1.9 亿元，具备了较为雄厚的科研基础和较高的科研实力。

校区现有教职工约 900 人，其中两院院士 4 人、千人计划国家特聘教授 12 人、"长江学者"特聘教授及杰出青年基金获得者 9 人，初步形成一支高水平人才队伍。

校区目前学生总量为 4350 人，设有 24 个本科专业和 83 个研究生专业。成立"一多书院"和"从文书院"，"社区书院制"试点改革稳步推进。书院中实行本科生全员导师制，同时强化学生自主管理，建设"服务生活、服务学习、服务发展"三元社区。与青岛市联合举办两次国际创新创业大赛，多方吸引国际领先的创新技术、项目和创新团队落户青岛以及山东大学，着力完善创新创业生态系统，成为创新创业领域的全国亮点。国际交流合作方面，山东大学中美科技创新国际产业园签约落户青岛高新区，该项目前期投资预计为 50 亿元，预计年产值可达 90 亿元；与德国亥姆霍兹联合会共建德国学院，搭建了对德交流合作的高水平专业平台，成为青岛蓝谷第一个实质性运转的中德合作研究机构；与剑桥大学、青岛市政府合作共建国际创新转化学院、国际创新转化中心，首创创新转化学科。

服务社会方面，围绕山东省新旧动能转换工作，与地方合作共建的六个项目已经运行。响应国家"大众创业，万众创新"的号召，与海尔集团共同发起成立"2025 创新创业联盟"，进而联合省内外高校、企业及地方政府加盟，力争打造创新创业新业态。山东大学县域发展研究院入选 CTTI 来源智库，定期发布《中国县域居民发展评价与排名》，科学评估评价县域发展，为地方经济文化建设提供战略决策咨询，获得了较高的社会声誉。

随着我国全面深化改革取得重大突破，国家治理体系和治理能力必将得到改善和提升。全面深化改革为世界一流大学建设提供了强大动力。作为学校深化改革的先行区和示范区，校区历史负担相对较轻，一系列着眼高端、与世界接轨的全新制度和政策必将释放强大改革动能，助推校区在人才培养、科学研究、人才引育、国际交流、服务社会等方面取得突破性发展，为校区发展提供难得的机遇。

2018 年
5 月

着眼于打造高端人才聚集和培养基地、高端学术和应用技术研究基地、高新技术成果孵化和转化基地、高水准国内外学术交流基地，努力将校区建设成为引领学术前沿的创新型校区、全面开放办学的国际化校区和深化综合改革的示范性校区，助推青岛蓝谷创建产学研深度融合的大学科技城，成为山东大学世界一流大学建设新引擎。

为实现上述目标，战略步骤将分三步走：

第一步：到 2020 年，校区功能完善、运行良好、环境优美，初步成为山东大学世界一流大学建设新引擎。

——有 5 个左右学科达到国内一流水平(学科评估 A 类或全国前五名)，部分学科方向达到国际知名水平。

——在校区全职工作的两院院士和顶尖人才 6 人，千人计划国家特聘教授、“长江学者”特聘教授、杰出青年基金获得者 50 人，青年千人、青年长江、中组部青年拔尖人才、优秀青年基金获得者 70 人；在职教职工总数中专任教师的比例不低于 65%，国际教师比例达到 10%左右。

——在校本科生规模达到 5000 人左右，在校研究生规模 5200 人左右。

——科研经费年度到账 6 亿元，累计获批国家重大项目 3 项以上、重点项目 6 项以上，国家级科研奖励 2 项，省部级科研奖励一等奖 6～8 项。

——在校国际学历学生规模 400 人左右，学生在校期间海外交流访学覆盖率达到 60%，赴海外研修教师 350 人左右，在校区任教国际教师 80 人左右，“111 计划”引智基地 2～3 个，获批国际化示范学院 1 个。

——2018 年全面完成搬迁工作并启动二期建设；2020 年底前，多渠道筹集资金，完成体育中心、学生会堂、国际学术交流中心、专家公寓和学生公寓等项目建设。

第二步：到 2025 年，校区整体学术实力大幅提升，部分学科达到国内顶尖或国际一流水平。

——有 3 个左右学科取得 A+评估结果，进入 ESI 前 1‰或世界主流学科排名前 100 名。

——在校区全职工作的两院院士和顶尖人才 15 人，千人计划国家特聘教授、“长江学者”特聘教授、杰出青年基金获得者 80 人，青年千人、青年长江、中组部青年拔尖人才、优秀青年基金获得者 150 人；在职教职工中国际教师比例达到 15%。

——在校本科生规模达到 8000 人左右，在校研究生规模超过 8000 人。

——科研经费年度到账 10 亿元，五年内获批国家重大项目 10 项以上，国家级科研奖励 5 项以上，省部级科研奖励一等奖 12 项以上。

——国际学生以及联合培养学生规模达到 2000 人左右，学生海外经历全覆盖，国际教师 200 人左右，“111 计划”引智基地 5 个以上，国际一流合作科研平台 5 个以上。

——全面完成校区二期基建项目，进一步完善校区各项条件设施，建成对地方经济社会发展，尤其是对青岛蓝谷具有强大支撑作用的智慧、绿色、平安、文化校园。

2018 年
5 月

第三步：到2035年，各项人均学术指标达到国际一流水平，整体建成具有“三个特性”的“三区四基地”。

11 日　山东大学举行2018年实验室工作会议。校长樊丽明、副校长李术才出席会议，总会计师曹升元主持会议。

12 日　《山东大学博士后队伍建设改革方案》经2018年第5次校长办公会研究审议通过，现印发请认真遵照执行。

15 日　根据《山东大学2018年工作要点》，为扎实推进学校综合改革工作，现将《山东大学2018年综合改革工作要点》印发给你们，请认真遵照执行。

山东大学2018年综合改革工作要点

2018年，学校综合改革工作要以习近平新时代中国特色社会主义思想为指导，围绕创建世界一流大学的发展目标，推进学校治理结构和治理能力现代化，推动各项改革举措落地见效，最大限度地激发师生医务员工积极性，释放学校发展活力。

一、建立健全一校三地多校区办学体制机制

按照“统筹布局，一体发展”的方针，着力构建符合我校实际、具有山大特色、与一流大学建设相适应的一校三地多校区管理体制机制。

实施《山东大学（青岛）发展改革规划纲要（2018～2025）》，进一步优化青岛校区管理体制机制。成立山东大学多校区协同发展工作小组，组织有关职能部门，在人、财、物、事等方面为青岛校区及学院（研究院）明确授权。

编制《山东大学医学教育发展改革规划纲要（2018～2025）》，推动落实齐鲁医学院有关改革措施，进一步优化建立综合性大学发展规律和医学学科特殊规律相结合、彰显齐鲁医学特色的管理体制机制。

二、研究推进实施一体发展战略

在学校党委领导下，研究形成《山东大学关于实施一体发展战略的基本思路》。按照“四个有利于”的要求和实现“六统一”的目标，围绕“同一个山大”品牌建设，推进实施一体发展战略，形成统筹布局、全员参与、共建共享的一校三地多校区一体发展新格局。

三、推动“放管服”改革

进一步厘清放、管、服边界，在人、财、物、事等方面为青岛校区、威海校区、齐鲁医学院及内设教学科研机构明确授权，把该放的坚决放下去，把该管的科学严格地管起来，切实提升服务水平和服务质量，激发基层内生动力和发展活力。

四、推进人事体制机制改革

大力实施人才强校战略，建立更加科学规范、行之有效的人事人才工作体制机制，充分激发全体教职医务员工干事创业的活力，真正形成“人人渴望成才、人人努力成才、人人皆可成才、人人尽展其才”的良好局面，为世界一流大学建设提供坚实的人力资源支撑和制度保证。出台《山东大学关于深化人事人才工作体制机制改革的意见》和有关配套实施方案。

2018 年

5 月

五、推动落实《山东大学综合改革方案》和各专项改革方案

围绕全面落实《山东大学综合改革方案》和各专项改革方案，进一步统一思想，提高对综合改革重要性的认识；突出重点，着力推进根本性、全局性的关键改革事项；加强督导考核，确保改革任务取得实效。

16 日　《山东大学非事业编制队伍建设改革方案》经 2018 年第 5 次校长办公会研究审议通过，现予以印发，请遵照执行。

17 日　2017 年度山东省科学技术奖励大会在济南召开，会议表彰了荣获 2017 年度山东省科学技术奖的单位和个人，省委书记刘家义，省委副书记、省长龚正等省领导为获奖代表颁发了获奖证书。山东大学荣获自然科学一等奖的赵明文教授、张运院士，荣获技术发明一等奖的李术才教授和荣获科技进步一等奖的王传新教授上台领奖。

18 日　《山东大学国有资产管理办法》业经学校研究通过并印发。

19 日　山东大学人文社会科学青岛研究院首批研究机构马克斯·韦伯研究中心和国际莱布尼茨研究中心启动暨兼职特聘教授聘任仪式在青岛校区举行。山东大学校长樊丽明，中共中央编译局原副局长王学东，青岛市委宣传部常务副部长、一级巡视员王为达为马克斯·韦伯研究中心、国际莱布尼茨研究中心揭牌。山东大学副校长、青岛校区管委会主任张永兵出席启动仪式。

21 日　为贯彻落实中共中央、国务院《关于加强和改进新形势下高校思想政治工作的意见》(中发[2016]31 号)精神，全面加强教师思想政治工作。经中共山东大学第十三届委员会第 138 次常务委员会研究决定成立山东大学党委教师工作委员会。

党委教师工作委员会主任由校党委常务副书记兼任，成员由党委教师工作部、党委组织部、党委宣传部、党委统战部、党委学生工作部、党委研究生工作部、人事部(人才工作办公室)、本科生院、研究生院、科学技术研究院、人文社科研究院、国际事务部、工会等部门负责人组成。党委教师工作委员会办公室设在党委教师工作部。

22 日　山东大学齐鲁交通学院成立大会在中心校区举行。中国工程院院士王景全、聂建国，山东大学党委书记郭新立、校长樊丽明，齐鲁交通发展集团有限公司董事长徐春福出席大会。山东大学常务副校长王琪珑主持大会。山东省交通厅副厅长司家军，齐鲁交通发展集团有限公司党委副书记相立昌，山东大学党委副书记仝兴华、总会计师曹升元、副校长刘建亚、副校长李术才参加大会。

24 日　《山东大学国有资产管理办法》经学校研究通过并印发。

25 日　山东大学第一届全民运动会在中心校区开幕。山东大学党委书记郭新立，校长樊丽明，党委常务副书记李建军，常务副校长王琪珑，党委副书记仝兴华、陈向阳，副校长韩圣浩，总会计师曹升元，副校长刘建亚出席开幕式。仝兴华主持开幕式。

2018 年

5 月

第一届全民运动会举行

同日　《山东大学关于加强和改进教职工多元考核评价工作的指导意见》经 2018 年第 7 次校长办公会研究审议通过，现予以印发，请遵照执行。

26 日　山东大学终身教授赵明义国家社科基金重大项目结项成果出版发布座谈会在中心校区举行。校党委书记郭新立出席座谈会开幕式。

27 日　山东大学第一届全民运动会之田径和体能技能总决赛在中心校区落下帷幕。校党委常务副书记李建军，党委副书记仝兴华、陈向阳，总会计师曹升元出席闭幕式。

24～27 日　第十一届"英特尔杯"全国大学生软件创新大赛在北京理工大学举行。山东大学 Turing 团队获得比赛唯一一个特等奖，同时获得最具创业潜力奖、最具极客人气奖。学校另外三支参赛队伍分获一、二、三等奖。

28 日　山东大学校长樊丽明率团访问剑桥大学，与该校副校长 Eilis Ferran 共同见证两校签署共建国际创新转化学院协议。

山东大学与剑桥大学签约共建国际创新转化学院

同日　《中共山东大学委员会关于建立容错免责机制的实施办法》业经中共山东大学第十三届委员会第 146 次常务委员会议研究通过并印发。

2018 年

5 月

29～31 日　山东大学处级以上干部深入学习贯彻习近平新时代中国特色社会主义思想和党的十九大精神集中轮训继续开展，山东省委党校党建部主任张洪修、研究生院副院长郝良华，山东大学党委副书记仝兴华分别为学员作专题辅导报告。

30 日　山东大学 2018 年本科教学工作会议在中心校区召开。会议总结回顾了学校本科教育教学工作和存在的问题，开展了一校三地经验交流，并对下一阶段重点工作进行了部署。校党委副书记仝兴华出席会议并讲话。

本月　国家自然科学基金重大项目“深海微生物适应深海极端环境的生理与遗传机制”结题验收会在北京召开。该项目负责人是山东大学微生物技术国家重点实验室张玉忠教授。专家组同意该项目通过结题验收，评定项目实施等级为特优。

本月　山东省金融工作办公室公布了 2017 年山东省金融高端人才奖励名单，山东大学彭实戈院士、黄少安教授、曹廷求教授入选。

《山东省金融高端人才奖励办法》是山东省为进一步建立健全金融人才激励机制，优化金融人才发展环境，引进、留住更多的金融高端人才，更好地服务山东省金融改革发展而制定的办法。金融高端人才奖励的申报主体为山东省行政区域内所有依法设立的金融机构总部或地区总部（业务总部），包括银行、证券、保险、基金、信托、期货、资产管理公司、财务公司、金融资产交易市场等各类金融机构，以及设有金融岗位的其他机构，如高等院校、科研院所、具有证券期货相关业务资格的会计师事务所等机构。奖励对象为在上述金融机构工作或在上述其他机构金融岗位工作，并于上一年度在山东省行政区域内依法缴纳个人所得税的金融高端人才。

本月　由中国社会科学院和中华全国台湾同胞联谊会共同指导，山东大学、山东省台湾同胞联谊会、社会科学文献出版社联合主办的《山东文献》学术研讨会暨台湾大陆同乡会文献数据库·山东库上线发布会在济南召开。山东大学常务副校长王琪珑、山东省台湾同胞联谊会会长林红霞、社会科学文献出版社社长谢寿光、台湾著名历史学家张玉法先生出席会议并共同按下启动球。

6 月

2 日　中国高校创新创业学院联盟在山东大学中心校区成立，中国高校创新创业学院发展论坛同期举行。教育部高等学校创新方法教学指导分委员会副主任、对外经济贸易大学党委副书记李茂国，山东大学党委副书记仝兴华出席成立大会并致辞。

4 日　山东大学党委书记郭新立主持召开中共山东大学第十三届常务委员会第 148 次会议，认真学习贯彻习近平总书记在中国科学院第十九次院士大会、中国工程院第十四次院士大会上的重要讲话精神。校党委常委樊丽明、李建军、王琪珑、仝兴华、陈向阳、韩圣浩、曹升元、李术才出席会议，陈子江、程林列席会议。

5 月 27～6 月 2 日　山东大学校长樊丽明率团访问英国剑桥大学、伦敦大学学院、玛丽女王大学、曼彻斯特大学、杜伦大学；德国亥姆霍兹联合会、亥姆霍兹药物科学研究所、萨尔大学、弗朗霍夫协会开放通信系统研究所等高校及科研机构，拓展与上述单位的合作关系，探讨联合科研、合作教学、师生交流、实验室共建等方面的合作机会。访问期间，代表团在伦敦举办了专场人才招聘会，在英国、德国分别设立了海外人才工作站，并会见了在英、在德校友代表。

7、8 日　山东大学围绕第十四次党代会党委报告先后召开四场征求意见座谈会，分别听取了部分党代会代表、专家学者、民主党派无党派人士、学生对报告的意见、建议。校党委书记郭新立、党委常务副书记李建军、党委副书记陈向阳、副校长韩圣浩出席相关会议。

7 日　中国科学院院士、激光医学专家、解放军总医院主任医师顾瑛教授作客山东大学齐鲁医学大讲堂，并作了题为《激光医学——在临床中的应用》的精彩报告。山东大学副校长、齐鲁医学院院长陈子江主持大讲堂并为顾瑛院士颁发了齐鲁医学大讲堂纪念牌。

同日　《山东大学实验室建设与管理研究项目管理办法》经学校研究通过并印发。

同日　经中共山东大学第十三届委员会第 143 次常务委员会议研究，决定成立山东大学数学与交叉科学研究中心。该中心设在青岛校区，为学校直属独立建制的科研机构，与高等研究院合并运行(一个机构两块牌子)。

同日　为充分发挥学校军民融合人才培养优势，落实学校扎根齐鲁大地、服务山东发展的战略理念，经中共山东大学第十三届委员会第 138 次常务委员会议研究，决定成立山东大学军民融合人才培养发展中心(以下简称“中心”)。中心挂靠继续教育学院，不单独设置编制。主要负责发挥军地协调作用，统筹利用学校教育资源开展现役官兵学历提升、军队转业干部和退役士兵相关培训等工作。中心主任由学校分管领导担任，副主任由继续教育学院院长、中国人民解放军驻山大选培办主任和学校武装部部长担任。

10 日　以色列特拉维夫大学校长约瑟夫·克拉夫特(Joseph Klafter)率团访问山东大学。山东大学校长樊丽明会见来访代表团。

11 日　为促进数学与数据科学发展，经中共山东大学第十三届委员会第 143 次常务委员会议研究，决定成立山东大学数据科学研究院。研究院为学校直属独立建制的科研机构，设立学术委员会，建设初期暂不设党委。编制暂定 20 人。

研究院设名誉院长 1 人，院长 1 人，副院长若干(其中专职副院长 1 人)，除专职副院长外，院长、副院长实行聘任制。

研究院下设大数据理论研究中心、健康医疗大数据研究中心、计算社会科学研究中心、工程大数据研究中心。根据学科发展需要，逐步增设其他研究中心。各研究中心主任由副院长兼任。

健康医疗大数据研究中心为研究院的内设机构，同时挂牌“山东大学健康医疗大数据研究院”“山东省健康医疗大数据研究院”。

12 日　《高校思想政治工作骨干在职攻读博士学位专项计划博士生实践指导师选聘管理办法(试行)》经学校研究通过并印发。

同日　为整合多方研究力量，加强 3D 打印在口腔医学的基础研究和临床应用，经学校研究，决定成立山东大学 3D 打印口腔医学研究中心，来庆国任中心主任。该中心为依托第二医院的非实体性科研机构。

2018 年
6 月

同日　《山东大学关于进一步推进服务山东工作的实施意见》经中共山东大学第十三届委员会第 148 次常务委员会议研究通过并印发。

山东大学关于进一步推进服务山东工作的实施意见

根据习近平总书记“遵循教育规律，扎根中国大地办大学”指示精神，学校充分认识到服务山东与办好世界一流大学的内在统一性，坚持“服务山东战略就是服务国家战略，服务山东发展就是服务国家发展，扎根齐鲁大地创建世界一流大学”的办学理念，形成了服务山东战略。服务山东既是学校根植齐鲁义不容辞的责任，也是学校推动事业发展的强有力举措，更是学校“双一流”建设的必由之路，对于学校改革发展意义十分重大。为落实服务山东战略，进一步推进服务山东工作，力争在服务中推动发展、增强实力、提高水平，加快山东大学创建世界一流大学进程，制定《山东大学关于进一步推进服务山东工作的实施意见》(以下简称《意见》)。

《意见》的指导思想是以习近平新时代中国特色社会主义思想为指导，全面贯彻落实党的十九大精神，深入贯彻落实习近平总书记视察山东重要讲话、重要指示批示精神，坚持新发展理念，扎根齐鲁，深化改革，以服务山东新旧动能转换重大工程、乡村振兴战略、海洋强省建设等为总抓手，落实《山东大学服务山东新旧动能转换行动方案》，着力服务智造山东、健康山东、文化山东、经济山东、海洋山东、教育山东，为山东实现“走在前列、由大到强、全面求强”、全面开创新时代现代化强省建设新局面作出重大贡献。

《意见》坚持需求导向、坚持统筹规划、坚持协同配合、坚持开放创新、坚持深化改革的基本原则，实施多项计划，促进成果转化，提升服务能力，为山东新旧动能转换作出贡献。

13 日　上海财经大学校长蒋传海率团访问山东大学。双方举行合作交流座谈会并签署战略合作协议。山东大学党委书记郭新立会见蒋传海一行，校长樊丽明出席座谈会并致辞。座谈会由常务副校长王琪珑主持，上海财经大学副校长刘兰娟、姚玲珍参加活动。

同日　《山东大学校园网网络与信息安全管理办法(试行)》经学校研究通过并印发。

同日　2018 年“山东大学研究生优秀学术成果奖”获奖名单发布。根据《关于评选 2018 年山东大学研究生优秀学术成果奖的通知》要求，经个人申请、培养单位推荐、学校专家组评审，共评选出 2018 年山东大学研究生优秀学术成果奖获奖成果 204 项，其中一等奖 14 项，奖金额度为 20000 元/项；二等奖 44 项，奖金额度为 15000 元/项；三等奖 146 项，奖金额度为 7000 元/项。

15 日　国际权威考古学期刊 *Journal of Archaeological Science* 在线发表了山东大学文化遗产研究院李占扬教授、中国科学院古脊椎动物与古人类研究所李浩副研究员、南非比勒陀利亚大学 Matt Lotter 博士以及南非金山大学 Kathleen Kuman 教授的合作研究成果。该研究从地质考古学的视角，对“许昌人”遗址的形成过程进行了深入分析，探讨了遗址不同地质层位的沉积环境及其对遗址本身的改造程度和影响。此研究得到山东大学环境与社会考古学科创新引智基地(111-2-09)等项目资助，山东大学文化遗产研究院为通讯作者单位。

16 日 《山东大学人才工作表彰奖励办法》经学校研究通过并印发。

20 日 山东大学“再见了，我的小树林”2018 届毕业生告别母校青春歌会在中心校区体育馆举行。来自各学院的毕业生们以精彩的文艺演出感恩母校，致敬青春。校党委副书记仝兴华出席歌会并为山东大学第 20 届研究生支教团授旗。

6 月 21 日上午，山东大学 2018 届赴西部、基层和重点单位就业毕业生表彰大会在中心校区举行。校党委副书记仝兴华出席表彰大会。

同日 《山东大学泄密事件报告和查处暂行办法》经学校研究通过并印发。

21 日 全国哲学社会科学工作办公室网站公布了 2018 年度国家社会科学基金年度和青年项目立项名单，山东大学 40 项课题获准立项，立项数与去年持平，在全国高校中排名并列第 11 位。获立项课题中，重点项目 3 项，一般项目 27 项，青年项目 10 项，三类项目立项经费总额为 845 万元。

同日 教育部在四川成都召开新时代全国高等学校本科教育工作会议。教育部党组书记、部长陈宝生出席会议并讲话。教育部党组成员、副部长林蕙青主持会议。山东大学党委书记郭新立出席现场会议。根据教育部部署安排，山东大学设直播视频会议分会场，校长樊丽明出席视频会议并讲话。党委副书记仝兴华出席视频会议。

同日 《山东大学关于大学计算机公共基础课程教学综合改革的意见》发布。大学计算机公共基础课程是山东大学通识教育必修课程，是学校通识教育的重要组成部分，是信息时代培养厚基础、宽口径、复合型、一流创新人才的基础课程和核心课程。为更好地适应新时代对人才培养的要求，学校决定开展大学计算机公共基础课程教学综合改革。

同日 《山东大学海外人才工作站管理暂行办法》经学校研究通过并印发。

23 日 山东大学 2018 年研究生毕业典礼暨学位授予仪式在中心校区体育馆隆重举行。

22～23 日 山东大学 2018 年本科生毕业典礼暨学位授予仪式在中心校区体育馆举行。6 月的清晨阳光明媚，将头发梳理整齐，穿上白衬衫学士服，路过满目苍翠的校园，一路来到体育馆。体育馆门口早已熙熙攘攘，等待入场的毕业生们纷纷合影留念，谈笑晏晏。这是属于毕业生们最美好的时刻。大学生活的点点滴滴，将在这里画上句号，毕业生们也将带着山大的印记，开启人生全新的旅程。

23 日 青岛校区 2018 年毕业典礼暨学位授予仪式举行。国家“千人计划”创新人才获得者张友明教授，中鼎贝特实业集团有限公司董事长秦昶校友，山东大学副校长、青岛校区党工委书记张永兵，山东大学副校长、青岛校区校长韩圣浩出席典礼。张永兵主持典礼。

24 日 山东大学齐鲁医学院“立鸿鹄志 做奋斗者”2018 年毕业庆典在趵

突泉校区举行。山东大学副校长、齐鲁医学院院长陈子江，齐鲁医学院党工委书记侯俊平出席庆典。

同日 威海校区 2018 年毕业生毕业典礼在图书馆广场举行。山东大学副校长、威海校区校长刘建亚出席典礼并讲话，威海校区党工委书记尹作升主持典礼。

同日 为纪念我国著名的历史学家、美术理论家、考古学家、山东大学考古专业创始人刘敦愿先生百年诞辰，山东大学历史文化学院、山东大学文化遗产研究院及山东大学博物馆联合举办刘敦愿先生百年诞辰纪念暨考古学术研讨会。山东大学校长樊丽明出席开幕式。中国文联副主席、山东工艺美术学院院长潘鲁生，山东省文物局副局长周晓波，山东省文物局原副局长蒋英炬等出席相关活动。

25 日 《山东大学网络智能交互教室建设规范》经学校研究通过并印发。

同日 《2018 年度山东大学人文社会科学重大项目立项名单》公布。根据《山东大学人文社学会科重大研究项目实施方案(暂行)》、“关于申报 2018 年度山东大学人文社会科学重大项目的通知”的有关要求，经选题征集、遴选，课题申报、资格审核、专家评审和对外公示等程序，共有 20 项重大研究项目获准立项，现将立项名单予以公布。各项目负责人要严格按照研究任务和科研经费管理规定做好项目研究与经费执行工作。

同日 《“改革开放 40 周年暨新中国成立 70 周年”专项研究课题立项》公布。根据“关于改革开放 40 周年暨新中国成立 70 周年专项研究课题申报的通知”要求，经个人申报、资格审查、专家评审和校内公示，共有 11 项课题批准立项，现将立项名单予以公布。各项目负责人要严格按照研究任务和科研经费管理规定做好项目研究与经费执行工作。同日 《山东大学学科自主专项经费分配与使用办法》经学校第 149 次党委常委会于 2018 年 6 月 19 日修订通过印发。

同日 《山东大学关于招收和培养香港特别行政区、澳门特别行政区及台湾地区学生的办法(试行)》经学校研究通过并印发。

同日 《山东大学中层领导班子和领导人员考核工作暂行办法》《山东大学中层单位领导班子任期目标责任制实施办法(试行)》已经学校党委常委会研究通过并印发。

27 日 山东大学—玲珑集团战略合作二期协议签约仪式暨山东大学 2017 年度玲珑奖学金颁奖典礼在中心校区举行。山东大学党委常务副书记李建军会见玲珑集团客人一行；常务副校长王琪珑，玲珑集团党委书记、副董事长、山东大学校董王锋出席签约仪式。

同日 山东大学—美国佛罗里达大学联合办学研讨会在千佛山校区举行。美国佛罗里达大学工学院电气与计算机工程系系主任约翰 · 哈里斯(John Harris)教授、资深教授 Yuguang Michael Fang，山东大学党委副书记仝兴华出席会议。

同日 为深入实施学校服务山东战略，积极对接山东省新旧动能转换重大工程，促进精品旅游产业发展，经学校研究，决定以山东大学国际旅游研究中心、乡村旅游研究中心等研究机构为基础，进一步整合校内外旅游产业研究力

2018 年
6 月

量，成立山东大学旅游产业研究院，聘任王德刚为院长。该研究院为依托管理学院的非实体科研机构。

28 日　中国共产党山东大学第十四次代表大会预备会议在知新楼举行。郭新立同志出席会议并讲话。李建军同志主持会议。

中国共产党山东大学第十四次代表大会

29 日　中国共产党山东大学第十四次代表大会开幕。本次大会主题是：高举习近平新时代中国特色社会主义思想伟大旗帜，全面贯彻党的十九大精神，创新发展理念，激发办学活力，推动内涵发展，追求卓越，只争朝夕，奋力开创中国特色世界一流大学建设新局面，为实现中华民族伟大复兴的中国梦作出山大贡献。中共山东省委常委、宣传部部长、省委教育工委书记关志鸥，教育部发展规划司司长刘昌亚出席开幕式并讲话。郭新立同志代表中国共产党山东大学第十三届委员会作了题为《追求卓越 只争朝夕 奋力开创中国特色世界一流大学建设新局面》的工作报告，樊丽明同志主持开幕式。

同日　《山东大学研究生生源质量提升方案》经学校研究通过并印发。

同日　《山东大学接受境外捐赠管理办法（试行）》业经学校研究通过并印发。

30 日　在圆满完成各项议程和任务之后，中共山东大学第十四次代表大会在中心校区胜利闭幕。郭新立同志致闭幕词。樊丽明同志主持闭幕式。下午，中国共产党山东大学第十四届委员会第一次全体会议在中心校区举行。郭新立同志主持会议。

本月　科睿唯安（原汤森路透）公布了 ESI 最新统计数据，统计期为 2008 年 1 月 1 日～2018 年 2 月 28 日（十年又两个月）。最新结果显示，山东大学工程科学进入 ESI 全球前 1‰，学校进入前 1‰的学科数达到 2 个（化学、工程科学），占全国进入前 1‰学科总量的 2%；进入前 1%的学科总数达到 15 个，占全国进入前 1%学科总量的 1.6%，位居国内高校第 10 位。此外，学校材料科学、临床医学进入 ESI 全球前 1.11‰。

2 日　山东大学党委书记郭新立主持召开中共山东大学第十四届常务委员会第 1 次会议暨党委理论学习中心组会议。会上，校党委理论中心组全体成员深入学习了习近平总书记在学习贯彻党的十九大精神研讨班开班式和在中共中央政治局第六次集体学习时的重要讲话精神。校长樊丽明出席会议。

同日　由山东大学控制科学与工程学院周风余教授担任项目负责人的 2017 年度国家重点研发计划“智能机器人”重点专项“服务机器人云服务平台”项目启动会暨实施方案论证会在济南举行。“智能机器人”重点专项总体专家组组长赵杰教授、副组长陈殿生教授参加了会议。

4 日　中国共产党优秀党员，我国科学社会主义与国际共产主义运动学科重要奠基人，著名的马克思主义理论家、政治学家、社会主义学家、国际共运史学家，山东大学终身教授，原山东大学学位委员会、学科建设委员会、文科学术委员会副主任，原山东大学科学社会主义系主任、当代社会主义研究所和亚洲太平洋研究所所长，原国家社科规划学科评议组成员、中国科学社会主义学会常务理事、中国当代世界社会主义研究会副会长、山东省科学社会主义学会会长赵明义同志，因病医治无效，于 2018 年 7 月 4 日 23 点 37 分在济南逝世，享年 86 岁。

同日　山东大学校长樊丽明一行赴北京与中央社会主义学院签署战略合作协议。中央社会主义学院党组书记、第一副院长潘岳，中央社会主义学院党组成员、副院长袁莎、朱沛丰，山东大学常务副校长王琪珑出席签约仪式。签约仪式由朱沛丰主持。

同日　《山东大学科研平台管理办法》(自然科学类)业经学校研究通过并印发。

5 日　由山东大学、青海师范大学联合举办的第二届鲁青论坛在青海师范大学举行。本届论坛主题是“黄河文化与黄河生态经济带建设”。青海省委常委、宣传部部长张西明，山东大学校长樊丽明，青海省委组织部副部长伍鸿亮，青海省政协民族和宗教委员会主任王化平，青海省教育厅副厅长杨发玉，青海省科技厅副厅长孙传范，青海师范大学党委书记张雄伟，青海大学校长王光谦，青海民族大学党委书记赵燕武，青海广播电视大学校长杨自沿等出席论坛。

同日　《山东大学学生社会实践活动安全管理办法》经研究通过并印发。

6 日　诺贝尔物理学奖获得者、著名华裔科学家丁肇中教授再次访问山东大学并出席了主题为“大师面前——与丁肇中一起寻找‘彩色雨滴’”的访谈栏目，就与山东大学热科学团队的合作渊源、山大热科学团队对阿尔法磁谱仪(AMS)项目的重要贡献、AMS 项目运行过程中遇到的困难及解决路径、如何支持基础研究等问题与媒体、师生作了交流并回答了媒体师生的提问。

同日　诺贝尔物理学奖得主、著名华裔物理学家丁肇中教授做客山东大学“大家讲坛”系列讲座，围绕“我所经历的现代物理和我的体会”这一主题进行了讲述，并交流了自己的五点体会。7 月 7 日上午，丁肇中教授访问山东大学新闻发布会在中心校区举行。校长樊丽明出席发布会。

2018 年

7 月

丁肇中访问山东大学并参加访谈栏目

同日 《山东大学本科专业建设与发展行动计划(2018～2020)》业经学校研究通过并印发。

9 日 山东大学举行 2018 年本科招生集中录取工作会议,山东大学党委副书记仝兴华,党委副书记、纪委书记陈向阳出席会议并讲话。

同日 《山东大学医学教育改革发展规划纲要(2018～2025)》经中共山东大学第十三届委员会第 149 次常务委员会议研究通过并印发。

10 日 由中国国家博物馆、山东大学、山东省文物局和济南市政府共同举办的"礼出东方——山东焦家遗址考古发现展"在中国国家博物馆中央大厅隆重开幕。中国国家文物局局长刘玉珠、中国国家博物馆馆长王春法、山东大学校长樊丽明出席开幕式。

同日 中国共产党山东大学第十四次代表大会经过认真审议,批准郭新立同志代表第十三届委员会所作的报告,并将报告印发。

11 日 山东大学党委书记郭新立组织召开机关单位学习宣传贯彻学校第十四次党代会精神首次座谈会。各相关部门主要负责人分别结合工作,介绍了本单位学习贯彻落实党代会精神情况及下一步工作计划。

12 日 山东省新旧动能转换重大工程精品旅游产业专家智库暨山东大学旅游产业研究院成立大会在中心校区举行。山东大学党委书记郭新立会见来访客人。校长樊丽明、山东省旅游发展委员会主任于风贵、省发展改革委员会副主任潘好亮、省旅游发展委员会二级巡视员王春生出席大会,共同为精品旅游产业智库和山东大学旅游产业研究院揭牌。常务副校长王琪珑主持大会。

同日 山东大学数据科学研究院成立大会在中心校区举行。"山东大学数据科学研究院""山东大学健康医疗大数据研究院"同时揭牌。中国科学院院士张平文、汤涛、王小云,山东大学校长樊丽明、教育部科技司副司长高润生出席会议。

同日　为推进智慧医疗研究，发挥学校医工结合、医理结合、医学和社会科学结合的优势，服务于健康中国、健康山东建设，经研究，决定成立山东大学智能医学信息处理研究中心。该中心为依托信息科学与工程学院的非实体性科研机构。刘治任中心主任。

13 日　《山东大学杰出人才体系建设方案(修订)》业经学校研究通过，现印发给你们，请遵照执行。

12～14 日　新加坡南洋理工大学副校长蓝钦扬率团访问山东大学，并受聘山东大学名誉教授。山东大学校长樊丽明会见蓝钦扬并为其颁发名誉教授聘书。副校长韩圣浩、程林参加相关活动。

15 日　山东省副省长于杰一行来山东大学调研工作并开展座谈交流。山东大学党委书记郭新立、校长樊丽明、常务副校长王琪珑，山东省政府副秘书长辛树人，山东省委教育工委常务副书记、山东省教育厅厅长、党组书记邓云锋等参加相关活动。

16 日　山东大学处级以上领导干部深入学习贯彻习近平新时代中国特色社会主义思想和党的十九大精神集中轮训结业仪式在中心校区举行。校党委书记郭新立出席仪式并讲话，校党委副书记仝兴华主持仪式。

17 日　山东省新材料产业协会成立大会暨首届会员大会在山东大厦召开，山东省新材料产业协会同时揭牌。山东省经济与信息化委员会一级巡视员王超英、山东大学常务副校长王琪珑出席大会。

同日　《关于奖励 2017 年度山东大学重大科技成果(理工医)的决定》公布。为充分调动广大科研人员从事科学研究的积极性和创造性，强化科研工作的自主创新能力，提升学校科学研究的综合竞争力，支撑世界一流大学建设，服务国家创新驱动发展战略，依据《山东大学重大科技成果奖励暂行办法(理工医)》(山大科字[2017]33 号)，学校决定对 2017 年度在学术研究领域(理工医)取得重大成果的科研团队和个人予以奖励。希望受奖励人员戒骄戒躁，再接再厉，再创佳绩。全校广大科技人员要向受到表彰的同志学习，恪守职业道德，团结协作，积极开拓创新，创造更多优秀学术成果，为我校学术事业的发展和社会进步作出更大贡献！

同日　《关于表彰山东大学第十届“我心目中的好导师”荣誉获得者的决定》公布。根据山东大学“我心目中的好导师”评选条件，围绕“师德师风引领 科研创新带路”主题，经各研究生培养单位推荐、研究生网上投票、公示等环节，11 名优秀研究生指导教师因在研究生培养教育中立德树人、爱岗敬业、科研过硬、为人师表，获得山东大学第十届“我心目中的好导师”荣誉称号。

16～17 日　2018 年孔子学院总部理事座谈会在北京举行，孔子学院总部理事、荣誉理事、高级顾问和特邀代表等来自多个国家的 30 余位知名大学校长和教育专家出席会议。孔子学院常务理事、教育部副部长田学军出席会议并作主旨演讲，孔子学院总部党委书记、副总干事、国家汉办副主任马箭飞作总部工作汇报。山东大学校长、孔子学院总部理事樊丽明受邀出席会议并发言。

18 日　阿德莱德大学校长 Peter Rathjen、负责国际交流副校长 Nancy Cromar 和澳大利亚南澳州投资、旅游和贸易部部长 David Ridgway 一行访问山东大学。山东大学校长樊丽明、校党委副书记陈向阳分别出席会见和工作会谈。

19 日　为全面贯彻落实学校第十四次党代会精神，深入推进学校人事人才工作体制机制改革工作，山东大学在中心校区举行人事人才工作体制机制改革培训交流会。校长樊丽明出席会议并讲话，副校长韩圣浩参加会议。

同日　《第四批“山东大学青年学者未来计划”培养人选》公布。根据《山东大学青年学者未来计划实施办法》和《关于开展第四批“山东大学青年学者未来计划”培养人选遴选工作的通知》，学校开展了第四批青年学者未来计划的申报遴选工作。

同日　《关于表彰 2017 年山东大学优秀科研团队和个人（人文社科）的决定》公布。为深入贯彻落实中共山东大学第十四次代表大会精神，激励广大科研人员积极开展卓越研究，显著提升创新能力，持续产出原创性、标志性、引领性学术成果，着力增强我校人文社会科学学术竞争力和影响力。依据《山东大学人文社会科学科研激励办法》（山大科字［2018］6 号），学校决定对 2017 年在人文社科研究领域作出突出贡献的科研团队和个人予以表彰。希望受表彰人员戒骄戒躁，再接再厉，再创佳绩。全校广大科研人员要向受到表彰的同志学习，以追求卓越、勇攀高峰的气魄和时不我待、只争朝夕的精神积极投身于科研创新活动，在建设中国特色世界一流大学的征程中作出更大贡献。

20 日　山东大学党委书记郭新立组织召开机关单位学习宣传贯彻学校第十四次党代会精神第二场座谈会。各相关部门主要负责人分别结合工作，围绕学术兴校战略，介绍了本单位学习贯彻落实党代会精神情况及未来工作部署。

同日　山东大学服务山东工作总结推进会在中心校区举行。校长樊丽明出席会议并讲话，常务副校长王琪珑主持会议。

21 日　为服务军民融合发展国家战略，促进学科交叉与军民科技“双融合”，经中共山东大学常务委员会第 140 次会议研究决定成立山东大学科技创新军民融合研究院（以下简称“研究院”）。撤销国防科学技术研究院，相关职能和人员编制划归研究院。设立研究院党组织、行政机构和学术委员会。

研究院设院长 1 人，副院长 1 人，根据工作需要聘用业务副院长若干。研究院行政工作人员 5 人，其中科级岗位 3 人；专职党务人员 1 人；辅导员根据学生数量设置。研究院下设研究中心，实行 PI 制管理。

同日　为加强政治安全保卫和学生安全教育等工作，经学校研究决定调整公安处有关内设机构和职能。

增设政保科，主要负责学校政治安全保卫、文化保卫、意识形态和维稳等信息的搜集调研、重大涉政突发事件研判、政审协查等工作。政保科编制 3 人，其中科长 1 人、副科 1 人。

综合科变更为综合办公室，增加安全教育和培训等相关工作职能，增加编制 1 人。综合办公室编制 5 人，其中主任科员 2 人，“610”办公室秘书（正科级）1 人，副主任科员 1 人。

公安处编制总量不变，核减趵突泉校区公共安全管理科编制 1 人、千佛山校区公共安全管理科编制 1 人、软件园校区公共安全管理科编制 2 人。

2018 年

7 月

同日　为了进一步加强公有住房资源的统筹和规范管理，提高使用效率，盘活存量、优化增量，经中共山东大学第十四届委员会第 1 次常务委员会议研究决定，将资产与实验室管理部、后勤保障部、国际事务部等部门的公有住房管理职能和相关人员整合，成立公有住房管理服务中心，挂靠资产与实验室管理部。增设资产与实验室管理部副部长(副处级)1 人，兼任公有住房管理服务中心主任。

同日　为加强高等教育改革发展研究，提高学校管理体制、运行机制等改革发展重大问题研究水平，经中共山东大学第十三届委员会第 138 次常务委员会议研究决定将政策研究室调整为正处级机构，挂靠党委办公室、校长办公室。设主任(正处级)1 人，由党办、校办 1 名副主任兼任；副主任(副处级)1 人。

23 日　《山东大学党政会议制度与议事规则(试行)》经学校党委常委会研究通过并印发。

24 日　经中共山东大学第十三届委员会第 146 次常务委员会议研究，决定将威海校区马列教学部更名为“山东大学马克思主义学院(威海)”。

8 月

6 日　《山东大学 2018 级新生入学教育实施方案》经学校党委常委会研究通过并印发。

9 日　《山东大学校园公共安全管理规定》业经学校研究通过并印发。

10 日　经学校 2018 年第 6 次校长办公会议研究，决定成立山东大学孔子学院研究中心，宁继鸣任中心主任。

13 日　《关于授予谭好哲等 35 位同志 2018 年度“山东大学优秀教师”“山东大学先进教育工作者”和“山东大学优秀临床教师”荣誉称号的决定》公布。根据《关于评选 2018 年度山东大学“优秀教师、先进教育工作者、优秀临床教师”的通知》精神，经单位推荐、党委教师工作部审核、评审委员会评审、网上公示，学校决定授予谭好哲等 15 名教师 2018 年“山东大学优秀教师”，徐春晓等 10 名同志 2018 年“山东大学先进教育工作者”，马榕等 10 名同志 2018 年“山东大学优秀临床教师”荣誉称号。

16 日　由山东省人力资源和社会保障厅等九部门联合举办的第三届“中国创翼”创业创新大赛选拔赛暨“齐鲁银行杯”山东省第四届创业大赛总决赛及颁奖典礼在山东广播电视台举办。经过两个月赛程和多轮角逐，山东大学管理学院 2017 级博士生、山东芯合机器人科技有限公司联合创始人刘泓辰带领的“HPI 高精度智动工业机械臂”创业团队，以总分第一名的优异成绩荣获初创企业特等奖(大赛共设三个特等奖)，获得 20 万元奖金，刘泓辰被授予“山东省富民兴鲁劳动奖章”荣誉称号。山东省副省长于杰出席比赛并为特等奖获奖者颁奖。

同日　国家自然科学基金委员会发布了《关于公布 2018 年度国家自然科学基金申请项目评审结果的通告》，经统计，山东大学共有 63 位博士后研究人员获得资助，占学校总资助人数的 16%，资助项目包括面上项目 14 项、青年科学基金项目 48 项、国际(地区)合作与交流项目 1 项，立项直接经费达 2011.4 万元。

2018 年
8 月

18 日　为响应党和国家乡村振兴战略要求，助力乡村振兴战略实施，山东大学乡村振兴高端论坛在中心校区举行。本次论坛的主题为“新时代乡村振兴战略：机遇与挑战”。山东大学常务副校长王琪珑，山东省发改委总经济师宋伟出席论坛，山东大学校长助理、人文社科研究院院长邢占军主持开幕式。

19～20 日　由山东大学刘心明教授主持的国家社科基金重大招标项目“法国国家图书馆所藏中文古籍的编目、复制与整理研究”、山东大学王承略教授主持的教育部重大委托项目“大英图书馆所藏中文古籍的整理与文献学研究”在山东大学青岛校区举行开题报告会。中国社会科学院文学所刘跃进研究员、中国人民大学朱万曙教授、西北大学李浩教授、中国社会科学院张国星教授、西华师范大学伏俊琏教授、河北师范大学王长华教授、西北师范大学韩高年教授、中南民族大学赵辉教授、国家图书馆詹福瑞教授、山东大学郑杰文教授等专家学者参加了本次开题报告会。会议分别由专家组组长王长华教授、刘跃进研究员主持。

20 日　产业集团所属控股企业山东山大电力技术股份有限公司正式在全国中小企业股份转让系统（“新三板”）挂牌上市。证券简称：山大电力，证券代码：872972。

同日　中国科学院院士顾瑛受聘山东大学兼职讲席教授仪式在威海校区举行，山东大学副校长韩圣浩向顾瑛院士颁发聘书。

23 日　国务院第十五督查组到山东大学，开展大学生就业、创业情况和科技经费管理督查。座谈会由督查组组长、中国人民银行副行长陈雨露主持，校长樊丽明参加活动。

同日　为促进国家社科基金重大项目“马克斯·韦伯全集翻译与研究”开展，提高研究水平，经学校研究，决定成立山东大学马克斯·韦伯研究中心，王建民任中心主任。该中心为依托人文社科青岛研究院的非实体性科研机构。

24 日　中国高等教育学会“改革开放 40 年高校辅导员队伍建设与发展研究”专项课题评审会议在山东大学召开。中国高等教育学会副会长、秘书长康凯，中国高等教育学会辅导员工作研究分会副理事长、山东大学党委副书记仝兴华，中国高等教育学会辅导员工作研究分会副理事长、南开大学党委副书记杨克欣出席会议。

24～25 日　英国皇家工程院院士、英国帝国理工学院林建国教授一行访问山东大学。山东大学校长樊丽明会见了林建国院士一行，双方就开展科技合作和人才联合培养等工作进行了会谈。

26～30 日　2018 年全国大学生电子设计竞赛模拟电子系统设计专题邀请赛在南京邮电大学举行。经过周密的赛前准备和现场五天的竞赛、交流与展示，山东大学控制科学与工程学院 2015 级本科生王笑涵和 2016 级本科生李效霖、从政组成的队伍凭借作品《数字多用表》新颖的构思及优异的性能指标脱颖而出，获得本届邀请赛最高奖项 TI 杯。

2018 年

8 月

山东大学获得 2018 年全国大学生电子设计竞赛模拟电子系统设计专题邀请赛最高奖 TI 杯

28 日 《山东大学关于表彰 2018 年度“我最喜爱的老师”的决定》公布。根据《山东大学“学生最喜爱的老师”评选办法(试行)》(山大教字[2016]16 号),学校组织了“2018 年度‘我最喜爱的老师’”的评选。在各相关单位评选推荐的基础上产生候选人,后经全校本科生网上投票、专家集体评议和公示等环节,最终确定马秀媛等 14 位教师获得“山东大学 2018 年度‘我最喜爱的老师’”荣誉称号。

28～30 日 由教育部思想政治工作司主办、教育部高校辅导员培训和研修基地(山东大学)承办的第 221 期全国高校思想政治工作骨干示范培训班在山东大学举行。本次培训班也是 2018 年高校思想政治工作骨干出国访学研修人员的行前培训班。教育部思政司副司长张文斌,教育部高校辅导员培训和研修基地(山东大学)主任、山东大学党委副书记仝兴华出席开班仪式。

29～30 日 由山东大学牵头组建的山东智能机器人产业技术创新战略联盟成立大会在邹城举行。会议期间,山东大学联合省科技厅、济宁市组织了智能装备制造成果转换专场活动。山东省科技厅副厅长潘军、济宁市副市长张胜明等出席活动。

30 日 山东大学研究生教育工作研讨会暨新任博士生导师培训会在中心校区举行。大会邀请中国科学院院士佟振合教授,复旦大学教师教学发展中心副主任蒋玉龙教授,上海财经大学商学院案例中心主任王少飞教授和齐鲁医院杨其峰教授等作专题讲座。山东大学副校长、研究生院院长刘建亚出席会议并讲话。

同日 山东大学与东平县人民政府战略合作框架协议签约仪式在中心校区举行。山东大学党委书记郭新立会见东平县代表团一行。常务副校长王琪珑和泰安市委副书记、东平县委书记张涛出席签约仪式并致辞。

同日 《山东大学人事部(人才工作办公室)主要职责内设机构和人员编制调整方案》经中共山东大学第十三届委员会第 138 次常务委员会议研究通过并印发。

2018 年

8 月

本月　山东大学研究生暑期学校如火如荼地开展，16 个暑期学校项目在各校区先后开班授课，以“引领前沿、扎根需求、视野开放、形式多元”为鲜明特征，涵盖了文理工医各个学科门类。炎炎夏日，师生热情高涨，尽享学术盛宴。

9 月

8 月 28 日～9 月 1 日　山东大学副校长韩圣浩率团赴日本京都、东京等地举办海外系列引才活动，应邀在“创新日本 2018 年中日大学展暨论坛”上致辞，并访问友好高校横滨国立大学。

2 日　山东大学校长樊丽明会见了美国老年学学会（The Gerontological Society of America）侯任主席、美国杜兰大学医学院教授、老年中心主任 Michal Jazwinski 及学会财务主管兼国际项目主任 Jilan Chen 女士一行。山东大学副校长陈子江参加会见。

5 日　山东大学 2018 年暑期学校顺利收官。本届暑期学校承继“引进海外名师，坚持开放共享，紧追学术前沿，强化实践环节，培养创新能力，提高专项技能”的办学理念，紧紧围绕“精品化，国际化，创新型，开放式”的工作目标，遵循“理论与实践并重，创新与传承齐举”的原则，坚持发挥山东大学综合性大学的优势，科学设计，认真部署，努力将暑期学校打造成深化教育教学改革、改进教学方式方法、探索创新人才培养模式的试验区。

6 日　山东大学党委书记郭新立主持召开中共山东大学第十四届常务委员会第 4 次会议暨党委理论学习中心组会议，深入学习贯彻习近平总书记在全国宣传思想工作会议上的重要讲话精神和视察山东时重要讲话、重要指示批示精神。

8 日　在第 34 个教师节来临之际，山东大学在中心校区音乐厅举行庆祝 2018 年教师节暨先进表彰大会。本次大会主题是“弘扬高尚师德，潜心立德树人”，校党委书记郭新立、校长樊丽明出席大会并讲话，山东大学终身教授刘大钧等杰出学者代表出席大会。

2018 年教师节暨先进表彰大会

2018 年
9 月

同日　口腔医学院举办庆祝第三十四届教师节暨纪念凌涤生教授从医执教61周年座谈会，山东大学校长樊丽明出席座谈会并为凌涤生教授颁发从医执教61周年纪念牌。

9日　山东大学终身教授、中国工程院院士艾兴追思会暨师德师风建设座谈会在千佛山校区举行。与会专家学者从不同角度回忆了与艾兴院士相处的点点滴滴，深情追思了艾兴院士在治学、为师、为人方面的渊博学识、崇高品格与高尚情操，表达了对他的沉痛哀悼和深切感怀之情。校党委副书记、青岛校区党工委书记张永兵，校党委常委、宣传部部长桑晓旻等出席追思会并讲话。

10日　山东大学尼山学堂将在爱课程网推出全国首个"古典文学微专业"，这也是全国首个正式推出的在线微专业。

同日　山东大学2018级学生军训团成立暨军训动员大会在中心校区举行。校党委副书记仝兴华出席大会并向军训团授团旗，中国人民解放军32125部队长黄龙强上校出席会议。

11日　《山东大学本科学生学分制管理暂行规定》《山东大学2019年推荐优秀应届本科毕业生免试攻读研究生工作办法》经学校研究通过，现予以印发，请遵照执行。

12日　山东大学与济宁市人民政府全面合作签约仪式在济宁市高新区举行，山东大学与济宁市、高新区以及鲁抗医药等企业签署了系列合作协议，山东大学晶体材料国家重点实验室、微生物技术国家重点实验室两个项目同时在济宁落地。山东大学校长樊丽明、济宁市委书记傅明先出席仪式。济宁市委副书记、市长石光亮主持仪式，山东大学常务副校长王琪珑出席相关活动。

13日　国家"863"计划、"基于生物质气的分布式冷热电联供系统"主题项目验收会议在济南举行。项目专家组由东北电力大学穆钢教授、中国科学院广州能源研究院马隆龙研究员、中科院工程热物理研究所杨金福研究员、山东理工大学徐丙垠教授、南瑞集团有限公司王长宝研究员、北京航空航天大学杨晓奕教授、中科院电工研究所李鑫研究员、天津大学赵力教授、国电联合动力有限公司袁凌高工、浙江大学齐冬莲教授、清华大学胡伟副教授等组成。山东大学常务副校长王琪珑出席会议。

14日　英国驻华大使吴百纳(Dame Barbara Woodward)女爵士访问山东大学，并做客"大家讲坛"。校长樊丽明会见吴百纳一行，副校长程林出席相关活动。

同日　《山东大学2018年调整退休(退职)人员基本养老金实施方案》经中共山东大学第十四届委员会第4次常务委员会议研究通过并印发。

14～16日　由中国细胞生物学学会干细胞生物学分会主办，山东大学第二医院、山东大学齐鲁医学院共同承办的中国干细胞第八届年会在济南举行。此次年会以"干细胞研究与转化——新时代之诺"为主题，山东大学校长樊丽明，中国科学院院士、中国细胞生物学会干细胞生物学分会会长周琪教授，中国科学院院士、中国细胞生物学会名誉理事长、同济大学原校长裴钢教授出席大会开幕式。

2018 年

9 月

18 日　山东大学第十四次党代会精神宣讲团成立暨启动大会在中心校区举行。校党委副书记张永兵出席会议并讲话。校党委常委、组织部部长陈宏伟主持会议，校党委常委、宣传部部长桑晓旻就第十四次党代会精神宣讲工作作了总体部署。

19 日　山东大学 2018 年迎新生文艺晚会隆重举行。校党委副书记仝兴华、学校总会计师曹升元到场观看晚会，济南各校区的 2018 级新生参加了晚会。

20 日　十九届中央委员，十三届全国政协常委、社会和法制委员会主任，最高人民法院原常务副院长、党组副书记沈德咏一行来山东大学调研。山东大学党委书记郭新立会见沈德咏一行。

21 日　由青岛蓝谷管理局、青岛海洋科学与技术试点国家实验室和山东大学共同主办，山东大学中美大学国际科技创新园承办的 2018 国际海洋创新创业大赛总决赛在青岛蓝谷举行。通过 6 个国家 10 场初赛筛选出的 17 支创业团队在决赛大展身手。山东大学有 3 支团队入选总决赛并取得佳绩，其中“巨浪海洋能源科技”项目获一等奖，“Hip 高精度智动工业机器人”项目获三等奖。

同日　由山东大学海洋研究院陈峰教授担任项目负责人的 2018 年度国家重点研发计划“全球变化及应对”重点专项“海洋惰性有机碳的生物成因及其环境效应研究”项目启动暨实施方案论证会在青岛举行。中国科学院院士焦念志，中国工程院院士潘德炉，山东大学校长助理、青岛校区副校长贾磊出席启动会。

同日　北京交通大学党委书记曹国永一行来山东大学威海校区访问，校长樊丽明会见了曹国永一行。北京交通大学副校长刘军、校长助理徐宇工，山东大学副校长、威海校区校长刘建亚，威海校区党工委书记尹作升、常务副校长韩建新出席活动。

25 日　山东大学薛禹胜奖学金颁奖典礼暨薛禹胜讲座教授聘任仪式在中心校区举行。山东大学党委副书记仝兴华、国网山东电科院副院长刘洪正出席仪式。之后中国工程院院士薛禹胜将做客大家讲坛，谈电力转型对能源转型的主动支撑。

同日　2018 年度特高压电网奖学金颁奖仪式在山东大学千佛山校区隆重举行。山东大学校友、全球能源互联网发展合作组织主席、中国电力企业联合会理事长、瑞典皇家工程科学院院士、英国皇家工程院院士刘振亚，山东大学党委书记郭新立出席仪式。仪式上，刘振亚向山东大学赠送重要学术研究书籍，郭新立代表学校接受赠书。仪式由山东大学党委副书记仝兴华主持。

26 日　第五届尼山世界文明论坛在山东曲阜隆重开幕。来自中国、美国、智利、巴基斯坦等 30 余个国家和地区的 240 名专家学者将齐聚孔子故里，共商探索解决世界冲突、纷争，推动世界和谐融通之道。

同日　2018 年中国(曲阜)国际孔子文化节暨第五届尼山世界文明论坛在孔子故里山东曲阜隆重开幕。

同日　全球能源互联网与大学创新发展论坛山东大学中心校区开幕。全球能源互联网发展合作组织主席、中国电力企业联合会理事长、瑞典皇家工程

2018 年
9 月

科学院院士、英国皇家工程院院士刘振亚出席论坛并发表主旨演讲；山东省副省长刘强，山东大学党委书记郭新立，联合国经济和社会事务部能力发展司司长陆海天出席论坛。全球能源互联网发展合作组织秘书长伍萱主持开幕式。

同日　全球能源互联网与大学创新论坛在山东大学中心校区举行。来自14个国家40多所高校、近80家能源电力企业和研究机构的400多位代表参加论坛。

全球能源互联网与大学创新发展论坛在山东大学举行

同日　为整合校内研究力量，进一步推动学术研究，经学校研究，决定将山东大学国际莱布尼茨研究中心依托单位由哲学与社会发展学院变更为人文社会科学青岛研究院。刘杰任中心主任。

为进一步整合校内资源，有效推进学术研究，经学校研究，决定将山东大学分析哲学研究中心更名为山东大学心智与认知研究所，依托单位由哲学与社会发展学院变更为人文社会科学青岛研究院。任会明任中心主任。

25～26 日　山东大学 6 家附属医院分别举行揭牌仪式，分别为青岛市市立医院、山东省医学影像学研究所、济南市传染病医院、山东省耳鼻喉医院、山东省精神卫生中心、山东省胸科医院。山东大学副校长、齐鲁医学院院长陈子江出席揭牌仪式。青岛市副市长栾新在活动期间会见了陈子江一行。

27 日　第五届尼山世界文明论坛在曲阜闭幕。山东省委副书记、山东省人民政府省长龚正致闭幕词，山东大学校长、尼山论坛理事会副主席樊丽明作论坛学术总结。

27～29 日　诺贝尔物理学奖得主、著名华裔物理学家丁肇中教授访问山东大学。校党委书记郭新立、校长樊丽明分别会见了丁肇中教授，副校长李术才、程林参加相关活动。

27 日　诺贝尔物理学奖得主、著名华裔物理学家丁肇中教授访问山东大学，在兴隆山校区为 2018 级工科学院新生作题为《我所经历的现代物理与我的体会》的学术报告。

2018 年

9 月

28 日　山东临工工程机械有限公司向山东大学捐赠签约仪式在千佛山校区举行。山东临工工程机械有限公司向山东大学捐赠 300 万元，设立“山东临工—山东大学奖教奖(助)学金”，支持山东大学教育事业发展。山东大学常务副校长王琪珑接受捐赠，并向临工集团、山东临工工程机械有限公司董事长王志中颁发捐赠证书。

29 日　山东大学 2018 级新生军训汇报表演大会在中心校区举行。济南市委常委、济南警备区政委李怀林大校，中国人民解放军 32125 部队政委赵廷磊大校，山东大学党委书记郭新立，党委常委、常务副校长王琪珑，党委常委、宣传部部长桑晓旻出席大会，大会由王琪珑主持。

25～30 日　山东大学在香港城市大学、香港大学、台湾大学、中原大学举办四场人才招聘宣讲会，面向香港和台湾地区 10 余所高校的博士后、博士研究生开展招聘宣讲，吸引优秀人才加盟。

29 日　共青团山东省委发布《共青团山东省委关于表扬山东省抗灾救灾先进青年集体和个人的通报》，以表彰在山东省部分县市区洪水灾害的抗灾救灾过程中表现突出的共青团员、团组织及志愿者。其中，山东大学能源与动力工程学院 2018 级本科生王浩霖因在抗灾救灾中的突出表现与展现出的志愿精神，被授予“山东省抗灾救灾优秀共青团员”荣誉称号。

30 日　为汇聚多方面人才，开展对重要传染病及其病原体的研究，创建传染病防控的生态健康新模式，经学校研究，决定成立山东大学生态健康研究院，曹务春任研究院院长。该研究院为依托公共卫生学院的非实体性科研机构。为整合多方研究力量，满足“医药养食游”等领域重大产业需求，促进相关学科交叉融合和发展，经学校研究，决定成立山东大学医养健康产业研究院，陈子江任研究院院长。该研究院为依托齐鲁医学院的非实体性科研机构。

同日　青岛海洋科学与技术试点国家实验室智能超算与大数据联合实验室(山东大学)与山东大学—青岛虚拟现实研究院在青岛校区举行揭牌仪式。山东大学党委副书记、青岛校区党工委书记张永兵在仪式上致辞，并为联合实验室专家委员会专家和虚拟现实研究院技术指导委员会委员颁发证书。

本月　2018 年未来科学大奖新闻发布会暨未来人才高峰对话在北京召开，会上揭晓了未来科学大奖的生命科学奖、物质科学奖、数学与计算机科学奖获奖人名单。山东大学化学系 1980 级校友马大为教授获物质科学奖。

本月　山东省社会科学优秀成果评奖委员会公布表彰省第 32 届社会科学优秀成果奖获奖成果，山东大学共有 45 项研究成果获奖，其中特等奖 1 项，一等奖 9 项、二等奖 17 项、三等奖 18 项。一等奖获奖数创学校历史新高，获奖总数占全省获奖数的 18%。

本月　山东大学前沿交叉科学青岛研究院粒子科学技术中心许长补教授、杨驰副研究员、博士后杨钱与合作者组成的研究团队，在 STAR 国际合作组的实验上首次发现了高能原子核对撞中低横动量正负电子对产额的反常增强，并通过数据和理论模型计算相结合指出该反常增强源自光子—光子对撞，观测到的横动量展宽变化可能来自正负电子对在费米尺度新物质形态产生的强电磁场下的偏转作用。这为极端条件下夸克物质的特性研究和磁流体力学的研究

2018 年

9 月

提供了新途径。

本月　山东大学晶体材料国家重点实验室陶绪堂教授课题组在碲酸盐非线性光学晶体研究中取得新的重要进展，研究成果以“高激光损伤阈值、宽中红外透过窗口的类铌酸锂非线性光学晶体碲酸锆锂的合理设计(Rational Design of a LiNbO3-like Nonlinear Optical Crystal, Li2ZrTeO6, with High Laser-Damage Threshold and Wide Mid-IR Transparency Window)”为题，在国际著名期刊《美国化学学会志》(*Journal of the American Chemical Society*, 2018, DOI: 10.1021/jacs.8b08803；影响因子：14.357)上发表。山东大学 2016 级博士研究生卢伟群为第一作者，陶绪堂教授和高泽亮副教授为通讯作者，山东大学为第一完成单位。

本月　中华医学会第二十次全国心血管年会暨第十二届钱江国际心血管病会议在杭州市举办，在本次会议上，中华心血管病学会(CSC)和美国心脏病学院(ACC)为 2018 年中国新当选的 14 位美国心脏病学院专家会员(Fellow of the American College of Cardiology, FACC)举行了隆重的庆祝仪式。齐鲁医院心内科安丰双教授、钟明教授、王双喜教授和张文程教授获此殊荣。至此，齐鲁医院 FACC 总数达到 12 位，齐鲁医院心内科也成为我国 FACC 最多的科室。

本月　中国博物馆协会公布了第三批国家二、三级博物馆名单，全国分别有 97 家和 86 家博物馆入围。这是国家文物局首次将高校博物馆纳入评级体系。山东大学博物馆成为唯一的高校历史考古类国家二级博物馆。

本月　山东省人力资源和社会保障厅下发了《关于公布 2018 年度省级创业示范平台名单的通知》，山东大学获评 2018 年山东省省级大学生创业孵化示范基地。

本月　教育部公布了首批全国高校“双带头人”教师党支部书记工作室建设名单，遴选产生 100 个首批全国高校“双带头人”教师党支部书记工作室，山东大学塑性成形工艺与模具技术党支部书记张存生工作室入选。

10 月

2 日　第十次唐仲英德育奖学金交流会暨首次仲英青年学者交流会开幕式在山东大学中心校区举行。唐仲英基金会执行总裁徐小春、执行董事梁为功，山东大学校长樊丽明出席开幕式并致辞。校党委副书记仝兴华出席仪式。本次交流会的主题是“让志愿服务成为一种生活方式”。

2～3 日　首次仲英青年学者交流会在山东大学举行。仲英青年学者先后参加了益行之光优秀项目报告、学者交流、学者 Workshop、学者 Workshop 小组汇报等活动。

5 日　第十次唐仲英德育奖学金交流会暨首次仲英青年学者交流会闭幕式在山东大学中心校区举行。唐氏工业集团董事长、唐仲英先生之子唐嘉骧，唐仲英基金会执行总裁徐小春，西北农林科技大学校长吴普特，山东大学常务副校长王琪珑、党委副书记仝兴华出席闭幕式。唐仲英基金会执行董事梁为功主持会议。

8 日　山东大学党委书记郭新立主持召开中共山东大学第十四届常务委员会第 7 次会议暨党委理论学习中心组会议，深入学习习近平总书记在中央审计

2018 年
10 月

委员会第一次会议上的重要讲话精神，听取学校审计工作汇报，并就讲话精神的贯彻落实进行了部署和安排。

同日　青海师范大学校长史培军率团到山东大学商洽对口支援工作，就文科科研、中文、历史、数学、计算机学科建设和学生培养交流等事宜进行了交流座谈。山东大学党委书记郭新立会见了代表团一行，常务副校长王琪珑主持座谈会。青海师范大学副校长赵海兴参加活动。

9 月 30～10 月 6 日　山东大学副校长陈子江率团访问美国内布拉斯加大学医学中心(UNMC)和加拿大阿尔伯塔大学，推动加强与上述高校在医学科研、学生交流、师资培训等领域的深度合作，进一步提高医学教育的国际化水平。

9 日　山东大学首批 16 门临床医学在线开放课程(MOOCs)在中国大学 MOOC 平台正式上线开课，课程数量列全国高校同类课程第 1 位。至此，山东大学已建成涵盖基础医学和临床医学共 31 门医学课程群，居全国高校医学课程建设数量榜首。

同日　由山东大学环境科学与工程学院崔兆杰教授担任项目负责人的 2018 年度国家重点研发计划“国家质量基础的共性技术研究与应用”重点专项“农产品产地环境评价分级与保护改良共性标准研究”项目在济南正式启动。中国地质科学院国家地质实验测试中心吴淑琪研究员，中国科学院南京土壤研究所蒋新研究员、孙波研究员，全国畜牧总站赵小丽研究员等实施方案论证专家；中国农业科学院农业资源与农业区划研究所马义兵研究员等咨询专家出席会议。

同日　《山东大学青年志愿者管理办法》经学校研究通过，现印发请遵照执行。

同日　《山东大学统计工作管理办法(2018 年修订)》公布。统计数据作为重要战略资源，是支撑现代大学管理与决策的重要依据，是了解高等教育发展趋势、服务社会经济发展的重要手段。统计工作承担着统计数据采集、审核、整理、编报、分析和上报等重要职责，为加快新时代学校统计工作发展，为学校一流大学建设各项决策部署提供依据，推进学校事业发展和社会经济发展，特修订《山东大学统计工作管理办法》。现将本办法印发，请遵照执行。

同日　《山东大学中层领导班子落实党风廉政建设责任制考核实施细则》《中共山东大学委员会贯彻落实〈中国共产党问责条例〉实施细则》经学校研究通过，现予以印发，请认真遵照执行。

10 日　荷兰莱顿大学副校长 Hester Bijl 率团访问山东大学。山东大学总会计师曹升元会见代表团一行，与 Hester Bijl 续签两校合作备忘录，并为莱顿大学考古学院教授 Thijs van Kolfschoten 颁发兼职特聘教授聘书。

11 日　王红阳院士工作站揭牌仪式在山东大学第二医院举行。山东大学党委书记郭新立，中国工程院院士、国家肝癌科学中心主任王红阳，山东大学副校长陈子江出席仪式。郭新立为王红阳院士颁发聘书，聘任王红阳院士为山东大学兼职讲席教授。王红阳院士与陈子江共同为院士工作站揭牌。

同日　加拿大渥太华大学工学院院长雅克·博韦(Jacques Beauvais)、副院长张自生访问山东大学，并签署两校工科领域学生联合培养项目协议。校党委副书记仝兴华代表学校签署协议并会见代表团一行。

同日　滕州市委书记邵士官一行访问山东大学，并举行交流座谈会。山东大学党委书记郭新立会见了滕州市代表团一行，校党委常委、常务副校长王琪珑，校党委常委、宣传部部长桑晓旻出席座谈会。

11～13日　山东大学第二医院、山东大学齐鲁医学院承办的中国医师协会临床精准医疗专业委员会2018年会暨第三届精准医学高峰论坛在济南召开。会议主题为“大数据，人工智能与精准医学”。中国工程院院士、国家肝癌科学中心主任、中国医师协会临床精准医疗专业委员会的主任委员王红阳，中国科学院院士陈润生，中国工程院院士于金明、乔杰，山东大学党委书记郭新立，中国医师协会学术会务部主任华立，中国医科大学副校长尚红出席会议。

12日　庆祝山东大学建校117周年的“山大花语——李善杰、李彦霖国画作品展”开幕式在山东大学中心校区举行。山东省国家保密局局长慕京品，山东省委宣传部外宣办处长李善伟，齐鲁师范学院党委书记王玉华，聊城大学党委常委、副校长徐昌然，中孚信息股份有限公司董事长魏东晓，山东大学原党委常务副书记李建军、党委副书记张永兵出席开幕式，山东大学党委常委、宣传部部长桑晓旻主持开幕式。

12～14日　由山东大学微生物技术国家重点实验室和华东理工大学生物反应器国家重点实验室共同主办的第三届合成微生物学与生物智造暨第八届生物催化与生物合成工程国际学术研讨会在青岛召开。中国工程院院士、北京化工大学校长谭天伟，中国科学院院士、上海交通大学微生物代谢国家重点实验室主任邓子新，中国科学院院士、中科院上海生命科学研究院研究员赵国屏，山东大学副校长、青岛校区校长韩圣浩等出席会议。

13日　由山东大学、儒家文明协同创新中心主办的郑玄经学与中国文化国际学术研讨会在郑玄故里山东高密开幕。山东大学常务副校长王琪珑、台湾大学中国文学系叶国良教授、高密市郑玄文化研究院荣誉院长郑钢等出席开幕式。

15日　美国国家工程院和欧洲科学院院士、美国伊利诺伊大学香槟分校Tamer Başar教授访问山东大学控制科学与工程学院并进行学术交流。其间，Tamer Başar院士为控制学院师生作了题为“Strategic Interactions on Networks with a High Population of Agents”的主题报告。

7～14日　山东大学校长樊丽明率团访问加州大学洛杉矶分校、加拿大白求恩医学发展协会、多伦多大学、耶鲁大学等高校及机构，拓展校际合作关系，签署或续签相关合作协议，进一步探讨联合科研、师生交流、实验室共建等方面的合作机会。访问期间，代表团分别在洛杉矶、多伦多、纽黑文、纽约举办了校友活动和人才交流恳谈会。

12～15日　第四届中国“互联网＋”大学生创新创业大赛全国总决赛在厦门大学举行。山东大学共获得一金一银四铜并凭借总成绩获评先进集体奖。由国际教育学院与校团委联合指导的“北京多豆科技有限公司漫中文”项目从150支总决赛主赛道团队中脱颖而出，成功夺得全国金奖，这也是山大在本项赛

2018 年

10 月

事中连续第三届获得金奖。团队指导教师刘冰冰、张熙、南东周、马艳妮获评优秀创新创业导师。

16 日　中国科学院外籍院士、丹麦奥胡斯大学 Flemming Besenbacher 教授受聘山东大学兼职讲席教授仪式在中心校区举行。副校长韩圣浩向 Flemming Besenbacher 院士颁发了聘书。仪式后，Flemming Besenbacher 院士做客胶体与界面化学讲坛，作了题为“Grand Challenges in the 21st Century”的学术报告。

同日　山东大学首门“济南—威海”跨校区同步直播课程在中心校区开讲。这标志着学校跨校区本科教学共建共享工作取得了突破性进展，也标志着山东大学落实新时代全国高等学校本科教育工作会议精神，推动信息化条件下课堂教学革命取得新成效。

17 日　山东大学第三届齐鲁青年论坛主论坛在中心校区举行，来自 20 个国家和地区的 178 位青年学者参加活动。山东大学校长樊丽明出席论坛，论坛由副校长韩圣浩主持。

18 日　2018 年全国高性能计算学术年会（HPC China）在青岛举办，会上揭晓了第二届国产 CPU 并行应用挑战赛（简称“CPC”）和第六届“英特尔杯”全国并行应用挑战赛（简称 PAC）的比赛结果。山东大学参赛队伍获得 CPC 唯一金奖，PAC 人工智能组金奖、优化组银奖、应用组铜奖，同时获得由中国银联国家工程实验室为 PAC 人工智能组决赛设立的唯一特等奖。

17～18 日　瑞典卡罗林斯卡医学院副校长卡琳·多尔曼-莱特（Prof. Karin Dahlman-Wright）率团访问山东大学，并出席 2018 山东大学—卡罗林斯卡医学院学术研讨会。山东大学校长樊丽明会见代表团一行，中国工程院院士、山东大学终身教授张运出席研讨会并作学术报告。山东大学副校长、齐鲁医学院院长陈子江会见代表团一行。

19 日　由审计署和共青团中央共同指导，审计宣传中心、中国青年报主办，审计署济南特派办和山东大学承办的“新时代新作为——国家审计走进高校”财经法治宣传教育活动在山东大学中心校区举行。山东大学党委副书记仝兴华出席活动，审计署党组派驻济南特派办纪检组长黄涛出席活动并作宣讲。

同日　为促进呼吸监测与支持相关研究及临床应用方面的开展，经学校研究，决定成立山东大学呼吸监测与支持研究所，王克芳任所长。该研究所为依托护理学院的非实体性科研机构。

为完善病理服务体系，推进区域病理资源共享，进一步提升我校病理学科在全国的影响力，经学校研究，决定成立山东大学病理中心。该中心为依托基础医学院的非实体性科研机构。高鹏任中心主任。

为加强关于儿童期暴露因素对青少年期及成年期心血管病影响的相关研究，经学校研究，决定成立山东大学儿童心血管研究中心。该中心为依托公共卫生学院的非实体性科研机构。席波任中心主任。

20 日　由山东大学与韩国高等教育财团联合主办的山东论坛（2018）在威海开幕。本届论坛主题是“人类命运共同体建设与东北亚和平发展”。韩国高等教育财团事务总长朴仁国，山东大学校长樊丽明，中共中央对外联络部原副部长于洪君，威海市委副书记、市长张海波等出席开幕式。山东大学副校长、威海校区校长刘建亚主持开幕式。

16～20 日　挪威卑尔根大学校长道格 · R. 奥尔森教授(Prof. Dag Rune Olsen)、国际事务副校长安娜琳 · 埃里克森教授(Prof. Annelin Eriksen)率团访问山东大学。山东大学校长樊丽明会见代表团一行,签署两校合作备忘录,并授予道格 · R. 奥尔森山东大学名誉教授称号,授予挪威卑尔根大学生物医学系分子影像中心主任福瑞茨 · 索尔森教授(Prof. Frits Thorsen)山东大学客座教授称号。山东大学常务副校长王琪珑、副校长陈子江分别参加相关活动。

21 日　第二届山东论坛闭幕式在威海举行。中国社会科学院学部委员、山东大学特聘一级教授张蕴岭作了主旨发言。

同日　习近平总书记视察山东(曲阜)五周年调研座谈会在山东大学中心校区举行。光明日报社总编辑张政,山东省委常委、宣传部部长关志鸥,山东大学党委书记郭新立,山东师范大学党委书记商志晓,山东大学党委副书记张永兵,校党委常委、宣传部部长桑晓旻,光明日报驻山东记者站站长赵秋丽等出席座谈会。会议由中共山东省委讲师团团长孔繁轲主持。

23 日　中国科学院数学与系统科学研究院张纪峰研究员受聘山东大学兼职讲席教授。山东大学党委书记郭新立向张纪峰研究员颁发聘书并致辞。

24 日　为加强网络空间安全学科建设,经中共山东大学第十四届委员会第 9 次常务委员会议研究,决定成立山东大学网络空间安全学院(研究院)。该学院(研究院)为学校直属独立建制的教学科研机构,按学院模式组建,研究院挂靠学院合并运行。

25 日　山东大学网络空间安全学院及山东大学网络空间安全研究院成立大会在青岛校区举行。山东大学网络空间安全学院与山东大学网络空间安全研究院同时揭牌。中国工程院院士蔡吉人,中国科学院院士王小云,山东大学党委书记郭新立,国家密码管理局副局长何良生,山东省科学院党委书记王英龙,山东大学党委副书记、青岛校区党工委书记张永兵,山东大学副校长、青岛校区校长韩圣浩,国家信息技术安全研究中心总师组专家李京春出席大会。会议由张永兵主持。

27 日　10 月 27 日是山东大学"范曾日"。著名国学大师、书画巨匠、山东大学艺术学院名誉院长范曾先生在中心校区为学校师生作《光荣的山东大学》主题报告,并为艺术学院学生授课。山东大学校长樊丽明,校党委副书记张永兵,校党委常委、宣传部部长桑晓旻出席活动。

本月　受孔子学院总部/国家汉办委派和英国孔子学院的邀请,山东大学民乐团赴英国高校孔子学院开展巡演,推进中外文化交流。10 月 15 日,民乐团在英国卡迪夫大学音乐厅举行首场演出。威尔士第一大臣卡尔文 · 琼斯和中国驻英国大使馆公参杨晓坤出席活动;卡迪夫大学副校长 Walford Davies,山东大学党委常委、总会计师曹升元,校党委常委、宣传部部长桑晓旻参加活动。

本月　由山东大学空间科学研究院陈耀教授课题组和机电与信息工程学院杜清府副教授团队联合牵头建设的太阳射电楼山观测站建成运行。该观测站的建立,对于获取第一手科学数据,掌握射电观测有关关键技术,打破国内本学科领域科学研究长期依赖国外数据的局面具有重要意义。

2018 年

11 月

2 日　山东大学—中国建设银行山东省分行合作办学签约仪式在中心校区举行。山东大学校长樊丽明、中国建设银行山东省分行行长段红涛出席签约仪式并致辞，山东大学常务副校长王琪珑、中国建设银行山东省分行副行长朱治昌代表双方签署协议。

3 日　山东大学校友会成立三十周年庆祝大会暨第三届理事会第三次会议在浪潮集团举行。校党委书记郭新立，校长、校友会会长樊丽明，常务副校长、校友会副会长王琪珑，浪潮集团董事长、济南校友会会长孙丕恕出席会议。中文 1956 级校友、财政部原部长项怀诚和中国高等教育学会校友工作研究分会向大会发来贺信。

3 日　2018 年"创青春"全国大学生创业大赛终审决赛在浙江大学落下帷幕，山东大学勇夺两金一银。

4 日　中央社会主义学院党组书记潘岳，山东省委常委、统战部部长邢善萍一行来山东大学调研。山东大学校长樊丽明；山东省委教育工委常务副书记，山东省教育厅厅长、党组书记邓云锋；山东省委统战部副部长、省民族宗教委党组书记牟强；财政部行政政法司副司长区利民；山东大学党委副书记张永兵参加活动。

5 日　第三届"留动中国——在华留学生阳光运动文化之旅"全国总决赛在北京工业大学开赛，山东大学队派出由外国留学生和中国学生组成的 11 人队伍参赛，并在定向越野比赛中夺得全国冠军。

6 日　为瞄准世界科技前沿，实现前瞻性基础研究、引领性技术创新的重大突破，经中共山东大学第十四届委员会第 3 次常务委员会议研究，决定成立山东大学高等技术研究院。该研究院为学校直属独立建制的科研机构。

同日　全国哲学社会科学规划办公室公布了 2018 年度国家社科基金重大项目立项名单，山东大学九项课题获准立项，立项数居全国高校并列第 5 位。立项课题的学科分布为：中国文学 3 项、应用经济 1 项、管理学 1 项、哲学 1 项、历史学 1 项、考古学 1 项、政治学 1 项。

9 日　山东大学第十四届全国重点中学校长论坛在中心校区举办。本次论坛旨在进一步加强大学与中学的交流与合作，着重探讨新高考改革背景下招生与人才培养工作。山东大学校长樊丽明出席开幕式，长江学者特聘教授、山东大学文学院院长杜泽逊，山东省教育厅巡视员张志勇出席开幕式并作报告。论坛开幕式由山东大学党委副书记仝兴华主持。

同日　为进一步加强和改进学校学术委员会工作，学校通过并印发《山东大学学术委员会章程（修订）》。

10 日　山东大学数学与交叉科学研究中心（下称"中心"）成立大会在青岛校区举行。山东大学校长樊丽明，中国科学院院士、中国科学院国家数学与交叉科学中心主任郭雷，中国科学院院士、中国科学院数学与系统科学研究院严加安研究员，中国科学院院士、山东大学彭实戈教授，中国科学院院士、四川大学李安民教授，中国科学院院士、青岛市政协副主席、青岛海洋科学与技术试点国家实验室主任吴立新，山东大学副校长、青岛校区校长韩圣浩，山东大学副校长、威海校区校长刘建亚共同为中心揭牌。山东大学党委副书记、青岛校区党工委书记张永兵主持活动。

同日　山东大学国际创新转化学院理事会成立暨第一次理事会工作会议在山东大学(青岛)举办。山东大学校长樊丽明,英国剑桥大学先进光子学与电子技术中心(CAPE)主席、山东大学国际创新转化学院名誉院长初大平教授,剑桥大学剑桥企业中心首席执行官 Tony Raven,青岛市市北区委书记郑德雁,青岛市市北区副区长刘大川出席会议。山东大学副校长、青岛校区校长韩圣浩主持理事会成立大会。

10～11 日　第二届中国制度经济学论坛在山东大学邵逸夫科学馆举行。本届论坛由山东大学经济研究院、北京大学国家发展研究院、浙江大学经济学院和《经济研究》编辑部主办,山东大学经济研究院承办。

11 日　孔子学院研究与智库建设高峰论坛在山东大学中心校区举行。本次论坛由山东大学主办,山东大学孔子学院研究中心、国家汉办/山东大学中华传统文化研究与体验基地承办;孔子学院总部/国家汉办为论坛指导单位。山东大学校长、孔子学院总部理事会理事樊丽明,国家汉办党委书记、副主任、孔子学院总部副总干事马箭飞出席开幕式,外交学院院长秦亚青等出席论坛开幕式并作主旨演讲。山东大学常务副校长王琪珑主持开幕式。

14 日　为加强对全国网络文学创作的研究和引导,承接中国作家协会外挂研究基地建设,经学校 2018 年第 15 次校长办公会议研究,决定成立山东大学网络文学研究中心。该研究中心为学校直属科研机构,挂靠文学院。

同日　山东大学一达尔豪斯大学联合实验室(SDU-DAL LORE)揭牌仪式在山东大学(青岛)举行。加拿大皇家科学院院士、法国 LOV 实验室 Louis Legendre 教授,中国科学院院士焦念志教授,加拿大诺瓦斯科舍省省长 Stephen McNeil,山东大学党委副书记、山东大学(青岛)党工委书记张永兵出席揭牌仪式并为联合实验室揭牌。中国科学院院士、山东大学数学与系统工程学院彭实戈教授出席了仪式前的研讨会。

山东大学一达尔豪斯大学联合实验室(SDU-DAL LORE)揭牌仪式

同日　法国雷恩市副市长乔斯琳娜·布亚尔(Jocelyne Bougeard)、雷恩国立应用科学学院院长穆哈默德·德里西(Mhamed Drissi)、雷恩第一大学副校

2018 年
11 月

长皮埃尔·范德维格(Pierre van de Weghe)、雷恩第二大学副校长莱斯利·勒卢莱克(Lesley Lelourec)访问山东大学。山东大学常务副校长王琪珑会见代表团一行,并出席法国布列塔尼孔子学院2018年度理事会。

15日　华北电力大学党委书记周坚一行访问山东大学,就学校党建工作、异地办学与新校区建设等问题进行了座谈交流。山东大学党委书记郭新立出席座谈会。华北电力大学副校长律方成;山东大学党委副书记仝兴华,党委常委、组织部部长陈宏伟参加活动。

16日　科睿唯安(原汤森路透)发布了2008年1月1日到2018年8月31日的ESI最新排名,山东大学取得新突破:"材料科学"学科进入ESI全球排名前1‰;"农业科学"学科跻身ESI全球排名前1%。至此,山东大学进入前1‰的学科数达3个("化学""工程科学""材料科学"),进入前1%的学科总数达16个;进入前1‰和前1%的学科数均并列国内高校第9位。山东大学ESI全球排名283,较去年同期提升28个名次;学校16个学科全球排名均有提升,其中"临床医学"和"免疫学"学科分别较9月份提升11、10位。

10~16日　剑桥大学剑桥企业中心首席执行官戴维·吉尔(Tony Raven)、圣约翰创新中心首席执行官David Gill一行4人对山东大学(青岛)和青岛市进行了为期一周的交流访问。山东大学校长樊丽明,山东大学党委副书记、山东大学(青岛)党工委书记张永兵参加相关活动。访问期间,代表团与山大师生、青岛市北区各单位负责人、海信集团负责人以及山大校友举行了近20场座谈会,就如何构建新兴创新转化学科、加快创新人才培养、推动学校新兴交叉学科发展、建设植根于山大和青岛市现实的创业生态系统等方面进行了多层次、全方位、立体化的研讨。

17日　山东大学第三十五次学生代表大会、第十七次研究生代表大会在中心校区举行。本次大会主题是:励志成才 服务成长 做德智体美劳全面发展的社会主义建设者和接班人。山东大学校长樊丽明、校党委副书记仝兴华,共青团山东省委学校部副部长陈玉娟出席会议。大会选举产生了第三十五届学生代表大会常任代表委员会和第十七届研究生代表大会常任代表委员会。

同日　按照《山东大学信息公开实施办法》的要求,根据《山东大学统计工作管理办法(2018年修订)》的规定,对学校2018年度统计公报予以发布。

18日　山东大学发展战略咨询委员会成立大会暨第一次会议在中心校区召开。中国工程院院士、教育部原副部长赵沁平,山东省政府副省长孙继业,山东大学党委书记郭新立、校长樊丽明出席会议。山东大学常务副校长王琪珑主持成立大会。

19日　《山东大学国际化战略规划(2018~2025)》业经学校研究通过并印发。

同日　为加强对学校国际合作与交流工作的领导,助推学校创建世界一流大学,经研究,决定成立山东大学国际合作与交流工作委员会。委员会由校长任主任,分管副校长任副主任,组织部、人事部、学科建设与发展规划部、本科生院、研究生院、科学技术研究院、人文社科研究院、国际事务部、财务部主要负责人任委员,秘书处设在国际事务部。

20日　山东大学文化委员会2018年度第一次会议在中心校区明德楼召

开，会议通报了文化委员会调整情况，为专家委员颁发了聘书，研讨交流了学校文化建设有关事宜。校党委副书记张永兵出席会议并讲话，校党委常委、宣传部部长桑晓旻主持会议。

同日　山东大学国际合作与交流工作会议举行。副校长程林出席会议并作报告。本次会议旨在贯彻落实学校第十四次党代会会议精神，推出山东大学“国际化战略规划(2018～2025)”，解读国际化战略规划所确立的工作任务、目标和举措，推介国际交流合作政策、资源和经验，全面推进学校对外交流工作迈上新台阶。

22 日　山东大学世界一流大学建设工作推进会在中心校区举行。校党委书记郭新立、校长樊丽明出席会议并讲话，常务副校长王琪珑主持会议，校党委副书记仝兴华，副校长芦延华、刘建亚，校党委常委、组织部部长陈宏伟出席会议。

同日　为推动对特殊群体的关爱和帮扶，利用社会学和大数据自然科学融合的理论指导和提升特殊群体领域研究工作，经学校研究，决定成立山东大学特殊群体大数据研究中心，黄卫平任中心主任。该研究中心为依托信息科学与工程学院的非实体性科研机构。

23 日　我的祖国——纪念改革开放四十周年交响音乐会在山东大学音乐厅举行，至此，山东大学 2018“艺苑秋韵”音乐节圆满落下帷幕。校党委副书记仝兴华，校党委常委、宣传部部长桑晓旻参加闭幕式音乐会。

同日　由山东大学牵头承担、山东大学信息科学与工程学院李玉军教授担任项目负责人的 2018 年度国家重点研发计划“公共安全风险防控与应急技术装备”重点专项“服刑人员改造演化矫正技术与装备研究”项目启动会在青岛举行。山东大学副校长、青岛校区校长韩圣浩出席会议。

25 日　“歌声激荡四十年”山东省大学生校园最美歌声大赛在山东大学中心校区体育馆举行。山东省人大常委会副主任王随莲出席大赛。

同日　山东大学诺莱医学博士后创新实践基地揭牌仪式在泰安举行。山东省人民政府原省长助理周齐，解放军原卫生部部长白书忠，泰安市委书记崔洪刚，泰安市委常委、常务副市长展宝卫出席仪式，山东大学副校长韩圣浩出席仪式。

28 日　《山东大学建设世界一流大学(学科)和特色发展专项资金管理办法》业经学校研究通过并印发。

29 日　山东大学 2019 届毕业生秋季就业双选会在中心校区体育馆举行。来自山东、江苏、北京、浙江、广东、福建、上海、天津、河北等 21 个省(直辖市、自治区)的 430 家用人单位前来招聘人才，提供了 16000 多个全职或实习岗位。

30 日　根据《山东大学本科生奖学金管理办法》(山大学字[2011]14 号)的有关规定，经学生申报，学院审核，学校评审，并在全校范围内公示，确定常语宁等 660 名本科生获得山东大学 2017～2018 学年优秀学生一等奖学金，庞雅文等 1306 名本科生获得山东大学 2017～2018 学年优秀学生二等奖学金，郭建宏等 1965 名本科生获得山东大学 2017～2018 学年优秀学生三等奖学金。

为充分发挥优秀大学生的典型示范作用，教育和引导广大青年学生成长成才，根据《山东大学本科生奖学金管理办法》(山大学字[2011]14 号)等有关规

2018 年

11 月

定，经研究，决定授予哲学与社会发展学院常语宁等 820 名本科生“山东大学三好学生”荣誉称号。

本月　经国家自然科学基金委员会专家函审和答辩评审，山东大学控制科学与工程学院张承慧教授领衔申请的“新能源发电与高效节能系统优化控制理论、技术及应用”项目获得国家自然科学基金创新研究群体项目资助，资助总额为 1200 万元（其中，直接经费为 1050 万元）。

本月　第四十三届 ACM 国际大学生程序设计竞赛（ACM/ICPC）亚洲区域赛落下帷幕，山东大学 ACM 实验室派出 11 支代表队参加，共获得 6 枚金牌、3 枚银牌、3 枚铜牌，实现了山大在该项赛事金牌数量上的历史性突破。

本月　科睿唯安发布了 2018 年高被引科学家名单，山东大学三位学者入选，分别是晶体所黄柏标教授（跨学科领域）、物理学院戴瑛教授（跨学科领域）、晶体所刘宏教授（材料领域）。这也是山东大学首次有学者入选高被引科学家榜单。

本月　在张运院士带领下，教育部和国家卫计委心血管重构和功能研究重点实验室坚持医工交叉方向，在诊疗一体化的多功能可降解材料研究领域取得可喜成绩。11 月 29 日，国际权威学术期刊 *Small*（该期刊涉及材料学、化学、物理学、工程学、医学和生物学等多学科纳米和微米级材料研究，最新影响因子 9.59）在线发表了由上海同济大学医学院、山东大学齐鲁医院、中国科学院上海硅酸盐研究所、芬兰埃博学术大学、芬兰图尔库大学和芬兰赫尔辛基大学等 6 家研究单位的合作研究论文（Small，2018，1804332），心血管重构和功能研究重点实验室张鹏飞副主任医师为该文并列第一作者（共 2 位）。

12 月

2 日　“2018 年 CAA（中国自动化学会）优秀博士学位论文奖”颁奖典礼在 2018 年中国自动化大会（CAC 2018）主会场（西安曲江会议中心）举行。山东大学控制科学与工程学院博士生李峰忠、商云龙的学位论文《不确定非线性系统的时变和自适应反馈控制》《车用锂离子动力电池状态估计与均衡管理系统优化设计与实现》获奖；控制科学与工程学院长江学者特聘教授刘允刚、张承慧获“中国自动化学会优秀博士论文导师奖”。李峰忠博士、张承慧教授等参加了颁奖仪式，中国工程院院士桂卫华、中国科学院院士杨孟飞代表中国自动化学会向获奖者颁发了证书及奖牌。

4～5 日　第十三届孔子学院大会在成都举行。国务院副总理、孔子学院总部理事会主席孙春兰出席大会开幕式。教育部部长、孔子学院总部理事会副主席陈宝生主持大会开幕式。山东大学校长樊丽明率团参加大会，出席了孔子学院总部理事会、第九届山东大学孔子学院院长联席会等活动，并在大会校长论坛发言。

6 日　付小兵院士工作站揭牌仪式在山东大学口腔医学院（口腔医院）举行。中国工程院院士、解放军总医院生命科学院院长付小兵，山东大学党委副书记仝兴华，山东大学齐鲁医学院党工委书记侯俊平出席仪式。

同日　山东大学与上海交通大学战略合作协议签约仪式在上海交通大学举行。上海交通大学党委书记姜斯宪，校长、中国工程院院士林忠钦，副校长王

2018 年
12 月

伟明，医学院党委副书记赵文华，党委常委、组织部部长仰颐；山东大学党委书记郭新立，校长樊丽明，常务副校长王琪珑，党委常委、党委组织部部长陈宏伟出席仪式。王伟明主持签约仪式。

9 日　第十五届中国研究生数学建模竞赛颁奖大会在中国海洋大学举行。山东大学研究生荣获一等奖 1 项、二等奖 9 项、三等奖 21 项，其中，控制科学与工程学院研究生齐嘉晖、田彬、汪威组成的“Wingmans”团队获得一等奖。山东大学连续第十次获评“优秀组织奖”。

山东大学在第十五届中国研究生数学建模竞赛中获全国一等奖

11 日　文化和旅游部、教育部联合发函，正式将“全球汉籍合璧工程”作为国家重点文化工程列入“中华古籍保护计划”，同时通过了《“全球汉籍合璧工程”实施方案》。山东大学讲席教授郑杰文任工程首席专家。

14 日　山东大学研究生教育教学指导委员会成立大会暨第一次会议在中心校区知新楼校董厅召开。首届山东大学研究生教育教学指导委员会委员参加成立大会，山东大学副校长刘建亚出席会议并讲话。

16 日　2018 年山东大学“榜样的力量”学生年度人物终评答辩暨分享会在中心校区举行，最终，国际教育学院赵宸、电气工程学院郭亦宗、文学院何楷篁、法学院（威海）郭东旭、电气工程学院陈梦竹、法学院郑志超、微电子学院孙嘉敏、法学院曹晟旻、能源与动力工程学院马晓彤、山东大学辩论队当选 2018 年学生年度人物。

17 日　根据党章和《中国共产党普通高等学校基层组织工作条例》有关规定，经中共山东大学第十四届委员会第十三次常务委员会议研究决定：

设立中共山东大学晶体材料研究所委员会，撤销中共山东大学晶体材料研究所总支部委员会；

设立中共山东大学医药卫生管理学院总支部委员会，撤销中共山东大学医药卫生管理学院直属支部委员会；

设立中共山东大学海洋研究院总支部委员会，撤销中共山东大学海洋研究院直属支部委员会。

以上单位党组织负责人职务名称相应变更。

同日　经中共山东大学第十四届委员会第十三次常务委员会议研究，决定成立青岛校区机关党委，挂靠青岛校区政工处。李延成同志任青岛校区机关党委书记，杜亮同志任青岛校区机关党委副书记。

19 日　山东大学学位评定委员会 2018 年第二次全体会议在中心校区举行。校长、学位评定委员会主席樊丽明出席会议并讲话，副校长、学位评定委员会副主席刘建亚主持会议。

21 日　山东大学与中国农业发展银行山东省分行战略合作框架协议签约仪式在中心校区举行。山东大学常务副校长王琪珑，中国农业发展银行山东省分行副行长吴辉家、时祝华出席签约仪式。

同日　由校工会、妇委会主办的“起舞新时代”2018 年山东大学教职医务员工排舞比赛在中心校区音乐厅精彩上演。校党委书记郭新立，党委副书记、纪委书记陈向阳，党委常委、宣传部部长、教师工作部部长桑晓旻出席活动并为获奖单位颁奖。

同日　教育部公布了 2018 年高等教育国家级教学成果奖获奖项目名单，山东大学作为第一完成单位共有 5 项成果入选，其中一等奖 1 项、二等奖 4 项。这是山大首次获得国家级教学成果一等奖，标志着学校本科教育教学改革取得历史性突破。

22 日　2018 年中国智库治理暨思想理论传播高峰论坛在南京召开。会上发布了 CTTI 高校智库百强榜，山东大学卫生管理与政策研究中心入围榜单。会上还公布了 CTTI 增补来源智库名单，山东大学孔子学院研究中心入选。

24 日　2018～2022 年教育部高等学校医学类专业教指委联席会议暨临床医学类专业教指委第一次工作会议在北京召开。会上公布了教育部、国家卫生健康委员会首批国家临床教学培训示范中心认定结果，并举行授牌仪式。山东大学齐鲁医院和第二医院成功入选。

25 日　山东大学第一批国际合作联络教授聘任仪式暨交流会在中心校区举行。校长樊丽明出席活动并讲话。聘任仪式由副校长程林主持。

26 日　城市交通管理“智慧＋”发展论坛暨济南交通大脑正式启用仪式在中心校区举行。济南市副市长、公安局局长吴德生，中国信息协会副会长朱玉，滴滴出行高级副总裁章文嵩，山东大学常务副校长王琪珑出席仪式。活动由济南市交警支队主办，山东大学和滴滴出行联合承办。

同日　为贯彻落实教育部《关于加快建设高水平本科教育全面提高人才培养能力的意见》(教高[2018]2 号)文件精神和全国教育大会精神，不断提升我校青年教师教学能力，鼓励青年教师“讲好一门课”，学校组织开展了了 2018～2019 学年山东大学青年教师教学比赛。经过学院评选推荐、各赛区材料初审和初赛、学校统一决赛，最终确定张群姿等 16 人获一等奖，于森等 26 人获二等奖，冯波等 37 人获三等奖。学校决定表彰获奖选手并给予奖励，荣获一、二等奖的教师将同时授予“山东大学青年教学能手”称号。

29 日　根据党章和《中国共产党普通高等学校基层组织工作条例》有关规

定，经中共山东大学第十四届委员会第14次常务委员会议研究决定：

2018 年

12 月

设立威海校区机关党委，撤销威海校区机关党总支；

设立威海校区离退休党委，撤销威海校区离退休党总支。

以上单位党组织负责人职务名称相应变更。

本月　“易居杯”第十届全国大学生房地产策划大赛暨首届全国大学生投资分析案例大赛在上海华东师范大学举行。由山东大学管理学院管理科学与工程系史桐欢、宋钰璇、夏晓露、孙瑜、朱琳五名学生组成的山东大学代表队获得投资方向特等奖。

本月　山东大学2018年度研究生校长奖学金评审结果揭晓。至此，历时两个多月，覆盖济南、青岛、威海一校三地的研究生奖学金评审工作结束。此次评审共评选并奖励了1.7万余名优秀研究生。

本月　山东省人民政府公布了2017年度山东省有突出贡献的中青年专家名单，山东大学控制科学与工程学院陈阿莲教授、机械工程学院刘战强教授、儒学高等研究院刘培教授、第二医院赵小刚教授入选。

本月　中国科协网公布了第十五届“中国青年科技奖”获奖人选，山东大学齐鲁医院张澄教授和公共卫生学院席波教授入选。山东大学获奖人数在全国高校中位列第三名。

本月　受国家自然基金等项目资助，临床医学院博士生导师赵家军教授团队的研究成果以“Blocking FSH inhibits hepatic cholesterol biosynthesis and reduces serum cholesterol（阻断卵泡刺激素减少肝脏胆固醇合成并降低血清胆固醇水平）”为题，发表在《细胞研究》（*Cell Research*，五年影响因子15.973）上。该研究发现应用FSHβ抗体阻断FSH效应，可以有效减少肝脏胆固醇合成并降低血清胆固醇水平，从而为预防和治疗绝经相关胆固醇代谢紊乱提供新的潜在治疗靶点和策略。该文章以山东大学为第一和通讯作者单位，临床医学院博士生郭艳静为第一作者，山东大学附属省立医院赵家军教授、高聆教授和宋勇峰博士为共同通讯作者。

本月　中国科协网公示了第四届“青年人才托举工程”（2018～2020年度）入选名单。山东大学孔祥良、周宗青两位青年教师入选。

本月　教育部和山东省人民政府签署《关于重点共建山东大学的意见》（教高函[2018]19号），双方协商重点共建山东大学。

2019 年

1 月

3日　教育部思想政治工作司公布第一批、第二批高校思想政治工作精品项目名单，山东大学“添翼工程”项目成功入选第一批高校思想政治工作精品项目，培育周期2年，教育部一次性拨付建设经费10万元。

8日　中共中央、国务院在北京隆重召开2018年度国家科学技术奖励大会。中共中央总书记、国家主席、中央军委主席习近平等党和国家领导人出席奖励大会并为获奖人员颁奖。2018年度山东大学共获得四项国家科学技术奖，其中山东大学齐鲁医院张澄教授等完成的项目“心血管重构分子机制、检测技术和干预策略的基础研究”获国家自然科学二等奖；能源与动力工程学院李国祥教授参与完成的项目“重型商用车动力总成关键技术及应用”、控制科学与工程学院的王静副研究员参与完成的项目“地质工程分布式光纤监测关键技术及其应用”获国家科技进步一等奖，基础医学院的高成江教授参与完成的项目“葡萄膜炎病证结合诊疗体系构建研究与临床应用”获国家科技进步二等奖。

同日　山东大学一流本科教育学生座谈会在中心校区举行。校长樊丽明出席会议，并为与会本科生上思政课。校党委副书记仝兴华主持座谈会。座谈会上，与会学生代表谈了对一流本科教育的认识，并围绕学生发展、能力提升、国际化、一校三地共建共享、课程与讲座、教师水平与激励机制、科研能力、管理效能等进行了发言，对学校本科教育工作提出了意见和建议。

12 日　教育部高等学校“研究生思想政治理论课”分教学指导委员会 2019 年年会在山东大学中心校区召开。教育部高等学校研究生思想政治理论课分教指委主任委员、中国人民大学党委书记靳诺，山东大学党委书记郭新立，山东省教育厅副厅长关延平等出席会议。

14 日　按照中纪委机关、中组部关于认真开好 2018 年度党员领导干部民主生活会的通知，根据中组部、教育部党组和山东省委部署要求，山东大学领导班子召开了 2018 年度民主生活会。中央督导组和山东省委组织部、省委教育工委有关负责同志到会指导。校党委书记郭新立主持会议并作总结讲话。校长樊丽明和其他班子成员参加会议，副校长陈子江、程林列席会议。

17 日　爱思唯尔（Elsevier）正式发布了 2018 年中国高被引学者（Chinese Most Cited Researchers）榜单，来自 229 个高校/科研单位/企业、分布在 38 个不同学术领域的 1899 位学者入选。山东大学有 22 位学者入选。

18 日　山东大学 2018 年度领导班子和领导人员年度考核及选人用人“一报告两评议”会议在中心校区召开。校党委书记郭新立代表学校党委报告 2018 年度选人用人工作情况，并代表学校领导班子作 2018 年度述职报告。校长樊丽明主持会议。

19～20 日　山东大学 2018 年度中层领导班子述职汇报评议会在中心校区召开。校党委书记郭新立出席会议并讲话，校长樊丽明主持会议。

21 日　通过山东大学机械工程学院与美国弗吉尼亚理工大学“3＋2”联合培养项目进入美国弗吉尼亚理工大学学习的学院机械设计制造及其自动化专业机电方向 2012 级本科生崔华晨，以第一作者在全球著名的国际顶级期刊 *Nature Materials*（IF 39.235）上发表题为“Three-dimensional printing of piezoelectric materials with designed anisotropy and directional response”的研究论文。文章中，崔华晨（论文第一作者）所在的郑小雨（论文通讯作者）团队首次将机械超材料赋予智能化，将其所有力学特性传递到电压输出，拓展出新的机电耦合超材料。

22～23 日　山东大学 2019 年校领导班子寒假工作务虚会在中心校区举行。校党委书记郭新立主持会议，校长樊丽明等全体校领导出席会议。此次会议的主题是：以习近平新时代中国特色社会主义思想为指导，全面贯彻落实全国教育大会精神，紧紧围绕学校第十四次党代会确立的目标任务和战略部署，聚焦人才强校和学术兴校，以追求卓越、只争朝夕的状态，谋大事、干大事、成大事，加速推进学校“双一流”建设，加快实现“由大到强”的历史性转变。

2019年

1月

25日　国家卫健委耳鼻喉科学重点实验室共建共享工作研讨会暨授牌仪式在趵突泉校区举行。校长樊丽明出席会议并讲话，副校长、齐鲁医学院院长陈子江出席会议。

29日　山东大学与山东省商业集团有限公司（简称“鲁商集团”）合作共建山东大学药学科学院签约暨揭牌仪式在山东省药学科学院举行。鲁商集团党委副书记、总经理、山东省药学科学院理事长凌沛学，山东大学副校长、齐鲁医学院院长陈子江出席活动并致辞。

本月　中国科学文献计量评价研究中心推出一个重磅研究报告《世界学术期刊学术影响力指数（WAJCI）年报》。该报告显示，《山东大学学报》（哲学社会科学版）在世界综合性人文社会科学期刊学术影响力指数排名中居第113位，在WAJCI-Q2区中国综合性人文社会科学期刊中居第34位。

本月　山东省科技厅发布《关于公布2018年度山东省工程技术研究中心建设名单的通知》，依托山东大学建设的山东省海洋微生物菌种保藏与应用工程技术研究中心、山东省绿色制造工程技术研究中心、山东省高性能微纳器件与芯片集成工程技术研究中心、山东省绿色建筑智能建造工程技术研究中心、山东省特殊环境作业机器人与装备工程技术研究中心、山东省肿瘤标志物检测工程技术研究中心等6个中心获批立项建设。

本月　教育部公布了2018年度高等学校科学研究优秀成果奖（科学技术）的授奖决定。山东大学以第一完成单位共获得6项奖励，其中一等奖1项、二等奖5项，获奖总数位列全国高校第十。此外山东大学作为合作单位还获得技术发明一等奖1项。

本月　教育部公布了2018年国家精品在线开放课程认定结果，山东大学共有4门课程入选。至此，山东大学国家精品在线开放课程总数达到21门，入选数量位居全国高校第10位。本次入选的4门课程分别是：数学学院张天德教授主持的《数学竞赛选讲》、生命科学学院魏天迪副教授主持的《生物信息学》、基础医学院侯桂华教授主持的《辐射与防护》、机械工程学院王震亚副教授主持的《设计创意生活》。

2月

1日　山东大学校长樊丽明率团访问文化和旅游部，就深入推进“全球汉籍合璧工程”进展等有关问题，与文化和旅游部副部长张旭等进行了深入会谈。国家图书馆副馆长兼国家古籍保护中心副主任张志清、文化和旅游部公共服务司副司长白雪华、山东大学常务副校长王琪珑参加会谈。

19日　山东大学在中心校区举行山东省两会部分人大代表、政协委员座谈会，就山东大学怎么实现由大到强的历史性转变、怎么更好地服务山东进行了交流。校党委书记郭新立主持会议并作总结，校长樊丽明参加会议并讲话。

21日　中共山东大学第十四届委员会第三次全体会议在中心校区明德楼举行。党委委员25人出席会议，非党委委员的学校领导和纪委委员列席会议。会议听取并审议通过了郭新立同志代表常务委员会所作的《中共山东大学第十四届委员会第三次全体会议工作报告》。

2019 年

2 月

21～23 日　国家自然科学基金（NSFC）重大研究计划“大气细颗粒物的毒理与健康效应”2018～2019 年度学术交流会在青岛召开。本次会议由国家自然科学基金委员会化学科学部主办，山东大学环境科学与工程学院、中国科学院生态环境研究中心联合承办。中国科学院院士张玉奎、江桂斌和中国工程院院士郝吉明、朱利中等作为专家组成员出席了会议。来自清华大学、北京大学、中国科学院等国内知名高校和科研机构的专家及项目负责人近 150 人参加了本次会议。会议期间，山东大学校长樊丽明会见了部分与会专家。

22 日　山东大学在中心校区召开新学期工作会议，安排部署学校 2019 年重点工作。校党委书记郭新立主持会议并作总结讲话，校长樊丽明就 2019 年重点工作进行部署。樊丽明从切实加强党的领导和党的建设、全面加快世界一流大学建设进程两方面回顾了学校 2018 主要工作。她指出，2018 年学校工作有声有色，改革发展进入快车道，但也要清醒认识到工作中还存在的一些问题和不足，必须高度重视，在 2019 年工作中加以改进并取得阶段性突破。郭新立重点围绕如何实现学校“由大到强”的历史性转变，以及如何做好 2019 年各项工作提出了要求。

本月　教育部办公厅公布了第二批“三全育人”综合改革试点单位名单，山东大学历史文化学院入选全国“三全育人”综合改革试点院（系）。在学校党委的正确领导下，山东大学历史文化学院历来高度重视学生培养和思想政治工作，形成了优良的育人传统和风格，在学科、教学、科研、师资等方面具备了良好的基础和优势，在党建引领、学风建设、学生实习实践和社团指导、班主任工作、家校联系等方面形成了比较鲜明的特色。

本月　山东大学首届“一院一品”校园文化建设项目完成评审，全校共 57 个项目获得立项，其中重点项目 10 个，一般项目 22 个，培育项目 25 个。“一院一品”校园文化建设项目申报评选活动是学校党委按照教育部《高校思想政治工作质量提升工程实施纲要》要求，结合学校实际打造的校园文化建设品牌。

本月　中国高等教育学会公布了 2014～2018 年全国普通高校本科学科竞赛评估结果，山东大学以获奖 397 项、总分 95.95 的成绩位列全国高校第七位。排名前三位的分别是浙江大学、哈尔滨工业大学和武汉大学。

本月　经国家出版基金评审专家评审并由国家出版基金管理委员会批准，2019 年度国家出版基金资助项目名单公布。山东大学出版社报送的《中国辞赋编年史》《当代中国戒毒创新研究》《核塌缩型超新星的演化》三个项目获国家出版基金资助。项目预计于 2019 年年底出版。

3 月

6 日　山东大学新学期学生工作会议在中心校区举行。校党委副书记仝兴华主持会议并部署 2019 年学生工作。仝兴华在讲话中表示，2018 年一校三地全体学生工作队伍同心同向、凝聚合力、共同努力，学生工作取得了较好成绩，为学校整体工作和学生培养作出了重要贡献；2019 年是学校实现“由大到强”历史性转变的关键之年，学生工作队伍要付出更大努力，围绕落实立德树人根本任务，继续秉持追求卓越、只争朝夕的精神状态，齐心协力、狠抓落实，写好奋进之笔。

2019 年

3 月

同日　全国人大代表、山东大学校长樊丽明做客人民网两会“高谈客论”栏目，就世界一流大学建设相关话题，与网友进行了交流。

7 日　中国工程院院士、北京大学教授、鹏城实验室主任高文所作的题为《人工智能发展现状与趋势》的学术报告会在山东大学青岛校区举行；中国工程院院士、北京航空航天大学赵沁平教授，高文院士受聘仪式暨山东大学——北航虚拟现实技术与系统国家重点实验室虚拟现实联合实验室签约与揭牌仪式同时举行。山东大学党委书记郭新立出席仪式并致词。山东大学党委副书记、青岛校区党工委书记张永兵主持活动，山东大学副校长、青岛校区校长韩圣浩出席活动。

8 日　山东大学在中心校区举行纪念“三八”国际劳动妇女节 109 周年暨先进表彰座谈会，对 2018 年度妇女工作先进集体和个人进行表彰。山东大学党委书记郭新立出席会议并讲话，校党委副书记、纪委书记陈向阳出席会议。

8～9 日　智能通信与边缘计算国际研讨会暨国家自然科学基金重点国际(地区)合作研究项目启动会在山东大学举办。中国工程院院士、山东大学讲席教授张明高担任会议名誉主席；中国工程院院士、海军航空大学信息融合研究所所长、海战场信息感知与融合技术军队重点实验室主任何友出席会议并作报告。会议期间，山东大学党委书记郭新立会见何友院士，并就控制与信息学科建设与发展等有关事宜进行座谈交流。山东大学常务副校长王琪珑出席会议开幕式并致辞。

13 日　QS 全球教育集团中国总监张巘博士应邀到青岛校区作题为《山东大学建设世界一流大学和学科：QS 观点》的专题报告。山东大学党委副书记、青岛校区党工委书记张永兵，青岛校区副校长李振奎出席会议，青岛校区党工委副书记郭邦礼主持会议。

15 日　山东大学生殖医学研究中心在减数分裂领域取得重大突破，研究成果“Per-nucleus crossover covariation and implications for evolution”发表于国际权威学术杂志 *Cell*。该研究发现并解析了交叉重组频率在同一减数分裂细胞的不同染色体之间协同变化这一重组调控新机制，揭示其在生物进化适应中的重要作用，并且为深入研究染色体结构与重组之间的关系及重组对生物进化适应的影响，提供了新思路。生殖医学研究中心王顺心教授为该文章的第一兼共同通讯作者，山东大学为第一作者单位和通讯作者单位。

17 日　央视《新闻联播》“打牢学生成长的科学思想基础——全国高校思想政治理论课建设综述”报道山东大学《百微山大》系列视频工程典型做法，强调高校应运用新媒体、新技术，将思政工作做到在学生心坎上。

19 日　2019 年山东大学国际交流与合作工作推进会在中心校区举行。山东大学校长樊丽明出席会议并讲话，副校长韩圣浩主持会议，校党委常委、宣传部部长桑晓旻出席会议。樊丽明作了题为《凝心聚力　只争朝夕　加快推进山东大学国际交流与合作》的讲话，围绕学校事业发展中心任务，就进一步推进国际化重点工作进行了动员和部署。

20 日　美国哈佛大学 James Hankins 教授应山东大学政治学与公共管理学院的邀请，在青岛校区图书馆报告厅作了题为“近现代欧洲早期的贤能政治，为什么利玛窦认为中国是一个乌托邦?"的学术讲座,山东大学政管学院院长贝淡宁主持讲座。

21~26 日　山东大学—山口大学友好交流 40 周年系列庆祝活动在山东大学举行。日本山口大学校长冈正朗一行访问山大,参加庆祝活动。山东大学校长樊丽明会见了代表团一行,并出席 25 日举行的两校友好交流 40 周年庆祝仪式。

22 日　山东大学服务山东十六地市人才引进专场招聘会在山东大学中心校区体育馆举行,来自全省 16 地市的 430 家用人单位参加了招聘会。本次招聘会是按照学校"服务山东"战略,首次邀请全省 16 地市政府人社部门组织当地重点用人单位到校参加的大型招聘会,为山大及省内外高校毕业生在山东省就业、为各地市引进人才提供了良好平台。

23 日　第 59 届山东大学企业发展论坛暨山东大学济南校友 2019 年会举行。本次论坛的主题是:服务山东遇见山大系,聚创齐鲁走进新时代。山东大学党委书记郭新立,济南市人大常委会副主任李胜利,山东大学济南校友会会长、浪潮集团董事长孙丕恕分别致辞。山东大学常务副校长王琪珑出席活动。

23~24 日　第八届控制科学与工程高端学术论坛暨随机与非线性控制前沿热点研讨会在山东大学举行。中国工程院院士、东北大学柴天佑教授出席会议并作报告,中国工程院院士、中南大学桂卫华教授就自动化未来发展趋势与参会代表座谈研讨。山东大学常务副校长王琪珑出席论坛开幕式。

24~31 日　为期八天的 2019 年全国游泳冠军赛暨世锦赛选拔赛在山东青岛落幕。山东大学 2018 级本科生季新杰、杨彩萍参加比赛,并获得 1 金 4 银 1 铜的优异成绩。

25 日　日本山口大学校长岡正朗率教授团来访山东大学齐鲁医学院,参加两校合作举办的山东大学—山口大学医学学术研讨会,庆祝两校友好交流 40 周年。访问期间,山东大学副校长、齐鲁医学院院长陈子江会见代表团一行并在研讨会开幕式上致辞。

27 日　2019 年《中国研究生》编委、顾问会议在山东大学举行。中国工程院院士、《中国研究生》编委会主任赵沁平,山东大学党委书记郭新立、常务副校长王琪珑,教育部学位中心主任黄宝印、山东省教育厅巡视员张士俊出席会议并分别致辞。

28 日　中国科学院院士、山东大学网络空间安全学院院长王小云当选 2019 年国际密码协会会士(International Association for Cryptologic Research Fellow)。IACR 是国际最权威的密码学科研组织,致力于密码学及相关领域的前沿研究。从 2004 年开始,为表彰对密码学研究作出卓越贡献的人士,国际密码协会(IACR)每年进行会士选举。该工作主要由 IACR 会士选举委员会承担,结合会员的投票结果,每年确定三到七位会士。中国科学院院士王小云是继 2010 年姚期智教授之后,第二位当选 IACR 会士的中国科学家。

同日　山东大学 2019 届毕业生春季就业双选会在中心校区体育馆举行,来自全国 21 个省(直辖市、自治区)的 430 余家用人单位参会,其中包括部分校友企业。本次双选会参会单位共提供岗位需求 16000 余个,包括部分实习岗位。

2019 年
3 月

同日　山东大学国际问题研究院揭牌仪式暨百年大变局高端对话在威海校区举行。山东大学校长樊丽明，威海市委副书记张宏伟，山东大学副校长、威海校区校长刘建亚，威海校区党工委书记尹作升等出席揭牌仪式。高端对话邀请了来自国际关系、世界经济、城市与环境等研究领域的七位著名专家共同探讨“百年大变局”这一主题。

29 日　山东大学在中心校区体育馆举行 2018 年度“榜样的力量”优秀学生颁奖典礼，表彰了 2018 年“山东大学‘榜样的力量’学生年度人物”、校长奖获得者等优秀学生代表。学校党委书记郭新立、校长樊丽明出席典礼并致辞。

30 日　第十届全国大学生数学竞赛决赛在哈尔滨工业大学举行，山东大学代表队获数学专业组一等奖 2 人，获非数学专业组一等奖 1 人。山东大学获优秀组织奖。

本月　教育部社科司公布了 2019 年度教育部人文社会科学研究一般项目立项名单(教社科司函〔2019〕33 号)，山东大学 29 项课题获准立项，居全国高校第八位。其中，规划基金项目 13 项，青年基金项目 13 项，专项研究课题 3 项，总立项经费 254 万元。

本月　山东大学在医学领域取得大突破，研究团队在《Cell》发表论文 1 篇、医学顶级期刊《新英格兰医学杂志》(*NEJM*，IF＝79)发表 1 篇论文、《柳叶刀》*Lancet*(IF＝53)发表 2 篇论文。

本月　由山东大学齐鲁医院急诊科陈玉国教授团队骨干徐峰教授牵头主持的国家科技基础资源调查专项项目——“中国人群心脏骤停发病率、病死率及危险因素调查”获科技部批准立项，项目研究期 4 年，获中央财政专项经费资助 1200 万元。这是“十三五”国家科技计划改革以来，学校首次获批该类型的国家级重大科研项目。

本月　山东大学齐鲁医院消化科左秀丽教授牵头主持的国家重点研发计划“智能机器人”重点专项——“消化内镜微创手术机器人关键技术及系统”项目获科技部批准立项。项目研究期三年，总经费 2282 万元，其中中央财政专项经费 1082 万元。

本月　教育部公布了 2018 年度国家虚拟仿真实验教学项目认定结果，共有 184 所高校的 296 个项目获得认定，山东大学参评的 4 个项目全部入选，在全国高校中位居第六位。山东大学此次入选的 4 个项目是：生命科学学院郭卫华教授主持的《黄河三角洲湿地生态系统演替与修复实验》虚拟仿真实验教学项目，机械工程学院姜兆亮教授主持的《超高速切削加工虚拟仿真实验》虚拟仿真实验教学项目，护理学院王克芳教授主持的《股骨颈骨折合并糖尿病病人护理》虚拟仿真实验教学项目，新闻传播学院倪万教授主持的《基于多角色扮演的新闻发布交互式演练》虚拟仿真实验教学项目。

本月　教育部公布了 2018 年度普通高等学校本科专业备案和审批结果，山东大学共获批增设 6 个战略新兴本科专业，包括网络空间安全(080911TK)、人工智能(080717T)、数据科学与大数据技术(080910T)、智能制造工程(080213T)、生物医学科学(100103T)、材料科学与工程(080401)。本科专业结构进一步优化，本科专业现代化建设取得阶段性成果。

2019 年

4 月

2 日 “习近平总书记在学校思想政治理论课教师座谈会上重要讲话精神”学习研讨会在山东大学召开。研讨会由教育部思想政治工作司指导，中国高等教育学会、中国高等教育学会辅导员工作研究分会、《高校辅导员》编辑部主办。中国高等教育学会副秘书长郝清杰，山东大学校长助理、人文社科研究院院长邢占军以及 6 位参加学校思想政治理论课教师座谈会的全国高校辅导员年度人物和全国高校辅导员素质能力大赛获奖者出席会议，全国部分高校辅导员骨干、思政工作骨干以及部分山东高校辅导员名师工作室主持人及骨干成员和部分山东大学处级辅导员工作室主持人参加会议。中国高等教育学会辅导员工作研究分会秘书处办公室主任夏晓虹主持会议。

3 日 为发挥老干部、老战士、老专家、老教师、老模范（以下简称“五老”）的独特优势，促进学生成长成才，提升“三全育人”工作实效，山东大学启动“五老”担任学生德育辅导员工作并举行首批聘任仪式。学校党委副书记仝兴华出席仪式。

4 日 2018 年度山东省科学技术奖励大会在济南隆重召开，会议表彰了荣获 2018 年度国家科学技术奖和山东省科学技术奖的单位和个人，省委书记刘家义，省委副书记、省长龚正等省领导为获奖代表颁发获奖证书。山东大学获 2018 年度国家科学技术奖共计 4 项，其中山东大学齐鲁医院张澄教授团队完成的成果“心血管重构分子机制、检测技术和干预策略的基础研究”荣获国家自然科学二等奖，山东大学作为参与单位获国家奖 3 项。山东大学获 2018 年度获山东省科学技术奖共计 27 项，其中作为第一完成单位（人）获一等奖 3 项、二等奖 7 项、三等奖 1 项；作为参与单位（人）获一等奖 6 项、二等奖 9 项、三等奖 1 项。

同日 山东大学干部教师专题报告会举行。清华大学首批文科资深教授谢维和作了《创新人才培养的机制环境》的专题报告。校党委书记郭新立主持报告会。报告中，谢维和教授结合中外高校相关工作案例，围绕创新人才培养的学科制度改革、专业制度改革两个方面作了系统阐释和深入论述。

10～15 日 山东大学“榜样的力量”优秀学生宣讲会分别在济南、威海、青岛三地举行。本次宣讲会共举办七个场次，35 名优秀学生代表围绕专业学习、科研竞赛、社会实践、学生工作、志愿服务、国际交流等方面内容，结合各校区不同学科、专业特色与现场同学们进行经验分享与交流，充分展现了他们在大学生活中踏实求学、勇往直前、锐意创新的精神风貌和爱国爱校、奉献社会的家国情怀，进一步增强了优秀榜样的感召力和影响力。

13 日 2018 年第十五届王大珩光学奖评审会在北京召开，物理学院陈峰教授指导的博士研究生聂伟杰在众多候选人中脱颖而出，荣获王大珩光学奖——高校学生光学奖。这也是山东大学学生首次获得该项奖励。

16 日 山东大学本科教学指导委员会 2019 年第一次会议在中心校区召开。主任委员、校长樊丽明出席会议并讲话，副校长韩圣浩主持会议，副校长陈子江出席会议。会议审议了本科生院院长刘传勇作的学校本科教育教学工作 2018 年总结及 2019 年计划，评审了 4 个拟申报新增的本科专业，并讨论了相关工作。

2019 年

4 月

17～18 日　山东大学党委 2019 年第一轮巡察工作动员部署会暨巡察组培训会在中心校区召开。校党委书记、巡察工作领导小组组长郭新立出席会议并作动员讲话。校党委副书记、青岛校区党工委书记张永兵，校党委副书记、纪委书记、巡察工作领导小组副组长陈向阳，党委常委、组织部部长、巡察工作领导小组成员陈宏伟，党委常委、宣传部部长、巡察工作领导小组成员桑晓旻出席会议。陈向阳主持会议。

19 日　山东大学 2019 年田径运动会在中心校区开幕。山东大学党委书记郭新立，校长樊丽明，常务副校长王琪珑，党委副书记仝兴华，副校长芦延华，党委常委、宣传部部长桑晓旻等出席开幕式。仝兴华主持开幕式。开幕式上，伴随激昂的《运动员进行曲》，带着对祖国的美好祝福，山东大学国旗方队、校旗方队、校徽方队和迎国庆标语方队迈着铿锵有力的步伐走过主席台。随后，国防生护旗方队、裁判员队伍及各单位运动员代表队喊着响亮的口号依次入场，他们或身着队服意气风发，或手举标牌身姿雄健，并结合各单位特色带来了舞蹈、演唱等节目展示，展现出山大师生医务员工蓬勃向上的生机与活力。

19～20 日　山东大学在全校范围内开展了首届“体育大课堂”活动。今年的体育大课堂以田径运动会为主体，以各单位自行组织的体育活动为补充，不参与田径运动会的学生可以参加各自学院组织的体育活动。除参加田径运动会的 1059 名运动员以外，共有 20 个学院 5000 余人次参加活动。

21 日　新中国土地制度演变与农业发展研讨会在山东大学召开。本届论坛由山东大学经济研究院、山东发展研究院主办，来自中国农业经济学会、中国社科院、中国人民大学、中国农业大学、中央财经大学、江西财经大学、山东大学等机构和高校的多位农村经济和土地制度研究领域专家参加研讨。山东大学党委副书记仝兴华出席会议并致辞。会议由山东大学经济研究院院长黄少安教授主持。

23 日　校长樊丽明一行到青岛校区调研国家糖工程技术研究中心运行情况，并访问青岛海检集团，推进共建海检研究院事宜。青岛海检集团党委书记、董事长王立宇，校党委副书记、青岛校区党工委书记张永兵出席相关活动。

25 日　山东大学与富士康科技集团党委战略合作协议签约仪式在中心校区举行。山东大学党委书记郭新立、富士康科技集团党委书记刘忠先出席签约仪式并致辞，山东大学常务副校长王琪珑与刘忠先代表双方签署协议。

25～26 日　山东大学第十八届国际文化节在中心校区举行。山东大学党委副书记仝兴华，党委常委、宣传部部长桑晓旻出席相关活动。来自世界上 100 多个国家和地区的留学生及山东大学中国师生、兄弟院校代表等数千人参加了文化节。山东大学国际文化节开始于 2001 年，今年是第 18 届。18 年来，一批又一批来自世界各地的国际学生自信地走上舞台，展示他们丰富多彩的民族文化的魅力。山东大学国际文化节已经成为体现山东大学理解、包容、开放、向上的校园文化特色品牌，成为山东大学全体师生们的文化盛宴。

26 日　山东大学召开人文社科学术工作会议，会议主题是“顺应时代、继承传统、服务国家、创新发展，为加快构建中国特色哲学社会科学作出山大贡献”。校党委书记郭新立、校长樊丽明出席会议并讲话，教育部社会科学司司长刘贵

2019 年
4 月

芹、山东省委宣传部副部长孔繁轲在会上致辞，山东大学终身教授、讲席教授刘大钧、袁世硕、曾繁仁、路遥出席会议。会议由常务副校长王琪珑主持。

27 日 由济南市、团省委和山东大学共同主办的山东大学 2019 年度志愿服务济南社区行动启动暨志愿服务工作站揭牌仪式在济南市洪家楼街道七里堡社区举行。山东大学校长樊丽明出席活动并讲话，校党委副书记仝兴华一同参会。济南市委常委、市总工会主席雷天太，共青团山东省委副书记李梦遥等出席仪式。

28 日 山东大学第四届教职医务员工代表大会第一次会议暨第十九届工会会员代表大会第一次会议在中心校区科学会堂开幕。会议应出席代表 444 人，实际出席 421 人，符合法定人数。根据会议议程，校党委书记郭新立致开幕词，校长樊丽明作学校工作报告。

29 日 教育部等 13 部委在天津联合召开“六卓越一拔尖”计划 2.0 启动大会。教育部党组书记、部长陈宝生出席会议并作了题为《掀起一场高等教育质量革命，助力打造质量中国》的报告，党组成员、副部长钟登华主持会议。山东大学校长樊丽明率团参会，并被聘为新文科建设工作组组长和基础学科拔尖学生培养计划 2.0 专家委员会成员；副校长陈子江被聘为新医科工作组成员。

同日 山东大学学习习近平总书记“纪念五四运动 100 周年大会”讲话精神青年师生座谈会在中心校区举行。校党委书记郭新立结合习近平总书记在纪念五四运动 100 周年大会上的重要讲话精神，与一校三地的青年师生医务员工代表交流学习心得，畅谈新时代山大青年的成长和发展。

本月 教育部公布了 2018 年高等教育国家级教学成果奖获奖项目名单，山东大学作为独立完成单位组织完成的《依托学科优势构建以生为本的数学公共课课程体系与创新人才培养模式》获得二等奖。

本月 据国家自然科学基金委员会和英国皇家学会（the Royal Society）通知，山东大学空间科学研究院、空间科学与物理学院史全岐教授申请的“近地空间天气活动中小尺度过程的全球效应”项目获 2019 年“牛顿高级学者基金（Newton Advanced Fellowship）”资助。

本月 教育部印发《关于同意设立山东大学澳国立联合理学院的函》，山东大学首个中外合作办学机构获批设立。山东大学澳国立联合理学院（SDU-ANU Joint Science College，Shandong University）借助山东大学与澳大利亚国立大学学科优势，通过引进世界一流大学的办学理念、管理体制和优质教育资源，改革创新课程体系和教学方法，培养具有国际视野、创新精神和实践能力的精英人才。

本月 山东省教育厅下发《关于成立 2019—2022 年山东省本科教育教学指导委员会的通知》，山东大学推荐的 71 位教授和 13 位业界专家获聘 2019～2022 年山东省本科教育教学指委会委员。受聘委员分布于 49 个专业类或专门工作指导委员会，其中樊丽明等 13 位教授为主任委员，数量超过本届主任委员总数的 1/5；另有于良春等 18 位教授为副主任委员，李华等 3 位教授为秘书长。

2019 年

4 月

本月　国家发展改革委公布了2018年度国家地方联合工程研究中心名单。山大控制科学与工程学院张承慧教授牵头申报的“新能源与高效节能”国家地方联合工程研究中心获批建设。这是山东大学首个国家地方联合工程研究中心，也是全面推动“双一流”建设之际在国家级平台建设方面取得的重要突破。

本月　著名学者龚鹏程先生接受山东大学邀请，就任山东大学文学院专任讲席教授。4月24日下午，山东大学校长樊丽明在中心校区学人大厦会见龚鹏程教授，对其来校任教表示欢迎，并就山东大学的学术研究和学术交流等话题深入交换了意见。文学院党委书记张帅、院长杜泽逊参加了此次会谈。

5 月

4日　由《文史哲》编辑部主办、以“儒学价值及其现代命运：五四运动百年纪念”为主题的第八次人文高端论坛在山东大学召开。来自北京大学、清华大学、南京大学、复旦大学、南开大学、四川大学、厦门大学、华东师范大学、中国社会科学院、同济大学、首都师范大学、河北大学、河南大学、中国海洋大学、山东师范大学、广州大学、山东大学等学术单位的近四十名学者出席论坛。由《文史哲》编辑部与《中华读书报》联合评选的2018年度“中国人文学术十大热点”同时发布。

5日　“逐梦新时代　学习正当时——寻找青年‘政治佳’”(第四季)活动启动暨大众网·海报新闻客户端“思政课”频道上线仪式在山东大学举行。大众报业集团党委常委、副总编辑蓝海，省委党校(山东行政学院)副校长鲁庆波，山东社科院副院长袁红英，山东大学党委常委、宣传部部长桑晓旻出席启动仪式。

7日　山东大学召开创新驱动、服务山东、产城融合暨山东大学产业服务山东表彰会。校长樊丽明、济南市副市长孙斌出席会议。校党委副书记仝兴华主持会议。副校长芦延华作了题为《创新驱动，服务山东，产城融合》的工作报告。

7～8日　STAR前向径迹探测器升级及相关物理研讨会(Workshop on STAR Forward Tracking Detector Upgrade and Related Physics)在山东大学青岛校区前沿交叉科学青岛研究院举行。会议由山东大学粒子科学技术研究中心主办。来自美国布鲁克海文国家实验室、石溪大学、伊利诺伊大学芝加哥分校，以及清华大学、北京大学、中国科学技术大学、复旦大学、华中师范大学、山东大学等10余个科研院所、高校的30多名专家学者出席了会议。

8日　重庆市人民政府—山东大学战略合作框架协议签约仪式在重庆市举行。重庆市委副书记、市长唐良智会见山东大学党委书记郭新立并见证签约。重庆市委常委、组织部部长胡文容，重庆市副市长屈谦，重庆市政府秘书长欧顺清出席签约仪式。重庆市政府副秘书长唐慎主持签约仪式。

10日　国际著名控制论专家、美国国家工程院、欧洲科学院院士，美国伊利诺伊大学香槟分校工程学院院长Tamer Başar教授受聘山东大学名誉教授仪式在中心校区举行。山东大学校长樊丽明向Tamer Başar教授颁发聘书并致辞。

2019 年

5 月

11～13 日　山东大学首届美育文化日系列活动在各校区举行，以美育讲座论坛、精彩美育展览以及美育文化演出等形式为载体，在普及审美知识、提高审美素养的同时，营造了良好的校园文化氛围，吸引了山大师生的广泛参与，为全校师生带来了一场场视听盛宴和美的享受。

15 日　国务院学位委员会办公室副主任、教育部学位管理与研究生教育司副司长徐维清一行来山东大学，就学科建设与研究生教育工作开展专题调研座谈。山东省教育厅总督学孟庆旭一同调研。校党委书记郭新立出席座谈会并致辞，副校长刘建亚主持座谈。

同日　山东大学第十届“五四”青年科学奖颁奖典礼暨青年学子科研分享会在中心校区举行。山东大学校长樊丽明、党委副书记仝兴华出席典礼。典礼共表彰 31 名“五四”青年科学奖获得者和 4 支“五四”青年优秀成果奖获奖团队。

15～17 日　由国家自然科学基金委主办、山东大学承办的第三届纳米多孔金属材料战略研讨会在山东大学召开。中国科学院院士魏炳波，国家基金委工材学部材料科学一处项目主任郑雁军、流动项目主任邓意达，山东大学党委副书记、纪委书记陈向阳出席研讨会。该研讨会是山东大学“科技引领未来”学术论坛系列活动之一。

17 日　山东大学前沿科学高端论坛在青岛校区举行。论坛包括前沿交叉科学青岛研究院学科发展研讨会、学术报告会以及院士访谈等内容。中国科学院院士、中国科学院高能物理研究所所长王贻芳研究员，中国科学院院士、北京大学赵光达教授，中国科学院院士、中国科学院理论物理研究所张肇西研究员，南开大学李学潜教授等应邀参加活动。山东大学党委副书记、青岛校区党工委书记张永兵出席相关活动。山东大学副校长、青岛校区校长韩圣浩出席学科发展研讨会，并主持前沿科学高端论坛首场报告会。

18～19 日　第五届全国生物和食品类虚拟仿真实验教学资源建设研讨会在山东大学青岛校区召开。会议由高等学校国家级实验教学示范中心联席会生物和食品学科组，高等学校国家级实验教学示范中心联席会植物、农林、动物、水产学科组，高等教育出版社，山东大学，虚拟仿真实验教学创新联盟生物领域工作委员会联合主办，山东大学生命科学学院承办，南京莱医特电子科技有限公司协办。来自清华大学、吉林大学、武汉大学等近七十所高校及教育部高教司、高等学校国家级实验教学示范中心联席会、高等教育出版社等单位的近 200 位专家学者出席了会议。

20～23 日　由中国植物生理与植物分子生物学学会主办，山东大学生命科学学院和植物发育与环境适应生物学教育部重点实验室承办的第六届女科学家分会学术交流会在青岛召开。山东大学副校长陈子江，中国植物生理与植物分子生物学学会副理事长、中科院上海植物生理生态研究所何祖华研究员出席开幕式并致辞。会议开幕式由学会女科学家分会会长、山东大学植物发育与环境适应生物学教育部重点实验室主任夏光敏教授主持。来自全国各地的 200 余位女科学家、科技工作者参加了会议。

2019 年

5 月

26 日　山东大学第一届教学学术周开幕式暨博约大讲坛启动仪式在中心校区举行。校长樊丽明出席活动并讲话。校党委副书记仝兴华主持活动。举办教学学术周暨博约大讲坛是落实全国教育大会、新时代全国高等学校本科教育工作会议和学校第十四次党代会精神，全力推进学校“由大到强”历史性转变，推进学校教学学术发展，提升广大教师教学能力和教学水平，促进一流人才培养的大事。

26～28 日　一辆造型简洁、风格鲜明的大篷车先后到山东大学兴隆山校区和中心校区巡游，引发师生关注，吸引了众多好奇的目光。这标志着包豪斯 100 年全球纪念活动——包豪斯设计大篷车中国巡游活动正式拉开帷幕，山东大学成为这一活动的起点。山东大学党委书记郭新立出席相关活动并致辞。

27 日　第十届丘成桐大学生数学竞赛在清华大学举行，山东大学 2016 级本科生刘奔获得 1 枚金牌（代数与数论方向）、2 枚银牌（分析与方程、个人全能），是山东大学取得的个人最好成绩，创历史新高。

28 日　美国科学院院士、耶鲁大学病原微生物系主任 Jorge E. Galán 教授受聘山东大学兼职讲席教授仪式在青岛校区举行。

同日　山东大学召开 2019 年全面从严治党工作会议。会议深入学习贯彻习近平总书记在十九届中央纪委三次全会上的重要讲话和全会精神、2019 年教育系统全面从严治党工作视频会议和山东省纪委十一届四次全会精神，总结了学校 2018 年全面从严治党工作，聚焦实现“由大到强”历史性转变，部署了下一步全面从严治党工作任务。校党委书记郭新立出席会议并讲话，校长樊丽明主持会议，党委副书记、纪委书记陈向阳传达上级会议精神并作纪委工作报告。

28～29 日　英国利兹大学常务副校长、英国皇家工程院院士 Hai-Sui Yu 率团访问山东大学。山东大学校长樊丽明会见代表团一行，常务副校长王琪珑与 Hai-Sui Yu 签署两校学术与研究合作协议，副校长李术才参加相关活动。

30 日　中国铝业集团有限公司、山东大学“国企领导上讲台、国企骨干担任校外辅导员”首场报告会在山东大学中心校区举行。中铝集团党组书记、董事长葛红林作了题为《坚守正道　气有浩然》的主题报告。山东大学党委书记郭新立主持报告会。党委副书记仝兴华，党委常委、宣传部部长桑晓旻出席相关活动。近 500 名师生聆听报告。

同月　山东大学公布了 2019 年教育教学改革研究项目立项结果，全校共确定立项建设项目 362 项。其中重点项目 10 项，重点培育项目 9 项，一般项目 343 项，项目选题范围、参与教师人数、立项建设数量、经费支持力度均创历史新高。

6 月

2～5 日　教育部工程教育认证联合专家组一行 9 人，对山东大学无机非金属材料工程和机械设计制造及其自动化两个工程教育专业进行了专业认证现场考查。山东大学党委副书记仝兴华出席专家见面会和认证意见反馈会并讲话。

2019 年

6 月

4～5 日　第九届控制科学与工程(国际)高端学术论坛在山东大学千佛山校区举行。中国科学院院士郭雷教授等海内外杰出学者出席会议并作报告。论坛由控制科学与工程学院承办。开幕式上,控制科学与工程学院院长张承慧向各位专家长期以来对山东大学,尤其是对控制学院各项事业发展给予的指导、支持与帮助表示感谢,并简要介绍了学院近年来改革建设的总体情况。长江学者、国家杰青张焕水教授主持开幕式。

6 日　山东大学教职工住宅区增设电梯集中签约仪式在洪家楼校区举行。常务副校长王琪珑出席仪式并致辞。济南市历城区住房和城乡建设局老旧小区整治办公室主任张殿伟出席仪式并为中心校区南院 44 号楼 2 单元发放安装电梯政府补助款。

同日　中国国家主席习近平在圣彼得堡出席接受圣彼得堡国立大学名誉博士学位仪式并致辞,俄罗斯总统普京出席仪式并陪同参观圣彼得堡国立大学对华合作展览。山东大学全球汉籍合璧工程(以下简称“合璧工程”)编目合作专家、圣彼得堡国立大学东方系德米特里·马雅斯基(MaiatckiiDmitri)副教授为习近平主席讲解了参展图书。

7～9 日　山东大学主办的第九届中国商业文化与管理学术会议(以下简称“会议”)在威海校区召开。本次会议以“全球化背景下的商业文化与管理”为主题,为商业文化研究者提供了一个高水平的学术交流平台。山东大学管理学院王兴元教授、香港城市大学商学院杨志林教授作为大会主席共同主持了会议。

13 日　山东大学与重庆三峡学院校际合作签约仪式在中心校区举行。山东大学党委书记郭新立会见重庆三峡学院代表团一行。山东大学常务副校长王琪珑,重庆三峡学院校长张伟、副校长祁俊生出席签约仪式。

同日　山东大学在中心校区召开一流本科专业建设推进会,重点部署一流本科专业申报和建设工作。校长樊丽明出席会议并讲话,校党委副书记仝兴华出席会议。

15 日　“化学、环境、能源和健康”全国博士后学术论坛在山东大学举行。论坛特邀中国科学院院士江桂斌、中国科学院上海有机化学研究所研究员马大为作主题报告。国家人力资源和社会保障部留学人员和专家服务中心党委书记、中国博士后科学基金会副秘书长邱春雷,山东省人力资源和社会保障厅党组成员、副厅长周春艳出席论坛开幕式并讲话。山东大学常务副校长王琪珑致欢迎辞。

同日　全国人大常委会委员、全国人大监察和司法委员会副主任委员、山东大学原校长徐显明教授受聘山东大学法学院名誉院长仪式在山东大学(青岛)举行。徐显明教授作了题为《关于中国的法治道路》的学术报告并致辞。山东大学校长樊丽明向徐显明教授颁发聘书并致辞。青岛市中级人民法院院长李方民、青岛市人民检察院检察长李建新等出席活动。山东大学副校长、青岛校区校长韩圣浩主持活动。

16 日　中国特色社会主义预算管理理论与制度创新论坛暨“中国特色政府预算管理制度研究”开题讨论会在山东大学举行。山东大学校长樊丽明,山东大学人文社科特聘一级教授安体富，中山大学党委副书记、副校长马骏，上海大学总会计师荀燕楠，上海财经大学公共经济与管理学院院长刘小兵，东北财经大学财政税务学院院长孙开，中央财经大学政府预算研究所所长李燕出席论坛并作主旨演讲。山东大学校长助理、人文社科研究院院长邢占军参加开幕式并代表学校致辞。

15～16 日　“新中国成立以来中国法理学的发展与回顾”学术研讨会在山东大学举行。本次会议是由山东大学资助的人文社科高端论坛，由中国法学会法理学研究会和中国法学会学术委员会指导，山东大学法学院、浙江大学法理研究中心、“法理研究行动计划”秘书处、《法制与社会发展》编辑部、《山东大学学报》(哲学社会科学版)编辑部、《中国法律评论》编辑部协办。中国社会科学院学部委员、法学研究所研究员、中国法学会法理学研究会会长李林，全国人大常委会委员、全国人大监察和司法委员会副主任委员、中国法学会副会长徐显明，山东大学校长、全国人大代表樊丽明，中国法学会党组成员、学术委员会主任、浙江大学法理研究中心主任、吉林大学哲学社会科学资深教授张文显先后致辞。

18 日　中国工程院院士李椿萱双聘院士聘任仪式在山东大学千佛山校区举行。山东大学副校长韩圣浩出席仪式并为李椿萱院士颁发聘书。

同日　山东省副省长于杰一行来山东大学，就国家重点实验室整改工作进行专题调研。山东大学党委书记郭新立主持座谈会，常务副校长王琪珑、副校长李术才出席座谈会。

21 日　山东大学 2019 年本科生毕业典礼暨学位授予仪式在中心校区体育馆隆重举行。2019 届本科毕业生齐聚一堂，带着激动和喜悦的心情，共同见证人生中最难忘且极具仪式感的神圣时刻——毕业盛典。

22 日　山东大学 2019 年研究生毕业典礼暨学位授予仪式在中心校区体育馆隆重举行。

同日　第 176 期齐鲁大讲坛在山东大学中心校区举行。当代著名学者和思想家、山东大学讲席教授龚鹏程作了题为《孔子在当代》的报告。山东省社科联副主席张宏明、秘书长徐青出席报告会。报告会由长江学者特聘教授、山东大学文学院院长杜泽逊教授主持。

23 日　山东大学中华美德教育学院揭牌仪式暨“中华美德教育高峰论坛——首届干部政德教育论坛”在山东大厦举行。中共中央宣传部原副部长王世明、山东大学校长樊丽明、山东省委党校常务副校长徐闻、山东省委组织部副部长刘树军、山东省委宣传部副部长孔繁轲、湖北省委党校副校长黄俭、湖南省委党校副校长蔡文辉、山东大学党委副书记仝兴华、山东师范大学纪委书记姚东方出席揭牌仪式暨论坛。山东大学常务副校长王琪珑主持开幕式。

同日　青岛校区 2019 年毕业典礼暨学位授予仪式在风雨操场隆重举行。1900 多名 2019 届本硕博毕业生齐聚一堂，满怀激动和感恩之情，与师长、同窗、亲友共同庆祝圆满完成学业，迈向人生新征程。

2019 年

6 月

28～30 日　诺贝尔物理学奖获得者、著名科学家、山东大学名誉教授丁肇中(Samuel C. C. Ting)到山东大学例行工作访问并受聘为山东大学高等技术研究院名誉院长。访问期间，山东省委省政府主要领导、山东大学党委书记郭新立会见了丁肇中教授一行。山东大学校长樊丽明出席名誉院长聘任仪式并为丁肇中教授颁发聘书，常务副校长王琪珑主持聘任仪式。

29 日　首届类脑经济学国际研讨会在山东大学中心校区召开。莱斯特大学(英国)Sanjit Singh Dhami、复旦大学管理学院戴伟辉、山东大学齐鲁医学院刘树伟、清华大学经济管理学院郑捷、霍夫斯特拉大学(美国)李丹阳、南开大学尉孟星、北京师范大学经济与工商管理学院唐红红、中国科学技术大学生命科学学院张效初等出席会议并作主旨演讲。

30 日　山东省委举行庆祝中国共产党成立 98 周年暨表彰大会，山东大学文学院党委副书记、院长杜泽逊荣获“山东省优秀共产党员”称号。另外，山东大学 5 个党组织和 7 名个人受到山东省委教育工委表彰。

本月　教育部和国家卫健委心血管重构与功能研究重点实验室在中国工程院院士张运的领导下，在动脉粥样硬化基础研究领域中取得系列重大进展，在《自然通讯》(*Nat Commun*)、《美国科学院院报》(*Proc Natl Acad Sci U S A*)、《实验医学杂志》(*J Exp Med*)等国际一流专业期刊连续发表多篇研究论文，受到国际学术界高度关注。

本月　山东大学微生物技术国家重点实验室主任张友明教授在欧洲科学院 2019 年度选举中当选为院士。

7 月

1～2 日　2019 山东大学中美肿瘤免疫治疗研讨会在山东大学趵突泉校区举办。校长樊丽明会见了参加此次研讨会的专家代表团，副校长、齐鲁医学院院长陈子江出席研讨会开幕式并致辞。

1～5 日　山东大学副校长、青岛校区校长韩圣浩率团出席第十一届中韩大学校长论坛，访问成均馆大学和汉阳大学，并与山东大学韩国校友会进行座谈，推动山东大学与韩国高校在学生联合培养、学术交流、职员能力提升以及来华留学生拓展等方面的深度合作。

2 日　山东大学校长樊丽明率团访问司法部，就共建环境损害司法鉴定人才培养理论研究及实践基地等工作进行会谈。司法部部长傅政华会见樊丽明一行。司法部副部长刘振宇出席活动。

5 日　山东大学一南洋理工大学人工智能国际联合研究院在山东大学中心校区揭牌成立。这是在 2018 年 10 月新加坡贸工部兼教育部高级政务部长徐芳达和山东省副省长任爱荣见证下签署的人工智能联合研究计划合作意向书基础上两校合作的进一步深化。新加坡南洋理工大学副校长蓝钦扬，山东大学党委书记郭新立、校长樊丽明，加拿大英属哥伦比亚大学电子和计算机工程学院荣誉教授 Cyril Leung 先生，中国工程院院士、新一代人工智能产业技术创新战略联盟理事长高文，中国科学院院士、俄罗斯科学院外籍院士、西北工业大学常务副校长黄维出席成立仪式。

2019 年
7 月

7 日　为纪念新中国成立 70 周年，推进中国企业管理理论与实践的发展，由山东大学管理学院、中国企业管理研究会、云南邓荣霖教育基金会联合主办，《经济管理》杂志社协办，山东大学人文社科类高端学术论坛支持的“致敬 70 年：中国企业管理发展论坛”在山东大学中心校区举行。山东大学常务副校长王琪珑、中国企业管理研究会会长黄速建、云南邓荣霖教育基金会副理事长李桂荣出席开幕式并致辞。山东大学管理学院党委书记吉小青主持开幕式。

9 日　为了持续推进中国企业社会责任、企业伦理、管理伦理领域的理论研究，促进学者间的思想碰撞，由上海交通大学安泰经济与管理学院与《管理学报》联合发起，山东大学管理学院主办的“第六届中国企业·管理·伦理论坛”在山东大学中心校区举行。山东大学管理学院副院长王益民教授、上海交通大学安泰经济与管理学院周祖成教授出席开幕式并致辞，山东大学管理学院辛杰副教授主持开幕式。

11 日　山东大学与财政部山东监管局战略合作框架协议签约仪式在山东大学中心校区举行。山东大学校长樊丽明，财政部山东监管局党组书记、局长王振东，财政部山东监管局党组成员、副巡视员安钢出席签约仪式。山东大学副校长芦延华主持签约仪式。

15 日　中国药品监督管理研究会会长、原国家食品药品监督管理局局长、原卫生部副部长邵明立教授受聘山东大学齐鲁医学院名誉院长仪式在趵突泉校区举行，山东大学药品监管科学研究院揭牌仪式同时举行。山东大学校长樊丽明、副校长韩圣浩，副校长、齐鲁医学院院长陈子江，山东省商业集团有限公司党委副书记、总经理、山东省药学科学院理事长凌沛学，山东省药品监督管理局副局长史国生出席仪式。樊丽明向邵明立颁发了山东大学齐鲁医学院名誉院长聘书。邵明立、凌沛学、史国生、樊丽明、韩圣浩、陈子江共同为山东大学药品监管科学研究院揭牌。陈子江主持活动。

16 日　全国政协副主席何维一行来山东大学考察调研医学教育工作。国家药品监督管理局局长焦红，中国药品监督管理研究会会长、原国家食品药品监督管理局局长、原卫生部副部长邵明立，山东省副省长任爱荣，山东省政协副主席赵家军，山东大学校长樊丽明，常务副校长王琪珑，副校长、齐鲁医学院院长陈子江参加活动。王琪珑主持工作汇报会。

17～25 日　QCD 物理暨基金委重大项目“量子色动力学的相结构和新颖拓扑效应研究”年度学术交流会(Workshop on QCD Physics & Study of the QCD Phase Diagram and New-type Topologic Effect)在山东大学威海国际学术中心举行。中国科学院院士、北京大学赵光达教授，中国科学院院士、中科院理论物理研究所张肇西教授，中国科学院院士、中国原子能研究院张焕乔研究员，中国科学院院士、中科院上海应用物理所沈文庆研究员，中国科学院院士、浙江大学罗民兴教授，中国科学院院士、复旦大学/中科院上海应用物理所马余刚研究员，以及来自美国布鲁克海文国家实验室、劳伦斯伯克利国家实验室、石溪大学、得克萨斯 A&M 大学、伊利诺伊大学芝加哥分校，中科院理论物理所、中科院上海应用物理所、华中师范大学、清华大学、南开大学、华南师范大学、中国科技大学、复旦大学、山东大学等 30 余个科研院所及高校的 100 多名国内外

2019 年

7 月

高能核物理领域相关专家学者出席了会议。

24～26 日　以“敢为人先放飞青春梦，勇立潮头建功新时代”为主题的第五届山东省“互联网＋”大学生创新创业大赛决赛在青岛大学浮山校区举行。山东大学学生作品共获得金奖 9 项、银奖 2 项、铜奖 14 项。

27～28 日　为庆祝中华人民共和国成立 70 周年，深入贯彻习近平总书记在学校思想政治理论课教师座谈会上的重要讲话精神，全面回顾与总结 70 年来思想政治教育理论与实践的成就和经验，推动新时代思想政治教育工作的创新发展，由山东大学马克思主义学院主办的新中国成立 70 年与思想政治教育创新发展高端论坛在山东龙口举行。《红旗文稿》杂志社社长顾保国教授、中国人民大学马克思主义学院党委书记兼常务副院长王易教授、同济大学马克思主义学院院长徐蓉教授出席开幕式，山东大学马克思主义学院副院长郑敬斌教授代表主办单位致辞。开幕式由山东省高校思想教育教学研究会会长、山东大学马克思主义学院徐国亮教授主持。

31 日　由山东大学齐鲁医院左秀丽教授担任项目负责人的 2018 年度国家重点研发计划“智能机器人”重点专项“消化内镜微创手术机器人关键技术及系统”项目启动暨实施方案论证会在济南召开。科技部“智能机器人”重点专项总体专家组组长赵杰教授、天津大学副校长王树新，山东省科技厅一级巡视员张士新，山东大学校长助理、科研院院长易凡，齐鲁医院院长陈玉国出席会议。

本月　山东大学国际创新转化学院名誉院长、剑桥大学先进光子学与电子技术中心主席初大平教授，剑桥大学剑桥企业中心首席执行官 Tony Raven 博士在青岛校区作了创新创业主题系列讲座。山东大学副校长、青岛校区校长韩圣浩主持讲座。

8 月

2～3 日　由山东大学主办的《中国现代普通外科进展》杂志第四届编委会暨首届齐鲁精准肝胆外科论坛在济南举行。中国工程院院士、国家肝癌科学中心主任王红阳，中国工程院院士、清华大学临床医学院院长、清华大学长庚医院执行院长董家鸿，山东大学常务副校长王琪珑出席会议并致辞。

16 日　国家自然科学基金委员会公布了 2019 年国家自然科学基金集中申报项目立项结果。截至目前，山东大学共获各类资助项目 505 项，立项项目数位居全国第八位，均创历史最好水平。

16～18 日，由教育部人文社会科学重点研究基地——山东大学当代社会主义研究所主办的“中华人民共和国政治发展 70 年与当代社会主义民主政治新态势”高端论坛暨山东大学当代社会主义研究所 2019 年学术年会在山东大学青岛校区召开。来自中共中央对外联络部、中央党史和文献研究院、中国社科院、中央党校、中央社会主义学院、北京大学、中国人民大学、华中师范大学、浙江大学、山东大学等 30 余所高校、科研机构的近百名专家学者参加了此次会议。

17～18 日　中国历史研究院历史研究杂志社与山东大学历史文化学院共同主办的第六届青年史学家论坛在山东济南举行，来自中国历史研究院、北京大学、南开大学、山东大学等 15 所高校和科研单位的 70 余位青年学者参加论坛。山东大学副校长芦延华、中国历史研究院历史研究杂志社社长路育松出席开幕式并讲话。山大历史文化学院党委书记刘军主持开幕式。

19 日　英国爱丁堡皇家学会院士、诺丁汉大学 Colin Snape 教授受聘山东大学兼职讲席教授仪式在中心校区举行。山东大学副校长陈子江出席聘任仪式并为其颁发聘书。

21 日　中国化学会第十届全国无机化学学术会议闭幕式在山东大学中心校区知新楼举行。大会主席、中国科学院院士钱逸泰，中国科学院院士高松、陈小明、陈军，中国化学会副秘书长郑素萍，中国化学会无机化学学科委员会主任左景林，山东大学常务副校长王琪珑出席闭幕式。

22 日　微生物技术国家重点实验室建设发展战略咨询研讨会在青岛校区举行。中国科学院院士、上海交通大学邓子新教授，中国科学院院士、中国科学院生物物理研究所王志新教授，中科院青岛生物能源与过程研究所所长吕雪峰，山东大学副校长李术才出席咨询会。会议由青岛校区副校长韩明涛主持。

22～25 日　第十四届全国大学生"恩智浦"杯智能汽车竞赛全国总决赛在威海举行。山东大学代表队在比赛中获国家一等奖 4 项、二等奖 7 项。山东大学威海校区承办本次比赛并获组织贡献奖。

22～25 日　第十二届计算纳米科学与新能源材料国际研讨会在山东大学青岛校区召开。来自麦吉尔大学、中国科技大学、北京大学、清华大学以及中国科学院金属研究所等国内外科研机构、高等院校的 500 余名专家学者参加了此次研讨会。本次大会主题为：深入研讨当前国内外计算纳米科学与新能源材料领域研究热点、前沿和发展趋势，前瞻我国计算材料领域的前景与未来。

23～25 日　由山东大学《文史哲》编辑部主办，山东大学历史文化学院、北京大学中国古代史研究中心协办的"《文史哲》青年学者工作坊暨第十二届中国中古史青年学者联谊会"在山东济南召开。来自中国大陆、台湾，日本，美国 20 余所高校和科研机构的 38 位青年学者，参与了本次会议的论文发表和评议，并共同就中国中古史研究的成就、趋势和困境等话题展开讨论。会议得到了校内外广大师生的积极参与。

25 日　诺贝尔奖获得者 Arieh Warshel 教授受聘山东大学兼职讲席教授仪式暨数学与学科交叉研讨会在中心校区举行。山东大学副校长韩圣浩出席聘任仪式，并为 Arieh Warshel 教授颁发聘书。

26～29 日　山东大学举办 2019 年新聘教职工入职培训，校党委书记郭新立出席新聘教职工交流会，校长樊丽明出席培训会并为新聘教职工代表颁发聘书。

30 日　最高人民检察院检察研究基地授牌仪式暨检察理论工作座谈会在最高人民检察院机关会议室举行。最高人民检察院检察长张军、副检察长童建明、检委会专职委员万春等出席会议。山东大学常务副校长王琪珑应邀参会。在研究基地授牌仪式上，张军向山东大学检察理论研究中心颁授最高人民检察院"检察基础理论研究基地"牌匾。

本月　由山东大学微生物技术国家重点实验室、微生物技术研究院祁庆生教授牵头申请的"合成塑料降解转化微生物菌群"项目经中国和欧盟双方专家评审及机构协商，获得 2019 年国家自然科学基金组织间国际（地区）合作研究

2019 年

8 月

项目立项资助。项目由三个课题有机组成,总资助金额 1500 万元,实现了山东大学在该领域的突破。

本月　山东省社会科学优秀成果评奖委员会公布表彰省第 33 届社会科学优秀成果奖获奖成果,山东大学共有 50 项研究成果获奖,其中一等奖 7 项、二等奖 23 项、三等奖 20 项,获奖总数占全省获奖数的 20%。获得一等奖的成果为:《市场分割促进区域经济增长的实现机制与经验辨识》(作者:付强)、《社会主义国家政党政治百年探索》(作者:王韶兴)、《邻避困境:城市治理的挑战与转型》(作者:王佃利等)、《刑事诉讼中变更公诉的限度》(作者:周长军)、《创新与跨越:美学研究的三种路径》(作者:陈炎)、《俄藏黑水城金代〈西北诸地马步军编册〉新探暨重命名》(作者:范学辉)、《中国文化四季》(主编:马新、陈新岗等著)。此外,《生态美学基本问题研究》(作者:曾繁仁)等 23 项成果获二等奖;《论康德自然概念的三个层次》(作者:胡友峰)等 20 项成果获三等奖。

本月　教育部社会科学司公布了 2019 年度教育部人文社会科学重点研究基地重大项目立项结果,山东大学共有 3 项项目获准立项。3 项获准立项项目分别为:当代社会主义研究所楚成亚教授主持的“马克思主义话语主导权与当代中国基层社会意识形态问题研究”、犹太教与跨宗教研究中心张平教授主持的“对话视域中的以色列宗教与现代性研究”、文艺美学研究中心程相占教授主持的“生态批评的理论问题及其中国化研究”。

本月　2019 年全国高性能计算学术年会(HPC China)在内蒙古呼和浩特举行。会上,大会组委会揭晓了第三届国产 CPU 并行应用挑战赛(简称 CPC)以及第七届“英特尔杯”全国并行应用挑战赛(简称 PAC)的比赛结果。山东大学一参赛队获得全国 PAC 赛事第 1 名——该项赛事唯一金奖。指导老师为软件学院刘卫国教授。

本月　2019 年“TI 杯”全国大学生电子设计竞赛结果公布,山东大学本科生代表队获得全国一等奖 2 项、二等奖 8 项,山东省一等奖 14 项、二等奖 18 项。其中,控制学院李效霖、从政、周子泰的作品“线路负载及故障检测装置(C 题)”,张延峰、褚石磊、杨晓君的作品“模拟电磁曲射炮(H 题)”分别获得全国一等奖。另有来自控制学院、信息学院、电气学院的八支队伍获得全国二等奖。

9 月

6 日　山东大学 2019 级本科生开学典礼暨迎新音乐会在中心校区体育馆隆重举行。校党委书记郭新立出席典礼并为优秀新生奖学金获得者颁发证书,校长樊丽明在典礼上讲话,为 2019 级新同学讲授开学第一课。力学专业 77 级校友、中国科学院院士胡海岩教授,山东大学终身教授、文艺美学研究中心曾繁仁先生,国家杰出青年基金获得者、物理学院司宗国教授,国家杰出青年基金获得者、材料科学与工程学院尹龙卫教授,国家杰出青年基金获得者、齐鲁医学院马春红教授,国家万人计划教学名师、材料科学与工程学院孙康宁教授,校党委副书记仝兴华、张永兵、陈向阳,副校长陈子江、芦延华、刘建亚,校党委常委、宣传部部长桑晓旻,校长助理、人事部部长吴臻,校长助理、科学技术研究院院长易凡,校长助理、青岛校区副校长曹现强等出席典礼,并在主席台就坐。仝兴华主持典礼。

2019 年

9 月

6～8 日　中国考古学会人类骨骼考古专业委员会第三届年会暨生物考古学高端论坛在山东大学青岛校区召开，本次会议主题为“以骨释古，考古情境下古代人骨的研究”。国家文物局副局长顾玉才，山东大学党委副书记、青岛校区党工委书记张永兵，山东省文化和旅游厅一级巡视员周晓波，中国考古学会常务理事兼人类骨骼考古专业委员会主任朱泓出席会议。山东大学历史文化学院院长、文化遗产研究院院长方辉教授主持开幕式。

7 日　山东大学威海校区商学院、山东大学服务贸易中心在威海校区举办了“新中国 70 年：国际贸易理论演进和服务贸易创新发展高端论坛”。来自中国国际经济交流中心、清华大学、中国科学院大学、浙江大学、南开大学、厦门大学、山东大学、商务部研究院、光明日报、鼎韬研究院等单位的知名专家学者参加了论坛。

7～11 日　诺贝尔物理学奖获得者、麻省理工学院教授、山东大学名誉教授丁肇中(Samuel C. C. Ting)率团访问山东大学。山东省委书记刘家义，省委常委、秘书长孙立成，副省长于杰，山东大学党委书记郭新立、校长樊丽明，省政协副主席程林会见丁肇中教授一行。

8 日　山东大学 2019 级研究生开学典礼在中心校区体育馆隆重举行。校党委书记郭新立出席典礼并为山东大学研究生优秀生源奖励基金获得者代表颁奖；校长樊丽明出席典礼并讲话，寄语同学们立志做新时代的研究者。

10 日　山东大学在中心校区音乐厅举行 2019 年教师节庆祝大会暨优秀教师颁奖典礼，表彰本科教学“终身成就奖”、本科教学“卓越奖”、第十一届“我心目中的好导师”、最美高校辅导员等荣誉称号获得者。校党委书记郭新立、校长樊丽明出席大会并讲话；中国工程院院士、山东大学讲席教授王文兴，中国科学院院士、山东大学讲席教授王小云，山东大学终身教授曾繁仁等杰出学者代表，常务副校长王琪珑，党委副书记仝兴华、陈向阳，副校长韩圣浩、陈子江、芦延华、刘建亚，校党委常委、宣传部部长、教师工作部部长桑晓旻，校长助理邢占军、吴臻出席典礼。

11 日　山东大学世界一流大学建设中期自评专家评议会在中心校区召开。会议邀请中国科学院院士郭雷、钱逸泰、陈军、郭万林，中国工程院院士侯保荣、吴以成、于金明，吉林大学吴振武教授，上海交通大学吴建南教授等 9 人组成专家组，对山东大学前一阶段世界一流大学建设进行评议。山东大学党委书记郭新立、校长樊丽明出席会议。

同日　山东大学召开“不忘初心，牢记使命”主题教育动员部署大会，深入贯彻落实习近平总书记关于“不忘初心，牢记使命”主题教育的重要讲话和重要指示批示精神，按照中央要求，对学校开展主题教育进行动员部署并提出要求。校党委书记郭新立出席会议并作动员部署，校长樊丽明主持会议并讲话。中央第四指导组副组长、教育部科技司副司长张国辉出席会议并讲话。

17 日　山东大学 2019 年迎新文艺晚会在中心校区体育馆举行。晚会以“梦开始的地方”为主题，济南各校区 2019 级本科新生参加。

17～19 日　为落实服务山东战略，加强产学研合作交流，山东大学代表团先后赴东营市、淄博市、日照市座谈交流，与三市人民政府签署战略合作框架协议,18 项产学研合作项目同时签约落地。校长樊丽明、常务副校长王琪珑、副校长芦延华出席相关活动。

19 日 “放歌新时代,礼赞新中国”。山东大学庆祝中华人民共和国成立 70 周年教职医务员工合唱比赛决赛在中心校区音乐厅举行。校党委副书记陈向阳,党委常委、组织部部长陈宏伟出席活动并为获奖单位颁奖。

20 日 山东大学 2019 级学生军训汇报表演暨总结表彰大会在中心校区举行。山东大学党委书记郭新立,中国人民解放军 32125 部队政治委员赵廷磊,济南警备区副司令员王浩,党委副书记仝兴华,党委副书记、纪委书记陈向阳出席大会。大会由仝兴华主持。

同日 山东大学校长樊丽明与威海市委书记王鲁明就进一步推进校地合作共建事宜进行座谈交流。威海市委常委、秘书长侯世超,威海市副市长张伟,威海高新区党工委书记、管委会主任刘伟;山东大学副校长、山东大学(威海)校长刘建亚,山东大学(威海)党工委书记尹作升等参加座谈。

同日 山东大学(威海)2019 级新生开学典礼暨迎新晚会举行。山东大学校长樊丽明出席典礼并讲话,山东大学副校长、山东大学(威海)校长刘建亚主持典礼。山东大学(威海)党工委书记尹作升、校区领导班子全体成员出席活动。

21 日 世界华人心血管医师协会(“World Association of Chinese Cardiologists”,简称“WACC”)换届会议在青岛举行,中国工程院院士、山东大学齐鲁医院张运教授受聘为世界华人心血管医师协会第二届委员会荣誉会长。世界华人医师协会会长、中国医师协会会长张雁灵教授向张运院士颁发了聘书。

同日 山东大学(青岛)2019 级新生开学典礼暨迎新晚会隆重举行。校长樊丽明出席典礼,并为优秀新生奖学金获得者和研究生优秀生源奖励基金获得者代表颁奖。

22 日 济南市政协主席雷杰率团来山东大学考察访问。校长樊丽明会见雷杰一行。双方就共建山东大学国际医学中心工作进行了座谈。

23～24 日 山东大学领导班子“不忘初心,牢记使命”主题教育第一次集中学习研讨在中心校区明德楼举行。中央第四指导组组长、最高人民检察院原副检察长、党组成员李如林,山东大学党委书记郭新立、校长樊丽明出席会议。郭新立主持会议。此次学习研讨的主题为“为国育贤守初心,落实立德树人根本任务”,重点围绕落实立德树人根本任务,健全“三全育人”体制机制,强校兴国行动方案等开展研讨。

24 日 在济南举行的 2019 中国城市信用建设高峰论坛上,由山大地纬建设、将服务于中国(山东)自由贸易试验区济南片区的“区块链＋政务”可信服务平台正式发布,依托区块链技术,山东自贸试验区济南片区将在保障审批信息安全可信的同时,加速实现“秒办”“联办”。这是山大地纬软件股份有限公司近年来开展区块链技术研究、开展“区块链＋”应用的又一次成功案例。

25 日 山东大学发展战略咨询委员会第二次会议在青岛校区召开。发展战略咨询委员会主任委员、中国工程院院士、教育部原副部长赵沁平主持会议,发展战略咨询委员会委员李守信、温熙森、黄达人、周其凤、周绪红、张大良、赵

2019 年

9 月

路，山东大学党委书记郭新立，山东省委教育工委常务副书记、省教育厅厅长邓云锋出席会议。

29 日　山东省庆祝中华人民共和国成立 70 周年招待会暨 2019 年度“山东省荣誉公民”“山东省人民友好使者”授荣典礼在山东大厦举行。山东大学电气工程学院客座教授弗拉基米尔·特兹亚（Vladimir Terzija）获得“山东省荣誉公民”称号，青岛校区副校长、生命科学学院院长谭保才与微生物技术研究院院长、微生物技术国家重点实验室主任张友明获得“山东省人民友好使者”称号。

30 日　庆祝中华人民共和国成立 70 周年山东大学师生书画展在中心校区举行开展仪式。校党委副书记张永兵，校党委常委、宣传部部长桑晓旻等出席开展仪式。本次书画展由山东大学党委宣传部主办，山东大学书画研究院承办，活动共征集济南、威海、青岛三地师生书画作品 300 余幅，在中心校区展出 80 余幅。

同日　2019 年度中国政府友谊奖颁奖仪式在人民大会堂隆重举行，国家领导人向来自 31 个国家的 100 位获奖外国专家表示热烈祝贺，充分肯定他们为促进中国现代化建设、推动中外友好交往与互利合作所作的重要贡献。山东大学电气工程学院客座教授弗拉基米尔·特兹亚（Vladimir Terzija）获此殊荣。

本月　教育部正式发文公布 2019 年度省部共建协同创新中心认定名单，共有 64 个省部共建协同创新中心通过认定，山东大学申报的“儒家文明省部共建协同创新中心”获批建设。这标志着该中心从原有的“山东省高等学校协同创新中心”升级为国家级科研平台，成为学校首个省部共建协同创新中心。

本月　教育部下发了《关于公布 2019 年教育部野外科学观测研究站名单的通知》，依托山东大学环境科学与工程学院建设的“南水北调东线河湖生态健康”野外科学观测研究站获批立项。此次是教育部首次将野外科学观测研究站列入教育部科技创新平台序列支持建设，也是山东大学首次获批建设野外科学观测研究站。

10 月

1 日　为隆重庆祝中华人民共和国成立 70 周年，山东大学在中心校区大成广场举行国庆升旗仪式，开展“我与祖国共奋进——国旗下的演讲”特别主题团日活动。山东大学党委副书记仝兴华参加活动并致辞，校党委常委、党委宣传部部长桑晓旻参加活动。

9 日　在第 28 个世界精神卫生日来临之际，山东大学与省精神卫生中心开展合作并举办世界精神卫生日主题活动。山东大学与省精神卫生中心合作协议签订仪式在中心校区举行。山东大学党委副书记仝兴华、山东省卫生健康委员会副主任秦成勇出席仪式。

11～12 日　高考改革高峰论坛暨山东大学第十五届全国重点中学校长论坛在中心校区举办。此次论坛旨在进一步加强大学与中学的交流与合作，着重探讨新高考改革背景下人才选拔方式与人才培养工作。山东大学校长樊丽明出席开幕式并致辞。中国教育在线总编辑陈志文，山东大学党委副书记仝兴华、副校长刘建亚参加活动。

2019 年

10 月

12 日　由山东大学历史文化学院顾銮斋教授任首席专家的国家社科基金重大项目《多卷本英国赋税通史》开题论证会在山东大学中心校区举行。

12～14 日　由中国微生物学会、山东微生物学会主办，山东大学微生物技术国家重点实验室承办的 2019 年中国微生物学会学术年会在泉城济南召开。中国微生物学会理事长、中国科学院院士、上海交通大学邓子新，中国微生物学会副理事长、中国科学院微生物研究所黄力研究员，中国微生物学会副理事长、中国疾病预防控制中心邵一鸣研究员，中国微生物学会副理事长、空军军医大学徐志凯教授，中国微生物学会副理事长、云南大学张克勤教授，山东省科学技术协会二级巡视员、人才部部长赵书平，山东大学副校长李术才，中国微生物学会常务理事、山东微生物学会理事长陈冠军教授，欧洲科学院院士、山东大学微生物技术国家重点实验室主任张友明教授出席开幕式。

14 日　由山东大学机械工程学院黄传真教授主持承担的国家重点研发计划“制造基础技术与关键部件”重点专项“高速、低温、清洁切削机理及其关键前沿技术研究”项目启动会在山东大学召开。国家“高档数控机床与基础制造装备”科技重大专项技术副总师、国家重点研发计划“制造基础技术与关键部件”重点专项专家组组长、中国机械工业联合会副秘书长李东茹，山东大学校长助理、科学技术研究院院长易凡出席会议。

14～19 日　数学与交叉科学研究中心举办了“表示论进展与展望”的国际学术研讨会。来自美国犹他大学、克罗地亚萨格勒布大学，日本东京大学、京都大学、熊本大学、东京农业科技大学、青山大学，中国香港科技大学、香港中文大学、香港中文大学－深圳、台湾“中研院”、台湾清华大学、中国科学院、北京大学、清华大学、复旦大学、华东师范大学、上海大学、上海师范大学、厦门大学和山东大学等 21 个世界知名大学科研机构的 26 位国内外基础数学表示论方向的知名专家学者参加了此次会议。

15 日　山东大学第四届齐鲁青年论坛主论坛在中心校区举行，来自 21 个国家和地区的 200 余位青年学者参加活动。山东大学校长樊丽明出席会议并致辞，论坛由副校长韩圣浩主持。

18 日　第十四次体育文化建设与中华传统诗词研讨会在山东大学举行。全国政协原常委、北京市人大常委会副主任、北京体育大学副校长田麦久，中华全国体育总会顾问、国家体育总局原副局长崔大林，中国人民解放军特种作战学院军事体育战略研究中心原主任刘德佩，中国体育科学学会副理事长、体育社会科学分会主任委员、北京体育大学原党委书记、校长杨桦，沈阳体育学院原党委书记、院长王钰清，山东大学党委副书记仝兴华出席本次研讨会。研讨会开幕式由中国体育科学学会体育社会科学分会副主任委员兼秘书长黄亚玲主持。

18～20 日　由山东大学、新加坡南洋理工大学、清华大学联合主办，山东大学－南洋理工大学人工智能国际联合研究院(C-FAIR)承办的第四届众智科学与工程国际会议(ICCSE 2019)在济南举行。会议同时联合了第七届人工智能与乐龄科技国际会议(ICAA2019)、第四届 IEEE 智能代理国际会议(IEEE ICA 2019)共同组织召开。来自十余个国家和地区的 160 余名人工智能领域知名学者参加会议。会议期间，山东大学校长樊丽明会见了与会专家。

2019 年
10 月

19 日　第三届全国高校联合国知识竞赛在北京第二外国语学院举行。由山东大学外国语学院马文啸、庞妍妮、李英健三名队员组成的山东大学代表队荣获特等奖。大赛共评出特等奖 1 个、一等奖 2 个、二等奖 5 个、三等奖 6 个，还评出了最佳组织奖和个人最佳风采奖。

20 日　ISQua（国际医疗品质协会）第 36 届年会在南非首都开普敦国际会议中心召开。在本届年会特别举办的全球首届医疗品质提升大赛（the First International Quality Improvement Competition）上，山东大学齐鲁医院课题研究型品管圈“肺福之言圈”——“基于 ERAS 肺癌患者气道管理 360 模式构建”获得了第一名，也是大赛唯一的一等奖。

20～24 日　首届山东大学“全球友好学校交流周”暨“双一流”建设背景下的学生流动工作研讨会在中心校区举行，来自 12 个国家和地区 20 多所友好高校的 40 余名代表齐聚山大，共话合作。期间举行了 20 余场境外学习经历宣讲会、10 余场工作座谈会，开展了境外学习经历交流展、英文授课课堂观摩、中华传统文化体验等形式多样的交流活动。山东大学校长樊丽明会见了参会友好高校代表，副校长韩圣浩参加会见，并出席交流周开幕式等相关活动。

21～23 日　为落实“重庆市人民政府与山东大学战略合作框架协议”精神，重庆三峡学院、重庆师范大学先后来访，就深化校际合作、助推鲁渝友好协作进行交流座谈。山东大学常务副校长王琪珑，党委副书记、纪委书记陈向阳，副校长刘建亚出席相关活动。

22 日　国务院新闻办公室发表了《为人民谋幸福：新中国人权事业发展 70 年》白皮书。山东大学人权研究中心主办的学术理论性刊物《人权研究》出现在白皮书中。白皮书第六部分“不断加强人权法治保障”的第九段“提高全社会人权法治意识”一节中写道：“出版和发行《人权》《人权研究》《中国人权评论》等专业书刊。中国人权研究会连续出版《中国人权事业发展报告》蓝皮书，积极推动人权学术研究、教育和知识普及。”

23 日　为适应“健康中国”战略发展需要，促进人工智能和医学交叉融合，推动生物医学工程学科、智能医学工程专业建设和临床医学、医疗及相关产业发展，经学校 2019 年第 13 次校长办公会议研究，决定成立山东大学智能医学工程研究中心。该中心为学校直属科研机构，挂靠控制科学与工程学院，与齐鲁医院共建。王聪任中心主任。

24 日　黄河生态文明专家论坛暨生态环境损害司法鉴定理论研究与实践基地成立活动在山东大学青岛校区举行。司法部副部长刘振宇、山东大学校长樊丽明，中国工程院院士、山东大学讲席教授王文兴出席活动。山东大学副校长韩圣浩主持签约活动。

同日　山东大学授予德国科学院与工程院院士 Rolf Müller 教授名誉博士学位仪式在青岛校区举行。山东大学学位评定委员会主席、校长樊丽明出席仪式。樊丽明为 Rolf Müller 教授颁发山东大学名誉博士学位证书。山东大学青岛校区党工委书记孔令栋宣读了国务院学位委员会《关于同意授予罗夫·穆勒名誉博士学位的通知》。

2019 年

10 月

25 日　山东大学召开 2019 年国际合作与交流工作会议，会议主题为“全面落实国际化战略，扎实推进‘双一流’建设”。校党委书记郭新立、校长樊丽明出席会议并讲话。

25 日　由山东大学新闻传播学院主办、北京外国语大学国际新闻与传播学院协办的第五届中国跨文化传播论坛在山东新闻大厦召开。本届论坛的主题为“媒介科学与跨文化创新传播”。山东大学党委副书记张永兵出席论坛并致辞。来自北京大学、中山大学、北京外国语大学、西安交通大学、山东大学等高校的 70 多余位专家学者参加论坛。

26 日　山东大学校友会第三届理事会第四次会议暨 2019 年校友工作会议在中心校区举行。山东大学党委书记郭新立，山东大学校长、校友会会长樊丽明，山东大学原党委书记李守信出席会议。

27 日　山东大学 2019“范曾日”活动在中心校区知新楼举行。书画大师、山东大学艺术学院名誉院长范曾先生以“中国画纵横谈”为题为师生作学术讲座。校党委书记郭新立会见范曾先生并出席讲座。

同日　山东大学 2019 年“礼赞七十年·奋斗新时代”研究生合唱比赛在中心校区音乐厅举行。校党委副书记仝兴华出席活动并颁奖。全校 32 个培养单位逾两千名研究生参加活动。

28 日　由中国科学文献计量评价研究中心和清华大学图书馆联合研制的《中国学术期刊影响因子年报》(人文社会科学)2019 年版发布。该年报显示，《山东大学学报》(哲学社会科学版)影响力指数 CI 值为 161.456，在 191 种社会科学综合期刊中排名第 19 位，位于 Q1 区。

本月　由山东大学管理学院旅游管理系发起并组织的首届旅游实验研究方法学术研讨会暨《旅游学刊》第七届青年学者学术沙龙在中心校区举行。教育部高校旅游管理类专业教学指导委员会秘书长赵书虹，山东大学校长助理、人文社科研究院院长邢占军出席会议。

本月　2020 年优秀应届本科毕业生免试攻读研究生接收工作基本结束。经学校推荐、招生单位录取，山东大学 1764 名优秀应届本科毕业生将赴北京大学、清华大学、山东大学、上海交通大学、浙江大学、南京大学、中国科学院大学等高校和科研机构免试攻读研究生。

本月　新闻传播学院杨晓冬副研究员以第一作者身份在 SSCI 一区顶级期刊 *Public Understanding of Science* 发表了题为“Does Media Exposure Relate to the Illusion of Knowing in the Public Understanding of Climate Change?”的学术研究论文。*Public Understanding of Science* 为新闻传播学专业期刊，致力于发表关于科学与公众的国际前沿研究成果，具有较大的学术影响力。这是山东大学新闻传播学院首次在该期刊发表文章。

11 月

4 日　世界政党研究中心成立仪式在山东大学举行。山东大学党委书记郭新立，中国社会科学院党组成员、当代中国研究所所长兼马克思主义研究院院长姜辉出席仪式并为研究中心揭牌。

5 日　中央统战部副部长邹晓东一行来山东大学调研留学人员统战工作。中央统战部五局局长李莉，山东省委统战部分管日常工作的副部长赵强，济南市委常委、统战部部长王拥华，山东大学党委副书记张永兵出席调研活动。

6 日　教育部党组成员、副部长翁铁慧来山东大学调研“双一流”建设和思想政治理论课建设情况。校党委书记郭新立、校长樊丽明陪同调研。

9 日　“新中国 70 年收入分配与财税政策研讨会”在山东大学中心校区举行。校长樊丽明出席会议并致辞。研讨会由山东大学经济学院、山东大学公共经济与公共政策研究中心、山东省公共经济与公共政策研究基地共同主办，来自中国社会科学院、北京大学、复旦大学、中国人民大学等高校以及《财政研究》《财贸经济》《税务研究》《上海财经大学学报》《当代财经》期刊编辑部的专家学者及经济学院师生参加会议。

10 日　由山东大学和山东省高等学校教务与教学管理学会联合主办的“新文科建设高峰论坛:从理念到行动”在中心校区举行。山东大学校长、教育部新文科建设工作组组长樊丽明，北京语言大学校长刘利，教育部高教司副司长徐青森，山东省教育厅二级巡视员张士俊，山东大学党委副书记仝兴华等出席会议。

11 日　由山东大学、四川大学法律实证研究所主办，山东大学法学院和《山东大学学报》(哲学社会科学版)编辑部联合承办的第四届中国法律实证年会暨“新中国成立以来法律实证研究的新发展”高端论坛在山东青岛举行。山东大学青岛校区党工委副书记、法学院党委书记杜言敏、《山东大学学报》(哲学社会科学版)主编魏建以及四川大学法学院院长左卫民出席会议并致辞。会议开幕式由山东大学法学院副院长郑智航主持。

13 日　山东大学领导班子“不忘初心，牢记使命”主题教育整改落实推进会举行。中央第四指导组组长、最高人民检察院原副检察长、党组成员李如林到会指导。校党委书记郭新立出席会议。校长樊丽明主持会议。

14 日　由山东山大华天软件有限公司牵头、山东大学机械工程学院高琦教授担任项目负责人的国家重点研发计划“网络协同制造和智能工厂”专项“产品服务生命周期集成平台研发”项目启动暨实施方案论证会在济南召开。

同日　山东大学文化遗产研究院王伟教授与哥本哈根大学 Enrico Cappellini 教授带领的科研团队，首次在距今 193 万年的巨猿化石中成功提取遗传信息，并确认了这个早已绝灭的物种与亚洲猩猩存在密切的演化关系。这是在亚热带地区的化石中首次提取年代如此古老的蛋白质证据，其研究成果“牙釉质蛋白质组揭示巨猿是猩猩家族的早期成员”(Enamel proteome shows that Gigantopithecus was an early diverging pongine)发表在英国《自然》杂志。王伟教授为该论文的共同通讯作者。

17 日　2019 未来科学大奖颁奖典礼在北京举行，山东大学网络空间安全学院(研究院)院长，双聘院士、讲席教授王小云荣获“数学与计算机科学奖”。山东大学党委书记郭新立受邀出席颁奖典礼。

19 日　科技部办公厅、财政部办公厅联合发布了《关于发布中央级高校和科研院所等单位重大科研基础设施和大型科研仪器开放共享评价考核结果的

2019 年
11 月

通知》(国科办基〔2019〕90 号),公布了前期评价考核结果,山东大学连续两年保持优秀。

20 日 山东大学在中心校区召开 2019 年“双一流”建设工作推进会。会议传达了教育部近期关于“双一流”建设的有关指示精神,安排部署了下一阶段重点工作。校长樊丽明出席会议并讲话,副校长刘建亚主持会议,副校长芦延华出席会议。

21 日 中国数学会第十三次全国会员代表大会暨 2019 年学术年会在广东佛山召开。会议开幕式上公布了 2019 年中国数学会华罗庚奖、陈省身奖和钟家庆奖获奖名单。山东大学吴臻教授获得第十七届陈省身数学奖,以奖励其在随机递归系统的最优控制理论和方法研究上取得的一系列创新性突破性结果,这也是山大学者首次获得该奖项。

同日 第八届焊接科学与工程国际会议(8th International Conference on Welding Science and Engineering)上举行了焊接科学与工程计算(Computational Welding Science and Engineering,简写为 CWSE)先锋奖(Pioneers Award in)的颁奖仪式,山东大学材料科学与工程学院武传松教授因其“在焊接科学与工程计算领域作出了突出及开拓性的贡献”获得这一殊荣,是本届唯一获奖者。国际计算焊接力学的创始人、CWSE 先锋奖基金会主席、日本大阪大学荣休教授 Ueda 向武传松教授颁发了奖牌,CWSE 先锋奖评选委员会主席、日本大阪大学麻宁绪教授向武传松教授颁发了奖品。

21~22 日 2019 年中国研究生媒体联席会议暨“为祖国点赞”活动总结会在山东大学举行。会议以“加强融媒协作・共助立德树人”为主题,紧密围绕高校落实立德树人根本任务,就推进新媒体的融合与协作展开交流。山东大学党委书记郭新立,教育部学位与研究生教育发展中心主任、《中国研究生》杂志主编黄宝印,山东省教育厅二级巡视员张士俊出席大会开幕式并致辞。校党委副书记王君松主持会议。

21~22 日 由山东大学物理学院主办的薄膜暨光学和有机电子学交叉学科国际学术研讨会(International Interdisciplinary Workshop on Thin Films & Photonics and Organic Electronics)在中心校区举行。这是自 2016 年来物理学院主办的该系列第四次会议。来自澳大利亚、韩国、日本、中国香港和大陆多所高校及研究机构的 80 余位专家学者、研究生参加。

22 日 2019 年中国科学院、中国工程院增选院士名单公布,山东大学陈子江教授当选为中国科学院生命科学和医学学部院士,李术才教授当选为中国工程院土木、水利与建筑工程学部院士。

23 日 2019 年医学数据科学大会在山东大学趵突泉校区开幕。中国科学院院士金力、赵国屏,中国工程院院士周宏灏,山东省副省长孙继业,济南市委副书记、市长孙述涛,山东大学党委书记郭新立出席开幕式。中国科学院院士、山东大学副校长、齐鲁医学院院长陈子江主持开幕式。

同日 山东大学一特拉维夫大学犹太与以色列联合研究所揭牌仪式在中心校区举行。以色列特拉维夫大学校长特派代表 Orly Fromer 女士、山东大学常务副校长王琪珑出席仪式并致辞。教育部人文社会科学重点研究基地山东大学犹太教与跨宗教研究中心主任、山东大学—特拉维夫大学犹太与以色列联合研究所所长傅有德教授主持揭牌仪式。

24 日　2019 年度宝钢教育基金（宝钢教育奖）年度会议举行，山东大学 8 名师生获得奖励。其中，临床医学院本科生周晴获得优秀学生特等奖，山东大学已连续两年获得宝钢优秀学生特等奖。

同日　山东省教育厅组织专家组在济南对山东大学“智能无人系统教育部工程研究中心”建设计划任务进行了可行性论证，正式启动中心建设。

25 日　山东泉润晟投资有限公司向山东大学捐赠仪式在山东大学中心校区举行。山东泉润晟投资有限公司捐资 500 万元人民币，用于支持山东大学脑与类脑科学研究。签约仪式前，山东大学校长樊丽明会见了山东泉润晟投资有限公司古真女士，山东大学兼职讲席教授、诺奖获得者爱德华·莫索尔教授等。山东大学常务副校长王琪珑出席仪式。

同日　山东大学工业自动化研究生 1986 级校友、上海新时达电气股份有限公司董事长纪德法捐资 1000 万元支持山东大学事业发展。山东大学校长樊丽明出席仪式。山东大学常务副校长王琪珑主持仪式。

26 日　齐鲁医院血液科侯明教授作为中国大陆唯一受邀专家参与制定的 ITP 国际共识更新（Updated international consensus report on the investigation and management of primary immune thrombocytopenia）在美国血液病学会主办期刊 *Blood Advances* 在线发表。

同日　“双一流”建设背景下高校学术期刊的责任与使命学术研讨会暨全国高校文科学报研究会第八届理事会第五次会议召开。会上，《山东大学学报》（哲社版）荣获“全国高校社科名刊”荣誉称号。

28～29 日　多伦多大学医学研究院院长刘明耀率团访问山东大学，出席首届山东大学—多伦多大学双边医学论坛。山东大学校长樊丽明会见了代表团成员。山东大学副校长、齐鲁医学院院长陈子江出席相关活动。

29 日　山东大学召开“三全育人”综合改革工作推进会，党委书记郭新立出席会议并讲话。党委副书记王君松主持会议。

同日　由山东大学举办的全球汉籍合璧工程推进研讨会在中心校区召开。山东大学党委书记郭新立、终身教授曾繁仁、常务副校长王琪珑等出席会议。

30 日　山东大学与威海市人民政府深化校地合作签约仪式在威海东山宾馆举行。双方将在人才培养、科学研究、科技创新、智力服务、文化引领等方面，开展全方位、多层次、宽领域合作，构建全面战略合作关系和长效合作机制。

同日　山东大学澳国立联合理学院成立大会在威海校区举行。山东大学校长樊丽明，威海市委副书记、市长张海波，澳大利亚国立大学教务长 Mike Calford 等出席大会并致辞；澳大利亚驻华大使馆教育与研究公使衔参赞贺蓉歌女士向联合理学院的成立发来祝贺视频。

本月　山东大学临床研究中心揭牌仪式暨山大——哈佛临床研究高峰论坛在山东大学齐鲁医院大礼堂举行。山东大学副校长陈子江出席仪式并讲话，中国科学院院士顾东风、中国工程院院士张运、哈佛医学院研究生院院长 AjayK. Singh、挪威卑尔根大学医学院院长 Per Bakke、NEJM 医学前沿执行主

2019 年

11 月

编肖瑞平等国内外知名专家出席仪式。

本月　近日，由山东大学文学院主办、文艺美学研究中心承办的山东大学中国古代文学理论青年学者论坛在中心校区举行。来自国内近 20 所高等院校的 30 多名青年学者围绕中国古代文学理论研究的相关问题，展开了热烈交流和讨论。山东大学文学院院长杜泽逊教授、中山大学中国语言文学系主任彭玉平教授、华南师范大学文学院特聘教授蒋寅出席开幕式并致辞。

12 月

1 日　山东大学济南宽禁带半导体产业研究院揭牌仪式举行。山东省委常委、济南市委书记王忠林，市委副书记、市长孙述涛，市人大常委会主任殷鲁谦，市政协主席雷杰；山东大学校长樊丽明等出席活动。王忠林、樊丽明共同为山东大学济南宽禁带半导体产业研究院揭牌。

同日　第十六届中国研究生数学建模竞赛颁奖大会在福州大学举行。山东大学研究生获一等奖 1 项、二等奖 12 项、三等奖 27 项。其中，控制科学与工程学院研究生延晓晖、顾潘龙、庄文密团队获得一等奖，受邀担任竞赛赛题学术交流会主讲人。山东大学连续第十一次获评“优秀组织奖”。

2 日　共青团中央书记处书记李柯勇一行来山东大学专题调研青年思想政治状况。山东大学党委书记郭新立会见李柯勇一行。共青团山东省委副书记李子元一同调研，山东大学党委副书记王君松出席相关活动。

4 日　曲阜师范大学党委书记戚万学一行来山东大学座谈交流，就协商共建儒家文明省部共建协同创新中心、服务山东省新旧动能转换重大战略和科研管理等相关事宜交换意见。山东大学校长樊丽明，常务副校长王琪珑，曲阜师范大学党委常委、副校长夏云杰出席活动。

同日　全国哲学社会科学规划办公室公布了 2019 年度国家社科基金重大项目立项名单，山东大学八项课题获准立项，立项数居全国高校并列第九位。立项课题的学科分布为：哲学三项、中国文学三项、应用经济两项。

5 日　山东大学生殖医学陈子江教授团队与中科院北京基因组研究所刘江教授团队再次合作，在《自然》(*Nature*)杂志以长文形式(Article)发表了题为“Key role for CTCF in establishing chromatin structure in human embryos”的突破性成果。该成果首次揭示了人类早期胚胎中的染色质三维结构的动态变化，发现 CTCF 蛋白对于早期胚胎发育中拓扑结构域(TAD)具有重要调控作用。

6 日　中国铝业集团有限公司、山东大学“国企领导上讲台、国企骨干担任校外辅导员”第二场报告会在山东大学中心校区举行。中铝集团党组副书记、总经理余德辉作了题为《奋楫世界一流企业战略与管控》的主题报告。山东大学党委书记郭新立主持报告会，校党委副书记王君松出席相关活动。

9～10 日　2019 年国际中文教育大会在湖南长沙举行。中共中央政治局委员、国务院副总理孙春兰出席大会开幕式并发表主旨演讲。中共湖南省委书记、省人大常委会主任杜家毫，中国教育部部长陈宝生先后致辞；教育部副部长田学军主持大会开幕式。山东大学校长樊丽明率团参加大会，出席大会开幕式、孔子学院总部理事座谈会、山东大学 2019 年孔子学院院长联席会等活动并致辞。

2019 年
12 月

10 日　山东大学党委书记郭新立以“深入学习宣传贯彻党的十九届四中全会精神　扎实推进学校治理体系和治理能力现代化”为题，为学校师生代表作了党的十九届四中全会精神专题宣讲。

14 日　第十四届公共经济与公共政策研究论坛在山东大学中心校区举行。本次论坛的主题为“国家治理现代化与地方财政改革”。山东大学校长樊丽明，中国财政科学研究院院长刘尚希，中国社会科学院财经战略研究院副院长杨志勇，中央财经大学副校长马海涛，西南财经大学党委副书记马骁出席开幕式。

15 日　以“赢创新有道，大业域无疆”为主题的山东大学创新创业教育平台建设十周年总结表彰大会在中心校区举行。校长樊丽明出席会议并讲话，党委副书记、创新创业学院院长仝兴华致辞。

18 日　2019 山东省创新驱动发展高峰论坛在济南召开。本次论坛以“智聚赋能　创新未来”为主题。中国科学院院士郑建华、王小云，中国工程院院士侯保荣、杜彦良、王复明、孔宪京、李华军、马军、李术才，美国医学生物工程院院士、俄罗斯工程院外籍院士李长明等 10 位院士出席论坛。山东省委常委、济南市委书记王忠林，山东省副省长于杰，山东大学党委书记郭新立出席论坛并致辞。山东大学校长樊丽明为院士颁发山东工研院特聘专家聘书。山东省科学技术厅厅长唐波出席论坛。

同日　山东大学学位评定委员会 2019 年第二次全体会议在中心校区举行。校长、学位评定委员会主席樊丽明出席会议并讲话，副校长、学位评定委员会副主席刘建亚主持会议。校学位评定委员会副主席张运、王学典以及校学位评定委员会委员共 50 人参加会议。

21 日　以山东大学数学学院陈增敬教授为项目负责人的国家重点研发计划“金融风险的计量理论与方法”项目启动暨实施方案推进会在济南召开。中国科学院院士郭雷、彭实戈，山东大学党委书记郭新立等出席会议。

25 日　山东大学与济南市高新区共建软件园校区合作协议签约仪式在济南市高新区举行。山东大学校长樊丽明，济南市委常委、高新区管委会主任王宏志出席签约仪式并讲话。山东大学常务副校长王琪珑与高新区管委会常务副主任寇梅代表校地双方签署合作协议。副校长芦延华参加活动。

26 日　中共中央对外联络部在北京举办以“高质量共建‘一带一路’：方向和路径”为主题的“一带一路”高端智库论坛暨“一带一路”智库合作联盟理事会第五次会议。会前从国内外 262 家智库联盟理事单位中评选出 10 个优秀理事单位，山东大学亚太研究所入选，并再次被聘为新一届“一带一路”智库合作联盟理事单位。会上对评选出的优秀理事单位和新一届理事单位颁发了奖杯、证书和聘书。

27 日　山东大学在中心校区音乐厅举行 2019 年度“榜样的力量”优秀学生颁奖典礼，对 2019 年学生年度人物、校长奖获得者等优秀学生代表进行隆重表彰。学校党委书记郭新立、校长樊丽明出席典礼并致辞。

同日　由山东大学主办的“药品监管科学协同创新大会”在济南召开，同时举行国家药品监督管理局药品监管科学研究基地揭牌仪式。国家药品监督管理局副局长徐景和，中国药品监督管理研究会会长、原国家食品药品监督管理局局长、原卫生部副部长邵明立，山东省人大常委会副主任、山东省工商联主席王随莲，山东大学校长樊丽明出席大会。山东大学副校长、齐鲁医学院院长陈子江主持揭牌仪式。

28 日　由儒家文明省部共建协同创新中心和山东大学共同主办的“文化传承与儒学创新”学术研讨会暨 2019 年度儒家文明省部共建协同创新中心理事会议在北京举行。教育部社科司副司长谭方正，山东省教育厅科技处处长徐文广到会致辞；山东大学校长樊丽明发表讲话；常务副校长王琪珑主持理事会议。来自清华大学、北京大学、北京师范大学、中国人民大学、华东师范大学、浙江大学、四川大学、曲阜师范大学、山东师范大学、山东社会科学院、国际儒学联合会、中国孔子基金会、孟子研究院、曾子研究院、山东省图书馆以及山东大学的学者和中心理事共 60 余人参加了研讨会和理事会。

29～30 日　山东大学 2020 新年音乐会分别于山东大学音乐厅、山东省会大剧院奏响。校党委副书记王君松出席音乐会。学生工作部、校团委相关负责人以及部分师生出席音乐会。

30 日　山东大学本科教学指导委员会 2019 年第二次工作会议在中心校区召开。主任委员、校长樊丽明出席会议并讲话，常务副主任委员、党委副书记仝兴华主持会议。会议听取了本科生院关于 2019 年本科教育教学工作、本科教学质量报告、新版本科人才培养方案修订指导意见等工作汇报，评审了 5 个拟申报新增本科专业和双学士学位人才培养项目，并讨论了相关工作。

本月　为庆祝中华人民共和国成立 70 周年，推进大学校史研究和文化育人工程建设，由中国高等教育学会校史研究分会主办，山东大学档案馆、校史办、历史文化学院联合承办的“改造与探索：1949 年前后的中国高等教育”研讨会暨第三届华东地区校史论坛在山东大学中心校区举行。来自上海交通大学、北京大学、清华大学、复旦大学等 40 余所高校的 80 余名校史工作者参加会议。

本月　教育部办公厅发布《关于公布 2019 年度国家级和省级一流本科专业建设点名单的通知》，山东大学 30 个本科专业入选国家级一流本科专业建设点，20 个本科专业入选省级一流本科专业建设点，入选专业来自一校三地 33 个学院，体现了学校大力推进专业现代化建设、持续开展专业结构动态优化调整的阶段性成果。

本月　人民网 2019 大学校长论坛在西安举行，论坛发布了《2018～2019 中国高校社会影响力排行榜》，山东大学位列高校新媒体影响力榜单第六。获得前十名的高校依次为浙江大学、清华大学、上海交通大学、北京大学、厦门大学、山东大学、南开大学、湖南大学、大连理工大学和郑州大学。

本月　山东大学齐鲁医院肝胆外科李涛教授团队在肝癌研究领域取得原创性突破，相关研究结果以“TMPRSS4 Drives Angiogenesis in Hepatocellular Carcinoma by Promoting HB-EGF Expression and Proteolytic Cleavage”为题发表在肝脏疾病研究领域权威期刊 *Hepatology*（1 区，影响因子 14.971）上。山东大学齐鲁医院为独立完成单位，齐鲁医院肝胆外科主治医师董兆如、硕士研究生杨亚飞和孙东为文章共同第一作者，李涛教授为独立通讯作者。这是继 2018 年该团队在 *Clinical cancer research* 杂志（1 区，影响因子 10.199）发表研

2019 年
12 月

究性论著阐述肝癌血管生成靶向药物耐药机制的研究后再次在国际一流专业期刊发表肝癌血管生成调控机制的研究性论著。

本月　信息科学与工程学院李德春教授课题组在二维纳米材料的非线性光学性能研究方面取得新进展，相关成果以“Broadband Nonlinear Optical Response of InSe Nanosheets for the Pulse Generation From 1 to 2 μm”为题在线发表于国际顶级期刊 *ACS Applied Materials & Interfaces* 上（IF＝8.456）。信息学院 2017 级博士生潘瀚为论文第一作者，李德春教授、褚宏伟研究员以及山东大学兼职杰出中青年学者张晗教授为共同通讯作者，山东大学为第一完成单位。

2020 年
1 月

2 日　山东大学与山东省人民检察院战略合作签约仪式在中心校区举行。山东省人民检察院党组书记、检察长兼山东省检察官培训学院院长陈勇，山东大学校长樊丽明出席签约仪式并讲话。山东大学常务副校长王琪珑主持签约仪式。山东省人民检察院党组成员、政治部主任张爱军，山东大学副校长兼青岛校区校长韩圣浩代表双方签署战略合作协议。山东省检察官培训学院常务副院长杨克安，山东大学党委副书记、纪委书记陈向阳参加活动。

同日　山东大学召开 2020 年第一次党建工作专题会议，研究部署学校师德师风建设工作。校党委书记郭新立出席会议并讲话。党委副书记仝兴华、张永兵、陈向阳、王君松出席会议。会议由张永兵主持。

7 日　山东大学 2019 年度学校领导班子和领导人员年度考核及选人用人“一报告两评议”会议在中心校区举行。中组部有关同志到会指导。校党委书记郭新立代表学校党委作 2019 年度选人用人专题报告，并代表学校领导班子作 2019 年度述职报告。校长樊丽明主持会议。

9 日　山东大学 2019 年度“十大新闻”评选揭晓。(1)扎实开展“不忘初心，牢记使命”主题教育，党的领导最大优势更加凸显；(2)陈子江教授李术才教授分别当选中国科学院和中国工程院院士，人才队伍建设实现飞跃；(3)庆祝新中国成立 70 周年，正式启动百廿山大强校兴国行动，教育强国的使命担当愈加彰显；(4)有序推进“三全育人”综合改革工作，人才培养质量广受赞誉；(5)30 个专业入选国家级一流本科专业建设点，专业现代化建设成绩斐然；(6)获 505 项国家自然科学基金立项，位居全国第八，学术创新活力持续激发；(7)获 48 项国家社科基金立项，列全国高校第六，中国特色哲学社会科学“山大学派”加快建设；(8)氧化铝特种陶瓷材料及相关应用专利成果以 6000 万元实现转化，服务山东和服务社会的“山大系”品牌更加响亮；(9)山东大学—南洋理工人工智能国际联合研究院揭牌成立，国际科研合作步伐加快；(10)做好 2019 年服务师生十件实事，师生医务员工的获得感幸福感不断增强。

同日　科睿唯安（原汤森路透）发布 ESI 最新排名，山东大学取得重大突破：临床医学、药理毒理学进入 ESI 全球排名前 1‰，同时新增微生物学、地球科学进入 ESI 全球排名前 1%。至此，山东大学进入全球排名前 1‰的学科共 4 个（化学、工程学、临床医学、药理毒理学），进入全球排名前 1%的学科总数达 18 个，位列全国第 7 位。数学、化学、材料科学、药理毒理学、工程学 5 个学科绝对排名位列全球前 100。总引用数位列全球第 250 位，列全国第 11 位。

2020 年

1 月

10 日　中共中央、国务院在北京隆重召开 2019 年度国家科学技术奖励大会。山东大学土建与水利学院崔新壮教授主持完成的成果“黄河中下游地区粉土路基建造支撑技术及工程应用”荣获国家科技进步二等奖。

同日　山东大学在中心校区召开“不忘初心，牢记使命”主题教育总结大会。中央第四指导组组长，最高人民检察院原副检察长、党组成员李如林出席会议并讲话。山东大学党委书记郭新立传达中央主题教育总结大会精神，并作学校主题教育情况总结。校长樊丽明主持会议。

11～12 日　由山东大学文学院文艺美学研究中心主办的新时代文艺美学发展新趋势暨《曾繁仁文集》出版学术研讨会在济南举行。山东大学校长樊丽明，中国社会科学院大学校长张政文，中国美学学会会长、中外文论学会会长高建平出席会议并致辞。山东大学终身教授曾繁仁参加会议。

12 日　山东大学 2020 年迎新春茶话会在中心校区举行。校党委书记郭新立主持活动并致辞，校长樊丽明通报了 2019 年学校改革发展情况。

13 日　山东大学与济南市人民政府合作共建山东大学国际医学中心签约仪式在龙奥大厦举行。济南市委副书记、市长孙述涛，山东大学党委书记郭新立出席签约仪式并讲话。济南市政协主席雷杰，济南市副市长王桂英，山东大学副校长、齐鲁医学院院长陈子江，山东大学副校长芦延华参加仪式。王桂英与陈子江代表双方签署合作框架协议。

14 日　为深入贯彻落实服务山东战略，进一步深化校地合作，山东大学校长樊丽明一行到威海分别与威海市委书记王鲁明、市长张海波会见，进一步推进校地合作共建。在威期间，樊丽明出席了山东大学与威海市产学研对接暨助力威海高质量发展合作大会，并在威海校区召开深化校地合作共建项目专班工作推进专题会。威海市委常委、秘书长侯世超，副市长张伟，山东大学常务副校长王琪珑、副校长芦延华，副校长、威海校区校长刘建亚，威海校区党工委书记尹作升出席相关活动。

15 日　山东大学与海信集团新一轮战略合作暨第二期校企合作签约仪式在海信集团研发中心举行。山东大学校长樊丽明、副校长兼青岛校区校长韩圣浩，海信集团董事长周厚健校友、总裁贾少谦校友、党委副书记陈彩霞校友出席仪式。韩圣浩、贾少谦代表双方签署新一轮战略合作框架协议。

16 日　山东大学附属山东省妇幼保健院（山东省妇产医院）和山东大学附属山东省立第三医院举行揭牌仪式。省卫健委党组成员、副主任马立新，省保健局局长万书臻，中国科学院院士、山东大学副校长、齐鲁医学院院长陈子江出席活动。

15～16 日　山东大学校长樊丽明一行到青岛校区调研指导工作。其间，樊丽明与山东省委常委、青岛市委书记王清宪会见，进一步推进校地合作共建；参加了山东大学与青岛蓝谷管理局合作共建座谈会并与校区杰出人才座谈。青岛市副市长朱培吉，山东大学副校长韩圣浩、芦延华出席相关活动。

本月　趵突泉校区动物实验中心工程顺利完成主体结构施工，并于 1 月 16 日主体封顶。

2020 年

1 月

本月　为贯彻落实习近平总书记关于疫情防控工作的重要讲话和重要指示精神，全面抗击新型冠状病毒感染的肺炎疫情，山东大学第一时间采取行动，多措并举，落实防控责任，全力配合武汉主战场打赢这场疫情防控战。

2 月

2 日　山东大学齐鲁医院第三批医疗队、山东大学第二医院第三批医疗队从济南出发驰援湖北。山东大学党委书记郭新立、校长樊丽明分别参加第二医院、齐鲁医院医疗队的出征仪式。两所医院此次共派出 19 名医护人员，其中包括 4 名医生和 15 名护师。

7 日　山东省第五批援鄂医疗队暨山东大学齐鲁医院第四批援鄂医疗队出征仪式在济南遥墙国际机场举行。山东省委书记、省新型冠状病毒感染肺炎疫情处置工作领导小组组长刘家义出席仪式并讲话，省委常委、常务副省长王书坚，省委常委、省委秘书长孙立成，山东大学党委书记郭新立出席仪式。

8 日　为深入学习贯彻习近平总书记重要指示精神，进一步认真贯彻落实中央及上级有关部门关于疫情防控工作通知要求，更好地保障全体师生医务员工的生命安全和身体健康，济南、威海、青岛三地同时启动“共同面对　科学防‘疫’—山东大学一校三地疫情防控知识线上科普宣传活动”。科普宣传以新型冠状病毒性肺炎防控为主要内容，通过科普视频、问题答疑、互动直播的形式，面向一校三地广大师生医务员工开展疫情防控知识线上科普宣传活动，科学防疫、共克时艰。

9 日　山东大学第二医院援鄂抗疫国家医疗队出征，131 名队员带着全省人民的殷切嘱托与祝福驰援武汉。医疗队出征仪式在济南遥墙国际机场举行，山东省委书记刘家义出席仪式并讲话，省委常委、省委秘书长孙立成，副省长孙继业，山东大学党委书记郭新立等出席仪式。

12 日　山东省委书记刘家义一行到山东大学中心校区检查指导疫情防控工作。省委常委、省委秘书长孙立成，省委教育工委常务副书记、省教育厅厅长邓云锋陪同调研。山东大学常务副校长王琪珑，党委副书记仝兴华、陈向阳、王君松等参加调研。

22 日　中国高等教育学会《高校竞赛评估与管理体系研究》专家工作组发布 2015～2019 年全国普通高校学科竞赛排行结果，山东大学以获奖 507 项、总分 95.68 的成绩位列全国本科普通高校第五位，全国综合类本科院校第三位。排名前四位的分别是哈尔滨工业大学、浙江大学、武汉大学和电子科技大学。

同日　为进一步抓好疫情防控各项措施落地落细，学校疫情防控工作专班制作的《山东大学新冠肺炎疫情防控实用指导手册 70 问》(1.0 版)正式上线发布。

24 日　《中共山东大学委员会关于实施强院兴校行动的意见》(以下简称《意见》)正式印发。《意见》以习近平新时代中国特色社会主义思想为指导，深入贯彻落实党的十九大和十九届二中、三中、四中全会精神，围绕学校第十四次党代会决策部署，紧密结合学校改革发展实际，明确了实施强院兴校行动的指导思想、基本原则和行动目标，提出了强院兴校行动的实施路径和保障措施。

2020 年

2 月

25 日　山东大学电子证照平台全新上线，学校全体在学学历教育研究生均可线上办理研究生中文成绩单、研究生英文成绩单、研究生中英文在学证明。

26 日为深入谋划推动“由大到强”历史性转变的各项重点工作，统筹抓好疫情防控和事业发展两件大事，山东大学以在线视频形式召开 2020 年校领导班子寒假工作务虚会第三阶段研讨会。校党委书记郭新立主持会议，校长樊丽明等全体校领导出席会议。

28 日　济南市委副书记、市长孙述涛来山东大学调研，就进一步做好疫情防控工作、推进校地合作等事宜进行座谈交流。山东大学党委书记郭新立、校长樊丽明出席座谈会。

29 日　由山东大学团委与山东广播电视台团委共同主办的首期“为了一份责任”战疫系列主题团课在闪电新闻客户端直播进行。团课以“家国情怀，山大担当”为主题，连线山东大学齐鲁医院援湖北医疗队领队、医务处副处长费剑春，医疗队队员、护理部副主任曹英娟和山东大学第二医院援湖北医疗队领队、门诊部主任魏峰涛。

本月　为全面落实学校统一部署，在保证延期开学期间广大师生医务员工安全和健康的同时，确保教学质量不减、标准不降，本科生院基于“3＋1”即雨课堂、山东大学课程中心平台、中国大学慕课平台＋校内直播教室，积极推进网络教学条件建设和教学准备。

本月　菲列兹・伦敦奖评奖结果揭晓，山大光学 80 级校友薛其坤院士获得该奖项。按照评奖委员会的通知，薛其坤院士因在实验上发现量子反常霍尔效应而斩获这一荣誉。薛其坤院士是自 1957 年该奖设立以来，首个获得这一荣誉的中国科学家，第二个来自亚洲地区的科学家。

本月　山东大学第二医院王传新教授联合山东师范大学、潍坊康华生物技术有限公司成立联合研发团队，已成功研发出新型冠状病毒(2019-nCoV)IgM 抗体检测试剂盒(胶体金法和免疫层析法)，最快 3 分钟内即可出结果，用于检测新冠病毒核心抗原的高灵敏试剂盒等也在陆续研发中。

本月　山东大学联合香港大学研究发现冠状病毒感染及其诱导的细胞因子风暴上调 2019-nCoV 宿主细胞受体 ACE2 的表达，并进一步加速病毒的感染和传播。这一成果已经在 *BioRxiv* 在线发表。

近日，山东省人民政府公布了 2019 年度山东省有突出贡献的中青年专家名单，山东大学数学学院胡锡俊教授、前沿交叉科学青岛研究院黄性涛教授、控制科学与工程学院蒋奇教授、经济学院解垩教授、齐鲁交通学院王琦教授入选。

3 月

5～6 日　由山东大学一南洋理工大学人工智能国际联合研究院(C-FAIR)牵头研发的适用于抗疫需求的两款机器人分别入驻湖北省黄冈市浠水县人民医院和华中科技大学同济医学院附属协和医院，支援抗疫一线。

7 日　下午，山东大学举行纪念“三八”国际劳动妇女节 110 周年暨先进表彰会视频会议，对 2019 年度、疫情防控工作中妇女工作先进集体和个人进行表彰。校党委书记郭新立出席会议并讲话，校长樊丽明主持会议，党委副书记仝兴华宣读表彰决定。

2020 年

3 月

11 日 上午，山东大学以视频会议方式召开 2020 年度马克思主义理论研究和建设工程特别委托项目、国家社科基金特别委托项目“加强党对制度建设领导研究”专题研讨会。课题首席专家、校党委书记郭新立出席研讨会。

同日 下午，山东大学以视频会议方式组织召开“强院兴校”专题（基础学科相关学院）研讨会。校党委书记郭新立主持会议并讲话。会上，数学学院、数学与统计学院、物理学院、空间科学与物理学院、化学与化工学院、生命科学学院、微生物技术研究院、海洋学院、海洋研究院等 9 个学院的党委（党总支）书记、院长围绕强院兴校主题，聚焦“怎么看”“怎么干”“存在哪些困难”等分别作了交流发言。

山东大学广大党员师生医务员工积极响应党中央号召，踊跃捐款支持新冠肺炎疫情防控工作。截至目前，学校已有 17374 名党员自愿捐款 170 余万元。

近日 山东大学 2019 年度专业技术职务及岗位聘任工作完成。经评审，学校共有 637 位教职医务员工晋升专业技术职务，945 位晋升专业技术岗位级别，并于 3 月 10 日正式发文聘任。山东大学 2019 年度专业技术职务和岗位聘任工作于 2019 年 10 月正式启动，两项工作同步统筹开展。学校层面共组织审核评审推荐会议 46 场，累计申报参评及晋升发展人数均创历史新高。按照国家“破五唯”的导向要求，学校规范评审程序，创新评价方式，优化评审服务，通过采取多方面的改革举措，切实发挥了职称工作的评价激励作用。

同日 下午，山东大学首场学位论文“云答辩”在线上顺利举行，机械工程学院 2015 级博士研究生高翔的在线博士学位论文答辩获全票通过。

17 日 晚，一场特殊的入党宣誓仪式在山东大学第二医院援湖北国家医疗队武汉驻地举行，5 位同志勇于担当、主动作为，经上级党组织同意，正式成为中共预备党员。“我宣誓：我志愿加入中国共产党，拥护党的纲领，遵守党的章程，履行党员义务……宣誓人：魏峰涛，刘海英，刘振上，于晓明，常超。”

17～20 日 为有效应对疫情给 2020 届毕业生就业带来的影响，促进毕业生高质量就业，山东大学连续举办了 2020 届毕业生春季空中双选会、第二届服务山东十六地市人才引进空中双选会。

18 日 上午，山东大学与济南市深化校地合作签约仪式在山东大学中心校区举行。仪式上发布了《打造“山大系”品牌 服务济南高质量发展工作方案》，山东大学将充分发挥科教资源优势，着力打造“山大系”服务品牌，规划“1＋5”空间服务布局，构建“10＋8”项目服务体系，全面服务济南高质量发展，有力助推山东现代化强省建设，在推动实现“济南梦”“山东梦”的进程中加快实现“强校兴国”的“山大梦”“中国梦”。

19 日 下午，在山东大学齐鲁医院第四批援鄂医疗队武汉驻地举行了一场特殊的入党宣誓仪式，9 位医疗队员经上级党组织同意，在临时党支部委员吴剑波的带领下，进行了庄严的入党宣誓。此前，齐鲁医院医第三批援鄂医疗队员张娜已在其所在的临时党支部“火线入党”，至此，齐鲁医院已经有 10 名医疗队员在抗疫一线“火线入党”，正式成为光荣的中共预备党员。

21 日 下午，山东大学援湖北黄冈的 14 名医疗队队员凯旋，山东省委书记刘家义去机场迎接。此次归来的山东大学齐鲁医院的 7 名队员分别是第一、二

2020 年

3 月

批援湖北医疗队队员李昊、李颖霞、张静静、郭丙秀、马茜、孙长远、盛东芹；山东大学第二医院的7名队员分别是第一、二批援湖北医疗队队员王永彬、张鲁、许丽、李玉珍、郝学喜、宋淳、李冬梅。

24日　山东大学新工科建设专题研讨会在千佛山校区召开，会议主题是“新时代，新工科，新作为”。校长樊丽明，党委副书记仝兴华，副校长刘建亚、李术才出席会议。会议由李术才主持。

近日　中宣部公布2019年文化名家暨“四个一批”人才和宣传思想文化青年英才入选名单，山东大学文学院副院长黄发有教授，山东大学威海校区副校长、县域发展研究院院长黄凯南教授入选2019年文化名家暨“四个一批”人才名单（理论界）。山东大学经济研究院李爱军教授入选2019年宣传思想文化青年英才名单（理论界）。

27日　上午，山东大学第四届教职医务员工代表大会第二次会议暨第十九届工会会员代表大会第二次会议以视频会议形式举行。会议同时在中心校区明德楼设立了主会场。校党委书记郭新立出席会议并讲话，校长樊丽明作学校工作报告。

28日　中国光学学会召开2019年第十六届“王大珩”光学奖评审会，物理学院陈峰教授指导的博士研究生李子琦荣获本届“王大珩光学奖——学生光学奖”。山东大学连续两年获得该奖项。

30日　下午，经过历时50多天的昼夜奋战，山东大学齐鲁医院12名第三批援湖北医疗队员、山东大学第二医院7名第三批援湖北医疗队员不辱使命，圆满完成抗疫任务，随山东省第三批援湖北医疗队乘机凯旋。返济后，医疗队将从机场直接前往隔离点先进行集中隔离。

31日　下午，131名山东大学第二医院援湖北国家医疗队队员乘坐两架包机抵达济南遥墙机场。52个昼夜奋战，他们圆满完成援汉任务，平安回家了！至此，第二医院援湖北145名医疗队员全部凯旋。山东省委书记刘家义到机场迎接并讲话。

近日　教育部、国家语委颁布“中国语言资源保护奖”表彰决定，授予自2015年国家启动实施中国语言资源保护工程以来表现突出的集体和个人。全国共表彰先进个人100位，山东大学文学院钱曾怡、岳立静两位教授获评先进个人。

近日　为全面推进“新工科”“新医科”“新文科”建设，加快本科专业现代化升级，实现高等教育内涵式发展，经全校各单位申报，学校组织评审，最终立项建设17个微专业项目。

4 月

7日　山东省委书记刘家义看望慰问了因心脏骤停抢救无效去世的山东省第一批支援湖北医疗队员、山东大学齐鲁医院护士张静静同志的家属，对张静静同志的不幸去世表示沉痛哀悼，表示山东省将会同山东大学齐鲁医院妥善做好相关善后事宜。省委副书记杨东奇，省委常委王书坚、孙立成，山东大学党委书记郭新立一同慰问。

2020 年

4 月

8 日　全球汉籍合璧工程协调推进会在山东大学中心校区召开。会议由省委常委、宣传部部长关志鸥主持，副省长于杰、山东大学校长樊丽明出席会议。

同日　由山东大学校属企业山大地纬牵头编制的《基于区块链技术的疫情防控信息服务平台建设指南》省级地方标准正式获批发布，这是全国首个"区块链＋疫情防控"标准，也是山东省首个区块链地方标准。该标准的发布实施，将为政府部门在应对疫情等社会突发事件时，快速构建高效可信的信息通道、及时掌握真实数据、实现精准施策提供"方法论"，为学校服务山东战略再次写下精彩一笔。

14 日　下午，为科学规范开展新冠肺炎疫情防控工作，保证学生返校当日和开学后的各项工作有序进行，切实保障广大师生医务员工的生命安全和校园稳定，根据教育部、山东省、济南市有关防控要求，山东大学开展 2020 年春季学期学生返校和应急处置首次综合演练。

同日　山东省第三批援鄂医疗队队员、山东大学齐鲁医院第三批援鄂医疗队 12 名队员结束了为期 14 天的医学观察光荣凯旋。学校在齐鲁医院为援鄂第一、二、三批医疗队员举行了迎接援鄂医疗队凯旋座谈会。山东大学党委书记郭新立，校长樊丽明，副校长、齐鲁医学院院长陈子江出席座谈会。

15 日　山东大学第二医院援湖北国家医疗队队员结束为期 14 天的集中休整，回家团聚。至此，医院援湖北医疗队、援省内专家共 146 名队员全部平安归来，实现了打胜仗、零感染的目标，为战疫任务画下圆满句号。学校在第二医院举行了简短热烈的欢迎仪式。校党委书记郭新立出席活动并讲话，校长樊丽明为队员代表颁发纪念奖杯。副校长兼齐鲁医学院院长陈子江出席活动。

21 日　上午，山东大学齐鲁医院援鄂医疗队凯旋欢迎仪式在趵突泉校区举行。山东大学党委书记郭新立，校长樊丽明，副校长、齐鲁医学院院长陈子江出席仪式。

同日　下午，为切实做好 2020 届毕业生就业工作，实现毕业生充分高质量就业，山东大学召开学生就业工作推进会。校党委书记郭新立、校长樊丽明出席会议并讲话。校党委副书记仝兴华、王君松，副校长李术才出席会议。会议由王君松主持。

24 日　历城区委书记吕涛一行来山东大学对接区校合作工作。校党委书记郭新立在交流会前会见了吕涛一行。常务副校长王琪珑，校党委副书记张永兵、王君松出席活动。副校长芦延华主持交流会。

28 日　山东大学在中心校区召开校院工作交流例会第六次会议。会议的主题是深入实施强院兴校行动，统筹推进学科建设与规划工作，加快实现学校"由大到强"历史性转变。校党委书记郭新立、校长樊丽明出席会议并讲话。会议采用现场会议与网上直播相结合的方式举行。

29 日　全国妇联宣传部、国家卫生健康委直属机关党委联合开展"致敬了不起的她・一线医务人员抗疫巾帼先锋"发布活动，发布 40 名一线女医务人员先进事迹。山东大学第二医院消化内科副主任、主任医师许伟华，山东大学齐鲁医院护理部副主任、主任护师曹英娟入选，同时也是山东省入选的两名医务人员。

2020 年

4 月

同日　由山东大学(青岛)和即墨市城市建设开发有限公司共同推进的产学研项目“新型固氮杀虫杀菌的微生物菌剂的生产工艺”取得重大进展，共同转化的新一代多功能农用微生物菌剂——兼具高效杀虫、抑菌和生物固氮功能的荧光假单胞菌，在双方的合作企业青岛德馨生物科技有限公司首次试生产中获得成功，标志着本项目的产业化迈出了关键一步。本项目是山东大学微生物技术国家重点实验室在蓝谷进行成功转化的第一个项目，同时也是青岛校区自落户蓝谷以来，就地转化的第一个产业化项目。项目践行了山东大学服务山东战略，构建了良好的“校地企”三方合作生态，建立了密切的人员交流、科技研发、人才培养等方面的实质性合作。

5 月

4 日　山东大学五四青年节“书记有约”青春分享会暨“青春战‘疫’有我在，山大青年勇担当”主题示范团日活动在中心校区举行。校党委书记郭新立出席活动并讲话。校党委副书记王君松出席活动。活动中，参会师生共同学习了 5 月 3 日习近平总书记对新时代青年的寄语，以及总书记给北京大学援鄂医疗队全体“90 后”党员的回信和给西藏大学医学生的回信精神。

9 日　山东省人大常委会、山东大学共建地方立法研究中心和人大预算监督研究中心揭牌仪式在山东大学中心校区举行。山东省人大常委会党组书记、副主任于晓明，山东大学校长樊丽明为研究中心揭牌并讲话。

14 日　山东大学召开学位与研究生教育工作会议，对新时代加快推进研究生教育改革发展意见作了全面解读和工作部署。校党委书记郭新立、校长樊丽明出席会议并讲话。

15 日　山东大学召开 2020 年全面从严治党工作会议暨专项巡察学生就业工作动员部署会。校党委书记郭新立出席会议并讲话。校长樊丽明主持会议。会议深入学习贯彻习近平新时代中国特色社会主义思想和党中央关于全面从严治党的新部署新要求，认真总结过去一年学校全面从严治党工作，分析面临的形势，部署安排重点任务，并对专项巡察学生就业工作进行动员部署。

18 日　山东大学 2020 年春季学期首批返校学生开始有序返校报到。根据安排，山东大学首批返校的学生为符合返校条件的博士研究生。首批学生返校后，学校将按照教育部、山东省有关要求，分批次、分类别，有序组织好学生返校工作，具体返校事宜由各培养单位通知到每一位同学。

同日　山东大学 2020 年音乐学专业招生复试工作顺利结束，来自全国 23 个省份的 500 名考生通过上传视频作品方式参加了复试，经过专家严格评审，共有 251 名考生获得山东大学 2020 年音乐学专业校考合格证。为减少人员流动，保障考生利益，做好新冠肺炎疫情防控形势下的音乐类、体育类招生考试工作，根据教育部和山东省相关工作要求，经学校本科招生工作领导小组研究决定将 2020 年音乐学专业招生复试由现场测试调整为网上提交视频作品、专家集中评分方式。本次音乐学专业招生复试工作全程接受山东大学纪检、监察部门监督，并实时录像，实现了全过程公开透明，山东省教育招生考试院相关领导到现场巡视指导。

2020 年

5 月

日前，《人民日报》专刊报道 110 名 2018—2019 学年度本专科生国家奖学金获奖学生代表事迹，软件学院 2016 级本科生姜美锐事迹获选刊登。

30 日　“全国科技工作者日”庆祝暨表彰大会在北京举行。会上揭晓了第二届全国创新争先奖获奖名单并举行了隆重的颁奖仪式。山东大学李术才、陈子江荣获全国创新争先奖状。全国创新争先奖是继“国家自然科学奖”“国家技术发明奖”“国家科学技术进步奖”后，经中央批准，人力资源社会保障部、中国科协、科技部、国务院国资委于 2017 年共同设立的又一重要科技奖项。全国创新争先奖获奖者是我国广大科技工作者和创新团队的杰出代表，是为建设世界科技强国作出突出贡献的排头兵、领航者。

6 月

2 日　山东大学举行援鄂医疗队表彰暨先进事迹报告会，表彰为援鄂抗疫作出突出贡献的先进集体和个人，六位最美逆行者代表郝学喜、孙元婧、郭海鹏、周敏、曹英娟、马承恩先后作个人先进事迹报告。校党委书记郭新立、校长樊丽明出席活动并为受表彰者颁奖。

近日　2020 普华永道杯·决战 24H 商业挑战赛全国总决赛落下帷幕。经过线上角逐，由山东大学管理学院会计专业 2018 级本科生艾琳璐、范树文与上海财经大学学生王绎闻、杨盼组成的 Spark 团队斩获全国总冠军。山大代表队首次在该赛事获得冠军。

6 日　山东大学与中铁五局集团有限公司战略合作签约仪式在山东大学中心校区举行。中国中铁党委书记、董事长张宗言，山东大学党委书记郭新立出席仪式并讲话。山东大学校长樊丽明出席仪式并为张宗言颁发山东大学兼职教授聘书。仪式上，山东大学常务副校长王琪珑与中铁五局有限公司总经理刘晓辉代表双方签署《山东大学一中铁五局集团有限公司战略合作框架协议》。

11 日　中国证监会正式发布公告，同意山东大学所属企业山大地纬软件股份有限公司科创板首次公开发行股票注册。这标志着山大地纬即将正式登陆科创板，成为中国高校首家、济南市第二家科创板上市企业，也是山东省首家在科创板上市的软件和信息技术服务业企业。

18 日　山东省委常委、济南市委书记孙立成来山东大学调研工作，在中心校区进行了座谈。校党委书记郭新立主持座谈会，校长樊丽明作学校工作情况汇报。

19 日　山东大学举行 2020 年本科生毕业典礼暨学位授予仪式，送别一校三地全体本科毕业同学。典礼全程采用一校三地连线直播的形式举行，主会场设在中心校区科学会堂。全体本科毕业生分别在主会场、分会场或通过观看网络视频直播共赴毕业盛典。

同日　在学校举行的 2020 年本科生毕业典礼暨学位授予仪式上，校党委副书记仝兴华宣读了《山东大学关于授予李颐蕾等 2020 届毕业生荣誉学士学位的决定》，校领导、校学位评定委员会委员代表为 15 位获得者代表颁发了荣誉学士学位证书。为贯彻落实“以学生发展为中心”的理念，更好地激发学生的学习动力和专业志趣，激励优秀学生探索真知、不断创新，2020 年 3 月，学校印发《山东大学荣誉学士学位授予办法（试行）》，自 2020 届毕业生起正式设立荣

2020 年

6 月

誉学士学位。经学生申请、学院审核、学校复核、校学位评定委员会审定，一校三地共有 297 名学业成绩优异、综合素质突出的 2020 届本科毕业生首批获得荣誉学士学位。

28 日　山东大学举行 2020 年研究生毕业典礼暨学位授予仪式。典礼全程采用一校三地连线直播的形式举行，主会场设在中心校区科学会堂。全体研究生毕业生分别在主会场、分会场或通过观看网络视频直播共赴毕业盛典。

7 月

6 日　山东大学 2020 年本科生暑期学校全面启动。今年的暑期学校面向一校三地全体本科生开展，重点打造海外师资项目与暑期精品项目两大板块，共立项 324 项，9530 名学生累计选课 18443 门次，师生参与积极踊跃。

8 日　由山东大学经济研究院与山东大学蓝绿研究院（威海）联合主办的能源经济学高层研讨会在腾讯会议线上举行。来自清华大学、中国人民大学、中国社科院、中国石油大学的专家学者以及山东大学人口、资源与环境经济学领域的骨干研究人员出席会议并作了报告。160 多名专家学者和师生参加了会议。研讨会由经济研究院院长黄少安教授和副院长孙涛教授分别主持。

11～12 日　第十三届全国大学生软件创新大赛在北京交通大学举行。山东大学获得全国一等奖 1 项，同时获得最具创业潜力奖；全国二等奖 2 项；全国三等奖 1 项。

13～16 日　由 IEEE（电气电子工程师学会）、IEEE IAS（电气电子工程师学会工业应用协会）主办，山东大学承办，电子科技大学、华北电力大学、济南大学协办的“2020 年亚洲工业与商业电力系统国际学术会议（I&CPS Asia 2020）”以网络会议的形式召开。IEEE I&CPS Asia 是 IEEE IAS 在亚洲地区的第一个旗舰会议，本次会议是其首届会议。会议主题为“Grid Edge，Reforming the Future（电创未来）”。

15 日　山东大学与山东银保监局战略合作签约活动暨清廉金融文化大讲堂（第一期）在山东大学中心校区举行。活动前，山东大学党委书记郭新立会见山东银保监局党委书记、局长王俊寿一行。山东大学校长樊丽明、副校长芦延华，山东银保监局副局长艾建华出席活动。签约仪式由山东大学常务副校长王琪珑主持。

17 日　山大地纬软件股份有限公司科创板鸣锣上市仪式在济南举行。公司成为教育部直属高校所属企业首批、山东省软件产业首家登陆科创板的企业，也是济南市第三家在科创板上市的公司。济南市委副书记、市长孙述涛，山东大学校长樊丽明出席活动并致辞。

同日　山东大学召开打造“山大校企系　校友产业系”品牌服务济南高质量发展工作大会。山东大学校长樊丽明，中国证监会山东监管局党委书记、局长陈家琰，济南市委副书记边祥慧、副市长尹清忠，山东大学副校长芦延华、李术才出席活动。山东大学常务副校长王琪珑主持会议。

24 日　黄河流域生态保护和高质量发展暨黄河三角洲湿地保护及可持续发展研讨会（线上会议）在青岛校区召开。会议由山东大学和山东黄河三角洲国家级自然保护区管理委员会联合主办，山东大学生态环境损害鉴定研究院承

2020 年

7 月

办，司法部生态环境损害司法鉴定理论研究与实践基地和中国环境科学学会环境损害鉴定评估专业委员会协办。会议设山东大学（青岛）一个主会场和东营五个分会场。

同日　中共山东大学纪律检查委员会第七次全体会议在中心校区召开，集体学习并研究部署有关工作。校党委副书记、纪委书记陈向阳主持会议并作总结讲话。会上，党委常委、组织部部长陈宏伟同志解读了《党委（党组）落实全面从严治党主体责任规定》。党委常委、宣传部部长桑晓旻同志解读了《党委（党组）意识形态工作责任制实施办法》。会议通报了中央纪委国家监委对学校纪委 2019 年度履职情况了解核实结果及书面意见，听取了学校纪委上半年工作情况报告。

近日　中国博士后科学基金会公布了第 13 批特别资助（站中）、第 2 批特别资助（站前）以及新冠肺炎疫情防控专项资助拟资助人员名单，山东大学共 29 人获资助（19 人获得站中资助、3 人获得站前资助、7 人获得新冠肺炎疫情防控专项资助），总排名在全国高校位列第 11。其中，站中资助位列全国高校第 8 位，新冠肺炎疫情防控专项资助位列全国高校第 7 位。（8 月）

8 月

5 日　山东系统与计算法学研究中心成立仪式暨信息与智能化时代人机融合社会系统调控研讨会在山东大学中心校区举行。该中心由山东省法学会和山东大学共同建设，依托山东大学数据科学研究院运行。中国科学院院士、国家数学与交叉科学中心主任郭雷，中国科学院院士、山东大学数学与交叉科学研究中心主任彭实戈，山东大学校长樊丽明，山东省法学会党组成员、专职副会长兼秘书长任伟出席活动。山东大学常务副校长王琪珑主持活动，副校长刘建亚介绍了研究中心筹备成立基本情况和发展规划。

同日　山东省第七届“超星杯”高校青年教师教学比赛落下帷幕。山东大学斩获五个一等奖、四个二等奖、一个三等奖和五个优秀奖，同时获得优秀组织奖，获奖教师人数、一等奖数量均居省内高校首位，创历史最好成绩。

6 日　山东大学—山东产业技术研究院战略合作签约仪式在山东大学中心校区举行。山东大学校长樊丽明，中国工程院院士、山东大学副校长李术才，山东产业技术研究院院长孙殿义出席活动。

13 日　山东大学校长樊丽明一行访问山东能源集团，洽谈进一步推动双方合作，深入实施服务山东战略。中国工程院院士、山东大学副校长李术才，山东能源集团党委书记、董事长李希勇，党委副书记、总经理满慎刚参加座谈。

近日　由山东省医师协会主办，山东省医师协会妇科腹腔镜医师分会、宫腔镜医师分会、山东大学第二医院等单位承办的第六届国际妇科内镜技术“泰山论坛”暨山东省医师协会妇科腹腔镜医师分会年会、山东省医师协会宫腔镜医师分会年会、第七届山东省妇科内镜新技术论坛以线上线下相结合的形式举办。中国科学院院士、山东大学副校长兼齐鲁医学院院长陈子江出席开幕式并作报告。山东大学第二医院党委书记袁魁昌，中国医师协会副会长、山东省医师协会会长孙洪军致开幕词。

2020 年

8 月

19 日　2020 医学数据科学大会暨国家健康医疗大数据研究院揭牌仪式在山东大学兴隆山校区举办。中国科学院院士金力、赵国屏，山东省副省长孙继业、山东大学校长樊丽明、国家卫健委规划发展与信息化司司长毛群安、济南市副市长王桂英出席会议，并为国家健康医疗大数据研究院揭牌。

近日　山东大学计算机科学与技术学院 2018 级硕士研究生杨林、2020 级硕士研究生李威宇组成的团队获得中科院“先导杯”并行应用大赛人工智能赛道“大规模物体检测”和“神经网络架构搜索”两个赛题的特等奖，获得奖金 20 万元。

28～29 日　山东大学 2020 年校领导班子暑期工作务虚会在中心校区召开。校党委书记郭新立主持会议，校长樊丽明等全体校领导出席会议。本次会议的主题是：以习近平新时代中国特色社会主义思想为指导，深入学习贯彻党的十九大和十九届二中、三中、四中全会及全国教育大会精神，围绕学校第十四次党代会决策部署，坚持以社会主义核心价值观为统领，以建设传承创新中华优秀传统文化最具代表性大学为目标，以庆祝建校 120 周年为契机，全面实施文化引领战略，有机熔铸新时代山大精神，切实提升文化自信，为加快推进世界一流大学建设、实现“由大到强”历史性转变提供精神动力，为社会主义先进文化建设和中华文化“走出去”作出山大贡献。

29～30 日　数学与交叉科学研究中心在青岛校区举办数学的交叉研究与应用研讨会，中科院院士、中科院国家数学与交叉科学中心主任郭雷，中科院院士、数学与交叉科学研究中心主任彭实戈，以及来自中科院数学与系统科学研究院和山东省部分高校的 50 名专家学者出席了本次研讨会。

31 日　学校秋季学期首批 2 万余名学生在期待与欣喜中返回校园，开启新学期的学习时光，学校教育教学秩序全面恢复。测量体温、身份核验、核酸检测、行李消杀……返校现场，同学们在工作人员的引导下，严格按照步骤与要求有序返校。

9 月

2 日　中共山东大学第十四届委员会第六次全体会议在中心校区举行。党委委员 29 人出席会议，非党委委员的校领导、纪委委员等 16 人列席会议。会议由党委常委会主持。

近日，随着一校三地第二批本科录取通知书集中寄出，山大 2020 年普通本科招生录取工作基本结束。目前，除西藏自治区个别类型外，学校在全国 31 个省(市、自治区)及港澳台地区共完成 16 个类型的招生录取工作，录取包含少数民族预科生及港澳台侨生在内的新生 10418 人，其中济南校本部与青岛校区录取 6918 人，威海校区录取 3500 人。

3～9 日　山东大学举办 2020 年新聘教职工入职培训，校长樊丽明出席培训会并为新聘教职工代表颁发聘书。

4 日　山东大学在中心校区召开 2020 年秋季学期工作会议，深入总结春季学期工作，对秋季学期重点工作进行研究部署。校党委书记郭新立主持会议并作总结讲话。校长樊丽明就 2020 年秋季学期重点工作进行部署。

2020 年

9 月

2020 年未来科学大奖新闻发布会于北京时间 9 月 6 日上午 10:00 举行，正式公布获奖名单。山东大学彭实戈院士获得数学与计算机科学奖。

7 日　山东大学迎来秋季学期线下开学第一天。伴随着初秋清晨的徐徐微风，山东大学党委书记郭新立、校长樊丽明等校领导分赴教学一线，深入课堂，全面了解学校教学秩序和课堂授课情况，并向广大师生表达问候、送上祝福。

8 日　10 时，全国抗击新冠肺炎疫情表彰大会在北京人民大会堂隆重举行。中共中央总书记、国家主席、中央军委主席习近平向国家勋章和国家荣誉称号获得者颁授勋章奖章并发表重要讲话。大会对全国抗击新冠肺炎疫情先进个人、先进集体，全国优秀共产党员、全国先进基层党组织进行表彰。山东省第五批援助湖北医疗队暨山东大学齐鲁医院第四批援鄂医疗队领队费剑春被授予“全国抗击新冠肺炎疫情先进个人”荣誉称号，并受邀参加表彰大会。山东大学第二医院重症医学科主任、援湖北国家医疗队队长兼临时党支部书记马承恩获“全国抗击新冠肺炎疫情先进个人”“全国优秀共产党员”荣誉称号，并受邀参加表彰大会。山大医务工作者参与的山东省援助湖北医疗队荣获“全国抗击新冠肺炎疫情先进集体”荣誉称号。

同日　由儒家文明省部共建协同创新中心主办的“新发展格局下儒学的传承创新与使命——《习近平谈治国理政》第三卷关于传统文化重要论述学习研讨会”在山东大学中心校区明德楼会议室及线上同时举行。该中心名誉理事长，第九届、第十届全国人大常委会副委员长，山东大学儒学高等研究院院长许嘉璐向研讨会发来书面致辞。中心理事长、山东大学校长樊丽明，中心副理事长、中国孔子基金会副理事长兼秘书长刘爱军，中心管理委员会主任、曲阜师范大学党委书记戚万学，中共山东省委讲师团团长殷玉平等出席现场会议；中心学术委员会主任、清华大学国学研究院院长陈来等专家学者出席线上会议。会议由中心常务理事、山东大学常务副校长王琪珑主持。

同日　山东大学一贝加莱多功能传输与机器人联动实验室揭牌仪式举行。山东大学校长樊丽明、贝加莱工业自动化大中华区总裁肖维荣出席仪式。仪式由山东大学副校长芦延华主持。

同日　山东大学在中心校区音乐厅举行 2020 年教师节庆祝大会。校党委书记郭新立、校长樊丽明出席大会；山东大学终身教授曾繁仁、山东大学袁益让教授等杰出学者代表，常务副校长王琪珑，党委副书记张永兵、陈向阳、王君松，副校长韩圣浩、陈子江、芦延华、刘建亚，校党委常委、组织部部长陈宏伟，校党委常委、宣传部部长、教师工作部部长桑晓旻，校长助理、人事部部长、人才办主任吴臻出席典礼。大会在雄壮的国歌声中拉开帷幕。在“不忘初心，忠诚作为有担当”篇章，2020 年度“山东大学优秀教师”“山东大学优秀共产党员”“山东大学先进教育工作者”“山东大学优秀党务工作者”“山东省教书育人楷模”荣誉称号获得者依次上台领奖。

10 日　山东大学举办庆祝教师节青年教师座谈会。校党委书记郭新立出席会议并讲话，党委副书记张永兵主持会议。文学院杨建刚、管理学院唐贵瑶、历史文化学院王芬、控制科学与工程学院周晓天、齐鲁交通学院许振浩、第二医院冯昌、机械工程学院宋清华、马克思主义学院郑敬斌、空间科学与物理学院王守宇、前沿交叉科学研究院于艳妮、生命科学学院白明义、政治学与公共管理学院孔新峰等12名青年教师代表从教书育人、科学研究、研究生培养、青年人才发展、学科交叉融合、课程思政、抗疫阻击战等诸多方面，结合个人成长、从教感悟等方面作了发言，表达了他们对教育事业的忠诚与热爱，展现了他们为党育人、为国育才的决心与立场。

日前，全国 2020 年教师风采短视频评选结果公布，山东大学选送的短视频《山湖相连心手相牵》在 3000 部作品中脱颖而出，跻身前四名，荣获优胜作品奖。

12～13 日　山东大学一校三地迎来了朝气蓬勃的 2020 级新生，为学校再添芳草英才。迎新期间，校领导分赴各校区迎新现场，了解迎新情况，并为新生送上关心与祝福。

14 日　山东大学与济南轨道交通集团战略合作签约活动在山东大学中心校区举行。山东大学校长樊丽明，济南市委常委、副市长郑德雁，济南轨道交通集团党委书记、董事长陈思斌出席活动并致辞。山东大学常务副校长王琪珑主持活动。山东大学副校长、中国工程院院士李术才，济南轨道交通集团总经理王伯芝等出席活动。

近日，教育部公布首批基础学科拔尖学生培养计划 2.0 基地名单，山东大学数学和中国语言文学两个基地入选。

16 日　山东大学世界一流大学建设周期评估会议在中心校区召开。会议邀请中国科学院院士郭雷、文兰、李亚栋、陈军、贾振元、顾瑛，中国工程院院士柴天佑，清华大学陈来教授、北京大学龚六堂教授、北京师范大学杜桂萍教授等10人组成评估专家组，对山东大学世界一流大学和一流学科建设情况进行评估。山东大学党委书记郭新立、校长樊丽明，中国科学院院士、山东大学学术委员会主任彭实戈出席会议。

18 日　山东大学与山东铁路投资控股集团有限公司签署战略合作协议。山东大学校长樊丽明，山东铁投集团党委书记、董事长姜长兴出席活动并致辞。山东大学副校长李术才、山东铁投集团总经理王基全代表双方签署战略合作协议。

18～20 日　为庆祝山东大学外国语学院建院九十周年，学校举办了以“新文科·新变革·新发展”为主题的系列高端学术论坛。来自全国外语教育界的上百位知名专家学者、校长、院长参加论坛并作报告。

21 日　山东大学 2020 级本科生开学典礼在中心校区操场举行。校党委书记郭新立出席典礼并为优秀本科新生奖学金获得者颁发证书，校长樊丽明出席典礼并讲话。

22 日　山东大学 2020 级研究生开学典礼在中心校区操场举行。校党委书记郭新立出席典礼并为山东大学研究生优秀生源奖励基金获得者代表颁奖；校长樊丽明出席典礼并讲话，寄语同学们争做最具创造力的研究生。

23 日　山东大学青岛校区 2020 级新生开学典礼暨迎新晚会在校区田径场举行。山东大学校长樊丽明出席典礼并讲话。中国工程院院士、山东大学终身教授、环境研究院王文兴教授，中国科学院院士、未来科学大奖获得者、山东大学讲席教授、网络空间安全学院(研究院)院长王小云,欧洲科学院院士、山东大学讲席教授、微生物技术国家重点实验室主任、微生物技术研究院院长张友明,国家杰出青年基金获得者、新世纪百千万人才工程国家级人选、山东大学微生物技术研究院李越中教授,国家杰出青年基金获得者、长江学者特聘教授、山东大学微生物技术研究院赵康教授,长江学者特聘教授、国际量子分子科学院院士、山东大学讲席教授、前沿交叉科学青岛研究院刘文剑教授,文化遗产研究院李占扬教授,人文社科青岛研究院方雷教授,校长助理吴臻,青岛校区党工委书记孔令栋以及校区党政领导班子成员出席典礼。山东大学副校长、青岛校区校长韩圣浩主持典礼。

24 日　淄博市"名校人才特招行动"暨"淄博—名校人才直通车"山东大学站政策推介会在中心校区举行。会前,山东大学党委书记郭新立会见了淄博市委书记江敦涛一行,双方就推动校地合作进行了深入交流。淄博市委副书记、张店区委书记马晓磊,淄博市副市长毕红卫,山东大学党委副书记王君松出席活动

同日　由山东省人民政府发展研究中心、《管理世界》杂志社、山东大学经济研究院、山东大学山东发展研究院共同主办的"十四五"区域发展战略与山东高质量发展研讨会在济南南郊宾馆举行。会前,山东大学与山东省政府发展研究中心签订了战略合作协议。山东省委常委、常务副省长王书坚,山东大学党委书记郭新立出席仪式并见证双方签约。

同日　山东大学威海校区 2020 级新生开学典礼暨迎新晚会举行。山东大学校长樊丽明出席典礼并讲话。山东大学副校长、山东大学(威海)校长刘建亚主持典礼。山东大学(威海)党工委书记尹作升出席活动。

25 日　山东大学威海工业技术研究院项目集中签约和工程中心揭牌仪式在威海举行。仪式前,山东大学校长樊丽明会见了威海市市长闫剑波。山东大学副校长、山东大学(威海)校长刘建亚,山东大学(威海)党工委书记尹作升,威海市副市长张伟出席签约和揭牌仪式。山东大学威海工业技术研究院执行院长朱波主持活动。

近日　山东大学申请增设的"临床语言学"交叉学科博士学位授权点完成备案,自 2021 年起列入博士研究生招生计划。这是继 2018 年山东大学开始招收临床语言学方向硕士研究生之后,建设的全国首个临床语言学博士点,标志着学校临床语言学科建设与人才培养迈入了新的阶段。

28～30 日　第十六届全国高性能计算学术年会(CCF HPC China 2020)在河南郑州举行。会上,大会组委会揭晓了第四届国产 CPU 并行应用挑战赛(简称 CPC)以及第八届"英特尔杯"全国并行应用挑战赛的比赛结果。两项赛事中,山东大学软件学院的三支参赛队伍分别获得一项金奖、一项银奖、一项铜奖。

为庆祝中华人民共和国成立 71 周年,10 月 1 日,在国庆节来临之际,山东大学在一校三地举办"弘扬抗疫精神　助力脱贫攻坚　展现青春担当"升国旗主题团日活动。山东大学党委书记郭新立出席中心校区活动,党委副书记王君松参加活动并寄语学校青年学子

2020 年

10 月

10 日　山东大学与中国中铁股份有限公司(以下简称“中国中铁”)战略合作签约仪式在北京中国中铁广场举行。中国中铁党委书记、董事长张宗言,中国中铁总裁陈云,山东大学党委书记郭新立、校长樊丽明出席签约仪式。

同日　邓从豪院士诞辰 100 周年纪念大会在山东大学中心校区隆重举行。中国科学院院士、山东大学终身教授钱逸泰先生,中国科学院院士、中国科学院理化所研究员、山东大学教授佟振合先生,中国工程院院士、中科院宁波材料所、兰州化物所研究员、山东大学化学系 1965 级校友薛群基先生,中国科学院院士、中科院化学所研究员、山东大学教授李玉良先生出席会议。中国科学院院士、清华大学副校长、中国量子信息科学研究院院长、山东大学光学系 1980 级校友薛其坤教授,中国科学院院士、中科院生态环境研究中心主任、山东大学化学系 1977 级校友江桂斌教授,中国科学院院士、中科院化物所张东辉研究员,中国科学院院士、中国科学技术大学副校长杨金龙教授,邓从豪院士亲属代表邓鲁教授在线上参加会议。山东大学校长樊丽明出席会议并致辞。

10～13 日　2020 年山东省大学生田径锦标赛在青岛举行。山东大学代表队的高水平学生运动员夺得 12 枚金牌、12 枚银牌、3 枚铜牌,位列丙组金牌榜第一、奖牌榜第一、总分榜第一;普通学生运动员夺得 5 枚金牌、1 枚银牌和 2 枚铜牌。山东大学代表队获得体育道德风尚奖。

近日,山东省社会科学优秀成果奖评选委员会办公室公布表彰了 2020 年度(第十四届)山东省社会科学突出贡献奖、学科新秀奖获奖人员名单,山东大学文学院、文艺美学研究中心谭好哲教授荣获第十四届山东省社会科学突出贡献奖,管理学院徐宁副教授荣获第十四届山东省社会科学学科新秀奖。

14 日　全国哲学社会科学工作办公室网站公布了 2020 年度国家社科基金后期资助暨优秀博士论文出版项目立项名单,山东大学 19 项课题获准立项。其中,后期资助项目 18 项、优秀博士论文出版项目 1 项,立项总数在全国高校中排名第一位。

15 日　山东大学通过线上会议召开“计算机科学拔尖学生培养基地”专家论证会,会议邀请了中国工程院院士、教育部计算机类专业教指委主任吴建平教授,中国科学院院士、山东大学泰山学堂院长彭实戈教授,教育部大学计算机课程教指委主任郑庆华教授,教育部计算机类专业教指委副主任黄河燕教授、古天龙教授参与论证。山东大学副校长、青岛校区校长韩圣浩出席会议并致辞。

同日　为促进山东省新材料产业高质量发展,推动产学研深度融合,在山东省工业和信息化厅指导下,山东大学和山东省新材料产业协会联合举办“产教融合、新材料、新动力”线上成果发布会。中国工程院院士、山东大学副校长李术才致辞。

同日　山东大学隆重举行 119 周年校庆纪念暨 120 周年校庆动员大会,正式公布《山东大学 120 周年校庆工作总体实施方案》,发布山东大学 120 周年校庆第一号公告、校庆标识和主题。

2020 年

10 月

16 日　山东大学第五届齐鲁青年论坛主论坛在济南举行。论坛采取现场和海内外线上直播相结合的方式，共吸引了来自 24 个国家和地区的近 500 位青年学者参加活动。校长樊丽明出席主论坛。

17 日　在全校上下喜迎建校 119 周年的日子里，梦迪音乐厅启用仪式暨音乐会及医学 1980 级校友入学 40 周年纪念活动在趵突泉校区举行。来自全国各地的 110 余名医学 1980 级校友回到母校出席活动，梦迪音乐厅捐建人、医学 1980 级校友王晨等海外校友通过视频连线方式参加活动。山东大学校长樊丽明出席活动并致辞。

19 日　中国科协网公布第十六届“中国青年科技奖”获奖名单，山东大学齐鲁交通学院李利平教授、附属生殖医院秦莹莹教授获此殊荣。山东大学获奖人数在全国高校中并列第六。

同日　山东重工集团与山东大学战略合作座谈会在中心校区举行，就全面深化校企合作事宜开展交流。山东大学校长樊丽明；山东重工集团党委书记、董事长，潍柴集团董事长，中国重汽集团党委书记、董事长谭旭光出席会议并讲话。山东重工集团党委副书记王涛，中国重汽集团党委副书记、常务副总经理王勇，潍柴集团副总经理佟德辉，中国重汽集团副总经理李衍硕。山东大学常务副校长王琪珖出席活动。山东大学党委副书记王君松主持活动。

20 日　山东大学护理与康复学院揭牌仪式暨护理与康复融合发展学术会议在趵突泉校区举行。中国康复医学会会长、原解放军总后勤部卫生部副部长方国恩，山东大学党委书记郭新立、校长樊丽明，教育部学位与研究生教育发展中心原主任王立生，山东省卫生健康委党组成员、副主任、一级巡视员秦成勇，北京协和医院护理部主任、中华护理学会理事长、山东大学护理与康复学院战略咨询委员会主任委员吴欣娟，山东国欣颐养健康产业发展集团有限公司副总经理孙清华等出席仪式。中国科学院院士、山东大学副校长、齐鲁医学院院长陈子江主持仪式。

近日　山东大学齐鲁医院举办系列活动，庆祝建院 130 周年，以此为契机，号召全体齐鲁医院人坚持以习近平新时代中国特色社会主义思想为指导，在新时代担当新使命、展现新作为，永葆“闯”的精神、“创”的劲头、“干”的作风，以永不懈怠的精神状态和一往无前的奋斗姿态，加快提升医院综合实力和核心竞争力，建设国内一流、国际知名高水平研究型医院，为推进山东大学“由大到强”历史性转变、服务健康中国战略和健康山东建设，为全面建成小康社会，实现中华民族伟大复兴中国梦而努力奋斗。

21 日　山东省新材料产业化成果对接会暨“十四五”新材料产业发展论坛在济南举办。山东省副省长凌文、山东大学校长樊丽明出席论坛并致辞。论坛上，与会人员共同见证了山东大学 2020 年度重大成果转化与合作项目签约。中国工程院院士、总参工程兵第四设计研究所研究员周丰峻，中国工程院院士、稀土材料国家工程研究中心主任黄小卫，国家新材料产业发展专家咨询委员会秘书处主任谢曼分别作专题报告。山东省工业和信息化厅厅长于海田主持活动。

2020 年

10 月

同日　山东大学附属威海市立医院(筹)揭牌仪式在威海举行。山东大学校长樊丽明,威海市人大常委会主任、党组书记王学文共同为山东大学附属威海市立医院(筹)揭牌。威海市政府副市长高书良,中国科学院院士、山东大学副校长、齐鲁医学院院长陈子江,副校长、威海校区校长刘建亚等出席仪式。

同日　山东大学与华为技术有限公司联合成立的"超算存储技术研究中心暨超算技术联合创新中心"揭牌仪式在中心校区举行。华为技术有限公司副总裁、数据存储与机器视觉产品线总裁周跃峰,山东大学常务副校长王琪珑为研究中心揭牌。

24 日　山东大学校友会第四次校友代表大会在中心校区召开。中国科学院院士、化学 1977 级校友江桂斌出席会议。山东大学党委书记郭新立、校长樊丽明出席会议并讲话。会上,樊丽明被选举为山东大学校友会新一届会长。

28 日　山东国家应用数学中心揭牌暨数学与产业融通发展论坛在济南举行。山东省副省长孙继业,山东大学校长樊丽明,中国科学院院士马志明、严加安、郭雷、彭实戈、袁亚湘、陈志明、王小云、张继平等出席论坛。

30 日　山东大学第十六届全国重点中学校长论坛开幕式在中心校区举行。山东大学校长樊丽明出席开幕式并致辞。此次论坛主旨为"适应高考改革新趋势,打造联合育人新模式"。山东大学党委副书记仝兴华为获奖中学代表颁奖。山东省教育招生考试院副院长张志刚受邀作主题报告。

11 月

1 日　由文化传播学院张红军教授担任首席专家的国家社科基金重大项目《西方自然美学通史》开题报告会以线上线下相结合的方式举行。山东大学文艺美学中心名誉主任、终身教授曾繁仁出席会议并致辞。中国社会科学院原副院长、国家社科基金中文专业专家评审组组长张江教授担任专家组组长,中国社会科学院大学校长张政文,中国社会科学院研究员、深圳大学特聘教授、中华美学学会会长高建平,苏州大学生态文学研究中心主任、山东大学文艺美学中心兼职特聘教授、中国文艺理论学会副会长鲁枢元,山东大学文艺美学研究中心主任、中国文艺理论学会副会长谭好哲,中国社会科学院文学研究所研究员、中国马列文论研究会副会长丁国旗,华东师范大学教授、教育部长江学者特聘教授朱志荣担任论证专家。

3 日　由教育部高等教育司指导、教育部新文科建设工作组主办的新文科建设工作会议在山东大学召开。会议研究了新时代中国高等文科教育创新发展举措,发布了《新文科建设宣言》,对新文科建设作出了全面部署。山东省副省长汲斌昌出席活动并致辞,教育部高等教育司司长吴岩作主旨报告,教育部新文科建设工作组组长、山东大学校长樊丽明宣读《新文科建设宣言》。

同日　全国人大常委会委员、全国人大监察和司法委员会副主任委员徐显明教授受聘山东系统与计算法学研究中心咨询委员会首席咨询专家仪式在威海举行。山东大学校长樊丽明向徐显明教授颁发聘书并致辞。山东大学副校长、威海校区校长刘建亚主持活动。威海校区党工委书记尹作升出席活动。

2020 年
11 月

同日　何梁何利基金2020年度颁奖大会在京举行。山东大学齐鲁医院心内科张澄教授获何梁何利基金“科学与技术创新奖”，是山东省医学界获此奖项的第一位学者。

5 日　山东大学首届国际组织人才领航计划实验班与第三届法英双语卓越创新国际组织人才新文科实验班开学典礼在中心校区主会场举行，威海、青岛、海外设现场直播分会场。会前，山东大学校长樊丽明会见了受邀参加本次活动的国际欧亚科学院院士、联合国粮农组织前副总干事何昌垂与中国联合国协会副总干事王颖。校党委副书记王君松出席活动。

6 日　山东大学与中国社会科学院战略合作签约仪式在中心校区举行，中国社会科学院副院长蔡昉、山东大学校长樊丽明出席签约仪式，代表双方签署战略合作框架协议并致辞。山东大学常务副校长王琪珑主持签约仪式。中国社会科学院科研局局长马援出席签约仪式。

10 日　由山东大学历史文化学院、国家图书馆出版社主办的《中国近代农业团体资料汇编》新书发布暨“改造农村就是改造国家：农村农业农民与近代中国”学术研讨会在山东大学中心校区举行。山东大学常务副校长王琪珑、国家图书馆出版社社长魏崇出席发布仪式并讲话。

12 日　山东大学2021届毕业生秋季就业双选会在中心校区举行。来自山东、江苏、北京、上海、浙江、广东、湖北等19个省（直辖市、自治区）近600家用人单位参会，18500多个岗位需求涵盖本、硕、博各学历层次，覆盖13大学科门类。

14 日　由《思想理论教育导刊》《马克思主义理论学科研究》编辑部和山东大学马克思主义学院共同主办的“中国共产党百年：历史、理论与实践”学术研讨会暨第四届全国中青年马克思主义学者专题论坛在山东大学举行。教育部高等学校社会科学发展研究中心主任王炳林，高等教育出版社副社长、《思想理论教育导刊》《马克思主义理论学科研究》主编王卫权，山东师范大学原党委书记商志晓，山东大学党委副书记张永兵出席研讨会。

同日　由山东大学、上海大学和高等教育出版社联合主办的“第六届世界华文创意写作大会暨2020创意写作高端论坛”召开。这是学校贯彻落实全国新文科建设工作会议精神，再次举办的全国性的新文科建设与教育教学改革学术研讨会。山东大学原党委副书记仝兴华，中国作家协会副主席何建明，高等教育出版社上海出版事业部主任孔全会和世界华文创意写作协会会长、上海大学葛红兵教授出席会议并致辞。

16～20 日　美国焊接学会2020年会以视频在线方式举行。在全体会议环节，山东大学材料科学与工程学院武传松教授和美国科罗拉多矿业大学冶金与材料工程系 Stephen Liu 教授受邀作大会报告。美国焊接学会的惯例是特邀两位国际著名焊接学者在学术年会上分别作45分钟大会报告。

17 日　山东大学党委书记郭新立赴河南省确山县调研脱贫攻坚工作。常务副校长王琪珑、党委副书记陈宏伟一同调研。驻马店市委副书记王振利、确山县委书记路耕出席相关活动。

2020 年

11 月

近日，2020～2021 全国青少年校园足球联赛(大学组)山东省选拔赛落下帷幕，山东大学足球队高水平组以 6 战全胜、进 24 球丢 1 球的优异战绩夺得冠军。本次比赛由山东省学校体育协会主办、山东鲁能泰山足球学校承办，来自省内 34 支大学队伍的近 1000 名运动员参赛。本次比赛设校园组、高职高专、高水平 3 个组别，每个组别分男女两个小组，小组单循环比赛后通过交叉淘汰赛决出排名，冠军球队将代表山东省参加全国青少年校园足球联赛(大学组)比赛。

20 日　山东大学—华为"密码学及硬件可信联合创新中心"揭牌仪式暨第一次技术委员会在青岛校区举行。山东大学校长樊丽明，中国科学院院士、山东大学网络空间安全学院(研究院)院长王小云，华为可信理论技术与工程实验室总裁蒋铭，华为南京研究所所长郭坤等出席揭牌仪式。仪式由山东大学副校长易凡主持。

同日　山东省委书记刘家义到山东大学宣讲党的十九届五中全会精神，与学校师生一起深入学习党的十九届五中全会精神，回顾我国现代化建设的历史进程，共话党和国家事业取得的历史性成就，展望"十四五"和 2035 年发展的美好蓝图，勉励师生牢记使命、奋发图强，为全面建设社会主义现代化国家而奋斗。山东省委常委、秘书长刘强出席宣讲会；山东大学党委书记郭新立主持宣讲会，校长樊丽明在青岛校区出席活动。

同日　由山东大学、中共衢州市委宣传部、中共龙游县委和龙游县人民政府共同主办的"纪念《共产党宣言》华岗中译本出版 90 周年暨马克思主义中国化研讨活动"在浙江省衢州市龙游县举行。

21～22 日　由山东大学、中国墨子学会和滕州市委、市政府联合举办的儒墨会通与国家治理国际学术研讨会在济南举行。山东省人大常委会原副主任王玉玺、中国墨子学会会长李守信、山东大学常务副校长王琪珑出席开幕式并讲话。全国政协常委、中国墨子学会副会长、山东大学儒学高等研究院执行院长兼《文史哲》杂志主编王学典主持开幕式。会议采取线上与线下相结合的方式进行。来自海内外高校与科研机构的 100 多名儒墨研究学者，就"儒墨会通与国家治理"主题进行了深入研讨。

21～24 日　由山东大学物理学院、晶体材料国家重点实验室主办的"Interdisciplinary Workshop on Photonics and Organic Electronics"(POE2020)光子学与有机电子学交叉学科国际研讨会在中心校区举行。会议由线下线上两部分组成。来自澳大利亚、韩国、日本以及中国内地、香港多所高校、研究机构的数十位专家学者参加会议。

24 日　由山东大学与山东省互联网传媒集团联合举办的"百廿山大，强校兴国——全国主流媒体走进山东大学"大型采访活动在山东大学正式启动。本次活动以"百廿山大　强校兴国"为主题，邀请 40 余家中央和全国各省市区地方重点新闻媒体的记者走进山大，围绕学校人才队伍、学科建设、人才培养、科学研究、服务山东等主题展开采访报道，聚焦学校近年来的改革与发展成果。山东大学校长樊丽明、山东省互联网传媒集团副总经理姜长勇致辞，山东大学党委副书记张永兵出席活动。

2020 年

11 月

27 日　山东大学与青岛西海岸新区共建国家胶体材料工程技术研究中心（青岛中心）签约仪式在中心校区举行。活动前，山东大学党委书记郭新立会见了青岛市委常委、青岛西海岸新区工委书记、区委书记孙永红一行。山东大学校长樊丽明出席签约仪式。

同日　为贯彻习近平总书记在全国劳动模范和先进工作者表彰大会上的讲话精神，弘扬教育系统劳模精神、劳动精神、工匠精神，“劳模精神进校园”宣讲活动系列之“全国先进工作者”事迹宣讲会在千佛山校区举行。“全国先进工作者”荣誉称号获得者、控制学院张承慧教授作“干事创业显担当，立德树人争一流”的主题报告。

28 日　第四届全球华人国学大典颁奖典礼在北京举行。山东大学儒学高等研究院王学典教授主编的《20 世纪中国史学编年》和杜泽逊教授主编的《尚书注疏汇校》荣获本届全球华人国学成果奖。这是山大首次两项成果同届获此殊荣。

为深入学习贯彻党的十九届五中全会精神，全面落实学联、学生会改革的要求，团结凝聚广大青年学子，为学校“双一流”建设贡献青春力量，山东大学第三十六次学生代表大会、第十八次研究生代表大会在中心校区举行。常务副校长王琪珑、党委副书记王君松出席会议。一校三地 692 名本科生、研究生代表参加会议。

30 日　教育部发布《教育部关于公布首批国家级一流本科课程认定结果的通知》，共认定 5118 门课程为首批国家级一流本科课程。其中，教育部 2019 年新认定一流本科课程 3559 门，原 2017 年、2018 年国家精品在线开放课程和国家虚拟仿真实验教学项目共 1559 门。山东大学新增 44 门列全国第三，课程总数达到 70 门列全国第六，本科教育教学改革取得新突破。

同日　晶体材料国家重点实验室学术委员会暨集成攻关大平台专家委员会 2020 年度会议在济南召开。晶体材料国家重点实验室学术委员会及集成攻关大平台专家委员会主任、中国科学院院士、南京大学祝世宁教授，中国工程院院士、天津理工大学吴以成教授，中国科学院院士、浙江大学杨德仁教授，中国科学院院士、清华大学范守善教授（线上参会），中国科学院院士、西北工业大学魏炳波教授，中国科学院院士、清华大学南策文教授，中国科学院院士、北京大学副校长黄如教授，中国科学院院士、燕山大学田永君教授，中国工程院院士、清华大学周济教授，中国科学院院士、山东大学钱逸泰教授等晶体材料国家重点实验室学术委员会委员、咨询委员会委员，集成攻关大平台专家委员会委员出席会议。山东大学校长樊丽明出席会议并致辞。山东大学副校长易凡、吴以成院士、祝世宁院士依次主持会议。

12 月

1 日　中日（山东）教育交流合作对话会暨中日（山东）教育国际合作联盟成立大会召开。会上，山东大学作为创始成员加入中日（山东）教育国际合作联盟。山东大学副校长韩圣浩与山东省教育厅、山东省人民政府外事办公室、中国海洋大学、中国石油大学（华东）和山东师范大学负责人共同启动联盟，宣布联盟成立。

2020 年

12 月

3 日 生态环境大数据创新研究中心揭牌暨王桥院士聘任仪式在青岛校区举办。中国工程院院士、环境研究院王文兴教授，中国工程院院士、国际宇航科学院院士王桥教授，山东大学校长樊丽明，浪潮集团副总裁张革等出席活动。仪式由山东大学副校长、青岛校区校长韩圣浩主持。

4 日 为进一步激发学生创新创业内生活力，推动赛事成果转化，发挥榜样引领作用，推动创新创业项目落地发展，山东大学在山大科创城举办第六届中国国际“互联网＋”大学生创新创业大赛山东大学总结表彰暨项目成果推介会。山东省学生就业创业教育咨询中心副主任林相春出席活动并为获奖团队颁奖，山东大学党委副书记王君松出席活动并致辞，山东大学副校长吴臻宣读了表彰决定，历城区副区长李金国出席活动并作主题分享。

6 日 故宫博物院原院长、故宫学院院长、中国文物学会会长、中央文史研究馆特约研究员、故宫博物院学术委员会主任、山东大学兼职讲席教授单霁翔做客山东大学大家讲坛，以“让文化遗产活起来”为题作专题讲座。

近日 2020 年度山东教育盛典荣耀榜单盛大发布，山东大学荣膺 2020 年度山东最具综合实力的本科院校、2020 年度新媒体品质运营奖、2020 年度校园文化卓越宣传奖。

9 日 山东大学控制学院与北京钢铁侠科技有限公司举行校企合作“山东大学－钢铁侠人工智能与机器人双一流实验室”揭牌仪式。山东大学副校长吴臻、北京钢铁侠科技有限公司 CEO 张锐出席会议。仪式由控制学院党委书记高瑞主持。

10 日 山东大学第二医院北院区正式开工建设，作为落户济南新旧动能转换先行区的首家三级甲等综合医院，规划总床位 2000 张，预计 2023 年一期将全部投入使用。山东大学校长樊丽明，济南市委常委、副市长郑德雁出席开工奠基仪式。山东大学副校长芦延华，济南市先行区党工委书记、管委会主任李国祥，济南城市建设集团党委书记、董事长张海平参加活动。

10～11 日 第三届全国医学“双一流”建设论坛在北京隆重举行。齐鲁医学院党工委书记刘洪渭、常务副院长柳丽华、副院长马春红代表山东大学参会。会议宣布山东大学成为“双一流”联盟单位。

11 日 山东大学召开学生就业工作推进会，深入学习贯彻党的十九届五中全会精神，落实教育部、人力资源和社会保障部 2021 届全国普通高校毕业生就业创业工作视频会议精神，分析研判学校就业工作形势，谋划推进下一步工作，确保毕业生充分高质量就业。校长樊丽明出席会议并讲话，校党委副书记、纪委书记陈向阳出席会议。会议由校党委副书记王君松主持。

12 日 第三届全国药学院院长高峰论坛在山东大学趵突泉校区举行，论坛主题为“新时代药学学科发展与规划”。山东大学副校长、齐鲁医学院院长易凡，中国药科大学副校长姚文兵，山东齐都药业有限公司董事长、党委书记郑家晴出席开幕式并致辞。

13 日 由中国科协、山东省人民政府指导，中国区域经济 50 人论坛、山东大学主办的首届黄河发展论坛、中国区域经济 50 人论坛第 18 次研讨会、第四届鲁青论坛在山东济南举行。与会专家学者深入学习贯彻党的十九届五中全会精神和习近平总书记关于黄河流域生态保护和高质量发展的重要讲话和指示批示精神，紧扣重大国家战略内涵，为促进黄河流域生态保护和高质量发展、助力山东省“走在前列、全面开创”建言献策。

15 日　山东大学与中国航天科工三院战略合作签约仪式在北京举行，山东大学校长樊丽明、副校长易凡，中国航天科工三院院长王长青、副院长庄剑出席签约仪式。

18～20 日　由山东省高校教务与教学管理学会主办，山东大学承办的 2020 年山东省高校课程思政建设研讨会在济南召开。山东大学校长樊丽明、教育部高等教育司副司长徐青森、山东省教育厅副厅长白皓，山东大学党委副书记张永兵、副校长吴臻等出席会议。

19 日　为庆祝山东大学光学学科成立五十周年，信息科学与工程学院、光学高等研究中心举办了以“科技引领未来”为主题的学术论坛（主论坛）。山东大学校长樊丽明通过视频致开幕辞，中国科学院院士、南方科技大学校长、山东大学光学杰出校友薛其坤发来祝贺视频，中国科学院院士、南京大学物理学院祝世宁教授发来贺信。中国工程院院士、光学高等研究中心首任主任方家熊，中国工程院院士、山东大学光学 1979 级校友刘泽金出席论坛并致辞，山东大学副校长、青岛校区校长韩圣浩主持论坛。

20 日　山东大学与中国社会科学院财经战略研究院共同主办的第十五届（2020）公共经济与公共政策论坛在山东大学举行，论坛主题为“‘十四五’时期经济高质量发展与现代财税改革”。山东大学校长樊丽明，中国社科院财经战略研究院院长何德旭、副院长杨志勇，中国社科院工业经济研究所党委书记、副所长李雪松，国家统计局原副局长、清华大学中国经济社会数据研究中心主任许宪春，中央财经大学副校长马海涛，山东省财政厅副厅长崔宗涛出席开幕式。

21 日　中国博物馆协会发布《关于第四批国家一、二、三级博物馆名单的公告》，山东大学博物馆入选国家一级博物馆名单，成为目前国家一级博物馆中仅有的两所高校博物馆之一，也是全国高校唯一的历史考古类国家一级博物馆。

24 日　中国—东盟中心秘书长陈德海访问山东大学。山东大学校长樊丽明会见了陈德海一行。校党委副书记陈向阳、山东省人民政府外事办公室副主任孙业宝等参加相关活动。

27 日　山东大学法学学科复办四十周年纪念大会在青岛校区图书馆报告厅举办。全国人大监察和司法委员会副主任委员、山东大学法学院名誉院长徐显明，山东大学副校长、青岛校区校长韩圣浩出席活动。

28 日　山东大学在中心校区音乐厅举行 2020 年度“榜样的力量”优秀学生颁奖典礼，表彰 2020 年“山东大学校长奖、国家奖学金、自强之星、研究生学术之星、优秀大学生退役士兵代表和先进班集体、优良学风班、十佳团支部”等优秀学生个人和集体代表。

近日　教育部印发《关于第八届高等学校科学研究优秀成果奖（人文社会科学）奖励的决定》。山东大学共有 20 项科研成果获第八届高等学校科学研究

2020 年

12 月

优秀成果奖，获奖数量实现新突破。其中，著作论文奖一等奖 1 项、二等奖 13 项、三等奖 2 项，青年成果奖 4 项。

近日　主题为“奋进‘十四五’开创教育高质量发展新局面”的人民网 2020 大学校长论坛举行，论坛发布了《2019～2020 中国高校社会影响力排行榜》，山东大学科研影响力首次入选全国前十。

二、山东大学青岛校区(2009～2020)

2009年

9月

11日　山东大学党政联席会决定成立山东大学青岛校区筹建工作领导小组。由王琪珑任组长，方宏建、樊丽明、张永兵、孔令栋任副组长，孔令栋兼任筹建办主任。

2010年

2月

5日　山东大学召开青岛校区建设领导小组会议，讨论《山东大学青岛校区建设方案（草稿）》，确定未来青岛校区建设规模100万平方米，总投资预计50亿元人民币，可满足2.5万学生的学习生活需要。

27日　山东大学党政联席会议讨论《山东大学青岛校区功能定位和建设计划》。

3月

7日　山东大学发展规划处经过几个月的调研，形成《创新办学模式 建设青岛校区 构建山东大学系统——山东大学青岛校区建设可行性研究报告》。

25日　山东大学校长徐显明签发《山东大学关于“创新办学模式、构建山东大学系统”的请示》，将其与《创新办学模式 建设青岛校区 构建山东大学系统——山东大学青岛校区建设可行性研究报告》报送教育部和山东省委、省政府，并呈报中共中央政治局委员、国务委员刘延东同志。

4月

23日　山东大学召开第52次党委常委会，原则同意在青岛设立新校区，并讨论通过《山东大学“十二五”基本建设规划（草案）》。《规划（草案）》明确以构建大学系统为主题，规定“十二五”期间学校基本建设的主要任务是建设青岛校区。

6月

28日　山东大学印发《山东大学关于建设青岛校区的报告》（山大字[2010]14号），并报送教育部。

9月

1日　《青岛市人民政府关于建立山东大学青岛校区的请示》报送至教育部。山东大学校长办公会议研究通过“以邀标的方式确定美国珀金斯伊士曼建筑设计咨询（上海）有限公司、德国佩西建筑事务所、美国NBBJ设计公司、华南理工大学建筑设计研究院作为邀标单位参与青岛校区校园概念性规划设计并要求其尽快提交规划成果”。

10月

27日　山东大学党委书记朱正昌、校长徐显明赴北京向教育部汇报了山东大学建设青岛校区的相关事宜。教育部副部长鲁昕听取汇报后明确表示，教育部支持山东大学的科学发展。

12月

10日　教育部印发《教育部关于山东大学征地建设青岛新校区有关事项的批复》（教发函[2010]197号），同意山东大学在青岛鳌山卫科技区新征3000亩土地，建设新校区。

30日　山东大学青岛校区校园概念性总体规划设计开标，经过由中科院院士彭一刚教授、叶大年教授等组成的专家组综合评审，确定美国珀金斯伊士曼

2010 年

12 月

建筑设计咨询(上海)有限公司和华南理工大学建筑设计研究院为中标候选单位并继续优化修改方案。

2011 年

2 月

15 日　《山东省国民经济和社会发展第十二个五年规划纲要》在第 16 章中明确“推进山东大学青岛校区规划建设”。

3 月

26 日　教育部部长袁贵仁听取山东大学工作汇报,对学校未来发展特别是青岛校区建设提出了新的更高要求。

4 月

25 日　山东省政府第 99 次常务会议听取山东大学校长徐显明关于山东大学青岛校区建设有关情况的汇报,会议决定将青岛校区建设列为山东省“十二五”高等教育发展重点工程,给予土地、政策等方面的支持。

5 月

18 日　山东大学印发《关于恳请共建山东大学青岛校区的请示》(山大字[2011]14 号)报中共青岛市委、青岛市人民政府,恳请青岛市采取切实有力的措施给予青岛校区建设更为具体的支持。

25 日　山东省副省长黄胜在青岛市主持召开山东大学青岛校区建设第一次协调会议,研究落实教育部有关批复和省政府第 99 次常务会议精神、推进山东大学青岛校区建设问题。

6 月

13 日　山东大学印发《关于山东大学青岛校区建设立项问题的请示》(山大字[2011]19 号)报送教育部,请教育部允许并授权山东省发展和改革委员会将山东大学青岛校区建设作为山东省“十二五”高等教育重点项目进行整体立项。

同日　山东大学在济南向教育部专家组汇报青岛校区校园总体规划方案。

7 月

26 日　山东大学校长徐显明在知新楼 2613 会议室主持召开校长办公会议,审议通过了《山东大学—青岛市人民政府关于建设山东大学青岛校区的合作协议(汇报稿)》。

8 月

16 日　山东大学与青岛市人民政府共建山东大学青岛校区协议签字仪式在济南山东大厦青岛厅举行。山东省委常委、青岛市委书记李群,山东大学校长徐显明,山东省政府副秘书长司安民,山东省教育厅厅长齐涛等出席仪式。

12 月

15 日　青岛市规划局出具了《关于山东大学青岛校区项目规划方案的初步审查意见》。

20 日　山东大学印发《关于申请山东大学青岛校区项目立项核准的请示》(山大后字[2011]22 号),向即墨市发展和改革局申请项目立项核准。

同日　山东大学印发《关于山东大学青岛校区校园规划预选址意见批复的请示》(山大后字[2011]23 号),向即墨市规划局申请出具规划预选址意见书,以推进山东大学青岛校区相关手续的办理。

2011 年

12 月

22 日　即墨市城乡建设局出具山东大学青岛校区建设项目规划预选址的函复意见。12 月 27 日，即墨市环保局组织专家对青岛校区环评报告进行现场评审并评议通过，出具了环评审查意见。

29 日　即墨市发展和改革局发布了《即墨市发展和改革局关于山东大学青岛校区投资项目核准的通知(即发改字[2011]531 号)》，青岛校区的建设项目予以投资项目核准。

2012 年

3 月

2 日　山东大学取得青岛校区建设用地规划许可证。

14 日　山东大学取得青岛校区 1454.21 亩的土地证。

17 日　山东大学青岛校区建设奠基典礼在青岛即墨鳌山湾畔隆重举行。中共中央政治局委员、国务委员刘延东致电表示祝贺。山东省委书记姜异康，省委副书记、省长姜大明，财政部原部长项怀诚，教育部副部长鲁昕，山东省委常委、副省长孙伟，山东省委常委、青岛市委书记李群，山东省委秘书长雷建国，青岛市部分领导，山东大学党委书记李守信、校长徐显明出席典礼。

8 月

3 日　山东大学向教育部报送《山东大学青岛校区规划建设纲要》。

7 日　山东大学推行第三批大部制改革，成立青岛校区建设办公室。

15 日　山东大学向教育部报送青岛校区 J 区、高等研究院 F 区、学生食堂、专家公寓、学生公寓、室外工程六个项目的可研报告以及《山东大学青岛校区规划建设纲要(征求意见稿)》。

9 月

21 日　山东大学取得了即墨市规划局出具的《建设工程规划方案审查意见书》(即规审字[2012]024 号)，开始办理各项施工手续，进入校园建设阶段。

27 日　蓝色硅谷核心区管委会为山东大学青岛校区教职工生活区一期用地出具规划选址意见。

10 月

4 日　山东大学青岛校区一期场地平整工程正式开工建设，标志着青岛校区一期工程建设正式启动。

11 月

17 日　山东大学向教育部报送了《山东大学关于申请批准〈山东大学青岛校区建设规划纲要〉的请示》(山大青字[2012]26 号)。

12 月

28 日　教育部出具了《关于山东大学青岛校区规划建设方案有关事项的批复》(教发函[2012]291 号)，确保山东大学青岛校区的各项建设工作顺利进行。

同日，山东大学青岛校区学生公寓 S1-S10 项目可行性研究报告现场评估会在济南市燕子山庄举行，山东大学青岛校区学生公寓 S1-S10 项目的可行性研究报告通过。

2013 年

1 月

9 日　山东大学党委书记李守信与国家发改委、财政部、教育部等有关领导举行会谈，就落实刘延东同志批示、支持青岛校区建设具体措施交换了意见。

26 日　山东大学校长徐显明、常务副校长王琪珑与中共山东省委常委、青岛市委书记李群等在济南就山东大学青岛校区建设、山东大学服务青岛计划等事宜举行了亲切会谈。

3 月

10 日　青岛蓝色硅谷核心区工委书记刘赞松主持召开山东大学青岛校区建设用地协调会议，专题研究山东大学青岛校区建设用地相关事宜。

4 月

26 日　教育部发展规划司派驻专家组对山东大学青岛校区学生食堂、室外工程、学生会堂等三个建设项目进行现场评估并召开评估会议，评估通过了有关建设项目的可行性研究报告。

28 日　山东大学党委常委会研究成立中共青岛校区党的工作委员会，孔令栋同志任党工委书记。

5 月

30 日　贝林集团创建的环球健康与教育基金会沈安琪女士一行到山东大学青岛校区进行考察，并表述了贝林集团在青岛校区建设方面的合作意向。

7 月

2 日　山东大学青岛校区学科设置论证专家委员会会议在青岛市举行。山东大学校长徐显明，青岛市委常委、副市长王广正等出席会议。

24 日　山东大学海外校友总会会长、山东大学讲座教授、美国贝勒医学院讲座教授马欣博士考察青岛校区建设。

8 月

23 日　青岛蓝色硅谷核心区工委书记刘赞松在山东大学青岛校区建设办公室主持召开专题会议，研究进一步加快推进山东大学青岛校区建设事宜，要求加快土地划拨手续办理，尽快解决腾地清表等问题。

9 月

12 日　山东大学充实和加强青岛校区建设力量工作会议在青岛校区召开。山东大学党委书记李守信出席会议。

10 月

12 日　约翰霍普金斯大学访问团 Daniel Chan 教授等一行到山东大学青岛校区建设现场参观考察，为两校进一步深化合作奠定了良好基础。

23～25 日　德国德累斯顿大学基因组系主任 Francis Stewart 教授夫妇等一行访问山东大学，双方表示将通过学科共建等方式开展实质性的合作。

12 月

13 日　德国科学与工程院院士、亥姆霍兹一萨尔兰德药物研究所所长 Rolf Muller 教授访问青岛校区，双方就其学生和工作人员到青岛校区工作交流事宜进行了探讨。

2014 年

2 月

15～16 日　美国工程院院士、威斯康星大学教授 Tom Kuech 和香港科技大学教授刘纪美一行访问青岛校区建设现场。

3 月

11 日　山东大学名誉教授、环球健康与教育基金会主席、美国著名慈善家 Kenneth Eugene Behring(肯尼斯·尤金·贝林)先生一行访问山东大学青岛校区。校长张荣会见代表团，并与环球健康与教育基金会签署动物标本捐赠协议。

4 月

12 日　澳大利亚国立大学校长 Lan young 教授到青岛校区参观访问。

5 月

23 日　教育部巡视组组长、中山大学原党委书记李延宝率教育部巡视组一行视察青岛校区。

6 月

9 日　山东大学校长张荣在青岛会见了山东省委常委、青岛市委书记李群。会见中，李群表示，山东大学来青岛办学将为青岛注入文化和活力，青岛各级党委和政府普遍重视山东大学青岛校区的建设，有信心全力支持山东大学青岛校区的建设和运行。

7 月

8 日　山东大学印发《山东大学青岛校区启动运行工作方案》。

30 日　中国科学院院士、山东大学高等研究院院长、山东大学泰山学堂院长彭实戈教授访问青岛校区。

9 月

19 日　中共山东省委常委、青岛市委书记李群到山东大学青岛校区建设现场视察。

23 日　美国亚利桑那州立大学副校长 Denis Simom 一行访问山东大学青岛校区，双方就合作建立生物设计实验室事项进行了深入交流。

10 月

18～19 日　美国加州圣何塞州立大学(San Jose State University)校长 Mohammad H. Qayoumi 率团访问山东大学济南校区、青岛校区，校长张荣会见来访客人，并与对方签署了校际合作意向书。

24 日　全国人大常委会原副委员长、全国妇联原主席陈至立到山东大学青岛校区视察。山东省人大常委会原副主任、山东大学原党委书记朱正昌，青岛市人大常委会副主任邹川宁陪同。

11 月

21 日　由青岛市出资并负责工程建设的山东大学青岛校区博物馆破土动工。博物馆建筑面积为 40800.87 平方米，投资约为 4.9379 亿元。

2015 年

1 月

28 日 山东省委常委、青岛市委书记李群一行来校访问，积极推动青岛校区建设。山东大学党委书记李守信致欢迎辞，校长张荣作青岛校区建设情况介绍。

3 月

2 日 国土资源部部长、党组书记、国家土地总督察姜大明到青岛校区考察调研。国家海洋局局长王宏，省委常委、青岛市委书记李群，山东省政府党组成员王书坚参加调研活动。

5 月

15 日 蒙古国立大学副校长欧·孟赫巴特率领教育官员代表团一行 11 人访问青岛校区。

25 日 山东大学青岛校区延伸管理部署动员会在中心校区举行。校党委书记李守信主持会议，校长张荣作动员讲话。

6 月

8 日 海洋环境模拟实验体系(Marine Environmental Chamber System)国际咨询委员会第一次会议在山东大学举行。

7 月

16 日 山东大学、青岛市林业局共建青岛森林生态系统定位研究站签约暨揭牌仪式在青岛市会议中心举行。

8 月

3～4 日 山东大学党委书记李守信、校长张荣赴青岛与山东省委常委、青岛市委书记李群进行工作会见，并到青岛校区现场进行工作调研，积极推动青岛校区建设。

9 月

1～2 日 加拿大新斯科舍省省长 Stephen McNeil 先生及达尔豪斯大学副校长 Martha Crago 女士一行访问山东大学青岛校区。山东大学校长张荣会见来访代表团一行。

10 月

2 日 山东大学校长张荣赴德国访问萨尔大学、亥姆霍兹联合会药物科学研究所，并与亥姆霍兹感染研究中心签署正式合作协议，与萨尔大学、亥姆霍兹感染研究中心签署三方合作备忘录。

16 日 山东大学(青岛)附属小学及幼儿园奠基暨开工仪式在青岛蓝色硅谷核心区举行。

19 日 由山东大学和青岛市高新技术开发区共建的山东大学中美科技创新国际产业园签约仪式在青岛举行。

20 日 山东省委组织部常务副部长胡文容到青岛校区调研指导工作。

2016 年

3 月

8 日　山东大学青岛校区建设发展管理委员会在中心校区召开工作会议，研究部署青岛校区基本建设和启动运行有关工作。山东大学党委书记、青岛校区建设发展管委会主任李守信出席会议并讲话，山东大学校长、青岛校区建设发展管委会主任张荣主持会议。

17 日　即墨市市长、蓝色硅谷核心区管委会主任张军主持召开山东大学青岛校区项目调度会。

25 日　上午，山东大学在青岛校区建设指挥部驻地举行“青岛校区倒计时100 天动员誓师大会”。

4 月

8 日　山东省委副书记、省长郭树清到山东大学青岛校区视察指导工作并出席座谈会。山东省委常委、青岛市委书记李群陪同视察并在座谈会上讲话。山东大学党委书记李守信主持座谈会，校长张荣汇报校区建设情况。

5 月

24 日　山东省委常委、青岛市委书记李群，省委常委、组织部部长杨东奇到青岛校区调研。

7 月

1 日　山东大学青岛校区庆祝建党 95 周年暨“七一”总结表彰大会在 E 区教学楼举行，表彰了一批在校区建设中涌现出来的优秀共产党员、优秀党支部书记和先进党支部。

6 日　山东大学青岛校区“决战四百天”总结暨迎新动员会举行。山东大学校长张荣，青岛市政府建筑工务局局长李锋出席活动，并共同为迎新倒计时揭牌。

28 日　山东大学党委书记李守信赴青岛校区调研指导基本建设、启动运行和新生开学准备等相关工作，看望慰问暑假期间奋斗在第一线的青岛校区干部职工。

8 月

21～22 日　山东大学党委书记李守信、校长张荣到青岛校区调研指导基本建设、启动运行和开学准备情况。

9 月

2 日　即墨市委书记、青岛蓝谷管理局党工委书记刘赞松到青岛校区召开现场办公会，协调部署青岛校区开学准备有关工作。

6 日　即墨市市长、青岛蓝谷管理局局长张军到青岛校区现场办公。

16～17 日　山东大学青岛校区迎接新生入学报名共迎来信息科学与工程学院、计算机科学与技术学院、生命科学学院、环境科学与工程学院、政治学与公共管理学院、法学院等 6 个学院的 1007 名新生。

17 日　中国计算机学会（CCF）青岛分部成立大会在山东大学青岛校区举行。

20 日　山东省委书记、省人大常委会主任姜异康到山东大学青岛校区调研指导工作，了解青岛校区基本建设、启动运行等方面情况，并就校区下一步发展规划做出指示。山东省委常委、青岛市委书记李群，山东大学党委书记李守信、

2016年

9月

校长张荣等陪同调研。

23日 山东大学青岛校区启用新闻发布会召开。山东大学校长张荣出席发布会并致辞。

24日 山东省委常委、常务副省长孙伟到山东大学青岛校区调研指导工作。山东大学党委书记李守信、校长张荣一同调研。

同日 山东大学青岛校区启用暨2016年新生开学典礼举行。山东大学中文系56级校友、财政部原部长项怀诚，山东省委常委、常务副省长孙伟，山东大学党委书记李守信、校长张荣一起按下启动球，共同见证青岛校区启用。

10月

16日 山东大学德国学院揭牌仪式在青岛校区举行。山东大学校长张荣，德国亥姆霍兹联合会主席 Otamar D. Wiestler，青岛市委常委、副市长王广正出席活动并致辞。张荣、Otamar D. Wiestler 共同为德国学院揭牌。

11月

12日 青岛市委书记李群率青岛市各市级机关及所属市（区）主要领导到山东大学青岛校区观摩视察。

26～27日 "'一带一路'在南亚"国际学术研讨会在山东大学青岛校区召开。该研讨会由山东大学南亚研究中心、山东大学政治学与公共管理学院、山东大学犹太教与跨宗教研究中心共同举办。

29日 中国工程院外籍院士、美国工程院院士、中国台湾"中央研究院"院士、国家"千人计划"黄锷先生，中国台湾"中央大学"认知神经科学研究所脑科学专家、英国牛津大学实验心理学博士阮啓弘教授一行到山东大学青岛校区参观考察。

12月

23日 山东大学与青岛市人民政府在青岛国家质检中心基地签订《山东大学—青岛市人民政府共建"山东大学中国海检研究院"战略协议》。

2017年

1月

6日 青岛市城乡建设委主任陈勇、副主任李典龙一行到山东大学青岛校区对接校区二期建设事宜。

19日 青岛市委组织部副部长陈大维一行到山东大学青岛校区调研人才工作。

2月

9日 山东大学、剑桥大学、青岛市人民政府在青岛签署合作备忘录，三方将在创新转化领域开展具备引领性的深度合作。山东大学校长张荣出席签约仪式并与剑桥大学创新中心主任 Tony Raven、中心外事主管 Shirley Marie Jamieson 进行会谈。

同日 山东大学与国家海洋局第一海洋研究所在青岛市签署战略合作仪式。山东大学校长张荣、海洋一所所长李铁刚出席签约仪式并讲话。

13日 山东大学副校长、青岛校区管委会主任张永兵会见即墨市委书记、青岛蓝谷管理局局长张军，双方就青岛校区一期项目收尾、二期项目建设与学院搬迁、校区运行等工作进行了深入交流，达成了重要共识。

2017 年

2 月

14 日　北京航空航天大学校长、中国工程院院士徐惠彬一行到山东大学青岛校区参观考察。

4 月

20 日　华中师范大学副校长蔡红生一行访问山东大学青岛校区，就新校区建设与规划进行了座谈交流。

22～23 日　由山东大学政治学与公共管理学院和清华大学国际关系研究院联合主办的“中国与印度国际思想比较”专题研讨会在山东大学青岛校区举办。

27 日　由中国优选法统筹法与经济数学研究会和山东大学共同主办的山东大学稷下创新讲堂“统筹与优选”大家讲坛（第二期）高端学术报告会在青岛校区举行。

5 月

5 日　世界知名华人学者、美国科学促进会会士、美国佛罗里达大学方玉光教授应邀来山东大学青岛校区访问。

26 日　青岛蓝谷管理局、即墨市人民政府、山东山大基础教育集团三方共建山东大学实验中小学幼儿园（青岛）暨青岛蓝谷中小学幼儿园签约仪式在青岛即墨举行。山东大学校长张荣，即墨市委副书记、市长吕涛出席签约仪式。

6 月

15 日　中国石油大学（华东）副校长张玲玲一行访问山东大学青岛校区，就校区建设、后勤管理和安全保卫工作等进行交流和调研。

9 月

4 日　山东大学实验小学、幼儿园建校开学典礼在山东大学青岛校区举行。

7～8 日　政治学与公共管理学院、法学院、信息科学与工程学院、计算机科学与技术学院、生命科学学院、环境科学与工程学院、海洋学院七个单位近 1600 名本科生、研究生、留学生顺利到达青岛校区并完成注册。首批搬迁学生的顺利进驻，是青岛校区全面启用的一个重要节点，开启了青岛校区新的篇章。

11 日　青岛校区召开 2017 年迎新工作布置会议，部署安排迎接新生报到工作。

19 日　山东大学青岛校区 2017 级新生军训动员大会暨入学教育大会在标准田径场举行。

21 日　全国大学生数学建模竞赛山东赛区评审会议开幕式在山东大学青岛校区举行。

26 日　山东大学青岛校区全面启用暨 2017 年新生开学典礼举行。山东大学党委书记郭新立，校长樊丽明，青岛市委常委、市委高校工委书记邓云锋等出席活动。

同日　山东大学和中国移动通信集团山东有限公司智慧校园建设合作协议签约仪式在山东大学青岛校区举行。山东大学校长樊丽明出席仪式。

30 日　山东大学青岛校区 2017 级新生军训成果汇报暨总结大会在青岛校区标准田径场举行。

2017 年

10 月

13 日　由中国南亚学会、山东大学政治学与公共管理学院和山东大学南亚研究中心共同举办的 2017 中国南亚学会年会暨"中国与南亚的互动：战略意图与政策效果"高端论坛在山东大学青岛校区开幕。

16 日　青岛校区组织开展本科教学审核评估校内观摩交流活动。

25 日　青岛校区召开党工委理论学习中心组会议，专题传达学习中国共产党第十九次全国代表大会精神。

11 月

14 日　新加坡驻华大使罗家良到山东大学青岛校区访问。

17 日　在美国丹佛举行的全球超算大会 2017 上，基于"神威·太湖之光"系统的全机应用"非线性大地震模拟"获得"戈登·贝尔"奖(ACM Gordon Bell Prize)，山东大学是该文章的主要贡献者之一。

30 日　青岛校区召开党工委理论学习中心组会议，专题学习讨论党的十九大精神。

12 月

15 日　山东大学青岛校区党工委举行首场领导班子十九大精神宣讲报告会。

20 日　由光明日报和南京大学共同举办的"2017 中国智库治理暨思想理论传播高峰论坛"在北京举行。会上，山东大学县域发展研究院院长黄凯南代表研究院接受了中国智库索引 CTTI 来源智库入选证书。

同日　中国农工民主党青岛市委山东大学青岛校区支部举行成立大会。

27 日　青岛校区召开党工委理论学习中心组会议，专题学习讨论党的十九大精神。

同日　山东大学与青岛仲裁委员会合作签约揭牌仪式在青岛校区举行。

28 日　山东大学县域发展研究院第一届理事会第四次会议在青岛中信证券培训中心召开。

同日　"山东大学(青岛)大学生科创与实践基地"揭牌仪式在万里江茶叶博物馆举行。

29 日　山东大学青岛校区召开新任处级领导干部集体谈话会。

2018 年

1 月

10 日　青岛蓝谷管理局局长、即墨区人民政府区长吕涛及青岛市科学技术局有关负责人一行到山东大学青岛校区协调推进相关工作。

18 日　青岛校区党工委举行 2017 年度党支部书记抓党建述职评议会议。

23 日　剑桥大学教育学院科林·麦克劳林教授、西蒙·布朗希尔教授、简·沃里克博士等一行六人到山东大学实验幼儿园参观访问。

24 日　青岛校区举行校区新任处级领导干部集体廉政谈话会。

25 日　青岛校区举行党的十九大精神专题辅导报告会。

29 日　英国阿伯丁大学副校长 John Paterson 一行访问山东大学，推进两校在青岛校区开展法学方向中外合作办学项目的相关事宜。

2018 年

3 月

4 日 青岛校区召开新学期工作会议，传达落实学校新学期工作会议精神，部署校区重点工作。

8 日 青岛校区召开 2017 年度领导班子民主生活会。

12 日 青岛校区举行智慧树牌悬挂活动启动仪式，发动师生为校区 31 个种类的 500 多棵树木悬挂智慧树牌。

13 日 山东大学县域发展研究院昌邑工作站签约仪式举行。

同日 青岛校区召开 2017 年度领导班子及班子成员述职述廉会议。

14 日 青岛校区师生服务大厅顺利启用试运行，面向师生医务员工开展一站式服务。

同日，济南校友会捐赠青岛校区建设对接会举行。

28 日 山东大学校长助理、青岛校区管委会副主任贾磊到李沧区进行调研交流，推动校地合作。

4 月

3 日 山东大学第四期“校长有约·校长思政课”活动在青岛校区举行。校长樊丽明以“两会归来话发展——十三届全国人大一次会议精神”为主题，与校区 300 余名师生面对面探讨时政热点，共话学校发展。

12 日 青岛校区举行 2017 年度中层领导班子及单位负责人考核汇报交流会。

18 日 青岛校区召开新任处级领导干部集体谈话会。

5 月

2 日 青岛校区党工委召开 2018 年党建工作会议。

4 日 青岛校区党工委召开师生座谈会，纪念马克思诞辰 200 周年、学习习近平总书记在北京大学师生座谈会上的讲话精神。

同日 青岛校区 2017 年度五四表彰大会暨团校结营仪式在青岛校区图书馆报告厅举行。

7 日 青岛校区组织召开党员大会，选举产生中共山东大学第十四次代表大会青岛校区代表。

9～11 日 英国剑桥大学先进光子学与电子技术中心(CAPE)主席初大平教授、剑桥企业有限公司国际事务拓展主管 Shirley Jamieson 访问山东大学青岛校区。

13 日 青岛校区举办首届 Q-run 环校趣跑马拉松。

19 日 山东大学人文社会科学青岛研究院首批研究机构马克斯·韦伯研究中心和国际莱布尼茨研究中心启动暨兼职特聘教授聘任仪式在青岛校区举行。山东大学校长樊丽明，中共中央编译局原副局长王学东，青岛市委宣传部常务副部长、一级巡视员王为达为马克斯·韦伯研究中心、国际莱布尼茨研究中心揭牌。

28 日 山东大学校长樊丽明率团访问剑桥大学，与该校副校长 Eilis Ferran 共同见证两校签署共建国际创新转化学院协议。

30 日 教育部第十一检查组副组长、中国农业大学副校长龚元石率检查组一行 4 人到青岛校区就基本建设规范化管理工作进行专项检查。

2018 年

6 月

20 日　山东大学党委书记郭新立到青岛校区调研指导工作，出席青岛校区干部教师大会，并与校区领导班子及各学院师生代表座谈。

23 日　青岛校区 2018 年毕业典礼暨学位授予仪式举行。

7 月

3 日　美国工程院院士、加州大学伯克利分校工学院院长 Tsu-Jae King Liu，加州大学伯克利分校全球华人校友会会长吴泽强，国际大学创新联盟（IUIA）秘书长孙万松一行访问山东大学青岛校区。会上，山东大学中美大学国际科技创新园（以下简称山大中美创新园）、加州大学伯克利分校全球华人校友会及国际大学创新联盟签署了三方共建"中美青年创业营"的战略合作协议。

4 日　青岛校区党工委召开学习宣传贯彻中共山东大学第十四次代表大会精神专题会议。

7 日　山东大学生物系举行以"忆母校，念师恩，话发展"为主题的纪念入学 40 周年聚会活动，1977、1978 级的 50 余名校友欢聚青岛校区。

14～16 日　日本长崎大学副校长多田彰秀率团访问山东大学青岛校区。

16 日　青岛校区第二届暑期学校正式拉开序幕。本届暑期学校是青岛校区全面启用以来的首届暑期学校。

20 日　山东大学城市文化研究院（青岛）成立暨第一届理事会会议在青岛市北区召开。

26～27 日　山东大学宣传思想文化暑期学习研讨会暨一校三地第一次宣传工作联席会议在青岛校区召开。

8 月

11 日　由山东大学主办，山东大学法学院、计算机学院和校友企业艾尔帕思科技联合承办的"2018 山东大学首届智能司法论坛"青岛校区举行。

18 日　山东省可移动文物保护半岛科研基地揭牌仪式在青岛校区举行。

9 月

3 日　山大实验小学在新校园报告厅举行"新学期·新校园·新伙伴·新动力"开学典礼。

8 日　青岛校区迎来了一个个对未来满怀期待的身影。青岛校区启用以来，首次迎来了本科生、研究生和留学生的全员报到。

同日　日本横滨国立大学校长长谷部勇一一行访问山东大学青岛校区。

5～8 日　山东大学组织 2018 年新聘教职工入职培训，校党委书记郭新立、校长樊丽明出席培训会并作主题报告。青岛校区设立视频分会场，66 位新聘教职工同步参加了校本部此次入职培训。

12 日　青岛校区在华岗苑举行 2018 年领导班子新学期工作务虚会。

15 日　中国工程院院士、北京工业大学环境学科首席教授、"城镇污水深度处理与资源化利用技术"国家工程实验室主任彭永臻到青岛校区进行学术交流。

19 日　原澳大利亚国立大学校长，现墨尔本大学海洋工程国家实验室主任、澳大利亚云校园联盟主席 Ian Young 教授一行访问青岛校区。

2018年

9月

20日　青岛校区2018级学生开学典礼暨迎新晚会在育贤广场举行。校长樊丽明出席典礼并讲话。

21～23日　由青岛德华文化研究中心、山东大学人文社科青岛研究院和山东大学国际莱布尼茨研究中心联合举办的“德国当代艺术学术研讨会”在青岛校区举行。

29日　青岛校区2018级新生军训成果汇报暨总结表彰大会在标准田径场隆重举行。

同日　青岛海洋科学与技术试点国家实验室智能超算与大数据联合实验室(山东大学)与山东大学－青岛虚拟现实研究院在青岛校区正式启动。

10月

10日　墨尔本大学国际事务副校长助理MuthupandianAshokkumar教授来山东大学参加“薄膜暨光子学与有机电子学交叉学科国际学术研讨会”并拓展国际交流合作。

12～14日　由山东大学微生物技术国家重点实验室和华东理工大学生物反应器国家重点实验室共同主办的第三届合成微生物学与生物智造暨第八届生物催化与生物合成工程国际学术研讨会在青岛召开。

18日　山东大学第三届齐鲁青年论坛青岛分论坛在青岛校区举行。

20日　山东大学政管学院科社系84级30余名校友齐聚青岛校区举行毕业三十周年纪念活动。

21日　山东大学计算机科学与技术学院和山东智洋电气股份有限公司在青岛校区举行山大－智洋人工智能联合实验室签约暨揭牌仪式。

25日　美国杜克大学副校长Benjamin Reese访问青岛校区。

同日　山东大学网络空间安全学院及山东大学网络空间安全研究院成立大会在青岛校区举行。山东大学网络空间安全学院与山东大学网络空间安全研究院同时揭牌。中国工程院院士蔡吉人，中国科学院院士王小云，山东大学党委书记郭新立，国家密码管理局副局长何良生，山东省科学院党委书记王英龙等出席大会。

11月

2日　澳大利亚悉尼科技大学常务副校长Iain Watt一行访问青岛校区。

同日　由国务院学位委员会公共管理学科评议组主办、山东大学政治学与公共管理学院承办的第三届中国公共管理学科建设与发展高峰(院长)论坛在山东大学青岛校区举行。

10日　山东大学数学与交叉科学研究中心成立大会在青岛校区举行。山东大学校长樊丽明，中国科学院院士、中国科学院国家数学与交叉科学中心主任郭雷，中国科学院院士、中国科学院数学与系统科学研究院严加安研究员，中国科学院院士、山东大学彭实戈教授，中国科学院院士、四川大学李安民教授，中国科学院院士、青岛市政协副主席、青岛海洋科学与技术试点国家实验室主任吴立新等共同为中心揭牌。

同日　山东大学国际创新转化学院理事会成立暨第一次理事会工作会议在青岛校区举办。山东大学校长樊丽明等出席会议。

2018 年

11 月

9～10 日 数学与交叉科学研究中心在青岛校区举行学术报告会和学科发展研讨会。

10 日 莫言与改革开放四十年的中国文学学术研讨会在青岛校区举行。

11 日 由中国管理现代化研究会政府战略与公共政策研究专业委员会和中央财经大学政府管理学院主办，山东大学政治学与公共管理学院承办的第八届全国高校“模拟市长”大赛山东赛区决赛在青岛校区举办。

14 日 山东大学-达尔豪斯大学联合实验室(SDU-DAL LORE)揭牌仪式在青岛校区举行。加拿大皇家科学院院士、法国 LOV 实验室 Louis Legendre 教授，中国科学院院士焦念志教授，加拿大诺瓦斯科舍省省长 Stephen McNeil 出席揭牌仪式并为联合实验室揭牌。

16 日 青岛校区举行剑桥大学办学管理与创新转化交流会。

同日 青岛市人才政策宣讲进校园暨招才引智名校行活动在青岛校区举行。

10～16 日 剑桥大学剑桥企业中心首席执行官 Tony Raven、圣约翰创新中心首席执行官 David Gill 一行四人对山东大学(青岛)和青岛市进行了为期一周的交流访问。山东大学校长樊丽明参加相关活动。

16～17 日 前沿交叉科学青岛研究院举办粒子物理与原子核物理学科建设研讨会。

19 日 中国农业经济学会 2018 年年会暨学术研讨会在重庆西南大学召开。山东大学(威海)副校长、县域发展研究院院长黄凯南入选了中国青年农业经济学家论坛(2018)年度学者。

22 日 山东大学(青岛)被世界港口城市大学联盟(PUL，Port－city Universities League)纳为正式会员。

24 日 由山东省行政管理学会主办、山东大学政治学与公共管理学院承办的山东省行政管理学会年会(2018)暨第五届东方行政论坛在山东大学(青岛)举行。

同日 山东大学县域发展研究院无棣工作站签约揭牌仪式在无棣县政务中心举行。山东大学县域发展研究院与无棣县政府签订合作协议，共同建设山东大学县域发展研究院无棣工作站。

26 日 山东大学县域发展研究院新旧动能转换数据研究中心揭牌仪式在青岛市市北区举行。

28 日 日本横滨国立大学副校长中村文彦一行访问青岛校区。

12 月

5 日 山东大学微生物技术国家重点实验室第六届学术委员会成立暨六届一次会议在青岛校区召开。

6 日 首场赵明义先生先进事迹报告会在青岛校区举办。

8～9 日 山东大学人文社科青岛研究院心智与认知研究所启动仪式暨学术研讨会在青岛校区举行。

14 日 青岛校区党工委组织干部职工赴乳山胶东育儿所举行党性教育基地挂牌仪式。

2018 年

12 月

18 日　艾兴院士先进事迹第二场报告会在青岛校区举行。

20 日　青岛校区召开科研平台座谈会，交流科研平台现状，发挥现有平台优势资源，采用多种形式和方式的交叉融合，制定科研平台中长期发展目标，打造高水平的国家级科研平台。

28 日　山东大学前沿交叉科学青岛研究院参与的 ATLAS 实验首次发现希格斯粒子最主要衰变过程。

同日　山东大学本科教育工作会议青岛校区分会场首次采用人脸识别技术进行参会人员刷脸自动签到，标志着青岛校区正式进入“刷脸签到”时代。

29 日　青岛校区首个“校园 E 站”在振声苑南楼一层大厅投入使用。

2019 年

1 月

4 日　下午，郭庆存兼职特聘教授聘任仪式在青岛校区举行。

2～4 日　2018 年度高海拔宇宙线观测站（简称 LHAASO）工程年会在青岛校区举行。

10 日　青岛校区在华岗苑中心花园举行华岗校长雕像揭幕仪式。

同日　青岛市即墨区委副书记、区长，青岛蓝谷管理局党委副书记、局长吕涛一行到青岛校区调研，组织推进蓝谷高校与地方经济社会融合发展座谈会。

同日　青岛校区举行领导班子述职述廉会及机关单位领导班子汇报评议会暨机关党支部书记抓基层党建工作述职会。

11 日　青岛校区举行 2018 年度领导班子民主生活会。

25 日　青岛校区举办 2019 年高层次人才迎春茶话会。

2 月

2 日　“爱在他乡——2019 山东大学（青岛）中外学子过大年”联欢活动在曦园餐厅举办。

22 日　青岛校区召开新学期工作部署会议。校党委副书记、青岛校区党工委书记张永兵出席会议并讲话。

23 日　山东大学校长樊丽明到青岛校区调研指导科研平台建设和校区二期建设进展情况，并考察参观青岛海洋科学与技术试点国家实验室。

28 日　青岛海检集团党委书记、董事长王立宇，党委副书记王宪安等一行 6 人来青岛校区就青岛海检集团与山东大学在海检相关领域技术研发、人才培养等事宜洽谈合作。

同日　山东大学 2019 年春季开学一校三地教育教学联席会议在青岛校区举行。

3 月

6～7 日　山东大学党委书记郭新立到青岛校区检查指导工作，并分别与校区领导班子、教学院部主要负责人以及师生代表进行座谈。

7 日　中国工程院院士、鹏城实验室主任、北京大学高文教授“人工智能发展现状与趋势”学术报告会在山东大学（青岛）举行；同时举行了中国工程院院士、北京航空航天大学赵沁平教授，高文院士受聘仪式暨山东大学—北京航空航天大学虚拟现实技术与系统国家重点实验室虚拟现实联合实验室签约与揭牌仪式。山东大学党委书记郭新立出席仪式并致辞。

2019 年

3 月

15 日　青岛科技大学原党委书记高青一行访问青岛校区，就校区建设尤其是博物馆建设工作进行交流和调研。

21～23 日　由山东大学主办，政治学与公共管理学院、亚太研究所承办的“世界格局变革与东亚命运共同体建设”东亚国际学术研讨会在山东大学（青岛）举行。

21～23 日　日本山口大学校长岡正郎一行 15 人访问青岛校区。

22 日　青岛市科技局副局长李天传一行到青岛校区调研工作，组织推进山大服务青岛情况及微生物药物创制平台、微纳中心建设情况座谈会。

27 日　山东大学环境科学与工程学院院长、副院长聘任仪式在青岛校区举行。蔡勇教授、景传勇教授分别受聘为环境科学与工程学院院长、副院长。山东大学校长樊丽明出席仪式。

同日　山东大学校长樊丽明到青岛校区调研环境、海洋学科群及相关大型平台建设工作，并检查了网络空间安全学院、国际创新转化学院、人文社会科学青岛研究院工作开展情况。

29 日　山东大学（青岛）文化委员会成立大会暨第一次会议举行。

24～30 日　山东大学副校长、青岛校区校长韩圣浩率团访问以色列希伯来大学、魏茨曼科学研究院、英国剑桥大学、布里斯托大学以及南安普顿大学，推动与上述高校在联合培养、学生交流、师资培训以及创新生态系统建设等领域的深度合作。

4 月

3 日　青岛校区举行国际化工作座谈会。

12 日　青岛校区召开“强院兴校、一体发展”战略研讨会。

13～14 日　2019 年山东大学博士生入学考试在济南、青岛两地同时举行。

18 日　挪威工程院院士容淳铭带队访问青岛校区，座谈交流大数据领域的合作问题。

22 日　青岛校区党工委召开青年工作者座谈会，传达学习中共中央关于审议《中国共产党宣传工作条例》的会议精神、以及习近平总书记关于“加强对五四运动和五四精神的研究，激励广大青年为民族复兴不懈奋斗”的重要讲话精神。

23 日　中国人民解放军某部在青岛校区举行树木捐赠仪式。

同日　山东大学校长樊丽明一行到青岛校区调研国家糖工程技术研究中心运行情况，并访问青岛海检集团，推进共建海检研究院事宜。

5 月

4 日　青岛校区举行纪念五四运动 100 周年升国旗仪式暨“新青年，耀青春”主题团日活动。

同日　山东大学（青岛）纪念五四运动 100 周年暨年度团学工作表彰大会举行。

6 日　山东大学党委副书记、青岛校区党工委书记张永兵与即墨区区委书记、青岛蓝谷管理局党委书记张军在青岛校区座谈，就进一步加强校地合作进行交流。

2019 年

5 月

同日，山东大学（青岛）举行二期共建项目推进专题会。

7 日　青岛校区——山大生活区——轻轨站校园微公交正式投入试运行。

同日　山东大学党委第一巡察组巡察青岛校区党工委工作动员会在青岛校区召开。

10 日　青岛校区 2019 年田径运动会开幕。

9～12 日　由中国生物工程学会糖生物工程专业委员会和山东大学主办，山东大学国家糖工程技术研究中心和中国海洋大学联合承办的 2019 年全国糖生物工程会议在山东省青岛市召开。

14 日　山东大学齐鲁医院蓝谷院区规划及建筑设计方案论证会在青岛蓝谷管理局召开。

17 日　山东大学前沿科学高端论坛在青岛校区举行，开展了学科与前沿院发展研讨会、学术报告会以及院士访谈等活动。

18 日　山东大学创新创业教育活动周在青岛校区开幕。

18～19 日　第五届全国生物和食品类虚拟仿真实验教学资源建设研讨会在山东大学青岛校区召开。

21 日　国际人工智能领域著名专家、荷兰皇家艺术与科学院院士、荷兰国家人工智能创新中心主任、荷兰阿姆斯特丹大学教授 Maarten de Rijke 受聘山东大学兼职讲席教授仪式在计算机学院举行。

20～23 日　由中国植物生理与植物分子生物学学会主办，山东大学生命科学学院和植物发育与环境适应生物学教育部重点实验室承办的第六届女科学家分会学术交流会在青岛召开。

25 日　微生物技术国家重点实验室牵头的蓝色经济区生命领域国家重点实验室联合体备忘录签署仪式暨新形势下学科类与企业类国家重点实验室协同发展研讨会在青岛校区召开。

28 日　美国科学院院士、耶鲁大学病原微生物系主任 Jorge E. Galán 教授受聘山东大学兼职讲席教授仪式在青岛校区举行。

6 月

山东大学微生物技术国家重点实验室主任张友明教授在欧洲科学院 2019 年度选举中当选为院士。

5 日　山东大学数学与交叉科学研究中心发展战略咨询委员会成立大会暨第一次会议在青岛校区召开。

5～6 日　“一校三地”物理学科建设研讨会在青岛校区举行，讨论学校“一校三地”物理学科的整合与发展，做好第五轮学科评估的迎评工作。

5～6 日　“2019 大数据与人工智能的数学理论和方法研讨会”在青岛校区召开。

15 日　乔伟先生塑像安放仪式在青岛校区举行。全国人大常委会委员、全国人大监察和司法委员会副主任委员徐显明，山东大学校长樊丽明，青岛市中级人民法院院长李方民，青岛市人民检察院检察长李建新，乔伟先生的女儿乔梅女士等共同为塑像揭幕。

2019年

6月

同日　全国人大常委会委员、全国人大监察和司法委员会副主任委员、山东大学原校长徐显明教授受聘山东大学法学院名誉院长仪式在青岛校区举行。

23日　上午，青岛校区首次采用5G技术对青岛校区2019年毕业典礼暨学位授予仪式进行全程高清网络直播。

28日　青岛校区举行第一届大学生国防教育实践团成立大会暨授旗仪式。

30日　山东大学国际创新转化学院第一届理事会第二次会议在青岛校区举行。山东大学校长樊丽明等出席会议。

同日　山东大学齐鲁医院蓝谷医院奠基仪式在青岛蓝谷举行。山东大学校长樊丽明，青岛市副市长栾新等出席奠基仪式。

7月

1日　山东大学党委第一巡察组向青岛校区党工委反馈巡察情况。

2日　青岛校区召开党工委会议专题研究部署校区巡察整改工作。

同日　九三学社山东大学青岛校区支社举行成立大会。

11日　青岛校区党工委领导班子召开巡察整改专题民主生活会。

18日　美国曼哈顿音乐学院校长James Gandre、英国皇家音乐学院钢琴系主任Vanessa Latarche、郎朗艺术基金会代表访问青岛校区。

26日　山东大学—山东泰和水处理科技股份有限公司环境技术研发中心签约和揭牌仪式在青岛校区举行。

27日　民盟山东大学委员会青岛校区总支举行成立大会。

8月

18日　山东省可移动文物保护半岛科研基地揭牌仪式在青岛校区举行。

21日　前沿交叉科学青岛研究院青岛理论与计算科学研究院成立暨学术研讨会在青岛校区举办。

22～25日　第十二届计算纳米科学与新能源材料国际研讨会在青岛校区召开。

30日　最高人民检察院检察研究基地授牌仪式暨检察理论工作座谈会在最高人民检察院机关会议室举行，最高人民检察院检察长张军向山东大学检察理论研究中心颁授最高人民检察院“检察基础理论研究基地”牌匾。

9月

2日　山东大学实验学校2019初中部启动仪式暨新学期开学典礼举行。

4日　青岛校区举行首批特邀监督员聘任仪式并召开座谈会。

5日　澳大利亚新南威尔士大学材料与制造未来研究院院长肖恩·李(Sean Li)教授访问青岛校区。

6～8日　中国考古学会人类骨骼考古专业委员会第三届年会暨生物考古学高端论坛在山东大学青岛校区召开。

10日　青岛校区举办庆祝2019年教师节暨书院优秀导师表彰仪式。

20日　山东大学(青岛)2019级新生军训成果汇报暨总结表彰大会举行。

21日　山东大学(青岛)2019级新生开学典礼暨迎新晚会隆重举行，校长樊丽明出席典礼。

2019 年

9 月

同日　由山东大学政治学与公共管理学院、中国政法大学全球化与全球问题研究所联合举办的第七届“全球学与全球治理论坛”在青岛校区举行。

25 日　青岛校区召开中层干部会议，山东大学党委书记郭新立出席青岛校区中层干部会议指导工作并讲话。

同日　山东大学发展战略咨询委员会第二次会议在青岛校区召开。发展战略咨询委员会主任委员、中国工程院院士、教育部原副部长赵沁平主持会议，发展战略咨询委员会委员李守信、温熙森、黄达人、周其凤、周绪红、张大良、赵路，山东大学党委书记郭新立，山东省委教育工委常务副书记、省教育厅厅长邓云锋出席会议。

10 月

13 日　山东大学国际创新转化学院第一届理事会第三次会议在山东大学国际创新转化示范基地举行。山东大学校长樊丽明出席会议。

15～17 日　印度尼西亚苏门答腊理工大学校长 OfyarTamin 一行访问青岛校区。

17 日　山东大学第四届齐鲁青年论坛青岛分论坛在青岛校区举行。

24 日　山东大学授予德国科学院与工程院院士 Rolf Müller 教授名誉博士学位仪式在青岛校区举行。山东大学学位评定委员会主席、校长樊丽明出席仪式。

同日　黄河生态文明专家论坛暨生态环境损害司法鉴定理论研究与实践基地成立活动在青岛校区举行。司法部副部长刘振宇、山东大学校长樊丽明，中国工程院院士、山东大学讲席教授王文兴出席活动。

同日　山东大学校长樊丽明在青岛校区会见了海信集团总裁、党委副书记贾少谦一行，就开展深度合作事宜进行了座谈。

28 日　瑞典皇家科学院院士 TõnuPullerits 教授访问青岛校区。

30 日　日本驻青岛总领事馆首席领事福永护一行访问青岛校区。

11 月

6 日　青岛校区创新生态系统建设领导小组召开工作会议，研究讨论领导小组运行机制、2019～2020 年工作计划及青岛校区双创中心场地启动运行等事宜。

7 日　青岛校区党工委领导班子“不忘初心，牢记使命”主题教育调查研究成果汇报交流会在华岗苑举行。

17 日　2019 未来科学大奖颁奖典礼在北京举行，山东大学网络空间安全学院(研究院)院长，双聘院士、讲席教授王小云荣获“数学与计算机科学奖”。山东大学党委书记郭新立受邀出席颁奖典礼。

21 日　青岛校区领导班子“不忘初心，牢记使命”主题教育整改落实推进会在华岗苑举行。

27 日　山东大学与自然资源部中国地质调查局青岛海洋地质研究所合作协议签署仪式在青岛校区举行。

2019 年

12 月

2 日　青岛市副市长朱培吉率团访问英国剑桥大学，探讨山东大学国际创新转化学院建设等事宜。

6 日　青岛校区领导班子召开“不忘初心，牢记使命”专题民主生活会。

8 日　山东大学莫言与国际文学艺术研究中心揭牌仪式暨“经典阐释与莫言研究”学术论坛在山东大学青岛校区举行。

10 日　中建八局第二建设有限公司捐资建设青岛校区北校门，支持青岛校区事业发展。

12 日　中国水产科学研究院黄海水产研究所纪委书记、副所长李健一行到青岛校区，就双方合作事宜进行座谈。

17 日　山东大学党性教育基地揭牌仪式在周浩然烈士文化园举行。

2020 年

1 月

2 日　民建山东大学委员会青岛校区支部成立大会举行。

6～9 日　由中国森林生态系统定位观测研究网络（CFERN）、国家林业和草原局典型林业生态工程监测评估国家创新联盟、青岛市园林和林业局、山东大学（青岛）联合主办的“山东青岛森林生态站第二届学术委员会成立暨国标认证挂牌会”在青岛市举行。

13 日　2019 年度青岛校区领导班子及领导人员年度考核会、机关部处中层领导班子汇报评议会相继举行。

15 日　山东大学与海信集团新一轮战略合作暨第二期校企合作签约仪式在海信集团研发中心举行。山东大学校长樊丽明、海信集团董事长周厚健校友等出席仪式。

15～16 日　山大推进与青岛市合作并召开青岛校区人才座谈会，山东大学校长樊丽明一行到青岛校区调研指导工作。其间，樊丽明与山东省委常委、青岛市委书记王清宪会见，进一步推进校地合作共建；参加了山东大学与青岛蓝谷管理局合作共建座谈会并与校区杰出人才座谈。

15 日　英国爱丁堡皇家学会院士、山东大学兼职讲席教授、诺丁汉大学 Colin Snape 教授，山东大学兼职特聘教授、诺丁汉大学 Cheng－gong Sun 教授，诺丁汉大学研究员刘鑫博士访问青岛校区。

29 日　青岛市副市长朱培吉一行到青岛校区督导检查疫情防控工作。

2 月

4 日　青岛校区防疫专班派出工作组对校区一线岗位的防疫工作进行检查。

2 日、5 日　青岛校区召开疫情防控工作领导小组网络会议，研究部署疫情防控工作。

17 日　青岛校区春季学期本科线上教学如期开展，141 门本科课程如期完成线上授课。

3 月

3 日　青岛校区开展“新冠肺炎”疫情防控应急演练活动，做好开学前准备工作。

2020 年

4 月

23 日　青岛校区召开创新生态系统建设推进会，研讨《山东大学（青岛）创新生态系统建设规划》。

29 日　微生物技术国家重点实验室在青岛蓝谷的首个产学研项目正式投产。

同日　青岛校区组织开展 2020 年春季学期学生返校和应急处置首次综合演练。

5 月

18 日　山东大学 2020 年春季学期首批返校学生开始有序返校报到。

6 月

22 日　青岛校区图书馆、博物馆的地源热泵制冷供热节能环保系统通过青岛市可再生能源建筑应用示范项目审核并获得节能奖励资金 236 万元。

7 月

20 日　国家林业和草原局科技司正式发函批复同意山东大学为山东青岛森林生态系统国家定位观测研究站技术依托单位。

24 日　黄河流域生态保护和高质量发展暨黄河三角洲湿地保护及可持续发展研讨会（线上会议）在青岛校区召开。

8 月

2 日　山东大学数学与交叉科学研究中心和中科院国家数学与交叉科学中心通过线上形式召开研究生培养与导师合作研讨会。

28 日　山东大学计算机科学与技术学院 2018 级硕士研究生杨林、2020 级硕士研究生李威宇获得中科院“先导杯”并行应用大赛人工智能赛道“大规模物体检测”和“神经网络架构搜索”两个赛题特等奖，获得奖金 20 万元。

29 日　“神美科技未来星奖学金”捐赠签约仪式在青岛校区举行。

29～30 日　青岛校区举办“数学的交叉研究与应用”研讨会。

31 日　深圳市深商总会、深圳商业联合会总会长林慧、深商会菁英会秘书长刘涵聪，青岛市民营企业家联合会韩显飞、孙赫阳、李准一行到山东大学（青岛）访问。

9 月

17 日　青岛校区举办鳌山讲坛暨 2020 级新生教育大课堂。山大二院援鄂抗疫国家医疗队队长兼临时党支部书记、全国抗击新冠肺炎疫情先进个人马承恩教授受邀作先进事迹报告。青岛校区党工委副书记、纪工委书记杜言敏出席，党工委副书记郭邦礼主持报告会。

20 日　由山东大学文化遗产研究院和山东省文物保护修复中心共同举办的“山东省文物保护修复中心发展与可移动文物保护半岛科研基地建设咨询会”在青岛校区召开。

23 日　山东大学（青岛）2020 级新生开学典礼暨迎新晚会在青岛校区举行。山东大学校长樊丽明出席典礼并讲话。

23～24 日　山东大学校长樊丽明在青岛校区调研指导工作，就青岛校区学科发展召开专题座谈会。

2020 年

9 月

27 日　山东大学党委书记郭新立到青岛校区检查督导疫情防控工作，并与校区领导班子及辅导员代表进行座谈交流。

10 月

7 日　山东省外事办公室副主任李永森、青岛市外事办公室二级巡视员沈雷、蓝谷管理局局长肖焰恒及法国布列塔尼大区驻鲁办事处首席代表柯妮女士访问青岛校区。

15 日　山东大学“计算机科学拔尖学生培养基地”专家论证会以视频会议方式举办。

11 月

5 日　亚太物理联合会/亚太理论物理中心（AAPPS/APCTP）联合举办 2020 杨振宁奖（C. N. Yang Award for 2020）颁奖典礼于线上举办。山东大学前沿交叉科学青岛研究院刘智青教授获此殊荣。

同日　“创新机制，优化环境，推动驻青高校科研院所科技成果转化”双月协商座谈会在青岛校区举办。

6～7 日　第一届山东省人工智能高等教育大会暨山东省人工智能学会高等教育专委会成立大会举办。

6～8 日　山东大学人文社会科学青岛研究院与山东大学文学院共建莫言与国际文学艺术研究中心签约仪式暨中国现当代文学学术前沿与学科发展研讨会在青岛校区举行。文学院党委书记张帅，青岛校区科研处处长、人文社科青岛研究院直属党支部书记张荣林出席签约仪式。莫言与国际文学艺术研究中心主任丛新强教授主持活动。

8 日　“科来杯”第九届山东省大学生网络安全技能大赛决赛在山东大学青岛校区举办。

11～12 日　教育部党建工作联络员张爱淑到青岛校区调研基层党建工作。

14 日　山东大学（青岛）融媒体中心成立大会在淦昌苑报告厅举行。

同日　由山东大学主办，中国城市治理学术共同体协办的 2020 年中国城市治理学术年会在山东大学青岛校区举办。

15 日　山东大学政府决策中心揭牌仪式暨“农村改革的政治学研究”圆桌论坛在青岛校区举办。

16 日　环境科学与工程学院倪寿清教授获评第十二届青岛市青年科技奖。

20 日　山东大学—华为“密码学及硬件可信联合创新中心”揭牌仪式暨第一次技术委员会在青岛校区举行。山东大学校长樊丽明，中国科学院院士、山东大学网络空间安全学院（研究院）院长王小云，华为可信理论技术与工程实验室总裁蒋铭，华为南京研究所所长郭坤等出席揭牌仪式。

21 日　微生物技术国家重点实验室举办开放运行 25 周年庆祝活动。山东大学校长樊丽明出席活动。

25 日　山大—河钢人工智能研究院揭牌仪式在青岛校区举行。

2020 年

12 月

3 日　山东大学国际创新转化学院第一届理事会第四次会议在青岛市市北区政府举行。山东大学校长樊丽明，青岛市市北区委书记、青岛国际邮轮港区服务管理局党组书记张新竹等出席会议。

同日　生态环境大数据创新研究中心揭牌暨王桥院士聘任仪式在青岛校区举办。中国工程院院士、环境研究院王文兴教授，中国工程院院士、国际宇航科学院院士王桥教授，山东大学校长樊丽明等出席活动。

12 月　李占扬教授团队在河南灵井发现的鸟雕像化石获评 2020 年度世界十大考古新发现。

12 月　微生物技术国家重点实验室主任张友明当选德国国家工程院院士。

12 日　第七届中国教育后勤互联网大会在海南召开，青岛校区代表山东大学参评 2020 年度中国教育后勤协会后勤信息化建设评优，获评“全国教育后勤信息化建设先进单位”。

16 日　山东大学环境科学与工程学科战略咨询委员会第二次会议在青岛校区召开。山东大学校长樊丽明出席会议并致辞。

17 日　青岛校区党工委举行党的十九届五中全会精神宣讲报告会。

19 日　山东大学光学学科成立五十周年庆祝活动举行，山东大学校长樊丽明通过视频致开幕辞。

21 日　中国博物馆协会发布《关于第四批国家一、二、三级博物馆名单的公告》，山东大学博物馆入选国家一级博物馆名单。

27 日　山东大学法学学科复办四十周年纪念大会在青岛校区举办，全国人大监察和司法委员会副主任委员、山东大学法学院名誉院长徐显明等出席活动。